Handbuch Astrologie

IM ZEICHEN DER STERNE

Handbuch Astrologie

IM ZEICHEN DER STERNE

JULIA & DEREK
PARKER

Verlag Das Beste Stuttgart · Zürich · Wien

Für Barbara Gainsford Brackley in Liebe

A DORLING KINDERSLEY BOOK

Redaktion	Josephine Buchanan
Assistenz	Jane Struthers
Herstellung	Carolyn King
Gestaltung	Nick Harris

Dieses Buch wurde von Peter Luff für Dorling Kindersley gestaltet

Genehmigte Sonderausgabe für Verlag Das Beste GmbH, Stuttgart, Zürich, Wien
1. Auflage 1998

Titel der Originalausgabe: »Parker's Astrology«, Dorling Kindersley Limited, London

ISBN 3-870707-53-4

Übersetzt aus dem Englischen von Rolf Schanzenbach
Satz: Fotosatz Amann, D-88317 Aichstetten
Lithos: Colorscan, Singapore
Printed and bound in Italy by New Interlitho Spa

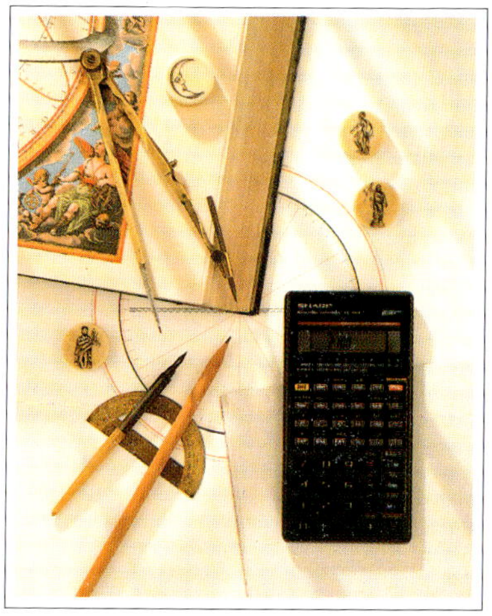

Inhalt

· 1 · Astrologische Techniken 12

· 2 · Die Zeichen verstehen 78

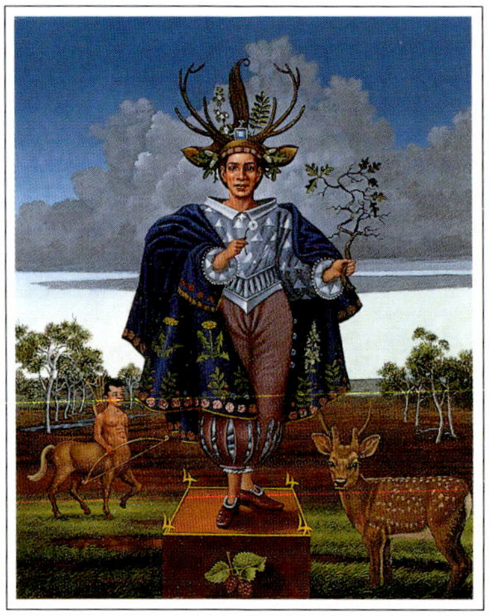

· 3 ·

Astrologie in Aktion 128

· 4 ·

Die Wirkung der Planeten 208

· 5 ·

Astrologische Tabellen 348

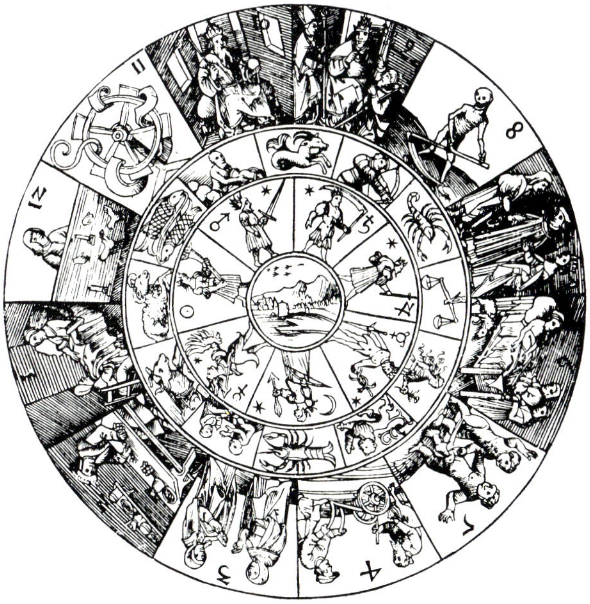

Vorwort

Als Sie dieses Buch aufschlugen, haben Sie womöglich gleich zu den Seiten weitergeblättert, auf denen Ihr Sonnenzeichen beschrieben ist. Nur die wenigsten, die sich für die Astrologie interessieren, können dieser Verlockung widerstehen. Erst 1930 aber begann mit der Arbeit des britischen Astrologen R. H. Naylors die Betonung des Sonnenzeichens in einer Weise, die weit über die klassische Astrologie hinausgeht. Wenn Sie erst einmal die volle Bandbreite dieses faszinierenden Gebietes erkennen, werden Sie bald merken, daß die Sonnenzeichen nichts als die Spitze des astrologischen Eisberges darstellen.

Das Sonnenzeichen ist nämlich nur der Anfang. Jeder, der ein Buch über die Astrologie liest, das sich an Fortgeschrittene wendet, wird die Feststellung machen: Je mehr man über die Astrologie lernt, desto faszinierender wird sie. Dieses Buch gibt Ihnen die Gelegenheit, sich mit einer Disziplin auseinanderzusetzen, die den menschlichen Geist seit über viertausend Jahren beschäftigt.

Und die Faszination wirkt noch immer; wie bei den anderen Wissenschaften auch ergeben sich ständig neue Entdeckungen, neue Theorien und neue Spekulationen. Das 20. Jahrhundert hat uns mit der Erfindung des Computers und mit seinen psychologischen Erkenntnissen die Überprüfung der astrologischen Theorien möglich gemacht – nicht nur durch die Jungianischen Analytiker bei der Erforschung der menschlichen Psyche, sondern auch durch die Statistik.

Die Kunst der Astrologie

Parkers Astrologie ist das Produkt von mehr als 20 Jahren astrologischer Forschung. Was die sich über viele Generationen erstreckende Geschichte der Astrologie betrifft, sind 20 Jahre eine kurze Spanne – außerdem ist ein Buch bei weitem nicht genug, diesen Gegenstand erschöpfend zu behandeln. Was wir anbieten, ist, über die simple Sonnenzeichen-Astrologie hinaus zu einem Punkt zu gelangen, an dem eine Ahnung von den Tiefen dieses Gebiets aufscheint.

Wachsendes Vertrauen in die Kunst und Techniken dieses Faches könnten in Ihnen den Wunsch wecken, ebenfalls zu einem praktizierenden Astrologen zu werden, der bereit ist, seine Erfahrungen und Erkenntnisse weiterzugeben.

Man braucht keine besonderen Gaben, um Astrologe zu werden – mit einer Ausnahme: Interesse an anderen Menschen. Astrologie hat auch keinen Bezug zum Übernatürlichen; und Astrologen brauchen auch keine besondere religiöse Überzeugung. Wenn Sie einmal zu einer astrologischen Tagung gehen sollten, werden Sie dort Christen finden, Buddhisten, Juden, Hindus, Moslems wie auch solche Menschen, die keinen besonderen Glauben haben.

Astrologische Fertigkeiten

Es erhebt sich auch die Frage der Intuition. Ja, wir brauchen Intuition – die Art von Intuition aber, die auch der Arzt benutzt, wenn er eine Diagnose stellt und für sich entscheidet, welche Symptome Vorrang haben. Bei der Astrologie ist es nicht damit getan, ein Horoskop zu berechnen, es anzustarren und in Trance zu fallen, um dann auf Anhieb Erkenntnisse verkünden zu können. Sie erfordert harte Arbeit. Astrologie zu lernen und zu praktizieren ist nicht einfach (nichts, was wirklich der Mühe wert ist, ist einfach) – sie ist aber ungeheuer belohnend, wie alle Methoden, die Menschen helfen, ein erfüllteres Leben zu führen und Probleme zu lösen. Allerdings müssen wir uns vor Augen halten, daß es nicht die Aufgabe des Astrologen ist zu sagen, was man tun soll und was nicht – es geht lediglich darum, Alternativen aufzuzeigen, Vorschläge zu machen, anzuleiten und Trost zu spenden.

Ein Berufsastrologe werden

Es könnte sein, daß Sie, wenn Sie dieses Buch durchgearbeitet haben, den Wunsch verspüren, professioneller Astrologe zu werden. Wie hart Sie auch gearbeitet haben mögen – Sie werden wahrscheinlich bei weitem dafür nicht genug wissen. Es ist wichtig, sich um eine gute Ausbildung zu bemühen sowie ein Diplom zu erwerben, das Ihnen professionelle Kompetenz bescheinigt – das kann Ihnen, wenn Sie dann zu praktizieren beginnen, von großer Hilfe sein. Der Astrologe, der ein Studium bei einer anerkannten Organisation absolviert hat, ist dem Amateur gegenüber, der nur »nebenbei« zu seinen astrologischen Fertigkeiten gekommen ist, immer im Vorteil.

Bei diesen Organisationen können Sie neben astronomischen Sachverhalten und der Geschichte der Astrologie astrologische Fertigkeiten erlernen, und zwar auf eine gründlichere Weise, als wir Ihnen vermitteln können. Wichtiger aber noch ist, daß Sie dort auch etwas über Beratungstechniken erfahren. Damit verfügen Sie dann über genug Wissen, um zu erkennen, ob Sie dem Klienten weiterhelfen können oder ob er vielleicht einen Psychiater braucht. Widerstehen Sie der Versuchung, zu weit zu gehen – Sie haben es mit dem Leben von Menschen zu tun, und allzu großer Ehrgeiz kann sehr viel Leid verursachen. Der wirklich kompetente Astrologe weiß, wann er aufhören muß.

Durch Aufschreiben lernen

Wir hatten immer das Gefühl, daß die beste Art, das Interpretationsvermögen zu stärken, das Niederschreiben ist. Es erfordert nämlich Disziplin, das zur Verfügung stehende Material so anzuordnen, daß ein Bericht daraus entsteht. Wenn man die Informationen nur in ungeordneter Form von sich gibt, sind damit Unbestimmtheit, Wiederholungen und andere negative Faktoren mehr verbunden. Das Schreiben konzentriert den Geist.

Konstruktiv schreiben

Zunächst einmal werden Sie nur wenig zu den Horoskopen, die Sie studieren, niederschreiben können. Mit wachsenden Fortschritten aber, wenn Sie merken, auf wie viele verschiedene Arten die planetarischen Stellungen und Aspekte in die Interpretation einbezogen werden können, werden Ihre Berichte an Länge zunehmen. Vielleicht kommt es dann zu einer Phase, in der sie allzu lang ausfallen und damit auch langweilig werden. Sie werden aber diese Hürde nehmen und schließlich die richtige Länge herausfinden.

Vielen Menschen fällt das Schreiben schwer. Wenn Sie das Gefühl haben, daß es Ihnen an Disziplin mangelt, ist es vielleicht am besten, zunächst einmal mit kurzen Aufzeichnungen zu beginnen, die Sie dann auf Band sprechen. Diese Anmerkungen sollten aber so vollständig wie möglich sein – nicht nur zwei Worte und dann zehn Minuten Stottern, Wiederholungen, Pausen und technische Bezüge, die für den Laien reiner Blödsinn sind.

Bei der astrologischen Arbeit ist es das Beste, möglichst wenig Bezug auf die Planeten und ihre Aspekte zu nehmen. Falls Ihr Klient an der astrologischen Technik interessiert sein sollte, können Sie ihm am Ende der Sitzung die einzelnen Faktoren erläutern.

Menschen mit der Interpretation helfen

Viele der Menschen, die Sie bitten, »ihr Horoskop zu berechnen« – ob nun am Anfang Ihrer Beschäftigung mit der Astrologie oder zu einem späteren Zeitpunkt –, haben Probleme, in die sie Sie einweihen möchten. Es erleichtert sie möglicherweise, Sie ins Vertrauen zu ziehen. Das Beste in einer solchen Situation ist es, sich auf Ihr Gegenüber einzulassen und einfach zuzuhören. Notieren Sie sich dann die Geburtsdaten sowie die vom Partner oder dem Menschen, der mit dem Problem zusammenhängt. Berechnen Sie das Horoskop bzw. die Horoskope, und fügen Sie Ihre Anmerkungen hinzu, einschließlich der Fragen, die sich hier stellen. Die Antworten auf diese werden Ihrem Gegenüber helfen, zu Schlußfolgerungen über das Problem zu kommen.

Lassen Sie sich nicht irritieren, wenn man Ihnen in der ersten Sitzung vorwirft, daß Sie nicht mit allen Informationen herausrücken. So, wie der Doktor erst einmal die Symptome kennenlernen muß, bevor er Untersuchungen durchführt, müssen Sie zunächst einmal den Kontext des Problems ergründen, bevor Sie etwas dazu sagen können. Das Horoskop entfaltet sich im Detail – und die Beurteilung der einzelnen Trends wird enthüllen, wie die Zukunft aussehen könnte. Wenn Sie auch nicht genau wissen, was geschehen wird, können Sie doch die betreffende Person in die Lage versetzen, das Beste aus den planetarischen Einflüssen zu machen.

Sie sollten wissen, wann Sie unterbrechen müssen. In den meisten Fällen dürfte es hier kein Problem geben – Ihr Gegenüber wird den Drang haben, selbst etwas zu seinem Horoskop zu sagen, und gemeinsam werden Sie dann zu konstruktiven Schlußfolgerungen kommen. Denken Sie aber daran: Manche Leute muß man von Zeit zu Zeit stoppen – sie schütten Ihnen sonst ihr Herz aus.

Anforderungen an den Astrologen

Die Astrologie ist nichts, worauf man sich ausruhen kann ... Sie zeigt uns unsere Stärken und Schwächen, und – das Wichtigste –, wie wir Stärken entwickeln können. Wenn jemand Sie immer wieder für neue Ratschläge anruft, haben Sie wahrscheinlich etwas falsch gemacht – Sie waren dann nicht deutlich oder prägnant genug. Beginnen Sie dann noch einmal von vorn.

Wahrscheinlich fühlen Sie sich versucht, an einer Vielzahl von Horoskopen zu arbeiten. Sobald andere erfahren, daß Sie sich für die Astrologie interessieren, könnten Sie fortwährend gebeten werden: »Bitte berechnen Sie mein Horoskop!« Alles zu seiner Zeit. Es ist nur zu einfach, sich oberflächlich mit einer ganzen Reihe von Horoskopen zu befassen – das ist aber nicht günstig für die Entwicklung des notwendigen technischen Rüstzeuges. Arbeiten Sie gründlich an wenigen Horoskopen.

Erinnern Sie sich daran, daß es sehr wichtig ist, Kopien der Horoskope aufzubewahren. Wenn Sie einen Bericht schreiben, fertigen Sie eine Kopie an.

Sich eine gesunde Portion Skepsis bewahren

Eine letzte Bemerkung: Sie werden feststellen, daß Sie von Skeptikern umgeben sind – sowie (vielleicht noch gefährlicher) von Menschen, die nicht richtig wissen, worum es bei der Astrologie geht. Manchmal ergibt sich eine Mischung aus beidem.

Was die Skeptiker betrifft: Es gibt kein Patentrezept für sie. Über die Jahre hin werden Sie die Erfahrung machen, daß die Astrologie in der Tat eine empirische Wissenschaft ist, die auf einem großen Fundus an Wissen basiert. Natürlich werden Sie von Zeit zu Zeit einmal Ihre Zweifel haben; Sie werden den Wunsch verspüren, Theorien zu überprüfen und Fragen zu stellen. Sie werden aber auch merken, daß Sie sich selbst von der Wahrheit, die man im Geburtshoroskop findet, überzeugen werden – wenn Sie denn überhaupt überzeugt werden müssen. Und was die Skeptiker betrifft, die für Beweisführungen nicht zugänglich sind – erinnern Sie sich der Bemerkung von Sir Isaak Newton, der da sagte: »Sir – ich habe die Sache studiert. Sie nicht!« Dies ist eine sehr gute Antwort!

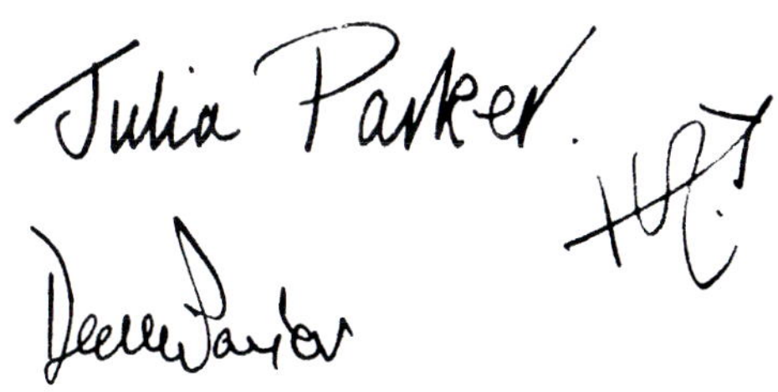

Zum Umgang mit diesem Buch

Die Art und Weise, wie Sie dieses Buch benutzen sollten, hängt davon ab, wieviel Sie über die Materie wissen. Wenn Sie bislang nur die Sonnenzeichen-Astrologie der Zeitungen kennen, sollten Sie ganz am Anfang beginnen – mit dem Abschnitt »Der astronomische Hintergrund« (S. 14). Das Sonnensystem könnte etwas ganz Neues für Sie sein, auch wenn Sie schon das eine oder andere über die Sonnenzeichen wissen (S. 26).

Wenn Sie schon gewisse Kenntnisse über die Astronomie des Sonnensystems und die Astrologie haben, könnten Sie zur Berechnung des Horoskops vorblättern (S. 42). Indem Sie den Instruktionen unter Benutzung der Tabellen am Ende des Buches folgen, werden Sie schließlich Ihr erstes Horoskop berechnet haben. Nun gilt es zu lernen, wie Sie ein Horoskop interpretieren – vielleicht, nachdem Sie ein paar Horoskope aufgezeichnet haben. Schlagen Sie das Kapitel zur Interpretation auf (S. 130), und gehen Sie dann weiter zum Abschnitt »Das Horoskop vorschieben« (S. 60). Wenn Sie dieses Kapitel gemeistert haben, fahren Sie mit »Die Interpretation der Progressionen« fort (S. 141).

Dieser Vorschlag läßt die Reise durch das Buch einfach erscheinen – Sie werden aber merken: Je mehr Zeit Sie dafür aufbringen können, desto besser werden Sie den Stoff beherrschen. Sie werden auch immer wieder einmal bei den Basisfaktoren nachschlagen müssen wie z. B. dem Aszendenten und der Himmelsmitte (S. 36) oder den Häusern (S. 38) – es sei denn, daß Sie schon sehr viel über die »Bedeutung« des Horoskops wissen.

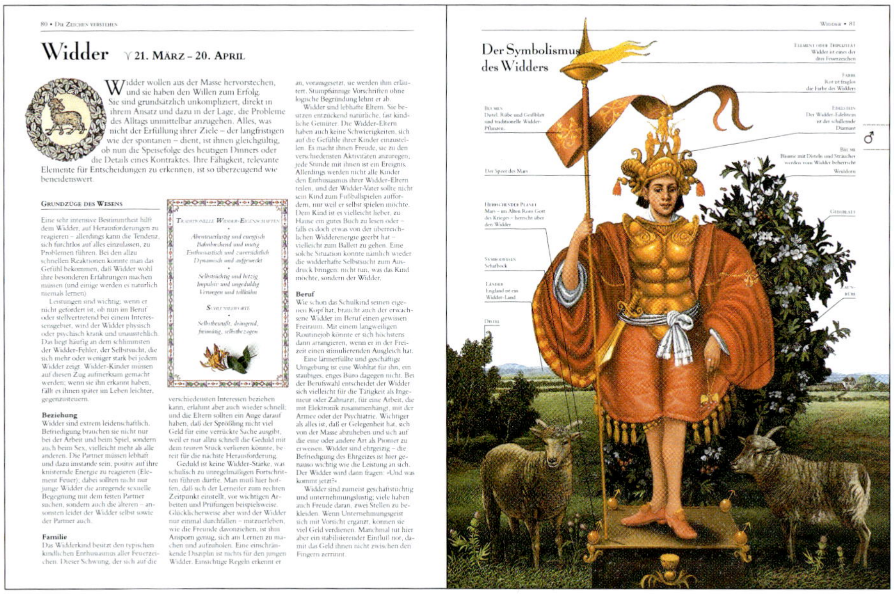

DIE SONNENZEICHEN VERSTEHEN

Über die Jahrhunderte hinweg haben sich bestimmte Verbindungen zu den Sonnenzeichen ergeben – Mythen, Farben, Tiere, auch persönliche Eigenschaften (siehe S. 80–127). Sie werden aber lernen, daß die subtileren Facetten der Persönlichkeit auf andere Bereiche des Horoskops zurückgehen.

DER ASTRONOMISCHE HINTERGRUND

Es ist sehr wichtig, sich zu Beginn der Beschäftigung mit der faszinierenden und sehr komplexen Astrologie mit ihrem astronomischen Hintergrund vertraut zu machen (S. 14–23). Schließlich waren diese beiden Wissenschaften, denen die Beschäftigung mit dem Himmel gemeinsam ist, früher nicht voneinander getrennt.

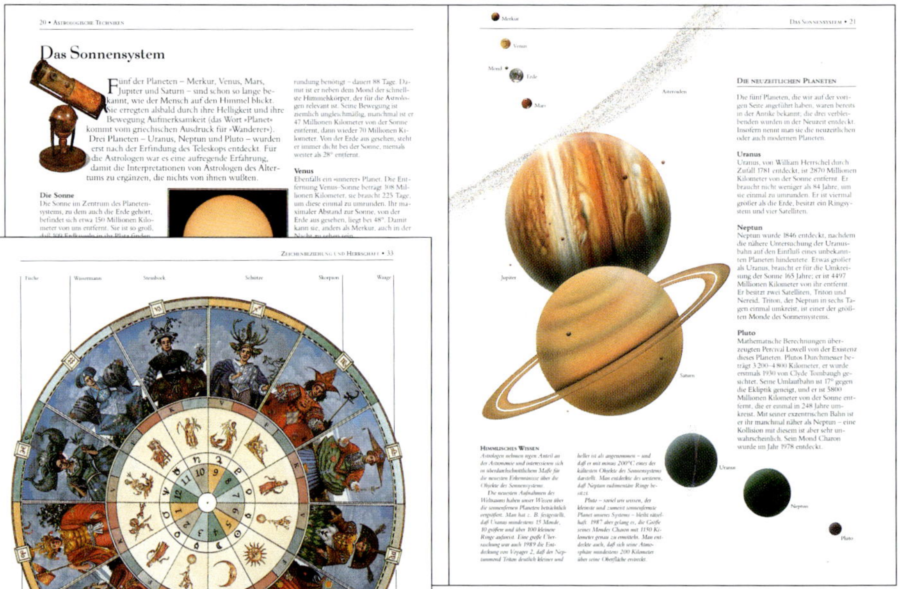

DER TIERKREIS UND DIE PLANETEN

Die Tierkreiszeichen und ihre Beziehung zu den Planeten bilden das Herzstück der Interpretation (S. 26–35). Vergessen Sie die Populärastrologie; studieren Sie statt dessen die traditionellen Zeichen- und Herrschaftsbeziehungen (S. 32–35), und gehen Sie dann zum Teil »Die Wirkung der Planeten« (S. 209–347). Mit den Informationen dort erhalten Sie ein noch genaueres Bild.

Andere Abschnitte dieses Buches zeigen Ihnen, wie Sie mit zusätzlichen Techniken (S. 73) oder mit der Synastrie, dem Vergleich zweier Horoskope (S. 152), Ihre Methodik erweitern und verfeinern können. Wir führen auch eine Reihe von Fallstudien an, bei denen Sie analysieren können, wie professionelle Astrologen die Interpretationstechnik einsetzen.

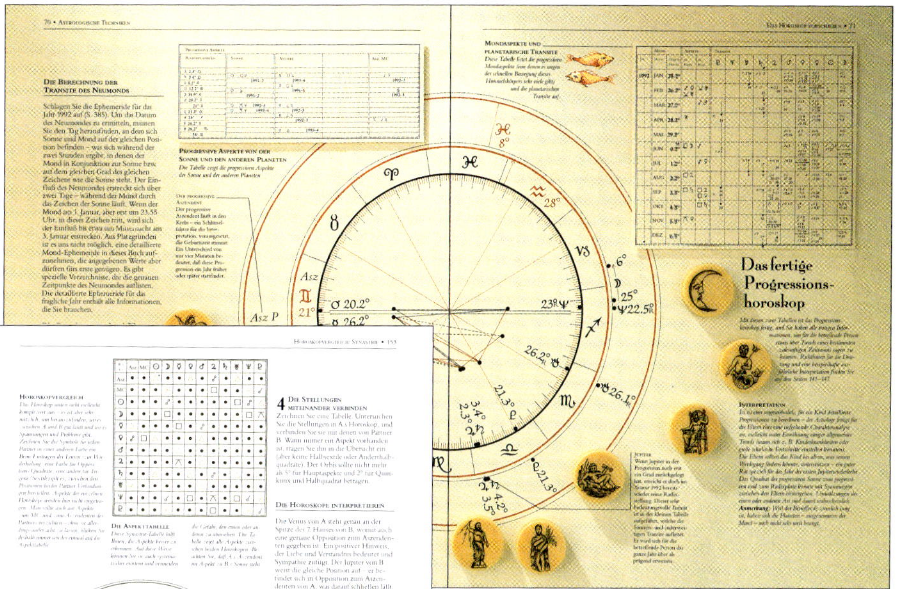

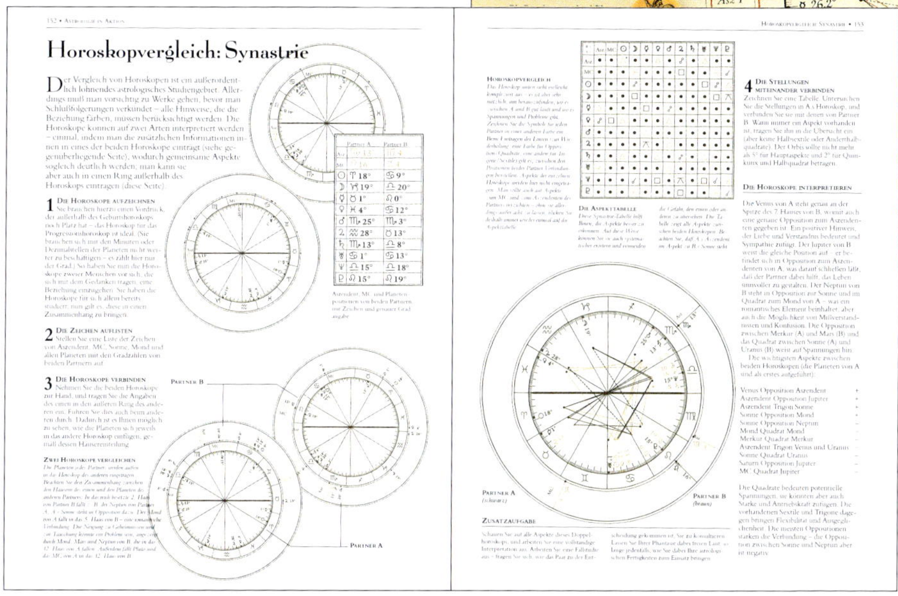

DAS GEBURTSHOROSKOP

Studieren Sie die Seiten, die die Berechnung des Horoskops erläutern (S. 42–47), und folgen Sie dann den Ausführungen, wie man ein Horoskop zeichnet (S. 48–59). Danach können Sie sich mit den Progressionen beschäftigen (S. 60–72). Bei Ihrer Arbeit können Sie sich auf die Tabellen am Ende dieses Buches (S. 349–400) stützen; sie enthalten alle Angaben, die nötig sind, um genaue Berechnungen durchzuführen. Schließlich werden Sie imstande sein, Ihre eigenen Interpretationen zu erarbeiten (S. 130–147).

Erwarten Sie nicht, daß alles ganz schnell geht – zunächst einmal sind viele Stunden des Studiums nötig. Wir empfehlen, sich zunächst gründlich mit den Basisfaktoren der Planeten und Aspekte zu befassen (Teil 4 bzw. S. 209–347). Erst dann sollten Sie sich an die Interpretation wagen.

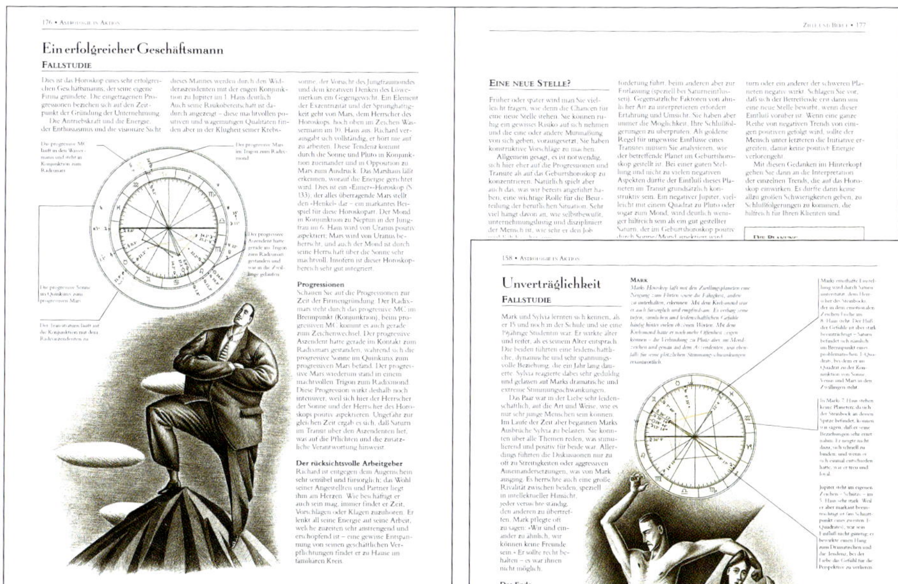

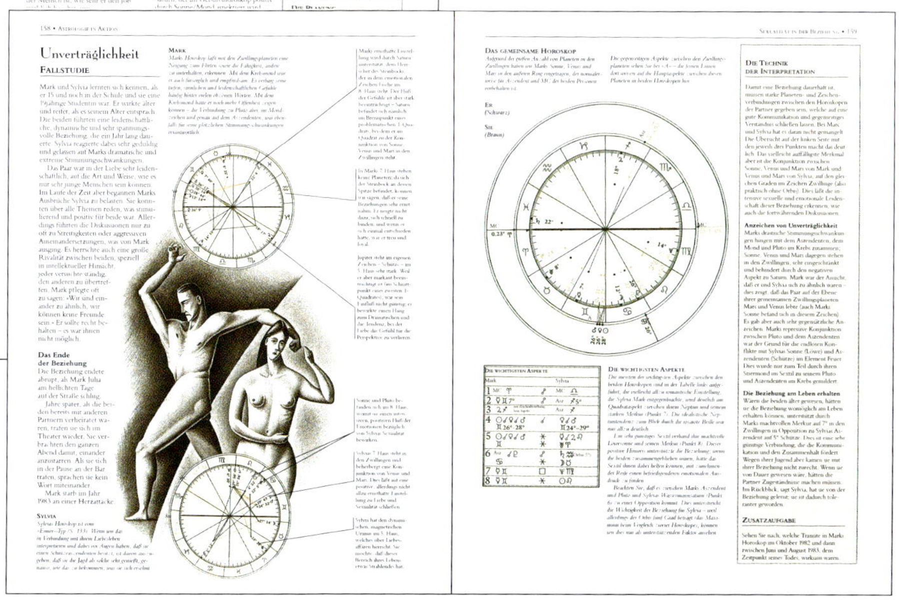

ASTROLOGIE IN AKTION

Wenn Sie erst einmal mit der Berechnung und Interpretation vertraut geworden sind, können Sie an die eigentliche astrologische Arbeit gehen. Wir führen Fallstudien aus Julia Parkers Unterlagen an; diese bieten Ihnen Anhaltspunkte, wenn Sie sich dann selbst auf den Weg in das komplexe Gebiet der menschlichen Probleme machen.

SHARP
Scientific calculator EL-553
MEMORY SAFE GUARD / AUTO POWER OFF

· 1 ·

Astrologische Techniken

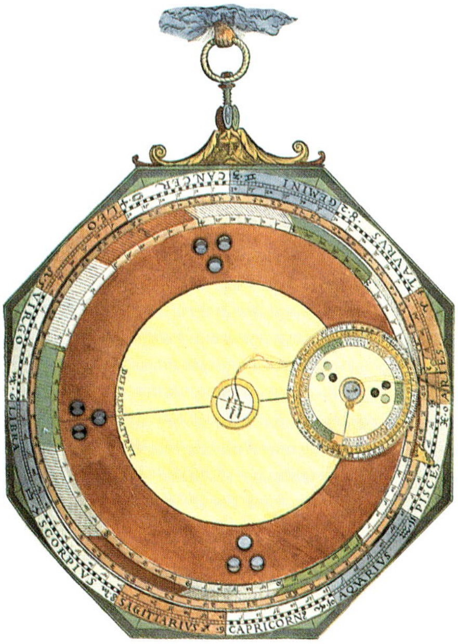

Der astronomische Hintergrund

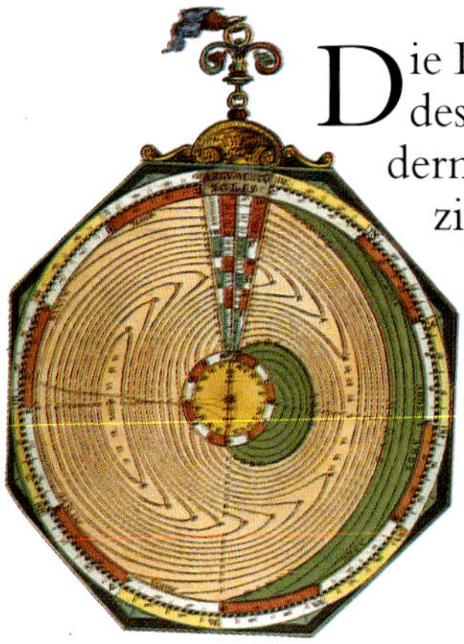

Die Basis der Astrologie ist die Astronomie des Sonnensystems (mit den Sternen hat die moderne westliche Astrologie nichts zu tun – der einzige Stern, der für die Astrologie wichtig ist, ist die Sonne). An dieser Stelle möchten wir die astronomischen Fakten des Sonnensystems vorstellen, die zusammen mit der Berechnung des Horoskops das Grundgerüst der Astrologie bilden. Wenn Sie bei diesen Ausgangspunkten Fehler machen, wird das Geburtshoroskop falsch sein – und damit Ihre Interpretation.

Jeder Astrologe sollte sich über bestimmte astronomische Sachverhalte im klaren sein. Aus diesem Grund geben wir eine so einfach formulierte Erklärung verschiedener Phänomene.

Astronomie und Astrologie gingen für Tausende von Jahren Hand in Hand. Die menschliche Beschäftigung mit dem Himmel begann lange vor der Erfindung der Schrift – insofern können wir über das frühe astronomische Wissen nur Vermutungen anstellen. Aber bereits vor 6000 Jahren haben chaldäische Priester Himmelskarten angefertigt. Lehmtafeln, die auf das Jahr 3800 v. Chr. zurückgehen, verzeichnen mit bemerkenswerter Genauigkeit die

Frühes Wissen
Ein Astronom/Astrologe des 13. Jahrhunderts untersucht den Himmel.

Bahnen von Sonne und Mond.

Astronomie und Astrologie resultierten fraglos aus der Verbindung von menschlicher Neugier und der Überzeugung, daß der Himmel die Erde beeinflußt. Es liegt nahe, daß der Mond, der größte Himmelskörper, von Anfang an große Aufmerksamkeit genossen hat. Unabhängig von Einflüssen wie den Gezeiten und dem Zyklus der Menstruation bemerkte der Mensch alsbald die Wirkung des Mondes auf die Sexualität.

Der grösste Planet
Der helle »Stern« ist der Planet Jupiter, hier im Sternbild des Krebses.

Dann bemerkte man, daß zwischen den Fixsternen – welche sich um die Erde zu drehen schienen, sich aber in Relation zueinander nicht bewegten – fünf schelmische Gestalten herumstreiften, und zwar auf befremdlichen Bahnen: Einige von ihnen zogen langsam über den Himmel, andere sausten zwischen ihren Gefährten umher, alle waren aber auf eine Bahn beschränkt, auf die Ekliptik, die im Winkel von 23° zum Erdäquator geneigt ist.

Allmählich (die Geschichte des Tierkreises ist ein faszinierendes Studiengebiet für sich) kamen die Astrologen dazu, den Ring der Ekliptik in zwölf Sektionen zu teilen, die jeweils den Namen der Sternkonstellation erhielten, die sich »dahinter« befand. In der Folge erkannte man, daß mit dem Lauf eines Planeten durch eine Sektion bestimmte Ereignisse verbunden waren: Kinder, die zu dieser Zeit geboren wurden, wiesen gemeinsame Eigenschaften auf, und bestimmte Geschehnisse waren damit wahrscheinlicher als andere.

Die frühen Astronomen

Für die nächsten 4500 oder mehr Jahre waren die Astrologen/Astronomen damit beschäftigt, das Wesen des Sonnensystems sowie den Zusammenhang zwischen Geschehnissen am Himmel und Ereignissen auf der Erde zu untersuchen. Die Hochzivilisationen der Ägypter und der Griechen entwickelten die Theorie und bauten sie aus, indem sie astronomisch, aber auch astrologisch weiterforschten. Der große Astronom Claudius Ptolemäus stellte nicht nur einen erstaunlichen Katalog von sage und schreibe 1022 Fixsternen zusammen, sondern hinterließ uns auch das früheste astrologische Werk, das überliefert ist, die Tetrabiblos, geschrieben zwischen 139 und 161 n. Chr.

Von der Frühzeit bis zum Beginn des 18. Jahrhunderts war es fast immer so, daß Astronomen sich gleichzeitig auch mit der Astrologie beschäftigten – wenngleich sie unterschiedlicher Ansicht über sie waren. Die großen Astronomen des 16. Jahrhunderts – Wissenschaftler wie z. B. Galileo, Kepler, Kopernikus und Tycho Brahe –, die das Wissen der Menschheit über das Sonnensystem so sehr bereichert haben, sahen die Astrologie allesamt als einen wichtigen Teil ihrer Disziplin. Der Bruch ergab sich, nachdem man erkannt hatte, daß die Sonne und nicht die Erde im Mittelpunkt des Sonnensystems steht.

Die Kopernikanische Revolution
Kopernikus war der erste, der die Sonne in den Mittelpunkt des Universums rückte.

Im Zeitalter der Aufklärung wurde dann immer mehr bezweifelt, daß das menschliche Leben durch die Planeten beeinflußt wird.

DAS STUDIUM DES SONNENSYSTEMS
Eine stilisierte Szene des frühen 17. Jahrhunderts: Der Astronom bei der Arbeit

Die Entdeckung der »modernen« Planeten Uranus, Neptun und Pluto ab der Mitte des 18. Jahrhunderts schien der astrologischen Theorie einen weiteren schweren Stoß zu versetzen (gleichermaßen aber erschütterte z. B. Harveys Entdeckung des Blutkreislaufs die Medizin in tiefster Weise). Als sich Anfang des 20. Jahrhunderts ein neues Interesse an der Astrologie zeigte, lag das eher an der modernen Psychologie denn an den Astronomen, die für gewöhnlich dem Ursprung ihrer eigenen Wissenschaft unversöhnlich gegenüberstehen. Die Kritik an der Astrologie durch zeitgenössische Astronomen ist fast immer von Unkenntnis getragen. Nur sehr wenige machen sich die Mühe, sie tatsächlich kennenzulernen. Von wenigen rühmlichen Ausnahmen abgesehen, kritisieren Astronomen die Astrologie aus einer Reihe von absurden Gründen und Annahmen, so z. B., daß die Astrologen kein astronomisches Wissen hätten, wegen des Phänomens der Präzession (siehe S. 18), oder weil sie meinen, die planetarischen Einflüsse würden nach Ansicht der Astrologen auf Schwerkraft beruhen.

Auf der anderen Seite müssen die Astrologen wissen, wie das Sonnensystem beschaffen ist. Die folgenden Seiten sollten gründlich studiert werden.

IN DEN HIMMEL SCHAUEN
Ein aus Messing gefertigtes Refraktionsteleskop des 18. Jahrhunderts. Modelle dieser Art waren bei Amateurastronomen sehr gefragt.

STERNE UND PLANETEN

Die einfachste Erklärung, die der Mensch in früherer Zeit für das Sonnensystem hatte, war die Annahme, daß sich die Erde im Mittelpunkt einer sich drehenden Kugel befand, an deren innerer Oberfläche die Sterne festgemacht waren; die Planeten befanden sich zwischen dieser Hülle und dem irdischen Beobachter. Wir wissen, daß das Unsinn ist – nichtsdestoweniger aber eine nützliche Vorstellung für die Untersuchung der Bewegung der Planeten. Die Sterne, die sich aufgrund der Erdrotation um uns zu bewegen scheinen, stehen in Relation zueinander still. Deshalb können wir sie als Maßstab für die Bewegung der Planeten benutzen.

DIE STERNE AUFZEICHNEN
Diese astrologische Karte wurde 1660 angefertigt.

Die drei Kreise

Drei »große Kreise« brauchen die Astronomen, um die Position der Planeten zur Erde zu beschreiben: den Horizont, den Äquator und die Ekliptik. Wenn wir uns vorstellen, den Äquator auf den Himmel zu projizieren, erhalten wir den Himmelsäquator – welcher genau über dem irdischen Äquator liegt und den Himmel in zwei Hemisphären teilt, die nördliche und die südliche, in deren Mitte sich jeweils ein Himmelspol befindet; so, wie der Nord- bzw. Südpol den Mittelpunkt der irdischen Hemisphären bezeichnet.

Zwei imaginäre Kreise – der Äquator und die Ekliptik – machen es uns möglich, die Position der Planeten im Verhältnis zur Erde zu bestimmen. Der Himmelsäquator ist nichts anderes als der auf die imaginäre Himmelskugel projizierte Erdäquator. Der Himmelsäquator steht also insofern genau »über« dem Erdäquator und teilt den Himmel in eine nördliche und eine südliche Hälfte, in deren Mitte sich die Pole befinden – wie bei der Erde auch.

Die Ekliptik

Die Ekliptik stellt einen weiteren imaginären Kreis dar, welcher von der Sonne bzw. ihrem scheinbaren Lauf um die Erde gebildet wird. Sie weist einen bestimmten Winkel zum Himmelsäquator auf, was zur Folge hat, daß sich die beiden Bahnen zweimal schneiden – einmal am Anfang des Widders (Frühjahrstagundnachtgleiche) und dann wieder am Anfang der Waage (Herbsttagundnachtgleiche). In nördlichen Breiten beginnt, wenn die Sonne in den Widder bzw. in die Waage tritt, offiziell der Frühling bzw. der Herbst; in südlichen Breiten steht das Erreichen des Widderpunktes für den Herbstanfang.

Die höchsten Punkte auf der Ekliptik – am weitesten vom Äquator entfernt – sind als Wendepunkte bekannt. Die Sonne erreicht die Sommersonnenwende, wenn sie in den Krebs tritt, die Wintersonnenwende mit Eintritt in den Steinbock. (Auch hier verhält es sich in südlichen Breiten umgekehrt.) Zu diesen Zeiten, der größten Entfernung zum Äquator, scheint die Sonne stillzustehen, bevor sie dann schließlich wieder ihre Bewegung in die entgegengesetzte Richtung aufnimmt.

Zum Zeitpunkt der Sommersonnenwende beschreibt sie eine Bahn, die als Wendekreis des Krebses bekannt ist, im Dezember den Wendekreis des Steinbocks. Diese Begriffe haben nichts mit den Tierkreiszeichen zu tun, sondern geben lediglich die maximale südliche bzw. nördliche Stellung der Sonne an.

Man teilt die Ekliptik in zwölf gleich große Abschnitte von je 30°, welche mit den Tierkreisnamen bezeichnet werden. Wenn wir den Himmelsäquator in Sektoren von 15° einteilen, gehen daraus die Stunden hervor – es dauert jeweils eine Stunde, bis der nächste dieser Sektoren am Himmel kulminiert.

Die Bewegung der Sonne

Weil die Erde für ihre Umrundung der Sonne ein Jahr braucht, hat es den Anschein, daß sich die Sonne in zwölf Monaten einmal durch den Tierkreis in der Folge der zwölf Zeichen bewegt.

Der Meridian

Eine Linie auf der Erde von Pol zu Pol. Der Meridian Ihrer Geburt ist eine imaginäre Linie, die in Nord-Süd-Richtung durch Ihren Geburtsort läuft.

Deklination

Der in Grad gemessene nördliche oder südliche Abstand zwischen Himmelskörper und Himmelsäquator. Das Gegenstück zu den Breitengraden der Erde.

Das MC (Medium Coeli) oder die Himmelsmitte

Das MC bzw. die Himmelsmitte ist der Punkt, wo sich die Ekliptik und der Meridian des Geburtsortes treffen.

Das IC (Imum Coeli)

Der Punkt, der dem MC genau entgegengesetzt ist. Beim Placidus- und einigen anderen Häusersystemen (siehe S. 38) fällt es mit der Spitze des 4. Hauses zusammen. Wenn wir das System der Äqualen Häuser benutzen, verhält es sich anders: MC und IC können dann in eine Reihe von Häusern fallen.

Nonagesimal

Der Punkt, der 90 Grad vom Aszendenten entfernt ist (Vorsicht: nicht mit dem MC gleichzusetzen!).

Der Aszendent

Der Aszendent (oder Asz.) ist der Grad eines Zeichens, der zu einem gegebenen Moment am Osthorizont aufsteigt.

Der Deszendent

Der Punkt, der dem Aszendenten gegenüberliegt. Befindet sich immer an der Spitze des 7. Hauses.

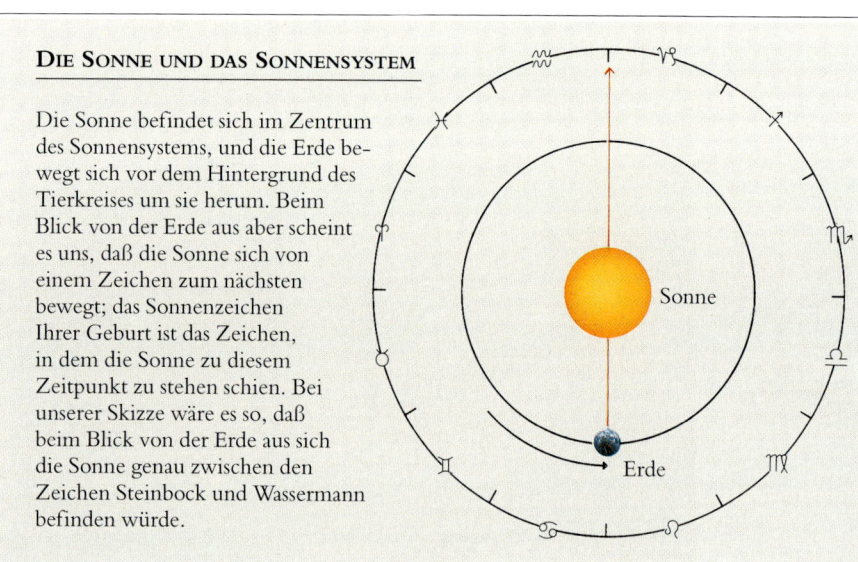

Die Sonne und das Sonnensystem

Die Sonne befindet sich im Zentrum des Sonnensystems, und die Erde bewegt sich vor dem Hintergrund des Tierkreises um sie herum. Beim Blick von der Erde aus aber scheint es uns, daß die Sonne sich von einem Zeichen zum nächsten bewegt; das Sonnenzeichen Ihrer Geburt ist das Zeichen, in dem die Sonne zu diesem Zeitpunkt zu stehen schien. Bei unserer Skizze wäre es so, daß beim Blick von der Erde aus sich die Sonne genau zwischen den Zeichen Steinbock und Wassermann befinden würde.

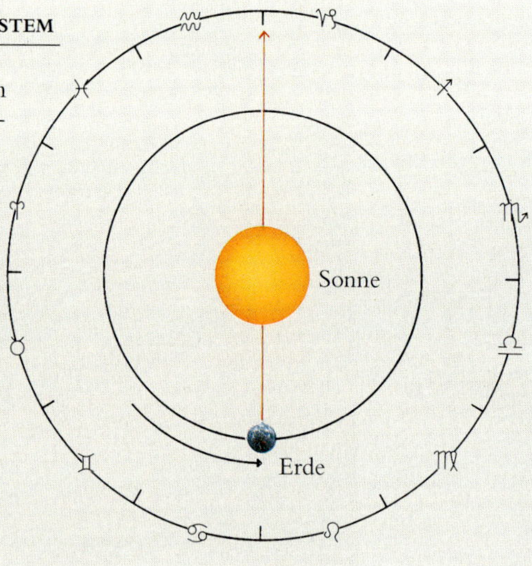

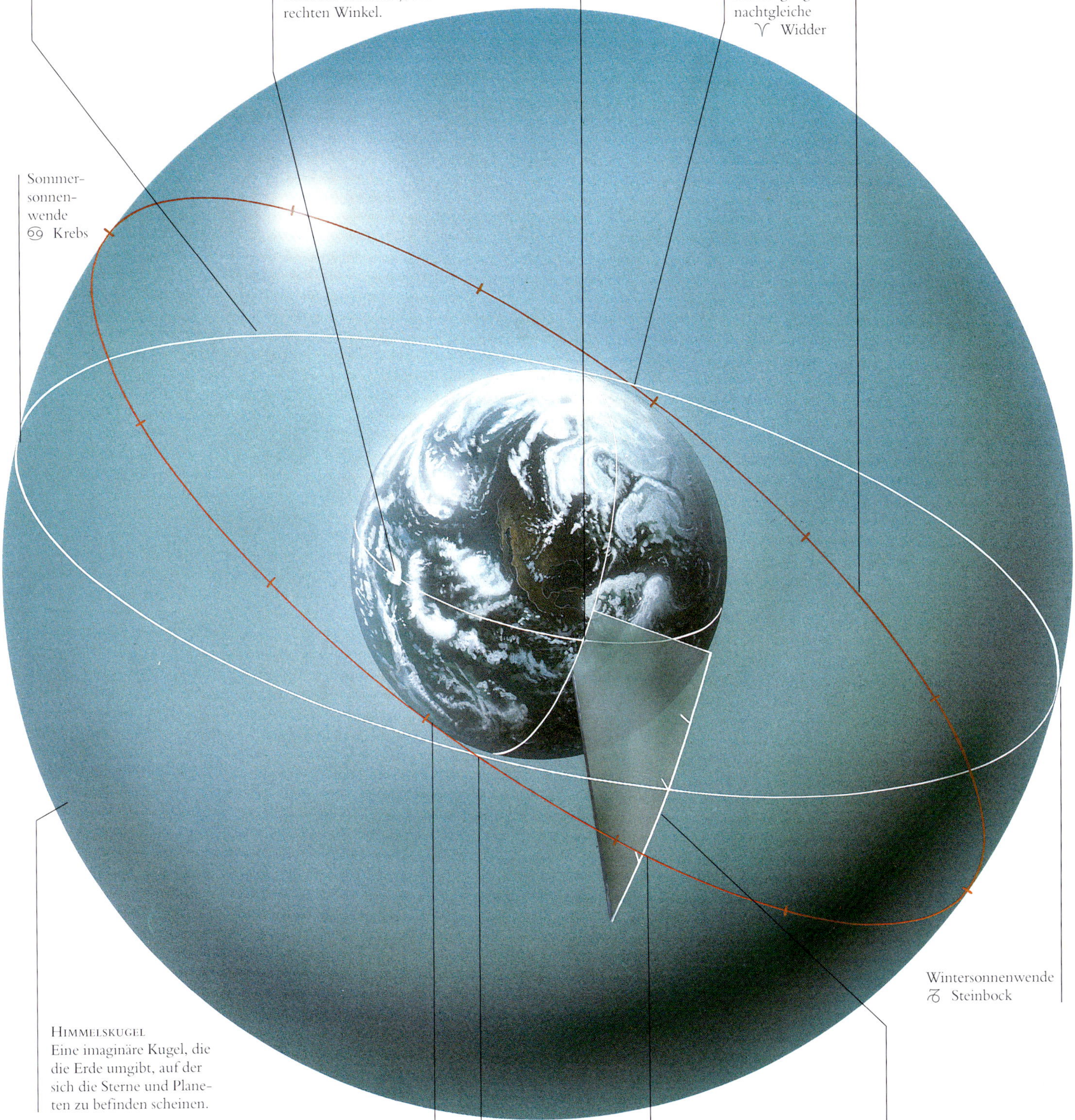
HIMMELSÄQUATOR
Der Himmelsäquator stellt die Projektion des Erdäquators auf den Himmelskreis dar.
ÄQUATOR
Der Erdäquator ist der Kreis, dessen Ebene die Erdachse in zwei gleichgroße Hälften teilt (die Achse, die Nord- und Südpol miteinander verbindet), und zwar im rechten Winkel.
MERIDIAN
Der Meridian ist ein Halbkreis auf der Erdoberfläche, der von Pol zu Pol verläuft.
EKLIPTIK
Die Ekliptik markiert den scheinbaren Weg der Sonne über den Himmel, von der Erde aus gesehen.
Frühlingstagundnachtgleiche
♈ Widder
Sommersonnenwende
♋ Krebs
Wintersonnenwende
♑ Steinbock
HIMMELSKUGEL
Eine imaginäre Kugel, die die Erde umgibt, auf der sich die Sterne und Planeten zu befinden scheinen.
Herbsttagundnachtgleiche
♎ Waage
ZEICHENEINTEILUNG
Die Ekliptik ist in zwölf Abschnitte von je 30° eingeteilt, die alle eine bestimmte Bezeichnung haben.
MC
Das MC ist der Punkt, an dem zum Zeitpunkt die Ekliptik den Meridian der Geburt schneidet.
DEKLINATION
Eine astronomische Koordinate, vergleichbar mit den Breitengraden der Erde. Die Deklination erstreckt sich von 0° am Himmelsäquator bis 90° an den Polen.

DIE ASTROLOGISCHE SPHÄRE
Die alten Philosophen sahen die Erde als Zentrum des Universums – man nahm an, daß um sie herum eine hohle Kugel war, deren Mittelpunkt sie bildete.

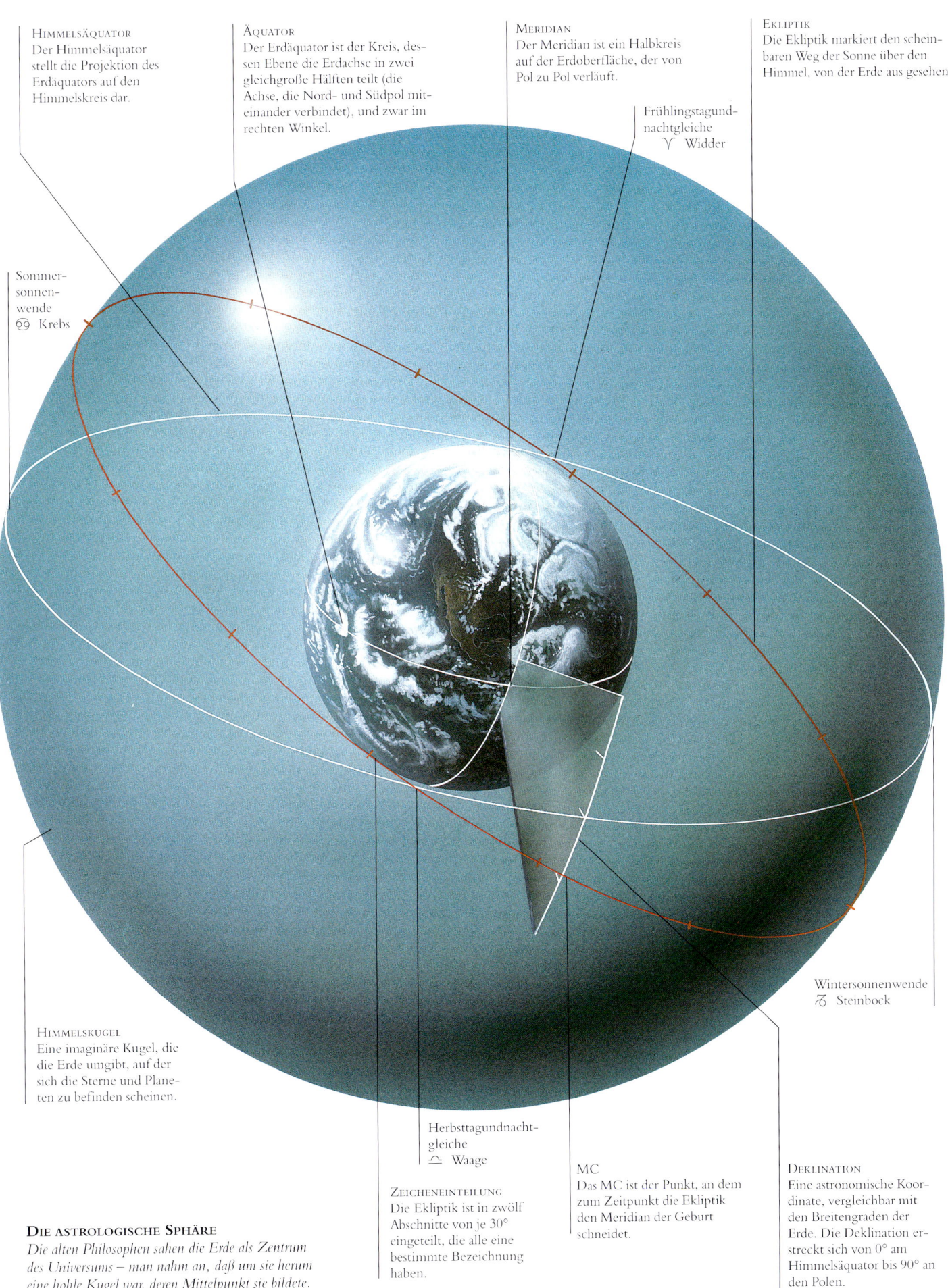

Der Tierkreis

Der Tierkreis entstand als Zeitmaßeinheit. Niemand weiß, wann man ihn zur Klassifizierung von Persönlichkeiten oder zur Vorhersage einsetzte. Fest steht nur, daß die ersten Horoskopzeichnungen von 410 v. Chr. datieren und der Tierkreis von 500 v. Chr. Der babylonische Tierkreis wies 18 verschieden große Zeichen auf. Es war aber einfacher, die 360 Grad in zwölf gleiche Abschnitte zu teilen, wahrscheinlich benutzte man den »modernen« Tierkreis schon lange vor Chr. Als Plato 365 v. Chr. über Astrologie schrieb, wurden die Zeichen immer noch von Göttern regiert und hingen mit Mythen aus Babylonien, Ägypten und Assyrien zusammen.

Der Tierkreis im Altertum

Die Astrologen des Altertums glaubten, daß die Erde selbst einen Geburtstag hatte und daß bei ihrer Geburt »der Widder an der Himmelsmitte stand, und weil die Himmelsmitte oben steht, ging man davon aus, daß der Widder das erste aller Zeichen wäre – dasjenige, das aufmerkte, als das Licht kam« (Macrobius, 500 v. Chr.).

Die Mythen, die man mit den Tierkreiszeichen in Verbindung brachte, stammten aus einer Vielzahl von Quellen, der Widder z. B. aus ägyptischen, der Stier aus babylonischen, der Steinbock aus assyrischen.

Diese Zeichnung ist eine typische graphische Darstellung des Tierkreises, wie sie in vielen Werken zu finden war. Sie enthält zwei Konstellationen, die von Ptolemäus in seinem Sternenkatalog aus dem Jahr 150 v. Chr. aufgelistet sind, die aber nicht zum Tierkreis gehören: Ophiuchus (Schlangenträger) und Cetus (Wal). Man ist heute der Ansicht, daß diese beiden keine besondere Bedeutung haben.

Das Sonnensystem ähnelt einer gewaltigen Scheibe, die durch den Raum kreist. Die Planeten kreisen auf der gleichen Ebene wie die Erde um die Sonne – Pluto als einzige Ausnahme weist eine Abweichung von 17° auf (die anderen Planeten weniger als 7°). Deshalb ziehen, von der Erde aus gesehen, alle Planeten auf derselben Bahn über den Himmel, auf der Ekliptik nämlich (siehe S. 16). Die Tierkreiszeichen säumen diesen Weg. Allerdings sollte man zu den allgemein bekannten zwölf Zeichen noch Ophiuchus (Schlangenträger) und Cetus (Wal) hinzufügen, welche astrologisch aber nicht weiter wichtig zu sein scheinen.

Die Rolle der Zeichen

Es kann nicht nachdrücklich genug betont werden, daß die Tierkreiszeichen nichts als eine Art Arbeitserleichterung für die Astrologen sind. Es handelt sich um eine bequeme Methode, die 30°-Segmente der Ekliptik, durch die Sonne, Mond und Planeten ziehen, zu benennen. Während die symbolischen Kreaturen des Tierkreises – Krebs, Schütze, die Zwillinge usw. – zweifellos eine Rolle bei der Entwicklung der Theorie gespielt haben, sind sie doch nicht weiter von Bedeutung.

Die Präzession der Frühlingstagundnachtgleichen

Es ist darauf hinzuweisen, daß aufgrund eines astronomischen Phänomens namens Präzession der Tagundnachtgleichen die 30°-Abschnitte heute nicht mehr mit den Sternbildern übereinstimmen: Der Punkt 0° Widder befindet sich heute im Sternbild der Fische. Dies beeinträchtigt die astrologische Theorie aber nicht, welche sich auf die Himmelssektoren und nicht auf die Sternbilder darin bezieht.

Schnell und langsam aufsteigende Zeichen

Weil die Erdachse nicht im rechten Winkel zur Ekliptik steht, brauchen bestimmte astrologische Segmente länger als andere, um über den Horizont zu steigen. In nördlichen Breiten sind Krebs, Löwe, Jungfrau, Skorpion, Schütze und Steinbock die sogenannten Zeichen von langer Aszension. Wenig Zeit für den Aufstieg brauchen dagegen Widder, Stier, Zwillinge, Wassermann und Fische.

DIE TIERKREISZEICHEN
Die Tierkreiszeichen, die die Erde umgeben, werden von bestimmten Gruppen von Fixsternen gebildet, in denen man über die Jahrhunderte hinweg bestimmte Muster gesehen hat. Diese stimmen mehr oder weniger gut mit den betreffenden Symbolen überein.

Das Sonnensystem

Fünf der Planeten – Merkur, Venus, Mars, Jupiter und Saturn – sind schon so lange bekannt, wie der Mensch auf den Himmel blickt. Sie erregten alsbald durch ihre Helligkeit und ihre Bewegung Aufmerksamkeit (das Wort »Planet« kommt vom griechischen Ausdruck für »Wanderer«). Drei Planeten – Uranus, Neptun und Pluto – wurden erst nach der Erfindung des Teleskops entdeckt. Für die Astrologen war es eine aufregende Erfahrung, damit die Interpretationen von Astrologen des Altertums zu ergänzen, die nichts von ihnen wußten.

Die Sonne
Die Sonne im Zentrum des Planetensystems, zu dem auch die Erde gehört, befindet sich etwa 150 Millionen Kilometer von uns entfernt. Sie ist so groß, daß 109 Erdkugeln in ihr Platz finden würden.

Der Mond
Der Mond als einziger natürlicher Satellit der Erde wird der Bequemlichkeit halber als Planet behandelt – anders als die »richtigen« Planeten aber kreist er um die Erde (wofür er 27 Tage, 7 Stunden, 43 Minuten und 11 Sekunden braucht). Erde und Mond kreisen zusammen um die Sonne. Vom Sonnenlicht erhellt, scheint er zu wachsen oder kleiner zu werden – zuzunehmen und abzunehmen. Er ist »neu«, wenn er sich zwischen Erde und Sonne befindet und damit unsichtbar ist, 13,5 Tage später, im Sonnenlicht in ganzer Größe erstrahlend, ist er »voll«.

Weil sich der Mond vor dem Hintergrund der Sterne in östlicher Richtung bewegt, geht er jede Nacht später auf – durchschnittlich etwa 50 Minuten, manchmal aber auch nur 15 oder wieder 60 Minuten. Der Vollmond geht immer bei Sonnenuntergang auf und bei Sonnenaufgang unter. Wenn der Mond genau vor der Sonne steht, erleben wir eine Sonnenfinsternis – ein dramatisches Ereignis, dem früher astrologisch eine sehr große Bedeutung zugeschrieben wurde.

Merkur
Merkur steht der Sonne am nächsten; astronomisch bezeichnet man ihn und die Venus als »innere Planeten«, deren Umlaufbahnen zwischen Sonne und Erde liegen. Mit seinem Durchmesser von nur 4880 Kilometer ist er der kleinste aller bekannten Planeten; sein Jahr – also die Zeit, die er für eine Sonnenumrundung benötigt – dauert 88 Tage. Damit ist er neben dem Mond der schnellste Himmelskörper, der für die Astrologen relevant ist. Seine Bewegung ist ziemlich ungleichmäßig, manchmal ist er 47 Millionen Kilometer von der Sonne entfernt, dann wieder 70 Millionen Kilometer. Von der Erde aus gesehen, steht er immer dicht bei der Sonne, niemals weiter als 28° entfernt.

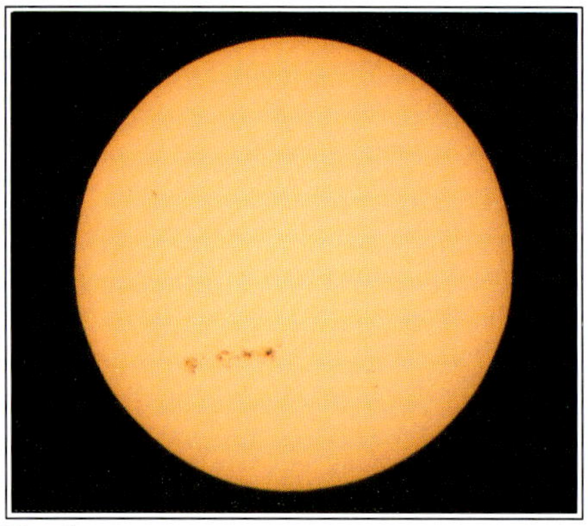

Die Sonne
Astrologen bezeichnen die Sonne als Planeten; sie ist der einzige Stern, der in der Astrologie berücksichtigt wird.

Kleinere und hypothetische Himmelskörper

Es ist viel über den Einfluß der kleineren Himmelskörper des Sonnensystems spekuliert worden, bei den Asteroiden z. B., von denen es über 40 000 gibt. Die größten davon – Ceres, Vesta, Pallas und Eros – hat man untersucht; es gibt sogar Ephemeriden von ihnen. 1977 entdeckte man einen winzigen Planeten von 482 Kilometer Durchmesser zwischen Saturn und Uranus; man kann aber über seine astrologische Wirkung nur Spekulationen anstellen.

Hypothetische Himmelskörper
Es wurde auch viel über Lilith spekuliert, die man als einen Satelliten der Erde ansah, mit einer Größe von einem Viertel des Mondes. Es ist aber eher unwahrscheinlich, daß dieser »Planet« existiert: Die Astrologen des 18. Jahrhunderts haben dabei vielleicht auf einen Asteroiden geschaut. Astronomen wie Astrologen haben sich ebenfalls Gedanken zur Existenz eines Planeten, der manchmal Vulkan genannt wird, gemacht; er soll sich zwischen Sonne und Merkur befinden.

Venus
Ebenfalls ein »innerer« Planet. Die Entfernung Venus–Sonne beträgt 108 Millionen Kilometer, sie braucht 225 Tage, um diese einmal zu umrunden. Ihr maximaler Abstand zur Sonne, von der Erde aus gesehen, liegt bei 48°. Damit kann sie, anders als Merkur, auch in der Nacht zu sehen sein.

Mars
Mars ist der erste Planet auf der sonnenabgewandten Seite der Erde, insofern der erste »äußere« Planet. Er weist eine relativ exzentrische Umlaufbahn auf, er kann der Sonne bis auf 208 Millionen Kilometer nahekommen, sich aber auch bis zu 228 Millionen Kilometer von ihr entfernen. Er kreist einmal in 687 Tagen um die Sonne.

Jupiter
Neben der Sonne der größte Himmelskörper des Sonnensystems (143 000 Kilometer im Durchmesser), 778 Millionen Kilometer von ihr entfernt. Für ihre Umkreisung braucht er 11,86 Jahre. Jupiter besitzt ein magnetisches Feld, das 20 000mal stärker ist als das der Erde, und sendet Radiowellen aus. Er hat 15 Monde; Ganimed, Callisto, Io und Europa sind von der Erde schon mit einem kleinen Teleskop zu sehen. Sie wurden von Galileo 1610 mit dem ersten Teleskop entdeckt.

Saturn
Saturn ist der zweitgrößte Planet unseres Systems (120 000 Kilometer im Durchmesser); seine Umkreisung der Sonne, von der er 1,426 Millionen Kilometer entfernt ist, dauert 29,5 Jahre. Seine Ringe – von denen es drei große und hunderte, vielleicht tausende kleine gibt – wurden erstmals im Jahr 1955 untersucht. Sie bestehen aus Eis- und Felsbrocken, die um den Planeten kreisen. Saturn hat zwölf Monde, der größte davon ist Titan.

Die neuzeitlichen Planeten

Die fünf Planeten, die wir auf der vorigen Seite angeführt haben, waren bereits in der Antike bekannt; die drei verbleibenden wurden in der Neuzeit entdeckt. Insofern nennt man sie die neuzeitlichen oder auch modernen Planeten.

Uranus

Uranus, von William Herrschel durch Zufall 1781 entdeckt, ist 2870 Millionen Kilometer von der Sonne entfernt. Er braucht nicht weniger als 84 Jahre, um sie einmal zu umrunden. Er ist viermal größer als die Erde, besitzt ein Ringsystem und vier Satelliten.

Neptun

Neptun wurde 1846 entdeckt, nachdem die nähere Untersuchung der Uranusbahn auf den Einfluß eines unbekannten Planeten hindeutete. Etwas größer als Uranus, braucht er für die Umkreisung der Sonne 165 Jahre; er ist 4497 Millionen Kilometer von ihr entfernt. Er besitzt zwei Satelliten, Triton und Nereid. Triton, der Neptun in sechs Tagen einmal umkreist, ist einer der größten Monde des Sonnensystems.

Pluto

Mathematische Berechnungen überzeugten Percival Lowell von der Existenz dieses Planeten. Plutos Durchmesser beträgt 3 200–4 800 Kilometer, er wurde erstmals 1930 von Clyde Tombaugh gesichtet. Seine Umlaufbahn ist 17° gegen die Ekliptik geneigt, und er ist 5800 Millionen Kilometer von der Sonne entfernt, die er einmal in 248 Jahre umkreist. Mit seiner exzentrischen Bahn ist er ihr manchmal näher als Neptun – eine Kollision mit diesem ist aber sehr unwahrscheinlich. Sein Mond Charon wurde im Jahr 1978 entdeckt.

Himmlisches Wissen

Astrologen nehmen regen Anteil an der Astronomie und interessieren sich in überdurchschnittlichem Maße für die neuesten Erkenntnisse über die Objekte des Sonnensystems.

Die neuesten Aufnahmen des Weltraums haben unser Wissen über die sonnenfernen Planeten beträchtlich vergrößert. Man hat z. B. festgestellt, daß Uranus mindestens 15 Monde, 10 größere und über 100 kleinere Ringe aufweist. Eine große Überraschung war auch 1989 die Entdeckung von Voyager 2, daß der Neptunmond Triton deutlich kleiner und heller ist als angenommen – und daß er mit minus 200°C eines der kältesten Objekte des Sonnensystems darstellt. Man entdeckte des weiteren, daß Neptun rudimentäre Ringe besitzt.

Pluto – soviel wir wissen, der kleinste und zumeist sonnenfernste Planet unseres Systems – bleibt rätselhaft. 1987 aber gelang es, die Größe seines Mondes Charon mit 1150 Kilometer genau zu ermitteln. Man entdeckte auch, daß sich seine Atmosphäre mindestens 200 Kilometer über seine Oberfläche erstreckt.

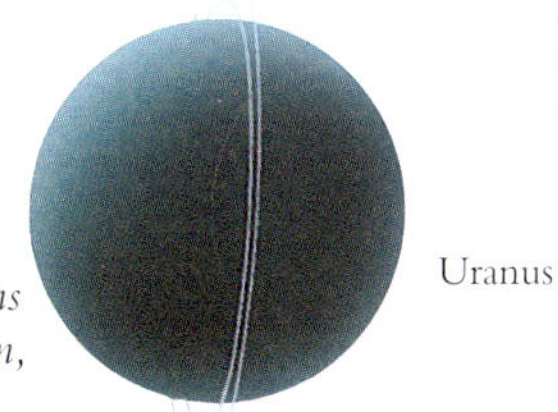

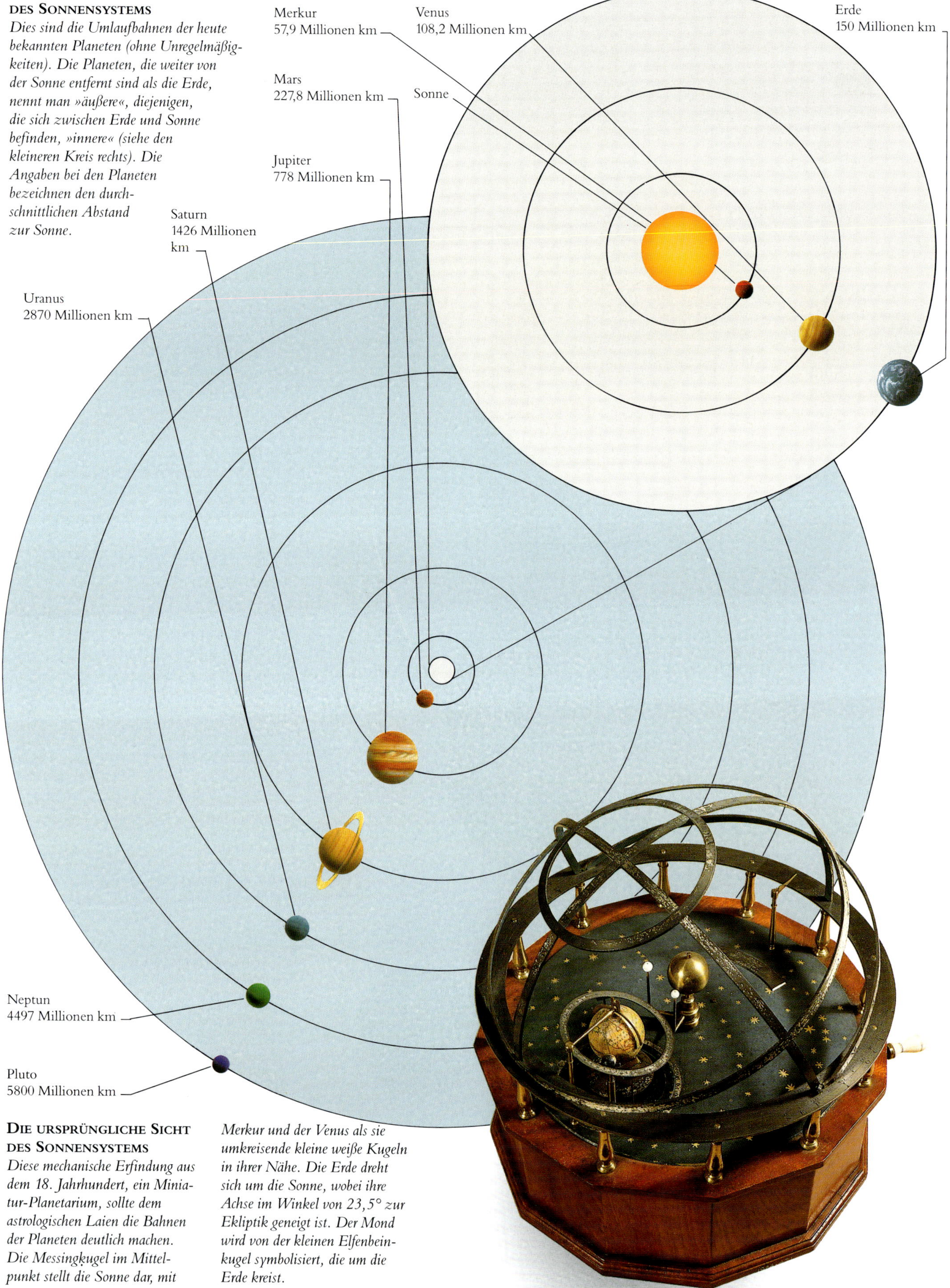

Die moderne Sicht des Sonnensystems
Dies sind die Umlaufbahnen der heute bekannten Planeten (ohne Unregelmäßigkeiten). Die Planeten, die weiter von der Sonne entfernt sind als die Erde, nennt man »äußere«, diejenigen, die sich zwischen Erde und Sonne befinden, »innere« (siehe den kleineren Kreis rechts). Die Angaben bei den Planeten bezeichnen den durchschnittlichen Abstand zur Sonne.

Die ursprüngliche Sicht des Sonnensystems
Diese mechanische Erfindung aus dem 18. Jahrhundert, ein Miniatur-Planetarium, sollte dem astrologischen Laien die Bahnen der Planeten deutlich machen. Die Messingkugel im Mittelpunkt stellt die Sonne dar, mit Merkur und der Venus als sie umkreisende kleine weiße Kugeln in ihrer Nähe. Die Erde dreht sich um die Sonne, wobei ihre Achse im Winkel von 23,5° zur Ekliptik geneigt ist. Der Mond wird von der kleinen Elfenbeinkugel symbolisiert, die um die Erde kreist.

DIE NEUE SICHTWEISE DER PLANETEN
Kopernikus schockte die Zeitgenossen im 17. Jahrhundert, indem er die Ansicht vertrat, daß die Sonne im Zentrum des Sonnensystems steht. Auf dieser Karte hat dann auch die Erde nicht mehr die zentrale Stellung inne.

DIE BEWEGUNG DER PLANETEN

Die Planeten laufen nicht auf perfekten Kreisbahnen um die Sonne. Die Exzentrizität der Bahnen ist für Astronomen wichtiger als für Astrologen – es gibt aber ein Phänomen, das auch uns betrifft: Von unserem irdischen Blickpunkt aus scheinen die Planeten manchmal langsamer zu werden, anzuhalten und sich dann für eine Weile rückwärts zu bewegen, bevor sie dann zur normalen Richtung zurückkehren. Der Planet, der

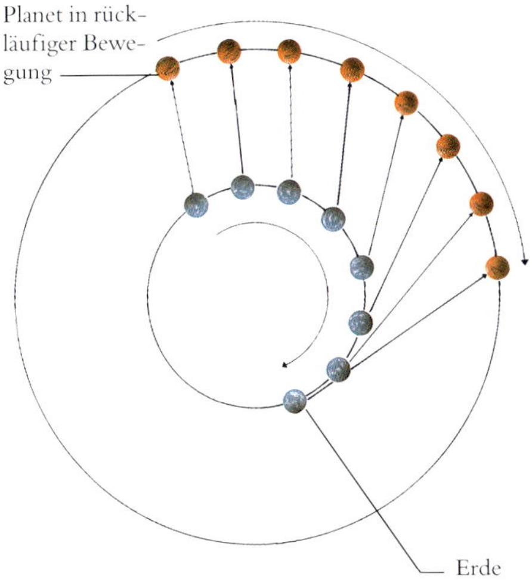

sich in dieser Weise rückwärts zu bewegen scheint, wird »rückläufig« genannt. Unser optischer Eindruck ist, daß die Erde diesen überholt – wie beim Blick auf ein überholtes Auto der Eindruck entsteht, daß dieses immer weiter zurückfällt, obwohl es sich seinerseits ebenfalls weiterbewegt. Der Zeitpunkt, wann ein Planet rückläufig wird, ist in den astrologischen Tabellen mit einem »R« gekennzeichnet, die Wiederaufnahme der normalen Bewegung mit einem »D«.

Konjunktionen

Eine Konjunktion ereignet sich, wenn zwei oder mehr Planeten von der Erde aus gesehen zusammenstehen. Merkur und Venus können sich in der unteren oder der oberen Konjunktion zueinander befinden – der unteren, wenn sie zwischen Erde und Sonne stehen, der oberen, wenn sie hinter der Sonne sind.

KONJUNKTIONEN

In der großen Skizze unten scheinen Venus und Neptun sowie Mars und Uranus, von der Erde aus gesehen, dicht beieinander zu stehen – sie befinden sich in Konjunktion zueinander. In den kleineren Skizzen rechts (von oben nach unten) befindet sich Mars, von der Erde aus gesehen, genau entgegengesetzt der Sonne – und damit in Opposition zu ihr; Mars und Neptun befinden sich in einer oberen Konjunktion zueinander als auch in Konjunktion zur Sonne; Venus, genau zwischen Erde und Sonne, ist Bestandteil einer unteren Konjunktion; und Merkur und Venus, auf der anderen Seite der Sonne (von der Erde aus gesehen), stehen in oberer Konjunktion zueinander. Eine Konjunktion zweier Planeten ist ein entscheidender Faktor des Horoskops, der einen großen Einfluß bei der Interpretation hat.

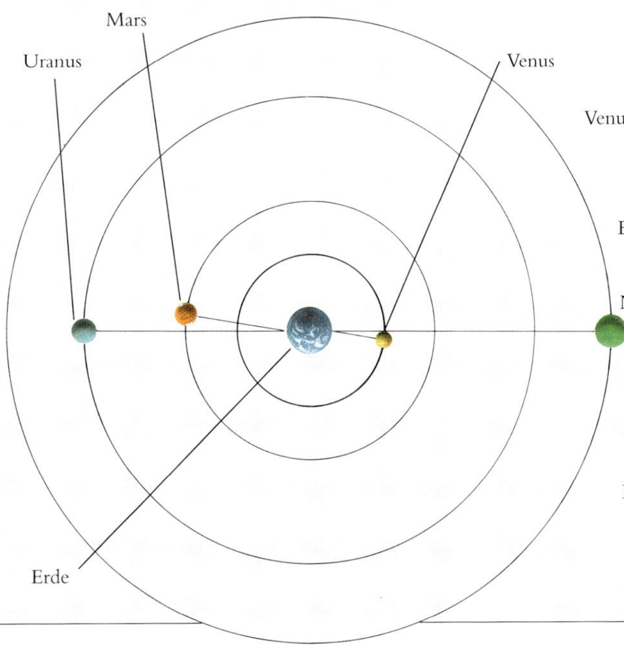

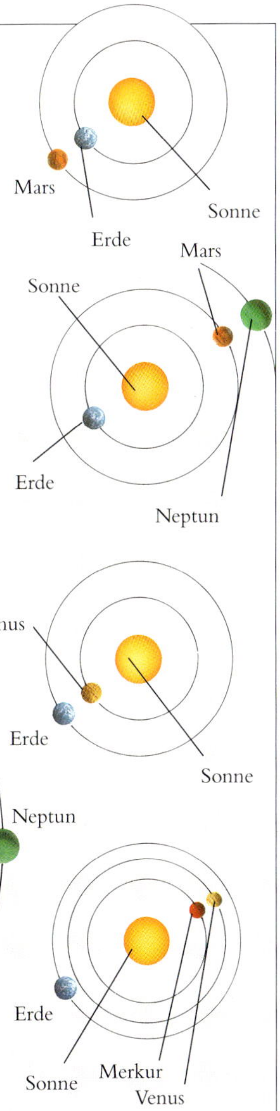

Das Große Jahr

Die Erde braucht 25 868 Jahre, um – in rückläufiger Richtung – durch die zwölf Tierkreiszeichen zu laufen. In jedem Zeichen steht sie dabei etwa 2000 Jahre. Diese Phasen nennt man »Zeitalter«. Zu sieben dieser Phasen können wir Genaueres sagen und einen Zusammenhang zu den Zeichen herstellen. Dabei bedeuten die Zeitangaben Schätzwerte; die Konstellationen variieren in Größe und überlappen einander, so daß man nicht genau bestimmen kann, wann ein Zeitalter vorbei ist und das nächste beginnt.

Das Löwe-Zeitalter 10 000–8 000 v. Chr.

Das früheste Zeitalter, über das wir Mutmaßungen anstellen können. Interessanterweise haben sich die vorgeschichtlichen Höhlenmalereien als erstes Anzeichen der menschlichen künstlerischen Aktivität erwiesen – der Löwe ist das Zeichen der Kreativität, das auch eine besondere Beziehung zur Malerei hat. Die Wichtigkeit der Sonne in dieser fernen Zeit war alles überragend, sie nahm nun an Stärke zu, was vom Ende der Eiszeit kündete. Jedes Zeichen weist auch ein Element des gegenüberliegenden Zeichens auf. Einige Steinwerkzeuge aus dieser Zeit zeugen in der Tat mit ihrer Originalität von einem beträchtlichen Wassermanneinfluß.

Zeugnis einer kreativen Vergangenheit
Dieses Bild eines Bisons wurde in einer Höhle bei Altimira im Norden von Spanien entdeckt.

Das Krebs-Zeitalter 8000–6000 v. Chr.

Während dieses Zeitalters begann der Mensch damit, Häuser zu bauen und das Zuhause und das Familienleben in den Mittelpunkt zu stellen. Der Krebs wird auch hiermit in Verbindung gebracht und der Planet, der darüber herrscht – der Mond –, mit der Mutterschaft. Aus dieser Zeit sind Fruchtbarkeitsfiguren sowie Überreste von frühen Siedlungen in China, Mesopotamien, Indien und vielen anderen Orten überliefert, was von einem gestiegenen Schutzbedürfnis vor den Elementen, vor wilden Tieren und menschlichen Feinden zeugt. Der entgegengesetzte Einfluß des Steinbocks, eines Erdzeichens, läßt erkennen, daß man zu dieser Zeit mit der Landwirtschaft und dem Fischen begann.

Fruchtbarkeitsfigur
Eine asiatische Figur aus dem 6. Jahrtausend v. Chr.

Das Zwillings-Zeitalter 6000–4000 v. Chr.

Die Zwillinge stehen für Kommunikation; sie sind ein machtvolles intellektuelles Zeichen. In diesem Zeitalter wurde die Kunst des Schreibens erfunden, wahrscheinlich auch das Rad – eindeutig kommunikative Faktoren. Das Schreiben begann zunächst mit schwerfälligen Symbolen, die man in Steine ritzte. Allmählich wurden diese verfeinert, und um 4000 v. Chr. existierte dann die chinesische und ägyptische Keilschrift (siehe Tafel links). Zu dieser Zeit war der Mensch bereit dafür, sich intellektuell weiterzuentwickeln und sich von seiner vertrauten Umgebung zu entfernen.

Wenn man sich den entgegengesetzten Einfluß (Schütze) vergegenwärtigt, ist davon auszugehen, daß man nun die ersten Seereisen unternahm. Eine Zeit, in der die Menschheit große Entwicklungssprünge machte.

Auch der Handel bildete sich heraus; er hängt eng mit dem herrschenden Planeten der Zwillinge, Merkur, zusammen. Jericho, die älteste uns bekannte Stadt, existierte nun bereits.

Das Stier-Zeitalter 4000–2000 v. Chr.

Die soliden und manchmal schwerfälligen Eigenschaften des Stiers mitsamt seinem Bedürfnis nach Sicherheit und seiner Identifikation mit Schönheit und Luxus treten bei den frühen ägyptischen Dynastien deutlich hervor. Ihre massiven, schönen und dabei dauerhaften Tempel und der Stierkult stellen einen interessanten Zusammenhang zu diesem Zeichen dar. Der polare Einfluß des gegenüberliegenden Zeichens Skorpion macht sich ebenfalls deutlich bemerkbar: Die frühen Ägypter dachten viel über das Sterben und das Leben nach dem Tod nach.

Der Stier
Die Ägypter sahen den Stier als ein lebendes Abbild des Gottes Ptah Seker Asari. Hier ein Bronzestier aus der 13. Dynastie.

Ihre Technik der Einbalsamierung, Mumifizierung und ihre Gräber, die voll von Artefakten sind, legen davon Zeugnis ab. Es war dieses Zeitalter, in dem die ersten Hohepriester/Astronomen den Himmel untersuchten. In diesen Breiten erwies sich die Beobachtung des Himmels als sehr inspirierend.

Der stilisierte Fisch
Ein anmutiger Delphin aus einem römischen Mosaik des 3. Jhdts. n. Chr. aus Utica in Nordafrika.

Das Widder-Zeitalter 2000 v. Chr.–0

Mut und Schönheit
Eine griechische Vase von 540 v. Chr. stellt Achilles dar, wie er Penthesileia bezwingt.

In diesem Zeitalter trat Griechenland hervor, mit einer interessanten Betonung der Widder-Waage-Polarität. Die aggressiven, selbstbewußten Eigenschaften, die man mit dem Widder verbindet, sind bei den kriegerischen Griechen leicht auszumachen. Ihr körperlicher Mut und ihre Beschäftigung mit körperlicher Ertüchtigung und Sport ist ein Beleg dafür. Vielleicht noch interessanter ist aber die Wirkung des entgegengesetzten Zeichens Waage. Eines seiner Merkmale ist der Wunsch nach Demokratie und nach Gerechtigkeit – unter den Griechen kam es zu den ersten demokratisch legitimierten Regierungen. Ausgewogenheit und Harmonie sind ebenfalls Ausdruck des Waage-Syndroms – was könnte dem Auge ausgewogener und harmonischer erscheinen als der phantastische Parthenon und die anderen klassischen griechischen Bauwerke? Machen Sie sich den auffälligen Unterschied zwischen den Stiereinflüssen der vorangegangenen Epoche und dem polaren Waageeinfluß klar!

Das Fische-Zeitalter 0–2000 n. Chr.

Mit Christi Geburt brach das Zeitalter der Fische an. Interessanterweise war der Fisch zunächst auch das Geheimsymbol der Christen; man malte es an die Katakomben, um den Gläubigen anzuzeigen, wo die nächsten Versammlungen stattfanden. Was aber noch wichtiger ist: Die freundlichen, wohltätigen, verzeihenden christlichen Eigenschaften, die an Jesus Christus so hervortraten, stellen eine exakte Parallele zum Fischezeichen dar, auch eine gewisse Verschwommenheit im Denken. Das Klosterleben von Mönchen und Nonnen läßt die Zurückgezogenheit der Fische deutlich werden. Die Gruppen von Menschen, die über die Jahrhunderte hinweg ihrem Glauben und dem Wohle der Unterprivilegierten in der Gesellschaft große Opfer gebracht haben – und bringen –, sind von ihrer Quintessenz her fischehaft. Aber auch hier gibt es wieder einen auffälligen polaren Zeicheneinfluß: Die Jungfrau steht ebenfalls im Vordergrund, was z. B. beim Jungfrau-Maria-Kult zum Ausdruck kommt, außerdem in der schamhaften christlichen Sexualität.

Die moderne Zeit
Ein düsengetriebener Rucksack erlaubt dem Astronauten der Space-Shuttle-Mission von 1984 einen Flug ins All.

Das Wassermann-Zeitalter 2000–4000 n. Chr.

Das Musical der 60er Jahre »Hair« enthielt die Nummer »The Age of Aquarius«, welche nicht nur ein Interesse an der Astrologie weckte, sondern auch darauf hinwies, daß der Anbruch eines neuen Zeitalters bevorsteht. Die Astrologen wurden häufig gefragt, wie diese neue Zeit beschaffen sein und wann sie denn anfangen würde, als ob wir eines schönen Morgens aufwachen würden und es begonnen hätte. Niemand kann sagen, wann ein Zeitalter anfängt oder endet. Die Konstellationen sind groß und überlappen einander – astronomisch kann es dadurch zu einer Verschiebung um 500 Jahre kommen. Die Einflüsse des neuen Zeitalters machen sich aber bereits bemerkbar, die Entwicklungen der Technik, der Raumfahrtindustrie und der Wissenschaft überhaupt sind ihrem Wesen nach wassermannhaft. Die humanitären Eigenschaften dieses Zeichens brachten uns im weltweiten Maßstab die Vereinten Nationen und die vielen Umweltschutzgruppen. Was aber ist mit dem polaren Zeichen, dem Löwen? Könnte das Endergebnis des Wassermann-Zeitalters eine wohltätige Weltregierung sein?

Die Tierkreiszeichen

Es ist nicht möglich festzustellen, wie die zwölf Zeichen unseres heutigen Tierkreises mit den Eigenschaften in Verbindung gebracht wurden, die Astrologen ihnen jetzt zuschreiben. Die Zwillinge erhielten ihren Namen, weil in diesem Himmelsabschnitt zwei helle Sterne eng beieinander stehen. In den Sternen des Löwen könnte man eine kauernde Bestie sehen und in denen der Jungfrau eine menschliche Gestalt. Die Zeichen haben ihre Namen und Mythen von früheren Zivilisationen – das Studium ihrer Geschichte ist faszinierend und sehr komplex. Im 4. und 3. Jahrhundert v. Chr. setzte man die verschiedenen menschlichen Körperteile in Beziehung zu den Tierkreiszeichen, beginnend beim Kopf (bei der Frühlingstagundnachtgleiche) mit dem Widder und endend mit den Fischen bei den Füßen. Diese Zuordnung geht möglicherweise auf die Griechen zurück, die den verschiedenen Zeichen auch Pflanzen zuordneten. Die ägyptischen Medizinmänner verbanden die einzelnen Zeichen auch mit Tieren und sogar Steinen. Für den Astrologen aber liegt die Wichtigkeit der Zeichen in den Eigenschaften begründet, die man über mehrere tausend Jahre von ihnen abgeleitet hat.

Astrologie und Astronomie
Dieser aus Messing gefertigte Quadrant aus dem 16. Jahrhundert wurde zur Breiten- und Höhenbestimmung verwendet. In ihn sind die Tierkreiszeichen eingraviert.

Tierkreiszeichen und Aktivitäten
Der Überlieferung nach weisen die Tierkreiszeichen in Verbindung mit der betreffenden Jahreszeit eine Beziehung zu bestimmten Aktivitäten auf. Die Illustrationen auf dieser und den folgenden Seiten stammen aus einem französischen Stundenbuch von 1423.

Widder

Der Eintritt der Sonne in den Widder am oder um den 21. März herum markiert das astrologische Neujahr. Typisch dafür ist, daß es Neuanfänge begünstigt. Das persönlichste aller Zeichen – sein psychologisches Signal »ich will der erste sein« ist ein Synonym für die kraftvolle, überschießende Energie des Frühlingswachstums. Ein Widder bleibt nicht unbemerkt – sein Enthusiasmus und seine unkomplizierte und hoffnungsvolle Einstellung zum Leben sind bewundernswert. Widder ist das erste Zeichen des Elementes Feuer und der kardinalen Qualität – all das steht für Kraft, für Extraversion, für den Wunsch nach Fortschritten, aber auch dafür, sich selbst an die erste Stelle zu setzen. Die Feuerbetonung kann Enthusiasmus und Leidenschaftlichkeit bewirken; allerdings ist der Enthusiasmus auch schnell wieder vorbei. Geduld und Beständigkeit zu entwickeln ist von grundsätzlicher Bedeutung. Praktisch alle Widder haben einen selbstsüchtigen Zug. Beim Widderaszendenten tritt dies vielleicht am negativsten hervor; bei der Widdersonne könnte die Venus mildernd wirken. Der Merkureinfluß kann den Widder nachdenklicher machen und dessen rauhere Züge glätten.

Stier

Das zweite Tierkreiszeichen. Stabilität, Sicherheit und Geduld sind markante Eigenschaften. Risiken werden nur dann eingegangen, wenn es wirklich sein muß, und auch dann nur nach gründlicher Erwägung. Ein Zeichen, das feste Gewohnheiten im

Leben fördert: Mehr als alles andere braucht der Stier Sicherheit – materielle und emotionale in der Beziehung.

Der Stier ist das erste Zeichen des Elementes Erde und der fixen Qualität. Erdmenschen sind praktisch – im wahrsten Sinne des Wortes erdverbunden. Venus, der Planet der Liebe, herrscht über dieses Zeichen; ihr Einfluß sorgt dafür, daß Stier-Menschen sich durch eine Liebe zur Schönheit und zum Luxus auszeichnen und sinnliche Liebhaber sind.

Stiere neigen dazu, besitzergreifend zu sein – selbst der oder die Geliebte kann von ihnen als ein weiteres Besitztum gesehen werden. Beim Stieraszendenten ist diese Tendenz am machtvollsten – bei der Stiersonne dagegen dürfte der Einfluß der Venus diese Tendenz abmildern. Das fixe Moment des Zeichens leistet seinen Beitrag zu der außerordentlichen stiertypischen Beharrlichkeit (oder auch Dickköpfigkeit).

Zwillinge

Das dritte Tierkreiszeichen – das Zeichen der himmlischen Zwillinge. Es steht für eine gewisse Dualität. Zwillinge kann man daran erkennen, daß sie verschiedene Dinge zur gleichen Zeit tun; und es ist unsere Aufgabe, sie daran zu erinnern, es hier nicht zu übertreiben. Ihr Witz und das Bedürfnis nach Kommunikation beruhen auf dem Einfluß von Merkur als dem Herrscher.

Das erste Zeichen im Element Widder und das erste von veränderlicher Qualität. Beides prägt den Zwilling – die mentalen Attribute und die rasche Auffassungsgabe führen bei ihrer Freisetzung im Element Luft zu einer großen Vielfalt von Ausdrucksmöglichkeiten. Die veränderliche Qualität ergänzt die Dualität des Zwillings, auch sie ermutigt einen freien und positiven Ausdruck. Fehler, die mit dem Zwillingsaszendenten einhergehen können, sind Unbeständigkeit und Oberflächlichkeit – bei der Zwillingssonne dagegen verleiht möglicherweise der Einfluß des herrschenden Planeten Merkur entweder einen stabilisierenden und praktischen oder einen intuitiven Einschlag.

Krebs

Das vierte Zeichen des Tierkreises wird vom Mond beherrscht. Wenn Sie an den Krebs denken, wird Ihnen diese Verbindung klar werden. Hat diese Person nicht ein ziemlich rundes und blasses Gesicht, so wie der Vollmond? Ist sie launenhaft und unbeständig, dabei aber freundlich und mitfühlend? Der Krebs ist das Zeichen der Mutterschaft – der Begründer von Heim und Familie im Tierkreis.

Der Krebs ist das erste Wasserzeichen und das zweite kardinale Zeichen. Emotionen stehen in Verbindung mit Phantasie und Intuition. Der Mensch muß aber etwas dazu tun, um sich dieser Gaben zu erfreuen; und er muß sie kontrollieren und kanalisieren. Mit der kardinalen Qualität dieses Zeichens ist ihm dies aber möglich, was ihn dann wieder in die Lage versetzt, Liebe und Gefühle zu zeigen. Beim Krebsaszendenten bekommt der Partner viel Unterstützung, allerdings könnte die Person selbst stark unter der Neigung zu Ängsten und Sorgen zu leiden haben; bei der Krebssonne dagegen könnte der Einfluß der Planeten Merkur und Venus helfen, die Emotionen unter Kontrolle zu bringen. Wenn der Krebs durch die Sonnen- oder Aszendentenstellung betont ist, gilt es, dem Mond im Horoskop besondere Aufmerksamkeit zu widmen.

Löwe

Der Löwe ist das fünfte Zeichen des Tierkreises, von der Sonne beherrscht. Hier scheint dieser Stern, den Astrologen der Bequemlichkeit halber einen Planeten nennen, am hellsten – er befindet sich im eigenen Zeichen. Der Löwe kann herrschen und manchmal auch brüllen; wenn er sich verletzt oder gekränkt fühlt, zieht er sich aber zurück. Eine starke, für gewöhnlich aber verborgen gehaltene Empfindsamkeit, gleichermaßen ein starker Schöpfungsdrang.

Die frühere Sicht des Himmels
Bei der Betrachtung der Sterne stellte der Mensch eine Ähnlichkeit zu verschiedenen Figuren oder Objekten fest, welche in den frühen Sternkarten wie dieser von 1650 deutlich zum Ausdruck kommt.

Der Löwe ist das zweite Zeichen im Element Feuer und das zweite der fixen Qualität. Ein feuriger Enthusiasmus und leidenschaftliche Emotionalität. Die Fixiertheit dieses Zeichens kann zu Sturheit und zu Arroganz führen, auf der positiven Seite zu großer Bestimmtheit. Weil die Sonne hier in ihrem eigenen Zeichen steht, treten die Löwemerkmale deutlich hervor, stärker als die anderen Sonnenzeichen. Falls Merkur oder die Venus ebenfalls im Löwen steht, müssen wir unseren Löwe-Freund vielleicht dazu anhalten, die anderen Eigenschaften zur Entwicklung zu bringen, weil es ansonsten zu einem Ungleichgewicht kommen könnte. Beim Löwen als aufsteigendem Zeichen können die Neigung zur Prahlsucht und die Dickköpfigkeit unglücklicherweise sehr schnell auf den Partner gerichtet werden.

Jungfrau

Die Jungfrau als sechstes Tierkreiszeichen ist das zweite, das von Merkur beherrscht wird. Hier sehen wir die praktischen Arbeiter sowie die kritischen Analytiker, die einen ausgezeichneten Intellekt, aber nur sehr wenig Selbstvertrauen besitzen.

Das zweite Zeichen des Elementes Erde sowie das zweite der veränderlichen Qualität. Die praktischen und beständigen Erdeigenschaften passen nicht besonders gut zur Veränderlichkeit dieses Zeichens. Der Einfluß Merkurs – das herrschende Zeichen – verleiht diesen Menschen einen wachen Verstand, aber auch die Neigung zu Ängsten und Sorgen. Ist die Jungfrau kreativ, besitzt sie ein exzellentes Potential. Bei der Jungfrausonne könnte auch ohne weiteres der herrschende Planet (Merkur) in diesem Zeichen stehen, was eine extreme Jungfrau-Betonung bedeuten würde. Befindet sich aber Merkur entweder im Löwen oder in der Waage, sind damit einige kontrastierende Merkmale angezeigt, die für einen umfassenderen Blick auf das Leben und auch für größere Potentiale auf verschiedenen Gebieten sprechen. Mit der Jungfrau am Aszendenten stehen die Eigenschaften dieses Zeichens nicht so deutlich im Brennpunkt; der Merkureinfluß aber wird einen wichtigen Bestandteil der psychischen Ausstattung des oder der Betreffenden darstellen.

Waage

Das siebte Tierkreiszeichen. Der Widder, das erste Zeichen, war sehr persönlich orientiert – die ihm gegenüberliegende Waage (also das polare Zeichen) ist von allen Zeichen am stärksten auf die Verbindung mit dem Partner ausgerichtet. Eine dauerhafte Beziehung ist hier von grundsätzlicher Bedeutung. Fairneß, Diplomatie und Gerechtigkeitssinn sind weiterhin typisch. Häufig aber sorgen Verstimmungen und die Neigung zur Unentschlossenheit für Probleme.

Die Waage ist das zweite Zeichen des Elementes Luft und das dritte der kardinalen Qualität. Diese Einflüsse verbinden sich im Kontext dieses Zeichens gut miteinander; sie fügen Leichtigkeit und Charme und Umgänglichkeit zu.

Viele Waagemenschen besitzen einen aggressiven Zug, und die meisten verdienen den Ruf, träge zu sein, in keiner Weise. Der Einfluß der Venus ist sehr stark; sie fügt, wenn sie nicht wie die Sonne in der Waage steht, der psychischen Prägung des Menschen ein wichtiges Element zu. Steht sie gleichfalls in der Waage, wird die Person sehr deutlich waagehaft sein. Bei der Waage als aufsteigendem Zeichen könnten stärkere Merkmale in den Vordergrund treten.

Skorpion

Das achte Tierkreiszeichen und dasjenige mit dem höchsten Energieniveau. Seine Ressourcen an physischer wie emotionaler Energie sind unübertroffen. Bis zur Entdeckung von Pluto und dessen Aufnahme in den astrologischen Pantheon galt Mars – der Herrscher des Widders und ein wichtiger Faktor der

Der Körper
Diese Zeichnung aus dem 15. Jahrhundert zeigt die astrologische Zuordnung der Körperteile.

physischen Energie – als Regent des Skorpions. Jetzt aber ist Pluto diese Herrschaft zugesprochen worden, sein Einfluß entwickelt und energetisiert den emotionalen Gehalt dieses Zeichens.

Der Skorpion ist das zweite Zeichen des Elementes Wasser und das dritte Zeichen der fixen Qualität – die Emotionalität des Wassers ist hier gestillt und zugleich intensiviert. Seine Kraft muß positiv zum Ausdruck kommen und der persönlichen Erfüllung dienen. Der unerfüllte Skorpion kann rastlos und eifersüchtig werden. Beim Skorpion als aufsteigendem Zeichen können wir den polaren Einfluß des Zeichens Stier erkennen, welcher Warmherzigkeit und Charme, vor allem gegenüber dem Partner, bringt, gleichzeitig aber auch Besitzansprüche, welche bei der Skorpionsonne häufig nicht in Erscheinung treten, weil die in der Nähe stehenden Planeten Merkur und Venus diese Neigung abschwächen.

Schütze

Das neunte Zeichen – das Zeichen von Pferd und Mensch, eine Kombination von physischer Energie und einem machtvollen Verstand. Dies ist das zweite »dualistische« Zeichen des Tierkreises, mit einem Verstand und einem Körper, die als Einheit agieren dürften. Erholung und Entspannung bezieht sich immer auf beide. Jupiter, der herrschende Planet, stärkt sowohl den Geist als auch den Körper, in Verbindung mit einem Drang nach Herausforderungen. Der Schütze muß sich dessen bewußt sein. Dies ist das dritte und letzte Feuerzeichen und das dritte Zeichen der veränderlichen Qualität. Das Feuer brennt stark und hell, mit einem lebhaften und überschießenden Enthusiasmus und ansteckender Emotionalität. Es verleiht dem Betreffenden die Fähigkeit, Situationen rasch zu erfassen. Der Schütze-Zentaur ist der Bogenschütze, der Raum braucht für seine vielfältigen Interessen und um atmen zu können. Schützen müssen erkennen, daß intellektuelle und körperliche Stagnation zu der Art von Rastlosigkeit führt, die ihr größter Feind ist. Während das polare Zeichen, die Zwillinge, intellektuell orientiert ist, liegt hier der Akzent auf dem höheren Geistigen.

Steinbock

Das zehnte Tierkreiszeichen. Von Saturn beherrscht, verleiht es Ehrgeiz, die Liebe zur Tradition und den Drang, nichts Verwerfliches und Unpassendes zu tun. Steinböcke haben aber durchaus die Fähigkeit, sich zu amüsieren, und besitzen einen wunderbaren trockenen Humor.

Das dritte und letzte Zeichen des Elementes Erde, das vierte und letzte Zeichen der kardinalen Qualität. Die praktische Seite der Erde steht hier in Verbindung mit einer außengerichteten, expressiven Note, was für gesunden Menschenverstand und die Fähigkeit spricht, sich freimütig zum Ausdruck zu bringen. Ein eher niedriges emotionales Niveau – häufig aber hilft die Venus mit ihrer Stellung (insbesondere im Skorpion oder in den Fischen), das recht kühle Herz des Steinbocks zu erwärmen und sein Vertrauen zu wecken. Das gilt weniger für den Steinbock als Aszendentenzeichen – aufgrund der Einwirkung des polaren Zeichens Krebs gibt es hier eine fürsorgliche Note mit der instinktiven Motivation, die Familie und Personen, die man liebt, zu schützen. Vielleicht aber ein Konflikt zwischen den Anforderungen der Arbeit und der Zeit, die man mit dem Partner und den Kindern verbringt.

Wassermann

Das elfte Zeichen des Tierkreises, das für den wahren Individualisten steht. Wassermänner haben für gewöhnlich etwas Faszinierendes, sie sind freundlich, dabei aber doch auf ihre Privatsphäre bedacht und umgeben sich mit einer Aura des Geheimnisvollen. Das kann unter Umständen in Beziehungen zu Problemen führen. Uranus als herrschender Planet fügt eine gewisse Exzentrizität und Unvorhersehbarkeit bei, mit der andere Schwierigkeiten haben.

Der Wassermann ist das letzte Zeichen des Elementes Luft und das vierte der fixen Qualität, was für einen wißbegierigen Verstand spricht, der an seinen einmal gefaßten Meinungen stur festhält. Wie beim Steinbock auch ist das emotionale Niveau nicht besonders hoch (letzterer teilte sich früher mit dem Steinbock Saturn als Herrscher). Der Venuseinfluß kann bei dem Ausdruck der Gefühle gegenüber dem Partner helfen, während Merkur vielleicht die Sturheit abmildert. Der Einfluß des polaren Zeichens Löwe kommt beim Wassermannaszendenten voll zur Geltung, er verbindet sich mit seiner Leidenschaft wunderbar mit der wassermannhaften Originalität, am besten durch künstlerische oder wissenschaftliche Arbeit.

Fische

Das zwölfte und letzte Tierkreiszeichen. Der Einsiedler, der über ein erstaunliches Potential verfügt – welches vielleicht nicht zur Blüte kommt, weil ein Mangel an Selbstvertrauen seine Entfaltung behindert. Neptun als herrschender Planet verleiht zwar Inspiration, Empfindsamkeit und einen Sinn für Visionen, kann aber auch dazu beitragen, daß die Dinge ihre Kontur verlieren. Auch Sie wissen wahrscheinlich um die Freundlichkeit der Fische, fühlen sich aber vielleicht von ihnen getäuscht.

Dies ist das dritte und letzte Zeichen des Elementes Wasser und das vierte und letzte Zeichen der veränderlichen Qualität. Die Emotionalität des Elementes Wassers wird durch die Veränderlichkeit gestärkt; es handelt sich hier um eine machtvolle Kraft, die Kontrolle braucht, wenn sie auf eine belohnende Weise funktionieren soll. Fische-Menschen haben häufig einen starken spirituellen Glauben. Die Fischesonne geht manchmal mit einem schwachen Charakter einher, allerdings könnte die Einwirkung der von Merkur und Venus helfen, dieser Tendenz entgegenzuwirken. Fische als aufsteigendes Zeichen könnten eine sehr kritische Haltung zum Partner bedeuten.

Die Planeten und Sie

Die Verbindungen, die die Astrologen zwischen Planeten und menschlichen Eigenschaften vornehmen – Venus und Liebe, Mars und Energie usw. –, sind über 2000 Jahre alt. Dies betrifft hauptsächlich die westliche Kultur, wenngleich es manchmal auch universelle Ähnlichkeiten gibt. In der alten Chinesischen Astrologie wird beispielsweise Mars mit dem Feuer und Saturn mit der Erde in Zusammenhang gebracht. Die Astrologen beschäftigten sich früher nur mit den fünf Planeten, die man mit unbewaffnetem Auge sehen kann. Die Idee der Astrologie ist unermeßlich alt – aber erst mit den intelligenten Überlegungen der Griechen ab dem Ende des 5. Jahrhunderts v. Chr. kam es zu einer rationalen und wissenschaftlichen Astrologie. Durch die Entdeckung der drei »modernen« Planeten Uranus, Neptun und Pluto (siehe S. 21) wurden neue Einflüsse deutlich. Vielleicht werden noch weitere »neue« Planeten entdeckt. Dann müßte die astrologische Gemeinschaft entscheiden, worin ihr spezifischer Einfluß liegt und über welche Zeichen sie regieren würden.

Die Sonne

Schlüsselworte: *Selbstausdruck, Vitalität*

So gut wie jede uns bekannte Zivilisation hat ihren eigenen Sonnengott. Der bekannteste Sonnengott der westlichen Kultur war vielleicht Apollo, der Sohn des Zeus. Die Ursprünge dieser Gottesfigur liegen in Asien, sie kam über Griechenland nach Europa. Apollo spiegelt nicht nur die Helligkeit und Reinheit der Sonne wider, sondern ist auch der perfekte Mensch, der in Gemälden und in Statuen in nackter und unschuldiger Jugend dargestellt wird. In der Astrologie hängt die Sonne mit dem Zeichen Löwe zusammen, sie steht für Großherzigkeit, Zuneigung, Edelmut, Kreativität und einfach für Freude. Allerdings kann bei ihr Selbstachtung auch zu Dünkelhaftigkeit werden.

Der Mond

Schlüsselworte: *Reaktionen, Instinkt, Intuition, Veränderungen, Emotionen*

Die Mythen, die mit dem Mond (der über das Zeichen Krebs herrscht) in Verbindung gebracht werden, lassen auf eine feminine und schöne Figur schließen, oftmals aber auch auf eine grausame Verführerin. Als Circe hat sie Odysseus betört, als Hekate überschüttete sie ihre Günstlinge mit Reichtümern, als Selene ritt sie mit ihrer Kutsche über den nächtlichen Himmel. Der Mond hängt mit den Emotionen sowie mit dem Verdauungssystem zusammen, weiterhin mit dem Gebären von Kindern (letzteres auch in Mythen). Vielleicht noch wichtiger ist seine Verbindung zum natürlichen, instinktiven Verhalten. Der Mond kann den Menschen geduldig, phantasievoll und mitfühlend machen, aber auch unbeständig, engstirnig und unzuverlässig.

Merkur

Schlüsselworte: *Verstand, Kommunikation – in mentaler wie physischer Hinsicht*

Merkur ist der direkte Nachkomme Hermes, des Botschafters des Zeus bzw. des Gottes der Reisenden. Merkur ersann die Leier und war ein exzellenter Sportler. Er wird für gewöhnlich so abgebildet, als rüste er sich gerade für eine sportliche Betätigung, nur mit Sandalen mit Flügeln und mit seinem Helm bekleidet. Seine Charakteristiken sind auch für die Zwillinge typisch, das Zeichen, über das er herrscht: Er ist intellektuell und beweglich, verfügt über einen raschen und wachen Verstand und diskutiert und redet gerne. Er regt den Intellekt an, er kann aber den Menschen streitsüchtig machen und zu viel Kritik und Spannungen führen, alles typisch für die Jungfrau, mit der Merkur ebenfalls verbunden ist.

Venus

Schlüsselworte: *Harmonie, Einklang, Liebe*

Venus, die legendäre Schönheit, erbte die Eigenschaften der Aphrodite und wurde damit zur Gottheit der Liebe – bezüglich der Sexualität, der Familie und der Ideale. In den Kellern ihrer Tempel befanden sich Gemächer, in denen sich ihre Anhänger der Liebe hingeben konnten. In der Astrologie symbolisiert dieser Planet, der mit dem Stier und der Waage in Verbindung steht, alle Arten von Beziehungen, die feminine Seite der Persönlichkeit sowie Kunst und Mode. Die Venus fördert Freundlichkeit, Aufgeschlossenheit, Takt und gute Umgangsformen – bei Spannungen aber kann sie zu Unentschlossenheit, Abhängigkeit von anderen und zu einer übermäßig romantischen Haltung führen.

MARS

Schlüsselworte: *Physische Energie, Initiative*

Dieser Planet steht mit dem griechischen Gott Ares in Verbindung, der Glück im Krieg, aber Pech in der Liebe hatte. Mars war ursprünglich der Gott der Landwirtschaft – man kennt ihn aber eher als Gott des Krieges, dem die römischen Soldaten, bevor sie in die Schlacht zogen, Opfer brachten. Von kräftiger Gestalt, wird Mars immer in voller Rüstung gezeigt, auch dann, wenn er zu einem Liebesabenteuer schreitet. Astrologisch besteht ein Zusammenhang zum Widder: Mars symbolisiert die männliche Seite des Menschen, er steht für das Muskelsystem, für Aggression und für die Sexualität. Er kann den Menschen zielstrebig und energisch machen, aber auch zu einem überstürzten Handeln führen.

URANUS

Schlüsselworte: *Veränderungen, Brüche, Erschütterungen*

Uranus wurde aus der Erde geboren und vermählte sich dann mit ihr. Aus dieser inzestuösen Beziehung gingen alle Lebewesen hervor. Saturn führte die Rebellion gegen ihn an und kastrierte ihn. Aus Uranus' abgetrennten Genitalien ging Aphrodite (später Venus genannt) hervor. Dieser wenig erbauliche Mythos gab einem Planeten seinen Namen, der mit dem Wassermann und mit sexuellen Exzessen und nervlichen Zusammenbrüchen verbunden wird. Auch Science fiction und die Raumfahrt hängen mit ihm zusammen. Im Idealfall bedeutet er Originalität, Beweglichkeit und Unabhängigkeit, schlimmstenfalls Exzentrizität.

JUPITER

Schlüsselworte: *Expansion – intellektuell wie physisch*

Jupiter schützte die Stadt Rom. Er segnete die Krieger, wenn sie in die Schlacht zogen, und grüßte sie, wenn sie wieder zurückkehrten. Er hatte die Macht, zu strafen wie zu belohnen, und er ließ oft seine Blitze niederfahren. Astrologisch mit dem Schützen verbunden (einstmals auch mit den Fischen), hängt Jupiter mit dem Lernen, der Philosophie und Sprachen zusammen. Sein Einfluß begünstigt Optimismus, Loyalität und Gerechtigkeit, kann den Menschen aber auch allzu zuversichtlich, extravagant, maßlos und eingebildet machen.

NEPTUN

Schlüsselworte: *Nebel, Unwirklichkeit*

Neptun erbte seine Herrschaft über die Meere vom griechischen Meeresgott Poseidon, er herrscht auch über alle Seen und Flüsse. Wasserpferde zogen seine Kutsche. Neptun wurde, als er um die wunderschöne Demeter freite und diese zur Stute geworden war, seinerseits zu einem Hengst. Der Planet, der seinen Namen trägt, steht in Verbindung mit dem Zeichen Fische (das wasserhafteste von allen Wasserzeichen) und mit der Kunst, speziell der Poesie und dem Tanz. Er kann Idealismus, Phantasie und Sensibilität fördern, gleichermaßen aber auch Gedankenlosigkeit, Unentschlossenheit und Betrügereien.

SATURN

Schlüsselworte: *Stabilität, Beschränkung, Kontrolle*

Saturn war wie Mars zunächst ein Gott der Landwirtschaft. In Rom herrschte er über die Saturnalien, ein hohes und fröhliches öffentliches Fest. Die Christen übernahmen es, benannten es allerdings in »Weihnachten« um. Astrologisch herrschte Saturn früher über den Steinbock und den Wassermann, jetzt nur noch über den ersteren. In früheren Zeiten markierte Saturn die Grenze des bekannten Sonnensystems – weshalb er auch für Begrenzung steht, weiterhin für Hartnäckigkeit und Ausdauer. Er kann den Menschen praktisch und vorsichtig, aber auch selbstsüchtig, engstirnig und vielleicht sogar grausam machen.

PLUTO

Schlüsselworte: *Eliminierung, abrupte Veränderungen*

Pluto, ein weiterer Gott der Landwirtschaft, herrschte über die Unterwelt; niemals hörte man, daß einem Wesen die Flucht aus seinem Reich des Todes gelungen wäre. Häufig trug er einen Helm, der ihn unsichtbar machte und mitverantwortlich für seine Macht war. Der Planet, der seinen Namen trägt, herrscht über das Zeichen Skorpion, was vielleicht der Grund dafür ist, daß man ihm auch die Regentschaft über die Genitalien und die menschliche Fortpflanzung zuschreibt. Gleichermaßen hängt er mit dem Unbewußten (den verdrängten Emotionen) zusammen. Er ermutigt den Menschen, Hindernisse zu bewältigen, macht ihn aber auch verschlagen, überkritisch, geheimniskrämerisch oder grausam.

Zeichenbeziehung und Herrschaft

Die zwölf Tierkreiszeichen werden der Tradition nach in Gruppen zusammengefaßt, sie weisen untereinander einen besonderen Zusammenhang auf und ergänzen sich. Die Eigenschaften, die sie teilen, sind von grundsätzlicher Art, was eine wichtige Hintergrundinformation darstellt. Diese Zeichenbeziehungen haben eine lange Tradition: Die vier Elemente sind älter als die Philosophie, die Qualitäten (s. u.) waren ein klassisches griechisches Konzept, und die Natur der Gegensätze – ungerade/gerade, männlich/weiblich, positiv/negativ – wurde bereits von den Pythagoräern erkannt. Diese Theorie hat nicht nur die Astrologie stark beeinflußt.

Traditionelle Zeichenbeziehungen

Die Elemente oder Triplizität

Die erste und aufschlußreichste Einteilung ist die der Elemente (manchmal auch Triplizitäten genannt). Es gibt Zeichen des Elementes Feuer, Erde, Luft und Wasser.

Grob gesagt zeichnen sich die Feuerzeichen der Überlieferung nach durch Enthusiasmus aus, die Erdzeichen durch einen Sinn für das Praktische, die Luftzeichen durch den Intellekt und das Bedürfnis nach Kommunikation und die Wasserzeichen durch ihre Emotionen. Menschen, bei denen Zeichen des gleichen Elementes betont sind, verstehen sich häufig sehr gut.

Die Qualitäten oder Quadruplizität

Die zweite Einteilung ist die gemäß der Qualität bzw. Quadruplizität: kardinal, fix und veränderlich.

Es läßt sich verallgemeinert sagen, daß die kardinalen Zeichen nach außen gerichtet, die fixen Zeichen starr in ihren Meinungen und die veränderlichen Zeichen flexibel und anpassungsfähig sind.

Positiv und negativ

Die dritte Einteilung ist jene in positive und negative oder auch männliche und weibliche Zeichen. Lassen Sie sich nicht verwirren: Wenn eine Frau die Sonne oder den Aszendenten in einem männlichen Zeichen hat, muß das nicht heißen, daß es ihr an Weiblichkeit fehlt. Bei der Interpretation sollten wir es mit der Bemerkung bewenden lassen, daß eine Betonung der femininen Zeichen eine Neigung zur Introversion anzeigt und betonte maskuline Zeichen auf Extraversion hindeuten.

Um alles noch komplizierter zu machen, stimmen die Merkmale der Zeichen nicht unbedingt mit den Symbolen überein: der Stier z. B., der wohl eine der maskulinsten Kreaturen des Tierkreises darstellt, ist das Symbol eines femininen Zeichens!

Die Macht der Sonne
Ein Gemälde aus dem 15. Jhdt., das neben dem machtvollen Sonnengott auch das Feuerzeichen Löwe darstellt.

Polarität

Es gibt noch eine andere Verbindung zwischen den Zeichen, die bei der Interpretation in verschiedener Hinsicht sehr nützlich sein kann: die Polarität. Jedes Zeichen ist mit seinem gegenüberliegenden Partner im Tierkreis durch eine besondere Beziehung verbunden:

Widder/Waage
Krebs/Steinbock
Stier/Skorpion
Löwe/Wassermann
Zwillinge/Schütze
Jungfrau/Fische

Das heißt nun nicht, daß die entgegengesetzten Zeichen des Tierkreises entgegengesetzte Eigenschaften haben. Im Gegenteil – die polaren Zeichen ergänzen sich, es gibt eine besondere Beziehung und ein besonderes Verständnis zwischen ihnen. Zwei Menschen mit einer Betonung des gleichen Zeichenpaares stimmen vielleicht nicht immer überein, können sich gegenseitig aber doch sehr gut verstehen. Wir gehen auf dieses Thema im Abschnitt zu den Beziehungen näher ein (S. 148–1667), wo es von sehr großer Wichtigkeit ist. Für den Augenblick reicht es, die Tierkreispaare vor Augen zu haben; der Widder ist z. B. das persönlichste aller Zeichen, während die Waage dasjenige darstellt, das am stärksten vom Drang nach Partnerschaft beherrscht ist. Vergleichen Sie die Zeichenpolarität mit der ähnlichen Beziehung zwischen den Häusern (S. 38), und halten Sie sich vor Augen, daß die Polarität der Zeichen ein lohnendes und interessantes Gebiet ist, welches der Interpretation der Zeichen eine zusätzliche Dimension zufügt.

Planetenherrscher

Eine andere Lektion bei der Astrologie ist die, daß jedes Zeichen seinen planetarischen Herrscher hat.

Das Horoskop auf Seite 33 weist die Symbole der Planeten und der Zeichen, die von ihm regiert werden, aus. Merkur und die Venus herrschen über zwei Zeichen, und vor der Entdeckung der modernen Planeten (Uranus, Neptun und Pluto in den Jahren 1781, 1846 und 1930) herrschte Mars über den Widder und den Skorpion, Jupiter über den Schützen und die Fische und Saturn über den Steinbock und den Wassermann. Sonne und Mond haben jeweils immer nur über ein Zeichen geherrscht. Mit der Aufnahme von Uranus, Neptun und Pluto in das astrologische Pantheon aber mußte man neue Zuordnungen treffen. Vielleicht werden noch weitere Planeten entdeckt, und vielleicht ergibt sich damit, daß eines Tages auch Merkur und die Venus nur noch über ein Zeichen herrschen werden. Es wird sich zeigen!

Mehr über die traditionellen und aktuellen Herrschaftsbeziehungen können Sie dem 4. Teil dieses Buches entnehmen (S. 210–347). Es ist ratsam, diese Einflüsse bei der Interpretation stets vor Augen zu haben.

DIE TRADITIONELLEN ZEICHENBEZIEHUNGEN

Die dem Horoskop nachempfundene Darstellung zeigt die Zuordnung der Zeichen zu den Häusern des Horoskops, mitsamt der sie regierenden Planeten. Es sind auch die überlieferten Zeichenbeziehungen angegeben: Jedes Haus ist entweder »maskulin« oder »feminin« (am mittleren Ring abzulesen). Dort sind auch die Qualität und die Quadruplizität der Zeichen vermerkt; die Elemente dagegen sind im äußeren und inneren Ring vermerkt.

SCHLÜSSEL

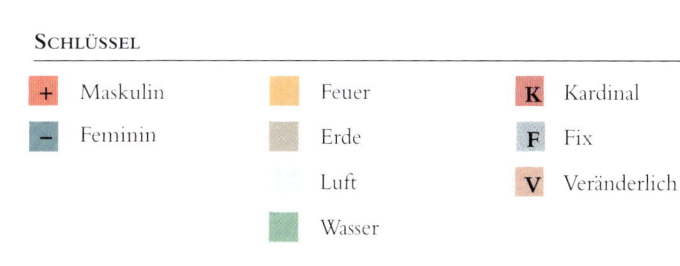

+ Maskulin	Feuer	K Kardinal
– Feminin	Erde	F Fix
	Luft	V Veränderlich
	Wasser	

Planetarische Überlieferungen

Das Horoskop auf der gegenüberliegenden Seite bringt ein Beispiel dafür, wann Planeten eine besonders starke Bedeutung haben. Dies basiert auf den Zeichen, über die sie herrschen, und anderen Überlieferungen.

Persönliche Planeten

Die persönlichen Planeten sind Sonne, Mond, der Planet, der über das Aszendentenzeichen herrscht sowie die beiden Planeten, die über die Zeichen herrschen, die im Horoskop von Sonne und Mond besetzt sind.

Traditionelle Beziehungen

Jeder Planet herrscht über ein oder zwei Tierkreiszeichen. Diese Beziehungen wurden vor langer Zeit erkannt. Jeder Planet ist auch in einem Zeichen erhöht – in diesem kommt er besonders gut zur Geltung, weil er mit dessen Eigenschaften übereinstimmt.

Jeder Planet hat auch ein Zeichen, in dem er im Exil steht. Dabei handelt es sich um das Zeichen, das dem seiner Herrschaft gegenüberliegt. Der Tradition nach kommt der Planet von diesem Zeichen aus schlecht zur Geltung.

Und schließlich weist auch jeder Planet ein Zeichen seines Falls auf. Hierbei handelt es sich um das Tierkreiszeichen, das dem der Erhöhung gegenüberliegt (also um dessen polares Zeichen). Auch hier war man der Meinung, daß der Planet in seiner Wirkung beeinträchtigt ist. Erhöhung, Exil und Fall sind Faktoren, die man bei der Interpretation des Horoskops vor Augen haben sollte.

Die modernen Planeten

Seit der Entdeckung der drei modernen Planeten Uranus (1781, siehe S. 21), Neptun (1846) und Pluto (1930) hat es viele Diskussionen darüber gegenüber, über welche Zeichen sie herrschen, wo sie erhöht sowie im Fall oder Exil stehen.

Was die planetarischen Herrscher – und damit auch das Exil – betrifft, ist man sich seit geraumer Zeit, mit Ausnahme von Pluto (siehe auch S. 35), einig. Am Horoskop ist abzulesen:

1. Uranus herrscht über den Wassermann, womit er im Löwen im Exil steht.
2. Neptun herrscht über die Fische – das Zeichen seines Exils ist Jungfrau.
3. Pluto herrscht über den Skorpion. Im Exil befindet er sich damit im Stier.

Die Symbole und wofür sie stehen

Zeichen	Symbol	Wofür es steht
Widder	♈	Der Kopf des Widders
Stier	♉	Der Kopf des Stiers
Zwillinge	♊	Die Zwillinge
Krebs	♋	Brüste
Löwe	♌	Der Schwanz des Löwen
Jungfrau	♍	Weibliche Genitalien
Waage	♎	Waagschalen
Skorpion	♏	Männliche Genitalien
Schütze	♐	Der Pfeil des Zentauren
Steinbock	♑	Der Kopf der Ziege und der Schwanz des Fisches
Wassermann	♒	Wasser Luftwellen – der Äther
Fische	♓	Zwei Fische

Planet	Symbol	Herfscher	
Sonne	☉	♌	Löwe
Mond	☽	♋	Krebs
Merkur	☿	♊ ♍	Zwillinge Jungfrau
Venus	♀	♉ ♎	Stier Waage
Mars	♂	♈	Widder
Jupiter	♃	♐	Schütze
Saturn	♄	♑	Steinbock
Uranus	♅	♒	Wassermann
Neptun	♆	♓	Fische
Pluto	♇ ⯓*	♏	Skorpion

* Manchmal wird auch dieses Symbol verwendet

Schwieriger ist es mit der Erhöhung. Dem Gefühl der meisten Astrologen nach ist Uranus im Skorpion erhöht (damit im Stier im Fall) und Neptun im Löwen (im Wassermann im Fall). Was Pluto betrifft, ist man noch zu keiner Übereinstimmung gekommen.

Die Stellung von Pluto
Die Jungfrau ist für Pluto ein starkes Zeichen. Als Pluto sich in den 60er Jahren in diesem Zeichen befand, stand er deutlich im Vordergrund. Der plutonische Spürsinn ergänzt die Qualitäten der Jungfrau, die auf das Analysieren und Erforschen gerichtet sind. Insofern sind wir der Meinung, daß Pluto in der Jungfrau erhöht ist. Im Fall würde Pluto damit in den Fischen stehen.

Rezeption

Von einer Rezeption spricht man dann, wenn Planet A in einem Zeichen steht, das von Planet B beherrscht wird, und Planet B in dem von A beherrschten Zeichen. Z. B.: Der Mond steht im Skorpion und Pluto im Krebs; oder – wie hier – Merkur befindet sich im Schützen und Jupiter in den Zwillingen (oder in der Jungfrau). Die beteiligten Planeten befinden sich in Harmonie zueinander; falls sie sich auch noch aspektieren, ist die Stärke des Aspektes dadurch weiter erhöht. Handelt es sich um einen negativen Aspekt wie Quadrat oder Opposition, werden etwaige Spannungen durch die Rezeption gemindert; die Planeten wirken dann förderlich auf die psychische Integration.

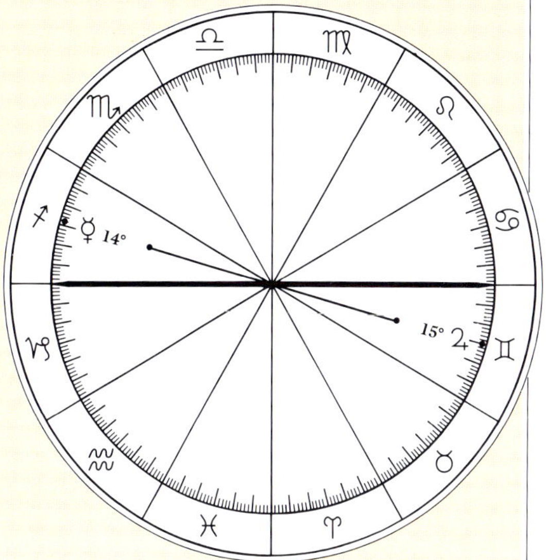

Die Stärke der Planeten

Planet	Personalisiert	Doppelt machtvoll	Besonders stark	Herrscher	Erhöhung	Exil	Fall
☉	Immer personalisiert	Bei ☌ Asz. aus dem 1. oder 12. Haus Wenn ☉ und Asz. im gleichen Zeichen noch stärker, wenn ☉ oder Asz. im ♌	☉ im ♌ (sehr stark) ☉ im 5. Haus	♌	♈	♒	♎
☽	Immer personalisiert	☌ Asz. im ♋ ☌ Asz. aus dem 1. oder 12. Haus ☉☌☽ im ♋	☉ im ♋ ☽ im ♋ ☽ im 4. Haus	♋	♉	♑	♏
☿	☉, ☽, Asz. = ♊ oder ♍	Asz. in den ♊ oder ♍ ☿ ☌ Asz. aus dem 1. oder 12. Haus	☿ in ♊ oder ♍ ☿ im 3. oder 6. Haus	♊ ♍	♍	♐	♓
♀	☉, ☽, Asz. = ♉ oder ♎	Asz. im ♉ oder in der ♎ ♀ ☌ Asz. aus dem 1. oder 12. Haus	♀ im ♉ oder in der ♎ ♀ im 2. oder 7. Haus	♉ ♎	♓	♈	♍
♂	☉, ☽, Asz. = ♈	Asz. im ♈ und ♂ ☌ Asz. aus dem 1. Haus (besonders stark) oder dem 12. Haus	♂ im ♈ (sehr stark) ♂ im 1. Haus	♈ *♏	♑	♎	♋
♃	☉, ☽, Asz. = ♐	Asz. im ♐ und ♃ ☌ Asz. aus dem 1. oder 12. Haus (besonders stark)	♃ im ♐ ♃ im 9. Haus ♃ in ♓ (etwas)	♐ **♓	♋	♊	♑
♄	☉, ☽, Asz. = ♑	Asz. im ♑ ♄ ☌ Asz. aus dem 1. oder 12. Haus	♄ im ♑ ♄ im 10. Haus ♄ ☌ MC, ♄ im ♒ (etwas)	♑ ***♒	♎	♋	♈
♅	☉, ☽, Asz. = ♒	Asz. im ♒ ♅ ☌ Asz. aus dem 1. oder 12. Haus (Jahrgänge von 1912–1919)	♅ im ♒ ♅ im 11. Haus	♒	♏	♌	♉
♆	☉, ☽, Asz. = ♓	Kein lebender Mensch weist ♆ in den ♓ auf	♆ in ♓ (nach 2012) ♆ im 12. Haus	♓	♌	♍	♒
♇	☉, ☽, Asz. = ♏	Asz. im ♏ und ♇ ☌ Asz. aus dem 1. oder 12. Haus	♇ im ♏ (Jahrgänge von 1984–1995) ♇ im 8. Haus	♏	♍	♉	♓

*Vor der Entdeckung Plutos herrschte Mars auch über den Skorpion

**Bevor man Neptun entdeckte, regierte Jupiter auch die Fische

***Vor der Entdeckung Uranus herrschte Saturn über den Wassermann

Der Aszendent und die Himmelsmitte

Wenn es auch heute Computerprogramme gibt, die fertige Horoskopausdrucke ermöglichen, ziehen es doch fast alle professionellen Astrologen vor, das Horoskop selbst zu erstellen oder zumindest zu zeichnen. Auf diese Weise entfaltet sich das Bild der zu beratenden Person besser – in gewisser Weise ist es eine Porträtskizze, aus der allmählich, wenn die Striche aufs Papier geworfen werden, charakteristische Merkmale hervortreten. Die Interpretation beginnt mit den ersten Linien, die man einzeichnet: mit dem Aszendenten und der Himmelsmitte. Diese sind entscheidende Punkte, die die Interpretation des ganzen Horoskops beeinflussen.

DER ASZENDENT

Der Aszendent – der Tierkreisgrad, der zum Zeitpunkt der Geburt am östlichen Horizont aufsteigt – ist der Ausgangspunkt der astrologischen Horoskopinterpretation. Er zeigt die Basis der Persönlichkeit und die individuelle Anpassung an die Umgebung. Seine Wirkung ist mit der Morgendämmerung verglichen worden – im zunehmenden Licht wird allmählich die komplexe menschliche Landschaft erkennbar. So, wie der Geburtstag (oder die »solare Wiederkehr«, wie Astrologen zu sagen pflegen) das individuelle Neujahr symbolisiert, steht der Aszendent für den Start an dem damaligen Tag. Auf ihn sowie auf den bzw. die Planeten, die zu dieser Zeit aufgingen, müssen wir unsere Interpretation aufbauen.

Das Wesen unserer Freunde enthüllen

Der Aszendent zeigt, wie wir wirklich sind. Wenn Sie an Ihren ersten Horoskopen arbeiten (welche am besten von Personen stammen, die Sie gut kennen), könnte es eine gute Idee sein, mit jemandem über die vom Aszendenten her zu erwartenden Persönlichkeitsmerkmale zu sprechen, der die betreffende Person nur flüchtig kennt. Vielleicht widerspricht Ihnen dieser und hat ein ganz anderes Bild von Ihrem gemeinsamen Bekannten – die Züge, die vom Aszendenten angezeigt sind, machen sich erst bemerkbar, wenn man die Person gut kennt. Ein paar Experimente in dieser Hinsicht lassen den Unterschied zwischen Sonnen- und Aszendentenzeichen schnell klarwerden.

Wenn Sie das Horoskop von jemandem erstellen, der eher eine flüchtige Bekanntschaft denn ein enger Freund ist, werden Sie sehen, daß die äußerliche Haltung und das Persönlichkeitsbild fast immer eindeutig durch das Sonnenzeichen zum Ausdruck kommen. Das hängt damit zusammen, daß in unserer Zeit fast jeder weiß, wie das Wesen des Stiers oder der Zwillinge beschaffen ist.

Deutliche Charakterzüge

Einige Astrologe meinen, daß es die Aszendentenmerkmale sind, die ins Auge fallen. Die Frau mit der Sonne im Löwen und dem Schützeaszendenten aber wird, um ein Beispiel zu nennen, wahrscheinlich eher in ihrem schicksten Wintermantel in den Supermarkt gehen (das Löwe-Bild), als zu einem formellen Anlaß in sehr legerer Kleidung zu erscheinen (Schütze-Motive und -Persönlichkeitszüge). Handelte es sich dagegen um eine Schützesonne und einen Löweaszendenten, würde die Person einen eher legeren Eindruck machen; die Freunde aber wüßten, daß sie trotz ihres Sinns für Humor dickköpfig und autoritär sein kann (Löweaszendent).

Veränderungen durch Progressionen

Wenn das Aszendentenzeichen sich durch die Progression verändert, wird der oder die Betreffende einige Persönlichkeitszüge des neues Zeichens aufnehmen, welche dann die des ursprünglichen Aszendenten subtil ergänzen. Derjenige z. B., der mit einem Zwillingsaszendenten geboren ist, könnte fürsorglicher, intuitiver und emotionaler werden, wenn der progressive Aszendent in den Krebs kommt. Wenn man ihn hierzu fragen würde, bekäme man vielleicht zur Antwort, daß er jetzt über manches anders denkt und nun möglicherweise auch zum ersten Mal seinen Instinkten traut. Die Skepsis und Abneigung des Zwillings, was emotionale Reaktionen betrifft, schwindet damit, während Intuition und Einsichten zunehmen. Die Zwillings-Neugier wird jetzt mit einem »wissenden« Element bereichert, das der Betreffende kaum erklären kann.

Die Wichtigkeit des Aszendenten

Die erste Regel ist, das Aszendentenzeichen bei der Interpretation immer gebührend zu würdigen. Wenn sich von anderer Stelle des Horoskops aus ähnliche oder auch ergänzende Züge ergeben, handelt es sich um ein wirklich bedeutungsvolles Merkmal. Ohne den Aszendenten – wenn die Geburtszeit nicht bekannt ist – ist die Astrologie beschränkt; ein fundamentales Glied ihrer Struktur fehlt dann.

DIE HIMMELSMITTE (MC)

Die Himmelsmitte oder auch das Medium Coeli (MC) markiert den Tierkreisgrad, der zum Zeitpunkt und am Ort der Geburt auf der Ekliptik am höchsten steht.

Um die Himmelsmitte wirklich zu verstehen, muß man etwas über die Art, wie die Astrologen den Raum aufteilen, wissen. Es gibt hier mehrere Systeme (siehe S. 38). Welches System man auch benutzt – das MC zeigt an, womit sich der Betreffende im Leben identifiziert. Die Merkmale des Zeichens am MC bedeuten ihm viel; er nimmt sie wahr, schätzt sie und bemüht sich, sie auch selbst zum Ausdruck zu bringen, bewußt oder unbewußt. Dabei sind sie nicht notwendigerweise Bestandteil seines Wesens: Ein Waage-MC z. B. prägt den Menschen nicht auf Waageart, sondern führt dazu, daß sich die Person mit Eigenschaften identifiziert, die für die Waage wichtig sind.

Progressionen oder Transite

Sehr häufig ist das MC durch Transite oder Progressionen aktiviert, wenn sich als Folge von äußeren Einflüssen Veränderungen ergeben. Wenn wir die Entscheidung treffen, eine neue Stelle zu suchen und uns zu bewerben, handelt es sich um eine psychologische Motivation, die vom Aszendenten ausgeht.

Wenn uns aber überraschend eine Stelle angeboten wird, dürfte dies mit einer wichtigen Progression oder einem Transit zum MC einhergehen. In einem gewissen Maße können wir das, was in unserem Leben geschieht, kontrollieren. Falls man uns ein Angebot macht, hängt das womöglich mit unserem Ruf und unseren Leistungen und Erfolgen zusammen. Dies ist zwar eine Vereinfachung, vielleicht aber wird so deutlich, worum es hier geht.

Das Imum Coeli (IC)

Das Imum Coeli oder IC markiert den Himmelspunkt, der zum Zeitpunkt unserer Geburt am tiefsten stand (anders ausgedrückt: Von der Stelle aus gesehen, die unserem Geburtsort auf der Erdkugel genau gegenüberliegt, ist es der Himmelspunkt, der zur betreffenden Zeit an der Ekliptik am höchsten stand). Es symbolisiert unsere Wurzeln und hängt eng mit den Themen zusammen, über die das 4. Haus regiert.

Der Deszendent

Der Tierkreisgrad, der am westlichen Horizont im Augenblick der Geburt untergeht. Immer die Spitze des 7. Hauses, des Hauses der Partnerschaften. Der Deszendent und das IC werden von manchen Astrologen nicht eingetragen.

Wechsel im Horoskop

Wenn wir und das Geburtshoroskop älter werden, wechseln Aszendent und MC irgendwann das Zeichen. Vorausgesetzt, die Geburtszeit stimmt (eine Differenz von vier Minuten macht für das Progressionshoroskop einen Unterschied von zwölf Monaten aus), werden sich die Jahre, in denen Aszendent und MC die Zeichen wechseln, als Schlüsselphasen des Lebens erweisen.

Änderungen der Persönlichkeit

Persönliche Weiterentwicklung und eine Veränderung der emotionalen Haltung sind zu erwarten, wenn der Aszendent in das nächste Zeichen wechselt. Beim MC ist hier mit äußerlichen Umschwüngen, vielleicht in Verbindung mit der Karriere, zu rechnen.

Die Häuser

Es gibt viele Häusersysteme – willkürliche Arten, den die Erde umgebenden Raum aufzuteilen. Die verbreitetste wurde von Placidus im Jahr 1688 entwickelt, es basiert auf der Zeit, die die Tierkreisgrade für den Aufstieg vom Aszendenten zum MC brauchen. Dieses System wird aber nutzlos, wenn es um Geburten in hohen nördlichen Breiten geht – man kann mit ihm dort keinen Aszendenten ermitteln. Andere Systeme stammen von Regiomontanus, Campanus und Koch; das älteste und einfachste System aber ist das der Äqualen Häuser, das wir auch in diesem Buch benutzen.

Jedes Haus steht für einen bestimmten Bereich des menschlichen Lebens. Indem wir die Häuser untersuchen, können wir ermitteln, wie uns der Lauf der Planeten im Alltag beeinflussen wird. Grob gesagt:

- Die Planeten symbolisieren unsere Antriebskräfte.
- Die Zeichen stellen dar, wie und wofür wir diese Antriebskräfte einsetzen, und
- Die Häuser zeigen, in welchen Lebensbereichen diese Antriebskräfte und Aktivitäten zum Ausdruck kommen.

Personalisierte Planeten
Bei den Häusern geht es noch um eine andere Bedeutung. Wenn ein Planet eine personalisierte Bedeutung hat (siehe S. 34), ist damit ein zusätzlicher psychologischer Effekt gegeben.

Der Mensch mit einer Jungfrausonne und einem Waagemerkur im 5. Haus zeichnet sich vielleicht durch eine große Schönheitsliebe aus (Waage), durch die Fähigkeit, seine Hände kreativ einzusetzen (Merkur in der Waage), und durch schöpferisches Potential. Weil außerdem Merkur über die Jungfrau herrscht, ist der psychische Drang, die Kreativität tatsächlich zum Ausdruck zu bringen, sehr stark.

Diese Art von »Personalisierung« ist nicht unüblich. Der angehende Astrologe darf nicht den Fehler machen, das Sonnenzeichen, den Planeten und die Häuser für sich allein als Hinweise auf Antriebskräfte und Lebensbereiche zu nehmen

Einige Häuser sind von besonderer Wichtigkeit, einige Planeten, die sich darin befinden, stärker als andere. Große Aufmerksamkeit ist dem 1., 4., 6., 7., 10. und 12. Haus zu widmen und demjenigen, das das MC beherbergt. In der Praxis aber muß sich der Astrologe natürlich mit dem Haus auseinandersetzen, das mit einem bestimmten Problem zusammenhängt.

Für gewöhnlich sind diverse Häuser des Horoskops leer, ohne Planeten. Die Lebensbereiche, für die sie stehen, haben aber trotzdem ihre Bedeutung; es gilt hier, die Zeichen an den Spitzen der Häuser mitsamt den Planeten, die darüber herrschen, zu untersuchen. So können wir erkennen, wie die betreffende Person auf die Dinge reagiert, die mit diesem Haus einhergehen.

Wofür die Häuser stehen
Eine überlieferte Regel zu den Häusern besagt, daß die ersten sechs eine eher persönliche Bedeutung tragen, während die anderen mehr mit äußerlichen Angelegenheiten und den Mitmenschen zu tun haben. So ist z. B. das 1. Haus das persönlichste von allen, während das 7. – sein polares Gegenstück, im Horoskop genau entgegengesetzt – die Einstellung zum Partner symbolisiert. Das 2. Haus steht für Besitztümer, während das 8. mit investierten und geerbten Mitteln zusammenhängt. Das 4. Haus steht in Verbindung mit dem Zuhause, das 10. mit Angelegenheiten, die sich außerhalb des Zuhauses auswirken, z. B. mit dem Beruf und den Ambitionen.

1
Das 1. Haus

Das Haus von Mars und Widder
Schlüsselworte: *Psychische Motivation, Wohlbefinden*

Das wichtigste Haus, weil es das aufsteigende Zeichen bzw. den Aszendenten umfaßt. Durch dieses Haus macht sich die Persönlichkeit bemerkbar. Näheres zu Gesundheit und Wohlbefinden, Einstellung und Temperament ist an ihm abzulesen, auch körperliche Merkmale. Ein Planet im 1. Haus und besonders in einem Abstand von nicht mehr als zehn Grad zum Aszendenten hat einen machtvollen Einfluß auf die Persönlichkeit; er prägt den Aszendenten wie alle Eigenschaften, die mit dem 1. Haus einhergehen, auf markante Weise. Ein solcher Planet färbt auch die Erscheinungsweise und die Verhaltensmuster – die Persona in ihrer Gesamtheit.

Wenn Planeten im Transit oder in der Progression ins 1. Haus kommen, geht damit eine machtvolle Betonung aller persönlichen Angelegenheiten einher, besonders in gesundheitlicher, körperlicher und psychischer Hinsicht. Der Mond kann in der Progression von einem neuen Unterzyklus künden.

Der Saturntransit zeigt vielleicht den Beginn einer Phase an, in der die Vitalität eher gering ist. Geschehnisse, die den Menschen auf der persönlichen Ebene berühren, stehen nun im Brennpunkt. Der Geborene muß angehalten werden, aus den Transiten durch dieses Haus Nutzen zu ziehen.

2
Das 2. Haus

Das Haus der Venus und des Stiers
Schlüsselworte: *Besitztümer, Gefühle*

Die Einstellung zu Sicherheit, Besitztümern und Partnern hängt mit dem 2. Haus zusammen (das Thema Liebe aber ist die Domäne des 5. Hauses).

Wenn Sie das 2. Haus studieren, finden Sie vielleicht Hinweise dazu, wie

der oder die Betreffende mit dem Partner auskommt. Besteht die Tendenz, den Partner oder das Kind als eine Art Besitz zu sehen? Schauen Sie zur Beantwortung dieser Frage auf das Zeichen an der Spitze des 2. Hauses und gegebenenfalls auf den oder die Planeten darin. Vergegenwärtigen Sie sich, daß Liebe und Geld eng zusammenhängen (siehe Venus, S. 149). Gleichermaßen besteht ein enger Zusammenhang zwischen der emotionalen und der finanziellen Sicherheit.

Es gilt zu erkennen, daß die emotionalen Bedürfnisse nicht den finanziellen oder materiellen untergeordnet werden dürfen – machen Sie sich und ggfs. Ihrem Gegenüber klar, daß die einen die anderen komplettieren; nur zu oft ist es nämlich so, daß das eine Bedürfnis so lange unbefriedigt bleibt, bis das andere erfüllt ist. Dies ist besonders im Hinblick auf die planetarischen Progressionen und Transite von einigem Interesse.

Sollte Ihr Gegenüber zuviel Gewicht zugelegt haben, spiegelt das vielleicht einen emotionalen Mangel wider. Zeigt sich der Mensch dagegen allzu großzügig, könnte das als Versuch interpretiert werden, sich Liebe, Freundschaft und Zuneigung zu kaufen.

3

Das 3. Haus

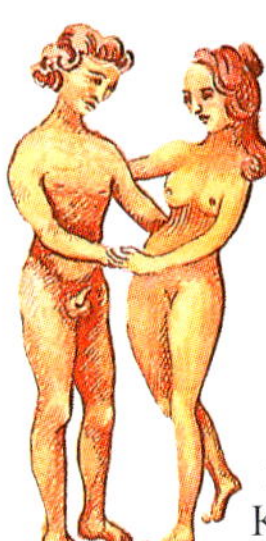

Das Haus Merkurs und der Zwillinge
Schlüsselworte: *Brüder, Schwestern, Transport, Umgebung, die frühe Bildung*

Dieses Haus hängt mit den engen Verwandten (aber nicht den Eltern oder den Kindern) zusammen, mit Brüdern und Schwestern, Onkeln, Tanten und Cousins und Cousinen. Es spiegelt auch die Einstellung zur Schule wider und symbolisiert die kommunikativen Fähigkeiten und kurze Reisen. Wenn der Betreffende sich ein neues Auto kaufen möchte, sollten Sie auf das 3. Haus seines Horoskops schauen. Auch die geistige Einstellung fällt unter dieses Haus. Es lohnt auch die Mühe, dieses Haus vom Blickpunkt der persönlichen Umgebung aus zu betrachten – ob wir in der Stadt oder auf dem Land leben und wie wir mit Lärm, Menschenmengen oder der Isolierung zurechtkommen, hängt alles mit ihm zusammen. Die Sprache – das wichtigste Kommunikationsmittel überhaupt – ist ebenfalls Gegenstand des 3. Hauses. Wenn Planeten im Transit oder in der Progression in dieses Haus kommen, ergibt sich oftmals ein Meinungswechsel mit neuen Ansichten. Hat man bislang, als junger Mensch, in der Schule nur schlechte Erfahrungen gemacht, könnte sich das nun ändern, auch deshalb, weil man jetzt eine andere Einstellung zeigt. Ist man in der einen oder anderen Weise in eine Sackgasse geraten, könnte man nun durch einen positiven Einfluß des 3. Hauses in eine bessere Position kommen, in der Fortschritte und eine mentale Neuorientierung möglich sind. Probleme mit den Verwandten könnten ebenfalls auf dieses Haus zurückzuführen sein, gleichfalls die Verbindung zu jungen Menschen (die Freunde Ihrer Kinder sind ebenfalls zum 3. Haus zu zählen).

4

Das 4. Haus

Das Haus des Mondes und des Krebses
Schlüsselworte: *Das Zuhause, das häusliche Leben, Eltern (besonders die Mutter)*

Hier gelangen wir zum wichtigen Bereich des häuslichen und familiären Hintergrundes und zu der Rolle der Eltern (welche zum Teil auch vom 10. Haus angezeigt ist). Am 4. Haus ist abzulesen, wie Menschen ihre Eltern sehen. Man muß bei Aussagen zu diesem Thema sehr vorsichtig sein – ohne die Horoskope der Eltern kann man natürlich nicht zu ihrem astrologischen Hintergrund Stellung nehmen. Wenn wir im Auftrag von Eltern das Horoskop eines Kindes untersuchen (in welchem Fall Sie immer die Geburtsdaten der Eltern notieren sollten), könnte Ihnen das Studium des 4. Hauses Aufschlüsse geben, wie dieses Mutter und Vater sieht. Aber auch hier gilt: Um das familiäre Bild in seiner Gesamtheit zu erfassen, müssen Sie die Horoskope der verschiedenen Generationen studieren.

Häuser und Land sind ebenfalls Themen des 4. Hauses. Ergibt sich ein Transit oder eine Progression zu diesem Haus, dürfte das häusliche Leben in den Vordergrund rücken. Sie sollten sich ggfs. bei Ihrem Gegenüber erkundigen, ob sich Veränderungen abzeichnen, ob sie unausweichlich erscheinen oder ersehnt werden. Eine starke Betonung des 4. Hauses im Geburts- oder im Progressionshoroskop könnte auch heißen, daß sich der Betreffende intensiv mit der Vergangenheit beschäftigt. Dann müßte man ihn dazu anhalten, mehr in die Zukunft zu schauen.

5

Das 5. Haus

Das Haus der Sonne und des Löwen
Schlüsselworte: *Kreativität, Vergnügen, Kinder, Liebesaffären, Risiken, der Vater*

Das Haus der Kreativität. Kreativität hängt nicht nur mit Kunst zusammen, sie kann sich auch bei solch praktischen Fertigkeiten wie dem Kochen oder dem Autowaschen zeigen. Unterschätzen Sie also das kreative Potential nicht, besonders dann, wenn das Horoskop ansonsten vielleicht eher auf mathematische oder wissenschaftliche Begabungen schließen läßt: Auch diese beiden Gebiete können mit einer lebhaften Kreativität gewürzt sein. Einer der vielleicht wichtigsten Aspekte der Kreativität hängt mit der Elternschaft zusammen – die Beziehung der Eltern zu ihren Kindern, mehr noch als die Beziehung der Kinder zu ihren Eltern, welche vom 4. Haus regiert wird. Hinweise zur Fortpflanzungsfähigkeit sind ebenfalls am 5. Haus abzulesen. Dieses lebhafte, positive Haus steht auch in Verbindung mit Vergnügungen, Spekulationen und der Art, wie wir instinktiv Zuneigung ausdrücken.

Es ist auch die Domäne der Liebe. Kommt es zu einer neuen Liebschaft, dürfte das 5. Haus betont sein (für die Frage nach den tieferen Gefühlen oder der Dauerhaftigkeit müssen wir allerdings auf das 7. Haus blicken). Die Gefahr bei diesem Haus liegt in einem übermäßigen Optimismus oder einer närrischen Tollkühnheit. Solche Tendenzen können sowohl vom Progressions- als auch vom Geburtshoroskop angezeigt sein. Zögern Sie nicht, Ihr Gegenüber zu warnen, wenn Sie eine Neigung zur Spekulation wahrnehmen, ob nun durch Transite oder Progressionen oder auch durch das Geburtshoroskop. Eine potentielle Risikoneigung ist leicht vom Zeichen an der Spitze dieses Hauses oder von Planeten in ihm (z. B. Mars oder Jupiter) herzuleiten.

6

DAS 6. HAUS

Das Haus Merkurs und der Jungfrau

Schlüsselworte: *Gesundheit, Ernährung, Sport, Hobbys, Routinetätigkeiten*

Dieses Haus steht in Verbindung mit der Gesundheit, der Ernährung und Sport; insofern hat es einen enormen Einfluß auf unser Wohlbefinden. Im Gegensatz zum 1. Haus wirkt es sich aber weniger physisch aus; an ihm ist abzulesen, wie wir unseren Körper behandeln. Es hängt auch mit unserer täglichen Beschäftigung zusammen, mit dem, was wir jeden Tag zu tun haben, ob im Beruf, bei der Hausarbeit oder beim Erziehen der Kinder. Es läßt erkennen, ob wir hier diszipliniert und systematisch vorgehen oder ob wir vielleicht ein Sklave der Routine oder ein Opfer von Desorganisation sind.

Der astrologischen Überlieferung nach herrscht dieses Haus auch über Untergebene. Heutzutage sagt man, daß weiterhin diejenigen, die uns helfen, darunter fallen: der Klempner, der Elektriker, der Maler. Transite und Progressionen rücken all diese Themen in den Blickpunkt. Sich in guter Form zu halten ist wichtig; das 6. Haus läßt auch erkennen, wann es besonders ratsam sein könnte, mit einer neuen körperlichen Aktivität zu beginnen oder die Ernährung umzustellen.

7

DAS 7. HAUS

Das Haus der Venus und der Waage

Schlüsselworte: *Partnerschaft, Beziehungen*

Es stehen hier nicht nur die emotionalen Beziehungen im Blickpunkt, sondern darüber hinaus noch die Einstellung zu Kollegen und Freunden ganz allgemein. Planeten im 7. Haus beeinflussen diese stark, besonders bei einem Abstand von nicht mehr als zehn Grad zur Spitze des Hauses – mit anderen Worten: bei der Opposition zum Aszendenten (siehe S. 54). Es ist wichtig, auf den Zusammenhang zwischen 5. Haus (Liebesaffären) und 7. Haus (Partnerschaft) hinzuweisen. Das 7. Haus ist das der Verpflichtungen; es symbolisiert die Bedürfnisse bei den Beziehungen und läßt erkennen, was man am nötigsten vom Partner braucht. An ihm ist abzulesen, was für einen Partner man sucht und wie es – wegen der Verbindung mit der Waage – in der Beziehung um Harmonie, Ausgewogenheit und Fairneß bestellt ist, welche Bedürfnisse der Mensch hier hat oder wie unabhängig oder selbstbezogen er womöglich ist.

Wie oben bereits angedeutet, ist es dieses Haus, das nähere Auskünfte über die Zusammenarbeit mit einem angehenden Partner oder vielleicht auch mit einem persönlichen Assistenten geben kann, allerdings nur in bezug auf das persönliche Verständnis und Miteinander. Verbindungen sind eines der Hauptmerkmale dieses Hauses, was auch deutlich werden wird, wenn Sie das Kapitel studieren, das sich mit dem komplexen Thema Beziehungen im Detail beschäftigt (S. 148–167). Seien Sie wachsam, wenn sich eine Progression oder ein Transit zum 7. Haus ergibt – damit stehen fraglos die Beziehungen auf die eine oder andere Weise im Blickpunkt. Wenn Ihr Gegenüber keine feste Beziehung hat, grundsätzlich aber mit seinem Los als Alleinstehender zufrieden ist, könnte es sich jetzt zeigen, daß eine Art Ersatzpartner, ein Tier oder ein Hobby sehr viel Aufmerksamkeit genießt.

8

DAS 8. HAUS

Das Haus Plutos und des Skorpions

Schlüsselworte: *Sexualität, Erbschaften, Investitionen*

Das 2. Haus stellt das Geld dar, das man durch individuelle Anstrengungen verdient; das 8. Haus hängt mit Erbschaften, Versicherungen und Stiftungen zusammen. Es ist aber auch das Haus der Selbstfindung mit Hinweisen auf die persönliche Einstellung zum Sterben und dem Leben nach dem Tode. »Tod« kann als Veränderung interpretiert werden, und auch die Wiedergeburt fällt unter dieses Haus: der Neubeginn, zu dem es kommt, wenn der Betreffende seine tiefverwurzelten Komplexe nach einer Psychotherapie oder – noch signifikanter – nach einer intensiven Phase der Selbstanalyse endlich abgelegt hat.

Sexuelle Instinkte und Bedürfnisse sind ebenfalls mit diesem Haus verbunden, der Tradition nach auch Kriminalität, Forschen und Aufspüren. In Verbindung mit ihm muß Pluto sowie das 8. Zeichen des Tierkreises, der Skorpion, gründlich untersucht werden – vergessen Sie aber nicht, daß das Plutozeichen einen »Generationseinfluß« darstellt. Von der weniger psychologischen, sondern eher praktischen Seite aus sollte man auf dieses Haus schauen, wenn man eine Investition tätigen oder eine Versicherung ab-

DIE TRADITIONELLE ASTROLOGIE
Ein astrologisches Rad, das die Planeten, Zeichen und Häuser zeigt, die sich um die Erde drehen. Es handelt sich um das Titelblatt einer astrologischen Schrift von Georg von Purbach aus dem Jahr 1515.

schließen will. Was die Sexualität betrifft, geht es hier nicht um die einfachen vergnüglichen Aspekte des geschlechtlichen Zusammenseins, sondern um die tiefsten sexuellen Bedürfnisse. Man kann erkennen, ob diese Befriedigung finden werden – was allerdings hohe Ansprüche an die interpretativen Fähigkeiten stellt. Transite und Progressionen zu Planeten im 8. Haus richten sich sehr wahrscheinlich auf Themen, die eine sehr große Bedeutung für den betreffenden Menschen haben. Als Ergebnis davon ergibt sich vielleicht, daß man seine Haltung zu einem Problem ändert, speziell dann, wenn dieses mit großen Spannungen verbunden war. Bei günstigen Transiten wäre vielleicht zu einer therapeutischen Behandlung oder zur Konsultation eines Fachmanns zu raten.

Das 9. Haus

Das Haus Jupiters und des Schützen
Schlüsselworte: *Höhere Bildung, weite Reisen, Ideale, Träume, Herausforderungen*

Das 9. Haus symbolisiert die höhere Bildung und die Fähigkeit, zu kommunizieren und den Geist auszuweiten, es weist auf unsere Ideale und unsere Lebensphilosophie sowie auf unsere Meinung zu spirituellen Fragen hin. Weite Reisen sind ebenfalls ein Thema des 9. Hauses, außerdem das Gesetz, das Verlagswesen, die Literatur, Kommunikation über weite Entfernungen hinweg und die Medien, die mit fremden Ländern zu tun haben. Inspiration, sprachliche Fähigkeiten und Träume stehen hier im Blickpunkt, auch der Moralkodex und das Bewußtsein. Man sollte dieses Haus gründlich untersuchen, um Aufschlüsse zu einer weiterführenden (Aus-) Bildung zu gewinnen, nachdem die Schule abgeschlossen ist.

Das 9. Haus kann Hinweise geben, wenn es für eine junge Person um die Frage nach einer weiten Reise geht (allerdings muß auch gefragt werden, ob es sich vielleicht um ein »Abhauen« aufgrund von bestimmten psychischen Problemen handelt). Wenn die Einflüsse des 9. Hauses im Geburtshoroskop positiv sind, läßt das auf einen Menschen schließen, der fernab der Heimat leben möchte, der im Tourismusbereich oder im Handel arbeitet oder als Lehrer tätig ist, häufig an der Universität. Fairneß und die Fähigkeit zum Studieren sind ebenfalls mehr oder weniger diesem Haus zuzuordnen.

Das 10. Haus

Das Haus Saturns und des Steinbocks
Schlüsselworte: *Ziele und Bestrebungen*

Anmerkung: Bei vielen Häusersystemen entspricht die Spitze des 10. Hauses dem MC. Beim Äqualen Häusersystem (das wir in diesem Buch benutzen) verhält es sich aber anders.

Das Haus der Hoffnungen und der weltlichen Fortschritte. Es steht auch für Autorität – wie wir gegenüber Vorgesetzten und Höherstehenden eingestellt sind und wie wir selbst Autorität zum Ausdruck bringen. Hier liegt der Akzent auch auf dem gesellschaftlichen Status, auf der Familie, der Tradition, dem Pflichtgefühl und all dem, was außerhalb des Zuhauses stattfindet. Wie der Betreffende mit seiner Verantwortung und Macht umgeht, ist an ihm abzulesen. Wenn ein persönlicher Planet im 10. Haus steht, hat der Mensch zumeist das Bedürfnis, emotional Anteil an seiner beruflichen Tätigkeit zu nehmen.

Die moderne Astrologie ist alles andere als fatalistisch; allerdings steht dieses Haus tatsächlich oft im Brennpunkt, wenn das »Schicksal« – was immer der Betreffende darunter versteht – sich bemerkbar macht. Manchmal ist dann die vermeintlich schwere neue Bürde ein Ausdruck gesteigerten Ansehens. Bei beruflichen Veränderungen ist ebenfalls auf das 10. Haus zu schauen.

Das 11. Haus

Das Haus von Uranus und Wassermann
Schlüsselworte: *Soziales Leben, Ziele, gesellschaftliches Bewußtsein, Freunde*

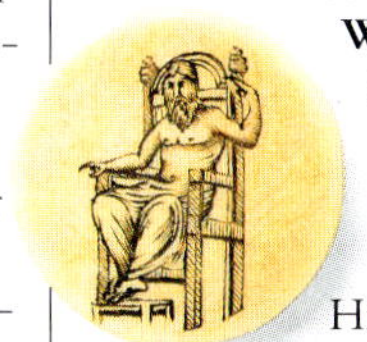

Hier handelt es sich um das Haus der Freunde und des gesellschaftlichen Lebens. Die Ziele im Leben, die nichts mit dem Beruf zu tun haben, gehören zum 11. Haus. Die Untersuchung dieses Hauses erhellt, wieviel Energie die Person für gute Zwecke einzusetzen gewillt ist, ob sie vom Wunsch, Gutes zu tun, getrieben wird oder von selbstbezogenen Motiven. Blicken Sie auf dieses Haus, wenn es darum geht, ob der Mensch in einem Komitee mitarbeiten kann oder eine wichtige Position übernehmen soll. Transite oder Progressionen zu Planeten in diesem Haus können mit derartigen Themen zu tun haben. Das 11. Haus ist nicht besonders machtvoll, es fügt aber den persönlichen Beziehungen zu anderen eine besondere Note zu. Wenn der Wassermann oder Uranus eine personalisierte Bedeutung trägt, dürfen wir es nicht unterschätzen!

Das 12. Haus

Das Haus Neptuns und der Fische
Schlüsselworte: *Abgeschiedenheit, Eskapismus, Glauben, Institutionen*

Das Haus der Isolation und Fluchttendenzen. Der Überlieferung nach hängt es mit Krankenhäusern und Gefängnissen zusammen, es steht aber auch noch für andere und vielleicht wichtigere Themen. Oftmals gibt es deutliche Hinweise auf das Unbewußte und auf die Wurzeln von psychischen Problemen.

Während das 8. Haus die Mittel darstellt, mit denen wir mit diesen Schwierigkeiten zurechtkommen können, läßt das 12. Haus deren grundsätzliches Wesen erkennen, besonders dann, wenn ein Planet in ihm dicht am Aszendenten steht. In diesem Fall sind die Belange des betreffenden Planeten unterdrückt und müssen wieder zugänglich gemacht werden.

Transite durch das 12. Haus oder Progressionen zu Planeten im 12. Haus können einen einschränkenden Effekt haben; im Idealfall aber ermutigen sie dazu, sich Gedanken zu wichtigen Themen zu machen. Manchmal künden sie von einer konstruktiven Arbeit hinter den Kulissen oder vielleicht auch von Aktivitäten für wohltätige Zwecke. Opferbereitschaft wird ebenfalls zu diesem Haus gezählt.

Es hat oft positive Folgen, wegen einer Stärkung des Charakters und der Erkenntnis, daß psychische Probleme lösbar sind.

Die Berechnung des Horoskops

Bei der Erstellung eines Horoskops müssen die Positionen von Sonne, Mond und Planeten für den Moment der Geburt berechnet werden. Früher bediente man sich hierzu Tabellen – jetzt ist das durch Taschenrechner einfacher geworden (wenngleich nicht alle Rechner Grad- und Minutenwerte ausweisen). Die Ephemeride in diesem Buch (siehe S. 350f) gibt die Werte für die Planetenpositionen in Grad und Dezimalstellen an. Wir erläutern, wie man diese Positionen recht genau ermitteln kann.

1 Das Horoskop vorbereiten

Als erstes müssen Sie das Horoskop von Seite 408 abpausen oder fotokopieren.

2 Die Berechnung von Aszendent und MC

Je nachdem, ob die Geburt östlich oder westlich von Greenwich stattgefunden hat, gibt es gewisse Unterschiede.

Westlich von Greenwich

Für unser Musterhoroskop haben wir uns eine Person ausgedacht, die in Washington D. C. am 4. Juli 1981 um 4.19 Uhr Ortszeit geboren ist. Tragen Sie Ort, Datum und Zeit der Geburt auf dem Horoskopblatt ein.

Korrekturwert für Länge

Grad									Minuten		
°	h	m	°	h	m	°	h	m	m	m	s
1	0	4	61	4	4	121	8	4	1	0	4
2	0	8	62	4	8	122	8	8	2	0	8
3	0	12	63	4	12	123	8	12	3	0	12
4	0	16	64	4	16	124	8	16	4	0	16
5	0	20	65	4	20	125	8	20	5	0	20
6	0	24	66	4	24	126	8	24	6	0	24
7	0	28	67	4	28	127	8	28	7	0	28
8	0	32	68	4	32	128	8	32	8	0	32
9	0	36	69	4	36	129	8	36	9	0	36
10	0	40	70	4	40	130	8	40	10	0	40
11	0	44	71	4	44	131	8	44	11	0	44
12	0	48	72	4	18	132	8	48	12	0	48
13	0	52	73	4	52	133	8	52	13	0	52
14	0	56	74	4	56	134	8	56	14	0	56
15	1	0	75	5	0	135	9	0	15	1	0
16	1	4	76	5	4	136	9	4	16	1	4
17	1	8	77	5	8	137	9	8	17	1	8
18	1	12	78	5	12	138	9	12	18	1	12
19	1	16	79	5	16	139	9	16	19	1	16
20	1	20	80	5	20	140	9	20	20	1	20
21	1	24	81	5	24	141	9	24	21	1	24
22	1	28	82	5	28	142	9	28	22	1	28
23	1	32	83	5	32	143	9	32	23	1	32
24	1	36	84	5	36	144	9	36	24	1	36
25	1	40	85	5	40	145	9	40	25	1	40
26	1	44	86	5	44	146	9	44	26	1	44
27	1	48	87	5	48	147	9	48	27	1	48
28	1	52	88	5	52	148	9	52	28	1	52
29	1	56	89	5	56	149	9	56	29	1	56
30	2	0	90	6	0	150	10	0	30	2	0
31	2	4	91	6	4	151	10	4	31	2	4
32	2	8	92	6	8	152	10	8	32	2	8
33	2	12	93	6	12	153	10	12	33	2	12
34	2	16	94	6	16	154	10	16	34	2	16
35	2	20	95	6	20	155	10	20	35	2	20
36	2	24	96	6	24	156	10	24	36	2	24
37	2	28	97	6	28	157	10	28	37	2	28
38	2	32	98	6	32	158	10	32	38	2	32
39	2	36	99	6	36	159	10	36	39	2	36
40	2	40	100	6	40	160	10	40	40	2	40
41	2	44	101	6	44	161	10	44	41	2	44
42	2	48	102	6	48	162	10	48	42	2	48
43	2	52	103	6	52	163	10	52	43	2	52
44	2	56	104	6	56	164	10	56	44	2	56
45	3	0	105	7	0	165	11	0	45	3	0
46	3	4	106	7	4	166	11	4	46	3	4
47	3	8	107	7	8	167	11	8	47	3	8
48	3	12	108	7	12	168	11	12	48	3	12
49	3	16	109	7	16	169	11	16	49	3	16
50	3	20	110	7	20	170	11	20	50	3	20
51	3	24	111	7	24	171	11	24	51	3	24
52	3	28	112	7	28	172	11	28	52	3	28
53	3	32	113	7	32	173	11	32	53	3	32
54	3	36	114	7	36	174	11	36	54	3	36
55	3	40	115	7	40	175	11	40	55	3	40
56	3	44	116	7	44	176	11	44	56	3	44
57	3	48	117	7	48	177	11	48	57	3	48
58	3	52	118	7	52	178	11	52	58	3	52
59	3	56	119	7	56	179	11	56	59	3	56
60	4	0	120	8	0	180	12	0	60	4	0

Südliche Breiten

Mit einer kleinen Umformung ist es möglich, die Tabellen für nördliche Breiten auch für die Ermittlung von Aszendent und MC bei Geburten in südlichen Breiten anzuwenden. Wenn wir von der gleichen Geburtszeit, aber von dem Geburtsort Perth in Australien ausgehen (31° 57' S, 115° 52' Ö), müssen wir rechnen: 3,08 + 7,40 + 0,03 = 10,51. 10,51 ist die wahre Sternzeit der Geburt, auf Perth bezogen. Berechnung für Geburten südlich des Äquators: Das MC befindet sich in jedem Fall auf 11° in der Jungfrau. Zur Ermittlung des Aszendenten in südlichen Breiten aber müssen Sie 12 Stunden zur wahren lokalen Sternzeit zufügen. Dann schlagen Sie die Häusertabelle (S. 396–399) auf. Das Aszendentenzeichen ist das, das dem angegebenen gegenüberliegt. Statt 10.51 gehen wir von 22.51 aus. Wir erhalten einen Aszendenten von 29° Zwillinge – der wahre Aszendent liegt auf 29° im Schützen.

1. Ermitteln Sie in einem Atlas den Breiten- und Längengrad der Geburt. Für Washington handelt es sich um 38° 52' Nord und 77° 01' West. Tragen Sie diese Werte auf den Horoskopvordruck ein.

2. Wandeln Sie die Ortszeit in Greenwich Mean Time (GMT) um. Vielleicht galt zur Geburt auch Sommerzeit.

Bei unserem Beispiel galt tatsächlich Sommerzeit – die Uhren waren also eine Stunde vorgestellt, was heißt, daß die wahre Ortszeit 3.19 Uhr betrug. Dies muß jetzt in GMT umgewandelt werden. Schlagen Sie das Verzeichnis der Zeitzonen auf Seite 401 auf. Sie sehen dort, daß Greenwich Washington fünf Stunden voraus ist – Sie müssen also zur örtlichen Standardzeit 5 Stunden addieren, womit wir die Greenwich-Zeit der Geburt erhalten: 8.19 Uhr. Tragen Sie diese auf dem Vordruck ein.

Bei der Umwandlung von Ortszeit zu Greenwich-Zeit kann es passieren, daß sich das Datum ändert. Wenn das Datum jetzt das des Vortags oder das des folgenden Tages geworden ist, müssen Sie das ebenfalls auf dem Horoskopblatt notieren. Von jetzt an gehen wir bei der Berechnung von Greenwich-Zeit (und -Datum) aus.

3. Aszendent und MC findet man, indem man die GMT-Geburtszeit in Sternzeit umrechnet.

Schlagen Sie die Tabelle auf den Seiten 392–395 auf, dort finden Sie die Sternzeit für das fragliche Datum. Allerdings müssen hier für jedes Jahr Korrekturen vorgenommen werden – die für das betreffende Jahr angegebenen Minutenwerte in den kleinen Tabellen müssen zur Sternzeit addiert werden. In unserem Fall ist die Sternzeit 18.45,50. Der Korrekturwert beträgt 1,51 – insofern ergibt sich 18.47,41. Tragen Sie das in den Vordruck ein.

4. Dies ist jetzt die Sternzeit um Mitternacht (Beginn des Tages) in Greenwich. Nun müssen wir Sternzeit und Geburtszeit addieren (immer noch auf Greenwich bezogen): 18.47,41 + 8.19 = (gerundet) 27,07 (nicht vergessen: Die Stunde hat 60 Minuten!).

5. Die Sternzeit ist gewissermaßen eine Uhr, die jeden Tag 4 Minuten weitergeht. Es handelt sich hier darum, daß das Zeitintervall anteilmäßig berücksichtigt wird. Bei Zwischenergebnissen unter drei Stunden brauchen wir keine Anpassung durchzuführen, ansonsten gilt:

3–9 Stunden: + 1 Minute
9–15 Stunden: + 2 Minuten
15–21 Stunden: + 3 Minuten
21–24 Stunden: + 4 Minuten

Die präzise Regel besagt, daß man für jede Stunde 10 Sekunden addieren muß und je sechs Minuten 1 Sekunde. Die obige Verfahrensweise ist aber hinreichend genau. In unserem Beispielfall zählen wir eine Minute zu, wodurch sich als korrigierte Sternzeit 27 Stunden, 08 Minuten ergeben.

6. Der Wert, den wir jetzt vorliegen haben, ist die wahre Sternzeit der Geburt – auf Greenwich bezogen. Weil die Geburt aber nicht in Greenwich erfolgte, müssen wir jetzt die Sternzeit auf den Geburtsort beziehen, in unserem Fall auf Washington D. C.

Die Tabelle auf dieser Seite dient der Umformung von Grad- und Minutenwerten der geographischen Länge der Geburt in Zeit – in Stunden und Minuten, die der wahren Sternzeit, auf Greenwich bezogen, zugerechnet oder abgezogen werden müssen. Für Orte westlich von Greenwich muß *subtrahiert* und für Orte östlich davon *addiert* werden. Technisch gesehen geht es hier um die Berücksichtigung der Entfernung zwischen Greenwich und Geburtsort.

Was unser Beispiel betrifft, ist für den Längengrad der Wert 5 Stunden und 08 Minuten vermerkt, für den Minutenwert 4 Sekunden, die wir vernachlässigen. Tragen Sie den in Zeit umgeformten Entfernungswert in das Horoskop ein.

Jetzt rechnen wir: 27.08 – 5.08 – 0,00 = 22.00. Dies ist die wahre lokale Sternzeit der Geburt für Washington D. C. Tragen Sie sie auf dem Formular ein.

Für nördliche Breiten ist die Berechnung damit abgeschlossen. Ereignete sich die Geburt südlich des Äquators, studieren Sie bitte noch den Kasten links.

Anmerkung: Wenn der Wert für die wahre lokale Sternzeit größer als 24 ist, ziehen Sie vom Ergebnis 24 ab. Wenn der Korrekturwert für den Längengrad größer als die Sternzeit ist und abgezogen werden muß (wodurch sich ein Minuswert ergeben würde), müssen Sie 24 Stunden addieren.

7. MC und Aszendent findet man heraus, indem man die Häusertabelle konsultiert (siehe S. 396–399). Das MC geht aus der Zeile hervor, die am dichtesten am ermittelten Ergebnis liegt. Suchen Sie dann die Spalte mit der passenden Breite heraus. Dort, wo sie auf die Zeile mit der betreffenden Sternzeit trifft, können Sie den Aszendenten ablesen.

Anmerkung: Bei der Ermittlung von MC und Aszendent runden wir auf volle Gradzahl; 2,3° wird zu 2°, 3,5° zu 4°. In unserem Beispiel liegt das MC auf 27,8° (rund 28°) Wassermann, der Aszendent ist 21° Zwillinge.

Östlich von Greenwich

Findet die Geburt östlich von Greenwich statt, z. B. in Moskau (55° 45' N, 37° 35' Ö), zum gleichen Datum, müssen wir nur eines anders machen: Die geographische Länge muß *addiert* werden.

Die wahre lokale Sternzeit errechnet sich also wie folgt: 3.08 (d. i. 27.08 – 24) + 2.28 + 0.02 = 5.38

Wenn wir jetzt die Häusertabelle für die nördlichen Breiten aufschlagen, sehen wir, daß das MC auf 25° Zwillinge fällt und der Aszendent auf 26° Jungfrau.

3 Die Berechnung der Planetenpositionen

Unsere Ephemeride verzeichnet die Stellung von Sonne, Mond und allen Planeten für 0 Uhr (Mitternacht) GMT, in Gradzahlen und Dezimalstellen ausgedrückt (also nicht in Grad, Minuten und Sekunden).

Die notwendigen Berechnungen werden dadurch sehr viel einfacher; sie sind für Sonne, Mond und Planeten identisch. Orientieren Sie sich an der GMT-Zeit.

1. Ermitteln Sie, wieviel Zeit des Tages zum Zeitpunkt der Geburt vergangen ist. Die Berechnung hierfür auf einem normalen Taschenrechner ist:

Teilen Sie die Minuten durch 60, addieren Sie die Anzahl der Stunden und teilen Sie das Resultat durch 60. Wenn möglich, speichern Sie das Ergebnis.

Bei unserem Beispiel müssen Sie eingeben: 19 : 60 + 8 = : 24. Das Ergebnis ist 0,346527. Speichern Sie es ab! Diese Konstante beziffert, wieviel Zeit vom Tag zum Zeitpunkt der Geburt verstrichen ist.

Wir brauchen sie für die Berechnung der Planetenstellung, ansonsten ist sie nicht von Belang. Die folgenden Schritte sind bei allen Planeten gleich.

2. Ziehen Sie von der Planetenposition des Datums nach der Geburt (GMT-Zeit; diese nennen wir *Morgen*) die Position des betreffenden Datums ab (*Heute*). Multiplizieren Sie das Ergebnis mit der Konstanten, und addieren Sie es zu der *Heute*-Position.

In unserem Beispiel für den 4. Juli 1981 ist die Rechnung für die Sonne folgende:

12,9 – 11,9 = Konstante (bzw. 0,346527) + 11,9 = 12,24, d. h.: 12,2° Krebs.

Für den Mond:

24,8 – 11,2 = Konstante (bzw. 0,346527) + 11,2 = 15,91, d. h.: 15,9° Löwe.

3. Führen Sie dies für alle Planeten durch. Ist ein Planet rückläufig (wenn er sich also rückwärts durch den Tierkreis zu bewegen scheint; S. 23), kann man das obige Schema auch verwenden, allerdings muß man diesen Planeten mit einem »R« kennzeichnen.

4. Manchmal (beim Mond recht häufig) kommt es von einem Tag auf den anderen zu einem Zeichenwechsel. Das macht eine kleine Veränderung notwendig. Wäre z. B. jemand zur gleichen Zeit, aber am 10. Juli 1981 geboren, hätten wir für den Mond die beiden Werte 27,5° Waage und 9,4° Skorpion. Die Grade würden dann so gezählt, als wären die Zeichen nicht voneinander getrennt.

In unserem Fall würde man für Mitternacht des folgenden Tages nicht 9,4° Skorpion ansetzen, sondern 39,4°. Davon läßt sich 27,5° leicht abziehen. Die Eingabe auf dem Rechner:

39,4 – 27,5 = Konstante (bzw. 0,3466527) + 27,5 = 31,62.

Jedes Zeichen hat aber nur 30 Grad – ziehen Sie also 30 ab, womit sich die Position des Mondes auf 1,6° Skorpion ergibt. Wenn Sie die Positionen der Planeten und des Aszendenten berechnet haben, überprüfen Sie noch einmal, ob sie stimmen.

5. Tragen Sie nun gemäß dem Schema der traditionellen Planetenzuordnungen (siehe S. 35) die einzelnen Planeten, Aszendent und MC in den Vordruck ein (S. 45).

Die Berechnung des Aszendenten

Um herauszufinden, ob der Aszendent richtig berechnet wurde, sollten Sie die folgenden Punkte beachten.

Anmerkung: Wenn es darum geht, die Berechnung des Aszendenten zu überprüfen, müssen Sie sich auf die lokale Geburtszeit beziehen, nicht auf die auf GMT umgerechnete. Vergessen Sie auch nicht die Frage, ob vielleicht Sommerzeit galt.

Wenn die Geburt gegen Mittag erfolgte, muß die Sonne oben im Horoskop stehen.

Bei einer Geburt in der Abenddämmerung muß die Sonne dicht über oder unter der Linie Aszendent/Deszendent stehen bzw. in Opposition zum Aszendenten.

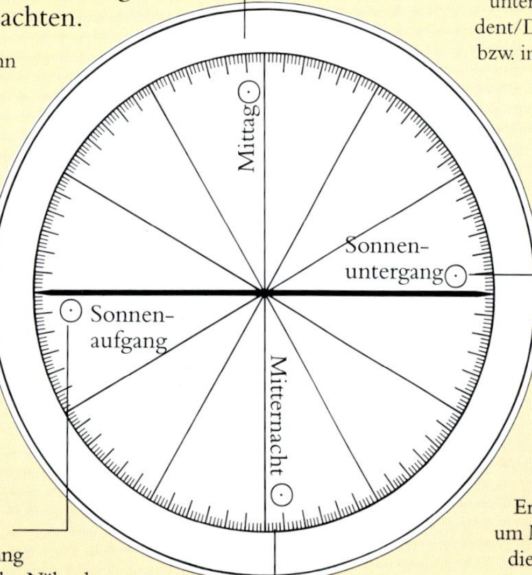

Bei einer Geburt gegen Sonnenaufgang muß die Sonne in der Nähe des Aszendenten stehen (beide befinden sich dann oft im gleichen Zeichen).

Erfolgte die Geburt um Mitternacht, steht die Sonne tief unten im Horoskop, am IC oder in Opposition zum MC.

TRADITIONELLE FAKTOREN

Wenn sich auch die Astrologie über die Jahrhunderte hinweg weiterentwickelt hat, muß man doch als Student wie als professioneller Astrologe auch die Tradition achten. Traditionelle Faktoren können sich als außerordentlich wichtig erweisen, sie können – vereinfacht ausgedrückt – den Königsweg zur Interpretation des Horoskops darstellen, weshalb sie gründlich untersucht werden sollten. Hier ergründen wir Sie für das Horoskop, das wir beispielhaft berechnet haben (S. 47).

HERRSCHENDER PLANET
Merkur ist der herrschende Planet, weil der Aszendent in die Zwillinge fällt und Merkur über dieses Zeichen herrscht.

HAUS DES HERRSCHERS
Das Haus des herrschenden Planeten ist das 1., weil Merkur sich zum Zeitpunkt der Geburt im 1. Haus befand.

POSITIVE ZEICHEN
Acht Planeten befinden sich in positiven Zeichen: Merkur und Mars in den Zwillingen, der Mond und die Venus im Löwen, Jupiter, Saturn und Pluto in der Waage, Neptun im Schützen.

NEGATIVE ZEICHEN
Zwei Planeten befinden sich in negativen Zeichen: die Sonne im Krebs und Uranus im Skorpion.

HERRSCHENDER PLANET	☿
HAUS DES HERRSCHERS	1.
AUFSTEIGENDER PLANET	☿ ♂
POSITIV 8	NEGATIV 2
PLANETEN IN ECKHÄUSERN	☿ ♂ ♆
REZEPTION	☉/☽

PLANETEN IN ECKHÄUSERN
Neben der Tatsache, daß Merkur und Mars »aufsteigende« Planeten sind, befinden sie sich auch noch in Eckhäusern bzw. in Konjunktion zu einem Eckpunkt des Horoskops (nicht weiter als 8° davon entfernt). Auch Neptun steht in einem Eckhaus, im 7. Haus, 2° vom Deszendenten entfernt (bzw. in Opposition zum Aszendenten).

AUFSTEIGENDE PLANETEN
Sowohl Merkur als auch Mars sind aufsteigende Planeten, weil sich beide in Konjunktion zum Aszendenten befinden bzw. nicht weiter als 8° von ihm entfernt sind. Aszendent = 21°; Mars = 20° im 12. Haus; Merkur = 26° im 1. Haus. Man kann einen Planeten bis zu einem Abstand von 15° beiderseits des Aszendenten als aufsteigend bezeichnen, allerdings sind die Auswirkungen dann nicht so stark wie bei der Konjunktion.

ELEMENTE	QUALITÄT
Feuer 3	Kardinal 4
Erde 0	Fix 3 MC
Luft 5 Asz. /MC	Veränderlich 3 Asz.
Wasser 2	

QUALITÄT (QUADRUPLIZITÄT)
Vier Planeten stehen in *kardinalen Zeichen:* Die Sonne im Krebs, Jupiter, Saturn und Pluto in der Waage.

Drei Planeten befinden sich in *fixen Zeichen:* Mond und Venus im Löwen, Uranus im Skorpion. Außerdem fällt das MC in den Wassermann.

Drei Planeten fallen in *veränderliche Zeichen:* Merkur und Mars (und der Aszendent) in die Zwillinge, Neptun in den Schützen.

REZEPTION
Die Sonne steht im Mondzeichen, der Mond im Sonnenzeichen – das nennt man Rezeption die Sonne herrscht über den Löwen, der Mond über den Krebs.

ELEMENTE (TRIPLIZITÄT)
Drei Planeten stehen in *Feuerzeichen:* Mond und Venus im Löwen, Neptun im Schützen.

Es steht kein Planet in einem *Erdzeichen.*

Fünf Planeten befinden sich in *Luftzeichen,* außerdem noch Aszendent und MC: Merkur, Mars und der Aszendent fallen in die Zwillinge, Jupiter, Saturn und Pluto in die Waage und das MC in den Wassermann.

Zwei Planeten stehen in *Wasserzeichen:* Die Sonne im Krebs, Uranus im Skorpion.

4 Die Berechnung der Aspekte

Planeten befinden sich im Aspekt zueinander, wenn sie einen bestimmten Winkelabstand aufweisen.

1. Schlagen Sie Seite 54 auf, auf der die verschiedenen Aspekte mit ihren Orben dargestellt sind. Gehen Sie dabei immer von der kürzesten Entfernung zwischen den Planeten aus – beträgt der Aspekt 188°, müssen Sie anders herum rechnen. Die Opposition stellt die größtmögliche Entfernung zwischen zwei Planeten dar, bei ihr können wir den Orbis bis zu 8° ansetzen. Der Orbis ist je nach Aspekt größer oder kleiner anzusetzen – das Trigon ist z. B. exakt mit 120°, es ist aber auch noch wirksam, wenn einer der Planeten auf 10° im Widder und der andere auf 2° oder 18° im Löwen steht.

2. Auch hier beziehen wir uns auf unser Washingtoner Beispielhoroskop. Untersuchen Sie also zunächst die Sonne in Relation zu den anderen Planeten, zum Aszendenten und zum MC.

Die Sonne befindet sich auf 12° im Krebs. Als erstes vergleichen wir ihre Stellung mit der des Mondes, welcher auf 15° im Löwen steht. Zwischen ihnen liegen also 33°. Jedes Tierkreiszeichen umfaßt 30°; 30° – 12° = 18° Krebs + 15° Löwe = 33°.

Diese Entfernung ist zu groß, als daß wir von einem Halbsextil sprechen könnten (welches bei 30° exakt ist, bei einem Orbis von 2°). Damit setzen wir in der Aspekttabelle in das Kästchen, welches zu Sonne und Mond gehört, einen Punkt. Unsere erste Rechnung hat also keinen Aspekt ergeben.

3. Als nächstes vergleichen wir die Sonnenstellung mit der von Merkur. Die Sonne steht auf 12° im Krebs, Merkur auf 26° in den Zwillingen. Es liegen 16° zwischen ihnen: 30° – 26° = 4° Zwillinge + 12° –Krebs = 16°. Auch hier ist kein Aspekt gegeben.

4. Nun untersuchen wir Sonne und Venus (auf 5° Löwe). 30° – 12° = 18° Krebs + 5° Löwe = 23°. Auch hier: kein Aspekt.

5. Die Sonne weist keinen Aspekt auf, bis wir zu Uranus kommen (auf 26° Skorpion). Sonne und Uranus sind durch drei Zeichen getrennt: Löwe, Jungfrau und Waage; drei Zeichen = 90° plus die letzten 18° des Krebses und die ersten 26° des Skorpions = 134°. Sonne und Uranus müssen 135° voneinander entfernt sein, damit man von einem Anderthalbquadrat sprechen kann.

6. Der zweite Sonnenaspekt zielt auf das MC, und auch hier handelt es sich um ein Anderthalbquadrat. Dieses Mal werden die Grade von den Zwillingen aus durch Stier, Widder, Fische und das Ende vom Wassermann zurück gezählt, was zusammen 134° ergibt. Tragen Sie dies in die Tabelle ein!

7. Wir brauchen den Mond nicht hinsichtlich der Sonne zu untersuchen – das ist mit der Analyse der Sonne in bezug auf den Mond bereits geschehen. Es gilt also zunächst, auf Mond und Merkur zu schauen. Der Mond steht auf 15° im Löwen, Merkur auf 26° in den Zwillingen. Also: 4° Zwillinge + 30° Krebs (das Zeichen, das beide trennt) + 15° Löwe = 49°. 45° sind ein Halbquadrat, mit einem Orbis von nur 2° – dieser Abstand ist also zu weit.

8. Mond und Venus sind 10° voneinander getrennt – zu weit für eine Konjunktion (maximaler Abstand: 8°).

9. Mars befindet sich auf 20° in den Zwillingen; also: 10° Zwillinge und 30° Krebs (das Zeichen, das beide trennt) + 15° Löwe = 55°. Beim Sextil kann man einen Orbis von 6° ansetzen. Tragen Sie das Sextilsymbol in die Tabelle ein.

10. Mond und Jupiter sind 47° voneinander entfernt; es besteht also ein Halbquadrat zwischen ihnen.

11. Mond und Saturn sind 48° voneinander entfernt. Weil der Mond auf 15,9° Löwe steht, beträgt die tatsächliche Entfernung zwischen beiden lediglich etwas mehr als 47°, weshalb man noch von einem Halbquadrat ausgehen kann.

12. Zwischen Mond und Uranus gibt es keinen Aspekt; mit den mehr als 127° zwischen Mond und Neptun kann man von einem weiten Trigon sprechen.

13. Berechnen Sie die Aspekte zwischen allen Planeten, auch die zum Aszendenten und MC.

Die Aspekttabelle

Mit wachsender Erfahrung fällt es leichter, die wichtigsten Aspekte des Horoskops sogleich zu erkennen. Aber auch der erfahrene Astrologe zieht es vor, die Planetenverbindungen auf eine übersichtliche Art darzustellen, wie in dieser Tabelle. Wenn alle Aspekte darin eingetragen sind, kann man sie auf einen Blick erfassen. Unter anderem machen solche Übersichten die Arbeit an Synastrie-Horoskopen einfacher (siehe S. 152–155).

Planet		Aspekte									
		☉	☽	☿	♀	♂	♃	♄	♅	♆	♇
Sonne	☉		•	•	•	•	•	•	⚼	•	•
Mond	☽			•	•	⚹	∠	∠	•	△	⚹
Merkur	☿				•	☌	□	□	⚻	☍	△
Venus	♀					•	⚹	⚹	•	•	•
Mars	♂						•	•	•	☍	△
Jupiter	♃							☌	⚹	•	•
Saturn	♄								•	•	•
Uranus	♅									•	•
Neptun	♆										⚹
Pluto	♇										
Asz	Asz	•	⚹	☌	•	☌	•	•	•	☍	△
MC	MC	⚼	•	△	•	△	•	•	□	•	△

Die abgeschlossene Berechnung

Das Horoskop auf dieser Seite beinhaltet alle Berechnungen, die wir auf den letzten Seiten durchgeführt haben. Die Ephemeride (S. 350–389) mit den Planetenpositionen in Dezimalstellen statt in Minuten und Sekunden wurde speziell für dieses Buch entworfen; sie lag noch nicht vor, als dieser Text geschrieben wurde. Deshalb ergeben sich zwischen den Rechenergebnissen aus dem Text (die auch in den Horoskopen dargestellt sind; S. 60–71) und einer Nachrechnung gemäß der Position aus der Ephemeride leichte Unterschiede. *Die Berechnungsmethode ist aber korrekt und sollte beherzigt werden.*

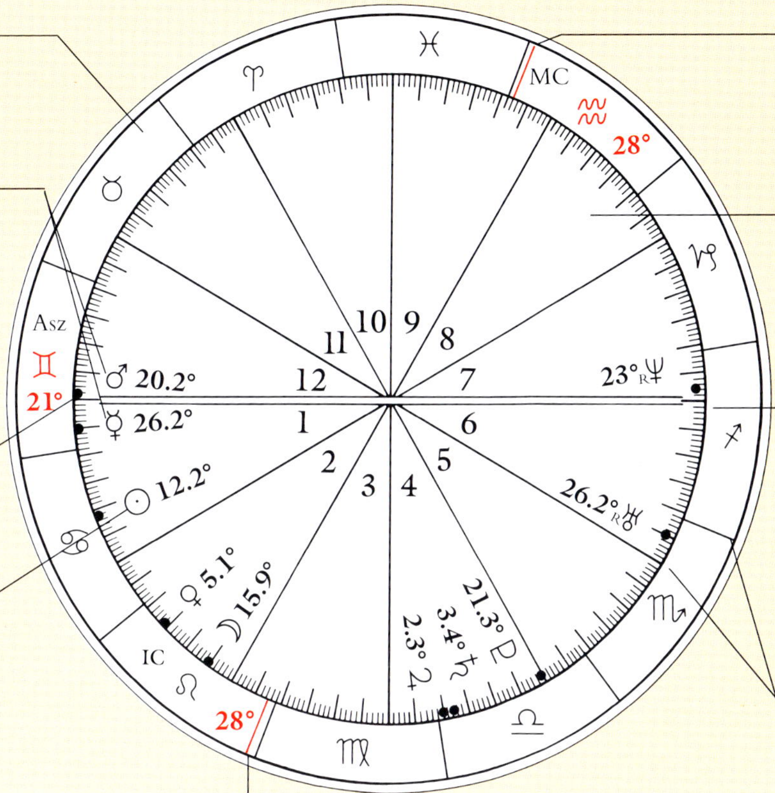

Die Zeichen
Achten Sie darauf, daß die Zeichen richtig herum eingetragen sind.

Mars und Merkur
In diesem Horoskop war Mars gerade aufgegangen, d. h., er war soeben über den Aszendenten gelaufen. Merkur folgt ihm nach.

Aszendentengrad
Der Aszendentengrad bildet immer die Spitze des 1. Hauses.

Die Sonne
Der Sonnenaufgang ereignete sich etwa 1 Stunde und 20 Minuten nach der Geburt. Die Sonne steht mit allen Planeten unter dem Horizont, ausgenommen Mars und Neptun, der gerade am Westhimmel unterging.

Das MC
Wenn Sie hier einen kleinen Strich eintragen, wissen Sie immer, wo das MC ist.

Die Häuser
Dies sind die Häuser des Horoskops, numeriert von 1–12.

Der Horizont
Die doppelte Linie markiert den Horizont. Es ist nützlich (und dekorativ zugleich), ihn im Horoskop blau (Himmel – oben) und grün (Erde – unten) einzuzeichnen, weil er ihr Zusammentreffen symbolisiert.

Die Häuserspitzen
Dies sind die Häuser- und Zeichenspitzen – die Punkte, wo das alte vorbei ist und das neue anfängt.

Das IC
Viele Astrologen tragen das IC, welches dem MC gegenüberliegt, im Geburtshoroskop ein. Weil man diesen Punkt nicht sehen kann, ist er auch nicht allzu wichtig. Man sollte diese sensible Region des Horoskops aber trotzdem nicht vernachlässigen.

Zusatzaufgabe

Berechnen Sie doch zu Übungszwecken das vollständige Horoskop für Moskau und Perth. Die Planeten befinden sich in denselben Zeichen und auf denselben Graden, sie fallen aber in andere Häuser. Fahren Sie dann fort, die Aspekte zu Aszendent und MC zu berechnen, die hier ebenfalls anders ausfallen.

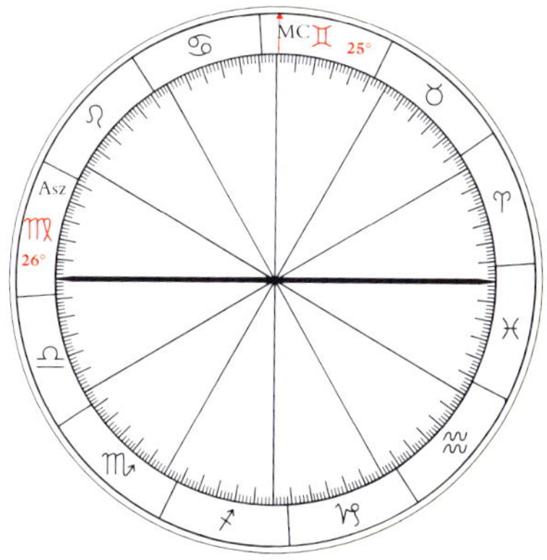

Moskau

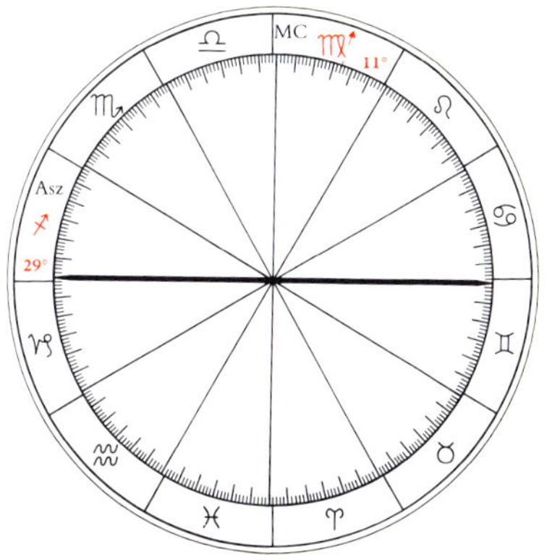

Perth

Name

Referenz-Nr.

Horoskop berechnet am

Buchhaltung
Notieren Sie im vorgesehenen Feld den Namen des Betreffenden, setzen Sie eine Nummer ein und schreiben Sie das Berechnungsdatum auf.

Ein Horoskop erstellen

Die Erstellung eines Horoskops hat nichts Mysteriöses oder Rätselhaftes. Man braucht nur etwas Geduld und Wissen – es handelt sich um mathematische Berechnungen, Beobachtung und um Synthese. Lassen Sie sich von der Mathematik nicht abschrecken. Die Berechnungen sind nicht wirklich schwierig, allenfalls etwas verzwickt – heutzutage aber, mit Taschenrechnern und Computerprogrammen, ist es viel einfacher geworden. Viele Astrologen lassen den Computer rechnen und zeichnen dann das Horoskop selbst auf.

1 Das Horoskop vorbereiten Zunächst einmal sollten Sie den Horoskopvordruck auf S. 408 fotokopieren. Legen Sie die Berechnungen für das fragliche Geburtshoroskop bereit!

2 Die Häuser eintragen Tragen Sie, von der Horizontlinie (links) ausgehend, die Häuser von 1 bis 12 ein, und zwar gegen den Uhrzeigersinn.

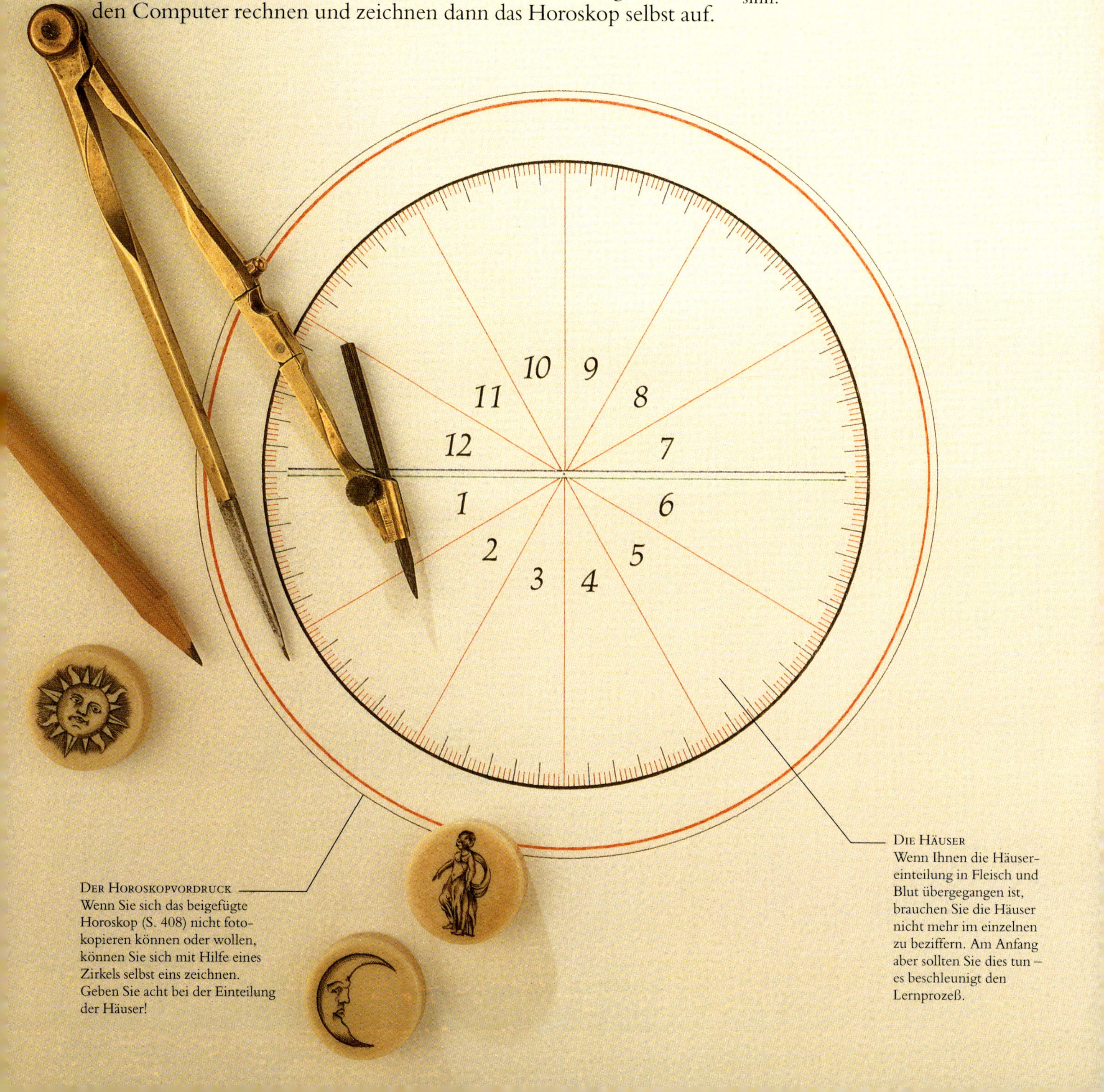

Der Horoskopvordruck
Wenn Sie das beigefügte Horoskop (S. 408) nicht fotokopieren können oder wollen, können Sie sich mit Hilfe eines Zirkels selbst eins zeichnen. Geben Sie acht bei der Einteilung der Häuser!

Die Häuser
Wenn Ihnen die Häusereinteilung in Fleisch und Blut übergegangen ist, brauchen Sie die Häuser nicht mehr im einzelnen zu beziffern. Am Anfang aber sollten Sie dies tun – es beschleunigt den Lernprozeß.

Hier ist der Aszendent auf 21° in den Zwillingen

3 Den Aszendenten eintragen

Die doppelte Linie quer durch das Horoskop steht für den Horizont. Fassen Sie diese als 0° auf, und zählen Sie von dieser Linie aus – diesmal im Uhrzeigersinn – die Gradzahl des Aszendenten ab. Diese wird dann am äußeren Rand eingetragen.

Interpretation

Die Populärastrologie legt großen Nachdruck auf die Sonnenzeichen, das Aszendentenzeichen aber war schon seit jeher genauso wichtig. Das erstere illustriert das Bild und die äußerliche Erscheinung des Menschen, das letztere seine psychische Motivation (zur vollständigen Interpretation siehe S. 36).

Der Aszendent
Der Aszendent markiert die Spitze des 1. Hauses, welches Häusersystem man auch verwendet. Die anderen Häuser schließen sich an, gegen den Uhrzeigersinn.

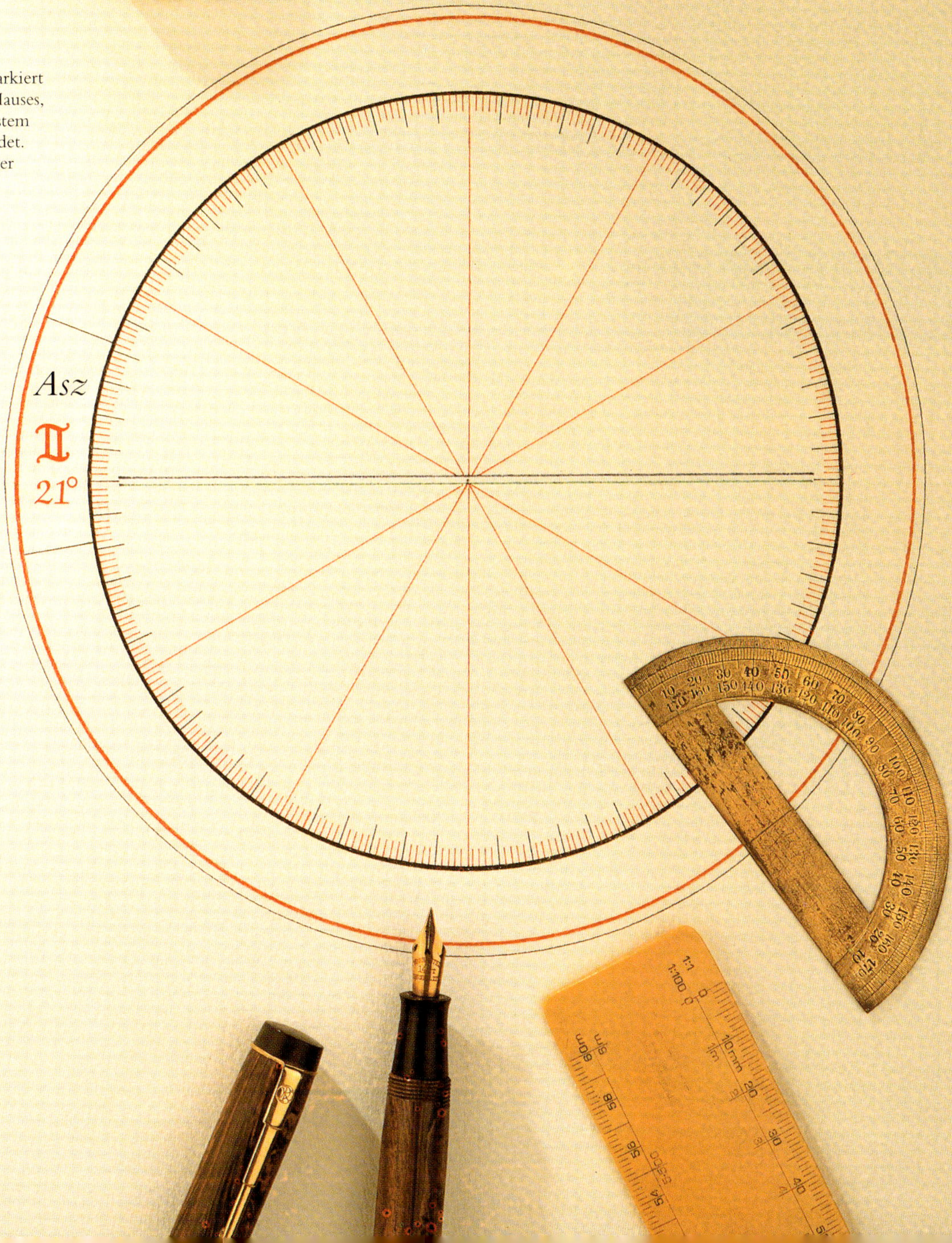

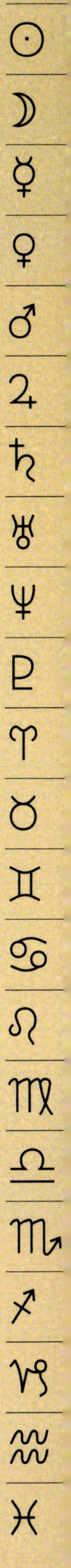

Sonne ☉
Mond ☽
Merkur ☿
Venus ♀
Mars ♂
Jupiter ♃
Saturn ♄
Uranus ♅
Neptun ♆
Pluto ♇
Widder ♈
Stier ♉
Zwillinge ♊
Krebs ♋
Löwe ♌
Jungfrau ♍
Waage ♎
Skorpion ♏
Schütze ♐
Steinbock ♑
Wassermann ♒
Fische ♓

4 Die Eintragung der Tierkreisabschnitte

Von der Markierung 0° des Aszendentenzeichens ausgehend, tragen Sie nun einen 30°-Abschnitt ein, und zwar gegen den Uhrzeigersinn – damit erhalten Sie die Spitze des zweiten Zeichens. Fahren Sie auf diese Weise fort, bis alle Zeichen im Horoskop eingetragen sind.

5 Die Symbole eintragen

Gegen den Uhrzeigersinn vom Aszendenten aus im äußeren Kreis sind dann die Zeichensymbole (die auch auf der vorigen Seite am rechten Rand abgebildet wurden) einzutragen. Drehen Sie das Blatt nicht, um die Symbole einzutragen – schreiben Sie sie vertikal auf, damit sie gut lesbar sind.

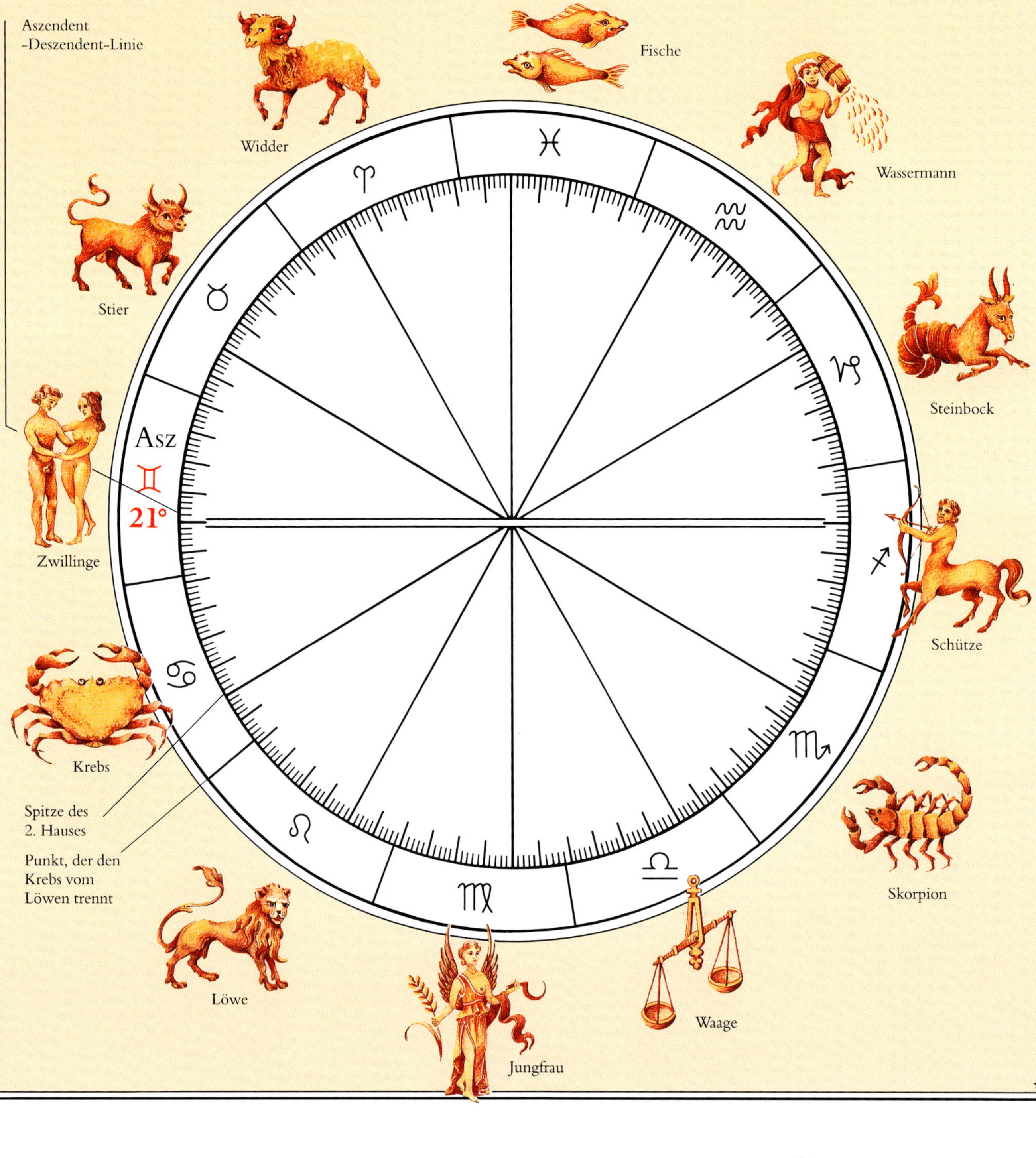

6 Das MC eintragen

Als nächstes markieren Sie das MC – den Punkt der Ekliptik, der zum Zeitpunkt der Geburt am Himmel am höchsten stand (siehe S. 36). Zur besseren Unterscheidung ist es ratsam, Aszendent und MC in einer anderen Farbe einzutragen.

Interpretation

Der Mensch identifiziert sich mit den Eigenschaften des Zeichens an seinem MC. Ein Planet am MC oder in der Nähe davon muß deshalb bei der Interpretation gebührend gewürdigt werden. Der Punkt gegenüber vom MC ist das Imum Coeli oder auch IC; einige Astrologen bringen ihn mit unserer Einstellung zur Erde, zum Umweltschutz oder zu »grünen« Themen in Verbindung.

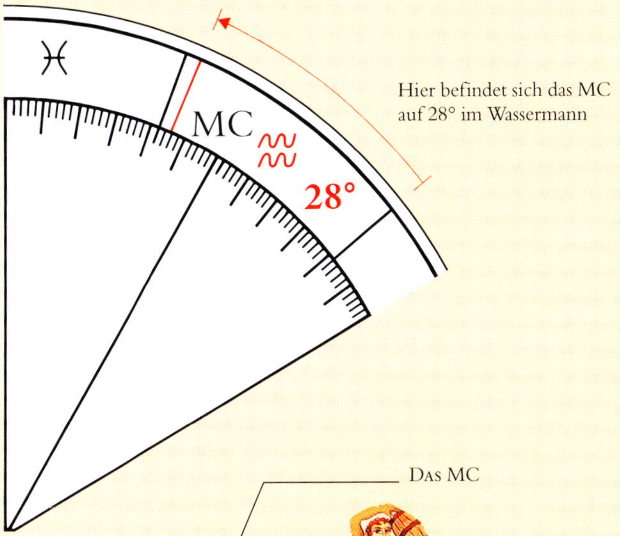

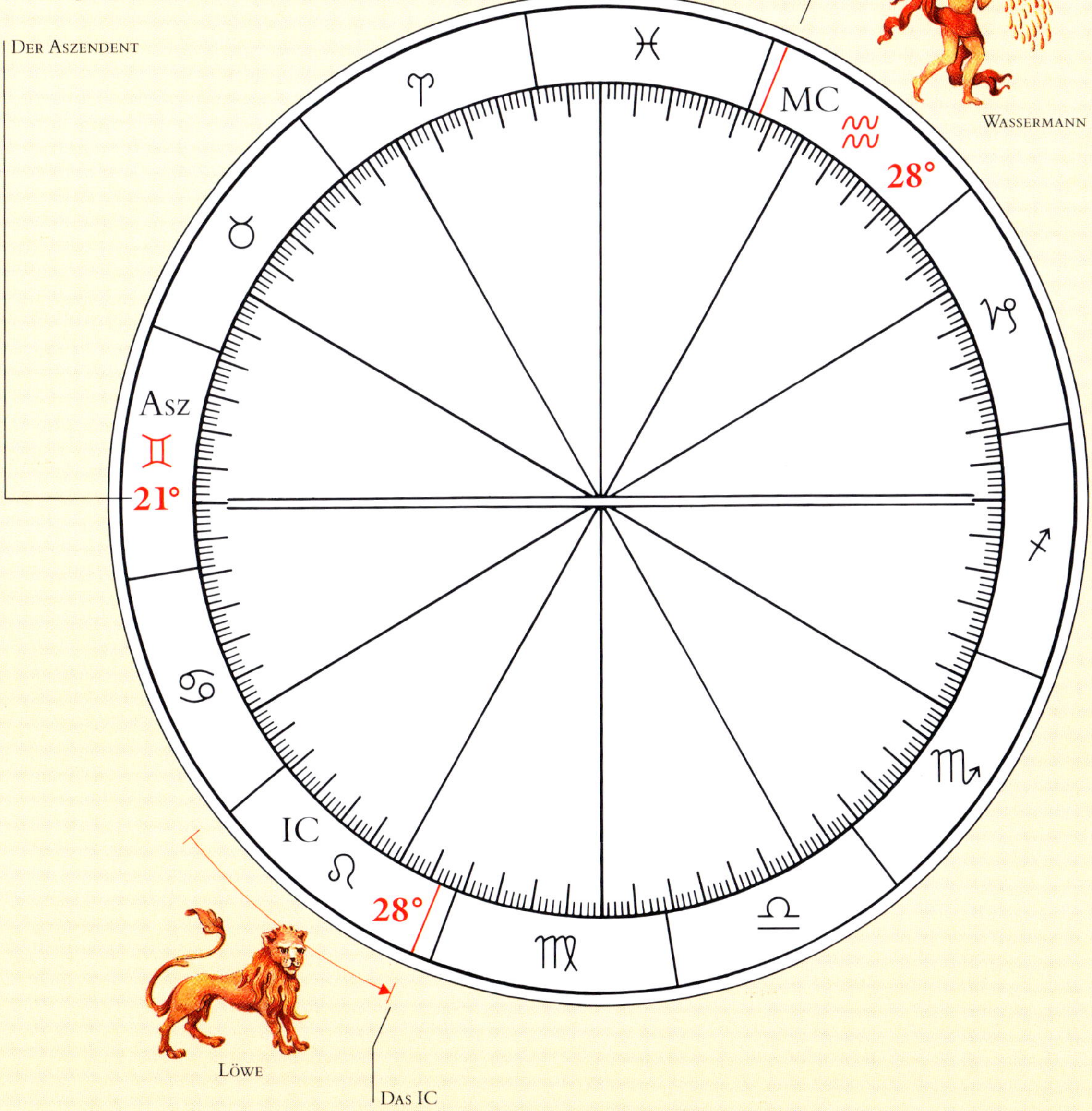

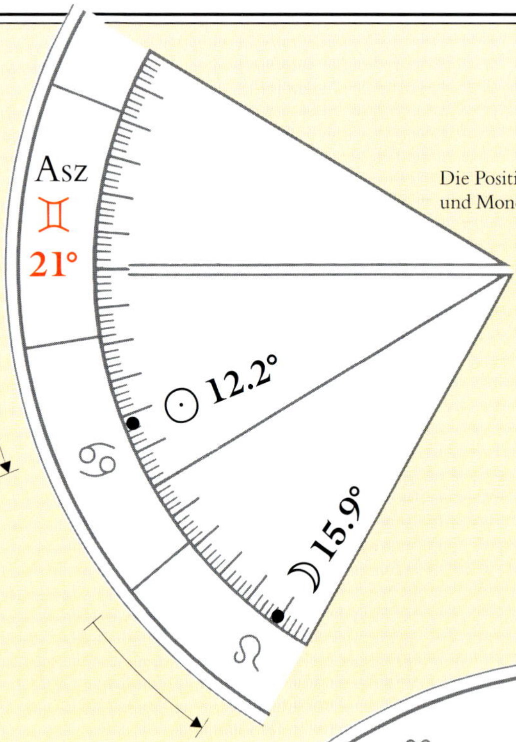

Die Position von Sonne und Mond

7 Sonne und Mond eintragen

Jetzt wird die Sonne in ihr Zeichen und Haus eingetragen (hier auf 12,2° Krebs im 1. Haus). Am zweitwichtigsten ist der Mond (in unserem Fall auf 15,9° Löwe im 2. Haus).

Interpretation

Vergegenwärtigen Sie sich, daß die Sonne für die äußere Erscheinung des Menschen und sein Auftreten steht, für das Gesicht, das er der Welt zeigt. Der Mond dagegen repräsentiert die Reaktionen auf die verschiedenen Situationen des Lebens. Er hängt auch mit den Merkmalen zusammen, die wir von unseren Eltern geerbt haben.

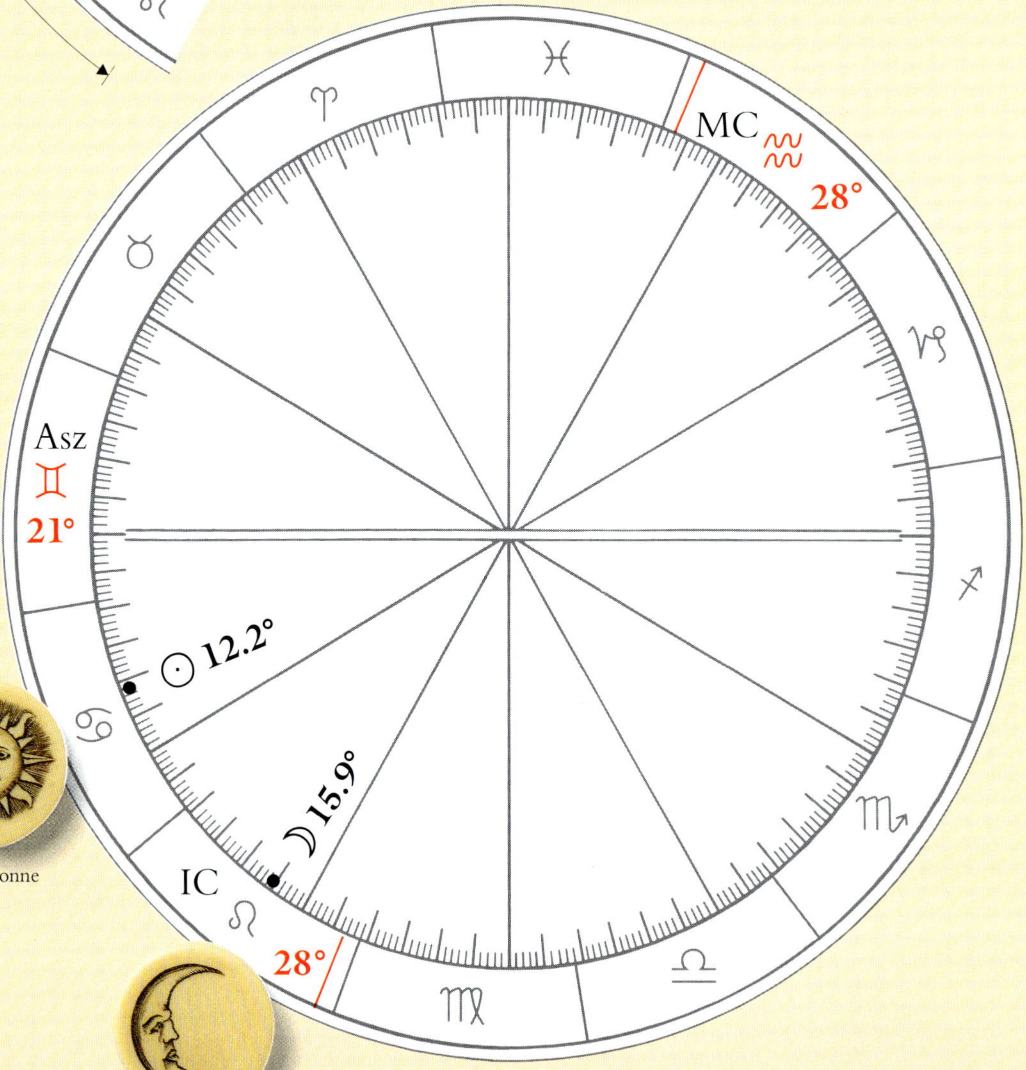

Die Sonne

Der Mond

8 Die restlichen Planeten

Jetzt werden die übrigen Planeten in das Horoskop eingezeichnet, wie unten gezeigt (Sie sollten dabei immer neben das Symbol des Planeten seine genaue Position eintragen). Gewöhnen Sie sich dabei an, gemäß der Reihenfolge von der Sonne aus vorzugehen, d. h.: Merkur, Venus, Mars, Jupiter, Saturn, Uranus, Neptun und Pluto.

Interpretation

Zunächst gilt es, sich mit Sonne, Mond und herrschendem Planeten auseinanderzusetzen, dann sollte die Interpretation der Planeten gemäß ihrer Reihenfolge geschehen.

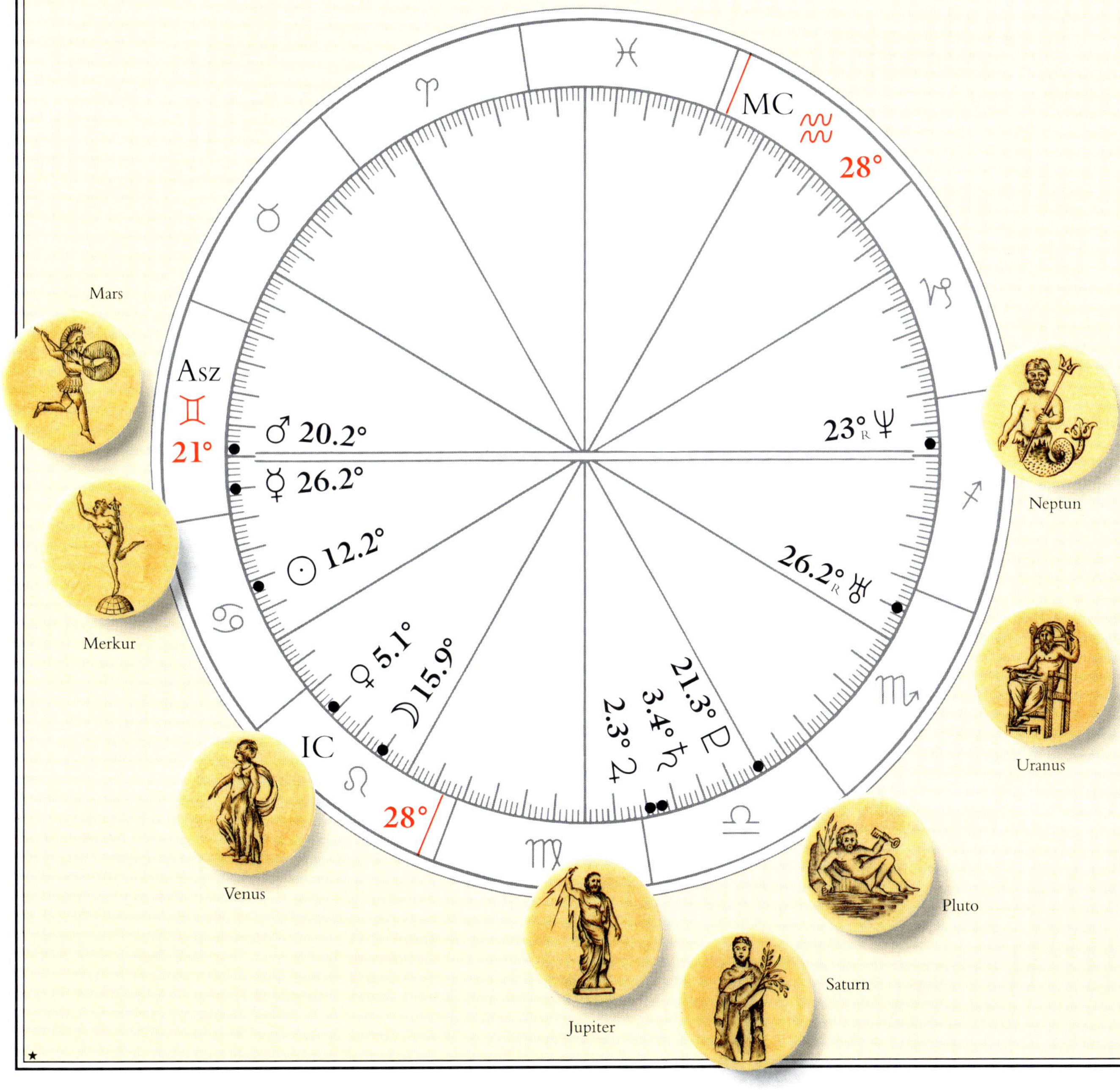

Die Aspekte verstehen

Es gibt noch eine andere Gruppe von astrologischen Symbolen. Aspekte sind Linien, die zwischen einander aspektierenden Planeten eingezeichnet werden; es ist sinnvoll, diese zusätzlich noch in Symbolform in einer Tabelle aufzulisten oder am Rand der Interpretation. Astrologen teilen die Aspekte in drei Kategorien ein: positiv, negativ und schwach.

Die verschiedenen Aspektarten

Die *Konjunktion* ist der machtvollste Aspekt. Die negativen Aspekte – *Quadrat* und *Opposition* – sind sehr stark; sie werden zwar als hinderlich aufgefaßt, geben uns aber doch Charakterstärke und Willen. Das *Halbquadrat* und das *Quinkunx* bewirken Spannungen und Belastungen, sind dabei aber nicht so stark wie Quadrat oder Opposition und sollten insofern nicht überinterpretiert werden. Es ist schwer zu sagen, wie sich das Quinkunx auswirken wird – gehen Sie sehr vorsichtig an seine Interpretation heran.

Die positiven Aspekte, besonders das *Trigon* und das *Sextil*, machen das Leben einfacher. Das schwächere *Anderthalbquadrat* und *Halbsextil* kann – wie das Halbquadrat oder das Quinkunx – gemäß der Natur der betreffenden Planeten für ein gewisses Maß an Spannung oder Negativität sorgen. Es handelt sich bei ihnen um hintergründige Einflüsse.

Die Orben

Von Aspekten spricht man nur dann, wenn die Orben »stimmen« – d.h., wenn bei einem Planetenpaar keine zu große Abweichung vom genauen Aspektwert besteht. Die Übersicht gibt die maximale Gradzahl an, bei der ein Aspekt noch gültig ist.

Positive and negative Aspekte

Aspekt	Symbol	Wirkung	Entfernung	Orbis
Konjunktion	☌	Positiv oder Negativ	0°	8°, bis zu 10° bei ☉ und ☽
Trigon	△	Positiv	120°	8°
Sextil	⚹	Positiv	60°	6°
Opposition	☍	Negativ	180°	8°, bei ☉, ☽ oder herrschendem Planeten bis 10°
Quadrat	□	Negativ	90°	8°
Halbquadrat	∠	Negativ	45°	2°
Quinkunx	⚻	Negativ	150°	2°, bei ☉, ☽ oder persönlichem Planeten bis 3°
Anderthalbquadrat	⚼	Schwach negativ	135°	2°
Halbsextil	⚺	Schwach negativ	30°	2°

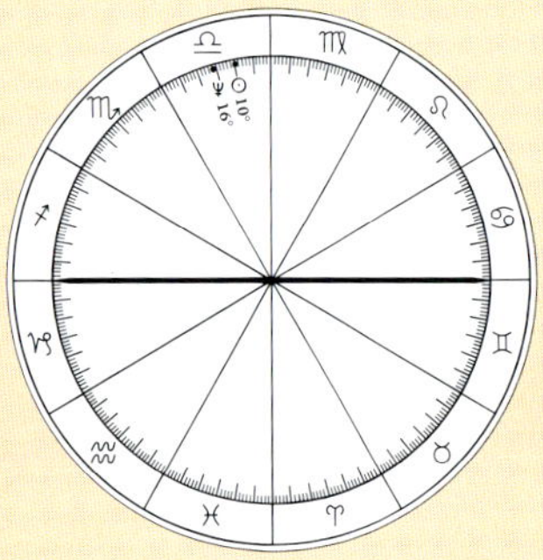
Konjunktion

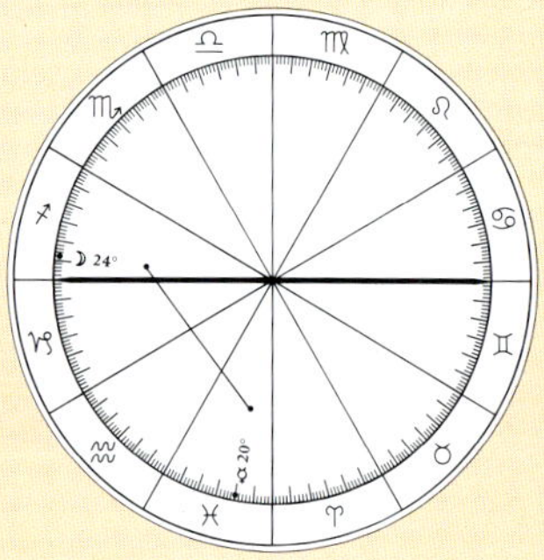
Quadrat

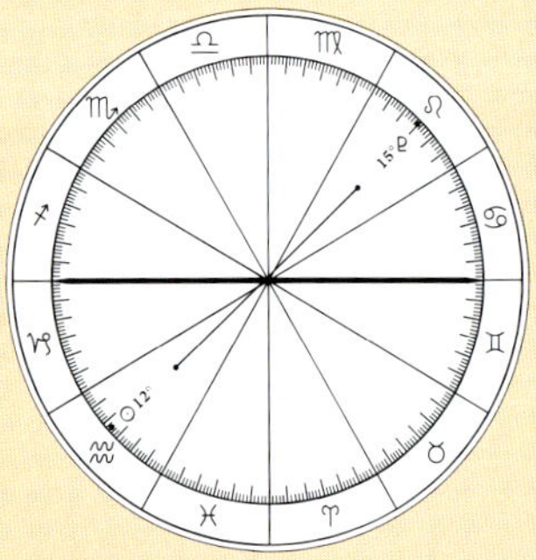
Opposition

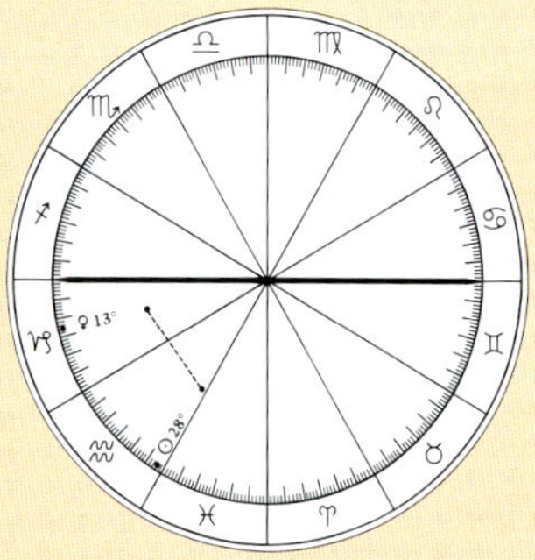
Halbquadrat

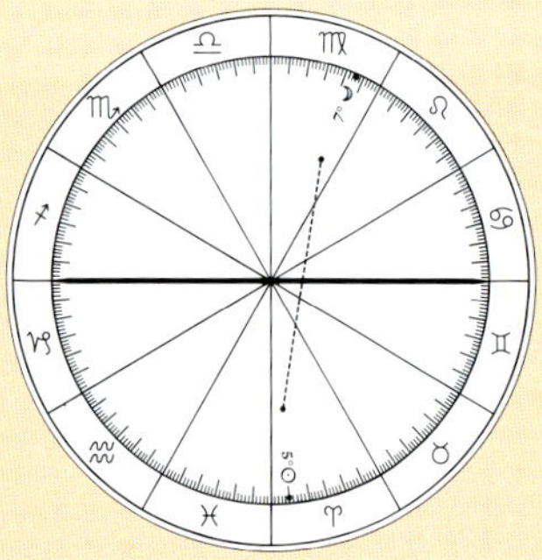
Quinkunx

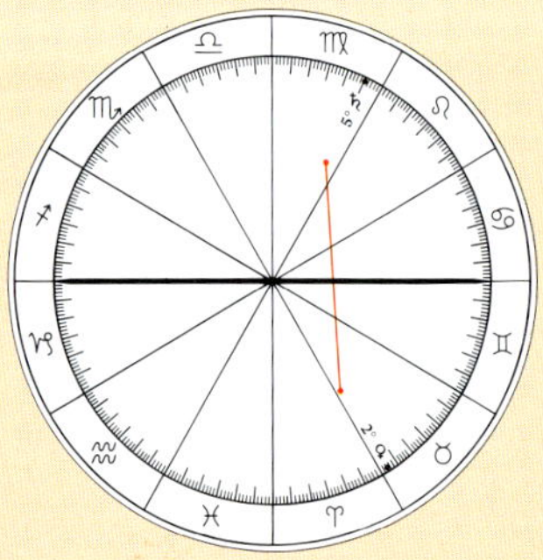
Trigon

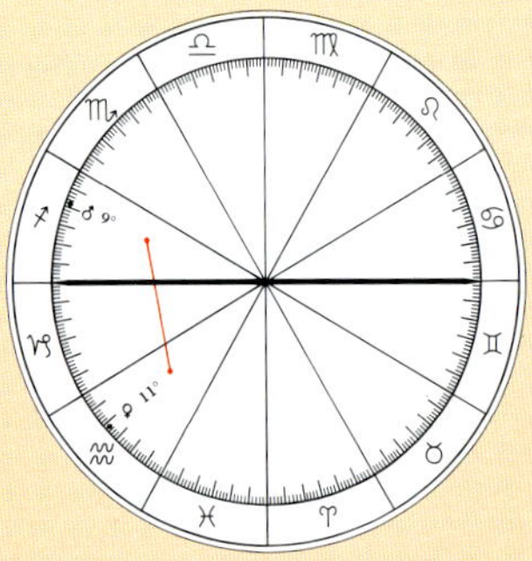
Sextil

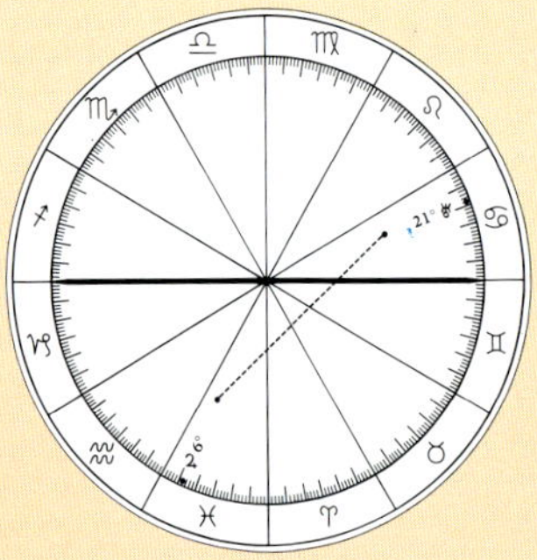
Anderthalbquadrat

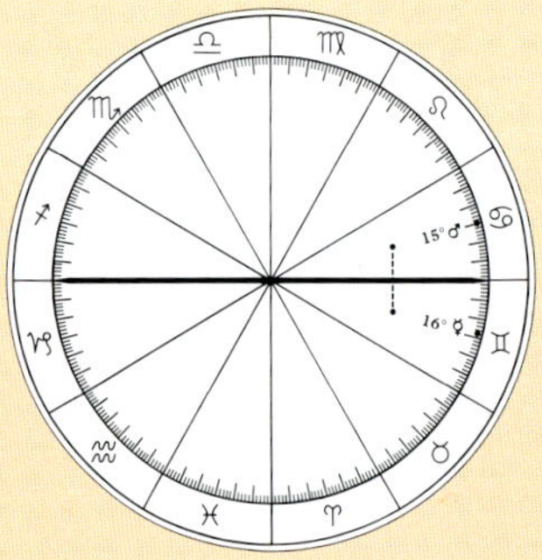
Halbsextil

9 Die Aspekte einzeichnen

Nehmen Sie ihren Zirkel zur Hand, und stechen Sie ihn in die Mitte des Horoskops ein. Machen Sie jeweils auf der Hälfte zwischen Mitte und Planet einen Punkt – das erleichtert Ihnen das Eintragen der Aspekte zwischen den Planeten. Oppositionen und Quadrate werden mit einer durchgezogenen schwarzen Linie gekennzeichnet, Trigone und Sextile mit einer roten, Halbsextile, Halbquadrate, Anderthalbquadrate und Quinkunxe mit einer gestrichelten schwarzen Linie. Sie können auch andere Farben wählen.

Aspekttabelle
Man sollte die Aspekte ins Horoskop einzeichnen, sie aber auch in tabellarischer Form darstellen. Aspekte zwischen Planeten und Aszendent bzw. MC werden gewöhnlich nicht im Horoskop eingetragen.

Planet		Aspekte ☉	☽	☿	♀	♂	♃	♄	♅	♆	♇
Sonne	☉		●	●	●	●	●	●	⚼	●	●
Mond	☽			●	●	⚹	∠	∠	●	△	⚹
Merkur	☿				●	☌	□	□	⚻	☍	△
Venus	♀					●	⚹	⚹	●	●	●
Mars	♂						●	●	●	☍	△
Jupiter	♃							☌	⚹	●	●
Saturn	♄								●	●	●
Uranus	♅									●	●
Neptun	♆										⚹
Pluto	♇										
Asz	Asz	●	⚹	☌	●	☌	●	●	●	☍	△
MC	MC	⚼	●	△	●	△	●	●	□	●	△

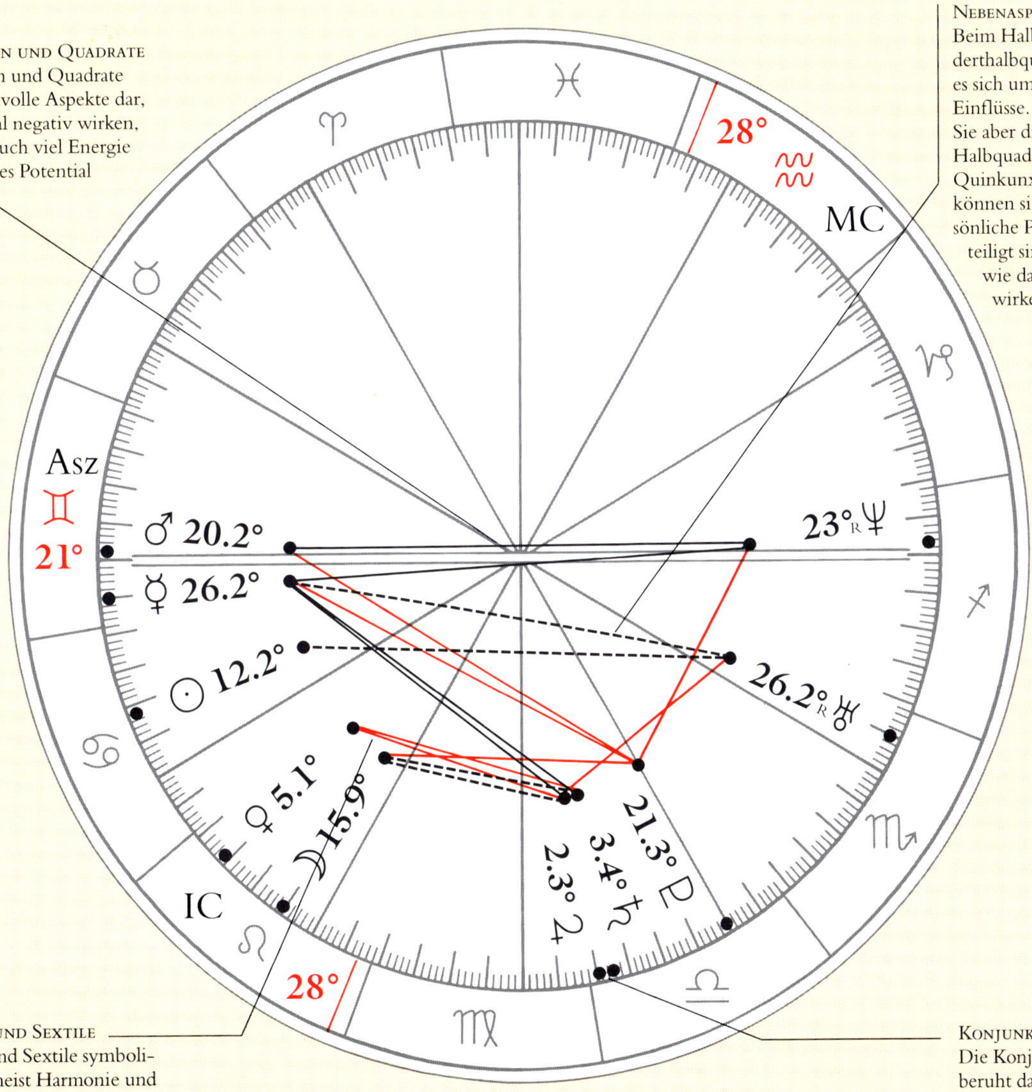

Oppositionen und Quadrate
Oppositionen und Quadrate stellen machtvolle Aspekte dar, die manchmal negativ wirken, häufig aber auch viel Energie und ein großes Potential bedeuten.

Nebenaspekte
Beim Halbsextil und Anderthalbquadrat handelt es sich um schwächere Einflüsse. Unterschätzen Sie aber die Macht des Halbquadrats und des Quinkunxes nicht – sie können sich, wenn persönliche Planeten beteiligt sind, fast so stark wie das Quadrat auswirken.

Trigone und Sextile
Trigone und Sextile symbolisieren zumeist Harmonie und einen Zustand der Ausgewogenheit zwischen den betreffenden Planeten; in zu großer Zahl können sie aber die Persönlichkeit schwächen.

Konjunktion
Die Konjunktion beruht darauf, daß zwei Planeten – hier Saturn und Jupiter – eng beieinander stehen.

Aspektmuster

Es gibt Horoskope, in denen die Planeten im Aspekt zueinander bestimmte Muster bilden. Damit ist ein sehr machtvoller Einfluß auf die individuelle Persönlichkeit verbunden, im positiven wie im negativen Sinn. Die verbreitetsten Aspektmuster sind das T-Quadrat, das Große Trigon und das Große Kreuz. Nicht ganz so bedeutsam, aber nicht weniger eindrucksvoll ist der »Pfeil« oder auch »Wegweiser«.

Für die beiden ersten angesprochenen Muster sind drei, für die letzten vier Planeten nötig – allerdings ergibt sich oft, daß noch weitere Planeten Bestandteil des Aspektmusters sind. Dadurch wird der Einfluß noch stärker. Grundsätzlich sind hier nur drei Planeten nötig – je mehr Planeten aber an der Konstellation beteiligt sind, desto machtvoller ist ihre Auswirkung.

Unaspektierte Planeten

Nicht so häufig, wie man meinen sollte. Überprüfen Sie noch einmal Ihre Berechnung, wenn Sie glauben, auf einen unaspektierten Planeten gestoßen zu sein – vielleicht steht er zumindest zu einem Eckpunkt im Aspekt. Weist er zweifelsfrei keinen Aspekt auf, haben wir es mit einem Schlüsselfaktor zu tun. Zumeist ist sich der Mensch dieses Einflusses deutlich bewußt, hat aber Schwierigkeiten damit, die betreffenden Eigenschaften psychisch zu integrieren, was zu Problemen führen könnte. Wenn Sie der Meinung sind, daß Ihr Gegenüber sehr darunter zu leiden hat, sollten Sie eine professionelle Beratung empfehlen.

Das T-Quadrat

Besteht aus zwei Planeten in Opposition zueinander, die jeweils zu einem anderen, dritten Planeten im Quadrat stehen. Ein spannungsreiches, dynamisches Muster, welches aber viel Energie liefern kann, trotz der Tatsache, daß die einzelnen Aspekte allesamt negativ sind (schlagen Sie Seite 206 auf – dort werden Sie erfahren, daß die besten Menschen die schlimmsten Horoskope haben!).Das T-Quadrat kann aber auch viele Hemmnisse bedeuten. Vieles hängt hier von den beteiligten Planeten ab; hat einer von ihnen eine personalisierte Bedeutung, verstärkt sich die Wirkung des T-Quadrats beträchtlich. Wenn das Horoskop allgemein auf Energie und Stärke schließen läßt, können Sie davon ausgehen, daß der Betreffende gegen Hindernisse kämpfen wird.

Das Grosse Trigon

Hier stehen (mindestens) drei Planeten im Abstand von 120° zueinander, womit sie auf eine positive und problemlose Art verbunden sind. Dies kann sich aber weniger günstig auswirken, als man vielleicht denkt, speziell dann, wenn mehr als drei Planeten an der Konstellation beteiligt sind.Vielleicht ein Mensch, der außerordentlich charmant ist. Dieses Aspektmuster könnte aber auch eine gewisse Schwäche anzeigen. Der Neigung zu einer nachlässigen und trägen Einstellung muß entgegengetreten werden. Wenn sehr viele Trigone vorhanden sind (vielleicht sogar das sehr seltene »Davidstern-Muster«), könnte die Person dazu tendieren, andere auszunutzen, oder glauben, daß sie sich alles erlauben kann (was häufig sogar der Fall ist). Das Große Trigon wirkt am besten, wenn es mit einem T-Quadrat oder einigen Quadraten und Oppositionen zusammenfällt, weil das förderlich für die Ausgewogenheit und fürs Rückgrat sein kann.

Das Grosse Kreuz

Ein ziemlich seltener Faktor, der außerordentlich machtvoll und schlichtweg überwältigend wirken kann. Er besteht aus vier Planeten im Abstand von jeweils ca. 90°, wodurch es im Horoskop zu zwei Oppositionen und zu einem Kreuz kommt. Von den vier Planeten gehen weiterhin Quadrataspekte aus. Auch hier können weitere Planeten zum Muster dazukommen, sei es durch Quadrate oder durch Oppositionen.

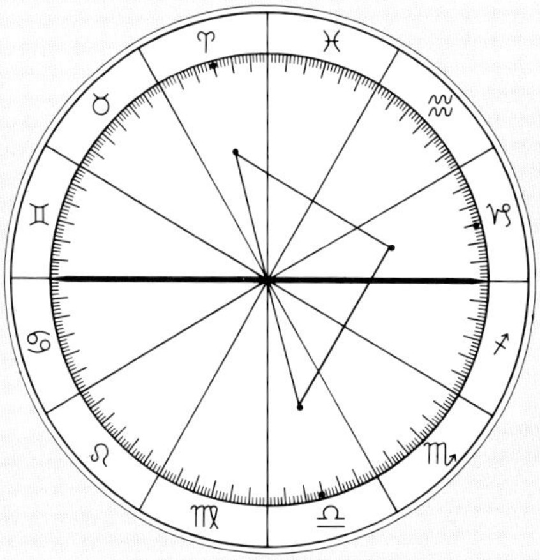

T-Quadrat

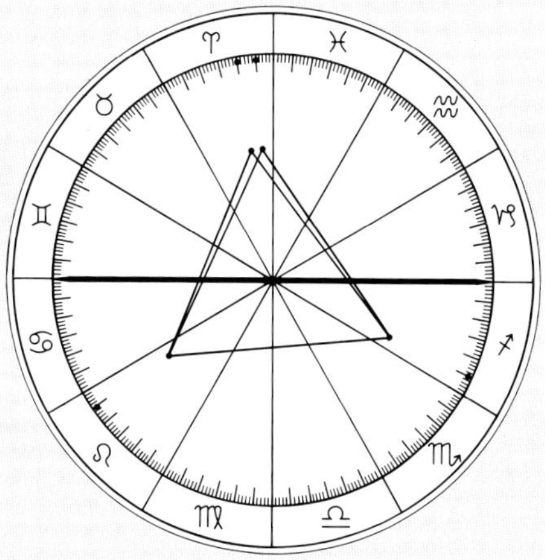

Doppeltes Grosses Trigon

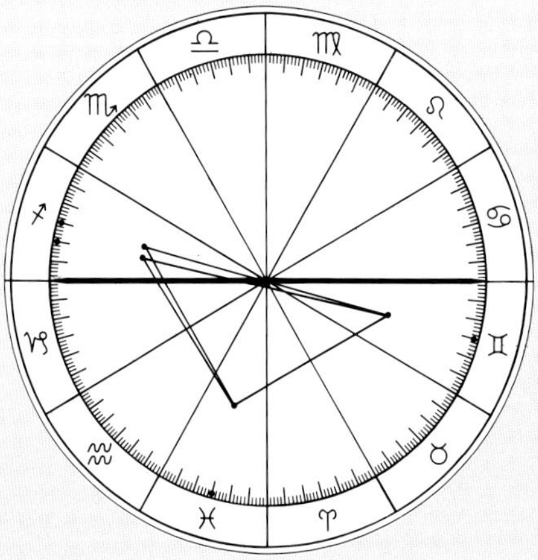

Doppeltes T-Quadrat

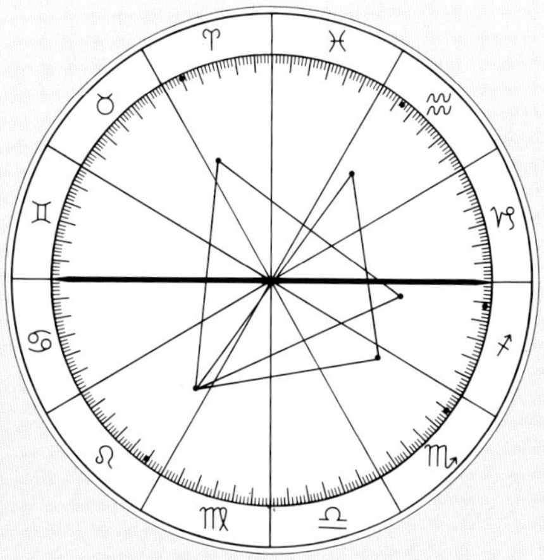

T-Quadrat und Grosses Trigon

Das Große Kreuz steht zumeist in ein und derselben Qualität. Ein Muster, das auf großen Erfolg oder aber auf eine gebrochene Persönlichkeit schließen lassen kann – Menschen mit dem Großen Kreuz zeichnen sich entweder durch sehr viel Mut, Energie und Kraft aus und überwinden selbst die größten Hindernisse; oder sie können mit den machtvollen Auswirkungen nicht umgehen und gehen zugrunde. Die betreffende Qualität hat dabei einen großen Einfluß.

Das kardinale Große Kreuz
Ein kardinales Großes Kreuz wirkt hemmend, da der Mensch versucht, Energie freizusetzen und nach außen zum Ausdruck zu bringen, wobei sich aber Hindernisse ergeben. Wenn er den Mangel an Selbstvertrauen überwinden kann, wird er sich durch sehr viel Stärke auszeichnen und vielleicht auch Großes leisten.

Das fixe Große Kreuz
Menschen, die sich mit ihrer Dickköpfigkeit selbst ihr ärgster Feind sind. Vielleicht wurden sie als Kind häufig von den Eltern schwer kritisiert, so daß es ihnen jetzt an Selbstvertrauen fehlt und sie Angst haben, aktiv zu werden. Auch sie können aber, wenn sie sich fassen und Flexibilität und vielleicht auch eine offenere Einstellung entwickeln, Großes leisten.

Das veränderliche Große Kreuz
Das veränderliche Große Kreuz führt oft zu Konfusion; der Mensch ist damit um Flexibilität und ein anregendes, unkompliziertes und erfülltes Leben bemüht, was ihm aber aus den verschiedensten Gründen verwehrt bleibt. Vielleicht liegt das an einem starken Pflichtgefühl, welches auch als Rechtfertigung für den Mangel an Selbstvertrauen herhalten könnte. Nichtsdestoweniger besteht das Potential, gegen diese Barrieren anzukämpfen. Durch das Überwinden von Hindernissen sind große Erfolge möglich.

Wenn die Gründe für die Hindernisse bei allen drei Arten von Großem Kreuz bewußt erkannt worden sind, entwickelt der Betreffende häufig sehr viel Bestimmtheit.

In manchen Fällen ist es so, daß T-Quadrat und Großes Kreuz mehr als eine Qualität umfassen – die Auswirkungen der Konstellation werden etwas schwächer. Ähnliches gilt für das Große Trigon, bei dem normalerweise alle Planeten in einem Element stehen.

Der Pfeil

Ein spannungsreiches Muster: Ein Planet, der in Opposition zu einem anderen steht, wird durch zwei weitere Planeten im Quinkunx aspektiert, wodurch eine pfeilförmige Figur entsteht. Diese zwei Planeten können jeweils auch im Halbsextil zum »Basis«-Planeten stehen. Eine Konfiguration mit einer symbolischen Aussagekraft: Sie zeigt die Richtung an, die man einschlagen soll, indem man sich auf die Angelegenheiten des Hauses konzentriert, in das die »Spitze« des Musters fällt. Vertrauen Sie dieser Theorie nicht zu sehr – allerdings ist es in der Tat so, daß der Planet an der Spitze der Konstellation ein Horoskopgebiet anzeigt, das unter Spannung steht. Die eher negativen Seiten der Aspekte werden in der Persönlichkeit deutlich wahrnehmbar sein.

Kettenreaktionen

Bei der Arbeit mit Progressionen und Transiten werden Sie später feststellen, daß dann, wenn einer der Planeten aus einem Aspektmuster aktiviert wird, eine Kettenreaktion einsetzt. Wenn innerhalb des Aspektmusters nur sehr kleine Orben gegeben sind, wird sich diese Phase als sehr wichtig erweisen, erfüllt mit vielen Geschehnissen, schwierigen oder förderlichen – gemäß der beteiligten Planeten. Bei größeren Orben machen sich die Auswirkungen der Transite bzw. Progressionen über einen längeren Zeitraum hinweg bemerkbar, was gleichzeitig heißt, daß sie weniger intensiv sind.

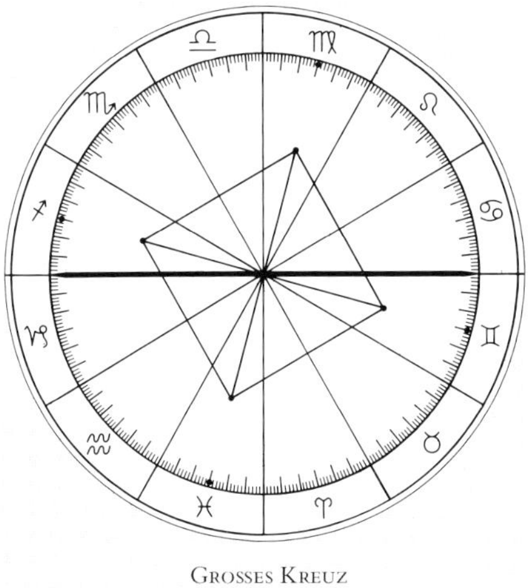

Grosses Kreuz

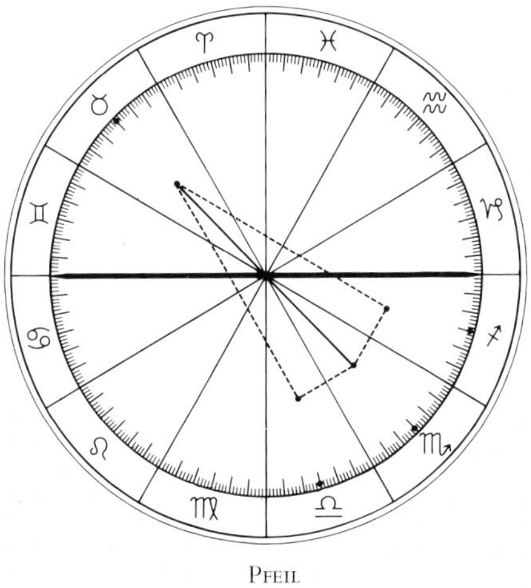

Pfeil

Das Stellium

Eine Gruppe von Planeten – mindestens drei –, die in einem Zeichen oder Haus zusammenstehen; von Zeit zu Zeit ergeben sich nämlich im Sonnensystem derartige »Stauungen«. Ganz allgemein liegt damit ein großer Nachdruck auf dem betreffenden Zeichen oder Haus, mit einem gewissen Maß an Spannung. Der Mensch ist dann sehr »schützehaft« oder was auch immer. In vielen Fällen ist hier das Sonnenzeichen einbezogen; es ist nichts Außergewöhnliches, Sonne, Merkur und Venus im gleichen Zeichen zu haben (der Betreffende ist dann nicht nur bezüglich der Sonne durch dieses Zeichen geprägt, sondern denkt und liebt auch noch auf diese Weise). Wenn hier aber z. B. auch noch der Mond beteiligt ist, würden auch die instinktiven Reaktionen durch dieses Zeichen geprägt sein. Andere Planeten machen sich ebenfalls ihrer Art gemäß bemerkbar; Mars z. B. steht für die physische Energie usw.

Diese machtvollen Stellien bedeuten ein Ungleichgewicht, nicht nur im Sonnensystem (leider sind sie oft der Grund für Erdbeben), sondern auch im Menschen selbst: Die positiven wie negativen Eigenschaften des betreffenden Zeichens sind in der Persönlichkeit allzu dominant. Richten Sie Ihr Augenmerk auf die anderen Planeten und Zeichen – mit ihnen kann Ihr Gegenüber womöglich die notwendige Ausgewogenheit im Leben erreichen.

Das fertige Horoskop

Wir haben nun alle Planeten in das Horoskop eingetragen, was uns viele Aufschlüsse geben kann. Die Sonne zeigt, wie der Mensch sich zum Ausdruck bringt; der Mond läßt die Reaktionen auf die Geschehnisse des Lebens erkennen. Merkur steht für unsere mentalen Fähigkeiten, Venus zeigt unsere Bedürfnisse in Beziehungen, Mars herrscht über die körperliche Energie, Jupiter über unsere Vision, den Geist und die philosophische und spirituelle Einstellung. Saturn beeinflußt unser Verantwortungsgefühl und unser gesellschaftliches Vorankommen, Uranus den Drang nach Macht und die Fähigkeit, mit plötzlichen Veränderungen umzugehen. Neptun wirkt sich auf den persönlichen Idealismus aus und hat womöglich auch Fluchttendenzen zur Folge, während Pluto die Reaktion auf tiefverwurzelte psychische Probleme darstellt.

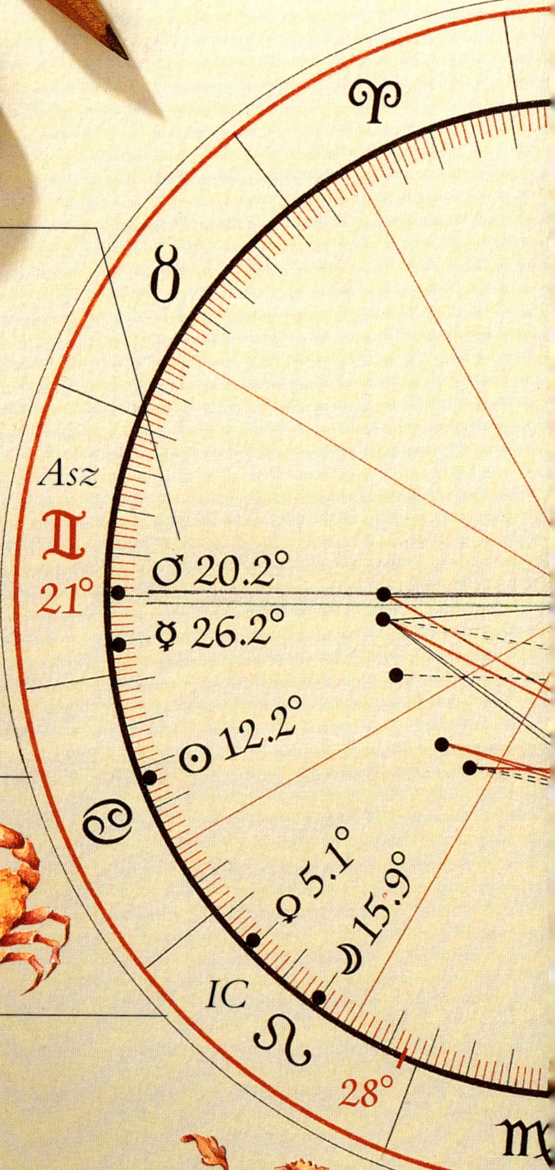

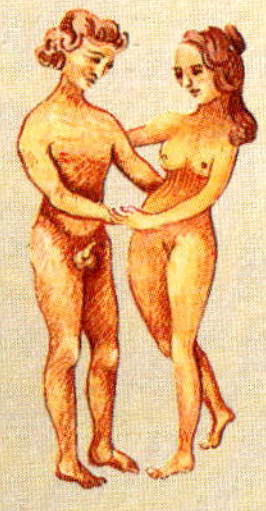

Mars und Merkur in den Zwillingen
Merkur ist der Herrscher dieses Horoskops. Sein Einfluß ist von entscheidender Bedeutung – nicht nur, weil er sich in den Zwillingen im eigenen Zeichen befindet, sondern auch, weil er im 1. Haus in Konjunktion zum Aszendenten steht. Der Zwillingsmars ist ebenfalls machtvoll – eine starke, wenn auch spannungsreiche Energiequelle, die im 12. Haus und in Opposition zu Neptun den Menschen geheimniskrämerisch und phantasievoll macht.

Sonne im Krebs
Die Krebssonne bedeutet einen starken psychischen Einfluß, auch wegen ihrer Stellung im 1. Haus. Erhöht die Krebsneigung zu gesundheitlichen Problemen.

Venus und Mond im Löwen
Der Löwemond verleiht organisatorische Fähigkeiten und die Gabe, sich als Autorität darzustellen. Das emotionale Niveau ist damit positiv gestärkt. Die Löwevenus fügt Wärme und Großzügigkeit zu, im 2. Haus bedeutet sie die Neigung zu Luxus und sinnlichen Freuden. Viel Zuneigung zum Partner.

MC im Wassermann
Der Geborene identifiziert sich mit Wassermanneigenschaften und ist bestrebt, die positivsten davon zum Ausdruck zu bringen: humanitäre Anteilnahme und Unabhängigkeit.

Interpretation

Bei diesem Menschen dürfte die psychologische Integration keine großen Probleme machen. Was die Zeichen betrifft, stehen die Planeten in einer ziemlich harmonischen Verbindung zueinander; zwischen Krebssonne und Löwemond z. B. kommt es zu einer Rezeption (siehe S. 35), was immer eine gute Sache ist. Merkur, der das Horoskop beherrscht, macht den Menschen lebhaft, gesprächig, flexibel und sehr zwillingshaft. Der allzu farbige Mars in Opposition zu Neptun ist allerdings ein schwächender Faktor, und die Merkuropposition zu Neptun könnte den Menschen dazu neigen lassen, immer den Weg des geringsten Widerstandes zu suchen und andere vielleicht zu hintergehen.

Zusatzaufgabe

Wenn Sie wissen, was es mit der Planetenverknüpfung (siehe S. 140) auf sich hat, führen Sie eine solche hier durch.

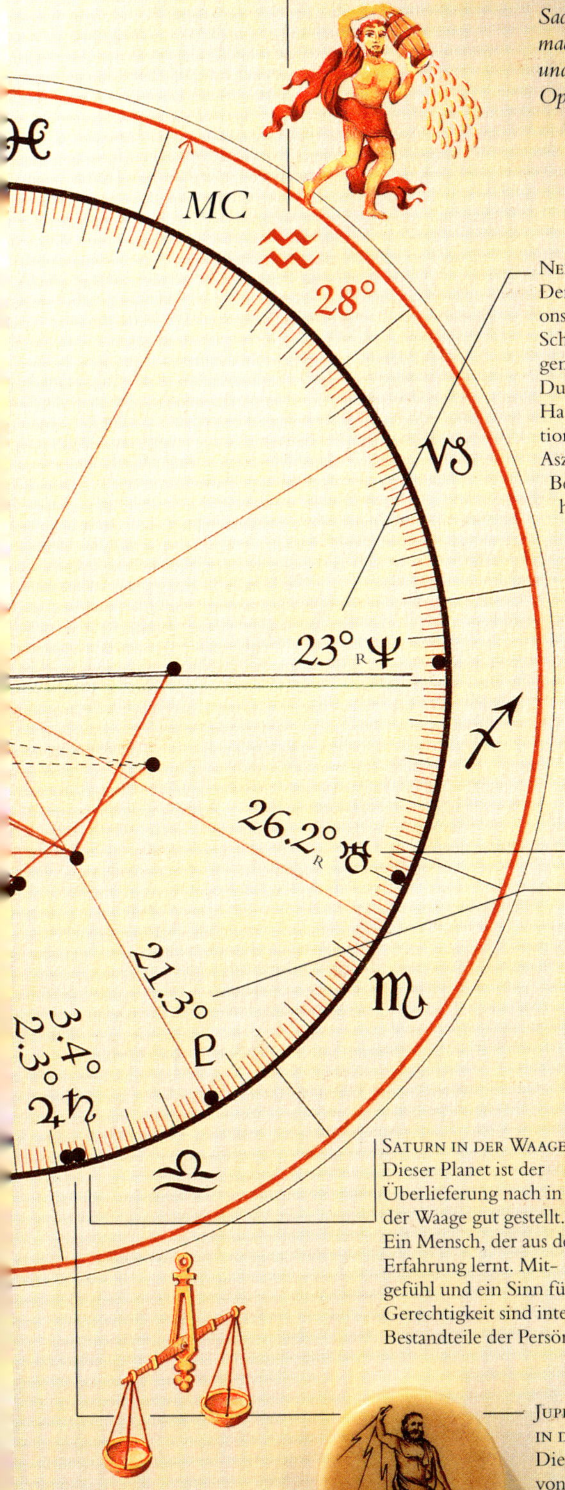

Neptun im Schützen
Der wohltuende Generationseinfluß von Neptun im Schützen verleiht einen angenehmen Sinn für Humor. Durch seine Stellung im 7. Haus und die starke Opposition zu Mars (sehr dicht am Aszendenten) könnte der Betreffende in der Beziehung allzu idealistisch und unpraktisch veranlagt sein.

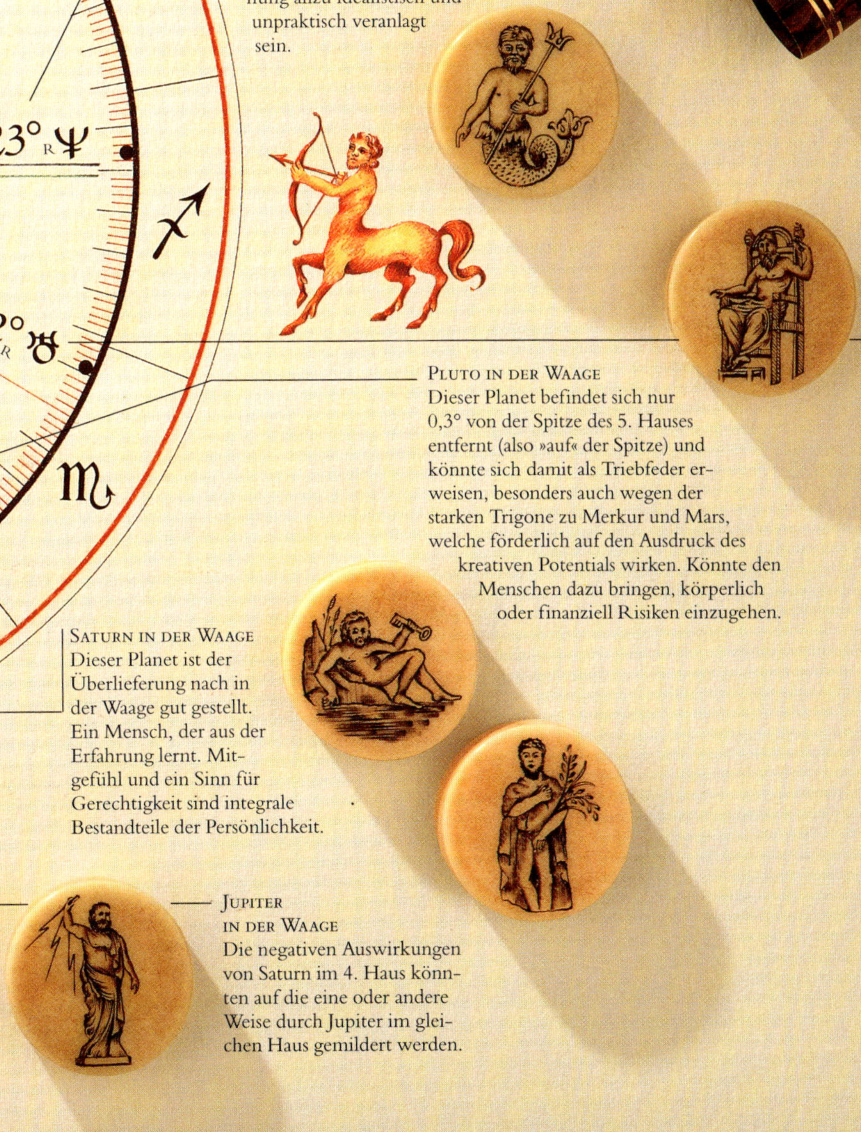

Uranus im Skorpion
Dieser Planet im 6. Haus bewirkt Spannung. Weil außerdem ein Anderthalbquadrat zur Sonne und ein Quinkunx zum herrschenden Planeten Merkur, der von überragender Wichtigkeit ist, besteht, könnte es zu Problemen kommen. Allerdings dürften auch ein großes intellektuelles Potential, sehr viel Originalität und eine rasche Auffassungsgabe vorhanden sein, weiterhin vielleicht eine gewisse Exzentrizität und Impulsivität.

Pluto in der Waage
Dieser Planet befindet sich nur 0,3° von der Spitze des 5. Hauses entfernt (also »auf« der Spitze) und könnte sich damit als Triebfeder erweisen, besonders auch wegen der starken Trigone zu Merkur und Mars, welche förderlich auf den Ausdruck des kreativen Potentials wirken. Könnte den Menschen dazu bringen, körperlich oder finanziell Risiken einzugehen.

Saturn in der Waage
Dieser Planet ist der Überlieferung nach in der Waage gut gestellt. Ein Mensch, der aus der Erfahrung lernt. Mitgefühl und ein Sinn für Gerechtigkeit sind integrale Bestandteile der Persönlichkeit.

Jupiter in der Waage
Die negativen Auswirkungen von Saturn im 4. Haus könnten auf die eine oder andere Weise durch Jupiter im gleichen Haus gemildert werden.

Das Horoskop vorschieben

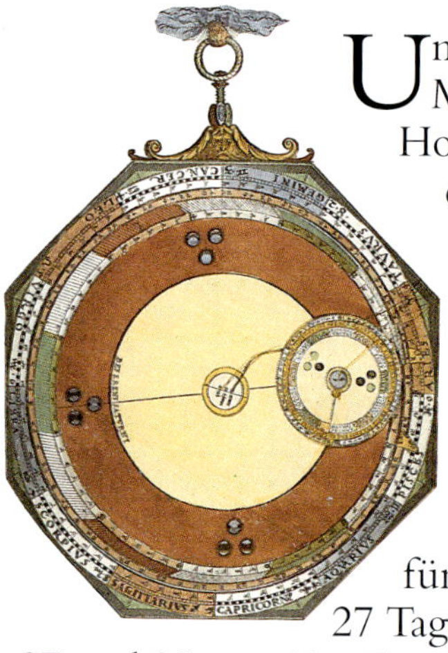

Um Aussagen über den Verlauf des Lebens eines Menschen zu treffen, »schieben« Astrologen das Horoskop »vor«. Es gibt dafür mehrere Methoden; die wohl bekannteste ist die »Ein-Tag-für-ein-Jahr«-Progression (auch Sekundärdirektion genannt). Sie basiert auf der Annahme, daß die Position der Planeten 24 Stunden nach der Geburt Aussagen über das zweite Lebensjahr des Kindes zulassen. Die Planetenstellungen fünf Tage nach der Geburt lassen auf den Zeitraum zwischen fünf und sechs Jahren schließen, die Positionen 27 Tage nach der Geburt auf den Zeitraum zwischen 27 und 28 usw. Zur Ermittlung der notwendigen Daten müssen Sie zunächst einmal das Geburtshoroskop erstellen (siehe S. 42–47).

Es ist extrem wichtig zu erkennen, daß die Astrologie keine zukünftigen Ereignisse vorhersagt und dies auch nicht kann. Was wir können, ist, Trends aufzuzeigen, die im Leben eines Menschen wirksam sind; und wir können ihm helfen, wenn es darum geht, wichtige Veränderungen vorzunehmen, wenn es z. B. um den Beruf, den Erwerb eines Hauses, die Intensivierung einer emotionalen Beziehung oder vielleicht auch um die Gründung einer eigenen Firma geht. Wir können aber niemals sagen, daß Sie am 27. Mai einen wunderbaren Mann treffen, in den Sie sich sofort verlieben und den Sie dann am 27. Juli heiraten. So funktioniert die Astrologie nicht – unter anderem würde ein solcher Fatalismus auch bedeuten, daß wir keinen freien Willen hätten. Wir könnten aber die Vermutung äußern, daß zu einer bestimmten Zeit dieser oder jener Lebensbereich im Mittelpunkt stehen wird.

Entwicklungen einschätzen

Was die Beurteilung von möglichen Entwicklungen betrifft, kann der Astrologe aufzeigen, wann bestimmte planetarische Energien für oder gegen den Betreffenden arbeiten, so daß sich dieser dann davor schützen oder aber die Kräfte vollständig ausnutzen kann. Es gibt Zeiten, in denen man Veränderungen und Wechsel vornehmen kann, ohne daß es zu größeren Problemen kommt – während man in anderen Phasen gegen den Strom schwimmt.

Der ganze Bereich der Progressionen (wie wir unsere prognostischen Techniken nennen) ist von enormer praktischer Bedeutung, sowohl in psychischer als auch in konkreter Hinsicht. In ersterem Fall kann der Astrologe viel dafür tun, daß der Betreffende sein Potential entwickelt, in letzterem kann er durch den Vergleich von Geburts- und Progressionshoroskop Zeiten nennen, wann allgemeine Fortschritte möglich sind.

Trends entdecken

Es gibt zwei Methoden, wie wir zukünftige Entwicklungen im Leben eines Menschen erkennen können: Einmal geht es um den Lauf der Planeten in dem Zeitraum, zu dem wir Stellung nehmen wollen (vgl. die Seiten 68–70); die andere Methode ist eine rein symbolische. Über die Jahrhunderte hinweg haben die Astrologen sich Gedanken dazu gemacht, wie man zukünftige Trends erkennen kann. Wir beschreiben hier eine Technik, die zwar irrational zu sein scheint, aber doch sehr erhellend ist. Sie ist die bei westlichen Astrologen gebräuchlichste Methode und unter der Bezeichnung »Sekundärprogression« oder »-direktion« bekannt (oder auch »Ein-Tag-für-ein-Jahr«-Methode).

Ein Tag für ein Jahr

Vereinfacht gesagt symbolisiert die Bewegung der Planeten an einem Tag ein Jahr im Leben des betreffenden Menschen. Wenn Sie wissen wollen, wie die Planeten für Sie wirken, wenn Sie 35 Jahre alt sind, müssen Sie 35 Tage von Ihrem Geburtstag aus weiterzählen und für den daraus hervorgehenden Tag in die Ephemeride schauen. Wenn Ihre Geburt am 1. Januar 1955 stattfand, würden die Planetenstellungen des 4. Februars zeigen, wie das Jahr 1990 astrologisch für Sie aussah. Die Planetenaspekte dieses Tages würden Sie dann beeinflußt haben, wie auch die Aspekte der Planetenstellungen dieses Tages zu den Planetenstellungen in Ihrem Horoskop. Das planetarische Muster, das sich solcherart enthüllt, wirkt für etwa ein Jahr, wobei es häufig so ist, daß sich die Einflüsse bereits im Vorjahr allmählich bemerkbar machen, zum Zeitpunkt des exakten Datums dann am stärksten sind und sich im folgenden Jahr allmählich abschwächen.

Das progressive Geburtshoroskop

Das Horoskop auf der gegenüberliegenden Seite läßt erkennen, wie es geht: Außerhalb des normalen Geburtshoroskops ist ein zweiter Ring eingezeichnet, in den die Positionen von Planeten, Aszendent und MC eingetragen werden, allerdings an anderer Stelle: dort nämlich, wo sie sich 11 Tage nach der Geburt des betreffenden Menschen befanden. Es muß noch einmal daran erinnert werden, daß man Aszendent und MC nur dann eintragen kann, wenn man sich der Geburtszeit ganz sicher ist; unter dieser Voraussetzung sind sie von extremer Wichtigkeit. Beim Vorschieben des Horoskops bedeuten vier Minuten Abweichung bei der Geburtszeit, daß sich der Zeitraum, den man interpretiert, um nicht weniger als zwölf Monate verschiebt!

Weil der Mond sich schneller als jeder andere »Planet« bewegt, wirken sich seine Aspekte nur über einen Zeitraum von drei Monaten aus. Sein Einfluß aber ist, wie die machtvollen Transite, auch sehr stark.

Transite und die Zukunft

Transite sind bei der Interpretation von zukünftigen Entwicklungen extrem bedeutungsvoll. Hierzu schaut man für den fraglichen Zeitraum in die Ephemeride, manche Computerprogramme liefern diese Informationen auch. Nachdem der Astrologe diese Angaben notiert hat, ermittelt er, ob die Planeten Aspekte zur eigenen Position oder zu der der anderen Planeten im Geburtshoroskop bilden – dies sind dann die Transite. Sie können sehr machtvolle Einflüsse darstellen. Wenn zwei oder mehr Planeten auf diese Weise symbolisch miteinander verbunden sind, werden Ereignisse, die mit diesen Planeten in Verbindung stehen, in den Brennpunkt rücken.

Das vorgeschobene Horoskop

Wir werden älter, und unser Horoskop altert mit uns. Es gibt verschiedene Methoden, das Horoskop »vorzuschieben« – es stellt dann nicht nur den Moment unserer Geburt dar, sondern auch Perioden in der Zukunft.

Tragen Sie das progressive MC und den progressiven Aszendenten ein (siehe S. 64)

Zeichnen Sie zunächst innen in den Vordruck das Geburtshoroskop ein

Es gibt eine zusätzliche Berechnung für den progressiven Mond (siehe S. 65). Schreiben Sie immer auf, wie weit sich der Mond bewegt – in diesem Fall von 25° Schütze bis 6° Steinbock

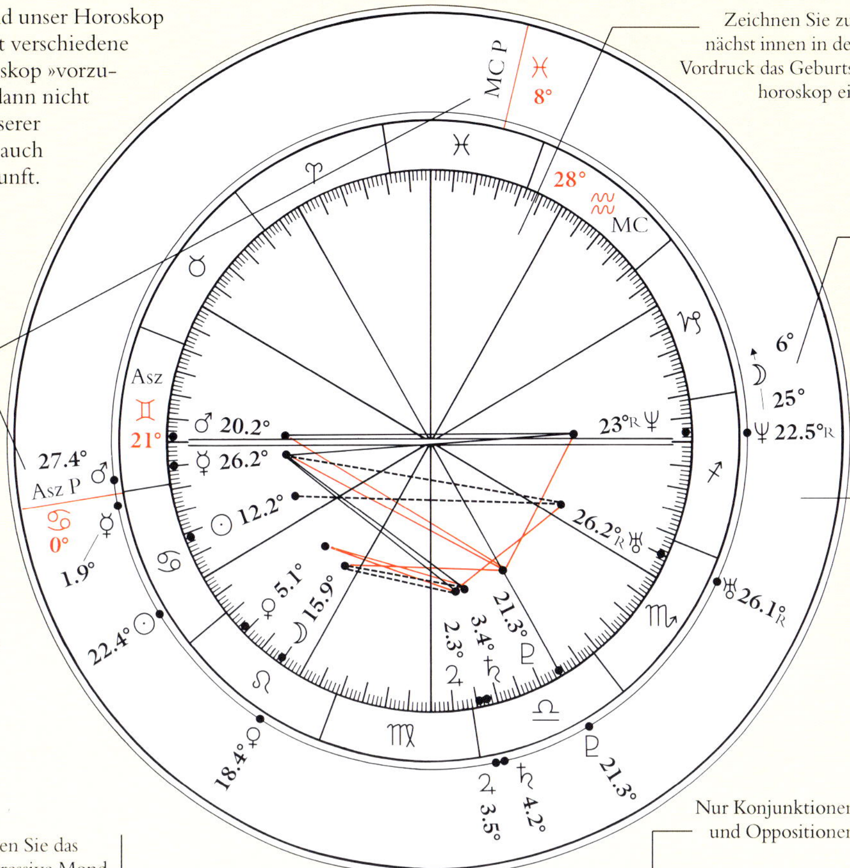

Tragen Sie die Stellung der progressiven Planeten hier ein

Der Zeitraum, auf den sich die Progressionen beziehen

Tragen Sie das Symbol für das Neumondzeichen hier ein (siehe S. 70)

Nur Konjunktionen und Oppositionen

Tragen Sie das progressive Mondzeichen hier ein (siehe S. 64/65)

Notieren Sie den Wechsel des Mondzeichens

Name

Referenz-Nr.

Jahr 1992

Mitternachtspositionen am 15. Juli 1981

entsprechend dem 27. Feb. 1992

1. Berechnung

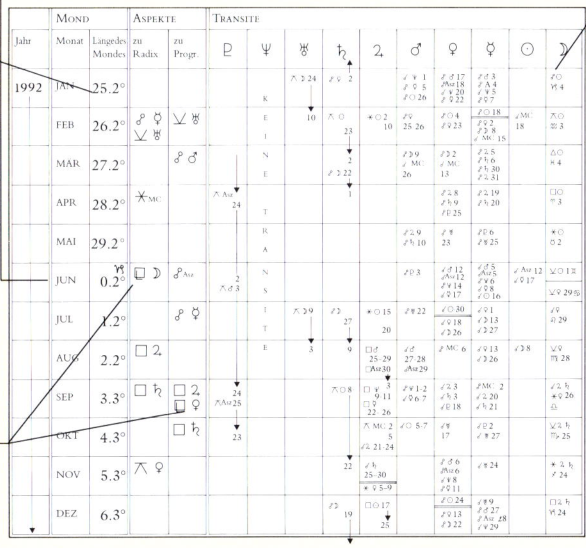

Berücksichtigen Sie auch die Nebenaspekte

Wir gehen davon aus, daß für diesen jungen Menschen die Progressionen zum ersten Mal berechnet worden sind

Das modifizierte Berechnungsdatum (siehe S. 62–64)

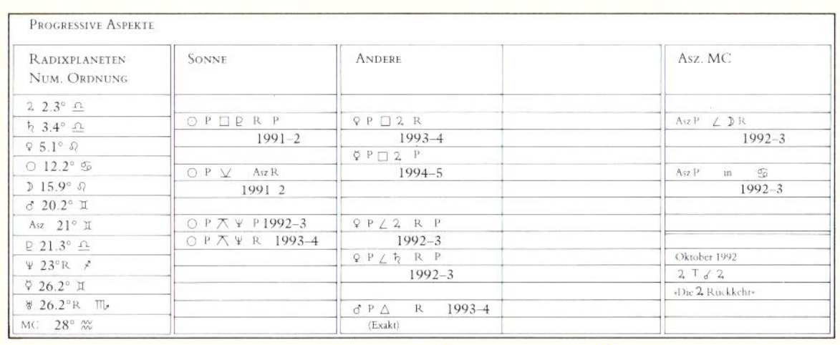

Transite und Lunarprogressionen

Diese Tabelle listet die Transite auf. Die Spalten links geben die symbolischen Aspekte vom progressiven Mond an – sowohl zu den Planeten im Geburtshoroskop als auch in der Progression. Auf den folgenden Seiten stehen die unterlegten Abschnitte der Tabellen für Details, auf die wir zu einem späteren Zeitpunkt eingehen werden.

Progressive Aspekte von der Sonne und den anderen Planeten

Die kleinere Tabelle links listet die progressiven Aspekte von Sonne und den anderen Planeten auf (siehe S. 67/68)

Das modifizierte Berechnungsdatum

Geburtsdatum

	1	2	3	4	5	6	7	8	9	10	11	12
1	1	32	60	91	121	152	182	213	244	274	305	335
2	2	33	61	92	122	153	183	214	245	275	306	336
3	3	34	62	93	123	154	184	215	246	276	307	337
4	4	35	63	94	124	155	185	216	247	277	308	338
5	5	36	64	95	125	156	186	217	248	278	309	339
6	6	37	65	96	126	157	187	218	249	279	310	340
7	7	38	66	97	127	158	188	219	250	280	311	341
8	8	39	67	98	128	159	189	220	251	281	312	342
9	9	40	68	99	129	160	190	221	252	282	313	343
10	10	41	69	100	130	161	191	222	253	283	314	344
11	11	42	70	101	131	162	192	223	254	284	315	345
12	12	43	71	102	132	163	193	224	255	285	316	346
13	13	44	72	103	133	164	194	225	256	286	317	347
14	14	45	73	104	134	165	195	226	257	287	318	348
15	15	46	74	105	135	166	196	227	258	288	319	349
16	16	47	75	106	136	167	197	228	259	289	320	350
17	17	48	76	107	137	168	198	229	260	290	321	351
18	18	49	77	108	138	169	199	230	261	291	322	352
19	19	50	78	109	139	170	200	231	262	292	323	353
20	20	51	79	110	140	171	201	232	263	293	324	354
21	21	52	80	111	141	172	202	233	264	294	325	355
22	22	53	81	112	142	173	203	234	265	295	326	356
23	23	54	82	113	143	174	204	235	266	296	327	357
24	24	55	83	114	144	175	205	236	267	297	328	358
25	25	56	84	115	145	176	206	237	268	298	329	359
26	26	57	85	116	146	177	207	238	269	299	330	360
27	27	58	86	117	147	178	208	239	270	300	331	361
28	28	59	87	118	148	179	209	240	271	301	332	362
29	29		88	119	149	180	210	241	272	302	333	363
30	30		89	120	150	181	211	242	273	303	334	364
31	31		90		151		212	243		304		365

Geburtszeit

Stunden	Tage	Minuten	Tage	Minuten	Tage
1	15,2	1	0,2	24	6,1
2	30,4	2	0,5	25	6,3
3	45,6	3	0,7	26	6,6
4	60,8	4	1,0	27	6,8
5	76,0	5	1,3	28	7,1
6	91,2	6	1,5	29	7,3
7	106,2	7	1,8	30	7,6
8	121,6	8	2,0	35	8,9
9	136,8	9	2,3	40	10,1
10	152,1	10	2,5	45	11,4
11	167,3	11	2,8	50	12,7
12	182,5	12	3,0	55	13,9
13	197,7	13	3,3		
14	212,9	14	3,5		
15	228,1	15	3,8		
16	243,3	16	4,0		
17	258,5	17	4,3		
18	273,7	18	4,6		
19	288,9	19	4,8		
20	304,2	20	5,4		
21	319,4	21	5,3		
22	223,6	22	5,6		
23	349,8	23	5,8		

Anmerkung:
Wenn Sie eine Ephemeride mit Greenwich Mean Time benutzen, müssen Sie bei der Berechnung stets von dieser Zeit ausgehen.

Ziehen Sie einen Tag ab, wenn es sich um ein Schaltjahr handelt (d. h., wenn es im betreffenden Zeitraum einen 29. Februar gibt).

1 Vorbereitungen für das progressive Horoskop

Wir wollen das Horoskop, das für den 4. Juli 1981 für Washington D. C. berechnet worden ist, so vorschieben, daß wir die Periode 1992/93 im Detail überschauen können, dann aber auch noch einen umfassenderen Zeitraum in den Blick nehmen können. Als erstes müssen Sie die beiden Progressionshoroskop-Vordrucke von S. 410/411 abzeichnen oder kopieren. Dann gilt es, das modifizierte Berechnungsdatum zu ermitteln.

2 Das modifizierte Berechnungsdatum

Wenn wir ein Horoskop gemäß der Methode »ein-Tag-für-ein-Jahr« vorschieben, können wir mit einem Kniff vermeiden, die Planetenpositionen für jedes Jahr neu berechnen zu müssen.

Das Progressionsdatum ist leicht zu ermitteln, indem wir die betreffende Anzahl der Tage vom Geburtstag an abzählen. Um exakt zu sein: Wir brauchen die genaue Position der Planeten für die Zeit der Geburt, allerdings für dieses neue Datum. Wie ein Tag mit einem Jahr gleichzusetzen ist, entspricht ein bestimmter Teil eines Tages einem Teil des Jahres. Die Planetenstellungen in den Ephemeriden sind für Mitternacht verzeichnet; ihre Proportion in bezug auf das progressive Datum entspricht dem Anteil zu dem Jahr in seiner Gesamtheit.

Die Berechnung

Um das modifizierte Berechnungsdatum zu berechnen, müssen Sie das Geburtsdatum und die Geburtszeit (GMT) ermitteln. Suchen Sie den entsprechenden Tag des Jahres heraus – so erhalten Sie die »Tages-Nummer« des Geburtstages. Ermitteln Sie nun, wieviel Stunden seit Mitternacht vergangen waren – und entnehmen Sie der unteren Tabelle dafür einen »Tag-Wert«. Machen Sie das gleiche mit den Minuten. Addieren Sie beide Werte, und ziehen Sie das Ergebnis von der zuvor ermittelten »Tages-Nummer« ab. Sehr häufig werden Sie hier 365 addieren müssen, um ein passendes Ergebnis zu erhalten. Mit der Zahl können Sie obiger Tabelle das modifizierte Berechnungsdatum entnehmen.

Beispiele zum modifizierten Berechnungsdatum

Zur Ermittlung des modifizierten Berechnungsdatums geht man wie folgt vor:

Das modifizierte Berechnungsdatum für eine Person, die am 4. Juli 1981 um 8.19 (GMT) geboren wurde.

1. Zunächst muß die Geburtszeit in Tage umgewandelt werden, gemäß der Tabelle auf Seite 62:

8 Stunden = 121,6 Tage
19 Minuten = 4,8 Tage
121,6 + 4,8 = 126,4
Abgerundet ergibt das 126 Tage.

2. Mit der Tabelle auf S. 62 oben ermitteln Sie, am wievielten Tag der Betreffende geboren wurde: Der 4. Juli ist der 185. Tag des Jahres.

3. Ziehen Sie nun den Zeit-Wert von dem Tag-Wert ab. In vielen Fällen (aber nicht in unserem Beispiel) müssen Sie sich dazu 365 »leihen«.
185 (Tage) – 126 (Wert für die Zeit) = 59

4. Schauen Sie nun in der Tabelle oben auf Seite 62 nach, welchem Datum die Zahl 59 entspricht: Das modifizierte Berechnungsdatum für diese Person ist der 28. Februar.

Also:
4. Juli 1981 =
28. Februar 1981

5. Juli 1981 =
28. Februar 1982

6. Juli 1981 =
28. Februar 1983
Usw.

Goldene Regel:
Wenn es sich als notwendig erweist, 365 zu addieren, fällt das modifizierte Berechnungsdatum stets in das Vorjahr (siehe die Beispiele 1, 3 und 5 unten).

Beispiel 1

Geburtsdatum: **27. Juli 1932**
Geburtszeit: **16.00 Uhr (GMT)**
16 Stunden = **243,3 Tage (rund 243 Tage)**
27. Juli = **208. Tag**

Weil 243 größer ist als 208, müssen wir uns 365 »leihen«.
208 + 365 = 573 – 243
= 330. Tag
Der 330. Tag ist der **26. November**
Das modifizierte Berechnungsdatum ist damit der **26. November**

Daraus folgt:
27. Juli 1932 =
26. November 1931 (die goldene Regel muß angewendet werden)

28. Juli 1932 =
26. November 1932

29. Juli 1932 = 26. November 1933
usw.

Beispiel 2

Geburtsdatum: **27. Mai 1932**
Geburtszeit: **1.50 Uhr (GMT)**
1 Stunde = **15,2 Tage**
50 Minuten = **12,7 Tage**
15,2 + 12,7 = **27,9 (rund 28 Tage)**
27. Mai = **147. Tag**

147 – 28 = 119
Der 119. Tag ist der **29. April**
Das modifizierte Berechnungsdatum ist damit der **29. April**

Daraus folgt:
27. Mai 1932 =
29. April 1932

28. Mai 1932 =
29. April 1933

29. Mai 1932 =
29. April 1934
usw.

Beispiel 3

Geburtsdatum: **2. Januar 1948**
Geburtszeit: **15.15 Uhr (GMT)**
15 Stunden = **228,1 Tage**
15 Minuten = **3,8 Tage**
228,1 + 3,8 = **231,9 (rund 232 Tage)**
2. Januar = **2. Tag**

365 zuzählen: 2 + 365 = 367
367 – 243 = 135. Tag
Der 135. Tag ist der **15. Mai**
Das modifizierte Berechnungsdatum ist damit der **15. Mai**

Daraus folgt:
2. Januar 1948 =
15. Mai 1947 (goldene Regel!)

3. Januar 1948 =
15. Mai 1948

4. Januar 1948 =
15. Mai 1949 usw.

Beispiel 4

Geburtsdatum: **21. November 1970**
Geburtszeit: **17.30 Uhr (GMT)**
17 Stunden = **258,5 Tage**
30 Minuten = **7,6 Tage**
258,5 + 7,6 = **266,1 (rund 266 Tage)**
21. November = **326. Tag**

326 – 266 = 60. Tag
Der 60. Tag ist der **1. März**
Das modifizierte Berechnungsdatum ist damit der **1. März**

Daraus folgt:
21. November 1970 =
1. März 1970

22. November 1970 =
1. März 1971

23. November 1970 =
1. März 1972
usw.

Beispiel 5

Geburtsdatum: **1. Februar 1942**
Geburtszeit: **3.00 Uhr (GMT)**
3 Stunden = **45,6 Tage (rund 46 Tage)**
1. Februar = **32. Tag**

32 + 365 = 397 – 46 = 351
Der 351. Tag ist der **17. Dezember**
Das modifizierte Berechnungsdatum ist damit der **17. Dezember**

Daraus folgt:
1. Februar 1942 =
17. Dezember 1941 (Die goldene Regel muß angewenxdet werden)

2. Februar 1942 =
17. Dezember 1942

3. Februar 1942 =
17. Dezember 1943
usw.

Anmerkung: Sie müssen bei der Berechnung einen Tag abziehen, wenn es sich um ein Schaltjahr handelt.

Genaue Berechnungen

Um zu überprüfen, ob die Berechnung des modifizierten Berechnungsdatums richtig ist, ermitteln Sie die Position des Mondes, so, wie Sie das für das Geburtshoroskop tun würden. Die Mondstellung muß identisch sein mit dem modifizierten Berechnungsdatum. Das modifizierte Berechnungsdatum ist konstant – es gilt für jedes beliebige Jahr.

3 Der progressive Aszendent

Um die Stellung des progressiven Aszendenten zu ermitteln, müssen wir herausbekommen, wie weit sich die Sonne von ihrer Geburtsstellung entfernt hat. Wir schieben das Horoskop für 1992 vor. Wir zählen zwölf Tage von dem Geburtsdatum (Tag 1) aus weiter, womit sich der 15. Juli ergibt.

Schauen Sie für dieses Datum in die Ephemeride, und notieren Sie die Stellung der Sonne, ziehen Sie diese dann von der Radixstellung ab. In unserem Fall findet sich die progressive Sonne auf 22,4° im Krebs, die Radixstellung liegt bei 12,2° – also hat sich die Sonne 10,2° weiterbewegt. Vergegenwärtigen Sie sich nun die Radixstellung vom MC (28° im Wassermann), und schieben Sie diesen Wert um 10,2° vor – so verbinden Sie ihn mit der Sonnenbewegung (man nennt diese Technik auch Sonnenbogendirektion). Wir erhalten hier also 8,2° bzw. rund 8° für das progressive MC.

Den Aszendenten ermitteln

Indem Sie sich auf die Häusertabelle für nördliche Breiten beziehen (siehe S. 396–99), können Sie nun für diesen MC-Wert den zugehörigen Aszendenten ermitteln – welcher sich auf 0° im Krebs befindet. Tragen Sie nun die progressiven Positionen von Aszendent und MC sowie die Stellung der anderen Planeten (ausgenommen den Mond) am 15. Juli 1981 im äußeren Ring des Vordrucks ein. Ein Zeichenwechsel vom Aszendenten kann außerordentlich wichtig sein.

Tragen Sie das Progressions-Datum (15. Juli 1981) und das modifizierte Berechnungsdatum (27. Februar 1992) in das Horoskopformular ein.

4 Die Ermittlung des progressiven Mondes

Nun müssen wir die Mondposition im Detail berechnen. Es ist eine besondere Rechnung notwendig, weil der Mond sich sehr schnell durch die Zeichen bewegt, progressiv meist mehr als 1° pro Monat. Vgl. obere Tabelle auf der gegenüberliegenden Seite. Tragen Sie in die erste Spalte das Jahr ein, in die zweite kommen die Monate.

Die Berechnung

Die Position des Mondes am Progressionsdatum (15. Juli 1981) ist 27,2° Schütze. Sie repräsentiert auch den Mond am 27. Februar 1992, dem modifizierten Berechnungsdatum. Normalerweise würden wir sie für den Februar eintragen, den Monat, zu dem das modifizierte Progressionsdatum gehört. Weil das Datum aber so dicht am Monatsende liegt, ist es ratsam, die Stellung für den März einzutragen, wenn der Mondeinfluß seine größte Wirkung entfaltet. Tragen Sie 27,2° ein.

Es gilt nun, die Stellung des Mondes für den Januar und den Februar zu ermitteln. Dazu müssen wir als erstes seine Stellung am Tage vor dem Progressionsdatum herausbekommen, also am 14. Juli 1981. An diesem Tag stand der Mond auf 15,1° im Schützen.

Berechnen Sie jetzt die Bewegung, die der Mond in den folgenden 24 Stunden zurücklegte: 27,2° – 15,1° = 12,1°. Dieser Wert entspricht der Mondprogression während eines zwölfmonatigen Zeitraums; teilen Sie ihn also durch 12, um zu erkennen, wie weit er progressiv in einem Monat läuft: 12,1 : 12 = 1°

Den progressiven Aszendenten und das progressive MC eintragen

Wenn Sie die progressiven Positionen von Aszendent und MC ermittelt haben, tragen Sie sie in das Horoskop ein.

Beim Vorschieben von Aszendent und MC kann das Runden der Dezimalstellen zu ganzen Zahlen Konsequenzen hinsichtlich der Zeit haben, manchmal recht drastische. Insofern ist es nützlich, die Position vom MC auf zwei Stellen genau zu notieren und von diesem Wert auszugehen.

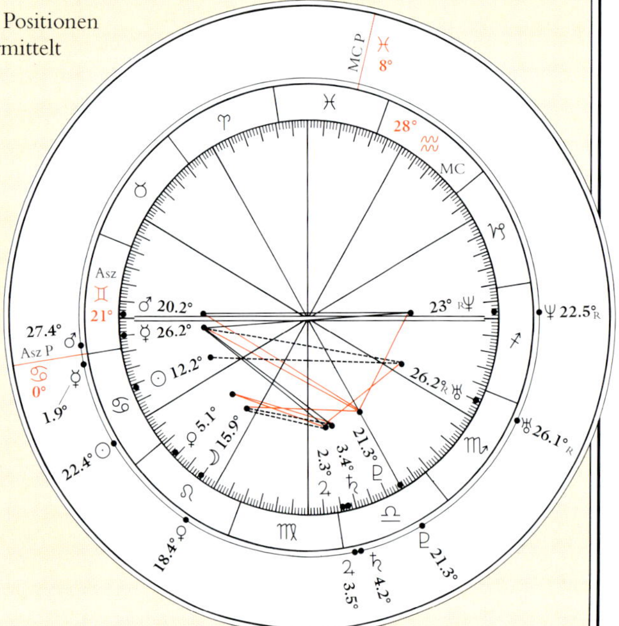

Geburten in südlichen Breiten

Um Aszendent und MC für eine Geburt in südlichen Breiten vorzuschieben, beziehen wir uns mit dem gegebenen Datum auf Perth im West-Australien (31° 56' S). Berechnen Sie das progressive MC auf die übliche Weise (Schritt 3, oben). Wir wollen davon ausgehen, daß sich das progressive MC auf 2° in der Jungfrau befindet.

In der Häusertabelle für die nördlichen Breiten (S. 396–99) schlagen Sie nun bei dem nächstgelegenen Grad nach – weil es sich aber um eine Geburt in südlichen Breiten handelt, müssen Sie beim Zeichen Fische (der Jungfrau entgegengesetzt) nachschauen. Bei 2° Fischen ergibt sich ein Aszendent von 20° Zwillingen. Der progressive Aszendent ist hier 20° Schütze.

Der Mond bewegt sich also 1° pro Monat. Im Februar steht er damit auf 26,6° Schütze, im Januar auf 25,2° Schütze. Tragen Sie diese Werte in die Tabelle ein. Weil die genaue Bewegung 12,1° in zwölf Monaten war, müssen wir auch den Rest von 0,1° unterbringen. Am besten tun wir das beim September 1991, in der Mitte zwischen den beiden modifizierten Geburtsdaten.

Anmerkung: Nur selten ergeben sich bei dieser Rechnung ganze Zahlen. Dezimalstellen bei den Zahlen müssen so gleichmäßig wie möglich über den Progressionszeitraum verteilt werden. Sie sollten auf zwei Stellen genau rechnen und das Ergebnis dann runden (z. B.: 2,77 = 2,8; 2,72 = 2,7).

Die verbleibenden Monate

Nun müssen wir die progressiven Mondpositionen für die restlichen neun Monate des Betrachtungszeitraums errechnen. Schauen Sie auf den 15. und den 16. Juli 1981: Am 15. steht der Mond auf 27,2° Schütze, am 16. Juli auf 9,3° Steinbock.

30° – 27,2 = 2,8°

Der Mond legt im Schützen noch 2,8° zurück, bevor er in den Steinbock tritt, in dem er bis 0 Uhr am 16. Juli 9,3° zurücklegt. Diese Stellung wird er in unserer Progression im März 1993 erreichen. Die Bewegung für die 24 Stunden zwischen 0 Uhr am 15. Juli und 0 Uhr am 16. Juli ist 2,8° (die Schützegrade) plus 9,3° (die Distanz im Steinbock). Addiert ergibt das 12,1°.

2,8° + 9,3° = 12,1°

Teilen Sie dies durch 12 – so ermitteln Sie die Bewegung für jeden Progressionsmonat. Wie zuvor handelt es sich um 1° pro Monat, mit einem Rest von 0,1°, den wir dem September zuschlagen.

April = 28,2° Schütze
Mai = 29,2° Schütze
Juni = 0,2° Steinbock
Juli = 1,2° Steinbock
August = 2,2° Steinbock
September = 3,3° Steinbock
Oktober = 4,3° Steinbock
November = 5,3° Steinbock
Dezember = 6,3° Steinbock

Jetzt kehren wir zum ersten Horoskop (oben) zurück, und tragen darauf die Stellung des progressiven Mondes ein.

Die Stellung des progressiven Mondes

Nachdem wir die Position des progressiven Mondes ermittelt haben, tragen wir sie am äußeren Rand des Horoskops ein – in unserem Fall also die Eckwerte 25° Schütze und 6° Steinbock.

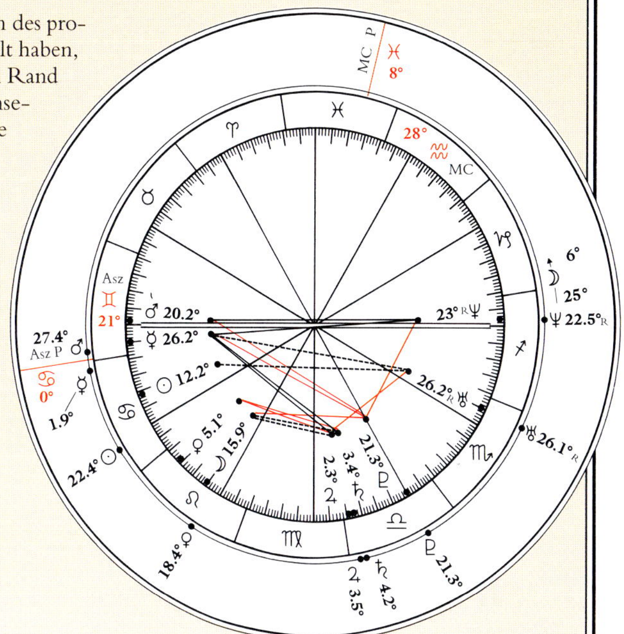

	Mond		Aspekte		Transite									
Jahr	Monat	Länge des Mondes	zu Radix	zu Progr.	♇	♆	♅	♄	♃	♂	♀	☿	☉	☽
1992	JAN	25.2°				K	⚻☽24 ↓ 10	☍♀ 2 ↑		☌♆ 1 ☍☿ 5 ☍☉26	☍♂17 ☍Asz18 ☌♆20 ☍☿22	☍♂3 ☍A 4 ☌♆5 ☍☿7		☍☉ ♑4
	FEB	26.2°	☍ ☿ ⚺ ♅	⚺ ♅		E I	10	⚻☉ 23	✶☉2 10	☍♀ 25-26	☍☉4 ☍♀23	☍☉18 ☍♀2 ☍☽8 ☌ MC15	☌MC 18	⚻☉ ♒3
	MÄR	27.2°		☍ ♂		N E		2 ☍☽22		☍☽9 ☌ MC 26	☍☽2 ☌ MC 13	☍♃5 ☍♄6 ☍♄30 ☍♃31		△☉ ♓4
	APR	28.2°	✶MC		⚻ Asz 24	T		1			☍♃8 ☍♄9 ☍♇25	☍♃19 ☍♄20		□☉ ♈3
	MAI	29.2°				R A				☍♃9 ☍♄10	☍♅ 23	☍♇6 ☍♅25		✶☉ ♉2
	JUN	♑ 0.2°	□ ☽	☍ Asz	2 ⚻♂3	N S				☍♇3	☌♂12 ☌Asz12 ☍♆14 ☌☿17	☌♂5 ☌Asz5 ☍♆6 ☌☿8 ☌☉16	☌Asz 12 ☌☿17	⚺☉ 1♊ ⚺♀ 29♋
	JUL	1.2°		☍ ☿		I T	⚻☽9 ↓	☍☽ 27	✶☉15 20	☍♅22	☌☉30 ☌♀18 ☌☽26	☌♀1 ☌☽13 ☌☽27		☌♀ ♌29
	AUG	2.2°	□ ♃			E	3	9	□♂ 25–29 □Asz30	☌♂ 27-28 ☌Asz29	☍ MC6	☌♀13 ☌☽26	☌☽8	⚺♀ ♍28
	SEP	3.3°	□ ♄	□ ♃ □ ♀	24 ⚻Asz25			⚻☉8	3 □♆ 9-11 □☿ 22-26	☍♆1-2 ☌☿6-7	☌♃3 ☌♄3 ☌♇18	☍ MC2 ☌♃20 ☌♄21		☌♃ ♄ ✶♀26 ♎
	OKT	4.3°		□ ♄	23				⚻ MC2 5 ☌♃ 21-24	☌☉ 5-7	☌♅ 17	☌♇2 ☌♅27		⚺♃ ♄ ♏25
	NOV	5.3°	⚻ ♀					22	☌♄ 25–30 ✶♀5–9		☍♂6 ☍Asz6 ☌♆8 ☍☿11	☌♅24		✶♃ ♄ ♐24
↓	DEZ	6.3°						☍☽ 19 ↓	□☉17 ↓ 25		☍☉24 ☍♀13 ☍☽22	☌♅9 ☍♂27 ☍ Asz 28 ☌♆29		□♃ ♄ ♑24

Progressive Aspekte

Radixplaneten Num. Ordnung	Sonne	Andere		Asz. MC
♃ 2.3° ♎				
♄ 3.4° ♎	☉ P □ ♇ R P	♀ P □ ♃ R		Asz P ∠ ☽ R
♀ 5.1° ♌	1991–2	1993–4		1992–3
☉ 12.2° ♋		☿ P □ ♃ P		
☽ 15.9° ♌	☉ P ⚺ Asz R	1994–5		Asz P in ♋
♂ 20.2° ♊	1991–2			1992–3
Asz 21° ♊				
♇ 21.3° ♎	☉ P ⚻ ♆ P 1992–3	♀ P ∠ ♃ R P		
♆ 23° R ♐	☉ P ⚻ ♆ R 1993–4	1992–3		
☿ 26.2° ♊		♀ P ∠ ♄ R P		Oktober 1992
♅ 26.2° R ♏		1992–3		♃ T☌ ♃
MC 28° ♒				»Die ♃ Rückkehr«
		♂ P △ MC R 1993–4		
		(Exakt)		

Die Mondaspekte

Die Mondaspekte sind hier in den Spalten »zu Radix« und »zu Progr.« aufgeführt. Die Spalte ganz rechts gibt wieder, wann es im betreffenden Zeitraum zu Aspekten zwischen dem Neumond und Planeten des Horoskops kommt.

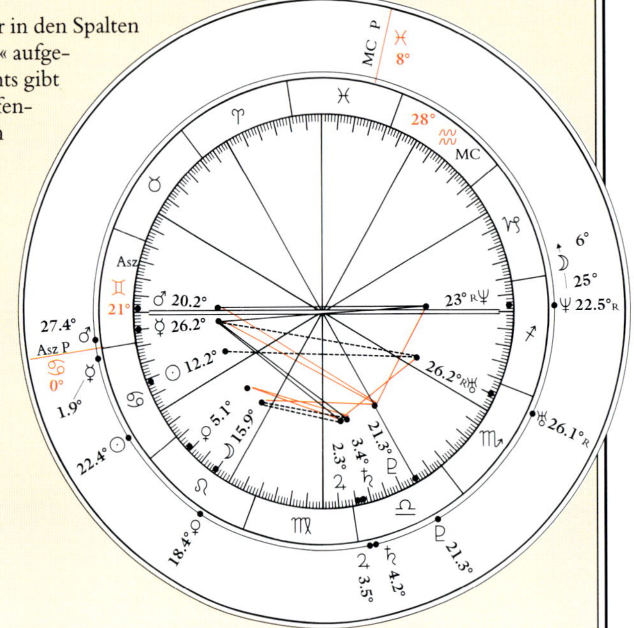

Jahr	Mond: Monat	Länge des Mondes	Aspekte: zu Radix	Aspekte: zu Progr.	Transite: ♇	♆	♅	♄	♃	♂	♀	☿	☉	☽
1992	JAN	25.2°					⚻☽24	☍♀ 2		☌♆1 ☍☿5 ☍☉26	☍♂17 ☍Asz18 ☌♆20 ☍☿22	☍♂3 ☍A4 ☌♆5 ☍☿7		☍☉ ♑4
	FEB	26.2°	☍☿ ⚺♅	⚺♅		K E I	10	⚻☉ 23	✶☉2 10	☍♀ 25-26	☍☉4 ☍♀23	☍☉18 ☍♀2 ☍☽8 ☌MC15	☌MC 18	⚻☉ ♒3
	MÄR	27.2°		☍♂		N E		2 ☍☽22		☍☽9 ☌MC 26	☍☽2 ☌MC 13	☍♃5 ☍♄6 ☍♄30 ☍♃31		△☉ ♓4
	APR	28.2°	✶MC		⚻ Asz 24	T		1			☍♃8 ☍♄9 ☍♇25	☍♃19 ☍♄20		□☉ ♈3
	MAI	29.2°				R A				☍♃9 ☍♄10	☍♅ 23	☍♇6 ☍♅25		✶☉ ♉2
	JUN	♑ 0.2°	⚼☽	☍Asz	2 ⚻♂3	N S				☍♇3	☌♂12 ☌Asz12 ☍♆14 ☌☿17	☌♂5 ☌Asz5 ☍♆6 ☌☿8 ☌☉16	☌Asz12 ☌☿17	⚺☉1♊ ⚺♀29♋
	JUL	1.2°		☍☿		I T	⚻☽9	☍☽ 27	✶☉15 20	☍♅22	☌☉30 ☌♀18 ☌☽26	☌♀1 ☌☽13 ☌☽27		☌♀ ♌29
	AUG	2.2°	□♃			E	3	9	□♂ 25–29 □Asz30	☌♂ 27-28 ☌Asz29	☍MC6	☌♀13 ☌☽26	☌☽8	⚺♀ ♍28
	SEP	3.3°	□♄	□♃ ⚼♀	24 ⚻Asz25			⚻☉8	3 □♆ 9-11 □☿ 22-26	☍♆1-2 ☌☿6-7	☌♃3 ☌♄3 ☌♇18	☍MC2 ☌♃20 ☌♄21		☌♃♄ ✶♀26 ♎
	OKT	4.3°		□♄	23				⚻MC2 5 ☌♃21-24	☌☉5-7	☌♅ 17	☌♇2 ☌♅27		⚺♃♄ ♏25
	NOV	5.3°	⚻♀					22	☌♄ 25–30 ✶♀5-9		☍♂6 ☍Asz6 ☌♆8 ☍☿11	☌♅24		✶♃♄ ♐24
	DEZ	6.3°						☍☽ 19	□☉17 25		☍☉24 ☍♀13 ☍☽22	☌♅9 ☍♂27 ☍Asz28 ☌♆29		□♃♄ ♑24

Progressive Aspekte

Radixplaneten Num. Ordnung	Sonne	Andere		Asz. MC
♃ 2.3° ♎				
♄ 3.4° ♎	☉ P□♇ R P 1991–2	♀ P□♃ R 1993–4		Asz P∠☽ R 1992–3
♀ 5.1° ♌		☿ P□♃ P 1994–5		
☉ 12.2° ♋	☉ P⚺ Asz R 1991–2			Asz P in ♋ 1992–3
☽ 15.9° ♌				
♂ 20.2° ♊				
Asz 21° ♊	☉ P⚻♆ P1992–3	♀ P∠♃ R P 1992–3		
♇ 21.3° ♎	☉ P⚻♆ R 1993–4			
♆ 23° R ♐		♀ P∠♄ R P 1992–3		Oktober 1992
☿ 26.2° ♊				♃ T☌♃
♅ 26.2° R ♏				»Die ♃ Rückkehr«
MC 28° ♒		♂ P△ MC R 1993–4 (Exakt)		

5 Die Mondaspekte berechnen Um die Berechnung der Mondaspekte und später der Transite zu erleichtern, tragen wir nun auf dem zweiten Horoskopvordruck die Positionen der Radixplaneten, des Aszendenten und des MC's gemäß ihrer numerischen Reihenfolge ein (unten, linke Spalte). Der erste Planet ist hier Jupiter, auf 2,3° Waage, als nächstes kommt Saturn auf 3,4° im gleichen Zeichen.

Es könnte sich als sinnvoll erweisen, die Reihenfolge zunächst auf einem Schmierzettel zu notieren und sie dann noch einmal zu überprüfen.

Die Berechnungen

Wir können jetzt darangehen, die Aspekte des progressiven Mondes zu den progressiven und den Radixstellungen der Planeten, des Aszendenten und des MC's zu berechnen. Wir beziehen uns dabei einerseits auf die Spalte »Planeten in numerischer Ordnung«, andererseits auf die progressiven Positionen, vgl. Außenrand des Horoskops.

Mondaspekte im Jahreslauf

Im Januar gibt es keinen exakten Progressionsaspekt vom Mond aus. Im Februar dagegen steht der progressive Mond auf 26° Schütze, womit sich eine Opposition zum Radixmerkur und ein Halbsextil zum Radixuranus ergibt. Weil sich der progressive Uranus noch nicht von der Position 26° Skorpion wegbewegt hat, bildet der progressive Mond gleichzeitig auch ein Halbsextil zum progressiven Uranus. Im März steht der progressive Mond in Opposition zum progressiven Mars.

Zum nächsten Aspekt kommt es dann im April: Sextil zum Radix-MC. Im Juni ergibt sich eine Opposition zum progressiven Aszendenten (der zu dieser Zeit von den Zwillingen in den Krebs wechselte). Beachten Sie auch, daß in diesem Monat der progressive Mond in den Steinbock kommt. Im Juli steht er in Opposition zum progressiven Merkur. Fahren Sie auf diese Weise fort, bis Sie alle Mondprogressionen ermittelt haben.

Im September steht der progressive Mond im Anderthalbquadrat zur progressiven Venus. Diesen Aspekt (135°) wie auch das Halbquadrat (45°) übersieht man leicht. Wenn Sie einen Aspekt gefunden haben, tragen Sie ihn in die große Tabelle ein. Nun müssen wir die Aspekte der anderen progressiven Planeten errechnen, des progressiven Aszendenten und des progressiven MC's, und zwar untereinander wie auch zum Geburtshoroskop. Diese markieren im Hintergrund wirkende Einflüsse.

6 Die Sonnenaspekte berechnen

Jeder Aspekt der progressiven Sonne ist wichtig. Zwischen März 1992 und März 1993 stand sie auf 22° Krebs. Kein anderer Planet, ob nun im Radix- oder im Progressionshoroskop, findet sich auf diesem Grad. Allerdings warf die progressive Sonne 1991/92 von 21° Krebs aus ein Quadrat zum progressiven und zum Radixpluto. Dies ist in der Spalte für Sonnenaspekte aufgeführt.

Progressive und Radix-Aspekte

Hier zwei wichtige astrologische Abkürzungen. Beim Quadrat zwischen Pluto und Sonne steht hinter letzterer ein »P«, hinter Pluto ein »P« und ein »R«. Diese Buchstaben bedeuten »Radix« bzw. »Progression«. »Radix« ist ein anderes Wort für »Geburts...« – Sie müssen aber achtgeben, daß Sie dieses »R« nicht mit der Abkürzung für den Begriff »rückläufig« verwechseln. Beachten Sie auch, daß die progressive Sonne 1992/93 im Aspekt zum progressiven Neptun stand und 1993/94 im Aspekt zum Radixneptun.

7 Die anderen Aspekte berechnen

Da wir die Mondaspekte bereits ermittelt haben, beschäftigen wir uns mit dem progressiven Merkur. 1992/93 stand Merkur auf 1° Krebs. 1993/94 auf 2°, von wo aus sich ein Quadrat zum Radix- (Geburts-) Jupiter ergab. Die Venus bildete nur Halbquadrate, zu Jupiter und Saturn, während der progressive Mars 1993/94 im exakten Trigon zum Radix-MC stand (dieser Aspekt war, mit gerade noch ausreichendem Orbis, auch schon im Geburtshoroskop gegeben). Schließlich tragen wir das Halbquadrat vom progressiven Aszendenten zum Radixmond ein. Der progressive Aszendent läuft in den Krebs.

Längere Perioden untersuchen

Damit sind unsere Berechnungen für die »Ein-Tag-für-ein-Jahr«-Progression abgeschlossen. Es ist nicht schwer, auch einen längeren Zeitraum zu untersuchen.

Progressive Aspekte von der Sonne und den anderen Planeten

Die progressiven Aspekte von Sonne und den anderen Planeten sind in der zweiten, kleineren Tabelle (unten) aufgeführt. Wir haben jetzt alle Faktoren besprochen, ausgenommen die wichtigen Transite (siehe S. 68).

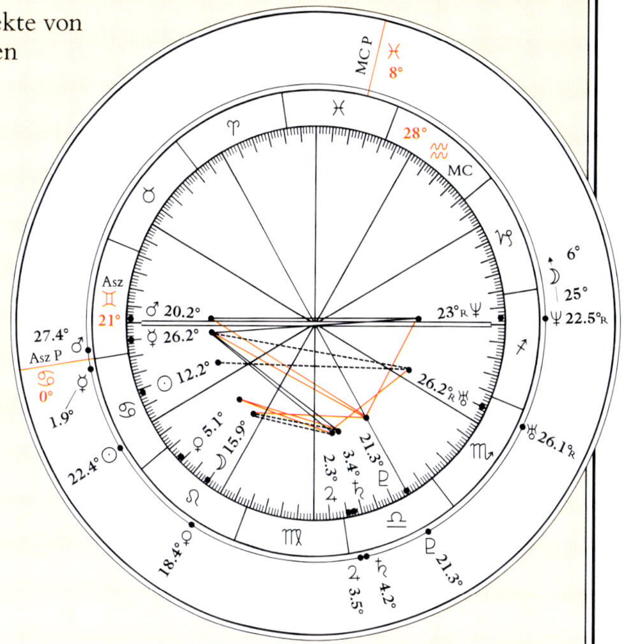

Jahr	Mond: Monat	Mond: Länge des Mondes	Aspekte: zu Radix	Aspekte: zu Progr.	Transite: ♇	♆	♅	♄	♃	♂	♀	☿	☉	☽
1992	JAN	25.2°				K	⚻☽ 24 ↓	☍♀ 2 ↑		☌♆ 1 ☍☿ 5 ☍☉ 26	☍♂ 17 ☍Asz 18 ☌♆ 20 ☍☿ 22	☍♂ 3 ☍A 4 ☌♆ 5 ☍☿ 7		☍☉ ♑ 4
	FEB	26.2°	☍ ☿ ⚺ ♅	⚺ ♅		E I	10	⚻ ☉ 23 ↓	⚹☉ 2 10	☍♀ 25-26	☍☉ 4 ☍♀ 23	☍☉ 18 ☍♀ 2 ☍☽ 8 ☌MC 15	☌MC 18	⚻☉ ♒ 3
	MÄR	27.2°		☍ ♂	↓	N E		2 ☍☽ 22 ↓		☍☽ 9 ☌MC 26	☍☽ 2 ☌MC 13	☍♃ 5 ☍♄ 6 ☍♄ 30 ☍♃ 31		△☉ ♓ 4
	APR	28.2°	⚹MC		⚻Asz 24 ↓	T		1			☍♃ 8 ☍♄ 9 ☍♇ 25	☍♃ 19 ☍♄ 20		□☉ ♈ 3
	MAI	29.2°				R A				☍♃ 9 ☍♄ 10	☍♅ 23	☍♇ 6 ☍♅ 25		⚹☉ ♉ 2
	JUN	♑ 0.2°	□ ☽	☍ Asz	2 ⚻♂ 3	N S				☍♇ 3	☌♂ 12 ☌Asz 12 ☍♆ 14 ☌☿ 17	☌♂ 5 ☌Asz 5 ☍♆ 6 ☌☿ 8 ☌☉ 16	☌Asz 12 ☌☿ 17	⚺☉ 1 ♊ ⚺♀ 29 ♋
	JUL	1.2°		☍ ☿		I T	⚻☽ 9 ↓	☍☽ 27 ↓	⚹☉ 15 20	☍♅ 22	☌☉ 30 ☌♀ 18 ☌☽ 26	☌♀ 1 ☌☽ 13 ☌☽ 27		☌♀ ♌ 29
	AUG	2.2°	□ ♃			E	3	9	□♂ 25–29 □Asz 30 ↓	☌♂ 27-28 ☌Asz 29	☍MC 6	☌♀ 13 ☌☽ 26	☌☽ 8	⚺♀ ♍ 28
	SEP	3.3°	□ ♄	□ ♃ □ ♀	24 ⚻Asz 25 ↓			⚻☉ 8 ↓	3 □♆ 9-11 □☿ 22-26	☍♆ 1-2 ☌☿ 6-7	☌♃ 3 ☌♄ 3 ☌♇ 18	☍MC 2 ☌♃ 20 ☌♄ 21		☌♃ ♄ ⚹♀ 26 ♎
	OKT	4.3°		□ ♄	23				⚻MC 2 5 ☌♃ 21-24	☌☉ 5-7	☌♅ 17	☌♇ 2 ☌♅ 27		⚺♃ ♄ ♏ 25
	NOV	5.3°	⚻ ♀					22	☌♄ 25–30 ⚹♀ 5–9		☍♂ 6 ☍Asz 6 ☌♆ 8 ☍☿ 11	☌♅ 24		⚹♃ ♄ ♐ 24
↓	DEZ	6.3°						☍☽ 19 ↓	□☉ 17 25		☍☉ 24 ☍♀ 13 ☍☽ 22	☌♅ 9 ☍♂ 27 ☍Asz 28 ☌♆ 29		□♃ ♄ ♑ 24

Progressive Aspekte

Radixplaneten Num. Ordnung	Sonne	Andere		Asz. MC
♃ 2.3° ♎				
♄ 3.4° ♎	☉ P □ ♇ R P	♀ P □ ♃ R		Asz P ∠ ☽ R
♀ 5.1° ♌	1991–2	1993–4		1992–3
☉ 12.2° ♋		☿ P □ ♃ P		
☽ 15.9° ♌	☉ P ⚺ Asz R	1994–5		Asz P in ♋
♂ 20.2° ♊	1991–2			1992–3
Asz 21° ♊				
♇ 21.3° ♎	☉ P ⚻ ♆ P 1992–3	♀ P ∠ ♃ R P		
♆ 23°R ♐	☉ P ⚻ ♆ R 1993–4	1992–3		
☿ 26.2° ♊		♀ P ∠ ♄ R P		Oktober 1992
♅ 26.2°R ♏		1992–3		♃ T ☌ ♃
				»Die ♃ Rückkehr«
		♂ P △ MC R 1993–4		
MC 28° ♒		(Exakt)		

Die Vorgehensweise ist genau die gleiche. Weil sich aber unser Leben und die Lebensumstände so abrupt ändern können, neigt man doch sehr dazu, allzu ängstlich oder auch optimistisch auf Entwicklungen zu schauen, die noch in weiter Ferne liegen. Sinnvoller ist es, sich auf die unmittelbar bevorstehenden Jahre zu konzentrieren.

8 Die Berechnung der Transite

Bei ihrem Lauf durch das Sonnensystem kommt es von den Planeten aus immer wieder zu Aspekten zu den Positionen, die sie im Augenblick der Geburt innehatten.

Der Einfluß der Transite

Diese Beziehungen erweisen sich häufig als sehr machtvolle Faktoren, welche manchmal progressive Einflüsse noch unterstreichen. Was noch wichtiger ist: Sie produzieren eine Vielfalt von Energien, die man nutzen sollte. Die meisten – nicht alle – Astrologen beziehen sich lediglich auf die Transite zu Planeten und Aszendent und MC des Geburtshoroskop, nicht zu den progressiven Stellungen. Mit wachsender Erfahrung werden Sie vielleicht den Wunsch verspüren, selbst zu erkunden, wie effektiv die letzteren sein können. Mehr zu den Transiten auf S. 60.

Die Berechnung

Die Transite zu ermitteln ist leichter, als es nach einem ersten Blick auf die betreffenden Spalten in der größeren Tabelle scheinen mag.

Merkur, Venus und Mars bewegen sich sehr viel schneller über den Himmel als ihre Gefährten – wenn es darum geht, die Positionen der Transitplaneten (die Planeten, wie sie gerade am Himmel stehen) mit denen der Radixplaneten zu verbinden, lassen wir bei ihnen deshalb Quadrate, Trigone, Sextile und Quinkunxe unberücksichtigt und beschränken uns auf Konjunktionen und Oppositionen. Bei den anderen Planeten dagegen beziehen wir alle Aspekte bis auf die schwachen Halbsextile, Anderthalbquadrate und Halbquadrate ein.

Um herauszufinden, zu welchen Transiten es im Jahr 1992 kam, müssen Sie die Ephemeride auf Seite 385 aufschlagen. Überprüfen Sie auch hier: Sind Sie auf der richtigen Seite, beim richtigen Monat und Jahr?

Plutotransite berechnen

Schauen Sie zuerst auf Pluto. Sie sehen, daß er sich am 1. Januar 1992 auf 22° im Skorpion befand. Wenn wir bei den Planeten gemäß ihrer numerischen Folge nachschauen, erkennen wir, daß im Geburtshoroskop kein Planet auf diesem Grad steht. Am 27. April bewegte sich Pluto auf 21° Skorpion zurück. Die Liste zeigt, daß der Radix-Aszendent auf 21° Zwillinge fällt und daß Pluto im Geburtshoroskop auf 21° Waage steht. Von Pluto geht also im Transit ein Quinkunx zum Aszendenten und ein Halbsextil zur eigenen Radixstellung aus (welches wir allerdings ignorieren – siehe oben). Bei dem Kästchen, das zum April und zu Pluto gehört, tragen wir das Symbol für das Quinkunx mitsamt einer 27 ein (für den Tag, an dem der Transit erstmals exakt war). Sehen Sie wieder in die Ephemeride, und stellen Sie fest, wie lange Pluto auf 21° Skorpion stand (bis zum 2. Juni). Schreiben Sie also eine 2 in das Kästchen für Pluto und den Juni. Weil es sich hier um einen längerfristigen Einfluß handelt, ist es günstig, eine Linie zwischen den zwei Datumsangaben zu ziehen.

Die Transite im Jahreslauf

Am 3. Juni lief Pluto sogar auf 20° Skorpion zurück. Im Geburtshoroskop steht Mars auf 20° Zwillinge, was ein weiteres Quinkunx bedeutet. Notieren Sie den Transit in der Übersicht. Sehen Sie in der Ephemeride nach, wie lange Pluto auf diesem Grad verblieb – bis zum 24. September. Beachten Sie dabei auch, daß Pluto, der im Januar rückläufig wurde, am 30. Juli wieder seine direktläufige Bewegung aufnahm, immer noch auf 20° Skorpion. Am 25. Oktober erreichte er 21° Skorpion, wodurch es wieder zum Quinkunx mit dem Aszendenten kam. Tragen Sie das in die Tabelle ein! Der Transit war wirksam bis zum 23. Oktober. Von da lief Pluto bis zum Jahresende 1992 von 22° bis 24° Skorpion – im Geburtshoroskop befindet sich Neptun auf 23° im Schützen. Bei diesem Transit handelt es sich um ein Halbsextil, das nicht stark genug wirkt, um in Betracht gezogen zu werden.

Neptuntransite berechnen

Wir widmen uns jetzt Neptun, der am 1. Januar auf 16° Steinbock stand – auf diesem Grad befinden sich im Geburtshoroskop keine Planeten. Im Jahreslauf 1992 besetzte Neptun die Steinbock-Grade 16 bis 18 es kam zu keinen Transiten zu Planeten, Aszendent oder MC des Geburtshoroskops.

Uranustransite berechnen

Uranus stand am 24. Januar auf 15° Steinbock, womit ein Quinkunx zum Mond gegeben war, der sich auf 15° im Löwen befindet. Weil Uranus im April rückläufig wurde, kam es zwischen dem 9. Juli und dem 3. August noch einmal zum gleichen Transit. Weitere Aspekte gingen 1992 im Transit nicht von Uranus aus.

Saturntransite berechnen

Am 2. Januar stand Saturn auf 5° Wassermann (womit schon eine Opposition zur Venus gegeben war), am 3. Januar kam er auf 6° zu stehen. Tragen Sie den Transit ein, machen Sie aber kenntlich, daß der Einfluß schon vor Neujahr am stärksten gewesen war, indem Sie einen kleinen Pfeil zeichnen, der nach oben weist. Ermitteln Sie mit der Ephemeride die übrigen Saturntransite für das Jahr, wie in der Tabelle angegeben. Beachten Sie dabei, daß die Opposition zum Mond in das Jahr 1993 hineinwirkte (was Sie durch einen kleinen, nach unten weisenden Pfeil deutlich machen sollten).

Jupitertransite berechnen

Von Jupiter ging im Transit bereits zwischen dem 2. und dem 10. Februar ein Sextil zur Sonne aus, bis Mitte Juli war aber ansonsten nicht viel los. Dann wiederholte sich dieser Transit, bis Ende November folgte eine Reihe anderer. Arbeiten Sie diese zur Übung heraus! Es gibt zwei Dinge, die wir bei den Oktobertransiten beachten müssen: 1. Bei vielen Aspekten reicht der zur Verfügung stehende Platz nicht aus. Ziehen Sie in einem solchen Fall im nachfolgenden Kästchen ein doppelte Linie, um anzuzeigen, wo der Oktober endet. 2. In diesem Monat kommt es zur Jupiterwiederkehr (siehe S. 296/297). Dieser wichtige Transit sollte auch in die Tabelle eingetragen werden.

Die Transite von Mars, Venus und Merkur berechnen

Die sich rasch bewegenden Planeten Mars, Venus und Merkur weisen deutlich mehr Transite auf. Wir gehen bei ihnen auf eine andere Weise vor – wie Sie sich erinnern, berücksichtigen wir bei ihnen lediglich Konjunktionen und Oppositionen.

Schauen Sie in der Ephemeride auf den Januar – am 1. stand Mars auf 23° Schütze, womit sich eine Konjunktion zu Neptun ergab. Sehen Sie aufs Geburtshoroskop – ausgehend von der Marsstellung auf 23° Schütze bzw. der Konjunktion zu Neptun. Richten Sie nun den Blick auf das gegenüberliegende Zeichen, die Zwillinge. Dort befindet sich Merkur, und zwar auf 26°. Dieser wurde als nächster vom Marstransit berührt. Sehen Sie in die Ephemeride: Mars kam am 5. Januar auf 26°, womit die Opposition exakt wurde. Beim Blick auf das Horoskop erweist sich, daß sich die nächste Marsopposition auf die Sonne (12° Krebs) bezog. Auch hier schauen wir in die Ephemeride und ermitteln, wann Mars 12° Steinbock (das dem Krebs gegenüberliegende Zeichen) erreichte: am 26. Januar.

Danach gilt es zu ermitteln, wann Mars – nun im Wassermann – in Opposition zum Mond und zur Venus im Löwen stand sowie in Konjunktion zum Wassermann-MC (siehe numerische Ordnung). Weil es keine Radixplaneten in den Fischen und der Jungfrau gibt, blieb Mars dann solange untätig, bis er 2° Widder erreichte, wo er in Opposition zu Jupiter stand. Auf 3° Widder ergab sich die Opposition zu Saturn. Diese beiden Transite ereigneten sich am 9. bzw. 10. Mai.

Die verbleibenden Transite

Ermitteln Sie auf die gleiche Weise die restlichen Marstransite, dann die von Venus und Merkur. Untersuchen Sie gründlich das Zeichen, in dem sie sich befinden, und stellen Sie eine Verbindung zum gleichen und polaren Zeichen her.

Der Zeitpunkt der Transite

Manchmal kann es schwierig sein zu entscheiden, wann ein Transit von Mars, Venus oder Merkur exakt ist. Am 17. Januar 1992 z. B. stand die Venus auf 19,9° Schütze, am Folgetag auf 21°. Im Geburtshoroskop findet sich Mars auf 20° Zwillinge. In einem solchen Fall tragen Sie den Aspekt für das frühere Datum ein – im allgemeinen wirken sich die weniger starken Transite eher früher als später aus.

Beachten Sie auch die wiederholte Abfolge der Merkurtransite zu Jupiter und Saturn im März/April, zu Venus und Mond im August/September und zu Uranus im Dezember. Dazu kam es, weil Merkur von direktläufiger zu rückläufiger Bewegung wechselte und dann wieder direktläufig wurde (siehe S. 23). Dies ist auch der Grund dafür, daß sich die Transite von Pluto zum Aszendenten und von Uranus zum Mond wiederholen. Dieses Phänomen ist recht häufig!

Sonnentransite berechnen

Es sind jetzt noch ein paar Sonnentransite zu berechnen. Weil der Löwe im Horoskop nicht besonders betont ist (siehe Hinweis auf S. 72), berücksichtigen wir nur Konjunktionen zum Aszendenten, zum MC, dem herrschenden Planeten und dem Mond. Hat der Löwe eine betonte Stellung, sollten auch Oppositionen berechnet werden.

Die vollständigen Tabellen

Wir haben jetzt eine vollständige Übersicht über die progressiven Planeten und die Transite, die von ihnen in einem bestimmten Jahr für eine bestimmte Person ausgehen. Dies ist Ihr wichtigstes Werkzeug für die Interpretation von zukünftigen Trends. Eine beispielhafte Interpretation der Progressionen und Transite finden Sie auf den Seiten 141–47.

	Mond		Aspekte		Transite									
Jahr	Monat	Länge des Mondes	zu Radix	zu Progr.	♇	♆	♅	♄	♃	♂	♀	☿	☉	☽
1992	JAN	25.2°				K	⚻☽ 24 ↓	↑ ☍♀ 2		☌♆ 1 ☍☿ 5 ☍☉ 26	☍♂ 17 ☍Asz 18 ☌♆ 20 ☍☿ 22	☍♂ 3 ☍Asz 4 ☌♆ 5 ☍☿ 7		☍☉ ♑ 4
	FEB	26.2°	☍ ☿ ⚺ ♅	⚺ ♅		E I	10	⚻☉ 23 ↓	⚹☉ 2 10	☍♀ 25-26	☍☉ 4 ☍♀ 23	☍☉ 18 ☍♀ 2 ☍☽ 8 ☌ MC 15	☌ MC 18	⚻☉ ♒ 3
	MÄR	27.2°		☍ ♂	↓	N E		2 ☍☽ 22 ↓		☍☽ 9 ☌ MC 26	☍☽ 2 ☌ MC 13	☍♃ 5 ☍♄ 6 ☍♄ 30 ☍♃ 31		△☉ ♓ 4
	APR	28.2°	⚹ MC		⚻ Asz 24	T		1			☍♃ 8 ☍♄ 9 ☍♇ 25	☍♃ 19 ☍♄ 20		□☉ ♈ 3
	MAI	29.2°				R A				☍♃ 9 ☍♄ 10	☍♅ 23	☍♇ 6 ☍♅ 25		⚹☉ ♉ 2
	JUN	♑ 0.2°	⚼ ☽	☍ Asz	2 ⚻♂ 3	N S				☍♇ 3	☌♂ 12 ☌Asz 12 ☍♆ 14 ☌☿ 17	☌♂ 5 ☌Asz 5 ☍♆ 6 ☌☿ 8 ☌☉ 16	☌ Asz 12 ☌☿ 17	⚺☉ 1 ♊ ⚺♀ 29 ♋
	JUL	1.2°		☍ ☿		I T	⚻☽ 9 ↓	☍☽ 27 ↓	⚹☉ 15 20	☍♅ 22	☌☉ 30 ☌♀ 18 ☌☽ 26	☌♀ 1 ☌☽ 13 ☌☽ 27		☌♀ ♌ 29
	AUG	2.2°	□ ♃			E	3	9	□♂ 25–29 □Asz 30 ↓	☌♂ 27-28 ☌Asz 29	☍ MC 6	☌♀ 13 ☌☽ 26	☌☽ 8	⚺♀ ♍ 28
	SEP	3.3°	□ ♄	□ ♃ ⚼ ♀	24 ⚻Asz 25 ↓			⚻☉ 8 ↓	3 □♆ 9-11 □☿ 22-26	☍♆ 1-2 ☌☿ 6-7	☌♃ 3 ☌♄ 3 ☌♇ 18	☍ MC 2 ☌♃ 20 ☌♄ 21		☌♃ ♄ ⚹♀ 26 ♎
	OKT	4.3°		□ ♄	23				⚻ MC 2 5 ☌♃ 21-24	☌☉ 5-7	☌♅ 17	☌♇ 2 ☌♅ 27		⚺♃ ♄ ♏ 25
	NOV	5.3°	⚻ ♀					22	☌♄ 25–30 ⚹♀ 5–9		☍♂ 6 ☍Asz 6 ☌♆ 8 ☍☿ 11	☌♅ 24		⚹ ♃ ♄ ♐ 24
↓	DEZ	6.3°						☍☽ 19 ↓	□☉ 17 ↓ 25		☍☉ 24 ☍♀ 13 ☍☽ 22	☌♅ 9 ☍♂ 27 ☍ Asz 28 ☌♆ 29		□♃ ♄ ♑ 24

Progressive Aspekte

Radixplaneten Num. Ordnung	Sonne	Andere		Asz. MC
♃ 2.3° ♎				
♄ 3.4° ♎	☉ P □ ♇ R P	♀ P □ ♃ R		Asz P ∠ ☽ R
♀ 5.1° ♌	1991–2	1993–4		1992–3
☉ 12.2° ♋		☿ P □ ♃ P		
☽ 15.9° ♌	☉ P ⚺ Asz R	1994–5		Asz P in ♋
♂ 20.2° ♊	1991–2			1992–3
Asz 21° ♊				
♇ 21.3° ♎	☉ P ⚻ ♆ P 1992–3	♀ P ∠ ♃ R P		
♆ 23° R ♐	☉ P ⚻ ♆ R 1993–4	1992–3		
☿ 26.2° ♊		♀ P ∠ ♄ R P		Oktober 1992
♅ 26.2° R ♏		1992–3		♃ T ☌ ♃
MC 28° ♒				»Die ♃ Rückkehr«
		♂ P △ MC R 1993–4		
		(Exakt)		

Die Berechnung der Transite des Neumonds

Schlagen Sie die Ephemeride für das Jahr 1992 auf (S. 385). Um das Datum des Neumondes zu ermitteln, müssen Sie den Tag herausfinden, an dem sich Sonne und Mond auf der gleichen Position befinden – was sich während der zwei Stunden ergibt, in denen der Mond in Konjunktion zur Sonne bzw. auf dem gleichen Grad des gleichen Zeichens wie die Sonne steht. Der Einfluß des Neumondes erstreckt sich über zwei Tage – während der Mond durch das Zeichen der Sonne läuft. Wenn der Mond am 1. Januar, aber erst um 23.55 Uhr, in dieses Zeichen tritt, wird sich der Einfluß bis etwa um Mitternacht am 3. Januar erstrecken. Aus Platzgründen ist es uns nicht möglich, eine detaillierte Mond-Ephemeride in dieses Buch aufzunehmen, die angegebenen Werte aber dürften fürs erste genügen. Es gibt spezielle Verzeichnisse, die die genauen Zeitpunkte des Neumondes auflisten. Die detaillierte Ephemeride für das fragliche Jahr enthält alle Informationen, die Sie brauchen.

Die Berechnungen durchführen

Sehen Sie auf die Liste der numerisch angeordneten Planeten, und stellen Sie fest, ob der Neumond im Aspekt zu ihnen steht. Gehen Sie dabei von der Sonnenstellung zum betreffenden Zeitpunkt aus, mit einer Abweichung von maximal 2° (siehe auch den Hinweis auf S. 72).

In unserem Beispiel verhält es sich so, daß sich zur Zeit des Januar-Neumonds die Sonne auf 12° im Steinbock befindet. Damit steht der Transit-Neumond dann in Opposition zu der Radixsonne. Tragen Sie das ins Formular ein. Gehen Sie auf diese Weise für das ganze Jahr vor.

Progressive Aspekte

Radixplaneten Num. Ordnung	Sonne	Andere		Asz. MC
♃ 2.3° ♎	☉ P □ ♇ R P	♀ P □ ♃ R		Asz P ∠ ☽ R
♄ 3.4° ♎	1991–2	1993–4		1992–3
♀ 5.1° ♌		☿ P □ ♃ P		
☉ 12.2° ♋	☉ P ⊻ Asz R	1994–5		Asz P in ♋
☽ 15.9° ♌	1991–2			1992–3
♂ 20.2° ♊				
Asz 21° ♊	☉ P ⊼ ♆ P 1992–3	♀ P ∠ ♃ R P		
♇ 21.3° ♎	☉ P ⊼ ♆ R 1993–4	1992–3		
♆ 23°R ♐		♀ P ∠ ♄ R P		Oktober 1992
☿ 26.2° ♊		1992–3		♃ T ☌ ♃
♅ 26.2°R ♏				»Die ♃ Rückkehr«
MC 28° ♒		♂ P △ MC R 1993–4 (Exakt)		

Progressive Aspekte von der Sonne und den anderen Planeten
Die Tabelle zeigt die progressiven Aspekte der Sonne und der anderen Planeten

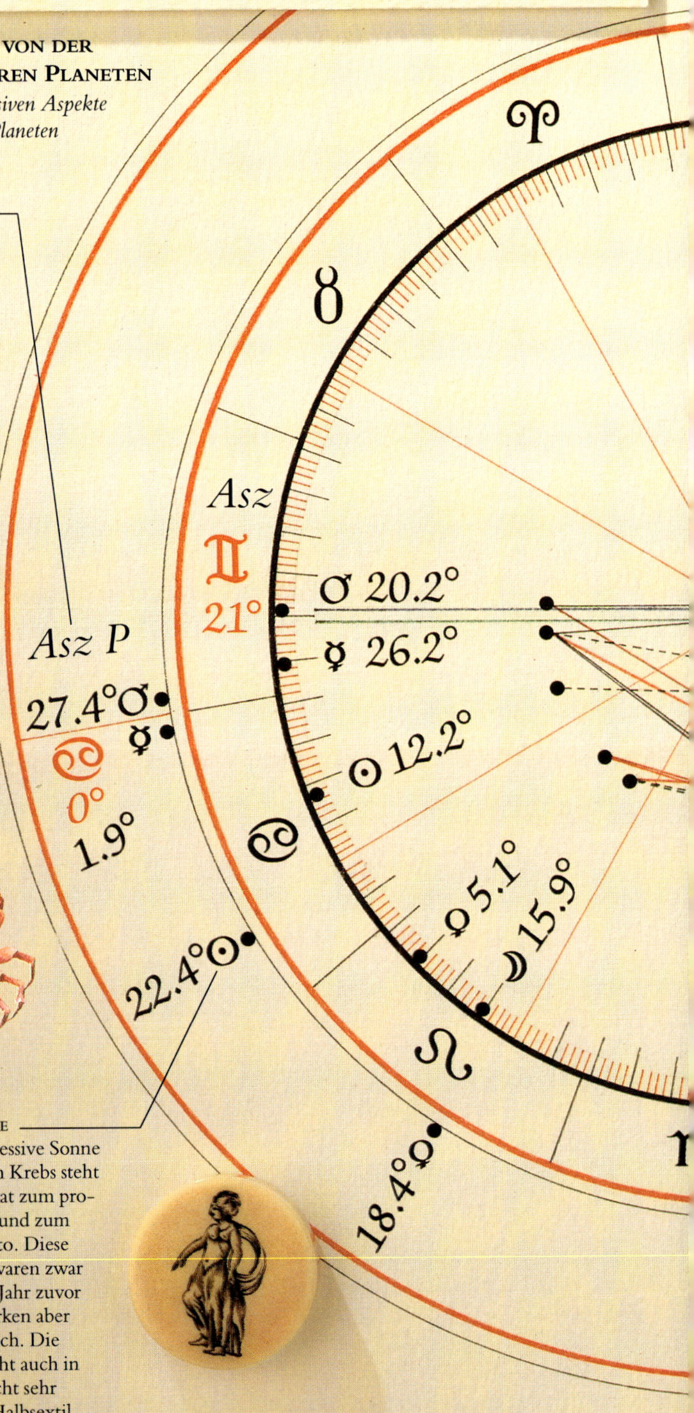

Der progressive Aszendent
Der progressive Aszendent läuft in den Krebs – ein Schlüsselfaktor für die Interpretation, vorausgesetzt, die Geburtszeit stimmt: Ein Unterschied von nur vier Minuten bedeutet, daß diese Progression ein Jahr früher oder später stattfindet.

Die Sonne
Die progressive Sonne auf 22° im Krebs steht im Quadrat zum progressiven und zum Radixpluto. Diese Aspekte waren zwar schon im Jahr zuvor exakt, wirken aber immer noch. Die Sonne steht auch in einem nicht sehr exakten Halbsextil zum Radixaszendenten (ebenfalls exakt im Jahr 1991).

Mondaspekte und planetarische Transite
Diese Tabelle listet die progressiven Mondaspekte (von denen es wegen der schnellen Bewegung dieses Himmelskörpers sehr viele gibt) und die planetarischen Transite auf.

Jahr	Mond: Monat	Mond: Länge des Mondes	Aspekte: zu Radix	Aspekte: zu Progr.	Transite: ♇	♆	♅	♄	♃	♂	♀	☿	☉	☽
1992 ↓	JAN	25.2°					⚻☽24 ↓	↑ ☍♀ 2		☌♆1 ☍☿5 ☍☉26	☍♂17 ☍Asz18 ☌♆20 ☍☿22	☍♂3 ☍Asz4 ☌♆5 ☍☿7		☍☉ ♑4
	FEB	26.2°	☍☿ ⚻♅	⚺♅		KEINE TRANSITE	10	⚻☉ 23 ↓	✶☉2 10	☍♀ 25-26	☍☉4 ☍♀23	☍☉18 ☍♀2 ☍☽8 ☌MC15	☌MC 18	⚻☉ ♒3
	MÄR	27.2°		☍♂	↓			2 ☍☽22 ↓		☍☽9 ☌MC 26	☍☽2 ☌MC 13	☍♃5 ☍♄6 ☍♄30 ☍♃31		△☉ ♓4
	APR	28.2°	✶MC		⚻Asz 24 ↓			1			☍♃8 ☍♄9 ☍♇25	☍♃19 ☍♄20		□☉ ♈3
	MAI	29.2°								☍♃9 ☍♄10	☍♅ 23	☍♇6 ☍♅25		✶☉ ♉2
	JUN	♑ 0.2°	□☽	☍Asz	2 ⚻♂3 ↓					☍♇3	☌♂12 ☌Asz12 ☍♆14 ☌☿17	☌♂5 ☌Asz5 ☌♆6 ☌☿8 ☌☉16	☌Asz12 ☌☿17	⚺☉1♊ ⚺♀29♋
	JUL	1.2°		☍☿			⚻☽9 ↓	☍☽ 27 ↓	✶☉15 20	☍♅22	☌☉30 ☌♀18 ☌☽26	☌♀1 ☌☽13 ☌☽27		☌♀ ♌29
	AUG	2.2°	□♃				3	9	□♂ 25-29 □Asz30 ↓	☌♂ 27-28 ☌Asz29	☍MC6	☌♀13 ☌☽26	☌☽8	⚺♀ ♍28
	SEP	3.3°	□♄	□♃ □♀	24 ⚻Asz25 ↓			⚻☉8 ↓	3 □♆ 9-11 □♀ 22-26	☍♆1-2 ☌☿6-7	☌♃3 ☌♄3 ☌♇18	☍MC2 ☌♃20 ☌♄21		☌♃♄ ✶♀26 ♎
	OKT	4.3°		□♄	23				⚻MC2 5 ☌♃ 21-24	☌☉ 5-7	☌♅ 17	☌♇2 ☌♅27		⚺♃♄ ♏25
	NOV	5.3°	⚻♀					22	☌♄ 25-30 ✶♀5-9		☍♂6 ☍Asz6 ☌♆8 ☍☿11	☌♅24		✶♃♄ ♐24
	DEZ	6.3°						☍☽ 19 ↓	□☉17 ↓ 25		☍☉24 ☍♀13 ☍☽22	☌♅9 ☍♂27 ☍Asz28 ☌♆29		□♃♄ ♑24

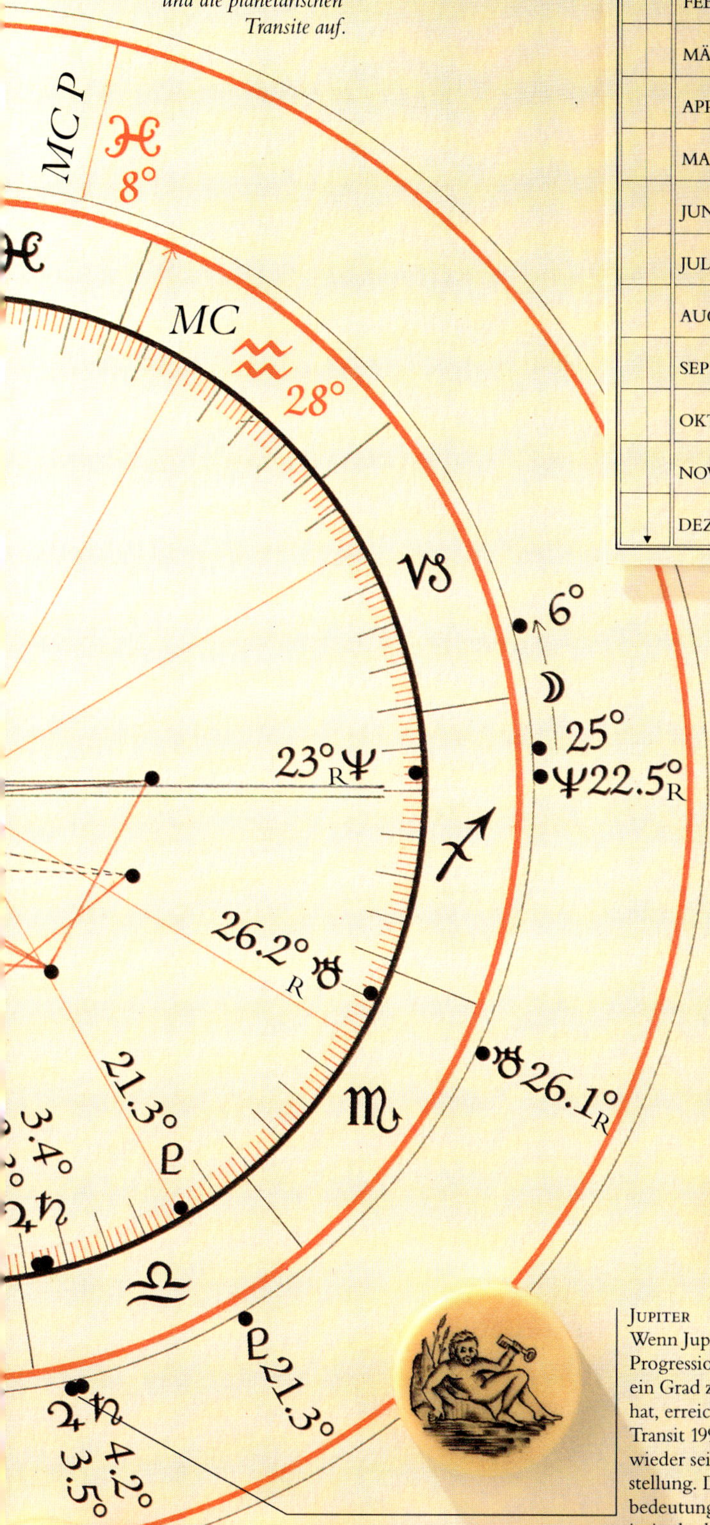

Das fertige Progressionshoroskop

Mit diesen zwei Tabellen ist das Progressionshoroskop fertig, und Sie haben alle nötigen Informationen, um für die betreffende Person etwas über Trends eines bestimmten zukünftigen Zeitraums sagen zu können. Richtlinien für die Deutung und eine beispielhafte ausführliche Interpretation finden Sie auf den Seiten 141–147.

Jupiter
Wenn Jupiter in der Progression auch erst ein Grad zurückgelegt hat, erreicht er doch im Transit 1992 bereits wieder seine Radixstellung. Dieser sehr bedeutungsvolle Transit ist in der kleinen Tabelle aufgeführt, welche die Sonnen- und anderweitigen Transite auflistet. Er wird sich für die betreffende Person das ganze Jahr über als prägend erweisen.

Interpretation
Es ist eher ungewöhnlich, für ein Kind detaillierte Progressionen zu berechnen – der Astrologe fertigt für die Eltern eher eine tiefgehende Charakteranalyse an, vielleicht unter Erwähnung einiger allgemeiner Trends (wann sich z. B. Kinderkrankheiten oder große schulische Fortschritte einstellen könnten). Die Eltern sollten das Kind bei allem, was seinen Werdegang fördern könnte, unterstützen – ein guter Rat speziell für das Jahr der ersten Jupiterwiederkehr. Das Quadrat der progressiven Sonne zum progressiven und zum Radixpluto könnte mit Spannungen zwischen den Eltern einhergehen. Umwälzungen der einen oder anderen Art sind damit wahrscheinlich. ***Anmerkung:*** *Weil der Betreffende ziemlich jung ist, haben sich die Planeten – ausgenommen der Mond – noch nicht sehr weit bewegt.*

Progressionen und Transite

Transite: Planet	Dauer des astronomischen Einflusses	Astrologische Zeitbestimmung	Dauer des astrologischen Einflusses	Progressionen: Wirkungsdauer von progressiven Planeten im Aspekt zu Planeten, Aszendent oder MC im Geburts- oder Progressionshoroskop
♇	Bleibt durchschnittlich einen Monat auf 1°, bis vier Monate, wenn der Planet stationär oder rückläufig ist, von der direkten zur rückläufigen Bewegung oder umgekehrt wechselt	Einfach	Entspricht für gewöhnlich der astronomischen Stellung	♇ Bildet keine progressiven Aspekte
♆	Bleibt durchschnittlich einen Monat auf 1°, bis vier Monate, wenn der Planet stationär oder rückläufig ist, von der direkten zur rückläufigen Bewegung oder umgekehrt wechselt	Sehr schwierig	Der Einfluß nimmt allmählich zu, zumeist zwei bis drei Wochen, bevor die relevante Gradzahl erreicht ist. Läßt dann im gleichen Zeitraum allmählich nach.	♆ Bildet keine progressiven Aspekte
♅	Bleibt durchschnittlich zweieinhalb Wochen auf 1°, bis zehneinhalb Wochen, wenn der Planet stationär oder rückläufig ist, von der direkten zur rückläufigen Bewegung oder umgekehrt wechselt	Relativ einfach	Fällt zumeist mit der astronomischen Stellung zusammen	♅ Bildet keine progressiven Aspekte
♄	Bleibt durchschnittlich neun Tage auf 1°, bis zwei Monate, wenn der Planet stationär oder rückläufig ist, von der direkten zur rückläufigen Bewegung oder umgekehrt wechselt	Schwierig	Der Einfluß baut sich allmählich auf, zumeist etwa zwei bis drei Wochen, bevor der Transit exakt ist. Danach dauert es etwa drei Wochen, bis seine Wirkung nachläßt	Es ist unwahrscheinlich, daß es im Leben vom progressiven Saturn aus zu Aspekten kommt
♃	Bleibt durchschnittlich vier bis fünf Tage auf 1°, bis sieben Wochen, wenn der Planet stationär oder rückläufig ist, von der direkten zur rückläufigen Bewegung oder umgekehrt wechselt	Relativ einfach	Bei direktläufiger Bewegung etwa zehn Tage. Vor und nach dem Transit eine Woche länger, nach oder vor Rückläufigkeit etc.	Nicht sehr häufig. Wenn sie vorkommen, bilden sie etwa eine Dekade lang einen hintergründigen Einfluß, der auch etwaige Jupitertransite unterstützen kann
*♂	Bleibt durchschnittlich zwei Tage auf 1°, bis zwei Wochen, wenn der Planet stationär oder rückläufig ist, von der direkten zur rückläufigen Bewegung oder umgekehrt wechselt	Einfach	Der Einfluß wirkt meist so lange, wie der Transit exakt ist. Es ist aber ratsam, vorher und nachher noch zwei Tage zuzuschlagen, bei Rückläufigkeit etc. drei bis vier	Bilden einen Hintergrundeinfluß, der sich über vier Jahre erstrecken kann (bei einer personalisierten Bedeutung von Mars noch länger)
*♀	Bleibt durchschnittlich ein bis zwei Tage auf 1°, bis zwei Wochen, wenn der Planet stationär oder rückläufig ist, von der direkten zur rückläufigen Bewegung oder umgekehrt wechselt	Einfach	Ein Einfluß, der einen Zeitraum von fünf Tagen färbt. Schlagen Sie jeweils zwei Tage zu, wenn der Planet rückläufig etc. wird	Ein solcher Einfluß wirkt über etwa drei Jahre, noch länger, wenn die Venus eine personalisierte Bedeutung im Horoskop hat
*☿	Bleibt durchschnittlich einen Tag oder weniger auf 1°, bis acht Tage, wenn der Planet stationär oder rückläufig ist, von der direkten zur rückläufigen Bewegung oder umgekehrt wechselt	Einfach	Ein Einfluß, der einen Zeitraum von drei Tagen färbt. Schlagen Sie jeweils einen Tag zu, wenn der Planet rückläufig etc. wird	Ein solcher Einfluß wirkt über etwa zwei Jahre, noch länger, wenn Merkur eine personalisierte Bedeutung im Horoskop hat
**☉	Bleibt einen Tag auf 1°. Die Sonne ist niemals rückläufig.	Einfach	Einen Tag – länger, wenn Sonne, Aszendent oder Mond im Löwen stehen. Diese Einflüsse ergeben sich jedes Jahr zum gleichen Datum (oder fast zum gleichen)	Für gewöhnlich wichtige Einflüsse, die sich allmählich im Jahr vor der Exaktheit aufbauen und sich im Folgejahr dann abschwächen
☽	Die Transite vom Neumond wirken für etwa drei Tage. Es kann sein, daß sich über eine Phase von einigen Monaten hinweg mehrfach die gleichen Themen ergeben.			Zeitlich einfach zu bestimmen. Die normale lunare Progression wirkt über etwa drei Monate; oft aber bildet der progressive Mond im Transit einen Aspekt zu einem Radixplaneten, worauf sich einige Monate später dann der gleiche Aspekt zu der progressiven Stellung des gleichen Planeten wiederholt. Das betreffende Thema steht dann abermals im Blickpunkt

Diese Übersicht vermittelt eine Vorstellung zur Dauer von Transiten und Progressionen, sowohl aus astronomischer als auch aus astrologischer Sicht. Beachten Sie aber, daß es sich lediglich um allgemeine Anhaltspunkte handelt. Die planetarischen Einflüsse wirken sehr individuell; wenn Sie sich länger mit einem Horoskop beschäftigen, werden Sie merken, welche Stärken und Schwächen jeweils mit ihnen verbunden sind.

* Ermitteln Sie nur Konjunktionen und Oppositionen

**Ermitteln Sie Konjunktionen nur zu Mond, Aszendent, MC und dem herrschenden Planeten. Steht die Sonne, der Mond oder der Aszendent im Löwen, sollten sie dagegen alle Planeten berücksichtigen und auch die Oppositionen berechnen.

Weitere Techniken

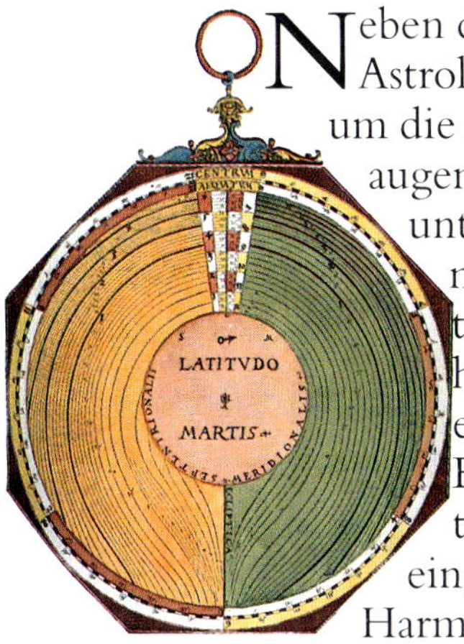

Neben dem Geburtshoroskop an sich verwenden Astrologen eine Reihe von bewährten Methoden, um die Beziehung zwischen dem Geburtsort- und augenblick und dem individuellen Charakter zu untersuchen. Sie sind sich über die Techniken nicht einig. Wenn Sie selbst gewisse Interpretationskenntnisse gewonnen haben, sollten Sie hier ihre eigenen Erfahrungen machen – die eine oder andere Technik könnte Ihnen neue Einsichten verschaffen. An dieser Stelle möchten wir auf die wichtigsten dieser Methoden eingehen: auf die Halbsummen und auf die Harmonics-Methode; mit Hilfe der Stundenastrologie können Sie zu besonderen Fragestellungen Auskunft geben.

Der einzelne Astrologe stützt sich vielleicht noch auf andere Faktoren, z. B. auf die Einwirkung von Asteroiden, Kometen, Finsternissen, hypothetischen Planeten, auf den Parallelschein, auf Fixsterne und auf die Analyse der Tierkreisbereiche. Manches davon mag nützlich sein, allerdings gibt es einen Nachteil: Wenn man das Horoskop mit allzu vielen vermeintlich wichtigen Faktoren überlädt, können Sie darin finden, was immer Sie finden wollen. Dr. Geoffrey Dean hat in seinem Buch *Recent Advances in Natal Astrology* (1977) ein Horoskop mit drei Eckpunkten, zehn Planeten, vier Asteroiden, 30 hypothetischen Planeten und allen dazugehörigen Punkten besprochen. Damit gibt es über 120 Faktoren – um sie auszuwerten, müßte der Astrologe 6 000 Aspekte, 50 000 Halbsummen und über 1 500 000 Aspekte zwischen Halbsummen analysieren.

Halbsummen

Der Student der Astrologie wird irgendwann einmal auf die moderne Technik stoßen, die unter dem Namen *Ebertin-Schule* oder manchmal auch als *Kosmobiologie* bekannt ist. Sie bezieht sich auf Halbsummen – also auf den Mittelpunkt – zwischen astrologischen Faktoren. Dieses System, das heutzutage intensiv studiert wird, ist seit dem 13. Jahrhundert in Gebrauch.

Die Theorie der Halbsummen besagt, daß der auf der Ekliptik befindliche Mittelpunkt zwischen zwei Planeten, einem Planeten und dem Aszendenten oder dem MC oder zwischen Aszendent und MC sehr bedeutungsvoll ist und bei der Interpretation berücksichtigt werden sollte. Dieser kann durch Transite oder durch (Lunar-) Progressionen aktiviert

Direkte Halbsummen

In unserem Beispiel fällt die Venus auf 5° Löwe und Mars auf 5° Zwillinge. Die Halbsumme dieser beiden Planeten liegt damit auf 5° Krebs – dies ist der auf der Ekliptik gelegene Punkt, der von beiden gleich weit entfernt ist. Man muß sich aber vergegenwärtigen, daß auch der diesem entgegengesetzte Punkt auf 5° Steinbock gleich weit von der Venus und von Mars entfernt ist. Der Transit über diese beiden Punkte energetisiert sowohl die Venus als auch Mars. Sollte sich ein Planet auf 5° Krebs oder Steinbock im Horoskop befinden, würde es sich um eine starke Halbsummenstruktur handeln.

Orben und Halbsummen
In diesem Beispiel befindet sich das MC auf 19° im Krebs – was zwar nahe der Halbsumme Venus/Mars ist, aber außerhalb des Orbis und insofern keinen Einfluß hat. Der Orbis für die Halbsummen im Horoskop ist nicht größer als 2° anzusetzen. Was Progressionen und Transite zu Halbsummen betrifft: Der kontaktierende Planet sollte überhaupt keinen Orbis aufweisen; mit anderen Worten: Er muß sich genau auf der Halbsumme befinden.

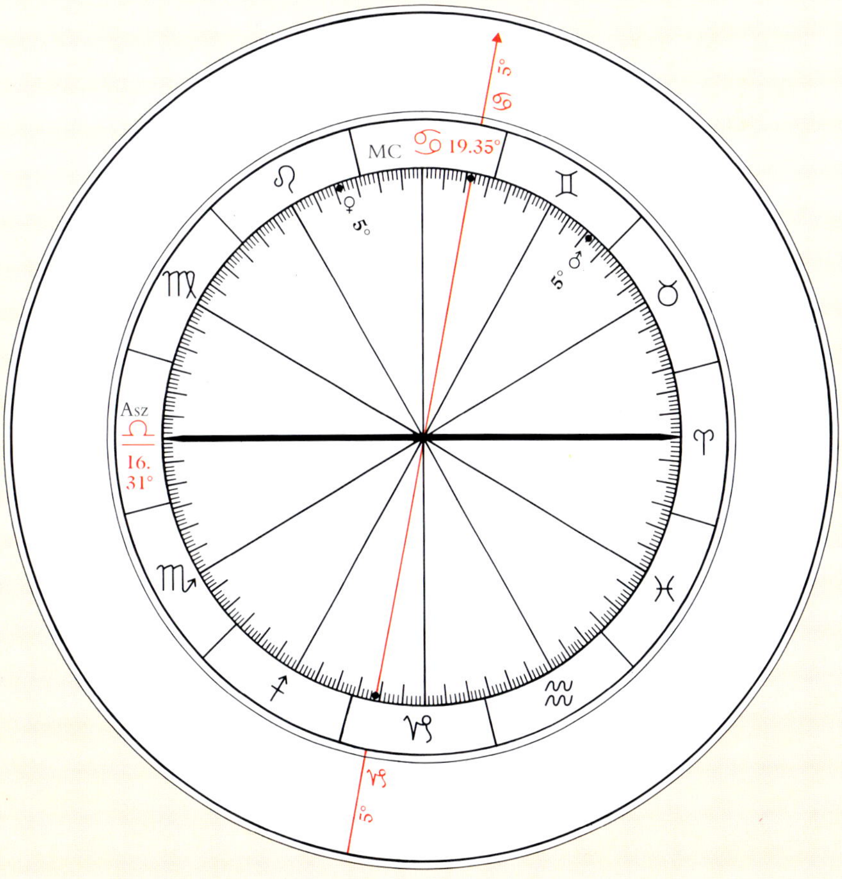

werden; vielleicht kommt aber auch ein Planet im Geburtshoroskop selbst auf eine solche Halbsumme zu stehen. Es ist nicht schwierig, die Halbsumme zwischen zwei Planeten zu ermitteln: Finden Sie ihren Abstand (in Grad) und halbieren Sie ihn! Wenn z. B. ein Planet auf 5° Zwillinge und einer auf 5° Löwe steht, liegt die Halbsumme auf 5° Krebs.

Man kann auch noch andere Halbsummen berücksichtigen, z. B. die zwischen den Eckpunkten oder zwischen einem Eckpunkt und einem Planeten. All dies sind »direkte« Halbsummen. »Indirekte Halbsummen« stellen besonders wirkungsvolle Tierkreisgrade dar, die im Halbquadrat, Quadrat oder Anderthalbquadrat zum Aszendenten, zum MC, zu Planeten oder anderen wichtigen Horoskopfaktoren stehen.

Schreiben Sie alle Halbsummen des Horoskops, die von Interesse sein könnten, auf. Die Halbsumme von Aszendent und MC wird als die wirkungsvollste angesehen. Beachten Sie nicht nur diesen Punkt, sondern auch sein polares Gegenstück. Die Häuser werden bei der Arbeit mit den Halbsummen nicht in Betracht gezogen. Wenn sich ein Planet auf der Halbsumme von zwei anderen Planeten befindet, ist sein Einfluß mit diesen verbunden.

Die Interpretation der Halbsummen

Wenn wir alle konventionellen Horoskopfaktoren analysiert haben und dann die direkten und indirekten Halbsummen betrachten, erhöht sich die Anzahl der Interpretationsfaktoren deutlich, was zu Verwirrung führen kann. Es gibt Astrologen, die sich bei ihrer Interpretation *ausschließlich* auf Halbsummen stützen – wir raten hier zu Vorsicht.

Harmonics

Die Theorie der Harmonics stellt eines der wenigen modernen astrologischen Konzepte dar, das allgemeine Anerkennung gefunden hat. Es bietet mehr Anhaltspunkte als die überlieferte Astrologie und wurde entwickelt von dem britischen Astrologen John Addey (1920–82). Bei dieser Interpretation hat man sich östlichen Vorstellungen angenähert (viele astrologische Theorien sind ursprünglich aus dem Osten gekommen) sowie auch in einem gewissen Maße die Numerologie einbezogen. Wer die Numerologie als einen Aberglauben betrachtet, sollte die Harmonics trotzdem nicht ablehnen – weil er damit die tiefe psychologische Bedeutung der Zahlen ignorieren würde, wie sie aus altertümlichen religiösen Texten spricht. Es kann kaum Zweifel geben, daß Harmonics das Horoskop in seiner Subtilität zu erforschen.

Das Horoskop teilen

Die konventionellen Aspekte, die man im Geburtshoroskop studiert, basieren – wie so vieles in der Astrologie – auf Zahlen: Das Trigon trägt die Qualität 3 (ein Planet steht zum anderen in einer

Indirekte Halbsummen

Jupiter steht auf 0° Widder und Merkur auf 15° Löwe. Um die *indirekte* Halbsumme zu ermitteln, müssen wir zunächst einmal die *direkte* berechnen – welche sich auf 7,5° Zwillinge/Schütze befindet. Der indirekte Halbsummen-Aspekt zu Merkur/Jupiter steht im Quadrat zu diesen Punkten, also auf 7,5° Jungfrau und Fische (wodurch die veränderliche Qualität des Horoskops stark betont wird). Wenn Planeten über diese Punkte laufen, wird der Einfluß von Merkur und Jupiter aktiviert.

Andere indirekte Halbsummen sind auf dem Halbquadrat und dem Anderthalbquadrat zu finden, d. h., in 45° bzw. 135° Abstand von 7,5° Zwillinge, womit sich 22,5° Widder, Krebs, Waage und Steinbock ergeben (damit ist die kardinale Qualität des Horoskops betont).

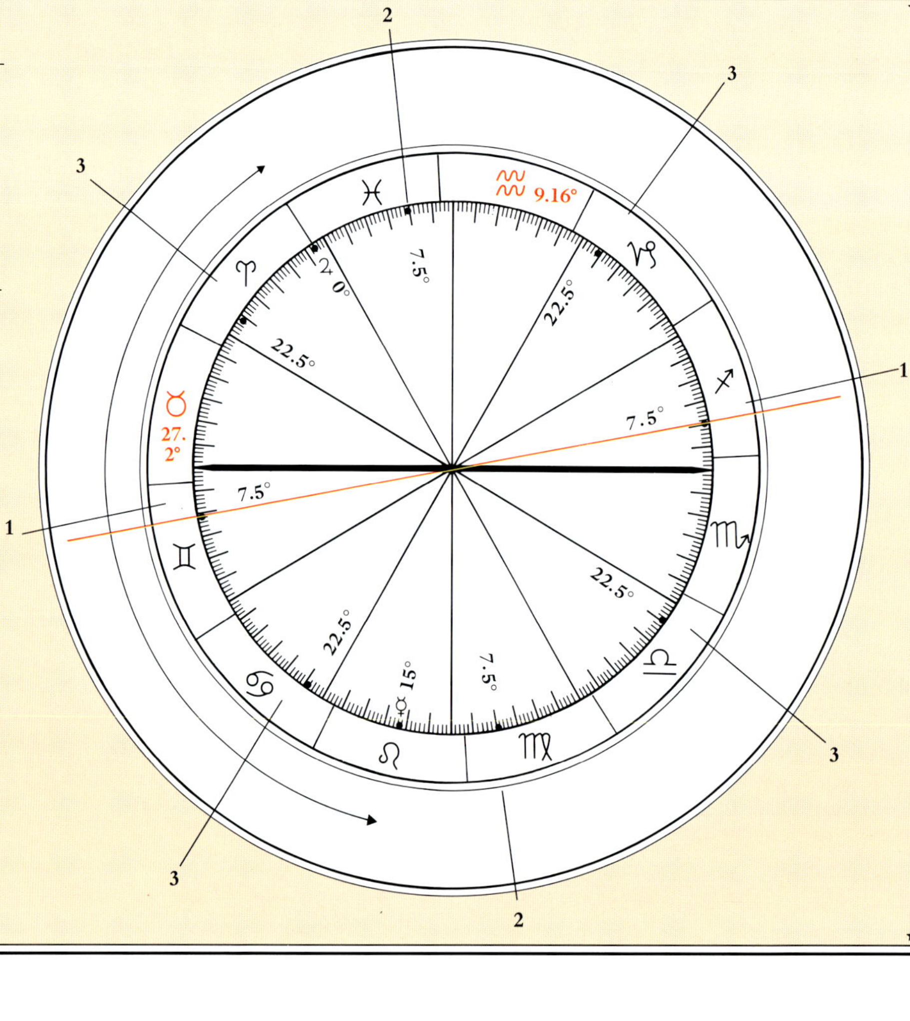

1 Direkte Halbsumme

2 Die gebräuchlichsten indirekten Halbsummen

3 Andere indirekte Halbsummen

Entfernung von einem Drittel des Kreisumfangs); Opposition und Quadrat basieren auf der 2, das Sextil auf der 6 usw.

Vom Grundsatz her benutzten wir Harmonics, um durch die Aufteilung in gleiche Abschnitte und deren Betrachtung für sich tiefer in das Horoskop hineinzuschauen. Bei einem Horoskop der 5. Harmonie wird der Kreis in fünf Segmente geteilt, bei der 4. in Viertel, bei der 9. in neun Teile usw. Bis jetzt haben sich Astrologen hauptsächlich mit der 4., 5., 7. und 9. Harmonie beschäftigt.

Die Berechnungen
Die Umwandlung von Dezimalzahlen in Grade, Minuten und Sekunden ist nicht auf jedem Taschenrechner möglich – deshalb zeigen wir hier, wie man die Berechnungen ohne Rechner durchführen kann (natürlich gibt es heute auch Computerprogramme zu kaufen, die Harmonics-Horoskope in Sekundenschnelle berechnen können).

Um die Harmonics-Position eines Planeten zu ermitteln, gehen Sie bitte wie folgt vor. Wir wollen die Position eines Planeten gemäß der 5. Harmonie auf 11° 20' Löwe berechnen:

1. Wandeln Sie die Tierkreisposition in absolute Länge um – einfach indem Sie von 0° Widder aus die Anzahl der Grade ermitteln (siehe auch die Übersicht rechts). Der Planet auf 11° 20' Löwe befindet sich damit auf 131° 20' absoluter Länge: Es sind 120° zwischen 0° Widder und 0° Löwe, wozu noch die 11° 20' zu addieren sind.

2. Multiplizieren Sie die absolute Länge mit der Zahl, die der betreffenden Harmonie entspricht. In unserem Beispiel: 131 x 5 = 655

Sie dürfen aber die 20' nicht außer acht lassen. 20' x 5 = 100 = 1° 40' (100 – 60). Addieren Sie dies zum vorherigen Ergebnis: Damit ergibt sich die absolute Länge von 656° 40'.
Anmerkung: Wenn das Ergebnis größer als 360 ist, müssen Sie 360 abziehen, und zwar ggfs. so lange, bis der Wert kleiner als 360 ist. Wir erhalten bei unserem Beispiel dann 296° 40.

3. Wandeln Sie die absolute Position wieder in einen Tierkreisgrad um, indem Sie den ermittelten Wert durch 30 teilen: 296° 40' / 30 = 270° + 26° 40' = 26° 40' Steinbock. Die 5. Harmonics-Position des Planeten auf 11° 20' Löwe liegt also auf 26° 40' Steinbock.

Ein weiteres Beispiel: Wir wollen die Position eines Planeten gemäß der 7. Harmonie auf 27° 14' Zwillinge berechnen:

1. 27° 14' Zwillinge = 60° + 27°14' = 87° 14'

2. 87° x 7 = 609°
14' x 7 = 98' = 1° 38'
609 + 1° 38' = 610° 38'

3. 610° 38' – 360 = 250° 38'
– 8 x 30 = 240° + 10° 38'

Die 7. Harmonics-Position eines Planeten auf 27° 14' Zwillinge befindet sich also auf 10° 38' Schütze.

Die Interpretation von Harmonics-Horoskopen
Grob gesagt erhellt das Harmonics-Horoskop die Beziehung zwischen Planeten, die auch schon im »normalen« Horoskop eine Beziehung zueinander haben; es bringt zusätzliche Aufschlüsse. Die meisten Informationen des Harmonics-Horoskops sind auch dem Geburtshoroskop zu entnehmen; es handelt sich bei ihm um eine Art Feinabstimmung. Die Aspekte, die Sie in letzterem entdecken, sollten dazu dienen, Ihr Verständnis des Horoskops zu erweitern – vielleicht auch dazu, Widersprüche oder Anomalien aufzuklären.

Die Wichtigkeit der Orben
Orben (siehe S. 54) sind gerade bei der Arbeit mit Harmonics sehr wichtig. Es gibt hier ein etwas komplexes System, welchen Aspekten welche Orben zuzuschreiben sind. Wir wollen nicht ins Detail gehen, Sie sollten aber Anhaltspunkte für die Aspekte haben:

Konjunktion	12°
Opposition	6°
Trigon	4°
Quadrat	3°
Sextil	2°
Halbquadrat	1,5°
Halbsextil und Quinkunx	1°

Genaue Aspekte oder unaspektierte Planeten
Bei der Betrachtung von Harmonics-Horoskopen müssen Sie genauen Aspekten und unaspektierten Planeten besondere Aufmerksamkeit schenken. Enge Aspekte des Geburtshoroskops können durch das Harmonics-Horoskop sehr viel Unterstützung finden; interpretieren Sie diese zunächst im Geburtshoroskop, und schauen Sie dann, ob es im Harmonics-Horoskop ein Echo darauf gibt.

Planeten ohne oder mit nur schwachen Aspekten im Geburtshoroskop können sehr wichtig sein; wie sie sich in der Persönlichkeit auswirken, ist möglicherweise an dem einen oder anderen Harmonics-Horoskop abzulesen. Betrachten Sie insbesondere auch das Aspektmuster (drei oder mehr Planeten im Aspekt zueinander) im Harmonics-Horoskop. Je exakter ein Aspekt, desto stärker seine Wirkung.

Der Umgang mit Harmonics
Soviel auch über Harmonics diskutiert worden ist, das System steckt noch in

ABSOLUTE LÄNGE

Die folgende Übersicht zeigt die absoluten Längenangaben für 0° des jeweiligen Tierkreiszeichens.

♈	0° Widder = 0°
♉	0° Stier = 30°
♊	0° Zwillinge = 60°
♋	0° Krebs = 90°
♌	0° Löwe = 120°
♍	0° Jungfrau = 150°
♎	0° Waage = 180°
♏	0° Skorpion = 210°
♐	0° Schütze = 240°
♑	0° Steinbock = 270°
♒	0° Wassermann = 300°
♓	0° Fische = 330°

den Kinderschuhen, und es ist mit Vorsicht zu genießen. Nachdem die sogenannten »modernen« Planeten entdeckt worden waren, brauchten die Astrologen viele Jahre, um ihr Wesen und ihren Einfluß zu ergründen – mit den Harmonics wird es sich ähnlich verhalten. Solange Sie nicht selbst intensiv mit dieser Methode gearbeitet haben, sollten Sie sich nur auf die herausragendsten Merkmale beziehen.

Die 4. Harmonie

Die 4. Harmonie hängt mit der Opposition, dem Quadrat und dem Halbquadrat zusammen, man sieht es allgemein als einen Spannungseinfluß. Sie scheint manchmal auf einen gewissen Mangel im Leben hinzuweisen, auf eine Bedingung, die nicht erfüllt ist, vielleicht auch auf die Unfähigkeit, gewisse Elemente der Persönlichkeit zu entwickeln oder zur Ganzheit zu kommen.

Nicht integrierte Elemente können durch eine Konjunktion oder eine Opposition angezeigt sein; Quadrate oder Halbquadrate repräsentieren vielleicht eine Art von Blockade, vielleicht auch eine äußerliche Kraft, die auf den Betreffenden einwirkt. Je mehr Konjunktionen, Oppositionen, Quadrate und Halbquadrate im dem Horoskop der 4. Harmonie zu finden sind, desto mehr Anstrengungen sind nötig, um zur Ganzheitlichkeit zu kommen.

Die 5. Harmonie

Etwas mysteriöse Auswirkungen. Der Numerologie nach – die der westlichen Astrologie fremd ist – hat die 5 keine besondere Bedeutung. Insofern fällt es den Astrologen schwer, hier Aussagen zu treffen. John Addey war der Ansicht, daß dieses Horoskop die künstlerische Seite des Menschen enthüllt – womit vielleicht auch dessen schöpferischer Drang und die damit verbundene Energie gemeint ist. Dieses Horoskop könnte sich als nützlich erweisen, wenn jemand zur Erweiterung seines Horizontes nach neuen Interessensgebieten sucht. Das macht es womöglich gerade für Menschen interessant, die arbeitslos oder Rentner geworden sind.

Die 7. Harmonie

Wie im vorherigen Fall auch beruhen die Auswirkungen bezüglich der Persönlichkeit hier auf Vermutungen. Die Astrologen haben sie in Beziehung mit dem Konzept des Göttlichen gebracht, mit der Entwicklung von spirituellen Werten, der phantasievollen Kreativität und gleichermaßen mit der Idee des Romantischen (worunter nicht nur das persönlich-menschliche Element zu sehen ist, sondern auch die romantische Sichtweise der Welt).

Die 9. Harmonie

Es besteht allgemeine Übereinstimmung, daß es hier um die Freude am Leben geht, sowohl in sich selbst als auch in den Beziehungen zu anderen.

Stundenastrologie

Zu der Zeit, als man die Astrologie hauptsächlich zu Prophezeiungen einsetzte, lieferte die Stundenastrologie Antworten auf eine Vielzahl von den Alltag betreffenden Fragen. Mit ihr beantwortete der Astrologe William Lilly im 17. Jahrhundert z. B. die Frage, ob ein Seemann wohlbehalten von seiner gefährlichen Reise zurückkommen würde, ob verschwundene Güter von einem Dieb entwendet wurden oder ob eine Liebeswerbung erfolgreich sein würde oder nicht.

Die Stundenastrologie hat in den letzten Jahren einen gewissen Aufschwung erlebt. Die meisten Astrologen sehen sie als eine symbolische Form, die – vergleichbar dem *I Ging* oder dem *Tarot* – eine nützliche Darstellung eines Problems oder einer Situation bewirken kann. Mit Nachdruck aber muß betont werden, daß sie keine Vorhersagen zuläßt. Wir stellen sie hier kurz vo. Betonen Sie sie aber bei der Interpretation nicht zu sehr!

Fragen stellen

Man könnte versucht sein, hier Fragen zu stellen wie: »Werde ich mich dieses Jahr verheiraten?«; »Werde ich die Führerscheinprüfung bestehen?« oder sogar: »Werde ich schwanger werden?« Die meisten Astrologen stimmen darin überein, daß die Beantwortung solcher Fragen mit ja oder nein nichts als Wahrsagerei und verwerflich ist.

Die Stundenastrologie basiert darauf, daß man für den Augenblick, in dem eine Frage auftaucht, ein Horoskop errechnet – das Geburtshoroskop dieser Frage sozusagen; man nimmt an, daß die Untersuchung dieses Horoskops die Frage beantworten hilft. Notieren Sie Zeit (und Ort), wann sich die Frage ergab, und stellen Sie dafür ein Horoskop. Wenn jemand Sie fragt, gilt dieser Zeitpunkt (und der Ort, an dem sich der andere befindet, was z. B. wichtig ist, wenn es sich um eine telefonische Konsultation handelt). Erreicht Sie die Frage durch einen Brief, gehen Sie von dem Ort aus, wo dieser geschrieben wurde, und von der Zeit, als Sie die Frage erstmals lasen. Man ist der Ansicht, daß sich das Placidus-Häusersystem am besten für die Stundenastrologie eignet.

Die Regeln der Stundenastrologie

Die zeitgenössischen Astrologen, die sich mit der Stundenastrologie beschäftigen, stützen sich auf sehr alte Regeln, von denen die meisten bereits in dem ersten wichtigen in Englisch erschienenen Werk *Christian Astrology* von William Lilly (1647) formuliert sind. Die Planeten und Häuser haben im großen und ganzen die gleiche Bedeutung wie im Geburtshoroskop oder in der Mundanastrologie, allerdings gibt es diverse zusätzliche Faktoren, die zum Teil sehr komplex sind. Unter gewissen Bedingungen ist eine Antwort nicht möglich (eine eigentümliche Einstellung – die vielleicht aus einem übermäßigen Respekt vor der Tradition resultiert?).

Neben den üblichen Horoskopfaktoren gibt es vier weitere, die von besonderer Bedeutung sind: der Glückspunkt, der Punkt für Krankheit, der Punkt für Veränderungen und der für Heirat. Ihre Interpretation im Stundenhoroskop ist komplex. Wir wollen aber zeigen, wie man sie errechnet (wobei wir Minutenwerte außer acht lassen).

Der Glückspunkt

Man berechnet diesen, indem man von 0° Widder aus die absolute Länge des Aszendenten sowie des Mondes ermittelt. Diese beiden Werte werden addiert. Vom Ergebnis wird dann die absolute Länge der Sonne abgezogen. Mit anderen Worten also: Aszendent + Mond – Sonne.

Schauen wir auf das Beispiel unten: Es liegen 354° zwischen dem Punkt 0° Widder und 24° Fische (der Stellung des Aszendenten – bei 30° in jedem Zeichen ergibt sich: 11 x 30 = 330; + 24 = 354). Zwischen dem Punkt 0° Widder und 4° Fische (Mond) liegen 334° (11 x 30 = 330; + 4 = 334). Zwischen dem Punkt 0° Widder und der Position der Sonne liegen 65° (2 x 30 = 60; + 5 = 65). Also: 354 + 334 = 688; – 65 = 623. Der Glückspunkt befindet sich damit bei 623°, von 0° Widder ausgehend.

Natürlich gibt es nur 360° im Horoskop – ziehen Sie also 360° ab: Es bleiben 263 übrig. 0° Schütze entspricht 240°; 263 – 240 = 23°. Damit haben wir für den Glückspunkt 23° Schütze ermittelt.

Der Punkt für Veränderungen

Die anderen sogenannten sensitiven Punkte errechnet man ähnlich. Was den Punkt für Veränderungen betrifft: Position des Aszendenten plus Position der Spitze des 8. Hauses minus Position des Mondes. In unserem Beispiel: 354 + 204 (180 + 24) = 558; – 334 = 224 bzw. 14° Skorpion.

Der Punkt für Krankheiten

Um den Punkt für Krankheiten zu finden, müssen wir die Position des Aszendenten zu der des Mars addieren und vom Ergebnis die Position von Saturn abziehen. Also: 354 + 40 = 394; – 304 = 90; also: 0° Krebs.

Der Punkt für Heirat

Den Heiratspunkt findet man, indem man die Position des Aszendenten zu der des Deszendenten zählt und dann die Position der Venus abzieht. Im Beispiel: 354 + 174 = 528; – 103 = 425. Weil größer als 360 : 425 – 360 = 65 bzw. 5° Zwillinge.

Der Nutzen der Stundenastrologie

Es gibt eine Methode, für die sich die Stundenastrologie wunderbar eignet: ein Horoskop zu erstellen und es so zu interpretieren, wie es der Kundige mit den Trigrammen und Hexagrammen des *I Ging* tun würde, um bestimmte Fragen zu beantworten: Dabei geht es letztendlich weniger um die Antwort als um die Erhellung der Frage. Solcherart kann das Horoskop, das für den Moment einer bestimmten Fragestellung errechnet wird, sehr wertvoll sein – es stellt gewissermaßen den Schnappschuß dieses Augenblicks dar und verdeutlicht, wie Sie sich angesichts des betreffenden Problems fühlen (gemäß des von Jung formulierten Grundsatzes, daß alles, was in einem Augenblick entsteht oder getan wird, die zeitliche Qualität dieses Momentes in sich trägt). Sollten Sie die Stundenastrologie als Mittel zur Vorhersage benutzen, haben Sie immer das berühmte Wort vor Augen: »Die Sterne machen geneigt, aber sie zwingen nicht!«

Das Stundenhoroskop

Das Stundenhoroskop zeigt die Stellung der oben erwähnten sensitiven Punkte.
Es verhält sich hier wie folgt:

+ (Glückspunkt):	23° Schütze
V (Veränderungen):	14° Skorpion
K (Krankheiten):	0° Krebs
H (Heirat):	5° Zwillinge

Es gibt noch viele andere Punkte. Sie haben ihren Ursprung wahrscheinlich in Griechenland und wurden dann von den Arabern übernommen. Diese anderen Punkte werden dann auch *arabische Punkte* genannt.

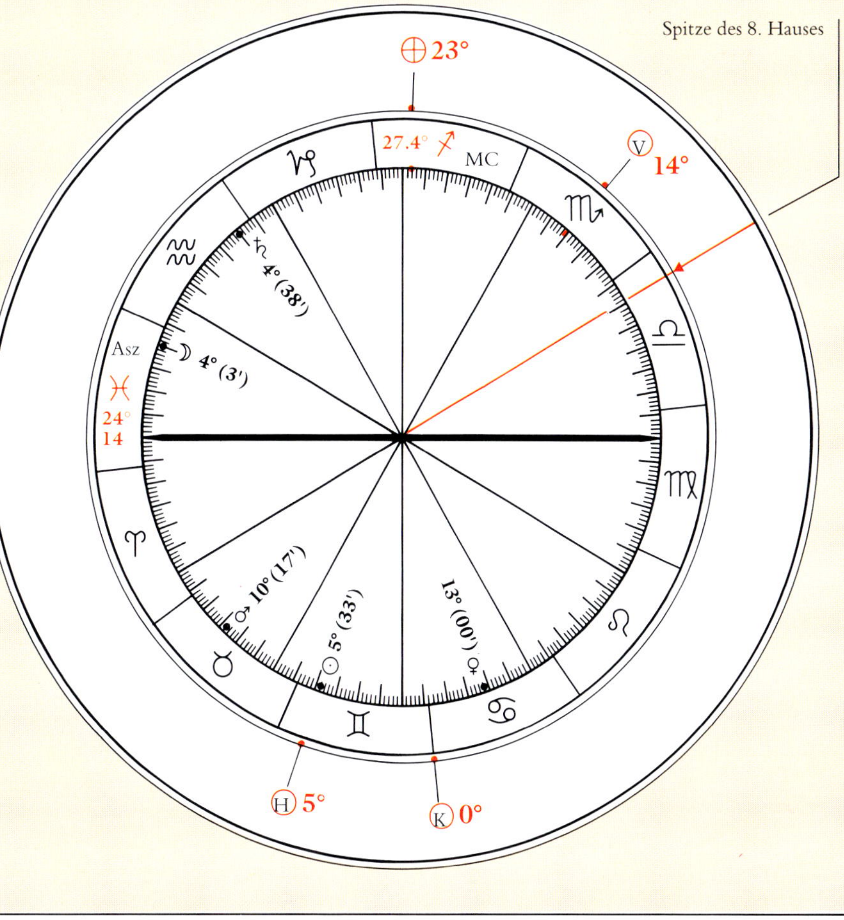

HÆMISPHÆRIUM
AUSTRALE.
SCORPIUS
LIBRA
SAGITTARIUS

·2·

Die Zeichen verstehen

Widder ♈ 21. März – 20. April

Widder wollen aus der Masse hervorstechen, und sie haben den Willen zum Erfolg. Sie sind grundsätzlich unkompliziert, direkt in ihrem Ansatz und dazu in der Lage, die Probleme des Alltags unmittelbar anzugehen. Alles, was nicht der Erfüllung ihrer Ziele – der langfristigen wie der spontanen – dient, ist ihnen gleichgültig, ob nun die Speisefolge des heutigen Dinners oder die Details eines Kontraktes. Ihre Fähigkeit, relevante Elemente für Entscheidungen zu erkennen, ist so überzeugend wie beneidenswert.

Grundzüge des Wesens

Eine sehr intensive Bestimmtheit hilft dem Widder, auf Herausforderungen zu reagieren – allerdings kann die Tendenz, sich furchtlos auf alles einzulassen, zu Problemen führen. Bei den allzu schnellen Reaktionen könnte man das Gefühl bekommen, daß Widder wohl ihre besonderen Erfahrungen machen müssen (und einige werden es natürlich niemals lernen).

Leistungen sind wichtig; wenn er nicht gefordert ist, ob nun im Beruf oder stellvertretend bei einem Interessensgebiet, wird der Widder physisch oder psychisch krank und unausstehlich. Das liegt häufig an dem schlimmsten der Widder-Fehler, der Selbstsucht, die sich mehr oder weniger stark bei jedem Widder zeigt. Widder-Kinder müssen auf diesen Zug aufmerksam gemacht werden; wenn sie ihn erkannt haben, fällt es ihnen später im Leben leichter, gegenzusteuern.

Beziehung

Widder sind extrem leidenschaftlich. Befriedigung brauchen sie nicht nur bei der Arbeit und beim Spiel, sondern auch beim Sex, vielleicht mehr als alle anderen. Die Partner müssen lebhaft und dazu imstande sein, positiv auf ihre knisternde Energie zu reagieren (Element Feuer); dabei sollten nicht nur junge Widder die anregende sexuelle Begegnung mit dem festen Partner suchen, sondern auch die älteren – ansonsten leidet der Widder selbst sowie der Partner auch.

Familie

Das Widderkind besitzt den typischen kindlichen Enthusiasmus aller Feuerzeichen. Dieser Schwung, der sich auf die

Traditionelle Widder-Eigenschaften

•

Abenteuerlustig und energisch
Bahnbrechend und mutig
Enthusiastisch und zuversichtlich
Dynamisch und aufgeweckt

•

Selbstsüchtig und hitzig
Impulsiv und ungeduldig
Verwegen und tollkühn

Schlüsselworte

•

Selbstbewußt, drängend, freimütig, selbstbezogen

verschiedensten Interessen beziehen kann, erlahmt aber auch wieder schnell; und die Eltern sollten ein Auge darauf haben, daß der Sprößling nicht viel Geld für eine verrückte Sache ausgibt, weil er nur allzu schnell die Geduld mit dem teuren Stück verlieren könnte, bereit für die nächste Herausforderung.

Geduld ist keine Widder-Stärke, was schulisch zu unregelmäßigen Fortschritten führen dürfte. Man muß hier hoffen, daß sich der Lerneifer zum rechten Zeitpunkt einstellt, vor wichtigen Arbeiten und Prüfungen beispielsweise. Glücklicherweise aber wird der Widder nur einmal durchfallen – mitzuerleben, wie die Freunde davonziehen, ist ihm Ansporn genug, sich ans Lernen zu machen und aufzuholen. Eine einschränkende Disziplin ist nichts für den jungen Widder. Einsichtige Regeln erkennt er an, vorausgesetzt, sie werden ihm erläutert. Stumpfsinnige Vorschriften ohne logische Begründung lehnt er ab.

Widder sind lebhafte Eltern. Sie besitzen entzückend natürliche, fast kindliche Gemüter. Die Widder-Eltern haben auch keine Schwierigkeiten, sich auf die Gefühle ihrer Kinder einzustellen. Es macht ihnen Freude, sie zu den verschiedensten Aktivitäten anzuregen; jede Stunde mit ihnen ist ein Ereignis. Allerdings werden nicht alle Kinder den Enthusiasmus ihrer Widder-Eltern teilen, und der Widder-Vater sollte nicht sein Kind zum Fußballspielen auffordern, nur weil er selbst spielen möchte. Dem Kind ist es vielleicht lieber, zu Hause ein gutes Buch zu lesen oder – falls es doch etwas von der überreichlichen Widderenergie geerbt hat – vielleicht zum Ballett zu gehen. Eine solche Situation könnte nämlich wieder die widderhafte Selbstsucht zum Ausdruck bringen: nicht tun, was das Kind möchte, sondern der Widder.

Beruf

Wie schon das Schulkind seinen eigenen Kopf hat, braucht auch der erwachsene Widder im Beruf einen gewissen Freiraum. Mit einem langweiligen Routinejob könnte er sich höchstens dann arrangieren, wenn er in der Freizeit einen stimulierenden Ausgleich hat.

Eine lärmerfüllte und geschäftige Umgebung ist eine Wohltat für ihn, ein staubiges, enges Büro dagegen nicht. Bei der Berufswahl entscheidet der Widder sich vielleicht für die Tätigkeit als Ingenieur oder Zahnarzt, für eine Arbeit, die mit Elektronik zusammenhängt, mit der Armee oder der Psychiatrie. Wichtiger als alles ist, daß er Gelegenheit hat, sich von der Masse abzuheben und sich auf die eine oder andere Art als Pionier zu erweisen. Widder sind ehrgeizig – die Befriedigung des Ehrgeizes ist hier genauso wichtig wie die Leistung an sich. Der Widder wird dann fragen: »Und was kommt jetzt?«

Widder sind zumeist geschäftstüchtig und unternehmungslustig; viele haben auch Freude daran, zwei Stellen zu bekleiden. Wenn Unternehmungsgeist sich mit Vorsicht ergänzt, können sie viel Geld verdienen. Manchmal tut hier aber ein stabilisierender Einfluß not, damit das Geld ihnen nicht zwischen den Fingern zerrinnt.

Der Symbolismus des Widders

Element oder Triplizität
Widder ist eines der drei Feuerzeichen
Farbe
Rot ist fraglos die Farbe des Widders
Blumen
Distel, Rübe und Geißblatt sind traditionelle Widder-Pflanzen.
Edelstein
Der Widder-Edelstein ist der schillernde Diamant
♂
Bäume
Bäume mit Disteln und Sträucher werden vom Widder beherrscht
Der Speer des Mars
Weißdorn
Herrschender Planet
Mars – im Alten Rom Gott des Krieges – herrscht über den Widder
Geissblatt
Symbolwesen
Schafbock
Länder
England ist ein Widder-Land
Zaun-rübe
Distel

Veränderungen, Freizeit und Ruhestand

Veränderungen werden für gewöhnlich in Widder-Manier vorgenommen, besonders dann, wenn man sich Fortschritte von ihnen erhofft. Mit ihrem lebhaften Geist akzeptieren diese Menschen Herausforderungen bereitwillig. Viele von ihnen freuen sich auf die Mußezeit nach der Pensionierung – nach einer Woche oder zwei aber haben sie wieder ein altes Hobbys entdeckt oder etwas neues gefunden. Vielleicht sind sie nun schon etwas geduldiger geworden – vielleicht aber ergibt sich auch, daß sie statt eines neuen Hobby plötzlich einen neuen Beruf haben!

Gesundheit, Ernährung und Sport

Widder brauchen für ihr Wohlbefinden sehr viel Bewegung. Der Widder ist vielleicht so versessen auf sportliche Betätigung, daß Sie sogar irgendwann zur Mäßigung raten müssen, damit er sich nicht übernimmt.

Eine Verletzungsanfälligkeit des Kopfes – gerade in jungen Jahren könnte die Tendenz, mit dem Kopf anzustoßen, zu Verletzungen führen. Die Widder-Tendenz, sich Hals über Kopf in etwas zu stürzen, könnte Schnitte, Prellungen und auch Verbrennungen mit sich bringen. »Eile mit Weile« – das ist das Motto, welches sich der Widder zu eigen machen sollte. Er arbeitet gern mit den verschiedensten Arten von Werkzeugen, und auch hier könnte Achtlosigkeit schwerwiegende Folgen haben. Der Widder mag scharfes Essen – welches aber nicht gut für ihn ist. Er hat einen gesunden Appetit und das Bedürfnis nach eher traditionellen Gerichten.

Der Widderaszendent

Psychologischer Antrieb

Widder wollen gewinnen, und ihre energische Antriebskraft führt sie zu Aktivitäten, auf nahezu unbewußte Weise. Sehr viel Ehrgeiz und körperliche Energie für die Ziele, die vor ihnen liegen. Der Siegeswillen hilft ihnen dabei, Konkurrenten hinter sich zu lassen. Das Bedürfnis, Aufmerksamkeit zu erregen, könnte sich schon in der Familie bemerkbar machen. Wenn das Kind mit dem Widderaszendenten ältere Geschwister hat, die schon Erfolge vorweisen können, tritt vielleicht ein Zug der Skrupellosigkeit in Erscheinung; allerdings ist Konkurrenz grundsätzlich ein Ansporn. Ein Gegengewicht für Rücksichts- oder Skrupellosigkeit kann der natürliche Widder-Humor sein.

Sich an die gesellschaftliche Umgebung anzupassen, fällt Menschen mit einem Widderaszendenten leicht. Wenn sie sich ein bißchen zurückhalten, sind sie sehr wohl in der Lage, sich selbst zu analysieren – die daraus resultierende Selbsterkenntnis kann ihre vielfältigen positiven, starken und extravertierten Eigenschaften zum Ausdruck bringen.

Das Selbstbild kann hier unter Umständen aber auch etwas Konfuses haben. Beim Sonnenzeichen Widder führt das schnell zu Unfällen, beim Widderaszendenten geht es eher um die psychische Ebene, vielleicht um eine allzu einfache Sicht von Problemen. Wegen des Zusammenhangs mit dem Kopf könnten hier häufig Kopfschmerzen gegeben sein, vielleicht als Resultat von einem Problem mit den Nieren, von überarbeitung oder übermäßiger Belastung der Augen.

Die Reaktion auf Partner ist interessant: ein großes Bedürfnis nach einer dauerhaften emotionalen Verbindung, welche Erfahrungen der Mensch im einzelnen auch damit macht oder wie er das mit seinem Unabhängigkeitsstreben in Einklang bringt. Dieser Mensch braucht einen Partner, und er möchte diesen verstehen und ihm gerecht werden. Diejenigen, die mit ihm nur oberflächlich bekannt sind, werden diese Züge nicht wahrnehmen.

Die Progression in den Stier

Der widderhafte Unternehmungsgeist ist mit der Sonnenprogression in den Stier betont – allerdings ergibt sich nun eine solidere Einstellung zu den Finanzen und Besitztümern. Viele Widder kaufen sich zu dieser Zeit ihr erstes Haus oder ihre erste Wohnung, speziell dann, wenn sie am Anfang dieses Zeitraums geboren wurden (in diesem Fall findet die Progression gegen Mitte oder Ende 20 statt). Das Widder-Image, das eher zum Nachlässigen tendiert, könnte sich nun ändern. Häufig entwickelt sich zu dieser Zeit eine Neigung zu teureren und eleganteren Kleidungsstücken. Bei dieser Progression sollte der Widder darauf achten, nicht zu besitzergreifend zu werden, besonders gegenüber dem Partner. Es dürfte ihm nicht schwerfallen, dagegen aktiv zu werden, man kann nämlich immer an seinen Sinn für Unabhängigkeit appellieren.

Das Zeichen Widder steigt in der nördlichen Hemisphäre sehr schnell auf, und selbst dann, wenn die Geburt auf die ersten Grade dieses Zeichens fiel, wird die Progression sich vergleichsweise früh ergeben (auf Geburten in der südlichen Hemisphäre trifft das nicht zu). Der Geborene bekommt mit der Progression vielleicht eine ernsthaftere und praktischere Einstellung zum Leben; der psychologische Effekt ist eine Stabilisierung der Persönlichkeit. Bei einer dauerhaften Beziehung werden die ursprünglich leidenschaftlichen Gefühle von intensiveren abgelöst. Man muß allerdings darauf achten, daß Eifersuchtsausbrüche zu keinen negativen Auswirkungen führen.

Der für den Widderaszendenten typische sehr lebhafte Stoffwechsel wird nun ruhiger. Wenn der Betreffende nun schon in gesetzteren Jahren ist, sollte er von allzu anstrengenden Sportarten und Tätigkeiten Abstand nehmen. Kommt es plötzlich zu einer rätselhaften Gewichtszunahme, könnte ein Problem mit der Schilddrüse dafür verantwortlich sein.

Die traditionellen Zuordnungen zum Widder

DATUM:
21. März – 20. April

DER URSPRUNG
Der Widder wurde zum ersten Mal im Alten Ägypten erwähnt, manchmal mit dem Kopf einer Gans. Der Ursprung dieses Symbols liegt im dunkeln

HERRSCHENDER PLANET
Mars

Cayennepfeffer

Schwarze und weiße Senfsamen

Rote Chilies (getrocknet)

BÄUME
Dornentragende Bäume, einige Nadelbäume

Weißdorn

POSITIVITÄT/GESCHLECHT
Positiv, maskulin

ELEMENT
Feuer

QUALITÄT
Kardinal

KÖRPERREGION
Der Kopf

KRÄUTER UND GEWÜRZE
Kapern, Senf, Cayennepfeffer

Kapern

Geißblatt

BLUMEN
Geißblatt, Distel, Zaunrübe, Pfefferminze

Hopfen

NAHRUNGSMITTEL
Zwiebeln, Porree, Hopfen, kräftig schmeckende Nahrungsmittel

Distel

Französische Trikolore

LÄNDER
England, Frankreich, Dänemark, Deutschland

STÄDTE
Neapel, Capua, Verona, Florenz, Marseille, Krakau, Leicester und Birmingham

Schalotten

Porree

Wolle

TIERE
Schaf und Schafbock

Stier ♉ 21. April – 21. Mai

Die grundlegende Eigenschaft des Stiers ist Zuverlässigkeit – wobei ein stabiler und sicherer Hintergrund, in emotionaler wie materieller Hinsicht, von vordringlicher Bedeutung ist. Diese Menschen verfügen über einen gesunden Menschenverstand, sind aber dabei nicht unbedingt flexibel; sie sollten sich daher klarmachen, daß man manchmal wohlüberlegte Konzepte mit der Zeit ändern muß. Sie stellen gerne ihre Leistungen und ihre öffentliche Position zur Schau, indem sie ihre Besitztümer präsentieren.

Grundzüge des Wesens

Die übermäßige Besitzorientierung, die auf vielerlei Gebieten zum Ausdruck kommen kann, ist der schlimmste Stier-Fehler. Leider kann hier selbst der Partner zu einem weiteren, sorgsam behüteten Besitztum werden – geliebt und bewundert zwar, aber dickköpfig als Eigentum gesehen.

Der Stier-Verstand funktioniert methodisch, sorgfältig und bestimmt. Das vielleicht herausragendste Merkmal ist, daß diese Menschen beharrlich an ihrer Karriere und ihrer Stellung im Leben arbeiten können. Schnelle Entscheidungen liegen ihnen nicht und sollten nach Möglichkeit auch vermieden werden. Sehr angenehm ist ihr natürlicher Charme, der auf die verschiedensten Weisen zum Ausdruck kommt. So haben Stiere für gewöhnlich weiche und melodische Stimmen und immer ein offenes Ohr und aufmunternden Zuspruch für Menschen, denen es gerade nicht gutgeht.

♉ **Traditionelle Stier-Eigenschaften** ♉

•

Geduldig und zuverlässig
Warmherzig und liebenswürdig
Hartnäckig und bestimmt
Gelassen und sicherheitsorientiert

•

Eifersüchtig und besitzergreifend
Reizbar und inflexibel
Maßlos und geizig

Schlüsselworte

•

An Besitz und Stabilität orientiert

Beziehung

Der Stier wird von der Venus beherrscht, so daß eine funktionierende Beziehung von großer Wichtigkeit ist. Wie ihre »Waage-Cousins« auch, sehnen sich Stiere in der Beziehung nach Frieden und Harmonie. Emotionale Sicherheit bedeutet ihnen viel, und jede Bedrohung stellt für sie eine ernsthafte Gefahr dar; der Stier verliert dann vielleicht die Kontrolle über seine Gefühle, und womöglich kommt es dann zu einer besessenen Eifersucht. Wenn es im Zuhause Spannungen gibt, könnte die für gewöhnlich gelassene und friedvolle Atmosphäre durch heftige Temperamentsausbrüche erschüttert werden. Unter normalen, stabilen Bedingungen ist der Stier aber liebenswert, freundlich und bestrebt, seine Zuneigung und reichlich vorhandene Großzügigkeit zum Ausdruck zu bringen, was sich abermals auf das Finanzielle wie auf die Emotionen beziehen kann. Er ist sehr sinnlich und stellt damit einen exzellenten und aufmerksamen Liebhaber dar. Die sinnlichen Freuden kommen damit nicht zu kurz – sexuell als auch anderweitig; diese Menschen schätzen auch Luxus sehr. Vielleicht werfen ihnen ihre Partner vor, langweilig zu sein – das könnte dann daran liegen, daß sie zu Sklaven einer selbstgewählten Routine geworden sind.

Familie

Das zufriedene Kind, das lächelnd in seinem Bettchen liegt und sich aufs Essen freut, hat womöglich die Sonne im Zeichen Stier. Vielleicht dauert es seine Zeit, bis es laufen lernt – es ist vielleicht ein wenig zu träge, um sich alsbald zum Krabbeln zu bequemen, vom Laufen ganz zu schweigen. Aber trotz dieser Tatsache machen Stier-Babys Spaß. Man sollte sich keine Gedanken machen, wenn sie sich ein wenig langsam entwickeln; das, was dieses Kind lernt, lernt es gründlich und gut. Bei allem Charme kommt es aber auf Disziplin an; das Stier-Kind profitiert nämlich sehr von festen Strukturen und Routine. Stiere sind sehr konventionell ausgerichtet und auf Regeln fixiert.

Der Stier möchte es zu einem behaglichen und sicheren Heim gebracht haben, bevor er eine Familie gründet. Wahrscheinlich möchte er Kinder haben; ein Familienleben und familiäre Traditionen, in konservativer Orientierung, bedeuten ihm viel. Er wünscht, daß seine Kinder es gut haben – was aber ironischerweise zu Schwierigkeiten führen kann, weil er aus diesem Grund vielleicht so hart arbeitet, daß er seine Familie gar nicht richtig kennenlernt und sich nicht am Familienleben erfreuen kann.

Beruf

Stiere sind ehrgeizig, es bereitet ihnen Vergnügen, einen Plan für ihre Karriere zu erstellen und ihn dann erfolgreich zu verwirklichen. Es kann allerdings zu Problemen kommen, wenn die Planungen unwägbare Risiken beinhalten. Der Stier arbeitet am besten, wenn er es mit gleichförmigen Tätigkeiten zu tun hat, die ein regelmäßiges Einkommen abwerfen. Eine Tätigkeit auf einem Gebiet mit unregelmäßigem (wenn auch vielleicht zeitweise sehr hohem) Einkommen will deshalb sehr gut überlegt sein. Die materielle Sicherheit, die Geld bietet, bedeutet ihm viel – insofern akzeptiert er vielleicht auch Arbeit, die ihm nicht wirklich gefällt.

Das Interesse an Finanzen ist kein rein emotionales: Stiere haben eine sehr praktische Einstellung dazu und sind insofern gut für Berufe geeignet, die mit Geld zu tun haben: im Bank- oder Versicherungswesen oder an der Börse vielleicht. Wenngleich Risiken ihnen unangenehm sind, können sie doch mit ihren Arbeiten aus kleinen Anfängen Großes entstehen lassen. Es gilt nur, daß sie winne sorgfältig gegeneinander abwägen. Sie besitzen einen ausgeprägten

♀

Der Symbolismus des Stiers

Nahrungsmittel
Der Stier herrscht über das Getreide, besonders den Weizen
Edelstein
Der klare grüne Smaragd ist der Edelstein des Stiers
Mohn
Farben
Rosa, blaßblau und grün (sowie ganz allgemein Pastelltöne) sind Stierfarben
Mythologie
Der Mythologie nach war der Stier ein Bulle
Blumen
Fingerhut, Rose (besonders in Rosatönen), Mohn, Akelei, Gänseblümchen und Veilchen sind typische Stier-Blumen.
Fingerhut
Kräuter und Gewürze
Kräuter und Gewürze, die man mit dem Stier in Verbindung bringt, umfassen z. B. den Sauerampfer, die Gewürznelke und die Pfefferminze
Veilchen
Herrschender Planet
Die Venus herrscht über den Stier
Früchte
Stier-Früchte sind z. B. Apfel und Birne sowie verschiedene Beeren
Länder
Die Schweiz ist eines der Länder, die vom Stier regiert werden
Das gelbe Bergveilchen
Gänseblümchen
Tiere
Rinder sind die Tiere dieses Zeichens
Holzapfel
Heckenrose/ Wildrose

natürlichen Geschäftssinn. Viele Stiere fühlen sich glücklich bei der Arbeit in der Landwirtschaft oder im Gartenbau. Das Leben in der frischen Luft tut ihnen gut, und der Kontakt mit der Erde gibt ihnen eine besondere Befriedigung. Häufig ist auch ein musikalisches Talent gegeben; sehr viele Berufsmusiker – und besonders Sänger – sind Stiere.

Veränderungen, Freizeit und Ruhestand

Stieren fällt es schwer, sich mit Veränderungen zu arrangieren; sie brauchen Gleichmäßigkeit. Nichtsdestoweniger können sie sehr gut planen, und wenn eine Veränderung ansteht, werden sie ihr Bestes tun, sich darauf vorzubereiten.

Ihre Freizeit genießen sie sehr. Mit ihrer großzügigen Art geben sie viel Geld dafür aus, ihre Freunde zu bewirten und zu unterhalten. Allerdings neigen sie zu einer gewissen Trägheit und verschwenden deshalb womöglich ihre Zeit. Der Pensionierung sehen diese Menschen zumeist mit Freude entgegen, besonders dann, wenn die Rente hoch genug ausfällt. Wenn sie viel freie Zeit haben, sollten sie sich eine Freizeitbeschäftigung suchen, die sie aktiv hält. Es gilt ganz allgemein, neue und anregende Beschäftigungen aufzunehmen, weil der Zustand der Lethargie eine Gefahr für diese Menschen bedeutet. Gartenarbeit und Golf wären hier Stichworte, für Frauen vielleicht auch Nähen und Sticken (Geduld ist ja eine besondere Eigenschaft des Stiers).

Gesundheit, Ernährung und Sport

Stiere lieben das Essen, weshalb sie schnell zunehmen können. Die Vertreter dieses Zeichens gelten zumeist als sehr gutaussehend – Übergewicht kann dies allerdings störend beeinflussen. Vernunft und Mäßigkeit beim Essen sind empfehlenswert, fallen aber nicht unbedingt leicht. Sitzende Tätigkeit, Geschäftsessen und die zunehmende Wertschätzung für gute Weine sind der schlanken Linie nicht förderlich. Eine gesunde sportliche Betätigung ist zumeist kein Problem. Junge Stiere haben viel Spaß an Mannschaftssportarten, und einige betreiben auch Gewichtheben. Es besteht die Neigung zu langsamen Bewegungen – Aerobic oder Tanzen kann helfen, dies abzustellen, desgleichen auch ausgedehnte Wanderungen, die auch ästhetisch befriedigend sind.

Der Stieraszendent

Psychologischer Antrieb

Beim Stier als aufsteigendem Zeichen ist die Neigung zum Besitz der grundlegende Impuls, stärker noch als bei der Stiersonne. Das wachsende Selbstbewußtsein spiegelt sich in den Besitztümern. Es hat den Anschein, daß sie sich psychisch nicht integriert fühlen, bis sie nicht selbst den Beweis für ihren Erfolg materiell vor Augen haben. Sie verlassen auch ungern ihr eigenes Reich. Die anderen Merkmale dieses Zeichens –

Dickköpfigkeit und eine besitzergreifende Haltung – sind sehr stark ausgeprägt; diese Menschen sind der Ansicht, im Recht zu sein. Selbstkritik ist keine besondere Gabe des Stiers.

Die Körperregion, die dem Stier zugeschrieben wird, ist der Hals; beim Stieraszendenten aber kann auch die Schilddrüse (von der Venus beherrscht) Probleme machen. Eine Gewichtszunahme könnte darauf zurückzuführen sein.

Die Beziehungen zum Partner sind intensiv und leidenschaftlich. Diese Menschen stellen hohe Anforderungen an ihre Partner, sie besitzen viel emotionale Energie, die durch die Beziehung »geerdet« werden muß. Sexuelle Erfüllung ist von vordringlicher Wichtigkeit, was dieser Personenkreis vor Augen haben sollte, wenn es um die Entscheidung für eine Beziehung geht. Auf der anderen Seite ist wichtig, daß nicht nur sexuelle Motive eine Rolle spielen – bei einem freundschaftlichen Verhältnis z. B. fällt es leichter, Probleme alsbald zur Sprache zu bringen.

Die Progression in die Zwillinge

Wenn die Stiersonne progressiv in die Zwillinge läuft, wird der Betreffende gesprächiger oder auch streitsüchtiger; er bringt seine Meinung freier zum Ausdruck und nimmt das Leben nicht mehr so ernst. Er gewinnt dann auch Spaß am Austausch von Ideen.

Die Denkprozesse könnten sich beschleunigen, und die mentale Einstellung insgesamt gewinnt mehr Flexibilität. Vielleicht entwickelt sich nun auch eine Neigung zum Flirt, die in Verbindung mit dem Charme des Stiers einfach entzückend sein könnte. Es macht jetzt mehr Spaß, nach draußen zu gehen und zu schauen, was los ist – statt sich wie zuvor auf die sinnlichen Freuden des Daseins zu beschränken. Vielleicht auch ein gesteigertes Interesse an Mode.

Der Stier steigt in der nördlichen Hemisphäre sehr schnell auf, was es wahrscheinlich macht, daß derjenige mit einem Stieraszendenten diese Progression bereits in recht jungen Jahren erlebt. Dies ist sehr günstig – weil damit ein freierer Ausdruck, mehr Objektivität und Positivität verbunden sind; die Sicherheitsorientierung tritt damit in den Hintergrund. Ein solcher Mensch wird flexibler und gewinnt die Fähigkeit, seine psychologischen Probleme in den Griff zu bekommen. Mit dem vermehrten Maß an Rationalität wirkt die Dickköpfigkeit auch nicht mehr so verletzend. Geht der oder die Betreffende noch zur Schule, sind womöglich große Fortschritte die Folge, gleichfalls ein Interesse am Studieren.

Wenn die betreffende Person in der südlichen Hemisphäre geboren wurde und bei der Progression des Stieraszendenten bereits im fortgeschrittenem Alter ist, könnte sich eine jugendlichere Einstellung bemerkbar machen. Wahrscheinlich identifiziert sie sich mit der jüngeren Generation. Das Bedürfnis nach intellektuellen Herausforderungen wirkt dann stimulierend auf die in sich ruhende Stier-Persönlichkeit.

Die traditionellen Zuordnungen zum Stier

DATUM:
21. April – 21. Mai

DER URSPRUNG
Der Ägypter Horus war der Bulle des Himmels, und ein weißer Bulle wurde zu Neujahr in Babylonien geopfert, zu Ehren Rammans, dem Gott von Donner und Blitz

BÄUME
Esche, Zypresse, Weinrebe, Apfelbaum, Birnbaum, Feige

Zypresse

Apfel

Sauerampfer

Gewürznelken

KRÄUTER UND GEWÜRZE
Sauerampfer, Gewürznelke und Pfefferminze

TIERE
Rinder

Feigenblatt

HERRSCHENDER PLANET
Venus

POSITIVITÄT/GESCHLECHT
Negativ, feminin

ELEMENT
Erde

QUALITÄT
Fix

KÖRPERREGION
Hals und Nacken; die Schilddrüse

Artischocken

Spargel

Gemischte Gewürze

NAHRUNGSMITTEL
Weizen und andere Getreide, Beeren, Äpfel, Birnen, Weintrauben, Artischocken, Spargel, Bohnen, die meisten Gewürze

Weintrauben

Fingerhut

Veilchen

BLUMEN
Rose, Mohn, Fingerhut, Gänseblümchen, Primel, Veilchen, Akelei

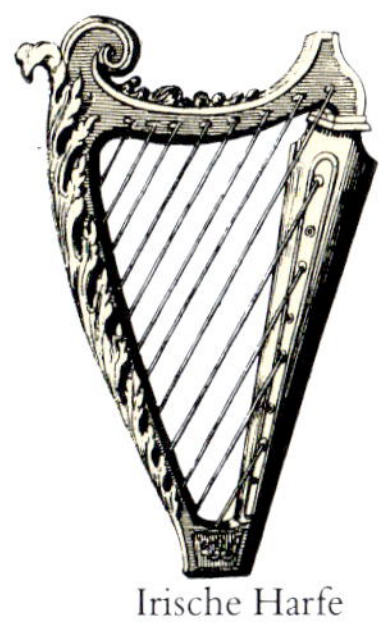

Irische Harfe

LÄNDER
Irland, Schweiz, Iran, Zypern, die griechischen Inseln, Parma, Capri, Ischia

STÄDTE
Dublin, Luzern, Mantua, Leizig, Palermo, St. Louis

♀

♉

Zwillinge ♊ 22. Mai – 21. Juni

Beweglichkeit ist das Kennzeichen des Sonnenzeichens Zwillinge. Dies ist das erste duale Zeichen des Tierkreises – seine Vertreter finden es wichtig, stets mehrere Dinge zugleich zu tun. Weiterhin ist Kommunikation auf allen Ebenen für sie von entscheidender Bedeutung. Das Potential kann auf verschiedene Weise zum Ausdruck kommen, besonders gut durch Medien. Ihr Kommunikationsbedürfnis ist so stark, daß sie bei Radiosendern anrufen, um Kommentare zu beliebigen Themen loszuwerden, oder in der U-Bahn ein Gespräch mit dem Sitznachbarn beginnen.

Grundzüge des Wesens

Oberflächlichkeit ist der schlimmste Zwillings-Fehler, und er sollte unter Kontrolle gebracht werden. Vielleicht ein Mensch, der über viele Themen etwas weiß, der es aber versäumt, sich auf einem Gebiet wirklich kundig zu machen. Die Fähigkeit, Wissen rasch zu assimilieren, kann sich unter bestimmten Umständen günstig auswirken (siehe unten); es kommt aber darauf an zu erkennen, daß man sich tiefgehende Gedanken machen muß und seine Meinungen auch begründen kann.

Die Tendenz zur Unbeständigkeit ist ein weiteres Problem; das Zwillingsbedürfnis nach Abwechslung und Veränderung führt diese Menschen nur zu schnell in Versuchung, viele verschiedene Projekte zu beginnen, ohne je etwas zuende zu bringen. Auch dieser Züge sollte man sich bewußt werden!

Zwillinge sind logische und rationale Leute mit einem für gewöhnlich sehr wachen Verstand. Der Einfluß von Merkur, dem herrschenden Planeten, ist hier von besonderer Bedeutung (siehe S. 239–253).

Beziehung

Der Zwilling braucht eine lebhafte, auf dem Verstand basierende Beziehung zum Partner. Eine große Rolle für ihn spielen gemeinsame Interessen und eigenständige Ansichten des anderen, über die er dann gerne diskutiert. All dies stimuliert die Beziehung sehr.

Zwillinge mißtrauen ihren Gefühlen häufig. Wenn Gefühle in ihnen aufwallen, bringen sie sogleich ihren rationalen, logischen Verstand ins Spiel und versuchen, den Grund für ihre Emotionen herauszufinden. Das kann, was den Ausdruck von Gefühlen betrifft, Probleme bringen, besonders aber in jungen Jahren.

Traditionelle Zwillings-Eigenschaften

•

Anpassungsfähig und beweglich
Gesprächig und witzig
Intellektuell und eloquent
Jugendlich und lebhaft

•

Nervös und angespannt
Oberflächlich und unbeständig
Gerissen und neugierig

Schlüsselworte

•

Kommunikativ, flexibel, beweglich, rastlos

Familie

Das Zwillingskind wird sehr früh mit dem Reden, Krabbeln und Laufen beginnen. Seine Eltern sollten dafür sorgen, daß es immer beschäftigt ist – Langeweile ist ihm ein Greuel. Um der Tendenz zur Unbeständigkeit und Oberflächlichkeit entgegenzuwirken, sollte das Kind angehalten werden, alle Dinge, die es in Angriff nimmt, auch zu einem Ende zu führen, wenngleich man nicht darauf bestehen sollte, daß es dabei nach einer starren Ordnung vorgeht – weil das dem Zwilling einfach nicht entspricht, der sein Bestes dann leistet, wenn er von einer Sache zur anderen springen kann, je nachdem, was ihn gerade am meisten interessiert.

Zwillingskinder sind meist gut in der Schule, allerdings könnten sie zum »Bluffen« neigen. Verständige Lehrer merken das bald und schieben dem einen Riegel vor; weniger gewitzte Lehrer aber fallen auf die vermeintlich klugen Ausführungen herein. Bei Prüfungen schreibt der Schüler vielleicht Seite um Seite, unterläßt es aber, seine Meinung durch Fakten zu untermauern – Tatsachen haben etwas Langweiliges für ihn.

Es versteht sich von selbst, daß Zwillinge lebhafte Eltern sind, die den Alltag ihrer Kinder sehr abwechslungsreich gestalten. Sie müssen aufpassen, wenn die Kinder nicht so flexibel sind wie sie selbst. Es gilt zu erkennen, welche grundsätzlichen Bedürfnisse und Eigenschaften die Kinder haben. Der Zwilling hat einen machtvollen Zug zur Kritik in sich, der mehr Unheil anrichten kann, als er glaubt; vielleicht kritisiert er auch die Kinder zu sehr oder bringt sie gegen sich auf. Man sollte sich hier um Mäßigung bemühen, indem man Humor zeigt und Lob ausspricht.

Beruf

Die Anpassungsfähigkeit und die besonderen kommunikativen Gaben des Zwillings kommen auf dem beruflichen Sektor ideal zur Geltung. Viele Zwillinge bewähren sich auf dem Feld der Medien oder im Verkauf, in der Werbung oder im Reisebüro. Das Bedürfnis nach Veränderung und Abwechslung darf nicht ignoriert werden – Routineabläufe sind sehr abträglich für sie, auch eine Arbeit, bei der sie allein sind. Wenn der Zwilling aber eine einsame Position an der Spitze hat, wird er es nicht unterlassen, seine früheren Kollegen um Rat zu fragen – wenngleich er ihn beileibe nicht immer befolgen wird! Ein umfassender und freier Austausch von Ideen und die vorbehaltlose Auseinandersetzung über verschiedene Ansichten sind von grundlegender Wichtigkeit.

Was Geschäfte angeht, kann sich der Zwilling durch große Tüchtigkeit oder sogar Gerissenheit auszeichnen, womit er vielleicht viel Geld verdient. Allerdings besteht die Gefahr, daß eine überstürzt getroffene Entscheidung zum finanziellen Zusammenbruch führt. Dies ist kein übermäßig ehrgeiziges Zeichen – allerdings sonnt sich der Zwilling in seiner Phantasie oft schon im Erfolg, bevor er tatsächlich errungen wurde..

Der Symbolismus der Zwillinge

EDELSTEIN
Achat ist der Zwillings-Edelstein
TIERE
Sprechende Vögel, speziell Papageien und Sittiche, werden von den Zwillingen regiert
Lavendel
Maiglöckchen
HERRSCHENDER PLANET
Der herrschende Planet der Zwillinge ist Merkur
TIERE
Der Affe, gewandt und trickreich, ist ein Zwillings-Tier
SYMBOLISMUS
Die zwei Sterne repräsentieren die Dualität dieses Zeichens
FARBEN
Von allen Farben weist Gelb die engste Beziehung zu den Zwillingen auf
KRÄUTER
Das Kraut Bittersüß wird mit den Zwillingen in Verbindung gebracht
BLUMEN
Maiglöckchen, Lavendel und Myrte sind wahre Zwillings-Blumen
Heidemyrte
BÄUME
Die Bäume, die von den Zwillingen beherrscht werden, tragen Nüsse
LAND UND STADT
Wales ist ein Zwillings-Land; seine Hauptstadt, Cardiff, wird ebenfalls von diesem Zeichen beherrscht

Veränderungen, Freizeit und Ruhestand

Fortwährende Veränderung ist der Lebensstil der Zwillinge; wie wir bereits erwähnt haben, macht ihnen Langeweile mehr Angst als alles andere. Es gilt für sie, sich immer wieder neue Interessen zu erschließen. Entspannen? Dafür haben sie nun weiß Gott keine Zeit – sie sind fortwährend beschäftigt, und wenn es nur Reden oder Schreiben ist. Der Gedanke an die Pensionierung schreckt sie nicht, weil sie so viele Interessen haben, denen sie sich dann widmen können (womöglich allen auf einmal).

Gesundheit, Ernährung und Sport

Diese Menschen sind nicht unbedingt stark, aber sehnig und haben etwas fortwährend Jugendliches. Meist gibt es keine besonderen gesundheitlichen Probleme; mögliche Schwierigkeiten haben eher psychische als physische Gründe – Zwillinge haben sehr viel nervliche Energie zu ihrer Verfügung. Für gewöhnlich machen ihnen Mannschaftssportarten viel Spaß. Die beste Lösung für sie wäre, in ein Fitneßstudio zu gehen, aber immer wieder einmal andere Sportarten zu betreiben, z. B. Squash, Tennis, Laufen oder Spazierengehen.

Die Zwillinge herrschen über die Lungen, und Menschen mit diesem Sonnenzeichen müssen aufpassen, wenn ihnen die Luft knapp wird oder wenn ihnen eine Erkältung auf die Brust schlägt. Wenn irgend möglich, sollten sie auf das Rauchen verzichten. Am besten für sie ist eine leichte und bekömmliche Ernährungsweise mit viel Salat, Obst, Fisch und hellem Fleisch.

Der Zwillingaszendent

Psychologischer Antrieb

Es mag bei diesem so beweglichen Zeichen überraschen, aber Menschen mit einem Zwillingsaszendenten haben das Bedürfnis, mit beiden Füßen fest auf dem Boden der Realität zu stehen. Sie sind vielleicht am Okkulten oder am Spirituellen interessiert, hinterfragen aber alle Erklärungen, bis sie von den Argumenten oder den Tatsachen selbst überzeugt sind. Sie stellen auch ihre eigenen Anschauungen in Frage.

Bei einer Therapie kommt es vielleicht zu Blockaden, weil sie sich mit zunehmender Selbsterkenntnis über die vielfältigen Facetten der eigenen Persönlichkeit klarwerden und alle auf einmal erforschen möchten – wobei sie schließlich auf halbem Wege steckenbleiben.

In den Beziehungen treten einige interessante Charakteristiken zutage. Ihrem Partner gegenüber zeigen diese Personen einen warmen, leidenschaftlichen Enthusiasmus, der sehr anregend ist; wie bei der Zwillingssonne und ihrem Bedürfnis nach Freundschaft auch, konfrontieren diese Menschen ihre Partner ständig mit neuen Herausforderungen. Das Fundament der Verbindung sind gemeinsame Interessen; die Partner profitieren sehr voneinander – derjenige mit dem Zwillingsaszendenten bringt damit vielleicht mehr Projekte zu einem Abschluß, während der andere flexibler wird.

Wahrscheinlich tritt ein Zug der Unabhängigkeit deutlich zutage – eifersüchtig oder besitzergreifend sind diese Personen nicht. Eifersucht ist ihnen suspekt, weil sie sie nicht verstehen – für sie ist es ganz natürlich, sich für andere Männer und Frauen zu interessieren, so, wie sie sich auch für den Partner oder die Partnerin interessieren. Das könnte sich auch in sexueller Form manifestieren. Eine besondere Verletzungsanfälligkeit besteht für die Hände, in späteren Jahren ist Arthritis eine Gefahr (darauf sollte man sich vom Arzt rechtzeitig untersuchen lassen). Die meisten Zwillinge (ob nun vom Sonnen- oder vom Aszendentenzeichen her) sind auf die eine oder andere Weise handwerklich tätig und halten damit ihre Finger geschmeidig.

Es kann sich hier leicht nervliche Spannung anstauen, welche sich vielleicht als Asthma manifestiert; beim Kind verwächst sich diese Tendenz möglicherweise. Schwieriger ist es bei älteren Personen – die Lösung könnte darin bestehen, nicht gegen das Asthma, sondern die Spannungen anzugehen.

Die Progression in den Krebs

Wenn die Sonne progressiv in den Krebs läuft, kann überraschenderweise ein sentimentaler Zug in Erscheinung treten. Wenn sich diese Progression während oder kurz nach der Pubertät ereignet, wird sie die zwillingshafte Logik und Rationalität mit Intuition und Instinkt anreichern. Der Mensch hat damit vielleicht plötzlich das Bedürfnis, ein Haus zu kaufen oder sich mit Do-it-yourself-Aktivitäten zu beschäftigen. Manchmal wirken sich die Flexibilität und das Bedürfnis nach Veränderung auch in Form von Stimmungsschwankungen aus, mit drastischen Resultaten.

Es könnte sich auch die Zwillings-Neigung zur Kritik intensivieren, mit einem negativeren und verletzenderen Zug. Die gewöhnlich auf zeitgenössische und moderne Trends gerichtete Haltung könnte jetzt ein Element des Nostalgischen erhalten – die Person jagt vielleicht auf Flohmärkten altmodischen Kleidungsstücken hinterher und kreiert ein romantisches Bild von sich.

Bei der Progression des Zwillingsaszendenten in den Krebs trifft das meiste von dem bereits Angeführten zu: Eine erhöhte Sensibilität für die Gedanken anderer, das zwillingshafte Übergehen anderer Argumente tritt damit zurück, und man nimmt sich mehr Zeit zum Nachdenken. Letzteres könnte allerdings auch zu Grübeleien oder zu irrationalen Ängsten führen (was für den zwillingsgeprägten Menschen eine ganz neue und verunsichernde Erfahrung ist). Die Tendenz zur Nostalgie könnte gleichfalls den normalerweise vorwärtsgerichteten Optimismus beeinträchtigen. Am wichtigsten ist es, sich auch tatsächlich auf die neugewonnene Intuition zu stützen.

Die traditionellen Zuordnungen zu den Zwillingen

DATUM:
22. Mai – 21. Juni

DER URSPRUNG
Castor und Pollux, besonders helle Sterne, bildeten möglicherweise den Ursprung der himmlischen Zwillinge (man nannte sie im Alten Ägypten dann auch »Die zwei Sterne«)

Malaiischer Goldaugenschmetterling

NAHRUNGSMITTEL
Nüsse, über der Erde wachsende Gemüse (ausgenommen Kohl), Möhren

Erbsen und Schnittbohnen

Haselnuß

TIERE
Kleine Vögel, Papageien, Schmetterlinge und Affen

Roßkastanie

KRÄUTER UND GEWÜRZE
Anis, Majoran, Kümmel, Springkraut, Bittersüß

BÄUME
Nußtragende Bäume

Kümmel

Majoran

London

LÄNDER
Wales, Belgien, USA, Unteres Ägypten, Sardinien, Armenien

STÄDTE
London, Plymouth, Cardiff, San Francisco, Melbourne, Nürnberg, Brügge, Cordoba, Versailles

HERRSCHENDER PLANET
Merkur

POSITIVITÄT/GESCHLECHT
Positiv, maskulin

ELEMENT
Luft

QUALITÄT
Veränderlich

KÖRPERREGION
Schulter, Arme, Nerven

Frauenhaar

BLUMEN
Maiglöckchen, Lavendel, Frauenhaar, Myrte, Farn

Maiglöckchen

Lavendel

Krebs ♋ 22. Juni – 22. Juli

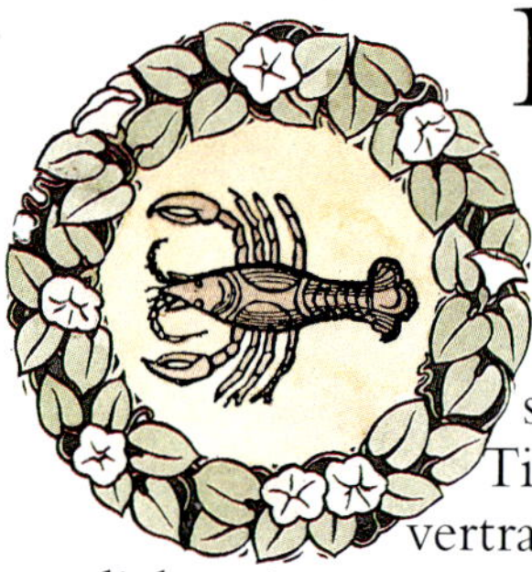

Das Bedürfnis, sich selbst und die Familie vor Bedrohungen zu schützen, ist ein herausragendes Merkmal des Krebses. Fordern Sie einen Krebs heraus, und ein bemerkenswerter Selbstverteidigungsmechanismus tritt in Aktion – der Ausdruck wird finster und eine schnelle, schnippische Antwort läßt sich vernehmen. Dies ist ein ziemlich mysteriöses Tierkreiszeichen – wenn man aber mit einem Krebs vertraut geworden ist, erkennt man unter der vermeintlich uninteressanten Oberfläche Liebenswürdigkeit und Anteilnahme. Die Emotionen werden hier durch sehr viel Intuition ergänzt.

Grundzüge des Wesens

Die Phantasie ist stark und lebhaft. Wenn die Emotionen und die Phantasie aber unkontrolliert zusammenwirken, womöglich die Neigung zu fortwährenden Ängsten, speziell bezüglich der Nahestehenden. Krebse stehen auf der Tierkreisliste, was Ängste und Sorgen betrifft, ganz weit oben; ihre Instinkte und Intuition aber – wenn sie ihnen denn trauen – sind zuverlässig und können dabei helfen, die Probleme zu mildern. Um die natürliche Intuition bestmöglich nutzen zu können, ist aber auch ein gewisses Maß an Logik unerläßlich.

Der Krebs-Verstand kommt ideal zur Geltung, wenn er auf instinktive Weise arbeiten kann. Bei Problemen hilft die natürliche Hartnäckigkeit und Tapferkeit diesen Menschen weiter. Der schlimmste Krebs-Fehler ist aber Launenhaftigkeit – in einem Moment ganz oben, im nächsten am Boden zerstört.

Traditionelle Krebs-Eigenschaften

•

Gefühlvoll und liebenswürdig
Intuitiv und phantasievoll
Klug und vorsichtig
Behütend und mitfühlend

•

Wechselhaft und launisch
Überemotional und schnell gekränkt
Klammernd und unfähig, loszulassen

Schlüsselworte

•

Schutzbedürftig, sensibel, launenhaft

Beziehung

Krebse sind wundervolle fürsorgliche Partner; sie sind sehr emotional und haben sehr viel Liebe zu geben. Sie sollten aber wissen, daß sie ihre Liebhaber sehr kränken können, wenn sie ihrer eigenen innerlichen Spannung in kränkenden oder gar grausamen Bemerkungen Ausdruck verleihen. Wenn es allerdings der Partner ihnen in gleicher Weise heimzahlt, sind sie ihrerseits tief verletzt.

Gegenüber den Nahestehenden kommt ein entzückender sentimentaler Zug zum Ausdruck; Krebse versenden originelle alte Geburtstagskarten oder wählen phantasievolle Geschenke aus. Allerdings sollten sie sich vor übermäßiger Sentimentalität dem Partner gegenüber in acht nehmen. Es besteht auch die Tendenz, sich auf die Vergangenheit zu beziehen und es darüber zu versäumen, die Beziehung fortzuentwickeln. Krebse sind wunderbar sinnliche Liebhaber, aber sehr schnell irritiert. In der dauerhaften Beziehung sind sie alsbald an Kindern interessiert.

Familie

Die Sensibilität wird sich schon in frühen Jahren bemerkbar machen, selbst Krebs-Babys besitzen schon sehr viel Intuition. Veränderungen in der häuslichen Atmosphäre beeinflussen sofort ihre persönliche Verfassung – das Krebs-Baby lacht in einem Augenblick und weint im nächsten, extremer als jedes andere Kind. Wenn junge Krebse heranwachsen, zeichnen sie sich durch ein gutes Gedächtnis aus; manchmal wissen sie mehr über die Vergangenheit als über die Gegenwart. Beim Essen zeigen sie sich vielleicht sehr wählerisch. Der Verdauungstrakt ist anfällig – bei der Ernährung aber ständig den kindlichen Launen nachzugeben kann später zu Problemen führen.

Bei Missetaten ist die beste Reaktion zu sagen: »Damit hast du Mutter aber sehr weh getan«, womit man an die innerliche Sensibilität des Krebs-Kindes appelliert. Es ist auch wichtig, daß die Eltern ihr Kind zu Ordentlichkeit anhalten – dieses Zeichen ist nämlich berüchtigt für seine Neigung zum Sammeln und Horten. Selbst Abfall kann hier einen sentimentalen Wert haben.

Krebs-Kinder könnten der Schule mit großen Ängsten und Befürchtungen entgegensehen. Vom Schulalter an entwickeln sie ihre instinktiven Schutzmechanismen, durch welche sie es zu großem Mut und Hartnäckigkeit im Leben bringen können.

Ein instinktives und starkes Bedürfnis nach Kindern – Krebse lieben ihre Nachkommen und verhätscheln sie möglicherweise; sie machen sich sehr viele Gedanken und Sorgen um sie. Die Geborgenheit des Zuhauses und des Familienlebens ist wichtig für sie; sie leiden mehr als jeder andere, wenn die Kinder schließlich das Haus verlassen.

Beruf

Die krebstypische Hartnäckigkeit und Bestimmtheit ist vielleicht die größte Gabe dieser Menschen. Sie mögen zwar Abwechslung und Vielfältigkeit, brauchen im Beruf aber doch eine gewisse Kontinuität. Erfahrungen der Vergangenheit können ihnen zum Vorteil gereichen und auf die Gegenwart bezogen werden. Krebs sind meist sehr scharfsinnig und besitzen häufig auch besondere Geschäftstalente.

Die Pflegeberufe, z. B. Babypflege und Gynäkologie, interessieren sie, auch das Lehren, besonders von jungen Menschen. Es ist gut für diese Menschen, ihre lebhafte Phantasie zu entwickeln und tatsächlich zum Ausdruck zu bringen. Arbeit, die mit der Vergangenheit zu tun hat, erscheint ihnen attraktiv, in Verbindung mit Antiquitäten oder einem Museum vielleicht. Krebse sind auch geborene Köche.

Erfüllung ist ihnen wichtiger als Ehrgeiz, allerdings sind sie auch am Geld interessiert. Die Tendenz zum Horten könnte bedeuten, daß sie nicht allzu gerne teilen.

Der Symbolismus des Krebses

Edelstein
Die Perle ist der Krebs-Edelstein

Element
Krebs ist ein Wasserzeichen

Blumen
Weiße Blumen, besonders weiße Rosen, Bärenklau und Winde sind Krebs-Blumen

Seerose

Lilie

Land und Stadt
Holland ist eines der Länder, die vom Krebs regiert werden; Amsterdam, der Regierungssitz des Landes, ist eine Krebs-Stadt

Tiere
Tiere mit einem Panzer, wie z. B. der Krebs selbst

Metall
Silber ist das Krebs-Metall

Farben
Man bringt den Krebs in Verbindung mit rauchgrauen und silberblauen Farbtönen – dem Glanz des Mondes, seines Herrschers

Kräuter
Steinbrech, Verbene und Estragon sind Krebs-Kräuter

Bergsteinbrech

Feldrose/Heckenrose

Winde

Herrschender Planet
Der herrschende Planet des Krebses ist der Mond

Veränderung, Freizeit und Ruhestand
Stimmungsschwankungen sind ein markantes Krebs-Merkmal – Änderungen des Lebensstils sind aber nicht unbedingt willkommen, weil damit für gewöhnlich Störungen verbunden sind. Wenn aber die Pensionierung ansteht, könnten sich diese Menschen allerdings sehr wohl mit dem Gedanken an einen Umzug befassen – wobei zu Vorsicht geraten werden muß: Vielleicht würde dies eine Trennung von der Familie bedeuten. Die Pensionierung ermöglicht hier einen neuen Lebensrhythmus, bei dem man den diversen Freizeitinteressen nachgehen kann. Vielleicht besitzt der oder die Betreffende auch eine bemerkenswerte Sammlung.

Arbeitslosigkeit ist ein Problem. Die krebshafte Bestimmtheit, sich um eine neue Stelle zu kümmern, sollte voll und ganz unterstützt werden. Durch solche Aktivitäten könnte man auch die Ängste in Schach halten.

Gesundheit, Ernährung und Sport
Um das sensible Krebssystem in Ordnung zu halten, bedarf es regelmäßiger körperlicher Aktivität. Schwimmen und Tanzen sind empfehlenswert.

Der Magen-Darm-Trakt wird unweigerlich von Zeit zu Zeit Probleme bereiten, speziell in Phasen besonderer Anspannung. Für gewöhnlich wirkt eine Ernährung mit viel Fisch und Milchprodukten förderlich für den Stoffwechsel. Das Zeichen Krebs hat nichts mit der Krankheit des gleichen Namens zu tun. Weil es aber über die Brüste herrscht, sollten Krebsfrauen doch regelmäßig zur Vorsorgeuntersuchung gehen. Krebsmänner sollten auch geringfügigere Beschwerden nicht ignorieren, wenn auch nur deshalb, um unbegründete Ängste zu vermeiden.

Der Krebsaszendent

Psychologischer Antrieb
Wenn das Zeichen Krebs aufsteigt, zieht der Mensch viel Befriedigung aus der Fürsorge für Nahestehende, manchmal in einem so starken Maße, daß die Außenwelt als Bedrohung gesehen wird. Die Einstellung ist dabei fürsorglich, nicht besitzergreifend. Der Krebs ist ein kardinales Zeichen, für welches das Schlüsselwort »außengerichtet« ist. Dies läßt auf einen Konflikt schließen, was aber nicht unbedingt zutreffend ist: Krebse geben sehr viel Energie und Kraft – für diejenigen in ihrer unmittelbaren Umgebung.

Wenn die Person mit einem Krebsaszendenten nicht im Kreise einer Familie lebt, richtet sie ihre machtvollen fürsorglichen Instinkte vielleicht auf ein Ideal oder ein Gebiet, welches sie brennend interessiert, was die Form einer wahren Berufung annehmen kann. Mit diesem Aszendenten ist man davon

Krebs-Verbindungen

fasziniert, die eigene Persönlichkeit zu ergründen.

Besonders ehrgeizig ist man, was den Partner betrifft; vielleicht will man es auch durch ihn gesellschaftlich weiterbringen. Man muß erkennen, daß Kühle und Distanz sich sehr schädlich auf die Beziehung auswirken können – dies muß kein entscheidendes Problem sein, sollte aber im Blick behalten werden.

Möglicherweise die Tendenz zu unangemessenen Ängsten, was die Gesundheit betrifft – vielleicht ein Teufelskreis: Sorgen führen zu Verdauungsproblemen, welche wieder zu neuen Ängsten führen. Krebse durchblättern vielleicht medizinische Lexika nach vermeintlichen Krankheitsbildern – das könnte geradezu ein Hobby von ihnen sein. Kontrolle tut hier not, damit ihr geistiges und physisches Wohlbefinden gewahrt bleibt.

Ist der Krebs das aufsteigende Zeichen, nimmt der Betreffende schnell auf ihn einwirkende Einflüsse an. Planeten im 1. Haus, speziell in Konjunktion zum Aszendenten, prägen die Persönlichkeit sehr tiefgreifend.

Die Progression in den Löwen

Wenn die Krebssonne progressiv in den Löwen läuft, wird sich der Betreffende an den positiven, extravertierten Löwe-Eigenschaften erfreuen können. Es wird ihm damit leichter fallen, optimistisch und gelöst aufzutreten und die krebshaften Ängste und Sorgen in den Hintergrund zu drängen. Er wird damit bereitwilliger Geld ausgeben, auch dann, wenn sich die finanzielle Ausgangssituation nicht geändert hat – es macht ihm dann einfach mehr Spaß, gelegentlich dem Luxus zu frönen. Ganz allgemein legt man damit auch mehr Wert auf die äußerliche Erscheinung. Das Selbstvertrauen (nicht gerade eine Krebs-Stärke) dürfte damit zunehmen. Man bringt seine Meinungen nun mit größerer Bestimmtheit zum Ausdruck.

Die neue Tendenz zur Herrschsucht und Dickköpfigkeit, speziell in der Familie, muß bekämpft werden. Die Sammelleidenschaft sollte nicht zur Obsession werden; überhaupt gilt es, sich finanziell nicht zu verausgaben.

Läuft der Krebsaszendent progressiv in den Löwen, wird der grundsätzliche Antrieb der Zuneigung durch einen kreativen bzw. schöpferischen Drang bereichert. Der Krebs ist das Zeichen der Mutterschaft, der Löwe das der Vaterschaft – damit könnte das erste Kind sehr wahrscheinlich sein. Auf einer anderen Ebene könnte eine neu entwickelte Kreativität in künstlerischer Form zum Ausdruck kommen. Der Löweeinfluß wirkt günstig auf das Organisationsvermögen, so daß der Mensch nun vielleicht sein Leben in den Griff bekommt. Wie bei der progressiven Sonne auch ergibt sich jetzt ein gesteigertes Selbstvertrauen; die starken gefühlvollen Züge des Krebses werden durch die feurige, leidenschaftliche Emotionalität des Löwen ergänzt. Die Person reagiert nun auch nicht mehr so schnell gekränkt und kränkt andere weniger schnell. Starrsinn bei den persönlichen Überzeugungen aber sollte möglichst vermieden werden.

Die traditionellen Zuordnungen zum Krebs

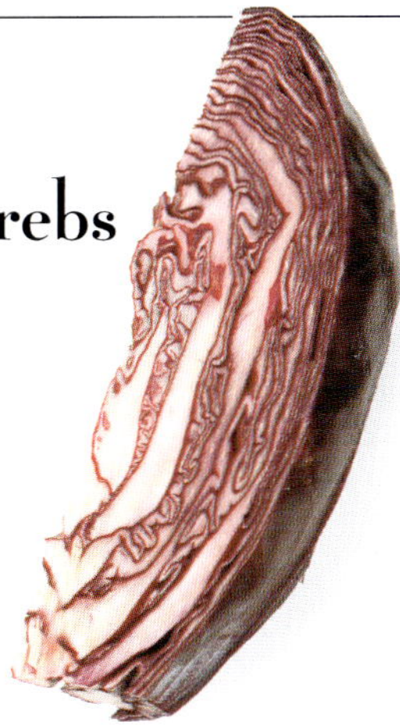

Rotkohl

Weißkohl

Rübchen

Datum:
22. Juni – 22. Juli

Der Ursprung
Der Krebs bzw. die Krabbe ist möglicherweise babylonischen Ursprungs; im Alten Ägypten brachte man mit diesem Zeichen die zwei Schildkröten in Verbindung, die von Thoth, unter anderem Gott der Astronomie, regiert wurden

Herrschender Planet
Der Mond

Milch

Krebs

Nahrungsmittel
Milch, Fisch, Früchte und Gemüse mit einem hohen Wassergehalt, Kohl, Rübchen

Ahornblatt

Tiere
Alle Tiere mit einem Panzer

Bäume
Alle Bäume, besonders jene mit viel Saft

Estragon

Schottland

Positivität/Geschlecht
Negativ, feminin

Element
Wasser

Qualität
Kardinal

Körperregion
Brust, Brüste und Speiseröhre

Lilie

Kräuter und Gewürze
Steinbrech, Verbene, Estragon

Blumen
Bärenklau, Winde, Geranie, Lilie, Seerose, weiße Rose und weiße Blumen ganz allgemein

Rose

Länder
Schottland, Holland, Nord- und Westafrika, Neuseeland, Paraguay, Algerien

Städte
Manchester, Amsterdam, Tokio, New York, Istanbul, Stockholm, Mailand, Venedig, Genua, Cadiz, Magdeburg, Bern, Tunis, Algiers

Schafgarbe

Löwe ♌ 23. Juli – 22. August

Organisation ist fundamental für Löwen, die ihr Leben im Griff haben wollen. Bei etwas Ermutigung übernehmen sie es auch, das unorganisierte Leben ihrer Mitmenschen in Ordnung zu bringen. Das Risiko liegt darin, daß sie schnell dominant werden. Ihr schlimmster Fehler ist, daß sie glauben, alles besser zu wissen. Löwen können sehr dogmatisch sein, sie müssen Flexibilität und Respekt für die Meinungen anderer entwickeln. Die Löweeigenschaften der Warmherzigkeit und Großzügigkeit können dann voll zur Geltung kommen.

Grundzüge des Wesens

In jedem Löwen gibt es einen machtvollen schöpferischen Drang, der zum Ausdruck kommen muß, ansonsten wird ein großes Potential verschwendet. Das soll nicht heißen, daß jeder Löwe ein Maler, Schauspieler oder Bildhauer ist – Kreativität kann auch in der Küche stattfinden, an der Nähmaschine, im Garten oder an der Werkbank. Der angeborene Löwe-Enthusiasmus kommt auch auf anderen Gebieten des Lebens zum Tragen; mit der Sonne, die über dieses Zeichen herrscht, ist eine mitreißende Vitalität verbunden. Der Löwe möchte sein Leben auskosten und wünscht, daß andere es ebenso machen. Er hat eine innerliche Sonne, die nicht nur sein eigenes Leben bestrahlt, sondern auch das Leben der anderen in einem helleren Licht erscheinen läßt. Löwe-Tage sollten voll und ausgefüllt sein – der Mangel an Erfüllung, in beruflicher oder persönlicher Hinsicht, kann ihre Persönlichkeit verdunkeln oder sie zerstören.

Beziehung

Die Beherrschung des Partners ist eine recht wahrscheinliche Möglichkeit. Sie kann gut gemeint sein – weil man das Beste an der anderen Person zum Vorschein bringen möchte. Nichtsdestoweniger sollte man es dem Löwen nicht durchgehen lassen, immer das Sagen zu haben. Löwen sind überraschend empfindlich und schnell gekränkt – oftmals aufgrund ihres emotionalen Idealismus. Damit können sie zwar außerordentlich unterstützend werden, man sieht sie aber nicht so, wie sie sind, was dann letztendlich zu Enttäuschungen führt. Kritik kann sie ebenfalls sehr treffen. Die Sexualität bringt viel Lebensfreude und Vergnügen, allerdings mag der Löwe keine groben und heftigen Partner.

Traditionelle Löwe-Eigenschaften

•

Großzügig und warmherzig
Kreativ und enthusiastisch
Tolerant und expansiv
Vertrauensvoll und liebenswürdig

•

Wichtigtuerisch und herablassend
Eigensinnig und störend
Dogmatisch und intolerant

Schlüsselworte

•

Kreativ, beeindruckend, machtvoll, launisch

Familie

Das sonnige Wesen und ein augenfälliger Enthusiasmus treten schon beim Löwe-Kind zutage, das entzückend anzuschauen sein kann. Natürliche organisatorische Fähigkeiten machen sich ebenfalls schnell bemerkbar, allerdings sollten die Eltern darauf achten, daß ihr Nachkomme keine Züge der Herrschsucht entwickelt.

Das Leben der jüngeren Geschwister in die Hand zu nehmen ist eine weitere denkbare Auswirkung. Die Selbstsicherheit ist aber nicht so stark, wie es scheinen mag; und es überrascht, wie schnell sich junge Löwen entmutigen lassen – z. B. dann, wenn ein wohlmeinender Erwachsener etwas an einer Arbeit auszusetzen hat. Wenn Sie ein Löwe-Kind kritisieren, sollten Sie dabei Zuneigung und Humor erkennen lassen – sonst werden Sie sein Selbstvertrauen ernsthaft erschüttern.

Das Kind sollte angehalten werden, die Meinung von anderen anzuhören, selbst dann, wenn es sie nicht teilt. Damit verringert sich nämlich die Gefahr, auf die eigenen Ansichten und Überzeugungen fixiert zu bleiben. Der Löwe-Zug der Dickköpfigkeit muß gleichermaßen bekämpft werden. Man darf sie nicht mit Bestimmtheit verwechseln, welche natürlich etwas Positives ist.

Der Löwe-Enthuasiasmus währt ein ganzes Leben lang. Wenn das Löwe-Kind sich für ein bestimmtes Gebiet oder Hobby interessiert, wird es auf die eine oder andere Art immer dabei bleiben. Das macht es lohnend, schon von klein auf an Interessen zu wecken.

Löwe-Eltern haben einen guten Blick für das Potential ihrer Kinder; sie müssen sich allerdings davor hüten, ihnen die eigenen Interessen aufzudrängen. Ihre Erwartungen sind stets hochgespannt, sie dürfen aber nicht mehr verlangen, als das Kind leisten kann.

Beruf

Emotional Anteil an der beruflichen Tätigkeit zu nehmen ist unverzichtbar für das Gefühl der Erfüllung. Man findet Löwen auf allen Gebieten; ihre besten Leistungen aber zeigen sie dort, wo sie ihr kreatives Potential und ihre organisatorischen Fähigkeiten zum Ausdruck bringen können. Das Theater wäre hier eine Möglichkeit, gleichermaßen der Handel mit Luxuswaren. Manche Löwen fühlen sich im Gerichtssaal in ihrem Element, andere vielleicht auf der Bühne. Die Position im Rampenlicht entspricht ihnen auf natürliche Art. Mit ihrem angeborenen Ehrgeiz interessieren sich Löwen für Geld hauptsächlich deshalb, weil es Luxus möglich macht. Sie lieben es, schöne Sachen und Qualitätskleidung zu kaufen, und sie haben viel Freude am Reisen – so weit jedenfalls, wie es in komfortabler Weise möglich ist. Wenn der Löwe die Position an der Spitze erreicht hat, wird er dort bleiben und es auch einzurichten wissen, daß man ihn bemerkt.

Mit ihren exzellenten Führungseigenschaften sind Löwen sehr gute Chefs. Es gilt für sie aber, sich ihren natürlichen Enthusiasmus zu bewahren

Der Symbolismus des Löwen

Tiere
Der Löwe, König des Dschungels, und die anderen Mitglieder der Katzenfamilie werden vom Löwen beherrscht
Herrschender Planet
Die Sonne herrscht über den Löwen
Edelstein
Der prachtvoll funkelnde rote Rubin ist der Edelstein des Löwen
Bäume
Unter den vom Löwen beherrschten Bäumen befinden sich Lorbeer und Olive
Stadt und Länder
Rom ist eine Löwe-Stadt und Italien ein Löwe-Land, zusammen mit Rumänien, Tschechien und dem Libanon
Farben
Die meisten Löwen haben viel Freude an den kräftigen Farben ihres Zeichens – denen der Sonne (des herrschenden Planeten)
Metall
Das wertvolle Goldmetall wird mit dem Löwen in Verbindung gebracht
Blumen
Gelbe Blumen, wie Schlüsselblume und Schöllkraut, hängen mit dem Löwen zusammen
Ringelblume
Schöllkraut
Kräuter
Die Löwe-Kräuter sind Safran, Pfefferminz und Rosmarin
Rosmarin
Element
Der Löwe ist ein Feuerzeichen

und dafür einzutreten, das Los anderer zu verbessern. Da sie alles Zweitklassige oder Niedere verabscheuen, werden sie ein waches Auge auf die Untergebenen haben und erwarten, daß sie alles geben. Das kann den Löwe-Chef zu einer schwierigen Person machen.

Veränderung, Freizeit und Ruhestand

Löwen nehmen niemals Hals über Kopf Veränderungen vor, weil sie sie nicht übermäßig lieben. Wenn sie allerdings gelernt haben, daß Phasen wichtiger Veränderungen das Ergebnis von bestandenen Herausforderungen sowie Ausdruck von Fortschritt sind, ist alles gut.

Entspannung und Muße ist dem Löwen fremd. Er ist der Amateur im wahrsten Sinne des Wortes – man kann bei ihm nicht von Hobbys sprechen, weil er seine Interessen auf einem hohen Niveau betreibt. Es gilt aber, nicht in Selbstgerechtigkeit zu verfallen.

Die Pensionierung eröffnet dem Löwen neue Möglichkeiten – er wird den diversen Interessen, die er bereits hat, dann endlich mehr Zeit widmen können. Vielleicht wird dabei eines seiner Hobbys zu einer neuen Einkommensquelle, möglicherweise auch deshalb, weil er sich nicht mit weniger Geld abfinden möchte.

Gesundheit, Ernährung und Sport

Gleichmaß in der Lebensführung ist wichtig. Ansonsten könnte die für gewöhnlich exzellente Vitalität immer wieder einmal dazu führen, daß sich der Mensch bis zur Erschöpfung verausgabt.

Das Herz ist das Löwe-Organ, so daß der Löwe sorgsam darauf achten sollte, es durch eine bewußte Ernährung und sportliche Aktivität zu unterstützen. Auch der Rücken ist anfällig und sollte durch Sport gekräftigt werden. Tanz und Eislaufen sind hier günstig.

Der Löweaszendent

Psychologischer Antrieb

Die organisatorischen Talente sind deutlich gestärkt, wenn das Zeichen Löwe aufsteigt – leider aber auch die Wahrscheinlichkeit von Prahlsucht und Besserwisserei. Diese unangenehmen Züge sollte man unter Kontrolle bringen. Ein starker Drang nach Erfolg, der womöglich dazu führt, daß man die kreativeren Bereiche des Lebens vernachlässigt und nur auf einen hohen Lebensstandard für sich und die Familie aus ist. Das ist zwar nicht grundsätzlich zu verurteilen, man muß aber doch wissen, daß der Löwe für sein Wohlbefinden Kreativität zum Ausdruck bringen muß.

Der Löwe, der mit sich im reinen ist, fühlt sich psychisch ausgewogen; und vorausgesetzt, daß Ehrgeiz und Bescheidenheit in einem guten Verhältnis zueinander stehen, wirkt sich die innerliche Stärke dieses dynamischen Zeichens sehr günstig aus. Das angeborene Bedürfnis nach psychischer Ganzheitlichkeit aber ist nicht in allen Fällen von der Bereitschaft begleitet, negativen Zügen wie z. B. Eitelkeit ins Gesicht zu schauen.

Löwe-Verbindungen
Metall
Gold
Edelstein
Rubin
Farbe
Die Farben der Sonne
bei Auf- und Untergang
Salze
Magnesiumphosphat, Natriumhydrochlorid

Ideal ist hier ein Partner, der sich als stark, unabhängig und ebenbürtig erweist; derjenige, der abweichende und anregende Ideen und Ziele hat, ist der beste Ansporn, damit der Löwe mental aktiv bleibt. Wenn der Partner auf die eine oder andere Weise etwas Herausragendes hat, sei es durch Leistungen oder andere Merkmale wie z. B. große Schönheit, um so besser. Der Löwe sonnt sich dann in dessen Glanz.

Eine psychische Anfälligkeit ist sehr verbreitet, was häufig konkrete Beschwerden zur Folge hat. Kritik durch andere könnte z. B. zu Rücken- oder Kopfschmerzen führen – weil man sich etwas zu sehr zu Herzen genommen hat.

Die Progression in die Jungfrau

Sich mit Einzelheiten oder Details auseinanderzusetzen fällt dem Löwen meist schwer. Wenn aber die Sonne vom Löwen in die Jungfrau läuft, sind diese Menschen besser dazu in der Lage, Situationen in allen Einzelheiten zu überblicken und differenzierter zu urteilen. Sie werden damit auch selbstkritischer und erkennen ihre Tendenz zur Dünkelhaftigkeit, besonders auch, was kreative Arbeit angeht.

Man darf nicht vergessen, daß Ängste und Sorgen die zweite Natur der Jungfrau sind – insofern ist es schade, daß die für gewöhnlich positive Löwe-Haltung nun verdüstert wird. Man sollte diesbezüglich aufpassen – und sich darauf konzentrieren, die neuen Jungfrau-Fähigkeiten der Analyse und des Blicks für Details nutzbringend anzuwenden. Der Enthusiasmus und Optimismus des Löwen verschwindet nicht, er wird nur durch eine gewisse Vorsicht und ein nüchterneres Element angereichert.

Diejenigen, deren kreative Züge in handwerklicher Form zum Ausdruck kamen oder die Spaß an der Arbeit mit ihren Händen haben, werden feststellen, daß ihre praktischen Fähigkeiten noch zunehmen. Das kann sich auf vielen Lebensgebieten bemerkbar machen – es kann die Löwe-Haltung stabilisieren und mehr Vorsicht, speziell auch in bezug auf Geld, bedeuten. Eine gute Sache, gerade auch dann, wenn der Löwe nun mehr verdient. Der gesunde Menschenverstand tritt deutlicher in Erscheinung, was z. B. für langfristige Projekte wie eine Hausfinanzierung oder Lebensversicherung günstig ist.

Läuft der Löweaszendent progressiv in die Jungfrau, dürfte wahrscheinlich der Löwe-Dogmatismus zurückgehen. Mehr Innenschau und Selbstkritik – was bei einer Löwebetonung eine gute Sache ist. Das Bedürfnis, anderen zu dienen und zu helfen, könnte gleichfalls in Erscheinung treten; in Verbindung mit den organisatorischen Fähigkeiten des Löwen könnte das sehr praktische und konkrete, nützliche und vielleicht sogar wohltätige Folgen haben. Das überhebliche Löwe-Selbstvertrauen nimmt nun vielleicht ab. Dem Löwen fällt es jetzt leichter, Fehler zu erkennen und auszuwerten; er erkennt, daß nicht jeder Gedanke von ihm spektakulär oder großartig ist.

Die traditionellen Zuordnungen zum Löwen

Datum:
23. Juli – 23. August

Der Ursprung
Der Löwe wird mit dem gleichnamigen Sternbild in Zusammenhang gebracht; vielleicht verdankt er diesem auch seinen Namen. Er wurde möglicherweise 3000 v. Chr. in Ägypten erstmalig erwähnt

Rosmarin

Safran

Kräuter und Gewürze
Safran, Pfefferminze, Rosmarin, Gartenraute

Positivität/Geschlecht
Positiv, maskulin

Element
Feuer

Qualität
Fix

Körperregion
Herz, Rückgrat und Rücken

Tiere
Große Tiere, besonders Katzen

Walnußbaumblätter

Herrschender Planet
Sonne

Lorbeerblatt

Lorbeer

Honigwabe

Ringelblume

Reis

Italien

Bäume
Palme, Lorbeer, Lorbeer, Walnußbaum, Olive, Zitrusfruchtbäume

Länder
Italien, Rumänien, Sizilien, Tschechien, Süd-Irak, Libanon, Südfrankreich

Städte
Rom, Prag, Bombay, Madrid, Philadelphia, Chicago, Los Angeles, Bath, Bristol, Portsmouth, Syracuse, Damaskus

Brunnenkresse

Spinat

Nahrungsmittel
Fleisch, Reis, Honig, Früchte, speziell von Rankengewächsen, Gemüse mit einem hohen Eisengehalt

Blumen
Sonnenblume, Ringelblume, Schöllkraut, Passionsblume

Getreide (Flocken)

Jungfrau ♍ 24. August – 22. September

Jungfrauen sind mit ihrer reichlichen nervösen Energie ständig in Bewegung. Es ist wichtig, daß diese Energie ein positives Ventil findet – ansonsten verschwendet sie der Menschen in rastloser Hektik. Jungfrauen müssen auch lernen, innerliche Ruhe zu entwickeln – tun sie das nicht, kann die Spannung in Verbindung mit den fast unvermeidlichen Jungfrau-Ängsten zu nervösen Beschwerden führen. Ängste sind hier die Wurzel der meisten persönlichen Probleme; sie sollten ihnen gemäß der analytischen und praktischen Fähigkeiten zu Leibe rücken.

Traditionelle Jungfrau-Eigenschaften

•

Bescheiden und schüchtern
Skrupelhaft und vertrauenswürdig
Praktisch und fleißig
Intelligent und analytisch

•

Hektisch und zu Ängsten neigend
Überkritisch und verletzend
Perfektionistisch und konservativ

Schlüsselworte

•

Kritisch, analytisch, nörgelnd

Grundzüge des Wesens

Die meisten Jungfrauen sind praktisch veranlagt – diejenigen, für die das nicht gilt, haben große Schwierigkeiten, den Überblick zu behalten. Dies ist dann auch eines der Hauptprobleme dieses Zeichens: Daß sich dessen Vertreter ihrer Fähigkeit zur kritischen Analyse in einem zu reichlichen Maße bedienen, sowohl bezüglich der eigenen als auch anderer Personen, was zu Problemen in Beziehungen führen kann. Gnadenlose, scharfe Kritik ist ihr schlimmster Fehler.

Worauf es hier ankommt, ist eine positive Synthese dieser Eigenschaften, was Menschen bedeuten würde, die hart arbeiten und praktisch veranlagt sind, die sich kein X für ein U vormachen lassen, die ihre und anderer Leute Probleme auf eine sensible Art behandeln und die ihr großes Potential tatsächlich entfalten.

Jungfrauen sind gesprächig und lebhaft in Diskussionen; wie ihre merkurbeherrschten Cousins, die Zwillinge, lieben sie es, über ihre Ideen zu reden, die für gewöhnlich nichts Extravagantes haben und klar und schmucklos dargestellt werden. Aber auch hier könnte ein Hang zum Detail oder zur Abschweifung bestehen.

Beziehung

Wenn die Jungfrau daran denkt, sich zu binden, würdigt sie sich selbst häufig herab: »Was sieht er/sie nur in mir? Ich bin doch überhaupt nicht gut genug für ihn/sie!« Das kann gerade auch beim jungen Menschen, der sich zum ersten Mal verliebt hat, eine sehr rührend wirkende Bescheidenheit sein; häufig aber liegt das Problem tiefer. Die Jungfrau sollte sich bemühen, Selbstvertrauen zu entwickeln. Bei aller Freundlichkeit und Aufgeschlossenheit für die Belange des Partners hat sie es mit ihrer angeborenen Bescheidenheit schwer, physisch und emotional Liebe zum Ausdruck zu bringen. Sie muß lernen, sich zu entspannen, und wenn man ihr beigebracht hat, Sex mit Mißtrauen zu betrachten, sollte sie versuchen, ihn als schönen Ausdruck von emotionaler Hingabe an den Partner zu sehen. Die andere problematische Tendenz, die es zu kontrollieren gilt, ist der Hang zur Nörgelei.

Familie

Das Jungfrau-Kind ist ordentlich, sauber und arbeitet in der Schule willig mit. Seine Hefte haben keine schmutzigen Ränder, die Handschrift ist klar und leserlich. Diese Kinder erledigen die ihnen übertragenen Arbeiten mit Freude und gewissenhaft – sie werden vielleicht einmal als Streber bezeichnet, was sie aber nicht sind. Es kommt ihnen nur darauf an, beschäftigt zu sein. Mit ihrem schüchternen Wesen hat vielleicht sogar der Spielplatz etwas Bedrohliches für sie, weshalb sie es vorziehen könnten, abseits zu stehen. Eltern sollten alles tun, um ihnen bei der Entwicklung von Selbstvertrauen zu helfen, speziell zu Prüfungszeiten. Die Jungfrau-Tendenz zu Ängsten und Sorgen könnte ansonsten nämlich geradezu überwältigend wirken und auch zu rätselhaften Erkrankungen führen.

Jungfrauen arbeiten vom Morgengrauen bis zum Sonnenuntergang für die Familie, gemäß ihrer eigenen sehr hohen Ansprüche. Berufstätige Frauen nehmen sich die Zeit, auch im Haushalt aktiv zu sein – sie sollten aber darauf achten, nicht so lange sauberzumachen, daß keine Zeit mehr bleibt, ihr so schön gehaltenes Heim zu genießen. Wenn der Partner sie beschuldigt, es mit dem Putzen zu übertreiben, sollten sie einmal darüber nachdenken. Für beide Geschlechter gilt, besser keine Arbeit mit nach Hause zu bringen – ansonsten werden sie nie Zeit für ihre Familie finden.

Beruf

Um bestmöglich zu arbeiten, braucht die Jungfrau womöglich eine gewisse Anleitung. Es fällt ihr manchmal schwer zu erkennen, was getan werden muß. Und selbst wenn sie das weiß, kann es ihr große Angst machen, aktiv zu werden – weil sie sich unsicher über die Reaktionen der anderen ist oder weil sie einfach fürchtet, nicht gut genug für die Arbeit zu sein. Wenn sie aber feste Anweisungen hat, wird sie ihre Gaben bestmöglich einsetzen. Jungfrauen können gut als persönlicher Assistent arbeiten; und sie sind die geborenen Kritiker und Analytiker des Tierkreises. Beim Schreiben haben sie einen scharfen, beißenden Stil, was eine Begabung für Medienberufe anzeigen kann. Viele Jungfrauen sind exzellente Lehrer, andere bewähren sich in medizinischen Berufen.

Diese Menschen sind nicht übertrieben ehrgeizig; in Spitzenpositionen müssen sie, wenn sie nicht nur effektiv, sondern auch angesehen sein wollen, auf ihren Hang zur Nörgelei achten. Mit ihrem Einkommen gehen sie vorsichtig um – sie sollten auch einmal genauso bereitwillig Geld ausgeben, wie sie es anlegen.

Der Symbolismus der Jungfrau

Edelstein
Der Jungfrau-Edelstein ist der rötlich-braune Sardonyx
Blumen
Alle Blumen mit hellen und kleinen Blüten gehören zur Jungfrau
Klee
Muster
Die meisten Jungfrauen mögen kleine, detaillierte Muster
Walnußblätter
Herrschender Planet
Merkur herrscht über die Jungfrau
Stadt
Paris ist der Überlieferung nach eine Jungfrau-Stadt
Element
Dieses Zeichen hat eine Affinität zur Erntezeit und zur Fruchtbarkeit der Erde – seinem Element
Farben
Grün und dunkelbraun sind die Lieblingsfarben der Jungfrau
Tiere
Alle Haustiere – und besonders Katzen und Hunde – fallen unter die Regentschaft der Jungfrau
Bäume
Nußtragende Bäume, wie z. B. die Haselnuß, sind Jungfrau-Bäume

Veränderung, Freizeit und Ruhestand

Jungfrauen freuen sich im allgemeinen auf die Pensionierung, weil sie dann ihre Hobbys vertiefen können. Mit großer Wahrscheinlichkeit zählt Gartenarbeit dazu – sie sind die geborenen Gärtner. Auf eine Verringerung des Einkommens reagieren sie gleichmütig mit einer Einschränkung der Ausgaben; sie gehen vorsichtig mit Geld um und sind nicht von ihm abhängig. Der Mangel an Selbstvertrauen kann dazu führen, daß sie ihre Schwierigkeiten mit Veränderungen bei der Arbeit haben. Die Aussicht auf eine Entlassung ist furchterregend; bei Arbeitslosigkeit sind sie unvergleichlich in ihrem Bemühen, eine neue Stelle zu finden. Und weil sie bereitwillig und hart arbeiten, dürften sie bei der Stellensuche auch erfolgreicher als die meisten anderen sein.

Gesundheit, Ernährung und Sport

Es ist für Jungfrauen ganz wichtig, soviel Zeit wie möglich an der frischen Luft und auf dem Land zu verbringen. Als Kinder der Natur leben sie auf, wenn sie einen langen Spaziergang oder Ausritt hinter sich haben. Dies ist auch das Zeichen, das mit ganzheitlicher oder vegetarischer Ernährung in Verbindung gebracht wird. Die Jungfrau-Ernährung muß viel Ballaststoffe enthalten; dieses Zeichen herrscht über die Gedärme, und Verstopfung könnte hier ein Problem sein.

Ärztlich verordnete Medikamente wirken bei Jungfrauen oft nicht so wie gewünscht; es gilt auch, auf Allergien zu achten. Ganzheitliche und homöopathische Behandlungsformen sind häufig günstiger. Ausgewogenheit ist die beste Antwort auf gesundheitliche Probleme sowie frische Luft und sportliche Betätigung – es wäre falsch, darauf wegen der Familie zu verzichten. Diese Personen würden auch sehr von Entspannungstechniken wie z. B. Yoga profitieren; bei der Neigung zu Ängsten und Sorgen ist Meditation ebenfalls günstig.

Als Resultat ihrer Ängste (möglicherweise bezüglich des Berufs oder der Familie) leiden Jungfrauen häufig unter schweren Kopfschmerzen oder sogar Migräne. Eine Umstellung der Ernährung könnte hier überraschend hilfreich sein.

Der Jungfrauaszendent

Psychologischer Antrieb

Sehr oft finden wir, wenn die Jungfrau aufsteigt, das andere Merkurzeichen, die Zwillinge, am MC. Dies eröffnet dem oder der Betreffenden ein einzigartiges psychologisches Potential: Der Drang, alle Situationen des Lebens detailliert zu untersuchen, steht in harmonischer Beziehung zum Bedürfnis nach Kommunikation. Diesen Menschen hilft ihr natürlicher Instinkt, sich mit Merkureigenschaften sowie mit den grundsätzlichen Prinzipien der Zwillinge zu identifizieren. Als Folge davon sind sie zumeist in psychologischer Hinsicht sehr gut integriert.

Die Jungfrau-Neigung zu Ängsten und Sorgen kann auch nach innen auf das Selbst gelenkt werden, was zu den bereits erwähnten Kopfschmerzen und der Migräne führen kann. Diese Menschen müssen meist härter für die Entwicklung von Selbstvertrauen arbeiten als diejenigen mit der Jungfrausonne (hierbei sind allerdings auch die anderen Horoskopfaktoren noch in Betracht zu ziehen). Konflikte, die mit der Selbstkritik zusammenhängen, müssen ausgefochten werden; eine Art, Selbstvertrauen zu entwickeln, ist, sich für seine Leistungen selbst zu loben. Der Erfolg hiervon hängt auch sehr von der Erziehung ab.

In der persönlichen Beziehung kommt bei aller Neigung zur Nörgelei auch viel Emotionalität zum Ausdruck. Innerliche Wärme und Mitgefühl glätten manche Ecken und Kanten der Aussagen. Mit Zuneigung und Liebenswürdigkeit können ganz allgemein Streitigkeiten und Probleme geschlichtet werden.

Ängste könnten dem Organismus dieser Personen zu schaffen machen, z. B. in Form von Verstopfung und ähnlichen Beschwerden. Eine Neigung zur Hypochondrie, bei der es darauf ankäme, gesundheitliche Probleme auf eine rationale Weise zu betrachten.

Die Progression in die Waage

Wenn die Jungfrau-Sonne progressiv in die Waage läuft, könnte der Mensch das Leben leichter nehmen, sich vielleicht etwas mehr Freizeit gönnen und bereitwilliger Geld für sein Vergnügen ausgeben. Es wird damit einfacher zu erkennen, daß sie ihre innerliche Spannung unter Kontrolle bringen müssen. Das hat einen guten Einfluß auf sie selbst und auch auf ihre Partner.

Dieser Wechsel könnte in die Zeit fallen, wenn der Betreffende lernt, besser mit seinen emotionalen Bedürfnissen zurechtzukommen. In diesem Falle würde es ihm leichter fallen, seine Liebe und Zuneigung zum Ausdruck zu bringen. Die natürliche Jungfrau-Bescheidenheit tritt zugunsten des Waage-Bedürfnisses nach Frieden und Harmonie damit zurück. Das Resultat davon dürfte eine ausgewogenere Sicht des Lebens sein. Das charakteristische saubere, geschäftige Jungfrau-Wesen dürfte etwas Sanftes und Romantisches bekommen. Die Venusstellung im Horoskop wird damit wichtiger und tritt markanter hervor.

Wenn der Jungfrauaszendent progressiv in die Waage läuft, verstärkt sich das Bedürfnis nach einem tiefen und erfüllenden Kontakt zu einem Partner. Lebt ein solcher Mensch allein, gilt es achtzugeben, daß er aus der Angst vor Einsamkeit keine unpassende Bindung erwägt und seinen Jungfrau-Zug der kritischen Analyse nicht unterdrückt. Allgemein aber ist man nun in der Lage, entspannter auf das Leben zu reagieren; die Persönlichkeit dürfte jetzt eine innerliche Ruhe ausstrahlen, was sehr günstig auf Ängste der Jungfrau wirkt.

Die traditionellen Zuordnungen zur Jungfrau

DATUM:
24. August – 22. September

DER URSPRUNG
Die Jungfrau geht möglicherweise auf Nidaba, die ägyptische Göttin des Korns, zurück (im Alten Ägypten begann die Ernte, wenn der Mond in diese Konstellation gelaufen war). Bei den Sumerern stand nicht das Element der Jungfrau im Vordergrund, sondern das der Großen Mutter, deren Tochter manchmal als Hüterin der Ernte aufgefaßt wurde

Gelber Engelwurz

Hahnenfuß

Alkanna

Vergißmeinnicht

Löwenzahn

Eichenblatt und Eichel

HERRSCHENDER PLANET
Merkur

BLUMEN
Alle Blumen mit hellen und kleinen Blüten, besonders mit blauen oder gelben Farben; auch viele derjenigen, die ebenfalls zu den Zwillingen gezählt werden

BÄUME
Wegen Merkurs doppelter Herrschaft sind wie bei den Zwillingen auch hier die nußtragenden Bäume zu erwähnen (nicht nur eßbare Früchte)

Kreuzwurz

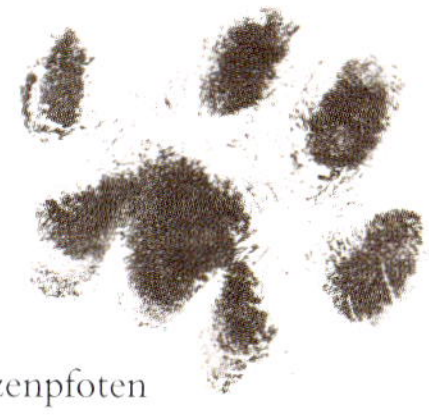

Katzenpfoten

TIERE
Alle Haustiere

Kardamom

POSITIVITÄT/GESCHLECHT
Negativ, feminin

ELEMENT
Erde

QUALITÄT
Veränderlich

KÖRPERREGION
Das Nervensystem, der Magen und die Gedärme

KRÄUTER UND GEWÜRZE
Diejenigen, die auch schon bei den Zwillingen aufgeführt wurden, abermals wegen der doppelten Herrschaft von Merkur

Kartoffeln

LÄNDER
Griechenland, Westindien, Türkei, der US-Bundesstaat Virginia, Brasilien, Kreta, ehem. Jugoslawien, Mesopotamien, Niederschlesien

STÄDTE
Boston, Heidelberg, Paris, Athen, Lyon, Korinth, die meisten Bäder und Kurorte

Kohlrabi

Sellerie

Möhren

NAHRUNGSMITTEL
Gemüse, das in der Erde wächst oder das auch von den Zwillingen beherrscht wird

Waage ♎ 23. September – 23. Oktober

Die Waagschalen haben eine tiefe symbolische Bedeutung für dieses Zeichen – sie kennzeichnen dessen intensives Ringen um Ausgewogenheit und Harmonie. Waage-Menschen brauchen einen harmonischen Hintergrund, frei von unangenehmem Druck und Streitigkeiten. Manchmal bringen sie des lieben Frieden willens große Opfer, womit sie dann anderen vielleicht allzu bereitwillig nachgeben. Werden sie mit einem Problem konfrontiert, herrscht die Neigung, abzuwarten, ob es sich von allein löst – anstatt aktiv zu werden und Partei zu ergreifen.

Grundzüge des Wesens

Entscheidungen zu treffen oder eine Partei zu unterstützen bedeutet häufig, die Ansichten eines anderen Menschen abzulehnen – und die Waage-Person hat eine tiefe Abneigung dagegen, andere zu verletzen. Unentschiedenheit ist dann auch ihr schlimmster Fehler.

Waage-Menschen haben mehr Schwierigkeiten als jedes andere Zeichen, mit Einsamkeit zurechtzukommen. Glück bedeutet für sie, ihr Leben mit jemandem zu teilen; wenn sie allein leben sollten, lassen vielleicht die anderen Horoskopbereiche erkennen, wie sie sich damit arrangieren können.

Mit diesem Zeichen verbindet man häufig auch Trägheit und Entspannung, was aber nicht ganz zutreffend ist. Die Waage liebt zwar keine schweren oder schmutzigen Arbeiten, verfügt aber sehr wohl über körperliche Energie, speziell dann, wenn die Arbeit ein kreatives Moment beinhaltet. Der entspannte Eindruck bei Menschen, die mit der Sonne auf den ersten fünf oder sechs Graden dieses Zeichens geboren wurden, mag daher rühren, daß sie immer ein offenes Ohr für die Probleme ihrer Freunde haben und Mitgefühl zeigen.

Beziehung

Die wichtigste Sphäre im Waage-Leben – ob nun bei der Sonne oder beim Aszendenten – ist die enge Beziehung. Waage-Menschen fühlen sich psychisch nicht integriert, solange sie allein sind; und die für gewöhnlich ausgeprägte Unentschlossenheit kann sehr wohl verschwinden, wenn es um die Frage der Bindung geht. Menschen mit der Sonne in der Waage sind wahre Romantiker; wenn sie ihre Hochzeit planen, laufen sie möglicherweise für Monate mit

Traditionelle Waage-Eigenschaften

•

Diplomatisch und weltoffen
Romantisch und charmant
Umgänglich und verträglich
Idealistisch und friedfertig

•

Unentschlossen und launisch
Weitschweifig und beeinflußbar
Kokett und maßlos

Schlüsselworte

•

Harmoniebedürftig, mitfühlend, empfindlich

glänzenden Augen herum, ohne vielleicht aber einen Gedanken daran zu verschwenden, wie es denn nach der Zeremonie mit dem Partner sein mag.

Wenn sie für gewöhnlich auch friedfertig sind, können Waagen doch einen Streit vom Zaun brechen, um auf diese Art die Zuneigung des Partners auf die Probe zu stellen. Sie sollten sich dieser Tendenz bewußt sein. Waage-Menschen sind häufig sehr großzügig, sollten aber erkennen, wann diese Eigenschaft in den Wunsch, sich Zuneigung zu erkaufen, umschlägt.

Familie

Das Waage-Kind ist liebenswürdig und leicht zufriedenzustellen. Eltern sollten bei ihm auf die Tendenz zur Trägheit oder zur Nachlässigkeit achten, welche sich später im Leben zu einem ernsthaften Problem auswachsen könnte. Man sollte das Kind zu Aktivitäten anhalten. Die Frage an die Mutter: »Was soll ich machen?« könnte nämlich typisch sein. Fallen Sie nicht darauf herein! Zeigen Sie verschiedene Möglichkeiten auf. Versuchen Sie, das Selbstvertrauen des Kindes zu fördern, damit es ein eigenständiges Denken entwickeln kann.

Positive Erlebnisse in der Schule sind für alle Kinder wichtig – gerade das Waage-Kind aber wird, wenn es sich ungerecht behandelt fühlt (»Das ist unfair« ist häufig zu hören), so stark leiden, daß es aufbegehrt. Es leidet länger unter einem solchen Vorfall, als man denken würde. Sein kreatives Potential sollte erkannt und unterstützt werden; häufig besteht hier eine besondere Begabung, die sich aber, wenn sie nicht gefördert wird, weniger gut als bei den anderen Zeichen entwickelt.

Waage-Eltern sind freundlich, liebenswürdig und sanft, dürfen sich aber nicht von ihrem aufgeweckten Kind, das an die Waage-Tendenz des Nachgebens zu appellieren weiß, von dem abbringen lassen, was sie für richtig halten. Nur zu leicht verdirbt man das Kind des lieben Friedens willen, besonders aber durch »Bestechungen«! Auch läßt man sich hier vielleicht zu bereitwillig auf teure Wünsche ein, hinsichtlich von Spielzeug oder Kleidung. Man gebe hier nicht zu schnell nach. Die Waage-Tendenz der Entscheidungsschwäche kann das Kind unter Umständen wütend machen – man sollte es nicht dem Partner überlassen, die Entscheidungen zu treffen.

Beruf

Die Waage braucht Luxus und Komfort und möchte deshalb viel Geld verdienen. Sie kann übermäßig großzügig sein, was womöglich der Ansporn zu großen beruflichen Leistungen ist. Der Arbeitsplatz als solcher bedeutet ihr kaum etwas, die Kollegen dagegen sehr viel – pedantische Mitarbeiter, Sklaventreiber und Arbeitgeber, die sie nicht in ihrem eigenen Tempo arbeiten lassen, sind ihnen ein Greuel. Bei ihrem Bedürfnis nach Harmonie sind geistesverwandte Kollegen ein Segen für sie.

Diese Personen haben alle Möglichkeiten in Berufen, die Takt und Diplomatie erfordern. Handel mit Luxuswaren (Mode oder Kosmetik z. B.) ist reizvoll; die Eigenschaften ihres polaren

Der Symbolismus der Waage

Edelstein
Saphir und Jade sind die Edelsteine der Waage
Metall
In erster Linie bringt man Kupfer mit der Waage in Verbindung
Blumen
Große, opulente Rosen und alle blauen Blumen, wie z. B. Akelei und Hyazinthe, hängen mit der Waage zusammen
Rosen
Symbolische Zeichen
Die Waagschalen
Herrschender Planet
Die Venus herrscht über die Waage
Länder
Burma, Tibet und Indochina werden von der Waage beherrscht
Burma
Saphir
Schlangen
Jade
Farben
Waage-Farben umfassen Rosa, Blaßgrün und verschiedene Blautöne
Nahrungsmittel
Die Waage herrscht, wie der Stier auch, über das (verarbeitete) Getreide
Tiere
Eidechsen und andere kleine Reptilien sind von der Waage beherrschte Kreaturen
Bäume
Die Esche und Pappel stehen in Verbindung mit der Waage
Pappel

♀

Zeichens, des Widders, könnten sie dagegen zum Waffendienst bringen, vielleicht bis zu einem hohen Rang. Sie sind ehrgeizig, sollten es sich aber gut überlegen, bevor sie eine einsame Spitzenposition akzeptieren: Isolation ist nämlich nicht gut für sie.

Veränderung, Freizeit und Ruhestand

Ein Umzug kann für die Waage eine sehr unangenehme Sache sein, was heißt, daß sie Veränderungen dieser Art auf ein Minimum beschränken sollte. Die Aussicht auf den Ruhestand macht viel Freude – theoretisch ist nichts attraktiver als die Vorstellung, lange schlafen zu können und sich nicht mit den niederen Problemen des Arbeitsalltags auseinandersetzen zu müssen. Ohne ein tiefes Interesse aber könnte diese Zeit weniger befriedigend sein als gedacht; vielleicht altert die Person dann sehr rasch. Neue Hobbys können neue Facetten des Potentials aufzeigen.

Gesundheit, Ernährung und Sport

Der Waage erscheint die Aussicht auf regelmäßige sportliche Betätigung nicht unbedingt reizvoll – nichts aber ist wichtiger für sie; Sport sollte ein fester Bestandteil ihres Lebens sein. Ein Fitneßstudio, in dem auch der Aspekt der Geselligkeit nicht zu kurz kommt, wäre ideal für sie. Die Aktivität als solche sollte eher regelmäßig als besonders kraftorientiert sein. Der Waage-Hang zu reicher, süßer Nahrung muß unter Kontrolle gehalten werden. Das Waage-Organ sind die Nieren, und Spannungen oder Sorgen könnten zu Kopfschmerzen führen.

Der Waageaszendent

Psychologischer Antrieb

Die Waage ist kein besonders starkes Zeichen; ein anderer kraftvoller Einfluß des Horoskops könnte ihre positiven Eigenschaften eliminieren, besonders beim Waageaszendenten. Wie dem auch sein mag – viele der typischen Waage-Elemente prägen hier die Persönlichkeit, ganz besonders der machtvolle Drang nach Beziehungen. Sehr oft steht die gesamte Persönlichkeit im Zeichen dieses Bedürfnisses, häufig mit der Auswirkung, daß sich der Mensch Hals über Kopf bindet. Unglücklicherweise enden solche Verbindungen vielfach aber mit großem Leid und einer Scheidung. Die berüchtigte Waage-Tendenz, in die Liebe selbst verliebt zu sein, kommt hier in Verbindung mit einer lebhaften Sexualität und einer großen Aufgeschlossenheit für die physischen Aspekte der Beziehung zum Ausdruck, mehr als bei der Waage-Sonne.

Es könnte die Tendenz herrschen, persönliche Probleme zu ignorieren. Selbstzufriedenheit ist diesen Menschen nicht fremd. Ihr natürlicher Charme kann das auf den ersten Blick verhüllen. Um ihre Schwächen zu erkennen, sollten Menschen mit einem Waageaszendenten um aufrichtige Selbstanalyse bemüht sein.

Ängste und Sorgen plagen den Menschen mit einem Waageaszendenten zumeist nicht – sie sind dann wahrscheinlich auch nicht der Grund, falls der Betreffende unter Kopfschmerzen zu leiden hat. Wenn solche häufiger auftreten, sollte man einen Arzt zu Rate ziehen; vielleicht sind die Nieren die Ursache dafür. Vielfach steht beim Waageaszendenten Neptun im 1. Haus. Damit könnte eine Schwächung der Persönlichkeit verbunden sein, weil diese Stellung den Menschen dazu bringen könnte, immer den Weg des geringsten Widerstandes zu suchen. Bei diesem Horoskopmerkmal treten die sanfteren, weicheren Charakterzüge deutlich hervor – was zunächst einmal eine gute Sache zu sein scheint, aber doch Probleme aufwirft. Diese Menschen müssen lernen, der Realität ins Gesicht zu sehen und bewußt auf negative Fluchtmechanismen zu verzichten. Falls Neptun in der Waage im 12. Haus steht, könnte der Mensch mit Drogen experimentieren.

Die Progression in den Skorpion

Wenn die Waagesonne progressiv in den Skorpion läuft, machen sich Bestimmtheit und Zielgerichtetheit bemerkbar. Die Waage-Emotionen erfahren damit eine Intensivierung, und die eher diffuse Persönlichkeit gewinnt Ecken und Kanten. Der Skorpion ist das energetischste aller Zeichen, so daß sich nun das Energieniveau erhöht. Wenn man die Skorpion-Neigung zum guten Leben und zu all seinen Freuden in Betracht zieht, überrascht es nicht, daß die Waage-Liebe zum Komfort und zur Maßlosigkeit noch deutlicher hervortreten kann. Wirkt man dem nicht entgegen, kommt es vielleicht zu negativen gesundheitlichen Folgen.

Im Beruf könnte der Skorpioneinfluß mit seinem Geschäftssinn für die Waage-Person enorm günstig sein. Was den häuslichen Rahmen betrifft, nimmt das romantische Waage-Bild nun eine sexuellere Prägung an; man trägt jetzt vielleicht mehr schwarz, und die Frau zeigt womöglich mehr Dekolleté. Mit der größeren Wichtigkeit der Sexualität könnte nun auch die Neigung zur Eifersucht auf den Plan treten.

Wenn der Waageaszendent progressiv in den Skorpion läuft, gewinnt man mehr Abstand und ein Gefühl dafür, was wichtig ist. Mit dieser Bestimmtheit fällt es dem Menschen leichter, sich für oder gegen etwas auszusprechen. Die Stärke des Skorpions stellt einen positiven Beitrag dar, vorausgesetzt, Eifersucht und Mißtrauen gewinnen nicht die Oberhand (was auch für die progressive Waagesonne gilt).

Der Aspekt der emotionalen Befriedigung im Beruf wird jetzt wichtiger; insofern fällt es dem Geborenen nun schwer, einen Job nur noch des Einkommens wegen zu verrichten. Und in der Beziehung reicht ihm das romantische Element nicht mehr aus – er muß sich herausgefordert fühlen und den Eindruck haben, daß die Verbindung einen Sinn hat.

Die traditionellen Zuordnungen zur Waage

DATUM:
23. September – 23. Oktober

DER URSPRUNG
Das Symbol der Waagschalen könnte auf das Wiegen der Ernte zur Bestimmung der Steuerabgaben im Alten Ägypten zurückgehen, vielleicht auch auf die babylonische Vorstellung, daß nach dem Tode alle schlechten und guten Taten gegeneinander aufgewogen werden

Rose

Hyazinthe

Gänseblümchen

HERRSCHENDER PLANET
Venus

BLUMEN
Große Rosen, Hortensien, blaue Blumen ganz allgemein; diejenigen, die auch unter dem Stier aufgeführt wurden (wegen der doppelten Herrschaft der Venus)

TIERE
Eidechsen und andere kleine Reptilien

Apfelbaum

BÄUME
Esche, Pappel und die Stier-Bäume

Esche

Minze

KRÄUTER UND GEWÜRZE
Minze, Cayenne

POSITIVITÄT/GESCHLECHT
Positiv, maskulin

ELEMENT
Luft

QUALITÄT
Kardinal

KÖRPERREGION
Nieren

Beeren und Trauben

Kanadischer Ahorn

(Verarbeitetes) Getreide

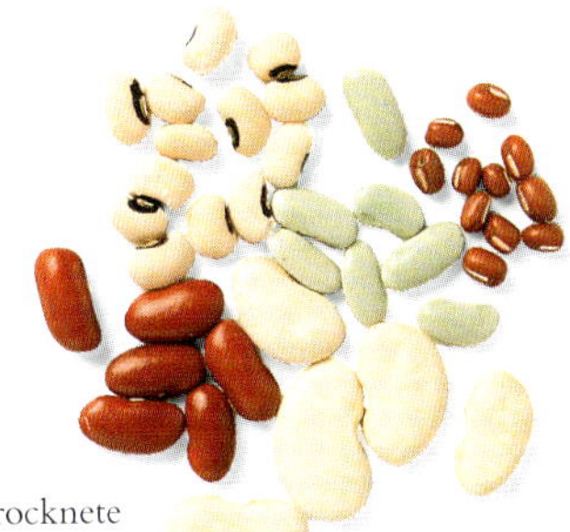

Getrocknete Bohnen

Gerste

LÄNDER
Österreich, Burma, Japan, Argentinien, Oberes Ägypten, Kanada, Tibet, Indochina, einige der südpazifischen Inseln

STÄDTE
Kopenhagen, Johannesburg, Wien, Lissabon, Frankfurt, Antwerpen, Freiburg, Leeds, Nottingham

NAHRUNGSMITTEL
Weizen und andere Kornsorten; Beeren und Trauben, Birnen, Weintrauben, Artischocken, Spargel, Bohnen; die meisten Gewürze

Skorpion ♏ 24. Oktober – 22. November

Das hervorstechendste Merkmal des Skorpions sind seine Energiereserven. Häufig ist zu hören, daß er das »schlimmste« Sonnenzeichen ist. Natürlich stimmt das nicht. Die Energie dieses Zeichens ist aber so stark, daß sie überwältigen oder auch einschränken kann. Wenn sie aber auf eine positive und erfüllte Weise ausgedrückt wird, in physischer wie emotionaler Hinsicht, kann der Mensch Großes leisten. Ist der Fluß der Energie dagegen gehemmt oder unkontrolliert, kann das verheerende Folgen haben: die charakteristische Neigung zur Grübelei, Wut und Eifersucht.

Grundzüge des Wesens

Eifersucht ist der schlimmste Fehler des Skorpions, nicht nur in bezug auf den Partner: Skorpione können auch auf Kollegen eifersüchtig sein und auf Besitztümer von anderen. Dies kann allerdings auch als Ansporn wirken: Wenn er die Fortschritte einer anderen Person sieht, strengt sich der Skorpion womöglich an, es ihr gleichzutun.

Der skorpionische Körperbereich sind die Genitalien, was den sexuellen Ruf dieses Zeichens zum Teil erklären könnte. Der Mensch mit der Sonne im Skorpion braucht die sexuelle Erfüllung, leidet, wenn sie ausbleibt – das heißt aber mit Sicherheit nicht, daß jeder Skorpion sexbesessen ist! Viele von ihnen bringen die sexuelle Energie in Form von Sport zum Ausdruck, und die Frau ist vielleicht sehr aktiv, um sich als perfekte Hausfrau zu erweisen. Entscheidend ist, daß die Energie in eine positive Richtung gelenkt wird, daß sie nicht verschwendet wird oder stagniert.

Die meisten Skorpione sind zu einem tiefen, durchdringenden und analytischen Denken fähig, sie haben den starken Drang, zur Wurzel jedes Problems vorzustoßen. Sie sind auch bestrebt, das Leben auszukosten, indem sie jeden Tag mit Arbeit und anspruchsvollen Interessen füllen. Sie fordern sich selbst in extremer Form – müssen aber lernen, Energie auf möglichst gleichmäßige Weise zum Ausdruck zu bringen.

Beziehung

Der Skorpion, der reine Energie ist, braucht einen Leiter. Wenn die Energie kein Ziel findet, werden sich Probleme ergeben. Für den Skorpion ist ein Partner wichtig, der Anteilnahme und Wärme zeigt. Der Skorpion, der sich von den Eigenschaften eines möglichen Partners angezogen fühlt, kann seine ganze Energie auf die Jagd richten – und auch dann nicht vom Objekt seiner Begierde ablassen, wenn er merkt, auf keine Gegenliebe zu stoßen. In den spannungsreichen Phasen der Beziehung könnte der Skorpion-Zug der Geheimniskrämerei und der Rachsucht zutage treten, bis hin zur Grausamkeit.

Traditionelle Skorpion-Eigenschaften

•

Bestimmt und kraftvoll
Emotional und intuitiv
Machtvoll und leidenschaftlich
Aufregend und anziehend

•

Eifersüchtig und nachtragend
Aufbegehrend und zwanghaft
Geheimniskrämerisch und halsstarrig

Schlüsselworte

•

Intensiv, leidenschaftlich, eifersüchtig

Familie

Wenn irgend etwas mit dem Skorpion-Kind nicht stimmt, wird es sich extrem ruhig verhalten und vielleicht sogar sein liebstes Essen zurückweisen. Je früher der kleine Skorpion dazu ermutigt wird, über seine Schwierigkeiten zu reden, desto besser – die Neigung nämlich, die Probleme in sich »hineinzufressen«, führt in späteren Jahren zu (unnötigem) Leid. Alle Kinder brauchen herausfordernde Interessen, am meisten aber junge Skorpione, die dazu angeregt werden sollten, ein Hobby aufzunehmen, das sie wirklich interessiert und das dabei hilft, emotionale wie körperliche Energie abzubauen. Auf diese Weise lernen sie, ihre Ressourcen auf gleichmäßige Weise zu nutzen. Vielleicht haben sie ein besonderes Vergnügen an Mannschaftssportarten, am Wassersport oder am Schlittschuhlaufen und Tanz.

Skorpion-Eltern, die sich selbst verwirklicht haben, erwarten viel von ihren Kindern, vielleicht zu viel. Sie neigen insbesondere dazu, ihre Kinder aufzufordern, den gleichen Weg wie sie zu gehen und auf dem gleichen Gebiet nach Erfolg zu streben. In ihrem tiefen Interesse an den Kindern und deren Entwicklung gehen sie womöglich zu weit. Bei der intensiven Beziehung, die sie sich wünschen, sollten Humor und Spaß nicht zu kurz kommen. Von seinem bzw. ihrem Wesen her eher streng, muß sich der Skorpion-Vater bzw. die Skorpion-Mutter darüber im klaren sein, daß manches Kind eine freizügigere Erziehung braucht. Das Kind könnte auch die Eigenschaft, daß die Eltern ihre Meinung ohne jede Diskussion durchzusetzen gewillt sind, unerträglich finden. Weniger erfolgreiche Skorpion-Eltern müssen sich davor hüten, ihre Kinder, die vielleicht besser dastehen als sie selbst, zu beneiden. Neid und Eifersucht – womöglich ihre größten Fehler – dürfen die Beziehung nicht trüben. Sie sollten sich vor Augen führen, daß der Erfolg der Kinder auch ihr Erfolg ist.

Beruf

Wichtiger als alles andere und entscheidender als bei jedem anderen Zeichen ist, daß der Skorpion emotional Anteil an seiner beruflichen Tätigkeit nimmt. Wie beim gegenüberliegenden Zeichen Stier auch spielt emotionale und finanzielle Sicherheit eine große Rolle. Diese Menschen sind willens, hart für Sicherheit sowie für die Verbesserung ihres Lebensstandards zu arbeiten. Manchmal wird hier die gesamte Energie auf das Geldverdienen gerichtet – diese skorpionischen Geschäftsmänner und -frauen haben etwas gefunden, auf das sie ihre Zielstrebigkeit richten können. Andere haben womöglich mehr Probleme damit, einen Weg zu finden, wie sie ihre überreichliche Energie und ihr

Der Symbolismus des Skorpions

FARBEN
Skorpion hat eine besondere Verbindung zu den intensiven Rot- und Mahagonifarbtönen

EDELSTEIN
Der schillernde Opal ist der Edelstein, der mit dem Skorpion in Zusammenhang gebracht wird

MYTHOLOGIE
Der Skorpion richtete sich auf und griff Orion an

HERRSCHENDER PLANET
Pluto ist der Planet, der über den Skorpion herrscht

BÄUME
Weil der Skorpion bis zur Entdeckung von Pluto als seinem modernen Herrscher von Mars regiert wurde, ähneln viele Skorpion-Traditionen denen des Widders. Skorpion-Bäume weisen deshalb auch Dornen auf, z. B. der Weißdorn

BLUMEN
Dunkelrote Blumen, speziell Geranien und Rhododendron, werden mit diesem Zeichen in Verbindung gebracht (wie auch mit dem Widder – weil früher Mars neben seiner Herrschaft über den Widder auch die über den Skorpion zugeschrieben wurde)

TIERE
Insekten und andere wirbellose Tiere werden vom Skorpion beherrscht

Rhododendron

LÄNDER
Syrien ist ein typisches Skorpion-Land, es weist eine ähnlich karge Landschaft wie die anderen Länder auf, die mit dem Skorpion zusammenhängen: Algerien, Transvaal, Marokko, Korea, Norwegen und Uruguay

♇

großes Potential zum Ausdruck bringen können. Ohne Arbeit mangelt es dem Skorpion an einem Ventil, jeden Tag seine Energie loszuwerden. Ansonsten könnten die Energien sich allzu negativ auswirken, vielleicht sogar in Form von Verbrechen. Das Ingenieurwesen ist eine günstige Tätigkeit für ihn, der Bergbau, die Marine, der Weinhandel; Skorpione sind des weiteren geborene Forscher und Detektive.

Veränderung, Freizeit und Ruhestand

Der Skorpion widersetzt sich äußerlichen Veränderungen; seine natürliche Dickköpfigkeit kommt dabei deutlich zum Ausdruck. Wie dem auch sein mag – es gibt Zeiten, da Veränderungen auch seiner Meinung nach unerläßlich sind, und dann wird er alles tun, sie tatsächlich durchzuführen. Daraus könnten sich drastische und umfassende Wandlungen ergeben. Es kommt aber natürlich darauf an, daß diese Veränderungen aus den richtigen Gründen durchgeführt werden und man seine Erfahrungen und Früchte der harten Arbeit nicht Hals über Kopf verwirft.

Das Nichtstun ist die Sache des Skorpions nicht, es kann sogar schädlich für ihn sein. Diese Menschen werden sich auf den Ruhestand freuen, weil er ihnen Zeit für all die Dinge bringt, die sie schon immer hatten tun wollen – wenngleich die Zeit möglicherweise immer noch nicht ausreicht.

Gesundheit, Ernährung und Sport

Die Energie des Skorpions muß auf eine gleichmäßige und kontrollierte Weise zum Ausdruck kommen; in körperlicher Hinsicht ist dafür eine regelmäßige und kontrollierte Ernährung notwendig. Dies könnte Probleme machen, weil in bezug auf Essen und Trinken die Tendenz zu Maßlosigkeit besteht, welche häufig zu Magenbeschwerden oder auch zu Verstopfung führt. Maß zu halten ist für den Skorpion schwer, aber notwendig, sowohl beim Essen als auch beim Sport. Beim Sport ist es am Anfang vielleicht ein gesundes Interesse an der Bewegung, das später aus dem Ruder läuft und zu einer Quelle von Streß und Anspannung wird. Die Kampfkünste interessieren sie, nicht nur wegen ihres physischen, sondern auch wegen ihres spirituellen Elementes. Auch Schwimmen ist sehr günstig für sie.

Der Skorpionaszendent

Psychologischer Antrieb

Die machtvollen Persönlichkeitszüge des Skorpions prägen das ganze Horoskop, wenn dieses Zeichen am Aszendenten steht; die anderen Elemente treten damit meist in den Hintergrund. Die Charakteristiken dieses Zeichens können beim Aszendenten auf eine tiefere und bedeutungsvollere Art zum Ausdruck gebracht werden als bei der Sonne – was eine intensivierte Zielstrebigkeit, die Hinterfragung jeglicher

Aktivität oder auch die obsessive Tendenz zur Geheimniskrämerei bedeuten kann.

Wenn der Skorpion aufsteigt und der Löwe am MC steht, werden der skorpionhafte Antrieb und seine emotionalen Ressourcen durch die Organisations- und Führungseigenschaften des Löwen angereichert. Eine sehr eindrucksvolle Kombination – die zu einer herausragenden Machtposition führen kann. Auf jeden Fall ein bemerkenswertes Potential, das den Betreffenden womöglich autoritär und diktatorisch macht.

Mit dem Skorpionaszendenten hat der Mensch das Bedürfnis, sich selbst kennenzulernen. Sich vor anderen auszubreiten ist seine Sache nicht, man schaut in sich selbst und kann die eigenen Probleme klar und aufrichtig analysieren. Diese introspektive Neigung könnte den Eindruck erwecken, daß der Mensch sich selbst nicht unbedingt mag.

In der Beziehung zeigt die Person mit dem Skorpionaszendenten sich dem Partner gegenüber charmant und liebenswürdig, was nach außen hin nicht unbedingt deutlich wird. Sicherheit in emotionaler Hinsicht ist von ebenso großer Bedeutung wie in finanzieller; allerdings könnte es auch zu Eifersucht kommen. Unternimmt man nichts dagegen, ist womöglich eine klaustrophobische Atmosphäre die Folge, die schwer auf der Beziehung lastet. Wenn man unfähig oder nicht willens ist, die Probleme zu diskutieren, könnte es zu körperlichen Symptomen kommen, vielleicht auch zu einer blockierten Sexualität.

Die Progression in den Schützen

Läuft die Skorpionsonne progressiv in den Schützen, wird die Bestimmtheit durch ein lebhaftes, extravertiertes und enthusiastisches Reagieren auf Herausforderungen ergänzt. Es fällt dem oder der Betreffenden dann leichter, sich zu öffnen. Der Schütze ist ebenfalls ein Zeichen, das das Leben zu genießen weiß – was es in Punkto Ernährung für den Skorpion nicht einfacher macht. Eine Gewichtszunahme oder ein Problem mit der Verdauung ist dann hier auch nicht unwahrscheinlich.

Der Schütze könnte den Skorpion dazu bringen, mehr Risiken einzugehen, in physischer wie in finanzieller Hinsicht. Das Skorpion-Image, das für gewöhnlich sexuell orientiert ist und dunkle Farben einschließt, bekommt nun etwas Beiläufigeres; bei aller Konventionalität in der Erscheinung kleidet sich der Mensch nun vielleicht doch bequemer oder sportlicher.

Läuft der Skorpionaszendent progressiv in den Schützen, mindert sich die psychische Intensität des Ausdrucks; es macht sich statt dessen eine philosophischere Haltung bemerkbar. Befindet sich der Aszendent auf den ersten Graden des Skorpions, könnte sich diese Progression zu der Zeit ereignen, wenn sich die Person für eine Beziehung entscheidet. In diesem Fall dürften die Skorpion-Züge der Eifersucht in den Hintergrund treten.

Die traditionellen Zuordnungen zum Skorpion

Rhododendron

Geißblatt

Datum:
24. Oktober – 22. November

Der Ursprung
Es gibt im Gilgamesch-Epos (2000 v. Chr.) einen Skorpion-Menschen; das Symbol erscheint auch in Mesopotamien und tausend Jahre später in Ägypten. Sein Ursprung ist unbekannt

Herrschender Planet
Pluto (früher Mars)

Katzenminze

Buchsbaum

Blumen
Rhododendron, Geranie und andere Blumen, die auch schon beim Widder angeführt wurden (weil beide Zeichen früher zum Mars zählten)

Positivität/Geschlecht
Negativ, feminin

Element
Wasser

Qualität
Fix

Körperregion
Die Sexualorgane

Geranie

Weißdorn

Kräuter und Gewürze
Diejenigen, die man auch mit dem Widder verbindet, außerdem Aloe, Katzenminze

Käfer

Bäume
Weißdorn, buschig wachsende Bäume

Schwarzdorn

Tiere
Die meisten Insekten

Getreidekäfer

Washington

Zwiebel

Länder
Marokko, Norwegen, Transvaal, Algerien, Syrien, Korea, Uruguay

Städte
New Orleans, Washington D. C., Cincinatti, Milwaukee, St. John's (Neufundland), Fez, Valencia, Liverpool, Halifax, Hull

Nahrungsmittel
Nahrungsmittel mit starkem Eigengeschmack, wie beim Widder auch

Schütze ♐ 23. November – 21. Dezember

Herausforderungen sind für ein erfülltes Schütze-Leben sehr wichtig. Sobald er eine Sache zum Abschluß gebracht hat, widmet sich der Schütze der nächsten. Der Drang, sich neue Ziele zu setzen, kann so übermächtig werden, daß der Mensch nichts zu Ende führt. Der Enthusiasmus, Optimismus und die Lebensfreude des Schützen sind unübertroffen, sie müssen aber unter Kontrolle gehalten werden. Sein schlimmster Fehler – Unbeständigkeit – kann ein ernstes Problem sein, weil er nicht immer alles bis zur letzten Konsequenz durchdenkt.

Grundzüge des Wesens

Eine natürliche Aufgeschlossenheit und der innerliche Enthusiasmus regen den Schützen dazu an, Risiken einzugehen – welche nichts weniger als tollkühn sein können, besonders in jungen Jahren. Die Entwicklung ihres angeborenen intellektuellen Potentials kann diese Menschen aber vor dem Eingehen unnötiger Risiken schützen. Es käme für sie auch auf die Entwicklung einer philosophischeren Einstellung zum Leben an. Wenn ihr natürlicher Überschwang nicht kontrolliert wird, können sie zur Wildheit neigen. Ihre Lebensfreude und ihr Sinn für Humor sind amüsant, gehen manchmal aber zu weit – sie sollten sich darüber im klaren sein, daß derjenige, auf den ihr Spott gemünzt ist, wahrscheinlich nicht besonders fröhlich darauf reagieren wird.

Der Schütze ist ein weiteres der dualistischen Zeichen des Tierkreises; er besitzt Flexibilität. Konzentriert ein Projekt nach dem anderen zum Abschluß zu bringen aber verschafft mehr Befriedigung sowie auch eine gewisse Abwechslung.

Dieses Zeichen bringt eine umfassende Vision sowie die Fähigkeit, auch komplexe Situationen rasch zu erfassen. Diese Menschen sind aber nicht besonders für die Arbeit an Details begabt, weil diese sie eher langweilen. Ohne das Studium des Kleingedruckten aber können sich böse Überraschungen für sie ergeben.

Beziehung

Kein Schütze kann mit klaustrophobischen Verhältnissen zurechtkommen (er braucht z. B. ein Zimmer mit Aussicht), besonders nicht in persönlichen Beziehungen. Mit einem besitzergreifenden, argwöhnischen oder eifersüchtigen Partner wird es nicht lange gutgehen; ihr auf Unabhängigkeit ausgerichteter Geist widersetzt sich jeglicher Einschränkung der persönlichen Freiheit.

Der Sexualität stehen diese Personen ebenfalls mit schützehaftem Enthusiasmus gegenüber, gerade in jungen Jahren. Mit wachsender Erfahrung werden ihnen auch andere Eigenschaften wichtiger, Intelligenz z. B. sowie überhaupt die eher freundschaftlichen Bande.

Traditionelle Schütze-Eigenschaften

•

Optimistisch und freiheitsliebend
Jovial und gut gelaunt
Aufrichtig und geradeheraus
Intellektuell und philosophisch

•

Blindlings optimistisch und gedankenlos
Verantwortungslos und oberflächlich
Taktlos und unbeständig

Schlüsselworte

•

Philosophisch, freiheitsliebend, neugierig, spontan

Familie

Enthusiasmus ist bei jedem Kind etwas Schönes – das Schütze-Kind könnte aber so enthusiastisch sein, daß sein Enthusiasmus kontrolliert werden muß. Auch seine Wildheit muß eventuell gezügelt werden. Die Eltern sollten so früh wie möglich zu erkennen versuchen, wo seine wahren Interessen liegen. Es besteht hier ein außerordentlich großes Potential, welches aber einer festen Hand bedarf (was man das Kind aber nicht spüren lassen sollte). Wenn es etwas vollbracht hat – ob nun in der Schule, auf dem Sportplatz oder bei anderen außerschulischen Aktivitäten –, wirkt das nur noch zusätzlich anspornend. Schütze-Kinder haben ihre Probleme mit schulischer Disziplin, sind aber Argumenten zugänglich und leisten insofern begründeten Anordnungen Folge. Ihre sprachlichen Begabungen sollten von klein auf gefördert werden.

Als Eltern leisten Schützen Bemerkenswertes: Sie reagieren auf eine lebhafte Weise auf ihre Kinder, sie ermuntern sie in ihren Interessen und helfen ihnen dabei, gute Bücher zu finden. Allerdings ist es wichtig, daß die Schütze-Mutter dem Kind nicht ihre eigenen Interessen zum Opfer bringt, sondern sich auch Zeit für sich selbst nimmt. Idealerweise sollte sie sich schon bald nach der Entbindung neuen Zielen und Projekten widmen.

Beruf

Auch hier sind Herausforderungen von entscheidender Bedeutung; langweilige oder routinehafte Arbeiten sollten nach Möglichkeit vermieden werden. Auch das Arbeitsumfeld ist wichtig – ein schmales, verstaubtes Büro oder überfüllte Supermärkte sind unerträglich. Das Einkommen als solches ist nicht von vordringlicher Wichtigkeit – und wenn er Geld braucht, weiß der Schütze, wie er es beschaffen kann. Sein hartverdientes Geld gibt er wahrscheinlich vorwiegend für Studien, Bücher und Reisen aus, weniger für materielle Besitztümer. Kennzeichnend für ihn ist eine ausgeprägte Abenteuerlust (nicht immer in physischer Hinsicht); Arbeit, die ihn einmal aus seiner normalen Umgebung entführt, stimuliert ihn sehr. Wenn er sich, um nach oben zu kommen, auf krumme Sachen einläßt, kann ihm das sehr schaden, zumeist auch deshalb, weil er sich nicht über alle Details im klaren ist.

Der Schütze ruht sich nicht auf seinen Lorbeeren aus und ist nicht übermäßig ehrgeizig, was Erfolg im weltlichen Sinne oder seinen Status betrifft. Sich mit intellektuellen Anforderungen auseinanderzusetzen oder zu sehen, daß die früher getroffenen Entscheidungen Früchte tragen, wirkt dagegen sehr befriedigend auf ihn – es freut ihn auch zu

Der Symbolismus des Schützen

Esche
Geweih
EDELSTEIN
Der Topas wird als der Schütze-Edelstein angesehen
BLUMEN
Löwenzahn und Nelken sind Schütze-Blumen
BÄUME
Birke, Eiche und Esche sind Bäume, die mit dem Schützen zusammenhängen
Löwenzahn
Eiche
Nelken
FARBEN
Kräftige Lila- und Blautöne sind Schütze-Farben
HERRSCHENDER PLANET
Jupiter ist der Planet, der über den Schützen herrscht
FRÜCHTE
Maulbeere und Blaubeere sind Schütze-Früchte
Der Schütze mit seinem Bogen ist halb Tier und halb Mensch
Blaubeere
LÄNDER
Australien wird als ein Schütze-Land angesehen
TIERE
Tiere, die gejagt werden, wie z. B. der Hirsch, gehören zum Schützen

♃

sehen, daß andere von seiner Arbeit oder seinem Einfluß profitieren. Das Verlagswesen, das Gesetz oder auch die Kirche könnten hier von besonderem Interesse sein, vielleicht auch das Lehren an der Universität. Es besteht eine besondere Beziehung zumSport.

Veränderung, Freizeit und Ruhestand

Veränderungen bzw. das Bedürfnis danach wecken den Enthusiasmus des Schützen. Diese Menschen kommen gut mit wechselhaften Umständen zurecht. Ihr Bedürfnis nach Veränderung ist so stark, daß sie sie um ihrer selbst willen herbeiführen, manchmal aus einer augenblicklichen Langeweile heraus. Der Partner sollte sie zu Bedachtsamkeit anhalten, bevor sie Schritte unternehmen, die sich als weniger günstig erweisen als vermutet – das andere ist eben nicht immer das Bessere. Die Pensionierung eröffnet aufregende Perspektiven, und der Schütze wird diese Extrazeit wahrscheinlich gut zu nutzen wissen, vielleicht für Reisen.

Gesundheit, Ernährung und Sport

Eine Liebe zu herzhafter Nahrung und starken Getränken könnte Magenprobleme bedeuten. Wenngleich der Schütze den Sport liebt, könnte er doch an Gewicht zulegen – die meisten Schütze-Frauen werden dann auch früher oder später merken, daß ihre Hüften runder geworden sind. Die Tollkühnheit der meisten Schützen kann beim Sport eine überdurchschnittliche Unfallneigung bedeuten, z. B. gezerrte oder verhärtete Muskeln, besonders im Oberschenkel. Man sollte das, gerade in fortgeschrittenen Jahren, vor Augen haben.

Jede Form von sportlicher Aktivität macht zumeist Spaß – interessiert sich ein Schütze nicht für Sport, gilt es, sich auf andere Weise die notwendige Bewegung zu verschaffen. Wahrscheinlich ist er vorwiegend intellektuell ausgerichtet und braucht geistige Entspannung. Andererseits sollten diejenigen, die körperlich anstrengende Arbeit verrichten, sich zum Ausgleich intellektuellere Beschäftigungen suchen.

Der Schützeaszendent

Psychologischer Antrieb

Das Bedürfnis nach Herausforderungen, das schon für die Schützesonne so wichtig war, spielt beim Schützeaszendenten womöglich eine noch größere Rolle. Diese Menschen haben das, was man braucht, um ihr Potential vollständig auszuschöpfen; vorausgesetzt, sie finden eine gewisse Unterstützung, werden sie sich mit ständig zunehmendem Selbstvertrauen weiterentwickeln. Ihre hohen Erwartungen in Verbindung mit der positiven, optimistischen Haltung lassen sie vielleicht Großes leisten.

Mit einem ausgeprägten Wissen um die höheren Bereiche des Lebens zeichnen sie sich durch einen tiefgründigen

Charakter aus, was auch der Grund dafür ist, daß sie meist um ihre eigenen Schwächen wissen. Auf diese Weise ist dann eine persönliche Harmonie möglich, die bei ihrer Unbeständigkeit nicht unbedingt zu erwarten ist. Diese Menschen sind sich selbst gegenüber objektiv und an Selbsterkenntnis interessiert; es macht ihnen nichts aus, den Weg ins Innere zu gehen. Allerdings müssen sie sich Zeit zum Nachdenken nehmen; sie straucheln manchmal wegen der Annahme, daß sie alle Antworten wissen. In ihrer entwickeltsten Form aber sind diese Menschen die Tierkreis-Philosophen.

Was Beziehungen betrifft, kommt es auf freundschaftliche Bande und geistige Gemeinsamkeiten an. Viel sexuelle Energie – ein Partner aber, der nur ihren sexuellen Bedürfnissen gerecht wird, langweilt sie schnell. Intellektuelle Herausforderung ist gleichfalls sehr wichtig; ein beschränkendes Zusammenleben hat hier verheerende Folgen. Der Mensch könnte sich auf übermäßiges Essen oder Trinken verlegen oder Probleme mit der Leber bekommen.

Wenn das Leben nicht stimulierend wirkt, trübt sich die für gewöhnlich optimistische und enthusiastische Haltung, und eine völlig untypische Depression setzt ein. Ein Wandel des Lebensstils, vielleicht ein Umzug wären dann das Beste.

Die Progression in den Steinbock

Menschen mit der Sonne im Schützen sind unkonventionell und zumeist nicht besonders ehrgeizig – wenn aber die Sonne progressiv in den Steinbock läuft, nähern sie sich den Traditionen und Konventionen an und entwickeln vielleicht auch Ehrgeiz. Sie gewinnen dann einen Blick für Statussymbole. Der junge Schütze könnte zu dieser Zeit seiner Beziehung einen formaleren Rahmen zu geben versuchen; das »ausgeflippte« Schütze-Image, möglicherweise ein überbleibsel aus Studententagen, tritt nun vielleicht in den Hintergrund. Bei denjenigen, die am Anfang der Schütze-Phase geboren sind (vielleicht am 23. oder 24. November), könnte diese Progression mit der Saturnwiederkehr (siehe S. 312) zusammenfallen, was heißen würde, daß es dann unweigerlich zu einer Phase wichtiger Veränderungen und Entwicklungen kommt.

Bewegt sich der Schützeaszendent progressiv in den Steinbock, werden die wilderen Persönlichkeitszüge gezügelt und der Mensch denkt intensiver über seine Handlungen und ihre Auswirkungen nach. Damit tritt auch der blinde Optimismus zurück oder verbindet sich zumindest mit Vorsicht. Die innerliche Rastlosigkeit weicht nun der Geduld. Falls der oder die Geborene viel Sport getrieben hat, besteht jetzt die Gefahr, daß sich körperliche Beschwerden wie Arthritis oder Gelenkversteifungen zeigen. Mehr als auf alles andere kommt es darauf an, in Bewegung zu bleiben. Der Schütze-Ehrgeiz, der sich zumeist persönlich auswirkt, kommt durch die Progression in den Steinbock intensiver zur Geltung, er könnte sich insofern effektiver auswirken, als daß der Mensch nun seine Ziele direkter ansteuert.

Die traditionellen Zuordnungen zum Schützen

Datum:
23. November – 21. Dezember

Der Ursprung
Der Ursprung ist unbekannt; in früheren Zeiten verwechselte man Schütze und Skorpion miteinander – man fand nämlich in Babylonien Zentaurenfiguren mit Skorpionschwänzen

Birke

Bäume
Linde, Birke, Maulbeerbaum, Eiche, Esche, Kastanie, Distel

Zwiebeln

Rosinen und Korinthen

Nahrungsmittel
Zwiebel- bzw. knollenförmiges Gemüse, Grapefruit, Rosinen, Korinthen, Staudensellerie, Zwiebel, Lauch

Staudensellerie

Knoblauch

♃

Tiere
Pferde; Tiere, die gejagt werden

Nelken

Blumen
Nelken, Löwenzahn

Salbei

Borretsch

Zimt

Herrschender Planet
Jupiter

Positivität/Geschlecht
Positiv, maskulin

Element
Feuer

Qualität
Veränderlich

Körperregion
Hüften, Oberschenkel und die Leber

Preiselbeere

♐

Kräuter und Gewürze
Salbei, Anis, Balsam, Springkraut, Preiselbeere, Borretsch, Zimt, Ampfer, Leimkraut

Länder
Spanien, Australien, Ungarn, Südafrika, Arabien, ehem. Jugoslawien

Städte
Toledo, Stuttgart, Budapest, Köln, Sheffield, Avignon, Toronto, Neapel

Steinbock ♑ 22. Dezember – 20. Januar

Das Zeichen der Kontraste. Steinböcke haben ein großes Potential für Erfolge in sich – wenngleich sich manche weigern, das anzuerkennen und sich statt dessen eine pessimistischere Haltung zulegen, wodurch das Potential vielleicht unentfaltet bleibt. Es gibt Steinbock-Menschen, die ehrgeizig und hoffnungsvoll sind und die mit ihrer Energie und Willenskraft alle Ziele verwirklichen; auf der anderen Seite gibt es die Vertreter dieses Zeichens, die es zwar ebenfalls gut machen wollen, die aber zuviele Hemmungen und zuwenig Selbstvertrauen besitzen oder die träge sind.

Grundzüge des Wesens

Beide Arten von Steinböcken sind konventionell, manchmal in einem geradezu sklavischen Ausmaß. Es ist ihnen wichtig, daß sie mit ihren Taten keinen Anstoß erregen. Beide Typen verfügen über einen wunderbar schrulligen Humor, der in einem lebhaften Kontrast zu ihrer gelegentlich eher mürrischen Art steht. Beide sind methodisch und klug. Manchmal mangelt es den erfolgreichen an Selbstvertrauen, während die weniger zuversichtlichen und erfolgreichen Vertreter sich von ihrer Negativität befreien und es schaffen, das Leben auf eine bemerkenswert gelöste Weise zu genießen (was vielleicht mit einem Merkur im Schützen zusammenhängen könnte).

Eines der liebenswertesten Merkmale ist der bereits angeführte abgründige Humor, der auch bei den ernsthaftesten und förmlichsten Steinböcken unvermittelt hervortreten kann. Geduld und Einsicht sind ihre Stärken – wenngleich die weniger selbstsicheren das nicht wahrhaben wollen, sondern erst davon überzeugt und zur Entwicklung von langfristigen Zielen angehalten werden müssen. Der erwartungsvolle und sich seiner selbst sichere Steinbock dagegen ist sehr diszipliniert. Bei einem Mangel an Selbstvertrauen aber führt diese Disziplin möglicherweise zu nichts. Es kann schwierig sein, am Sonnenzeichen Steinbock nette und liebenswürdige Züge auszumachen – glücklicherweise ist dies aber nur eine Seite des Charakters.

Traditionelle Steinbock-Eigenschaften

•

Praktisch und klug
Ehrgeizig und diszipliniert
Geduldig und umsichtig
Humorvoll und zurückhaltend

•

Pessimistisch und fatalistisch
Geizig und mürrisch
Übermäßig konventionell und steif

Schlüsselworte

•

Intelligent, strebsam, bedächtig, griesgrämig

Beziehung

Steinböcke halten nichts davon, nach der Ehe erst einmal in eine enge Mansardenwohnung ziehen zu müssen, weshalb sie die Bindung zumeist so lange hinausschieben, bis sie sich etabliert haben, gegebenenfalls erst in vorgerückten Jahren. Vielleicht entscheiden sie sich für einen Partner, der eine Vater- bzw. Mutterfigur für sie darstellt. Möglicherweise heiraten sie auch aus finanziellen oder gesellschaftlichen Erwägungen heraus. Das emotionale Niveau ist eher niedrig, und es fällt ihnen schwer, ihre wahren Gefühle zu zeigen. Sie müssen das erkennen sowie, daß ihre Partner das Gefühl haben müssen, geliebt zu werden, ganz besonders dann, wenn der Steinbock sehr mit seiner Karriere beschäftigt ist.

Familie

Steinbock-Kinder sind sehr loyal und haben das Bedürfnis, stolz auf ihre Eltern zu sein – diese wiederum müssen sich darüber im klaren sein, daß ihre Kinder sehr konventionell veranlagt sind und einen sicheren, strukturierten und disziplinierten Hintergrund brauchen. Gleichfalls nötig ist eine wohlmeinende Unterstützung. Und die beste Anerkennung ist mehr Verantwortung und eine Taschengelderhöhung. Selbstvertrauen und Lebensfreude müssen hier fortwährend gefördert werden, wenn die Kinder nicht allzu ernsthaft und altklug aufwachsen sollen. Man sollte sich auch keine Gedanken machen, wenn das Kind in der Klasse nicht an der Spitze steht, zumindest so lange nicht, wie es gleichmäßige Fortschritte erzielt. Ihr Ehrgeiz aber sollte ständig gefördert werden.

Der Steinbock als Vater oder als Mutter ist sehr auf erfolgreiche Kinder aus, muß aber darauf achten, Liebe und Zuneigung offen zum Ausdruck zu bringen, nicht nur in Form von kostspieligen Geschenken, sondern auch durch gemeinsam verbrachte Zeit. Ehrgeizige Steinböcke können sich derart intensiv mit ihrer Karriere und dem Geldverdienen beschäftigen – alles zum Wohle der Familie –, daß sie ihr Zuhause gar nicht genießen. Im Extremfall entdecken sie dann vielleicht irgendwann einmal, daß sie ihr Heim mit erwachsenen Menschen teilen, die ihnen mehr oder weniger fremd sind, besonders dann, wenn sie die Kinder aufs Internat geschickt haben. Daß moralische Disziplin wichtig ist, versteht sich von selbst; Steinbock-Eltern könnten allerdings allzu streng sein, gerade während der Teenagerjahre, wenn der Nachwuchs zur Auflehnung gegen die Eltern neigt.

Beruf

Vielen anderen Tierkreiszeichen fällt es schwer, mit Verantwortung umzugehen, weil sie oftmals Einsamkeit bedeutet – nicht so dem selbstbewußten Steinbock, dem es häufig sehr recht ist, ein eigenes Büro zu haben und damit die Kollegen auf Distanz zu halten. Auch er aber muß gelegentlich Erkundigungen und Rat einholen, was ihn vielleicht insgeheim schuldbewußt macht, weil er der Ansicht ist, alles wissen zu müssen. Auch das ist wieder eine Frage des Selbstbewußtseins. Nicht alle Steinböcke neigen zu der autoritären Einstellung; in ihrem Leben gibt es aber doch den einen oder anderen Bereich, auf dem eine solche Haltung deutlich zum Ausdruck kommt. Der Steinbock erklimmt die Leiter zum Erfolg auf eine

Der Symbolismus des Steinbocks

Edelstein
Amethyst und Türkis sind die Edelsteine, die man für gewöhnlich mit dem Steinbock verbindet
Türkis
Metall
Blei ist das Steinbock-Metall
Bäume
Weide, Föhre, Pinie und Ulme sind Steinbock-Bäume
Weide (gemeinsam mit den Fischen)
Pinie
Stiefmütterchen
Wildes Stiefmütterchen
Amethyst
Herrschender Planet
Saturn ist der herrschende Planet des Steinbocks
Länder
Indien ist eines der Länder, das vom Steinbock regiert wird
Blumen
Efeu und Stiefmütterchen sind Steinbock-Blumen
Farben
Steinbock-Farben sind zumeist gedämpft; sie beinhalten Dunkelgrün, Grau, Schwarz und Braun
Kräuter
Schwarzwurz, Schierling und Bilsenkraut werden mit dem Steinbock in Verbindung gebracht
Schierling
Schwarzwurz
Mythologie
Die Ziege ist das Tier dieses Zeichens – es wird stets mit einem Fischschwanz dargestellt, was mit dem Steinbock-Mythos zusammenhängt
Tiere
Ziegen und andere Huftiere, wie z. B. das Schwein, werden vom Steinbock regiert

gleichmäßige Weise; der Versuch, mehrere Stufen auf einmal zu nehmen, endet zumeist in einem Desaster. Auf der anderen Seite ist es für ihn möglich, oben anzukommen, und er sollte sich dann auch sehr hochgesteckte Ziele setzen.

Die Einstellung zu Geld ist eine sehr vorsichtige – was in der Tat Geiz bedeuten könnte. Schon am Anfang des Berufslebens dürften sich diese Menschen von Sparplänen angezogen fühlen; und wenn sie genug Geld haben, geben sie es vielleicht für Menschen aus, die sie beruflich fördern können. Man findet Steinböcke in allen Berufen – eine spezielle Begabung aber haben sie für die Verwaltung, das Bank- und Finanzwesen, den Immobiliensektor sowie für den Beruf des Zahnarztes oder des Chiropraktikers. Der erfolgreiche Geschäftsmann, der es aus eigener Kraft geschafft hat, ist ebenfalls häufig ein Steinbock.

Veränderung, Freizeit und Ruhestand

Die Steinbock-Begabung für langfristige Planungen könnte bedeuten, daß man erkennt, wenn Phasen der Veränderung bevorstehen. Es ist typisch, daß alle Veränderungen hier zu positiven materiellen Entwicklungen führen, was dann wiederum zum persönlichen Selbstvertrauen und einer positiven Haltung beiträgt. Umsichtiges Sparen und Investieren gewährleistet zumeist einen hohen Lebensstandard nach der Pensionierung. Diese Menschen dürften zumeist kein Problem damit haben, ihre wohlverdiente freie Zeit mit den Aktivitäten auszufüllen, die sie schon immer gereizt haben. Als Erdzeichen macht der Steinbock seine Vertreter für die Gartenarbeit geneigt oder zumindest für eine Tätigkeit an der frischen Luft. Gleichermaßen ist dies ein sehr musikalisches oder auch literarisches Zeichen.

Gesundheit, Ernährung und Sport

Die meisten Steinböcke achten sehr auf ihre Ernährung, weil sie wissen, daß Maßlosigkeit negative Folgen hat. Sie sollten aber speziell die Kalziumzufuhr im Blick haben! Der beste Rat, den man ihnen geben kann, ist, immer in Bewegung zu bleiben – die langen Stunden am Schreibtisch können nämlich schnell zu versteiften Gelenken oder zu Arthritis führen. Besonders achtgeben sollte man auf die Knie (der Körperteil, der dem Steinbock untersteht)! Weiterhin gehören zu diesem Zeichen die Zähne und die Haut. Wie ihre Partner auf der anderen Seite des Tierkreises, die Krebse auch, müssen sie vorsichtig beim Sonnenbaden sein.

Der Steinbockaszendent

Psychologischer Antrieb

Das Hauptproblem könnte hier ein schwankendes Selbstvertrauen sein – in einem Augenblick denken diese Leute vielleicht, die Welt regieren zu können,

im nächsten schaffen sie es vielleicht nicht, einen Zettel für den Milchmann zu schreiben. Dies könnte auch bedeuten, daß sie auf verschiedenen Gebieten sehr zuversichtlich und auf anderen sehr nervös sind. Vielleicht haben sie überhaupt keine Probleme mit den Anforderungen am Arbeitsplatz, halten sich aber für unfähig, eine enge Beziehung zu führen. Dies geht häufig auf das Problem zurück, sich selbst mit Abstand zu sehen, was zur Folge hat, daß sie ihre besonderen Fähigkeiten nicht erkennen.

Es mag vielleicht überraschen – wenn diese Menschen sich erst einmal für eine dauerhafte Beziehung entschieden haben, erweisen sie sich als fürsorgliche und sehr rücksichtsvolle Partner, die ein Gespür für die Bedürfnisse des anderen haben und ihre Gefühle frei zum Ausdruck bringen können. Dies wird aber in erster Linie nur dem Partner bewußt werden. Die Neigung zu Ängsten und Sorgen könnte sich mit der Anteilnahme am Geschick des Partners noch verstärken.

Probleme äußern sich vielleicht in körperlicher Weise in Form von Verdauungsbeschwerden oder im Extremfall auch als Magengeschwür oder Hautkrankheit. Sie geben sich womöglich allzuschnell negativen Launen hin, auch bei Rückschlägen geringfügigerer Art, weshalb Pessimismus für sie ein Problem sein kann. Körperliche Aktivität kann hier als Gegengift wirken; und Musik macht sie vielleicht ruhiger und gelassener. Mehr als auf alles andere sollten diese Menschen auf ihre angeborenen Fähigkeit der Rationalität bauen. Sie sollten nicht nur auf das Materielle, sondern auch auf das Spirituelle setzen.

Die Progression in den Wassermann

Wenn die Sonne progressiv in den Wassermann läuft, ergänzt sich der Steinbock-Drang, es allein zu schaffen, mit dem Wassermann-Bedürfnis nach Unabhängigkeit. Weil aber der Steinbock das konventionellste und der Wassermann das unkonventionellste Zeichen ist, könnte sich die Haltung radikal ändern. Wenn die Sonne in den Wassermann kommt, da sich der junge Steinbock mit seiner Persönlichkeit zu arrangieren versucht, ist das sehr günstig, weil es eine größere Freiheit des Ausdrucks ermöglicht.

Es besteht hier häufig ein besonderes mathematisches oder auch wissenschaftliches Potential. Der Wassermanneinfluß modifiziert das konventionelle Steinbock-Image insofern, als daß man Geschmack an modischen oder außergewöhnlichen Kleidungsstücken findet, was ein willkommenes Element der Originalität bedeuten kann. Des weiteren könnte sich die Tendenz zu einem unvorhersehbaren und manchmal sehr dickköpfigen Verhalten manifestieren.

Wenn der Steinbockaszendent in den Wassermann tritt, macht sich eine unkonventionellere Haltung bemerkbar. Der Mensch wird damit extravertierter, objektiver und optimistischer. Die Notwendigkeit, in Bewegung zu bleiben, gewinnt vielleicht noch mehr Gewicht, weil der Wassermann mit dem Kreislauf zusammenhängt.

Die traditionellen Zuordnungen zum Steinbock

Datum:
22. Dezember – 20. Januar

Der Ursprung
Der babylonische Gott Ea trug einen Umhang, der einer Fischhaut ähnelte, einschließlich Kopf und Schwanz. Er wurde unter anderem die »Antilope des Meeres« genannt – gibt es eine bessere Beschreibung für eine Ziege mit einem Fischschwanz? Er kam aus den Meeren, um die umherziehenden Menschen Weisheit zu lehren

Espenlaub

Kiefernzapfen

Ulmenlaub

Laub der Weide

Bäume
Pinie, Ulme, Eibe, Weide, Espe, Pappel

Tiere
Ziegen und alle Huftiere

Herrschender Planet
Saturn

Flockenblume

Positivität/Geschlecht
Negativ, feminin

Element
Erde

Qualität
Kardinal

Körperregion
Die Knie, Haut, Knochen und Zähne

Schwarzwurz

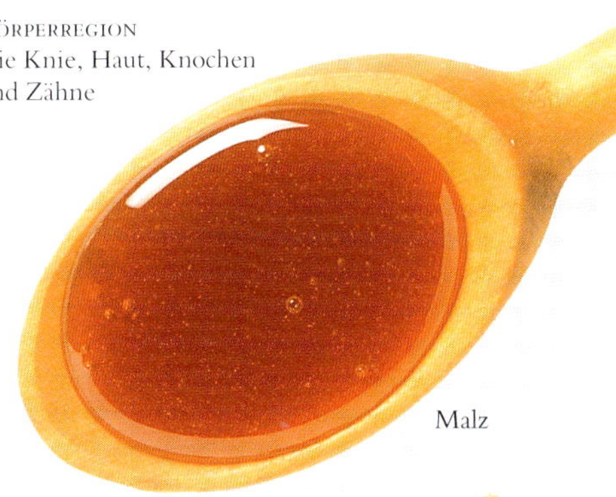
Malz

Weizenmehl

Getrockneter Schwarzwurz

Kräuter und Gewürze
Hanf, Schwarzwurz, Flockenblume, Schierling und Bilsenkraut

Taj Mahal

Länder
Indien, Mexiko, Afghanistan, Mazedonien, Thrakien, Albanien, Sachsen, Bulgarien, Litauen, die Küste des ehem. Jugoslawiens, Orkney- und Shetland-Inseln

Städte
Oxford, Neu Delhi, Mexico City, Gent, Port Said, Brüssel, Constanta, Mecklenburg; zum Steinbock werden auch die administrativen Zentren der Hauptstädte gerechnet

Blumen
Efeu, Amaranth, Stiefmütterchen

Stiefmütterchen

Pasta

Nahrungsmittel
Fleisch, Kartoffeln, Gerste, Rübe, Spinat, Malz, Mispel, Zwiebel, Quitte, stärkehaltige Speisen

Wassermann ♒ 21. Januar – 18. Februar

Das Wassermann-Bedürfnis nach Unabhängigkeit darf niemals unterschätzt werden – es ist von grundlegender Wichtigkeit, daß der Wassermann den ihm gemäßen Lebensstil entwickelt. Sie stehen zwar im Rufe einer großen Freundlichkeit, zeichnen sich doch aber durch eine gewisse Distanz sowie die Abneigung aus, ihr Leben in der Öffentlichkeit zu führen. Ihre natürliche Aufgeschlossenheit kommt mit viel Hilfsbereitschaft zum Ausdruck – wer in Not ist, kann auf ihren Beistand rechnen. Dabei gehen sie an die Probleme mit Logik, Objektivität und ohne gefühlsmäßige Verstrickung heran.

Traditionelle Wassermann-Eigenschaften

•

Freundlich und humanitär
Aufrichtig und loyal
Originell und erfinderisch
Selbständig und intellektuell

•

Unverträglich und auf Widerspruch aus
Andersartig und unberechenbar
Unsensibel und abgehoben

Schlüsselworte

•

Unabhängig, fortschrittlich, distanziert

Grundzüge des Wesens

Wassermänner besitzen einen originellen und idealistischen Zug; je konstruktiver sie ihn zum Ausdruck bringen, desto erfüllter wird ihr Leben sein. Allerdings müssen sie darauf achten, daß es zu keinen Exzessen kommt; ihre Mitmenschen könnten ansonsten peinlich berührt oder sehr gekränkt reagieren.

Der Wassermann ist ein Luftzeichen, und seine Vertreter haben Luft dann auch sehr nötig, im konkreten wie im übertragenen Sinn. Sie müssen erkennen, daß sie mitunter sehr dickköpfig sind, was sie zu kontrollieren versuchen sollten. In jungen Jahren könnten sie sich als Führer ihrer Generation erweisen – vielleicht aber bleiben sie auch in späteren Jahren ihren frühen Idealen verhaftet, womit sie sich dann möglicherweise als sehr konservativ erweisen.

Eine positive und optimistische Haltung, selbst angesichts von Schwierigkeiten. Wassermänner verlieren kaum je einmal die Hoffnung; ihre natürliche Humanität läßt sie erkennen, daß es viele andere gibt, die schlechter dran sind als sie selbst. Der Hauptfehler ist für gewöhnlich Sprunghaftigkeit; mit ihrem Drang nach Unabhängigkeit aber können sie sich auch als unnahbar erweisen, was emotional problematisch sein kann. Die Partner und Freunde könnten manchmal den – gerechtfertigten – Eindruck gewinnen, daß ihr Tun vom betonten Wunsch, anders zu sein als andere, motiviert ist.

Beziehung

Von allen Zeichen fällt es bei der Wassermannsonne am schwersten, eine emotionale Beziehung einzugehen bzw. aufrechtzuerhalten. Der machtvolle Drang nach Unabhängigkeit macht es diesen Menschen schwer, andere an ihrem Leben teilhaben zu lassen – sie wissen insgeheim, daß sie damit ihren Lebensstil ändern müssen und Freiraum einbüßen. Es ergibt sich für sie des öfteren ein Single-Dasein. Trotzdem gibt es im Wassermann auch einen romantischen Zug; ist er einmal eine Beziehung eingegangen, erweist er sich dann auch – ähnlich dem Steinbock – als sehr loyal. Die Venusstellung läßt hier Näheres erkennen; sie kann die Haltung des Menschen mit der Wassermannsonne stark modifizieren.

Familie

Die Originalität und das Bedürfnis nach Andersartigkeit zeigen sich schon bei Kindern dieses Zeichens, die im großen und ganzen positiv und fröhlich und kaum je von dem abzubringen sein dürften, was sie sich einmal in den Kopf gesetzt haben. Eltern sollten auf Widerspenstigkeit gefaßt sein – das beste Mittel, die gewünschte Reaktion zu erhalten, ist, das Gegenteil davon vorzuschlagen. Unkonventionalität ist sehr wichtig für diese Kinder. Auf jeden Fall sind sie rational veranlagt und zugänglich für Argumente. Dies könnte sich in späteren Jahren als Aktivposten erweisen.

Wassermann-Kinder sind von ihrem Wesen her aufgeschlossen, leider aber manchmal auch etwas naiv, weshalb sie womöglich allzuleicht auf Fremde hereinfallen. Von klein auf ist hier zu einem gesunden Mißtrauen zu raten! Günstig für junge Wassermänner ist die Arbeit für wohltätige Organisationen. Kreative und wissenschaftliche Neigungen sollten ebenfalls unterstützt werden. Diese Kinder haben vielfach einen ausgesprochenen Sinn für das Dramatische, neigen allerdings auch zum Übertreiben.

Wassermann-Eltern haben eine sehr eigenständige Einstellung zum Thema Erziehung. Es gilt für sie zu erkennen, daß das Kind womöglich konventioneller als sie ist – es wäre falsch, es in eine Form zu zwingen, nur weil sie das für richtig halten. Dem Kind könnte Sicherheit und Disziplin das Wichtigste sein. Wassermann-Eltern sollten sich immer die Frage stellen, ob sie mit der Zeit gegangen sind. Unwillkürlich werden sie dies erst einmal bejahen; bei längerem Nachdenken aber wird sich zeigen, ob das wirklich stimmt. Es ist eben nicht so, daß sie automatisch ihre Kinder verstehen; vielmehr kommt es darauf an, daß sie ihnen wirklich zuhören. Trotz mancher Probleme sind diese Menschen zumeist lebhafte Väter oder Mütter und dazu fähig und willens, das Potential ihrer Kinder bestmöglich zu fördern.

Beruf

Der Wassermann braucht den Freiraum, seine Arbeiten auf die ihm entsprechende Art zu verrichten, unbeschränkt durch feste Routine oder einengende Ratschläge. Er möchte seinen Erfindungsgeist bei der Arbeit zum Ausdruck bringen, ob nun in wissenschaftlicher oder kreativer Hinsicht (oder beidem). In der einen oder anderen Weise werden sich diese Menschen sehr innovativ zeigen. Sie besitzen eine Begabung für den kommunikativen Bereich, für den technischen Aspekt des Rundfunks und auch

Der Symbolismus des Wassermanns

EDELSTEIN
Der Aquamarin ist der Wassermann-Edelstein

FARBEN
Ein kräftiges Blau und Türkis sind die typischen Wassermann-Farben

BLUMEN
Die Orchidee ist eine Wassermann-Blume

ELEMENT
Der Wassermann ist ein Luftzeichen. Viele Astrologen sind der Ansicht, daß er lebensfördernden Geist in den Äther schickt

BÄUME
Die meisten obsttragenden Bäumen gehören zum Wassermann

Apfelblüte

Birnbaum

VÖGEL
Der Wassermann herrscht über Vögel, die weite Entfernungen zurücklegen können, wie z. B. der Albatross

HERRSCHENDER PLANET
Uranus ist der Planet, der über den Wassermann herrscht

LAND
Rußland ist ein Wassermann-Land; seine Hauptstadt, Moskau, wird ebenfalls von diesem Zeichen regiert

für alles, was mit dem Fliegen zusammenhängt. Trotz ihres deutlich ausgeprägten Ehrgeizes ist ihnen eine Arbeit wichtig, bei der auch menschliche Belange nicht zu kurz kommen. Sozial- oder Verwaltungsarbeit für eine große wohltätige Organisation wäre auch etwas für sie. Geld bedeutet ihnen nicht all zuviel.

Veränderung, Freizeit und Ruhestand

Wassermänner stört es sehr, wenn sie auf wichtige Entscheidungen warten müssen – oder wenn sie fühlen, daß eine wichtige Veränderung ansteht, ohne daß sie genau wissen, wann. Mit abrupten Entscheidungen – von anderen oder sich selbst – haben sie kaum Probleme. Sie können aus einer momentanen Verärgerung heraus die spontane Entscheidung treffen, einen guten Job hinzuwerfen. Wassermänner sollten es nicht dazu kommen lassen, daß sie schon zehn Jahre vor der Pensionierung anfangen, Trübsal zu blasen – statt dessen sollten sie darangehen, neue Interessen zu entwickeln, die sie dann vertiefen können, wenn es soweit ist. Wenn der Arbeitsalltag trübe, konventionell oder wenig anregend war, kann sich der Mensch darauf freuen, endlich einmal seine Originalität, kreative oder wissenschaftliche Neigungen zum Ausdruck zu bringen. Möglicherweise müssen sich diese Personen auch Gedanken zu notwendigen Anpassungen machen, vielleicht wäre ein Teilzeitjob zur Aufbesserung ihrer Rente sinnvoll.

Gesundheit, Ernährung und Sport

Der Kreislauf könnte zu Sorgen Anlaß geben. Wassermänner fühlen sich häufig bei Kälte sehr wohl; wie die Steinböcke auch genießen sie dieses Wetter, sollten aber warme, leichte und windabweisende Kleidung tragen, welche aber nicht ihre Bewegungsfreiheit einschränkt. Beim Sport ist ein kreatives Element wichtiger als dumpfe Monotonie. Wie die anderen Luftzeichen auch profitieren Wassermänner am meisten von einer leichten und nahrhaften Kost. Dieses Zeichen herrscht über die Knöchel, welche vielleicht Probleme machen – Übungen zu ihrer Stärkung und Schuhwerk, das sie unterstützt, sind eine gute Sache, speziell auch beim Skifahren oder anderen Wintersportarten.

Der Wassermannaszendent

Psychologischer Antrieb

Wie bei der Wassermannsonne auch besteht ein sehr großes Bedürfnis nach Unabhängigkeit; und der Mensch könnte einen recht distanzierten Eindruck machen. Es fällt schwer, der mysteriös wirkenden Person mit einem Wassermannaszendenten wirklich nahezukommen. Für den Betreffenden selbst gilt es, sich des Unterschiedes zwischen Unabhängigkeit und Isolation bewußt zu sein. Psychische Integration ist dann

möglich, wenn man erkennt, daß freundliche Aufgeschlossenheit und Mitgefühl auch zum Ausdruck gebracht werden müssen. Diese Menschen streben zwar nach Selbsterkenntnis, sind aber sehr eigensinnig und versuchen vielleicht zu ignorieren, daß sie sich ändern sollten. Mit Sturheit und Eitelkeit tun sie sich selbst aber keinen Gefallen.

Das Problem, die Selbständigkeit für eine dauerhafte Beziehung aufzugeben, ist fortwährend aktuell. Der ideale Partner ist vielleicht der, der sich zurückhält und sich darauf beschränkt, eine unterstützende Rolle zu spielen. Diese Menschen möchten stolz auf ihre Partner sein, und wahrscheinlich schreiben sie ihnen außergewöhnliche Qualitäten zu. Für gewöhnlich sehr viel Großzügigkeit, allerdings könnte die Neigung zur Sturheit das Zusammenleben erschweren. Insofern ist es von grundsätzlicher Bedeutung, daß diese Menschen Kompromißbereitschaft entwickeln. Man frage sich: Will man einen Partner oder eine Beziehung?

Wassermänner, die sich zu sehr auf ihr Inneres konzentrieren, werden vielleicht zu Hypochondern. Der Hang zur Andersartigkeit könnte sie auch in die andere Richtung treiben, womit sie vielleicht alle gesundheitlichen Beschwerden ignorieren. Und gleichfalls möglich ist, daß sie neue Heilmethoden mit großem Interesse verfolgen. Weil der Wassermann über den Kreislauf herrscht und das gegenüberliegende Zeichen Löwe über das Herz, sollten Wassermänner dieses Organ mit regelmäßiger sportlicher Aktivität fit halten. Psychologisch motivierte Probleme könnten zu Rückenschmerzen führen.

Die Progression in die Fische

Wenn die Sonne progressiv in die Fische läuft, fühlt sich der Wassermann verwirrt, weil seine Gefühle nun in Fluß und nach außen hin deutlicher zum Ausdruck kommen. Er muß dann auch lernen, seiner Intuition zu trauen. Zwischen dem warmherzigen, emotionalen Ansatz der Fische und der viel kühleren, abgehobenen, logischen Haltung des Wassermanns besteht ein großer Unterschied. Allerdings sind diese sich irgendwann ergebenden Veränderungen nicht sehr stark. Das modische und etwas exzentrische Wassermann-Bild allerdings könnte mit ihnen aber doch etwas gemildert werden. Womöglich machen sich dann auch die häufig unterdrückten romantischeren Züge bemerkbar, besonders bei der Kleidung.

In der nördlichen Hemisphäre steigen Wassermann und Fische ziemlich schnell auf – selbst bei einem Wassermannaszendenten auf den ersten Graden dieses Zeichens kann diese Progression deshalb ziemlich früh eintreten. Die Eltern sollten hier auf subtile Veränderungen der Persönlichkeit gefaßt sein und versuchen, auf deren konstruktiven Ausdruck hinzuwirken. Die wassermannhafte Offenheit und Freimütigkeit könnte jetzt von einer geheimniskrämerischen Tendenz abgelöst werden.

Die traditionellen Zuordnungen zum Wassermann

DATUM:
21. Januar – 18. Februar

DER URSPRUNG
Der ägyptische Gott Hapi wässerte die Erde aus zwei Krügen; allerdings scheint es auch eine Verbindung mit Ea (siehe Steinbock) zu geben, der manchmal »Gott der zwei Ströme« genannt wird

HERRSCHENDER PLANET
Uranus (früher Saturn)

Orchidee

BLUMEN
Orchideen, Goldregen

Weißwurz

POSITIVITÄT/GESCHLECHT
Positiv, maskulin

ELEMENT
Luft

QUALITÄT
Fix

KÖRPERREGION
Schienbeine und Knöchel, der Kreislauf

Russische Puppen

STÄDTE
Moskau, Salzburg, Bremen, Hamburg, Leningrad

LÄNDER
Rußland, Schweden, Polen, Abessinien, Israel, Iran

Pfeffer

Chilies

KRÄUTER UND GEWÜRZE
Kräuter und Gewürze mit einem scharfen oder ungewöhnlichen Geschmack

Sternfrucht

Limone

NAHRUNGSMITTEL
Nahrung, die sich hält: Tiefkühlware, Äpfel, Zitrusfrüchte, Trockenfrüchte

Kiwis

Trockenfrüchte

Kumquat

TIERE
Große Vögel, die weit fliegen können

Adlerfedern

Holunderbeere

BÄUME
Obstbäume

Fische ♓ 19. Februar – 20. März

Das Symbol dieses Zeichens – zwei Fische, die in entgegengesetzte Richtungen schwimmen – läßt die fundamentale Spannung im Fische-Charakter ahnen: ein Widerspruch in sich. Freundlichkeit verbindet sich mit einer intuitiven Auffassungsgabe, was den Fisch zum besten aller Freunde macht. Fische sind aufgeschlossen, wohltätig und opferbereit; ihre Bereitschaft aber, anderen beizustehen, ist gleichzeitig ihr Fallstrick: Sie führen sie als Entschuldigung dafür an, daß sie es versäumen, ihr großes Potential zu entfalten und ihre eigenen Ziele zu verfolgen.

Grundzüge des Wesens

Es fällt dem Fische-Menschen häufig schwer, der Realität ins Auge zu sehen. Die Überzeugung »So wie es kommt, so ist es recht« kann sie sehr in die Irre führen und sie im schlimmsten Fall träge und lethargisch machen. Stets den Weg des geringsten Widerstandes zu gehen und sich selbst etwas vorzumachen, weil man die harte Realität nicht ertragen kann, sind die größten Schwächen dieses Zeichens.

Die farbige Fische-Phantasie in Verbindung mit einem kreativen und positiven Ausdruck ist ein großer Aktivposten; Fische-Menschen müssen aber darauf achtgeben, daß ihre Vorstellungen nicht negativ wirken, indem z. B. aus kleinen Problemen im Geist sofort große werden. Dies würde bedeuten, daß die negativen Fische-Züge die Oberhand gewinnen. Wenn der Fisch seine Phantasie kreativ ausdrückt und ein Ventil dafür findet (vielleicht durch die Kunst oder ein Handwerk), kann er Dinge zustande bringen, die ihn selbst am meisten überraschen. Der Überlieferung nach könnte es sich hier um einen Poeten handeln – was aber im weitestmöglichen Sinn zu verstehen ist; es bezieht sich auf den kreativen Einsatz der Phantasie auf allen Lebensbereichen.

Die Weigerung, die Realität anzuerkennen, kann auch bedeuten, daß der Mensch beim besten Willen die Dinge nicht so sieht, wie sie sind. Diese Art von Selbsttäuschung kann sehr gefährlich sein und den Fisch zum Lügen bringen – aus dem Grund, Nahestehende nicht verletzen zu wollen. Er macht damit aber alles nur noch schlimmer! Menschen mit der Fischesonne müssen sich geistig gemäß ihrer eigenen Art entwickeln, womit sie vielleicht Ausflüchte bei Entscheidungen vermeiden können. Die Stellung von Merkur im Horoskop ist hierbei gründlich zu analysieren.

Traditionelle Fische-Eigenschaften

•

Phantasievoll und empfindlich
Mitfühlend und freundlich
Selbstlos und idealistisch
Intuitiv und sensibel

•

Ausweichend und weltfremd
Geheimniskrämerisch und vage
Willensschwach und leicht zu leiten

Schlüsselworte

•

Nebulös, beeindruckbar,
für Täuschungen anfällig

Beziehung

Der Fische-Mensch bringt seine Emotionen in der Beziehung zum Ausdruck, und es könnte sein, daß der Partner mit Zuneigung nur so überschüttet wird; vorausgesetzt, er hat seine Emotionen im Griff, kann er der Partnerschaft etwas ganz Besonderes verleihen – aber überraschend triviale Geschehnisse können bei ihm zu Szenen führen. Die Fische-Person ist romantisch und sentimental; wenn sie sich verliebt hat, neigt sie zum Blick durch die rosarote Brille; nur infolge von bitteren Erfahrungen lernt sie, diesen so zu sehen, wie er ist, mit all seinen Fehlern. Wenn diese Menschen die Fähigkeit entwickeln, die Realität zu erkennen, können sie Beziehungen auf ein solideres Fundament stellen. Nicht übermäßig leidenschaftlich veranlagt, ist ihre Sichtweise der Sexualität eher romantisch und sanft.

Familie

Es ist wichtig, daß die Eltern des Fische-Kindes auf Ehrlichkeit und Zielstrebigkeit hinwirken. Das ist vielleicht nicht ganz einfach – die Fische-Tendenz, die Wahrheit mit der reichen Phantasie »auszuschmücken«, kann aber beträchtlichen Schaden anrichten. Die Interessengebiete, die die Vorstellungskraft positiv anregen, sollten von klein auf gefördert werden. Auch das kann schwierig sein – der Fisch kennt immer jemanden, der »besser« ist oder mehr weiß. Es hat keinen Sinn, ihm hier zu widersprechen – weisen Sie statt dessen darauf hin, daß manche Kinder sich klüger anstellen als andere. Das Selbstvertrauen muß immer unterstützt werden! Man muß auch ihr Konzentrationsvermögen fördern, wenn Verträumtheit nicht zum Problem werden soll. Ermutigen Sie auch die möglicherweise zutagetretende wissenschaftliche Neigung; die Wissenschaft kann ein sehr günstiges Feld für Fische sein, vorausgesetzt, daß neben Phantasie und Inspiration andere Horoskopfaktoren auf einen Blick für Details schließen lassen.

Fische-Eltern unterstützen ihre Kinder sehr, sind aber vielleicht zu nachlässig. Elterliche Unbestimmtheit kann das Kind manchmal mehr verwirren als große Strenge.

Beruf

Im Idealfall kann die Fische-Person bei ihrer Tätigkeit Fürsorglichkeit zum Ausdruck bringen, eine ihrer Haupttugenden. Insofern besteht eine besondere Begabung für Pflegeberufe. Das Organisieren liegt ihr dagegen nicht besonders; sie zieht es vor, selbstlos im Hintergrund zu wirken, wobei sie oft exzellente und erfolgreiche Arbeit leistet. Sie scheut das Rampenlicht, weil sie die eigene Persönlichkeit verbergen möchte.

Weil Fische-Menschen ein so starkes Bewußtsein für das Leid anderer haben, stellen sie ausgezeichnete Ratgeber dar. Möglicherweise sehen sie ihre Berufung auch auf dem religiösen Sektor. Glanz zieht sie aber auch an – sie lieben das Entwerfen und Herstellen von schöner

Der Symbolismus der Fische

Symbol
Zwei Fische

Element
Wasser ist das Element der Fische – die Fische sind eines der drei Wasserzeichen

Kraut
Die Zichorie ist eines der Kräuter, die man mit den Fischen verbindet

Edelstein
Der farblose, magische Mondstein ist ein Fische-Edelstein

Länder
Nordafrika und die Wüste Gobi sind Plätze, die von den Fischen beherrscht werden

Seerose

Pflanzen
Die Seerose und die Weide, zusammen mit anderen Pflanzen, die am Wasser wachsen, sind von ihrem Wesen her fischebetont

Weide

Farben
Die Farben der Fische sind ein sanftes Meeresgrün sowie die der Blumen, die zu diesem Zeichen gehören

Tiere
Alle Tiere, die im Wasser zu Hause sind, hängen mit den Fischen zusammen; auch die Fische selbst. Zwei Fische, die durch eine Schnur miteinander verbunden sind, stellen das Symbol dieses Zeichens dar

Herrschender Planet
Neptun herrscht über die Fische

♆

Kleidung. Die Fische sind eines der dualen Zeichen des Tierkreises, und manchmal hat die Fische-Person zwei Tätigkeiten zugleich oder auch eine Freizeitbeschäftigung, die sehr erfolgreich und belohnend sein kann. Sie braucht Abwechslung und Veränderung.

Menschen mit der Sonne in den Fischen sind nicht besonders ehrgeizig; sie können finanziell aber durchaus erfolgreich sein. Allerdings sollten sie sich bei den Finanzen um professionellen Beistand bemühen, weil ihnen leicht der Überblick verlorengeht und weil sie sich vielleicht zu Ausgaben hinreißen lassen, die sie sich eigentlich nicht leisten können.

Veränderung, Freizeit und Ruhestand

Wenn sich Veränderungen abzeichnen, gerät der Fisch leicht in einen Zustand der Verwirrung und der Angst. Seine Phantasie ist immer aktiv, und der Mangel an Organisationstalent kann dazu führen, daß er nicht weiß, wie er mit der neuen Situation konkret oder auch emotional umgehen soll. Fische-Personen, die bei der Pensionierung bereits ein Steckenpferd haben, genießen die neugewonnene Zeit sehr. Fehlt aber ein solches Interesse, fühlen sie sich vielleicht nur desorientiert; bei einem erzwungenen Ruhestand altern sie womöglich rasch. Es gilt für sie, ein Hobby zu finden, mit dem sie ihre Mußestunden ausfüllen können; die Arbeit in der Gemeinde oder für wohltätige Zwecke wäre z. B. ein gutes Gegengift.

Gesundheit, Ernährung und Sport

Fische nehmen die Schwingungen der Umgebung in sich auf; ein unfreundliches Wort, Lärm, Katastrophen oder sogar schlechtes Wetter können sie körperlich beeinflussen. Mit dieser Empfindlichkeit ergeben sich schnell Beeinträchtigungen der Fische-Physis, womöglich in Verbindung mit Kopf- oder auch Magenschmerzen.

Diese Empfindlichkeit für atmosphärische Einflüsse kann den Menschen auch dazu bringen, zuviel zu essen oder zu trinken oder – wahrscheinlicher noch – zuviel zu rauchen. Es ist ein besonderes Fische-Merkmal, den Weg des geringsten Widerstandes zu suchen – was sich auch auf Medikamente beziehen könnte: bei jedem störenden Einfluß z. B. nach der Aspirinschachtel zu greifen. Viele Fische betrachten Medikamente mit Mißtrauen und sind eher an alternativen Heilmethoden interessiert.

Manchmal können sie durch praktische Hilfe das Leid, das sie durch ihr Mitgefühl wahrnehmen, abmildern; dies ist dann auch eine Möglichkeit, Probleme zu lösen. Es geht für diese Menschen darum, rational zu sein und sich nicht über Schwierigkeiten aufzuregen, für die es keine Lösung gibt.

Der religiös veranlagte Fische-Mensch kann durch das Gebet Aufmunterung und Erbauung finden; auch einige Formen der körperlichen Aktivität wie z. B. Yoga können ihm Einsichten und spirituelle Befriedigung verschaffen. Sanfte, gleichförmige Bewegungen sind günstig für ihn. Passendes Schuhwerk (die Fische herrschen über die Füße) zu finden kann ein Problem sein.

Fische-Verbindungen

Der Fischeaszendent

Psychologischer Antrieb

Menschen mit dem Fischeaszendenten können so sehr in ihrer Umgebung aufgehen, daß man sie gar nicht mehr als eigenständige Personen wahrnimmt. Man nimmt sie sozusagen als gegeben hin und schenkt ihnen keine besondere Aufmerksamkeit. Ohne ihre Hilfe aber würde sich eine große Kluft auftun, weil die Arbeit, die sie verrichten, meist sehr wertvoll ist. Diese Personen sollten sich selbst nicht unterschätzen, sondern erkennen, wo ihr Wert liegt und was sie der Allgemeinheit geben können. Fische sollten sehr vorsichtig sein, wenn es darum geht, eine Führungsrolle zu übernehmen – am besten geeignet sind sie nämlich für die Arbeit hinter den Kulissen.

Es ist eine gute Frage, ob der Mensch mit der Fischesonne wirklich daran interessiert ist, sich selbst kennenzulernen – beim Fischeaszendenten gilt das noch stärker. Häufig hat es den Anschein, als ob sie eine »Persona« für sich ausdenken. Das muß nicht zwangsläufig in eine Katastrophe münden; durch wahre Selbsterkenntnis aber könnten sie Selbstvertrauen und Kraft gewinnen, wovon sie mehr als jedes andere Tierkreiszeichen profitieren würden. Sie müssen weiterhin auf die Tendenz achten, zu sehr an ihren Partnern herumzunörgeln; manchmal sind sie nämlich in dieser Beziehung sehr destruktiv. Es herrscht auch eine Neigung zu eingebildeten Krankheiten.

Die Progression in den Widder

Wenn die Fischesonne progressiv in den Widder läuft, erhöht sich das Ausmaß der körperlichen Kraft; es fällt dem Menschen leichter, Selbstbewußtsein zu entwickeln und Herausforderungen anzunehmen. Der Fisch kann damit auch seine Arbeit mit mehr Zuversicht präsentieren, womit er vielleicht auf ein sehr positives Echo stößt. Er vermittelt nun möglicherweise einen anderen Eindruck. Das Tempo des Lebens könnte sich beschleunigen, unter Umständen mit einer Tendenz zu Unfällen. Wichtiger noch ist, daß sich ein Zug von Widder-Selbstsucht zeigen kann – was dem fürsorglichen, sensiblen Fisch gar nicht recht ist. Die Entwicklung des Fische-Potentials, welches häufig unterschätzt wird, kann eines der positivsten Resultate dieser Progression sein.

Wenn der Fischeaszendent progressiv in den Widder läuft (was für gewöhnlich in recht jungen Jahren geschieht), wird der Mensch in seiner Entwicklung große Fortschritte machen und vielleicht psychologische Probleme lösen können. Auch mehr Ehrgeiz, ein gesteigerter Drang nach Sexualität.

Die traditionellen Zuordnungen zu den Fischen

DATUM:
19. Februar – 20. März

DER URSPRUNG
Bei der ersten Erwähnung im babylonischen Tierkreis wurden die Fische die »Konstellation der Schwänze« genannt; die beiden Fische wurden in Verbindung mit den Gottheiten Anunitum und Simmah gesehen, die die Flüsse Tigris- bzw. Euphrat symbolisieren

HERRSCHENDER PLANET
Neptun (vormals Jupiter)

Weidenkätzchen

BÄUME
Weide, Feige, Bäume, die am Wasser wachsen

Salat

Fisch

TIERE
Säugetiere, die Wasser lieben; Fische

POSITIVITÄT/GESCHLECHT
Negativ, feminin

ELEMENT
Wasser

QUALITÄT
Veränderlich

KÖRPERREGION
Füße

Melone

Gurke

NAHRUNGSMITTEL
Gurken, Kürbisse, Salat, Melone

Rohzucker

Moos

Linde

Zichorie

LÄNDER
Portugal, Skandinavien, viele der kleinen Mittelmeerinseln, die Wüste Gobi und die Sahara

Seerose

KRÄUTER UND GEWÜRZE
Saccharin, Zichorie, Linde, Moos

STÄDTE
Jerusalem, Warschau, Sevilla, Alexandria, Santiago de Compostela

BLUMEN
Seerose, Blumen, die in Fische-Farben blühen

♆

♓

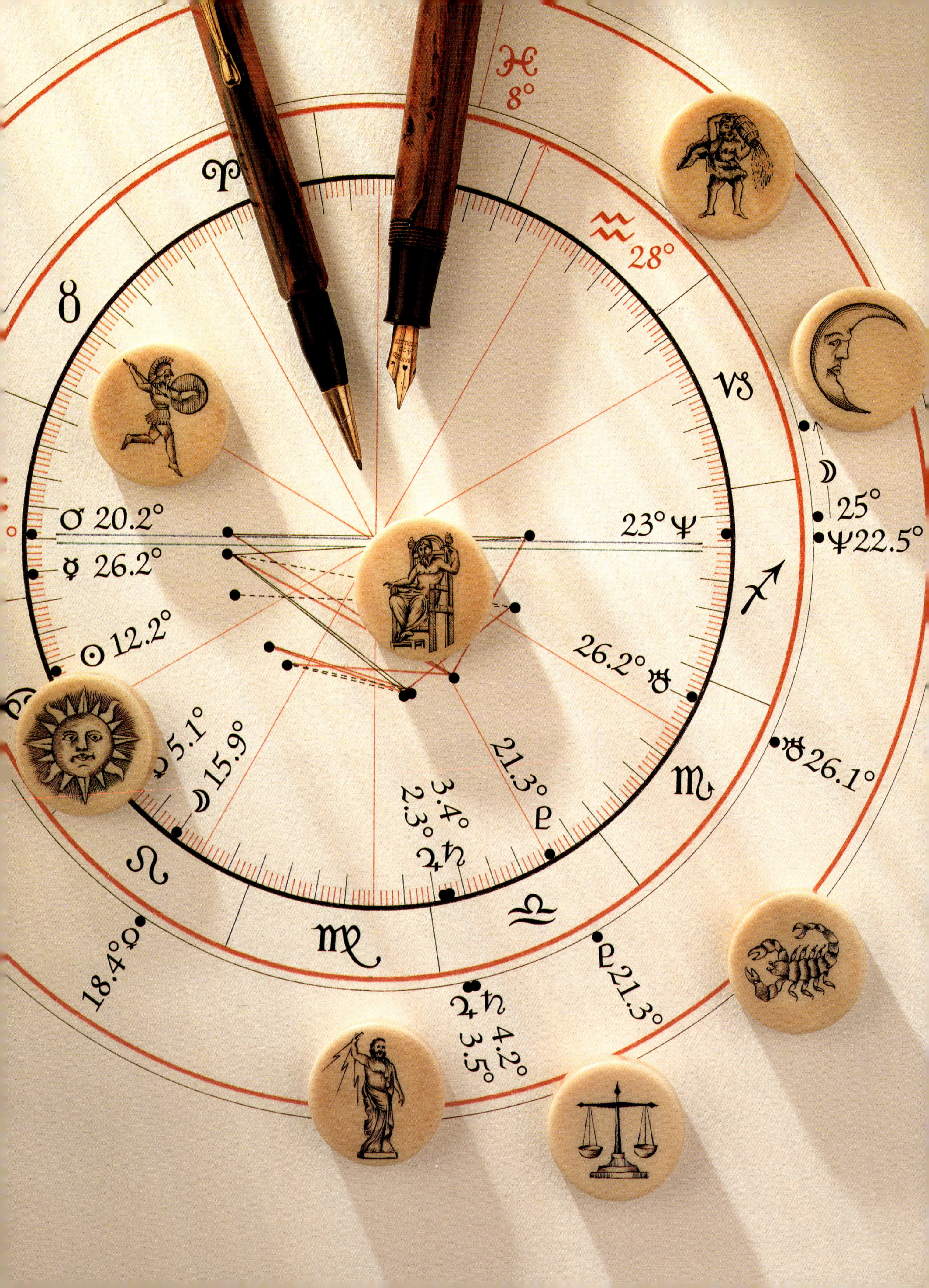

♓ 8°
♒ 28°
♂ 20.2°
☿ 26.2°
☉ 12.2°
23° ♆
26.2° ♅
21.3° ♇
3.4°
2.3°
♃ ♄
☽ 25°
♆ 22.5°
♅ 26.1°
♇ 21.3°
♃ ♄ 4.2°
3.5°
18.4° ♀
☊ 5.1°
☽ 15.9°

· 3 ·

Astrologie in Aktion

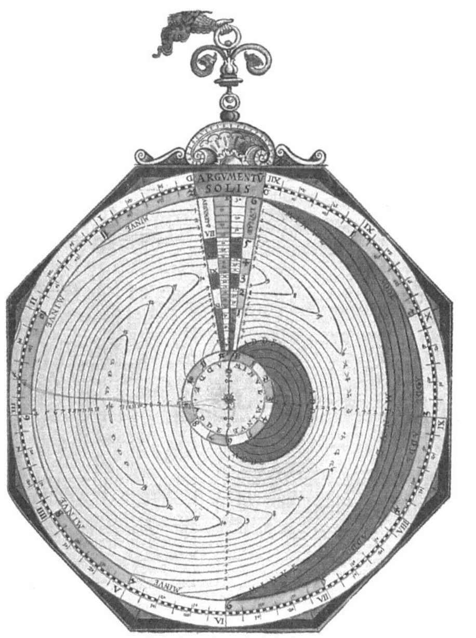

Die Interpretation des Geburtshoroskops

Nachdem wir gelernt haben, das Geburts- und das Progressionshoroskop zu berechnen (S. 42-47 u. 60-72), ist es an der Zeit, zu dem faszinierenden Bereich der Interpretation weiterzugehen. Zunächst einmal ist es notwendig, das Geburtshoroskop in den Griff zu bekommen. Zweifelsohne haben Sie bereits auf bestimmte Faktoren Ihres Horoskops geschaut, auf den Aszendenten, den Mond, vielleicht auch auf einige Häuserstellungen und Aspekte. Um das Horoskop zu interpretieren, müssen wir aber einen systematischeren Ansatz entwickeln.

Die meisten Astrologen beginnen mit der Interpretation, indem sie sich mit ihrem eigenen Horoskop auseinandersetzen, dann mit denen ihrer Partner, Kinder und Freunde. Es ist aber sehr schwer, gegenüber sich selbst und Partnern und Kindern objektiv und unparteiisch zu sein. Wie wir bereits einmal anklingen ließen, werden Sie am meisten von diesem Buch profitieren können und astrologisch sehr viel weiterkommen, wenn Sie mit einem Freund zusammenarbeiten. Wenn Sie das bereits tun und die Berechnungen gemeinsam durchgeführt haben, haben Sie womöglich auch schon Probleme aufklären können, die allein nicht zu lösen gewesen wären. Sie sollten sich mit dem Horoskop des Freundes beschäftigen und dieser sich mit dem Ihren, bevor Sie zu den Geburtsbildern von Partnern und Kindern übergehen.

Dies hat noch einen weiteren positiven Aspekt: Sie werden von Anfang das Gefühl dafür haben, worauf es bei der Arbeit ankommt, auch in bezug auf die anderen. So können Sie dann auch vermeiden, allzu innengerichtet zu sein, was für den Lernenden – wie auch für manch fortgeschrittenen Astrologen – eine Gefahr darstellt.

Überraschende Charakteristiken

Wenn Sie sich systematisch mit den astrologischen Faktoren befassen, könnte eine Eigenschaft mehrfach angezeigt sein, ohne daß Sie diese an Ihrem Gegenüber wahrnehmen. Wenn Sie die Person auf diese Eigenschaft ansprechen, räumt sie aber möglicherweise deren Vorhandensein ein (vielleicht widerwillig) – ignorieren Sie sie also nicht!

Interpretationen werden errichtet; wie der Architekt auch müssen Sie bestimmte Regeln beachten. Zunächst einmal gibt es Pläne (der Horoskopvordruck), dann Mauern und Geschosse (die Zeichen von Sonne, Mond und Aszendent). Es gibt Fenster, durch die Licht hereinkommt, und Stützpfeiler (hilfreiche Planeten). Es gibt dunkle Räume (schwierige Planeten). Das Wichtigste: Es bestehen Spannungen, was durch die schwierigen Aspekte zum Ausdruck kommen wird, und Unterstützung, symbolisiert von den konstruktiven Aspekten. Wir dürfen auch das Fundament nicht vergessen, die Verankerung, durch vielerlei Faktoren dargestellt.

Wie bei einem Bauwerk auch braucht es seine Zeit, bis die Interpretation steht.

Ihre ersten Interpretationen werden kleine Bauwerke sein, Hütten sozusagen. Es braucht seine Zeit, bis Sie eine Kathedrale oder einen Palast fertigbekommen.

MIT DER INTERPRETATION BEGINNEN

1 SCHLÜSSELBEGRIFFE

Die Interpretation vollzieht sich in mehreren Schritten. Ein bequemer und hilfreicher Anfang ist es, ein System von Basisbegriffen zu lernen, mit denen Sie den Einfluß aller Planeten in den Zeichen und Häusern kurz charakterisieren können. Die Schlüsselbegriffe zu den Häusern finden Sie auf S. 38–41, zu den Sonnenzeichen auf S. 80–127 und zu den Planeten auf S. 30–31. Auf diese sollten Sie sich im folgenden immer beziehen.

Wie man die Schlüsselbegriffe benutzt

Notieren Sie:

a) das Aszendentenzeichen (immer in Zusammenhang mit dem 1. Haus),
b) das Zeichen und Haus der Sonne,
c) das Zeichen und Haus des Mondes,
d) das Zeichen und Haus des herrschenden Planeten;
e) nehmen Sie auf die weiteren Planeten – Merkur, Venus, Mars, Jupiter, Saturn, Uranus, Neptun und Pluto – Bezug, auf die gleiche Weise (einer davon ist allerdings vielleicht der herrschende Planet).

Eine Schlüsselwort-Interpretation erstellen

Befassen Sie sich nun mit den Schlüsselworten für jeden Planeten, jedes Haus und jedes Zeichen, und bilden Sie damit einfache Sätze, z. B. mit der Sonne im Krebs im 7. Haus: »Sie bringen sich selbst zum Ausdruck (Sonne) auf eine schutzbedürftige und mitfühlende Art (Krebs) und richten sich dabei hauptsächlich auf ihre Partner (7. Haus).« Für Merkur im Skorpion im 5. Haus: »Ihr Kommunikationsbedürfnis (Merkur) ist intensiv und leidenschaftlich (Skorpion); es kann zum Ausdruck kommen durch kreative Arbeit, durch die Beschäftigung mit oder durch das Interesse an Kindern (5. Haus).«

Wenn Sie eine Schlüsselwort-Interpretation für das Zeichen am MC schreiben, sollten Sie sich daran erinnern, daß dieses die Lebensbereiche symbolisiert, mit denen sich der Mensch am meisten identifiziert. Zu jemandem mit einem Waage-MC könnten Sie sagen: »Sie möchten sich mit allem identifizieren, was Harmonie ausstrahlt«. Solche Bemerkungen sind recht allgemein und noch weit von jeder Tiefgründigkeit entfernt – nichtsdestoweniger sind sie vergnüglich und auch enthüllend.

2 Die Elemente

Der nächste Schritt ist aufzuschreiben, wieviele Planeten sich in Feuer-, Erd-, Luft- und Wasserzeichen befinden (siehe S. 33). Auch die Stellung von Aszendent und MC ist zu berücksichtigen. Dies bringt neue Schlüsselsätze. Wenn ein Element vorherrscht, fügt dies der Persönlichkeit eine zusätzliche Dimension zu.

Schlüsselworte für die Elemente sind:

- *Feuer* – Enthusiasmus,
- *Erde* – Stabilität und Konkretheit,
- *Luft* – Intellektualität,
- *Wasser* – Empfindlichkeit und Intuition.

Oftmals sind die Planeten gleichmäßig über die Elemente verteilt, andere Male erweist sich eines als führend – abermals die Basis einer weiteren Dimension der Interpretation. Vielleicht weisen verschiedene Faktoren darauf hin, daß der Betreffende eine sehr enthusiastische Person ist – eine Reihe von Planeten in Feuerzeichen wird dies markant unterstreichen. Möglicherweise entdecken Sie aber auch, daß der Mensch sehr vernünftig und erdverbunden ist – durch viele Planeten in Erdzeichen.

3 Die Qualitäten

Ein ähnlicher Interpretationsansatz wie eben.

Schlüsselworte für die Qualitäten sind:

- *Kardinal* – außengerichtet,
- *Fix* – unflexibel,
- *Veränderlich* – anpassungsfähig.

Unserem Gefühl nach ist diese Einteilung weniger erhellend als die bei den Elementen. Versuchen Sie, diese Eigenschaften bei der Interpretation nicht zu sehr zu betonen.

4 Positive und negative Zeichen

Das nächste Stadium der Interpretation ist, herauszuarbeiten, welche Planeten (plus Aszendent und MC) sich in positiven und negativen Zeichen befinden. Dies läßt mehr oder weniger darauf schließen, ob Ihr Gegenüber eher zur Extraversion (positive Zeichen) oder zur Introversion (negative Zeichen) neigt. Stützen Sie Ihre Aussagen aber nicht allein auf dieses Merkmal: Die in die Tiefe gehende Interpretation ist sehr viel erhellender.

5 Die Stärke der Planeten

Nun ist es an der Zeit, bei der Interpretation die Stärke der einzelnen Planeten zu ermitteln (siehe S. 35). Markieren Sie die Planeten, die im Horoskop am hellsten scheinen – diese tragen eine personalisierte Bedeutung.

6 Was noch zu beachten ist

Das Geburtshoroskop enthüllt verschiedene Aspekte des betreffenden Menschen in bezug auf

Einige goldene Regeln

◆ Springen Sie nicht gleich ins tiefe Wasser, indem Sie an vielen Horoskopen zugleich zu arbeiten beginnen. Weil die Astrologie ein solch faszinierender Gegenstand ist, kann es im anfänglichen Enthusiasmus nur zu schnell dazu kommen. Es ist aber besser, jedes Horoskop so intensiv wie nur möglich zu ergründen, statt von einem zum anderen zu springen. Holen Sie aus dem Horoskop alles heraus, bevor Sie sich dem nächsten widmen!

◆ Überprüfen Sie ihre Berechnungen wieder und wieder, und bitten Sie dann Ihren Freund, sie sich anzusehen. Überprüfen Sie seine Rechnungen. Vielleicht haben Sie schon nachgerechnet – eine weitere Kontrolle aber kann nicht schaden. Wenn das Horoskop falsch ist, ist die Interpretation zwangsläufig ebenfalls falsch. Schauen Sie auf die Sonne im Horoskop: Steht sie da, wo sie gemäß der Geburtszeit stehen muß? Wenn nicht, gehen Sie zurück auf Feld 1, und rechnen Sie neu!

◆ Die beste Methode, die Interpretation zu erlernen, ist, die Interpretation niederzuschreiben. Viele scheuen davor zurück – haben Sie aber keine Angst, auch wenn Sie meinen, kein Talent zum Schreiben zu besitzen. Wenn Sie Fortschritte machen wollen, ist es unerläßlich, Ihre Schlußfolgerungen zu Papier zu bringen; damit liegen sie fest und können weiterentwickelt werden. Sie können sie so gegeneinander abwägen und ihre Rangfolge zueinander festlegen. Rasch hingeworfene Bemerkungen reichen aber nicht aus. Die ersten Versuche werden nicht besonders umfangreich ausfallen; mit zunehmender Interpretations-Erfahrung können Sie aus den Faktoren aber mehr und mehr erschließen. Bald schon werden Sie beispielsweise merken, daß Sie einen Aspekt auf mehrere Bereiche beziehen können. Später sind Sie vielleicht soweit, daß Sie zu jedem Horoskop einen ganzen Roman schreiben können. Aber auch dieses Stadium wird vorbeigehen. Mit wachsender Erfahrung sind Sie schließlich imstande, knapp und zutreffend zu formulieren.

◆ Viele Astrologen schreiben für ihre Klienten keine Berichte, sondern machen Cassettenaufnahmen oder beschränken sich überhaupt auf das Beratungsgespräch. Berichte zu schreiben kostet Zeit, und viele Astrologen scheuen vor diesem Aufwand zurück. Dies ist aber die einzige Weise, wie man Astrologie lernen kann – eine vergnügliche wie gleichermaßen herausfordernde. Sie sollten sich zum Ziel setzen, zumindest 20 Horoskopanalysen zu erstellen – so gründlich wie möglich –, bevor Sie sich als ernsthaften Studenten der Astrologie sehen.

◆ Zeigen Sie das, was Sie geschrieben haben, Ihrem Freund, damit er sich ein Urteil bildet. Diskutieren Sie dann mit ihm, wie Sie zu Ihren Aussagen gekommen sind. Auf diese Weise können Sie prüfen, wie genau Ihre Arbeit ist, ob Sie manches zu stark oder zuwenig betont haben oder – was zu hoffen ist – ob Sie mit Ihren Annahmen richtigliegen.

◆ Wahrscheinlich können Sie es kaum erwarten, die Horoskope mit den betreffenden Menschen zu besprechen bzw. Beratungen abzuhalten. Dies ist natürlich ein wichtiges und sinnvolles Ziel, allerdings sollten Sie es langsam angehen lassen. Wir werden früh genug Herangehensweisen an Probleme aufzeigen – zunächst einmal ist es das Beste, sich auf Leute zu beschränken, die keine besonderen Probleme und Sorgen haben, sondern nur daran interessiert sind, etwas über ihre grundsätzlichen Eigenschaften zu erfahren. Selbst das ist keine einfache Sache! Sie sollten sich auf eine solche Sitzung genauso intensiv vorbereiten, als ob Sie es mit einem schwerwiegenden Problem zu tun hätten. Und glauben Sie nicht, daß das Plaudern über ein Horoskop die schriftliche Arbeit ersetzt. Beweisen Sie in diesem Punkt Ausdauer!

- die *Motivation*,
- das *Potential*,
- das *Energie-Niveau* (physisch, emotional und nervlich) und
- die *Reaktionen* in jeglicher Hinsicht.

Wenn Sie Ihre Anmerkungen zu einem Horoskop niederschreiben, werden Sie bald merken, welche Bereiche durch Planeten und Aspekte betont sind. Am Anfang der Interpretation fällt es am leichtesten, die Merkmale der Zeichen von Aszendent, Sonne und Mond zusammenzufassen. Wir bestehen aber nicht nur aus diesen drei, sondern aus zwölf Zeichen. Nichtsdestoweniger beginnen wir mit diesen.

Der Aszendent
Der Aszendent repräsentiert unser wahres Selbst – wie es der Familie und guten Freunden bekannt ist.

Die Sonne
Die Sonne repräsentiert das Gesicht, das wir der Welt zeigen, unser Image sozusagen. Wir bringen uns auf die Weise des Sonnenzeichens zum Ausdruck.

Der Mond
Der Mond repräsentiert unsere Instinkte sowie die Art und Weise, wie wir auf Dinge und Situationen reagieren.

Vielleicht treffen Sie auf Astrologen, die der Ansicht sind, daß der Aszendent unsere äußerliche Haltung widerspiegelt und die Sonne das, was wir unseren Vertrauten gegenüber deutlich werden lassen. Wir sind da vollkommen anderer Meinung! Vielleicht war dies in der Vergangenheit so – seit den 20er Jahren unseres Jahrhunderts aber, als die Sonnenastrologie populär wurde, haben die meisten Menschen zumindest ein Basiswissen über ihr Sonnenzeichen und tendieren, bewußt oder unbewußt, dazu, sich daran auszurichten.

Sonnenzeichenmerkmale erkennen
Sie können diese Theorie selbst überprüfen – sprechen Sie mit Ihrem Freund über einen gemeinsamen Bekannten, dessen Horoskop aber nur Sie kennen. Erwähnen Sie einige Merkmale des Aszendenten- und einige des Sonnenzeichens. Solange Ihr Freund diesen Bekannten nicht sehr gut kennt, werden Sie die Feststellung machen, daß er nur die Sonnenmerkmale wahrgenommen hat.

Die Häuser
Ein Planet im 1. Haus ist ein starker Faktor – vergegenwärtigen Sie sich, daß es sich hier bei einem Abstand von nicht mehr als 10° zum Aszendenten auch um eine machtvolle Konjunktion mit diesem handelt. Einen solchen Planeten müssen wir mit besonderer Aufmerksamkeit studieren.

Lassen Sie sich nicht von unbesetzten Häusern des Horoskops irritieren! Dies heißt nicht, daß die betreffenden Lebensbereiche unwichtig oder uninteressant für den Geborenen sind. Sehen Sie auf das Zeichen an der Spitze dieses Hauses (sozusagen an dessen Anfang) und auf den Planeten, der darüber herrscht. Davon ausgehend können Sie die Einstellung Ihres Gegenübers zu den fraglichen Themen erschließen.

Widersprüchliche Aussagen
Wenn Sie nacheinander die verschiedenen Elemente des Horoskops durcharbeiten und damit beginnen, Ihre Analyse zu erstellen, könnten Sie auf widersprüchliche Faktoren stoßen. Dann gilt es abzuwägen, welche davon stärker sind, z. B. auch dadurch, ob hier ein Planet mit einer personalisierten Bedeutung beteiligt ist (in einem solchen Fall handelt es sich wahrscheinlich um den

Die Dekanate

Diese Theorie teilt die 30° eines jeden Zeichens in drei Abschnitt à 10° und hängt mit den Elementen zusammen. Jedes Dekanat wird von einem Zeichen des gleichen Elements regiert, so daß die Dekanate der Feuerzeichen alle miteinander zusammenhängen, wie auch die der Erd-, Luft- und Wasserzeichen. Das erste Dekanat wird durch das eigene Zeichen beherrscht, das zweite durch das nächste Zeichen dieses Elementes und das dritte Dekanat durch dessen drittes Zeichen. Wenngleich Sie diese Theorie kennen sollten, ist sie doch nicht von allzu großer Bedeutung, vielleicht einmal abgesehen von der Stellung von Sonne und Aszendent. Wer die Sonne in den ersten 10° eines Zeichens hat, scheint die Sonnenmerkmale markanter widerzuspiegeln als derjenige, der zu einer späteren Phase geboren ist. Mit dem Aszendenten verhält es sich ähnlich. Wir sind nicht der Auffassung, daß die beiden folgenden Dekanate durch das jeweilige Zeichen des betreffenden Elementes stark beeinflußt werden.

Zusatzaufgabe

Überprüfen Sie, ob die Personen, die Sie kennen, diese Theorie bestätigen. Hat z. B. derjenige, der mit einer Stiersonne im 1. Dekanat geboren ist, viel vom Stier an sich, vielleicht lockige Haare, die ihm in die Stirn fallen? Und bei einem Aszendenten im 1. Dekanat: Ist eine starke Motivation gemäß der Merkmale dieses Zeichens zu spüren?

Die sieben Horoskoparten

Es gibt eine Einteilung des Horoskops in sieben Typen, die sich daran orientiert, wie die Planeten über die Zeichen und Häuser und damit über den Horoskopkreis verteilt sind. Das bekannteste Klassifikationssystem stammt von dem amerikanischen Astrologen Marc Edmund Jones. Wir beschreiben es hier näher, weil es nicht unwichtig ist – auch wenn die grundsätzliche Interpretation, für sich betrachtet, nicht immer zutrifft. Wenn aber wichtige Faktoren in die gleiche Richtung weisen, stechen die betreffenden Merkmale deutlich hervor.

Gleichmässige Verteilung. Die Planeten sind gleichmäßig über die Zeichen verteilt. Jemand, der verschiedene Interessen hat, vielleicht aber zur Oberflächlichkeit und Unbeständigkeit neigt. Eine Verbindung zu den Zwillingen und eventuell auch zum Schützen.

Das Bündel. Alle Planeten befinden sich sehr dicht beieinander. Jemand, der sich als Spezialist erweisen kann – der die Vielfalt in den Grenzen eines Gebietes entdeckt. Im engen Zusammenhang mit dem Krebs, vielleicht auch dem Steinbock.

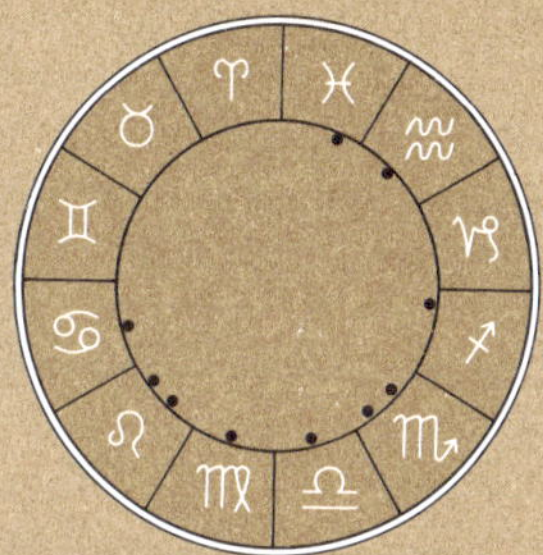

Die Lokomotive. Jones sieht hier eine Verbindung mit dem Antrieb einer Lokomotive – ein Mensch, der sehr viel Energie zur Verfügung hat, wann immer er sie braucht. Mit dem Widder, manchmal auch dem Löwen in Zusammenhang gebracht.

Die Schüssel. »Schüssel-Personen« sind selbständig und machen ihre eigenen Erfahrungen. Die Häuser, die die Planeten beherbergen, sind von besonderer Bedeutung. Hängt mit der Jungfrau und dem Skorpion zusammen.

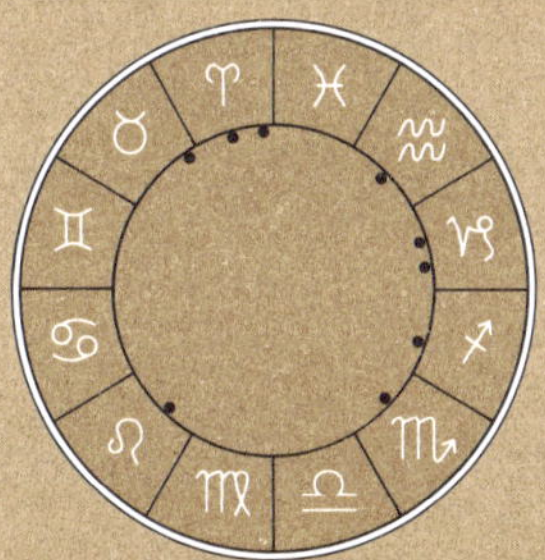

Der Eimer. Neun Planeten in der einen Hälfte des Horoskops, der andere gegenüberliegende Planet ist der »Henkel« – oder auch der Anker. Für gewöhnlich ist hier die Aktivität wichtiger als das Endergebnis. Wird mit dem Schützen verbunden.

Die Wippe. Die Planeten stehen sich in zwei Gruppen im Horoskop gegenüber. Ein Mensch, der alle Möglichkeiten abwägt, bevor er eine Entscheidung trifft. Hängt mit der Waage, oft auch den Fischen zusammen.

Streuung mit Häufungen. Die Planeten sind über das Horoskop verstreut, aber in sehr ungleichmäßigen Gruppierungen. Individualisten, denen Disziplin und Routine unangenehm sind. Wird mit Wassermann und Fischen verbunden.

dominierenden Faktor). Wenn beide widersprüchlichen Züge durch personalisierte Faktoren unterstützt werden, gilt es, sich zu vergegenwärtigen, daß niemand nur das ist, was er zu sein scheint. Wir alle haben sehr viel Verschiedenes in uns, und wir reagieren auf verschiedene Menschen und Situationen auf verschiedene Art. Bei der Arbeit sind wir vielleicht so, zu Hause im Kreis der geliebten Familie wieder ganz anders.

Haben Sie keine Angst vor diesen Widersprüchen! Seien Sie mutig! Vielleicht beschuldigt man Sie, vage und zweideutig zu sein – schließlich aber sind Menschen komplex. Erinnern Sie sich der Worte des amerikanischen Dichters Walt Whitman:

»Widerspreche ich mir?
Nun gut, also widerspreche ich mir.
(Ich bin groß, ich umfasse Vielheiten.)«

Der Aufbau der Analyse

Wir können nun mit der Analyse beginnen. Als erstes sollten Sie einen Horoskopindex erstellen (siehe S. 134), weil das bei der Niederschrift der Interpretation sehr unterstützend wirkt.

Widmen Sie sich nun den einzelnen Faktoren des Horoskops, um zu erkennen, welche individuellen Auswirkungen damit verbunden sein könnten. Dabei sollten Sie diese Reihenfolge beherzigen:

1. Die Art des Horoskops (Eimer, Lokomotive etc.).

2. Das vorherrschende Element (vielleicht gibt es auch zwei).

3. Die vorherrschende Qualität (vielleicht gibt es auch zwei).

4. Planeten in positiven und negativen Zeichen, einschließlich Aszendent (für gewöhnlich ist eine Betonung vorhanden).

5. Die Eigenschaften des Aszendentenzeichens.

6. Wenn ein Planet aus dem 1. oder dem 12. Haus in Konjunktion zum Aszendenten steht, gilt es, diesen mit seinem Haus und seinen Aspekten zu untersuchen. Dessen Stellung wird die Persönlichkeit und die mit dem Aszendenten verbundenen Züge fraglos beeinflussen oder auch diese übertönen.

7. Das Zeichen, das Haus und die Aspekte der Sonne.

8. Das Zeichen, das Haus und die Aspekte des Mondes.

9. Der herrschende Planet, sein Zeichen, Haus und seine Aspekte. Falls Sonne oder Mond zu diesem im Aspekt stehen, haben Sie schon etwas dazu aufgeschrieben; derartige Aspekte sind sehr bedeutungsvoll.

10. Der Einfluß des Zeichens am MC und dessen Haus. (Beim Placidus- oder Koch-Häusersystem befindet sich das MC immer an der Spitze des 10. Hauses – im Gegensatz zum Äqualen System mit den gleichgroßen Häusern.) Notieren Sie auch, wenn ein Planet in Konjunktion zum MC steht.

11. Merkur mit seinem Zeichen, Haus und seinen Aspekten.

12. Die Venus mit ihrem Zeichen, Haus und ihren Aspekten.

13. Mars mit seinem Zeichen, Haus und seinen Aspekten.

14. Jupiter mit seinem Zeichen, Haus und seinen Aspekten.

15. Saturn mit seinem Zeichen, Haus und seinen Aspekten.

16. Uranus mit seinem Zeichen, Haus und seinen Aspekten.

17. Neptun mit seinem Zeichen, Haus und seinen Aspekten.

18. Pluto mit seinem Zeichen, Haus und seinen Aspekten (hierbei kann es sich nur um Aspekte zum Aszendenten und zum MC handeln – alle anderen müßten bereits notiert sein).

Fragen Sie sich nun noch einmal, mit was für einer Horoskopart Sie es zu tun haben. Dies war Punkt 1 und steht deshalb auf Ihrem ersten Blatt ganz oben (wenn Sie bis Pluto gekommen sind, werden Sie einen ganzen Stapel vor sich haben). Nehmen Sie sich nun den Horoskopindex vor. Weil die Horoskopart etwas über die psychische Motivation aussagt, machen wir nun zwei Eintragungen in die Spalte »Psyche, Charakter«: In die rechte Unterspalte tragen wir eine 1 ein (vergessen Sie nicht, auch Ihre Aufzeichnungen durchzunumerieren), in die linke die Seite, auf der sich diese Anmerkung befindet.

Als zweites geht es um den Einfluß der Elemente. Vorausgesetzt, Sie haben keinen Roman über die Horoskopart geschrieben und besitzen keine sehr große Handschrift, wird sich Punkt 2 immer noch auf der ersten Seite Ihrer Aufzeichnungen befinden. Auch hier könnte die Auswirkung unter die Spalte »Psyche, Charakter« zu subsumieren sein. Machen Sie das gleiche mit den Qualitäten und der Einteilung in positive und negative Zeichen.

Die Basis-Interpretation

Bald schon werden Sie selbst grundsätzliche Entscheidungen zur Interpretation treffen. Befassen Sie sich jetzt mit der Analyse des Aszendenten, arbeiten Sie sich dann durch die oben angeführte Liste durch. Sie müssen nicht alles aufschreiben, was Sie entdecken – machen Sie sich aber Aufzeichnungen, die detailliert genug sind. Der Aufbau dieses Buches hilft Ihnen, umsichtig und systematisch vorzugehen. Wir raten Ihnen, sich zunächst mit den Planeten, ihren Zeichen und Häusern und – am wichtigsten – den Aspekten zu beschäftigen. (Lassen Sie, wenn Sie sich mit einem Geburtshoroskop befassen, die progressiven Planeten und Aspekte zunächst außer acht.)

Wenn Sie mit der Arbeit fertig sind, haben Sie alles beisammen, um mit der Interpretation zu beginnen. Haben Sie keine Scheu, Anmerkungen niederzuschreiben, die Ihnen durch den Kopf gehen: »Könnte sein«, »hätte ich nicht gedacht«, »sehr wichtig!«, »das kann nicht stimmen!« usw. Manches könnte unter mehr als eine Spalte fallen; ist dem so, tragen Sie es unter beide (oder ggfs. alle) Überschriften ein, wodurch Sie die notwendigen Informationen verdoppeln oder gar verdreifachen.

Die Informationen zusammenfügen

Nun gilt es, alle diese einzelnen Faktoren zusammenzubringen. Beziehen Sie sich auf die Schlüsselwortliste, und verfassen Sie von ihr ausgehend Sätze – welche vielleicht gestelzt klingen – über jeden einzelnen Planeten, über jedes Zeichen und Haus. Diese Sätze stellen das Gerüst Ihrer Interpretation dar. Machen Sie sich keine Gedanken darüber, ob sich Ihre Worte gespreizt oder künstlich anhören – Sie werden Ihnen auf jeden Fall helfen, den grundsätzlichen Charakter und die Antriebskräfte Ihres Gegenübers zu erkennen.

Eine systematische Herangehensweise

Kümmern Sie sich als erstes um alle Fundstellen in der Spalte »Psyche, Charakter«. Befassen Sie sich dann mit »Verstand, Intellekt, Emotionen«, dann mit der nächsten usw., bis Sie alle Eintragungen abgearbeitet haben. Sie verfügen dann über ein ziemlich genaues Bild dieses Menschen, das Sie noch einmal im einzelnen durchgehen sollten, bevor Sie sich schließlich mit ihm treffen.

Machen Sie sich keine Gedanken, wenn Sie am Anfang nicht viel zu Papier bringen; mit wachsender Erfahrung werden Sie dem Horoskop mehr entnehmen können. Wie dem auch sei – je sorgfältiger wir beim Formulieren unserer Notizen und beim Sichten der vielen Informationen sind, desto detaillierter wird unser Bericht ausfallen, unabhängig davon, ob wir viel Erfahrung besitzen oder nicht.

EINEN HOROSKOPINDEX ERSTELLEN

Machen Sie sich ein Formular wie das folgende:

PSYCHE, CHARAKTER		VERSTAND, INTELLEKT, EMOTIONEN		BEZIEHUNGEN, SEXUALITÄT		BERUF, ZIELE		GESUNDHEIT		FREIZEIT, REISEN		FAMILIE	

Tragen Sie die Nummer der Seite Ihrer Aufzeichnung hier ein

Tragen Sie hier ein, um welchen Punkt es geht.

Vielleicht schweben Ihnen andere Überschriften für die Spalten vor – allerdings haben wir die Erfahrung gemacht, daß die obigen präzise, zuverlässig und leicht zu handhaben sind. Wenn Sie Ihre Eintragungen machen, stellen Sie womöglich fest, daß bestimmte Spalten durch Planeten, Häuser und Aspekte besonders betont werden. Dies ist sowohl interessant als auch hilfreich, weil Sie so die verschiedenen Planeten und Aspekte mit den diversen Lebens- und Persönlichkeitsbereichen in Übereinstimmung bringen können.

Vollständige Anmerkungen zu einem Horoskop

FALLSTUDIE

Es handelt sich hier um Anmerkungen zum Horoskop eines Klienten namens Kenneth (Horoskop und Aspekttabelle auf S. 136, Horoskopindex auf S. 137).

Horoskopart: Lokomotive, mit der Venus als »Zugplaneten« an der Spitze des 8. Hauses.

1. Beruf/ Ziele: Hat Antriebskraft, die aber vielleicht sprunghaft eingesetzt wird. Speziell Wassermann-Interessen. Venus finanziell günstig gestellt – kann mit Charme für Fortschritte aktiv werden.
Elemente: Luft 4, Erde 3.
Qualitäten: veränderlich 5, fix 4.

2. V./I./E.: gute intellektuelle Fähigkeiten, anpassungsfähig, vielleicht auch feste Meinungen und Sturheit. Konflikt!
Positive/negative Zeichen: 6 positive.

3. Psy./Char.: extravertiert, unterstützt durch Widdersonne, Zwillingsmond.

11 VOLLES 11. HAUS

4. Beziehungen: gut gemischt. Braucht einen großen Freundeskreis. Mit der Wassermannvenus als »Zugplanet« plus Uranus in Verbindung mit Mond im kommunikativen, starken 11. Haus gute Kontaktfähigkeit.

♋ ASZENDENT KREBS

5. Psy/Cha.: starke Selbstschutzmechanismen. Mutig, bestimmt. Könnte zum Sammeln neigen. Ist bestrebt, die eigene Persönlichkeit und Motivation zu erkunden. Nach außen orientiert und (wegen der Widdersonne) positiv.

6. V./I./E.: empfindlich, leicht verletzt, ängstlich, vielleicht ausweichend. Reiche Phantasie. Instinktiv – der Zwillingsmond aber fügt Logik zu. Stimmungsschwankungen. Emotional (unterstützt durch Widdersonne, gemildert durch Zwillingsmond).

7. Beziehungen: fürsorglich, liebevoll; Launenhaftigkeit kann negativ wirken. Verteidigt die, die er liebt. Möglicherweise aber auch Kühle gegenüber dem Partner, der vielleicht älter oder sozial höherstehend ist (Steinbock an der Spitze des 7. Hauses). Ein romantischer Zug. Vielleicht schnell beleidigt.

8. Gesundheit: Ein beständiges Training von rhythmischer Art ist empfehlenswert: Schwimmen, Tanzen. Sorgen können zu Magenproblemen führen. Braucht eine Ernährung, die reich an Fisch- und Milchprodukten ist. Vielleicht eine empfindliche Haut.

9. Familie: Enges Verhältnis zu den Eltern, wäre selbst ein guter Vater. Vielleicht kommt es aber nicht dazu, weil die starke Wassermannvenus dominierend wirkt und eine familiäre Bindung verhindert.

10. Freizeit, Reisen: Man könnte vorschlagen, ungewöhnliche Kunstgegenstände zu sammeln. Kann sich durch Reisen seiner Sorgen entledigen; Wasser wirkt erholsam: Segelsport? Vielleicht auch ein guter Koch.

♈ SONNE IM WIDDER IM 9. HAUS

Schlüsselwort-Satz: »Sie bringen sich selbstbewußt und direkt zum Ausdruck, wenn Sie sich mit einer Herausforderung konfrontiert sehen.«
Da die Sonne sich auf den ersten 10° des Zeichens befindet, sind diese Charakteristiken sehr stark.

11. Psy./Char.: Geradeheraus, unkompliziert? Überhastete Reaktionen (unterstützt durch Krebs und den Zwillingsmond). Selbstsüchtig?

12. Beziehungen: Starke Sexualität und Leidenschaft. Genießt das Liebesleben.

13. Gesundheit: Braucht körperliche Aktivität. Unfallneigung aufgrund von Unachtsamkeit. Kopfschmerzen.

14. Beruf/Ziele: Ehrgeizig, will gewinnen, braucht Ausdrucksfreiheit und fühlt sich von Herausforderungen angespornt. Guter Geschäftssinn, unterstützt durch den Aszendenten und den Zwillingsmond.

15. V./I./E.: Rasches Denken, entscheidungsfreudig, emotional (Feuerzeichen).

16. Familie: Würde einen lebhaften, enthusiastischen Vater abgeben.

17. Freizeit/Reisen: Kann sich mit Veränderungen arrangieren. Sollte zur Entwicklung von neuen Interessen ermutigt werden, wenn der Rückzug aus der Arbeitswelt bevorsteht.

☉ SONNE IM 9. HAUS

18. Psy./Char.: Eine idealistische und philosophische Ausrichtung. Könnte weit von der Heimat entfernt leben.
Betonung von Kommunikation über weite Entfernungen und von den Medien; erinnert sich seiner Träume und ist inspiriert.

☉ SONNE IM HALBQUADRAT ZUR VENUS

Ein machtvoller Aspekt, weil die Venus sehr stark gestellt ist.

19. Beziehungen: Störungen im Beziehungsleben. Kenneth hat keine feste Partnerin. Schwierigkeiten auf diesem Gebiet.

☉ SONNE IM SEXTIL ZU URANUS

20. Psy./Char.: Originalität und Unabhängigkeit, gute Auffassungsgabe, Führungseigenschaften (eine Ergänzung zum Widder).

21. Beziehungen: sexuelle Anziehungskraft, Charme, Beliebtheit.

☉ SONNE IN OPPOSITION ZU NEPTUN

22. Psy./Char.: Tendenz zu Täuschungen sowie dazu, immer den Weg des geringsten Widerstandes zu suchen. Negativer Eskapismus; könnte bei Streß zu Drogen/Alkohol greifen.

☉ SONNE IM TRIGON ZU PLUTO

Ein machtvoller Aspekt, da Pluto im 1. Haus steht.

23. Psy./Char.: Fähigkeit der Selbstanalyse; Forschungstalent.

24. Beruf/Ziele: nimmt in Verbindung mit der psychologischen Weiterentwicklung im Leben vorteilhafte Veränderungen vor.

☽ MOND (HOROSKOPHERRSCHER) IN DEN ZWILLINGEN IM 11. HAUS

Schlüsselwort-Satz: »Was den Umgang mit anderen Menschen und ihre Zielvorstellungen betrifft, reagieren Sie instinktiv auf eine kommunikative Weise.«

25. V./I./E.: Rasche verbale Reaktion auf alle Situationen; wortreich, flexibel, kann diskutieren und rationalisieren. Konflikt zwischen den Emotionen und der Logik; könnte den Emotionen mißtrauen, sich aber freimütig äußern. Plaudertasche!

26. Psy./Char.: ungeduldig, muß womöglich Stabilität und Ruhe entwickeln.

27. Gesundheit: Eine Anstauung von Streß und Spannung könnte zu Verdauungsproblemen führen; anfällige Lungen; muß vorm Rauchen gewarnt werden (Kenneth raucht stark). Neigung zu Sorgen.

☽ MOND IM 11. HAUS

28. Beziehungen: Tendiert dazu, sich zu abhängig von Freunden und Bekannten zu machen. Muß Unabhängigkeit entwickeln (die Widdersonne und die Wassermannvenus können dabei helfen). Eine verschlossene Persönlichkeit, der man kaum nahe kommen kann? (Der Aszendent im Krebs könnte mildernd wirken.) Möchte geliebt werden.

☽ MOND QUADRAT MERKUR

Ein wichtiger Aspekt, da sich der Mond im Merkurzeichen befindet.

29. V./I./E.: Scharfe Antworten, große intellektuelle Fähigkeiten. Neigung zum Tratsch.

30. Gesundheit: Magenprobleme?

☽ MOND IM TRIGON ZUR VENUS

31. Beziehungen: Charme, Wärme und Zuneigung.

32. Psy./Char.: Liebt es, gut zu leben.

33. V./I./E.: Bedeutet Intuition, Optimismus und ein gutes Wahrnehmungsvermögen.

☽ MOND IN KONJUNKTION ZU MARS

Ein Schlüsselaspekt, weil er den Herrscher des Horoskops, den Mond, mit dem Herrscher der Sonne, Mars, verbindet.

34. V./I./E.: Ein erhöhtes emotionales Niveau. Emotional und körperlich zu Risiken bereit, vielleicht sogar tollkühn.

☽ MOND IN KONJUNKTION ZU JUPITER

35. Beziehungen: Freundlichkeit, Großzügigkeit. Andere zu ermutigen verschafft Befriedigung. Gutes menschliches Beurteilungsvermögen.

☽ MOND IM QUADRAT ZUM MC

36. Beruf/Ziele: Schwierigkeiten, im Beruf wahre Befriedigung zu finden (Kenneth wußte zwar, was er wollte, hatte aber Probleme, das umzusetzen).

MC DER EINFLUSS DES FISCHE-MC'S

Es besteht eine Identifikation mit den höchsten Fische-Zielen als auch die Tendenz zur Gutgläubigkeit und Naivität. Dies kann zu Unklarheit bei wichtigen Angelegenheiten führen, trotz der widderhaften Direktheit und der Krebs-Schläue. Kenneth könnte ein Träumer sein.

ANMERKUNG: *In diesem Horoskop befindet sich kein Planet in Konjunktion zum MC (wenngleich es von Merkur aus fast dazu kommt – der Orbis ist um weniger als 1° überschritten, hätte die Geburt nur einige Minuten später stattgefunden, könnte man von einer Konjunktion sprechen).*

KENNETH'S GEBURTSHOROSKOP MIT SEINEN ASPEKTEN

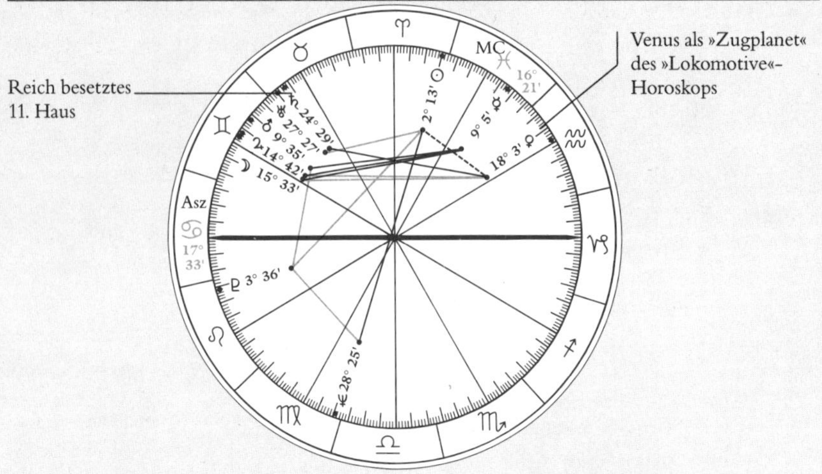

PLANET		ASPEKTE									
		☉	☽	☿	♀	♂	♃	♄	♅	♆	♇
SONNE	☉		•	•	∠	•	•	•	⚹	☍	△
MOND	☽			□	△	☌	☌	•	•	•	•
MERKUR	☿				•	□	□	•	•	•	•
VENUS	♀					•	△	□	•	•	•
MARS	♂						☌	•	•	•	⚹
JUPITER	♃							•	•	•	•
SATURN	♄								☌	△	•
URANUS	♅									△	•
NEPTUN	♆										⚹
PLUTO	♇										
ASZ	Asz	•	•	•	⊼	•	•	•	•	•	•
MC	MC	•	□	•	⊻	•	□	•	•	•	•

Feuer-Planeten: 2
Erd-Planeten: 3
Luft-Planeten: 4
Wasser-Planeten: 1, Asz. + MC

Kardinale Planeten: 1 + Asz.
Fixe Planeten: 4
Veränderliche Planeten 5 + MC

Positive Planeten: 6
Negative Planeten: 4

Der Zwillingseinfluß legt nahe, daß Merkur trotzdem ziemlich stark ist; er bedeutet das Bedürfnis, an der beruflichen Tätigkeit psychologisch Anteil zu nehmen (Merkur herrscht über den Mond, Mars und Jupiter). Was das Berufsleben von Kenneth betrifft, werden die kommunikativen Faktoren durch die Merkurstellung dicht am MC sehr harmonisch unterstützt.

☿ MERKUR IN DEN FISCHEN BEI DER SONNE IM WIDDER

Schlüsselwort-Satz: »Alles, was mit Geldverdienen zu tun hat, beeindruckt Sie stark; hüten Sie sich vor Täuschungen!«

37. Psy./Char.: Das Widder-Selbstbewußtsein kommt auf abgemilderte Art zum Ausdruck. Vergeßlichkeit kann zu Problemen führen. Könnte zum Weg des geringsten Widerstandes neigen. Womöglich Täuschungen.

38. V./I./E.: Ängste, Sorgen, ein erhöhtes emotionales Niveau, viel Intuition. Weniger anfällig für Wut. Freundlichkeit.

☿ MERKUR IM 8. HAUS

39. V./I./E.: Tendenz, über ernste Themen nachzugrübeln. Vielleicht Talente, die in die Richtung des Übernatürlichen weisen (unterstützt durch den Krebsaszendenten und die Sonne in Opposition zu Neptun). Eine reiche Phantasie und viel Intuition. Vielleicht eine intensive Ausrichtung auf die Sexualität.

40. Beruf/Ziele: Die Fähigkeit, gute Investitionen zu tätigen – weil aber die Fische in einem Merkurzeichen stehen, womöglich auch die Neigung zu Geschwätzigkeit.

☿ MERKUR IM QUADRAT ZU MARS

41. V./I./E.: Denkt rasch, scharfe Zunge. Neigung zur Verleumdung, vielleicht auch zu überhasteten Entscheidungen.

☿ MERKUR IM QUADRAT ZU JUPITER

42. V./I./E.: Guter Verstand, aber eine gewisse Geistesabwesenheit. Vorsicht beim Unterzeichnen von Dokumenten!

43: Gesundheit: Verdauungsprobleme?

♀ VENUS IM WASSERMANN

Schlüsselwort-Satz: »Sie brauchen eine sexuell anregende Beziehung, gleichermaßen aber Unabhängigkeit.«

44. Beziehungen: Filmstar-Glanz sowie Unabhängigkeit im Liebesleben. In der Beziehung ein Sinn für das Romantische, für Idealismus und Zuverlässigkeit. Freundlich und hilfsbereit.

♀ VENUS IM 8. HAUS

45. Beziehungen: Stärkt Leidenschaft und Gefühle; muß auf Neigung zur Eifersucht achten (das Venuszeichen wirkt mildernd). Das Liebesleben dürfte reich und erfüllend sein – mit Venusquadrat zu Saturn könnten aber hinderliche Einflüsse bestehen.

46. Beruf/Ziele: Gute Stellung für Finanzen und Erbschaften (vielleicht vom Partner).

♀ VENUS IM TRIGON ZU JUPITER

47. Psy./Char.: Verleiht Beliebtheit; eine vergnügliche und amüsante Art zu reden.

♀ VENUS IM QUADRAT ZU SATURN

48. Beziehungen: Ein beschränkender Faktor, was das Liebesleben betrifft. Mit der Widdersonne aber können die Probleme überwunden werden.

♀ VENUS IM QUINKUNX ZUM ASZENDENTEN

Kein besonders machtvoller Einfluß; die angeführten negativen Auswirkungen werden kaum in Erscheinung treten.

49. Beziehungen: Kenneth dürfte in emotionalen Beziehungen eine gewisse Unsicherheit spüren – insofern könnte dieser Aspekt die Auswirkung des Venus/Saturn-Quadrates unterstreichen.

50. Gesundheit: Achtung vor dem Essen als Trost und vor Maßlosigkeit.

♀ VENUS IM HALBSEXTIL ZUM MC

Kenneth' Geburtszeit ist zweifellos genau, so daß wir diesen Nebenaspekt auch tatsächlich berücksichtigen können.

51. Beruf/Ziele: ergänzt die angesprochene Identifizierung mit dem Showbusiness.

♂ MARS IN DEN ZWILLINGEN

Schlüsselwort-Satz: »Sie bringen ihre körperliche Energie und Ihre Anregungen zur Verwirklichung von Zielen auf eine flexible Weise zum Ausdruck.

52. Gesundheit: Diese Stellung könnte das körperliche Energieniveau beeinträchtigen, welches bei der Widdersonne für gewöhnlich hoch ist. Möglicherweise die Verschwendung von Energie, mit Schwächung des Wohlbefindens. Könnte Sport ermüdend finden. Arme und Hände sind anfällig für kleinere Verletzungen.

53. V./I./E.: Sehr viel intellektuelle Energie, eine rasche Auffassungsgabe und ein wacher Verstand. Übellaunigkeit?

54. Beruf/Ziele: Das Bedürfnis nach Veränderungen kann das Gefühl hervorrufen, keine Erfüllung zu finden.

55. Beziehungen: Der Drang, mit Sex zu experimentieren und auch in späteren Jahre sexuell noch aktiv zu sein.

♂ MARS IM 11. HAUS

56. Beziehungen: Der erste unter seinesgleichen, der aber vielleicht auch diverse Auseinandersetzungen führt. Möchte auf praktische Weise helfen. Kann sich in emotionalen Beziehungen sehr kühl zeigen.

♂ MARS IN KONJUNKTION ZU JUPITER

57. Beruf/Ziele: Unternehmungsgeist, Enthusiasmus und die Fähigkeit, die Initiative zu ergreifen. Erinnern Sie sich auch hier der Bereitschaft zu Risiken sowie des Wagemuts (Widdersonne).

58: Psy./Char.: Liebt das Leben und läßt es sich gerne gutgehen. Sagt, was er denkt.

♂ MARS IM SEXTIL ZU PLUTO

59: Gesundheit: Sehr viel körperliche Energie. Muß mit physischer Aktivität den Überschuß konstruktiv abbauen.

60. V./I./E.: Sehr viel emotionale Energie.

61. Psy./Char.: Motiviert, im Laufe seines Lebens vorteilhafte Veränderungen vorzunehmen. Arbeitet hart.

♃ JUPITER IN DEN ZWILLINGEN

Schlüsselwort-Satz: »Beweglichkeit bei der Verfolgung von Zielen und beim Umgang mit anderen Menschen. Achtung vor Rastlosigkeit!«

62: V./I./E.: Intellektuelle Rastlosigkeit, Meinungsschwankungen – Tolerant, modern in seinen Ansichten.

♃ JUPITER IM 11. HAUS

63. Beziehungen: Ein geselliger Typ mit einem großen Kreis von Freunden und Bekannten. In Verbindung mit der Wassermann-Venus sind Freundschaften vielleicht wichtiger als emotionale Beziehungen.

64. Psy./Char.: Identifiziert sich möglicherweise mit allem Großen und Strahlendem.

65: Beruf/Ziele: Weist auf Erfolge und die Verwirklichung von Zielen hin.

PSYCHE, CHARAKTER		VERSTAND, INTELLEKT, EMOTIONEN		BEZIEHUNGEN, SEXUALITÄT		BERUF, ZIELE		GESUNDHEIT		FREIZEIT, REISEN		FAMILIE	
135	3	135	2	135	4	135	1	135	8	135	10	135	9
135	5	135	6	135	7	135	14	135	13	135	17	135	16
135	11	135	15	135	12	135	24	135	27	138	68	138	78
135	18	135	25	135	19	136	36	136	30	138	73		
135	20	136	29	135	21	136	40	136	43				
135	22	136	33	135	28	137	46	137	50				
135	23	136	34	136	31	137	51	137	52				
135	26	136	38	136	35	137	54	137	59				
136	32	136	39	137	44	137	57						
136	37	136	41	137	45	137	65						
137	47	136	42	137	48	138	81						
137	58	137	53	137	49								
137	61	137	60	137	55								
137	64	137	62	137	56								
138	66	138	76	137	63								
138	69	138	77	138	67								
138	70	138	79	138	74								
138	71	138	80										
138	72												
138	75												
138	82												

DIE INTERPRETATION STRUKTURIEREN

Dieses Formblatt hilft Ihnen, die verschiedenen Elemente des Horoskops in Verbindung miteinander zu bringen. Es ist von grundsätzlicher Bedeutung, systematisch vorzugehen: Sie können sich mit jedem Gebiet intensiv auseinandersetzen, indem Sie die Anmerkungen, die unter die betreffende Spalte eingetragen wurden, nacheinander analysieren.

♄ Saturn im Stier

Schlüsselwort-Satz: »Sie müssen bestimmte Grenzen akzeptieren, wenn Sie Stabilität erleben wollen.«

66. Psy./Char.: Bewirkt Vorsicht und Geduld. Fördert den gesellschaftlichen Aufstieg. Die Neigung zum Luxus und zur Bequemlichkeit könnte mit eher kargen Tendenzen kollidieren. Disziplin.

♄ Saturn im 11. Haus

67. Beziehungen: Nur wenige Freunde, welche oft älter sind.

68. Freizeit: Die Interessen haben etwas Ernsthaftes und Dauerhaftes.

69. Psy./Char.: Konventionell. Starkes soziales Gerechtigkeitsempfinden.

♄ Saturn in Konjunktion zu Uranus

70. Psy./Char.: Eine machtvolle Antriebskraft beeinflußt das psychologische Bedürfnis, Ziele zu verwirklichen.

♄ Saturn im Trigon zu Neptun

71. Psy./Char.: Die Fähigkeit, Ideen so zu formulieren, daß sie konstruktiv zum Ausdruck gebracht werden können. Saturn wirkt mäßigend, wenn die Hoffnungen und Ideale allzu hochgesteckt sind. Vielleicht auch eine Vorliebe zum Photographieren und Filmen.

♅ Uranus im Stier

Schlüsselwort-Satz: »Sie müssen auf plötzliche Veränderungen gefaßt sein, welche auch dauerhafte freundschaftliche Bande zerstören können. Hüten Sie sich vor der Tendenz, besitzergreifend zu sein.«

72. Psy./Char.: Eigensinnig. Konflikt zwischen dem Konventionellen und dem Unkonventionellen.

73. Freizeit: Mag ungewöhnliche Gegenstände (vgl. »Krebs-Sammlung«).

♅ Uranus im 11. Haus

74. Beziehungen: Freundlich, aber auf Distanz bedacht. Das Bedürfnis nach reichem sozialen Leben könnte im Widerspruch mit den beruflichen Kontakten stehen.

75. Psy./Char.: Verabscheut Selbstgefälligkeit.

♅ Uranus im Trigon zu Neptun

Dieser Aspekt war zwar lange wirksam – er ist aber für Kenneth aufgrund seines reich besetzten 11. Hauses sowie der Tatsache, daß die Fische als Herrscher des MC's von Neptun regiert werden, von besonderer Bedeutung.

76. V./I./E.: Eine gute Mischung von Originalität, Phantasie, Intuition und Logik.

♆ Neptun in der Jungfrau

Schlüsselwort-Satz: »Sie könnten, wenn Sie Ihre Einstellung zur Umgebung oder ihr Verhältnis zu Brüdern und Schwestern analysieren, den Kontakt zur Realität verlieren.« (Eigentlich ein Generations-Einfluß, wegen der Herrschaft von Neptun über das MC in diesem Fall aber eine persönliche Bedeutung.)

77. V./I./E.: Regt die Phantasie an, was vielleicht durch eine literarische Aktivität zum Ausdruck kommt. Vielleicht Unzufriedenheit und Rastlosigkeit.

♆ Neptun im 3. Haus

78. Familie: Die frühen Jahre könnten mit Störungen verbunden gewesen sein. Idealisiert vielleicht Geschwister oder ist eifersüchtig auf sie. Konzentrationsprobleme?

79. V./I./E.: Eine reiche Phantasie.

♆ Neptun im Sextil zu Pluto

Dieser häufige Aspekt hat hier eine große Bedeutung, weil Neptun über das MC herrscht und Pluto im 1. Haus steht.

80. V./I./E.: Emotionen und Intuition werden durch diese Verbindung gestärkt.

♇ Pluto im Löwen

Schlüsselwort-Satz: »Sie können auf beeindruckende Weise mit störenden Einflüssen umgehen, was sich auf Ihre psychische Entwicklung auswirkt.« (Pluto ist im 1. Haus sehr stark gestellt.)

81. Beruf/Ziele: Führungseigenschaften ergänzen die starken Widder-Charakteristiken.

♇ Pluto im 1. Haus

82. Psy./Char.: Der Drang, alles tiefgreifend zu erforschen, einschließlich der eigenen Persönlichkeit. Forschungstalent.

83. V./I./E.: Sehr viel emotionale Energie. (Vgl. Sonne/Pluto-Trigon, das diese Stellung passend ergänzt.)

Die Interpretation eines Horoskops

Die folgende Analyse wurde aus den obigen Anmerkungen abgeleitet; sie wird hier in der Form präsentiert, wie sie auch dem Betreffenden gegenüber vorgebracht wurde. Julia verfaßte sie für Kenneth zu der Zeit, als sie noch studierte. Wir führen sie hier an, um zu demonstrieren, welchen Standard man schon nach einigen Monaten intensiver Aktivität erreichen kann.

Weil wir nicht davon ausgehen, daß alle Leser mit den astrologischen Symbolen vertraut sind, verzichten wir so weit wie möglich auf diese – zum Lernen aber sind sie am Rand des Textes abgedruckt, neben den Aussagen, die sich auf sie beziehen. Es ist uns wegen des zur Verfügung stehenden Platzes nicht möglich, den ganzen Bericht wiederzugeben.

Kenneth, geboren mit einem Krebsaszendenten, einer Widdersonne und einem Fische-MC.

1. Loko Ihre Persönlichkeit besitzt sehr viel
motive Antriebskraft, mit der Sie an den
Problemen, arbeiten können, mit
großen Leistungen. Ihre Ziele sind
womöglich etwas ungewöhnlich.
Wahrscheinlich lassen Sie sich eher
von äußerlichen Einflüssen denn
von Aspekten Ihrer eigenen Persön-
5. Asz. lichkeit leiten. Sie sind hartnäckig,
♋ und Sie tun alles, um das zu bekom-
14.☉♈ men, was Sie vom Leben wollen. Sie
58.♂☌ besitzen viel Bestimmtheit. Es ist
♃ Ihnen auch wichtig, daß das Leben
6. Asz. Spaß macht.
♋☉♈ Während Sie den Eindruck vermitteln, selbstbewußt und stark zu
sein, sind Sie doch empfindsam und
manchmal schnell verletzt. Sie ver-
25.☽♂ fügen gleichermaßen über viel kör-
♊ perliche als auch nervliche Energie
29.☽□ sowie über einen wachen Verstand.
☿ Es ist möglich, daß Sie zu Rastlosig-
62.♃♊ keit und zu nervlicher Anspannung
neigen.

Klug mit Energie umgehen

Trotz all Ihrer Antriebskraft müssen
52.♂♊ Sie darauf achten, Ihre Energie nicht
zu verzetteln – Ihre Vorliebe für
Veränderungen und Vielfalt könnte
dazu führen, daß Sie immer wieder
Dingen hinterherjagen, die nicht
das sind, wofür Sie sie ursprünglich
hielten.
35.☽☌ Sie besitzen ein exzellentes Beur-
♃ teilungsvermögen und können
31.☽△ Menschen schnell einschätzen. Des
♀ weiteren sind Sie charmant. Sie ver-
21.☉ fügen über Originalität und eine ge-
⚹♅ wisse magnetische Anziehungskraft,
die Ihnen sowohl im Beruf als auch

im persönlichen Leben von Nutzen sein kann.

Extreme vermeiden

2. Veränderlich 5; fix 4 — Sie sind zwar flexibel, könnten aber grundsätzlich in Ihren Annahmen zu einer gewissen Sturheit neigen. Dabei besitzen Sie viel Spontaneität und äußern Ihre Meinung freimütig und
34.☽♊ direkt. Vielleicht neigen Sie bei Ihren
11.☉♈ Handlungen zur Sprunghaftigkeit und zu Extremen – z. T. auch deshalb, weil Sie schnell Ergebnisse sehen wollen. Versuchen Sie, der Tendenz zur Sorglosigkeit entgegenzuwirken!

stark ♊ — Sie sind gesprächig und begeisterungsfähig und könnten den Eindruck erwecken, viel über die verschiedensten Themen zu wissen. Allerdings ist Ihr Wissen womöglich oberflächlich.
64.♃□ MC — Vielleicht übertreiben Sie auch und glauben, daß Sie wichtiger sind, als es wirklich der Fall ist.

Kritikfähigkeit

7. Asz. ♋ — Sie sind einerseits sehr freundlich und großzügig und vielleicht auch sentimental, andererseits aber clever und
11.☉♈ Erde 3 ♄♅♉ — möglicherweise ungeduldig und aufbrausend. Ein Sinn fürs Praktische und die Fähigkeit zur Kritik helfen Ihnen bei der Arbeit. Abwechslung
6./7.☉ ♈ — und Veränderungen sind Ihnen sehr wichtig – Sie brauchen dann auch
25.☽♊ einen Beruf, der nicht von Monotonie oder Routine geprägt ist. Sie können
♇☊ in 1 — mit Veränderungen im Leben umgehen – welche zu manchen Zeiten außerordentlich drastisch sind. In solchen Phasen der Ungewißheit können
♆⚹♇ Sie mehr als einmal unter viel Konfusion zu leiden haben.

46.♀ in 8 — In Ihrem Horoskop weist manches auf sehr große finanzielle Erfolge hin. Sie sind, was das Verhältnis zum Geld betrifft, sehr aufmerksam; mit Ihrem
57. ♂☌♃ — Unternehmungsgeist werden Sie hart für Ihren materiellen Erfolg arbeiten.

Sie sind sehr emotional und besit-
12.☉♈ 38.☿♓ 34. ☽☌♂ — zen ein weites Spektrum an extrem machtvollen Gefühlen; Sie sind dazu imstande, die höchsten Höhen und die tiefste Verzweiflung zu erleben.
60. ♂⚹♇ MC.♓ — Womöglich öffnen Sie sich allzu bereitwillig äußerlichen Einflüssen, ohne sich dessen bewußt zu sein.

Liebesbeziehungen

44.♀♒ (☽♓) — Sie vermitteln womöglich den Eindruck von Unbeschwertheit und zögern doch, wenn es um den Ausdruck von Zuneigung geht oder um eine Liebeserklärung. Es ist Ihnen dann auch sehr wichtig, ein gewisses Maß an Unabhängigkeit zu wahren. In
12.☉♈ 7. Asz.♋ — Wirklichkeit aber sind Sie emotional und auf Schutz und Zärtlichkeit aus, mit einem gewissen romantischen Zug, der noch zur bereits angesprochenen Sentimentalität hinzukommt.
48.♀□ ♄ 19. ☉∠♀ — Des weiteren sind Sie leidenschaftlich und sinnlich; Ihre Begierde ist schnell entfacht. Vielleicht haben Sie in der Vergangenheit unter Schüchternheit oder anderen Problemen gelitten, die
49.♀⚻ Asz. — den Ausdruck Ihrer Gefühle beeinträchtigten. Bezüglich des Liebeslebens ergaben sich eventuell Frustrationen,
7. Asz. ♋ — was in der Folge zu negativen Stimmungen geführt haben könnte, die von Partnern schwer zu verstehen sind. Vielleicht sagten die Partner aber auch etwas, das Sie aufgebracht hat.

Die Wichtigkeit von Freundschaften

Volles 11. Haus 63.♃ in 11 — In Ihrem Horoskop ist der Bereich der Freundschaften stark betont; es ist sehr wichtig, daß sie sich ständig mit anderen austauschen. Sie sind beliebt und mit ihrer Freundlichkeit und Aufmerk-
47.♀△ ♃ 31.(☽ △♀) — samkeit in der Lage, schnell Kontakte zu knüpfen. Sie sind sensibel für die Belange Ihrer Freunde, die zum großen Teil älter als Sie sein dürften. Es gibt auch Anzeichen dafür, daß die
67.♄ in 11 — Freunde etwas Ungewöhnliches haben, sehr intelligent und einflußreich sind –
(♅ in 11) — und Ihnen auch sehr helfen können. Bei einer so starken Betonung von Freundschaften müssen Sie darauf ach-
28.☽ in 11 56.♂ in 11 — ten, nicht zu sehr auf andere zu setzen. Sie könnten sich auch durch Unbeständigkeit auszeichnen. Also: Keine voreiligen Entscheidungen, bewahren Sie Geduld, Takt und Willen, um Ihre Freundschaften am Leben zu halten!

Familiäre Beziehungen

9.Asz ♋ — Die Beziehung zwischen Ihnen und Ihrer Familie scheint sehr glücklich zu sein. Sie stehen möglicherweise Ihrer Mutter sehr nahe (ich frage mich allerdings, ob sie sich mit dem
(♀□♄) ♄♉ — einen oder anderen Rückschlag in ihrem Leben auseinandersetzen mußte). Und zeigte sich Ihr Vater überängstlich, als Sie heranwuchsen? Zu Ihren etwaigen Brüdern
78.♆ in 3 — und Schwestern könnte ein sehr enges Verhältnis bestehen.

Kreativität und Gesundheit

79.♆ in 3 (Asz.♋) (☽♂♊) 39.☿ in 8 — Sie besitzen sehr viel Phantasie, und es könnte sich als sinnvoll erweisen, Ihre Kreativität auf das Schreiben zu richten, vielleicht in Form von kurzen Erzählungen mit einem phantastischen Einschlag. Wahrscheinlich
10. Asz. ♋ — macht es Ihnen Spaß, etwas zu sammeln – was sich als profitabel herausstellen könnte. Weil Ihre Sonne im Zeichen Widder steht, neigen Sie
13.☉♈ zu Kopfschmerzen, die womöglich mit Nierenproblemen zusammenhängen. Achten Sie auf Ihre Ver-
8.Asc♋ 30.☽□ ☿ ☉ in 9 — dauung! In Verbindung mit der Unfallneigung könnten auch Ihre Arme und Hände gelegentlich Schaden nehmen. Extrem günstig sind für Sie Auslandsaufenthalte. Verbindungen mit Ausländern könnten gleichermaßen wohltätig für Sie sein. Der Aufenthalt am Wasser – wie auch Fahrten übers Meer – hat eine psychisch erholsame Wirkung für Sie.

KOMMENTAR

Zur Zeit, als diese Analyse geschrieben wurde, hatte Kenneth gerade die Schauspielschule besucht, den Gedanken, Schauspieler zu werden, aber fallengelassen. Zusammen mit zwei Partnern arbeitete er als Dokumentar und Produktionsassistent für TV-Dokumentarfilme. Diese deutlich älteren Partner prägten seine Entwicklung stark.

Später starben dann beide Partner, und Kenneth verließ Großbritannien und zog nach Los Angeles, in der Hoffnung, dort in der TV- und Filmindustrie Fuß zu fassen. Nach vielen Jahren hatte er endlich Erfolg; er arbeitet jetzt bei der Produktion von Fernsehfilmen mit. Die Sonne im 9. Haus weist auf diesen Erfolg fernab der Heimat hin.

Meine Anmerkungen zu seinem schriftstellerischen Potential stellten sich als zutreffend heraus – Kenneth hat jetzt auch erfolgreiche Filmskripts geschrieben. Was seine tägliche Arbeit betrifft, muß er viel reisen – der starke zwillingshafte kommunikative Einfluß kommt damit voll zur Geltung. Kenneth hat keine feste Beziehung, ist aber mehr als eine der typischen Randerscheinungen der Hollywood-Szene.

Es ist meist nicht möglich, bei der abschließenden Konsultation jede Bemerkung tatsächlich anzubringen – eine Auswahl zu treffen ist dann auch das Kernstück der Kunst der Interpretation. Wenn gewisse Züge unabhängig voneinander in verschiedenen Horoskopbereichen anklingen, sind dies sozusagen Stützpfeiler. Bei Kenneth z. B. ist dies der Hang zur Rastlosigkeit.

Dieser Report zielt sehr auf das Grundsätzliche und vereinfacht manchmal zu sehr. Nichtsdestoweniger stellt er ein Beispiel dafür dar, wie man einen tragfähigen Anfang in der Kunst der Interpretation machen kann. Kenneth hat uns dazu ermächtigt, ihn hier wiederzugeben.

ZUSATZAUFGABE

Schreiben Sie mit Hilfe der Anmerkungen und des Horoskopindexes einen eigenen Bericht. Arbeiten Sie sich durch jedes Gebiet, und suchen Sie Themen, die Julia als Studentin vielleicht nicht erkannt hat.

Die Fährte durch den Tierkreis

Hier haben wir es mit einer weiteren Interpretationshilfe zu tun, welche auf einer alten Theorie basiert, die die Stärken und Schwächen der Planeten betrifft. Es geht darum, welche Planeten am hellsten »scheinen« und wie es um die psychologische Integration des Betreffenden bestellt ist.

Wir benutzen Kenneth's Horoskop, weil wir damit bereits vertraut sind. Wenn Sie bereits selbst an verschiedenen Horoskopen arbeiten, sollten Sie nach dem Aufschreiben der Anmerkungen und vor dem Interpretationsprozeß diese Betrachtung durchführen.

Um ein Diagramm wie das folgende zu erstellen, fangen wir beim Aszendenten bzw. dem herrschenden Planeten an. Danach hängt es vom einzelnen Horoskop ab, wie es weitergeht. Je mehr Sackgassen sich ergeben, desto problematischer kann es um die Integration der Person stehen.

Herrschender Planet
Von den Zwillingen aus gehen wir zu dem Planeten, der über diese herrscht – also Merkur im 8. Haus. Durch Zeichen- und Hausposition hängt dieser mit dem Jungfrau-Neptun als auch mit dem herrschenden Planeten Mond sowie mit Mars und Jupiter zusammen.

Die erste Spur

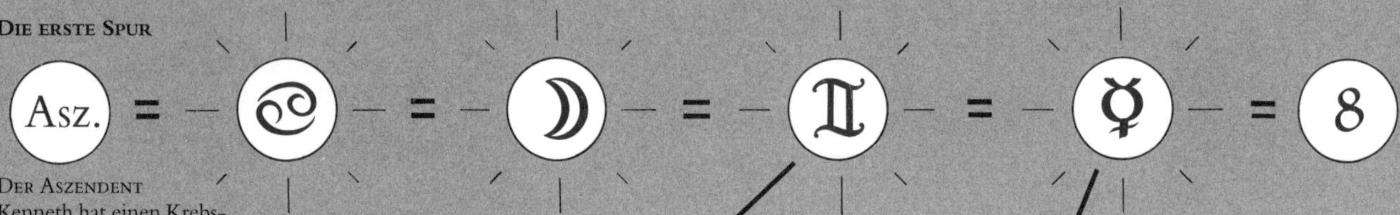

Der Aszendent
Kenneth hat einen Krebs-Aszendenten, der vom Mond (in den Zwillingen) regiert wird.

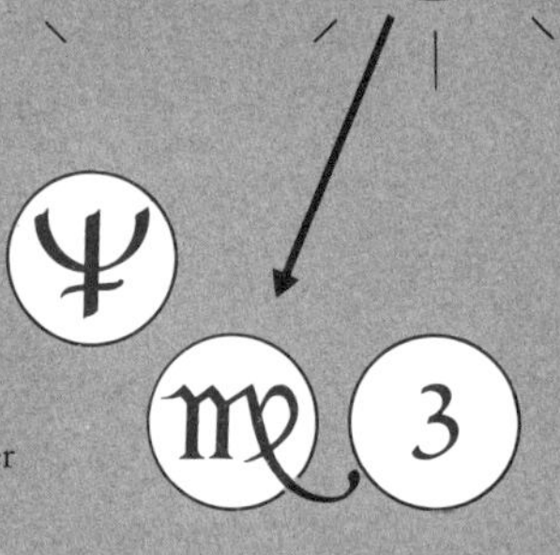

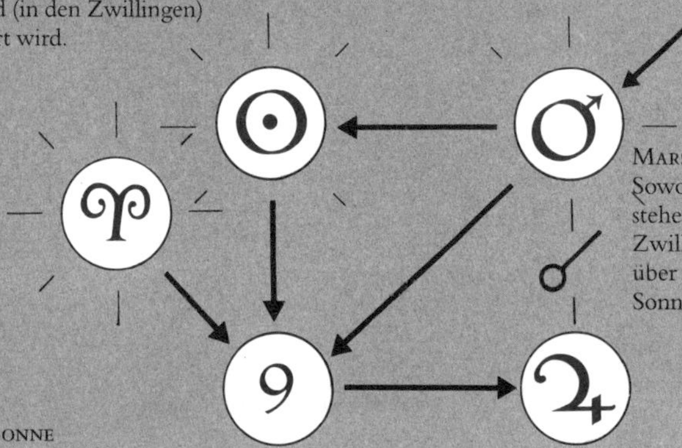

Mars und Jupiter
Sowohl Mars als auch Jupiter stehen ebenfalls in den Zwillingen. Mars herrscht über den Widder, Kenneth' Sonnenzeichen.

Die Sonne
Die Sonne befindet sich im 9. Haus (dem Jupiter- bzw. Schützehaus). Das heißt, daß die Fährte uns geradewegs zu der starken Konjunktion von Mars, Jupiter und Mond in den Zwillingen führt.

Die zweite Spur
Eine andere Fährte hat ihren Ausgangspunkt im reich besetzten 11. Haus, auffälliges Merkmal dieses Horoskops.

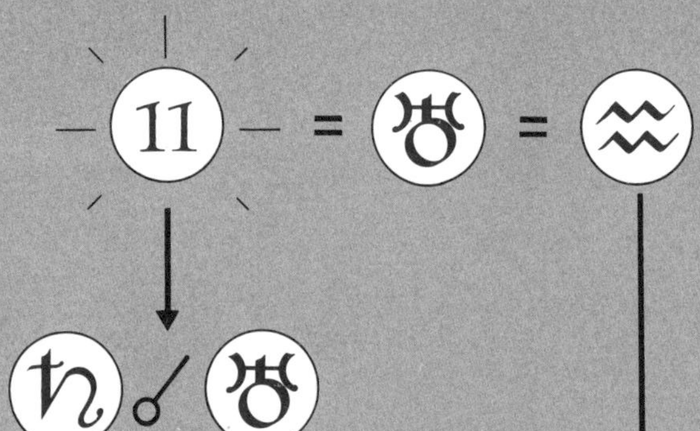

11. Haus
Das 11. Haus wird von Uranus – der auch über den Wassermann herrscht – regiert, welcher in Konjunktion zu Saturn steht. Beide befinden sich im Venuszeichen Stier. Die Venus steht im Wassermann; sie ist der »Zugplanet« dieses »Lokomotive-Horoskops«. Zusätzlich befindet sich die Venus noch im 8. Haus, zusammen mit Merkur.

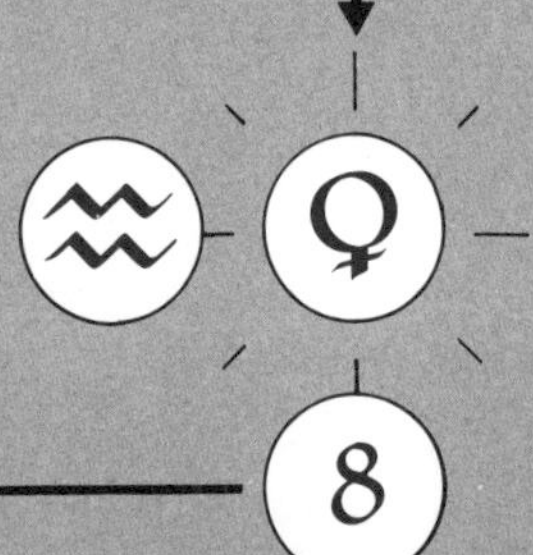

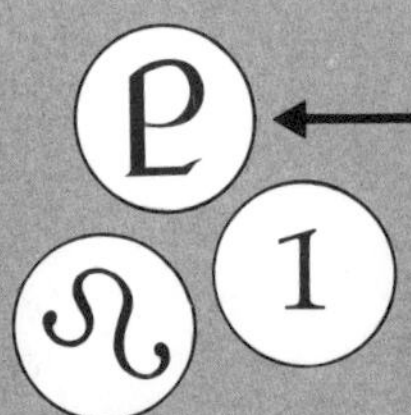

8. Haus
Das Pluto- bzw. Skorpionhaus. Von ihm aus müssen wir also auf die Plutostellung blicken: im Löwen im 1. Haus.

Kommentar
Kenneth stellt eine gut integrierte Persönlichkeit dar – nur zwei Fährten führen durch das ganze Horoskop, und diese beiden hängen aufgrund der Stärke von Merkur (von überragender Bedeutung) und der Venus eng zusammen. Beachten Sie die harmonische Verbindung der Widdersonne mit Mars und Jupiter. Saturn hat nur wenig zu bieten; er steht zwar in einer machtvollen Konjunktion zu Uranus – die einzige auf ihn weisende Referenz aber ist, daß sich sein Zeichen (der Steinbock) an der Spitze des 7. Hauses befindet, was zu Integrationsproblemen führen könnte. Saturn symbolisiert unser Schicksal, und Kenneth hat, obwohl er gerne hart arbeitet, stets das Gefühl, gegen den Strom zu schwimmen. Er ist argwöhnisch, was das Eingehen einer emotionalen Beziehung betrifft – sein Streben nach Unabhängigkeit hat saturnische Untertöne (die Wassermannvenus wirkt sich ähnlich aus). Seine Widdersonne aber macht ihn warmherzig und positiv, und mit seinem Krebsaszendenten ist er fürsorglich und anteilnehmend. Die Sonne im 9. Haus (eine positive Integration mit Jupiter) veranschaulicht seine Liebe zu Los Angeles.

Die Interpretation der Progressionen

Es handelt sich hierbei um einen faszinierenden Bereich der Astrologie, der auch den Anfänger für gewöhnlich sehr reizt. Es kommt hier aber nicht nur auf die Entwicklung einer angemessenen Technik an, sondern auch auf die richtige Einstellung! Nur zu leicht neigt man zu Behauptungen, daß dieses oder jenes geschehen wird – womit der Astrologe dann entweder zu einem Propheten des Untergangs oder aber zu einem blinden Optimisten würde.

Gehen Sie hier mit Offenheit vor! Für jeden wirken sich die Planeten auf eine andere Art aus, und es braucht Zeit, bis wir ihre individuellen Launen kennengelernt haben.

Seien Sie kein Fatalist – mit Fatalismus macht man keine gute Astrologie, und es ist schlichtweg unmöglich, Geschehnisse zu prophezeien.

Es gibt hier zwei Arten von Einflüssen: Die Transite und die Progressionen, die auf der symbolischen Beziehung »Ein-Tag-für-ein-Jahr« basieren. Es gibt noch weitere Progressionen, diese aber ist die gebräuchlichste.

Beziehen Sie sich, wenn Sie Ihre Interpretation erstellen, immer wieder auf die Ausführungen zu den progressiven Aspekten und den Transiten!

Es ist ratsam, sich ausführliche Notizen zu machen, auch Bemerkungen zum Lebensstil Ihres Gegenübers, seinen Pflichten und augenblicklichen Problemen.

Die Hintergrund-Progressionen

Es gibt zwei Arten davon: Aspekte zwischen progressiven Planeten und dem Geburtshoroskop einschließlich Aszendent und MC und Aspekte innerhalb des Progressionshoroskops. Manche Astrologen sind der Ansicht, daß die progressiven Aspekte der Planeten untereinander zu konkreten Geschehnissen führen, während die Progressionen zum Geburtshoroskop sich auf die instinktive und psychische Ebene auswirken. Die Planeten aber wirken auf jeden von uns anders. Nichtsdestoweniger gibt es aber doch einige allgemeine Regeln:

◆ Aspekte von der progressiven Sonne aus sind am wichtigsten, ganz besonders zum Herrscher des Horoskops (innerhalb des Geburts- oder des Progressionshoroskops).

◆ Aspekte zum herrschenden Planeten sind gleichfalls sehr bedeutsam.

Die Planeten wirken verschieden auf uns, man benötigt Geduld, um ihre »Launen« zu entdecken.

◆ Aspekte zwischen zwei Planeten oder zwischen einem Planeten und Aszendent oder MC, die auch schon im Geburtshoroskop im Aspekt zueinander stehen, sind ebenfalls sehr stark.

◆ Manchmal kommt es von einem progressiven Planeten aus zu einem Aspekt zu einem Planeten oder Eckpunkt, der an einem T-Quadrat, einem Großen Trigon oder einem Großen Kreuz beteiligt ist. Dadurch wird dieses Muster energetisiert. Falls die Orben sehr eng sind, könnte der oder die Betreffende dann eine Phase erleben, in der langfristige Probleme gelöst werden oder sich wichtige Veränderungen ereignen. Die Progression könnte sich aber über eine lange Zeit hinziehen, während der die Planeten des Musters einer nach dem anderen aktiviert werden – was heißen würde, daß der Einfluß von subtilerer Wirkung ist und die Entwicklungen oder Veränderungen sich nur sehr allmählich ergeben. (Transite zu einem T-Quadrat oder anderen Aspektmustern haben den gleichen Effekt, allerdings dauern sie nur so lange, wie der Transitaspekt genau ist.)

Ereignisreiche und gemächliche Perioden

Es ist wichtig, die Auflistung der Planeten gemäß ihrer numerischen Ordnung vor Augen zu haben. Wenn mehrere Planeten den gleichen Grad in verschiedenen Zeichen besetzen, kommt es von einem progressiven oder transitierenden Planeten aus zu einer ganzen Reihe von Einflüssen. Menschen, bei denen die Planeten auf eine solche Weise angeordnet sind, erleben abwechselnd sehr ereignisreiche und dann wieder sehr ruhige Zeiten. Dieses Muster wird sowohl beim Blick auf längere Zeiträume als auch auf kurze Phasen deutlich. Eine Sonnenprogression zu verschiedenen Planeten zur gleichen Zeit könnte eine Phase von vielleicht drei Jahren anzeigen, in der alles auf einmal zu passieren scheint; ein Transit von Jupiter zu einer Reihe von Planeten steht vielleicht für einen extrem ereignisreichen Zeitabschnitt. Eine Lunarprogression könnte drei Monate mit sehr vielen Geschehnissen anzeigen. In einem solchen Fall stehen auch die Planeten im Geburtshoroskop im Aspekt zueinander, wodurch das betreffende Thema noch unterstrichen wird – mit den Progressionen und den Transiten kommt es dann zu einer Kettenreaktion.

Lunarprogressionen

Der progressive Mond scheint eine Brücke zwischen der »Ein-Tag-für-ein-Jahr«-Methode und den Transiten zu bilden. Er wirkt zumeist für etwa drei Monate – und wenn er im Aspekt zu einem oder mehreren Planeten steht, könnte diese im Hintergrund wirkende Progression mit ihren Belangen und Auswirkungen dadurch unterstützt werden. Die Lunarprogressionen helfen wegen ihrer Dauer – die kürzer ist als die der anderen angesprochenen Einflüsse – dabei, eine Verbindung zwischen diesen beiden Gruppen herzustellen.

Einige Menschen fühlen den Einfluß der Lunarprogressionen deutlicher als andere. Wenn der Krebs aufsteigt oder der Mond im Krebs oder im Stier oder vielleicht auch im 4. Haus steht, ist der ohnehin machtvolle Mond im Horoskop noch stärker. Der Mond beeinflußt auf subtile Art unsere instinktive Ebene und Gefühle – von denen sich einige Menschen, die vielleicht nicht intuitiv oder sensibel sind, distanzieren. Das kann auch der Fall sein, wenn der Mond im Horoskop negativ aspektiert ist.

Die Transite

Am Anfang sollten Sie die Transite von Mars, Venus, Merkur, Sonne und dem Neumond außer acht lassen. Blicken Sie in der Tabelle nur auf die Langsamläufer. Es könnte sein, daß sich während einiger Monate sehr viel Aktivität ergibt und andere Male sehr wenig. Stellen Sie sich die Tabelle als eine Art Schaubild vor, welches Sie in Beziehung zum Leben Ihres Klienten sehen. Wenn die Planeten aktiv sind, wird das Leben sehr ereignisreich verlaufen – entweder, weil Ihr Gegenüber von den Ereignissen förmlich überrollt wird (vielleicht infolge eines Transits zum MC, evtl. von Jupiter, in Form einer Konjunktion – siehe Seite 296), oder aber, weil er psychische Fortschritte macht und womöglich seine Einstellung zu wichtigen Themen verändert usw. Es wird Zeiten geben, wenn die Transite im Hintergrund wirkende Progressionen und Lunarprogressionen unterstützen.

Andere Progressionsmethoden

Es gibt noch zwei andere Arten von Progressionen, eine symbolische und eine physische. Die »Ein-Grad«-Methode besteht darin, alle Horoskopfaktoren für jedes Jahr um ein Grad vorzurücken und die Beziehungen zu analysieren, die sich zwischen den progressiven und den Radixpositionen ergeben. Dies ist ein interessantes (und effektives) System, mit dem Sie später einmal experimentieren sollten. Die andere Methode ist das Horoskop, das man für jedes Jahr für die solare Wiederkehr berechnen kann – für den Augenblick, zu dem die Sonne wieder genau auf der Stelle steht, die sie im Horoskop innehat. Die Stellung der Horoskopfaktoren wird dann in Beziehung zum Leben des betreffenden Menschen gesetzt.

Sich wiederholende Themen

Aufgrund der Rückläufigkeit kommt es oft dazu, daß sich ein Transit dreimal ergibt. Wenn ein Transit zum ersten Mal exakt ist, bekommen Sie vielleicht einen Eindruck davon, wie er wirkt. Es zeigt sich, worum es geht – um welches Projekt oder Problem. Das Projekt oder Problem wird sich auch beim zweiten Kontakt bemerkbar machen – und beim dritten dann möglicherweise zum Abschluß gebracht bzw. gelöst werden. Häufig ist der dritte Kontakt der machtvollste.

Die Transite der schnellaufenden Planeten

Diese liefern uns Anhaltspunkte für alltägliche Sachverhalte – ihr Einfluß ist nur dann markant erhöht, wenn es sich um einen personalisierten Planeten oder den Herrscher des Horoskops handelt. Lesen Sie die Interpretation zu diesen Transiten, um ein Gefühl für sie zu bekommen. Merkur und Venus machen unser Leben farbiger, sie prägen unsere Kommunikation und unsere sozialen Kontakte usw. Mars ist wichtig; er kann uns zu überstürzten Handlungen bringen und eine Unfallneigung bedeuten. Erst diese nebensächlicheren Transite machen die Transitübersicht vollständig – so interessant sie auch sein mögen, allzu wichtig sind sie nicht.

Die Sonnentransite sind von Jahr zu Jahr konstant. Diese Einflüsse sind für gewöhnlich günstig; man kann sie für das nutzen, was einem am Herzen liegt (siehe die Ausführungen zur Interpretation; S. 130–140). Das gleiche gilt für die Aspekte vom Neumond, die über eine längere Zeit wirksam sind und die vielleicht eine allgemeine Tendenz anzeigen, wenn es um Hintergrundtrends geht und andere Transite mehrere Monate auf das Horoskop einwirken.

Progression und Transite interpretieren

Es ist nur zu leicht, einen Transit oder eine Progression unter- oder überzubewerten. Sprechen Sie es aus, wenn Sie sich unsicher sind – weisen Sie darauf hin, daß Sie den Einfluß vielleicht in einer falschen Perspektive sehen. Dramatisieren Sie die möglichen Auswirkungen nicht! Die planetarischen Energien stehen uns zur Verfügung, und selbst negative können effektiv genutzt werden. Entscheidend bei der Interpretation ist Erfahrung.

Eine vollständige Interpretation

Laura Campbell: Geboren am 20. Oktober 1946 um 4.37 Uhr, Port Chester, New York, USA

Laura ist mit einem Engländer (Roger) verheiratet und lebt in der Nähe von Oxford in Großbritannien; sie hat eine Tochter (Bronwen), die 1981 geboren wurde. Laura hatte Kunst studiert und gab Kunstunterricht an einer Mädchenschule. 1989 spielte sie mit dem Gedanken, das Unterrichten aufzugeben und sich auf die eigene kreative Arbeit zu konzentrieren. Sie überlegte weiterhin, Workshops zu künstlerischen Themen abzuhalten und ein Buch über Siebdruckverfahren zu schreiben. Die Progressionen umfassen die zwölfmonatige Phase, die im Mai 1989 anfing, zunächst sehr detailliert, später auf eine allgemeinere Weise.

Lauras Horoskop

Achten Sie auf die Stellung von Neptun; direkt am Aszendenten steht er für eine sehr große Verletzlichkeit. Laura ist auch eine doppelte Waage; Sonne und Aszendent befinden sich in diesem Zeichen. Günstige kontrastierende und stabilisierende Faktoren sind der Jungfraumond sowie die machtvolle und sehr enge Konjunktion zwischen Merkur und Mars im Skorpion. Auch Jupiter befindet sich in diesem Zeichen, die Venus im Schützen fügt ein positives, glühendes feuriges Element bei und bildet einen hübschen Kontrast zu den Waage- und Jungfrau-Elementen. Die Venus ist sehr machtvoll.

Hervorstechende Merkmale

Lauras Unabhängigkeit und Originalität ist durch das Sonnentrigon zu Uranus im 9. Haus angezeigt. Es ist gleichermaßen ein hemmendes Moment gegeben – der sehr mächtige und kristallisierende Saturn in Konjunktion zu Pluto im Löwen steht im Quadrat zur lebhaften Merkur/Mars-Konjunktion. Die Wirkung dieses Kontaktes ist aber zweiseitig – Laura ist gut in der Lage, ihren emotionalen Mars im Skorpion zu bändigen, sie weiß um dessen Kraft. Im großen und ganzen ist die Konjunktion gut integriert, auch deshalb, weil Merkur über den Jungfraumond herrscht.

Die Aspekttabelle

Die Progressionen werden beherrscht durch die stabilisierend wirkenden Sonnentrigone zu Saturn, sowohl progressiv als auch im Geburtshoroskop. Ersteres war zwar nicht mehr exakt, aber noch wirksam. Im Kontrast dazu stand die Sonne zwischen 1989 und 1992 auch im Aspekte zu Neptun, sowohl progressiv als auch natal.

Die Auswirkung davon wird sich natürlich über einen viel längeren Zeitraum erstrecken. Die Konjunktion zwischen Neptun und Aszendent im Geburtshoroskop (siehe S. 332) könnte gerade aus der Waage eine Schwächung der Persönlichkeit zur Folge haben. Mit der starken Verbindung zwischen Sonne und Saturn und der Tatsache, daß von der progressiven Sonne aus ein (positiver) Sextilaspekt zu Neptun gegeben ist, aber wird sich Laura psychisch fortentwickeln und die Neptuneinflüsse auf eine phantasievolle Weise nutzen. Das schwächere Quinkunx zwischen dem progressiven Merkur und dem Radixuranus fügt Originalität, Ideen und Erfindungsgeist zu. Wenn dies auch ein negativer Aspekt ist, hat er doch nicht allzu starke Auswirkungen; Uranus ist im Geburtshoroskop gut aspektiert, und Merkur ist für Laura ein sehr machtvoller Planet. Von Zeit zu Zeit werden sich Spannungen ergeben, besonders dann, wenn diese Progression noch durch Transite angefeuert wird.

Ideen für die Zukunft

Die sich über einen langen Zeitraum erstreckende Progression von Venus zur Merkur/Mars-Konjunktion ist faszinierend; sie paßt gut zu dem, was Laura tun möchte. Das nicht sehr starke Halbsextil vom progressiven Aszendenten aus unterstützt den Sonnenaspekt zu Neptun, während das progressive MC im Aspekt zu Uranus die progressiven Einflüsse durch Merkur und Uranus noch verstärkt, was sich förderlich auf die Ziele von Laura auswirkt. Der progressive Mars, der auf den progressiven Uranus einwirkt (exakt im Jahr 1991) ist zwar extrem dynamisch und machtvoll, aber auch heikel.

Die Tatsache, daß Lauras progressiver Mond durch das 6. Haus läuft, stellt eine gute Integrationsmöglichkeit dar, weil ihr Radixmond in der Jungfrau steht und das 6. Haus das Jungfrau-Haus ist

Die progressive Venus steht hier in einer Konjunktion zum Radixmerkur (und -mars), die über lange Zeit wirksam ist

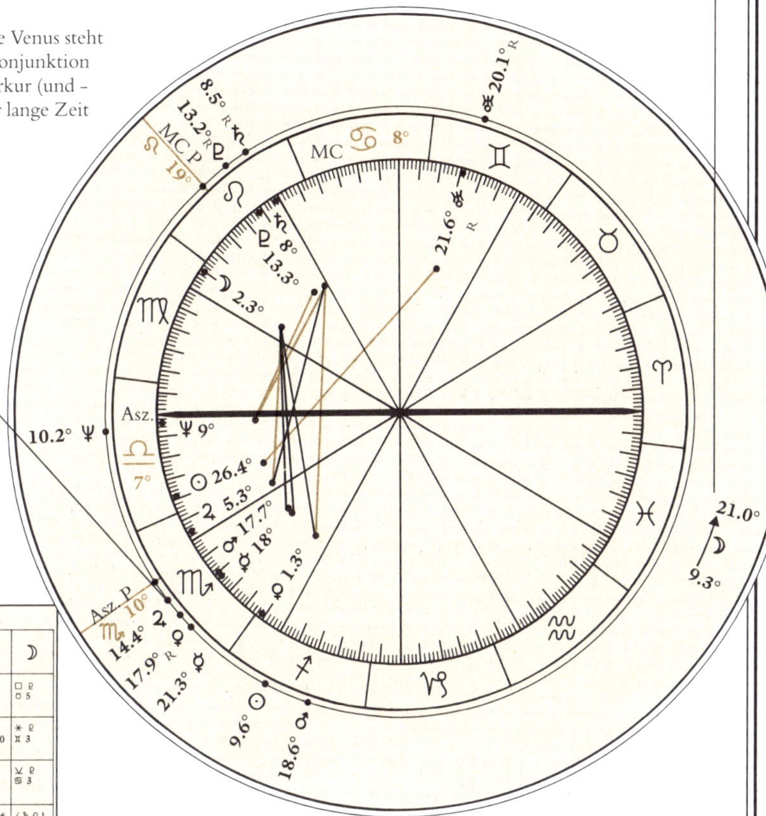

	Mond		Aspekte		Transite									
Jahr	Monat	Länge des Mondes	zu Radix	zu Progr.	♇	♆	♅	♄	♃	♂	♀	☿	☉	☽
1989	MAI	♓ 9.3°	⚻ ♆	□ ☉	□ ♇		✶ ♃ 8	⚻ ♇ 27	△ ♆ 3 ✶ ♇ 18 20	☌ MC 13	☍ ☿ 1 ☍ ♂ ☍ ♀ 12 ☌ ♅ 29	☍ ♀ 1 ☍ ♀ 26		□ ♇ ♉ 5
	JUN	10.4°		⚻ ♆ △ Asz.	4				⚻ ☿ 3–8 ⚻ ☌ ☌ ♅ 21–24	☌ ♄ 30	☌ MC 12	☍ ♀ 15	☌ MC 30	✶ ♇ ♊ 3
	JUL	11.4°					△ ☽ 4 31	□ ♆ 12 25 ☍ MC ⚻ ♄ 26	△ ☉ 13–16	☌ ♇ 8	☌ ♄ 6 ☌ ♇ 10 ☌ ☽ 26	☌ ♅ 1 ☌ MC 10 ☌ ♄ 24 ☌ ♇ 28		⚺ ♇ ♋ 3
	AUG	12.5°				□ ♆ 14		□ ♆ 12 13	⚻ ♀ 5-10 ✶ ☽ 11–15 △ ♃ 27	☌ ☽ 7–8	☌ Asz. 24 ☌ ♆ 26	☌ ☽ 6	☌ ☽ 26	☌ ♄ ♌ 1 ⚺ Asz. ♍ 29
	SEP	13.5°	⚻ ♇	⚻ ♇	□ ♇ 9				□ Asz. 9-15 ☌ MC 16–24 □ ♆ 25		☌ ☉ 9 ☌ ♃ 17 ☌ ☿ 28	☌ Asz. 3 ☌ ♆ 7 ☌ ♆ 17 ☌ Asz. 20		☌ Asz. ♎ 29
	OKT	14.6°			9	28	△ ☽ 20	10 ☍ MC ⚻ ♄ 11 27	5	☌ Asz. 1 ☌ ♆ 4 ☌ ☉ 30	☌ ♀ 16 ☍ ♅ 28	☌ Asz. 17 ☌ ♆ 18 ☌ ☉ 28	☌ Asz. 1	⚺ Asz. ♏ 29
	NOV	15.7°					13	□ ♆ 28 10	□ ♆ 22	☌ ♃ 12 ☌ ☿ 30 ☌ ♂ 30	☍ MC 14	☌ ☿ 10 ☌ ♂ ☌ ♀ 19	☌ ♀ 24	✶ Asz. ♐ 28
	DEZ	16.7°			☌ ☿ ☌ ♂ 29		✶ ♃ 20	⚻ ♇ 10 16	2 ☌ MC 3 10 □ Asz 11 18	☌ ♀ 20		☍ ♅ 2 ☍ MC 13		□ Asz. ♑ 28
1990	JAN	17.8°	△ ☿ △ ♂	△ ♀		⚻ ♇ 28	□ Asz. 4 23	✶ ☿ 13 ✶ ♂ 21	△ ♃ 27 2 ✶ ☽ 19	☍ ♅ 18				△ Asz. □ ♃ ♒ 26
	FEB	18.9°		□ ♂ ⚻ MC		28	10 MC 11 ⚻ ♄	⚻ ♅ 18 27	28 ⚻ ♀ 29 15	☍ MC 10		☍ ♄ 18 ☍ ♇ 21		⚻ Asz. △ ♃ ♓ 25
	MAR	20°		□ ♅			□ ♆ 7 8		⚻ ♀ 8–24 ✶ ☽ 25	☍ ♄ 23 ☍ ♇ 30	☍ ♄ 15 ☍ ♇ 20	☍ ☽ 5 ☍ Asz 23 ☍ ♆ 24		☍ Asz. ⚻ ♃ ♈ 26
	APR	21°	□ ♅	△ ☿	15				3 △ ♃ 19 26	☍ ☽ 24	☍ ☽ 9	☍ ☉ 2 ☍ ♃ 8 ☍ ☿ ♂ 20–27		☍ ♃ ♉ 25

Name Laura Campell

Mitternachtspositionen am 2.12.46

Referenz-Nr. 378

Entsprechend dem 27.5.89

Jahr 1989/90

Berechnung 2.

Lauras Progressionsdatum

Lauras modifiziertes Berechnungsdatum

Hieran wird deutlich, daß Julia das zweite Mal im Detail an Lauras Horoskop arbeitet

Lauras Geburtszeit ist genau. Das Halbsextil stellt zwar eine sehr schwache Progression dar – weil der Radixaszendent aber in Konjunktion mit dem Aszendenten steht, ist sein Einfluß doch erhöht

Progressive Aspekte

Radixplaneten Num. Ordnung	Sonne	Andere		Asz. MC
♀ 1.3 ♐				
☽ 2.3 ♍	☉ p △ ♄ R und P	☿ p ⚻ ♅ R	♂ p ☍ ♅ p	Asz. p ⚺ ♆ p
♃ 5.3 ♏	1988–9	1989–90	1991	1989 – 90
7.01 ♎				
♄ 8 ♌	☉ p ✶ ♆ R			MC p ✶ ♅ p
8 ♋	1989–90	♀ p ☌ ☿ ♂ R		1990–1
♆ 9 ♎		1989–2001		
♇ 13.3 ♌	☉ p ✶ ♆ p 1991–2			
♂ 17.7 ♏		♀ p ⚺ ♂ p		
☿ 18 ♏		1989–90		
♅ 21.6 ♊				
☉ 26.4 ♎				

Weil Merkur und Mars in einer so engen Konjunktion stehen, kann man die Progressionen und Transite für sie zusammen berechnen

Ein besonders langwieriger Einfluß von der progressiven Venus aus, die auf 17° Skorpion von der rückläufigen zur direktläufigen Bewegung wechselt. Dies wird Laura über mehrere Jahre hinweg beeinflussen

Interpretation

Dies ist eine Interpretation der Progressionen Lauras, wie sie aus den bereits angeführten Aspekten hervorgehen. Die astrologischen Sachverhalte, auf die Julia ihre Kommentare gründet, sind kursiv gesetzt.

Laura Campbell, progressiver Aszendent im Skorpion, progressive Sonne im Schützen, progressives MC im Löwen.

Sie haben eine sehr interessante Phase in Ihrem Leben erreicht, eine Zeit, in der Sie mehr Selbstvertrauen erworben und es – vielleicht unbewußt – geschafft haben, bestimmte Züge Ihrer Persönlichkeit für statt gegen sich arbeiten zu lassen. Was sich in der Vergangenheit möglicherweise als Angst und die Neigung, immer das Schlimmste zu befürchten, bemerkbar machte, hat sich nun geändert; Sie sind nun dazu imstande, Ihre reiche Inspiration und kreative Vorstellungskraft positiv zum Einsatz zu bringen. Natürlich sind Sie auch schon früher mit Ihrer Persönlichkeit zurechtgekommen – es gibt aber im Leben Phasen, in denen wir Entwicklungsschritte machen. Dies ist jetzt bei Ihnen der Fall.

Ich stelle jetzt eine Verbindung zwischen der machtvollen Sonnenprogression zu Saturn und Neptun her.

Mit Ihrem gesteigerten Selbstbewußtsein fühlen Sie nun das Bedürfnis, sich auf sich selbst zu besinnen. Ihre Instinkte und Gefühle unterstützen das noch – diese Emotionen haben ihren Ursprung in den tiefsten Ebenen Ihrer Persönlichkeit. Deshalb und aufgrund des Wunsches nach Unabhängigkeit ist es nicht überraschend, daß Sie nun einige gute Ideen zu Ihrer Zukunft und speziell zu Ihrer Karriere haben. Wahrscheinlich würden Sie sich auf die eine oder andere Weise eingeengt fühlen, wenn Sie als Vollzeit-Lehrerin weiterarbeiten würden. Sie brauchen jetzt eine neue Betätigung.

Die progressive Sonne steht im Schützen – man vergegenwärtige sich, daß der Schütze es haßt, sich eingeengt zu fühlen!

Es ist interessant, daß Sie gerade jetzt den Wunsch nach einer Richtungsänderung verspüren – die langfristigen Progressionen nämlich sind sehr stark und positiv. Sie lassen an sich nicht unbedingt auf Veränderungen schließen.

Die letzte Aussage spricht für sich – es ist wirklich interessant, daß Laura zwar das Bedürfnis nach Veränderungen verspürt, ohne daß es aber einen schwerwiegenden Einfluß gibt, der äußerlich auf solche schließen läßt, wie z. B. die Progression von Sonne, Aszendent oder MC in ein neues Zeichen. Lauras Ideen beziehen sich allesamt auf den Bereich ihrer bisherigen Interessen. In ihrer Gesamtheit aber lassen die Planeten doch auf Wandlungen in der einen oder anderen Hinsicht schließen, z. B. der Kontakt von Sonne/Saturn oder auch die Beziehung zwischen Merkur und Uranus und die Annäherung des progressiven MC's an den Radixuranus.

Wie dem auch sei – die Art von Veränderungen, die Sie vor Augen haben, dürfte sich sehr günstig auswirken. Sie sind in einer guten Position, um aus Ihren Progressionen Nutzen zu ziehen. Eine ausreichend große Zahl von Einflüssen läßt erkennen, daß Sie trotz allem vorsichtig bleiben und bei den Veränderungen Umsicht beweisen. Es ist unwahrscheinlich, daß Sie nun einen großen Fehler begehen.

Ich beziehe mich abermals auf die Stärke des Kontaktes zwischen Sonne und Saturn.

Ihre Ideen für die Zukunft, wie Sie sie mir dargelegt haben, sind sehr interessant; die Idee, sich intensiv mit dem Siebdruckverfahren zu befassen, ist sehr gut, sowohl was das Finanzielle als auch das Abhalten von Wochenend-Workshops betrifft. Alle Arten von kreativer Arbeit sind für Sie nun günstig. Außerdem gibt es einen Einfluß, der nun zu wirken beginnt und der Sie für mehr als eine Dekade prägen wird – er läßt erkennen, daß ein Projekt,

wie Sie es planen, Sie tatsächlich über diesen Zeitraum hinweg in Anspruch nehmen könnte. Es wirkt so, als ob Sie Ihre Anteilnahme und Ihren Enthusiasmus auf ein derartiges Projekt richten werden.

Es handelt sich hierbei um die Konjunktion der Venus (dem zweifachen Herrscher) zur Merkur/Mars-Konjunktion – ein wunderbarer Einfluß.

Merkur und Venus verleihen häufig das Geschick für künstlerische Arbeiten; weil auch noch Mars beteiligt ist, hat Laura die Energie und den Willen (Mars steht im Skorpion), etwas daraus zu machen. Die Auswirkungen erstrecken sich über einen sehr langen Zeitraum, weil die Venus nun stationär wird.

Vielleicht ergeben sich später bei dem Projekt Spannungen, die zu einem Problem werden. Halten Sie deshalb frühzeitig nach derartigen Anzeichen Ausschau – Sie könnten nämlich mehr unter Spannungen zu leiden haben, als sie merken. Vielleicht laden Sie sich auch allzuviel auf und können nicht mehr abschalten.

Dies ist die Interpretation der Mars-Opposition zu Uranus (exakt 1991), die auf mögliche Probleme für Laura hindeutete – aber auch auf gewisse Chancen. Mit dieser Progression ist unweigerlich Streß verbunden, um so mehr, wenn auch andere Transite in die gleiche Richtung weisen.

Ihre Idee, ein Buch über Siebdrucktechnik zu schreiben, ist exzellent. Wenn wir uns nun mit den Trends befassen, die in den nächsten zwölf Monaten auf Sie einwirken, sehen wir Zeitabschnitte, in denen Sie den Wunsch haben könnte, Ihr Projekt einem Verleger zu präsentieren. Ich werde diese im Monatsüberblick herausstellen. In der Zwischenzeit sollten Sie sich viele Notizen aufschreiben und vielleicht auch Fotos von Ihren Arbeiten machen.

Es gibt keine Hinweise darauf, daß es in der nächsten Zeit zu besonderen gesundheitlichen Problemen kommt. Auch ist es unwahrscheinlich – von Ihrem Horoskop aus gesehen –, daß Roger oder Bronwen unter besonderen Schwierigkeiten leiden werden, die Sie dann beeinflussen. Kurzfristigere Einflüsse hierzu sind in der Übersicht vermerkt.

Ursprünglich wollte ich die Sonnenprogression zu Neptun vom Blickwinkel der Gesundheit aus interpretieren – weil die Sonne unsere Vitalität repräsentiert und Neptun im 1. Haus steht. Diese Progression könnte in der einen oder anderen Weise gesundheitliche Probleme anzeigen. Ich kenne aber Lauras Horoskop recht gut; weil die Neptunkonjunktion zum Aszendenten den Menschen psychisch beeinflußt (besonders in der Waage), entschloß ich mich für diese Interpretation.

Wenn Sie die Lehrerstelle aufgeben, erhebt sich natürlich die Frage nach dem Geld. Natürlich bedeutet dies ein vermindertes Einkommen, zumindest am Anfang. Die Trends in ihrer Gesamtheit aber arbeiten für Sie, was heißt, daß Sie wahrscheinlich umsichtig planen, mit viel gesundem Menschenverstand vorgehen und notfalls auch mit philosophischem Gleichmut reagieren.

Sie zeigen nun wahrscheinlich viel Bestimmtheit und Entscheidungsfreude. Ihre Projekte dürften florieren.

Wir fahren nun mit der Interpretation der Transite sowie der Lunarprogressionen fort, wobei wir den hintergründigen Einfluß der eben beschriebenen Progressionen nicht aus den Augen verlieren.

Was ich bisher beschrieben habe, ist eine Interpretation der eher langfristigen Trends für Sie. Jetzt folgt eine Analyse der Planeten, wie sie zum betreffenden Zeitraum gerade am Himmel stehen, mitsamt der Verbindungen zum Geburtshoroskop.

Insgesamt sind die Transitplaneten, soweit wir sie kennen, gerade sehr aktiv. Ich vermute, daß Sie später, wenn Sie auf den bevorstehenden Zwölf-Monats-Zeitraum zurückblicken, eine oder zwei Schlüsselphasen ausmachen werden.

Die wichtigste Zeit dürfte sich um den Januar 1990 herum ergeben; ich nehme an, Sie werden bereits ein paar Wochen vorher merken, wie die Dinge sich entwickeln. Auch der September 1989 könnte sich als sehr ereignisreich erweisen, gleichfalls der April 1990. Wir wollen nun im einzelnen auf diese Monate blicken.

Achten Sie darauf, daß im Januar der progressive Mond im Trigon zur Merkur/Mars-Konjunktion und zur progressiven Venus steht. Das ruft uns noch einmal die sehr interessante langfristige Progression ins Gedächtnis. Die Auswirkung dieses Einflusses dürfte sich als dynamisch, lebhaft und anregend erweisen. Ich habe den September erwähnt, weil es dieser Monat ist, in dem der progressive Mond im Kontakt zu Pluto steht; und Pluto selbst steht zur eigenen Stellung im Quadrat – ein negativer Trend. Der Monat April dagegen dürfte sehr günstig sein – der progressive Mond steht im Aspekt (wenngleich im spannungsreichen Quadrat) zum Radixuranus sowie in einem harmonischen Trigon zum progressiven Merkur (abermals eine Ergänzung der Progressionen).

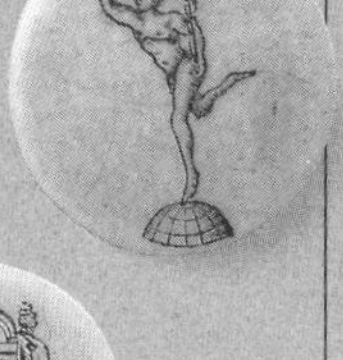

Die Monatsübersichten

Mai 1989

Es könnte sein, daß Sie sich für ein paar Wochen Ihrer Position nicht sehr sicher sind. Wenn Sie sich jetzt immer noch nicht dazu durchgerungen haben, Ihre Lehrerstelle aufzugeben, sollten Sie nun möglichst keine definitiven Entscheidungen treffen – falls sich das als unumgänglich erweist, bitten Sie Roger um Rat. Möglicherweise macht sich nun ein untergeordnetes Problem bemerkbar – in der zweiten Juniwoche ist es vielleicht wieder verschwunden, ohne daß es aber gelöst wäre. Es kommt dann nur zu einer Verschnaufpause. Bei der Arbeit dürfte sich um den 13. herum eine Intensivierung des Tempos ergeben. Die ersten Maitage sind eine gute Zeit, sich zu entspannen oder einen Familienausflug zu unternehmen.

Die Ungewißheit hat ihre Wurzeln in der negativen Progression vom Mond zu Neptun und Sonne. Das potentielle Problem, auf das ich angespielt habe, hängt mit dem Transit von Pluto zur eigenen Position zusammen, wenngleich sich dieser auch auf der psychologischen Ebene auswirken könnte. Die geschäftige Phase Mitte des Monats geht auf den Marstransit zum MC zurück. Den Familienausflug legte ich wegen der Transite von Venus und Merkur nahe.

Juni 1989

Die Anzeichen lassen darauf schließen, daß Sie sich jetzt positiver fühlen werden. Wenn Sie Entscheidungen zu Ihrer Zukunft treffen wollen, können Sie nun intensiv darüber nachdenken. Die wahrscheinlich angenehmste Phase dieses Monats geht auf Einflüsse zurück, die etwa zwischen dem 12. und dem 15. wirksam sind – ein Zeitraum, zu dem Sie sich des Lebens erfreuen und die Waagemerkmale der Liebenswürdigkeit und Zuneigung zum Ausdruck bringen können. Während der letzten Junitage sollten Sie keine Angst haben, Fragen zu Ihrer beruflichen Zukunft zu beantworten. Der letzte Junitag ist in jedem Jahr ein guter Tag für Sie (evtl. mit einer geringfügigen Abweichung) – einer von vier Tagen, die Sie sich merken sollten; Sie können sie für etwas nutzen, das Ihnen am Herzen liegt, mit bemerkenswerten Ergebnissen.

Die Junitransite sind positiver, so daß Laura nun eine stärkere Position hat. Die angenehme Periode hängt mit Venustransiten zusammen. Der Sonnentransit zum MC wird ebenfalls interpretiert.

Juli 1989

Zwei Themen berühren Sie jetzt – eines davon unterstreicht sehr schön Ihr Bedürfnis nach Veränderung. Es handelt sich dabei um eine Phase, in der Sie theoretisch große Fortschritte machen können. Vielleicht aber gibt es das eine oder andere Problem, das geklärt werden muß, weshalb es nicht so vorangeht, wie Sie sich das wünschen. Möglicherweise auch ein Element von Konfusion, Entmutigung durch irgend jemand oder ein sehr lästiger Aufschub. Geduld zahlt sich aus – gleichfalls auch der Versuch, bei potentiellen Problemen aufrichtig und ernsthaft vorzugehen. Diese doch etwas negativen Trends wirken vor allem während der zweiten Hälfte des Monats. Denken Sie aber daran: Auch die positiven Anzeichen sind sehr stark, und vielleicht habe ich die negativen überbetont. Insgesamt hat es den Anschein, als wäre dies ein Monat, in dem für Sie sehr viel los ist: Die verschiedensten Vorfälle, die nichts miteinander zu tun haben, fordern jetzt Ihre Aufmerksamkeit. Vielleicht macht Ihnen das aber auch viel Spaß und wirkt stimulierend!

Die zwei angeführten Hauptthemen sind die negativen Saturntransite, im Gegensatz zum lebhaften Uranustrigon zum Mond und dem sehr günstigen Jupitertrigon zur Sonne. Die Schnelläufer dürften das Tempo von Lauras Leben noch beschleunigen und als gute Ablenkung fungieren, speziell dann, wenn sich bei wichtigen Themen Komplikationen ergeben.

August 1989

Es steht zu vermuten, daß einige Ihrer Pläne und Aktivitäten nun sehr große Fortschritte machen. Möglicherweise eine sehr belohnende Zeit, besonders, was die Entwicklung der Ideen und Projekte betrifft – wenngleich einige der Anzeichen, die dem Vormonat ähnlich sind, auf Umwege und Komplikationen hindeuten. Könnten sie vielleicht auch auf eine ganz andere Sphäre des Lebens weisen? Sie werden nun wissen, worauf sich die Trends beziehen. Ich kann nur noch einmal die Warnung wiederholen, die ich auch für den vorigen Monat aussprach: Diese Themen werden Sie eine Weile beschäftigt halten, sie dürften aber Ende Oktober aus dem Blickfeld verschwinden. Lassen Sie sich nicht unterkriegen, und bleiben Sie zuversichtlich! Wenn z. B. etwas an Ihrem Haus repariert werden muß oder wenn Sie bei einem wichtigen Haushaltsgegenstand, der defekt geworden ist, keinen Kontakt zum Hersteller bekommen, müssen Sie versuchen, Abstand zu gewinnen und ruhig zu bleiben – schließlich wird sich eine Lösung ergeben. Ende der ersten Woche ist wahrscheinlich am meisten los; die schönste Zeit mit Roger und Bronwen dagegen dürfte die letzte Augustwoche sein. Wenn Sie Ihren Urlaub in die Sommerferien legen müssen, sollten Sie die zweite Monatshälfte in Erwägung ziehen. Von Ihrem Horoskop aus sind Reisen dann begünstigt (hierzu sollte man natürlich aber auch auf Rogers Horoskop schauen!).

Die widersprüchlichen Trends von Neptun zur eigenen Stellung und von Saturn zur Neptunstellung sind schwer zu interpretieren. Es könnte sein, daß Laura nun unbewußt hart an ihrem prägenden Neptuneinfluß arbeitet – vielleicht setzt sie alles in Bewegung, um sich nun ein für alle Male über ihn klarzuwerden. Auf der anderen Seite können Einflüsse wie dieser zu häuslicher Konfusion führen, z. B. zu defekten Waschmaschinen, Problemen mit der Kanalisation, dem Gefriergerät usw. (solche Auswirkungen unter Neptuneinflüssen sind mir bekannt). Die positiven Anzeichen lassen auf große Fortschritte bezüglich der Ideen schließen. Ein Familienurlaub zu dieser Zeit könnte günstig sein, aufgrund des Jupitereinflusses und der anregenden Einflüsse der Schnelläufer.

September 1989

Weil auch jetzt noch sowohl verwirrende als auch förderliche Anzeichen erkennbar sind, ist es günstig, sich auf die letzteren zu konzentrieren. Nach Möglichkeit sollten Sie sich jetzt sehr intensiv mit den Ideen zu Ihrem Buch und den Workshops beschäftigen. Pläne, die Sie nun machen, könnten sich später auszahlen. Vielleicht merken Sie, daß es bezüglich der Karriere zu interessanten Entwicklungen kommt – ein Trend, der sich auch Ende des Jahres noch einmal ergibt; möglicherweise erhalten Sie ein sehr reizvolles Angebot. Wir sagen nicht die Zukunft voraus – insofern sollten Sie meine Ausführungen lediglich als eine Möglichkeit betrachten. Trotz der auch konfusen negativen Umstände dieses Monats bin ich der Ansicht, daß es eine sehr interessante Zeit für Sie sein wird. Viele der planetarischen Energien wirken nun günstig für Sie, was die negativen Einflüsse aufwiegt.

Der progressive Mond im Aspekt zu Pluto, Pluto im Quadrat zur Plutostellung und das weiter wirksame Neptunquadrat zur Neptunstellung lassen gemischte Erwartungen entstehen. Die starken Jupitertransite aber – besonders die Konjunktion zum MC – sind sehr günstig. Die schnellen Planeten sind sehr aktiv, diese untergeordneten Einflüsse machen den Monat sehr lebhaft.

Oktober 1989

Für Sie ist nun sehr viel planetarische Energie verfügbar. Sie fühlen sich wahrscheinlich energiegeladen – während der ersten Oktobertage allerdings könnte die Tendenz zur Überstürztheit vielleicht zu einem Unfall führen. Sie sollten bewußt einen Gang zurückschalten und beim Fahren, beim Arbeiten mit scharfen Werkzeugen oder beim Kochen sehr vorsichtig sein.

Nach einem gewissen Maß an Frustration und dem Gefühl, daß Ihre Projekte nicht wie gewünscht vorankommen, sollten zum Monatsende hin wieder Fortschritte möglich sein. Allerdings ist auch dann wieder – wie zu Monatsbeginn – mit der Tendenz zu überhasteten Aktivitäten eine Unfallneigung verbunden. Versuchen Sie diese in den Griff zu bekommen. Es wiederholt sich auch ein Einfluß, der bereits schon im Juli wirksam war – möglicherweise erfährt damit eine Planung aus damaliger Zeit ihren krönenden Abschluß. Eine Reihe von schwächeren Einflüssen um die Mitte des Monats eröffnet die Gelegenheit, das Leben in gesellschaftlicher Hinsicht zu genießen. Wenn Sie sich etwas Neues kaufen wollen (in Verbindung mit einem neuen »Outfit« vielleicht), könnte dies eine günstige Zeit sein, um Boutiquen aufzusuchen. Auch die Venus wirkt ein – insofern wäre dies eine Gelegenheit für eine kosmetische Behandlung oder eine neue Frisur. Grundsätzlich ist der 1. Oktober in jedem Jahr ein ganz besonderer Tag für Sie, eine Art zweiter Geburtstag. An diesem Tag können Sie etwas ganz Besonderes machen oder ein neues Projekt einläuten.

Es gibt einige intensive Transite von Saturn sowie den abermaligen Kontakt von Uranus zum Mond – die wichtigsten Einflüsse dieses Monats. Mars ist sehr aktiv, besonders am 1. bei der Konjunktion zum Aszendenten. Die fröhlichen Energien von Merkur und Venus, Mitte des Monats, fügen Leichtigkeit bei und bedeuten für Laura die Gelegenheit, meine Vorschläge zu Mode und Schönheit aufzunehmen.

Ich gehe in meinen Berichten nicht auf technische Einzelheiten ein – jeder aber weiß, daß die Venus für Schönheit spricht. Sie ist für Laura sehr wichtig, und insofern kann man hier einmal eine kontrastierende heitere Bemerkung einflechten, gerade auch, weil so schwerwiegende Einflüsse einwirken. Der Bezug zum 1. Oktober hängt mit dem Sonnentransit zu Lauras Aszendent zusammen.

November 1989

Während dieser Monat seinen Lauf nimmt, zeichnet sich das Leben wieder durch mehr Ernsthaftigkeit aus. Von der Mitte des Monats an dürften Sie sich dann auch in einer starken Position befinden, von der aus Sie die Initiative ergreifen können. Wenn es etwas gibt, das Ihnen auf der Seele liegt, können Sie das jetzt ansprechen – allerdings nur dann, wenn Sie sich Ihrer Sache wirklich sicher sind; die Tendenz nämlich, vorschnell zu handeln, könnte ansonsten gegen Sie wirken. Ignorieren Sie keine Details, besonders dann nicht, wenn Sie gerade einen Vertrag zu unterschreiben haben. Während der letzten Novembertage ergeben sich vielleicht die Anzeichen für neue – finanzielle? – Entwicklungen, die später deutlicher ins Blickfeld rücken werden.

Astronomisch gesehen finden einige der Transite in diesem Monat ihren Abschluß. Die Mars-Aktivität zu Jupiter könnte sehr günstig sein. Die neuen Entwicklungen leite ich von dem Marskontakt zur Merkur/ Mars-Konjunktion ab – ich halte diesen für wichtig, weil auch noch von Pluto aus ein lange währender Kontakt zu dieser Konjunktion gegeben sein wird. Die Finanzen erwähne ich deshalb, weil die Konjunktion in Lauras 2. Haus steht und Pluto mit diesem Thema verbunden ist.

Dezember 1989

Für Sie gibt es diesen Monat einige sehr günstige Auswirkungen. Vielleicht machen Sie nun sehr große Fortschritte, und vielleicht haben die Entwicklungen sehr positive finanzielle Beiklänge. Allerdings denke ich nicht, daß schon vor Weihnachten viel geschehen wird – zu dieser Zeit aber dürfte das Leben sehr ereignisreich verlaufen. Die Einflüsse sollten sich positiv für Sie auswirken, speziell dann, wenn sich ein neues berufliches Projekt abzeichnet (ohne Zweifel mit finanziellen Auswirkungen). Dieser Trend gilt vom 29. Dezember bis Mitte April 1990. Sie können sich auf ein vergnügliches und interessantes Weihnachten und Neujahr freuen!

Laura erlebt einen weiteren Transit von Jupiter zu ihrem MC und Aszendenten. Genauso wichtig ist, daß Pluto auf ihre Merkur/Mars-Konjunktion im Skorpion zu stehen kommt. Diese Konjunktion wird von Pluto beherrscht – und nun befindet sich dieser stationär auf ihr. Dies ist ein sehr wichtiger Trend, der im nächsten Monat sehr positive Unterstützung durch günstige Saturntransite und exzellente Lunar- und Venusprogressionen erfahren wird. Dies wird fraglos eine Schlüsselperiode für Laura darstellen, mit sehr vielen Ereignissen. Das schöne Trigon vom Transitjupiter zur eigenen Position (Ende Dezember) stellt einen weiteren positiven Trend dar. Ich habe einige konkrete Daten angeführt – ich konnte das tun, weil Pluto für gewöhnlich genau zu datieren ist (siehe S. 343). Nichtsdestoweniger ist unter ihm das Leben nicht unbedingt leicht; man sollte bei der Interpretation dann auch nicht zu optimistisch sein! Lesen Sie nun weiter!

Januar 1990

Diesen Monat nehmen die Trends an Stärke zu, und es hat den Anschein, als ob dies eine sehr wichtige Phase für Sie ist, in der vieles passiert. Sie könnten nun große Fortschritte machen, und im Rückblick werden Sie auch erkennen, warum. Seien Sie aber vorsichtig – vielleicht denken Sie, alles läuft gut, während Sie doch auf dem Holzweg sind oder sich Probleme ergeben. Diese könnten zunächst sehr irritierend wirken, sich aber (wieder im Rückblick) womöglich als positiv erweisen. Es kann nicht überraschen, wenn Sie sich in dieser Phase manchmal sehr angespannt fühlen. Vielleicht schlafen Sie nun auch schlechter als sonst.

Zu dieser Zeit müssen Sie Ihre unmittelbaren Reaktionen unter Kontrolle halten. Hören Sie auf Ihre Intuition, seien Sie aber vorsichtig, was Ihre Emotionen betrifft, speziell in Situationen der Ungeduld. Auf diese Art nämlich können Sie sehr viel positive emotionale Energie in konstruktive Bahnen lenken, so daß sie für und nicht gegen Sie arbeitet. Wenn Sie sehr viel zu tun haben sollten, müssen Sie sicherstellen, daß auch noch Zeit für Bronwen und ihre Interessen bleibt – wenn nämlich die Entwicklungen bei Ihrer beruflichen Tätigkeit all Ihre Energie und Zeit verschlingen, wird sie sich alleingelassen fühlen. Das wäre bei jedem neuen Projekt, welches ein Bindeglied zwischen Ihnen und Roger darstellt, der Fall.

Die Vorsicht hängt mit den Saturntransiten zusammen. Diese Trends sind positiv – wenn sich auch meine Hinweise auf Verzögerungen im Rückblick als berechtigt erwiesen. Es ist auch wichtig, daran zu erinnern, daß Pluto in einem gewissen Ausmaß unberechenbar ist, auch wenn er positiv wirkt. Beim Plutoeinfluß auf die Merkur/Mars-Konjunktion wird durch die Interpretation der Transite für sich deutlich, daß für Laura starke Auswirkungen zu erwarten sind. Auch hier könnte alles gutgehen – weil aber so viele Faktoren hineinspielen (die emotionale Ebene in Verbindung mit Mars und das 2. Haus und der Skorpion), kann es nicht schaden zu raten, vorsichtig zu sein und die Situation im Griff zu behalten.

Februar 1990
Ähnliche Themen; noch immer sind Fortschritte möglich (auch die Warnung vor zuviel Impulsivität gilt noch). Bewahren Sie kühles Blut, und seien Sie geduldig – was Ihnen allerdings schwerfallen dürfte, trotz der Tatsache, daß Sie eine doppelte Waage sind. Tun Sie Ihr Bestes!

Es gibt nur sehr wenig Veränderungen bei den Einflüssen, die jetzt auf Laura wirken. Die Lunarprogression ist noch immer wirksam; sie wird durch das Quadrat vom progressiven Mars noch angespornt (was die Tendenz zur Unbeherrschtheit noch unterstreicht).

Die neuen Transite folgen dem bekannten Thema: Fortschritte mitsamt der Neigung zur Ungeduld und ein Element der Frustration.

März 1990
Neben die bereits existierenden Einflüsse tritt nun ein neuer Trend, welcher Umsicht und Überlegung fördert. Vielleicht haben Sie das Gefühl, unter größerem Druck zu stehen, als es in Wahrheit der Fall ist. Möglicherweise leiden Sie nun unter einer gewissen Verwirrung; jemand anderes könnte die Situation dagegen so sehen, wie sie ist – und Ihnen vielleicht dabei helfen, wieder einen klaren Blick zu gewinnen. Vermutlich aber werden sich die Geschehnisse in ihrer Gesamtheit sehr positiv (vielleicht auch sehr spannend) auswirken. Überlegen Sie sich aber Ihre Schritte gut! Die letzte Märzwoche könnte die größten Fortschritte bringen.

Der progressive Mond steht im Quadrat zum progressiven Uranus – Umsicht ist damit nötiger denn je. Das Quadrat vom Transituranus aus ist vom 8. an wirksam. Es ist nicht einfach – Laura könnte jetzt für ein paar Wochen heikle Erfahrungen machen. Wahrscheinlich aber wird sie sie gut überstehen und schaffen, was sie sich vorgenommen hat. Jupiter ist über ihr MC gelaufen, und die konstruktive Energie der im Hintergrund wirksamen Sonnenprogression zu Saturn dürfte sie stabilisiert haben.

April 1990
Wahrscheinlich befinden Sie sich Mitte April in einer günstigen Position. Probleme bezüglich Ihrer Projekte oder der beruflichen Entwicklung dürften jetzt ausgeräumt sein, und vermutlich sind Sie mit dem, was Sie geschafft haben, zufrieden. Es gibt anregende Einflüsse, die für Sie von nun an für zwei oder drei Monate wirksam sind, welche auch wieder zu positiven Ergebnissen führen können. Vielleicht geht es jetzt richtig los ...

Die Hinweise für den April sind gut. Der langwierige Plutotransit mit seinem Einfluß wird von Tag zu Tag schwächer. Eine sehr günstige Mondprogression zum progressiven Merkur (Merkur herrscht über den Radixmond) sowie das sehr schöne Trigon vom Transitjupiter zur eigenen Stellung (das zum dritten Mal in Erscheinung tritt) lassen auf einen neuen Höhepunkt schließen.

Die Neumonde
In der großen Tabelle (siehe S. 143) bezieht sich die letzte Spalte auf den Neumond; dort finden sich die schwächeren Einflüsse, die vom Neumond aus zum Geburtshoroskop ausgehen. Die Zahl in den Kästchen gibt jeweils das Datum des Neumondes an. Während des zwölfmonatigen Zeitraums, den ich hier untersuche, fügt sich der Neumond-Einfluß gut in die anderen kurzfristigen Trends ein, die oben angeführt worden sind. Wenn Sie den Wunsch haben, zu diesen Daten neue Projekte zu initiieren, sollten Sie das tun. Von August bis Ende des Jahres wirkt der Neumond hauptsächlich auf der persönlichen Ebene; er hilft Ihnen, die Instinkte und Reaktionen mit Ihrer Persönlichkeit in Verbindung zu bringen. Während der ersten Monate des Jahres 1990 hängt der Einfluß des Neumondes eher mit Ihren allgemeinen Fortschritten zusammen – insofern könnte es günstig sein, wenn Sie zu diesen Zeitpunkten Aktivitäten unternehmen, die sich auf Ihre Ideen und Projekte beziehen.

Da ich die Neumonde nicht bei der Interpretation der einzelnen Monate einbezogen hatte, werde ich sie an dieser Stelle abhandeln. Ich habe nicht jeden einzelnen Transit interpretiert – das würde den Bericht unzumutbar lang machen. Man muß versuchen, eine Auswahl zu treffen und einen Zusammenhang herzustellen, so schwierig das auch sein mag. Es ist auch sehr schwer zu entscheiden, welche Richtung man bei der Interpretation einschlagen sollte, weil jeder Einfluß auf die verschiedensten Arten gesehen werden kann. Analysieren Sie das Leben Ihres Gegenübers sorgfältig, und fragen Sie sich, auf welchen Bereich sich Ihre Ausführungen beziehen sollten.

Anmerkung: *Es ist extrem wichtig, daß Ihr Gegenüber selbst lernt zu ergründen, wie sich die Einflüsse für ihn auswirken. Wenn nämlich ein Transit erneut in Erscheinung tritt, kann man von den früheren Geschehnissen her Rückschlüsse ziehen. Regen Sie Ihren Klienten an, sich Aufzeichnungen zu machen, wie sich die Planeten für ihn auswirken. Er sollte auch überprüfen, ob Sie mit Ihrer zeitlichen Bestimmung der Transite richtig liegen oder nicht (besonders dann, wenn er sich der Geburtszeit nicht sicher ist). Dies kann dann wiederum Ihnen helfen, die Einflüsse besser zu erfassen, und vielleicht können Sie so auch den Aszendenten genau ermitteln! Der Marseinfluß ist hier extrem nützlich – wenn jemand sich zwei Tage nach dem kritischen Datum geschnitten hat, kann dies darauf schließen lassen, daß der Aszendent 1 Grad hinter dem bis dahin angenommenen Ort liegt!*

Beziehungen

Dieser faszinierende und wichtige Zweig der Astrologie ist unter dem Namen »Synastrie« bekannt. Grundsätzlich geht es dabei um den Vergleich der Horoskope zweier Menschen, um deren Verträglichkeit auf allen Gebieten ihrer Persönlichkeit und Lebensart festzustellen. Die Schlußfolgerungen können hilfreich sein, wenn es in der Beziehung zu Schwierigkeiten kommt oder wenn sich zwei Menschen mit dem Gedanken tragen, eine Bindung einzugehen oder zu heiraten. So können sie ihre Partner auf eine objektivere Art sehen.

Synastrie ist nicht nur für emotionale Beziehungen nützlich. Es ist nichts Ungewöhnliches, daß der Astrologe auch zwei oder mehr Leute berät, die eine geschäftliche Beziehung eingehen wollen oder bereits eingegangen sind. Es kann sich auch als sinnvoll erweisen, daß zwei Freunde sich einen Synastrie-Bericht erstellen lassen. Synastrie ist auch weitverbreitet, wenn es um die heikle Beziehung zwischen Eltern und Kind geht (vgl. S. 168–71).

Nach Bestätigung suchen

Die erste Frage, die Sie sich stellen sollten, wenn jemand um einen Synastrie-Bericht bittet, ist, warum er diesen braucht (eigentlich ein exzellenter Ausgangspunkt für jede Art von Astrologie). Sehr oft ist es so, daß einer der Partner auf diese Weise entscheiden möchte, ob er die Beziehung vertiefen soll oder nicht. Bei der Arbeit am Horoskop sollte man diese Frage im Hinterkopf haben – überlegen Sie sich, wie direkt und entscheidungsfreudig Ihr Gegenüber ist, auch wenn er sich nicht gerade an einem Wendepunkt im Leben befindet. Fragen Sie sich, ob das Horoskop vielleicht einen Mangel an Beurteilungsvermögen erkennen läßt. Ist die Person womöglich gehemmt oder schüchtern bei der Liebe oder dem Sex, mangelt es ihr an Selbstvertrauen, wenn es um die Frage der Bindung geht? Oder vielleicht noch wichtiger: Versucht man, den Astrologen als Stütze zu sehen, als Mutter- oder Vaterersatz, der sagt, was man tun sollte?

Unparteilichkeit und Moral

Wie die Beziehung auch beschaffen sein mag – Sie dürfen nicht die Entscheidungen für die Partner treffen. Unparteilichkeit ist oberstes Gebot! Manchmal stellt sich die Frage der Moral, gerade auch bei Dreiecksbeziehungen. Die be-

Die Venus steht für Liebe und Zuneigung, auch für die emotionale Einstellung zu unseren Besitztümern.

treffende Frau z. B. gibt dem Astrologen die Geburtsdaten von sich, dem Mann und der Geliebten. (Über viele Generationen hinweg wurden Astrologen mit der Frage konfrontiert: »Kommt er zurück zu mir?«) Der Astrologe trägt in einem solchen Fall eine besondere Verantwortung – wahrscheinlich weiß der Ehemann nichts von der Konsultation. Diskretion und Taktgefühl sind von vordringlicher Bedeutung!

Wie dem auch sei – häufig wünscht der Auftraggeber, daß nur er zu hören bekommt, was Sie zu sagen haben. Versuchen Sie darauf hinzuwirken, daß beide Partner den Report bekommen, z. B., indem Sie ihn beiden zusenden oder indem beide Sie gemeinsam aufsuchen. Auf diese Weise ist eine bessere Kommunikation zwischen den Partnern möglich, an der es vielleicht gefehlt hat, was eventuell auch das Hauptübel der Probleme gewesen war. Indem man beide Partner einbezieht, könnte man auch ein umfassenderes Bewußtsein der Persönlichkeitszüge erzeugen, was zu einem besseren Austausch in der Beziehung führen kann. Wenn Sie es dagegen nur mit einer Person zu tun haben, können Sie nur dieser direkt helfen.

Grenzen erkennen

Leider sind nur zu oft die Geburtsdaten unvollständig; unsere Arbeit ist insofern an Beschränkungen gebunden. Machen Sie in einem solchen Fall klar, daß Sie das MC und den Aszendenten, welche von so großer Wichtigkeit sind, nicht in die Interpretation einbeziehen können – und daß vielleicht sogar das Mondzeichen fraglich ist, wenn es am betreffenden Tag zu dessen Zeichenwechsel kam.

Synastrie und Populärastrologie

In der Öffentlichkeit besteht eine feste Auffassung, welche Zeichen gut zueinander passen und welche nicht. Diese Vereinfachung entbehrt aber jeder Grundlage. Diese Theorie basiert auf den Elementen, und sie bietet viel Stoff für Zeitschriften. Viele Menschen aber nehmen das, was dort geschrieben steht, zu ernst. Wir haben junge Menschen sagen hören: »Ich kann nicht mit ihm gehen – er ist ein Widder und ich bin Stier!« Das ist einfach Unsinn.

Es liegt ein Körnchen Wahrheit in der Theorie, daß Menschen mit der Sonne im gleichen Element gute Freunde sein können. Aber erst, wenn beide Horoskope vollständig berechnet und interpretiert worden sind, kann man ernsthafte Schlußfolgerungen über die Beziehung treffen! Und selbst dann würde kein Astrologe zu sagen wagen, daß man mit dieser oder jener Person keine Beziehung eingehen darf.

Damit die Beziehung funktioniert, sollte der Horoskop-Vergleich auf folgendes schließen lassen:

- Verbindung.
- Gute Kommunikation.
- Sympathie.
- Mitgefühl.
- Toleranz.
- Kompromißbereitschaft.

DIE PLANETEN

Es gibt bestimmte Bereiche des Horoskops, die erkennen lassen, wie der Mensch in Beziehungen reagiert. Wenn man auf diese in den Horoskopen der (angehenden) Partner geschaut hat, kann man Schlußfolgerungen treffen, wie beide aufeinander reagieren. Konzentrieren Sie sich dabei auf die gemeinsamen Lebensbereiche – bei einer geschäftlichen Partnerschaft z. B. braucht man nicht zu erörtern, wie man Kindern gegenüber eingestellt ist (interessanterweise könnte allerdings das Geschäft hier die Rolle eines Kindes spielen!).

Als erstes müssen Sie vor Augen haben, daß die Planeten in diesem Bereich der Astrologie grundsätzlich die gleiche Bedeutung haben wie sonst auch. Beziehen Sie sich also auf die Seiten 208–347, um sich für das Studium dieses Fachgebietes wie für die Astrologie überhaupt zu wappnen. Zur Rekapitulierung sowie zur Einstellung auf die Prinzipien der Synastrie könnten sich die folgenden Anmerkungen als hilfreich erweisen:

ASZENDENT UND SONNENZEICHEN
repräsentieren unsere Persönlichkeit. Von ihnen ausgehend ist auf das Temperament und besonders auch auf das Vorhandensein von Toleranz zu schließen, wichtig für Beziehungen jeglicher Art.

DER MOND
repräsentiert unsere Instinkte, Reaktionen und Antworten auf alle Situationen. Bei der Synastrie zeigt er, wie der oder die Betreffende auf den bzw. die Partnerin reagiert. Dies kann helfen zu erkennen, ob die Partner in der Beziehung gleichmäßig oder aber sehr launenhaft reagieren.

MERKUR
repräsentiert unseren Verstand, Intellekt und die kommunikativen Eigenschaften. In der Synastrie ist er wichtig für die Fähigkeit, dem Partner Gedanken, Ideen und Gefühle vermitteln zu können.

VENUS
repräsentiert Liebe und Zuneigung – sowie Besitztümer. Hier besteht ein enger Zusammenhang, gerade auch in der Synastrie. Erklärt ein Partner, daß er den anderen nicht mehr liebt, versucht jener häufig, so viele materielle Besitztümer wie nur möglich für sich zu reklamieren. Viele Auseinandersetzungen in der Beziehung haben finanzielle Gründe. Und manche Menschen sehen den Partner schlichtweg als eine Art Besitz.

MARS
repräsentiert unsere körperliche Energie; in geschäftlichen Beziehungen steht er für das Vermögen, aktiv zu werden, in emotionalen Verbindungen für den sexuellen Drang. Wer den mächtigeren Mars im Horoskop hat, könnte in der emotionalen Verbindung sexuell dominieren. Näheres zu Erfüllung und Sexualität allgemein ist an der Beziehung zwischen den beiden Marspositionen abzulesen; im Idealfall sollte auch die Venus beteiligt sein.

JUPITER
repräsentiert in der Astrologie allgemein das Element der Expansion; hier geht es darum, wie jeder der Partner darum bemüht ist, das Leben für den anderen umfassender und herausfordernder zu machen. Jupiter läßt auch erkennen, wie sich infolge der Auseinandersetzung mit den Interessen des anderen ein anspornender gemeinsamer Enthusiasmus und intellektuelles Wachstum ergeben.

SATURN
repräsentiert Begrenzung, Kontrolle und Stabilität. Der Saturneinfluß von Horoskop zu Horoskop ist sehr enthüllend, besonders bei Aspekten zu Sonne, Aszendent oder persönlichen Planeten des Partners. Manchmal könnte auch der Saturn in dem einen Horoskop als »Schicksal« wirken – vielleicht eine etwas archaische, aber nicht ganz bedeutungslose Vorstellung.

URANUS
mit seiner Verbindung zu Störungen und Veränderungen macht sich häufig bemerkbar, wenn eine dynamische Liebesbeziehung zu Ende geht. Er bringt magnetische Anziehungskraft, seinem Einfluß aber ist nicht zu trauen, es sei denn, er hat eine personalisierte Bedeutung. Aber selbst dann sollte man vorsichtig sein – Uranus ist eine potentielle Quelle von Spannungen.

NEPTUN
als romantischer und mystischer Planet läßt uns im siebten Himmel schweben. Er kann viel Glück bringen, aber auch Mißverständnisse und Täuschungen, die die Beziehung vielleicht scheitern lassen.

PLUTO
hilft uns, psychische Probleme zu lösen. Wenn er beim Vergleich der Horoskope herausragt, wirkt er bei den Betreffenden auf die Fähigkeit ein, Probleme zu analysieren und die Beziehung auf ein neues Fundament zu stellen. Im Idealfall wirkt er wie eine Sonde – allerdings gibt es Fälle, wo seine Aktivität jeglichen Fortschritt blockiert, vielleicht bei der Kommunikation oder bei der Weiterentwicklung der Beziehung.

***Anmerkung:** Uranus, Neptun und Pluto bleiben für sehr lange Zeit in den Zeichen, womit wahrscheinlich kein Unterschied zwischen den Partnern gegeben ist. Solange keiner von ihnen eine personalisierte Bedeutung trägt, sollte ihr Einfluß nicht überschätzt werden.*

All dies kann vom Geburtshoroskop hergeleitet werden. Es erhebt sich auch die Frage nach widersprüchlichen Merkmalen – und es wäre zu wünschen, daß Schwächen beim einen Partner auf Stärken beim anderen treffen. Grundsätzlich ist es keine schlechte Sache, wenn ein Partner introvertiert und der andere extravertiert veranlagt ist. In bestimmten Fällen wird das gut funktionieren; z. B. kann vielleicht der introvertierte Partner sein Potential in der Sicherheit eines solchen Arrangements ideal zum Ausdruck bringen. So einfach aber liegt es nicht immer – der Extravertierte nämlich könnte auch die Beziehung beherrschen und die introvertierte Person dazu bringen, sich hinter einen psychischen Panzer zu verkriechen. Die extravertierte Person fordert vielleicht auch den schüchternen und unsicheren Partner dazu auf, ins Rampenlicht zu treten, was beträchtlichen Schaden verursachen kann. Bei erfolgreichen Geschäftsbeziehungen machen sich dagegen häufig markante Gegensätze bemerkbar – der eine Partner arbeitet lieber hinter den Kulissen und kümmert sich um die Buchführung, während der andere unterwegs ist und Kontakte knüpft.

Die Häuser

Das 7. Haus

Der wichtigste Horoskopbereich, wenn es um die Frage geht, wie der Betreffende anderen gegenüber eingestellt ist. Das Zeichen an der Spitze des 7. Hauses und jeder Planet darin ist ein bedeutungsvolles Indiz. Machen Sie sich keine Gedanken, wenn das Haus leer ist – das Zeichen an sich läßt bereits genug erkennen. Es handelt sich dabei natürlich um das Zeichen, das dem Aszendenten entgegengesetzt ist. Hier geht es um die Bedürfnisse und um das, was man vom Partner braucht. Es ist fast schon unheimlich, wie sehr Menschen bei ihren Reaktionen auf den Partner von diesem Zeichen geprägt sind – allerdings gibt man diese Reaktionen auch wirklich nur dem Partner zu erkennen.

Die Person mit dem Fischeaszendenten z. B. weist natürlich Persönlichkeitsmerkmale der Fische auf; im Kontext der intimen Verbindung aber macht sich eine extreme Jungfraureaktion bemerkbar. Die Sensibilität und Zärtlichkeit der Fische werden ergänzt durch einen Hang zur Schärfe und Kritik, was aber nur die direkten Partner zu spüren bekommen.

Überprüfen Sie die Hinweise in Ihrem eigenen Horoskop und diejenigen bei Ihrem Partner! Es handelt sich hier um eine der vielleicht reizvollsten astrologischen Theorien. Stellen Sie sie Ihren Klienten vor; sie werden bestimmt aufmerksam zuhören.

Das 5. Haus

Das Haus der Liebesaffären und der Risiken. Jede Liebesaffäre schließt in einem gewissen Maß Risiken ein, und zwar emotionale. Reagiert die Person schnell gekränkt? Wollen beide das gleiche, oder hat einer der Partner größere Erwartungen an die Beziehung als der andere? Wird die Beziehung von Dauer sein oder nur ein flüchtiger Seitensprung? (Astrologisch ausgedrückt: Wird sich die Beziehung vom 5. Haus zum 7. fortentwickeln?)

Alle diese Fragen beziehen sich auf das 5. Haus. Es handelt sich dabei auch um das Haus der Schöpfung, was sich auf unsere Einstellung zu Kindern beziehen kann (im Gegensatz zur Einstellung zur Elternrolle, die mehr mit dem 4. Haus zu tun hat).

Das 2. und das 8. Haus

Die Häuser des Geldes und der Besitztümer, die aber auch Auswirkungen auf den Ausdruck der Sexualität und den Fluß der Emotionen haben. Wegen der finanziellen Implikationen sind sie – wie das MC auch – von großer Bedeutung bei geschäftlichen Beziehungen.

Das 4. Haus

Das Haus der Familie, des Zuhauses und der Häuslichkeit. Es läßt erkennen, welche Einstellung wir zu Familie und Elternschaft haben.

Bestimmte Horoskopbereiche lassen erkennen, wie man in Beziehungen reagiert.

Andere Faktoren

Die Polarität

Sie werden die Feststellung machen, daß in vielen Horoskopen, die Sie vergleichen, polare – bzw. entgegengesetzte – Zeichen betont sind. Partner C hat womöglich viele Planeten im Stier, während bei D sich der Aszendent im Skorpion befindet. Häufig gibt es dann Aspekte dazwischen – grundsätzlich aber reicht die Polarität der Zeichen als solche bereits aus, auch ohne Aspekt. Polaritäten sollte man nicht ignorieren; sie geben der Beziehung meist Stärke und sorgen für Dauerhaftigkeit. Allerdings ist darauf hinzuweisen, daß die Verbindung bei einem Aspekt noch machtvoller ist. Man sollte hier aber nur Aszendent, MC, Sonne, Mond und herrschende Planeten einbeziehen.

Die Elemente und Qualitäten

Die Stärke der Elemente (oder Triplizitäten) und Qualitäten (oder Quadruplizitäten) kann ebenfalls beim Horoskopvergleich untersucht werden. Ein weiterer Faktor, mit dem man ermitteln kann, wie gut die Partner zueinander passen.

Das MC

Das MC ist wichtig, weil es unsere Identifizierung mit Zielen und Hoffnungen und unsere Einstellung dazu widerspiegelt. Planeten des einen Horoskops im Aspekt zum MC des anderen sind exzellente Indizien. Besonders wichtig bei Geschäftsbeziehungen.

Synastrie und Progressionen

Sehr häufig beginnt eine Beziehung dann, wenn Transite oder Progressionen ein solches Bedürfnis oder eine solche Möglichkeit anzeigen – z. B.:

◆ Sonne, Aszendent oder herrschender Planet progressiv im Aspekt zur progressiven oder Radixvenus.

◆ Die progressive Venus im Aspekt zum Radixmond. (Der progressive Mond im Aspekt zur progressiven oder Radixvenus dauert nur ein paar Wochen; ein solcher Einfluß könnte den Menschen zur »Liebe geneigt« machen – solange der Mond aber nicht Herrscher des Horoskops ist oder im Krebs steht, wird das allein nicht ausreichen.)

◆ Ein Transit von Uranus oder Neptun zur Radixvenus (bei einem Quadrat oder einer Opposition allerdings könnte es auch Schwierigkeiten geben).

Es kommt darauf an, die progressiven Positionen des einen Horoskops mit den progressiven und Radixpositionen des anderen zu vergleichen.

Sehr häufig befindet sich am Beginn einer Beziehung der progressive Aszendent oder Mars oder die progressive Sonne oder Venus des einen Partners im Aspekt zum Aszendenten (und damit auch zum Deszendenten), zu Sonne, Venus, Mars, Uranus oder Neptun des anderen. Gleichermaßen ist ein Aspekt denkbar, der auf große Anziehungskraft weist, wodurch es zum Beginn einer Freundschaft oder einer Geschäftsbeziehung kommt. Derartige Anzeichen sind günstig – damit die Beziehung aber von

Dauer ist, muß es auch eine Verbindung zwischen den beiden Geburtshoroskopen an sich geben; erst diese lassen auf eine dauerhafte Verbindung schließen.

Worauf man achten sollte
Wenn es nur wenige Aspekte zwischen den Horoskopen und einige gemeinsame Hauspositionen gibt, muß das nicht heißen, daß die Beziehung zum Scheitern verurteilt ist.

In dem Rahmen, der von den Aspekten und den Hauspositionen angezeigt ist, kann sie sehr gut funktionieren! Näheres hierzu bei der Synastrie-Interpretation der Planeten auf den Seiten 154/55.

Die stärkste Verbindung ist eine genaue Opposition zwischen der Sonne des einen und dem Aszendenten des anderen Partners. In wirklich guten Beziehungen sehen wir häufig, daß dies gradgenau zutrifft.

Wenn also z. B. der eine Partner den Aszendenten auf 22° Waage hat und die Sonne des anderen auf 22° Widder fällt, ist das sehr günstig. Gleiches gilt für die Opposition zwischen Sonne und Sonne.

Bei einer gemeinsamen Betonung eines Zeichens (z. B. durch ein gemeinsames Aszendenten-, Sonnen- oder Mondzeichen) besteht eine Gemeinsamkeit der Partner bezüglich der Aszendenten-, Sonnen- oder Mondebene ihrer Persönlichkeit.

Hier taucht die Gefahr auf, daß man allmählich eine Abneigung gegen vermeintliche Fehler des Partners entwickelt, welche man bewußt oder unbewußt in sich selbst erkennt. Bei Problemen könnte man dann geneigt sein zu sagen: »Wir sind uns eben zu ähnlich!«

DIE BEURTEILUNG VON BEZIEHUNGEN

Die Übersicht auf dieser Seite läßt mögliche Probleme erkennen. Wenn Sie die Fragen durchgehen, sind Sie vorbereitet, wenn das Paar zur Beratung kommt oder Sie einen Bericht verfassen.

SYNASTRIE-FRAGEN UND -ANTWORTEN

Einige grundlegende Fragen – ist einer der Partner:

F **Eifersüchtig?**
A Skorpion; Pluto stark.

F **Freiheitsliebend?**
A Wassermann, Schütze, Widder; Uranus oder Jupiter stark.

F **Extravagant?**
A Löwe; Venus oder Jupiter stark.

F **Hinterlistig?**
A Steinbock, Krebs; Venus oder Mond stark.

F **Leicht verstimmt?**
A Waage, Krebs.

F **Sehr emotional?**
A Betonung der Feuer- oder Wasserzeichen.

F **Sehr an Sex interessiert und leidenschaftlich?**
A Widder, Skorpion; Mars stark.

F **Sehr kühl und distanziert?**
A Sonne, Mond oder Venus im Steinbock oder Wassermann.

F **Zwanghaft diszipliniert?**
A Jungfrau, Steinbock, Skorpion.

F **Geschwätzig, zum Klatsch neigend?**
A Zwillinge, Jungfrau; machtvoller Merkur.

F **Sehr an Kindern interessiert?**
A Krebs, Stier, Steinbock; machtvoller Mond.

Wenn die Antwort auf eine dieser Frage »ja« ist, müssen Sie sich Gedanken machen, wie der Partner hierzu eingestellt ist. Die folgenden Punkte sind dabei wichtig – die Antworten lassen nähere Aufschlüsse zu:

F **Harmonieren die beiden Persönlichkeiten miteinander?**
A Vergleichen Sie die Zeichen von Sonne, Aszendent, Mond und herrschendem Planeten beider Partner.

F **Kommt Sympathie und Verständnis zum Ausdruck?**
A Vergleichen Sie die Zeichen von Mond und Venus beider Partner.

F **Haben beide eine ähnliche Einstellung zu Geld (häufig ein Grund von Streit)?**
A Vergleichen Sie das 2. und das 8. Haus, auch das Haus von Pluto und die Stellung des MC's.

F **Besteht eine sexuelle Übereinstimmung?**
A Vergleichen Sie Venus, Mars und Uranus in beiden Horoskopen.

F **Haben die beiden darüber geredet, ob sie sich Kinder wünschen (und wenn ja, wieviele)?**
A Vergleichen Sie Sonne, Mond und das 4. und das 5. Haus beider Horoskope.

F **Wie steht es mit der Arbeit/Karriere?**
A Vergleichen Sie MC, das 6. Haus und die Horoskope in ihrer Gesamtheit.

F **Wie sieht es mit gemeinsamen Interessen aus; können sich die beiden mit der Einstellung des anderen arrangieren?**
A Sehen Sie hierzu auf das 5. Haus und die Elemente in beiden Horoskopen.

ZUSATZAUFGABE:

Diese Liste ist naturgemäß begrenzt – es wäre vielleicht nützlich, wenn Sie selbst Fragen finden, die Ihrer persönlichen Herangehensweise entsprechen. Dabei sollten Sie aber immer vor Augen haben, um was für eine Art von Beziehung es geht. Wir betrachten hier vorwiegend emotionale Verbindungen, man kann aber auch Freundschaften, Geschäftsbeziehungen und anderes mehr untersuchen.

Horoskopvergleich

Der Vergleich von Horoskopen ist ein außerordentlich lohnendes astrologisches Studiengebiet. Allerdings muß man vorsichtig zu Werke gehen, bevor man Schlußfolgerungen verkündet – alle Hinweise, die die Beziehung färben, müssen berücksichtigt werden. Die Horoskope können auf zwei Arten interpretiert werden – einmal, indem man die zusätzlichen Informationen innen in eines der beiden Horoskope einträgt (siehe gegenüberliegende Seite), wodurch gemeinsame Aspekte sogleich deutlich werden; man kann sie aber auch in einen Ring außerhalb des Horoskops eintragen (diese Seite).

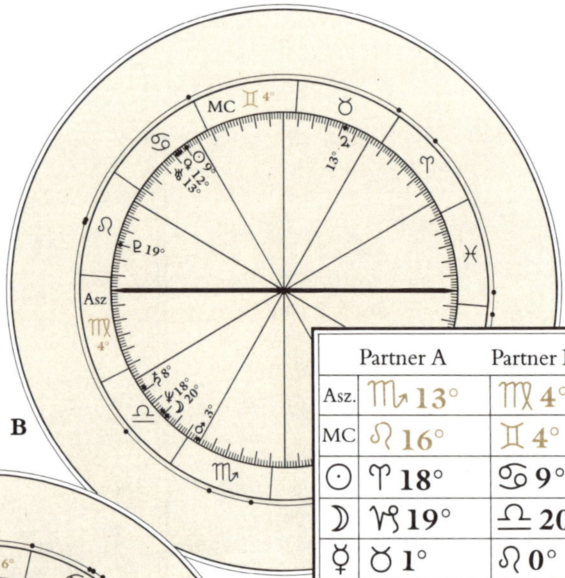

B

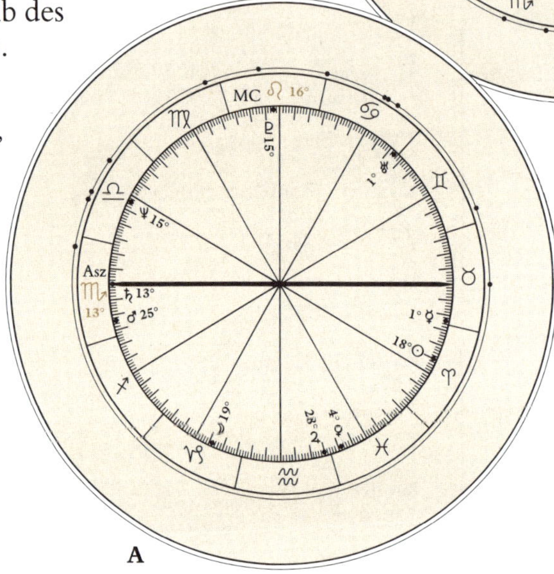

A

	Partner A	Partner B
Asz.	♏ 13°	♍ 4°
MC	♌ 16°	♊ 4°
☉	♈ 18°	♋ 9°
☽	♑ 19°	♎ 20°
☿	♉ 1°	♌ 0°
♀	♓ 4°	♋ 12°
♂	♏ 25°	♏ 3°
♃	♒ 28°	♉ 13°
♄	♏ 13°	♎ 8°
♅	♋ 1°	♋ 13°
♆	♎ 15°	♎ 18°
♇	♌ 15°	♌ 19°

Aszendent, MC und Planetenpositionen von beiden Partnern, mit Zeichen und genauer Gradangabe

1 DIE HOROSKOPE AUFZEICHNEN
Sie brauchen hierzu einen Vordruck, der außerhalb des Geburtshoroskops noch Platz hat – das Horoskop für das Progressionshoroskop ist ideal. (Sie brauchen sich mit den Minuten oder Dezimalstellen der Planeten nicht weiter zu beschäftigen – es zählt hier nur der Grad.) So haben Sie nun die Horoskope zweier Menschen vor sich, die sich mit dem Gedanken tragen, eine Beziehung einzugehen. Sie haben die Horoskope für sich allein bereits studiert; nun gilt es, diese in einen Zusammenhang zu bringen.

2 DIE ZEICHEN AUFLISTEN
Stellen Sie eine Liste der Zeichen von Aszendent, MC, Sonne, Mond und allen Planeten mit den Gradzahlen von beiden Partnern auf.

3 DIE HOROSKOPE VERBINDEN
Nehmen Sie die beiden Horoskope zur Hand, und tragen Sie die Angaben des einen in den äußeren Ring des anderen ein. Führen Sie dies auch beim anderen durch. Dadurch ist es Ihnen möglich zu sehen, wie die Planeten sich jeweils in das andere Horoskop einfügen, gemäß dessen Häusereinteilung.

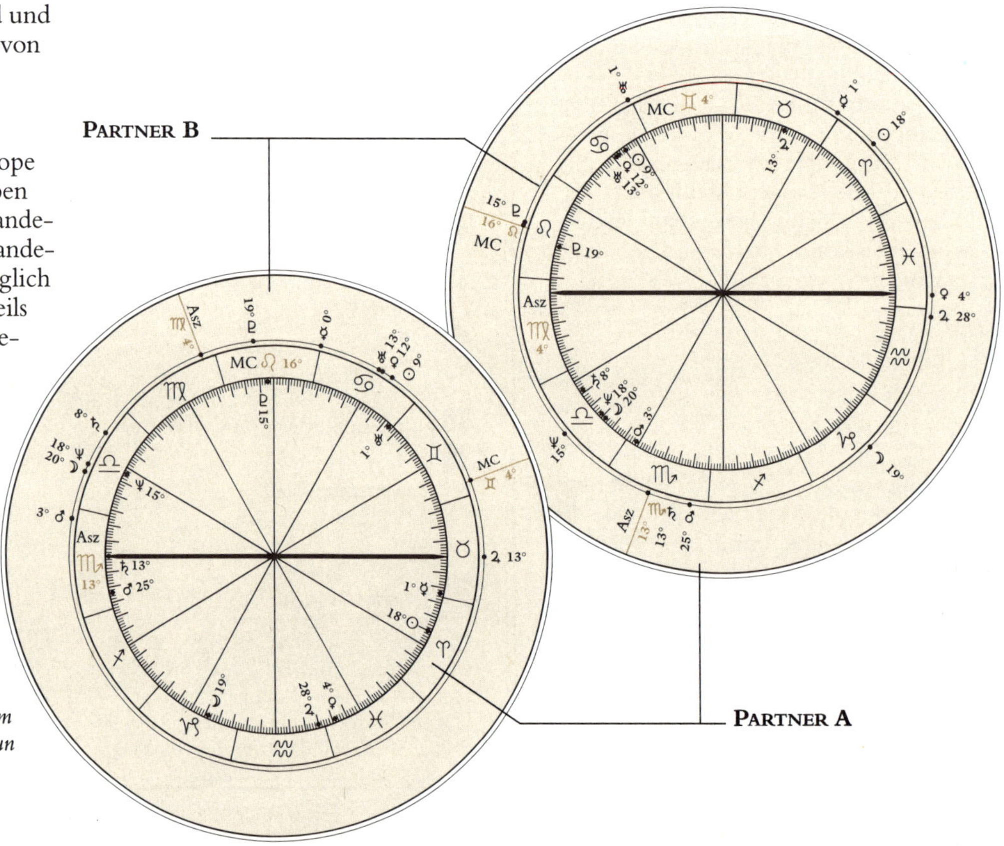

ZWEI HOROSKOPE VERGLEICHEN
Die Planeten jedes Partners werden außen in das Horoskop des anderen eingetragen. Beachten Sie den Zusammenhang zwischen den Häusern des einen und den Planeten des anderen Partners: In das reich besetzte 2. Haus von Partner B fällt z. B. der Neptun von Partner A; A.s Sonne steht in Opposition dazu. Der Mond von A fällt in das 5. Haus von B – eine romantische Verbindung. Die Neigung zu Geheimnissen und zur Täuschung könnte ein Problem sein, angezeigt durch Mond, Mars und Neptun von B, die in das 12. Haus von A fallen.

B > A ∨	Asz.	MC	☉	☽	☿	♀	♂	♃	♄	♅	♆	♇
Asz.	●	●	△*	●	●	△	●	☍	●	△	●	●
MC	●	●	●	⚹	●	●	●	□	●	●	⚹	☌
☉	●	●	●	☍	●	●	●	●	●	□	☍	△
☽	●	●	●	□	●	●	●	●	●	●	□	⚻
☿	△	●	●	●	□	●	☍	●	●	●	●	●
♀	☍	□	△	●	●	●	△	●	●	●	●	●
♂	●	●	●	●	△	●	●	●	●	●	●	●
♃	●	●	●	●	⚻	●	△	●	●	●	●	●
♄	●	●	△	●	●	△	●	☍	●	△	●	●
♅	⚹	●	●	●	●	●	△	●	●	●	●	●
♆	●	●	●	☌	●	□	●	⚻	●	□	☌	⚹
♇	●	●	●	⚹	●	●	●	□	●	●	⚹	☌

DIE ASPEKTTABELLE
Diese Synastrie-Tabelle hilft Ihnen, die Aspekte besser zu erkennen. Auf diese Weise können Sie sie auch systematischer erörtern und vermeiden die Gefahr, den einen oder anderen zu übersehen. Die Tabelle zeigt alle Aspekte zwischen beiden Horoskopen. Beachten Sie, daß A.s Aszendent im Aspekt zu B.s Sonne steht.

HOROSKOPVERGLEICH
Das Horoskop unten sieht vielleicht kompliziert aus – es ist aber sehr nützlich, um herauszufinden, wo es zwischen A und B gut läuft und wo es Spannungen und Probleme gibt. Zeichnen Sie die Symbole für jeden Partner in einer anderen Farbe ein. Beim Eintragen der Linien (zur Wiederholung: eine Farbe für Opposition/Quadrate, eine andere für Trigone/Sextile) gilt es, zwischen den Positionen beider Partner Verbindungen herzustellen. Aspekte der einzelnen Horoskope werden hier nicht eingetragen. Man sollte auch auf Aspekte zum MC und zum Aszendenten des Partners verzichten – ohne sie allerdings außer acht zu lassen; blicken Sie deshalb immer wieder einmal auf die Aspekttabelle.

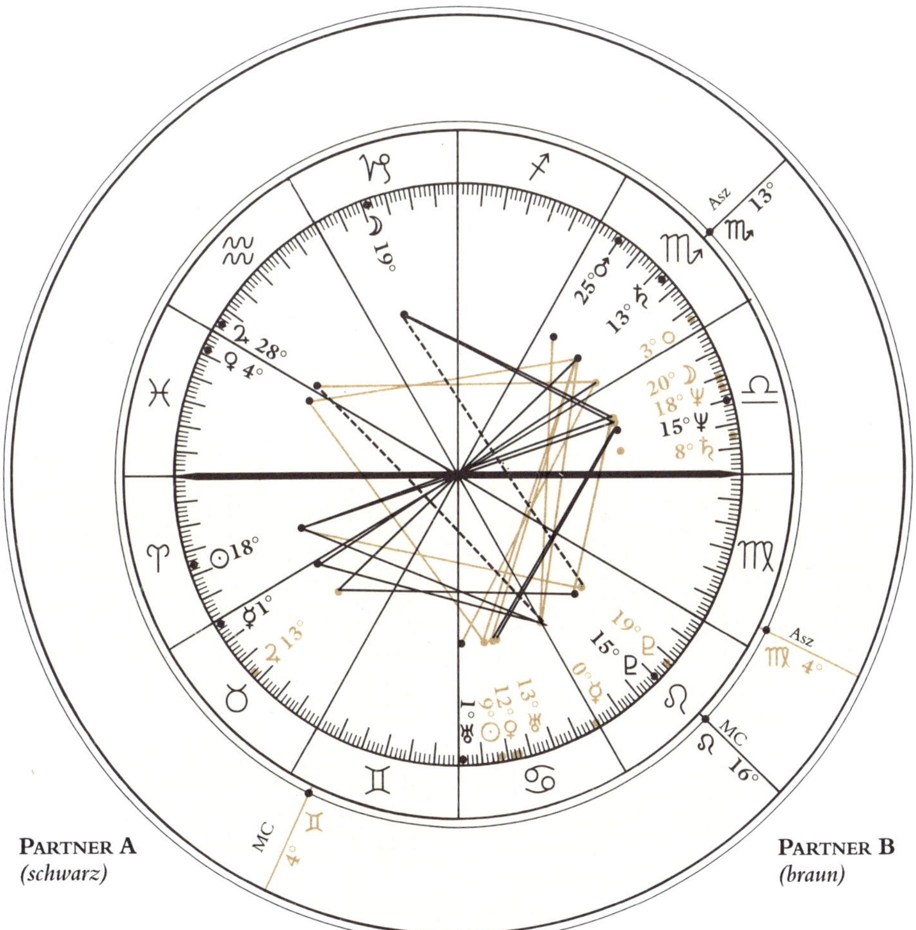

PARTNER A *(schwarz)*

PARTNER B *(braun)*

4 DIE STELLUNGEN MITEINANDER VERBINDEN

Zeichnen Sie eine Tabelle. Untersuchen Sie die Stellungen in A.s Horoskop, und verbinden Sie sie mit denen von Partner B. Wann immer ein Aspekt vorhanden ist, tragen Sie ihn in die Übersicht ein (aber keine Halbsextile oder Anderthalbquadrate). Der Orbis sollte nicht mehr als 5° für Hauptaspekte und 2° für Quinkunx und Halbquadrat betragen.

DIE HOROSKOPE INTERPRETIEREN

Die Venus von A steht genau an der Spitze des 7. Hauses von B, womit auch eine genaue Opposition zum Aszendenten gegeben ist: Ein positiver Hinweis, der Liebe und Verständnis bedeutet und Sympathie zufügt. Der Jupiter von B weist die gleiche Position auf – er befindet sich in Opposition zum Aszendenten von A, was darauf schließen läßt, daß der Partner dabei hilft, das Leben sinnvoller zu gestalten. Der Neptun von B steht in Opposition zur Sonne und im Quadrat zum Mond von A – was ein romantisches Element beinhaltet, aber auch die Möglichkeit von Mißverständnissen und Konfusion. Die Opposition zwischen Merkur (A) und Mars (B) und das Quadrat zwischen Sonne (A) und Uranus (B) weist auf Spannungen hin.

Die wichtigsten Aspekte zwischen beiden Horoskopen (die Planeten von A sind als erstes aufgeführt):

Venus Opposition Aszendent	+
Aszendent Opposition Jupiter	+
Aszendent Trigon Sonne	+
Sonne Opposition Mond	+
Sonne Opposition Neptun	–
Mond Quadrat Mond	–
Merkur Quadrat Merkur	–
Aszendent Trigon Venus und Uranus	–
Sonne Quadrat Uranus	–
Saturn Opposition Jupiter	–
MC Quadrat Jupiter	–

Die Quadrate bedeuten potentielle Spannungen, sie könnten aber auch Stärke und Antriebskraft zufügen. Die vorhandenen Sextile und Trigone dagegen bringen Flexibilität und Ausgeglichenheit.

Die meisten Oppositionen stärken die Verbindung – die Opposition zwischen Sonne und Neptun aber ist negativ.

ZUSATZAUFGABE

Schauen Sie auf alle Aspekte dieses Doppelhoroskops, und arbeiten Sie eine vollständige Interpretation aus. Arbeiten Sie eine Fallstudie aus – fragen Sie sich, wie das Paar zu der Entscheidung gekommen ist, Sie zu konsultieren. Lassen Sie Ihrer Phantasie dabei freien Lauf, so lange jedenfalls, wie Sie dabei Ihre astrologischen Fertigkeiten zum Einsatz bringen.

Eine zusätzliche Technik

Es gibt noch eine andere Technik für den Horoskopvergleich. Tragen Sie in einen Horoskopvordruck in den inneren Kreis die progressiven Positionen von den Planeten, dem Aszendent und dem MC des einen Partners ein, außen diejenigen des anderen. Ziehen Sie nun außerhalb des zweiten einen weiteren Kreis, in den Sie die Positionen der langsamlaufenden Transit-Planeten (von Jupiter bis Pluto) eintragen, mitsamt der Entfernung, die sie im Betrachtungszeitraum zurücklegen.

Wenn es auch ungewöhnlich ist, an Transiten zu progressiven Planeten zu arbeiten, können Sie auf diese Weise doch gewisse Auswirkungen für das Paar erkennen. Normalerweise werden die Transite in Verbindung mit dem Geburtshoroskop studiert – hier wird hauptsächlich deutlich, welche Zeichen die progressiven Planeten gerade durchlaufen. Der Mond legt während eines Jahres eine sehr große Entfernung zurück, weshalb sich sein Einfluß beständig ändert.

Ein kombiniertes Progressionshoroskop

Dieses Horoskop gibt Ihnen einen klaren Blick auf das Paar. Es geht hier um aktuelle Einflüsse, nicht um die Persönlichkeiten, wie sie von den Geburtshoroskopen angezeigt sind. Bei der Arbeit an progressiven Aspekten können Sie, wenn es Ihnen hilfreich erscheint, ein kombiniertes Progressionshoroskop wie auf Seite 153 aufzeichnen. Bei Aspekten zwischen den Partnern aber ist ein Orbis von höchstens 1° zulässig. Bei 5° nämlich ist der Einfluß nicht wirksam – er gehört bereits entweder der Vergangenheit an oder liegt noch in ferner Zukunft. Lassen Sie auch Aspekte zwischen Jupiter, Saturn, Uranus, Neptun und Pluto unberücksichtigt; es gibt sie fraglos, sie sind aber ohne größere Aussagekraft.

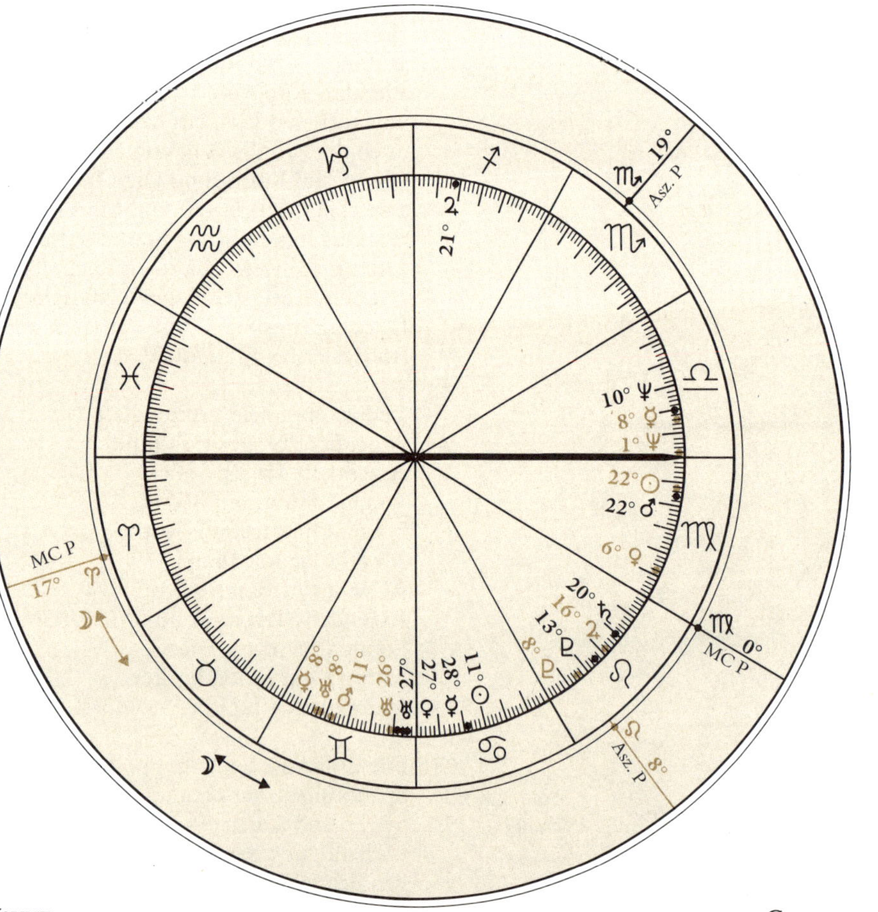

Wayne
(braun)

Cathy
(schwarz)

Die Interpretation von Aspekten

Es folgt eine kurze Übersicht aller Verbindungen, die zwischen den Horoskopen zweier Menschen möglich sind. Viele der Interpretationen schließen positive und negative Aussagen ein – für gewöhnlich beziehen sich die positiven auf Trigone und Sextile und die negativen auf Quadrate. Oppositionen dagegen sorgen sehr oft für eine Intensivierung der Verbindung.

Wenn nur eine Interpretation angegeben ist, können Sie davon ausgehen, daß es keine kontrastierenden Auswirkungen gibt – es sei denn, Sie sind durch Ihr Studium der beiden Horoskope zu der Auffassung gelangt, daß die betreffenden Planeten eine Quelle von Spannungen oder Problemen (bzw. das Gegenteil) sein könnten.

Asz.	Aszendent
Asz.	Mitgefühl und Verständnis oder Kollision der Persönlichkeiten (sehen Sie auf die Elemente)
MC	Identifikation mit den Zielen und Vorstellungen des anderen
☉	Verbindung – man sehe aber auf die betreffenden Zeichen und Elemente
☽	Sympathie oder mangelnde Übereinstimmung
☿	Gute Kommunikation
♀	Liebe und Freundschaft, Harmonie
♂	Starke physische Anziehung; Streitsucht
♃	Sinn für Humor
♄	Beschränkend; das Wesen verkrampfend – oder aber konstruktiv hilfreich. Schulter zum Anlehnen
♅	Dynamisch, aber spannungsreich
♆	Möglichkeit von Konfusion und Mißverständnissen. Aber auch romantisch.
♇	Leidenschaftliche Verbindung

MC HIMMELSMITTE

MC	Arbeit für die Ziele des Partners – oder aber Rivalität
☉	Mit Unterstützung durch den Partner kann man seine Ziele erreichen
☽	Sympathie und Verständnis (Mond) bedeuten eine Förderung der Ziele des Partners (MC)
☿	Intellektuelle Interessen und Austausch über die Ziele
♀	Gemeinsame Träume und Ziele
♂	Gemeinsame harte Arbeit – vielleicht aber Streit über die Ziele
♃	Ermutigung (Jupiter) bedeutet eine Herausforderung für den Partner (MC)
♄	Die kalte Dusche – oder aber ein stabilisierender Einfluß auf die Ziele des Partners
♅	Eine distanzierte Haltung zu den Zielen des Partners – oder aber brillante Ideen für ihn
♆	Inspiration – oder Konfusionen oder Behinderungen
♇	Die Dinge werden mit Macht vorangetrieben – oder: Blockaden verhindern Fortschritte

☉ SONNE

☉	Machtvolle Verbindung, man achte aber auf die Zeichen und Elemente!
☽	Die Kombination von Selbstausdruck (Sonne) mit dem Instinkt und der Intuition
☿	Sehr günstig, was die Kommunikation betrifft
♀	Liebe oder Rivalität – für gewöhnlich das erstere
♂	Sexuelle Anziehung, starke Emotionen – häufig ein Konflikt dazwischen
♃	Jupiter ermutigt die Sonne, intellektuelle Herausforderungen anzunehmen
♄	Fügt Dauerhaftigkeit zu, kann aber auch Gehemmtheit bedeuten
♅	Fügt eine anregende Dimension zu, möglicherweise aber auch Spannungen
♆	Ein Sinn für das Romantische und Sentimentale – vielleicht aber auch Täuschungen
♇	Eine suchende, machtvolle und leidenschaftliche Beziehung

☽ MOND

☽	Beide Partner nehmen die Launen des anderen intuitiv auf – oder reagieren gegensätzlich
☿	Erhöht das Mitgefühl und die Sympathie. Die Tendenz, sich überdurchschnittlich um den anderen Sorgen zu machen
♀	Für gewöhnlich ein positiver Ausdruck der Gefühle – vielleicht tut man des Guten hier aber auch zuviel
♂	Steigert das emotionale Niveau der Beziehung
♃	Gut für gemeinsame Expansion. Vielleicht aber auch die Überschätzung von Problemen
♄	Häufig eine konstruktive Verbindung; aber auch ein deprimierender Einfluß, der die Vitalität herabsetzt
♅	Sehr viel Anregung zwischen den Partnern, vielleicht aber auch Spannungen
♆	Romantisch, oft aber auch unrealistisch
♇	Eine Intensivierung des emotionalen Ausdrucks – oder Hemmungen

☿ MERKUR

☿	Intellektuelle Rivalität. Sehr kommunikativ, vielleicht auch geschwätzig
♀	Exzellent für das freundschaftliche Element in jeder Art von Beziehung
♂	Streitlustig; manchmal Spannungen. Für gewöhnlich viel Spaß und sehr viel Aktivität
♃	Intellektuelle Herausforderungen wirken ansteckend
♄	Könnte stabilisierend auf die Beziehung wirken. Merkur aber wird sich von Saturn frustriert fühlen
♅	Eine lebhafte, intellektuelle Beziehung mit Spannungen
♆	Inspirierend. Allerdings sind Mißverständnisse möglich.
♇	Bewirken zumeist Frustration

♀ VENUS

♀	Eine harmonische und romantische Liebe – manchmal allerdings schnell Verstimmungen
♂	Sehr starke sexuelle Anziehung
♃	Beiderseits Freude am Leben und an der Gesellschaft des Partners
♄	Emotional beschränkend – manchmal Enttäuschungen innerhalb der Beziehung
♅	Eine dynamische, magnetische Anziehung
♆	Romantik pur – man hüte sich aber vor dem Blick durch die rosarote Brille
♇	Sehr angespannte Emotionen; gut für geschäftliche Beziehungen

♂ MARS

♂	Sehr starke sexuelle Spannung und viel Energie; streitlustig
♃	Lebhaft, unternehmungslustig; vielleicht aber auch Tollkühnheit
♄	Saturn könnte für Mars eine Quelle von Frustrationen bedeuten
♅	Fügt eine anregende Spannung zu
♆	Romantisch, lebhaft, zu Fluchttendenzen neigend; oft auch Enttäuschungen
♇	Schwierig und frustrierend

♃ JUPITER

♃	Vergnüglich und angenehm, intellektuell stimulierend
♄	Eine gute Mischung aus gesundem Menschenverstand und Optimismus
♅	Uranus fügt aufregende Ideen zu, wenn Jupiter die Herausforderungen akzeptiert
♆	Inspirierend
♇	Exzellent für finanzielle bzw. geschäftliche Verbindungen

♄ SATURN

♄	Ein ernsthafter und womöglich schicksalhafter Aspekt für die Beziehung
♅	Kämpfe um Vorherrschaft in der Beziehung
♆	Saturn könnte frustrierend auf Neptuns Ideen wirken – oder sie konstruktiv auszudrücken helfen
♇	Frustrierend und beschränkend

♅ URANUS

♅	Fügt eine dynamische Anziehungskraft zu; potentielle Quelle von Spannung
♆	Möglicherweise Spannungen als Folge von Mißverständnissen
♇	Spannungen aufgrund von Störungen der Kommunikation

♆ NEPTUN

♆	Zu ignorieren – wenn Neptun keine personalisierte Bedeutung hat. Dann Romantik, Idealismus, möglicherweise Täuschungen.
♇	(Für gewöhnlich das Sextil:) Viel Romantik und sexuelle Anziehungskraft

♇ PLUTO

♇	Zu ignorieren – wenn Pluto keine personalisierte Bedeutung hat. Dann ein sehr leidenschaftliches Element.

Sexualität in der Beziehung

Weil so viele Faktoren in die menschliche Beziehung hineinspielen, wäre es vermessen, nur aufs Sonnenzeichen zu schauen, um zu erkennen, ob die Partner zueinander passen oder nicht. Man muß jedes Horoskop zunächst für sich studieren, dann beide zusammen; man muß die Positionen der Planeten und ihre Aspekte ergründen, bevor man schließlich etwas zu den Stärken, dem Potential und den Problemen einer Beziehung sagen kann.

Es ist schon sehr viel Arbeit zu den astrologischen Faktoren der Sexualität geleistet worden, allerdings hauptsächlich von einzelnen Astrologen. Nur wenige Annahmen sind bislang empirisch untersucht worden. Das Bestreben, planetarische Positionen oder bestimmte Aspekte des Horoskops mit bestimmten sexuellen Faktoren in Verbindung zu bringen, hat noch etwas Tastendes, wenngleich es einige allgemeine Regeln gibt, die außer Frage zu stehen scheinen. Diese wollen wir hier erläutern.

Vorsichtig vorgehen

Auch dann, wenn einer dieser Hinweise im Horoskop eines Klienten enthalten ist, müssen Sie gründlich vorgehen und ihn von allen Seiten beleuchten. Vielleicht liegen die Dinge hier gar nicht so klar, wie zunächst gedacht. Und wenn Sie zwei Horoskope miteinander vergleichen, sollten Sie doppelt vorsichtig sein. Es gilt zu bedenken, daß es sich hier um den außerordentlichen sensiblen emotionalen Bereich handelt, bei dem Ihre Kommentare möglicherweise den Klienten überfordern, besonders dann, wenn er sich gerade viele Sorgen macht oder sehr angespannt ist.

Die Rolle des Astrologen

Wie sonst auch gilt es, sich klarzumachen, daß Sie als Astrologe denjenigen, der Ihren Rat sucht, unterstützen und beraten sollen. Jeder Fehler, den Sie begehen, kann verheerende Folge haben, nicht nur für Ihren Klienten, sondern auch für dessen Partner.

Die Planeten

◆ Sexuelle Anziehungskraft beruht auf Aspekten zwischen dem Mars des einen und der Venus des anderen Partners. Konjunktionen sind die machtvollsten Verbindungen; Trigone und Sextile stehen für einen angenehmen und erfüllten Ausdruck; Quadrate liefern häufig eine anregende, lebhafte Spannung; und Oppositionen deuten auf eine machtvolle Verbindung hin.

◆ Es gibt eine dynamische, magnetische Anziehungskraft, wenn die Venus den Uranus des Partners aspektiert. Die Übersicht rechts verdeutlicht im einzelnen, wie die Aspekte wirken. Beim Quadrat oder der Opposition tut der Uranus-Partner womöglich alles, um dieser magnetischen Anziehung zu widerstehen.

◆ Mit dem Mars des einen Horoskops im Aspekt zu Neptun des anderen kann ebenfalls sexuelle Anziehung verbunden sein. Allerdings könnte sich hier der Neptun-Partner durch eine allzu romantische Haltung auszeichnen, der Mars-Partner durch allzu große sexuelle Forderungen. Das gilt besonders auch dann, wenn letzterer sehr um Unabhängigkeit bemüht ist.

◆ Besteht zwischen Mars und Uranus in beiden Horoskopen eine Verbindung, ist nahezu unweigerlich ein gewisses Maß an Spannungen zwischen dem Paar die Folge. Es kann eine vergnügliche Sache sein, wenn es gelingt, dies auf sexuelle Art auszudrücken – allerdings ist es notwendig, daß die anderen Bereiche der Horoskope auf Gemeinsamkeiten schließen lassen, andernfalls wären die Partner wie »Hund und Katze«.

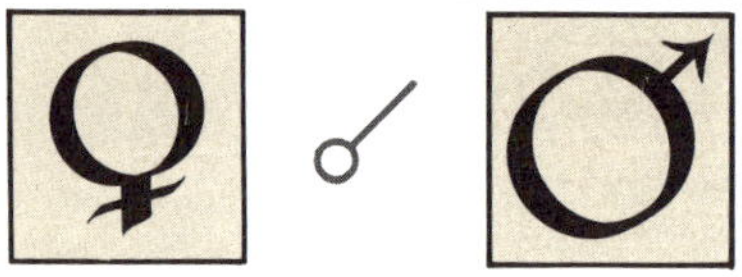

Venus Konjunktion Mars
Eine positive, leidenschaftliche und dynamische Anziehung

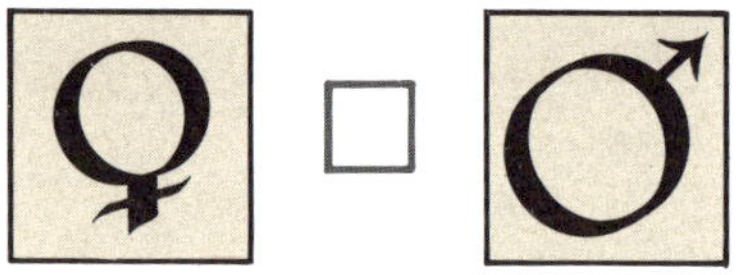

Venus Quadrat Mars
Harmonisch, lebhaft und erfüllend

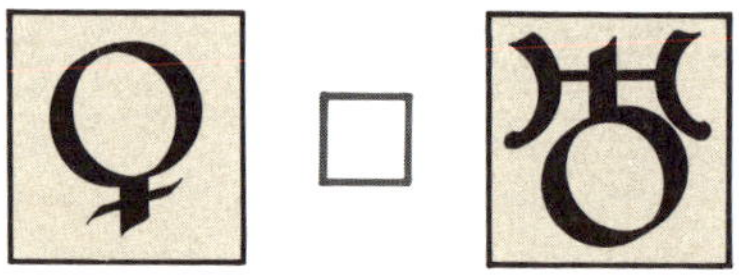

Venus Quadrat Uranus
Möglicherweise Spannungen, aber viel Lebhaftigkeit

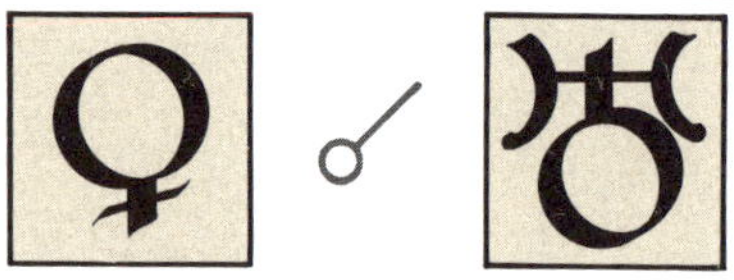

Venus Konjunktion Uranus
Eine starke Verbindung mit emotionalen Differenzen

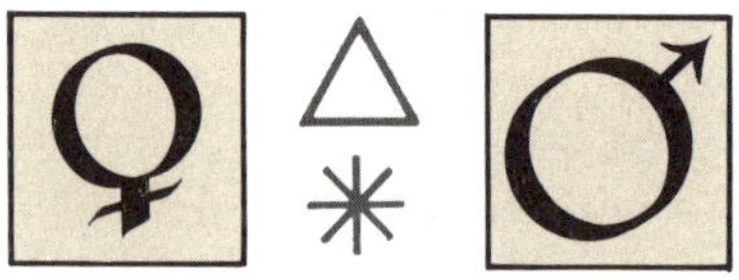

Venus Trigon/Sextil Mars
Bei veränderlichen Zeichen evtl. Unbeständigkeit

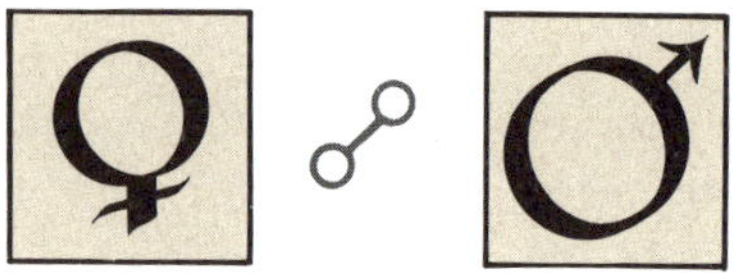

Venus Opposition Mars
Eine lebhafte Beziehung voller Spontaneität

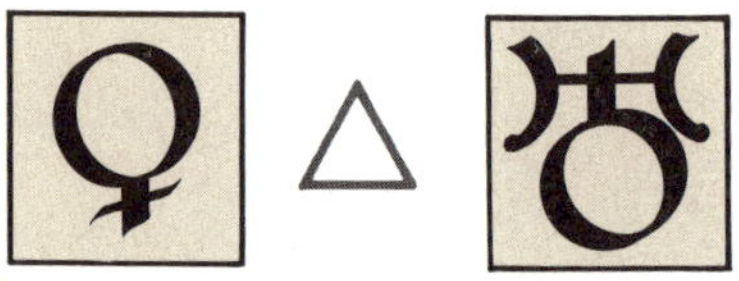

Venus Trigon Uranus
Eine dynamische, zu manchen Zeiten vielleicht aber auch sprunghafte Anziehung

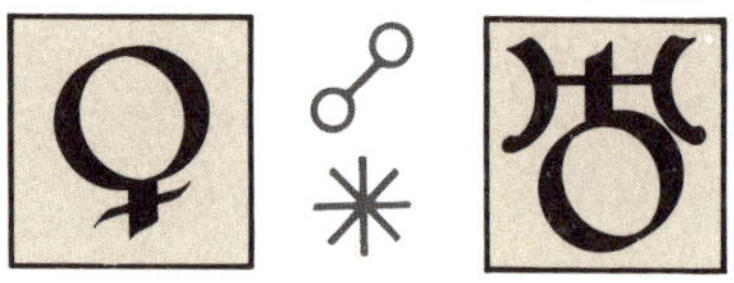

Venus Opposition/Sextil Uranus
Impulsivität könnte manchmal zu Problemen führen

DIE HÄUSER

Das 5., das 7. und das 8. Haus haben sexuelle Beiklänge; wenn man sich mit der Stärke der sexuellen Anziehung zwischen zwei Personen beschäftigt, muß man sie näher untersuchen.

◆ Das 5. Haus bedeutet eine lebhafte und nicht allzu ernste Einstellung zur Liebe und zum Sex.

◆ Das 7. Haus bezieht sich auf die Freuden der Beziehung in jeder Hinsicht. Falls Mars darin steht: Ein aufgeschlossener und treuer Bettgenosse, der vielleicht aber zum Streit neigt.

◆ Das 8. Haus bedeutet eine intensive und glühende Einstellung zur Sexualität; ein Indiz für Eifersucht.

Wenn Venus und Mars in keinem dieser Häuser stehen, sind die anderen Planeten darin zu interpretieren. Bei leeren Häusern müssen Sie auf die Zeichen an deren Spitze blicken sowie auf den Planeten, der darüber herrscht.

POSITIVE ASPEKTE

◆ Wenn der herrschende Planet des einen Horoskops im positiven Aspekt zur Venus oder zum Mars des anderen steht, bedeutet das eine sexuelle Betonung der Partnerschaft; dies könnte die Beziehung erfüllend und dauerhaft machen. Ähnliche Auswirkungen, wenn die Sonne und/oder der Mond des einen die Venus oder Mars des anderen aspektieren.

◆ Der Aszendent des einen Partners im Aspekt zur Venus des anderen bedeutet, daß die Beziehung dauerhaft sexuell erfüllend ist.

NEGATIVE ASPEKTE

◆ Saturn im Horoskop des einen Partners im Quadrat oder in Opposition zu Venus oder Mars des anderen.

◆ Ebenfalls negativ ist, wenn im Horoskop des einen Partners Saturn in Konjunktion oder in Opposition zum Aszendenten des anderen steht oder im Aspekt zu dessen Sonne, Mond oder Uranus, falls diese bzw. dieser sich im 5., 7. oder 8. Haus befindet.

IST DIE BEZIEHUNG VON DAUER?

Es könnte sein, daß ein frisch verliebtes Paar für einen Horoskopvergleich zu Ihnen kommt. Sie berechnen die Horoskope und stellen fest, daß es nur wenig Anzeichen dafür gibt, daß die Partner zueinander passen, auch in sexueller Hinsicht (siehe S. 148–155). In einem solchen Fall müssen Sie mit den Progressionshoroskopen weitermachen – dort könnte sich ein ganz anderes Bild ergeben.

Der erste Schritt ist die Berechnung der progressiven Position von Planeten, Aszendent und MC in beiden Horoskopen.

◆ Gibt es Progressionen zwischen Venus und Mars? Steht beispielsweise die progressive Venus im Aspekt zur Radix- oder Progressionsstellung von Mars oder der progressive Mars im Aspekt zur Geburtsstellung der Venus? Besteht eine Verbindung zwischen der progressiven Venus und Neptun? Wenn einer dieser Sachverhalte zutrifft, ist einer der Partner bereit für die Liebe – und bewußt oder unbewußt auf der Suche. Sind keine derartigen Anzeichen gegeben, können Sie davon ausgehen, daß keiner der beiden es besonders eilig hat, sich zu binden.

◆ Vergleichen Sie nun die progressiven Stellungen von Sonne, Venus, Mars und dem herrschenden Planeten mit den Positionen des Partners, im Radix- und im Progressionshoroskop. Gehen Sie dann anders herum vor. Gibt es zwischen der progressiven Stellung des einen und der progressiven oder der Radixstellung des anderen Verbindungen? Steht z. B. sein progressiver Mars im Aspekt zu ihrer Venus, ob nun im Progressions- oder im Radixhoroskop? Hat ihr progressiver Mars seinen Aszendenten (progressiv oder im Geburtshoroskop) erreicht, oder seine Sonne oder Mond?

◆ Gibt es eine Verbindung zwischen Venus und Mars des einen und Uranus und Neptun des anderen Partners?

Wenn eine dieser Verbindungen in Erscheinung tritt, stehen die Chancen gut, daß das Paar sich einer angenehmen Beziehung erfreuen kann. Wenn die beiden sich allerdings fragen, ob sie ihre Beziehung vertiefen sollten, und der Vergleich beider Horoskope nur wenig Anzeichen für Dauerhaftigkeit erkennen läßt, sollten Sie zum Abwarten raten. Die Beziehung könnte nämlich, auch wenn sie noch so intensiv zu sein scheint, zu Ende gehen, wenn die Progressionen an Wirkung verlieren.

Der progressive Mond
Die Beziehung könnte – bei aller Lebhaftigkeit – von recht kurzer Dauer sein, wenn der progressive Mond in einem Horoskop in einem starken Aspekt zur Venus, zu Mars oder Uranus im anderen steht. Der progressive Mond im Aspekt zum Neptun des Partners könnte für eine schwärmerische Verehrung stehen (bei der derjenige mit dem Mond im siebten Himmel schwebt).

Machtvolle Transite
Manchmal kann eine dynamische sexuelle Beziehung durch machtvolle Transite hervorgerufen werden. Wenn z. B. der Mann den Mars auf 15° im Löwen hat und die Frau ihre Venus auf oder bei 15° im Widder, ist ein schönes gemeinsames Trigon vorhanden. Kommt nun Uranus im Transit auf 15° Widder oder Löwe oder Schütze zu stehen, resultiert daraus vielleicht eine Affäre. Das alles natürlich unter der Voraussetzung, daß das Paar sich bereits kennt – oder daß die Planeten gnädig sind und für Umstände oder das Glück sorgen, daß es sich kennenlernt.

Anzeichen für Dauerhaftigkeit
Wenn Sie nach Anzeichen für Dauerhaftigkeit suchen, müssen Sie alle planetarischen Beziehungen zwischen beiden Horoskopen sowie jegliche Aspekte, die die verschiedenen Lebenssphären betreffen, analysieren. Beschränken Sie sich nicht auf den Bereich der Sexualität!

Unverträglichkeit

Fallstudie

Mark und Sylvia lernten sich kennen, als er 15 und noch in der Schule und sie eine 19jährige Studentin war. Er wirkte älter und reifer, als es seinem Alter entsprach. Die beiden führten eine leidenschaftliche, dynamische und sehr spannungsvolle Beziehung, die ein Jahr lang dauerte. Sylvia reagierte dabei sehr geduldig und gelassen auf Marks dramatische und extreme Stimmungsschwankungen.

Das Paar war in der Liebe sehr leidenschaftlich, auf die Art und Weise, wie es nur sehr junge Menschen sein können. Im Laufe der Zeit aber begannen Marks Ausbrüche Sylvia zu belasten. Sie konnten über alle Themen reden, was stimulierend und positiv für beide war. Allerdings führten die Diskussionen nur zu oft zu Streitigkeiten oder aggressiven Auseinandersetzungen, was von Mark ausging. Es herrschte auch eine große Rivalität zwischen beiden, speziell in intellektueller Hinsicht, jeder versuchte ständig, den anderen zu übertreffen. Mark pflegte oft zu sagen: »Wir sind einander zu ähnlich, wir können keine Freunde sein.« Er sollte recht behalten – es war ihnen nicht möglich.

Das Ende der Beziehung

Die Beziehung endete abrupt, als Mark Julia am hellichten Tage auf der Straße schlug.

Jahre später, als die beiden bereits mit anderen Partnern verheiratet waren, trafen sie sich im Theater wieder. Sie verbrachten den ganzen Abend damit, einander anzustarren. Als sie sich in der Pause an der Bar trafen, sprachen sie kein Wort miteinander.

Mark starb im Jahr 1983 an einer Herzattacke.

Mark

Marks Horoskop läßt mit den Zwillingsplaneten eine Neigung zum Flirten sowie die Fähigkeit, andere zu unterhalten, erkennen. Mit dem Krebsmond war er auch fürsorglich und empfindsam. Er verbarg seine tiefen, sinnlichen und leidenschaftlichen Gefühle häufig hinter vielen obszönen Worten. Mit dem Krebsmond hätte er noch mehr Offenheit zeigen können – die Verbindung zu Pluto aber, im Mondzeichen und genau auf dem Aszendenten, war ebenfalls für seine plötzlichen Stimmungsschwankungen verantwortlich.

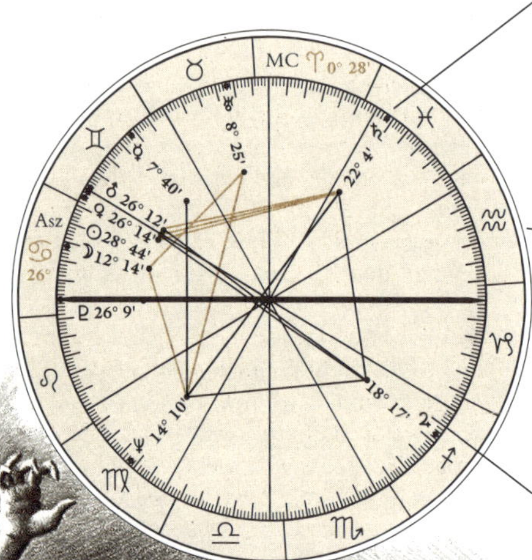

Marks ernsthafte Einstellung wird durch Saturn unterstützt, dem Herrscher des Steinbocks, der in dem emotionalen Zeichen Fische im 8. Haus steht. Der Fluß der Gefühle ist aber stark beeinträchtigt – Saturn befindet sich nämlich im Brennpunkt eines problematischen T-Quadrats, bei dem er im Quadrat zu der Konjunktion von Sonne, Venus und Mars in den Zwillingen steht.

In Marks 7. Haus stehen keine Planeten; da sich der Steinbock an dessen Spitze befindet, können wir sagen, daß er seine Beziehungen sehr ernst nahm. Er neigte nicht dazu, sich schnell zu binden; und wenn er sich einmal entschieden hatte, war er treu und loyal.

Jupiter steht im eigenen Zeichen – Schütze – im 5. Haus sehr stark. Weil er aber markant beeinträchtigt ist (im Schnittpunkt eines zweiten T-Quadrates), war sein Einfluß nicht günstig; er bewirkte einen Hang zum Dramatischen und die Tendenz, bei der Liebe das Gefühl für die Perspektive zu verlieren.

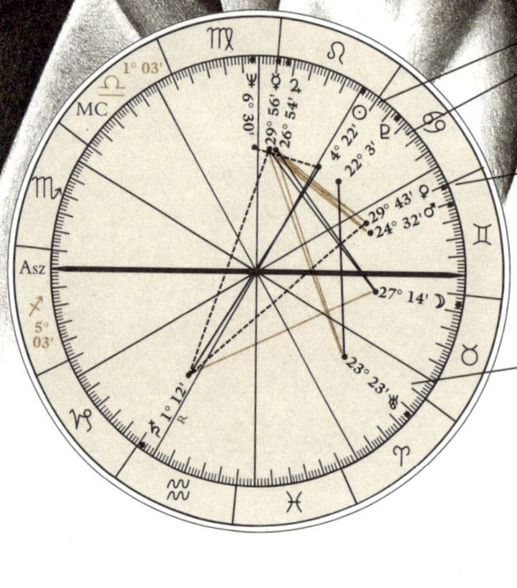

Sylvia

Sylvias Horoskop ist vom »Eimer«-Typ (S. 133). Wenn wir das in Verbindung mit ihrem Liebesleben interpretieren und dabei vor Augen haben, daß sie einen Schützeaszendenten besitzt, ist davon auszugehen, daß sie die Jagd als solche sehr genießt, genauso, wie das zu bekommen, was sie sich ersehnt.

Sonne und Pluto befinden sich im 8. Haus, womit sie einen intensiven, positiven Fluß der Emotionen bezüglich von Sylvias Sexualität bewirken.

Sylvias 7. Haus steht in den Zwillingen und beherbergt eine Konjunktion von Venus und Mars. Dies läßt auf eine positive, allerdings nicht allzu ernsthafte Einstellung zu Liebe und Sexualität schließen.

Sylvia hat den dynamischen, magnetischen Uranus im 5. Haus, welches über Liebesaffären herrscht. Sie möchte, daß dieser Bereich ihres Lebens etwas Strahlendes hat.

DAS GEMEINSAME HOROSKOP

Aufgrund der großen Anzahl von Planeten in den Zwillingen haben wir Marks Sonne, Venus und Mars in den äußeren Ring eingetragen, der normalerweise für Aszendent und MC der beiden Personen vorbehalten ist.

Die gegenseitigen Aspekte zwischen den Zwillingsplaneten sehen Sie bei »A« – die feinen Linien dort weisen auf die Hauptaspekte zwischen diesen Planeten in beiden Horoskopen hin.

ER
(Schwarz)

SIE
(Braun)

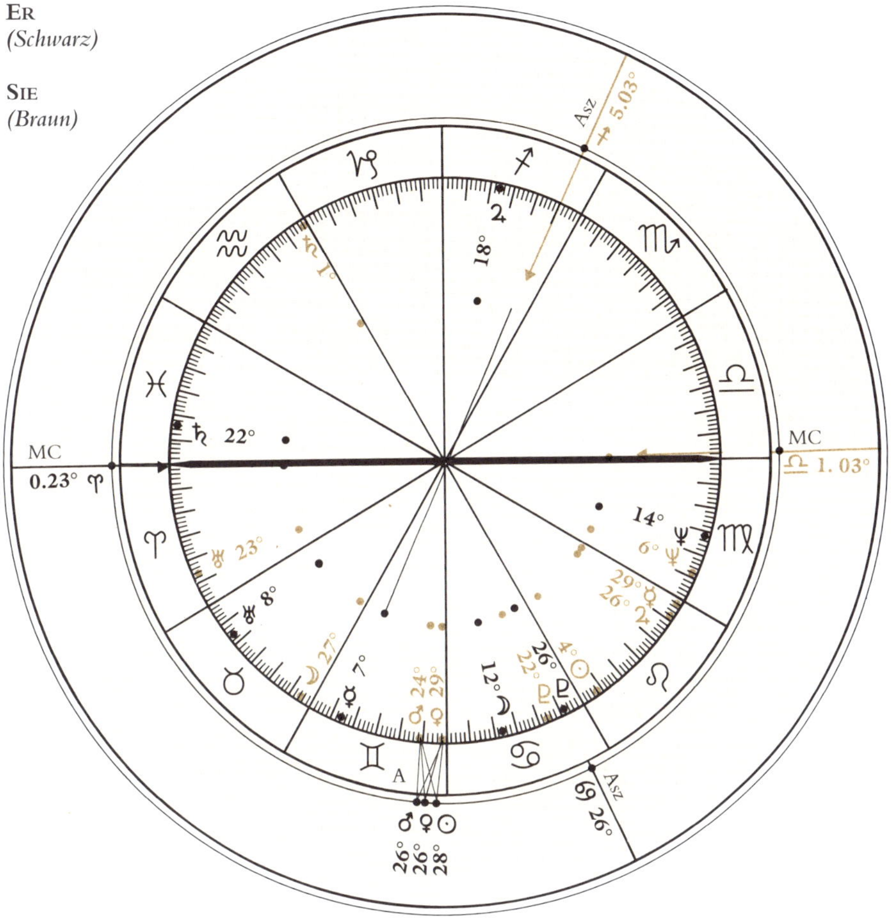

DIE WICHTIGSTEN ASPEKTE			
	Mark		Sylvia
1	MC ♈	☍	MC ♎
2	☿ ♊ 7°	☍	Asz ♐ 5°
3	♃ ♐	nur Zeichenbeziehung, kein Aspekt	Asz ♐
4	☉☌♀☌♂ ♊ 26°–28°	☌	♀☌♂ ♊ 24°–29°
5	☉☌♀☌♂ ♊	⚹ ⚹	☿☌♃ ♌ ♅ ♈
6	Asz ☌ ♇ ♋	☍ ⚹	♄ ♒ (Orbis 5°) ☽ ♉
7	☿ ♊	□	♆ ♍
8	☿ ♊	⚹	☉ ♌

DIE WICHTIGSTEN ASPEKTE

Die meisten der wichtigsten Aspekte zwischen den beiden Horoskopen sind in der Tabelle links aufgeführt; die vielleicht allzu romantische Einstellung, die Sylvia Mark entgegenbrachte, wird deutlich am Quadrataspekt zwischen ihrem Neptun und seinem starken Merkur (Punkt 7). Die idealistische Neptuntendenz zum Blick durch die rosarote Brille war nur allzu deutlich.

Ein sehr günstiges Sextil verband ihre machtvolle Löwesonne und seinen Merkur (Punkt 8). Dieser positive Hinweis unterstützte die Beziehung; wenn die beiden zusammengeblieben wären, hätte das Sextil ihnen dabei helfen können, mit zunehmender Reife einen befriedigenderen emotionalen Ausdruck zu finden.

Beachten Sie, daß es zwischen Marks Aszendent und Pluto und Sylvias Wassermannsaturn (Punkt 6) zu einer Opposition kommt. Dies unterstreicht die Wichtigkeit der Beziehung für Sylvia – weil allerdings der Orbis fünf Grad beträgt (das Maximum beim Vergleich zweier Horoskope), können wir dies nur als unterstützenden Faktor ansehen.

DIE TECHNIK DER INTERPRETATION

Damit eine Beziehung dauerhaft ist, müssen starke Planeten- und Zeichenverbindungen zwischen den Horoskopen der Partner gegeben sein, welche auf eine gute Kommunikation und gegenseitiges Verständnis schließen lassen. Bei Marc und Sylvia hat es daran nicht gemangelt. Die Übersicht auf der linken Seite mit den jeweils drei Punkten macht das deutlich. Das vielleicht auffälligste Merkmal aber ist die Konjunktion zwischen Sonne, Venus und Mars von Mark und Venus und Mars von Sylvia, auf den gleichen Graden im Zeichen Zwillinge (also praktisch ohne Orbis). Dies läßt die intensive sexuelle und emotionale Leidenschaft dieser Beziehung erkennen, wie auch die fortwährenden Diskussionen.

Anzeichen von Unverträglichkeit
Marks drastische Stimmungsschwankungen hingen mit dem Aszendenten, dem Mond und Pluto im Krebs zusammen; Sonne, Venus und Mars dagegen stehen in den Zwillingen sehr eingeschränkt und behindert durch den negativen Aspekt zu Saturn. Mark war der Ansicht, daß er und Sylvia sich zu ähnlich waren – dies zeigt, daß das Paar auf der Ebene ihrer gemeinsamen Zwillingsplaneten Mars und Venus lebte (auch Marks Sonne befand sich in diesem Zeichen). Es gab aber auch sehr gegensätzliche Anzeichen. Marks repressive Konjunktion zwischen Pluto und dem Aszendenten war der Grund für die endlosen Konflikte mit Sylvias Sonne (Löwe) und Aszendenten (Schütze) im Element Feuer. Dies wurde nur zum Teil durch ihren Stiermond im Sextil zu seinem Pluto und Aszendenten im Krebs gemildert.

Die Beziehung am Leben erhalten
Wären die beiden älter gewesen, hätten sie die Beziehung womöglich am Leben erhalten können, unterstützt durch Marks machtvollen Merkur auf 7° in den Zwillingen in Opposition zu Sylvias Aszendent auf 5° Schütze. Dies ist eine sehr günstige Verbindung, die die Kommunikation und den Zusammenhalt fördert. Wegen ihrer Jugend aber kamen sie mit ihrer Beziehung nicht zurecht. Wenn sie von Dauer gewesen wäre, hätten die Partner Zugeständnisse machen müssen. Im Rückblick, sagt Sylvia, hat sie von der Beziehung gelernt; sie ist dadurch toleranter geworden.

ZUSATZAUFGABE

Sehen Sie nach, welche Transite in Marks Horoskop im Oktober 1982 und dann zwischen Juni und August 1983, dem Zeitpunkt seines Todes, wirksam waren.

Das Scheitern von Beziehungen

Bevor man die astrologische Situation betrachtet, sollte man die praktischen Gründe der Beziehungsprobleme vor Augen haben. Auf diese Weise ist es nämlich möglich zu erkennen, ob die schwierige Phase das Ende der Verbindung ankündigt oder lediglich eine Zeit der Prüfung. Das Geburtshoroskop gibt Ihnen hier die Informationen, die Sie brauchen. Raten Sie zum Beistand eines Fachmanns, wenn Ihnen das sinnvoll erscheint.

Wir wollen einmal annehmen, daß jemand – oder ein Paar – zu Ihnen kommt und sagt, daß es in der Beziehung Schwierigkeiten gibt. Die Gründe dafür sind meist:

- Einer der Partner hat eine Affäre.
- Die Partnerschaft ist überlebt – es gibt keine positive Kommunikation mehr zwischen den Partnern.
- Die Partner »gehen einander auf die Nerven«.
- Einer der Partner beschäftigt sich so sehr mit der Arbeit oder den Kindern, daß keine Energie mehr für den anderen bleibt.

Die astrologische Beurteilung
Der erste Schritt ist, das Horoskop mitsamt den Progressionen und Transiten zu berechnen. Diese Einflüsse könnten bereits die Ursache für die Probleme sein.

Die Einschätzung der Probleme
Ein oder auch beide Partner könnten zu dieser Zeit die Saturnwiederkehr erleben (siehe S. 185) – wahrscheinlich die erste. In diesem Fall könnte eine Art Pattsituation die Beziehung kennzeichnen. Vielleicht ist die Trennung dann wirklich das Beste – es ist aber an Ihnen aufzuzeigen, daß man nun auch ganz andere Gefühle für den Partner entwickeln könnte. Beurteilen Sie beide Geburtshoroskope in ihrer Gesamtheit, um Hinweise geben zu können, auf welche Art man die Beziehung neu gestalten könnte – wenn die Partner das denn wollen.

Veränderungen in der Beziehung
Bei einem (oder beiden) Partner könnte die Sonne oder der Aszendent (manchmal auch das MC) in der Progression das Zeichen wechseln. Dies steht für wichtige Veränderungen und häufig auch für psychische Weiterentwicklung.

Gehen Sie an die Interpretation heran, wie bereits beschrieben. Gibt es eine Dreiecksbeziehung, könnte der vormalige Partner die Beziehung beenden und mit der anderen Person eine neue eingehen, vorausgesetzt, es bestehen astrologische Gemeinsamkeiten zwischen ihnen. Es ist in einer solchen Situation sehr schwierig, die Geburtsdaten des angehenden Partners zu bekommen (wenn nicht der Partner, der die Beziehung aufkündigen möchte, um die Beratung nachsucht). Es ist auch sehr wichtig, sich über die Stärke der emotionalen Beziehung der einstmaligen Partner klarzuwerden.

Gründe für Spannungen
Einer (oder beide) Partner könnten, wenn sie um die Vierzig sind, die Uranus-Opposition (siehe S. 185) erleben, welche ein sehr aufrüttelnder Einfluß ist. Man verhält sich nun vielleicht ganz untypisch, möglicherweise in Verbindung mit einer Liebesaffäre. Diese schwierige und spannungsreiche Phase geht vorbei. Sie als Astrologe könnten aber Hinweise geben, wie man diesen machtvollen Einfluß für sich wirken lassen kann, nicht gegen sich. Es könnte an der Zeit sein, daß der Partner, der nicht unter dem Einfluß dieser Uranus-Energie steht, sich auf die eine oder andere Weise zu verjüngen versucht.

Es kann auch Spannungen und Probleme in der Beziehung geben, wenn ein oder beide Partner unter heiklen Transiten von Uranus, Neptun oder Pluto zu Aszendent, Sonne, Mond oder Venus, manchmal auch zu Mars, Saturn, Uranus oder Neptun zu leiden haben. Wenn dieser Einfluß nachläßt, gelangt die Beziehung möglicherweise wieder in ruhigere Fahrwasser. Ob die Beziehung fortdauert, hängt nicht nur von den Progressionen und Transiten des Partners ab, sondern auch davon, wie stark die Verbindung grundsätzlich ist oder ob man möglicherweise nur nach einem Anlaß sucht, sie endlich aufzukündigen.

Streit ums Geld
Geldprobleme sind häufig ein Grund für Streitigkeiten; sie haben starke emotionale Obertöne, weil die Venus – der Planet der Liebe – auch für Geld und Besitztümer steht. Wenn einer der Partner extravagant und der andere geizig ist, gibt es dafür astrologische Belege (sehen Sie hier auf die Liste auf S. 151 mit potentiellen astrologischen Spannungsquellen). Wenn z. B. einer der Partner erlebt, daß die progressive Venus über seinen Jupiter läuft, könnte er zum exzessiven Geldausgeben neigen, was unter Kontrolle gebracht werden muß.

Die überlebte Beziehung
Die überlebte Beziehung beruht für gewöhnlich auf einem Mangel an Übereinstimmung der Horoskope. Wenn es einen sehr machtvollen Faktor zwischen beiden gibt, ist es dieser, der die beiden ursprünglich zusammengebracht hat. Progressionen zwischen beider Venus und Mars z. B. zeigen sexuelle Anziehungskraft, die auf das Horoskop zurückgehen könnte.

Sich auf die Nerven gehen
Die Partner werden dazu neigen, sich gegenseitig zu kritisieren, wenn beide eine ähnliche Zeichenbetonung aufweisen und genau um die gemeinsamen Fehler und störenden Gewohnheiten wissen.

Die Ausrichtung auf Kinder
Der mütterliche oder väterliche Instinkt ist an sich deutlich am Horoskop abzulesen. Es könnte aber sein, daß er übertrieben zum Ausdruck kommt, vielleicht z. B. dann, wenn der progressive Mond durch den Krebs läuft. Die Mutter könnte sich dann nur noch für das Kind interessieren. Eine akute Unlust mit Depressionen könnte von problematischen Saturntransiten zu Sonne, Mond oder Aszendent angezeigt sein. Versuchen Sie, Mitgefühl zu zeigen; vielleicht kann auch ärztlicher Rat oder anderweitiger professioneller Beistand helfen.

Scheidung

Fallstudie

Dieses Horoskop zeigt die progressiven Planetenpositionen von Wayne und Cathy zur Zeit ihrer Trennung. Einer der Gründe für Cathys Wunsch nach einer Scheidung war, daß sie sich nicht mehr mit ihrem Lebensstil arrangieren konnte, der sie bei allem Wohlstand und Komfort langweilte. Sie verließ Wayne wegen eines Mannes mit viel weniger Geld, der ihr aber sehr viel aufregender erschien. Ihr progressives MC lief zu dieser Zeit in ein anderes Zeichen. Gleichermaßen wichtig war, daß ihr progressiver Mars in Konjunktion zu Waynes progressiver Sonne stand – daran entzündete sich alles. Interessanterweise steht dieser Kontakt häufig nur für eine erhöhte sexuelle Aktivität – bei Cathy aber für Wut und zunehmende Aggressionen gegenüber dem Partner. Das Gefühl, eingesperrt zu sein, kommt auch durch ihre progressiven Planeten Merkur und Venus dicht an Waynes progressivem Saturn und durch ihren progressiven Uranus zum Ausdruck.

Störung und Veränderung

Wenn wir auf die progressiven Positionen bei Wayne schauen, fällt ins Auge, daß trotz verschiedener progressiver Sextile und Trigone dieser Zeit erkennbar wird, daß beträchtliche Störungen auf sein Leben einwirkten. Der progressive Aszendent steht nicht nur in Konjunktion zum progressiven Pluto (auf 8° im Löwen), auch der progressive Uranus (8° Zwillinge) und der progressive Merkur (8° Waage) sind in dieses Muster einbezogen. All diese Anzeichen lassen das Ausmaß der Störungen und Veränderungen ahnen. Wie auf Seite 154 angeführt, sind die Transitplaneten sozusagen nur eine Gedächtnisstütze – man kann sie hinzunehmen, wenn man die progressiven Planetenpositionen eines Paares analysiert. Beachten Sie aber, daß man für gewöhnlich die Transite nur auf das Geburtshoroskop bezieht!

Wayne and Cathy
Dies ist Waynes Horoskop. Die Positionen von Cathys Planeten, Aszendent und MC sind im mittleren Ring dargestellt.

Cathys Merkur und Venus stehen progressiv auf Waynes progressivem Saturn

Der progressive Mond läuft von 23° Widder bis 6° Stier

Wayne: machtvolle »Progressionen zu Progressionen«, auch in Verbindung mit seinem progressiven Aszendenten

Die Planeten im Transit für 1987

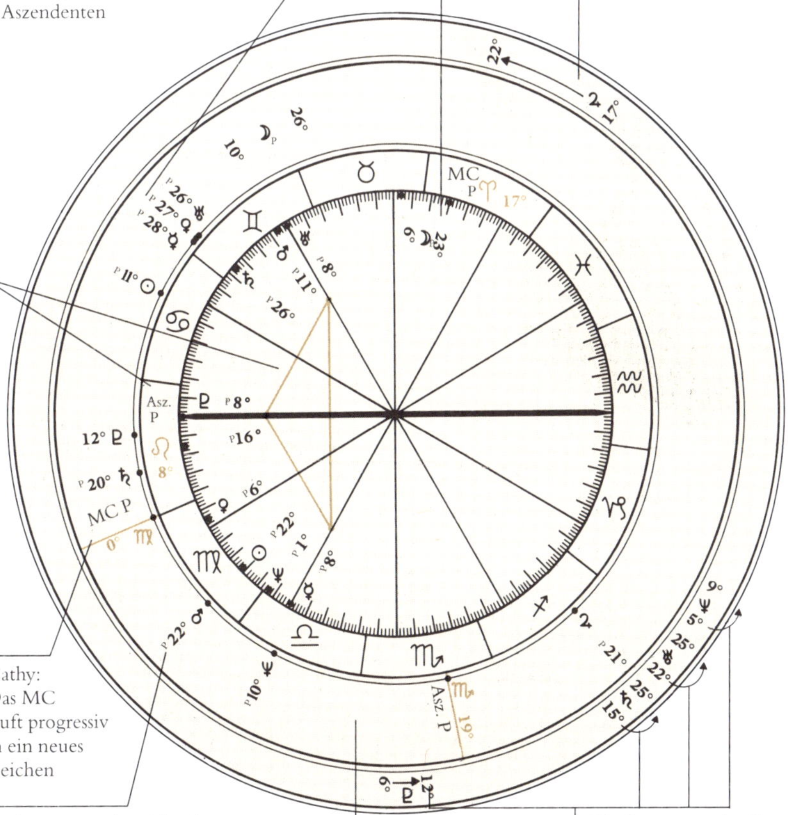

Cathy: Das MC läuft progressiv in ein neues Zeichen

Cathys progressiver Mars in Konjunktion mit Waynes progressiver Sonne war Auslöser

Cathy

Die Bewegung der Planeten in diesem Jahr (Rückläufigkeit ist nicht erwähnt)

Der Alleinstehende

Es gibt viele Menschen, die ohne feste Beziehung leben – manchmal wegen tiefverwurzelter psychischer Gründe. Manche Menschen betreuen über viele Jahre hinweg ältere Verwandte und stellen schließlich fest, daß sie emotional den Anschluß verpaßt haben. Häufig liegen die Gründe aber tiefer. Es wird Ihnen vielleicht nicht gelingen, den Menschen zur Offenlegung seiner Gefühle zu bringen, es könnte aber doch hilfreich sein, dies vorzuschlagen.

Viele Menschen, die allein leben, sind sehr auf ihre Unabhängigkeit aus. Es gibt drei Zeichen, die wir mit Unabhängigkeit in Verbindung bringen – wobei es aber nicht nur um die Sonne in diesen Zeichen geht; auch der Aszendent oder der Mond darin bedeutet eine solche Neigung, gleichermaßen ein Stellium oder eine Häufung von Planeten. Dem Widder und dem Schützen sind Unabhängigkeit sehr wichtig – Menschen mit einer Betonung dieser Zeichen sind aber auch warmherzig und brauchen die wohlwollende Unterstützung und den Austausch mit Partnern; im großen und ganzen kommen sie mit Beziehungen gut zurecht. Am meisten auf Unabhängigkeit aus ist der Wassermann; die Person mit einer Wassermannbetonung zeichnet sich durch einen individualistischen Lebensstil aus, den sie nur sehr ungern aufgibt. Gleichzeitig aber sind viele dieser Menschen extrem romantisch und suchen geradezu verzweifelt nach einem Partner. Man könnte hier fast sagen, daß sie eine Partnerschaft brauchen, allerdings ohne einen Partner. All dies soll nicht heißen, daß ein erfüllendes Liebes- und Sexualleben unmöglich wäre, vorausgesetzt, daß die Individualität und der persönliche Lebensstil aufrechterhalten werden können.

Der Wassermann-Einfluß

Zwei kontrastierende Faktoren kommen hier ins Spiel. Einmal geht es darum, daß der Wassermann zwar ein Luftzeichen ist, aber doch eine fixe Qualität aufweist, was Eigensinn hervorrufen kann. Der andere ist, daß der Wassermann bei aller Freundlichkeit und Hilfsbereitschaft doch sehr auf Distanz aus ist. Er gestattet anderen nicht den Zutritt zu seinem Inneren. Als Resultat davon ergibt sich, daß es diese Gruppe häufig am schwersten hat, persönliche Beziehungen einzugehen.

Wenn sich jemand mit einem solchen Problem an Sie wendet, könnte er eine auffällige Wassermannbetonung im Horoskop haben, vielleicht auch einen markanten Uranus, womöglich aspektiert durch Venus und Saturn.

Unaspektierte Planeten

Ein weiteres Problem dieser Art könnte auf dem Einfluß eines unaspektierten Planeten beruhen, vielleicht der Venus, evtl. gar im 7. Haus. Gleichermaßen kann der unaspektierte Uranus auf ein starkes Bedürfnis nach Unabhängigkeit hinweisen, Saturn (besonders im 12. Haus) auf den Wunsch nach Einsamkeit. Diese unaspektierten Planeten lassen erkennen, daß der Mensch sich in bezug auf Partnerschaften durch den Mangel an psychischer Integration auszeichnet. Steht die Venus ohne Aspekt im 7. Haus, ist der Mensch zwar – vielleicht in geradezu verzweifelter Intensität – auf eine Beziehung aus, erweist sich aber als außerstande, eine Partnerschaft einzugehen oder am Leben zu erhalten. Das Problem könnte auch noch mit anderen Horoskopbereichen zusammenhängen. Achten Sie aber darauf, nicht den Faden zu verlieren und Ihre Grenzen nicht zu überschreiten, selbst dann, wenn Sie schon viel Erfahrung gesammelt haben.

Marie

FALLSTUDIE

Dieses Horoskop zeigt einen extrem machtvollen Wassermanneinfluß. Wir sehen hier ein Stellium im 5. Haus – Marie (eine sehr attraktive Frau) erfreut sich eines erfüllten Liebeslebens, ohne einen festen Partner zu haben. Ihr starkes Bedürfnis nach Unabhängigkeit wird auch durch Uranus im 7. Haus symbolisiert, in enger Opposition zu ihrem Waageaszendenten. Marie bringt ihren Aszendenten in vielerlei Hinsicht gut zum Ausdruck – allerdings kommt es zwischen dem Waagebedürfnis nach einer Bindung und den Wassermanneigenschaften zu einem Konflikt. Marie sagt häufig, daß sie gerne verheiratet wäre, daß aber das ständige Zusammenleben mit einem Partner ein Alptraum für sie sein könnte. In wahrem wassermannhaftem Geist ist sie aufgeschlossen, hilfsbereit, ein guter Freund und gleichzeitig auf Distanz bedacht.

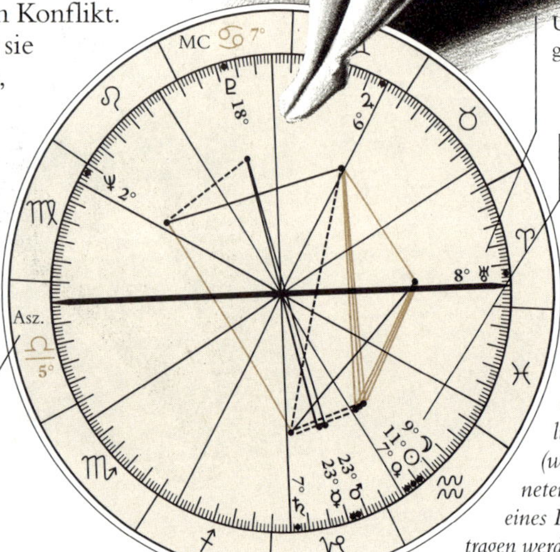

Marie
Maries Horoskop, ohne äußerlichen Ring (weil keine Planetenpositionen eines Partners eingetragen werden müssen)

Heirat und Wiederverheiratung

Die Stärken und Schwächen der Beziehung – ob nun einer Ehe oder nicht – werden aus den Horoskopen der beiden Partner deutlich. Machen Sie aus möglichen Problemen kein Drama, und beziehen Sie nicht Position für oder gegen eine Heirat. Begnügen Sie sich (einmal mehr) damit, aufzuzeigen, wo Probleme liegen können. Wenn Sie nach dem Ende der Beziehung das Horoskop eines möglichen neuen Partners untersuchen, sollten Sie sich die Frage stellen, ob die Probleme sich mit ihm vielleicht wiederholen werden.

Toby, Linda und Milly

FALLSTUDIE

Toby war mit Linda verheiratet. Die Ehe ging in die Brüche. Später traf Toby Milly und heiratete sie. Die beiden sind sehr glücklich; sie haben zwei Kinder und sind beruflich erfolgreich.

Die Horoskope von Toby und Linda
Es gibt machtvolle Verbindungen zwischen den Horoskopen von Toby und Linda – die meisten davon lassen auf keine harmonische Beziehung schließen. Sein Uranus auf ihrem Aszendenten bedeutet zwar eine dynamische Anziehung, gleichermaßen aber viel Spannung. Auch die Opposition zwischen seinem Mond und ihrem MC und Merkur weist auf Spannungen hin, gleichzeitig auf unterschiedliche Richtungen im Leben. Ihr Saturn steht im Quadrat zu seiner Sonne und Venus, ihr Uranus aspektiert seinen Uranus, ebenfalls im Quadrat; dagegen fällt ihre Venus in sein 7. Haus, was günstig ist. Häufig lassen Aspekte zwischen Saturn und Venus auf Dauerhaftigkeit und Treue schließen – weil es sich hier aber um Quadrate handelt, ist dieser Einfluß eher deprimierend.

Freundschaft ist angezeigt durch seinen Merkur und ihre Venus und beider Merkur in Konjunktion zueinander in den Fischen (sie können trotz allem gut miteinander reden!). Die starke Konjunktion zwischen seinem Aszendenten und ihrem Neptun machte sich bemerkbar, als aus einer idealistischen und romantischen Beziehung Mißverständnisse und Desillusionierung wurden.

Tobys MC und Pluto befinden sich gemeinsam mit Lindas Mond, Jupiter und Pluto im Löwen. All dies sind machtvolle und spannungsreiche Merkmale – es hat aber den Anschein, daß der Plutoeinfluß, intensiviert durch Mond und Jupiter, eine blockierende Wirkung hat, unterstützt noch durch Tobys Sonne in Opposition zu Lindas Mond. Diese Opposition wirkt negativ (die Polarität hat diesmal also keine anregenden Auswirkungen).

T > / L v	Asz.	MC	☉	☽	☿	♀	♂	♃	♄	♅	♆	♇
Asz.	●	●	●	⚹	△	●	●	●	●	●	●	●
MC	●	●	●	☍	☌	●	●	□	●	△	●	●
☉	⚻	●	●	●	●	●	□	●	●	●	●	●
☽	●	●	●	●	●	●	●	●	●	●	⚹	☌
☿	●	●	●	☍	☌	●	●	□	●	△	●	●
♀	●	□	●	●	⚹	●	●	●	●	⚹	●	●
♂	●	⚻	●	●	⚹	●	●	⚻	●	●	●	●
♃	●	●	●	●	●	●	●	●	●	●	⚹	☌
♄	●	●	□	●	●	□	☌	●	●	●	●	●
♅	□	●	⚻	⚹	●	●	●	●	●	●	●	●
♆	☌	●	△	●	●	●	●	●	●	●	□	⚹
♇	●	●	☍	●	●	●	●	●	●	●	⚹	(☌)

DIE BEZIEHUNG
Aspekte zwischen Toby und Linda

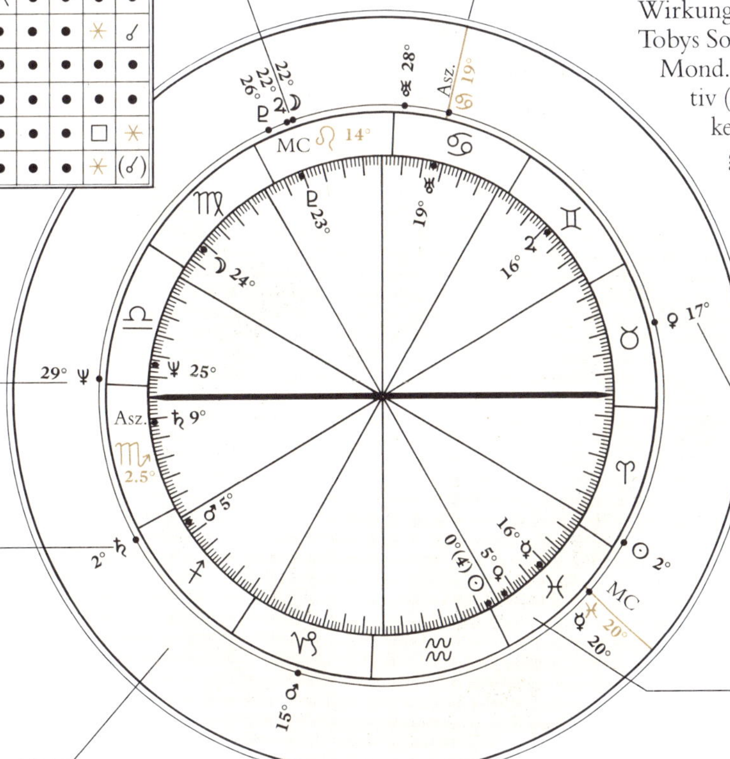

TOBYS HOROSKOP,
mit Lindas Planeten, Aszendent und MC im äußeren Ring

Toby und Milly
Wenn wir Tobys und Millys Horoskop vergleichen, ergibt sich ein anderes Bild. Als erstes sehen wir die Konjunktion zwischen seinem Mond und ihrer

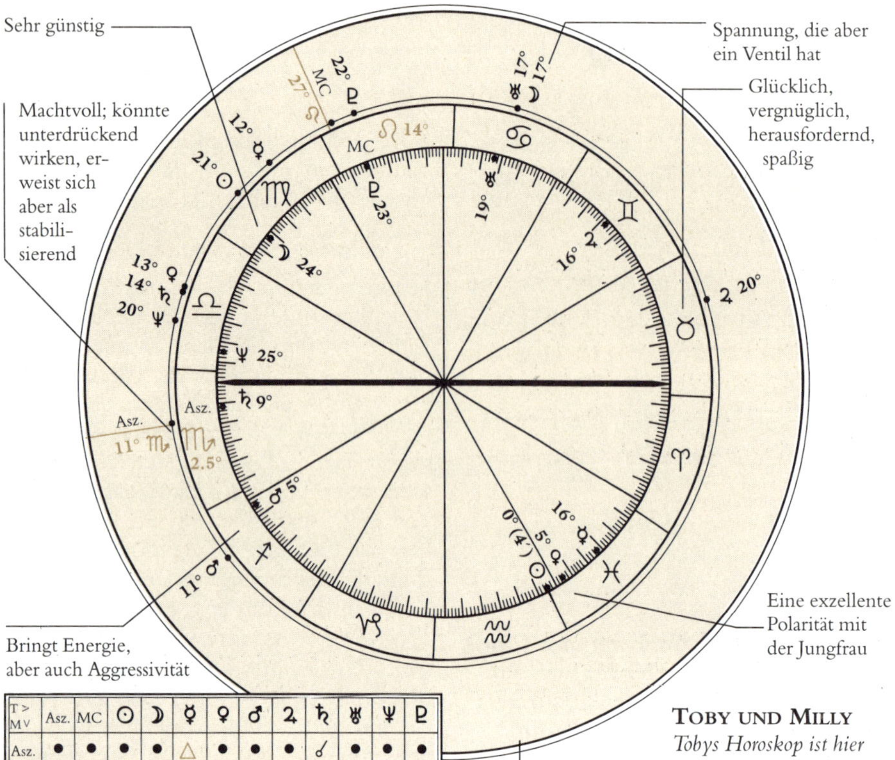

TOBY UND MILLY
Tobys Horoskop ist hier mit den Positionen von Millys Planeten, Aszendent und MC (äußerer Ring) angegeben.

T > M ∨	Asz.	MC	☉	☽	☿	♀	♂	♃	♄	♅	♆	♇
Asz.	•	•	•	•	△	•	•	•	☌	•	•	•
MC	⚹	•	☍	•	•	•	•	•	•	•	⚹	☌
☉	•	•	•	☌	☍	•	•	□	•	⚹	•	•
☽	•	•	•	•	△	•	•	•	•	☌	•	•
☿	•	•	•	•	☍	•	•	□	⚹	•	•	•
♀	•	⚹	•	•	•	•	•	△	•	•	•	•
♂	•	△	•	•	□	•	☌	☍	•	•	•	•
♃	•	□	•	△	⚹	•	•	•	•	⚹	•	□
♄	•	⚹	•	•	⚻	•	•	△	•	□	•	•
♅	•	•	•	•	△	•	•	•	•	☌	•	•
♆	•	•	•	•	•	•	•	△	•	□	☌	⚹
♇	•	☌	•	•	•	•	•	•	•	•	☌	☌

DIE BEZIEHUNG
Aspekte zwischen Toby und Milly

Sonne; sein Merkur (der Herrscher des Mondes) steht dazu in Opposition. Eine Opposition gibt es auch zwischen seiner Sonne und ihrem MC, zwischen beider Merkur. Diese Merkmale weisen auf Mitgefühl hin und darauf, daß die Partner gut miteinander reden können.

Emotionale Verträglichkeit

Es herrscht hier eine starke Jungfrau/Fische-Polarität. Sehr interessant ist auch, daß drei Faktoren – Aszendent, MC und Mars – in den gleichen Zeichen stehen.

Das emotionale Niveau dieser Beziehung ist hoch (kontrolliert durch den rationalen Jungfraueinfluß); beide Partner sind sich bewußt, daß Auseinandersetzungen zu Problemen führen können, in Verbindung damit, daß sowohl ihr als auch sein Mars in sein 2. Haus fallen. Die Opposition zwischen seinem Jupiter und ihrem Mars, die für Unternehmungslust spricht, ist ein weiterer kontrollierender Faktor, wie auch das angenehme Trigon zwischen ihrem Jupiter und seinem Mond.

Es gibt zwischen beider Mars und Venus keine Aspekte – sexuell förderlich ist, daß der Aszendent von beiden in den Skorpion fällt und sich der Mars von beiden in einem Haus befindet.

Milly hat eine heikle Mond/Uranus-Konjunktion, die auf Tobys Uranus fällt (weil beide fast gleich alt sind). Die daraus entstehende emotionale Spannung wird durch Gesprächsbereitschaft gelöst.

Erwartungen für die Zukunft

Vor der Bindung konsultierte Toby Julia, weil er Angst hatte, einen weiteren Fehler zu begehen. Zunächst war Julia wegen des schwerwiegenden Einflusses seines Saturns besorgt, welcher sich nicht nur in Konjunktion zu Tobys, sondern auch zu Millys Aszendent befindet. Dieser Planet aber scheint für beide als Stabilisator zu wirken, auch deshalb, weil sein Jupiter in einem kontrastierenden Trigon zu ihrem Saturn steht. Zusätzlich wirken schwächere Trigone und Sextile unterstützend.

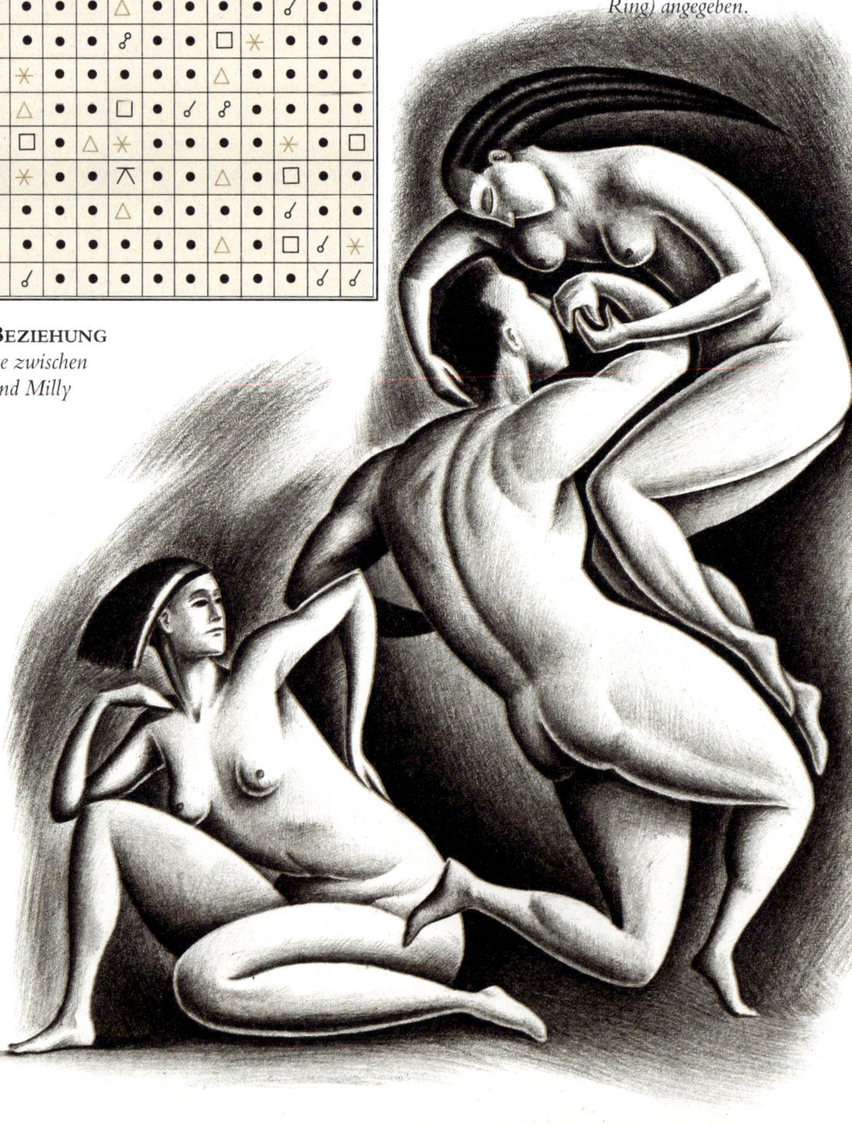

ZUSATZAUFGABE

Zeichnen Sie die kombinierten Horoskope von Toby und Linda bzw. Toby und Milly. Verfahren Sie dabei mit den Aspekten so, wie auf Seite 153 beschrieben.

AUSZÜGE AUS JULIAS BERICHT FÜR TOBY UND MILLY

Sehr schön – etwas, auf das unzählige Generationen von Astrologen hingewiesen haben – ist, daß Millys Sonne in dem Zeichen steht, das auch Tobys Mond beherbergt, in der Jungfrau. Dies bedeutet Mitgefühl und Verständnis füreinander. Ihr teilt einige Charaktermerkmale – zweifellos werdet ihr, wenn ihr darüber nachdenkt, sagen: »Auf die eine oder andere Art sind wir einander ähnlich!« Das ist eine schöne Sache – allerdings hat es hiermit noch nicht sein Bewenden.

Eine starke Beziehung

Günstig scheint mir auch, daß ihr möglicherweise die gleichen Hoffnungen und Ziele habt und sogleich erkennen könnt, was der andere will. Ihr respektiert die Ziele, die eurem Partner am Herzen liegen, und identifiziert euch damit. Das ist sehr viel wichtiger, als viele Menschen denken; es ist ein sehr starkes Fundament für die Beziehung. Auch dann, wenn ihr nicht an der gleichen Sache arbeitet, könnt ihr mit diesem integrativen Element trotzdem den anderen unterstützen. Es gibt keine schwerwiegenden Meinungsunterschiede, was ihr vom Leben erwartet oder was ihr mit eurer Arbeit erreichen wollt.

Weil zwei einander gegenüberliegende Zeichen, Jungfrau und Fische, sehr stark betont sind, bin ich sicher, daß zwischen euch eine sehr gute Verbindung besteht. Wenn ihr vielleicht auch nicht immer einer Meinung seid, verfügt ihr doch über soviel Sympathie füreinander, daß ihr in Diskussionen sagen könnt: »Ich stimme deinem Standpunkt zwar nicht zu, weiß aber, worauf du hinauswillst!« An einem solchen Punkt kommt es zwischen euch nicht zum Patt, wie bei so vielen anderen Paaren. Bei euch ist es vielmehr so, daß ihr euch von diesem Punkt aus weiterentwickeln könnt, indem ihr z. B. andere Aspekte der Situation in den Vordergrund rückt, wodurch eine Lösung möglich wird. Dies entspricht meinem Gefühl nach eurer Verhaltensweise in Diskussionen – auf diese Art könnt ihr auch die heikelsten Situationen überstehen. Es handelt sich dabei um einen sehr schönen Hinweis darauf, daß ihr gut miteinander reden könnt. Dies ist – um es noch einmal zu sagen – ein wichtiger Faktor für Beziehungen, emotionale wie anderweitige. Es bestehen zwischen euch sehr freundschaftliche Gefühle, die ebenfalls von grundlegender Bedeutung sind, ungeachtet der sexuellen Anziehung (schließlich verbringt man nicht die ganze Zeit im Bett!).

Intuition und Kritik

Ihr wißt intuitiv, was der andere braucht oder wenn irgend etwas nicht in Ordnung ist. Für gewöhnlich entwickelt sich dieses Wissen im Laufe des Zusammenlebens – ihr besitzt es von Anfang an, was euch einen gewissen Vorsprung verschafft. Ihr solltet euch aber darüber im klaren sein, daß ihr beide eine scharfe Zunge besitzt! Bei Milly handelt es sich dabei um einen natürlichen Teil ihrer Persönlichkeit – sie nimmt kein Blatt vor den Mund, was auch keine schlechte Sache ist. Bei Toby ist es anders; bei ihm macht sich diese Eigenschaft eher bei seiner allgemeinen Herangehensweise an Situationen bemerkbar. Ihr wißt um diese Eigenschaften, und natürlich sind sie in euren Augen positiv; weil ihr, jeder für sich, so viele Möglichkeiten habt, sie unter Kontrolle zu halten, sollte es hier keine Probleme geben. Wenn ihr aber einmal etwas am anderen auszusetzen habt, müßt ihr achtgeben, daß die Neigung zum Kritisieren nicht mit euch durchgeht. Achtet sehr auf das, was ihr sagt. Und verliert euch in Diskussionen und Auseinandersetzungen nicht in kleinliche und dumme Details – ihr könnt eure Zeit sinnvoller verbringen, als aufeinander »herumzuhacken«.

Das Bedürfnis nach Abwechslung

Es gibt einen Hinweis, der darauf schließen läßt, daß ihr beide zur Rastlosigkeit neigen könntet – und daß ihr vielleicht dies jeweils dem anderen anlastet. Achtet darauf, hieran könnten sich nämlich Streitigkeiten entzünden, vielleicht wegen des Geldes. Ich glaube nicht, daß dies zu ernsthaften Problemen führt, weil doch sehr viele andere positive Faktoren für eure Beziehung sprechen. Allerdings solltet ihr euch über diese Möglichkeit im klaren sein.

DAS COMPOSIT-HOROSKOP

Wenn Sie sich erst einmal mit der Synastrie-Methode vertraut gemacht haben, interessieren Sie sich vielleicht auch für eine weitere Technik, die Ihnen auf diesem Gebiet der Astrologie weitere Aufschlüsse verschaffen kann. Wir möchten Ihnen hier zeigen, wie man Composit-Horoskope berechnet und interpretiert.

Kurz gesagt handelt es sich dabei um die Berechnung von Mittelpunkten. Die Positionen von Planeten, Aszendent, MC und etwaiger anderer Horoskopfaktoren beider Partner werden addiert und dann durch zwei geteilt, wodurch man deren Composit-Stellung im Horoskop erhält. Ein Beispiel: Tobys Sonne befindet sich auf 0° in den Fischen, die von Milly auf 21° Jungfrau. Die Composit-Position der Sonne ist damit 11° Schütze.

Diese Berechnung führt man für jedes Planetenpaar usw. durch. Es hat sich erwiesen, daß die Zeichen hier keine besondere Bedeutung haben, im Gegensatz zu den Häusern und den Aspekten. Diese lassen häufig sehr genau erkennen, wie das Paar seine Beziehung erlebt.

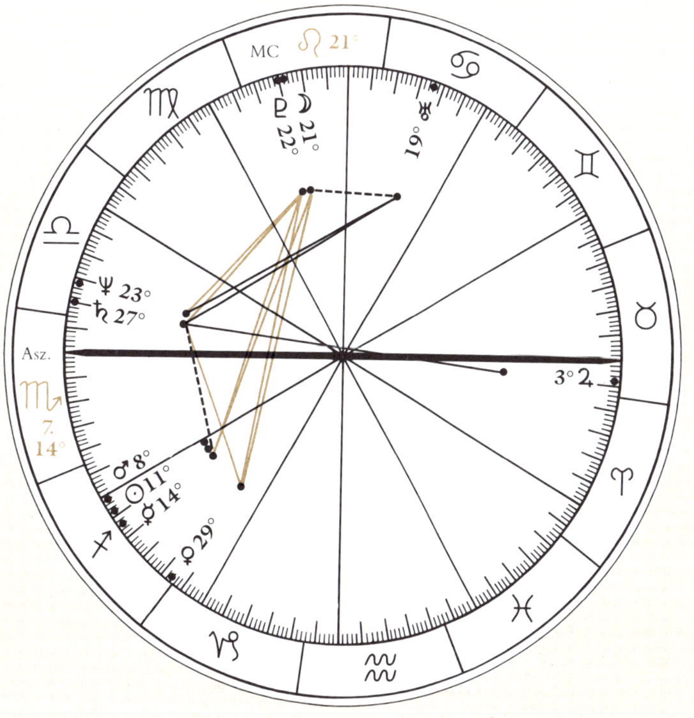

Geschäftsbeziehungen

Der Ansatz, den man bei der Analyse von Geschäftsbeziehungen verfolgt, ähnelt dem des Horoskopvergleichs. Es gibt spezielle Faktoren, die im Horoskop eines oder beider Geschäftspartner Stärke bedeuten und insofern besonders günstig sind. Die Horoskope brauchen sich nicht ähnlich zu sein – wenn einer der Partner extravertiert ist, kann es sich im Gegenteil als sehr günstig erweisen, daß der andere introvertiert ist. Der erste hat dann vielleicht die Aufgabe, sich um die allgemeinen Seiten des Geschäfts zu kümmern, während der zweite sich mit der eigentlichen Geschäftsidee befaßt.

Achten Sie, wenn Sie die Horoskope von Geschäftspartnern untersuchen, auf die folgenden Merkmale:

◆ Beide Partner haben in bezug auf ihr Projekt die gleichen Ziele und Vorstellungen. Insofern ist es sehr günstig, wenn das MC oder der Herrscher des MC's des einen Partners in Opposition (oder im polaren Zeichen) oder im Trigon zum Aszendenten, MC oder zu wichtigen Planeten des anderen steht – z. B.: MC von Partner A im Skorpion (mit dem Herrscher Pluto); Partner B.s Sonne, Mond oder Aszendent steht im Stier. In diesem Fall wäre auch eine Beziehung zwischen A.s Venus (Herrscher des Stiers) und B.s MC sehr günstig.

◆ Anzeichen für eine gute Beziehung sind – wie in allen Bereichen der Synastrie – besonders positiv. Mit anderen Worten: Starke Aspekte zwischen beider Sonne, Aszendent, Mond oder herrschenden Planeten/Zeichen. Auch hier gilt es, dem 7. Haus jeweils besondere Aufmerksamkeit zu schenken, zugleich auch dem 6., welches die individuelle Einstellung zu Routine zeigt.

◆ Eine starke Verbindung zwischen den 2./8. Häusern, aus finanziellen Gründen. Dies weist auf Gemeinsamkeiten im Geschäftsbereich hin.

◆ Wenn der eine Partner extravertiert geprägt ist (vielleicht durch eine Betonung von Feuer und Luft), könnte es sich als günstig erweisen, wenn der andere Partner, der vielleicht als stiller Teilhaber oder als treibende Kraft hinter den Kulissen wirkt, einen starken und gut aspektierten Saturn hat, welcher auf gesunden Menschenverstand und eine praktische Haltung schließen läßt. Eine Vorherrschaft des Elementes Erde ist ebenfalls wünschenswert.

◆ Es könnte sich als notwendig erweisen, daß einer der Partner einen Blick für Details besitzt – wenn z. B. die Tätigkeit Fabrik- oder Produktionsarbeit beinhaltet oder wenn oft Verträge unterzeichnet werden müssen. Eine Betonung der Jungfrau oder des Skorpions z. B. ist hierfür ein Aktivposten. Wenn es um Herausforderungen und das Eingehen von (wohlkalkulierten) Risiken geht, sind Mars oder Jupiter oder Schütze günstig. Gute kommunikative Fähigkeiten und Verkaufstalent bestehen für gewöhnlich bei einer Zwillings- oder Merkurbetonung.

◆ Sie sollten allgemein auch auf kontrastierende Persönlichkeitszüge schauen, welche einander ergänzen können.

Die richtige Tätigkeit

Wenn man Geschäftspartner berät, muß man in Rechnung stellen, um welche Art von Geschäft es geht. Schauen Sie auf den Planeten, der über die betreffende Tätigkeit herrscht – die Venus z. B. über das, was mit Schönheit oder mit dem Handel mit Luxuswaren zu tun hat, vielleicht auch mit dem Verkaufen von Blumen; ein gut aspektierter Mond wäre günstig, wenn die beiden Partner ein Restaurant oder Hotel eröffnen wollen; ein positiver, gut aspektierter Saturn wirkt unterstützend für eine Immobilienagentur oder für eine Unternehmung, die mit Kommunikation zu tun hat.

Freunde und Geschäftspartner

FALLSTUDIE

Tony und Peter hatten mehr als 20 Jahre lang zusammen gearbeitet; befreundet waren sie noch viel länger. Das Horoskop auf der gegenüberliegenden Seite macht ihre Freundschaft erklärlich. Die materialistische Seite ihrer Partnerschaft ist durch die machtvolle Polarität zwischen dem 2. und 8. Haus angezeigt, welche den klugen Krebs und den zielstrebigen Steinbock umfaßt.

Der individuelle Anteil

Beide Partner spornten sich gegenseitig an; allerdings war Tony doch dominierend. Sein Saturn auf Peters Aszendent bringt das zum Ausdruck. Aber Peters Widdersonne und feuriger Löweaszendent sind ebenfalls kraftvoll. Peter reagierte mit seinem sensiblen und hintergründigen Krebsmond auf Tonys Ideen und Vorschläge, womit er der Beziehung Ausgewogenheit und Energie verschaffte.

Es gibt noch andere interessante polare Einflüsse: Tonys Mars steht in Opposition zu Peters Merkur. Immer wieder flogen die Fetzen, aber Tonys Sinn für Humor und seine Stier/Skorpion-Liebe zum Leben bildeten ein exzellentes Gegengewicht.

Die Wirkung der Polaritäten

Tonys Jupiter steht vom Zeichen her in Opposition zu Peters Mars, Tonys Uranus in Opposition zu Peters Aszendent, Tonys MC in Opposition zu Peters Merkur und Uranus. Tony und Peter hatten viele originelle Ideen, die sich förderlich auf ihre Tätigkeit auswirkten, sie verbanden die Arbeit und das Vergnügen und waren häufig 20 Stunden am Tag aktiv. Sie reisten auch sehr viel, zum Teil in Länder, zu denen andere keinen Zutritt hatten. Es machte ihnen Spaß, gegen die Bürokratie zu kämpfen, und es gelang ihnen, die Aufmerksamkeit von hochstehenden Persönlichkeiten zu gewinnen, z. B. von Regierungschefs.

Mars im Schützen im 5. Haus in Peters Horoskop bedeutet einen risikofreudigen und waghalsigen Zug. Weil Mars hier über die Sonne und das MC herrscht, mußte diese Neigung unter Kontrolle gebracht werden – was durch

Tony geschah. Nach Tonys Tod ging Peter immer mehr Risiken ein, mit verheerenden Folgen. Die charakterliche Schwäche von Peter wird von Neptun am Aszendenten angezeigt. Auch ist Merkur in den Fischen nicht besonders gut gestellt.

T > P ∨	Asz.	MC	☉	☽	☿	♀	♂	♃	♄	♅	♆	♇
Asz.	•	•	□	•	□	•	•	•	☌	•	☌	•
MC	•	•	•	•	•	•	•	⚹	•	•	•	•
☉	⚻	•	•	•	•	•	•	⚹	•	•	•	•
☽	•	⚹	⚹	☍	•	•	⚹	•	•	•	•	☌
☿	•	•	•	•	•	☌	•	•	•	•	•	•
♀	•	•	•	•	•	•	•	•	•	⚹	•	•
♂	•	•	•	•	•	□	□	•	•	•	•	•
♃	•	•	•	•	•	•	•	△	•	•	•	•
♄	•	•	•	□	⚻	•	•	•	⚹	•	⚹	□
♅	△	•	•	•	•	•	☍	□	⚻	•	•	•
♆	□	•	□	•	•	•	•	⚹	☌	•	•	•
♇	•	⚹	⚹	☍	⚹	•	•	•	•	•	•	☌

ASPEKTTABELLE
Alle Aspekte zwischen den Horoskopen von Tony und Peter. Die dynamische Zeichenpolarität wird hieraus zwar nicht erkennbar – auffällig aber sind die machtvollen Quadrate, die Mondoppositionen sowie die energische, anregende und spannungsreiche Opposition zwischen Tonys Mars und Peters Uranus.

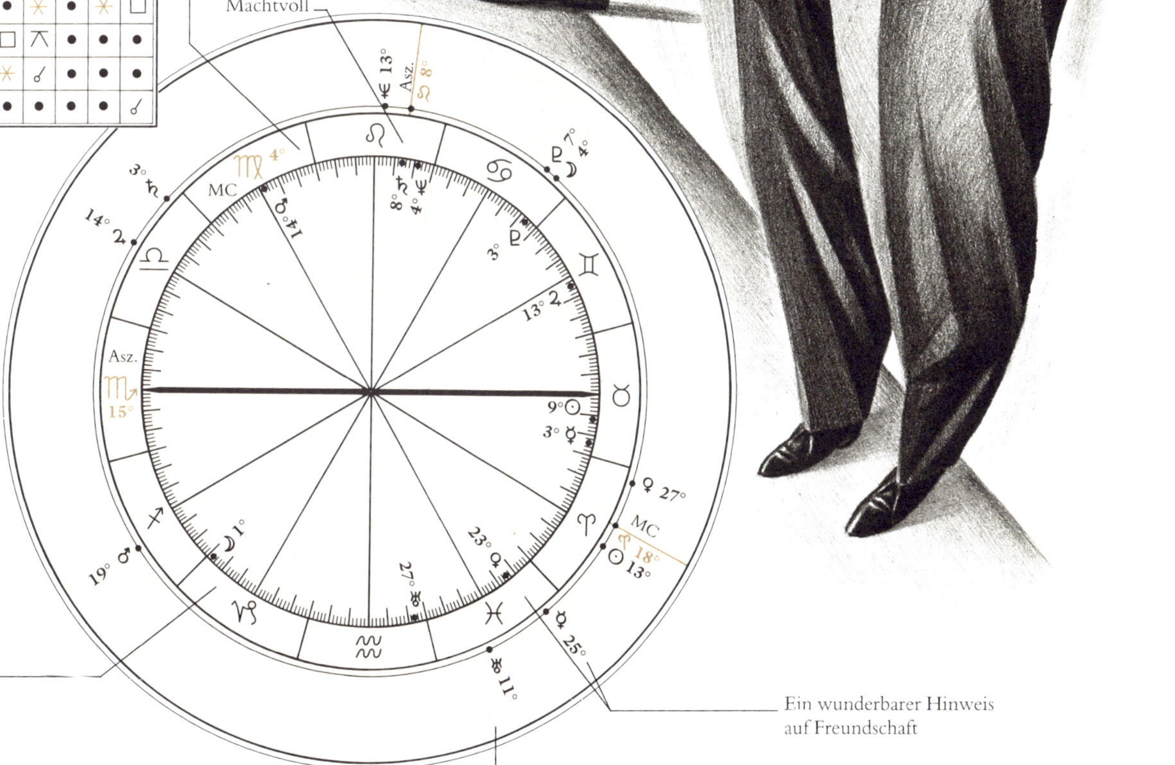

EINE INTENSIVE BEZIEHUNG

In der Mitte sehen wir die Positionen von Tonys Planeten, Aszendent und MC (diejenigen von Peter im äußeren Ring). Die Stärke ihrer Beziehung, sowohl in freundschaftlicher als auch in geschäftlicher Hinsicht, ist augenfällig. Freundschaft ist durch Tonys Venus (welche auch noch über die Sonne herrscht) in Konjunktion zu Peters Merkur angezeigt. Und Tonys Merkur ist nur 6° Grad von Peters Venus entfernt – nur 1° über dem Orbis, den wir beim Horoskopvergleich ansetzen. Diese Stellungen schließen das 5. und das 6. Haus mit ein, was auf eine kreative Freundschaft mit gemeinsamen Risiken (5. Haus) und auf viel harte Arbeit (6. Haus) hindeuten kann. Die materialistische Seite der Beziehung kommt nicht nur durch die machtvolle Polarität zwischen dem 2. und 8. Haus zum Ausdruck, sondern auch durch die Monde in Opposition zueinander sowie durch Pluto, der hier markante finanzielle Auswirkungen hat.

ZUSATZAUFGABE

Untersuchen Sie die anderen Aspekte zwischen Tony und Peter. Vielleicht sind Sie der Ansicht, daß manche keine Auswirkungen haben – interpretieren Sie zumindest aber diejenigen, die Ihnen wichtig zu sein scheinen, und schreiben Sie einen Bericht. Verfallen Sie aber nicht in astrologischen Jargon!

Die Familie

Die Interpretation von Kinderhoroskopen ist sehr lohnend, und vielleicht sind Sie schon sehr bald mit dieser Tätigkeit beschäftigt. Möglicherweise versuchen Sie auch mit missionarischem Eifer darauf hinzuwirken, daß angehende Eltern die Geburtszeit ihres erwarteten Nachwuchses genau aufzeichnen! Dies ist in der Tat wünschenswert, auch dann, wenn sich die Eltern nicht für Astrologie interessieren – wer weiß, vielleicht möchte das Kind, wenn es größer geworden ist, von sich aus einen Astrologen aufsuchen. Steht die Geburtszeit nicht fest, sind dessen Möglichkeit dann sehr beschränkt.

Glücklicherweise wird in sehr vielen Ländern die Geburtszeit amtlich notiert – aber leider nicht in England, Wales oder Nordirland. Schottland macht es besser, wie viele europäische Länder und die USA auch. Trotzdem muß man darauf hinweisen, daß diese Geburtszeiten zumeist auf eine Viertelstunde gerundet sind – wenn wir uns mit den aktuellen Einflüssen und der Einwirkung von Trends beschäftigen, ist aber größte Genauigkeit vonnöten. Weil heutzutage viele Väter der Geburt beiwohnen, sollten Sie sie dazu anregen, die Geburtszeit genau zu registrieren. Maßgeblich ist der erste Schrei des Babys.

Der astrologische Stammbaum

So wie es einen genetischen Stammbaum gibt, der sich über Generationen hinweg nachvollziehen läßt, gibt es auch einen astrologischen. Dieser erschöpft sich nicht in einer oberflächlichen Betrachtung des Sonnenzeichens (wenngleich in vielen Familien tatsächlich Geburtstage zu bestimmten Zeiten gehäuft auftreten) – wir reden hier über die Analyse von vollständigen Horoskopen über einige Generationen hinweg. Insbesondere ist das Studium der Beziehung zwischen Enkeln und Großeltern sehr lohnend. Oftmals weist ein Enkelkind eine besondere Ähnlichkeit zu einem Großelternteil auf, welche sich in bemerkenswerten astrologischen Parallelen niederschlägt.

Wenn Sie hier selbst tätig werden, können Sie – speziell dann, wenn die Geburtszeiten der früheren Generationen bekannt sind – interessante Entdeckungen machen. Wenn z. B. ein Kind eine besonders enge Beziehung zu seiner Großmutter hat, entdecken Sie vielleicht, daß sein Aszendent im gleichen Zeichen wie ihre Sonne steht.

Gemeinsamkeiten zwischen Verwandten drücken sich auch astrologisch aus.

Manchmal ergibt sich, daß Aszendent und Sonne auf den gleichen Grad fallen! Auf den Seiten 170/71 sind die Horoskope von drei Generationen einer Familie abgedruckt. Es handelt sich um Schotten, bei denen die Geburt amtlicherseits notiert wird. Durch eine Familienbibel konnten auch die Geburtszeiten der Großeltern ermittelt werden.

Frühgeburten

Wie fügen sich Frühgeburten in den astrologischen Stammbaum ein? Mediziner haben in den letzten Jahren entdeckt, daß das Baby der Mutter signalisiert, wann es reif für die Geburt ist – bei allen unbeeinflußten Frühgeburten bleibt damit das familiäre Erbe gewahrt. Etwas anders verhält es sich beim Kaiserschnitt und bei der eingeleiteten Geburt.

Als erstes müssen Sie den Eltern bzw. der angehenden Mutter, bei der vielleicht ein Kaiserschnitt vorgenommen wird, versichern, daß astrologisch gesehen alles in Ordnung ist. Allerdings könnte es sich doch ergeben, daß die eine oder andere machtvolle astrologische Verbindung zu Familienmitgliedern dadurch zerstört ist. Was das Kind als eigenständiges Individuum betrifft, macht das nichts; es könnte nur so sein, daß es dann nicht so gut in das familiäre Muster paßt, als wenn es zu »seiner« Zeit geboren worden wäre.

Die zerstörte Harmonie

Diese Beeinträchtigung des astrologischen Familienerbes ist in bestimmten Ländern sehr viel wahrscheinlicher als in anderen – gerade auch dann, wenn der Arzt Wert auf feste Arbeitszeiten legt und während seiner Pausen nicht gestört werden möchte. Bei einer Geburt, die eine Stunde früher als natürlich stattfindet, macht sich das Problem deutlich bemerkbar – damit erhält das Kind wahrscheinlich einen Aszendenten, der ein Zeichen vor dem liegt, den es normalerweise erhalten hätte. In der Konsequenz kann sich damit auch ergeben, daß die familiäre Harmonie gestört ist. Das heißt natürlich nicht, daß das Kind damit weniger nett oder klug als seine Geschwister ist – nur die Chance seiner familiären Integration ist beeinträchtigt. Versuchen Sie die werdenden Eltern anzuhalten, keiner vorzeitigen Geburt zuzustimmen, natürlich unter der Voraussetzung, daß nicht die Gesundheit der Mutter oder des Babys gefährdet ist.

Das adoptierte Kind

In vielen Ländern ist es noch viel schwieriger, die Geburtszeit eines adoptierten Kindes zu ermitteln. In solchen Fällen können Sie nicht allzuviel tun – nur mit viel Erfahrung ist es möglich, Rückschlüsse auf die Geburtszeit zu ziehen. Dies bleibt aber Spekulation.

Vorschläge, keine Feststellungen

Besonders unmittelbar nach der Geburt neigen Eltern sehr stark dazu, mit glänzenden Augen zuzuhören, wenn etwas über besondere Gaben ihres Kindes erzählt wird. Achten Sie darauf, hier nur andeutende Bemerkungen statt definitiver Feststellungen zu machen.

Die Interpretation für ein Kind

Es gibt bestimmte Regeln, die Sie beachten sollten, wenn Sie im Auftrag der Eltern ein Kinderhoroskop interpretieren:

1 Systematisch vorgehen

Strukturieren Sie Ihre Interpretation, indem Sie sich Notizen machen und der »Fährte durch den Tierkreis« folgen.

2 Der Bericht

Sie schreiben den Bericht im Auftrag der Eltern, logischerweise nicht des Babys. »Schreiben« ist das angemessene Wort. Einen Bericht niederzuschreiben ist sehr viel besser, als nur über das Kind zu reden. Wenn Ihnen das Tippen zu mühsam ist, schreiben Sie den Bericht von Hand und sprechen Sie ihn auf Band. Dies ist wichtig, weil die Eltern auch später, wenn das Kind größer wird, ihn studieren möchten, nicht nur dann, wenn es gerade geboren ist.

3 Die Daten der Eltern erfragen

Wenn man Sie bittet, das Horoskop eines Kindes zu untersuchen, sollten Sie auch die Daten der Eltern erfragen und deren Horoskope berechnen. Führen Sie sich vor Augen, daß das Horoskop des Kindes die Transite der Planeten für die Mutter erkennen läßt. Vielleicht entdecken Sie z. B., daß Mond und Mars im Horoskop des Kindes stark gestellt sind und im Aspekt zu Planeten im Horoskop der Mutter stehen.

4 Den Rest der Familie berücksichtigen

Es ist nicht nötig, viel Zeit auf die Interpretation der Horoskope der Eltern zu verwenden, sie sollten allerdings bereitliegen – weil Sie dann sogleich erkennen können, wo das Kind nach seinem Vater und wo nach der Mutter schlägt, wo es am meisten von der Mutter profitieren kann und wo der Vater einen größeren oder positiveren Einfluß hat. Es könnte auch nötig sein, die Horoskope der Geschwister zu berechnen, weil man ggfs. damit erkennen kann, wie das Baby mit diesen zurechtkommt – und diese mit ihm. Insbesondere geht es hier um Anzeichen von Eifersucht, entweder im Horoskop des Neugeborenen oder in dem eines Bruders oder einer Schwester. Machen Sie ggfs. Vorschläge, wie der Eifersucht begegnet werden kann.

Es gibt sehr viele Anhaltspunkte für die Untersuchung des astrologischen Familienerbes – untersuchen Sie, inwieweit auch die Geschwister gleiche Stellungen oder Aspekte aufweisen. Es könnte hier eine familiäre Häufung vorhanden sein.

5 Für das Kind sprechen

Auf diesem astrologischen Gebiet kommt es darauf an, sich auf die Seite des Kindes zu stellen. Versuchen Sie, die Familie von seinem Standpunkt aus zu sehen. Vielleicht sind z. B. die Eltern sehr fortschrittlich und wollen das Kind auf eine liberale und freizügige Weise erziehen. Das Horoskop des Kindes aber könnte enthüllen, daß es eher konventionell geprägt ist und sehr viel emotionale Sicherheit braucht, daß es genau wissen möchte, was es darf und was nicht und was es tun soll. Derartige Sachverhalte müssen Sie den Eltern deutlich machen, was vielleicht nicht einfach ist. Auch das Gegenteil könnte zutreffen: Konventionelle Eltern mit einem freiheitsliebenden Kind; oder ein fröhliches und zuneigungsbedürftiges Kind, das von seinen strengen Eltern aufs Internat geschickt wird. Schauen Sie nach, ob derartige Probleme angezeigt sind, und überlegen Sie sich Vorschläge, die das Kind glücklicher und damit erfüllter und vielleicht auch erfolgreicher machen könnten.

6 Talente erkennen

Es wird Horoskope geben, aus denen Sie sogleich auf ein bestimmtes Talent schließen werden, vielleicht z. B. musikalischer Art (dafür müßte es allerdings auf verschiedenen Gebieten eindeutige Anzeichen geben). Erzählen Sie dann aber den stolzen Eltern nicht, daß ein neuer Mozart das Licht der Welt erblickt hat – regen Sie nur an, daß man dem Kind die Möglichkeit gibt, ein Instrument zu erlernen. Ein wahres Talent könnte sich auf diese Art tatsächlich konkretisieren. Allerdings sollte man hier ermutigend wirken, damit sich das Potential auch wirklich entfaltet.

7 Vorschläge für Hobby und Freizeit

Es ist wichtig, daß die Eltern den Kindern für deren freie Stunden so viele außerschulische Interessensgebiete wie nur möglich aufzeigen. Untersuchen Sie Zeichen und Aspekte des Mondes bei beiden Eltern, um zu erkennen, wie diese auf Ihre Vorschläge reagieren werden, besonders dann, wenn einige davon weithergeholt scheinen! Es ist noch einmal daran zu erinnern, daß ein Interesse später einmal zu einer beruflichen Beschäftigung führen kann. Natürlich kommt es hinsichtlich des Berufs auch auf das Potential an. Lassen Sie es bei eher allgemeinen Aussagen bewenden, z. B., wie es um die Bedürfnisse des Kindes vom psychologischen Blickpunkt aus bestellt ist: Wird bei der Arbeit emotionale Anteilnahme wichtig sein oder nur das Geld? Stellen Sie Vermutungen dazu an, ob es humanitär gesinnt ist und das Wohl der anderen im Auge hat, oder ob es eine vorwiegend wissenschaftliche oder künstlerische Orientierung besitzt.

8 Anmerkungen zur Gesundheit

Nähere Aufschlüsse zur Gesundheit sind ebenfalls hilfreich. Haben Sie keine Angst, noch einmal zu den Grundlagen zurückzugehen. Bei einem Löweaszendenten oder einer Löwesonne z. B. sollten Sie zu einer Art von sportlicher Aktivität raten, die das Rückgrat stärkt und Herz und Kreislauf kräftigt. Das Kind mit dem Aszendenten oder der Sonne im Stier könnte mehr als andere auf Süßigkeiten aus sein, womit es vielleicht zu Übergewicht neigt. Das krebsgeprägte Kind tendiert vielleicht sehr zu Ängsten und weint viel. Es wird sehr empfänglich für die Atmosphäre der Umgebung sein, was auch zu Problemen führen könnte.

9 Zukünftige Trends ansprechen

Es ist nicht üblich, sich bei der Interpretation des Horoskops eines Babys detailliert auf Progressionen zu beziehen. Sie sollten aber doch kurz auf die wichtigsten kommenden Einflüsse eingehen. Vielleicht steht ein schwerer Transit bevor, der womöglich zur Folge hat, daß das Kind über ein Jahr hinweg alle lästigen Kinderkrankheiten durchmachen muß. Die Förderung durch Jupiter könnte anzeigen, daß große schulische Fortschritte möglich sind. Problematische Aspekte von Uranus könnten von einer heiklen Zeit künden usw.

Wie dem auch sein mag – es gibt eine Zeit, für die die detaillierte Betrachtung dieser Trends auf jeden Fall sehr wichtig ist: Wenn die Beziehung zwischen den Eltern brüchig geworden ist und sie an eine Trennung denken. Sie können hier, sowohl vom Horoskop des Kindes aus als auch von den Transiten und Progressionen dazu, erkennen, wie es darauf reagieren wird.

10 Herausforderungen annehmen

Es ist noch darauf hinzuweisen, daß alle Kinder mit zwölf die erste Jupiterwiederkehr erleben. Regen Sie die Eltern an, daß die Kinder zu dieser Zeit an Wettbewerben teilnehmen, daß sie sich Tests unterziehen oder bei außerschulischen Projekten mitmachen – vielleicht gewinnen sie hier einen Preis oder bekommen eine Auszeichnung. Günstig ist auch, zu Reisen zu raten, ins Ausland oder an Plätze, die den Geist anregen. Die Kinder werden zu dieser Zeit auf Herausforderungen oder die unterschiedlichsten intellektuellen Stimulationen aufgeschlossen reagieren.

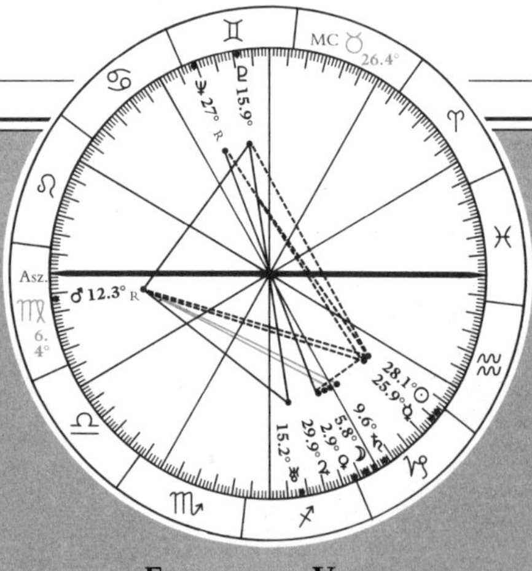

FINLAY, SEIN VATER

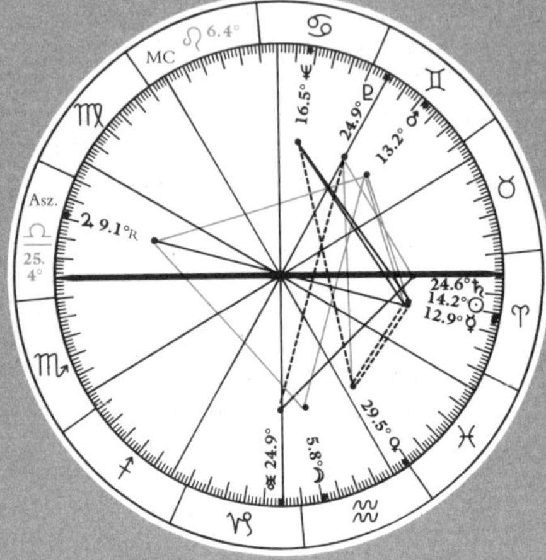

ISOBEL, SEINE MUTTER

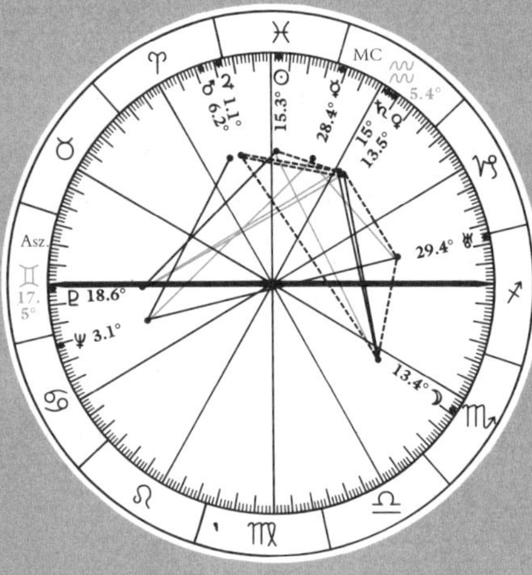

EDWARD, IHR VATER

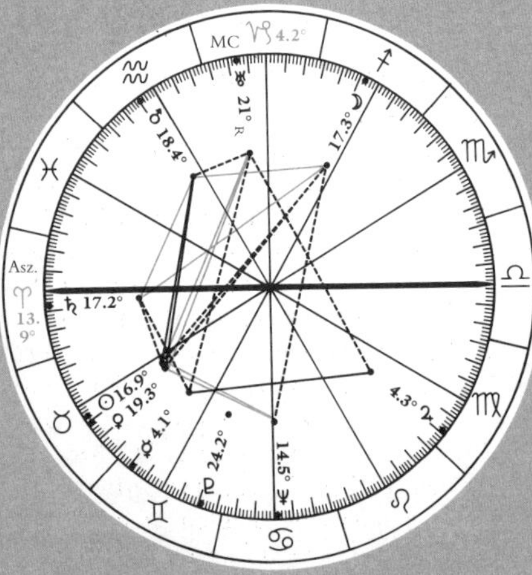

JANE, IHRE MUTTER

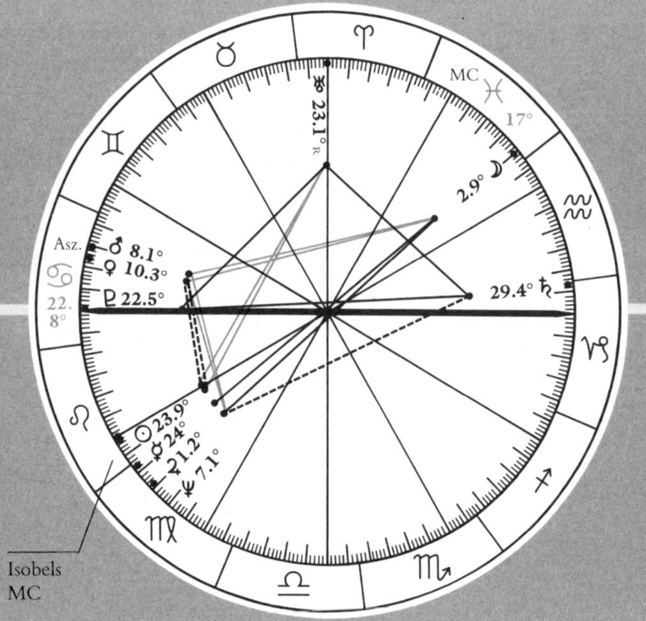

DER VATER

EINEN STAMMBAUM UNTERSUCHEN

Es ergibt sich kaum einmal, daß der Astrologe den Stammbaum einer Familie über ein paar Generationen hinweg verfolgen kann. Nur sehr selten nämlich stehen die Geburtsdaten der verschiedenen Familienmitglieder zweifelsfrei fest. Die Mitglieder der Familie, deren Horoskop hier abgedruckt sind, stammen aus Schottland, wo – glücklicherweise – die Geburtszeiten auf den Urkunden vermerkt werden müssen.

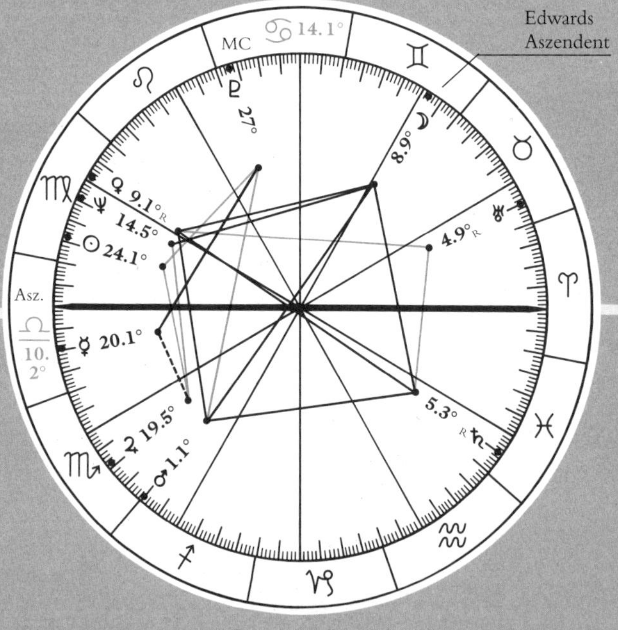

DIE MUTTER

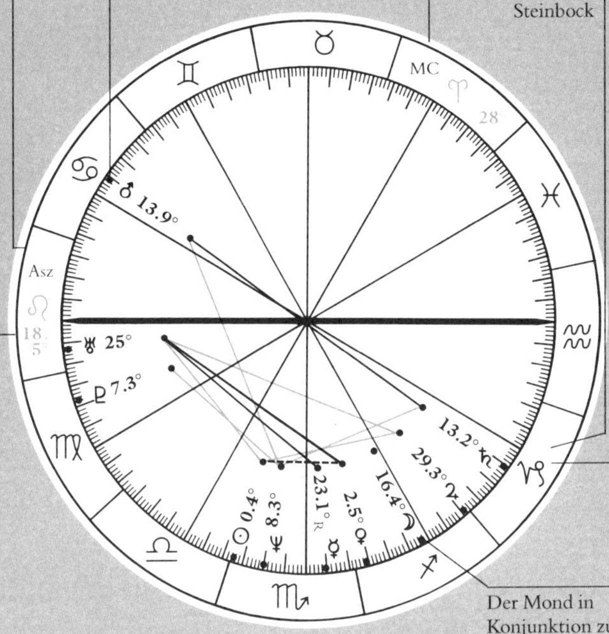
Isobels MC
Gleicher Aszendent wie Jane
Das Sonnenzeichen des Vaters
Mars in Konjunktion zum MC der Mutter
Beim Vater steht Saturn im Steinbock
Bei Finlay steht Saturn im Steinbock
Der Mond in Konjunktion zu Janes Mond
MC
Asz

Anne, das älteste Kind

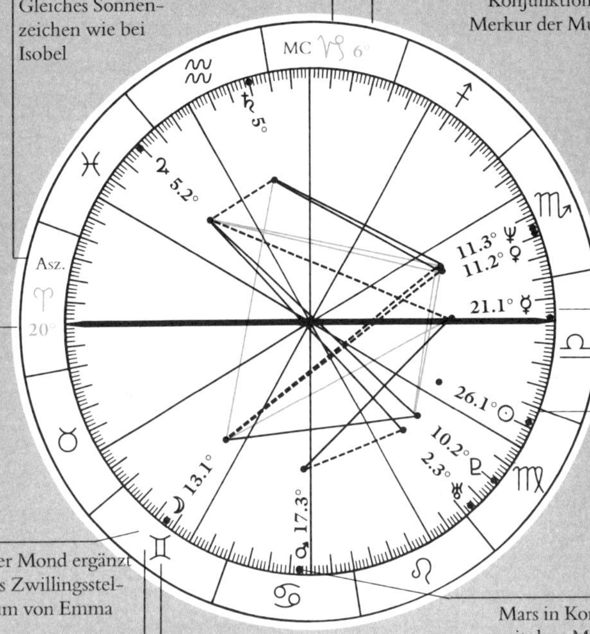
Bei Finlay Stellium im Steinbock
Gleiches MC wie Jane
Der gleiche Aszendent wie bei Jane
Das gleiche Sonnenzeichen wie die Mutter
Gleiches Sonnenzeichen wie bei Isobel
Konjunktion mit Merkur der Mutter
Der Mond ergänzt das Zwillingsstellium von Emma
Mond in Konjunktion zum Mond der Mutter
Mars in Konjunktion mit dem MC der Mutter
Mond in Konjunktion zu Edwards Aszendent
MC
Asz.

Alisder, das zweite Kind

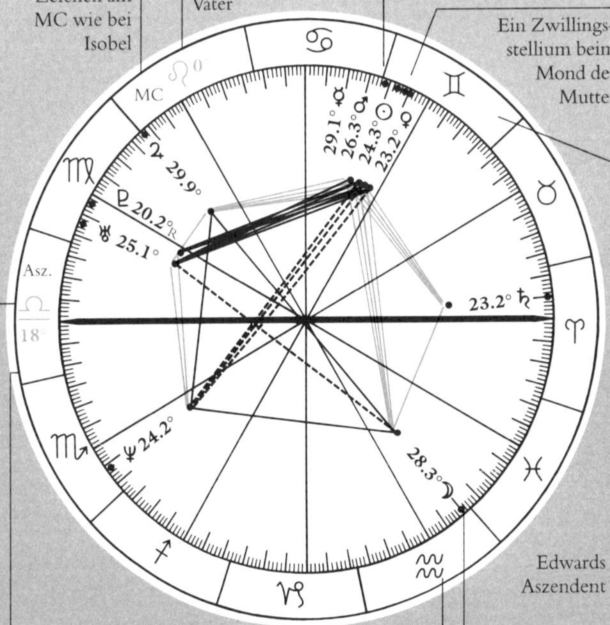
Das gleiche Zeichen am MC wie bei Isobel
Gleiches Sonnenzeichen wie der Vater
Mars im gleichen Zeichen wie bei Isobel
Ein Zwillingsstellium beim Mond der Mutter
Edwards Aszendent
Der Aszendent im gleichen Zeichen wie bei Isobel
Edwards MC
Der Aszendent im gleichen Zeichen wie bei der Mutter
Mond im gleichen Zeichen wie bei Isobel
MC
Asz.

Emma, das dritte Kind

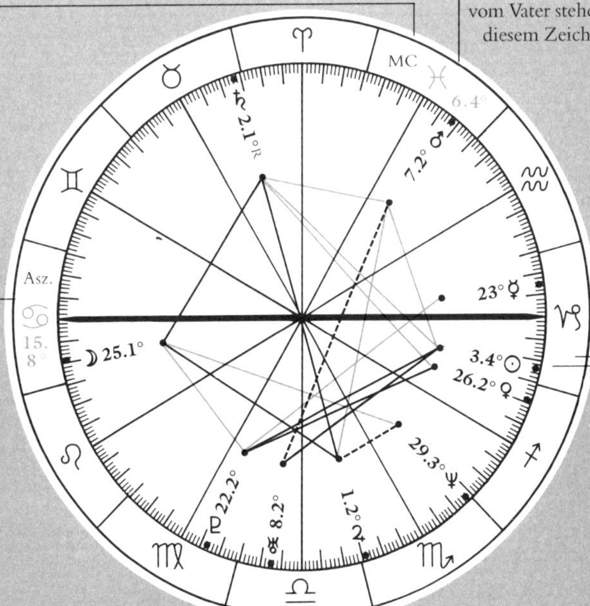
Edwards Sonnenzeichen
Der Mond und das MC vom Vater stehen in diesem Zeichen
Sonne in Konjunktion zu Alisders MC
Der gleiche Aszendent wie der Vater
Stellium- und Sonnenzeichen wie Finlay
MC
Asz.

Hamish, das vierte Kind

Ziele und Beruf

Wenn wir uns mit dem Thema Karriere beschäftigen, ähnelt unsere Arbeit in gewisser Weise der von professionellen Beratern – allerdings können wir weitergehen, was die Beurteilung der individuellen Persönlichkeit, Motivation und Reaktionen betrifft. Halten Sie sich aber vor Augen, daß man jede Art von Mensch mit jeder Art von Horoskop in jeder Art von Beruf finden kann.

Dieser Bereich der Astrologie erfordert – wie jeder andere auch – viel Umsicht; es kommt hier auf die Fähigkeit an, das Horoskop aus einem weiteren Blickwinkel sehen zu können (wir hoffen, Sie auf die richtige Fährte zu führen). Gelegentlich nehmen wir Verallgemeinerungen vor (von denen es natürlich immer Ausnahmen gibt). Wenn Sie aber Ihrerseits Augenmaß beweisen, werden Sie nicht den Fehler vieler populärer astrologischer Autoren begehen, die da schreiben: »Wenn Sie ein Fisch sind, müssen Sie Nonne oder Mönch werden!«

Wichtige Punkte

Studieren Sie das Horoskop eingehend, bevor Sie Schlußfolgerungen zum passenden Arbeitsbereich von sich geben. Beachten Sie folgende Richtlinien:

1 Das Zeichen am Aszendenten

Betrachten Sie den Aszendenten, um herauszufinden, was die Person motiviert. Ist sie selbstbewußt, optimistisch, zu harter Arbeit bereit?

2 Das MC

Das MC läßt die Ziele erkennen. Der Mensch identifiziert sich mit Berufen, die mit diesem Zeichen in Verbindung stehen.

3 Das Sonnenzeichen

Das Sonnenzeichen läßt Näheres dazu erkennen, wie sich der Mensch im Rahmen seiner Arbeit ausdrückt.

4 Der Mond

Der Mond zeigt die Reaktionen auf Mitarbeiter und herausfordernde Situationen sowie unsere Fähigkeit, auf eigenen Füßen zu stehen. Anders gesagt, läßt er erkennen, wie man auf die verschiedenen Kunden reagiert, auf die Umgebung am Arbeitsplatz usw. Das Mondzeichen und vielleicht auch das -haus geben Aufschluß darüber, ob der Mensch sich am besten im hektischen Treiben oder in einer Atmosphäre der Stille zum Ausdruck bringen kann.

5 Das 1. und das 12. Haus

Vergleichen Sie diese beiden Häuser miteinander, mitsamt der Planeten darin. Ein persönlicher Planet im 12. Haus könnte bedeuten, daß der Mensch eine Tätigkeit hinter den Kulissen erfüllender und sicherer findet als eine Arbeit unter den Augen der Öffentlichkeit oder mit Fremden. Bei einem persönlichen Planeten im 1. Haus könnte sich der Betreffende als extravertiert erweisen und sich ohne Kontakte schnell gelangweilt oder einsam fühlen.

6 Das 6. Haus

Das 6. Haus kann anzeigen, wie der Mensch mit Routine und Disziplin zurechtkommt.

7 Das 7. Haus

Sehen Sie speziell dann auf das 7. Haus, wenn der Betreffende eng mit jemandem zusammenarbeiten oder eine bestimmte Ausbildung machen muß oder eine Stelle als persönlicher Assistent anstrebt. Hier wird deutlich, ob sich die Person mit dem Chef arrangieren kann – und der Chef mit ihr!

8 Gesundheitliche Erwägungen

Was die Gesundheit betrifft, ist auf Aszendent, Sonne, Mond, herrschenden Planeten und 1. und 6. Haus zu achten. Wenn sich hinsichtlich der physischen Energie besondere Anforderungen ergeben, müssen Sie die Stärke von Sonne und Mars untersuchen. Besteht eine Disposition zur Nervosität oder zu Spannungen?

Vielleicht gibt es den einen oder anderen starken Planeten hoch oben im Horoskop, Saturn, Uranus oder die Sonne oder Mars. Diese haben fraglos einen starken Einfluß auf die Karriere, Sie müssen ihr Haus und Zeichen gründlich studieren. Einige von ihnen zeigen das intensive Bedürfnis nach einer Machtposition an, andere lassen darauf schließen, daß psychische Anteilnahme und Erfüllung das Wichtigste ist.

9 Die Aspekte

Beim Studium der verschiedenen Bereiche des Horoskops dürfen Sie nicht die Aspekte ignorieren – sie können für besondere Gaben stehen. In einem solchen Fall könnte das, was von ihnen angelegt ist, von außerordentlich großer Bedeutung sein, speziell dann, wenn das Thema auch noch durch andere Horoskopfaktoren Unterstützung findet.

10 Die Bedeutung des Geldes

Geld ist für uns alle von großer Wichtigkeit, es kann, was den Beruf betrifft, von alles entscheidender Bedeutung sein. Ist Ihr Gegenüber nur deshalb an einem Job interessiert, um Geld zu verdienen? In diesem Fall müssen Sie darauf hinzuwirken versuchen, daß die Person in der Freizeit Interessen verfolgt, die sie wirklich ansprechen – damit das Leben nicht zu einer langweiligen, von der Arbeit bestimmten Routine wird. In diesen Fällen tritt womöglich der Wunsch nach einem fortwährend wachsenden Bankkonto auf oder aber der Drang, etwas ganz anderes zu tun, womöglich in Verbindung mit einer kostspieligen Ausbildung, die sich aber später bezahlt machen könnte. Alternativ dazu verdient der Mensch vielleicht nur deshalb Geld, um sich über Wasser zu halten und seine Studien oder ein teures Hobby zu finanzieren. Hat der Mensch Ziele, die physisch fordernd sind, sollten Sie zu einer beruflichen Tätigkeit raten, die körperlich nicht besonders anspruchsvoll ist. Empfehlen Sie andererseits einen intellektuell nicht allzu fordernden Job, wenn der oder die Betreffende die freien Stunden damit füllt, sich intensiv mit einem Studiengebiet auseinandersetzt.

11 Das Alter

Das Alter ist besonders dann ein wichtiger Faktor, wenn man nach einer Unterbrechung wieder beruflich tätig werden möchte, z. B. nach einem Kinderjahr oder wenn die Kinder herangewachsen sind.

WICHTIGE EIGENSCHAFTEN

Die meisten Berufe fallen auf die eine oder andere Art unter die folgenden Richtlinien – achten Sie beim Studium des Horoskops darauf. Nachdem wir uns mit den Punkten auf der gegenüberliegenden Seite auseinandergesetzt haben, wollen wir jetzt weitergehen und ergründen, wo der Betreffende sein Potential am erfolgversprechendsten entfalten kann. Es gibt hier natürlich auch Querverbindungen. Viele kreative Menschen brauchen z. B. für ihre Arbeit eine wissenschaftliche Herangehensweise – Wissenschaftler dagegen müssen sich durch eine Art kreatives Flair auszeichnen, um ihre Projekte voranzubringen.

1 KREATIVE FÄHIGKEITEN

Können von den verschiedensten Faktoren angezeigt sein und sich in verschiedenster Form manifestieren. Auch als Koch, als Friseur oder als Ballettänzer braucht man Kreativität – sie ist in keiner Weise auf Kunst beschränkt. Grundsätzlich kommt es hier auf eine gut gestellte Sonne an – ihr Zeichen läßt auf die angeborene Art von Kreativität schließen. Die Sonne im Löwen z. B. bedeutet eine Begabung für das Malen oder für farbenfrohe Designs, beim Aspekt zu Jupiter auch für das Theater. Eine Krebsbetonung weist auf das Kochen. Die Erdzeichen bedeuten eine Neigung zu handwerklicher oder restaurierender Arbeit mit natürlichen Materialien. Widder läßt auf alle Arten von Arbeit mit Metall schließen. Schreiben und Literatur stehen in Verbindung mit den Zwillingen oder dem Schützen, der Jungfrau und manchmal auch dem Wassermann, außerdem mit Aspekten zwischen Merkur und Jupiter. Eine machtvolle Venus legt Talente für die Musik, fürs Schneidern und fürs Stricken nahe, allerdings manchmal mehr im dekorativen denn im praktischen Sinn. Musikalische Talente werden oft dem Steinbock oder dem Stier zugeschrieben oder dem stark gestellten Saturn. Neptun kann das kreative Potential inspirieren und manchmal die Fähigkeit zum Schreiben von Gedichten und eine Begabung für den Tanz, für schöne Bewegungen und für den Eiskunstlauf verleihen. Ganz allgemein ist hier aber auch das 5. Haus wichtig.

2 WISSENSCHAFTLICHE FÄHIGKEITEN

Saturn und Uranus sind die Planeten der Wissenschaft; Saturn bringt auch mathematische Begabungen. Untersuchen Sie, ob der Mensch bestimmt ist und eine rasche Auffassungsgabe besitzt (Merkur und Mars). Diejenigen mit einem starken Pluto (vielleicht in Verbindung mit einem Löwe- oder Jungfrauaszendenten) könnten besondere Talente für den Umgang mit moderner Technologie haben. Die Zeichen Steinbock und Wassermann könnten dabei ebenfalls betont sein. Wassermann/Uranus und Zwillinge/Merkur können ein Interesse für den Weltraum und die Telekommunikation bedeuten, Saturn eine Neigung zu eher traditionellen Wissenschaften.

3 PRAKTISCHE FÄHIGKEITEN

Zumeist spielen hier die Erdzeichen die herrschende Rolle, speziell, wenn es um das Baugewerbe, die Architektur und die Landwirtschaft geht. Für Ingenieure ist ein starker Mars günstig; Skorpion, Pluto und Mars könnten eine Eignung für Arbeit unter Tage oder für das Klempnerhandwerk anzeigen. Was Schiffe, Schuhe und das Fischen betrifft, schaue man auf Neptun und das Zeichen Fische. Ein gut aspektierter Saturn bringt praktische Fähigkeiten und Geduld.

4 DIENSTLEISTUNG

Das Talent zum Unterrichten von Kindern geht häufig mit einer Krebs- oder Jungfraubetonung einher. Studenten zu unterrichten ist dagegen vom Schützen oder Jupiter angezeigt. Was die Medizin betrifft, ist auf die Jungfrau und den Skorpion zu achten, zusätzlich auf Mars (Chirurgie oder Psychiatrie), auf den Krebs (Kinderheilkunde), den Steinbock (Orthopädie und Zähne), die Jungfrau für alternative Heilmethoden und Ernährung. Jungfrau/Fische und Krebs sind günstig für die Krankenpflege, die Zwillinge und ein starker Merkur helfen beim Verkaufen. Stier und Waage sind nützlich bei allem, was mit Mode und Schönheit zu tun hat. Widder und Waage bringen manchmal militärische Charaktere hervor; diejenigen mit einem starken Krebs, Mond oder Wasserzeichen können sich in der Marine oder auf Linienschiffen auszeichnen. Flugpersonal weist häufig eine gemischte Betonung von Luft- und Wasserzeichen auf. Das Gesetz ist die Domäne von Jupiter – wenngleich Jupiter und Neptun auch auf eine Arbeit in Verbindung mit der Religion hinweisen können. Polizei- und Detektivarbeit zieht Widder, Skorpione, manchmal Jungfrauen und mars- und plutobetonte Menschen an. Im Medienbereich finden sich viele Zwillings- und Jungfrau-Menschen.

5 WIRTSCHAFT

Der sehr ehrgeizige Geschäftsmann ist von einem starken Drang nach Erfolg motiviert – er könnte einen markanten Saturn im Horoskop haben. Geschäftstüchtigkeit ist meist durch einen gut aspektierten Mond angezeigt, häufig im Krebs oder im Stier. Das 2. und das 8. Haus dürften betont sein, gleichfalls Pluto (vielleicht im Zeichen Skorpion oder Jungfrau). Risikofreude kann auf Jupiter oder Mars im Schützen oder im 5. Haus zurückgehen (diese müßte bewußt kontrolliert werden). Die meisten Menschen, die viel Geld verdienen, werden vom Bedürfnis nach Sicherheit angetrieben. Damit bestünde wieder ein Zusammenhang zum Stier, manchmal zum Krebs.

6 MITGEFÜHL

Personen in pflegenden Berufen sind häufig krebs- oder fischebetont, mit der Sonne oder einem persönlichen Planeten im 12. Haus. Sie haben ein starkes Interesse an Menschen; es bereitet ihnen große innerliche Befriedigung, deren Los verbessern zu helfen. Untersuchen Sie aber, ob dieser Mensch nicht vielleicht durch einen Machtkomplex angetrieben wird! Es kommt darauf an, daß er freundlich, rücksichtsvoll und empfänglich ist – im Gegensatz zu Merkmalen wie einem stark gestellten Pluto, Saturn oder Uranus oder dem Hinweis auf löwehaften Eigensinn. Am günstigsten für humanitäre Betätigungen aber ist der Uranus/Wassermann-Einfluß. Diese Menschen können auf eine sehr praktische Weise helfen, z. B. mit Arbeit für internationale Organisationen.

7 KÖRPERLICHE EIGENSCHAFTEN

Es ist wichtig, sich durch den Sonnen- und Marseinfluß über die körperliche Stärke des oder der Betreffenden klarzuwerden.

Neigt man zu einem Beruf als Sportler oder zu einer Tätigkeit, die sehr anstrengend ist, muß man sich fragen, ob das Nervensystem dem gewachsen ist.

8 ORGANISATORISCHE ARBEIT

Organisatorische Fähigkeiten sind zumeist mit einer Betonung des Löwen oder des Steinbocks verbunden. Der Löwemond hoch oben im Horoskop (im 10. Haus) bedeutet die Fähigkeit, mit großen Gruppen umgehen zu können (viele Dirigenten weisen diese Plazierung auf). Skorpione können meist ebenfalls gut organisieren, während die Jungfrau mit ihrem Ruf, kleinlich zu sein (was unserer Meinung nach nicht zutrifft) genau wissen möchte, was zu tun ist, bevor sie aktiv wird. Es mangelt ihr oft an Selbstvertrauen, um die Initiative zu ergreifen. Wie der Skorpion auch kann sie sich in besessener Form mit Details befassen. Der Mittelsmann – z. B. derjenige, der Verträge aufsetzt – muß selbstbewußt sein und gut organisieren können; hier ist auf das Zeichen Widder zu achten. Positive Aspekte zwischen Sonne und Mond oder Saturn lassen Disziplin und Ordnung erkennen. Umgekehrt weisen der Krebs und die Fische häufig auf Chaos und Unordnung hin.

Fragen, die Sie sich stellen können

Sie haben jetzt eine allgemeine Vorstellung, welche Anzeichen im Horoskop für welche Berufe sprechen könnten. Jetzt ist es an der Zeit, sich die Frage zu stellen, mit welchen Charaktermerkmalen Karriereziele zu verwirklichen sind. Dabei kann sich die Betonung eines Zeichens darauf beziehen, daß der Betreffende den Aszendent, die Sonne, den Mond und eine Reihe von Planeten in dem jeweiligen Zeichen hat. Ist Ihr Gegenüber:

F **Kommunikativ veranlagt?**
A Ein gut aspektierter Merkur; starkes Zwillings- oder Jungfrau-Zeichen.

F **Verständnisvoll?**
A Mond und Venus gut aspektiert und gut gestellt; Waage betont.

F **Geduldig?**
A Stier, häufig Steinbock; Saturnaspekte zur Sonne oder zum Mond.

F **Gut im Organisieren?**
A Löwe oder Steinbock betont.

F **Originell und einfallsreich?**
A Wassermann; Sonne, Mond, Merkur oder Venus im positiven Aspekt zu Uranus.

F **Diszipliniert?**
A Stier, Steinbock; die Sonne oder Mond im Aspekt zu Saturn.

F **Taktvoll und diplomatisch?**
A Waage; Mond im Aspekt zur Venus.

F **Ehrgeizig?**
A Ein starker und gut gestellter Mars oder Saturn im 10. Haus.

F **Selbstbewußt?**
A Widder; ein starker Mars im Aspekt zu Jupiter; ein gut aspektierter Saturn oder Mond in einem Feuerzeichen oder im Steinbock.

F **Fürsorglich?**
A Krebs; ein starker Mond im 1., 4. oder 12. Haus oder in den Fischen.

F **Enthusiastisch?**
A Die Feuerzeichen; stark gestellter Mars und Jupiter.

F **Pfiffig?**
A Krebs oder Skorpion

F **Aufgeschlossen?**
A Gut aspektierter Merkur oder Jupiter, zumeist in Luftzeichen.

F **Bestimmt und schnell denkend?**
A Aspekte zwischen Mond, Merkur und Mars; eine Betonung von Widder, Zwillinge oder Schütze.

F **Physisch stark?**
A Sonne und Mars.

F **Gut bei Details?**
A Jungfrau oder Skorpion.

F **Ehrlich?**
A Sonne oder Mond gut aspektiert. Speziell Löwe und Steinbock. Häufig auch der Widder, den die Komplikationen einfach »nerven«.

F **Intuitiv?**
A Wasserzeichen. Der Mond im positiven Aspekt zu einer Wassersonne oder zu Neptun. Sehr oft Waage.

F **Von rascher Auffassungsgabe?**
A Schütze; ein positiv aspektierter Jupiter.

Zusatzaufgabe

Die angeführten Fragen und Antworten beziehen sich auf positive Charakterzüge, die für Erfolg notwendig sind. Erweitern Sie die Liste – Sie können daraus ein ansehnliches Verzeichnis machen. Oder aber Sie arbeiten ausgehend von den aufgeführten astrologischen Indikatoren negative Züge aus: Die erste Frage bezog sich auf die kommunikativen Fähigkeiten – wer also zeichnet sich durch eine eher mäßige kommunikative Begabung aus? Unserer Ansicht nach die Person mit einem Quadrat zwischen Merkur und Saturn oder Pluto oder Merkur im 12. Haus (vielleicht aber könnte die Person gut am Telefon reden!) Die dritte Frage bezog sich auf Geduld – eine ungeduldige Person könnte der Widder- oder der Zwillingstyp sein, der alles will, und zwar sofort.

Die nächste Phase

Sie dürften jetzt zu Schlußfolgerungen hinsichtlich der praktischen Fähigkeiten Ihres Gegenübers gekommen sein und Rede und Antwort stehen können. Wir haben einige Fragen angeführt, auf die Sie die Antworten wahrscheinlich wissen – es könnte sich aber als sinnvoll für Ihr Gegenüber erweisen, wenn Sie im einzelnen darauf eingehen. Achten Sie auch darauf, was der Mensch von sich aus über sein Horoskop verrät.

Sie sind sich jetzt also über die Charakterzüge Ihres Gegenübers im klaren (indem Sie so vorgegangen sind, wie wir es auf den Seiten 130–140 bei der Interpretation vorgeschlagen haben). Sie wissen jetzt, was die Person motiviert und wie sie dieser Antriebskraft im Beruf Ausdruck verleihen könnte. Aber trotzdem sollten Sie noch eine Probe machen.

Motivation

Sie könnten den Eindruck gewinnen, daß die Person nur deshalb einen Beruf sucht, weil sie Geld braucht. In diesem Fall sollten Sie fragen, was sie sich von ihrer Arbeit erhofft. Wird Ihre Annahme bestätigt, könnten Sie sie vielleicht zu einer Tätigkeit in Verbindung mit Geld anregen, im Banken- oder Versicherungsgewerbe z. B., was psychisch für sie erfüllend sein kann. Wenn Sie die Person für ehrgeizig halten, können Sie einen bewährten Trick anwenden: Fragen Sie, wie sie sich fünf Jahre später sieht. Vielleicht hat sie verschiedene Vorstellungen dazu – was exzellent wäre, weil Sie dann den richtigen Weg aufzeigen könnten, denjenigen, der am meisten Befriedigung verschafft.

Der Wink mit dem Zaunpfahl

Seien Sie nicht dogmatisch. Geben Sie zur Anregung nur allgemeine Hinweise; anders überfordern Sie Ihr Gegenüber. Auf diese Weise meint die Person vielleicht auch, daß sie selbst auf diese Ideen gekommen ist – was in gewisser Weise ja zutrifft. Wenn sie aus einem bestimmten Grund hartnäckig auf dem Holzweg bleibt, müssen Sie vielleicht etwas deutlicher werden. Sie werden ggfs. ja schon vom Horoskop her wissen, daß sie zur Selbsttäuschung neigt – wie das junge übergewichtige Mädchen, das nicht vom Berufswunsch Ballettänzerin abzubringen ist.

Bleiben Sie sachlich, und stehen Sie zu dem, was Sie sagen! Bei der Interpretation könnte es sehr viel leichter als gedacht sein, die Reihe der möglichen Berufe aufzuzählen. In Details gehen sollten Sie aber nur dann, wenn Ihr Gegenüber absolut keine Ahnung hat, welcher Beruf in Frage kommt.

Befriedigung durch den Beruf

Für gewöhnlich gilt: Je höher das Niveau der psychischen Integration, desto stärker das Bedürfnis nach einer befriedigenden Tätigkeit. Derjenige, der psychisch stark ist, wird sich viel eher durch lange Arbeitstage gestört fühlen, die seine Psyche nicht stimulieren und seelisch unbefriedigend sind. Wenn die Umstände nichts anderes zulassen, wird sich der Mensch wahrscheinlich in seinen wenigen freien Stunden einem anspruchsvollen Interesse oder einer erfüllenderen Tätigkeit widmen. Ist das nicht der Fall, sollten Sie dies nahelegen. Suchen Sie ggfs. im Horoskop nach Potential. Vielleicht besteht eine Begabung für Sprachen oder Interesse an der Geschichte oder der Musik.

Erinnern Sie sich daran: Die Aufgabe des Astrologen ist es, das Leben für seinen Klienten lebenswerter und erfüllender zu machen.

Die einsame Position an der Spitze

Eines der schwierigsten Probleme. Sehr oft hat der ehrgeizige Mensch, der erfolgreich ist, die Chance, an die Spitze aufzusteigen. Und häufig sagt man dann ja, wegen des gesteigerten Prestiges, des Respektes seitens der Kollegen und wegen des Geldes. Der Mensch ist dann aber meist von seinen Kollegen abgeschnitten und verrichtet häufig nicht mehr die Arbeit, für die er ausgebildet wurde – weshalb man die Entscheidung gründlich überlegen sollte! Der neue Job beinhaltet zumeist auch mehr Verwaltungsarbeit, besonders bei den Lehrberufen oder dann, wenn eine Schwester die Stationsleitung übernimmt.

In diesem Fall müssen Sie von einem anderen Blickpunkt aus auf das Horoskop schauen. Es geht darum, ob der oder die Betreffende mit der Isolation, die eine solche Stellung mit sich bringt, umgehen kann. Einige lieben sie, andere werden sich plötzlich unsicher oder gehen bei mangelndem Kontakt zu den Mitarbeitern vielleicht sogar zugrunde. Wenn man seine Arbeit mit Hingabe verrichtet, ist man zu diesem Opfer bereit; wenn nicht, fährt man möglicherweise besser, wenn man auf die Beförderung verzichtet. Wegen familiärer Gründe könnte allerdings das zusätzliche Geld sehr schwer wiegen.

Die Dinge durchsprechen

Es handelt sich hier um komplizierte Fragen. Wenn man sie durchspricht, kann man dem Betreffenden helfen, die Dinge klarer zu sehen und Entscheidungen zu treffen – was wiederum für Sie sehr befriedigend sein dürfte. Aber auch hier gilt: Entscheiden Sie nicht für Ihr Gegenüber!

Der fürchterliche Chef

Manchmal wird man Sie aufsuchen, weil der oder die Betreffende es mit einem schlimmen Chef zu tun hat, sexuell belästigt wird oder zuviel Arbeit oder zuwenig Verantwortung zugeteilt bekommt. Es ist sehr unwahrscheinlich, daß Sie auch das Horoskop des Vorgesetzten untersuchen können – allenfalls wird Ihr Klient den Geburtstag des Chefs in Erfahrung bringen können. Sie müssen dann einen Horoskopvergleich durchführen, wie auf Seite 152–155 beschrieben, wobei Sie sich auf das Horoskop des Klienten konzentrieren und ihm helfen, Stärke und Selbstvertrauen zu entwickeln. Mit astrologischen Erkenntnissen über den Chef, ggfs. auch ohne Aszendent und MC, kann man nähere Rückschlüsse auf sein Wesen ziehen. Vielleicht kommt es aber hauptsächlich darauf an, Standfestigkeit zu demonstrieren und für seine Rechte einzutreten. Möglicherweise ist auch die Kommunikation zwischen beiden Parteien gestört. Treten Sie positiv und fest auf – allzuviel Mitgefühl und Freundlichkeit könnte zur Folge haben, daß der Betreffende nicht energisch genug für seine Belange aktiv wird. Wenn Sie bereits eine solche Erfahrung gemacht haben, sollten Sie sie immer vor Augen haben (ohne aber davon auszugehen, daß es bei Ihrem Gegenüber genauso sein wird).

Die Kombination von Aszendent und MC

Diese Übersicht führt alle möglichen Kombinationen von Aszendent und MC auf. Achten Sie auf die Unterschiede zwischen den nördlichen und den südlichen Breiten, welche dadurch verursacht werden, daß die Zeichen von kurzer Aszension in nördlichen Breiten zu Zeichen von langer Aszension in südlichen Breiten werden und umgekehrt. Der Widder z. B., der für seinen Aufstieg am östlichen Horizont in mittleren nördlichen Breiten nur etwa eine Stunde braucht, benötigt in entsprechender südlicher Breite etwa zweieinhalbmal länger. Das ist die Ursache für den Unterschied der möglichen Kombinationen von Aszendent und MC für die beiden Hemisphären.

Persönlichkeitsunterschiede zwischen den Hemisphären

Wenn Sie mit Horoskopen von Menschen arbeiten, die nördlich des Äquators geboren sind, werden Sie die Feststellung machen, daß es nur wenige Widder- oder Stieraszendenten und recht viele Waage- oder Skorpionaszendenten gibt. Bei Horoskopen der südlichen Hemisphäre ist es genau anders: Bei vielen Menschen steigen Widder und Stier auf, bei wenigen Waage oder Skorpion. Wir sind der Ansicht, daß dieserUnterschied auch für eine unterschiedliche Persönlichkeitsstruktur steht.

Asz.	MC Nördliche Breiten	MC Südliche Breiten
♈	♑	♑ ♒
♉	♑ ♒	♑ ♒ ♓
♊	♒ ♓	♈ ♉ ♒ ♓
♋	♈ ♉ ♒ ♓	♈ ♉ ♊
♌	♈ ♉ ♊	♉ ♊
♍	♉ ♊	♊
♎	♋ ♌	♋
♏	♋ ♌ ♍	♋ ♌
♐	♎ ♍ ♎ ♏	♌ ♍
♑	♌ ♏ ♐	♌ ♍ ♎ ♏
♒	♏ ♐	♎ ♏ ♐
♓	♐	♐

Ein erfolgreicher Geschäftsmann

Fallstudie

Dies ist das Horoskop eines sehr erfolgreichen Geschäftsmanns, der seine eigene Firma gründete. Die eingetragenen Progressionen beziehen sich auf den Zeitpunkt der Gründung der Unternehmung.

Die Antriebskraft und die Energie, der Enthusiasmus und die visionäre Sicht dieses Mannes werden durch den Widderaszendenten mit der engen Konjunktion zu Jupiter im 1. Haus deutlich. Auch seine Risikobereitschaft ist dadurch angezeigt – diese machtvollen positiven und wagemutigen Qualitäten finden aber in der Klugheit seiner Krebssonne, der Vorsicht des Jungfraumondes und dem kreativen Denken des Löwemerkurs ein Gegengewicht. Ein Element der Exzentrizität und der Sprunghaftigkeit geht von Mars, dem Herrscher des Horoskops, hoch oben im Zeichen Wassermann im 10. Haus aus. Richard verausgabt sich vollständig, er hört nie auf zu arbeiten. Diese Tendenz kommt durch die Sonne und Pluto in Konjunktion zueinander und in Opposition zu Mars zum Ausdruck. Das Marshaus läßt erkennen, worauf die Energie gerichtet wird. Dies ist ein »Eimer«-Horoskop (S. 133); der alles überragende Mars stellt den »Henkel« dar – ein markantes Beispiel für diese Horoskopart. Der Mond in Konjunktion zu Neptun in der Jungfrau im 6. Haus wird von Uranus positiv aspektiert; Mars wird von Uranus beherrscht, und auch der Mond ist durch seine Herrschaft über die Sonne sehr machtvoll. Insofern ist dieser Horoskopbereich sehr gut integriert.

Das progressive MC läuft in den Wassermann und steht in Konjunktion zum Radixmars

Der progressive Mars im Trigon zum Radixmond

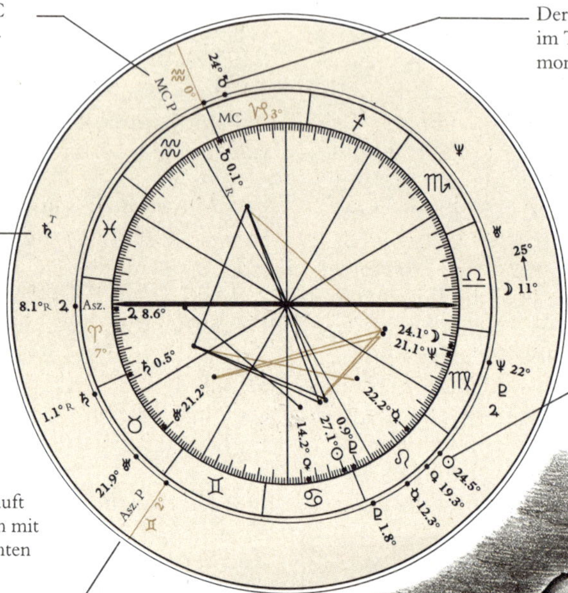

Die progressive Sonne im Quinkunx zum progressiven Mars

Der Transitsaturn läuft auf die Konjunktion mit dem Radixaszendenten zu

Der progressive Aszendent hatte gerade im Trigon zum Radixmars gestanden und war in die Zwillinge gelaufen

Progressionen

Schauen Sie auf die Progressionen zur Zeit der Firmengründung: Der Radixmars steht durch das progressive MC im Brennpunkt (Konjunktion), beim progressiven MC kommt es auch gerade zum Zeichenwechsel. Der progressive Aszendent hatte gerade im Kontakt zum Radixmars gestanden, während sich die progressive Sonne im Quinkunx zum progressiven Mars befand. Der progressive Mars wiederum stand in einem machtvollen Trigon zum Radixmond. Diese Progression wirkt deshalb noch intensiver, weil sich hier der Herrscher der Sonne und der Herrscher des Horoskops positiv aspektieren. Ungefähr zur gleichen Zeit ergab es sich, daß Saturn im Transit über den Aszendenten lief, was auf die Pflichten und die zusätzliche Verantwortung hinweist.

Der rücksichtsvolle Arbeitgeber

Richard ist entgegen dem Augenschein sehr sensibel und fürsorglich; das Wohl seiner Angestellten und Partner liegt ihm am Herzen. Wie beschäftigt er auch sein mag, immer findet er Zeit, Vorschlägen oder Klagen zuzuhören. Er lenkt all seine Energie auf seine Arbeit, welche zuzeiten sehr anstrengend und erschöpfend ist – eine gewisse Entspannung von seinen geschäftlichen Verpflichtungen findet er zu Hause im familiären Kreis.

EINE NEUE STELLE?

Früher oder später wird man Sie vielleicht fragen, wie denn die Chancen für eine neue Stelle stehen. Sie können ruhig ein gewisses Risiko auf sich nehmen und die eine oder andere Mutmaßung von sich geben, vorausgesetzt, Sie haben konstruktive Vorschläge zu machen.

Allgemein gesagt, es ist notwendig, sich hier eher auf die Progressionen und Transite als auf das Geburtshoroskop zu konzentrieren. Natürlich spielt aber auch das, was wir bereits angeführt haben, eine wichtige Rolle für die Beurteilung der beruflichen Situation. Sehr viel hängt davon an, wie selbstbewußt, unternehmungslustig und diszipliniert der Mensch ist, wie sehr er den Job wirklich begehrt usw.

Wie es zu einer Stellenofferte kommen kann

Von Ihrem allgemeinen Studium der Häuser und der früheren Ausführungen in diesem Kapitel aus werden Sie wissen, daß bei einem überraschenden Stellenangebot wahrscheinlich das MC progressiv oder durch Transite im Blickpunkt steht. Bei einer neuen Stelle als Resultat einer Bewerbung dürften der Aszendent oder die persönlichen Planeten durch Progressionen, durch positive Transite oder kurzfristigere Lunarprogressionen betont sein.

Die Interpretation der Einflüsse

Es muß nicht zwangsläufig auf die angenehmen Jupitertransite hinauslaufen – es kann noch andere Einflüsse geben, wenn sich derartige Entwicklungen abspielen. Seien Sie sich auch bewußt, daß eine neue Stelle häufig auch mehr Verantwortung und mehr Anspannung bringt – was möglicherweise mit einem Saturntransit zum MC einhergeht, welcher gleichfalls auf gesteigertes Prestige hinweisen kann. Bei einem Uranustransit zum MC könnten sich spannende und aufregende berufliche Entwicklungen ergeben. Wenn einer der schnellen Planeten über das Horoskop herrscht – Merkur, Venus oder Mars –, könnten selbst weniger gravierende Transite von diesem zum MC signifikante Wirkungen haben, vorausgesetzt, es gibt Unterstützung durch langfristige Progressionen oder andere Transite.

Seien Sie nicht festgelegt – es könnte sein, daß etwas bei dem einen zur Beförderung führt, beim anderen aber zur Entlassung (speziell bei Saturneinflüssen). Gegensätzliche Faktoren von ähnlicher Art zu interpretieren erfordert Erfahrung und Umsicht. Sie haben aber immer die Möglichkeit, Ihre Schlußfolgerungen zu überprüfen. Als goldene Regel für ungewisse Einflüsse eines Transites müssen Sie analysieren, wie der betreffende Planet im Geburtshoroskop gestellt ist. Bei einer guten Stellung und nicht zu vielen negativen Aspekten dürfte der Einfluß dieses Planeten im Transit grundsätzlich konstruktiv sein. Ein negativer Jupiter, vielleicht mit einem Quadrat zu Pluto oder sogar zum Mond, wird deutlich weniger hilfreich sein als ein gut gestellter Saturn, der im Geburtshoroskop positiv durch Sonne/Mond aspektiert wird.

Die Wiederkehr der Planeten

Es könnte sein, daß Ihr Gegenüber kurz vor der Jupiter- oder Saturnwiederkehr steht oder bald die Uranusopposition zur Geburtsstellung erlebt. In diesem Fall gilt das gleiche. Ganz allgemein ist es so, daß wir am Ende des Jahres mit einer Jupiterwiederkehr mehr Geld in der Tasche haben als zuvor – oder daß wir auf die eine oder andere Art weitergekommen sind, unabhängig davon, wie Jupiter im Geburtshoroskop gestellt ist. Die Saturnwiederkehr bietet die Möglichkeit zur Veränderung und häufig auch zur psychischen Weiterentwicklung. Die Uranusopposition könnte den Menschen dazu bringen, die Dinge mit Macht vorantreiben zu wollen – was nicht immer weise ist.

Andere Transite und Progressionen

Halten Sie auch nach starken Transiten oder Progressionen zwischen Mars und Jupiter Ausschau; diese machen uns nicht nur selbstbewußt, sondern bringen uns auch in eine gute Position, um die Initiative zu ergreifen.

Wenn der progressive Mond im negativen Aspekt zum progressiven oder zum Radixsaturn steht, könnte es ratsam sein, sich zurückzuhalten. Diese Aspekte führen häufig dazu, daß man sich deprimiert fühlt und vielleicht jede Hoffnung fahren läßt. Wenn möglich, sollte man in aller Ruhe nachdenken, vielleicht auch einen neuen Lebenslauf schreiben oder seine Studien auffrischen, bis der Einfluß schwächer wird. Dies trifft auch für den Fall zu, daß Saturn oder ein anderer der schweren Planeten negativ wirkt. Schlagen Sie vor, daß sich der Betreffende erst dann um eine neue Stelle bewirbt, wenn dieser Einfluß vorüber ist. Wenn eine ganze Reihe von negativen Trends von einigen positiven gefolgt wird, sollte der Mensch unter letzteren die Initiative ergreifen, damit keine positive Energie verlorengeht.

Mit diesen Gedanken im Hinterkopf gehen Sie dann an die Interpretation der einzelnen Trends, die auf das Horoskop einwirken. Es dürfte dann keine allzu großen Schwierigkeiten geben, zu Schlußfolgerungen zu kommen, die hilfreich für Ihren Klienten sind.

DIE PLANUNG DER BERUFLICHEN LAUFBAHN

Die Übersicht auf den folgenden Seiten enthält Berufsvorschläge, die Sie ihrem Klienten machen können. Diese sind als Ausgangspunkte zu verstehen, die zu einer Diskussion anregen können. Es wirkt vielleicht verwirrend, daß wir eine ganze Reihe von Vorschlägen machen – wir haben uns aber bemüht, eine so breite Spanne wie nur möglich abzudecken, um damit den verschiedenen Menschen in Hinblick auf ihre soziale Lage, auf ihre Bildung und ihr Alter gerechtzuwerden.

Diese Vorschläge orientieren sich an den Zeichen von Sonne und Aszendent, zusätzlich ist aber auch noch das MC von Belang. Wie Sie aus der Übersicht auf Seite 175 ersehen können, sind für die Aszendenten jeweils nur bestimmte MC-Zeichen möglich – weil der Raum hier begrenzt ist, konnten wir nicht für jedes davon Vorschläge machen. Wir haben sie aber bei unseren Empfehlungen berücksichtigt. Julia hat ihren Klienten viele dieser Vorschläge unterbreitet; häufig haben sie sich als außerordentlich wertvoll erwiesen.

Offenheit bei der Herangehensweise

Sie sollten sich aber nicht allein auf die Liste beziehen. Überprüfen Sie sie sorgfältig – wenn Sie Ihre Zweifel daran begründen können, heißt das, daß Sie Fortschritte machen. Sie müssen hier auch die anderen Bereiche des Horoskops in Betracht ziehen sowie den Einfluß der Planeten, die mit dem Beruf zusammenhängen (siehe S. 30/31). Achten Sie auch besonders auf den Mondeinfluß, welcher für die Arbeitsumstände und -umgebung sehr wichtig ist.

Berufsvorschläge: Sonne im Widder ♈

Asz.	Eigenschaften	Bedürfnisse	Mögliche Berufsfelder
♈	Mutig, energisch, enthusiastisch, physisch stark	Spannung, Herausforderungen, Aktivitäten	Feuerwehrmann, Selbständigkeit, Fluglinien, die Armee
♉	Kontrollierte Energie, praktisch	Sicherheit in Verbindung mit Unabhängigkeit	Elektronik, Wissenschaft, Musiker, Mathematiker, Finanzen
♊	Beweglich, rastlos, neugierig, nervöse Energie	Abwechslung, Bewegung, intellektuelle Herausforderung	Automechaniker, die Medien, Telekommunikation, der Verkauf
♋	Gut geeignet für den Umgang mit jungen Menschen, beschützende emotionale Energie	Andere verteidigen und heilen	Wildhüter, die Marine, Jugendarbeiter, Schwimm- oder Sportlehrer, das Hotelgewerbe
♌	Direkt, gut im Organisieren, enthusiastisch, physische Energie, kreativ	Situationen kontrollieren, etwas darstellen	Die Armee, professioneller Sport, ein Job im Rampenlicht, Maler, Tänzer, Designer
♍	Nervöse Energie, zur Kritik neigend, kommunikativ	Meinungen zum Ausdruck bringen, Sicherheit	Literaturagent, Meldefahrer, Forscher, Getreidebauer, Kritiker, Wirtschaftsprüfer
♎	Lebhaft, liebevoll, Sinn für Luxus und Schönheit	Mit anderen Menschen zusammenarbeiten	Die Modeindustrie, Friseur, Handel mit Luxuswaren, Kosmetiker, Steward – auf dem Schiff oder im Flugzeug
♏	Eine hochexplosive emotionale/ physische Energie	Daß man dieser Person große Aufgaben stellt	Ingenieur, Psychoanalytiker, Bergbau, die Marine, Wirtschaftsprüfer, Polizei
♐	Positive Einstellung, Enthusiasmus, unabhängig, rastlos	Herausforderungen, die körperliche und emotionale Energie verbrennen	Sportlehrer, Entdecker, Expeditionsleiter, die Reiseindustrie, Vorträge halten, das Verlagswesen
♑	Ehrgeizig, unabhängig	Herausforderungen, Kontrolle ausüben, Verantwortung	Selbständigkeit, Börse, Wissenschaft, Handel mit Luxuswaren
♒	Unabhängig, originell, dynamisch, einfallsreich	Auf die eigene Weise arbeiten	Elektroingenieur, Glaser, Mode, wissenschaftliche Arbeit
♓	Freundlich, emotional, mitfühlend und stark	Zum Wohle der anderen hinter den Kulissen arbeiten	Wohlfahrtsarbeit, Pflegeberufe, Sozialarbeit, imaginatives Schreiben

Berufsvorschläge: Sonne im Stier ♉

Asz.	Eigenschaften	Bedürfnisse	Mögliche Berufsfelder
♈	Kraftvoll, emotionale und physische Energie, selbstbewußt, eigensinnig	Sicherheit, Aktivität	Anspruchsvolle Sportarten (Mannschaftssport), Bankwesen, Selbständigkeit
♉	Liebt den Luxus, guter Gesellschafter, exzellenter Geschäftssinn	Geld verdienen, finanzielle/ emotionale Sicherheit	Gartenarbeit, Singen, Versicherung, Finanzberater
♊	Kommunikativ, flexibel	Abwechslung innerhalb einer gegebenen Routine	Masseur, Marktleiter, Wirt, die Börse
♋	Fürsorglich, emotional stark, pfiffig	Daß andere als Resultat der eigenen Anstrengung zufrieden sind	Lebensmittelhandel, Lieferant, Milchbauer, Versicherungsagent, Amme
♌	Qualitätsbewußt, großzügig, großspurig, guter Gesellschafter	Spaß, emotional Anteil am Beruf nehmen	Kosmetikerin, Künstler oder Kunstlehrer, Handel mit Juwelen, eigenes Geschäft
♍	Praktisch, methodisch, analytisch	Sicherheit, ständiges Wachstum, eine absehbare, aber nicht langweilige Routine	Buchhalter, Maurer, Bauunternehmer, biologisch dynamischer Bauer, Töpfer, das Brauereiwesen
♎	Verständnisvoll, Sinn für Schönheit; vielleicht ein Genußmensch	Mit anderen Menschen zusammenarbeiten; für ihr Wohlbefinden sorgen	Maler und Dekorateur, Florist, Handel mit Luxuswaren oder Modeartikeln, Kosmetik
♏	Kann hart arbeiten, sehr viel emotionale Energie, Bestimmtheit	Einen Sinn in der beruflichen Tätigkeit sehen; wissen, was los ist	Das Bankwesen, der Weinhandel, Bergbau, Detektivarbeit
♐	Zuverlässig, ein offener Geist, enthusiastisch	Herausforderungen; vielleicht der Wunsch, viel im Freien zu sein	Bauer, Universitätsdozent, Arbeit mit Tieren, das Verlagswesen
♑	Praktisch, vorsichtig, zuverlässig, ehrgeizig	Einen Sinn und eine Richtung sehen	Leitender Angestellter, Beamter, Holzfäller, Waldarbeiter, Maurer, Bauer, Musiker, eigenes Geschäft
♒	Kreativ, vielleicht dickköpfig, erfinderisch	Freie Hand haben	Glasbläser, Wissenschaftler, Musiker, Physiotherapeut, Röntgendiagnostik
♓	Phantasievoll, kreativ	Ermutigung, Sicherheit	Fußreflexzonenmassage, Wohlfahrtsarbeit, Handel mit Schuhen, Fachjournalist, Autor oder Verleger für Mode oder Sport

BERUFSVORSCHLÄGE: SONNE IN DEN ZWILLINGEN ♊

ASZ.	EIGENSCHAFTEN	BEDÜRFNISSE	MÖGLICHE BERUFSFELDER
♈	Physische und nervliche Energie, arbeitet bereitwillig, schnell gelangweilt	Abwechslung, Aktivität, Selbstbestätigung	Öffentlichkeitsreferent, Verkaufsassistent, Reporter, Werbung
♉	Flexibel, aber eigensinnig	Bewegung und Abwechslung	Einzelhändler, Lkw-Fahrer, Autohändler, Handel mit Kosmetika
♊	Sehr kommunikativ und beweglich, rastlos	In Kontakt mit anderen sein	Diskjockey, Journalist, Taxifahrer, Handelsreisender, Telefonist
♋	Fürsorglich, lebhaft, jugendlich, sensibel, pfiffig	Anderen helfen, Abwechslung	Gemeindeschwester, Buchantiquariat, Jugendarbeit, Apotheker, imaginatives Schreiben
♌	Sehr extravertiert, beweglich, kreativ, eigensinnig, gut im Organisieren	Etwas darstellen; psychologisch am Beruf Anteil nehmen	Unterhaltung, Kunstlehrer, Handel mit Edelsteinen oder Luxuswaren, kreativer Journalismus, kreatives Schreiben
♍	Analytisch, beweglich, kommunikativ	Erforschen und kommunizieren; Ideen austauschen	Gemüsehändler, Marktforscher, Handelsreisender, Graphologe, Verkaufsassistent, Literaturkritiker
♎	Ein »luftiger« Intellekt, gute kommunikative Fähigkeiten, häufig fürsorglich	Kontakt mit anderen	Maniküre, Möbelverkäufer, Telefonist, Arbeit an der Rezeption, das Hotelgewerbe
♏	Neugierig, für gewöhnlich sehr klug, vielleicht »gerissen«	Probleme lösen	Die Arbeit an Motoren, Detektivarbeit, Forschung, Psychologie, Computerprogrammierer
♐	Enthusiastisch, optimistische Einstellung, umfassende Vision	Mit anderen kommunizieren	Zeitungshändler, Arbeit bei der Post oder im Reisegewerbe, Anzeigenbereich, Verlagswesen, Lehrer
♑	Eine rationale, praktische Haltung; Logik	Mentale Herausforderungen	Wissenschaftliche Arbeit oder Analyse, Arzt, Chiropraktiker, Lokalpolitik
♒	Schnell, originell, ein Individualist, gute kommunikative Eigenschaften	Abwechslung, mentale Anregung, Bewegung	Drahtlose Kommunikation, Fluglinien, Astronomie, Raumforschung, Radio- oder TV-Reporter, Verkauf
♓	Beweglich, intuitiv, phantasievoll	Freiheit des Ausdrucks, aber ein Gefühl für die persönliche Richtung erkennen	Schallplattenindustrie, Unterhaltungselektronik, Stoff- oder Modedesign, Illustrator, Lehrer

BERUFSVORSCHLÄGE: SONNE IM KREBS ♋

ASZ.	EIGENSCHAFTEN	BEDÜRFNISSE	MÖGLICHE BERUFSFELDER
♈	Große emotionale und physische Ressourcen, Bestimmtheit	Durch die Konfrontation mit Herausforderungen aktiv werden	Das eigene Geschäft, die Marine, Hebamme, Arzt
♉	Pfiffig, sehr geschäftstüchtig, schützend	Geld verdienen, um der Familie Sicherheit zu verschaffen	Restaurantbesitzer, Bootsbauer, eigenes Geschäft, Bankgewerbe, Börse, Schönheit
♊	Veränderlich, schlagfertig, polemisch, emotional, logisch	Abwechslung, den Verstand beweglich halten, die Phantasie kreativ einsetzen	Kindergärtnerin, Kindermädchen, Kinderbuchautor, Handel mit Kinderkleidung/Spielzeug oder Antiquitäten
♋	Sensibel, fürsorglich, emotional, zu Ängsten neigend	Für etwas sorgen – für Menschen oder Gegenstände	Chef, Koch, Silberschmied, Kindergärtnerin, Sozialpfleger für Kranke, Museumswärter, Restaurator
♌	Kreativ, mitfühlend, fürsorglich, eigensinnig	Kontrolle ausüben – manchmal auch hinter den Kulissen	Das Hotelgewerbe, Oberkellner, Hafenmeister, Kameramann, Maskenbildner, Kunstlehrer
♍	Fürsorglich, zu Ängsten neigend, ein kritischer und scharfer Verstand	Praktisch helfen und Resultate sehen	Meeresbiologe, Allgemeinmediziner, Historiker, Lehrer, Steward, Restaurateur, Ernährungswissenschaftler
♎	Mitfühlend, freundlich; manchmal schwach, manchmal stark	Gleichmut; muß Selbstbewußtsein entwickeln	Friseur, Krankenpflege, die Armee, Ingenieurwesen, Lieferant
♏	Sehr viel emotionale Energie und innerliche Stärke	Eine anspruchsvolle Beschäftigung, das Potential vollständig entfalten	Familienplanung, Ahnenforscher, Gynäkologe, Schiffsbauer, Bewährungshelfer
♐	Ist sowohl vorsichtig als auch enthusiastisch, viel emotionale Antriebskraft	Aufregung, Abwechslung, Fürsorglichkeit zum Ausdruck bringen	Hundezüchter, Tierpfleger, Reiseführer, Übersetzer, Lehrer oder Dozent für Geschichte
♑	Ehrgeizig, klug, wechselhaft	Prestige erwerben	Geflügelfarmer, Umweltschützer, Hausfinanzierung, Schiffskonstrukteur, eigenes Geschäft, Immobilienhändler
♒	Veränderlich, originell, manchmal exzentrisch	Beharrlichkeit im Vorgehen entwickeln	Architekt, Hydrograph, Physiotherapeut, Meteorologe, Verwalter
♓	Sehr sensibel und emotional, intuitiv, phantasievoll	Sich über seine Karriere klar werden; natürliche Standfestigkeit entwickeln	Arbeit im Gesundheitsamt oder auf oder an der See, Volkswirtschaftsdozent, Entwerfen von Kleidung

Berufsvorschläge: Sonne im Löwen ♌

Asz.	Eigenschaften	Bedürfnisse	Mögliche Berufsfelder
♈	Ehrgeizig, selbstbewußt, ein »Draufgänger«, ungeduldig	Die überschüssige Energie durch die tägliche Arbeit verbrennen	Eigenes Geschäft, Berufssportler, jegliche kreative Arbeit
♉	Machtvolle Persönlichkeit, manchmal Dogmatismus, ein guter Gesellschafter	Einen hohen Lebensstandard erringen und viel Geld verdienen	Handel mit Luxuswaren, Immobiliengewerbe, Banken, Architektur, Einkäufer im Warenhaus
♊	Intellektuell, kreativ, positive Haltung	Eine fröhliche, entspannte Arbeitsatmosphäre	Modedesign, Juwelier, Journalist, Handelsberater
♋	Organisatorische Fähigkeiten und fürsorgliche Instinkte	Einen hohen Standard bezüglich von Waren/Diensten für andere erreichen	Hotelmanager, Restaurantbesitzer, Handel mit Mode oder Antiquitäten, Historiker
♌	Kreativ, protzig, enthusiastisch und optimistisch	Ein Platz im Rampenlicht, der Boß sein	Theatermanagement, Zwischenhändler, Modell, an der Rezeption arbeiten, eigenes Geschäft
♍	Selbstkritisch, kreativ, möglicherweise streng	Erkennen, was getan werden muß, und erkennen, daß alles getan ist	Theateragent, Schuldirektor, Handel mit Kunstgegenständen, Kunstlehrer, Schneider
♎	Zärtlich, großzügig, großtuerisch, emotional	An der Arbeit Anteil nehmen, eine angenehme Umgebung, Glanz	Werbung, Kosmetik, Heiratsvermittlung (durch Computer), Kostümverleih
♏	Überschießende Energie, ein gutes Gefühl für die Richtung	Hart arbeiten und jede Minute genießen	Medizinische Berufe/Chirurg, Weinhandel, die Armee, Bankwesen, Kriminalitätsbekämpfung
♐	Kreativ, enthusiastisch, optimistisch, positiv	Bei der Arbeit Kreativität zum Ausdruck bringen	Tanz- oder Kunstlehrer, Export, Literaturarbeit, Übersetzungen, Verlagswesen
♑	Ehrgeizig, positiv, manchmal diktatorisch	Von der Umgebung anerkannt werden und Respekt gewinnen	(Lokal-) Politik, eigenes Geschäft, Bauer, Architekt
♒	Originalität, kreativ, wissenschaftlich	Geistig offen sein und Originalität, Kreativität oder Einfallsreichtum beweisen	Erfinder, Wissenschaftler, Forscher, Designer, Fluglinien, Astronomie, Juwelier
♓	Empfänglich, emotional, kreativ, positive Einstellung	Bewußt eine praktisch und kontrollierte Inspiration zeigen	Tänzer, Schauspiellehrer, Eisläufer, Handel mit Kosmetika oder Blumen, Arbeit mit Tieren

Berufsvorschläge: Sonne in der Jungfrau ♍

Asz.	Eigenschaften	Bedürfnisse	Mögliche Berufsfelder
♈	Aktiv, nervös, angespannte Energie, aufmerksam	Lernen, beharrlich und gleichmütig zu arbeiten	Fitneßtrainer, Handel mit Naturkostwaren, Telekommunikation
♉	Praktisch, hart arbeitend, geradlinig	Selbstvertrauen durch bereitwilliges Akzeptieren von Verantwortung	Gärtnern, persönlicher Assistent, Bankwesen, Buchhaltung
♊	Rasches Denken, gesprächig, gute kommunikative Fähigkeiten	In einer lebhaften Atmosphäre arbeiten; immer auf dem Laufenden sein	Angestellter, Tischler, Journalismus, Einzelhändler, Spediteur
♋	Neigung zu Ängsten, kann hart arbeiten, fürsorglich	Sich sicher sein, daß die eigene Arbeit für andere von Nutzen ist	Schiffsagent, Akupunkteur, Ernährungswissenschaftler, Lehrer, Chauffeur
♌	Ein guter – vielleicht aber hektischer – Organisator. Evtl. allzu kritisch	Einen hohen Standard bei der Arbeit erreichen	Politesse, Möbel entwerfen oder herstellen, Kunst- oder Werklehrer
♍	Ein hohes Maß an nervlicher/intellektueller Energie	Innere Ruhe entwickeln und die Energie konstruktiv einsetzen	Werbetexter, Homöopath, Mikrobiologe, die Medien, Gartenarbeit
♎	Hart arbeitend, manchmal zur Verträumtheit neigend	Braucht eine harmonische, saubere Umgebung mit netten Leuten	Modellagentur, Landschaftsgärtner, Arzthelferin, Fachverkäuferin, Schneider
♏	Gründlich, energisch, hart arbeitend, bohrend	Die Wahrheit suchen	Personalsachbearbeiter, Psychologe, Polizei- oder Detektivarbeit, Forscher
♐	Für gewöhnlich viel intellektuelle und nervliche Energie, Kritik	Permanente Herausforderungen; sich psychisch gefordert fühlen	Verleger, Buchhändler, Wirtschaftsmagazine, Buchverkäufer, Reiseagent
♑	Sehr praktisch, vorsichtig, analytisch, nicht allzu abenteuerlustig	Um ständige Fortschritte in der Karriere bemüht sein	Volkswirt, Beamter, Immobilienhändler, Bauer, Versicherungswesen
♒	Sehr viel Spannung, praktisch, originell, vielleicht rastlos	Beständigkeit im Vorgehen entwickeln, vielleicht auch Selbstvertrauen	Wissenschaftlicher Forscher, kreativer Designer, Krankenpflege, Physiotherapeut
♓	Freundlich, rücksichtsvoll, bereitwillig, kritisch	Selbstvertrauen und praktische Fähigkeiten entwickeln	Film-Cutter, Pediküre, Gärtnerei, Pflegeberufe

Berufsvorschläge: Sonne in der Waage ♎

Asz.	Eigenschaften	Bedürfnisse	Mögliche Berufsfelder
♈	Manchmal selbstbewußt, manchmal eher träge	Möchte geliebt werden; Energie gleichmäßig zum Einsatz bringen	Modewaren, eigenes Geschäft (mit einem Partner), Hotelarbeit, Friseur
♉	Ein Sinn für Schönheit und die süßen Dinge des Lebens	Anderen gefallen und in einer angenehmen Umgebung arbeiten	Konditor, Wohnungen einrichten, Luxuswaren, Florist
♊	Immer auf dem Laufenden, beweglich, kann gut reden	Ständig im Kontakt mit anderen sein; sozialer Austausch	Empfangsdame oder Portier, Handel mit Porzellan, Fachverkäufer, Fluglinien, Fernsehen
♋	Sehr viel Mitgefühl und Verständnis, freundlich, schützend	Innere Stärke entwickeln	Lieferant, Handel mit Antiquitäten, Sozialarbeit, Ernährungsberater
♌	Liebe zum guten Leben, möglicherweise extravagant	Psychologische und emotionale Anteilnahme an der Karriere	Inneneinrichtung, Porzellanwaren, Bankwesen, Einzelhändler
♍	Praktisch, analytisch, manchmal weitschweifig	Eine Routine und ein fester Rahmen, in dem man arbeitet	Personalmanagement, persönlicher Assistent
♎	Romantisch, ist nicht gern allein, diplomatisch, charmant	Selbstvertrauen entwickeln, den Stoffwechsel anregen	Entwerfen oder Herstellen von Kleidung, diplomatisches Korps, Kosmetik, Arbeit mit einem Partner
♏	Sehr viel emotionale und körperliche Energie, leidenschaftlich, reizbar	Eine anregende Arbeit mit einem gleichmäßigen Tempo; die Energie verbrennen	Die Armee, das Bankwesen, Versicherungen, Ingenieurwesen, Weinhandel
♐	Verständnisvoll, intellektuell, amüsant, oftmals sehr clever	Herausforderungen, ständig den Horizont ausweiten	Universitätsdozent, Übersetzer, Berufssportler, das Gesetz, das Verlagswesen, Handel mit Luxuswaren
♑	Diplomatisch. Für eine Waagesonne sehr kühl!	Status. Das Vorankommen im Leben	Chiropraktiker, Kommunalverwaltung, Landschaftsarchitektur, Bergbau
♒	Attraktiv, freundlich, hilfsbereit, aufgeschlossen, logisch	Verbindungen herstellen; braucht psychisch wie physisch »frische Luft«	Modell, Kosmetik, Zeitschriftenjournalismus, Fluglinien, wissenschaftliche Forschung, Chemie
♓	Sehr freundlich, manchmal schwach, häufig weitschweifig	Skeptizismus und die Fähigkeit zur Kritik entwickeln	Handel mit Unterwäsche, Partnerschaftsvermittlung, medizinische oder kosmetische Behandlung, Sprachlehrer

Berufsvorschläge: Sonne im Skorpion ♏

Asz.	Eigenschaften	Bedürfnisse	Mögliche Berufsfelder
♈	Sehr viel emotionale und physische Energie und große innerliche Stärke	Spannung, Herausforderung, harte und anspruchsvolle Arbeit	Die Armee oder Marine, fordernde Sportarten (auch im Team), Ausbilder, die Polizei, Stuntman/-girl
♉	Leidenschaftlich, häufig dickköpfig, emotional, sinnlich, vorsichtig	Sicherheit, viel Geld verdienen	Der Weinhandel/Weinkenner, Finanzbeamter, Ölindustrie, Ingenieurwesen, Bankwesen, Fleischer
♊	Wißbegierig, logisch und emotional, beweglich	Zur Wurzel der Probleme vordringen	Detektiv, Enthüllungsjournalismus, Chirurg, wissenschaftlicher Analysator
♋	Sehr viel emotionale Energie, schützend, tapfer, intuitiv	Die Energie konstruktiv auf eine lohnende Betätigung richten	Meeresfischerei, Tauchen, Wohlfahrtsarbeit, Hebamme, Gynäkologe
♌	Extrem energisch, ein guter Gesellschafter, dickköpfig, gut im Organisieren	Das Leben bis zum letzten Tropfen auskosten, beschäftigt sein, der Boß sein	Das »Big Business«, Finanzberater, eigenes Geschäft, Projektleiter, Psychologe
♍	Aufdeckend, analytisch, energisch, geradlinig, emotional	An Details arbeiten, bei allen Projekten	Computer programmieren, Schlosser, Standesbeamter, eigenes Geschäft, Forscher, Wissenschaftler
♎	Ein exzellentes Potential (allerdings ist Stagnation denkbar), überzeugend	Andere von den eigenen Ansichten überzeugen	Schönheit, Schönheitschirurgie, Lehrer, Restaurateur, Handel mit Motoren, Werbung
♏	Energisch, obsessiv, leidenschaftlich, emotional	Eine offenere Einstellung und umfassendere Vision entwickeln	Detektiv, Polizist, Forscher, die Marine, eigenes Geschäft, Bankwesen, medizinische Berufe
♐	Viel emotionale und physische Energie, enthusiastisch, draufgängerisch	Ein Ziel verwirklichen und sich sogleich das nächste setzen	Die Eisenbahn, Literaturwissenschaft, die Armee/die Marine, Profisport, Anthropologie, Strafgesetze
♑	Praktische, harte Arbeit	Sicherheit und allmähliche materielle Fortschritte	Klempner, Bergbau, Pathologie, Geologie
♒	Originell, dickköpfig, streng, manchmal angespannt und unbeständig	Emotionale/psychische Anteilnahme am Beruf; Flexibilität entwickeln	Arbeit in der Wissenschaft oder im Umweltschutz, medizinische Berufe, karitative Arbeit
♓	Sympathie, Verständnis, Intuition	Die Energie auf ein positives und konstruktives Ziel richten	Zollbeamter, Gefängniswärter, Bestattungswesen, (Öl-) Förderung, die Marine, Psychotherapie

BERUFSVORSCHLÄGE: SONNE IM SCHÜTZEN ♐

ASZ.	EIGENSCHAFTEN	BEDÜRFNISSE	MÖGLICHE BERUFSFELDER
♈	Unabhängig, energisch, enthusiastisch, rastlos	Herausforderungen; blinder Optimismus muß kontrolliert werden	Feuerwehrmann, Sprachlehrer, Übersetzer, Tänzer, Profisportler, Arbeit im Exportbereich
♉	Praktisch, energisch, leidenschaftlich	Anspruchsvolle Ziele verwirklichen	Handel mit Gebäuden (Spekulationen), Architekt, Aktienhandel
♊	Exzellentes intellektuelles Potential, beweglich, ein schneller Stoffwechsel	Beständigkeit im Denken und Handeln entwickeln	Rechtsanwalt, Auslandskorrespondent, Marktmanager, Reiseindustrie
♋	Mutig und defensiv, emotional, unabhängig, konventionell	Fürsorglichkeit und das intellektuelle Potential entwickeln	Tierwärter, Hotelgewerbe, Beschäftigungstherapeut, Industriedesigner, Übersetzer
♌	Kreativ, enthusiastisch, eine offene Einstellung	Ohne Beschränkungen arbeiten und leben; sich darstellen	Die schönen Künste, das Lehren, eigenes Geschäft (Luxuswaren), Unterhaltungsindustrie, Übersetzer
♍	Zur Kritik fähig, ein guter Gesellschafter, praktisch, wißbegierig	Intellektuelle Herausforderungen, Unabhängigkeit, Bewegung	Universitätsdozent, Naturwissenschaftler, Umweltschützer, Lkw-Fahrer, Journalist, Drucker
♎	Charmant, guter Gesellschafter, vielleicht zur Trägheit neigend	Bei seiner Richtung bleiben und Enthusiasmus erzeugen	Graphisches Gewerbe, Modedesign, Papierwaren, Buchläden, Tapeten
♏	Stark, energisch, kontrollierter Optimismus, Sinn für Richtung	Braucht Herausforderungen; muß machtvolle Persönlichkeit zum Ausdruck bringen	Anwalt, Meeresbiologe, Handelsmarine, Eisenbahnwesen, Mechaniker
♐	Sehr positive Einstellung, rastlos, übermäßig optimistisch, Talent zum Studieren	Vorsicht und eine philosophische Haltung entwickeln	Reitlehrer, Berufssportler, Sprachlehrer, das Gesetz, Export, Geograph
♑	Mal optimistisch, mal pessimistisch, mal konventionell, mal unkonventionell	Das Bedürfnis nach Herausforderungen mit Zielen in Einklang bringen	Stadtplanung, Architekt, Bauer, Pferdezüchtung, Bibliothekar, Lehrer
♒	Sehr unabhängig, freiheitsliebend, originell, clever, einfallsreich	Exzentrizität unter Kontrolle bringen; evtl. Disziplin entwickeln	Wissenschaftliche Forschung, kreatives Entwerfen, Raumfahrtindustrie, Journalismus
♓	Häufig sehr philosophisch, freundlich, leicht zu beeinflussen	Eine vorsichtigere Einstellung entwickeln	Tiermedizinischer Assistent, Kameramann, die Kirche, karitative Arbeit, Beschäftigungstherapie

BERUFSVORSCHLÄGE: SONNE IM STEINBOCK ♑

ASZ.	EIGENSCHAFTEN	BEDÜRFNISSE	MÖGLICHE BERUFSFELDER
♈	Bestimmtheit, Direktheit, ein Gefühl für die Richtung, manchmal aggressiv	Psychische Erfüllung, Ziele tatsächlich erreichen	Die Streitkräfte, eigenes Geschäft, Politik, Gewerkschaften
♉	Eine praktische Haltung, harte Arbeit, ehrgeizig; manchmal langweilig	Beständiger Aufstieg, Anerkennung	Immobilienhändler, Lokalpolitik, Bauer, Töpfer, Musiker, Architekt
♊	Gesprächig, beweglich, praktisch, konventionell, logisch	Seine Meinung geltend machen und Respekt erwerben	Arbeit im Archiv; Auktionär, Aktienhändler, Beamter
♋	Traditionell, wechselhafte Launen, fürsorglich, kämpft gegen seine Emotionen an	Optimismus und eine positive Einstellung entwickeln	Handel mit Antiquitäten, Koch, Entwurf und Bau von Schiffen, Fischhändler, Physiotherapeut
♌	Ehrgeizig, konventionell, harter Arbeiter, enthusiastisch, dünkelhaft	Menschlichkeit und die warmherzige Seite der Persönlichkeit entwickeln	Stadtplanung, Bildhauer, Musikindustrie, Kosmetik, eigenes Geschäft
♍	Sehr praktisch, zu Sorgen neigend, vorsichtig, kann hart arbeiten	Selbstvertrauen und innerliche Ruhe entwickeln	Zahnarzt, Gartenarbeit, Buchhaltung, Kunsthandwerker, Wirtschaftsjournalist, Steinmetz
♎	Praktisch, ehrgeizig, sowohl hart arbeitend als auch entspannt, manchmal jähzornig	Gleichmäßigkeit bei der Qualität und dem Einsatz der Energie entwickeln	Innenarchitekt, Konzertmanager, Facheinkäufer, Gesundheitsamt
♏	Sehr stark – kann sich mit schwierigen Umständen arrangieren, tiefgründig	Hindernisse überwinden und die Arbeit und das Leben genießen	Die Marine oder Fallschirmjäger, Ingenieur, Bergbau, medizinische Berufe, eigenes Geschäft
♐	Philosophische Haltung, ehrgeizig. unternehmungslustig	Herausforderungen; mehr am materiellen Komfort interessiert	Zoologe, Geograph, Notar, Lehrer, das Gesetz, Buchantiquariat, Organisation von Reisen
♑	Einzelgänger; ehrgeizig, konventionell, nicht emotional	Warmherzigkeit und Mitgefühl, vielleicht auch Selbstvertrauen entwickeln	Archäologe, Bergsteiger, Aktienhändler, Mathematiker, eigenes Geschäft, Immobilienagent
♒	Sehr unabhängig, auf eine kühle Art freundlich, auf Distanz bedacht	Unabhängigkeit und gleichermaßen Warmherzigkeit entwickeln	Geologe, wissenschaftlicher Forscher, Orthopäde, Medizin, Astronomie
♓	Emotional und praktisch, mitfühlend, fürsorglich, manchmal schüchtern	Selbstvertrauen entwickeln und an seine Fähigkeiten glauben	Sozialarbeit, kreative handwerkliche Arbeit, Homöopathie

Berufsvorschläge: Sonne im Wassermann ♒

Asz.	Eigenschaften	Bedürfnisse	Mögliche Berufsfelder
♈	Unabhängig, originell, abenteuerlustig, lebhaft, optimistisch	Die Tendenz zur Exzentrizität im Zaum halten	Elektriker, Elektroingenieur, wissenschaftliche Forschung
♉	Eine faszinierende persönliche Erscheinung, freundlicher Charme, eigensinnig	Flexibilität entwickeln und die Emotionen nicht unterdrücken	Die Musikindustrie, Modell, Einzelhandel, Mode, Kosmetik, Florist, Wohltätigkeitsarbeit
♊	Kommunikativ, an Auseinandersetzungen interessiert, exzentrisch	Berechenbarer und beständiger werden	Optiker, die Fluglinien, Astronomie, Telekommunikation, Diskjockey
♋	Manchmal emotional, manchmal kühl, fürsorglich und schützend	Die Launenhaftigkeit unter Kontrolle bringen	Meteorologe, Röntgentechnik, Wohltätigkeitsarbeit vor Ort, Altenbetreuung, Umweltschutz
♌	Romantisch, aber nicht immer liebenswürdig, eigensinnig	Etwas darstellen wollen, ohne andere zu dicht an sich heranzulassen	Lichttechniker beim Fernsehen/Theater, Dekorateur, Juwelier, Schauspieler, eigenes Geschäft
♍	Nervöse Energie, eine Haltung der Unabhängigkeit soll Unsicherheit kaschieren	Ein gleichmäßiges Tempo im Leben und mehr Selbstvertrauen entwickeln	Konservator, Yogalehrer, Biologe, Mathematiker, wissenschaftlicher Forscher, Schneider
♎	Wahrscheinlich gutaussehend, aber eitel; charmant, romantisch	Balance zwischen dem Bedürfnis nach Unabhängigkeit und Beziehungen entwickeln	Innenarchitektur, Mode, die Fluglinien, das Filmgeschäft, Arbeit für Wohltätigkeitsfonds
♏	Einfallsreich, clever, angespannt, selbstkritisch	Mit den intensiven Emotionen zurechtkommen	Fernsehtechniker, Luftwaffe, medizinische Berufe, Psychologe, Forscher, Ahnenforschung
♐	Kommunikativ, optimistisch, sehr visionär	Gefühle der anderen bei eigener Unabhängigkeit nicht ignorieren	Dozent für Literatur oder Sprachen, Export, Tierchirurg, Verlagswesen, das Gesetz
♑	Kühl, logisch, nicht emotional, ehrgeizig, freundlich	Trotz der beruflichen Anspannung keine Distanz zu den Nahestehenden aufkommen lassen	Anthropologe, Archäologe, Wissenschaftler, Mathematiker, Erfinder, Geschäftsmann/-frau
♒	Extrem logisch, unabhängig, sehr auf Distanz bedacht	Sich vor Augen führen, daß niemand eine Insel ist	Handel mit Glaswaren, Fernsehen, Fluglinien, Führungspersönlichkeit bei humanitärer Arbeit
♓	Demütig, kreative Fähigkeiten, vielleicht das Gefühl einer Berufung	Den Mut haben, zu seiner Überzeugung zu stehen	Kunst oder Kunsthandwerk, Fotografie, Filmherstellung, Wohltätigkeitsarbeit, Priester oder Pastor

Berufsvorschläge: Sonne in den Fischen ♓

Asz.	Eigenschaften	Bedürfnisse	Mögliche Berufsfelder
♈	Jähzornig, fürsorglich, manchmal verträumt, erstaunlich stark	Physische Energie und die Gefühle positiv zum Ausdruck bringen	Arbeit mit geistig behinderten oder »schwierigen« Kindern, Fotografie, Computer
♉	Intuitiv, praktisch, kreativ, luxusliebend	Sicherheit, muß sich im Beruf zum Ausdruck bringen können	Eigenes Geschäft, Restaurateur, Krankenpflege, die Modeindustrie, Musiker, Bauer
♊	Vielseitig, neugierig, manchmal zu Täuschungen neigend, clever	Abwechslung, emotionale Anteilnahme, intellektuelle Herausforderung	Zauberer, die Medien, Detektiv, Forscher, wissenschaftlicher Analysator
♋	Sensibel, fürsorglich, launenhaft, veränderlich	Anderen beistehen und helfen, für sich selbst zu sorgen	Altenpflege, Koch, Kreuzfahrtschiffe, Marine, Baustoffhändler
♌	Sehr kreativ, empfindsam, intuitiv, manchmal protzig	Im Beruf ein Ventil für die Kreativität finden	Fotograf, Projektleiter, Kosmetik, Tänzer, das Theater, Kunstlehrer
♍	Praktisch, intuitiv, sensibel, pedantisch, kritisch	Die starken analytischen Eigenschaften mit der starken Intuition kombinieren	Filmverleger, Ernährungswissenschaftler/Diätiker, Naturkostwarenhändler, Journalist, Werbung
♎	Eine schwache Konstitution (verleiht Mond oder Saturn Stärke?)	Ermunterung, um eine Richtung zu erkennen und Bestimmtheit zu entwickeln	Juwelier, Möbelherstellung und -verkauf, Modell, Konditor
♏	Sehr emotional und intuitiv, geheimniskrämerisch	Die emotionale Energie positiv einsetzen und hart arbeiten	Küster, Totengräber, Weinhandel, Bergbau, Automechaniker, die Marine, Beamter, Psychotherapeut
♐	Vielseitig, emotional, tolerant, Sinn für Humor, zur Selbsttäuschung neigend	Es dem »Feuer« des Aszendenten erlauben zu scheinen; einen positiven Ausdruck finden	Hundetrainer, das Lehren, Exportwesen, Reiseveranstalter, Geograph, Entertainer
♑	Praktisch, empfindlich, ehrgeizig, nicht immer mit sich zufrieden	Mit der wachsenden Verantwortung nicht die freundliche Aufmerksamkeit verlieren	Immobilienhandel, Gartenarchitekt, Klempner, Wohlfahrtsarbeit, Geologe
♒	Sehr originell, leicht gekränkt, manchmal irrational, einfallsreich, phantasievoll	Den Mut haben, zu seinen Überzeugungen zu stehen	Jegliche kreative oder wissenschaftliche Arbeit
♓	Kreativ, empfindsam, verständnisvoll, mitfühlend	Disziplin und einen Sinn für Ordnung entwickeln	Priester, Photograph, Designer, Pflegeberufe, Schuhverkäufer

Veränderungen

Es gibt Zeiten, zu denen wir durch astrologische Einflüsse dazu gebracht werden, unser Leben zu überdenken – was wir in der Vergangenheit getan haben, was wir gerade machen und was wir für die Zukunft anstreben. Als ein Resultat davon nehmen wir häufig umfassende Veränderungen vor. Bestimmte Einflüsse ergeben sich für alle im gleichen Alter, andere dagegen sind sehr individuell und hängen mit unseren persönlichen Progressionen zusammen, z. B. mit dem progressiven Zeichenwechsel von Aszendent, MC oder Sonne.

Sie werden schon bald merken, daß die altehrwürdige Regel »Der Mensch ist der Ausdruck seines Horoskops« niemals eindeutiger zutrifft als zu solchen Zeiten. Sätze wie »Ich kann so nicht weitermachen« oder »Ich weiß nicht, ich fühle mich unruhig und rastlos« sind sehr verbreitet. Entscheidend ist, ob die Person selbst weiß, was sie will, oder ob sie zögernd oder verwirrt reagiert. Bei der Beratung – und speziell bei der zeitlichen Eingrenzung der Einflüsse – müssen die bevorstehenden Transite und Progressionen sorgfältig untersucht werden, besonders die vom Mond aus.

Veränderungen anregen

Wenn die Anzeichen dafür sprechen, könnten Sie Ihrem Klienten zu Veränderungen raten – oder empfehlen, abzuwarten, wenn z. B. Saturn schlecht gestellt ist. Bei einer negativen Einwirkung von Neptun sollte man gleichfalls warten, der Betreffende fühlt sich dann unsicher und verwirrt. Bei Lunarprogressionen zum Mars oder Pluto, bei progressiven Einflüssen von Mars oder Pluto oder bei starken störenden Transiten von Pluto oder Uranus ist man impulsiv und neigt zu überstürzten Entscheidungen. Eine diesbezügliche Warnung ist angebracht.

Die Wiederkehr

Allgemein geltende Phasen der Überprüfung, die zu Veränderungen führen, sind:

1. Die erste Saturnwiederkehr im Alter von gut 29 Jahren.

2. Die Uranus-Opposition zur Geburtsstellung, die sich mit gut 40 ereignet.

3. Die zweite Saturnwiederkehr mit knapp 60.

Wenn wir nur lange genug leben, erleben wir auch:

4. Die Uranuswiederkehr mit ungefähr 84.

5. Die dritte Saturnwiederkehr, wenn wir auf die 90 zugehen.

Der progressive Mond

Weitere Aufschlüsse bietet der progressive Mond. Diese Auswirkungen sind um so stärker, wenn der Mond der herrschende Planet ist, in seinem eigenen Zeichen (Krebs) oder Haus (4.) steht oder in dem Zeichen seiner Erhöhung (Stier). Für den einen oder anderen Menschen dürften diese Progressionen zu neuen Gedanken über das Selbst und die Einstellung zu verschiedenen Aspekten des Lebens führen – allerdings könnte der Einfluß eher schwach sein. Es ist aber denkbar, daß sie intensiv auf das Innenleben wirken, auf die Gefühle, die Ahnungen und die Reaktionen des oder der Betreffenden.

In der Progression läuft der Mond in etwa 28 Jahren einmal um das Horoskop – seine Wiederkehr zur Geburtsstellung ergibt sich, wenn wir 28 oder 29 sind (im Transit läuft der Mond natürlich schon in einem Monat durch das Horoskop!). Seine Wiederkehr ergibt sich zum zweiten Mal, wenn wir etwa 56 sind, ein drittes Mal mit etwa 83.

Die erste progressive Wiederkehr ereignet sich kurz vor der ersten Saturnwiederkehr. Diese beiden Einflüsse ergänzen einander, die Lunarprogression führt zu der emotionalen Irritation, die dann häufig konkrete Planungen in Zusammenhang mit dem Saturneinfluß zur Folge hat. Zu einem zweiten Kontakt kommt es einige Jahre vor der zweiten Saturnwiederkehr; häufig führt dieser Einfluß dazu, daß Menschen Mitte 50 sich Gedanken zum Leben nach der Pensionierung machen – obwohl noch Zeit bis dahin ist. Und bei sehr betagten Menschen haben wir vor der dritten Wiederkehr die Tendenz bemerkt, ihr Haus zu bestellen.

Um mehr über diese grundlegenden Einflüsse in Erfahrung zu bringen (wobei die sehr hilfreiche Jupiterwiederkehr nicht zu vergessen ist!), schlagen Sie die betreffenden Abschnitte in Teil 4 dieses Buches auf.

Individuelle Hinweise auf Veränderungen

Der stärkste Hinweis auf Veränderungen ist der Zeichenwechsel der progressiven Sonne. Wenn Ihr Gegenüber erwägt, Veränderungen vorzunehmen, und Sie entdecken, daß ein solcher Wechsel bevorsteht, ist das ein gutes Omen: Wurde der Mensch unter den ersten Graden eines Sonnenzeichens geboren, heiratet er vielleicht oder geht eine dauerhafte Beziehung ein, wenn die Sonne progressiv das Zeichen wechselt – allerdings sind auch andere Auswirkungen damit möglich. Ganz allgemein kommt es damit aber zu einer Veränderung im Lebensstil und im persönlichen Wesen. Manchmal wechselt man auch den Beruf – alle Arten von Veränderung sind denkbar.

Beim Zeichenwechsel vom Aszendenten sagt die Person vielleicht, daß sie nun über verschiedene wichtige Themen anders denkt oder daß sie sich psychisch weiterentwickelt hat. Manche Menschen verändern sich dann auch physisch – kein Wechsel ihres »Images« (wie beim Sonnenzeichen), sondern neue körperliche Merkmale.

Die Berechnung des Wechsels des Aszendenten

Zu bestimmen, wann der Aszendent das Zeichen wechselt, ist schwierig – wenn die Geburtszeit um vier Minuten abweicht, ergibt das schon einen Unterschied von einem Jahr. Dies trifft auch auf den Wechsel des MC's zu, welches Einflüsse auf die Karriere, die Ziele und das Gefühl für die Richtung hat. Wenn die Geburtszeit korrekt ist, sind davon sehr starke Auswirkungen abzuleiten.

DIE WIEDERKEHR

Während seines Lebens erlebt der Mensch Phasen, in denen die Planeten – mit Ausnahme von Neptun und Pluto – einmal durch den Tierkreis gelaufen sind und zur Ausgangsstellung im Horoskop zurückkehren. Bei der Sonne und dem Mond, Merkur und der Venus geschieht das sehr oft, bei den anderen Planeten seltener. Aus der folgenden Übersicht können Sie entnehmen, daß Sie erst im Alter von 84 Jahren die Wiederkehr von Uranus erleben werden.

Erste progressive Mondwiederkehr 28–29

Erste Saturnwiederkehr mit gut 29

Uranusopposition mit gut 40

Zweite progressive Mondwiederkehr mit ca. 56

Zweite Saturnwiederkehr mit ca. 60

Dritte progressive Mondwiederkehr mit ca. 83

Uranuswiederkehr mit ca. 84

Dritte Saturnwiederkehr mit ca. 90

Sich auf die Pensionierung vorbereiten

Zur Zeit der zweiten Saturnwiederkehr scheiden die meisten Menschen aus dem Arbeitsleben aus oder machen sich Gedanken zur Pensionierung. Wenn Ihr Gegenüber auf die 60 zugehen sollte, lesen Sie den betreffenden Absatz nach. Vielleicht steht dann auch ein Umzug zur Diskussion.

Die Freizeit planen

Sehr wichtig ist, daß man darüber spricht, was der Mensch mit seiner freien Zeit anfangen möchte. Vielleicht hat er hierzu selbst viele Ideen – in unserer Übersicht zu Freizeitaktivitäten (Seite 188–193) werden Sie weitere Vorschläge finden. Es handelt sich dabei um Anhaltspunkte, die zu sehr befriedigenden Resultaten führen können. Sie sollten den Menschen dazu anregen, sein intellektuelles und kreatives Potential tatsächlich zum Ausdruck zu bringen, gleichermaßen aber auch zu körperlichen Aktivitäten, damit sein Körper jung und attraktiv bleibt. Fragen Sie sich, wieviel Geduld der oder die Betreffende aufbringen wird und wie es um die Gesundheit bestellt ist.

DEN TOD VORHERSAGEN

Unserer Meinung nach sollte kein Astrologe versuchen, den Tod vorherzusagen. Wir glauben nicht, daß man konkrete Ereignisse voraussagen kann – der Astrologe, der Ihnen sagt, daß dieses oder jenes geschehen wird, hat möglicherweise hellseherische oder andere übersinnliche Fähigkeiten. Auf jeden Fall kann der Tod durch die verschiedensten Einflüsse hervorgerufen werden.

Mögliche Einflüsse

Der Tod tritt womöglich unter einem harmonischen Transit von Jupiter zur Venus oder zu Neptun ein – was eine angenehme Erfahrung anzeigen könnte. Er könnte sich unter einem uranischen Einfluß ergeben – fraglos ein Schock, vielleicht auch eine unfaßbare Überraschung. Bei Saturn könnte der Einfluß einen konstruktiven Fortschritt anzeigen, gleichermaßen aber auch Verzögerungen oder Frustration. Manchmal wirkt auch Mars ein – unter anderen Umständen aber bedeutet dieser Planet nur, daß der Mensch zu Schnittwunden oder Verbrennungen neigt oder auch zu impulsiven Handlungen.

Freizeit

Man hat heutzutage sehr viel mehr Freizeit als in der Vergangenheit, auch deshalb, weil man früher in Rente geht und länger lebt. Viele Menschen erleben auch Phasen, in denen sie keine Arbeit haben. Inaktivität – ob nun körperliche oder geistige – ist sehr schlecht für uns, nicht nur psychisch, sondern auch physisch. Ein Klient in einer solchen Situation braucht besondere Ratschläge – herauszufinden, welche Freizeitaktivitäten für ihn am erfüllendsten sind, ist genauso wertvoll und belohnend wie die Ermittlung eines passenden Berufs.

Die Art und Weise, eine passende Freizeitbeschäftigung zu finden, ähnelt der Ermittlung des passenden Berufs. Bestimmte Faktoren müssen dabei besonders in Betracht gezogen werden:

- Das Alter des Menschen.
- Seine körperliche Verfassung.
- Ob der Mensch eine Tätigkeit braucht, weil er arbeitslos ist, oder ob er nach einem Gegengift für einen langweiligen Routinejob sucht. Umgekehrt könnte ein Gegengewicht für eine sehr fordernde berufliche Tätigkeit nötig sein.
- Wie geduldig ist der Mensch? Ist er auf schnelle Ergebnisse aus? Kann er sich beharrlich mit etwas beschäftigen und über lange Zeit daran arbeiten?
- Wie teuer ist das betreffende Hobby?

Überlegungen zur Freizeit

Wenn Sie auf die Übersicht auf den Seiten 188–193 schauen, werden Sie die Einteilung in drei Bereiche bemerken. Wie die Tabelle zu den Berufen auch soll sie nur Anhaltspunkte bzw. Diskussionsstoff liefern. Wir wollten auch Vorschläge für jedes Alter machen – insofern finden Sie auch vielleicht für den 70jährigen den Vorschlag »Gewichtheben« oder »Discotanz«. Es könnte in diesem Fall aber so sein, daß sich Ihr Gegenüber durch eine robuste Verfassung auszeichnet und sehr von einer ähnlichen, wenn auch vielleicht nicht ganz so wilden Aktivität profitieren könnte. Umgekehrt beraten Sie vielleicht einen Jugendlichen und lesen: »Bridge« – wahrscheinlich nicht allzu passend. Vielleicht aber ist dieser Mensch doch sehr gesellig und findet Gefallen am Billardspiel. Das Spektrum dieser Aktivitäten

Die Freizeit auf eine befriedigende Weise zu verbringen ist genauso wichtig wie ein erfüllender Beruf.

ist weit, Sie können es aber noch weiter ausdehnen. Wenn der Betreffende z. B. einen Zwillingsaszendenten und eine Waagesonne aufweist, können Sie das Ganze umdrehen und beim Waageaszendenten und bei der Zwillingssonne nachsehen. Damit bekommen Sie noch mehr Vorschläge an die Hand, die sich als befruchtend erweisen, auch wenn es zu Wiederholungen kommt.

Die verschiedenen Kategorien

In einigen Fällen haben wir auch Sportarten unter die Überschrift »Geistig/Allgemein« gefaßt, wenn sie nicht besonders viel körperliche Energie erfordern. Andere wiederum – Eislaufen z. B. – tauchen unter »Kreativität« auf. Nur die weniger inspirierenden und wirklich anstrengenden erscheinen unter »Körperlich«.

Vom Mond stimuliert

Haben Sie bei Ihren Vorschlägen auch das Mondzeichen im Auge! Bei jemandem mit einem Widdermond können Sie von spontanen Reaktionen ausgehen, von zustimmender oder ablehnender Art. Dem Menschen mit einem Krebsmond dagegen sollten Sie sagen: »Ich habe das Gefühl, daß Ihnen ... gefallen könnte.«

Andere Erwägungen

Die Frage des Alters und der physischen Verfassung sind für körperliche Aktivitäten natürlich sehr wichtig. Wir gehen davon aus, daß Sie Ihrem Gegenüber empfehlen, sich erst einmal ärztlich untersuchen zu lassen, bevor er die teure Aufnahmegebühr für einen Fitneßclub bezahlt. In anderen Fällen sollten Sie – mit Takt – versuchen zu ermitteln, wie es um das Augenlicht des Betreffenden oder um die Beweglichkeit seiner Hände bestellt ist. Bei Rheuma oder Arthritis könnte Korbflechten möglicherweise einen therapeutischen Nutzen haben, für denjenigen mit zittrigen Finger dagegen dürfte es von vornherein sinnlos sein.

Bei Ihren Schlußfolgerungen sollten Sie sich auf zwei Planeten stützen – den Herrscher des Horoskops (der Planet, der über das Aszendentenzeichen herrscht) und den Herrscher der Sonne (der Planet, der über das Sonnenzeichen herrscht). Handelt es sich um den gleichen Planeten – wenn z. B. die Person ein doppelter Löwe ist oder eine Jungfrausonne und einen Zwillingsaszendenten hat –, wird sich der Einfluß dieses Planeten als besonders machtvoll erweisen.

Es wird die Zeit kommen, da Sie einem angehenden Rentner, der nach einem neuen Interessensgebiet sucht, Vorschläge unterbreiten und sehen werden, wie sich sein Gesicht aufhellt: »Das habe ich schon immer machen wollen!« Das ist einfach gewaltig – und das ist es, worum es bei der Astrologie geht.

Die Anziehungskraft der Astrologie

Vielleicht haben Sie gemerkt, daß wir die Astrologie nicht in unserem Schema aufgeführt haben, aus einem besonderen Grund. Sie sind nun zu einem Studenten dieses Fachs geworden, und nachdem Menschen aus Ihrem Wissen und Ihren Erfahrungen Profit gezogen haben, fängt

DIE PLANETEN UND FREIZEITAKTIVITÄTEN

DIE SONNE
repräsentiert Kreativität, die Liebe zu Farben, einen Sinn für das Theater.

DER MOND
repräsentiert Vorstellungskraft und Intuition; er kann allerdings auch schwächend auf das Beharrungsvermögen wirken, weil Menschen unter seinem Einfluß für ihre verschiedenen Stimmungen verschiedene Aktivitäten brauchen.

DER MERKUR
repräsentiert mentale Prozesse. Er macht den Menschen oft ungeduldig und rastlos und läßt ihn nach Freunden suchen, die lebhaft, intellektuell, sympathisch und anregend sind.

DIE VENUS
repräsentiert die Liebe zur Schönheit und verleiht Geduld, führt häufig aber auch zu Trägheit und zum Zaudern, vielleicht sogar zu Maßlosigkeit. Mit ihr ist der Mensch gesellig und entspannt.

MARS
verleiht Ungeduld und den Wunsch nach schnellen Resultaten. Er hat häufig »verrückte« Ideen bzw. einen aufflammenden Enthusiasmus zur Folge, der sich nur zu oft sehr schnell erschöpft. Mit ihm liegt der Akzent auf der physischen Energie, die positiv ausgedrückt werden muß. Mars macht seine Vertreter tapfer und wagemutig.

JUPITER
repräsentiert den Intellekt und Interessen, die den Geist weiten. Sein Einfluß könnte – wie die Venus auch – auf Zügellosigkeit schließen lassen, gleichermaßen auf eine sportliche Neigung und Risikofreude. Wie die Sonne auch verleiht er ein Talent zum Dramatischen.

SATURN
repräsentiert Geduld und Bestimmtheit. Mit ihm ist ein langsamer, aber beständiger Fortschritt möglich und wünschenswert, ansonsten könnten ein Mangel an Selbstvertrauen und die Herabwürdigung der eigenen Leistungen die Weiterentwicklung behindern. Manchmal die Neigung zu Tätigkeiten in der Isolation; umgekehrt dagegen vielleicht auch Personen, die Verantwortung für andere tragen.

URANUS
repräsentiert Originalität und Erfindungsgeist; seine Vertreter sagen für gewöhnlich, daß sie etwas anderes als andere machen wollen.

NEPTUN
repräsentiert die Neigung zu Interessen, die in der Abgeschiedenheit verfolgt werden, er fördert die Phantasie. Weil er aber nicht immer günstig auf die Ausdauer und das Selbstvertrauen wirkt, ist anderweitig Unterstützung nötig, wenn das Potential voll zur Geltung kommen soll. Neptun verstärkt die Intuition und verleiht manchmal einen 6. Sinn.

PLUTO
repräsentiert das Bedürfnis zu forschen. Eine Facette dieses Einflusses hängt mit einem tiefen Interesse an den dunkleren, mysteriösen Elementen des Lebens zusammen.

FREIZEIT UND DIE HÄUSER

Betrachten Sie das Horoskop auf Seite 33, um zu sehen, welcher Planet zu welchem Haus gehört. Dies läßt Rückschlüsse auf den Bereich des Lebens zu, wo die Talente, die von dem betreffenden Planeten symbolisiert werden, sinnvoll für die Freizeit genutzt werden können.

Das 5. Haus steht besonders für die Kreativität, speziell in künstlerischer Hinsicht. Das muß nicht heißen, daß Ihr Klient nun ein Maler oder eine Schauspielerin werden wird; beim Mond im 5. Haus kocht er vielleicht auf eine kreative und phantasievolle Weise, mit der Venus darin hat die Frau vielleicht viel Freude an modischer oder reizvoller Kleidung.

Das 6. Haus ist das der Gesundheit, der Disziplin und der alltäglichen Routine; man kann es aber auch in Verbindung mit den Hobbys und der Einstellung dazu sehen. Jeder Planet in ihm ist günstig für umsichtige und konstruktive Arbeit. Mars oder Jupiter darin begünstigen sportlichen Enthusiasmus, Merkur kann eine Neigung zu Sprachen, Kreuzworträtseln, zum Schreiben von kritischen Artikeln oder auch einfach zum Puzzeln bedeuten.

Wenn es keine Planeten im 5. oder im 6. Haus gibt, müssen Sie die stärksten Planeten und Zeichen des Horoskops ermitteln und sehen, was sie nahelegen.

der eine oder andere davon selbst wahrscheinlich damit an, Astrologie zu studieren. Wie bei allen Berufen und Aktivitäten interessieren sich die verschiedensten Arten von Menschen dafür. Vor einigen Jahrzehnten hat der brillante britische Astrologe und Forscher Charles E. O. Carter, der Tausende von Horoskopen analysierte, die besonderen Merkmale erfolgreicher Astrologen untersucht. Er entdeckte nicht nur, daß bestimmte Zeichen im Vordergrund standen, sondern sehr häufig auch bestimmte Grade durch einen Eckpunkt des Horoskops oder einen persönlichen Planeten betont waren, nämlich 10° Jungfrau/Fische und 27° Löwe/Wassermann. Die Ergebnisse dieser und vieler anderer Untersuchungen sind nachzulesen in seinem Buch *The Encyclopaedia of Psychological Astrology*.

ZUSATZAUFGABE

Schauen Sie auf Sylvias Horoskop (S. 158). Welche Interessen wären befriedigend und erfüllend für sie?

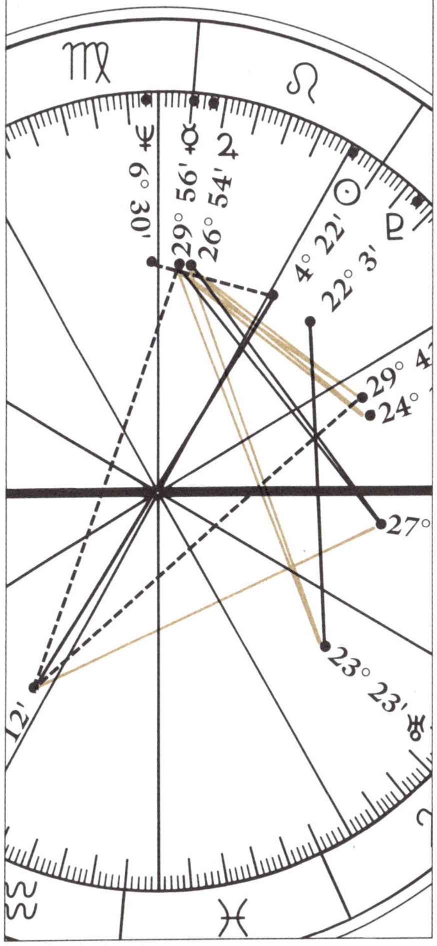

Freizeitvorschläge: Sonne im Widder ♈

Asz.	Körperlich	Geistig/Allgemein	Kreativität
♈	Karate, Sprint, Fitneß	Stock-Car-Rennen, Abenteuerliteratur	Arbeit mit Metall, Do it yourself
♉	Fußball, Football, Boxen, Gewichtheben	Fahrtraining für Fortgeschrittene, Essengehen	Arbeit mit Leder, Bildhauerei, Malen, Dekorieren
♊	Tennis, Leichtathletik, Fallschirmspringen	Diskussionen, Jugendklubs, Funken	Stoffe bedrucken, kreatives Schreiben
♋	Paddeln, Rundball, Baseball	Mit dem Wohnwagen verreisen, Bootsbau	Maschinensticken, chinesisch kochen, Malen und Dekorieren
♌	Gesellschaftstanz, Fechten, Mannschaftssportarten	Cheerleader, Zoologie, Gremienarbeit	Collagen, Musik (Blasinstrumente), Juwelen
♍	Rallyefahren, Yoga	Die Sherlock-Holmes-Gesellschaft, das Rote Kreuz, Funken	Holzarbeit, Weben, Stricken mit der Maschine
♎	Windsurfen, Segeln, Judo	Modelleisenbahnen, Mode	Linolschnitte und -drucke, Schneidern
♏	Turmspringen, Ringen, Kampfsportarten	Motorradsport, Flirten, Computer	Modellbau, Steinglas
♐	Bogenschießen, Reiten	Wettbewerbe, Sprachen, Zelten	Chinesische Malerei, moderner Tanz
♑	Jogging, Bergsteigen	Lokalpolitik, Oldtimer, Geologie	Musik (Holzblasinstrumente), Bildhauerei, Arbeit mit Zinn
♒	Skifahren, Eishockey	Erfinden, Astronomie, Ökologie	Autos reparieren, Laientheater
♓	Wasserski, Rollschuhlaufen	Benachteiligten helfen	Videos machen, Steptanz, Blumen pressen

Freizeitvorschläge: Sonne im Stier ♉

Asz.	Körperlich	Geistig/Allgemein	Kreativität
♈	Boxen, Mannschaftssportarten	Industriearchäologie, selbst Bier herstellen	Schnitzen, Autos wieder instandsetzen
♉	Regelmäßiges Training im Fitneßstudio	Brettspiele, Börse	Keramik, Sticken, dekorative Kuchen
♊	Basketball, Kricket, Wandern	Mode, Rosenzüchten	Stricken (von Hand), Spitzen knüpfen, Skizzen machen, kreatives Schreiben
♋	Schwimmen, Skifahren	Jagen, Fischen	Torten backen, Nähen, Do it Yourself
♌	Bodybuilding, Aerobic	Unterhaltung, das Leben genießen	Landschaftsmalerei, Bildhauen, Kochen (bürgerlich bzw. klassisch), Juwelen, Schauspielerei
♍	Gartenarbeit, Squaredance, Orientierungslauf	Selbst Bier/Wein herstellen, Botanik	Weben, vollwertig Kochen, Patchwork, Schnitzen
♎	Kegeln, Judo	Musik, Kunst, Unterhaltung, Brigde	Sticken von Hand, Kleider entwerfen
♏	Gewichtheben, Tauchen	Weinproben, Erotika, Kino	Teppiche weben, kreatives Tanzen
♐	Querfeldeinlauf	Zelten (unter luxuriösen Bedingungen!), Funken	Buchbinden, Gitarre, Country-and-Western-Musik
♑	Felsenklettern, Mannschaftssport	Lesen, Biographien, Münzen sammeln, Gartenbau	Arbeit mit Ton, Chorsingen
♒	Eishockey, Yoga	Drachenfliegen, Chemie, Antiquitäten	Uhren, Singen, Klavier/Keyboards
♓	Höhlenforschung, Rudern, Boot fahren	Tarot, Fischen	Malen auf Stoff, Puppen

FREIZEITVORSCHLÄGE: SONNE IN DEN ZWILLINGEN ♊

ASZ.	KÖRPERLICH	GEISTIG/ALLGEMEIN	KREATIVITÄT
♈	Rallyesport, Besuch von Fitneßstudios	Jugendklubs, Wettbewerbe	Applikationen, Metallplattendruck (Messing), Stricken mit der Maschine, Perkussionsinstrumente
♉	Rugby/American Football	Schatzjagden, Liebe zur Musik	Modellieren mit Ton, Modellbausätze
♊	Leichtathletik (Sprint, Weitsprung), Squash	Literaturkreise, Funken	Kreatives Schreiben, Stricken mit der Maschine
♋	Bootsrennen, Wasserski	Funken, Graphologie, Babysitten	Kindererzählungen, Puppen herstellen, chinesisch kochen
♌	Aerobics, Rollschuhlaufen	Schach, Unterhaltung, etwas organisieren	Kalligraphie, moderner Tanz, Entwerfen von Stoffmustern
♍	Wandern, Radfahren	Vogelkunde, Diskussionen, Computer programmieren	Tonwaren, Töpferei, Stricken, Patchwork, Do it Yourself
♎	Tennis, Karate, Aerobic	Quiz, Diskussionsgruppen, Mode	Menschen malen, Inneneinrichtung, Liebesromane
♏	Tauchen mit Preßluftgerät, Krocket	Dame/Schach, Bürgerwehr	Polster beziehen
♐	Reiten, Joggen	Briefmarken sammeln, Sprachen	Landschaftsmalerei, Fotografie, Videos
♑	Bergsteigen, Ausflüge mit dem Pferd	Sammeln von Geldern für wohltätige Zwecke, Arbeit in Gremien, Brettspiele	Arbeiten mit Zinn, Papier marmorieren
♒	Gymnastik, Tischtennis	Funken, Erfinden	Glasgravuren, mit Perlen arbeiten, moderne Musik
♓	Segeln, Staffelschwimmen	Bücher sammeln, Handlesen	Wandteppiche und Tapeten, Schauspielerei, Ballett, Poesie

FREIZEITVORSCHLÄGE: SONNE IM KREBS ♋

ASZ.	KÖRPERLICH	GEISTIG/ALLGEMEIN	KREATIVITÄT
♈	Lange Wanderungen, Laufen	Zinnsoldaten sammeln, Lokalpolitik	Das Auto pflegen
♉	Im Fitneßstudio trainieren, Golf	Münzen sammeln, in Lokalen essen	Mode, Süßwaren, Häkeln, Arbeit mit Holz
♊	Paddeln, Fischen, Laufen	Sammeln von Postkarten oder Kuriosa	Körbe flechten, Modellbau
♋	Rudern, Schwimmen	Altes sammeln – Spielzeuge, Silber, Dinge, die mit Wasser zu tun haben	Kochen, Arbeiten mit Silber, Kinder, historische Erzählungen
♌	Gesellschaftstänze (vielleicht historische)	Prachtvolle Häuser besichtigen, Theater	Malen mit Wasserfarben, Fotografie
♍	Yoga, Radfahren	Besondere Gemüsesorten züchten, mit dem Wohnwagen verreisen	Patchwork, Schnitzen, Papier marmorieren, vollwertig kochen
♎	Wasserski, Staffelschwimmen	Altes Porzellan sammeln, Bridge	Dekorative Kuchen backen, Schneidern, Inneneinrichtung
♏	Tauchen mit Preßluftgerät, Autofahren, Autorennen	Historische Schlachten nachstellen, Tarot	Saiteninstrumente, Steinglas
♐	Aerobics, Bogenschießen, Federball	Sprachen, Katzen züchten	Kreatives Schreiben für Kinder, Häkeln
♑	Segeln, Felsenklettern	Industriearchäologie, Sammeln von alten Gegenständen	Singen, Buchbinden
♒	Windsurfing, Skilanglauf	Astronomie, sich am Strand aufhalten	Altes wieder instandsetzen (z. B. Kleidung), Science fiction
♓	Gymnastik, Schwimmen	Psychologische Forschungen, Zauberei	Stoffe bedrucken, Fotografie

Freizeitvorschläge: Sonne im Löwen ♌

Asz.	Körperlich	Geistig/Allgemein	Kreativität
♈	Squaredance, Mannschaftssportarten	Modelleisenbahnen, Modellautos	Arbeit mit Metall, Musik (Blasinstrumente oder Schlagzeug), Malen
♉	Bodybuilding, Golf	Unterhaltung, Einkaufen, Geld verdienen/ausgeben	Sticken, Chorsingen, Gartenarbeit
♊	Squash, Fechten	Diskutieren, Brieffreunde, Mode	Modellbau, kreatives Schreiben
♋	Schwimmen, Rudern	Geschichte, Biographien	Malen mit Wasserfarben, Rollschuhlaufen
♌	Training im Fitneßstudio, Reiten	Schach, Theater, Kunstausstellungen besuchen	Edelsteine, Schauspielerei, Ölmalerei
♍	Volkstümliche Tänze, Radfahren	Botanik, Wettbewerbe, Biographie	Häkeln, Schnitzen, Töpfern, Gartenarbeit
♎	Krocket, Segelflug, Golf	Vogelkunde, Mineralogie, Unterhaltung	Klavier/Keyboards, Schneidern
♏	Segeln, Mannschaftssportarten	Weinproben, Computer programmieren	Autos wieder instandsetzen, exotisch kochen, moderner Tanz
♐	Bogenschießen, Leichtathletik	Sprachen, Mythologie, Geographie	Ölmalen, Ballett, Gitarre
♑	Skilanglauf, Laufen, Stabhochsprung	Arbeit in Gremien, Liebe zur Musik, Literatur	Modellieren mit Ton, Buchbinden
♒	Badminton, Krocket, Tennis	Ballonfahren, Orchideen züchten, Astronomie	Inneneinrichtung, sehr alte oder moderne Musik
♓	Aerobics, Gymnastik	Kino, die Geschichte des Theaters oder der Mode	Amateurtheater, modernes Ballett, Poesie, Fotografie

Freizeitvorschläge: Sonne in der Jungfrau ♍

Asz.	Körperlich	Geistig/Allgemein	Kreativität
♈	Basketball, Radfahren	Autorennen, Tonbandaufzeichnungen, Funken	Stoffe bedrucken, Glockenkunde
♉	Fußball, Karate	Das Landleben, Ökologie, Gartenarbeit	Weben, Spinnen, Töpfern
♊	Leichtathletik, Kricket, Baseball	Kaufen und verkaufen, das Zeitgeschehen, Funken	Verfassen von Kurzgeschichten, Autopflege
♋	Rollschuhlaufen, Segeln, Schwimmen	Historische Erzählungen, Das Rote Kreuz, Wohlfahrtsarbeit	Spielzeuge herstellen, Kochen, kreatives Schreiben
♌	Diskotanz, Aerobics, Fitneßstudio	Biographien, Zimmerpflanzen, Katzen züchten	Fotografie, kreativer Tanz, Miniaturen malen
♍	Volkstümliche Tänze, Radfahren	Kreuzworträtsel, Gartenarbeit	Häkeln, Stricken, Arbeit mit Holz, vegetarische Ernährung, fernöstlich kochen
♎	Tennis, Golf, Skilanglauf	Fanclubs, Vogelkunde, Puzzles	Schneidern, Blumen pressen, Inneneinrichtung
♏	Boxen, Stock-Car-Rennen, Orientierungslauf	Bienenzucht, Darts, Wein herstellen	Kriminalgeschichten, Modellbau
♐	Fechten, Wandern	Schach, Sprachen, Philosophie	Florentinisches Sticken, Landschaften malen/zeichnen
♑	Langlauf, Höhlenforschung	Zelten, Ahnenkunde, Lesen	Schneidern, Arbeit mit Zinn, Bildhauen
♒	Eishockey, Laufen	Lesen – z. B. Science fiction, Geologie	Kerzen herstellen, chinesisch kochen, auf japanische Art Blumen arrangieren
♓	Rudern, Yoga	Fischen, psychologische Forschungen	Mimik, Eislaufen, Buchbinden

Freizeitvorschläge: Sonne in der Waage ♎

Asz.	Körperlich	Geistig/Allgemein	Kreativität
♈	Hockey, Ringen	Industriearchäologie	Hutmacherei, Steinglas
♉	Rollschuhlaufen, Gewichtheben	Unterhaltung, Bridge, Liebe zur Musik	Blumen arrangieren, Konditoreiwaren, Modellbau
♊	Tennis, Aerobics	Graphologie, Drachenfliegen, Fanclubs	Liebesromane, Mode, Zeichnen
♋	Segeln, Segelflug	Liebesromane, Geschichte, Antiquitäten	Arbeit mit Silber, Antiquitäten restaurieren, Häkeln
♌	Gymnastik, Reiten	Theater- oder Konzertbesuche, Geselligkeit, Schach, Kleidung	Chinesische Malerei, Saiteninstrumente
♍	Basketball, Laufen	Zimmerpflanzen, Kosmetik aus natürlichen Substanzen selbst herstellen	Schneidern, Zeichnen, Linoldrucke
♎	Drachenfliegen, Badminton	Quiz, Geselligkeit	Blumen arrangieren auf japanische Art, Stricken von Hand, Arbeit mit Holz
♏	Tauchen, Judo, Bootsrennen	Schmetterlingskunde, Kriminalliteratur, Unterhaltung	Fotografie, Gravuren, Kochen
♐	Segelflug, Squash	Literatur, Geographie	Ein Tagebuch oder Liebesromane schreiben, Malen mit Öl
♑	Bergsteigen, Ausflüge mit dem Pferd	Politik, Familiensagas, Liebe zur Musik	Buchbinden, Arbeit mit Metall, Steingravuren
♒	Fallschirmspringen, Wasserski	Ägyptologie, Chemie, Metaphysik	Künstliche Blumen, Science fiction, Spitzen knüpfen, Stricken mit der Maschine
♓	Gesellschaftstanz, Staffelschwimmen	Töpferei, Zierfische, übersinnliche Phänomene	Patchwork, Puppen, Gitarre

Freizeitvorschläge: Sonne im Skorpion ♏

Asz.	Körperlich	Geistig/Allgemein	Kreativität
♈	Paddeln, Mannschaftssportarten, Karate	Kriegsspiele, Tontaubenschießen	Perkussionsinstrumente, Glockenkunde
♉	Gewichtheben, Rudern	Münzen sammeln, Brettspiele, Erotika	Singen, Schneidern, Konditoreiwaren, Gravuren
♊	Eisschnellauf, Judo	Kriminalerzählungen, Dame/Schach	Uhren, Steinglas, Modellbau
♋	Bootsrennen, Tauchen	Schatzjagden, das Rote Kreuz, Kriminal- oder Liebesgeschichten	Das Zuhause verschönern, Anpflanzungen im Gewächshaus, exotische Pflanzen
♌	Im Fitneßstudio trainieren, Fußball, Ringen	Unterhaltung, Konzert- oder Theaterbesuche, Liebe zum Wein/Wein herstellen	Kreativer Tanz, Malen mit Wasser- oder Acrylfarben
♍	Yoga, Radfahren, Bogenschießen, Skifahren	Zaubern, Puzzles, jegliche Art von Forschung	Chutneys machen, Kriminalliteratur
♎	Schwimmen, Gymnastik	Cocktails mixen, Flirten, Liebesromane	Außergewöhnliche Kleidung herstellen, Musik (Klavier/Keyboards u. Saiteninstrumente)
♏	Kampfsportarten, Tauchen	Amateurdetektiv, Kaufen und Verkaufen, Aktien und Wertpapiere	Schnitzen, Inneneinrichtung, Teppiche
♐	Polo, Fechten, Reiten, Wandern	Backgammon, Sprachen, Wettbewerbe	Moderner Tanz, Poesie, Singen in Gruppen oder im Chor
♑	Bergsteigen, Wandern, Skilaufen	Mineralogie, Ahnenkunde, Antiquitäten	Töpferei, Steine schleifen, Musik (Holzblasinstrumente)
♒	Felsenklettern, Fallschirmspringen	Kosmologie, Astronomie, Computer	Spitzen knüpfen, Eislaufen, elektronische Musik
♓	Yoga, Schwimmen, indischer Tanz, Bauchtanz	Psychologische Forschungen, Tonbandaufzeichnungen, das Meer	Fotografie, Veredelung, Mimik, Schauspielerei

Freizeitvorschläge: Sonne im Schützen ♐

Asz.	Körperlich	Geistig/Allgemein	Kreativität
♈	Bogenschießen, Reitsport	Abenteuerliteratur, Pferde- oder Hunderennen, Reisen	Landschaftsgemälde, Tiere photographieren (speziell freilebende)
♉	Gartenarbeit	Darts, selbst brauen oder Wein herstellen	Sticken, mit Leder arbeiten
♊	Leichtathletik, Ballonfliegen, Fliegen	CB-Funk, Brieffreundschaften, aus der Hand lesen	Kreatives Schreiben, Kalligraphie, Glasgravuren
♋	Ausflüge mit dem Pferd, Paddeln	Schach, Schatzjagden, Partys organisieren, Geschichte	Do it yourself, Spielzeuge selbst herstellen, kreatives Kochen, Kindergeschichten
♌	Spanischer Tanz, Reiten	Cheerleader, Briefmarken sammeln, Flirten	Amateurtheater, Ölmalen, Photographie
♍	Laufen, Weitspringen, Orientierungslauf	Tauben züchten, Kreuzworträtsel, Computer programmieren	Folk/Country-and-Western-Musik, vollwertig kochen
♎	Tischtennis, Skilaufen	Brettspiele, Austausch, Unterhaltung	Ölmalen, Wandteppiche/Tapeten
♏	Langstreckenlauf oder -schwimmen	Kriegsspiele, schnelle Autos, Literaturwissenschaft	Teppiche weben, Kriminalerzählungen, Arbeit mit Metall
♐	Tennis, Reiten, Kricket, Baseball	Reisebücher, Sprachen, einen Jugendklub leiten	Gitarre (spanische bzw. klassische)
♑	Spazierengehen, Klettern, Orientierungslauf	Schatzjagden, Antiquitäten, seltene Bücher	Buchbinden, Musik (vielleicht Holzblasinstrumente)
♒	Badminton, Bogenschießen	Funken, karitative Arbeit vor Ort	Eislaufen, chinesisch kochen
♓	Wettkampfschwimmen	Hunde züchten, Ägyptologie	Ballett, moderne oder klassische Poesie, Schauspielerei

Freizeitvorschläge: Sonne im Steinbock ♑

Asz.	Körperlich	Geistig/Allgemein	Kreativität
♈	Laufen (vielleicht Marathonlauf)	Militärgeschichte, -literatur	Glockenkunde, Metallplattendruck (Messing), Arbeit mit Silber oder Metallen
♉	Bergsteigen, Mannschaftssportarten	Kosmetika aus natürlichen Zutaten herstellen	Musik (komponieren und aufführen), Töpferei
♊	Leichtathletik (insbesonders Sprint und Hochsprung)	Ahnenkunde, Diskussionsrunden, Lesezirkel	Mit Rohr oder Bambus arbeiten, Kalligraphie, Puppen herstellen
♋	Segeln, Rudern, Karate	Babysitting, in Antiquitäten investieren, Unterhaltung	Kochen (bürgerlich bzw. klassisch), Puppen und Spielzeug herstellen oder restaurieren
♌	Rollschuhlaufen, Hockey, Gesellschaftstänze	Schach, gemeinsame Konzert- und Theaterbesuche organisieren	Juwelen, Zeichnen, Bildhauerei
♍	Yoga, Country- oder Squaredance	Archäologie, der Schutz der Ressourcen der Erde	Schnitzen, Töpferei, Bezüge nähen
♎	Skilaufen, Drachenfliegen, Aerobics	Unterhaltung, Liebe zur Musik, Bridge	Spitzen knüpfen, Stricken mit der Maschine, zeichnen mit Schablonen, Inneneinrichtung
♏	Kampfsportarten, Fechten, Golf	Anthropologie, Fischen, Brettspiele	Modellbau, Gravuren, Fotografie
♐	Diskus- oder Speerwurf, Laufen, Basketball	Bücher sammeln, Biographien, Sprachen	Videos machen, Collagen, Landschaftsgärtnerei
♑	Kegeln, Felsenklettern, Wandern	Familiensagas, Lokalpolitik, Ökologie	Steine bearbeiten, Körbe flechten, chinesisch kochen
♒	Leichtathletik, Drachenfliegen	Science fiction, Vogelkunde, Chemie	Sehr alte oder sehr moderne Musik, Steinglas
♓	Diskotanz oder sehr alte Tänze, Wandern	Vergleichende Religionswissenschaft, übersinnliche Phänomene, Zierfische, Wohlfahrtsarbeit	Steine schleifen, Ton modellieren, Blumen trocknen

Freizeitvorschläge: Sonne im Wassermann ♒

Asz.	Körperlich	Geistig/Allgemein	Kreativität
♈	Fallschirmspringen, Kampfsportarten	Erfinden, Behinderten helfen, Tontaubenschießen	Uhren, Juwelen, Malen mit Acrylfarben
♉	Rallyefahren, Rudern, Wandern	Orchideen züchten, Bridge, die Geschichte der Architektur	Schnitzen, Häkeln, Inneneinrichtung
♊	Tennis, Ballonfahren, Radfahren	Schach, Jugendklubs, Brettspiele	Science fiction, Saiteninstrumente, Drucken
♋	Paddeln, Schwimmen	Kuriositäten sammeln, mit der Wünschelrute Wasser suchen, das Rote Kreuz	Modellschiffe, Spielzeuge herstellen, Singen, Malen, Schmücken
♌	Training im Fitneßstudio	Arbeit in Gremien, Liebe zur Musik, die Oper	Rollschuhlaufen, Entwerfen und Herstellen von Kleidern, Schauspielerei
♍	Basketball, Felsenklettern	Katzen züchten, Drachenfliegen, Wohlfahrtsarbeit	Florentinisches Nähen, Miniaturen malen, Modellbausätze
♎	Badminton, Krocket	Astronomie, Mode, Funken	Perlensticken, Klavier/Keyboards, sehr alte oder sehr moderne Musik
♏	Eisschnellauf oder Eishockey, Tauchen mit Pressluftgerät	Lokalpolitik, Computer, Zaubern	Sticken, Kochen (bürgerlich bzw. klassisch), Steinglas, Fotografie
♐	Squash, Tischtennis	Erforschen, Vogelkunde, Billard	Etwas aus Papier formen, Landschaftsmalerei, Kalligraphie, Oldtimer restaurieren
♑	Langstreckenlauf, Skilanglauf	Geologie, für wohltätige Zwecke sammeln, Unterhaltung	Steine schleifen, Glockenkunde, Glasgravuren
♒	Leichtathletik, Segeln, Skifahren, Yoga	Archäologie, Wissenschaft, Ziervögel	Moderner Tanz, Blumen auf japanische Art arrangieren, Häkeln
♓	Gymnastik, Segeln	Übersinnliche Phänomene, Geschichte des Kosmos	Lampenschirme herstellen, Gitarre, Videos, Mimik

Freizeitvorschläge: Sonne in den Fischen ♓

Asz.	Körperlich	Geistig/Allgemein	Kreativität
♈	Eishockey, Fechten, Squash	Für das Wohl von Kindern oder Tieren arbeiten	Arbeit mit Holz, Patchwork, Stricken von Hand, Schnitzen
♉	Fußball, Gewichtheben	Unterhaltung, in Konzerte gehen, Ökologie	Konditoreiwaren, Singen, Töpferei
♊	Turmspringen, Skilaufen, Bogenschießen	Aus der Hand lesen, Fußreflexzonenmassage, Sprachen	Drucken, kreatives Schreiben, Entwerfen von Stoffmustern
♋	Rudern, Aerobics	Angeln, Erinnernswertes sammeln, psychologische Forschungen	Töpferei, Blumen pressen, Fotografie
♌	Segeln, Reiten	An exotische Orte reisen, Traumdeutung, Astronomie	Das Zuhause verschönern, Juwelen, mit edlen Stoffen oder Materialien arbeiten
♍	Wandern, Paddeln	Bienenzucht, Gartenarbeit, Biographien lesen	Ganzheitliches oder vegetarisches Kochen, Weben, Poesie
♎	Golf, Kricket, Tischtennis	Sich erholen, Geselligkeit, Familiensagas lesen, Einkaufen	Herstellen von künstlichen Blumen, Inneneinrichtung, chinesisch kochen
♏	Alle Arten von Wassersport	Erotika, das Meer, Tarot	Videos machen, Chutneys herstellen, Figuren malen bzw. zeichnen
♐	Volkstümliche Tänze, Basketball	Sprachen, Briefmarken sammeln, Religionen vergleichen	Eis- oder Rollschuhlaufen, Papier marmorieren, Linolschnitte und -drucke, Do it yourself
♑	Golf, Wandern, Leichtathletik	Seefahrt (Literatur und Geschichte), Philosophie	Modellieren mit Ton, Musik (zumeist Singen), Häkeln, Weben
♒	Windsurfing, Drachenfliegen, Radfahren	Gläser sammeln, Kosmologie, Erfinden	Laientheater, Entwerfen und Herstellen von Kleidern, ungewöhnliche Gegenstände herstellen
♓	Yoga, Gymnastik, Bootfahren	Kino, Aromatherapie, Zierfische und -katzen	Poesie, Schauspielerei, Herstellen von Puppen oder Spielzeugen, Zeichnen von Kartoons

Gesundheit

Seit Tausenden von Jahren weiß man um die Verbindung zwischen den Planeten und Zeichen und den verschiedenen Körperteilen. Das Studium der Geschichte der Astrologie läßt viele interessante, jahrhundertealte Erkenntnisse deutlich werden – die vielleicht schon auf Ptolemäus oder Manilius zurückgehen, aber heute noch ihre Geltung haben, trotz aller medizinischen und astrologischen Fortschritte. Diese Aussagen zeigen, daß die neuen medizinischen Erkenntnisse durchaus zur traditionellen Astrologie passen.

Die vielleicht bekannteste Beziehung besteht zwischen Zeichen und Körperteilen (siehe S. 196). Es gibt aber auch eine Verbindung zwischen den Drüsen und den Planeten – allerdings ist diese Theorie noch nicht sehr alt. Beide Theorien haben ihren Wert, sie bilden den Hintergrund für das faszinierende Gebiet der medizinischen Astrologie.

Der ganzheitliche gesundheitliche Ansatz ist dem Astrologen sehr sympathisch; wenn Sie ein erfülltes Leben führen und positive Energie – körperlich, intellektuell und emotional – zum Ausdruck bringen, ist die Wahrscheinlichkeit gering, daß Sie krank werden. Das ist vielleicht eine recht grobe Vereinfachung – auf jeden Fall aber handelt es sich um einen guten astrologischen Ansatz. Es ist aber auch sehr wichtig, daß Sie die psychischen Implikationen bedenken, bevor Sie sich mit potentiellen Krankheiten und Verletzungsneigungen usw. befassen.

Der Mensch mit einem Gewichtsproblem z. B. könnte unter beträchtlichem emotionalen Streß leiden – vielleicht mangelt es ihm an Zuneigung, so daß ihm das Essen ein Trost ist. Hüten Sie sich aber vor übereilten Schlußfolgerungen – es könnte sich genausogut um ein Problem handeln, das mit der Schilddrüse zu tun hat.

Ein Blick auf die einzelnen Horoskopbereiche

Wenn es um die Gesundheit und Anfälligkeit für Krankheiten geht, ist folgendes zu berücksichtigen:

1. Der Aszendent und das 1. Haus mit allen Planeten.

2. Der Einfluß von Sonne und Mond

Verbindungen zwischen dem Körper und den Zeichen und Planeten sind bereits seit Jahrhunderten bekannt.

und dem herrschenden Planeten (letzteres dann, wenn Sonne oder Mond im Aspekt zu ihm stehen).

3. Das 6. Haus mitsamt seinen Planeten.

4. In manchen Fällen kann ein Aspekt wie z. B. ein Quadrat zwischen Sonne und Mars oder Saturn gesundheitliche Auswirkungen haben. Diese Stellungen sollten in Verbindung mit den anderen Indizien interpretiert werden.

Bei der Charakteranalyse müssen Sie sich daran erinnern, daß die Eigenschaften des Aszendenten- und des Sonnenzeichens grundlegend für die Persönlichkeit sind, sich aber auf verschiedenen psychischen Ebenen manifestieren können. Bei der Analyse der Gesundheit müssen beide berücksichtigt werden, wobei dem Aszendenten größere Aufmerksamkeit gewidmet werden sollte. Die Anfälligkeiten, wie sie mit dem Sonnenzeichen einhergehen, ergeben sich eher als Resultat unserer persönlichen Aktivitäten, während diejenigen des Aszendenten mehr mit der genetischen Struktur zusammenzuhängen scheinen. Was den Mond betrifft, handelt es sich um die Reaktion auf Situationen – der Mensch mit einem Jungfraumond wird z. B. entdecken, daß er in Streßsituationen oder bei einem Schock zu Magenbeschwerden neigt.

Planeten im 1. Haus

Je näher ein Planet am Aszendenten steht, desto stärker ist sein Einfluß. Als erstes müssen Sie untersuchen, welchen Einfluß die Planeten direkt am Aszendenten haben. Als allgemeine Anhaltspunkte sollten Sie die kurzen Anmerkungen auf der gegenüberliegenden Seite studieren. Je weiter »unten« im Haus der Planet steht, desto schwächer ist sein Einfluß.

Die Übersicht der Zeichen mitsamt ihrer Beziehung zur Einstellung zur Gesundheit und den allgemeinen Bedürfnissen (siehe S. 198) stellt einen weiteren Anhaltspunkt dar. Beide Male geht es darum, auf eine konstruktive Weise zu denken und den Einfluß des herrschenden Planeten usw. zu erkennen.

Das 6. Haus

Unsere Einstellung zur Routine, die Art und Weise, wie wir unsere wachen Stunden verbringen und das, was wir brauchen, um unsere Bedürfnisse zu befriedigen usw. haben einen machtvollen Einfluß auf unser körperliches Wohlbefinden. Der Körper ist nichts anderes als eine komplizierte Maschine. Wenn man für ihn sorgt und vernünftig mit ihm umgeht, wird er lange Zeit funktionieren. Wenn er durch allzuviel Druck in Mitleidenschaft gezogen ist oder – schlimmer noch – wenn er »rostet«, gerät Sand ins Getriebe. Sie können hier Näheres erkennen, wenn Sie die Übersicht auf Seite 199 studieren, bei der der Aszendent in Verbindung mit dem Zeichen an der Spitze des 6. Hauses gesetzt wird. Diese Liste ist immer gültig, wenn Sie das System der Äqualen Häuser benutzen. Bei Placidus oder Koch müssen Sie vorsichtig sein – hier können sich andere Kombinationen ergeben.

Planeten im 1. Haus

☉ Sonne

Positiv Eine erhöhte Vitalität und eine positive Einstellung zur Gesundheit. Für gewöhnlich stehen hier Sonne und Aszendent im gleichen Zeichen, wodurch der Mensch zur »doppelten Waage« oder was auch immer wird. Ein besonderer gesundheitlicher Akzent gemäß des betreffenden Zeichens; eine solche Stellung ist besonders gründlich zu analysieren. Untersuchen Sie die Aspekte der Sonne und die des herrschenden Planeten, dessen Einfluß natürlich ebenfalls besonders wichtig ist.

Negativ Negative Züge treten dann in Erscheinung, wenn Spannungsaspekte zu anderen Planeten bestehen und die machtvolle Vitalität und die positive Einstellung der Sonne beeinträchtigt ist. Als Resultat kann es eventuell auch zu Exzessen kommen.

☽ Mond

Positiv Der positive Fluß der Emotionen verhilft dem Menschen zu einem erfüllenden Leben. Diese Stellung verleiht aber eine empfindliche Haut, welcher Farbe sie auch sein mag. Ängste und Ahnungen können die Gesundheit beeinflussen. Bei Frauen sollten regelmäßig die Brüste untersucht werden.

Negativ Wie vorstehend, allerdings mit einer erhöhten Neigung zu Ängsten. Sehr häufig eine verringerte Vitalität oder Verdauungsprobleme, wieder als Ergebnis der Neigung zu Sorgen.

☿ Merkur

Positiv Ein reger Stoffwechsel und viel mentale und nervliche Energie, die gemäß der Charakteristiken des Aszendenten zum Ausdruck kommen. Rastlosigkeit könnte zum Problem werden.

Negativ Nervliche Spannung, speziell dann, wenn Merkur negative Aspekte von Uranus, dem Mond oder von Jupiter empfängt. Bei einem Quadrat oder einer Opposition zu Saturn könnte eine gesteigerte Rastlosigkeit sowie Neigung zu Depressionen die Gesundheit beeinträchtigen.

♀ Venus

Positiv Ein eher träger Stoffwechsel, bei der Stellung in einem Luft- oder Feuerzeichen allerdings vielleicht auch ein gleichmäßiger Fluß der Energie.

Negativ Da diese Plazierung zu Maßlosigkeit neigen läßt, ist Übergewicht recht wahrscheinlich.

♂ Mars

Positiv Regt den Stoffwechsel an und bedeutet viel körperliche Energie, die einen positiven Ausdruck erfordert. Wahrscheinlich eine Neigung zu Unfällen.

Negativ Wie vorstehend, die negativen Auswirkungen sind aber noch stärker. Bei einem Kontakt zu Saturn kommt die Energie womöglich auf eine unangemessene Art zum Ausdruck, vielleicht mit einer Tendenz zu Erkältungen und Fieber. Ein negativer Kontakt zu Uranus könnte bedeuten, daß Spannungen sowohl zu physischen als auch psychischen Problemen führen.

♃ Jupiter

Positiv Der Mensch kostet das Leben voll aus; Komplikationen dürften damit zusammenhängen, daß er sich allzuviel Essen oder Wein gönnt. Auch bei positiven Aspekten ist ohne weiteres eine Gewichtszunahme möglich.

Negativ Die Tendenz, des Guten zuviel zu tun – exzessiv zu essen oder zu trinken, nicht als Resultat des Bedürfnisses, der Realität zu entfliehen, sondern einfach wegen des Vergnügens, was letztendlich zu einem Leberschaden führen könnte. Die Hüften und Oberschenkel sind anfällig, wie beim Schützeaszendenten auch. An diesen Stellen Neigung zur Gewichtszunahme.

♄ Saturn

Man kann nur wenig Positives zum Einfluß auf die Gesundheit sagen, wenn sich Saturn in diesem Haus befindet. Fast immer hat er eine verminderte Vitalität zur Folge, wenngleich er in einigen wenigen Fällen auch als eine Verankerung der Persönlichkeit wirken kann. Den meisten Menschen aber verleiht er eine ziemlich negative Einstellung, die nicht förderlich für das Wohlbefinden ist. Häufig Schmerzen und Krankheiten; manchmal, wenn Saturn von Merkur oder Uranus verletzt wird, auch die Tendenz zu Behinderungen. Womöglich stürzt dieser Mensch oft und hat in einem überdurchschnittlichen Maße unter Prellungen oder Brüchen zu leiden. Wenn Sonne, Mond oder herrschender Planet im negativen Aspekt zu Saturn stehen, womöglich sehr schwerwiegende gesundheitliche Beeinträchtigungen gemäß des betreffenden Zeichens.

♅ Uranus

Wie bei Saturn auch hat diese Stellung nicht sehr viel Positives. Sie bedeutet ein erhöhtes Maß an nervlicher Energie und regt meist den Stoffwechsel an, bringt aber viel Spannung. Unfälle sind eine weitere Möglichkeit, vielleicht mit Stürzen und Prellungen.

♆ Neptun

Über diese Stellung wird ausführlich in dem psychologischen Kapitel (S. 204–207) berichtet, auch in dem Abschnitt zur Interpretation der Neptunaspekte (S. 332/33). Die Auswirkungen scheinen eher von psychischer als von physischer Art zu sein, vorausgesetzt, der Betreffende verfällt nicht in Alkohol- oder Drogensucht, um seinen psychischen Problemen zu entfliehen. Der psychologische Aspekt ist jedenfalls wichtiger als der physische. Vielleicht auch eine Anfälligkeit gegen ärztlich verordnete Drogen. Falls Neptun sich unter dem Einfluß eines Skorpion-Aszendenten befindet, dürfte der Stoffwechsel eher träge sein, was zu einer Gewichtszunahme führen könnte.

♇ Pluto

Auch hier gibt es nicht allzu viele positive Effekte, abgesehen davon, daß Pluto bei positiven Aspekten die Eliminierung von unerwünschten Substanzen begünstigt. Bei negativen Aspekten kann aber der verkrampfende, beschränkende Effekt gerade das Gegenteil bewirken. Wie bei Neptun auch ist der psychische Einfluß dieser Stellung sehr machtvoll.

Die Planeten und die Drüsen

Es besteht eine intensive Beziehung der Planeten zu den Drüsen. Befindet sich ein Planet im 1. Haus – besonders in Konjunktion zum Aszendenten –, könnte die Drüse, über die er herrscht, zu Problemen Anlaß geben. Dieser Einflußbereich ist vielleicht der wichtigste von allen. Die Drüse, die dem herrschenden Planeten zugeordnet wird, könnte eine herausragende Rolle spielen.

Der Tierkreis und der Körper

Astrologen haben schon vor langer Zeit erkannt, daß bestimmte Zeichen über bestimmte Körperteile herrschen. Dies wird deutlich an den unzähligen »Tierkreismenschen«, bei denen die Zeichensymbole den Körperteilen, über die sie regieren, zugeordnet sind. In dieser Übersicht finden sich die gebräuchlichsten Assoziationen wieder, wie sie schon von Ptolemäus vor 2000 Jahren in seinem Werk Tetrabiblos angeführt sind. Wir ergänzen sie noch durch die Zuordnung der Drüsen. Diese Kategorisierung entspricht der zeitgenössischen Astrologie – wir möchten Sie aber dazu auffordern, sich hier wie bei den anderen Bereichen dieser Wissenschaft auch Ihre eigene Meinung zu bilden.

Widder
Der Widder herrscht über den Kopf, insbesondere über das Großhirn. Eine starke Widderbetonung könnte die Neigung zu Neuralgien oder schweren Kopfschmerzen anzeigen. Mars als Herrscher des Widders wird der Überlieferung nach mit dem linken Ohr, den Nieren, den Venen und Adern und den Genitalien in Beziehung gesetzt. Er herrscht auch über die Geschlechtsdrüsen.

Zwillinge
Die Zwillinge herrschen über die Lungen, die Lungenbläschen, die Schultern, Arme, Hände und Finger. Regent der Zwillinge ist Merkur, womit auch die mentalen Prozesse betont sind, die sich für gewöhnlich durch Schnelligkeit und Brillanz auszeichnen. Ptolemäus setzte diesen Planeten in Beziehung zur Zunge, zur Galle und zu dem Gesäß. Die modernen Astrologen glauben, daß er über die Nerven herrscht.

Stier
Mit dem Stier assoziiert man das Kleinhirn wie auch den Hals, die Ohren, den Unterkiefer und die Kehle. Stiere stehen im Ruf, zuviel zu essen. Das Zeichen Stier beeinflußt die Nebenschilddrüse, welche den Kalziumspiegel im Körper steuert.

Löwe
Der Löwe herrscht über das Herz, das Rückgrat und den Rücken. Sein Regent ist die Sonne, welche nach Ptolemäus über das Gehirn, das Herz, die Sehnen und die rechte Körperseite herrscht. Heutzutage bringt man sie in Zusammenhang mit der Thymusdrüse und den endokrinen Drüsen (wichtig in der Pubertät) und dem körperlichen Immunsystem.

Krebs
Der Krebs herrscht über die Brüste, den Magen und die Speiseröhre. Der Mond, der über den Krebs herrscht, wird der Tradition nach mit dem Magen, der Gebärmutter und dem Geschmackssinn in Verbindung gebracht, gleichzeitig mit der linken Seite des Körpers. Die moderne Astrologie ordnet ihm das gesamte Verdauungssystem zu.

Waage
Die Waage herrscht über die Nieren und die Lenden. Probleme mit dem Urin können auch mit ihr zusammenhängen. Weil die Venus über dieses Zeichen herrscht, sollten Sie auch beim Stier nachlesen.

Jungfrau
Die Jungfrau steht in Verbindung mit dem Darmtrakt, dem Solarplexus sowie dem Nervensystem. Dieses Zeichen wird von Merkur beherrscht (siehe auch Zwillinge).

Schütze
Der Überlieferung nach steht der Schütze in Verbindung mit den Hüften und Oberschenkeln, gleichermaßen mit den Blutgefäßen. Sein Herrscher ist Jupiter, der auch über die Leber, die Arterien und das Sperma herrscht; es besteht ein Zusammenhang zur Hirnanhangdrüse, die die Hormonproduktion und das Körperwachstum reguliert.

Skorpion
Der Überlieferung nach hängen die Sexualorgane mit dem Skorpion zusammen (woher dessen übermäßig strapazierter Ruf als sexuellstes Zeichen herrührt). Die Blase, Prostata und der Mastdarm werden ebenfalls von diesem Zeichen regiert. Traditionell herrschte Mars darüber – sehen Sie also auch auf das Zeichen Widder. Der moderne Herrscher ist Pluto; Pluto und Mars herrschen zusammen über die Geschlechtsdrüsen.

Steinbock
Der Steinbock herrscht über die Knie, Knochen und Zähne; sein Regent ist Saturn, welcher die Regentschaft über die Milz, die Blase, den Schleim und die Knochen hat. Weiterhin bringt man ihn in Verbindung mit der Hirnanhangdrüse, welche die Geschlechtsdrüsen steuert und die Knochen- und Muskelstruktur beeinflußt.

Fische
Die Fische haben die Regentschaft über die Füße sowie auch über Krankenhäuser und die Medizin allgemein. Traditionell herrschte Jupiter darüber – sehen Sie diesbezüglich auch beim Schützen nach. Der neuzeitliche Herrscher ist Neptun, welcher den Thalamus beeinflußt, eine Struktur im Hirn, die Auswirkungen auf die Übertragung von Sinnesreizen hat.

Wassermann
Der Wassermann regiert den Kreislauf; sein traditioneller Herrscher ist Saturn – siehe also Steinbock. Heute wird Uranus die Herrschaft darüber zugeschrieben, den Astrologen mit der Zirbeldrüse in Zusammenhang bringen, dem mysteriösen »dritten Auge«.

EINIGE HÄUFIGE PROBLEME UND IHRE BEURTEILUNG

Die vielleicht wichtigste Frage ist, inwiefern der Verstand, die Haltung und der persönliche Lebensstil die Gesundheit beeinflussen. Wenn der Betreffende sich viele Sorgen macht und alleine lebt, ist die Wahrscheinlichkeit groß, daß er Kleinigkeiten überinterpretiert. Die geistige Einstellung führt dann tatsächlich zur Krankheit.

Dies ist am wahrscheinlichsten bei der krebsgeprägten Person – die vielleicht von der Familie getrennt lebt. Es sind aber nicht nur ältere Damen für diese Tendenz anfällig; der junge Mann oder die junge Frau, die gerade von zu Hause ausgezogen ist, könnte auf eine rätselhafte Weise erkranken. Recht wahrscheinlich ist das bei einer markanten Krebsbetonung oder auch, wenn der Mond in Konjunktion zum Aszendenten steht oder durch einen persönlichen Planeten oder Saturn negativ aspektiert wird. In letzterem Fall dürfte die ganze Einstellung etwas Düsteres bekommen. Ähnliches ist auch beim Waagetyp denkbar – diese beiden Zeichen sowie die alleinlebenden Menschen, die von der Jungfrau oder dem Wassermann geprägt sind, leiden auf diese Art und Weise.

Die Einstellung zum Leben verändern

Bevor man die Krankheit – ob nun eine reale oder eingebildete – näher zu bestimmen versucht, sollte man sich fragen, was die Wurzel des Problems sein könnte. Vielleicht muß der oder die Betreffende sich öffnen, vielleicht muß er oder sie den Geist weiten. Einen überzeugten Einzelgänger werden Sie nicht dazu bringen, sich zu binden – ermutigen Sie ihn aber dazu, sein Potential zu entwickeln.

Die junge Person, die nach dem Auszug aus dem Zuhause physisch erkrankt ist, fühlt sich vielleicht sehr unsicher und braucht Unterstützung. Sehen Sie hier auf Mars und Jupiter (um zu erkennen, wie sie aktiv werden kann) und auf Uranus (ist ein ausgeprägter Hang zur Unabhängigkeit vorhanden?). Bei einer Betonung der Feuerzeichen könnten die Schwierigkeiten bald überwunden sein, bei Wasserzeichen sind sie dagegen wahrscheinlich recht vertrackt, bei Erde geht es vielleicht darum, daß der oder die Betreffende ein Gefühl der Sicherheit braucht. Bei Luft kommt es auf Logik an. In jedem Fall sollten Sie auch auf die Lunarprogressionen und auf die Transite schauen, um herauszufinden, was die Probleme und die negative Einstellung verursacht hat und wie es um deren zeitliche Dauer bestellt sein dürfte. Vielleicht müssen Sie hier sehr vorsichtig vorgehen – manchmal könnte wiederum ein Schock sehr heilsam wirken und dazu beitragen, daß der junge Mensch seinen Mutterkomplex überwindet.

Die Gesundheit vernachlässigen

Neben der Tendenz zur Hypochondrie oder der übermäßigen Neigung zu Ängsten gibt es ein anderes Extrem: die Augen zu verschließen. Der Mensch könnte auch zu einem blinden Optimismus neigen: »Alles ist in Ordnung.« (Achten Sie auf negative Aspekte zwischen Sonne und Jupiter, einen stark gestellten Jupiter, z. B. in Konjunktion zum Aszendenten.)

Es gibt auch den Zauderer, der es unter allen Umständen vermeidet, sich einem Test zu unterziehen (der Waage- oder Fischetyp). Vielleicht ist Ihr Klient auch mars- oder widder- oder schützegeprägt; weil er den Sport und das Training so liebt, könnte er sehr dickköpfig sein, was diesbezügliche Symptome betrifft – und womöglich allzu lange mit dem Gang zum Arzt warten.

Sie wissen, wie Sie diese Personen zu nehmen haben – indem Sie ihre Horoskope studieren. Untersuchen Sie die Position des Mondes, er läßt erkennen, wie sie auf Sie reagieren. In schwierigen Fällen sollten Sie Ihr eigenes Horoskop in Beziehung zu dem Ihres Gegenübers setzen – so können Sie sehen, ob eine gute Verbindung besteht.

ASTROLOGIE UND DIÄT

Manche Menschen werden Sie fragen, wann ein guter Zeitpunkt ist, mit einer Diät anzufangen. Wie immer gilt es, das Horoskop daraufhin von verschiedenen Blickpunkten aus zu untersuchen.

◆ Wie diszipliniert ist die Person? Ist sie willensstark genug, eine Diät durchzuhalten? Jemand mit einem gut aspektierten Saturn dürfte hier wenig Probleme haben; der Mensch, dessen Horoskop auf wenig Disziplin schließen läßt – z. B. mit einer sehr starken Venus und der Liebe zum Süßen oder einem machtvollen Jupiter und der Vorliebe für reichhaltige Mahlzeiten –, braucht mehr Unterstützung. Er wird auch länger Diät halten müssen als die sehr aktive Persönlichkeit.

◆ Ist der Stoffwechsel träge oder schnell? Der Mensch mit einem regen Stoffwechsel dürfte nicht allzuviel Gewicht angesetzt haben, sein Körper spricht wahrscheinlich auch gut auf die Reduzierung der Kalorien an. Mit seinen schnellen Bewegungen (vielleicht hat er etwas vom »Zappelphilipp« an sich) wird er die überschüssigen Pfunde wieder schnell loswerden und sich in Zukunft durch eine logische und rationale Einstellung zum Essen auszeichnen. Bei einem trägen Stoffwechsel dagegen dauert es sehr viel länger, bis man Gewicht verliert. Menschen, in deren Horoskop die Erdzeichen dominieren, sind zugänglich für Appelle an ihre Bestimmtheit und Zielstrebigkeit. Wenn die Liebe zum süßen Leben durch Jupiter sehr stark ist, müssen Sie auffordern, vernünftig zu sein.

◆ Wann ist die Zeit günstig, mit einer Diät anzufangen? Vielleicht ist es einfacher zu erläutern, wann dies nicht der Fall ist! Eine Abfolge von Jupitertransiten z. B., besonders zu Sonne, Aszendent oder Mond, läßt uns zur Gewichtszunahme neigen. Transite von Jupiter zur Venus oder eine Reihe von flüchtigen Venustransiten zu Jupiter, Sonne, Mond oder Aszendent sind ebenfalls nicht sehr günstig. Logischerweise sind Weihnachten und andere Festtage auch nicht besonders geeignet, überhaupt der Winter für diejenigen, die in nördlicheren Breiten leben – wenn es kalt ist, braucht der Mensch nun einmal reichhaltigeres Essen.

Positive Anzeichen

Im Idealfall gibt es Transite, die konstruktive Hilfe erkennen lassen. Positive Transite von Saturn zum herrschenden Planeten sind günstig; Transite zwischen Saturn und Merkur bedeuten eine empfänglichere geistige Verfassung, was ebenfalls hilfreich ist. Überraschenderweise sind dagegen positive Lunarprogressionen zu Saturn nicht günstig.

Um welche Jahreszeit es sich auch handeln mag, Sie können mit einer

SONNENZEICHEN UND GESUNDHEIT

☉	HALTUNG	STOFFWECHSEL	ANFÄLLIG FÜR	ERFORDERNISSE
♈	Hat keine Zeit, sich um seine Gesundheit Sorgen zu machen	Meist sehr schnell	Kopfschmerzen, Unfälle aufgrund von Sorglosigkeit – Schnitte, Stürze, ausgeschlagene Zähne	Der Sorglosigkeit entgegentreten; psychische »Überhitzung« vermeiden, das Essen nicht zu scharf würzen!
♉	Macht sich vielleicht Sorgen, wartet aber womöglich sehr lange, bis er ärztlichen Rat sucht	Träge	Gewichtszunahme, Halsentzündungen	Maßloses Essen und Trinken vermeiden; die Tendenz zum Süßen bezähmen; nicht aus Kummer essen
♊	Rationalisiert potentielle Probleme	Rege	Nervliche Spannung, Rastlosigkeit, Arm-, Schulter- und Handverletzungen, Bronchitis	Der Rastlosigkeit durch eine Kombination von physischen und intellektuellen Aktivitäten begegnen
♋	Könnte sich schon bei kleineren Beschwerden sehr viele Sorgen machen	Zumeist langsam	Wegen der Neigung zu Sorgen Magenprobleme und wegen der empfindlichen Haut Sonnenbrand	Eine rationalere Einstellung entwickeln, um konstruktiver auf das Leben zu reagieren; ich regelmäßig untersuchen lassen
♌	Bei Krankheiten wütend auf sich selbst	Beständig bis rege	Rückenschmerzen und Probleme mit der Wirbelsäule	Regelmäßiger Sport, um Probleme mit dem Herz zu vermeiden und den Rücken beweglich zu halten; sich warm anziehen
♍	Könnte bei den kleinsten Beschwerden zum Arzt (oder zum Homöopathen) laufen	Rege	Ängste und nervöse Spannung führen häufig zu Migräne; Darmbeschwerden, Ekzeme	Gelassenheit entwickeln, indem man sich eine Entspannungstechnik aneignet
♎	Könnte lange warten, bevor er sich eine Diagnose stellen läßt	Zumeist niedrig	Übergewicht; physisch oder psychisch bedingte Kopfschmerzen	Eine ausgewogenere Einstellung zum Leben durch regelmäßiges Essen und anregende sportliche Aktivität
♏	Neigt dazu, selbst zu diagnostizieren, was falsch läuft	Beim sehnigen Typ: rege; beim schwerer gebauten: langsam und immer langsamer werdend	Psychische und physische Stagnation vermeiden und die machtvolle Energie tatsächlich einsetzen	Auf allen Gebieten des Lebens Exzesse vermeiden, besonders aber beim Essen und bei der Sexualität
♐	Ignoriert die Symptome, so lange es geht	Zumeist hoch	Rastlosigkeit, die zu Problemen führen kann; Gewichtszunahme an Hüften und Oberschenkeln	Sicherstellen, daß die physische und intellektuelle Energie auch tatsächlich verbrannt wird; die eine mit der anderen konfrontieren
♑	Könnte zu Ängsten neigen	Beständig bis rege	Arthritis und Zahnprobleme, Verletzungen der Knie	In Bewegung bleiben, um steife Gelenke zu vermeiden; eine positive Einstellung zum Leben gewinnen
♒	Hört sich den Rat des Arztes vielleicht an, befolgt ihn aber nicht	Zumeist rege	Arthritis, schwache Knöchel, schwacher Kreislauf	Braucht vielleicht wärmere Kleidung als er/sie denkt; muß die exzentrische Einstellung zu Krankheiten überdenken
♓	Tendiert zu Ängsten und bildet sich Krankheiten ein	Zumeist niedrig	Probleme mit den Füßen; Übergewicht; manchmal allergische Reaktionen auf Medikamente	Sich der Tendenz zu negativen Fluchtmechanismen bewußt sein

90prozentigen Wahrscheinlichkeit davon ausgehen, daß der Mensch bei einem progressiven Mondaspekt zum Radix- oder zum progressiven Saturn einen Schnupfen oder eine Grippe bekommt (siehe auch S. 200/201). Das letzte, was man dann tun sollte, ist, weniger zu essen. Wenn allerdings Ihr Klient zu der Sorte Mensch gehört, die bei einer Erkältung nichts essen können, wird er natürlich Gewicht verlieren.

Im allgemeinen sind positive Saturntransite günstig für den Beginn einer Diät. Ansonsten können Sie Zeiten heraussuchen, zu denen im Progressionshoroskop nicht viel los ist. Das heißt, daß das Leben dann wahrscheinlich keine angenehmen Überraschungen bereithält.

Vorsicht beim Thema Diät!
Es ist sehr wichtig, daß man sich vor einer intensiven Diät ärztlich untersuchen läßt. Wenn ärztlicherseits nichts dagegen spricht, dürfte es sinnvoll sein, sich um ein anderes Eßverhalten zu bemühen.

Fragen Sie sich immer, ob der Grund für das Gewichtsproblem mit einem unerfüllten emotionalen Leben zusammenhängt. Falls ja: Geben Sie Unterstützung – diese ist möglicherweise genau das, worauf es ankommt, nicht das Kalorienzählen. Wenn der Mensch lernt, gelassener und gelöster zu werden und emotionale und sexuelle Erfüllung findet, wird er vielleicht von sich allein aus weniger essen.

Spricht aber alles für eine Diät, sollte man sehr darauf achten, die notwendigen Vitamine zu sich zu nehmen. Wir raten ansonsten nicht zur kritiklosen Einnahme von Vitaminpräparaten – bei einer Diät aber können sie tatsächlich nützlich sein.

Das dicke Kind
Der Grund dafür, daß ein Kind zuviel ißt, kann ein Mangel an Liebe oder das Gefühl der Unsicherheit sein. Ein solches Kind stiehlt möglicherweise auch, vielleicht deshalb, weil die Eltern an ihm herumnörgeln oder weil es auf die jüngere Schwester oder den jüngeren Bruder eifersüchtig ist. Auf der anderen Seite könnte ein gedankenloser Elternteil, der es auf maßlose Weise verwöhnt, dafür verantwortlich sein.

SÜCHTE ERKENNEN

Wenn Sie die anderen Kapitel dieses Buches gelesen haben, werden Sie wissen, daß bestimmte Planeten, Zeichen und manchmal auch Aspekte in bestimmten Bereichen des Horoskops zu negativen Fluchttendenzen wie Alkohol, Nikotin oder Drogen führen können. Es sind aber so viele junge Menschen von Dro-

ASZENDENT UND GESUNDHEIT

ASZ	DAS ZEICHEN AN DER SPITZE DES 6. HAUSES	MÖGLICHE INTERPRETATION
♈	JUNGFRAU	Arbeitet den Tag über hart, mit der Möglichkeit, daß sich Spannungen aufbauen. Könnte sich allzuviel aufladen
♉	WAAGE	Neigung zum süßen Leben. Opulente Geschäftsessen könnten schädliche Folgen haben. Vielleicht ist mehr körperliche Betätigung nötig
♊	SKORPION	Hat das Bestreben, den Arbeitsalltag so intensiv wie möglich zu gestalten – arbeitet vielleicht an Verbesserungen der Arbeitsabläufe
♋	SCHÜTZE	Wegen Unstrukturiertheit, Ängsten oder Hektik bezüglich der Aufgaben könnte es zur Verschwendung von emotionaler und physischer Energie kommen
♌	STEINBOCK	Für gewöhnlich diszipliniert und strukturiert; manchmal aber Streß und Erschöpfung wegen zu harter Ansprüche an sich selbst
♍	WASSERMANN	Würde sehr von einer regelmäßigen Arbeitszeit und einer vorhersehbaren Routine profitieren; neigt aber zu Spannungen und Schuldgefühlen, weil er sich leicht ablenken läßt
♎	FISCHE	Ängste bezüglich der Reaktion der Mitmenschen auf die eigenen, unstrukturierten Aktivitäten könnten zu Streß und negativen körperlichen Symptomen führen
♏	WIDDER	Der Aszendent Skorpion verleiht hier sehr viele emotionale und körperliche Ressourcen – und der Widder will, daß es Fortschritte gibt im Leben. Wahrscheinlich keine besonderen Probleme
♐	STIER	Genießt die Arbeit und das Vergnügen; muß wegen der Tendenz zu Übergewicht sowie zur Unbeständigkeit ein Auge auf die Ernährung haben, speziell dann, wenn die physische Energie nicht angemessen zum Ausdruck kommt
♑	ZWILLINGE	Nervliche Anspannung und konzentrierte, harte Arbeit können zu steifen Gelenken und Schmerzen führen. Massage wirkt hilfreich
♒	KREBS	Muß lernen, ein gleichmäßiges Tempo zu entwickeln und Sprunghaftigkeit im Ausdruck der Energie zu vermeiden. Ängste könnten zu körperlicher Steifheit in den Gelenken führen
♓	LÖWE	Häufig der Wunsch nach einem luxuriösen Lebensstil. Der Mangel an Disziplin und Anstrengung aber könnte Unzufriedenheit zur Folge haben.

gen abhängig, daß man bei ihnen alle Tierkreiszeichen und Konstellationen finden kann. Grundsätzlich aber gibt es einige Anzeichen im Horoskop, die auf Sucht schließen lassen, was vorbeugend von großem Nutzen sein kann.

Drogenprobleme

In den Horoskopen von Süchtigen ist sehr häufig ein verletzter Neptun zu finden, oft in Konjunktion zum Aszendenten (zumeist aus dem 1. Haus, manchmal aus dem 12.). Beim Skorpion- oder Waageaszendenten ist die Situation sehr schwierig. Einfacher ist es, wenn sich Neptun im Schützen befindet, weil hier eine Affinität zwischen Zeichen und Planet besteht. Ältere Menschen mit dem Neptun in der Jungfrau könnten ebenfalls Probleme haben, allerdings war die Einnahme von Drogen in ihrer Jugendzeit weniger verbreitet. Die Generation, die zwischen 1984 und 1998 geboren ist, hat diesen Planeten im Steinbock; die Drogenszene hat für sie hoffentlich weniger Reiz.

Ein markanter Pluto kann hier eine zusätzliche Faszination bewirken. Derjenige, bei dem er stark gestellt ist, probiert Drogen vielleicht einfach deshalb aus, um zu wissen, »wie das ist«.

Der Umgang mit Drogenabhängigkeit

Damit jemand von einer schweren Sucht freikommt, ist wahrscheinlich eine spezielle Beratung nötig – etwas, das Ihre Fähigkeiten überschreiten dürfte und was Sie gar nicht erst versuchen sollten. Sie können aber auf andere Weise helfen. Sehen Sie im Horoskop nach, ob etwas auf Veränderungen schließen läßt – Sonne oder Aszendent progressiv im nächsten Zeichen z. B. oder die Saturnwiederkehr im Alter von 29 oder 30 Jahren. Intensive Saturntransite – besonders zu Sonne oder Mond – sensibilisieren den Menschen ebenfalls; sie können auch die innere Moral stärken, mit der Sucht zu brechen. Untersuchen Sie immer, welche Stärken der betreffende Mensch hat, und ermutigen Sie ihn, sich darauf zu beziehen. Es ist dagegen zwecklos zu sagen: »Halt – das hat keinen Sinn!« Wenn Sie die Stärken betonen und – am wichtigsten von allem – aufzeigen, wo das Potential liegt und wie es entwickelt werden kann, vermag der Betreffende seine Einstellung zu verändern, dann kann er Bestimmtheit entwickeln und vielleicht zu einem befriedigenderen Lebensstil finden. Diejenigen, die scheitern, haben oftmals darunter gelitten, daß es niemanden gab, der an sie geglaubt hat – dies ist häufig der Grund für den Drogenkonsum.

Rauchen

Sie können auf die gleiche Weise vorgehen und nach den gleichen Trends suchen, wenn Ihr Klient ein starker Raucher ist – der Unterschied könnte aber der sein, daß er von sich aus dazu entschlossen ist, mit dem Rauchen aufzuhören. Das sollte er auch sein – ein Mangel an Bestimmtheit führt nämlich unweigerlich zu Rückschlägen. All die vorstehend angeführten Progressionen und Transite sind hilfreich; Sie können sich aber auch auf die Hinweise beziehen, die wir für den Beginn einer Diät aufgezählt haben (siehe S. 197f). Es gibt hier Parallelen – Willensstärke und Bestimmtheit sind von grundlegender Wichtigkeit, wie auch das Vermeiden von Situationen, in denen die Versuchung zum Rauchen allzu groß wird.

ALLERGIEN UND ANFÄLLIGKEITEN

Es leiden heute viel mehr Menschen als früher unter Allergien, wenngleich die Vertreter der medizinischen Berufe uns eifrig das Gegenteil versichern. Manche Allergien werden durch Lebensmittelzusätze verursacht; allerdings ist es jetzt leichter geworden, Nahrung ohne diese zu finden. Streß ist ein weiterer Faktor. Wenn Sie am Horoskop eines Allergikers arbeiten, werden Sie vielleicht entdecken, daß ein Zusammenhang zu Transiten besteht, die Streß anzeigen. Man kann Streß natürlich nicht vollständig vermeiden; und für gewöhnlich muß hier auch das Progressionshoroskop berücksichtigt werden. Es kann hilfreich sein, wenn Sie eine Entspannungstechnik oder vielleicht auch Yoga empfehlen, wodurch der Mensch innerlich ruhiger wird, was sich womöglich auch günstig auf die Allergie auswirkt.

Manche Menschen reagieren gut auf homöopathische Behandlung; wenn Ihr Gegenüber jungfraugeprägt ist und zu typischen Beschwerden neigt, könnten homöopathische Medikamente sehr hilfreich sein. Auf der praktischen Ebene sollten Sie den Klienten dazu anhalten, sorgfältig zu registrieren, was er ißt und trinkt, und die kritischen Nahrungsmittel allmählich wegzulassen.

Krebs und Krebs

Es ist extrem wichtig, daß Sie und Ihre Klienten wissen, daß es keine Verbindung zwischen dem Zeichen Krebs und der Krankheit Krebs gibt. Die Person mit einer markanten Krebsbetonung läuft kein größeres Risiko als andere, an Krebs zu erkranken. In den 70er Jahren gab es amerikanische Astrologen, die dafür plädierten, das Zeichen Krebs in »Kind des Mondes« umzubenennen. Das ist natürlich nicht akzeptierbar; statt einen Namen zu ändern, den es seit 2000 Jahren gibt, sollte man besser die Öffentlichkeit aufklären.

Es ist unmöglich, vom Horoskop her zu sagen, ob ein Mensch an Krebs erkranken wird oder nicht. Die uns bekannten Menschen, die an Krebs erkrankt sind, zeichnen sich aber durch gewisse Ähnlichkeiten aus. Sie haben – aus einer Vielzahl von Gründen – ihre wahren Wünsche (z. B. emotionaler oder sexueller Natur) unterdrückt und häufig an einem unbefriedigenden Job festgehalten. Dies ist auch die Ansicht mancher medizinischer Forscher – wenngleich sich nicht alle Krebsformen über einen Kamm scheren lassen (z. B. diejenigen, die sich bereits in der frühen Kindheit ausbilden).

Herzattacken und -infarkte

Es ist auch unmöglich, die Neigung zu Herzattacken oder -infarkten vom Horoskop herzuleiten. Natürlich ist der starke Raucher (siehe Andrew, S. 207) gefährdeter – man muß aber kein Astrologe sein, um das zu erkennen. Wenn Sie ein Horoskop vor sich haben, das auf einen trägen Stoffwechsel schließen läßt und vielleicht auch auf Fluchttendenzen, und wenn Sie wissen, daß der Betreffende keinen Sport treibt, ist aber davon auszugehen, daß er eher Probleme bekommen wird als derjenige, der sich beim Trinken mäßigt, der nicht raucht und dessen Stoffwechsel aktiv ist.

Alles, was sie tun können, ist, zur Mäßigung beim Rauchen, beim Trinken oder was auch immer zu raten und zu empfehlen, sich körperlich zu betätigen.

Der Löwe regiert über das Herz, und gerade Menschen mit einer Löwebetonung sollten regelmäßig Sport treiben – weil das Herz ein Muskel ist, der Bewegung braucht, um in Gang zu kommen. Ein lethargischer Löwe ist für gewöhnlich ein unerfüllter Mensch. Wie beim Krebs und der gleichnamigen Krankheit auch aber gibt es keinen statistischen Zusammenhang zwischen dem Löweaszendenten oder der Löwesonne und Herzerkrankungen.

Günstige und ungünstige Zeiten für Operationen

Viel astrologische Forschungsarbeit ist der Frage gewidmet worden, welche Zeiten günstig für Operationen sind und welche nicht. Man ist hier immer noch aktiv – einige der bisherigen Schlußfolgerungen scheinen einleuchtend, andere sind nicht überzeugend.

Vor einer Reihe von Jahren machte eine Gruppe von amerikanischen Chirurgen die Entdeckung, daß es bei allen Patienten, die sie an einem Tag operiert hatten, Probleme mit Blutungen gab. Später merkten sie, daß gerade Vollmond gewesen war. Diese interessante Enthüllung ist eine unter vielen, die astrologische Schlußfolgerungen und Erkenntnisse stützt.

Was Operationen betrifft, hier einige Vorschläge, die sich als hilfreich erweisen könnten. Nach Möglichkeit keine Operation:

◆ Bis fünf Tage vor oder nach Vollmond.

◆ Wenn der Transitmond im Quadrat, in Opposition oder im Quinkunx zur Radixposition von Sonne, Mond, Aszendent, Mars oder Saturn steht. In diesem Buch berücksichtigen wir die Position des Transitmondes nur dann, wenn sie mit dem Neumond zusammenfällt (siehe S. 230f). Weil Mars mit Blutungen und dem Akt des Schneidens zusammenhängt, kann sein Einfluß – mag er auch schwach sein – zu Problemen führen. Gleichermaßen könnte Saturn Verzögerungen beim Heilungsprozeß oder Komplikationen bei der Operation bedeuten.

◆ Zu Zeiten, wenn Merkur oder Mars rückläufig ist. Es kommt dann nämlich häufig zu Mißverständnissen und Störungen in der Kommunikation – und Mars ist, wie oben erwähnt, der Planet der Chirurgie. Es ist günstig, wenn er zur Zeit des Eingriffs »in guter Laune« ist.

Es kann sehr sinnvoll sein, diese Regeln zu beachten – häufig sind Operationen ja auch geplant. Wenn es sich zeigen sollte, daß die Zeit für den Eingriff ungünstig ist, sollten Sie zunächst auf das Progressionshoroskop und die allgemeinen Transite schauen, um weitere Aufschlüsse über die betreffende Zeit zu gewinnen. Es gibt heute viele Ärzte, denen das Wohlbefinden ihrer Patienten wichtig genug ist, um auf diesbezügliche Wünsche einzugehen. Man sollte sich deshalb nicht scheuen, seine Gründe darzulegen, weshalb man zu einer bestimmten Zeit nicht ins Krankenhaus gehen möchte.

Gute Zeiten für Operationen:

◆ Bis zu fünf Tagen vor oder nach Neumond; Blutungen sind dann am besten unter Kontrolle zu bringen.

◆ Der Transitmond im Sextil oder im Trigon zur Radixposition von Venus, Mars oder Jupiter; diese eher nebensächlichen Transite tragen sehr zum Wohlbefinden des Menschen bei.

Eine Reihe von Astrologen ist auch der Meinung, daß man sich nicht operieren lassen sollte, wenn der Mond in einem veränderlichen Zeichen steht – seine Stellung in fixen Zeichen dagegen wäre günstig. Vielleicht berücksichtigen Sie das – wenn Sie allerdings jedem astrologischen Rat gerecht werden wollen, werden nur noch sehr wenige Termine übrigbleiben! Ganz allgemein sind wir der Meinung, daß man besonders auf das individuelle Horoskop schauen muß, um zu einem Urteil zu gelangen. Berücksichtigen Sie auch die anderen Hinweise (besonders wichtig sind hier die Anmerkungen zum Neu- und Vollmond).

Wenn Sie Blutspender sind, merken Sie vielleicht, daß es angenehmer ist, vor dem Vollmond zu spenden: das Blut fließt dann besser und schneller.

TRANSITE UND GESUNDHEIT

Die Planeten haben – wie dargelegt – die vielfältigsten Auswirkungen auf die Gesundheit und das Wohlbefinden:

SONNE

Bei Transitoppositionen oder -konjunktionen zu persönlichen Planeten hat die Sonne zumeist positivere Gefühle zur Folge.

Läuft sie durch das 1. Haus, ist die Vitalität deutlich gestärkt.

MOND

Wird für gewöhnlich bei den Konjunktionen nicht berücksichtigt. Wenn allerdings vom Neumond aus negative Aspekte zum Aszendenten oder den persönlichen Planeten ausgehen, könnten wir kurzzeitig das Gefühl haben, die Kontrolle zu verlieren. Bei Frauen Menstruationsprobleme.

MERKUR

Diese Transite haben meist kaum gesundheitliche Auswirkungen, sie führen allenfalls zu einer gewissen nervlichen Anspannung, falls Merkur im Kontakt zu einem schwer verletzten persönlichen Planeten steht. Aber auch dann wirken sie nur ein bis zwei Tage.

VENUS

Diese Transite machen unser Leben angenehm und vergnüglich. Manchmal haben wir unter ihnen vielleicht Magenprobleme – weil wir zuviel gegessen haben. Zu solchen Zeiten könnten wir an Gewicht zulegen. Aber auch dieser Einfluß währt nicht lange.

MARS

Transite vom Mars zum Aszendenten, zur Sonne oder zum Mond führen zu Überstürztheit und häufig zu einer Unfallneigung; wir schneiden uns vielleicht oder verbrennen uns.

Beim Marstransit zum MC geraten wir womöglich unverschuldet in einen Autounfall. Warnen Sie Ihr Gegenüber vor diesen Möglichkeiten, und raten Sie, für etwa eine Woche besondere Vorsicht walten zu lassen. Mars steigert das Energieniveau, und wir fühlen uns nun meist stark. Ob es sich aber nun um eine Konjunktion oder eine Opposition handelt: Achtung, Gefahr!

JUPITER

Ähnlich wie die Venus, allerdings dauert der Einfluß länger. Bei einem negativen Kontakt zu einem persönlichen Planeten neigen wir vielleicht zur Maßlosigkeit. Jupiters Schlüsselwort – Expansion – kann fraglos beim Kontakt zur Sonne oder zum Aszendenten auch eine Gewichtszunahme bedeuten. Für gewöhnlich aber in anderen Lebensbereichen positivere Auswirkungen.

SATURN

Beeinträchtigt die Vitalität. Depressionen, eine Erkältung oder Grippe, Schmerzen und manchmal auch Stürze sind möglich, wenn Saturn im Transit den Aszendenten, die Sonne, den Mond oder den herrschenden Planeten negativ oder durch die Konjunktion aspektiert.

URANUS

Man muß nun darauf achten, daß der Kreislauf funktioniert und daß man keine besonderen Risiken auf sich nimmt (besonders bei gefährlichen Sportarten). Manchmal kommt es unter dem Einfluß von Uranus zu einem Schock. Wie bei Saturn auch ist das am wahrscheinlichsten bei negativen Aspekten oder der Konjunktion zur Sonne, zum Mond, zum Aszendenten oder herrschenden Planeten.

NEPTUN

Wir könnten nach dem Weg des geringsten Widerstandes suchen, wenn Neptun aktiv ist. Achten sollte man nun darauf, nicht zuviel zu rauchen und nicht in negative Fluchttendenzen zu verfallen. Manchmal Vergiftungen durch verseuchtes Wasser oder verdorbene Lebensmittel, speziell beim Neptunkontakt zu Mars. Was die anderen Einflüsse betrifft, gelten dieselben Regeln wie bei Saturn und Uranus.

PLUTO

Dieser Planet kann Blockaden zur Folge haben. Wenn uns ein psychisches Problem beschäftigt, ist es mit Pluto in positiver Wirkung oder in Konjunktion möglich, es von allen Seiten zu beleuchten. Pluto unterdrückt oder treibt an; er wirkt am machtvollsten in der Konjunktion oder im negativen Transit zur Sonne, zum Mond oder zum Aszendenten. Wenn der Transitpluto Mars aspektiert, könnte es zu einer Entzündung oder anderen Beschwerden mit den Sexualorganen kommen.

Erkältungen und Grippe
Die verbreitetsten und lästigsten der Befindlichkeitsstörungen. Wir haben bereits angemerkt, daß sie mit fast absoluter Sicherheit zur Zeit einer Lunarprogression zum progressiven oder zum Radixsaturn auftreten werden. Warnen Sie Ihr Gegenüber davor, und raten Sie ab, in Kontakt mit Menschenmengen oder mit erkrankten Personen zu kommen. Vorbeugend sollte der oder die Betreffende zusätzlich Vitamine zu sich nehmen, besonders Vitamin C. Auch im Hochsommer oder in heißen Gegenden kann man sich erkälten – man sollte also immer ein warmes Kleidungsstück parat haben.

Eine Magersüchtige

FALLSTUDIE

Lisa ist ein 17jähriges Mädchen, das seit einigen Jahren an Magersucht litt. Ihre Eltern ließen sich scheiden, als sie sieben Jahre alt war. Was Lisa nicht wußte, war, daß ihr Vater nur zwei Monate nach der Scheidung erneut heiratete. Seine zweite Frau hatte bereits ein Kind. Als Lisa Jahre später von dieser Heirat und ihrer Halbschwester erfuhr, schlug ihre herzliche Zuneigung zum Vater, die sie sich trotz der Scheidung bewahrt hatte, in einen bitteren Haß und Eifersucht gegen die zweite Frau und ihre Halbschwester um. Dies war der Grund für ihren Zustand, der lange Aufenthalte in Krankenhäusern zur Folge hatte.

Die Analyse des Horoskops
Lisas Horoskop (siehe nächste Seite) zeigt ein gutes Potential, besonders für kreative Arbeit oder auch für eine Tätigkeit in Verbindung mit dem Bereich der Mode/Schönheit (Sonne in Konjunktion zur Venus im Löwen, Aszendent Waage, Uranus am Aszendenten).

An Phantasie fehlt es ihr nicht (Mond in Konjunktion zu Neptun), was auch kreativ zum Ausdruck kommen könnte. Die Venus – als Herrscher des Horoskops – kommt durch die Konjunktion mit der Löwesonne gut zur Geltung; der machtvollste Planet des Horoskops ist aber Saturn: Aspekte zu sieben Planeten und ein Trigon zum Aszendenten. Die Oppositionen zwischen Saturn und Mond, Neptun und Jupiter blockieren Lisa emotional. Wenn wir diese Planeten von den Zeichen und Häusern her interpretieren, ist von einer freiheitsorientierten Reaktion auf die Geschehnisse auszugehen (Mond im Schützen), von einer Liebe zum guten Leben (Jupiter im Skorpion) und von einem Bedürfnis nach Sicherheit (drei Planeten im 2. Haus).

Interessanterweise wirkt Saturn hier auf die beschränkendste Weise, indem er sagt: »Du darfst nicht!« Die Situation wird durch Merkur noch verschlimmert, der im eigenen Zeichen steht und in spannungsreichen Quadraten zu Saturn auf der einen und Mond und Neptun auf der anderen Seite.

Die Opposition zwischen Mond und Saturn zeugt von Phasen der Depression, während ein verletzter Merkur auf Neugier und einen Sinn für Kunst schließen lassen kann (bei Personen, die

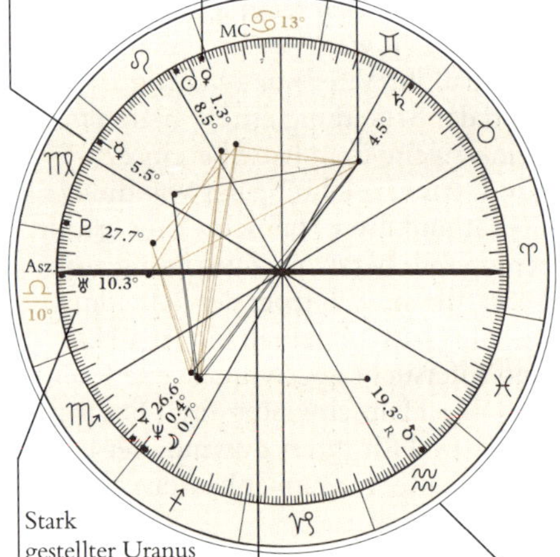

zu Süchten neigen, recht häufig). Uranus in Konjunktion zum Aszendenten und Mars im Wassermann legen einen Charakter nahe, der schwierig und sehr exzentrisch ist.

Vom Studium des Horoskops aus ist klar, daß die Wurzel von Lisas Magersucht in dem machtvollen Saturneinfluß zu suchen ist. Der Überlieferung nach steht Saturn für den Vater, und dies ist der Beleg dafür, daß die Handlungen ihres Vaters Lisa vollständig aus dem Gleichgewicht gebracht haben. Dieser planetarische Einfluß findet Unterstützung durch Merkur in der Jungfrau – ein Zeichen, das mit Ernährung zu tun hat – sowie durch den Hang zur Andersartigkeit von Uranus, und sie wird weiter verstärkt durch die spröde und zugleich angespannte Charakteristik von Mars im Wassermann. Die Eigenschaften des Aszendenten, stark von Uranus beeinflußt, verliehen Lisa das Bedürfnis, anders zu sein als andere – was sich nun nicht allzu günstig für sie auswirkt. Ihr jetziger Zustand ist ein Hilferuf.

Worauf man achten sollte

1. Ein machtvoller Saturn, der negative Aspekte von Sonne, Mond oder Aszendent erhält.

2. Anzeichen für eine unangemessene Einstellung zur Ernährung und zu Diäten: Aspekte zu Mond, Venus oder Jupiter; auch ein persönlicher Planet im Stier, in der Jungfrau oder in der Waage, der durch Saturn verletzt ist.

3. Stier, Jungfrau oder Waage durch Sonne, Mond oder Aszendent im Brennpunkt.

4. Ein starkes 2. oder 6. Haus (mit einem persönlichen oder dem herrschenden Planeten) dazu.

5. Der Mond oder die Venus verletzt, speziell bei der Stellung im 6. Haus.

6. Eine Betonung des Krebses – das Zeichen der Nahrung – durch Sonne, Mond oder Aszendent. (In Lisas Fall steht der Krebs am MC, wodurch sie sich mit seinen Eigenschaften identifiziert. Der Mond, der darüber herrscht, ist Bestandteil eines einschränkenden Aspektmusters.)

7. Ein schwerwiegend beeinträchtigter Pluto in den Häusern, die mit der Gesundheit zusammenhängen, dem 1., dem 6. oder demjenigen, das für die psychische Gesundheit steht: das 12. Um noch einmal auf Lisa einzugehen: Bei ihr befindet sich Pluto im 12. Haus, was auf tiefverwurzelte psychische Probleme schließen läßt. Er weist diverse machtvolle Aspekte auf, was hilfreich ist, da es sich um Sextile zu den verletzten Planeten Mond, Jupiter und Neptun sowie um ein Trigon zu Saturn handelt, womit gewährleistet ist, daß die plutonischen Energien positiv zur Geltung kommen.

Ein sehr dicker Mann

Fallstudie

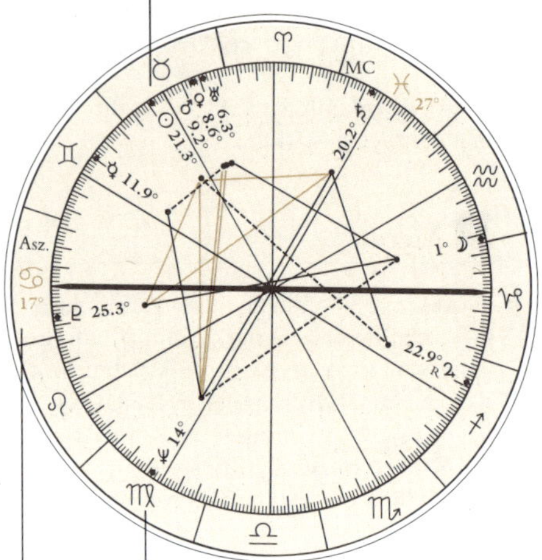

Dieser Mann, der 171 Kilogramm wog, bekam zu hören, daß er nur noch zwei Monate zu leben hätte, wenn er nicht abnehmen würde. Er tat es nicht, weil zwei Freunde trotz Diät starben.

Das machtvolle Stellium im Stier ist typisch für ein Gewichtsproblem, der Krebsaszendent ist dabei nicht eben hilfreich. Der stark beeinträchtigte Neptun im 2. (Stier-) Haus, der im Trigon zu dreien der vier Stierplaneten steht, läßt ahnen, wie ungünstig sich diese Aspekte auswirken können. Der Mond im Wassermann als Herrscher des Horoskops verleiht eine eigensinnige und ignorante Haltung, noch verstärkt durch die extrem machtvolle Opposition zu Pluto im 1. Haus.

Wie groß der Einfluß der Erfahrungen der Freunde war, wird durch die Stellung Merkurs im eigenen Zeichen Zwillinge im 11. Haus extrem deutlich. Jupiter im 6. Haus hat auch mit der Gesundheit zu tun, auch er ist im eigenen Zeichen stark gestellt. Dieser Mann hätte grundsätzlich seinen Saturn konstruktiv nutzen können, um zu einer vernünftigeren Einstellung zu kommen; die Opposition zwischen Saturn und Neptun aber wirkte schwächend, weil ersterer in den Fischen stand, dem Zeichen am MC, welches von Neptun beherrscht wird.

Ein Drogenabhängiger

FALLSTUDIE

Justin war ein sehr wohlhabender junger Mann mit kreativen Talenten, die aber durch seine Drogen- und Alkoholsucht vollständig unterdrückt wurden. Sein Horoskop ist typisch für viele Drogenabhängige dieser Generation. Die starke Waagebetonung (die Geburtszeit ist sehr genau!) und das reich besetzte 12. Haus sind signifikant. Zusätzlich steht Pluto am höchsten, in Konjunktion zum MC.

Schon sehr früh lief Justins Aszendent progressiv in den Skorpion, womit der Plutoeinfluß sehr wichtig wurde. Justin experimentierte mit allen Drogen und verfiel in diverse negative Fluchtmechanismen. Manchmal, wenn er zu einer Beratung kam, wirkte er sehr jung, gut gekleidet und positiv eingestellt. Andere Male war das Gegenteil der Fall. Der Wechsel von einem Extrem zum anderen ist typisch, unterstützt wird er durch die Mischung von Trigonen und Quadraten. Die Quadrate tendieren dazu, Beständigkeit zu verleihen, während die Marskonjunktion zu Saturn in Verbindung mit dem Saturnquadrat zu Neptun ungünstig wirkte. Dieser Aspekt machte sich auch bei der negativen Wirkung von Neptun vom 12. Haus aus bemerkbar.

Ein positives Leben

FALLSTUDIE

Bez ist eine der am härtesten arbeitenden Personen, die wir kennen. Ihre Einstellung ist geradlinig und positiv. Sie verdiente sich jahrelang ihr Geld als Tänzerin; danach wurde sie Aerobic-Lehrerin in einem Fitneßstudio. Ihr Horoskop ist sehr aufschlußreich, mit einer phantastischen Kombination von Widder- und Skorpionenergie. Sehen Sie sich das 6. Haus an – so voll wie nur möglich (man kann es kaum zeichnen)! Sie ist sehr unabhängig, was mit der Widderbetonung, dem Wassermannjupiter und dem Schützemond zusammenhängt. Die Mischung aus Trigonen und Quadraten ist exzellent – Bez ist sehr praktisch eingestellt und hat keine Schwierigkeiten damit, das schwächende Quadrat zwischen Mond und Saturn zu verkraften. Saturn ist im Löwen im 10. Haus sehr stark gestellt; er läßt erkennen, daß sie der Verantwortung, die jüngeren Mitarbeiter anzuleiten und Trainingspläne für eine Vielzahl von teilweise schon recht alten Menschen zu erstellen und umzusetzen, sehr wohl gerecht wird.

ZUSATZAUFGABE

Ermitteln Sie für Bez die Fährte durch den Tierkreis. Sie ist eine integrierte Persönlichkeit. Mars, der traditionelle Herrscher des Skorpions, bildet mit Pluto, dem modernen Herrscher, ein schönes Trigon.

Die psychische Motivation

Alle von uns haben auf die eine oder andere Weise im Laufe des Lebens mit psychischen Problemen zu tun. Dabei gewinnen wir an Selbsterkenntnis und lernen, unsere Komplexe und Beschränkungen in der richtigen Perspektive zu sehen. Einige Menschen finden die Probleme so schwierig, daß sie Psychologen um Hilfe bitten. Andere leiden einfach weiter, unfähig zu verstehen, warum sie fortwährend deprimiert sind oder ein unerfülltes Leben führen.

Sie wissen jetzt, daß Streß und Anspannung klar am Geburtshoroskop abzulesen sind – es gibt aber bestimmte Bereiche, die uns zeigen, wie wir diesen begegnen und die meisten der Blockaden auflösen können. Je mehr Sie lernen, desto deutlicher werden Sie die Wege erkennen, die durch das, was ein Dschungel aus vermeintlich komplizierten und manchmal widersprüchlichen Aussagen ist, hindurchführen.

Nichtsdestoweniger ist die Beurteilung der psychischen Probleme, die wir durch die technische Untersuchung des Horoskops ermittelt haben, ein extrem schwieriges Unterfangen. Wenn wir nicht vorsichtig sind, begeben wir uns hier auf sehr dünnes Eis – und fallen dann womöglich in extrem kaltes und tiefes Wasser. Wir müssen wissen, wonach wir suchen, und wir sollten aufpassen, daß wir keine Scheuklappen tragen – und daß wir notfalls rechtzeitig haltmachen und unser Gegenüber an einen ausgebildeten Psychologen verweisen müssen. Sie sollten einschlägige Adressen zur Hand haben – die meisten Psychotherapeuten sind der Astrologie gegenüber sehr aufgeschlossen, und es gibt sogar einige Astrologen, die ihrerseits ausgebildete Psychotherapeuten sind.

Das Geburtshoroskop läßt psychische Probleme erkennen, vielleicht auch das Gegenmittel dafür.

Die Rolle des Astrologen

Machen Sie sich noch einmal klar: Auch wenn Sie noch so viele Bücher über die Materie gelesen haben, sind Sie nicht in der Lage, die Probleme Ihres Klienten tiefgehend zu erforschen, solange Sie über keine psychotherapeutische Ausbildung verfügen. Sie können ein offenes Ohr für ihn haben, und Sie können ihm durch den Einsatz von astrologischen Techniken eine Richtung aufzeigen – weiter gehen dürfen Sie nicht. Wenn Ihr Klient allzu fordernd ist und Fragen stellt, die Sie nicht beantworten können, müssen Sie ihn bremsen!

Alles, was Sie tun müssen, ist zu sagen, daß Sie Astrologe sind und daß Sie Ihr Möglichstes getan haben – wenn der Klient das Gefühl hat, weiterführende Hilfe zu brauchen, muß er zu einem professionellen Psychotherapeuten gehen.

Die Gefahr, die eigenen Fähigkeiten zu überschätzen, hat noch einen anderen Aspekt: Vielleicht läßt Ihr eigenes Horoskop erkennen, daß Sie zum Dramatisieren neigen oder vielleicht mit vielen Planeten in Wasserzeichen sehr intuitiv und phantasievoll veranlagt sind und sich schnell Sorgen machen. Sie müssen die betreffenden Charakterzüge unter Kontrolle haben, Sie dürfen sich nicht von ihnen mitreißen lassen. Logik und eine praktische Einstellung sind entscheidend!

Allgemeine Richtlinien und Anhaltspunkte

Wenn auch häufig aus der Korrespondenz oder der Unterhaltung mit einem neuen Klienten deutlich werden wird, daß bestimmte psychische Probleme existieren, müssen Sie doch selbst lernen zu erkennen, welche Anzeichen auf Blockaden schließen lassen und einem erfüllenden Ausdruck von Antriebskräften, Emotionen oder vom Verstand im Wege stehen.

Die am meisten verbreiteten Probleme – Mangel an Selbstvertrauen, Schüchternheit, Voreiligkeit, Ängste – sind deutlich am Horoskop abzulesen. Sie werden sie erkennen, wenn Sie sich zu den einzelnen Zeichen, Häusern und Aspekten Aufzeichnungen machen. In den meisten Fällen zeigt das Horoskop auch gleich, welches Gegenmittel es gibt.

Ängste überwinden

Ein sehr krebs- oder jungfraubetonter Mensch neigt für gewöhnlich zu Ängsten; es hat keinen Sinn, ihm zu sagen, daß er diese ablegen soll. Mit seiner besonderen Prägung aber ist der Krebstyp in der Lage, Hilfe bei seiner Intuition zu suchen, speziell dann, wenn er Angst vor einer Entscheidung hat. Die Jungfrau, die unter Ängsten leidet, muß lernen, diesen mit einer logischen Herangehensweise an alle Aspekte des Problems zu begegnen.

Emotional und sexuell hemmende Faktoren

Bei einer Waage- und Jungfraubetonung – z. B. einer Waagesonne und einer Jungfrauvenus oder einer Jungfrausonne und Merkur und/oder Venus in der Waage – wäre die Persönlichkeit von widersprüchlichen Zügen beherrscht. Die Person mit der Waagesonne und der Jungfrauvenus kann bescheiden und schüchtern sein und kritisch in bezug auf den Partner – sich dabei aber nach Liebe und einer dauerhaften und festen Beziehung sehnen. Der bescheidene und vielleicht nicht allzu selbstbewußte Mensch mit der Jungfrausonne ist womöglich sehr romantisch (Venus in der Waage), hat aber wahrscheinlich Schwierigkeiten damit, sich einmal gehen zu lassen. Jede dieser Konstellationen kann für viel Streß sorgen, nicht nur, was die Verbindungen an sich und das Geben und Empfangen von Liebe und Zuneigung betrifft, sondern möglicherweise auch in bezug auf die Sexualität – was von der Marsstellung abgemildert wird oder auch nicht. Wenn Sie es mit einer Person zu tun haben, die unter einem solchen Dilemma leidet, müssen Sie auf die Zeichen von Aszendent und Mond schauen.

Negative psychologische Einflüsse
Von Zeit zu Zeit stehen die »schweren«, äußeren oder auch langsamen Planeten in Konjunktion bzw. im Aspekt zueinander, was für eine lange Zeit Bestand hat. Es handelt sich dabei häufig um eine Art Generationsaspekt, sie entfalten zumeist keine besondere Wirkung – wirken sie aber auf den Aszendenten ein oder stehen in Konjunktion zu Sonne oder Mond, können psychische Probleme die Folge sein. Schon Quadrate oder Oppositionen sorgen für gewisse Schwierigkeiten – am machtvollsten und potentiell störendsten aber sind die Konjunktionen. Eine Opposition zwischen Saturn und Uranus bekommt sehr viel Gewicht, wenn sie auf die Aszendent/Deszendent-Achse fällt oder vielleicht auch auf eine Opposition zwischen Sonne und Mond, wodurch dann auf der einen Seite die Sonne in Konjunktion zu Uranus stehen könnte und auf der anderen der Mond in Konjunktion zu Saturn. Eine solche Konstellation wäre eine potentielle Quelle von Spannung; sie würde den Menschen zu Depressionen, Rastlosigkeit und Anspannung neigen lassen. Sehr problematisch wird es immer dann werden, wenn Saturn oder Uranus im Transit im Quadrat zu einer der vier Radixstellungen stehen.

Konjunktionen zwischen den schweren Planeten
Einer der schwierigsten Kontakte ist die Konjunktion zwischen Saturn und Pluto (siehe S. 310). Ende der 40er Jahre (im Löwen) und Anfang der 80er (in der Waage) sorgte sie für diverse psychische Probleme, die sich dem Anschein nach beeinträchtigend auswirkten (was sich bei der letzteren Gruppe vielleicht noch erweisen wird). In einigen Fällen haben die Betreffenden, als Saturn über den Löweaszendenten lief, als Resultat der psychischen Belastung physische Symptome entwickelt. Bei anderen dagegen, bei denen Saturn keine besondere Bedeutung hat, ist die Wirkung längst nicht so machtvoll; aber auch hier kann es, wenn sich eine Aktivierung durch einen Transit ergibt, zu Schwierigkeiten auf dem betreffenden Gebiet kommen.

Konjunktionen zwischen den anderen äußeren Planeten sorgen gleichfalls für Probleme, näher bestimmt durch ihre Natur. Uranus weist auf Spannungen hin, Neptun auf negative Fluchttendenzen.

Andere negative Aspekte
Anzeichen für psychische Probleme sind für gewöhnlich negative Aspekte zur Sonne, zum Mond oder Aszendenten und manchmal auch zum herrschenden Planeten. Bei der Konjunktion mit dem Aszendenten müssen Sie berücksichtigen, ob sich der Einfluß vom 12. oder 1. Haus aus ergibt – beim 12. kann es schwieriger sein, die Probleme zu lösen; beim 1. ist die Wahrscheinlichkeit größer, daß der negative Einfluß physische Auswirkungen hat. Ein Saturn mit vielen heiklen Aspekten und in Konjunktion zum Aszendenten im 1. Haus könnte z. B. eine körperliche Beeinträchtigung oder Depressionen anzeigen. Neptun ist eine Ausnahme: Er wirkt bei der Konjunktion mit dem Aszendenten aus dem 1. Haus am aufreibendsten; vom 12. Haus aus – seinem Haus und dem der Fische – kommt er viel besser zur Geltung.

Die Uranus/Pluto-Konjunktion
Manchmal werden Sie es mit dem Horoskop von jemand zu tun haben, der in den 60er Jahren mit der Konjunktion von Uranus und Pluto in der Jungfrau geboren ist. Die obigen Anmerkungen treffen auf ihn auch voll und ganz zu. Wenn zudem noch die Sonne in der Jungfrau stehen sollte, ist die Möglichkeit eines Machtkomplexes gegeben. Ist dies der Fall, sollten Sie den Menschen dazu ermutigen, positivere Züge zur Entwicklung zu bringen. (Zur vollständigen Interpretation der Uranusaspekte siehe S. 319–326.)

Stauungen im Sonnensystem
Von Zeit zu Zeit häufen sich die Planeten in der einen oder anderen Region des Tierkreises, wodurch es gewissermaßen zu Stauungen komm, z. B.:

- Zu der bereits angeführten Saturn/Pluto-Verbindung im Löwen standen am 15. August 1947 nicht nur Merkur und Venus, sondern auch noch Sonne und Mond in Konjunktion. Weil alle diese Planeten ihren Einfluß durch dieses Zeichen entfalten, hat eine solche Zeichenbetonung – als Stellium bekannt (siehe S. 57) – ein Ungleichgewicht im Charakter zur Folge.

- Am 7. Januar 1989 standen nicht nur Sonne und Mond im Steinbock, sondern auch Saturn, Uranus und Neptun – ein Stellium von fünf Planeten also.

Zu einer noch markanteren Betonung würde es kommen, wenn der Mensch zur Zeit des Sonnenaufgangs geboren wäre (wodurch Aszendenten- und Sonnenzeichen das gleiche wären). Alle Eigenschaften des jeweiligen Zeichens, positive wie negative, sowie diejenigen, die sich auf die verschiedenen Ebenen der Persönlichkeit gemäß der betreffenden Planeten und des Aszendenten beziehen, wären dann durch dieses Zeichen geprägt.

Zusatzaufgabe

Wir wollen einmal annehmen, daß zwei Menschen mit dem Geburtstag an den beiden angeführten Daten gegen Sonnenaufgang geboren sind. Ohne das Horoskop vollständig zu berechnen, plazieren wir die fünf bzw. sechs Planeten in den Steinbock bzw. Löwen und interpretieren sie im einzelnen. Richten Sie Ihr Augenmerk auch auf die Häufung von Konjunktionen (1947: zwischen 8° und 22° Löwe; 1989: zwischen 2° und 10° Steinbock).

In beiden Fällen wollen wir zunächst davon ausgehen, daß das Stellium in das 1. Haus fällt, dann in das 12. (wozu wir den Aszendenten dann an das Ende des Löwen bzw. des Steinbocks setzen). Setzen Sie als nächstes die Planeten so ein, daß sie oben im Horoskop stehen und das MC in ihre Mitte fällt. Diese Übung wird Ihnen zeigen, welche Probleme mit einer solchen Stellung für die Person verbunden sein können. Natürlich sind dies hypothetische Fälle; in der Realität müssen wir auch die anderen Planeten einbeziehen. Nichtsdestoweniger ist der starke Zug in eine Richtung in vielen Horoskopen vorhanden. Der betreffende Mensch braucht vielleicht Hilfe.

Persönlichkeitsmerkmale

Unstrukturierte Menschen

Mangel an Organisationsvermögen ist häufig das Resultat von Unstrukturiertheit – was deutlich werden kann, wenn Sie der »Fährte durchs Horoskop« (S. 140) nachgehen. Wenn es verschiedene Fährten gibt, die nicht zusammenkommen, könnte Ihr Gegenüber zu Konfusion und Unstrukturiertheit neigen und Probleme haben, Entscheidungen zu treffen. Vielleicht ist es auch so, daß es zwei widersprüchliche Gruppen von Merkmalen gibt, die keine Verbindung zueinander haben, so daß der oder die Betreffende sich durch ein schwankendes Wesen auszeichnet.

Eine positive Herangehensweise wäre die, Ihrem Klienten zu sagen, daß er einmal die Persönlichkeitsmerkmale der einen Art und ein anderes Mal die der anderen zum Ausdruck bringen kann. Wir alle sind letztlich mehr als nur eine einzige Person, und wir können die gegensätzlichen Bereiche auf eine konstruktive und positive Weise zum Ausdruck bringen. Dieses Problem könnte die Berufswahl und auch die Einstellung zu Kindern beeinflussen.

Trägheit und Zauderei

Vielleicht haben Sie es auch einmal mit einem Menschen zu tun, der sagt, daß ihm alles egal ist oder daß er es einfach nicht schafft, morgens früh aufzustehen, was auf eine gewisse Trägheit schließen läßt. Dies kann speziell bei einer Betonung der Waage, Fische oder gelegentlich auch des Stiers der Fall sein (wenngleich Stiertypen für gewöhnlich disziplinierte Arbeiter sind), auch bei einer starken Venus. Ein solches Horoskop enthält vielleicht gleichermaßen ein markantes Widder-, Löwe- oder Steinbockzeichen oder einen gut gestellten Mars usw.

Was ruft eine derartige Trägheit hervor? In einem potentiell energievollen Horoskop müssen Sie nach anderen Erklärungen suchen. Häufig kommen Schüchternheit, Hemmungen oder ein Mangel an Selbstvertrauen zum Tragen; der Betreffende ist vielleicht, auch wegen des Mangels an Selbstbewußtsein, lieber passiv, bevor er einen Fehler macht – letzteres ist besonders dem Steinbock- oder Löweaszendenten eine sehr unangenehme Vorstellung! Sie werden hierzu bei der Interpretation der Aspekte viele Querverweise finden; ein solches Verhalten ist z. B. typisch für Saturn in Konjunktion zum Aszendenten oder im negativen Aspekt zu Sonne, Mond, herrschendem Planeten oder Aszendenten. Ein negativer Aspekt zwischen Mars und Saturn kann den Energiefluß hemmen und insofern Ausgewogenheit verhindern.

Die Plaudertasche

Manchmal wird, speziell bei jungen Menschen, Schüchternheit durch übermäßige Gesprächigkeit vertuscht, besonders bei einer Zwillings- oder Jungfraubetonung. Auch negative Aspekte zwischen Merkur und Mars oder Uranus können solche Tendenzen hervorrufen. Wenn Sie einen schüchternen oder nervösen jungen Menschen vor sich haben, sollten Sie zu Entspannungstechniken oder zu einem tiefen Atmen anraten; es kommt hier auf die Entwicklung von innerlicher Ruhe an. Das braucht zwar seine Zeit; wenn aber die überströmende negative Energie unter Kontrolle gebracht und positiv kanalisiert wird, ist das ein konstruktiver Faktor.

Überdurchschnittliche sexuelle Bedürfnisse

Sind häufig durch einen starken Mars – als herrschender Planet, als Herrscher von Sonne oder Mond oder im Widder – angezeigt. Aspekte jeglicher Art zwischen Mars und Venus wirken sexuell ebenfalls stimulierend. Es ist hier auch auf die betreffenden Zeichen und Häuser zu schauen – einer oder beide Planeten im 1./7., 2./8. oder 5. Haus wirken gleichfalls anregend. Befindet sich Saturn in einem T-Quadrat zwischen Mars und Venus, könnte es sexuell zu frustrierenden Erfahrungen kommen. Enttäuschungen und zu einem gewissen Maße auch Hemmungen sind vielfach mit negativen Aspekten zwischen Mond/Venus oder Venus/Saturn verbunden. Manchmal ziehen diejenigen mit einem positiven Aspekt zwischen Venus und Saturn ältere Partner vor, vielleicht, weil sie eine Vater- oder Mutterfigur nötig haben.

Mit einem Aspekt zwischen Mars und Pluto zu Uranus ist gelegentlich ein gewisser sadistischer Zug verbunden – die sexuelle Bedeutung von Mars verbindet sich mit dem Bedürfnis, Macht über andere zu haben. Menschen mit der Konjunktion oder einem positiven Aspekt zwischen Mars und Neptun dürften ein sehr phantasievolles und zumeist erfülltes Sexualleben haben; die beiden Planeten in einem negativen Aspekt zueinander, vielleicht noch unter Einwirkung von Pluto, dagegen könnten zu leidvollen sexuellen Erfahrungen führen.

Homosexualität

Sehr viel Energie ist dafür aufgewendet worden, astrologische Anzeichen für homosexuelle Tendenzen zu entdecken – wobei man zu sehr unterschiedlichen Schlußfolgerungen gekommen ist. Verallgemeinerungen sind gefährlich – gewisse planetarische Konstellationen können aber auf eine Neigung zur Homosexualität hindeuten.

Diese Eigenschaften können sich auf die verschiedenste Weise manifestieren. Im Horoskop einer Frau steht vielleicht ein weiblicher Faktor wie der Mond in Konjunktion zur Venus in einem machtvollen maskulinen Zeichen, beim Mann befindet sich vielleicht eine sehr maskuline Konstellation in femininen Zeichen.

Eine sexuelle Neigung zum eigenen Geschlecht wird beim Mann manchmal an negativen Aspekten (besonders dem Quadrat) zwischen Sonne und Uranus festgemacht (bei der Frau zwischen Uranus und Mond). Weil es sich hier aber um einen außerordentlichen komplexen Bereich handelt, sind diese Schlußfolgerungen in keiner Weise verbindlich.

»Die schlimmsten Leute haben die besten Horoskope«

Jeder erfahrene Astrologe wird dem zustimmen! Diejenigen, die die richtigen Planeten am richtigen Ort und die schönsten, angenehmsten und strahlendsten Aspekte haben, sind oft die schlimmsten Nervensägen! Diese Leute versuchen vielleicht nicht nur, Profit von Ihrer astrologischen Erfahrung zu ziehen, sondern auch von Ihrer Zeit, Energie und – wenn Sie nicht achtgeben – auch von Ihrem Geld. Das Dumme an ihnen ist, daß sie auf der einen Seite wirklich etwas Großartiges haben und manchmal auch sehr großzügig sind. Wenn sie Sie mit ihrem unwiderstehlichen Charme erst einmal herumgekriegt haben, wird es möglicherweise kritisch!

Seien Sie also auf der Hut, wenn Sie es mit einem Menschen zu tun haben, dessen Horoskop vor Trigonen, Großen Trigonen, Sextilen und wundervollen Konjunktionen zwischen den freundlichsten und hilfreichsten Planeten nur so wimmelt. Allerdings gelten die angeführten Symptome nur für den Fall, daß kein stabilisierender Einfluß durch ein T-Quadrat oder einen anderen Ausgleich für die allzu positiven Faktoren vorhanden ist. Gibt es einen solchen, wird sich der Mensch nicht darauf verlegen, andere auszunutzen oder Freikarten zu ergattern – die zusätzliche Stabilität des Horoskops wird ihm neben seinem überwältigenden Charme Festigkeit verleihen.

Ein unbezähmbarer Geist

Fallstudie

Dieser Mann war ein beliebter und allseits geachteter Ballettlehrer, der inspirierend auf seine Schüler wirkte und selbst die schwierigsten Facetten der Kunst einfach erscheinen lassen konnte. Seine Kritik war immer konstruktiv.

Andrew war ein wirklicher Künstler. Er hatte die Kunst- und auch die Ballettschule besucht. Schon früh, 1940, meldete er sich zur Armee; man schickte ihn in den fernen Osten, wo er für vier Jahre in japanische Kriegsgefangenschaft geriet. Sich über sein eigenes Leid erhebend, tat er sehr viel dafür, das Los seiner Mitgefangenen zu erleichtern: Aus den Taschen ihrer zerschlissenen Hosen nähte er neue Kleidungsstücke, wofür er sich aus einer gestohlenen Fahrradspeiche eine Nadel angefertigt hatte. Er hielt auch seine Mitgefangenen dazu an, sich körperlich und geistig fit zu halten, trotz aller Not und der Arbeitslast, die ihnen das Lagerregime auferlegte. Bei seiner Entlassung wog er weniger als 38 kg.

Nachdem er seine Frau wiedergefunden hatte, eröffnete er bald seine Ballettschule. Ende der 70er Jahre erlitt er einen Schlaganfall; mit großer Willenskraft brachte er es dahin, daß er seinen Unterricht aus dem Rollstuhl erteilen konnte. Er starb im Jahr 1979.

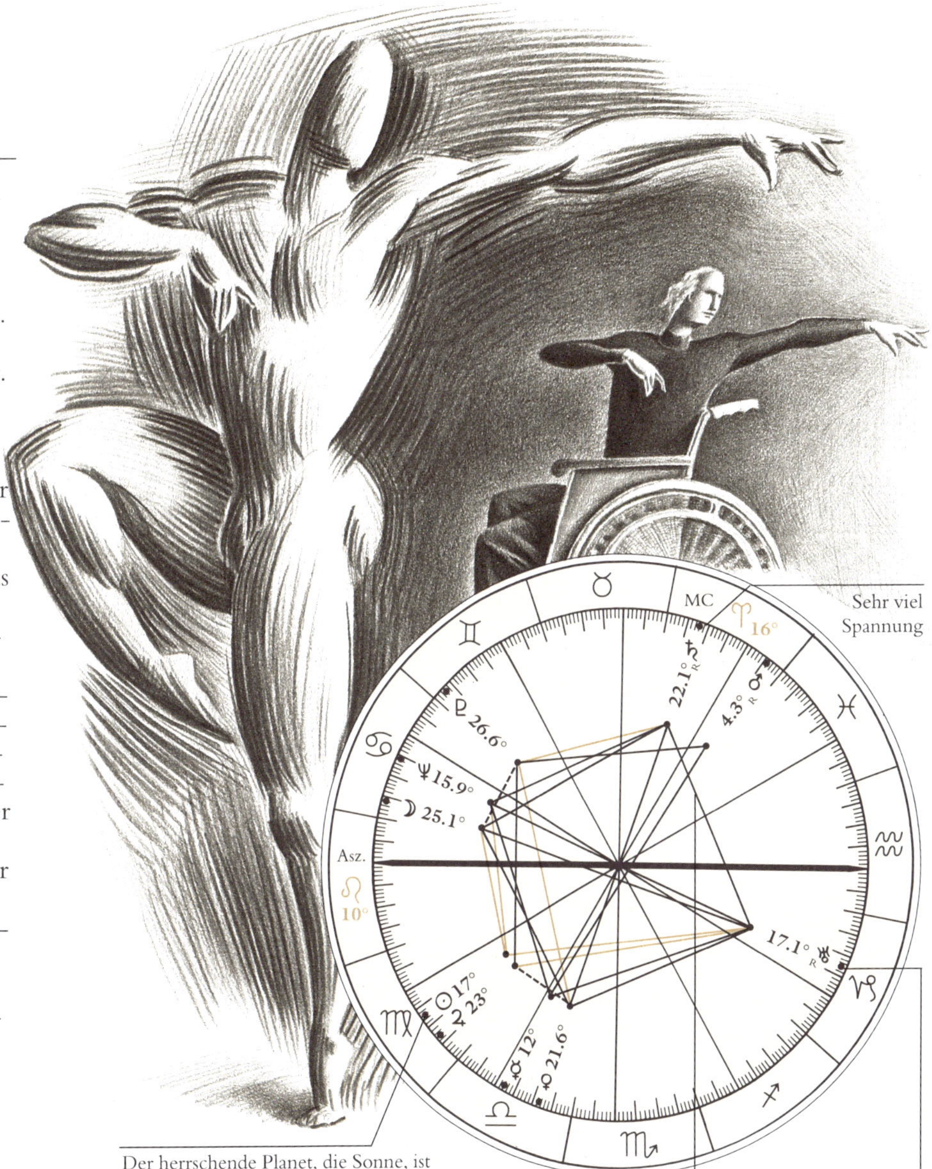

Sehr viel Spannung

Der herrschende Planet, die Sonne, ist der einzige Planet, der keine Spannungsaspekte aufweist und nicht an einem Großen Kreuz beteiligt ist

Großes Kreuz mit sehr vielen kardinalen Planeten

Sehr viel Spannung

Die Analyse des Horoskops

Die extreme Spannung, die aus diesem Horoskop spricht, hätte Andrew zerstören können. Beachten Sie, daß alle Planeten mit Ausnahme der Sonne Bestandteil eines Großen Kreuzes sind. Die Betonung der kardinalen Zeichen läßt erkennen, daß Andrew diese Spannung zu überwinden gewillt war. Achten Sie auch auf die inspirierende Konjunktion zwischen Mond und Neptun im 12. Haus. Andrew war in seiner Jugend selbst aufgetreten; seine besonderen Fähigkeiten aber lagen auf dem Gebiet des Lehrens. Er brachte machtvolle extravertierte Tendenzen zum Ausdruck und erwies sich als starke und sehr positive Persönlichkeit. Allerdings rauchte er sehr viel, was zu dem fatalen Schlaganfall beigetragen hat.

Der einzige, aber machtvolle Ausweg, den das Große Kreuz offen läßt, ist der herrschende Planet, die Jungfrausonne. Die positiven Trigone der Sonne in Konjunktion zu Jupiter zu dem markant aspektierten Uranus wirkten ebenfalls für Andrew. Uranus steht im 6. Haus (Arbeit), was ein Anzeichen dafür ist, daß Andrew diese Energie in der Hingabe an seine Tätigkeit zum Ausdruck brachte.

Ophiuchus
SCORPIO
Cor Scorpii Antares
Sagitta Austra
Corona Aust.
CAPRI-CORNV
Fera Lupus
Ara
Solstitiorum
Pavo
Triangulum aust.
Indus
Apis Indica
Grus
Fomahant
Pisces Austr.
Toucan
Cruzero
Musca
Circulus
Phœnix
Polus Antarcticus
Chameleon
Æquinoction
Arca Noachi
Hirundo marino
Polus Ecliptica austra
Antarcticus
Dorado
Fluvius Eridanus
Cetus Balena
Canobus Sohel
Columba Noachi
Capricorni
Gallu
Eridanus flu.
Lepus Alarnebet
Canis major Sirius

· 4 ·

Die Wirkung der Planeten

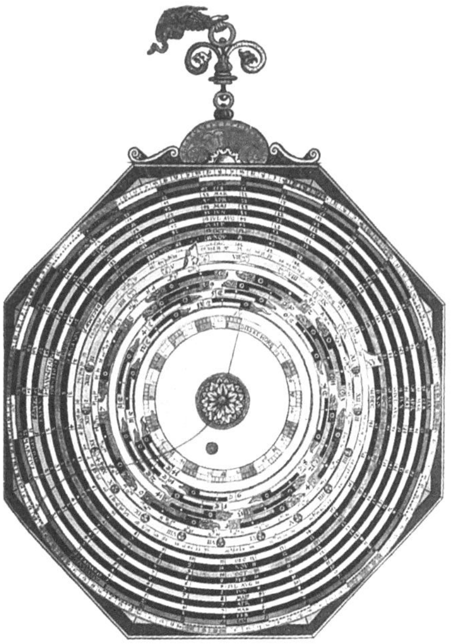

Die Sonne in den Häusern

Weil die Sonne – sowohl im Geburtshoroskop als auch in der Progression – so wichtig ist, haben wir den Einfluß der Zeichen bereits detailliert dargestellt (S. 78–127). Sie wissen nun, welche Auswirkungen sich für Sie persönlich als auch für diejenigen, die Ihnen nahestehen, ergeben. Die nächste Bedeutungsebene der Sonne im Horoskop ist die Hausstellung. Die Sonne steht für unsere Vitalität und für den Selbstausdruck. Ihr Haus verdeutlicht, in welche Lebensbereiche der Mensch diese Energien lenkt.

1 Die Sonne im 1. Haus

Von besonderer Bedeutung. Wenn der Betreffende während der Morgendämmerung geboren wurde, ist es sehr wahrscheinlich, daß Sonnen- und Aszendentenzeichen dasselbe sind. Solche Leute kennen wir als »doppelten Krebs« oder »doppelte Waage« usw. Die Charakteristiken und Motivationen von Sonnen- und Aszendentenzeichen sind die gleichen, das ganze Horoskop wird vom Einfluß der Sonne beherrscht. Gleichermaßen verstärkt sich die Wirkung des Planeten, der über dieses Zeichen herrscht.

Ein Resultat dieser Stellung könnte Selbstbezogenheit sein. Der Betreffende sollte sich auch vor der Tendenz zur Selbstsucht hüten!

Gesundheit und Wohlbefinden

Bei der Gesundheit ist nicht nur auf das Sonnenzeichen zu achten, sondern auch auf die Aspekte zur Sonne. Beispielsweise könnte die Neigung zu nervösen Spannungen bestehen (Quadrataspekt zu Uranus) oder eine außergewöhnliche körperliche Energie (Trigon zu Mars), Verdauungsprobleme oder Probleme mit der Leber (Quadrat oder Opposition zum Mond oder zu Jupiter) usw.

Mit der Stellung der Sonne im 1. Haus ist eine löwehafte Prägung verbunden (Queen Victoria, ein doppelter Zwilling, ist dafür ein ausgezeichnetes Beispiel). Die Haltung hat ein »königliches« Element. Menschen mit einem solchen Horoskopmerkmal sollten dem Rücken und dem Herz besondere Aufmerksamkeit schenken. Weil es hier um das Widderhaus geht, ist für den Betreffenden auch der Drang kennzeichnend, der erste zu sein und über andere zu triumphieren.

2 Die Sonne im 2. Haus

Besitz ist diesem Menschen sehr wichtig, der das, was er hat, bei jeder Gelegenheit stolz präsentiert. Er oder sie ist nicht damit zufrieden, wenn das Bankkonto oder das Wertpapierdepot kontinuierlich anwächst, sondern will das auch allgemein bekanntmachen.

Großzügigkeit ist ein verbreitetes Merkmal (wenn nicht andere Faktoren dagegen sprechen, z. B. ein »vorsichtiges« Sonnenzeichen). In einigen Fällen könnte sich der Erwerbsdrang sogar auf das persönliche Leben erstrecken – wenn selbst der eigene Partner zu einer Art Besitz wird. Mit der Sonne im 2. Haus ist eine Stier-Tendenz verbunden: »Seht her – das gehört mir!« Damit kann es zu Problemen kommen, weil der Mensch über die Bedürfnisse des Partners hinweggeht.

Das süße Leben

Vergnügungen sind wichtig, z. B. ein reichhaltiges und teures Essen in exklusiver Umgebung. All dies wird durch positive Aspekte zwischen Sonne und Jupiter noch verstärkt. Opposition und Quadrat könnten dazu führen, daß dem Betreffenden jedes Maß für das, was mit dem 2. Haus zusammenhängt, verlorengeht.

Die Venus steht nicht weit von der Sonne entfernt, und sie herrscht über dieses Haus. Wenn ein Aspekt zwischen Sonne und Venus vorhanden ist, verstärkt sich der Einfluß des Sonnenhauses noch, insbesondere in Hinblick auf die Venus-Wirkung.

Der Betreffende ist, um seine materialistischen Bedürfnisse zu befriedigen, zu harter Arbeit bereit. Seine solare Vitalität wird durch die materiellen Resultate der Arbeit angefacht. Er genießt es, sich im Glanze seiner Errungenschaften zu präsentieren.

3 Die Sonne im 3. Haus

Ver Intellekt ist mit dieser Stellung bestmöglich entwickelt. Ob der Betreffende nun im Mittelpunkt steht oder ein eher ruhiger Typ ist, auf jeden Fall ist er bestrebt, den Verstand einzusetzen.

Ist die Person der Meinung, daß ihre schulische Bildung zu wünschen ließ, wird sie alles daransetzen, den Mangel zu kompensieren. In der Folge könnte sie es vielleicht sogar (möglicherweise in fortgeschrittenem Alter) zu hohen akademischen Ehren bringen. Versuchen Sie hier, Ehrgeiz zu wecken und eine solche Entwicklung zu fördern. Dann kann diese Sonnenstellung positiv zum Ausdruck kommen und in der Folge Stolz und Erfüllung bringen.

Der Drang nach Kommunikation ist außerordentlich machtvoll (der Inhalt der Kommunikation hängt vom Sonnenzeichen ab). Man könnte sagen, daß eine Person mit einer Waagesonne im 3. Haus gerne über Beziehungsthemen redet, während jemand anderes, der sich eher mit seiner Karriere identifiziert, damit vielleicht gut geeignet für Öffentlichkeitsarbeit oder für das Verkaufen ist.

Der Merkureinfluß

Dies ist das Zwillings- bzw. Merkurhaus. Merkur könnte sich zusammen mit der Sonne im 3. Haus befinden, was seine Bedeutung für die Interpretation noch verstärken würde. Auf jeden Fall aber steht Merkur dicht bei der Sonne, was heißt, daß wir seine Plazierung bei der Sonne im 3. Haus berücksichtigen müssen.

4 Die Sonne im 4. Haus

Vitalität und Selbstausdruck der Sonne finden hier ein kreatives Ventil in einem schönen Zuhause und einem harmonischen Familienleben. Elternschaft ist das Kernthema – bevor wir aber Aussagen dazu treffen, wie die Vater- oder Mutterrolle ausgeübt wird, müssen wir das

Sonnenzeichen sehr gründlich studieren. Eine überschwengliche Feuersonne steht für einen überschwenglichen Vater oder eine enthusiastische Mutter; ein sensibles Zeichen wie Krebs oder Fische bedeutet eine introvertiertere und intuitivere Veranlagung. Eine Saturnopposition wird im schlimmsten Fall den Enthusiasmus dämpfen und zu dem Gefühl führen, daß Kinder eine Last sind. Vielleicht wird ihnen damit auch zuviel Disziplin abverlangt.

Der Einfluß des Mondes
Das Krebs- bzw. Mondhaus, was heißt, daß die Stellung des Mondes im Horoskop sorgfältig zu analysieren ist, um so mehr, wenn er im Aspekt zur Sonne steht.

Die frühkindlichen Einflüsse sind natürlich immer von großer Wichtigkeit; mit der Sonne im 4. Haus aber ist ein tiefgründiges Wissen um den Hintergrund und die Haltung der Eltern von grundlegender Bedeutung für eine zukünftige Erfüllung. Kreative Energie kann hier in Form von Dekorieren, Stricken oder Nähen zum Ausdruck kommen.

Bedürfnis nach emotionaler Sicherheit
Eine vertraute Umgebung stillt das Bedürfnis nach Sicherheit in diesem Menschen, der sich vielleicht nicht gern weit von seinem Zuhause entfernt. Es gilt, den Einfluß des Sonnenzeichens gebührend in Betracht zu ziehen. Geht es z. B. um ein extravertiertes und abenteuerlustiges Zeichen, sind Kompromisse nötig, was den Ausdruck der anderen Persönlichkeitsbereiche betrifft.

5 DIE SONNE IM 5. HAUS

Die Sonne scheint im 5. Haus sehr hell, weil dies das Sonnen- bzw. Löwehaus ist.

Die Würdigung von Leistungen
Der Ehrgeiz dürfte stark ausgeprägt sein, was wahrscheinlich auch nach außen hin deutlich wird (wenn nicht die Sonne durch negative Aspekte beeinträchtigt ist). Man muß nicht ins Rampenlicht streben – im allgemeinen aber besteht der Wunsch, erkennen zu lassen, daß man kreativ ist.

Dies ist das Haus der Kinder. Wenn der Betreffende Kinder hat, dürfte er dazu neigen, sie in den Mittelpunkt zu rücken (was diesen womöglich unangenehm ist). Es ist vor der Tendenz zu warnen, die Kinder in die Richtung zu drängen, die der Vater oder die Mutter selbst gerne eingeschlagen hätten, was eine Stellvertreterposition bedeuten würde.

Der emotionale Ausdruck
Das Liebes- und Sexualleben ist hier sehr wichtig (Näheres dazu läßt das Sonnenzeichen erkennen). Das Bedürfnis nach Erfüllung und einem positiven, befriedigenden Selbstausdruck hat eine überdurchschnittliche Bedeutung.

Zu emotionalen wie körperlichen Risiken bereit – ob dabei mit Kalkül und Überlegung vorgegangen wird, hängt voll und ganz vom Zeichen und den Aspekten der Sonne ab. Vielleicht liebt die Person auch die Gefahr und betreibt deshalb gefährliche Sportarten, bei denen sie Kopf und Kragen riskiert. Prinz Charles mit seiner Skorpionsonne im 5. Haus war in seinen jungen Jahren dafür ein treffendes Beispiel (er hat zudem noch einen Löweaszendenten). Im Extremfall kann die Risikobereitschaft exzessive Züge annehmen, besonders bei einer Widder- oder Schützesonne oder einem negativen Aspekt zwischen Jupiter und Sonne. Kreativität und der Drang zur Selbstdarstellung; sie sollten auf eine positive und praktische Weise weiterentwickelt werden.

6 DIE SONNE IM 6. HAUS

Die vitalisierende Kraft der Sonne wirkt sich hier auf die Gesundheit und das Wohlbefinden aus. Die persönlichen Krankheiten und Anfälligkeiten werden vom Sonnenzeichen akzentuiert – vielleicht kommt es auch zu einer übermäßigen Konzentration auf die Gesundheit oder zur exzessiven Beschäftigung mit Krankheiten oder der Ernährung. Bei positiven Aspekten zur Sonne (besonders vom Mond oder Mars aus) wahrscheinlich aber viel körperliche Widerstandskraft!

Die Auswirkungen auf die Gesundheit und das körperliche Wohlbefinden sind von noch größerer Bedeutung, wenn die Sonne in Opposition zum Aszendenten steht (wenn sie nicht weiter als 10 Grad von der Spitze des 7. Hauses entfernt ist).

Mit dieser Stellung sind auch Pflichtgefühl und eine Neigung zur Routine verbunden. Fragen Sie sich, ob der Betreffende sich der Routine unterwirft und sich in ausgefahrenen Gleisen bewegt oder ob er (bei der Stellung der Sonne in einem Feuer- oder Luftzeichen) gegen derartige Beschränkungen aufbegehrt.

Der Einfluß von Merkur
Das Jungfrau- bzw. Merkurhaus – insofern ist der Einfluß von Merkur und seinem Zeichen wichtig. Merkur steht im Horoskop nie weit von der Sonne entfernt. Wenn er dieses Haus mit der Sonne teilt, strebt der Mensch wahrscheinlich nach Erfüllung, indem er seine intellektuellen und kommunikativen Fähigkeiten entwickelt. Arbeit, die mit Kommunikation oder Kritik zu tun hat, mit Kreativität oder dem Schreiben, könnte viel Befriedigung bringen. Für andere tätig zu sein oder möglicherweise als persönlicher Assistent zu arbeiten, könnte ebenfalls lohnend sein.

7 DIE SONNE IM 7. HAUS

Ein starkes Bedürfnis nach Beziehungen. Möglicherweise gibt sich der Betreffende dann auch voll und ganz dem Partner hin. Es muß aber davor gewarnt werden, die Identität vollständig vom Partner abhängig zu machen – und zwar durch die Entwicklung von Selbstvertrauen. Dem Partner wird hier viel gegeben, physisch wie emotional, weil die Vitalität der Sonne im Partnerschaftsbereich zum Ausdruck kommt.

Der Einfluß der Venus
Das Venus- bzw. Waagehaus – also ist hier die Stellung der Venus sehr wichtig. Wenn sie ebenfalls im 7. Haus steht, ist es sehr wahrscheinlich, daß es zu Unausgewogenheit kommt, vielleicht in einem so starken Ausmaß, daß der Mangel an Selbständigkeit zu einem echten Problem wird. Schwierigkeiten sind auch dann zu erwarten, wenn von anderen Horoskopfaktoren das Bedürfnis nach Isolation oder vielleicht Enttäuschungen in der Liebe angezeigt

werden (bei Quadraten zwischen der Venus und dem Mond oder Saturn).

Es kommt für den betreffenden Menschen darauf an, zwischen seinem extremen Bedürfnis nach Beziehungen und der Erkenntnis des persönlichen Selbst und der eigenen Bedürfnisse einen Ausgleich zu schaffen.

Die Bedeutung der Beziehung
Viel Stolz auf den Partner, und der Mensch kann damit durchaus zur »Macht hinter den Kulissen« werden. Wichtig ist auch, eine realistische Einstellung zu den Nahestehenden zu gewinnen – ansonsten könnten die hochgespannten Erwartungen einen unerfreulichen Dämpfer erhalten.

Die Ausrichtung auf den Partner darf nicht so intensiv sein, daß aus einer Trennung dauerhafte psychische Probleme erwachsen könnten. Die Anerkennung des eigenen Wertes und die Entwicklung von Selbstvertrauen sind von fundamentaler Wichtigkeit.

Die Neigung zu emotionaler Abhängigkeit wird noch verstärkt, wenn sich die Sonne in Opposition zum Aszendenten befindet (also nicht mehr als maximal 10 Grad von der Spitze des 7. Hauses entfernt). Dieses würde die Polarität zwischen den Zeichen des Aszendenten und des 7. Hauses noch unterstreichen.

8 Die Sonne im 8. Haus

Eine tiefe und zielgerichtete Kraft und große emotionale Intensität. Die intuitiven Eigenschaften müssen hier in kontrollierter Form (gemäß dem Sonnenzeichen) zur Geltung kommen. Fast immer ein Bedürfnis nach tiefer Selbsterkenntnis, das durch die Neigung zur Introspektion befriedigt wird.

Der Drang nach Befriedigung
Die sexuelle Befriedigung stellt ein machtvolles Ventil für den Selbstausdruck dar, mit der kreativen Kraft der Sonne ist diese von alles überragender Bedeutung. Der Betreffende wird jeden Aspekt seiner Sexualität genauestens unter die Lupe nehmen, wenn ihm diese Befriedigung verwehrt bleibt. In Extremfällen besteht die Gefahr der Besessenheit. Die mit der Sonne verbundenen Antriebskräfte könnten sich aber auch auf Geld richten, auf dessen Vermehrung und die Macht, die es bringt. Oftmals machen Menschen mit dieser Stellung Karriere auf finanziellem Gebiet. In einem schwachen Horoskop oder dann, wenn die positive Natur der Sonne durch negative Aspekte beeinträchtigt wird (durch ein Neptunquadrat z. B.), vielleicht die Hoffnung auf eine Erbschaft.

Veränderungen verstehen
Transformation ist eine der traditionellen Assoziationen, was bei dem Bedürfnis nach Selbsterkenntnis deutlich zutage tritt, durch die das Individuum wachsen und sich entwickeln und sich verändern kann. Die Einstellung zum Tod sollte positiv sein; mit ihm kommt es schließlich zur ultimativen und unwiderruflichen Transformation.

Dies ist das Pluto- bzw. Skorpionhaus – insofern muß der Einfluß dieses Planeten sorgfältig studiert werden. Allerdings stellt Pluto lediglich einen Generationseinfluß dar (wenn er nicht durch bestimmte Faktoren eine personalisierte Bedeutung erhält)!

9 Die Sonne im 9. Haus

Intellektuelles Wachstum, die Erweiterung des Horizontes und mental oder physisch herausfordernde Reisen sind allesamt Ausdruck der solaren Energie im 9. Haus. Es war früher einmal als »Haus der Träume« bekannt – eine interessante Beschreibung, weil diejenigen, die von ihm geprägt sind, dazu neigen, vom Wege abzukommen.

Wenn Träume zu einer konkreten Wirklichkeit werden sollen, muß der Mensch eine praktikable Vorgehensweise finden und seinen Geist in die nötige Richtung lenken. Dann kann er das persönliche Potential entwickeln und das Beste aus der Stellung der Sonne machen.

Wissen und Zielvorstellungen
Wissen im breitesten Sinn steht mit dem 9. Haus in Verbindung, spezielle Fachkenntnisse dagegen werden mit dem 3. Haus in Zusammenhang gebracht. Es muß nun nicht so sein, daß dieser Mensch sein Examen erst mit 60 ablegen wird – nichtsdestoweniger aber wird die Expansion des Geistes immer im Vordergrund stehen. Weiterhin ist wichtig, eine individuelle Lebensanschauung zu entwickeln, mit abgewogenen religiösen Überzeugungen und Schlußfolgerungen.

Es gibt nur wenig Beschränkungen für diejenigen mit dieser Plazierung. Er oder sie sollte aber niemals so intensiv arbeiten, daß keine Zeit mehr für die einfachen Freuden des Lebens bleibt.

Dies ist das Schütze- bzw. Jupiterhaus, weshalb ein Sextil oder ein Trigon zwischen Sonne und Jupiter eine günstige Basis für die positive Integration seiner Belange darstellt. Bei einer Opposition oder einem Quadrat dagegen ist es schwerer, die Aktivitäten der Sonne unter Kontrolle zu halten und ein Gefühl für die Perspektive zu bewahren. Es wäre günstig, wenn andere Horoskopmerkmale einen Sinn für das Machbare verraten.

10 Die Sonne im 10. Haus

Ein machtvoller Drang, Eindruck auf die Welt zu machen. Insofern ist es wichtig, daß der Beruf, die Ziele oder Visionen (es muß hier nicht immer um die Karriere im engsten Sinne des Wortes gehen) der Person etwas bedeuten. Die Vitalität der Sonne wird hier zur treibenden Kraft, die Fortschritte möglich macht.

Die persönlichen Ziele erreichen
Wenn die Handlungen zu persönlicher Erfüllung und Befriedigung führen sollen, sind verschiedene Fragen zu beantworten: Gehen die Anstrengungen in die richtige Richtung, oder sind die Ziele unerreichbar (Neptun in Konjunktion oder in Opposition zur Sonne)? Ist für den Betreffenden Macht entscheidend (Uranus und/oder Pluto in Konjunktion zur Sonne)? Resultiert das Machtbedürfnis aus Eigensucht, oder kommt hier auch Rücksichtnahme zum Tragen (Mars in personalisierter Bedeutung oder ein gut gestellter Mond)? All das ist zu berücksichtigen, weil diese Plazierung einen kraftvollen Brennpunkt im Horoskop darstellt.

Wenn die autoritären Tendenzen unter Kontrolle gehalten werden, kann der Betreffende viel leisten. Scheint die Sonne aus einem Feuerzeichen, wird er sich durch einen ansteckenden Enthusiasmus auszeichnen. Bei der Sonne in einem Erdzeichen herrscht ein Sinn fürs Praktische vor, bei Luft ein lebhaftes intellektuelles Vorstellungsvermögen und bei Wasser viel Intuition. Diese Eigenschaften werden im Arbeitsleben zum Ausdruck kommen, sowohl bei der Arbeit selbst als auch bei den Kontakten zu Mitarbeitern. Dies hilft, die persönlichen Ziele zu erreichen. Es handelt sich um das Steinbock- bzw. Saturnhaus: Untersuchen Sie also den Einfluß und die Stellung von Saturn!

11 Die Sonne im 11. Haus

Hier geht es um das gesellige Wesen, das innerhalb seiner Gruppe Eindruck machen möchte. Er oder sie wird die solare Energie auf die Entwicklung von befriedigenden Gruppenaktivitäten richten, häufig in Verbindung mit einem humanitären Element.

Spenden für wohltätige Zwecke zu sammeln wäre z. B. eine lohnende Beschäftigung. Wir sollten hier die kreative Macht der Sonne nicht außer acht lassen, die sich als eine bemerkenswerte Quelle von Inspiration für andere bemerkbar machen kann. Es können hier sehr positive Gruppenaktivitäten die Folge sein. Allerdings sollte das Individuum nicht den Versuch unternehmen, alles unter seine Kontrolle bringen zu wollen. Ganz im Gegenteil gilt es, sich den anderen – und insbesondere den alten und erfahrenen – Mitstreitern zu beugen, auch dann, wenn man glaubt, alles besser machen zu können.

Neben dem Bedürfnis nach einem erfüllten und befriedigenden sozialen Leben muß auch für Nähe im Kontakt zu anderen Raum sein. Hier kann es zu einem Konflikt kommen – allerdings dürfte man in der Lage sein, die Situation mit einem gewissen Abstand zu betrachten. Das Leben sollte in verschiedene Bereiche eingeteilt werden: gute, enge Beziehungen mit dem Ausdruck von Liebe, gleichermaßen aber Kontakte, die den Bedürfnissen und dem Ausdruck der Sonne im 11. Haus gerecht werden.

Der Einfluß von Uranus

Das Wassermann- bzw. Uranushaus – Näheres zum angesprochenen Konflikt läßt die Untersuchung von Uranus erkennen. Was emotional befriedigende Beziehungen betrifft, ist sowohl auf die Venus als auch auf das 7. Haus zu achten.

12 Die Sonne im 12. Haus

Das Horoskop erhält eine ganz besondere Note, wenn die Sonne im 12. Haus steht. Hier sehen wir einen Menschen, der Ruhe und Frieden braucht, Raum und Zeit für sich selbst.

Wenn das Sonnenzeichen damit übereinstimmt, dürften die Neigung zur Innenschau sowie ein Mangel an Selbstvertrauen zu verzeichnen sein. Aber auch in dem zurückgezogensten aller Häuser geht von der Sonne kreative Kraft aus.

Bedürfnis nach Sicherheit

Neigung zur Arbeit hinter den Kulissen. Der Betreffende wird sich hinter seinen schöpferischen Kreationen verstecken und es möglicherweise selbstbewußteren Personen überlassen, dafür zu werben. Diejenigen, die ihm nahestehen, sollten nicht versuchen, ihn zu einem extravertierten Lebensstil zu bringen – man muß akzeptieren, daß die vertraute Umgebung der einzige Ort ist, an dem er sich sicher fühlt. Hier kann er sich am besten zum Ausdruck bringen.

Selbsterkenntnis und Verständnis

Selbsterkenntnis und die Beschäftigung mit den tiefverwurzelten Bedürfnissen sind wichtig – es könnte anderen sehr schwerfallen, dies zu verstehen, im Gegensatz zu der betreffenden Person selbst.

Verständnisvolle Partner, die von extravertierterem Wesen sind, werden möglicherweise die Trennung als das beste Mittel ansehen, damit der andere sein vermeintlich unstrukturiertes und pflichtbeladenes Leben weiterführen kann. Seine Arbeit sollte für ihn sprechen.

Die Fähigkeit, sich über die Gefühle gegenüber demjenigem klarzuwerden, dem seine Liebe gilt, und dieser Liebe Ausdruck zu verleihen, stellt den positiven Ausdruck des jeweiligen Sonnenzeichens dar.

Dies ist das Fische- bzw. Neptunhaus. Insofern wird, wenn Neptun eine personalisierte Bedeutung im Horoskop hat, seine Rolle noch wichtiger. Vernachlässigen Sie sein Zeichen, sein Haus und seine Aspekte nicht – sie geben viele Informationen über die 12.-Haus-Sonne!

☉ Die progressive Sonne in den Häusern

So, wie sich die Sonne progressiv durch die Zeichen bewegt, läuft sie progressiv auch durch die Häuser. Wenn es sich ergibt, daß sie in ein neues Haus kommt (dafür muß die Geburtszeit genau feststehen!), wird sich der betreffende Mensch an einem Wendepunkt seines Lebens sehen, zu dem sich die Themen des neuen Hauses deutlich abzeichnen. Bei dem Zeichenwechsel der Sonne können wir die Verschmelzung der Charakteristiken beider Zeichen beobachten.

Sich ändernde Bedürfnisse

Wenn die Sonne in der Progression in ein neues Haus kommt, sind auffällige Veränderungen die Folge; die Themen, die mit dem ursprünglichen Haus (bei älteren Menschen auch mit einer früheren Progression) einhergingen, treten damit alsbald in den Hintergrund – allerdings werden sie nicht ganz und gar verschwinden. Derjenige z. B., dessen Sonne aus dem 10. Haus progressiv ins 11. wandert, entdeckt vielleicht, daß ihm jetzt ein erfülltes soziales Leben wichtiger als weltlicher Erfolg ist. Die Person mit der Sonne im 4. Haus könnte bei der Progression ins 5. Haus den Wunsch nach mehr Freude fühlen und sich verstärkt dem Bereich der Kreativität, des Sports oder der Liebe widmen.

Mit jedem Monat, wenn die Sonne in ein neues Tierkreiszeichen zu laufen scheint, kommt sie auch in ein anderes Haus des Horoskops. Auf diesen Sachverhalt beziehen sich Zeitungsastrologen, wenn sie ihre Kolumnen schreiben – sie beziehen sich dabei auf das, was unter dem Begriff Sonnenhoroskop bekannt ist. Dabei wird das Sonnenzeichen an den Aszendenten gesetzt und die Sonnenstellung für jedes Zeichen interpretiert.

Für das Geburtshoroskop ist das nicht weiter von Belang – wir sollten aber wissen, daß wir immer viel an der Sonne ablesen können! Deshalb sollten wir auch das, was mit dem Haus verbunden ist, durch das die Sonne gerade läuft, ernst nehmen. So können wir z. B. dann, wenn sich die Sonne im 2. Haus befindet, versuchen, unser Einkommen zu verbessern, bei ihrem Lauf durch das 6. mit einer Diät beginnen usw.

Die Aspekte der Sonne

Die Aspekte der Sonne zu anderen Planeten und zu den Eckpunkten des Horoskops sind für die Interpretation von extremer Bedeutung, diese weisen darauf hin, wie der Einfluß der Planeten gemäß ihrer Zeichen und Häuser zum Ausdruck kommt.

Es wird immer wieder Zeiten geben, in denen ein Aspekt die Eigenschaften der Sonne vervollständigt oder aber ihnen widerspricht. Deshalb ist es notwendig, die Bedeutung der Aspekte genau zu erkennen. Wenn es sich um einen exakten Hauptaspekt handelt, ist der Einfluß sehr machtvoll und muß bei der Interpretation unbedingt berücksichtigt werden! Ist der Aspekt nicht genau (mit einem Orbis von sieben oder acht Grad), spielt er dagegen eine weniger wichtige Rolle. Aspekte zwischen der Sonne und dem herrschenden Planeten sollten auf keinen Fall vernachlässigt werden, auch wenn sie an sich nicht sehr bedeutungsvoll scheinen. Sie sind von sehr persönlicher Wirkung und spielen eine wichtige Rolle.

☽ Sonnenaspekte zum Mond

☌ Konjunktion

Ist dann gegeben, wenn ein Mensch zur Zeit des Neumondes geboren wird. Von entscheidender Bedeutung für das Horoskop. Für gewöhnlich stehen dabei Sonne und Mond im gleichen Zeichen und Haus, wodurch die Eigenschaften des Sonnenzeichens auch die instinktive und intuitive Ebene prägen. Man reagiert auf alle Situationen auf die Art, die vom Sonnenzeichen angezeigt ist.

Der Einfluß des Mondzeichens und -hauses sollte sorgfältig mit den Charakteristiken der Sonnenstellung in Verbindung gebracht werden. Es gibt hier Ähnlichkeiten – was das Mondzeichen betrifft, geht es um die Ebene der Persönlichkeit, während das Mondhaus sich aber eher auf eine physische Weise manifestiert.

Wenn Merkur oder die Venus in das gleiche Zeichen wie diese machtvolle Konjunktion fallen, könnte der Mensch zur Unausgewogenheit neigen, weil die Eigenschaften des Sonnenzeichens, auch wenn sie auf verschiedenen Ebenen zum Ausdruck kommen, dominieren.

Wenn die Konjunktion in zwei Zeichen oder Häuser fällt, spürt der Betreffende den gleichen innerlichen Konflikt oder die gleiche Rastlosigkeit oder Unzufriedenheit, die häufig mit einem negativen Aspekt dieser Planeten verbunden ist.

+ Positive Aspekte

Ein integrierender Faktor im Horoskop, der dem Menschen hilft, seine Persönlichkeit besser zu verstehen.

Beim Trigon (und wenn sich beide Planeten im gleichen Element befinden) wird der Ausdruck des natürlichen Enthusiasmus (Feuer), der konkretpraktischen Erwägungen (Erde), der intellektuellen Fähigkeiten (Luft) oder der Gefühle positiv sein. Die Kombination von Instinkt und Reaktionen (Mond) wird den individuellen Charakter (Sonne) vervollständigen.

Auch das Sextil ist hilfreich, es hat einen ähnlichen – aber weniger kraftvollen – Effekt. Es verstärkt die extravertierten (wenn die Planeten in positiven Zeichen stehen) oder die introvertierten Züge (negative Zeichen). Zumeist ist auch die Gesundheit stabil.

– Negative Aspekte

Ein solcher Mensch könnte zu innerlicher Unzufriedenheit und Unbeständigkeit neigen. Launen und die Unfähigkeit, Befriedigung zu empfinden, könnten Probleme bedeuten, z. B. hinsichtlich der emotionalen Beziehungen.

Die Opposition (Geburt zur Zeit des Vollmondes) unterstreicht die Polarität der betreffenden Zeichen.

Das Quadrat hebt die Quadruplizität hervor – sie hat zur Folge, daß die Person sehr extravertiert ist (wenn die kardinalen Zeichen betroffen sind), sehr eigensinnig (fixe Zeichen) oder sehr unbeständig (veränderliche Zeichen). Die Neigung zu Sorgen oder die Tendenz zu emotionaler Rastlosigkeit könnten die Ursache für kleinere, aber dauerhafte gesundheitliche Probleme sein.

Bei einem Nebenaspekt sind diese Merkmale weniger auffällig. Ihnen sollte bei der Interpretation nicht zuviel Gewicht zugemessen werden.

☽ Progressive Aspekte zwischen Sonne und Mond

Wenn die progressive Sonne im Aspekt zum Radixmond steht, kommt es zu einer Phase allmählicher Veränderungen, die, langfristig gesehen, weitreichende Folgen hat, oftmals in Verbindung mit der instinktiven Einsicht, daß man nun Entscheidungen treffen muß. Manchmal zwingt eine Beförderung zum Umzug – oder aber es besteht das drängende Bedürfnis nach irgendeiner Art von Veränderung.

Wenn Sonne und Mond im Geburtshoroskop durch einen Aspekt verbunden sind, können Sie an der Art der Progression ablesen, ob die Veränderungen schwer- oder leichtfallen werden. Ein Hauptaspekt dazu färbt das Leben sehr deutlich (wenngleich nicht immer auf augenfällige Art), für etwa drei Jahre. Wenn der Progressionsaspekt durch machtvolle Transite unterstützt wird, passiert sehr viel.

☿ Sonnenaspekte zu Merkur

Zwischen diesen Planeten kann es nur zur Konjunktion oder zu einem nicht sehr exakten Halbsextil kommen. Diese Aspekte interpretiert man am besten in Verbindung mit dem Merkur- und dem Sonnenzeichen.

Wenn beide im gleichen Zeichen stehen, denkt der Mensch in der Weise seines Sonnenzeichens. Befindet sich Merkur im vorherigen oder im folgenden Zeichen, funktioniert der Verstand gemäß dessen Art.

Bei Sonne und Merkur in einer engen Konjunktion zueinander – nicht weiter als fünf Grad entfernt – entwickelt sich die Person eher langsam. Wenn nicht durch andere Einflüsse beeinträchtigt, verleiht dieser Aspekt zumeist Optimismus, Schwung und den Wunsch nach gesellschaftlichem Fortkommen.

☿ Progressive Aspekte zwischen Sonne und Merkur

Bei diesen Verbindungen im Progressions- oder im Geburtshoroskop kommt es im Leben zu Veränderungen, die überfällig sind. Jetzt muß man Entscheidungen treffen, und man sollte versuchen, die Dinge mit Abstand zu betrachten und sich über die langfristigen Effekte der Handlungen klarzuwerden. Fragen Sie sich, ob der Betreffende entscheidungsfreudig und von schneller Auffassungsgabe ist oder nicht. Eventuell der Drang zu großen intellektuellen Herausforderungen oder Anreize, oder auch die Inspiration, etwas zu schreiben. Während es im Geburtshoroskop nur zur Konjunktion und zum Halbsextil kommen kann, sind bei der Progression von Sonne und Merkur auch andere Aspekte möglich.

Wenn der Aspekt negativ ist, könnten nervliche Spannungen auftreten – insgesamt aber wird auch dieser anregend auf den Verstand wirken. Alle möglichen Merkurthemen – vom Auto bis hin zu den Medien – können nun von besonderer Bedeutung sein.

♀ Sonnenaspekte zur Venus

Nur die Konjunktion, das Halbsextil und das Halbquadrat sind zwischen diesen Planeten möglich – weil sie niemals weiter als 48 Grad voneinander entfernt sind.

☌ ⚺ Konjunktion und Halbsextil

Wenn beide Planeten im gleichen Zeichen stehen, kommen Liebe und Zuneigung zum Ausdruck. Die Einstellung zu Geld und Besitz wird vom Sonnenzeichen angezeigt und durch die Konjunktion unterstrichen.

Bei der Konjunktion handelt es sich um jemanden, der liebevoll ist, der Freude an der süßen Seite des Lebens hat und vielleicht sehr undiszipliniert ist (woraus u. a. Probleme mit dem Gewicht resultieren könnten). Eine freundliche und großzügige Wesensart – die Kombination der machtvollen solaren Vitalität mit der venusischen Sympathie und dem Wunsch, sich mit anderen zu verbinden, beschert dem Geborenen positive Eigenschaften und Glück, oft auch Charme und Umgänglichkeit.

Wenn die Konjunktion durch eine Opposition oder ein Quadrat zum Mond oder zum Saturn beeinträchtigt ist, werden sich im emotionalen Leben unweigerlich Enttäuschungen ergeben.

Das Halbsextil ist nicht besonders stark – wie die Konjunktion auch bedeutet es so gut wie immer, daß sich der Mensch an schönen Dingen wie z. B. der Kunst erfreuen kann. Spielt hier auch Merkur hinein, ist vielleicht ein Geschick für kreative handwerkliche Arbeit vorhanden.

∠ Halbquadrat

Das Halbquadrat ist ein wichtiges Merkmal. Es erhöht die Wahrscheinlichkeit, daß es in der Ehe oder der langfristigen Beziehung zur Trennung kommt.

♀ Progressive Aspekte zwischen Sonne und Venus

+ Positive Aspekte

Können von einer Phase voller Glück künden. Traditionsgemäß die Anzeichen für eine Heirat oder das Eingehen einer dauerhaften Beziehung. Dies kann eine sehr reiche und vergnügliche Zeit sein, speziell dann, wenn die Progression noch durch Transite Unterstützung findet.

− Negative Aspekte

Wenn zwischen Sonne und Venus ein Halbsextil vorhanden ist oder wenn sie in der Progression im Halbquadrat zueinander stehen, könnten emotionale Belastungen die Folge sein. Werden die Probleme auf den Tisch gebracht und ist die Kommunikation zwischen den Partnern gut, wird sich für alles eine Lösung finden. Ein Jahr aber kann es dauern, bis diese Phase vorbei ist. Statt zu emotionalen könnte es auch zu finanziellen Schwierigkeiten kommen.

♂ Sonnenaspekte zu Mars

☌ Konjunktion

Der Betreffende wird durch ein wahres Kraftwerk von Energie angetrieben – Mars trägt zu unserer körperlichen Energie bei, und die Sonne unterstützt unsere Vitalität. Es ist deshalb notwendig, daß positive Kanäle für diese Ressourcen vorhanden sind, herausfordernde Sportarten z. B. oder eine körperlich anstrengende Arbeit.

Die emotionalen Energien sind bei diesem Aspekt zumeist gestärkt, besonders dann, wenn sich die Planeten in einem Wasserzeichen befinden. Dann kann sich die Konjunktion als Hingabe für etwas auswirken.

Vielleicht tritt Selbstsucht in Erscheinung, der widderhafte Pioniergeist oder der Drang zu gewinnen (Mars herrscht über den Widder, und die Sonne ist in diesem Zeichen erhöht; siehe S. 35).

Kopfschmerzen und eine Unfallneigung sind möglich, aufgrund der Tendenz, überstürzt zu handeln. Nichtsdestoweniger eventuell eine große körperliche Stärke oder eine ausgesprochen athletische Figur.

Wagemut und Tapferkeit sind weitere Merkmale – manchmal sehen wir hier den großspurig auftretenden Helden vor uns. Das Sexualleben ist lebhaft, um es einmal vorsichtig auszudrücken. Man überarbeite sich nicht und hüte sich vor tollkühnen bzw. närrischen Risiken!

+ Positive Aspekte

Viele der Charakteristiken der Konjunktion sind auch beim Trigon und beim Sextil zu verzeichnen – allerdings können die extremeren Auswirkungen hier besser unter Kontrolle gebracht werden, weil es sich um weniger machtvolle Aspekte handelt. Eine exzellente Quelle von Energie, bei verringertem Risiko, sich zu verausgaben oder allzu wagemutig vorzugehen.

Der Fluß der Energie, emotional wie physisch, ist gut kanalisiert. Der betreffende Mensch ist mutig, aber nicht in maßloser Weise.

− Negative Aspekte

Anspannung und Belastungen infolge von Überarbeitung können zum Problem werden. Solange nicht andere Faktoren dagegen sprechen, dürfte die Neigung zu Jähzorn oder Wut bestehen. Wenn der Mensch die schädlichen Auswirkungen dieser Ausbrüche erkennt, hat er eine Energiequelle zur Verfügung, die so machtvoll ist wie die Konjunktion und sehr hilfreich sein kann.

Nichtsdestoweniger braucht der Geborene Beistand, um mit sich ins reine zu kommen oder um die schädlichen Folgen seines Zorns wiedergutzumachen. Die Wurzel seiner Probleme könnte sexuelle Frustration sein oder ein Partner, der sich unkooperativ zeigt.

♂ Progressive Aspekte zwischen Sonne und Mars

☌ Konjunktion

Wahrscheinlich eine extrem harte Zeit mit viel Arbeit, mit vielen Herausforderungen und vielen Spannungen. Das Endresultat davon können aber große persönliche Leistungen sein.

Diese Konjunktion wirkt etwa drei Jahre lang. Das mittlere Jahr ist das wichtigste, der Einfluß ist dann am stärksten. Eine aufregende Zeit – die Energien sind so intensiv wie sonst nie, wovon der positive Mensch sehr profitieren kann. Von Zeit zu Zeit Phasen von Anspannung und Streß (vielleicht zusätzlich auch durch Transite, Lunarprogressionen usw.).

+ Positive Aspekte

Ähnliche Auswirkungen wie bei der Konjunktion, allerdings ist der Einfluß weniger stark. Bei Streß und Spannungen erweist sich der Betreffende als beständiger, was den Ausdruck von Energie betrifft – er setzt die Energie ein, wann und wo es nötig ist. Das Bedürfnis, neue und herausfordernde Projekte zu beginnen und Großes zu leisten. Die Stimmung ist optimistisch, bezüglich der Konkurrenten vielleicht auch etwas aggressiv.

– Negative Aspekte

Viel Druck. Mit dem Bedürfnis nach Anerkennung oder der Tendenz, sich Sorgen zu machen, könnte man sich zuviel aufladen und sich vollkommen verausgaben.

Nebensächlichkeiten und kleinen Ärgernissen wird nun vielleicht allzuviel Aufmerksamkeit gewidmet. Man muß lernen, Energie nicht zu verschwenden (was nicht immer einfach ist) und sich in den verschiedenen Lebensbereichen zu mäßigen.

♃ Sonnenaspekte zu Jupiter

☌ Konjunktion

Der Tradition nach einer der glücklichsten Aspekte. Wir benutzen das Wort Glück wegen seines Wahrsagecharakters nicht – trotz allem aber scheint der Mensch mit einem solchen Aspekt ein angenehmeres Schicksal als andere zu haben.

Optimismus und ein Sinn für Humor. Der Überlieferung nach findet diese Person, wenn sie Geld braucht, neue Mittel, ob sie nun begütert ist oder nicht. Dies ist die »Expansion« – das Kennwort für Jupiter. Meist eine Vorliebe für gutes Essen und Wein, insofern die Tendenz zur Gewichtszunahme. Manchmal Probleme mit der Leber.

Gute intellektuelle Fähigkeiten und ein großes Potential für Weiterentwicklung, häufig auch eine angenehme philosophische Haltung. Ehrgeizig, allerdings nicht um jeden Preis.

Machen Sie sich Gedanken zum Jupiterzeichen – welches meistens das gleiche wie das Sonnenzeichen ist –, und fügen Sie diese Erkenntnisse der Interpretation bei.

+ Positive Aspekte

Ähneln der Konjunktion, allerdings weniger aktive Bereitschaft, den persönlichen Horizont zu weiten und das intellektuelle Potential zu entwickeln. Vielleicht aber viel Freude an Schach oder an Literatur.

Wenn die Venus stark steht, herrscht die Tendenz, das Leben auf die leichte Schulter zu nehmen, in Verbindung mit einer positiven und optimistischen Einstellung. Möglicherweise ein großes Interesse an Gesetzen oder am Verlagswesen. Wenn von anderer Stelle des Horoskops eine Neigung zum Lehren angezeigt ist, findet das hierdurch noch Unterstützung. Kein Mensch, der besonders konkurrenzorientiert ist.

– Negative Aspekte

Das Gefühl für die Perspektive geht leicht verloren, was klar erkannt werden muß. Die Tendenz zur Übertreibung und dazu, bei umfassenden Projekten die Details aus dem Blick zu verlieren, woraus ernsthafte Probleme erwachsen könnten.

Der Mangel an Bescheidenheit ist einer der schwerwiegendsten Fehler. Manchmal können auch eine Leidenschaft zum Spiel und der unüberlegte Einsatz von Geld (oder Gefühlen) zu Schwierigkeiten führen. Wenn sich an anderer Stelle des Horoskops die Neigung zum negativen Eskapismus durch Drogen oder Alkohol zeigt, wird das durch diese Aspekte noch verstärkt.

Stehen mehrere Planeten im Element Erde und ist Beharrlichkeit angezeigt, werden die negativen Auswirkungen nicht so stark sein und die Jupitermerkmale wie Großzügigkeit und ein Sinn für Humor in Erscheinung treten.

♃ Progressive Aspekte zwischen Sonne und Jupiter

☌ Konjunktion

Zeigt zumeist eine wichtige Phase im Leben an. Wenn die Sonne mit anderen persönlichen Faktoren in Verbindung steht, wenn sich der Schütze am MC befindet oder wenn im Geburtshoroskop ein Sonne-Jupiter-Aspekt zu verzeichnen ist, könnten dem Menschen hohe Ehren zuteil werden – eine Auszeichnung vielleicht oder ein Stipendium, vielleicht auch in jungen Jahren der Gewinn eines Wettbewerbs.

Untersuchen Sie, wie stark während dieser Phase (die drei Jahre lang dauert) Jupitereinflüsse wirken. Wenn sich eine Jupiterwiederkehr ereignen sollte oder dieser Planet anderweitig prominent in Erscheinung tritt, wird das Leben die eine oder andere Belohnung bringen – und man sollte bereit dazu sein, sich im Erfolg zu sonnen!

+ Positive Aspekte

Deuten für gewöhnlich auf eine Zeit mit vielen Fortschritten und viel Glück hin. Möglicherweise für weniger extravertierte Typen eine schwierige Zeit – Jupiter hilft aber auch ihnen, sich bereitwilliger als sonst ins Rampenlicht zu begeben.

– Negative Aspekte

Jeder Schritt muß sorgfältig erwogen werden – das Leben ist jetzt nicht einfach. Insbesondere dann von großer Wichtigkeit, wenn Verträge oder Papiere bei Gericht unterzeichnet werden müssen. Sorgfältig das Kleingedruckte lesen – leider aber neigt man jetzt dazu, jegliche Vorsicht außer acht zu lassen.

Finanzieller Rat sollte gesucht und befolgt werden. Vorsicht auch beim Essen und Trinken! Es kommt jetzt auf Umsicht und Bescheidenheit an – weil man nur zu schnell schwerwiegende Fehler begehen könnte, insbesondere dann, wenn zur gleichen Zeit Neptuntransite auftreten.

♄ Sonnenaspekte zu Saturn

☌ Konjunktion

In der Astrologie gilt seit Tausenden von Jahren, daß Sonne und Saturn Feinde sind – sie liefert Vitalität, er neigt zu deren Beschränkung. Insofern wird bei dieser Konjunktion die Aktivität der Sonne durch die machtvolle Einwirkung von Saturn gelenkt und beschränkt.

Dieser Einfluß kann sich als Bremse oder aber als Stabilisator erweisen; so wird z. B. eine Sonne im Feuerzeichen durch ihn im Zaum gehalten, was extremere Auswirkungen verhindern kann. Wenn es aber zu Sonne und/oder Saturn noch ein Quadrat gibt – insbesondere vom Mond aus –, werden die Charakteristiken des Sonnenzeichens »vernebelt«. Bei der Konjunktion im Steinbock treten die Einflüsse dieses Zeichens verstärkt in Erscheinung, weil es von Saturn beherrscht wird.

Mit dieser Stellung sind Schüchternheit und ein Mangel an Selbstvertrauen zu erwarten, vor allem in jungen Jahren. Früher oder später kann der oder die Betreffende sich aber wahrscheinlich damit arrangieren und statt dessen Ehrgeiz und Zielstrebigkeit entwickeln.

Die Konjunktion ist ein machtvoller Schlüsselfaktor, speziell dann, wenn andere Transite und Progressionen sie betonen. Möglicherweise Rheumaprobleme, was ein beständiges Trainieren der Gelenke nahelegt.

+ Positive Aspekte

Ein gesunder Menschenverstand und eine praktische Herangehensweise. Vielleicht viele Ängste und Pessimismus, speziell angesichts von Herausforderungen. Allerdings dürften diese Aspekte keine ernsthafte Behinderung darstellen! Nur dann, wenn von anderer Stelle des Horoskops Schüchternheit und ein Mangel an Selbstvertrauen angezeigt sind, könnten Trigon oder Sextil Probleme machen. Zumeist verleihen sie ein Gefühl der Bestimmtheit und der Richtung und ermutigen, hochgesteckte Ziele zu erreichen.

Vorsicht und Bedachtsamkeit sind augenfällige Merkmale. Risiken werden nur nach gründlicher Abwägung eingegangen.

– Negative Aspekte

Hier liegen Sonne und Saturn einander in den Haaren. Diese machtvollen Aspekte haben häufig ein sehr einschränkendes Moment. Auch haben die Nebenaspekte hier größere Wirkung als sonst. Manchmal ist die Gesundheit beeinträchtigt, mit vielen Schmerzen und der Tendenz, sich leicht zu erkälten.

Ein Mangel an Selbstvertrauen ist das wahre Problem. Wenn der Betreffende unter einem teilnahmslosen oder überkritischen Elternteil gelitten hat, fällt es schwer, diese Erfahrungen zu verarbeiten.

Im schlimmsten Fall besteht ein ausgesprochenes Minderwertigkeitsgefühl; Selbstvertrauen zu entwickeln ist damit sehr schwierig (insbesondere dann, wenn der Orbis des Aspektes weniger als 4 Grad beträgt).

Der Einfluß ist aber nicht grundsätzlich negativ, und die Opposition ist weniger beschränkend als das Quadrat. Und selbst das Quadrat kann in dem Horoskop, das ansonsten viel positiven Enthusiasmus widerspiegelt (mit einer Betonung von Feuer und Luft, von Jupiter und Venus vielleicht und mit vielen Trigonen), ein willkommener mäßigender und stabilisierender Einfluß sein.

♄ Progressive Aspekte zwischen Sonne und Saturn

☌ Konjunktion

Eine extrem wichtige und möglicherweise auch kritische Phase, die wahrscheinlich drei Jahre lang dauert, unabhängig davon, ob Sonne und Mars im Geburtshoroskop miteinander verbunden sind oder nicht.

Jetzt machen sich neue Pflichten bemerkbar, vielleicht auch mehr Prestige. Das Individuum kann damit umgehen – wenn man nun mit seinem Ehrgeiz dem Leben gegenüber auch ziemlich ernsthaft eingestellt ist. Vielleicht bringt man aber dem ultimativen Ziel zu viele Opfer. Das Familienleben sollte man nicht vernachlässigen, und Entspannung ist wichtig. Große Veränderungen sind jetzt möglich, vielleicht mit neuen Rahmenbedingungen.

+ Positive Aspekte

Wirken ähnlich wie die Konjunktion; allerdings sind die Geschehnisse und die Resultate von nicht so einschneidender Bedeutung, sowohl was den Augenblick als auch die langfristigen Folgen betrifft. Daß der Fortschritt neue Pflichten mit sich bringt und daß Pläne für die Zukunft gemacht werden, ist sehr wahrscheinlich.

– Negative Aspekte

Eine problematische Phase, in der man nur langsam Fortschritte machen kann. Fehler, die der Mensch jetzt macht, wird er kein zweites Mal begehen. Ein »Du-darfst-nicht«-Einfluß; in Verbindung mit den schwierigen Lektionen aber wird er zu mehr Weisheit und psychologischer Integration führen.

Jetzt sollte man die Dinge nicht mit Macht voranzutreiben versuchen – insbesondere dann nicht, wenn beschränkende Transite wirksam sind. Wenn aber die Transite positiv sind und für Beständigkeit sprechen, können mit Umsicht doch gewisse Fortschritte erzielt werden.

♅ Sonnenaspekte zu Uranus

☌ Konjunktion

Ein extrem machtvoller Aspekt, der oftmals zur Rebellion und zu einem exzentrischen und unvorhersehbaren Verhalten führt. Es können aber auch wissenschaftliche oder kreative Fähigkeiten vorhanden sein. Bei Beharrlichkeit im Vorgehen sind hier große Leistungen möglich.

Das Bedürfnis nach einer machtvollen Position könnte sich in manchen Fällen als ein nahezu zwanghafter Antrieb herausstellen, besonders dann, wenn die Konjunktion noch von Mars oder Pluto aspektiert wird oder wenn Sonne und Uranus im 10. Haus stehen. Der Geborene muß sich bewußt selbst kontrollieren – sehen Sie auf Saturn, der hier helfen könnte!

+ Positive Aspekte

Originalität und vielfach auch ein persönlicher Magnetismus bereichern den Sonneneinfluß noch. Wenn die Venus gut gestellt ist, womöglich eine beträchtliche sexuelle Anziehungskraft und viel Charme. Die Sonne in einem extravertierten Zeichen würde die Führungseigenschaften und die Popularität verstärken.

Die emotionale und nervliche Energie ist betont und kommt auf eine positive Weise zum Ausdruck.

Negative Aspekte

Der Drang nach Andersartigkeit, Eigensinn und andere negative Züge, besonders beim Quadrat. Phasen großer Spannung und Launenhaftigkeit, in denen der Geborene »schwierig« ist, unter Umständen auch Prahlerei. Allerdings könnten andere Einflüsse dies abmildern.

Wenn andere Planeten positives Potential beisteuern, können die Aktivitäten von Sonne und Uranus zum Guten wirken. Mit der humanistischen Seite von Uranus kann ein hochentwickeltes soziales Bewußtsein einhergehen.

Möglicherweise von Zeit zu Zeit besondere Auswirkungen auf die Sexualität, speziell bei Männern. Männer spüren allgemein die Einflüsse der Sonne-Uranus-Kontakte deutlicher als Frauen. Vom Quadrat wird manchmal behauptet, daß es Homosexualität anzeigt.

Progressive Aspekte zwischen Sonne und Uranus

Konjunktion

Eine außerordentlich ereignisreiche Zeit, in der wichtige Veränderungen vor sich gehen. Die Neigung, dickköpfig und drastisch zu handeln. Bestimmtheit ist zumeist eine positive Eigenschaft – nun aber muß man sich fragen, ob man nicht zu stur ist und die Konsequenzen außer acht läßt.

Charakteristisch ist jetzt das Bedürfnis, sich neu zu orientieren und sich vielleicht für einen ganz anderen Lebensstil zu entscheiden – »Weg mit dem Alten, her mit allem, was neu ist!« Vorsicht ist aber angebracht.

Positive Aspekte

Ähneln der Konjunktion, die positiven Energien von Sonne und Uranus aber mildern die Gefahr von drastischen Überreaktionen. Neue Entwicklungen und vielleicht wichtige und aufregende Veränderungen. Diese Aspekte sind sehr anregend. Die Vorstellungen, Ansichten und die Haltung überhaupt könnten sich nun positiv verändern.

Negative Aspekte

Wahrscheinlich eine Phase von Spannungen und Schwierigkeiten, speziell dann, wenn es auch starke Transite gibt. Man muß sich klar sein, daß nervliche Belastungen und Anspannung zu abrupten, unvorhersehbaren Reaktionen führen können, vielleicht auch zu Eigenwilligkeit und Verschrobenheit gegenüber denen, die man liebt.

Drastische Veränderungen wollen reiflich überlegt sein, auch in bezug auf ein berufliches oder familiäres Problem. Negative Reaktionen erfahren nun nämlich eine Verstärkung, woraus sich langfristig unangenehme Konsequenzen ergeben könnten.

Sonnenaspekte zu Neptun

Konjunktion

Sehr viel Empfindsamkeit. Die Eigenschaften des Sonnenzeichens kommen auf abgemilderte Weise zum Ausdruck, wenn Neptun sich im gleichen Zeichen befindet. Sehr viel Intuition.

Ohne negative Einwirkung von anderen Planeten (speziell von Mars und Mond) eine kreative, vielleicht auch künstlerische Phantasie; das Sonnenzeichen läßt Näheres dazu erkennen. Häufig auch ein Interesse an der bzw. eine Neigung zur Astrologie, unter Umständen auch zum Okkulten, welcher der Mensch aber mit Vorsicht begegnen muß.

Vielleicht auch eine Tendenz zur Weltfremdheit – schauen Sie auf das Horoskop in seiner Gesamtheit, um zu erkennen, ob der Betreffende praktisch veranlagt ist. Bei der Opposition oder dem Quadrat zum Mond vielleicht negative Fluchttendenzen. Ärztlich verordnete Drogen könnten Allergien oder gegenteilige Effekte hervorrufen.

Positive Aspekte

Eine gut entwickelte Vorstellungskraft und Inspiration, aber auch die Neigung zur Nachlässigkeit und Träumerei. Gut, wenn die Resultate zum positiven Umgang mit dem kreativen Potential führen – oft aber nur wenig Bereitschaft, eifrig zu arbeiten. Exzellente Visionen und Intuition, für gewöhnlich auch viele tiefe Einsichten.

Negative Aspekte

Die Tendenz, andere – und auch sich selbst – zu hintergehen. Man könnte glauben, auf diese Weise aus Problemen herauszukommen – was aber einen schwächenden Einfluß auf den Charakter hat. Kinder mit diesen Aspekten müssen besonders bestimmt zur Ehrlichkeit angehalten werden. Unaufrichtigkeit in finanziellen Dingen ist möglich, für gewöhnlich mit verheerenden Folgen.

In diesen Fällen besteht die starke Wahrscheinlichkeit, mit Alkohol, Nikotin oder anderen Drogen vor den Problemen fliehen zu wollen, ganz besonders bei der Stellung von Neptun in der Waage oder im Skorpion. Deutlich stärker als bei den positiven Aspekten ist auch die Gefahr, daß ärztlich verordnete Medikamente negativ wirken. Mäßigung und die Kontrolle der extremen Fluchttendenzen und der oben angeführten Fehler sind unverzichtbar.

Progressive Aspekte zwischen Sonne und Neptun

Konjunktion

Ein sehr subtiler Einfluß, dessen Auswirkung von einem praktischen, materialistisch gesinnten und ehrgeizigen Menschen kaum gespürt werden mag. In der empfindsamen, intuitiven und kreativen Persönlichkeit dagegen spornt sie die Vorstellungskraft und Inspiration an. Es könnte nun ein ernsthaftes (und niemals endendes!) Studium der Astrologie aufgenommen werden, oder man widmet sich spirituellen oder kreativen Interessen.

Positive Aspekte

Ähneln der Konjunktion, sind allerdings nicht so machtvoll. Können dabei helfen, den unfaßbaren Einfluß von Neptun kreativ zu nutzen. Auch hier sind die Auswirkungen von dem praktisch ausgerichteten Menschen nur schwer wahrzunehmen. Nun erhalten die weniger konkreten Bereiche des Lebens einen größeren Nachdruck, was auch für den ernsthaftesten Geschäftsmann gilt!

Negative Aspekte

Diese eskapistischen und psychisch schwächenden Einflüsse sind schwierig. Eine zwei oder drei Jahre währende Periode, in der es der gesunde Menschenverstand schwer hat! Das Quadrat und die Opposition sind besonders problematisch, die Nebenaspekte sorgen für kleine Störungen.

Zu dieser Zeit besteht die Tendenz, sich in ein Wolkenkuckucksheim zurückzuziehen und dumme Sachen zu machen – vielleicht auch, weil man Betörung mit Liebe verwechselt. Untypische Verhaltensmuster können nun zu Verwirrung und Chaos führen. Die Situation wird sich dann noch komplizieren, wenn Neptun im Transit persönliche Planeten oder den Aszendenten aspektiert.

♇ Sonnenaspekte zu Pluto

☌ Konjunktion

Pluto lief 1883 in die Zwillinge und kam 1995 in den Schützen – was heißt, daß sich für alle in diesem Jahrhundert geborenen Menschen die Konjunktion nur in den Zeichen von den Zwillingen bis zum Schützen ereignen kann.

Man muß die Tiefen seiner Persönlichkeit erforschen und die Antriebskräfte hinter seinen Aktivitäten erkennen. Diese Züge zeigen sich am deutlichsten, wenn sich die Konjunktion im Krebs oder im Skorpion befindet. All denen, die von vornherein über eine natürliche Intuition verfügen, verleiht sie zusätzliche Einsichten.

Der Tendenz zur erbarmungslosen Innenschau und einem obsessiven Verhalten aber muß entgegengetreten werden. Mit der Konjunktion im Löwen könnte man wünschen, Macht über andere zu besitzen; in der Jungfrau (vielleicht auch mit Beteiligung von Uranus) hat der Mensch gute Voraussetzungen, andere zu führen, neigt unter Umständen aber zu (politischen) Extremen.

+ Positive Aspekte

Für gewöhnlich die Fähigkeit, sich selbst zu analysieren. Bedeutungsvolle und vorteilhafte Veränderungen, die psychische Befriedigung und Fortschritte bringen. Das Bedürfnis, alle Aspekte, die den Menschen faszinieren, zu ergründen, und häufig auch ein Talent zur Forschung. Wenn von anderer Seite des Horoskops medizinische Fähigkeiten angezeigt sind, handelt es sich um exzellente Aspekte für eine Beschäftigung mit der Psychiatrie oder der Psychotherapie.

− Negative Aspekte

Probleme, sich zu öffnen und etwaige Komplexe mit Freunden und denjenigen, die man liebt, zu besprechen. Wenn Sie ein Kind mit einem solchen Aspekt haben, müssen Sie so früh wie möglich versuchen, dieser Tendenz entgegenzuwirken. Möglicherweise psychische Hemmungen, vielleicht auch in körperlicher Hinsicht die Neigung zur Verstopfung (worüber sich der Betreffende wahrscheinlich auch zu viele Gedanken macht, was noch zur Verschlimmerung des Problems beitragen würde).

Unter Umständen auch Züge der Besessenheit, die durch mildernde Horoskopfaktoren unter Kontrolle gebracht werden müssen: Ein Zwillingseinfluß, die Venus in einem ihrer Zeichen oder im Trigon zum Mond.

♇ Progressive Aspekte zwischen Sonne und Pluto

☌ Konjunktion

Das Leben zeigt sich nun wahrscheinlich von seiner schwierigen Seite. Entweder ist der Mensch aufgrund von Umständen, die außerhalb seiner Kontrolle liegen, unfähig zur Weiterentwicklung; oder aber er spürt den machtvollen Drang zu umfassenden Veränderungen, weil er nicht so weitermachen kann wie bisher. Es besteht dabei die Gefahr, das Kind mit dem Bade auszuschütten, was heißen könnte, daß viel Arbeit nutzlos vergeudet wird. Ob es dazu kommt, hängt von den Transiten ab: stabilisierende Transite von Saturn helfen, Spannung bringende von Uranus nicht. Jupiter könnte wohltätig einwirken und eine erweiterte Vision bringen. Wahrscheinlich kommt es nun zu einer Zeit voller Ereignisse und Aufregungen.

+ Positive Aspekte

Womöglich eine Phase voller Aufruhr und Veränderungen, wie bei der Konjunktion auch, was aber diesmal vom Geborenen selbst ausgeht. Auch hier wird es zu Rückschlägen kommen und zum Gefühl der Frustration; insgesamt aber könnte es sich erweisen, daß neue Besen in der Tat gut kehren.

Die Person sollte sich davor hüten, alles auf eine Karte zu setzen; es gilt statt dessen, Umsicht zu beweisen und bereitwillig auf die Meinung von anderen zu hören. Tut man dies, könnte sich die Periode im nachhinein als sehr wertvoll herausstellen, weil sie zu mehr Verständnis und zu psychologischem Wachstum.

− Negative Aspekte

Fortschritte stellen sich jetzt kaum oder nur sehr unregelmäßig ein, und es kommt immer wieder zum Stillstand. Es ist das Beste, unter diesen Umständen nichts erzwingen zu wollen, sondern die Ruhe zu bewahren. Der Mensch weiß von seiner Intuition her genau, wann sich der Sturm gelegt hat. Es ist wichtig, Probleme aufrichtig zur Sprache zu bringen – was aber jetzt sehr schwerfallen könnte.

Asz Sonnenaspekte zum Aszendenten

☌ Konjunktion

Setzt eine Geburt gegen Sonnenaufgang voraus, bis zu einer halben Stunde davor oder danach, die Sonne darf nicht weiter als acht Grad vom Aszendenten entfernt sein – womit der Mensch wahrscheinlich auch zu einem »doppelten Zwilling« oder was auch immer wird. Es kommt hier sehr darauf an, daß die Geburtszeit genau ist.

Wenn die Sonne ins 1. Haus fällt, haben wir es mit einem psychisch gut entwickelten Individuum zu tun. Die Stärke seines Aszendenten- und Sonnenzeichens dürfte beträchtlich sein (ob sie nun die gleichen sind oder nicht). Die Sonne verleiht eine königliche Ausstrahlung, ihre Vitalität erfüllt die ganze Persönlichkeit mit einer positiven, sonnigen Qualität, die viel Glück bringen dürfte. Wenn Aspekte sie beeinträchtigen (wie z. B. ein Quadrat oder eine Opposition von Saturn), kommt weniger Selbstvertrauen zum Ausdruck. Ein Spannungsaspekt von Jupiter kann Unmäßigkeit bedeuten.

Auch wenn sich die Sonne im 12. Haus befindet, könnte der oder die Betreffende einen doppelten Einfluß von einem Zeichen erhalten – dann aber sehnt man sich nach Abgeschiedenheit oder einer Arbeit hinter den Kulissen.

+ Positive Aspekte

Auch diese Aspekte hängen eng mit der Hausstellung zusammen – das Haus, in dem die Sonne steht, ist ein Schlüsselfaktor des Horoskops. Mit dem beherrschenden Aspekt zwischen Sonne und Aszendent besteht eine vereinigende und stärkende Bindung. Die machtvollste Verbindung ist die mit der Sonne im 5. Haus (ihrem natürlichen Domizil), was ein Trigon bedeuten würde. Alles, was mit dem 5. Haus zusammenhängt, kommt damit zum Ausdruck.

Negative Aspekte
Auch hier sorgfältig die Hausstellung untersuchen! Eine Opposition aus dem 6. Haus zum Aszendenten könnte gesundheitlich problematische Auswirkungen haben. Wenn die Sonne aber vom herrschenden Planeten, vom Mond oder Mars harmonisch aspektiert wird, könnte sich diese Stellung als eine große Stärkung erweisen. Bei der Opposition aus dem 7. Haus liegt der Akzent auf den Beziehungen (siehe S. 211–212).

Quadrate aus dem 4. Haus zum Aszendenten können häusliche Störungen anzeigen, vielleicht auch überdurchschnittliche Probleme mit den Eltern. Viel hängt hier davon ab, ob die Sonne durch Mond und Saturn Unterstützung findet. Wahrscheinlich eine eher häusliche Einstellung und Stolz auf das Zuhause. Das Quadrat vom 10. Haus aus bewirkt eine starke Antriebskraft, viel Ehrgeiz und konkrete Fortschritte um den Preis harter Arbeit.

Asz Progressive Aspekte zwischen Sonne und Aszendent

Rufen Sie sich ins Gedächtnis, daß die Geburtszeit genau feststehen muß, wenn die Zuordnung dieser Phasen stimmen soll.

☌ Konjunktion
Die Verbindung der Eigenschaften der Sonne und der psychologischen Faktoren, wie sie vom Aszendent dargestellt werden, ist sehr nützlich. Man sieht sich nun in der Lage, innerliche Konflikte endlich zu lösen.

+ Positive Aspekte
Ähnlich wie die Konjunktion. Die positive Ausrichtung auf die Angelegenheiten, die von der progressiven Sonne angezeigt sind, ist aber fast noch stärker.

– Negative Aspekte
Psychologische Entwicklung und Ganzheitlichkeit, wofür aber im Inneren Kämpfe ausgefochten werden müssen. Die Belange des Hauses der progressiven Sonne rücken auf deutliche Weise in den Blickpunkt.

MC Sonnenaspekte zum MC

☌ Konjunktion
(Der Mensch muß um die Mittagszeit geboren sein.) Die ganze solare Antriebskraft und Energie ist auf ehrgeizige Ziele gerichtet, mit hochgesteckten Erwartungen. Großes Selbstvertrauen. Es gilt aber, sich vor Überschätzungen und vor Prahlsucht zu hüten (siehe auch Sonne im 10. Haus, S. 212–213).

+ Positive Aspekte
Identifizierung mit den Qualitäten des Zeichens am MC. Die Ziele werden auf eine positive, bestimmte, aber nicht skrupellose Weise angegangen.

– Negative Aspekte
Möglicherweise Kämpfe, um die Ziele zu erreichen und der Identifikation mit dem Zeichen am MC und seinen Eigenschaften positiven Ausdruck zu verleihen.

MC Progressive Aspekte zwischen Sonne und MC

☌ Konjunktion
Eine Zeit von herausragender Wichtigkeit. Der Mensch wird entweder beruflich Ansehen gewinnen oder ein wichtiges Ziel realisieren. Es kann nun aber auch zu neuen Pflichten kommen.

Man sollte sich der Früchte seiner Arbeit erfreuen und besonders bei neuen Pflichten darauf achten, daß keine Distanzierung zu den Nahestehenden und den angenehmen Seiten des Lebens aufkommt. Es könnte nun vieles passieren, was sich der direkten Kontrolle entzieht, alles in Verbindung mit dem Ruf, den man sich über die Jahre hinweg erworben hat. Auch eine Beförderung ist möglich oder eine gewisse Popularität.

+ Positive Aspekte
Für die Zielvorstellungen und für konkrete Fortschritte sind diese Aspekte eine große Hilfe. Wie bei der Konjunktion auch könnte das Leben nun die verschiedensten Überraschungen bringen, welche zur Weiterentwicklung führen und im Gedächtnis bleiben werden.

– Negative Aspekte
Das mögliche Ergebnis ist erhöhtes Ansehen und mehr Verantwortung. Der Weg dahin aber könnte schwierig sein, voller Hindernisse und Umwege. Schauen Sie auf die Transite, die zur Zeit dieser Progression auftreten. Wenn Saturn dominiert, wird er die Fortschritte verlangsamen, Jupiter dagegen bewirkt zusätzlichen Schwung. Wenn die Umstände viel Streß oder Druck mit sich bringen, muß der Geborene auf die Gesundheit achten.

☉ Die Progression der Sonne zur Sonnenstellung

Zuzeiten kommt es zwischen der Position der progressiven Sonne und der Sonne im Geburtshoroskop zu Aspekten. Die wichtigsten davon fallen mehr oder weniger mit der Saturnwiederkehr (S. 312) zusammen – sie sollten dann auch zusammen mit diesem Saturntransit interpretiert werden.

⚺ Halbsextil
Zu diesem Nebenaspekt kommt es ungefähr im Alter von 30 Jahren. Nicht besonders intensiv, stärkt aber die Charakteristiken der Geburtssonne und hilft bei der Integration mit den Eigenschaften des progressiven Sonnenzeichens. Wenn die Saturnwiederkehr ihre stärkste Wirkung entfaltet, verleiht dieser Progressionsaspekt dem Individuum eine zusätzliche Unterstützung, um mit den Geschehnissen zurechtzukommen.

⚹ Sextil
Ähnlich wie das Halbsextil, ereignet sich etwa zur Zeit der zweiten Saturnwiederkehr. Es ist stärker als das Halbsextil und kann diejenigen unterstützen, die Veränderungen in ihrem Leben vornehmen.

□ Quadrat
Heutzutage werden viele Menschen 90 Jahre alt – die Zeit, wenn die Sonne im Quadrat zur eigenen Position steht, was mit der dritten Saturnwiederkehr zusammenfällt. Mit dem Quadrat könnte, wenn der Mensch von seinem Wesen her lebhaft und enthusiastisch ist, die Tendenz zur Übertreibung bestehen, Saturn allerdings wirkt stabilisierend.

Halbquadrat

Ereignet sich im Alter von etwa 45 Jahren. Dann hat sich gerade auch die Uranusopposition zur Geburtsstellung abgespielt (siehe S. 326), bei der es sich um einen anstrengenden Aspekt handelt, nach dem man wieder zu Kräften kommen muß. Es herrscht ein Vitalitätsungleichgewicht, vor allem wenn die Symptome der Wechseljahre ihre Wirkung zeigen.

DIE TRANSITE DER SONNE

Viele Astrologen machen sich nicht die Mühe, Sonnentransite in die Interpretation einzubeziehen – wir aber finden sie nützlich und spannend. Es gibt für uns noch andere Gründe, der wichtigste davon ist, daß sie mehr oder weniger konstant sind.

So erreicht die Sonne bei ihrem Lauf über den Himmel bei jedem Menschen die Position der Venus z. B. jedes Jahr am gleichen Tag (oder am Vor- oder Folgetag, eine Abweichung aufgrund der Schaltjahre). Diese schwächeren Sonneneinflüsse können gut zur Beschäftigung mit der Astrologie anregen – sie sind leicht zu studieren.

Die Wirkung dieser Transite erstreckt sich nur über ein paar Tage, sie sind im Licht des Planeten zu betrachten, auf den sich der Transit bezieht. Weil es sich aber um keine starken Einflüsse handelt, schlagen wir vor, daß Sie lediglich die Konjunktion und Opposition zum Aszendenten, MC, zum Mond und zum herrschenden Planeten ermitteln. Am machtvollsten ist die Konjunktion.

Es gibt eine Ausnahme dieser Regel: Weil die Sonne in dem Horoskop mit einer starken Löwebetonung so wichtig ist, sollten Sie alle Konjunktions- und Oppositionstransite von der Sonne ausrechnen, wenn der Mensch eines der folgenden Merkmale aufweist: Sonne, Aszendent, Mond oder der herrschende Planet im Löwen.

Hier handelt es sich um einen Bereich der Astrologie, in dem Sie selbst Experimente machen können. Sie werden merken, daß wir keine Sonnentransite zur Radixsonne aufgelistet haben. Diese Konjunktion findet jeweils am Geburtstag statt; astrologisch ist sie als solare Wiederkehr bekannt. Die Opposition ereignet sich sechs Monate später; sie sollte ebenfalls bei der Interpretation berücksichtigt werden.

Selbst die Oppositionen rufen hier für gewöhnlich kaum Spannungen hervor, ausgenommen, die Sonne ist im Horoskop durch eine Reihe von Quadraten und Oppositionen schwer verletzt. Man sollte wissen, wann sich die Sonnentransite ereignen, und an den betreffenden Tagen sein Augenmerk auf die betreffenden Angelegenheiten richten.

INTERPRETATION DER SONNENTRANSITE

Sonnentransite zum Mond
Familiäre und häusliche Belange und persönliche Probleme stehen im Mittelpunkt. Man verbringt seine Zeit auf sinnvolle Weise, wenn man sich mit der Verbesserung der häuslichen Situation beschäftigt.

Sonnentransite zu Merkur
Man sollte die Medien nutzen, sich beschweren, versprechen, Verhandlungen führen, vielleicht ein Auto oder Fahrrad kaufen oder verkaufen, kurze Reisen machen oder Telefonate erledigen.

Sonnentransite zur Venus
Eine gute Zeit für Friseurbesuche, kosmetische Behandlungen, den Kauf von Kleidung, für Unterhaltung, Entspannung und die Freuden des Lebens.

Sonnentransite zu Mars
Harte körperliche Arbeit oder sportliche Aktivitäten bringen Vergnügen. Neigung zu (kleineren) Unfällen und Kopfschmerzen!

Sonnentransite zu Jupiter
Der Akzent sollte darauf liegen, Spaß zu haben. Vielleicht der Beginn (oder die Planung) einer Ferienreise in ein weit entferntes Land? Eine gute Zeit, Verträge zu unterzeichnen, zu studieren oder Artikel zu schreiben. Vorsicht vor Unmäßigkeit!

Sonnentransite zu Saturn
Eine gute Zeit für weitreichende Pläne und Entscheidungen. Es muß aber mit Verzögerungen gerechnet werden!

Sonnentransite zu Uranus
Man könnte sich von originellen und außergewöhnlichen Ideen angezogen fühlen und anders als sonst handeln. Achtung aber vor exzentrischen Aktivitäten!

Sonnentransite zu Neptun
Kino- oder Konzertbesuche sind nun ein besonderes Vergnügen. Es macht auch Spaß, mit einer Kamera herumzustreifen, Gedichte zu lesen oder sich einfach der romantischen oder nostalgischen Laune hinzugeben. Achtung, was Alkohol und Nikotin betrifft!

Sonnentransite zu Pluto
Eine gute Zeit, um »reinen Tisch« zu machen, z. B. einmal die Schränke vom Staub zu befreien, psychologische Probleme auszuräumen oder sich intensiv mit etwas zu beschäftigen.

Sonnentransite zum Aszendenten
Ein Tag, den man als eine Art zweiten Geburtstag auffassen sollte – an dem man etwas ganz Besonderes machen oder ein neues Projekt beginnen kann. Eine Phase, die man nutzen muß!

Sonnentransite zum MC
Eine große Überraschung könnte sich abzeichnen. Angelegenheiten, die mit dem Beruf oder den Eltern zusammenhängen, könnten im Mittelpunkt stehen.

Der Mond in den Zeichen

Wenn es um die Interpretation des Mondes geht, müssen wir uns vor Augen halten, daß der Mensch auf alle Situationen instinktiv und intuitiv gemäß des Mondzeichens reagiert. Der Mond steht für die Eigenschaften, die wir von unseren Eltern und von früheren Generationen geerbt haben. Wir sind uns dieser vielleicht bewußt; finden wir sie aber beschränkend und unerquicklich, können sie uns große Probleme machen. Wie dem auch sei – ein Bewußtsein dieser fundamentalen Reaktionen ist sehr hilfreich; es kann sehr zu unserem psychischen Wachstum und unserer Ganzwerdung beitragen.

Der fließende Ausdruck der Mondeigenschaften wird durch positive Aspekte zwischen Mond und Sonne und/oder dem herrschenden Planeten unterstützt, auch durch ein Trigon zwischen Mond und dem Planeten, der über das Mondzeichen herrscht (das Sextil wirkt hier etwas weniger stark). Negative Aspekte sind für gewöhnlich hinderlich. Konjunktionen verleihen dem Mond eine größere Wirkung.

Der Mond im Widder

Extrem schnelle Reaktionen. Der Geborene reagiert emotional (manchmal in allzu drastischer Form) auf solche Geschehnisse, die Gefühle der Leidenschaft hervorrufen. In dieser Stellung liegt viel Positives; und es handelt sich bestimmt nicht um einen Menschen, der Wurzeln schlagen wird. Er oder sie hat ein starkes instinktives Bedürfnis nach Aktivität, welches gelegentlich zu überstürzten Handlungen führt.

Ein allzu ungestümes Temperament könnte Probleme machen, wenn der Mond negative Aspekte von Mars oder von Uranus empfängt. In diesem Fall ist das emotionale Niveau sehr hoch; es muß in konstruktive Bahnen gelenkt werden.

Impulsive Neigungen

Der Geborene könnte zu Unfällen neigen, weil er in gefährlichen Situationen oder ganz allgemein dann, wenn rasches und mutiges Handeln gefragt ist, ohne Rücksicht auf Verluste Kopf und Kragen riskiert. Deshalb ist es für ihn ratsam, Rettungs- oder Erste-Hilfe-Techniken zu erlernen. Ein Fahrtraining für Fortgeschrittene wäre ebenfalls eine gute Sache – weil diejenigen mit dieser Stellung zum schnellen Fahren neigen. Angesichts von Gefahr reagieren sie zwar exzellent, fahren aber auch oft sehr aggressiv.

Wenn die Neigung zur Impulsivität unter Kontrolle gebracht werden kann, handelt es sich um eine Person, die auf eine sehr positive Weise bestimmt ist und die meisten Situationen schnell erfassen kann, die nach Unabhängigkeit strebt und die andere zur Selbständigkeit ermutigen kann.

Emotionale Reaktionen

Günstig für Partnerschaften in sexueller Hinsicht; wie in den anderen Bereichen des Lebens fühlen sich diese Menschen aber auch schnell gelangweilt. Dies erklärt ihr Bedürfnis nach Experimenten und nach Abenteuern. Sie sollten Geduld entwickeln, insbesondere, wenn sie es mit Leuten zu tun haben, die langsamer sind als sie.

Selbstsucht – der ärgste Widder-Fehler – zeigt sich dann, wenn sich der Betreffende bei persönlichen Dingen herausgefordert fühlt: Instinktiv setzt er sich selbst nämlich an die erste Stelle.

Der Mond im Stier

Der Tradition nach ist der Mondeinfluß in diesem Zeichen besonders machtvoll – er steht hier erhöht (siehe auch S. 35).

Ein solider Lebenshintergrund ist für Menschen mit dieser Stellung wichtig, sowohl in materieller als auch in emotionaler Hinsicht. Wenn dieser in Gefahr ist, reagieren sie schnell und sind zur Verteidigung bereit. Selbst dann, wenn sie nicht von vornherein auf ein gut gefülltes Bankkonto aus sind oder auf Unterstützung durch den Partner setzen, wissen sie intuitiv, wie sie sich in schwierigen Situationen zu verhalten haben. Sie tun alles, um sich ihre heile Welt zu bewahren.

Die Liebe zur Konvention

Die konservative und an Konventionen ausgerichtete Einstellung des Stiers könnte im Widerspruch zu anderen Bereichen des Horoskops stehen. Vielleicht zeigt die Person, die sich zuvor als freiheitsliebend und unabhängig erwiesen hat, nun ein ganz anderes Gesicht oder verhält sich egozentrisch.

Wenn auch von anderer Stelle im Horoskop ein Sinn für Konventionen angezeigt wird (z. B. durch die Sonne oder den Aszendenten im Steinbock), verschmelzen die Eigenschaften dieser Stellung harmonisch mit dem Stiermond. In diesem Fall sind die instinktiven Reaktionen kein Grund für Konflikte.

Dem augenfälligen Besitzstreben – der schlimmste Stier-Fehler – muß entgegengetreten werden, was allerdings schwerfällt. Eine besondere Gabe dieses Individuums ist ein markanter Sinn für das Praktische sowie eine vom gesunden Menschenverstand geprägte Herangehensweise an das Leben.

Die diesem Zeichen zugeschriebene Dickköpfigkeit tritt deutlich zutage – aber auch hier handelt es sich vielleicht nur um eine situationsbedingte Reaktion, während auf anderen Ebenen Flexibilität zum Ausdruck kommt. Bei einer Betonung der fixen Zeichen könnten Boshaftigkeit oder die Neigung, sich in ausgefahrenen Gleisen zu bewegen, ein fortwährendes Problem darstellen.

Die Liebe zum süßen Leben

Die Stier-Liebe zum guten Essen und süßen Leben und das Bedürfnis, sich mit schönen Dingen zu umgeben, könnte deutlich in Erscheinung treten. Der Mond hängt mit der Gesundheit zusammen – vielleicht muß sich der Geborene klarmachen, daß er, besonders unter Streß, zuviel Süßigkeiten verzehrt, was eine Gewichtszunahme zur Folge haben könnte. Auch der Hals, Streß oder Infektionen könnten Probleme machen.

Der Mond in den Zwillingen

Ein schnelles verbales Reagieren auf Situationen ist charakteristisch für Menschen mit dem Mond in den Zwillingen. Er oder sie könnte, besonders in jungen Jahren, dazu neigen, sich in einem unverständlichen Wortschwall zum Ausdruck zu bringen.

Die Beweglichkeit der Zwillinge kommt gut zum Ausdruck, insbesondere dann, wenn der Betreffende es mit mehreren Aufgaben zugleich zu tun hat. Er entscheidet nicht, was als erstes zu tun ist, sondern nimmt alles zugleich in Angriff.

Die Quelle emotionaler Konflikte

Unsere emotionalen Reaktionen werden vom Mond geprägt, so daß es zwischen dem Instinkt und den intuitiven Emotionen zu Konflikten kommen kann. Der Geborene muß erkennen, daß Intuition und objektiver Rationalismus miteinander verschmolzen sind.

Die Zwillingstendenz, den Emotionen mit Mißtrauen zu begegnen, ist auch hier augenfällig, gerade bei Herausforderungen.

Das Bedürfnis nach Aktivität

Der natürliche Instinkt, zu Worten Zuflucht zu nehmen, ist sehr stark. Der oder die Betreffende könnte z. B. zum Telefon greifen, um sich an einer Diskussion im örtlichen Radiosender zu einem Thema von persönlichem Interesse zu beteiligen. In der Tat handelt es sich hier um eine der Planetenstellungen, die auf eine »Plaudertasche« hinweisen können.

Eine gewisse Ungeduld und Rastlosigkeit dürften ebenfalls vorhanden sein. Auch wenn sich die Person dessen bewußt und bereit zum Gegensteuern ist, sollte sie sich klarmachen, daß hieraus ständig eine nervöse Spannung erwächst. Dies kann zu Problemen führen, speziell dann, wenn andere Horoskopbereiche für eine langsamere, gleichmütigere Wesensart sprechen.

Gesundheit und Wohlergehen

Theoretisch kann man hier das Beste aus zwei Welten bekommen – der Zwillingsmond bewirkt eine natürliche Schnelligkeit der Reaktion, und andere, solidere Faktoren tragen Stabilität und Geduld bei. Positive Aspekte zwischen Mond und den anderen persönlichen Planeten wirken hilfreich.

Manchmal führen die nervlichen Belastungen zu Phasen großer Anspannung, woraus möglicherweise Verdauungsprobleme und anderes mehr resultieren. Die Zwillinge hängen mit der Lunge zusammen – vielleicht kommt es auch zu asthmatischen Beschwerden, ebenfalls als Folge von Spannungen oder Sorgen.

♋ Der Mond im Krebs

Der Mond stellt den drittwichtigsten Faktor des Horoskops dar. Weil er über den Krebs herrscht, ist sein Einfluß bei dieser Stellung deutlich erhöht.

Die wohlbekannten natürlichen Schutzmechanismen, die ein herausragendes Merkmal der Krebssonne sind, treten auch gleichermaßen – vielleicht noch stärker – in Erscheinung. Verteidigungsbereitschaft ist die vordergründige Reaktion, nicht nur bei Herausforderungen, sondern ganz allgemein.

Instinkt und Konkretheit

Die emotionale und die intuitive Ebene sind so intensiv wie bei keinem anderen – und der Mensch mit dieser Stellung sollte lernen, ihnen zu vertrauen. Seine Instinkte werden ihn nicht im Stich lassen. Damit diese wunderbaren Gaben aber auch kontrolliert zum Ausdruck gebracht werden können und nicht auf eine negative Weise dominieren, muß das Horoskop allerdings auf eine erdverbundene Einstellung hinweisen.

Sonne oder Merkur in einem Erdzeichen oder vielleicht auch ein Trigon zwischen Saturn und Mond wären von großer Hilfe. Solch ein stabilisierender Einfluß ist wichtig, weil neben der machtvollen Intuition auch eine reiche Vorstellungskraft vorhanden ist, die bei negativer Auslösung zu Ängsten führen kann.

Der Ausdruck von Ängsten

Bei Sorgen tendiert der Geborene zu der Ansicht, daß das Schlimmste passieren wird. Er muß nicht notwendigerweise ein Pessimist sein – die Ängste um diejenigen, die er liebt, können aber zu sehr starken Reaktionen führen, die außer Kontrolle geraten. Kommt z. B. das Kind einmal nicht pünklich aus der Schule, malt sich der Mensch sogleich aus, daß es in einen schweren Unfall verwickelt war.

Nichtsdestoweniger sind beide Geschlechter sehr gute und liebevolle Eltern.

Vom körperlichen Blickpunkt aus könnte das Verdauungssystem unter der Neigung zu Sorgen zu leiden haben. Häufig haben diejenigen mit dieser Stellung auch Hautprobleme, welcher Hautfarbe sie auch sein mögen. Der kaukasische Typ wird in der Sonne schnell rot werden, während andere Menschen vielleicht zur übermäßigen Narbenbildung neigen. Vorsicht vor Sonnenstrahlung und Achtung bei Schnittwunden, Insektenstichen usw.!

Verbundenheit mit der Familie

Die Vergangenheit und Nostalgie sind ein wichtiges Thema. Die Umstände der Kindheit könnten die Sicht des Lebens vollständig prägen. Sich mit der Haltung und der Einstellung, die die Eltern vermittelten, auseinanderzusetzen, könnte hier länger dauern als sonst.

Die familiären Instinkte sind sehr machtvoll, und diese Menschen haben häufig (wie auch diejenigen mit der Krebssonne) von ihrem Innersten und ihren Instinkten her Probleme, wenn die Kinder herangewachsen sind und das Haus verlassen wollen. Zu solchen Zeiten kommt es darauf an, auf die zukunftsgerichteteren Bereiche des Horoskops zu schauen, damit es zu einer emotionalen und physischen Neuorientierung kommt.

Die Krebs-Tendenz des Hortens ist bei dieser Stellung ebenfalls ein starker Instinkt. Die Person sträubt sich womöglich vehement, sich von etwas zu trennen – vielleicht deshalb, weil das Aufbewahren von Gegenständen zum so wichtigen Gefühl der Sicherheit beiträgt.

Launen und Ausdruck

Möglicherweise schnelle Stimmungsschwankungen, die selbst von der engsten Umgebung nur schwer nachzuvollziehen sind. Frauen mit dieser Stellung könnten in überdurchschnittlichem Maße unter vormenstruellen Beschwerden zu leiden haben; sie sollten sich bemühen, ihr Leben nicht davon beherrschen zu lassen.

Das Gesicht ist für gewöhnlich rund – mit der sprichwörtlichen Form des vollen Mondes und seinem Glanz. Steht der Mond im Krebs, kann er, unabhängig von dem Haus, den Gesichtsausdruck des Betreffenden prägen: Vielleicht findet sich zwischen dessen Augenbrauen eine kleine, sichelförmige Verbindungslinie.

Der Mond im Löwen

Die instinktive Reaktion dieser Menschen ist, die Führung zu übernehmen. Mit ihrem aktiven Optimismus und dem Bedürfnis, die Gefühle auf eine positive Weise auszudrücken, erscheinen sie schnell als rechthaberisch, eigenwillig und dogmatisch.

Im Idealfall aber können sie andere inspirieren, zum Maximum anspornen – die Anführer, die ihre Rolle genießen.

Die Zurschaustellung von Zuversicht

Der Glaube, alles genausogut oder besser als andere zu können, ist eine zwiespältige Gabe. Diese Menschen werden ohne Frage viele Ventile für ihr Potential (angezeigt durch das Sonnenzeichen) finden und viele ihrer Ziele (vom MC dargestellt) realisieren; sie können aber dazu neigen, des Guten zuviel zu tun und über andere hinwegzugehen.

Wenn andere Faktoren des Horoskops auf einen Mangel an Selbstvertrauen schließen lassen, kommt es zu einem Konflikt, der schließlich zur Prahlsucht oder dem Simulieren von Zuversicht und Selbstvertrauen führen kann, was peinlich auf die Vertrauten wirkt.

Bei einem Kind ist den Eltern zu raten, die natürliche Neigung zum Überschwang zu stabilisieren, welche zwar nett sein kann, aber schnell auch protzig wirkt.

Fähigkeiten und Kreativität

Bestrebt, einen guten Eindruck zu machen, besonders auch in jungen Jahren. Manchmal schwierig zu verarbeitende Erfahrungen. Bestimmtheit und Direktheit.

Diese Menschen können in Notfällen auf sich aufmerksam machen, weil die Fähigkeit zu führen und zu organisieren, die der Löwesonne zugeschrieben wird, auch in ihnen präsent ist.

Die emotionalen Kräfte sind stark und die Intuition und Imagination machtvoll. Dies kann kreativ in künstlerischer Form gemäß dem Sonnenzeichen zum Ausdruck gebracht werden. Der Neigung zur Prahlerei, die in jedem Alter auftreten kann, muß mit Hilfe anderer, weniger extravertierter Horoskopfaktoren begegnet werden.

Dies ist eine Stellung, die einen mäßigenden Einfluß verlangt – nicht nur im Horoskop selbst, sondern auch von Nahestehenden. Man findet sie häufig in Horoskopen von Tatmenschen, oft in Verbindung mit der Stellung am MC oder im 10. Haus.

Der Mond in der Jungfrau

Hier werden einige Ähnlichkeiten mit dem Mond in den Zwillingen deutlich, insofern, als daß der Mensch sehr gesprächig ist, wenn er sich nervös fühlt oder sich herausgefordert sieht. Typischer als alles andere ist dann auch eine nervöse Energie. Wenn diese positiv zum Ausdruck gebracht werden kann, bedeutet das einen Sinn fürs Praktische sowie eine gute Position, mit Konkurrenz zurechtzukommen, aufgrund der manchmal extrem raschen Reaktionen.

Sorgen und mangelndes Selbstvertrauen könnten aus den tiefsten Instinkten entspringen und vielleicht zu rätselhaften Magen- oder Verdauungsproblemen mit unklarer Ursache führen. Dafür verantwortlich ist womöglich das unbewußte Grübeln über etwas, das auch körperliche Folgen hat, bevor man dann schließlich erkennt, was nicht stimmt. Kinder mit dieser Stellung sind oft krank. Sie leiden unter realer und ernsthafter »Schulitis«, wenn es hier Probleme gibt (z. B. einen unsympathischen Lehrer).

Ein solcher Mensch ist grundsätzlich rational veranlagt; seine extrem praktische Herangehensweise und die Instinkte passen aber nicht immer gut zusammen. Er verfügt über schnelle Reaktionen – was eine gute Sache ist, wie auch die charakteristische Zuverlässigkeit, der gesunde Menschenverstand und die Hilfsbereitschaft.

Mit Worten umgehen können

Mit dieser Stellung ist oftmals eine literarische Begabung verbunden, die nicht ignoriert werden sollte – hier könnte die Kreativität, die vom Horoskop angezeigt ist, ihren Ausdruck finden. Weiterhin besteht möglicherweise eine Neigung zur Kritik und, besonders bei einem Quadrat zu Merkur, zum Tratsch. Positiver ist, daß der Betreffende sich wegen der markanten Reflexe (die zumeist verbal und in praktischen Handlungen zum Ausdruck kommen) gut in Diskussionen behaupten kann: Mit seinen Argumenten steht er fest auf dem Boden der Realität.

Der Mond in der Waage

Diese Stellung steht im Ruf, Takt und natürliche Diplomatie zu verleihen; der Friedensstifter des Tierkreises. Instinktive Reaktion auf die Probleme und Sichtweisen von anderen mit der Fähigkeit, sich darauf einzustimmen. Das ist positiv – wenn aber nicht starke Zeichen wie Steinbock oder Löwe betont sind oder anderweitig erkennbar ist, daß der Betreffende zur Rationalisierung fähig ist und das Selbst vom Ausdruck der Gefühle trennen kann, könnte diese Plazierung zu Unentschiedenheit oder manchmal sogar zu charakterlichen Schwächen führen. Ihre Stärken liegen in der uneingeschränkten Sympathie und im natürlichen Verständnis, in ihrer Freundlichkeit und der Bereitschaft, auf Probleme der Mitmenschen einzugehen.

Die Fähigkeit, die Initiative zu ergreifen

Stellen Sie sich die Frage, ob Ihrem Gegenüber in einer Krise mit einem praktischen, aktiven Rat wirklich geholfen wäre – wobei Sie sich daran erinnern sollten, daß seine natürliche Reaktion ist, die Ruhe zu bewahren. Er wird sich wohl kaum in eine Prügelei mischen und auch nicht auf panische Weise reagieren.

Vergessen Sie auch nicht die Polarität bzw., daß sich gegenüber der Waage der Widder befindet, was einen leicht aggressiven Zug bedeuten könnte. Diese Person könnte z. B., wenn sie sich gelangweilt fühlt, einen Streit vom Zaun brechen, bei dem die Waage-Worte »Das ist nicht fair« nicht fehlen dürften. Die Nahestehenden sollen immer wieder versichern, daß alles in Ordnung ist und keine ernsten Probleme bestehen. Die Waage-Identifikation mit Ausgewogenheit und Harmonie kommt gleichfalls zum Tragen, auch das Bedürfnis, alles ins Lot zu bringen. Beistand zu leisten, wenn es Probleme mit dem Partner, Freunden oder Kollegen gegeben hat, ist eine spontane und direkte Reaktion.

Das Beste in anderen zum Vorschein zu bringen ist eine der positivsten Auswirkungen dieser Plazierung. Dies kann sich besonders beim ersten Kontakt zeigen. Fremde fühlen sich bei diesen Menschen wohl, was vor allem daran liegt, daß sie selbst entspannt sind (allerdings ist zu untersuchen, ob andere Horoskopbereiche dem widersprechen).

Ein unmittelbarer und sehr anziehender Charme sowie eine eher langsame und gedehnte Sprechweise sind hier charakteristisch – Merkmale, die auch für die Sonne in der Waage oder einem Merkurzeichen gelten.

♏ DER MOND IM SKORPION

Die emotionalen Energiereserven, die schon bei der Sonne oder beim Aszendenten in diesem Zeichen stark sind, treten hier noch deutlicher hervor. Das wird bei Herausforderungen sofort klar. Die Reaktionen auf die verschiedensten Arten von Situation sind außerordentlich intensiv. Weil die Gefühle derart »unter Strom« stehen, kann es bei Provokationen leicht zu Überreaktionen kommen; jede Reaktion, ob positiv oder negativ, wird sehr lebhaft sein. Die potentiellen Ausbrüche überraschen die Umgebung vielleicht auch deshalb, weil andere Bereiche der Persönlichkeit auf einen ganz anderen Menschen schließen lassen.

Nicht nur die emotionale, auch die physische Energie wird durch diese Stellung angefacht, was Bestimmtheit und den instinktiven Drang, etwas zu erreichen, bedeutet. Der Geborene könnte auch andere (besonders Nahestehende) dazu bringen, ehrgeiziger zu sein. Faulheit beim Kind beispielsweise ist dem Elternteil mit einem Skorpionmond ein Greuel. Es könnte auch die Tendenz zu brüsken Reaktionen bestehen, vielleicht insofern, als daß man in der Diskussion über die Behandlung Krimineller eine extreme Position vertritt. Hierbei würde sich die unmittelbare Reaktion des Mondes mit dem unbarmherzigen Zug des Skorpions verbinden.

Eifersucht unter Kontrolle bringen

Es ist sehr wichtig, daß sich der Geborene klarmacht, in wie vielen Situationen des Lebens seine instinktive Reaktion der Eifersucht eine Rolle spielt. So, wie der Mensch mit dem Stiermond besitzergreifend reagiert und dies später vielleicht bereut, könnte derjenige mit dem Skorpionmond selbst am meisten unter seiner Eifersucht leiden – ohne aber etwas dagegen tun zu können. Auch hier geht es um den machtvollen Einfluß des Mondes, der zu unmittelbaren Reaktionen führt. Es ist nicht einfach, diesen negativen Zug unter Kontrolle zu bringen. Die Gefühle kommen hier dann auch in der Tat von Herzen.

Das Wissen um die eigene Eifersucht ist von großer Wichtigkeit; es macht es dem Betreffenden einfacher, mit ihr umzugehen. Auch der Partner könnte davon profitieren, indem er die Reaktionen besser einzuschätzen weiß. Wenn Sie als Astrologe dies einem Paar aufzeigen, haben Sie ein gutes Werk getan. Werden diese extrem machtvollen Quellen von emotionaler Energie und Intuition in positive Richtungen gelenkt, ist eine große innerliche Stärke und Widerstandskraft die Folge.

♐ DER MOND IM SCHÜTZEN

Menschen mit dieser Stellung reagieren auf eine sehr positive, optimistische und enthusiastische Weise – das unverfälschte Vergnügen und das Bedürfnis nach Herausforderungen stellen die Quintessenz des Schützen dar. Es ist so, daß dieser sich nicht allzu viele Gedanken um das Für und Wider einer Situation macht. In der Tat eignet er sich dann auch nicht gut dafür, sich mit Details oder untergeordneten Problemen zu beschäftigen. Wenn die anderen ihn auf solche hinweisen, versucht er diese nach Möglichkeit zu ignorieren.

Das Streben nach Weiterentwicklung

Der Drang nach Fortschritten ist sehr stark, sowohl intellektuell als auch physisch (Ungeduld beim Warten im Verkehrsgedränge ist z. B. typisch). Diese Menschen genießen es, wenn ihr Verstand gefordert ist. Sie könnten allerdings den Eindruck vermitteln, mehr zu wissen und zu verstehen, als es tatsächlich der Fall ist.

Hochgesteckte Hoffnungen und viel Optimismus, vorausgesetzt, daß nicht die dunkleren Züge der Persönlichkeit die Kontrolle gewinnen (abzulesen am Rest des Horoskops). Es kommt darauf an, Ausgewogenheit zu entwickeln, um nicht in einen blinden Optimismus, der dem gesunden Menschenverstand Hohn spricht, zu verfallen. Nichtsdestoweniger ist für gewöhnlich eine rasche Auffassungsgabe und viel Enthusiasmus vorhanden – das genaue Gegenteil des »geborenen Bedenkenträgers«!

Anteilnahme und Beständigkeit

Die Tendenz zur Improvisation ist ein häufiger Fehler bei dieser Stellung. »Das interessiert mich nicht« ist ein für den Schützemond charakteristischer Ausspruch, begleitet von einem Achselzucken, während der Betreffende schon wieder an etwas anderes denkt.

Die schützehafte Rastlosigkeit wird nahezu unausweichlich in Erscheinung treten – welche bekämpft oder zumindest erkannt werden muß. Ein wunderbares Potential, besonders in intellektueller Hinsicht; und das Individuum ist gefordert, Beständigkeit zu entwickeln, indem es sich auch auf andere Bereiche der Persönlichkeit bezieht. Es gilt, die Reaktionen zu mäßigen, auch wenn diese positiv sind, auf daß die Schütze-Weisheit und Lebensphilosophie zum Vorschein kommen können.

Probleme mit dem Magen-Darm-Trakt oder mit der Leber könnten die Gesundheit beeinträchtigen. Mit dieser Stellung ist eine Vorliebe für Essen verbunden, das allzu reichhaltig ist.

♑ DER MOND IM STEINBOCK

Eine sehr kühle und ruhige Reaktionsweise. Die emotionalen Reaktionen sind eher gedämpft, zumindest aber unter Kontrolle. Das könnte die Tendenz zur Isolation oder zur Abgehobenheit bedeuten und die Mitmenschen denken lassen, daß der Betreffende sich – von den gewöhnlichen Sterblichen? – distanzieren möchte. Der wunderbare besondere Humor des Steinbockmondes wird aber immer wieder zum Ausdruck kommen und beitragen, diesen unglücklichen Eindruck abzumildern.

Der Drang, die Ziele und Wünsche zu realisieren, ist stark. Wenn dies von praktischen und intellektuellen Gaben unterstützt wird (abzulesen an den anderen Horoskopfaktoren), können die Vorstellungen konkretisiert werden.

Reaktionen und Antworten

Auch hier macht sich die Steinbock-Neigung zum Klagen bemerkbar, desgleichen mondhafte Stimmungsschwankungen und manchmal auch negative Reaktionen. Das könnte an einem Mangel an Selbstvertrauen liegen (z. B. bei dem Mond im Quadrat oder in Opposition zu Saturn). In diesem Falle sollten die Nahestehenden versuchen, den Geborenen zu inspirieren und zu einem positiven Denken bezüglich der – fraglos hochgesteckten – Ziele und Wünsche anzuhalten. Wenn nichts gegen die negative Einstellung hilft, wird der Mensch sich nach einem sicheren Leben ohne jedes Abenteuer sehnen.

Man möchte andere beeindrucken und besitzt einen ausgeprägten Stolz, was es dem Betreffenden manchmal unmöglich macht, Hilfe anzunehmen. Diese erscheint ihm vielleicht nur als Barmherzigkeit und das Akzeptieren derselben als ein Zeichen von Schwäche.

Wenn der Mond auf eine konstruktive Weise zur Geltung kommt (speziell in Verbindung mit Trigonen zu dem lebhaften Mars, Saturn, dem Aszendenten, der Sonne oder dem Herrscher des Horoskops), wirkt diese Stellung extrem günstig. Dann werden Stärke und eine Orientierung auf das Praktische deutlich, in Verbindung mit einem gesunden Menschenverstand, mit Zielstrebigkeit und der Fähigkeit, die angenehmen Seiten des Lebens zu genießen, zum größtmöglichen Nutzen des Betreffenden.

Der Mond im Wassermann

Menschen mit dieser Stellung verfügen über eine magnetische Anziehungskraft mitsamt der Botschaft, daß sie auf eine gewisse Distanz Wert legen. Dies ist ihre unmittelbare Reaktion – erst wenn wir hinter die markante spröde und manchmal auch frostige Fassade schauen, können wir das Sonnen- und vielleicht auch das Aszendenten-Zeichen wahrnehmen. Es ist so, als ob sich der Betreffende in die Defensive gedrängt fühlt und den Wunsch hat, seine rätselhafte und geheimnisvolle Aura aufrechtzuerhalten.

Der Fluß der Emotionen ist sehr stark kontrolliert. Allerdings ist Hilfsbereitschaft durchaus ein deutliches Merkmal dieser Stellung, wie auch bei der Sonne im Wassermann. Die Hilfsbereitschaft ist praktisch orientiert; der Betreffende wird alsbald eine Lösung für die Person, die in Schwierigkeiten steckt, erkennen.

Impulsives Handeln

Das unvorhersehbare Moment des Wassermanns wird sich dann bemerkbar machen, wenn der Geborene sich mit einem Lebensbereich konfrontiert sieht, der zu Kontroversen Anlaß gibt. Seine Reaktion stößt die anderen möglicherweise vor den Kopf. Ähnlich könnte er ganz anders handeln als gedacht, vielleicht gemäß der Eingebung des Augenblicks und im vollkommenen Gegensatz zu den anderen Bereichen seiner Persönlichkeit. Im Rückblick hat er vielleicht Probleme, sein Handeln vor sich selbst zu rechtfertigen.

Alles Glänzende und Strahlende fasziniert ihn. Interessanterweise gibt es hier auch einen romantischen Zug, allerdings auch Distanz. Die Art und Weise, wie Emotionen zum Ausdruck kommen – insbesondere in bezug auf Liebe –, muß von der Venus- und der Marsstellung hergeleitet werden.

Mögliche Konflikte

Originalität und vielfach auch geniale Eingebungen – welche zu Aktivitäten führen und zur Realisierung gebracht werden sollten. Wenn von den Positionen und Aspekten der anderen Planeten Starrsinn angezeigt ist, könnte es zu ernsten Problemen kommen, weil das im Widerspruch zu der Qualität des Überraschenden steht. In Verbindung mit der Stellung von Uranus im Horoskop ist vielleicht auch eine starke nervliche Anspannung zu verzeichnen.

Die humanitäre Seite des Wassermanns gekoppelt mit einer freundlichen Einstellung wird ein deutliches Merkmal des Betreffenden sein und viel Positives in ihm bewirken.

Der Mond in den Fischen

Diese Stellung des Mondes kündet vom Zusammentreffen zweier Kräfte, die heikel sind. Der emotionale Gehalt der Fische ist sehr machtvoll; wenn der Mond in diesem Zeichen steht, sind die Reaktionen auf alle Situationen vom Gefühl bestimmt. Hier geht es nicht um die Emotionen, die mit dem feurigen Widder in Verbindung stehen, um ein Beispiel zu nennen; es handelt sich um eine recht problematische Kraft, die in verschiedene Richtungen wirken kann.

Die emotionalen Reaktionen

Emotional leicht zu beeinflussen, ob nun zum Weinen oder zum Lachen. Könnte von einem Musikstück, das Erinnerungen weckt, oder einer melodramatischen Wendung in einem Fernsehfilm überdurchschnittlich gerührt sein. Die Reaktion zielt darauf, Sympathie zu beweisen und etwas Nettes zu tun – vielleicht, indem man einen Teil seines schwerverdienten Geldes denen zukommen läßt, die in Not sind. Das kann bis hin zur Selbstverleugnung gehen.

Wenn von anderer Stelle im Horoskop Kreativität angezeigt ist, wird der Fischemond zusätzliche Empfindsamkeit und Vorstellungskraft bringen. Der Mond in diesem Zeichen könnte aber auch den Charakter schwächen, indem er zum Weg des geringsten Widerstandes führt, besonders in kritischen Situationen. Die Folge davon könnten Lügen und Täuschungsmanöver sein, nicht nur gegenüber anderen, sondern auch sich selbst.

Hat der Betreffende andere belogen, behauptet er vielleicht, daß eine Lüge weniger verletzend als die Wahrheit ist. Das Täuschen der Mitmenschen kann auf eine überraschend spontane Weise geschehen. Eltern, die ein Kind mit dieser Stellung haben, müssen freundlich und verständnisvoll sein, nichtsdestoweniger aber bestimmt, indem sie vermitteln, daß Aufrichtigkeit unverzichtbar ist.

Negative Tendenzen

Wie bei der Fischesonne oder dem Fische-Aszendenten auch wirken Medikamente möglicherweise anders als gewünscht. Unter Streß sollte der oder die Betreffende stark genug sein, auf den zusätzlichen Drink oder die Extra-Zigarette zu verzichten. Sich negativen Fluchttendenzen hinzugeben könnte zu einer Gewohnheit werden, die nur schwer wieder abzustellen ist.

Der positive Beitrag

Die positiven, fürsorglichen und aufopferungsvollen Merkmale dieser Stellung werden sich sehr günstig auswirken, wenn der Betreffende seiner Berufung nachzukommen bereit ist. Sehr gut für einen Pflegeberuf.

Der Mond in den Häusern

Die Themen und Lebensbereiche, die vom Mondhaus regiert werden, sind von besonderer Bedeutung – und ein Schlüsselfaktor des Horoskops. Je mehr Aspekte der Mond aufweist, desto wichtiger ist seine Rolle. Auch bei der Sonne oder dem Aszendenten im Krebs und in bestimmtem Maß im Stier trifft dies zu.

1 Der Mond im 1. Haus

Je näher der Mond am Aszendenten steht, desto stärker sein Einfluß. Bei weniger als acht Grad (wenn die Geburtszeit ohne Frage stimmt!) handelt es sich um eine Konjunktion, die von sehr großer Bedeutung ist.

Emotionale Anteilnahme

Die Stellung des Mondes in diesem Haus ist ein Schlüsselfaktor, der dem Menschen das Bedürfnis gibt, für andere zu sorgen. Es besteht auch der Drang, sich selbst wie die Nahestehenden zu beschützen. Nur dann, wenn man sich der eigenen Position sicher ist, wird man sich vollständig öffnen.

Die fundamentale psychische Motivation des Aszendenten mitsamt der persönlichen Merkmale wird durch diese Stellung gefärbt; und es kann nicht schaden, die charakteristischen Eigenschaften des Krebs-Aszendenten nachzulesen (S. 94). Seien Sie sich aber dessen bewußt, daß der Mond in erster Linie die individuellen Reaktionen anzeigt. Diese sind hier betont; und Intuition und Gefühle stellen einen Faktor dar, mit dem gerechnet werden muß.

Wenn sich am Aszendenten ein weniger gefühlvolles Zeichen befindet, wird der Fluß der Emotionen etwas gehemmt sein. Wird der Mond harmonisch durch Sextile und Trigone aspektiert, ist der Ausdruck der Gefühle positiv kanalisiert. Bei Quadraten und Oppositionen dagegen könnte emotionale Schüchternheit ein Problem sein.

Äußerliche und innerliche Gesundheit

Eine schwankende Vitalität und eine empfindliche Haut (Sonnencreme benutzen!). Auf die Ernährung ist zu achten, weil das Verdauungssystem – und bei Frauen auch die Fortpflanzungsorgane – sehr anfällig sein könnte. Versuchen Sie, mit Ihrem Gegenüber die Beziehung zur Mutter zu erörtern. Vielleicht handelte es sich um eine schwierige Geburt, um die Zurückweisung im Kindesalter oder um ein anderes Problem in der Mutter-Kind-Beziehung. Julia Parker sind viele Fälle bekannt, in denen die Betreffenden adoptiert worden waren.

2 Der Mond im 2. Haus

Ein starkes Bedürfnis nach Sicherheit, sowohl in emotionaler als auch finanzieller Hinsicht. Die Mondeigenschaften, am Zeichen abzulesen, sind geprägt durch den Wunsch nach einem stabilen Hintergrund.

Ein machtvoller Instinkt, zu sparen und Besitztümer anzuhäufen, welche zum Gefühl von Sicherheit beitragen (dieser Drang kann geradezu zwanghafte Züge annehmen). Die finanzielle Situation könnte von Höhen und Tiefen gekennzeichnet sein – wenn das Sparbuch einmal leer ist, neigt der Betreffende vielleicht zu Ängsten und malt sich das Schlimmste aus. Für diesen Fall sollten Sie im Horoskop nach praktischen Zügen suchen. Permanente Sorgen um Geld könnten ein ernsthaftes Problem sein, selbst dann, wenn der Mensch gut situiert ist. Jede Schwankung an der Börse könnte sein Wohlbefinden beeinträchtigen, und womöglich mißt er der materiellen Seite des Lebens eine allzu große Bedeutung bei.

Der Umgang mit Geld

Ist der Geborene eher spirituell oder kreativ veranlagt, könnte ihm das Geld – wenn das Mondzeichen diese Tendenz unterstützt – durch die Finger rinnen, indem er seinen bedürftigen Freunden gibt oder spendet. Das hätte eine emotionale Verausgabung und eine Unausgewogenheit zur Folge, weil dies dem grundsätzlich auf das Erwerben ausgerichteten lunaren Instinkt widerspricht. Womöglich ein ausgeprägter Instinkt für Geschäfte. Wenn andere Zeichenstellungen das unterstützen, sollte der Betreffende bei der Investition von Geld seiner Intuition vertrauen. Ein Trigon zu Saturn könnte sehr hilfreich sein, Quadrate von Jupiter und Neptun dagegen nicht!

3 Der Mond im 3. Haus

Das Bedürfnis nach Kommunikation ist von überragender Bedeutung; es kommt gemäß dem Mondzeichen zum Ausdruck. Der Betreffende sollte sich umschauen und den Kontakt zu anderen suchen, sowohl in Form von Gesprächen als auch durch die Medien. Die Ideen sind mit Intuition angereichert, auch die Art und Weise, wie sie zum Ausdruck kommen. Eventuell auch häufige Wechsel in der schulischen Ausbildung (nicht unbedingt auf der Universität).

Ein kommunikativer Mensch

Stark entwickelter Wissensdurst, der allerdings manchmal in Oberflächlichkeit mündet – wenn z. B. zuviel Wert auf das gelegt wird, was in der Zeitung steht oder was im Fernsehen gesagt wurde. Das erworbene Wissen ist womöglich nicht von Dauer, weil der Betreffende eventuell ständig den Wunsch hat, sich mit einem neuen Thema zu beschäftigen. Das Bedürfnis nach Wissen – im Gegensatz zu dem Wunsch nach wahrem Verständnis – kommt möglicherweise bei dieser Stellung am deutlichsten zum Tragen. Jemand, der sein Wissen an andere weitergeben möchte, auch an Kinder. Der Umgang mit Kindern beeinflußt diesen Menschen positiv, und vielleicht ist er es, der den Kindern spannende Gute-Nacht-Geschichten erzählt (besonders dann, wenn das Mondzeichen auf Phantasie schließen läßt).

Eine Stellung, die auf Gerissenheit und Cleverneß weisen kann, was sich speziell in Diskussionen bemerkbar machen könnte. Der Geborene vermag seine Gefühle gut in Worte zu kleiden.

Eine günstige Position für den Mond, was die Fähigkeit, emotionale Probleme zu besprechen, betrifft (das könnte nur durch ein enges Quadrat oder eine Opposition von Saturn oder

Pluto oder durch die Stellung des Mondes im Skorpion beeinträchtigt werden, was zu einer emotionalen Blockade führen würde).

4 Der Mond im 4. Haus

Der Mond kommt in diesem Haus gut und kraftvoll zur Wirkung. In Abhängigkeit zu seinem Zeichen kann der starke Drang bestehen, ein Heim und eine Familie zu gründen. Sicherheit im häuslichen Leben ist hier sehr wichtig; fehlt es an ihr, werden sich auch in anderen Lebensbereichen Probleme zeigen. Alles, was man hat, verteidigt man mit Händen und Füßen. Wie bei der Sonne oder dem Mond im Krebs auch könnten sich Schwierigkeiten ergeben, wenn die Kinder herangewachsen sind und das Haus verlassen möchten – dies wird als Angriff auf die persönliche Sicherheit aufgefaßt.

Das, was für die Person ein sicheres Zuhause darstellt, darf für ihre Angehörigen kein klaustrophobischer Käfig sein. Schauen Sie auf die anderen Planeten des Horoskops, um herauszufinden, wie dieser Neigung entgegengetreten werden kann.

Die Tendenz zur Innenschau

Die fürsorglichen, schützenden Qualitäten dieser Stellung können sich auch nach innen richten; eine übermäßige Orientierung auf das Selbst aber führt zu Introversion und der Angst vor dem Unbekannten. Ein schüchterner und gehemmter Mensch könnte sich dann wie eine Muschel verschließen. Die Innenschau kann womöglich auch zu eingebildeten Krankheiten führen oder dazu, daß kleinere Probleme als unüberwindliche Hürden gesehen werden. Bei einer Mondopposition zum MC ist zugleich eine Konjunktion zum IC gegeben (siehe S. 238), was die positiven Eigenschaften noch verstärken könnte. Ist der Mond gut aspektiert, kommen der mütterliche Instinkt und die Liebe zum häuslichen Leben ebenfalls markant zum Ausdruck.

Es besteht eine besondere Ausrichtung auf die Mutter (das Mondzeichen läßt erkennen, wie der Geborene seine Mutter sieht – im Gegensatz dazu, was sie wirklich ist oder war). Man macht es sich zu leicht, wenn man sagt, daß sie ein machtvoller Einfluß im Leben des Betreffenden ist – das trifft schließlich auf die meisten Menschen zu. Es geht hier um eine zusätzliche Dimension bezüglich des mütterlichen Einflusses.

5 Der Mond im 5. Haus

Wenn es sich hier nicht um ein Horoskop handelt, das viel Kreativität verrät, könnte sich der kreative Drang des Mondes auf die Zeugung von Kindern richten und viel Freude an der Elternschaft mit sich bringen. Instinktiv das Richtige für das Kind zu tun ist in diesem Fall ein häufiges Merkmal.

Dies ist das Haus der körperlichen Liebe. Mit dieser Stellung haben wir es mit einem aufmerksamen sexuellen Partner zu tun, dem die kreative Seite der Liebe sehr wichtig ist, im Gegensatz zu denjenigen, die im sexuellen Genuß um seiner selbst willen schwelgen.

Es besteht die Tendenz zur Prahlerei sowie manchmal zu einer übermäßigen Extraversion. Mit den raschen Stimmungsänderungen des Mondes aber werden auch die innengerichteten Bereiche ihren Anspruch geltend machen und den Menschen von seinen vorherigen Aktionen abziehen. Wie weit das reicht, ist am Zeichen des Mondes abzulesen. Mit dem Schützemond z. B. wird der Mensch extravertierter, während der Fischemond Introversion nahelegt.

Risikofaktoren

Ähnliche Reaktionen gibt es beim Umgang mit Risiken, sowohl finanzieller als auch emotionaler. Der Geborene hat womöglich das Gefühl, daß es um mehr als den Einsatz geht – geht die Sache schief, könnte das eingegangene Risiko sein Bedürfnis nach Sicherheit beeinträchtigen, was sowohl in persönlicher als auch in psychischer Hinsicht schädlich sein könnte. Ob er damit klarkommt oder nicht, ist am Zeichen von Sonne und Aszendent abzulesen, die erkennen lassen, wie weit es um seinen gesunden Menschenverstand und seine Logik bestellt ist.

6 Der Mond im 6. Haus

Von großem Einfluß auf die Gesundheit und das Wohlbefinden. Der gesundheitliche Einfluß ist speziell dann markant, wenn es sich um eine Konjunktion zum Deszendenten (siehe S. 237) handelt – wenn der Mond also nicht weiter als 8 Grad vor der Spitze des 7. Hauses steht. Dies entspricht einer Opposition zum Aszendenten.

Eine persönliche Routine entwickeln

Der Geborene muß feste Gewohnheiten entwickeln und negative Eigenschaften wie das Rauchen, Trinken oder das Einnehmen von Drogen vermeiden, weil dies einen überdurchschnittlich schädlichen Einfluß auf ihn hat. Ob ihm das leichtfällt, ist am Zeichen des Mondes und seinen Aspekten abzulesen. Quadrate zwischen Mond und Neptun und zum Teil auch von Jupiter oder der Venus machen das nicht einfacher; während ein Trigon von der Sonne oder von Saturn hilfreich ist. Ein Marseinfluß bewirkt vermehrte Stärke. Spannung und Streß können die Folge von schwierigen Aspekten zu Uranus oder vielleicht auch Merkur sein (Merkur hängt eng mit diesem Haus zusammen). Beständigkeit hinsichtlich der Arbeit sollte ebenfalls ein Ziel sein, so daß sich die emotionalen Kräfte des Mondes und die Reaktionen auf eine solide Weise entwickeln können.

Das 6. Haus beeinflußt die Ernährung. Auch hier ist Regelmäßigkeit wünschenswert – es könnte die Tendenz zu »Freßgelagen« oder aber zu Appetitlosigkeit bestehen, speziell dann, wenn dies eine Antwort auf schwierige Situationen darstellt.

Der Mond kommt im 6. Haus gut zur Geltung, vorausgesetzt, man bringt eine gewisse Kontrolle auf. In einem Erdzeichen macht die Routine überhaupt keine Probleme.

7 Der Mond im 7. Haus

Diese Stellung erhöht die Fähigkeit, gut und verständnisvoll auf die Bedürfnisse des Partners zu reagieren. Vielleicht geht man damit aber auch vollständig in diesem auf. Das ständige Zusammensein mit dem Partner vom Bedürfnis nach emotionaler Sicherheit her könnte einen Mangel an Unabhängigkeit bedeuten.

Mit der lunaren Tendenz zu Stimmungsschwankungen ändert sich die Art und Weise, wie die Gefühle in der

Partnerschaft ausgedrückt werden, fortwährend. Emotionale Szenen können dem Zweck dienen, die Aufmerksamkeit des Partners zu erregen oder Zuwendung zu bekommen. Der Geborene muß sich aber klarwerden, daß derartige Ausbrüche Schäden verursachen können. Man darf auch nicht den Wünschen des Partners allzu bereitwillig nachkommen, weil das eine Schwächung der eigenen Position bedeutet. Das Mondzeichen läßt hier nähere Aufschlüsse zu – diese Gefahr ist beim Waagezeichen am größten (wenngleich es dann, wenn sich der Widder am Aszendenten befindet, auch um den Ausgleich mit der widderhaften Tendenz zur Selbstbezogenheit geht).

Ausgewogenheit in der Partnerschaft

Die fürsorglichen Eigenschaften des Mondes kommen markant zum Ausdruck, wieder gemäß der Zeichenstellung. Der Schutzinstinkt bezieht sich auch auf den Partner. Stellen Sie sich die Frage, ob Ihr Gegenüber beständig und treu ist oder ob seine Einstellung und Gefühle zum Partner veränderlich und schwankend sind. Fühlt sich die Frau in der Beziehung zufrieden und glücklich oder unterlegen und minderwertig?

8 DER MOND IM 8. HAUS

Hier befindet sich der instinktive Mond in einem Haus, in dem die Intuition, die Emotionen und die tiefverwurzelten Gefühle betont sind. Womöglich verfügt der Geborene über einen »sechsten Sinn«, besonders dann, wenn auch andere Horoskopbereiche das nahelegen (z. B. mit einem starken, positiven Neptun oder einer dominierenden Skorpion- oder Pluto-Note).

Die Basis-Instinkte richten sich auf einen erfüllten und intensiven sexuellen Ausdruck, zu dem es aber nur bei einer intensiven Beziehung zu einem Partner kommen kann, der ähnliche Bedürfnisse hat. Beträchtliche emotionale Ressourcen – wie diese ausgedrückt und befriedigt werden können, ist am Zeichen und den Aspekten des Mondes abzulesen. Der geliebten Person und den Partnern vollständig vertrauen zu lernen ist sehr wichtig. Eifersucht und Mißtrauen – beides wahrscheinliche Gefühle – haben einen krebsgleichen Effekt auf die Eigenschaft, Liebe zu zeigen. Ihnen muß unbedingt entgegengetreten werden, soll die Beziehung stabil und von Dauer sein. Auch verhindern sie die sexuelle Befriedigung und Entspannung, die hier so wichtig sind.

Wenn die Mond-Aktivität beeinträchtigt ist, könnte es zu psychischen Problemen kommen, die für lange Zeit wirksam sind. Dann kann eine Therapie angezeigt sein.

Finanzielle Sicherheit

Geld in Verbindung mit Erbschaften und Investitionen ist hier das Thema. Eine Lebensversicherung mit Zuwachsdynamik dürfte das Sicherheitsempfinden stärken.

9 DER MOND IM 9. HAUS

Womöglich das ständige instinktive Bedürfnis, den Intellekt durch Studien zu erweitern, während die Konzentration vielleicht Schwankungen unterworfen ist und die langfristigen Ziele deshalb nicht erreicht werden können. Ein starkes Mondzeichen und gute Aspekte zu Merkur und Jupiter können hier helfen – entscheidend aber ist, ob der Betreffende bestimmt aufzutreten vermag.

Zu viele Emotionen bei den Handlungen können die Sicht vernebeln und zu Phantastereien führen. »Wenn ich den Abschluß hätte« oder »Wenn ich doch bloß das machen könnte« und andere Träumereien mehr sind dann zu vernehmen, wenn sich der Betreffende einer kritischen Situation gegenübersieht. Hat man aber die Realität und seine Emotionen im Griff, sind durchaus positive Resultate zu erwarten.

Das Reisen übt eine große Anziehungskraft aus, es regt den Geist und die Phantasie an und läßt den Menschen hoffen, daß die Vorstellungen Realität werden mögen. Der Intellekt ist philosophisch geprägt, allerdings beruhen moralische Urteile häufig auf instinktiven Eingebungen.

10 DER MOND IM 10. HAUS

Oftmals ein Anzeichen, daß man es auf seinem Feld zu Berühmtheit bringt oder daß man große Gruppen leiten kann (manchmal steht auch beides in Beziehung zueinander). Wenn es Ihnen Freude bereitet, die Horoskope berühmter Menschen zu untersuchen, stellt der Mond ein faszinierendes Studiengebiet dar: Bei vielen von diesen steht er hoch oben im Horoskop.

Für gewöhnlich genießt dieser Mensch bei denen, über die er Macht hat, Respekt und Sympathie, von manchen wird er womöglich sogar geliebt oder als Idol gesehen. Die Intuition und die Emotionen richten sich darauf, für andere zu sorgen, welche ihrerseits sehr intensiv darauf reagieren. Bei der Interpretation dieser Stellung enthüllt das Mondzeichen, wie diesem Bedürfnis Rechnung getragen wird: beim Löwen auf eine dogmatische Weise, beim Steinbock mit kühler Autorität usw.

»Ich liebe die ganze Welt« ist hier das Motto, und der Instinkt, das Beste für sie zu bewirken, könnte ein Kanal für die Mond-Aktivität sein – Grausamkeit auszumerzen und die mütterlichen Instinkte zu hegen und zu pflegen.

Persönlicher Fortschritt

Das Bedürfnis nach Veränderung und Abwechslung dürfte sich deutlich in der Karriere abzeichnen. Auch dann, wenn der Betreffende es zu Ruhm bringt, wird er sich wahrscheinlich durch sehr verschiedenartige Leistungen ausgezeichnet haben. Die anderen Horoskopbereiche müssen zeigen, ob er die Energie konstruktiv ausdrücken kann und genug Ehrgeiz besitzt, um das Beste aus dieser Stellung zu machen. Die instinktive Fähigkeit, den richtigen Zeitpunkt zu wählen, ist eine weitere Gabe.

11 DER MOND IM 11. HAUS

Hier richten sich die Instinkte des Mondes auf Gruppen. Es hat den Anschein, als ob der Geborene ständig als Teil einer Gruppe gesehen werden möchte, was diese ihm nun konkret auch bedeuten mag. Das könnte seinen Grund darin haben, daß er sich als Kind nicht von seinesgleichen akzeptiert fühlte – was zu langwierigen Problemen und späteren Kompensationen führen könnte. Es ist wichtig, sich darüber klarzuwerden, warum er sich mit der Gruppe identifizieren möchte, weil ihm ansonsten das Gefühl für die eigene Identität verlorengehen kann.

Den Freunden und Bekannten – und das, wofür sie stehen – kann so sehr vertraut werden, daß es dem Geborenen schwerfällt, für sich allein Entscheidungen zu treffen und selbständig zu handeln.

Schwierigkeiten mit Nähe

Kann der Betreffende ohne weiteres seine tiefen Gefühle zum Ausdruck bringen? Wie bei dem Wassermanneinfluß auch (dies ist das Wassermannhaus) kann er so sehr auf seine persönliche Sphäre bedacht sein, daß er niemanden an sich heranläßt, trotz seines instinktiven Bedürfnisses, dazuzugehören und von anderen akzeptiert zu werden.

Eine andere Auswirkung ist, so intensiv um Zuneigung zu betteln, daß die Adressaten sich abgestoßen fühlen. Bei einer unglücklichen Kindheit könnte es auch schwierig sein, Liebe angemessen zu erwidern.

12 Der Mond im 12. Haus

Wie extravertiert und außengerichtet der Mensch ansonsten auch sein mag, er muß sich darüber klarwerden, daß er sich von seinem Inneren her nach Rückzug sehnt und den Wunsch hat, Zeit für sich allein zu verbringen.

Dieser instinktive Wunsch nach Rückzug ist sowohl in psychischer als auch spiritueller Hinsicht heilsam. Der oder die Geborene sollte das Bedürfnis nach Frieden und Ruhe nicht unterdrücken, sondern auf bestmögliche Weise für sich zu nutzen suchen.

Kennzeichnend sind eine natürliche Aufgeschlossenheit, emotionale Empfänglichkeit sowie – in Abhängigkeit vom Mondzeichen – machtvolle Instinkte und eine starke Intuition, womit man auch andere unterstützen kann. Die Bereitschaft, Opfer zu bringen, ist vorhanden.

Das geheime Selbst

Möglicherweise eine Neigung zur Täuschung. Auch vor negativem Eskapismus muß gewarnt werden. Der Geborene könnte abgründige Tiefen in sich haben oder ein instinktives Geheimnis, das ihm als Schutz vor der äußeren Welt dient. Manchmal mag er es schwierig finden, Probleme mit den Menschen zu diskutieren, die er liebt – schauen Sie hier im Horoskop nach, wie es um die kommunikativen Fähigkeiten bestellt ist. Das Mondzeichen kann hilfreich sein (u. a. Zwillinge) oder hinderlich (Skorpion).

Wenn Mond- und Aszendentenzeichen identisch sind, dürfte die Mondebene gut in der Persönlichkeit integriert sein. Seiner Neigung zur Geheimniskrämerei wird sich dieser Mensch bewußt sein und sie konstruktiv zur Geltung bringen.

Der progressive Mond in den Häusern

Wenn Sie das System der Äqualen Häuser benutzen (siehe S. 38), braucht der progressive Mond ungefähr zweieinhalb Jahre, um ein Horoskophaus zu durchlaufen. Benutzen Sie ein anderes Häusersystem, inklusive das von Placidus, kann die Dauer variieren.

Der Einfluß des progressiven Mondes ist subtil, er wird nicht während der ganzen Zeit, um die es geht, im Vordergrund stehen. Trotzdem ist es sinnvoll, ihn zu berücksichtigen, besonders dann, wenn gleichartige Transite oder Lunar-Progressionen auf die Planeten im Geburtshoroskop oder in der Progression einwirken.

Wenn der progressive Mond in ein neues Haus kommt, sollten Sie Ihr Gegenüber darauf aufmerksam machen, weil ihm das die Möglichkeit gibt, sich zumindest zu einem gewissen Ausmaß auf die Themen dieses Bereiches zu konzentrieren. Wenn der Mond beispielsweise das 9. Haus durchquert, könnte ein anspruchsvolles Studium oder das Erlernen einer Sprache den Betreffenden sehr befriedigen. In Verbindung mit harmonischen Transiten könnten auch ausgedehnte Reisen sehr günstig sein. Läuft der Mond durch das 4. Haus, sollte man sich um das Zuhause kümmern oder – wenn andere Faktoren dies begünstigen – umziehen oder ein Haus kaufen. Am wichtigsten ist der Wechsel des Mondes vom 12. ins 1. Haus mit der Konjunktion zum Aszendenten (siehe S. 237). Damit beginnt ein neuer Lebenszyklus.

Neumond und Vollmond

Jeder Mensch, ob nun an der Astrologie interessiert oder nicht, weiß um die vielfältigen Einflüsse, die der zunehmende oder abnehmende Mond auf das menschliche, tierische und pflanzliche Leben in der Natur hat. Fragen Sie beispielsweise einmal die Sprechstundenhilfe Ihres Arztes oder jemanden, der viel mit Menschen zu tun hat, ob zum Vollmond das Telefon besonders oft klingelt – die Antwort ist bestimmt: »Ja«. Es trifft ebenfalls zu, daß viele von uns zu diesen Zeiten mit neuer Energie neue Aufgaben in Angriff nehmen.

Der Einfluß des Vollmondes

Die Phase unmittelbar vor dem Vollmond ist heikel – sie bedeutet vielfach Frustrationen und nur zu oft auch Gewalt. Im besten Fall werden wir im Verkehr häufiger als sonst beschimpft; in anderen Teilen der Welt, die von Unbeständigkeit gekennzeichnet sind, kann es zu spektakulären Ausbrüchen von Gewalt kommen. Wir haben beispielsweise festgestellt, daß sich die schlimmsten Tragödien in Nordirland zu diesen Spannungszeiten ereigneten.

Es handelt sich hier um ein Gebiet der Astrologie, das Sie für sich studieren sollten. Ihre Entdeckungen werden nicht nur Ihr persönliches Wissen erweitern, sondern vielleicht auch der Astrologie in ihrer Gesamtheit nutzen.

Mondfinsternisse

Es ist nicht schwer, herauszufinden, wann es zu Finsternissen kommt. Sie sind in den Ephemeriden und häufig auch in Kalendern und Almanachen aufgelistet. Finsternisse sind dramatische Geschehnisse, und es verwundert nicht, daß sich in der Vergangenheit eine Vielzahl von (meist unbegründeten) abergläubischen Vorstellungen um sie rankten. Viele Astrologen meinen, daß eine Finsternis in der Nähe eines Planeten oder eines Eckpunktes des Horoskops (nicht weiter als 3 Grad entfernt) außerordentlich bedeutungsvoll ist. Die Finsternis könnte den betreffenden Lebensbereich aktivieren und gemäß der Stellung des Planeten zu positiven oder negativen Ergebnissen führen (meist ist letzteres der Fall).

Die Frage, wann sich solche Entwicklungen ergeben werden, ist schwierig. Einige Astrologen sagen, die Auswirkungen ziehen sich über viele Monate hin – was nicht zu widerlegen ist; allerdings neigen wir in diesem Fall dazu, andere, machtvollere Trends für die Geschehnisse verantwortlich zu machen und die Finsternis nur als zusätzliches Moment aufzufassen.

Wenn sich die Finsternis mit nicht mehr als 2 Grad Abstand zu einem Planeten ereignet, sollten Sie Ihr Augenmerk auf die Lebensbereiche richten, die mit diesem zusammenhängen, und im Hinterkopf behalten, was oben gesagt wurde. Bei einer Finsternis auf dem Aszendenten, der Sonne, dem Mond oder dem Herrscher des Horoskops könnten das persönliche Leben und vielleicht sogar die Gesundheit stark belastet sein.

Beim Kontakt zum MC bezieht sich der Streß dagegen auf die Karriere oder darauf, daß Veränderungen getätigt werden müssen. Wir empfehlen, sich der Tradition zu beugen und keine wichtigen Ereignisse wie eine Heirat, eine Geschäftseröffnung usw. auf die Zeit einer Finsternis zu legen. Eine andere Theorie besagt, daß Sonnenfinsternisse für Männer wichtiger sind und Mondfinsternisse wichtiger für Frauen.

Politische Auswirkungen

Besonders wichtig sind die Finsternisse bei der Mundanastrologie – dem astrologischen Studium von Ländern und deren Regierungen und Politikern. Es handelt sich dabei um ein eigenes faszinierendes und extrem komplexes Gebiet, welches außerhalb des Spektrums dieses Buches liegt.

Anmerkung: Zu einer Sonnenfinsternis kommt es zur Zeit des Neumondes, zur Mondfinsternis zur Zeit des Vollmondes.

☽ Die Mondknoten

Die Mondbahn ist um 5 Grad zur Ekliptik geneigt. Die Schnittpunkte zu dieser nennen wir die Mondknoten. Die Linie, die sie verbindet, ist die Mondknotenachse, die sich westlich entlang der Ekliptik bewegt und 18,5 Jahre braucht, um sie einmal in rückläufiger Bewegung zu durchlaufen (also rückwärts durch die Zeichen). Wenn sich der Mond nördlich bewegt und die Erdbahn schneidet, sprechen wir vom aufsteigenden oder nördlichen Mondknoten (oder Drachenkopf), während bei der Südrichtung der Schnittpunkt absteigender oder südlicher Mondknoten genannt wird (Drachenschwanz). Die Mondknoten sind ein interessanter Nebenfaktor im Horoskop – unserer Meinung aber rechtfertigen sie nicht, daß wir ihnen in der Ephemeride am Ende dieses Buches Platz einräumen. In detaillierteren Ephemeriden sind auch die Mondknoten aufgelistet.

Die Interpretation der Mondknoten

Dies ist ein kontroverses Gebiet, allerdings gibt es hauptsächlich zwei Theorien.

Die erste besagt, daß der Südknoten anzeigt, wo wir unsere Erfahrungen und persönlichen Eigenschaften am besten zum Ausdruck bringen können, während der Nordknoten die Qualitäten symbolisiert, die wir anstreben sollten.

Mit dem Südknoten im 3. Haus z. B. dürfte eine gute Bildung und die Fähigkeit verbunden sein, das Wissen auch vermitteln zu können, während der Nordknoten im 9. Haus hier nahelegt, sich um neue Erkenntnisse zu bemühen und damit ein höheres Leistungsniveau in diesem Lebensbereich anzustreben.

Man ist allgemein der Ansicht, daß die Mondknoten unsere Einstellung zu anderen beeinflussen. Bei ihrer Untersuchung sollte man sich auf Aspekte zum Aszendenten, zum MC und zu den Planeten beschränken.

Wir können hier von drei Kategorien ausgehen: machtvoll, positiv und negativ:

- **Machtvoll:** eine Konjunktion zu einem Knoten (und damit eine Opposition zum anderen);
- **Positiv:** ein Trigon zu einem Knoten (und damit ein Sextil zum anderen);
- **Negativ:** ein Quadrat zu beiden Knoten.

Behalten Sie dies vor Augen, wenn sie die Planeten in Verbindung mit den Mondknoten interpretieren. Machtvolle Aspekte bedeuten eine besondere Betonung und Stärke. Die positiven Aspekte sind günstig für Beziehungen (gemäß dem Wesen des Planeten), während die negativen für Probleme in den Verbindungen sorgen.

Hier eine kurze Interpretation zu den Mondknoten im Aspekt mit den Planeten:

- **Sonne:** Physische oder geistige Verbindungen mit anderen.
- **Mond:** Instinktive Reaktionen und Verbindungen mit anderen.
- **Merkur:** Das Teilen von Ideen und mentale Beziehungen zu anderen.
- **Venus:** Anpassungsfähigkeit in Beziehungen.
- **Mars:** Sexuelle Anziehungskraft prägt die Einstellung zu den Mitmenschen.
- **Jupiter:** Allgemeine Anpassungsfähigkeit und Umgänglichkeit.
- **Saturn:** Isolation und Mangel an Anpassungsfähigkeit.
- **Uranus:** Eine interessante oder exzentrische Einstellung zu Beziehungen.
- **Neptun:** Anderen gegenüber hilfsbereit, allerdings nicht immer zuverlässig.
- **Pluto:** Macht über andere haben wollen – oder sich frustriert fühlen.
- **Aszendent:** Ein unterstützendes oder störendes Familienmitglied (befindet sich die Mondknotenachse dicht am Aszendenten/Deszendenten, ist der Mensch oftmals besonders groß oder klein!).
- **MC:** Identifikation und Bedürfnis, sich mit Menschen zu verbinden, die die Eigenschaften des Zeichens am MC ausdrücken – oder Wut auf sie.

☽ Neumond und das Progressionshoroskop

Bei den Progressionen wird der Neumond auf eine besondere Weise behandelt (siehe S. 70). Es kommt hier häufig zu einer Reihe von Kontakten zu den Planeten des Geburtshoroskops – es könnte sein, daß der Neumond zunächst im Quadrat zu Mars steht, im nächsten Monat im Trigon, einen Monat später im Quinkunx und schließlich in Opposition. Dies sind kleinere Einflüsse, die in Verbindung mit dem oder den betreffenden Planeten aber ein bestimmtes Thema oder Projekt ankündigen, das sich über die betreffende Zeit hin erstrecken kann. Diese Nebentrends sollten nicht ignoriert werden, sie fügen den anderen Progressionen eine weitere Dimension zu.

Die Aspekte des Mondes

Mondaspekte sind von nicht zu unterschätzender Wichtigkeit – der Mond färbt jeden Planeten, zu dem er in Kontakt steht, auf eine persönliche Art. Bei der Analyse gilt es, die verschiedenen Persönlichkeitsbereiche im Blick zu haben: eine Intensivierung der persönlichen Reaktionen (Mars), vorsichtigere Reaktionen (Saturn) oder vielleicht auch ein unmittelbarer Enthusiasmus (Jupiter). Bei Mondaspekten zur Sonne, zum Aszendenten, zum MC oder zum herrschenden Planeten können wir den Orbis etwas höher ansetzen – bis 2 Grad bei Haupt- und 1 Grad bei Nebenaspekten. Die Konjunktion mit Sonne, Aszendent oder MC gilt bis zu 10 Grad. Aber auch Mondhaus und -zeichen müssen berücksichtigt werden.

☉ Mondaspekte zur Sonne

Aspekte zwischen Mond und Sonne wurden schon im Abschnitt Sonnenaspekte zum Mond (S. 214) besprochen, so daß Sie sich ggfs. bereits mit den Auswirkungen beschäftigt haben. Wenn Sie mit den Progressionen zu arbeiten beginnen, werden Sie feststellen, daß der Mond sehr rasch durch das Horoskop läuft, wodurch es immer wieder zu Aspekten zur progressiven wie zur Geburtssonne kommt. Aus diesem Grund müssen wir diese Beziehung auf eine besondere Art betrachten: Sie hat keine sehr langfristige Bedeutung und ist auch nicht so dynamisch wie die progressive Sonne im Aspekt zum Radixmond.

☉ Progressive Mondaspekte zur progressiven oder zur Radixsonne

☌ Konjunktion

Könnte von einer Schlüsselphase von drei oder vier Monaten künden. Eine gute Zeit, um Veränderungen durchzuführen, vorausgesetzt, Rastlosigkeit und eine untypische Unbeständigkeit werden unter Kontrolle gebracht.

+ Positive Aspekte

Könnten dem Geborenen dabei helfen, langwierige psychische Probleme in den Griff zu bekommen. Bei einem negativen Aspekt zwischen Sonne und Mond im Geburtshoroskop aber treten vielleicht besondere Spannungen auf. Diese Aspekte bringen dem Geborenen bei derartigen Schwierigkeiten Unterstützung. Die Emotionen und die Intuition sind gestärkt, und ein Gefühl von innerlicher Zufriedenheit macht sich bemerkbar, selbst dann, wenn andere Faktoren auf eine heikle Zeit schließen lassen. Wenn das Leben mehr oder weniger frei von Schwierigkeiten ist, kann es zu allgemeinen Fortschritten kommen. Probleme müssen jetzt angepackt werden!

– Negative Aspekte

Möglicherweise ein Gefühl von innerlicher Unzufriedenheit und Rastlosigkeit. Keine gute Phase, Entscheidungen zu treffen, wegen der jetzt sehr unbeständigen Emotionen. Wenn allerdings im Geburtshoroskop zwischen Mond und Sonne ein Sextil oder ein Trigon vorhanden ist, dürfte der Einfluß keine großen Probleme machen. Nichtsdestoweniger sollte man jetzt keine Veränderungen mit langfristigen Folgen vornehmen, speziell nicht in häuslicher Hinsicht.

Anmerkung: Alle Aspekte zwischen progressivem Mond und der Sonne führen zu einer verminderten Vitalität, was nahelegt, häufiger auszuruhen oder ein Stärkungsmittel einzunehmen.

☿ Mondaspekte zu Merkur

☌ Konjunktion

Ein sehr starker, geistig anregender Einfluß (wenn die Konjunktion nicht mit einem hemmenden Quadrat oder einer Opposition von Saturn zusammentrifft) mit viel Intuition, Logik und gut entwickelten Instinkten.

Der Mond wird mit den Denkprozessen von Merkur angereichert, was ein exzellentes Potential bedeutet, das beispielsweise in Form von literarischer Arbeit zum Ausdruck kommen kann – phantasievoll oder praktisch, gemäß der Natur der Zeichen von Mond und Merkur. Bei zwei verschiedenen Zeichen befruchten diese sich sehr gut gegenseitig.

Befindet sich die Konjunktion im gleichen Zeichen wie die Sonne, treten womöglich dessen Eigenschaften allzu deutlich in Erscheinung – weil dies dann nicht nur die Sonne, sondern auch die instinktive Ebene des Mondes und auch die mentale Ebene des Merkurs prägt.

+ Positive Aspekte

Die Schlauheit des Mondes und die Gerissenheit von Merkur werden durch diese Aspekte kontrolliert, was mit einer guten Konzentrationsfähigkeit einhergeht.

Zumeist viel gesunder Menschenverstand und eine praktische Einstellung. Die Entscheidungen werden hier sowohl von der Logik als auch von der Intuition her getroffen.

– Negative Aspekte

Ein ungestümes Reagieren auf Herausforderungen jeder Art. Möglicherweise eine Neigung zum »Tratschen« – allerdings sind auch die intellektuellen Kräfte durch diesen Einfluß gestärkt. Die Kritik ist hier direkt, manchmal schneidend oder ätzend. Verdauungsprobleme oder nervöse Beschwerden könnten der Person von Zeit zu Zeit zu schaffen machen, besonders dann, wenn Merkur stark gestellt ist.

☿ Progressive Aspekte zwischen Mond und Merkur

☌ Konjunktion

Eine Zeit intensiver geistiger Aktivität, die sich gut zur Prüfungsvorbereitung eignet, weil das Gedächtnis gut funktioniert und der instinktive Wunsch besteht, Fakten und Ideen schwarz auf weiß festzuhalten.

In diesen Perioden kommt es häufig zu Veränderungen – vielleicht zu der Versetzung in eine andere Abteilung oder zu einer Neugestaltung der Wohnung.

Positive Aspekte

Ähnliche Auswirkungen wie bei der Konjunktion. Alle Projekte, die zu dieser Zeit beginnen oder bereits begonnen wurden, sollten nun mit Macht vorangetrieben werden. Nun kann man auch darangehen, seine Meinung allgemein bekannt zu machen und Fürsprecher zu suchen. Man bringe nun das zur Sprache, was einem persönlich oder der Allgemeinheit besonders am Herzen liegt!

Negative Aspekte

Kein ernsthafter störender Einfluß. Es gilt allerdings, sich takt- und rücksichtsvoll zu gebärden, insbesondere im Zuhause.

Nervliche Anspannung könnte nun ein Problem sein – wenn sich der Betreffende erschöpft fühlt, sollte er sich zur Entspannung eine Auszeit nehmen oder sich einer erholsamen Beschäftigung hingeben.

Anmerkung: Alle Progressionen zwischen Mond und Merkur sind eine gute Zeit, ein neues Auto, Fahrrad oder ein wie auch immer geartetes Transportmittel zu kaufen.

♀ Mondaspekte zur Venus

☌ Konjunktion

Ein schöner Einfluß, der den Menschen beliebt, liebenswert, ruhig und heiter macht. Guter Geschmack und ein Sinn für luxuriöse Gegenstände und das schöne Leben. Auch eine gesteigerte Wahrnehmung für die Bedürfnisse des Partners.

Die Konjunktion ist in Verbindung mit ihrem Zeichen zu sehen, weil dieses ja den Fluß der Emotionen und die Zuneigung bestimmt. Für gewöhnlich auch eine Liebe zur Kunst.

Positive Aspekte

Ein natürlicher Charme und Empfindsamkeit. Sind im Horoskop sehr viele Trigone vorhanden, könnte der Geborene dazu neigen, das Leben allzu leicht zu nehmen und – im Extremfall – andere Menschen auszunutzen. Sich dieser Schwäche bewußt zu sein wäre wünschenswert.

In einem ausgewogenen Horoskop treten dagegen die positiven Eigenschaften, wie sie für die Konjunktion angeführt wurden, in Erscheinung, auch Optimismus und ein gutes Wahrnehmungsvermögen. Diese Aspekte stehen auch für Intuition, speziell beim Mond in einem Wasserzeichen.

Negative Aspekte

Könnten für sehr viele Enttäuschungen in den persönlichen Beziehungen stehen. Der Betreffende hat viel Liebe und Zuneigung zu geben – die Art und Weise aber, wie er das zu tun versucht, kann problematisch sein. Vielleicht stürzt er sich Hals über Kopf in Beziehungen; vielleicht werden kleinere Probleme unter den Tisch gekehrt, bis sie sich schließlich zu großen auswachsen.

Untersuchen Sie die Stellung von Mond und Venus: In der Jungfrau oder im Steinbock oder bei einer Einwirkung von Saturn könnte Schüchternheit oder ein Mangel an Selbstvertrauen gegenüber dem anderen Geschlecht zu verzeichnen sein. Die Lektionen der Liebe sind hier schwierig zu lernen. Der Tendenz, eine lustlose Einstellung zu zeigen, muß aber entgegengetreten werden.

♀ Progressive Aspekte zwischen Mond und Venus

☌ Konjunktion

Eine glückliche Zeit für den Menschen, der eine feste Beziehung hat. Günstig für die Verbesserung des Verhältnisses zum Partner.

Wenn auch andere Hinweise nahelegen, daß jetzt die Liebe im Vordergrund steht, könnte diese Progression von einer neuen Beziehung künden. Für die Frage, ob die Beziehung von Dauer sein wird, sind aber langfristigere Progressionen entscheidend. Die allgemeine Einstellung ist aufgeschlossen und freundlich.

Positive Aspekte

Verstärken andere positive Trends, wobei speziell Transite von Jupiter günstig sind. Eine Zeit, in der der Mensch sich über sich selbst freuen kann. Günstig für unterhaltsame Unternehmungen zu Hause.

Negative Aspekte

Vorsicht beim Umgang mit Geschäftspartnern und Bekannten! Bei finanziellen Investitionen sollte möglichst der Rat eines unabhängigen Experten gesucht werden.

Wenn Transite auf Frustrationen hinweisen, könnte die Liebe oder das Geld zu Problemen führen. Jetzt sollte man besser nicht finanzielle oder emotionale Risiken eingehen – Zurückweisung oder materielle Verluste sind nun sehr wahrscheinlich.

♂ Mondaspekte zu Mars

☌ Konjunktion

Ein machtvoller und belebender Einfluß, der die Emotionen und die Antworten auf die verschiedensten Situationen intensiviert und zu einer direkten Herangehensweise ermutigt.

Wahrscheinlich neigt man nun mehr als sonst dazu, Risiken einzugehen, sowohl emotionale als auch körperliche. Die Konjunktion kann zu Rastlosigkeit oder zur Rebellion führen, wenn sie durch Uranus aspektiert wird.

Positive Aspekte

Die emotionalen und körperlichen Energien gehen Hand in Hand. Weil dies anregend wirkt, handelt es sich um einen günstigen Einfluß für Menschen, die für gewöhnlich eher träge oder unordentlich veranlagt sind.

Hilfsbereitschaft und eine zumeist robuste körperliche Gesundheit sind weitere Merkmale dieser Aspekte.

Negative Aspekte

Jähzorn und Impulsivität könnten die Reaktionen prägen. Vielleicht nervliche und emotionale Spannungen. Die Impulsivität könnte zu falschen Beurteilungen führen. Die Tendenz, vorschnell und überhastet zu handeln, muß erkannt und bekämpft werden.

♂ Progressive Aspekte zwischen Mond und Mars

☌ Konjunktion

Ein Zeitraum, der sich über drei Monate erstreckt und für eine Beschleunigung des Lebensganges steht. Der oder die Betroffene hat viel emotionale und physische Energie zur Verfügung, um sich mit dem Leben auseinanderzusetzen, wovon sowohl Geist als auch Körper profitieren. Negative Transite von Saturn oder Pluto (wirken frustrierend) oder von Uranus (erzeugen Spannung) könnten allerdings die

Energien von Mond und Mars beeinträchtigen.

Positive Aspekte
Ähnliche Effekte wie bei der Konjunktion: wahrscheinlich auch hier eine unruhige Zeit mit viel emotionaler und physischer Energie, was große Taten möglich macht.

Der Geborene wird sich als zielstrebig erweisen und instinktiv wissen, wann und wie er zu handeln hat. Das ist speziell für denjenigen gut, der Entscheidungen ansonsten eher ausweicht.

Negative Aspekte
Impulsivität und vorschnelles Agieren können zu Problemen führen. Es ist notwendig, sich jetzt selbst zu zügeln, weil man nun Fehler machen könnte, insbesondere bei wichtigen Entscheidungen.

Ermuntern Sie den Betreffenden möglichst dazu, abzuwarten und Entscheidungen hinauszuschieben – eine bewußte, gelassene und nachdenkliche Einstellung ist jetzt das Beste. Allerdings wird dieser Vorschlag nicht auf große Begeisterung stoßen. Es könnte jetzt auch häufiger zu Kopfschmerzen und Schlaflosigkeit kommen – was sich aber nach dieser Progression wieder gibt.

♃ Mondaspekte zu Jupiter

☌ Konjunktion
Bewirkt Aufgeschlossenheit und Freundlichkeit und prägt die Haltung zu anderen.

Für gewöhnlich eine großzügige Person, die bereitwillig Energie, Zeit und Geld gibt.

Sollte seine Erfahrungen anderen weitergeben, die davon profitieren können.

Daraus könnte auch eine große innere Befriedigung resultieren – zu wissen, daß man etwas zu geben hat und andere anspornen kann, ist eine bereichernde Erfahrung.

Manchmal eine gewisse Prahlsucht (besonders bei der Stellung im Löwen oder im Steinbock).

Positive Aspekte
Die allgemeine Freundlichkeit und Sympathie bei der Konjunktion dürften sich auch bei diesen Aspekten zeigen, besonders beim Trigon.

Die Vorstellungskraft ist erhöht, wenn Mond und Jupiter miteinander verbunden sind. Des weiteren ein Potential für ein philosophisches Denken, das manchmal in neue Richtungen führt.

Ein instinktives Mitgefühl oder Sich-Identifizieren mit Menschen aus anderen Ländern oder Kulturen. Fernab der Heimat zu leben ist in diesem Fall womöglich – z. B. spirituell oder psychologisch – eine extrem bereichernde Erfahrung.

Negative Aspekte
Heikel und ungünstig für das Beurteilungsvermögen. Lassen den Geborenen in dramatischer oder übersteigerter Form reagieren, auch dann, wenn beide Planeten in praktischen und beständigen Erdzeichen stehen. Sich dieser Züge bewußt zu sein, ist nötig, um sie dann mit einer positiven und praktischen Einstellung zu überwinden.

Ein Mondtrigon zu Saturn wäre eine große Hilfe, auch eine positive Verbindung zwischen Sonne und Saturn. Wenn der Mensch eine Vorliebe für reichhaltiges und schweres Essen hat, gibt es vielleicht von Zeit zu Zeit Probleme mit der Leber oder dem Magen.

♃ Progressive Aspekte zwischen Mond und Jupiter

☌ Konjunktion
Während dieser Zeit könnten sich erhellende intellektuelle Erkenntnisse ergeben, möglicherweise mit großen Fortschritten. Der Geist ist nun offen für neue und bedeutungsvolle Konzepte.

Dieser Einfluß ist grundsätzlich günstig, auch für das Antreten einer großen Reise. Eine exzellente Auffassungsgabe geht nun Hand in Hand mit einer umfassenden Vision und einer positiven und optimistischen Haltung.

Wenn diese Konjunktion von positiven und unterstützenden Transiten begleitet wird, könnte es sich um eine Phase handeln, die mehrere Monate dauert und sehr viel Weiterentwicklung bringt.

Positive Aspekte
Ein ähnlicher Einfluß wie die Konjunktion, insbesondere die Urteilskraft ist dabei gestärkt. Eine günstige Zeit, um Verträge unterschriftsreif zu machen oder Reisen anzutreten.

Vielleicht neigt man jetzt zu übertriebener Großzügigkeit oder dem Drang, viel Geld auszugeben, möglicherweise auch aus altruistischen Gründen.

Negative Aspekte
Jetzt könnte man Fehler machen. Das sollte man ständig vor Augen haben, um so mehr, wenn es um wichtige Entscheidungen geht oder um die Unterzeichnung von Verträgen.

Weiterhin könnte die (untypische) Eigenschaft auftauchen, unangemessen und ohne Augenmaß und Ausgewogenheit zu reagieren. Die Emotionen bewußt zu stabilisieren und angemessen zu handeln ist nun oberstes Gebot. Es könnte eine gute Idee sein, Natron oder ähnliches zur Hand zu haben – der Hang zur Unmäßigkeit könnte zu körperlichen Beschwerden führen.

♄ Mondaspekte zu Saturn

☌ Konjunktion
Eine sehr ernste oder gar düstere Haltung zum Leben. Dieser Mensch arbeitet hart und hat eine praktische und konkrete Einstellung; der Fluß der Emotionen aber ist beeinträchtigt. Manchmal ein geradezu besessenes Streben nach Perfektion, besonders bei der Konjunktion in der Jungfrau, im Skorpion oder im Steinbock.

Häufig Hemmungen, allerdings auch viel Loyalität und Zuverlässigkeit. Die Konjunktion kann sich in dem Horoskop, das von Feuer und Luft beherrscht wird, als ein Anker erweisen; sie muß aber gründlich untersucht werden, weil ihre kontrastierenden Eigenschaften Konflikte anzeigen können.

Positive Aspekte
Hier sehen wir einen gesunden Menschenverstand, Bestimmtheit und eine zurückhaltende Einstellung. Geist und Haltung sind konventionell. Dieser Einfluß hilft gegen Impulsivität von anderer Seite des Horoskops.

Die Fähigkeit, auf eine disziplinierte und praktische Weise hart zu arbeiten. Erfolg dadurch, daß man sich stets als zuverlässig und vertrauenswürdig erweist. Kontrollierte instinktive Reaktionen.

− Negative Aspekte
Von Zeit zu Zeit übermäßig negative Einstellung. Es ist wichtig, hier die anderen Horoskopbereiche daraufhin zu studieren, inwiefern sie dieser pessimistischen Tendenz entgegenwirken.

Manchmal Gehemmtheit und ein Mangel an Selbstvertrauen. Diese Aspekte können die Konstitution schwächen, insbesondere machen sie für Erkältung und Grippe anfällig. Vielleicht handelt es sich auch um eine unbeliebte, mürrische oder bedauernswerte Persönlichkeit.

♄ Progressive Aspekte zwischen Mond und Saturn

☌ Konjunktion
Möglicherweise beschäftigt sich der Mensch jetzt mit Plänen, die viel Zeit benötigen. Andererseits macht man nun kaum Fehler. Die Planungen könnten zu wichtigen Veränderungen führen, auch zu zusätzlicher Verantwortung und mehr Ansehen. Der Gesundheit sollte jetzt besondere Aufmerksamkeit gewidmet werden.

+ Positive Aspekte
Ähnliche Effekte wie bei der Konjunktion: langsame, aber stetige Fortschritte. Der Geborene sollte dazu ermutigt werden, über die langfristige Zukunft nachzudenken, speziell bezüglich von familiären und beruflichen Pflichten und Wünschen.

− Negative Aspekte
Zeigen eine Phase von etwa drei Monaten Dauer an, in der der Mensch ungewöhnlich mutlos oder depressiv reagieren könnte. Diese Zeit geht vorbei – solange sie aber andauert, wird man den Betreffenden kaum aufheitern können.

Falls bei der Arbeit Schwierigkeiten zu verzeichnen sind, könnte man diese Zeit nutzen, ruhig im Hintergrund zu wirken, um die Dinge wieder ins Lot zu bringen. Man sollte sehen, daß alles seine Ordnung hat, daß man die aktuellen Entwicklungen auf seinem Feld kennt usw. Dies ist nicht die Zeit, nach vorn zu drängen und die Dinge mit Macht voranzutreiben – eine solche Vorgehensweise bedeutet nur Zeitverschwendung.

Anmerkung: Wenn der progressive Saturn den Mond aspektiert (im Geburtshoroskop oder in der Progression), ist die Vitalität gering.

Man neigt damit auch zu Fieber und Grippe, ob im Winter oder im Sommer.

Deshalb sollte man Menschenmengen meiden und die Ernährung besonders vitaminreich gestalten!

♅ Mondaspekte zu Uranus

☌ Konjunktion
Diese machtvolle planetarische Beziehung liefert viel emotionale Spannung: Ob sich das nun positiv oder negativ auswirkt, hängt von den anderen Einflüssen ab.

Persönliche Anziehungskraft und Dynamik, Originalität, Brillanz und intuitive Eingebungen. Die uranische Verschrobenheit prägt die Reaktionsweise auf Situationen und den Ausdruck der Gefühle, sie bewirkt das Bedürfnis, anders und unkonventionell zu sein.

Wenn ein Quadrat zu Sonne, Mars, Saturn oder zum Aszendenten besteht, werden Spannungen und nervöse Symptome für Probleme sorgen, die nicht leicht zu lösen sind.

+ Positive Aspekte
Wahre Kraftwerke von emotionaler Spannung – der Mensch sollte diese Energie positiv einsetzen, vielleicht auf wissenschaftlichem oder kreativem Feld. Eltern könnten ihr Kind mit einem solchen Aspekt vielleicht am einfachsten dazu bringen, das zu tun, was sie wollen, wenn sie ihm das Gegenteil davon ans Herz legen.

− Negative Aspekte
In vielerlei Hinsicht ist das Quadrat problematischer als die Opposition – in beiden Fällen aber kommt es zu starken emotionalen Spannungen. So, wie die negativen Sonnenaspekte für Männer schwieriger zu sein scheinen als für Frauen, scheint der Mond einen größeren negativen Effekt auf die letzteren zu haben und z. B. für Migräne und Spannungszustände verantwortlich zu sein. Für beide Geschlechter aber besteht die Tendenz zur Eigenwilligkeit; wenn diese in konstruktive Bahnen gelenkt werden kann, sind die Auswirkungen aber nicht sehr negativ.

Aktiv zu sein ist gut bei diesen Aspekten. Sport zu treiben oder intellektuell fordernde Tätigkeiten sind deshalb wichtig. Sehr oft sind hier – wie bei der Konjunktion auch – Originalität und besondere Talente vorhanden.

♅ Progressive Aspekte zwischen Mond und Uranus

☌ Konjunktion
Wahrscheinlich eine Zeit mit vielen Ereignissen – aber wohl auch eine Phase, in der die Anforderungen viel Spannung bedeuten können. Jetzt werden sich neue Entwicklungen ergeben.

+ Positive Aspekte
Nun könnte etwas ganz Besonderes passieren. Charakteristisch ist, daß man jetzt etwas Neues bzw. anderes machen möchte. Es könnte sich aber lediglich um eine Übergangsphase handeln – raten Sie also zu ein paar Wochen Aufschub, wenn Ihr Gegenüber gerade sein Konto plündern will. Wenn die Progression schwächer wird und sich die Lage stabilisiert hat, könnte der Geborene sein Geld für Workshops oder für Werkzeuge, für ein Instrument oder was auch immer ausgeben.

− Negative Aspekte
Eine Phase, in der man möglicherweise unter Spannung zu leiden hat. Das Beste ist, das Leben leicht zu nehmen – was allerdings nicht einfach ist. Die Emotionen und das instinktive Reagieren auf die Geschehnisse fallen drastisch aus; Kontrolle ist nötig, weil der Betreffende seine Handlungen auf lange Sicht bereuen könnte.

Ein umsichtiges Denken und eine praktische Herangehensweise sind wichtig; Dickköpfigkeit (womöglich sogar Niedertracht) oder der übermäßige Drang zur Andersartigkeit sind langfristig schädlich.

♆ Mondaspekte zu Neptun

☌ Konjunktion
Diese Planeten sensibilisieren die Reaktionen und befruchten die Phantasie. Idealismus, viel Mitgefühl und Freundlichkeit, manchmal in so auffälliger Form, daß andere das auszunutzen versuchen.

Häufig sind hier die spirituellen oder religiösen Seiten des Lebens besonders wichtig, auch das Bedürfnis, sich von der Welt zurückzuziehen. Mit dem Wunsch, niemandem weh zu tun, könnte die negative neptunische Seite dazu führen, daß der Mensch andere belügt oder täuscht. Dies ist eine Tendenz, die in jedem Alter kontrolliert werden muß, besonders stark aber bei Kindern. Wenn die Phantasie auf eine kreative Weise ausgedrückt wird, handelt es sich um ein wunderbares Potential, auf jeden Fall um sehr viel Idealismus.

+ Positive Aspekte
Beide Planeten kommen bei diesen Aspekten gut zur Geltung, sie fügen Phantasie und emotionale Stärke zu. Allerdings gilt es, diese Qualitäten in die richtigen Bahnen zu lenken, um Konfusion und Unbestimmtheit zu verhindern. Manchmal bestehen hier besondere Gaben – wenn der Betreffende seine Berufung in dieser Richtung sieht, sollte er sich um den Beistand einer erfahrenen Person bemühen. Diese Aspekte finden sich oft in Horoskopen von Astrologen.

– Negative Aspekte
Womöglich die Neigung, den vermeintlich leichtesten Weg aus Schwierigkeiten zu suchen. Viel Verworrenheit und eine unpraktische Einstellung zum Leben stehen ernsthaften Fortschritten im Weg.

Vielleicht auch verschiedene Talente und Phantasie. Die anderen Horoskopbereiche müssen zeigen, ob diese Qualitäten genutzt werden können. Ein starker Saturn sowie Hinweise auf praktische Fähigkeiten sind eine Hilfe, der schwächenden Sehnsucht dieser Aspekte zu begegnen.

♆ Progressive Aspekte zwischen Mond und Neptun

☌ Konjunktion
Eine Tendenz zur Verträumtheit und zur Zurückgezogenheit. Wenn sich dies nach einer Phase harter Arbeit ergibt, würde es sich um eine günstige Zeit für einen entspannenden Urlaub handeln, z. B. an einem See, am Fluß oder am Meer.

Die Stimmung könnte jetzt sehr romantisch sein. Man muß aber der Neigung widerstehen, sich in ein Wolkenkuckucksheim zurückzuziehen. Der Akzent liegt darauf, sich für eine Zeitlang vom Alltag abzuwenden und den Geist wiederaufzuladen. Diesbezüglich sind auch vergnügliche Erlebnisse möglich.

+ Positive Aspekte
Ähneln der Konjunktion. Der Geborene könnte nun inspirierende und phantasievolle Gedanken haben. Es wäre allerdings anzuraten, sie mehrfach zu überdenken, weil er nun allzu inspiriert ist, um die Konsequenzen sofort zu erfassen. Diese werden ansonsten später, unter praktischeren Einflüssen, deutlich.

Man muß sich davor hüten, sich zum Narren zu machen, indem man davon ausgeht, daß alles wunderbar ist. Nicht den Kontakt zur Realität verlieren!

– Negative Aspekte
Der Betreffende muß sehr darauf achten, sich keiner Selbsttäuschung oder keinem Fluchtmechanismus hinzugeben (in Form von Alkohol, Nikotin oder Drogen), speziell dann, wenn das Leben sich jetzt als besonders anstrengend oder kompliziert erweist.

Die Emotionen könnten nun besonders negativ sein. Man sollte deshalb keine wichtigen Entscheidungen voreilig treffen, sondern versuchen, ruhig zu bleiben und den Alltag und die Pläne so einfach wie möglich zu organisieren.

Anmerkung: Es muß darauf hingewiesen werden, daß viele Menschen keine Auswirkungen der Progressionen vom Mond zum Neptun fühlen, besonders dann, wenn sie vorwiegend materiell orientiert sind.

Phantasievolle, empfindsame und kreative Menschen dagegen nehmen diese subtilen Einflüsse sehr wohl wahr. Sie sind gefordert, diese bewußt zu kontrollieren, weil Mond und Neptun bei ihrem inspirierenden Potential zu Kränkungen führen und den Charakter schwächen können.

♇ Mondaspekte zu Pluto

☌ Konjunktion
Ein beträchtlich gesteigertes emotionales Niveau mit gelegentlichen Ausbrüchen und einem sehr kraftvollen und leidenschaftlichen Ausdruck. Solange die Konjunktion nicht negativ von Saturn oder Uranus aspektiert wird oder ein Quadrat zur Sonne und ein Plutoquadrat zum Aszendenten bestehen, werden die Ausbrüche eher einen notwendigen Akt der Läuterung und Befreiung darstellen. Man kann seine Gefühle dann auf eine gelöstere Weise zum Ausdruck bringen.

Wenn die Konjunktion durch andere Planeten beeinträchtigt wird, kann es dem Menschen schwerfallen, seine wahren Gefühle zu zeigen. Dies ist besonders bei Kinderhoroskopen zu beachten. Kinder mit dieser Stellung sollten zu einem kontrollierten Fluß der Emotionen angeregt werden, nicht zu emotionalen Explosionen.

+ Positive Aspekte
Die emotionalen Kräfte sind gestärkt, und vielleicht ergeben sich des öfteren hier Szenen – welche durchaus ihre Berechtigung haben können. Allerdings gilt es doch, sich der möglichen Tendenz zu Überreaktionen auf beiläufige Bemerkungen oder Handlungen sowie der Neigung zur Eifersucht bewußt zu sein.

Kennzeichnend ist auch die Abneigung gegen jede Unordnung in der unmittelbaren Umgebung. Der Geborene hat möglicherweise seine Freude an ausgedehnten Aufräumaktionen. Dieser potentielle Reinlichkeitswahn dürfte psychische Wurzeln haben. Vielleicht geht es für den Menschen darum, etwas aus seinem Organismus auszumerzen, oder um den physischen Ausdruck einer emotionalen Einstellung.

– Negative Aspekte
Der Ausdruck der Emotionen könnte gehemmt sein, woraus womöglich dauerhafte Frustration erwächst.

Erst dann, wenn auch andere Faktoren Schüchternheit oder Gehemmtheit sowie mangelndes Selbstvertrauen erkennen lassen, handelt es sich um ein ernstes Problem. Nichtsdestoweniger aber hat jeder Mensch mit dem Quadrat oder der Opposition zwischen diesen Planeten Probleme mit dem Ausdruck der Gefühle. Diese Aspekte sind schwierig zu interpretieren; sie stellen für die betroffenen Menschen eine ständige Quelle von Problemen dar.

Progressive Aspekte zwischen Mond und Pluto

Konjunktion

Steht womöglich für eine Periode der Unbeständigkeit, in der man den Wunsch verspürt, drastische Veränderungen vorzunehmen.

Man muß den Menschen davor warnen, jetzt alle Brücken hinter sich abzureißen – es könnte sich nämlich um Überreaktionen auf die Geschehnisse handeln und darum, daß man das, was man über eine lange Zeit hinweg zustande gebracht hat, nun einfach wegwirft.

Positive Aspekte

Möglicherweise die Zeit eines Großreinemachens! Schränke und Regale auszuwischen oder ein ausgedehnter Frühjahrsputz sind praktische Auswirkungen dieser Progressionen.

Wie bei allen Plutokontakten könnten die Aktivitäten tiefere psychische Ursachen haben.

Die positiven Aspekte erlauben es für gewöhnlich, reinen Tisch zu machen und neu anzufangen.

Negative Aspekte

Die Emotionen könnten nun von großem Streß geprägt sein. Der Betreffende bemüht sich womöglich, eine Facette von sich zu ergründen, hat aber wahrscheinlich keinen Erfolg damit. Vielleicht führt er die äußeren Umstände als Entschuldigung dafür an – in Wahrheit aber geht es um die Psyche, die von Ahnungen oder Ängsten beherrscht ist.

Sind keine negativen Aspekte im Geburtshoroskop vorhanden, wird die Situation sich wahrscheinlich entspannen, wenn die Progression nicht mehr exakt ist. Solange die Progression wirkt, sollte der Mensch sich zu entspannen versuchen und darauf verzichten, die Dinge mit Macht vorantreiben zu wollen, ob nun in innerlicher oder in äußerlicher Hinsicht.

Mondaspekte zum Aszendenten

Konjunktion

Ein extrem wichtiger Aspekt – vorausgesetzt, daß die Geburtszeit korrekt ist. Das Mondhaus muß engstens in die Interpretation einbezogen werden (bei dieser Konjunktion kann der Mond im 12. oder im 1. Haus stehen). Meist befinden sich hier Aszendent und Mond im gleichen Zeichen, mit der Folge, daß der Betreffende doppelt beeinflußt wird. Intuition und Instinkte entsprechen damit seinen allgemeinen psychischen Reaktionen. Launenhaftigkeit und Veränderlichkeit treten hier deutlich hervor, und die betreffende Person könnte sehr durch die herrschende Stimmung und die Reaktionen ihrer Umgebung beeinflußt werden.

Bei der Konjunktion mit dem Aszendenten aus dem 12. Haus heraus besteht vielleicht eine Tendenz der Geheimniskrämerei und der Einsiedelei, auf jeden Fall aber eine mondhafte Empfänglichkeit. Befindet sich der Mond im 1. Haus, wird die Haut auf intensive Sonnenstrahlung negativ reagieren und vielleicht auch das Verdauungssystem zu Klagen Anlaß geben. Für gewöhnlich sind mit dieser Stellung ein rundes und blasses Gesicht verbunden sowie eine Stirn, die tatsächlich den Glanz des Vollmondes widerzuspiegeln scheint. Auch dürfte eine Verbindung zwischen den Augenbrauen vorhanden sein (ein Zug, der ebenfalls für Menschen mit der Sonne im Krebs typisch ist).

Positive Aspekte

Eine wunderbare integrierende Verbindung: Der Geborene wird kaum Probleme mit seiner Persönlichkeit haben.

Die Ebene der Instinkte, der Intuition und der lunaren Emotionen harmonisieren mit der Persönlichkeit des Aszendenten.

Diese Aspekte sprechen zumeist für Anpassungsfähigkeit, einen gesunden Menschenverstand und für Umgänglichkeit.

Negative Aspekte

Könnten innerliche Rastlosigkeit und Unzufriedenheit anzeigen und manchmal auch eine ungeduldige und brüske Einstellung zu anderen. Diese Tendenzen können vieles von dem, was an der betreffenden Person positiv und angenehm ist, verdecken und insofern auf den ersten Blick abschreckend wirken. Die innerliche Unzufriedenheit hat manches mit der Opposition von Sonne und Mond gemeinsam.

Beim Mond im 7. Haus in Opposition zum Aszendenten kann es zu Problemen und Unbeständigkeit in der Beziehung kommen.

Beim Mond im 6. Haus dagegen muß sich der Mensch womöglich immer wieder mit seiner anfälligen Gesundheit beschäftigen.

Progressive Mondaspekte zwischen Mond und Aszendent

Konjunktion

Die Auswirkungen dieses Aspektes variieren in ihrer Stärke. Mit der Mondkonjunktion zum Aszendenten des Geburtshoroskops fühlt der Mensch instinktiv das Bedürfnis nach Veränderungen oder einem Neubeginn. Das ist positiv, und vorausgesetzt, daß der Mondeinfluß nicht zu Überreaktionen auf die Geschehnisse führt und keine verschrobenen Vorstellungen bestehen, könnte dieser Neustart extrem günstig sein und für einen neuen Lebensabschnitt sprechen. Der Mond wechselt hier vom versonnenen und passiven 12. Haus ins selbstbewußte 1. Haus. Ähnlich ist es bei der Mondkonjunktion zum progressiven Aszendenten – zu dieser Zeit aber dürfte es kaum zusätzlich zum Hauswechsel kommen.

Positive Aspekte

Eine Phase, in der die Eigenschaften von Mond und Aszendent zusammenwirken und der Mensch instinktiv die besten Entscheidungen für sich und seine Lieben trifft. Es fällt ihm nicht schwer, aktiv zu werden, und für gewöhnlich stellen sich auch bald positive Resultate ein.

Negative Aspekte

Könnten einen Zeitabschnitt ankündigen, in dem sich die Person in zwei Richtungen gezogen fühlt und nicht weiß, was sie tun soll. Als Ergebnis davon können Unzufriedenheit und Rastlosigkeit auftreten. Jetzt besser keine Veränderungen vornehmen! Das physische Wohlbefinden und die psychischen Reaktionen könnten nun im Widerspruch zueinander stehen, was vielleicht zu überstürzten oder untypischen Handlungen führt.

In der Tat ist die Neigung zu Überreaktionen jetzt sehr wahrscheinlich, um so mehr, wenn auch Mars stark gestellt ist, im Transit negativ aspektiert wird oder in der Progression in Verbindung zum Mond steht. Wenn eine dieser Möglichkeiten zutrifft, sollten Sie Ihr Gegenüber dazu anhalten, abzuschalten und alle wichtigen Entscheidungen um ein paar Wochen hinauszuschieben.

MC Aspekte zwischen Mond und MC

☌ Konjunktion

Das Haus des Mondes ist bei diesem Aspekt sehr wichtig! Gemäß der Tradition handelt es sich hier um jemanden, der entweder berühmt ist oder der für eine Reihe von Menschen Verantwortung trägt. Die Konjunktion bedeutet ein starkes Ego, vorausgesetzt, sie ist an keine negativen Aspekte beteiligt (falls doch, müssen gemäß des oder der betreffenden Planeten Abstriche gemacht werden). Wahrscheinlich eine anziehende Erscheinung, die andere in ihren Bann schlägt.

Ein beträchtliches Potential, zu dessen Entfaltung und konkretem Ausdruck der Astrologe unbedingt ermutigen sollte.

Allerdings besteht die Neigung zur Unbeständigkeit, die sich schädlich auf den Erfolg und die Popularität auswirken könnte.

+ Positive Aspekte

Eine verstärkte Identifikation mit den Zügen, die dem Zeichen am MC zuzuschreiben sind. Der instinktive Drang, diese Eigenschaften auch auszudrücken.

− Negative Aspekte

Dem Geborenen könnte es schwerfallen, beruflich Befriedigung zu erleben oder zu erkennen, was er vom Leben erwartet.

Komplikationen und vielleicht auch Blockaden bezüglich der Ziele und Hoffnungen. Die Identifikation mit den Eigenschaften des Zeichens am MC ist zwar vorhanden, sie kann aber nicht ohne weiteres konkret zum Ausdruck gebracht werden, sondern hat vielmehr etwas von: »Ich wünschte, ich wäre so wie ...« – wahrscheinlich aber unternimmt die Person nichts, es dem Idol gleichzutun.

Man sollte die betreffende Person dazu ermutigen, gegen diese negativen Faktoren anzugehen. Dabei können andere Bereiche des Horoskops, die frei von problematischen Blockaden sind, helfen.

MC Progressive Aspekte zwischen Mond und MC

☌ Konjunktion

Ein sehr interessanter Aspekt, der Aufmerksamkeit verlangt. Mit ihm könnte man in der einen oder anderen Hinsicht im Rampenlicht stehen, vielleicht, indem man im Fernsehen interviewt wird. Es kann sich dabei auch um eine berufliche Veränderung handeln, so daß man nun für mehr Menschen Verantwortung trägt.

Das Ego dürfte sich nun bestärkt fühlen, was möglicherweise eine Tendenz ist, die nicht bewußt erkannt wird. Es könnte sich überhaupt erst im nachhinein herausstellen, wie wichtig die Veränderungen dieser Zeit waren.

+ Positive Aspekte

Eine Zeit, zu der man sich mit sich im reinen fühlt. Unter diesen vereinigten Einflüssen kann man sich psychisch weiterentwickeln, möglicherweise auch als Resultat von beruflicher Zufriedenheit. Die emotionale Sicherheit und Beständigkeit ist die Frucht der Ereignisse und Aktivitäten der Vergangenheit, was man jetzt zu würdigen weiß.

− Negative Aspekte

Unter Umständen Probleme am Arbeitsplatz. Vorsicht ist ratsam, speziell für diejenigen, die eine Machtposition bekleiden: Die persönliche Unsicherheit könnte zu einem schikanösen Verhalten der Untergebenen führen.

Wenn sich in beruflicher Hinsicht nichts tut, dürfte man sich allgemein unzufrieden fühlen. Allerdings ist dies keine günstige Zeit, um Veränderungen durchzuführen.

Manchmal aber machen äußerliche Zwänge diese notwendig – ist dies der Fall, gilt es, kühlen Kopf zu bewahren und die Entscheidungen so umsichtig wie nur möglich zu treffen.

☽ Die Progression des Mondes zur Mondstellung

☌ Konjunktion

Der wichtigste dieser Aspekte, der sich etwa im Alter von 28 und 56 Jahren und abermals mit 83 ereignet. Die erste dieser Konjunktionen spielt sich kurz vor der alles beherrschenden ersten Saturnwiederkehr (S. 312) ab. Das Bedürfnis nach Veränderung und psychischer Neuorientierung ist ein wichtiger Faktor, und die Emotionen, die Instinkte und die Intuition, wie sie von der Mondstellung angezeigt sind, stehen nun im Blickpunkt.

Andere Aspekte

Betonen auf positive oder auf negative Weise die Eigenschaften, die mit dem Mond im Geburtshoroskop verbunden sind. Überdies bringen sie noch einen Einfluß gemäß des Zeichens und des Hauses, durch die der Mond gerade läuft. Alles, wofür der Mond steht, ist jetzt betont.

Diese Progressionen treten an die Seite der akuten Transite und lassen erkennen, wie der Mensch auf die Geschehnisse dieser Zeit reagiert.

☽ Mond-Transite

Diese wiederholen sich alle 28 Tage. Man muß von den Planeteneinflüssen schon sehr besessen sein, um ihnen regelmäßig seine Aufmerksamkeit zu widmen. Allerdings ist die Mondstellung sehr wichtig, wenn man das Horoskop für einen bestimmten Augenblick oder eine bestimmte Angelegenheit errechnet.

Merkur in den Zeichen

Merkurs Einflußbereich ist der Verstand. An Merkurs Stellung ist abzulesen, wie und wie schnell unser Verstand funktioniert, ob wir auf eine logische und praktische Weise oder intuitiv denken und wie wir zu Entscheidungen kommen und mit anderen kommunizieren.

Merkurs Umlaufbahn liegt zwischen der der Erde und der Sonne (weshalb er auch als »innerer Planet« bezeichnet wird) – von der Erde aus gesehen steht er immer dicht bei der Sonne, niemals weiter als 28 Grad entfernt – was bedeutet, daß er sich entweder im Sonnenzeichen, im vorhergehenden oder im folgenden Zeichen befindet. Bei der Interpretation ist er dann auch immer in Beziehung zur Sonne zu setzen.

Merkur im Widder

Verleiht Bestimmtheit, ein schnelles Denken und die Fähigkeit, Probleme direkt anzugehen. Merkur im negativen Aspekt zu Mars könnte für ein impulsives Denken und übereilte Entschlüsse stehen; für gewöhnlich aber ist die natürliche Bestimmtheit ein günstiger Faktor – das Individuum trifft die richtigen Entscheidungen und handelt auf eine positive und selbstbewußte Weise. Eine Liebe zum Diskutieren und zu stimulierenden und provozierenden Bemerkungen.

Weitschweifig oder verschroben ist dieser Mensch nicht – er kommt sogleich zum Punkt und zeichnet sich durch eine positive und optimistische Haltung aus. Ein Mensch, der zupacken kann – allerdings könnte er doch Hilfe brauchen, wenn es um Einzelheiten von Plänen geht: Details langweilen ihn, er ist mehr auf den großen Wurf aus. Es könnte ihm auch Probleme machen, sich über längere Zeit hinweg zu konzentrieren, so daß ein Studium womöglich auf eine sprunghafte Weise absolviert wird.

Sonne in den Fischen und Merkur im Widder

Bewirkt Bestimmtheit, eine positivere Einstellung und auch etwas mehr Selbstbewußtsein. Die Vorstellungskraft ist erhöht, mit dem Resultat, daß das kreative Potential positiv zum Ausdruck gebracht wird – während es in anderen Fällen aufgrund mangelnden Selbstbewußtseins im Verborgenen bleibt. Das hohe emotionale Niveau der Fische kommt hier tatsächlich zur Geltung. Wenn allerdings Merkur durch Mond oder Uranus negativ aspektiert wird, könnte es sehr große Spannungen geben und positive und sich anregende Stimmungen mit Phasen der Ungewißheit abwechseln. Die Willenskraft der Fische-Person aber ist gestärkt.

Sonne im Widder und Merkur im Widder

Das Widderbedürfnis, aktiv zu sein und an erster Stelle zu stehen, wird durch extrem schnelle Denkvorgänge angereichert. Ganz allgemein eine Tendenz zur Eile, Geduld existiert hier so gut wie nicht – wenn nicht der Mond oder der Aszendent etwas anderes nahelegen. Die direkte Herangehensweise, Bestimmtheit, Positivität und ein unkompliziertes Denken passen perfekt zu den Widdereigenschaften. Der Betreffende wird der Welt seinen Stempel aufdrücken, wenn er diese in gemäßigter Form ausdrücken kann (sehen Sie nach, ob von Saturn Hilfe zu erwarten ist). Impulsive, übereilte Aktionen mit unnötigen Risiken und Selbstsucht aus Gedankenlosigkeit aber müssen vermieden werden.

Sonne im Stier und Merkur im Widder

Hierdurch bekommt der stabile Stiertyp etwas Lebhaftes und Rasches, er verliert etwas von seinem vorsichtigen Verhalten und tritt selbstbewußter auf. Zugleich aber wird er ungeduldiger und vielleicht sogar wütend, wenn andere seine Ideen oder Vorschläge nicht zu würdigen wissen. Er packt seine Probleme und Projekte realistisch und enthusiastisch zugleich an. Bedürfnis nach umsichtiger Planung.

Merkur im Stier

Das Denken ist beständig, allerdings lernt der Geborene vielleicht nur sehr langsam. Die Eltern sollten nicht denken, daß ihr Kind auf den Lernstoff nicht anspricht – es wird das, was es einmal gelernt hat, niemals vergessen, was ein günstiges Fundament für die Zukunft darstellt. Dickköpfigkeit dürfte mehr oder weniger ein Problem sein; mehr Flexibilität ist wünschenswert, vielleicht aber ist der Mensch sogar noch stolz auf seinen Starrsinn: »Ich habe erkannt, daß es so ist und nicht anders!« Wir finden hier dann auch Leute, die feste Meinungen haben und es genießen, andere damit vor den Kopf zu stoßen. Aber auch Vorsicht und ein Sinn fürs Praktische kommen hier zum Ausdruck, manchmal gekoppelt mit einer konservativen und konventionellen Haltung. Ein gut entwickeltes Planungsvermögen und ein methodisches und diszipliniertes Herangehen an Arbeit und Probleme. Vielleicht obsessive Tendenzen oder der Hang zur Routine, weil man sich davon Sicherheit verspricht. Für gewöhnlich auch Charme.

Sonne im Widder und Merkur im Stier

Wirkt als ein exzellenter Stabilisator für den ungestümen Widder. Langsam und konstruktiv denken zu können ist eine Gabe, die die Gefahr von impulsiven oder riskanten Entscheidungen stark verringert. Ein markanter Sinn fürs Praktische. Der Betreffende hat keine Schwierigkeiten, sich auf Prüfungen oder Projekte vorzubereiten. Unter Umständen neben der widderhaften Selbstbezogenheit auch Dickköpfigkeit, mit der Tendenz, diesbezügliche Vorwürfe vehement zurückzuweisen.

Sonne im Stier und Merkur im Stier

Der erdverbundene Typ, der meint, was er sagt – also ein vertrauenswürdiger Mensch. Rasch zu reagieren und die Initiative zu ergreifen, konkret wie auch geistig, ist aber etwas, das er erst lernen muß. Die stierhafte Eigensinnigkeit und Abneigung vor Veränderungen treten deutlich hervor. Jede Äußerung wird vorsichtig und sorgfältig geprüft, und wir haben es hier mit einer starken und ruhigen Persönlichkeit zu tun, die nur dann redet, wenn es sich zu reden lohnt. Beim Erfassen von Situationen und dem Erwerben von Wissen eher langsam. Bemerkungen werden auf eine bestimmte und charmante Weise zum Ausdruck gebracht. Der Geborene braucht Zeit, um sich an neue Ideen zu gewöhnen.

Sonne in den Zwillingen und Merkur im Stier
Weil Merkur über die Zwillinge herrscht, hat diese Stellung einen beträchtlichen Einfluß auf die Eigenschaften, die mit der Sonne verbunden sind, sowie auf die mentale Einstellung und die Denkprozesse. Damit wird das lebhafte, rasche und flexible Wesen stabilisiert und vermag auf eine umsichtigere und konstruktivere Weise zu denken – und manchmal sogar ein wenig Geduld zu zeigen. Ein Sinn fürs Praktische ist damit ebenfalls verbunden sowie die Fähigkeit, Fakten zu verarbeiten, ohne daß darunter die Lebhaftigkeit oder das Kommunikationsbedürfnis leiden würde. Die zwillingshafte Unbeständigkeit ist hier weniger problematisch.

♊ Merkur in den Zwillingen

Hier befindet sich Merkur in einem der Zeichen, über die er herrscht, was dessen Einfluß verstärkt. Ein markantes Bedürfnis, sich über Ideen und Meinungen auszutauschen. Ein Mensch, der mit anderen kommunizieren und gehört werden möchte, ob er nun beim Warten ein paar Worte an den Nachbarn richtet oder an einer öffentlichen Debatte teilnimmt. Rasches Denken und Vielseitigkeit: Vielleicht telefoniert diese Person und schreibt sich im gleichen Moment Notizen zu einer ganz anderen Angelegenheit auf! Entscheidungen werden schnell getroffen, allerdings nicht immer ausgeführt, weil der Betreffende häufig seine Meinung ändert, was er aber abstreiten wird. Die Fakten als solche sind ihm eher gleichgültig – in einer Prüfung z. B. könnte er in aller Ausführlichkeit eine Meinung referieren, ohne sich im geringsten darum zu bemühen, diese durch konkrete Fakten zu untermauern. Häufig ein Geschick fürs Verkaufen. Ungeduld gegenüber denjenigen, die eine langsamere Auffassungsgabe haben, mitsamt der Neigung, zu Tricks Zuflucht zu nehmen, um sich aus unbequemen Situationen herauszumogeln. Flexibilität ist etwas Positives – es gilt aber, sich vor Oberflächlichkeit im Denken und Handeln zu hüten.

Sonne im Stier und Merkur in den Zwillingen
Der langsame und beharrliche Stiertyp zeichnet sich in diesem Fall durch ein rasches Denken und viel weniger Starrsinn als die anderen Merkurzeichen aus. Auch für ihn hat Routine nichts Abschreckendes – er ist allerdings weniger gefährdet, in einen Routinetrott zu geraten, weil der starke Merkureinfluß Flexibilität bedeutet, ohne daß dabei die Zielgerichtetheit und Bestimmtheit des Stiers Schaden nehmen. In diesem Fall ist eine weniger konventionelle Einstellung zum Leben zu erwarten.

Sonne in den Zwillingen und Merkur in den Zwillingen
Ein Mensch mit vielen Zwillings-Eigenschaften, besonders wegen des Bedürfnisses nach Kommunikation und raschem Denken, der geistigen Beweglichkeit und der Fähigkeit, sich verbal aus heiklen Situationen zu retten. Vor den Zwillingsfehlern Oberflächlichkeit und Unbeständigkeit muß gewarnt werden! Unsicherheit und Ungewißheit, wenn Emotionen ins Spiel kommen, weil der oder die Betreffende den Gefühlen womöglich mißtraut; es gilt, diese Reaktionen zum eigenen Besten zu überprüfen. Wenn die raschen Denkmuster unter Kontrolle gebracht werden können, mehr als genug Brillanz. Verbreitet ist auch eine ausgeprägte Neugier.

Sonne im Krebs und Merkur in den Zwillingen
Die krebshaften Stimmungsschwankungen werden durch die merkurischen Meinungsänderungen noch verschlimmert – allerdings wirkt diese Stellung der Krebstendenz zu Überemotionalität entgegen und verleiht die Fähigkeit, nach vorn zu schauen und Pläne zu machen. Der hohe emotionale Gehalt, der in Krebspersonen immer gegeben ist, wird mit einem Element von Skepsis erfüllt, wodurch der starke Drang nach Romantik und die manchmal allzu reiche Vorstellungswelt nicht aus dem Ruder laufen dürften. Das exzellente Krebs-Gedächtnis sollte nicht unterschätzt werden! Und Merkur in den Zwillingen bestärkt die Entschlußfreudigkeit und wirkt der übermäßigen Neigung des Krebses zu Ängsten und Sorgen entgegen.

♋ Merkur im Krebs

Ein exzellentes Gedächtnis und eine reiche Vorstellungswelt, allerdings zu oft auch die Neigung, sich auf die Vergangenheit zu beziehen, was dem vorwärtsgerichteten Denken und dem Planen entgegenwirken kann, weil die ungewisse Zukunft angst macht. Es ist wichtig zu erkennen, daß die Phantasie allzeit aktiv ist, und oft eben in negativer Weise – wenn die Dinge dann falsch laufen (oder auch nur falsch zu laufen scheinen), macht der Betreffende womöglich aus einer Mücke einen Elefanten. Wenn an anderer Stelle des Horoskops Kreativität aufscheint, könnte man die Phantasie dorthin lenken, vielleicht in Form des Schreibens oder Erzählens von Geschichten. Die Liebe zur Vergangenheit könnte sich als Interesse an der Geschichte bzw. darin äußern, daß der Betreffende gerne historische und/oder romantische Erzählungen oder Familienromane liest – oder sogar schreibt. Zumeist Beharrlichkeit, insbesondere beim Studium. Der Betreffende könnte auch immer wieder seine Meinung ändern, speziell dann, wenn seine emotionalen Reaktionen mit der Logik und den situativen Gegebenheiten kollidieren. Das Sonnen- bzw. das Mondzeichen zeigen an, welche Reaktion vorherrscht.

Sonne in den Zwillingen und Merkur im Krebs
Sehr viel Intuition und ein machtvoller Instinkt ergänzen die Zwillingseigenschaften. Die Phantasie könnte durch Schreiben oder durch ein Kunsthandwerk zum Ausdruck kommen. Diese Stellung bedeutet zusätzliche Sensibilität – speziell für die Reaktionen der Mitmenschen –, was die Person letztlich eher mitfühlend als kritisch macht. Sie kann selbst dem rationalsten Zwilling Ängste und Sorgen bescheren; nichtsdestoweniger dürfte Logik das beherrschende Merkmal sein.

Sonne im Krebs und Merkur im Krebs
Die Krebsphantasie wird zusätzlich ge-

stärkt und braucht unbedingt einen positiven oder künstlerischen Ausdruck. Möglicherweise ungerechtfertigte Ängste, weiterhin sehr viel Intuition, eine große Liebe zur Vergangenheit und auch Launenhaftigkeit. Die Denkprozesse basieren auf Ahnungen und auf Instinkten.

Sonne im Löwen und Merkur im Krebs
Hier kommen Intuition und Gefühl verstärkt zum Ausdruck, mit viel Phantasie, was sehr positive Folgen hat. Der Löwe-Optimismus hilft dabei, die Krebstendenz zu Ängsten zu überwinden; und Merkur fügt noch Freundlichkeit, Anteilnahme und Mitgefühl zu, was den Menschen weniger dogmatisch und eigensinnig macht. Geistige Flexibilität, Umsicht und Pfiffigkeit sind ein guter Ausgleich zum Löwefeuer. Das dramatische Element des Löwen wird durch die empfindsamere und emotionalere Seite des Krebsmerkurs angereichert, was eine gesteigerte Freude an prunkvollen Theater- oder Musikaufführungen bedeuten kann und es dem Menschen leichter macht, Zuneigung und Liebe zu zeigen.

♌ MERKUR IM LÖWEN

Der Löwemerkur bedeutet exzellente Planungs- und Organisationsfähigkeiten. Die verschiedensten Aufgaben werden hier auf eine praktische und eher konventionelle Weise angegangen. Bei aller Kreativität im Denken besteht aber eine Tendenz zum Eigensinn, oft schon in jungen Jahren. Der Betreffende tritt bestimmt auf und besitzt viel geistige Energie und gute Nerven, zumeist auch eine gute Konzentrationsfähigkeit, speziell im Studium. Die Worte sind vielleicht theatralisch oder haben etwas Übersteigertes. Viel Enthusiasmus – und wenn nicht von anderer Seite des Horoskops eine pessimistische Haltung angezeigt ist (von negativen Aspekten zwischen Mond und Saturn z. B.), ein sehr optimistischer Mensch. Gute kommunikative Fähigkeiten, manchmal auch eine gewisse Arroganz (dies sollte man der Person sagen, weil sie sich dessen in keinster Weise bewußt ist). Es handelt sich um eine Stellung, die neben Organisationstalent auch Hilfsbereitschaft erkennen läßt, unter Umständen auch Dogmatismus und Rechthaberei.

Sonne im Krebs und Merkur im Löwen
Eine positive Einstellung und gute organisatorische Fähigkeiten. Kaum irrationale Ängste, manchmal allerdings eine überraschende Tendenz zur Rechthaberei. Viel Beharrungsvermögen mit der Fähigkeit, langfristige Pläne zu machen und zu realisieren. Die Denkprozesse sind weniger stark von der Intuition geprägt, die Ideen werden konstruktiv formuliert und tatsächlich verwirklicht, wenn die Zeit reif dafür ist. Die Krebs-Tendenz, in die Vergangenheit zu schauen, ist hier unter Kontrolle – keine nostalgische Sehnsucht nach der »guten alten Zeit«; trotzdem aber ein gewisses sentimentales Element. Mit seinem Enthusiasmus kann sich der Mensch vor der Neigung zu Ängsten schützen.

Sonne im Löwen und Merkur im Löwen
Der feurige Enthusiasmus und der Optimismus des Löwen werden hier durch ein positives Denken und Organisationstalent angereichert. Es gilt aber, sich der Tendenz zur Rechthaberei und einer dogmatischen Einstellung bewußt zu sein. Ausgeprägte Führungseigenschaften sowie das Talent, sich mit dem auseinanderzusetzen, was gerade getan werden muß. Bei der Darstellung von Ideen, Meinungen und Geschehnissen nicht selten eine gewisse Dramatik mit farbigen Schilderungen und manchmal auch Übertreibungen. Beim potentiell problematischen Eigensinn kommt es darauf an, Flexibilität zu entwickeln.

Sonne in der Jungfrau und Merkur im Löwen
Ein Gegengewicht zur starken Jungfrau-Tendenz zu Ängsten und Sorgen. Weil Merkur über dieses Zeichen herrscht, ein machtvoller Einfluß, der häufig auch gegen den jungfrautypischen Mangel an Selbstbewußtsein hilft und eine positivere Haltung bewirkt. Weiterhin tritt die Ausrichtung auf Details in den Hintergrund, ersetzt diese durch einen besseren Blick für Situationen in ihrer Gesamtheit. Nörgelei – ein verbreiteter Jungfrau-Fehler – kann mit Starrsinn gekoppelt sein. Allerdings auch die Fähigkeit, kreativ zu denken und schöpferisch zu arbeiten, vielleicht in Form eines Kunsthandwerks oder von Literatur.

♍ MERKUR IN DER JUNGFRAU

Das zweite Zeichen, über das Merkur herrscht, weshalb sein Einfluß also erhöht ist. Alle Aspekte der Situation können kritisch beleuchtet und analysiert werden, was für einen gesunden Menschenverstand und eine praktische Herangehensweise spricht – aber noch nicht ausreicht, um den Betreffenden vor Ängsten und Sorgen zu bewahren. Für sich selbst die Verantwortung zu übernehmen lernen ist wichtig, weil hier häufig nur wenig organisatorische Talente vorhanden sind. Die Neigung, sich nur dann sicher zu fühlen, wenn man genau weiß, was man tun muß und welche Erwartungen bestehen. Die Beschäftigung mit Details könnte zur Folge haben, daß die Situation in ihrer Gesamtheit nicht erkannt wird – was geändert werden sollte (hierbei könnte Jupiter hilfreich sein). Ein praktisches und konstruktives Denken, das zu anspruchsvollen intellektuellen Aufgaben befähigt. Typisch ist ein hohes Maß an nervöser Energie, welche freigesetzt werden muß, wenn es nicht zu Magen- oder Darmproblemen oder zu Migräne kommen soll.

Sonne im Löwen und Merkur in der Jungfrau
Merkur fungiert hier für viele der enthusiastischen, optimistischen und exzessiven Löwequalitäten als Bremse. Sein Einfluß fügt ein Moment der Erdverbundenheit zu und bewahrt vor Überreaktionen; er bringt den Löwen dazu, nachzudenken, bevor er mit seinen Aufschneidereien großtut oder sich schrille Kleider kauft. Dies ist eine exzellente Mischung zwischen der Fähigkeit, Situationen in ihren Details zu bedenken, und dem umfassenderen Ansatz des Löwen. Die nervöse Energie Merkurs ergänzt sich gut mit der feurigen emotionalen und physischen Kraft des Löwen. Wenn andere Planeten dem nicht widersprechen, sind große Leistungen möglich, auch deshalb, weil das kreative Flair (Löwe) gut zur vorsichtigeren und kritischeren Einstellung der Jungfrau paßt.

Sonne in der Jungfrau und Merkur in der Jungfrau
Der Betreffende dürfte einen Jungfrau-Eindruck machen, mit vielen der Eigenschaften, die diesem Zeichen zugeschrieben werden, sollte sich aber davor

hüten, überkritisch oder als der geborene Bedenkenträger hervorzutreten. Unter Umständen auch Schüchternheit und ein Mangel an Selbstvertrauen. Ein exzellenter Verstand, der zu detailorientierter und analytischer Arbeit und Forschungen aller Art fähig ist. Nervöse Hast kann allerdings zu überraschenden Flüchtigkeitsfehlern führen.

**Sonne in der Waage
und Merkur in der Jungfrau**
Eine Abmilderung der waagehaften Zauderei und Unbestimmtheit. Ein Mensch, der sich mit seinen Problemen auf eine kritische Weise auseinandersetzen kann, was auf einem aktiven und beweglichen Verstand beruht. Ein Sinn für das Praktische, welcher die Entwicklung des Potentials der Waage (das von beträchtlichem Ausmaß ist) begünstigt – deren Trägheit ist hier kaum ein Problem. Wahrscheinlich eine ausgeprägte Liebe zum sozialen Austausch, vielleicht auch zum Klatsch. Ein gute Kombination, vorausgesetzt, die Venus steht nicht auch in der Jungfrau.

♎ Merkur in der Waage

Eine gewisse Verlangsamung der Denkprozesse. Bei aller Sympathie zu anderen und dem Drang nach Kontakten zu Freunden und Nahestehenden wahrscheinlich eine Neigung zur Unbestimmtheit und zur Zauderei. Für gewöhnlich kein besonders gutes Konzentrationsvermögen (positive Aspekte zwischen Sonne, Mond und Saturn können das ändern), manchmal auch Nachlässigkeit bei wichtigen Angelegenheiten. Womöglich eine gedehnte Sprechweise mit langen Pausen. Das Waage-Bedürfnis nach Harmonie ist ebenfalls vorhanden, der Geborene neigt dazu, Diskussionen über kontroverse Themen zu vermeiden. Trotz allem viel Charme und eine gefällige Wortwahl, manchmal aber auch eine fatalistische und träge Einstellung. Das Studium fällt bei dieser Stellung nicht leicht.

**Sonne in der Jungfrau
und Merkur in der Waage**
Voreiligkeit, die Tendenz zur Antreiberei und zum Teil auch die nervöse Spannung sind bei dieser Plazierung gemildert. Eine ruhige Einstellung zum Leben und seinen Problemen, mit nicht so vielen jungfrautypischen Ängsten. Allerdings wird auch hier manchmal die Jungfraueigenschaft der Kritik zutage treten, vielleicht in Form von ungerechtfertigten Nörgeleien an Nahestehenden. Man sollte dann an das durchaus vorhandene Gerechtigkeitsgefühl appellieren.

**Sonne in der Waage
und Merkur in der Waage**
Macht die Waage noch unbestimmter und manchmal auch geistig träge, was aber nicht mit fehlender Intelligenz zu verwechseln ist. Bei einem Mangel an Selbstvertrauen könnte die Trägheit auch eine bewußt gewählte Maske sein. Man sollte jeden Aspekt der Situation abwägen, bevor man schließlich eine Entscheidung trifft. Aufmunternde und anerkennende Unterstützung der Eltern, die ein Kind mit dieser Stellung haben, sind wichtig für die Entwicklung dessen intellektuellen Potentials; Kritik dagegen wirkt oft schädlich. Entscheidungsschwäche kann ein Problem sein.

**Sonne im Skorpion
und Merkur in der Waage**
Glättet einige der scharfen Züge, die mit der Sonne im Skorpion verbunden sind, und verleiht Anteilnahme und Mitgefühl. Mehr Flexibilität im Denken und weniger Eigensinn. Steht für Popularität und Charme und ein gutes Kommunikationsvermögen. Die Neigung, über persönliche Probleme zu brüten, ist hier weniger auffällig, auch deshalb, weil man ohne weiteres die Freunde zu Rate zieht. Der Verstand funktioniert gut und entspannt.

♏ Merkur im Skorpion

Skorpionische Intensität und Intuition plus merkurischer Logik und rationaler Herangehensweise. Zielstrebigkeit und das Talent, unbeirrbar einer Spur zu folgen; der oder die Betreffende wird das Unterste zuoberst kehren, um die Wahrheit einer Situation in allen Verästelungen zu erkennen. Jemand mit dem Geist eines Forschers, der sich vielleicht auf dem Gebiet der Psychotherapie, der Psychiatrie oder als Detektiv hervortut. Für gewöhnlich eine günstige Stellung – in manchen Fällen aber kann es zu Tendenzen der Besessenheit kommen, speziell, wenn Merkur negativ von Pluto aspektiert wird. Merkur ist im Skorpion nicht besonders kommunikativ, weil seine außengerichteten Züge nicht gut zu diesem passen. Mit dieser Stellung ist man mehr auf sein Inneres gerichtet, man führt vielleicht eine umfassende Selbstanalyse durch oder setzt sich mit großen psychischen Problemen auseinander. Wie dem auch sei: Es fällt schwer, sich zu öffnen. Dies wäre aber wünschenswert, besonders in Streßzeiten. Ein großes intellektuelles Potential und viel Phantasie, in manchen Fällen ein ausgeprägtes Interesse am Okkulten, an Verbrechen und am Geheimen.

**Sonne in der Waage
und Merkur im Skorpion**
Bewirkt zusätzliche Bestimmtheit und Zielgerichtetheit; die waagetypische Entscheidungsschwäche tritt damit in den Hintergrund. Vielleicht erweckt der Betreffende den Eindruck, nicht zu wissen, was er will – in seinem Inneren weiß er aber intuitiv, wie er vorzugehen hat, auch wenn er zögert, tatsächlich aktiv zu werden. Der natürliche Charme der Waage zeigt womöglich aber auch die Tendenz, im Verborgenen Komplotte zu schmieden. Wenn die Bestimmtheit positiv dafür eingesetzt wird, ein gewisses Ziel zu erreichen und auf eine bestimmte Art zu leben, handelt es sich um eine günstige Kombination.

**Sonne im Skorpion
und Merkur im Skorpion**
Die merkurischen Denkprozesse werden hier so machtvoll und intuitiv wie nur möglich sein, mit sehr viel Bestimmtheit und Zielstrebigkeit. Zumeist auch große intellektuelle Fähigkeiten, allerdings vielleicht auch Züge der Besessenheit, was mit der Ausrichtung auf ein Ziel oder einem anspruchsvollen Hobby zusammenhängt. Geheimnisse haben eine faszinierende Wirkung, sie werden manchmal ohne jede Rücksichtnahme untersucht. Es ist wichtig, daß ein Ziel besteht, welches den Einsatz wert ist.

**Sonne im Schützen
und Merkur im Skorpion**
Mindert die Schütze-Schwächen der Übereiltheit und der Unwilligkeit, sich mit Details zu befassen, und erfüllt auch den natürlichen Enthusiasmus mit etwas

Vorsicht. Merkur in dieser Stellung führt zumeist zu mehr Tiefe, speziell bei Menschen, die nur auf den ersten Eindruck achten. Der Schütze ist ein feuriges und emotionales Zeichen, und der Merkur im Skorpion kontrolliert den Intellekt. Ein Mensch, mit dem gerechnet werden muß. Verleiht auch einen Sinn für Humor.

♐ Merkur im Schützen

Der Tradition nach kommt Merkur hier schlecht zur Geltung. Wenn die Rastlosigkeit, Oberflächlichkeit und der übermäßige Optimismus kontrolliert werden können, ist hier vieles möglich. Ein solcher Mensch wird immer damit beschäftigt sein, etwas zu studieren, weil er intellektuelle Stimulation braucht. Er muß Beständigkeit entwickeln und die Interessen vertiefen, weil das Befriedigung schafft. Eine umfassende Vision und eine rasche Auffassungsgabe; manchmal allerdings auch eine strahlende Erscheinung, was sich dann als Bluff herausstellt. Alles ist in Ordnung, wenn eine philosophische Einstellung entwickelt wird. Möglicherweise ein Talent für Sprachen und ein ausgeprägtes Interesse an Reisen. Wenn das Reisen in physischer Hinsicht unmöglich ist, liest der Betreffende zur Kompensation vielleicht viel darüber.

Sonne im Skorpion und Merkur im Schützen
Hier wird die schwere Intensität des Skorpions von der lebhaften Note Merkurs aufgehellt, was dazu ermuntert, sich selbst nicht so wichtig zu nehmen und sich nicht zwanghaft mit psychologischen oder persönlichen Problemen zu befassen. Eine gewisse Offenheit, die sehr erfrischend ist. Toleranz und Optimismus, aber in kontrollierter Form. Das emotionale und intuitive Moment des Skorpions kommt hier positiv und auf eine vernünftige Weise zur Geltung, auch die Gefühle werden frei zum Ausdruck gebracht. Geistig expansive Hobbys oder Interessen sind wichtig.

Sonne im Schützen und Merkur im Schützen
Möglicherweise eine allzu lebhafte Kombination, die Stabilität braucht, wenn der Enthusiasmus und die Vision des Schützen nicht mit dem Menschen durchgehen sollen. Jemand, der sich nicht gerne mit Details auseinandersetzt. Auch der Optimismus kann hier über das Ziel hinausschießen – eine mitreißende Begeisterung, die sich nach einem energischen Start dann nur zu bald erschöpft. Bei aller Tendenz zur Übertreibung hat diese Stellung doch viel zu bieten, vorausgesetzt, der Mensch erkennt deren Schwächen und kämpft gegen die – speziell mentale – Rastlosigkeit an.

Sonne im Steinbock und Merkur im Schützen
Damit werden die ziemlich ernsten Steinbockzüge durch Optimismus und eine positivere Einstellung ergänzt sowie auch der Steinbocksinn für Humor gestärkt. Das Element des »nassen Fisches« (wie vom Fischschwanz der Steinbock-Ziege angezeigt) macht sich damit wahrscheinlich nicht bemerkbar. Lebhaft, zukunftsorientiert, entspannt und umgänglich, dazu fähig, mit Rückschlägen auf eine philosophische Weise umzugehen – keine Besessenheit oder fanatische Haltung also.

♑ Merkur im Steinbock

Ein relativ langsam arbeitender Verstand, der aber auf eine konstruktive und praktische Weise funktioniert und ein rationales und kaltblütiges Herangehen an die verschiedensten Situationen ermöglicht. Vielleicht auch ein Talent für die Mathematik; aber auch hier eher ein langsames Tempo beim Lernen mit keinen raschen, sondern sehr gleichförmigen Fortschritten. Das, was er sagt, meint dieser Mensch auch, mit unnützem Klatsch vergeudet er nicht seine Zeit – der starke, schweigsame Typ. Unter Umständen Pessimismus, speziell bei einem negativen Aspekt zwischen Mond und Saturn, allerdings auch viel Ehrgeiz und große Leistungen. Die Herangehensweise ist sachbezogen, langfristige Planungen bereiten kaum Probleme. Bestimmtheit und Entschlossenheit – mit der potentiellen Gefahr von Depressionen und mangelndem Selbstvertrauen. Auf jeden Fall aber werden die Schritte gut bedacht und mit großer Vorsicht vollzogen. Qualität und Tradition spielen eine große Rolle. Eine Person, die ihr Licht womöglich unter den Scheffel stellt.

Sonne im Schützen und Merkur im Steinbock
Der übermäßige Enthusiasmus und blinde Optimismus des Schützen sind hier gebändigt. Ein gesunder Menschenverstand und ein praktischer, vorsichtiger Zug sowie die Fähigkeit, sich mit Details zu beschäftigen. Der ausgeprägte Schützesinn für Humor wird durch den exquisiten Steinbockwitz ergänzt, was den Menschen in manchen Situationen sehr spaßig machen kann.

Sonne im Steinbock und Merkur im Steinbock
Viel Ehrgeiz und häufig eine positive Haltung. Der Betreffende liebt es, sich mit Rivalen zu messen, und er verfügt über ein natürliches Planungstalent. Der Verstand arbeitet auf eine kalkulierte und vorsichtige Art, mit einem Sinn für das Praktische und einer mathematischen und wissenschaftlichen, manchmal auch musikalischen Begabung. Ein gleichmäßiges und eher langsames Tempo – was aber einmal gelernt wurde, wird nicht wieder vergessen.

Sonne im Wassermann und Merkur im Steinbock
Die wassermannhafte Originalität und das Bedürfnis nach Andersartigkeit werden durch das Vermögen zum praktischen Denken gemäßigt, was auch den Eigensinn weniger problematisch macht. Der Steinbock bedeutet allerdings eine konventionelle Note, was zum Hin- und Herschwanken zwischen zwei Extremen führen würde. Die Wassermann-Tendenz zur Unabhängigkeit muß unter Kontrolle behalten werden. Interesse an der Wissenschaft. Phantasie bei allen intellektuellen Aktivitäten.

♒ Merkur im Wassermann

Ein schneller Verstand und viel Originalität, besonders bei Meinungen und Ideen, und eine intellektuelle Einstellung, speziell im Kontakt zu anderen. Vielleicht auch Eigensinn sowie der ausgeprägte Hang zur Andersartigkeit, bei Anspannung oder bei Streß sogar auch Boshaftigkeit. Nervliche Belastung kann zu Problemen führen, die schwer zu lösen sind (besonders bei negativen Aspekten zu Mars oder Uranus). Beharrlichkeit ist wichtig. Ein zumeist freundlicher und hilfsbereiter Mensch, der Probleme rasch erfaßt. Er könnte sich von ungewöhnlichen Hobbys oder Studiengebieten fasziniert fühlen oder von dem, was weit zurück liegt oder in ferner Zukunft. Das humanitäre Wassermannelement ist ebenfalls vorhanden – der oder die Betreffende tut gut daran, zu spenden oder Ungerechtigkeiten ans Licht zu bringen. Eventuell auch kreative Begabungen.

Sonne im Steinbock und Merkur im Wassermann

In dieser Kombination von originellem Denken und Konventionalität könnte das brennende Bedürfnis, sich in seinen Ideen als Individualist zu präsentieren, mit der Liebe zur Tradition und dem Hang des Steinbocks zu dem, was allgemein akzeptiert ist, kollidieren. Es ist zu hoffen, daß der Betreffende mit diesem Konflikt umzugehen lernt und sich mit seiner Persönlichkeit arrangiert. Der ehrgeizige Steinbock hat seinen eigenen Ansatz, um Ziele zu erreichen – allerdings könnte es hier zu sprunghaften Resultaten kommen, auch bezüglich eines Studiums. Diese Stellung verleiht etwas Lebhaftes. Sehr objektiv und dazu fähig, die persönlichen Probleme mit Abstand zu betrachten.

Sonne im Wassermann und Merkur im Wassermann

Sehr viel Originalität, allerdings auch Starrsinn und der Drang zur Andersartigkeit. In Extremfällen fällt es dem Geborenen schwer zu akzeptieren, daß mit ihm deshalb schwer auszukommen ist. Diese Menschen bilden zumeist die Vorhut ihrer Generation – wenn sie aber älter werden, haben sie ihre Probleme damit, ihre Meinung zu ändern, womit sie dann wiederum hinter der Zeit zurückbleiben. Für gewöhnlich viel Objektivität, persönliche Distanz, Freundlichkeit und Hilfsbereitschaft, dabei aber überraschende und unvorhersehbare Aussagen und Meinungen. Der betreffende Mensch muß geistige Flexibilität entwickeln.

Sonne in den Fischen und Merkur im Wassermann

Die Fische-Emotionen treffen hier mit der Fähigkeit, logisch zu denken, zusammen. Ein Mensch, der womöglich keinen Zugang zu seinen Gefühlen hat – und insofern auch nicht von ihnen überwältigt werden kann. Die natürliche Intuition wird dann auch durch ein rationales Denken kontrolliert. Das Fische-Mitgefühl und das humanitäre Element von Merkur im Wassermann passen gut zusammen – der Betreffende hilft, weil er sieht, daß Hilfe nötig ist und weil er sich emotional angesprochen fühlt. Eine reiche Phantasie, die auf eine originelle und kreative Weise eingesetzt werden kann. Es kommt hier auf die Entwicklung von Selbstvertrauen an, wobei Merkur eine Hilfe ist, weil er die Fische zum positiven Denken anhält.

Merkur in den Fischen

Der Verstand arbeitet auf eine unorganisierte und intuitive Weise; Entscheidungen und Meinungen werden auf unbewußte Art gefällt bzw. gebildet. Aufgeschlossenheit und Mitgefühl für andere – oft aber auch Vergeßlichkeit oder sogar Nachlässigkeit, was zu Problemen führen kann. Es fällt schwer, einen Sinn für das Praktische und Konstruktive zu entwickeln. Allerdings sollte das Praktische auch nicht überbewertet werden – auf seine Intuition kann der Betreffende sich im allgemeinen verlassen. Es kommt sehr darauf an, mit der lebhaften Phantasie nicht immer gleich vom Schlimmsten auszugehen. Die Neigung zum Weg des geringsten Widerstandes könnte mit der Tendenz zur Täuschung kombiniert sein. Wenn ein solcher Mensch die Unwahrheit sagt, dann zumeist deshalb, um andere nicht zu verletzten – allerdings ist es zur Lüge nicht mehr weit. Wenig Unterstützung für das Selbstvertrauen; vielleicht ein sehr schüchternes Verhalten oder eine Haltung, die den eigenen Zielen schadet.

Sonne im Wassermann und Merkur in den Fischen

Die eher spröden Wassermannzüge werden geglättet, und das Element des Humanitären kommt mit Wärme und Mitgefühl zur Geltung. Die kreative und sehr originelle Phantasie muß zum Ausdruck kommen, vielleicht in einem ungewöhnlichen Hobby oder einem ungewöhnlichen Beruf. Mehr geistige Flexibilität und für gewöhnlich auch ein erhöhtes emotionales Niveau (was allerdings die Fähigkeit, Gefühle mit Abstand sehen zu können, beeinträchtigt). Der Drang des Wassermanns zur Andersartigkeit und zum Unkonventionellen kommt weniger deutlich zum Ausdruck, weil mit dem Fischemerkur eine Empfänglichkeit für die Gefühle anderer einhergeht.

Sonne in den Fischen und Merkur in den Fischen

Womöglich ein unkonzentrierter Mensch, der sich mit konfusen Umständen auseinandersetzen muß. Typisch dürften aber auch Mitgefühl und Freundlichkeit sein sowie eine wunderbare Intuition, die kanalisiert und in konstruktive Bahnen gelenkt werden muß. Bei Streß könnte man dazu neigen, anderen oder sich selbst etwas vorzumachen oder in negative Fluchtmechanismen zu verfallen. Eltern müssen ihre Kinder mit dieser Stellung sanft, aber bestimmt auf die Wahrheit verpflichten.

Sonne im Widder und Merkur in den Fischen

Hier kommt das Widder-Selbstbewußtsein gemildert zum Ausdruck; Selbstsucht und der Wille, sich durchzusetzen, dürften kein allzu großes Problem sein (achten Sie auch auf das Venuszeichen!). Vergeßlichkeit, speziell bei Details, kann dem energischen und aktiven Widder zu schaffen machen, besonders bei unangemessener Hektik. Viel Intuition, was gerade bei der Beurteilung von Aktionen und Reaktionen der Konkurrenten eine große Hilfe ist. Das emotionale Niveau ist erhöht, allerdings neigt der Betreffende nicht dazu, sich von seinem Ärger hinreißen zu lassen.

Der progressive Merkur in den Zeichen

Merkur läuft in der Progression in einem Menschenalter durch drei oder vier Zeichen. Eine solche Progression bedeutet eine geistige Stimulierung. Dabei ändern sich nicht nur der Verstand und die Meinungen – auch die Denkprozesse selbst gewinnen eine neue Dimension. Der Einfluß des Merkurzeichens der Geburt ist noch vorhanden, es tritt aber eine andere Färbung dazu. Merkur wird auch häufig rückläufig – wenn man das Progressionsschema »Ein-Tag-für-ein-Jahr« benutzt, kann es sich ergeben, daß Merkur für ein paar Jahre auf der Geburtsposition zu stehen kommt. Damit kann sich der oben beschriebene Prozeß umkehren: »Seht ihr – ich hatte doch recht gehabt!«.

Merkur in den Häusern

Die Themen und Einflußbereiche, die vom Merkurhaus angezeigt werden, genießen bei dem betreffenden Menschen große Aufmerksamkeit. Ob er oder sie nun konstruktiv oder intuitiv denkt, übermäßig optimistisch oder pessimistisch ist, hängt natürlich vom Merkurzeichen und auch von den Merkuraspekten ab. Versuchen Sie bei der Interpretation des Merkurhauses auch zu erkennen, ob der Betreffende zu einem umsichtigen Denken neigt oder dazu, sich von seinen Ideen mitreißen zu lassen.

1 Merkur im 1. Haus

Ein sehr machtvoller Einfluß, der dem Aszendenten eine zusätzliche Dimension zufügt und dem Betreffenden eine strahlende Persönlichkeit verleiht.

Sehr starkes Bedürfnis nach Kommunikation. Gesprächigkeit, Flexibilität und Schlagfertigkeit sowie eine Neigung zu weitausholenden Gesten und einer nervösen Hektik sind die beherrschenden Merkmale.

Die Merkuraspekte müssen mit großer Sorgfalt untersucht werden, weil sie die Einstellung zum Leben prägen, also z. B. dafür sorgen, ob man ein Optimist oder ein Pessimist ist. Auch das Merkurzeichen spielt hier eine Rolle.

Viel Beweglichkeit – allerdings gilt es, die merkurische Oberflächlichkeit und Unbeständigkeit im Griff zu behalten. Wahrscheinlich eine rasche Auffassungsgabe mit witzigen, schnellen oder auch scharfen Antworten. Wenn negative Aspekte zu Mond, Mars oder Uranus bestehen, könnte nervliche Anspannung zu Migräne oder Magenbeschwerden führen, die Tendenz zu unbegründeten Sorgen womöglich auch zu eingebildeten Beschwerden. Je näher Merkur am Aszendenten steht, desto mehr prägt er diesen und das ganze Horoskop. Bei 8 Grad Abstand und weniger lesen Sie bitte den Abschnitt zur Konjunktion mit dem Aszendenten (S. 252).

2 Merkur im 2. Haus

Eine rasche Auffassungsgabe und ein Geschick für den Umgang mit Geld. Vielleicht beschäftigt sich dieser Mensch eingehend mit Investitionsmöglichkeiten oder einem Plan von der Art: »Wie ich schnell reich werde!« Näheres hierzu zeigen die Zeichenstellung und die Aspekte Merkurs an.

Positive Einflüsse von Saturn wirken stabilisierend, negative von Neptun können zu Konfusion und zu Komplikationen, zu Täuschungen und sogar zum Betrug führen (eine taktvolle Warnung hierzu ist durchaus angebracht!).

Ein Talent, zu handeln und »Schnäppchen« zu machen. Finanzielle Transaktionen – vom Tauschhandel bis hin zum »Großen Geld« – können hier einen großen Reiz ausüben. Häufig zwei oder mehr Einkommensquellen. Vielfach auch eine Liebe zu modernen oder kitschigen Gegenständen.

Das sinnliche Element

Dies ist das Venus- bzw. Stierhaus, und weil Merkur über die Hände herrscht, spielt die Struktur der Gewebe häufig eine besondere Rolle: Womöglich ein Mensch, der es liebt, Seide, Samt oder eine schöne Haut anzufassen.

3 Merkur im 3. Haus

Merkur steht hier stark im eigenen Haus. Eine große Neugier, das Bedürfnis nach Kommunikation und Flexibilität. Jemand, der viel Zeit am Telefon verbringt und viele Briefe schreibt.

Die Arten der Kommunikation

Die Worte kommen hier schnell und reichlich, und manchmal wird der Betreffende mehr Interesse an der Form seiner Äußerungen als an ihrem Inhalt haben. Wenn Merkur in einem Luft- oder Feuerzeichen steht, könnte eine gewisse provozierende Note beim Argumentieren vorhanden sein. Und wie bei Mercutio in Romeo und Julia handelt es sich möglicherweise um jemanden, der in einer Minute mehr spricht, als er in einem Monat hört.

Zumeist geistige Beweglichkeit, eine rasche Auffassungsgabe sowie ein reger Verstand und Geist. Ein starkes Bedürfnis, über das, was in der Familie, in der unmittelbaren Umgebung und in der Welt überhaupt vor sich geht, informiert zu sein – ein Mensch, der Zeitungen geradezu verschlingt. Bei allem Streben nach Wissen könnte aber doch viel Oberflächlichkeit vorhanden sein – versuchen Sie deshalb, auf eine Vertiefung des Intellektes, auf verstärkte geistige Anstrengungen und auf ernsthaftere Bestrebungen hinzuwirken.

Die Fertigkeiten richten sich besonders auf die kommunikative Seite, was zu einer Karriere im Medienbereich, zur Arbeit am Telefon, am Computer oder im Druckereibereich führen könnte.

4 Merkur im 4. Haus

Das Zuhause und die Familie sind hier von überdurchschnittlicher Wichtigkeit, wobei die geistige Einstellung dazu vom Merkurzeichen abhängt. Macht sich der Betreffende womöglich allzu viele Sorgen um seine Familie, kann er sich in ihrer Gegenwart entspannen, oder fühlt er sich von ihr erstickt?

Vielleicht ist hier der ständige Wunsch kennzeichnend, umzuziehen oder das Zuhause umzugestalten. Dies könnte das Resultat eines innerlichen Konfliktes sein, der das Gefühl von Sicherheit im Zuhause beeinträchtigt. Am wahrscheinlichsten ist das bei einem negativen Aspekt zwischen Sonne und Mond, der auf innerliche Unzufriedenheit schließen läßt.

Es handelt sich hier um das Krebs- bzw. Mondhaus, was es manchmal ratsam machen kann, nach der Mutter des Betreffenden zu fragen, deren Einfluß womöglich geistig sehr stimulierend war. Die Beschäftigung mit der Familiengeschichte könnte sich als ein überaus lohnendes Unterfangen herausstellen.

5 Merkur im 5. Haus

Womöglich ein sehr risikobereiter Intellekt, der viel aufs Spiel setzt. Machen Sie sich klar, daß der Verstand gemäß des Merkurzeichens intuitiv, logisch, praktisch oder wie auch immer geprägt ist.

Das 5. Haus hat einen großen Einfluß auf das, was mit Liebe zu tun hat – es handelt sich hier darum, daß der Mensch seine Gefühle auf solche Weise zum Ausdruck bringt, die die gewünschten Reaktionen hervorruft. Was in derartigen Situationen gesagt wird, muß nicht auf die Goldwaage gelegt werden – wichtig ist, ob es den gewünschten Effekt hat oder nicht. Ein Mensch, der an Liebesaffären auf eine planvolle Weise herangeht. Die Veränderlichkeit von Merkur wird aber auch in dieser Sphäre des Lebens einen gewissen Zwiespalt bedeuten.

Mentale und physische Geschicklichkeit
Glücksspiele könnten hier anziehend wirken, desgleichen Freizeitaktivitäten, die den Intellekt fordern wie z. B. Schach (falls Merkur in einem Zeichen steht, das Geduld erkennen läßt). Unterstützt die Kreativität, was sich als eine literarische oder handwerkliche Begabung auswirken könnte. Geschicklichkeit ist ein wichtiges Merkmal.

6 Merkur im 6. Haus

Ein sehr starker Einfluß, weil Merkur hier in seinem eigenen Haus, dem der Jungfrau, steht.

Die Ernährung dürfte hier von besonderem Interesse sein; vielleicht ernährt sich die Person vegetarisch oder achtet auf vollwertiges Essen. Allerdings ist auch eine exzessive Beschäftigung mit diesem Thema möglich, was vielleicht zu ständig wechselnden Diäten führt. Kinder mit dieser Stellung könnten beim Essen sehr wählerisch sein.

Die Tendenz zu Sorgen und Ängsten – ggfs. abzulesen am Merkurzeichen oder an anderen Horoskopfaktoren – ist noch verstärkt, was vielleicht Magen- oder Verdauungsprobleme zur Folge hat. Die übermäßige Beschäftigung damit könnte alles noch schlimmer machen (wie auch bei Merkur im 1. Haus). Ermutigen Sie hier zu einer praktischen Vorgehensweise, vielleicht auch zu einer philosophischen Einstellung. Oftmals reagieren diese Personen gut auf homöopathische Behandlung oder auf ganzheitliche Heilmethoden.

Dienstfertigkeit
Routine und Dienstbarkeit sind diesen Menschen häufig nichts Unangenehmes; ein strukturiertes und wohlorganisiertes Dasein ist ihnen durchaus angenehm. Das soll aber nicht heißen, daß sie sich selbst im Griff haben – sie wissen nur, was man von ihnen erwartet und wie man die Erwartungen befriedigt. Insofern ist dies eine günstige Stellung für denjenigen, der als persönlicher Assistent arbeitet.

Gut entwickelte kommunikative Fähigkeiten, allerdings manchmal auch scharfe Antworten, die gemäß dem Merkurzeichen zum Ausdruck kommen. Jemand, der alle Aspekte einer Aufgabe oder eines Projektes analysieren kann, womit er entscheidend zum Resultat beiträgt.

7 Merkur im 7. Haus

Gute Freundschaften sind von großer Bedeutung. Bei den exzellenten kommunikativen Eigenschaften ist es notwendig, daß auch der Partner sich ausdrücken kann.

Es kann aber zu Problemen durch Weitschweifigkeit und die Neigung, das Denken von anderen zu beeinflussen, kommen (sehen Sie hier auf das Merkurzeichen, um zu erkennen, ob der Betreffende diese Tendenz kontrollieren kann). Mit Merkur in der Waage oder in den Fischen könnte Leichtgläubigkeit verbunden sein. Allerdings könnte in diesem Fall der Aszendent – womöglich Widder oder Jungfrau – genügend Stärke bringen, um diesen Fehler auszugleichen.

Gute Geschäftsbeziehungen
Eine günstige Stellung für geschäftliche Beziehungen; sie verleiht Lebhaftigkeit, Verkaufstalent und die Fähigkeit, Partner oder Kunden zu überzeugen. Womöglich auch das Talent, Partner zusammenzuführen; jemand, der eine Sache auf die Beine bringt, oder ein geborener Unterhändler. Wenn an anderer Stelle Hinweise auf eine Tätigkeit in Verbindung mit Gesetzen erkennbar sind (durch Jupiter, eine Schützesonne oder ein kraftvolles MC), handelt es sich vielleicht um einen begabten Rechtsanwalt. Bei einer Betonung von Erdzeichen ist eine Tätigkeit als Immobilienhändler denkbar.

8 Merkur im 8. Haus

Womöglich die Tendenz, über ernsthafte Themen wie z. B. das Leben nach dem Tod zu grübeln, vielleicht auch besondere psychische Talente. Bevor Sie zur Förderung dieser Eigenschaften raten, müssen der Neptun- und Mondeinfluß im Horoskop untersucht werden. Im negativen Aspekt zueinander oder zur Sonne sollte man dieses Potential vielleicht besser auf sich beruhen lassen – diese Emotionen könnten einen schwächeren Menschen ohne weiteres aus der Bahn werfen. In diesem Fall sollten die Phantasie und Sensibilität auf andere Felder gelenkt werden. Wenn keine nachteiligen Folgen zu befürchten sind, die Erdzeichen betont sind und der Beistand eines Experten gesucht wird, kann der Mensch sich aber der Erforschung dieser Themen widmen.

Eine starke Phantasie
Ein überdurchschnittliches Interesse an der Sexualität ist zu erwarten – und vielleicht auch eine sehr aktive und mächtige Phantasie. Im Idealfall kündet diese Stellung von einem tiefgründigen forschenden Geist, der Geheimnisse enthüllen kann (gemäß der Art des Merkurzeichens). Möglicherweise ist auch eine Begabung für Investitionen und wirtschaftliche Zusammenhänge vorhanden. Befindet sich Merkur in einem Wasserzeichen, kann die Intuition auf vorteilhafte Weise zum Eisatz kommen, im Element Feuer gibt es einen natürlichen Enthusiasmus (mit der Tendenz zu unüberlegten Investitionen), in Luft eine rationale Herangehensweise und in Erde eine praktische.

9 Merkur im 9. Haus

Weil es sich um das Haus der höheren geistigen Kräfte handelt, ist Merkur hier gut gestellt; er steht damit in Verbindung zu den Themen, die zum 9. Haus gehören.

Der Verstand braucht fortwährend Herausforderungen; der Mensch muß allerdings seine Konzentration schulen und Beharrungsvermögen entwickeln, weil er von sich aus zu Unbeständigkeit und dem Wunsch neigen dürfte, immer wieder etwas Neues auszuprobieren.

Jemand, der sich mit großen Projekten beschäftigen kann – ob er auch fähig ist, Details zu beachten, hängt von dem Merkurzeichen ab.

Einst wurde dieses Haus »Haus der Träume« genannt – mit Merkur darin ist die Tendenz zu Tagträumen möglich. Eine häufige Phantasievorstellung könnte die sein, »alles hinter sich zu lassen und abzuhauen«, in möglichst weit entlegene und exotisch klingende Länder. Es besteht eine Leidenschaft fürs Reisen, ob diese nun konkrete Auswirkungen hat oder nicht. Vielleicht entscheidet sich der Betreffende auch nur deshalb für eine Stelle oder einen Beruf, weil er dabei immer wieder neue Orte und Länder sehen kann.

Der Erwerb von Wissen

Drang nach intellektueller Expansion. Wir könnten es hier mit einer Person zu tun haben, die in einer Bibliothek, einem Buchladen oder einer Universität arbeitet und diese Tätigkeit sehr genießt, weil sie dadurch in Kontakt mit einem Bereich kommt, der sie sehr interessiert und den sie bewundert.

Ein großer Wissensdurst – wie auch bei der Schützesonne oder dem Schützeaszendenten. Möglicherweise ein »Bummelstudent«, vielleicht auch eine Veranlagung für Sprachen.

10 MERKUR IM 10. HAUS

Es ist sehr wahrscheinlich, daß es zu vielen Richtungsänderungen in der Karriere kommt. Kann man nicht von einer Karriere sprechen, ist zumindest davon auszugehen, daß sich bezüglich der Lebensziele und -träume Veränderungen ergeben. Alles, was damit zusammenhängt, wird gründlich bedacht – Pläne können hier zur Hauptbeschäftigung werden.

Verantwortung für sich selbst und andere

Wenn das Merkurzeichen zu dieser Häuserstellung paßt, kann der Mensch Verantwortung tragen – ein Bewußtsein dafür ist aber in jedem Fall vorhanden. Neben dem Merkurzeichen spielen auch die Aspekte eine große Rolle.

Falls die Karriere im Vordergrund steht, kommt es darauf an, daß die tägliche Arbeit soviel Abwechslung wie nur möglich bietet. Eine gute Mischung aus intellektueller Stimulation, Verantwortungsgefühl und Beweglichkeit ist ideal, weil damit die Gefahr der Langeweile ausgeschaltet ist, die ansonsten zu Unbeständigkeit führen kann.

Das 10. Haus steht in Verbindung mit dem Vater – es ist lohnend, dies einmal zur Sprache zu bringen. Auf der einen Ebene könnte der Geborene so denken und planen wie sein Vater; auf der tieferen psychologischen Ebene aber steht der Vater für die innere Stimme, die Autorität hat und dem Geborenen sagt, was er tun und lassen soll.

11 MERKUR IM 11. HAUS

Ein großes Bedürfnis nach einem großen Freundes- und Bekanntenkreis und der Drang, Ideen zum Ausdruck zu bringen, zu diskutieren und an Versammlungen teilzunehmen. Solange Merkur nicht durch eine Opposition oder ein Quadrat von Saturn beeinträchtigt wird, hat der Geborene keine Probleme damit, eine Diskussion in Gang zu bringen. Ein geborenes Gremienmitglied.

Ein Drang nach Geselligkeit

Tiefe Freundschaften sind diesem Menschen nicht das wichtigste, im Gegensatz zu sozialem Austausch. Zeit, die er damit zubringen kann, genießt er bis zur letzten Sekunde. Wenn es eine Stellung gibt, die für den Wunsch spricht, nach draußen zu gehen und seine Meinung kundzutun, dann diese. Ein beträchtliches Maß an Zeit könnte humanitären Belangen gewidmet werden. Versuchen Sie ggfs., Ihrem Gegenüber eine solche Beschäftigung nahezubringen – er könnte aus einer karitativen Tätigkeit viel Befriedigung schöpfen.

Wie bei fast allen Planeten im 11. Haus hat »die Gruppe« hier ein besonderes Gewicht. Weil Merkur aber immer in der Nähe der Sonne steht, könnte er sich im 12. Haus befinden und damit eine widersprüchliche Bedeutung haben. In diesem Fall muß man den Geborenen dazu ermutigen, das Beste aus dem Widerspruch zwischen seinem Wunsch nach friedvollen und ruhigen Tätigkeiten in der Abgeschiedenheit (12. Haus) und dem Drang nach Gesellschaft und sozialen Aktivitäten (11. Haus) zu machen. Bei der Sonne im 10. Haus wird es kaum zu Problemen kommen.

12 MERKUR IM 12. HAUS

Könnte für einen Konflikt zwischen den logischen Elementen von Merkur und der Intuition und den Gefühlen des 12. Hauses stehen, speziell dann, wenn sich Merkur in einem Wasserzeichen befindet. Es wäre gut, wenn der Betreffende seine Intuition unter rationalen Gesichtspunkten sehen und die Gefühle kanalisieren und darstellen könnte. Ein anderer Zwiespalt ist womöglich der, daß sich der Mensch sowohl nach Abgeschiedenheit als auch nach Kommunikation und sozialem Austausch sehnt. Vielleicht telefoniert er stundenlang.

Eine Liebe zur Literatur (besonders zur Lyrik) und auch Kritikfähigkeit sind typisch. Einige dieser Personen arbeiten im Medienbereich, u. a. im Rundfunk. Bei einer Begabung für Technik interessiert sich der Betreffende womöglich auch besonders für den Sendevorgang als solchen. In anderen Fällen könnte die Arbeit für sich sprechen, z. B. bei einem Fotografen, der seine Aufnahmen in der Dunkelkammer selbst entwickelt. Bei einer religiösen Überzeugung glaubt man an die Kraft des Gebets sowie daran, daß positive Gedanken immer den gewünschten Erfolg haben.

☿ DER PROGRESSIVE MERKUR IN DEN HÄUSERN

Wie die Sonne auch läuft Merkur während der durchschnittlichen Lebensspanne etwa durch drei Häuser des Horoskops. Wenn Merkur in das Haus tritt, in dem die Sonne bei der Geburt stand, erhält dieses ein besonderes Gewicht – die betreffende Person wird sich viele Gedanken zu den Themen machen, die damit zusammenhängen. In jedem Fall geht es bei der Progression von Merkur in ein »neues« Haus um den intellektuellen und den kommunikativen Faktor. Suchen Sie nach Schlüsselphasen, in denen entweder der progressive Merkur im Aspekt zur Geburts-Sonne steht oder die progressive Sonne im Aspekt zum Geburts- oder zum Progressions-Merkur. Zu kürzeren Schlüsselphasen kommt es, wenn der progressive Mond im Aspekt zu Merkur steht, auch hier wieder bezüglich der Geburts- oder der Progressionsstellung.

Merkuraspekte

Planeten im Aspekt zu Merkur werden »intellektualisiert«. Negative Aspekte bringen dabei möglicherweise Spannung und Streß (besonders im Falle von Uranus). Grundsätzlich aber ist es möglich, jeden Merkureinfluß positiv zu nutzen, weil damit das Potential für einen lebhaften geistigen Ausdruck erhöht ist.

Merkuraspekte zur Sonne
siehe Sonnenaspekte zu Merkur, S. 214/15.

Merkuraspekte zum Mond
siehe Mondaspekte zu Merkur, S. 232/33.

Bei den progressiven Merkuraspekten zum Mond können Sie sich auf die Interpretation der Mondprogression zu Merkur stützen. Zusätzlich sollten Sie sich aber bewußt sein, daß der progressive Merkur im Aspekt zum Mond einen Hintergrundeinfluß anzeigt, der etwa ein Jahr lang wirksam ist, im Gegensatz zu dem progressiven Mond im Aspekt zu Merkur, der nur etwa drei Monate lang wirkt.

Merkuraspekte zur Venus

Anmerkung: Weil diese Planeten nicht weiter als 76 Grad voneinander entfernt sein können, sind hier nur die Konjunktion, das Halbsextil, das Halbquadrat und das Sextil möglich. In der Progression dagegen sind noch andere Merkuraspekte zur Venus denkbar.

Konjunktion
Bei dieser Stellung wird dem Partner Liebe, Verständnis und Mitgefühl und den Freunden und Kollegen Sympathie entgegengebracht. Kommunikative Talente (abhängig davon, wie gut sich das Merkur- und das Venuszeichen verbinden).

Auch wenn die Konjunktion in zwei Zeichen fällt, kommt zumeist Harmonie zum Ausdruck, die Gedanken von Merkur und die Gefühle der Venus wirken hier gut zusammen.

Halbsextil
Harmonie zwischen Gedanken und Gefühlen. Allerdings ist das Halbsextil ziemlich schwach. Wenn nicht Merkur und/oder die Venus eine personalisierte Bedeutung haben, sollte diesem Aspekt nicht zuviel Gewicht beigemessen werden.

Halbquadrat
Manchmal scharfe, beißende Kritik vom Partner. Befinden sich die Planeten aber in verträglichen Zeichen, dürfte viel Anteilnahme und der Wunsch nach Nähe zu Freunden und Geliebten gegeben sein.

Sextil
Freundlichkeit und ein offener Ausdruck von Zuneigung. Bei einem kreativen Potential ist dieser Aspekt eine wunderbare Hilfe – er bewirkt so gut wie immer ein beträchtliches schöpferisches Talent und Handfertigkeit. Eine Vorliebe für weiche Stoffe. Wenn sich Mars oder die Venus in einem Erdzeichen befindet, sollte man diese Menschen zum kreativen Umgang mit natürlichen Materialien wie Wolle, Leinen, Seide, Stein oder Holz anhalten.

Progressive Aspekte zwischen Merkur und Venus

Verstärkter Ausdruck von Gefühlen und ein Sinn für Kameradschaft im Rahmen der Beziehung. Vielleicht handelt es sich hier auch um eine sehr aktive Person mit den verschiedensten Begabungen auf künstlerischem oder handwerklichem Gebiet. Diese Aktivität bekommt ein besonderes Gewicht – eine spezielle Art von Liebe. Manchmal besteht der intensive Wunsch, ein Instrument zu spielen. Auch literarisches Talent (speziell romantischer Art) ist denkbar.

Auch bei dem Quadrat zwischen progressivem Merkur und Geburts-Venus wird nur wenig Spannung auftreten. Besonders günstig wäre dies, wenn die Venus im Geburtshoroskop problematisch aspektiert ist, z. B. in Hinblick auf Enttäuschungen in der Liebe (Venus im Quadrat oder in Opposition zum Mond oder Saturn) oder auf nebulöse und unrealistische Vorstellungen (Venus im Quadrat oder in Opposition zu Neptun). In jedem Fall aber werden die guten Einflüsse der beiden Planeten für einen angenehmen Hintergrund während des betreffenden Zeitraumes – ein Jahr etwa – sorgen. Die positivsten Aspekte sind hier die Konjunktion, das Sextil und das Trigon (letzteres erst beim älteren Menschen möglich).

Merkuraspekte zu Mars

Konjunktion
In welchem Zeichen sie auch steht, die Konjunktion beschleunigt und energetisiert den Verstand, sie bewirkt ein schnelles Denken und Entscheidungsfreude. Der oder die Betreffende weiß, wie man mit Rivalen umzugehen hat. Ein markantes Selbstbewußtsein und Wettkampfgeist in Beruf, Studium und Sport. Zu harter geistiger Arbeit fähig. In manchen Fällen eine besondere Liebe zur Ironie und ein Sinn für Humor. Wenn auch an anderer Stelle Aggressivität zu erkennen ist, könnte die Neigung zu intensiven Auseinandersetzungen bestehen, zumeist aber nur in Form von lebhaften Diskussionen und provozierenden Aussagen.

Positive Aspekte
Mehr oder weniger ähnlich der Konjunktion – auch hier ein lebhafter, rascher und selbstgewisser Verstand. Starke Nerven, was es der betreffenden Person ermöglicht, sich bei Problemen zu bewähren, die bei anderen zu Streß und Spannung führen würden. Vielleicht wirken derartige Situationen auf die Person sogar anregend.

Negative Aspekte
Die mentale Energie ist erhöht, auf die eben beschriebene Art und Weise – hier aber mit größerem Risiko, sich bis zur totalen Erschöpfung zu verausgaben. Das ist am wahrscheinlichsten, wenn entweder Merkur oder Mars auch im negativen Aspekt zu Uranus steht.

Das größte Risiko ist freilich, daß der Mensch zu vorschnellen Entschlüssen und Handlungen neigt – indem er sich möglicherweise von einem Detail eines Problems leiten läßt, ohne die Situation in ihrer Gesamtheit zu bedenken. Der

Geborene könnte auf eine tollkühne Weise handeln – schauen Sie nach, ob das Horoskop auch gesunden Menschenverstand und eine gewisse mentale Beständigkeit erkennen läßt. Die Sonne oder der Aszendent in einem Erdzeichen wären eine Hilfe, desgleichen ein gut aspektierter Saturn.

♂ PROGRESSIVE ASPEKTE ZWISCHEN MERKUR UND MARS

☌ Konjunktion

Zusätzliche intellektuelle Aufgaben für etwa ein Jahr, was sich als Mitarbeit in einem bestimmten Projekt äußern könnte. Eine aufregende Herausforderung, die die Nerven stimuliert und Enthusiasmus weckt.

Vor überstürzten Entscheidungen muß gewarnt werden. Behält der Mensch diese Neigung unter Kontrolle, sind außerordentlich befriedigende Resultate möglich. Jupitertransite wirken unterstützend auf diese Progression.

+ Positive Aspekte

Ähneln der Konjunktion, aber ohne deren atemberaubendes Tempo oder deren machtvolle Konzentration. Fraglos eine Beschleunigung des Rhythmus des Lebens, was zusätzliche intellektuelle und mentale Arbeit bringen kann.

Enthusiasmus und viel Energie, die auf alle Arten von Zielen und Arbeit gerichtet werden, was lohnende Folgen hat. Diese Progression könnte sich als wohltätig für einen Sportler erweisen: Sie sorgt für eine passende geistige Einstellung und für ein perfektes Verhältnis von nervlicher und physischer Energie.

− Negative Aspekte

Für etwa ein Jahr eine erhöhte Anfälligkeit für nervliche Spannung – am größten ist dieses Risiko, wenn es gleichzeitig Uranustransite zum Geburts-Merkur oder -Mars gibt. Wahrscheinlich auch viel Ungeduld; wenn der Mensch seine Planungen nicht verwirklichen kann – vielleicht in Verbindung mit Saturn- oder Plutoeinflüssen –, könnte er als Folge einer Überreaktion vorschnelle und übereilte Entscheidungen treffen, die ihm auf lange Sicht schaden.

Vielleicht aufgrund der großen Spannung auch die Neigung zu Sarkasmus oder Bitterkeit. Solch extreme Reaktionen dürften aber nur dann auftreten, wenn zusätzlicher Streß durch andere Planeten angezeigt ist.

♃ MERKURASPEKTE ZU JUPITER

☌ Konjunktion

Ein exzellentes intellektuelles Potential, das bei anderweitig angezeigter Kreativität in literarischer Form zum Ausdruck gebracht werden könnte. Im Horoskop, das wissenschaftliche oder mathematische Neigungen erkennen läßt, wirkt dieser Aspekt als Schlüsselfaktor: Der Verstand arbeitet gut, und das Lernen macht keine Schwierigkeiten.

Die Zeichenstellung ist sorgfältig zu untersuchen, weil sie erkennen läßt, wie sich die mentale Energie entwickelt und wie die intellektuelle Einstellung beschaffen ist.

+ Positive Aspekte

Könnte für ein hohes Niveau an intellektuellem Potential und für eine positive und optimistische Haltung stehen. Möglicherweise ein »Lebenskünstler« – ein Mensch, der seine Lebensphilosophie hat, aber dazu neigt, es sich manchmal zu einfach zu machen. Je mehr geistige Anforderungen hier gegeben sind, desto besser. Diese Aspekte wirken günstig, wenn der Betreffende sich den Herausforderungen auch tatsächlich stellt.

− Negative Aspekte

Machen kaum Probleme und zeigen wie die Konjunktion und die positiven Aspekte ein gutes intellektuelles Potential an. Vielleicht aber ein Zug der Geistesabwesenheit.

Eine gesunde Skepsis sowie die Tendenz zur Übertreibung und Sorglosigkeit dürften sich ebenfalls bemerkbar machen und manchmal zu Komplikationen führen. Unter Umständen könnte das Nervensystem leiden, besonders, wenn Merkur oder Jupiter negativ von Uranus aspektiert wird oder wenn Merkur in der Jungfrau steht. Wenn auch andere Faktoren darauf hinweisen, Probleme mit der Leber.

Beim Unterzeichnen von Verträgen ist das Kleingedruckte besonders aufmerksam zu lesen – der oder die Betreffende neigt nämlich dazu, über solche Stellen hinwegzugehen.

♃ PROGRESSIVE ASPEKTE ZWISCHEN MERKUR UND JUPITER

☌ Konjunktion

Kann eine aufregende Zeit ankündigen, besonders dann, wenn der Mensch schon immer den Drang gehabt hat, etwas zu schreiben oder weite Reisen zu machen. Auch sehr hilfreich für das Studium oder das Ablegen von Prüfungen.

Schauen Sie auf die Transite von Jupiter für das Jahr, in dem diese Progression wirkt! Es dürfte eine Vielzahl von Schlüsselphasen geben, in denen große Erfolge möglich sind (vorausgesetzt, Merkur oder Jupiter sind im Geburtshoroskop nicht stark beeinträchtigt).

+ Positive Aspekte

All die zuvor erwähnten Angelegenheiten werden florieren, der Verstand funktioniert gut und reagiert bereitwillig auf die verschiedensten intellektuellen Herausforderungen. Vielleicht beschäftigt man sich nun mit dem Studium einer Sprache oder mit dem Vergleich verschiedener Religionen (Jupiter steht ja in Verbindung mit dem Glauben). Es geht darum, daß das Leben sich nun ausweitet und man Optimismus zeigt.

− Negative Aspekte

Wahrscheinlich eine gewisse geistige Anspannung. Allerdings ist nun auch viel Erfolg möglich, vorausgesetzt, man ist nicht blindlings optimistisch. Verträge müssen sorgfältig studiert werden. Entscheidungen fordern viel Zeit.

♄ MERKURASPEKTE ZU SATURN

☌ Konjunktion

Ein mächtiger Aspekt, der Ernsthaftigkeit und ein praktisches Denken anzeigt. Diese Person ist in der Lage, langfristige Pläne zu machen und durchzuführen; allerdings neigt sie zu einer pessimistischen Haltung. Ein gutes Konzentrations- und Wahrnehmungsvermögen, vielleicht auch eine Tendenz zur Absonderung. Der Verstand arbeitet genau und praktisch.

Eltern, die ein Kind mit dieser Stellung haben, sollten keine allzu schnellen schulischen Fortschritte erwarten – seine Entwicklung wird sich aber auf eine sehr beständige Weise vollziehen, besonders, wenn die Konjunktion in das gleiche Zeichen wie die Sonne fällt. Die Konjunktion in einem Feuer- oder Luftzeichen stabilisiert die feurige Energie bzw. den luftigen, lebhaften Intellekt; in einem Wasserzeichen dämpft sie die Emotionen, im Element Erde bewirkt sie Hartnäckigkeit und Sturheit.

+ Positive Aspekte
Können in einem Horoskop durch lebhaften, positiven Enthusiasmus als ein Anker wirken. Jemand, der auf eine umsichtige und konzentrierte Weise denkt und methodisch vorgeht. Was dieser Mensch sagt, meint er auch; aus dieser Planetenverbindung resultieren Zuverlässigkeit und Vertrauenswürdigkeit (sehen Sie nach, ob diese Tendenz noch durch weitere Fundstellen zu belegen ist).

− Negative Aspekte
In manchen Fällen können diese Aspekte für obsessive Tendenzen sprechen oder für eine pedantische Neigung. Ein Mensch, der streng mit sich selbst ist – und oft auch mit anderen. Vielleicht zeigt er sich auch schnell schockiert, weil er nur über eine begrenzte Vorstellung verfügt.

Möglicherweise Pessimismus und Depressionen (insbesondere bei einem negativen Aspekt zwischen Mond und Saturn). Suchen Sie nach Faktoren, mit denen dieser Tendenz begegnet werden kann.

Mißtrauen und Gerissenheit sind weitere mögliche Züge, manchmal auch eine ausgesprochene Scheu und ein Mangel an Selbstvertrauen, speziell bei Zusammenkünften von vielen Menschen.

♄ Progressive Aspekte zwischen Merkur und Saturn

☌ Konjunktion
Dieses wichtige Merkmal sollte positiv benutzt werden – es ist jetzt die Zeit, langfristige Pläne zu machen. Der Astrologe sollte aufzeigen, daß man aber nicht erwarten kann, daß die Pläne über Nacht zu Resultaten führen; hier ist unweigerlich mit Verzögerungen und Frustrationen zu rechnen.

Der Verstand arbeitet nun auf eine konstruktive und praktische Weise. Man ist jetzt gut in der Lage, zusätzliche Pflichten zu übernehmen. Positive Saturntransite unterstützen das.

+ Positive Aspekte
Ähnlich dem eben Beschriebenen, allerdings nicht ganz so starke Auswirkungen (Ausnahme: Merkur und Saturn sind personalisiert). Eine praktische Einstellung zu und ein Blick für Leistungen und Errungenschaften. Wenn sich die Fortschritte nun auch langsamer einstellen, werden sie doch stabiler sein.

− Negative Aspekte
Womöglich eine Phase, in der es kaum zu Fortschritten kommt, mit sehr vielen Hindernissen und Frustrationen. Wenn sich diese Progression zu der Zeit der Saturn-Wiederkehr abspielt (siehe S. 312), dürfte der Betreffende mit seinen Entscheidungen und geplanten Veränderungen richtig liegen. Es kommt nur darauf an, Geduld zu beweisen.

Ermitteln Sie die positiven Transite, z. B. von Jupiter zu Merkur, zur Sonne oder zum Aszendenten, um der Tendenz zur Depression, zu negativen Gedanken und den Gefühlen der Ausweglosigkeit zu begegnen, die sich während dieser heiklen Phase einstellen könnten.

♅ Merkuraspekte zu Uranus

☌ Konjunktion
Eine dynamische Konfiguration, die Originalität verleiht und dem Verstand eine brillante Note gibt. Weiterhin Unabhängigkeit und vielleicht auch Eigenwilligkeit – zumindest unterstützen sie diese Charakteristiken, wenn von anderer Stelle des Horoskops angezeigt.

Das Bedürfnis nach Selbständigkeit könnte hier eine sehr große Rolle spielen; vielleicht haben wir es mit einer eigenbrötlerischen Person zu tun, die ihren Weg ohne jede Rücksichtnahme auf andere gehen möchte. Eine wunderbare positive Originalität ist mit diesem Aspekt verbunden.

+ Positive Aspekte
Eine Begabung – und Lust – an ungewöhnlichen Interessen ist hier wahrscheinlich. Oftmals originelle und brillante Ideen sowie die Fähigkeit, Dinge auf eine dramatische Weise darzustellen (besonders bei einem starken Löwe- oder Jupitereinfluß). Die innovative Vorstellungskraft kann gut bei schöpferischen Arbeiten eingesetzt werden. Jemand, der nach Unabhängigkeit strebt, was um so mehr gilt, wenn Merkur oder Uranus eine personalisierte Bedeutung hat oder wenn Merkur im gleichen Zeichen wie die Sonne steht.

− Negative Aspekte
Könnten ebenfalls einen brillanten und originellen Verstand anzeigen. Allerdings ist hier die Möglichkeit von nervlicher Spannung gegeben, gerade dann, wenn Mars im negativen Aspekt zu einem der beiden Planeten steht. Vielleicht insofern Taktlosigkeit, als daß der Geborene andere mit seinen Worten schockiert. Manchmal glaubt der Geborene auch, daß er besonders begabt ist oder eine besondere Botschaft für die Menschheit hat, vorwiegend dann, wenn Neptun negativ von der Sonne oder dem Mond aspektiert wird oder im Quadrat zum Aszendenten steht.

Anmerkung: Aspekte zwischen Merkur und Uranus finden sich häufig in den Horoskopen von Astrologen.

♅ Progressive Aspekte zwischen Merkur und Uranus

☌ Konjunktion
Eine erhöhte mentale Aktivität mit brillanten Ideen. Man sollte den Betreffenden dazu ermuntern, diese Ideen umzusetzen, allerdings ohne unangemessene Hast und Überstürztheit. Ein Aspekt, der auch zur Beschäftigung mit einem ungewöhnlichen Thema führen kann.

Wenn Jupiter einen starken Transiteinfluß entfaltet, ist die Chance groß, daß das Projekt oder die Projekte von Erfolg gekrönt sein werden. Man achte aber auch auf Saturn: Positiv fördert er das Konzentrationsvermögen, negativ könnte er zu Verzögerungen führen.

+ Positive Aspekte
Ähneln dem eben Angeführten, sind aber weniger dynamisch und zwanghaft. Die anderen Progressionsaspekte werden die Entwicklung von originellen Ideen entweder fördern oder behindern.

− Negative Aspekte
Möglicherweise Phasen von nervöser Anspannung, besonders dann, wenn noch andere Progressionsaspekte dahingehend wirken oder wenn Transite für Frustrationen und Verzögerungen sprechen. Es gilt zu erkennen, ob der Gebo-

rene sich selbst sein ärgster Feind ist. Sturheit könnte nun unter Umständen zu Boshaftigkeit werden, was natürlich noch mehr Spannung verursachen würde. Der oder die Geborene muß die Energie konstruktiv zum Ausdruck bringen.

♆ Merkuraspekte zu Neptun

☌ Konjunktion

Hier treffen die mentalen Merkmale von Merkur mit der Phantasie und Inspiration von Neptun zusammen. Wenn die Konjunktion frei von negativen Saturn-Aspekten ist, wird sie ein interessantes Element zufügen. Sie steht allerdings nicht für praktische Fähigkeiten – der Betreffende könnte sich damit in eine private Traumwelt bzw. in Tagträume verlieren. Am wahrscheinlichsten ist das, wenn die Konjunktion in die Zeichen Waage oder Skorpion fällt; womöglich mit romantischen oder sexuellen Vorstellungen.

Die Konjunktion ist ein Aktivposten, wenn sie im Löwen, in der Jungfrau oder im Schützen steht. Der Intellekt und die Vorstellungskraft kommen damit auf eine positive und vielleicht auch kreative Weise zum Ausdruck (ermutigen Sie die Entwicklung dieses Potentials!). Wenn auch anderweitig Sensibilität und Intuition angezeigt sind, verstärkt die Konjunktion diese Züge noch; manchmal sind damit auch besondere psychische Gaben verbunden. Für gewöhnlich ist dieser Aspekt ein wohltätiger Einfluß, der allerdings kontrolliert werden muß.

+ Positive Aspekte

Ähnliche Auswirkungen wie bei der Konjunktion. Ein freundliches, sanftes und sensibles Wesen. Jemand, der intuitiv weiß, was der andere denkt – und der vielleicht sogar auf kreative Weise »vorausdenken« kann.

Das Okkulte könnte hier besonders faszinierend sein, wie bei der Konjunktion auch. Viel hängt hier von den anderen Neptunaspekten ab. Wie immer gilt es, den Menschen bei den angesprochenen Themen zur Vorsicht anzuhalten.

− Negative Aspekte

Können ein Element der Gerissenheit oder des Ränkeschmiedens bewirken, vielleicht sogar des Lügens oder Betrügens. Wenn einer der Planeten eine personalisierte Bedeutung hat, könnte auch die Tendenz bestehen, sich selbst zu täuschen und die Realität und die Fakten nicht so zu sehen, wie sie wirklich sind. Ob das zum Problem wird, hängt davon ab, ob das Horoskop insgesamt auf einen Sinn für das Praktische schließen läßt.

Hilfreich wäre die Sonne, der Mond oder der Aszendent in einem Erdzeichen oder ein positiver Saturnaspekt zu Sonne oder Mond. Herrscht Neptun aber über die Sonne oder über den Aszendenten, werden sich diese Tendenzen als Stolperstein erweisen. Bei Kindern mit diesen Aspekten sollten die Eltern sehr auf Aufrichtigkeit hinwirken.

♆ Progressive Aspekte zwischen Merkur und Neptun

☌ Konjunktion

Wenn andere Progressionsaspekte positiv wirken und Unterstützung von einem Jupitertransit ausgeht, könnte dies ein sehr interessantes Jahr werden. Jetzt kann der Geborene seine Phantasie kreativ einsetzen, was zur Folge haben könnte, daß er sich später dieser Phase mit Wehmut erinnert (besonders dann, wenn auch Venus in der Progression zur Geltung kommt).

+ Positive Aspekte

Ähnlich dem, was eben angeführt wurde. Phantasie und der Verstand wirken nun gut zusammen. Interessante und ungewöhnliche Resultate!

− Negative Aspekte

Möglicherweise die Tendenz zur Selbsttäuschung – wenn der Mensch nicht dazu bereit ist, der Realität ins Auge zu sehen. Der Betreffende könnte sich von einem Kult oder einer Sekte angezogen fühlen, sollte sich den Beitritt aber sehr gut überlegen. Allerdings fällt es nun schwer, diese Themen mit Abstand zu sehen, weshalb man den Rat einer konstruktiven und festen Persönlichkeit einholen sollte.

♇ Merkuraspekte zu Pluto

☌ Konjunktion

Verleiht die Fähigkeit zu einem tiefen und intuitiven Denken. Ein Mensch, der sich mit Hilfe einer Selbstanalyse von psychischen Problemen und Hemmungen befreien kann – vorausgesetzt, es gibt kein Merkur- oder Plutoquadrat zu Mond, Saturn oder einem Planeten mit personalisierter Bedeutung. Sind positive Aspekte vorhanden, besitzt der Mensch aber womöglich die Gabe, auch seinen Freunden zu helfen. Hier sehen wir den Detektiv, dem es Spaß macht, Geheimnisse aufzudecken.

+ Positive Aspekte

Ein Mensch, dem nichts entgeht – wenn sein Interesse erst einmal geweckt ist, unternimmt er oder sie alles, um den Gegenstand des Interesses bis ins letzte Detail zu ergründen. Wenn Merkur oder Pluto von personalisierter Bedeutung ist, wirkt der Drang, das Selbst zu erkunden, genauso machtvoll wie bei der Konjunktion. Allerdings kann es hier schneller zu Resultaten kommen.

− Negative Aspekte

Möglicherweise Schwierigkeiten bei der Diskussion von persönlichen Problemen oder Geheimniskrämerei. Besonders bei einer Vorherrschaft der fixen Zeichen zwanghafte oder eigensinnige Tendenzen. Wenn von anderer Seite nervöse Spannungen angezeigt sind, können diese Aspekte schädlich auf die Gesundheit wirken und Verstopfung, Magenprobleme oder gar Geschwüre hervorrufen, speziell dann, wenn der Geborene zu Sorgen und Ängsten neigt, ohne sich anderen anzuvertrauen. Ermuntern Sie Ihr Gegenüber, sich zu öffnen und über die Probleme zu reden.

Anmerkung: Aspekte zwischen Merkur und Pluto verleihen häufig eine Begabung für Computertechnologie.

♇ Progressive Aspekte zwischen Merkur und Pluto

☌ Konjunktion

Während dieser Progression könnte es immer wieder zu frustrierenden Erfahrungen kommen. Es ist nun an der Zeit, tiefverwurzelte psychische Probleme zu lösen. Eine Therapie könnte dabei helfen und das Resultat haben, daß man mit neuem Selbstbewußtsein einen neuen Anfang machen kann. Wenn Merkur oder Pluto von personalisierter

Bedeutung ist, handelt es sich sehr wahrscheinlich um eine sehr wichtige Periode für den Geborenen. Starke und positive Aspekte zur Sonne, zum Mond oder zum Aszendenten sind nun eine große Hilfe.

+ Positive Aspekte
Manchmal ergeben sich nun umfassende Veränderungen, die das Individuum zwingen, sein Leben neu zu gestalten. Vielleicht ergibt sich auch ein radikaler Meinungsumschwung. Wie bei der Konjunktion auch können jetzt psychische Probleme gelöst werden.

− Negative Aspekte
Jetzt sind kaum Fortschritte möglich – man könnte nun gegen die sprichwörtliche Wand laufen. Machen Sie sich dabei klar, daß Merkur vielleicht zunächst die Geburtsposition von Pluto aspektiert und beim Weiterlaufen dann zu dessen progressiver Stellung kommt, was die Dauer dieser Periode auf bis zu zwei Jahre verlängern kann. Bei allen frustrierenden Widerständen gilt es, nichts erzwingen zu wollen. Eine derartige Blockade ist auch nur dann wahrscheinlich, wenn die Progression mit negativen Transiten zusammenfällt. Haben diese ihre Wirkung verloren, geht es wieder voran für den Geborenen.

Asz Merkuraspekte zum Aszendenten

☌ Konjunktion
Lebhaftigkeit, Brillanz und Intelligenz. Für gewöhnlich ein rasches Denken und Flexibilität, oft aber auch Rastlosigkeit. Der Geborene dürfte gesprächig sein und ein machtvolles Bedürfnis verspüren, seine Ideen und Meinungen zum Ausdruck zu bringen. Das Nervensystem ist wahrscheinlich empfänglich und arbeitet gut und unproblematisch, vorausgesetzt, Merkur wird nicht von anderen Planeten negativ aspektiert.

Finden wir Merkur im 12. Haus, handelt es sich vielleicht um einen Menschen, der zur Heimlichtuerei neigt. Die Phantasie und die Intuition könnten mit dieser Stellung erhöht sein. Je näher Merkur am Aszendenten steht, desto stärker sind die Auswirkungen.

+ Positive Aspekte
Fast das gleiche wie bei der Konjunktion, allerdings hat hier das Merkurhaus einen stärkeren Einfluß auf die Persönlichkeit. Wenn Merkur nicht im gleichen Zeichen wie die Sonne steht, wird sein Einfluß nicht sehr machtvoll sein. Diese Aspekte helfen bei der Integration von Verstand und Persönlichkeit.

− Negative Aspekte
Eine Person, die bei nervöser Anspannung viele Worte macht. Ein angespannter und vielleicht hektischer Verstand. Es könnte die Neigung zur Hypochondrie bestehen, speziell dann, wenn auch von anderen Faktoren des Horoskops die Neigung zu Ängsten angezeigt ist.

Asz Progressive Aspekte zwischen Merkur und Aszendent

☌ Konjunktion
Eine Phase des Umbruchs, in der man seine Meinungen und Ideen überprüfen möchte, vielleicht sogar die ganze Art zu leben. Ziehen Sie die Merkuraspekte des Horoskops in Betracht, um zu erkennen, wie der Betreffende mit dieser interessanten, aber sehr wechselhaften Phase zurechtkommt. Lassen Sie den Einfluß Merkurs auf die Nerven nicht außer acht. Ein sehr wichtiger Zeitabschnitt, falls Merkur eine personalisierte Bedeutung hat.

+ Positive Aspekte
Die Auswirkungen ähneln denen der Konjunktion. Diese Progressionen bedeuten ein stimulierendes, keinesfalls aber beherrschendes Thema, das etwa ein Jahr lang in Erscheinung tritt. Neue Interessen könnten sich ergeben; geistige Herausforderungen nimmt man nun gern an. Eine Progression, die ein lebhaftes Element bringt; ermuntern Sie Ihr Gegenüber dazu, das Beste aus dem anregenden Einfluß zu machen!

− Negative Aspekte
Ängste oder Spannungen sind jetzt möglich, wobei manchmal aus einer Mücke ein Elefant gemacht wird. Der Einfluß ist nur dann stark, wenn Merkur eine personalisierte Bedeutung hat; in jedem Fall aber können die zu treffenden Entscheidungen für Streß sorgen. Vor Überstürztheit muß gewarnt werden! Streß könnte jetzt auch Magenprobleme oder einen Hautausschlag zur Folge haben, am wahrscheinlichsten dann, wenn die Progression von machtvollen Uranustransiten (vielleicht die Opposition zur Uranusstellung, S. 326) begleitet wird.

MC Merkuraspekte zum MC

☌ Konjunktion
Der Geborene braucht und genießt in seiner Karriere und bei seinen Zielen häufige Veränderungen. Womöglich Arbeit in Verbindung mit Kommunikation oder den Medien. Das Unterrichten und das Reisen (speziell alles, was mit dem Fliegen zusammenhängt) könnten eine besondere Faszination ausüben. Das Bedürfnis nach Abwechslung aber sollte nicht dazu führen, immer wieder den Beruf oder die Stellung zu wechseln. Die Wichtigkeit dieser Stellung ist erhöht, wenn Merkur im gleichen Zeichen wie die Sonne steht oder eine personalisierte Bedeutung trägt.

+ Positive Aspekte
Haben in vielerlei Hinsicht ähnliche Auswirkungen wie die Konjunktion, sind aber weniger mächtig. Eine Betonung der positiven Merkurbereiche und der persönlichen Fähigkeit, sich nicht vom Bedürfnis nach Abwechslung in der Karriere und den Zielen überwältigen zu lassen.

− Negative Aspekte
Eine überdurchschnittliche nervliche Anspannung und viele Sorgen und Ängste könnten jetzt den Geborenen plagen, in Verbindung mit Problemen am Arbeitsplatz oder weitreichenden Entscheidungen. Blicken Sie auf die anderen Horoskopbereiche, um zu sehen, wie gut der Mensch mit diesen Schwierigkeiten zurechtkommt. Wenn Merkur keine personalisierte Bedeutung hat, keine schwerwiegenden Auswirkungen.

MC Progressive Aspekte zwischen Merkur und MC

☌ Konjunktion
Vorausgesetzt, die Geburtszeit stimmt, dürfte es jetzt im Leben zu interessanten und anregenden Veränderungen kommen, die in Verbindung mit dem persönlichen Ansehen und den Erfahrungen

stehen. Womöglich die Gelegenheit, die Stelle zu wechseln (manchmal innerhalb des Betriebes), sich für eine Zeit vom Arbeitsleben zurückzuziehen, eine (neue) Ausbildung zu beginnen, seine Ideen durch Medien kundzutun.

Wenn es des weiteren noch Transite oder Progressionen von Jupiter oder Uranus zur Sonne oder zu den persönlichen Planeten gibt, dürfte das Leben nun sehr ereignisreich verlaufen. Der Geborene sollte dazu ermutigt werden, jede sich bietende Chance beim Schopf zu packen – ohne aber überstürzt oder vorschnell zu handeln.

+ Positive Aspekte

Ähneln der Konjunktion, haben allerdings nicht ganz so dynamische Auswirkungen. Die Gelegenheit für positive Veränderungen, die aber nicht so allumfassend wie bei der Konjunktion sind. Diese Progressionen sind auf positive Unterstützung durch Transite angewiesen; sie bekommen durch diese ihre Färbung und womöglich auch viel von ihrer Wirkung.

− Negative Aspekte

Könnten in der Karriere für Streß und Spannung sorgen, was die Verwirklichung von Zielen betrifft. Vielleicht sieht sich der Geborene jetzt gezwungen, Veränderungen vorzunehmen, obwohl er das gar nicht möchte – wenn z. B. die Übernahme durch eine andere Firma dazu führt, daß er in eine Abteilung versetzt wird, die ihm nicht gefällt. Wie bei den positiven Progressionen auch bedeuten negative Transite zusätzliche Spannung und positive Hilfe.

☿ Die Progressionen Merkurs zur Merkurstellung

Diese ereignen sich immer wieder einmal. Alle Aspekte bis hin zum Quadrat sind hier möglich – und wenn Sie es mit einer sehr alten Person zu tun haben, kommt es vielleicht sogar zum Trigon! Mit dieser starken Betonung gilt es, sich des Einflusses von Merkur sicher zu sein.

Das Haus des progressiven Merkurs hat ebenfalls eine herausragende Rolle. Bei positiven bzw. bei negativen Aspekten wird erkennbar, ob hier Unterstützung oder Hindernisse zu erwarten sind.

Die Progressionen bedeuten eine intellektuelle Stimulierung hinsichtlich von Themen, denen der Geborene für gewöhnlich weniger Beachtung schenkt. Falls Merkur in der Progression die Geburtsstellung negativ aspektiert und Merkur im Geburtshoroskop an negativen Aspekten beteiligt ist, könnte die Neigung zu Sorgen dominierend werden.

☿ Merkurtransite

Viele Astrologen machen sich nicht die Mühe, diese kleineren Einflüsse zu berechnen oder zu interpretieren. Wir sind aber sehr wohl der Meinung, daß sie der Mühe wert sind – sie färben das Leben über einen Zeitraum von zwei oder drei Tagen, und weil es hier häufig zu einer ganzen Reihe von Transiten kommt, ist diese Arbeit durchaus erhellend.

Man braucht hier nur die Konjunktionen und die Oppositionen zu berechnen. Merkur ist ein »harmloser« Planet – die einzelnen Aspektarten unterscheiden sich damit nicht sehr voneinander. Wenn allerdings im Geburtshoroskop negative Merkurzüge erkennbar sind oder wenn Merkur im Transit in Opposition zur eigenen Stellung oder zur Sonne, zum Mond, zum Herrscher des Horoskops, zum Aszendenten oder zum MC steht, kann es doch zu markanten Auswirkungen kommen. Die Stärke dieser Transite erhöht sich, wenn Merkur zugleich in der Progression eine herausragende Rolle hat oder von den langsameren Planeten im Transit aktiviert wird.

Es ist günstig, bei diesen Transiten Telefonate zu erledigen, Briefe zu schreiben, Versammlungen zu arrangieren und berufsbedingte Gespräche zu führen. Sie bedeuten einen hilfreichen kommunikativen Hintergrundeinfluß, besonders dann, wenn auch andere, stärkere Transite oder progressive Mondaspekte wirksam sind.

Merkurtransite zur Sonne

Man sollte nun endlich liegengebliebene Briefe beantworten, Ideen übermitteln und das Leben genießen.

Merkurtransite zum Mond

Intuition sollte nun das praktische Denken ergänzen. Man könnte jetzt kleine Veränderungen im häuslichen Umfeld vornehmen und auch zu Diskussionen anregen. Eine günstige Zeit, um Probleme mit Verwandten auszuräumen.

Merkurtransite zu Merkur

All das, was mit dem Geburts-Merkur zusammenhängt, sollte nun auf bestmögliche Art zum Einsatz gebracht werden.

Merkurtransite zur Venus

Eine günstige Zeit für vergnügliche Treffen. In Geschäften nach Schnäppchen Ausschau zu halten oder seinen Lieblingsladen aufzusuchen könnte ebenfalls Spaß machen.

Merkurtransite zu Mars

Jetzt sollte man bestimmt auftreten, seine Meinung kundtun. Man besitzt nun eine gewisse Stärke – allerdings gilt es, einen kühlen Kopf zu bewahren.

Merkurtransite zu Jupiter

Begünstigen alle Arten von intellektueller Arbeit und Studien. Sie eignen sich auch dafür, große Reisen zu planen oder anzutreten.

Merkurtransite zu Saturn

Jetzt sollten Pläne gemacht und Entscheidungen mit langfristigen Folgen getroffen werden. Vielleicht Verzögerungen oder Störungen in Verbindung mit Briefen oder dem Telefon.

Merkurtransite zu Uranus

Originelle Gedanken. Man sollte nicht impulsiv handeln, sondern sich Zeit zum Nachdenken nehmen. Womöglich ein Gedankenblitz. Wahrscheinlich Spannung und nervöse Aufregung.

Merkurtransite zu Neptun

Unter Umständen ein Gefühl der Inspiration. Eine gute Zeit, um nach draußen zu gehen und zu fotografieren. Vergeßlichkeit kann zum Stolperstein werden.

Merkurtransite zu Pluto

Könnte für das Gefühl stehen, vor Wut zu platzen – und vielleicht ist es das Beste, die Wut tatsächlich herauszulassen. Eine gute Zeit, um Abfall auszusortieren, speziell alte Papiere.

Merkurtransite zum Aszendenten

Nun kann man gut nachdenken, wer man ist und was man will. Alle Probleme sollten jetzt mit den betreffenden Personen durchgesprochen werden.

Merkurtransite zum MC

Neue Entwicklungen treten in Erscheinung, Pläne müssen geändert werden.

Venus in den Zeichen

Die Umlaufbahn der Venus liegt, wie die von Merkur, zwischen Sonne und Erde. Die Venus ist astronomisch als zweiter innerer Planet bekannt; ihr Abstand zur Sonne kann, von der Erde aus gesehen, niemals größer als 48 Grad sein. Sie befindet sich insofern im Sonnenzeichen oder in einem der beiden Zeichen davor oder danach – beim Sonnenzeichen Zwillinge also im Widder, im Stier, in den Zwillingen, im Krebs oder im Löwen.

Die Venus beeinflußt unsere Verbindung zu anderen, auf privatem wie beruflichem Sektor. Unsere Einstellung zu Geld und Besitztümern fällt ebenfalls unter ihre Herrschaft. Lesen Sie zunächst das, was zur Venus im betreffenden Zeichen angeführt ist, und gehen Sie dann zum Abschnitt mit dem jeweiligen Sonnenzeichen weiter.

♈ Venus im Widder

Ein leidenschaftlicher Mensch, der sich schnell verliebt und seine Zuneigung offen zeigt. Sexuelle Erfüllung ist hier von überdurchschnittlicher Bedeutung; mit einem unkooperativen Partner hält man es nicht lange aus. Wenn auch von Zeit zu Zeit die Widdereigenschaft der Selbstsucht Probleme bedeuten kann, wird sich die betreffende Person doch zumeist großzügig zeigen und ihren Beitrag zur Stimulierung der Partnerschaft leisten. Dieser Mensch ist auch ein enthusiastischer und lebhafter Freund und ein anregender Kollege. Die Einstellung zu Geld ist wagemutig; übermäßige Risiken aber können zu Verlusten führen.

Sonne im Wassermann und Venus im Widder
Fügt der kühlen Losgelöstheit der Sonne Wärme und Leidenschaft zu. Machtvolle emotionale Beziehungen – allerdings könnte es zu Konflikten kommen, wenn der Geborene gefordert ist, sich bei der Vertiefung der Verbindung weiter zu öffnen. Es könnte sein, daß er derartige Entscheidungen hinauszuschieben versucht. Unabhängigkeit ist ihm wichtig, weil dies der Lebensstil des Wassermanns ist; gesellschaftliche Kontakte und Gleichgesinnte bedeuten ihm viel. Zum Geld besteht womöglich eine etwas sprunghafte Einstellung.

Sonne in den Fischen und Venus im Widder
Die sensiblen Wasser-Emotionen der Fische in Kombination mit der feurigen Leidenschaft des Widders machen diesen Menschen zu einem glühenden, dabei aber fürsorglichen und aufmerksamen Liebhaber. Der Geborene könnte immer wieder selbst von der Intensität seiner Gefühle überrascht sein; und Ängste und ein Mangel an Selbstvertrauen (Fische) könnten im Konflikt zum Wunsch nach dem Kontakt mit der geliebten Person (Widder) stehen. Geldausgeben ist hier wichtig, so daß das Sparen womöglich recht schwerfällt.

Sonne im Widder und Venus im Widder
Ein leidenschaftlicher Partner, der auch innerhalb der festen Beziehung seine Unabhängigkeit braucht. Trotz des Hangs zur gelegentlichen Selbstsüchtigkeit wird der Geborene sich gegenüber der geliebten Person großzügig zeigen, vom Wunsch beseelt, daß auch sie die Beziehung genießen möge. In Freundschaften könnte es zur Rivalität kommen.

Sonne im Stier und Venus im Widder
Machtvolle Leidenschaften. Ein Mensch, der ein sehr sinnlicher Liebhaber ist – das intensive emotionale Niveau allerdings könnte es mit sich bringen, daß die Wellen hoch schlagen: Zu solchen Zeiten verursachen die Besitzansprüche (Stier) und die Selbstsucht (Widder) womöglich ernste Probleme. Zu anderen Zeiten wieder kommt es zu wunderbaren romantischen Erlebnissen. Überemotionalität in den Freundschaften ist ein weiteres heikles Thema. In finanziellen Angelegenheiten große Cleverneß.

Sonne in den Zwillingen und Venus im Widder
Das zwillingshafte Mißtrauen gegen Emotionen kann bei dieser leidenschaftlichen Stellung Probleme machen. Wahrscheinlich aber eine gute Verbindung, freundschaftliche Gefühle und sexuelle Erfüllung – wenn erst einmal die Tendenz, alles rational sehen zu wollen, überwunden ist. Ein lebhafter Freund mit vielfältigen Interessen.

♉ Venus im Stier

Die Venus herrscht über dieses Zeichen – ihr Einfluß ist hier also verstärkt. Ein liebevoller, warmherziger und zärtlicher Mensch, der einen sinnlichen, romantischen und eher passiven Partner abgibt. Die Stier-Besitzansprüche könnten es aber mit sich bringen, daß der Partner als kostbares Eigentum gesehen wird.

Materielle Dinge sind von extremer Bedeutung, weil sie Sicherheit und Stabilität versprechen. Eine Person, die hart für Luxus und Komfort arbeiten kann, ansonsten aber die Neigung hat, sich zurückzulehnen und es sich bequem zu machen. Oft eine Liebe zur Musik, in Verbindung mit einem Sinn für Schönheit, Kunst und das Angenehme, speziell in Hinblick auf das Essen.

Sonne in den Fischen und Venus im Stier
Verleiht Stabilität; ein gutes Gegengewicht für die Verträumtheit der Fische. Beständige Emotionen, die vom gesunden Menschenverstand und von einem Sinn für das Praktische gezügelt werden. Kennzeichnend ist eine praktische Herangehensweise an die Liebe und an finanzielle Angelegenheiten. Diese Stellung bereichert das kreative Flair der Fische.

Ein zuverlässigerer Freund als die meisten anderen Fische-Persönlichkeiten; in der Beziehung aber könnte er sich ziemlich besitzergreifend zeigen.

Sonne im Widder und Venus im Stier
Sehr viel Zuneigung und eine brodelnde Leidenschaft. Für den Betreffenden ist das Thema Liebe heikel; er muß erkennen, daß Selbstsucht und Besitzansprüche sehr große Schäden anrichten können. Enthusiasmus und Vorsicht

müssen kombiniert werden, sowohl in emotionaler als auch in materieller Hinsicht. Ein exzellenter Freund und angenehmer Begleiter mit einer ansteckenden Lebenslust. Finanzieller Unternehmungsgeist gepaart mit Umsicht.

Sonne im Stier und Venus im Stier
Die Stier-Charakteristiken sind hier sehr augenfällig; sie können sogar den Aszendenten überschatten. Die Einstellung zur Liebe, zum Geld und zum Geldverdienen ist bereits oben angeführt worden (siehe Venus im Stier). Außerdem gelten hier die Charakteristiken des Sonnenzeichens Stier, welche die angeführten Eigenschaften noch unterstreichen. Womöglich ein träger Stoffwechsel mit typischen Stier-Krankheiten. Das Gewicht ist strikt zu kontrollieren.

Sonne in den Zwillingen und Venus im Stier
Eine Intensivierung des emotionalen Niveaus der Zwillinge, aber auch eine Stellung, die problematisch sein kann, weil der Geborene lernen muß, seine Gefühle zum Ausdruck zu bringen. Ein Mensch, der versucht, keine Besitzansprüche geltend zu machen. Ein lebhafter, gesprächiger Freund. Der Geschmack am Luxus könnte teuer werden.

Sonne im Krebs und Venus im Stier
Ein wunderbares Potential für einen fürsorglichen, sensiblen und extrem sinnlichen Liebhaber. Allerdings könnte die Krebs-Tendenz des Versorgens und Schützens in Kombination mit den Besitzansprüchen des Stiers für klaustrophobische Zustände in der Beziehung sorgen und das Familienleben negativ beeinflussen. Ein Freund, der zutraulich, aber leicht verletzt ist. Ein guter Sinn für das Geschäftliche – Scharfsinn verbindet sich mit Geschmack.

♊ Venus in den Zwillingen

Lebhaftigkeit und eine Liebe zum Vergnügen. Ein Mensch, der gut mit seinen Partnern kommunizieren kann. Der Intellekt und das Bedürfnis nach Freundschaft müssen auch in emotionalen Beziehungen zufriedengestellt werden. Neigung zum Flirten – vielleicht ist ein Partner diesem Menschen nicht genug. Wenn ihm die Beziehung Spaß machen soll, ist es wichtig, daß gemeinsame Interessen vorhanden sind und daß der Partner stimulierend wirkt, sowohl in intellektueller als auch in sexueller Hinsicht. Das emotionale Niveau ist eher niedrig; es hängt von dem Sonnenzeichen ab (siehe unten). Viele der Eigenschaften, die dem Partner gegenüber zum Ausdruck kommen, werden auch in den Freundschaften deutlich. Mit seinem positiven Enthusiasmus spornt der Geborene andere an, es ihm gleichzutun. Das Geldverdienen macht hier zumeist keine Probleme. Handelstalent.

Sonne im Widder und Venus in den Zwillingen
Die glühende Leidenschaft des Widders wird durch eine leichtherzige Zuneigung und einen anziehenden Ausdruck der Emotionen gemildert. Untreue und der Wunsch, aus allen Töpfen zu naschen, sind verbreitet, was den festen Partner verletzen könnte. Die widderhafte Selbstbezogenheit und das rasche Reagieren werden in heiklen Situationen bei Herausforderungen sogleich deutlich. Kluge und starke Partner sind hier wichtig. Intellektuelle Konkurrenz in Freundschaften kann belebend wirken. Der finanzielle Unternehmungsgeist des Widders ist gestärkt.

Sonne im Stier und Venus in den Zwillingen
Die Liebe, Leidenschaft, Intensität und natürliche Anmut des Stiers kommen verstärkt zur Geltung. Da die Venus über dieses Zeichen herrscht, hat die Persönlichkeit hier etwas Leichtes, die besitzergreifenden Eigenschaften treten in den Hintergrund, desgleichen die stierhafte Gemächlichkeit, sowohl in intellektueller als auch in körperlicher Hinsicht. Ein Freund, der intelligente Gespräche mag und eine Vorliebe für ein angenehmes Leben hat. Das Bedürfnis nach Besitztümern als materielle Sicherheit ist hier nicht so dominierend. Die rasche Auffassungsgabe kann sich vorteilhaft im Beruf auswirken.

Sonne in den Zwillingen und Venus in den Zwillingen
Ein machtvoller Einfluß – es gilt aber, die Gefühle nicht allzusehr zu rationalisieren. Sie müssen untersuchen, was die anderen Horoskopfaktoren über die emotionale Ebene erkennen lassen, speziell bezüglich der Zeichen und Aspekte vom Aszendenten und vom Mond. Ein Mensch, der leicht zu Geld kommt.

Sonne im Krebs und Venus in den Zwillingen
Verleiht den Krebs-Emotionen, die nahe am Wasser gebaut sind, einen rationalen Zug und führt dazu, daß die Tendenz, sich um die Nahestehenden zu sorgen, nicht überhand nimmt. Es kommt hier bei der Partnerwahl nicht nur auf Liebe an, sondern auch darauf, daß ein freundschaftliches und intellektuelles Band besteht. Mütter mit dieser Stellung brauchen Kontakte, die über die Familie hinausgehen. Geschick für geschäftliche Unternehmungen.

Sonne im Löwen und Venus in den Zwillingen
Enthusiasmus und das Bedürfnis nach Liebe und Zuneigung. Freundschaft und eine fortschrittliche Beziehung sind hier von großer Bedeutung. Eine gute Mischung von abgestimmten Emotionen und der Fähigkeit, rational an Probleme heranzugehen. Der Partner sollte das Leben genießen. Der Tendenz zum Eigensinn muß entgegengetreten werden. Extravaganz und finanzielle Cleverneß.

♋ Venus im Krebs

Freundlichkeit, Mitgefühl, der Ausdruck von Liebe und Zuneigung sowie ein großes Maß an Emotionen. Ein machtvoller Schutzinstinkt kann innerhalb der Beziehung unter Umständen erstickend wirken. Häufig auch die Tendenz, die Vergangenheit in einem rosigen Licht zu sehen, was korrigiert werden muß, falls der Geborene auch vor positiven Veränderungen zurückschreckt. Mit freundlichen Worten andere abkanzeln und Launenhaftigkeit können ebenfalls Schwächen sein. Sehr großes Bedürfnis nach einer verläßlichen Beziehung. Freundschaftliche Bande haben über eine lange Zeit hinweg Bestand. Liebe und Zuneigung ranken sich um das Zuhause. Möglicherweise Fertigkeiten, die mit dem Zuhause zu tun haben. Ein beständiges Anwachsen des Kapitals.

Sonne im Stier und Venus im Krebs
Erhöhte Leidenschaft und Sinnlichkeit. Besitzansprüche aber könnten die Beziehung überschatten. Ein extrem hohes emotionales Niveau, vielleicht von Zeit zu Zeit auch heftige Auseinandersetzungen. Sehen Sie nach, ob andere Faktoren Rationalität nahelegen (Merkur?). Finanzielles Geschick und ein exzellenter Sinn für das Geschäftliche.

Sonne in den Zwillingen und Venus im Krebs
Eine Verstärkung der Zwillings-Emotionen, welche auf eine wunderbare Weise zum Ausdruck gebracht werden können, mit Freundlichkeit und Anteilnahme (vorausgesetzt, man neigt nicht zur übermäßigen Rationalisierung seiner Gefühle). In sexueller Hinsicht sind Lebhaftigkeit und anregende Erfahrungen wünschenswert.

Sonne im Krebs und Venus im Krebs
Ein machtvoller Ausdruck von Liebe und große emotionale Kraft, allerdings auch die übermäßige Neigung, sich um den Partner und die Familie Sorgen zu machen. Die krebshafte Neigung, sich um andere zu kümmern, kann auch in den Freundschaften überhand nehmen. Guter Geschäftssinn.

Sonne im Löwen und Venus im Krebs
Ein sehr hohes emotionales Niveau. Eine Person, die einen Partner braucht, der zu ihr aufschaut und sie bewundert – ansonsten vielleicht die Neigung, mit löwehafter Dickfelligkeit die Beziehung zu dominieren, was sehr verletzend sein kann. In diesem Fall ist die Löwe-Empfindsamkeit erhöht, der Betreffende leidet stärker, als man es für möglich hält. Er schätzt Qualität, Komfort und Luxus und gibt auch viel Geld dafür aus. Das Sexualleben dürfte bereichernd und phantasievoll sein. Ein anteilnehmender Partner, der über exzellente Organisationsfähigkeiten verfügt.

Sonne in der Jungfrau und Venus im Krebs
Wenn auch beträchtliche emotionale Ressourcen bestehen, dürften doch viel Schüchternheit und Reserviertheit die Gefühle kennzeichnen. Eine reiche Phantasie. Vielleicht die Neigung zur Launenhaftigkeit oder dazu, den Partner in übermäßiger Form zu kritisieren. Arbeiten für den Haushalt oder die Wohnung könnten als Ausreden herangezogen werden, um Nähe und Intimität zu verhindern. Wahrscheinlich ein ausgeprägter Sinn für das Geschäftliche.

♌ Venus im Löwen

Die feurigen und leidenschaftlichen Emotionen des Löwen werden dem Partner gegenüber deutlich zum Ausdruck gebracht. Ein Mensch, der stolz auf den Partner sein möchte und diesen sehr dabei unterstützt, sein Potential zu entwickeln. Hier haben wir es mit einem großherzigen, wohlwollenden Geist zu tun, der alle Aspekte des Lebens genießen möchte. Das Sexualleben ist meist außerordentlich reich und erfüllend. Loyalität und Vertrauenswürdigkeit sind weitere Kennzeichen. Der Wunsch, sich zusammen mit dem Partner an Luxus und Qualität zu erfreuen; Kunstsinn und sogar kreatives Potential dürften weitere Merkmale sein. Was es unter Umständen zu kontrollieren gilt, ist die Neigung zu Herrschsucht, Prunk und zur Angeberei. Wunsch, viel Geld zu verdienen.

Sonne in den Zwillingen und Venus im Löwen
Verstärkung der Emotionen und der Wunsch nach einer erfüllenden und befriedigenden Beziehung. Manchmal die Neigung zum Angeben – gegenüber oder mit dem Partner. Großzügigkeit mit einem Gespür für besondere Gelegenheiten. Sehnt sich nach sexueller und gesellschaftlicher Abwechslung – ein Partner, der den Spaß liebt, nicht die Treue. Die Löwe-Loyalität allerdings wird dabei helfen, die Zwillings-Flatterhaftigkeit im Griff zu behalten.

Sonne im Krebs und Venus im Löwen
Diese Stellung fügt dem Gefühl und dem Ausdruck des Krebses ein markant extravertiertes Moment zu. Konstanz und Loyalität sind wichtig – allerdings auch die Kombination von Launenhaftigkeit und Gekränktsein (Krebs) und Herrschsucht und Dickköpfigkeit (Löwe). Der Geborene muß lernen, sich zurückzunehmen, wenn er diese Seite des Lebens genießen will.

Sonne im Löwen und Venus im Löwen
Wenn die sehr starke Tendenz zum dramatischen Ausdruck von Emotionen kontrolliert wird und damit dramatische Szenen verhindert werden, sehen wir hier jemanden, der seinen Partner bewundert und unterstützt. Treten Takt und Diplomatie an die Stelle von Rechthaberei, werden die Partnerschaften sehr bereichernd sein. Meist kein Mangel an sexuellem Enthusiasmus. Das Geld wird dafür ausgegeben, die Qualität des persönlichen Lebens zu erhöhen.

Sonne in der Jungfrau und Venus im Löwen
Eine Stärkung des eher unterentwickelten Selbstbewußtseins der ziemlich schüchternen Jungfrau. Der Geborene neigt dazu, bei Streß viele Worte zu machen, was er aber vermeiden sollte. Die natürliche und kluge Bescheidenheit der Jungfrau könnte mit dem pompösen Auftreten der Löwevenus in Konflikt geraten, sowohl was die Sexualität als auch die Einstellung überhaupt betrifft. Ein anregender Freund.

Sonne in der Waage und Venus im Löwen
Die Venus herrscht über die Waage, so daß hier Löwemerkmale sowie ein starker Waageeinfluß zur Geltung kommen. Für gewöhnlich viel Großzügigkeit. Bei mangelnder Liebe könnte der Geborene versucht sein, sich mit teuren Geschenken Zuneigung zu kaufen. Im Idealfall handelt es sich um einen romantischen Menschen, der seinem Partner viel geben möchte, sexuell und anderweitig. Mitgefühl und Rücksichtnahme. Trotz eines Hangs zur Extravaganz zumeist ein kluger Umgang mit Geld.

♍ Venus in der Jungfrau

Die jungfrautypische Kritik richtet sich hier oft auf den Partner – es gilt dann auch, sich der Tendenz, am anderen herumzunörgeln, bewußt zu sein. Daneben aber eine angenehme, natürliche, anspruchslose Bescheidenheit, die sehr charmant ist, in welchem Alter der Geborene auch sein mag. Sexuelle Beschränkungen und Spannungen müssen überwunden werden, damit der Betreffende alle Aspekte der emotionalen Beziehungen genießen kann. Wie leicht oder schwer das fällt, hängt von den Zeichen von Sonne, Mond und Aszendent und in einem gewissen Maß auch von Mars ab. Bereit, den Freunden und Partnern zu helfen, wenn sie Hilfe brauchen. Ihre finanzielle Situation sieht diese Person oftmals pessimistisch (ob das nun gerechtfertigt ist oder nicht), woraus Geiz hervorgehen könnte.

Sonne im Krebs und Venus in der Jungfrau
Die krebshafte Tendenz, sich Sorgen zu machen, ist hier auf den Partner gerichtet. Der Geborene könnte es schwierig finden, Gefühle frei zum Ausdruck zu bringen. Die krebshaften Stimmungsschwankungen und die Kritik der Jungfrauvenus sollten bewußt erkannt werden. Es gilt, sich in der Beziehung zu entspannen und sich an ihr zu erfreuen, um so mehr, als der Krebs in dieser Hinsicht sehr viel zu geben hat. Ein sanfter, manchmal allerdings auch zur Kritik neigender Freund. Vorbehalte beim finanziellen Teilen.

Sonne im Löwen und Venus in der Jungfrau
Die Emotionen und der Überschwang des Löwen werden gemäßigt, und manchmal kann eine Haltung der Distanz sexuelle Hemmungen kaschieren. Der Starrsinn des Löwen und die Neigung der Jungfrau zur Kritik können Probleme verursachen, es gilt deshalb, sich diese Eigenschaften bewußt klarzumachen. Für gewöhnlich gute kommunikative Fähigkeiten in Beziehungen. Gemeinsame Interessen und Arbeitsprojekte können sehr stimulierend sein. Ein lebhafter und sehr angenehmer Freund, des weiteren ein Geschick für Investitionen – allerdings steht die Bescheidenheit der Jungfrau im Widerspruch zur Extravaganz des Löwen.

Sonne in der Jungfrau und Venus in der Jungfrau
Wenig Selbstvertrauen, insbesondere in Hinsicht auf die Sexualität. Die Bescheidenheit der Jungfrau könnte aber auf den angehenden Liebhaber sehr charmant wirken – allerdings gilt es für den Geborenen, alle Beschränkungen niederzureißen, die der Beziehung im Wege stehen. Die Zeicheninterpretation (siehe oben) trifft besonders markant zu. Vorsicht beim Geldausgeben!

Sonne in der Waage und Venus in der Jungfrau
Keine einfache Kombination, weil die Waage Liebe und Harmonie braucht, während die Jungfrau, was Liebe betrifft, eher schüchtern reagiert. Weil die Venus über die Waage herrscht, bedeutet dies ein machtvolles Jungfrau-Element. Ein gesprächiger, allerdings auch zur Unentschlossenheit neigender Freund.

Sonne im Skorpion und Venus in der Jungfrau
Diese machtvolle, allerdings auch heikle Kombination kann zu einer übermäßigen Beschäftigung mit der Sexualität führen. Umgekehrt auch »klinische« Einstellung zum Sex. Viel hängt davon ab, welche Aspekte die Skorpionsonne aufweist und in welchen Zeichen Mond, Aszendent und Mars stehen.

♎ VENUS IN DER WAAGE

Die Waage ist das zweite Zeichen, das von der Venus beherrscht wird – ihr Einfluß ist damit bei dieser Stellung erhöht. Die Einstellung zur Liebe ist romantisch und idealistisch. Der oder die Geborene könnte sich in die Liebe selbst verlieben. Ein Mensch, der ein so starkes Bedürfnis nach einer Liebesbeziehung hat, daß er für sich allein sein Potential gar nicht ausschöpfen kann. Ein freundliches, mitfühlendes und verständnisvolles Wesen, das anderen bereitwillig Zeit und Trost schenkt. Zumeist Takt und Diplomatie wie auch eine Liebe zur Schönheit und zur Behaglichkeit (manchmal auch zum Luxus). Reichhaltiges Essen in einer schönen Umgebung kann einen sehr großen Reiz haben. In negativer Hinsicht vielleicht ein Genußmensch (wenn auch von anderer Horoskopseite aus Trägheit zu erwarten ist), der Hang zur Unentschlossenheit oder Unwilligkeit. Gibt das Geld auf eine freimütige Weise aus.

Sonne im Löwen und Venus in der Waage
Eine Stellung, die den Menschen offenherzig und freimütig macht. Die löwehafte Großzügigkeit kommt damit verstärkt zum Ausdruck, und es besteht die Tendenz, den Geborenen auf ein Podest zu stellen, was zu Enttäuschungen führen kann, falls der Partner dem geforderten Standard nicht entspricht. Die Freuden des schönen Lebens sind hier wichtig. Kreative Fähigkeiten könnten in Form von Design oder Musik zum Ausdruck gebracht werden.

Sonne in der Jungfrau und Venus in der Waage
Diese Stellung kann für die schüchterne, mit wenig Selbstvertrauen ausgestattete Jungfrau eine Hilfe sein – sie ist damit in der Lage, Liebesbeziehungen und anderes mehr genießen zu können. Häufig eine Begabung für kreative Tätigkeiten wie Schnitzen oder Schneidern – ein Potential, das zur Entwicklung gebracht werden sollte. Hier haben wir es mit dem hilfsbereiten, sympathischen Freund zu tun, der es genießt, für andere dazusein.

Sonne in der Waage und Venus in der Waage
Der Einfluß der Venus ist bei dieser Stellung sehr stark; sie führt zu all den Eigenschaften und negativen Zügen, die weiter oben erwähnt wurden. Alle Waagequalitäten gelten bei dieser Position in einem verstärkten Maße, besonders dann, wenn Sonne und Venus in Konjunktion zueinander stehen.

Sonne im Skorpion und Venus in der Waage
Fügt der intensiven Leidenschaft des Skorpions eine bunte und romantische Seite sowie Sympathie und Verständnis, was den Partner und die Freunde betrifft, zu. Ein warmherziger Ausdruck von Gefühlen. Verstärkte Neigung zum Komfort und Luxus. Ein guter Freund, der allerdings zum Mißtrauen neigt. Talent für finanzielle Transaktionen.

Sonne im Schützen und Venus in der Waage
Gibt dem enthusiastischen, überschäumenden Schützen etwas Romantisches, der die Liebe dadurch wie eine Jagd genießen könnte (was ansonsten nicht für die Schützesonne zutrifft). Die Macht der Venus hilft hier, die Schütze-Unbeständigkeit in den Griff zu bekommen und eine philosophische Haltung zu entwickeln. Finanzielle Sicherheit ist

sehr wichtig, wichtiger als für die meisten anderen Schützen.

Venus im Skorpion

Das Bedürfnis nach einer erfüllenden und harmonischen Liebesbeziehung wird durch die Leidenschaft des Skorpions verstärkt; sexuelles Verlangen und der Wunsch nach Romantik. Die Eifersucht des Skorpions macht sich immer wieder bemerkbar, und es könnte sein, daß es dem Geborenen sehr schwerfällt, zu verzeihen oder gegen sein Gefühl der Wut anzukämpfen. Auch wenn die Venus der einzige Skorpionplanet sein sollte, ist es unbedingt notwendig, daß ein positives Ventil besteht – und zwar nicht nur Sex und gegenseitige Zuneigung, sondern auch ästhetische Interessen. Wenn auch Neptun im Skorpion steht, könnte man allzu romantisch veranlagt sein oder bei Streß zu schädlichen Eskapaden neigen. Im Idealfall sehen wir hier die Venus in ihrer attraktivsten Erscheinung. In den Freundschaften eine gewisse Rivalität, um von den gelegentlichen Eifersuchtsszenen einmal ganz zu schweigen. Finanziell eine sehr günstige Stellung. Sicherheit ist wichtig, und meistens besteht ein Sinn für Geschäfte.

Sonne in der Jungfrau und Venus im Skorpion
Zwischen der Bescheidenheit der Jungfrau und den sexuellen Begierden der Skorpion-Venus kann es zu Konflikten kommen. Eine Person, die vielleicht ungeheuer anziehend wirkt, das aber gar nicht möchte! Wenn man Selbstvertrauen und eine entspanntere Einstellung zur Sexualität entwickeln kann, ist der Einfluß der Venus für die möglicherweise etwas gehemmte Jungfrau günstig. Ein hingebungsvoller Freund, der von Zeit zu Zeit zum Kritisieren neigt und gut mit Geld umgehen kann.

Sonne in der Waage und Venus im Skorpion
Die Waage kann sehr von dieser Stellung profitieren – sie verleiht einen Sinn für romantische Geheimnisse und macht aus der Person vielleicht eine femme fatale. Die verstärkte Sexualität dieser Kombination läßt die normalerweise sehr romantische Waage-Einstellung zur Liebe in den Hintergrund treten; sie bringt Intensität und Zielstrebigkeit, was sonst fehlen könnte. Ein Freund, der alle Aspekte des Lebens genießen möchte.

Sonne im Skorpion und Venus im Skorpion
Die Leidenschaft der Venus könnte hier eine romantische Note bekommen, die die sexuelle Wirkung des betreffenden Menschen noch intensiviert. Weiterhin die Verstärkung der skorpionischen Eifersucht, mitsamt der Neigung, eventuell jeden Schritt des Partners kontrollieren zu wollen. Das Geldverdienen macht kaum Schwierigkeiten.

Sonne im Schützen und Venus im Skorpion
Eine Verstärkung der lebhaften, feurigen Leidenschaft des Schützen. Hier ergibt sich ein gewisser Widerspruch zwischen dem Bedürfnis nach Unabhängigkeit und der skorpionischen emotionalen Intensität. Der Geborene könnte von Zeit zu Zeit Eifersuchtsanfälle haben, die ihm selbst unangenehm sind – und alles tun, um diese eigenartigen Gefühle zu rationalisieren. Ein Bewußtsein dieses Konfliktes ist der erste Schritt, ihn zu lösen. Die Schütze-Freude am Leben ist verstärkt.

Sonne im Steinbock und Venus im Skorpion
Ein Mensch, der die Liebe ernst nimmt oder der sich nicht eingestehen will, daß tief in ihm machtvolle und intensive Emotionen vorhanden sind. Wenn er eine Bindung eingegangen ist, verhält er sich loyal – allerdings könnte es zu einem Konflikt zwischen den Emotionen und der eher praktischen Einstellung zum Leben kommen, was vielleicht das Motiv dafür ist, daß er lieber alleinbleibt. Bevor der Geborene seinen Freunden vertraut, wird er sie auf die eine oder andere Weise auf die Probe stellen. Ein beständiges finanzielles Wachstum.

Venus im Schützen

Bei allem Enthusiasmus und den lebhaften, warmherzigen Emotionen, die dem Partner gegenüber zum Ausdruck gebracht werden, könnte der Betreffende doch eine Abneigung vor einer allzu engen Bindung haben. Die Dualität, die diesem Zeichen innewohnt, macht sich deutlich bemerkbar – womöglich ist der Mensch unfähig, sich mit einer Beziehung zufriedenzugeben. Ohne Frage kann er die Liebe genießen und dazu beitragen, daß der Partner das Leben lebenswert und aufregend findet, sexuell und anderweitig. Er möchte dann aber auch, daß der Partner wunschgemäß reagiert. Möglicherweise entwickelt sich hier ein philosophisches und idealistisches Element, das auf den Partner ausstrahlt und dafür sorgt, daß beide um einen bedeutungsvolleren Ausdruck bemüht sind. Wie dem auch sei – der intellektuelle und freundschaftliche Kontakt und die Bereitschaft, sich der Sexualität hinzugeben, sind hier von grundlegender Wichtigkeit. Ein lebhafter Freund, mit dem das Leben Spaß macht. Die Einstellung zum Geld: Wie gewonnen, so zerronnen!

Sonne in der Waage und Venus im Schützen
Ein Mensch, dem Liebe nicht wichtig zu sein scheint – er braucht sie aber genauso wie jeder andere auch. Eine Stellung, die dabei hilft, die Gefühle zu rationalisieren. Für den Geborenen sind die intellektuelle Beziehung zum Partner sowie das freundschaftliche Element wichtig, aber auch das Moment des Romantischen spielt eine große Rolle. Günstig für Freundschaften.

Sonne im Skorpion und Venus im Schützen
Dieser Einfluß glättet die ziemlich intensive Haltung des Skorpions zu Liebe und Sex, sie fügt den Wunsch nach einer intellektuellen Verbindung hinzu. Man erwartet viel vom Partner, hat aber auch viel zu geben. Hier könnten die skorpionische Eifersucht und die schützehafte Unabhängigkeit kollidieren – wofür eine Lösung gefunden werden muß. Ein Freund, dem gemeinsame Interessen das Wichtigste sind und der Freude am Investieren hat.

Sonne im Schützen und Venus im Schützen
Die Schützen sind die Jäger des Tierkreises. Wenn also die Venus im Zeichen Schütze an die Seite der Sonne tritt, rückt die Jagd in Verbindung mit den Emotionen in den Blickpunkt. Die Tendenz zur Unbeständigkeit muß bekämpft werden. Wenn sich auch Neptun in diesem Zeichen befindet, vielleicht eine ro-

mantische Verehrung. Evtl. ein Mensch, dem das Geld durch die Finger rinnt.

Sonne im Steinbock und Venus im Schützen
Wenngleich die Loyalität und die Vertrauenswürdigkeit des Steinbocks hier weniger deutlich in Erscheinung treten, handelt es sich doch um eine günstige Stellung für diejenigen, die sich ansonsten durch die ernsten Steinbock-Eigenschaften auszeichnen. Ermuntert zu Warmherzigkeit und dazu, das Leben zu genießen. Beim Liebesleben spielen gesellschaftliche Erwägungen keine Rolle. Von den Freunden wird erwartet, daß sie die anspruchsvollen Interessen teilen. Das Geldverdienen ist hier weniger wichtig.

Sonne im Wassermann und Venus im Schützen
Dieses Sonnenzeichen paßt gut zur Unabhängigkeit der Schützevenus, das Feuer dieses Zeichens erwärmt die dynamische, aber distanzierte Anziehungskraft des Wassermanns. Allerdings dürfte die Liebe zur Individualität es auch dem romantischsten Wassermann schwermachen, sich langfristig zu binden. Experimente in sexueller Hinsicht sind üblich. Viele Freunde, die häufig ähnliche intellektuelle Interessen haben. Unregelmäßiger Umgang mit Geld.

♑ VENUS IM STEINBOCK

Die weltlichen Ziele, die mit dem Steinbock einhergehen, passen nicht gut zum Venus-Bedürfnis nach Verschmelzung und Liebe. Mit der Steinbockvenus ist man in der Beziehung loyal und zuverlässig. Wegen der unterschiedlichen Charakteristiken von Zeichen und Planet könnte es zu Hindernissen beim Ausdruck der Emotionen kommen. Es besteht damit keinerlei Bedürfnis, dem Partner viel Zuneigung zu zeigen – dieser muß aber wissen, daß er wirklich geliebt wird. Hinsichtlich der gesellschaftlichen Stellung könnte die Neigung bestehen, sich für einen Partner als eine Art Statussymbol zu entscheiden. Konstante Liebe sollte das Ziel sein, bei der die Steinbock-Zielstrebigkeit darauf gerichtet wird, die Beziehung gemeinsam zu entwickeln, in materieller wie emotionaler Hinsicht. Hier sehen wir den vertrauenswürdigen Freund. Sein Geld gibt er auf eine überlegte und vorsichtige Weise aus.

Sonne im Skorpion und Venus im Steinbock
Eine Verbindung von Intensität und Leidenschaft (Skorpion) und Berechnung (Steinbock). Die Menschen, die bekommen, was sie wollen – die sich allerdings auch nicht durch allzuviel Rücksichtnahme auf die Emotionen ihrer Partner oder durch viel Mitgefühl auszeichnen. Sehr anspruchsvolle Freunde, die auch andere zu mehr Ehrgeiz anspornen. Der Tendenz zur Skrupellosigkeit muß entgegengetreten werden. Sehr gute geschäftliche Begabungen, viel Geld zu verdienen.

Sonne im Schützen und Venus im Steinbock
Beruhigt die Leidenschaft des Schützen; führt dazu, daß dieser die Liebe ernst nimmt. Ein nachdenklicher und ziemlich konstanter Mensch (um so mehr, wenn auch andere Planeten im Steinbock stehen). Allerdings ein Konflikt zwischen dem Schütze-Bedürfnis nach Freiheit innerhalb der Beziehung und dem Steinbock-Wunsch, nichts Falsches zu machen. Ein Freund, der Herausforderungen genießt. Finanzielles Wachstum durch ein cleveres Verhalten mit kalkulierten Risiken.

Sonne im Steinbock und Venus im Steinbock
Vertrauenswürdigkeit und Loyalität verbinden sich mit einem reservierten Gefühlsausdruck. Die Eigenschaften der Venus, wie sie vorstehend beschrieben wurden, treffen deutlich zu. Man sollte nicht so sehr nach materiellem Fortschritt streben, da man dabei Partner und Kinder vernachlässigt.

Sonne im Wassermann und Venus im Steinbock
Der sehr auf Unabhängigkeit ausgerichtete Lebensstil des Wassermanns könnte bedeuten, daß der Mensch vor emotionalen Bindungen zurückschreckt. Die romantischen Tendenzen könnten bei dieser Stellung unterdrückt werden. Der Eindruck, den der Geborene vermittelt, ist distanziert und kühl, zugleich aber besteht eine faszinierende Anziehung. Hier sehen wir den guten, zuverlässigen Freund, den man nur schwer wirklich kennenlernt. Womöglich Probleme mit Geld, was eine überlegte Einstellung ratsam machen würde.

Sonne in den Fischen und Venus im Steinbock
Die Kombination von Erde (Steinbock) und Wasser (Fische) ist sehr günstig, weil die Venus hier den Strom der Fische-Emotionen stabilisieren hilft. Bei einer praktischen Einstellung zur Liebe dürften keine größeren Probleme zu verzeichnen sein. Es gilt, die Kühle der Steinbockvenus hier als einen positiven Faktor zu sehen, der in Hinsicht auf diesen Lebensbereich eine Richtung verleiht und der Vorsicht und Logik bringt. Ein sanftmütiger Freund, der viel Einfühlungsvermögen beweist, wenn er um Hilfe gebeten wird.

♒ VENUS IM WASSERMANN

Diese Stellung bedeutet einen zusätzlichen Magnetismus, eine Art Showstar-Glanz. Die Person genießt die Bewunderung, die sie hervorruft. Vielleicht aber ein Konflikt zwischen dem Bedürfnis nach einer Beziehung und den Anstrengungen, die dafür erforderlich sind – insofern wünscht man sich vielleicht eine Beziehung, aber keinen Partner. Umgekehrt ist aber auch ein ausgeprägter Sinn für das Romantische zu verzeichnen. Derjenige, der sich hier auch auf andere Horoskopfaktoren stützen kann – insbesondere auf die Zeichen von Sonne, Mond und Aszendent – und sich mit der Komplexität dieser Stellung arrangiert hat, vermag auf eine treue und idealistische Weise zugleich zu lieben, allerdings bringt er seine Gefühle ziemlich kühl zum Ausdruck. Bei den Emotionen müssen auch die anderen planetarischen Einflüsse in Betracht gezogen werden. Wenn zwischen Venus und Mars ein Aspekt besteht, könnte das eine Intensivierung in sexueller Hinsicht bedeuten.

Sonne im Schützen und Venus im Wassermann
Steigert die Schütze-Liebe zur Unabhängigkeit beträchtlich, kühlt aber gleichzeitig dessen feurige Leidenschaft ab. Wenn der Geborene sich aber erst einmal emotional gebunden hat, alles in allem viel Treue. Die Schütze-Liebe zur

Jagd und ihren Herausforderungen tritt hier in maskierter Form zutage. Diese Stellung kann dem eher anspruchslos auftretenden Schützen etwas Glänzendes geben. Ein warmherziger und angenehmer Freund, der viel positive Ermutigung geben kann. Finanzielle Risiken geht er immer wieder einmal ein.

Sonne im Steinbock und Venus im Wassermann
Diese Stellung kann den ehrgeizigen Steinbock arrogant erscheinen lassen, worunter vielleicht die Freundschaften leiden. Womöglich entschuldigt er damit auch, daß er sich nicht dauerhaft binden mag und seine Emotionen für sich behält. Der Mondeinfluß könnte hier hilfreich sein. Ein vertrauenswürdiger, hilfsbereiter, allerdings auch unberechenbarer Freund. Finanziell könnte er sich zwischen Vorsicht und Übermut hin- und hergerissen fühlen.

Sonne im Wassermann und Venus im Wassermann
Julia Parker nennt dies die »Schneekönigin-Kombination«. Ein Mensch, der eine magnetische Anziehungskraft hat, den man aber kaum richtig kennenlernt. Unabhängigkeit, gleichermaßen aber auch Liebe und Zuneigung. All das, was zur Wassermannvenus geschrieben wurde, trifft hier zu.

Sonne in den Fischen und Venus im Wassermann
Die Fische-Emotionen stehen hier unter Kontrolle; eine Person, die in der Lage ist, das Selbst von den Gefühlen zu trennen, ohne dabei auf ihre Intuition verzichten zu müssen. Eine originelle, manchmal allerdings auch allzu pompöse Erscheinung. Viel Freundlichkeit und Wohltätigkeit und eine große Opferbereitschaft. Ein wunderbarer, manchmal aber auch vergeßlicher Freund, der sich bei seinen Finanzen um Beistand bemühen sollte.

Sonne im Widder und Venus im Wassermann
Hier wird die feurige Leidenschaft des Widders durch eine kühle Haltung der Venus gedämpft, ergänzt durch das Widder-Bedürfnis nach Unabhängigkeit. Der Wunsch nach einer dauerhaften Beziehung könnte mit dem Drang nach absoluter Freiheit kollidieren. Ein sehr lebhafter Freund. Überstürztheit in finanzieller Hinsicht könnte zu Problemen führen.

♓ Venus in den Fischen

Ein sehr hohes emotionales Niveau; ein Mensch, der in fast allen Lebensbereichen von Emotionen beherrscht werden kann und der womöglich oft ausgenutzt wird. Er muß durch schwierige Erfahrungen lernen, auch weil er dazu neigt, die gleichen Fehler immer wieder zu machen (besonders solche, die mit den Gefühlen zu tun haben). Merkur im Steinbock oder im Wassermann könnte eine Hilfe sein. Ein machtvoller, ernsthafter, gelegentlich aber auch sentimentaler Drang, Liebe und Zuneigung zum Ausdruck zu bringen. Man hüte sich vor Illusionen und Selbsttäuschung! Ein Kind mit dieser Stellung muß von seinen Eltern mit Bestimmtheit zur Wahrheit angehalten werden. Den Weg des geringsten Widerstandes zu suchen ist hier verbreitet, speziell in Beziehungen. Das Selbstvertrauen muß gestärkt werden. Mildtätigkeit könnte zu einem Problem werden. Ein zärtlicher und fürsorglicher Freund.

Sonne im Steinbock und Venus in den Fischen
Erwärmt das Herz des Steinbocks und macht die Einstellung zu Partnern sanfter. Das gesellschaftliche Fortkommen steht damit nicht so sehr im Vordergrund. Der Betreffende widmet sich auch entspannenden Beziehungen und Kindern, statt sich nur um materielle Angelegenheiten zu kümmern. Die Steinbock-Eigenschaften halten die ausufernden Emotionen der Fische im Zaum. Ein konkret veranlagter und mitfühlender Freund. Bei Investitionen sollte man auch intuitiv entscheiden.

Sonne im Wassermann und Venus in den Fischen
Unterstützt die freundlichen, humanitären und wohltätigen Eigenschaft des Wassermanns und führt zu mehr Wärme und Anteilnahme und zu weniger Distanz. Ein Mensch, der mit anderen mitfühlt – wenngleich die Fische-Emotionen hier mit dem Wassermann-Drang nach Unabhängigkeit verschmelzen. Ein verständnisvoller und mitfühlender Freund, der vielleicht nicht mit Geld umgehen kann und sich deshalb um Hilfe bemühen sollte.

Sonne in den Fischen und Venus in den Fischen
In vielerlei Hinsicht eine sehr schöne Stellung – allerdings muß sich der Geborene klarsein, daß die Emotionen allzuleicht mit ihm durchgehen. Er ist vielleicht auch allzu freundlich und mitfühlend – der geborene Fußabtreter womöglich. Möglicherweise ist er zu großen Opfern bereit, die ihm selbst schaden. All das, was zur Venus in den Fischen angeführt wurde, trifft hier markant zu. Exzessive Großzügigkeit kann zu finanziellen Problemen führen.

Sonne im Widder und Venus in den Fischen
Hier sind Feuer- und Wasser-Emotionen miteinander kombiniert. Das Widder-Feuer verleiht ein natürliches Selbstbewußtsein, so daß hier innerliche Stärke durch Wärme, Freundlichkeit und Leidenschaft ergänzt wird. Diese Stellung mildert die Selbstsucht des Widders und fügt Verständnis und Mitgefühl zu. Viel sexuelle Energie. Sowohl der Partner als auch die Freunde können mit positiver Unterstützung rechnen. Vielleicht etwas unrealistische Ideen, wie man zu Geld kommen könnte, dabei ein sehr unternehmungslustiger Geist.

Venus im Stier und Venus in den Fischen
Eine schöne Kombination, die zu einem sanften, nichtsdestoweniger tiefen und bedeutungsvollen Ausdruck der Gefühle führt. Die Stier-Tendenz, Besitzansprüche geltend zu machen, tritt hier zurück – allerdings ist emotionale Sicherheit sehr wichtig. Die Venus-Emotionen sind kontrolliert. Ein Mensch, der ein fürsorglicher, leidenschaftlicher und sinnlicher Liebhaber ist und vielleicht zuviel Geld für den Komfort ausgibt.

Venus in den Häusern

Der Venuseinfluß ist im 2. und im 7. Haus – bzw. im Stier- und im Waage-Haus – erhöht. Betrachten Sie das Venushaus in Verbindung mit der Sonne, weil beide Planeten stets ziemlich dicht beieinander stehen. Auf dem Lebensgebiet, das durch die Venusstellung angezeigt ist, möchte man sich mit anderen verbinden.

1 Venus im 1. Haus

Viel Charme und das drängende Bedürfnis nach einer Verbindung – mit anderen Worten: zu lieben und geliebt zu werden. Graziöse Bewegungen und gesellschaftliches Geschick, aufgrund von Aufgeschlossenheit und einem angeborenen Mitgefühl. Manchmal auch der Hang zur Trägheit oder dazu, sich dem süßen Leben hingeben zu wollen. Für ein anregendes und unterhaltsames Gespräch nimmt sich der Betreffende immer Zeit. Bedürfnis nach Harmonie und tiefgründiger Verbindung, speziell in der Zweierbeziehung. Möglicherweise kommt es erst dann zu psychologischer Ganzheit, wenn der Mensch eine dauerhafte Beziehung eingegangen ist (besonders bei der Waage).

Womöglich ein langsamer Stoffwechsel, ein eher träger, aber rhythmischer Schritt und eine Abneigung, was Sport betrifft. Da die Venus über die Schilddrüse herrscht, ist Gefahr von Übergewicht gegeben.

In vielerlei Hinsicht zeigt sich dieser Mensch sehr umgänglich, allerdings neigt er vielleicht zu Rachegelüsten. Eltern mit einem solchen Kind müssen darauf achten, dieses nicht zu verwöhnen. Je dichter die Venus am Aszendenten steht, desto größer ist ihr Einfluß.

2 Venus im 2. Haus

Der Venuseinfluß ist in diesem Stier- bzw. Venus-Haus gestärkt. Besitztümer zu erwerben, die ein ästhetisches Vergnügen und materielle Sicherheit verschaffen, ist sehr wichtig. Eine große Liebe zur Schönheit. Der Geborene möchte Liebe und Aufmerksamkeit von anderen bekommen.

Die stiertypischen Besitzansprüche mit der Neigung, die geliebte Person als persönliches Eigentum aufzufassen, sollten bekämpft werden. Häufig Großzügigkeit, vielleicht aber auch zu dem Zweck, Aufmerksamkeit und Anerkennung zu erhalten. Am markantesten ist dies im exhibitionistischen Löwen, am unauffälligsten in der bescheidenen Jungfrau. Weiterhin besteht das Bedürfnis, die finanzielle Situation zu verbessern. Ein guter Sinn für das Geschäftliche.

3 Venus im 3. Haus

Die Fähigkeit, auf eine mitfühlende Weise zu kommunizieren. Ein natürliches gegenseitiges Verständnis mit den Vertrauten. Intellektuelle Herausforderungen machen Spaß, und der oder die Geborene setzt sich erfolgreich mit schwierigen Themen auf eine beharrliche und umsichtige Weise auseinander.

Das gesellschaftliche Element ist hier von großer Bedeutung. Unterhaltung in einer geistig anregenden, entspannten Umgebung wird sehr genossen.

4 Venus im 4. Haus

Sehr stolz auf das Zuhause. Ein Mensch, der sein Zuhause schön und komfortabel machen möchte, zu einem friedlichen Hafen seines Lebens. Auch eine gesteigerte Liebe zu den engsten Angehörigen. Allerdings könnte es hier zu Problemen kommen, wenn die herangewachsenen Kinder das Zuhause verlassen möchten. Womöglich die Neigung, die Kinder zu verziehen, z. B., indem sie mit Zuneigung und teuren Geschenken nur so überschüttet werden.

Eine überdurchschnittliche Identifikation mit der Mutter, vielleicht mit Zügen der Anbetung. Das innere Kind sehnt sich womöglich danach, so zu sein wie diese.

5 Venus im 5. Haus

Eine Liebe zur Kunst. Wenn das Horoskop noch andere Hinweise auf kreative Talente enthält, könnte der Mensch womöglich auf dem Gebiet der Musik, der Mode oder der Malerei hervortreten.

Ein farbiges Liebesleben, das dem Menschen sehr wichtig ist; er verehrt seinen Partner auf eine romantische Weise und stellt ihn vielleicht auf ein Podest – was dann in der Folge zu großen Enttäuschungen führen kann, wenn die Dinge anders laufen als erhofft.

Eine ausgeprägte Liebe zum Luxus und zu einer modischen Erscheinung ist sehr wahrscheinlich. Ob dies nun in extravaganter Form der Fall ist, hängt vom Zeichen der Venus ab. Bei der Stellung im Schützen z. B. dürfte die Kleidung sehr modern und elegant sein, dabei aber bequem. Die Faszination für finanzielle Wagnisse könnte katastrophale Folgen haben – jegliche Spielleidenschaft muß kontrolliert werden.

6 Venus im 6. Haus

Der Wunsch nach sportlicher Betätigung ist wahrscheinlich nicht besonders groß – mit der potentiellen Neigung zu reichhaltigem Essen und alkoholischen Getränken wäre ein Ausgleich aber ratsam. Gefahr des Übergewichts, was mit der Schilddrüse bzw. dem trägen Stoffwechsel zusammenhängen könnte. Ein Mensch, der entweder gut mit der Routine seiner Arbeit zurechtkommt oder kein Interesse dafür aufbringt und insofern zur Trägheit neigt. Das Beste ist es, feste Gewohnheiten zu entwickeln, dies kann sogar anregend auf den Stoffwechsel wirken.

Unter Umständen eine ausgesprochene Abneigung gegen Arbeit in schmutziger oder unangenehmer Atmosphäre – die man womöglich dann tolerieren kann, wenn das Endergebnis ästhetisch befriedigend ist. Töpferei oder Gartenarbeit wären hierfür Beispiele. Gute Manieren sind wichtig, und der Betreffende kann anderen ein Vorbild sein.

7 Venus im 7. Haus

Hier ist der Venuseinfluß gestärkt (es handelt sich um das Venus- bzw. Waage-Haus). Der Wunsch, das Leben mit einem Partner zu teilen, ist extrem stark ausgeprägt, was schnell zu emotionalen Verpflichtungen führt. Die Art und Weise der Verbindungen ist am Venuszeichen abzulesen, welches sich hauptsächlich auf die engen persönlichen Verbindungen bezieht.

Der Einfluß des Partners darf nicht bis zur Persönlichkeit des Geborenen reichen – es könnte nämlich dazu kommen, daß durch Liebe, Zuneigung und Bewunderung die Identität mit der des Partners verschwimmt. Wie dies im einzelnen vor sich geht, hängt vom Zeichen der Venus ab. Man sollte hier nach einer ausgewogenen Partnerschaft streben, mit Elementen der Freundschaft und der Verständigung sowie der Bereitschaft zu gemeinsamer Arbeit an der Beziehung in Hinsicht auf Liebe, Harmonie und ein erfüllendes Sexualleben.

Wenn die Venus durch Mond, Saturn oder Uranus beeinträchtigt wird, ist viel Arbeit für die Beziehung nötig.

8 Venus im 8. Haus

Erhöht die Intensität der Leidenschaft und der persönlichen Emotionen. Möglicherweise störende Eifersucht. Das Sexualleben ist für gewöhnlich reich und erfüllend, sofern nicht Saturn oder Pluto negativ einwirken, was zu psychischen Problemen führen könnte, die nur durch intensive Auseinandersetzungen mit dem Partner oder ggfs. auch durch den Rat eines Beziehungstherapeuten gelöst werden können.

Bei der Stellung der Venus in einem Wasserzeichen kommt sehr viel Intuition zum Ausdruck. Viel Mitgefühl und Einsicht. Der Betreffende könnte sich mit den Problemen anderer identifizieren und dazu in der Lage sein, die Ursache dafür zu finden – oder auch die der eigenen. Der Tradition nach begünstigt diese Stellung Erbschaften.

9 Venus im 9. Haus

Eine Liebe zum Reisen und das Bedürfnis, unterwegs zu sein, vielleicht auch die Neigung, von exotischen Ländern zu träumen. Möglicherweise romantische Episoden in der Ferne. Der Tradition nach könnte der Mensch eine Person aus der Fremde heiraten oder in der Fremde leben, was auch oft der Fall ist.

Eine kluge und dabei entspannte, angenehme philosophische Einstellung zum Leben. Jemand, der sein Leben auf eine idealistische Art führen möchte, in einer Welt voller Schönheit und Frieden. Hat er oder sie positive Vorstellungen (sehen Sie dazu auf den Aszendenten und auf Mars), wird es auch tatsächlich zu diesbezüglichen Aktivitäten kommen, z. B. zu einem Einsatz im Dienste des Friedens. Die Studienjahre sind angenehm und anregend, allerdings nicht infolge von harter Arbeit. Denkbar wäre hier auch eine Liebesbeziehung mit einer Lehrkraft.

10 Venus im 10. Haus

Sehr günstig für die Entwicklung von positiven Kontakten zu Arbeitskollegen. Als Vorgesetzter in der Wirtschaft oder in der Verwaltung kein Mensch, der einsame Entscheidungen fällt. Das Ausmaß der auf ihm lastenden Verantwortung kann ihm schwer zu schaffen machen – was man sich vor Augen halten sollte, wenn eine Beförderung angeboten wird. Ein Mensch, der gut delegieren kann.

Für gewöhnlich viel Stolz auf die berufliche Beschäftigung und das persönliche Ansehen. Eine fast emotional zu nennende Beziehung zur Tätigkeit ist Voraussetzung für das Gefühl der Erfüllung. Finanzieller Gewinn ist diesem Menschen. Diese Stellung ist in manchen Fällen nicht günstig für Selbständige, weil sie zu Trägheit und zu Undiszipliniertheit führen kann. Bei dieser Stellung könnte man seine idealistischen Erwartungen auch auf den Partner und dessen Ziele richten.

11 Venus im 11. Haus

Genießt das gesellschaftliche Leben, welches dann auch von großer Wichtigkeit ist. Ein Mensch, der viele Freunde und Bekannte hat. Die Arbeit in Vereinen und Ausschüssen macht ihm Spaß, gleichermaßen auch Aktivitäten für Gruppen und Verbände, die die gleichen Interessen wie er selbst haben. Jemand, der es sehr genießt, für seine Anstrengungen vor anderen gelobt zu werden.

Ein allgemeines Bedürfnis zu gefallen und ein Talent, andere zu unterhalten oder gesellige Zusammenkünfte zu organisieren. Letztere könnten auch dem Zweck dienen, Geld zur Linderung von Not zu sammeln.

12 Venus im 12. Haus

Ein Mensch, der aus seinen Liebesbeziehungen womöglich ein Geheimnis macht oder der vielleicht auch aufgrund von Hemmungen und Schüchternheit nicht dazu in der Lage ist, seine Gefühle zum Ausdruck zu bringen, was zu einer stillen Verehrung und Anbetung aus der Ferne führen könnte. Ist letzteres der Fall, dürfte ebenfalls eine Neigung zu Phantasievorstellungen zutage treten. So etwas ist für die meisten Menschen eine gute Sache – hier aber besteht die Gefahr, daß man die Kontrolle verliert. Isolation könnte die Folge sein oder auch der Hang, bei Streß zuviel zu essen oder zu trinken.

Das religiöse Gefühl könnte erhöht sein, mit einer besonderen Liebe zur Gottheit und dem Gefühl einer Berufung, das das Bedürfnis nach Sexualität und nach emotionalen Beziehungen ersetzt. Ästhetische Interessen, die in aller Stille praktiziert werden, haben eine günstige Auswirkung, besonders, wenn sie konkrete Resultate bringen.

♀ Die progressive Venus in den Zeichen

Im Durchschnitt läuft die Venus im Leben eines Menschen durch drei Häuser. Wenn sie in ein neues Haus kommt, sind die Auswirkungen sehr subtil – viele Menschen werden sich dessen gar nicht bewußt. Man sollte bestrebt sein, das, was mit dem betreffenden Haus verbunden ist, zu genießen. Kommt z. B. die Venus in der Progression in das 10. Haus, dürfte die Karriere erfüllender und glücklicherer verlaufen als zuvor.

Venusaspekte

Die Venus ist ein wohltätiger Planet, so daß ihre Auswirkungen nur dann wirklich negativ sind, wenn es zu maßlosen Übertreibungen kommt. Es ist zu Vorsicht anzuraten, weil die Venus auch zuviel Charme verleihen kann – oder auch Trägheit oder die Neigung, andere auszunutzen. Insgesamt aber unterstützen die Venusaspekte den Ausdruck von Liebe sowie die Fähigkeit, mit Geld und Besitztümern umzugehen.

Venusaspekte zur Sonne
siehe Sonnenaspekte zu Venus, S. 215.

Venusaspekte zum Mond
siehe Mondaspekte zu Venus, S. 233.

Venusaspekte zu Merkur
siehe Merkuraspekte zu Venus, S. 248.

♂ Venusaspekte zu Mars

☌ Konjunktion

Sehr viel sexuelle Anziehungskraft und Spaß an sexuellen Verbindungen. Der Tradition nach macht Mars den Ausdruck der Venus rauher, während die Venus den Marseinfluß glättet – was oft auch stimmt. Diese beiden gegensätzlichen Planeten kommen in der Konjunktion gut zur Wirkung – sie bewirkt Überschwang und Enthusiasmus, Zuneigung, Lust an der Sexualität und zugleich die Bereitschaft, auf die Wünsche des Partners einzugehen.

Achten Sie hier auf den Einfluß des Zeichens, weil dieses weitgehend darüber bestimmt, wie die Einstellung zur Sexualität und Liebe beschaffen ist. Falls es sich dabei um das Sonnenzeichen handeln sollte, treten dessen Charakteristiken um so stärker in Erscheinung.

+ Positive Aspekte

Ähneln der Konjunktion und lassen ggfs. das betreffende Element markant hervortreten. Man sollte sich insofern die Frage stellen, ob der Betreffende zu Liebe und Sexualität eine intellektuelle und eher distanzierte Einstellung hat (Luft), ob ihm Sicherheit und vielleicht auch Konventionen sehr wichtig sind (Erde), ob er leidenschaftlich ist (Feuer) oder sehr mitfühlend (Wasser).

– Negative Aspekte

Bewirken ebenfalls eine betonte Haltung zur Liebe und Sexualität und führen häufig zu intensiven Bedürfnissen – allerdings in Verbindung mit einer gewissen Spannung, die es schwermacht, Liebe und Sexualität wirklich zu genießen. Hieran muß der Mensch bewußt arbeiten. In bestimmten Fällen könnte es zur Unterdrückung von emotionalen Problemen gekommen sein, speziell bei negativen Aspekten von Saturn, Uranus oder Pluto zum Mond. Möglicherweise hat der Geborene ohne eigene Schuld unter Zurückweisung zu leiden und ist gezwungen, sich eine dicke Haut zuzulegen.

Es ist hier einfacher für den Menschen, wenn Mars der stärkere Planet ist. Falls die Venus dominiert, eine sehr große Empfänglichkeit für Aussagen und Reaktionen der Mitmenschen.

♂ Progressive Aspekte zwischen Venus und Mars

☌ Konjunktion

Nahezu unvermeidlich eine besondere Betonung des Liebeslebens. Das könnte eine vergnügliche flüchtige Affäre sein, gleichermaßen aber auch etwas Dauerhaftes. Wenn dieser Aspekt zu Zeiten auftaucht, in denen auch vom Progressionshoroskop her wichtige Veränderungen zu erwarten sind, könnte es sich um eine feste Beziehung handeln. Ohne Unterstützung aber (z. B. Sonne oder Aszendent progressiv in einem neuen Zeichen oder auch die Saturnwiederkehr) dürfte es sich nur um eine Affäre handeln. Wie dem auch sei – wahrscheinlich eine sehr vergnügliche Phase.

+ Positive Aspekte

Ähnliche Effekte wie bei der Konjunktion, mit der Möglichkeit, daß alles nach Plan verläuft, besonders dann, wenn keine störende Transite einwirken oder andere Anzeichen von Frustration oder Umwegen bestehen. Vergewissern Sie sich, ob die zu dieser Zeit entstandene Beziehung von Dauer sein könnte oder nicht (siehe oben)!

– Negative Aspekte

Künden von einer heiklen Phase, zumindest, was das Liebesleben betrifft. Warnen Sie Ihr Gegenüber, daß es nun zu problematischen Spannungen kommen könnte, vielleicht in Form von lautstarken Auseinandersetzungen.

Stabilisierende positive Transite von Saturn zum Mond oder progressive Aspekte vom Mond zu Saturn könnten sich jetzt als Wohltat erweisen; sie kühlen die Emotionen ab und wirken der ansonsten zu erwartenden Tendenz zu vorschnellen Handlungen entgegen.

♃ Venusaspekte zu Jupiter

☌ Konjunktion

Verleiht Charme und Großzügigkeit, macht den Menschen warmherzig und liebevoll – und beliebt. Womöglich ein Genußmensch; bei vielen Trigonen und Sextilen im Horoskop könnte es auch dazu kommen, daß der Betreffende allzu charmant ist und damit andere Menschen auszunutzen versteht.

Möglicherweise eine sehr philosophische und idealistische Einstellung, um so mehr, wenn die Konjunktion in ein Zeichen fällt, das für Kreativität spricht. Vielleicht eine Neigung zur Literatur. Auch ein guter Aspekt für geschäftliche Verbindungen mit dem anderen Geschlecht.

+ Positive Aspekte

Ein sehr populärer und anziehender Mensch, der vielleicht auch gut und unterhaltsam reden kann. Günstig für diejenigen, die in der Öffentlichkeit aktiv sind. Eine erhöhte Wahrscheinlichkeit, sehr alt zu werden. Wenige oder keine finanziellen Probleme.

– Negative Aspekte

Weil sowohl Venus als auch Jupiter als wohltätige Planeten gelten, resultiert aus ihren negativen Verbindungen kaum Streß. Allerdings könnte von Zeit zu Zeit die Tendenz zur Rastlosigkeit und Unzufriedenheit störend auf das Wohlbefinden wirken. Tollkühnheit – manchmal in Verbindung mit Investitionen – ist möglich, unmäßiges Essen oder Trinken beschert Probleme mit der Leber oder Übergewicht.

♃ Progressive Aspekte zwischen Venus und Jupiter

☌ Konjunktion
Sollte für eine Zeit von Wohlstand und Glück stehen. Bei unerwarteten Geldzuflüssen sollte der Mensch aber nicht in Extravaganz und übermäßige Großzügigkeit verfallen.

Diese Progressionen wirken am stärksten, wenn sie mit Jupitertransiten zur Sonne, zum Mond, zum Aszendenten oder MC oder mit einer Jupiterwiederkehr zusammenfallen. Aber selbst dann kann eine gewisse Vorsicht nicht schaden, um so mehr, wenn es sich um ein extravertiertes Horoskop handelt. Wahrscheinlich aber eine Phase des Fortschritts, besonders dann, wenn Venus oder Jupiter im Horoskop eine personalisierte Bedeutung haben.

+ Positive Aspekte
Weniger Neigung zur Rastlosigkeit oder Extravaganz als bei der Konjunktion, weil der Einfluß nicht ganz so stark ist (ausgenommen, Jupiter oder die Venus haben eine personalisierte Bedeutung). Unterstützende Energien durch Jupitertransite betonen dies.

– Negative Aspekte
Man muß darauf achten, daß man nicht in schwachen Augenblicken einen Haufen Geld aufs Spiel setzt oder verleiht, weil das katastrophale Folgen haben könnte. Es könnte die Tendenz zur Unbeständigkeit und vielleicht auch ein mangelhaftes Beurteilungsvermögen bestehen, wenn es um Entscheidungen in Sachen Liebe oder Geld geht. Stabilisierende Transiteinflüsse von Saturn, z. B. das Trigon zur Sonne oder zum Mond, wären hier hilfreich.

Achten Sie auch auf negative Lunarprogressionen zu Jupiter für die betreffende Phase – sie könnten die oben angeführte Schwäche noch verstärken. Man sollte nun auch auf die Ernährung achten; Probleme mit der Leber wären denkbar.

♄ Venusaspekte zu Saturn

☌ Konjunktion
Ein Schlüsselfaktor bezüglich der persönlichen Beziehungen. Ein Mensch, der kühl oder auch gehemmt wirkt und keine Zuneigung erkennen läßt. Es fällt ihm schwer, sich entspannt und entgegenkommend zu präsentieren. Auch sind überdurchschnittlich viele Enttäuschungen im Liebesleben möglich.

Um gegen diese frustrierenden Züge anzugehen, muß man sich, bevor man sich emotional bindet, seiner selbst sicher sein. Emotionale Sicherheit ist hier das Schlüsselwort. Vielleicht fühlt sich der betreffende Mensch zu älteren Partnern hingezogen. Möglicherweise verhindert auch ein starkes Pflichtgefühl das Eingehen einer Beziehung – wenn z. B. der Betreffende seine Liebe, Zeit und Energie der Pflege eines Elternteils widmet. Der wahre Grund dafür aber könnte eine tiefverwurzelte Hemmung sein.

+ Positive Aspekte
Weniger schwierig als die Konjunktion, bewirken aber häufig finanzielle Enttäuschungen: Was der Mensch sich so sehr wünscht (Venus), kann er nicht bekommen (Saturn). Diese Energie ist positiv geprägt, wenn die Venus in einem Zeichen steht, das Luxus liebt wie z. B. Stier, Löwe oder Waage. Wenn die emotionale Sicherheit gewährleistet ist, wird sich der Geborene als treu erweisen. Aber selbst in diesem Fall geht etwas Beschränkendes von diesen Aspekten aus.

– Negative Aspekte
Haben einen ähnlich beschränkenden Effekt wie die Konjunktion, vielleicht sogar noch einen intensiveren. Mit Antriebskraft aber kann der Mensch die Probleme überwinden. Steht Sonne oder Mond in einem positiven Aspekt zu Pluto oder Pluto in harmonischer Verbindung zum Aszendenten, könnte man die Hemmungen gut durch eine Therapie abbauen.

♄ Progressive Aspekte zwischen Venus und Saturn

☌ Konjunktion
Alle Aspekte zwischen diesen beiden Planeten haben einen ziemlich depressiven Effekt auf die emotionalen Beziehungen. Eine schwierige Phase, die aber doch wertvolle Erfahrungen bringt. Die langfristigen Auswirkungen werden möglicherweise durch gleichzeitig stattfindende positive Jupitertransite zur Venus beeinflußt, zu personalisierten Planeten oder zum Aszendenten. Es handelt sich auch dann um eine Schlüsselphase, wenn Saturn im Transit die Radixvenus aspektiert. Der Mensch sollte sich jetzt um Gelassenheit bemühen und seinen gesunden Menschenverstand beweisen.

Sehr oft zeigt diese Progression an, daß sich ein Paar zeitweilig trennen muß, aus beruflichen oder familiären Gründen. Das Endergebnis davon könnte aber mehr Geld oder Prestige sein.

+ Positive Aspekte
Könnten zu einer ernsthafteren Einstellung zu Beziehungen führen oder vom Beginn einer langfristigen Verbindung künden, letzteres besonders dann, wenn gleichzeitig in der Progression die Sonne oder der Aszendent in ein anderes Zeichen tritt oder wenn sich eine Saturnwiederkehr ereignet.

Bei den Plänen – die sich vielleicht auf den Kauf oder die Finanzierung eines Hauses beziehen – könnten sich Verzögerungen ergeben. Dies ist nicht gerade die lustigste aller Progressionen.

– Negative Aspekte
Wenn auch durch Transite und Lunarprogressionen angezeigt ist, daß Saturn, Uranus oder Pluto eine herausragende Rolle spielt, dürfte eine frustrierende Phase bevorstehen. Nichtsdestoweniger kann es nun zu wichtigen Veränderungen kommen.

Vergewissern Sie sich, wie praktisch und bestimmt ihr Gegenüber auftritt – auf diese Eigenschaften kommt es jetzt an. Neigt er zu Ängsten und Sorgen (mit Krebs oder der Jungfrau als Sonnen-, Mond- oder Aszendentenzeichen), sollte er zur Stabilisierung seine positiven Züge (gemäß der Zeicheninterpretationen) einsetzen. Wenn es markante positive Transite – z. B. von Jupiter – und stimulierende Mondprogressionen zu Mars und den persönlichen Planeten gibt, sind diese Kontakte gar nicht so problematisch.

♅ Venusaspekte zu Uranus

☌ Konjunktion
Für gewöhnlich ein hohes Maß an leicht entzündlicher emotionaler Spannung, die einen positiven Ausdruck sucht, vielleicht in Form von kreativen oder ungewöhnlichen Interessen.

Wahrscheinlich eine große persönliche Anziehungskraft und eine erotische Erscheinung, aber eine Scheu, sich emotional wirklich zu binden. Möglicherweise ein ausgeprägter Eigenwille, vielleicht auch eine Neigung zur Andersartigkeit. Wenn das Horoskop Tollkühnheit erkennen läßt (Mars!), verstärkt dieser Aspekt das noch. Wird die Konjunktion durch Transite aktiviert, überraschende Geschehnisse.

+ Positive Aspekte
In ihrer Wirkung ähnlich wie die Konjunktion, aber nicht ganz so kraftvoll. Verleihen Originalität und manchmal auch Kreativität (die womöglich in sehr moderner Form oder durch Literatur, Musik oder Entwürfe zum Ausdruck gebracht wird). Es kann hier zur Exzentrizität kommen, ein Zug der Andersartigkeit und betonten Eigenwilligkeit ist nichts Ungewöhnliches. Die Emotionen werden durch diese Aspekte abgekühlt; ein Mensch, der sich von seinen Partnern auf subtile Weise distanziert.

− Negative Aspekte
Weisen für gewöhnlich auf viel Spannung in der Einstellung zu Beziehungen hin. Entspannung ist für diesen Menschen ein Fremdwort, was zur Folge hat, daß es anstrengend mit ihm ist. Die Eigenwilligkeit kann soweit reichen, daß er in dem einen Augenblick etwas sagt und im nächsten genau das Gegenteil davon tut.

Kinder mit dieser Stellung machen vielleicht das, was ihre Eltern wollen, wenn sie ihnen das Gegenteil ans Herz legen. Entspannungstechniken wie z. B. Yoga können von Nutzen sein.

♅ Progressive Aspekte zwischen Venus und Uranus

☌ Konjunktion
Eine dynamische Kraft, die das Liebesleben in den Blickpunkt rücken und Liebe auf den ersten Blick bedeuten könnte. Bei der Interpretation sollten Sie deshalb auch auf Anzeichen für langfristige Veränderungen und auf stabilisierende Transite schauen!

Mit der Heirat oder dem Eingehen einer dauerhaften Beziehung sollte man jetzt solange warten, bis die Progression vorbei ist. Falls die oben angesprochene langfristige Tendenz nicht gegeben ist, dürfte es sich um eine nette, aufregende – und flüchtige Affäre handeln (Ausnahme: Venus oder Uranus mit einer personalisierten Bedeutung).

+ Positive Aspekte
Ähnliche Auswirkungen wie gerade beschrieben, aber mit noch mehr Möglichkeiten für vergnügliche und erinnernswerte Erlebnisse. Spannung im positiven Sinn. Allerdings stehen auch hier die Chancen für eine dauerhafte Beziehung eher schlecht, falls nicht die angesprochene Unterstützung erkennbar ist oder Venus und/oder Uranus eine personalisierte Bedeutung tragen.

− Negative Aspekte
Womöglich eine schwierige Phase; eine Zeit, in der der oder die Geborene die ausgefahrenen Gleise verlassen und Spaß haben möchte – was manchmal von verheerenden Auswirkungen begleitet wird. Vorsicht ist nötig: Die sehr machtvolle, angespannte Stimmung dieser Zeit könnte zu drastischen Handlungen führen, die später vielleicht bitter bereut werden.

Ermutigen Sie Ihr Gegenüber dazu, die Ruhe zu bewahren (was nicht leichtfallen wird). Abrupte oder exzentrische Aktivitäten führen unweigerlich zu Spannungen. Sehen Sie nach, ob Transite diese Progression verstärken oder abmildern!

♆ Venusaspekte zu Neptun

☌ Konjunktion
Eine sehr romantische und idealistische Einstellung zur Liebe, gleichermaßen aber auch mehr Empfindsamkeit als sonst, was heißt, daß es zu überdurchschnittlich viel Herzenskummer kommen kann (am stärksten mit der Konjunktion im Zeichen Waage). Man sollte sich bemühen, dies mithilfe von anderen planetarischen Einflüssen in den Griff zu bekommen. Ein Sinn für Schönheit, Kunst und das Ästhetische ganz allgemein. Viele Astrologen weisen auch auf eine besondere Tierliebe hin (am stärksten bei der Stellung im Schützen).

Die Konstitution könnte geschwächt sein, vielleicht auch deshalb, weil die Willenskraft unter diesem Kontakt leidet. Möglicherweise ein Mensch, der nicht nein sagen kann, wenn es um gutes Essen oder um Alkohol geht.

+ Positive Aspekte
Viel Sympathie und Freundlichkeit. Ein mildernder Einfluß auf die Persönlichkeit, besonders dann, wenn das Horoskop auf eine erdverbundene, praktische und materialistische Einstellung schließen läßt. Der Betreffende wird das allerdings nicht zugeben, weil ihm diese Eigenschaften selbst suspekt sein könnten.

Wenn vom Horoskop auch künstlerische Talente angezeigt sind, verstärken diese Aspekte die Begabung – die vielleicht musikalischer Art ist – noch. Neigung zu Tagträumen.

− Negative Aspekte
Läßt das Horoskop auf Unbeständigkeit und Rastlosigkeit schließen, verstärken solche Aspekte dies noch, indem sie den Charakter mit innerlicher Unzufriedenheit erfüllen. Es ist wichtig, hier die Stellung von Sonne und Mond einzubeziehen: Bei negativen Aspekten könnten die angeführten Züge zu einem ernsthaften Problem werden, weil man vielleicht eine Stellung nach der anderen aufkündigt oder fortwährend umzieht, niemals zufrieden ist und immer auf die Zukunft setzt.

Noch mehr Sensibilität, als schon bei der Konjunktion angelegt war. Eine idealistische Haltung zur Liebe, allerdings können die Emotionen den Geborenen überwältigen und in die Irre führen, am wahrscheinlichsten dann, wenn Neptun im Skorpion steht.

♆ Progressive Aspekte zwischen Venus und Neptun

☌ Konjunktion
Wenn es keine schwerwiegenden negativen Aspekte gibt, wahrscheinlich eine glückliche und romantische Zeit. Man muß sich aber davor hüten, sich vom Sinn für das Romantische und von den Gefühlen überwältigen zu lassen – mit dieser Konjunktion fühlt man sehr intensiv und ist empfänglich für Emotionen.

+ Positive Aspekte
Ähnliche Auswirkungen wie bei der Konjunktion, vielleicht sogar noch vergnüglichere und romantischere (schauen Sie auch hier wieder auf die Transite!). Wenn Anzeichen für Veränderungen gegeben sind – z. B. ein progressiver Zeichenwechsel von Sonne oder Aszendent oder die Saturnwiederkehr –, könnte das Leben gemäß der Worte eines Astrologen »glückbringend sein wie Hochzeitsglocken«.

Trifft kein solches Anzeichen zu und erlebt der Geborene aufgrund von stärkeren Einflüssen keine Zeit voller Fortschritte, darf man nicht den Mut verlieren.

− Negative Aspekte

Man muß nun damit aufhören, hinsichtlich der emotionalen Beziehungen und der Liebe durch die rosarote Brille zu schauen. Die Dinge könnten nun anders liegen, als es den Anschein hat. Auch wenn sich der Mensch glücklich fühlt, sollte er vorsichtig bleiben; es kann nämlich schnell zu Enttäuschungen kommen. Finanziell sind ebenfalls chaotische Umstände möglich. Zurückhaltung und Umsicht in bezug auf Liebe und Geld sind das, worauf es jetzt ankommt. Den Weg des geringsten Widerstandes zu gehen, funktioniert nun nicht.

♇ Venusaspekte zu Pluto

☌ Konjunktion

Ein Mensch, der dazu neigt, sich mit aller Leidenschaft und Intensität zu verlieben. Dagegen ist nichts einzuwenden, vorausgesetzt, die machtvollen Emotionen werden auf eine positive Weise ausgedrückt und die Gefühle der Liebe erwidert.

Das Bedürfnis nach sexueller Erfüllung ist groß. Bei einem aufgeschlossenen Partner dürfte es auf eine erfüllende Weise befriedigt werden, bei einer Einwirkung von Saturn oder einer Beteiligung von Uranus aber (womit diese drei Planeten dann womöglich zusammen in der Jungfrau stehen) könnten Probleme zu verzeichnen sein. Der Geborene erkennt dann vielleicht, daß er eine Therapie braucht, um seine psychischen Blockaden zu überwinden.

Venus und Pluto haben einen Einfluß auf die Finanzen. Insofern kann diese machtvolle Konjunktion ein Geschick für Investitionen verleihen.

+ Positive Aspekte

Ein hohes emotionales Niveau, das auf eine erfüllende Weise zum Ausdruck gebracht werden muß. Daneben eine beträchtliche Anziehungskraft und häufig auch eine verführerische erotische Ausstrahlung, speziell bei der Skorpionvenus (wir fragen uns, wie sich die jungen Leute mit dem Skorpionpluto einmal zeigen werden).

− Negative Aspekte

Diese sind schwierig und manchmal sehr hinderlich für den positiven Fluß der Emotionen. Intensität und Leidenschaft – womöglich aber auch große Probleme, über die persönlichen Komplexe mit einem Freund zu reden.

Es könnte sein, daß andere planetarische Einflüsse diese Aspekte übertönen; analysieren Sie das Horoskop gründlich. Wenn auch andere Hinweise auf Beschränkungen, Schüchternheit oder Ängste bestehen, hat der Mensch womöglich Mitgefühl und Rat nötig.

♇ Progressive Aspekte zwischen Venus und Pluto

☌ Konjunktion

Eine heikle Phase – vielleicht verliebt sich der Betreffende, ohne daß seine Gefühle erwidert werden. Alles, was er hier tun könnte, wäre, Gleichmut zu beweisen und seinen Geist abzulenken, indem er sich sinnvollen Interessen anderer Art widmet. Zwischendurch kann es zu entspannteren Phasen kommen, in denen Fortschritte möglich sind, allerdings wahrscheinlich nicht hinsichtlich des Objektes der Begierde. Wie immer heilt auch hier die Zeit alle Wunden.

+ Positive Aspekte

Bedeuten tiefe Gefühle der Liebe. Dem Partner gegenüber werden die intensiven Emotionen auch tatsächlich zum Ausdruck gebracht. Sexuelle Befriedigung bereitet nun ein besonderes Vergnügen.

Pluto ist aber niemals ganz zu trauen – untersuchen Sie, zu welchem Planeten er am Himmel gerade im Aspekt steht. Plutotransite zu den Planeten des Geburtshoroskops haben unter dieser Progression einen entscheidenden Einfluß. Wenn diese Transite Blockaden anzeigen, könnten selbst mit diesen positiven Progressionen Schwierigkeiten und Frustrationen verbunden sein. Vielleicht geht es dabei um Finanzen, um eine Erbschaft oder einen günstigen geschäftlichen Abschluß. Grundsätzlich eine gute Zeit, sich zu versichern.

− Negative Aspekte

Zumindest eine Sphäre des Lebens könnte jetzt von Stillstand gekennzeichnet sein. Unter Umständen beträchtliche emotionale Probleme, welche sich aber nur dann manifestieren, wenn es auch Transite von Saturn, Uranus oder Pluto zu den persönlichen Planeten gibt. Vielleicht steckt der oder die Betreffende nun finanziell in der Klemme und braucht dringend Geld, vielleicht hat er bzw. sie einen Anspruch darauf, kann ihn aber nicht durchsetzen.

In Hinblick auf Verträge und Geld ist nun zu äußerster Vorsicht zu raten. Vor finanziellen Verpflichtungen sollte man sich mit einer erfahrenen Person besprechen.

Asz Venusaspekte zum Aszendenten

☌ Konjunktion

Befindet sich die Venus im 1. Haus, stellt ihr Einfluß eine wichtige persönliche Dimension dar, die den Aszendenten mit seinen Eigenschaften tiefgreifend prägt. Ein warmherziger und liebenswürdiger Mensch, für den der Ausdruck von Zuneigung, Friedfertigkeit und Harmonie wichtig ist. Zur psychologischen Ganzheitlichkeit kommt es aber erst mit einem Partner, der emotionale und in gewisser Weise auch materielle Sicherheit verspricht.

Ein Sinn für alles, was schön ist. Wenn auch der Aszendent darauf hinweist, künstlerische Talente. Manchmal ein eher träger Stoffwechsel und ein phlegmatisches Temperament.

Wenn die Venus durch negative Aspekte zu Mars, Saturn, Uranus oder Pluto verletzt ist, könnten gesundheitliche Probleme die Folge sein, vielleicht in Form von Kopfschmerzen oder als Resultat einer Unterfunktion der Nieren. Bei einer negativen Beziehung zu Neptun gilt es, Unmäßigkeit beim Essen und/oder Trinken zu vermeiden, weil sonst Übergewicht oder vielleicht Blasenprobleme auftreten könnten.

Steht die Venus im 12. Haus, neigt der Mensch unter Umständen zu Fluchttendenzen und zum Rückzug. Lesen Sie noch einmal nach, was es damit auf sich hat (S. 262) – dieser Einfluß ist hier verstärkt. Bei der Stellung im 1. Haus nehmen Sie sich den betreffenden Abschnitt auf S. 261 vor.

+ Positive Aspekte

Bedeuten noch mehr warmherzige Zuneigung und das Bedürfnis, Liebe zu geben und zu bekommen. Ein mitfühlender und verständnisvoller Mensch, der alles mag, was schön und luxuriös ist, und der sich ein erfülltes und reiches gesellschaftliches Leben wünscht.

− Negative Aspekte

Können in manchen Fällen dazu führen, daß man kein Maß hat und zur Extravaganz neigt. Die negativen Venuseigenschaften der Unentschlossenheit und Reizbarkeit könnten ebenfalls ins Auge stechen. Wenn es hier mit der Venus im 7. Haus um die Opposition geht, könnte der Betreffende allzuviel vom Partner erwarten oder ihn mit Liebe und Großmut geradezu ersticken – und das trotz der Tatsache, daß die Venus im eigenen Haus grundsätzlich gut gestellt ist. Das wäre dann so, als ob man sich Zuneigung erkaufen möchte, um sich der Beziehung sicher zu sein.

Bei der Venus im 6. Haus gilt es, auf gesundheitliche Probleme zu achten, die auf dem Mangel an Sport oder auf zu reichhaltiger Ernährung bzw. Übergewicht beruhen könnten. Essen in Streßsituationen könnte ein Beleg für emotionale Unsicherheit sein.

Asz Progressive Aspekte zwischen Venus und Aszendent

☌ Konjunktion

Eine Zeit, in der das emotionale Leben reich und belohnend sein dürfte. Sehr oft Hinweis auf eine Heirat oder eine dauerhafte Beziehung. Wenn das nicht zutrifft, könnte sich die intensive Neigung für ein anspruchsvolles Hobby oder Studium oder eine Berufung bemerkbar machen. Eine schöne und erfüllende Zeit, in emotionaler, spiritueller und oft auch finanzieller Hinsicht.

+ Positive Aspekte

Die Auswirkungen ähneln in vielem der eben beschriebenen Konjunktion; allerdings sind diese Progressionen weniger machtvoll und brauchen deshalb Unterstützung. Unter Umständen Anzeichen für glückliche Erfahrungen und Erlebnisse, die den Menschen weiterbringen.

− Negative Aspekte

Die Tendenz zu Überreaktionen in emotionaler Hinsicht oder ein unpassender Ausdruck von Zuneigung. Weil der Mensch jetzt so empfindlich ist, machen ihm Kränkungen viel mehr zu schaffen als sonst. Harte Worte, besonders von Nahestehenden, verletzten ihn nun sehr. Daneben vielleicht finanzielle Schwierigkeiten, häufig infolge von übermäßigen Ausgaben.

Man sollte nun sehr auf die Ernährung achten und sich vor Trägheit oder Unmäßigkeit hüten. Die anderen Progressionen (auch die vom Mond) und Transite können diese negativen Möglichkeiten unterstützen.

MC Venusaspekte zum MC

☌ Konjunktion

Ein Aspekt, der vermuten läßt, daß es sich um einen umgänglichen und rücksichtsvollen Kollegen handelt, der sich auch nach Beförderungen nicht von seinen Mitarbeitern distanziert, sondern immer ein offenes Ohr für sie hat. Jemand, der besser im Team als für sich allein arbeiten kann.

Ist der Betreffende selbst nicht beruflich tätig, könnte es sein, daß er sich mit den Vorstellungen und Zielen des Partners oder der nahestehenden Menschen identifiziert. Diese Venusstellung ist nicht günstig für Selbständige, weil man damit möglicherweise Probleme mit der Routine oder Disziplin hat. Es kann damit schwerfallen, sich aufzuraffen, tatsächlich mit der Arbeit zu beginnen. Das Zeichen am MC hat hier womöglich einen hilfreichen Einfluß – lösen kann es die Probleme nicht.

Berücksichtigen Sie die Venus auch in bezug auf die Wahl des Berufes. Alles, was mit Luxus, Schönheit oder kreativer Arbeit zu tun hat, könnte hier einen besonderen Reiz haben. Schmutzige oder unangenehme Arbeitsumstände dagegen schrecken ab. Eine Identifikation mit Venuseigenschaften.

+ Positive Aspekte

Ähnliche Auswirkungen wie die eben angeführten. Allerdings sind diese Aspekte einfacher für diejenigen, die selbständig arbeiten.

Ein Mensch, der sich einen angenehmen Arbeitsplatz wünscht und eine Arbeit verrichten möchte, die ihm Spaß macht und befriedigend ist. Bei einer eher routinehaften oder langweiligen Tätigkeit könnte ein gutes Verhältnis zu den Kollegen einiges wettmachen, wie auch ein erfüllendes gesellschaftliches Leben, welches womöglich von der Firma ausgeht. Meist auch ein gutes Verhältnis zu den Eltern.

− Negative Aspekte

Der Mensch muß womöglich unter Umständen arbeiten, die ihm nicht entsprechen, oder hat eine unbefriedigende Stelle. Vielleicht ein Indiz auf Überreaktionen bezüglich der Arbeitsumstände und der Haltung der Kollegen. Man könnte hier das Gefühl für die Perspektive verlieren, mit der Konsequenz, daß Unzufriedenheit und Ärger das Arbeitsleben beherrschen.

MC Progressive Aspekte zwischen Venus und MC

☌ Konjunktion

Eine erfüllende Zeit des Lebens, in der Hoffnungen und Wünsche des Betreffenden zur Wirklichkeit werden, nicht nur bezüglich der Karriere, sondern auch bei der Liebe. Ein neuer und erfüllender Ausdruck, und aller Wahrscheinlichkeit nach erwidert derjenige, dem die Liebe gilt, die Emotionen.

Eine Phase voller Glück und Erfüllung, mit vielen Fortschritten, insbesondere dann, wenn Transite und die Lunarprogressionen das unterstützen. Im Rückblick könnte sich diese Zeit als eine Schlüsselphase erweisen, auf die der Mensch mit Wehmut zurückblickt.

+ Positive Aspekte

Ähnliche Einflüsse wie die Konjunktion, allerdings nicht ganz so machtvoll. Nichtsdestoweniger dürften sich diese positiven Energien sehr günstig auswirken und auf Fortschritt und Glück im Liebesleben und anderen Bereichen schließen lassen. Ideale können nun zu einer Realität gemacht werden. Die Beziehungen stellen jetzt eine bereichernde und erinnernswerte Erfahrung dar.

− Negative Aspekte

Es könnte nun unter Umständen dazu kommen, daß man von einem Kollegen oder vom Partner im Stich gelassen wird. Die Reaktionen der Mitmenschen dürften jetzt weniger freundlich als sonst sein, vielleicht als Reaktion auf fragwürdige Handlungen des oder der Betreffenden.

Womöglich also eine problematische

Phase, allerdings kann man jetzt Fehler und Schwachstellen erkennen und sich neu orientieren.

♀ Venus-transite

Weil Venustransite von sehr flüchtiger Wirkung sind, machen sich viele Astrologen nicht die Mühe, sie zu berechnen oder zu interpretieren. Wir sind aber der Ansicht, daß es von Nutzen sein kann, sie zu untersuchen. Ihr Einfluß, der sich über zwei bis vier Tage erstreckt, steht zumeist für vergnügliche und angenehme Vorfälle und Geschehnisse, die die schöneren Seiten des Daseins in den Vordergrund treten lassen. Weil die Venus ein so umgänglicher und vergnüglicher Planet ist, stellen ihre nicht sehr schwerwiegenden Einflüsse im Transit kaum je eine ernsthafte Beeinträchtigung dar. Wenn nötig, weisen wir aber auch auf negative Dimensionen hin.

Ermitteln Sie hier nur die Konjunktionen und Oppositionen zu Planeten, Aszendent und MC. Sie werden die Feststellung machen, daß es von Zeit zu Zeit zu Häufungen kommt, was für gewöhnlich eine Phase anzeigt, in der das Leben mehr Spaß macht als sonst, auch wenn die Venus im Geburtshoroskop nicht stark gestellt ist – was zu bedauern wäre.

Wenn vom Horoskop negative Züge angezeigt sind, dürften diese speziell dann in Erscheinung treten, wenn die Transitvenus in Opposition zur Sonne, zum Mond, dem Herrscher des Horoskops, zum Aszendenten, zum MC oder der Radixvenus steht. Man sollte den Betreffenden auf solche Zeiten aufmerksam machen!

So nebensächlich diese Einflüsse auch sein mögen – führen Sie sich vor Augen, daß es sich um eine Energie handelt, die nutzbringend eingesetzt werden kann. Wie die meisten anderen Planeten auch, hat es die Venus gerne, wenn es einen kleinen Anstoß in die gewünschte Richtung gibt.

Venustransite zur Sonne
Eine Zeit, in der man sich zeigen sollte. Nun sollte man seine besten Kleider anziehen, ausgehen und sich vergnügen – man sieht jetzt phantastisch aus! Vielleicht gibt man zuviel Geld aus, allerdings auf eine Weise, die Spaß macht.

Venustransite zum Mond
Sentimentale und romantische Gefühle und positive Reaktionen auf Vorschläge des Partners. Man sollte sich jetzt entspannen, die Gefühle und Emotionen frei zum Ausdruck bringen und sich nicht von Ängsten beherrschen lassen. Für die Person, die man liebt, ein Festmahl zu organisieren könnte ein besonderer Genuß sein.

Venustransite zu Merkur
Es macht jetzt Spaß, sich mit Freunden zu treffen, die man eine Zeitlang nicht gesehen hat. Man könnte jetzt auch ein gutes Geschäft tätigen. Vielleicht gibt man viel Geld für Ferngespräche aus – dies könnte man sozusagen in maßloser Form betreiben, trotzdem aber seinen Spaß dabei haben.

Venustransite zu Mars
Stehen für ein witziges, romantisches oder erotisches Zwischenspiel. Es gilt aber, sich vor der Tendenz zu Besitzansprüchen und Auseinandersetzungen zu hüten – vielleicht hat man auch das Gefühl, daß man eine Gefahr darstellt und womöglich das Boot zum Kentern bringen könnte.

Venustransite zu Jupiter
Bei dieser oder jener Gelegenheit könnte der Geborene zu einem reichhaltigen Essen eingeladen werden oder selbst jemanden einladen. Das macht zwar viel Spaß, kann aber zu Problemen mit der Leber führen oder zu einem »Kater«. Ein Vorrat an entsprechenden Medikamenten sollte vorhanden sein! Nicht der geeignete Zeitpunkt, mit einer Diät anzufangen!

Venustransite zu Saturn
Die Venus ist hier in einer ernsten Laune. Günstig für langfristige Planungen mit dem Partner. Mitunter für ein paar Tage eine düstere Stimmung, man sollte sich aber nicht von der depressiven Laune überwältigen lassen. Wenn nicht eine Reihe von anderen negativen Transiten wirksam ist, handelt es sich um einen Einfluß, der rasch vorbeigeht. Eine ältere Person könnte sich als sehr fordernd oder ermüdend herausstellen. Eine gute Zeit für das Fasten oder für eine Diät.

Venustransite zu Uranus
Eine besonders anziehende und dynamische Wirkung auf das andere Geschlecht und vielleicht sehr viel Spaß. Man muß aber vorsichtig sein, weil emotionale Spannung zu unerwarteten – allerdings nur zeitweiligen – Problemen führen kann.

Venustransite zu Neptun
Sehr romantische Einflüsse. Es kommt darauf an, sich von den Gefühlen nicht überwältigen zu lassen, sondern in Kontakt mit der Realität zu bleiben. Filme, die »auf die Tränendrüse drücken«, Ballett und Poesie können nun ein besonderes Vergnügen bereiten.

Venustransite zu Pluto
Eine Phase, in der man sich möglicherweise frustriert fühlt, weil irgend etwas verhindert, daß es zu Fortschritten kommt. Man kann jetzt diesbezügliche Probleme offenlegen und einen Neustart machen. Der Einfluß für sich allein ist nicht stark genug, um langfristige Folgen zu haben – kleinere häusliche Schwierigkeiten z. B. aber können damit gelöst werden. Vielleicht unliebsame Überraschungen in Verbindung mit Steuern oder Versicherungen.

Venustransite zum Aszendenten
Eine Zeit, in der man etwas für sich selbst tun kann, den Lieblingsladen aufsuchen z. B., neue Kleidung kaufen (vielleicht findet man gerade eine große Auswahl vor), sich einer Schönheitsbehandlung unterziehen oder ein neues Bild aufhängen. Es könnte schwerfallen, während dieser Tage die Diät durchzuhalten.

Venustransite zum MC
Machen Sie den Vorschlag, daß Ihr Gegenüber sich einmal frei nimmt und sich dem Nichtstun hingibt. Vielleicht ergibt sich eine Überraschung: Man erhält in letzter Minute eine Einladung zum Ausgehen oder trifft unerwartet einen Freund, den man lange nicht gesehen hat. Falls die Venus der herrschende Planet ist, könnten sich diese Transite auch als günstig für den Beruf erweisen.

Venustransite zur Radixvenus
Alles, was die Venus im Horoskop nahelegt, steht jetzt in angenehmer Form im Blickpunkt. Sehen Sie also auf das Horoskop, um hier mehr Informationen zu erhalten. Ermuntern Sie Ihr Gegenüber, sich auf die Angelegenheiten zu konzentrieren, die mit dem Haus der Venus zusammenhängen.

Mars in den Zeichen

Weil die Mars-Umlaufbahn weiter von der Sonne entfernt ist als die der Erde, ist Mars – anders als Merkur und Venus – vollkommen unabhängig von der Sonnenstellung. Dieser planetarische Einfluß hat mit der physischen Energie zu tun, mit Selbstsicherheit, Konkurrenzdenken und dem sexuellen Trieb. Mars läßt auch erkennen, ob wir leicht in Wut geraten – er herrscht über den Adrenalinfluß.

♈ Mars im Widder

Der Widder ist das Zeichen, über das Mars regiert. Ein Schlüsselfaktor des Horoskops, dessen Bedeutung gleich hinter dem herrschenden Planeten anzusiedeln ist. Diese Stellung verleiht viel physische Energie, die positiv zum Ausdruck kommen muß. Wenn es kein Ventil wie z. B. Sport oder andere fordernde Aktivitäten gibt, stagniert der Körper, und der Mensch fühlt sich rastlos und unzufrieden. Der Drang zu gewinnen ist stark, und an Antriebskraft mangelt es der Person nicht. Wenn Mars im Aspekt zu Saturn oder in einer negativen Verbindung zu Uranus oder Pluto steht, ist der Energiefluß allerdings behindert.

Selbstbewußte Aktivität

Daneben bedeutet Mars in seinem eigenen Zeichen einen sehr reinen Einfluß. Er spornt den Menschen an, er macht ihn zu jemanden, der losgeht und sich nimmt, was er will, und der diejenigen, die er liebt, dazu anhält, es genauso zu machen – ansonsten nimmt er die Dinge selbst in die Hand. Es besteht allerdings die Tendenz, die Gefühle der Mitmenschen außer acht zu lassen und andere dazu zu zwingen, das zu tun, was man selbst für richtig hält, speziell dann, wenn es dem Partner an Selbstbewußtsein fehlt.

Wenn vom Horoskop auch Takt, Diplomatie und Sensibilität angezeigt sind, hilft das gegen den hitzigen Übereifer dieser Stellung – wenn nicht, kann es zu Problemen und zu unangenehmen Situationen kommen. Insofern sollte man bewußt gegen Taktlosigkeit und Gedankenlosigkeit angehen.

Ein machtvoller und direkter sexueller Drang mit viel emotionaler Leidenschaft. Lange über etwas zu brüten oder sich über psychische Komplexe zu verbreiten ist hier nicht typisch. Es kann auch eine verstärkte Neigung bestehen, die Mutterrolle auszuüben. Zumeist ein unkompliziertes Wesen, das in der Lage ist, vermeintlich umfangreiche Probleme auf einige wenige Komponenten zu reduzieren.

Wenn die Marsenergie im Widder fließend zum Ausdruck kommt und der Mensch seinen diversen Interessen nachgehen kann, ist alles gut – der oben angesprochene Faktor der Stagnation könnte ansonsten zu gesundheitlichen Problemen führen. Für gewöhnlich weiß der Betreffende das aber zu vermeiden.

Kopfschmerzen dürften sich bemerkbar machen, gleichermaßen Ausbrüche von marsischem Zorn: Ein plötzlicher Verlust der Kontrolle und ein heftiger Sturm, der sich genauso schnell legt, wie er entstanden ist. Rachegelüste sind nicht typisch.

♉ Mars im Stier

Sehr viel Leidenschaft und ein großes Bedürfnis nach Sexualität, das mit stierhafter Wärme zum Ausdruck gebracht wird. Ein Liebhaber, der sinnlich und zärtlich ist und sich gelegentlich besitzergreifend zeigt. Ist Mars unverletzt, viel Energie, die auf eine beständige Art eingesetzt wird.

Wenn sich der Betreffende wütend fühlt, merkt man ihm das nur zu gut an. Es kostet viel Provokation, bis es soweit kommt, weil die stierhafte Geduld den Marseinfluß besänftigt. Weil Mars aber zu Aktivitäten führt, läßt der Mensch mit dem Stier-Mars niemand im unklaren über seine hitzigen Gefühle und darüber, daß Adrenalin durch seine Adern strömt.

Auch wenn die Wutausbrüche vielleicht berechtigt sein mögen, können sie doch großen Schaden anrichten. Die betreffende Person bringt ihre Gefühle auf eine viel leidenschaftlichere Weise zum Ausdruck, als sie glaubt.

Im Idealfall Bestimmtheit, Festigkeit und das Vermögen, intensiv und hartnäckig zu arbeiten, sowohl für den Beruf als auch für Hobbys. Manchmal aber auch viel Eigensinn. Im Horoskop mit einer Vorherrschaft von Erde tritt die abenteuerliche Seite von Mars weniger deutlich in Erscheinung – hier gilt es, darauf zu achten, ob der Mensch sich womöglich in ein festes Schema verrennt, wegen der übertriebenen Ausrichtung auf Routine und dem Stier-Bedürfnis nach finanzieller Sicherheit, sogar bei einem so lebhaften Planeten wie Mars. Viel Energie wird darauf verwendet, Geld zu verdienen und auszugeben.

Stärke und Fitneß

Eine wunderbare Stellung für denjenigen, der einen Mannschaftssport, eine Kampfsportart wie Ringen oder Boxen oder auch das Gewichtheben betreibt. Der Stier wird von der Venus beherrscht – damit handelt es sich also auch um eine günstige Stellung für einen Tänzer, für den Disziplin und Routine sehr wichtig sind und der mehr oder weniger auch mit dem Gewichtheben zu tun hat, wenn er seine Partnerin in die Luft heben muß. Neigung zu fieberhaften Erkrankungen und Halsentzündungen.

♊ Mars in den Zwillingen

Eine Stellung, die den Verstand stimuliert. Viele Astrologen sind der Meinung, daß Mars in diesem Zeichen nicht gut zur Geltung kommt, weil hier keine physische Stimulation von ihm ausgeht. Wir stimmen dem nicht zu, vorausgesetzt, der Mensch kann von seinen intellektuellen Motiven her körperlich aktiv werden. Es ist wichtig, daß der Betreffende sowohl seinen Geist als auch seinen Körper trainiert (was für jedermann gilt) – allerdings besteht in diesem Fall keine besondere Neigung dafür, solange keine besondere intellektuelle Herausforderung mit der Aktivität einhergeht. Ein Mensch, der die verschiedensten Sportarten ausprobieren und langweilig finden könnte. Man muß sich für eine Aktivität entscheiden, die sowohl geistig als auch körperlich anspruchsvoll ist, und dann dabei bleiben! Ansonsten kann es zu Rastlosigkeit mit schlechter Laune und Irritationen kommen, die nicht nur gegen andere gerichtet wird, sondern auch gegen das Selbst. Auch die Verschwendung von Energie aufgrund von zu vielen Richtungsänderungen ist möglich. All das führt notwendigerweise zu Unzufriedenheit. Achten Sie darauf, ob stabilisierende Horoskopfaktoren auf Disziplin und Beharrlichkeit schließen lassen. Ein solcher Einfluß könnte zu praktischen Resultaten führen und ein kontrollierteres Handeln ermöglichen.

Aktive Anteilnahme

Zumeist viel Beweglichkeit – um das Beste aus dieser Stellung zu machen, muß man wissen, daß der Betreffende nicht sehr positiv zur Entspannung eingestellt ist (er kann sie sogar als langweilig empfinden), und statt dessen zu verschiedenartigen Beschäftigungen raten. Wenn der Mensch am Arbeitsplatz körperlich gefordert ist, sollte er den Abend intellektuellen Herausforderungen widmen und umgekehrt. Allerdings darf es natürlich nicht zu allzu vielen Wechseln kommen.

Eine besondere Verletzungsanfälligkeit der Arme und Hände – man sollte deshalb bei der Gartenarbeit oder beim Heimwerken Schutzhandschuhe tragen und sehr vorsichtig bei Werkzeugen und heißem Wasser sein, um so mehr, wenn der Transitmars persönliche Planeten oder den Aszendenten aspektiert.

Sexuell ein lebhafter und experimentierfreudiger Partner, bis ins hohe Alter. Die Einstellung zur Sexualität ist leichtherzig: Sie macht Spaß und Freude. Diese Stellung nimmt dem betreffenden Lebensbereich einiges von der brodelnden Leidenschaft – nichtsdestoweniger steht sie für einen energischen und oftmals auch sportlichen Liebhaber, der seinerseits dazu beiträgt, daß der Partner energisch, jugendlich und fit bleibt.

♋ Mars im Krebs

Die Marsenergie kommt auf eine emotionale und leidenschaftliche Weise zum Ausdruck. Bei negativen Aspekten – speziell vom Mond, von der Sonne oder von Uranus aus – ein gewisser physischer Streß. Sehr viel Hartnäckigkeit; jede Herausforderung, ob sie sich nun auf die physische oder die emotionale Energie bezieht, wird bis zum Ende durchgefochten.

Das Liebesleben hat einen machtvollen Einfluß; ein sinnlicher und fürsorglicher Partner, der instinktiv weiß, was der andere braucht. Allerdings könnte die Atmosphäre manchmal etwas Beengendes haben, wenn zuviel physische und emotionale Energie auf die Beziehung gerichtet wird, womöglich bis hin zum Punkt der totalen Verausgabung. Nicht besonders viel Geduld, sondern statt dessen manchmal in Augenblicken des Zorns grobe und kränkende Äußerungen. Diese Wut ist nicht so leicht zu beschwichtigen wie in anderen Zeichen: Der Krebs hat ein gutes Gedächtnis, und es fällt ihm schwer, seine Emotionen von Rachegelüsten zu befreien, auch dann, wenn ihm dieser Zug selbst unsympathisch ist.

Eine starke Ausrichtung auf die Familie: Kinder und der Erwerb eines Hauses genießen eine sehr hohe Priorität. Bei einer schwangeren Frau mit Mars im Krebs lassen die Marsaspekte erkennen, wie die Schwangerschaft und die Geburt verlaufen werden. Wenn Spannungsaspekte zu Mars bestehen, ist unbedingt zur Teilnahme an Kursen für Entspannungstechniken zu raten. Manchmal beschleunigt diese Stellung die Geburt.

Gesundheit und Wohlbefinden

Die geeignetste Form von Betätigung ist Wassersport, bei dem sich sowohl der Körper als auch die Emotionen erholen können (das Wasser hat ja viel mit Gefühlen zu tun). Man muß auch die Probleme offen zur Sprache bringen, speziell dann, wenn man sich aufregt oder sich über jemanden ärgert. Eine Neigung zu Ängsten und dazu, in allem ein Problem zu sehen, was zu einem physischen oder emotionalen Teufelskreis werden kann, der das Wohlbefinden sehr beeinträchtigt.

♌ Mars im Löwen

Enthusiasmus, Energie und Selbstbewußtsein des feurigen Mars finden im Löwen eine gute Ergänzung. Gute Organisations- und Führungsqualitäten. Man hüte sich aber vor der Tendenz, weniger extravertierte Personen zu sehr zu bedrängen.

Starke Emotionen und eine große Lebenslust. Es bereitet dem Menschen ein besonderes Vergnügen, wenn er auch andere dazu bringen kann, Freude am Leben zu haben und fröhlich zu sein. Ein erfülltes und farbiges Sexualleben – wenn Mars aber negativ von Saturn aspektiert wird, kommt die Energie auf eine ungleichmäßige Weise zum Ausdruck. Ein Sinn für das Dramatische, was zwar Vergnügen bereiten kann, aber unter Kontrolle gehalten werden muß, wie auch die Tendenz zum Angeben und zum Übertreiben, die unter Umständen allzusehr hervorsticht. Jemand, der alles Kleinkarierte und Niedrige verabscheut. Ein lebhaftes Wesen (wie bei Mars im Widder auch); der Löwe-Hang zur Größe aber bedeutet, daß der Mensch schnell vergeben und vergesssen kann.

Häufig eine ausgesprochene Liebe zur Kunst und Kreativität. Mit einem Gefühl für Farben ist oft auch ein Talent für das Malen oder Entwerfen verbunden, mit der Neigung zu »schrillen« und leuchtenden Farbtönen. Wenn das Sonnenzeichen die Marsstellung ergänzt (indem diese z. B. ebenfalls in einem Feuerzeichen steht), entscheidet sich der Betreffende auch bei der Wahl seiner Kleider für diese Farben sowie für einen bequemen Schnitt.

Das Bedürfnis nach Sport

Wenn die Tendenz zum übermäßigen Enthusiasmus bewußt unter Kontrolle gehalten wird, stellt dieser Einfluß einen wunderbaren Ansporn dar. Er verleiht zumeist eine robuste Gesundheit, wobei allerdings auf das Rückgrat zu achten ist, welches bei Spannungen Probleme machen könnte, insbesondere dann, wenn er über Stunden hinweg am Schreibtisch festgehalten wird. Ein spezieller Stuhl könnte für ihn eine wohltätige und vielleicht auch notwendige Investition sein. Da der Löwe über das Herz herrscht, sollten Sie den Betreffenden zu regelmäßigen körperlichen Übungen anhalten, wie alt er auch ist. Es muß nicht so sein, daß er zu Herzattacken neigt – man sollte sich nur vor Augen halten, daß das Herz ein mächtiger Muskel oder auch eine Maschine ist und daß Maschinen nun einmal länger halten, wenn sie gut geölt und sorgfältig gepflegt werden. Tanz und Fitneß sehr geeignet.

♍ Mars in der Jungfrau

Ein Mensch, der hart und bereitwillig arbeitet. Als Gegengewicht wären vielleicht positive Aspekte zur Sonne, zum

Mond, zu Merkur oder zur Venus wünschenswert – ansonsten könnte das Übermaß an nervöser Energie den Menschen kantig, verspannt und rastlos machen. Häufig der Drang, immer aktiv zu sein; wenn dieser in einer kontrollierten und praktischen Weise zum Ausdruck gebracht wird, z. B. durch ein regelmäßiges Schema oder einen festen Arbeitsplan, ist alles gut. Falls Mars aber negative Aspekte (speziell Quadrate) von der Sonne, von Merkur oder von Uranus erhält, könnte die Fähigkeit, sich zu entspannen, beeinträchtigt sein. Nervöse Magenbeschwerden, vielleicht auch Migräne oder Hautausschlag als Folge der Spannung oder falschen Ernährung.

Aufmerksamkeit für Details

Positiv gesehen ein Mensch, der zu harter Arbeit bereit ist. Und auch wenn Mars nicht gerade Geduld verleiht, ist der Betreffende doch dazu in der Lage, bei der Arbeit den Details viel Aufmerksamkeit zu widmen und beharrlich an seinen Zielen zu arbeiten.

Die Leidenschaft von Mars ist hier reduziert. Möglicherweise nimmt man hier starken Anteil an wichtigen Themen wie dem Umweltschutz (und setzt dafür viel Geld und Zeit ein), hat aber kein besonderes Interesse an der Sexualität (Mars und die Jungfrau sind keine guten Bettgenossen). Das Unterscheidungsvermögen der Jungfrau und die sexuellen Bedürfnisse des Mars widersprechen einander womöglich; schauen Sie hier auf die Venus und ihr Zeichen, die besonders dann helfen kann, wenn sie Mars positiv aspektiert. Auch der Mondeinfluß könnte eine Unterstützung sein – der Jungfraumars bedeutet ein eher unterentwickeltes emotionales Niveau.

Manchmal durchaus ein gewisser Ehrgeiz, allerdings könnte der Mangel an Selbstvertrauen dafür sorgen, daß dieser unbefriedigt bleibt. Vielleicht auch die Neigung zu Sorgen und Ängsten, wenn man einmal eine besondere Verantwortung zu tragen hat. Emotionale Spannung kann durch Entspannung gelöst werden – für gewöhnlich hat Yoga hier einen günstigen Einfluß. Ein einfallsreiches Individuum, das womöglich Pläne für Maschinen erstellt, das allerdings dazu neigt, den Details zuviel Aufmerksamkeit zu schenken, und die übergeordneten Merkmale aus dem Blick verliert. Der Jupitereinfluß oder eine Schützebetonung könnte hier hilfreich sein. Wenn Sie eine sportliche Tätigkeit empfehlen möchten, denken sie an Radfahren, Wandern oder Laufen.

♎ MARS IN DER WAAGE

Der Wunsch nach Liebe, Harmonie und angenehmen Beziehungen wird bei dieser Beziehung durch ein erhöhtes sexuelles Bedürfnis gewürzt. Dennoch ist Mars in der Waage nicht allzu günstig gestellt: Bei aller Energie und allem Enthusiasmus könnte er der Umgebung den Eindruck vermitteln, daß er sich nicht anstrengt und alles nimmt, wie es kommt: »Das ist mir doch egal.« Das ist der wahre Grund für viele seiner Probleme, auch wenn er anderes behauptet.

Venus und Mars werden häufig als Einheit gesehen, so daß man vermuten könnte, daß Mars in diesem Zeichen gut zur Geltung kommt. Der Überlieferung nach aber ist die Mars-Energie in der Waage geschwächt und die Willenskraft und Bereitschaft zur körperlichen Anstrengung herabgesetzt. Trotzdem aber stimuliert Mars die Sexualität der Waage. Befinden sich noch andere Planeten in diesem Zeichen (viele Menschen haben z. B. Neptun darin), wird das grundsätzlich romantische und idealistische Waage-Empfinden gestärkt, es kommt dann auch physisch zum Tragen.

Die Waage-Tendenz, sich in die Liebe zu verlieben, sollte nicht übergangen werden. Mit Mars in diesem Zeichen ist auch die Neigung zur Liebe auf den ersten Blick verbunden, was in der Konsequenz zu großem Kummer und problematischen Lektionen führen kann. Zur Kontrolle der Emotionen wären stabilisierende Einflüsse des Horoskops wünschenswert, z. B. ein Trigon zwischen Mond und Saturn.

Sich mit anderen verbinden

Für gewöhnlich ein gutes Wahrnehmungsvermögen und oft auch sehr viel Intuition – was heißt, daß man den Betreffenden dazu ermutigen sollte, diese Eigenschaften zu entwickeln, besonders dann, wenn er sich über eine neue Beziehung Gedanken macht. Man muß sich aber auch klarmachen, daß der Mensch mit dieser Stellung die Auseinandersetzung sucht. Es ist nicht falsch, wenn man zu erkennen gibt, daß man sich ärgert oder langweilt; allerdings kann die Tendenz bestehen, des Guten zuviel zu tun.

Ein Mensch, der womöglich oft unter Kopfschmerzen leidet, welche ihre Ursache vielleicht in Problemen mit den Nieren haben. Wir haben den leisen Verdacht, daß Kopfschmerzen aber vielleicht auch vorgetäuscht werden, wenn der Betreffende in einer schlechten Laune ist, sich müde fühlt oder keine Lust zum Sex hat. Allgemein könnte eine Abneigung vor Sport bestehen – der gesellige Aspekt ist aber vielleicht doch reizvoll, wenn man z. B. nach dem Training im Fitneßzentrum sich noch zusammensetzt. Man könnte auch zu Tennis, Badminton oder Squash raten; all diese Sportarten stärken den Fluß der Marsenergie und regen den Stoffwechsel an.

♏ MARS IM SKORPION

Ein Brennpunkt im Horoskop. Vor der Entdeckung von Pluto galt Mars als Herrscher des Skorpions, was auch noch in alten Werken geschrieben steht – heutzutage ist die Astrologie anderer Meinung. Nichtsdestoweniger handelt es sich um einen machtvollen Einfluß, der gebührend gewürdigt werden sollte.

Die drängenden Gefühle des Skorpions werden durch die Leidenschaft des Mars noch intensiviert. Die sexuellen Energien müssen unbedingt auf eine befriedigende Weise zum Ausdruck kommen. Halten Sie das bitte nicht für einen Allgemeinplatz – auch wenn wir alle sexuelle Erfüllung brauchen, ist sie für den Menschen mit einem Skorpionmars doch wichtiger als für jeden anderen. Fehlt sie, kommt es zu brodelnden Gefühlen der Unzufriedenheit und der Wut, die schwer zu überwinden sind, solange man nicht die Probleme bewußt erkennt. Es könnte hier dann auch der Hang zur Besessenheit zutage treten.

Die Tendenz zum Exzeß

In dieser Stellung liegt ein wunderbares Potential. Wenn die Emotionen, die mit den verschiedenen Lebensbereichen verbunden sind, frei fließen können, sehen wir womöglich einen brillanten Ingenieur, Minenarbeiter oder auch Weinkenner vor uns – viele dieser Menschen weisen ein solches Horoskopmerkmal auf. Negativerweise kann Eifersucht ein

Problem darstellen, im Extremfall auch Rachsucht. Es dürfte eine Neigung zu gutem Essen bestehen und vielleicht auch dazu, »auf den Putz zu hauen«.

Ein kompromißloser Mensch, der z. B., wenn er sich für zu dick hält, radikal fastet – der dann aber den Erfolg seiner Anstrengungen zu feiern weiß. Bei einer ausufernden Liebe zum Essen und Trinken muß vermutet werden, daß es sich um die Kompensation des Mangels an emotionaler Erfüllung handelt. Versuchen Sie, die Probleme wirklich zu erörtern – es könnte das »Talent« vorhanden sein, Schwierigkeiten geheimzuhalten oder beiläufig abzutun. Es ist wichtig, daß diese Menschen an ihrer Karriere emotional Anteil nehmen und daß sie dabei gutes Geld verdienen; ihre machtvolle und hochintensive Marsenergie muß nämlich auch hier Ausdruck finden.

Ein reichliches Maß an körperlicher Kraft. Mit der Bestimmtheit (oftmals geradezu Dickköpfigkeit), die diese Stellung beinhaltet, hat der Mensch womöglich eine Neigung zu Kampfsportarten oder trainiert hart. Wassersport macht ihm ebenfalls Spaß. Weil der Skorpion auch über die Geschlechtsorgane herrscht, dürfen diesbezügliche Beschwerden nicht ignoriert werden. Mütter von Babys mit dieser Stellung sollten sehr darauf achten, daß es nicht zum Hautausschlag durch die Windel kommt.

♐ Mars im Schützen

Eine Stellung, die Lebhaftigkeit und Spannung verspricht. Weil sie die körperliche Energie vergrößert, braucht der Betreffende eine anspruchsvolle Tätigkeit. Wenn auch noch andere Planeten oder der Aszendent im Schützen stehen, meistens eine Tendenz zur Rastlosigkeit.

Auch viel intellektuelle Energie dürfte zu verzeichnen sein, und wahrscheinlich genießt es die betreffende Person sehr, wenn ihr Körper oder ihr Verstand auf die Probe gestellt wird. Eine umfassende Vision und eine Vielzahl von überraschenden Ideen, mit einem schlagenden Enthusiasmus. Vorausgesetzt, daß von anderer Horoskopseite aus Durchhaltevermögen und Bestimmtheit angezeigt sind, wird man es schließlich auch zu befriedigenden Ergebnissen bringen. Es kommt aber sehr darauf an, Rastlosigkeit zu unterdrücken und sich voll und ganz auf das augenblickliche Projekt zu beschränken – gerade das aber, was nicht aktuell ist, könnte am reizvollsten wirken. Risikofreude und manchmal auch ein großes Vergnügen am Spiel, besonders in Form von sportlichen Ereignissen.

Auf Herausforderungen reagieren

Wenn auch anderweitig die Neigung zum Unkonventionellen erkennbar ist, geht hier vom Schützemars noch eine unterstützende Wirkung aus. Mars liebt es, an erster Stelle zu stehen und zu gewinnen. Alles, was neu und anders ist, zieht ihn an. Es dürfte sich also um einen Menschen handeln, der als erster eine bestimmte Meinung ausdrücken möchte und der es genießt, konventionellere Gemüter vor den Kopf zu stoßen. Flexibilität ist zumeist eine Gabe, allerdings muß sie auch unter Kontrolle gehalten werden, weil die Beschäftigung mit allzu vielen Projekten zu Unbeständigkeit führen würde. Man darf nicht immer wieder eine Sache nach der anderen anfangen, ohne je etwas zu Ende zu bringen.

Die Liebe zum Abenteuer, zur Spannung und in gewissem Maß auch zur Gefahr kann eine Unfallneigung zur Folge haben. Aufzupassen ist für diesen Menschen aber gleichbedeutend mit Langeweile – versuchen Sie aber Ihr Bestes, ihn zum Tragen von Schutzkleidung zu bewegen, wenn er sich auf solche riskante Sportarten wie Moto-Cross-Rennen oder Reiten einläßt. Ratsam wären hier auch Kurse zu besonderen Fahrtechniken. Personen mit dieser Stellung müssen eine Balance zwischen physischer Aktivität und intellektueller Herausforderung finden – dann kann die feurige Energie des Schützemars ein wunderbar strahlendes und beständiges Licht verbreiten. Es gilt, sich hier im klaren zu sein, worauf der Schützepfeil gerichtet wird. Ansonsten treibt der Mensch durchs Leben und feuert sein Geschoß einmal hierhin, einmal dahin.

♑ Mars im Steinbock

Der Überlieferung nach ist Mars im Steinbock erhöht (siehe S. 35). Weil der Steinbockeinfluß in vielfacher Hinsicht langsam und stabilisierend, praktisch und erdverbunden ist, während Mars für Tempo, Feuer und außengerichteten Enthusiasmus spricht, finden wir das nicht ganz einsichtig. Wie dem auch sei – wir wollen die Alten nicht ignorieren, die bestimmt wußten, wovon sie sprachen.

Ziele und Leistungen

Diese Stellung läßt zumeist auf viel Ehrgeiz schließen, der bei der Realisierung von Zielen hilft. Eine weitere positive Auswirkung ist das gestärkte Durchhaltevermögen; Menschen mit dieser Stellung können sich z. B. in körperlich anspruchsvollen Situationen wie bei Expeditionen bewähren. Wenn der Beruf körperlich anspruchsvoll oder gefährlich ist, wird die betreffende Person keine närrischen Risiken eingehen, wie es so oft bei anderen Marsstellungen der Fall ist. Beim Sport begünstigt diese Planetenposition Ausdaueraktivitäten wie Marathonlaufen, Langstreckenschwimmen, Bergsteigen und Felsenklettern.

Die Mars-Neigung, der erste sein zu wollen, kann auch im Beruf zum Ausdruck kommen, besonders dann, wenn überhaupt auf viel Ehrgeiz zu schließen ist (untersuchen Sie hierzu vor allem das Haus und Zeichen von Saturn!). Die Wahrscheinlichkeit ist groß, daß das Individuum stark auf Erfolg ausgerichtet ist und seine Marsenergie zu diesem Zweck einsetzt, speziell dann, wenn sie mit den Zeichen von Aszendent und MC übereinstimmt. Oftmals auch Lust an der Macht. Vielleicht jemand, der aus eigener Kraft ein Unternehmen gegründet hat oder der es trotz schlechter Startchancen mit guten Leistungen und Stipendien zu akademischen Ehren brachte. Damit ein solches Potential aber tatsächlich voll zum Ausdruck kommt, ist Unterstützung von anderen Horoskopfaktoren nötig – falls nicht Mars oder Saturn für sich allein von überragender Bedeutung sind.

Bei einem großen Ehrgeiz besteht die Gefahr, daß man die Partner und die Personen, die man liebt, seinen Zielen opfert. Dessen muß man sich im klaren sein, auch, daß es nur zu schnell dazu kommt, sich für etwas oder jemanden bis zur vollständigen Erschöpfung zu verausgaben (speziell bei negativen Aspekten von Uranus, welche gleichzeitig auch das Bedürfnis nach Macht vergrößern). Neben dieser Tendenz könnten auch Gelenksentzündungen auftreten, insbesondere nach körperlicher Anspannung.

Extreme Temperaturunterschiede können einen überdurchschnittlich negativen Einfluß auf den Körper haben. Bei Langstreckenflügen ist es wichtig, daß man sich Zeit zur Akklimatisierung nimmt, weil es ansonsten zu Fieber oder Erkältungen kommen kann. Auch sollte man Malaria und anderen tropischen Krankheiten vorzubeugen versuchen. Ein Mensch, der die Sexualität ernst nimmt.

♒ Mars im Wassermann

Der Drang nach Unabhängigkeit und Freiheit, der mit Mars oft verbunden ist, sticht bei der Stellung im Wassermann deutlich hervor. Viele der Wassermanneigenschaften werden dadurch auf eine günstige Weise komplettiert. Ein markanter unkonventioneller Zug – unserer Meinung nach gibt es hier mehr verrückte Ideen als bei jeder anderen Stellung. Das kann auf die Freunde und Partner sehr amüsant und unterhaltsam wirken, manchmal allerdings auch peinlich.

Häufig viel Eigensinn, die Marsenergie kommt auf eine ziemlich ungleichmäßige Art zur Geltung, mit Schüben von Aktivität, die von Phasen gefolgt werden, in der der Mensch zwar den Anforderungen des Alltags gerecht werden möchte, aber einfach nicht in der Lage dazu ist. Das könnte an übermäßiger Spannung oder auch an reiner Exzentrizität als einer betonten Form der Andersartigkeit liegen.

Individuelle Lösungen suchen

Es ist von grundlegender Bedeutung, die Marsaspekte eingehend zu studieren: Wenn Mars durch Mond, Saturn oder Uranus beeinträchtigt wird, sind übermäßige nervliche Belastung und Anspannung sehr wahrscheinlich. Weil diese Stellung sehr individualistisch ist, fällt es schwer, hier Lösungsvorschläge zu machen. Schauen Sie auf die anderen Horoskopbereiche, welche vielleicht die Beschäftigung mit einer fordernden und anspruchsvollen Sportart nahelegen oder andererseits eine innengerichtete Tätigkeit wie z. B. Yoga. Der Pioniergeist von Mars kommt hier in Verbindung mit der humanitären Seite des Wassermanns zur Geltung; als Resultat davon könnte man sich dafür einsetzen, Not zu lindern, vielleicht indem man direkt dort hilft, wo sich eine Flut oder eine Hungersnot ereignet hat.

Von diesem Zeichen geht kein besonderer emotionaler Einfluß aus. Der oder die Geborene dürfte viel Spaß an der Sexualität haben und experimentierfreudig auf diesem Gebiet sein, es aber aufgrund des Bedürfnisses nach Freiheit nicht eilig haben, sich fest zu binden. Beachten Sie auch hier, welche anderen Einflüsse wirksam sind: Solange Mars oder Uranus keine personalisierte Bedeutung tragen, stellen Sonnen-, Mond- und Aszendentenzeichen neben dem Einfluß der Venus die dominierenden Faktoren dar.

Energie und Einfallsreichtum

Mars im Zeichen Wassermann kündet oftmals von beträchtlichem Einfallsreichtum, was sich womöglich in wissenschaftlicher Form, in Erfindungen oder einfach als Interesse an schrulligen oder ungewöhnlichen Individuen äußert. Training und sportliche Aktivitäten können den beständigen und regelmäßigen Ausdruck von Energie begünstigen. Sie regen auch den Kreislauf an.

♓ Mars in den Fischen

Eine beträchtliche Intensivierung der Emotionen, bis hin zum Sturm! Die Gefühle müssen kanalisiert werden, um positiv zum Ausdruck zu kommen, ansonsten kommt es bezüglich der psychischen Probleme zur Stagnation.

Hier haben wir es mit einem gefühlvollen und leidenschaftlichen Liebhaber zu tun, der der Liebe große Opfer bringt – der aber vielleicht auch die Liebe opfert, um mit großer Begeisterung einem Ruf zu folgen und anderen zu helfen, die in Not sind. Zumeist ein intensiver sexueller Drang, der mit viel Phantasie zum Ausdruck gebracht werden sollte. Diese Stellung ruft nach planetarischen Einflüssen, die für praktische Fähigkeiten und Disziplin sprechen – ansonsten könnten langwierige komplizierte Situationen die Folge sein.

Ist Mars durch Neptun verletzt, möglicherweise Entscheidungsschwäche und die Tendenz, die Realität zu verkennen. Gerade in stressigen Zeiten muß sehr darauf geachtet werden, sich nicht auf Beruhigungsmittel, ärztlich verordnete Medikamente, Drogen, Alkohol oder Nikotin zu verlassen. Vielleicht zeigt sich dann auch eine Allergie auf Schalentiere.

Kreativer Ausdruck

Eine lebhafte Phantasie, die kreativ zum Ausdruck gebracht werden sollte, weil sie ein großes Potential beinhaltet. Wenn auch der Rest des Horoskops ähnliche Qualitäten erkennen läßt, sollten Sie das ansprechen – es sind hier überraschende Ergebnisse möglich. Allerdings ist diese Stellung für das Selbstbewußtsein und Selbstvertrauen nicht besonders günstig.

Die physische Energie von Mars ist nicht allzu machtvoll, und intensive harte Anstrengung ist womöglich eher ungesund. Ein kreativer oder auch lyrischer Ausdruck von Energie ist ratsam, der Betreffende kann sehr davon profitieren. Schlittschuhlaufen, Tanzen, Staffelschwimmen oder die eine oder andere Form von fernöstlicher Kampfsportart könnten eine lohnende Betätigung sein. Negativ vielleicht Weitschweifigkeit, Geheimniskrämerei oder die Neigung, sich selbst zu täuschen.

♂ Der progressive Mars in den Zeichen

Wenn Mars in der Progression das Zeichen wechselt, stellt das einen subtilen Hintergrundeinfluß bezüglich der Art und Weise dar, wie der Mensch seine Energie zum Ausdruck bringt. Vielleicht konzentriert er sich nun auf die Bereiche, die mit dem neuen Zeichen zusammenhängen. Wenn Mars z. B. in den Stier läuft, könnte plötzlich der dauerhafte Drang in Erscheinung treten, mehr Geld zu verdienen, weil die finanzielle und emotionale Sicherheit wichtiger geworden ist; außerdem wird sich die Marsenergie auf eine tiefere und leidenschaftlichere Art manifestieren und sich der Betreffende vielleicht plötzlich auch sehr für Gesang oder für gutes Essen interessieren. Man sollte aber die Aktivitäten, die man zuvor über lange Jahre hin regelmäßig betrieben hat, nicht verwerfen. Vor dieser Progression stand Mars schließlich im aktiven und selbstbezogenen Zeichen Widder!

Mars in den Häusern

Mars energetisiert – diese Auswirkung macht sich bei den Angelegenheiten des Hauses, das er im Horoskop besetzt, deutlich bemerkbar. Der Mensch bringt hier sehr viel Energie zum Ausdruck, auf eine Art, die näher durch das Zeichen bestimmt wird. Es kommt darauf an, ob sich die Energien positiv oder in aggressiver Form manifestieren. Weiterhin gilt es, die Marsaspekte gebührend zu berücksichtigen (siehe S. 277–282)!

1 Mars im 1. Haus

Weil das 1. bzw. auch das Widder-Haus das wichtigste des ganzen Horoskops ist und Mars über den Widder herrscht, dominiert Mars bei dieser Stellung das ganze Horoskop, speziell dann, wenn er nicht weiter als 10 Grad vom Aszendenten entfernt ist. Die physische Energie wird dann die Eigenschaften des Zeichens am Aszendenten verstärken. Ein Mensch, der außerordentlich viel Willenskraft besitzt und vom Bedürfnis geleitet wird zu gewinnen.

Eine Person, die fortwährend den Eindruck von Ungeduld vermitteln könnte und denen gegenüber, die nicht so schnell sind wie sie selbst, kurz angebunden ist; mit Narren mag sie sich nicht beschäftigen. Herausforderungen und Wettkämpfe genießt sie sehr. Wegen der Neigung aber, sich selbst und die eigenen Ziele an die erste Stelle zu setzen, kann es bei der Selbstbezogenheit des Widders zu Problemen kommen, was der Betroffene selbst allerdings vielleicht nicht erkennt. Ein Bewußtsein dafür zu entwickeln ist aber nötig, wenn die Beziehungen – sowohl die engen emotionalen als auch die eher unpersönlichen – erfüllend sein sollen.

Energie und Vitalität

Für gewöhnlich sehr viel physische Energie, und es ist für den Betreffenden gleichermaßen Bedürfnis wie Genuß, im Alltag ständig aktiv zu sein. Mut und Risikobereitschaft, näher bestimmt durch das Zeichen am Aszendenten. Diese Eigenschaften haben überhaupt einen großen Einfluß auf die Motivation. Auf eine pionierhafte Weise Ziele zu realisieren ist die Essenz dieser Stellung.

Zu der überreichlichen Energie gesellt sich zumeist eine sehr vitale Einstellung. Es besteht zwar aufgrund von Unachtsamkeit und Überstürztheit die Neigung zu Unfällen, gleichermaßen aber ein gutes Regenerationsvermögen. Ein Mensch, der mitreißen und vieles erreichen kann.

2 Mars im 2. Haus

Hier richtet sich die Mars-Aktivität auf den Erwerb von Besitz und Wohlstand. Eine Person, die viel ausgibt und sich ihres hart verdienten Geldes auch erfreuen sowie andere daran teilhaben lassen möchte. Ob es nun durch kluge Investitionen, harte Arbeit oder cleveres Verhandeln zu Wohlstand kommt, hängt vom Marszeichen ab.

Die Emotionen sind ebenfalls verstärkt; viel Leidenschaft und Sinnlichkeit dem Partner gegenüber, der nicht lange Partner sein wird, wenn er nicht auf die gewünschte Art reagiert. Eine Stellung, die auch Bestimmtheit verrät, was in Verbindung mit den großen physischen Ressourcen eine ausgeprägte Widerstandskraft bedeutet.

Schauen Sie auf das Marszeichen: Bei Stier, Krebs oder Skorpion handelt es sich vielleicht um eine Person, die zwar selten, dafür um so heftiger explodiert – es dürfte der Zielscheibe des Objektes schwerfallen, einen solchen Ausbruch zu vergeben und zu vergessen. Der oder die Geborene sollte sich davor hüten, Besitzansprüche zu stellen, die bei bestimmten Marszeichen recht wahrscheinlich sind.

3 Mars im 3. Haus

Sehr oft schon ein ausgeprägter schulischer Ehrgeiz. Ein Mensch, der seine Schulzeit genossen hat, vorausgesetzt, der Lehrstoff wurde auf eine anregende Weise vermittelt. Eltern mit einem solchen Kind müssen darauf achten, ob die Tendenz besteht, daß es seinen schwächeren Mitschülern mit Aggressivität begegnet. Ein sehr konkurrenzorientiertes Kind, besonders im Sport – wenn es Talent hat, sollte es an Wettbewerben teilnehmen, was sehr förderlich für seine Entwicklung sein könnte. Ein Interesse an Weiterbildung kann typisch sein oder auch, daß der Mensch intellektuelle Herausforderungen genießt.

Vielleicht auch eine streitsüchtige Note mit hitzig verlaufenden Diskussionen, die aber viel Vergnügen bereiten können. Wenn der Geborene von einer Sache hundertprozentig überzeugt ist, wird er alles tun, um andere von seiner Meinung zu überzeugen und um Enthusiasmus zu wecken.

Wißbegierde ist ebenfalls ein verbreiteter Zug. Der Mensch wird von einer drängenden Neugier gelenkt, er will sofort Antworten auf seine Fragen, zum Warten fehlt ihm die Geduld. Es besteht auch die instinktive Veranlagung, sich in einer kriegerischen Manier schützend vor Brüder und Schwestern zu stellen. Ein Fahrtraining für Fortgeschrittene könnte eine gute Sache sein, weil der Betreffende vielleicht zum Rasen neigt, unabhängig vom Marszeichen.

4 Mars im 4. Haus

Viel von der Marsenergie wird darauf gerichtet, die häuslichen Umstände zu verbessern und zu verschönern, mit bemerkenswerten Ergebnissen. Jemand mit dieser Stellung könnte von Zeit zu Zeit sein Zuhause langweilig finden und aus diesem Grund immer wieder umziehen.

Der Einfluß der Familie

Zumeist eine enthusiastische Haltung zum Familienleben und zur Vater- oder Mutterrolle. Auf der tieferen psychologischen Ebene läßt diese Stellung Näheres zum Verhältnis zur Mutter erkennen. Das Bild und der Einfluß der Mutter könnten davon geprägt sein, daß diese genau gewußt hat, was sie von ihren Kindern verlangte und daß sie sie irgendwie auf eine männliche Weise erzogen hat. Sie könnte sehr ausgelassen, enthusiastisch und energisch gewesen sein. Vielleicht mußte sie auch aufgrund der Umstände den Vater ersetzen, vielleicht, weil dieser die Familie verlassen hatte oder zu schwach oder gestorben war. Man sollte nicht zu intensiv auf diesem Thema herumreiten.

5 Mars im 5. Haus

Wahrscheinlich ein extrem aktives und reiches Liebesleben mit einem besonderen Akzent auf dem sexuellen Vergnügen. Ein selbstbewußter Liebhaber, der in sexueller Hinsicht die Führung übernehmen möchte und der viel Aufmerksamkeit vom Partner braucht. Seine Leidenschaft zeigt er auf eine sehr positive Weise, und kennzeichnend für ihn sind Spaß und Vergnügen! Kinder bereiten Freude, entweder die eigenen oder die von anderen. Auch Gruppen wie bei den Pfadfindern oder im Sportverein sind hier anzusprechen.

Ein loderndes Temperament
Vielleicht eine große Risikobereitschaft oder auch eine Spielernatur. Das Zeichen, in dem sich Mars befindet, läßt erkennen, wieweit diese Tendenzen unter Kontrolle gebracht werden können. Möglicherweise ein Konflikt zwischen dem Bedürfnis nach der entsprechenden Form von Spannung (Mars) und dem Drang, diese unter Kontrolle zu behalten (das betreffende Zeichen).

Wenn auch andere Horoskopbereiche Kreativität nahelegen, ein zusätzliches künstlerisches Flair – allerdings keine Geduld bei der Umsetzung. Jedes Interesse wird hier mit Enthusiasmus und viel Energie verfolgt, ob nun in kreativer oder anderweitiger Hinsicht. Eine gute Stellung für sportliche Aktivitäten, weil sie den Wettkampf begünstigt.

6 Mars im 6. Haus

Wenn es im Horoskop sonst wenige oder keine Anzeichen für nervöse Anspannung gibt und Mars keine negativen Aspekte zu Mond, Merkur oder Uranus aufweist, stärkt diese Stellung das Nervensystem. Sie verleiht eine scharfe und beißende Kritik.

Was die physische Ebene betrifft, kommt es womöglich zu Hautproblemen mit einem Ausschlag oder allergischen Symptomen, die bei Streß oder Spannung auftreten. Bei positiven Aspekten zur Sonne, zum Mond oder zum herrschenden Planeten unterstützt diese Stellung die Heilkräfte sowie – wie bereits angesprochen – das Nervensystem ganz allgemein.

Wir haben es hier vielleicht mit einem »Arbeitstier« zu tun, mit jemandem, der bei einer Abneigung gegen stumpfe Routinetätigkeit mit einer energischen Disziplin die Aufgaben des Alltags auf militärisch präzise Weise erledigt.

Die selbstbewußte Seite von Mars tritt hier weniger auffällig in Erscheinung. Man setzt seine Energie dafür ein, auf eine dienende Weise zu helfen. Manchmal auch die Neigung, an anderen herumzunörgeln.

7 Mars im 7. Haus

Viel positive Energie für die Verbindungen; ein Mensch, der seine Willenskraft dafür einsetzt, die Beziehungen am Laufen zu halten. Manchmal die Neigung, den Partner in den Vordergrund zu drängen, zu deren Schaden – was unter Kontrolle gebracht werden muß, gemäß der Art und Weise des Marszeichens. Wie dem auch sei – es kommt hier auf die Erkenntnis an, daß in der Beziehung ein Sinn für die Richtung gegeben sein muß.

Wird die rauhere, aggressivere Seite dieses Marseinflusses unter Kontrolle gebracht, erweist sich diese Stellung als sehr hilfreich, auch für Beziehungen am Arbeitsplatz.

Die Verbindung zwischen Mars und der sexuellen Aktivität ist so stark, daß es den Anschein haben könnte, daß das Sexualleben die Beziehung dominiert. Nichtsdestoweniger ist aber noch Raum für andere Faktoren – die dann auch von grundlegender Bedeutung sind, weil sie die Beziehung lebendig halten. Der Ausdruck von Energie wird sicherstellen, daß es zu positiven sexuellen Erfahrungen kommt.

8 Mars im 8. Haus

Mars weist in diesem Haus eine sehr machtvolle Stellung auf, weil er vor der Entdeckung und Eingliederung Plutos in die astrologische Welt als Herrscher des Zeichens Skorpion galt.

Ein extrem starkes sexuelles Bedürfnis. Befriedigung auf diesem Lebensbereich ist eine notwendige Vorbedingung, damit es auf anderen Gebieten zur Erfüllung kommen kann. Das Forschen ist hier von großem Reiz – was sich auch auf die eigene Person beziehen kann (speziell dann, wenn Mars Aspekte von den persönlichen Planeten oder Pluto empfängt). Dies wirkt sich meistens gut aus, allerdings könnte die Tendenz zur Besessenheit gegeben sein. Dann würde man mit der Selbsterforschung niemals ein Ende finden.

Manchmal beeinflußt diese Stellung die Berufswahl. Es könnte eine Neigung zur Chirurgie oder zur Psychiatrie bestehen, vielleicht auch zur Polizei- oder Detektivarbeit. Wirtschaftliche und finanzielle Themen interessieren den Menschen, und möglicherweise besitzt er ein Geschick für das Investieren. Achten Sie auf das Marszeichen, um zu erkennen, ob die Person hier sorgfältig und kontrolliert oder aber tollkühn vorgeht und wie groß ihre Erfolge sind.

Eine machtvolle Intuition
Die Intuition ist mit dieser Stellung erhöht. Sie bedeutet ein gutes Gespür, um Partner zu finden und finanzielle Chancen wahrzunehmen. Es kann ein überdurchschnittliches Interesse für das Thema Tod bestehen. Manchmal (speziell dann, wenn Neptun im Skorpion steht), weist sie auf übersinnliche Fähigkeiten hin, allerdings kommt es dann noch auf andere Horoskopfaktoren an.

9 Mars im 9. Haus

Unter der Voraussetzung, daß der Geborene ein gutes intellektuelles Potential besitzt (am Einfluß von Merkur und Jupiter abzulesen), bedeutet diese Stellung, daß er sich engagiert und bereitwillig mit geistigen Herausforderungen auseinandersetzt. Bei einem guten Konzentrationsvermögen (z. B. bei positiven Saturnaspekten zu Sonne oder Mond) dürfte es dem Menschen ein Vergnügen sein, sich zu bilden und eine besondere Qualifikation zu erwerben.

Abenteuerlust könnte den Menschen dazu treiben, bis ans Ende der Welt zu reisen, womöglich auch ohne viel Geld, nur um des Reisens willen, oder auch als Teilnehmer einer Expedition.

Ganz allgemein widmet man sich mit dieser Stellung gern den verschiedensten Herausforderungen und hat alle Chancen, das, was man anstrebt, auch tatsächlich zu erreichen.

Viel Mut – die Art und Weise, wie dieser sich zeigt, ist am Marszeichen abzulesen (bei den Fischen kommt Mitgefühl und Anteilnahme zum Ausdruck, beim Wassermann eine exzentrische Qualität usw.).

Das ständige Bedürfnis nach Fortschritt könnte zu Rastlosigkeit führen, speziell dann, wenn sich Pläne nicht wie gewünscht umsetzen lassen. Man sollte den Menschen diesbezüglich warnen. Die Frage ist: Hat er Geduld oder nicht? Bei der Neigung zu nervösen Streßsymptomen könnte eine Entspannungstechnik hilfreich sein, die eine ruhigere und vielleicht auch philosophischere Einstellung zum Leben bewirkt.

10 Mars im 10. Haus

Ein Mensch, mit dem man im Beruf rechnen muß. Sehr viel Kraft, um hart zu arbeiten und Ziele zu erreichen, damit auch eine erhöhte Wahrscheinlichkeit für Erfolg. Jemand, der emotional Anteil nehmen muß an dem, was er beruflich tut. Fortschritte sind ihm sehr wichtig. Er sollte sich manchmal aber mäßigen und Geduld zeigen; überhastete Entscheidungen und ein Mangel an Toleranz gegenüber langsameren Kollegen könnten nämlich zu Problemen führen.

Die Neigung zu diskutieren und zu streiten könnte ebenfalls charakteristisch sein, besonders bei einem negativen Marsaspekt zu Uranus oder einem persönlichen Planeten. Ganz allgemein kann es zu Spannungen auf den verschiedensten Lebensgebieten kommen. Im besten Fall aber fügt Mars sehr viel Enthusiasmus für weltlichen Erfolg, sehr viel Ehrgeiz und hochgesteckte Ziele zu, insbesondere bei der Konjunktion zum MC.

Die Zeichen der Rebellion

Das 10. Haus steht in Beziehung zum Vater. Der Geborene könnte seinen Vater als sehr starke und fordernde Person gesehen haben. Daraus resultiert womöglich viel innerliche Wut, die in Form eines rebellischen Verhaltens gegenüber der Gesellschaft zum Ausdruck kommt, insbesondere während der Teenagerjahre.

Trifft dies zu, sollten Sie mit ihrem Gegenüber auf eine ruhige Weise darüber sprechen. So verlockend dieser Vorschlag sein mag – denken Sie aber daran, daß Sie ein Astrologe sind, kein Psychotherapeut; es könnte sinnvoll sein, daß Sie professionelle Hilfe vermitteln, falls der Betreffende in der einen oder anderen Hinsicht zu Aggressivität neigt. Wie immer können andere Horoskopfaktoren die Tendenz mildern oder aber verstärken.

Achten Sie hier auch auf Anzeichen für Spannungen oder auf mögliche Blockierungen (z. B. negative Aspekte zu Pluto), die es verhindern, daß Probleme zur Sprache kommen.

11 Mars im 11. Haus

Der Pioniergeist von Mars macht sich hier im gesellschaftlichen Leben bemerkbar: Jemand, der seine Gruppe anführt, der andere zu Aktivitäten anspornt und mit Enthusiasmus und Energie erfüllt und damit zur Entwicklung und Förderung von gemeinschaftlichen Interessen beiträgt.

Die Freundschaften sind hier von überdurchschnittlichem Interesse, allerdings handelt es sich dabei um einen Lebensbereich, in dem es wegen der aggressiven und streitsüchtigen Seite von Mars immer wieder zu Störungen kommen kann. Das gilt besonders dann, wenn andere die Motive oder Überlegungen in Frage stellen.

Sensibilität mit unterschiedlicher Auswirkung

Die humanitäre Seite des 11. bzw. des Wassermannhauses kommt hier zum Tragen, und es ist anzunehmen, daß der Betreffende, wenn er mit Leid konfrontiert wird, sofort zu helfen versucht.

Die Mars-Emotionen, die bei den Interessen und Hobbys so glühend zum Ausdruck kommen, berühren die menschlichen Beziehungen selbst deutlich weniger. Das ist so, weil das 11. Haus ein Element der persönlichen Distanz zufügt, was einen warmherzigen Ausdruck der Gefühle verhindert.

12 Mars im 12. Haus

Ein Mensch, der seine Geheimnisse hat und dem es sehr schwerfällt, über seine Probleme zu reden, auch dann, wenn er selbst in dieser Hinsicht anderen helfen kann. Eine farbige Phantasie und viel emotionale Energie, auch in einem Horoskop, das in dieser Beziehung eher unterentwickelt ist.

Eine fürsorgliche Rolle

Die Identifikation mit dem menschlichen Leid ist eines der positivsten Merkmale dieser Stellung, mitsamt der Tendenz, sich die Last anderer zur eigenen zu machen. Mit dem ausgeprägten Interesse an der Beratung kann diese Unterstützung zu einem psychologischen Faktor werden.

Wenn das Horoskop ansonsten Mitgefühl erkennen läßt, handelt es sich um eine ausgezeichnete Stellung für soziale Berufe, besonders in Form von Sozialarbeit oder auch im Rahmen des Justizvollzugs.

Damit Mars allerdings gut zur Geltung kommt, sollte er nicht im negativen Aspekt zum Mond oder zu Neptun stehen, weil dies darauf hinweisen könnte, daß der Mensch den Kopf in den Sand steckt oder vor den Problemen davonläuft. Dies gilt besonders auch für die Konjunktion mit dem Aszendenten.

♂ Der progressive Mars in den Häusern

Wenn der progressive Mars im Laufe des Lebens von einem Haus zum anderen wechselt, ergeben sich neue Interessen und ein anderer Ausdruck von Energie, gemäß der Belange des neuen Hauses. Läuft Mars z. B. progressiv in das 6. Haus und leidet der oder die Betreffende unter Über- oder Untergewicht, wäre eine vernünftige Diät oder eine Änderung der Eßgewohnheiten langfristig von großem Nutzen. Derjenige, bei dem der progressive Mars ins 3. Haus läuft, wird sich kommunikativer zeigen und häufiger als zuvor das Wort ergreifen, um seine Meinung auf eine dynamischere und kraftvollere Weise kundzutun.

Marsaspekte

Jeder Planet, der im Aspekt zu Mars steht, wird in physischer, emotionaler oder intellektueller Weise angeregt und gestärkt. Die positiven und negativen Auswirkungen unterscheiden sich aber sehr voneinander. Das gilt natürlich für alle Planeten – es kommt hier aber darauf an, ob Mars für eine positive Energie steht, die zu Aktivität und zu Leistungen führt, oder ob er Spannung und Druck zur Folge hat. Dann gilt es herauszufinden, auf welche Weise der Mensch die Energie kontrollieren kann, auf daß es zu positiven Ergebnissen kommt.

Marsaspekte zur Sonne
siehe Sonnenaspekte zu Mars, S. 215/16.

Marsaspekte zum Mond
siehe Mondaspekte zu Mars, S. 233/34.

Marsaspekte zu Merkur
siehe Merkuraspekte zu Mars, S. 248/49.

Marsaspekte zur Venus
siehe Venusaspekte zu Mars, S. 263.

♃ Marsaspekte zu Jupiter

☌ Konjunktion

Ein Aspekt, den man am besten mit »aufstehen und loslegen« beschreiben kann. Ein Mensch, der die Initiative ergreift und bestimmt und zielstrebig handelt. Für gewöhnlich ein großer Unternehmungsgeist, der jede sich bietende Gelegenheit beim Schopfe packt. Ein Enthusiasmus für Ziele, die für andere zu hoch sind – und das Vermögen, sich voll und ganz auf diese zu konzentrieren. Häufig auch große finanzielle Talente und eine wagemutige Einstellung zu Investitionen. Ein stabilisierender und vorsichtigerer Einfluß von anderen Faktoren könnte hier eine gute Sache sein.

Mit dieser Konjunktion sagt man, was man denkt, allerdings nicht auf taktlose oder allzu freimütige Weise, wenngleich die Tendenz, die persönliche Ansicht mit Überzeugung zu vertreten, schon einmal zu Problemen führen kann, speziell mit Kollegen.

Zumeist eine ausgeprägte Lebenslust. Wenn die Konjunktion in das Zeichen Widder oder Schütze fällt, womöglich eine ausgeprägte Risikobereitschaft oder eine geradezu närrische Tollkühnheit. Sehr viel physische und intellektuelle Energie. Mit dem dynamischen Einfluß sind große Leistungen möglich.

+ Positive Aspekte

Außerordentlich günstige Einflüsse, die Optimismus, Enthusiasmus und viele der bei der Konjunktion erwähnten Merkmale bewirken, allerdings auf weniger drängende Weise. Die Tendenz, Gefühle und Meinungen auf eine arrogante Art darzustellen, kann hier – im Gegensatz zur Konjunktion – kontrolliert werden. Ein lebhafter Verstand und ein aktiver Körper, um so mehr, wenn einer der Planeten eine personalisierte Bedeutung trägt. Auf jeden Fall handelt es sich um ein ausgezeichnetes Potential, das für sportliche oder intellektuelle Belange eingesetzt werden kann.

– Negative Aspekte

Wenn andere Faktoren des Horoskops Rastlosigkeit erkennen lassen, verstärken diese Aspekte das noch – und wenn nichts anderes dafür spricht, können sie sie hervorrufen. Viel intellektuelle und physische Energie, allerdings mit dem Hang, des Guten zuviel zu tun. Ermutigen Sie Ihr Gegenüber, hart und diszipliniert zu arbeiten, weil ansonsten die Energie und der Einsatzwillen auf eine sehr unregelmäßige Art zum Ausdruck kommen.

Menschen mit dieser Stellung haben Schwierigkeiten, das Maß zu finden, was schädlich auf die Gesundheit wirken kann, besonders dann, wenn einer der Planeten eine personalisierte Bedeutung trägt. Wenn es hier durch einen machtvollen positiven Einfluß zwischen Sonne und Saturn Hilfe gibt, hat man aber die Möglichkeit, die Energie kontrolliert und nutzbringend anzuwenden. Möglicherweise eine problematische Leidenschaft zum Spiel.

♃ Progressive Aspekte zwischen Mars und Jupiter

☌ Konjunktion

Eine gute Ausgangsbasis, um die Initiative zu ergreifen und seinen Weg zu gehen, in welche Richtung auch immer.

Dies führt zu Erfolg. Studieren Sie gründlich, welche Transite auf Schlüsselphasen hinweisen. Zu diesen Zeiten sollte der Betreffende auf eine kühne und bestimmte Weise aktiv werden. Dieser Einfluß, der sich über etwa drei Jahre erstreckt, kündet von einer wichtigen und aufregenden Zeit.

+ Positive Aspekte

Können zu beträchtlichem Erfolg führen. Viel Unternehmungsgeist. Wenn Transite unterstützend wirken, sollte man auf jeden Fall tatsächlich aktiv werden. Falls sich diese Progression zur Zeit einer Jupiterwiederkehr oder dem anderweitigen Hinweis auf eine wichtige Veränderung ereignet, könnte dies eine Periode mit außerordentlichen Fortschritten und vielen Erfolgen sein. Man kann nun vieles, was einem wichtig ist, realisieren.

– Negative Aspekte

Die Tendenz, übereilt aktiv zu werden und allzu optimistisch zu sein. Mäßigung auf allen Gebieten des Lebens ist jetzt ratsam, Unbeständigkeit und Ungeduld müssen bekämpft werden. Vielleicht geht der oder die Geborene jetzt große Risiken ein, möglicherweise bei verheißungsvollen Geldanlagen. Man sollte es sich sehr gut überlegen, jetzt größere Geldsummen auszugeben.

♄ Marsaspekte zu Saturn

☌ Konjunktion

Eine sehr machtvolle Stellung, die einen großen Einfluß auf die persönliche Energie hat und vielleicht auf eine eher ungleichmäßige Weise zum Ausdruck kommt. Manchmal könnte sich der Geborene zielstrebig bis zur Erschöpfung verausgaben, während zu anderen Zeiten der Energiefluß eher mäßig ist, mit der Folge von Passivität und einem Gefühl der Frustration. In den meisten Fällen gibt es tiefverwurzelte psychische Ursachen dafür. Die Haltung kann zeitweise negativ und düster sein, während man andere Male mit den großen Ressourcen sehr aktiv ist.

Häufig ein betonter Eigenwille. Unterstützt die Tendenz zur Hartnäckigkeit, falls von anderen Horoskopfaktoren angezeigt. Vielleicht auch eine Neigung zu Unfällen infolge von Unvorsichtigkeit. Übungen, die die Gelenke geschmeidig halten und vorbeugend gegen rheumatische Beschwerden helfen, sind ratsam.

+ Positive Aspekte
Sehr viel Ausdauer und Bestimmtheit. Ein Mensch, der sich mit schwierigen Umständen arrangieren kann, hinsichtlich der Arbeit oder z. B. auch einer Expedition. Kennzeichnend ist der Wille zum Erfolg. Aber auch hier sollte man sich um einen gleichmäßigen Ausdruck der physischen Energie bemühen.

− Negative Aspekte
Eine ernste und strenge Einstellung. Ein Mensch, der manchmal schwungvoll und positiv, dann wieder negativ und depressiv ist. Einige Autoren nennen diese Aspekte auch »unbeständig«, was unserer Meinung nach zutreffend ist. Wie bei der Konjunktion auch kommt es hier auf den bewußten Ausdruck der Energie an: Die Neigung, verbissen bis zur völligen Erschöpfung zu arbeiten, um sich dann aufgrund eines plötzlichen Mangels an Selbstvertrauen in einer lethargischen Form zu entspannen, könnte auf Dauer der Konstitution ernsthaft schaden.

Eine regelmäßige sportliche Betätigung wäre hier eine große Hilfe. Dazu wird es aber nur dann kommen, wenn der Betreffende seiner inneren Stimme nicht folgt, die da sagt: »Das schaffe ich sowieso nicht!«

♄ Progressive Aspekte zwischen Mars und Saturn

☌ Konjunktion
Für etwa drei Jahre kommt es nun auf Bestimmtheit und Geduld an – weil der Betreffende nun frustrierende Erfahrungen macht, vor allem dann, wenn Saturn auch noch im Transit wirksam ist. Fortschritte ergeben sich nur sporadisch. Man muß versuchen, konstruktiv zu arbeiten und über das Bescheid zu wissen, was zu tun ist.

Falls es zu einer Beförderung gekommen ist, muß der Geborene lernen, den Untergebenen mit Geduld und Gleichmut zu begegnen. Ein gleichmäßiges Tempo ist wichtig; unter Druck zu arbeiten könnte schädigend auf die Gesundheit wirken.

+ Positive Aspekte
Wahrscheinlich sehr viel Bestimmtheit und Durchhaltevermögen. Helfen dem Geborenen bei seinem drängenden Verlangen, es auf seinem Gebiet zu Fortschritten zu bringen. Geduld und harte Arbeit werden sich auszahlen; wie immer mit Saturn sind aber keine schnellen Resultate zu erwarten.

− Negative Aspekte
Zu diesen Zeiten ist viel Frustration möglich, es gilt, nichts übers Knie brechen zu wollen. Eine solche Tendenz verstärkt sich, wenn es gleichzeitig Transite von Saturn, Pluto oder Uranus zu persönlichen Planeten, zum Aszendenten oder zum MC gibt. Man sollte dann tätig werden, wenn derartige Transite nicht exakt sind – aber selbst dann ist nur zu vorsichtigen und wohlerwogenen Schritten zu raten. Regelmäßiger Sport, zusätzliches Calcium und zusätzliche Vitamine, speziell bei kaltem Wetter oder der Gefahr von Erkältungen, sind zu empfehlen!

♅ Marsaspekte zu Uranus

☌ Konjunktion
Dieser sehr machtvolle Aspekt unterstreicht den persönlichen Willen und die Zielgerichtetheit. Wahrscheinlich ein sehr hartnäckiger Mensch, der viele seiner Vorstellungen realisieren kann. Ein freimütiges Wesen. Bei der Konjunktion in einem fixen Zeichen kann es zu Intoleranz und Starrsinn kommen, auch zu Ungeduld und einer Unfallgefahr.

Es ist wichtig, daß der Betreffende sich vor Fanatismus hütet – eine solch extremistische Position ist nicht auszuschließen. Untersuchen Sie auch, ob Ihr Gegenüber vielleicht die Macht liebt; falls ja, machen Sie ihm klar, daß man besser auf die daraus resultierenden Privilegien verzichten sollte! Eine solche Tendenz wäre am ehesten bei der Stellung im 10. Haus zu erwarten oder bei der Konjunktion zum MC. Streßreiche Situationen könnten zu einer nervösen Spannung führen.

+ Positive Aspekte
Bewirken eine motivierte nervliche Energie, die der Geborene zu seinem Vorteil einsetzen kann, um seinen Zielen näherzukommen. Für gewöhnlich sehr viel Originalität mit einer Neigung für die Wissenschaft oder die Technik. In einem Notfall reagieren diese Menschen schnell; von ihrem machtvollen Energiepotential kann in solchen Momenten viel Unterstützung und Stärke ausgehen.

Unabhängigkeit sowie ein reichliches Maß an nervöser Energie. Wenn der oder die Betreffende ein interessantes und unabhängiges Leben führt, wird diese Energie sehr positiv freigesetzt.

− Negative Aspekte
Können sehr viel nervöse Spannung zur Folge haben, besonders dann, wenn schon von anderen Horoskopfaktoren eine derartige Neigung angezeigt ist. Manchmal tritt Migräne auf. Eigenwilligkeit, Exzentrizität und Streitsucht sind wahrscheinlich: Ein Mensch, der unter allen Umständen seinen eigenen Weg gehen will. Bei einem Kind mit dieser Stellung sollten die Eltern vielleicht das Gegenteil von dem, was sie wollen, vorschlagen, um zum erwünschten Ergebnis zu kommen. Ein Bewußtsein für die Gefühle der anderen und für Kränkungen sollte entwickelt werden.

Ein intensives Bedürfnis zu gewinnen und häufig auch tatsächlich große Erfolge – unterschätzen Sie aber nicht die damit verbundene Anspannung, die in Extremfällen zum Zusammenbruch führen kann. Manchmal sind sich diese Menschen selbst ihr ärgster Feind. Sehen Sie nach, welche anderen Faktoren die Härte dieser Aspekte mildern können!

♅ Progressive Aspekte zwischen Mars und Uranus

☌ Konjunktion
Eine Phase, die sowohl von Anspannung als auch von Erfolg kündet und in der man Großes leisten muß. Rückblickend aber könnte der Erfolg alle Anstrengungen rechtfertigen. Diese Progression wirkt über einen Zeitraum von etwa drei Jahren. Wenn Uranus auch noch im Transit wirksam ist, dürfte es sich um eine sehr ereignisreiche Zeit handeln.

Man sollte dann aktiv werden, wenn auch Jupiter im Transit aktiv ist – zum

Nachdenken, Plänemachen und geduldigen Vorgehen dagegen eignen sich Zeiten, wenn Saturn im Transit auf das Horoskop einwirkt. Häufig wichtige und unerwartete Veränderungen. Es gilt aber, nicht überstürzt zu handeln!

+ Positive Aspekte
Das Leben wird nun manchmal sehr aufregend und ereignisreich sein, und man fühlt sich jetzt stark, selbstbewußt und positiv. Es besteht der große Drang zu gewinnen, und eine originelle Herangehensweise zahlt sich nun aus. Man darf aber nicht halsstarrig werden, sondern muß auf die Worte und Ratschläge von anderen hören. Ruhig und vernünftig sein, obwohl das Leben jetzt so aufregend ist, darauf kommt es an. Insbesondere dann, wenn Jupiter im Transit die eigene Geburtsstellung oder das MC aspektiert, werden sich Chancen ergeben.

− Negative Aspekte
Eine schwierige Zeit – wie schwierig, hängt von der Stärke der Transite ab. Mit einem negativen Transiteinfluß von Uranus, Saturn oder Pluto könnte das Leben jetzt große Anforderungen stellen und die nervliche und körperliche Energie belasten; die Tendenz zu Ängsten kann sich ebenfalls manifestieren. Vielleicht reagiert die Person nun sehr dickköpfig oder eigensinnig. So etwas zahlt sich nicht aus, und es könnte auch ganz untypisch für diesen Menschen sein, der die Verantwortung dafür zu übernehmen hat.

♆ Marsaspekte zu Neptun

☌ Konjunktion
Dieser interessante Aspekt stärkt die Vorstellungskraft; ein Mensch, der eine reiche, farbige und faszinierende Phantasie hat. Die Konjunktion intensiviert ebenfalls die Emotionen und bedeutet Sensibilität beim Ausdruck von sexuellen Wünschen. Allerdings nehmen mit ihr die physischen Energien eher ab – die betreffende Person dürfte sich auf vielen Lebensgebieten durch ein gemächlicheres Tempo auszeichnen. Wenn das Liebesleben unbefriedigend ist oder kein Ventil für den kreativen Ausdruck der Phantasie besteht, kann es zu Frustration kommen, ohne daß die Person den Grund dafür weiß. Kinder mit der Konjunktion oder einem negativen Aspekt sollten von ihren Eltern besonders auf die Gefahren von Drogen, Alkohol und Rauchen hingewiesen werden. Es fällt sehr schwer, sich davon wieder freizumachen.

+ Positive Aspekte
Wenn andere Merkmale des Horoskops auf Kreativität oder Originalität schließen lassen, stärken diese Aspekte die Phantasie und das individuelle Talent. Das Resultat davon könnte ein wunderbares Farbgefühl oder auch die Fähigkeit zu originellen Entwürfen sein, ob nun in kreativer oder technischer Hinsicht.

Starke Emotionen und Gefühle, die auf eine positive Weise gezeigt werden sollten. Dominierend sind auf diesem Persönlichkeitsbereich allerdings andere Einflüsse, nämlich die von Mond und Venus. Eine Verbindung, die das Liebesleben begünstigt und die Sexualität mit Intensität und Sensibilität erfüllt; es gilt aber, mit beiden Füßen fest auf der Erde zu stehen, speziell dann, wenn man sich neu verliebt.

− Negative Aspekte
Könnten die Tendenz anzeigen, in alte Fluchtmuster zu verfallen, besonders bei Streß. Ein Mensch, der sich möglicherweise nach Rückzug sehnt, der es ablehnt, sich mit den Geschehnissen auseinanderzusetzen – suchen Sie nach Hinweisen, wie er dagegen angehen kann. Es besteht die Neigung zu Unzufriedenheit oder auch Launenhaftigkeit, speziell bei der Stellung in einem Wasserzeichen.

♆ Progressive Aspekte zwischen Mars und Neptun

☌ Konjunktion
Diese subtile, aber anregende Progression bestärkt die Vorstellungskraft, was sich in einer kreativen und phantasievollen Arbeit äußern könnte. Ansonsten vielleicht eine Zeit, in der ein bestimmter Traum oder eine Phantasie Wahrheit wird, eine langersehnte Reise zu einem Ort womöglich, der von jeher eine besondere Faszination ausgeübt hat. Sehr viel Inspiration, die vorteilhaft eingesetzt werden kann und gut bei kreativen Aktivitäten zur Geltung kommt.

Leidet Ihr Gegenüber aufgrund von anderen Progressionen oder Transiten unter Streß, sollten Sie ihn vor Beruhigungsmitteln, Drogen oder Alkohol warnen – all das schadet ihm nun mehr als sonst.

+ Positive Aspekte
Ähnliche Effekte wie bei der Konjunktion, allerdings ist die Chance noch größer, daß man den Einfluß auf eine praktische Weise nutzen kann, was vielleicht zu konkreten Resultaten führt. Auch der Hang, sich in einer Traumwelt zu verlieren, oder eine verminderte Konzentrationsfähigkeit.

− Negative Aspekte
Sind heikel und könnten zu Gefühlen der Unzufriedenheit mit dem persönlichen Schicksal führen oder zu dem Eindruck, daß man nicht stark genug ist. Das Selbstvertrauen ist schneller als sonst zu erschüttern, und harte Worte von anderen kränken nun sehr. Bei Streß besteht ein sehr großes Risiko zu negativem Eskapismus, und bei der Zubereitung von Nahrung, speziell bei Schalentieren, sollte man größere Aufmerksamkeit walten lassen als sonst – man ist nun nämlich für Lebensmittelvergiftungen anfällig.

Dieser Einfluß ist nicht während der ganzen drei Jahre der Progression zu spüren, er macht sich aber dann bemerkbar, wenn Neptuntransite zu den persönlichen Planeten, zum Aszendenten oder zum MC auftreten oder bei Lunarprogressionen ähnlicher Art. Der Geborene sollte sich vor den angesprochenen Fluchttendenzen hüten, auch vor einer vielleicht untypischen Geheimniskrämerei.

♇ Marsaspekte zu Pluto

☌ Konjunktion
Eine sehr machtvolle Energie. Bei positiven Aspekten von Sonne oder Mond erweist sie sich als starker Antriebsfaktor und als Bestimmtheit, wenngleich sie für gewöhnlich von Dickköpfigkeit begleitet wird.

Wenn Quadrate oder Oppositionen auf sie einwirken, könnte es zu einer Aufstauung von Energie kommen, die der Mensch nicht positiv freizusetzen weiß. Diese Energie ist so stark, daß Sie dann, wenn Ihr Gegenüber zu Rastlosigkeit oder zu Verspannungen neigt,

Judo oder Karate zu ihrer kontrollierten Freisetzung empfehlen sollten. Der psychische Effekt davon, kombiniert mit dem physischen, wird sich als sehr günstig erweisen.

Womöglich Tendenzen der Besessenheit und im Zorn eine geradezu furchteinflößende Erscheinung. Das gilt um so mehr, wenn die Konjunktion in den Skorpion fällt (zu der Zeit, da wir das schreiben, könnte das auf junge Menschen zutreffen – dies wäre also etwas, worauf Eltern achten sollten) oder in die Jungfrau, mit Beteiligung von Uranus. Dieser Aspekt verstärkt die Emotionen, und möglicherweise ruft er einen Zug der Grausamkeit hervor.

+ Positive Aspekte

Außerordentlich viel physische und psychische Energie, was bewußt erkannt werden muß. Mehr noch – sie muß durch eine anspruchsvolle Sportart oder ein hartes Training positiv zum Ausdruck gebracht werden. Eine Kampfsportart zu betreiben könnte für diese Gruppe von Menschen wie für die mit der Konjunktion (siehe oben) günstig sein.

Es kommt immer wieder zu umfassenden Veränderungen, oftmals wegen der leidenschaftlichen Veranlagung. Eine Stellung, die vermehrten Ehrgeiz und häufig auch die Fähigkeit zu harter Arbeit bedeutet – die vielleicht für einen »Workaholic« spricht.

– Negative Aspekte

Wie bei der Konjunktion und den positiven Aspekten sehr viel emotionale und physische Energie, allerdings auch die Neigung, sich bis zur Erschöpfung zu verausgaben und mit Besessenheit an den persönlichen Zielen zu arbeiten.

Verzweifelte Versuche, um Hindernisse zu überwinden – nur zu oft scheinen diese aber immer größer zu werden. Häufig eine Phase ohne befriedigende Resultate.

♇ Progressive Aspekte zwischen Mars und Pluto

☌ Konjunktion

Kündet von einer Zeit mit sehr viel emotionaler und physischer Energie. Wenn sie mit schwierigen Transiten zusammenfällt, vielleicht eine Phase von Frustrationen und Blockaden ohne jeden Fortschritt. Zum Schluß aber kann es hier zu einem Neustart kommen, manchmal als Resultat einer Therapie oder einer günstigen finanziellen Entwicklung. Wenn es positive Transite und Unterstützung durch Lunarprogressionen gibt, sollte man Pläne umzusetzen versuchen.

Eine womöglich harte Zeit, in der man aber einiges zustande bringen kann. Sie wird das Leben für etwa drei Jahre prägen, allerdings in unterschiedlicher Intensität.

+ Positive Aspekte

Stehen für eine Zeit, in der Geborene auf die eine oder andere Art reinen Tisch macht. Überkommenes ausmustern, im Zuhause überfällige Veränderungen vornehmen oder umziehen oder auch sich trennen und neu binden sind nur einige der Möglichkeiten.

Manchmal könnte auch bei diesen positiven Aspekten jeglicher Fortschritt blockiert sein, besonders, wenn Pluto im Transit einwirkt. Für gewöhnlich aber sehr befriedigende Ergebnisse, der Mensch fühlt sich damit wie aufgeladen und bereit für die nächste Phase des Lebens. Legen Sie nicht zuviel in diese Progression hinein – sie braucht einen Rückhalt, um wirklich stark zu wirken. Wenn Mars oder Pluto eine personalisierte Stellung haben, ist das der Fall.

– Negative Aspekte

Ein Zeitabschnitt mit viel Frustration, insbesondere bei Veränderungen. Nun sollte man die Dinge nicht mit Macht vorantreiben, erst recht nicht bei negativen Transiten von Saturn zu den persönlichen Planeten oder zu Pluto. Raten Sie dagegen bei Unterstützung durch Jupiter oder auch bei Marstransiten (welche nur für ein paar Tage wirksam sind – siehe S. 281/82), aktiv zu werden.

Asz Marsaspekte zum Aszendenten

☌ Konjunktion

Befindet sich Mars im 1. Haus, lesen Sie bitte zur Information noch einmal den betreffenden Abschnitt auf S. 274. Je dichter sich Mars am Aszendenten befindet, desto stärker ist sein Einfluß. Führen Sie sich allerdings vor Augen, daß die Geburtszeit exakt sein muß! Bei Mars im 12. Haus beschäftigen Sie sich bitte noch einmal mit dem Absatz auf Seite 276; was dort aufgeführt ist, hat auch hier seine Gültigkeit. Sehr viel physische Energie (Mars im 1. Haus) oder sehr viel emotionale Energie (Mars im 12. Haus).

Die Neigung zur Selbstbezogenheit und Selbstsucht ist bei Mars im 1. Haus stärker als im 12. Haus. Im letzteren Fall ist der Mensch zu Opfern bereit und hilft anderen auf eine selbstlose Weise, könnte sich aber als eine Art Geheimniskrämer hervortun. Unabhängig von der Häuserstellung könnte es aufgrund von Unbesonnenheit häufig zu Unfällen kommen.

+ Positive Aspekte

Verstärken die körperliche Energie, so daß der Mensch vielleicht sportlich sehr aktiv sein sollte, um diese positiv freizusetzen (wenn er im Beruf körperlich gefordert ist, gilt das nicht). Das Bedürfnis nach viel Aktivität sowie ein Hang zur Individualität. Möchte unbedingt immer bei den Siegern sein.

– Negative Aspekte

Es könnte die Neigung bestehen, sich zu überarbeiten, was die Vitalität schwächen würde (speziell bei Mars im 6. Haus). Eine lebendige und sexuell erfüllende Beziehung ist unbedingt erforderlich, wenn sich Mars im 7. Haus befindet. Allerdings sollten Sie Ihr Gegenüber vor der Tendenz zur Streitsucht warnen (welche auch beim Quadrat gegeben ist).

Wie bei der Konjunktion auch sollten Sie bei Ihrer Interpretation von dem Zeichen und dem Haus von Mars ausgehen. Aspekte zu ihm verstärken seine Bedeutung noch.

Asz Progressive Mondaspekte zwischen Mars und Aszendent

☌ Konjunktion

Der Geborene setzt sich während der drei Jahre dieser Progression herausfordernde und hochgesteckte Ziele, die er unter allen Umständen auch verwirklichen möchte. Tragen Sie Ihren Teil dazu bei, daß diese Energie positiv und gleichmäßig zum Ausdruck kommt, was auch vor Überarbeitung schützt.

Die jetzige Tendenz, sich selbst an die erste Stelle zu setzen und wenig

Aufmerksamkeit für die Belange der Partner zu haben, ist nicht grundsätzlich zu verurteilen – Energie und Zielstrebigkeit führen jetzt zu viel Bestimmtheit. Allerdings gilt es doch, sich vor Selbstsucht zu hüten.

+ Positive Aspekte
Eine ungeheure Unterstützung für alle Projekte, an denen man beteiligt ist, und für jede Herausforderung, mit der man sich auseinanderzusetzen hat. Günstig auch für das Erreichen der persönlichen Ziele. Die Gesundheit und Vitalität dürften nun sehr robust sein. Außerordentlich positiv, falls es zu besonderen körperlichen Anforderungen kommt.

− Negative Aspekte
Eine Neigung, zu hart zu arbeiten, was zu Erschöpfung führen kann. Von Zeit zu Zeit Tendenzen des Jähzorns und der Überstürztheit, speziell dann, wenn die Dinge nicht nach Plan laufen. Geduld ist das, worauf es jetzt ankommt. Vielleicht zeigt der Mensch nun ein sehr untypisches Verhalten.

Wenn diese Progression von der Uranusopposition zur eigenen Stellung begleitet wird (siehe S. 326), könnte sich vielleicht eine Liebesaffäre ergeben, die außer Kontrolle gerät. Man könnte nun unbedingt ausprobieren wollen, ob man sexuell noch attraktiv ist.

Marsaspekte zum MC

Konjunktion
Ein sehr großer Drang nach Erfolg. Auch Ehrgeiz und der Wunsch nach Unabhängigkeit machen sich nun deutlich bemerkbar. Wichtiger als alles andere ist, daß der Mensch an seiner Karriere bzw. an dem, was er tut, emotional Anteil nehmen kann. Das, was jeden Tag zu tun ist, wird mit viel Energie erledigt. Lesen Sie noch einmal die Abschnitte zu Mars in den betreffenden Häusern (S. 274–76), um Einsicht in diese wichtige Stellung zu bekommen.

+ Positive Aspekte
Wirken sich ähnlich wie die Konjunktion aus – Mars unterstützt die Aktivitäten des betreffenden Menschen. Ein ansteckender Optimismus bei der Arbeit. Häufig eine Persönlichkeit, die andere mitreißen kann.

− Negative Aspekte
Jemand, der hart arbeiten kann, bis zur Verausgabung, der aber auch zu Streitigkeiten mit den Kollegen neigt. Es gilt deshalb, Geduld zu entwickeln, speziell mit denen, die langsamer sind als er. Ob das leichtfällt oder nicht, ist an den anderen Horoskopbereichen abzulesen.

Progressive Aspekte zwischen Mars und MC

Konjunktion
Könnte für eine Phase von großer Aktivität stehen wie auch für die Realisierung von Zielen. Wie leicht oder schwer diese Zeit ist, hängt von zwei Faktoren ab: von der Stellung und den Aspekten von Mars im Geburtshoroskop und davon, ob die aktuellen Transite förderlich oder hinderlich sind. Nichtsdestoweniger ist die Chance groß, daß der Geborene jetzt schafft, was er sich vorgenommen hat.

+ Positive Aspekte
Ein deutlich stärkender Einfluß für jegliches anspruchsvolle Projekt, an dem man nun arbeitet. Man kann jetzt für das aktiv werden, was einem wirklich Spaß macht. Bestärken das Selbstvertrauen und bringen Bestimmtheit und den Willen zum Erfolg.

− Negative Aspekte
Häufig Anspannung und Überarbeitung; sehr viel Anstrengung ist nötig, um das zu bekommen, was man will. Es sollte keine größeren Probleme geben, wenn man sich bemüht, das Temperament unter Kontrolle zu halten, was aber nicht einfach ist. Sehen Sie nach, ob andere Horoskopfaktoren gegen die Neigung zu vorschnellen Handlungen, zu unnötigen Risiken und Impulsivität helfen können.

Die Progression von Mars zur Marsstellung

Wlles, wofür Mars im Geburtshoroskop steht, ist nun betont. Auch das progressive Marszeichen und -haus sind jetzt stark energetisiert.

Diese Progressionen stellen interessante Faktoren dar, die Selbstsicherheit und den Drang, die Projekte voranzutreiben, bewirken. Es sind höchstens Aspekte bis zum Quadrat zu erwarten – das Halbsextil bedeutet dabei keinen sehr machtvollen Faktor, das Halbquadrat bringt eine gewisse Spannung und das Sextil wirkt deutlich energetisierend. Das Quadrat, das sich bei einer sehr alten Person ereignen kann, steht womöglich für Spannung; wenn aber Mars im Geburtshoroskop gut gestellt ist, hat es vielleicht auch einen anregenden und ermutigenden Einfluß.

Mars-Transite

Wie die Transite von Merkur und Venus auch nur von kurzer Dauer – aber vielleicht von großer Wirkung. Sie verstärken unsere Energie und unser Bedürfnis nach Aktivität, machen uns selbstbewußt oder ungeduldig, streitsüchtig oder bestimmt. Wir sollten uns bemühen, diese planetarischen Energien zu benutzen – und zu kontrollieren. Ganz allgemein haben sie einen positiven Einfluß, es sind aber auch negative Auswirkungen denkbar – wir führen Interpretationen für beide Fälle an (die negativen treffen auf die Oppositionen zu). Die Wirkung dieser Transite fühlt man für etwa drei oder vier Tage.

Marstransite zur Sonne

+ Positive Transite
Eine Stärkung der Vitalität und Energie, so daß man sich jetzt anspruchsvolle Ziele setzen sollte. Ein bestimmtes und selbstbewußtes Auftreten.

− Negative Transite
Die Tendenz, sich zu überarbeiten, sowie das Temperament allgemein sollten nun unter Kontrolle gebracht werden. Eine Zeit, in der man sich mäßigen muß. Vorsicht bei der Arbeit, beim Kochen und beim Autofahren!

Marstransite zum Mond

+ Positive Transite
Eine emotionale Zeit. Vielleicht Gefühle der Leidenschaft für jemanden oder etwas, die man mit Feuer zum Ausdruck bringen sollte.

− Negative Transite
Achtung vor Überreaktionen! Eine Zeit, in der man sich um Geduld bemühen sollte, besonders im Umgang mit Kindern!

☿ Marstransite zu Merkur

+ Positive Transite
Jetzt sollte man aussprechen, was einen bewegt; nun kann man auf wichtige Punkte hinweisen und mit Aufmerksamkeit rechnen.

Aktivitäten im Freien könnten lohnend sein, z. B. ein langer belebender Spaziergang oder eine stimulierende Fahrradtour.

− Negative Transite
Bei den Worten könnte nun mehr Aggressivität mitklingen, als man merkt. Kritik könnte überbewertet werden, was möglicherweise problematisch für die Partner ist.

♀ Marstransite zur Venus

+ Positive Transite
Ein positives und vergnügliches Liebesleben und eine günstige Zeit für ein Treffen mit der geliebten Person unter besonderen Umständen.

− Negative Transite
Man sollte darauf achten, sexuell nicht zu fordernd zu sein oder dumme und unnötige Streitigkeiten vom Zaun zu brechen. Der Vorwurf der Selbstsucht könnte jetzt seine Berechtigung haben!

♃ Marstransite zu Jupiter

+ Positive Transite
Eine sehr gute Zeit, um die Initiative zu ergreifen; jetzt schlägt man bestimmt keine Wurzeln. Wenngleich es hier auch auf die langfristigeren Transite ankommt, sind doch nun ein paar Tage mit großen Fortschritten möglich.

− Negative Transite
Vorsicht vor überstürzten Aktivitäten und der Tendenz, in den aktuellen Projekten wichtige Details zu übersehen!

♄ Marstransite zu Saturn

+ Positive Transite
Man sollte bestrebt sein, der Neigung zur Verausgabung und Erschöpfung durch die Arbeit entgegenzuwirken. Heftige Temperaturschwankungen können sich schädlich auswirken.

− Negative Transite
Ein paar schwierige Tage, in denen man darauf verzichten sollte, die Dinge mit Macht vorantreiben zu wollen.

♅ Marstransite zu Uranus

+ Positive Transite
Ein starkes Bedürfnis nach Aktivität – und vier Tage später wahrscheinlich ein Zustand der Erschöpfung.

− Negative Transite
Sehr viel nervöse Spannung, vielleicht verbunden mit Kopfschmerzen. Keine wichtigen Entscheidungen treffen!

♆ Marstransite zu Neptun

+ Positive Transite
Eine romantische und vielleicht nostalgische Laune. Das Leben erscheint nun in bunteren Farben. Allerdings sind auch Konfusion und Enttäuschungen möglich!

− Negative Transite
Enttäuschungen – für gewöhnlich nebensächlicherer, aber trotzdem lästiger Natur – sind jetzt ziemlich wahrscheinlich. Vielleicht kommt eine Verabredung wegen eines Mißverständnisses nicht zustande.

♇ Marstransite zu Pluto

+ Positive Transite
Wenn grundlegende Wahrheiten verkündet werden müssen, eine Diskussion überfällig ist, kann man nun aktiv werden!

− Negative Transite
Das Leben könnte jetzt einer Patt-Stellung gleichen; für zwei oder drei Tage aber sollte man auf den Versuch verzichten, die Dinge mit Macht voranzutreiben. Aggressionen können positiv eingesetzt werden, wenn man sich mit ihrer Hilfe von persönlichem »Müll« befreit.

Asz Marstransite zum Aszendenten

+ Positive Transite
Gefühle von viel Energie und Optimismus. Eine Zeit, um die Initiative zu ergreifen – nicht aber, um sich fortwährend an die erste Stelle zu setzen.

− Negative Transite
Der Neigung, immer wieder einen Streit anzufangen, sollte widerstanden werden. Vorsicht auch beim Sport!

Anmerkung: Bei allen Marstransiten zum Aszendenten ist die Unfallneigung erhöht. Besonders achtsam sollte man deshalb beim Autofahren, beim Kochen und beim Umgang mit scharfen Werkzeugen sein!

MC Marstransite zum MC

+ Positive Transite
Ein paar Tage mit viel Arbeit, aber auch erfreulichen Resultaten.

− Negative Transite
Vielleicht Verausgabung durch die Arbeit. Anderen immer wieder neue Vorschläge machen zu müssen könnte ebenfalls sehr anstrengend sein, die Mitarbeiter schenken dem Betreffenden jetzt möglicherweise kein Gehör. Vorsicht vor Temperamentsausbrüchen – die emotionale Energie steht jetzt unter Spannung. Vielleicht auch ein Unfall durch die Aktivität einer anderen Person.

♂ Marstransite zum Radixmars

+ Positive Transite
Das Zeichen und das Haus von Mars sind nun sehr positiv betont. Die Tendenz zu extremen Gefühlen aber muß kontrolliert werden.

− Negative Transite
Ein paar mühsame und hektische Tage, speziell dann, wenn man mit Hochdruck an etwas arbeiten muß.

Jupiter in den Zeichen

Der größte Planet des Sonnensystems, Jupiter, braucht etwa zwölf Jahre, um einmal um die Sonne und durch die zwölf Tierkreiszeichen zu laufen. Er wird mit physischer und intellektueller Ausweitung in Zusammenhang gebracht und mit Wissenserwerb; er hilft dabei, eine philosophische Einstellung zum Leben zu gewinnen und fremde Länder und Menschen zu verstehen. Menschen mit einer Jupiter-Betonung zeichnen sich durch Optimismus und Toleranz aus; sie bringen ihre mentale Energie auf eine positive Weise zum Ausdruck. Die negative Seite Jupiters ist blinder Optimismus, Übertreibung, Extravaganz, Spielleidenschaft, Verschwendung und eine theatralische Neigung.

♈ Jupiter im Widder

Der positive, feurige Enthusiasmus des Widders paßt gut zu Jupiters lebhaftem und optimistischem Einfluß. Ein Mensch, der selbstbewußt, enthusiastisch und tolerant ist und die Freiheit liebt, sich aber vor Selbstsucht und Rücksichtslosigkeit hüten muß. Er könnte sich auch durch eine verwegene Einstellung auszeichnen, besonders bei negativen Jupiteraspekten zu Sonne, Mond oder Mars. Sie sollten in diesem Fall nach Hinweisen suchen, die auf Stabilität und gesunden Menschenverstand schließen lassen.

Der Pioniergeist des Widders macht sich hier deutlich bemerkbar, vielleicht in Form von großer Abenteuerlust und dem Drang, an abgelegene oder gefährliche Orte zu reisen oder auch durch die Entwicklung von irgend etwas, das Wagemut erfordert. Manchmal fördert Jupiter auch den Wettkampfgeist und eine sportliche Einstellung. Dies ist in jungen Jahren recht günstig – allerdings sollten auch das intellektuelle Potential sowie eine Art philosophische Haltung entwickelt werden. Sehr extravertierte Kinder mit dieser Stellung brauchen eine feste Hand – sie neigen manchmal dazu, andere zu drangsalieren. Die Risikobereitschaft muß ebenfalls unter Kontrolle gebracht werden.

Selbstgewisse Aktivität

Bestimmtheit, die manchmal zu übereilten Aktionen führt. Großzügigkeit bis zur Extravaganz und das Vermögen, Enthusiasmus in anderen zu wecken. Diese Stellung ermutigt in verschiedener Weise dazu, sich so zu geben, wie man ist. Der Geborene ist extravertiert und hat kein Problem damit, auch einmal die Ellenbogen einzusetzen und auf sich aufmerksam zu machen. Das ist in mancherlei Hinsicht günstig – man muß aber erkennen, daß man hier auch des Guten zuviel tun kann. Eine taktvolle Warnung zur rechten Zeit könnte insofern zu einer wünschenswerten Ausgewogenheit beitragen. Jegliche Jungfraubetonung des Horoskops wirkt hier als machtvolles Gegengewicht. Ein Fahrkurs für Fortgeschrittene könnte eine gute Sache sein – der oder die Betreffende fährt vielleicht allzu waghalsig.

♉ Jupiter im Stier

Jupiter zeigt hier seine jovialste Wirkung und bedeutet sehr viel Großzügigkeit. Für gewöhnlich eine ausgeprägte Liebe zum Leben, zum guten Essen und vielleicht auch zum Wein – insofern gilt es zu erkennen, daß das Jupiterprinzip der Expansion auch einfach zu Übergewicht führen kann! Wenn Jupiter durch Sonne, Mond, Venus oder Neptun verletzt wird, könnte die Liebe zum Essen in Maßlosigkeit und Gier umschlagen. Falls das zutrifft, machen Sie Ihrem Gegenüber klar, daß übermäßiges Essen vielleicht auf einen Mangel an wahrer Liebe schließen läßt – daß er keine Liebe gibt oder keine erhält. Und vielleicht hat die Jovialität in diesem Fall etwas Clowneskes, um damit Unzufriedenheit und die Neigung zur Innenschau zu kaschieren. Weist der Betreffende Übergewicht auf, sollten Sie ihn auf das Risiko von Leberschäden aufmerksam machen, besonders, wenn er sehr viel Alkohol zu sich nimmt.

Materieller Erfolg

Ein verstärkter Drang, Geld zu verdienen, welcher dann oft auch großen Erfolg bringt, weil der Betreffende mit Geschick und einem Gefühl für den richtigen Zeitpunkt zu investieren versteht. Ein gut gefülltes Bankkonto ist ihm wichtig – diejenigen, die sich an Essen und Trinken erfreuen, schätzen oft auch die anderen Seiten des Lebens. Dabei sind diese Leute großzügig und ohne weiteres dazu bereit zu teilen; sie sehen es gern, wenn auch andere ihren Spaß haben. Jupiter im Stier bringt Vertrauenswürdigkeit und gesunden Menschenverstand, angesichts von intellektuellen Herausforderungen wie auch von konkreten Aufgaben.

Es dürfte hier keine Probleme machen, die philosophischeren Attribute Jupiters zur Entwicklung zu bringen. Gleichfalls ein Sinn für Humor und Aufrichtigkeit.

♊ Jupiter in den Zwillingen

Der Überlieferung nach steht Jupiter hier nicht allzu günstig – was zu einem gewissen Maß auch richtig ist, weil dieses Zeichen intellektuelle Unbeständigkeit anzeigen kann. Häufige Meinungsänderungen und eine allzu große Flexibilität könnten Erfolge verhindern, speziell im Studium. Es könnte auch zur Vergeudung oder Zersplitterung der geistigen Energie kommen. Man sollte nach Beharrlichkeit im Vorgehen streben, mittels Unterstützung anderer Horoskopfaktoren. Ein stabilisierender Einfluß wie ein positiver Aspekt von Sonne, Mond oder Merkur zu Saturn wäre hier eine Hilfe.

Ein toleranter, informierter und oft sehr cleverer Mensch, der sich aber klarmachen muß, daß man auf dem einen oder anderen Gebiet über tiefergehende Kenntnisse verfügen sollte. Vielleicht findet er das Lernen zu beschwerlich – sein Erfolg aber könnte davon abhängen. Wenn es auch zu 99 Prozent gut ausgehen mag – das fehlende Prozent kam ihm zum Verhängnis werden, trotz seiner glänzenden Redegabe oder seiner phantastischen Fähigkeit zum Analysieren. Sehr schlau, aber leider ohne gutes Urteilsvermögen. Eine gute Stellung für Lehrer, die mit Schülern ab zwölf Jahren zu tun haben.

♋ Jupiter im Krebs

Von der Tradition her gilt Jupiter in diesem Zeichen als gut gestellt, sein Einfluß ist dadurch gestärkt. Ein hohes emotionales Niveau und sehr viel Intuition, weiterhin eine wunderbare natürliche Aufgeschlossenheit, Mitgefühl und Sensibilität für andere. Die fürsorglichen, wohltätigen und schützenden Instinkte, die dem Krebs eigen sind, kommen deutlich zum Ausdruck, oft mit einem toleranten, humanitären oder auch sehr persönlichen Einschlag; jemand, der sich Gedanken macht, der Rücksicht nimmt und vielleicht auch Geld gibt, um Leid zu lindern. Die Veränderlichkeit des Krebses macht sich als Wankelmut bezüglich der Meinungen bemerkbar; womöglich stets neue religiöse Überzeugungen.

Die Phantasie profitiert von dieser Stellung; sie kommt vielleicht durch Literatur oder Schreiben zum Ausdruck, wenn eine künstlerische Begabung vorhanden ist, oder durch wissenschaftliche Aktivitäten bzw. Forschungen. Diese erfordern insofern ebenfalls Phantasie und Intuition, als daß man sich schon vorher über das potentielle Resultat eines Versuchs Gedanken macht.

Lernen und Leistungen

Das Familienleben und das Zuhause gewinnen durch diese Stellung; der Vater oder die Mutter kann damit die Kinder objektiver sehen. Möglicherweise ein Zuhause mit sehr vielen Büchern (die nicht unbedingt perfekt eingeordnet sein müssen!). Die Kinder sollten ermutigt werden, ihren Verstand auf eine phantasievolle Weise zu entwickeln.

Eine Art natürliche Klugheit ist für den Krebs typisch, welche positiv auf die Fähigkeit, Geschäfte zu machen, wirkt. Wenn der Geborene ein kleines Geschäft gründen möchte, könnten Sie ihm Antiquitäten ans Herz legen – er wird es anregend finden, Wissen über eine bestimmte Zeit zu erwerben sowie zusätzliches Geld zu verdienen. Jemand, der gutes Essen schätzt und sich als exzellenter Koch erweisen könnte.

♌ Jupiter im Löwen

Optimismus, Großzügigkeit und Enthusiasmus. Oftmals ein sehr intelligenter und ehrgeiziger Mensch. Allerdings könnte der Löwejupiter – besonders, wenn auch der Rest des Horoskops darauf schließen läßt – auf eine ausgeprägte Neigung zur Dramatik und zum Angeben hindeuten. Das Bedürfnis nach einer Position im Rampenlicht, gleichermaßen aber das Talent, andere zur Entfaltung ihres Potentials anzuhalten.

Ein Mensch, der alles aus jedem Tag herausholen will – Aufschub ist für ihn eine Sünde. Der Geborene sollte erkennen, daß er manchmal zu extravertiert und überschwenglich ist, speziell unter Streß. Wenn er seine Neigung zum Prahlen in den Griff bekommt und seinen natürlichen Enthusiasmus und die Lebenslust einsetzt, um andere anzuspornen, ist dies eine wunderbare Sache. Manchmal braucht er einen Dämpfer, weil er zur Wichtigtuerei neigt. Qualität ist wichtig, mit einem Hang zu guter Kleidung und echtem Schmuck. Für gewöhnlich eine Liebe zur Tradition und viel Loyalität zu den Nahestehenden und – allgemeiner gesagt – zum Heimatland.

Ein kreatives Ventil finden

Selbstzufriedenheit und ein aufgeblähtes Ego sind möglich, speziell bei negativen Jupiteraspekten zur Sonne. Mit negativen Aspekten zum Mond könnte ein Hang zum Übersteigerten und zur Theatralik verbunden sein. Im Idealfall gute Organisations- und Führungseigenschaften.

Die dramatische Begabung könnte zum Schauspiel führen, eine Liebe zum Theater sowie zur Malerei ist dann auch typisch. Wenn von anderer Stelle aus Kreativität angezeigt ist, hilft der Löwejupiter fraglos bei deren Entfaltung, und zwar mit viel Enthusiasmus. Eine ausgezeichnete Stellung für diejenigen, die mit Kindern oder jüngeren Leuten zu tun haben. Es bereitet hier großes Vergnügen, sich mit intellektuell anspruchsvollen Projekten zu beschäftigen – welche Spaß und Herausforderung zugleich bringen.

♍ Jupiter in der Jungfrau

Gewissermaßen ein begrifflicher Widerspruch: Während Jupiter Ausdehnung bedeutet, steht die Jungfrau mit Details und mit Kritik in Verbindung. Resultat davon können Konflikte oder Ängste sein, wenn sich der Betreffende mit einer Situation oder einem Projekt konfrontiert sieht, das einen umfassenden Ansatz erfordert. Man wird das Bedürfnis haben, es in Angriff zu nehmen, ohne aber das nötige Selbstvertrauen und die nötige Entschlossenheit zu besitzen. Eine sachbezogene Einstellung – dies ist dann auch die Haltung, mit der sich der Mensch in solchen Situationen bewähren kann. Sie müssen ihn dazu anhalten, sich die Leistungen und Erfolge, die er in der Vergangenheit erzielt hat, zu vergegenwärtigen; so kann er Selbstvertrauen sowie eine breitere Perspektive gewinnen.

Genauigkeit und ein Sinn für das Praktische

Diese Stellung wird oft von einem beträchtlichen literarischen Talent begleitet. Vielleicht ein gewissenhafter und engagierter Autor, der sich mit seiner Intelligenz die notwendigen Techniken aneignen kann, um das zu Papier zu bringen, was ihn bewegt. Evtl. auch technische oder wissenschaftliche Talente oder die Fähigkeit, mit Maschinen und Apparaten umgehen zu können. Eine gesunde Skepsis und die Fähigkeit zur Kritik sind weitere Aktivposten.

Wenn Jupiter durch den Mond oder Neptun verletzt wird, vielleicht Geistesabwesenheit. Der Mensch dürfte das sehr lästig finden – es macht ja auch keinen Spaß und kostet Zeit, immer wieder Schlüssel oder wichtige Papiere oder Bücher zu suchen. Manchmal ergeben sich auch Verdauungsprobleme oder Verstopfungen, speziell bei einer Vorliebe für reichhaltiges Essen.

♎ Jupiter in der Waage

Ein freundliches, mitfühlendes und charmantes Wesen, gastfreundlich und zu milden Gaben bereit. Natürliche Aufgeschlossenheit und viel warmherzige Zuneigung, dabei auch eine ziemlich entspannte Einstellung: »Was sein wird, wird sein.«

Eine große Liebe zum Luxus, speziell bei negativen Aspekten zur Venus. In diesem Fall sind die angeführten positiven Eigenschaften zwar auch vorhanden, werden allerdings durch Trägheit und die Ausrichtung auf den Genuß in den Hintergrund gedrängt; wenn Mars nicht stark ist, dann besteht wenig Antriebskraft.

Das Geldverdienen spielt hier eine große Rolle. Geld wird für Vergnügungen und für die Unterhaltung der Freunde in einer gastfreundlichen und extravaganten Art ausgegeben. Ein wacher Verstand – allerdings nicht unbedingt die Neigung, ihn anzustrengen, intellektuelle Herausforderungen sind nicht allzu lockend. Ein Mensch, der sich lieber mit einer romantischen oder spannenden Familiensaga zurückzieht als selbst eine zu schreiben, auch wenn er die Inspiration dazu fühlt.

Das Bedürfnis nach Selbstverwirklichung

Kennzeichnend für die Waage ist eine Abneigung vor dem Alleinsein; insofern fühlen sich diese Menschen erfüllt, wenn sie zusammen mit anderen leben und arbeiten. Viel Liebe und Zuneigung, Ermutigung und Enthusiasmus, was auch sehr positiv und günstig für berufliche Beziehungen ist. Auf der anderen Seite dürfte diese Stellung für sehr wenig Selbständigkeit sprechen. Jupiter im negativen Aspekt zu Sonne, Mond oder herrschendem Planeten ist auch ein Indiz für Maßlosigkeit und Selbsttäuschung.

Es ist wichtig für diese Menschen, ihr Potential zu entwickeln und mehr physische Energie zu zeigen. Schauen Sie auf das Marszeichen, um zu entscheiden, welche sportliche Betätigung angemessen sein könnte. Schach oder ein anderes intellektuell forderndes Spiel könnte sehr viel Spaß machen. Ein weiteres Jupiterzeichen, das eine Vorliebe für gutes Essen hat. Raten Sie deshalb zu Mäßigung – ansonsten könnte die Leber Probleme bereiten.

♏ JUPITER IM SKORPION

Die machtvolle emotionale Energie des Skorpions erfüllt den Jupitereinfluß mit Bestimmtheit und Willensstärke. Ein großer Drang nach Fortschritten und eine intensive emotionale Anteilnahme an den Interessen – beruflichen wie anderweitigen – ist Grundbedingung für Zufriedenheit. In einem Horoskop, das für Unternehmungsgeist spricht und für die Bereitschaft, das Potential tatsächlich zu entwickeln, steht dieser Einfluß für viel Beharrungsvermögen.

Diese Menschen möchten das Leben in vollen Zügen leben. Der Skorpion läßt keine Halbheiten gelten, und Jupiter ist bei großem Selbstbewußtsein kompromißlos – das läßt deutlich erkennen, wie mächtig diese Kombination ist. Allerdings gilt es, sich nicht bei der Verfolgung seiner Ziele bzw. einfach durch die Lebensart zu ruinieren; raten Sie hier zur Mäßigung. Es ist zu hoffen, daß ein beschränkender Faktor im Horoskop vorhanden ist. Der Geborene wird besonders dann zur Übertreibung neigen, wenn Sonne oder Mond im Quadrat oder in Opposition zu Jupiter steht, was ein Anzeichen für mentale Spannung ist. Der Betreffende könnte von Natur aus zu Mißtrauen neigen; er darf nicht zulassen, daß das zur Besessenheit wird.

Bei einer Neigung zum Schreiben könnte das Verfassen von Detektivgeschichten eine lohnende Sache sein; auf jeden Fall wird auch die Lektüre dieses Genres Spaß machen. Auch hier spielt das Moment des Forschens eine wichtige Rolle. Eine ausgezeichnete Stellung für einen Rechtsanwalt oder für jemanden, der mit Finanzen zu tun hat. Typisch ist auch Großzügigkeit; gewarnt werden muß vor einem Hang zur Eitelkeit, vor Dünkelhaftigkeit und vor Aggressivität im Reden und Schreiben.

♐ JUPITER IM SCHÜTZEN

Jupiter herrscht über den Schützen, so daß diese Stellung ein machtvolles Horoskopelement darstellt. Wir empfehlen, in diesem Fall noch einmal den Abschnitt zur Sonne in diesem Zeichen zu lesen (S. 112–115). Ein exzellentes intellektuelles Potential, wenngleich sich dieses vielleicht erst spät bemerkbar macht. Kennzeichnend ist zunächst einmal eine sorglose Einstellung, die den Menschen auch Risiken eingehen läßt, besonders in Verbindung mit Sport. Viel Optimismus und Enthusiasmus – beides sind sehr positive Züge, vorausgesetzt, alles bleibt im Maß und der Mensch vertraut nicht zu sehr auf sein Glück. Letzteres aber ist bei negativen Jupiteraspekten zu Sonne, Merkur oder Mars sehr wohl zu erwarten. Ein Einfluß, der ein stabilisierendes Element von Saturn oder einen persönlichen Planeten im Element Erde braucht.

Fortwährendes Lernen

Je älter diese Menschen werden – intellektuell wie auch körperlich –, desto weiser und philosophischer zeigen sie sich. Es ist von grundlegender Wichtigkeit, daß sie sich mit einem Studiengebiet befassen, weil sie etwas vom ewigen Studenten haben, vielleicht auch ein wunderbares Gerechtigkeitsgefühl, eine Sprachbegabung und eine Neigung zum Reisen.

Anmerkung: 1983 stand Jupiter zusammen mit Uranus und Neptun im Schützen. Dieses Stellium (siehe S. 57) bedeutet einen faszinierenden Brennpunkt im Horoskop derjenigen, die zu dieser Zeit geboren wurden. Man sollte dies nicht aus dem Blick verlieren – das Stellium macht aus diesen Menschen originelle und intuitiv veranlagte Persönlichkeiten mit einem großen Potential, das gemäß den Zeichen von Sonne, Mond und Aszendent zum Ausdruck kommen wird. Schauen Sie auch nach, wofür Uranus und Neptun im Schützen stehen (S. 315 u. 328).

♑ JUPITER IM STEINBOCK

Eine Mischung von positiven, außengerichteten Qualitäten (Jupiter) und machtvollen negativen und introvertierten (Steinbock). Der Mensch ist ehrgeizig und bestimmt, jemand, den nichts schrecken kann und der hart, ausdauernd und konzentriert arbeitet. Eltern, die ein Kind mit dieser Stellung haben, dürfen von ihm nicht erwarten, daß es sich sofort an die Spitze der Klasse setzt – kennzeichnend ist hier vielmehr ein gleichmäßiger und kontinuierlicher Fortschritt. Das, was das Kind einmal gelernt hat, vergißt es nicht. Dies ist ein Muster, das sich durch das ganze Leben zieht.

Eine sehr abgewogene Haltung: Kein Zurückschrecken vor Herausforderungen, aber auch kein blinder Optimismus. Viel gesunder Menschenverstand und auch eine gewisse Vorsicht. Der Erfolg, der sich schließlich einstellen wird, ist verdient. Es könnte Zeiten geben, zu denen die ernsthaften Steinbock-Seiten im Vordergrund stehen, was eine düstere und pessimistische Haltung bedeuten könnte; die Großzügigkeit und Überschwenglichkeit Jupiters macht sich in diesem Zeichen nicht so markant bemerkbar wie sonst. Der närrische Jupiter-Humor aber verbindet sich gut mit der Schrulligkeit des Steinbocks, was auf die Umgebung sehr erheiternd wirken kann und sich gerade dann bemerkbar machen dürfte, wenn man es am wenigsten erwartet. Man sollte hier auf einiges gefaßt sein!

Zumeist ein freundliches und rücksichtsvolles Wesen, manchmal aber auch viel Eigensinn und Rechthaberei. Zuzeiten sind sich diese Menschen selbst ihre ärgsten Feinde! Diese extremeren Auswirkungen treten aber meist nur bei einem Jupiterquadrat zu Sonne oder Mond in Erscheinung. Achten sie auch auf den Einfluß von Saturn; wenn dieser mehrere negative Aspekte aufweist oder eine personalisierte Bedeutung trägt, wird der Steinbockeinfluß Jupiter beherrschen, was eine Betonung der ernsthafteren Züge zur Folge hätte.

♒ Jupiter im Wassermann

Eine reiche Phantasie und sehr viel Originalität, weiterhin ein Interesse an humanitären Themen, was auf eine positive und hilfreiche Weise zum Ausdruck kommt. Typisch ist auch ein ausgeprägtes Gerechtigkeitsempfinden. Der Geborene hat den Wunsch, daß seine Handlungen zur Gerechtigkeit beitragen und als gerecht angesehen werden.

Ein soziales Wesen

Ein unparteiischer und zugleich toleranter Mensch, der auf eine unsentimentale Art mitfühlend ist. Viele diese positiven Qualitäten können durch eine Neigung zu humanitären Aktivitäten zur Geltung kommen bzw. durch Arbeit für Bedürftige. Die Unabhängigkeit von Jupiter macht sich hier deutlich bemerkbar. Der Wassermann bedeutet für gewöhnlich Kühle und Distanz – mit Jupiter in diesem Zeichen ist das aber anders: Seine Großzügigkeit und Warmherzigkeit lassen das Eis schmelzen. Das soziale Leben spielt hier eine extrem wichtige Rolle, und fraglos hat der Betreffende einen großen Freundes- und Bekanntenkreis, in dem er immer wieder dafür wirbt, gemeinsam gegen das Leid von Unterprivilegierten anzugehen.

Vielleicht auch besondere wissenschaftliche oder technische Fähigkeiten oder sehr viel Originalität und Phantasie, die auf ungewöhnliche Weise zum Ausdruck gebracht werden. Möglicherweise ein musikalisches oder literarisches Talent – allerdings sollten Sie nur dann zu diesbezüglichen Aktivitäten raten, wenn andere Horoskopfaktoren unterstützend wirken oder Jupiter sehr betont ist. Selbst dann aber sollten Sie zurückhaltend in Ihren Bemerkungen sein!

In manchen Fällen könnte der Sinn für Humor das Abartige streifen. Ist Jupiter verletzt, zeichnet sich der Mensch womöglich durch Taktlosigkeit, eine Art dickköpfige Gleichgültigkeit oder durch Sprunghaftigkeit aus. Die Intuition wird durch diese Stellung gestärkt.

♓ Jupiter in den Fischen

Vor der Entdeckung Neptuns und seiner Aufnahme in den astrologischen Pantheon war Jupiter Herrscher der Fische. Daraus ergibt sich, daß sein Einfluß in diesem Zeichen erhöht ist und es sich um eine sehr günstige Stellung handelt.

Die philosophischen, spirituellen und besinnlichen Elemente von Zeichen und Planeten kommen gut zusammen zur Geltung; sie machen den Betreffenden zu einem freundlichen, sympathischen und fürsorglichen Wesen. Eine Person, die mit anderen mitfühlt und aufgeschlossen ist, die wirklich zuhören kann und viel Sympathie für ihre Mitmenschen hat. Diese Stellung ist häufig in Horoskopen von Menschen zu finden, die in sozialen oder medizinischen Berufen arbeiten. Sie verleiht auch eine große Liebe zu Tieren (sowie eine gute Beziehung zu ihnen) und kann zu einer Betätigung als Tierarzt, Tierpfleger usw. führen.

Pflichtbewußtsein und Pflichtgefühl

Die emotionale Ebene ist hier betont und die Phantasie und Vorstellungskraft gestärkt – manchmal so sehr, daß in Verbindung mit anderen Horoskopfaktoren Ängste das Leben prägen könnten. Vielleicht aber auch eine religiöse Einstellung in schönster Auswirkung: Ein Mensch, der das lebt, was er predigt. Identifikation mit Leid. Die einen werden hier mit konkreter Hilfe tätig (wie bei Jupiter im Wassermann auch), die anderen bringen ihre fürsorglichen Eigenschaften indirekt durch Kontemplation, Meditation oder das Gebet zum Ausdruck. Es könnte auch eine besondere Gabe zum Heilen vorhanden sein.

Mit einem negativen Jupiteraspekt zu Sonne oder Mond kann der Mensch zu Maßlosigkeit oder Unzuverlässigkeit neigen oder dazu, andere und auch sich selbst zu täuschen. Manchmal kommt es zu Opfern – man opfert vielleicht den Beruf, seinen persönlichen Erfolg oder sein Glück, um sich um einen kranken oder pflegebedürftigen Verwandten zu kümmern oder um etwas, das man für wirklich wichtig hält.

♃ Der progressive Jupiter in den Zeichen

Es kommt nur selten vor, daß Jupiter in der Progression das Zeichen wechselt, höchstens dann, wenn er auf den ersten oder letzten Graden ist. Befindet er sich am Anfang eines Zeichens, könnte es infolge von Rückläufigkeit dazu kommen, daß er zurück in das vorangehende Zeichen läuft. Bei der Stellung am Ende eines Zeichens könnte es sich ergeben, daß er progressiv ins nächste kommt und dann rückläufig wieder in das ursprüngliche zurückkehrt.

Diese Veränderungen – wenn es denn zu ihnen kommt – nehmen einen längeren Zeitraum in Anspruch und bedeuten einen eher subtilen Einfluß. Machen Sie sich klar, daß von dem neuen Zeichen eine gewisse Hintergrundfärbung ausgeht, ohne daß die Geburtsstellung ihre Bedeutung verlieren würde. Wenn Jupiter in der Progression in ein Feuerzeichen läuft, geht der Mensch vielleicht mehr aus sich heraus und wird optimistischer – praktischer und materialistischer, wenn Jupiter in ein Erdzeichen kommt. Mit einem Luftzeichen könnte intellektuelle Stimulation wichtiger werden. Bei einem Wasserzeichen rückt die Intuition in den Vordergrund und macht sich eine philosophischere und nachdenklichere Haltung bemerkbar.

Jupiter in den Häusern

Jupiters Schlüsselwort ist Expansion – verbinden Sie also sein Potential mit den Lebensbereichen, die durch das Jupiterhaus angezeigt sind. Wenn er nicht schwerwiegend beeinträchtigt ist, kommt der Mensch auf dem betreffenden Gebiet zumeist gut zurecht. Denken Sie aber bei Ihrer Interpretation auch daran, daß Jupiter zur Übertreibung und zu übermäßigem Optimismus neigt!

1 Jupiter im 1. Haus

Je näher Jupiter am Aszendenten steht, desto stärker ist sein Einfluß. Bei weniger als 10 Grad lesen Sie bitte auch den Abschnitt »Jupiter in Konjunktion zum Aszendenten« (S. 291). Eine extrem machtvolle Stellung – die Eigenschaften und Motive, die mit dem Aszendenten verbunden sind, werden hier durch Jupiter geprägt, der für eine sehr positive und enthusiastische Einstellung zum Leben sorgt. Ein warmherziger und optimistischer Mensch, der das Leben bis zum Letzten auskosten möchte. Häufig eine umfassende Vision; und sogar bei einem eher skrupelhaften Zeichen wie der Jungfrau kann es hier zu sehr viel Offenheit und einer selbstbewußten Herangehensweise kommen.

Positive Eigenschaften
Eine offene und aufrichtige Person, die anderen auf einer Basis der Gleichrangigkeit entgegentritt – vorausgesetzt, es scheint nicht an anderer Stelle die Neigung zu Hinterlist und Täuschungsmanövern auf. Wenn Jupiter durch die Sonne, den Mond oder Mars verletzt ist, die Tendenz zu Übertreibungen, zur Prahlerei, zu Risiken oder zum Spiel. Meistens aber werden die positiven Eigenschaften vorherrschen, einschließlich der Fähigkeit, andere aufzumuntern – dies deshalb, weil der Enthusiasmus hier einfach ansteckend ist.

Mit zunehmendem Alter und wachsender Lebenserfahrung zeigt sich eine philosophischere Einstellung. Der Betreffende sollte sein exzellentes intellektuelles Potential tatsächlich zur Entwicklung bringen, speziell dann, wenn die temporeichere und risikofreudige Seite Jupiters die Persönlichkeit beherrscht.

Mit der Vorliebe für gutes Essen und Trinken könnte das Gewicht und vielleicht auch die Leber Probleme machen, möglicherweise hat man auch sehr unter den Nachwirkungen von Ausschweifungen zu leiden. Raten Sie hier zur Mäßigung, und weisen Sie auf die Anfälligkeit der Leber hin.

2 Jupiter im 2. Haus

Hier dominiert die materialistische Seite Jupiters. Der große Drang, Geld zu verdienen, führt oft zu Erfolgen, mit einer Risikobereitschaft, die häufiger belohnt als bestraft wird. Wenn Jupiter allerdings verletzt ist (besonders durch einen negativen Aspekt zur Venus), könnte der Betreffende zu weit gehen und sein Geld in einem Anflug von blindem Optimismus aufs Spiel setzen. Komfort und Luxus schätzt und braucht er, und er dürfte viel Geld dafür ausgeben, um seine Freunde zufriedenzustellen und sein Zuhause behaglich und luxuriös zu gestalten.

Dies ist das Stier- bzw. Venushaus, so daß Sie nicht den Faktor Beziehungen außer acht lassen sollten! Ein großzügiger Partner, der seine Zuneigung auf überschwengliche Weise zeigt, indem er schöne und teure Geschenke macht, selbst dann, wenn er sich das eigentlich nicht leisten kann. Es könnte die Tendenz bestehen, sich Liebe und Zuneigung kaufen zu wollen, insbesondere bei einer Jupiterstellung in einem extravertierten Zeichen wie dem Löwen oder der Waage.

3 Jupiter im 3. Haus

Dies ist das Zwillingshaus, das eine starke Beziehung zum Verstand aufweist. Jupiter ist auch der Planet der Intelligenz – bei dieser Stellung ist das Bedürfnis vorhanden, seinen Geist tatsächlich zu gebrauchen. Intellektuelle Herausforderungen werden mit großem Enthusiasmus angenommen.

Exzellente kommunikative Fähigkeiten und ein machtvoller Drang, die persönlichen Ansichten darzulegen – oder auch aufzudrängen. Der Geborene tut gut daran, wenn er dies wirklich zum Ausdruck bringt, wenn z. B. sein Gerechtigkeitssinn auch tatsächlich zu Aktivitäten führt. Ein positiver Aspekt von Mars oder Uranus zu Jupiter ist hier hilfreich. Eine gute Stellung für Kinder, denen damit die Schule vielleicht viel Spaß macht.

Der Drang nach Bewegung
Steht der Mond oder Merkur im negativen Aspekt zu Jupiter, nahezu zwangsläufig Rastlosigkeit (wenngleich einige Jupiterzeichen hier mildernd wirken können). Vielleicht auch die Unfähigkeit, sich zufrieden zu fühlen, was aber auch noch von anderen Horoskopfaktoren angezeigt sein müßte.

Der Wunsch, zu lernen und das Wissen zu vervollkommnen, dürfte über die Schulzeit hinaus gegeben sein. Ganz allgemein besteht ein großer Drang nach physischer wie mentaler Beweglichkeit. Raten Sie zu einem vorsichtigen Verhalten, wenn der oder die Betreffende lernt, Fahrrad, Motorrad oder Auto zu fahren oder zu reiten.

4 Jupiter im 4. Haus

Häufig der Hinweis auf eine glückliche Kindheit mit einer positiven Beziehung zu den Eltern, die wahrscheinlich das Kind sehr stark förderten und anregten. Als Resultat davon könnte der betreffende Mensch dann selbst später, wenn er eine Familie gegründet hat, für eine wunderbare häusliche Atmosphäre sorgen.

Ein rücksichtsvolles und philosophisch geprägtes Verhältnis zu Kindern. Der Familienverbund wird hier zumeist auch für viel Spaß sorgen. Diese Stellung könnte auf eine weise und junggebliebene Großvaterfigur schließen lassen mit einem etwas chaotischen Haus mit vielen Büchern und schönen Gegenständen, die Kindern gefallen und sie gleichzeitig fördern. Manchmal auch eine sentimentale Einstellung zur Familie. Geld spielt hier eine weniger wichtige Rolle – bei der Erwägung, Geld zu investieren, kommt man vielleicht zu dem Schluß, daß der Kauf eines Hauses oder Baumaßnahmen zu dessen Erweiterung usw. die beste Anlage ist, sowohl in emotionaler als auch in finanzieller Hinsicht. Ein eigenes Zuhause bedeutet hier zusätzliche Sicherheit.

5 Jupiter im 5. Haus

In gewisser Weise eine Gabe mit zwei Seiten, die im Idealfall sehr viel Optimismus und Enthusiasmus verleiht und die Kreativität verstärkt, falls diese von anderen Horoskopfaktoren angezeigt ist. Insbesondere für das Schauspiel oder das Malen könnte ein Talent vorhanden sein. Auf der anderen Seite kann Jupiter hier mit dem Menschen durchgehen; es ist ein stabilisierender Einfluß nötig, damit der Mensch das Beste aus dieser Stellung machen kann. Enthusiasmus und Optimismus können zu einem Selbstzweck werden und dazu führen, daß man viele Risiken eingeht. Das ist nichts Schlimmes – vorausgesetzt, es sind kalkulierte Risiken. Ein gut aspektierter Saturn wäre z. B. eine große Hilfe. Bei negativen Jupiteraspekten zu Sonne, Mond oder Mars aber herrscht vielleicht geradezu närrische Tollkühnheit.

Eine Liebe zum Spiel (die in vielen Fällen, die Julia Parker kennt, zur Besessenheit wurde), welche unter Kontrolle gehalten werden muß. Ein Mensch, der das Liebesleben in vollen Zügen genießt, der ein wunderbarer Begleiter und seinen Freunden und Familienangehörigen eine Quelle der Inspiration und Ermutigung ist. Eine ausgeprägte Neigung zur Selbstdarstellung und eine dramatische Begabung.

Positive Wirkung der Beziehungen
Ein machtvoller Einfluß für das Liebesleben, welches sehr genossen wird. Über die Jahre hin könnte der Geborene mehr Liebespartner als die meisten anderen Menschen haben. Er zeigt sich ihnen gegenüber großzügig, sowohl materiell als auch emotional. Auch die Elternrolle bereitet hier viel Spaß, die Beziehung zu Kindern ist positiv und belohnend. Allerdings auch eine Neigung zur Übertreibung.

6 Jupiter im 6. Haus

Hier könnte das Jupiterschlagwort Ausdehnung physische Folgen haben, vielleicht z. B. eine Gewichtszunahme (bzw. das Problem, Gewicht zu verlieren), nicht nur deshalb, weil der Betreffende gutes Essen zu sehr schätzt, sondern weil vielleicht auch der Stoffwechsel eher träge ist. Halten Sie zu Mäßigung an! Arbeit, Essen oder Trägheit im Übermaß könnten zu ernsthaften Problemen mit dem Körper und/oder der Leber führen. Wenn ein Bewußtsein dafür besteht, was man seinem Körper zumutet und die Angewohnheiten wie schlechtes Essen, Trinken oder Rauchen (am schlimmsten von allem) allmählich abstellt, vermeidet man langfristig Schäden. Ideal wäre eine disziplinierte Lebensweise – ein gleichförmiger Rhythmus würde dem oder der Betreffenden auch Sicherheit geben.

Anderen zu helfen ist ein natürliches Anliegen. Ein Mensch, der sofort Beistand leistet, wenn er darum gebeten wird. Bei seinem Einsatz für andere zeigt er sich sehr großzügig, was seine Zeit und häufig auch das Geld betrifft. Hinzu kommt ein natürlicher, fröhlicher Optimismus.

7 Jupiter im 7. Haus

Menschen mit dieser Stellung lassen sich oft schon sehr früh auf Beziehungen ein. Hinsichtlich der emotionalen Verbindungen zeichnen sie sich durch viel Enthusiasmus und große Hoffnungen aus. Unglücklicherweise sind die Erwartungen an den Partner oft aber zu hoch – und wenn sie sich nicht erfüllen, gibt der Betreffende schnell auf, manchmal zu schnell. Vielleicht herrscht hier auch eine etwas oberflächliche Einstellung, was seinen Grund in der Jupiter-Tendenz haben könnte, sich mit dem, was man hat, nie zufriedenzugeben.

Geistige Verträglichkeit
Fordern Sie ihr Gegenüber dazu auf, Ernsthaftigkeit beim Denken zu beweisen und Selbstanalyse zu betreiben. Das Wichtigste ist, sich darüber klarzuwerden, was der Partner braucht – mit dieser Stellung ist nämlich ein sehr großes Potential verbunden, wenn man die positive, enthusiastische Seite von Jupiter tatsächlich zum Ausdruck bringt.

Intellektueller Kontakt ist wichtig, die Partner sollten ein gleiches Intelligenz- und Bildungsniveau haben. Falls der Geborene seinem Partner hier voraus ist, dürfte sich die Kluft immer weiter vergrößern. Bei Gleichheit aber oder bei einem Vorsprung des Partners hat der Geborene einen Ansporn.

Wahrscheinlich erweist sich dieser Mensch in geschäftlicher Hinsicht als selbstsicherer Partner, dem es nicht an Ideen für Expansion fehlen dürfte. Es gilt aber auch hier, den natürlichen Enthusiasmus unter Kontrolle zu bringen. Jemand, der an der Spitze stehen kann, vorausgesetzt, man hat jemanden zur Seite, der die Details im Blick behält. So wäre man frei dafür, grenzenlose Visionen zum Ausdruck zu bringen.

8 Jupiter im 8. Haus

Ein Hinweis auf finanzielle Gewinne durch Investitionen. Wenn Jupiter gut aspektiert ist, dürfte der Betreffende für Geschäfte begabt sein. Dieser planetarische Einfluß muß aber kontrolliert werden, und ob das leicht- oder schwerfällt, ist am Jupiterzeichen abzulesen. Handelt es sich um ein Erdzeichen, dürfte der Geborene Geld auf eine umsichtige Weise investieren. Bei den anderen Elementen ist das unwahrscheinlicher.

Die Sexualität spielt eine große Rolle. Es ist wichtig, daß der Partner sich auf die Experimentierfreude des Betreffenden einläßt – welcher allerdings womöglich zu große Forderungen stellt. Es kommt darauf an, die Bedürfnisse des Partners zu erkennen und Rücksicht darauf zu nehmen. Manchmal erwartet man hier einfach zuviel vom Partner – und wendet sich dann vielleicht an eine andere Person, die die Bedürfnisse vermeintlich besser befriedigen kann. Eine Freiheitsliebe, die auf eine natürliche und offene Weise zum Ausdruck kommt; der Schaden aber, den sie auf eine dauerhafte Beziehung haben kann, ist beträchtlich. Insofern sollte der oder die Betreffende sich vielleicht selbst einschränken.

Der Überlieferung nach galt Jupiter in diesem Haus als günstig für Erbschaften – dies ist allerdings eine Verallgemeinerung. In Verbindung mit der philosophischen Seite Jupiters macht sich der Mensch viele Gedanken über das Leben nach dem Tod.

9 Jupiter im 9. Haus

Der Einfluß von Jupiter ist hier sehr stark, weil es sich um das Schütze- bzw. Jupiterhaus handelt. Ein beträchtliches intellektuelles Potential, das auf die Art und Weise entwickelt werden sollte, die dem Jupiterzeichen entspricht. Eine sehr positive Einstellung zum Leben mit einer umfassenden Perspektive. Sehr viel Vorstellungskraft und eine große Liebe zum Reisen, sowohl in physischer als auch in intellektueller Form.

Zu lernen und Wissen zu erwerben sind hier Voraussetzung für das Gefühl von Erfüllung. Wenn Sie eine junge Mutter mit dieser Stellung beraten, sollten Sie ihr nahelegen, sich täglich für ein paar Stunden oder zumindest einmal pro Woche einen Babysitter zu nehmen.

Vielfältige Erfahrungen
Sehr viel Flexibilität – mit der aber auch Rastlosigkeit einhergehen kann, was um so wahrscheinlicher ist, wenn Jupiter im Element Feuer oder Luft steht oder negativ von Merkur, Mars oder vielleicht auch Uranus aspektiert wird. Kinder mit dieser Stellung sollten von ihren Eltern darauf hingewiesen werden, daß eine gute Ausbildung oder ein Studium eine gute Sache ist. Wenn der Sprößling alt genug ist, können weite Reisen sehr zu seiner Persönlichkeitsbildung beitragen. Vielfach eine Begabung für Sprachen, und vielleicht läßt der oder die Betreffende sich auch im Ausland nieder.

10 JUPITER IM 10. HAUS

Steht Jupiter nicht weiter als 8 Grad vom MC entfernt, lesen Sie bitte auch den Abschnitt »Jupiter in Konjunktion zu MC« (S. 292). Wo immer sich Jupiter im 10. Haus auch befindet, so gut wie immer ist damit eine Neigung zum Dramatischen verbunden und das Talent, sich auf seinem Feld bemerkbar zu machen. Eine Machtposition wird der Betreffende mit Fairneß, Verständnis und Freundlichkeit bekleiden, wenngleich er von Zeit zu Zeit zur Angeberei neigen könnte. Ein Mensch, der Chancen ergreift, wenn sie sich ihm präsentieren – und der dafür aktiv wird, daß sich Chancen ergeben. Er wartet jedenfalls nicht ab, bis er Wurzeln schlägt.

Die Stärke liegt hier in der Fähigkeit, eine umfassende Vision innerhalb der Gegebenheiten zu entwickeln und die langfristigen Folgen in philosophischer und praktischer Hinsicht einschätzen zu können. Sehr große Ziele – mit ihrem Erreichen stellt sich eine Art weltliche Weisheit ein. Auf die Lektionen, die der Geborene dabei lernt, kann er immer zurückgreifen.

Erfolgreiche Schauspieler und Schauspielerinnen weisen häufig diese Plazierung auf. Aber auch diejenigen, die sich nicht auf der Bühne oder vor der Kamera produzieren, besitzen damit meistens einen ausgeprägten Sinn für Selbstdarstellung. Es ist weiter eine Begabung für die Jurisprudenz, für das Verlagswesen oder für alles denkbar, wo der Mensch die Gelegenheit hat, im Mittelpunkt zu stehen.

11 JUPITER IM 11. HAUS

Eine Person, die gesellig ist und einen großen Kreis von Freunden und Bekannten um sich schart und viel für diesen Kreis oder für Gruppenbelange tut. Vielleicht ist sie auch in Gremien aktiv oder bekleidet ein wichtiges öffentliches Amt.

Zusammenarbeit mit anderen
Eine natürliche Begabung, Energie und Enthusiasmus hervorzurufen. Die Interessensgebiete dürften sich infolge der harten Arbeit und vielfältigen Aktivitäten gut entwickeln. Es fällt dem Geborenen leicht, Mitstreiter für seine Sache zu finden.

Die humanitäre Seite des Wassermann- bzw. 11. Hauses tritt deutlich in Erscheinung – vielleicht sammelt der Betreffende Spenden oder prangert Mißstände an, vielleicht hilft er, die Folgen von Hungersnöten zu lindern oder arbeitet für den Tierschutz. Ist er kreativ, spielt er vielleicht in einem Theater mit.

Ein exzellenter Freund, der andere ermutigt, ihr Potential zu entfalten und der immer Vorschläge machen kann. Jemand, der stimulierend auf die Beziehung wirkt, selbst dann, wenn er und sein Partner weit voneinander entfernt sind. Eine spannende Frage könnte sein, ob der Betreffende mehr an Liebesaffären oder an dauerhaften Freundschaften interessiert ist.

12 JUPITER IM 12. HAUS

Weil Jupiter vor der Entdeckung von Neptun über die Fische herrschte, haben wir es hier mit einer sehr wichtigen Stellung zu tun. Befindet er sich nicht weiter als 10 Grad vom Aszendenten, studieren Sie bitte auch den Abschnitt »Jupiter in Konjunktion zum Aszendenten« (S. 291–292).

Es könnte hier das Gefühl einer Berufung bestehen, vielleicht in religiöser Hinsicht oder ganz allgemein auf einem Feld, auf dem der Betreffende sein Potential mit großer Hingabe entfaltet. Vielleicht arbeitet er auch am liebsten in Ruhe und Frieden für sich allein.

Ein kreativer Beitrag
Die Einstellung zum Leben ist philosophisch und intellektuell zugleich. Es hängt vom Betreffenden selbst ab, ob er sich dabei auf seine eigene kleine Welt beschränkt oder nicht – er verfügt damit jedenfalls über ein großes Potential, das er auf eine umsichtige und praktische Weise zum Ausdruck bringen kann. Um den Zwang zu vermeiden, sich darstellen zu müssen, wäre eine Arbeit mit einem konkreten Endprodukt günstig, das der Öffentlichkeit präsentiert wird – so könnte es sich um einen einsamen Schreiber, Töpfer oder Erfinder handeln, dessen Arbeit für sich spricht, nicht die Person, die ihre Persönlichkeit projiziert. Vielleicht trägt sie in der Öffentlichkeit auch eine Maske und zeigt sich nur einigen wenigen Menschen so, wie sie ist.

Esoterische Themen und Religion im umfassendsten Sinn könnten hier von Wichtigkeit sein. Eine gute Stellung für medizinische oder soziale Berufe oder für eine institutionelle Tätigkeit.

♃ DER PROGRESSIVE JUPITER IN DEN ZEICHEN

Weil sich Jupiter recht langsam bewegt, ergibt es sich nur selten, daß er in der Progression das Haus wechselt. Eine solche Veränderung ist nur dann denkbar, wenn sich der Radixjupiter in der Nähe einer Hausspitze befindet. Es kann sich dann ergeben, daß er bei Rückläufigkeit wieder im vorherigen Haus zu stehen kommt. War er bei der Geburt rückläufig, kann sich womöglich nach Aufnahme der direktläufigen Bewegung der Eintritt ins folgende Haus ergeben. Der Einfluß in einem neuen Haus sorgt für neue Gelegenheiten, gemäß dessen Natur.

Jupiteraspekte

Ein gut aspektierter Jupiter – mit Trigonen zu Sonne, Mond, Mars oder Saturn – kann die individuelle Persönlichkeit sehr bereichern. Die Auswirkungen seiner negativen Aspekte werden oftmals falsch eingeschätzt. Jupiteraspekte haben über einige Tage hinweg Bestand, sie müssen deshalb in Hinsicht auf Haus und Zeichen interpretiert werden. Wenn die äußeren Planeten keine personalisierte Bedeutung tragen, ist der Einfluß auf Jupiter damit von allgemeinerer Art als bei Sonne bis Mars.

Jupiteraspekte zur Sonne
siehe Sonnenaspekte zu Jupiter, S. 216.

Jupiteraspekte zum Mond
siehe Mondaspekte zu Jupiter, S. 234.

Jupiteraspekte zu Merkur
siehe Merkuraspekte zu Jupiter, S. 249.

Jupiteraspekte zur Venus
siehe Venusaspekte zu Jupiter, S. 263/64.

Jupiteraspekte zu Mars
siehe Marsaspekte zu Jupiter, S. 277.

Anmerkung: Was den progressiven Jupiter betrifft, kommt es nur sehr selten zum Aspekt mit einem Planeten, der im Geburtshoroskop nicht von Jupiter aspektiert wird. Häufiger ergibt sich, daß in der Progression ein Aspekt exakt wird, d. h., daß beide Planeten dann minutengenau auf dem gleichen Grad stehen (siehe auch S. 54). In einem solchen Fall sollten Sie über den Einfluß der betreffenden Planeten genau Bescheid wissen!

Wenn Jupiter im Aspekt zu der Progressions- oder Radixstellung von Saturn, Uranus, Neptun oder Pluto steht, schlagen Sie bitte den Abschnitt zu dem betreffenden Transit auf. Wenngleich dieser Einfluß an sich nicht sehr machtvoll ist, wirkt er doch über die gesamte Dauer, während der Jupiter auf diesem Grad steht – was eine Unterstützung von wichtigen Transiten anzeigen könnte. Gründen Sie Ihre Interpretation auf die passende Aspektart, d. h. auf Konjunktion, negative oder positive Aspekte.

Beim progressiven Jupiter im Aspekt zur Radixstellung von Sonne, Mond, Merkur, Venus oder Mars lesen Sie bitte die Interpretation zur Progression des betreffenden Planeten nach (ebenfalls Konjunktion, negative oder positive Aspekte).

Bei der Jupiterprogression zum Aszendenten oder zum MC, ob im Geburts- oder im Progressionshoroskop, können Sie sich auf die unten angeführte Interpretation der Jupitertransite beziehen. Diese Progressionen sind sehr machtvoll und für einige Jahre wirksam. Ihr Effekt ähnelt den Jupitertransiten sehr.

Jupiteraspekte zu Saturn

Konjunktion

Hier werden die zwei Riesen des Sonnensystems zu einer Kraft. Im Idealfall sorgt das für Optimismus und gesunden Menschenverstand, einen ausgewogenen Blick auf das Leben und die Fähigkeit, sich enthusiastisch oder abwartend zu zeigen, je nach Bedarf. Allerdings ist der Einfluß der beiden Planeten nicht immer gleichrangig – und oftmals erweist sich Saturn als der stärkere. Wir sehen dann einen Menschen, der optimistisch und hoffnungsvoll ist, aber immer wieder einmal in düstere Launen verfällt. In jedem Fall aber ein Gefühl für die Richtung und eine ernsthafte und praktische Einstellung zu dem, was getan werden muß, meist auch viel Beharrlichkeit.

Beurteilen Sie, welcher der beiden Planeten im Horoskop stärker gestellt ist. Ein personalisierter Planet ist immer der stärkere. Ansonsten können Sie auf die Zeichen und Häuser schauen – wenn auch diese keine Antwort erkennen lassen, zeichnet sich der betreffende Mensch vielleicht manchmal durch jupiterhaften Optimismus aus und dann wieder durch saturnischen Pessimismus.

Positive Aspekte

Bedeuten einen stabilisierenden Einfluß, bei dem der gesunde Menschenverstand und die praktischen Eigenschaften von Saturn gut mit dem außengerichteten Optimismus und Überschwang von Jupiter zur Geltung kommen. Eine umfassende Vision und Vorsicht zugleich. Die innere Stimme gibt hier gute Ratschläge und bestärkt das Selbstvertrauen. Fähig dazu, konstruktiv für die Zukunft zu planen und die Pläne auch tatsächlich umzusetzen. Ein gutes Beurteilungsvermögen.

Negative Aspekte

Häufig ein Element von Unzufriedenheit bzw. das Gefühl, daß man nichts oder zuwenig geschafft hat. Rastlosigkeit und die Neigung, die Umstände oder Rahmenbedingungen für den Mangel an Erfolg und Erfüllung verantwortlich zu machen. Oft sind aber die innerliche Unzufriedenheit und der Mangel an Willen oder Selbstvertrauen Ursachen für die Probleme. Man muß herausfinden, was die innere Stimme sagt – vielleicht zeigt sich, daß es der oder die Betreffende als Kind sehr schwer hatte, was genau das Gegenteil von positiven Aspekten zwischen Saturn und Jupiter wäre. Die innere Stimme spiegelt vielleicht nur eine negative Autorität wider, die dem Geborenen bescheinigt, nichts wert zu sein, was natürlich kein Selbstvertrauen entstehen läßt.

Die anderen Horoskopbereiche zeigen, wie die Person diesem Einfluß begegnen kann und welches Potential vorhanden ist. Was kann sie dabei unterstützen, Selbstvertrauen und den Wunsch nach Fortschritten zu entwickeln? Betonen Sie die positiven Eigenschaften der Zeichen von Sonne, Mond und Aszendent sowie den Einfluß der persönlichen Planeten. Ein gut aspektierter Mars ist ebenfalls eine Hilfe.

Jupiteraspekte zu Uranus

Konjunktion

Ein machtvoller Brennpunkt im Horoskop. Eine Person, die in ihrer Haltung sehr positiv ist, die einen herausragenden und originellen Verstand besitzt und sehr auf die Zukunft ausgerichtet ist. Kennzeichnend für sie sind allgemeines Wohlwollen und humanitäre Erwägungen. Zuletzt hat sich diese Konjunktion im Zeichen Schütze ereignet – ein günstiger, lebhafter Ort dafür. Sie verleiht den jungen Menschen nicht nur die angeführten Qualitäten, sondern auch noch einen entzückenden, warmherzigen Sinn für Humor und ein angenehmes und unkonventionelles Wesen. Charaktere, die sich im Laufe des Lebens immer mehr zu Persönlichkeiten entwickeln werden.

Die Konjunktion dürfte nur dann eine Quelle von Spannungen und Rastlosigkeit sein, wenn sie negativ aspektiert ist. Selbst dann aber ist eine positive und dynamische Umformung durch Arbeit und andere Interessen möglich.

+ Positive Aspekte

Ein sehr origineller Mensch mit vielen der Eigenschaften, die unter der Konjunktion angeführt wurden. Für gewöhnlich auch ein lebhafter Humor und eine freundliche hilfsbereite Einstellung. Ein allgemein beliebter Mensch, besonders dann, wenn das Horoskop eine extravertierte Veranlagung erkennen läßt.

Sehr viel Bestimmtheit, aber auch ein gewisses Maß an Exzentrizität, die keinen Schaden anrichtet, wenn sie im Rahmen bleibt. Diese Aspekte helfen dabei, das persönliche Potential zu entfalten und Aufmerksamkeit zu erregen.

− Negative Aspekte

Für gewöhnlich sehr viel Rastlosigkeit und Exzentrizität, besonders dann, wenn einer der Planeten personalisiert ist. Manchmal intensive Gefühle der Unzufriedenheit sowie ein unsteter Enthusiasmus. Der Mensch gibt dann vielleicht viel Geld für etwas aus, um sich im nächsten Moment mit etwas ganz anderem zu beschäftigen.

Der Drang nach Unabhängigkeit kann in extremer Form auftreten – z. B. insofern, als daß der Mensch Hilfe zurückweist, obwohl er sie dringend braucht. Möglicherweise eine sehr unangenehme und unschöne Dickköpfigkeit. Eitelkeit und der Hang zum Angeben wären ebenfalls denkbar. Legen Sie nicht zuviel in diese Aspekte hinein.

♆ Jupiteraspekte zu Neptun

☌ Konjunktion

Weil Jupiter der traditionelle und Neptun der moderne Herrscher der Fische ist, besteht zwischen ihnen eine gewisse Affinität. Sie verleihen hier Idealismus und Bescheidenheit, einen subtilen Instinkt sowie Mitgefühl und Sympathie.

Weiterhin kann hier eine gewisse Spiritualität in Erscheinung treten, die nichts mit den herkömmlichen Religionen zu tun hat, sondern sich eher auf einen universelleren Glauben bezieht. Optimismus, daneben eine reiche Phantasie und Verträumtheit, was sich dann am kreativsten auswirkt, wenn praktische Qualitäten des Horoskops dies unterstützen – ansonsten handelt es sich womöglich nur um Marotten. Ein Ansporn könnten hier persönliche Planeten im Element Erde oder ein gut aspektierter Mars und/oder Saturn sein. Wenn die Konjunktion Teil eines Horoskops ist, das ansonsten auf eine materialistische und ehrgeizige Einstellung schließen läßt, kann ihr subtiler Einfluß in den Hintergrund gedrängt werden.

+ Positive Aspekte

In der Auswirkung ähnlich wie die Konjunktion. Können ebenfalls durch andere bzw. stärkere Einflüsse verdrängt werden, wenn der oder die Betreffende nicht eine markante Fische- oder Schützebetonung aufweist oder sehr empfindsam ist. Nichtsdestoweniger verleihen diese subtilen und sanften Züge selbst dem stärksten Horoskop Sensibilität und Feingefühl: Man möchte seinen Beitrag dafür leisten, die Welt lebenswert zu machen.

− Negative Aspekte

Wie bei den obigen Aspekten Freundlichkeit, Mitgefühl und Empfindsamkeit – vielleicht aber auch Vergeßlichkeit, Verträumtheit und die Neigung, sich in der persönlichen kleinen Welt bei jeder Gelegenheit zu verlieren.

Die emotionale Ebene hat eine verstärkte Bedeutung, es besteht eine farbige Phantasie – was sich aber nicht immer nur positiv auswirkt, weil auch eine Tendenz zur Unaufrichtigkeit oder Selbsttäuschung vorhanden sein könnte.

♇ Jupiteraspekte zu Pluto

☌ Konjunktion

Ein alles verzehrender Drang nach Macht, um so mehr, wenn die Konjunktion in das 10. Haus fällt oder am MC steht. Materieller Fortschritt ist hier sehr wichtig; ein Mensch, der seine Ziele fast mit Besessenheit verfolgt – oder auch mit Fanatismus. Diese machtvollen Eigenschaften können ein wunderbares Potential darstellen, vorausgesetzt,sie werden kontrolliert. Wenn nicht, geht der Mensch beim Verfolgen seiner Ziele über Leichen. Führungsqualitäten und möglicherweise eine geradezu magnetische Anziehungskraft. Ein Mensch, der organisieren kann. Hat er aber nicht die richtige Einstellung, entscheidet er über andere hinweg.

+ Positive Aspekte

Verleihen viel innerliche Stärke und Bestimmtheit beim Verfolgen von Zielen. Eine Person, die organisieren und andere anführen kann und die Pläne intelligent in die Realität umsetzt.

− Negative Aspekte

Möglicherweise ein Mensch mit fanatischen Zielen. Wenn auch andere Horoskopfaktoren auf dynamische Züge schließen lassen, ist er stark genug, um andere auf einen falschen Weg zu führen. Am wahrscheinlichsten ist das für die Konjunktion zwischen Uranus und Pluto (Geburtsjahrgänge 1963–69) in dem Fall, daß Jupiter diese beiden Planeten negativ aspektiert. Achten Sie auf derartige Tendenzen und raten Sie ggfs., positivere und empfindsamere Eigenschaften zu entwickeln, gemäß der Zeichen von Sonne, Mond oder Aszendent.

Asz Jupiteraspekte zum Aszendenten

☌ Konjunktion

Bei Jupiter im 1. Haus handelt es sich um einen enthusiastischen, positiven und toleranten Menschen mit viel Optimismus, einer umfassenden Vision und einem exzellenten Intellekt. Jemand, der gut mit anderen auskommt, allgemein beliebt ist und das Leben und seine Freuden liebt. Eine philosophische Einstellung und viel Gerechtigkeitsgefühl. Manchmal die Tendenz zur Übertreibung und zum Risiko, sowohl emotional als auch physisch. Vielleicht auch eine Person, die schnell Gewicht zulegt, speziell an den Oberschenkeln und Hüften. Gewisse Probleme mit der Leber könnten ebenfalls in Erscheinung treten. Fortwährende körperliche Betätigung ist sehr wichtig und macht zumeist auch Spaß.

Steht Jupiter im 12. Haus, macht sich der Einfluß äußerlich weniger bemerkbar – dann kommt die spirituellere, nachdenklichere Seite von Jupiter zur

Geltung. Vielleicht das Gefühl einer Berufung oder große Opfer.

In beiden Fällen stellt die Jupiterplazierung einen machtvollen Faktor dar. Machen Sie sich aber klar: Bei Jupiter genau auf dem Aszendenten würde schon eine Abweichung der Geburtszeit von nur vier Minuten bedeuten können, daß er in ein anderes Haus zu stehen kommt. Mit wachsender Erfahrung werden Sie sogleich sehen, ob Ihr Gegenüber Jupiter im 1. oder im 12. Haus hat.

+ Positive Aspekte

Ähnlich der Konjunktion, wenn diese ins 1. Haus fällt, allerdings nicht ganz so mächtig. Die Eigenschaften dieser Aspekte werden den Aszendenten stärken oder ihm entgegenwirken. Wahrscheinlich eine gute Gesundheit.

– Negative Aspekte

Die Tendenz, zu übertreiben und sich in den Vordergrund zu drängen, könnte auf andere befremdlich wirken und dadurch die Position des Betreffenden schwächen, sowohl in persönlicher als auch in materieller Hinsicht. Vielleicht eine »Nervensäge« – die Wahrscheinlichkeit für diese extreme Auswirkung ist aber nicht groß.

MC Jupiteraspekte zum MC

☌ Konjunktion

Da Jupiter in diesem Fall der am höchsten stehende Planet im Horoskop sein wird, ist dieser Einfluß außerordentlich groß. Ein Mensch, der sehr viel Erfolg haben und sehr angesehen sein dürfte und wahrscheinlich zufrieden mit sich ist. Jeder jupiterhafte Beruf oder Ruf ist hier denkbar und potentiell belohnend; und es ist nur allzu wahrscheinlich, daß diese Person keine Zeit verschwendet, sondern sofort aktiv wird. Die Einstellung dem Leben gegenüber ist positiv.

Es könnte sein, daß den Details nicht besonders viel Aufmerksamkeit gewidmet wird (was in Verbindung mit dem Jupiter- bzw. MC-Zeichen oder auch mit anderen Horoskopfaktoren stehen könnte). Ein Mensch, der Führungsqualitäten, dabei aber auch ein ausgeprägtes Gerechtigkeitsempfinden besitzt und anderen stets ein Vorbild ist. Lesen Sie noch einmal nach, was es mit dem betreffenden Jupiterhaus auf sich hat – dies wird eine zusätzliche Dimension enthüllen, die für die Interpretation wichtig ist. Sehr viel Selbstvertrauen und ein zumeist starkes, aber nicht aufgeblähtes Ego.

+ Positive Aspekte

Die positiven Jupiterzüge wie Optimismus, Erfolg und die Fähigkeit, wohlkalkulierte Risiken einzugehen, prägen die individuellen Ziele und Hoffnungen. Für gewöhnlich eine Person, die ihre Ziele erfolgreich verwirklicht, die viel Selbstvertrauen hat und die stolz ist auf ihre Leistungen.

– Negative Aspekte

Die Tendenz zum Übertreiben und Angeben, speziell in Hinblick auf Errungenschaften. Wahrscheinlich eine Identifikation mit allem, was groß und pompös ist – vielleicht auch eine Anbetung der Oberschicht und all dessen, was mit ihr verbunden ist. Weil Jupiter ein wohltätiger Planet ist, sind auch hier große Erfolge in Beruf und beim Erreichen der Ziele möglich. Man ist vielleicht aber nicht so beliebt, wie man gerne wäre.

♃ Jupiter-transite

Die Transite von Sonne, Merkur, Venus und Mars sind nur von sehr kurzer Dauer. Sie haben zwar manchmal verblüffende Wirkungen auf unser alltägliches Leben, führen aber nicht zu wichtigen Veränderungen, Entwicklungen, Chancen usw. Jupiter ist der erste Planet, der hier eine Rolle spielt. Die Kontakte zwischen Transitjupiter und Geburtshoroskop sind sehr wichtig und können in vielfältiger Form positiv benutzt werden. Für die Berechnung und den Einfluß der langsameren Planeten sollten Sie noch einmal den Abschnitt »Das Horoskop vorschieben« (S. 60–69) sowie die allgemeinen Hinweise für die Interpretation (S. 130–147) lesen.

Bisher haben wir bei den Transiten nur die Konjunktionen und Oppositionen berechnet. Bei Jupiter und den anderen Langsamläufern (Saturn, Uranus, Neptun und Pluto) dagegen sollten alle (Haupt-) Aspekte ermittelt werden!

Im allgemeinen ist der Einfluß Jupiters positiv und nützlich; bei seinem Transit ergeben sich oft besondere Gelegenheiten oder vergnügliche Erfahrungen. Manchmal reisen wir zu diesen Zeiten oder widmen uns mit großem Gewinn einem Studium. Vielleicht legen wir auch Gewicht zu oder verlieren jedes Maß. Die Transite werden wie die Aspekte eingeteilt, in Konjunktionen, positive und negative Aspekte. Auch hier möchten wir dazu anregen, alle Kategorien zu studieren, um zunächst einmal eine allgemeine Idee über den Einfluß zu gewinnen.

Ist Jupiter im Geburtshoroskop negativ aspektiert, wird sich der Transit nicht sehr günstig auswirken, nicht einmal beim Trigon. Es kommt in jedem Fall darauf an, das Beste aus der Energie Jupiters zu machen. Von allen Planeten bietet er uns am meisten Ermutigung und Hilfe – wenn wir ihm nur einen kleinen Stoß in die Richtung geben, in die wir ihn haben wollen.

Besonders wichtig sind die Transite Jupiters zur eigenen Stellung. Wie bei den schnelleren Planeten auch finden Sie diese Interpretation am Schluß des Kapitels, daneben noch eine ausführliche Erklärung und Erläuterung zur Jupiterwiederkehr, einem der spannendsten und aufregendsten Transite überhaupt.

☉ Jupitertransite zur Sonne

☌ Konjunktion

Ereignet sich alle zwölf Jahre und steht für eine Zeit voller Chancen und Belohnungen. Es ist aber wichtig, daß man konzentrierte Anstrengungen unternimmt, daß man ins Rampenlicht tritt und sich darstellt, um sein Potential bei möglichen Förderern bekanntzumachen.

Bei Arbeitslosigkeit ist dies eine günstige Zeit, sich auf Stellen zu bewerben. Auch Reisen und Studieren sind jetzt belohnende Aktivitäten, und oft besteht das Gefühl, nun einfach nichts falsch machen zu können. Alles, was mit dem Sonnenzeichen einhergeht, ist jetzt betont; daneben ein Gefühl von Optimismus und Enthusiasmus. Ein Einfluß, den man einfach nutzen muß!

+ Positive Transite

Haben einen ähnlichen Einfluß wie die Konjunktion. Das Sextil – an sich nicht sehr stark – und das Trigon sind günstig für allgemeinene Fortschritte, für Studium und Reisen. Zu diesen Zeiten kann man gut Urlaub machen! Chancen müssen gesucht und genutzt werden!

− Negative Transite

Jeglicher Tendenz zur Übertreibung und zur übermäßigen Dramatisierung muß entgegengetreten werden. Emotionale oder finanzielle Risiken. Eine allzu optimistische Haltung und blinder Optimismus können verheerende Folgen haben – also Vorsicht!

Manchmal trifft nun auch der beste Ratschlag auf taube Ohren. Vielleicht Probleme mit der Leber aufgrund von zu üppiger Nahrung – man sollte Medikamente im Haus haben, die derartige Beschwerden lindern können. Wenn auch im Geburtshoroskop Sonne und Mond im negativen Aspekt zueinander stehen, sollte man abwarten, bevor man wichtige Entscheidungen trifft. Man könnte jetzt nämlich Fehler machen, weil man den Details nicht genügend Aufmerksamkeit schenkt oder allzu optimistisch ist.

☽ Jupitertransite zum Mond

☌ Konjunktion

Eine Intensivierung der Emotionen und der Intuition. Ein exzellenter Einfluß, wenn der Radixmond günstig aspektiert ist – bei vielen Quadraten oder Opposition dagegen könnte das Urteilsvermögen zu wünschen lassen. In den meisten Fällen aber wird der Mensch sensibel reagieren und die richtigen Entscheidungen treffen. Die Situationen werden dann auch instinktiv richtig eingeschätzt.

Das Leben könnte nun in einem philosophischeren Licht erscheinen. Eine großzügige Laune und möglicherweise der Wunsch, das gesellschaftliche Leben zu intensivieren. Sie sollten auf jeden Fall zur Aktivität raten.

+ Positive Transite

Nun kann es zu beträchtlichem persönlichem Erfolg kommen. Raten Sie dem Menschen, seine Intuition und seine Instinkte zu beachten. Diese Einflüsse ähneln der der Konjunktion – vielleicht eine sehr belohnende Zeit, speziell hinsichtlich der Familie und des Zuhauses. Exzellente Transite, um mit der Familie in Urlaub zu fahren oder um Projekte mit Eltern oder Kindern durchzuführen. Arbeiten am Heim machen jetzt vielleicht besonders viel Spaß. Wenn der Mensch Freude an kreativen Tätigkeiten hat, könnte jetzt die Phantasie in Verbindung mit dem Intellekt zu sehr positiven Resultaten führen. Zumeist ein gutes Urteilsvermögen – wenn Entscheidungen getroffen werden müssen, ist dies die richtige Zeit dafür.

− Negative Transite

Können mehr Probleme aufwerfen, als man denkt. Leider merkt der Mensch nicht unbedingt, daß etwas schief läuft oder daß er gerade einen Fehler macht. Die Tendenz zu Überreaktionen und zur Dramatik. Wenn er sich aufregt, macht er womöglich aus einer Mücke einen Elefanten, was zu großen Schäden führen kann. Alles wieder ins Lot zu rücken kann sehr schwer sein.

Vorsicht beim Umgang mit Geld, beim Kauf auf Raten und bei allem, was mit dem Gesetz zu tun hat! Auch bei der Ernährung muß man Augenmaß beweisen – Essen oder Trinken im Übermaß verkraftet der Körper jetzt schlechter als sonst. Insgesamt gilt es, jetzt eine bewußte Einstellung zu zeigen und den Sinn für die Perspektive zu wahren.

☿ Jupitertransite zum Merkur

☌ Konjunktion

Ein exzellenter Einfluß. Die Zeit ist nun günstig für Reisen – ob nun zum Vergnügen oder wegen des Berufs –, für ein Studium oder für den Erwerb des Führerscheins. Hier kommen die beiden Planeten des Intellektes zusammen zur Wirkung – insofern kann sich der Betreffende jetzt gut mit Projekten beschäftigen, die Geschick oder »Köpfchen« erfordern. Allerdings verbessern diese Planeten nicht unbedingt das Konzentrationsvermögen – am besten wirkt der Transit daher mit Unterstützung von Saturn.

Die Zeit ist nun reif dafür, sich einem neuen Gebiet zu widmen, das intellektuell anspruchsvoll ist oder das Potential ausschöpft. Die Haltung ist optimistisch und wagemutig. Bei einem besonderen Sinn für Geschäfte könnte man nun sehr günstige Abschlüsse tätigen und große Fortschritte machen. Sonne und Merkur stehen im Geburtshoroskop immer dicht zusammen – insofern wird die Jupiterkonjunktion zur Sonne gerade stattgefunden haben oder kurz bevorstehen, im Zeitraum von bis zu zwölf Monaten. Diese beiden Einflüsse könnten ein positives Thema anzeigen, das für etwa ein Jahr Bestand hat. Es könnte interessant sein herauszufinden, wie es Ihrem Gegenüber zwölf Jahre zuvor ergangen ist, als Jupiter letztmals in dieser Position stand. Unter Umständen ein sehr günstiger Einfluß für ein Schulkind, das sich vielleicht deutlich verbessert.

+ Positive Transite

Eine ideale Zeit, um einen aufregenden Urlaub in der Fremde zu machen oder um sich einem neuem Studiengebiet, z. B. einer Sprache, zu widmen. Der Verstand ist jetzt für intellektuelle Herausforderungen bereit. Ein starkes Bedürfnis, die persönlichen Ideen zu verbreiten, vielleicht auch im Rahmen von Rundfunksendungen oder durch das Schreiben von Artikeln. Auch diese Zeit eignet sich dafür, den Führerschein zu machen oder ein Fahrtraining für Fortgeschrittene zu absolvieren.

Es gibt kaum einen besseren Einfluß für Prüfungen – vorausgesetzt, es besteht von Natur aus oder durch stabilisierende Transite ein gutes Konzentrationsvermögen. Unbeständigkeit muß unter allen Umständen vermieden werden!

− Negative Transite

Eine ganz untypische Zerstreutheit könnte auftreten, und die Unfähigkeit, das Leben ernst zu nehmen, bereitet jetzt vielleicht Probleme. Der Geborene könnte versucht sein, die Schwierigkeiten zu ignorieren oder sein Versprechen zu brechen. Häufig auch ein Mangel an Vorsicht und gesundem Menschenverstand, was in Verbindung mit einem übermäßigen Optimismus zu Fehlern führen kann.

Wichtige Entscheidungen – z. B. eine Hypothek aufzunehmen oder etwas auf Raten zu kaufen – sollten zu dieser Zeit tunlichst nicht getroffen werden. Finanzielle Probleme könnten die Folge davon sein.

Ein Student kurz vor der Prüfung könnte unter einem solchen Transit der Meinung sein, daß er es nicht nötig hat, den Lehrstoff zu wiederholen. Das könnte aber ins Auge gehen – raten Sie ihm, das Leben etwas ernster zu nehmen!

♀ Jupitertransite zur Venus

☌ Konjunktion

Ein wunderbarer Einfluß, der uns großzügig, aufgeschlossen, verständnisvoll, zärtlich und glücklich macht – und uns oft auch zufrieden sein läßt, wenn andere sich auf unsere Kosten amüsieren. Sehr viel Beliebtheit und die Neigung, das Leben in vollen Zügen zu genießen. Wie bei allen Kontakten zwischen diesen Planeten aber besteht die Neigung, Gewicht zuzulegen, weil man nun fast zwangsläufig viel und gut ißt – ein weiterer Einfluß, der verdauungsfördernde Medikamente erforderlich machen könnte. Man kann jetzt auch versuchen, sich eine weitere Einkommensquelle zu erschließen, entweder durch die Gründung eines Unternehmens oder durch Investitionen (wenngleich hier zu Vorsicht geraten werden muß).

Wenn dieser Transit durch starke Progressionen unterstützt wird, womöglich eine denkwürdige Zeit. Manchmal – beileibe nicht immer – kommt es, wenn sich Venus und Jupiter verbinden, zu einer Verlobung. Die Emotionen und der Verstand wirken nun gut zusammen.

+ Positive Transite

Fast identisch mit der Konjunktion – vielleicht aber eine noch positivere Wirkung, weil die Wahrscheinlichkeit geringer ist, daß Venus oder Jupiter aus dem Ruder laufen und zu Exzessen führen. Dies sind positive Einflüsse, die dazu benutzt werden können, Interessen zu fördern und zukünftige Entwicklungen einzuleiten.

Erwerbungen – speziell Käufe, die Investitionen darstellen – werden für lange Zeit Freude machen (sowie viel Geld bringen, wenn sie später verkauft werden). Man könnte nun mehr als sonst zu Luxus und Komfort neigen, was sich vielleicht auch nicht mehr ändert, wenn der Transit vorbei ist. Nachdem man das beste Hotel kennengelernt hat, gibt man sich nicht mehr mit einer billigen Absteige zufrieden. Das gleiche könnte für die Kleidung gelten.

− Negative Transite

Vielleicht jetzt problematische Extravaganz oder Trägheit, nach dem Motto: »Das kümmert mich nicht!« Wenn sich in den persönlichen Beziehungen Schwierigkeiten ergeben, könnte man die Flinte rasch ins Korn werfen oder eine Entscheidung treffen, die man später bereut.

Die Emotionen und der Intellekt stehen jetzt unter Spannung, und der gesunde Menschenverstand läßt einen nun im Stich. Vielleicht ißt der oder die Betreffende nun zuviel oder zuwenig – beides wäre das Ergebnis von zuwenig Liebe. Alles wird sich wahrscheinlich normalisieren, wenn der Transit vorüber ist. Es besteht nun die Neigung zu übersteigerten Gefühlen und exzessiven Handlungen, dabei käme es darauf an, nüchtern und stur auf Kurs zu bleiben. Bei finanziellen Problemen sollte fachkundiger Rat eingeholt werden, was das Risiko von falschen Entscheidungen verringern würde. Nun macht man nämlich sehr schnell einen Fehler.

♂ Jupitertransite zu Mars

☌ Konjunktion

Ein wunderbarer positiver Transit, bei dem man voller Selbstbewußtsein die Initiative ergreifen kann. Man befindet sich jetzt in einer starken Position, und wenn man diese Energie umsetzen kann, wird es zu exzellenten Resultaten kommen. Mutige und kühne Handlungen sind möglich, auch deshalb, weil man nun bestimmt und entscheidungsfreudig auftritt. Die Willenskraft ist gestärkt, und der Mensch hat das Bedürfnis, jederzeit aktiv zu sein.

Unter diesem Einfluß sollten wir bestrebt sein, uns Chancen zu eröffnen – im Gegensatz zu der Bereitschaft, Chancen wahrzunehmen, wenn sie uns begegnen. Ängste kennen wir nun nicht – alles, was wir unter diesem stimulierenden Einfluß tun, wird sich auszahlen und zu Fortschritten führen. Eine wunderbare Energie für alle, bei denen Konkurrenzdenken wichtig ist, für Sportler z. B., generell für Personen, die körperlich oder geistig aktiv sind.

+ Positive Transite

Fast identisch mit der Konjunktion, allerdings kommt die Energie und Antriebskraft mit mehr Rücksicht auf die Mitmenschen zur Geltung. Auch hier sind Erfolge wahrscheinlich, besonders beim Trigon. Das Sextil ist sehr nützlich und kann andere positive Trends fördern; es ist aber schwächer als die Konjunktion oder das Trigon. Auch hier sehr viel Entschiedenheit sowie die Fähigkeit, mit Widersachern auf eine vernünftige und angemessene Weise umzugehen.

Sowohl die intellektuelle als auch die körperliche Energie wird durch diesen Transit gefördert, gleichermaßen das Bedürfnis zu gewinnen. Vielleicht ein neuer, anregender Sport oder ein neu gewecktes Interesse an körperlicher Aktivität, was Verkrustungen löst, geistige wie physische.

− Negative Transite

Könnten zu rebellischen Handlungen führen und zu viel Eigensinn. Das Verhalten kann tollkühne Züge annehmen, wogegen man sich wehren sollte – wie auch gegen die Neigung zu finanziellen Risiken, z. B., seinen letzten Groschen beim Pferderennen zu verwetten. Eine starke Tendenz zu Übertreibungen und zu Überstürztheit, sowohl in physischer als auch in geistiger Form. Warnen Sie Ihr Gegenüber vor all diesen Möglichkeiten! Weil der Betreffende jetzt wahrscheinlich untypischerweise sehr selbstbezogen ist, könnte auch Gedankenlosigkeit, besonders gegenüber Nahestehenden, zu einem ernsten Problem werden.

Eine positive Seite haben diese ziemlich extremen Transite doch – sie können dabei helfen, ungeklärte Verstimmungen und Streitigkeiten auszuräumen; sie bringen dem Betreffenden und seinen Partnern einen planetarischen Frieden.

♄ Jupitertransite zu Saturn

☌ Konjunktion

Eine gewisse Unzufriedenheit kann das Ergebnis sein, wenn Jupiter in Kontakt mit Saturn kommt. Weil aber der Einfluß Jupiters positiv ist und es sich hier um den mächtigsten aller Kontakte handelt, dürfte man vom Willen beseelt sein, das, was falsch ist, zu ändern. Wenn die Person erst einmal erkannt hat, warum sie unzufrieden ist, wird sie sich den Herausforderungen stellen, vielleicht, indem sie aktiver wird oder mehr Geld verdient. Möglicherweise erkennt man, daß man geistig stehengeblieben ist – und daß man etwas dagegen tun kann, indem man ein Studium aufnimmt oder sich einem mental stimulierenden Interessensgebiet widmet. Vielleicht ist der Mensch auch sehr unzufrieden mit seiner Art zu leben, mit seinen Beziehungen oder seiner Umgebung; Ermutigung Ihrerseits könnte auf ihn motivierend wirken. Es muß nicht so sein, daß er alle Vorschläge buchstabengenau befolgt – beim Nachdenken über Ihre Worte aber könnte er doch neue Erkenntnisse gewinnen.

Wenn der Betreffende sehr erdverbunden und praktisch veranlagt ist, muß er vielleicht mit schockierenden Aussagen aufgerüttelt werden, etwa in der Art: »Sie werden sich noch mit den gleichen Problemen herumschlagen, wenn Sie alt und grau sind, wenn Sie nicht bald etwas dagegen tun!« So kann man Jupiter positiv in Bewegung bringen.

+ Positive Transite

Fördern den gesunden Menschenverstand und eine praktische Herangehensweise an das Leben. Bestimmtheit und die Erkenntnis, daß Beharrlichkeit sich auszahlt.

Während dieser Zeit könnte man weitreichende Entscheidungen über die Zukunft treffen, selbst dann, wenn man noch nicht an die Realisierung der Pläne herangehen kann. Dieser Einfluß könnte z. B. die Geschehnisse ergänzen, die sich zur Zeit der Saturnwiederkehr ergeben haben, er könnte ein Gegengewicht für die Entwicklungen und Chancen der Jupiterwiederkehr darstellen oder mit anderen stimulierenden oder dynamischen Progressionen oder Transiten zusammenwirken. Eine gute Zeit, um gründlich über wichtige Angelegenheiten nachzudenken.

− Negative Transite

Nun könnte es zu viel Frustration kommen, besonders dann, wenn man denkt, daß es vorangeht. Diese Transite funktionieren wie eine Bremse, was zunächst einmal sehr lästig sein könnte, sich im nachhinein aber vielleicht als Segen herausstellt. Der Mensch könnte zu dieser Zeit, die von einem ständigen Stop-and-Go gekennzeichnet ist, unzufrieden, rastlos und jähzornig reagieren – er sollte aber versuchen, die Ruhe zu bewahren, hat aber weniger Geduld als sonst. Geduld aber ist nötig, wenn man sich mit den Problemen und Rückschlägen auseinandersetzen will. Möglich ist hier auch, daß Jupiter vorherrschend ist und zu übermäßigem Optimismus führt.

♅ Jupitertransite zu Uranus

☌ Konjunktion

Ein aufregender Einfluß, der häufig unerwartete Entwicklungen mit sich bringt, die neue Horizonte öffnen. Ein verstärkter Drang nach Unabhängigkeit, was für sich schon zu Handlungen oder Entscheidungen motiviert – weil wir es aber mit der Konjunktion zu tun haben, können wir nicht sagen, inwiefern es zu selbstsüchtigen, unverantwortlichen oder unvorhersehbaren Aktivitäten kommt. Um hierzu Erkenntnisse zu gewinnen, müssen Sie im Geburtshoroskop nachschauen, welche Aspekte diese beiden Planeten empfangen. Weisen sie Quadrate oder Oppositionen zu den persönlichen Planeten auf oder aspektieren sie sich gegenseitig negativ? Damit könnte es jetzt zu beträchtlichen Spannungen kommen. Bei einem positiven Aspekt dagegen sind schöne Auswirkungen zu erwarten.

+ Positive Transite

Auch diese dürften unerwartete und aufregende Geschehnisse mit sich bringen, mit der Folge, daß sich neue Elemente im Leben bemerkbar machen. Welcher Lebensbereich davon betroffen ist, könnte an der Hausposition von Uranus abzulesen sein. Deuten Sie hier aber nur Möglichkeiten an – Sie können schließlich nicht wissen, was genau geschehen wird. Manchmal das intensive Interesse, den Geist auszuweiten, was zu einer reiferen und weiseren Einstellung zum Leben führen kann oder zu einer besonderen Art von Wissen. Vielleicht befaßt sich die Person nun auch mit einem abgelegenen oder sehr ungewöhnlichen Fachgebiet.

− Negative Transite

Womöglich eine Phase, in der zumindest von einem Lebensbereich oder Projekt große Spannung ausgeht und der Mensch am liebsten einen Schlußstrich ziehen würde. Allerdings gilt es, nichts zu überstürzen. Vorschnelle Handlungen oder auch blinde Dickköpfigkeit bedeuten nämlich eine eingeschränkte Perspektive. Wenn die Spannung zum Problem wird und die Nerven (Uranus) angegriffen sind, wäre eine Beschäftigung sinnvoll, die entspannend und beruhigend wirkt und den Geist (Jupiter) wieder auflädt.

♆ Jupitertransite zu Neptun

☌ Konjunktion

Ein wunderbarer subtiler Einfluß, der speziell für sensible, intuitive und kreative Menschen günstig ist. Bei eher materialistisch ausgerichteten Personen dagegen sind mit ihm kaum Auswirkungen verbunden.

Eine Betonung der ätherischeren Elemente des Lebens und der Empfindsamkeit, was sich besonders in spiritueller, mystischer und idealistischer Hinsicht auswirken könnte. Auch die Emotionen stehen damit im Vordergrund, vielleicht in Verbindung mit dem Wunsch nach Zurückgezogenheit und Kontemplation. Der Mensch sehnt sich möglicherweise danach, allem einmal den Rücken zu kehren und eventuell ein Wochenende für sich allein am Wasser zu verbringen oder in einer erholsamen Landschaft. Bei einer religiösen Neigung ist dies ein idealer Einfluß, um sich zur Besinnung oder zum Beten zurückzuziehen.

+ Positive Transite

Ähnliche Auswirkungen wie bei der Konjunktion. Wenn zugleich andere, weltlichere und markantere Transite zu verzeichnen sind, könnte das Sextil allerdings gewissermaßen im Nebel verlorengehen. Möglicherweise Gefühle der Inspiration, was eine wunderbare, kreative Arbeit zur Folge haben könnte. Es ist immer ratsam, zu dieser Zeit das, was gefällt und die Aufmerksamkeit erregt, aufzuzeichnen oder zu fotografieren.

Der Einfluß begünstigt auch eine verträumte, vielleicht übermäßig sentimentale Stimmung; warnen Sie davor, daß der Mensch nicht ewig im siebten Himmel schweben wird.

− Negative Transite

Man muß sich jetzt vorsehen – allzu leicht läßt man sich von den Meinungen und Handlungen anderer negativ beeinflussen. Häufig macht man infolge von Sorglosigkeit und Unbekümmertheit Fehler, manchmal sagt man auch das Falsche oder wird falsch interpretiert. Mißverständnisse und Konfusion sind jetzt recht wahrscheinlich. Es kommt nun darauf an, den Kontakt zur Realität zu behalten. Man ist nicht besonders konzentriert bei der Sache. Keine gute

Zeit, um wichtige Entscheidungen zu treffen. Auch Ratschlägen ist jetzt mit Vorsicht zu begegnen.

♇ Jupitertransite zu Pluto

☌ Konjunktion

Der Mensch strebt jetzt vorwärts, er verficht eine aktivere Linie und möchte eine Machtposition bekleiden. Das Selbstvertrauen wächst, und oft ergibt sich eine materialistischere Einstellung mit einem gesteigerten Interesse an Investitionen, Versicherungen und finanziellen Aspekten ganz allgemein. Der Drang nach Macht ist verstärkt. Alles bleibt aber im Rahmen, vorausgesetzt, man reagiert nicht fanatisch.

Der Drang nach Macht dürfte sich dann am stärksten bemerkbar machen, wenn Pluto im Löwen oder in Konjunktion zu Uranus in der Jungfrau steht, was in den 60ern der Fall war. Der Jupitereinfluß ist grundsätzlich positiv und günstig, ganz allgemein ist es mit diesem Transit möglich, Fortschritte zu machen und Ziele zu verwirklichen. Vielleicht läßt irgend etwas den Betreffenden auch sehr stolz sein – er sollte aber nicht allzuviel Aufhebens davon machen.

+ Positive Transite

Auch hier materielle Fortschritte und ein wachsendes Bankkonto. Man könnte nun ein besonderes Gespür für Investitionen haben; vorausgesetzt, der gesunde Menschenverstand herrscht über den Optimismus, werden sich sehr positive Ergebnisse zeigen. Auch hier ist eine Beförderung oder eine Position mit mehr Macht möglich. Man hört dem Geborenen nun aufmerksam zu.

− Negative Transite

Es gilt nun, sich vor der Tendenz zu fanatischen Meinungen oder Handlungen zu hüten! Was das Geld betrifft, könnte man allzu große Investitionen oder anderweitige Ausgaben tätigen. Viele Menschen haben unter diesen Transiten große Summe eingesetzt – und verloren; man sollte sich deshalb jetzt unter allen Umständen vom Spiel mit Geldeinsatz fernhalten. Jegliche finanzielle Entscheidung sollte aufgeschoben werden, bis der Transit nicht mehr wirkt, zumindest aber drei Wochen.

Asz Jupitertransite zum Aszendenten

☌ Konjunktion

Der Transit Jupiters durch das 12. Haus endet und der durch das 1. beginnt – insofern nicht mehr die Neigung zur Kontemplation, Reflexion und zum Überdenken der Dinge, sondern dazu, einen Platz im Rampenlicht anzustreben und sich Gelegenheiten zu eröffnen. Man dürfte sich jetzt gestärkt und verjüngt fühlen, aktiver im Selbstausdruck denn je, für jede Herausforderung bereit. Eine sehr günstige Zeit, sich nach einer besseren Stelle umzusehen. Ein vergnüglicher Zeitraum, in dem man allerdings zunehmen könnte und vielleicht auch Probleme mit der Leber bekommt.

+ Positive Transite

Haben ähnliche Auswirkungen wie die Konjunktion. Schauen Sie hier auf das Haus, das Jupiter durchläuft – die entsprechenden Themen könnten jetzt zur Blüte gelangen. Bei einem Trigon z. B. und Jupiter in oder an der Spitze des 5. Hauses könnte sich vielleicht eine Liebesaffäre ergeben. Kreative Interessen stehen jetzt im Vordergrund.

− Negative Transite

Eine starke Tendenz, die Probleme in einer falschen Perspektive zu sehen und in überzogener Form zu reagieren. Der Betreffende könnte sich unerträglich selbstbezogen und angeberisch zeigen, ohne daß seine Leistungen dies rechtfertigen würden – ist der Transit dann vorbei, merkt er, wie töricht er gehandelt hat. Besondere Vorsicht bei allem, was man sagt oder niederschreibt. Jegliche Neigung zur Übertreibung muß unter Kontrolle gehalten werden.

MC Jupitertransite zum MC

☌ Konjunktion

Wieder ein Akzent auf Chancen und Möglichkeiten, anders aber als bei der eben beschriebenen Jupiterkonjunktion mit dem Aszendenten: Beim Transitjupiter in Konjunktion zum Aszendenten könnte der Betreffende eine neue Stelle, für die er sich beworben hat, erhalten; beim MC dagegen wird ihm vielleicht wie aus heiterem Himmel eine neue Stelle angeboten, weil man von seinen Fähigkeiten hörte. Gelegenheiten und neue Entwicklungen fördern den individuellen Fortschritt. Manchmal die Möglichkeit zum Reisen (womöglich auf Kosten von anderen).

Ganz allgemein gilt, daß nun alles, was mit Jupiter verbunden ist, floriert und daß sich viele unerwartete Chancen ergeben, vielleicht schöne Überraschungen oder auch ein Gewinn.

+ Positive Transite

Ähneln der Konjunktion, allerdings sind die neuen Entwicklungen nicht ganz so bedeutungsvoll, ausgenommen, Jupiter ist stark gestellt, oder es ist ein Schütze-MC gegeben. In jedem Fall aber dürfte es sich um eine belohnende Zeit handeln.

− Negative Transite

Die Hoffnungen könnten sich jetzt als vollkommen unberechtigt herausstellen, was eine vorsichtige Haltung ratsam sein läßt. Man läßt sich jetzt sehr leicht beeinflussen, und manche Mitmenschen könnten nun darauf aus sein, den Betreffenden günstig zu stimmen, indem sie seinem Ego schmeicheln. Vorsicht bei Verträgen – man lese das Kleingedruckte sehr sorgfältig! Es kommt leicht dazu, daß man sich von einem übertriebenen Optimismus fortreißen läßt.

♃ Jupitertransite zum Radixjupiter

Im allgemeinen handelt es sich, wenn Jupiter im Transit im positiven Aspekt zur Geburtsstellung steht, um eine Zeit, in der es zu großen Fortschritten und einer positiven Haltung kommt. Bei einem negativen Aspekt könnte der Mensch einen übermäßigen Optimismus an den Tag legen, Probleme in einer falschen Perspektive sehen oder unnötige Risiken eingehen, materielle wie emotionale. Eine solche Phase wäre auch problematisch für die Unterzeichnung von Verträgen, weil der Betreffende jetzt keinen Blick für Details hat oder sich in seinem Enthusiasmus zu großen Geldausgaben hinreißen lassen könnte.

Bei der Untersuchung dieser Transite müssen Sie analysieren, in welchem Zeichen und Haus Jupiter im Horoskop steht und an welchen Aspekten er beteiligt ist – die diesbezüglichen Auswirkungen stehen jetzt im Vordergrund. Selbst bei einem positiven Transit kann einiges von der günstigen Wirkung verlorengehen, wenn der Radixjupiter mit mehr negativen als positiven Zügen verbunden ist. Bei einem negativen Transit und einem positiven Radixjupiter werden nicht allzu viele Probleme auftauchen – allerdings könnte der Geborene doch hin und wieder zu allzuviel Optimismus neigen oder dazu, sich zuviel aufzuladen. Um sich über die möglichen Auswirkungen klarzuwerden, sollte man alle Transite berechnen, die sich in der Zeit nach dem Jupiterkontakt ereignen.

♃ Die Jupiterwiederkehr

Diese ist nichts anderes als die Transitkonjunktion von Jupiter zur eigenen Stellung. Weil Jupiter für den Lauf durch die Tierkreiszeichen zwölf Jahre braucht, ereignet sie sich im Alter von 12, 24, 36, 48, 60, 72, 84 und 96 Jahren usw., mit geringen Abweichungen. Auf diese Phasen können wir uns freuen; wir sollten bestrebt sein, die Gelegenheiten, die sich dann ergeben, auch tatsächlich zu nutzen.

Nach einem Jahr mit einer Jupiterwiederkehr dürften wir uns in einer stärkeren finanziellen Position wiederfinden und die eine oder andere Stufe auf der Karriereleiter genommen haben. Es ist wichtig, die sich bietenden Chancen nicht ungenutzt verstreichen zu lassen – es gilt, die Gelegenheiten zuversichtlich beim Schopf zu packen. Je größer die Herausforderung ist, desto besser. Manchmal müssen wir auch in diesem Jahr sehr hart arbeiten, meistens werden wir das aber gern tun, weil wir uns auf lange Sicht viel davon versprechen.

Die Erfahrungen der Vergangenheit

Der astrologische Rückblick ist besonders bei der Jupiterwiederkehr interessant. Steht sie bevor, sollten Sie den Betreffenden fragen, was er zwölf Jahre zuvor gemacht hat. Welcher Lebensbereich stand damals im Mittelpunkt? Haben sich besondere Fortschritte ergeben? Hat die Person eine Prüfung abgelegt oder ist sie vielleicht mehr gereist als sonst? Wenn es auch unwahrscheinlich ist, daß sich alles genau wiederholt, kann man doch erwarten, daß der gleiche Lebensbereich im Vordergrund steht und ähnliche Bedingungen herrschen. Allerdings müssen wir eine gewisse Umsicht walten lassen, wenn wir uns mit dem Jupitereinfluß der Vergangenheit beschäftigen – vielleicht hat der Betreffende damals eine schreckliche Zeit erlebt, in der alles schief ging. Ist dem so, sollten Sie sich intensiver mit dieser Phase auseinandersetzen – möglicherweise gab es andere, stärkere Faktoren, die den Einfluß Jupiters überdeckten. Trifft dies zu, sollten Sie zu bedenken geben, daß es ohne Jupiter vielleicht noch schlimmer gekommen wäre! Wie positiv der Einfluß wirkt, läßt sich an der Stellung Jupiters im Geburtshoroskop ablesen; zumeist handelt es sich um eine starke Energie, die (theoretisch und meist auch praktisch) wunderbare Entwicklungen möglich macht. Manchmal ist es nötig, daß Jupiter einen Anstoß in die gewünschte Richtung bekommt, besonders auch während einer Jupiterwiederkehr. Eine Zeit, in der wir mit großem Selbstbewußtsein aktiv werden können.

Die frühen Jahre

Eltern von Kindern, die ihre erste Jupiterwiederkehr erleben, sollten diese wärmstens dazu anhalten, Gebrauch von dieser starken planetarischen Energie zu machen. Wettbewerbe, Prüfungen und Ausscheidungen wären hierbei anzusprechen, speziell bei Gebieten, auf denen man sich individuell beweisen kann, z. B. beim Sport oder bei der Musik, oder auch die intensive Auseinandersetzung mit einem interessanten Thema. Fortschritte zu dieser Zeit könnten dann später vielleicht zu einer vertiefenden Beschäftigung mit dem betreffenden Gebiet führen.

Die späteren Lebensabschnitte

In den späteren Jahren deutet die Wiederkehr Jupiters ebenfalls Phasen des Fortschritts an, gemäß dem, was eben angeführt wurde. Das Leben wird damit meist immer ein wenig angenehmer und leichter, was am zusätzlichem Geld liegen könnte. Wir können aber nicht genug darauf hinweisen, daß man die Jupiterenergien auf eine weise Art einsetzen und nicht vergeuden darf! Die Jupiterwiederkehr, die sich im Alter von etwa 60 Jahren ergibt, fällt oft mit der wichtigen zweiten Saturnwiederkehr zusammen (siehe S. 312). Gleichermaßen kann die Wiederkehr Jupiters mit etwa 84 Jahren mit der sehr bedeutungsvollen Uranuswiederkehr zusammenfallen (S. 326). Wir alle reagieren auf die Wiederkehr anders, und wir machen schließlich auch nicht alle im gleichen Alter die gleichen Fortschritte. Bei der Interpretation dieses Einflusses müssen wir die Zeichen von Aszendent, Sonne, Mond und MC sowie vom herrschenden Planeten einbeziehen.

Das Ausmaß des Einflusses

Wie lange ist der Einfluß wirksam? Astronomisch gesehen kann Jupiter, wenn er sich schnell bewegt, in vier Tagen einen Tierkreisgrad durchlaufen. Allerdings könnte es, nachdem er sich über die Geburtsstellung hinwegbewegt hat, zur Rückläufigkeit kommen – und damit dann später wieder zur Direktläufigkeit, wodurch sich drei Kontakte zur Geburtsstellung ergeben können. Das kann sich bis zu neun Monate hinziehen! Es scheint aber gleichgültig zu sein, wie oft sich dieser Kontakt ergibt – die astrologische Wiederkehr wirkt für ein Jahr. Die wunderbaren Geschehnisse werden nicht sofort eintreten, wenn Jupiter die Geburtsstellung erreicht hat – es könnte sich aber um eine Schlüsselphase eines Zeitraums handeln, der mit dem Einfluß in seiner Gesamtheit in Verbindung steht, womit sich dann auch auf einem besonderen Lebensbereich viele Fortschritte ergeben können.

Die Jupiterwiederkehr wird sich dann besonders machtvoll auswirken, wenn eines oder mehrere der folgenden Horoskopmerkmale gegeben ist bzw. sind:

- Schützeaszendent,
- Schützesonne,
- Schütze-MC,
- Schützemond,
- Schützejupiter,
- Jupiter in Konjunktion zum Aszendenten (aus dem 1. oder 12. Haus),
- Jupiter in Konjunktion zum MC,
- Jupiter in Konjunktion zur Sonne,
- Jupiter im Krebs (der Überlieferung nach eine günstige Stellung),
- Jupiter in den Fischen (bevor man Neptun als Herrscher der Fische einsetzte, regierte Jupiter über dieses Zeichen),
- Jupiter im 1., 9. oder 12. Haus.

Saturn in den Zeichen

Saturn steht für Autorität – er ist unsere innerliche Vaterfigur. Sein Mechanismus sagt uns oft: »Das darfst du nicht«, und er legt uns definitive Beschränkungen auf. Zu bestimmten Zeiten müssen wir die Entscheidung treffen, ob wir die Situation so, wie sie ist, akzeptieren, oder ob wir gegen diese innerliche Autorität angehen sollten, weil sie das Resultat von Demütigungen in unserer Kindheit darstellt. Bei diesem Prozeß entwickeln wir entweder Selbstvertrauen, oder aber es kommt zu Rückschlägen, weil wir unsensibel für die innerliche Stimme sind oder weil wir mit der Beziehung zu unseren Eltern oder den äußerlichen Umständen nicht zurechtkommen. Sehr oft ist das »Du mußt« von Saturn genau das, was wir tun sollten, auch wenn es uns schwerfällt.

♈ Saturn im Widder

Die positive, energische Kraft des Widders hat gar nichts mit der Vorsicht und Beschränkung von Saturn gemeinsam – diese beiden sind dann auch keine guten Gefährten. Der Betreffende wird sich manchmal sehr stark, mutig und selbstbewußt zeigen und dann wieder gehemmt oder sogar schwächlich. Mit Ausgewogenheit könnte man Extreme in bezug auf Aktivität und Inaktivität vermeiden und die energische Kraft des Widders mit gesundem Menschenverstand und Umsicht zur Geltung bringen. Hat man sich mit diesem saturnischen Einfluß arrangiert, erweist man sich als ausdauernd und bestimmt und verzagt auch in schwierigen Lebenslagen nicht. Die physische und die emotionale Energie müssen gleichmäßig zum Ausdruck kommen, ansonsten sind in Zeiten von übermäßiger Anspannung große Probleme möglich.

Bei Inaktivität könnte es zu Stagnation und einer fortwährend zunehmenden Frustration und Rastlosigkeit kommen. Der potentiellen Tendenz zu Depressionen sollte mit einem Wechsel der Aktivität entgegengewirkt werden, mit Sport z. B. Die autoritäre innerliche Stimme kann Konfusion und Rastlosigkeit zur Folge haben, den Menschen aber auch in Aktivitäten stürzen, wenn er besser abwarten sollte.

♉ Saturn im Stier

Die Geduld des Stiers und die saturnische Fähigkeit, vorsichtig und umsichtig zu planen, ergänzen sich gut. Ein Mensch mit langem Atem, der unermüdlich für das tätig sein kann, was ihm wirklich wichtig ist. Vielleicht Konflikte zwischen der luxusliebenden Seite des Stiers und der Vorsicht von Saturn, welche nur zu oft in Kargheit oder Geiz mündet.

Den richtigen Ansatz finden
Wie kann der Betreffende aus dieser Stellung Nutzen ziehen? Fraglos ist er ehrgeizig und hat das Bedürfnis, viel Geld zu verdienen. Saturn kann den Menschen ehrgeizig machen, was vielleicht zu ständigen Fortschritten im Leben und zu einer gehobenen gesellschaftlichen Stellung führt, in Verbindung mit dem einen oder anderen Zug von Luxus. Die negative innere Stimme von Saturn aber wird letzteres als Extravaganz verurteilen und immer wieder fragen: »Brauchst du das wirklich?« Der Mensch muß hier seine eigene Antwort finden, er muß aber auch lernen, die Stier-Seite dieser Stellung zu genießen. Wenn das Horoskop insgesamt eher auf Extraversion schließen läßt, wird ihm das nicht schwerfallen; eine schüchterne und gehemmtere Persönlichkeit dagegen fühlt sich möglicherweise schuldig und braucht Hilfe durch stärkere Qualitäten. Man muß sich aber nicht entschuldigen, wenn man sich einmal dem Vergnügen hingibt; dies ist vielleicht die Lektion, die man mit dieser Stellung zu lernen hat.

Vorsicht, Geduld und Hartnäckigkeit, manchmal der übersteigerte Hang zu Routine und Disziplin. Eltern mit dieser Stellung könnten dazu neigen, allzu streng mit ihren Kindern zu sein, obwohl sie deren Bestes wollen. Die Art und Weise, wie die Emotionen zum Ausdruck kommen, könnte ebenfalls gehemmt sein, wenngleich die Person für gewöhnlich sehr freundlich sein dürfte. Jemand, der das Funktionale dem Schönen vorzieht.

♊ Saturn in den Zwillingen

Intellektuelle Gaben und eine gewisse Stabilität, häufig auch eine wissenschaftliche Neigung. Eine wunderbare Unterstützung, falls auch andere Horoskopmerkmale in diese Richtung weisen. Vom kreativen Standpunkt aus dagegen ist sie nicht besonders hilfreich, höchstens im Falle einer musikalischen Begabung.

Der Verstand ist beständig und der Betreffende unparteiisch und zugleich tiefgründig. Er oder sie wird ökonomisch mit den Worten umgehen und imstande sein, viel in wenigen Sätzen zum Ausdruck zu bringen – das genaue Gegenteil vom normalen Zwillingseinfluß. Kinder mit dieser Stellung könnten zu einem langsamen Sprechen neigen und als schweigsam gelten. Die Eltern sollten sich hier keine Sorgen machen – die Kinder dürften über eine gute Wahrnehmung verfügen und merken, was vorgeht.

Die Arten der Kommunikation
Wenn Saturn durch persönliche Planeten negativ aspektiert wird oder eine personalisierte Bedeutung hat, könnten in einigen wenigen Fällen sprachliche Hemmungen zu verzeichnen sein. Wenn man diesem Menschen den Vorwurf macht, nicht gesprächig zu sein, sollte er sich Gedanken zu dieser Kritik machen – sie könnte zutreffen. Vielleicht zeigt er sich aber auch sarkastisch oder gar zynisch. Dessen muß er sich bewußt werden und gegenzusteuern versuchen, vielleicht durch seinen interessanten und ungewöhnlichen Sinn für Humor. Falls Ihr Gegenüber eine höhere Stellung bekleidet, sollten Sie ihn taktvoll vor der Möglichkeit warnen, daß man womöglich seine Anweisungen und Memos mißversteht, weil sie allzu knapp formuliert sind. Er hat vielleicht Hintergedanken.

Positives Denken und eine optimistische Haltung müssen entwickelt werden, wenn sie nicht bereits von anderen Horoskopfaktoren angezeigt sind (schauen Sie auf den Einfluß von Merkur und Jupiter). Die innere Stimme der Autorität kann hier viel Kritik bedeuten; bei geringem Selbstvertrauen dauert es recht lange, bis der Mensch aktiv werden kann.

♋ SATURN IM KREBS

Das Bedürfnis nach emotionaler Sicherheit ist sehr stark und der Betreffende meistens sehr an einem stabilen familiären Hintergrund interessiert. Wenn der Vater sehr streng gewesen war oder das Kind gedemütigt wurde, könnte das viel Leid und die Unfähigkeit geschaffen haben, ebensoviel wie andere Kinder zu leisten.

Wenn der Hang zu Sorgen erkennbar ist, verstärkt ihn diese Stellung noch. Die Haltung ist hier vielfach pessimistisch, möglicherweise erfüllt mit Mißtrauen und Selbstmitleid (sehr wahrscheinlich dann, wenn der Mond negativ von Saturn aspektiert wird). Positiver gesehen, ist dieser Mensch pfiffig und kann gut mit Geld umgehen. Zielstrebigkeit und Hartnäckigkeit sind charakteristisch, aber auch die Neigung, sich in seinen Panzer zu verkriechen. Diesem Zug könnte aber der Mars- oder der Jupitereinfluß entgegenwirken, besonders bei einer Stellung in einem Feuerzeichen und/oder günstigen Aspekten.

Ein freierer Ausdruck der Emotionen tut hier not; Hemmungen und Schüchternheit gegenüber den Nahestehenden können zu tiefen emotionalen Problemen führen. Die innerliche Stimme der Autorität könnte das Selbstvertrauen auf subtile Weise untergraben und ihn passiv werden lassen: »Was passiert wohl, wenn du das tust? Das würdest du doch bestimmt nicht wollen, nicht wahr?« Das alles könnte die Folge davon sein, daß es in der Kindheit zu emotionalen Erpressungen kam; solange die Person das nicht verarbeitet hat, besteht die Gefahr, daß sie ihre Kinder genauso behandelt.

♌ SATURN IM LÖWEN

Willensstärke, Bestimmtheit, exzellente organisatorische Fähigkeiten und Loyalität. Ein Mensch, der das Leben ernst nimmt. Die warmherzigen Löweeigenschaften treten in den Hintergrund (wenn nicht eine sehr starke Löwebetonung gegeben ist). Die schlimmsten Fehler sind Herrschsucht und die Unfähigkeit, Beschränkungen zu akzeptieren; Stolz könnte die Ursache für manchen schweren Fall sein. Manche der Beschränkungen könnten von der Person selbst verursacht sein, vielleicht aufgrund ihres brennenden Ehrgeizes. Wenn sie sich erst einmal für eine bestimmte Vorgehensweise entschlossen hat, ist sie nicht mehr davon abzubringen. Nichtsdestoweniger eine einzigartige Fähigkeit, Situationen unter Kontrolle zu behalten und andere anzuleiten (und auf Disziplin zu sehen), speziell in Krisenfällen.

Positiver und negativer Ausdruck

Bei positivem Ausdruck sind hier wunderbare Resultate möglich; allerdings könnte Loyalität falsch verstanden werden und der Betreffende den Sinn für die Perspektive verlieren. Die negative Seite dieser Stellung kommt vielleicht dann zum Ausdruck, wenn in der Kindheit eine militärisch anmutende Disziplin herrschte, die es dem Betreffenden nun schwer macht, ein unvoreingenommenes Verhältnis zur Routine zu entwickeln. Steifheit und allgemeiner Geiz könnten ebenfalls typisch sein.

Die innerliche Stimme der Autorität könnte etwas von einer strengen Aufseherin, einem schulmeisterlichen Lehrer oder von einem Hauptfeldwebel haben, die den Betreffenden zwingt, den äußerlichen Erwartungen zu entsprechen, auch dann, wenn er eigentlich verständnisvoller auf seine eigenen Bedürfnisse und Gefühle reagieren sollte. Wenn die negativen Züge im Vordergrund stehen, sollten Sie fragen, ob die Erziehung streng und konventionell war oder ob man vielleicht in einem strengen Internat aufwuchs!

Da der Löwe über das Rückgrat herrscht und Saturn über die Knochen, sollten Sie diesbezüglich zu besonderer Vorsicht raten. Gutes Sitzen am Schreibtisch und ein angepaßtes Training für den Rücken usw. wären sehr wünschenswert.

♍ SATURN IN DER JUNGFRAU

Eine Neigung zur Routine und eine praktische Herangehensweise, desgleichen viel Pflichtgefühl. Jemand, den harte und methodische Arbeit nicht schrecken kann. Wie bei den meisten Jungfraubetonungen eine besondere Aufmerksamkeit für Details. Die betreffende Person wird nicht zu überstürzten Handlungen neigen, sondern zu Umsicht und Bescheidenheit.

Für gewöhnlich wenig Selbstvertrauen und in jungen Jahren Schüchternheit. Auch in einem ansonsten positiven und überschwenglichen Horoskop kann diese Stellung von Zeit zu Zeit zu Gehemmtheit führen – sie kann aber auch wie ein Anker wirken.

Die praktische Vorsicht, die sie liefert, kann positiv zum Ausdruck kommen.

Ein Bedürfnis nach konstruktiver Kritik

Wenn der Betreffende eine Machtposition hat, müssen Sie ihn vielleicht davor warnen, allzu streng und fordernd zu Untergebenen zu sein. Seine eigene Disziplin und sein machtvoller Drang zur Kritik und zur Perfektion führen zu sehr hohen Standards, die er auch von anderen erwartet.

Wenn er nicht auch freundlich und sensibel ist und über Humor verfügt, wird er damit distanziert, kühl und vielleicht auch zynisch oder sarkastisch wirken. All dies läßt schon Näheres zu der innerlichen Stimme der Autorität erkennen, die das Selbst bei jeder sich bietenden Gelegenheit in Frage stellen und das Selbstvertrauen erschüttern könnte. Falls dem so wäre, sollten Sie Ihr Gegenüber fragen, ob seine Eltern ihn früher sehr kritisch beurteilt haben. Wichtig ist auch, sich der Tendenz zur Besessenheit bewußt zu werden, besonders in Zeiten von Anspannung.

♎ SATURN IN DER WAAGE

Saturn ist traditionsgemäß in der Waage gut gestellt, insofern eine gewisse subtile Harmonie. Es besteht ein natürliches Gerechtigkeitsempfinden, überdurchschnittlich viel Sympathie und sehr viel Verständnis für andere. Freundlichkeit und gesunder Menschenverstand sind ebenfalls charakteristisch. Ein Mensch, der Ratschläge mit Takt und Diplomatie vorbringen kann. Eine für gewöhnlich unparteiische, flexible und integre Person. Das Bedürfnis nach Fairplay, das bei jeder Waagebetonung ins Auge springt, ist auch hier charakteristisch.

Negative Tendenzen
Wenn Saturn negative Aspekte erhält – besonders von den persönlichen Planeten – oder im Quadrat oder in Opposition zum Aszendenten steht, könnte gegenüber den Kollegen und Partnern eine gewisse Intoleranz zum Ausdruck kommen, speziell im 7. oder 10. Haus. Im 4. Haus könnte er eine Neigung zur Unzufriedenheit mit dem Zuhause oder der häuslichen Situation anzeigen, vielleicht auch den Drang, häufig umzuziehen. Das Saturnhaus ist hier sehr wichtig.

Der Mensch könnte vielleicht auf eine dauerhafte emotionale Beziehung verzichten, aus sexueller Schüchternheit, wegen der Unfähigkeit zum Ausdruck von Gefühlen oder aus anderen Gründen, obwohl er sich eine solche Beziehung eigentlich sehnlichst wünscht.

Saturns innerliche autoritäre Stimme wird bei diesem Zeichen häufig zu Schuldgefühlen führen: »Wenn du das machst, tust du mir sehr weh; und das, wo ich soviel für dich getan habe! Du denkst nur an dich! Wenn du diese schreckliche Tat begehst, werde ich dir niemals verzeihen!« Erkundigen Sie sich, ob der Betreffende Eltern hatten, die auf eine solche Weise argumentierten und die niemals mit dem zufrieden waren, was ihr Kind tat.

♏ Saturn im Skorpion

Führt zu einer dunklen, brütenden Intensität, die sich auch in dem Horoskop, das ansonsten von extravertierten und optimistischen Qualitäten beherrscht wird, bemerkbar macht. Sehr zielgerichtet und bestimmt; die emotionale Energie kommt bei der Verwirklichung der Ziele deutlich zum Tragen.

Ein ausgeprägter Geschäftssinn ist vielleicht das machtvollste Merkmal dieser Saturnstellung. Diese Menschen machen sich gut in großen Unternehmungen oder auf dem internationalen Geldmarkt. Eine gewisse Schwere hat in einem ungewöhnlichen und erfrischenden Humor ein gutes Gegengewicht. Und trotz der üblichen saturnischen Kargheit kommt hier die Skorpion-Neigung zum Leben und Lebenlassen bzw. eine Liebe zu gutem Essen und Trinken deutlich zur Geltung, speziell dann, wenn auch andere Horoskopfaktoren dies unterstützen (insbesondere Jupiter und Venus).

In negativer Hinsicht sind ohne weiteres obsessive Tendenzen möglich – Bestimmtheit wird dann zu Skrupellosigkeit oder Niedertracht. Leider kommt es manchmal sogar zu Grausamkeit – wenn sich der Betreffende ein Ziel gesetzt hat, geht er dafür vielleicht über die sprichwörtlichen Leichen. Man muß hier zu Mitgefühl und Rücksichtnahme auffordern. Ein Mensch, der hart arbeiten kann und für den die emotionale Beteiligung an der Arbeit das Entscheidende ist, auch dann, wenn er grundsätzlich vom Bedürfnis, Geld zu verdienen, motiviert wird.

Gegen die Eifersucht ankämpfen
Das Sexualleben kann sehr komplex sein. Manchmal stehen hier der Befriedigung Hemmungen im Wege, die den Betreffenden sehr frustrieren können. Die innere Stimme könnte ihn mit Eifersucht und Neid erfüllen – wenn er sich nicht mit Händen und Füßen dagegen wehrt, wird diese einen sehr negativen Einfluß auf seine Persönlichkeit und vielleicht auch auf sein körperliches Wohlbefinden haben.

♐ Saturn im Schützen

Saturn und Jupiter sind vom Wesen her polare Planeten – Jupiter steht für Expansion, Saturn für Beschränkung. Als Resultat könnte es scheinen, daß Saturn im Schützen nicht gut gestellt ist. Diese Stellung kann sich aber sehr positiv auswirken.

Saturn wirkt gut auf die Konzentration; er fördert auch den Wunsch zu studieren, so daß hier das intellektuelle Potential voll zur Geltung kommen kann. Die Haltung ist philosophisch geprägt – ein Kind mit dieser Stellung trägt vielleicht einen alten Kopf auf jungen Schultern.

Herausforderungen begegnen
Aufrichtigkeit und freimütige Worte, auch die Fähigkeit, Meinungen zu vertreten, die nicht dem Zeitgeist entsprechen. Die Herausforderungen können aber zu Konflikten führen – auf der einen Seite sehnt sich der Mensch danach und läßt sich furchtlos auf sie ein, auf der anderen neigt er zur Vorsicht und einer gewissen Angst – insofern kann es sich ergeben, daß der natürliche Enthusiasmus des Schützen nicht zum Ausdruck kommt. Um zu bestimmen, ob der Schütze oder Saturn die Oberhand behält, müssen Sie auf die Aspekte des letzteren schauen. Wenn diese positiv sind und das Horoskop viel feurige und luftige Energie enthält, stehen die Chancen gut, daß der oder die Betreffende durchaus aktiv sein kann. Läßt es dagegen auf Schüchternheit und Empfindsamkeit schließen, dominiert der vorsichtigere Saturneinfluß. Aber auch hier wird sich die autoritäre innerliche Stimme vernehmen lassen und dem Betreffenden sagen, daß er mutiger sein sollte.

♑ Saturn im Steinbock

Saturn herrscht über den Steinbock, insofern ist dies die stärkste Stellung für diesen Planeten (mit Ausnahme einer besonderen personalisierten Bedeutung). So gut wie immer Vorsicht, Bestimmtheit, Ehrgeiz und praktische Fähigkeiten. Manchmal bringt der Betreffende allzu große Opfer, um seine Ziele zu erreichen – der hart arbeitende Vater, der die meiste Zeit im Büro ist und selbst dann noch Arbeit mit nach Hause bringt, so daß er sich nicht entspannen kann und keine Zeit für seine Kinder hat. Dabei will er, daß sie es besser haben als er. Nichtsdestoweniger sollten Sie hier zu mehr Ausgewogenheit anraten. Mit einer materialistischen Haltung wird dem Menschen viel entgehen.

Seine Kinder behandelt dieser Mensch wahrscheinlich sehr streng und treibt es dabei vielleicht zu weit. Kinder mit dieser Stellung, geboren zwischen November 1988 und Februar 1991, könnten frühreif oder sehr ernsthaft veranlagt sein, dazu imstande, hart und ausdauernd zu arbeiten. Es ist aber von entscheidender Wichtigkeit, daß sich ihr Selbstvertrauen allmählich entwickelt; von Natur aus sind sie damit nicht reichlich gesegnet. Es kann eine Tendenz zur Düsterkeit bestehen, die sich mit dem besonderen saturnischen Humor abwechselt.

Wenn Saturn negativ aspektiert wird, könnte die Haltung grimmig und pessimistisch sein, keinesfalls aber schwächlich. »Gute Miene zum bösen Spiel machen« ist ein typisches Motto, während der Betreffende die Zähne zusammenbeißt. Manchmal ein Drang nach Macht, unter Umständen mit politischen Ambitionen, und der Wunsch nach gesellschaftlichem Aufstieg – ein Mensch, der sein Geld vielleicht zu dem Zweck ausgibt, anderen zu imponieren, nicht zu seinem eigenen Vergnügen. Auch hier kann es bei negativen Saturnaspekten zu Geiz kommen – für gewöhnlich aber dominieren die positiven Eigenschaften.

Der Geborene muß ständig in Bewegung bleiben – es gilt also, sich regelmäßig körperlich zu betätigen. Saturn herrscht über die Haut und die Knochenstruktur, und steife Gelenke sind hier eine Gefahr. Die Haut könnte besonders stark anfällig auf starke Sonnenstrahlung reagieren. Kinder mit dieser Stellung sollten Leichtathletik oder Wintersport treiben!

Die innere autoritäre Stimme kann hier so zornig wie die Gottes sein, der saturnische Einfluß zeigt sich von seiner diktatorischsten Art. Der Geborene hatte vielleicht sehr strenge und konventionelle Eltern, die nichts weniger als ein jederzeit richtiges und angemessenes Verhalten erwarteten. Wie gut oder schlecht er sich damit arrangieren konnte, ist am Rest des Horoskops abzulesen. Dauerhafte Kritik dürfte jedenfalls zu einem beträchtlichen Mangel an Selbstvertrauen geführt haben.

♒ Saturn im Wassermann

Eine sehr interessante, positive Stellung. Saturn steht in diesem Zeichen sehr stark – vor der Aufnahme Uranus in den astrologischen Pantheon herrschte er darüber! Sehr viel Bestimmtheit, was sich darin äußert, daß der Mensch seine Ziele erreicht. Ein sehr origineller Verstand, der aber dazu neigt, seine Ansichten allzu dogmatisch zu vertreten, besonders in jungen Jahren.

Der wahre Konflikt ist der, entweder dem Konventionellen verhaftet zu bleiben oder aber sich ganz und gar am Gegenteil zu orientieren. Hier muß der Mensch seine eigene Lösung finden – was häufig nicht leichtfällt, weil er sich von seinem Bewußtsein her von Sicherheit angezogen fühlt und sich gleichermaßen nach Abenteuern, Originalität und Unabhängigkeit sehnt. Dies ist ein Dilemma, das auf Unterstützung durch die Zeichen von Sonne, Mond und Aszendent und durch die persönlichen Planeten angewiesen ist.

Nähe und Unabhängigkeit

Die humanitäre Orientierung des Wassermanns ist hier deutlich zu erkennen. Unterstützt ein wissenschaftliches Potential. Wenn Saturn negativ aspektiert wird, auch ein Zug von Hartnäckigkeit und eventuell Gerissenheit. Bei aller Freundlichkeit könnte die Neigung bestehen, sich von anderen Menschen zu distanzieren – die wassermanntypische Tendenz, Distanz zu wahren, ist nicht zu verkennen. Unabhängigkeit ist sehr wichtig, selbst um den Preis von gelegentlicher Einsamkeit.

Die innerliche autoritäre Stimme neigt hier zu dem Ausspruch: »Tu, was du willst – es kümmert mich nicht! Sieh zu, was dir Spaß macht!« Wahrscheinlich aber kann der Betreffende dies nicht beherzigen, was vielleicht schwerwiegende psychische Konflikte hervorruft. Fragen Sie nach, ob die Eltern sehr unkonventionell waren und ein kaltes oder unvorhersehbares Verhalten zeigten.

♓ Saturn in den Fischen

Züge der Selbstaufopferung, desgleichen Bescheidenheit, Mitgefühl und viel Intuition. All dies sollte mit Vorsicht zum Ausdruck gebracht und unter Kontrolle gehalten werden, auf keinen Fall ist es zu ignorieren! Oftmals auch sehr wenig Selbstvertrauen, und vielleicht ist sich der Betreffende selbst sein ärgster Feind und stellt sich fortwährend in Frage.

Im Idealfall trägt diese Stellung dazu bei, daß der Mensch kein Aufhebens von sich macht. Leider aber ist ihr Einfluß für gewöhnlich zu stark, mit der Folge, daß es zu Schüchternheit und Hemmungen kommt. Manchmal eine sehr depressive Haltung – bei Streß läßt die Person dann sogleich jede Hoffnung fahren. Der Rest des Horoskops könnte ein Gegenmittel für diese negativen Züge sein – insofern sollten diese nicht überinterpretiert werden, sondern in Verbindung mit den anderen Horoskopfaktoren gesehen werden.

Es ist wichtig, daß sich der Betreffende klarmacht, wie mächtig seine Phantasie ist – welche er unbedingt kreativ einsetzen sollte. Es ist fraglos eine gewisse Unterstützung nötig, damit sie konkret Form bekommt. Vielleicht besteht ein besonderes handwerkliches Geschick oder die Fähigkeit zu schreiben. Falls dem nicht so ist und falls der Geborene nicht weiß, wie er sein exzellentes Potential entfalten kann, könnte vielleicht der Partner helfen, eine passende Beschäftigung zu finden.

Häufige Stimmungsschwankungen sind wahrscheinlich, auch die Neigung zu Ängsten oder Hypochondrie (besonders dann, wenn das noch von anderen Horoskopbereichen angezeigt wird oder Saturn negative Aspekte vom Mond empfängt).

Die innerliche autoritäre Stimme ist hier vielleicht die der bösen Schwestern von Aschenputtel. Wenn das bei Ihrem Gegenüber einen Groschen fallen läßt, sollten Sie nicht vergessen zu erwähnen, daß Aschenputtel schließlich doch ihren Prinzen bekommen hat.

♄ Der progressive Saturn in den Häusern

Es kommt sehr selten vor, daß Saturn in der Progression das Zeichen wechselt. Ergibt sich das tatsächlich einmal, stellen sich damit im Laufe der Zeit sehr subtile Auswirkungen ein, trotz der Tatsache, daß dieser Wechsel astronomisch auf einen bestimmten Tag datiert werden kann, welcher gemäß der Sekundärprogression für ein bestimmtes Jahr steht. Der Betreffende könnte damit einige neue Charakterzüge entwickeln, die dem neuen Saturnzeichen entsprechen.

Speziell bei Nahestehenden sollten Sie hierauf achten und die Entwicklung zur Sprache bringen! Beschäftigen Sie sich aber sehr gründlich mit der Interpretation von Saturn, sowohl im Geburtshoroskop als auch in der Progression!

Saturn in den Häusern

Das Saturnhaus ist ein wichtiger Brennpunkt des Horoskops – die Lebenssphäre, die damit verbunden ist, muß der Mensch ernst nehmen, sie kann sogar eine Last für ihn darstellen. Es ist aber keinesfalls so, daß hier jeder Erfolg unmöglich ist oder daß fortwährend mit Schwierigkeiten gerechnet werden muß. Fortschritte allerdings setzen besondere Anstrengungen voraus. Das, was sie geleistet hat, befriedigt die betreffende Person in ihrer persönlichen Entwicklung sehr; sie hat dann ihre Lektion gelernt. Saturn ist ohne Frage der Lehrmeister. Man muß sich klarmachen, daß die Aspekte zu ihm ein Indiz dafür sind, wie leicht oder schwer es fällt, Saturn für sich wirken zu lassen. Trägt Saturn eine personalisierte Bedeutung, sind seine Eigenschaften ein Schlüssel zur Persönlichkeit.

1 Saturn im 1. Haus

Hier hängt viel davon ab, wie dicht Saturn am Aszendenten steht – je näher, desto machtvoller ist er. Bei weniger als 10 Grad lesen Sie bitte auch bei der Konjunktion mit dem Aszendenten nach (S. 307).

Der übergeordnete Effekt ist eine Hemmung der Persönlichkeit, was oftmals zu Schüchternheit und einem Mangel an Selbstvertrauen führt. Nichtsdestoweniger eine natürliche Vorsicht und viel gesunder Menschenverstand. Die Art und Weise, wie Saturn den Aszendenten beeinflußt, hängt eng mit seinem Zeichen zusammen. Manchmal könnte sich der Betreffende außerstande sehen, es mit den Problemen des Alltags aufzunehmen und Verantwortungsbewußtsein zu beweisen; die Haltung könnte dann etwas sehr Pessimistisches bekommen. Auch dieses Gefühl könnte seine Wurzel im Mangel an Selbstbewußtsein haben.

Die Ursache der Hemmungen

Pflichtgefühl und der Wunsch, den Erwartungen zu entsprechen, weiterhin eine konventionelle und konservative Haltung. Die hemmenden Faktoren könnten ihre Ursache in einer strengen Kindheit haben. Wenn die Geburtszeit fraglos genau ist, könnte es eine gute Idee sein zu fragen, was geschah, als der progressive Aszendent in Konjunktion zu Saturn stand – vielleicht kam es zu einem traumatischen Erlebnis: dem Tod des Vaters, einem Umbruch im familiären Leben mit sehr negativen Folgen für das Individuum, vielleicht auch zu einem Unfall mit schlimmen Folgen, z. B. einem Knochenbruch bzw. einem längeren Krankenhausaufenthalt.

Der gesundheitliche Effekt von Saturn im 1. Haus könnte in einer verminderten Vitalität bestehen. Es gilt aber, sich der Tendenz zur Hypochondrie bewußt zu sein sowie dessen, daß hier Pessimismus und Depression die ärgsten Feinde sind.

2 Saturn im 2. Haus

Mit dieser Stellung ist davon auszugehen, daß der Geborene für jede Mark, die er verdient, hart arbeiten muß. Es ist nicht unmöglich, daß er es zu Wohlstand bringt – plötzliche Gewinne, Geldgeschenke und andere Wohltaten mehr sind aber sehr unwahrscheinlich.

Um es zu Wohlstand zu bringen, sollte der Mensch sein Geld auf die sicherste und solideste Weise anlegen. Das Gefühl, etwas erreicht zu haben – z. B., wenn man endlich die Hypothek abgetragen hat –, wird sich sehr förderlich auf das Selbstbewußtsein auswirken. Das ist besonders deshalb der Fall, weil man weiß, daß man hart gearbeitet hat.

Die emotionalen Obertöne dieses Hauses sollten nicht vergessen werden: Mit Saturn darin könnte der Fluß der Gefühle beeinträchtigt sein. Falls dem nicht so ist, handelt es sich vielleicht darum, daß es seine Zeit braucht, bis man seine sinnlichen Begierden befriedigen kann. Die Befriedigung wird dann aber von langer Dauer sein!

3 Saturn im 3. Haus

Möglicherweise viel Störungen bezüglich der Schule oder ein Mensch, der die Schule haßte. Diese Schwierigkeiten aber können überwunden werden. Es ist hier denkbar, daß der Geborene besondere Qualitäten zur Entwicklung bringt, die ihm schließlich eine verantwortungsvolle und herausragende Stellung eintragen.

In diesem Fall hat Saturn dann positiv gewirkt – allerdings auch zu einer gewissen distanzierten und isolierten Position beigetragen.

Ein Ansporn zum Praktischen

Es könnte die Tendenz bestehen, Mißerfolge und Fehlschläge auf eine mangelhafte schulische und berufliche Ausbildung zu schieben. Untersuchen Sie in diesem Fall, ob die persönlichen Planeten gut zur Geltung kommen und ob diese Behauptungen des Betreffenden einen wahren Kern haben können. Es könnte sich dabei nämlich um eine Ausrede handeln, was Sie ggfs. deutlich ansprechen sollten!

Dieses Haus hängt mit dem Verstand zusammen, was es möglich macht, daß der Geborene praktisch und nachdenklich veranlagt ist und die Fähigkeit besitzt, langfristig zu planen. Es könnte ihm auch ein Bedürfnis sein, Bildungslücken zu schließen.

4 Saturn im 4. Haus

Das familiäre Leben und die häusliche Atmosphäre waren während der Kindheit womöglich sehr ernst und finster. Vielleicht waren die Eltern sehr streng, distanziert und kalt und stellten Disziplin über alles.

Möglicherweise gab es auch für das Kind keine Vaterfigur, weil der Vater zu schwach oder vielleicht überhaupt nicht anwesend war. Das muß nicht zwangsläufig auf die alleinerziehende Mutter hinauslaufen, könnte aber doch mit dem einen oder anderen Problem zusammenhängen.

Es ist wichtig, daß sich der Geborene darüber klar wird, was mit diesem Sachverhalt alles verbunden sein könnte. Vielleicht ist er nicht bezüglich des eigenen Selbstausdrucks gehemmt, sondern imitiert sogar die beschränkenden Elternrollen.

Es handelt sich hier um das Krebs- bzw. Mondhaus, das für Intuition steht. Mit Saturn kommt diese auf eine kontrollierte Weise und im allgemeinen auch positive Weise zum Ausdruck. Es gilt aber, daß man sich dieses Potentials bewußt wird und lernt, ihm zu vertrauen.

5 SATURN IM 5. HAUS

Das Löwe- bzw. Sonnenhaus, das mit dem Vater zu tun hat. Mit Saturn darin dürfte der Vater sehr dominierend und herrschsüchtig gewesen sein und den Betreffenden eingeschränkt haben. Anders herum dürfte der Betreffende sich als Vater oder Mutter sehr ehrgeizig zeigen, was die Kinder betrifft, und viel Geld und Zeit für sie aufwenden. Es könnte die Neigung bestehen, sie zu etwas zu drängen, das ihnen nicht liegt, einfach deshalb, weil der Vater oder die Mutter sie als Teil von sich auffaßt.

Wie dem auch sei – mit dieser Stellung ist häufig ein kreatives Talent verbunden, welches allerdings erst allmählich zur Entfaltung kommt und mit Unsicherheit verbunden sein könnte. Der Drang aber, etwas zu erschaffen, ist stark. Wenn die Saturnstellung nichts anderes nahelegt, könnten Sie dem Betreffenden vorschlagen, mit natürlichen Materialien zu arbeiten.

Das Gefühl der Verpflichtung

Die Einstellung zur Liebe ist sehr, sehr ernst. Dieser Mensch braucht Liebe und Zärtlichkeit – der Wunsch aber, nichts falsch zu machen, könnte ihn hemmen. Vielleicht probiert der Geborene erst einige Partner aus, ehe er sich für eine dauerhafte Bindung entscheidet. Es könnte sich hier auch der Einfluß des Vaters bemerkbar machen, besonders als Einstellung und Gefühl zum männlichen Geschlecht.

6 SATURN IM 6. HAUS

Bei aller Fähigkeit zu harter und umsichtiger Arbeit besteht doch die Tendenz, sich von der Routine beherrschen zu lassen und mit seinem Schicksal unzufrieden zu sein, vielleicht auch wegen einer unbefriedigenden Tätigkeit.

Oftmals eine Abneigung gegen Veränderungen – weil Risiken Angst machen: »Besser den Spatz in der Hand als die Taube auf dem Dach« könnte hier das Motto sein. Eine solche Haltung spiegelt natürlich einen Mangel an Selbstvertrauen und eine überkritische Einstellung gegenüber dem, was man erreicht hat, wider.

Ermutigen Sie Ihr Gegenüber zu mehr Selbstvertrauen, und schlagen Sie vor, daß es sich für seine Leistungen von Zeit zu Zeit selbst einmal anerkennend auf die Schulter klopft. Sehr viel Hartnäckigkeit auf dem Lebensgebiet, das näher vom Saturnzeichen bestimmt ist, was zwangsläufig zu Resultaten führt.

Sorge um die Gesundheit

Dies ist das Haus der Gesundheit, was heißen könnte, daß eine Anfälligkeit für die Krankheiten besteht, die vom betreffenden Saturnzeichen angezeigt sind. Ganz allgemein könnten rheumatische Beschwerden auftreten sowie eine Empfindlichkeit für feuchtes Wetter. Auf die Zähne ist sehr zu achten, vielleicht sollte der Betreffende zusätzliches Calcium aufnehmen, auch um seine Knochen zu stärken (Calcium ist auch gut für Frauen, die ihre Wechseljahre hinter sich haben – und speziell für diejenigen mit Saturn im 6. Haus). Befindet sich Saturn dichter als 8 Grad am Deszendenten und insofern in Opposition zum Aszendenten, steht die Gesundheit im Mittelpunkt.

7 SATURN IM 7. HAUS

Im Idealfall eine ernsthafte Einstellung zu dauerhaften Beziehungen. Ein Mensch, der sich nicht Hals über Kopf bindet, der sich aber, wenn er sich verliebt hat, als verantwortungsbewußter und treuer Partner erweist.

Steht Saturn in Opposition zum Aszendenten, dauert es oft sehr lange, bis es zu Bindungen kommt – wenn überhaupt. Dies hat seine Ursache in tiefverwurzelten psychologischen Motiven. Der Geborene ist vielleicht unzufrieden über sein Alleinsein, zieht es aber immer noch der Verantwortung, die eine Partnerschaft mit bringt, vor. Vielleicht ist hier der Partner auch deutlich älter – weil der Betreffende eine Vater- bzw. Mutterfigur sucht.

Oftmals eine Heirat aus finanziellen oder Prestigegründen, ohne Liebe und wahre Zuneigung. In diesem Fall spielen dann nur der soziale Status und das ständig wachsende Bankvermögen eine Rolle.

Im schlimmsten Fall kann diese Stellung für bedrückende Verhältnisse und wenig Verständnis in der Beziehung sprechen. Dazu dürfte es aber höchstens dann kommen, wenn Saturn in Opposition zum Aszendenten und im negativen Aspekt zu Planeten wie Sonne, Mond oder Venus steht.

8 SATURN IM 8. HAUS

Zielstrebigkeit und ein gutes Konzentrationsvermögen. Zumeist eine ernsthafte Einstellung mit der gelegentlichen Neigung zu Depression oder Besessenheit. Eine exzellente Stellung für jemanden, der finanziell Verantwortung für andere trägt, der im Versicherungs- oder Bankwesen arbeitet oder vielleicht auch als Ingenieur im Bergbau.

Saturn in diesem Haus muß nicht heißen, daß ein erfülltes Sexualleben unmöglich ist – vielleicht aber gibt es sexuelle Hemmungen, die mit Schuldgefühlen zusammenhängen. Vielleicht faszinieren ihn generell die dunkleren und abgründigeren Seiten des Lebens, möglicherweise in Form eines Interesses an Verbrechen. Fast immer ein starkes Interesse am Leben nach dem Tod.

Schwierigkeiten in der Beziehung

Der Geborene könnte zu Mißtrauen und Argwohn neigen, gegenüber allem und jedem, besonders aber gegenüber dem Lebenspartner. Es ist darauf zu achten, daß diese Tendenz die Beziehung nicht zerstört, speziell in Verbindung mit der Sexualität oder dem Geld. Mit der Zeit dürfte der Geborene aus seinen Fehlern lernen, was den Umgang mit ihm erleichtert.

Dies ist das Skorpion- bzw. Plutohaus, welches mit dem Element Wasser verbunden ist – insofern viel Intuition, die der oder die Betreffende nutzen sollte.

9 Saturn im 9. Haus

Für gewöhnlich ein gutes Konzentrationsvermögen sowie die Fähigkeit, über wichtige Angelegenheiten auf eine ernsthafte und tiefgründige Weise nachzudenken. Kein besonders erfinderischer oder abenteuerlustiger Geist, wenn nicht andere Züge des Horoskops dafür sprechen (in Verbindung mit Jupiter z. B.), auch eher konventionelle Ansichten und vielleicht sogar eine gewisse Phantasielosigkeit. Es besteht allerdings der Wunsch, den Verstand zu schulen. Wenn dieser Mensch mit einem Kursus begonnen hat, wird er ihn auch zu Ende bringen, selbst dann, wenn ihn das viel mehr Mühe kostet als erwartet.

Herausforderungen begegnet man mit äußerster Vorsicht. Die Aussicht, reisen zu müssen, könnte Ängste wecken. Ein Stichwort hier wäre Flugangst – wenn wir dies psychologisch interpretieren, handelt es sich um die Furcht, den Boden unter den Füßen zu verlieren, intellektuell wie emotional. Dies bezieht sich auch auf Aktivitäten zur Verwirklichung von Zielen und Vorstellungen. Insofern kann Saturn ganz allgemein zu Hemmungen und Ängsten führen.

Wenn Saturn von einem persönlichen Planeten negativ aspektiert wird, dürften Schüchternheit und ein Mangel an Selbstvertrauen zu verzeichnen sein. Das resultierende Minderwertigkeitsgefühl kommt besonders dann zum Tragen, wenn der Geborene es mit vermeintlich klügeren Menschen zu tun hat.

10 Saturn im 10. Haus

Hier steht Saturn in seinem eigenen Haus, wodurch sein Einfluß gestärkt ist. Der Mensch dürfte sehr viel Verantwortung zu tragen haben, damit aber wahrscheinlich gut zurechtkommen. Sehr viel Ehrgeiz und hochgesteckte Ziele.

Manchmal könnte der Betreffende eine Schranke zwischen sich und den Nahestehenden errichten – wenn seine Ziele absolute Priorität haben. Wenn dem so ist, sollten Sie ihn davor warnen, zuviel vom Leben zu opfern – im Extremfall verzichtet er damit nämlich auf Liebe und familiäres Glück! Eine charakterliche Kälte könnte ihren Ursprung in Einflüssen in der Kindheit haben, der oder die Betreffende könnte in sehr strenger Form dazu angehalten worden sein, das Richtige zu tun. Untersuchen Sie die Stellung Saturns sehr genau: Steht er weniger als 8 Grad vom MC entfernt, handelt es sich um eine Konjunktion dazu, was diesen Einfluß vielleicht zum beherrschenden Faktor des Horoskops macht.

11 Saturn im 11. Haus

Saturn ist wegen seiner besonderen Beziehung zum Wassermann (S. 301) in diesem Haus gut gestellt. Allerdings könnte der Geborene nur einige wenige gute Freunde oder eine Vorliebe für ältere bzw. reifere oder intelligentere Partner haben.

Das soziale Leben verdient besondere Aufmerksamkeit. Der Betreffende genießt seine freien Stunden, ohne daß er dazu neigt, sie mit unnützen Aktivitäten zu vergeuden. Hat er aber einmal ein Interessensgebiet entdeckt, wird er diesem treu bleiben. Sehr oft bittet man diese Menschen, in Komitees mitzuarbeiten oder einen Vorsitz zu übernehmen. Sie tun dies vielleicht mit einem gewissen Widerwillen – allerdings üben sie lieber selbst die führende Position aus, als darunter leiden zu müssen, daß ein anderer die Dinge verschleppt und dem Fortschritt im Wege steht.

Einen Standpunkt beziehen

Ein machtvoller humanitärer Einschlag. Saturn bedeutet eine konservative Einstellung, und mit dieser Position ist viel Gerechtigkeitsgefühl verbunden – insofern tritt der Geborene mit seiner Energie dafür ein, Mißstände zu bekämpfen. Menschen mit dieser Stellung sind von ihrem Wesen her die geborenen Unterstützer von amnesty international. Militanz aber ist ihre Sache nicht.

12 Saturn im 12. Haus

Diese Stellung sorgt dafür, daß sich der Geborene in der einen oder anderen Form bedeckt hält – im Extremfall, daß er den Kontakt zur Welt verliert. Manche dieser Menschen fühlen sich nur in ihrer eigenen kleinen begrenzten Welt sicher. In einem solchen Fall haben wir es vielleicht mit jemandem zu tun, der vielleicht den Tag über exzellente Arbeit leistet, es aber kaum erwarten kann, abends in die Sicherheit seines Zuhauses zurückzukehren. Es wäre keine gute Idee, ihm dieses Verhaltensmuster verleiden zu wollen – das würde ihn nur noch mehr in die Isolierung treiben. Ein stilles und beschauliches Hobby wie das Lesen, kreatives Werken oder auch das Hören von Musik ist günstig.

Man muß hier versuchen, das Maß zu halten – eine allzu intensive Beschäftigung mit sich selbst könnte nämlich zur Hypochondrie und zu anderen Phobien führen. Aber auch in diesen Fällen ist es gut, wenn man die Wärme und die Sicherheit seines Zuhauses genießen kann, weil das psychisch wie physisch aufbaut. Steht Saturn in Konjunktion zum Aszendenten, dürfte der oder die Geborene schüchtern und introvertiert sein und über wenig Selbstbewußtsein verfügen, wie bei Saturn im 1. Haus auch. Hier aber ist die Neigung zur Isolierung noch stärker!

Der Drang nach Selbstausdruck

Eine kreative Aktivität wie expressiver Tanz oder andere ausdrucksvolle Bewegungen wären eine exzellente Therapie. Auf lange Sicht sind Disziplinen wie Yoga und andere kontemplativen Aktivitäten nicht sehr günstig, weil sie womöglich dazu führen, daß sich der Mensch noch intensiver in sich selbst versenkt.

Man könnte sich auch zu einer Tätigkeit mit Menschen berufen fühlen, die in Institutionen eingeschlossen sind.

♄ Der progressive Saturn in den Zeichen

Weil Saturn sich so langsam fortbewegt, kommt es nur sehr selten dazu, daß er in der Progression das Haus wechselt. Wie beim Zeichen auch läßt sich der Zeitpunkt, zu dem das geschieht, astronomisch genau fixieren – astrologisch aber erstreckt sich diese Auswirkung über ein Jahr hin. Wenn es progressiv zu einem Häuserwechsel kommt, ist damit ein sehr subtiler Einfluß verbunden, in den man nicht zuviel hineinlegen sollte! Ganz allmählich werden die Angelegenheiten und Themen wichtiger, die mit dem neuen Haus einhergehen.

Saturnaspekte

Hier geht es um Aspekte zu den Planeten, die sich im Sonnensystem hinter Saturn befinden – zu Uranus, Neptun und Pluto also, welche allesamt erst in der Neuzeit entdeckt wurden. Bis zur Entdeckung Uranus im Jahr 1781 stellte Saturn die Grenze des bekannten Universums dar, was ein Grund dafür sein könnte, daß eines seiner Schlüsselworte Begrenzung ist. Diese Aspekte wirken recht lange, was heißt, daß sie in den Horoskopen aller Menschen vorhanden sind, die zu dieser Zeit geboren wurden. Sie können die Persönlichkeit beschränken, aber auch bestärken.

Saturnaspekte zur Sonne
siehe Sonnenaspekte zu Saturn, S. 217.

Saturnaspekte zum Mond
siehe Mondaspekte zu Saturn, S. 234/35.

Saturnaspekte zu Merkur
siehe Merkuraspekte zu Saturn, S. 249/50.

Saturnaspekte zur Venus
siehe Venusaspekte zu Saturn, S. 264.

Saturnaspekte zu Mars
siehe Marsaspekte zu Saturn, S. 277/78.

Saturnaspekte zu Jupiter
siehe Jupiteraspekte zu Saturn, S. 290.

Wenn sich Saturn im Aspekt zur progressiven Position von Jupiter, Uranus, Neptun oder Pluto befindet, lesen Sie bitte bei der betreffenden Transitbeschreibung nach – wobei Sie sich der Tatsache bewußt sein müssen, daß der Einfluß zwar weniger machtvoll ist, aber über die ganze Zeit hin wirkt. Dies kann wichtige Transite dieses Zeitraums sehr unterstützen. Beziehen Sie Ihre Interpretation auf die passende Kategorie.

Bei einem Aspekt zwischen progressivem Saturn und Radixsonne, -mond, -merkur, -venus oder -mars schlagen Sie bitte bei diesen Planeten nach, unter dem Abschnitt Progression. Studieren Sie auch hier sorgfältig den zutreffenden Absatz. Wenn Saturn in der Progression den Aszendenten oder das MC des Geburts- oder des Progressionshoroskops aspektiert, lesen Sie die Interpretation zu den diesbezüglichen Saturntransiten in diesem Kapitel (S. 311). Diese Progressionen haben eine sehr machtvolle Bedeutung und wirken über einige Jahre hinweg. Ihre Wirkung ähnelt denen der Saturntransite.

♅ Saturnaspekte zu Uranus

☌ Konjunktion

(Siehe auch Saturn in Konjunktion zu Neptun). Zu dieser machtvollen Konjunktion kam es in den 40er Jahren im Zeichen Stier, jetzt findet sie sich in den Horoskopen einiger Kinder, die zwischen Dezember '86 und Dezember '89 geboren sind. Am Anfang dieser Phase ergab sie sich im Zeichen Schützen, später im Steinbock, und manchmal war es so, daß sich Saturn im Steinbock befand und Uranus im Schützen.

Wir haben es hier mit einer machtvollen Quelle von Energie zu tun, die ein Massenphänomen einer ganzen Epoche sein kann. Steht die Konjunktion in Verbindung mit Sonne, Mond, Aszendent oder MC, sehen Sie vielleicht einen Menschen vor sich, der später einmal zum Führer seiner Generation werden könnte und der dazu imstande ist, in die Zukunft zu schauen.

Die Konjunktion im Schützen bewirkt Offenherzigkeit und ein Potential für harte und ernsthafte, dabei aber auch sehr originelle Arbeit. Ergibt sich die Konjunktion aus beiden Zeichen heraus, dürfte der Einfluß von Saturn dominieren, weil Saturn über den Steinbock herrscht. Die Haltung ist dann wahrscheinlich noch ernsthafter, weniger auf Abenteuer und Herausforderungen ausgerichtet. Befinden sich beide Planeten im Stier oder Steinbock, dürfte man sich den Vorstellungen und Idealen seiner Generation verbunden fühlen und eher konventionell orientiert sein, aber vielleicht die Ansichten der älteren Generation ablehnen.

Der starke Antrieb der Konjunktion macht sich bei einigen Menschen als Drang nach Macht bemerkbar, besonders dann, wenn ein persönlicher Planet im Skorpion steht. Kinder mit dieser Konjunktion und dem Skorpionpluto (S. 339) müssen genau wissen, wo sie stehen; was sie mehr als alles andere brauchen, ist Freiheit des Ausdrucks und das Wissen, wie sie sich zum Ausdruck bringen können. Eine feste, aber auf Logik gegründete Disziplin kann ihnen sehr helfen. Der ständige Wechsel von nervöser Anspannung und von Depressivität könnte problematisch sein. Nichtsdestoweniger: ein ungeheures Potential.

+ Positive Aspekte

Eine Mischung aus einem konventionellen Verhalten und Weltbild mit einer Sympathie für das Unkonventionelle. Ein ernster und vorsichtiger Verstand, der aber dazu in der Lage ist, originelle Ideen und Konzepte zu verfolgen. Viel Willensstärke und Bestimmtheit, häufig auch Geduld. Wenn aber Saturn und Uranus keine personalisierte Bedeutung haben, sollten Sie diese Züge nur als Unterstützung von ähnlichen Faktoren sehen.

– Negative Aspekte

Der Pessimismus von Saturn im Widerspruch zur Spannung von Uranus kann zu Problemen führen. Sie müssen vielleicht vor Eigensinn warnen, manchmal vielleicht sogar vor Niedertracht. Für Menschen in Machtpositionen womöglich ungünstig, weil sie zu einem kalten und arroganten Verhalten führen können. Ermuntern Sie in Zeiten besonderer Spannung zu Geduld! Sind Saturn und/oder Uranus stark gestellt, könnte es sehr förderlich sein, sich mit einer Entspannungstechnik vertraut zu machen.

♆ Saturnaspekte zu Neptun

☌ Konjunktion

(Siehe auch Saturn in Konjunktion zu Uranus). Diese Konjunktion ereignet sich etwa alle 36 Jahre, z. B. 1917 im Löwen, in den 50er Jahren in der Waage und mehr oder weniger genau zwischen März 1988 und November 1990. In letzterer Periode aber durchlief Uranus die letzten Grade des Schützen und den Anfang des Steinbocks, womit er zwischen Saturn und Neptun zu stehen kam, was es unmöglich macht, diese

Konjunktion isoliert zu betrachten – Uranus spielt dabei unverkennbar eine wichtige Rolle.

Vielleicht haben Sie dramatische Berichte über diese Stellung gehört oder gelesen. Sie ist fraglos machtvoll. All das, was wir bereits zur Konjunktion zwischen Saturn und Uranus angeführt haben, hat seine Gültigkeit – Neptun zwischen diesen beiden Planeten fügt eine verwirrende und verträumte Note zu, die junge Menschen beeinträchtigen könnte. Vielleicht kommt es dazu, daß sie eine unklare Haltung vermitteln und ein schlechtes Urteilsvermögen erkennen lassen, was ihre Ziele im Leben betrifft.

In Horoskopen, in denen diese doppelte Konjunktion positiv von persönlichen Planeten aspektiert wird, wird sich der Neptuneinfluß ohne Frage gut auswirken; er glättet und macht die eher rauhen und strengen Eigenschaften von Saturn und Uranus idealistischer. Diese drei Planeten werden unserer Meinung nach diese Generation dabei unterstützen, den Planeten Erde zu retten, zum Teil wegen der Stellung in Erdzeichen, zum Teil wegen des humanitären Einflusses von Uranus (d. h. der positive Uranus) und der Sensibilität und des Idealismus von Neptun. Die beiden allein sind vielleicht nicht stark genug für die Reformen, die notwendig sind für das Fortbestehen unseres Planeten – mit Saturns vorsichtiger, praktischer und umsichtiger Einwirkung aber wird die Inspiration von Neptun kanalisiert und die Originalität von Uranus in kontrollierte Bahnen gelenkt. Diese Aspekte beeinflussen eine ganze Generation. Schauen Sie doch einmal nach, ob das Horoskop Ihres Kindes darauf schließen läßt, daß es unter den Anführern seiner Generation sein wird!

+ Positive Aspekte

Für gewöhnlich die Fähigkeit, Inspiration und Ideale in konstruktive Bahnen zu lenken. Freundlichkeit und Mitgefühl – man hilft demjenigen, der in Not ist, auf eine praktische Weise. Saturn hält den verträumten Neptun dazu an, sich auf konkrete Dinge zu besinnen. Wenn das Horoskop kreative Neigungen erkennen läßt, wird dieser Aspekt enorm hilfreich sein. Vielleicht besteht eine besondere Begabung für das Fotografieren, das Töpfern, oder – etwas ganz anderes – für die Wissenschaft, was in einer Tätigkeit in der Chemie oder bei der Entwicklung von Arzneimitteln Ausdruck finden könnte.

– Negative Aspekte

Wenn Saturn oder Neptun eine personalisierte Bedeutung hat, wirken diese Aspekte sehr schwächend auf die Persönlichkeit – meist weisen sie auf jemanden hin, der auf eine konfuse und unpraktische Weise denkt. Ein hohes emotionales Niveau, Saturn aber behindert dessen Fluß. Unglücklicherweise kann jegliches kreatives Potential, das von anderen Faktoren angezeigt ist, hierdurch zunichte gemacht werden. Der Geborene hat selbst eine sehr geringe Meinung von seinen Talenten. Mangelnde Zuversicht und die fortwährende Tendenz, das Selbst zu untergraben. Wenn allerdings keine anderen Faktoren in diese Richtung weisen, sollten Sie diese Aspekte nicht überinterpretieren. Bescheidenheit oder Schüchternheit werden durch sie noch verstärkt. Seien Sie hier sehr vorsichtig bei der Interpretation!

♇ Saturnaspekte zu Pluto

☌ Konjunktion

Diese ergab sich über einen langen Zeitraum hinweg in den 40er Jahren, als beide Planeten im Löwen zusammenstanden, und dann wieder Anfang der 80er Jahre in der Waage.

Im Löwen: Eine extrem machtvolle Energiequelle, deren Auswirkung eher beschränkend und negativ als positiv ist. Wenn die beiden Planeten in Konjunktion zu Sonne, Mond oder Aszendent oder in einem negativen Aspekt zu diesen stehen, kann es zu sehr schädlichen psychischen Effekten kommen. Vielleicht tiefverwurzelte psychische Probleme, die schwer zu lösen sind, evtl. nur durch eine Therapie. Sehr häufig auch körperliche Auswirkungen, z. B. rheumatische Schmerzen, die die Folge von psychologischen Hemmungen sind. Ohne personalisierte Bedeutung aber hat die Konjunktion keine derart extremen Auswirkungen. Nichtsdestoweniger ist sie Bestandteil der Horoskope von vielen Menschen der gleichen Jahrgänge, die immer wieder dann frustrierende Erfahrungen machen, wenn Transite darauf einwirken. Gehen Sie sehr vorsichtig zu Werke, wenn Sie diesen mächtigen Einfluß interpretieren! Wenn Ihr Gegenüber tatsächlich unter Hemmungen zu leiden hat oder Sie der Meinung sind, daß psychische Komplexe bestehen, müssen Sie sich ins Gedächtnis rufen, daß Sie Astrologe sind und kein Therapeut – empfehlen Sie eine Therapie, wenn Sie sich vorstellen können, daß diese helfen könnte.

In der Waage: In diesem Zeichen wirkt sich die Konjunktion weniger drängend aus – die positive Seite von Saturn fügt Vorsicht und Bestimmtheit zu, während der Plutoeinfluß eine gewisse Intensität und Antriebskraft bewirkt. Eine entspanntere Haltung zu psychologischen Problemen oder Komplexen. Die Energien beider Planeten müssen positiv ausgedrückt werden, ob sich dies nun auf die Freizeit oder den Beruf bezieht. In jedem Fall ein machtvolles Potential.

+ Positive Aspekte

Verleihen zusätzliche Bestimmtheit und viel Antriebskraft, desgleichen Halsstarrigkeit. Dieser Aspekt wirkt aber erst dann sehr stark, wenn einer der Planeten eine personalisierte Bedeutung hat. Wenn man seine psychischen Probleme oder Phobien erst einmal erkannt hat, wird man sie auch überwinden können, speziell dann, wenn Transite einen der Planeten aktivieren.

– Negative Aspekte

Könnten für obsessive Verhaltensmuster oder psychische Probleme verantwortlich sein, die schwer zu lösen sind. Vielleicht besteht die ausgeprägte Strategie, die Augen zu verschließen: »Ich habe kein Problem damit.« Es ist aber die Angst vor den Komplexen, die zu dieser Einstellung führt. Sich den Problemen zu stellen ist langfristig die bessere Strategie. Der Betreffende wird dann zugeben müssen, daß er sich besser fühlt – als ob ihm »ein Stein vom Herzen gefallen ist«. Wie bei der Konjunktion zwischen Saturn und Pluto auch sollten Sie aber nicht zuviel in diesen Aspekt hineinlegen. Auch hier sind extreme Auswirkungen nur dann zu erwarten, wenn andere Horoskopfaktoren oder Saturn und/oder Pluto in personalisierter Stellung erkennen lassen, daß der Mensch dazu neigt, seine Probleme zu unterdrücken.

Asz Saturnaspekte zum Aszendenten

☌ Konjunktion

Saturn im 1. Haus bewirkt vermindertes Selbstvertrauen und Schüchternheit, besonders in jungen Jahren. Nichtsdestoweniger ist der Geborene praktisch veranlagt und verfügt über viel gesunden Menschenverstand. Allmählich wird sein Selbstvertrauen zunehmen, was schließlich das Eintreten für hochgesteckte Ziele und Vorstellungen möglich macht.

Ist Saturn von Sonne oder Mond negativ aspektiert, vielleicht eine gehemmte Haltung. In diesem Fall wäre es für die betreffende Person ein fortwährender Kampf, genug Selbstvertrauen zu entwickeln, um ihr Potential zu realisieren. Besonders bei Mondaspekten zu Saturn kann es zu Depressionen, zu einem verfinsterten Ausdruck und einer düsteren Intensität kommen, was aber durch den wohlbekannten schrulligen Saturn-Humor aufgelockert wird.

Auch die Vitalität ist häufig geschwächt. Es ist ratsam, sich körperlich zu betätigen, um einer Steifheit der Gelenke vorzubeugen.

Wenn sich Saturn im 12. Haus befindet, die Neigung zur Isolation, welche bei kontemplativen Interessen positiv zur Geltung kommen kann. Vielleicht bringt der Mensch auch große Opfer, z. B., indem er einem Ruf folgt oder sich der Betreuung der Mutter oder des Vaters verschreibt. Zuhause, in der vertrauten Umgebung, fühlt man sich am sichersten, sowohl emotional als auch physisch. Vergegenwärtigen Sie sich noch einmal, was zur Häuserstellung von Saturn angeführt wurde – es ist hier besonders wichtig (siehe S. 302–304).

+ Positive Aspekte

Meist ein Sinn für das Praktische und viel Umsicht. Eine gute Verankerung für denjenigen, dessen Horoskop von Luft oder Feuer beherrscht ist oder der bei einer Überbetonung der Emotionen einen stabilisierenden Einfluß braucht.

– Negative Aspekte

Können die eher extravertierten Bereiche der Persönlichkeit behindern. Womöglich eine verminderte Vitalität und zu manchen Zeiten eine ziemlich pessimistische oder düstere Einstellung. Ein solcher Horoskopfaktor scheint hinter die machtvolleren Eigenschaften von Sonne und Aszendent zurückzutreten, nichtsdestoweniger aber ist er vorhanden. Möglicherweise unterdrückte Wut.

MC Saturnaspekte zum MC

☌ Konjunktion

Saturn im 10. Haus in Konjunktion zum MC ist außerordentlich wichtig. Ein solcher Mensch trägt viel Verantwortung, und wahrscheinlich kommt er gut damit zurecht. Er könnte durch Entwicklungen, über die er keine Kontrolle hatte, zu einer herausragenden Stellung kommen, die allerdings auf seiner Erfahrung und seinem Ruf basiert. Auch an Erbschaften oder familiäre Traditionen ist hier zu denken.

Die Tendenz, eine gewisse Distanz zu wahren, und oftmals hat der Mensch so hochgesteckte Ziele und Vorstellungen, daß er sich die Freuden des Lebens weitgehend versagt: das Vergnügen, mit Partner und Kindern zusammenzusein und anderes mehr. All das, was über die Hausstellung von Saturn angeführt wurde, trifft hier in markanter Weise zu.

Saturn befindet sich bei dieser Stellung in seiner eigenen »Operationsbasis«. Man wird diesen Planeten deutlich wahrnehmen, er spielt im Leben des Betreffenden eine wichtige Rolle. Steht er im 9. Haus, ist sein Einfluß etwas schwächer.

+ Positive Aspekte

Der Geborene identifiziert sich mit allen positiven Saturneigenschaften. Er hat den Drang, sich als praktischer und vernünftiger Mensch und als disziplinierter und umsichtiger Arbeiter zu erweisen.

Es mangelt ihm nicht an Vorsicht – und auch nicht an Ehrgeiz. Dieser Einfluß hilft dem Menschen, an die Spitze zu kommen, welchen Weg man auch einschlägt.

– Negative Aspekte

Jemand, der mehr Rückschläge und Frustrationen als andere erleben muß, wenn es um die Verwirklichung der Ziele geht.

Wie dem auch sei – er sollte aus diesen Erfahrungen Lehren ziehen! Er muß erkennen, daß er seine Ziele nur allmählich verwirklichen kann und daß Beharrlichkeit dabei wichtig ist. Das kann schwer zu akzeptieren sein, z. B. dann, wenn die Person ein Widdertyp ist oder ein ungeduldiger Zwilling.

Vielleicht mangelt es hier im Beruf an Selbstvertrauen: »Ich kann diese Aufgabe nicht übernehmen – Meier ist viel besser als ich!« Eine Stellung, die womöglich für Vorsicht im Übermaß spricht sowie für die Unfähigkeit, Herausforderungen anzunehmen und die Initiative zu ergreifen. Schauen Sie nach, ob Mars oder Jupiter Hilfe bieten können!

♄ Saturntransite

Die Transite von Saturn sind, wie die von Jupiter, wichtige Einflußfaktoren. Wenn Saturn sich in normaler Geschwindigkeit durch den Tierkreis bewegt, durchläuft er einen Tierkreisgrad in etwa zehn Tagen. Sehr oft aber ergibt es sich, von der Erde aus gesehen, daß er langsamer wird oder sogar rückwärts läuft und bis zu zwei Monaten auf dem gleichen Tierkreisgrad steht oder eine Stelle dreimal transitiert.
Alle Planeten können rückläufig werden (ausgenommen Sonne und Mond), die Auswirkungen sind aber bei Saturn bis Pluto augenfälliger, weil der Zeitraum sehr viel länger ist.

Die astronomische Bestimmung eines Transites fällt nicht schwer – bei Saturn aber kann die Auswirkung eines Transits sehr viel länger dauern als die Zeit, die er auf dem Tierkreisgrad der Radixstellung verbringt. Häufig fühlt man den Einfluß über einige Monate hinweg, manchmal auch für ein Jahr, besonders dann, wenn es eine Reihe von Transiten gibt. Wenn Sie damit anfangen, sich mit den Saturntransiten zu befassen, sollten Sie noch einmal die Einführung zu diesem Planeten lesen (S. 31): Saturn ist nicht nur düster, er macht uns auch praktisch und empfänglich. Ja, häufig bringt er Frustrationen – durch ihn aber können wir die Lektionen lernen, die das Leben für uns bereithält.

☉ Saturntransite zur Sonne

☌ Konjunktion

Könnte sich als eine Schlüsselperiode bzw. als eine Phase der Prüfung erweisen. Man neigt jetzt wahrscheinlich zu der Ansicht, daß alles nur schleppend vorangeht – was oberflächlich gesehen auch zutreffen wird, rückblickend aber kann sich viel Positives ergeben.

Ohne Frage wird der Betroffene manchmal das Gefühl haben, daß eine zentnerschwere Last auf ihm liegt, was vielleicht aber mit einer Verpflichtung zusammenhängt, die der Mühe wert ist. Häufig nun mehr Verantwortung, z. B. in Verbindung mit einer Beförderung, einem Hauskauf oder einer Heirat.

Man sollte auf Rückschläge gefaßt sein – allerdings ergibt es sich auch oft, daß der Mensch einen großen Schritt zur Verwirklichung seiner Ziele macht. Man muß auf seine Kräfte achten.

+ Positive Transite

Sehr günstige Einflüsse, um weitreichende Pläne zu machen oder Entscheidungen zu treffen. Jetzt ist ein kontinuierlicher und konstruktiver Fortschritt möglich – allerdings könnte das Leben nun eher gemächlich verlaufen, was heißt, daß man nicht von schnellen Reaktionen ausgehen sollte, speziell nicht von Autoritätsstellen. Wie bei der Konjunktion auch möglicherweise ein gesteigertes Prestige und zusätzliche Verantwortung, vielleicht eine Beförderung. Man kann jetzt hart arbeiten.

− Negative Transite

Womöglich der Grund für viele Frustrationen, so daß es gilt, Geduld aufzubringen. Es ist sehr wichtig, jetzt auf die Vitalität zu achten – man könnte sich jetzt schnell müde fühlen, unter unerfindlichen Schmerzen leiden oder ständig erkältet sein, besonders dann, wenn gleichzeitig ein progressiver Mondaspekt zu Saturn gegeben ist.

Eine pessimistische Haltung zu dieser Zeit könnte ihre Berechtigung haben. Nichtsdestoweniger zahlt sich philosophischer Gleichmut und das Abwägen von Risiken aus. Sehen Sie nach, welches Haus Saturn im Transit gerade durchläuft – es läßt erkennen, welcher Lebensbereich nun unter Druck stehen könnte.

☽ Saturntransite zum Mond

☌ Konjunktion

Es könnte jetzt zu ganz untypischen Stimmungsschwankungen kommen, mit düsteren und teilweise negativen Launen. Auch zu solchen Zeiten aber funktioniert die Intuition – der Mensch kann intuitiv vernünftige und sinnvolle Entscheidungen treffen. Eine sehr ernste Einstellung. Für gewöhnlich nicht günstig, um die Initiative zu ergreifen – der saturnische Einfluß kann aber gut für Planungen genutzt werden.

Aktiv werden sollte man erst, wenn der Transit vorbei ist, frühestens drei Wochen danach.

+ Positive Transite

Unter diesem Einfluß ist beständiger und konstruktiver Fortschritt möglich, beim Erwerb oder Ausbau eines Hauses und anderem mehr. Wieder einmal liegt der Akzent eher auf dem Planen als auf dem Aktivwerden.

Bei den Handlungen aber gilt es, sich nicht zu schnell entmutigen zu lassen. Manchmal nun Hilfe durch die Eltern oder durch ältere Menschen. Eine Zeit, in der die Jüngeren von dem Rat ihrer Eltern sehr profitieren können – und diesen vielleicht sogar beherzigen!

− Negative Transite

Für ein paar Wochen eine eher pessimistische Haltung und das Gefühl, »die Nase voll zu haben«. Der Geborene sollte die Ruhe bewahren, keine Entscheidungen treffen und wichtige Aktivitäten aufschieben – Fortschritte kann er jetzt kaum erzielen. Von seiner geistigen Verfassung her ist er auch gar nicht zu einem selbstbewußten Handeln in der Lage.

Anmerkung: Bei jedem Saturntransit zum Mond sollte man ein Auge für die Gesundheit haben, weil man nun zu Erkältungen, Fieber und Grippe neigt. Es könnte günstig sein, zu solchen Zeiten zusätzlich Vitamin C zu sich zu nehmen oder die Vitamine, die sich bewährt haben. Dies gilt sowohl für warme als auch für kalte Gegenden.

☿ Saturntransite zu Merkur

☌ Konjunktion

Sehr gut für ein Studium oder für schwierige und anspruchsvolle geistige Arbeit, weil sich der Betreffende nun sehr gut konzentrieren kann. Die Haltung ist ernsthaft und vorsichtig; der Mensch hat den Wunsch, die richtigen Entscheidungen zu treffen. Was Verträge oder Käufe auf Ratenzahlungen betrifft, hat man das Kleingedruckte jetzt m Blick. Vernunft auf jeder Ebene. Selbstbewußte und sehr aktive Menschen könnten jetzt vielleicht einmal auf Hindernisse stoßen – Geduld schadet aber auch ihnen nicht. Man kann nun auch viel lernen!

+ Positive Transite

Ähnliche Auswirkungen wie bei der Konjunktion, allerdings vielleicht noch markantere Fortschritte. Wenn man jetzt von Vorgesetzten oder Höhergestellten um Rat gefragt wird, wird die Meinung Gewicht haben, was in der Folge zu einer Beförderung führen könnte. Allerdings handelt es sich um einen Einfluß, der in erster Linie ein ruhiges Arbeiten zu Hause begünstigt, er ist nach innen gerichtet und reflexiv. Wenn der Transit vorbei ist, wird der Geborene Stolz und Zufriedenheit in bezug auf das spüren, was er jetzt alles geleistet hat.

− Negative Transite

Eine Tendenz zu Gefühlen der Depression und des Unglücks, manchmal ohne erkennbaren Grund. Man sollte versuchen, sich zu entspannen und Abstand zu gewinnen, in Form von beschaulichen Aktivitäten wie dem Lesen oder dem Hören der Lieblingsmusik oder anderem mehr, was den Geist läutert (von der Flasche sollte man sich fernhalten!). Die Freunde könnten unter diesem Einfluß zu einer Last werden – man muß aufpassen, nicht das sprichwörtliche letzte Hemd für sie herzugeben. Womöglich jetzt auch Verdauungsprobleme.

♀ Saturntransite zur Venus

☌ Konjunktion

Ernsthaftigkeit in Hinblick auf die Beziehungen. Meist wirken sich diese Transite auf die emotionalen Verbindungen aus, manchmal aber auch auf die Beziehungen mit Kollegen oder Geschäftsfreunden. Haben sich hier Probleme ergeben, könnte man sie nun zur Sprache bringen und ein für allemal ausräumen.

Manchmal steht dieser Transit für das Ende einer Beziehung oder für eine wichtige Veränderung. Man sollte aber keine Angst haben – dieser Einfluß wirkt auch beruhigend und konsolidierend, besonders wenn die Vergangenheit stürmisch war. Ein ernsthaftes Denken. Entscheidungen, die man nun trifft, erweisen sich langfristig meist als günstig.

+ Positive Transite

Wie bei der Konjunktion auch ist man nun an konstruktiven Lösungen für Probleme interessiert, die mit den verschiedensten Arten von Beziehungen zu tun haben. Vielleicht steht man jetzt in engem Kontakt zu einem älteren Freund, der sich als sehr hilfsbereit erweist und von dem man sehr viel lernen kann, wenn man in Schwierigkeiten steckt. Die Haltung ist ernsthaft und konstruktiv. Eine gute Zeit, um Investitionen oder Versicherungspolicen zu überprüfen.

− Negative Transite

Stehen häufig für eine schwierige Zeit in allen Beziehungen. Manchmal ist die Atmosphäre jetzt sehr verdüstert und der Kontakt zum Partner belastet. Wenn der Betreffende das Gefühl hat, nicht so weitermachen zu können wie bisher, sollte er vor endgültigen Entscheidungen noch einige Wochen bzw. solange warten, bis der Transit vorbei ist.

Wenn Saturn rückläufig wird und man diesen Transit dreimal erlebt, könnte sich der ganze Zeitraum als emotional düster erweisen. Möglicherweise ist auch eine ganz untypische distanzierte oder kalte Haltung die Quelle der Probleme. Ein Mangel an sexuellem Interesse ist ebenfalls typisch für diese Zeit, desgleichen finanzielle Schwierigkeiten, was diesbezüglich Vorsicht nötig macht. Der Überlieferung nach stehen diese Transite für materielle Verluste – achten Sie also darauf, ob alle Schlösser in Ordnung sind und ihr Zuhause gut gesichert ist!

♂ Saturntransite zu Mars

☌ Konjunktion

Kündet von einer heiklen Phase, in der abwechselnd ein Übermaß an Energie und Trägheit zu verzeichnen ist, ein optimistisches Selbstbewußtsein und dann wieder ein Zustand der Lethargie.

Es fällt schwer, jetzt eine ausgewogene Haltung zu zeigen; alles, was der Betreffende nun tun kann, ist, beharrlich zu arbeiten und Pläne nicht allzu enthusiastisch zu sehen. Er muß ruhig bleiben und aufmerksam zuhören, was andere vorschlagen; er muß es sich reiflich überlegen, bevor er sich für etwas verpflichtet – auf diese Weise ist Ausgewogenheit möglich.

Schafft der Mensch das nicht, dürfte er sich frustriert und »genervt« fühlen, was dann zu weiteren Spannungen führt. Theoretisch sollte dieser Einfluß Bestimmtheit bewirken – in der Praxis ist das aber nicht immer der Fall.

+ Positive Transite

Eine ausgewogene Haltung bezüglich des Energieniveaus. Wenn man an einem beständigen Fortschritt interessiert ist, kann man jetzt Erfolge erzielen. Bei einem stark gestellten Mars wird man durch Saturn beruhigt; ist Saturn der stärkere Planet, dürfte sich eine Intensivierung der Energie ergeben. Eine günstige Zeit, um mit Schwierigkeiten fertig zu werden.

− Negative Transite

Ein konstanter Wechsel von Wut und Frustration könnte das Ergebnis des Konfliktes zwischen Mars und Saturn sein. Wahrscheinlich hat es der Betreffende fortwährend mit Schwierigkeiten zu tun und möchte vielleicht manchmal am liebsten vor Wut aufheulen.

Alles, was man hier anraten kann, ist, Dampf abzulassen und zu versuchen, ruhig und vernünftig zu bleiben. Man schreibe jetzt besser ernsthafte und angemessene Beschwerdebriefe, statt eine direkte Begegnung mit einem verbalen oder richtigen Schlagabtausch zu suchen.

Achtung vor physischer Anspannung! Zu solchen Zeiten ergibt sich vielleicht, daß man sportlich gesehen dem Alter Tribut zollen muß.

♃ Saturntransite zu Jupiter

☌ Konjunktion

Der natürliche Optimismus und Enthusiasmus von Jupiter wird durch diesen Kontakt gedämpft – damit könnte sich aber auch ergeben, daß der Mensch vernünftige Entscheidungen trifft und z. B. im Studium exzellente Fortschritte macht, insbesondere, was die Tradition betrifft. Ein Aspekt, der nicht für originelles Denken oder für brillante Ideen spricht, sondern für eine Person, die sich Wort für Wort an das Vorgegebene hält.

Phasen von Optimismus und Pessimismus werden sich abwechseln, und manchmal wird der Betreffende unter einer gewissen innerlichen Rastlosigkeit leiden. Wie immer bei Saturnkontakten zu Mars kommt es auf Ausgewogenheit an! Im Idealfall werden sich Chancen ergeben, eine Beförderung und zusätzliche Verantwortung, besonders dann, wenn beide Planeten gut gestellt sind. Ein Trigon oder Sextil zwischen ihnen wird wahre Wunder bewirken, was diesen Transit betrifft!

+ Positive Transite

Haben eine ähnliche Auswirkung wie die Konjunktion, sorgen aber für mehr Ausgewogenheit und eine beständigere Stimmung. Die Charakterzüge, die auf Vorsicht oder auch Abenteuerlust weisen, werden gleichermaßen unterstützt, was es dem Betreffenden ermöglicht, viele Vorteile aus dieser machtvollen planetarischen Verbindung zu ziehen.

Zu dieser Zeit kann man praktische und förderliche Entscheidungen treffen. Wie bei der Konjunktion auch wahrscheinlich eine ereignisreiche Zeit, die Anerkennung bringt. Keine Phase, in der man die Hände in den Schoß legen sollte!

− Negative Transite

Nahezu zwangsläufig Rastlosigkeit und Unbeständigkeit. Ein starkes Bedürfnis nach Fortschritten und abenteuerlichen Herausforderungen, allerdings auch das Gefühl, daß irgend etwas – vielleicht eine eingegangene Verpflichtung – diesem im Wege steht. Wenn der Mensch geduldig ist und warten kann, bis der Transit seine Wirkung verliert, werden sich die Schwierigkeiten mehr oder weniger von selbst geben.

In der Zwischenzeit sollte man sich den Gebieten widmen, die nicht mit saturnischen Frustrationen verbunden sind. Je mehr emotionale und physische Energie man auf die Probleme richtet, die sich unter diesen Transiten ergeben, desto schlimmer scheinen sie zu werden!

Saturntransite zu Uranus

Konjunktion
Wahrscheinlich eine sehr wichtige Phase. Weil diese beiden Planeten sehr intensiv wirken, könnte das Leben jetzt von vielen Ereignissen und Spannungen geprägt sein, mit einer Vielzahl von Neuentwicklungen und/oder wichtigen Veränderungen. Zu Fortschritten kommt es jetzt auf eine sehr unregelmäßige Art.

Möglicherweise ein psychologisches Dilemma: Auf der einen Seite orientiert man sich an Konventionen, Pflichtbewußtsein und Loyalität, besonders gegenüber der Familie (Saturn). Andererseits verspürt man den starken Drang nach Unabhängigkeit und verhält sich auf eine unkonventionelle oder auch unvorhersehbare Weise (Uranus).

Ist einer dieser Planeten durch eine personalisierte Bedeutung stärker, ist er es, der den Menschen prägt. Wie dem auch sein mag – vielleicht sucht die betreffende Person auch nach einem Kompromiß, bei dem Saturn nicht zu kurz kommen dürfte. Unerwartete Geschehnisse müssen nach Möglichkeit genutzt werden. Der Saturneinfluß bewirkt eine Bestärkung der Entscheidungskraft, aber auch eine gewisse Zurückhaltung. Eine Folge dieses machtvollen Transits könnte auch zusätzliche Macht und Verantwortung sein. Diese beiden Planeten sind in verschiedener Hinsicht miteinander verbunden – Saturn z. B. ist der traditionelle Herrscher des Wassermanns, der nun von Uranus beherrscht wird.

Positive Transite
Ähneln in der Auswirkung der Konjunktion, sind aber nicht ganz so stark. Nichtsdestoweniger können sich nun auch neue und oftmals überraschende Entwicklungen einstellen. Es kommt aber nicht zu so vielen Spannungen, und es steht nicht soviel auf dem Spiel. Auch hier wird der Planet, der eine personalisierte Bedeutung hat, die Richtung angeben – ein Sinn für das Praktische, Konventionelle und Vorsicht (Saturn) oder eine Neigung zum Unvorhersehbaren, Aufregenden und Unkonventionellen (Uranus).

Negative Transite
Jetzt könnte das Leben sehr ereignisreich verlaufen, woraus viel Spannung resultieren kann. Wenn das Horoskop erkennen läßt, daß die betreffende Person zu Sorgen neigt (wenn z. B. Krebs oder Jungfrau betont ist), müssen Sie sie ermutigen, den Ängsten auf eine angemessene Art zu begegnen. Jetzt muß man überstürzte Entscheidungen vermeiden, zu denen man in schwierigen Situationen neigt, und die vorsichtige saturnische Seite des Transits unterstützen. Im Zweifelsfall muß man abwarten, bis der Transit vorbei ist (was mindestens zwei oder drei Wochen dauert). Auch wenn dem Betreffenden das unmöglich zu sein scheint – auf lange Sicht ist es die beste Verhaltensweise; sie kann sich auch günstig auf die berufliche Laufbahn auswirken.

Anmerkung: Bei allen Saturntransiten zu Uranus hat der erstere eine dominante Rolle, auch dann, wenn Uranus im Geburtshoroskop eine personalisierte Bedeutung trägt. In einigen wenigen Fällen aber sind die beiden Planeten von gleicher Stärke.

Saturntransite zu Neptun

Konjunktion
Für denjenigen, der empfindsam, idealistisch und vielleicht auch kreativ ist, erweist sich dieser Einfluß als günstig. Er hilft dabei, Ideen zu konsolidieren und die Gefühle zu stabilisieren, vielleicht in der Art von: »Ich habe nicht gewußt, was das bedeuten soll, jetzt aber weiß ich, was ich davon zu halten habe.« Vielleicht religiöse oder esoterische Interessen. Kreatives Potential kann hier konstruktiv entfaltet werden.

Ein guter Einfluß auch für Personen, die an abstrakten Themen oder auch am Okkulten interessiert sind. Praktisch veranlagte Menschen haben normalerweise keine Zeit für derartige »Hirngespinste« – Saturn könnte sie aber nun dazu bringen, ihre Meinung zu revidieren. Jede ungewöhnliche Idee und alles, was mit Inspiration zu tun hat, ist nun sorgfältig zu prüfen – vielleicht ist eine Realisierung auf eine praktische Weise möglich.

Positive Transite
Haben eine ähnliche Wirkung wie die Konjunktion, wenngleich es sich bei ihnen um einen subtileren Einfluß handelt – nüchtern veranlagte Menschen spüren das Sextil vielleicht gar nicht. Wer aber sehr empfindsam ist, könnte merken, daß bei einem anderen, der diesen Transit erlebt, etwas geschieht, auch wenn dieser selbst das nicht erkennt.

Vielleicht ergibt sich hier plötzlich ein untypisches Interesse an Lyrik oder einem anderen neptunischen Interessensgebiet. Achten Sie bei Ihren praktischen und erdverbundenen Freunden auf derartige Veränderungen, und unterstützen Sie empfindsamere und kreativere Menschen beim Ausdruck ihrer Ideen!

Negative Transite
Sind lästig. Manchmal kommt der Betreffende zu Fall und erlebt viel Konfusion oder muß große Umwege in Kauf nehmen. Sehr unterschiedliche Auswirkungen. Vielleicht muß man nun den Preis zahlen für ein Fehlverhalten, ob dieses nun in einem Betrug, einer Lüge oder dem Versuch bestanden hat, sich aus einer schwierigen Situation herauszumogeln. Man kann seine Lehren aus diesen Transiten ziehen, allerdings sind es keine leichten!

Saturntransite zu Pluto

Konjunktion
Ein schwieriger Transit, der uns auf die Probe stellt! Unter ihm kommt es wahrscheinlich zu keinen Fortschritten – es ist, als ob man gegen eine Mauer läuft! Dies muß sich nicht auf alle Lebensbereiche beziehen, es ist eine gute Idee, sich auf die Sphären zu konzentrieren, in denen Fortschritt und Erfüllung möglich sind. Man sollte seine physischen und emotionalen Energien dort zum Einsatz bringen, statt sie auf dem Gebiet, das vom Transit betroffen ist, zu verschwenden.

Während dieser Zeit und einige Wochen davor und danach sollte man besonders auf die Gesundheit achten! Saturn könnte einen hemmenden Schmerz oder vielleicht auch eine ganz untypische Verstopfung mit sich bringen.

Psychologisch gesehen könnte die Haltung jetzt negativ sein, mit wiederkehrenden Gefühlen der Frustration. Alles aber wird sich in ein paar Wochen, wenn der Einfluß vorüber ist, wieder klären. Wenn der Transit sich infolge von Rückläufigkeit wiederholt, bieten die Zwischenphasen eine Verschnaufpause.

Positive Transite
Wenn man auch während dieser Zeit zu der einen oder anderen Schlußfolgerung kommt und vielleicht das eine oder andere Problem löst, sind diese Transite doch prinzipiell von heikler Natur. Sind sie vorüber, könnte man merken, daß man Fortschritte erzielt hat, entweder bei der Neuorientierung auf einem Lebensgebiet oder bezüglich einer wichtigen Entscheidung. Trotzdem sind diese Transite nicht sehr vergnüglich.

Negative Transite
Haben eine ähnliche Wirkung wie die Konjunktion, mit einer noch stärkeren Blockierung von Fortschritten. Halten Sie sich an die obige Interpretation und empfehlen Sie zusätzlich, sich eine philosophische Haltung zu eigen zu machen und sich mit erholsamen Interessen und Hobbys zu beschäftigen. Es würde sich als Zeitverschwendung erweisen, die Dinge jetzt mit Macht vorantreiben zu wollen!

Asz SATURNTRANSITE ZUM ASZENDENTEN

☌ Konjunktion
Ein extrem wichtiger Einfluß. Zweieinhalb Jahre lang ist Saturn nun durch das 12. Haus gelaufen (siehe dazu die Interpretation von Saturn im 12. Haus, S. 304), was zu einer Neuorientierung in spiritueller Hinsicht oder zu neuen Werten geführt haben könnte. Mit dem Eintritt Saturns ins 1. Haus könnte sich jetzt ein Richtungswechsel ergeben, vielleicht in Form einer ernsteren Einstellung zum Leben oder einer langfristigen Verbindung – häufig das positivste Resultat dieses heiklen Transits.

Seien Sie sich der Tatsache im klaren, daß nun auch die Gesundheit Probleme machen könnte. Näheres hierzu läßt das Aszendentenzeichen erkennen.

Vielfach erweist sich dieser Transit als ein Wendepunkt im Leben, vielleicht in Zusammenhang mit den Beziehungen. Man hat jetzt Lektionen zu lernen. Diese hängen aber mehr mit dem Einfluß zu anderen Planeten als zu Saturn zusammen.

Positive Transite
Das Haus, durch das Saturn läuft, bestimmt, welche Einflüsse nun auf die Person wirken. Vielleicht bekommt er oder sie jetzt ein Kind, oder aus einer Liebesaffäre wird etwas Ernstes (jeweils bei Saturn im 5. Haus); vielleicht tätigt der Mensch eine solide Investition (Saturn im 2. Haus) usw. Sie werden merken, daß hier meist ein langsamer, aber beständiger Fortschritt.

Negative Transite
Wie bei den positiven Transiten auch ist hier das Haus, das Saturn durchläuft, das Entscheidende. Achten Sie bei Saturn in Opposition zum Aszendenten darauf, ob die Beziehung oder Ehe in Frage gestellt oder tiefgreifend verändert wird oder ob es vielleicht zu einer Trennung kommt, die sich als günstig für beide erweist. Möglicherweise ergibt sich auch eine Verbindung am Arbeitsplatz.

Ein Transitquadrat könnte Probleme bei der Arbeit (wenn Saturn im 10. Haus steht) oder Schwierigkeiten zuhause (im 4. Haus) anzeigen. Dies ist keine einfache Zeit – in der abschließenden Analyse aber wird sich Saturn als der anspruchsvolle Lehrmeister erweisen, der die persönliche Entwicklung fördert und persönliche Stabilität bringt.

MC SATURNTRANSITE ZUM MC

☌ Konjunktion
Siehe auch Saturn im 10. Haus (S. 304). Ein extrem machtvoller Einfluß, der die Karriere bzw. das berufliche Leben tiefgreifend prägt und vielleicht eine Beförderung oder einen überraschenden Wechsel des Arbeitsplatzes bringt. Hat der Betreffende keine beruflichen Ambitionen, wird er sich um andere Ziele kümmern, wobei er es sich nicht leichtmacht. Dies könnte sich als Wendepunkt im Leben erweisen. Jetzt kommt es womöglich zu Ereignissen, über die die Person keine direkte Kontrolle hat, sondern die eine Widerspiegelung ihres Ansehens und Rufs sind. Unter Umständen die Beförderung in eine einsame Position an der Spitze.

Positive Transite
Ereignisse, die sich auf das Haus beziehen, das Saturn gerade durchläuft; aber auch hier gilt, daß nicht die eigenen Aktivitäten Anlaß dafür sind. Ebenfalls wahrscheinlich gleichmäßige Fortschritte. Eine praktische Einstellung, speziell in bezug auf Entscheidungen, die Nahestehende bzw. die Person selbst betreffen.

Negative Transite
Können für Frustration und für Verzögerungen stehen, unter Umständen auch für den Verlust der Arbeit infolge eines Stellenabbaus. Keine einfachen Einflüsse – jetzt kommt es auf Geduld und Vorsicht an. Die besten Resultate ergeben sich, wenn man die Dinge nicht mit Macht voranzutreiben versucht.

Andere Transite könnten helfen, die Wogen zu glätten, insbesondere Jupiter wirkt hier günstig. Vielleicht ist es auch so, daß der oder die Betreffende jetzt extrem hart arbeitet, um einer sehr anspruchsvollen, gleichzeitig aber auch prestigeträchtigen Aufgabe gerecht zu werden.

♄ SATURNTRANSITE ZUM RADIXSATURN

Es ergibt sich immer wieder, daß Saturn im Transit die Radixstellung positiv oder negativ aspektiert. Bei einem positiven Aspekt sind ständige Fortschritte und zusätzliche Verantwortung zu erwarten, ein gesteigertes Prestige und häufig auch neue Pflichten. Im Rückblick sagt man dann vielleicht: »Ich bin glücklich, daß ich diese Entscheidung getroffen habe. Alles ist gut gelaufen – es war aber keine einfache Zeit.« Die Entscheidung könnte deshalb so schwierig gewesen sein, weil der Betreffende zweifelte, ob er ihr gewachsen sein würde. Nachdem er sich aber durchgerungen hatte, sorgte Saturn dafür, daß sich alles gut entwickelte.

Bei einem negativen Transit ergeben sich Frustrationen und Aufschübe, man wirft damit die Flinte schnell ins Korn. Manchmal hat der Mensch auch unter Verlusten der einen oder anderen Art zu leiden – die persönlichen Besitztümer sollten nun aufmerksam geschützt werden. Beziehungen könnten sich verändern oder enden.

Saturn im Transit zur Radixstellung beeinflußt das betreffende Zeichen und Haus. Die Art seiner Aspekte läßt Näheres dazu erkennen, welche Resultate mit diesem machtvollem Einfluß verbunden sein werden.

♄ Die Saturn-wiederkehr

Vom Grundsatz her handelt es sich hierbei um die Konjunktion des Transitsaturns zum Radixsaturn. Sie stellt eines der faszinierendsten und markantesten Muster von planetarischem Einfluß dar. Sie ist – wie die Jupiterwiederkehr (S. 297) und die Uranusopposition (S. 326) auch – ein Thema, mit dem Sie Freunde verblüffen können, die bis dato nichts als das eigene Sonnenzeichen kennen. Glauben Sie uns – es funktioniert!

Man weiß allgemein, daß sich der Mensch, wenn er sich der 30 und später dann der 60 nähert, über seine Stellung im Leben nachdenkt und sich fragt, ob er etwas anders machen sollte. Mit 30 fühlen wir uns vielleicht plötzlich schwermütig und denken, daß wir alt sind – wenn wir auch sehen, daß wir ein gewisses Maß an Erfahrungen gesammelt haben. Und mit 60 macht sich der Mensch Gedanken über das schnell näherrückende Ende der beruflichen Tätigkeit und darüber, daß er dann Zeit hat für das, was ihm wirklich am Herzen liegt. Die Kinder sind dann groß, und man kann sich voll und ganz seinem Vergnügen widmen.

Auch Personen ohne jedes astrologische Wissen akzeptieren diese wohlbekannten Sachverhalte. Astrologen sehen diese Wendepunkte in Zusammenhang mit dem Saturneinfluß. Saturn braucht 29,5 Jahre, um einmal durch alle Tierkreiszeichen zu laufen – insofern steht er, wenn der Mensch knapp 30 oder 60 ist, in Konjunktion zur Radixstellung. Wenn wir nur lange genug leben, kommt es mit knapp 90 auch noch zu einer dritten Wiederkehr!

Die erste Saturnwiederkehr

Wer sich dieser wichtigen Phase nähert, könnte unter Gefühlen der Angst leiden und deprimiert sein, daß es jetzt auf das nächste Lebensjahrzehnt zugeht! Das ist aber unnötig! Häufig das Bedürfnis nach tiefgreifenden Veränderungen. Man sagt nun vielleicht: »So kann das nicht weitergehen mit mir!« Ist dem so, fragen Sie, was der Betreffende statt dessen tun möchte. Meistens bestehen genaue Vorstellungen, denen man Folge leisten sollte!

Manchmal der Drang, eine Jugendfreundschaft zu beenden, vielleicht sogar die Ehe, die man eingegangen war, ohne reif dafür gewesen zu sein. Auf der anderen Seite fragt man vielleicht den Lebenspartner, ob er sich eine Heirat vorstellen könnte. Andere kaufen ein Haus oder gründen eine Familie. Saturn ermutigt dazu, zusätzliche Verantwortung zu übernehmen; gleichzeitig bedeutet er, daß man in Verbindung damit zusätzliches Ansehen gewinnt.

Die langfristigen Ziele stehen nun fest, und kennzeichnend sind jetzt eine größere Stabilität und mehr Sicherheit. Wer sich mit seiner beruflichen Situation unzufrieden fühlt, ist noch jung genug, drastische Veränderungen vorzunehmen (allerdings gibt es hier heute die eine oder andere Ausnahme). Zumeist aber sind drastische Veränderungen möglich und werden auch oft durchgeführt – was begrüßenswert ist.

Wenn Saturn mit voller Kraft arbeitet, ist allerdings die Vitalität geringer als sonst, was mit zusätzlichen körperlichen und emotionalen Anforderungen zusammenhängen könnte. Wie bei den meisten ernsten Saturneinflüssen gilt es, alle Möglichkeiten zu bedenken. Auf diese Art wird man zur richtigen Entscheidung kommen – wir machen unter der Saturnwiederkehr dann auch nur selten schwerwiegende Fehler! Sie wirkt zumeist über ein Jahr, auch dann, wenn Saturn nur einmal über seine Geburtsstellung läuft und dafür nur eine Woche braucht.

Die zweite Saturnwiederkehr

Wenn diese näher rückt, trifft der Mensch Entscheidungen über die Zeit nach dem Rückzug aus dem Berufsleben. Er entwickelt neue Interessen, welche möglicherweise zu einer neuen beruflichen Tätigkeit führen, vielleicht auf einem Gebiet, das zuvor ein Hobby oder eine Freizeitaktivität war.

Bevor Sie hier aber Ratschläge erteilen, sollten Sie sich über Ihr Gegenüber klargeworden sein. Wenn der Betreffende sagt, daß er nichts anderes möchte, als die Beine hochzulegen und alle Fünfe gerade sein zu lassen, müssen Sie anhand des Horoskops entscheiden, ob das wirklich auf ihn zutrifft – ob er nicht vielleicht nach einer oder zwei Wochen Nichtstun unausstehlich geworden sein wird. Als Ruhestandsgeschenk sollte er sich etwas wünschen, das ihn tatsächlich interessiert, vielleicht eine teure Kamera, eine hochwertige Nähmaschine oder ein Teleskop. Sich damit näher zu befassen könnte ihm eine neue Richtung aufzeigen.

Eine andere mögliche Frage ist nun die, ob sich das Paar – so der Betreffende mit jemandem zusammenlebt – ein kleineres Haus zulegen oder vielleicht an einen Ort umziehen sollte, wo es glückliche Ferien verbracht hat oder wo das Klima günstiger ist. Hier sollten Sie aber extrem vorsichtig sein! Wenn einer der beiden ein Stier- oder Krebstyp ist, wird er über die Jahre hin viele Besitztümer angesammelt haben. Wohin damit? Und soll man nicht, wenn es Kinder oder Enkel gibt, Räumlichkeiten für sie bereithalten?

Vielleicht noch wichtiger ist die Frage des Umzugs in eine andere Stadt. Sie müssen sich darüber klarwerden, ob das Paar viel mit sich selbst anfangen kann, ob es kommunikativ veranlagt ist und schnell neue Freunde gewinnen kann oder ob es weniger anpassungsfähig ist und bald die alten Bekannten und die vertraute Umgebung vermissen wird. Ein wunderbarer Strand an der Küste kann im Nebel öde und im Winter sehr kalt sein, und in manchen Gebieten begegnen die Einheimischen den Zugezogenen mit großen Vorbehalten! Wenn das Paar sich allerdings anpassen kann, findet es vielleicht Möglichkeiten, die es über diesen Sachverhalt hinwegtrösten können.

Häufig fällt diese Wiederkehr mit einer Jupiterwiederkehr zusammen. Das ist sehr günstig, es läßt den Betreffenden optimistisch und wohlwollend reagieren. Die Pläne für die Zukunft werden unter diesem planetarischen Zusammenspiel gedeihen. Sie sollten dazu anhalten, das Beste daraus zu machen!

Die dritte Saturnwiederkehr

Um diejenigen, die diese Wiederkehr erleben (von Jahr zu Jahr werden es mehr), angemessen zu unterstützen, sind noch weitere Forschungen nötig. Es handelt sich um einen Schritt über die Uranuswiederkehr hinaus (S. 326), er vervollständigt diese und schließt sie ab.

Ermutigen Sie diesen 90 Jahre alten Menschen dazu, von der Vergangenheit zu reden. Es ist für eigene Studien nützlich zu erfahren, wann sich welche wichtigen Ereignisse ergeben haben, speziell in Hinblick auf das Progressionshoroskop. Sie werden die Feststellung machen, daß die planetarischen Einflüsse mit realen und aufregenden Geschehnissen einhergehen!

Uranus in den Zeichen

Uranus bringt bei seinem Lauf durch den Tierkreis ungefähr 7 Jahre in jedem Zeichen zu – er steht damit im Horoskop aller Menschen, die in diesem Zeitraum geboren sind, im gleichen Zeichen. Jeder Planet hat seine besondere Bedeutung; ein Zeicheneinfluß aber, der für so viele Menschen identisch ist, hat keine persönlichen Auswirkungen zur Folge, ausgenommen, Uranus hat eine personalisierte Bedeutung im Horoskop. Wir sprechen hier statt dessen von einem Generationsmerkmal.

♈ Uranus im Widder

Eine machtvolle und positive Stellung, bei der die Energie und das Selbstbewußtsein des Widders die geradlinige, nervöse Energie von Uranus vervollständigen. Vorausgesetzt, er weist keine negativen Aspekte auf, wird Uranus viel Originalität und den Willen beisteuern. Eine Tendenz zur Sprunghaftigkeit und nicht besonders viel Geduld. Sehen Sie hier nach, ob andere Horoskopfaktoren für Vorsicht und Beharrlichkeit sprechen!

Ein Horoskop mit kreativem Potential wird durch diese Stellung in seiner Originalität gestärkt und erhält eine lebhaftere Färbung. Der Pioniergeist des Widders ergänzt auch den Drang nach dem Neuen, dem Außergewöhnlichen und dem Andersartigen. Selbstvertrauen und Führungsqualitäten. Allerdings gilt es, sich vor närrischer Tollkühnheit zu hüten – der Betreffende könnte sich zu dummen und waghalsigen Aktivitäten verleiten lassen (oftmals allerdings aus guten Absichten heraus, z. B. mit dem Ziel, Mittel für wohltätige Zwecke zu beschaffen). Bei dieser Stellung kommt es darauf an, Umsicht zu entwickeln. Mit negativen Uranusaspekten ist ganz allgemein viel nervöse und emotionale Spannung verbunden.

♉ Uranus im Stier

Hier macht sich der Eigensinn des uranischen Einflusses deutlich bemerkbar. Bezüglich der Meinungen nur wenig oder keine Flexibilität – und wenn die fixen Zeichen betont sind, sehen wir vielleicht einen Menschen vor uns, der stolz sagt: »Wenn ich mir eine Meinung gebildet habe, kann mich nichts mehr umstimmen.« Trifft das zu, sollte man ihn anhalten, mehr Beweglichkeit zu entwickeln. Wenn allerdings das Horoskop auf Unentschlossenheit hindeutet – mit einer Betonung von Waage oder den Fischen –, wirkt diese Plazierung günstig, weil sie eine Kombination von Stabilität und Originalität darstellt.

Gegensätzliche Tendenzen

Wahrscheinlich Eigensinn – schädlich wirkt dieser aber erst dann, wenn er auch von anderen Horoskopbereichen oder durch eine starke Uranusstellung angezeigt ist. Es könnte zu einem Widerspruch zwischen einem konventionellen Handeln (Stier) und einem unkonventionellen oder risikofreudigen Wesen (Uranus) kommen. Wenn der Mensch hier eine Balance finden kann, zeichnet er sich womöglich durch Originalität und einen Sinn für das Praktische zugleich aus. Jemand, der vielleicht ungewöhnliche Gegenstände sammelt oder eine etwas exzentrische Haltung zum Geld hat.

♊ Uranus in den Zwillingen

Eine exzellente, sehr dynamische und lebhafte Stellung, die Originalität, ein rasches Denken und oftmals auch brillante Ideen verleiht, welche allerdings sorgfältig durchdacht werden und dann auch tatsächlich realisiert werden müssen. Ein außerordentliches Potential. Eine intellektuelle Ausrichtung mit einem starken Merkur und Jupiter findet durch diese Stellung Unterstützung: schnelle und »gepfefferte« Reaktionen und eine wache Haltung, speziell in Diskussionen und Auseinandersetzungen. Gut für denjenigen, der beruflich mit den Medien oder mit Literatur zu tun hat oder an der Universität tätig ist. Die technischen Aspekte der Kommunikation sind hier von besonderem Interesse.

Die rastlose, nervöse Seite der Zwillinge und die Spannung von Uranus können zu Problemen führen. Sehen Sie nach, ob diese Züge auch von anderer Seite des Horoskops angezeigt sind, z. B. durch Uranusquadrate oder -oppositionen zu Sonne, Mond oder Merkur oder zum Aszendenten. Falls ja, kann dieser Aspekt in Verbindung mit der Zeichenstellung eine Quelle von Spannungen sein, auch deshalb, weil man sich schnell Sorgen macht, wenn man merkt, daß man sich nicht von seinen negativen Gedanken freimachen kann. Eine Entspannungstechnik wie Yoga könnte sehr hilfreich sein. Spielt hier auch Mars hinein, leidet der Mensch vielleicht unter Migräne oder unter lästigen Kopfschmerzen.

♋ Uranus im Krebs

Die wechselhaften Launen des Krebses in Verbindung damit, daß man bei Uranus nichts voraussagen kann, könnten von Zeit zu Zeit zu Schwierigkeiten führen. Natürlich dominieren die Planeten, die im Horoskop stärker gestellt sind, über dieses Generationsmerkmal – der Uranuseinfluß aber könnte dann deutlich werden, wenn er im Transit von anderen Planeten aspektiert wird. Zu diesen Zeiten ist der Mensch vielleicht selbst über seine eigenartigen und völlig ungewöhnlichen Verhaltensmuster überrascht. Wenn Krebs im Horoskop betont oder Uranus stark gestellt ist, werden diese Anzeichen sehr markant hervortreten; der Geborene muß sie unter Kontrolle bringen, wenn er sich selbst keinen Kummer bereiten will – die Kollegen und diejenigen, die ihm nahestehen, wissen oft nicht, woran sie mit ihm sind. Im besten Fall aber stärkt diese Stellung die Vorstellungskraft und fügt ihr einen wunderbaren originellen Zug bei. Für das kreative Horoskop ist sie ein Segen, für die meisten zumindest nützlich.

Uranus ist ein kalter, unemotionaler Planet, der Logik und ein wohlkalkuliertes und isoliertes Handeln begünstigt; der Krebs dagegen ist von der Intuition und den Emotionen beherrscht. Wenn Uranus keine personalisierte Bedeutung hat und Sonne, Mond oder Aszendent nicht im Krebs steht, wird es hier zu keinem Dilemma kommen. Nur bei einem stark gestellten Uranus sind manchmal Spannungen zu erwarten. Es kommt darauf an, die beiden Bereiche als Vervollständigung des anderen aufzufassen. Weil es sich aber um gegensätzliche Faktoren handelt, fällt das schwer, woraus vielleicht ein langwieriger Konflikt hervorgeht.

♌ Uranus im Löwen

Ein vermehrtes Maß an Energie und viel Antriebskraft, manchmal allerdings auch autoritäre Tendenzen und ein Gefallen an der Macht. Wenn das letztere positiv zum Ausdruck kommt, ist der Betreffende vielleicht eine Führungskraft. Vergessen Sie aber nicht, daß Löwe ein fixes Zeichen ist und daß Uranus die Neigung zum Eigensinn erhöht. Der Löwe ist ein warmherziges Feuerzeichen, während Uranus zwar freundlich ist, aber dazu neigt, Distanz zu halten. Konflikte werden sich nur dann ergeben, wenn Uranus eine personalisierte Bedeutung trägt oder negativ von der Sonne aspektiert wird.

Eine Stärkung des Selbstvertrauens. Eine lebhafte Stellung, wenn Uranus im Aspekt zu Mond oder Venus steht. Auch ein Sinn für das Dramatische, besonders deutlich dann, wenn sich Uranus im 5. Haus befindet. Bei einer Stellung hoch am Himmel, im 10. Haus, würde es zu einem Drang nach Macht und dem Wunsch kommen, die Massen zu beeinflussen.

Der Löwe ist ein schöpferisches Zeichen – vielleicht kann hier ein kreatives Potential durch ein Hobby zum Ausdruck kommen, was sich wiederum positiv auf die persönliche Entwicklung auswirken könnte und z. B. einer ansonsten eher schüchternen oder ängstlichen Person dabei hilft, sich zu entfalten und Selbstvertrauen zu entwickeln. Die andere Seite der Medaille ist, daß sich der Betreffende vielleicht darum kümmern muß, seine autoritären, machthungrigen und angeberischen Seiten unter Kontrolle zu bekommen.

♍ Uranus in der Jungfrau

Ein mögliche Quelle von Spannung, besonders dann, wenn die Person zu Nervosität oder Ängsten neigt oder wenn andere Horoskopbereiche auf Probleme schließen lassen. Diese Energien kommen grundsätzlich gut zur Geltung, weil sie den Verstand analytisch machen und gleichzeitig eine gewisse Originalität im Herangehen an Probleme oder Projekte bewirken. Die Jungfrau ist ein Erdzeichen, was eine konventionelle Einstellung nahelegt: Man bevorzugt das Erprobte und Bekannte. Uranus aber ist von gegenteiliger Wirkung: Er ermuntert zu originellen Gedanken und Handlungen und zu einem oftmals sehr ungewöhnlichen Verhalten.

Der Einfluß von Pluto

Wer heutzutage Uranus in der Jungfrau hat, weist auch Pluto in diesem Zeichen auf, vielleicht sogar die außerordentlich machtvolle Konjunktion zwischen diesen beiden (siehe S. 319/20). Prüfen Sie dies nach – dies könnte sehr erhellend sein, wobei wahrscheinlich schwer abzugrenzen ist, welche Auswirkungen nun auf Pluto zurückgehen. Die Jungfrau ist normalerweise alles andere als machthungrig – mit Uranus und Pluto darin aber bekommt diese Generation doch etwas Dynamisches und Machtvolles. Sie hat, was man braucht, um Veränderungen herbeizuführen, die die Welt erschüttern können. Auf der persönlichen Ebene könnte sich die betreffende Person als ein Suchender bzw. als jemand erweisen, der Dinge in Frage stellt, der sich niemals zufrieden gibt und der jeden Aspekt einer Situation peinlich genau untersuchen kann. Beim positiven Ausdruck und mit Unterstützung von anderer Seite des Horoskops zeichnet man sich womöglich durch eine ausgeprägte Begabung zum Forschen oder Aufspüren von Zusammenhängen aus, häufig auf medizinischem Gebiet.

♎ Uranus in der Waage

Uranus bekommt in diesem Zeichen etwas Brillantes und bewirkt vielfach große Anziehungskraft und einen romantischen Zug – sein Streben nach Unabhängigkeit in Verbindung mit dem leidenschaftlichen Waage-Drang nach Beziehungen aber könnte vielleicht doch zu Schwierigkeiten führen. In den meisten Fällen wird bei der Haltung dem Partner gegenüber der Wunsch nach Selbständigkeit und vielleicht auch ein gewisses Maß an Kühle erkennbar sein, besonders dann, wenn Uranus oder die Venus eine personalisierte Bedeutung trägt oder wenn sie im Aspekt zueinander stehen. Befindet sich die Sonne, der Mond oder der Aszendent im Wassermann, womöglich ein Mensch, der eine enge Partnerschaft möchte, aber keinen Partner. Es gilt, sich mit dieser Einstellung auseinanderzusetzen, um dem Partner nicht allzuviel zuzumuten.

Ein guter, fürsorglicher und hilfsbereiter Freund, der seine Zeit und Energie selbstlos zur Verfügung stellt, wenn man ihn darum bittet. Falls er sich durch die oben erwähnte negative Einstellung zu intimen Beziehungen auszeichnet, muß er sich darum bemühen, Mitgefühl und Freundlichkeit zu entwickeln. Aber auch in diesem Fall kann der Waageuranus dazu beitragen, die Emotionen zu stabilisieren und zu rationalisieren.

♏ Uranus im Skorpion

In dieser Stellung wiegt Uranus womöglich am schwersten und ist am komplexesten – im Skorpion steht er dann auch erhöht. Die dynamische Kraft von Uranus mit der emotionalen Intensität des Skorpions verleiht dem Betreffenden sehr viel Macht. Eine mutige und verwegene Person, die allerdings dazu neigt, ihre Gefühle zu verbergen oder gar abzulehnen. Als Folge davon erscheint sie womöglich ruhig, während es auf den tieferen Ebenen ihrer Persönlichkeit brodelt. Sie muß lernen, daß es positiv ist, die emotionale Spannung und Energie fortwährend auf positive und zielgerichtete Weise freizusetzen – die Resultate davon können große innerliche Befriedigung zur Folge haben.

Potential für Macht

Ein Drang nach Macht könnte vorhanden sein. Menschen mit dieser Stellung sind zwischen den Jahren 1975 und 1981 geboren, insofern sind sie noch jung. Wenn die Älteren sie nicht auf umsichtige und vernünftige Weise leiten, werden sie ihr machtvolles Potential und ihre Energie verschwenden. Der Einfluß ist dann am größten, wenn sich auch die Sonne, der Mond oder der Aszendent im Skorpion befindet oder wenn dieses Zeichen und Uranus am

MC stehen. Diese jungen Menschen brauchen das Gefühl, Macht zu haben – häufig deshalb, um der Welt zu helfen oder um zu erreichen, daß man auf die gleiche Weise denkt wie sie.

♐ Uranus im Schützen

Hier erweist sich Uranus als eine lebhafte, dynamische Kraft, die den Verstand originell und offen macht. Das Schütze-Bedürfnis nach Herausforderungen wird ergänzt durch das Interesse für alles, was neu und ungewöhnlich ist. Uranus lief von 1981 bis 1988 durch den Schützen, und Jupiter, der Herrscher dieses Zeichens, transitierte es im Jahr 1983 – die Verbindung dieser beiden Planeten ist ein schöner Einfluß, der Sinn für Humor und wachen Geist bringt.

Eine verheißungsvolle Zukunft
Der Einfluß dieser Stellung führt für sich allein schon zu einer intellektuellen und abenteuerlustigen Haltung. Die jungen Menschen werden sich durch humanitäre Erwägungen auszeichnen und dadurch, daß sie zum Erblühen der Erde beitragen. Ihnen ist ein Bewußtsein für die ökologischen Probleme angeboren, sie werden aber einen ganz anderen Ansatz verfolgen als die vorhergehende Uranus-Generation. Die Eltern dieser Kinder sollten ihnen die Schönheit unserer Welt noch deutlicher machen, um so mehr bei denjenigen mit einer Schützebetonung oder einem personalisierten Uranus.

♑ Uranus im Steinbock

Eine rationale und kühle Haltung und die Fähigkeit, Probleme in der angemessenen Perspektive zu sehen. Der Steinbock ist das Zeichen, das am stärksten für ein am Konventionellen ausgerichtetes Verhalten spricht – dafür, daß man tut, was richtig und schicklich ist. Uranus ist das genaue Gegenteil davon: Er ermuntert zu Schocktherapien, zu unvorhersehbaren Aktionen und zur Andersartigkeit. Hier sind Konflikte vorprogrammiert. Es steht zu hoffen, daß man sich, wenn die Situation es erfordert, der verschiedenen Möglichkeiten bewußt ist und auf die angemessene Weise aktiv wird – ohne daß andere peinlich berührt sein müssen oder man sich selbst verleugnet. Vielleicht hat der Betreffende auch schon eigene Erfahrung in dieser Art gemacht. Weil auch dieser Einfluß für eine ganze Generation gilt, sollte man diese Züge nicht überinterpretieren.

Eine gewisse Schroffheit, allerdings wird die humanitäre Seite von Uranus auf eine sehr praktische und erdverbundene Weise zum Ausdruck kommen. Diese Generation wird damit fortfahren, die Umweltsituation zu verbessern und an aktuellen Problemen zu arbeiten. Studieren Sie, welcher Einfluß im Horoskop des Kindes mit Uranus verbunden ist – vielleicht wird es sich als eine Führungspersönlichkeit erweisen. Sie sollten sich auch mit den Abschnitten zu Saturn und Neptun im Steinbock (S. 300/01 u. 328) und mit der Saturn/Uranus-Konjunktion (S. 305) beschäftigen.

♒ Uranus im Wassermann

Uranus steht hier in dem Zeichen, das er regiert, was den betreffenden Menschen auf Wassermannart prägt. Er ist freundlich und aufgeschlossen und zeichnet sich durch humanitäre Interessen, aber auch durch einen Drang nach Unabhängigkeit und Distanz aus. Beim Heranwachsen muß man Selbständigkeit fördern. Die uranische Unvorhersehbarkeit und Neigung zum Eigensinn werden sich deutlich bemerkbar machen, so daß man aus dem Horoskop in seiner Gesamtheit Rückschlüsse ziehen muß, wie der Mensch derartigen Problemen aus dem Wege gehen kann.

Sehr viel Erfindungsgeist und Originalität und ein bestimmtes Flair auf dem Gebiet, das für den Selbstausdruck am erfüllendsten wirkt. Möglicherweise in den späteren Lebensjahren eine strahlende Erscheinung, allerdings muß mit Kreislauf- oder Gelenkproblemen oder auch Arthritis gerechnet werden. Regelmäßige körperliche Betätigung ist ratsam!

Für gewöhnlich viel Freundlichkeit und die wassermann- bzw. uranustypischen humanitären Züge. Vielleicht eine Person, die gerne Geld für wohltätige Zwecke sammelt oder auf andere Weise hilft. Weil sich Uranus hier im eigenen Zeichen befindet, ist sein Einfluß besonders stark.

♓ Uranus in den Fischen

Es ist kein größerer Unterschied als der zwischen den Prinzipien von Uranus und den Eigenschaften der Fische denkbar! Jemand, der sich durch viel Idealismus auszeichnet und der manchmal dazu in der Lage ist, Probleme mit Abstand zu sehen, womöglich mit einem visionären Anflug, auf jeden Fall aber mit Wärme und Mitgefühl. In dieser Beziehung gibt es doch einen Zusammenhang zwischen Planet und Zeichen: Die Fische opfern vieles für das Wohl der anderen, und Uranus steht für das humanitäre Element.

Kreatives Potential
Originalität, Vorstellungsvermögen und Inspiration – wunderbare Gaben für einen kreativen oder schöpferischen Menschen. Jede Fischebetonung aber kann für die Neigung zu Fluchttendenzen sprechen, speziell dann, wenn der Mensch zu Naivität oder zu Gefallsucht neigt. Das gilt auch bei dieser Stellung, die eigentlich für Logik spricht. Ein instinktives Bedürfnis, Trends zu folgen – im Zweifelsfall also wie die anderen auch zu Drogen zu greifen. Wenn das zutrifft, wird Uranus zu emotionalen Problemen führen. Dies ist allerdings nur selten zu erwarten, höchstens bei Menschen, die in Verbindung mit anderen Horoskopfaktoren zur Selbsttäuschung oder zu einer übergroßen Empfindsamkeit neigen.

♅ Der progressive Uranus in den Zeichen

Dazu wird es höchstens dann kommen, wenn die Geburt zu einem Zeitpunkt erfolgte, als Uranus kurz vor einem Zeichenwechsel stand – was sich nur alle sieben Jahre ereignet. Wenn Sie sich hierzu eine Meinung bilden wollen, sollten Sie sich zunächst mit der Bedeutung des Uranuszeichens der Geburt und dann der des Progressionszeichens auseinandersetzen. Trägt Uranus eine personalisierte Bedeutung, kommt es hier vielleicht tatsächlich zu auffälligen Auswirkungen.

Uranus in den Häusern

Die Angelegenheiten, die mit dem Haus von Uranus einhergehen, können unerwartete Entwicklungen und plötzliche Veränderungen mit sich bringen. Vielleicht versucht der Betreffende hier mit Macht, etwas zu erzwingen. Weil dies eine potentielle Quelle von Streß sein könnte, muß man Wege finden, die Spannung in eine positive Energie umzuformen.

1 Uranus im 1. Haus

Uranus färbt hier auf eine machtvolle Weise die Züge des Aszendentenzeichens. Ein Mensch, der seine Unabhängigkeit mit Händen und Füßen verteidigt, der originell ist und der brillante Züge hat, die vom Potential des Aszendentenzeichens angezeigt sind. Ein starkes Element der Andersartigkeit und Unvorhersagbarkeit kann aber ebenfalls typisch sein, wie bei negativen Aspekten besondere emotionale Spannungen.

Die goldene Regel ist hier, sich intensiv mit dem Uranuszeichen zu beschäftigen, weil dieses einen sehr markanten und ausdrucksstarken Teil der Persönlichkeit bildet – vorausgesetzt, Uranus- und Aszendentenzeichen stimmen miteinander überein. Ist dies nicht der Fall, gilt es, die Eigenschaften von beiden mit Umsicht zu kombinieren, so daß beide einander ergänzen könnten. Steht Uranus nicht weiter als 10 Grad vom Aszendenten entfernt, ist eine Konjunktion gegeben.

Anmerkung: Mit einem solchen Planeten im 1. Haus können Sie viel über den progressiven Aszendenten lernen – fragen Sie nach, ob der Betreffende vielleicht einen Unfall hatte, als der progressive Aszendent auf Uranus zu stehen kam oder ob er durch eine drastische Veränderung im Leben seiner Eltern, vielleicht eine Scheidung, beeinflußt wurde. Das Alter, in dem sich das ergeben hat, entspricht ungefähr der Gradzahl zwischen der Stellung von Uranus und Aszendent.

2 Uranus im 2. Haus

Die Einstellung zu Geld dürfte ein wenig schrullig sein. Die betreffende Person tätigt womöglich vermeintlich clevere Investitionen, die sich dann aber als nicht besonders klug herausstellen – wenn es zu finanziellen Problemen kommt, hat sie sich das wahrscheinlich selbst zuzuschreiben! Wenn das Horoskop insgesamt auf eine materielle Orientierung schließen läßt (bei der Betonung von Erdzeichen z. B., wobei auch das MC eine Rolle spielen kann), könnte die Brillanz von Uranus gut zur Geltung kommen, vielleicht mit beträchtlichen unerwarteten Gewinnen. In den meisten Fällen aber gilt es, rechtzeitig zu erkennen, daß man zu finanziell dubiosen Entscheidungen neigt.

Uranus wird negativ wirken, wenn er negativ aspektiert ist, besonders von Sonne, Mond oder Venus. Die Gefühle könnten auf eine kühle Weise zum Ausdruck kommen, wenngleich die Anziehungskraft hoch ist. Ein überraschendes Besitzstreben könnte im Widerspruch zum uranischen Wunsch nach Unabhängigkeit stehen. Die Partner haben vielleicht ihre liebe Not damit.

3 Uranus im 3. Haus

Gibt dem Verstand etwas Brillantes und viel Originalität. In der Schule dürfte es zu eher sprunghaften Fortschritten gekommen sein, wahrscheinlich mit gewissen Problemen, was Disziplin betrifft. Eltern, die ein Kind mit dieser Stellung haben, sollten sich im klaren sein: Zuviel schulische Zwänge wirken erstickend auf diesen Geist, der sehr lebhaft und tolerant ist und Anregungen braucht.

Ist Uranus positiv aspektiert, kommen seine kühle Logik und rationale Haltung deutlich zum Tragen – der Mensch fordert damit vernünftige Antworten auf seine Fragen. Dieser Zug tritt schon in jungen Jahren deutlich zutage und währt das ganze Leben lang! Befindet sich Uranus in einem fixen Zeichen und ist er negativ aspektiert, treten die Dickköpfigkeit und die Neigung zur Andersartigkeit, die so typisch für diesen Einfluß sind, markant hervor, vielleicht als ausgeprägte Lust am Widerspruch.

4 Uranus im 4. Haus

»Wir müssen Rücksicht auf sie nehmen – sie ist eben anders als andere Kinder!« Solche Äußerungen über ein Mädchen mit dieser Stellung sind typisch. Die Betreffende kann sich durch viel Brillanz und Klugheit auszeichnen, gleichermaßen aber auch durch den betonten Wunsch, anders zu sein als andere. Ist Uranus negativ aspektiert (insbesondere durch den Mond), auch viel Launenhaftigkeit und Sprunghaftigkeit.

Die Wichtigkeit des Zuhauses
Es könnte einen innerlichen Konflikt geben zwischen dem Bedürfnis nach einem stabilen, behaglichen häuslichen Leben und dem Drang, auf eine freie und ungebundene Weise zu leben, ohne familiäre Verantwortung. Wenn es hier zu Problemen kommt, sollten Sie auf die wichtigsten Zeichen des Horoskops schauen. Ist der Schütze oder Widder betont, braucht man viel Freiheit. Bei Krebs, den Fischen oder einem anderen introvertierten Zeichen dagegen sollte der oder die Betreffende das häusliche Leben in den Vordergrund stellen.

Man kann sich hier auch Fragen zum familiären Hintergrund stellen: Wirkte dieser störend? Gab es drastische Veränderungen? War die Mutter auf die eine oder andere Weise eigenartig? Erwies sie sich als keine fürsorgliche Mutterfigur, sondern eher als eine ungewöhnliche Erscheinung? Man muß auch achtgeben, daß man Kindern gegenüber nicht in das gleiche Muster verfällt!

5 Uranus im 5. Haus

Eine günstige Stellung für Uranus, weil die Lebensbereiche, die mit diesem Haus zusammenhängen, am meisten vom Uranuseinfluß profitieren können (ausgenommen, er wird von einem persönlichen Planeten, besonders der Sonne, negativ aspektiert). Bei demjenigen, der über kreatives Potential verfügt und dies auch zum Ausdruck bringt, begünstigt er Originalität und

Brillanz, mit Resultaten, die außerordentlich farbig in jeder Beziehung sind. Eine positive und aufgeschlossene Haltung zur Liebe – jemand, der emotional zu allem bereit ist, um so mehr, wenn die Feuerzeichen betont sind. Ist Uranus negativ aspektiert, können unkalkulierte Risiken immer wieder Gefahr bringen.

Der uranische Einfluß legt des weiteren nahe, daß die Kinder des Betreffenden klug und auf die eine oder andere Art außergewöhnlich sind und ein exzellentes Potential besitzen. Mit ihnen umzugehen fällt aber möglicherweise nicht ganz leicht – sie haben die verschiedensten Interessen, weshalb sie ihre Eltern vielleicht viel Zeit, Energie und Geld kosten. Die Anstrengungen und Ausgaben könnten sich aber mit der Zeit sehr wohl bezahlt machen.

6 Uranus im 6. Haus

Bei der Stellung im 6. Haus hat die Brillanz von Uranus einen anregenden Effekt auf den Intellekt und begünstigt Erneuerungen und Erfindungen.

Die Gesundheit ist nicht besonders robust, es ist wahrscheinlich, daß der Mensch häufig schon durch kleine Infektionen niedergestreckt wird oder sich irgendwie »nicht fühlt«. Der wahre Grund dafür könnten Streß und Spannung sein, aber auch die Neigung zu Ängsten und die Unfähigkeit, abzuschalten. Man sollte sehr auf die Ernährung achten: Vielleicht ißt der Betreffende sehr unregelmäßig und/oder achtet nicht auf das, was er zu sich nimmt. Ist Uranus negativ aspektiert, besonders durch eine Opposition zum Aszendenten oder zu Merkur, werden sich diese störenden Einflüsse ohne Frage bemerkbar machen, vielleicht in Form von Magenbeschwerden.

Ein Arbeitsmuster entwickeln

Eine sehr komplexe Einstellung zur Routine. Die Jungfrau bzw. das 6. Haus mag und braucht eine beständige Routine und Sicherheit bei der Arbeit, der Uranuseinfluß wirkt hier aber störend, was häufig dazu führt, daß der Betreffende eine Abneigung gegen Routinetätigkeiten entwickelt. Versuchen Sie, auf den gleichmäßigen Einsatz der physischen und nervlichen Energie hinzuwirken sowie auf die Entwicklung von allumfassenden Mustern zum Leben überhaupt. Zur Vermeidung von Spannungen sollte Ihr Gegenüber sich vielleicht mit verschiedenen Aktivitäten beschäftigen, mit unterschiedlichen Aufgaben für jeden Tag der Woche. Ein solcher konstruktiver Plan verhilft zu innerlicher Erfüllung sowie dazu, das zu erledigen, was getan werden muß.

7 Uranus im 7. Haus

Hier muß man besonders gründlich analysieren und untersuchen. Uranus im 7. Haus hat einen sehr starken Einfluß auf die Einstellung zu Partnerschaften. Ein verständnisvoller Partner ist hier von besonderer Wichtigkeit.

Unabhängigkeit oder Verpflichtung

Wahrscheinlich spürt der Betreffende eine gewisse Abneigung, sich dauerhaft zu binden – das Uranuszeichen gibt Aufschluß darüber, ob es sich hier um eine Quelle von Konflikten handelt oder einfach um ein vages Bedürfnis nach Unabhängigkeit. Die Polarität zwischen Aszendent und dem Zeichen an der Spitze des 7. Hauses kommt hier zum Tragen; Sie sollten vielleicht noch einmal das Kapitel über Beziehungen (S. 148–67) aufschlagen, um sich über diese heikle Stellung klarzuwerden.

Befindet sich Uranus in einem sehr emotionalen Zeichen, könnte der Geborene gemischte Gefühle zu verschiedenen Aspekten der Partnerschaft haben, woraus Fehler bei der Partnerwahl resultieren können: Man bindet sich häufiger als andere, erlebt dann aber auch häufiger das Scheitern von Beziehungen. Entscheidend ist hier, ob der Kopf über das Herz herrscht oder umgekehrt.

Dieser Uranuseinfluß könnte auch einen gewissen romantischen Zug und eine geradezu magnetische Anziehungskraft bedeuten. Wenn durch die Betonung bestimmter Zeichen ein starkes Bedürfnis nach einer festen Beziehung besteht, könnte man zu spät erkennen, daß man auch Unabhängigkeit und Freiheit braucht. Man muß sich über diese Probleme selbst klarwerden; Sie können nur dabei helfen, indem Sie aufzeigen, welche Eigenschaften womöglich im Vordergrund stehen, gemäß des Einflusses der Zeichen von Aszendent, Sonne und Mond, des weiteren der Venus und der anderen persönlichen Planeten.

8 Uranus im 8. Haus

Was Finanzen bzw. Investitionen betrifft, vielleicht eine sehr sorglose Einstellung. Wenn der Betreffende Geld hat, gibt er es aus – hat er keins, ist das auch egal. Ist der Mensch durch diese nachlässige uranische Haltung charakterisiert, könnte es sein, daß er noch einige Lektionen zu lernen hat, um es schließlich zu einer vernünftigeren Einstellung zu bringen (allerdings gibt es auch das eine oder andere, was für eine derartige unmaterialistische Haltung sprechen kann). Die klassische Interpretation für Uranus im 8. Haus wäre die, daß der Mensch erbt und sein Erbe für wohltätige Zwecke spendet.

Eine sehr komplexe Stellung – sie bezieht sich auf das Finanzielle, geht aber auch noch tiefer und hat mit unserer sexuellen Prägung zu tun und damit, wie der Betreffende psychisch sexuelle Befriedigung finden kann. Ein Mensch, der manchmal sehr auf den Partner fixiert ist, während häufiger einmal auch die kühle, nicht-emotionale Seite von Uranus im Vordergrund steht.

Es könnte sein, daß diese Person ihre Probleme, die auf die eine oder andere Weise mit der Sexualität zusammenhängen, geradezu besessen analysiert – und sie vielleicht niemals lösen wird (vielleicht auch gar nicht lösen will). Wenn Sie meinen, daß das zutrifft, könnte eine psychotherapeutische Beratung angezeigt sein – sie könnte helfen, die Probleme bzw. Komplexe in die richtige Perspektive zu rücken. Das könnte besonders dann sinnvoll sein, wenn sich Uranus in der Jungfrau befindet und in Konjunktion zu Pluto steht oder andere Horoskopfaktoren in eine ähnliche Richtung weisen.

9 Uranus im 9. Haus

Eine lebhafte und kaum problematische Stellung. Im Idealfall ein wunderbarer origineller und intelligenter Zug, was z. B. an der Universität Aufsehen erregen könnte. Evtl. auch die Neigung zur Wissenschaft oder ein einzigartiges literarisches Talent. Herausforderungen widmet sich dieser Mensch mit dem größten Enthusiasmus, sein Geist kennt keine Beschränkung. Eine markante Verstärkung des intellektuellen Potentials; das Bedürfnis nach ständiger Anregung und neuen und immer wieder andersartigen Erfahrungen. Die Fähigkeit, Probleme dadurch zu lösen, daß man Probleme von beiden Seiten sieht.

Den Geist erweitern

Bewegung im geistigen wie im körperlichen Sinn sind hier von besonderer Wichtigkeit, und der Überlieferung nach unerwartete Geschehnisse speziell im Ausland. Vielleicht auch eine unerklärliche, dynamische Anziehung zu einer Person aus einem fernen Land mit einer ganz anderen Kultur.

Uranus im 9. Haus kann für aufregende und ungewöhnliche Erfahrungen auf Reisen sprechen. Wenn Ihr Gegenüber plant, unter negativen Transiten zu Uranus zu verreisen, könnte es günstig sein, die Reise aufzuschieben, bis die störenden Einflüsse vorüber sind. Das Aufregende muß nicht unbedingt immer etwas Vergnügliches sein!

Untersuchen Sie den Einfluß von Jupiter und vom Jupiterzeichen Schütze. Befindet sich Uranus in diesem Zeichen, wird der Mensch jugendlich sein und sich als heller Kopf erweisen. Er sollte dazu angehalten werden, sich weiterzubilden, auf dem Gebiet, das ihm am attraktivsten erscheint.

10 Uranus im 10. Haus

Weil Uranus hier zur Zeit der Geburt hoch am Himmel stand, ist sein Einfluß sehr stark, um so mehr, wenn er sich in Konjunktion zum MC befindet (siehe S. 320).

Die Berufswahl

Die Wahl des Berufes hängt hier mit Uranus zusammen – der Geborene könnte sich vom Fliegen, von der Raumfahrt, der Astronomie, der Wissenschaft ganz allgemein oder vielleicht auch von humanitären und pflegerischen Berufen angezogen fühlen. Alternativ dazu interessiert er sich vielleicht für eine Tätigkeit, die etwas Aufregendes oder Strahlendes hat.

Plötzliche berufliche Veränderungen und Richtungswechsel sind möglich. Zeichnet sich eine solche Veränderung ab, z. B. eine Entlassung wegen eines Arbeitsplatzabbaus, könnte die Tendenz zu Überreaktionen gegeben sein; der Mensch nutzt dann vielleicht nicht die vielfältigen Erfahrungen, die er gesammelt hat, sondern fängt auf einem anderen Feld ganz von vorne an.

Reaktionen dieser Art sind das Ergebnis des ausgeprägten uranischen Wunsches, anders als andere zu sein. Trifft dies auf Ihr Gegenüber zu, sollten Sie dazu raten, die Dinge gründlich zu durchdenken und vernünftige und praktische Entschlüsse zu fassen.

Womöglich auch eine Tätigkeit in der Politik oder der Gewerkschaftsbewegung. Drang nach Macht.

11 Uranus im 11. Haus

Uranus fühlt sich in diesem Haus sehr wohl, weil es mit dem Wassermann in Verbindung steht. Sein Einfluß ist deshalb stark.

Ein Mensch, der womöglich sehr freundlich ist, der aber zur gleichen Zeit darauf achtet, andere nicht zu nahe an sich herankommen zu lassen. Eine gewisse Universalität in der Haltung sowie der starke Drang nach einem vielfältigen gesellschaftlichen Leben – welches womöglich sogar wichtiger als die berufliche Tätigkeit wird.

Der gesellschaftliche Einfluß

Das Uranuszeichen läßt erkennen, wie den Energien des 11. Hauses am besten Ausdruck verliehen werden kann. Bei einem Löweuranus z. B. könnte sich die Person als der geborene Präsident oder Vorsitzende eines Klubs oder einer gesellschaftlichen Gruppierung erweisen; auf der anderen Seite vielleicht eine Person, die die »Drecksarbeit« erledigt – der Sekretär z. B., der sich um die Geschicke des Klubs kümmert, der keine ruhige Minute hat und der niemals die ihm gebührende Anerkennung erhält.

Das unvorhersehbare Element von Uranus wird sich immer wieder einmal bemerkbar machen, was zu plötzlichen Veränderungen in bezug auf Freundschaften und Gruppierungen führen kann, alles als Resultat eines abrupten Sinneswandels. Manchmal könnte sich der Betreffende selbst als Störfaktor erweisen, vielleicht deshalb, um die Gruppe aus ihrer Selbstzufriedenheit zu wecken.

12 Uranus im 12. Haus

Eine sehr interessante Uranusstellung. Wenn auch Uranus und das 12. Haus sehr unterschiedlich sind, kommen sie doch in vielerlei Hinsicht gut miteinander zur Geltung.

Uranus ist aufgeschlossen und humanitär gesinnt; das 12. Haus wiederum symbolisiert unser Bedürfnis, Opfer zu bringen. Hier verbindet sich also der Fluß der Gefühle mitsamt dem instinktiven Drang zu helfen mit der logischen und nicht-emotionalen Herangehensweise des kühlen, distanzierten Uranus. Vielleicht verzichtet der Betreffende damit auf eine enge Beziehung und widmet sich einer fürsorglichen Tätigkeit, unter Umständen der Betreuung eines älteren Verwandten.

Grund für die Aktivitäten könnte ein drängendes innerliches Bedürfnis sein – die wundervollen Resultate, die sie bringen, wiegen für die Person womöglich jedes Opfer auf. Vielleicht war hier auch die Kindheit von hohen Anforderungen des Vaters oder der Mutter geprägt. Die Motive, um die es hier geht, können sehr komplex sein, und wir müssen darauf achten, nicht mehr von den astrologischen Techniken abzuleiten, als sie hergeben können, speziell bei psychologischen Problemen und Komplexen. Man greife hier den Psychotherapeuten und Psychiatern nicht vor; raten Sie ihrem Gegenüber, sich an einen Fachmann zu wenden, wenn Ihnen das sinnvoll erscheint!

♅ Der progressive Uranus in den Häusern

Es ist sehr unwahrscheinlich, daß Uranus in der Progression das Haus wechselt. Falls sich dies doch ergibt, lesen Sie bitte die Abschnitte zu Uranus in den beiden betreffenden Häusern. Messen Sie dem aber nicht besonders viel Bedeutung bei, ausgenommen, Uranus hat eine personalisierte Bedeutung oder ist Herrscher des Horoskops. In diesem Fall könnten die Themen des Progressionshauses in den Mittelpunkt rücken; dann würde der Geborene diesen Lebensbereich in einem neuen Licht zu sehen beginnen.

Uranusaspekte

Die Aspekte zwischen Uranus und Neptun bzw. Pluto haben über lange Zeit Bestand, nicht nur deshalb, weil sich Uranus so langsam bewegt, sondern auch, weil Neptun und Pluto noch weiter von der Sonne entfernt sind. Insofern erscheinen diese Aspekte in den Horoskopen aller Menschen, die im gleichen Zeitraum geboren sind. Sie sind zwar als eine Art Generationseinfluß aufzufassen, sollten aber trotzdem berücksichtigt werden!

Untersuchen Sie hier die beiden Planeten, und stellen Sie fest, ob einer von ihnen durch Zeichen oder Haus stärker ist. In vielen Fällen könnten die Eigenschaften, die mit einer solchen Verbindung einhergehen, auch durch andere Horoskopfaktoren angezeigt sein, was ihre Bedeutung nur noch unterstreichen würde. Trifft dies nicht zu, müssen wir den Aspekt einfach als eine allgemeine Einstellung zu den allgemeinen Themen der Zeit sehen. Wenn keiner der beiden Planeten eine personalisierte Bedeutung trägt, dürfen wir aber nicht den Fehler machen, den Aspekt für sich allein zu betrachten – er muß im Rahmen des gesamten Horoskops interpretiert werden.

Uranusaspekte zur Sonne
siehe Sonnenaspekte zu Uranus, S. 217/18.

Uranusaspekte zum Mond
siehe Mondaspekte zu Uranus, S. 235.

Uranusaspekte zu Merkur
siehe Merkuraspekte zu Uranus, S. 250/51.

Uranusaspekte zur Venus
siehe Venusaspekte zu Uranus, S. 264/65.

Uranusaspekte zu Mars
siehe Marsaspekte zu Uranus, S. 278/79.

Uranusaspekte zu Jupiter
siehe Jupiteraspekte zu Uranus, S. 290/91.

Uranusaspekte zu Saturn
siehe Saturnaspekte zu Uranus, S. 305.

Für den eher unwahrscheinlichen Fall, daß Uranus in der Progression einen Planeten aspektiert, sei auf die obige Aufstellung verwiesen – lesen Sie unter dem entsprechenden Planeten nach. Bei einem Aspekt zum Radixjupiter oder -saturn oder – noch unwahrscheinlicher – zum progressiven Neptun oder Pluto ziehen Sie bitte die Ausführungen zu den Uranustransiten zu Rate (S. 320–324). Ein progressiver Aspekt würde über Jahrzehnte hinweg exakt sein – insofern ist er bei der Interpretation nicht besonders bedeutungsvoll.

♆ Uranusaspekte zu Neptun

☌ Konjunktion

Dazu kommt es etwa alle 171 Jahre. 1818 ergab sich eine Konjunktion, im Schützen. Ab Januar 1989 standen diese beiden Planeten wieder so nahe beieinander, daß man von einer Konjunktion sprechen konnte, genau war sie dann im April 1992 und mehrere Male im Jahr 1993 – und erst ab 1998 ist die Konjunktion dann endgültig vorbei. Für diejenigen, die zwischen Januar 1989 und Februar 1990 geboren wurden, ergibt sich noch ein zusätzlicher Einfluß durch Saturn. Es handelt sich hierbei um sehr machtvolle Einflüsse für diese Generation. Die uranische Originalität, Selbständigkeit und humanitäre Ausrichtung mischen sich mit den eher spirituellen Qualitäten von Neptun, und das im Steinbock – wir können uns denken, daß sich diese Menschen sehr mit der Umweltsituation beschäftigen werden, und zwar auf eine andere Art als die Generation der 60er, die ihrerseits zum größten Teil eine Uranus/Pluto-Konjunktion in der Jungfrau aufwies (siehe rechts).

+ Positive Aspekte

Zumeist eine harmonische Mischung von Originalität und Phantasie. Eine exzellente Stellung für kreative Menschen und für wissenschaftliche Forscher – sie unterstützt die Intuition und das logische Denken gleichermaßen. Geben Sie diesem Sachverhalt aber nur dann viel Raum bei der Interpretation, wenn auch andere Einflüsse für eine solche Wirkung sprechen.

– Negative Aspekte

Wenn von anderer Stelle des Horoskops Spannungen angezeigt sind und der Geborene zu Vergeßlichkeit oder zu Zerstreutheit neigt, werden diese Tendenzen durch solche Aspekte verstärkt. Im Extremfall – wenn z. B. einer der Planeten eine personalisierte Bedeutung hat – kann das soweit gehen, daß die betreffende Person sagt: »Ich mache mir so viele Sorgen und bin so aufgeregt, daß ich nicht ein noch aus weiß. Ich kann schon gar nicht mehr schlafen!« Eine Entspannungstechnik könnte dann eine gute Sache sein, vielleicht Yoga, vorausgesetzt, man ist nicht allzu introvertiert.

♇ Uranusaspekte zu Pluto

☌ Konjunktion

Dieser extrem machtvolle Generationseinfluß ergibt sich nur alle 115 Jahre, das letzte Mal zwischen 1963 und 1969 in der Jungfrau. Eine vibrierende Quelle von planetarischer Energie – wer mit dieser Konjunktion auch noch ein betontes Jungfrauzeichen oder ein Jungfrau-MC hat, dürfte sich als ein Führer seiner Generation erweisen, fähig zu Veränderungen und drastischen Aktivitäten. Durch ihre Arbeit dürfte diese Generation viele Ungerechtigkeiten abstellen. Weil dieser Einfluß aber so kräftig ist und beide Planeten mit Macht zu tun haben, gibt es auch eine destruktive und negative Seite, die mit der Verschlimmerung des Drogen- und Gewaltproblems zu tun hat.

Wenn die Konjunktion eine personalisierte Bedeutung hat und negativ aspektiert wird, muß der Geborene womöglich gegen tiefverwurzelte psychologische Probleme oder auch eine Sucht ankämpfen. Vielleicht können Sie ihm Beistand leisten – bei heiklen Fällen aber sollten Sie zu einer Behandlung durch einen Spezialisten raten.

Es handelt sich hier aber um einen Generationseinfluß, der in den meisten Fällen nicht besonders stark ist. Allerdings könnte die Person doch auf dem damit in Verbindung stehenden Lebensbereich die eine oder andere frustrierende Erfahrungen machen.

⊞ Positive Aspekte
Eine starke Neigung zu drastischen Veränderungen, um so mehr dann, wenn entweder der Radixuranus oder Pluto im Transit von Saturn, Uranus oder Pluto aktiviert wird. Wenn diese Transite negativ sind, Veränderungen aufgrund von innerlichen Zwängen; die Umsetzung von Plänen aber könnte schwierig sein. Manchmal besteht hier auch ein Machtkomplex. Überinterpretieren Sie diese Aspekte nicht, es sei denn, einer der beiden Planeten ist sehr stark gestellt.

⊟ Negative Aspekte
Eine potentielle Quelle von Konflikten und Spannungen, für gewöhnlich aber nur dann, wenn einer der Planeten im Transit – besonders durch Saturn – aktiviert wird. Der Betreffende könnte sich als Störenfried erweisen und Veränderungen um ihrer selbst willen unternehmen – und später womöglich bereuen.

Asz Uranusaspekte zum Aszendenten

☌ Konjunktion
Hier bilden Zeichen und Haus von Uranus einen wichtigen Bestandteil der Interpretation. Ein Mensch, dem Unabhängigkeit viel bedeutet, der sehr originell ist und anziehend. Ist Uranus allerdings negativ aspektiert – besonders durch Sonne, Mond oder den herrschenden Planeten –, könnten Exzentrizität, Unverträglichkeit oder ein ausgeprägter Wunsch, anders zu sein, in Erscheinung treten, vielleicht auch viel nervliche Spannung. All das muß aber keine Probleme machen, wenn der Mensch die Energie durch ein tiefgründiges Interesse oder eine anspruchsvolle berufliche oder körperliche Aktivität abreagieren kann.

Befindet sich Uranus im 12. Haus, ist sein Einfluß von subtilerer Art – der Betreffende bringt dann vielleicht große Opfer und scheut das Rampenlicht, möglicherweise, indem er einer humanitären Berufung folgt.

Eine ganz andere Auswirkung sehen wir bei demjenigen, der mit Uranus im 12. Haus als Filmtechniker arbeitet bzw. mit der technischen Seite des Fernsehens oder des Theaters zu tun hat. Eine günstige Stellung auch für Abenteuerfotografen oder für Computergrafiker – sie verstärkt den kreativen Erfindungsgeist. Vielleicht auch eine Neigung zum Mystischen und zu Kulten. Leider sind damit häufig Gefahren verbunden.

⊞ Positive Aspekte
In diesem Fall kommt Uranus gut zur Wirkung, er gibt der Persönlichkeit etwas Brillantes und Originelles und stärkt die Kreativität und Erfindungsgabe. Er kann weiterhin eine dynamische Anziehungskraft verleihen, wie die Konjunktion auch. Steht Uranus im 5. Haus, vielleicht ein sehr abwechslungsreiches und aufregendes Liebesleben mit einem Hang zur Unabhängigkeit, auch bei festen Beziehungen. Die Angelegenheiten des Uranus-Hauses dürften sich gut entwickeln, häufig in Verbindung mit unerwarteten Geschehnissen.

⊟ Negative Aspekte
Zumeist eine Quelle von Spannung, die dazu führen kann, daß sich der oder die Betreffende mit Macht von anderen unterscheiden will und sich auf eine unvorhersehbare Weise verhält. Das Quadrat ist noch negativer und störender als die Opposition – bei letzterer muß man allerdings untersuchen, ob Uranus womöglich schädlich auf die Gesundheit wirkt (6. Haus) oder ob er die Einstellung zu den Beziehungen beeinflußt (7. Haus). Quadrate vom 4. oder 10. Haus aus können zu Problemen im Beruf oder im Zuhause führen. Ein reizbarer Mensch, der die Probleme, die sich auf dem betreffenden Lebensgebiet ergeben, nicht in der richtigen Perspektive sieht.

MC Uranusaspekte zum MC

☌ Konjunktion
Möglicherweise drastische berufliche Veränderungen. Vom psychologischen Blickpunkt aus vielleicht eine Identifikation mit der Macht, so daß man sich wünscht, eine Machtposition zu bekleiden, vielleicht, indem man für die Sache der Arbeiter kämpft und in der Gewerkschaftsbewegung aktiv wird.

Eine Neigung zur Auflehnung sowie der Drang, bei der Arbeit unabhängig zu sein. Der Mensch leistet dann sein Bestes, wenn er sich nicht mit kleinlichen Vorgesetzten herumschlagen muß. Seine Arbeitsergebnisse sind für gewöhnlich brillant und sehr originell. Uranische Arbeitsgebiete üben hier den größten Reiz aus.

⊞ Positive Aspekte
Wirken ähnlich wie die Konjunktion. Viel berufliche Originalität. Die natürliche Dynamik dieses Menschen wird am Arbeitsplatz nicht unbemerkt bleiben – er muß aber darauf achten, daß er sich durch seine Neigung zu plötzlichen Veränderungen nicht langfristig selbst schadet. Jemand, der immer wieder gerne Neuland betritt und der seine Konkurrenten mit originellen Aktivitäten überrascht.

⊟ Negative Aspekte
Hier könnte der Betreffende in überdurchschnittlicher Form unter Spannungen im Arbeitsleben zu leiden haben, was schließlich dazu führen könnte, daß man sich bei jedem Problem sehr viele Sorgen macht. Unglücklicherweise kann der Betreffende auch nicht die Ruhe bewahren, wenn Kollegen oder mißgünstige Chefs ihm zusetzen. Es ist nicht Unfähigkeit, die ihn zu seinen Reaktionen treibt – es fällt ihm nur schwer, das richtige Maß zu finden. Mit unvorhersehbaren oder verstockten Reaktionen macht man aber alles nur schlimmer.

Anmerkung: Das Wichtigste bei einem Aspekt zwischen Uranus und dem MC ist das Prinzip der Unabhängigkeit – es handelt sich hier sehr häufig um Menschen, die ihren eigenen Weg gehen wollen. Häufig arbeiten sie als Selbständige; wenn andere Faktoren des Horoskops für Geschäftstüchtigkeit sprechen, gründen sie vielleicht ihren eigenen Betrieb. Möglicherweise gehen die geschäftlichen Neigungen Hand in Hand mit unternehmerischen Fähigkeiten.

♅ Uranus-Transite

Die Auswirkung der Uranustransite besteht darin, das Leben mit unerwarteten Geschehnissen anzureichern. Das Motto könnte hier sein: »Auf das Unvorhersehbare gefaßt sein!« Im Idealfall bringt dieser Planet positive Spannung und Aufregung und treibt uns Selbstzufriedenheit aus; schlimmstenfalls bedeutet er Streß und schockierende Vorfälle.

Der Weg scheint zu diesen Zeiten klar umrissen, wir sehen mit neuer Hoffnung und der Erwartung in die Zukunft, daß die vorgenommenen Veränderungen das bislang ungenutzte Potential entfalten und uns mit ganz anderen Umständen konfrontieren werden. Nicht jeder Einfluß von Uranus hat eine derartig drastische Wirkung; von Zeit zu Zeit aber ergeben sich tatsächlich dramatische Auswirkungen, besonders unter der Opposition zum Radixuranus (S. 326).

Wenn Uranus, wie wir ihn von der Erde aus sehen, sein schnellstes Tempo eingeschlagen hat, dauert sein Transit etwa zweieinhalb Wochen; oftmals aber wird er dem Anschein nach langsamer und später dann sogar rückläufig, um schließlich abermals die Richtung zu wechseln (siehe S. 23). Es ergibt sich daher oft, daß ein Planetenort im Horoskop in vielleicht sechs Monaten dreimal berührt wird. Uranus steht nicht die ganze Zeit genau auf diesem Planeten, es gibt aber drei Zeitpunkte, zu denen er ihn exakt aspektiert.

In diesen Zwischenphasen genießt der Mensch eine kurze Verschnaufpause; er kann sich dann eine Zeitlang von den Problemen oder Entwicklungen, die Uranus mit sich gebracht hat, erholen. Es ist aber unwahrscheinlich, daß diese Probleme gelöst werden können, bevor der letzte der drei Kontakte vorbei ist.

Letzteres ist für gewöhnlich die Schlüsselphase dieses Transits, zu der sich Lösungen abzuzeichnen beginnen und Veränderungen oder Schritte unternommen werden. Wenn sich Uranus aber vorwiegend negativ ausgewirkt hat, könnte man sich jetzt befreit fühlen und entdecken, daß man sein altes Leben und seine alten Gewohnheiten wieder aufnehmen kann.

Die genaue zeitliche Bestimmung der Transite ist astrologisch sehr schwierig (astronomisch gibt es hier keine Probleme, wenn man einmal gelernt hat, mit der Ephemeride umzugehen). Der astrologische Einfluß erstreckt sich allgemein über eine deutlich längere Zeit, als astronomisch angezeigt ist. Uranus bildet hier, mit Mars und Pluto, eine Ausnahme – es scheint bei ihm eine Art Schalter mit den Einstellungen »An« und »Aus« zu geben. Was aber wirklich geschehen wird, ist nicht vorherzusagen: Rechnen Sie mit dem Unerwarteten!

Bei den Interpretationen zu diesen Einflüssen haben wir einige Richtlinien gegeben, was möglicherweise geschieht. Sie werden selbst Worte wie »wahrscheinlich«, »womöglich« und »vielleicht« immer häufiger verwenden, wenn Sie erkannt haben, welche Einflüsse mit progressiven Aspekten und Transiten verbunden sind. Gehen Sie vorbehaltlos an diese heran, speziell bei Uranus! Erinnern Sie sich darin, daß er der Planet der Überraschungen ist, welche oft angenehm, manchmal aber auch lästig sein können.

Anmerkung: Unter dem Einfluß eines Uranustransits könnte man ganz anders als sonst und sehr sprunghaft sein, auf eine unvorhersehbare, betont unkonventionelle oder auch sehr eigensinnige Weise. Extreme Tendenzen sind hauptsächlich bei machtvollen negativen Transiten zu Sonne, Mond oder persönlichen Planeten zu erwarten.

Wenn Sie der Ansicht sind, daß der Betreffende zu Überreaktionen neigt, sollten Sie ihn dazu anhalten, wichtige Entscheidungen solange aufzuschieben, bis der Einfluß vorüber ist. Ist das nicht möglich, weil der Kontakt zu lange dauert, müssen Sie das Geburtshoroskop auf Faktoren hin untersuchen, die für Stabilität und Umsicht sprechen. Raten Sie dazu, sich auf diese zu beziehen, um vorschnelle oder übertriebene Reaktionen zu verhindern!

☉ Uranustransite zur Sonne

Sehr machtvolle Einflüsse, unter denen man den Wunsch haben könnte, wichtige Veränderungen bezüglich des persönlichen oder beruflichen Lebens vorzunehmen. Man befindet sich jetzt an einem Scheideweg im Leben. Die Veränderungen, die man jetzt vornimmt, sollten zum Besseren führen – es muß aber vor überstürzten und vorschnellen Handlungen gewarnt werden! Man könnte sich jetzt in den bestehenden Umständen sehr unwohl fühlen (was sehr häufig der Fall ist) – und in der Tat könnte die Zeit nun reif für wichtige Veränderungen sein, speziell dann, wenn das Progressionshoroskop dies unterstützt, z. B. durch einen Zeichenwechsel von Sonne oder Aszendent (was sich auf das persönliche Leben bezieht) oder vom MC (Beruf) oder wenn der progressive Mond über den Aszendenten oder das MC des Geburtshoroskops läuft. Eine solche Unterstützung ist günstig – ohne sie dürften die Veränderungen zwar wichtig, aber nicht ganz so umfassend sein. Wie dem auch sein mag – neue und unerwartete Begebenheiten. Weil dieser Transit aber doch ein sehr persönlicher Faktor ist, wäre es denkbar, daß der Betreffende selbst für die Veränderungen verantwortlich ist.

+ Positive Transite

Von ähnlicher Wirkung wie die Konjunktion, aber deutlich schwächer. Ebenfalls ein sehr günstiger Einfluß, der dem Geborenen einen Neustart oder eine willkommene Pause ermöglicht. Anregende und konstruktive Energien, die zu neuen Interessen führen können und vielleicht auch dazu, daß man sich anders darstellt als zuvor. Mit ihnen wird das Leben ein bißchen aufregender und spannender. Man sollte jetzt auf jede nur erdenkliche Weise, die Erfolg und Vergnügen verspricht, experimentieren!

− Negative Transite

Schwierige Phasen, in denen es sehr wahrscheinlich zur Aufstauung von Spannung und nervlicher Belastung kommt. Der Geborene könnte jetzt unter übermäßigem Druck zu leiden haben und vielleicht nicht die Zeit oder Muße finden, sich zu entspannen. Der Wunsch nach Fortschritten treibt ihn möglicherweise dazu, bis zur Verausgabung zu arbeiten. Streß und Spannungen sind auch im persönlichen sowie im Beziehungsleben möglich.

Vielleicht auch ein ungewöhnliches und betont andersartiges Verhalten. Dem Geborenen könnte das, was jetzt geschieht, viel Spaß machen; seine Handlungen erweisen sich aber womöglich als Störfaktoren. Empfehlen Sie Ihrem Gegenüber, wichtige Entscheidungen aufzuschieben, und studieren Sie ggfs. noch einmal die allgemeinen Anmerkungen zu den Uranustransiten (links).

☽ Uranustransite zum Mond

☌ Konjunktion

In diesem Fall beeinflußt Uranus die Instinkte und die Intuition, so daß der oder die Betreffende nun vielleicht sagt: »Ich fühle, daß die Zeit reif ist für eine Veränderung!« Für gewöhnlich hat das auch seine Richtigkeit – der Mensch sollte seinen Gefühlen durch sorgfältige Planungen und wohlkalkulierte Handlungen Folge leisten. Hüten muß er sich aber vor plötzlichen Meinungsänderungen, die kein praktisches Motiv haben – warnen Sie also vor derartigen Impulsen.

Viel hängt hier vom Radixmond mit seinem Zeichen und seinen Verbindungen ab. Wenn er mehr oder weniger frei ist von negativen Aspekten zu Saturn, Neptun, Pluto und Uranus selbst, sollte es keine größeren Probleme geben; sind solche Verbindungen vorhanden, werden die Eigenschaften, wie sie unter dem jeweiligen Einfluß angeführt sind, mit zusätzlicher Stärke hervortreten. In diesem Fall muß mit Umsicht vorgegangen werden! Wer z. B. mit einem Mondquadrat zu Neptun im Horoskop diesen Transit erlebt, könnte in einem Moment besonderer Anspannung versucht sein, andere zu hintergehen oder sich auf heikle Weise aus einer schwierigen Situation zu befreien.

+ Positive Transite

Das Bedürfnis, etwas Neues und anderes zu machen – vielleicht das Zuhause zu verändern oder umzuziehen. Auch in diesem Fall wird der Betreffende instinktiv fühlen, was anders gemacht werden muß. Er sollte seiner Intuition Folge leisten – trotzdem aber muß man vor Handlungen gründlich nachdenken, weil man auch unter diesen positiven Transiten Fehler machen kann! So könnte der Mensch aus der Laune nach Veränderungen in seinem Zuhause heraus eine teure Tapete kaufen, um dann später festzustellen, daß sie an der Wand schrecklich aussieht. Im allgemeinen aber dürfte alles gut laufen.

− Negative Transite

Könnten für heikle und angespannte Umstände sprechen. Der Betreffende befindet sich nun zumeist bei der Arbeit oder im Leben überhaupt unter Druck, was zu einer für ihn untypischen Launenhaftigkeit sowie zu unvorhersehbaren Aktionen führen kann. »Ich weiß nicht, was er sich dabei gedacht hat!« ist der Satz, den man nun von Nahestehenden oft hören wird. Der Geborene könnte sich sehr gereizt, arrogant oder unsicher präsentieren, sich jegliche Einmischung verbieten und vielleicht auch seine Pflichten und Aufgaben vernachlässigen. Man muß ihn dazu anhalten, die Ruhe zu bewahren und übereilte Handlungen zu unterlassen. In manchen Fällen aber auch sehr originelle und brillante Resultate.

☿ Uranustransite zum Merkur

☌ Konjunktion

Brillanten und originellen Eingebungen sollte man jetzt Folge leisten – es wird sich zeigen, daß sie es wert sind. Allerdings fällt es nicht leicht, unter diesem Transit den Details von Plänen gerecht zu werden. Nichtsdestoweniger ist der Verstand jetzt durch die Brillanz von Uranus aktiviert, was interessante, lebhafte und außergewöhnliche Resultate haben kann, z. B. in literarischer oder konkret-schöpferischer Hinsicht (Merkur herrscht auch über die Hände). Für diejenigen, die auf wirtschaftlichem Gebiet tätig sind, könnte das eine neue Idee bedeuten, wie man zu Geld kommen kann (Merkur hat auch eine Beziehung zum Handel). Man könnte seine Meinungen nun drastisch ändern – und falls Merkur bei der Geburt in einem fixen Zeichen stand, erweist sich der Geborene jetzt möglicherweise als geradezu starrsinnig.

+ Positive Transite

In der Auswirkung ganz ähnlich wie die Konjunktion, allerdings mit weniger Impulsivität, so daß es weniger Sorgfalt beim Umgang mit den Details bedarf – der Schritt zur Praxis fällt hier leichter. Die Verbindung des kommunikativen Einflusses von Merkur mit dem humanitären und sozialen Gewissen von Uranus bedeutet, daß dies eine gute Zeit ist, um mit Hilfe der Medien Unrecht anzuprangern oder um sich an Personen in Machtstellungen zu wenden.

− Negative Transite

Sorgen im allgemeinen für sehr viel nervöse Spannung; oftmals hat der Betreffende zu dieser Zeit das Gefühl, daß ihn die Reaktion der anderen oder eine bestimmte Situation »ganz krank« macht. Wenn man nun zu lange an einem mental anspruchsvollen Projekt arbeitet, kann das zu Problemen führen. Jetzt könnte sich auch ein exzentrisches Verhalten zeigen.

Anmerkung: Uranus steht in enger Verbindung zur Astrologie. Wenn man sie zu studieren beginnt, ist er oft gerade aktiv, häufig in Verbindung mit Merkur. Das bezieht sich auf Transite wie auf Progressionen.

♀ Uranustransite zur Venus

☌ Konjunktion

Der oder die Betreffende wirkt jetzt nicht nur besonders anziehend auf das andere Geschlecht, sondern neigt auch zur »Liebe auf den ersten Blick«. Die Erfahrungen, die man nun macht, könnten recht vergnüglich sein – es ist dies aber nicht die Zeit, um die Entscheidung für eine langfristige und ernsthafte Bindung oder z. B. auch für den Kauf eines Hauses zu treffen.

Über die Liebe hinaus handelt es sich hier um den idealen Einfluß, sich in seiner Kleidung für einen neuen Stil zu entscheiden und Geld für Kleidungsstücke auszugeben, die anders und vielleicht auch gewagter sind als die anderen; insofern könnte man jetzt ein anderes Bild von sich vermitteln. Eine neue Frisur oder eine neue Haarfarbe könnte ebenfalls positiv auf das Ego wirken. Trotz allem aber handelt es sich um einen Uranuseinfluß, unter dem man zu drastischen (Über-) Reaktionen neigt und sein Verhalten kontrollieren muß, speziell bezüglich des Liebeslebens. Vielleicht ergeben sich auch unerwartete finanzielle Entwicklungen. Raten Sie zu vorsichtigen und wohlüberlegten Investitionen.

+ Positive Transite

Wirken ähnlich wie die Konjunktion, speziell, was die Möglichkeit betrifft, sich nun auf eine andere Art darzustellen. Wenn die Venus eine personalisierte Bedeutung hat und die betreffende Person damit psychologisch und physisch stark beeinflußt, könnte eine kosmetische Behandlung, eine Diät oder vielleicht auch ein Aufenthalt auf einer Schönheitsfarm eine gute Sache sein. Eine vergnügliche Zeit in der

Liebe – ohne daß man jetzt daran denken sollte, sich ernsthaft zu binden.

Transite, die sich direkt anschließen, könnten Näheres dazu erkennen lassen, wie sich eine solche Liebesbeziehung weiterentwickelt. Achten Sie darauf, ob das Progressionshoroskop Hinweise auf weitreichende Veränderungen erkennen läßt. Auch finanziell können sich diese Transite günstig auswirken.

– Negative Transite

Sorgen zumeist für ein gewisses Maß an emotionaler Spannung und Aufregung. Manchmal liegt das daran, daß sich der Betreffende jetzt anders als sonst verhält, daß er nun vielleicht zum Flirten neigt oder einen Seitensprung begeht oder daß er sich über das Verhalten des Partners aufregt. Möglicherweise liegt das am fehlenden Willen zur sexuellen Kooperation – der Grund dafür könnte Müdigkeit, Erschöpfung durch Kinder, ein frustrierender Lebensstil oder ganz allgemein das Gefühl sein, die Nase voll zu haben. Eine gute Kommunikation zwischen den Partnern ist jetzt das Entscheidende – vielleicht sollten Sie beide Horoskope studieren (siehe auch die Ausführungen zu Beziehungen, S. 148–167). Die Venus-Beziehung zum Geld bedeutet, daß dies finanziell keine besonders günstige Zeit ist.

♂ Uranustransite zu Mars

☌ Konjunktion

Alle Eigenschaften, die mit dem Radixmars zusammenhängen, sind deutlich unterstrichen. Jetzt sehr viel Tapferkeit und Wagemut. Ein ungehemmter Fluß der physischen und nervlichen Energie, angereichert mit Adrenalin, wenn nötig.

Unter dieser Verbindung kann man viel erreichen – zu oft aber kommt es zu einem impulsiven und sprunghaften Verhalten mit unüberlegten und überstürzten Entscheidungen. Als Auswirkung der eigenen Aktivität dürfte das Leben jetzt sehr ereignisreich sein. Vielleicht haben die Nahestehenden und die Kollegen auch irgendwann die Nase voll von dem hektischen Bedürfnis nach Aktivität, das der Betreffende nun an den Tag legt.

Man muß darauf achten, jetzt nicht in blinden Optimismus zu verfallen – man neigt nun nämlich dazu, die kleinen Fallstricke zu übersehen, speziell bei übereilten Handlungen. Sich Hals über Kopf in unbekannte Fahrwasser zu stürzen ist typisch für diesen Transit. Das ist etwas sehr Schönes – vorausgesetzt, man kann schwimmen und ist auch stark genug, notfalls gegen die Strömung anzukämpfen!

Das Resultat dieser intensiven nervlichen wie physischen Energie könnten auch wiederholt auftretende Spannungskopfschmerzen sein. Es fällt dem Menschen nun schwer, abzuschalten – und vielleicht will er das auch gar nicht.

Man kann jetzt exzellente Arbeit leisten, vorausgesetzt, man beweist Vorsicht und gesunden Menschenverstand und hält die Neigung zur Überstürztheit oder einem übertriebenen Enthusiasmus im Zaum. Sagen Sie immer wieder: »Seien Sie vorsichtig!« – vielleicht hört der oder die Betreffende ja auf Sie.

+ Positive Transite

Eine exzellente Quelle von Energie für eine herausfordernde oder schwierige Arbeit. Die Fähigkeit, Situationen rasch zu erfassen und, wenn nötig, direkt und in drastischer Form zu reagieren. Manchmal auch sehr viel Mut, in körperlicher oder auch mentaler Hinsicht. Eine kühne Haltung bei der Arbeit kann damit ebenfalls verbunden sein. Diese Transite haben vieles mit der Konjunktion gemeinsam, wirken aber nicht ganz so heftig.

Brillante sportliche Leistungen sind ebenfalls möglich. Wenn sich der Betreffende sportlich betätigt, sollten Sie ihn anspornen – vielleicht aber merken Sie, daß das gar nicht nötig ist.

– Negative Transite

Der Geborene könnte jetzt eine sehr streß- und spannungsreiche Phase erleben und wegen seiner aktuellen Situation ärgerlich oder wütend sein. Es ist gut, zu solchen Zeiten seinem Ärger einmal Ausdruck zu verleihen; hier können aber die Impulsivität, die betonte Andersartigkeit und die Unvorhersehbarkeit von Uranus in Erscheinung treten, was langfristig womöglich Schäden verursachen könnte.

Nervöse Spannungen können physische Auswirkungen haben, insbesondere schwere Kopfschmerzen; die Mars-Tendenz zur Unbekümmertheit fügt dem noch eine Unfallneigung zu. Raten Sie beim Autofahren, bei der Arbeit mit Maschinen und beim Kochen zu besonderer Vorsicht!

♃ Uranustransite zu Jupiter

☌ Konjunktion

Eine wahrscheinlich sehr aufregende und ereignisreiche Zeit mit vielen Fortschritten und vergnüglichen Erfahrungen. Jetzt ist es erlaubt, sich ein wenig zu produzieren – es gilt, andere nun wissen zu lassen, wie klug und originell man wirklich ist.

Eine günstige Zeit, um gegen Zweifel und all das vorzugehen, was in der persönlichen Haltung negativ ist. Der Transit bringt positive Ergebnisse, wirkt fördernd auf das Selbstbewußtsein und läßt den Menschen erkennen, was er in der Vergangenheit alles geschafft hat – und jetzt gerade schafft.

Vielleicht auch ein ganz besonderer Erfolg – der Gewinn eines Preises z. B. als Belohnung für besondere Originalität oder Anstrengung. Ein sehr günstiger Einfluß für alles, was von Jupiter geprägt ist, besonders aber für Studien und für das Verfassen von Schriften, die neue Erkenntnisse vermitteln.

+ Positive Transite

Wirken ganz ähnlich wie die Konjunktion. Das Leben ist jetzt sehr ereignisreich, es macht Spaß, es kommt zu Fortschritten und der Geborene hat die Möglichkeit, seine Interessensgebiete auszuweiten. Man sollte sich jetzt neuen Projekten und Herausforderungen stellen.

– Negative Transite

Es ist nur zu leicht, unter diesen negativen Einflüssen allzu enthusiastisch zu werden oder überstürzt zu entscheiden oder zu handeln. Das Resultat des blinden Optimismus oder der übergroßen Zuversicht in ein Projekt oder eine andere Person kann sein, daß man einen schweren Fehler begeht. Streß und Anspannung, die so typisch für negative Uranustransite sind, machen sich deutlich bemerkbar.

Unter diesen Transiten neigt man nur zu sehr dazu, jegliche Vorsicht fahren zu lassen. Die Tendenz zu einem unvorhersehbaren Verhalten hat einen negativen Einfluß auf das Urteilsvermögen und den Sinn für das Praktische.

♄ Uranustransite zu Saturn

☌ Konjunktion

Man erwägt nun oftmals drastische und weitreichende Veränderungen. Saturn wirkt stabilisierend auf den Prozeß der Entscheidungsfindung – womit der Betreffende die Möglichkeit hat, mit praktischem Menschenverstand und Umsicht gegen jede Tendenz zu vorschnellen oder übersteigerten Handlungen vorzugehen. Kein einfacher Einfluß!

Manchmal kommt es jetzt zu einem Konflikt: das tun, was nötig ist, oder das, was man möchte? Wenn es sich nicht von selbst versteht, was zu tun ist, sollte man entscheiden, ob Saturn oder Uranus der stärkere Planet im Horoskop ist – das Beste wird sein, dem stärkeren zu folgen. Weil aber Uranus hier beteiligt ist, ist die Wahrscheinlichkeit groß, daß es zu viel Streß kommt. Dies könnte die Zeit sein, in der der Betreffende meint, den Vorgesetzten endlich einmal die Meinung sagen zu können. Für gewöhnlich haben die Beschwerden zu dieser Zeit ihre Berechtigung, und die Situation könnte nun sich sehr entspannen. Schauen Sie auf das Haus von Saturn, um zu erkennen, welcher Lebensbereich nun womöglich für die meisten Probleme sorgt.

+ Positive Transite

Ermuntern dazu, aktiv zu werden und Entscheidungen zu treffen, und zwar auf eine Weise, die Umsicht und gesunden Menschenverstand verrät. Man ist jetzt für Veränderungen aufgeschlossen. Logik und ein Sinn für das Praktische gehen nun Hand in Hand. Konstruktive Fortschritte – vielleicht nicht sofort, aber spätestens dann, wenn Vorgesetzte und Höherstehende auf die Leistungen des Betreffenden aufmerksam werden. Vielleicht eine Beförderung, vielleicht erweisen sich Verluste im nachhinein als günstig, weil sie eine vorteilhafte Entwicklung zur Folge haben und zu einem gesteigerten Prestige führen.

– Negative Transite

Sehr viel Frustration – der Betreffende hat jetzt wahrscheinlich das Gefühl, daß sich alles gegen ihn verschworen hat und ihm kein Raum zum Atmen bleibt. Vielleicht der Konflikt zwischen dem Wunsch nach einem umfassenderen Selbstausdruck und dem Zwang, an einem nicht mehr angemessenen Lebensstil festzuhalten, z. B. ein junger Mensch, der sein Zuhause verlassen möchte, sich das aber aufgrund der hohen Mieten und Hauspreise nicht leisten kann – und insofern mit seinen strengen Eltern unter klaustrophobischen Umständen weiterleben und auf seine Unabhängigkeit verzichten muß.

Geduld und die Beurteilung des Problems aus einem anderen Blickwinkel sind eine große Hilfe. Es könnte aber so sein, daß sich während der ganzen Zeit, die dieser frustrierende Transit dauert, keine Fortschritte abzeichnen.

Um herauszufinden, wann der Betreffende nach diesem Transit wieder mit Fortschritten rechnen kann, können Sie den Jupitereinfluß untersuchen. Positive Jupitertransite zu Mars sind sehr günstig – zu diesen Zeiten sind wir dazu imstande, die Initiative zu ergreifen.

♆ Uranustransite zu Neptun

☌ Konjunktion

Zwischen Anfang der 90er Jahre und dem Beginn des 21. Jahrhunderts befindet sich Neptun am Ende des Steinbocks und dem Anfang des Wassermanns. Weil Uranus schon Ende der 80er Jahre in den Steinbock gelaufen war und im Jahr 2012 seinen Transit durch die Fische vollendet haben wird, gibt es keinen Erwachsenen, der diesen Transit erleben kann (höchstens diejenigen, die 84 und älter sind). Kinder, die nach 1988 geboren wurden, haben diese Konjunktion in ihren Horoskopen.

+ Positive Transite

Womöglich eine erhöhte Sensibilität und ein Bewußtsein für Leid, manchmal aber auch eine Faszination für die glänzenden und strahlenden Aspekte des Lebens. Man könnte jetzt von einer Verschnaufpause oder auch von einer romantischen Eskapade profitieren.

– Negative Transite

Hier könnte die Person Spannung und Streß erleben, die mit ihrem spirituellen oder religiösen Glauben zusammenhängen. Vielleicht verändern sich auch die Gefühle in einer drastischen Art. Achten Sie aber auf Tendenzen zu negativen Fluchtmechanismen – der Mensch könnte sich von Kulten angezogen fühlen, weil sie für ihn nun ein gewisses Etwas haben. Mit welchen seiner konstruktiven Qualitäten kann er gegen diesen Hang zum Negativen vorgehen (die Astrologie verdeutlicht ja immer Stärken, mit denen wir unseren Schwächen zuleibe rücken können)? Es gilt jetzt, sich der Realität zu stellen und Vertrauen in sich selbst zu entwickeln, nicht in Sie, die Astrologie oder irgendein anderes Gebiet.

♇ Uranustransite zu Pluto

☌ Konjunktion

Zwischen den Jahren 1880 und 2000 hat sich Pluto von den Zwillingen bis zum Schützen bewegt. Am Ende der 80er Jahre unseres Jahrhunderts ist Uranus in den Steinbock gekommen, gegen 2012 wird er die Fische verlassen. Es gibt also keinen lebenden Menschen, der Pluto im Steinbock, im Wassermann oder in den Fischen hat (und auch nicht in einem der anderen Zeichen, die Uranus in der nächsten Zeit durchquert).

+ Positive Transite

Eine starke Tendenz, sich von belastenden Umständen freizumachen und neu anzufangen. Die Veränderungen wirken sich günstig aus, auch deshalb, weil der Geborene sich enthusiastisch mit neuen Situationen auseinandersetzt. Manchmal führt die Beschäftigung mit einem psychologischen Problem zu einer Änderung im Verhalten und in den Einstellungen.

– Negative Transite

Frustrationen und ausbleibende Fortschritte können zu Spannungen führen, speziell bei Uranus oder Pluto mit einer personalisierten Bedeutung. Möglicherweise sorgt auch ein bestimmtes Lebensgebiet oder Projekt für viel Streß; vielleicht werden Rechnungen nicht bezahlt oder Waren kommen nicht an. Es könnte auch so sein, daß ein Freund oder Familienmitglied jetzt extrem schwierig ist. Wenn Uranus nun rückläufig wird (siehe S. 23) und es dreimal zu diesem Einfluß kommt, ergeben sich immer dann kleine Verschnaufpausen, wenn der Transitaspekt gerade nicht exakt ist. Raten Sie dem oder der Geborenen, sich auf die Lebensbereiche zu konzentrieren, die problemlos funktionieren – es ist sonst eine Zeit- und Energieverschwendung.

Asz Uranustransite zum Aszendenten

☌ Konjunktion
Dieser machtvolle Transit hat aufregende und dynamische Auswirkungen, er bedeutet Spannung, zugleich aber die Gelegenheit zu Veränderungen und neuen Handlungsweisen. Man muß aufpassen, daß Impulsivität – möglicherweise als Reaktion auf die Handlungen anderer – nicht zu vorschnellen Entscheidungen führt, die sich auf lange Sicht als schädlich erweisen könnten. Der Drang nach Veränderungen tritt jetzt deutlich zutage. Ermutigen Sie dazu, das, was bis jetzt ein nicht genutztes Potential darstellt, positiv zum Ausdruck zu bringen, besonders bei Interessen, die die persönliche Originalität und die machtvolle Dynamik erkennen lassen. Es handelt sich um einen streßreichen, aber auch anregenden Einfluß, der den Betreffenden fordert und ihm einiges abverlangt.

+ Positive Transite
Das Bedürfnis, etwas Neues zu tun und Veränderungen vorzunehmen – allerdings ist der Drang dazu nicht ganz so zwanghaft wie bei der Konjunktion. Eine sehr gute Zeit, mit einem Studium oder mit neuen kreativen Hobbys zu beginnen, vielleicht auch mit einem wissenschaftlichen Einschlag. Möglicherweise zeigt sich jetzt ein Interesse an der Frühgeschichte oder an der fernen Zukunft, besonders beim Trigon vom 5. Haus aus. Ein neue und aufregende, wahrscheinlich aber eher kurzlebige Liebesaffäre ist gleichermaßen möglich. In jedem Fall treten die Themen und Angelegenheiten des Hauses, in dem Uranus steht, plötzlich markant hervor.

– Negative Transite
Bei der Opposition könnte der Geborene sein Beziehungsleben überdenken und hier Veränderungen vornehmen. Ein günstiger Einfluß, Beziehungsfragen zu klären – insofern ist auch ein Neubeginn möglich. Warnen Sie aber vor übereilten Entscheidungen, speziell, was die Erwägung einer Trennung betrifft. Vielleicht wäre es das Beste, einen Kompromiß zu schließen und zusammenzubleiben – solange der Transit aber wirksam ist, wird sich der Betreffende aufgrund des uranischen Widerspruchsgeistes kaum mit einem solchen Vorschlag anfreunden können. In den meisten Fällen dürfte es zu Streß und Spannung auf dem Lebensgebiet kommen, das vom Uranustransit betroffen ist. Nichtsdestoweniger die Zeit, hier ein neues Fundament zu legen.

MC Uranustransite zum MC

☌ Konjunktion
Der machtvollste aller Uranustransite – jetzt gilt es mehr denn je, auf das Unvorhersehbare gefaßt zu sein. Die Entwicklung könnte jetzt wunderbar, aber auch stressig sein – was die aktuelle Situation betrifft, bedeutet sie auf die eine oder andere Weise fast immer einen Schock. Vielleicht wird der Person eine äußerst interessante Stelle angeboten, vielleicht verliert sie plötzlich ihren Job.

Das MC steht für Geschehnisse, über die wir keine direkte Kontrolle haben, die sich aber als Folge unseres Rufes und unserer Erfahrung ergeben; wir haben das getan, was notwendig war, um es zu unserer augenblicklichen Stellung zu bringen. Mit Uranus am MC sind es nun die anderen, von denen die Aktivität ausgeht.

Sagen Sie dem Betreffenden, daß neue und unvermutete Geschehnisse eintreten können. Blicken Sie noch einmal auf das Zeichen, das Haus und die Aspekte des Radixuranus. Wenn das Zeichen Wassermann stark gestellt ist, könnte sich der Transit als noch machtvoller erweisen. Eine sehr ereignisreiche Periode (vorsichtig ausgedrückt!) – auf die man sich freuen sollte, ohne allzuviele Ängste und Sorgen. Selbst dann, wenn Ihr Gegenüber schwierige Erfahrungen machen sollte, dürften sich Vorfälle ergeben, die sich positiv auswirken!

+ Positive Transite
Haben in vielem die gleiche Wirkung wie die Konjunktion; ebenfalls ein ereignisreicher Zeitabschnitt, der allerdings nicht ganz so wichtig ist. Das Leben dürfte nun aufregend und lebhaft sein, erfüllt von neuen Entwicklungen, beruflicher oder anderweitiger Art.

– Negative Transite
Ein gewisses Maß an Streß und Spannung ist jetzt sehr wahrscheinlich, besonders im Beruf. Auf die allgemeine Bemerkung »Was gibt's Neues?« könnte der Betreffende mit Fug und Recht antworten: »Eine ganze Menge!« Es könnte sein, daß die Schwierigkeiten und Spannungen schließlich, wenn der Transit vorüber ist, positive Folgen haben werden – der Geborene könnte dann neue Wege gehen und durch die Erfahrungen stärker geworden sein. Vielleicht zieht ein bestimmtes Projekt unter diesem Transit alle Aufmerksamkeit auf sich. Raten Sie dazu, regelmäßig zu entspannen – »allem den Rücken zu kehren«, so oft wie möglich. Dieser Transit fordert den Menschen nämlich hart.

♅ Uranustransite zum Radixuranus

Diese Einflüsse sind von extremer Wichtigkeit, sie machen sich im Leben deutlich bemerkbar. Uranus braucht für seinen Lauf um die Sonne und durch die zwölf Tierkreiszeichen etwa 84 Jahre. Wenn wir also 84 Jahre alt werden, haben wir das Glück, die Uranuswiederkehr zu erleben. Mit Anfang 20 haben wir das erste Viertel dieser planetarischen Reise hinter uns gebracht – das Quadrat von Uranus zur eigenen Stellung. Mit Anfang 40 dann ergibt sich die Opposition zum Radixuranus.

Das Uranusquadrat
Es handelt sich hier um das Transitquadrat von Uranus zum Radixuranus. Anfang 20 erlebt der Mensch oft eine harte Zeit, in der sich sehr viel abspielt, besonders dann, wenn man eine Ausbildung hinter sich gebracht oder etwas gelernt hat und nun auf Anerkennung aus ist. Diejenigen, die zu diesem Zeitpunkt schon einige Jahre arbeiten, stellen fest, daß sie schon einige Erfahrungen gemacht haben und daß die Zeit jetzt reif dafür sein könnte, sich zu verbessern.

Die Spannung – welche so charakteristisch ist für den Uranuseinfluß – könnte sich sehr stark bemerkbar machen, wenn wir uns fragen, welche Fortschritte jetzt möglich sind. In dieser Phase sind wir auch damit beschäftigt, uns über unser Verhältnis zur Sexualität und zu Beziehungen klarzuwerden. Liebeskummer schmerzt jetzt vielleicht mehr als zuvor, vielleicht aber erweisen wir uns in der Liebe auch als reifer als während unserer Teenagerjahre (was aber keinen Verlust an Dynamik bedeuten muß).

Dieser Einfluß ist nicht der machtvollste Uranustransit zur Radixstellung – Sie sollten ihn aber auf keinen Fall unbeachtet lassen, wenn Sie an dem Horoskop von jemandem arbeiten, der ihn gerade erlebt oder erlebt hat.

Interessanterweise erlangt der Mensch traditionsgemäß mit 21 Jahren seine Unabhängigkeit – das »Eigener-Schlüssel-Syndrom«; er wird dann volljährig. Dies paßt gut zu Uranus, welcher schon in dem Jahr vor diesem wichtigen Ereignis seine Wirkung deutlich spüren läßt.

Die Uranusopposition

Der machtvollste aller Uranustransite zur eigenen Stellung. Viele Menschen sehen ihrem 40. Geburtstag mit Ängsten entgegen. Man fühlt sich jetzt alt – nicht nur wegen des neuen Lebensjahrzehnts, sondern auch, weil wir erkennen, daß viele Jüngere mehr Erfolg haben als wir; die Konkurrenz wird jetzt härter. Und wir fühlen uns nicht nur alt – wir beginnen nun auch zu glauben, daß wir alt aussehen. Viele Menschen sehen jetzt, daß ihre Kinder erwachsen und unabhängig sind – und glauben damit vielleicht, daß das Leben für sie nun vorbei ist. Gleichermaßen künden sich die Wechseljahre an. Möglicherweise ist es dieser Zeitraum, in dem wir Astrologen die meiste Hilfe bieten können.

Uranus hängt mit Veränderungen und Neuanfängen zusammen – und es hat viel Wahres, wenn man sagt, daß das Leben mit 40 erst richtig anfängt. Sie sollten Ihr Gegenüber anhalten, die Dinge auf diese Art zu sehen und sich vielleicht ein neues Hobby oder neue Interessen zu suchen. Der Mensch macht sich jetzt auch Gedanken, wie er wirkt. Vielleicht war ihm zuvor seine Erscheinung ziemlich gleichgültig – speziell Frauen könnten jetzt auf sich schauen und merken, daß sie unvorteilhaft wirken. Eine neue Frisur und Experimente mit einem neuen, moderneren Stil – mit Kleidern, die zuvor niemals in Frage gekommen wären – könnten eine vitalisierende und belebende Wirkung haben. Dies ist auch eine günstige Zeit, sich Gedanken zum Sexualleben zu machen und sich zu fragen, ob man mit der Beziehung zufrieden ist – es könnte hier nämlich zu einem Zustand der Stagnation gekommen sein. Eine andere Ernährung oder eine neue, sportliche Betätigung ist gleichfalls eine gute Idee. Wenn man die Energie von Uranus tatsächlich nutzt, kann das Leben in vielem reicher werden.

Es handelt sich hier um eine sehr heikle Phase, in der es dem oder der Betreffenden sehr schwerfällt, sich mit der Spannung und Negativität von Uranus zu arrangieren. Viele reagieren jetzt in übersteigerter Form auf ihn , z. B., indem sie krampfhaft zu beweisen versuchen, daß sie nicht alt sind. Die Männer bleiben vielleicht bei ihrem harten Training, obwohl sie sich schon längst etwas anderes hätten suchen sollen. Vielleicht treibt sie auch Übergewicht dazu, daß sie jetzt mit Sport anfangen.

Vielfach ergibt sich nun ein vermeintlich unbedeutender Seitensprung, speziell mit einer Person, die deutlich jünger als der oder die Betreffende ist – wobei in erster Linie der Drang entscheidend ist, die persönliche sexuelle Anziehungskraft unter Beweis zu stellen. Allzuoft aber verliert man hier die Kontrolle, und vielleicht fügt man der Ehefrau oder dem Ehemann damit einen sehr großen Schmerz zu. Es kommt also darauf an, diesen sehr dynamischen Einfluß kontrolliert einzusetzen. Im Idealfall ergeben sich dynamische und anspornende Auswirkungen, schlimmstenfalls Beeinträchtigungen und diverse Spannungen und Ungelegenheiten, nicht nur für den Betreffenden selbst, sondern auch für die, die ihm nahestehen.

Anmerkung: Achten Sie auch auf das Uranussextil und -trigon zum Radixuranus. Unter diesen Transiten hat der Mensch häufig das enthusiastische Bedürfnis, neue Interessen zu verfolgen und die planetarische Energie positiv einzusetzen. Das erste Sextil ergibt sich in den Teenagerjahren, es kann dazu dienen, den Jugendlichen aus seiner Lethargie aufzurütteln.

Die Uranuswiederkehr

Einer der amüsantesten und anspornendsten aller Transite, der sich im Alter von etwa 84 Jahren abspielt. Es ist faszinierend zu sehen, was viele ältere Personen unter seinem dynamischen Einfluß erlebt haben. Wenn Sie jemanden in diesem Alter kennen, könnte es vergnüglich sein zu beobachten, zu was er sich plötzlich vielleicht hinreißen läßt und welche neuen Interessen er auf einmal entwickelt. Zwischen 1982 und 1988 etwa ist Uranus durch den Schützen gelaufen. Diejenigen, die die Wiederkehr zu diesem Zeitpunkt erlebten, haben ihn also im Schützen. Das bedeutet grundsätzlich einen vitalisierenden Einfluß auf die Persönlichkeit, und oft sind damit sehr interessante Auswirkungen verbunden. George Burns feierte seinen 84. Geburtstag, indem er seine erste Country-and-Western-Platte aufnahm. Viele andere Menschen erlebten ebenfalls in diesem Alter eine Vitalisierung ihrer Kreativität: Verdi schrieb die Oper »Falstaff«, sein musikalisch vielleicht anspruchsvollstes Stück; Picasso hatte sich seinen Mut in der Malerei bewahrt; was die Welt des Tanzes betrifft, waren Martha Graham, Marie Rambert und Ninette de Valois mit Mitte und sogar Ende 80 noch aktiv, wie auch die wunderbare Schauspielerin Lilian Gish, die nicht nur mit dem Filmen weitermachte, sondern auch ausgedehnte Lektürereisen unternahm. Dies sind nur einige wenige Namen, Sie selbst werden diese Liste ergänzen können.

Wenn Sie einen älteren Verwandten oder eine Verwandte haben, ist das mindeste, was Sie an diesem Geburtstag für ihn oder für sie tun können, ein anregendens Geschenk – vielleicht eine Spezialzeitschrift (vorausgesetzt, das Augenlicht ist noch intakt). Zeigen Sie ihm irgend etwas Besonderes – eine ältere Dame flog mit 84 zum ersten Mal in einem Heißluftballon, eine andere machte mit Jacques Cousteau einen Ausflug in die Unterwasserwelt, wo sie das Wrack des Schiffes betrachtete, dessen Untergang sie als Jugendliche überlebt hatte. Wenn hier nichts wirklich Dynamisches möglich ist, sollten Sie zumindest mit einem Rekorder auftauchen und den Betreffenden von früher erzählen lassen – als Ihre Oma noch ein junges Ding war und Ihr Opa Knickerbockerhosen trug und beide sich vielleicht in düsteren Spelunken herumtrieben. Sie und Ihr Gegenüber werden sehr viel Spaß dabei haben.

Neptun in den Zeichen

Neptun, der zweite »moderne« Planet, braucht 146 Jahre, um seine Reise um die Sonne zu vollenden und den Lauf durch die zwölf Zeichen des Tierkreises – in jedem steht er für durchschnittlich 14 Jahre. Neptun wirkt auf zwei Ebenen: Im Transit beeinflußt er das alltägliche Leben; weiterhin wirkt er als Generationseinfluß bezüglich all der Menschen, die unter dem gleichen Neptunzeichen geboren sind.

Wir führen Interpretationen für Neptun nur für sieben Zeichen an – diejenigen, die für die lebenden Menschen relevant sind. Ende 1998 verläßt Neptun den Steinbock (in welchen er Mitte der 80er Jahre gekommen war) und tritt in den Wassermann, wo er für 14 Jahre bleiben wird. Es gibt einige sehr alte Menschen mit Neptun in den Zwillingen, aber niemanden, der Neptun in den Fischen, im Widder oder im Stier hat.

NEPTUN IM KREBS (1901/02 – 1915)

Allgemeine Ebene

Bei diesem allgemeinen Einfluß stand das Zuhause im Mittelpunkt. Der Tod vieler Männer während des Ersten Weltkrieges bedeutete Chaos und Unglück – dieser Kummer wird durch die Betonung des Krebses, des am meisten auf die Familie bezogenen Zeichens des Tierkreises, sehr deutlich.

Als die Menschen mit dem Krebsneptun später ihrerseits erwachsen und für eine Familie verantwortlich waren, mußten sie sich mit den Tragödien des Zweiten Weltkrieges auseinandersetzen.

Zwischen 1905 und 1911 stand Uranus im Steinbock in Opposition zu Neptun. Dieser Generationsaspekt – der in den Horoskopen aller Menschen auftaucht, die zu dieser Zeit geboren wurden – trug seinen Anteil zu den allgemeinen Spannungen und Härten dieser Zeit bei.

Persönliche Ebene

Wenn Neptun im Horoskop eine personalisierte Bedeutung hat, verstärkt er die persönliche Empfindsamkeit, die Emotionen und die Intuition. Bei negativen Aspekten vielleicht die Neigung, sich aus unangenehmen Situationen herauszumogeln, oder auch eine zu reiche Phantasie. Eine Stellung, die die Neigung zu Sorgen verstärkt, die aber auch kreative Arbeit mit einer erhöhten Sensibilität bereichert und verfeinert.

NEPTUN IM LÖWEN (1915– 1928/29)

Allgemeine Ebene

Während Neptun durch den Löwen lief, entwickelte sich das Kino zu großer Bedeutung. Zu dieser Zeit wurden großartige Stummfilme gedreht – und weil es sich hier um eine sehr schwere Zeit handelte (die Periode schließt den Ersten Weltkrieg mit seinen Nachwirkungen und die finanzielle Depression der 20er Jahre ein), genossen die Menschen die Flucht aus dem harten Alltag in diese wundervolle Phantasiewelt.

Persönliche Ebene

Diese Stellung von Neptun steht für Glanz und einen Sinn für das Dramatische; sie ist sehr günstig für kreative Arbeit.

Der emotionale Fluß ist positiv und von einem lebhaften Enthusiasmus erfüllt.

Weil Neptun sich hier in einem Feuerzeichen befindet sowie unserer Meinung nach im Zustand der Erhöhung (worin allerdings nicht alle Astrologen übereinstimmen), ist dieser Einfluß stärker als in anderen Fällen.

Wenn der Planet eine personalisierte Bedeutung trägt und positiv aspektiert ist, wirkt er segensreich für den betreffenden Menschen, mit viel Phantasie und viel kreativem Potential.

Häufig ein ausgeprägtes Interesse an der Kunst, vielleicht auch eine überdurchschnittliche Begabung fürs Fotografieren.

NEPTUN IN DER JUNGFRAU (1928/29 – 1942/43)

Allgemeine Ebene

Die erste Generation unserer Zeit, die es zuließ, daß Glaubensvorstellungen ernstlich in Frage gestellt wurden. Neptun, der Herrscher der Fische – ein Zeichen, das eng mit dem Christentum verbunden ist –, stand gerade in der Jungfrau, also in Opposition zu diesem Zeichen. Die Jungfrau, beherrscht von Merkur, ist analytisch und kritisch. Interessant ist auch, daß genau zu der Zeit, als Neptun zum ersten Mal in die Jungfrau kam, der Tonfilm erfunden wurde (Merkur ist auch der Planet, der über die Kommunikation herrscht). Ganz allgemein nahmen die Kommunikationsmöglichkeiten zu, wozu auch das Radio seinen Beitrag leistete.

Persönliche Ebene

Wenn Neptun personalisiert ist oder die Jungfrau eine starke Betonung aufweist, wird die Vorstellungskraft angeregt. Es sind dann auch günstige Auswirkungen möglich, z. B. in Form von literarischer Aktivität. Weil die Jungfrau ein Erdzeichen ist, vielleicht auch die Neigung zur Gartenarbeit.

Im schlimmsten Fall führt der Jungfrauneptun zu vermindertem Selbstvertrauen – die (Selbst-) Kritik kann dem Menschen jeden Stolz auf das, was er geleistet hat, nehmen, wodurch dann eine innerliche Erfüllung unmöglich würde. Rastlosigkeit ist eine weitere Möglichkeit, besonders dann, wenn auch andere Horoskopfaktoren dafür sprechen.

NEPTUN IN DER WAAGE (1942/43 – 1956/57)

Allgemeine Ebene

Als diese Kinder geboren wurden, befanden sich große Teile der zivilisierten Welt im Krieg, und man sehnte sich nach Frieden (was auch in den Schlagern dieser Zeit zum Ausdruck kommt). Als die Kinder dann heranwuchsen, bildeten sie die »Flower-Power-Generation« der späten 60er und frühen 70er. »All you need ist love« spricht Bände über die herrschende Einstellung dieser Zeit. Viele Menschen wandten sich gegen die Gesellschaft und experimentierten mit Drogen und freien Lebensstilen – sehr schönen, sehr harmonischen und friedlichen, allerdings auch sehr unrealistischen und unpraktischen. Man muß kein beschlagener Astrologe sein, um sich auszumalen, wie sich die Kombination der friedensliebenden Waage und illusorischen Tendenzen und der Neigung zur Selbsttäuschung von Neptun auswirkt.

Persönliche Ebene
Eine sehr kritische Stellung. Menschen mit einem Waageaszendenten sind am anfälligsten für Neptun. Wenn Sie an einem Horoskop mit diesem Merkmal arbeiten, gilt es zunächst zu untersuchen, ob sich Neptun im 1. oder im 12. Haus befindet. Schlagen Sie dann den Abschnitt über Neptun in den Häusern auf (S. 329–331). Bei einer Konjunktion zum Aszendenten sollten Sie ebenfalls die Ausführungen (S. 332) heranziehen.

Wenn die Waage im Horoskop nicht betont ist und Neptun keine personalisierte Bedeutung trägt, wird er sich nicht besonders stark auswirken, allenfalls in einer gewissen Freundlichkeit und Aufgeschlossenheit. In dem Horoskop, das für eine gewisse Trägheit und mangelndes Selbstvertrauen spricht, unterstützt Neptun diese Tendenzen noch; er macht aus der Person dann womöglich einen Menschen, der nur seinem Genuß frönt.

♏ Neptun im Skorpion (1956/57 – 1970/71)

Allgemeine Ebene
Es besteht ein großer Unterschied zwischen den jungen Menschen mit Neptun im Skorpion und denen mit dem Waageneptun! Dies sind die Hard-Rock-Typen, die sehr viel rauher sind – oder es zumindest sein wollen. Häufig ein gewisses aggressives und aufsehenerregendes Image. Sie müssen auch härter für das, was sie vom Leben wollen, kämpfen.

Es kann dann auch nicht überraschen, daß gerade bei Arbeitslosigkeit der Griff zu Drogen – ein negativer neptunischer Fluchtmechanismus – häufig ist. Die Drogenszene hat hier nichts von der friedvollen, liebenswürdigen, netten Art, wie man sie mit der Flower-Power-Generation verband; hier gibt es mehr Intensität, mehr Schrecken, auch mehr Gift – Begriffe, die in ihrer Essenz sehr skorpionisch sind.

Andererseits sind da diejenigen, die Spaß am Geld haben und ein glänzendes Leben führen wollen – die Yuppie-Generation, eine weitere Manifestation von Neptun im Skorpion. Der Skorpion ist auch das Zeichen des Big Business; lesen Sie dazu den Abschnitt zu Pluto in diesem Zeichen (S. 339).

Persönliche Ebene
Bei einem personalisierten Neptun ist eine sehr starke emotionale Intensität gegeben. Ist der Planet gut aspektiert, können die Emotionen positiv zum Ausdruck kommen und wirken fördernd auf die Talente und Ziele. Legen Sie aber keinen zu großen Nachdruck auf diese Züge, wenn nicht noch andere Faktoren in die gleiche Richtung weisen oder wenn der Skorpion betont ist.

♐ Neptun im Schützen (1970/71 – 1984/85)

Allgemeine Ebene
Die Zeit, zu der wir dies schreiben, hat noch nicht genug Aufschlüsse gebracht, um diesen allgemeinen Einfluß von Neptun detailliert erfassen zu können. Die Jugendlichen aber, die diese Stellung aufweisen, haben unserer Meinung nach einige sehr positive Eigenschaften.

Wegen der machtvollen Verbindung zwischen Neptun und Jupiter (als dem jetzigen und dem früheren Herrscher über die Fische) wird Neptun bei seinem Lauf durch das Jupiterzeichen Schütze markante Auswirkungen haben. Wir können von dieser Generation viel Idealismus, große Hoffnungen und viel Positives erwarten. Neptun wirkt hier sehr günstig, es besteht Gewißheit, was falsch und was richtig ist.

Diese Kinder müssen die Stärke aufbringen, es mit den Anforderungen des 21. Jahrhunderts aufzunehmen. Sie haben dabei etwas Freundliches, Mitfühlendes, Idealistisches und Hoffnungsvolles an sich, was für Optimismus und Enthusiasmus spricht. Bei den jungen Menschen, die uns bekannt sind, haben wir auch den feinen Schütze-Humor wahrnehmen können. Achten Sie darauf, ob Sie diese Eigenschaften auch an Ihrem Gegenüber bemerken!

Persönliche Ebene
Wenn das Zeichen Schütze stark betont ist, vielleicht ein Anführer seiner Generation. Mit dieser Stellung könnte auch die wachsende Verbreitung der vegetarischen Idee zusammenhängen – diese ist für uns der Ausdruck einer allgemeinen Liebe zum Tier (wiederum ein typisches Schützemerkmal), als Mitgefühl mit ihm.

♑ Neptun im Steinbock (1984/85 – 1998)

Allgemeine Ebene
Hier befindet sich Neptun in einem Erdzeichen, mit der Folge, daß jetzt die Erde im Mittelpunkt steht, in Verbindung mit dem Leid, das ihr durch die Nutzung und Ausbeutung der Rohstoffe zugefügt wurde. Wir hoffen, daß es gelingt, den Planeten zu retten – und wir müssen unsere Hoffnungen darauf richten, daß die Kinder der 70er und frühen 80er Jahre die über viele Generationen gedankenlos begangenen Fehler korrigieren können.

Persönliche Ebene
Über die persönlichen Auswirkungen dieser Stellung können wir nur Vermutungen anstellen. Wir nehmen aber an, daß dann, wenn der Steinbock im Horoskop markant gestellt ist, die strengen und ernsten Eigenschaften dieses Zeichens gemildert und im Gegensatz dazu die Emotionen gestärkt werden.

Es könnte eine Begabung für den kreativen Umgang mit natürlichen Materialien vorhanden sein. Wahrscheinlich handelt es sich um Menschen, die mit Bestimmtheit, aber auch mit Umsicht vorgehen.

♒ Neptun im Wassermann (1998 – 2010)

Die sanften Qualitäten von Neptun dürften sich mit den humanitären Elementen des Wassermanns gut verbinden – allerdings ist die aufgeschlossene und auf Unabhängigkeit ausgerichtete Wassermann-Tendenz von ganz anderer Art als die sensiblen und intuitiven Züge von Neptun. Mit einem starken Neptun dürfte man das Beste aus diesen beiden unterschiedlichen Einflüssen machen.

♆ Der progressive Neptun in den Zeichen

Ein Zeichenwechsel ist hier sehr selten. Ganz allgemein sind keine besonderen Schwierigkeiten zu erwarten.

Neptun in den Häusern

Die Einstellung zu den Lebensgebieten, die mit dem Neptun-Haus einhergehen, kann ziemlich verschwommen und vage sein; er hat fast immer etwas Unbestimmtes. Nur zu oft stellen die Vorfälle auf diesem Gebiet eine Quelle von Konfusion dar; man neigt zum Weg des geringsten Widerstandes, auch dann, wenn das Horoskop auf Stärke schließen läßt und gesunden Menschenverstand verrät. Neptun kann aber auch zu einer spirituellen, idealistischen oder kreativen Ebene führen. Mars und Jupiter lassen mehr zur persönlichen Initiative und Energie erkennen.

1 Neptun im 1. Haus

Wenn sich Neptun nicht mehr als zehn Grad vom Aszendenten befindet, hat er einen sehr starken Einfluß auf die Persönlichkeit (siehe Neptun in Konjunktion zum Aszendenten, S. 332).

In den meisten Fällen wirkt er schwächend auf die Eigenschaften, die mit dem Aszendenten verbunden sind; dem Menschen fällt es unter seinem Einfluß schwer, sein Leben klar zu organisieren.

Man sucht nach Ausflüchten, warum man sein Potential nicht zur Entwicklung bringt. Die Neptun-Tendenz, immer den Weg des geringsten Widerstandes zu suchen, ist oft deutlich wahrzunehmen, vielleicht auch, weil Neptun das Selbstvertrauen untergräbt. Wie dem auch sei – Verträumtheit, die Neigung zu Fluchttendenzen und die idealistische Prägung sind machtvolle Bestandteile der individuellen Persönlichkeit, wenn Neptun sich im 1. Haus befindet.

Der Einfluß des Zeichens

Das Zeichen, in dem sich Neptun befindet, gibt weitere Aufschlüsse zu diesem komplexen Faktor. In der Jungfrau z. B. (siehe S. 327) neigt Neptun dazu, deren kritische Seite zu glätten. Er wirkt auch günstig bei vielen Menschen, die ihn im Löwen haben (S. 327). Aber auch diese Personen haben oft mit Fluchttendenzen zu kämpfen – ein Fall hiervon war Marilyn Monroe (Löweneptun im 1. Haus). Sie hat die ultimative Flucht angetreten – die des Selbstmordes.

Das Leben kann sich für denjenigen, der Neptun in der Waage am Aszendenten hat, als sehr schwierig erweisen, was auch mit einer Einwirkung von Pluto zusammenhängen könnte (bei diesem Personenkreis in der Nähe des Löwe-MC's).

Es gibt hier ein Element der Leidenschaft, das unter Umständen zu eher harmlosen Eskapaden führt. Dies wäre eine allgemeine negative Auswirkung des Waageneptuns. Neptun im Skorpion und im 1. Haus stellt ein gewisses Potential dar, das leider nicht ganz einfach zu entfalten ist.

Neptun im 1. Haus prägt den oder die Betreffende auf tiefgreifende Art; je näher er sich dabei am Aszendenten befindet, desto machtvoller ist seine Energie.

2 Neptun im 2. Haus

Oft keine besonders vernünftige Einstellung zum Geld. Für gewöhnlich viel Großzügigkeit, vielleicht auch in einem exzessiven Ausmaß, so daß es in der Folge zu chaotischen Umständen und zu diversen Schwierigkeiten kommen kann.

Jemand, der anderen mit Geld und Zeit hilft, wo er nur kann – mit der Gefahr, des Guten zuviel zu tun. Vielleicht auch eine ausgeprägte Gutgläubigkeit in finanzieller Hinsicht, was heißt, daß man für Betrug oder für unkluge Investitionen anfällig ist.

Aus diesem Grund ist es sehr empfehlenswert, sich vor finanziellen Entscheidungen von Fachleuten beraten zu lassen.

Es könnte diesem Menschen eine große Freude sein, in künstlerische Objekte zu investieren – damit würde er den Genuß an der Kunst und eine gewisse Sicherheit verbinden können. So käme man vielleicht sogar zu einer Sammlung, deren Wert ständig zunimmt.

Der Ausdruck von Liebe

Neptun im 2. Haus wirkt sehr schön auf den Ausdruck von Liebe und Gefühlen. Vorausgesetzt, der Mensch kann hier die Kontrolle bewahren, wird er niemals unter einem Mangel an Phantasie leiden. Manchmal auch eine charmante Sentimentalität, besonders bei Neptun in der Waage.

3 Neptun im 3. Haus

Eltern eines Kindes mit einem solchen Horoskopmerkmal sollten es sich gut überlegen, weitere Kinder zu bekommen – der Einfluß von Neptun könnte die Einstellung des bzw. der älteren Kinder gegenüber dem oder den Jüngeren mit Konfusion erfüllen. Möglicherweise hier auch überdurchschnittlich viel Eifersucht, einfach deshalb, weil sich das Kind von der Situation überfordert fühlt. Die anderen Horoskopfaktoren werden erkennen lassen, wie man diese Probleme lösen kann. Wir möchten noch einmal klarstellen, daß es sich hier lediglich um eine Möglichkeit handelt!

Eine starke Phantasie

Häufig keine systematische Bildung in den ersten Schuljahren – eine Person, die vielleicht in der Klasse ihren Tagträumen nachhing und nicht konzentriert lernen konnte. Als Konsequenz daraus ergab sich vielleicht, daß sie stets unbefriedigende Noten bekommen hat.

Dieses Haus hängt mit dem Verstand zusammen – also besteht zumindest die Chance, daß diese Stellung die Phantasie stärkt, besonders dann, wenn das Horoskop in seiner Gesamtheit auf viel Vorstellungsvermögen schließen läßt. Einige Astrologen sind der Meinung, daß Neptun im 3. Haus eine schöne Stimme und die Fähigkeit bedeutet, mit seiner Stimme Gefühle zu übermitteln.

4 Neptun im 4. Haus

Neptun im 4. Haus könnte in engem Zusammenhang mit den ersten Lebensjahren der betreffenden Person stehen. Vielleicht waren sie sehr anregend für die Phantasie. Es könnte auch die Tendenz bestanden haben, die Mutter als eine Art märchenhafte Göttin zu sehen.

Man kann nur hoffen, daß es seitdem zu keinen verheerenden desillusionierenden Erfahrungen gekommen ist. Wie dem auch sei – die häuslichen Umstände könnten hier unstrukturiert oder sogar chaotisch gewesen sein. Vielleicht gab es keine regelmäßigen Mahlzeiten, vielleicht keine Unterstützung durch die Eltern, so daß der Betreffende nach seinem Auszug aus dem Zuhause erst einmal selbst Maßstäbe entwickeln mußte.

Eine heikle Stellung für Neptun – hüten Sie sich aber davor, sie zu überinterpretieren. Die Hinweise, die sie über den persönlichen Hintergrund liefert, können allerdings sehr hilfreich für die Lösung von langwierigen Problemen sein.

5 Neptun im 5. Haus

Eine Stellung, die für Phantasie und Kreativität gemäß der Art des Neptunzeichens spricht. Vielleicht stellt sie aber schon für sich ein Element von Kreativität dar.

Was die Liebe betrifft, könnte der Betreffende dazu neigen, sein Herz allzu schnell zu verlieren und die angebetete Person durch die rosarote Brille zu sehen, vielleicht in einer so ausgeprägten Weise, daß die unrealistischen Erwartungen schließlich zu einem Desaster und zu dem sprichwörtlich gebrochenen Herz führen.

Das Liebesleben ist sehr farbig, bereichert durch überdurchschnittlich viel Phantasie. Das Herz herrscht eindeutig über den Verstand – fordern Sie Ihr Gegenüber dazu auf, soviel Vorsicht (Saturn) wie möglich walten zu lassen, um die Tendenz zur Gutgläubigkeit gegenüber dem anderen Geschlecht unter Kontrolle zu halten. Sowohl Männer als auch Frauen könnten durch ihre romantischen Ideale zu leiden haben.

Mit Neptun im 5. Haus könnte man auch zu närrischen Risiken tendieren. Warnen Sie vor der Spielleidenschaft.

6 Neptun im 6. Haus

Was die Gesundheit betrifft, könnten mit dieser Stellung bestimmte Nahrungsmittelallergien verbunden sein.

Die Phantasie ist ständig aktiv – was unter Umständen zu eingebildeten Krankheiten führen könnte. Man muß allerdings zugeben, daß diese Menschen häufig schlecht auf medizinische Therapien ansprechen – ihnen ist womöglich mit Homöopathie oder mit einer Heilmethode besser gedient, die auch die Psyche stimuliert. Fordern Sie Ihr Gegenüber dazu auf, sein eigener Heiler zu werden – wobei in erster Linie die positive Einstellung das Entscheidende ist.

Einen Sinn für das Praktische entwickeln

Mit dieser Stellung könnte es sehr schwerfallen, bei der Arbeit eine beständige Routine zu entwickeln. Man wird die anstehenden Aufgaben zwar erledigen, aber auf eine sehr individuelle Art und Weise, was womöglich zu Problemen mit den Kollegen führt. Unter Termindruck zu arbeiten könnte der Person ein Greuel sein.

Schauen Sie auf andere, praktischere Bereiche des Horoskops, um zu ermitteln, ob man diesen Tendenzen Widerstand entgegensetzen kann. Wenn Neptun eine personalisierte Bedeutung hat, gelingt das vielleicht nicht.

7 Neptun im 7. Haus

Dem Geborenen fällt es womöglich sehr schwer, sich auf eine feste Beziehung einzulassen. Hohe und allzuoft auch unrealistische Erwartungen an den Partner. Insofern fällt die Entscheidung für eine emotionale Beziehung schwer – dem Betreffenden könnte es widerstreben, sich dauerhaft zu binden. Auf der anderen Seite ist es möglich, daß man mit dieser Neptunstellung Hals über Kopf eine Beziehung eingeht. Seien Sie sich dieser Tendenz bewußt, besonders dann, wenn Ihr Gegenüber gerade mit einem Beziehungsproblem zu kämpfen hat.

Eine große Liebe zur Romantik um der Romantik willen. Wenn hier alles gut läuft, bringt der oder die Betreffende in der Beziehung tatsächlich viel Phantasie und Romantik zum Ausdruck. Allerdings kommt es auch hier darauf an, die konkreten Dinge des Lebens im Blick zu behalten – vielleicht ist es so, daß man es dem Partner überläßt, Rechnungen zu bezahlen und die praktischen Seiten des Zusammenseins zu regeln. Dieser sollte aber darauf hinzuwirken versuchen, daß auch der Betreffende seinen Beitrag leistet – ansonsten könnte der Mangel an Ausgewogenheit und Harmonie zu Störungen in der Beziehung führen.

8 Neptun im 8. Haus

Eine überdurchschnittliche machtvolle Stellung für diejenigen, die Neptun im Skorpion haben – sie verleiht zusätzliche Tiefe und Intensität in der Sexualität und sehr viel Leidenschaft. Diese Sphäre des Lebens wird sich als sehr reich erweisen, vorausgesetzt, man ist fähig, sie auf eine positive und harmonische Weise zum Ausdruck zu bringen.

Wenn der Betreffende sich unsicher darüber ist, welche Form des sexuellen Ausdrucks am besten zu ihm paßt, könnte eine Therapie sinnvoll sein – was vielleicht auch gegen etwaige Gefühle der Schuld oder bei der Auseinandersetzung mit negativen oder hemmenden Emotionen helfen kann. Wenn Neptun in einem anderen Zeichen als dem Skorpion steht, ist das aber wahrscheinlich nicht nötig.

Eine sehr verführerische Erscheinung – man könnte Personen des anderen (oder auch des eigenen) Geschlechts auf geradezu magnetische Weise anziehen. Sexualität ist womöglich überdurchschnittlich wichtig.

Vorsichtig mit Geld umgehen

Wenn sich Neptun im zweiten Geldhaus befindet (das gegenüberliegende 2. Haus hat ebenfalls mit Geld zu tun), wahrscheinlich viel Großzügigkeit, vielleicht aber auch allzuviel Gutgläubigkeit dem Partner gegenüber. Man muß sich hier vorsehen – wenn das Horoskop ansonsten nicht auf besondere geschäftliche oder finanzielle Begabungen und eine vorsichtige Haltung schließen läßt, sollte man sich im Zweifelsfall um professionellen Beistand bemühen. Ist man aber kompetent, fügt Neptun im 8. Haus dem noch ein besonderes Vorstellungsvermögen zu.

9 Neptun im 9. Haus

Beträchtliche intellektuelle Auswirkungen; Neptun verleiht hier Inspiration und ein idealistisches Element, was mit einer schönen philosophischen Einstellung zum Leben einhergeht.

Die natürliche Beziehung zwischen Jupiter und Neptun (die beiden sind der traditionelle und der moderne Herrscher der Fische) führt zu positiven Ergebnissen und wirkt sehr machtvoll, wenn sich letzterer Planet in dem Haus befindet, das Jupiter bzw. dem Schützen zugeordnet wird. Eine Stellung, die auf Weisheit schließen läßt. Der oder die Betreffende könnte sich durch eine religiöse oder wissende Haltung auszeichnen oder einem Ruf folgen, was sich vielleicht auch als Interesse an der Mystik oder anderen esoterischen Gebieten manifestiert.

Geistige Kapazität

Ein Geist, der womöglich keine Beschränkungen kennt – um seine Qualitäten aber tatsächlich zum Ausdruck zu bringen, kommt es womöglich darauf an, eine praktische und logische Einstellung zu entwickeln und eine gewisse Skepsis zu beweisen. Die astrologische Tradition besagt, daß Menschen mit dieser Stellung sich mit ungewöhnlichen Erlebnissen herumschlagen müssen, wenn sie ins Ausland reisen.

Eine intensive Auseinandersetzung mit Träumen ist bei dieser Stellung gleichfalls recht wahrscheinlich – sprechen Sie Ihr Gegenüber darauf an. Dies dürfte besonders bei sehr viel Phantasie oder Kreativität der Fall sein, weniger dann, wenn das Horoskop sonst vorwiegend materielle Interessen erkennen läßt.

10 Neptun im 10. Haus

In den meisten der uns bekannten Fälle führt diese Stellung von Neptun, hoch am Himmel und insofern von überdurchschnittlicher Wichtigkeit, zu einem farbigen Berufsleben und zu wiederholten Richtungsänderungen im Leben.

Analysiert man solche Veränderungen im Rückblick, könnte es den Anschein haben, daß sie von innerlichen Gefühlen des Betreffenden ausgegangen sind – oder daß schicksalshafte Wendungen zu den Handlungen geführt haben.

Ziele und Resultate

Steht Neptun in Konjunktion zum MC (siehe S. 333), muß natürlich das Neptunzeichen sehr eingehend analysiert werden – es zeigt nicht nur die Träume und Ziele des betreffenden Menschen, sondern auch, was ihn inspiriert und was er gern zu einer Realität machen würde.

Ein Romantiker, dessen Phantasie manchmal mit ihm durchgeht. Der Heranwachsende, der gerade einen Lehrvertrag unterzeichnet hat, sieht sich im Geiste womöglich schon als Geschäftsführer. Läßt das Horoskop im großen und ganzen aber auf einen Sinn für das Praktische und auf Ehrgeiz schließen, wird man es schließlich zu der angestrebten Position bringen.

Im schlimmsten Fall weiß diese Person nicht, in welche Richtung sie gehen soll. Wenn dem so ist, sollten Sie sorgfältig das Potential analysieren, das mit den Zeichen von Sonne, Mond und Aszendent verbunden ist.

11 Neptun im 11. Haus

Der Betreffende könnte sich eines anregenden gesellschaftlichen Lebens erfreuen und viele Freunde und Bekannte haben, von diesen aber auf die eine oder andere Art ausgenutzt werden. In dieser Beziehung womöglich sehr viel Gutgläubigkeit.

Womöglich verbringt die Person viel Zeit damit, für wohltätige Zwecke Geld zu sammeln – sie weist dann auch für solche altruistischen Tätigkeiten eine besondere Neigung auf. Einen anderen Teil ihrer Freizeit verbringt sie vielleicht damit, Dichterlesungen zu besuchen oder sich mit Fotografie zu beschäftigen.

Verantwortungsbewußtsein zeigen

Es besteht eine gewisse Abneigung, Verantwortung zu übernehmen – zur gleichen Zeit aber könnte der Betreffende allzu nachgiebig sein, wenn solche Forderungen an ihn herangetragen werden. Hat er ein Amt übernommen, stellt es vielleicht bald eine ständige Quelle von Sorgen und Ängsten dar. Insofern gilt es, hier Bestimmtheit und einen Sinn für das, was für ihn möglich ist, zu beweisen – ansonsten kann es bei dem, was eigentlich ein Vergnügen sein sollte, zu Konfusion kommen.

12 Neptun im 12. Haus

Hier ist Neptun zu Hause – weil dies das Fischehaus ist und die Fische von Neptun regiert werden. In der Tat wirkt Neptun von diesem Horoskopbereich aus sehr günstig, wenngleich er hier für eine gewisse Geheimniskrämerei und die Tendenz zur Isolierung sprechen kann.

Seine Intimsphäre bewahren

Es könnte sich als notwendig für diese Person erweisen, sich von Zeit zu Zeit den Anforderungen des Lebens zu entziehen und Abgeschiedenheit zu suchen. Zumindest sollte sie einen eigenen Raum haben, in den sie sich zurückziehen kann, wenn sie sich nach Ruhe und Frieden sehnt. Allerdings bedeutet »Ruhe und Frieden« für jeden etwas anderes – für den einen ein Wochenende im Kloster, für den anderen die Abgeschiedenheit unter dem Kopfhörer mit lauter Musik!

Kreative Arbeit in der Einsamkeit ist durch diese Stellung ebenfalls begünstigt. Ein Mensch, der womöglich das Rampenlicht scheut und es seinen Kreationen überläßt, für ihn zu sprechen. Unter Umständen herausragende kreative Talente.

Neptun in Haus 12 ist auch gut für Menschen, die sich einem pflegenden Beruf verschreiben oder die in einer Institution arbeiten möchten. Für gewöhnlich ist man damit einfühlsam, verständnisvoll und kann sich mit Leidenden identifizieren.

Weist Neptun im Horoskop negative Aspekte auf, kommen Fluchttendenzen in der Persönlichkeit zum Ausdruck – die Neigung zu Täuschungen ist damit nur zu wahrscheinlich. Dies richtet sich meist auf das Selbst, manchmal allerdings auch auf andere Personen. Befindet sich Neptun nicht mehr als zehn Grad vom Aszendenten entfernt, sollten Sie auch den Abschnitt zu Neptun in Konjunktion zum Aszendenten studieren (siehe S. 332).

♆ Der progressive Neptun in den Zeichen

Da Neptun sich sehr langsam durch den Tierkreis bewegt, ein sehr unwahrscheinlicher Fall. Sollte sich dies in einem Horoskop, an dem Sie arbeiten, ereignen, wird der Einfluß möglicherweise zu subtil sein, um überhaupt bemerkt zu werden! Sie sollten aber um ihn wissen und sich ggfs. fragen, welche Auswirkungen damit verbunden sein können.

Neptunaspekte

Abgesehen von den Neptunaspekten zu Pluto, Aszendent und MC, liegt hier die Betonung auf den inneren Planeten – auf dem Planeten, zu dem der Neptunaspekt besteht. In den meisten Fällen müssen Sie hier in den vorigen Abschnitten nachschlagen. Aspekte zum Aszendenten und zum MC können eine sehr subtile, aber auch überwältigende Wirkung haben.

Neptunaspekte zur Sonne
siehe Sonnenaspekte zu Neptun, S. 218/19.

Neptunaspekte zum Mond
siehe Mondaspekte zu Neptun, S. 236.

Neptunaspekte zu Merkur
siehe Merkuraspekte zu Neptun, S. 251.

Neptunaspekte zur Venus
siehe Venusaspekte zu Neptun, S. 265/66.

Neptunaspekte zu Mars
siehe Marsaspekte zu Neptun, S. 279.

Neptunaspekte zu Jupiter
siehe Jupiteraspekte zu Neptun, S. 291.

Neptunaspekte zu Saturn
siehe Saturnaspekte zu Neptun, S. 305/06.

Neptunaspekte zu Uranus
siehe Uranusaspekte zu Neptun, S. 319.

Aufgrund seiner langsamen Bewegung kommt es im Progressionshoroskop zu keinen Neptunaspekten.

♇ Neptunaspekte zu Pluto

Während der 80er und 90er Jahre des vergangenen Jahrhunderts befanden sich Pluto und Neptun beide in den Zwillingen, von Zeit zu Zeit in Konjunktion zueinander. Auf ihrer langen und langsamen Reise um die Sonne hat Neptun jetzt Pluto überholt und sich einen Vorsprung von zwei Zeichen verschafft. Dieser Abstand gilt mehr oder weniger seit dem Eintritt Neptuns in die Jungfrau im Jahr 1928. Mit diesem Katz-und-Maus-Spiel machen die bei den Planeten noch lange weiter – bis ins 21. Jahrhundert hinein, wenn Neptun im Wassermann stehen wird und Pluto im Schützen.

⚹ Sextil

Der einzige Aspekt, der derzeit zwischen Neptun und Pluto möglich ist. Er ist sehr häufig und in den Horoskopen von vielen Menschen vorhanden – insofern auch nicht besonders wichtig, ausgenommen, einer der Planeten weist eine starke Stellung auf, bei welcher der positive Einfluß Neptuns die Intuition kräftigt und das emotionale Niveau erhöht. Wenn sich einer der Planeten im 11. Haus und in Konjunktion zum Aszendenten befindet, deutlich erhöhte Ressourcen – die Person könnte damit die betreffenden Eigenschaften in überreichlichem Maß besitzen, so daß es auf deren bewußte Kontrolle und positiven Ausdruck ankommen würde. Allerdings ist das Sextil der schwächere positive Aspekt – legen Sie nicht zuviel in ihn hinein, wie stark die Planeten auch gestellt sein mögen.

Asz Neptunaspekte zum Aszendenten

☌ Konjunktion

Vom 1. Haus aus: Schwächt die Eigenschaften des aufsteigenden Zeichens – macht den Geborenen geneigter für dessen sanfte, aber auch negativeren Seiten. Wirkt schädlich auf die Bestimmtheit; dabei aber eine freundliche und oft auch sympathische Person. Die Fähigkeit, eine psychologische Motivation gemäß des Aszendentenzeichens zum Ausdruck zu bringen, ist beeinträchtigt. Im Skorpion z. B. sind alle emotionalen Kräfte des Zeichens vorhanden – allerdings wird dessen Energie, die eine solch wunderbare Antriebskraft sein kann, damit geschwächt, was heißt, daß man sein Potential nicht vollständig zum Ausdruck bringen kann und unerfüllt bleiben muß. Negative Fluchttendenzen könnten ein großes Problem sein.

Vom 12. Haus aus: Weil es sich hier um das »Heim« von Neptun handelt, wirkt der Planet günstiger – der Betreffende könnte sehr von seinem Einfluß profitieren. Mitgefühl, Aufgeschlossenheit sowie eine große Bereitschaft, Opfer zu bringen. Äußerlich gesehen vielleicht altruistische Motive – vom psychologischen Blickpunkt aus sind aber vielleicht Ängste vor der »großen weiten Welt« oder auch mangelndes Selbstvertrauen ausschlaggebend. Im Idealfall stimuliert Neptun zu großen Leistungen fernab der Öffentlichkeit – der Mensch zieht es vor, sein Werk für sich sprechen zu lassen. Die Neigung zur Flucht ist zumeist unter Kontrolle, das Bedürfnis nach Ruhe und Frieden ist aber ein markantes Merkmal. Die Neptunaspekte zu Sonne, Mond oder den persönlichen Planeten müssen sorgfältig analysiert werden. Lesen Sie noch einmal den Abschnitt zu Neptun im 1. bzw. im 12. Haus (S. 329 u. 331), und vergleichen Sie die subtilen, nichtsdestoweniger aber deutlichen Unterschiede.

+ Positive Aspekte

Sind nicht allzu machtvoll, glätten aber die Eigenschaften des aufsteigenden Zeichens. Verleihen Phantasie und Intuition sowie die Tendenz, sich mit dem Rätselhaften zu befassen. All dies macht den Betreffenden zu einer verführerischen Gestalt, besonders wenn sich Neptun im Skorpion befindet. Die kreative Vorstellungskraft ist gestärkt.

– Negative Aspekte

Hier führt der subtile Einfluß von Neptun unter Umständen zu Selbsttäuschung und Lügen. Es passiert diesen Menschen nur zu leicht, daß sie den Kontakt zur Realität verlieren. Eine Opposition zum Aszendenten aus dem 6. oder dem 7. Haus gibt Neptun zusätzliches Gewicht. Schlagen Sie für Ihre Interpretation noch einmal den betreffenden Absatz auf (S. 330). Gehen Sie auf die gleiche Weise vor, wenn es sich um ein Quadrat aus dem 4. oder dem 10. Haus handelt. Messen Sie einem schwächeren Aspekt keine zu große Bedeutung bei; aber selbst ein Nebenaspekt könnte eine Neigung zu Täuschungen oder einen chaotischen Persönlichkeitszug anzeigen.

Neptunaspekte zum MC

Konjunktion

Wie der Beschreibung von Neptun im 10. Haus (siehe S. 331) auch zu entnehmen war, könnte es hier zu Richtungsänderungen im Beruf kommen, auch dann, wenn sich die Konjunktion aus einem anderen Haus ergibt.

Möglicherweise eine Identifikation mit neptunischen Konzepten und Erfolge bei deren Umsetzung, vorausgesetzt, der Rest des Horoskops läßt auf Stabilität schließen und darauf, daß der Neptuneinfluß positiv eingesetzt werden kann.

Positive Aspekte

Diese Einflüsse sind nicht besonders stark, sie helfen dem Betreffenden aber bei einem Beruf in Verbindung mit neptunischen Themen, z. B. bei der Fotografie, den Pflegeberufen, dem Tanz oder jeglicher Arbeit, bei der Inspiration und Phantasie zur Geltung kommen.

Negative Aspekte

Könnten die Neigung zu Ausflüchten und Ausreden in Verbindung mit dem Beruf oder im Kontakt zu Autoritätspersonen anzeigen. Uriah Heep in Charles Dickens »David Copperfield« dürfte einen solchen Aspekt gehabt haben (neben einem Quadrat zu Saturn). Womöglich ein Zug der Arglist – jemand, der andere gerne im dunkeln tappen läßt, um es einmal milde auszudrücken.

Neptuntransite

Die am schwersten zu beschreibenden Transite überhaupt – manche Menschen spüren sie sehr deutlich, andere wiederum gar nicht. Das ist aber noch nicht alles: Unter einem machtvollen Neptuntransit könnte die gleiche Person auf verschiedene Arten reagieren. Einmal vielleicht ein Mensch, auf den das, was wir angeführt haben, überhaupt nicht zutrifft; auf der anderen Seite jemand, der sich immer wieder Eß- oder Trinkgelagen hingibt und jede Disziplin vermissen läßt. Wieder andere haben jetzt sogar Visionen! Seien Sie vorsichtig – raten Sie ggfs. zur Hilfe von Therapeuten, und lassen Sie sich nicht allzu sehr auf Ihr Gegenüber ein! Ein typischer Satz ist: »Ich weiß nicht, was mit mir los ist – ich kann nicht mehr arbeiten! Meine Konzentration ist weg!«

In den Träumen kann es zu einer ähnlichen Entwicklung kommen. Manche Menschen sagen, daß sie niemals träumen, was aber natürlich nicht stimmt – sie vergessen einfach ihre Träume. Diejenigen mit wenigen Erinnerungen sind meist sehr materialistisch gesinnt, sie beschäftigen sich in erster Linie mit Geld und ihrem Platz in der Gesellschaft. Diejenigen, die sich gut an ihre Träume erinnern, sind dagegen eher sensibler, intuitiver, emotionaler und meist auf die eine oder andere Weise kreativ. Wie dem auch sei – zunächst einmal sind die Auswirkungen von Neptun die gleichen, auch wenn der Materialist schwört, daß Neptun bei ihm keine Wirkung hat, und der Intuitive sagt, daß er jede seiner Nuancen spürt.

Wir müssen diese Reaktionen aber in einer breiteren Perspektive sehen und uns dazu erst einmal genauer mit denjenigen beschäftigen, die meinen, daß Neptun bei ihnen keine Wirkung hat. Der Materialist macht aber als Ergebnis des Neptuneinflusses vielleicht ein schmutziges Geschäft oder läßt sich zu einer Liebesaffäre hinreißen. Psychologisch gesehen kann es auch zu einem subtilen Wandel der Gefühle kommen, möglicherweise ein gewachsenes Bewußtsein für die feineren Elemente des Lebens. Der mit allen Wassern gewaschene reiche Geschäftsmann weint vielleicht nun zum ersten Mal – wegen eines Filmes, weil er einen schmerzhaften Gichtanfall erlebt oder eine unangenehme Lebensmittelvergiftung erleidet. Der sensiblere Mensch dagegen könnte zu Notlügen Zuflucht nehmen, um den Partner nicht zu verletzen – was in der Folge vielleicht zu großer Verwirrung und Konfusion führt. Im Idealfall kann mit dem positiven Einfluß schließlich ein sehr eindrucksvolles und kreatives Resultat verbunden sein. Vielleicht beginnt der Mensch darunter auch mit dem Studium eines esoterischen Gebietes, z. B. der Astrologie (oftmals ist neben Uranus auch Neptun besonders betont, wenn wir uns mit ihr zu befassen beginnen).

Die zeitliche Eingrenzung von Neptuntransiten ist schwierig. Astrologisch gesehen handelt es sich um einen Einfluß von schwankender Intensität. Bei der Interpretation müssen wir dies unterstreichen, um unser Gegenüber nicht in Verwirrung zu stürzen (er könnte durch den Einfluß von Neptun schon verwirrt genug sein). Beschränken Sie sich, was diesen Trend betrifft, auf wenige und eindeutige Aussagen! Erläutern Sie, nachdem Sie den Transit astronomisch zeitlich eingegrenzt haben, daß sein Einfluß astrologisch nicht eindeutig zu fixieren ist. Er kann früher beginnen und länger dauern als gedacht!

Neptuntransite zur Sonne

Konjunktion

Es hängt hier viel davon ab, welche Neptunaspekte im Horoskop gegeben sind. Auf jeden Fall aber ist es sinnvoll, jetzt vor der Gefahr zu warnen, den Kontakt mit der Realität zu verlieren. Nun kommt es häufig zu schönen und wunderbaren Erlebnissen – es besteht aber (und es handelt sich um ein sehr gewichtiges »aber«) die Neigung, sich im siebenten Himmel zu wähnen. Manchmal tut man jetzt Dinge, die man sonst nicht machen würde, im Glauben, daß alles gutgehen wird. Wir wollen damit nicht sagen, daß Mißerfolge vorprogrammiert sind – sie sind aber sehr wohl möglich, speziell dann, wenn der Betreffende den Boden der Realität verläßt.

Man kann jetzt sehr kreativ arbeiten und seiner Vorstellungskraft dabei Ausdruck verleihen. Wichtiger als alles andere sind ein stabiles Gefühlsleben, Vorsicht und gesunder Menschenverstand, was aber nicht leichtfällt.

Anmerkung: Dieser Transit ist bis ins Jahr 2025 nur für die Sonnenzeichen Wassermann und Fische möglich.

Positive Transite

Grundsätzlich ähneln diese Transite der Konjunktion, sie sind aber nicht ganz so machtvoll. Viele Menschen werden der Ansicht sein, daß mit ihnen keine spürbaren Auswirkungen verbunden sind. Ganz allgemein harmonischere Neptuneinflüsse, mit positiven Resultaten und ohne die Tendenz, sich emotional von den Geschehnissen überwältigen zu lassen oder dem Leben ratlos gegenüberzustehen.

− Negative Transite

Hiermit dürften die negativen Auswirkungen der Konjunktion in Erscheinung treten. Oftmals aber noch mehr Verwirrung – man muß aufpassen, daß man in Verbindung mit den Fluchttendenzen nicht zu Drogen greift. Das gilt für medizinisch verordnete Präparate wie z. B. Beruhigungsmittel, aber auch für die Drogen, die noch gefährlicher sind. Es versteht sich von selbst, daß man auch beim Alkohol maßhalten muß. Die Neigung zur Selbsttäuschung ist ebenfalls verstärkt. Wie immer hängt es von der individuellen Persönlichkeit ab, wie der Transit erlebt wird.

☽ Neptuntransite zum Mond

☌ Konjunktion

Die Tendenz, direkt auf Neptuneinflüsse anzusprechen. Man ist nun leicht zu beeindrucken, z. B. durch Leid, und hat den Wunsch, darauf auf die angemessene Art und Weise zu reagieren. Der Betreffende könnte jetzt zu Inkonsequenz neigen; er kann aber auch viel Inspiration erfahren, und vielleicht kommt es wegen seiner unmittelbaren Reaktionen auch zu dramatischen Entwicklungen und Veränderungen. Manche Menschen sehen unter diesem Transit auch das Licht – wenn vielleicht auch nur das am Ende des Tunnels.

+ Positive Transite

Jetzt stehen die Gefühle im Blickpunkt, der Mensch reagiert emotional stärker als sonst. Eine romantische Stimmung. Theoretisch sollte alles gut gehen, besonders auch dann, wenn es einen positiven Einfluß der progressiven Venus gibt. Bei schwerwiegenden negativen Transiten zu Uranus oder Saturn aber werden Mond und Neptun nicht unbeeinflußt bleiben. In diesem Fall sollten Sie Ihr Gegenüber auf die Neigung zu emotionalen Überreaktionen und vielleicht auch zu Naivität hinweisen, besonders in Liebesdingen. Alternativ dazu wäre denkbar, daß er oder sie auf Probleme unangemessen reagiert.

− Negative Transite

Schwierig zu interpretieren, weil man nicht voraussagen kann, wie sie sich auswirken. Grundsätzlich ist mit ihnen ein gewisser emotionaler Streß oder auch die Neigung zur Selbsttäuschung vorhanden, vielleicht kommt es auch zu Überreaktionen auf die Aktivitäten einer anderen Person. Man könnte von skrupellosen Menschen ausgenutzt werden und in ernsthafte Schwierigkeiten kommen. Wenn die Tendenz zu Täuschungen im Horoskop angelegt ist, könnte es dagegen der Geborene sein, der andere – Freunde oder Geschäftspartner – hintergeht. Warnen Sie davor, sich auf unseriöse Aktivitäten einzulassen, und raten Sie, sich auf eine umsichtige und vernünftige Weise zu ernähren. Eine Lebensmittelvergiftung ist jetzt nämlich nicht unwahrscheinlich.

☿ Neptuntransite zu Merkur

☌ Konjunktion

Dürfte sich günstig auswirken. Man hat jetzt vielleicht inspirierte und zündende Ideen oder findet auf einem Gebiet, das zuvor unbeachtet geblieben war, Inspiration. Allerdings verstärkt Neptun oft auch die kritische Seite von Merkur – vorausgesetzt aber, daß der Mensch um Klarheit und Positivität gegenüber anderen bemüht ist, dürfte alles gutgehen. Wenn die eskapistische Seite von Neptun zum Tragen kommt, wünscht sich der Betreffende nichts sehnlicher, als alles einmal hinter sich zu lassen – raten Sie in einem solchen Fall zu einem Wochenendausflug an einen nicht allzu weit entfernten schönen und friedvollen Ort. Dieser Transit ist günstig für Menschen, die ihre Ideen anderen vermitteln wollen – vor der Unterredung aber sollte man sich Notizen zu den einzelnen Punkten machen, weil man sonst vielleicht abschweift oder das Wichtigste vergißt.

+ Positive Transite

Konstruktive Einflüsse, die besonders günstig für diejenigen sind, die sich dem Studium eines esoterischen Gebietes verschrieben haben oder die sich für Poesie interessieren – hier befindet sich der Planet der Dichtung in Harmonie zum Planeten der Kommunikation. Hilfreich auch dafür, diese Gebiete mit mehr Objektivität zu sehen.

− Negative Transite

Sehr subtile Einflüsse, die uns geistesabwesend machen können, weil sie das Konzentrationsvermögen beeinträchtigen. Fordern Sie Ihr Gegenüber dazu auf, sorgfältig zu planen, was zu tun ist. Der Terminkalender sollte stets zur Hand sein, auch die Schlüssel – und zwar die richtigen! Vergeßlichkeit führt jetzt zu Problemen, wie auch die Neigung, sich von vermeintlich brillanten Ideen mitreißen zu lassen, die sich in der Realität aber als gänzlich unpraktisch erweisen. Rauben Sie der betreffenden Person aber nicht jeden Mut – fordern Sie sie nur dazu auf, wichtige Entscheidungen und Handlungen mindestens drei Wochen aufzuschieben.

Professioneller Beistand ist besonders dann ratsam, wenn Merkur oder Neptun eine personalisierte Bedeutung hat oder in der einen oder anderen Weise im Horoskop betont ist. Aber auch in diesem Fall könnte der Betreffende geneigt sein, das zu glauben, was er glauben will.

♀ Neptuntransite zum Venus

☌ Konjunktion

Neptun wirkt hier günstig und verstärkt viel von dem, was positiv an der Venus ist. Wenn man bestimmen will, wie und wo sich der Transit auswirken wird, muß man untersuchen, wie die Venus im Horoskop zum Ausdruck kommt. Vielleicht eine sehr glückliche Zeit mit vielen romantischen und/oder idealistischen Eindrücken; möglicherweise ein Erlebnis, das man nicht wieder vergißt – die aufregendste Nacht des Lebens vielleicht. Dieser Einfluß wirkt prägend auf den Zeitraum von einigen Wochen, der sich wahrscheinlich als recht vergnüglich erweisen dürfte. Eine wunderbare Unterstützung, falls es nun zu einer Heirat kommen sollte. Allerdings muß diese Vertiefung der Beziehung noch von anderen, stärkeren Faktoren angezeigt sein – lesen Sie hierzu auch das Kapitel zu den Beziehungen (Seite 148–167).

+ Positive Transite

Ähneln der Konjunktion, sind aber einfacher als diese. Der Geborene könnte jetzt dazu neigen, sich romantischen Erfahrungen und den Freuden des süßen Lebens hinzugeben. Am besten wäre es, diesen Transit mit dem oder der Geliebten an einem warmen Tropenstrand zu verbringen! Das Vergnügen sollte jetzt an erster Stelle kommen – schlagen Sie also vor, daß die betreffende Person mit ihrem Partner etwas Besonderes unternimmt; dies kann zu einer vergnüglichen Erfahrung führen, an die sich beide gerne erinnern. Gerade nach einer Zeit der Anspannung innerhalb der Beziehung können diese Transite sehr günstig sein. Oftmals verliebt man sich auch, wenn Neptun und die Venus im positiven Kontakt zueinander stehen.

− Negative Transite

Ohne Frage heikel! Der Betreffende sieht emotionale Probleme wahrscheinlich nicht im richtigen Licht und reagiert unvernünftig. Auch die eskapistische Neigung könnte nun zum Tragen kommen – raten Sie von drastischen Reaktionen ab. Manchmal ist es gut, sich für eine Zeit vom Partner (bzw. von dem, was Probleme macht) zu trennen.

Sehen Sie nach, ob es andere Hinweise für dauerhafte Veränderungen gibt, und fordern Sie den Menschen dazu auf, sich seines gesunden Menschenverstandes und der Logik zu bedienen – was allerdings schwerfällt, weil sich die Emotionen womöglich in Aufruhr befinden. Lesen Sie hier noch einmal nach, was wir einführend zu den Neptuntransiten geschrieben haben, und machen Sie sich noch einmal bewußt, daß einige Menschen stärker auf diese Transite reagieren als andere. Ihr Gegenüber neigt jetzt unter Umständen auch zur Falschheit. Die Wahrscheinlichkeit, daß man sich jetzt vor der eigenen, verschlossenen Tür wiederfindet, ist recht groß – man tendiert weiterhin zu Vergeßlichkeit (generell ein Problem, wenn Neptun aktiv ist) bzw. dazu, dumme Fehler zu begehen.

♂ NEPTUNTRANSITE ZU MARS

☌ Konjunktion

Die Emotionen sind nun auf eine farbige und leidenschaftliche Weise betont. Jetzt liegt der Akzent auf dem Romantischen, jetzt kann auch das kreative Potential zu Aktivitäten führen. Es ist auch denkbar, daß sich nun ein Interesse an einer Sportart, die mit dem Wasser zusammenhängt, manifestiert. Alles, was auf- und anregend ist, übt nun einen besonderen Reiz aus. Der Einfluß könnte sich als der Funke erweisen, der ein Feuerwerk in Gang setzt und zu glanzvollen Resultaten führt.

+ Positive Transite

Ähneln in ihrer Wirkung der Konjunktion. Ermuntern Sie Ihr Gegenüber, unter diesen positiven Transiten mit der Arbeit an einem neptunischen Thema zu beginnen, das ihn schon immer interessiert hat. Viel Potential, wenn man unter diesen Transiten aktiv wird.

− Negative Transite

Diese sind problematisch – sehr oft hat man es dabei mit Enttäuschungen zu tun. Wir wollen nicht soweit gehen zu behaupten, daß der Betreffende zwangsläufig eine Enttäuschung erleben muß – zu diesen Zeiten kommt es sehr darauf an, keine zu hohen Erwartungen zu hegen.

Wie alle Neptuntransite ziehen auch diese sich über einige Wochen hin. Wenn es durch Rückläufigkeit dreimal dazu kommt, könnte sich der ganze Zeitabschnitt in der einen oder anderen Weise als Enttäuschung herausstellen. Ziehen Sie auch die anderen Trends in Betracht – vielleicht gibt es Einflüsse, die mildernd wirken. Positive Jupitertransite, günstige Lunarprogressionen sowie stabilisierende Saturntransite zu Sonne oder Mond wären eine Hilfe.

♃ NEPTUNTRANSITE ZU JUPITER

☌ Konjunktion

Ein sehr subtiler, häufig aber auch belohnender Transit, unter dem man die eine oder andere religiöse oder philosophische Erkenntnis gewinnen kann. Manche Menschen machen sich nun auf den Weg, vielleicht beginnen sie eine Reise, die sich als ausgedehnter als zunächst geplant erweist. Das wäre auch sehr schön, weil die Eindrücke der fremden Länder dann um so tiefer und dauerhafter wirken.

Eine Energie, die für ein Studium sprechen könnte, vorausgesetzt, der Betreffende kann sich konzentrieren. Womöglich aber fühlt er sich von dem Studiengegenstand geradezu überwältigt und verliert den Boden unter den Füßen. In diesem Fall ist es sehr schwer, den Lehrstoff wirklich zu assimilieren; es könnte ihm an jeder Struktur und Form mangeln.

Auch dieser Einfluß kann mit dem Schlüsselwort von Jupiter beschrieben werden, das da lautet: Expansion. Das kann auch eine Gewichtszunahme bedeuten, besonders dann, wenn man eine luxuriöse Kreuzfahrt oder eine teure Urlaubsreise unternimmt. So vergnüglich und interessant diese Zeit auch sein kann – weisen Sie die Person behutsam darauf hin, daß sie früher oder später wieder auf den Boden der Realität zurückkehren muß.

+ Positive Transite

Die Auswirkungen sind nahezu identisch mit der Konjunktion. Jupiter und Neptun kommen aufgrund ihres Zusammenhangs mit den Fischen gut miteinander aus (früher galt Jupiter als deren Herrscher) bzw. unterstützen einander. Viel Inspiration und Vorstellungskraft.

Alle Jupiter-Angelegenheiten können jetzt zur Blüte kommen. Intellektuelle Schlußfolgerungen können sich ergeben, vielleicht auch eine große geistige Weiterentwicklung. Diese Transite helfen auch dem Menschen, der sich einem neuen Gebiet oder Studium verschreibt – der vielleicht nur deshalb eine Sprache erlernen möchte, weil ihr Klang ihn fasziniert.

− Negative Transite

Der Betreffende könnte sich zu dieser Zeit jeglicher Beschränkung widersetzen. Als Student z. B. könnte er den Vorlesungen fernbleiben und der Meinung sein, selbst am besten zu wissen, wie er sich den Lehrstoff aneignen kann. Die Resultate dürften aber wenig überzeugend sein, und vielleicht verpaßt er mit diesem Verhalten manche Gelegenheit.

Das Urteilsvermögen ist geschwächt, so daß man nun keine wichtigen Entscheidungen treffen sollte. Vielleicht wirken die Transite auch negativ auf die Leber, was an zu reichen Mahlzeiten oder an übermäßigem Alkoholgenuß liegen könnte – als Versuch, den aktuellen Problemen zu entfliehen.

♄ NEPTUNTRANSITE ZU SATURN

☌ Konjunktion

Ein Transit, der sich im Idealfall als sehr wichtige Lebensphase erweist – jetzt können Realismus und Idealismus zusammenkommen. Ehrgeiz, der Wille zum Erfolg und Bestimmtheit verbinden sich positiv mit idealistischen Zügen, was vernünftige und umsichtige Entscheidungen und ein verantwortungsbewußtes Denken möglich macht. Dieser Prozeß ist vielleicht schwierig, weil das, was man für richtig und für seine Pflicht hält, sehr wohl von den Idealen abweichen kann. Hier könnte auch ein Zusammenhang zu persönlichen Schwächen bestehen, z. B. Selbstsucht oder Geiz oder die Neigung, andere als eine Art persönlichen Besitz zu sehen. Diese müssen unbedingt bekämpft werden.

Aber auch ein Idealismus von höchstem Niveau ist nun denkbar. Vielleicht erforscht der Geborene intensiv sein Inneres, was ihn milder, mitfühlender und verständnisvoller macht und zur Erkenntnis führt, daß materieller und weltlicher Ehrgeiz unwichtig ist. Dies ist beim jetzigen Lauf von Neptun durch den Steinbock von großem Interesse – diese Konjunktion ist nämlich aus dem Grund von besonderer Stärke, weil sich Saturn dabei im eigenen Zeichen befindet.

+ Positive Transite

Helfen dabei, die Emotionen und die Intuition zu stabilisieren. Oftmals auch eine positiv genutzte Inspiration, mit Ideen und Schlußfolgerungen, die tatsächlich realisierbar sind. Exzellente Einflüsse für diejenigen, die die Inspiration spüren, etwas Neues zu erschaffen. Ermutigen Sie Ihr Gegenüber, diese praktischen, dabei aber doch inspirierten Einflüsse tatsächlich zu nutzen!

– Negative Transite

Sind schwierig. Oftmals fühlt sich der Mensch darunter von seinen Emotionen und seinem Pflichtgefühl in zwei Richtungen gezogen. Das kann zu viel Verwirrung und innerlicher Ratlosigkeit führen sowie dazu, daß man gar nicht erst aktiv wird, sondern sich mit einer faulen Ausrede begnügt. Insofern könnte es sich um eine Phase der Unbestimmtheit handeln – und in der Tat sollte man jetzt besser keine wichtige Entscheidung treffen. In einem Moment fühlt sich der oder die Betreffende stark und mächtig, im nächsten schwach und verwirrt.

Die allgemeine Einstellung könnte nun etwas Düsteres haben: »Ich weiß nicht, was los ist – ich fühle mich ein bißchen verwirrt.« Sie können den Betreffenden unterstützen, vielleicht, indem er sich bei Ihnen einmal ausweinen kann. Es ist auch nicht erforderlich, jetzt tatsächlich aktiv zu werden, höchstens dann, wenn eine Reihe von positiven Transiten oder Progressionen eindeutig erkennen läßt, daß idealistische Aktivitäten nun möglich sind. Der Planet, der im Horoskop stärker steht, hat bei dem Transit den größten Einfluß.

♅ NEPTUNTRANSITE ZU URANUS

☌ Konjunktion

Bis weit in das 21. Jahrhundert hinein läuft Neptun durch den Steinbock und den Wassermann, was bedeutet, daß jetzt nur ältere Menschen – die Uranus in diesen Zeichen haben – diese Konjunktion erleben können.

Ein interessanter und vielleicht auch reicher Zeitabschnitt, mit inspirierten und originellen Gedanken. Man wird Fortschritte erzielen können, wenn man dazu imstande ist, den Ideen konkret Ausdruck zu geben. Auch neue Einstellungen, z. B. zu spirituellen Themen, sind jetzt denkbar. Der Transit wirkt am besten, wenn es gleichzeitig zu positiven Saturneinflüssen kommt. Falls dem nicht so ist, bedeutet er vielleicht nur, daß der Betreffende jetzt unpraktisch handelt. Wenn einer der beiden Planeten im Horoskop negativ aspektiert ist, ist zu dieser Zeit mit Spannungen zu rechnen.

+ Positive Transite

Sind weniger machtvoll als die Konjunktion, stehen aber gleichfalls für eine belohnende Zeit. Möglicherweise sehr originelle Arbeiten oder Ideen. Leisten Sie Ihren Beitrag dazu, daß der Betreffende neue Interessen entwickelt.

– Negative Transite

Wahrscheinlich eine verwirrende und mit Spannungen erfüllte Phase. Wenn Neptun oder Uranus eine personalisierte Bedeutung hat, könnten die Probleme alles dominieren; trifft das nicht zu, muß sich der Betreffende vermutlich nur mit einem lästigen und kraftraubenden Problem auseinandersetzen. Man ist in diesem Fall dazu in der Lage, erst einmal mit wichtigeren Dingen weiterzumachen. Auch bei den negativen Transiten aber sind sehr viele überraschende und originelle Ideen möglich – es kann allerdings daran mangeln, sie zu realisieren.

♇ NEPTUNTRANSITE ZU PLUTO

☌ Konjunktion

Neptun braucht 14 Jahre, um durch ein Zeichen zu laufen, und bleibt bis 1998 im Steinbock, während Pluto sich bis 2008 im Zeichen Schütze befindet. Da Pluto für den Lauf durch ein Zeichen zwischen 13 und 32 Jahren braucht, wird es in den nächsten hundert Jahren nicht zu diesem Transit kommen.

+ Positive Transite

Können einen positiven und anregenden Einfluß auf die Sexualität haben, indem sie die Emotionen und die sexuelle Erfüllung in einen Zusammenhang bringen. Wenn es hier in der Vergangenheit Probleme gegeben hat, könnte man nun eine Lösung finden, besonders wenn einer der beiden Planeten eine personalisierte Bedeutung hat.

– Negative Transite

Verwirrung und ein blockierter Ausdruck der Emotionen in Verbindung mit der Sexualität könnten in Streßzeiten zu Problemen führen. Vielleicht sind es körperliche Beschwerden, die der sexuellen Erfüllung im Wege stehen, speziell wenn sich Pluto im Krebs oder in der Waage befindet. Pluto steht für die großen wirtschaftlichen Zusammenhänge – es ist nicht ratsam, unter einem solchen Transit wichtige Investitionen vorzunehmen. Die denkbaren Komplikationen sind im besten Fall Verwirrung und im schlimmsten Betrug.

Asz NEPTUNTRANSITE ZUM ASZENDENTEN

☌ Konjunktion

Ein untergründiger, aber sehr wirkungsvoller Transit. Wie bereits in der Einführung zu den Neptuntransiten erwähnt (siehe S. 333), fühlen Menschen den Einfluß dieses Planeten auf sehr unterschiedliche Weise. Dessen muß man sich bewußt sein, wenn man an die Interpretation dieses Transits geht, der im übrigen bis weit ins 21. Jahrhundert hinein nur bei Menschen mit einem Steinbock-, Wassermann- oder Fische-Aszendenten möglich ist.

Bevor es zu dieser Konjunktion kommt, läuft Neptun durch das 12. Haus. War dieser Transit von nennenswerten Auswirkungen begleitet? Um dies herauszufinden, sollten Sie den Abschnitt zu Neptun im 12. Haus gründlich studieren, natürlich in dem Bewußtsein, daß sich dieser Transit mit seinen Auswirkungen über mehr als zehn Jahre hingezogen hat. Wenn Neptun dann den Aszendenten berührt, könnte der Betreffende zu einem undisziplinierten und verträumten Verhalten neigen. Bei einem negativen Aspekt im Horoskop treten nun vielleicht auch die Tendenz zur Arglist und ein untypisches Verhalten zutage. Das kreative Potential des Betreffenden könnte aber auch einen neuen, inspirierten und einfach wunderbaren Ausdruck finden. Dieser Transit ist schwierig zu interpretieren, weil es so viele Möglichkeiten gibt.

+ Positive Transite

Hier treten für gewöhnlich die besten Seiten des neptunischen Einflusses zutage. Höchstens neigt man zu einer gewissen Vergeßlichkeit und Verwirrung – es wird aber keinesfalls an Inspiration oder an einem positiven Ventil fehlen.

− Negative Transite

Sehr heikel. Bei der Opposition ergeben sich vielleicht schädliche Wirkungen auf die Beziehung. Wenn man sich überlegt, eine Beziehung einzugehen, sieht man möglicherweise den Partner oder die Partnerin nicht so, wie er oder sie wirklich ist; man läßt sich vom Glanz des ersten Augenblicks und seinen Wunschvorstellungen leiten. Raten Sie dazu, die Heirat oder den Bezug einer gemeinsamen Wohnung hinauszuschieben, besonders dann, wenn es jetzt keine starken unterstützenden Progressionen für diesen Lebensbereich gibt. Die Wirkungsweise der Quadrate ist ähnlich, sie beziehen sich entweder auf die Arbeit (Neptun im bzw. in der Nähe des 10. Hauses) oder auf das Zuhause und das Familienleben (Neptun in oder am 4. Haus). Verwirrung, mangelnder Realitätssinn, andere täuschen oder selbst getäuscht werden (Opposition) – das alles ist jetzt sehr wahrscheinlich.

MC Neptuntransite zum MC

☌ Konjunktion

Nun könnten sich sehr ungewöhnliche Erfahrungen ergeben. Manchmal interessante berufliche Entwicklungen oder Veränderungen, die in der Folge zu einem freieren Ausdruck von Intuition, Inspiration und Phantasie führen. Jemand, der sich bisher nur mit dem harten Konkurrenzkampf im Beruf beschäftigt hat, ändert jetzt vielleicht sein Leben und macht angenehmere und erfüllendere Erfahrungen. Unter Umständen können auch einige der weniger angenehmen Eigenschaften dieses Planeten hervortreten – z. B., daß Kollegen gegen den Betreffenden zu intrigieren beginnen. Eine unfaire oder hinterlistige Aktion könnte eine anstehende Beförderung verhindern. Man selbst darf sich jetzt auf keinen Fall auf dubiose Machenschaften oder auf arglistige Aktivitäten einlassen.

+ Positive Transite

Subtile Veränderungen der einen oder anderen Art, die sich entweder auf den Beruf oder auf den Lebensstil beziehen und wahrscheinlich zu angenehmeren und befriedigenderen Umständen führen.

− Negative Transite

Die Auswirkungen ähneln den negativen Umständen, wie sie unter der Konjunktion angeführt wurden – der Geborene könnte aber noch verwirrter auf die Geschehnisse reagieren und sich noch unglücklicher fühlen. Das Haus, durch das Neptun läuft, könnte anzeigen, um welchen Lebensbereich es hier geht.

Beim Quadrat aus dem 7. Haus wäre ein typisches Ergebnis, daß dem Betreffenden ein interessantes und günstiges Angebot gemacht wird, welches aber einen Umzug erfordern würde, dem der Partner nicht zustimmt. Bei der Opposition aus dem 4. Haus könnte die negative Haltung eines Elternteils oder eine emotionale Erpressung dafür verantwortlich sein, daß man die Chance ungenutzt läßt. In beiden Fällen sollte der Betreffende den Kampf aufnehmen – ohne allerdings sogleich mit Erfolgen zu rechnen. Diese ergeben sich erst dann, wenn der Transit vorbei ist.

♆ Neptuntransite zum Radixneptun

Es gibt keine Neptunwiederkehr – einfach aus dem Grund, daß wir nicht 168 Jahre alt werden. Der Neptuneinfluß bei den Transiten zur eigenen Stellung ist sehr subtil (besonders bei den Quadraten und den Trigonen); die Auswirkungen sind längst nicht so markant wie bei der Saturnwiederkehr oder bei der Uranusopposition zum Radixuranus.

Das Sextil des Neptunzyklus erlebt man mit etwa 28 Jahren – es kann Ideen und Eingebungen bedeuten, die dann etwas später unter der Saturnwiederkehr zu konkreten Veränderungen führen. Das Quadrat ergibt sich etwa zur Zeit der spannungsreichen Uranusopposition zum Radixuranus, es könnte dieser Zeit noch mehr Konfusion bescheren.

Das Trigon wirkt, wenn wir etwa 56 Jahre alt sind, es hat möglicherweise eine philosophischere Haltung zur Folge und läßt uns die Saat für angenehme Ideen legen, die uns dann etwas später, wenn wir uns aus dem Berufsleben zurückziehen, reiche Früchte bringen können. Es macht nichts, wenn wir in dieser Phase etwas schrullig wirken – schließlich arbeiten die meisten Menschen auch zu dieser Zeit noch hart, um aktiv, die Vorstellungen zu einer Realität zu machen.

Eltern fragen sich vielleicht, was mit ihrem Kind los ist, wenn es 14 geworden ist – das Alter, in dem ein schwaches Halbsextil wirkt. Der Teenager könnte zu dieser Zeit schwärmerisch und verträumt sein, er erlebt vielleicht seine erste Liebe und kann sich beim besten Willen nicht auf die Schule konzentrieren. Vielleicht fühlt er auch eine leidenschaftliche Anteilnahme am Geschick eines Popstars oder eines berühmten Sportlers.

All dies sind natürlich Verallgemeinerungen. Sie können aber dabei helfen, mehr darüber in Erfahrung zu bringen, wie die außerordentlich subtilen Neptuntransite zur Neptunstellung das Leben der betreffenden Menschen beeinflussen.

Pluto in den Zeichen

Pluto, der sich am langsamsten bewegende Planet, braucht 246 Jahre für einen vollständigen Lauf um die Sonne und durch alle zwölf Tierkreiszeichen. Seine Umlaufbahn ist außergewöhnlich – manche Zeichen durchläuft er in nur 13 Jahren, für andere braucht er dagegen bis zu 32 Jahren. Auch hier handelt es sich um einen Generationsaspekt. Unserer Ansicht nach ist er weniger machtvoll als Neptun, nichtsdestoweniger kann er markante Auswirkungen haben.

Es gibt keinen lebenden Menschen mit Pluto im Widder oder im Stier – auf der anderen Seite kamen ab 1995 Kinder mit dem Schützepluto zur Welt. Zu diesem Zeitpunkt nahm der Planet seine Reise durch dieses Zeichen auf – wie sich das auswirken wird, kann nur vermutet werden. Mit der Zeit werden wir mehr dazu erfahren.

♊ Pluto in den Zwillingen (1882/83 – 1912/13)

Allgemeine Ebene

Zu dieser Zeit ergaben sich wichtige Entwicklungen und Veränderungen – viele alte Vorstellungen und Konzepte wurden nun zu den Akten gelegt. Vieles von dem, was niemals zuvor in Frage gestellt wurde, sah man jetzt mit kritischen Augen. Die Entwicklung des Automobils und der Kommunikationstechnologien ließ die Welt nun kleiner werden.

Persönliche Ebene

Es gibt noch einige sehr alte Personen mit dieser Plutostellung. Sie steht für Erfindungsgeist und ein allgemeines Interesse, besonders auch an jungen Menschen. Bei guten intellektuellen Fähigkeiten kann diese Stellung auf Weisheit schließen lassen; diese Menschen können sich im Leben auf ihre reichen Erfahrungen verlassen, auch dann, wenn sie sich mit Jüngeren auseinandersetzen. In jedem Fall zwillingshafter Skeptizismus.

♋ Pluto im Krebs (1912/13 – 1937/38)

Allgemeine Ebene

Als Pluto zum ersten Mal in den Krebs lief, stand der Erste Weltkrieg unmittelbar bevor. Damit ergaben sich große Turbulenzen für das Familienleben. Viele Kinder dieser Zeit hatten keinen Vater, entweder zeitweise oder auf Dauer. Dieses Thema wirkte sich natürlich auch noch auf die Kinder aus, die in den 30er Jahren geboren wurden; viele von ihnen hatten sehr unter den Kriegsfolgen zu leiden.

Persönliche Ebene

Wenn Pluto eine personalisierte Bedeutung hat oder der Krebs stark betont ist, ein machtvoller und wahrscheinlich unterstützender Effekt auf die Intuition und die Emotionen. Wenn Pluto durch Sonne, Mond, den herrschenden Planeten oder den Aszendenten negativ aspektiert wird, könnten psychische Blockaden zu verzeichnen sein. Gibt es keine solchen Aspekte, ist von sehr intensiven Gefühlen sowie auch von Geschäftstüchtigkeit auszugehen. Auch die charakteristische Zähigkeit des Krebses wird dadurch gestärkt.

In dem Fall, daß Horoskopfaktoren auf Ängste schließen lassen, kann man an Pluto ablesen, ob der Betreffende damit zurechtkommt oder nicht – ob man vielleicht zur Unterdrückung von Problemen neigt, was in Verbindung mit Pluto heißen würde, daß man sich in seiner Haltung versteift.

♌ Pluto im Löwen (1937/38 – 1957)

Allgemeine Ebene

Wieder einmal kam es mit dem Eintritt von Pluto in ein neues Zeichen zu einem Weltkrieg. Macht und Unterdrückung in schlimmster Form traten nun in Erscheinung – woraus aber auch etwas Gutes hervorging: Die Vereinten Nationen wurden gegründet. Eine andere allgemeine Auswirkung ist in der Entwicklung der Technik zu sehen – viele Menschen, die in diesem Bereich arbeiten, weisen einen stark gestellten Löwepluto auf, besonders Computerspezialisten.

Persönliche Ebene

Die Führungsqualitäten, die dem Löwen eigen sind, werden durch diese Stellung verstärkt. Wenn Sonne, Mond oder Aszendent im Löwen stehen, könnte ein Machtkomplex vorhanden sein. Untersuchen Sie sorgfältig die Hausstellung von Pluto, besonders dann, wenn er hoch oben im Horoskop steht – vielleicht haben wir es mit einem Menschen zu tun, der im kleinen oder sogar im großen damit beschäftigt ist, ein Imperium zu errichten. Auf welche Weise geht die betreffende Person dabei vor? Ist sie machtbesessen – oder hat sie bei ihrer Arbeit auch das Wohl der Mitmenschen im Auge? Manchmal könnte sich bei einer markanten Löwestellung der positive, feurige Enthusiasmus dieses Zeichens verdüstern – die »innere, psychologische Sonne«, die ein besonderes Merkmal dieser Stellung ist, scheint dann nicht so stark wie sonst. Eine Stellung, die auf Geschäftssinn schließen läßt.

♍ Pluto in der Jungfrau (1957 – 1971)

Allgemeine Ebene

Es ist so gut wie unmöglich, diesen Einfluß isoliert von Uranus zu analysieren – von Ende 1961 bis Ende 1968 nämlich befanden sich beide Planeten in der Jungfrau, in dem es dann auch zu ihrer machtvollen Konjunktion kam. Es gab viele Studentenunruhen zu dieser Zeit, die Werte und Einstellungen der Älteren wurden scharf kritisiert – das umwälzende Element von Pluto und der uranische Wunsch nach Veränderungen traten deutlich zutage. Diese Generation verfügt über eine besondere Macht – die Welt in Stücke zu reißen oder vieles von dem auszumerzen, was auf Ungerechtigkeit und Selbstsucht beruht. Wenn wir daran denken, daß sich die Jungfrau in zwanghafter Form mit analytischen Betrachtungen beschäftigen kann, ist es eine interessante Randnotiz, daß in den 60er Jahren die ersten Taschenrechner auf den Markt kamen.

Persönliche Ebene

Überlegen Sie, ob der Plutoeinfluß vielleicht obsessive Neigungen zur Folgen haben könnte. Wir müssen hier ggfs. die Wirkung der Uranus/Pluto-Konjunktion untersuchen, auch in bezug auf das Haus. Befinden sich beide Planeten nämlich in Konjunktion zueinander oder im gleichen Zeichen, hat dies fraglos eine besondere Bedeutung. Sind sie negativ aspektiert, ist der Mensch meist nicht in der Lage, freimütig über Probleme zu sprechen, was doch eine Erleichterung bringen könnte, und neigt zu Ängsten. Schauen Sie auf die anderen Horoskopbereiche, um zu sehen, wie hier Abhilfe geschaffen werden kann. Der Drang, die Probleme in der richtigen Perspektive zu sehen und zu einer Lösung zu bringen, tritt besonders dann zutage, wenn wichtige Transite auf Pluto einwirken oder wenn der Transitpluto die Sonne, den Mond oder den Aszendenten aspektiert (siehe S. 343–347). In einigen Fällen könnte bei einem personalisierten Pluto oder bei Plutoaspekten zu Sonne, Mond oder herrschendem Planeten eine Tendenz zu Verstopfungen bestehen (die Jungfrau herrscht über den Darmtrakt). Neigt Ihr Gegenüber zu beißender und allzu harter Kritik, könnte ebenfalls der Jungfraupluto dafür verantwortlich sein.

♎ Pluto in der Waage (1971 – 1983/84)

Allgemeine Ebene

In den 70er Jahren herrschte ein Geist der sexuellen Freizügigkeit. Die Pille hatte die Angst vor ungewollter Schwangerschaft besiegt und Frauen die Möglichkeit gebracht, sich bewußt für ein Kind zu entscheiden. Interessanterweise ist auch die Generation mit dem Waageneptun – die Flower-Power-Generation – ihren eigenen Weg gegangen. Drogen und das »Aussteigen«, Rockfestivals und Fluchttendenzen vieler Art genossen ein hohes Ansehen. Das Verbrennen der Einberufungsbescheide war ein Ausdruck der Auseinandersetzung mit dem Thema Krieg und Frieden, auch die Suche nach einer Balance (Waage) zwischen den Extremen Liebe und Harmonie auf der einen und den Schrecken von Vietnam auf der anderen Seite.

Persönliche Ebene

In gewisser Weise hat Pluto auf die Waage anregend gewirkt, allerdings auch die Waagetendenz, bei der Suche nach Ausgewogenheit zu weit zu gehen, auf die Spitze getrieben. Insbesondere auch viele Auseinandersetzungen in den Partnerschaften zum Thema Liebe, speziell dann, wenn die Waage oder Pluto stark gestellt ist. Bei einer Waagesonne oder einem Waagemond dürfte ein aktives und reiches Sexualleben zu erwarten sein, die Waage-Neigung zum Romantischen tritt damit in den Hintergrund. Bei negativen Plutoaspekten, speziell zur Sonne und/oder zum Mond, könnte es sexuelle Probleme geben. Vielleicht kommt Ihr Gegenüber damit zurecht.

♏ Pluto im Skorpion (1883/84 – 1995)

Allgemeine Ebene

Die Generation mit dem Skorpionneptun (geboren zwischen 1956 und 1970/71) machte nun allmählich auf sich aufmerksam. Warum ist die Farbe Schwarz plötzlich so modern geworden? Wie kam es zu der Punkmusik der frühen 80er Jahre? Plutos Eintritt in den Skorpion hat diejenigen mit einem Skorpionneptun stark beeinflußt. Dieser Transit war sehr intensiv – die mit Abstand skorpionischste aller Auswirkungen aber ist die auf sexuellem Wege übertragene Krankheit AIDS. Pluto hat viel mit unserer Sexualität zu tun; und er ist im Skorpion zu Hause, was ihn hier sehr stark machte. Es steht zu hoffen, daß er auch eines Tages hilft, sie zu heilen. Das Licht am Ende des Tunnels kommt von einem anderen der Langsamläufer, von Neptun im Steinbock. Auch Uranus und Saturn wirkten nun in diesem Zeichen. Anfang der 90er kam es damit zu interessanten und zum Teil auch dramatischen Entwicklungen. Wir dürfen des weiteren nicht vergessen, daß Pluto im eigenen Zeichen auch finanzielle Auswirkungen hat. Der Wunsch, mehr Geld zu verdienen, und die fortschreitende Expansion der Märkte haben viel mit diesem winzigen, aber wichtigen Planeten zu tun.

Persönliche Ebene

Führt zu verstärkter Intensität und großer Zielstrebigkeit. Bei negativen Aspekten zu Sonne, Mond oder herrschendem Planeten aber psychologische Probleme, welche einer Lösung bedürfen, wenn der Betreffende sein Potential voll entfalten und seine starken Emotionen und seine Intuition benutzen möchte. Wenn auch Sonne, Mond oder Aszendent im Skorpion stehen, ist damit sehr viel emotionale und physische Kraft verbunden – es kommt dann um so mehr auf deren positiven Ausdruck an. Eltern eines Kindes mit dem Skorpionpluto müssen das wissen – sie sollten es zu Wettkampfsport oder anderen anspruchsvollen körperlichen Aktivitäten anhalten, weil sie es ansonsten mit einem schwierigen, rastlosen und unzufriedenen Kind zu tun haben könnten. Befindet sich Pluto in Konjunktion zum MC und/oder im 10. Haus (siehe S. 343 bzw. 342), interessiert sich der oder die Betreffende sehr für das Thema Macht und identifiziert sich womöglich mit allem, was stark und mächtig ist.

♐ Pluto im Schützen (1995 – 2008)

Wir können nur Spekulationen zu den persönlichen und allgemeinen Auswirkungen dieser Plazierung anstellen. Grundsätzlich handelt es sich um einen Gegensatz zwischen Zeichen und Planet: Der Schütze ist offen, freiheitsliebend, unabhängig und beileibe nicht geheimniskrämerisch – Pluto dagegen hält die Dinge unter Verschluß und neigt stark zu Eifersucht. Wenn die Eifersucht zu Szenen führt, kommt aber immerhin schon das eine oder andere ans Licht. Ob dies die Art und Weise ist, wie Pluto im Schützen wirkt? Wir hoffen es, natürlich unter der Voraussetzung, daß die Reaktionen auf die Geschehnisse und Entwicklungen nicht wieder neue Probleme hervorrufen. Es fällt schwer, sich vorzustellen, daß ein Schützeeinfluß zu revolutionären Tendenzen führen könnte – die bevorstehenden Veränderungen könnten statt dessen ein Element der Weisheit, wie sie mit dem Schützen bzw. Jupiter in Verbindung gebracht werden, haben. Wir hoffen bei den Kindern mit dieser Plutostellung sehr darauf.

♇ Der progressive Pluto in den Zeichen

Es ist ganz außergewöhnlich, beim progressiven Pluto auf einen Zeichenwechsel zu stoßen. Der Einfluß des neuen Zeichens würde sich auch nur dann bemerkbar machen, wenn Pluto oder Skorpion eine besondere Bedeutung hätte.

Pluto in den Häusern

Das Haus, in dem Pluto steht, könnte sich als eine Quelle von Schwierigkeiten entpuppen. Wenn der Planet im Transit oder in der Progression aktiviert wird, kommt es bestenfalls auf unregelmäßige Weise zu Fortschritten, schlimmstenfalls ist damit jeder Fortschritt unmöglich. Vielleicht reagiert man auch in sehr drastischer Form – der Plutoeinfluß wirkt dann möglicherweise reinigend. Bei negativen Aspekten könnte es in bezug auf die Angelegenheiten des Plutohauses zu obsessiven Tendenzen kommen.

1 Pluto im 1. Haus

Je dichter sich Pluto am Aszendenten befindet, desto machtvoller ist sein Einfluß. Bei weniger als zehn Grad Abstand handelt es sich um eine Konjunktion, die sorgfältig analysiert werden muß.

In welchem Zeichen Pluto auch stehen mag – im Aszendentenzeichen wird sein Einfluß die Persönlichkeit auf die eine oder andere Weise verdunkeln und eine tiefe Intensität und emotionale Spannung bewirken. Ein solcher Mensch hat den Drang, alles, was ihn fasziniert, eingehend zu erforschen. Das kann eine wissenschaftliche Begabung zur Folge haben.

Psychologisch sind vielleicht Züge der Besessenheit, manchmal auch – vor allem dann, wenn sich Pluto und Aszendent im Löwen befinden – der Drang, andere zu beherrschen. Ein hohes emotionales Niveau, selbst in der emotional eher gehemmten Jungfrau. Mit Pluto in der Waage sind innerliche Stärke und ein gewisser Elan verbunden.

Die emotionale Energie ist leidenschaftlich und wirkt sich oft auf das Sexuelle aus – sie kann aber auch positiv auf das Erreichen von ehrgeizigen und befriedigenden Zielen gelenkt werden.

Ist Pluto im Horoskop negativ aspektiert, sind diese Energien blockiert. In diesem Fall muß mit tiefverwurzelten psychischen Problemen gerechnet werden, vielleicht auch mit körperlichen Beschwerden.

Die Energie lenken

Mit dieser Stellung ist wegen der intensiven emotionalen Spannung ein sehr großes Potential verbunden. Man kann nicht genug betonen, wie wichtig hier ein positives Ventil ist.

Vielleicht wurde die betreffende Person geboren, als Pluto und Saturn zusammen im Löwen standen – in diesem Fall müssen Sie sich gründlich mit dem Einfluß der Konjunktion auseinandersetzen (S. 306). Bei Kindern mit Pluto im 1. Haus müssen die Eltern darauf achten, sie Disziplin zu lehren; es gilt, sie auf Gebiete hinzulenken, wo sie diese markanten Züge gut zum Ausdruck bringen können.

Anspruchsvolle Mannschaftsspiele oder Wassersport sind sehr günstig. Sehen Sie nach, ob es Anzeichen für Grausamkeit gibt!

2 Pluto im 2. Haus

Eine Stellung, die in den meisten Fällen auf einen guten Geschäftssinn schließen läßt.

Wenn das Horoskop insgesamt in diese Richtung weist, womöglich ein »Unternehmer« – jemand, der aus dem Nichts heraus ein Imperium erschafft oder der einfach viel Geld »macht«. Manchmal aber gerät diese Neigung außer Kontrolle – der Betreffende denkt dann vielleicht nur noch an Geld.

Für gewöhnlich auch ein gutes Konzentrationsvermögen – insofern eine günstige Stellung für Personen, die ansonsten zur Geistesabwesenheit neigen.

Eine besitzergreifende Haltung

Meist viel Bestimmtheit und der Wille zum Erfolg, besonders dann, wenn auch andere Horoskopfaktoren darauf schließen lassen.

Dieser Mensch zieht viel psychologische Befriedigung daraus, Besitz zu erwerben. Dies gilt besonders, wenn das Zeichen Krebs betont ist oder wenn der Mond im Stier steht. Unglücklicherweise sieht er vielleicht aber auch die Person, die er liebt, als eine Art Besitz.

Leidenschaftliche und sehr intensive Emotionen – der sexuelle Ausdruck ist häufig von überdurchschnittlicher Wichtigkeit.

Wahrscheinlich ein sehr sinnliches Wesen.

3 Pluto im 3. Haus

Der Drang nach Kommunikation (3. Haus) und die Tendenz zu Geheimnissen und Ruhe (Pluto) sind rein begrifflich Widersprüche.

Hier aber kommen sie zusammen zur Geltung.

Eine große Neugier und ein forschender Verstand sind zu erwarten, wenn sich Pluto im 3. Haus befindet. Diesem Menschen entgeht kaum etwas, trotz der Tendenz, sich unbeteiligt zu geben, besonders dann, wenn er sich gelangweilt fühlt. Er vermittelt oft den Eindruck, nichts von dem mitzubekommen, was um ihn herum vorgeht – in Wirklichkeit aber entgeht nichts seiner Aufmerksamkeit!

Bedürfnis nach Information

Wenn die Zwillinge stark gestellt sind oder Pluto sich in der Jungfrau befindet, könnte diese Stellung sehr günstig für denjenigen sein, der sich zu detektivischer Arbeit oder einer informativen journalistischen Tätigkeit hingezogen fühlt.

Eltern, die ein Kind mit einem Skorpionpluto haben, müssen ihre Antworten sorgfältig überlegen – mit oberflächlichen oder abspeisenden Worten gibt es sich nämlich nicht zufrieden!

4 Pluto im 4. Haus

Während der Kindheit und Jugend vielleicht ein überdurchschnittliches Maß an Frustrationen. Vielleicht hatte man dem Menschen nicht erlaubt, seinen eigenen Interessen nachzugehen, vielleicht sah er sich großen Hindernissen gegenüber, vielleicht war es ihm wegen der Einstellung der Eltern oder aber wegen mangelnder Mittel nicht möglich, eine höhere Schule zu besuchen. Er könnte sehr unter der Macht der Eltern zu leiden gehabt haben.

Diese Stellung fördert die Intuition, so daß man es wahrscheinlich früher oder später schafft, mit den Problemen zurechtzukommen. Hartnäckigkeit und Zielstrebigkeit helfen dabei; mit ihnen kann man diesen Plutoeinfluß auf bestmögliche Art nutzen – auch wenn hier zunächst harte Lektionen zu lernen sind!

Langfristige Probleme
Eine heikle Stellung für Pluto – von der Sie viel lernen können, wenn Sie Ihr Gegenüber dazu bringen, seine Gefühle auszubreiten, besonders, was die Kindheit betrifft. Hat der Mensch, vielleicht aufgrund von Verfehlungen eines Elternteils, in einem Heim leben müssen?

Wenn die Kindheit schwierig war und der Betreffende noch immer unter ihr leidet, sollten Sie therapeutische Hilfe empfehlen. Sie könnten aber auch die Entdeckung machen, daß immer dann, wenn es um Pluto geht, der Mensch sehr wohl in der Lage ist, sich selbst zu helfen (besonders bei der Jungfrau).

5 PLUTO IM 5. HAUS

Wenn von anderen Horoskopfaktoren aus auf Kreativität geschlossen werden kann, wird der Betreffende große Anstrengungen unternehmen, sein Potential zu entfalten. Auch wenn die Umstände gegen ihn sprechen sollten, wird er mit seiner Willensstärke und seiner machtvollen emotionalen Energie schließlich den Sieg davontragen. Als Resultat davon kann sich innerliche psychische Erfüllung ergeben, auch dann, wenn die Ergebnisse, technisch gesehen, nicht unbedingt überzeugend sind. Das Gebiet, auf das sich der oder die Betreffende konzentriert, hängt mit dem Einfluß der stärksten Zeichen und der persönlichen Planeten zusammen.

Auch das Liebesleben wird von dieser Stellung beeinflußt. Es könnte sich als sehr intensiv und reich erweisen; allerdings erwartet man vielleicht zuviel von anderen und bleibt deshalb unbefriedigt und sucht ewig nach dem Perfekten. Möglicherweise sehr viele Liebesaffären – aus den bereits angeführten Gründen aber fällt es sehr schwer, eine rationale Einstellung zu den emotionalen Beziehungen zu gewinnen.

Des weiteren könnte eine impulsive Risikobereitschaft kennzeichnend sein. Das kann sich auf das Emotionale beziehen, gleichermaßen aber auch auf das Körperliche oder auf finanzielle Bereiche.

6 PLUTO IM 6. HAUS

Der Mensch mit dieser Stellung könnte sich als großer Anhänger von Routine und Disziplin erweisen, besonders beim Jungfrau-Pluto.

Es besteht die Tendenz, große Anforderungen an sich selbst zu stellen – weshalb man an den Aufgaben, die man zu erfüllen hat, vielleicht geradezu besessen arbeitet.

Wenn man dies unter Kontrolle bringen kann, wirkt Pluto im 6. Haus sehr günstig, z. B. auf das Konzentrationsvermögen. Das Resultat davon ist womöglich, daß der Geborene mit viel Energie zielstrebig und konzentriert arbeitet, was sehr positive Ergebnisse zeitigen wird.

Schwierigkeiten mit der Gesundheit
Unter Umständen negative gesundheitliche Auswirkungen. Bei negativen Plutoaspekten sind Probleme mit der Verdauung möglich (Pluto kann sprichwörtlich eine verstopfende Wirkung haben) sowie das Gefühl, emotional keine Erfüllung zu finden – was die Ursache für übermäßiges Essen bzw. Übergewicht sein kann.

Eltern solcher Kinder sollten sich dieser Tendenzen bewußt sein, besonders wenn diese Teenageralter erreichen.

Jedes Extrem ist schlecht – das gilt für alle, besonders aber für diejenigen mit Pluto im 6. Haus des Horoskops.

7 PLUTO IM 7. HAUS

Bei diesem Haus geht es um die Polarität zum Aszendenten – sehr viel hängt hier vom Plutozeichen ab, das deshalb gründlich analysiert werden muß. Lesen Sie deshalb ggfs. noch einmal den betreffenden Abschnitt nach (S. 338/39).

Es könnte sein, daß diese Person den Wunsch hat, in der emotionalen Beziehung zu dominieren. Was das Berufsleben betrifft, womöglich besondere geschäftliche oder finanzielle Begabungen.

Die Auswirkungen sind hier durchaus günstig, was sich für den emotionalen Bereich nicht unbedingt sagen läßt.

Emotionale Extreme
Auf der persönlichen Ebene kommen die Emotionen zum größten Teil durch Beziehungen zum Ausdruck. Es sind hier sehr glückliche Momente möglich, dann aber auch wieder schwere Stürme. Der Geborene muß versuchen, mit Umsicht in Beziehungen Ausgewogenheit zu erreichen; er darf sie nicht dominieren.

Im Extremfall ist nämlich denkbar, daß er sich – vielleicht unbewußt – eigens einen schwächeren Partner sucht.

Wenn das Horoskop in seiner Gesamtheit auch auf Mitgefühl und Sympathie und Verständnis für andere schließen läßt, hat der Betreffende genug emotionale Kraft für sich und für den Partner – in diesem Fall wird alles mehr oder weniger gut laufen, mit zwischenzeitlichen Höhen und Tiefen und gewissen Unstimmigkeiten.

8 PLUTO IM 8. HAUS

Hier ist Pluto zu Hause – es handelt sich um das Skorpion- bzw. Plutohaus. Mit dieser Stellung ist die Intuition erhöht; der Geborene kann sie gut mit Logik verbinden. Häufig eine besondere Aufgeschlossenheit für das Rätselhafte und in manchen Fällen übersinnliche Talente.

Wenn Ihr Gegenüber glaubt, solche Fähigkeiten zu besitzen, kommt es sehr auf Umsicht und auf Verantwortungsbewußtsein an – wenn man hier keine Erfahrung hat, kann vieles schiefgehen.

Geschäfte machen zu können ist eine andere potentielle Auswirkung dieser Stellung, besonders bei einem Krebs-, einem Jungfrau- oder – bei Jüngeren – einem Skorpionpluto. Wenn Pluto sich im Skorpion und in diesem Haus befindet, ist das ein wichtiges Horoskopmerkmal, das gebührend gewürdigt werden muß!

Ein sehr hohes emotionales Niveau, allerdings könnten der Fluß der Gefühle und der sexuelle Ausdruck doch in der einen oder anderen Weise nicht so sein, wie vom Betreffenden gewünscht. Insofern gibt es bei dieser Stellung vielleicht bestimmte sexuelle Probleme, die unter Umständen eine therapeutische Hilfe nötig machen könnten.

9 Pluto im 9. Haus

Eine Stellung, die für den leidenschaftlichen Drang zu studieren und zu großen geistigen Herausforderungen sprechen könnte – welche womöglich zu groß für den Betreffenden sind und in der Folge dann vielleicht zu einer großen Anspannung führen. Sie sollten Ihr Gegenüber vor dieser Tendenz warnen. Es könnte auch sein, daß man sich durch den Drang nach Perfektion bei allem, was mit intellektuellen Anforderungen zusammenhängt, auszeichnet. Vielleicht sieht das so aus, daß man seine Briefe und Artikel wieder und wieder umschreibt und doch niemals zufrieden mit den Ergebnis der Arbeit ist.

Ein solcher Drang nach Perfektion könnte schließlich zu großer Unzufriedenheit und zu viel Frustration führen und dazu, daß man eine (weitere) Ausbildung oder ein Aufbaustudium anstrebt. Vielleicht ist man auch mit dem, was im Rahmen der Ausbildung geboten ist, sehr unzufrieden und bricht sie ab. Wenn eine solche Entscheidung im Raum steht, sollten Sie alles tun, um den Betreffenden bei der Stange zu halten – ansonsten könnte die Plutotendenz, das Kind mit dem Bade auszuschütten, unangenehme Folgen haben. Reinen Tisch zu machen ist nicht grundsätzlich schlecht – man muß sich aber vor Extremen hüten!

10 Pluto im 10. Haus

Pluto hat in diesem Haus ein besonderes Gewicht, besonders bei der Konjunktion zum MC. Der Betreffende nimmt emotional großen Anteil an seinem Beruf; wenn er nicht beruflich tätig ist, braucht er ein Ziel oder eine Aufgabe, wofür er mit Leidenschaft arbeiten kann.

Diese Stellung läßt leider oft auf einen Machtkomplex schließen, besonders beim Löwepluto. Befindet sich Pluto in der Jungfrau, könnte er auch in Konjunktion zu Uranus stehen – trifft das zu, sollten Sie diesen Aspekt mit großer Aufmerksamkeit studieren. Ein starker, manchmal geradezu gnadenloser Drang nach Erfolg (z. B. dann, wenn Pluto von persönlichen Planeten negativ aspektiert wird). Vielleicht arbeitet der Mensch daran, ein geschäftliches Imperium zu errichten, vielleicht ist es auch nur so, daß er sehr viele emotionalen Reserven hat.

Das Bedürfnis nach konstruktiver Aktivität
Man sollte darauf hinzuwirken versuchen, daß diese Energie positiv genutzt wird – der Betreffende besitzt nämlich ein großes Potential, auf das er sich stützen kann und das zum Ausdruck kommen will – ansonsten (wie das bei Pluto- bzw. Skorpioneinflüssen so oft der Fall ist) schlägt es um. Dann wird das Leben kompliziert und heikel, für den Betreffenden selbst wie auch für diejenigen, die ihm nahestehen.

11 Pluto im 11. Haus

Pluto ist in diesem Haus nicht sehr stark gestellt, er läßt den Betreffenden dazu neigen, sich allzu viele Gedanken zu der Haltung und Einstellung der Freunde und Bekannten zu machen, was geradezu zu einer Besessenheit werden kann. Wenn ihm etwas nicht paßt, reagiert er womöglich selbst bei Kleinigkeiten in übertriebener Form, was dann wiederum Unmut und Streitigkeiten hervorrufen kann.

Äußerliche Einflüsse
Dem Geborenen sind die Meinungen anderer sehr wichtig: »Was wird man denken, wenn ich das mache?« fragt er sich oft. Vielleicht hat er in späteren Jahren auch Angst, daß seine Kinder andere mit ihrem Verhalten vor den Kopf stoßen. Manchmal sind hier auch die Ziele einer Gruppe, der die Person angehört, von alles überragender Bedeutung, zum Schaden des Partners oder der Familie.

Wenn diese Züge in Form von humanitären Aktivitäten zum Ausdruck gebracht werden, kann der Mensch viel Gutes tun. Es ist an ihm selbst, die richtige Perspektive zu finden und zu entscheiden, was sein Leben und sein Verhalten beherrschen soll und was nicht.

12 Pluto im 12. Haus

Ein starker Einfluß auf das Unbewußte. Es besteht damit die Neigung zur Geheimniskrämerei und zur Isolierung. Dem Geborenen fällt es möglicherweise sehr schwer, offen über seine Probleme zu reden, welche ihren Grund in der Unfähigkeit haben könnten, die für dieses Horoskopmerkmal typischen Eigenschaften direkt und positiv auszudrücken.

Ein Mensch mit einer Aura des Geheimnisvollen – wenn er klug ist, kann er diese auch zu seinem Vorteil einsetzen.

Nichtsdestoweniger ist diese Stellung schwierig – besonders dann, wenn Pluto negativ von der Sonne oder vom Mond aspektiert wird oder in Konjunktion zum Aszendenten steht (siehe S. 343). Zu forschen und in die Tiefe zu gehen ist diesem Menschen ein angeborener Wesenszug – diese detektivischen Merkmale sind mit denen bei Pluto im 8. Haus zu vergleichen. Leider aber besteht die machtvolle Tendenz, sie gegen die eigene Person zu richten. Man beleuchtet dann vielleicht ein Problem wieder und wieder, womit es schließlich im Geist zu einer Art Labyrinth oder Teufelskreis wird, aus dem kein Ausweg möglich scheint. Es muß auch vor der Tendenz gewarnt werden, in Zeiten besonderer Spannung zu Drogen zu greifen. Beruhigungsmittel könnten ebenfalls heikel sein!

♇ Der progressive Pluto in den Häusern

Aufgrund von Plutos langsamer Bewegung eine sehr unwahrscheinliche Progression. Wenn Pluto in der Progression aber tatsächlich in ein neues Haus tritt, könnte dieses im Leben des Betreffenden wichtiger werden. Es gilt in diesem Fall, sich nicht von den Geschehnissen überwältigen zu lassen, sondern einen logischen und rationalen Standpunkt zu bewahren.

Plutoaspekte

Weil Pluto zu der Zeit, da wir dies schreiben, der von der Sonne am weitesten entfernte Planet ist, haben wir es hier nur mit den Aspekten zum Aszendenten und zum MC zu tun. Hier hat er aber in der Tat sehr starke Auswirkungen. Seien Sie auf der Hut – eine Änderung von nur wenigen Minuten bei der Geburtszeit kann den Einfluß dieses Planeten sehr viel stärker oder schwächer machen.

Plutoaspekte zur Sonne
siehe Sonnenaspekte zu Pluto, S. 219.

Plutoaspekte zum Mond
siehe Mondaspekte zu Pluto, S. 236/37.

Plutoaspekte zu Merkur
siehe Merkuraspekte zu Pluto, S. 251/52.

Plutoaspekte zur Venus
siehe Venusaspekte zu Pluto, S. 266.

Plutoaspekte zu Mars
siehe Marsaspekte zu Pluto, S. 279/80.

Plutoaspekte zu Jupiter
siehe Jupiteraspekte zu Pluto, S. 291.

Plutoaspekte zu Saturn
siehe Saturnaspekte zu Pluto, S. 306.

Plutoaspekte zu Uranus
siehe Uranusaspekte zu Pluto, S. 319/20.

Plutoaspekte zu Neptun
siehe Neptunaspekte zu Pluto, S. 332.

Asz Plutoaspekte zum Aszendenten

☌ Konjunktion

Vom 1. Haus aus: Lesen Sie noch einmal den Abschnitt zu Pluto im 1. Haus (S. 340). Pluto könnte hier die Erscheinungsweise markant prägen, mit einem intensiven Ausdruck und einer finsteren Miene. Sehr viel emotionale Kraft, welche einen positiven Ausdruck erfordert. Ein Mensch, der sich seinen Projekten stets mit Leib und Seele verschreiben möchte.

Vom 12. Haus aus: Auch in diesem Fall könnte Pluto der Erscheinung etwas Finsteres geben. Der Geborene könnte sich durch die Neigung zur Geheimniskrämerei sowie durch eine schwelende Intensität auszeichnen – dann, wenn seine Energie stagniert, was am wahrscheinlichsten ist, wenn Pluto von Sonne, Mond oder herrschendem Planeten negativ aspektiert wird. Eine forschende oder isolierte Tätigkeit könnte sehr befriedigend sein.

Anmerkung: In jedem Fall sollten Sie Ihr Gegenüber dazu anhalten, seine Energie bei einer körperlich anspruchsvollen Tätigkeit abzureagieren.

+ Positive Aspekte

Helfen dem Betreffenden, sich mit umfassenden Veränderungen zu arrangieren. Vielleicht eine übermäßige Begeisterung für das, was die Person »reinen Tisch machen« nennen könnte, in Verbindung mit einem tiefverwurzelten psychologischen Drang nach einem Neuanfang. Auch hier muß man sich vor der Tendenz hüten, das Kind mit dem Bade auszuschütten. Der Betreffende kann sich aber gut mit Problemen auseinandersetzen.

− Negative Aspekte

Die Hausstellung von Pluto könnte deutlich machen, wo man sich frustriert fühlt und wo Fortschritte ausbleiben, wahrscheinlich besonders dann, wenn Transite auf Pluto einwirken oder andere schwerwiegende Einflüsse zu verzeichnen sind. Bei einer Opposition aus dem 6. Haus heraus könnten Darmbeschwerden oder Probleme mit den Fortpflanzungsorganen vorhanden sein, bei Pluto im 7. Haus dagegen besondere Schwierigkeiten mit dem Partner usw. Der Drang nach drastischen Veränderungen könnte außer Kontrolle geraten. Werden diese Aspekte durch Transite aktiviert, wird es kaum zu Fortschritten kommen.

MC Plutoaspekte zum MC

☌ Konjunktion

Möglicherweise ein Machtkomplex. Wahrscheinlich identifiziert sich der oder die Betreffende eher mit den starken Eigenschaften des MC-Zeichens. Er oder sie hat das Potential für einen plutonischen Beruf, der hier auch besonders anziehend wirken dürfte. Von grundlegender Wichtigkeit ist, daß man an der beruflichen Tätigkeit oder an den Lebenszielen emotional Anteil nimmt. Unter Umständen drastische Veränderungen im Beruf – womöglich auch der Wechsel zu einer ganz anderen Tätigkeit, bei der man mit seinen Erfahrungen nichts anfangen kann.

+ Positive Aspekte

Wie die positiven Aspekte zum Aszendenten (siehe links) auch eine Hilfe bei Veränderungen. Beim Aspekt zum Aszendenten aber kam der Drang nach Veränderungen aus dem Inneren, hier dagegen sind es eher die äußeren Umstände, die zu Veränderungen führen.

− Negative Aspekte

Die Umstände können hier von Zeit zu Zeit zu Schwierigkeiten und zu umwälzenden Geschehnissen führen. Wie gut der Betreffende damit zurechtkommt, hängt vom Horoskop in seiner Gesamtheit ab. Eine praktische und zielstrebige Person wird kaum Probleme haben, im Gegensatz zu einem weniger energischen oder zuversichtlichen Menschen.

♇ Plutotransite

Pluto mit seiner exzentrischen Umlaufbahn berührt die Planeten des Horoskops oft dreimal. Bei normaler Bewegung braucht er einen Monat, um ein Grad vorwärts zu laufen – er kann aber auch bis zu 14 Wochen auf demselben Grad verharren. Man kann die zeitliche Wirkung seiner Transite wie bei allen Planeten astronomisch gut bestimmen – und astrologisch auch, im Gegensatz zu Saturn und Neptun z. B.: Mit wachsender Annäherung werden sie stärker, und mit zunehmender Entfernung lassen sie nach. Man könnte hier fast von einem »An« und »Aus« sprechen – das Leben erweist sich mit einem Mal als sehr ereignisreich, oder aber alles gerät ins Stocken. In den meisten Fällen wirkt sich der negative Transit Plutos nur auf einen Lebensbereich oder eine Angelegenheit aus, so daß Sie Ihrem Gegenüber raten könnten, sich zu dieser Zeit um andere Gebiete und Themen zu kümmern – gegen Pluto zu arbeiten erweist sich meist als vollkommen sinnlos. Oft aber führt er dazu, daß wir in bezug auf ein bestimmtes Lebensgebiet reinen Tisch machen. Pluto bedeutet viel emotionale Energie.

Wenn es eine Folge von Plutotransiten gibt (und besonders dreimal den gleichen Aspekt zum gleichen Planeten), erlebt der Mensch zwischen den exakten Kontakten eine willkommene Verschnaufpause. Beim ersten Kontakt merkt man, um welches Problem es geht, beim zweiten tritt es verstärkt in Erscheinung, und beim dritten erreicht es seinen Höhepunkt. Erst dann, wenn der Transit nicht mehr exakt ist, sind Schlußfolgerungen möglich – und es kann sich damit ergeben, daß man dreimal Schlußfolgerungen zu treffen hat. Während der Pausen kommt es womöglich zu neuen Entwicklungen – oder aber unser Interesse an dem Thema verflüchtigt sich. Wenn der Einfluß sehr stark ist bzw. das Problem unser Leben beherrscht, können wir uns wie in der Schwebe fühlen.

Anmerkung: Von 1995 bis 2008 können sich vom Transitpluto aus Konjunktionen nur zu den Planeten, dem Aszendenten und dem MC im Zeichen Schütze ergeben.

☉ Plutotransite zur Sonne

☌ Konjunktion

Ein Transit, der auf eine Schlüsselphase von Veränderungen schließen läßt und auf die Arbeit an psychologischen Problemen, die jetzt gelöst werden können. Wenn der Betreffende sich mit hemmenden Umständen auseinandersetzen muß, die sein Leben beeinträchtigen und einem erfüllten Dasein im Wege stehen, könnte eine Psychotherapie sehr hilfreich sein. Oft kommt es jetzt dazu, daß man »reinen Tisch« macht – der Mensch kann dann auf eine erfüllendere Weise vorwärtsschreiten. Unter diesem Transit sind neue Entwicklungen möglich.

+ Positive Transite

Ähneln der Konjunktion, aber kaum Blockaden – der Weg ist hier für gewöhnlich frei. Menschen, die zu Ängsten neigen (mit einer Betonung der Zeichen Krebs, Jungfrau oder Fische), könnten sich jetzt verwirrt fühlen oder sich viele Sorgen machen; wenn aber der emotionale Fluß unbeeinträchtigt ist und man danach strebt, sich psychisch weiterzuentwickeln, werden gute Resultate zu verzeichnen sein. Möglicherweise finanzielle Auswirkungen, speziell bei Steinböcken.

– Negative Transite

Vielleicht die frustrierendste und hemmendste Einwirkung von Pluto überhaupt. Pläne können nicht durchgeführt werden, wodurch es zu Stagnation und Stillstand kommt und Fortschritte ausbleiben. Auf die eine oder andere Art dürfte das persönliche Leben beeinträchtigt sein, manchmal erweist sich der Mensch jetzt als unfähig, seine wahren Gefühle zum Ausdruck zu bringen. Psychische Probleme machen sich zu dieser Zeit deutlich bemerkbar.

☽ Plutotransite zum Mond

☌ Konjunktion

Mit dem Transitpluto in Konjunktion zum Mond ist die emotionale Energie verstärkt. Der Mensch fühlt sich jetzt getrieben, umfassende Veränderungen vorzunehmen und auf dem einen oder anderen Gebiet neu anzufangen. Dies ist eine gute Sache – es gilt aber, sich von Wutausbrüchen und Überreaktionen auf triviale Vorfälle in acht zu nehmen. Es könnte nun sehr schwerfallen, kühles Blut zu bewahren.

+ Positive Transite

Das gleiche Bedürfnis nach Neuanfängen und Veränderungen wie bei der Konjunktion, abermals durch Gefühle motiviert. Die Intuition ist gestärkt, so daß der Betreffende kaum Fehler machen dürfte – allerdings sollte er sich vor übertriebenen Reaktionen auf Situationen hüten, die sich als Resultat seiner Handlungen ergeben. Die aktuellen Veränderungen haben ein anregendes Element. Diese Transite können dazu genutzt werden, Ordnung zu schaffen, physisch wie psychisch.

– Negative Transite

Womöglich viel emotionaler Streß, manchmal in Verbindung mit langwierigen psychischen Problemen, die vielleicht auf die Kindheit zurückgehen und sich negativ auf die Sexualität auswirken. Unter Umständen sehr viel Eifersucht. Wenn der Ärger gerechtfertigt sein sollte, ist es nicht verkehrt, ihn zum Ausdruck kommen zu lassen – wahrscheinlicher ist allerdings, daß er sich innerlich aufstaut, was psychisch schädlich ist. Die Geburtsaspekte des Mondes lassen erkennen, wie schwer es dem Menschen fällt, seine wahren Gefühle zu zeigen.

☿ Plutotransite zu Merkur

☌ Konjunktion

Nun werden die Denkprozesse durch die detektivische Spürarbeit von Pluto geprägt. Finden Sie heraus, ob Ihr Gegenüber diesen Trend positiv nutzt – durch die Beteiligung an einem Forschungsprojekt z. B., bei dem es auf tiefgründiges Denken ankommt. Ansonsten könnte das Kommunikationsvermögen beeinträchtigt sein, was vielleicht zu Störungen in der Beziehung führt.

Pluto in Konjunktion zum Schützemerkur könnte zur Folge haben, daß der Betreffende zur Überraschung seiner Umgebung plötzlich sehr geheimnisvoll tut oder nun an etwas arbeitet, worüber er nicht sprechen darf.

+ Positive Transite

Der Geborene könnte jetzt bestrebt sein, Probleme zur Sprache zu bringen – vielleicht in allzu drastischer Form. Der Drang, sich frei zu äußern, steht nun im Vordergrund – was grundsätzlich in Ordnung ist, um welchen Lebensbereich oder welche Ansichten es dabei auch gehen mag. Als Resultat dieser Offenheit könnte die Umgebung merken, daß der Betreffende seine Meinung geändert hat.

– Negative Transite

Die Umstände könnten jetzt frustrierende Probleme mit sich bringen, die der Betreffende nicht lösen kann. Der Außenstehende meint, daß die Lösung nicht schwerfallen dürfte – die betreffende Person aber wird aus verschiedenen Gründen unfähig dazu sein. Vielleicht ist ein Mangel an Selbstvertrauen dafür verantwortlich, oder die Konsequenzen, die sich aus den Handlungen ergeben könnten, sind allzu heikel – wobei dahingestellt sein muß, ob man sie nun realistisch einschätzt oder nicht. Appellieren Sie in solchen Fällen an die Logik! Es könnte sich herausstellen, daß die Probleme weniger dramatisch sind als zunächst gedacht.

♀ Plutotransite zur Venus

☌ Konjunktion
Vielleicht jetzt die Tendenz zur Eifersucht – legen Sie also dem Gegenüber nahe, keine Überreaktionen auf das Verhalten des Partners zu zeigen und dessen Handlungen nicht allzu argwöhnisch zu beäugen. Die emotionale Intensität, die mit dieser Stellung verbunden ist, muß positiv zum Ausdruck kommen; im Idealfall bedeutet dieser Transit ein intensiviertes Liebesleben. Manchmal eine unerwiderte Liebe.

Die plutonische Intensität macht wenig Probleme, wenn man sich mit neuen Freuden beschäftigt. Möglicherweise finanzielle Schwierigkeiten. Wenn die Venus gut aspektiert ist, sollten sich Investitionen als profitabel erweisen – bei der Schützevenus aber muß man sich vom Spiel fernhalten.

+ Positive Transite
Die Emotionen sind jetzt stark und im Fluß, vorausgesetzt, man hat seine Gefühle und die Tendenz, den Partner zu dominieren oder sexuell zu große Ansprüche zu stellen, unter Kontrolle. Der Betreffende könnte sich von der Welle von Emotionen, die der jetzige oder angehende Partner in ihm hervorruft, schlichtweg überwältigt fühlen. Auf lange Sicht hin dürften die Auswirkungen aber positiv sein.

– Negative Transite
Sind schwierig und können zur Unterdrückung von Gefühlen führen – oder aber dazu, daß der Mensch meint, seine Beziehung stagniert, ohne etwas daran ändern zu können. Vielleicht übersteigerte emotionale Reaktionen, möglicherweise eine Beeinträchtigung durch tiefverwurzelte psychische Probleme.

Wichtige Entscheidungen sollten erst nach diesem Transit getroffen werden. Wenn klar ist, daß er noch einmal wirksam wird, und die Entscheidung nicht aufgeschoben werden kann, sollte man in den Verschnaufpausen aktiv werden oder Schlußfolgerungen ziehen. Eifersucht könnte zu Problemen führen.

♂ Plutotransite zu Mars

☌ Konjunktion
Wenn Pluto im Transit auf Mars steht, fühlt der Mensch den starken und leidenschaftlichen Drang nach Aktivität, was in der Folge zu umfassenden Veränderungen führen kann. Diese wirken sich zumeist günstig aus, man muß sich aber vor der Marstendenz zum vorschnellen Handeln hüten! Mit Pluto ist die Tendenz zum Tiefgang verbunden – insofern denkt der Mensch vielleicht doch recht intensiv nach, bevor er aktiv wird; womöglich sondiert er erst einmal gründlich das Terrain und macht detaillierte Pläne. Trotzdem sollten Sie eine Warnung aussprechen! Der Rest des Horoskops wird erkennen lassen, ob der oder die Betreffende grundsätzlich impulsiv, nachdenklich oder logisch ist (schauen Sie auf die Zeichen von Sonne, Mond und Aszendent). Sehr viel emotionale Intensität.

+ Positive Transite
Eine sehr große Bestimmtheit und der Wille zum Erfolg. Viel emotionale und körperliche Energie, was heißt, daß sich der Betreffende von etwas gefordert fühlen muß, ansonsten Stagnation. Mit diesen Einflüssen sind große Leistungen möglich, allerdings muß vor Überstürztheit gewarnt werden.

– Negative Transite
Vielleicht ein ausgeprägter Drang nach Fortschritten und Veränderungen – wahrscheinlich aber kommt man jetzt nicht voran, sondern macht alles mit seinen Aktivitäten nur noch schlimmer. Plutos Leidenschaft und die Energie von Mars könnten die Oberhand über die Persönlichkeit gewinnen und zu übertriebenen Reaktionen führen. Der Betreffende muß angehalten werden, die Ruhe zu bewahren.

♃ Plutotransite zu Jupiter

☌ Konjunktion
Der Verstand ist jetzt tiefgründig und detailorientiert zugleich und behält dabei doch die umfassende Vision vor Augen. Jetzt könnte es zu einem intellektuellen Suchprozeß kommen, der vielleicht zu einer markanten Meinungsänderung führt. Womöglich wagt man nun auch viel und geht große Risiken ein, was sich beim Schützejupiter auf sportliche oder intellektuelle Bereiche oder auch auf die Entwicklung einer Lebensphilosophie beziehen kann. Die Jupiter-Neigung zum Spiel könnte nun gleichfalls in den Vordergrund treten, vielleicht mit allzu großen emotionalen – oder problematischer noch: finanziellen – Einsätzen. Wenn Ihr Gegenüber gewitzt und geschäftstüchtig ist, könnte er jetzt eine Glückssträhne haben. Bei negativen Jupiteraspekten dagegen – speziell zu Sonne oder Mond – könnte ihm sein blinder Optimismus sehr zu schaffen machen.

+ Positive Transite
Dürften zu Veränderungen und allgemeinem Fortschritt führen. Viele der positiven Auswirkungen der Konjunktion. Allerdings wird das Ergebnis davon weniger markant und das Leben nicht ganz so ereignisreich sein. Der Tendenz zu übertriebenen Aktionen muß entgegengetreten werden. Häufig finanzielle Gewinne. Ein Meinungswechsel ist denkbar.

– Negative Transite
Der oder die Betreffende könnte sich in Verbindung mit einem unbefriedigenden Lebensstil oder mangelnder intellektueller Ausdrucksfreiheit physisch oder emotional gefangen fühlen. Aus dem Umgang mit weniger intelligenten oder anders orientierten Partnern könnte Langeweile resultieren. Die Unfähigkeit, sich durch ein entschiedenes Handeln von den Beschränkungen freizumachen, kann sehr störend sein. Raten Sie zu gründlichem Nachdenken und vielleicht auch zum Aufschub von wichtigen Entscheidungen, bis der Transit vorbei ist und sich die Gefühle wieder stabilisiert haben.

♄ Plutotransite zu Saturn

☌ Konjunktion
Könnte eine Phase voller Grübelei und düsterer Stimmung bedeuten. Man

neigt nun wahrscheinlich verstärkt zur Innenschau, mit Phasen der Depression und vielleicht sehr wenig Selbstvertrauen. Auch wenn man sich zu diesen Zeiten nicht besonders überschwenglich fühlt, kann man doch langfristige Pläne machen (tätig werden sollte man jetzt allerdings nicht, weil frustrierende Verzögerungen zu befürchten sind). Sinnvoll ist es nun, abstrakt zu planen und später dann aktiv zu werden! Beim Schützesaturn muß die Tendenz zur Rastlosigkeit unter Kontrolle gebracht werden. Die Vitalität könnte jetzt geschwächt sein, vielleicht bestehen auch physische Beeinträchtigungen.

+ Positive Transite

Bringen womöglich langfristige Veränderungen, sind aber schwierig zu meistern, weil beide Planeten beschränkend und heikel sind. Man verfügt jetzt aber wahrscheinlich über eine Extraportion gesunden Menschenverstand. Auf lange Sicht hin wird alles gut werden.

− Negative Transite

Das Beste ist es, zu diesen Zeiten nichts zu machen. Raten Sie Ihrem Gegenüber davon ab, jetzt die Initiative zu ergreifen oder den Kampf aufzunehmen! Vorgesetzten oder Autoritätspersonen die Meinung zu sagen ist eine gute Sache – man sollte aber warten, bis dieser Transit vorbei ist, bevor man einen wichtigen Schritt unternimmt. Hier kommen die plutonischen Blockaden in Verbindung mit der saturnischen Frustration und Begrenzung zur Wirkung – was weder vergnüglich noch besonders hilfreich ist. Man sollte die Bewegung suchen und Sport treiben, weil nun arthritische Beschwerden auftreten können.

♅ Plutotransite zu Uranus

☌ Konjunktion

Uranus befand sich von 1981 bis 1988 im Schützen, wo Pluto sich jetzt befindet – also beeinflußt dieser Transit sehr junge Menschen. Er könnte schwierig sein und die natürliche Rebellion der jungen Leute noch verstärken. Die Eltern sollten sensibel und aufgeschlossen reagieren, wenn ihre Kinder plötzlich ein anderes Verhalten zeigen – die Jugendlichen könnten sich nämlich wie in einem Käfig fühlen und irgendwann einmal einfach »die Nase voll« haben. Das Bedürfnis nach umfassenden und drastischen Veränderungen, die aber nicht durchdacht sind – dem einen oder anderen Heranwachsenden dürften noch harte Lektionen bevorstehen. Bei einem einigermaßen stabilen Hintergrund wird man diese machtvolle Energie positiv und nutzbringend einsetzen können. Drastische Aktivitäten, die andere emotional über Gebühr fordern, zahlen sich aber nicht aus.

+ Positive Transite

Der Drang nach Freiheit und einem Neuanfang, zumindest auf einem Lebensgebiet. Der Wechsel der Stelle, neue Freizeitaktivitäten oder die Beteiligung an einem anspruchsvollen Projekt könnten langfristig sehr positive Folgen haben. Allerdings gilt es, sich vor übermäßigem Enthusiasmus und Exzentrizität zu hüten! Manchmal bringt ein solcher Einfluß den Menschen in eine Machtposition – worauf man sich aber tunlichst nichts einbilden sollte.

− Negative Transite

Womöglich viel Frustration und viele Probleme; wie lästig und aufreibend diese Zeit ist, hängt auch von den anderen Transiten und Lunarprogressionen ab. Sind die anderen Einflüsse angenehm, macht wahrscheinlich nur eine Angelegenheit Schwierigkeiten. Bei heiklen Saturn- oder Uranustransiten zu Sonne, Mond, Aszendent oder herrschendem Zeichen wird man dagegen nicht auf Rosen gebettet sein. Ruhe, Ausdauer und kontrollierte Gefühle sind jetzt entscheidend. Man hüte sich vor jedweder Selbstzufriedenheit! Es gilt nun, seine innerliche Stärke unter Beweis zu stellen, aber nicht so harten Widerstand zu leisten, daß nervliche Erschöpfung, Migräne oder andere schädlichen Auswirkungen die Folge sind. Eine Entspannungstechnik könnte jetzt eine gute Sache sein! Wenn der Transit vorüber ist, wird alles wieder in Schwung kommen.

♆ Plutotransite zu Neptun

☌ Konjunktion

Im Laufe dieses Jahrhunderts hat sich Neptun von den Zwillingen bis hin zum Steinbock bewegt, wo er bis 1998 bleibt. Pluto stand bis 1995 im Skorpion und trat dann in den Schützen ein – damit ist die Konjunktion seit 1995 nur in diesem Zeichen möglich. Häufig ergibt sich eine Art Erwachen, wenn Pluto in Kontakt zu Neptun tritt, weil sein suchendes und intensives Moment die spirituelle und verträumte Inspiration von Neptun aufrüttelt. Menschen, die sensibel, kreativ und sich ihrer Umgebung bewußt sind, könnten nun eine sehr interessante inspirierende Entwicklung durchmachen, die sie psychisch weiterbringt und vielleicht zur Erleuchtung führt. Als Ergebnis davon kann sich jetzt das Potential für kreative oder phantasievolle Arbeit vollständig entfalten. In schwächeren Menschen könnte sich vielleicht die Tendenz zu einem negativen Eskapismus zeigen – eine Verweigerungshaltung, z. B. Drogenkonsum (letzteres galt aber vielleicht mehr für diejenigen mit dem Skorpionneptun). Man muß nun unbedingt nach Weiterentwicklung streben, auch dann, wenn es zu Gefühlen der Spannung oder der Konfusion kommt. In manchen Fällen ahnt die betreffende Person, daß sie übernatürliche Gaben besitzt.

+ Positive Transite

Das Trigon kann sich jetzt nur für betagte Menschen mit Neptun im Löwen ergeben. Die Auswirkungen davon ähneln der Konjunktion; es könnten damit einige verwirrende Störungen verbunden sein. Der Einfluß könnte auch die Wirkung haben, daß der Mensch seine Überzeugungen und Glaubensvorstellungen überprüft. Das Sextil ergibt sich jetzt für Menschen mit dem Waageneptun. Was zukünftige Entwicklungen betrifft, sollten wir untersuchen, wie sich die jungen Menschen entwickeln werden: Für die jungen Menschen, die nach 1984/85 geboren sind, muß noch Forschungsarbeit geleistet werden; es gilt, die untergründigen Motive zu erkennen, die sie antreiben. Sie werden vielleicht von altruistischen Gründen motiviert, brauchen nichtsdestoweniger aber feste Anleitung. Vielleicht haben sie Konzentrationsprobleme oder verlieren sich in ihren Phantasien, weil sie sich als Kinder intensiv mit furchterregenden Kreaturen beschäftigt haben – ob nun mit solchen, die wirklich einmal existierten, oder mit Science-fiction-Geschöpfen.

Negative Transite
Das Quadrat wirkt jetzt auf Personen, die Neptun in der Jungfrau haben. Damit könnte eine Sphäre des Lebens nun in Unordnung geraten, was dem oder der Betreffenden womöglich eine schwierige und sehr verwirrende Zeit beschert. Vielleicht das drängende Bedürfnis, Veränderungen vorzunehmen – aber welche? Dies zu entscheiden, könnte das Problem sein. Schwierig zu interpretieren; es besteht auch die Möglichkeit, daß andere Einflüsse den Transit noch betonen.

Manchmal ergeben sich nun zusätzliche Lasten und Frustrationen. Man könnte viel Energie und Zeit dafür aufwenden müssen, anderen beizustehen. Dieser Transit könnte problematisch auf die Gesundheit wirken, er macht den Menschen anfällig für Lebensmittelvergiftungen. Man bemühe sich also, sich einfach und gut zu ernähren.

Asz Plutotransite zum Aszendenten

Anmerkung: In Verbindung mit der Tatsache, daß Pluto sich sehr langsam bewegt, stellen Sie vielleicht fest, daß die Zeiten der Plutotransite zu Aszendent oder MC nicht stimmen. Das liegt nicht an Ihrer mangelnden Erfahrung, sondern daran, daß die Geburtszeit falsch ist – ein Unterschied von vier Minuten bedeutet bei Aszendent und MC schon eine Abweichung von einem Grad. Dadurch verschiebt sich die Wirkung der Plutotransite um geraume Zeit – um Wochen, wenn nicht Monate.

☌ Konjunktion
Ein heikler Transit für diejenigen mit dem Schützeaszendenten. Der Betreffende könnte nun wichtige Veränderungen vornehmen, speziell was den Lebensstil betrifft. Unter Umständen eine große psychische Weiterentwicklung, die viel Negativität ausmerzt und einen läuternden Effekt hat, so daß ein erfüllenderes und reicheres Leben möglich wird. Wahrscheinlich eine Phase, in der die eigenen Handlungen auf großen Widerhall stoßen. Sehen Sie nach, wie Pluto im Horoskop gestellt ist, um mehr zu der Stärke dieses Transits sagen zu können. Bei einer personalisierten Bedeutung von Pluto ist er natürlich besonders machtvoll.

+ Positive Transite
Auf die eine oder andere Weise sorgt der oder die Betreffende jetzt für ein Großreinemachen und einen Neuanfang. Dies könnte ganz einfach die Umgestaltung der Wohnung bedeuten, aber auch neue Interessen oder eine Änderung in finanzieller Hinsicht.

− Negative Transite
Sorgen oft für viel Streß und behindern Fortschritte. Der Betreffende könnte den Eindruck gewinnen, daß ihm jetzt jeder Weg versperrt ist. Man braucht nun Geduld; wenn der Transit vorüber ist, wird man wieder aktiv werden können, vielleicht schneller als gedacht.

MC Plutotransite zum MC

☌ Konjunktion
Jetzt sind Umwälzungen im Beruf oder bei den persönlichen Zielen sehr wahrscheinlich. Manchmal kommt es nun zu einer einmaligen und wirklich einzigartigen Chance – die man einfach nicht ungenutzt lassen kann, die aber viele innerlichen Schmerzen mit sich bringt. Es kann auch sein, daß infolge einer Firmenübernahme oder anderer Einwirkungen der Betreffende seine Arbeit verliert, was es vielleicht ratsam erscheinen lassen könnte, sich auf dem Arbeitsmarkt umzutun. Das Leben ist nun sehr ereignisreich, mit der einen oder anderen Erschütterung. Vielleicht sind die Auswirkungen z. B. finanziell sehr positiv, fordern aber einen hohen Preis, eine zeitweilige Trennung vom Partner oder ähnliches.

+ Positive Transite
Nun könnten sich neue Entwicklungen ergeben, die zu Veränderungen führen und dazu, daß man einen Neuanfang macht – in Verbindung mit äußerlichen Umständen. Die Resultate davon dürften ganz allgemein positiv sein, allerdings auch Spannungen mit sich bringen und eine gewisse Anstrengung erfordern.

− Negative Transite
Können als Resultat von Umwälzungen auf beruflichem Gebiet für ein beträchtliches Maß an Spannung stehen. Vielleicht aber muß der oder die Betreffende selbst nichts ändern, speziell dann nicht, wenn auch vom Progressionshoroskop oder von anderen Transiten keine derartigen Auswirkungen abzuleiten sind. Man muß abwarten, bis sich die Wogen wieder glätten.

♇ Plutotransite zum Radixpluto

Man erlebt zwar keine Plutowiederkehr (weil man dazu 246 Jahre alt werden müßte) – es gibt aber Zeiten, in denen Pluto am Himmel im Aspekt zu der Geburtsstellung steht.

⚹ Sextil
Dieser Transitaspekt ergibt sich, wenn sich Pluto von der Geburtsstellung zwei Zeichen entfernt hat. Wegen Plutos exzentrischer Umlaufbahn kann man nicht genau sagen, wann das der Fall ist. Diejenigen mit Pluto in der Jungfrau haben diesen Transit bereits erlebt. Man muß ihn sich als eine Unterstützung anderer Trends der gleichen Zeit vorstellen – wenn diese auf Veränderungen und Neuentwicklungen schließen lassen, wird Pluto sie unterstützen. Wenn keine Veränderungen zu erwarten sind, wird Pluto sich eher in psychologischer Weise auswirken – der Betreffende analysiert sich dann möglicherweise selbst und gewinnt Klarheit über seine Ziele und langfristigen Pläne. Menschen mit dem Krebspluto haben nun das Trigon hinter sich gebracht. Die obige Interpretation gilt auch für sie, vielleicht kam es bei ihnen aber zu noch belohnenderen Resultaten.

□ Quadrat
Als Pluto im Skorpion stand, kam es zum Transitquadrat für diejenigen mit einem Löwepluto; im Schützen bezieht sich das Quadrat auf die Jungfrau. Häufig ist mit ihm die Weiterentwicklung blockiert. Man kann sich jetzt sehr wohl Gedanken machen und sich auf eine innerliche Suche begeben – der Weg wird sich dann, wie bei den positiven Transiten auch, klar abzeichnen, wenn dieser Einfluß nicht mehr wirksam ist. Vielleicht führen die äußerlichen Zwänge zu Veränderungen – meist aber ist es so, daß der Betreffende selbst für diese Umstände verantwortlich ist und sie als Entschuldigung heranzieht, selbst keine Initiative zu zeigen: »Ich kann ja nichts machen, weil ...!« Nach diesem Plutoeinfluß ergeben sich oft neue Einsichten.

· 5 ·

ASTROLOGISCHE TABELLEN

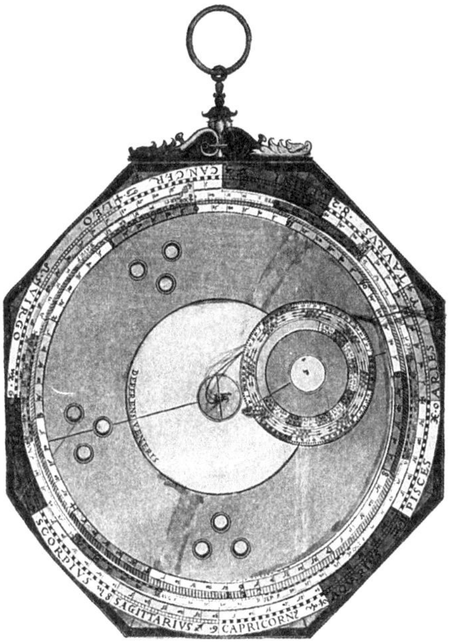

Anmerkung: Gemäß der folgenden Ephemeride kann ein Planet aufgrund der Rundung der Dezimalstellen (z. B. ist 12,84 abgerundet 12,8, 12,89 ist aufgerundet 12,9) bereits für 0,0 Grad eines bestimmten Zeichens angeführt sein, während er in Wirklichkeit noch im vorangehenden steht. In solchen Fällen findet sich die Angabe 30,00 Grad für das Zeichen, in dem der Planet tatsächlich steht. Das heißt: Für einen Planeten auf 29,96 Grad Stier findet sich die Angabe 30,00 Grad Stier, nicht 0,00 Grad Zwillinge.
Man kann der Tabelle entnehmen, an welchen Tagen die Planeten die Zeichen wechseln (bei den langsameren Planeten in einem Abstand von bis zu 10 Tagen). Allerdings sind wegen der Rundung der Dezimalwerte gewisse Abweichungen möglich. Seien Sie sich dessen bewußt, wenn ein Planet in einem neuen Zeichen angeführt wird!

I

	1	2	3	4	5	6	7	8	9	10	11	12	13	14	15	16	17	18	19	20	21	22	23	24	25	26	27	28	29	30	31
☉	♑ 10.1	11.1	12.1	13.1	14.1	15.2	16.2	17.2	18.2	19.2	20.2	21.3	22.3	23.3	24.3	25.3	26.4	27.4	28.4	29.4	♒ 0.4	1.4	2.5	3.5	4.5	5.5	6.5	7.5	8.6	9.6	10.6
☽	♎ 7.7	20.8	♏ 3.4	15.8	28	♐ 10	22	♑ 3.9	15.7	27.6	♒ 9.5	21.4	♓ 3.4	15.5	27.8	♈ 10.3	23.1	♉ 6.3	19.8	♊ 3.9	18.5	♋ 3.4	18.6	♌ 4	19.3	♍ 4.3	18.9	♎ 3	16.6	29.8	♏ 12.5
☿	♑ 0.8	2.4	3.9	5.5	7.1	8.7	10.2	11.8	13.4	15	16.6	18.3	19.9	21.5	23.2	24.8	26.5	28.2	29.8	♒ 1.5	3.2	4.9	6.6	8.4	10.1	11.8	13.6	15.3	17.1	18.8	20.6
♀	♒ 23.2	24.4	25.5	26.7	27.9	29	♓ 0.2	1.3	2.5	3.6	4.8	5.9	7.1	8.2	9.4	10.5	11.6	12.7	13.9	15	16.1	17.2	18.3	19.4	20.5	21.6	22.7	23.8	24.9	26	27.1
♂	♒ 26.6	27.4	28.2	29	29.8	♓ 0.5	1.3	2.1	2.9	3.6	4.4	5.2	6	6.7	7.5	8.3	9.1	9.8	10.6	11.4	12.2	12.9	13.7	14.5	15.2	16	16.8	17.6	18.3	19.1	19.9

♃ 1: ♍ 18.9; 6: 18.9R; 11: 18.8; 16: 18.7; 21: 18.4; 26: 18.1; 31: 17.8 — ♄ 1: ♍ 24.8; 6: 24.8R; 11: 24.8; 16: 24.7; 21: 24.5; 26: 24.4; 31: 24.2 — ♅ 1: ♓ 2.8; 11: 3.2; 21: 3.7; 31: 4.2 — ♆ 1: ♌ 13.2R; 11: 13; 21: 12.7; 31: 12.4 — ♇ 1: ♋ 7.8R; 11: 7.6; 21: 7.4; 31: 7.2

II

	1	2	3	4	5	6	7	8	9	10	11	12	13	14	15	16	17	18	19	20	21	22	23	24	25	26	27	28	29	30	31
☉	♒ 11.6	12.6	13.6	14.7	15.7	16.7	17.7	18.7	19.7	20.7	21.7	22.8	23.8	24.8	25.8	26.8	27.8	28.8	29.8	♓ 0.8	1.8	2.8	3.8	4.9	5.9	6.9	7.9	8.9			
☽	♏ 24.9	♐ 7	19	♑ 0.9	12.7	24.6	♒ 6.5	18.4	♓ 0.5	12.6	24.9	♈ 7.3	20	♉ 2.8	16	29.5	♊ 13.3	27.6	♋ 12.2	27.1	♌ 12.2	27.3	♍ 12.2	26.8	♎ 11	24.7	♏ 8	20.8			
☿	♒ 22.3	24.1	25.8	27.6	29.3	♓ 1	2.6	4.3	5.9	7.4	8.9	10.2	11.6	12.8	13.9	14.9	15.7	16.5	17	17.4	17.7	17.8R	17.7	17.4	17	16.4	15.8	14.9			
♀	♓ 28.1	29.2	♈ 0.2	1.3	2.3	3.4	4.4	5.4	6.5	7.5	8.5	9.5	10.5	11.5	12.4	13.4	14.4	15.3	16.3	17.2	18.1	19	19.9	20.8	21.7	22.6	23.4	24.2			
♂	♓ 20.6	21.4	22.2	22.9	23.7	24.5	25.2	26	26.8	27.5	28.3	29.1	29.8	♈ 0.6	1.4	2.1	2.9	3.6	4.4	5.2	5.9	6.7	7.4	8.2	8.9	9.7	10.4	11.2			

♃ 1: ♍ 17.7R; 6: 17.2; 11: 16.7; 16: 16.1; 21: 15.5; 26: 14.9 — ♄ 1: ♍ 24.1R; 6: 23.9; 11: 23.6; 16: 23.3; 21: 22.9; 26: 22.5 — ♅ 1: ♓ 4.3; 11: 4.8; 21: 5.4 — ♆ 1: ♌ 12.4R; 11: 12.1; 21: 11.8 — ♇ 1: ♋ 7.2R; 11: 7.1; 21: 6.9

III

	1	2	3	4	5	6	7	8	9	10	11	12	13	14	15	16	17	18	19	20	21	22	23	24	25	26	27	28	29	30	31
☉	♓ 9.9	10.9	11.9	12.9	13.9	14.9	15.9	16.9	17.9	18.9	19.9	20.9	21.9	22.9	23.9	24.9	25.9	26.9	27.9	28.9	29.8	♈ 0.8	1.8	2.8	3.8	4.8	5.8	6.8	7.8	8.8	9.7
☽	♐ 3.3	15.5	27.5	♑ 9.4	21.2	♒ 3.1	15	27.1	♓ 9.3	21.7	♈ 4.2	16.9	29.9	♉ 13	26.3	♊ 9.9	23.8	♋ 7.9	22.2	♌ 6.8	21.4	♍ 6	20.5	♎ 4.8	18.9	♏ 2.5	15.8	28.6	♐ 11.2	23.5	♑ 5.5
☿	♓ 14.1R	13.1	12.1	11	10	9	8	7.1	6.3	5.6	5	4.5	4.1	3.8	3.6	3.5	3.5D	3.6	3.8	4.1	4.5	4.9	5.5	6.1	6.7	7.5	8.3	9.1	10	11	12
♀	♈ 25.1	25.9	26.7	27.5	28.2	29	29.7	♉ 0.4	1.1	1.8	2.5	3.1	3.7	4.3	4.9	5.5	6	6.5	7	7.4	7.8	8.2	8.6	8.9	9.2	9.5	9.7	9.9	10	10.2	10.2
♂	♈ 12	12.7	13.5	14.2	15	15.7	16.5	17.2	17.9	18.7	19.4	20.2	20.9	21.7	22.4	23.2	23.9	24.6	25.4	26.1	26.9	27.6	28.3	29.1	29.8	♉ 0.5	1.3	2	2.7	3.5	4.2

♃ 1: ♍ 14.5R; 6: 13.9; 11: 13.2; 16: 12.6; 21: 12; 26: 11.4; 31: 10.8 — ♄ 1: ♍ 22.3R; 6: 21.9; 11: 21.5; 16: 21.1; 21: 20.8; 26: 20.4; 31: 20 — ♅ 1: ♓ 5.9; 11: 6.4; 21: 7; 31: 7.5 — ♆ 1: ♌ 11.6R; 11: 11.4; 21: 11.2; 31: 11.1 — ♇ 1: ♋ 6.9R; 11: 6.8; 21: 6.8; 31: 6.8D

IV

	1	2	3	4	5	6	7	8	9	10	11	12	13	14	15	16	17	18	19	20	21	22	23	24	25	26	27	28	29	30	31
☉	♈ 10.7	11.7	12.7	13.7	14.7	15.7	16.6	17.6	18.6	19.6	20.6	21.5	22.5	23.5	24.5	25.5	26.4	27.4	28.4	29.4	♉ 0.3	1.3	2.3	3.3	4.2	5.2	6.2	7.2	8.1	9.1	
☽	♑ 17.5	29.3	♒ 11.2	23.2	♓ 5.3	17.7	♈ 0.3	13.1	26.1	♉ 9.5	23	♊ 6.7	20.7	♋ 4.7	18.9	♌ 3.1	17.3	♍ 1.6	15.7	29.8	♎ 13.6	27.3	♏ 10.6	23.7	♐ 6.5	19	♑ 1.3	13.4	25.3	♒ 7.2	
☿	♓ 13	14.1	15.2	16.4	17.6	18.8	20.1	21.4	22.7	24.1	25.5	26.9	28.4	29.9	♈ 1.4	2.9	4.5	6.1	7.7	9.4	11.1	12.8	14.5	16.3	18.1	19.9	21.7	23.6	25.5	27.5	
♀	♉ 10.3	10.3R	10.2	10.1	10	9.9	9.7	9.4	9.1	8.8	8.4	8	7.6	7.1	6.6	6.1	5.5	4.9	4.4	3.7	3.1	2.5	1.9	1.2	0.6	♈ 30	29.4	28.8	28.2	27.7	
♂	♉ 4.9	5.7	6.4	7.1	7.8	8.6	9.3	10	10.7	11.5	12.2	12.9	13.6	14.3	15.1	15.8	16.5	17.2	17.9	18.6	19.3	20.1	20.8	21.5	22.2	22.9	23.6	24.3	25	25.7	

♃ 1: ♍ 10.7R; 6: 10.3; 11: 9.9; 16: 9.5; 21: 9.3; 26: 9.1 — ♄ 1: ♍ 19.9R; 6: 19.6; 11: 19.3; 16: 19; 21: 18.7; 26: 18.5 — ♅ 1: ♓ 7.6; 11: 8.1; 21: 8.5 — ♆ 1: ♌ 11.1R; 11: 11; 21: 11 — ♇ 1: ♋ 6.8; 11: 6.9; 21: 7

V

	1	2	3	4	5	6	7	8	9	10	11	12	13	14	15	16	17	18	19	20	21	22	23	24	25	26	27	28	29	30	31
☉	♉ 10.1	11	12	13	14	14.9	15.9	16.9	17.8	18.8	19.8	20.7	21.7	22.7	23.6	24.6	25.5	26.5	27.5	28.4	29.4	♊ 0.4	1.3	2.3	3.2	4.2	5.2	6.1	7.1	8	9
☽	♒ 19.1	♓ 1.1	13.3	25.7	♈ 8.4	21.4	♉ 4.8	18.4	♊ 2.4	16.6	♋ 1	15.4	29.8	♌ 14.1	28.3	♍ 12.3	26.1	♎ 9.8	23.2	♏ 6.4	19.4	♐ 2.2	14.8	27.2	♑ 9.4	21.4	♒ 3.3	15.2	27.1	♓ 9.1	21.2
☿	♈ 29.4	♉ 1.4	3.4	5.5	7.6	9.7	11.8	13.9	16.1	18.2	20.4	22.6	24.8	26.9	29.1	♊ 1.3	3.4	5.5	7.6	9.7	11.7	13.7	15.7	17.6	19.4	21.3	23	24.8	26.5	28.1	29.7
♀	♈ 27.2R	26.7	26.3	25.9	25.5	25.1	24.8	24.6	24.4	24.2	24	23.9	23.9	23.9	23.9D	23.9	24	24.2	24.3	24.5	24.8	25	25.3	25.7	26	26.4	26.9	27.3	27.8	28.3	28.8
♂	♉ 26.4	27.1	27.8	28.5	29.2	29.9	♊ 0.7	1.4	2	2.7	3.4	4.1	4.8	5.5	6.2	6.9	7.6	8.3	9	9.7	10.4	11.1	11.8	12.4	13.1	13.8	14.5	15.2	15.9	16.6	17.2

♃ 1: ♍ 9.0R; 6: 8.9; 11: 9.0D; 16: 9.1; 21: 9.3; 26: 9.5; 31: 9.9 — ♄ 1: ♍ 18.3R; 6: 18.2; 11: 18.1; 16: 18; 21: 18.0D; 26: 18; 31: 18.1 — ♅ 1: ♓ 8.9; 11: 9.2; 21: 9.4; 31: 9.6 — ♆ 1: ♌ 11; 11: 11.1; 21: 11.2; 31: 11.4 — ♇ 1: ♋ 7.1; 11: 7.3; 21: 7.5; 31: 7.7

VI

	1	2	3	4	5	6	7	8	9	10	11	12	13	14	15	16	17	18	19	20	21	22	23	24	25	26	27	28	29	30	31
☉	♊ 10	10.9	11.9	12.8	13.8	14.7	15.7	16.7	17.6	18.6	19.5	20.5	21.4	22.4	23.3	24.3	25.3	26.2	27.2	28.1	29.1	♋ 0	1	1.9	2.9	3.8	4.8	5.7	6.7	7.7	
☽	♈ 3.6	16.3	29.4	♉ 12.9	26.9	♊ 11.2	25.8	♋ 10.6	25.5	♌ 10.2	24.8	♍ 9.1	23	♎ 6.7	20.1	♏ 3.2	16	28.7	♐ 11.2	23.6	♑ 5.8	17.8	29.8	♒ 11.7	23.5	♓ 5.4	17.4	29.5	♈ 11.8	24.5	
☿	♋ 1.2	2.7	4.1	5.5	6.9	8.1	9.4	10.5	11.6	12.7	13.7	14.7	15.5	16.4	17.1	17.8	18.4	19	19.5	19.9	20.2	20.5	20.7	20.8	20.9	20.8R	20.7	20.5	20.3	19.9	
♀	♈ 29.3	29.9	♉ 0.5	1.1	1.7	2.4	3	3.7	4.4	5.1	5.9	6.6	7.4	8.1	8.9	9.7	10.5	11.4	12.2	13	13.9	14.8	15.6	16.5	17.4	18.3	19.2	20.2	21.1	22	
♂	♊ 17.9	18.6	19.3	20	20.7	21.3	22	22.7	23.4	24	24.7	25.4	26.1	26.7	27.4	28.1	28.8	29.4	♋ 0.1	0.8	1.4	2.1	2.8	3.4	4.1	4.8	5.4	6.1	6.8	7.4	

♃ 1: ♍ 9.9; 6: 10.3; 11: 10.8; 16: 11.3; 21: 11.9; 26: 12.6 — ♄ 1: ♍ 18.1; 6: 18.2; 11: 18.4; 16: 18.6; 21: 18.8; 26: 19.1 — ♅ 1: ♓ 9.6; 11: 9.6; 21: 9.6R — ♆ 1: ♌ 11.4; 11: 11.6; 21: 11.9 — ♇ 1: ♋ 7.7; 11: 7.9; 21: 8.2

VII

	1	2	3	4	5	6	7	8	9	10	11	12	13	14	15	16	17	18	19	20	21	22	23	24	25	26	27	28	29	30	31
☉	♋ 8.6	9.6	10.5	11.5	12.4	13.4	14.3	15.3	16.2	17.2	18.1	19.1	20	21	22	22.9	23.9	24.8	25.8	26.7	27.7	28.6	29.6	♌ 0.5	1.5	2.5	3.4	4.4	5.3	6.3	7.2
☽	♉ 7.5	21.1	♊ 5.1	19.6	♋ 4.4	19.5	♌ 4.7	19.8	♍ 4.6	19.1	♎ 3.2	16.9	♏ 0.2	13.1	25.8	♐ 8.2	20.5	♑ 2.7	14.7	26.7	♒ 8.6	20.4	♓ 2.3	14.2	26.1	♈ 8.2	20.6	♉ 3.2	16.2	29.6	♊ 13.6
☿	♋ 19.6R	19.1	18.6	18.1	17.5	16.9	16.3	15.6	15	14.4	13.8	13.3	12.8	12.3	11.9	11.6	11.4	11.2	11.2	11.2D	11.3	11.5	11.8	12.2	12.7	13.3	14	14.8	15.7	16.7	17.8
♀	♉ 23	23.9	24.9	25.8	26.8	27.8	28.8	29.8	♊ 0.8	1.8	2.8	3.8	4.8	5.8	6.8	7.9	8.9	10	11	12	13.1	14.2	15.2	16.3	17.4	18.4	19.5	20.6	21.7	22.7	23.8
♂	♋ 8.1	8.8	9.4	10.1	10.7	11.4	12.1	12.7	13.4	14	14.7	15.4	16	16.7	17.3	18	18.6	19.3	20	20.6	21.3	21.9	22.6	23.2	23.9	24.5	25.2	25.8	26.5	27.1	27.8

♃ 1: ♍ 13.2; 6: 14; 11: 14.7; 16: 15.6; 21: 16.4; 26: 17.3; 31: 18.2 — ♄ 1: ♍ 19.4; 6: 19.7; 11: 20.1; 16: 20.5; 21: 20.9; 26: 21.4; 31: 21.9 — ♅ 1: ♓ 9.5R; 11: 9.4; 21: 9.1; 31: 8.8 — ♆ 1: ♌ 12.2; 11: 12.5; 21: 12.9; 31: 13.2 — ♇ 1: ♋ 8.4; 11: 8.7; 21: 8.9; 31: 9.2

VIII

	1	2	3	4	5	6	7	8	9	10	11	12	13	14	15	16	17	18	19	20	21	22	23	24	25	26	27	28	29	30	31
☉	♌ 8.2	9.1	10.1	11.1	12	13	13.9	14.9	15.9	16.8	17.8	18.7	19.7	20.7	21.6	22.6	23.5	24.5	25.5	26.4	27.4	28.4	29.3	♍ 0.3	1.2	2.2	3.2	4.1	5.1	6.1	7
☽	♊ 28	♋ 12.8	28	♌ 13.3	28.5	♍ 13.6	28.3	♎ 12.5	26.3	♏ 9.7	22.6	♐ 5.2	17.6	29.7	♑ 11.8	23.7	♒ 5.6	17.5	29.3	♓ 11.2	23.2	♈ 5.3	17.5	29.9	♉ 12.6	25.6	♊ 9	22.8	♋ 7	21.6	♌ 6.6
☿	♋ 19	20.2	21.6	23	24.5	26.1	27.7	29.4	♌ 1.2	3	4.9	6.8	8.8	10.8	12.7	14.8	16.8	18.8	20.8	22.9	24.9	26.9	28.9	♍ 0.8	2.8	4.8	6.7	8.6	10.5	12.3	14.2
♀	♊ 24.9	26	27.1	28.2	29.3	♋ 0.4	1.5	2.7	3.8	4.9	6	7.1	8.3	9.4	10.5	11.7	12.8	13.9	15.1	16.2	17.4	18.5	19.7	20.8	22	23.1	24.3	25.4	26.6	27.8	28.9
♂	♋ 28.4	29.1	29.7	♌ 0.4	1	1.6	2.3	2.9	3.6	4.2	4.9	5.5	6.2	6.8	7.4	8.1	8.7	9.4	10	10.6	11.3	11.9	12.6	13.2	13.8	14.5	15.1	15.8	16.4	17	17.7

♃ 1: ♍ 18.4; 6: 19.4; 11: 20.3; 16: 21.3; 21: 22.3; 26: 23.4; 31: 24.4 — ♄ 1: ♍ 22; 6: 22.5; 11: 23.1; 16: 23.6; 21: 24.2; 26: 24.8; 31: 25.4 — ♅ 1: ♓ 8.8R; 11: 8.4; 21: 8.1; 31: 7.7 — ♆ 1: ♌ 13.3; 11: 13.7; 21: 14; 31: 14.4 — ♇ 1: ♋ 9.2; 11: 9.4; 21: 9.6; 31: 9.7

IX

	1	2	3	4	5	6	7	8	9	10	11	12	13	14	15	16	17	18	19	20	21	22	23	24	25	26	27	28	29	30	31
☉	♍ 8	9	9.9	10.9	11.9	12.9	13.8	14.8	15.8	16.7	17.7	18.7	19.7	20.6	21.6	22.6	23.6	24.5	25.5	26.5	27.5	28.4	29.4	♎ 0.4	1.4	2.4	3.3	4.3	5.3	6.3	
☽	♌ 21.7	♍ 6.9	21.9	♎ 6.7	21	♏ 4.9	18.4	♐ 1.4	14.1	26.5	♑ 8.6	20.6	♒ 2.5	14.3	26.2	♓ 8.1	20.2	♈ 2.3	14.6	27	♉ 9.7	22.5	♊ 5.7	19.1	♋ 2.8	16.9	♌ 1.2	15.8	♍ 0.6	15.4	
☿	♍ 16	17.8	19.6	21.3	23.1	24.8	26.5	28.2	29.8	♎ 1.5	3.1	4.7	6.3	7.9	9.4	10.9	12.4	13.9	15.4	16.9	18.3	19.8	21.2	22.5	23.9	25.3	26.6	27.9	29.2	♏ 0.4	
♀	♌ 0.1	1.3	2.4	3.6	4.6	5.9	7.1	8.3	9.5	10.7	11.9	13	14.2	15.4	16.6	17.8	19	20.2	21.4	22.6	23.8	25	26.2	27.4	28.6	29.8	♍ 1	2.2	3.4	4.6	
♂	♌ 18.3	18.9	19.6	20.2	20.8	21.5	22.1	22.7	23.4	24	24.6	25.3	25.9	26.5	27.2	27.8	28.4	29.1	29.7	♍ 0.3	1	1.6	2.2	2.8	3.5	4.1	4.7	5.4	6	6.6	

♃ 1: ♍ 24.6; 6: 25.7; 11: 26.8; 16: 27.9; 21: 28.9; 26: ♎ 0 — ♄ 1: ♍ 25.5; 6: 26.1; 11: 26.7; 16: 27.3; 21: 27.9; 26: 28.6 — ♅ 1: ♓ 7.6R; 11: 7.2; 21: 6.9 — ♆ 1: ♌ 14.4; 11: 14.8; 21: 15.1 — ♇ 1: ♋ 9.8; 11: 9.9; 21: 10

X

	1	2	3	4	5	6	7	8	9	10	11	12	13	14	15	16	17	18	19	20	21	22	23	24	25	26	27	28	29	30	31
☉	♎ 7.3	8.3	9.2	10.2	11.2	12.2	13.2	14.2	15.2	16.1	17.1	18.1	19.1	20.1	21.1	22.1	23.1	24.1	25.1	26.1	27.1	28.1	29	♏ 0	1	2	3	4	5	6	7
☽	♎ 0.2	14.8	29.1	♏ 13	26.5	♐ 9.6	22.3	♑ 4.7	16.9	28.9	♒ 10.8	22.6	♓ 4.5	16.5	28.7	♈ 11	23.6	♉ 6.3	19.3	♊ 2.6	16	29.7	♋ 13.5	27.6	♌ 11.7	26	♍ 10.4	24.7	♎ 9	23.2	♏ 7.2
☿	♏ 1.7	2.9	4	5.2	6.3	7.4	8.4	9.4	10.4	11.3	12.1	12.9	13.6	14.3	14.9	15.4	15.8	16	16.2	16.3R	16.2	16	15.7	15.2	14.5	13.7	12.8	11.7	10.6	9.3	8
♀	♍ 5.9	7.1	8.3	9.5	10.7	11.9	13.2	14.4	15.6	16.8	18	19.3	20.5	21.7	23	24.2	25.4	26.6	27.9	29.1	♎ 0.3	1.6	2.8	4	5.3	6.5	7.8	9	10.2	11.5	12.7
♂	♍ 7.2	7.9	8.5	9.1	9.7	10.4	11	11.6	12.2	12.9	13.5	14.1	14.7	15.4	16	16.6	17.2	17.8	18.5	19.1	19.7	20.3	20.9	21.6	22.2	22.8	23.4	24	24.7	25.3	25.9

♃ 1: ♎ 1.1; 6: 2.2; 11: 3.2; 16: 4.3; 21: 5.4; 26: 6.4; 31: 7.4 — ♄ 1: ♍ 29.2; 6: 29.8; 11: ♎ 0.4; 16: 1; 21: 1.6; 26: 2.2; 31: 2.7 — ♅ 1: ♓ 6.5R; 11: 6.2; 21: 6; 31: 5.8 — ♆ 1: ♌ 15.3; 11: 15.6; 21: 15.7; 31: 15.9 — ♇ 1: ♋ 10; 11: 10.1R; 21: 10; 31: 10

XI

	1	2	3	4	5	6	7	8	9	10	11	12	13	14	15	16	17	18	19	20	21	22	23	24	25	26	27	28	29	30	31
☉	♏ 8	9	10	11	12	13	14	15.1	16.1	17.1	18.1	19.1	20.1	21.1	22.1	23.1	24.1	25.1	26.1	27.1	28.1	29.2	♐ 0.2	1.2	2.2	3.2	4.2	5.2	6.2	7.3	
☽	♏ 20.9	♐ 4.4	17.4	♑ 0.2	12.6	24.8	♒ 6.8	18.7	♓ 0.6	12.5	24.5	♈ 6.7	19.2	♉ 2	15.1	28.5	♊ 12.2	26.1	♋ 10.2	24.4	♌ 8.6	22.8	♍ 6.9	20.9	♎ 4.9	18.8	♏ 2.5	16	29.4	♐ 12.6	
☿	♏ 6.7R	5.5	4.3	3.2	2.3	1.6	1	0.6	0.4	0.4D	0.6	1	1.5	2.1	2.9	3.8	4.8	5.9	7	8.3	9.5	10.8	12.2	13.6	15	16.4	17.9	19.4	20.9	22.4	
♀	♎ 14	15.2	16.4	17.7	18.9	20.2	21.4	22.7	23.9	25.2	26.4	27.7	28.9	♏ 0.2	1.4	2.7	3.9	5.2	6.4	7.7	8.9	10.2	11.4	12.7	13.9	15.2	16.4	17.7	18.9	20.2	
♂	♍ 26.5	27.1	27.7	28.4	29	29.6	♎ 0.2	0.8	1.4	2	2.7	3.3	3.9	4.5	5.1	5.7	6.3	6.9	7.5	8.2	8.8	9.4	10	10.6	11.2	11.8	12.4	13	13.6	14.2	

♃ 1: ♎ 7.6; 6: 8.6; 11: 9.6; 16: 10.5; 21: 11.4; 26: 12.3 — ♄ 1: ♎ 2.8; 6: 3.4; 11: 3.9; 16: 4.4; 21: 4.8; 26: 5.3 — ♅ 1: ♓ 5.8R; 11: 5.7; 21: 5.7D — ♆ 1: ♌ 15.9; 11: 16; 21: 16.0R — ♇ 1: ♋ 10.0R; 11: 9.9; 21: 9.7

XII

	1	2	3	4	5	6	7	8	9	10	11	12	13	14	15	16	17	18	19	20	21	22	23	24	25	26	27	28	29	30	31
☉	♐ 8.3	9.3	10.3	11.3	12.3	13.3	14.4	15.4	16.4	17.4	18.4	19.4	20.5	21.5	22.5	23.5	24.5	25.5	26.6	27.6	28.6	29.6	♑ 0.6	1.7	2.7	3.7	4.7	5.7	6.7	7.8	8.8
☽	♐ 25.5	♑ 8.1	20.5	♒ 2.7	14.7	26.5	♓ 8.3	20.2	♈ 2.2	14.4	26.9	♉ 9.8	23.1	♊ 6.8	20.9	♋ 5.3	19.9	♌ 4.5	19.1	♍ 3.6	17.8	♎ 1.8	15.6	29.1	♏ 12.5	25.6	♐ 8.6	21.4	♑ 4	16.5	28.7
☿	♏ 23.9	25.4	26.9	28.4	30	♐ 1.5	3.1	4.6	6.1	7.7	9.2	10.8	12.3	13.9	15.5	17	18.6	20.1	21.7	23.3	24.8	26.4	28	29.6	♑ 1.2	2.7	4.3	5.9	7.5	9.1	10.7
♀	♏ 21.4	22.7	24	25.2	26.5	27.7	29	♐ 0.2	1.5	2.7	4	5.3	6.5	7.8	9	10.3	11.5	12.8	14.1	15.3	16.6	17.8	19.1	20.3	21.6	22.9	24.1	25.4	26.6	27.9	29.1
♂	♎ 14.8	15.4	16	16.6	17.2	17.8	18.4	19	19.6	20.2	20.8	21.4	22	22.6	23.2	23.8	24.4	25	25.6	26.2	26.8	27.4	27.9	28.5	29.1	29.7	♏ 0.3	0.9	1.5	2.1	2.6

♃ 1: ♎ 13.1; 6: 13.9; 11: 14.7; 16: 15.4; 21: 16; 26: 16.6; 31: 17.1 — ♄ 1: ♎ 5.7; 6: 6; 11: 6.4; 16: 6.7; 21: 6.9; 26: 7.2; 31: 7.3 — ♅ 1: ♓ 5.8; 11: 6; 21: 6.2; 31: 6.6 — ♆ 1: ♌ 15.9R; 11: 15.8; 21: 15.7; 31: 15.5 — ♇ 1: ♋ 9.6R; 11: 9.4; 21: 9.2; 31: 9

I

	1	2	3	4	5	6	7	8	9	10	11	12	13	14	15	16	17	18	19	20	21	22	23	24	25	26	27	28	29	30	31
☉	♑ 9.8	10.8	11.8	12.9	13.9	14.9	15.9	16.9	18	19	20	21	22	23.1	24.1	25.1	26.1	27.1	28.1	29.2	♒ 0.2	1.2	2.2	3.2	4.3	5.3	6.3	7.3	8.3	9.3	10.3
☽	♒ 10.8	22.7	♓ 4.6	16.3	28.2	♈ 10.1	22.3	♉ 4.7	17.6	♊ 0.9	14.7	28.9	♋ 13.6	28.5	♌ 13.6	28.6	♍ 13.5	28	♎ 12.2	26	♏ 9.5	22.7	♐ 5.6	18.3	♑ 0.8	13.1	25.3	♒ 7.4	19.3	♓ 1.2	13
☿	♑ 12.4	14	15.6	17.2	18.9	20.5	22.2	23.8	25.5	27.2	28.8	♒ 0.5	2.2	3.8	5.5	7.2	8.8	10.5	12.1	13.8	15.4	17	18.5	20	21.5	22.9	24.2	25.5	26.7	27.7	28.7
♀	♑ 0.4	1.7	2.9	4.2	5.4	6.7	7.9	9.2	10.5	11.7	13	14.2	15.5	16.8	18	19.3	20.5	21.8	23	24.3	25.5	26.8	28.1	29.3	♒ 0.6	1.8	3.1	4.3	5.6	6.9	8.1
♂	♏ 3.2	3.8	4.4	5	5.5	6.1	6.7	7.3	7.8	8.4	9	9.6	10.1	10.7	11.3	11.8	12.4	13	13.5	14.1	14.6	15.2	15.8	16.3	16.9	17.4	18	18.5	19.1	19.6	20.2

♃ 1: ♎ 17.2; 6: 17.7; 11: 18.1; 16: 18.4; 21: 18.6; 26: 18.8; 31: 18.9 — ♄ 1: ♎ 7.4; 6: 7.5; 11: 7.6; 16: 7.6; 21: 7.6R; 26: 7.5; 31: 7.4 — ♅ 1: ♓ 6.6; 11: 7; 21: 7.5; 31: 8 — ♆ 1: ♌ 15.5R; 11: 15.2; 21: 15; 31: 14.7 — ♇ 1: ♋ 9.0R; 11: 8.8; 21: 8.6; 31: 8.4

II

	1	2	3	4	5	6	7	8	9	10	11	12	13	14	15	16	17	18	19	20	21	22	23	24	25	26	27	28	29	30	31
☉	♒ 11.4	12.4	13.4	14.4	15.4	16.4	17.4	18.5	19.5	20.5	21.5	22.5	23.5	24.5	25.5	26.5	27.6	28.6	29.6	♓ 0.6	1.6	2.6	3.6	4.6	5.6	6.6	7.6	8.6			
☽	♓ 24.8	♈ 6.6	18.5	♉ 0.7	13.1	25.8	♊ 9	22.7	♋ 6.9	21.5	♌ 6.5	21.7	♍ 7	22.2	♎ 7	21.5	♏ 5.6	19.2	♐ 2.4	15.3	27.9	♑ 10.2	22.4	♒ 4.4	16.3	28.1	♓ 10	21.8			
☿	♒ 29.5	♓ 0.2	0.7	1	1.2	1.2R	1	0.7	0.1	♒ 29.4	28.6	27.6	26.5	25.4	24.3	23.1	22	20.9	19.9	19	18.3	17.6	17	16.6	16.3	16.1	16	16.1D			
♀	♒ 9.4	10.6	11.9	13.1	14.4	15.6	16.9	18.2	19.4	20.7	21.9	23.2	24.4	25.7	26.9	28.2	29.4	♓ 0.7	1.9	3.2	4.4	5.7	6.9	8.2	9.4	10.7	11.9	13.2			
♂	♏ 20.7	21.2	21.8	22.3	22.9	23.4	23.9	24.5	25	25.5	26	26.6	27.1	27.6	28.1	28.6	29.1	29.7	♐ 0.2	0.7	1.2	1.7	2.2	2.7	3.2	3.6	4.1	4.6			

♃ 1: ♎ 18.9; 6: 18.9R; 11: 18.8; 16: 18.6; 21: 18.4; 26: 18.1 — ♄ 1: ♎ 7.4R; 6: 7.3; 11: 7.1; 16: 6.8; 21: 6.6; 26: 6.3 — ♅ 1: ♓ 8; 11: 8.6; 21: 9.1 — ♆ 1: ♌ 14.7R; 11: 14.4; 21: 14.1 — ♇ 1: ♋ 8.4R; 11: 8.2; 21: 8.1

III

	1	2	3	4	5	6	7	8	9	10	11	12	13	14	15	16	17	18	19	20	21	22	23	24	25	26	27	28	29	30	31
☉	♓ 9.6	10.6	11.6	12.6	13.6	14.6	15.6	16.6	17.6	18.6	19.6	20.6	21.6	22.6	23.6	24.6	25.6	26.6	27.6	28.6	29.6	♈ 0.6	1.6	2.6	3.6	4.6	5.6	6.5	7.5	8.5	9.5
☽	♈ 3.6	15.5	27.5	♉ 9.7	22.2	♊ 4.9	18	♋ 1.5	15.5	29.9	♌ 14.7	29.8	♍ 15	♎ 0.2	15.2	29.9	♏ 14.2	28	♐ 11.4	24.3	♑ 7	19.3	♒ 1.4	13.3	25.1	♓ 6.9	18.7	♈ 0.6	12.5	24.6	♉ 6.8
☿	♒ 16.2	16.5	16.8	17.2	17.7	18.3	19	19.7	20.5	21.3	22.2	23.1	24.1	25.2	26.2	27.3	28.5	29.7	♓ 0.9	2.2	3.4	4.7	6.1	7.5	8.8	10.3	11.7	13.2	14.7	16.2	17.8
♀	♓ 14.4	15.7	16.9	18.2	19.4	20.7	21.9	23.2	24.4	25.7	26.9	28.2	29.4	♈ 0.7	1.9	3.2	4.4	5.6	6.9	8.1	9.4	10.6	11.9	13.1	14.3	15.6	16.8	18.1	19.3	20.5	21.8
♂	♐ 5.1	5.6	6	6.5	7	7.5	7.9	8.4	8.8	9.3	9.7	10.2	10.6	11	11.5	11.9	12.3	12.7	13.2	13.6	14	14.4	14.8	15.2	15.6	15.9	16.3	16.7	17	17.4	17.8

♃ 1: ♎ 17.8R; 6: 17.4; 11: 16.9; 16: 16.4; 21: 15.8; 26: 15.2; 31: 14.6 — ♄ 1: ♎ 6.1R; 6: 5.7; 11: 5.4; 16: 5; 21: 4.6; 26: 4.2; 31: 3.8 — ♅ 1: ♓ 9.6; 11: 10.2; 21: 10.7; 31: 11.3 — ♆ 1: ♌ 13.9R; 11: 13.7; 21: 13.5; 31: 13.3 — ♇ 1: ♋ 8.0R; 11: 8; 21: 7.9; 31: 8.0D

IV

	1	2	3	4	5	6	7	8	9	10	11	12	13	14	15	16	17	18	19	20	21	22	23	24	25	26	27	28	29	30	31
☉	♈ 10.5	11.5	12.5	13.4	14.4	15.4	16.4	17.4	18.4	19.3	20.3	21.3	22.3	23.3	24.2	25.2	26.2	27.2	28.2	29.1	♉ 0.1	1.1	2.1	3	4	5	6	6.9	7.9	8.9	
☽	♉ 19.2	♊ 1.9	14.7	27.9	♋ 11.4	25.2	♌ 9.3	23.8	♍ 8.5	23.4	♎ 8.3	23.2	♏ 7.8	22.2	♐ 6.1	19.6	♑ 2.7	15.4	27.7	♒ 9.8	21.8	♓ 3.6	15.4	27.2	♈ 9.2	21.3	♉ 3.5	16	28.8	♊ 11.7	
☿	♓ 19.3	20.9	22.5	24.2	25.9	27.5	29.3	♈ 1	2.8	4.6	6.4	8.2	10.1	12	13.9	15.8	17.8	19.8	21.8	23.8	25.9	28	♉ 0.1	2.2	4.3	6.5	8.6	10.8	12.9	15	
♀	♈ 23	24.3	25.5	26.7	28	29.2	♉ 0.4	1.7	2.9	4.1	5.4	6.6	7.8	9.1	10.3	11.5	12.8	14	15.2	16.5	17.7	18.9	20.1	21.4	22.6	23.8	25	26.3	27.5	28.7	
♂	♐ 18.1	18.4	18.8	19.1	19.4	19.7	20.1	20.4	20.7	20.9	21.2	21.5	21.8	22	22.3	22.5	22.7	22.9	23.2	23.4	23.6	23.7	23.9	24.1	24.2	24.4	24.5	24.6	24.8	24.9	

♃ 1: ♎ 14.5R; 6: 13.8; 11: 13.2; 16: 12.6; 21: 11.9; 26: 11.4 — ♄ 1: ♎ 3.8R; 6: 3.4; 11: 3; 16: 2.7; 21: 2.3; 26: 2 — ♅ 1: ♓ 11.3; 11: 11.8; 21: 12.3 — ♆ 1: ♌ 13.3R; 11: 13.2; 21: 13.2 — ♇ 1: ♋ 8; 11: 8; 21: 8.1

V

	1	2	3	4	5	6	7	8	9	10	11	12	13	14	15	16	17	18	19	20	21	22	23	24	25	26	27	28	29	30	31
☉	♉ 9.8	10.8	11.8	12.8	13.7	14.7	15.7	16.6	17.6	18.6	19.5	20.5	21.5	22.4	23.4	24.3	25.3	26.3	27.2	28.2	29.2	♊ 0.1	1.1	2	3	4	4.9	5.9	6.8	7.8	8.8
☽	♊ 24.9	♋ 8.3	21.9	♌ 5.7	19.8	♍ 4	18.3	♎ 2.8	17.3	♏ 1.8	16.1	♐ 0.3	14.1	27.6	♑ 10.7	23.4	♒ 5.8	17.9	29.8	♓ 11.7	23.5	♈ 5.4	17.4	29.6	♉ 12.1	24.9	♊ 7.9	21.3	♋ 4.9	18.6	♌ 2.6
☿	♉ 17.2	19.3	21.4	23.4	25.5	27.5	29.4	♊ 1.4	3.2	5.1	6.8	8.6	10.2	11.8	13.4	14.9	16.3	17.7	19	20.2	21.4	22.5	23.6	24.6	25.5	26.3	27.1	27.8	28.5	29	29.5
♀	♉ 29.9	♊ 1.2	2.4	3.6	4.8	6.1	7.3	8.5	9.7	10.9	12.2	13.4	14.6	15.8	17	18.2	19.5	20.7	21.9	23.1	24.3	25.5	26.7	27.9	29.2	♋ 0.4	1.6	2.8	4	5.2	6.4
♂	♐ 25	25	25.1	25.2	25.2	25.2	25.3	25.3	25.3R	25.2	25.2	25.2	25.1	25.1	25	24.9	24.8	24.7	24.5	24.4	24.2	24.1	23.9	23.7	23.5	23.3	23.1	22.8	22.6	22.4	22.1

♃ 1: ♎ 10.9R; 6: 10.4; 11: 10; 16: 9.6; 21: 9.4; 26: 9.2; 31: 9 — ♄ 1: ♎ 1.7R; 6: 1.5; 11: 1.3; 16: 1.1; 21: 1; 26: 0.9; 31: 0.8 — ♅ 1: ♓ 12.7; 11: 13; 21: 13.3; 31: 13.5 — ♆ 1: ♌ 13.2; 11: 13.2; 21: 13.4; 31: 13.5 — ♇ 1: ♋ 8.2; 11: 8.4; 21: 8.6; 31: 8.8

VI

	1	2	3	4	5	6	7	8	9	10	11	12	13	14	15	16	17	18	19	20	21	22	23	24	25	26	27	28	29	30	31
☉	♊ 9.7	10.7	11.6	12.6	13.6	14.5	15.5	16.4	17.4	18.3	19.3	20.2	21.2	22.2	23.1	24.1	25	26	26.9	27.9	28.8	29.8	♋ 0.7	1.7	2.7	3.6	4.6	5.5	6.5	7.4	
☽	♌ 16.6	♍ 0.7	14.8	29	♎ 13.1	27.2	♏ 11.3	25.2	♐ 9	22.5	♑ 5.8	18.7	♒ 1.3	13.7	25.8	♓ 7.7	19.6	♈ 1.4	13.3	25.3	♉ 7.7	20.3	♊ 3.3	16.6	♋ 0.3	14.3	28.5	♌ 12.9	27.2	♍ 11.6	
☿	♊ 30	♋ 0.3	0.6	0.7	0.9	0.9R	0.9	0.7	0.6	0.3	♊ 30	29.6	29.2	28.7	28.2	27.7	27.1	26.5	26	25.4	24.9	24.3	23.9	23.4	23.1	22.7	22.5	22.3	22.2	22.1D	
♀	♋ 7.6	8.8	10	11.2	12.4	13.6	14.8	16	17.2	18.4	19.6	20.8	22	23.2	24.4	25.6	26.8	28	29.2	♌ 0.4	1.6	2.8	4	5.1	6.3	7.5	8.7	9.9	11.1	12.2	
♂	♐ 21.8R	21.5	21.2	21	20.7	20.3	20	19.7	19.4	19.1	18.7	18.4	18.1	17.8	17.4	17.1	16.8	16.5	16.1	15.8	15.5	15.2	14.9	14.6	14.4	14.1	13.8	13.6	13.3	13.1	

♃ 1: ♎ 9.0R; 6: 9; 11: 9.0D; 16: 9.1; 21: 9.3; 26: 9.5 — ♄ 1: ♎ 0.8R; 6: 0.8D; 11: 0.9; 16: 1; 21: 1.1; 26: 1.2 — ♅ 1: ♓ 13.5; 11: 13.6; 21: 13.6R — ♆ 1: ♌ 13.6; 11: 13.8; 21: 14 — ♇ 1: ♋ 8.8; 11: 9.1; 21: 9.3

VII

	1	2	3	4	5	6	7	8	9	10	11	12	13	14	15	16	17	18	19	20	21	22	23	24	25	26	27	28	29	30	31
☉	♋ 8.4	9.3	10.3	11.2	12.2	13.1	14.1	15.1	16	17	17.9	18.9	19.8	20.8	21.7	22.7	23.6	24.6	25.5	26.5	27.5	28.4	29.4	♌ 0.3	1.3	2.2	3.2	4.1	5.1	6	7
☽	♍ 25.8	♎ 9.9	23.9	♏ 7.8	21.5	♐ 5	18.4	♑ 1.5	14.5	27.1	♒ 9.6	21.8	♓ 3.9	15.7	27.5	♈ 9.4	21.2	♉ 3.3	15.6	28.3	♊ 11.4	24.9	♋ 8.8	23.1	♌ 7.7	22.4	♍ 7.2	21.8	♎ 6.4	20.6	♏ 4.7
☿	♊ 22.2	22.3	22.5	22.8	23.2	23.6	24.2	24.8	25.5	26.3	27.1	28.1	29.1	♋ 0.2	1.4	2.6	4	5.3	6.8	8.4	10	11.6	13.4	15.1	17	18.9	20.8	22.8	24.8	26.8	28.9
♀	♌ 13.4	14.6	15.8	17	18.1	19.3	20.5	21.7	22.8	24	25.2	26.4	27.5	28.7	29.8	♍ 1	2.2	3.3	4.5	5.7	6.8	8	9.1	10.3	11.4	12.6	13.7	14.9	16	17.1	18.3
♂	♐ 12.9R	12.7	12.5	12.3	12.1	12	11.8	11.7	11.6	11.4	11.4	11.3	11.2	11.2	11.1	11.1	11.1	11.1D	11.1	11.2	11.2	11.3	11.3	11.4	11.5	11.7	11.8	11.9	12.1	12.2	12.4

♃ 1: ♎ 9.9; 6: 10.3; 11: 10.7; 16: 11.2; 21: 11.8; 26: 12.4; 31: 13.1 — ♄ 1: ♎ 1.5; 6: 1.7; 11: 2; 16: 2.3; 21: 2.6; 26: 3; 31: 3.4 — ♅ 1: ♓ 13.5R; 11: 13.4; 21: 13.2; 31: 12.9 — ♆ 1: ♌ 14.3; 11: 14.7; 21: 15; 31: 15.4 — ♇ 1: ♋ 9.5; 11: 9.8; 21: 10; 31: 10.3

VIII

	1	2	3	4	5	6	7	8	9	10	11	12	13	14	15	16	17	18	19	20	21	22	23	24	25	26	27	28	29	30	31
☉	♌ 8	8.9	9.9	10.8	11.8	12.7	13.7	14.7	15.6	16.6	17.5	18.5	19.5	20.4	21.4	22.3	23.3	24.3	25.2	26.2	27.2	28.1	29.1	♍ 0	1	2	2.9	3.9	4.9	5.8	6.8
☽	♏ 18.4	♐ 1.9	15.2	28.2	♑ 11	23.6	♒ 6	18.2	♓ 0.3	12.2	24.1	♈ 5.8	17.6	29.5	♉ 11.6	23.9	♊ 6.5	19.6	♋ 3	17	♌ 1.4	16.1	♍ 1.1	16.2	♎ 1.2	16	♏ 0.6	14.8	28.6	♐ 12.1	25.2
☿	♌ 0.9	3	5.1	7.2	9.3	11.4	13.4	15.5	17.5	19.5	21.5	23.5	25.5	27.4	29.3	♍ 1.2	3.1	4.9	6.7	8.5	10.3	12	13.7	15.4	17.1	18.8	20.4	22	23.6	25.2	26.7
♀	♍ 19.4	20.6	21.7	22.8	23.9	25.1	26.2	27.3	28.4	29.6	♎ 0.7	1.8	2.9	4	5.1	6.2	7.3	8.4	9.5	10.6	11.7	12.8	13.9	15	16	17.1	18.2	19.2	20.3	21.4	22.4
♂	♐ 12.6	12.8	13	13.3	13.5	13.7	14	14.3	14.6	14.9	15.2	15.5	15.8	16.1	16.5	16.8	17.2	17.5	17.9	18.3	18.7	19.1	19.5	19.9	20.4	20.8	21.2	21.7	22.1	22.6	23.1

♃ 1: ♎ 13.2; 6: 13.9; 11: 14.7; 16: 15.5; 21: 16.4; 26: 17.3; 31: 18.2 — ♄ 1: ♎ 3.5; 6: 4; 11: 4.4; 16: 4.9; 21: 5.5; 26: 6; 31: 6.5 — ♅ 1: ♓ 12.9R; 11: 12.6; 21: 12.2; 31: 11.8 — ♆ 1: ♌ 15.4; 11: 15.8; 21: 16.1; 31: 16.5 — ♇ 1: ♋ 10.3; 11: 10.5; 21: 10.7; 31: 10.9

IX

	1	2	3	4	5	6	7	8	9	10	11	12	13	14	15	16	17	18	19	20	21	22	23	24	25	26	27	28	29	30	31
☉	♍ 7.8	8.7	9.7	10.7	11.6	12.6	13.6	14.6	15.5	16.5	17.5	18.4	19.4	20.4	21.4	22.3	23.3	24.3	25.3	26.2	27.2	28.2	29.2	♎ 0.2	1.1	2.1	3.1	4.1	5.1	6	
☽	♑ 8	20.6	♒ 3	15.1	27.2	♓ 9.1	20.9	♈ 2.7	14.5	26.3	♉ 8.3	20.4	♊ 2.7	15.3	28.2	♋ 11.6	25.4	♌ 9.7	24.3	♍ 9.3	24.5	♎ 9.7	24.7	♏ 9.6	24	♐ 8	21.6	♑ 4.7	17.5	30	
☿	♍ 28.2	29.7	♎ 1.2	2.7	4.1	5.5	6.9	8.3	9.6	11	12.2	13.5	14.8	16	17.2	18.3	19.4	20.5	21.6	22.6	23.5	24.4	25.3	26.1	26.9	27.6	28.2	28.8	29.2	29.6	
♀	♎ 23.5	24.5	25.6	26.6	27.6	28.7	29.7	♏ 0.7	1.7	2.7	3.7	4.7	5.7	6.7	7.7	8.7	9.6	10.6	11.6	12.5	13.4	14.4	15.3	16.2	17.1	18	18.9	19.8	20.6	21.5	
♂	♐ 23.5	24	24.5	25	25.5	26	26.5	27	27.6	28.1	28.6	29.2	29.7	♑ 0.3	0.8	1.4	1.9	2.5	3.1	3.7	4.2	4.8	5.4	6	6.6	7.2	7.8	8.4	9	9.7	

♃ 1: ♎ 18.4; 6: 19.3; 11: 20.3; 16: 21.3; 21: 22.3; 26: 23.4 — ♄ 1: ♎ 6.7; 6: 7.2; 11: 7.8; 16: 8.4; 21: 9; 26: 9.6 — ♅ 1: ♓ 11.8R; 11: 11.4; 21: 11 — ♆ 1: ♌ 16.5; 11: 16.9; 21: 17.2 — ♇ 1: ♋ 10.9; 11: 11; 21: 11.1

X

	1	2	3	4	5	6	7	8	9	10	11	12	13	14	15	16	17	18	19	20	21	22	23	24	25	26	27	28	29	30	31
☉	♎ 7	8	9	10	11	12	12.9	13.9	14.9	15.9	16.9	17.9	18.9	19.9	20.9	21.8	22.8	23.8	24.8	25.8	26.8	27.8	28.8	29.8	♏ 0.8	1.8	2.8	3.8	4.8	5.8	6.8
☽	♒ 12.2	24.2	♓ 6.1	17.9	29.7	♈ 11.5	23.4	♉ 5.3	17.4	29.6	♊ 12	24.7	♋ 7.7	20.9	♌ 4.6	18.6	♍ 3	17.7	♎ 2.7	17.8	♏ 2.9	17.8	♐ 2.3	16.5	♑ 0.3	13.5	26.3	♒ 8.8	21	♓ 2.9	14.7
☿	♎ 29.9	♏ 0.1	0.2	0.2R	0	♎ 29.7	29.3	28.8	28.1	27.3	26.4	25.3	24.2	23	21.8	20.6	19.4	18.3	17.3	16.5	15.7	15.2	14.8	14.7	14.7D	14.9	15.3	15.8	16.5	17.3	18.3
♀	♏ 22.3	23.2	24	24.8	25.6	26.4	27.1	27.9	28.6	29.3	♐ 0	0.7	1.4	2	2.7	3.3	3.9	4.4	5	5.5	6	6.5	6.9	7.3	7.7	8.1	8.4	8.7	9	9.2	9.4
♂	♑ 10.3	10.9	11.5	12.2	12.8	13.4	14.1	14.7	15.4	16	16.7	17.3	18	18.6	19.3	19.9	20.6	21.3	22	22.6	23.3	24	24.7	25.3	26	26.7	27.4	28.1	28.8	29.5	♒ 0.2

♃ 1: ♎ 24.4; 6: 25.5; 11: 26.6; 16: 27.7; 21: 28.7; 26: 29.8; 31: ♏ 0.9 — ♄ 1: ♎ 10.2; 6: 10.8; 11: 11.5; 16: 12.1; 21: 12.7; 26: 13.3; 31: 13.9 — ♅ 1: ♓ 10.6R; 11: 10.3; 21: 10; 31: 9.8 — ♆ 1: ♌ 17.5; 11: 17.7; 21: 17.9; 31: 18.1 — ♇ 1: ♋ 11.2; 11: 11.2; 21: 11.2R; 31: 11.2

XI

	1	2	3	4	5	6	7	8	9	10	11	12	13	14	15	16	17	18	19	20	21	22	23	24	25	26	27	28	29	30	31
☉	♏ 7.8	8.8	9.8	10.8	11.8	12.8	13.8	14.8	15.8	16.8	17.8	18.8	19.8	20.8	21.8	22.9	23.9	24.9	25.9	26.9	27.9	28.9	29.9	♐ 0.9	1.9	3	4	5	6	7	
☽	♓ 26.5	♈ 8.3	20.2	♉ 2.2	14.3	26.6	♊ 9.1	21.8	♋ 4.6	17.7	♌ 1.1	14.6	28.5	♍ 12.6	27	♎ 11.6	26.3	♏ 11.1	25.8	♐ 10.3	24.5	♑ 8.2	21.6	♒ 4.5	17	29.2	♓ 11.1	23	♈ 4.7	16.6	
☿	♎ 19.3	20.5	21.7	23	24.3	25.7	27.1	28.6	♏ 0.1	1.6	3.2	4.7	6.3	7.9	9.4	11	12.6	14.2	15.8	17.4	19	20.6	22.2	23.7	25.3	26.9	28.5	♐ 0.1	1.6	3.2	
♀	♐ 9.6	9.7	9.8	9.8	9.8R	9.8	9.7	9.6	9.4	9.2	9	8.7	8.4	8.1	7.7	7.3	6.8	6.3	5.8	5.3	4.7	4.1	3.5	2.9	2.3	1.7	1.1	0.5	♏ 29.9	29.4	
♂	♒ 0.9	1.6	2.3	3	3.7	4.4	5.1	5.8	6.5	7.2	7.9	8.6	9.3	10	10.7	11.5	12.2	12.9	13.6	14.3	15.1	15.8	16.5	17.2	17.9	18.7	19.4	20.1	20.8	21.6	

♃ 1: ♏ 1.1; 6: 2.2; 11: 3.3; 16: 4.4; 21: 5.4; 26: 6.5 — ♄ 1: ♎ 14; 6: 14.6; 11: 15.1; 16: 15.7; 21: 16.2; 26: 16.7 — ♅ 1: ♓ 9.8R; 11: 9.7; 21: 9.7D — ♆ 1: ♌ 18.1; 11: 18.2; 21: 18.2R — ♇ 1: ♋ 11.1R; 11: 11.1; 21: 10.9

XII

	1	2	3	4	5	6	7	8	9	10	11	12	13	14	15	16	17	18	19	20	21	22	23	24	25	26	27	28	29	30	31
☉	♐ 8	9	10	11.1	12.1	13.1	14.1	15.1	16.1	17.2	18.2	19.2	20.2	21.2	22.2	23.3	24.3	25.3	26.3	27.3	28.3	29.4	♑ 0.4	1.4	2.4	3.4	4.5	5.5	6.5	7.5	8.5
☽	♈ 28.5	♉ 10.6	22.9	♊ 5.5	18.3	♋ 1.3	14.6	28	♌ 11.6	25.3	♍ 9.2	23.2	♎ 7.3	21.5	♏ 5.8	20.2	♐ 4.5	18.6	♑ 2.5	16.1	29.4	♒ 12.2	24.8	♓ 7	19	♈ 0.8	12.6	24.4	♉ 6.4	18.6	♊ 1
☿	♐ 4.8	6.4	7.9	9.5	11.1	12.7	14.2	15.8	17.4	18.9	20.5	22.1	23.7	25.2	26.8	28.4	30	♑ 1.6	3.2	4.7	6.3	7.9	9.5	11.1	12.7	14.3	15.9	17.5	19.1	20.7	22.3
♀	♏ 28.8R	28.3	27.8	27.3	26.8	26.4	26.1	25.7	25.4	25.2	25	24.8	24.6	24.6	24.5	24.5D	24.5	24.6	24.7	24.9	25	25.3	25.5	25.8	26.1	26.5	26.9	27.3	27.8	28.2	28.7
♂	♒ 22.3	23	23.8	24.5	25.2	26	26.7	27.4	28.1	28.9	29.6	♓ 0.3	1.1	1.8	2.5	3.3	4	4.7	5.5	6.2	7	7.7	8.4	9.2	9.9	10.6	11.4	12.1	12.8	13.6	14.3

♃ 1: ♏ 7.5; 6: 8.5; 11: 9.5; 16: 10.4; 21: 11.3; 26: 12.2; 31: 13.1 — ♄ 1: ♎ 17.1; 6: 17.6; 11: 18; 16: 18.4; 21: 18.7; 26: 19.1; 31: 19.3 — ♅ 1: ♓ 9.7; 11: 9.9; 21: 10.1; 31: 10.4 — ♆ 1: ♌ 18.2R; 11: 18.1; 21: 17.9; 31: 17.8 — ♇ 1: ♋ 10.8R; 11: 10.6; 21: 10.4; 31: 10.2

I (1923)

	1	2	3	4	5	6	7	8	9	10	11	12	13	14	15	16	17	18	19	20	21	22	23	24	25	26	27	28	29	30	31
☉	9.6	10.6	11.6	12.6	13.6	14.7	15.7	16.7	17.7	18.7	19.8	20.8	21.8	22.8	23.8	24.8	25.9	26.9	27.9	28.9	29.9	1	2	3	4	5	6	7.1	8.1	9.1	10.1
☽	13.8	26.9	10.3	23.9	7.8	21.8	5.9	20	4.1	18.2	2.3	16.3	0.2	14.1	27.8	11.3	24.5	7.5	20.2	2.6	14.8	26.7	8.6	20.4	2.2	14.2	26.3	8.8	21.6	4.8	18.4
☿	23.9	25.4	27	28.5	0	1.5	3	4.4	5.8	7.1	8.4	9.6	10.7	11.7	12.6	13.4	14	14.5	14.9	15	14.9	14.7	14.3	13.6	12.8	11.9	10.8	9.7	8.4	7.2	5.9
♀	29.3	29.8	0.4	1	1.6	2.3	2.9	3.6	4.3	5.1	5.8	6.5	7.3	8.1	8.9	9.7	10.6	11.4	12.3	13.1	14	14.9	15.8	16.7	17.6	18.6	19.5	20.5	21.4	22.4	23.4
♂	15.8	16.5	17.2	18	18.7	19.4	20.2	20.9	21.6	22.4	23.1	23.8	24.6	25.3	26	26.8	27.5	28.2	29	29.7	0.4	1.2	1.9	2.6	3.4	4.1	4.8	5.5	6.3	7	

♃ (1 6 11 16 21 26 31): 13.2 14 14.8 15.5 16.1 16.7 17.2 — ♄ (1 6 11 16 21 26 31): 19.4 19.6 19.8 19.9 20 20.1 20.1R — ♅ (1 11 21 31): 10.4 10.8 11.2 11.7 — ♆ (1 11 21 31): 17.7R 17.5 17.3 17 — ♇ (1 11 21 31): 10.2R 10 9.8 9.6

II (1923)

	1	2	3	4	5	6	7	8	9	10	11	12	13	14	15	16	17	18	19	20	21	22	23	24	25	26	27	28	29	30	31
☉	11.1	12.1	13.1	14.2	15.2	16.2	17.2	18.2	19.2	20.2	21.3	22.3	23.3	24.3	25.3	26.3	27.3	28.3	29.3	0.3	1.3	2.4	3.4	4.4	5.4	6.4	7.4	8.4			
☽	2.4	16.6	1.1	15.6	0.2	14.7	29	13.2	27.1	10.9	24.4	7.6	20.7	3.6	16.2	28.6	10.8	22.9	4.8	16.6	28.4	10.2	22.2	4.3	16.7	29.5	12.6	26.2			
☿	4.7R	3.6	2.6	1.7	1	0.3	29.8	29.5	29.3	29.2	29.2D	29.4	29.6	0	0.5	1	1.6	2.3	3.1	3.9	4.8	5.7	6.7	7.7	8.7	9.8	11	12.1			
♀	24.4	25.4	26.4	27.4	28.4	29.4	0.4	1.4	2.5	3.5	4.6	5.6	6.7	7.7	8.8	9.9	10.9	12	13.1	14.2	15.3	16.4	17.5	18.6	19.7	20.8	21.9	23			
♂	7.7	8.4	9.2	9.9	10.6	11.3	12.1	12.8	13.5	14.3	15	15.7	16.4	17.1	17.8	18.6	19.3	20	20.7	21.4	22.1	22.9	23.6	24.3	25	25.7	26.4	27.1			

♃ (1 6 11 16 21 26): 17.3 17.8 18.1 18.5 18.7 18.8 — ♄ (1 6 11 16 21 26): 20.1R 20.1 20 19.9 19.7 19.5 — ♅ (1 11 21): 11.8 12.3 12.9 — ♆ (1 11 21): 17.0R 16.7 16.4 — ♇ (1 11 21): 9.6R 9.4 9.3

III (1923)

	1	2	3	4	5	6	7	8	9	10	11	12	13	14	15	16	17	18	19	20	21	22	23	24	25	26	27	28	29	30	31
☉	9.4	10.4	11.4	12.4	13.4	14.4	15.4	16.4	17.4	18.4	19.4	20.4	21.4	22.4	23.4	24.4	25.4	26.4	27.4	28.4	29.4	0.4	1.3	2.3	3.3	4.3	5.3	6.3	7.3	8.3	9.3
☽	10.3	24.7	9.4	24.4	9.4	24.3	9	23.4	7.5	21.3	4.7	17.7	0.5	13	25.4	7.5	19.5	1.4	13.3	25.1	6.9	18.8	0.7	12.9	25.2	7.9	20.9	4.4	18.3	2.7	17.4
☿	13.4	14.6	15.8	17.1	18.5	19.8	21.2	22.6	24	25.4	26.9	28.3	29.8	1.4	2.9	4.5	6.1	7.7	9.3	10.9	12.6	14.3	16	17.7	19.5	21.3	23.1	24.9	26.7	28.6	0.5
♀	24.1	25.2	26.4	27.5	28.6	29.7	0.9	2	3.1	4.3	5.4	6.6	7.7	8.9	10	11.2	12.3	13.5	14.6	15.8	16.9	18.1	19.2	20.4	21.6	22.7	23.9	25.1	26.2	27.4	28.6
♂	27.9	28.6	29.3	30	0.7	1.4	2.1	2.8	3.5	4.2	4.9	5.6	6.3	7.1	7.8	8.5	9.2	9.9	10.6	11.3	12	12.7	13.4	14.1	14.8	15.4	16.1	16.8	17.5	18.2	18.9

♃ (1 6 11 16 21 26 31): 18.9 18.9R 18.9 18.8 18.6 18.3 18 — ♄ (1 6 11 16 21 26 31): 19.3R 19.1 18.8 18.5 18.1 17.7 17.4 — ♅ (1 11 21 31): 13.3 13.9 14.5 15 — ♆ (1 11 21 31): 16.2R 16 15.7 15.6 — ♇ (1 11 21 31): 9.2R 9.1 9.1 9.1D

IV (1923)

	1	2	3	4	5	6	7	8	9	10	11	12	13	14	15	16	17	18	19	20	21	22	23	24	25	26	27	28	29	30	31
☉	10.3	11.2	12.2	13.2	14.2	15.2	16.2	17.1	18.1	19.1	20.1	21.1	22.1	23	24	25	26	26.9	27.9	28.9	29.9	0.9	1.8	2.8	3.8	4.7	5.7	6.7	7.7	8.6	
☽	2.5	17.7	2.9	17.9	2.7	17	1	14.4	27.4	10.1	22.5	4.6	16.6	28.5	10.3	22.1	3.9	15.8	27.7	9.8	22	4.4	17.1	0.1	13.4	27.1	11.3	25.8	10.7	25.8	
☿	2.4	4.3	6.3	8.2	10.2	12.3	14.3	16.3	18.4	20.5	22.6	24.7	26.8	28.9	1	3.1	5.1	7.2	9.2	11.2	13.2	15.1	16.9	18.7	20.5	22.2	23.8	25.4	26.9	28.4	
♀	29.8	0.9	2.1	3.3	4.5	5.6	6.8	8	9.2	10.3	11.5	12.7	13.9	15.1	16.3	17.4	18.6	19.8	21	22.2	23.4	24.6	25.8	27	28.1	29.3	0.5	1.7	2.9	4.1	
♂	19.6	20.3	21	21.7	22.4	23.1	23.8	24.4	25.1	25.8	26.5	27.2	27.9	28.6	29.2	29.9	0.6	1.3	2	2.7	3.3	4	4.7	5.4	6	6.7	7.4	8.1	8.7	9.4	

♃ (1 6 11 16 21 26): 17.9R 17.5 17 16.5 15.9 15.3 — ♄ (1 6 11 16 21 26): 17.3R 16.9 16.5 16.1 15.8 15.4 — ♅ (1 11 21): 15.1 15.6 16 — ♆ (1 11 21): 15.6R 15.5 15.4 — ♇ (1 11 21): 9.1 9.2 9.2

V (1923)

	1	2	3	4	5	6	7	8	9	10	11	12	13	14	15	16	17	18	19	20	21	22	23	24	25	26	27	28	29	30	31
☉	9.6	10.6	11.5	12.5	13.5	14.5	15.4	16.4	17.4	18.3	19.3	20.3	21.2	22.2	23.2	24.1	25.1	26	27	28	28.9	29.9	0.9	1.8	2.8	3.7	4.7	5.7	6.6	7.6	8.5
☽	11.1	26.2	11.2	25.7	9.8	23.3	6.4	19.1	1.5	13.6	25.5	7.3	19.1	0.9	12.8	24.7	6.9	19.1	1.5	14.1	26.9	10	23.3	6.9	20.8	5.1	19.8	4.6	19.6	4.6	19.4
☿	29.7	1	2.2	3.4	4.4	5.4	6.3	7.2	7.9	8.6	9.1	9.6	10.1	10.4	10.6	10.8	10.9	10.9R	10.8	10.7	10.4	10.1	9.8	9.4	8.9	8.4	7.9	7.3	6.8	6.2	5.7
♀	5.3	6.5	7.7	8.9	10.1	11.3	12.5	13.7	14.9	16.1	17.3	18.5	19.7	20.9	22.1	23.3	24.5	25.7	26.9	28.1	29.3	0.5	1.7	2.9	4.1	5.3	6.5	7.7	8.9	10.1	11.3
♂	10.1	10.8	11.4	12.1	12.8	13.5	14.1	14.8	15.5	16.1	16.8	17.5	18.1	18.8	19.5	20.1	20.8	21.5	22.1	22.8	23.5	24.1	24.8	25.5	26.1	26.8	27.4	28.1	28.8	29.4	0.1

♃ (1 6 11 16 21 26 31): 14.7R 14 13.4 12.8 12.2 11.6 11.1 — ♄ (1 6 11 16 21 26 31): 15.1R 14.7 14.4 14.2 14 13.8 13.6 — ♅ (1 11 21 31): 16.5 16.8 17.1 17.3 — ♆ (1 11 21 31): 15.4 15.4 15.5 15.7 — ♇ (1 11 21 31): 9.4 9.5 9.7 9.9

VI (1923)

	1	2	3	4	5	6	7	8	9	10	11	12	13	14	15	16	17	18	19	20	21	22	23	24	25	26	27	28	29	30	31
☉	9.5	10.4	11.4	12.4	13.3	14.3	15.2	16.2	17.1	18.1	19.1	20	21	21.9	22.9	23.8	24.8	25.7	26.7	27.7	28.6	29.6	0.5	1.5	2.4	3.4	4.3	5.3	6.2	7.2	
☽	3.9	18	1.6	14.8	27.5	9.9	22	3.9	15.8	27.6	9.4	21.4	3.5	15.8	28.3	11	23.9	7	20.3	3.7	17.4	1.3	15.4	29.8	14.3	28.9	13.5	28	12.2	26.2	
☿	5.1R	4.6	4.1	3.7	3.3	3	2.7	2.5	2.4	2.3	2.3D	2.4	2.6	2.8	3.1	3.5	3.9	4.5	5.1	5.8	6.5	7.3	8.2	9.2	10.2	11.3	12.4	13.6	14.9	16.2	
♀	12.5	13.7	14.9	16.1	17.3	18.5	19.7	21	22.2	23.4	24.6	25.8	27	28.2	29.4	0.6	1.8	3	4.3	5.5	6.7	7.9	9.1	10.3	11.5	12.7	14	15.2	16.4	17.6	
♂	0.7	1.4	2.1	2.7	3.4	4	4.7	5.3	6	6.6	7.3	8	8.6	9.3	9.9	10.6	11.2	11.9	12.5	13.2	13.8	14.5	15.1	15.8	16.4	17.1	17.7	18.4	19	19.7	

♃ (1 6 11 16 21 26): 11.0R 10.5 10.1 9.7 9.5 9.3 — ♄ (1 6 11 16 21 26): 13.6R 13.5 13.4 13.4 13.4D 13.4 — ♅ (1 11 21): 17.4 17.5 17.6 — ♆ (1 11 21): 15.7 15.9 16.2 — ♇ (1 11 21): 9.9 10.2 10.4

VII (1923)

	1	2	3	4	5	6	7	8	9	10	11	12	13	14	15	16	17	18	19	20	21	22	23	24	25	26	27	28	29	30	31
☉	8.1	9.1	10.1	11	12	12.9	13.9	14.8	15.8	16.7	17.7	18.6	19.6	20.5	21.5	22.4	23.4	24.4	25.3	26.3	27.2	28.2	29.1	0.1	1	2	2.9	3.9	4.9	5.8	6.8
☽	9.7	22.8	5.5	17.9	0.1	12	23.9	5.7	17.6	29.7	11.9	24.4	7.2	20.2	3.4	16.8	0.5	14.3	28.2	12.2	26.4	10.6	24.8	9.1	23.2	7.3	21.1	4.7	17.9	0.9	13.5
☿	17.6	19.1	20.6	22.2	23.8	25.5	27.2	29	0.9	2.8	4.7	6.7	8.7	10.8	12.8	14.9	17	19.2	21.3	23.4	25.6	27.7	29.8	1.9	4	6.1	8.1	10.2	12.2	14.2	16.1
♀	18.8	20	21.3	22.5	23.7	24.9	26.1	27.3	28.6	29.8	1	2.2	3.4	4.7	5.9	7.1	8.3	9.5	10.8	12	13.2	14.4	15.7	16.9	18.1	19.3	20.6	21.8	23	24.2	25.5
♂	20.3	20.9	21.6	22.2	22.9	23.5	24.2	24.8	25.5	26.1	26.8	27.4	28	28.7	29.3	30	0.6	1.3	1.9	2.5	3.2	3.8	4.5	5.1	5.7	6.4	7	7.7	8.3	8.9	9.6

♃ (1 6 11 16 21 26 31): 9.1R 9.1 9.1D 9.2 9.3 9.6 9.9 — ♄ (1 6 11 16 21 26 31): 13.5 13.7 13.8 14.1 14.3 14.6 14.9 — ♅ (1 11 21 31): 17.5R 17.4 17.3 17 — ♆ (1 11 21 31): 16.5 16.8 17.1 17.5 — ♇ (1 11 21 31): 10.7 10.9 11.2 11.4

VIII (1923)

	1	2	3	4	5	6	7	8	9	10	11	12	13	14	15	16	17	18	19	20	21	22	23	24	25	26	27	28	29	30	31
☉	7.7	8.7	9.6	10.6	11.6	12.5	13.5	14.4	15.4	16.4	17.3	18.3	19.2	20.2	21.2	22.1	23.1	24	25	26	26.9	27.9	28.8	29.8	0.8	1.7	2.7	3.7	4.6	5.6	6.6
☽	25.8	8	19.9	1.8	13.7	25.6	7.7	20	2.6	15.5	28.7	12.2	26.1	10.1	24.4	8.7	23	7.4	21.6	5.7	19.7	3.5	17.1	0.5	13.7	26.6	9.3	21.7	3.9	16	27.9
☿	18	19.9	21.8	23.7	25.5	27.3	29	0.8	2.5	4.2	5.8	7.5	9.1	10.7	12.2	13.8	15.3	16.8	18.2	19.6	21	22.4	23.8	25.1	26.4	27.7	28.9	0.1	1.3	2.4	3.5
♀	26.7	27.9	29.2	0.4	1.6	2.8	4.1	5.3	6.5	7.8	9	10.2	11.5	12.7	13.9	15.2	16.4	17.6	18.9	20.1	21.4	22.6	23.8	25.1	26.3	27.5	28.8	0	1.3	2.5	3.7
♂	10.2	10.9	11.5	12.1	12.8	13.4	14.1	14.7	15.3	16	16.6	17.2	17.9	18.5	19.2	19.8	20.4	21.1	21.7	22.3	23	23.6	24.3	24.9	25.5	26.2	26.8	27.4	28.1	28.7	29.3

♃ (1 6 11 16 21 26 31): 10 10.3 10.8 11.3 11.9 12.5 13.2 — ♄ (1 6 11 16 21 26 31): 15 15.4 15.8 16.2 16.6 17.1 17.6 — ♅ (1 11 21 31): 17.0R 16.7 16.3 15.9 — ♆ (1 11 21 31): 17.5 17.9 18.3 18.6 — ♇ (1 11 21 31): 11.4 11.7 11.9 12

IX (1923)

	1	2	3	4	5	6	7	8	9	10	11	12	13	14	15	16	17	18	19	20	21	22	23	24	25	26	27	28	29	30	31
☉	7.5	8.5	9.5	10.4	11.4	12.4	13.4	14.3	15.3	16.3	17.2	18.2	19.2	20.2	21.1	22.1	23.1	24.1	25	26	27	28	28.9	29.9	0.9	1.9	2.9	3.8	4.8	5.8	
☽	9.8	21.6	3.6	15.6	27.9	10.5	23.4	6.8	20.5	4.6	19	3.6	18.4	3.2	17.9	2.3	16.5	0.4	14	27.3	10.4	23.1	5.7	18.1	0.3	12.4	24.4	6.2	18.1	29.9	
☿	4.5	5.6	6.5	7.5	8.4	9.2	10	10.7	11.3	11.9	12.4	12.9	13.3	13.5	13.7	13.8	13.8R	13.6	13.4	13	12.5	11.9	11.2	10.4	9.5	8.5	7.4	6.3	5.2	4.1	
♀	5	6.2	7.5	8.7	9.9	11.2	12.4	13.7	14.9	16.2	17.4	18.6	19.9	21.1	22.4	23.6	24.9	26.1	27.3	28.6	29.8	1.1	2.3	3.6	4.8	6.1	7.3	8.6	9.8	11.1	
♂	30	0.6	1.3	1.9	2.5	3.2	3.8	4.4	5.1	5.7	6.3	7	7.6	8.3	8.9	9.5	10.2	10.8	11.4	12.1	12.7	13.3	14	14.6	15.2	15.9	16.5	17.2	17.8	18.4	

♃ (1 6 11 16 21 26): 13.3 14.1 14.9 15.7 16.6 17.5 — ♄ (1 6 11 16 21 26): 17.7 18.2 18.8 19.3 19.9 20.5 — ♅ (1 11 21): 15.9R 15.5 15.1 — ♆ (1 11 21): 18.7 19 19.3 — ♇ (1 11 21): 12 12.2 12.3

X (1923)

	1	2	3	4	5	6	7	8	9	10	11	12	13	14	15	16	17	18	19	20	21	22	23	24	25	26	27	28	29	30	31
☉	6.8	7.8	8.8	9.7	10.7	11.7	12.7	13.7	14.7	15.7	16.7	17.6	18.6	19.6	20.6	21.6	22.6	23.6	24.6	25.6	26.6	27.6	28.6	29.6	0.6	1.6	2.6	3.5	4.5	5.5	6.5
☽	11.9	23.9	6.1	18.6	1.5	14.7	28.4	12.6	27.2	12.1	27.2	12.4	27.4	12.2	26.6	10.6	24.2	7.4	20.2	2.7	15.1	27.2	9.2	21.2	3.1	14.9	26.8	8.7	20.6	2.7	14.9
☿	3.0R	2	1.1	0.3	29.7	29.2	28.9	28.8	28.9D	29.1	29.5	0	0.8	1.6	2.6	3.7	4.9	6.1	7.5	8.9	10.4	11.9	13.4	15	16.6	18.2	19.9	21.5	23.2	24.8	26.5
♀	12.3	13.5	14.8	16	17.3	18.5	19.8	21	22.3	23.5	24.8	26	27.3	28.5	29.8	1	2.3	3.5	4.8	6	7.3	8.5	9.8	11	12.3	13.5	14.8	16	17.3	18.5	19.7
♂	19.1	19.7	20.3	21	21.6	22.3	22.9	23.5	24.2	24.8	25.4	26.1	26.7	27.3	28	28.6	29.3	29.9	0.5	1.2	1.8	2.4	3.1	3.7	4.4	5	5.6	6.3	6.9	7.6	8.2

♃ (1 6 11 16 21 26 31): 18.4 19.4 20.4 21.4 22.4 23.5 24.6 — ♄ (1 6 11 16 21 26 31): 21.1 21.7 22.3 22.9 23.5 24.1 24.7 — ♅ (1 11 21 31): 14.7R 14.4 14.1 13.9 — ♆ (1 11 21 31): 19.6 19.9 20.1 20.2 — ♇ (1 11 21 31): 12.4 12.4 12.4R 12.3

XI (1923)

	1	2	3	4	5	6	7	8	9	10	11	12	13	14	15	16	17	18	19	20	21	22	23	24	25	26	27	28	29	30	31
☉	7.5	8.5	9.5	10.6	11.6	12.6	13.6	14.6	15.6	16.6	17.6	18.6	19.6	20.6	21.6	22.6	23.6	24.6	25.6	26.6	27.7	28.7	29.7	0.7	1.7	2.7	3.7	4.7	5.7	6.8	
☽	27.4	10.1	23.2	6.8	20.8	5.2	20.1	5.3	20.7	5.9	21	5.7	19.9	3.6	16.8	29.6	12.1	24.3	6.3	18.2	0.1	11.9	23.8	5.7	17.7	29.8	12	24.3	6.8	19.8	
☿	28.2	29.8	1.5	3.1	4.8	6.4	8.1	9.7	11.3	13	14.6	16.2	17.8	19.4	21	22.6	24.2	25.8	27.4	28.9	0.5	2.1	3.6	5.2	6.8	8.3	9.8	11.3	13	14.6	
♀	21	22.2	23.5	24.7	26	27.2	28.5	29.7	1	2.2	3.5	4.7	6	7.2	8.5	9.7	11	12.2	13.5	14.7	16	17.2	18.5	19.7	21	22.2	23.5	24.7	26	27.2	
♂	8.8	9.5	10.1	10.7	11.4	12	12.7	13.3	13.9	14.6	15.2	15.9	16.5	17.1	17.8	18.4	19.1	19.7	20.3	21	21.6	22.3	22.9	23.5	24.2	24.8	25.5	26.1	26.7	27.4	

♃ (1 6 11 16 21 26): 24.8 25.9 27 28.1 29.2 0.3 — ♄ (1 6 11 16 21 26): 24.8 25.4 26 26.6 27.1 27.7 — ♅ (1 11 21): 13.9R 13.7 13.6 — ♆ (1 11 21): 20.3 20.4 20.4 — ♇ (1 11 21): 12.3R 12.2 12.1

XII (1923)

	1	2	3	4	5	6	7	8	9	10	11	12	13	14	15	16	17	18	19	20	21	22	23	24	25	26	27	28	29	30	31
☉	7.8	8.8	9.8	10.8	11.8	12.8	13.9	14.9	15.9	16.9	17.9	18.9	20	21	22	23	24	25	26.1	27.1	28.1	29.1	0.1	1.2	2.2	3.2	4.2	5.2	6.3	7.3	8.3
☽	2.6	16	29.8	14	28.6	13.6	28.8	14	29	13.8	28.1	12	25.3	8.2	20.7	3	15	26.9	8.7	20.6	2.5	14.5	26.6	8.9	21.3	3.9	16.6	29.5	12.7	26.1	9.8
☿	16.1	17.7	19.2	20.7	22.3	23.8	25.4	26.9	28.5	30	1.5	3.1	4.6	6.1	7.6	9.1	10.6	12	13.5	14.9	16.3	17.7	19	20.3	21.6	22.8	23.9	24.9	25.9	26.8	27.5
♀	28.5	29.7	0.9	2.2	3.4	4.7	5.9	7.2	8.4	9.7	10.9	12.2	13.4	14.7	15.9	17.2	18.4	19.6	20.9	22.1	23.4	24.6	25.9	27.1	28.4	29.6	0.8	2.1	3.3	4.6	5.8
♂	28	28.7	29.3	30	0.6	1.2	1.9	2.5	3.2	3.8	4.4	5.1	5.7	6.4	7	7.7	8.3	8.9	9.6	10.2	10.9	11.5	12.1	12.8	13.4	14.1	14.7	15.4	16	16.6	17.3

♃ (1 6 11 16 21 26 31): 1.4 2.5 3.6 4.7 5.8 6.9 7.9 — ♄ (1 6 11 16 21 26 31): 28.2 28.7 29.2 29.7 0.1 0.5 0.8 — ♅ (1 11 21 31): 13.7 13.8 14 14.2 — ♆ (1 11 21 31): 20.4R 20.3 20.2 20 — ♇ (1 11 21 31): 12.0R 11.8 11.6 11.4

I (1924)

	1	2	3	4	5	6	7	8	9	10	11	12	13	14	15	16	17	18	19	20	21	22	23	24	25	26	27	28	29	30	31
☉	9.3	10.3	11.3	12.4	13.4	14.4	15.4	16.4	17.5	18.5	19.5	20.5	21.5	22.6	23.6	24.6	25.6	26.6	27.7	28.7	29.7	0.7	1.7	2.7	3.8	4.8	5.8	6.8	7.8	8.8	9.9
☽	23.8	8.2	22.7	7.5	22.4	7.1	21.7	5.9	19.8	3.2	16.2	28.8	11.1	23.1	5.1	16.9	28.8	10.7	22.8	5.1	17.6	0.2	13.1	26.2	9.5	23	6.7	20.6	4.6	18.8	3
☿	28.1	28.5	28.8	29	28.9R	28.6	28.2	27.5	26.7	25.6	24.5	23.3	22	20.6	19.3	18.1	16.9	15.9	15	14.3	13.7	13.3	13	12.8	12.8D	13	13.2	13.6	14	14.6	15.2
♀	7	8.3	9.5	10.8	12	13.2	14.5	15.7	17	18.2	19.4	20.7	21.9	23.1	24.4	25.6	26.8	28.1	29.3	0.5	1.8	3	4.2	5.5	6.7	7.9	9.1	10.4	11.6	12.8	14
♂	17.9	18.6	19.2	19.9	20.5	21.1	21.8	22.4	23.1	23.7	24.4	25	25.6	26.3	26.9	27.6	28.2	28.8	29.5	0.1	0.8	1.4	2.1	2.7	3.3	4	4.6	5.3	5.9	6.6	7.2

♃ (1 6 11 16 21 26 31): 8.1 9.1 10.1 11.1 12 12.9 13.8 — ♄ (1 6 11 16 21 26 31): 0.9 1.2 1.5 1.7 2 2.1 2.2 — ♅ (1 11 21 31): 14.2 14.6 15 15.5 — ♆ (1 11 21 31): 20.0R 19.8 19.5 19.3 — ♇ (1 11 21 31): 11.4R 11.2 11 10.8

II (1924)

	1	2	3	4	5	6	7	8	9	10	11	12	13	14	15	16	17	18	19	20	21	22	23	24	25	26	27	28	29	30	31
☉	10.9	11.9	12.9	13.9	14.9	15.9	17	18	19	20	21	22	23	24	25	26.1	27.1	28.1	29.1	0.1	1.1	2.1	3.1	4.1	5.1	6.1	7.1	8.1	9.1		
☽	17.4	1.8	16	0.2	14.1	27.7	10.9	23.9	6.5	18.8	0.9	12.9	24.8	6.7	18.6	0.7	13.1	25.7	8.5	21.7	5.2	19	3	17.1	1.3	15.6	29.8	14	28.1		
☿	16	16.7	17.6	18.5	19.5	20.5	21.5	22.6	23.7	24.9	26.1	27.3	28.6	29.8	1.1	2.5	3.8	5.2	6.6	8	9.4	10.8	12.3	13.8	15.3	16.8	18.4	19.9	21.5		
♀	15.2	16.5	17.7	18.9	20.1	21.3	22.5	23.8	25	26.2	27.4	28.6	29.8	1	2.2	3.4	4.6	5.8	7	8.2	9.4	10.6	11.8	13	14.2	15.3	16.5	17.7	18.9		
♂	7.8	8.5	9.1	9.8	10.4	11	11.7	12.3	13	13.6	14.2	14.9	15.5	16.2	16.8	17.4	18.1	18.7	19.3	20	20.6	21.3	21.9	22.5	23.2	23.8	24.4	25.1	25.7		

♃ (1 6 11 16 21 26): 14 14.8 15.5 16.2 16.9 17.5 — ♄ (1 6 11 16 21 26): 2.3 2.3 2.3R 2.3 2.3 2.1 — ♅ (1 11 21): 15.5 16 16.6 — ♆ (1 11 21): 19.2R 19 18.7 — ♇ (1 11 21): 10.7R 10.6 10.4

III (1924)

	1	2	3	4	5	6	7	8	9	10	11	12	13	14	15	16	17	18	19	20	21	22	23	24	25	26	27	28	29	30	31
☉	10.2	11.2	12.2	13.2	14.2	15.2	16.2	17.2	18.2	19.2	20.2	21.2	22.2	23.2	24.1	25.1	26.1	27.1	28.1	29.1	0.1	1.1	2.1	3.1	4.1	5.1	6.1	7	8	9	10
☽	12.1	25.9	9.5	23	6.2	19.1	1.9	14.4	26.7	8.8	20.7	2.6	14.5	26.4	8.5	20.8	3.4	16.4	29.7	13.5	27.6	12	26.7	11.4	26	10.6	24.9	9	22.8	6.3	19.5
☿	23.1	24.7	26.3	27.9	29.6	1.3	3	4.7	6.4	8.2	9.9	11.7	13.5	15.4	17.2	19.1	21	22.9	24.8	26.8	28.7	0.7	2.7	4.7	6.7	8.8	10.8	12.8	14.9	16.9	19
♀	20.1	21.3	22.4	23.6	24.8	25.9	27.1	28.3	29.4	0.6	1.7	2.9	4.1	5.2	6.3	7.5	8.6	9.8	10.9	12	13.2	14.3	15.4	16.5	17.7	18.8	19.9	21	22.1	23.2	24.3
♂	26.3	27	27.6	28.2	28.9	29.5	0.1	0.8	1.4	2	2.7	3.3	3.9	4.5	5.2	5.8	6.4	7.1	7.7	8.3	8.9	9.5	10.2	10.8	11.4	12	12.7	13.3	13.9	14.5	15.1

♃ (1 6 11 16 21 26 31): 17.9 18.4 18.9 19.2 19.5 19.7 19.9 — ♄ (1 6 11 16 21 26 31): 2.0R 1.9 1.6 1.4 1.1 0.8 0.5 — ♅ (1 11 21 31): 17.1 17.7 18.2 18.8 — ♆ (1 11 21 31): 18.4R 18.2 18 17.8 — ♇ (1 11 21 31): 10.4R 10.3 10.2 10.3D

IV (1924)

	1	2	3	4	5	6	7	8	9	10	11	12	13	14	15	16	17	18	19	20	21	22	23	24	25	26	27	28	29	30	31
☉	11	12	13	14	14.9	15.9	16.9	17.9	18.9	19.9	20.8	21.8	22.8	23.8	24.8	25.7	26.7	27.7	28.7	29.6	0.6	1.6	2.6	3.5	4.5	5.5	6.5	7.4	8.4	9.4	
☽	2.6	15.4	28	10.5	22.8	5	17	28.9	10.8	22.6	4.5	16.6	28.8	11.4	24.3	7.6	21.5	5.7	20.4	5.4	20.5	5.6	20.5	5.1	19.3	3.1	16.6	29.7	12.4	25	
☿	21	23	24.9	26.9	28.7	0.6	2.4	4.1	5.8	7.4	8.9	10.4	11.8	13.1	14.3	15.4	16.4	17.3	18.2	18.9	19.6	20.1	20.6	20.9	21.2	21.3	21.4	21.3R	21.2	21	
♀	25.4	26.5	27.5	28.6	29.7	0.8	1.8	2.9	4	5	6.1	7.1	8.1	9.2	10.2	11.2	12.2	13.2	14.2	15.2	16.2	17.2	18.1	19.1	20	21	21.9	22.9	23.8	24.7	
♂	15.7	16.4	17	17.6	18.2	18.8	19.4	20	20.6	21.2	21.9	22.5	23.1	23.7	24.3	24.9	25.5	26.1	26.7	27.2	27.8	28.4	29	29.6	0.2	0.8	1.4	1.9	2.5	3.1	

♃ (1 6 11 16 21 26): 19.9 19.9 19.9R 19.8 19.6 19.3 — ♄ (1 6 11 16 21 26): 0.4R 0 29.7 29.3 28.9 28.5 — ♅ (1 11 21): 18.8 19.4 19.8 — ♆ (1 11 21): 17.8R 17.7 17.6 — ♇ (1 11 21): 10.3 10.3 10.4

V (1924)

	1	2	3	4	5	6	7	8	9	10	11	12	13	14	15	16	17	18	19	20	21	22	23	24	25	26	27	28	29	30	31
☉	10.3	11.3	12.3	13.3	14.2	15.2	16.2	17.1	18.1	19.1	20	21	22	22.9	23.9	24.8	25.8	26.8	27.7	28.7	29.7	0.6	1.6	2.5	3.5	4.5	5.4	6.4	7.3	8.3	9.3
☽	7.4	19.6	1.7	13.7	25.6	7.5	19.4	1.2	13.1	25.2	7.4	19.9	2.7	16	29.7	13.9	28.6	13.7	29	14.3	29.5	14.3	28.8	12.7	26.2	9.3	22.1	4.5	16.7	28.8	10.8
☿	20.8R	20.4	20	19.5	19	18.4	17.8	17.2	16.6	16	15.4	14.8	14.3	13.8	13.4	13	12.7	12.4	12.2	12.1	12.1D	12.2	12.4	12.7	13	13.4	13.9	14.4	15.1	15.7	
♀	25.6	26.5	27.4	28.2	29.1	29.9	0.8	1.6	2.4	3.2	4	4.8	5.5	6.2	7	7.7	8.4	9	9.7	10.3	10.9	11.5	12.1	12.6	13.2	13.7	14.1	14.6	15	15.4	15.8
♂	3.7	4.3	4.8	5.4	6	6.5	7.1	7.7	8.2	8.8	9.3	9.9	10.4	11	11.5	12	12.6	13.1	13.6	14.2	14.7	15.2	15.7	16.3	16.8	17.3	17.8	18.3	18.8	19.3	19.7

♃ (1 6 11 16 21 26 31): 19.0R 18.6 18.1 17.6 17 16.4 15.8 — ♄ (1 6 11 16 21 26 31): 28.1R 27.8 27.4 27.1 26.8 26.5 26.3 — ♅ (1 11 21 31): 20.3 20.7 21 21.2 — ♆ (1 11 21 31): 17.6 17.6 17.7 17.9 — ♇ (1 11 21 31): 10.5 10.7 10.9 11.1

VI (1924)

	1	2	3	4	5	6	7	8	9	10	11	12	13	14	15	16	17	18	19	20	21	22	23	24	25	26	27	28	29	30	31
☉	10.2	11.2	12.1	13.1	14	15	16	16.9	17.9	18.8	19.8	20.7	21.7	22.7	23.6	24.6	25.5	26.5	27.4	28.4	29.3	0.3	1.2	2.2	3.1	4.1	5.1	6	7	7.9	
☽	22.7	4.6	16.4	28.3	10.2	22.2	4.3	16.6	29.1	11.9	25.1	8.7	22.8	7.3	22.3	7.4	22.7	7.9	22.8	7.4	21.5	5.1	18.3	1.1	13.5	25.7	7.8	19.7	1.6	13.4	
☿	16.5	17.3	18.2	19.1	20.1	21.1	22.2	23.4	24.6	25.8	27.1	28.5	29.9	1.4	2.9	4.4	6	7.7	9.4	11.2	13	14.8	16.7	18.6	20.6	22.6	24.7	26.7	28.8	1	
♀	16.1	16.4	16.7	16.9	17.1	17.3	17.4	17.5	17.6	17.6	17.6R	17.5	17.4	17.3	17.1	16.9	16.6	16.3	16	15.6	15.2	14.7	14.3	13.8	13.2	12.7	12.1	11.5	10.9	10.3	
♂	20.2	20.7	21.2	21.6	22.1	22.6	23	23.5	23.9	24.3	24.8	25.2	25.6	26	26.4	26.8	27.2	27.6	28	28.4	28.7	29.1	29.4	29.8	0.1	0.4	0.7	1	1.3	1.6	

♃ (1 6 11 16 21 26): 15.7R 15 14.4 13.8 13.2 12.6 — ♄ (1 6 11 16 21 26): 26.3R 26.1 25.9 25.8 25.7 25.6 — ♅ (1 11 21): 21.3 21.4 21.5 — ♆ (1 11 21): 17.9 18.1 18.3 — ♇ (1 11 21): 11.1 11.3 11.6

VII (1924)

	1	2	3	4	5	6	7	8	9	10	11	12	13	14	15	16	17	18	19	20	21	22	23	24	25	26	27	28	29	30	31
☉	8.9	9.8	10.8	11.7	12.7	13.6	14.6	15.5	16.5	17.5	18.4	19.4	20.3	21.3	22.2	23.2	24.1	25.1	26	27	27.9	28.9	29.9	0.8	1.8	2.7	3.7	4.6	5.6	6.5	7.5
☽	25.3	7.2	19.3	1.4	13.7	26.2	8.9	21.8	5	18.6	2.6	16.9	1.5	16.4	1.4	16.3	1.1	15.6	29.7	13.4	26.6	9.5	22	4.3	16.3	28.2	10.1	22	3.9	15.9	28.1
☿	3.1	5.3	7.4	9.6	11.8	14	16.1	18.3	20.4	22.5	24.6	26.7	28.7	0.7	2.7	4.7	6.6	8.5	10.4	12.2	14	15.8	17.5	19.1	20.9	22.6	24.2	25.8	27.4	29	0.5
♀	9.7R	9	8.4	7.8	7.2	6.6	6	5.5	4.9	4.4	3.9	3.5	3.1	2.7	2.4	2.1	1.8	1.6	1.4	1.3	1.1	1.1	1.1	1.1D	1.1	1.2	1.3	1.5	1.7	1.9	2.2
♂	1.9	2.2	2.4	2.7	2.9	3.2	3.4	3.6	3.8	4	4.1	4.3	4.5	4.6	4.7	4.8	4.9	5	5.1	5.2	5.2	5.3	5.3	5.3	5.3R	5.3	5.3	5.2	5.2	5.1	5

♃ (1 6 11 16 21 26 31): 12.1R 11.6 11.2 10.8 10.5 10.3 10.1 — ♄ (1 6 11 16 21 26 31): 25.6 25.7 25.7 25.9 26 26.2 26.5 — ♅ (1 11 21 31): 21.5R 21.4 21.3 21.1 — ♆ (1 11 21 31): 18.6 18.9 19.3 19.6 — ♇ (1 11 21 31): 11.8 12.1 12.3 12.6

VIII (1924)

	1	2	3	4	5	6	7	8	9	10	11	12	13	14	15	16	17	18	19	20	21	22	23	24	25	26	27	28	29	30	31
☉	8.5	9.4	10.4	11.3	12.3	13.2	14.2	15.2	16.1	17.1	18	19	20	20.9	21.9	22.8	23.8	24.8	25.7	26.7	27.7	28.6	29.6	0.5	1.5	2.5	3.4	4.4	5.4	6.3	7.3
☽	10.5	23.1	5.8	18.8	2	15.5	29.2	13.1	27.3	11.7	26.2	10.7	25.3	9.7	23.9	7.8	21.4	4.6	17.5	0	12.3	24.4	6.3	18.2	0.1	12.1	24.2	6.5	19.1	2	15.1
☿	1.9	3.4	4.8	6.2	7.6	8.9	10.2	11.5	12.7	13.9	15	16.1	17.2	18.2	19.2	20.1	21	21.9	22.7	23.5	24.1	24.8	25.3	25.8	26.2	26.5	26.7	26.9	26.9R	26.8	
♀	2.5	2.8	3.2	3.5	4	4.4	4.9	5.4	5.9	6.4	7	7.5	8.2	8.8	9.4	10.1	10.8	11.5	12.2	12.9	13.6	14.4	15.2	16	16.8	17.6	18.4	19.2	20.1	20.9	21.8
♂	4.9R	4.8	4.7	4.6	4.4	4.3	4.1	3.9	3.8	3.6	3.4	3.2	2.9	2.7	2.5	2.2	2	1.7	1.5	1.2	1	0.7	0.4	0.2	29.9	29.6	29.4	29.1	28.9	28.6	28.4

♃ (1 6 11 16 21 26 31): 10.1R 10.1 10.1D 10.2 10.4 10.6 10.9 — ♄ (1 6 11 16 21 26 31): 26.5 26.8 27.1 27.5 27.8 28.2 28.7 — ♅ (1 11 21 31): 21.0R 20.7 20.4 20 — ♆ (1 11 21 31): 19.7 20 20.4 20.8 — ♇ (1 11 21 31): 12.6 12.8 13 13.2

IX (1924)

	1	2	3	4	5	6	7	8	9	10	11	12	13	14	15	16	17	18	19	20	21	22	23	24	25	26	27	28	29	30	31
☉	8.3	9.2	10.2	11.2	12.1	13.1	14.1	15.1	16	17	18	18.9	19.9	20.9	21.9	22.8	23.8	24.8	25.8	26.8	27.7	28.7	29.7	0.7	1.6	2.6	3.6	4.6	5.6	6.6	
☽	28.5	12.1	26	10	24.1	8.3	22.5	6.7	20.9	4.9	18.9	2.7	16.3	29.6	12.7	25.5	8	20.2	2.3	14.2	26.1	8	19.9	2.1	14.5	27.2	10.3	23.8	7.6	21.7	
☿	26.5R	26.2	25.7	25.1	24.5	23.7	22.9	22	21	20.1	19	18	17	16.1	15.3	14.5	13.9	13.3	13	12.8	12.7D	12.8	13.1	13.6	14.2	14.9	15.8	16.8	17.9	19.1	
♀	22.7	23.6	24.5	25.4	26.3	27.3	28.2	29.1	0.1	1.1	2	3	4	5	6	7	8	9	10	11.1	12.1	13.2	14.2	15.3	16.3	17.4	18.4	19.5	20.6	21.7	
♂	28.1R	27.9	27.7	27.4	27.2	27	26.8	26.7	26.5	26.3	26.2	26	25.9	25.8	25.7	25.6	25.5	25.5	25.4	25.4	25.3	25.3D	25.3	25.4	25.4	25.4	25.5	25.5	25.6	25.7	

♃ (1 6 11 16 21 26): 11 11.4 11.9 12.4 13 13.7 — ♄ (1 6 11 16 21 26): 28.8 29.2 29.7 0.2 0.8 1.3 — ♅ (1 11 21): 20.0R 19.6 19.2 — ♆ (1 11 21): 20.8 21.2 21.5 — ♇ (1 11 21): 13.2 13.4 13.5

X (1924)

	1	2	3	4	5	6	7	8	9	10	11	12	13	14	15	16	17	18	19	20	21	22	23	24	25	26	27	28	29	30	31
☉	7.5	8.5	9.5	10.5	11.5	12.5	13.5	14.4	15.4	16.4	17.4	18.4	19.4	20.4	21.4	22.4	23.4	24.3	25.3	26.3	27.3	28.3	29.3	0.3	1.3	2.3	3.3	4.3	5.3	6.3	7.3
☽	6	20.4	4.9	19.3	3.5	17.6	1.5	15.3	28.8	12.2	25.4	8.4	21.2	3.7	16.1	28.3	10.3	22.2	4	15.9	27.8	9.9	22.3	5.1	18.2	1.8	15.9	0.3	15.1	30	14.9
☿	20.5	21.9	23.3	24.9	26.4	28.1	29.7	1.4	3.1	4.8	6.6	8.3	10	11.8	13.5	15.3	17	18.7	20.4	22.1	23.9	25.5	27.2	28.9	0.6	2.2	3.9	5.5	7.2	8.8	10.4
♀	22.8	23.8	24.9	26	27.1	28.2	29.4	0.5	1.6	2.7	3.8	5	6.1	7.2	8.4	9.5	10.6	11.8	12.9	14.1	15.2	16.4	17.6	18.7	19.9	21.1	22.2	23.4	24.6	25.7	26.9
♂	25.8	25.9	26.1	26.2	26.4	26.6	26.7	26.9	27.1	27.3	27.6	27.8	28.1	28.3	28.6	28.9	29.2	29.5	29.8	0.1	0.4	0.7	1.1	1.4	1.8	2.2	2.5	2.9	3.3	3.7	4.1

♃ (1 6 11 16 21 26 31): 14.4 15.1 15.9 16.8 17.7 18.6 19.5 — ♄ (1 6 11 16 21 26 31): 1.9 2.4 3 3.6 4.2 4.8 5.4 — ♅ (1 11 21 31): 18.8R 18.5 18.1 17.9 — ♆ (1 11 21 31): 21.8 22 22.3 22.4 — ♇ (1 11 21 31): 13.5 13.6 13.6R 13.5

XI (1924)

	1	2	3	4	5	6	7	8	9	10	11	12	13	14	15	16	17	18	19	20	21	22	23	24	25	26	27	28	29	30	31
☉	8.3	9.3	10.3	11.3	12.3	13.3	14.3	15.3	16.3	17.3	18.3	19.3	20.4	21.4	22.4	23.4	24.4	25.4	26.4	27.4	28.4	29.4	0.4	1.5	2.5	3.5	4.5	5.5	6.5	7.5	
☽	29.6	14.1	28.3	12.2	25.8	9.1	22.1	5	17.6	0.1	12.5	24.7	6.7	18.7	0.5	12.3	24.1	6	18.1	0.4	13.1	26.2	9.7	23.8	8.4	23.3	8.5	23.7	8.8	23.8	
☿	12	13.6	15.2	16.8	18.4	19.9	21.5	23.1	24.6	26.2	27.7	29.2	0.8	2.3	3.8	5.3	6.9	8.4	9.9	11.4	12.9	14.3	15.8	17.3	18.8	20.2	21.7	23.1	24.5	25.9	
♀	28.1	29.3	0.5	1.7	2.8	4	5.2	6.4	7.6	8.8	10	11.2	12.4	13.6	14.8	16	17.3	18.5	19.7	20.9	22.1	23.3	24.5	25.8	27	28.2	29.4	0.6	1.9	3.1	
♂	4.5	4.9	5.4	5.8	6.2	6.7	7.1	7.6	8	8.5	9	9.5	9.9	10.4	10.9	11.4	11.9	12.4	12.9	13.4	13.9	14.4	15	15.5	16.1	16.6	17.1	17.7	18.2	18.8	

♃ (1 6 11 16 21 26): 19.7 20.7 21.8 22.8 23.9 25 — ♄ (1 6 11 16 21 26): 5.5 6.1 6.7 7.3 7.9 8.5 — ♅ (1 11 21): 17.9R 17.7 17.6 — ♆ (1 11 21): 22.4 22.5 22.6 — ♇ (1 11 21): 13.5R 13.4 13.3

XII (1924)

	1	2	3	4	5	6	7	8	9	10	11	12	13	14	15	16	17	18	19	20	21	22	23	24	25	26	27	28	29	30	31
☉	8.5	9.6	10.6	11.6	12.6	13.6	14.6	15.6	16.7	17.7	18.7	19.7	20.7	21.7	22.8	23.8	24.8	25.8	26.8	27.9	28.9	29.9	0.9	1.9	2.9	4	5	6	7	8	9.1
☽	8.1	22.2	5.8	19.1	2	14.7	27.1	9.4	21.5	3.6	15.5	27.4	9.2	21	2.9	14.8	26.9	9.2	21.8	4.8	18.2	2.1	16.5	1.3	16.4	1.7	17	2.1	16.8	1.1	15
☿	27.3	28.7	0	1.3	2.6	3.9	5.1	6.3	7.4	8.4	9.4	10.3	11	11.7	12.3	12.7	13	13	13.0R	12.7	12.2	11.6	10.7	9.7	8.5	7.2	5.9	4.5	3.2	1.9	0.7
♀	4.3	5.5	6.8	8	9.2	10.5	11.7	12.9	14.1	15.4	16.6	17.8	19.1	20.3	21.6	22.8	24	25.3	26.5	27.7	29	0.2	1.5	2.7	3.9	5.2	6.4	7.7	8.9	10.2	11.4
♂	19.3	19.9	20.5	21	21.6	22.1	22.7	23.3	23.9	24.4	25	25.6	26.2	26.8	27.4	28	28.5	29.1	29.7	0.3	0.9	1.5	2.1	2.7	3.3	4	4.6	5.2	5.8	6.4	7

♃ (1 6 11 16 21 26 31): 26.1 27.2 28.4 29.5 0.6 1.8 2.9 — ♄ (1 6 11 16 21 26 31): 9.1 9.6 10.1 10.6 11.1 11.6 12 — ♅ (1 11 21 31): 17.6 17.7 17.8 18.1 — ♆ (1 11 21 31): 22.6R 22.5 22.4 22.2 — ♇ (1 11 21 31): 13.1R 13 12.8 12.6

I

	1	2	3	4	5	6	7	8	9	10	11	12	13	14	15	16	17	18	19	20	21	22	23	24	25	26	27	28	29	30	31
☉	♑ 10.1	11.1	12.1	13.1	14.2	15.2	16.2	17.2	18.2	19.3	20.3	21.3	22.3	23.3	24.4	25.4	26.4	27.4	28.4	29.4	♒ 0.5	1.5	2.5	3.5	4.5	5.5	6.6	7.6	8.6	9.6	10.6
☽	♓ 28.4	♈ 11.4	24	♉ 6.4	18.6	♊ 0.6	12.5	24.3	♋ 6.1	18	29.9	♌ 11.9	23.9	♍ 6.2	18.6	♎ 1.3	14.3	27.6	♏ 11.3	25.5	♐ 10	24.8	♑ 9.8	24.9	♒ 9.9	24.7	♓ 9.1	23.2	♈ 6.7	19.9	♉ 2.6
☿	♐ 29.7R	28.8	28	27.5	27.1	26.8	26.8D	26.8	27	27.4	27.8	28.4	29	29.8	♑ 0.6	1.4	2.4	3.4	4.4	5.5	6.6	7.8	9	10.2	11.4	12.7	14	15.3	16.7	18	19.4
♀	♐ 12.7	13.9	15.1	16.4	17.6	18.9	20.1	21.4	22.6	23.9	25.1	26.4	27.6	28.8	♑ 0.1	1.3	2.6	3.8	5.1	6.3	7.6	8.8	10.1	11.3	12.6	13.8	15.1	16.3	17.6	18.8	20.1
♂	♈ 7.6	8.3	8.9	9.5	10.1	10.7	11.4	12	12.6	13.2	13.9	14.5	15.1	15.7	16.4	17	17.6	18.3	18.9	19.5	20.2	20.8	21.4	22.1	22.7	23.3	24	24.6	25.3	25.9	26.5

	1	6	11	16	21	26	31
♃	♑ 3.2	4.3	5.4	6.6	7.7	8.8	9.8
♄	♏ 12.1	12.5	12.8	13.1	13.4	13.7	13.9

	1	11	21	31
♅	♓ 18.1	18.4	18.8	19.3
♆	♌ 22.2R	22	21.8	21.5
♇	♋ 12.5R	12.3	12.1	11.9

	1	2	3	4	5	6	7	8	9	10	11	12	13	14	15	16	17	18	19	20	21	22	23	24	25	26	27	28	29	30	31
☉	♑ 9.8	10.9	11.9	12.9	13.9	14.9	16	17	18	19	20	21	22.1	23.1	24.1	25.1	26.1	27.2	28.2	29.2	♒ 0.2	1.2	2.2	3.3	4.3	5.3	6.3	7.3	8.3	9.4	10.4
☽	♌ 0.8	12.6	24.4	♍ 6.2	18.1	♎ 0.1	12.4	25	♏ 8	21.4	♐ 5.2	19.5	♑ 4.2	19.2	♒ 4.3	19.5	♓ 4.5	19.2	♈ 3.5	17.4	♉ 1	14.1	26.9	♊ 9.4	21.7	♋ 3.8	15.7	27.6	♌ 9.4	21.2	♍ 3
☿	♐ 17.3	18.4	19.5	20.7	21.8	23.1	24.3	25.6	26.9	28.2	29.6	♑ 1	2.3	3.7	5.1	6.6	8	9.5	10.9	12.4	13.9	15.4	16.9	18.4	19.9	21.5	23	24.6	26.2	27.7	29.3
♀	♒ 20.9	21.5	22	22.5	23	23.4	23.8	24.2	24.5	24.9	25.1	25.4	25.6	25.8	25.9	26	26.1	26.1R	26	26	25.9	25.7	25.5	25.3	25	24.7	24.3	24	23.5	23.1	22.6
♂	♐ 2.7	3.4	4.1	4.8	5.5	6.2	6.9	7.6	8.3	9	9.6	10.3	11	11.7	12.4	13.1	13.8	14.5	15.2	15.9	16.6	17.3	18	18.7	19.4	20.1	20.8	21.5	22.2	22.9	23.6

	1	6	11	16	21	26	31
♃	♑ 28.8	♒ 0	1.2	2.3	3.5	4.7	5.9
♄	♏ 22.8	23.3	23.7	24.1	24.5	24.8	25.1

	1	11	21	31
♅	♓ 22	22.3	22.6	23
♆	♌ 24.5R	24.3	24	23.8
♇	♋ 13.8R	13.5	13.3	13.1

II

	1	2	3	4	5	6	7	8	9	10	11	12	13	14	15	16	17	18	19	20	21	22	23	24	25	26	27	28	29	30	31
☉	♒ 11.6	12.7	13.7	14.7	15.7	16.7	17.7	18.7	19.7	20.8	21.8	22.8	23.8	24.8	25.8	26.8	27.8	28.8	29.8	♓ 0.9	1.9	2.9	3.9	4.9	5.9	6.9	7.9	8.9			
☽	♉ 15.1	27.2	♊ 9.2	21.1	♋ 2.9	14.7	26.6	♌ 8.6	20.8	♍ 3.1	15.6	28.3	♎ 11.3	24.5	♏ 7.9	21.6	♐ 5.6	19.8	♑ 4.2	18.8	♒ 3.5	18.1	♓ 2.6	17	♈ 0.9	14.6	27.8	♉ 10.6			
☿	♑ 20.8	22.2	23.6	25.1	26.5	28	29.5	♒ 1	2.5	4	5.6	7.2	8.7	10.3	11.9	13.5	15.2	16.8	18.5	20.1	21.8	23.5	25.3	27	28.8	♓ 0.5	2.3	4.1			
♀	♑ 21.3	22.6	23.8	25.1	26.3	27.6	28.8	♒ 0.1	1.3	2.5	3.8	5	6.3	7.5	8.8	10	11.3	12.5	13.8	15	16.3	17.5	18.8	20	21.3	22.5	23.8	25			
♂	♈ 27.2	27.8	28.5	29.1	29.7	♉ 0.4	1	1.7	2.3	2.9	3.6	4.2	4.9	5.5	6.2	6.8	7.4	8.1	8.7	9.4	10	10.7	11.3	12	12.6	13.2	13.9	14.5			

	1	6	11	16	21	26
♃	♑ 10.1	11.1	12.1	13.1	14.1	15
♄	♏ 13.9	14.1	14.2	14.3	14.3	14.3R

	1	11	21
♅	♓ 19.3	19.8	20.4
♆	♌ 21.5R	21.2	20.9
♇	♋ 11.9R	11.8	11.6

	1	2	3	4	5	6	7	8	9	10	11	12	13	14	15	16	17	18	19	20	21	22	23	24	25	26	27	28	29	30	31
☉	♒ 11.4	12.4	13.4	14.4	15.4	16.5	17.5	18.5	19.5	20.5	21.5	22.5	23.5	24.6	25.6	26.6	27.6	28.6	29.6	♓ 0.6	1.6	2.6	3.6	4.6	5.6	6.7	7.7	8.7			
☽	♍ 14.9	26.9	♎ 9	21.3	♏ 3.9	16.7	30	♐ 13.6	27.7	♑ 12.2	27.1	♒ 12.2	27.5	♓ 12.7	27.7	♈ 12.3	26.4	♉ 10.1	23.4	♊ 6.2	18.6	♋ 0.8	12.7	24.6	♌ 6.4	18.2	♍ 0	11.9			
☿	♒ 1	2.6	4.2	5.8	7.5	9.2	10.8	12.5	14.2	16	17.7	19.4	21.2	23	24.8	26.6	28.4	♓ 0.2	2	3.9	5.8	7.6	9.5	11.4	13.3	15.2	17.1	19			
♀	♒ 22.0R	21.5	20.9	20.3	19.7	19.1	18.5	17.9	17.3	16.6	16	15.5	14.9	14.3	13.8	13.3	12.9	12.4	12.1	11.7	11.4	11.1	10.9	10.7	10.5	10.4	10.4	10.3			
♂	♐ 24.3	25	25.7	26.4	27.1	27.8	28.5	29.2	29.9	♑ 0.6	1.3	2	2.7	3.4	4.2	4.9	5.6	6.3	7	7.7	8.4	9.1	9.8	10.5	11.3	12	12.7	13.4			

	1	6	11	16	21	26
♃	♒ 6.1	7.3	8.5	9.6	10.8	11.9
♄	♏ 25.2	25.4	25.6	25.8	25.9	26

	1	11	21
♅	♓ 23.1	23.6	24.1
♆	♌ 23.7R	23.5	23.2
♇	♋ 13.1R	13	12.8

III

	1	2	3	4	5	6	7	8	9	10	11	12	13	14	15	16	17	18	19	20	21	22	23	24	25	26	27	28	29	30	31
☉	♓ 9.9	10.9	11.9	12.9	13.9	14.9	15.9	16.9	17.9	18.9	19.9	20.9	21.9	22.9	23.9	24.9	25.9	26.9	27.9	28.9	29.9	♈ 0.9	1.9	2.8	3.8	4.8	5.8	6.8	7.8	8.8	9.8
☽	♉ 23.1	♊ 5.3	17.3	29.2	♋ 11	22.9	♌ 4.8	16.9	29.3	♍ 11.9	24.7	♎ 7.8	21.2	♏ 4.8	18.5	♐ 2.4	16.4	♑ 0.5	14.7	28.9	♒ 13.1	27.3	♓ 11.4	25.4	♈ 9.1	22.5	♉ 5.7	18.5	♊ 1	13.2	25.2
☿	♓ 6	7.8	9.7	11.5	13.4	15.3	17.2	19.2	21.1	23.1	25	27	29	♈ 1	2.9	4.9	6.8	8.7	10.6	12.5	14.3	16.1	17.8	19.4	21	22.5	23.9	25.2	26.4	27.6	28.6
♀	♒ 26.3	27.5	28.7	30	♓ 1.2	2.5	3.7	5	6.2	7.5	8.7	10	11.2	12.4	13.7	14.9	16.2	17.4	18.7	19.9	21.2	22.4	23.6	24.9	26.1	27.4	28.6	29.9	♈ 1.1	2.3	3.6
♂	♉ 15.2	15.8	16.5	17.1	17.8	18.4	19	19.7	20.3	21	21.6	22.3	22.9	23.6	24.2	24.8	25.5	26.1	26.8	27.4	28.1	28.7	29.4	30	♊ 0.6	1.3	1.9	2.6	3.2	3.9	4.5

	1	6	11	16	21	26	31
♃	♑ 15.6	16.4	17.3	18	18.8	19.4	20.1
♄	♏ 14.3R	14.2	14.1	13.9	13.7	13.5	13.2

	1	11	21	31
♅	♓ 20.8	21.4	22	22.5
♆	♌ 20.7R	20.5	20.2	20.1
♇	♋ 11.5R	11.5	11.4	11.4D

	1	2	3	4	5	6	7	8	9	10	11	12	13	14	15	16	17	18	19	20	21	22	23	24	25	26	27	28	29	30	31
☉	♓ 9.7	10.7	11.7	12.7	13.7	14.7	15.7	16.7	17.7	18.7	19.7	20.7	21.7	22.7	23.7	24.7	25.7	26.7	27.6	28.6	29.6	♈ 0.6	1.6	2.6	3.6	4.6	5.6	6.6	7.6	8.5	9.5
☽	♍ 23.9	♎ 6.1	18.3	♏ 0.8	13.5	26.4	♐ 9.5	23	♑ 6.9	21.1	♒ 5.7	20.6	♓ 5.6	20.7	♈ 5.7	20.4	♉ 4.6	18.5	♊ 1.8	14.7	27.2	♋ 9.4	21.3	♌ 3.1	14.9	26.7	♍ 8.6	20.6	♎ 2.8	15.2	27.7
☿	♓ 20.8	22.7	24.5	26.3	28.1	29.8	♈ 1.5	3.1	4.6	6.1	7.4	8.7	9.9	10.9	11.9	12.7	13.4	13.9	14.3	14.6	14.7	14.7R	14.6	14.4	14	13.5	12.9	12.3	11.6	10.8	10
♀	♒ 10.4D	10.4	10.5	10.6	10.8	11	11.2	11.5	11.8	12.1	12.5	12.9	13.3	13.8	14.3	14.8	15.3	15.9	16.4	17	17.7	18.3	19	19.6	20.3	21.1	21.8	22.5	23.3	24.1	24.9
♂	♑ 14.1	14.8	15.5	16.2	17	17.7	18.4	19.1	19.8	20.5	21.3	22	22.7	23.4	24.1	24.8	25.6	26.3	27	27.7	28.4	29.2	29.9	♒ 0.6	1.3	2	2.8	3.5	4.2	4.9	5.6

	1	6	11	16	21	26	31
♃	♒ 12.6	13.7	14.8	15.9	16.9	17.9	18.9
♄	♏ 26.1	26.1	26.1R	26	25.9	25.8	25.6

	1	11	21	31
♅	♓ 24.5	25.1	25.7	26.2
♆	♌ 23.0R	22.7	22.5	22.3
♇	♋ 12.7R	12.6	12.6	12.6D

IV

	1	2	3	4	5	6	7	8	9	10	11	12	13	14	15	16	17	18	19	20	21	22	23	24	25	26	27	28	29	30	31
☉	♈ 10.8	11.7	12.7	13.7	14.7	15.7	16.7	17.7	18.6	19.6	20.6	21.6	22.6	23.5	24.5	25.5	26.5	27.5	28.4	29.4	♉ 0.4	1.4	2.3	3.3	4.3	5.3	6.2	7.2	8.2	9.1	
☽	♋ 7.1	18.9	♌ 0.7	12.7	24.9	♍ 7.3	20.1	♎ 3.3	16.8	♏ 0.5	14.6	28.8	♐ 13	27.3	♑ 11.5	25.7	♒ 9.7	23.6	♓ 7.4	21.1	♈ 4.6	18	♉ 1.1	14	26.6	♊ 9	21.1	♋ 3.1	14.9	26.7	
☿	♈ 29.5	♉ 0.3	1	1.5	2	2.3	2.5	2.7	2.6R	2.5	2.3	2	1.6	1.1	0.6	♈ 30	29.3	28.6	27.9	27.2	26.5	25.8	25.2	24.6	24	23.5	23.1	22.7	22.4	22.2	
♀	♈ 4.8	6.1	7.3	8.5	9.8	11	12.3	13.5	14.7	16	17.2	18.5	19.7	20.9	22.2	23.4	24.6	25.9	27.1	28.4	29.6	♉ 0.8	2.1	3.3	4.5	5.8	7	8.2	9.5	10.7	
♂	♊ 5.1	5.8	6.4	7.1	7.7	8.3	9	9.6	10.3	10.9	11.5	12.2	12.8	13.5	14.1	14.7	15.4	16	16.7	17.3	17.9	18.6	19.2	19.9	20.5	21.1	21.8	22.4	23	23.7	

	1	6	11	16	21	26
♃	♑ 20.2	20.7	21.2	21.6	21.9	22.2
♄	♏ 13.2R	12.9	12.5	12.2	11.8	11.5

	1	11	21
♅	♓ 22.6	23.1	23.6
♆	♌ 20.0R	19.9	19.8
♇	♋ 11.4	11.5	11.5

	1	2	3	4	5	6	7	8	9	10	11	12	13	14	15	16	17	18	19	20	21	22	23	24	25	26	27	28	29	30	31
☉	♈ 10.5	11.5	12.5	13.5	14.5	15.4	16.4	17.4	18.4	19.4	20.4	21.3	22.3	23.3	24.3	25.3	26.2	27.2	28.2	29.2	♉ 0.1	1.1	2.1	3.1	4	5	6	7	7.9	8.9	
☽	♏ 10.5	23.4	♐ 6.5	19.8	♑ 3.4	17.1	♒ 1.2	15.4	30	♓ 14.6	29.4	♈ 14	28.5	♉ 12.7	26.4	♊ 9.8	22.7	♋ 5.2	17.4	29.4	♌ 11.3	23.1	♍ 5	16.9	29	♎ 11.4	24	♏ 6.8	19.9	♐ 3.2	
☿	♈ 9.2R	8.3	7.5	6.7	6	5.3	4.7	4.1	3.6	3.2	2.9	2.7	2.6	2.6D	2.6	2.8	3	3.3	3.7	4.1	4.6	5.2	5.9	6.6	7.4	8.2	9.1	10	11	12.1	
♀	♒ 25.7	26.5	27.3	28.1	29	29.9	♓ 0.7	1.6	2.5	3.4	4.3	5.3	6.2	7.1	8.1	9	10	11	11.9	12.9	13.9	14.9	15.9	16.9	17.9	18.9	19.9	21	22	23	
♂	♒ 6.4	7.1	7.8	8.5	9.3	10	10.7	11.4	12.1	12.9	13.6	14.3	15	15.8	16.5	17.2	17.9	18.7	19.4	20.1	20.8	21.6	22.3	23	23.7	24.4	25.2	25.9	26.6	27.3	

	1	6	11	16	21	26
♃	♒ 19.1	20	20.9	21.7	22.5	23.3
♄	♏ 25.5R	25.3	25	24.8	24.5	24.1

	1	11	21
♅	♓ 26.3	26.8	27.4
♆	♌ 22.3R	22.1	22
♇	♋ 12.6	12.6	12.7

V

	1	2	3	4	5	6	7	8	9	10	11	12	13	14	15	16	17	18	19	20	21	22	23	24	25	26	27	28	29	30	31
☉	♉ 10.1	11.1	12	13	14	15	15.9	16.9	17.9	18.8	19.8	20.8	21.7	22.7	23.6	24.6	25.6	26.5	27.5	28.5	29.4	♊ 0.4	1.3	2.3	3.3	4.2	5.2	6.2	7.1	8.1	9
☽	♌ 8.6	20.6	♍ 2.8	15.2	28.1	♎ 11.4	25.1	♏ 9.2	23.6	♐ 8.3	23	♑ 7.6	22.1	♒ 6.4	20.5	♓ 4.4	18	♈ 1.3	14.5	27.5	♉ 10.3	22.8	♊ 5.2	17.4	29.4	♋ 11.3	23.1	♌ 4.9	16.7	28.7	♍ 10.9
☿	♈ 22.1R	22	22.0D	22.1	22.3	22.6	22.9	23.3	23.8	24.4	25	25.7	26.4	27.2	28.1	29	29.9	♉ 1	2	3.1	4.3	5.5	6.8	8.1	9.4	10.8	12.2	13.7	15.2	16.8	18.4
♀	♉ 11.9	13.2	14.4	15.6	16.9	18.1	19.3	20.6	21.8	23	24.3	25.5	26.7	28	29.2	♊ 0.4	1.7	2.9	4.1	5.3	6.6	7.8	9	10.3	11.5	12.7	14	15.2	16.4	17.6	18.9
♂	♊ 24.3	25	25.6	26.2	26.9	27.5	28.1	28.8	29.4	♋ 0	0.7	1.3	2	2.6	3.2	3.9	4.5	5.1	5.8	6.4	7	7.7	8.3	8.9	9.6	10.2	10.8	11.5	12.1	12.7	13.4

	1	6	11	16	21	26	31
♃	♑ 22.4	22.5	22.5R	22.5	22.4	22.2	21.9
♄	♏ 11.1R	10.7	10.3	10	9.6	9.3	9

	1	11	21	31
♅	♓ 24.1	24.5	24.8	25.1
♆	♌ 19.8D	19.8	19.9	20
♇	♋ 11.7	11.8	12	12.2

	1	2	3	4	5	6	7	8	9	10	11	12	13	14	15	16	17	18	19	20	21	22	23	24	25	26	27	28	29	30	31
☉	♉ 9.9	10.8	11.8	12.8	13.8	14.7	15.7	16.7	17.6	18.6	19.6	20.5	21.5	22.5	23.4	24.4	25.3	26.3	27.3	28.2	29.2	♊ 0.2	1.1	2.1	3	4	5	5.9	6.9	7.8	8.8
☽	♐ 16.6	♑ 0.3	14	27.9	♒ 12	26.1	♓ 10.4	24.7	♈ 9	23.2	♉ 7.3	21.1	♊ 4.6	17.8	♋ 0.6	13.1	25.3	♌ 7.3	19.2	♍ 1	12.9	24.9	♎ 7.1	19.6	♏ 2.3	15.4	28.7	♐ 12.4	26.3	♑ 10.3	24.5
☿	♈ 13.1	14.3	15.4	16.7	17.9	19.2	20.5	21.9	23.3	24.8	26.2	27.7	29.3	♉ 0.9	2.5	4.2	5.8	7.6	9.3	11.1	13	14.8	16.7	18.7	20.6	22.6	24.7	26.7	28.8	♊ 0.9	3.1
♀	♓ 24.1	25.1	26.2	27.2	28.3	29.3	♈ 0.4	1.5	2.5	3.6	4.7	5.8	6.9	7.9	9	10.1	11.2	12.3	13.4	14.5	15.6	16.7	17.8	19	20.1	21.2	22.3	23.4	24.6	25.7	26.8
♂	♒ 28.1	28.8	29.5	♓ 0.2	0.9	1.7	2.4	3.1	3.8	4.5	5.3	6	6.7	7.4	8.1	8.9	9.6	10.3	11	11.7	12.4	13.1	13.9	14.6	15.3	16	16.7	17.4	18.1	18.8	19.5

	1	6	11	16	21	26	31
♃	♒ 23.9	24.6	25.1	25.6	26.1	26.5	26.8
♄	♏ 23.8R	23.4	23	22.7	22.3	21.9	21.6

	1	11	21	31
♅	♓ 27.8	28.3	28.6	29
♆	♌ 22.0R	22.0D	22.1	22.2
♇	♋ 12.8	13	13.2	13.4

VI

	1	2	3	4	5	6	7	8	9	10	11	12	13	14	15	16	17	18	19	20	21	22	23	24	25	26	27	28	29	30	31
☉	♊ 10	10.9	11.9	12.9	13.8	14.8	15.7	16.7	17.6	18.6	19.6	20.5	21.5	22.4	23.4	24.3	25.3	26.2	27.2	28.1	29.1	♋ 0.1	1	2	2.9	3.9	4.8	5.8	6.7	7.7	
☽	♍ 23.3	♎ 6.2	19.5	♏ 3.3	17.5	♐ 2.1	17	♑ 2	17	♒ 1.9	16.5	♓ 0.8	14.7	28.3	♈ 11.6	24.5	♉ 7.3	19.8	♊ 2.1	14.2	26.2	♋ 8.1	19.9	♌ 1.7	13.5	25.3	♍ 7.3	19.5	♎ 2	14.8	
☿	♉ 20	21.7	23.4	25.2	27	28.8	♊ 0.7	2.6	4.6	6.6	8.6	10.7	12.7	14.9	17	19.2	21.3	23.5	25.7	27.9	♋ 0.1	2.3	4.5	6.6	8.8	10.9	13	15	17.1	19.1	
♀	♊ 20.1	21.3	22.5	23.8	25	26.2	27.5	28.7	29.9	♋ 1.1	2.4	3.6	4.8	6	7.3	8.5	9.7	10.9	12.2	13.4	14.6	15.8	17.1	18.3	19.5	20.7	21.9	23.2	24.4	25.6	
♂	♋ 14	14.6	15.3	15.9	16.5	17.1	17.8	18.4	19	19.7	20.3	20.9	21.6	22.2	22.8	23.5	24.1	24.7	25.4	26	26.6	27.2	27.9	28.5	29.1	29.8	♌ 0.4	1	1.7	2.3	

	1	6	11	16	21	26
♃	♑ 21.8R	21.5	21	20.5	20	19.4
♄	♏ 8.9R	8.6	8.4	8.2	8	7.8

	1	11	21
♅	♓ 25.1	25.3	25.4
♆	♌ 20.1	20.2	20.5
♇	♋ 12.2	12.5	12.7

	1	2	3	4	5	6	7	8	9	10	11	12	13	14	15	16	17	18	19	20	21	22	23	24	25	26	27	28	29	30	31
☉	♊ 9.8	10.7	11.7	12.6	13.6	14.5	15.5	16.5	17.4	18.4	19.3	20.3	21.2	22.2	23.1	24.1	25.1	26	27	27.9	28.9	29.8	♋ 0.8	1.7	2.7	3.6	4.6	5.5	6.5	7.5	
☽	♒ 8.7	22.9	♓ 7.2	21.3	♈ 5.4	19.4	♉ 3.2	16.8	♊ 0.2	13.3	26.2	♋ 8.8	21.1	♌ 3.3	15.3	27.1	♍ 9	20.9	♎ 2.9	15.1	27.5	♏ 10.3	23.5	♐ 7.1	21	♑ 5.2	19.7	♒ 4.3	18.9	♓ 3.5	
☿	♊ 5.2	7.4	9.6	11.8	14	16.2	18.4	20.6	22.7	24.9	27	29.1	♋ 1.2	3.3	5.3	7.3	9.2	11.1	13	14.9	16.7	18.4	20.2	21.8	23.5	25.1	26.7	28.2	29.7	♌ 1.2	
♀	♈ 27.9	29.1	♉ 0.2	1.3	2.5	3.6	4.7	5.9	7	8.2	9.3	10.5	11.6	12.8	13.9	15.1	16.2	17.4	18.5	19.7	20.8	22	23.2	24.3	25.5	26.7	27.8	29	♊ 0.2	1.3	
♂	♓ 20.2	20.9	21.6	22.3	23	23.7	24.4	25.1	25.8	26.5	27.2	27.9	28.6	29.3	30	♈ 0.7	1.4	2	2.7	3.4	4.1	4.8	5.4	6.1	6.8	7.5	8.1	8.8	9.5	10.1	

	1	6	11	16	21	26
♃	♒ 26.8	27	27.1	27.2	27.1R	27
♄	♏ 21.5R	21.2	20.8	20.6	20.3	20.1

	1	11	21
♅	♓ 29	29.2	29.4
♆	♌ 22.2	22.4	22.6
♇	♋ 13.4	13.6	13.9

VII

	1	2	3	4	5	6	7	8	9	10	11	12	13	14	15	16	17	18	19	20	21	22	23	24	25	26	27	28	29	30	31
☉	♋ 8.6	9.6	10.5	11.5	12.5	13.4	14.4	15.3	16.3	17.2	18.2	19.1	20.1	21	22	22.9	23.9	24.8	25.8	26.8	27.7	28.7	29.6	♌ 0.6	1.5	2.5	3.4	4.4	5.4	6.3	7.3
☽	♎ 28	♏ 11.7	25.8	♐ 10.4	25.3	♑ 10.5	25.7	♒ 10.8	25.7	♓ 10.2	24.3	♈ 8	21.3	♉ 4.2	16.8	29.2	♊ 11.3	23.3	♋ 5.2	17	28.8	♌ 10.6	22.4	♍ 4.3	16.4	28.7	♎ 11.2	24	♏ 7.2	20.8	♐ 4.7
☿	♋ 21.1	23	24.9	26.8	28.7	♌ 0.5	2.3	4	5.7	7.4	9	10.7	12.2	13.8	15.3	16.8	18.2	19.6	21	22.3	23.6	24.9	26.1	27.3	28.4	29.5	♍ 0.5	1.5	2.5	3.4	4.3
♀	♋ 26.8	28.1	29.3	♌ 0.5	1.7	2.9	4.2	5.4	6.6	7.8	9	10.3	11.5	12.7	13.9	15.1	16.4	17.6	18.8	20	21.2	22.4	23.7	24.9	26.1	27.3	28.5	29.7	♍ 1	2.2	3.4
♂	♌ 2.9	3.6	4.2	4.8	5.4	6.1	6.7	7.3	8	8.6	9.2	9.9	10.5	11.1	11.8	12.4	13	13.6	14.3	14.9	15.5	16.2	16.8	17.4	18.1	18.7	19.3	20	20.6	21.2	21.9

	1	6	11	16	21	26	31
♃	♑ 18.8R	18.2	17.5	16.9	16.3	15.7	15.1
♄	♏ 7.7R	7.7	7.6	7.6D	7.7	7.8	7.9

	1	11	21	31
♅	♓ 25.5R	25.4	25.3	25.1
♆	♌ 20.8	21.1	21.4	21.8
♇	♋ 13	13.2	13.5	13.7

	1	2	3	4	5	6	7	8	9	10	11	12	13	14	15	16	17	18	19	20	21	22	23	24	25	26	27	28	29	30	31
☉	♋ 8.4	9.4	10.3	11.3	12.2	13.2	14.1	15.1	16	17	17.9	18.9	19.8	20.8	21.8	22.7	23.7	24.6	25.6	26.5	27.5	28.4	29.4	♌ 0.3	1.3	2.3	3.2	4.2	5.1	6.1	7
☽	♓ 18	♈ 2.2	16.2	♉ 0	13.5	26.8	♊ 9.8	22.5	♋ 5.1	17.4	29.6	♌ 11.6	23.5	♍ 5.4	17.2	29.1	♎ 11.1	23.2	♏ 5.7	18.4	♐ 1.6	15.1	29.1	♑ 13.5	28.3	♒ 13.2	28.3	♓ 13.2	28	♈ 12.5	26.7
☿	♌ 2.6	3.9	5.3	6.6	7.8	9	10.2	11.3	12.3	13.3	14.3	15.2	16.1	16.9	17.6	18.3	18.9	19.5	19.9	20.3	20.7	20.9	21.1	21.2	21.2R	21.2	21	20.8	20.5	20.1	19.6
♀	♊ 2.5	3.7	4.8	6	7.2	8.4	9.5	10.7	11.9	13.1	14.3	15.4	16.6	17.8	19	20.2	21.4	22.5	23.7	24.9	26.1	27.3	28.5	29.7	♋ 0.9	2.1	3.3	4.5	5.7	6.9	8.1
♂	♈ 10.8	11.4	12.1	12.7	13.4	14	14.7	15.3	16	16.6	17.2	17.9	18.5	19.1	19.7	20.4	21	21.6	22.2	22.8	23.4	24	24.6	25.2	25.8	26.4	27	27.5	28.1	28.7	29.2

	1	6	11	16	21	26	31
♃	♒ 26.8R	26.6	26.2	25.8	25.3	24.8	24.2
♄	♏ 19.9R	19.7	19.6	19.5	19.4	19.4D	19.5

	1	11	21	31
♅	♓ 29.4	29.4R	29.3	29.2
♆	♌ 22.9	23.2	23.5	23.9
♇	♋ 14.1	14.4	14.6	14.9

VIII

	1	2	3	4	5	6	7	8	9	10	11	12	13	14	15	16	17	18	19	20	21	22	23	24	25	26	27	28	29	30	31
☉	♌ 8.2	9.2	10.1	11.1	12.1	13	14	14.9	15.9	16.8	17.8	18.8	19.7	20.7	21.6	22.6	23.6	24.5	25.5	26.5	27.4	28.4	29.3	♍ 0.3	1.3	2.2	3.2	4.2	5.1	6.1	7.1
☽	♐ 19.1	♑ 3.8	18.8	♒ 4	19.1	♓ 4.1	18.8	♈ 3.1	16.9	♉ 0.3	13.3	25.9	♊ 8.2	20.2	♋ 2.1	14	25.7	♌ 7.5	19.4	♍ 1.4	13.5	25.8	♎ 8.3	21	♏ 3.9	17.2	♐ 0.7	14.5	28.6	♑ 13	27.7
☿	♍ 5.1	5.8	6.5	7.1	7.7	8.2	8.6	8.9	9.2	9.4	9.5	9.5R	9.4	9.2	8.9	8.6	8.1	7.6	6.9	6.2	5.5	4.7	3.8	2.9	2	1.1	0.2	♌ 29.4	28.7	28	27.4
♀	♍ 4.6	5.8	7	8.2	9.5	10.7	11.9	13.1	14.3	15.5	16.7	17.9	19.1	20.3	21.6	22.8	24	25.2	26.4	27.6	28.8	30	♎ 1.2	2.4	3.6	4.8	6	7.2	8.4	9.6	10.8
♂	♌ 22.5	23.1	23.8	24.4	25	25.7	26.3	26.9	27.6	28.2	28.8	29.5	♍ 0.1	0.7	1.4	2	2.6	3.3	3.9	4.5	5.2	5.8	6.4	7.1	7.7	8.3	9	9.6	10.3	10.9	11.5

	1	6	11	16	21	26	31
♃	♑ 15.0R	14.5	14	13.6	13.3	13	12.8
♄	♏ 8	8.1	8.4	8.6	8.9	9.2	9.6

	1	11	21	31
♅	♓ 25.1R	24.8	24.5	24.2
♆	♌ 21.8	22.2	22.5	22.9
♇	♋ 13.7	14	14.2	14.4

	1	2	3	4	5	6	7	8	9	10	11	12	13	14	15	16	17	18	19	20	21	22	23	24	25	26	27	28	29	30	31
☉	♌ 8	9	9.9	10.9	11.8	12.8	13.7	14.7	15.7	16.6	17.6	18.5	19.5	20.5	21.4	22.4	23.3	24.3	25.3	26.2	27.2	28.1	29.1	♍ 0.1	1	2	3	3.9	4.9	5.9	6.8
☽	♉ 10.4	23.8	♊ 6.8	19.5	♋ 2	14.3	26.4	♌ 8.4	20.3	♍ 2.1	14	25.8	♎ 7.7	19.7	♏ 1.9	14.3	27	♐ 10	23.5	♑ 7.4	21.7	♒ 6.5	21.6	♓ 6.9	22.1	♈ 7.2	21.9	♉ 6.3	20.1	♊ 3.5	16.5
☿	♌ 19.1R	18.4	17.8	17.1	16.3	15.5	14.7	14	13.2	12.5	11.8	11.2	10.6	10.2	9.8	9.5	9.4	9.4D	9.5	9.7	10.1	10.5	11.1	11.9	12.7	13.7	14.8	16	17.2	18.6	20.1
♀	♋ 9.3	10.5	11.7	12.9	14.1	15.3	16.5	17.7	18.9	20.1	21.3	22.5	23.7	24.9	26.1	27.4	28.6	29.8	♌ 1	2.2	3.4	4.6	5.9	7.1	8.3	9.5	10.7	12	13.2	14.4	15.6
♂	♈ 29.8	♉ 0.3	0.9	1.4	2	2.5	3	3.6	4.1	4.6	5.1	5.6	6.1	6.6	7.1	7.6	8	8.5	8.9	9.4	9.8	10.3	10.7	11.1	11.5	11.9	12.3	12.7	13.1	13.5	13.8

	1	6	11	16	21	26	31
♃	♒ 24.1R	23.5	22.9	22.2	21.5	20.9	20.3
♄	♏ 19.5	19.6	19.7	19.8	20	20.3	20.5

	1	11	21	31
♅	♓ 29.2R	28.9	28.6	28.3
♆	♌ 23.9	24.3	24.6	25
♇	♋ 14.9	15.1	15.3	15.5

IX

	1	2	3	4	5	6	7	8	9	10	11	12	13	14	15	16	17	18	19	20	21	22	23	24	25	26	27	28	29	30	31
☉	♍ 8	9	10	10.9	11.9	12.9	13.9	14.8	15.8	16.8	17.7	18.7	19.7	20.7	21.6	22.6	23.6	24.6	25.5	26.5	27.5	28.5	29.5	♎ 0.4	1.4	2.4	3.4	4.4	5.3	6.3	
☽	♒ 12.6	27.5	♓ 12.3	27	♈ 11.3	25.2	♉ 8.7	21.7	♊ 4.4	16.7	28.7	♋ 10.6	22.4	♌ 4.2	16	28	♍ 10.2	22.5	♎ 5.1	17.9	♏ 0.9	14.2	27.6	♐ 11.2	25	♑ 9	23.2	♒ 7.5	21.9	♓ 6.5	
☿	♌ 26.9R	26.6	26.4	26.3	26.4D	26.6	26.9	27.5	28.1	28.9	29.8	♍ 0.8	2	3.3	4.6	6	7.6	9.1	10.8	12.5	14.2	16	17.7	19.5	21.4	23.2	25	26.8	28.6	♎ 0.5	
♀	♎ 12	13.2	14.4	15.6	16.8	18	19.2	20.4	21.6	22.8	24	25.2	26.3	27.5	28.7	29.9	♏ 1.1	2.3	3.5	4.7	5.8	7	8.2	9.4	10.6	11.8	12.9	14.1	15.3	16.5	
♂	♍ 12.2	12.8	13.4	14.1	14.7	15.4	16	16.6	17.3	17.9	18.6	19.2	19.8	20.5	21.1	21.8	22.4	23.1	23.7	24.3	25	25.6	26.3	26.9	27.6	28.2	28.9	29.5	♎ 0.1	0.8	

	1	6	11	16	21	26
♃	♑ 12.8R	12.7	12.7D	12.8	12.9	13.1
♄	♏ 9.7	10.1	10.5	10.9	11.4	11.9

	1	11	21
♅	♓ 24.1R	23.7	23.3
♆	♌ 22.9	23.3	23.6
♇	♋ 14.4	14.5	14.6

	1	2	3	4	5	6	7	8	9	10	11	12	13	14	15	16	17	18	19	20	21	22	23	24	25	26	27	28	29	30	31
☉	♍ 7.8	8.8	9.7	10.7	11.7	12.6	13.6	14.6	15.6	16.5	17.5	18.5	19.5	20.4	21.4	22.4	23.4	24.3	25.3	26.3	27.3	28.2	29.2	♎ 0.2	1.2	2.2	3.1	4.1	5.1	6.1	
☽	♊ 29.1	♋ 11.4	23.5	♌ 5.5	17.3	29.2	♍ 11	22.9	♎ 4.8	16.8	28.9	♏ 11.1	23.5	♐ 6.2	19.1	♑ 2.5	16.2	♒ 0.4	15	29.9	♓ 15.1	♈ 0.4	15.6	♉ 0.5	15	29	♊ 12.4	25.4	♋ 8.1	20.4	
☿	♌ 21.6	23.3	24.9	26.7	28.5	♍ 0.3	2.1	4	5.9	7.8	9.7	11.6	13.5	15.4	17.3	19.2	21.1	22.9	24.8	26.6	28.4	♎ 0.2	2	3.8	5.6	7.3	9	10.7	12.4	14.1	
♀	♌ 16.9	18.1	19.3	20.5	21.8	23	24.2	25.5	26.7	27.9	29.2	♍ 0.4	1.6	2.9	4.1	5.3	6.6	7.8	9	10.3	11.5	12.8	14	15.2	16.5	17.7	19	20.2	21.4	22.7	
♂	♉ 14.2	14.5	14.9	15.2	15.5	15.8	16.1	16.4	16.6	16.9	17.2	17.4	17.6	17.8	18	18.2	18.4	18.6	18.7	18.9	19	19.1	19.2	19.3	19.3	19.4	19.4	19.5	19.5	19.5R	

	1	6	11	16	21	26
♃	♒ 20.2R	19.6	19.1	18.6	18.2	17.9
♄	♏ 20.6	20.9	21.3	21.6	22.1	22.5

	1	11	21
♅	♓ 28.2R	27.9	27.5
♆	♌ 25	25.4	25.7
♇	♋ 15.5	15.7	15.8

X

	1	2	3	4	5	6	7	8	9	10	11	12	13	14	15	16	17	18	19	20	21	22	23	24	25	26	27	28	29	30	31
☉	♎ 7.3	8.3	9.3	10.3	11.2	12.2	13.2	14.2	15.2	16.2	17.2	18.2	19.1	20.1	21.1	22.1	23.1	24.1	25.1	26.1	27.1	28.1	29.1	♏ 0.1	1.1	2.1	3.1	4.1	5.1	6.1	7.1
☽	♓ 20.9	♈ 5.3	19.4	♉ 3.2	16.7	29.7	♊ 12.3	24.7	♋ 6.7	18.6	♌ 0.4	12.2	24.1	♍ 6.2	18.5	♎ 1.1	13.9	27.1	♏ 10.5	24.2	♐ 8	21.9	♑ 5.9	19.9	♒ 4	18.1	♓ 2.2	16.3	♈ 0.3	14.3	28
☿	♎ 2.3	4.1	5.9	7.7	9.4	11.2	12.9	14.7	16.4	18.1	19.8	21.5	23.2	24.8	26.5	28.1	29.8	♏ 1.4	3	4.6	6.2	7.7	9.3	10.9	12.4	14	15.5	17	18.5	20	21.5
♀	♏ 17.6	18.8	20	21.2	22.3	23.5	24.7	25.8	27	28.2	29.3	♐ 0.5	1.7	2.8	4	5.1	6.3	7.4	8.6	9.7	10.9	12	13.2	14.3	15.5	16.6	17.7	18.9	20	21.1	22.3
♂	♎ 1.4	2.1	2.7	3.4	4	4.7	5.3	6	6.6	7.3	7.9	8.6	9.2	9.9	10.5	11.2	11.8	12.5	13.1	13.8	14.5	15.1	15.8	16.4	17.1	17.7	18.4	19	19.7	20.4	21

	1	6	11	16	21	26	31
♃	♑ 13.4	13.8	14.3	14.8	15.4	16	16.7
♄	♏ 12.4	13	13.5	14.1	14.7	15.2	15.8

	1	11	21	31
♅	♓ 22.9R	22.6	22.2	22
♆	♌ 23.9	24.2	24.4	24.6
♇	♋ 14.7	14.7	14.7R	14.7

	1	2	3	4	5	6	7	8	9	10	11	12	13	14	15	16	17	18	19	20	21	22	23	24	25	26	27	28	29	30	31
☉	♎ 7.1	8	9	10	11	12	13	14	14.9	15.9	16.9	17.9	18.9	19.9	20.9	21.9	22.9	23.9	24.9	25.9	26.8	27.8	28.8	29.8	♏ 0.8	1.8	2.8	3.8	4.8	5.8	6.8
☽	♌ 2.4	14.3	26.2	♍ 8	19.8	♎ 1.8	13.8	25.9	♏ 8.2	20.6	♐ 3.2	16	29	♑ 12.3	25.9	♒ 9.9	24.2	♓ 8.9	23.8	♈ 8.8	23.8	♉ 8.6	23	♊ 7.1	20.6	♋ 3.7	16.4	28.7	♌ 10.8	22.7	♍ 4.6
☿	♎ 15.8	17.4	19.1	20.7	22.3	23.9	25.5	27	28.6	♏ 0.1	1.7	3.2	4.7	6.2	7.7	9.2	10.6	12.1	13.5	14.9	16.3	17.7	19.1	20.5	21.8	23.1	24.4	25.7	27	28.2	29.5
♀	♍ 23.9	25.2	26.4	27.7	28.9	♎ 0.2	1.4	2.7	3.9	5.2	6.4	7.7	8.9	10.2	11.4	12.7	13.9	15.2	16.4	17.7	18.9	20.2	21.4	22.7	23.9	25.2	26.4	27.7	28.9	♏ 0.2	1.4
♂	♉ 19.4R	19.4	19.4	19.3	19.2	19.1	19	18.9	18.7	18.6	18.4	18.2	18.1	17.8	17.6	17.4	17.1	16.9	16.6	16.3	16.1	15.8	15.4	15.1	14.8	14.5	14.1	13.8	13.5	13.1	12.8

	1	6	11	16	21	26	31
♃	♒ 17.6R	17.4	17.3	17.3D	17.4	17.5	17.8
♄	♏ 22.9	23.4	23.9	24.5	25	25.6	26.1

	1	11	21	31
♅	♓ 27.1R	26.7	26.3	26
♆	♌ 26	26.3	26.6	26.7
♇	♋ 15.9	15.9	16.0R	15.9

XI

	1	2	3	4	5	6	7	8	9	10	11	12	13	14	15	16	17	18	19	20	21	22	23	24	25	26	27	28	29	30	31
☉	♏ 8.1	9.1	10.1	11.1	12.1	13.1	14.1	15.1	16.1	17.1	18.1	19.1	20.1	21.1	22.1	23.1	24.1	25.1	26.2	27.2	28.2	29.2	♐ 0.2	1.2	2.2	3.2	4.2	5.3	6.3	7.3	
☽	♉ 11.5	24.7	♊ 7.6	20.2	♋ 2.5	14.5	26.4	♌ 8.2	20	♍ 1.9	14	26.4	♎ 9.1	22.2	♏ 5.6	19.4	♐ 3.4	17.7	♑ 2	16.4	♒ 0.7	14.9	29	♓ 13	26.8	♈ 10.5	24	♉ 7.3	20.4	♊ 3.3	
☿	♏ 23	24.5	26	27.4	28.9	♐ 0.3	1.8	3.2	4.6	6	7.4	8.7	10.1	11.4	12.7	14	15.3	16.5	17.7	18.9	20	21.1	22.1	23.1	23.9	24.7	25.5	26.1	26.6	26.9	
♀	♐ 23.4	24.5	25.6	26.7	27.9	29	♑ 0.1	1.2	2.3	3.4	4.5	5.6	6.7	7.8	8.8	9.9	11	12.1	13.1	14.2	15.2	16.3	17.3	18.4	19.4	20.4	21.5	22.5	23.5	24.5	
♂	♎ 21.7	22.3	23	23.7	24.3	25	25.6	26.3	27	27.6	28.3	29	29.6	♏ 0.3	1	1.6	2.3	3	3.6	4.3	5	5.6	6.3	7	7.6	8.3	9	9.6	10.3	11	

	1	6	11	16	21	26
♃	♑ 16.8	17.6	18.4	19.3	20.2	21.1
♄	♏ 16	16.6	17.2	17.8	18.3	18.9

	1	11	21
♅	♓ 21.9R	21.7	21.6
♆	♌ 24.6	24.7	24.8
♇	♋ 14.7R	14.6	14.5

	1	2	3	4	5	6	7	8	9	10	11	12	13	14	15	16	17	18	19	20	21	22	23	24	25	26	27	28	29	30	31
☉	♏ 7.8	8.8	9.8	10.8	11.8	12.8	13.8	14.8	15.8	16.8	17.9	18.9	19.9	20.9	21.9	22.9	23.9	24.9	25.9	26.9	27.9	28.9	30	♐ 1	2	3	4	5	6	7	
☽	♍ 16.4	28.3	♎ 10.3	22.5	♏ 4.8	17.4	♐ 0.1	13	26	♑ 9.3	22.8	♒ 6.5	20.4	♓ 4.5	18.9	♈ 3.3	17.9	♉ 2.5	16.9	♊ 1.1	14.9	28.4	♋ 11.5	24.2	♌ 6.6	18.7	♍ 0.7	12.6	24.4	♎ 6.4	
☿	♐ 0.7	1.8	2.9	4	5	6	7	7.8	8.6	9.3	10	10.5	10.9	11.2	11.4	11.4R	11.3	11	10.5	9.8	9	8	6.9	5.6	4.3	2.9	1.6	0.3	♏ 29.1	28	
♀	♏ 2.7	3.9	5.2	6.5	7.7	9	10.2	11.5	12.7	14	15.2	16.5	17.8	19	20.3	21.5	22.8	24	25.3	26.6	27.8	29.1	♐ 0.3	1.6	2.8	4.1	5.4	6.6	7.9	9.1	
♂	♉ 12.4R	12.1	11.7	11.4	11	10.7	10.3	10	9.6	9.3	9	8.7	8.4	8.1	7.8	7.5	7.2	7	6.7	6.5	6.3	6.1	5.9	5.7	5.5	5.4	5.2	5.1	5	4.9	

	1	6	11	16	21	26
♃	♒ 17.8	18.2	18.6	19.1	19.6	20.2
♄	♏ 26.2	26.8	27.4	28	28.6	29.2

	1	11	21
♅	♓ 26.0R	25.8	25.6
♆	♌ 26.8	26.9	27
♇	♋ 15.9R	15.8	15.7

XII

	1	2	3	4	5	6	7	8	9	10	11	12	13	14	15	16	17	18	19	20	21	22	23	24	25	26	27	28	29	30	31
☉	♐ 8.3	9.3	10.3	11.3	12.4	13.4	14.4	15.4	16.4	17.4	18.5	19.5	20.5	21.5	22.5	23.5	24.6	25.6	26.6	27.6	28.6	29.6	♑ 0.7	1.7	2.7	3.7	4.7	5.8	6.8	7.8	8.8
☽	♊ 15.9	28.3	♋ 10.5	22.5	♌ 4.3	16.1	27.9	♍ 9.8	21.9	♎ 4.2	16.9	30	♏ 13.5	27.4	♐ 11.7	26.3	♑ 11.1	25.9	♒ 10.7	25.3	♓ 9.6	23.7	♈ 7.4	20.9	♉ 4.1	17.1	29.8	♊ 12.4	24.7	♋ 6.8	18.9
☿	♐ 27.1	27.2R	27.1	26.8	26.4	25.7	24.9	23.8	22.7	21.4	20.1	18.7	17.3	16	14.8	13.7	12.8	12.1	11.5	11.1	11	10.9D	11.1	11.3	11.7	12.3	12.9	13.6	14.5	15.3	16.3
♀	♑ 25.5	26.5	27.5	28.4	29.4	♒ 0.4	1.3	2.3	3.2	4.1	5	5.9	6.8	7.7	8.6	9.4	10.3	11.1	11.9	12.7	13.5	14.3	15	15.7	16.5	17.2	17.8	18.5	19.1	19.8	20.4
♂	♏ 11.7	12.3	13	13.7	14.4	15	15.7	16.4	17.1	17.7	18.4	19.1	19.8	20.4	21.1	21.8	22.5	23.2	23.8	24.5	25.2	25.9	26.6	27.3	27.9	28.6	29.3	30	♐ 0.7	1.4	2.1

	1	6	11	16	21	26	31
♃	♑ 22.1	23.1	24.2	25.3	26.4	27.5	28.6
♄	♏ 19.5	20.1	20.7	21.2	21.7	22.2	22.7

	1	11	21	31
♅	♓ 21.6R	21.6D	21.7	21.9
♆	♌ 24.8R	24.7	24.6	24.5
♇	♋ 14.3R	14.2	14	13.8

	1	2	3	4	5	6	7	8	9	10	11	12	13	14	15	16	17	18	19	20	21	22	23	24	25	26	27	28	29	30	31
☉	♐ 8.1	9.1	10.1	11.1	12.1	13.1	14.1	15.2	16.2	17.2	18.2	19.2	20.2	21.3	22.3	23.3	24.3	25.3	26.3	27.4	28.4	29.4	♑ 0.4	1.4	2.5	3.5	4.5	5.5	6.5	7.5	8.6
☽	♎ 18.4	♏ 0.7	13.2	25.9	♐ 9	22.2	♑ 5.7	19.4	♒ 3.3	17.3	♓ 1.3	15.5	29.7	♈ 13.9	28	♉ 12.1	26	♊ 9.7	23.2	♋ 6.4	19.3	♌ 1.9	14.3	26.5	♍ 8.5	20.3	♎ 2.2	14.1	26.2	♏ 8.5	21
☿	♏ 27.1R	26.3	25.7	25.4	25.2	25.2D	25.4	25.7	26.2	26.8	27.5	28.3	29.2	♐ 0.2	1.2	2.3	3.4	4.6	5.9	7.1	8.4	9.8	11.1	12.5	13.9	15.3	16.7	18.1	19.5	21	22.5
♀	♐ 10.4	11.6	12.9	14.2	15.4	16.7	17.9	19.2	20.4	21.7	23	24.2	25.5	26.7	28	29.2	♑ 0.5	1.8	3	4.3	5.5	6.8	8	9.3	10.6	11.8	13.1	14.3	15.6	16.8	18.1
♂	♉ 4.8R	4.7	4.6	4.6	4.6	4.5	4.5	4.5D	4.6	4.6	4.6	4.7	4.8	4.8	4.9	5	5.2	5.3	5.4	5.6	5.7	5.9	6.1	6.3	6.5	6.7	6.9	7.2	7.4	7.7	7.9

	1	6	11	16	21	26	31
♃	♒ 20.9	21.7	22.4	23.3	24.2	25.1	26.1
♄	♏ 29.8	♐ 0.4	1	1.5	2.1	2.6	3.2

	1	11	21	31
♅	♓ 25.5R	25.5D	25.6	25.8
♆	♌ 27.0R	27	26.9	26.7
♇	♋ 15.6R	15.4	15.2	15

I

	1	2	3	4	5	6	7	8	9	10	11	12	13	14	15	16	17	18	19	20	21	22	23	24	25	26	27	28	29	30	31
☉	9.6	10.6	11.6	12.6	13.7	14.7	15.7	16.7	17.7	18.8	19.8	20.8	21.8	22.8	23.9	24.9	25.9	26.9	27.9	28.9	30	1	2	3	4	5.1	6.1	7.1	8.1	9.1	10.1
☽	3.9	17.1	0.6	14.5	28.7	13.1	27.5	12	26.4	10.7	24.8	8.7	22.4	5.9	19.1	2.2	15	27.6	10.1	22.3	4.4	16.4	28.3	10.2	22.1	4.1	16.3	28.8	11.6	24.8	8.5
☿	23.9	25.4	26.9	28.4	29.9	1.4	2.9	4.5	6	7.5	9.1	10.6	12.2	13.8	15.3	16.9	18.5	20.1	21.7	23.4	25	26.6	28.3	29.9	1.6	3.3	5	6.7	8.4	10.1	11.9
♀	19.4	20.6	21.9	23.1	24.4	25.6	26.9	28.1	29.4	0.7	1.9	3.2	4.4	5.7	6.9	8.2	9.4	10.7	11.9	13.2	14.5	15.7	17	18.2	19.5	20.7	22	23.2	24.5	25.7	27
♂	8.2	8.5	8.8	9	9.3	9.7	10	10.3	10.6	11	11.3	11.7	12	12.4	12.7	13.1	13.5	13.9	14.3	14.7	15.1	15.5	15.9	16.3	16.7	17.1	17.6	18	18.4	18.9	19.3
♃	26.3					27.3					28.4					29.5					0.6					1.7					2.9
♄	3.3					3.8					4.3					4.7					5.2					5.6					5.9
♅	25.8										26.1										26.4										26.8
♆	26.7R										26.5										26.3										26
♇	15.0R										14.8										14.6										14.4

II

	1	2	3	4	5	6	7	8	9	10	11	12	13	14	15	16	17	18	19	20	21	22	23	24	25	26	27	28	29	30	31
☉	11.1	12.2	13.2	14.2	15.2	16.2	17.2	18.2	19.3	20.3	21.3	22.3	23.3	24.3	25.3	26.3	27.3	28.4	29.4	0.4	1.4	2.4	3.4	4.4	5.4	6.4	7.4	8.4			
☽	22.6	7.1	21.8	6.8	21.7	6.6	21.1	5.4	19.3	2.8	16.1	29	11.7	24.2	6.6	18.8	0.9	12.9	24.8	6.7	18.5	0.4	12.4	24.6	7	19.7	2.8	16.4			
☿	13.6	15.4	17.1	18.9	20.7	22.5	24.3	26.1	27.9	29.7	1.5	3.3	5.1	6.9	8.6	10.3	12	13.7	15.3	16.9	18.4	19.8	21.1	22.3	23.5	24.5	25.3	26.1			
♀	28.2	29.5	0.7	2	3.2	4.5	5.7	7	8.2	9.5	10.7	11.9	13.2	14.4	15.7	16.9	18.2	19.4	20.7	21.9	23.1	24.4	25.6	26.9	28.1	29.3	0.6	1.8			
♂	19.8	20.2	20.7	21.2	21.6	22.1	22.6	23	23.5	24	24.5	25	25.5	26	26.5	27	27.5	28	28.5	29	29.5	30	0.5	1	1.5	2.1	2.6	3.1			
♃	3.1					4.3					5.4					6.6					7.8					9					
♄	6					6.4					6.7					6.9					7.1					7.3					
♅	26.9										27.3										27.8										
♆	26.0R										25.7										25.5										
♇	14.3R										14.2										14										

III

	1	2	3	4	5	6	7	8	9	10	11	12	13	14	15	16	17	18	19	20	21	22	23	24	25	26	27	28	29	30	31
☉	9.4	10.4	11.4	12.4	13.4	14.4	15.4	16.4	17.4	18.4	19.4	20.4	21.4	22.4	23.4	24.4	25.4	26.4	27.4	28.4	29.4	0.4	1.4	2.4	3.4	4.4	5.3	6.3	7.3	8.3	9.3
☽	0.5	15	29.9	15.1	0.4	15.6	0.5	15.1	29.1	12.8	26	8.8	21.3	3.6	15.8	27.8	9.8	21.7	3.6	15.4	27.3	9.3	21.3	3.5	15.9	28.6	11.6	25	8.9	23.3	8.1
☿	26.7	27.1	27.4	27.5	27.5R	27.3	27	26.5	25.9	25.2	24.4	23.5	22.6	21.7	20.7	19.7	18.8	17.9	17.1	16.4	15.8	15.2	14.7	14.4	14.1	14	13.9	14.0D	14.1	14.3	14.6
♀	3	4.3	5.5	6.8	8	9.2	10.5	11.7	12.9	14.1	15.4	16.6	17.8	19.1	20.3	21.5	22.7	24	25.2	26.4	27.6	28.9	0.1	1.3	2.5	3.7	4.9	6.2	7.4	8.6	9.8
♂	3.6	4.2	4.7	5.2	5.8	6.3	6.9	7.4	7.9	8.5	9	9.6	10.1	10.7	11.2	11.8	12.3	12.9	13.4	14	14.5	15.1	15.7	16.2	16.8	17.4	17.9	18.5	19	19.6	20.2
♃	9.8					11					12.2					13.4					14.6					15.8					16.9
♄	7.4					7.5					7.6					7.7					7.7R					7.6					7.5
♅	28.3										28.8										29.4										30
♆	25.2R										25										24.7										24.5
♇	13.9R										13.8										13.8										13.8D

IV

	1	2	3	4	5	6	7	8	9	10	11	12	13	14	15	16	17	18	19	20	21	22	23	24	25	26	27	28	29	30	31
☉	10.3	11.3	12.3	13.2	14.2	15.2	16.2	17.2	18.2	19.1	20.1	21.1	22.1	23.1	24	25	26	27	28	28.9	29.9	0.9	1.9	2.8	3.8	4.8	5.8	6.7	7.7	8.7	
☽	23.3	8.6	23.9	9	23.7	8	21.8	5.1	18	0.5	12.8	24.9	6.8	18.7	0.5	12.4	24.3	6.3	18.4	0.6	12.9	25.5	8.2	21.3	4.7	18.4	2.6	17.2	2	17.1	
☿	15	15.5	16	16.6	17.3	18	18.8	19.6	20.5	21.5	22.5	23.5	24.6	25.7	26.9	28.1	29.4	0.6	2	3.3	4.7	6.1	7.5	9	10.5	12.1	13.6	15.2	16.9	18.5	
♀	11	12.2	13.4	14.6	15.8	17	18.3	19.5	20.7	21.9	23.1	24.3	25.5	26.7	27.9	29	0.2	1.4	2.6	3.8	5	6.2	7.4	8.6	9.7	10.9	12.1	13.3	14.5	15.6	
♂	20.8	21.3	21.9	22.5	23	23.6	24.2	24.8	25.3	25.9	26.5	27.1	27.7	28.2	28.8	29.4	30	0.6	1.1	1.7	2.3	2.9	3.5	4.1	4.7	5.2	5.8	6.4	7	7.6	
♃	17.2					18.3					19.4					20.5					21.6					22.7					
♄	7.5R					7.4					7.2					7					6.8					6.5					
♅	0										0.6										1.1										
♆	24.5R										24.4										24.3										
♇	13.8										13.8										13.9										

V

	1	2	3	4	5	6	7	8	9	10	11	12	13	14	15	16	17	18	19	20	21	22	23	24	25	26	27	28	29	30	31
☉	9.6	10.6	11.6	12.5	13.5	14.5	15.5	16.4	17.4	18.4	19.3	20.3	21.3	22.2	23.2	24.1	25.1	26.1	27	28	29	29.9	0.9	1.8	2.8	3.8	4.7	5.7	6.6	7.6	8.6
☽	2.2	17.2	1.9	16.2	0.1	13.5	26.5	9.1	21.4	3.5	15.4	27.3	9.2	21.1	3.1	15.2	27.4	9.9	22.5	5.3	18.3	1.5	15	28.8	12.9	27.2	11.7	26.4	11.1	25.7	10.2
☿	20.2	21.9	23.7	25.5	27.3	29.1	1	2.9	4.8	6.8	8.8	10.8	12.9	14.9	17	19.2	21.3	23.5	25.6	27.8	0	2.2	4.4	6.6	8.8	10.9	13	15.2	17.2	19.3	21.3
♀	16.8	18	19.1	20.3	21.5	22.6	23.8	25	26.1	27.3	28.4	29.6	0.7	1.9	3	4.2	5.3	6.5	7.6	8.8	9.9	11	12.2	13.3	14.4	15.5	16.7	17.8	18.9	20	21.1
♂	8.2	8.8	9.4	10	10.6	11.1	11.7	12.3	12.9	13.5	14.1	14.7	15.3	15.9	16.5	17.1	17.7	18.3	18.9	19.5	20.1	20.7	21.3	21.9	22.5	23.1	23.7	24.3	24.9	25.5	26.1
♃	23.7					24.7					25.7					26.6					27.5					28.3					29.1
♄	6.2R					5.9					5.5					5.2					4.8					4.4					4.1
♅	1.6										2.1										2.5										2.8
♆	24.2R										24.2D										24.3										24.4
♇	14										14.2										14.3										14.5

VI

	1	2	3	4	5	6	7	8	9	10	11	12	13	14	15	16	17	18	19	20	21	22	23	24	25	26	27	28	29	30	31
☉	9.5	10.5	11.4	12.4	13.4	14.3	15.3	16.2	17.2	18.1	19.1	20	21	22	22.9	23.9	24.8	25.8	26.7	27.7	28.6	29.6	0.5	1.5	2.5	3.4	4.4	5.3	6.3	7.2	
☽	24.3	8.1	21.5	4.5	17.2	29.5	11.7	23.6	5.5	17.4	29.4	11.4	23.7	6.1	18.8	1.7	14.9	28.3	11.9	25.7	9.7	23.6	8	22.3	6.6	20.9	5	19	2.8	16.3	
☿	23.3	25.2	27.1	29	0.8	2.6	4.3	6	7.6	9.2	10.8	12.3	13.7	15.1	16.5	17.8	19.1	20.3	21.5	22.6	23.7	24.7	25.6	26.5	27.4	28.1	28.9	29.5	0.1	0.6	
♀	22.2	23.3	24.4	25.5	26.6	27.7	28.8	29.9	1	2	3.1	4.2	5.2	6.3	7.4	8.4	9.5	10.5	11.5	12.6	13.6	14.6	15.7	16.7	17.7	18.7	19.7	20.7	21.7	22.6	
♂	26.7	27.3	27.9	28.5	29.1	29.7	0.3	0.9	1.5	2.1	2.7	3.4	4	4.6	5.2	5.8	6.4	7	7.6	8.2	8.8	9.4	10.1	10.7	11.3	11.9	12.5	13.1	13.7	14.3	
♃	29.2					30					0.6					1.2					1.8					2.2					
♄	4.0R					3.6					3.3					2.9					2.6					2.3					
♅	2.8										3.1										3.3										
♆	24.4										24.5										24.8										
♇	14.6										14.8										15										

VII

	1	2	3	4	5	6	7	8	9	10	11	12	13	14	15	16	17	18	19	20	21	22	23	24	25	26	27	28	29	30	31
☉	8.2	9.1	10.1	11	12	12.9	13.9	14.9	15.8	16.8	17.7	18.7	19.6	20.6	21.5	22.5	23.4	24.4	25.3	26.3	27.3	28.2	29.2	0.1	1.1	2	3	3.9	4.9	5.8	6.8
☽	29.6	12.5	25.1	7.5	19.6	1.6	13.5	25.4	7.3	19.4	1.8	14.3	27.2	10.4	24	7.8	21.9	6.1	20.4	4.8	19.1	3.3	17.4	1.3	15	28.6	12	25.1	8.1	20.8	3.3
☿	1.1	1.5	1.8	2	2.1	2.2	2.2R	2.1	2	1.7	1.4	1	0.6	0.1	29.5	28.9	28.3	27.6	26.9	26.3	25.6	24.9	24.3	23.8	23.2	22.8	22.4	22.1	21.9	21.8	21.8D
♀	23.6	24.6	25.5	26.5	27.4	28.3	29.3	0.2	1.1	2	2.9	3.8	4.6	5.5	6.4	7.2	8	8.8	9.6	10.4	11.2	12	12.7	13.5	14.2	14.9	15.6	16.2	16.9	17.5	18.1
♂	15	15.6	16.2	16.8	17.4	18	18.7	19.3	19.9	20.5	21.1	21.7	22.4	23	23.6	24.2	24.8	25.5	26.1	26.7	27.3	27.9	28.6	29.2	29.8	0.4	1.1	1.7	2.3	2.9	3.6
♃	2.6					3					3.2					3.4					3.5					3.5R					3.5
♄	2.0R					1.8					1.6					1.4					1.2					1.1					1.1
♅	3.4										3.4R										3.4										3.2
♆	25										25.3										25.6										26
♇	15.3										15.5										15.8										16

VIII

	1	2	3	4	5	6	7	8	9	10	11	12	13	14	15	16	17	18	19	20	21	22	23	24	25	26	27	28	29	30	31
☉	7.8	8.7	9.7	10.6	11.6	12.5	13.5	14.5	15.4	16.4	17.3	18.3	19.3	20.2	21.2	22.1	23.1	24.1	25	26	27	27.9	28.9	29.8	0.8	1.8	2.7	3.7	4.7	5.6	6.6
☽	15.5	27.6	9.6	21.5	3.3	15.3	27.3	9.6	22.3	5.2	18.6	2.5	16.7	1.2	15.9	0.6	15.3	29.9	14.2	28.2	11.9	25.4	8.6	21.6	4.4	17.1	29.5	11.8	24	6	17.9
☿	21.9	22	22.3	22.8	23.3	23.9	24.6	25.5	26.4	27.4	28.6	29.8	1.1	2.5	4	5.6	7.3	9	10.7	12.6	14.4	16.3	18.2	20.2	22.2	24.1	26.1	28.1	0.1	2.1	4
♀	18.7	19.3	19.9	20.4	20.9	21.4	21.8	22.2	22.6	23	23.4	23.7	24	24.2	24.4	24.6	24.8	24.9	24.9	25	25.0R	24.9	24.9	24.7	24.6	24.4	24.2	23.9	23.6	23.2	22.8
♂	4.2	4.8	5.4	6.1	6.7	7.3	8	8.6	9.2	9.8	10.5	11.1	11.7	12.4	13	13.6	14.3	14.9	15.5	16.2	16.8	17.4	18.1	18.7	19.4	20	20.6	21.3	21.9	22.5	23.2
♃	3.4R					3.3					3					2.7					2.3					1.9					1.3
♄	1.0R					1.0D					1.1					1.1					1.2					1.4					1.5
♅	3.2R										3										2.7										2.4
♆	26										26.4										26.7										27.1
♇	16.1										16.3										16.5										16.7

IX

	1	2	3	4	5	6	7	8	9	10	11	12	13	14	15	16	17	18	19	20	21	22	23	24	25	26	27	28	29	30	31
☉	7.6	8.5	9.5	10.5	11.4	12.4	13.4	14.4	15.3	16.3	17.3	18.2	19.2	20.2	21.2	22.1	23.1	24.1	25.1	26	27	28	29	30	0.9	1.9	2.9	3.9	4.9	5.8	
☽	29.7	11.5	23.4	5.5	17.7	0.3	13.2	26.7	10.6	25	9.7	24.8	9.9	25	9.8	24.4	8.5	22.3	5.6	18.7	1.5	14	26.4	8.6	20.7	2.7	14.7	26.5	8.3	20.1	
☿	6	7.9	9.9	11.8	13.7	15.6	17.4	19.3	21.1	22.9	24.7	26.4	28.2	29.9	1.6	3.3	5	6.6	8.3	9.9	11.5	13.1	14.7	16.2	17.8	19.3	20.8	22.3	23.8	25.2	
♀	22.4R	21.9	21.5	21	20.4	19.9	19.3	18.7	18.1	17.5	16.8	16.2	15.6	15	14.4	13.8	13.3	12.7	12.2	11.7	11.3	10.9	10.5	10.2	9.9	9.6	9.4	9.2	9	8.9	
♂	23.8	24.5	25.1	25.8	26.4	27	27.7	28.3	29	29.6	0.3	0.9	1.6	2.2	2.9	3.5	4.2	4.8	5.5	6.1	6.8	7.4	8.1	8.7	9.4	10	10.7	11.4	12	12.7	
♃	1.2R					0.6					0					29.4					28.7					28					
♄	1.6					1.8					2.1					2.4					2.7					3.1					
♅	2.4R										2										1.6										
♆	27.1										27.5										27.8										
♇	16.7										16.9										17										

X

	1	2	3	4	5	6	7	8	9	10	11	12	13	14	15	16	17	18	19	20	21	22	23	24	25	26	27	28	29	30	31
☉	6.8	7.8	8.8	9.8	10.8	11.7	12.7	13.7	14.7	15.7	16.7	17.7	18.7	19.7	20.6	21.6	22.6	23.6	24.6	25.6	26.6	27.6	28.6	29.6	0.6	1.6	2.6	3.6	4.6	5.6	6.6
☽	2	14.1	26.3	8.8	21.7	5	18.8	3.1	17.9	3	18.3	3.6	18.7	3.5	17.9	1.8	15.3	28.3	11	23.5	5.7	17.8	29.8	11.7	23.5	5.4	17.2	29.1	11.1	23.2	5.5
☿	26.7	28.1	29.5	0.9	2.3	3.6	5	6.3	7.6	8.9	10.1	11.4	12.6	13.8	14.9	16	17.1	18.1	19.1	20.1	21	21.8	22.6	23.3	23.9	24.5	25	25.2	25.5	25.5	25.5R
♀	8.9R	8.8	8.9D	8.9	9	9.1	9.3	9.5	9.7	10	10.3	10.7	11	11.4	11.9	12.3	12.8	13.3	13.8	14.4	15	15.6	16.2	16.9	17.5	18.2	18.9	19.6	20.4	21.1	21.9
♂	13.3	14	14.6	15.3	16	16.6	17.3	18	18.6	19.3	19.9	20.6	21.3	21.9	22.6	23.3	24	24.6	25.3	26	26.6	27.3	28	28.7	29.3	0	0.7	1.4	2	2.7	3.4
♃	27.4R					26.7					26.1					25.6					25.1					24.6					24.3
♄	3.5					3.9					4.3					4.8					5.3					5.8					6.3
♅	1.2R										0.8										0.5										0.1
♆	28.2										28.5										28.7										28.9
♇	17.1										17.2										17.2R										17.1

XI

	1	2	3	4	5	6	7	8	9	10	11	12	13	14	15	16	17	18	19	20	21	22	23	24	25	26	27	28	29	30	31
☉	7.6	8.6	9.6	10.6	11.6	12.6	13.6	14.6	15.6	16.6	17.6	18.6	19.6	20.6	21.6	22.6	23.7	24.7	25.7	26.7	27.7	28.7	29.7	0.7	1.7	2.7	3.8	4.8	5.8	6.8	
☽	18	0.8	14.1	27.7	11.8	26.4	11.3	26.4	11.7	26.8	11.7	26.3	10.4	24	7.2	20	2.5	14.7	26.7	8.6	20.4	2.3	14.1	26.1	8.1	20.3	2.6	15.1	27.8	10.8	
☿	25.3R	25	24.5	23.8	23	22.1	21	19.8	18.5	17.1	15.8	14.5	13.3	12.3	11.4	10.6	10.1	9.7	9.5	9.5D	9.7	10.1	10.6	11.3	12.1	13	13.9	14.9	16	17.2	
♀	22.7	23.5	24.3	25.2	26	26.9	27.7	28.6	29.5	0.4	1.3	2.3	3.2	4.1	5.1	6.1	7	8	9	10	11	12	13	14.1	15.1	16.1	17.2	18.2	19.3	20.3	
♂	4.1	4.7	5.4	6.1	6.8	7.5	8.2	8.8	9.5	10.2	10.9	11.6	12.3	13	13.6	14.3	15	15.7	16.4	17.1	17.8	18.5	19.2	19.9	20.6	21.3	22	22.7	23.4	24.1	
♃	24.2R					23.9					23.7					23.6					23.6D					23.7					
♄	6.5					7					7.6					8.1					8.7					9.3					
♅	0.1R										29.8										29.6										
♆	28.9										29.1										29.2										
♇	17.1R										17.1										16.9										

XII

	1	2	3	4	5	6	7	8	9	10	11	12	13	14	15	16	17	18	19	20	21	22	23	24	25	26	27	28	29	30	31
☉	7.8	8.8	9.8	10.8	11.9	12.9	13.9	14.9	15.9	16.9	18	19	20	21	22	23	24.1	25.1	26.1	27.1	28.1	29.2	0.2	1.2	2.2	3.2	4.2	5.3	6.3	7.3	8.3
☽	24	7.6	21.5	5.8	20.3	5.1	20	4.8	19.6	4.1	18.2	2	15.3	28.2	10.7	23	5	16.9	28.8	10.6	22.5	4.5	16.7	29.1	11.8	24.6	7.7	21	4.5	18.2	2.1
☿	18.4	19.7	21	22.4	23.7	25.1	26.5	28	29.4	0.9	2.4	3.9	5.4	6.9	8.4	9.9	11.4	12.9	14.4	16	17.5	19	20.6	22.1	23.7	25.2	26.8	28.3	29.9	1.5	3
♀	21.4	22.5	23.6	24.6	25.7	26.8	27.9	29	0.1	1.2	2.4	3.5	4.6	5.7	6.8	8	9.1	10.3	11.4	12.5	13.7	14.8	16	17.1	18.3	19.5	20.6	21.8	23	24.1	25.3
♂	24.8	25.5	26.2	26.9	27.6	28.3	29	29.7	0.4	1.1	1.8	2.5	3.2	3.9	4.6	5.4	6.1	6.8	7.5	8.2	8.9	9.6	10.4	11.1	11.8	12.5	13.2	13.9	14.7	15.4	16.1
♃	23.8					24.1					24.4					24.8					25.3					25.8					26.4
♄	9.9					10.5					11.1					11.7					12.3					12.8					13.4
♅	29.5R										29.5D										29.6										29.7
♆	29.2										29.2R										29.1										29
♇	16.8R										16.6										16.4										16.2

I

	1	2	3	4	5	6	7	8	9	10	11	12	13	14	15	16	17	18	19	20	21	22	23	24	25	26	27	28	29	30	31
☉	9.3	10.4	11.4	12.4	13.4	14.4	15.5	16.5	17.5	18.5	19.5	20.6	21.6	22.6	23.6	24.6	25.6	26.7	27.7	28.7	29.7	0.7	1.8	2.8	3.8	4.8	5.8	6.8	7.9	8.9	9.9
☽	16.2	0.4	14.8	29.2	13.6	27.9	12.1	26.1	9.7	23	5.9	18.6	0.9	12.9	24.8	6.7	18.5	0.4	12.5	24.9	7.5	20.4	3.6	17.2	0.9	14.9	28.9	13.1	27.2	11.4	25.4
☿	4.6	6.2	7.8	9.4	11	12.6	14.2	15.8	17.5	19.1	20.7	22.4	24	25.7	27.4	29.1	0.8	2.4	4.1	5.9	7.6	9.3	11	12.7	14.4	16.2	17.9	19.6	21.3	22.9	24.6
♀	26.5	27.7	28.8	0	1.2	2.4	3.6	4.7	5.9	7.1	8.3	9.5	10.7	11.9	13.1	14.3	15.5	16.7	17.9	19.1	20.3	21.5	22.7	23.9	25.1	26.3	27.5	28.7	30	1.2	2.4
♂	16.8	17.6	18.3	19	19.7	20.5	21.2	21.9	22.6	23.4	24.1	24.8	25.6	26.3	27	27.7	28.5	29.2	30	0.7	1.4	2.2	2.9	3.6	4.4	5.1	5.8	6.6	7.3	8.1	8.8
♃	26.5					27.2					28					28.8					29.6					0.5					1.5
♄	13.5					14.1					14.6					15.1					15.6					16.1					16.5
♅	29.7										29.9										0.2										0.6
♆	29.0R										28.8										28.5										28.3
♇	16.2R										16										15.8										15.6

II

	1	2	3	4	5	6	7	8	9	10	11	12	13	14	15	16	17	18	19	20	21	22	23	24	25	26	27	28	29	30	31
☉	10.9	11.9	12.9	13.9	15	16	17	18	19	20	21	22	23.1	24.1	25.1	26.1	27.1	28.1	29.1	0.1	1.1	2.1	3.1	4.2	5.2	6.2	7.2	8.2	9.2		
☽	9.5	23.4	7.3	21	4.6	17.9	1	13.8	26.4	8.6	20.7	2.6	14.4	26.3	8.2	20.3	2.7	15.4	28.5	11.9	25.8	10	24.5	9	23.5	8	22.3	6.4	20.2		
☿	26.2	27.8	29.4	0.9	2.3	3.7	4.9	6.1	7.2	8.2	9	9.7	10.2	10.6	10.8	10.8R	10.6	10.3	9.8	9.2	8.4	7.5	6.5	5.5	4.4	3.3	2.2	1.2	0.2		
♀	3.6	4.8	6	7.2	8.4	9.7	10.9	12.1	13.3	14.5	15.8	17	18.2	19.4	20.6	21.9	23.1	24.3	25.5	26.7	28	29.2	0.4	1.6	2.9	4.1	5.3	6.5	7.8		
♂	9.6	10.3	11	11.8	12.5	13.3	14	14.8	15.5	16.3	17	17.8	18.5	19.3	20	20.8	21.5	22.3	23	23.8	24.5	25.3	26	26.8	27.5	28.3	29.1	29.8	0.6		
♃	1.7					2.7					3.7					4.8					5.8					7					
♄	16.6					17					17.4					17.7					18					18.3					
♅	0.7										1.1										1.6										
♆	28.3R										28										27.7										
♇	15.6R										15.4										15.3										

III

	1	2	3	4	5	6	7	8	9	10	11	12	13	14	15	16	17	18	19	20	21	22	23	24	25	26	27	28	29	30	31
☉	10.2	11.2	12.2	13.2	14.2	15.2	16.2	17.2	18.2	19.2	20.2	21.2	22.2	23.2	24.2	25.2	26.2	27.2	28.2	29.2	0.1	1.1	2.1	3.1	4.1	5.1	6.1	7.1	8.1	9.1	10
☽	3.9	17.4	0.7	13.9	26.9	9.6	22.2	4.6	16.7	28.7	10.6	22.4	4.2	16.1	28.2	10.5	23.2	6.3	19.9	3.9	18.4	3.2	18.1	3	17.9	2.5	16.8	0.7	14.4	27.8	10.8
☿	29.3R	28.5	27.9	27.3	26.8	26.5	26.2	26.1	26.1D	26.2	26.3	26.6	27	27.4	27.9	28.5	29.2	29.9	0.7	1.6	2.4	3.4	4.4	5.4	6.5	7.6	8.8	10	11.2	12.5	13.8
♀	9	10.2	11.4	12.7	13.9	15.1	16.3	17.6	18.8	20	21.2	22.5	23.7	24.9	26.2	27.4	28.6	29.8	1.1	2.3	3.5	4.8	6	7.2	8.4	9.7	10.9	12.1	13.4	14.6	15.8
♂	1.3	2.1	2.8	3.6	4.4	5.1	5.9	6.6	7.4	8.2	8.9	9.7	10.4	11.2	12	12.7	13.5	14.3	15	15.8	16.5	17.3	18.1	18.8	19.6	20.4	21.1	21.9	22.7	23.4	24.2
♃	7.9					9					10.2					11.4					12.6					13.8					15
♄	18.5					18.7					18.9					19					19.1					19.1					19.1R
♅	2.1										2.6										3.2										3.8
♆	27.5R										27.2										27										26.8
♇	15.1R										15.1										15										15.0D

IV

	1	2	3	4	5	6	7	8	9	10	11	12	13	14	15	16	17	18	19	20	21	22	23	24	25	26	27	28	29	30	31
☉	11	12	13	14	15	16	16.9	17.9	18.9	19.9	20.9	21.8	22.8	23.8	24.8	25.8	26.7	27.7	28.7	29.7	0.6	1.6	2.6	3.6	4.5	5.5	6.5	7.5	8.4	9.4	
☽	23.7	6.4	18.8	1.1	13.3	25.3	7.2	19	0.8	12.6	24.5	6.6	18.9	1.5	14.6	28.1	12.1	26.5	11.4	26.5	11.7	26.8	11.7	26.3	10.5	24.3	7.7	20.7	3.4	15.9	
☿	15.1	16.4	17.8	19.2	20.7	22.1	23.6	25.2	26.7	28.3	29.9	1.5	3.2	4.8	6.6	8.3	10	11.8	13.6	15.5	17.4	19.2	21.2	23.1	25.1	27.1	29.1	1.2	3.2	5.3	
♀	17	18.3	19.5	20.7	22	23.2	24.4	25.6	26.9	28.1	29.3	0.5	1.8	3	4.2	5.5	6.7	7.9	9.1	10.4	11.6	12.8	14.1	15.3	16.5	17.7	19	20.2	21.4	22.7	
♂	25	25.7	26.5	27.3	28	28.8	29.6	0.3	1.1	1.9	2.6	3.4	4.2	4.9	5.7	6.5	7.2	8	8.8	9.5	10.3	11	11.8	12.6	13.3	14.1	14.9	15.6	16.4	17.2	
♃	15.2					16.4					17.6					18.8					20					21.2					
♄	19.1R					19.1					19					18.9					18.7					18.5					
♅	3.8										4.4										4.9										
♆	26.7R										26.6										26.5										
♇	15										15										15.1										

V

	1	2	3	4	5	6	7	8	9	10	11	12	13	14	15	16	17	18	19	20	21	22	23	24	25	26	27	28	29	30	31
☉	10.4	11.3	12.3	13.3	14.3	15.2	16.2	17.2	18.1	19.1	20.1	21	22	22.9	23.9	24.9	25.8	26.8	27.8	28.7	29.7	0.7	1.6	2.6	3.5	4.5	5.5	6.4	7.4	8.3	9.3
☽	28.2	10.3	22.2	4.1	16	27.8	9.6	21.5	3.4	15.6	27.9	10.6	23.6	7	20.8	5.1	19.8	4.7	19.9	5.1	20.1	4.9	19.3	3.3	16.8	29.9	12.7	25.1	7.3	19.3	1.1
☿	7.4	9.6	11.7	13.9	16.1	18.2	20.4	22.6	24.7	26.8	29	1.1	3.1	5.1	7.1	9.1	11	12.9	14.7	16.5	18.2	19.9	21.5	23	24.6	26	27.4	28.8	0.1	1.3	2.5
♀	23.9	25.1	26.3	27.6	28.8	0	1.2	2.5	3.7	4.9	6.1	7.4	8.6	9.8	11.1	12.3	13.5	14.7	16	17.2	18.4	19.6	20.9	22.1	23.3	24.5	25.8	27	28.2	29.5	0.7
♂	17.9	18.7	19.5	20.2	21	21.7	22.5	23.3	24	24.8	25.5	26.3	27.1	27.8	28.6	29.3	0.1	0.9	1.6	2.4	3.1	3.9	4.6	5.4	6.1	6.9	7.6	8.4	9.1	9.9	10.6
♃	22.4					23.6					24.7					25.9					27					28.1					29.1
♄	18.3R					18					17.7					17.4					17.1					16.7					16.3
♅	5.4										5.9										6.3										6.7
♆	26.4R										26.4D										26.4										26.5
♇	15.2										15.4										15.5										15.7

VI

	1	2	3	4	5	6	7	8	9	10	11	12	13	14	15	16	17	18	19	20	21	22	23	24	25	26	27	28	29	30	31
☉	10.2	11.2	12.2	13.1	14.1	15	16	16.9	17.9	18.9	19.8	20.8	21.7	22.7	23.6	24.6	25.5	26.5	27.5	28.4	29.4	0.3	1.3	2.2	3.2	4.1	5.1	6	7	7.9	
☽	13	24.8	6.6	18.5	0.5	12.7	25	7.5	20.3	3.3	16.7	0.4	14.5	28.9	13.6	28.5	13.5	28.4	13.2	27.6	11.7	25.3	8.5	21.3	3.7	15.9	27.9	9.7	21.5	3.3	
☿	3.6	4.6	5.6	6.6	7.5	8.3	9	9.7	10.3	10.8	11.3	11.7	12	12.2	12.4	12.5	12.5R	12.4	12.3	12.1	11.8	11.5	11.1	10.6	10.1	9.6	9	8.4	7.8	7.2	
♀	1.9	3.1	4.4	5.6	6.8	8	9.3	10.5	11.7	12.9	14.2	15.4	16.6	17.9	19.1	20.3	21.5	22.8	24	25.2	26.4	27.7	28.9	0.1	1.4	2.6	3.8	5	6.3	7.5	
♂	11.4	12.1	12.9	13.6	14.4	15.1	15.8	16.6	17.3	18.1	18.8	19.5	20.3	21	21.7	22.5	23.2	23.9	24.7	25.4	26.1	26.9	27.6	28.3	29	29.7	0.5	1.2	1.9	2.6	
♃	29.3					0.4					1.4					2.3					3.3					4.2					
♄	16.3R					15.9					15.5					15.2					14.8					14.5					
♅	6.7										7										7.2										
♆	26.6										26.7										26.9										
♇	15.8										16										16.2										

VII

	1	2	3	4	5	6	7	8	9	10	11	12	13	14	15	16	17	18	19	20	21	22	23	24	25	26	27	28	29	30	31
☉	8.9	9.9	10.8	11.8	12.7	13.7	14.6	15.6	16.5	17.5	18.4	19.4	20.3	21.3	22.3	23.2	24.2	25.1	26.1	27	28	28.9	29.9	0.8	1.8	2.8	3.7	4.7	5.6	6.6	7.5
☽	15.2	27.3	9.5	21.9	4.5	17.3	0.3	13.6	27.1	10.9	24.8	9	23.4	7.9	22.5	7.1	21.6	5.9	19.8	3.4	16.6	29.5	11.9	24.1	6.1	17.9	29.7	11.6	23.5	5.7	18.1
☿	6.7R	6.1	5.5	5	4.6	4.2	3.9	3.6	3.4	3.3	3.3D	3.3	3.5	3.7	4.1	4.5	5	5.6	6.3	7.1	7.9	8.9	9.9	11.1	12.3	13.6	14.9	16.4	17.9	19.5	21.2
♀	8.7	10	11.2	12.4	13.7	14.9	16.1	17.3	18.6	19.8	21	22.3	23.5	24.7	26	27.2	28.4	29.6	0.9	2.1	3.3	4.6	5.8	7	8.3	9.5	10.7	12	13.2	14.4	15.7
♂	3.3	4	4.8	5.5	6.2	6.9	7.6	8.3	9	9.7	10.4	11.1	11.8	12.5	13.2	13.9	14.6	15.3	15.9	16.6	17.3	18	18.7	19.4	20	20.7	21.4	22	22.7	23.4	24
♃	5					5.8					6.5					7.2					7.9					8.4					8.9
♄	14.1R					13.8					13.6					13.3					13.1					12.9					12.7
♅	7.3										7.4										7.4R										7.3
♆	27.2										27.5										27.8										28.1
♇	16.5										16.7										17										17.2

VIII

	1	2	3	4	5	6	7	8	9	10	11	12	13	14	15	16	17	18	19	20	21	22	23	24	25	26	27	28	29	30	31
☉	8.5	9.4	10.4	11.4	12.3	13.3	14.2	15.2	16.2	17.1	18.1	19	20	20.9	21.9	22.9	23.8	24.8	25.8	26.7	27.7	28.6	29.6	0.6	1.5	2.5	3.5	4.4	5.4	6.4	7.3
☽	0.8	13.7	26.9	10.3	24	7.7	21.6	5.7	19.8	3.9	18.1	2.3	16.5	0.6	14.6	28.2	11.6	24.7	7.5	19.9	2	14	25.8	7.6	19.5	1.5	13.8	26.3	9.2	22.4	6
☿	22.9	24.7	26.5	28.4	0.3	2.3	4.3	6.3	8.3	10.4	12.4	14.5	16.6	18.6	20.6	22.7	24.7	26.7	28.6	0.6	2.5	4.4	6.3	8.2	10	11.9	13.7	15.4	17.2	18.9	20.7
♀	16.9	18.1	19.4	20.6	21.8	23.1	24.3	25.5	26.8	28	29.2	0.5	1.7	2.9	4.2	5.4	6.6	7.9	9.1	10.3	11.6	12.8	14	15.3	16.5	17.7	19	20.2	21.4	22.7	23.9
♂	24.7	25.4	26	26.7	27.3	28	28.6	29.3	29.9	0.5	1.2	1.8	2.4	3.1	3.7	4.3	5	5.6	6.2	6.8	7.4	8	8.6	9.2	9.8	10.4	11	11.6	12.2	12.8	13.3
♃	9					9.5					9.8					10.1					10.3					10.4					10.4R
♄	12.7R					12.6					12.5					12.5					12.5D					12.6					12.7
♅	7.3R										7.1										6.8										6.5
♆	28.2										28.5										28.9										29.2
♇	17.3										17.5										17.7										17.9

IX

	1	2	3	4	5	6	7	8	9	10	11	12	13	14	15	16	17	18	19	20	21	22	23	24	25	26	27	28	29	30	31
☉	8.3	9.3	10.2	11.2	12.2	13.2	14.1	15.1	16.1	17	18	19	20	20.9	21.9	22.9	23.9	24.8	25.8	26.8	27.8	28.7	29.7	0.7	1.7	2.7	3.6	4.6	5.6	6.6	
☽	19.8	3.9	18.1	2.3	16.6	0.8	14.9	28.9	12.8	26.7	10.3	23.9	7.2	20.2	3.1	15.6	27.9	10	21.9	3.7	15.5	27.4	9.4	21.6	4.2	17.2	0.5	14.3	28.5	12.9	
☿	22.4	24	25.7	27.3	28.9	0.5	2.1	3.7	5.2	6.7	8.2	9.7	11.1	12.6	14	15.4	16.8	18.1	19.4	20.8	22	23.3	24.5	25.7	26.9	28.1	29.2	0.3	1.3	2.3	
♀	25.1	26.4	27.6	28.8	0.1	1.3	2.5	3.8	5	6.2	7.5	8.7	9.9	11.2	12.4	13.6	14.9	16.1	17.3	18.6	19.8	21	22.3	23.5	24.7	26	27.2	28.4	29.6	0.9	
♂	13.9	14.5	15	15.6	16.2	16.7	17.3	17.8	18.4	18.9	19.4	20	20.5	21	21.5	22	22.6	23.1	23.6	24	24.5	25	25.5	26	26.4	26.9	27.3	27.8	28.2	28.7	
♃	10.4R					10.4					10.2					10					9.7					9.3					
♄	12.7					12.8					13					13.2					13.5					13.8					
♅	6.5R										6.1										5.7										
♆	29.3										29.6										30										
♇	17.9										18.1										18.2										

X

	1	2	3	4	5	6	7	8	9	10	11	12	13	14	15	16	17	18	19	20	21	22	23	24	25	26	27	28	29	30	31
☉	7.6	8.6	9.5	10.5	11.5	12.5	13.5	14.5	15.5	16.4	17.4	18.4	19.4	20.4	21.4	22.4	23.4	24.4	25.4	26.4	27.4	28.4	29.3	0.3	1.3	2.3	3.3	4.3	5.3	6.3	7.3
☽	27.6	12.2	26.9	11.4	25.7	9.7	23.6	7.2	20.5	3.7	16.6	29.3	11.9	24.2	6.3	18.3	0.1	11.9	23.7	5.5	17.5	29.7	12.2	25.1	8.5	22.3	6.5	21.2	6.1	21.1	6.1
☿	3.3	4.2	5	5.8	6.6	7.3	7.9	8.4	8.8	9.2	9.4	9.6	9.6R	9.4	9.2	8.8	8.3	7.6	6.8	5.8	4.8	3.6	2.4	1.1	29.9	28.7	27.5	26.5	25.6	24.9	24.3
♀	2.1	3.3	4.6	5.8	7	8.3	9.5	10.7	11.9	13.2	14.4	15.6	16.9	18.1	19.3	20.5	21.8	23	24.2	25.5	26.7	27.9	29.1	0.4	1.6	2.8	4	5.3	6.5	7.7	8.9
♂	29.1	29.5	29.9	0.4	0.8	1.2	1.5	1.9	2.3	2.7	3	3.4	3.7	4.1	4.4	4.7	5	5.3	5.6	5.9	6.2	6.4	6.7	6.9	7.1	7.4	7.6	7.8	8	8.1	8.3
♃	8.8R					8.3					7.7					7.1					6.4					5.8					5.1
♄	14.1					14.5					14.8					15.3					15.7					16.2					16.7
♅	5.3R										4.9										4.5										4.2
♆	0.3										0.6										0.9										1.1
♇	18.3										18.4										18.4R										18.4

XI

	1	2	3	4	5	6	7	8	9	10	11	12	13	14	15	16	17	18	19	20	21	22	23	24	25	26	27	28	29	30	31
☉	8.3	9.3	10.3	11.3	12.3	13.3	14.4	15.4	16.4	17.4	18.4	19.4	20.4	21.4	22.4	23.4	24.5	25.4	26.4	27.4	28.5	29.5	0.5	1.5	2.5	3.5	4.5	5.5	6.5	7.6	
☽	21	5.6	19.9	3.9	17.5	0.7	13.6	26.3	8.7	21	3.1	15	26.9	8.7	20.5	2.3	14.1	26.1	8.3	20.8	3.6	16.8	0.4	14.5	29.1	14	29.1	14.4	29.5	14.5	
☿	24.0R	23.8	23.9D	24.1	24.5	25	25.7	26.5	27.4	28.5	29.6	0.8	2	3.3	4.7	6.1	7.5	8.9	10.4	11.9	13.4	15	16.5	18	19.6	21.1	22.7	24.2	25.8	27.4	
♀	10.2	11.4	12.6	13.8	15.1	16.3	17.5	18.7	19.9	21.2	22.4	23.6	24.8	26	27.3	28.5	29.7	0.9	2.1	3.4	4.6	5.8	7	8.2	9.4	10.6	11.9	13.1	14.3	15.5	
♂	8.5	8.6	8.7	8.8	8.9	9	9.1	9.2	9.2	9.3	9.3	9.3	9.3	9.3R	9.3	9.2	9.2	9.1	9.1	9	8.9	8.7	8.6	8.5	8.3	8.1	7.9	7.7	7.5	7.3	
♃	5.0R					4.3					3.6					3					2.5					1.9					
♄	16.8					17.3					17.8					18.4					18.9					19.5					
♅	4.2R										3.9										3.7										
♆	1.1										1.2										1.3										
♇	18.4R										18.3										18.2										

XII

	1	2	3	4	5	6	7	8	9	10	11	12	13	14	15	16	17	18	19	20	21	22	23	24	25	26	27	28	29	30	31
☉	8.6	9.6	10.6	11.6	12.6	13.6	14.7	15.7	16.7	17.7	18.7	19.7	20.8	21.8	22.8	23.8	24.8	25.8	26.9	27.9	28.9	29.9	0.9	2	3	4	5	6	7.1	8.1	9.1
☽	29.1	13.3	27	10.3	23.2	5.8	18.1	0.1	12	23.9	5.7	17.4	29.3	11.2	23.1	5.3	17.6	0.1	12.9	26	9.4	23.3	7.5	22.1	7.1	22.2	7.4	22.5	7.3	21.7	5.6
☿	28.9	0.5	2	3.6	5.2	6.7	8.3	9.9	11.4	13	14.6	16.1	17.7	19.3	20.8	22.4	24	25.6	27.1	28.7	0.3	1.9	3.5	5.1	6.7	8.3	9.9	11.5	13.1	14.8	16.4
♀	16.7	17.9	19.1	20.3	21.5	22.7	23.9	25.1	26.3	27.5	28.7	29.9	1.1	2.3	3.5	4.7	5.9	7.1	8.3	9.5	10.7	11.9	13.1	14.2	15.4	16.6	17.8	18.9	20.1	21.3	22.5
♂	6.8R	6.5	6.2	5.9	5.6	5.3	5	4.6	4.3	3.9	3.6	3.2	2.8	2.5	2.1	1.7	1.3	0.9	0.5	0.1	29.7	29.3	28.9	28.5	28.1	27.8	27.4	27	26.7	26.3	26
♃	1.5R					1.1					0.8					0.6					0.5					0.4D					0.5
♄	20.1					20.7					21.2					21.8					22.4					23					23.6
♅	3.5R										3.5										3.5D										3.6
♆	1.4										1.4R										1.3										1.2
♇	18.0R										17.9										17.7										17.5

I

1929

	1	2	3	4	5	6	7	8	9	10	11	12	13	14	15	16	17	18	19	20	21	22	23	24	25	26	27	28	29	30	31
☉	10.1	11.1	12.2	13.2	14.2	15.2	16.2	17.2	18.3	19.3	20.3	21.3	22.3	23.4	24.4	25.4	26.4	27.4	28.5	29.5	0.5	1.5	2.5	3.5	4.6	5.6	6.6	7.6	8.6	9.6	10.7
☽	19.1	2.1	14.6	26.9	8.9	20.8	2.5	14.3	26.1	8	20.1	2.3	14.6	27.2	9.9	22.8	6	19.4	3.1	17.1	1.4	15.9	0.7	15.6	0.4	15.1	29.5	13.5	27.1	10.1	22.8
☿	18	19.6	21.3	22.9	24.6	26.2	27.8	29.5	1.1	2.7	4.3	5.9	7.5	9.1	10.6	12.1	13.6	15	16.4	17.7	18.9	20.1	21.1	22	22.8	23.5	23.9	24.3	24.4	24.3R	24.1
♀	23.6	24.8	26	27.1	28.3	29.4	0.6	1.7	2.9	4	5.2	6.3	7.5	8.6	9.7	10.8	12	13.1	14.2	15.3	16.4	17.5	18.6	19.7	20.8	21.9	23	24.1	25.1	26.2	27.3
♂	25.6R	25.3	25	24.7	24.4	24.1	23.8	23.5	23.3	23	22.8	22.6	22.4	22.2	22	21.9	21.7	21.6	21.5	21.4	21.3	21.2	21.1	21.1	21	21	21	21.0D	21	21	21.1

♃ 1 6 11 16 21 26 31: 0.5 0.7 0.9 1.2 1.6 2.1 2.6 — ♄ 1 6 11 16 21 26 31: 23.7 24.3 24.8 25.4 25.9 26.4 26.9 — ♅ 1 11 21 31: 3.6 3.8 4.1 4.5 — ♆ 1 11 21 31: 1.2R 1 0.8 0.5 — ♇ 1 11 21 31: 17.5R 17.2 17 16.8

1930

	1	2	3	4	5	6	7	8	9	10	11	12	13	14	15	16	17	18	19	20	21	22	23	24	25	26	27	28	29	30	31
☉	9.9	10.9	11.9	12.9	13.9	15	16	17	18	19	20.1	21.1	22.1	23.1	24.1	25.2	26.2	27.2	28.2	29.2	0.2	1.3	2.3	3.3	4.3	5.3	6.3	7.4	8.4	9.4	10.4
☽	20.9	2.7	14.6	26.5	8.4	20.6	2.9	15.4	28.4	11.7	25.5	9.8	24.6	9.8	25.1	10.5	25.7	10.5	24.9	8.8	22.2	5.1	17.7	0	12.1	24.1	6	17.8	29.7	11.6	23.5
☿	28.1	29.4	0.7	2	3.1	4.2	5.2	6	6.8	7.4	7.9	8.1	8.3	8.2R	7.9	7.4	6.8	5.9	4.9	3.8	2.6	1.3	0	28.8	27.6	26.4	25.4	24.6	23.8	23.2	22.8
♀	1.1	2.3	3.6	4.9	6.1	7.4	8.6	9.9	11.1	12.4	13.7	14.9	16.2	17.4	18.7	19.9	21.2	22.5	23.7	25	26.2	27.5	28.7	30	1.3	2.5	3.8	5	6.3	7.5	8.8
♂	1.9	2.7	3.4	4.2	4.9	5.7	6.4	7.2	8	8.7	9.5	10.2	11	11.8	12.5	13.3	14	14.8	15.6	16.3	17.1	17.9	18.6	19.4	20.2	20.9	21.7	22.5	23.2	24	24.8

♃ 1 6 11 16 21 26 31: 7.9R 7.4 7.1 6.8 6.5 6.4 6.4 — ♄ 1 6 11 16 21 26 31: 3.7 4.3 4.9 5.5 6 6.6 7.1 — ♅ 1 11 21 31: 7.6 7.7 8 8.3 — ♆ 1 11 21 31: 3.4R 3.2 3 2.8 — ♇ 1 11 21 31: 18.7R 18.5 18.3 18.1

II

1929

	1	2	3	4	5	6	7	8	9	10	11	12	13	14	15	16	17	18	19	20	21	22	23	24	25	26	27	28
☉	11.7	12.7	13.7	14.7	15.7	16.7	17.8	18.8	19.8	20.8	21.8	22.8	23.8	24.8	25.8	26.9	27.9	28.9	29.9	0.9	1.9	2.9	3.9	4.9	5.9	6.9	7.9	8.9
☽	5.1	17.2	29	10.8	22.6	4.5	16.5	28.7	11.1	23.7	6.6	19.7	3	16.4	30	13.7	27.6	11.7	26	10.3	24.8	9.2	23.5	7.6	21.4	4.9	17.9	0.6
☿	23.7R	23.1	22.3	21.4	20.4	19.3	18.1	16.9	15.7	14.6	13.5	12.5	11.6	10.8	10.2	9.7	9.3	9	8.9	8.9D	9	9.2	9.5	9.9	10.4	11	11.6	12.3
♀	28.3	29.4	0.4	1.5	2.5	3.5	4.5	5.6	6.6	7.6	8.5	9.5	10.5	11.5	12.4	13.4	14.3	15.2	16.2	17.1	18	18.9	19.7	20.6	21.4	22.3	23.1	23.9
♂	21.1	21.2	21.3	21.3	21.4	21.5	21.7	21.8	21.9	22.1	22.2	22.4	22.6	22.8	23	23.2	23.4	23.6	23.9	24.1	24.3	24.6	24.9	25.1	25.4	25.7	26	26.3

♃ 1 6 11 16 21 26: 2.7 3.3 4 4.8 5.6 6.4 — ♄ 1 6 11 16 21 26: 27 27.5 27.9 28.3 28.7 29.1 — ♅ 1 11 21: 4.5 4.9 5.4 — ♆ 1 11 21: 0.5R 0.2 30 — ♇ 1 11 21: 16.8R 16.6 16.5

1930

	1	2	3	4	5	6	7	8	9	10	11	12	13	14	15	16	17	18	19	20	21	22	23	24	25	26	27	28
☉	11.4	12.4	13.5	14.5	15.5	16.5	17.5	18.5	19.5	20.5	21.6	22.6	23.6	24.6	25.6	26.6	27.6	28.6	29.6	0.6	1.7	2.7	3.7	4.7	5.7	6.7	7.7	8.7
☽	5.5	17.6	29.8	12.2	24.8	7.6	20.9	4.5	18.6	3.1	18	3.2	18.4	3.6	18.6	3.1	17.1	0.7	13.8	26.5	8.8	20.9	2.9	14.7	26.6	8.4	20.4	2.4
☿	22.5D	22.3	22.3	22.4	22.6	22.9	23.3	23.8	24.4	25.1	25.8	26.6	27.5	28.4	29.4	0.4	1.4	2.5	3.7	4.8	6	7.3	8.5	9.8	11.1	12.4	13.8	15.2
♀	10	11.3	12.6	13.8	15.1	16.3	17.6	18.8	20.1	21.3	22.6	23.8	25.1	26.4	27.6	28.9	0.1	1.4	2.6	3.9	5.1	6.4	7.6	8.9	10.1	11.4	12.6	13.9
♂	25.5	26.3	27.1	27.9	28.6	29.4	0.2	1	1.7	2.5	3.3	4.1	4.8	5.6	6.4	7.2	7.9	8.7	9.5	10.3	11.1	11.8	12.6	13.4	14.2	15	15.7	16.5

♃ 1 6 11 16 21 26: 6.4D 6.4 6.5 6.8 7.1 7.4 — ♄ 1 6 11 16 21 26: 7.2 7.7 8.2 8.7 9.1 9.6 — ♅ 1 11 21: 8.3 8.7 9.2 — ♆ 1 11 21: 2.8R 2.5 2.2 — ♇ 1 11 21: 18.1R 17.9 17.7

III

1929

	1	2	3	4	5	6	7	8	9	10	11	12	13	14	15	16	17	18	19	20	21	22	23	24	25	26	27	28	29	30	31
☉	9.9	10.9	11.9	12.9	13.9	14.9	16	17	18	18.9	19.9	20.9	21.9	22.9	23.9	24.9	25.9	26.9	27.9	28.9	29.9	0.9	1.9	2.9	3.9	4.9	5.9	6.8	7.8	8.8	9.8
☽	12.9	25	6.9	18.7	0.5	12.4	24.5	6.8	19.4	2.3	15.5	28.9	12.6	26.5	10.4	24.5	8.6	22.7	6.8	20.9	5	19	2.8	16.5	29.9	13	25.9	8.4	20.7	2.8	14.7
☿	13.1	13.9	14.8	15.7	16.7	17.7	18.8	19.9	21.1	22.2	23.4	24.7	26	27.3	28.6	29.9	1.3	2.7	4.2	5.6	7.1	8.6	10.1	11.7	[illegible]	14.8	16.5	18.1	19.8	21.4	23.2
♀	24.7	25.5	26.2	27	27.7	28.4	29.1	29.8	0.5	1.1	1.7	2.3	2.9	3.4	3.9	4.4	4.9	5.3	5.7	6.1	6.5	6.8	7.1	7.3	7.5	7.7	7.9	8	8	8	8.0R
♂	26.6	26.9	27.2	27.6	27.9	28.2	28.6	28.9	29.3	29.7	0	0.4	0.8	1.2	1.5	1.9	2.3	2.7	3.1	3.5	4	4.4	4.8	5.2	5.6	6.1	6.5	7	7.4	7.8	8.3

♃ 1 6 11 16 21 26 31: 6.9 7.8 8.8 9.8 10.8 11.9 12.9 — ♄ 1 6 11 16 21 26 31: 29.3 29.5 29.8 0 0.2 0.3 0.4 — ♅ 1 11 21 31: 5.8 6.4 6.9 7.5 — ♆ 1 11 21 31: 29.7R 29.5 29.2 29 — ♇ 1 11 21 31: 16.4R 16.3 16.2 16.2D

1930

	1	2	3	4	5	6	7	8	9	10	11	12	13	14	15	16	17	18	19	20	21	22	23	24	25	26	27	28	29	30	31
☉	9.7	10.7	11.7	12.7	13.7	14.7	15.7	16.7	17.7	18.7	19.7	20.7	21.7	22.7	23.7	24.7	25.7	26.7	27.7	28.7	29.7	0.7	1.6	2.6	3.6	4.6	5.6	6.6	7.6	8.6	9.6
☽	14.5	26.8	9.3	21.9	4.7	17.7	1	14.6	28.5	12.7	27.3	12.1	27	11.8	26.5	10.9	25	8.6	21.8	4.5	17	29.2	11.2	23	4.9	16.8	28.8	10.9	23.2	5.8	18.5
☿	16.6	18	19.4	20.9	22.4	23.9	25.4	27	28.5	0.1	1.7	3.3	5	6.6	8.3	10	11.7	13.5	15.2	17	18.8	20.6	22.5	24.3	26.2	28.1	0.1	2	4	6	8
♀	15.1	16.4	17.6	18.9	20.1	21.4	22.6	23.9	25.1	26.4	27.6	28.8	0.1	1.3	2.6	3.8	5.1	6.3	7.6	8.8	10	11.3	12.5	13.8	15	16.3	17.5	18.7	20	21.2	22.4
♂	17.3	18.1	18.9	19.6	20.4	21.2	22	22.8	23.6	24.3	25.1	25.9	26.7	27.5	28.2	29	29.8	0.6	1.4	2.2	2.9	3.7	4.5	5.3	6.1	6.9	7.6	8.4	9.2	10	10.8

♃ 1 6 11 16 21 26 31: 7.7 8.2 8.8 9.4 10 10.8 11.6 — ♄ 1 6 11 16 21 26 31: 9.8 10.2 10.5 10.8 11.1 11.3 11.5 — ♅ 1 11 21 31: 9.6 10.1 10.7 11.2 — ♆ 1 11 21 31: 2.0R 1.7 1.5 1.3 — ♇ 1 11 21 31: 17.6R 17.5 17.5 17.4

IV

1929

	1	2	3	4	5	6	7	8	9	10	11	12	13	14	15	16	17	18	19	20	21	22	23	24	25	26	27	28	29	30
☉	10.8	11.8	12.8	13.7	14.7	15.7	16.7	17.7	18.7	19.6	20.6	21.6	22.6	23.6	24.5	25.5	26.5	27.5	28.5	29.4	0.4	1.4	2.4	3.3	4.3	5.3	6.3	7.2	8.2	9.2
☽	26.5	8.4	20.3	2.4	14.7	27.4	10.4	23.8	7.5	21.5	5.8	20.2	4.7	19.2	3.5	17.8	1.8	15.7	29.4	12.8	26.1	9.1	21.8	4.4	16.7	28.9	10.9	22.7	4.6	16.4
☿	24.9	26.6	28.4	0.2	2	3.9	5.8	7.7	9.6	11.5	13.5	15.5	17.5	19.5	21.6	23.7	25.8	27.9	30	2.1	4.2	6.4	8.5	10.6	12.7	14.8	16.9	18.9	20.9	22.9
♀	8.0R	7.9	7.7	7.6	7.3	7.1	6.8	6.4	6.1	5.7	5.2	4.7	4.2	3.7	3.1	2.5	1.9	1.3	0.7	0.1	29.4	28.8	28.2	27.6	27	26.4	25.8	25.3	24.8	24.3
♂	8.7	9.2	9.7	10.1	10.6	11.1	11.5	12	12.5	13	13.4	13.9	14.4	14.9	15.4	15.9	16.4	16.9	17.4	17.9	18.4	18.9	19.4	19.9	20.4	20.9	21.5	22	22.5	23

♃ 1 6 11 16 21 26: 13.2 14.3 15.4 16.5 17.7 18.9 — ♄ 1 6 11 16 21 26: 0.5 0.5 0.5R 0.5 0.4 0.3 — ♅ 1 11 21: 7.6 8.1 8.7 — ♆ 1 11 21: 29.0R 28.8 28.7 — ♇ 1 11 21: 16.2 16.2 16.3

1930

	1	2	3	4	5	6	7	8	9	10	11	12	13	14	15	16	17	18	19	20	21	22	23	24	25	26	27	28	29	30
☉	10.6	11.5	12.5	13.5	14.5	15.5	16.5	17.4	18.4	19.4	20.4	21.4	22.4	23.3	24.3	25.3	26.3	27.2	28.2	29.2	0.2	1.2	2.1	3.1	4.1	5	6	7	8	8.9
☽	1.4	14.6	27.9	11.5	25.3	9.2	23.4	7.7	22.1	6.5	20.9	5.2	19.2	3	16.4	29.6	12.3	24.8	7	19.1	1	12.9	24.8	6.8	19	1.5	14.2	27.2	10.5	24
☿	10	12	14.1	16.1	18.2	20.3	22.4	24.5	26.5	28.6	0.6	2.6	4.6	6.5	8.4	10.3	12.1	13.8	15.5	17.1	18.7	20.2	21.6	22.9	24.1	25.3	26.4	27.4	28.3	29.1
♀	23.7	24.9	26.2	27.4	28.6	29.9	1.1	2.3	3.6	4.8	6	7.3	8.5	9.7	11	12.2	13.4	14.7	15.9	17.1	18.3	19.6	20.8	22	23.3	24.5	25.7	26.9	28.2	29.4
♂	11.5	12.3	13.1	13.9	14.7	15.4	16.2	17	17.8	18.6	19.3	20.1	20.9	21.7	22.5	23.2	24	24.8	25.6	26.3	27.1	27.9	28.7	29.4	0.2	1	1.8	2.5	3.3	4.1

♃ 1 6 11 16 21 26: 11.7 12.6 13.4 14.4 15.3 16.3 — ♄ 1 6 11 16 21 26: 11.5 11.7 11.8 11.9 11.9 11.9R — ♅ 1 11 21: 11.3 11.9 12.4 — ♆ 1 11 21: 1.2R 1.1 0.9 — ♇ 1 11 21: 17.4D 17.5 17.5

V

1929

	1	2	3	4	5	6	7	8	9	10	11	12	13	14	15	16	17	18	19	20	21	22	23	24	25	26	27	28	29	30	31
☉	10.1	11.1	12.1	13	14	15	16	16.9	17.9	18.9	19.8	20.8	21.8	22.7	23.7	24.6	25.6	26.6	27.5	28.5	29.5	0.4	1.4	2.3	3.3	4.3	5.2	6.2	7.1	8.1	9.1
☽	28.3	10.4	22.8	5.4	18.4	1.8	15.6	29.8	14.4	29.1	14	28.9	13.7	28.2	12.4	26.3	9.8	23	6	18.6	1.1	13.3	25.5	7.4	19.4	1.2	13	24.9	6.8	18.9	1.2
☿	24.8	26.6	28.4	0.2	1.9	3.5	5.1	6.7	8.1	9.5	10.8	12.1	13.3	14.4	15.5	16.5	17.4	18.2	19	19.7	20.3	20.9	21.3	21.7	22	22.2	22.4	22.4R	22.4	22.2	22
♀	23.9R	23.5	23.1	22.8	22.5	22.3	22.1	21.9	21.8	21.7	21.7	21.7D	21.7	21.8	21.9	22	22.2	22.4	22.7	22.9	23.3	23.6	24	24.4	24.8	25.3	25.7	26.2	26.8	27.3	27.9
♂	23.5	24.1	24.6	25.1	25.7	26.2	26.7	27.3	27.8	28.3	28.9	29.4	30	0.5	1	1.6	2.1	2.7	3.2	3.8	4.3	4.9	5.5	6	6.6	7.1	7.7	8.3	8.8	9.4	9.9

♃ 1 6 11 16 21 26 31: 20 21.2 22.4 23.6 24.8 25.9 27.1 — ♄ 1 6 11 16 21 26 31: 0.2R 30 29.7 29.5 29.2 28.9 28.6 — ♅ 1 11 21 31: 9.2 9.7 10.1 10.5 — ♆ 1 11 21 31: 28.6 28.6R 28.6 28.7 — ♇ 1 11 21 31: 16.4 16.5 16.7 16.9

1930

	1	2	3	4	5	6	7	8	9	10	11	12	13	14	15	16	17	18	19	20	21	22	23	24	25	26	27	28	29	30	31
☉	9.9	10.9	11.8	12.8	13.8	14.8	15.7	16.7	17.7	18.6	19.6	20.6	21.5	22.5	23.4	24.4	25.4	26.3	27.3	28.3	29.2	0.2	1.1	2.1	3.1	4	5	6	6.9	7.9	8.8
☽	7.8	21.8	6	20.2	4.4	18.7	2.8	16.9	0.9	14.7	28.3	11.6	24.8	7.7	20.3	2.7	14.9	27	8.9	20.8	2.7	14.7	26.9	9.4	22.2	5.4	18.9	2.9	17.1	1.6	16.1
☿	29.9	0.5	1.1	1.6	1.9	2.2	2.4	2.6	2.6R	2.6	2.4	2.2	2	1.6	1.2	0.8	0.3	29.7	29.2	28.6	28	27.4	26.9	26.3	25.8	25.4	25	24.6	24.3	24.1	23.9
♀	0.6	1.8	3	4.3	5.5	6.7	7.9	9.1	10.4	11.6	12.8	14	15.2	16.5	17.7	18.9	20.1	21.3	22.5	23.7	24.9	26.2	27.4	28.6	29.8	1	2.2	3.4	4.6	5.8	7
♂	4.8	5.6	6.4	7.2	7.9	8.7	9.5	10.2	11	11.8	12.5	13.3	14.1	14.8	15.6	16.3	17.1	17.9	18.6	19.4	20.1	20.9	21.6	22.4	23.2	23.9	24.7	25.4	26.2	26.9	27.7

♃ 1 6 11 16 21 26 31: 17.3 18.4 19.4 20.5 21.6 22.7 23.9 — ♄ 1 6 11 16 21 26 31: 11.8R 11.7 11.6 11.4 11.2 11 10.7 — ♅ 1 11 21 31: 13 13.5 13.9 14.3 — ♆ 1 11 21 31: 0.8R 0.8 0.8D 0.9 — ♇ 1 11 21 31: 17.6 17.8 17.9 18.1

VI

1929

	1	2	3	4	5	6	7	8	9	10	11	12	13	14	15	16	17	18	19	20	21	22	23	24	25	26	27	28	29	30
☉	10	11	11.9	12.9	13.8	14.8	15.8	16.7	17.7	18.6	19.6	20.5	21.5	22.5	23.4	24.4	25.3	26.3	27.2	28.2	29.1	0.1	1	2	3	3.9	4.9	5.8	6.8	7.7
☽	13.8	26.7	10	23.8	8	22.6	7.5	22.7	7.8	22.9	7.7	22.2	6.2	19.7	2.9	15.7	28.2	10.4	22.5	4.4	16.3	28.2	10	21.9	3.8	15.8	28	10.3	22.9	5.7
☿	22.0R	21.7	21.3	20.9	20.5	20	19.5	18.9	18.4	17.8	17.3	16.7	16.2	15.7	15.3	14.9	14.6	14.3	14.1	13.9	13.9	13.9D	14	14.1	14.4	14.7	15.1	15.6	16.2	16.8
♀	28.5	29.1	29.7	0.4	1.1	1.8	2.5	3.2	3.9	4.7	5.4	6.2	7	7.8	8.6	9.5	10.3	11.1	12	12.9	13.8	14.6	15.5	16.4	17.4	18.3	19.2	20.2	21.1	22.1
♂	10.5	11.1	11.7	12.2	12.8	13.4	13.9	14.5	15.1	15.7	16.2	16.8	17.4	18	18.6	19.1	19.7	20.3	20.9	21.5	22.1	22.6	23.2	23.8	24.4	25	25.6	26.2	26.8	27.4

♃ 1 6 11 16 21 26: 27.4 28.5 29.7 0.8 1.9 3 — ♄ 1 6 11 16 21 26: 28.5R 28.2 27.8 27.4 27.1 26.7 — ♅ 1 11 21: 10.5 10.9 11.1 — ♆ 1 11 21: 28.7 28.9 29.1 — ♇ 1 11 21: 16.9 17.2 17.4

1930

	1	2	3	4	5	6	7	8	9	10	11	12	13	14	15	16	17	18	19	20	21	22	23	24	25	26	27	28	29	30
☉	9.8	10.7	11.7	12.7	13.6	14.6	15.5	16.5	17.4	18.4	19.4	20.3	21.3	22.2	23.2	24.1	25.1	26	27	27.9	28.9	29.9	0.8	1.8	2.7	3.7	4.6	5.6	6.5	7.5
☽	0.8	15.3	29.6	13.8	27.7	11.3	24.7	7.9	20.9	3.7	16.4	28.8	11.1	23.2	5.2	17	28.9	10.8	22.8	5	17.4	0.2	13.4	27.1	11.2	25.7	10.6	25.6	10.6	25.4
☿	23.8D	23.8	23.9	24	24.2	24.5	24.8	25.2	25.7	26.3	26.9	27.7	28.4	29.3	0.2	1.1	2.2	3.2	4.4	5.6	6.8	8.2	9.5	11	12.5	14	15.6	17.2	18.9	20.7
♀	8.2	9.4	10.6	11.8	13	14.2	15.4	16.6	17.8	19	20.2	21.4	22.6	23.8	25	26.2	27.4	28.6	29.8	1	2.2	3.4	4.5	5.7	6.9	8.1	9.3	10.5	11.6	12.8
♂	28.4	29.2	29.9	0.7	1.4	2.1	2.9	3.6	4.4	5.1	5.8	6.6	7.3	8.1	8.8	9.5	10.3	11	11.7	12.5	13.2	13.9	14.6	15.4	16.1	16.8	17.5	18.3	19	19.7

♃ 1 6 11 16 21 26: 24.1 25.2 26.4 27.5 28.6 29.8 — ♄ 1 6 11 16 21 26: 10.6R 10.3 10 9.7 9.3 9 — ♅ 1 11 21: 14.4 14.7 15 — ♆ 1 11 21: 0.9 1 1.2 — ♇ 1 11 21: 18.2 18.4 18.6

VII

1929

	1	2	3	4	5	6	7	8	9	10	11	12	13	14	15	16	17	18	19	20	21	22	23	24	25	26	27	28	29	30	31
☉	8.7	9.6	10.6	11.5	12.5	13.4	14.4	15.3	16.3	17.3	18.2	19.2	20.1	21.1	22	23	23.9	24.9	25.8	26.8	27.7	28.7	29.7	0.6	1.6	2.5	3.5	4.4	5.4	6.3	7.3
☽	19	2.6	16.6	1.1	15.9	1	16.3	1.5	16.5	1.1	15.3	28.9	12.1	24.9	7.3	19.5	1.5	13.4	25.2	7	18.9	0.8	12.9	25.1	7.4	19.9	2.5	15.5	28.7	12.2	26
☿	17.5	18.3	19.2	20.1	21.1	22.2	23.4	24.6	25.9	27.3	28.7	0.2	1.8	3.4	5.1	6.8	8.6	10.4	12.3	14.3	16.3	18.3	20.3	22.4	24.5	26.6	28.7	0.8	2.9	5	7.1
♀	23	24	25	25.9	26.9	27.9	28.9	29.9	0.9	1.9	3	4	5	6.1	7.1	8.1	9.2	10.2	11.3	12.3	13.4	14.5	15.5	16.6	17.7	18.8	19.9	20.9	22	23.1	24.2
♂	28	28.6	29.2	29.8	0.4	1	1.6	2.2	2.8	3.4	4	4.6	5.2	5.8	6.4	7	7.6	8.2	8.8	9.4	10.1	10.7	11.3	11.9	12.5	13.1	13.7	14.4	15	15.6	16.2

♃ 1 6 11 16 21 26 31: 4.1 5.2 6.2 7.2 8.2 9.1 10 — ♄ 1 6 11 16 21 26 31: 26.3R 26 25.7 25.3 25.1 24.8 24.6 — ♅ 1 11 21 31: 11.3 11.4 11.4R 11.3 — ♆ 1 11 21 31: 29.3 29.6 29.9 0.2 — ♇ 1 11 21 31: 17.7 17.9 18.2 18.4

1930

	1	2	3	4	5	6	7	8	9	10	11	12	13	14	15	16	17	18	19	20	21	22	23	24	25	26	27	28	29	30	31
☉	8.4	9.4	10.3	11.3	12.3	13.2	14.2	15.1	16.1	17	18	18.9	19.9	20.8	21.8	22.7	23.7	24.7	25.6	26.6	27.5	28.5	29.4	0.4	1.3	2.3	3.2	4.2	5.2	6.1	7.1
☽	10	24.3	8.2	21.7	5	17.9	0.6	13.1	25.5	7.7	19.8	1.8	13.7	25.6	7.4	19.3	1.3	13.4	25.8	8.6	21.7	5.4	19.5	4.1	19	4.3	19.5	4.7	19.5	4	18
☿	22.5	24.3	26.2	28.2	0.2	2.2	4.2	6.3	8.4	10.6	12.7	14.8	17	19.1	21.2	23.4	25.6	27.7	29.8	1.9	3.9	5.9	7.9	9.9	11.9	13.8	15.7	17.5	19.4	21.2	23
♀	14	15.2	16.3	17.5	18.7	19.9	21	22.2	23.4	24.6	25.7	26.9	28	29.2	0.4	1.5	2.7	3.8	5	6.2	7.3	8.5	9.6	10.8	11.9	13	14.2	15.3	16.5	17.6	18.7
♂	20.4	21.1	21.8	22.6	23.3	24	24.7	25.4	26.1	26.8	27.5	28.2	28.9	29.6	0.3	1	1.7	2.4	3.1	3.8	4.5	5.2	5.9	6.6	7.3	8	8.6	9.3	10	10.7	11.4

♃ 1 6 11 16 21 26 31: 0.9 2.1 3.2 4.3 5.4 6.5 7.6 — ♄ 1 6 11 16 21 26 31: 8.6R 8.2 7.9 7.5 7.2 6.8 6.5 — ♅ 1 11 21 31: 15.2 15.3 15.4 15.3R — ♆ 1 11 21 31: 1.4 1.7 2 2.3 — ♇ 1 11 21 31: 18.9 19.1 19.4 19.7

VIII

1929

	1	2	3	4	5	6	7	8	9	10	11	12	13	14	15	16	17	18	19	20	21	22	23	24	25	26	27	28	29	30	31
☉	8.3	9.2	10.2	11.1	12.1	13	14	15	15.9	16.9	17.8	18.8	19.8	20.7	21.7	22.6	23.6	24.6	25.5	26.5	27.5	28.4	29.4	0.3	1.3	2.3	3.2	4.2	5.2	6.1	7.1
☽	10.3	24.9	9.8	24.8	9.9	24.8	9.5	23.7	7.4	20.7	3.5	16	28.1	10.1	21.9	3.8	15.6	27.6	9.6	21.9	4.3	16.8	29.6	12.5	25.6	8.9	22.5	6.3	20.4	4.8	19.3
☿	9.2	11.3	13.3	15.3	17.3	19.3	21.3	23.2	25.1	27	28.9	0.7	2.5	4.3	6.1	7.8	9.5	11.2	12.9	14.5	16.1	17.7	19.3	20.9	22.4	23.9	25.4	26.8	28.3	29.7	1
♀	25.3	26.4	27.5	28.6	29.7	0.9	2	3.1	4.2	5.3	6.5	7.6	8.7	9.9	11	12.1	13.3	14.4	15.6	16.7	17.9	19	20.2	21.3	22.5	23.6	24.8	26	27.1	28.3	29.5
♂	16.8	17.5	18.1	18.7	19.3	20	20.6	21.2	21.8	22.5	23.1	23.7	24.4	25	25.6	26.3	26.9	27.5	28.2	28.8	29.4	0.1	0.7	1.3	2	2.6	3.3	3.9	4.6	5.2	5.8

♃ 1 6 11 16 21 26 31: 10.1 11 11.8 12.5 13.2 13.8 14.4 — ♄ 1 6 11 16 21 26 31: 24.5R 24.3 24.2 24 24 23.9 23.9D — ♅ 1 11 21 31: 11.3R 11.1 10.9 10.6 — ♆ 1 11 21 31: 0.3 0.6 1 1.4 — ♇ 1 11 21 31: 18.5 18.7 18.9 19.1

1930

	1	2	3	4	5	6	7	8	9	10	11	12	13	14	15	16	17	18	19	20	21	22	23	24	25	26	27	28	29	30	31
☉	8	9	9.9	10.9	11.9	12.8	13.8	14.7	15.7	16.6	17.6	18.6	19.5	20.5	21.4	22.4	23.4	24.3	25.3	26.3	27.2	28.2	29.1	0.1	1.1	2	3	4	4.9	5.9	6.9
☽	1.6	14.8	27.7	10.2	22.6	4.8	16.8	28.8	10.7	22.6	4.4	16.3	28.2	10.3	22.5	4.9	17.6	0.7	14.2	28.2	12.7	27.5	12.7	27.9	13.2	28.2	12.8	27	10.7	24	6.9
☿	24.7	26.5	28.2	29.8	1.5	3.1	4.7	6.2	7.8	9.3	10.8	12.2	13.6	15	16.4	17.7	19	20.3	21.6	22.8	24	25.1	26.2	27.3	28.3	29.3	0.2	1.1	2	2.8	3.5
♀	19.9	21	22.1	23.3	24.4	25.5	26.6	27.7	28.9	30	1.1	2.2	3.3	4.4	5.5	6.6	7.7	8.8	9.9	10.9	12	13.1	14.2	15.3	16.3	17.4	18.4	19.5	20.6	21.6	22.6
♂	12	12.7	13.4	14.1	14.7	15.4	16.1	16.7	17.4	18.1	18.7	19.4	20	20.7	21.4	22	22.7	23.3	24	24.6	25.2	25.9	26.5	27.2	27.8	28.4	29.1	29.7	0.3	1	1.6

♃ 1 6 11 16 21 26 31: 7.8 8.9 9.9 10.9 11.8 12.8 13.7 — ♄ 1 6 11 16 21 26 31: 6.5R 6.2 6 5.8 5.6 5.4 5.3 — ♅ 1 11 21 31: 15.3R 15.2 15 14.8 — ♆ 1 11 21 31: 2.4 2.7 3.1 3.5 — ♇ 1 11 21 31: 19.7 19.9 20.2 20.4

IX

1929

	1	2	3	4	5	6	7	8	9	10	11	12	13	14	15	16	17	18	19	20	21	22	23	24	25	26	27	28	29	30
☉	8.1	9	10	11	11.9	12.9	13.9	14.9	15.8	16.8	17.8	18.7	19.7	20.7	21.7	22.6	23.6	24.6	25.6	26.5	27.5	28.5	29.5	0.5	1.4	2.4	3.4	4.4	5.4	6.4
☽	4	18.7	3.4	17.8	1.8	15.5	28.7	11.6	24	6.2	18.2	0.1	12	23.9	5.9	18.1	0.5	13.1	25.9	9	22.3	5.8	19.4	3.2	17.2	1.3	15.4	29.7	14	28.3
☿	2.4	3.7	5	6.3	7.6	8.8	10	11.1	12.3	13.4	14.4	15.4	16.4	17.3	18.2	19	19.8	20.5	21.1	21.7	22.2	22.6	23	23.2	23.3	23.4R	23.3	23.1	22.7	22.3
♀	0.6	1.8	3	4.1	5.3	6.5	7.7	8.9	10.1	11.2	12.4	13.6	14.8	16	17.2	18.4	19.6	20.8	22	23.2	24.4	25.6	26.8	28	29.2	0.4	1.6	2.8	4	5.3
♂	6.5	7.1	7.8	8.4	9.1	9.7	10.4	11	11.7	12.3	13	13.7	14.3	15	15.6	16.3	17	17.6	18.3	18.9	19.6	20.3	20.9	21.6	22.3	22.9	23.6	24.3	24.9	25.6

♃ 1 6 11 16 21 26: 14.5 15 15.4 15.8 16.1 16.3 — ♄ 1 6 11 16 21 26: 23.9 24 24 24.2 24.3 24.5 — ♅ 1 11 21: 10.6R 10.3 9.9 — ♆ 1 11 21: 1.4 1.8 2.1 — ♇ 1 11 21: 19.2 19.3 19.5

1930

	1	2	3	4	5	6	7	8	9	10	11	12	13	14	15	16	17	18	19	20	21	22	23	24	25	26	27	28	29	30
☉	7.8	8.8	9.8	10.7	11.7	12.7	13.7	14.6	15.6	16.6	17.5	18.5	19.5	20.5	21.4	22.4	23.4	24.4	25.3	26.3	27.3	28.3	29.2	0.2	1.2	2.2	3.2	4.1	5.1	6.1
☽	19.4	1.7	13.8	25.8	7.7	19.6	1.4	13.3	25.3	7.4	19.6	1.9	14.5	27.3	10.4	23.9	7.7	22	6.5	21.4	6.4	21.5	6.3	21	5.2	19	2.4	15.4	28	10.3
☿	4.1	4.8	5.3	5.8	6.1	6.4	6.6	6.8	6.8R	6.7	6.5	6.2	5.8	5.3	4.6	3.9	3.1	2.1	1.1	0.1	29	27.9	26.9	25.9	24.9	24.1	23.4	22.8	22.4	22.2
♀	23.7	24.7	25.8	26.8	27.8	28.8	29.8	0.8	1.8	2.8	3.8	4.8	5.8	6.7	7.7	8.7	9.6	10.6	11.5	12.4	13.3	14.2	15.1	16	16.9	17.8	18.6	19.5	20.3	21.1
♂	2.2	2.8	3.5	4.1	4.7	5.3	5.9	6.5	7.1	7.7	8.3	8.9	9.5	10.1	10.7	11.3	11.9	12.5	13.1	13.7	14.2	14.8	15.4	16	16.5	17.1	17.7	18.2	18.8	19.3

♃ 1 6 11 16 21 26: 13.9 14.7 15.5 16.3 17 17.6 — ♄ 1 6 11 16 21 26: 5.3R 5.3 5.3D 5.3 5.4 5.5 — ♅ 1 11 21: 14.7R 14.4 14 — ♆ 1 11 21: 3.5 3.9 4.2 — ♇ 1 11 21: 20.4 20.6 20.7

X

1929

	1	2	3	4	5	6	7	8	9	10	11	12	13	14	15	16	17	18	19	20	21	22	23	24	25	26	27	28	29	30	31
☉	7.3	8.3	9.3	10.3	11.3	12.3	13.2	14.2	15.2	16.2	17.2	18.2	19.2	20.2	21.2	22.2	23.1	24.1	25.1	26.1	27.1	28.1	29.1	0.1	1.1	2.1	3.1	4.1	5.1	6.1	7.1
☽	12.5	26.4	10.2	23.6	6.7	19.4	1.9	14.1	26.1	8	19.9	1.8	13.8	26	8.5	21.3	4.4	17.8	1.4	15.4	29.5	13.7	28	12.3	26.5	10.6	24.7	8.6	22.3	5.8	19.1
☿	21.7R	21	20.2	19.3	18.2	17.1	16	14.8	13.6	12.5	11.4	10.5	9.7	9	8.5	8.2	8	8.1D	8.3	8.7	9.3	10	10.9	11.8	12.9	14.1	15.3	16.7	18	19.5	20.9
♀	6.5	7.7	8.9	10.1	11.3	12.6	13.8	15	16.2	17.4	18.7	19.9	21.1	22.4	23.6	24.8	26	27.3	28.5	29.7	1	2.2	3.5	4.7	5.9	7.2	8.4	9.6	10.9	12.1	13.4
♂	26.3	27	27.6	28.3	29	29.7	0.3	1	1.7	2.4	3.1	3.7	4.4	5.1	5.8	6.5	7.2	7.8	8.5	9.2	9.9	10.6	11.3	12	12.7	13.4	14.1	14.8	15.5	16.2	16.9

♃ 1 6 11 16 21 26 31: 16.4 16.4R 16.4 16.2 16 15.7 15.3 — ♄ 1 6 11 16 21 26 31: 24.8 25.1 25.4 25.7 26.1 26.5 26.9 — ♅ 1 11 21 31: 9.5R 9.1 8.7 8.3 — ♆ 1 11 21 31: 2.4 2.7 3 3.2 — ♇ 1 11 21 31: 19.6 19.6 19.6R 19.6

1930

	1	2	3	4	5	6	7	8	9	10	11	12	13	14	15	16	17	18	19	20	21	22	23	24	25	26	27	28	29	30	31
☉	7.1	8.1	9.1	10	11	12	13	14	15	16	17	17.9	18.9	19.9	20.9	21.9	22.9	23.9	24.9	25.9	26.9	27.9	28.9	29.9	0.9	1.9	2.9	3.9	4.9	5.9	6.9
☽	22.4	4.4	16.3	28.1	10	22	4.1	16.4	28.8	11.5	24.3	7.4	20.7	4.3	18.1	2.2	16.5	0.9	15.5	0.2	14.7	29.1	13.2	27	10.4	23.4	6.1	18.4	0.6	12.5	24.4
☿	22.1D	22.2	22.5	22.9	23.5	24.2	25.1	26.1	27.2	28.4	29.7	1.1	2.6	4.1	5.6	7.2	8.8	10.4	12.1	13.8	15.5	17.2	18.9	20.6	22.3	23.9	25.6	27.3	29	0.7	2.3
♀	22	22.8	23.5	24.3	25.1	25.8	26.5	27.3	27.9	28.6	29.3	29.9	0.5	1.1	1.7	2.3	2.8	3.3	3.8	4.3	4.7	5.1	5.5	5.8	6.1	6.4	6.7	6.9	7	7.2	7.3
♂	19.9	20.4	21	21.5	22.1	22.6	23.1	23.7	24.2	24.7	25.2	25.7	26.2	26.7	27.3	27.8	28.2	28.7	29.2	29.7	0.2	0.7	1.1	1.6	2.1	2.5	3	3.4	3.9	4.3	4.7

♃ 1 6 11 16 21 26 31: 18.2 18.8 19.2 19.7 20 20.2 20.4 — ♄ 1 6 11 16 21 26 31: 5.6 5.8 6 6.3 6.6 6.9 7.3 — ♅ 1 11 21 31: 13.6R 13.2 12.8 12.5 — ♆ 1 11 21 31: 4.6 4.9 5.1 5.4 — ♇ 1 11 21 31: 20.8 20.9 20.9 20.9R

XI

1929

	1	2	3	4	5	6	7	8	9	10	11	12	13	14	15	16	17	18	19	20	21	22	23	24	25	26	27	28	29	30
☉	8.1	9.1	10.1	11.1	12.1	13.1	14.1	15.1	16.1	17.1	18.1	19.1	20.1	21.1	22.1	23.2	24.2	25.2	26.2	27.2	28.2	29.2	0.2	1.2	2.3	3.3	4.3	5.3	6.3	7.3
☽	2.1	15	27.5	9.9	22	4	15.9	27.7	9.6	21.6	3.8	16.3	29.1	12.2	25.8	9.7	24	8.6	23.3	8.1	22.7	7.2	21.5	5.5	19.2	2.6	15.7	28.6	11.3	23.7
☿	22.5	24	25.5	27.1	28.7	0.3	1.9	3.5	5.2	6.8	8.4	10	11.6	13.2	14.9	16.5	18.1	19.7	21.3	22.9	24.5	26	27.6	29.2	0.8	2.4	4	5.5	7.1	8.7
♀	14.6	15.9	17.1	18.3	19.6	20.8	22.1	23.3	24.6	25.8	27.1	28.3	29.6	0.8	2.1	3.3	4.6	5.8	7.1	8.3	9.6	10.8	12.1	13.3	14.6	15.8	17.1	18.3	19.6	20.9
♂	17.6	18.3	19	19.7	20.4	21.1	21.8	22.5	23.2	23.9	24.6	25.3	26	26.7	27.5	28.2	28.9	29.6	0.3	1	1.8	2.5	3.2	3.9	4.6	5.4	6.1	6.8	7.5	8.3

♃ 1 6 11 16 21 26: 15.2R 14.8 14.3 13.7 13.1 12.4 — ♄ 1 6 11 16 21 26: 27 27.5 28 28.5 29 29.5 — ♅ 1 11 21: 8.3R 8 7.7 — ♆ 1 11 21: 3.2 3.4 3.5 — ♇ 1 11 21: 19.6R 19.5 19.4

1930

	1	2	3	4	5	6	7	8	9	10	11	12	13	14	15	16	17	18	19	20	21	22	23	24	25	26	27	28	29	30
☉	7.9	8.9	9.9	10.9	11.9	12.9	13.9	14.9	15.9	16.9	17.9	18.9	19.9	20.9	21.9	22.9	23.9	24.9	25.9	27	28	29	30	1	2	3	4	5	6.1	7.1
☽	6.2	18.2	0.2	12.5	24.9	7.7	20.6	3.9	17.4	1.1	15	29	13.1	27.2	11.4	25.6	9.7	23.8	7.8	21.5	5	18.3	1.2	13.9	26.2	8.4	20.3	2.2	14	25.9
☿	4	5.6	7.3	8.9	10.6	12.2	13.8	15.4	17	18.6	20.2	21.8	23.4	25	26.5	28.1	29.7	1.2	2.8	4.3	5.9	7.4	9	10.5	12	13.6	15.1	16.6	18.2	19.7
♀	7.3	7.4	7.4R	7.3	7.2	7.1	6.9	6.7	6.4	6.1	5.8	5.4	5	4.6	4.1	3.6	3.1	2.5	2	1.4	0.8	0.2	29.6	29	28.4	27.8	27.2	26.6	26.1	25.6
♂	5.2	5.6	6	6.4	6.8	7.2	7.6	8	8.4	8.8	9.1	9.5	9.9	10.2	10.5	10.9	11.2	11.5	11.8	12.1	12.4	12.7	13	13.3	13.6	13.8	14.1	14.3	14.5	14.7

♃ 1 6 11 16 21 26: 20.4 20.5 20.5R 20.4 20.2 20 — ♄ 1 6 11 16 21 26: 7.4 7.8 8.2 8.7 9.2 9.7 — ♅ 1 11 21: 12.4R 12.1 11.8 — ♆ 1 11 21: 5.4 5.6 5.7 — ♇ 1 11 21: 20.9R 20.8 20.7

XII

1929

	1	2	3	4	5	6	7	8	9	10	11	12	13	14	15	16	17	18	19	20	21	22	23	24	25	26	27	28	29	30	31
☉	8.3	9.3	10.4	11.4	12.4	13.4	14.4	15.4	16.4	17.5	18.5	19.5	20.5	21.5	22.5	23.6	24.6	25.6	26.6	27.6	28.7	29.7	0.7	1.7	2.7	3.7	4.8	5.8	6.8	7.8	8.8
☽	6.1	18.2	0.3	12.2	24.1	5.9	17.8	29.8	11.9	24.3	6.9	20	3.5	17.5	1.9	16.8	1.8	17	2.1	17	1.6	15.7	29.4	12.7	25.6	8.3	20.7	2.9	15	27	9
☿	10.2	11.8	13.4	14.9	16.5	18.1	19.6	21.2	22.8	24.3	25.9	27.5	29.1	0.6	2.2	3.8	5.3	6.9	8.5	10	11.6	13.2	14.7	16.3	17.8	19.3	20.9	22.4	23.8	25.2	26.7
♀	22.1	23.4	24.6	25.9	27.1	28.4	29.6	0.9	2.2	3.4	4.7	5.9	7.2	8.4	9.7	11	12.2	13.5	14.7	16	17.2	18.5	19.8	21	22.3	23.5	24.8	26	27.3	28.6	29.8
♂	9	9.7	10.4	11.2	11.9	12.6	13.4	14.1	14.8	15.6	16.3	17	17.8	18.5	19.2	20	20.7	21.5	22.2	23	23.7	24.4	25.2	25.9	26.7	27.4	28.2	28.9	29.7	0.4	1.2

♃ 1 6 11 16 21 26 31: 11.7R 11 10.4 9.7 9.1 8.5 8 — ♄ 1 6 11 16 21 26 31: 0.1 0.7 1.3 1.8 2.4 3 3.6 — ♅ 1 11 21 31: 7.6R 7.5 7.5D 7.5 — ♆ 1 11 21 31: 3.6 3.6R 3.5 3.4 — ♇ 1 11 21 31: 19.3R 19.1 18.9 18.7

1930

	1	2	3	4	5	6	7	8	9	10	11	12	13	14	15	16	17	18	19	20	21	22	23	24	25	26	27	28	29	30	31
☉	8.1	9.1	10.1	11.1	12.1	13.2	14.2	15.2	16.2	17.2	18.2	19.2	20.3	21.3	22.3	23.3	24.3	25.4	26.4	27.4	28.4	29.4	0.4	1.5	2.5	3.5	4.5	5.5	6.6	7.6	8.6
☽	8	20.3	2.9	15.8	29.1	12.8	26.7	10.9	25.3	9.7	24	8.3	22.4	6.3	20.1	3.8	17.3	0.6	13.7	26.7	9.4	21.9	4.2	16.3	28.2	10.1	21.9	3.7	15.7	28	10.6
☿	21.2	22.7	24.2	25.7	27.2	28.7	0.2	1.7	3.1	4.6	6	7.4	8.8	10.2	11.5	12.8	14.1	15.3	16.4	17.5	18.5	19.4	20.2	20.9	21.5	21.9	22.2	22.3R	22.2	21.9	21.4
♀	25.1R	24.6	24.2	23.8	23.4	23.1	22.8	22.6	22.4	22.2	22.1	22.1	22	22.0D	22.1	22.2	22.3	22.5	22.7	22.9	23.2	23.5	23.8	24.2	24.6	25	25.5	26	26.5	27.1	27.6
♂	14.9	15.1	15.3	15.5	15.7	15.8	16	16.1	16.2	16.4	16.5	16.5	16.6	16.7	16.7	16.8	16.8	16.8	16.8R	16.8	16.8	16.7	16.7	16.6	16.5	16.4	16.3	16.2	16.1	15.9	15.8

♃ 1 6 11 16 21 26 31: 19.6R 19.2 18.8 18.2 17.6 17 16.4 — ♄ 1 6 11 16 21 26 31: 10.2 10.7 11.3 11.9 12.4 13 13.6 — ♅ 1 11 21 31: 11.6R 11.5 11.4 11.5D — ♆ 1 11 21 31: 5.8 5.8R 5.7 5.6 — ♇ 1 11 21 31: 20.6R 20.4 20.2 20

1931

	1	2	3	4	5	6	7	8	9	10	11	12	13	14	15	16	17	18	19	20	21	22	23	24	25	26	27	28	29	30	31
☉	♑ 9.6	10.6	11.7	12.7	13.7	14.7	15.7	16.8	17.8	18.8	19.8	20.8	21.8	22.9	23.9	24.9	25.9	26.9	28	29	30	♒ 1	2	3	4.1	5.1	6.1	7.1	8.1	9.1	10.2
☽	♉ 23.6	♊ 7	20.9	♋ 5.2	19.8	♌ 4.6	19.5	♍ 4.2	18.8	♎ 3.1	17.1	♏ 0.7	14.2	27.4	♐ 10.3	23.1	♑ 5.7	18.2	♒ 0.5	12.6	24.6	♓ 6.5	18.3	♈ 0	11.9	23.9	♉ 6	18.6	♊ 1.5	14.8	28.7
☿	♑ 20.7R	19.8	18.8	17.6	16.4	15	13.7	12.4	11.1	10	8.9	8.1	7.3	6.8	6.4	6.1	6.1	6.1D	6.3	6.6	7	7.5	8.1	8.8	9.6	10.4	11.3	12.2	13.2	14.3	15.4
♀	♏ 28.2	28.8	29.5	♐ 0.1	0.8	1.5	2.2	2.9	3.7	4.4	5.2	6	6.8	7.7	8.5	9.3	10.2	11.1	12	12.9	13.8	14.7	15.6	16.6	17.5	18.5	19.4	20.4	21.4	22.4	23.4
♂	♌ 15.6R	15.4	15.2	15	14.8	14.5	14.3	14	13.7	13.4	13.1	12.8	12.5	12.2	11.8	11.5	11.1	10.7	10.4	10	9.6	9.2	8.8	8.4	8	7.6	7.2	6.8	6.4	6	5.6

♃ 1: ♋ 16.2R · 6: 15.6 · 11: 14.9 · 16: 14.2 · 21: 13.6 · 26: 13 · 31: 12.4
♄ 1: ♑ 13.7 · 6: 14.3 · 11: 14.9 · 16: 15.5 · 21: 16.1 · 26: 16.7 · 31: 17.2
♅ 1: ♈ 11.5 · 11: 11.6 · 21: 11.8 · 31: 12.1
♆ 1: ♍ 5.6R · 11: 5.5 · 21: 5.3 · 31: 5.1
♇ 1: ♋ 20.0R · 11: 19.8 · 21: 19.6 · 31: 19.4

	1	2	3	4	5	6	7	8	9	10	11	12	13	14	15	16	17	18	19	20	21	22	23	24	25	26	27	28	29	30	31
☉	♒ 11.2	12.2	13.2	14.2	15.2	16.2	17.3	18.3	19.3	20.3	21.3	22.3	23.3	24.3	25.4	26.4	27.4	28.4	29.4	♓ 0.4	1.4	2.4	3.4	4.4	5.4	6.4	7.4	8.4			
☽	♋ 13.1	27.9	♌ 12.9	28.1	♍ 13.3	28.2	♎ 12.8	27	♏ 10.9	24.3	♐ 7.4	20.2	♑ 2.8	15.1	27.3	♒ 9.4	21.4	♓ 3.3	15.1	26.9	♈ 8.7	20.6	♉ 2.6	14.8	27.2	♊ 10.1	23.3	♋ 7			
☿	♑ 16.5	17.7	18.8	20.1	21.3	22.6	23.9	25.2	26.5	27.9	29.3	♒ 0.7	2.1	3.5	5	6.5	8	9.5	11	12.5	14.1	15.6	17.2	18.8	20.4	22.1	23.7	25.4			
♀	♐ 24.4	25.4	26.4	27.4	28.4	29.5	♑ 0.5	1.6	2.6	3.7	4.7	5.8	6.9	7.9	9	10.1	11.2	12.3	13.4	14.5	15.6	16.7	17.8	18.9	20	21.1	22.2	23.3			
♂	♌ 5.2R	4.8	4.5	4.1	3.7	3.3	3	2.6	2.3	2	1.6	1.3	1	0.7	0.4	0.2	♋ 29.9	29.7	29.4	29.2	29	28.8	28.6	28.4	28.3	28.1	28	27.9			

♃ 1: ♋ 12.3R · 6: 11.8 · 11: 11.4 · 16: 11.1 · 21: 10.8 · 26: 10.6
♄ 1: ♑ 17.3 · 6: 17.9 · 11: 18.4 · 16: 18.9 · 21: 19.4 · 26: 19.9
♅ 1: ♈ 12.2 · 11: 12.5 · 21: 13
♆ 1: ♍ 5.0R · 11: 4.8 · 21: 4.5
♇ 1: ♋ 19.4R · 11: 19.2 · 21: 19

	1	2	3	4	5	6	7	8	9	10	11	12	13	14	15	16	17	18	19	20	21	22	23	24	25	26	27	28	29	30	31
☉	♓ 9.5	10.5	11.5	12.5	13.5	14.5	15.5	16.5	17.5	18.5	19.5	20.5	21.5	22.5	23.5	24.5	25.4	26.4	27.4	28.4	29.4	♈ 0.4	1.4	2.4	3.4	4.4	5.4	6.4	7.3	8.3	9.3
☽	♋ 21.2	♌ 5.9	20.9	♍ 6.1	21.4	♎ 6.6	21.5	♏ 6	20	♐ 3.6	16.8	29.7	♑ 12.2	24.4	♒ 6.5	18.4	♓ 0.3	12.1	23.9	♈ 5.7	17.6	29.6	♉ 11.8	24.1	♊ 6.7	19.5	♋ 2.7	16.3	♌ 0.3	14.7	29.4
☿	♒ 27.1	28.8	♓ 0.5	2.2	4	5.7	7.5	9.3	11.2	13	14.9	16.8	18.7	20.6	22.5	24.5	26.4	28.4	♈ 0.4	2.4	4.4	6.4	8.4	10.4	12.4	14.4	16.4	18.3	20.2	22.1	24
♀	♑ 24.5	25.6	26.7	27.8	29	♒ 0.1	1.3	2.4	3.5	4.7	5.8	7	8.1	9.3	10.4	11.6	12.7	13.9	15.1	16.2	17.4	18.5	19.7	20.9	22	23.2	24.4	25.6	26.7	27.9	29.1
♂	♋ 27.8R	27.7	27.6	27.6	27.5	27.5	27.4	27.4	27.4D	27.4	27.5	27.5	27.6	27.6	27.7	27.8	27.9	28	28.1	28.2	28.3	28.5	28.6	28.8	29	29.2	29.3	29.5	29.8	30	♌ 0.2

♃ 1: ♋ 10.5R · 6: 10.5 · 11: 10.5D · 16: 10.6 · 21: 10.8 · 26: 11 · 31: 11.3
♄ 1: ♑ 20.2 · 6: 20.6 · 11: 21 · 16: 21.4 · 21: 21.8 · 26: 22.1 · 31: 22.4
♅ 1: ♈ 13.4 · 11: 13.9 · 21: 14.4 · 31: 15
♆ 1: ♍ 4.3R · 11: 4 · 21: 3.7 · 31: 3.5
♇ 1: ♋ 18.9R · 11: 18.8 · 21: 18.7 · 31: 18.7

	1	2	3	4	5	6	7	8	9	10	11	12	13	14	15	16	17	18	19	20	21	22	23	24	25	26	27	28	29	30	31
☉	♈ 10.3	11.3	12.3	13.3	14.3	15.2	16.2	17.2	18.2	19.2	20.2	21.1	22.1	23.1	24.1	25.1	26	27	28	29	29.9	♉ 0.9	1.9	2.9	3.8	4.8	5.8	6.8	7.7	8.7	
☽	♍ 14.4	29.5	♎ 14.6	29.5	♏ 14.1	28.3	♐ 12.1	25.5	♑ 8.4	20.9	♒ 3.2	15.2	27.1	♓ 8.9	20.7	♈ 2.6	14.5	26.5	♉ 8.7	21.1	♊ 3.7	16.5	29.6	♋ 12.9	26.5	♌ 10.4	24.5	♍ 8.9	23.5	♎ 8.2	
☿	♈ 25.7	27.4	29.1	♉ 0.7	2.2	3.6	5	6.2	7.4	8.4	9.4	10.3	11	11.7	12.2	12.7	13	13.2	13.4	13.4R	13.3	13.2	12.9	12.6	12.2	11.7	11.2	10.6	10	9.4	
♀	♓ 0.3	1.4	2.6	3.8	5	6.1	7.3	8.5	9.7	10.9	12.1	13.2	14.4	15.6	16.8	18	19.2	20.4	21.6	22.7	23.9	25.1	26.3	27.5	28.7	29.9	♈ 1.1	2.3	3.5	4.7	
♂	♌ 0.4	0.7	0.9	1.2	1.4	1.7	2	2.3	2.6	2.9	3.2	3.5	3.8	4.1	4.5	4.8	5.2	5.5	5.9	6.2	6.6	7	7.3	7.7	8.1	8.5	8.9	9.3	9.7	10.1	

♃ 1: ♋ 11.4 · 6: 11.8 · 11: 12.3 · 16: 12.9 · 21: 13.5 · 26: 14.1
♄ 1: ♑ 22.4 · 6: 22.7 · 11: 22.9 · 16: 23 · 21: 23.2 · 26: 23.2
♅ 1: ♈ 15 · 11: 15.6 · 21: 16.2
♆ 1: ♍ 3.5R · 11: 3.3 · 21: 3.1
♇ 1: ♋ 18.7R · 11: 18.7D · 21: 18.8

	1	2	3	4	5	6	7	8	9	10	11	12	13	14	15	16	17	18	19	20	21	22	23	24	25	26	27	28	29	30	31
☉	♉ 9.7	10.6	11.6	12.6	13.5	14.5	15.5	16.5	17.4	18.4	19.4	20.3	21.3	22.2	23.2	24.2	25.1	26.1	27.1	28	29	30	♊ 0.9	1.9	2.8	3.8	4.8	5.7	6.7	7.6	8.6
☽	♎ 23	♏ 7.7	22.1	♐ 6.3	20.1	♑ 3.5	16.5	29.2	♒ 11.5	23.5	♓ 5.4	17.2	29	♈ 10.9	22.9	♉ 5.2	17.6	♊ 0.3	13.2	26.4	♋ 9.8	23.4	♌ 7.2	21.2	♍ 5.2	19.4	♎ 3.7	18	♏ 2.3	16.6	♐ 0.7
☿	♉ 8.7R	8.1	7.4	6.8	6.2	5.7	5.2	4.8	4.4	4.1	3.8	3.7	3.6	3.6D	3.7	3.8	4	4.3	4.7	5.1	5.6	6.2	6.9	7.6	8.3	9.2	10.1	11	12	13	14.2
♀	♈ 5.9	7.1	8.3	9.5	10.7	11.9	13.1	14.3	15.5	16.7	17.9	19.1	20.3	21.5	22.7	23.9	25.1	26.3	27.5	28.7	29.9	♉ 1.1	2.3	3.5	4.7	5.9	7.1	8.3	9.5	10.7	11.9
♂	♌ 10.5	10.9	11.3	11.8	12.2	12.6	13.1	13.5	13.9	14.4	14.8	15.3	15.8	16.2	16.7	17.1	17.6	18.1	18.6	19	19.5	20	20.5	21	21.5	22	22.5	23	23.5	24	24.5

♃ 1: ♋ 14.8 · 6: 15.6 · 11: 16.4 · 16: 17.3 · 21: 18.1 · 26: 19.1 · 31: 20
♄ 1: ♑ 23.3 · 6: 23.3R · 11: 23.2 · 16: 23.2 · 21: 23 · 26: 22.9 · 31: 22.7
♅ 1: ♈ 16.7 · 11: 17.3 · 21: 17.7 · 31: 18.2
♆ 1: ♍ 3.0R · 11: 3 · 21: 3.0D · 31: 3.1
♇ 1: ♋ 18.9 · 11: 19 · 21: 19.2 · 31: 19.4

	1	2	3	4	5	6	7	8	9	10	11	12	13	14	15	16	17	18	19	20	21	22	23	24	25	26	27	28	29	30	31
☉	♊ 9.6	10.5	11.5	12.4	13.4	14.3	15.3	16.3	17.2	18.2	19.1	20.1	21	22	22.9	23.9	24.9	25.8	26.8	27.7	28.7	29.6	♋ 0.6	1.5	2.5	3.4	4.4	5.4	6.3	7.3	
☽	♐ 14.6	28.2	♑ 11.5	24.5	♒ 7.1	19.4	♓ 1.5	13.4	25.2	♈ 7	19	♉ 1.1	13.4	26.1	♊ 9	22.3	♋ 5.9	19.7	♌ 3.7	17.9	♍ 2	16.2	♎ 0.4	14.5	28.5	♏ 12.5	26.3	♐ 10	23.5	♑ 6.8	
☿	♉ 15.3	16.5	17.8	19.1	20.4	21.8	23.3	24.8	26.3	27.9	29.5	♊ 1.2	2.9	4.7	6.5	8.3	10.2	12.1	14.1	16.1	18.1	20.2	22.3	24.5	26.6	28.8	♋ 0.9	3.1	5.3	7.5	
♀	♉ 13.1	14.3	15.5	16.8	18	19.2	20.4	21.6	22.8	24	25.2	26.4	27.6	28.8	♊ 0.1	1.3	2.5	3.7	4.9	6.1	7.3	8.5	9.8	11	12.2	13.4	14.6	15.8	17	18.3	
♂	♌ 25	25.5	26	26.5	27.1	27.6	28.1	28.6	29.2	29.7	♍ 0.2	0.7	1.3	1.8	2.4	2.9	3.4	4	4.5	5.1	5.6	6.2	6.7	7.3	7.9	8.4	9	9.5	10.1	10.7	

♃ 1: ♋ 20.2 · 6: 21.2 · 11: 22.2 · 16: 23.2 · 21: 24.3 · 26: 25.3
♄ 1: ♑ 22.6R · 6: 22.4 · 11: 22.1 · 16: 21.9 · 21: 21.5 · 26: 21.2
♅ 1: ♈ 18.2 · 11: 18.6 · 21: 18.9
♆ 1: ♍ 3.1 · 11: 3.2 · 21: 3.4
♇ 1: ♋ 19.4 · 11: 19.6 · 21: 19.8

	1	2	3	4	5	6	7	8	9	10	11	12	13	14	15	16	17	18	19	20	21	22	23	24	25	26	27	28	29	30	31
☉	♋ 8.2	9.2	10.1	11.1	12	13	13.9	14.9	15.8	16.8	17.7	18.7	19.7	20.6	21.6	22.5	23.5	24.4	25.4	26.3	27.3	28.2	29.2	♌ 0.1	1.1	2.1	3	4	4.9	5.9	6.8
☽	♑ 19.9	♒ 2.7	15.2	27.4	♓ 9.4	21.3	♈ 3.1	14.9	26.9	♉ 9	21.4	♊ 4.2	17.3	♋ 0.9	14.8	29	♌ 13.4	28	♍ 12.5	26.9	♎ 11.2	25.4	♏ 9.3	23	♐ 6.6	19.9	♑ 3.1	16	28.7	♒ 11.2	23.5
☿	♋ 9.7	11.8	14	16.1	18.2	20.3	22.4	24.4	26.4	28.4	♌ 0.3	2.3	4.1	6	7.8	9.6	11.4	13.1	14.8	16.5	18.1	19.7	21.3	22.8	24.3	25.8	27.2	28.7	♍ 0	1.4	2.7
♀	♊ 19.5	20.7	21.9	23.1	24.3	25.6	26.8	28	29.2	♋ 0.4	1.7	2.9	4.1	5.3	6.5	7.8	9	10.2	11.4	12.7	13.9	15.1	16.3	17.6	18.8	20	21.2	22.5	23.7	24.9	26.1
♂	♍ 11.2	11.8	12.4	13	13.5	14.1	14.7	15.3	15.8	16.4	17	17.6	18.2	18.8	19.4	19.9	20.5	21.1	21.7	22.3	22.9	23.5	24.1	24.7	25.3	25.9	26.5	27.1	27.8	28.4	29

♃ 1: ♋ 26.4 · 6: 27.5 · 11: 28.6 · 16: 29.7 · 21: ♌ 0.8 · 26: 1.9 · 31: 3
♄ 1: ♑ 20.9R · 6: 20.5 · 11: 20.1 · 16: 19.8 · 21: 19.4 · 26: 19 · 31: 18.7
♅ 1: ♈ 19.1 · 11: 19.3 · 21: 19.4 · 31: 19.4R
♆ 1: ♍ 3.6 · 11: 3.8 · 21: 4.1 · 31: 4.5
♇ 1: ♋ 20.1 · 11: 20.4 · 21: 20.6 · 31: 20.9

	1	2	3	4	5	6	7	8	9	10	11	12	13	14	15	16	17	18	19	20	21	22	23	24	25	26	27	28	29	30	31
☉	♌ 7.8	8.8	9.7	10.7	11.6	12.6	13.5	14.5	15.5	16.4	17.4	18.3	19.3	20.3	21.2	22.2	23.1	24.1	25.1	26	27	27.9	28.9	29.9	♍ 0.8	1.8	2.8	3.7	4.7	5.7	6.6
☽	♓ 5.6	17.6	29.4	♈ 11.2	23	♉ 4.9	17.1	29.5	♊ 12.2	25.4	♋ 9	23.1	♌ 7.6	22.3	♍ 7.2	22.1	♎ 6.9	21.5	♏ 5.8	19.8	♐ 3.5	16.9	♑ 0	12.9	25.5	♒ 7.9	20.2	♓ 2.3	14.2	26.1	♈ 7.9
☿	♍ 4	5.2	6.4	7.6	8.7	9.8	10.8	11.8	12.8	13.7	14.6	15.4	16.1	16.8	17.4	18	18.4	18.8	19.2	19.4	19.6	19.7	19.7R	19.6	19.4	19	18.6	18.1	17.5	16.9	16.1
♀	♋ 27.4	28.6	29.8	♌ 1.1	2.3	3.5	4.8	6	7.2	8.5	9.7	10.9	12.2	13.4	14.6	15.9	17.1	18.3	19.6	20.8	22	23.3	24.5	25.7	27	28.2	29.5	♍ 0.7	1.9	3.2	4.4
♂	♍ 29.6	♎ 0.2	0.8	1.4	2.1	2.7	3.3	3.9	4.5	5.2	5.8	6.4	7	7.7	8.3	8.9	9.6	10.2	10.8	11.5	12.1	12.7	13.4	14	14.7	15.3	16	16.6	17.2	17.9	18.5

♃ 1: ♌ 3.3 · 6: 4.4 · 11: 5.5 · 16: 6.6 · 21: 7.7 · 26: 8.7 · 31: 9.8
♄ 1: ♑ 18.6R · 6: 18.3 · 11: 18 · 16: 17.7 · 21: 17.4 · 26: 17.2 · 31: 17
♅ 1: ♈ 19.4R · 11: 19.3 · 21: 19.1 · 31: 18.9
♆ 1: ♍ 4.5 · 11: 4.8 · 21: 5.2 · 31: 5.6
♇ 1: ♋ 20.9 · 11: 21.2 · 21: 21.4 · 31: 21.6

	1	2	3	4	5	6	7	8	9	10	11	12	13	14	15	16	17	18	19	20	21	22	23	24	25	26	27	28	29	30	31
☉	♍ 7.6	8.6	9.5	10.5	11.5	12.4	13.4	14.4	15.4	16.3	17.3	18.3	19.2	20.2	21.2	22.2	23.1	24.1	25.1	26.1	27.1	28	29	30	♎ 1	1.9	2.9	3.9	4.9	5.9	
☽	♈ 19.7	♉ 1.5	13.4	25.5	♊ 7.9	20.6	♋ 3.7	17.3	♌ 1.3	15.8	♍ 0.6	15.6	♎ 0.8	15.9	♏ 0.8	15.4	29.6	♐ 13.4	26.8	♑ 9.8	22.6	♒ 5	17.2	29.3	♓ 11.2	23	♈ 4.8	16.6	28.5	♉ 10.4	
☿	♍ 15.2R	14.4	13.4	12.4	11.5	10.5	9.6	8.8	8	7.3	6.8	6.3	6	5.9	5.9D	6.1	6.4	6.9	7.5	8.3	9.2	10.2	11.4	12.6	14	15.4	16.9	18.5	20.1	21.7	
♀	♍ 5.7	6.9	8.1	9.4	10.6	11.9	13.1	14.3	15.6	16.8	18.1	19.3	20.6	21.8	23.1	24.3	25.5	26.8	28	29.3	♎ 0.5	1.8	3	4.3	5.5	6.7	8	9.2	10.5	11.7	
♂	♎ 19.2	19.9	20.5	21.2	21.8	22.5	23.1	23.8	24.4	25.1	25.8	26.4	27.1	27.8	28.4	29.1	29.8	♏ 0.4	1.1	1.8	2.5	3.1	3.8	4.5	5.2	5.9	6.5	7.2	7.9	8.6	

♃ 1: ♌ 10 · 6: 11 · 11: 12 · 16: 13 · 21: 14 · 26: 14.9
♄ 1: ♑ 17.0R · 6: 16.9 · 11: 16.7 · 16: 16.7 · 21: 16.6 · 26: 16.7D
♅ 1: ♈ 18.8R · 11: 18.5 · 21: 18.2
♆ 1: ♍ 5.6 · 11: 6 · 21: 6.3
♇ 1: ♋ 21.6 · 11: 21.8 · 21: 21.9

	1	2	3	4	5	6	7	8	9	10	11	12	13	14	15	16	17	18	19	20	21	22	23	24	25	26	27	28	29	30	31
☉	♎ 6.9	7.8	8.8	9.8	10.8	11.8	12.8	13.8	14.7	15.7	16.7	17.7	18.7	19.7	20.7	21.7	22.7	23.7	24.6	25.6	26.6	27.6	28.6	29.6	♏ 0.6	1.6	2.6	3.6	4.6	5.6	6.6
☽	♉ 22.4	♊ 4.6	17	29.7	♋ 12.7	26.1	♌ 9.9	24.2	♍ 8.8	23.8	♎ 9	24.1	♏ 9.2	24	♐ 8.5	22.4	♑ 6	19.1	♒ 1.7	14.1	26.2	♓ 8.2	20	♈ 1.8	13.6	25.4	♉ 7.4	19.4	♊ 1.6	14	26.6
☿	♍ 23.4	25.2	26.9	28.7	♎ 0.4	2.2	4	5.8	7.5	9.3	11.1	12.8	14.6	16.3	18	19.8	21.5	23.2	24.9	26.5	28.2	29.9	♏ 1.5	3.2	4.8	6.4	8	9.6	11.2	12.8	14.4
♀	♎ 13	14.2	15.5	16.7	18	19.2	20.5	21.7	23	24.2	25.5	26.7	27.9	29.2	♏ 0.4	1.7	2.9	4.2	5.4	6.7	7.9	9.2	10.4	11.7	12.9	14.2	15.4	16.7	17.9	19.2	20.4
♂	♏ 9.3	10	10.6	11.3	12	12.7	13.4	14.1	14.8	15.5	16.2	16.9	17.6	18.3	19	19.7	20.4	21.1	21.8	22.5	23.2	23.9	24.6	25.3	26.1	26.8	27.5	28.2	28.9	29.6	♐ 0.4

♃ 1: ♌ 15.8 · 6: 16.6 · 11: 17.4 · 16: 18.2 · 21: 18.9 · 26: 19.6 · 31: 20.2
♄ 1: ♑ 16.7 · 6: 16.8 · 11: 17 · 16: 17.1 · 21: 17.3 · 26: 17.6 · 31: 17.9
♅ 1: ♈ 17.8R · 11: 17.4 · 21: 17 · 31: 16.6
♆ 1: ♍ 6.7 · 11: 7 · 21: 7.3 · 31: 7.5
♇ 1: ♋ 22.1 · 11: 22.1 · 21: 22.2 · 31: 22.2R

	1	2	3	4	5	6	7	8	9	10	11	12	13	14	15	16	17	18	19	20	21	22	23	24	25	26	27	28	29	30	31
☉	♏ 7.6	8.6	9.6	10.6	11.6	12.6	13.6	14.6	15.6	16.6	17.6	18.6	19.7	20.7	21.7	22.7	23.7	24.7	25.7	26.7	27.7	28.7	29.7	♐ 0.7	1.8	2.8	3.8	4.8	5.8	6.8	
☽	♋ 9.4	22.4	♌ 5.8	19.5	♍ 3.5	17.8	♎ 2.4	17.3	♏ 2.3	17.2	♐ 2	16.5	♑ 0.7	14.3	27.5	♒ 10.2	22.6	♓ 4.7	16.7	28.5	♈ 10.2	22.1	♉ 4	16.1	28.4	♊ 10.8	23.5	♋ 6.4	19.5	♌ 2.7	
☿	♏ 15.9	17.5	19	20.6	22.1	23.7	25.2	26.7	28.2	29.7	♐ 1.2	2.7	4.2	5.7	7.2	8.6	10.1	11.5	13	14.4	15.8	17.2	18.6	20	21.4	22.7	24	25.3	26.5	27.7	
♀	♏ 21.7	22.9	24.2	25.4	26.7	27.9	29.2	♐ 0.4	1.7	2.9	4.2	5.4	6.6	7.9	9.1	10.4	11.6	12.9	14.1	15.4	16.6	17.9	19.1	20.4	21.6	22.9	24.1	25.4	26.6	27.9	
♂	♐ 1.1	1.8	2.5	3.2	4	4.7	5.4	6.1	6.9	7.6	8.3	9.1	9.8	10.5	11.3	12	12.7	13.5	14.2	14.9	15.7	16.4	17.2	17.9	18.7	19.4	20.1	20.9	21.6	22.4	

♃ 1: ♌ 20.3 · 6: 20.9 · 11: 21.3 · 16: 21.7 · 21: 22.1 · 26: 22.3
♄ 1: ♑ 18 · 6: 18.3 · 11: 18.6 · 16: 19 · 21: 19.5 · 26: 19.9
♅ 1: ♈ 16.6R · 11: 16.2 · 21: 15.9
♆ 1: ♍ 7.5 · 11: 7.7 · 21: 7.9
♇ 1: ♋ 22.2R · 11: 22.1 · 21: 22

	1	2	3	4	5	6	7	8	9	10	11	12	13	14	15	16	17	18	19	20	21	22	23	24	25	26	27	28	29	30	31
☉	♐ 7.8	8.8	9.9	10.9	11.9	12.9	13.9	14.9	16	17	18	19	20	21	22.1	23.1	24.1	25.1	26.1	27.1	28.2	29.2	♑ 0.2	1.2	2.2	3.3	4.3	5.3	6.3	7.3	8.4
☽	♌ 16.2	29.8	♍ 13.7	27.8	♎ 12.1	26.5	♏ 11.1	25.7	♐ 10.2	24.5	♑ 8.5	22.2	♒ 5.4	18.2	♓ 0.6	12.7	24.7	♈ 6.5	18.3	♉ 0.1	12.1	24.3	♊ 6.8	19.5	♋ 2.5	15.8	29.3	♌ 12.9	26.7	♍ 10.6	24.6
☿	♐ 28.9	♑ 0	1.1	2.1	3	3.8	4.6	5.2	5.7	6.1	6.3	6.4R	6.3	6	5.5	4.8	3.9	2.9	1.7	0.4	♐ 29.1	27.7	26.3	25.1	23.9	22.8	21.9	21.2	20.7	20.3	20.1
♀	♐ 29.1	♑ 0.4	1.6	2.9	4.1	5.3	6.6	7.8	9.1	10.3	11.6	12.8	14.1	15.3	16.6	17.8	19	20.3	21.5	22.8	24	25.3	26.5	27.8	29	♒ 0.2	1.5	2.7	4	5.2	6.4
♂	♐ 23.1	23.9	24.6	25.4	26.1	26.9	27.6	28.4	29.2	29.9	♑ 0.7	1.4	2.2	3	3.7	4.5	5.2	6	6.8	7.5	8.3	9.1	9.8	10.6	11.4	12.1	12.9	13.7	14.4	15.2	16

♃ 1: ♌ 22.5 · 6: 22.6 · 11: 22.6R · 16: 22.6 · 21: 22.4 · 26: 22.2 · 31: 21.9
♄ 1: ♑ 20.4 · 6: 20.9 · 11: 21.4 · 16: 22 · 21: 22.5 · 26: 23.1 · 31: 23.6
♅ 1: ♈ 15.7R · 11: 15.5 · 21: 15.4 · 31: 15.5D
♆ 1: ♍ 8 · 11: 8.0R · 21: 8 · 31: 7.9
♇ 1: ♋ 21.9R · 11: 21.7 · 21: 21.5 · 31: 21.3

1932

I

	1	2	3	4	5	6	7	8	9	10	11	12	13	14	15	16	17	18	19	20	21	22	23	24	25	26	27	28	29	30	31
☉	♑ 9.4	10.4	11.4	12.4	13.4	14.5	15.5	16.5	17.5	18.5	19.6	20.6	21.6	22.6	23.6	24.7	25.7	26.7	27.7	28.7	29.7	♒ 0.8	1.8	2.8	3.8	4.8	5.8	6.9	7.9	8.9	9.9
☽	♎ 8.6	22.7	♏ 6.8	21	♐ 5.1	19.2	♑ 3.1	16.8	♒ 0.1	13.2	25.9	♓ 8.3	20.5	♈ 2.4	14.2	26	♉ 7.9	19.9	♊ 2.2	14.7	27.6	♋ 10.9	24.4	♌ 8.3	22.4	♍ 6.7	21	♎ 5.3	19.5	♏ 3.7	17.7
☿	♐ 20.1D	20.2	20.5	20.9	21.4	22	22.7	23.4	24.3	25.2	26.2	27.2	28.3	29.4	♑ 0.6	1.7	3	4.2	5.5	6.8	8.1	9.4	10.8	12.2	13.6	15	16.4	17.9	19.3	20.8	22.3
♀	♒ 7.7	8.9	10.2	11.4	12.6	13.9	15.1	16.3	17.6	18.8	20.1	21.3	22.5	23.8	25	26.2	27.5	28.7	29.9	♓ 1.1	2.4	3.6	4.8	6.1	7.3	8.5	9.7	10.9	12.2	13.4	14.6
♂	♑ 16.8	17.5	18.3	19.1	19.9	20.6	21.4	22.2	23	23.7	24.5	25.3	26.1	26.9	27.6	28.4	29.2	30	♒ 0.8	1.6	2.3	3.1	3.9	4.7	5.5	6.3	7	7.8	8.6	9.4	10.2

♃ 1: ♌ 21.8R · 6: 21.4 · 11: 21 · 16: 20.5 · 21: 19.9 · 26: 19.3 · 31: 18.6
♄ 1: ♑ 23.8 · 6: 24.3 · 11: 24.9 · 16: 25.5 · 21: 26.1 · 26: 26.7 · 31: 27.3
♅ 1: ♈ 15.5 · 11: 15.6 · 21: 15.7 · 31: 16
♆ 1: ♍ 7.9R · 11: 7.7 · 21: 7.5 · 31: 7.3
♇ 1: ♋ 21.3R · 11: 21.1 · 21: 20.9 · 31: 20.7

II

	1	2	3	4	5	6	7	8	9	10	11	12	13	14	15	16	17	18	19	20	21	22	23	24	25	26	27	28	29	30	31
☉	♒ 10.9	11.9	13	14	15	16	17	18	19	20.1	21.1	22.1	23.1	24.1	25.1	26.1	27.1	28.1	29.1	♓ 0.2	1.2	2.2	3.2	4.2	5.2	6.2	7.2	8.2	9.2		
☽	♐ 1.7	15.4	29.1	♑ 12.5	25.7	♒ 8.7	21.5	♓ 4	16.3	28.4	♈ 10.3	22.1	♉ 3.9	15.7	27.7	♊ 10	22.5	♋ 5.4	18.7	♌ 2.4	16.5	♍ 1	15.6	♎ 0.4	15.1	29.8	♏ 14.2	28.4	♐ 12.4		
☿	♑ 23.7	25.3	26.8	28.3	29.8	♒ 1.4	3	4.6	6.1	7.8	9.4	11	12.7	14.3	16	17.7	19.4	21.1	22.9	24.6	26.4	28.2	30	♓ 1.8	3.6	5.4	7.3	9.2	11.1		
♀	♓ 15.8	17	18.3	19.5	20.7	21.9	23.1	24.3	25.5	26.7	28	29.2	♈ 0.4	1.6	2.8	4	5.2	6.4	7.6	8.7	9.9	11.1	12.3	13.5	14.7	15.9	17.1	18.2	19.4		
♂	♒ 11	11.8	12.6	13.3	14.1	14.9	15.7	16.5	17.3	18.1	18.9	19.7	20.4	21.2	22	22.8	23.6	24.4	25.2	26	26.8	27.6	28.3	29.1	29.9	♓ 0.7	1.5	2.3	3.1		

♃ 1: ♌ 18.5R · 6: 17.9 · 11: 17.2 · 16: 16.5 · 21: 15.9 · 26: 15.3
♄ 1: ♑ 27.4 · 6: 28 · 11: 28.6 · 16: 29.1 · 21: 29.7 · 26: ♒ 0.2
♅ 1: ♈ 16 · 11: 16.4 · 21: 16.8
♆ 1: ♍ 7.3R · 11: 7 · 21: 6.8
♇ 1: ♋ 20.7R · 11: 20.5 · 21: 20.3

III

	1	2	3	4	5	6	7	8	9	10	11	12	13	14	15	16	17	18	19	20	21	22	23	24	25	26	27	28	29	30	31
☉	♓ 10.2	11.2	12.2	13.2	14.2	15.2	16.2	17.2	18.2	19.2	20.2	21.2	22.2	23.2	24.2	25.2	26.2	27.2	28.2	29.2	♈ 0.2	1.2	2.2	3.2	4.1	5.1	6.1	7.1	8.1	9.1	10.1
☽	♐ 26	♑ 9.4	22.5	♒ 5.3	18	♓ 0.4	12.6	24.7	♈ 6.7	18.5	♉ 0.3	12.1	24	♊ 6	18.2	♋ 0.6	13.5	26.7	♌ 10.3	24.4	♍ 8.9	23.8	♎ 8.8	24	♏ 9	23.8	♐ 8.3	22.4	♑ 6.1	19.5	♒ 2.4
☿	♓ 13	14.9	16.8	18.7	20.7	22.6	24.5	26.5	28.4	♈ 0.3	2.2	4.1	5.9	7.7	9.4	11.1	12.7	14.3	15.7	17.1	18.4	19.6	20.7	21.7	22.5	23.2	23.8	24.3	24.7	24.9	25
♀	♈ 20.6	21.8	22.9	24.1	25.3	26.4	27.6	28.7	29.9	♉ 1.1	2.2	3.4	4.5	5.7	6.8	7.9	9.1	10.2	11.3	12.5	13.6	14.7	15.8	16.9	18	19.1	20.3	21.4	22.4	23.5	24.6
♂	♓ 3.9	4.7	5.4	6.2	7	7.8	8.6	9.4	10.2	11	11.8	12.5	13.3	14.1	14.9	15.7	16.5	17.3	18	18.8	19.6	20.4	21.2	22	22.7	23.5	24.3	25.1	25.9	26.7	27.4

♃ 1: ♌ 14.8R · 6: 14.3 · 11: 13.9 · 16: 13.5 · 21: 13.1 · 26: 12.9 · 31: 12.7
♄ 1: ♒ 0.6 · 6: 1.1 · 11: 1.6 · 16: 2 · 21: 2.4 · 26: 2.8 · 31: 3.2
♅ 1: ♈ 17.2 · 11: 17.7 · 21: 18.2 · 31: 18.8
♆ 1: ♍ 6.5R · 11: 6.2 · 21: 6 · 31: 5.7
♇ 1: ♋ 20.2R · 11: 20.1 · 21: 20 · 31: 20

IV

	1	2	3	4	5	6	7	8	9	10	11	12	13	14	15	16	17	18	19	20	21	22	23	24	25	26	27	28	29	30	31
☉	♈ 11.1	12	13	14	15	16	17	18	18.9	19.9	20.9	21.9	22.9	23.8	24.8	25.8	26.8	27.7	28.7	29.7	♉ 0.7	1.7	2.6	3.6	4.6	5.5	6.5	7.5	8.5	9.4	
☽	♒ 15	27.4	♓ 9.6	21.6	♈ 3.5	15.4	27.2	♉ 9	20.8	♊ 2.8	14.8	27	♋ 9.5	22.2	♌ 5.3	18.8	♍ 2.7	17.1	♎ 1.9	16.9	♏ 2.2	17.4	♐ 2.5	17.3	♑ 1.6	15.5	28.9	♒ 11.8	24.4	♓ 6.7	
☿	♈ 25.0R	24.9	24.7	24.3	23.9	23.4	22.8	22.1	21.4	20.7	19.9	19.2	18.4	17.7	17	16.4	15.8	15.2	14.8	14.4	14.1	13.9	13.8	13.7	13.8D	13.9	14.1	14.4	14.7	15.2	
♀	♉ 25.7	26.8	27.9	28.9	30	♊ 1.1	2.1	3.2	4.2	5.2	6.3	7.3	8.3	9.3	10.4	11.4	12.4	13.3	14.3	15.3	16.3	17.2	18.2	19.1	20.1	21	21.9	22.8	23.7	24.6	
♂	♓ 28.2	29	29.8	♈ 0.6	1.3	2.1	2.9	3.7	4.4	5.2	6	6.8	7.5	8.3	9.1	9.8	10.6	11.4	12.2	12.9	13.7	14.5	15.2	16	16.8	17.5	18.3	19.1	19.8	20.6	

♃ 1: ♌ 12.7R · 6: 12.6 · 11: 12.6D · 16: 12.7 · 21: 12.8 · 26: 13.1
♄ 1: ♒ 3.2 · 6: 3.6 · 11: 3.8 · 16: 4.1 · 21: 4.3 · 26: 4.5
♅ 1: ♈ 18.9 · 11: 19.4 · 21: 20
♆ 1: ♍ 5.7R · 11: 5.5 · 21: 5.4
♇ 1: ♋ 20.0R · 11: 20.0D · 21: 20

V

	1	2	3	4	5	6	7	8	9	10	11	12	13	14	15	16	17	18	19	20	21	22	23	24	25	26	27	28	29	30	31
☉	♉ 10.4	11.4	12.3	13.3	14.3	15.3	16.2	17.2	18.2	19.1	20.1	21.1	22	23	23.9	24.9	25.9	26.8	27.8	28.8	29.7	♊ 0.7	1.6	2.6	3.6	4.5	5.5	6.4	7.4	8.4	9.3
☽	♓ 18.7	♈ 0.6	12.4	24.2	♉ 6	17.9	29.8	♊ 11.9	24.1	♋ 6.4	19	♌ 1.7	14.8	28.2	♍ 11.9	26.1	♎ 10.6	25.5	♏ 10.5	25.7	♐ 10.8	25.6	♑ 10.1	24	♒ 7.5	20.5	♓ 3.1	15.4	27.4	♈ 9.3	21.1
☿	♈ 15.7	16.2	16.9	17.6	18.3	19.1	20	20.9	21.9	22.9	24	25.1	26.3	27.5	28.8	♉ 0.1	1.4	2.8	4.2	5.7	7.2	8.7	10.3	11.9	13.5	15.2	17	18.7	20.5	22.4	24.2
♀	♊ 25.5	26.3	27.2	28	28.9	29.7	♋ 0.5	1.3	2.1	2.8	3.6	4.3	5	5.7	6.4	7.1	7.7	8.4	9	9.6	10.1	10.7	11.2	11.7	12.1	12.6	13	13.4	13.7	14	14.3
♂	♈ 21.3	22.1	22.9	23.6	24.4	25.1	25.9	26.6	27.4	28.2	28.9	29.7	♉ 0.4	1.2	1.9	2.7	3.4	4.2	4.9	5.6	6.4	7.1	7.9	8.6	9.4	10.1	10.8	11.6	12.3	13	13.8

♃ 1: ♌ 13.4 · 6: 13.7 · 11: 14.2 · 16: 14.7 · 21: 15.2 · 26: 15.8 · 31: 16.5
♄ 1: ♒ 4.6 · 6: 4.7 · 11: 4.7 · 16: 4.8R · 21: 4.7 · 26: 4.7 · 31: 4.5
♅ 1: ♈ 20.6 · 11: 21.1 · 21: 21.6 · 31: 22
♆ 1: ♍ 5.3R · 11: 5.2 · 21: 5.2D · 31: 5.3
♇ 1: ♋ 20.1 · 11: 20.3 · 21: 20.4 · 31: 20.6

VI

	1	2	3	4	5	6	7	8	9	10	11	12	13	14	15	16	17	18	19	20	21	22	23	24	25	26	27	28	29	30	31
☉	♊ 10.3	11.2	12.2	13.2	14.1	15.1	16	17	17.9	18.9	19.8	20.8	21.8	22.7	23.7	24.6	25.6	26.5	27.5	28.4	29.4	♋ 0.4	1.3	2.3	3.2	4.2	5.1	6.1	7	8	
☽	♉ 2.9	14.8	26.7	♊ 8.8	21	♋ 3.5	16	28.8	♌ 11.8	24.9	♍ 8.4	22.1	♎ 6	20.3	♏ 4.9	19.6	♐ 4.5	19.3	♑ 3.9	18.2	♒ 2.2	15.7	28.7	♓ 11.3	23.7	♈ 5.7	17.6	29.4	♉ 11.3	23.2	
☿	♉ 26.2	28.1	♊ 0.1	2.1	4.2	6.2	8.4	10.5	12.6	14.8	17	19.2	21.4	23.6	25.8	28	♋ 0.2	2.3	4.4	6.6	8.6	10.7	12.7	14.7	16.7	18.6	20.5	22.4	24.2	26	
♀	♋ 14.6	14.8	15	15.2	15.3	15.4	15.4	15.4R	15.4	15.3	15.2	15.1	14.9	14.6	14.4	14.1	13.7	13.3	12.9	12.5	12	11.5	10.9	10.4	9.8	9.2	8.6	7.9	7.3	6.7	
♂	♉ 14.5	15.3	16	16.7	17.4	18.2	18.9	19.6	20.4	21.1	21.8	22.5	23.3	24	24.7	25.4	26.1	26.9	27.6	28.3	29	29.7	♊ 0.4	1.1	1.9	2.6	3.3	4	4.7	5.4	

♃ 1: ♌ 16.7 · 6: 17.4 · 11: 18.1 · 16: 19 · 21: 19.8 · 26: 20.7
♄ 1: ♒ 4.5R · 6: 4.4 · 11: 4.2 · 16: 3.9 · 21: 3.7 · 26: 3.4
♅ 1: ♈ 22.1 · 11: 22.5 · 21: 22.8
♆ 1: ♍ 5.3 · 11: 5.4 · 21: 5.5
♇ 1: ♋ 20.6 · 11: 20.9 · 21: 21.1

VII

	1	2	3	4	5	6	7	8	9	10	11	12	13	14	15	16	17	18	19	20	21	22	23	24	25	26	27	28	29	30	31
☉	♋ 8.9	9.9	10.8	11.8	12.7	13.7	14.7	15.6	16.6	17.5	18.5	19.4	20.4	21.3	22.3	23.2	24.2	25.1	26.1	27.1	28	29	29.9	♌ 0.9	1.8	2.8	3.7	4.7	5.7	6.6	7.6
☽	♊ 5.3	17.5	29.9	♋ 12.6	25.5	♌ 8.6	21.9	♍ 5.3	19	♎ 2.8	16.8	♏ 0.9	15.2	29.6	♐ 14.1	28.4	♑ 12.7	26.7	♒ 10.4	23.7	♓ 6.7	19.3	♈ 1.6	13.7	25.6	♉ 7.5	19.3	♊ 1.3	13.4	25.8	♋ 8.4
☿	♋ 27.7	29.4	♌ 1.1	2.8	4.4	5.9	7.5	9	10.4	11.9	13.3	14.6	15.9	17.2	18.4	19.6	20.8	21.9	22.9	23.9	24.9	25.8	26.7	27.5	28.2	28.9	29.5	♍ 0.1	0.6	1	1.3
♀	♋ 6.1R	5.5	4.9	4.3	3.7	3.1	2.6	2.1	1.7	1.2	0.8	0.5	0.1	♊ 29.8	29.6	29.4	29.2	29.1	29	28.9	28.9D	28.9	29	29.1	29.2	29.4	29.6	29.9	♋ 0.1	0.4	0.8
♂	♊ 6.1	6.8	7.5	8.2	8.9	9.6	10.3	11	11.7	12.4	13.1	13.8	14.5	15.2	15.9	16.6	17.2	17.9	18.6	19.3	20	20.7	21.3	22	22.7	23.4	24.1	24.7	25.4	26.1	26.8

♃ 1: ♌ 21.6 · 6: 22.5 · 11: 23.5 · 16: 24.5 · 21: 25.5 · 26: 26.5 · 31: 27.6
♄ 1: ♒ 3.1R · 6: 2.8 · 11: 2.4 · 16: 2.1 · 21: 1.7 · 26: 1.3 · 31: 0.9
♅ 1: ♈ 23.1 · 11: 23.3 · 21: 23.4 · 31: 23.4R
♆ 1: ♍ 5.7 · 11: 6 · 21: 6.3 · 31: 6.6
♇ 1: ♋ 21.4 · 11: 21.6 · 21: 21.9 · 31: 22.1

VIII

	1	2	3	4	5	6	7	8	9	10	11	12	13	14	15	16	17	18	19	20	21	22	23	24	25	26	27	28	29	30	31
☉	♌ 8.5	9.5	10.4	11.4	12.3	13.3	14.3	15.2	16.2	17.1	18.1	19.1	20	21	21.9	22.9	23.9	24.8	25.8	26.8	27.7	28.7	29.6	♍ 0.6	1.6	2.5	3.5	4.5	5.4	6.4	7.4
☽	♋ 21.3	♌ 4.5	17.9	♍ 1.6	15.4	29.4	♎ 13.6	27.7	♏ 11.9	26.1	♐ 10.3	24.4	♑ 8.3	22.1	♒ 5.7	19	♓ 2	14.8	27.3	♈ 9.5	21.6	♉ 3.5	15.4	27.2	♊ 9.2	21.3	♋ 3.7	16.4	29.4	♌ 12.8	26.5
☿	♍ 1.6	1.8	1.9	1.9R	1.8	1.7	1.4	1.1	0.7	0.2	♌ 29.6	28.9	28.2	27.4	26.6	25.8	24.9	24.1	23.3	22.5	21.7	21.1	20.5	20	19.7	19.4	19.3	19.3D	19.4	19.7	20.1
♀	♋ 1.1	1.5	2	2.4	2.9	3.4	3.9	4.4	5	5.6	6.2	6.8	7.5	8.1	8.8	9.5	10.2	11	11.7	12.5	13.3	14.1	14.9	15.7	16.5	17.4	18.2	19.1	19.9	20.8	21.7
♂	♊ 27.4	28.1	28.8	29.4	♋ 0.1	0.8	1.4	2.1	2.8	3.4	4.1	4.8	5.4	6.1	6.7	7.4	8	8.7	9.3	10	10.6	11.3	11.9	12.6	13.2	13.9	14.5	15.1	15.8	16.4	17.1

♃ 1: ♌ 27.8 · 6: 28.9 · 11: 29.9 · 16: ♍ 1 · 21: 2.1 · 26: 3.2 · 31: 4.3
♄ 1: ♒ 0.9R · 6: 0.5 · 11: 0.2 · 16: ♑ 29.8 · 21: 29.5 · 26: 29.2 · 31: 29
♅ 1: ♈ 23.4R · 11: 23.3 · 21: 23.2 · 31: 23
♆ 1: ♍ 6.6 · 11: 7 · 21: 7.3 · 31: 7.7
♇ 1: ♋ 22.2 · 11: 22.4 · 21: 22.7 · 31: 22.9

IX

	1	2	3	4	5	6	7	8	9	10	11	12	13	14	15	16	17	18	19	20	21	22	23	24	25	26	27	28	29	30	31
☉	♍ 8.3	9.3	10.3	11.2	12.2	13.2	14.2	15.1	16.1	17.1	18	19	20	21	21.9	22.9	23.9	24.9	25.8	26.8	27.8	28.8	29.8	♎ 0.7	1.7	2.7	3.7	4.7	5.6	6.6	
☽	♍ 10.6	24.9	♎ 9.3	23.9	♏ 8.4	22.8	♐ 7.1	21.2	♑ 5.1	18.7	♒ 2.1	15.2	28.1	♓ 10.8	23.3	♈ 5.6	17.7	29.7	♉ 11.6	23.5	♊ 5.3	17.3	29.4	♋ 11.7	24.3	♌ 7.3	20.8	♍ 4.6	18.8	♎ 3.4	
☿	♌ 20.7	21.4	22.2	23.2	24.2	25.4	26.7	28.1	29.5	♍ 1.1	2.7	4.4	6.1	7.8	9.6	11.4	13.3	15.1	17	18.8	20.7	22.6	24.4	26.3	28.1	29.9	♎ 1.7	3.5	5.3	7.1	
♀	♋ 22.6	23.5	24.5	25.4	26.3	27.3	28.2	29.2	♌ 0.2	1.2	2.1	3.1	4.1	5.1	6.2	7.2	8.2	9.2	10.3	11.3	12.4	13.4	14.5	15.5	16.6	17.7	18.7	19.8	20.9	22	
♂	♋ 17.7	18.3	19	19.6	20.2	20.8	21.5	22.1	22.7	23.3	24	24.6	25.2	25.8	26.4	27.1	27.7	28.3	28.9	29.5	♌ 0.1	0.7	1.3	1.9	2.5	3.1	3.7	4.3	4.9	5.5	

♃ 1: ♍ 4.5 · 6: 5.6 · 11: 6.7 · 16: 7.7 · 21: 8.8 · 26: 9.8
♄ 1: ♑ 28.9R · 6: 28.7 · 11: 28.5 · 16: 28.3 · 21: 28.2 · 26: 28.1
♅ 1: ♈ 22.9R · 11: 22.7 · 21: 22.3
♆ 1: ♍ 7.8 · 11: 8.1 · 21: 8.5
♇ 1: ♋ 22.9 · 11: 23.1 · 21: 23.2

X

	1	2	3	4	5	6	7	8	9	10	11	12	13	14	15	16	17	18	19	20	21	22	23	24	25	26	27	28	29	30	31
☉	♎ 7.6	8.6	9.6	10.6	11.5	12.5	13.5	14.5	15.5	16.5	17.5	18.5	19.4	20.4	21.4	22.4	23.4	24.4	25.4	26.4	27.4	28.4	29.4	♏ 0.4	1.4	2.4	3.4	4.4	5.4	6.4	7.4
☽	♎ 18.3	♏ 3.3	18.2	♐ 3	17.6	♑ 1.8	15.6	29	♒ 12.2	25	♓ 7.6	20	♈ 2.2	14.3	26.3	♉ 8.2	20.1	♊ 2	13.8	25.8	♋ 7.8	20.1	♌ 2.7	15.5	28.8	♍ 12.6	26.8	♎ 11.5	26.5	♏ 11.7	27
☿	♎ 8.9	10.6	12.4	14.1	15.8	17.5	19.2	20.8	22.5	24.1	25.7	27.4	29	♏ 0.6	2.1	3.7	5.3	6.8	8.4	9.9	11.4	12.9	14.4	15.9	17.4	18.9	20.3	21.8	23.2	24.6	26
♀	♌ 23.1	24.2	25.3	26.4	27.5	28.6	29.7	♍ 0.9	2	3.1	4.2	5.4	6.5	7.6	8.8	9.9	11.1	12.2	13.4	14.5	15.7	16.9	18	19.2	20.4	21.5	22.7	23.9	25.1	26.3	27.4
♂	♌ 6.1	6.7	7.3	7.9	8.4	9	9.6	10.2	10.8	11.3	11.9	12.5	13.1	13.6	14.2	14.7	15.3	15.9	16.4	17	17.5	18.1	18.6	19.2	19.7	20.3	20.8	21.3	21.9	22.4	22.9

♃ 1: ♍ 10.9 · 6: 11.9 · 11: 12.9 · 16: 13.9 · 21: 14.8 · 26: 15.7 · 31: 16.6
♄ 1: ♑ 28.1R · 6: 28.1D · 11: 28.2 · 16: 28.3 · 21: 28.4 · 26: 28.6 · 31: 28.8
♅ 1: ♈ 21.9R · 11: 21.5 · 21: 21.1 · 31: 20.7
♆ 1: ♍ 8.8 · 11: 9.1 · 21: 9.4 · 31: 9.7
♇ 1: ♋ 23.3 · 11: 23.4 · 21: 23.5 · 31: 23.5R

XI

	1	2	3	4	5	6	7	8	9	10	11	12	13	14	15	16	17	18	19	20	21	22	23	24	25	26	27	28	29	30	31
☉	♏ 8.4	9.4	10.4	11.4	12.4	13.4	14.4	15.4	16.4	17.4	18.4	19.4	20.4	21.4	22.4	23.4	24.4	25.5	26.5	27.5	28.5	29.5	♐ 0.5	1.5	2.5	3.5	4.5	5.6	6.6	7.6	
☽	♐ 12.2	27	♑ 11.4	25.4	♒ 8.9	22	♓ 4.7	17.1	29.3	♈ 11.3	23.3	♉ 5.2	17	28.9	♊ 10.8	22.7	♋ 4.8	16.9	29.2	♌ 11.7	24.5	♍ 7.6	21.2	♎ 5.2	19.7	♏ 4.6	19.8	♐ 5.1	20.4	♑ 5.4	
☿	♏ 27.4	28.8	♐ 0.2	1.6	2.9	4.2	5.5	6.8	8.1	9.3	10.5	11.7	12.8	13.9	14.9	15.9	16.8	17.6	18.4	19	19.6	20	20.4	20.6	20.6R	20.4	20.1	19.6	19	18.1	
♀	♍ 28.6	29.8	♎ 1	2.2	3.4	4.6	5.8	7	8.2	9.4	10.6	11.8	13	14.2	15.4	16.6	17.8	19	20.2	21.5	22.7	23.9	25.1	26.3	27.6	28.8	♏ 0	1.2	2.5	3.7	
♂	♌ 23.5	24	24.5	25	25.5	26.1	26.6	27.1	27.6	28.1	28.6	29.1	29.6	♍ 0.1	0.5	1	1.5	2	2.4	2.9	3.4	3.8	4.3	4.7	5.2	5.6	6.1	6.5	6.9	7.4	

♃ 1: ♍ 16.8 · 6: 17.6 · 11: 18.4 · 16: 19.1 · 21: 19.8 · 26: 20.5
♄ 1: ♑ 28.8 · 6: 29.1 · 11: 29.4 · 16: 29.7 · 21: ♒ 0.1 · 26: 0.5
♅ 1: ♈ 20.7R · 11: 20.3 · 21: 20
♆ 1: ♍ 9.7 · 11: 9.9 · 21: 10.1
♇ 1: ♋ 23.4R · 11: 23.4 · 21: 23.3

XII

	1	2	3	4	5	6	7	8	9	10	11	12	13	14	15	16	17	18	19	20	21	22	23	24	25	26	27	28	29	30	31
☉	♐ 8.6	9.6	10.6	11.6	12.7	13.7	14.7	15.7	16.7	17.7	18.8	19.8	20.8	21.8	22.8	23.8	24.9	25.9	26.9	27.9	28.9	30	♑ 1	2	3	4	5	6.1	7.1	8.1	9.1
☽	♑ 20.1	♒ 4.2	17.9	♓ 1	13.7	26.1	♈ 8.3	20.3	♉ 2.1	14	25.8	♊ 7.7	19.7	♋ 1.8	14	26.3	♌ 8.7	21.4	♍ 4.2	17.4	♎ 0.8	14.7	28.9	♏ 13.4	28.3	♐ 13.4	28.4	♑ 13.3	28	♒ 12.2	25.9
☿	♐ 17.1R	15.9	14.7	13.3	11.9	10.6	9.3	8.1	7	6.1	5.4	4.8	4.5	4.3	4.3D	4.5	4.8	5.3	5.8	6.5	7.3	8.2	9.1	10.1	11.1	12.3	13.4	14.6	15.8	17.1	18.4
♀	♏ 4.9	6.1	7.4	8.6	9.8	11.1	12.3	13.5	14.8	16	17.2	18.5	19.7	20.9	22.2	23.4	24.7	25.9	27.1	28.4	29.6	♐ 0.9	2.1	3.3	4.6	5.8	7.1	8.3	9.6	10.8	12
♂	♍ 7.8	8.2	8.6	9	9.4	9.8	10.2	10.6	11	11.4	11.7	12.1	12.5	12.8	13.2	13.5	13.8	14.2	14.5	14.8	15.1	15.4	15.7	16	16.3	16.5	16.8	17.1	17.3	17.5	17.8

♃ 1: ♍ 21.1 · 6: 21.6 · 11: 22 · 16: 22.4 · 21: 22.7 · 26: 23 · 31: 23.2
♄ 1: ♒ 0.9 · 6: 1.3 · 11: 1.8 · 16: 2.3 · 21: 2.8 · 26: 3.4 · 31: 3.9
♅ 1: ♈ 19.8R · 11: 19.6 · 21: 19.5 · 31: 19.4D
♆ 1: ♍ 10.1 · 11: 10.2 · 21: 10.2R · 31: 10.1
♇ 1: ♋ 23.2R · 11: 23 · 21: 22.8 · 31: 22.6

I

	1	2	3	4	5	6	7	8	9	10	11	12	13	14	15	16	17	18	19	20	21	22	23	24	25	26	27	28	29	30	31
☉	♑ 10.1	11.2	12.2	13.2	14.2	15.2	16.3	17.3	18.3	19.3	20.3	21.4	22.4	23.4	24.4	25.4	26.4	27.5	28.5	29.5	♒ 0.5	1.5	2.6	3.6	4.6	5.6	6.6	7.6	8.7	9.7	10.7
☽	♓ 9.2	22	♈ 4.5	16.7	28.7	♉ 10.6	22.4	♊ 4.3	16.3	28.3	♋ 10.6	23	♌ 5.6	18.3	♍ 1.2	14.4	27.7	♎ 11.3	25.1	♏ 9.2	23.4	♐ 7.9	22.5	♑ 7.1	21.6	♒ 6	20	♓ 3.7	16.9	29.8	♈ 12.4
☿	♐ 19.7	21	22.4	23.7	25.1	26.5	28	29.4	♑ 0.8	2.3	3.7	5.2	6.7	8.2	9.7	11.2	12.7	14.3	15.8	17.4	18.9	20.5	22.1	23.6	25.2	26.9	28.5	♒ 0.1	1.7	3.4	5.1
♀	♐ 13.3	14.5	15.8	17	18.3	19.5	20.8	22	23.3	24.5	25.7	27	28.2	29.5	♑ 0.7	2	3.2	4.5	5.7	7	8.2	9.5	10.7	12	13.2	14.5	15.7	17	18.2	19.5	20.7
♂	♍ 18	18.2	18.4	18.6	18.8	19	19.1	19.3	19.4	19.5	19.7	19.8	19.9	20	20.1	20.1	20.2	20.2	20.2	20.3	20.3	20.3R	20.2	20.2	20.2	20.1	20	20	19.9	19.8	19.6

♃ 1: ♍ 23.2, 6: 23.3, 11: 23.2R, 16: 23.2, 21: 23, 26: 22.7, 31: 22.4 — ♄ 1: ♒ 4, 6: 4.6, 11: 5.2, 16: 5.8, 21: 6.4, 26: 7, 31: 7.6 — ♅ 1: ♈ 19.4, 11: 19.5, 21: 19.7, 31: 19.9 — ♆ 1: ♍ 10.1R, 11: 9.9, 21: 9.8, 31: 9.5 — ♇ 1: ♋ 22.6R, 11: 22.4, 21: 22.2, 31: 22

II

	1	2	3	4	5	6	7	8	9	10	11	12	13	14	15	16	17	18	19	20	21	22	23	24	25	26	27	28	29	30	31
☉	♒ 11.7	12.7	13.7	14.7	15.8	16.8	17.8	18.8	19.8	20.8	21.8	22.8	23.9	24.9	25.9	26.9	27.9	28.9	29.9	♓ 0.9	1.9	2.9	3.9	4.9	6	7	8	9			
☽	♈ 24.6	♉ 6.7	18.6	♊ 0.5	12.3	24.3	♋ 6.5	18.8	♌ 1.4	14.3	27.4	♍ 10.7	24.3	♎ 8	22	♏ 6	20.1	♐ 4.3	18.5	♑ 2.7	16.9	♒ 0.9	14.7	28.4	♓ 11.7	24.8	♈ 7.6	20.1			
☿	♒ 6.7	8.4	10.1	11.8	13.6	15.3	17	18.8	20.6	22.4	24.2	26	27.8	29.6	♓ 1.5	3.3	5.2	7	8.9	10.7	12.6	14.4	16.2	18	19.8	21.5	23.2	24.9			
♀	♑ 22	23.2	24.5	25.7	27	28.2	29.5	♒ 0.7	2	3.2	4.5	5.7	7	8.2	9.5	10.7	11.9	13.2	14.4	15.7	16.9	18.2	19.4	20.7	21.9	23.2	24.4	25.7			
♂	♍ 19.5R	19.3	19.2	19	18.8	18.6	18.4	18.2	17.9	17.7	17.4	17.1	16.9	16.6	16.3	15.9	15.6	15.3	14.9	14.6	14.2	13.9	13.5	13.1	12.7	12.3	11.9	11.5			

♃ 1: ♍ 22.4R, 6: 22, 11: 21.5, 16: 21, 21: 20.4, 26: 19.8 — ♄ 1: ♒ 7.7, 6: 8.3, 11: 8.9, 16: 9.5, 21: 10, 26: 10.6 — ♅ 1: ♈ 19.9, 11: 20.3, 21: 20.7 — ♆ 1: ♍ 9.5R, 11: 9.3, 21: 9 — ♇ 1: ♋ 21.9R, 11: 21.8, 21: 21.6

III

	1	2	3	4	5	6	7	8	9	10	11	12	13	14	15	16	17	18	19	20	21	22	23	24	25	26	27	28	29	30	31
☉	♓ 10	11	12	13	14	15	16	17	18	19	20	21	22	23	24	25	26	27	27.9	28.9	29.9	♈ 0.9	1.9	2.9	3.9	4.9	5.9	6.9	7.9	8.8	9.8
☽	♉ 2.4	14.4	26.4	♊ 8.3	20.2	♋ 2.1	14.3	26.7	♌ 9.4	22.4	♍ 5.8	19.5	♎ 3.5	17.7	♏ 2.1	16.6	♐ 1	15.3	29.5	♑ 13.5	27.3	♒ 10.9	24.3	♓ 7.5	20.5	♈ 3.3	15.8	28.2	♉ 10.4	22.4	♊ 4.4
☿	♓ 26.4	28	29.4	♈ 0.7	2	3.1	4.1	5	5.8	6.4	6.9	7.2	7.4	7.4R	7.4	7.1	6.8	6.3	5.7	5	4.2	3.4	2.6	1.7	0.8	♓ 29.9	29.1	28.3	27.5	26.9	26.3
♀	♒ 26.9	28.2	29.4	♓ 0.7	1.9	3.2	4.4	5.6	6.9	8.1	9.4	10.6	11.9	13.1	14.4	15.6	16.9	18.1	19.3	20.6	21.8	23.1	24.3	25.6	26.8	28	29.3	♈ 0.5	1.8	3	4.3
♂	♍ 11.2R	10.8	10.4	10	9.6	9.2	8.8	8.4	8	7.6	7.3	6.9	6.5	6.2	5.8	5.5	5.2	4.9	4.6	4.3	4	3.7	3.4	3.2	3	2.7	2.5	2.3	2.1	1.9	1.8

♃ 1: ♍ 19.4R, 6: 18.8, 11: 18.1, 16: 17.5, 21: 16.8, 26: 16.2, 31: 15.7 — ♄ 1: ♒ 10.9, 6: 11.5, 11: 12, 16: 12.5, 21: 13, 26: 13.4, 31: 13.9 — ♅ 1: ♈ 21, 11: 21.5, 21: 22, 31: 22.6 — ♆ 1: ♍ 8.8R, 11: 8.5, 21: 8.2, 31: 8 — ♇ 1: ♋ 21.5R, 11: 21.4, 21: 21.3, 31: 21.2

IV

	1	2	3	4	5	6	7	8	9	10	11	12	13	14	15	16	17	18	19	20	21	22	23	24	25	26	27	28	29	30	31
☉	♈ 10.8	11.8	12.8	13.8	14.8	15.7	16.7	17.7	18.7	19.7	20.7	21.6	22.6	23.6	24.6	25.6	26.5	27.5	28.5	29.5	♉ 0.4	1.4	2.4	3.4	4.3	5.3	6.3	7.3	8.2	9.2	
☽	♊ 16.2	28.1	♋ 10.1	22.2	♌ 4.5	17.2	♍ 0.2	13.7	27.6	♎ 11.9	26.6	♏ 11.4	26.4	♐ 11.2	25.8	♑ 10.2	24.2	♒ 7.9	21.3	♓ 4.4	17.2	29.9	♈ 12.3	24.6	♉ 6.8	18.9	♊ 0.8	12.7	24.6	♋ 6.4	
☿	♓ 25.8R	25.4	25	24.8	24.7	24.6D	24.7	24.8	25	25.3	25.7	26.2	26.7	27.3	28	28.7	29.5	♈ 0.3	1.2	2.1	3.1	4.2	5.3	6.4	7.6	8.8	10	11.3	12.6	14	
♀	♈ 5.5	6.7	8	9.2	10.5	11.7	12.9	14.2	15.4	16.7	17.9	19.1	20.4	21.6	22.8	24.1	25.3	26.6	27.8	29	♉ 0.3	1.5	2.7	4	5.2	6.4	7.7	8.9	10.2	11.4	
♂	♍ 1.6R	1.5	1.4	1.3	1.2	1.1	1	1	0.9	0.9	0.9	0.9	0.9D	0.9	0.9	0.9	1	1.1	1.1	1.2	1.3	1.4	1.5	1.7	1.8	2	2.1	2.3	2.5	2.7	

♃ 1: ♍ 15.6R, 6: 15, 11: 14.6, 16: 14.2, 21: 13.9, 26: 13.6 — ♄ 1: ♒ 13.9, 6: 14.3, 11: 14.7, 16: 15, 21: 15.3, 26: 15.6 — ♅ 1: ♈ 22.6, 11: 23.2, 21: 23.8 — ♆ 1: ♍ 8.0R, 11: 7.8, 21: 7.6 — ♇ 1: ♋ 21.2R, 11: 21.2D, 21: 21.3

V

	1	2	3	4	5	6	7	8	9	10	11	12	13	14	15	16	17	18	19	20	21	22	23	24	25	26	27	28	29	30	31
☉	♉ 10.2	11.1	12.1	13.1	14	15	16	17	17.9	18.9	19.9	20.8	21.8	22.7	23.7	24.7	25.6	26.6	27.6	28.5	29.5	♊ 0.5	1.4	2.4	3.3	4.3	5.3	6.2	7.2	8.1	9.1
☽	♋ 18.4	♌ 0.5	12.8	25.4	♍ 8.3	21.8	♎ 5.7	20.1	♏ 4.9	20	♐ 5.3	20.4	♑ 5.4	20	♒ 4.2	18	♓ 1.3	14.3	27	♈ 9.4	21.7	♉ 3.8	15.8	27.8	♊ 9.6	21.5	♋ 3.4	15.2	27.2	♌ 9.3	21.6
☿	♈ 15.4	16.8	18.3	19.8	21.3	22.9	24.5	26.1	27.8	29.5	♉ 1.2	3	4.7	6.6	8.4	10.3	12.2	14.2	16.2	18.2	20.3	22.3	24.4	26.6	28.7	♊ 0.9	3.1	5.3	7.5	9.7	11.9
♀	♉ 12.6	13.9	15.1	16.3	17.6	18.8	20	21.3	22.5	23.7	24.9	26.2	27.4	28.6	29.9	♊ 1.1	2.3	3.6	4.8	6	7.3	8.5	9.7	10.9	12.2	13.4	14.6	15.9	17.1	18.3	19.5
♂	♍ 2.9	3.1	3.3	3.5	3.8	4	4.2	4.5	4.8	5	5.3	5.6	5.9	6.2	6.5	6.8	7.2	7.5	7.8	8.2	8.5	8.9	9.2	9.6	10	10.3	10.7	11.1	11.5	11.9	12.3

♃ 1: ♍ 13.4R, 6: 13.3, 11: 13.3D, 16: 13.3, 21: 13.5, 26: 13.7, 31: 13.9 — ♄ 1: ♒ 15.8, 6: 16, 11: 16.2, 16: 16.3, 21: 16.3, 26: 16.4, 31: 16.4R — ♅ 1: ♈ 24.3, 11: 24.9, 21: 25.4, 31: 25.9 — ♆ 1: ♍ 7.5R, 11: 7.4, 21: 7.4D, 31: 7.4 — ♇ 1: ♋ 21.4, 11: 21.5, 21: 21.7, 31: 21.9

VI

	1	2	3	4	5	6	7	8	9	10	11	12	13	14	15	16	17	18	19	20	21	22	23	24	25	26	27	28	29	30	31
☉	♊ 10	11	12	12.9	13.9	14.8	15.8	16.7	17.7	18.7	19.6	20.6	21.5	22.5	23.4	24.4	25.3	26.3	27.3	28.2	29.2	♋ 0.1	1.1	2	3	3.9	4.9	5.8	6.8	7.7	
☽	♍ 4.2	17.1	♎ 0.4	14.2	28.5	♏ 13.3	28.4	♐ 13.7	29	♑ 14.2	29	♒ 13.4	27.3	♓ 10.7	23.7	♈ 6.4	18.7	♉ 0.9	12.9	24.8	♊ 6.7	18.6	♋ 0.4	12.4	24.3	♌ 6.4	18.6	♍ 1	13.7	26.6	
☿	♊ 14	16.2	18.4	20.5	22.6	24.7	26.8	28.8	♋ 0.8	2.8	4.7	6.6	8.4	10.2	12	13.7	15.4	17.1	18.7	20.2	21.7	23.2	24.7	26	27.4	28.7	29.9	♌ 1.2	2.3	3.4	
♀	♊ 20.8	22	23.2	24.4	25.7	26.9	28.1	29.4	♋ 0.6	1.8	3	4.3	5.5	6.7	7.9	9.2	10.4	11.6	12.8	14	15.3	16.5	17.7	18.9	20.2	21.4	22.6	23.8	25.1	26.3	
♂	♍ 12.7	13.1	13.5	14	14.4	14.8	15.3	15.7	16.1	16.6	17	17.5	18	18.4	18.9	19.4	19.8	20.3	20.8	21.3	21.8	22.3	22.8	23.3	23.8	24.3	24.8	25.3	25.8	26.3	

♃ 1: ♍ 14, 6: 14.3, 11: 14.7, 16: 15.2, 21: 15.8, 26: 16.3 — ♄ 1: ♒ 16.4R, 6: 16.3, 11: 16.2, 16: 16.1, 21: 15.9, 26: 15.7 — ♅ 1: ♈ 25.9, 11: 26.3, 21: 26.7 — ♆ 1: ♍ 7.4, 11: 7.5, 21: 7.7 — ♇ 1: ♋ 21.9, 11: 22.1, 21: 22.3

VII

	1	2	3	4	5	6	7	8	9	10	11	12	13	14	15	16	17	18	19	20	21	22	23	24	25	26	27	28	29	30	31
☉	♋ 8.7	9.7	10.6	11.6	12.5	13.5	14.4	15.4	16.3	17.3	18.2	19.2	20.1	21.1	22.1	23	24	24.9	25.9	26.8	27.8	28.7	29.7	♌ 0.6	1.6	2.6	3.5	4.5	5.4	6.4	7.3
☽	♎ 9.9	23.6	♏ 7.7	22.3	♐ 7.1	22.2	♑ 7.4	22.5	♒ 7.3	21.8	♓ 5.8	19.3	♈ 2.4	15.1	27.5	♉ 9.7	21.7	♊ 3.6	15.4	27.3	♋ 9.2	21.3	♌ 3.4	15.7	28.1	♍ 10.8	23.6	♎ 6.7	20.1	♏ 3.8	17.8
☿	♌ 4.5	5.5	6.5	7.4	8.2	9	9.8	10.4	11.1	11.6	12.1	12.5	12.8	13.1	13.2	13.3	13.3R	13.3	13.1	12.9	12.6	12.2	11.8	11.2	10.7	10	9.3	8.6	7.9	7.2	6.4
♀	♋ 27.5	28.7	29.9	♌ 1.2	2.4	3.6	4.8	6	7.3	8.5	9.7	10.9	12.1	13.4	14.6	15.8	17	18.2	19.4	20.7	21.9	23.1	24.3	25.5	26.7	28	29.2	♍ 0.4	1.6	2.8	4
♂	♍ 26.9	27.4	27.9	28.4	29	29.5	♎ 0	0.6	1.1	1.7	2.2	2.8	3.3	3.9	4.4	5	5.6	6.1	6.7	7.3	7.8	8.4	9	9.6	10.2	10.7	11.3	11.9	12.5	13.1	13.7

♃ 1: ♍ 17, 6: 17.7, 11: 18.4, 16: 19.2, 21: 20, 26: 20.9, 31: 21.8 — ♄ 1: ♒ 15.4R, 6: 15.2, 11: 14.9, 16: 14.5, 21: 14.2, 26: 13.8, 31: 13.5 — ♅ 1: ♈ 27, 11: 27.2, 21: 27.3, 31: 27.4 — ♆ 1: ♍ 7.9, 11: 8.1, 21: 8.4, 31: 8.7 — ♇ 1: ♋ 22.6, 11: 22.9, 21: 23.1, 31: 23.4

VIII

	1	2	3	4	5	6	7	8	9	10	11	12	13	14	15	16	17	18	19	20	21	22	23	24	25	26	27	28	29	30	31
☉	♌ 8.3	9.2	10.2	11.2	12.1	13.1	14	15	16	16.9	17.9	18.8	19.8	20.7	21.7	22.7	23.6	24.6	25.6	26.5	27.5	28.4	29.4	♍ 0.4	1.3	2.3	3.3	4.2	5.2	6.2	7.1
☽	♐ 2.1	16.7	♑ 1.4	16.2	♒ 1	15.6	29.9	♓ 13.8	27.4	♈ 10.6	23.3	♉ 5.8	18	♊ 0	11.9	23.8	♋ 5.7	17.7	29.8	♌ 12.1	24.6	♍ 7.4	20.4	♎ 3.6	17	♏ 0.7	14.6	28.6	♐ 12.8	27.1	♑ 11.4
☿	♌ 5.7R	5	4.4	3.8	3.3	2.9	2.5	2.3	2.1	2.1D	2.2	2.4	2.7	3.1	3.6	4.3	5.1	6	7	8.1	9.3	10.7	12.1	13.6	15.1	16.8	18.5	20.2	22	23.9	25.7
♀	♍ 5.2	6.4	7.7	8.9	10.1	11.3	12.5	13.7	14.9	16.1	17.3	18.5	19.7	21	22.2	23.4	24.6	25.8	27	28.2	29.4	♎ 0.6	1.8	3	4.2	5.4	6.6	7.8	9	10.2	11.4
♂	♎ 14.3	14.9	15.5	16.1	16.7	17.3	17.9	18.5	19.1	19.8	20.4	21	21.6	22.2	22.9	23.5	24.1	24.7	25.4	26	26.6	27.3	27.9	28.5	29.2	29.8	♏ 0.5	1.1	1.8	2.4	3.1

♃ 1: ♍ 21.9, 6: 22.9, 11: 23.8, 16: 24.8, 21: 25.8, 26: 26.8, 31: 27.8 — ♄ 1: ♒ 13.4R, 6: 13, 11: 12.6, 16: 12.3, 21: 11.9, 26: 11.6, 31: 11.2 — ♅ 1: ♈ 27.4, 11: 27.4R, 21: 27.3, 31: 27.1 — ♆ 1: ♍ 8.8, 11: 9.1, 21: 9.5, 31: 9.8 — ♇ 1: ♋ 23.4, 11: 23.7, 21: 23.9, 31: 24.1

IX

	1	2	3	4	5	6	7	8	9	10	11	12	13	14	15	16	17	18	19	20	21	22	23	24	25	26	27	28	29	30	31
☉	♍ 8.1	9.1	10	11	12	12.9	13.9	14.9	15.9	16.8	17.8	18.8	19.8	20.7	21.7	22.7	23.6	24.6	25.6	26.6	27.6	28.5	29.5	♎ 0.5	1.5	2.5	3.4	4.4	5.4	6.4	
☽	♑ 25.8	♒ 10.1	24.3	♓ 8.3	22	♈ 5.4	18.5	♉ 1.3	13.7	26	♊ 8	19.9	♋ 1.8	13.7	25.7	♌ 7.9	20.4	♍ 3.1	16.1	29.5	♎ 13.2	27.1	♏ 11.2	25.4	♐ 9.6	23.8	♑ 8	22.1	♒ 6.1	20	
☿	♌ 27.6	29.6	♍ 1.5	3.4	5.4	7.3	9.2	11.2	13.1	15	16.9	18.8	20.7	22.5	24.3	26.2	28	29.7	♎ 1.5	3.2	5	6.7	8.4	10.1	11.7	13.4	15	16.6	18.2	19.8	
♀	♎ 12.6	13.8	15	16.2	17.4	18.6	19.8	20.9	22.1	23.3	24.5	25.7	26.9	28.1	29.3	♏ 0.5	1.6	2.8	4	5.2	6.4	7.6	8.7	9.9	11.1	12.3	13.4	14.6	15.8	17	
♂	♏ 3.7	4.4	5	5.7	6.4	7	7.7	8.3	9	9.7	10.3	11	11.7	12.4	13	13.7	14.4	15.1	15.7	16.4	17.1	17.8	18.5	19.2	19.9	20.6	21.2	21.9	22.6	23.3	

♃ 1: ♍ 28.1, 6: 29.1, 11: ♎ 0.2, 16: 1.2, 21: 2.3, 26: 3.4 — ♄ 1: ♒ 11.2R, 6: 10.9, 11: 10.6, 16: 10.4, 21: 10.2, 26: 10 — ♅ 1: ♈ 27.1R, 11: 26.8, 21: 26.5 — ♆ 1: ♍ 9.9, 11: 10.2, 21: 10.6 — ♇ 1: ♋ 24.2, 11: 24.4, 21: 24.5

X

	1	2	3	4	5	6	7	8	9	10	11	12	13	14	15	16	17	18	19	20	21	22	23	24	25	26	27	28	29	30	31
☉	♎ 7.4	8.3	9.3	10.3	11.3	12.3	13.3	14.3	15.3	16.2	17.2	18.2	19.2	20.2	21.2	22.2	23.2	24.2	25.2	26.2	27.1	28.1	29.1	♏ 0.1	1.1	2.1	3.1	4.1	5.1	6.1	7.1
☽	♓ 3.7	17.3	♈ 0.6	13.8	26.7	♉ 9.3	21.7	♊ 3.9	15.9	27.8	♋ 9.6	21.5	♌ 3.5	15.7	28.2	♍ 11	24.3	♎ 7.9	22	♏ 6.3	20.9	♐ 5.6	20.2	♑ 4.7	19	♒ 3	16.8	♓ 0.4	13.8	26.9	♈ 9.9
☿	♎ 21.4	23	24.5	26	27.6	29.1	♏ 0.6	2	3.5	5	6.4	7.8	9.2	10.6	12	13.4	14.7	16	17.3	18.6	19.9	21.1	22.3	23.5	24.7	25.8	26.9	27.9	28.9	29.8	♐ 0.7
♀	♏ 18.1	19.3	20.5	21.6	22.8	24	25.1	26.3	27.5	28.6	29.8	♐ 0.9	2.1	3.3	4.4	5.6	6.7	7.9	9	10.1	11.3	12.4	13.6	14.7	15.8	17	18.1	19.2	20.4	21.5	22.6
♂	♏ 24	24.7	25.4	26.1	26.8	27.5	28.3	29	29.7	♐ 0.4	1.1	1.8	2.5	3.2	3.9	4.7	5.4	6.1	6.8	7.6	8.3	9	9.7	10.5	11.2	11.9	12.6	13.4	14.1	14.9	15.6

♃ 1: ♎ 4.5, 6: 5.6, 11: 6.6, 16: 7.7, 21: 8.8, 26: 9.8, 31: 10.8 — ♄ 1: ♒ 9.9R, 6: 9.8, 11: 9.7, 16: 9.7D, 21: 9.7, 26: 9.8, 31: 9.9 — ♅ 1: ♈ 26.1R, 11: 25.7, 21: 25.3, 31: 24.9 — ♆ 1: ♍ 10.9, 11: 11.3, 21: 11.6, 31: 11.8 — ♇ 1: ♋ 24.6, 11: 24.7, 21: 24.8, 31: 24.8R

XI

	1	2	3	4	5	6	7	8	9	10	11	12	13	14	15	16	17	18	19	20	21	22	23	24	25	26	27	28	29	30	31
☉	♏ 8.1	9.1	10.1	11.1	12.1	13.1	14.1	15.1	16.1	17.2	18.2	19.2	20.2	21.2	22.2	23.2	24.2	25.2	26.2	27.2	28.2	29.2	♐ 0.3	1.3	2.3	3.3	4.3	5.3	6.3	7.3	
☽	♈ 22.7	♉ 5.3	17.7	30	♊ 12.1	24	♋ 5.9	17.7	29.5	♌ 11.5	23.6	♍ 6.1	18.9	♎ 2.1	15.9	♏ 0.1	14.7	29.6	♐ 14.7	29.7	♑ 14.6	29.2	♒ 13.4	27.3	♓ 10.8	23.9	♈ 6.8	19.5	♉ 2	14.4	
☿	♐ 1.5	2.3	3	3.5	4	4.4	4.6	4.8	4.7R	4.6	4.2	3.7	3.1	2.2	1.2	0.1	♏ 28.9	27.5	26.2	24.8	23.5	22.3	21.3	20.4	19.7	19.1	18.8	18.6	18.7D	18.9	
♀	♐ 23.7	24.8	25.9	27.1	28.2	29.3	♑ 0.4	1.5	2.6	3.6	4.7	5.8	6.9	8	9	10.1	11.2	12.2	13.3	14.3	15.4	16.4	17.4	18.5	19.5	20.5	21.5	22.5	23.5	24.5	
♂	♐ 16.3	17.1	17.8	18.5	19.3	20	20.8	21.5	22.3	23	23.8	24.5	25.3	26	26.8	27.5	28.3	29	29.8	♑ 0.5	1.3	2.1	2.8	3.6	4.3	5.1	5.9	6.6	7.4	8.2	

♃ 1: ♎ 11.1, 6: 12.1, 11: 13, 16: 14, 21: 14.9, 26: 15.8 — ♄ 1: ♒ 10, 6: 10.1, 11: 10.3, 16: 10.6, 21: 10.9, 26: 11.2 — ♅ 1: ♈ 24.9R, 11: 24.5, 21: 24.2 — ♆ 1: ♍ 11.8, 11: 12.1, 21: 12.2 — ♇ 1: ♋ 24.8R, 11: 24.7, 21: 24.6

XII

	1	2	3	4	5	6	7	8	9	10	11	12	13	14	15	16	17	18	19	20	21	22	23	24	25	26	27	28	29	30	31
☉	♐ 8.4	9.4	10.4	11.4	12.4	13.4	14.4	15.5	16.5	17.5	18.5	19.5	20.5	21.6	22.6	23.6	24.6	25.6	26.6	27.7	28.7	29.7	♑ 0.7	1.7	2.8	3.8	4.8	5.8	6.8	7.9	8.9
☽	♉ 26.6	♊ 8.7	20.6	♋ 2.5	14.4	26.2	♌ 8	19.9	♍ 2	14.4	27.1	♎ 10.3	23.9	♏ 8	22.7	♐ 7.7	22.9	♑ 8.2	23.4	♒ 8.3	22.8	♓ 6.8	20.5	♈ 3.7	16.5	29.1	♉ 11.4	23.6	♊ 5.6	17.6	29.4
☿	♏ 19.2	19.7	20.4	21.1	22	22.9	23.9	25	26.1	27.3	28.5	29.8	♐ 1.1	2.4	3.8	5.2	6.6	8	9.4	10.9	12.3	13.8	15.2	16.7	18.2	19.7	21.2	22.7	24.2	25.8	27.3
♀	♑ 25.5	26.4	27.4	28.3	29.3	♒ 0.2	1.2	2.1	3	3.9	4.8	5.6	6.5	7.3	8.2	9	9.8	10.6	11.4	12.1	12.9	13.6	14.3	15	15.7	16.3	17	17.6	18.2	18.7	19.3
♂	♑ 8.9	9.7	10.5	11.2	12	12.8	13.5	14.3	15.1	15.9	16.6	17.4	18.2	19	19.7	20.5	21.3	22.1	22.9	23.6	24.4	25.2	26	26.8	27.5	28.3	29.1	29.9	♒ 0.7	1.5	2.2

♃ 1: ♎ 16.7, 6: 17.5, 11: 18.3, 16: 19.1, 21: 19.8, 26: 20.4, 31: 21 — ♄ 1: ♒ 11.5, 6: 11.9, 11: 12.4, 16: 12.8, 21: 13.3, 26: 13.8, 31: 14.3 — ♅ 1: ♈ 23.9R, 11: 23.7, 21: 23.5, 31: 23.5 — ♆ 1: ♍ 12.3, 11: 12.4, 21: 12.4R, 31: 12.3 — ♇ 1: ♋ 24.5R, 11: 24.3, 21: 24.2, 31: 24

I

	1	2	3	4	5	6	7	8	9	10	11	12	13	14	15	16	17	18	19	20	21	22	23	24	25	26	27	28	29	30	31
☉	♑ 9.9	10.9	11.9	13	14	15	16	17	18	19.1	20.1	21.1	22.1	23.1	24.2	25.2	26.2	27.2	28.2	29.3	♒ 0.3	1.3	2.3	3.3	4.3	5.4	6.4	7.4	8.4	9.4	10.4
☽	♋ 11.3	23.1	♌ 5	16.9	28.9	♍ 11.1	23.5	♎ 6.2	19.3	♏ 2.7	16.7	♐ 1	15.8	♑ 0.9	16.1	♒ 1.3	16.3	♓ 1	15.3	29.2	♈ 12.6	25.5	♉ 8.1	20.5	♊ 2.6	14.5	26.4	♋ 8.2	20	♌ 1.9	13.9
☿	♐ 28.8	♑ 0.4	1.9	3.4	5	6.6	8.1	9.7	11.3	12.9	14.5	16.1	17.7	19.3	20.9	22.6	24.2	25.9	27.5	29.2	♒ 0.9	2.6	4.3	6	7.7	9.4	11.1	12.9	14.6	16.4	18.2
♀	♒ 19.8	20.3	20.7	21.1	21.5	21.9	22.2	22.5	22.8	23	23.2	23.4	23.5	23.6	23.6	23.6R	23.6	23.5	23.4	23.2	23	22.7	22.4	22.1	21.7	21.3	20.9	20.4	19.9	19.4	18.8
♂	♒ 3	3.8	4.6	5.4	6.2	7	7.8	8.5	9.3	10.1	10.9	11.7	12.5	13.3	14.1	14.9	15.6	16.4	17.2	18	18.8	19.6	20.4	21.2	22	22.8	23.5	24.3	25.1	25.9	26.7

♃ 1: ♎ 21.1, 6: 21.6, 11: 22, 16: 22.4, 21: 22.7, 26: 23, 31: 23.1 — ♄ 1: ♒ 14.4, 6: 14.9, 11: 15.5, 16: 16.1, 21: 16.6, 26: 17.2, 31: 17.8 — ♅ 1: ♈ 23.5R, 11: 23.5D, 21: 23.6, 31: 23.8 — ♆ 1: ♍ 12.3R, 11: 12.2, 21: 12, 31: 11.8 — ♇ 1: ♋ 23.9R, 11: 23.7, 21: 23.5, 31: 23.3

II

	1	2	3	4	5	6	7	8	9	10	11	12	13	14	15	16	17	18	19	20	21	22	23	24	25	26	27	28	29	30	31
☉	♒ 11.5	12.5	13.5	14.5	15.5	16.5	17.5	18.5	19.6	20.6	21.6	22.6	23.6	24.6	25.6	26.6	27.6	28.7	29.7	♓ 0.7	1.7	2.7	3.7	4.7	5.7	6.7	7.7	8.7			
☽	♌ 25.9	♍ 8.2	20.6	♎ 3.2	16	29.2	♏ 12.6	26.4	♐ 10.5	24.9	♑ 9.6	24.4	♒ 9.4	24.2	♓ 8.8	23.2	♈ 7.1	20.6	♉ 3.7	16.5	28.8	♊ 11	22.9	♋ 4.7	16.5	28.4	♌ 10.4	22.5			
☿	♒ 19.9	21.7	23.5	25.2	27	28.7	♓ 0.5	2.2	3.9	5.6	7.2	8.8	10.3	11.8	13.2	14.5	15.7	16.7	17.7	18.5	19.2	19.8	20.2	20.4	20.4R	20.3	20.1	19.6			
♀	♒ 18.2R	17.6	17	16.4	15.8	15.2	14.6	14	13.4	12.8	12.2	11.7	11.2	10.7	10.3	9.9	9.5	9.1	8.9	8.6	8.4	8.2	8.1	8	7.9	7.9D	8	8			
♂	♒ 27.5	28.3	29.1	29.9	♓ 0.7	1.5	2.2	3	3.8	4.6	5.4	6.2	7	7.8	8.6	9.3	10.1	10.9	11.7	12.5	13.3	14.1	14.9	15.6	16.4	17.2	18	18.8			

♃ 1: ♎ 23.1, 6: 23.2, 11: 23.2R, 16: 23.1, 21: 22.9, 26: 22.6 — ♄ 1: ♒ 17.9, 6: 18.5, 11: 19.1, 16: 19.7, 21: 20.3, 26: 20.9 — ♅ 1: ♈ 23.8, 11: 24.1, 21: 24.5 — ♆ 1: ♍ 11.8R, 11: 11.5, 21: 11.3 — ♇ 1: ♋ 23.3R, 11: 23.1, 21: 22.9

III

	1	2	3	4	5	6	7	8	9	10	11	12	13	14	15	16	17	18	19	20	21	22	23	24	25	26	27	28	29	30	31
☉	♓ 9.7	10.7	11.7	12.7	13.7	14.7	15.7	16.7	17.7	18.7	19.7	20.7	21.7	22.7	23.7	24.7	25.7	26.7	27.7	28.7	29.7	♈ 0.7	1.7	2.7	3.7	4.7	5.6	6.6	7.6	8.6	9.6
☽	♍ 4.7	17.3	30	♎ 12.9	26.1	♏ 9.5	23.1	♐ 6.9	20.9	♑ 5.1	19.4	♒ 3.8	18.3	♓ 2.7	17.1	♈ 1.2	15	28.5	♉ 11.6	24.3	♊ 6.8	18.9	♋ 0.9	12.7	24.5	♌ 6.4	18.4	♍ 0.6	13.1	25.9	♎ 9
☿	♓ 19.1R	18.4	17.6	16.7	15.7	14.8	13.7	12.7	11.7	10.8	9.9	9.1	8.4	7.8	7.3	6.9	6.6	6.4	6.3	6.3D	6.5	6.7	7	7.3	7.8	8.3	8.9	9.6	10.3	11.1	11.9
♀	♒ 8.1	8.3	8.5	8.7	9	9.2	9.6	9.9	10.3	10.7	11.1	11.6	12.1	12.6	13.2	13.7	14.3	14.9	15.6	16.2	16.9	17.6	18.3	19	19.7	20.5	21.3	22	22.8	23.7	24.5
♂	♓ 19.6	20.4	21.1	21.9	22.7	23.5	24.3	25	25.8	26.6	27.4	28.2	28.9	29.7	♈ 0.5	1.3	2	2.8	3.6	4.4	5.1	5.9	6.7	7.5	8.2	9	9.8	10.5	11.3	12.1	12.8

♃ 1: ♎ 22.4R, 6: 22.1, 11: 21.6, 16: 21.2, 21: 20.6, 26: 20, 31: 19.4 — ♄ 1: ♒ 21.3, 6: 21.9, 11: 22.4, 16: 23, 21: 23.5, 26: 24, 31: 24.5 — ♅ 1: ♈ 24.8, 11: 25.3, 21: 25.8, 31: 26.4 — ♆ 1: ♍ 11.0R, 11: 10.8, 21: 10.5, 31: 10.2 — ♇ 1: ♋ 22.8R, 11: 22.7, 21: 22.6, 31: 22.5

IV

	1	2	3	4	5	6	7	8	9	10	11	12	13	14	15	16	17	18	19	20	21	22	23	24	25	26	27	28	29	30	31
☉	♈ 10.6	11.6	12.6	13.5	14.5	15.5	16.5	17.5	18.5	19.4	20.4	21.4	22.4	23.4	24.3	25.3	26.3	27.3	28.3	29.2	♉ 0.2	1.2	2.2	3.1	4.1	5.1	6.1	7	8	9	
☽	♎ 22.3	♏ 5.9	19.8	♐ 3.7	17.8	♑ 1.9	16	♒ 0.2	14.3	28.3	♓ 12.3	26.2	♈ 9.9	23.4	♉ 6.6	19.6	♊ 2.3	14.6	26.8	♋ 8.7	20.6	♌ 2.4	14.3	26.3	♍ 8.5	21.1	♎ 4.1	17.4	♏ 1.1	15.1	
☿	♓ 12.8	13.8	14.8	15.8	16.9	18	19.2	20.4	21.6	22.9	24.2	25.6	26.9	28.3	29.8	♈ 1.2	2.7	4.2	5.8	7.3	9	10.6	12.2	13.9	15.7	17.4	19.2	21	22.8	24.7	
♀	♒ 25.3	26.2	27	27.9	28.8	29.7	♓ 0.6	1.5	2.4	3.3	4.2	5.2	6.1	7.1	8.1	9	10	11	12	13	14	15	16	17	18.1	19.1	20.1	21.2	22.2	23.2	
♂	♈ 13.6	14.4	15.1	15.9	16.7	17.4	18.2	18.9	19.7	20.5	21.2	22	22.7	23.5	24.3	25	25.8	26.5	27.3	28	28.8	29.5	♉ 0.3	1	1.8	2.5	3.3	4	4.7	5.5	

♃ 1: ♎ 19.3R, 6: 18.7, 11: 18, 16: 17.4, 21: 16.8, 26: 16.2 — ♄ 1: ♒ 24.6, 6: 25.1, 11: 25.5, 16: 25.9, 21: 26.3, 26: 26.7 — ♅ 1: ♈ 26.4, 11: 27, 21: 27.5 — ♆ 1: ♍ 10.2R, 11: 10, 21: 9.8 — ♇ 1: ♋ 22.5R, 11: 22.5D, 21: 22.6

V

	1	2	3	4	5	6	7	8	9	10	11	12	13	14	15	16	17	18	19	20	21	22	23	24	25	26	27	28	29	30	31
☉	♉ 9.9	10.9	11.9	12.8	13.8	14.8	15.8	16.7	17.7	18.7	19.6	20.6	21.5	22.5	23.5	24.4	25.4	26.4	27.3	28.3	29.3	♊ 0.2	1.2	2.1	3.1	4.1	5	6	6.9	7.9	8.9
☽	♏ 29.4	♐ 13.8	28.3	♑ 12.7	27	♒ 11.1	25.1	♓ 8.9	22.6	♈ 6.1	19.4	♉ 2.5	15.4	28.1	♊ 10.6	22.8	♋ 4.9	16.8	28.6	♌ 10.4	22.2	♍ 4.2	16.5	29.1	♎ 12.1	25.5	♏ 9.4	23.7	♐ 8.3	23.1	♑ 7.9
☿	♈ 26.6	28.5	♉ 0.4	2.4	4.4	6.5	8.5	10.6	12.7	14.8	17	19.1	21.3	23.5	25.7	27.9	♊ 0	2.2	4.4	6.5	8.6	10.7	12.7	14.8	16.8	18.7	20.6	22.5	24.3	26	27.8
♀	♓ 24.3	25.4	26.4	27.5	28.5	29.6	♈ 0.7	1.8	2.8	3.9	5	6.1	7.2	8.3	9.4	10.5	11.6	12.7	13.8	14.9	16	17.1	18.3	19.4	20.5	21.6	22.7	23.9	25	26.1	27.3
♂	♉ 6.2	7	7.7	8.5	9.2	9.9	10.7	11.4	12.1	12.9	13.6	14.3	15.1	15.8	16.5	17.3	18	18.7	19.4	20.2	20.9	21.6	22.3	23.1	23.8	24.5	25.2	25.9	26.7	27.4	28.1

♃ 1: ♎ 15.6R, 6: 15.1, 11: 14.6, 16: 14.2, 21: 13.9, 26: 13.6, 31: 13.4 — ♄ 1: ♒ 27, 6: 27.3, 11: 27.5, 16: 27.7, 21: 27.9, 26: 28, 31: 28.1 — ♅ 1: ♈ 28.1, 11: 28.7, 21: 29.2, 31: 29.7 — ♆ 1: ♍ 9.7R, 11: 9.6, 21: 9.6, 31: 9.6D — ♇ 1: ♋ 22.7, 11: 22.8, 21: 22.9, 31: 23.1

VI

	1	2	3	4	5	6	7	8	9	10	11	12	13	14	15	16	17	18	19	20	21	22	23	24	25	26	27	28	29	30	31
☉	♊ 9.8	10.8	11.7	12.7	13.6	14.6	15.6	16.5	17.5	18.4	19.4	20.3	21.3	22.3	23.2	24.2	25.1	26.1	27	28	28.9	29.9	♋ 0.8	1.8	2.8	3.7	4.7	5.6	6.6	7.5	
☽	♑ 22.7	♒ 7.3	21.7	♓ 5.8	19.5	♈ 3.1	16.3	29.3	♉ 12.1	24.7	♊ 7.1	19.3	♋ 1.4	13.3	25.1	♌ 6.9	18.7	♍ 0.6	12.6	24.8	♎ 7.4	20.3	♏ 3.7	17.6	♐ 1.9	16.6	♑ 1.6	16.8	♒ 1.9	16.8	
☿	♊ 29.4	♋ 1.1	2.6	4.2	5.7	7.1	8.5	9.8	11.1	12.3	13.5	14.6	15.7	16.7	17.6	18.5	19.3	20.1	20.8	21.5	22	22.5	23	23.3	23.6	23.8	23.9	24	24.0R	23.9	
♀	♈ 28.4	29.5	♉ 0.7	1.8	2.9	4.1	5.2	6.4	7.5	8.7	9.8	11	12.1	13.3	14.4	15.6	16.7	17.9	19.1	20.2	21.4	22.5	23.7	24.9	26	27.2	28.4	29.5	♊ 0.7	1.9	
♂	♉ 28.8	29.5	♊ 0.2	0.9	1.7	2.4	3.1	3.8	4.5	5.2	5.9	6.6	7.3	8	8.7	9.4	10.1	10.8	11.5	12.2	12.9	13.6	14.3	15	15.7	16.4	17.1	17.8	18.5	19.2	

♃ 1: ♎ 13.4R, 6: 13.3, 11: 13.3D, 16: 13.3, 21: 13.4, 26: 13.6 — ♄ 1: ♒ 28.1, 6: 28.2, 11: 28.2R, 16: 28.1, 21: 28.1, 26: 27.9 — ♅ 1: ♈ 29.7, 11: ♉ 0.2, 21: 0.6 — ♆ 1: ♍ 9.6, 11: 9.7, 21: 9.8 — ♇ 1: ♋ 23.1, 11: 23.4, 21: 23.6

VII

	1	2	3	4	5	6	7	8	9	10	11	12	13	14	15	16	17	18	19	20	21	22	23	24	25	26	27	28	29	30	31
☉	♋ 8.5	9.4	10.4	11.3	12.3	13.2	14.2	15.1	16.1	17.1	18	19	19.9	20.9	21.8	22.8	23.7	24.7	25.6	26.6	27.5	28.5	29.5	♌ 0.4	1.4	2.3	3.3	4.2	5.2	6.1	7.1
☽	♓ 1.4	15.7	29.6	♈ 13.2	26.3	♉ 9.2	21.8	♊ 4.1	16.3	28.3	♋ 10.2	22.1	♌ 3.9	15.6	27.5	♍ 9.4	21.4	♎ 3.7	16.3	29.2	♏ 12.5	26.2	♐ 10.4	25	♑ 10	25.1	♒ 10.3	25.4	♓ 10.3	24.8	♈ 8.9
☿	♋ 23.7R	23.5	23.1	22.8	22.3	21.8	21.3	20.7	20.1	19.5	18.8	18.2	17.5	16.9	16.4	15.8	15.4	15	14.6	14.4	14.2	14.1	14.1D	14.2	14.4	14.7	15.1	15.6	16.2	16.9	17.7
♀	♊ 3.1	4.2	5.4	6.6	7.8	8.9	10.1	11.3	12.5	13.7	14.8	16	17.2	18.4	19.6	20.8	21.9	23.1	24.3	25.5	26.7	27.9	29.1	♋ 0.3	1.5	2.7	3.9	5.1	6.3	7.5	8.7
♂	♊ 19.8	20.5	21.2	21.9	22.6	23.3	24	24.6	25.3	26	26.7	27.4	28	28.7	29.4	♋ 0.1	0.7	1.4	2.1	2.8	3.4	4.1	4.8	5.4	6.1	6.8	7.4	8.1	8.8	9.4	10.1

♃ 1: ♎ 13.9, 6: 14.2, 11: 14.6, 16: 15.1, 21: 15.6, 26: 16.2, 31: 16.8 — ♄ 1: ♒ 27.8R, 6: 27.6, 11: 27.4, 16: 27.1, 21: 26.8, 26: 26.5, 31: 26.2 — ♅ 1: ♉ 0.9, 11: 1.2, 21: 1.3, 31: 1.4 — ♆ 1: ♍ 10, 11: 10.3, 21: 10.5, 31: 10.8 — ♇ 1: ♋ 23.9, 11: 24.1, 21: 24.4, 31: 24.7

VIII

	1	2	3	4	5	6	7	8	9	10	11	12	13	14	15	16	17	18	19	20	21	22	23	24	25	26	27	28	29	30	31
☉	♌ 8.1	9	10	10.9	11.9	12.8	13.8	14.8	15.7	16.7	17.6	18.6	19.6	20.5	21.5	22.4	23.4	24.4	25.3	26.3	27.2	28.2	29.2	♍ 0.1	1.1	2.1	3	4	5	5.9	6.9
☽	♈ 22.6	♉ 5.8	18.6	♊ 1.1	13.4	25.4	♋ 7.3	19.1	♌ 0.9	12.7	24.6	♍ 6.5	18.5	♎ 0.7	13.1	25.8	♏ 8.7	22	♐ 5.6	19.6	♑ 4	18.6	♒ 3.6	18.6	♓ 3.7	18.6	♈ 3.2	17.4	♉ 1.2	14.5	27.4
☿	♋ 18.6	19.6	20.7	21.9	23.2	24.5	26	27.5	29.1	♌ 0.7	2.4	4.2	6.1	7.9	9.9	11.8	13.8	15.8	17.8	19.8	21.8	23.8	25.8	27.8	29.8	♍ 1.8	3.8	5.7	7.6	9.5	11.4
♀	♋ 9.9	11.1	12.3	13.5	14.7	15.9	17.1	18.3	19.5	20.7	21.9	23.1	24.4	25.6	26.8	28	29.2	♌ 0.4	1.6	2.9	4.1	5.3	6.5	7.7	9	10.2	11.4	12.6	13.8	15.1	16.3
♂	♋ 10.8	11.4	12.1	12.8	13.4	14.1	14.7	15.4	16	16.7	17.4	18	18.7	19.3	20	20.6	21.3	21.9	22.6	23.2	23.9	24.5	25.1	25.8	26.4	27.1	27.7	28.4	29	29.6	♌ 0.3

♃ 1: ♎ 16.9, 6: 17.6, 11: 18.4, 16: 19.1, 21: 20, 26: 20.8, 31: 21.7 — ♄ 1: ♒ 26.1R, 6: 25.7, 11: 25.4, 16: 25, 21: 24.6, 26: 24.2, 31: 23.9 — ♅ 1: ♉ 1.4, 11: 1.4R, 21: 1.4, 31: 1.2 — ♆ 1: ♍ 10.9, 11: 11.2, 21: 11.6, 31: 11.9 — ♇ 1: ♋ 24.7, 11: 25, 21: 25.2, 31: 25.4

IX

	1	2	3	4	5	6	7	8	9	10	11	12	13	14	15	16	17	18	19	20	21	22	23	24	25	26	27	28	29	30	31
☉	♍ 7.9	8.8	9.8	10.8	11.7	12.7	13.7	14.7	15.6	16.6	17.6	18.5	19.5	20.5	21.5	22.4	23.4	24.4	25.4	26.3	27.3	28.3	29.3	♎ 0.3	1.2	2.2	3.2	4.2	5.2	6.1	
☽	♊ 9.9	22.1	♋ 4.1	16	27.8	♌ 9.6	21.4	♍ 3.4	15.5	27.7	♎ 10.2	22.9	♏ 5.7	18.9	♐ 2.2	15.8	29.6	♑ 13.8	28.1	♒ 12.7	27.4	♓ 12.2	26.8	♈ 11.3	25.5	♉ 9.3	22.6	♊ 5.6	18.1	♋ 0.4	
☿	♍ 13.3	15.1	17	18.8	20.6	22.3	24.1	25.8	27.5	29.2	♎ 0.9	2.5	4.2	5.8	7.4	9	10.5	12.1	13.6	15.1	16.6	18.1	19.5	21	22.4	23.8	25.2	26.5	27.9	29.2	
♀	♌ 17.5	18.8	20	21.2	22.4	23.7	24.9	26.1	27.4	28.6	29.8	♍ 1.1	2.3	3.5	4.8	6	7.2	8.5	9.7	11	12.2	13.4	14.7	15.9	17.2	18.4	19.6	20.9	22.1	23.4	
♂	♌ 0.9	1.5	2.2	2.8	3.4	4.1	4.7	5.3	6	6.6	7.2	7.9	8.5	9.1	9.7	10.4	11	11.6	12.2	12.9	13.5	14.1	14.7	15.3	16	16.6	17.2	17.8	18.4	19	

♃ 1: ♎ 21.9, 6: 22.8, 11: 23.8, 16: 24.8, 21: 25.8, 26: 26.8 — ♄ 1: ♒ 23.8R, 6: 23.5, 11: 23.1, 16: 22.8, 21: 22.5, 26: 22.3 — ♅ 1: ♉ 1.2R, 11: 1, 21: 0.7 — ♆ 1: ♍ 12, 11: 12.3, 21: 12.7 — ♇ 1: ♋ 25.4, 11: 25.6, 21: 25.8

X

	1	2	3	4	5	6	7	8	9	10	11	12	13	14	15	16	17	18	19	20	21	22	23	24	25	26	27	28	29	30	31
☉	♎ 7.1	8.1	9.1	10.1	11.1	12.1	13	14	15	16	17	18	19	20	20.9	21.9	22.9	23.9	24.9	25.9	26.9	27.9	28.9	29.9	♏ 0.9	1.9	2.9	3.9	4.9	5.9	6.9
☽	♋ 12.4	24.2	♌ 6	17.8	29.7	♍ 11.8	24.1	♎ 6.6	19.4	♏ 2.4	15.7	29.1	♐ 12.7	26.5	♑ 10.4	24.4	♒ 8.5	22.8	♓ 7.1	21.4	♈ 5.7	19.8	♉ 3.7	17.3	♊ 0.6	13.5	26	♋ 8.2	20.3	♌ 2.1	13.9
☿	♏ 0.5	1.8	3	4.3	5.5	6.7	7.8	8.9	10	11	12	13	13.9	14.8	15.5	16.3	16.9	17.5	18	18.4	18.7	18.8	18.9R	18.8	18.6	18.2	17.7	17	16.1	15.2	14.1
♀	♍ 24.6	25.9	27.1	28.4	29.6	♎ 0.8	2.1	3.3	4.6	5.8	7.1	8.3	9.6	10.8	12.1	13.3	14.6	15.8	17.1	18.3	19.6	20.8	22.1	23.3	24.6	25.9	27.1	28.4	29.6	♏ 0.9	2.1
♂	♌ 19.6	20.2	20.9	21.5	22.1	22.7	23.3	23.9	24.5	25.1	25.7	26.3	26.9	27.5	28.1	28.7	29.3	29.9	♍ 0.5	1.1	1.6	2.2	2.8	3.4	4	4.6	5.2	5.7	6.3	6.9	7.5

♃ 1: ♎ 27.8, 6: 28.9, 11: 30, 16: ♏ 1, 21: 2.1, 26: 3.2, 31: 4.3 — ♄ 1: ♒ 22.0R, 6: 21.8, 11: 21.7, 16: 21.6, 21: 21.5, 26: 21.5, 31: 21.5D — ♅ 1: ♉ 0.3R, 11: ♈ 30, 21: 29.5, 31: 29.1 — ♆ 1: ♍ 13.1, 11: 13.4, 21: 13.7, 31: 14 — ♇ 1: ♋ 25.9, 11: 26, 21: 26.1, 31: 26.1R

XI

	1	2	3	4	5	6	7	8	9	10	11	12	13	14	15	16	17	18	19	20	21	22	23	24	25	26	27	28	29	30	31
☉	♏ 7.9	8.9	9.9	10.9	11.9	12.9	13.9	14.9	15.9	16.9	17.9	18.9	19.9	20.9	21.9	22.9	24	25	26	27	28	29	♐ 0	1	2	3	4.1	5.1	6.1	7.1	
☽	♌ 25.7	♍ 7.7	19.8	♎ 2.3	15	28	♏ 11.4	25.1	♐ 9	23	♑ 7.1	21.2	♒ 5.4	19.5	♓ 3.5	17.5	♈ 1.5	15.3	29	♉ 12.5	25.8	♊ 8.7	21.5	♋ 3.9	16.1	28.1	♌ 9.9	21.7	♍ 3.5	15.5	
☿	♏ 12.9R	11.6	10.3	9	7.8	6.6	5.6	4.7	4	3.4	3.1	2.9	3.0D	3.2	3.6	4.2	4.8	5.6	6.5	7.5	8.6	9.8	11	12.3	13.6	14.9	16.3	17.7	19.2	20.6	
♀	♏ 3.4	4.6	5.9	7.1	8.4	9.6	10.9	12.2	13.4	14.7	15.9	17.2	18.4	19.7	21	22.2	23.5	24.7	26	27.2	28.5	29.7	♐ 1	2.3	3.5	4.8	6	7.3	8.5	9.8	
♂	♍ 8.1	8.6	9.2	9.8	10.4	10.9	11.5	12.1	12.6	13.2	13.8	14.3	14.9	15.4	16	16.5	17.1	17.6	18.2	18.7	19.3	19.8	20.4	20.9	21.5	22	22.5	23.1	23.6	24.1	

♃ 1: ♏ 4.5, 6: 5.6, 11: 6.7, 16: 7.8, 21: 8.9, 26: 9.9 — ♄ 1: ♒ 21.5, 6: 21.6, 11: 21.7, 16: 21.8, 21: 22, 26: 22.3 — ♅ 1: ♈ 29.1R, 11: 28.7, 21: 28.3 — ♆ 1: ♍ 14, 11: 14.2, 21: 14.4 — ♇ 1: ♋ 26.1R, 11: 26, 21: 26

XII

	1	2	3	4	5	6	7	8	9	10	11	12	13	14	15	16	17	18	19	20	21	22	23	24	25	26	27	28	29	30	31
☉	♐ 8.1	9.1	10.1	11.2	12.2	13.2	14.2	15.2	16.2	17.2	18.3	19.3	20.3	21.3	22.3	23.3	24.4	25.4	26.4	27.4	28.4	29.5	♑ 0.5	1.5	2.5	3.5	4.6	5.6	6.6	7.6	8.6
☽	♍ 27.6	♎ 10.1	22.8	♏ 6	19.6	♐ 3.6	17.9	♑ 2.3	16.9	♒ 1.5	16	♓ 0.3	14.4	28.4	♈ 12.1	25.6	♉ 8.9	21.9	♊ 4.8	17.5	29.9	♋ 12.1	24.2	♌ 6.1	17.9	29.7	♍ 11.5	23.5	♎ 5.6	18	♏ 0.7
☿	♏ 22.1	23.6	25.1	26.6	28.1	29.6	♐ 1.1	2.6	4.2	5.7	7.2	8.8	10.3	11.9	13.4	15	16.5	18.1	19.6	21.2	22.7	24.3	25.9	27.4	29	♑ 0.6	2.2	3.8	5.4	7	8.6
♀	♐ 11.1	12.3	13.6	14.8	16.1	17.4	18.6	19.9	21.1	22.4	23.6	24.9	26.2	27.4	28.7	29.9	♑ 1.2	2.4	3.7	5	6.2	7.5	8.7	10	11.2	12.5	13.8	15	16.3	17.5	18.8
♂	♍ 24.6	25.2	25.7	26.2	26.7	27.2	27.8	28.3	28.8	29.3	29.8	♎ 0.3	0.8	1.3	1.8	2.3	2.8	3.2	3.7	4.2	4.7	5.2	5.6	6.1	6.5	7	7.5	7.9	8.4	8.8	9.3

♃ 1: ♏ 10.9, 6: 12, 11: 13, 16: 13.9, 21: 14.9, 26: 15.8, 31: 16.7 — ♄ 1: ♒ 22.5, 6: 22.9, 11: 23.2, 16: 23.6, 21: 24, 26: 24.4, 31: 24.9 — ♅ 1: ♈ 28.0R, 11: 27.8, 21: 27.6, 31: 27.5 — ♆ 1: ♍ 14.5, 11: 14.6, 21: 14.6R, 31: 14.5 — ♇ 1: ♋ 25.8R, 11: 25.7, 21: 25.5, 31: 25.3

I

	1	2	3	4	5	6	7	8	9	10	11	12	13	14	15	16	17	18	19	20	21	22	23	24	25	26	27	28	29	30	31
☉	♑ 9.6	10.7	11.7	12.7	13.7	14.7	15.8	16.8	17.8	18.8	19.8	20.9	21.9	22.9	23.9	24.9	26	27	28	29	♒ 0	1	2.1	3.1	4.1	5.1	6.1	7.1	8.2	9.2	10.2
☽	♏ 13.8	27.4	♐ 11.5	25.9	♑ 10.6	25.6	♒ 10.6	25.5	♓ 10.2	24.6	♈ 8.7	22.5	♉ 5.9	18.9	♊ 1.7	14.3	26.6	♋ 8.8	20.8	♌ 2.7	14.6	26.4	♍ 8.2	20.1	♎ 2	14.1	26.5	♏ 9.1	22.1	♐ 5.5	19.4
☿	♑ 10.2	11.8	13.4	15	16.7	18.3	19.9	21.6	23.2	24.9	26.6	28.2	29.9	♒ 1.6	3.3	5	6.6	8.3	10	11.7	13.3	15	16.6	18.3	19.8	21.4	22.9	24.4	25.8	27.1	28.3
♀	♑ 20	21.3	22.5	23.8	25.1	26.3	27.6	28.8	♒ 0.1	1.3	2.6	3.8	5.1	6.4	7.6	8.9	10.1	11.4	12.6	13.9	15.1	16.4	17.6	18.9	20.1	21.4	22.6	23.9	25.1	26.4	27.6
♂	♎ 9.7	10.1	10.6	11	11.4	11.8	12.2	12.6	13	13.4	13.8	14.2	14.6	15	15.4	15.7	16.1	16.5	16.8	17.2	17.5	17.8	18.2	18.5	18.8	19.1	19.4	19.7	20	20.3	20.6

♃ 1: ♏ 16.8 · 6: 17.7 · 11: 18.5 · 16: 19.2 · 21: 19.9 · 26: 20.5 · 31: 21.1
♄ 1: ♒ 25 · 6: 25.5 · 11: 26 · 16: 26.5 · 21: 27.1 · 26: 27.7 · 31: 28.3
♅ 1: ♈ 27.5R · 11: 27.5D · 21: 27.6 · 31: 27.8
♆ 1: ♍ 14.5R · 11: 14.4 · 21: 14.3 · 31: 14.1
♇ 1: ♋ 25.3R · 11: 25.1 · 21: 24.9 · 31: 24.6

II

	1	2	3	4	5	6	7	8	9	10	11	12	13	14	15	16	17	18	19	20	21	22	23	24	25	26	27	28	29	30	31
☉	♒ 11.2	12.2	13.2	14.2	15.3	16.3	17.3	18.3	19.3	20.3	21.3	22.4	23.4	24.4	25.4	26.4	27.4	28.4	29.4	♓ 0.4	1.4	2.4	3.5	4.5	5.5	6.5	7.5	8.5			
☽	♑ 3.7	18.5	♒ 3.5	18.7	♓ 3.9	19	♈ 3.8	18.1	♉ 2.1	15.6	28.6	♊ 11.3	23.7	♋ 5.8	17.8	29.7	♌ 11.5	23.3	♍ 5.1	17	29	♎ 11	23.3	♏ 5.7	18.3	♐ 1.3	14.5	28.2			
☿	♒ 29.5	♓ 0.5	1.5	2.3	2.9	3.4	3.7	3.9	3.8R	3.6	3.2	2.7	1.9	1.1	0.1	♒ 29.1	28	26.8	25.7	24.6	23.5	22.6	21.7	20.9	20.3	19.7	19.3	19			
♀	♒ 28.9	♓ 0.1	1.4	2.6	3.9	5.1	6.4	7.6	8.9	10.1	11.4	12.6	13.9	15.1	16.3	17.6	18.8	20.1	21.3	22.6	23.8	25	26.3	27.5	28.7	30	♈ 1.2	2.5			
♂	♎ 20.8	21.1	21.3	21.6	21.8	22	22.3	22.5	22.7	22.9	23.1	23.2	23.4	23.5	23.7	23.8	24	24.1	24.2	24.3	24.3	24.4	24.5	24.5	24.6	24.6	24.6	24.6R			

♃ 1: ♏ 21.2 · 6: 21.7 · 11: 22.2 · 16: 22.5 · 21: 22.8 · 26: 23.1
♄ 1: ♒ 28.4 · 6: 29 · 11: 29.6 · 16: ♓ 0.2 · 21: 0.8 · 26: 1.4
♅ 1: ♈ 27.8 · 11: 28 · 21: 28.4
♆ 1: ♍ 14.0R · 11: 13.8 · 21: 13.5
♇ 1: ♋ 24.6R · 11: 24.4 · 21: 24.2

III

	1	2	3	4	5	6	7	8	9	10	11	12	13	14	15	16	17	18	19	20	21	22	23	24	25	26	27	28	29	30	31
☉	♓ 9.5	10.5	11.5	12.5	13.5	14.5	15.5	16.5	17.5	18.5	19.5	20.5	21.5	22.5	23.5	24.5	25.5	26.5	27.5	28.5	29.5	♈ 0.4	1.4	2.4	3.4	4.4	5.4	6.4	7.4	8.4	9.4
☽	♑ 12.3	26.8	♒ 11.6	26.7	♓ 11.9	27.1	♈ 12	26.6	♉ 10.7	24.4	♊ 7.5	20.2	♋ 2.6	14.7	26.6	♌ 8.5	20.2	♍ 2	13.9	25.9	♎ 8	20.3	♏ 2.7	15.4	28.2	♐ 11.2	24.5	♑ 8.1	21.9	♒ 6.1	20.6
☿	♒ 18.8R	18.8	18.8D	19	19.2	19.6	20	20.5	21.1	21.7	22.5	23.2	24.1	25	25.9	26.9	27.9	29	♓ 0.1	1.3	2.4	3.7	4.9	6.2	7.5	8.8	10.2	11.6	13	14.5	16
♀	♈ 3.7	4.9	6.2	7.4	8.6	9.9	11.1	12.3	13.6	14.8	16	17.2	18.5	19.7	20.9	22.1	23.4	24.6	25.8	27	28.3	29.5	♉ 0.7	1.9	3.1	4.3	5.6	6.8	8	9.2	10.4
♂	♎ 24.6R	24.6	24.5	24.5	24.4	24.3	24.2	24.1	24	23.9	23.8	23.6	23.4	23.3	23.1	22.9	22.6	22.4	22.2	21.9	21.7	21.4	21.1	20.8	20.5	20.2	19.9	19.5	19.2	18.8	18.5

♃ 1: ♏ 23.2 · 6: 23.3 · 11: 23.3R · 16: 23.2 · 21: 23.1 · 26: 22.9 · 31: 22.6
♄ 1: ♓ 1.7 · 6: 2.3 · 11: 2.9 · 16: 3.5 · 21: 4.1 · 26: 4.7 · 31: 5.2
♅ 1: ♈ 28.7 · 11: 29.1 · 21: 29.6 · 31: ♉ 0.2
♆ 1: ♍ 13.3R · 11: 13 · 21: 12.8 · 31: 12.5
♇ 1: ♋ 24.1R · 11: 24 · 21: 23.9 · 31: 23.8

IV

	1	2	3	4	5	6	7	8	9	10	11	12	13	14	15	16	17	18	19	20	21	22	23	24	25	26	27	28	29	30	31
☉	♈ 10.3	11.3	12.3	13.3	14.3	15.3	16.3	17.2	18.2	19.2	20.2	21.2	22.1	23.1	24.1	25.1	26.1	27	28	29	30	♉ 0.9	1.9	2.9	3.9	4.8	5.8	6.8	7.8	8.7	
☽	♓ 5.4	20.3	♈ 5.3	20.1	♉ 4.6	18.8	♊ 2.5	15.7	28.5	♋ 10.9	23.1	♌ 5	16.8	28.6	♍ 10.5	22.4	♎ 4.6	16.9	29.4	♏ 12.1	25	♐ 8.2	21.5	♑ 4.9	18.6	♒ 2.5	16.5	♓ 0.8	15.2	29.7	
☿	♓ 17.5	19	20.6	22.1	23.7	25.4	27	28.7	♈ 0.4	2.1	3.9	5.6	7.4	9.3	11.1	13	14.9	16.8	18.8	20.8	22.8	24.8	26.9	28.9	♉ 1	3.1	5.3	7.4	9.5	11.7	
♀	♉ 11.6	12.8	14	15.2	16.4	17.6	18.9	20.1	21.3	22.5	23.7	24.9	26	27.2	28.4	29.6	♊ 0.8	2	3.2	4.4	5.6	6.8	7.9	9.1	10.3	11.5	12.6	13.8	15	16.2	
♂	♎ 18.1R	17.7	17.4	17	16.6	16.2	15.9	15.5	15.1	14.7	14.3	13.9	13.6	13.2	12.8	12.4	12.1	11.7	11.4	11	10.7	10.4	10.1	9.8	9.5	9.2	8.9	8.6	8.4	8.1	

♃ 1: ♏ 22.6R · 6: 22.2 · 11: 21.8 · 16: 21.3 · 21: 20.7 · 26: 20.2
♄ 1: ♓ 5.3 · 6: 5.8 · 11: 6.3 · 16: 6.8 · 21: 7.3 · 26: 7.7
♅ 1: ♉ 0.2 · 11: 0.8 · 21: 1.3
♆ 1: ♍ 12.5R · 11: 12.3 · 21: 12.1
♇ 1: ♋ 23.8R · 11: 23.8D · 21: 23.9

V

	1	2	3	4	5	6	7	8	9	10	11	12	13	14	15	16	17	18	19	20	21	22	23	24	25	26	27	28	29	30	31
☉	♉ 9.7	10.7	11.6	12.6	13.6	14.5	15.5	16.5	17.5	18.4	19.4	20.4	21.3	22.3	23.2	24.2	25.2	26.1	27.1	28.1	29	30	♊ 0.9	1.9	2.9	3.8	4.8	5.8	6.7	7.7	8.6
☽	♈ 14.3	28.7	♉ 12.9	26.9	♊ 10.5	23.6	♋ 6.4	18.9	♌ 1	13	24.9	♍ 6.7	18.6	♎ 0.6	12.8	25.3	♏ 8	21.1	♐ 4.3	17.8	♑ 1.5	15.4	29.3	♒ 13.4	27.5	♓ 11.7	25.9	♈ 10	24.2	♉ 8.1	22
☿	♉ 13.9	16	18.1	20.3	22.4	24.5	26.5	28.6	♊ 0.6	2.5	4.4	6.3	8.1	9.9	11.6	13.2	14.8	16.4	17.8	19.3	20.6	21.9	23.2	24.4	25.5	26.6	27.6	28.5	29.4	♋ 0.1	0.9
♀	♊ 17.3	18.5	19.7	20.8	22	23.2	24.3	25.5	26.6	27.8	28.9	♋ 0.1	1.2	2.4	3.5	4.7	5.8	7	8.1	9.2	10.4	11.5	12.6	13.7	14.8	16	17.1	18.2	19.3	20.4	21.5
♂	♎ 7.9R	7.7	7.5	7.3	7.1	7	6.8	6.7	6.5	6.4	6.3	6.3	6.2	6.1	6.1	6.1	6	6.0D	6	6.1	6.1	6.1	6.2	6.3	6.3	6.4	6.5	6.7	6.8	6.9	7.1

♃ 1: ♏ 19.6R · 6: 18.9 · 11: 18.3 · 16: 17.7 · 21: 17 · 26: 16.4 · 31: 15.9
♄ 1: ♓ 8.1 · 6: 8.5 · 11: 8.8 · 16: 9.1 · 21: 9.4 · 26: 9.6 · 31: 9.8
♅ 1: ♉ 1.9 · 11: 2.5 · 21: 3 · 31: 3.5
♆ 1: ♍ 11.9R · 11: 11.8 · 21: 11.8 · 31: 11.8D
♇ 1: ♋ 24 · 11: 24.1 · 21: 24.2 · 31: 24.4

VI

	1	2	3	4	5	6	7	8	9	10	11	12	13	14	15	16	17	18	19	20	21	22	23	24	25	26	27	28	29	30	31
☉	♊ 9.6	10.5	11.5	12.5	13.4	14.4	15.3	16.3	17.2	18.2	19.2	20.1	21.1	22	23	23.9	24.9	25.8	26.8	27.8	28.7	29.7	♋ 0.6	1.6	2.5	3.5	4.4	5.4	6.3	7.3	
☽	♊ 5.5	18.8	♋ 1.7	14.4	26.8	♌ 8.9	20.9	♍ 2.8	14.6	26.5	♎ 8.6	20.8	♏ 3.4	16.3	29.5	♐ 13	26.9	♑ 11	25.2	♒ 9.6	24	♓ 8.4	22.7	♈ 6.8	20.8	♉ 4.6	18.2	♊ 1.6	14.7	27.6	
☿	♋ 1.5	2.1	2.6	3.1	3.4	3.7	3.9	4	4.1	4.1R	4	3.8	3.6	3.3	2.9	2.5	2	1.5	1	0.4	♊ 29.9	29.3	28.7	28.1	27.6	27.1	26.7	26.3	25.9	25.6	
♀	♋ 22.6	23.7	24.8	25.9	27	28.1	29.1	♌ 0.2	1.3	2.4	3.4	4.5	5.5	6.6	7.6	8.7	9.7	10.7	11.8	12.8	13.8	14.8	15.8	16.8	17.8	18.8	19.8	20.8	21.7	22.7	
♂	♎ 7.2	7.4	7.6	7.8	8	8.2	8.4	8.6	8.9	9.1	9.4	9.7	9.9	10.2	10.5	10.8	11.1	11.4	11.8	12.1	12.4	12.8	13.1	13.5	13.9	14.2	14.6	15	15.4	15.8	

♃ 1: ♏ 15.8R · 6: 15.3 · 11: 14.8 · 16: 14.4 · 21: 14.1 · 26: 13.8
♄ 1: ♓ 9.9 · 6: 10 · 11: 10.1 · 16: 10.2 · 21: 10.2 · 26: 10.2R
♅ 1: ♉ 3.6 · 11: 4 · 21: 4.5
♆ 1: ♍ 11.8 · 11: 11.9 · 21: 12
♇ 1: ♋ 24.4 · 11: 24.6 · 21: 24.9

VII

	1	2	3	4	5	6	7	8	9	10	11	12	13	14	15	16	17	18	19	20	21	22	23	24	25	26	27	28	29	30	31
☉	♋ 8.2	9.2	10.1	11.1	12.1	13	14	14.9	15.9	16.8	17.8	18.7	19.7	20.6	21.6	22.5	23.5	24.5	25.4	26.4	27.3	28.3	29.2	♌ 0.2	1.1	2.1	3	4	5	5.9	6.9
☽	♋ 10.3	22.7	♌ 5	17	28.9	♍ 10.8	22.6	♎ 4.5	16.6	28.8	♏ 11.4	24.3	♐ 7.5	21.2	♑ 5.3	19.7	♒ 4.4	19.2	♓ 4	18.7	♈ 3.3	17.6	♉ 1.5	15.2	28.5	♊ 11.6	24.4	♋ 6.9	19.3	♌ 1.5	13.5
☿	♊ 25.4R	25.3	25.2	25.2D	25.3	25.5	25.8	26.2	26.6	27.1	27.7	28.4	29.2	♋ 0.1	1	2	3.1	4.3	5.6	6.9	8.3	9.8	11.3	12.9	14.6	16.4	18.2	20	21.9	23.8	25.8
♀	♌ 23.7	24.6	25.6	26.5	27.4	28.3	29.2	♍ 0.1	1	1.9	2.8	3.6	4.5	5.3	6.1	6.9	7.7	8.5	9.3	10	10.8	11.5	12.2	12.9	13.6	14.3	14.9	15.5	16.1	16.7	17.3
♂	♎ 16.2	16.6	17	17.4	17.9	18.3	18.7	19.2	19.6	20.1	20.5	21	21.5	22	22.4	22.9	23.4	23.9	24.4	24.9	25.4	25.9	26.4	26.9	27.5	28	28.5	29.1	29.6	♏ 0.1	0.7

♃ 1: ♏ 13.6R · 6: 13.5 · 11: 13.4 · 16: 13.4D · 21: 13.5 · 26: 13.7 · 31: 14
♄ 1: ♓ 10.1R · 6: 10 · 11: 9.9 · 16: 9.7 · 21: 9.5 · 26: 9.3 · 31: 9
♅ 1: ♉ 4.8 · 11: 5.1 · 21: 5.3 · 31: 5.5
♆ 1: ♍ 12.2 · 11: 12.4 · 21: 12.7 · 31: 13
♇ 1: ♋ 25.1 · 11: 25.4 · 21: 25.7 · 31: 25.9

VIII

	1	2	3	4	5	6	7	8	9	10	11	12	13	14	15	16	17	18	19	20	21	22	23	24	25	26	27	28	29	30	31
☉	♌ 7.8	8.8	9.7	10.7	11.7	12.6	13.6	14.5	15.5	16.4	17.4	18.4	19.3	20.3	21.2	22.2	23.2	24.1	25.1	26.1	27	28	28.9	29.9	♍ 0.9	1.8	2.8	3.8	4.7	5.7	6.7
☽	♌ 25.5	♍ 7.4	19.2	♎ 1	12.9	25	♏ 7.2	19.7	♐ 2.5	15.7	29.3	♑ 13.4	27.9	♒ 12.8	27.9	♓ 13.1	28.2	♈ 13	27.5	♉ 11.6	25.3	♊ 8.6	21.4	♋ 4	16.3	28.5	♌ 10.5	22.4	♍ 4.3	16.1	28
☿	♋ 27.8	29.9	♌ 1.9	4	6.1	8.1	10.2	12.3	14.4	16.4	18.4	20.5	22.5	24.5	26.4	28.4	♍ 0.3	2.2	4	5.9	7.7	9.5	11.3	13.1	14.8	16.5	18.2	19.9	21.5	23.1	24.7
♀	♍ 17.8	18.4	18.8	19.3	19.8	20.2	20.6	20.9	21.3	21.6	21.8	22.1	22.3	22.4	22.6	22.7	22.7	22.8	22.7R	22.7	22.6	22.5	22.3	22.1	21.8	21.5	21.2	20.8	20.4	20	19.5
♂	♏ 1.2	1.8	2.3	2.9	3.5	4	4.6	5.2	5.7	6.3	6.9	7.5	8.1	8.7	9.3	9.9	10.5	11.1	11.7	12.3	12.9	13.5	14.1	14.7	15.4	16	16.6	17.2	17.9	18.5	19.1

♃ 1: ♏ 14 · 6: 14.4 · 11: 14.8 · 16: 15.2 · 21: 15.8 · 26: 16.3 · 31: 17
♄ 1: ♓ 8.9R · 6: 8.6 · 11: 8.3 · 16: 8 · 21: 7.6 · 26: 7.2 · 31: 6.8
♅ 1: ♉ 5.5 · 11: 5.5 · 21: 5.5R · 31: 5.4
♆ 1: ♍ 13 · 11: 13.3 · 21: 13.7 · 31: 14
♇ 1: ♋ 26 · 11: 26.2 · 21: 26.5 · 31: 26.7

IX

	1	2	3	4	5	6	7	8	9	10	11	12	13	14	15	16	17	18	19	20	21	22	23	24	25	26	27	28	29	30	31
☉	♍ 7.6	8.6	9.6	10.5	11.5	12.5	13.4	14.4	15.4	16.4	17.3	18.3	19.3	20.3	21.2	22.2	23.2	24.2	25.1	26.1	27.1	28.1	29	♎ 0	1	2	3	3.9	4.9	5.9	
☽	♎ 9.8	21.8	♏ 3.8	16.1	28.5	♐ 11.3	24.4	♑ 7.9	21.8	♒ 6.2	21	♓ 6.2	21.5	♈ 6.8	21.9	♉ 6.6	20.9	♊ 4.7	18	♋ 0.8	13.3	25.5	♌ 7.6	19.5	♍ 1.3	13.2	25	♎ 6.9	18.9	♏ 1	
☿	♍ 26.3	27.9	29.4	♎ 0.9	2.4	3.9	5.3	6.8	8.2	9.6	10.9	12.3	13.6	14.9	16.2	17.4	18.6	19.8	20.9	22.1	23.2	24.2	25.2	26.2	27.1	28	28.8	29.5	♏ 0.2	0.9	
♀	♍ 19.0R	18.5	18	17.4	16.8	16.2	15.6	15	14.4	13.7	13.1	12.5	11.9	11.4	10.8	10.3	9.8	9.3	8.9	8.5	8.1	7.8	7.5	7.3	7	6.9	6.7	6.6	6.6	6.6D	
♂	♏ 19.8	20.4	21.1	21.7	22.4	23	23.7	24.3	25	25.6	26.3	27	27.6	28.3	29	29.6	♐ 0.3	1	1.7	2.3	3	3.7	4.4	5.1	5.8	6.5	7.1	7.8	8.5	9.2	

♃ 1: ♏ 17.1 · 6: 17.8 · 11: 18.6 · 16: 19.4 · 21: 20.2 · 26: 21.1
♄ 1: ♓ 6.8R · 6: 6.4 · 11: 6 · 16: 5.6 · 21: 5.3 · 26: 5
♅ 1: ♉ 5.3R · 11: 5.1 · 21: 4.9
♆ 1: ♍ 14.1 · 11: 14.4 · 21: 14.8
♇ 1: ♋ 26.7 · 11: 26.9 · 21: 27.1

X

	1	2	3	4	5	6	7	8	9	10	11	12	13	14	15	16	17	18	19	20	21	22	23	24	25	26	27	28	29	30	31
☉	♎ 6.9	7.9	8.9	9.8	10.8	11.8	12.8	13.8	14.8	15.8	16.7	17.7	18.7	19.7	20.7	21.7	22.7	23.7	24.7	25.7	26.7	27.7	28.7	29.7	♏ 0.6	1.6	2.6	3.6	4.6	5.6	6.6
☽	♏ 13.1	25.5	♐ 8	20.8	♑ 3.8	17.2	♒ 1	15.1	29.7	♓ 14.6	29.8	♈ 15	♉ 0.1	14.9	29.2	♊ 13.1	26.5	♋ 9.5	22	♌ 4.3	16.3	28.2	♍ 10	21.8	♎ 3.7	15.7	27.8	♏ 10.1	22.5	♐ 5.1	17.9
☿	♏ 1.4	1.9	2.3	2.6	2.7	2.8	2.8R	2.6	2.3	1.9	1.3	0.6	♎ 29.8	28.8	27.8	26.6	25.4	24.2	23	21.8	20.7	19.7	18.9	18.2	17.7	17.3	17.2	17.3D	17.5	17.9	18.5
♀	♍ 6.6	6.7	6.8	6.9	7.1	7.3	7.6	7.9	8.2	8.5	8.9	9.3	9.8	10.2	10.7	11.2	11.8	12.3	12.9	13.5	14.2	14.8	15.5	16.2	16.9	17.6	18.4	19.1	19.9	20.7	21.5
♂	♐ 9.9	10.6	11.3	12	12.8	13.5	14.2	14.9	15.6	16.3	17	17.7	18.5	19.2	19.9	20.6	21.4	22.1	22.8	23.5	24.3	25	25.7	26.5	27.2	28	28.7	29.4	♑ 0.2	0.9	1.7

♃ 1: ♏ 22 · 6: 22.9 · 11: 23.9 · 16: 24.9 · 21: 25.9 · 26: 27 · 31: 28
♄ 1: ♓ 4.7R · 6: 4.4 · 11: 4.2 · 16: 3.9 · 21: 3.8 · 26: 3.6 · 31: 3.6
♅ 1: ♉ 4.5R · 11: 4.2 · 21: 3.8 · 31: 3.4
♆ 1: ♍ 15.2 · 11: 15.5 · 21: 15.8 · 31: 16.1
♇ 1: ♋ 27.2 · 11: 27.3 · 21: 27.4 · 31: 27.4R

XI

	1	2	3	4	5	6	7	8	9	10	11	12	13	14	15	16	17	18	19	20	21	22	23	24	25	26	27	28	29	30	31
☉	♏ 7.6	8.6	9.6	10.6	11.6	12.6	13.7	14.7	15.7	16.7	17.7	18.7	19.7	20.7	21.7	22.7	23.7	24.7	25.7	26.7	27.7	28.8	29.8	♐ 0.8	1.8	2.8	3.8	4.8	5.8	6.9	
☽	♑ 0.8	14	27.4	♒ 11.1	25.1	♓ 9.4	23.9	♈ 8.7	23.5	♉ 8.3	22.9	♊ 7.2	21	♋ 4.5	17.5	♌ 0.1	12.4	24.4	♍ 6.4	18.2	♎ 0.1	12	24.1	♏ 6.4	18.8	♐ 1.5	14.4	27.5	♑ 10.8	24.3	
☿	♎ 19.2	20.1	21	22.1	23.2	24.5	25.8	27.1	28.5	29.9	♏ 1.4	2.9	4.4	5.9	7.5	9	10.6	12.2	13.7	15.3	16.9	18.5	20.1	21.6	23.2	24.8	26.4	28	29.5	♐ 1.1	
♀	♍ 22.3	23.2	24	24.9	25.8	26.6	27.5	28.4	29.4	♎ 0.3	1.2	2.2	3.1	4.1	5.1	6.1	7.1	8	9.1	10.1	11.1	12.1	13.2	14.2	15.2	16.3	17.4	18.4	19.5	20.6	
♂	♑ 2.4	3.1	3.9	4.6	5.4	6.1	6.9	7.6	8.4	9.2	9.9	10.7	11.4	12.2	12.9	13.7	14.5	15.2	16	16.8	17.5	18.3	19.1	19.8	20.6	21.4	22.1	22.9	23.7	24.4	

♃ 1: ♏ 28.2 · 6: 29.3 · 11: ♐ 0.4 · 16: 1.5 · 21: 2.6 · 26: 3.7
♄ 1: ♓ 3.5R · 6: 3.5 · 11: 3.5D · 16: 3.6 · 21: 3.7 · 26: 3.8
♅ 1: ♉ 3.3R · 11: 2.9 · 21: 2.5
♆ 1: ♍ 16.1 · 11: 16.4 · 21: 16.5
♇ 1: ♋ 27.4R · 11: 27.4 · 21: 27.3

XII

	1	2	3	4	5	6	7	8	9	10	11	12	13	14	15	16	17	18	19	20	21	22	23	24	25	26	27	28	29	30	31
☉	♐ 7.9	8.9	9.9	10.9	11.9	12.9	14	15	16	17	18	19	20	21.1	22.1	23.1	24.1	25.1	26.2	27.2	28.2	29.2	♑ 0.2	1.2	2.3	3.3	4.3	5.3	6.3	7.4	8.4
☽	♒ 8	21.8	♓ 5.8	20	♈ 4.2	18.6	♉ 2.9	17.2	♊ 1.4	15.3	28.9	♋ 12.2	25.2	♌ 7.8	20.1	♍ 2.2	14.2	26.1	♎ 7.9	19.9	♏ 2	14.3	26.9	♐ 9.8	23	♑ 6.5	20.3	♒ 4.2	18.3	♓ 2.5	16.8
☿	♐ 2.7	4.3	5.8	7.4	9	10.6	12.1	13.7	15.3	16.8	18.4	20	21.6	23.1	24.7	26.3	27.9	29.4	♑ 1	2.6	4.2	5.8	7.4	9	10.6	12.2	13.8	15.4	17	18.6	20.2
♀	♎ 21.6	22.7	23.8	24.9	26	27.1	28.2	29.3	♏ 0.4	1.6	2.7	3.8	4.9	6.1	7.2	8.3	9.5	10.6	11.8	12.9	14.1	15.2	16.4	17.6	18.7	19.9	21.1	22.2	23.4	24.6	25.8
♂	♑ 25.2	26	26.8	27.5	28.3	29.1	29.9	♒ 0.6	1.4	2.2	3	3.7	4.5	5.3	6.1	6.9	7.6	8.4	9.2	10	10.8	11.5	12.3	13.1	13.9	14.7	15.4	16.2	17	17.8	18.6

♃ 1: ♐ 4.9 · 6: 6 · 11: 7.1 · 16: 8.2 · 21: 9.3 · 26: 10.4 · 31: 11.4
♄ 1: ♓ 4 · 6: 4.2 · 11: 4.4 · 16: 4.7 · 21: 5.1 · 26: 5.4 · 31: 5.9
♅ 1: ♉ 2.2R · 11: 1.9 · 21: 1.7 · 31: 1.6
♆ 1: ♍ 16.7 · 11: 16.8 · 21: 16.8R · 31: 16.7
♇ 1: ♋ 27.2R · 11: 27 · 21: 26.9 · 31: 26.7

I

	1	2	3	4	5	6	7	8	9	10	11	12	13	14	15	16	17	18	19	20	21	22	23	24	25	26	27	28	29	30	31
☉	♑ 9.4	10.4	11.4	12.5	13.5	14.5	15.5	16.5	17.6	18.6	19.6	20.6	21.6	22.6	23.7	24.7	25.7	26.7	27.7	28.8	29.8	♒ 0.8	1.8	2.8	3.8	4.9	5.9	6.9	7.9	8.9	9.9
☽	♈ 1	15.2	29.3	♉ 13.3	27.1	♊ 10.7	24.2	♋ 7.4	20.4	♌ 3.1	15.6	27.9	♍ 10	22	♎ 3.9	15.7	27.7	♏ 9.8	22.1	♐ 4.7	17.6	♑ 1	14.7	28.8	♒ 13.2	27.8	♓ 12.5	27.2	♈ 11.7	26.1	♉ 10.2
☿	♑ 21.8	23.4	25	26.6	28.2	29.8	♒ 1.3	2.8	4.3	5.8	7.2	8.6	10	11.2	12.4	13.5	14.5	15.4	16.2	16.8	17.2	17.5	17.6	17.5R	17.2	16.8	16.1	15.3	14.3	13.2	12.1
♀	♏ 26.9	28.1	29.3	♐ 0.5	1.7	2.9	4	5.2	6.4	7.6	8.8	10	11.2	12.4	13.6	14.8	16	17.2	18.4	19.6	20.8	22	23.2	24.4	25.7	26.9	28.1	29.3	♑ 0.5	1.7	2.9
♂	♒ 19.4	20.1	20.9	21.7	22.5	23.3	24.1	24.8	25.6	26.4	27.2	28	28.8	29.5	♓ 0.3	1.1	1.9	2.7	3.5	4.2	5	5.8	6.6	7.4	8.2	8.9	9.7	10.5	11.3	12.1	12.8

♃ 1: ♐ 11.7 · 6: 12.7 · 11: 13.7 · 16: 14.7 · 21: 15.7 · 26: 16.6 · 31: 17.5
♄ 1: ♓ 5.9 · 6: 6.4 · 11: 6.8 · 16: 7.3 · 21: 7.8 · 26: 8.4 · 31: 8.9
♅ 1: ♉ 1.6R · 11: 1.5D · 21: 1.6 · 31: 1.7
♆ 1: ♍ 16.7R · 11: 16.6 · 21: 16.5 · 31: 16.3
♇ 1: ♋ 26.7R · 11: 26.4 · 21: 26.2 · 31: 26

II

	1	2	3	4	5	6	7	8	9	10	11	12	13	14	15	16	17	18	19	20	21	22	23	24	25	26	27	28	29	30	31
☉	♒ 11	12	13	14	15	16	17	18.1	19.1	20.1	21.1	22.1	23.1	24.1	25.1	26.1	27.2	28.2	29.2	♓ 0.2	1.2	2.2	3.2	4.2	5.2	6.2	7.2	8.2	9.2		
☽	♉ 24	♊ 7.5	20.8	♋ 3.8	16.6	29.2	♌ 11.7	24	♍ 6.2	18.2	♎ 0.1	12	23.8	♏ 5.8	17.8	♐ 0	12.5	25.4	♑ 8.7	22.5	♒ 6.7	21.4	♓ 6.3	21.4	♈ 6.5	21.5	♉ 6.1	20.4	♊ 4.3		
☿	♒ 10.8R	9.6	8.4	7.2	6.1	5.1	4.3	3.5	2.9	2.5	2.1	1.9	1.9	1.9D	2.1	2.4	2.7	3.2	3.7	4.3	5	5.8	6.6	7.5	8.4	9.4	10.4	11.4	12.5		
♀	♑ 4.1	5.4	6.6	7.8	9	10.2	11.5	12.7	13.9	15.1	16.3	17.6	18.8	20	21.2	22.4	23.7	24.9	26.1	27.3	28.6	29.8	♒ 1	2.2	3.5	4.7	5.9	7.1	8.4		
♂	♓ 13.6	14.4	15.2	15.9	16.7	17.5	18.3	19.1	19.8	20.6	21.4	22.2	22.9	23.7	24.5	25.3	26	26.8	27.6	28.3	29.1	29.9	♈ 0.6	1.4	2.2	2.9	3.7	4.5	5.2		

♃ 1: ♐ 17.7 · 6: 18.5 · 11: 19.3 · 16: 20.1 · 21: 20.8 · 26: 21.5
♄ 1: ♓ 9 · 6: 9.6 · 11: 10.2 · 16: 10.8 · 21: 11.4 · 26: 12
♅ 1: ♉ 1.7 · 11: 2 · 21: 2.3
♆ 1: ♍ 16.3R · 11: 16 · 21: 15.8
♇ 1: ♋ 26.0R · 11: 25.8 · 21: 25.6

III

	1	2	3	4	5	6	7	8	9	10	11	12	13	14	15	16	17	18	19	20	21	22	23	24	25	26	27	28	29	30	31
☉	♓ 10.2	11.2	12.2	13.2	14.3	15.3	16.3	17.3	18.3	19.3	20.3	21.2	22.2	23.2	24.2	25.2	26.2	27.2	28.2	29.2	♈ 0.2	1.2	2.2	3.2	4.2	5.2	6.2	7.1	8.1	9.1	10.1
☽	♊ 17.7	♋ 0.8	13.6	26.2	♌ 8.6	20.8	♍ 2.9	14.9	26.8	♎ 8.7	20.6	♏ 2.4	14.4	26.4	♐ 8.6	21.1	♑ 3.8	17	♒ 0.6	14.8	29.4	♓ 14.4	29.7	♈ 15	♉ 0.2	15.2	29.7	♊ 13.7	27.3	♋ 10.4	23.2
☿	♒ 13.7	14.9	16.1	17.3	18.6	19.8	21.2	22.5	23.9	25.3	26.7	28.1	29.6	♓ 1.1	2.6	4.1	5.7	7.2	8.8	10.4	12.1	13.7	15.4	17.1	18.8	20.6	22.3	24.1	25.9	27.7	29.6
♀	♒ 9.6	10.8	12	13.3	14.5	15.7	17	18.2	19.4	20.6	21.9	23.1	24.3	25.6	26.8	28	29.2	♓ 0.5	1.7	2.9	4.2	5.4	6.6	7.8	9.1	10.3	11.5	12.8	14	15.2	16.5
♂	♈ 6	6.8	7.5	8.3	9.1	9.8	10.6	11.3	12.1	12.9	13.6	14.4	15.1	15.9	16.6	17.4	18.1	18.9	19.6	20.4	21.1	21.9	22.6	23.4	24.1	24.9	25.6	26.4	27.1	27.9	28.6

♃ 1: ♐ 22 · 6: 22.5 · 11: 23 · 16: 23.4 · 21: 23.8 · 26: 24 · 31: 24.2
♄ 1: ♓ 12.5 · 6: 13.1 · 11: 13.7 · 16: 14.3 · 21: 14.9 · 26: 15.5 · 31: 16.1
♅ 1: ♉ 2.6 · 11: 3 · 21: 3.5 · 31: 4
♆ 1: ♍ 15.5R · 11: 15.3 · 21: 15 · 31: 14.7
♇ 1: ♋ 25.4R · 11: 25.3 · 21: 25.2 · 31: 25.2

IV

	1	2	3	4	5	6	7	8	9	10	11	12	13	14	15	16	17	18	19	20	21	22	23	24	25	26	27	28	29	30	31
☉	♈ 11.1	12.1	13.1	14	15	16	17	18	19	19.9	20.9	21.9	22.9	23.9	24.8	25.8	26.8	27.8	28.8	29.7	♉ 0.7	1.7	2.7	3.6	4.6	5.6	6.6	7.5	8.5	9.5	
☽	♌ 5.6	17.9	29.9	♍ 11.9	23.8	♎ 5.7	17.6	29.5	♏ 11.4	23.4	♐ 5.6	17.8	♑ 0.3	13.1	26.2	♒ 9.7	23.7	♓ 8.1	22.9	♈ 8	23.2	♉ 8.5	23.5	♊ 8.1	22.3	♋ 6	19.2	♌ 2.1	14.6	26.8	
☿	♈ 1.5	3.4	5.3	7.3	9.2	11.2	13.2	15.2	17.3	19.4	21.4	23.5	25.6	27.7	29.9	♉ 2	4.1	6.2	8.2	10.3	12.3	14.3	16.2	18.1	20	21.8	23.5	25.2	26.9	28.4	
♀	♓ 17.7	18.9	20.1	21.4	22.6	23.8	25.1	26.3	27.5	28.7	30	♈ 1.2	2.4	3.7	4.9	6.1	7.3	8.6	9.8	11	12.3	13.5	14.7	15.9	17.2	18.4	19.6	20.9	22.1	23.3	
♂	♈ 29.3	♉ 0.1	0.8	1.6	2.3	3	3.8	4.5	5.2	6	6.7	7.4	8.2	8.9	9.6	10.4	11.1	11.8	12.5	13.3	14	14.7	15.4	16.2	16.9	17.6	18.3	19	19.8	20.5	

♃ 1: ♐ 24.3 · 6: 24.4 · 11: 24.4R · 16: 24.4 · 21: 24.3 · 26: 24.1
♄ 1: ♓ 16.2 · 6: 16.8 · 11: 17.4 · 16: 17.9 · 21: 18.4 · 26: 18.9
♅ 1: ♉ 4.1 · 11: 4.6 · 21: 5.2
♆ 1: ♍ 14.7R · 11: 14.5 · 21: 14.3
♇ 1: ♋ 25.2R · 11: 25.2D · 21: 25.2

V

	1	2	3	4	5	6	7	8	9	10	11	12	13	14	15	16	17	18	19	20	21	22	23	24	25	26	27	28	29	30	31
☉	♉ 10.4	11.4	12.4	13.3	14.3	15.3	16.3	17.2	18.2	19.2	20.1	21.1	22	23	24	24.9	25.9	26.9	27.8	28.8	29.8	♊ 0.7	1.7	2.6	3.6	4.6	5.5	6.5	7.4	8.4	9.4
☽	♍ 8.8	20.7	♎ 2.6	14.5	26.4	♏ 8.3	20.4	♐ 2.6	14.9	27.4	♑ 10.1	23	♒ 6.2	19.7	♓ 3.6	17.8	♈ 2.3	17.1	♉ 2	16.9	♊ 1.7	16.2	♋ 0.4	14.1	27.4	♌ 10.4	22.9	♍ 5.2	17.3	29.2	♎ 11.1
☿	♉ 29.9	♊ 1.3	2.7	4	5.2	6.3	7.4	8.4	9.3	10.1	10.9	11.6	12.2	12.7	13.1	13.5	13.7	13.9	14	14.1R	14	13.9	13.7	13.4	13.1	12.7	12.2	11.8	11.2	10.7	10.1
♀	♈ 24.5	25.8	27	28.2	29.4	♉ 0.7	1.9	3.1	4.4	5.6	6.8	8	9.3	10.5	11.7	12.9	14.2	15.4	16.6	17.9	19.1	20.3	21.5	22.8	24	25.2	26.4	27.7	28.9	♊ 0.1	1.4
♂	♉ 21.2	21.9	22.6	23.3	24.1	24.8	25.5	26.2	26.9	27.6	28.3	29	29.7	♊ 0.4	1.1	1.9	2.6	3.3	4	4.7	5.4	6.1	6.8	7.5	8.2	8.8	9.5	10.2	10.9	11.6	12.3

♃ 1: ♐ 23.8R · 6: 23.4 · 11: 23 · 16: 22.6 · 21: 22.1 · 26: 21.5 · 31: 20.9
♄ 1: ♓ 19.4 · 6: 19.8 · 11: 20.2 · 16: 20.6 · 21: 21 · 26: 21.3 · 31: 21.6
♅ 1: ♉ 5.8 · 11: 6.4 · 21: 6.9 · 31: 7.4
♆ 1: ♍ 14.1R · 11: 14 · 21: 14 · 31: 14.0D
♇ 1: ♋ 25.3 · 11: 25.4 · 21: 25.5 · 31: 25.7

VI

	1	2	3	4	5	6	7	8	9	10	11	12	13	14	15	16	17	18	19	20	21	22	23	24	25	26	27	28	29	30	31
☉	♊ 10.3	11.3	12.2	13.2	14.1	15.1	16.1	17	18	18.9	19.9	20.8	21.8	22.7	23.7	24.7	25.6	26.6	27.5	28.5	29.4	♋ 0.4	1.3	2.3	3.2	4.2	5.2	6.1	7.1	8	
☽	♎ 22.9	♏ 4.9	17	29.2	♐ 11.6	24.1	♑ 6.9	19.9	♒ 3.2	16.6	♓ 0.3	14.2	28.4	♈ 12.7	27.1	♉ 11.6	26.1	♊ 10.5	24.7	♋ 8.6	22.2	♌ 5.4	18.3	♍ 0.9	13.2	25.3	♎ 7.3	19.2	♏ 1.1	13	
☿	♊ 9.6R	9	8.5	8	7.5	7	6.6	6.3	6	5.8	5.6	5.5	5.5D	5.6	5.7	5.9	6.2	6.6	7	7.5	8.1	8.8	9.5	10.3	11.2	12.1	13.1	14.2	15.4	16.6	
♀	♊ 2.6	3.8	5	6.3	7.5	8.7	9.9	11.2	12.4	13.6	14.9	16.1	17.3	18.5	19.8	21	22.2	23.4	24.7	25.9	27.1	28.4	29.6	♋ 0.8	2	3.3	4.5	5.7	7	8.2	
♂	♊ 13	13.7	14.4	15.1	15.8	16.5	17.1	17.8	18.5	19.2	19.9	20.6	21.3	21.9	22.6	23.3	24	24.7	25.3	26	26.7	27.4	28	28.7	29.4	♋ 0.1	0.7	1.4	2.1	2.8	

♃ 1: ♐ 20.8R · 6: 20.1 · 11: 19.5 · 16: 18.9 · 21: 18.2 · 26: 17.6
♄ 1: ♓ 21.6 · 6: 21.9 · 11: 22.1 · 16: 22.3 · 21: 22.4 · 26: 22.5
♅ 1: ♉ 7.5 · 11: 8 · 21: 8.4
♆ 1: ♍ 14 · 11: 14.1 · 21: 14.2
♇ 1: ♋ 25.7 · 11: 26 · 21: 26.2

VII

	1	2	3	4	5	6	7	8	9	10	11	12	13	14	15	16	17	18	19	20	21	22	23	24	25	26	27	28	29	30	31
☉	♋ 9	9.9	10.9	11.8	12.8	13.7	14.7	15.6	16.6	17.5	18.5	19.5	20.4	21.4	22.3	23.3	24.2	25.2	26.1	27.1	28	29	29.9	♌ 0.9	1.9	2.8	3.8	4.7	5.7	6.6	7.6
☽	♏ 25.2	♐ 7.5	20.1	♑ 2.9	16.1	29.5	♒ 13.1	27	♓ 11	25.2	♈ 9.4	23.6	♉ 7.8	22	♊ 6.1	20	♋ 3.7	17.3	♌ 0.6	13.6	26.4	♍ 8.9	21.2	♎ 3.3	15.2	27.1	♏ 9	20.9	♐ 3.1	15.5	28.2
☿	♊ 17.9	19.2	20.6	22.1	23.6	25.2	26.8	28.5	♋ 0.2	2.1	3.9	5.8	7.8	9.7	11.8	13.8	15.9	18	20.1	22.2	24.4	26.5	28.6	♌ 0.7	2.9	4.9	7	9.1	11.1	13.1	15.1
♀	♋ 9.4	10.6	11.9	13.1	14.3	15.6	16.8	18	19.3	20.5	21.7	22.9	24.2	25.4	26.6	27.9	29.1	♌ 0.3	1.6	2.8	4	5.3	6.5	7.7	8.9	10.2	11.4	12.6	13.9	15.1	16.3
♂	♋ 3.4	4.1	4.8	5.4	6.1	6.8	7.4	8.1	8.8	9.4	10.1	10.8	11.4	12.1	12.7	13.4	14.1	14.7	15.4	16	16.7	17.4	18	18.7	19.3	20	20.6	21.3	21.9	22.6	23.2

♃ 1: ♐ 17.1R · 6: 16.5 · 11: 16.1 · 16: 15.6 · 21: 15.3 · 26: 15 · 31: 14.8
♄ 1: ♓ 22.5 · 6: 22.5R · 11: 22.5 · 16: 22.4 · 21: 22.3 · 26: 22.1 · 31: 21.9
♅ 1: ♉ 8.8 · 11: 9.1 · 21: 9.3 · 31: 9.5
♆ 1: ♍ 14.3 · 11: 14.6 · 21: 14.8 · 31: 15.1
♇ 1: ♋ 26.5 · 11: 26.7 · 21: 27 · 31: 27.3

VIII

	1	2	3	4	5	6	7	8	9	10	11	12	13	14	15	16	17	18	19	20	21	22	23	24	25	26	27	28	29	30	31
☉	♌ 8.6	9.5	10.5	11.4	12.4	13.3	14.3	15.3	16.2	17.2	18.1	19.1	20.1	21	22	22.9	23.9	24.9	25.8	26.8	27.7	28.7	29.7	♍ 0.6	1.6	2.6	3.5	4.5	5.5	6.4	7.4
☽	♑ 11.2	24.6	♒ 8.4	22.5	♓ 6.8	21.3	♈ 5.8	20.3	♉ 4.6	18.8	♊ 2.8	16.5	♋ 0.1	13.4	26.6	♌ 9.5	22.3	♍ 4.8	17.2	29.4	♎ 11.4	23.3	♏ 5.1	17	28.9	♐ 11	23.4	♑ 6.1	19.2	♒ 2.7	16.7
☿	♌ 17.1	19	20.9	22.8	24.7	26.5	28.3	♍ 0.1	1.8	3.6	5.3	6.9	8.6	10.2	11.8	13.4	15	16.5	18	19.5	20.9	22.3	23.7	25.1	26.5	27.8	29.1	♎ 0.3	1.6	2.8	3.9
♀	♌ 17.6	18.8	20	21.3	22.5	23.7	25	26.2	27.4	28.7	29.9	♍ 1.1	2.4	3.6	4.8	6.1	7.3	8.5	9.8	11	12.2	13.5	14.7	15.9	17.2	18.4	19.6	20.9	22.1	23.3	24.6
♂	♋ 23.9	24.6	25.2	25.9	26.5	27.2	27.8	28.4	29.1	29.7	♌ 0.4	1	1.7	2.3	3	3.6	4.3	4.9	5.5	6.2	6.8	7.5	8.1	8.8	9.4	10	10.7	11.3	11.9	12.6	13.2

♃ 1: ♐ 14.8R · 6: 14.6 · 11: 14.6 · 16: 14.6D · 21: 14.7 · 26: 14.9 · 31: 15.2
♄ 1: ♓ 21.9R · 6: 21.6 · 11: 21.4 · 16: 21.1 · 21: 20.7 · 26: 20.4 · 31: 20
♅ 1: ♉ 9.5 · 11: 9.6 · 21: 9.6R · 31: 9.5
♆ 1: ♍ 15.1 · 11: 15.5 · 21: 15.8 · 31: 16.2
♇ 1: ♋ 27.3 · 11: 27.6 · 21: 27.8 · 31: 28

IX

	1	2	3	4	5	6	7	8	9	10	11	12	13	14	15	16	17	18	19	20	21	22	23	24	25	26	27	28	29	30	31
☉	♍ 8.4	9.3	10.3	11.3	12.2	13.2	14.2	15.2	16.1	17.1	18.1	19	20	21	22	22.9	23.9	24.9	25.9	26.8	27.8	28.8	29.8	♎ 0.8	1.7	2.7	3.7	4.7	5.7	6.7	
☽	♓ 1.2	15.9	♈ 0.8	15.7	♉ 0.6	15.2	29.5	♊ 13.4	27.1	♋ 10.4	23.4	♌ 6.3	18.9	♍ 1.4	13.7	25.9	♎ 7.9	19.9	♏ 1.7	13.5	25.3	♐ 7.3	19.3	♑ 1.6	14.2	27.3	♒ 10.8	24.8	♓ 9.3	24.2	
☿	♎ 5.1	6.2	7.2	8.2	9.2	10.1	11	11.9	12.6	13.4	14	14.6	15.1	15.6	15.9	16.2	16.4	16.5	16.4R	16.3	16	15.7	15.2	14.5	13.8	13	12	11	9.9	8.8	
♀	♍ 25.8	27	28.3	29.5	♎ 0.7	2	3.2	4.4	5.7	6.9	8.1	9.4	10.6	11.8	13.1	14.3	15.5	16.7	18	19.2	20.4	21.7	22.9	24.1	25.4	26.6	27.8	29.1	♏ 0.3	1.5	
♂	♌ 13.9	14.5	15.1	15.8	16.4	17	17.7	18.3	18.9	19.6	20.2	20.8	21.5	22.1	22.7	23.3	24	24.6	25.2	25.9	26.5	27.1	27.7	28.4	29	29.6	♍ 0.2	0.9	1.5	2.1	

♃ 1: ♐ 15.2 · 6: 15.6 · 11: 16 · 16: 16.5 · 21: 17 · 26: 17.6
♄ 1: ♓ 20.0R · 6: 19.6 · 11: 19.2 · 16: 18.8 · 21: 18.4 · 26: 18.1
♅ 1: ♉ 9.5R · 11: 9.3 · 21: 9
♆ 1: ♍ 16.2 · 11: 16.6 · 21: 16.9
♇ 1: ♋ 28.1 · 11: 28.3 · 21: 28.4

X

	1	2	3	4	5	6	7	8	9	10	11	12	13	14	15	16	17	18	19	20	21	22	23	24	25	26	27	28	29	30	31
☉	♎ 7.6	8.6	9.6	10.6	11.6	12.6	13.5	14.5	15.5	16.5	17.5	18.5	19.5	20.5	21.5	22.5	23.4	24.4	25.4	26.4	27.4	28.4	29.4	♏ 0.4	1.4	2.4	3.4	4.4	5.4	6.4	7.4
☽	♈ 9.4	24.7	♉ 9.8	24.7	♊ 9.3	23.4	♋ 7.1	20.4	♌ 3.3	16	28.4	♍ 10.7	22.8	♎ 4.8	16.8	28.6	♏ 10.5	22.3	♐ 4.1	16.1	28.2	♑ 10.5	23	♒ 6	19.4	♓ 3.2	17.6	♈ 2.4	17.5	♉ 2.8	18.1
☿	♎ 7.7R	6.5	5.5	4.5	3.6	2.8	2.2	1.7	1.5	1.4	1.5D	1.7	2.2	2.8	3.5	4.4	5.4	6.5	7.7	9	10.3	11.7	13.2	14.7	16.3	17.8	19.4	21.1	22.7	24.3	26
♀	♏ 2.7	4	5.2	6.4	7.7	8.9	10.1	11.4	12.6	13.8	15	16.3	17.5	18.7	19.9	21.2	22.4	23.6	24.9	26.1	27.3	28.5	29.8	♐ 1	2.2	3.4	4.7	5.9	7.1	8.3	9.5
♂	♍ 2.7	3.4	4	4.6	5.2	5.8	6.5	7.1	7.7	8.3	8.9	9.6	10.2	10.8	11.4	12	12.6	13.2	13.9	14.5	15.1	15.7	16.3	16.9	17.5	18.1	18.8	19.4	20	20.6	21.2

♃ 1: ♐ 18.3 · 6: 19 · 11: 19.7 · 16: 20.6 · 21: 21.4 · 26: 22.3 · 31: 23.2
♄ 1: ♓ 17.7R · 6: 17.4 · 11: 17 · 16: 16.8 · 21: 16.5 · 26: 16.3 · 31: 16.1
♅ 1: ♉ 8.7R · 11: 8.4 · 21: 8 · 31: 7.6
♆ 1: ♍ 17.3 · 11: 17.6 · 21: 18 · 31: 18.2
♇ 1: ♋ 28.6 · 11: 28.7 · 21: 28.7 · 31: 28.8R

XI

	1	2	3	4	5	6	7	8	9	10	11	12	13	14	15	16	17	18	19	20	21	22	23	24	25	26	27	28	29	30	31
☉	♏ 8.4	9.4	10.4	11.4	12.4	13.4	14.4	15.4	16.4	17.4	18.4	19.4	20.4	21.5	22.5	23.5	24.5	25.5	26.5	27.5	28.5	29.5	♐ 0.5	1.5	2.6	3.6	4.6	5.6	6.6	7.6	
☽	♊ 3.2	18	♋ 2.4	16.2	29.7	♌ 12.7	25.3	♍ 7.7	19.9	♎ 1.9	13.8	25.6	♏ 7.5	19.3	♐ 1.2	13.2	25.3	♑ 7.5	19.9	♒ 2.6	15.5	28.8	♓ 12.5	26.6	♈ 11.1	26	♉ 11	26.1	♊ 11.1	25.9	
☿	♎ 27.6	29.3	♏ 0.9	2.6	4.2	5.8	7.5	9.1	10.8	12.4	14	15.6	17.2	18.8	20.4	22	23.6	25.2	26.8	28.4	30	♐ 1.5	3.1	4.7	6.2	7.8	9.4	10.9	12.5	14.1	
♀	♐ 10.8	12	13.2	14.4	15.7	16.9	18.1	19.3	20.5	21.8	23	24.2	25.4	26.6	27.8	29.1	♑ 0.3	1.5	2.7	3.9	5.1	6.4	7.6	8.8	10	11.2	12.4	13.6	14.8	16	
♂	♍ 21.8	22.4	23	23.6	24.2	24.8	25.4	26	26.6	27.2	27.8	28.4	29	29.6	♎ 0.2	0.8	1.4	2	2.6	3.2	3.8	4.4	5	5.6	6.2	6.8	7.3	7.9	8.5	9.1	

♃ 1: ♐ 23.4 · 6: 24.4 · 11: 25.4 · 16: 26.5 · 21: 27.5 · 26: 28.6
♄ 1: ♓ 16.1R · 6: 15.9 · 11: 15.8 · 16: 15.8 · 21: 15.8D · 26: 15.8
♅ 1: ♉ 7.5R · 11: 7.1 · 21: 6.7
♆ 1: ♍ 18.3 · 11: 18.5 · 21: 18.7
♇ 1: ♋ 28.8R · 11: 28.7 · 21: 28.7

XII

	1	2	3	4	5	6	7	8	9	10	11	12	13	14	15	16	17	18	19	20	21	22	23	24	25	26	27	28	29	30	31
☉	♐ 8.6	9.6	10.7	11.7	12.7	13.7	14.7	15.7	16.8	17.8	18.8	19.8	20.8	21.8	22.9	23.9	24.9	25.9	26.9	27.9	29	30	♑ 1	2	3	4.1	5.1	6.1	7.1	8.1	9.2
☽	♋ 10.4	24.4	♌ 8	21.2	♍ 3.9	16.4	28.5	♎ 10.5	22.4	♏ 4.2	16	27.9	♐ 10	22.1	♑ 4.4	16.9	29.6	♒ 12.5	25.7	♓ 9.1	22.8	♈ 6.7	20.9	♉ 5.4	20	♊ 4.6	19.3	♋ 3.9	18.2	♌ 2.2	15.8
☿	♐ 15.6	17.2	18.7	20.3	21.8	23.4	24.9	26.5	28	29.6	♑ 1.1	2.7	4.2	5.7	7.3	8.8	10.3	11.8	13.3	14.8	16.2	17.7	19.1	20.5	21.8	23.1	24.4	25.6	26.7	27.7	28.7
♀	♑ 17.2	18.5	19.7	20.9	22.1	23.3	24.5	25.7	26.9	28.1	29.3	♒ 0.5	1.7	2.8	4	5.2	6.4	7.6	8.8	10	11.2	12.3	13.5	14.7	15.9	17.1	18.2	19.4	20.6	21.7	22.9
♂	♎ 9.7	10.3	10.9	11.4	12	12.6	13.2	13.8	14.3	14.9	15.5	16.1	16.7	17.2	17.8	18.4	18.9	19.5	20.1	20.6	21.2	21.8	22.3	22.9	23.5	24	24.6	25.1	25.7	26.2	26.8

♃ 1: ♐ 29.7 · 6: ♑ 0.8 · 11: 1.9 · 16: 3.1 · 21: 4.2 · 26: 5.4 · 31: 6.5
♄ 1: ♓ 15.9 · 6: 16 · 11: 16.2 · 16: 16.4 · 21: 16.7 · 26: 17 · 31: 17.3
♅ 1: ♉ 6.4R · 11: 6.1 · 21: 5.9 · 31: 5.7
♆ 1: ♍ 18.8 · 11: 18.9 · 21: 19 · 31: 18.9R
♇ 1: ♋ 28.5R · 11: 28.4 · 21: 28.2 · 31: 28

1937

I

	1	2	3	4	5	6	7	8	9	10	11	12	13	14	15	16	17	18	19	20	21	22	23	24	25	26	27	28	29	30	31
☉	10.2	11.2	12.2	13.2	14.2	15.3	16.3	17.3	18.3	19.3	20.4	21.4	22.4	23.4	24.4	25.5	26.5	27.5	28.5	29.5	0.5	1.6	2.6	3.6	4.6	5.6	6.6	7.7	8.7	9.7	10.7
☽	29	11.9	24.4	6.6	18.6	0.5	12.3	24.2	6.1	18.2	0.6	13.1	26	9.1	22.4	6	19.7	3.6	17.6	1.7	15.9	0.1	14.3	28.4	12.5	26.5	10.2	23.7	6.8	19.6	2.2
☿	29.5	0.2	0.8	1.2	1.5	1.5R	1.4	1.1	0.6	29.9	29	28	26.8	25.6	24.3	23	21.7	20.5	19.3	18.3	17.5	16.8	16.2	15.8	15.6	15.4	15.5D	15.6	15.9	16.2	16.7
♀	24.1	25.2	26.4	27.5	28.7	29.8	1	2.1	3.3	4.4	5.6	6.7	7.8	8.9	10.1	11.2	12.3	13.4	14.5	15.6	16.7	17.8	18.9	20	21.1	22.2	23.2	24.3	25.4	26.4	27.5
♂	27.3	27.9	28.4	29	29.5	0.1	0.6	1.2	1.7	2.2	2.8	3.3	3.8	4.4	4.9	5.4	5.9	6.4	7	7.5	8	8.5	9	9.5	10	10.5	11	11.5	12	12.5	13

♃ (1 6 11 16 21 26 31): 6.8 7.9 9.1 10.2 11.3 12.4 13.5 — ♄ (1 6 11 16 21 26 31): 17.3 17.7 18.1 18.6 19 19.5 20 — ♅ (1 11 21 31): 5.7R 5.6 5.6D 5.7 — ♆ (1 11 21 31): 18.9R 18.8 18.7 18.5 — ♇ (1 11 21 31): 28.0R 27.8 27.6 27.4

II

	1	2	3	4	5	6	7	8	9	10	11	12	13	14	15	16	17	18	19	20	21	22	23	24	25	26	27	28	29	30	31
☉	11.7	12.7	13.8	14.8	15.8	16.8	17.8	18.8	19.8	20.8	21.9	22.9	23.9	24.9	25.9	26.9	27.9	28.9	29.9	0.9	2	3	4	5	6	7	8	9			
☽	14.4	26.4	8.3	20.1	2	14	26.1	8.5	21.3	4.4	17.9	1.6	15.7	29.9	14.2	28.5	12.7	26.8	10.9	24.8	8.5	22.2	5.7	19	2.1	15	27.7	10.1			
☿	17.3	17.9	18.6	19.4	20.3	21.2	22.1	23.1	24.2	25.3	26.4	27.6	28.8	30	1.2	2.5	3.8	5.1	6.5	7.8	9.2	10.7	12.1	13.5	15	16.5	18	19.5			
♀	28.5	29.5	0.6	1.6	2.6	3.6	4.6	5.6	6.6	7.6	8.6	9.5	10.5	11.4	12.4	13.3	14.2	15.1	16	16.9	17.8	18.6	19.5	20.3	21.1	21.9	22.7	23.5			
♂	13.5	14	14.5	14.9	15.4	15.9	16.4	16.8	17.3	17.8	18.2	18.7	19.1	19.6	20	20.4	20.9	21.3	21.7	22.2	22.6	23	23.4	23.8	24.2	24.6	25	25.4			

♃ (1 6 11 16 21 26): 13.8 14.8 15.9 16.9 17.9 18.9 — ♄ (1 6 11 16 21 26): 20.1 20.7 21.2 21.8 22.4 23 — ♅ (1 11 21): 5.8 6 6.2 — ♆ (1 11 21): 18.5R 18.3 18 — ♇ (1 11 21): 27.3R 27.1 26.9

III

	1	2	3	4	5	6	7	8	9	10	11	12	13	14	15	16	17	18	19	20	21	22	23	24	25	26	27	28	29	30	31
☉	10	11	12	13	14	15	16	17	18	19	20	21	22	23	24	25	26	27	28	29	30	1	1.9	2.9	3.9	4.9	5.9	6.9	7.9	8.9	9.9
☽	22.3	4.3	16.2	28	9.8	21.7	3.9	16.3	29.1	12.4	26	10.1	24.5	9.2	23.9	8.6	23.2	7.6	21.7	5.5	19.1	2.4	15.6	28.5	11.3	23.9	6.3	18.5	0.6	12.5	24.3
☿	21.1	22.6	24.2	25.8	27.4	29	0.7	2.4	4	5.7	7.5	9.2	11	12.8	14.6	16.4	18.2	20.1	22	23.9	25.8	27.7	29.7	1.7	3.7	5.7	7.7	9.7	11.8	13.8	15.9
♀	24.2	25	25.7	26.4	27.1	27.8	28.4	29.1	29.7	0.3	0.8	1.3	1.9	2.3	2.8	3.2	3.6	4	4.3	4.6	4.9	5.2	5.4	5.5	5.7	5.8	5.8	5.8R	5.8	5.7	5.6
♂	25.8	26.2	26.5	26.9	27.3	27.6	28	28.3	28.7	29	29.3	29.6	29.9	0.2	0.5	0.8	1.1	1.4	1.7	1.9	2.2	2.4	2.7	2.9	3.1	3.3	3.6	3.7	3.9	4.1	4.3

♃ (1 6 11 16 21 26 31): 19.4 20.4 21.2 22 22.8 23.5 24.2 — ♄ (1 6 11 16 21 26 31): 23.4 24 24.6 25.2 25.8 26.4 27.1 — ♅ (1 11 21 31): 6.5 6.9 7.4 7.9 — ♆ (1 11 21 31): 17.8R 17.5 17.2 17 — ♇ (1 11 21 31): 26.8R 26.7 26.6 26.5

IV

	1	2	3	4	5	6	7	8	9	10	11	12	13	14	15	16	17	18	19	20	21	22	23	24	25	26	27	28	29	30	31
☉	10.9	11.8	12.8	13.8	14.8	15.8	16.8	17.7	18.7	19.7	20.7	21.7	22.7	23.6	24.6	25.6	26.6	27.5	28.5	29.5	0.5	1.4	2.4	3.4	4.4	5.3	6.3	7.3	8.3	9.2	
☽	6.1	17.9	29.9	12	24.4	7.2	20.4	4	18.2	2.8	17.7	2.7	17.8	2.7	17.4	1.7	15.7	29.3	12.6	25.6	8.3	20.8	3.1	15.3	27.3	9.3	21.1	2.9	14.7	26.6	
☿	17.9	20	22	24	26	28	29.9	1.8	3.6	5.4	7.2	8.8	10.4	11.9	13.4	14.7	16	17.2	18.3	19.4	20.3	21.2	21.9	22.5	23.1	23.5	23.9	24.2	24.4	24.4	
♀	5.5R	5.3	5	4.8	4.4	4.1	3.7	3.3	2.8	2.3	1.8	1.2	0.7	0.1	29.5	28.9	28.2	27.6	27	26.3	25.7	25.1	24.5	24	23.4	22.9	22.4	22	21.5	21.1	
♂	4.4	4.6	4.7	4.8	5	5.1	5.2	5.2	5.3	5.4	5.4	5.5	5.5	5.5	5.5R	5.5	5.5	5.4	5.4	5.3	5.3	5.2	5.1	5	4.8	4.7	4.6	4.4	4.2	4	

♃ (1 6 11 16 21 26): 24.3 25 25.5 26 26.4 26.7 — ♄ (1 6 11 16 21 26): 27.2 27.8 28.4 29 29.5 0.1 — ♅ (1 11 21): 7.9 8.5 9 — ♆ (1 11 21): 17.0R 16.7 16.5 — ♇ (1 11 21): 26.5R 26.5D 26.5

V

	1	2	3	4	5	6	7	8	9	10	11	12	13	14	15	16	17	18	19	20	21	22	23	24	25	26	27	28	29	30	31
☉	10.2	11.2	12.1	13.1	14.1	15	16	17	18	18.9	19.9	20.8	21.8	22.8	23.7	24.7	25.7	26.6	27.6	28.6	29.5	0.5	1.4	2.4	3.4	4.3	5.3	6.2	7.2	8.2	9.1
☽	8.5	20.7	3.1	15.8	28.9	12.5	26.5	11	25.9	11	26.2	11.4	26.3	10.9	25.1	8.9	22.2	5.2	17.8	0.2	12.4	24.4	6.3	18.1	29.9	11.7	23.6	5.5	17.6	29.9	12.4
☿	24.4	24.3	24.2	23.9	23.6	23.2	22.7	22.2	21.7	21.1	20.5	19.9	19.3	18.7	18.2	17.6	17.1	16.7	16.3	15.9	15.7	15.5	15.3	15.3	15.3D	15.4	15.6	15.8	16.1	16.5	17
♀	20.8R	20.5	20.2	20	19.8	19.6	19.5	19.5	19.4	19.4D	19.5	19.6	19.7	19.9	20	20.3	20.5	20.8	21.2	21.5	21.9	22.3	22.8	23.2	23.7	24.2	24.8	25.3	25.9	26.5	27.1
♂	3.8R	3.6	3.4	3.2	2.9	2.7	2.4	2.1	1.8	1.5	1.2	0.9	0.6	0.3	30	29.6	29.3	28.9	28.6	28.2	27.9	27.5	27.2	26.8	26.5	26.1	25.8	25.4	25.1	24.8	24.4

♃ (1 6 11 16 21 26 31): 27 27.2 27.3 27.3R 27.3 27.1 26.9 — ♄ (1 6 11 16 21 26 31): 0.6 1.1 1.6 2.1 2.5 2.9 3.3 — ♅ (1 11 21 31): 9.6 10.2 10.8 11.3 — ♆ (1 11 21 31): 16.4R 16.2 16.2 16.2D — ♇ (1 11 21 31): 26.6 26.7 26.9 27

VI

	1	2	3	4	5	6	7	8	9	10	11	12	13	14	15	16	17	18	19	20	21	22	23	24	25	26	27	28	29	30	31
☉	10.1	11	12	13	13.9	14.9	15.8	16.8	17.7	18.7	19.6	20.6	21.6	22.5	23.5	24.4	25.4	26.3	27.3	28.2	29.2	0.2	1.1	2.1	3	4	4.9	5.9	6.8	7.8	
☽	25.1	8.3	21.7	5.6	19.9	4.5	19.5	4.6	19.7	4.6	19.4	3.7	17.6	1.1	14.1	26.8	9.2	21.3	3.2	15	26.8	8.7	20.5	2.5	14.7	26.9	9.4	22.1	5.1	18.3	
☿	17.5	18.1	18.8	19.5	20.3	21.2	22.1	23.1	24.1	25.2	26.3	27.5	28.8	0.1	1.4	2.9	4.3	5.8	7.4	9	10.7	12.4	14.2	16	17.8	19.7	21.7	23.7	25.7	27.7	
♀	27.8	28.4	29.1	29.8	0.5	1.2	2	2.7	3.5	4.3	5.1	5.9	6.7	7.6	8.4	9.3	10.1	11	11.9	12.8	13.7	14.6	15.5	16.4	17.4	18.3	19.3	20.2	21.2	22.1	
♂	24.1	23.8	23.5	23.2	22.9	22.6	22.3	22.1	21.8	21.6	21.4	21.1	20.9	20.7	20.6	20.4	20.3	20.1	20	19.9	19.8	19.7	19.6	19.6	19.5	19.5	19.5	19.5D	19.5	19.5	

♃ (1 6 11 16 21 26): 26.9R 26.6 26.2 25.8 25.3 24.8 — ♄ (1 6 11 16 21 26): 3.4 3.7 4 4.3 4.6 4.8 — ♅ (1 11 21): 11.3 11.8 12.3 — ♆ (1 11 21): 16.2 16.2 16.3 — ♇ (1 11 21): 27.1 27.3 27.5

VII

	1	2	3	4	5	6	7	8	9	10	11	12	13	14	15	16	17	18	19	20	21	22	23	24	25	26	27	28	29	30	31
☉	8.7	9.7	10.6	11.6	12.5	13.5	14.5	15.4	16.4	17.3	18.3	19.2	20.2	21.1	22.1	23	24	24.9	25.9	26.9	27.8	28.8	29.7	0.7	1.6	2.6	3.5	4.5	5.5	6.4	7.4
☽	1.8	15.6	29.7	14	28.6	13.4	28.2	13	27.6	11.9	25.9	9.4	22.5	5.2	17.6	29.7	11.6	23.4	5.2	17.1	29.1	11.2	23.6	6.1	19	2	15.3	28.7	12.4	26.2	10.2
☿	29.8	1.9	4	6.2	8.4	10.5	12.7	14.9	17	19.2	21.3	23.4	25.5	27.6	29.7	1.7	3.7	5.7	7.6	9.5	11.4	13.2	15.1	16.9	18.6	20.4	22.1	23.8	25.4	27	28.6
♀	23.1	24.1	25.1	26.1	27.1	28.1	29.1	0.1	1.1	2.2	3.2	4.2	5.3	6.3	7.4	8.4	9.5	10.5	11.6	12.7	13.7	14.8	15.9	17	18.1	19.1	20.2	21.3	22.4	23.5	24.6
♂	19.6	19.6	19.7	19.8	19.9	20	20.1	20.3	20.4	20.6	20.7	20.9	21.1	21.3	21.5	21.7	22	22.2	22.5	22.8	23	23.3	23.6	23.9	24.3	24.6	24.9	25.3	25.6	26	26.3

♃ (1 6 11 16 21 26 31): 24.2R 23.6 23 22.3 21.7 21 20.4 — ♄ (1 6 11 16 21 26 31): 4.9 5 5.1 5.1 5.1R 5.1 5 — ♅ (1 11 21 31): 12.7 13.1 13.3 13.5 — ♆ (1 11 21 31): 16.5 16.7 16.9 17.2 — ♇ (1 11 21 31): 27.8 28 28.3 28.6

VIII

	1	2	3	4	5	6	7	8	9	10	11	12	13	14	15	16	17	18	19	20	21	22	23	24	25	26	27	28	29	30	31
☉	8.3	9.3	10.2	11.2	12.1	13.1	14.1	15	16	16.9	17.9	18.9	19.8	20.8	21.7	22.7	23.7	24.6	25.6	26.6	27.5	28.5	29.4	0.4	1.4	2.3	3.3	4.3	5.2	6.2	7.2
☽	24.4	8.7	23	7.5	21.9	6.2	20.2	4	17.5	0.6	13.3	25.6	7.7	19.7	1.5	13.3	25.2	7.2	19.5	2.1	14.9	28.1	11.5	25.2	9	23	7.1	21.2	5.3	19.4	3.5
☿	0.2	1.7	3.2	4.7	6.2	7.6	9	10.3	11.6	12.9	14.2	15.4	16.6	17.8	18.9	20	21	22	22.9	23.8	24.7	25.5	26.2	26.9	27.5	28.1	28.5	28.9	29.3	29.5	29.6
♀	25.7	26.8	27.9	29.1	0.2	1.3	2.4	3.5	4.7	5.8	6.9	8.1	9.2	10.3	11.5	12.6	13.8	14.9	16.1	17.2	18.4	19.5	20.7	21.8	23	24.2	25.3	26.5	27.7	28.8	0
♂	26.7	27.1	27.5	27.9	28.3	28.7	29.1	29.6	0	0.5	0.9	1.4	1.8	2.3	2.8	3.3	3.8	4.2	4.7	5.3	5.8	6.3	6.8	7.3	7.9	8.4	8.9	9.5	10	10.6	11.2

♃ (1 6 11 16 21 26 31): 20.3R 19.8 19.2 18.8 18.4 18 17.8 — ♄ (1 6 11 16 21 26 31): 4.9R 4.8 4.6 4.4 4.1 3.9 3.5 — ♅ (1 11 21 31): 13.5 13.7 13.7R 13.6 — ♆ (1 11 21 31): 17.2 17.6 17.9 18.3 — ♇ (1 11 21 31): 28.6 28.9 29.1 29.4

IX

	1	2	3	4	5	6	7	8	9	10	11	12	13	14	15	16	17	18	19	20	21	22	23	24	25	26	27	28	29	30	31
☉	8.1	9.1	10.1	11	12	13	13.9	14.9	15.9	16.9	17.8	18.8	19.8	20.8	21.7	22.7	23.7	24.7	25.6	26.6	27.6	28.6	29.5	0.5	1.5	2.5	3.5	4.4	5.4	6.4	
☽	17.5	1.5	15.4	29.1	12.6	25.8	8.7	21.3	3.6	15.6	27.5	9.4	21.2	3.1	15.1	27.5	10.1	23.2	6.6	20.3	4.4	18.7	3.1	17.5	1.9	16.2	0.3	14.3	28.1	11.8	
☿	29.7R	29.6	29.5	29.2	28.9	28.4	27.9	27.2	26.4	25.6	24.7	23.7	22.7	21.6	20.6	19.6	18.7	17.8	17.1	16.4	15.9	15.6	15.4	15.3D	15.5	15.8	16.3	16.9	17.6	18.5	
♀	1.2	2.3	3.5	4.7	5.9	7.1	8.2	9.4	10.6	11.8	13	14.2	15.4	16.6	17.8	19	20.2	21.4	22.6	23.8	25	26.2	27.4	28.6	29.8	1	2.2	3.4	4.7	5.9	
♂	11.7	12.3	12.9	13.4	14	14.6	15.2	15.8	16.4	17	17.6	18.2	18.8	19.4	20.1	20.7	21.3	21.9	22.6	23.2	23.9	24.5	25.2	25.8	26.4	27.1	27.7	28.4	29.1	29.7	

♃ (1 6 11 16 21 26): 17.7R 17.6 17.5 17.5D 17.5 17.7 — ♄ (1 6 11 16 21 26): 3.5R 3.1 2.8 2.4 2 1.6 — ♅ (1 11 21): 13.6R 13.5 13.3 — ♆ (1 11 21): 18.3 18.7 19 — ♇ (1 11 21): 29.4 29.6 29.8

X

	1	2	3	4	5	6	7	8	9	10	11	12	13	14	15	16	17	18	19	20	21	22	23	24	25	26	27	28	29	30	31
☉	7.4	8.4	9.4	10.3	11.3	12.3	13.3	14.3	15.3	16.3	17.3	18.2	19.2	20.2	21.2	22.2	23.2	24.2	25.2	26.2	27.2	28.2	29.2	0.2	1.2	2.2	3.2	4.2	5.2	6.2	7.2
☽	25.3	8.6	21.7	4.5	17.1	29.5	11.7	23.7	5.6	17.3	29.1	11	23	5.4	18	1.1	14.6	28.5	12.8	27.4	12.2	27.1	11.9	26.5	10.9	25	8.7	22.2	5.5	18.4	1.2
☿	19.6	20.7	22	23.3	24.7	26.2	27.7	29.3	0.9	2.6	4.3	6	7.7	9.4	11.1	12.9	14.6	16.3	18	19.8	21.5	23.2	24.9	26.6	28.2	29.9	1.6	3.2	4.9	6.5	8.2
♀	7.1	8.3	9.5	10.7	12	13.2	14.4	15.6	16.9	18.1	19.3	20.5	21.8	23	24.2	25.5	26.7	27.9	29.2	0.4	1.6	2.9	4.1	5.3	6.6	7.8	9.1	10.3	11.5	12.8	14
♂	0.4	1.1	1.7	2.4	3.1	3.8	4.5	5.1	5.8	6.5	7.2	7.9	8.6	9.3	10	10.7	11.4	12.1	12.8	13.5	14.2	14.9	15.6	16.3	17.1	17.8	18.5	19.2	19.9	20.7	21.4

♃ (1 6 11 16 21 26 31): 17.9 18.2 18.6 19.1 19.6 20.2 20.8 — ♄ (1 6 11 16 21 26 31): 1.2R 0.9 0.5 0.1 29.8 29.5 29.2 — ♅ (1 11 21 31): 13.0R 12.6 12.3 11.9 — ♆ (1 11 21 31): 19.4 19.7 20.1 20.4 — ♇ (1 11 21 31): 29.9 0 0.1 0.1

XI

	1	2	3	4	5	6	7	8	9	10	11	12	13	14	15	16	17	18	19	20	21	22	23	24	25	26	27	28	29	30	31
☉	8.2	9.2	10.2	11.2	12.2	13.2	14.2	15.2	16.2	17.2	18.2	19.2	20.2	21.2	22.2	23.2	24.2	25.2	26.2	27.3	28.3	29.3	0.3	1.3	2.3	3.3	4.3	5.3	6.4	7.4	
☽	13.7	26	8.2	20.2	2.1	13.9	25.7	7.5	19.3	1.4	13.6	26.2	9.2	22.6	6.4	20.7	5.4	20.4	5.6	20.7	5.7	20.4	4.8	18.7	2.3	15.4	28.2	10.7	23	5.1	
☿	9.8	11.4	13	14.6	16.2	17.8	19.4	21	22.5	24.1	25.7	27.2	28.8	0.3	1.8	3.4	4.9	6.4	8	9.5	11	12.5	14	15.5	17	18.5	19.9	21.4	22.9	24.3	
♀	15.3	16.5	17.8	19	20.2	21.5	22.7	24	25.2	26.5	27.7	29	0.2	1.5	2.7	4	5.2	6.5	7.7	9	10.2	11.5	12.7	14	15.3	16.5	17.8	19	20.3	21.5	
♂	22.1	22.8	23.6	24.3	25	25.7	26.5	27.2	27.9	28.7	29.4	0.2	0.9	1.6	2.4	3.1	3.9	4.6	5.3	6.1	6.8	7.6	8.3	9.1	9.8	10.6	11.3	12.1	12.8	13.6	

♃ (1 6 11 16 21 26): 21 21.7 22.5 23.3 24.2 25.1 — ♄ (1 6 11 16 21 26): 29.2R 28.9 28.7 28.6 28.5 28.4 — ♅ (1 11 21): 11.8R 11.4 11 — ♆ (1 11 21): 20.4 20.6 20.8 — ♇ (1 11 21): 0.1R 0.1 0

XII

	1	2	3	4	5	6	7	8	9	10	11	12	13	14	15	16	17	18	19	20	21	22	23	24	25	26	27	28	29	30	31
☉	8.4	9.4	10.4	11.4	12.4	13.5	14.5	15.5	16.5	17.5	18.5	19.6	20.6	21.6	22.6	23.6	24.6	25.7	26.7	27.7	28.7	29.7	0.8	1.8	2.8	3.8	4.8	5.8	6.9	7.9	8.9
☽	17.1	29	10.8	22.6	4.4	16.2	28.2	10.2	22.5	5.1	17.9	1.2	14.8	28.9	13.4	28.3	13.4	28.7	13.9	28.9	13.5	27.7	11.4	24.7	7.5	20	2.1	14.1	26	7.8	19.5
☿	25.8	27.2	28.6	0	1.4	2.7	4.1	5.4	6.6	7.8	9	10.1	11.1	12.1	13	13.7	14.4	14.9	15.3	15.6	15.6R	15.5	15.2	14.7	13.9	13.1	12	10.8	9.5	8.2	6.8
♀	22.8	24	25.3	26.5	27.8	29.1	0.3	1.6	2.8	4.1	5.3	6.6	7.9	9.1	10.4	11.6	12.9	14.1	15.4	16.7	17.9	19.2	20.4	21.7	22.9	24.2	25.5	26.7	28	29.2	0.5
♂	14.3	15.1	15.8	16.6	17.3	18.1	18.8	19.6	20.4	21.1	21.9	22.6	23.4	24.1	24.9	25.6	26.4	27.2	27.9	28.7	29.4	0.2	0.9	1.7	2.5	3.2	4	4.7	5.5	6.2	7

♃ (1 6 11 16 21 26 31): 26 27 28 29.1 0.2 1.3 2.4 — ♄ (1 6 11 16 21 26 31): 28.3R 28.4D 28.4 28.5 28.7 28.9 29.1 — ♅ (1 11 21 31): 10.6R 10.3 10 9.8 — ♆ (1 11 21 31): 21 21.1 21.1 21.1R — ♇ (1 11 21 31): 29.9R 29.8 29.6 29.4

1938

I

	1	2	3	4	5	6	7	8	9	10	11	12	13	14	15	16	17	18	19	20	21	22	23	24	25	26	27	28	29	30	31
☉	9.9	10.9	12	13	14	15	16	17.1	18.1	19.1	20.1	21.1	22.2	23.2	24.2	25.2	26.2	27.2	28.3	29.3	0.3	1.3	2.3	3.4	4.4	5.4	6.4	7.4	8.4	9.5	10.5
☽	1.3	13.2	25.2	7.3	19.6	2	14.7	27.6	10.7	24.2	8.1	22.3	6.8	21.6	6.7	21.8	6.7	21.5	5.8	19.7	3	16	28.5	10.7	22.7	4.5	16.3	28	9.9	21.9	4.1
☿	5.5R	4.2	3.1	2	1.2	0.5	29.9	29.6	29.4	29.3D	29.4	29.7	0	0.5	1	1.7	2.4	3.2	4.1	5.1	6	7.1	8.2	9.3	10.4	11.6	12.8	14.1	15.4	16.7	18
♀	1.8	3	4.3	5.5	6.8	8	9.3	10.6	11.8	13.1	14.3	15.6	16.8	18.1	19.4	20.6	21.9	23.1	24.4	25.6	26.9	28.2	29.4	0.7	1.9	3.2	4.4	5.7	7	8.2	9.5
♂	7.8	8.5	9.3	10	10.8	11.5	12.3	13.1	13.8	14.6	15.3	16.1	16.8	17.6	18.3	19.1	19.8	20.6	21.3	22.1	22.9	23.6	24.4	25.1	25.9	26.6	27.4	28.1	28.9	29.6	0.3

♃ (1 6 11 16 21 26 31): 2.6 3.8 4.9 6.1 7.3 8.5 9.7 — ♄ (1 6 11 16 21 26 31): 29.2 29.4 29.8 0.1 0.5 0.9 1.4 — ♅ (1 11 21 31): 9.8R 9.7 9.7D 9.8 — ♆ (1 11 21 31): 21.1R 21.1 20.9 20.7 — ♇ (1 11 21 31): 29.4R 29.2 29 28.7

II

	1	2	3	4	5	6	7	8	9	10	11	12	13	14	15	16	17	18	19	20	21	22	23	24	25	26	27	28	29	30	31
☉	11.5	12.5	13.5	14.5	15.5	16.6	17.6	18.6	19.6	20.6	21.6	22.6	23.6	24.6	25.7	26.7	27.7	28.7	29.7	0.7	1.7	2.7	3.7	4.7	5.7	6.7	7.7	8.8			
☽	16.4	29	11.7	24.6	7.7	21	4.5	18.3	2.3	16.5	0.9	15.6	0.3	14.9	29.4	13.6	27.5	10.9	23.9	6.4	18.7	0.7	12.6	24.4	6.2	18.1	0.2	12.5			
☿	19.3	20.7	22	23.4	24.9	26.3	27.7	29.2	0.7	2.2	3.7	5.2	6.7	8.3	9.8	11.4	13	14.6	16.2	17.9	19.5	21.2	22.9	24.6	26.3	28	29.8	1.6			
♀	10.7	12	13.2	14.5	15.7	17	18.3	19.5	20.8	22	23.3	24.5	25.8	27	28.3	29.5	0.8	2	3.3	4.5	5.8	7.1	8.3	9.6	10.8	12.1	13.3	14.6			
♂	1.1	1.8	2.6	3.3	4.1	4.8	5.6	6.3	7	7.8	8.5	9.3	10	10.8	11.5	12.2	13	13.7	14.4	15.2	15.9	16.7	17.4	18.1	18.9	19.6	20.3	21			

♃ (1 6 11 16 21 26): 9.9 11.1 12.3 13.4 14.6 15.8 — ♄ (1 6 11 16 21 26): 1.5 2 2.5 3 3.6 4.1 — ♅ (1 11 21): 9.8 10 10.2 — ♆ (1 11 21): 20.7R 20.5 20.3 — ♇ (1 11 21): 28.7R 28.5 28.3

III

	1	2	3	4	5	6	7	8	9	10	11	12	13	14	15	16	17	18	19	20	21	22	23	24	25	26	27	28	29	30	31
☉	9.8	10.8	11.8	12.8	13.8	14.8	15.8	16.8	17.8	18.8	19.8	20.8	21.8	22.8	23.8	24.8	25.7	26.7	27.7	28.7	29.7	0.7	1.7	2.7	3.7	4.7	5.7	6.7	7.7	8.6	9.6
☽	25.1	7.9	21	4.3	17.8	1.4	15.2	29.1	13.1	27.2	11.4	25.6	9.9	24.1	8.1	22	5.5	18.8	1.6	14.2	26.5	8.5	20.4	2.2	14	26	8.2	20.6	3.3	16.3	29.7
☿	3.3	5.1	7	8.8	10.7	12.5	14.4	16.3	18.2	20.2	22.1	24.1	26	28	0	2	4	5.9	7.9	9.8	11.8	13.7	15.5	17.3	19.1	20.8	22.4	24	25.5	26.8	28.2
♀	15.8	17.1	18.3	19.5	20.8	22	23.3	24.5	25.8	27	28.3	29.5	0.8	2	3.3	4.5	5.7	7	8.2	9.5	10.7	12	13.2	14.4	15.7	16.9	18.2	19.4	20.6	21.9	23.1
♂	21.8	22.5	23.2	24	24.7	25.4	26.1	26.9	27.6	28.3	29	29.8	0.5	1.2	1.9	2.6	3.4	4.1	4.8	5.5	6.2	7	7.7	8.4	9.1	9.8	10.5	11.2	11.9	12.6	13.4

♃ (1 6 11 16 21 26 31): 16.5 17.6 18.7 19.8 20.9 21.9 22.9 — ♄ (1 6 11 16 21 26 31): 4.5 5.1 5.7 6.3 6.9 7.6 8.2 — ♅ (1 11 21 31): 10.5 10.8 11.3 11.8 — ♆ (1 11 21 31): 20.0R 19.8 19.5 19.2 — ♇ (1 11 21 31): 28.2R 28 27.9 27.9

IV

	1	2	3	4	5	6	7	8	9	10	11	12	13	14	15	16	17	18	19	20	21	22	23	24	25	26	27	28	29	30	31
☉	10.6	11.6	12.6	13.6	14.6	15.5	16.5	17.5	18.5	19.5	20.5	21.4	22.4	23.4	24.4	25.4	26.3	27.3	28.3	29.3	0.2	1.2	2.2	3.2	4.1	5.1	6.1	7.1	8	9	
☽	13.3	27.2	11.3	25.5	9.8	24	8.2	22.3	6.4	20.3	4.1	17.7	1.1	14.2	27.2	9.8	22.2	4.4	16.4	28.3	10.1	22	3.9	16.1	28.5	11.2	24.3	7.8	21.7	5.9	
☿	29.4	0.5	1.5	2.4	3.2	3.9	4.4	4.9	5.2	5.5	5.6	5.6R	5.5	5.3	5	4.6	4.2	3.7	3.1	2.4	1.8	1.1	0.4	29.7	29	28.4	27.8	27.2	26.7	26.3	
♀	24.4	25.6	26.8	28.1	29.3	0.5	1.8	3	4.2	5.5	6.7	7.9	9.2	10.4	11.6	12.9	14.1	15.3	16.5	17.8	19	20.2	21.5	22.7	23.9	25.1	26.4	27.6	28.8	0	
♂	14.1	14.8	15.5	16.2	16.9	17.6	18.3	19	19.7	20.4	21.1	21.8	22.5	23.2	23.9	24.6	25.3	26	26.7	27.4	28.1	28.8	29.5	0.3	0.8	1.5	2.2	2.9	3.6	4.3	

♃ (1 6 11 16 21 26): 23.1 24.1 25 25.9 26.7 27.5 — ♄ (1 6 11 16 21 26): 8.3 8.9 9.5 10.2 10.8 11.4 — ♅ (1 11 21): 11.8 12.3 12.9 — ♆ (1 11 21): 19.2R 19 18.8 — ♇ (1 11 21): 27.9R 27.8D 27.9

V

	1	2	3	4	5	6	7	8	9	10	11	12	13	14	15	16	17	18	19	20	21	22	23	24	25	26	27	28	29	30	31
☉	10	10.9	11.9	12.9	13.8	14.8	15.8	16.8	17.7	18.7	19.7	20.6	21.6	22.6	23.5	24.5	25.4	26.4	27.4	28.3	29.3	0.3	1.2	2.2	3.1	4.1	5.1	6	7	7.9	8.9
☽	20.4	5	19.7	4.3	18.8	3.1	17.2	1	14.5	27.8	10.8	23.6	6.1	18.5	0.7	12.7	24.6	6.5	18.3	0.2	12.1	24.3	6.7	19.4	2.4	15.9	29.8	14.2	28.8	13.8	28.8
☿	25.9R	25.6	25.4	25.2	25.2D	25.3	25.5	25.7	26	26.4	26.9	27.4	28	28.7	29.4	0.2	1.1	2	2.9	3.9	5	6.1	7.3	8.5	9.7	11	12.4	13.7	15.2	16.7	
♀	1.3	2.5	3.7	4.9	6.1	7.4	8.6	9.8	11	12.2	13.4	14.7	15.9	17.1	18.3	19.5	20.7	21.9	23.1	24.4	25.6	26.8	28	29.2	0.4	1.6	2.8	4	5.2	6.4	7.6
♂	5	5.7	6.4	7	7.7	8.4	9.1	9.8	10.5	11.1	11.8	12.5	13.2	13.9	14.5	15.2	15.9	16.6	17.2	17.9	18.6	19.3	19.9	20.6	21.3	22	22.6	23.3	24	24.6	25.3

♃ (1 6 11 16 21 26 31): 28.3 29 29.6 0.2 0.7 1.1 1.5 — ♄ (1 6 11 16 21 26 31): 12 12.5 13.1 13.6 14.1 14.6 15.1 — ♅ (1 11 21 31): 13.5 14 14.6 15.2 — ♆ (1 11 21 31): 18.6R 18.5 18.4 18.4D — ♇ (1 11 21 31): 27.9 28 28.2 28.4

VI

	1	2	3	4	5	6	7	8	9	10	11	12	13	14	15	16	17	18	19	20	21	22	23	24	25	26	27	28	29	30	31
☉	9.8	10.8	11.8	12.7	13.7	14.6	15.6	16.6	17.5	18.5	19.4	20.4	21.3	22.3	23.2	24.2	25.2	26.1	27.1	28	29	29.9	0.9	1.8	2.8	3.7	4.7	5.6	6.6	7.6	
☽	13.8	28.7	13.2	27.5	11.3	24.7	7.8	20.6	3.1	15.4	27.5	9.5	21.4	3.3	15.1	27	8.9	20.9	3	15.4	28	11	24.4	8.2	22.5	7.1	22.1	7.3	22.6	7.7	
☿	18.2	19.7	21.3	23	24.7	26.4	28.2	0	1.8	3.7	5.6	7.6	9.6	11.6	13.7	15.8	17.9	20.1	22.3	24.4	26.6	28.8	1	3.2	5.4	7.5	9.7	11.8	13.9	16	
♀	8.9	10.1	11.3	12.5	13.7	14.9	16.1	17.3	18.5	19.6	20.8	22	23.2	24.4	25.6	26.8	28	29.2	0.4	1.6	2.7	3.9	5.1	6.3	7.5	8.7	9.8	11	12.2	13.4	
♂	26	26.6	27.3	28	28.6	29.3	30	0.6	1.3	2	2.6	3.3	3.9	4.6	5.3	5.9	6.6	7.2	7.9	8.6	9.2	9.9	10.5	11.2	11.8	12.5	13.2	13.8	14.5	15.1	

♃ (1 6 11 16 21 26): 1.6 1.9 2.1 2.2 2.2 2.2R — ♄ (1 6 11 16 21 26): 15.2 15.6 16 16.4 16.7 17 — ♅ (1 11 21): 15.2 15.7 16.2 — ♆ (1 11 21): 18.4 18.4 18.5 — ♇ (1 11 21): 28.4 28.6 28.8

VII

	1	2	3	4	5	6	7	8	9	10	11	12	13	14	15	16	17	18	19	20	21	22	23	24	25	26	27	28	29	30	31
☉	8.5	9.5	10.4	11.4	12.3	13.3	14.2	15.2	16.1	17.1	18	19	19.9	20.9	21.9	22.8	23.8	24.7	25.7	26.6	27.6	28.5	29.5	0.4	1.4	2.4	3.3	4.3	5.2	6.2	7.1
☽	22.5	6.9	20.9	4.4	17.4	0.1	12.5	24.6	6.6	18.5	0.3	12.1	24	5.9	17.9	0	12.3	24.7	7.4	20.3	3.6	17.3	1.4	15.8	0.7	15.8	1	16.1	1.1	15.6	29.7
☿	18.1	20.1	22.1	24	26	27.9	29.8	1.6	3.4	5.2	6.9	8.6	10.3	11.9	13.5	15.1	16.6	18.1	19.6	21	22.4	23.8	25.1	26.4	27.7	28.9	0.1	1.2	2.3	3.3	4.3
♀	14.6	15.7	16.9	18.1	19.2	20.4	21.6	22.8	23.9	25.1	26.2	27.4	28.6	29.7	0.9	2	3.2	4.3	5.5	6.6	7.8	8.9	10.1	11.2	12.4	13.5	14.6	15.8	16.9	18	19.2
♂	15.8	16.4	17.1	17.7	18.4	19	19.7	20.3	21	21.6	22.3	22.9	23.6	24.2	24.9	25.5	26.2	26.8	27.5	28.1	28.8	29.4	0	0.7	1.3	2	2.6	3.3	3.9	4.6	5.2

♃ (1 6 11 16 21 26 31): 2.1R 1.9 1.6 1.3 0.9 0.4 29.9 — ♄ (1 6 11 16 21 26 31): 17.3 17.5 17.7 17.9 18 18 18.0R — ♅ (1 11 21 31): 16.7 17 17.3 17.6 — ♆ (1 11 21 31): 18.6 18.8 19 19.3 — ♇ (1 11 21 31): 29.1 29.3 29.6 29.9

VIII

	1	2	3	4	5	6	7	8	9	10	11	12	13	14	15	16	17	18	19	20	21	22	23	24	25	26	27	28	29	30	31
☉	8.1	9	10	11	11.9	12.9	13.8	14.8	15.8	16.7	17.7	18.6	19.6	20.5	21.5	22.5	23.4	24.4	25.4	26.3	27.3	28.2	29.2	0.2	1.1	2.1	3.1	4	5	6	6.9
☽	13.2	26.4	9	21.4	3.5	15.4	27.3	9.1	20.9	2.9	14.9	27.1	9.4	21.8	4.5	17.3	0.3	13.6	27.2	11.1	25.4	9.9	24.7	9.7	24.6	9.4	23.8	7.9	21.5	4.6	17.4
☿	5.3	6.2	7.1	7.9	8.6	9.3	9.9	10.5	11	11.4	11.8	12	12.2	12.3	12.3R	12.2	12	11.8	11.4	11	10.4	9.8	9.1	8.3	7.4	6.6	5.6	4.7	3.8	2.9	2.1
♀	20.3	21.4	22.6	23.7	24.8	25.9	27	28.1	29.2	0.3	1.5	2.6	3.6	4.7	5.8	6.9	8	9.1	10.2	11.3	12.3	13.4	14.5	15.5	16.6	17.6	18.7	19.7	20.8	21.8	22.8
♂	5.8	6.5	7.1	7.8	8.4	9.1	9.7	10.3	11	11.6	12.3	12.9	13.5	14.2	14.8	15.5	16.1	16.7	17.4	18	18.6	19.3	19.9	20.6	21.2	21.8	22.5	23.1	23.7	24.4	25

♃ (1 6 11 16 21 26 31): 29.8R 29.2 28.6 27.9 27.3 26.6 26 — ♄ (1 6 11 16 21 26 31): 18.0R 18 17.9 17.8 17.7 17.5 17.2 — ♅ (1 11 21 31): 17.6 17.7 17.8 17.8R — ♆ (1 11 21 31): 19.4 19.7 20 20.4 — ♇ (1 11 21 31): 29.9 0.2 0.5 0.7

IX

	1	2	3	4	5	6	7	8	9	10	11	12	13	14	15	16	17	18	19	20	21	22	23	24	25	26	27	28	29	30	31
☉	7.9	8.9	9.8	10.8	11.8	12.7	13.7	14.7	15.7	16.6	17.6	18.6	19.5	20.5	21.5	22.5	23.4	24.4	25.4	26.4	27.4	28.3	29.3	0.3	1.3	2.2	3.2	4.2	5.2	6.2	
☽	29.8	11.9	23.8	5.7	17.5	29.4	11.4	23.6	6	18.5	1.2	14.2	27.3	10.6	24.1	7.8	21.7	5.8	20.1	4.6	19.1	3.6	18	2.2	16	29.5	12.6	25.3	7.7	19.8	
☿	1.3R	0.6	0.1	29.6	29.2	29	29.0D	29.1	29.3	29.7	0.2	0.9	1.7	2.6	3.7	4.8	6.1	7.5	8.9	10.5	12.1	13.7	15.4	17.1	18.9	20.6	22.4	24.2	26.1	27.9	
♀	23.9	24.9	25.9	26.9	27.9	28.9	29.9	0.9	1.9	2.9	3.9	4.8	5.8	6.7	7.7	8.6	9.5	10.5	11.4	12.3	13.2	14	14.9	15.8	16.6	17.5	18.3	19.1	19.9	20.7	
♂	25.7	26.3	26.9	27.6	28.2	28.8	29.5	0.1	0.7	1.4	2	2.6	3.3	3.9	4.5	5.2	5.8	6.4	7.1	7.7	8.3	9	9.6	10.2	10.9	11.5	12.1	12.8	13.4	14	

♃ (1 6 11 16 21 26): 25.9R 25.2 24.7 24.1 23.7 23.3 — ♄ (1 6 11 16 21 26): 17.2R 16.9 16.6 16.3 15.9 15.6 — ♅ (1 11 21): 17.8R 17.7 17.5 — ♆ (1 11 21): 20.4 20.8 21.1 — ♇ (1 11 21): 0.7 0.9 1.1

X

	1	2	3	4	5	6	7	8	9	10	11	12	13	14	15	16	17	18	19	20	21	22	23	24	25	26	27	28	29	30	31
☉	7.2	8.1	9.1	10.1	11.1	12.1	13.1	14.1	15	16	17	18	19	20	21	22	23	24	24.9	25.9	26.9	27.9	28.9	29.9	0.9	1.9	2.9	3.9	4.9	5.9	6.9
☽	1.8	13.7	25.6	7.5	19.6	1.8	14.3	27.1	10.1	23.4	6.9	20.7	4.5	18.5	2.6	16.8	1	15.2	29.3	13.4	27.3	11	24.5	7.7	20.6	3.2	15.5	27.7	9.6	21.5	3.4
☿	29.7	1.5	3.3	5.1	6.9	8.7	10.4	12.2	13.9	15.7	17.4	19.1	20.8	22.5	24.2	25.8	27.5	29.1	0.8	2.4	4	5.6	7.2	8.8	10.4	11.9	13.5	15	16.6	18.1	19.6
♀	21.5	22.3	23	23.8	24.5	25.2	25.9	26.5	27.2	27.8	28.4	29	29.6	0.1	0.6	1.1	1.6	2	2.5	2.8	3.2	3.5	3.8	4.1	4.3	4.5	4.7	4.8	4.9	4.9	4.9R
♂	14.7	15.3	15.9	16.6	17.2	17.8	18.5	19.1	19.7	20.4	21	21.6	22.3	22.9	23.5	24.2	24.8	25.4	26.1	26.7	27.3	28	28.6	29.2	29.8	0.5	1.1	1.7	2.4	3	3.6

♃ (1 6 11 16 21 26 31): 22.9R 22.7 22.5 22.4 22.4D 22.5 22.6 — ♄ (1 6 11 16 21 26 31): 15.2R 14.8 14.4 14 13.6 13.3 12.9 — ♅ (1 11 21 31): 17.2R 16.9 16.6 16.2 — ♆ (1 11 21 31): 21.5 21.9 22.2 22.5 — ♇ (1 11 21 31): 1.3 1.4 1.5 1.5

XI

	1	2	3	4	5	6	7	8	9	10	11	12	13	14	15	16	17	18	19	20	21	22	23	24	25	26	27	28	29	30	31
☉	7.9	8.9	9.9	10.9	11.9	12.9	13.9	14.9	15.9	16.9	17.9	18.9	20	21	22	23	24	25	26	27	28	29	0	1.1	2.1	3.1	4.1	5.1	6.1	7.1	
☽	15.3	27.4	9.7	22.2	5.1	18.3	1.9	15.8	30	14.3	28.8	13.3	27.7	12	26.1	10	23.8	7.2	20.5	3.5	16.4	29	11.4	23.6	5.7	17.6	29.5	11.4	23.3	5.3	
☿	21.1	22.6	24.1	25.6	27.1	28.6	0	1.5	2.9	4.4	5.8	7.2	8.6	10	11.4	12.7	14.1	15.4	16.7	18	19.2	20.4	21.6	22.8	23.8	24.8	25.8	26.6	27.4	28.1	
♀	4.9R	4.8	4.7	4.5	4.4	4.1	3.8	3.5	3.2	2.8	2.4	1.9	1.4	0.9	0.4	29.8	29.2	28.6	28	27.4	26.8	26.2	25.6	25	24.5	23.9	23.4	22.9	22.4	22	
♂	4.3	4.9	5.5	6.1	6.8	7.4	8	8.7	9.3	9.9	10.6	11.2	11.8	12.4	13.1	13.7	14.3	15	15.6	16.2	16.8	17.5	18.1	18.7	19.4	20	20.6	21.2	21.9	22.5	

♃ (1 6 11 16 21 26): 22.7 22.9 23.2 23.7 24.1 24.7 — ♄ (1 6 11 16 21 26): 12.8R 12.5 12.2 12 11.7 11.5 — ♅ (1 11 21): 16.1R 15.7 15.3 — ♆ (1 11 21): 22.5 22.8 23 — ♇ (1 11 21): 1.5 1.5R 1.4

XII

	1	2	3	4	5	6	7	8	9	10	11	12	13	14	15	16	17	18	19	20	21	22	23	24	25	26	27	28	29	30	31
☉	8.1	9.2	10.2	11.2	12.2	13.2	14.2	15.2	16.3	17.3	18.3	19.3	20.3	21.3	22.4	23.4	24.4	25.4	26.4	27.4	28.5	29.5	0.5	1.5	2.5	3.6	4.6	5.6	6.6	7.6	8.7
☽	17.5	30	12.8	26	9.7	23.8	8.3	23.1	8	23	7.8	22.4	6.7	20.7	4.2	17.5	0.4	13.1	25.6	7.9	20.1	2.2	14.2	26.1	7.9	19.8	1.6	13.6	25.8	8.2	20.9
☿	28.7	29.2	29.5	29.7	29.8R	29.6	29.3	28.8	28.1	27.2	26.2	25	23.7	22.3	20.9	19.6	18.3	17.1	16.1	15.2	14.5	14	13.6	13.5	13.5D	13.6	13.9	14.4	14.9	15.6	16.3
♀	21.5R	21.2	20.8	20.5	20.3	20	19.9	19.7	19.6	19.6	19.6D	19.7	19.8	19.9	20.1	20.3	20.6	20.9	21.2	21.5	21.9	22.3	22.8	23.2	23.7	24.2	24.8	25.4	26	26.7	27.3
♂	23.1	23.8	24.4	25	25.6	26.3	26.9	27.5	28.1	28.8	29.4	0	0.6	1.3	1.9	2.5	3.1	3.8	4.4	5	5.6	6.3	6.9	7.5	8.1	8.8	9.4	10	10.6	11.2	11.9

♃ (1 6 11 16 21 26 31): 25.3 26 26.7 27.5 28.4 29.3 0.2 — ♄ (1 6 11 16 21 26 31): 11.4R 11.3 11.2 11.2D 11.3 11.3 11.5 — ♅ (1 11 21 31): 14.9R 14.6 14.3 14 — ♆ (1 11 21 31): 23.2 23.3 23.3 23.3R — ♇ (1 11 21 31): 1.3R 1.2 1 0.8

I

	1	2	3	4	5	6	7	8	9	10	11	12	13	14	15	16	17	18	19	20	21	22	23	24	25	26	27	28	29	30	31
☉	♑ 9.7	10.7	11.7	12.7	13.8	14.8	15.8	16.8	17.8	18.9	19.9	20.9	21.9	22.9	23.9	25	26	27	28	29	♒ 0.1	1.1	2.1	3.1	4.1	5.1	6.2	7.2	8.2	9.2	10.2
☽	♉ 4	17.5	♊ 1.6	16.1	♋ 1	16.3	♌ 1.6	16.8	♍ 1.8	16.3	♎ 0.5	14.1	27.3	♏ 10.2	22.7	♐ 5	17.1	29.1	♑ 11.1	22.9	♒ 4.8	16.7	28.6	♓ 10.5	22.6	♈ 4.7	17.1	29.7	♉ 12.7	26.1	♊ 9.9
☿	♐ 17.1	18	19	20	21.1	22.2	23.3	24.5	25.7	27	28.3	29.6	♑ 0.9	2.2	3.6	5	6.4	7.8	9.2	10.6	12.1	13.6	15	16.5	18	19.5	21.1	22.6	24.1	25.7	27.2
♀	♏ 27.3	28	28.6	29.3	♐ 0.1	0.8	1.6	2.3	3.1	3.9	4.7	5.6	6.4	7.3	8.2	9	9.9	10.8	11.7	12.7	13.6	14.5	15.5	16.5	17.4	18.4	19.4	20.4	21.4	22.4	23.4
♂	♏ 12.5	13.1	13.7	14.4	15	15.6	16.2	16.8	17.5	18.1	18.7	19.3	19.9	20.5	21.2	21.8	22.4	23	23.6	24.2	24.9	25.5	26.1	26.7	27.3	27.9	28.5	29.1	29.7	♐ 0.4	1

	1	6	11	16	21	26	31
♃	♓ 0.4	1.4	2.4	3.5	4.6	5.7	6.8
♄	♈ 11.5	11.7	11.9	12.2	12.5	12.8	13.2

	1	11	21	31
♅	♉ 14.0R	13.9	13.8	13.9D
♆	♍ 23.3R	23.3	23.1	23
♇	♌ 0.8R	0.6	0.4	0.2

	1	2	3	4	5	6	7	8	9	10	11	12	13	14	15	16	17	18	19	20	21	22	23	24	25	26	27	28	29	30	31
☉	♑ 9.4	10.4	11.5	12.5	13.5	14.5	15.5	16.6	17.6	18.6	19.6	20.6	21.7	22.7	23.7	24.7	25.7	26.8	27.8	28.8	29.8	♒ 0.8	1.8	2.9	3.9	4.9	5.9	6.9	7.9	9	10
☽	♍ 23.7	♎ 7.8	21.7	♏ 5.3	18.8	♐ 2.1	15.2	28.1	♑ 10.9	23.4	♒ 5.8	18	30	♓ 11.8	23.6	♈ 5.4	17.3	29.4	♉ 11.7	24.3	♊ 7.4	20.9	♋ 5	19.4	♌ 4.2	19.2	♍ 4.2	19.1	♎ 3.8	18.1	♏ 2.1
☿	♐ 22.2	23.6	25.1	26.6	28	29.5	♑ 1	2.5	4	5.5	7.1	8.6	10.1	11.7	13.3	14.8	16.4	18	19.6	21.2	22.8	24.4	26	27.7	29.3	♒ 1	2.6	4.3	6	7.7	9.4
♀	♒ 8.3	9.5	10.8	12	13.3	14.5	15.7	17	18.2	19.4	20.7	21.9	23.1	24.4	25.6	26.8	28.1	29.3	♓ 0.5	1.7	3	4.2	5.4	6.7	7.9	9.1	10.3	11.5	12.8	14	15.2
♂	♓ 28	28.6	29.3	30	♈ 0.7	1.4	2	2.7	3.4	4.1	4.8	5.4	6.1	6.8	7.5	8.2	8.8	9.5	10.2	10.9	11.6	12.2	12.9	13.6	14.3	15	15.7	16.3	17	17.7	18.4

	1	6	11	16	21	26	31
♃	♈ 1.1	1.8	2.5	3.2	4	4.9	5.8
♄	♈ 24.4	24.5	24.6	24.7	24.9	25.2	25.5

	1	11	21	31
♅	♉ 18.3R	18.1	18	18.0D
♆	♍ 25.5R	25.5	25.4	25.2
♇	♌ 2.3R	2	1.8	1.6

II

	1	2	3	4	5	6	7	8	9	10	11	12	13	14	15	16	17	18	19	20	21	22	23	24	25	26	27	28	29	30	31
☉	♒ 11.2	12.2	13.3	14.3	15.3	16.3	17.3	18.3	19.3	20.4	21.4	22.4	23.4	24.4	25.4	26.4	27.4	28.4	29.4	♓ 0.5	1.5	2.5	3.5	4.5	5.5	6.5	7.5	8.5			
☽	♊ 24.3	♋ 9.1	24.2	♌ 9.5	24.9	♍ 10	24.9	♎ 9.2	23.1	♏ 6.4	19.3	♐ 1.9	14.1	26.2	♑ 8.1	19.9	♒ 1.8	13.7	25.6	♓ 7.6	19.6	♈ 1.8	14.2	26.7	♉ 9.4	22.4	♊ 5.7	19.4			
☿	♑ 28.8	♒ 0.4	2	3.6	5.2	6.9	8.5	10.2	11.9	13.6	15.3	17	18.7	20.5	22.2	24	25.8	27.6	29.4	♓ 1.2	3.1	4.9	6.8	8.7	10.6	12.4	14.3	16.3			
♀	♐ 24.4	25.4	26.5	27.5	28.6	29.6	♑ 0.7	1.7	2.8	3.8	4.9	6	7.1	8.2	9.2	10.3	11.4	12.5	13.6	14.7	15.8	17	18.1	19.2	20.3	21.4	22.6	23.7			
♂	♐ 1.6	2.2	2.8	3.4	4	4.6	5.2	5.8	6.4	7	7.6	8.2	8.8	9.4	10	10.6	11.2	11.8	12.4	13	13.6	14.2	14.8	15.4	16	16.6	17.2	17.8			

	1	6	11	16	21	26
♃	♓ 7.1	8.2	9.4	10.6	11.8	13
♄	♈ 13.3	13.7	14.1	14.6	15.1	15.6

	1	11	21
♅	♉ 13.9	14	14.2
♆	♍ 23.0R	22.8	22.5
♇	♌ 0.1R	♋ 29.9	29.7

	1	2	3	4	5	6	7	8	9	10	11	12	13	14	15	16	17	18	19	20	21	22	23	24	25	26	27	28	29	30	31
☉	♒ 11	12	13	14	15	16.1	17.1	18.1	19.1	20.1	21.1	22.1	23.1	24.2	25.2	26.2	27.2	28.2	29.2	♓ 0.2	1.2	2.2	3.2	4.2	5.2	6.3	7.3	8.3	9.3		
☽	♏ 15.8	29.1	♐ 12.2	25	♑ 7.6	20.1	♒ 2.4	14.5	26.5	♓ 8.4	20.3	♈ 2	13.8	25.7	♉ 7.7	20	♊ 2.6	15.5	29	♋ 12.9	27.4	♌ 12.2	27.3	♍ 12.6	27.8	♎ 12.8	27.5	♏ 11.7	25.5		
☿	♒ 11.1	12.9	14.6	16.4	18.2	19.9	21.7	23.5	25.3	27.1	29	♓ 0.8	2.6	4.4	6.2	8	9.8	11.6	13.3	15	16.7	18.3	19.8	21.3	22.7	24	25.2	26.3	27.3		
♀	♓ 16.4	17.6	18.8	20.1	21.3	22.5	23.7	24.9	26.1	27.3	28.5	29.7	♈ 0.9	2.1	3.3	4.5	5.7	6.9	8.1	9.3	10.5	11.7	12.8	14	15.2	16.4	17.6	18.7	19.9		
♂	♈ 19.1	19.7	20.4	21.1	21.8	22.5	23.2	23.8	24.5	25.2	25.9	26.6	27.2	27.9	28.6	29.3	29.9	♉ 0.6	1.3	2	2.7	3.3	4	4.7	5.4	6	6.7	7.4	8.1		

	1	6	11	16	21	26
♃	♈ 6	6.9	7.9	8.9	10	11.1
♄	♈ 25.5	25.8	26.2	26.6	27	27.5

	1	11	21
♅	♉ 18	18.1	18.3
♆	♍ 25.2R	25	24.8
♇	♌ 1.6R	1.4	1.2

III

	1	2	3	4	5	6	7	8	9	10	11	12	13	14	15	16	17	18	19	20	21	22	23	24	25	26	27	28	29	30	31
☉	♓ 9.5	10.5	11.5	12.5	13.5	14.5	15.5	16.5	17.5	18.5	19.5	20.5	21.5	22.5	23.5	24.5	25.5	26.5	27.5	28.5	29.5	♈ 0.5	1.5	2.5	3.5	4.4	5.4	6.4	7.4	8.4	9.4
☽	♋ 3.5	18	♌ 2.8	17.8	♍ 3	18	♎ 2.8	17.2	♏ 1.1	14.6	27.7	♐ 10.3	22.6	♑ 4.7	16.7	28.5	♒ 10.4	22.3	♓ 4.2	16.4	28.6	♈ 11	23.6	♉ 6.4	19.4	♊ 2.6	16.1	29.8	♋ 13.8	28.1	♌ 12.5
☿	♓ 18.2	20.1	21.9	23.8	25.7	27.5	29.3	♈ 1.1	2.8	4.5	6.1	7.6	9	10.4	11.6	12.8	13.8	14.7	15.5	16.2	16.7	17.2	17.4	17.6	17.6R	17.4	17.2	16.8	16.4	15.8	15.2
♀	♑ 24.8	26	27.1	28.2	29.4	♒ 0.5	1.7	2.8	3.9	5.1	6.2	7.4	8.6	9.7	10.9	12	13.2	14.4	15.5	16.7	17.9	19	20.2	21.4	22.5	23.7	24.9	26.1	27.2	28.4	29.6
♂	♐ 18.3	18.9	19.5	20.1	20.7	21.3	21.8	22.4	23	23.6	24.1	24.7	25.3	25.9	26.4	27	27.6	28.1	28.7	29.3	29.8	♑ 0.4	0.9	1.5	2.1	2.6	3.2	3.7	4.2	4.8	5.3

	1	6	11	16	21	26	31
♃	♓ 13.7	14.9	16.1	17.3	18.5	19.7	20.9
♄	♈ 16	16.5	17.1	17.7	18.3	18.9	19.5

	1	11	21	31
♅	♉ 14.4	14.8	15.2	15.7
♆	♍ 22.3R	22	21.7	21.5
♇	♋ 29.6R	29.4	29.3	29.3

	1	2	3	4	5	6	7	8	9	10	11	12	13	14	15	16	17	18	19	20	21	22	23	24	25	26	27	28	29	30	31
☉	♓ 10.3	11.3	12.3	13.3	14.3	15.3	16.3	17.3	18.3	19.3	20.3	21.3	22.3	23.3	24.3	25.3	26.3	27.3	28.2	29.2	♈ 0.2	1.2	2.2	3.2	4.2	5.2	6.2	7.2	8.2	9.1	10.1
☽	♐ 8.9	22	♑ 4.7	17.2	29.4	♒ 11.5	23.5	♓ 5.4	17.2	29	♈ 10.8	22.7	♉ 4.6	16.7	29	♊ 11.6	24.5	♋ 7.8	21.6	♌ 5.8	20.5	♍ 5.4	20.6	♎ 5.8	21	♏ 5.8	20.3	♐ 4.3	17.9	♑ 1.1	13.9
☿	♓ 28.2	28.9	29.5	29.9	♈ 0.1	0.2	0.2R	0	♓ 29.7	29.2	28.6	27.9	27.1	26.3	25.4	24.4	23.5	22.6	21.7	20.8	20	19.3	18.7	18.1	17.7	17.3	17.1	16.9	16.8	16.9D	17
♀	♈ 21.1	22.3	23.4	24.6	25.7	26.9	28.1	29.2	♉ 0.4	1.5	2.7	3.8	5	6.1	7.2	8.4	9.5	10.6	11.7	12.9	14	15.1	16.2	17.3	18.4	19.5	20.6	21.7	22.8	23.9	24.9
♂	♉ 8.7	9.4	10.1	10.8	11.4	12.1	12.8	13.5	14.1	14.8	15.5	16.1	16.8	17.5	18.2	18.8	19.5	20.2	20.8	21.5	22.2	22.8	23.5	24.2	24.8	25.5	26.2	26.8	27.5	28.2	28.8

	1	6	11	16	21	26	31
♃	♈ 12	13.1	14.2	15.4	16.6	17.8	19
♄	♈ 27.9	28.4	28.9	29.5	♉ 0.1	0.7	1.3

	1	11	21	31
♅	♉ 18.5	18.8	19.2	19.7
♆	♍ 24.5R	24.2	24	23.7
♇	♌ 1.0R	0.8	0.7	0.6

IV

	1	2	3	4	5	6	7	8	9	10	11	12	13	14	15	16	17	18	19	20	21	22	23	24	25	26	27	28	29	30	31
☉	♈ 10.4	11.4	12.3	13.3	14.3	15.3	16.3	17.3	18.3	19.2	20.2	21.2	22.2	23.2	24.1	25.1	26.1	27.1	28	29	♉ 0	1	2	2.9	3.9	4.9	5.8	6.8	7.8	8.8	
☽	♌ 27.2	♍ 11.8	26.5	♎ 10.9	25.1	♏ 9	22.4	♐ 5.5	18.2	♑ 0.6	12.8	24.8	♒ 6.7	18.5	♓ 0.5	12.5	24.7	♈ 7.2	19.8	♉ 2.7	15.9	29.3	♊ 12.9	26.7	♋ 10.6	24.7	♌ 8.9	23.2	♍ 7.5	21.7	
☿	♈ 14.5R	13.7	12.9	12.1	11.3	10.5	9.7	9	8.3	7.7	7.2	6.7	6.3	6	5.8	5.7	5.6D	5.7	5.8	6	6.3	6.7	7.1	7.6	8.2	8.8	9.6	10.3	11.1	12	
♀	♓ 0.8	1.9	3.1	4.3	5.5	6.7	7.9	9	10.2	11.4	12.6	13.8	15	16.2	17.4	18.5	19.7	20.9	22.1	23.3	24.5	25.7	26.9	28.1	29.3	♈ 0.5	1.7	2.9	4.1	5.3	
♂	♑ 5.9	6.4	7	7.5	8	8.5	9.1	9.6	10.1	10.6	11.2	11.7	12.2	12.7	13.2	13.7	14.2	14.7	15.2	15.7	16.2	16.7	17.1	17.6	18.1	18.6	19	19.5	19.9	20.4	

	1	6	11	16	21	26
♃	♓ 21.1	22.3	23.5	24.6	25.7	26.8
♄	♈ 19.7	20.3	20.9	21.5	22.2	22.8

	1	11	21
♅	♉ 15.7	16.2	16.8
♆	♍ 21.5R	21.2	21
♇	♋ 29.2R	29.2	29.2D

	1	2	3	4	5	6	7	8	9	10	11	12	13	14	15	16	17	18	19	20	21	22	23	24	25	26	27	28	29	30	31
☉	♈ 11.1	12.1	13.1	14.1	15.1	16	17	18	19	20	21	21.9	22.9	23.9	24.9	25.9	26.8	27.8	28.8	29.8	♉ 0.7	1.7	2.7	3.7	4.6	5.6	6.6	7.6	8.5	9.5	
☽	♑ 26.3	♒ 8.5	20.5	♓ 2.4	14.2	26	♈ 7.8	19.7	♉ 1.7	13.8	26.1	♊ 8.6	21.3	♋ 4.3	17.6	♌ 1.3	15.3	29.6	♍ 14.3	29.1	♎ 14.1	29	♏ 13.8	28.3	♐ 12.5	26.2	♑ 9.5	22.3	♒ 4.8	17	
☿	♓ 17.2	17.5	17.9	18.4	18.9	19.5	20.2	20.9	21.7	22.5	23.4	24.3	25.3	26.4	27.5	28.6	29.8	♈ 1	2.2	3.5	4.8	6.2	7.5	9	10.4	11.9	13.4	14.9	16.5	18.1	
♀	♉ 26	27.1	28.1	29.2	♊ 0.3	1.3	2.4	3.4	4.4	5.5	6.5	7.5	8.5	9.5	10.5	11.5	12.5	13.4	14.4	15.4	16.3	17.3	18.2	19.1	20	20.9	21.8	22.7	23.6	24.5	
♂	♉ 29.5	♊ 0.1	0.8	1.5	2.1	2.8	3.5	4.1	4.8	5.4	6.1	6.8	7.4	8.1	8.7	9.4	10.1	10.7	11.4	12	12.7	13.3	14	14.6	15.3	16	16.6	17.3	17.9	18.6	

	1	6	11	16	21	26
♃	♈ 19.2	20.4	21.6	22.8	24	25.2
♄	♉ 1.4	2	2.6	3.3	3.9	4.5

	1	11	21
♅	♉ 19.7	20.2	20.7
♆	♍ 23.7R	23.4	23.2
♇	♌ 0.6R	0.6	0.6D

V

	1	2	3	4	5	6	7	8	9	10	11	12	13	14	15	16	17	18	19	20	21	22	23	24	25	26	27	28	29	30	31
☉	♉ 9.7	10.7	11.7	12.6	13.6	14.6	15.5	16.5	17.5	18.5	19.4	20.4	21.3	22.3	23.3	24.2	25.2	26.2	27.1	28.1	29.1	♊ 0	1	1.9	2.9	3.9	4.8	5.8	6.7	7.7	8.7
☽	♎ 5.9	19.9	♏ 3.7	17.2	♐ 0.4	13.4	26.1	♑ 8.5	20.6	♒ 2.7	14.6	26.4	♓ 8.4	20.5	♈ 2.7	15.3	28.1	♉ 11.3	24.8	♊ 8.6	22.7	♋ 6.9	21.3	♌ 5.7	20	♍ 4.2	18.3	♎ 2.3	16	29.6	♏ 12.9
☿	♈ 13	13.9	15	16.1	17.2	18.4	19.6	20.8	22.1	23.4	24.8	26.2	27.7	29.1	♉ 0.7	2.2	3.8	5.4	7.1	8.8	10.5	12.3	14.1	15.9	17.8	19.7	21.7	23.6	25.7	27.7	29.8
♀	♈ 6.5	7.7	8.9	10.1	11.3	12.5	13.7	14.9	16.1	17.3	18.5	19.7	20.9	22.1	23.3	24.5	25.7	26.9	28.1	29.3	♉ 0.5	1.7	2.9	4.1	5.3	6.5	7.7	8.9	10.1	11.3	12.6
♂	♑ 20.8	21.3	21.7	22.2	22.6	23	23.4	23.8	24.3	24.7	25.1	25.5	25.8	26.2	26.6	27	27.3	27.7	28	28.4	28.7	29.1	29.4	29.7	30	♒ 0.3	0.6	0.9	1.1	1.4	1.7

	1	6	11	16	21	26	31
♃	♓ 27.9	28.9	29.9	♈ 0.9	1.8	2.7	3.5
♄	♈ 23.4	24	24.6	25.2	25.8	26.3	26.9

	1	11	21	31
♅	♉ 17.3	17.9	18.5	19.1
♆	♍ 20.8R	20.7	20.6	20.5
♇	♋ 29.3	29.4	29.5	29.7

	1	2	3	4	5	6	7	8	9	10	11	12	13	14	15	16	17	18	19	20	21	22	23	24	25	26	27	28	29	30	31
☉	♉ 10.5	11.4	12.4	13.4	14.3	15.3	16.3	17.2	18.2	19.2	20.1	21.1	22.1	23	24	25	25.9	26.9	27.9	28.8	29.8	♊ 0.7	1.7	2.7	3.6	4.6	5.5	6.5	7.5	8.4	9.4
☽	♒ 29	♓ 10.9	22.7	♈ 4.5	16.4	28.4	♉ 10.6	22.9	♊ 5.5	18.3	♋ 1.3	14.6	28.1	♌ 11.8	25.7	♍ 9.9	24.2	♎ 8.6	23.2	♏ 7.8	22.2	♐ 6.5	20.5	♑ 4.2	17.5	♒ 0.4	12.9	25.1	♓ 7.2	19	♈ 0.8
☿	♈ 19.8	21.4	23.1	24.8	26.6	28.4	♉ 0.2	2.1	4	5.9	7.8	9.8	11.8	13.8	15.9	18	20.1	22.2	24.4	26.6	28.7	♊ 0.9	3.1	5.3	7.5	9.7	11.9	14	16.1	18.2	20.3
♀	♊ 25.3	26.2	27	27.8	28.6	29.4	♋ 0.2	0.9	1.7	2.4	3.1	3.8	4.5	5.1	5.8	6.4	7	7.6	8.1	8.7	9.2	9.7	10.1	10.6	11	11.3	11.7	12	12.3	12.5	12.7
♂	♊ 19.2	19.9	20.5	21.2	21.8	22.5	23.1	23.8	24.4	25.1	25.7	26.4	27	27.7	28.3	29	29.6	♋ 0.3	0.9	1.5	2.2	2.8	3.5	4.1	4.8	5.4	6.1	6.7	7.3	8	8.6

	1	6	11	16	21	26	31
♃	♈ 26.4	27.6	28.8	29.9	♉ 1.1	2.2	3.3
♄	♉ 5.2	5.8	6.4	7.1	7.7	8.3	8.9

	1	11	21	31
♅	♉ 21.3	21.9	22.5	23
♆	♍ 23.0R	22.9	22.8	22.7
♇	♌ 0.7	0.8	0.9	1.1

VI

	1	2	3	4	5	6	7	8	9	10	11	12	13	14	15	16	17	18	19	20	21	22	23	24	25	26	27	28	29	30	31
☉	♊ 9.6	10.6	11.5	12.5	13.4	14.4	15.4	16.3	17.3	18.2	19.2	20.1	21.1	22.1	23	24	24.9	25.9	26.8	27.8	28.7	29.7	♋ 0.6	1.6	2.6	3.5	4.5	5.4	6.4	7.3	
☽	♏ 26.1	♐ 9	21.7	♑ 4.2	16.5	28.7	♒ 10.6	22.5	♓ 4.4	16.3	28.4	♈ 10.7	23.2	♉ 6.1	19.4	♊ 3.2	17.3	♋ 1.8	16.5	♌ 1.3	16	♍ 0.6	15	29.1	♎ 12.9	26.4	♏ 9.7	22.7	♐ 5.5	18.1	
☿	♊ 1.9	4	6.1	8.3	10.5	12.7	14.9	17.1	19.3	21.5	23.7	25.8	28	♋ 0.1	2.2	4.3	6.3	8.3	10.3	12.2	14.1	16	17.8	19.6	21.4	23.1	24.8	26.4	28	29.6	
♀	♉ 13.8	15	16.2	17.4	18.6	19.8	21	22.2	23.4	24.6	25.9	27.1	28.3	29.5	♊ 0.7	1.9	3.1	4.3	5.6	6.8	8	9.2	10.4	11.6	12.8	14.1	15.3	16.5	17.7	18.9	
♂	♒ 1.9	2.2	2.4	2.6	2.8	3	3.2	3.4	3.6	3.7	3.9	4	4.1	4.2	4.3	4.4	4.5	4.6	4.6	4.7	4.7	4.7	4.7R	4.7	4.7	4.7	4.6	4.5	4.5	4.4	

	1	6	11	16	21	26
♃	♈ 3.7	4.4	5.2	5.8	6.4	7
♄	♈ 27	27.5	28	28.4	28.9	29.3

	1	11	21
♅	♉ 19.1	19.7	20.2
♆	♍ 20.5R	20.6D	20.6
♇	♋ 29.7	29.9	♌ 0.2

	1	2	3	4	5	6	7	8	9	10	11	12	13	14	15	16	17	18	19	20	21	22	23	24	25	26	27	28	29	30	31
☉	♊ 10.3	11.3	12.3	13.2	14.2	15.1	16.1	17	18	19	19.9	20.9	21.8	22.8	23.7	24.7	25.6	26.6	27.6	28.5	29.5	♋ 0.4	1.4	2.3	3.3	4.2	5.2	6.1	7.1	8	
☽	♈ 12.7	24.6	♉ 6.7	19.1	♊ 1.7	14.6	27.8	♋ 11.2	24.8	♌ 8.6	22.6	♍ 6.6	20.7	♎ 4.9	19.1	♏ 3.2	17.4	♐ 1.4	15.3	29	♑ 12.4	25.6	♒ 8.4	20.9	♓ 3.1	15.1	26.9	♈ 8.7	20.6	♉ 2.6	
☿	♊ 22.3	24.3	26.3	28.2	♋ 0.1	2	3.8	5.5	7.3	8.9	10.6	12.2	13.7	15.2	16.7	18.1	19.4	20.8	22	23.2	24.4	25.5	26.6	27.6	28.6	29.5	♌ 0.3	1.1	1.8	2.5	
♀	♋ 12.9	13.1	13.2	13.3	13.3	13.3R	13.2	13.2	13	12.9	12.7	12.4	12.1	11.8	11.5	11.1	10.6	10.2	9.7	9.2	8.6	8	7.4	6.8	6.2	5.6	5	4.4	3.7	3.1	
♂	♋ 9.3	9.9	10.6	11.2	11.8	12.5	13.1	13.8	14.4	15	15.7	16.3	17	17.6	18.2	18.9	19.5	20.2	20.8	21.4	22.1	22.7	23.4	24	24.6	25.3	25.9	26.5	27.2	27.8	

	1	6	11	16	21	26
♃	♉ 3.5	4.6	5.6	6.6	7.6	8.5
♄	♉ 9	9.6	10.1	10.6	11.1	11.6

	1	11	21
♅	♉ 23.1	23.6	24.2
♆	♍ 22.7R	22.7D	22.8
♇	♌ 1.1	1.3	1.5

VII

	1	2	3	4	5	6	7	8	9	10	11	12	13	14	15	16	17	18	19	20	21	22	23	24	25	26	27	28	29	30	31
☉	♋ 8.3	9.2	10.2	11.1	12.1	13	14	14.9	15.9	16.9	17.8	18.8	19.7	20.7	21.6	22.6	23.5	24.5	25.4	26.4	27.3	28.3	29.3	♌ 0.2	1.2	2.1	3.1	4	5	5.9	6.9
☽	♑ 0.6	12.9	25	♒ 7.1	19	♓ 0.8	12.7	24.6	♈ 6.6	18.8	♉ 1.3	14.2	27.5	♊ 11.3	25.6	♋ 10.3	25.3	♌ 10.4	25.5	♍ 10.5	25.1	♎ 9.4	23.2	♏ 6.6	19.7	♐ 2.6	15.1	27.5	♑ 9.7	21.9	♒ 3.9
☿	♌ 1.1	2.6	4	5.4	6.8	8.1	9.4	10.7	11.9	13	14.1	15.2	16.2	17.2	18.1	19	19.8	20.5	21.2	21.8	22.4	22.9	23.3	23.6	23.9	24.1	24.2	24.2R	24.2	24	23.8
♀	♊ 20.1	21.4	22.6	23.8	25	26.2	27.4	28.7	29.9	♋ 1.1	2.3	3.5	4.8	6	7.2	8.4	9.7	10.9	12.1	13.3	14.6	15.8	17	18.2	19.5	20.7	21.9	23.1	24.4	25.6	26.8
♂	♒ 4.3R	4.2	4.1	3.9	3.8	3.6	3.5	3.3	3.1	2.9	2.7	2.5	2.3	2	1.8	1.5	1.3	1	0.8	0.5	0.2	♑ 30	29.7	29.4	29.1	28.9	28.6	28.3	28	27.8	27.5

	1	6	11	16	21	26	31
♃	♈ 7.5	7.9	8.2	8.5	8.7	8.8	8.8R
♄	♈ 29.6	30	♉ 0.3	0.5	0.8	1	1.1

	1	11	21	31
♅	♉ 20.6	21	21.4	21.6
♆	♍ 20.8	20.9	21.2	21.4
♇	♌ 0.4	0.7	1	1.2

	1	2	3	4	5	6	7	8	9	10	11	12	13	14	15	16	17	18	19	20	21	22	23	24	25	26	27	28	29	30	31
☉	♋ 9	10	10.9	11.9	12.8	13.8	14.7	15.7	16.6	17.6	18.5	19.5	20.4	21.4	22.3	23.3	24.3	25.2	26.2	27.1	28.1	29	30	♌ 0.9	1.9	2.8	3.8	4.8	5.7	6.7	7.6
☽	♉ 14.8	27.2	♊ 10	23.2	♋ 6.7	20.5	♌ 4.6	18.8	♍ 3.1	17.4	♎ 1.7	15.9	29.9	♏ 13.9	27.7	♐ 11.3	24.8	♑ 8.1	21.2	♒ 4.1	16.6	29	♓ 11.1	23.1	♈ 4.9	16.7	28.5	♉ 10.5	22.7	♊ 5.2	18.1
☿	♌ 3.1	3.6	4.1	4.5	4.8	5	5.2	5.3	5.3R	5.2	5.1	4.8	4.5	4.2	3.7	3.2	2.7	2.1	1.4	0.7	0	♋ 29.3	28.7	28	27.4	26.8	26.2	25.7	25.3	25	24.8
♀	♋ 2.5R	1.9	1.4	0.8	0.3	♊ 29.8	29.4	28.9	28.6	28.2	27.9	27.6	27.4	27.2	27	26.9	26.8	26.8	26.8D	26.8	26.9	27	27.2	27.3	27.6	27.8	28.1	28.4	28.7	29.1	29.5
♂	♋ 28.5	29.1	29.7	♌ 0.4	1	1.6	2.3	2.9	3.5	4.2	4.8	5.5	6.1	6.7	7.4	8	8.6	9.3	9.9	10.5	11.2	11.8	12.4	13.1	13.7	14.3	15	15.6	16.3	16.9	17.5

	1	6	11	16	21	26	31
♃	♉ 9.4	10.2	11	11.8	12.5	13.1	13.7
♄	♉ 12.1	12.5	12.9	13.3	13.6	13.9	14.1

	1	11	21	31
♅	♉ 24.6	25.1	25.4	25.7
♆	♍ 22.9	23.1	23.3	23.6
♇	♌ 1.8	2.1	2.4	2.6

VIII

	1	2	3	4	5	6	7	8	9	10	11	12	13	14	15	16	17	18	19	20	21	22	23	24	25	26	27	28	29	30	31
☉	♌ 7.9	8.8	9.8	10.7	11.7	12.6	13.6	14.6	15.5	16.5	17.4	18.4	19.4	20.3	21.3	22.2	23.2	24.2	25.1	26.1	27	28	29	29.9	♍ 0.9	1.9	2.8	3.8	4.8	5.7	6.7
☽	♒ 15.8	27.7	♓ 9.5	21.4	♈ 3.3	15.3	27.5	♉ 10	22.8	♊ 6.1	19.8	♋ 4	18.7	♌ 3.7	18.9	♍ 4.2	19.4	♎ 4.3	18.7	♏ 2.7	16.2	29.3	♐ 12.1	24.6	♑ 6.8	18.9	♒ 0.9	12.8	24.7	♓ 6.6	18.4
☿	♌ 23.5R	23.1	22.6	22	21.4	20.7	20	19.3	18.5	17.7	16.9	16.1	15.3	14.6	14	13.4	13	12.6	12.3	12.2	12.1D	12.2	12.5	12.8	13.3	13.9	14.7	15.5	16.5	17.6	18.8
♀	♋ 28.1	29.3	♌ 0.5	1.7	3	4.2	5.4	6.7	7.9	9.1	10.4	11.6	12.8	14.1	15.3	16.5	17.8	19	20.2	21.5	22.7	24	25.2	26.4	27.7	28.9	♍ 0.1	1.4	2.6	3.9	5.1
♂	♑ 27.2R	27	26.7	26.5	26.3	26	25.8	25.6	25.4	25.2	25.1	24.9	24.8	24.6	24.5	24.4	24.3	24.2	24.1	24	24	24	23.9	23.9	23.9D	24	24	24	24.1	24.2	24.3

	1	6	11	16	21	26	31
♃	♈ 8.8R	8.7	8.5	8.3	8	7.6	7.1
♄	♉ 1.1	1.2	1.3	1.3R	1.2	1.1	1

	1	11	21	31
♅	♉ 21.6	21.8	21.9	22.0R
♆	♍ 21.5	21.8	22.1	22.5
♇	♌ 1.3	1.5	1.8	2.1

	1	2	3	4	5	6	7	8	9	10	11	12	13	14	15	16	17	18	19	20	21	22	23	24	25	26	27	28	29	30	31
☉	♌ 8.6	9.5	10.5	11.5	12.4	13.4	14.3	15.3	16.2	17.2	18.2	19.1	20.1	21	22	23	23.9	24.9	25.9	26.8	27.8	28.7	29.7	♍ 0.7	1.6	2.6	3.6	4.5	5.5	6.5	7.4
☽	♋ 1.4	15.1	29.2	♌ 13.6	28.3	♍ 13	27.7	♎ 12.2	26.6	♏ 10.7	24.6	♐ 8.2	21.6	♑ 4.8	17.7	♒ 0.5	13	25.3	♓ 7.5	19.5	♈ 1.4	13.2	24.9	♉ 6.8	18.7	♊ 0.9	13.4	26.2	♋ 9.5	23.2	♌ 7.4
☿	♋ 24.7R	24.6D	24.7	24.9	25.2	25.6	26.1	26.7	27.5	28.3	29.3	♌ 0.3	1.5	2.7	4.1	5.5	7	8.6	10.2	12	13.7	15.6	17.4	19.3	21.2	23.2	25.1	27.1	29.1	♍ 1.1	3
♀	♊ 30	♋ 0.4	0.9	1.4	1.9	2.5	3	3.6	4.3	4.9	5.5	6.2	6.9	7.6	8.3	9.1	9.8	10.6	11.4	12.2	13	13.8	14.6	15.5	16.3	17.2	18.1	19	19.9	20.8	21.7
♂	♌ 18.2	18.8	19.4	20.1	20.7	21.3	22	22.6	23.2	23.9	24.5	25.1	25.8	26.4	27	27.7	28.3	29	29.6	♍ 0.2	0.9	1.5	2.1	2.8	3.4	4	4.7	5.3	5.9	6.6	7.2

	1	6	11	16	21	26	31
♃	♉ 13.8	14.3	14.7	15.1	15.3	15.5	15.6
♄	♉ 14.2	14.4	14.5	14.7	14.7	14.8	14.8R

	1	11	21	31
♅	♉ 25.7	26	26.1	26.1
♆	♍ 23.6	23.9	24.2	24.6
♇	♌ 2.7	2.9	3.2	3.5

IX

	1	2	3	4	5	6	7	8	9	10	11	12	13	14	15	16	17	18	19	20	21	22	23	24	25	26	27	28	29	30	31
☉	♍ 7.7	8.6	9.6	10.6	11.5	12.5	13.5	14.5	15.4	16.4	17.4	18.3	19.3	20.3	21.3	22.2	23.2	24.2	25.2	26.1	27.1	28.1	29.1	♎ 0.1	1	2	3	4	5	5.9	
☽	♈ 0.4	12.4	24.5	♉ 6.8	19.3	♊ 2.1	15.3	28.9	♋ 13	27.4	♌ 12.3	27.4	♍ 12.6	27.7	♎ 12.6	27.2	♏ 11.3	25	♐ 8.2	21	♑ 3.5	15.8	27.8	♒ 9.7	21.6	♓ 3.5	15.3	27.3	♈ 9.4	21.5	
☿	♌ 20.1	21.5	23	24.6	26.2	27.9	29.6	♍ 1.4	3.2	5.1	7	8.8	10.7	12.6	14.5	16.4	18.3	20.2	22.1	23.9	25.8	27.6	29.4	♎ 1.2	3	4.8	6.6	8.3	10	11.7	
♀	♍ 6.3	7.6	8.8	10.1	11.3	12.5	13.8	15	16.3	17.5	18.8	20	21.2	22.5	23.7	25	26.2	27.5	28.7	30	♎ 1.2	2.4	3.7	4.9	6.2	7.4	8.7	9.9	11.2	12.4	
♂	♑ 24.4	24.5	24.6	24.7	24.9	25.1	25.2	25.4	25.6	25.8	26.1	26.3	26.6	26.8	27.1	27.4	27.7	28	28.3	28.6	28.9	29.3	29.6	30	♒ 0.4	0.7	1.1	1.5	1.9	2.3	

	1	6	11	16	21	26
♃	♈ 7.0R	6.5	5.9	5.3	4.7	4
♄	♉ 1.0R	0.8	0.6	0.3	0.1	♈ 29.8

	1	11	21
♅	♉ 22.0R	21.9	21.7
♆	♍ 22.5	22.9	23.2
♇	♌ 2.1	2.3	2.5

	1	2	3	4	5	6	7	8	9	10	11	12	13	14	15	16	17	18	19	20	21	22	23	24	25	26	27	28	29	30	31
☉	♍ 8.4	9.4	10.3	11.3	12.3	13.2	14.2	15.2	16.2	17.1	18.1	19.1	20	21	22	23	23.9	24.9	25.9	26.9	27.9	28.8	29.8	♎ 0.8	1.8	2.8	3.7	4.7	5.7	6.7	
☽	♌ 22	♍ 6.9	21.9	♎ 6.9	21.9	♏ 6.5	20.9	♐ 4.9	18.5	♑ 1.8	14.7	27.5	♒ 9.9	22.2	♓ 4.3	16.3	28.2	♈ 10	21.8	♉ 3.6	15.4	27.4	♊ 9.6	22.1	♋ 4.9	18	♌ 1.6	15.7	♍ 0.2	15	
☿	♍ 5	7	8.9	10.8	12.7	14.6	16.5	18.4	20.2	22.1	23.9	25.7	27.4	29.2	♎ 0.9	2.6	4.3	6	7.7	9.3	10.9	12.6	14.2	15.7	17.3	18.9	20.4	21.9	23.4	24.9	
♀	♋ 22.6	23.5	24.5	25.4	26.4	27.4	28.3	29.3	♌ 0.3	1.3	2.3	3.3	4.3	5.3	6.4	7.4	8.4	9.5	10.5	11.6	12.6	13.7	14.8	15.8	16.9	18	19.1	20.2	21.3	22.3	
♂	♍ 7.9	8.5	9.1	9.8	10.4	11	11.7	12.3	13	13.6	14.2	14.9	15.5	16.2	16.8	17.4	18.1	18.7	19.4	20	20.6	21.3	21.9	22.6	23.2	23.8	24.5	25.1	25.8	26.4	

	1	6	11	16	21	26
♃	♉ 15.7	15.7R	15.6	15.5	15.2	14.9
♄	♉ 14.8R	14.7	14.6	14.4	14.2	14

	1	11	21
♅	♉ 26.1R	26.1	26
♆	♍ 24.6	25	25.4
♇	♌ 3.5	3.7	3.9

X

	1	2	3	4	5	6	7	8	9	10	11	12	13	14	15	16	17	18	19	20	21	22	23	24	25	26	27	28	29	30	31
☉	♎ 6.9	7.9	8.9	9.9	10.9	11.8	12.8	13.8	14.8	15.8	16.8	17.8	18.8	19.7	20.7	21.7	22.7	23.7	24.7	25.7	26.7	27.7	28.7	29.7	♏ 0.7	1.7	2.7	3.7	4.7	5.7	6.7
☽	♉ 3.9	16.4	29.1	♊ 12.1	25.4	♋ 8.9	22.8	♌ 7.1	21.6	♍ 6.3	21.2	♎ 6	20.7	♏ 5.2	19.3	♐ 3	16.4	29.3	♑ 11.8	24.1	♒ 6.2	18.1	30	♓ 11.8	23.8	♈ 5.8	18	♉ 0.4	13.1	25.9	♊ 9
☿	♎ 13.4	15.1	16.8	18.4	20.1	21.7	23.3	24.9	26.5	28.1	29.7	♏ 1.2	2.8	4.3	5.8	7.3	8.8	10.3	11.8	13.2	14.7	16.1	17.5	18.9	20.3	21.7	23.1	24.4	25.8	27.1	28.4
♀	♎ 13.7	14.9	16.2	17.4	18.6	19.9	21.1	22.4	23.6	24.9	26.1	27.4	28.6	29.9	♏ 1.1	2.4	3.6	4.9	6.1	7.4	8.6	9.9	11.1	12.4	13.6	14.8	16.1	17.3	18.6	19.8	21.1
♂	♒ 2.7	3.2	3.6	4	4.5	4.9	5.4	5.9	6.3	6.8	7.3	7.8	8.3	8.8	9.3	9.8	10.3	10.8	11.4	11.9	12.4	13	13.5	14.1	14.6	15.2	15.8	16.3	16.9	17.5	18

	1	6	11	16	21	26	31
♃	♈ 3.3R	2.7	2	1.4	0.9	0.4	♓ 29.9
♄	♈ 29.4R	29.1	28.7	28.3	27.9	27.5	27.1

	1	11	21	31
♅	♉ 21.5R	21.2	20.9	20.5
♆	♍ 23.6	23.9	24.3	24.6
♇	♌ 2.7	2.8	2.9	2.9

	1	2	3	4	5	6	7	8	9	10	11	12	13	14	15	16	17	18	19	20	21	22	23	24	25	26	27	28	29	30	31
☉	♎ 7.7	8.6	9.6	10.6	11.6	12.6	13.6	14.6	15.6	16.5	17.5	18.5	19.5	20.5	21.5	22.5	23.5	24.5	25.5	26.5	27.5	28.4	29.4	♏ 0.4	1.4	2.4	3.4	4.4	5.4	6.4	7.4
☽	♎ 0.1	15.3	♏ 0.5	15.4	♐ 0.1	14.3	28	♑ 11.4	24.3	♒ 6.9	19.2	♓ 1.4	13.3	25.2	♈ 7	18.8	♉ 0.6	12.5	24.5	♊ 6.6	18.9	♋ 1.4	14.2	27.3	♌ 10.8	24.6	♍ 8.8	23.4	♎ 8.3	23.4	♏ 8.6
☿	♎ 26.4	27.8	29.3	♏ 0.7	2.1	3.5	4.9	6.3	7.6	8.9	10.2	11.5	12.8	14	15.2	16.4	17.5	18.7	19.7	20.8	21.8	22.7	23.6	24.5	25.2	25.9	26.6	27.1	27.5	27.8	28
♀	♌ 23.5	24.6	25.7	26.8	27.9	29	♍ 0.1	1.3	2.4	3.5	4.7	5.8	6.9	8.1	9.2	10.4	11.5	12.7	13.9	15	16.2	17.4	18.5	19.7	20.9	22	23.2	24.4	25.6	26.8	28
♂	♍ 27.1	27.7	28.3	29	29.6	♎ 0.3	0.9	1.6	2.2	2.8	3.5	4.1	4.8	5.4	6.1	6.7	7.4	8	8.7	9.3	10	10.6	11.3	11.9	12.6	13.2	13.9	14.5	15.2	15.8	16.5

	1	6	11	16	21	26	31
♃	♉ 14.5R	14.1	13.5	13	12.4	11.7	11
♄	♉ 13.8R	13.5	13.1	12.8	12.4	12	11.6

	1	11	21	31
♅	♉ 25.8R	25.5	25.2	24.8
♆	♍ 25.7	26.1	26.4	26.7
♇	♌ 4.1	4.2	4.3	4.3

XI

	1	2	3	4	5	6	7	8	9	10	11	12	13	14	15	16	17	18	19	20	21	22	23	24	25	26	27	28	29	30	31
☉	♏ 7.7	8.7	9.7	10.7	11.7	12.7	13.7	14.7	15.7	16.7	17.7	18.7	19.7	20.7	21.7	22.7	23.7	24.7	25.8	26.8	27.8	28.8	29.8	♐ 0.8	1.8	2.8	3.8	4.9	5.9	6.9	
☽	♊ 22.3	♋ 5.8	19.6	♌ 3.5	17.6	♍ 1.8	16.2	♎ 0.6	15	29.3	♏ 13.4	27.3	♐ 10.9	24.2	♑ 7.1	19.7	♒ 2	14.1	26	♓ 7.9	19.8	♈ 1.7	13.8	26.2	♉ 8.8	21.7	♊ 4.9	18.4	♋ 2.2	16.2	
☿	♏ 29.6	♐ 0.9	2.1	3.3	4.5	5.6	6.7	7.7	8.7	9.6	10.5	11.3	12	12.6	13.1	13.5	13.8	13.9	13.9R	13.8	13.4	12.9	12.2	11.4	10.3	9.2	7.9	6.6	5.2	3.8	
♀	♏ 22.3	23.6	24.8	26.1	27.3	28.6	29.8	♐ 1.1	2.3	3.6	4.8	6.1	7.3	8.6	9.8	11.1	12.3	13.6	14.8	16	17.3	18.5	19.8	21	22.3	23.5	24.8	26	27.3	28.5	
♂	♒ 18.6	19.2	19.8	20.4	21	21.6	22.2	22.8	23.4	24	24.6	25.2	25.8	26.5	27.1	27.7	28.3	29	29.6	♓ 0.2	0.8	1.5	2.1	2.8	3.4	4	4.7	5.3	6	6.6	

	1	6	11	16	21	26
♃	♓ 29.8R	29.5	29.2	29	28.9	28.9D
♄	♈ 27.0R	26.6	26.3	25.9	25.6	25.3

	1	11	21
♅	♉ 20.4R	20	19.6
♆	♍ 24.6	24.9	25.1
♇	♌ 2.9	2.9R	2.9

	1	2	3	4	5	6	7	8	9	10	11	12	13	14	15	16	17	18	19	20	21	22	23	24	25	26	27	28	29	30	31
☉	♏ 8.4	9.4	10.4	11.4	12.4	13.4	14.4	15.4	16.5	17.5	18.5	19.5	20.5	21.5	22.5	23.5	24.5	25.5	26.5	27.5	28.5	29.6	♐ 0.6	1.6	2.6	3.6	4.6	5.6	6.6	7.6	
☽	♏ 23.6	♐ 8.4	22.8	♑ 6.7	20.2	♒ 3.2	15.8	28.1	♓ 10.1	22	♈ 3.8	15.6	27.4	♉ 9.3	21.4	♊ 3.6	15.9	28.5	♋ 11.2	24.2	♌ 7.4	20.8	♍ 4.5	18.5	♎ 2.7	17.3	♏ 2	16.8	♐ 1.7	16.3	
☿	♏ 28.1	28.1R	27.8	27.5	26.9	26.3	25.4	24.4	23.3	22	20.7	19.4	18.1	16.8	15.6	14.6	13.7	13	12.5	12.2	12.1	12.1D	12.3	12.7	13.3	13.9	14.7	15.6	16.6	17.6	
♀	♍ 29.1	♎ 0.3	1.5	2.7	3.9	5.1	6.3	7.5	8.7	9.9	11.1	12.3	13.5	14.8	16	17.2	18.4	19.6	20.8	22	23.3	24.5	25.7	26.9	28.1	29.4	♏ 0.6	1.8	3.1	4.3	
♂	♎ 17.1	17.8	18.4	19.1	19.7	20.4	21	21.7	22.3	23	23.6	24.3	24.9	25.6	26.3	26.9	27.6	28.2	28.9	29.5	♏ 0.2	0.9	1.5	2.2	2.8	3.5	4.1	4.8	5.5	6.1	

	1	6	11	16	21	26
♃	♉ 10.9R	10.2	9.5	8.9	8.3	7.7
♄	♉ 11.5R	11.1	10.7	10.3	10	9.6

	1	11	21
♅	♉ 24.8R	24.4	23.9
♆	♍ 26.8	27	27.3
♇	♌ 4.3	4.3R	4.3

XII

	1	2	3	4	5	6	7	8	9	10	11	12	13	14	15	16	17	18	19	20	21	22	23	24	25	26	27	28	29	30	31
☉	♐ 7.9	8.9	9.9	10.9	12	13	14	15	16	17	18	19.1	20.1	21.1	22.1	23.1	24.1	25.2	26.2	27.2	28.2	29.2	♑ 0.3	1.3	2.3	3.3	4.3	5.4	6.4	7.4	8.4
☽	♌ 0.3	14.4	28.6	♍ 12.7	26.8	♎ 10.9	24.8	♏ 8.7	22.3	♐ 5.9	19.2	♑ 2.2	15	27.6	♒ 9.9	21.9	♓ 3.8	15.7	27.5	♈ 9.4	21.5	♉ 3.9	16.6	29.7	♊ 13.1	27	♋ 11.2	25.7	♌ 10.3	24.9	♍ 9.3
☿	♐ 2.5R	1.3	0.3	♏ 29.4	28.7	28.2	27.9	27.7	27.8D	28	28.3	28.8	29.4	♐ 0.2	1	1.9	2.8	3.9	5	6.1	7.3	8.6	9.8	11.1	12.4	13.8	15.1	16.5	17.9	19.3	20.7
♀	♐ 29.8	♑ 1	2.3	3.5	4.7	6	7.2	8.5	9.7	11	12.2	13.5	14.7	16	17.2	18.4	19.7	20.9	22.2	23.4	24.7	25.9	27.1	28.4	29.6	♒ 0.9	2.1	3.4	4.6	5.8	7.1
♂	♓ 7.3	7.9	8.6	9.2	9.9	10.6	11.2	11.9	12.5	13.2	13.9	14.5	15.2	15.9	16.5	17.2	17.9	18.5	19.2	19.9	20.5	21.2	21.9	22.6	23.2	23.9	24.6	25.3	25.9	26.6	27.3

	1	6	11	16	21	26	31
♃	♓ 28.9	29.1	29.3	29.6	♈ 0	0.5	1
♄	♈ 25.1R	24.8	24.7	24.5	24.5	24.4	24.4D

	1	11	21	31
♅	♉ 19.2R	18.9	18.5	18.3
♆	♍ 25.3	25.4	25.5	25.5R
♇	♌ 2.8R	2.6	2.5	2.3

	1	2	3	4	5	6	7	8	9	10	11	12	13	14	15	16	17	18	19	20	21	22	23	24	25	26	27	28	29	30	31
☉	♐ 8.7	9.7	10.7	11.7	12.7	13.7	14.8	15.8	16.8	17.8	18.8	19.8	20.8	21.9	22.9	23.9	24.9	25.9	27	28	29	♑ 0	1	2	3.1	4.1	5.1	6.1	7.1	8.2	9.2
☽	♑ 0.7	14.7	28.2	♒ 11.3	24	♓ 6.3	18.4	♈ 0.3	12.1	23.9	♉ 5.7	17.7	29.9	♊ 12.4	25	♋ 7.9	21	♌ 4.3	17.8	♍ 1.4	15.1	29.1	♎ 13.1	27.3	♏ 11.6	26	♐ 10.4	24.7	♑ 8.8	22.6	♒ 6
☿	♏ 18.8	19.9	21.2	22.4	23.7	25.1	26.4	27.8	29.3	♐ 0.7	2.1	3.6	5	6.5	8	9.5	11	12.5	14	15.5	17.1	18.6	20.1	21.7	23.2	24.7	26.3	27.8	29.4	♑ 0.9	2.5
♀	♏ 5.5	6.7	8	9.2	10.4	11.7	12.9	14.1	15.4	16.6	17.8	19.1	20.3	21.6	22.8	24	25.3	26.5	27.8	29	♐ 0.2	1.5	2.7	4	5.2	6.5	7.7	8.9	10.2	11.4	12.7
♂	♏ 6.8	7.4	8.1	8.8	9.4	10.1	10.8	11.4	12.1	12.8	13.4	14.1	14.7	15.4	16.1	16.7	17.4	18.1	18.7	19.4	20.1	20.7	21.4	22.1	22.7	23.4	24.1	24.8	25.4	26.1	26.8

	1	6	11	16	21	26	31
♃	♉ 7.2R	6.7	6.4	6.1	5.8	5.7	5.7
♄	♉ 9.3R	9	8.7	8.4	8.2	8.1	8

	1	11	21	31
♅	♉ 23.5R	23.2	22.8	22.5
♆	♍ 27.5	27.6	27.7	27.7R
♇	♌ 4.2R	4.1	3.9	3.7

I

	1	2	3	4	5	6	7	8	9	10	11	12	13	14	15	16	17	18	19	20	21	22	23	24	25	26	27	28	29	30	31
☉	♑ 10.2	11.2	12.2	13.3	14.3	15.3	16.3	17.3	18.4	19.4	20.4	21.4	22.4	23.4	24.5	25.5	26.5	27.5	28.5	29.6	♒ 0.6	1.6	2.6	3.6	4.6	5.7	6.7	7.7	8.7	9.7	10.7
☽	♒ 19.1	♓ 1.8	14.1	26.2	♈ 8.1	19.9	♉ 1.7	13.6	25.7	♊ 8	20.6	♋ 3.5	16.7	♌ 0.2	13.9	27.8	♍ 11.8	25.9	♎ 10	24.1	♏ 8.2	22.2	♐ 6.2	20.2	♑ 4	17.6	♒ 1.1	14.2	27.1	♓ 9.6	21.9
☿	♑ 4.1	5.7	7.2	8.8	10.4	12	13.6	15.2	16.9	18.5	20.1	21.8	23.4	25.1	26.8	28.4	♒ 0.1	1.8	3.5	5.2	6.9	8.6	10.4	12.1	13.8	15.6	17.3	19	20.7	22.5	24.2
♀	♐ 13.9	15.2	16.4	17.7	18.9	20.2	21.4	22.7	23.9	25.1	26.4	27.6	28.9	♑ 0.1	1.4	2.6	3.9	5.1	6.4	7.6	8.9	10.1	11.4	12.6	13.9	15.1	16.4	17.6	18.9	20.1	21.4
♂	♏ 27.4	28.1	28.8	29.5	♐ 0.1	0.8	1.5	2.1	2.8	3.5	4.2	4.8	5.5	6.2	6.9	7.5	8.2	8.9	9.6	10.3	10.9	11.6	12.3	13	13.6	14.3	15	15.7	16.4	17	17.7

♃	1	6	11	16	21	26	31
	♉ 5.7D	5.7	5.9	6.1	6.4	6.8	7.3
♄	1	6	11	16	21	26	31
	♉ 8.0R	7.9	7.9D	7.9	8	8.1	8.3
♅	1	11	21	31			
	♉ 22.5R	22.3	22.2	22.1D			
♆	1	11	21	31			
	♍ 27.7R	27.7	27.6	27.4			
♇	1	11	21	31			
	♌ 3.7R	3.5	3.3	3			

	1	2	3	4	5	6	7	8	9	10	11	12	13	14	15	16	17	18	19	20	21	22	23	24	25	26	27	28	29	30	31
☉	♑ 10	11	12	13	14	15.1	16.1	17.1	18.1	19.1	20.1	21.2	22.2	23.2	24.2	25.2	26.3	27.3	28.3	29.3	♒ 0.3	1.3	2.4	3.4	4.4	5.4	6.4	7.4	8.5	9.5	10.5
☽	♊ 21.6	♋ 3.7	15.9	28.2	♌ 10.6	23.2	♍ 6	19.1	♎ 2.3	15.9	29.8	♏ 14	28.5	♐ 13.2	28.1	♑ 12.9	27.6	♒ 12.1	26.1	♓ 9.8	23	♈ 5.7	18.2	♉ 0.3	12.3	24.2	♊ 6.1	18	30	♋ 12.1	24.5
☿	♑ 15.8	17.4	19.1	20.7	22.4	24	25.7	27.3	29	♒ 0.6	2.3	3.9	5.5	7.2	8.8	10.4	11.9	13.5	15	16.5	17.9	19.3	20.6	21.8	22.9	23.9	24.8	25.6	26.2	26.6	26.9
♀	♒ 18.5	18.9	19.3	19.6	19.9	20.2	20.5	20.7	20.9	21	21.1	21.2	21.2	21.2R	21.1	21	20.9	20.7	20.4	20.2	19.9	19.5	19.1	18.7	18.2	17.8	17.2	16.7	16.1	15.5	14.9
♂	♈ 24.9	25.3	25.8	26.2	26.7	27.2	27.6	28.1	28.6	29.1	29.6	♉ 0.1	0.5	1	1.5	2	2.6	3.1	3.6	4.1	4.6	5.1	5.7	6.2	6.7	7.2	7.8	8.3	8.8	9.4	9.9

♃	1	6	11	16	21	26	31
	♊ 13.4R	12.9	12.5	12.1	11.8	11.6	11.4
♄	1	6	11	16	21	26	31
	♉ 22.1R	21.9	21.8	21.7	21.6	21.6D	21.7
♅	1	11	21	31			
	♉ 26.8R	26.6	26.4	26.4			
♆	1	11	21	31			
	♍ 29.9	29.9R	29.8	29.6			
♇	1	11	21	31			
	♌ 5.2R	5	4.7	4.5			

II

	1	2	3	4	5	6	7	8	9	10	11	12	13	14	15	16	17	18	19	20	21	22	23	24	25	26	27	28	29	30	31
☉	♒ 11.8	12.8	13.8	14.8	15.8	16.8	17.8	18.9	19.9	20.9	21.9	22.9	23.9	24.9	25.9	26.9	28	29	30	♓ 1	2	3	4	5	6	7	8	9			
☽	♈ 4	15.9	27.7	♉ 9.5	21.4	♊ 3.5	15.8	28.4	♋ 11.4	24.8	♌ 8.6	22.6	♍ 7	21.4	♎ 6	20.5	♏ 4.9	19.1	♐ 3.1	17	♑ 0.6	14	27.3	♒ 10.2	23	♓ 5.6	17.9	♈ 0			
☿	♒ 25.8	27.5	29.1	♓ 0.7	2.3	3.8	5.2	6.6	7.8	9	10	11	11.8	12.4	12.9	13.3	13.4	13.4R	13.2	12.9	12.4	11.7	11	10.1	9.1	8.1	7	5.9			
♀	♑ 22.6	23.9	25.1	26.4	27.6	28.9	♒ 0.1	1.4	2.6	3.9	5.1	6.4	7.6	8.9	10.1	11.4	12.6	13.9	15.1	16.4	17.6	18.9	20.1	21.4	22.6	23.8	25.1	26.3			
♂	♐ 18.4	19.1	19.8	20.4	21.1	21.8	22.5	23.2	23.9	24.5	25.2	25.9	26.6	27.3	28	28.6	29.3	♑ 0	0.7	1.4	2.1	2.8	3.4	4.1	4.8	5.5	6.2	6.9			

♃	1	6	11	16	21	26
	♉ 7.4	7.9	8.5	9.2	10	10.8
♄	1	6	11	16	21	26
	♉ 8.4	8.6	8.9	9.2	9.5	9.9
♅	1	11	21			
	♉ 22.1	22.2	22.4			
♆	1	11	21			
	♍ 27.4R	27.2	27			
♇	1	11	21			
	♌ 3.0R	2.8	2.6			

	1	2	3	4	5	6	7	8	9	10	11	12	13	14	15	16	17	18	19	20	21	22	23	24	25	26	27	28	29	30	31
☉	♒ 11.5	12.5	13.5	14.6	15.6	16.6	17.6	18.6	19.6	20.6	21.6	22.7	23.7	24.7	25.7	26.7	27.7	28.7	29.7	♓ 0.7	1.7	2.7	3.8	4.8	5.8	6.8	7.8	8.8			
☽	♌ 7	19.8	♍ 2.7	15.9	29.3	♎ 12.8	26.6	♏ 10.5	24.6	♐ 8.8	23.2	♑ 7.6	22	♒ 6.2	20.3	♓ 4.1	17.5	♈ 0.7	13.4	25.9	♉ 8.1	20.2	♊ 2.1	14	25.9	♋ 7.9	20.1	♌ 2.6			
☿	♒ 27	26.9R	26.7	26.2	25.6	24.8	23.9	22.8	21.7	20.6	19.4	18.2	17.1	16	15.1	14.2	13.5	12.8	12.4	12	11.7	11.6	11.6D	11.7	12	12.3	12.7	13.2			
♀	♒ 14.3R	13.7	13.1	12.5	11.9	11.3	10.7	10.1	9.6	9	8.5	8.1	7.7	7.3	6.9	6.6	6.3	6.1	5.9	5.7	5.6	5.5	5.5	5.5D	5.6	5.7	5.8	6			
♂	♉ 10.5	11	11.6	12.1	12.7	13.2	13.8	14.3	14.9	15.4	16	16.6	17.1	17.7	18.3	18.8	19.4	20	20.5	21.1	21.7	22.3	22.8	23.4	24	24.6	25.1	25.7			

♃	1	6	11	16	21	26
	♊ 11.4R	11.4D	11.4	11.6	11.8	12.1
♄	1	6	11	16	21	26
	♉ 21.7	21.8	22	22.2	22.4	22.7
♅	1	11	21			
	♉ 26.4R	26.4D	26.5			
♆	1	11	21			
	♍ 29.6R	29.4	29.2			
♇	1	11	21			
	♌ 4.5R	4.3	4.1			

III

	1	2	3	4	5	6	7	8	9	10	11	12	13	14	15	16	17	18	19	20	21	22	23	24	25	26	27	28	29	30	31
☉	♓ 10	11	12	13	14	15	16	17	18	19	20	21	22	23	24	25	26	27	28	29	30	♈ 1	2	3	4	5	5.9	6.9	7.9	8.9	9.9
☽	♈ 12	23.9	♉ 5.7	17.5	29.4	♊ 11.4	23.7	♋ 6.3	19.3	♌ 2.6	16.5	♍ 0.7	15.3	♎ 0.1	15	30	♏ 14.8	29.3	♐ 13.6	27.5	♑ 11	24.3	♒ 7.2	19.9	♓ 2.3	14.6	26.7	♈ 8.6	20.5	♉ 2.3	14.2
☿	♓ 4.9R	3.9	2.9	2.1	1.3	0.6	0	♒ 29.6	29.3	29	28.9	28.9D	29	29.2	29.4	29.8	♓ 0.2	0.8	1.3	2	2.7	3.5	4.4	5.2	6.2	7.2	8.2	9.3	10.4	11.6	12.8
♀	♒ 27.6	28.8	♓ 0.1	1.3	2.6	3.8	5.1	6.3	7.6	8.8	10.1	11.3	12.5	13.8	15	16.3	17.5	18.8	20	21.3	22.5	23.7	25	26.2	27.5	28.7	30	♈ 1.2	2.4	3.7	4.9
♂	♑ 7.6	8.3	8.9	9.6	10.3	11	11.7	12.4	13.1	13.8	14.5	15.1	15.8	16.5	17.2	17.9	18.6	19.3	20	20.7	21.4	22.1	22.7	23.4	24.1	24.8	25.5	26.2	26.9	27.6	28.3

♃	1	6	11	16	21	26	31
	♉ 11.2	12.1	13	14	15	16	17
♄	1	6	11	16	21	26	31
	♉ 10.2	10.6	11.1	11.6	12.1	12.6	13.2
♅	1	11	21	31			
	♉ 22.5	22.8	23.2	23.6			
♆	1	11	21	31			
	♍ 26.8R	26.5	26.2	25.9			
♇	1	11	21	31			
	♌ 2.4R	2.3	2.2	2.1			

	1	2	3	4	5	6	7	8	9	10	11	12	13	14	15	16	17	18	19	20	21	22	23	24	25	26	27	28	29	30	31
☉	♓ 9.8	10.8	11.8	12.8	13.8	14.8	15.8	16.8	17.8	18.8	19.8	20.8	21.8	22.8	23.8	24.8	25.8	26.8	27.8	28.8	29.8	♈ 0.7	1.7	2.7	3.7	4.7	5.7	6.7	7.7	8.7	9.7
☽	♌ 15.3	28.3	♍ 11.6	25.2	♎ 9	23	♏ 7.2	21.4	♐ 5.7	19.9	♑ 4	18.1	♒ 2	15.8	29.4	♓ 12.7	25.8	♈ 8.7	21.4	♉ 3.8	16	28	♊ 9.9	21.8	♋ 3.7	15.7	27.9	♌ 10.4	23.1	♍ 6.3	19.8
☿	♒ 13.7	14.4	15.1	15.8	16.7	17.5	18.5	19.5	20.5	21.5	22.7	23.8	25	26.2	27.4	28.7	♓ 0	1.3	2.7	4.1	5.5	6.9	8.4	9.9	11.4	12.9	14.5	16	17.6	19.3	20.9
♀	♒ 6.2	6.4	6.7	7	7.3	7.7	8.1	8.5	9	9.4	9.9	10.5	11	11.6	12.2	12.8	13.5	14.1	14.8	15.5	16.2	16.9	17.7	18.5	19.2	20	20.8	21.6	22.5	23.3	24.2
♂	♉ 26.3	26.9	27.5	28.1	28.6	29.2	29.8	♊ 0.4	1	1.6	2.2	2.8	3.4	3.9	4.5	5.1	5.7	6.3	6.9	7.5	8.1	8.7	9.3	9.9	10.5	11.1	11.7	12.3	12.9	13.5	14.1

♃	1	6	11	16	21	26	31
	♊ 12.3	12.7	13.2	13.8	14.4	15.1	15.8
♄	1	6	11	16	21	26	31
	♉ 22.9	23.2	23.6	24	24.5	24.9	25.4
♅	1	11	21	31			
	♉ 26.6	26.9	27.2	27.6			
♆	1	11	21	31			
	♍ 29.0R	28.7	28.5	28.2			
♇	1	11	21	31			
	♌ 3.9R	3.7	3.6	3.5			

IV

	1	2	3	4	5	6	7	8	9	10	11	12	13	14	15	16	17	18	19	20	21	22	23	24	25	26	27	28	29	30	31
☉	♈ 10.9	11.9	12.9	13.8	14.8	15.8	16.8	17.8	18.8	19.7	20.7	21.7	22.7	23.7	24.6	25.6	26.6	27.6	28.6	29.5	♉ 0.5	1.5	2.5	3.4	4.4	5.4	6.3	7.3	8.3	9.3	
☽	♉ 26	♊ 7.9	19.9	♋ 2.2	14.7	27.6	♌ 10.8	24.5	♍ 8.7	23.3	♎ 8.2	23.3	♏ 8.5	23.7	♐ 8.6	23.1	♑ 7.2	20.9	♒ 4.1	16.9	29.4	♓ 11.7	23.7	♈ 5.7	17.5	29.3	♉ 11.1	23	♊ 4.9	16.9	
☿	♓ 14	15.3	16.5	17.9	19.2	20.6	22	23.5	25	26.5	28	29.5	♈ 1.1	2.7	4.4	6	7.7	9.4	11.2	12.9	14.7	16.6	18.4	20.3	22.2	24.1	26.1	28.1	♉ 0.1	2.1	
♀	♈ 6.2	7.4	8.7	9.9	11.1	12.4	13.6	14.9	16.1	17.3	18.6	19.8	21.1	22.3	23.5	24.8	26	27.2	28.5	29.7	♉ 0.9	2.2	3.4	4.7	5.9	7.1	8.4	9.6	10.8	12.1	
♂	♑ 29	29.7	♒ 0.4	1	1.7	2.4	3.1	3.8	4.5	5.2	5.9	6.6	7.3	8	8.6	9.3	10	10.7	11.4	12.1	12.8	13.5	14.2	14.8	15.5	16.2	16.9	17.6	18.3	19	

♃	1	6	11	16	21	26
	♉ 17.2	18.3	19.4	20.5	21.7	22.8
♄	1	6	11	16	21	26
	♉ 13.3	13.9	14.5	15.1	15.7	16.4
♅	1	11	21			
	♉ 23.7	24.2	24.7			
♆	1	11	21			
	♍ 25.9R	25.7	25.4			
♇	1	11	21			
	♌ 2.1R	2	2.0D			

	1	2	3	4	5	6	7	8	9	10	11	12	13	14	15	16	17	18	19	20	21	22	23	24	25	26	27	28	29	30	31
☉	♈ 10.6	11.6	12.6	13.6	14.6	15.6	16.6	17.5	18.5	19.5	20.5	21.5	22.4	23.4	24.4	25.4	26.4	27.3	28.3	29.3	♉ 0.3	1.2	2.2	3.2	4.2	5.1	6.1	7.1	8.1	9	
☽	♎ 3.7	18	♏ 2.5	17.1	♐ 1.8	16.4	♑ 0.8	15	28.9	♒ 12.5	26	♓ 9.1	22.1	♈ 4.9	17.4	29.8	♉ 12.1	24.2	♊ 6.2	18.1	29.9	♋ 11.8	23.8	♌ 5.9	18.3	♍ 1.1	14.2	27.8	♎ 11.8	26.3	
☿	♓ 22.6	24.3	26	27.7	29.5	♈ 1.3	3.1	4.9	6.8	8.7	10.6	12.5	14.5	16.5	18.5	20.5	22.6	24.6	26.7	28.8	♉ 0.9	3.1	5.2	7.3	9.5	11.6	13.7	15.8	17.9	19.9	
♀	♒ 25	25.9	26.8	27.7	28.6	29.5	♓ 0.4	1.4	2.3	3.2	4.2	5.2	6.1	7.1	8.1	9.1	10.1	11.1	12.1	13.1	14.1	15.1	16.2	17.2	18.2	19.3	20.3	21.4	22.4	23.5	
♂	♊ 14.7	15.3	15.9	16.5	17.1	17.7	18.3	18.9	19.5	20.1	20.7	21.3	22	22.6	23.2	23.8	24.4	25	25.6	26.2	26.8	27.4	28	28.6	29.2	29.9	♋ 0.5	1.1	1.7	2.3	

♃	1	6	11	16	21	26
	♊ 15.9	16.7	17.6	18.4	19.3	20.3
♄	1	6	11	16	21	26
	♉ 25.5	26.1	26.6	27.2	27.8	28.4
♅	1	11	21			
	♉ 27.7	28.1	28.7			
♆	1	11	21			
	♍ 28.2R	27.9	27.7			
♇	1	11	21			
	♌ 3.5R	3.5	3.5D			

V

	1	2	3	4	5	6	7	8	9	10	11	12	13	14	15	16	17	18	19	20	21	22	23	24	25	26	27	28	29	30	31
☉	♉ 10.2	11.2	12.2	13.1	14.1	15.1	16	17	18	18.9	19.9	20.9	21.8	22.8	23.8	24.7	25.7	26.7	27.6	28.6	29.6	♊ 0.5	1.5	2.4	3.4	4.4	5.3	6.3	7.2	8.2	9.2
☽	♊ 29	♋ 11.3	23.9	♌ 6.7	19.8	♍ 3.4	17.3	♎ 1.7	16.5	♏ 1.5	16.8	♐ 2	17.1	♑ 1.8	16.1	29.9	♒ 13.2	26	♓ 8.5	20.7	♈ 2.7	14.6	26.3	♉ 8.1	20	♊ 1.9	13.9	26.1	♋ 8.4	20.9	♌ 3.6
☿	♉ 4.2	6.3	8.4	10.5	12.7	14.8	17	19.1	21.3	23.5	25.7	27.8	29.9	♊ 2.1	4.1	6.2	8.2	10.2	12.1	14	15.9	17.7	19.5	21.2	22.8	24.5	26	27.5	29	♋ 0.4	1.7
♀	♉ 13.3	14.5	15.8	17	18.2	19.5	20.7	21.9	23.2	24.4	25.6	26.9	28.1	29.3	♊ 0.5	1.8	3	4.2	5.5	6.7	7.9	9.2	10.4	11.6	12.8	14.1	15.3	16.5	17.8	19	20.2
♂	♒ 19.7	20.3	21	21.7	22.4	23.1	23.8	24.4	25.1	25.8	26.5	27.2	27.8	28.5	29.2	29.9	♓ 0.5	1.2	1.9	2.6	3.2	3.9	4.6	5.2	5.9	6.6	7.2	7.9	8.5	9.2	9.9

♃	1	6	11	16	21	26	31
	♉ 24	25.2	26.3	27.5	28.7	29.9	♊ 1.1
♄	1	6	11	16	21	26	31
	♉ 17	17.6	18.3	18.9	19.6	20.2	20.8
♅	1	11	21	31			
	♉ 25.2	25.8	26.4	27			
♆	1	11	21	31			
	♍ 25.2R	25.1	25	24.9			
♇	1	11	21	31			
	♌ 2.1	2.2	2.3	2.5			

	1	2	3	4	5	6	7	8	9	10	11	12	13	14	15	16	17	18	19	20	21	22	23	24	25	26	27	28	29	30	31
☉	♉ 10	11	11.9	12.9	13.9	14.8	15.8	16.8	17.7	18.7	19.7	20.6	21.6	22.6	23.5	24.5	25.5	26.4	27.4	28.4	29.3	♊ 0.3	1.2	2.2	3.2	4.1	5.1	6	7	8	8.9
☽	♏ 11.2	26.2	♐ 11.3	26.2	♑ 11	25.3	♒ 9.3	22.9	♓ 6.2	19.1	♈ 1.8	14.3	26.6	♉ 8.8	20.9	♊ 2.9	14.8	26.6	♋ 8.5	20.4	♌ 2.3	14.4	26.8	♍ 9.5	22.5	♎ 6	20.1	♏ 4.6	19.5	♐ 4.7	20
☿	♉ 22	24	25.9	27.8	29.7	♊ 1.5	3.2	4.9	6.6	8.1	9.6	11.1	12.5	13.8	15.1	16.3	17.4	18.5	19.5	20.4	21.2	22	22.7	23.4	23.9	24.4	24.8	25.1	25.4	25.5	25.6
♀	♓ 24.5	25.6	26.7	27.8	28.8	29.9	♈ 1	2.1	3.2	4.3	5.3	6.4	7.5	8.6	9.8	10.9	12	13.1	14.2	15.3	16.4	17.5	18.7	19.8	20.9	22	23.2	24.3	25.4	26.6	27.7
♂	♋ 2.9	3.5	4.1	4.7	5.3	6	6.6	7.2	7.8	8.4	9	9.6	10.2	10.8	11.5	12.1	12.7	13.3	13.9	14.5	15.1	15.8	16.4	17	17.6	18.2	18.8	19.4	20.1	20.7	21.3

♃	1	6	11	16	21	26	31
	♊ 21.3	22.3	23.3	24.4	25.5	26.6	27.7
♄	1	6	11	16	21	26	31
	♉ 29	29.7	♊ 0.3	0.9	1.6	2.2	2.9
♅	1	11	21	31			
	♉ 29.2	29.8	♊ 0.3	0.9			
♆	1	11	21	31			
	♍ 27.5R	27.3	27.2	27.1			
♇	1	11	21	31			
	♌ 3.5	3.6	3.7	3.9			

VI

	1	2	3	4	5	6	7	8	9	10	11	12	13	14	15	16	17	18	19	20	21	22	23	24	25	26	27	28	29	30	31
☉	♊ 10.1	11.1	12	13	13.9	14.9	15.9	16.8	17.8	18.7	19.7	20.6	21.6	22.5	23.5	24.5	25.4	26.4	27.3	28.3	29.2	♋ 0.2	1.1	2.1	3	4	5	5.9	6.9	7.8	
☽	♌ 16.5	29.6	♍ 13.1	26.9	♎ 11.1	25.6	♏ 10.4	25.4	♐ 10.4	25.4	♑ 10	24.3	♒ 8.2	21.6	♓ 4.5	17	29.2	♈ 11.2	23.1	♉ 4.9	16.7	28.6	♊ 10.7	22.9	♋ 5.3	17.8	♌ 0.6	13.5	26.7	♍ 10	
☿	♋ 3	4.3	5.4	6.6	7.6	8.6	9.6	10.5	11.3	12	12.7	13.3	13.9	14.4	14.8	15.1	15.4	15.5	15.6	15.7R	15.6	15.5	15.3	15.1	14.7	14.3	13.9	13.4	12.9	12.3	
♀	♊ 21.4	22.7	23.9	25.1	26.3	27.6	28.8	♋ 0	1.2	2.5	3.7	4.9	6.1	7.4	8.6	9.8	11	12.3	13.5	14.7	15.9	17.2	18.4	19.6	20.8	22	23.3	24.5	25.7	26.9	
♂	♓ 10.5	11.2	11.8	12.5	13.1	13.8	14.4	15.1	15.7	16.4	17	17.6	18.3	18.9	19.5	20.2	20.8	21.4	22	22.7	23.3	23.9	24.5	25.1	25.7	26.3	26.9	27.5	28.1	28.7	

♃	1	6	11	16	21	26
	♊ 1.3	2.5	3.6	4.8	5.9	7
♄	1	6	11	16	21	26
	♉ 21	21.6	22.2	22.8	23.3	23.9
♅	1	11	21			
	♉ 27	27.6	20.1			
♆	1	11	21			
	♍ 24.9R	24.9D	25			
♇	1	11	21			
	♌ 2.5	2.7	2.9			

	1	2	3	4	5	6	7	8	9	10	11	12	13	14	15	16	17	18	19	20	21	22	23	24	25	26	27	28	29	30	31
☉	♊ 9.9	10.8	11.8	12.8	13.7	14.7	15.6	16.6	17.5	18.5	19.5	20.4	21.4	22.3	23.3	24.2	25.2	26.1	27.1	28	29	30	♋ 0.9	1.9	2.8	3.8	4.7	5.7	6.6	7.6	
☽	♑ 5.2	20.2	♒ 4.8	19	♓ 2.7	15.9	28.8	♈ 11.4	23.8	♉ 5.9	18	29.9	♊ 11.8	23.7	♋ 5.5	17.4	29.3	♌ 11.4	23.5	♍ 5.9	18.6	♎ 1.6	15	28.9	♏ 13.3	28	♐ 13.1	28.4	♑ 13.7	28.7	
☿	♊ 25.6R	25.6	25.4	25.2	25	24.6	24.2	23.8	23.3	22.8	22.3	21.7	21.2	20.6	20	19.5	19	18.6	18.2	17.8	17.5	17.3	17.1	17	17.0D	17.1	17.2	17.5	17.8	18.2	
♀	♈ 28.9	30	♉ 1.1	2.3	3.4	4.6	5.7	6.9	8	9.2	10.3	11.5	12.6	13.8	14.9	16.1	17.3	18.4	19.6	20.7	21.9	23.1	24.2	25.4	26.6	27.8	28.9	♊ 0.1	1.3	2.4	
♂	♋ 21.9	22.5	23.1	23.7	24.4	25	25.6	26.2	26.8	27.4	28.1	28.7	29.3	29.9	♌ 0.5	1.1	1.8	2.4	3	3.6	4.2	4.9	5.5	6.1	6.7	7.3	8	8.6	9.2	9.8	

♃	1	6	11	16	21	26
	♊ 27.9	29	♋ 0.1	1.3	2.4	3.6
♄	1	6	11	16	21	26
	♊ 3	3.6	4.3	4.9	5.5	6.1
♅	1	11	21			
	♊ 1	1.6	2.1			
♆	1	11	21			
	♍ 27.1R	27.1D	27.1			
♇	1	11	21			
	♌ 3.9	4.1	4.3			

VII

	1	2	3	4	5	6	7	8	9	10	11	12	13	14	15	16	17	18	19	20	21	22	23	24	25	26	27	28	29	30	31
☉	♋ 8.8	9.7	10.7	11.6	12.6	13.5	14.5	15.4	16.4	17.3	18.3	19.3	20.2	21.2	22.1	23.1	24	25	25.9	26.9	27.8	28.8	29.8	♌ 0.7	1.7	2.6	3.6	4.5	5.5	6.4	7.4
☽	♍ 23.5	♎ 7.3	21.4	♏ 5.6	20.1	♐ 4.7	19.4	♑ 4	18.4	♒ 2.6	16.3	29.6	♓ 12.5	25.1	♈ 7.3	19.3	♉ 1.2	13.1	24.9	♊ 6.9	19.1	♋ 1.4	14	26.9	♌ 9.9	23.2	♍ 6.7	20.4	♎ 4.2	18.2	♏ 2.3
☿	♋ 11.7R	11.1	10.5	9.9	9.3	8.7	8.2	7.7	7.3	7	6.7	6.5	6.3	6.3	6.3D	6.5	6.7	7	7.4	7.9	8.5	9.2	10	10.8	11.8	12.8	14	15.2	16.5	17.9	19.3
♀	♋ 28.2	29.4	♌ 0.6	1.8	3	4.3	5.5	6.7	7.9	9.1	10.3	11.6	12.8	14	15.2	16.4	17.7	18.9	20.1	21.3	22.5	23.7	24.9	26.2	27.4	28.6	29.8	♍ 1	2.2	3.4	4.6
♂	♓ 29.3	29.9	♈ 0.5	1	1.6	2.2	2.7	3.3	3.9	4.4	5	5.5	6	6.6	7.1	7.6	8.1	8.7	9.2	9.7	10.2	10.6	11.1	11.6	12.1	12.5	13	13.5	13.9	14.3	14.8

♃	1	6	11	16	21	26	31
	♊ 8.1	9.2	10.2	11.3	12.3	13.2	14.1
♄	1	6	11	16	21	26	31
	♉ 24.4	24.9	25.4	25.9	26.3	26.7	27.1
♅	1	11	21	31			
	♉ 28.6	29.1	29.5	29.8			
♆	1	11	21	31			
	♍ 25.1	25.2	26.4	25.7			
♇	1	11	21	31			
	♌ 3.2	3.5	3.7	4			

	1	2	3	4	5	6	7	8	9	10	11	12	13	14	15	16	17	18	19	20	21	22	23	24	25	26	27	28	29	30	31
☉	♋ 8.5	9.5	10.4	11.4	12.4	13.3	14.3	15.2	16.2	17.1	18.1	19	20	20.9	21.9	22.8	23.8	24.7	25.7	26.7	27.6	28.6	29.5	♌ 0.5	1.4	2.4	3.3	4.3	5.3	6.2	7.2
☽	♒ 13.5	27.8	♓ 11.6	25	♈ 7.9	20.5	♉ 2.9	15	26.9	♊ 8.8	20.7	♋ 2.5	14.4	26.4	♌ 8.5	20.7	♍ 3	15.6	28.4	♎ 11.4	24.9	♏ 8.6	22.8	♐ 7.3	22.1	♑ 7.1	22.1	♒ 7	21.7	♓ 6	19.9
☿	♊ 18.6	19.2	19.8	20.5	21.3	22.1	23.1	24.1	25.2	26.3	27.5	28.8	♋ 0.2	1.7	3.2	4.7	6.4	8.1	9.8	11.6	13.5	15.4	17.3	19.3	21.3	23.4	25.4	27.5	29.6	♌ 1.7	3.8
♀	♊ 3.6	4.8	6	7.1	8.3	9.5	10.7	11.9	13.1	14.2	15.4	16.6	17.8	19	20.2	21.4	22.5	23.7	24.9	26.1	27.3	28.5	29.7	♋ 0.9	2.1	3.3	4.5	5.7	6.9	8.1	9.3
♂	♌ 10.4	11.1	11.7	12.3	12.9	13.5	14.2	14.8	15.4	16	16.7	17.3	17.9	18.5	19.1	19.8	20.4	21	21.6	22.3	22.9	23.5	24.1	24.8	25.4	26	26.7	27.3	27.9	28.5	29.2

♃	1	6	11	16	21	26	31
	♋ 4.7	5.8	7	8.1	9.2	10.3	11.4
♄	1	6	11	16	21	26	31
	♊ 6.7	7.3	7.9	8.4	8.9	9.4	9.9
♅	1	11	21	31			
	♊ 2.6	3.1	3.5	3.9			
♆	1	11	21	31			
	♍ 27.2	27.4	27.6	27.8			
♇	1	11	21	31			
	♌ 4.6	4.9	5.1	5.4			

VIII

	1	2	3	4	5	6	7	8	9	10	11	12	13	14	15	16	17	18	19	20	21	22	23	24	25	26	27	28	29	30	31
☉	♌ 8.4	9.3	10.3	11.2	12.2	13.1	14.1	15.1	16	17	17.9	18.9	19.9	20.8	21.8	22.7	23.7	24.7	25.6	26.6	27.5	28.5	29.5	♍ 0.4	1.4	2.4	3.3	4.3	5.3	6.2	7.2
☽	♏ 16.4	♐ 0.7	15	29.2	♑ 13.4	27.4	♒ 11.1	24.6	♓ 7.7	20.5	♈ 3	15.2	27.2	♉ 9.1	21	♊ 2.9	14.9	27.1	♋ 9.5	22.3	♌ 5.3	18.7	♍ 2.4	16.3	♎ 0.4	14.6	28.9	♏ 13.2	27.5	♐ 11.7	25.7
☿	♋ 20.9	22.5	24.2	25.9	27.7	29.5	♌ 1.4	3.4	5.3	7.3	9.3	11.4	13.4	15.5	17.5	19.5	21.6	23.6	25.6	27.6	29.6	♍ 1.5	3.5	5.4	7.3	9.2	11	12.9	14.7	16.5	18.2
♀	♍ 5.9	7.1	8.3	9.5	10.7	11.9	13.1	14.3	15.5	16.7	17.9	19.2	20.4	21.6	22.8	24	25.2	26.4	27.6	28.8	30	♎ 1.2	2.4	3.6	4.8	6	7.2	8.4	9.6	10.8	12
♂	♈ 15.2	15.6	16	16.4	16.8	17.2	17.6	17.9	18.3	18.6	19	19.3	19.6	19.9	20.2	20.5	20.8	21.1	21.3	21.6	21.8	22	22.2	22.4	22.6	22.8	22.9	23.1	23.2	23.3	23.4

♃	1	6	11	16	21	26	31
	♊ 14.3	15.2	16	16.8	17.6	18.3	18.9
♄	1	6	11	16	21	26	31
	♉ 27.1	27.4	27.7	28	28.2	28.3	28.5
♅	1	11	21	31			
	♉ 29.8	♊ 0.1	0.2	0.3			
♆	1	11	21	31			
	♍ 25.7	26	26.3	26.7			
♇	1	11	21	31			
	♌ 4	4.3	4.6	4.9			

	1	2	3	4	5	6	7	8	9	10	11	12	13	14	15	16	17	18	19	20	21	22	23	24	25	26	27	28	29	30	31
☉	♌ 8.1	9.1	10	11	11.9	12.9	13.9	14.8	15.8	16.7	17.7	18.7	19.6	20.6	21.5	22.5	23.5	24.4	25.4	26.4	27.3	28.3	29.2	♍ 0.2	1.2	2.1	3.1	4.1	5	6	7
☽	♈ 3.4	16.4	29.1	♉ 11.4	23.6	♊ 5.5	17.4	29.3	♋ 11.1	23.1	♌ 5.2	17.5	29.9	♍ 12.5	25.4	♎ 8.4	21.8	♏ 5.3	19.1	♐ 3.2	17.5	♑ 1.9	16.5	♒ 1.1	15.7	♓ 0	14.2	27.9	♈ 11.4	24.4	♉ 7.1
☿	♌ 5.9	8	10.1	12.2	14.2	16.3	18.3	20.3	22.2	24.2	26.1	28	29.9	♍ 1.7	3.5	5.3	7.1	8.9	10.6	12.3	14	15.6	17.3	18.9	20.5	22	23.6	25.1	26.6	28.1	29.5
♀	♋ 10.5	11.7	12.9	14.1	15.3	16.5	17.7	18.9	20.1	21.4	22.6	23.8	25	26.2	27.4	28.6	29.9	♌ 1.1	2.3	3.5	4.7	5.9	7.2	8.4	9.6	10.8	12.1	13.3	14.5	15.7	17
♂	♌ 29.8	♍ 0.4	1.1	1.7	2.3	2.9	3.6	4.2	4.8	5.5	6.1	6.7	7.4	8	8.6	9.3	9.9	10.5	11.2	11.8	12.4	13.1	13.7	14.3	15	15.6	16.3	16.9	17.5	18.2	18.8

♃	1	6	11	16	21	26	31
	♋ 11.6	12.7	13.7	14.7	15.7	16.7	17.6
♄	1	6	11	16	21	26	31
	♊ 9.9	10.4	10.8	11.1	11.4	11.7	12
♅	1	11	21	31			
	♊ 3.9	4.2	4.4	4.5			
♆	1	11	21	31			
	♍ 27.8	28.1	28.4	28.8			
♇	1	11	21	31			
	♌ 5.5	5.7	6	6.3			

IX

	1	2	3	4	5	6	7	8	9	10	11	12	13	14	15	16	17	18	19	20	21	22	23	24	25	26	27	28	29	30	31
☉	♍ 8.2	9.1	10.1	11.1	12	13	14	15	15.9	16.9	17.9	18.8	19.8	20.8	21.8	22.7	23.7	24.7	25.7	26.6	27.6	28.6	29.6	♎ 0.6	1.5	2.5	3.5	4.5	5.5	6.4	
☽	♑ 9.7	23.4	♒ 6.9	20.2	♓ 3.3	16.1	28.7	♈ 11.1	23.2	♉ 5.2	17.1	29	♊ 10.8	22.8	♋ 5	17.5	♌ 0.2	13.3	26.9	♍ 10.8	25	♎ 9.5	24.2	♏ 9	23.7	♐ 8.2	22.5	♑ 6.5	20.3	♒ 3.7	
☿	♍ 20	21.7	23.4	25.1	26.7	28.4	♎ 0	1.6	3.2	4.8	6.3	7.8	9.4	10.9	12.3	13.8	15.2	16.6	18	19.4	20.7	22.1	23.4	24.7	25.9	27.2	28.4	29.6	♏ 0.7	1.8	
♀	♎ 13.2	14.4	15.6	16.7	17.9	19.1	20.3	21.5	22.7	23.9	25.1	26.3	27.4	28.6	29.8	♏ 1	2.2	3.4	4.5	5.7	6.9	8.1	9.3	10.4	11.6	12.8	13.9	15.1	16.3	17.5	
♂	♈ 23.5	23.6	23.6	23.7	23.7	23.7	23.7R	23.7	23.7	23.7	23.6	23.5	23.5	23.4	23.2	23.1	23	22.8	22.7	22.5	22.3	22.1	21.9	21.6	21.4	21.2	20.9	20.6	20.4	20.1	

♃	1	6	11	16	21	26
	♊ 19	19.6	20.1	20.5	20.8	21.1
♄	1	6	11	16	21	26
	♉ 28.5	28.5	28.6R	28.5	28.5	28.3
♅	1	11	21			
	♊ 0.3	0.3R	0.3			
♆	1	11	21			
	♍ 26.7	27.1	27.4			
♇	1	11	21			
	♌ 4.9	5.1	5.3			

	1	2	3	4	5	6	7	8	9	10	11	12	13	14	15	16	17	18	19	20	21	22	23	24	25	26	27	28	29	30	31
☉	♍ 7.9	8.9	9.9	10.8	11.8	12.8	13.7	14.7	15.7	16.7	17.6	18.6	19.6	20.6	21.5	22.5	23.5	24.5	25.4	26.4	27.4	28.4	29.3	♎ 0.3	1.3	2.3	3.3	4.2	5.2	6.2	
☽	♉ 19.5	♊ 1.7	13.7	25.5	♋ 7.4	19.3	♌ 1.4	13.6	26.1	♍ 8.7	21.7	♎ 4.9	18.4	♏ 2.1	16	♐ 0	14.1	28.3	♑ 12.6	26.8	♒ 10.9	25	♓ 8.9	22.7	♈ 6.2	19.4	♉ 2.4	15	27.4	♊ 9.6	
☿	♎ 0.9	2.3	3.7	5.1	6.4	7.7	9	10.2	11.4	12.6	13.8	14.9	16	17.1	18.1	19.1	20	20.9	21.7	22.5	23.2	23.8	24.4	24.9	25.3	25.6	25.8	26	26.0R	25.9	
♀	♌ 18.2	19.4	20.6	21.9	23.1	24.3	25.6	26.8	28	29.3	♍ 0.5	1.7	3	4.2	5.4	6.7	7.9	9.1	10.4	11.6	12.9	14.1	15.3	16.6	17.8	19.1	20.3	21.6	22.8	24	
♂	♍ 19.4	20.1	20.7	21.4	22	22.7	23.3	23.9	24.6	25.2	25.9	26.5	27.2	27.8	28.4	29.1	29.7	♎ 0.4	1	1.7	2.3	3	3.6	4.3	4.9	5.6	6.2	6.9	7.5	8.2	

♃	1	6	11	16	21	26
	♋ 17.8	18.7	19.5	20.3	21.1	21.8
♄	1	6	11	16	21	26
	♊ 12	12.2	12.3	12.5	12.5	12.5R
♅	1	11	21			
	♊ 4.6	4.6R	4.5			
♆	1	11	21			
	♍ 28.8	29.2	29.5			
♇	1	11	21			
	♌ 6.3	6.5	6.8			

X

	1	2	3	4	5	6	7	8	9	10	11	12	13	14	15	16	17	18	19	20	21	22	23	24	25	26	27	28	29	30	31
☉	♎ 7.4	8.4	9.4	10.4	11.4	12.4	13.3	14.3	15.3	16.3	17.3	18.3	19.3	20.3	21.3	22.2	23.2	24.2	25.2	26.2	27.2	28.2	29.2	♏ 0.2	1.2	2.2	3.2	4.2	5.2	6.2	7.2
☽	♒ 16.9	29.8	♓ 12.5	25	♈ 7.4	19.5	♉ 1.6	13.5	25.4	♊ 7.2	19.1	♋ 1.1	13.2	25.6	♌ 8.2	21.3	♍ 4.8	18.7	♎ 3.1	17.8	♏ 2.9	18	♐ 3.1	18	♑ 2.6	16.8	♒ 0.5	13.9	26.9	♓ 9.6	22
☿	♏ 2.9	3.9	5	5.9	6.8	7.7	8.5	9.2	9.9	10.5	11	11.5	11.8	12	12.2	12.2R	12	11.7	11.3	10.8	10.1	9.2	8.3	7.2	6	4.7	3.5	2.2	1	♎ 29.8	28.8
♀	♏ 18.6	19.8	21	22.1	23.3	24.4	25.6	26.8	27.9	29.1	♐ 0.2	1.4	2.5	3.7	4.8	6	7.1	8.3	9.4	10.5	11.7	12.8	13.9	15.1	16.2	17.3	18.5	19.6	20.7	21.8	22.9
♂	♈ 19.8R	19.5	19.2	18.9	18.6	18.3	17.9	17.6	17.3	17	16.7	16.4	16.1	15.8	15.5	15.2	14.9	14.6	14.3	14.1	13.8	13.6	13.3	13.1	12.9	12.7	12.5	12.3	12.1	12	11.8

♃	1	6	11	16	21	26	31
	♊ 21.3	21.4	21.4R	21.4	21.3	21	20.7
♄	1	6	11	16	21	26	31
	♉ 28.2R	28	27.8	27.5	27.2	26.8	26.5
♅	1	11	21	31			
	♊ 0.1R	♉ 29.8	29.5	29.2			
♆	1	11	21	31			
	♍ 27.8	28.2	28.5	28.8			
♇	1	11	21	31			
	♌ 5.5	5.6	5.7	5.8			

	1	2	3	4	5	6	7	8	9	10	11	12	13	14	15	16	17	18	19	20	21	22	23	24	25	26	27	28	29	30	31
☉	♎ 7.2	8.2	9.2	10.1	11.1	12.1	13.1	14.1	15.1	16.1	17	18	19	20	21	22	23	24	25	26	27	28	29	30	♏ 1	1.9	2.9	3.9	4.9	5.9	6.9
☽	♊ 21.5	♋ 3.4	15.3	27.2	♌ 9.3	21.5	♍ 4.1	17	♎ 0.3	13.9	27.8	♏ 12	26.3	♐ 10.7	25.1	♑ 9.4	23.5	♒ 7.5	21.4	♓ 5.1	18.5	♈ 1.9	15	27.9	♉ 10.7	23.2	♊ 5.5	17.6	29.5	♋ 11.4	23.2
☿	♎ 25.7R	25.3	24.9	24.3	23.5	22.7	21.7	20.7	19.5	18.4	17.2	16	14.9	13.8	12.9	12.1	11.4	11	10.7	10.6	10.7D	11	11.4	12	12.7	13.6	14.6	15.7	16.9	18.1	19.5
♀	♍ 25.3	26.5	27.8	29	♎ 0.3	1.5	2.8	4	5.3	6.5	7.8	9	10.3	11.5	12.8	14	15.3	16.5	17.8	19	20.3	21.5	22.8	24	25.3	26.5	27.8	29	♏ 0.3	1.5	2.8
♂	♎ 8.9	9.5	10.2	10.8	11.5	12.1	12.8	13.4	14.1	14.8	15.4	16.1	16.7	17.4	18.1	18.7	19.4	20	20.7	21.4	22	22.7	23.4	24	24.7	25.4	26	26.7	27.4	28	28.7

♃	1	6	11	16	21	26	31
	♋ 22.4	23	23.6	24	24.4	24.7	25
♄	1	6	11	16	21	26	31
	♊ 12.5R	12.4	12.3	12.1	11.9	11.7	11.4
♅	1	11	21	31			
	♊ 4.4R	4.2	3.9	3.6			
♆	1	11	21	31			
	♍ 29.9	♎ 0.3	0.6	1			
♇	1	11	21	31			
	♌ 6.9	7.1	7.2	7.2			

XI

	1	2	3	4	5	6	7	8	9	10	11	12	13	14	15	16	17	18	19	20	21	22	23	24	25	26	27	28	29	30	31
☉	♏ 8.2	9.2	10.2	11.2	12.2	13.2	14.2	15.2	16.2	17.2	18.2	19.2	20.2	21.2	22.2	23.3	24.3	25.3	26.3	27.3	28.3	29.3	♐ 0.3	1.3	2.3	3.4	4.4	5.4	6.4	7.4	
☽	♈ 4.2	16.3	28.3	♉ 10.3	22.2	♊ 4	15.9	27.8	♋ 9.8	21.9	♌ 4.2	16.8	29.7	♍ 13.1	26.8	♎ 11.1	25.8	♏ 10.9	26.2	♐ 11.6	26.7	♑ 11.6	26	♒ 9.9	23.4	♓ 6.4	19	♈ 1.3	13.4	25.4	
☿	♎ 28.0R	27.3	26.8	26.5	26.4	26.4D	26.7	27.1	27.7	28.4	29.2	♏ 0.2	1.2	2.3	3.5	4.8	6.1	7.4	8.8	10.2	11.7	13.2	14.6	16.1	17.7	19.2	20.7	22.3	23.8	25.3	
♀	♐ 24	25.1	26.2	27.3	28.4	29.5	♑ 0.6	1.7	2.8	3.9	5	6	7.1	8.2	9.2	10.3	11.3	12.4	13.4	14.4	15.5	16.5	17.5	18.5	19.5	20.5	21.5	22.5	23.5	24.4	
♂	♈ 11.7R	11.6	11.5	11.4	11.3	11.2	11.2	11.1	11.1	11.1	11.1D	11.1	11.1	11.2	11.2	11.3	11.4	11.5	11.6	11.7	11.8	12	12.1	12.3	12.5	12.6	12.8	13	13.3	13.5	

♃	1	6	11	16	21	26
	♊ 20.7R	20.3	19.8	19.3	18.7	18.1
♄	1	6	11	16	21	26
	♉ 26.4R	26	25.6	25.2	24.8	24.4
♅	1	11	21			
	♉ 29.1R	28.7	28.3			
♆	1	11	21			
	♍ 28.9	29.2	29.4			
♇	1	11	21			
	♌ 5.8	5.8R	5.7			

	1	2	3	4	5	6	7	8	9	10	11	12	13	14	15	16	17	18	19	20	21	22	23	24	25	26	27	28	29	30	31
☉	♏ 7.9	8.9	9.9	10.9	11.9	13	14	15	16	17	18	19	20	21	22	23	24	25	26	27	28.1	29.1	♐ 0.1	1.1	2.1	3.1	4.1	5.1	6.1	7.2	
☽	♌ 5.1	17.1	29.3	♍ 11.9	24.8	♎ 8.2	22.1	♏ 6.3	20.9	♐ 5.7	20.6	♑ 5.3	19.9	♒ 4.3	18.3	♓ 2	15.4	28.6	♈ 11.6	24.4	♉ 7	19.5	♊ 1.7	13.9	25.9	♋ 7.8	19.6	♌ 1.4	13.2	25.2	
☿	♎ 20.8	22.3	23.7	25.3	26.8	28.3	29.9	♏ 1.5	3.1	4.7	6.3	7.9	9.5	11.1	12.7	14.3	15.9	17.5	19.1	20.7	22.3	23.9	25.5	27.1	28.7	♐ 0.3	1.8	3.4	5	6.6	
♀	♏ 4.1	5.3	6.6	7.8	9.1	10.3	11.6	12.8	14.1	15.4	16.6	17.9	19.1	20.4	21.6	22.9	24.1	25.4	26.7	27.9	29.2	♐ 0.4	1.7	2.9	4.2	5.5	6.7	8	9.2	10.5	
♂	♎ 29.4	♏ 0.1	0.7	1.4	2.1	2.8	3.4	4.1	4.8	5.5	6.1	6.8	7.5	8.2	8.8	9.5	10.2	10.9	11.6	12.3	12.9	13.6	14.3	15	15.7	16.4	17.1	17.7	18.4	19.1	

♃	1	6	11	16	21	26
	♋ 25	25.2	25.2	25.2R	25.1	24.9
♄	1	6	11	16	21	26
	♊ 11.3R	11	10.7	10.3	9.9	9.5
♅	1	11	21			
	♊ 3.5R	3.2	2.8			
♆	1	11	21			
	♎ 1	1.3	1.5			
♇	1	11	21			
	♌ 7.2	7.3R	7.2			

XII

	1	2	3	4	5	6	7	8	9	10	11	12	13	14	15	16	17	18	19	20	21	22	23	24	25	26	27	28	29	30	31
☉	♐ 8.4	9.4	10.4	11.5	12.5	13.5	14.5	15.5	16.5	17.6	18.6	19.6	20.6	21.6	22.6	23.7	24.7	25.7	26.7	27.7	28.7	29.8	♑ 0.8	1.8	2.8	3.8	4.9	5.9	6.9	7.9	8.9
☽	♉ 7.3	19.1	♊ 1	12.9	24.8	♋ 6.8	18.9	♌ 1.2	13.6	26.2	♍ 9	22.2	♎ 5.8	19.9	♏ 4.3	19.2	♐ 4.3	19.6	♑ 4.8	19.7	♒ 4.3	18.3	♓ 1.9	15	27.7	♈ 10.1	22.2	♉ 4.1	16	27.8	♊ 9.7
☿	♏ 26.9	28.4	♐ 0	1.6	3.1	4.7	6.2	7.8	9.3	10.9	12.5	14	15.6	17.2	18.7	20.3	21.9	23.4	25	26.6	28.2	29.8	♑ 1.3	2.9	4.5	6.1	7.7	9.3	11	12.6	14.2
♀	♑ 25.4	26.3	27.3	28.2	29.1	♒ 0	0.9	1.8	2.7	3.6	4.4	5.3	6.1	6.9	7.7	8.5	9.3	10	10.8	11.5	12.2	12.9	13.5	14.2	14.8	15.4	16	16.5	17.1	17.6	18
♂	♈ 13.7	14	14.2	14.5	14.8	15	15.3	15.6	15.9	16.3	16.6	16.9	17.2	17.6	17.9	18.3	18.7	19	19.4	19.8	20.2	20.6	21	21.4	21.8	22.2	22.7	23.1	23.5	24	24.4

♃	1	6	11	16	21	26	31
	♊ 17.4R	16.7	16.1	15.4	14.7	14.1	13.5
♄	1	6	11	16	21	26	31
	♉ 24.0R	23.6	23.3	22.9	22.6	22.4	22.1
♅	1	11	21	31			
	♉ 27.9R	27.5	27.2	26.8			
♆	1	11	21	31			
	♍ 29.6	29.8	29.8	29.9			
♇	1	11	21	31			
	♌ 5.7R	5.5	5.4	5.2			

	1	2	3	4	5	6	7	8	9	10	11	12	13	14	15	16	17	18	19	20	21	22	23	24	25	26	27	28	29	30	31
☉	♐ 8.2	9.2	10.2	11.2	12.2	13.2	14.3	15.3	16.3	17.3	18.3	19.3	20.4	21.4	22.4	23.4	24.4	25.4	26.5	27.5	28.5	29.5	♑ 0.5	1.6	2.6	3.6	4.6	5.6	6.6	7.7	8.7
☽	♍ 7.4	19.9	♎ 2.8	16.1	29.9	♏ 14.3	29	♐ 14.1	29.3	♑ 14.4	29.4	♒ 14	28.3	♓ 12.1	25.6	♈ 8.7	21.5	♉ 4	16.4	28.6	♊ 10.7	22.7	♋ 4.6	16.4	28.2	♌ 10.1	21.9	♍ 3.9	16.1	28.6	♎ 11.3
☿	♐ 8.1	9.7	11.3	12.8	14.4	16	17.5	19.1	20.7	22.3	23.8	25.4	27	28.5	♑ 0.1	1.7	3.3	4.9	6.4	8	9.6	11.2	12.8	14.3	15.9	17.5	19	20.6	22.1	23.6	25.1
♀	♐ 11.7	13	14.3	15.5	16.8	18	19.3	20.5	21.8	23.1	24.3	25.6	26.8	28.1	29.3	♑ 0.6	1.9	3.1	4.4	5.6	6.9	8.1	9.4	10.7	11.9	13.2	14.4	15.7	16.9	18.2	19.5
♂	♏ 19.8	20.5	21.2	21.9	22.6	23.3	24	24.7	25.3	26	26.7	27.4	28.1	28.8	29.5	♐ 0.2	0.9	1.6	2.3	3	3.7	4.4	5.1	5.8	6.6	7.3	8	8.7	9.4	10.1	10.8

♃	1	6	11	16	21	26	31
	♋ 24.7R	24.3	23.9	23.5	22.9	22.3	21.7
♄	1	6	11	16	21	26	31
	♊ 9.1R	8.7	8.3	7.9	7.5	7.2	6.8
♅	1	11	21	31			
	♊ 2.3R	1.9	1.5	1.2			
♆	1	11	21	31			
	♎ 1.7	1.9	2	2.1			
♇	1	11	21	31			
	♌ 7.1R	7	6.9	6.7			

I

	1	2	3	4	5	6	7	8	9	10	11	12	13	14	15	16	17	18	19	20	21	22	23	24	25	26	27	28	29	30	31
☉	♑ 9.7	10.7	11.7	12.8	13.8	14.8	15.8	16.8	17.9	18.9	19.9	20.9	21.9	23	24	25	26	27	28	29.1	♒ 0.1	1.1	2.1	3.1	4.2	5.2	6.2	7.2	8.2	9.2	10.2
☽	♎ 24.5	♏ 8.2	22.4	♐ 7	22	♑ 7.3	22.6	♒ 7.7	22.7	♓ 7.2	21.2	♈ 4.9	18	♉ 0.9	13.4	25.6	♊ 7.7	19.7	♋ 1.5	13.4	25.2	♌ 7.1	19	♍ 1	13.1	25.4	♎ 8	20.8	♏ 4	17.5	♐ 1.4
☿	♑ 26.6	28.1	29.5	♒ 0.9	2.3	3.5	4.8	5.9	7	7.9	8.8	9.5	10.1	10.5	10.8	10.8R	10.7	10.4	9.9	9.2	8.3	7.3	6.2	5	3.7	2.4	1.2	♑ 30	28.9	27.9	27.1
♀	♑ 20.7	22	23.2	24.5	25.7	27	28.2	29.5	♒ 0.7	2	3.3	4.5	5.8	7	8.3	9.5	10.8	12	13.3	14.5	15.8	17	18.3	19.5	20.8	22.1	23.3	24.6	25.8	27.1	28.3
♂	♐ 11.5	12.2	12.9	13.6	14.3	15.1	15.8	16.5	17.2	17.9	18.6	19.3	20.1	20.8	21.5	22.2	22.9	23.7	24.4	25.1	25.8	26.5	27.3	28	28.7	29.4	♑ 0.2	0.9	1.6	2.3	3.1

♃ 1: ♋ 21.6R · 6: 20.9 · 11: 20.2 · 16: 19.6 · 21: 18.9 · 26: 18.3 · 31: 17.7
♄ 1: ♊ 6.8R · 6: 6.5 · 11: 6.2 · 16: 6 · 21: 5.8 · 26: 5.7 · 31: 5.6
♅ 1: ♊ 1.2R · 11: 0.9 · 21: 0.7 · 31: 0.6
♆ 1: ♎ 2.1 · 11: 2.0R · 21: 2 · 31: 1.9
♇ 1: ♌ 6.7R · 11: 6.5 · 21: 6.2 · 31: 6

	1	2	3	4	5	6	7	8	9	10	11	12	13	14	15	16	17	18	19	20	21	22	23	24	25	26	27	28	29	30	31
☉	♑ 9.5	10.5	11.5	12.5	13.5	14.6	15.6	16.6	17.6	18.6	19.7	20.7	21.7	22.7	23.7	24.7	25.8	26.8	27.8	28.8	29.8	♒ 0.9	1.9	2.9	3.9	4.9	5.9	7	8	9	10
☽	♓ 15.5	29.7	♈ 13.6	27.2	♉ 10.6	23.7	♊ 6.5	19.2	♋ 1.6	13.9	26	♌ 8	19.8	♍ 1.6	13.4	25.3	♎ 7.3	19.4	♏ 1.9	14.6	27.8	♐ 11.5	25.5	♑ 10	24.9	♒ 10	25.1	♓ 10.1	25	♈ 9.5	23.6
☿	♑ 24.7R	24.4	23.8	23.1	22.2	21.1	19.9	18.7	17.3	16	14.7	13.5	12.3	11.4	10.5	9.8	9.3	8.9	8.7	8.7D	8.7	8.9	9.2	9.7	10.2	10.8	11.5	12.3	13.1	14	14.9
♀	♏ 27.4	28.6	29.8	♐ 1	2.2	3.3	4.5	5.7	6.9	8.1	9.3	10.5	11.7	12.9	14.1	15.3	16.5	17.7	18.9	20.2	21.4	22.6	23.8	25	26.2	27.4	28.6	29.9	♑ 1.1	2.3	3.5
♂	♊ 5.4R	5.3	5.2	5.1	5	5	4.9	4.9	4.9	4.9	4.9D	4.9	4.9	4.9	5	5.1	5.1	5.2	5.3	5.5	5.6	5.7	5.9	6	6.2	6.4	6.5	6.7	6.9	7.2	7.4

♃ 1: ♌ 26.5R · 6: 26.2 · 11: 25.8 · 16: 25.3 · 21: 24.8 · 26: 24.2 · 31: 23.6
♄ 1: ♊ 21.9R · 6: 21.5 · 11: 21.1 · 16: 20.8 · 21: 20.5 · 26: 20.3 · 31: 20.1
♅ 1: ♊ 5.6R · 11: 5.3 · 21: 5 · 31: 4.9
♆ 1: ♎ 4.2 · 11: 4.2R · 21: 4.2 · 31: 4.1
♇ 1: ♌ 8.2R · 11: 8 · 21: 7.8 · 31: 7.5

II

	1	2	3	4	5	6	7	8	9	10	11	12	13	14	15	16	17	18	19	20	21	22	23	24	25	26	27	28	29	30	31
☉	♒ 11.3	12.3	13.3	14.3	15.3	16.3	17.3	18.4	19.4	20.4	21.4	22.4	23.4	24.4	25.4	26.5	27.5	28.5	29.5	♓ 0.5	1.5	2.5	3.5	4.5	5.5	6.5	7.5	8.5			
☽	♐ 15.8	♑ 0.5	15.4	♒ 0.5	15.6	♓ 0.5	15.2	29.4	♈ 13.2	26.6	♉ 9.5	22.1	♊ 4.4	16.4	28.3	♋ 10.1	22	♌ 3.8	15.7	27.8	♍ 10	22.4	♎ 5	17.8	♏ 0.9	14.2	27.7	♐ 11.5			
☿	♑ 26.4R	25.8	25.4	25.1	24.9	24.9D	25	25.3	25.6	26	26.5	27.1	27.8	28.5	29.3	♒ 0.2	1.1	2.1	3.1	4.1	5.2	6.4	7.5	8.7	10	11.2	12.5	13.8			
♀	♒ 29.6	♓ 0.8	2	3.3	4.5	5.8	7	8.3	9.5	10.8	12	13.3	14.5	15.8	17	18.2	19.5	20.7	22	23.2	24.4	25.7	26.9	28.2	29.4	♈ 0.6	1.9	3.1			
♂	♑ 3.8	4.5	5.3	6	6.7	7.5	8.2	8.9	9.6	10.4	11.1	11.8	12.6	13.3	14.1	14.8	15.5	16.3	17	17.7	18.5	19.2	20	20.7	21.4	22.2	22.9	23.7			

♃ 1: ♋ 17.6R · 6: 17 · 11: 16.5 · 16: 16.1 · 21: 15.8 · 26: 15.5
♄ 1: ♊ 5.6R · 6: 5.6 · 11: 5.6D · 16: 5.7 · 21: 5.8 · 26: 6
♅ 1: ♊ 0.6R · 11: 0.6D · 21: 0.7
♆ 1: ♎ 1.8R · 11: 1.7 · 21: 1.5
♇ 1: ♌ 6.0R · 11: 5.8 · 21: 5.5

	1	2	3	4	5	6	7	8	9	10	11	12	13	14	15	16	17	18	19	20	21	22	23	24	25	26	27	28	29	30	31
☉	♒ 11	12	13	14.1	15.1	16.1	17.1	18.1	19.1	20.1	21.2	22.2	23.2	24.2	25.2	26.2	27.2	28.2	29.2	♓ 0.2	1.3	2.3	3.3	4.3	5.3	6.3	7.3	8.3	9.3		
☽	♉ 7.3	20.6	♊ 3.6	16.2	28.6	♋ 10.8	22.9	♌ 4.8	16.6	28.5	♍ 10.3	22.1	♎ 4	16.1	28.3	♏ 10.7	23.4	♐ 6.4	19.9	♑ 3.8	18.1	♒ 2.8	17.9	♓ 3.1	18.3	♈ 3.4	18.2	♉ 2.6	16.5		
☿	♑ 15.9	17	18	19.2	20.3	21.5	22.7	24	25.2	26.5	27.9	29.2	♒ 0.6	2	3.4	4.8	6.2	7.7	9.1	10.6	12.1	13.7	15.2	16.8	18.3	19.9	21.5	23.2	24.8		
♀	♑ 4.7	5.9	7.2	8.4	9.6	10.8	12	13.3	14.5	15.7	16.9	18.1	19.4	20.6	21.8	23	24.3	25.5	26.7	27.9	29.2	♒ 0.4	1.6	2.8	4.1	5.3	6.5	7.8	9		
♂	♊ 7.6	7.8	8.1	8.4	8.6	8.9	9.2	9.5	9.8	10.1	10.4	10.7	11	11.3	11.7	12	12.4	12.7	13.1	13.4	13.8	14.2	14.6	14.9	15.3	15.7	16.1	16.5	16.9		

♃ 1: ♌ 23.5R · 6: 22.9 · 11: 22.2 · 16: 21.5 · 21: 20.9 · 26: 20.3
♄ 1: ♊ 20.0R · 6: 19.9 · 11: 19.8 · 16: 19.7 · 21: 19.7D · 26: 19.7
♅ 1: ♊ 4.9R · 11: 4.8 · 21: 4.9D
♆ 1: ♎ 4.1R · 11: 3.9 · 21: 3.7
♇ 1: ♌ 7.5R · 11: 7.3 · 21: 7.1

III

	1	2	3	4	5	6	7	8	9	10	11	12	13	14	15	16	17	18	19	20	21	22	23	24	25	26	27	28	29	30	31
☉	♓ 9.5	10.5	11.5	12.6	13.6	14.6	15.6	16.6	17.6	18.6	19.6	20.6	21.6	22.5	23.5	24.5	25.5	26.5	27.5	28.5	29.5	♈ 0.5	1.5	2.5	3.5	4.5	5.5	6.5	7.4	8.4	9.4
☽	♐ 25.6	♑ 10	24.5	♒ 9.2	23.9	♓ 8.6	23.1	♈ 7.2	21.1	♉ 4.5	17.5	♊ 0.2	12.5	24.6	♋ 6.5	18.3	♌ 0.2	12	24.1	♍ 6.3	18.7	♎ 1.4	14.4	27.6	♏ 11	24.6	♐ 8.4	22.4	♑ 6.4	20.5	♒ 4.8
☿	♒ 15.1	16.5	17.9	19.3	20.7	22.1	23.6	25.1	26.6	28.1	29.7	♓ 1.3	2.8	4.5	6.1	7.7	9.4	11.1	12.8	14.5	16.3	18	19.8	21.6	23.5	25.3	27.2	29.1	♈ 1	3	4.9
♀	♈ 4.3	5.6	6.8	8	9.3	10.5	11.7	13	14.2	15.4	16.6	17.9	19.1	20.3	21.6	22.8	24	25.2	26.4	27.7	28.9	♉ 0.1	1.3	2.5	3.7	5	6.2	7.4	8.6	9.8	11
♂	♑ 24.4	25.2	25.9	26.6	27.4	28.1	28.9	29.6	♒ 0.4	1.1	1.9	2.6	3.4	4.1	4.9	5.6	6.3	7.1	7.8	8.6	9.3	10.1	10.8	11.6	12.4	13.1	13.9	14.6	15.4	16.1	16.9

♃ 1: ♋ 15.4R · 6: 15.2 · 11: 15.2 · 16: 15.2D · 21: 15.3 · 26: 15.5 · 31: 15.7
♄ 1: ♊ 6,1 · 6: 6.3 · 11: 6.6 · 16: 6.9 · 21: 7.2 · 26: 7.6 · 31: 8.1
♅ 1: ♊ 0.8 · 11: 1 · 21: 1.3 · 31: 1.7
♆ 1: ♎ 1.3R · 11: 1 · 21: 0.7 · 31: 0.5
♇ 1: ♌ 5.4R · 11: 5.2 · 21: 5.1 · 31: 5

	1	2	3	4	5	6	7	8	9	10	11	12	13	14	15	16	17	18	19	20	21	22	23	24	25	26	27	28	29	30	31
☉	♓ 10.3	11.3	12.3	13.3	14.3	15.3	16.3	17.3	18.3	19.3	20.3	21.3	22.3	23.3	24.3	25.3	26.3	27.3	28.3	29.3	♈ 0.3	1.3	2.3	3.2	4.2	5.2	6.2	7.2	8.2	9.2	10.2
☽	♉ 29.9	♊ 12.9	25.5	♋ 7.8	19.9	♌ 1.8	13.6	25.4	♍ 7.2	19.1	♎ 1	13.1	25.3	♏ 7.6	20.2	♐ 2.9	16	29.3	♑ 13	27.1	♒ 11.5	26.3	♓ 11.3	26.4	♈ 11.5	26.3	♉ 10.8	24.9	♊ 8.4	21.5	♋ 4.2
☿	♒ 26.5	28.1	29.8	♓ 1.5	3.3	5	6.8	8.5	10.4	12.2	14	15.9	17.7	19.6	21.6	23.5	25.4	27.4	29.4	♈ 1.4	3.4	5.4	7.4	9.4	11.5	13.5	15.5	17.5	19.4	21.4	23.3
♀	♒ 10.2	11.4	12.7	13.9	15.1	16.3	17.6	18.8	20	21.3	22.5	23.7	25	26.2	27.4	28.6	29.9	♓ 1.1	2.3	3.6	4.8	6	7.3	8.5	9.7	10.9	12.2	13.4	14.6	15.9	17.1
♂	♊ 17.3	17.8	18.2	18.6	19	19.5	19.9	20.3	20.8	21.2	21.7	22.1	22.6	23.1	23.5	24	24.5	24.9	25.4	25.9	26.4	26.9	27.3	27.8	28.3	28.8	29.3	29.8	♋ 0.3	0.8	1.3

♃ 1: ♌ 19.8R · 6: 19.2 · 11: 18.7 · 16: 18.3 · 21: 17.9 · 26: 17.6 · 31: 17.3
♄ 1: ♊ 19.8 · 6: 19.9 · 11: 20 · 16: 20.2 · 21: 20.5 · 26: 20.8 · 31: 21.1
♅ 1: ♊ 5 · 11: 5.2 · 21: 5.4 · 31: 5.8
♆ 1: ♎ 3.5R · 11: 3.2 · 21: 3 · 31: 2.7
♇ 1: ♌ 6.9R · 11: 6.7 · 21: 6.6 · 31: 6.5

IV

	1	2	3	4	5	6	7	8	9	10	11	12	13	14	15	16	17	18	19	20	21	22	23	24	25	26	27	28	29	30	31
☉	♈ 10.4	11.4	12.4	13.4	14.3	15.3	16.3	17.3	18.3	19.3	20.2	21.2	22.2	23.2	24.2	25.1	26.1	27.1	28.1	29.1	♉ 0	1	2	3	3.9	4.9	5.9	6.8	7.8	8.8	
☽	♒ 19	♓ 3.3	17.5	♈ 1.6	15.5	29.1	♉ 12.4	25.4	♊ 8	20.4	♋ 2.5	14.4	26.2	♌ 8.1	20	♍ 2	14.3	27	♎ 9.9	23.2	♏ 6.8	20.7	♐ 4.7	18.9	♑ 3.2	17.4	♒ 1.6	15.6	29.7	♓ 13.6	
☿	♈ 6.9	8.9	11	13	15	17.1	19.2	21.3	23.4	25.4	27.5	29.6	♉ 1.6	3.7	5.7	7.7	9.6	11.5	13.3	15.1	16.9	18.5	20.1	21.7	23.1	24.5	25.9	27.1	28.3	29.3	
♀	♉ 12.2	13.4	14.6	15.8	17	18.2	19.4	20.6	21.8	23	24.2	25.4	26.6	27.8	29	♊ 0.2	1.4	2.6	3.8	4.9	6.1	7.3	8.5	9.7	10.8	12	13.2	14.4	15.5	16.7	
♂	♒ 17.6	18.4	19.1	19.9	20.6	21.4	22.1	22.9	23.6	24.4	25.2	25.9	26.7	27.4	28.2	28.9	29.7	♓ 0.4	1.2	1.9	2.7	3.5	4.2	5	5.7	6.5	7.2	8	8.7	9.5	

♃ 1: ♋ 15.8 · 6: 16.2 · 11: 16.6 · 16: 17.1 · 21: 17.6 · 26: 18.2
♄ 1: ♊ 8.1 · 6: 8.6 · 11: 9.1 · 16: 9.6 · 21: 10.1 · 26: 10.7
♅ 1: ♊ 1.7 · 11: 2.2 · 21: 2.7
♆ 1: ♎ 0.4R · 11: 0.2 · 21: ♍ 29.9
♇ 1: ♌ 5.0R · 11: 4.9 · 21: 4.9D

	1	2	3	4	5	6	7	8	9	10	11	12	13	14	15	16	17	18	19	20	21	22	23	24	25	26	27	28	29	30	31
☉	♈ 11.2	12.1	13.1	14.1	15.1	16.1	17.1	18	19	20	21	22	23	23.9	24.9	25.9	26.9	27.8	28.8	29.8	♉ 0.8	1.7	2.7	3.7	4.7	5.6	6.6	7.6	8.6	9.5	
☽	♋ 16.5	28.6	♌ 10.4	22.2	♍ 4	15.9	27.8	♎ 9.9	22.1	♏ 4.6	17.2	30	♐ 13	26.1	♑ 9.6	23.2	♒ 7.1	21.3	♓ 5.8	20.4	♈ 5.2	19.9	♉ 4.6	18.9	♊ 2.9	16.4	29.6	♋ 12.3	24.6	♌ 6.7	
☿	♈ 25.2	27	28.8	♉ 0.5	2.1	3.7	5.2	6.6	7.9	9.2	10.3	11.4	12.3	13.2	14	14.6	15.2	15.6	16	16.2	16.4	16.4	16.4R	16.2	16	15.7	15.3	14.9	14.4	13.8	
♀	♓ 18.3	19.6	20.8	22	23.2	24.5	25.7	26.9	28.2	29.4	♈ 0.6	1.9	3.1	4.3	5.5	6.8	8	9.2	10.5	11.7	12.9	14.1	15.4	16.6	17.8	19.1	20.3	21.5	22.7	24	
♂	♋ 1.8	2.3	2.8	3.4	3.9	4.4	4.9	5.4	5.9	6.5	7	7.5	8	8.6	9.1	9.6	10.2	10.7	11.3	11.8	12.3	12.9	13.4	14	14.5	15.1	15.6	16.2	16.7	17.3	

♃ 1: ♌ 17.3R · 6: 17.1 · 11: 17 · 16: 17.1D · 21: 17.1 · 26: 17.3
♄ 1: ♊ 21.2 · 6: 21.5 · 11: 21.9 · 16: 22.4 · 21: 22.9 · 26: 23.3
♅ 1: ♊ 5.8 · 11: 6.3 · 21: 6.7
♆ 1: ♎ 2.6R · 11: 2.4 · 21: 2.1
♇ 1: ♌ 6.5R · 11: 6.4 · 21: 6.4D

V

	1	2	3	4	5	6	7	8	9	10	11	12	13	14	15	16	17	18	19	20	21	22	23	24	25	26	27	28	29	30	31
☉	♉ 9.8	10.7	11.7	12.7	13.6	14.6	15.6	16.5	17.5	18.5	19.4	20.4	21.4	22.3	23.3	24.3	25.2	26.2	27.2	28.1	29.1	♊ 0	1	2	2.9	3.9	4.9	5.8	6.8	7.7	8.7
☽	♓ 27.3	♈ 11	24.5	♉ 7.7	20.8	♊ 3.6	16.1	28.3	♋ 10.4	22.3	♌ 4.1	15.9	27.8	♍ 9.9	22.2	♎ 4.9	18	♏ 1.5	15.4	29.7	♐ 14.2	28.8	♑ 13.4	28	♒ 12.3	26.5	♓ 10.5	24.2	♈ 7.7	21	♉ 4.1
☿	♊ 0.3	1.3	2.1	2.8	3.5	4.1	4.6	5	5.3	5.5	5.7	5.7	5.7R	5.6	5.4	5.2	4.9	4.5	4	3.6	3	2.5	1.9	1.4	0.8	0.2	♉ 29.7	29.2	28.7	28.3	27.9
♀	♊ 17.9	19	20.2	21.4	22.5	23.7	24.8	26	27.1	28.3	29.4	♋ 0.6	1.7	2.9	4	5.1	6.3	7.4	8.5	9.7	10.8	11.9	13	14.2	15.3	16.4	17.5	18.6	19.7	20.8	21.9
♂	♓ 10.2	11	11.7	12.5	13.3	14	14.8	15.5	16.3	17	17.8	18.5	19.3	20	20.8	21.5	22.3	23	23.8	24.5	25.2	26	26.7	27.5	28.2	29	29.7	♈ 0.5	1.2	1.9	2.7

♃ 1: ♋ 18.9 · 6: 19.6 · 11: 20.3 · 16: 21.1 · 21: 22 · 26: 22.9 · 31: 23.8
♄ 1: ♊ 11.3 · 6: 11.9 · 11: 12.5 · 16: 13.1 · 21: 13.7 · 26: 14.4 · 31: 15
♅ 1: ♊ 3.2 · 11: 3.7 · 21: 4.3 · 31: 4.9
♆ 1: ♍ 29.7R · 11: 29.5 · 21: 29.4 · 31: 29.3
♇ 1: ♌ 5 · 11: 5 · 21: 5.2 · 31: 5.3

	1	2	3	4	5	6	7	8	9	10	11	12	13	14	15	16	17	18	19	20	21	22	23	24	25	26	27	28	29	30	31
☉	♉ 10.5	11.5	12.4	13.4	14.4	15.3	16.3	17.3	18.2	19.2	20.2	21.1	22.1	23.1	24	25	26	26.9	27.9	28.9	29.8	♊ 0.8	1.7	2.7	3.7	4.6	5.6	6.5	7.5	8.5	9.4
☽	♌ 18.6	♍ 0.5	12.3	24.2	♎ 6.2	18.4	♏ 0.9	13.6	26.5	♐ 9.6	23	♑ 6.5	20.1	♒ 3.9	17.9	♓ 2	16.2	♈ 0.6	14.9	29.2	♉ 13.4	27.4	♊ 11.1	24.5	♋ 7.5	20.2	♌ 2.5	14.6	26.6	♍ 8.4	20.3
☿	♉ 13.2R	12.6	12	11.3	10.7	10.1	9.5	9	8.5	8	7.6	7.3	7.1	6.9	6.8	6.8D	6.8	7	7.2	7.4	7.8	8.2	8.7	9.3	9.9	10.6	11.4	12.2	13.1	14	15
♀	♈ 25.2	26.4	27.7	28.9	♉ 0.1	1.3	2.6	3.8	5	6.3	7.5	8.7	9.9	11.2	12.4	13.6	14.8	16.1	17.3	18.5	19.8	21	22.2	23.4	24.7	25.9	27.1	28.3	29.6	♊ 0.8	2
♂	♋ 17.8	18.4	18.9	19.5	20	20.6	21.2	21.7	22.3	22.8	23.4	24	24.5	25.1	25.7	26.2	26.8	27.4	28	28.5	29.1	29.7	♌ 0.2	0.8	1.4	2	2.6	3.1	3.7	4.3	4.9

♃ 1: ♌ 17.5 · 6: 17.8 · 11: 18.2 · 16: 18.7 · 21: 19.2 · 26: 19.7 · 31: 20.3
♄ 1: ♊ 23.9 · 6: 24.4 · 11: 25 · 16: 25.6 · 21: 26.2 · 26: 26.8 · 31: 27.4
♅ 1: ♊ 7.3 · 11: 7.8 · 21: 8.4 · 31: 9
♆ 1: ♎ 1.9R · 11: 1.7 · 21: 1.6 · 31: 1.5
♇ 1: ♌ 6.4 · 11: 6.5 · 21: 6.6 · 31: 6.8

VI

	1	2	3	4	5	6	7	8	9	10	11	12	13	14	15	16	17	18	19	20	21	22	23	24	25	26	27	28	29	30	31
☉	♊ 9.6	10.6	11.6	12.5	13.5	14.4	15.4	16.4	17.3	18.3	19.2	20.2	21.1	22.1	23	24	25	25.9	26.9	27.8	28.8	29.7	♋ 0.7	1.6	2.6	3.5	4.5	5.4	6.4	7.4	
☽	♉ 17	29.7	♊ 12.2	24.5	♋ 6.7	18.6	♌ 0.5	12.3	24	♍ 5.9	18	♎ 0.3	13	26.1	♏ 9.7	23.7	♐ 8.1	22.9	♑ 7.8	22.8	♒ 7.7	22.4	♓ 6.8	20.9	♈ 4.6	18	♉ 1.2	14	26.6	♊ 9.1	
☿	♉ 27.6R	27.4	27.2	27.1	27	27.1D	27.2	27.3	27.6	27.9	28.3	28.8	29.4	30	♊ 0.7	1.4	2.3	3.1	4.1	5.1	6.2	7.3	8.5	9.8	11.1	12.5	13.9	15.4	17	18.6	
♀	♋ 23	24.1	25.2	26.2	27.3	28.4	29.5	♌ 0.5	1.6	2.7	3.7	4.8	5.8	6.8	7.9	8.9	9.9	11	12	13	14	15	16	17	18	18.9	19.9	20.9	21.8	22.7	
♂	♈ 3.4	4.2	4.9	5.6	6.4	7.1	7.8	8.6	9.3	10	10.8	11.5	12.2	12.9	13.7	14.4	15.1	15.8	16.6	17.3	18	18.7	19.4	20.2	20.9	21.6	22.3	23	23.7	24.4	

♃ 1: ♋ 24 · 6: 24.9 · 11: 25.9 · 16: 26.9 · 21: 27.9 · 26: 29
♄ 1: ♊ 15.2 · 6: 15.8 · 11: 16.4 · 16: 17.1 · 21: 17.7 · 26: 18.4
♅ 1: ♊ 5 · 11: 5.5 · 21: 6.1
♆ 1: ♍ 29.3R · 11: 29.3D · 21: 29.3
♇ 1: ♌ 5.3 · 11: 5.5 · 21: 5.8

	1	2	3	4	5	6	7	8	9	10	11	12	13	14	15	16	17	18	19	20	21	22	23	24	25	26	27	28	29	30	31
☉	♊ 10.4	11.3	12.3	13.2	14.2	15.2	16.1	17.1	18	19	19.9	20.9	21.9	22.8	23.8	24.7	25.7	26.6	27.6	28.5	29.5	♋ 0.4	1.4	2.4	3.3	4.3	5.2	6.2	7.1	8.1	
☽	♎ 2.2	14.3	26.6	♏ 9.2	22.1	♐ 5.3	18.8	♑ 2.5	16.4	♒ 0.5	14.6	28.8	♓ 13	27.2	♈ 11.4	25.4	♉ 9.3	23.1	♊ 6.6	19.9	♋ 3	15.7	28.2	♌ 10.5	22.6	♍ 4.5	16.3	28.2	♎ 10.1	22.2	
☿	♉ 16	17.1	18.3	19.5	20.7	22	23.4	24.8	26.2	27.7	29.2	♊ 0.8	2.5	4.1	5.9	7.6	9.5	11.3	13.2	15.2	17.1	19.2	21.2	23.3	25.4	27.5	29.7	♋ 1.9	4	6.2	
♀	♊ 3.3	4.5	5.7	6.9	8.2	9.4	10.6	11.8	13.1	14.3	15.5	16.8	18	19.2	20.4	21.7	22.9	24.1	25.4	26.6	27.8	29	♋ 0.3	1.5	2.7	4	5.2	6.4	7.6	8.9	
♂	♌ 5.5	6	6.6	7.2	7.8	8.4	9	9.6	10.1	10.7	11.3	11.9	12.5	13.1	13.7	14.3	14.9	15.5	16.1	16.7	17.3	17.9	18.5	19.1	19.7	20.3	20.9	21.5	22.1	22.7	

♃ 1: ♌ 20.5 · 6: 21.1 · 11: 21.9 · 16: 22.6 · 21: 23.4 · 26: 24.3
♄ 1: ♊ 27.5 · 6: 28.2 · 11: 28.8 · 16: 29.5 · 21: ♋ 0.1 · 26: 0.8
♅ 1: ♊ 9 · 11: 9.6 · 21: 10.2
♆ 1: ♎ 1.5R · 11: 1.5 · 21: 1.5D
♇ 1: ♌ 6.8 · 11: 7 · 21: 7.2

VII

	1	2	3	4	5	6	7	8	9	10	11	12	13	14	15	16	17	18	19	20	21	22	23	24	25	26	27	28	29	30	31
☉	♋ 8.3	9.3	10.2	11.2	12.1	13.1	14	15	15.9	16.9	17.8	18.8	19.7	20.7	21.7	22.6	23.6	24.5	25.5	26.4	27.4	28.3	29.3	♌ 0.2	1.2	2.2	3.1	4.1	5	6	6.9
☽	♊ 21.3	♋ 3.4	15.4	27.2	♌ 9	20.8	♍ 2.6	14.5	26.6	♎ 8.9	21.5	♏ 4.6	18	♐ 2	16.4	♑ 1.2	16.2	♒ 1.4	16.6	♓ 1.5	16.2	♈ 0.5	14.4	27.9	♉ 10.9	23.7	♊ 6.2	18.4	♋ 0.5	12.4	24.2
☿	♊ 20.2	21.9	23.7	25.5	27.4	29.3	♋ 1.2	3.2	5.2	7.3	9.4	11.5	13.6	15.8	17.9	20.1	22.2	24.4	26.5	28.6	♌ 0.7	2.8	4.8	6.9	8.9	10.9	12.8	14.8	16.7	18.6	20.4
♀	♌ 23.7	24.6	25.5	26.4	27.4	28.2	29.1	♍ 0	0.9	1.7	2.6	3.4	4.2	5	5.8	6.6	7.4	8.1	8.9	9.6	10.3	11	11.6	12.3	12.9	13.6	14.2	14.7	15.3	15.8	16.3
♂	♈ 25.1	25.8	26.5	27.2	27.9	28.6	29.3	♉ 0	0.7	1.4	2.1	2.8	3.5	4.2	4.8	5.5	6.2	6.9	7.5	8.2	8.9	9.5	10.2	10.9	11.5	12.2	12.8	13.5	14.1	14.8	15.4

♃ 1: ♌ 0 · 6: 1.1 · 11: 2.2 · 16: 3.3 · 21: 4.4 · 26: 5.5 · 31: 6.6
♄ 1: ♊ 19 · 6: 19.6 · 11: 20.2 · 16: 20.8 · 21: 21.4 · 26: 22 · 31: 22.5
♅ 1: ♊ 6.6 · 11: 7.1 · 21: 7.6 · 31: 8
♆ 1: ♍ 29.4 · 11: 29.5 · 21: 29.7 · 31: 29.9
♇ 1: ♌ 6 · 11: 6.3 · 21: 6.6 · 31: 6.9

	1	2	3	4	5	6	7	8	9	10	11	12	13	14	15	16	17	18	19	20	21	22	23	24	25	26	27	28	29	30	31
☉	♋ 9	10	10.9	11.9	12.8	13.8	14.7	15.7	16.7	17.6	18.6	19.5	20.5	21.4	22.4	23.3	24.3	25.2	26.2	27.1	28.1	29.1	♌ 0	1	1.9	2.9	3.8	4.8	5.7	6.7	7.7
☽	♏ 4.6	17.2	♐ 0.2	13.6	27.3	♑ 11.3	25.6	♒ 10.1	24.7	♓ 9.3	23.8	♈ 8.1	22.3	♉ 6.2	19.8	♊ 3.2	16.4	29.3	♋ 12	24.4	♌ 6.7	18.8	♍ 0.8	12.7	24.5	♎ 6.4	18.3	♏ 0.4	12.7	25.3	♐ 8.2
☿	♋ 8.4	10.6	12.7	14.9	17	19.2	21.3	23.3	25.4	27.4	29.4	♌ 1.4	3.3	5.2	7.1	8.9	10.7	12.5	14.2	16	17.6	19.3	20.9	22.5	24.1	25.6	27.1	28.6	♍ 0	1.4	2.8
♀	♋ 10.1	11.3	12.6	13.8	15	16.2	17.5	18.7	19.9	21.2	22.4	23.6	24.9	26.1	27.3	28.5	29.8	♌ 1	2.2	3.5	4.7	5.9	7.2	8.4	9.6	10.9	12.1	13.3	14.6	15.8	17
♂	♌ 23.3	23.9	24.5	25.1	25.7	26.3	26.9	27.5	28.1	28.7	29.3	29.9	♍ 0.6	1.2	1.8	2.4	3	3.6	4.2	4.8	5.5	6.1	6.7	7.3	7.9	8.6	9.2	9.8	10.4	11	11.7

♃ 1: ♌ 25.2 · 6: 26.1 · 11: 27 · 16: 28 · 21: 29 · 26: ♍ 0 · 31: 1
♄ 1: ♋ 1.4 · 6: 2 · 11: 2.7 · 16: 3.3 · 21: 3.9 · 26: 4.5 · 31: 5.1
♅ 1: ♊ 10.7 · 11: 11.2 · 21: 11.7 · 31: 12.1
♆ 1: ♎ 1.6 · 11: 1.7 · 21: 1.9 · 31: 2.1
♇ 1: ♌ 7.5 · 11: 7.8 · 21: 8 · 31: 8.3

VIII

	1	2	3	4	5	6	7	8	9	10	11	12	13	14	15	16	17	18	19	20	21	22	23	24	25	26	27	28	29	30	31
☉	♌ 7.9	8.8	9.8	10.8	11.7	12.7	13.6	14.6	15.6	16.5	17.5	18.4	19.4	20.3	21.3	22.3	23.2	24.2	25.2	26.1	27.1	28	29	30	♍ 0.9	1.9	2.9	3.8	4.8	5.8	6.7
☽	♌ 6	17.8	29.6	♍ 11.5	23.5	♎ 5.7	18	♏ 0.7	13.7	27.1	♐ 10.9	25.1	♑ 9.7	24.6	♒ 9.7	24.9	♓ 10	24.8	♈ 9.3	23.3	♉ 6.9	20.1	♊ 2.9	15.3	27.4	♋ 9.4	21.2	♌ 3	14.8	26.6	♍ 8.6
☿	♌ 22.2	24	25.8	27.6	29.3	♍ 1	2.6	4.2	5.9	7.4	9	10.5	12	13.5	14.9	16.4	17.8	19.1	20.5	21.8	23	24.3	25.5	26.7	27.8	28.9	30	♎ 1	2	2.9	3.8
♀	♍ 16.8	17.3	17.7	18.1	18.5	18.8	19.2	19.5	19.7	19.9	20.1	20.3	20.4	20.5	20.5	20.5R	20.5	20.4	20.3	20.2	20	19.8	19.5	19.2	18.8	18.5	18	17.6	17.1	16.6	16.1
♂	♉ 16.1	16.7	17.4	18	18.6	19.3	19.9	20.5	21.1	21.7	22.3	23	23.6	24.2	24.8	25.4	26	26.5	27.1	27.7	28.3	28.9	29.4	30	♊ 0.6	1.1	1.7	2.2	2.8	3.3	3.8

♃ 1: ♌ 6.8 · 6: 7.9 · 11: 9 · 16: 10.1 · 21: 11.2 · 26: 12.3 · 31: 13.4
♄ 1: ♊ 22.6 · 6: 23.1 · 11: 23.6 · 16: 24.1 · 21: 24.5 · 26: 24.9 · 31: 25.2
♅ 1: ♊ 8 · 11: 8.3 · 21: 8.6 · 31: 8.8
♆ 1: ♍ 30 · 11: ♎ 0.2 · 21: 0.5 · 31: 0.9
♇ 1: ♌ 6.9 · 11: 7.2 · 21: 7.4 · 31: 7.7

	1	2	3	4	5	6	7	8	9	10	11	12	13	14	15	16	17	18	19	20	21	22	23	24	25	26	27	28	29	30	31
☉	♌ 8.6	9.6	10.5	11.5	12.4	13.4	14.4	15.3	16.3	17.2	18.2	19.2	20.1	21.1	22	23	24	24.9	25.9	26.8	27.8	28.8	29.7	♍ 0.7	1.7	2.6	3.6	4.6	5.5	6.5	7.5
☽	♐ 21.6	♑ 5.4	19.6	♒ 4.2	19	♓ 4	19	♈ 3.9	18.5	♉ 2.7	16.7	♊ 0.2	13.4	26.3	♋ 8.9	21.3	♌ 3.5	15.5	27.5	♍ 9.4	21.2	♎ 3.1	14.9	26.9	♏ 9	21.2	♐ 3.8	16.6	29.9	♑ 13.6	27.7
☿	♍ 4.2	5.5	6.7	8	9.2	10.3	11.5	12.6	13.6	14.6	15.6	16.5	17.3	18.1	18.9	19.6	20.2	20.7	21.2	21.6	22	22.2	22.4	22.5	22.5R	22.3	22.1	21.8	21.4	20.9	20.3
♀	♌ 18.2	19.5	20.7	21.9	23.2	24.4	25.6	26.9	28.1	29.3	♍ 0.6	1.8	3	4.3	5.5	6.7	8	9.2	10.4	11.7	12.9	14.1	15.4	16.6	17.8	19.1	20.3	21.5	22.8	24	25.2
♂	♍ 12.3	12.9	13.5	14.2	14.8	15.4	16	16.7	17.3	17.9	18.6	19.2	19.8	20.4	21.1	21.7	22.3	23	23.6	24.3	24.9	25.5	26.2	26.8	27.4	28.1	28.7	29.4	♎ 0	0.6	1.3

♃ 1: ♍ 1.2 · 6: 2.3 · 11: 3.4 · 16: 4.4 · 21: 5.5 · 26: 6.6 · 31: 7.7
♄ 1: ♋ 5.2 · 6: 5.8 · 11: 6.4 · 16: 6.9 · 21: 7.4 · 26: 7.9 · 31: 8.3
♅ 1: ♊ 12.2 · 11: 12.5 · 21: 12.8 · 31: 13
♆ 1: ♎ 2.1 · 11: 2.4 · 21: 2.7 · 31: 3
♇ 1: ♌ 8.4 · 11: 8.6 · 21: 8.9 · 31: 9.2

IX

	1	2	3	4	5	6	7	8	9	10	11	12	13	14	15	16	17	18	19	20	21	22	23	24	25	26	27	28	29	30	31
☉	♍ 7.7	8.7	9.6	10.6	11.6	12.5	13.5	14.5	15.5	16.4	17.4	18.4	19.3	20.3	21.3	22.3	23.2	24.2	25.2	26.2	27.1	28.1	29.1	♎ 0.1	1.1	2	3	4	5	6	
☽	♍ 20.6	♎ 2.8	15.1	27.7	♏ 10.5	23.6	♐ 6.9	20.6	♑ 4.6	18.9	♒ 3.5	18.3	♓ 3.3	18.2	♈ 3	17.5	♉ 1.6	15.3	28.5	♊ 11.4	23.8	♋ 6	17.9	29.7	♌ 11.5	23.3	♍ 5.2	17.3	29.5	♎ 12	
☿	♎ 4.7	5.5	6.2	6.9	7.5	8	8.5	8.8	9.1	9.4	9.5	9.5R	9.4	9.2	8.9	8.5	7.9	7.3	6.5	5.6	4.7	3.7	2.6	1.5	0.4	♍ 29.4	28.4	27.4	26.6	25.9	
♀	♍ 15.5R	14.9	14.4	13.7	13.1	12.5	11.9	11.3	10.7	10.1	9.5	8.9	8.4	7.9	7.4	6.9	6.5	6.1	5.8	5.4	5.2	4.9	4.7	4.6	4.5	4.4	4.3	4.3D	4.4	4.5	
♂	♊ 4.4	4.9	5.4	5.9	6.4	6.9	7.4	7.9	8.4	8.9	9.4	9.8	10.3	10.8	11.2	11.7	12.1	12.5	13	13.4	13.8	14.2	14.6	15	15.4	15.7	16.1	16.5	16.8	17.1	

♃ 1: ♌ 13.6 · 6: 14.6 · 11: 15.6 · 16: 16.6 · 21: 17.6 · 26: 18.6
♄ 1: ♊ 25.3 · 6: 25.6 · 11: 25.9 · 16: 26.1 · 21: 26.3 · 26: 26.5
♅ 1: ♊ 8.8 · 11: 8.8 · 21: 8.8R
♆ 1: ♎ 0.9 · 11: 1.3 · 21: 1.6
♇ 1: ♌ 7.7 · 11: 8 · 21: 8.2

	1	2	3	4	5	6	7	8	9	10	11	12	13	14	15	16	17	18	19	20	21	22	23	24	25	26	27	28	29	30	31
☉	♍ 8.4	9.4	10.4	11.3	12.3	13.3	14.2	15.2	16.2	17.2	18.1	19.1	20.1	21.1	22	23	24	25	25.9	26.9	27.9	28.9	29.8	♎ 0.8	1.8	2.8	3.8	4.7	5.7	6.7	
☽	♒ 12.4	27.3	♓ 12.5	27.8	♈ 13	27.9	♉ 12.4	26.4	♊ 10	23.2	♋ 5.9	18.4	♌ 0.6	12.6	24.6	♍ 6.4	18.3	♎ 0.1	12	23.9	♏ 5.9	18.1	♐ 0.4	12.9	25.7	♑ 8.8	22.4	♒ 6.4	20.8	♓ 5.6	
☿	♍ 19.6R	18.8	18	17	16.1	15.1	14.1	13.2	12.2	11.4	10.6	9.9	9.3	8.9	8.7	8.5	8.6D	8.8	9.1	9.6	10.3	11.1	12	13.1	14.2	15.5	16.9	18.3	19.8	21.4	
♀	♍ 26.5	27.7	28.9	♎ 0.2	1.4	2.6	3.9	5.1	6.3	7.6	8.8	10	11.2	12.5	13.7	14.9	16.2	17.4	18.6	19.9	21.1	22.3	23.6	24.8	26	27.2	28.5	29.7	♏ 0.9	2.2	
♂	♎ 1.9	2.6	3.2	3.9	4.5	5.2	5.8	6.5	7.1	7.8	8.4	9.1	9.7	10.4	11	11.7	12.3	13	13.7	14.3	15	15.6	16.3	17	17.6	18.3	19	19.6	20.3	20.9	

♃ 1: ♍ 7.9 · 6: 9 · 11: 10.1 · 16: 11.1 · 21: 12.2 · 26: 13.3
♄ 1: ♋ 8.4 · 6: 8.8 · 11: 9.2 · 16: 9.5 · 21: 9.9 · 26: 10.1
♅ 1: ♊ 13 · 11: 13.1 · 21: 13.1R
♆ 1: ♎ 3 · 11: 3.4 · 21: 3.8
♇ 1: ♌ 9.2 · 11: 9.5 · 21: 9.7

X

	1	2	3	4	5	6	7	8	9	10	11	12	13	14	15	16	17	18	19	20	21	22	23	24	25	26	27	28	29	30	31
☉	♎ 7	7.9	8.9	9.9	10.9	11.9	12.9	13.8	14.8	15.8	16.8	17.8	18.8	19.8	20.8	21.8	22.8	23.7	24.7	25.7	26.7	27.7	28.7	29.7	♏ 0.7	1.7	2.7	3.7	4.7	5.7	6.7
☽	♎ 24.6	♏ 7.5	20.6	♐ 3.9	17.3	♑ 1	14.9	29	♒ 13.3	27.7	♓ 12.3	26.8	♈ 11.3	25.6	♉ 9.6	23.3	♊ 6.5	19.3	♋ 1.8	14	25.9	♌ 7.8	19.6	♍ 1.4	13.4	25.6	♎ 8	20.7	♏ 3.7	16.9	♐ 0.4
☿	♍ 25.4R	25	24.7	24.7D	24.8	25.1	25.6	26.2	27	27.9	28.9	♎ 0	1.3	2.6	4	5.4	6.9	8.5	10.1	11.7	13.3	15	16.6	18.3	20	21.6	23.3	25	26.7	28.4	♏ 0
♀	♍ 4.6	4.7	4.9	5.2	5.4	5.7	6.1	6.4	6.8	7.2	7.7	8.1	8.6	9.2	9.7	10.3	10.9	11.5	12.1	12.8	13.5	14.2	14.9	15.6	16.4	17.1	17.9	18.7	19.5	20.4	21.2
♂	♊ 17.5	17.8	18.1	18.4	18.7	19	19.2	19.5	19.8	20	20.2	20.4	20.6	20.8	21	21.2	21.4	21.5	21.6	21.8	21.9	22	22	22.1	22.2	22.2	22.2	22.2	22.2R	22.2	22.2

♃ 1: ♌ 19.5 · 6: 20.4 · 11: 21.2 · 16: 22 · 21: 22.8 · 26: 23.5 · 31: 24.1
♄ 1: ♊ 26.6 · 6: 26.6 · 11: 26.6R · 16: 26.6 · 21: 26.5 · 26: 26.4 · 31: 26.2
♅ 1: ♊ 8.7R · 11: 8.6 · 21: 8.3 · 31: 8
♆ 1: ♎ 2 · 11: 2.4 · 21: 2.7 · 31: 3.1
♇ 1: ♌ 8.4 · 11: 8.6 · 21: 8.7 · 31: 8.7

	1	2	3	4	5	6	7	8	9	10	11	12	13	14	15	16	17	18	19	20	21	22	23	24	25	26	27	28	29	30	31
☉	♎ 7.7	8.7	9.7	10.6	11.6	12.6	13.6	14.6	15.6	16.6	17.6	18.5	19.5	20.5	21.5	22.5	23.5	24.5	25.5	26.5	27.5	28.5	29.5	♏ 0.5	1.5	2.5	3.5	4.5	5.5	6.5	7.5
☽	♓ 20.8	♈ 6.1	21.3	♉ 6.4	21.1	♊ 5.3	19	♋ 2.2	15	27.4	♌ 9.6	21.6	♍ 3.4	15.2	27.1	♎ 9	20.9	♏ 3	15.2	27.5	♐ 10	22.6	♑ 5.5	18.6	♒ 2.1	15.9	♓ 0.1	14.6	29.4	♈ 14.5	29.5
☿	♍ 23	24.6	26.3	28	29.8	♎ 1.5	3.3	5	6.8	8.6	10.3	12.1	13.8	15.6	17.3	19.1	20.8	22.5	24.2	25.9	27.5	29.2	♏ 0.9	2.5	4.2	5.8	7.4	9	10.6	12.2	13.8
♀	♏ 3.4	4.6	5.8	7.1	8.3	9.5	10.8	12	13.2	14.4	15.7	16.9	18.1	19.3	20.6	21.8	23	24.2	25.5	26.7	27.9	29.1	♐ 0.4	1.6	2.8	4	5.3	6.5	7.7	8.9	10.1
♂	♎ 21.6	22.3	22.9	23.6	24.3	25	25.6	26.3	27	27.7	28.3	29	29.7	♏ 0.4	1	1.7	2.4	3.1	3.8	4.4	5.1	5.8	6.5	7.2	7.9	8.5	9.2	9.9	10.6	11.3	12

♃ 1: ♍ 14.3 · 6: 15.3 · 11: 16.3 · 16: 17.3 · 21: 18.3 · 26: 19.2 · 31: 20.1
♄ 1: ♋ 10.3 · 6: 10.5 · 11: 10.7 · 16: 10.7 · 21: 10.8 · 26: 10.8R · 31: 10.7
♅ 1: ♊ 13.1R · 11: 12.9 · 21: 12.7 · 31: 12.4
♆ 1: ♎ 4.1 · 11: 4.5 · 21: 4.9 · 31: 5.2
♇ 1: ♌ 9.9 · 11: 10.1 · 21: 10.2 · 31: 10.2

XI

	1	2	3	4	5	6	7	8	9	10	11	12	13	14	15	16	17	18	19	20	21	22	23	24	25	26	27	28	29	30	31
☉	♏ 7.7	8.7	9.7	10.7	11.7	12.7	13.7	14.7	15.7	16.7	17.7	18.7	19.7	20.7	21.8	22.8	23.8	24.8	25.8	26.8	27.8	28.8	29.8	♐ 0.8	1.8	2.9	3.9	4.9	5.9	6.9	
☽	♐ 14.1	27.9	♑ 11.8	25.8	♒ 9.9	24	♓ 8.1	22.2	♈ 6.4	20.4	♉ 4.3	18	♊ 1.4	14.4	27.2	♋ 9.6	21.8	♌ 3.7	15.6	27.4	♍ 9.2	21.2	♎ 3.4	16	28.8	♏ 12.1	25.6	♐ 9.5	23.6	♑ 7.9	
☿	♏ 1.7	3.4	5	6.7	8.3	10	11.6	13.2	14.8	16.4	18	19.6	21.2	22.8	24.4	26	27.6	29.1	♐ 0.7	2.3	3.8	5.4	6.9	8.5	10	11.6	13.1	14.7	16.2	17.7	
♀	♍ 22	22.9	23.8	24.7	25.6	26.5	27.4	28.3	29.3	♎ 0.2	1.2	2.2	3.1	4.1	5.1	6.1	7.1	8.1	9.2	10.2	11.2	12.3	13.3	14.4	15.4	16.5	17.6	18.6	19.7	20.8	
♂	♊ 22.1R	22.1	22	21.9	21.8	21.7	21.5	21.4	21.2	21	20.8	20.6	20.4	20.2	19.9	19.7	19.4	19.1	18.8	18.5	18.2	17.9	17.5	17.2	16.8	16.5	16.1	15.7	15.4	15	

♃ 1: ♌ 24.3 · 6: 24.9 · 11: 25.4 · 16: 25.8 · 21: 26.2 · 26: 26.6
♄ 1: ♊ 26.2R · 6: 26 · 11: 25.7 · 16: 25.4 · 21: 25.1 · 26: 24.7
♅ 1: ♊ 8.0R · 11: 7.6 · 21: 7.2
♆ 1: ♎ 3.1 · 11: 3.4 · 21: 3.7
♇ 1: ♌ 8.7 · 11: 8.8R · 21: 8.7

	1	2	3	4	5	6	7	8	9	10	11	12	13	14	15	16	17	18	19	20	21	22	23	24	25	26	27	28	29	30	31
☉	♏ 8.5	9.5	10.5	11.5	12.5	13.5	14.5	15.5	16.5	17.5	18.5	19.5	20.5	21.5	22.5	23.5	24.5	25.5	26.6	27.6	28.6	29.6	♐ 0.6	1.6	2.6	3.6	4.6	5.7	6.7	7.7	
☽	♉ 14.5	29.1	♊ 13.4	27.1	♋ 10.5	23.3	♌ 5.8	18	♍ 0	11.9	23.7	♎ 5.6	17.5	29.6	♏ 11.8	24.2	♐ 6.8	19.6	♑ 2.5	15.7	29	♒ 12.5	26.3	♓ 10.4	24.6	♈ 9.1	23.7	♉ 8.3	22.8	♊ 7.2	
☿	♏ 15.4	17	18.5	20.1	21.6	23.2	24.7	26.3	27.8	29.3	♐ 0.8	2.3	3.8	5.3	6.8	8.3	9.8	11.3	12.7	14.2	15.6	17.1	18.5	19.9	21.3	22.7	24	25.4	26.7	28	
♀	♐ 11.4	12.6	13.8	15	16.3	17.5	18.7	19.9	21.1	22.3	23.6	24.8	26	27.2	28.4	29.6	♑ 0.9	2.1	3.3	4.5	5.7	6.9	8.1	9.3	10.5	11.8	13	14.2	15.4	16.6	
♂	♏ 12.7	13.4	14.1	14.8	15.5	16.2	16.9	17.6	18.3	19	19.7	20.4	21.1	21.8	22.5	23.2	23.9	24.6	25.3	26	26.7	27.4	28.1	28.8	29.5	♐ 0.3	1	1.7	2.4	3.1	

♃ 1: ♍ 20.3 · 6: 21.2 · 11: 22 · 16: 22.8 · 21: 23.5 · 26: 24.2
♄ 1: ♋ 10.7R · 6: 10.6 · 11: 10.5 · 16: 10.3 · 21: 10 · 26: 9.8
♅ 1: ♊ 12.4R · 11: 12 · 21: 11.6
♆ 1: ♎ 5.2 · 11: 5.5 · 21: 5.8
♇ 1: ♌ 10.2 · 11: 10.3R · 21: 10.2

XII

	1	2	3	4	5	6	7	8	9	10	11	12	13	14	15	16	17	18	19	20	21	22	23	24	25	26	27	28	29	30	31
☉	♐ 7.9	8.9	10	11	12	13	14	15	16	17.1	18.1	19.1	20.1	21.1	22.1	23.2	24.2	25.2	26.2	27.2	28.3	29.3	♑ 0.3	1.3	2.3	3.3	4.4	5.4	6.4	7.4	8.4
☽	♑ 22.2	♒ 6.5	20.8	♓ 4.9	19	♈ 2.9	16.7	♉ 0.3	13.7	27	♊ 10	22.8	♋ 5.3	17.6	29.7	♌ 11.6	23.4	♍ 5.2	17.1	29	♎ 11.2	23.7	♏ 6.6	19.9	♐ 3.6	17.7	♑ 2.2	16.8	♒ 1.6	16.4	♓ 1
☿	♐ 19.3	20.8	22.3	23.8	25.4	26.9	28.4	29.9	♑ 1.4	2.9	4.4	5.8	7.3	8.7	10.2	11.6	12.9	14.3	15.6	16.8	18	19.2	20.3	21.3	22.2	23	23.6	24.2	24.6	24.8	24.8R
♀	♎ 21.9	23	24.1	25.2	26.3	27.4	28.5	29.6	♏ 0.8	1.9	3	4.2	5.3	6.4	7.6	8.7	9.9	11	12.2	13.3	14.5	15.7	16.8	18	19.2	20.3	21.5	22.7	23.9	25	26.2
♂	♊ 14.6R	14.2	13.8	13.4	13.1	12.7	12.3	11.9	11.5	11.2	10.8	10.4	10.1	9.7	9.4	9.1	8.8	8.5	8.2	7.9	7.6	7.3	7.1	6.9	6.6	6.4	6.2	6	5.9	5.7	5.6

♃ 1: ♌ 26.8 · 6: 27 · 11: 27.1 · 16: 27.1R · 21: 27 · 26: 26.8 · 31: 26.6
♄ 1: ♊ 24.4R · 6: 24 · 11: 23.6 · 16: 23.1 · 21: 22.7 · 26: 22.3 · 31: 21.9
♅ 1: ♊ 6.8R · 11: 6.4 · 21: 6 · 31: 5.6
♆ 1: ♎ 3.9 · 11: 4.1 · 21: 4.2 · 31: 4.2
♇ 1: ♌ 8.7R · 11: 8.5 · 21: 8.4 · 31: 8.2

	1	2	3	4	5	6	7	8	9	10	11	12	13	14	15	16	17	18	19	20	21	22	23	24	25	26	27	28	29	30	31
☉	♐ 8.7	9.7	10.7	11.7	12.7	13.8	14.8	15.8	16.8	17.8	18.8	19.9	20.9	21.9	22.9	23.9	24.9	26	27	28	29	♑ 0	1.1	2.1	3.1	4.1	5.1	6.2	7.2	8.2	9.2
☽	♊ 21.2	♋ 4.9	18.2	♌ 1.1	13.7	25.9	♍ 8	19.9	♎ 1.7	13.6	25.6	♏ 7.8	20.1	♐ 2.7	15.6	28.7	♑ 12	25.6	♒ 9.3	23.2	♓ 7.2	21.3	♈ 5.5	19.7	♉ 3.9	18	♊ 2.1	15.9	29.6	♋ 13	26.1
☿	♐ 29.2	♑ 0.4	1.6	2.7	3.8	4.8	5.7	6.5	7.3	7.9	8.4	8.7	8.9	9.0R	8.8	8.5	7.9	7.2	6.3	5.2	4	2.7	1.3	♐ 30	28.6	27.4	26.2	25.2	24.4	23.7	23.2
♀	♑ 17.8	19	20.2	21.4	22.6	23.8	25	26.2	27.4	28.6	29.8	♒ 1	2.2	3.4	4.5	5.7	6.9	8.1	9.3	10.5	11.6	12.8	14	15.2	16.3	17.5	18.7	19.8	21	22.2	23.3
♂	♐ 3.8	4.5	5.3	6	6.7	7.4	8.1	8.9	9.6	10.3	11	11.8	12.5	13.2	14	14.7	15.4	16.1	16.9	17.6	18.3	19.1	19.8	20.5	21.3	22	22.8	23.5	24.2	25	25.7

♃ 1: ♍ 24.8 · 6: 25.4 · 11: 25.9 · 16: 26.4 · 21: 26.7 · 26: 27 · 31: 27.3
♄ 1: ♋ 9.5R · 6: 9.1 · 11: 8.8 · 16: 8.4 · 21: 8 · 26: 7.6 · 31: 7.2
♅ 1: ♊ 11.2R · 11: 10.8 · 21: 10.4 · 31: 10
♆ 1: ♎ 6 · 11: 6.2 · 21: 6.3 · 31: 6.4
♇ 1: ♌ 10.2R · 11: 10.1 · 21: 9.9 · 31: 9.7

1945

I

	1	2	3	4	5	6	7	8	9	10	11	12	13	14	15	16	17	18	19	20	21	22	23	24	25	26	27	28	29	30	31
☉	10.2	11.2	12.3	13.3	14.3	15.3	16.3	17.4	18.4	19.4	20.4	21.4	22.5	23.5	24.5	25.5	26.5	27.6	28.6	29.6	0.6	1.6	2.6	3.7	4.7	5.7	6.7	7.7	8.7	9.8	10.8
☽	8.9	21.4	3.6	15.7	27.7	9.5	21.4	3.4	15.6	27.9	10.6	23.7	7	20.7	4.7	18.9	3.3	17.8	2.2	16.5	0.7	14.7	28.5	12.1	25.5	8.7	21.7	4.5	17	29.4	11.6
☿	22.8R	22.7	22.7D	22.8	23.1	23.5	24	24.6	25.3	26.1	27	27.9	28.8	29.9	0.9	2.1	3.2	4.4	5.6	6.9	8.1	9.4	10.8	12.1	13.5	14.8	16.2	17.6	19.1	20.5	21.9
♀	24.5	25.6	26.8	27.9	29.1	0.2	1.4	2.5	3.6	4.8	5.9	7	8.2	9.3	10.4	11.5	12.6	13.7	14.8	15.9	17	18.1	19.2	20.2	21.3	22.4	23.4	24.5	25.5	26.6	27.6
♂	26.4	27.2	27.9	28.7	29.4	0.2	0.9	1.7	2.4	3.2	3.9	4.6	5.4	6.1	6.9	7.7	8.4	9.2	9.9	10.7	11.4	12.2	12.9	13.7	14.4	15.2	16	16.7	17.5	18.2	19

♃ 1: 27.3, 6: 27.4, 11: 27.5, 16: 27.5R, 21: 27.4, 26: 27.2, 31: 26.9 — ♄ 1: 7.1R, 6: 6.7, 11: 6.3, 16: 5.9, 21: 5.5, 26: 5.2, 31: 4.9 — ♅ 1: 10.0R, 11: 9.7, 21: 9.4, 31: 9.2 — ♆ 1: 6.4, 11: 6.4R, 21: 6.4, 31: 6.3 — ♇ 1: 9.7R, 11: 9.5, 21: 9.3, 31: 9.1

II

	1	2	3	4	5	6	7	8	9	10	11	12	13	14	15	16	17	18	19	20	21	22	23	24	25	26	27	28	29	30	31
☉	11.8	12.8	13.8	14.8	15.8	16.9	17.9	18.9	19.9	20.9	21.9	22.9	23.9	25	26	27	28	29	30	1	2	3	4	5	6	7	8	9.1			
☽	23.6	5.6	17.4	29.3	11.3	23.4	5.7	18.4	1.4	14.8	28.7	13	27.6	12.5	27.4	12.2	26.9	11.3	25.4	9.1	22.5	5.6	18.4	1.1	13.5	25.8	8	20			
☿	23.4	24.9	26.4	27.9	29.4	1	2.5	4.1	5.6	7.2	8.8	10.4	12.1	13.7	15.4	17	18.7	20.4	22.1	23.9	25.6	27.4	29.2	1	2.8	4.6	6.4	8.3			
♀	28.6	29.7	0.7	1.7	2.7	3.7	4.7	5.7	6.6	7.6	8.5	9.5	10.4	11.3	12.3	13.2	14	14.9	15.8	16.6	17.5	18.3	19.1	19.9	20.7	21.5	22.2	23			
♂	19.8	20.5	21.3	22	22.8	23.6	24.3	25.1	25.9	26.6	27.4	28.2	28.9	29.7	0.5	1.2	2	2.8	3.6	4.3	5.1	5.9	6.6	7.4	8.2	9	9.7	10.5			

♃ 1: 26.9R, 6: 26.5, 11: 26.1, 16: 25.6, 21: 25.1, 26: 24.5 — ♄ 1: 4.8R, 6: 4.5, 11: 4.3, 16: 4.1, 21: 4, 26: 3.9 — ♅ 1: 9.2R, 11: 9.1, 21: 9.1D — ♆ 1: 6.3R, 11: 6.1, 21: 5.9 — ♇ 1: 9.0R, 11: 8.8, 21: 8.6

III

	1	2	3	4	5	6	7	8	9	10	11	12	13	14	15	16	17	18	19	20	21	22	23	24	25	26	27	28	29	30	31
☉	10.1	11.1	12.1	13.1	14.1	15.1	16.1	17.1	18.1	19.1	20.1	21.1	22.1	23.1	24.1	25.1	26	27	28	29	0	1	2	3	4	5	6	7	8	8.9	9.9
☽	2	13.9	25.8	7.6	19.6	1.6	13.9	26.5	9.4	22.7	6.6	20.9	5.7	20.8	6	21.2	6.3	21	5.2	19.1	2.5	15.5	28.2	10.6	22.8	4.9	16.9	28.9	10.8	22.7	4.5
☿	10.2	12.1	14	15.9	17.8	19.7	21.7	23.6	25.6	27.5	29.5	1.4	3.3	5.2	7.1	8.9	10.7	12.4	14.1	15.7	17.3	18.7	20.1	21.4	22.5	23.6	24.6	25.4	26.1	26.7	27.2
♀	23.7	24.4	25.1	25.8	26.4	27	27.6	28.2	28.8	29.3	29.8	0.3	0.7	1.1	1.5	1.9	2.2	2.5	2.8	3	3.2	3.3	3.5	3.5	3.6	3.6R	3.5	3.5	3.3	3.2	3
♂	11.3	12	12.8	13.6	14.4	15.1	15.9	16.7	17.5	18.2	19	19.8	20.6	21.4	22.1	22.9	23.7	24.5	25.2	26	26.8	27.6	28.3	29.1	29.9	0.7	1.5	2.2	3	3.8	4.6

♃ 1: 24.2R, 6: 23.5, 11: 22.9, 16: 22.3, 21: 21.6, 26: 21, 31: 20.4 — ♄ 1: 3.9R, 6: 3.8D, 11: 3.9, 16: 3.9, 21: 4, 26: 4.2, 31: 4.4 — ♅ 1: 9.2, 11: 9.3, 21: 9.6, 31: 9.9 — ♆ 1: 5.7R, 11: 5.5, 21: 5.2, 31: 4.9 — ♇ 1: 8.4R, 11: 8.3, 21: 8.1, 31: 8

IV

	1	2	3	4	5	6	7	8	9	10	11	12	13	14	15	16	17	18	19	20	21	22	23	24	25	26	27	28	29	30	31
☉	10.9	11.9	12.9	13.9	14.9	15.8	16.8	17.8	18.8	19.8	20.8	21.7	22.7	23.7	24.7	25.7	26.6	27.6	28.6	29.6	0.5	1.5	2.5	3.5	4.4	5.4	6.4	7.4	8.3	9.3	
☽	16.4	28.4	10.5	22.8	5.3	18.2	1.4	15.1	29.3	13.9	29	14.2	29.6	14.8	29.7	14.2	28.2	11.7	24.7	7.4	19.8	2	14	25.9	7.8	19.7	1.5	13.5	25.5	7.6	
☿	27.6	27.8	27.9	27.9R	27.8	27.6	27.3	26.8	26.3	25.8	25.1	24.5	23.7	23	22.3	21.5	20.8	20.1	19.5	18.9	18.4	17.9	17.6	17.3	17.1	16.9	16.9	16.9D	17	17.2	
♀	2.7R	2.4	2.1	1.7	1.3	0.9	0.4	29.9	29.4	28.8	28.2	27.6	27	26.4	25.8	25.2	24.5	23.9	23.3	22.7	22.1	21.5	21	20.5	20	19.6	19.2	18.8	18.5	18.2	
♂	5.3	6.1	6.9	7.7	8.5	9.2	10	10.8	11.6	12.3	13.1	13.9	14.7	15.4	16.2	17	17.8	18.6	19.3	20.1	20.9	21.6	22.4	23.2	24	24.7	25.5	26.3	27.1	27.8	

♃ 1: 20.3R, 6: 19.7, 11: 19.2, 16: 18.8, 21: 18.4, 26: 18.1 — ♄ 1: 4.5, 6: 4.7, 11: 5, 16: 5.4, 21: 5.7, 26: 6.1 — ♅ 1: 9.9, 11: 10.3, 21: 10.8 — ♆ 1: 4.9R, 11: 4.6, 21: 4.4 — ♇ 1: 8.0R, 11: 7.9, 21: 7.9D

V

	1	2	3	4	5	6	7	8	9	10	11	12	13	14	15	16	17	18	19	20	21	22	23	24	25	26	27	28	29	30	31
☉	10.3	11.2	12.2	13.2	14.1	15.1	16.1	17	18	19	19.9	20.9	21.9	22.8	23.8	24.8	25.7	26.7	27.7	28.6	29.6	0.5	1.5	2.5	3.4	4.4	5.3	6.3	7.3	8.2	9.2
☽	19.8	2.3	14.9	27.8	11	24.6	8.6	23	7.8	22.8	7.9	23	7.9	22.4	6.5	20.1	3.3	16.1	28.5	10.7	22.7	4.6	16.5	28.3	10.3	22.3	4.5	16.8	29.3	11.9	24.8
☿	17.5	17.8	18.2	18.7	19.3	19.9	20.6	21.3	22.1	23	23.9	24.9	25.9	27	28.1	29.2	0.5	1.7	3	4.3	5.7	7.1	8.6	10.1	11.6	13.2	14.8	16.5	18.2	19.9	21.7
♀	17.9R	17.7	17.5	17.4	17.3	17.2	17.2D	17.2	17.3	17.4	17.5	17.7	17.9	18.1	18.4	18.7	19.1	19.4	19.8	20.2	20.7	21.2	21.7	22.2	22.7	23.3	23.9	24.5	25.1	25.8	26.5
♂	28.6	29.4	0.1	0.9	1.7	2.4	3.2	4	4.7	5.5	6.3	7	7.8	8.6	9.3	10.1	10.9	11.6	12.4	13.1	13.9	14.7	15.4	16.2	16.9	17.7	18.4	19.2	19.9	20.7	21.4

♃ 1: 17.8R, 6: 17.6, 11: 17.6, 16: 17.5D, 21: 17.6, 26: 17.7, 31: 17.9 — ♄ 1: 6.6, 6: 7, 11: 7.5, 16: 8.1, 21: 8.6, 26: 9.2, 31: 9.7 — ♅ 1: 11.3, 11: 11.8, 21: 12.4, 31: 13 — ♆ 1: 4.2R, 11: 4, 21: 3.8, 31: 3.7 — ♇ 1: 7.9, 11: 8, 21: 8.1, 31: 8.3

VI

	1	2	3	4	5	6	7	8	9	10	11	12	13	14	15	16	17	18	19	20	21	22	23	24	25	26	27	28	29	30	31
☉	10.1	11.1	12.1	13	14	14.9	15.9	16.8	17.8	18.8	19.7	20.7	21.6	22.6	23.5	24.5	25.4	26.4	27.4	28.3	29.3	0.2	1.2	2.1	3.1	4	5	5.9	6.9	7.8	
☽	7.9	21.3	4.9	18.8	3.1	17.5	2.2	17	1.7	16.2	0.6	14.5	28.1	11.3	24.2	6.7	18.9	0.9	12.9	24.7	6.6	18.6	0.8	13.1	25.6	8.4	21.4	4.6	18.1	1.8	
☿	23.5	25.4	27.2	29.2	1.1	3.1	5.2	7.2	9.3	11.4	13.6	15.7	17.9	20.1	22.3	24.5	26.7	28.9	1.1	3.2	5.4	7.5	9.6	11.7	13.7	15.7	17.7	19.7	21.6	23.4	
♀	27.1	27.8	28.6	29.3	0	0.8	1.6	2.4	3.2	4	4.8	5.7	6.5	7.4	8.2	9.1	10	10.9	11.8	12.7	13.6	14.6	15.5	16.4	17.4	18.4	19.3	20.3	21.3	22.3	
♂	22.2	22.9	23.7	24.4	25.2	25.9	26.7	27.4	28.2	28.9	29.7	0.4	1.1	1.9	2.6	3.3	4.1	4.8	5.5	6.3	7	7.7	8.5	9.2	9.9	10.6	11.4	12.1	12.8	13.5	

♃ 1: 18, 6: 18.3, 11: 18.6, 16: 19, 21: 19.5, 26: 20.1 — ♄ 1: 9.9, 6: 10.5, 11: 11.1, 16: 11.7, 21: 12.3, 26: 13 — ♅ 1: 13.1, 11: 13.6, 21: 14.2 — ♆ 1: 3.7R, 11: 3.7, 21: 3.7D — ♇ 1: 8.3, 11: 8.5, 21: 8.7

VII

	1	2	3	4	5	6	7	8	9	10	11	12	13	14	15	16	17	18	19	20	21	22	23	24	25	26	27	28	29	30	31
☉	8.8	9.8	10.7	11.7	12.6	13.6	14.5	15.5	16.4	17.4	18.3	19.3	20.2	21.2	22.1	23.1	24.1	25	26	26.9	27.9	28.8	29.8	0.7	1.7	2.6	3.6	4.6	5.5	6.5	7.4
☽	15.7	29.7	13.9	28.2	12.5	26.8	11.1	25.2	9.2	22.9	6.3	19.3	2.1	14.6	26.9	8.9	20.8	2.7	14.6	26.7	8.9	21.3	4	17.1	0.4	14.1	28	12.1	26.3	10.7	25
☿	25.3	27.1	28.9	0.6	2.3	4	5.6	7.2	8.8	10.3	11.8	13.3	14.7	16.1	17.4	18.7	20	21.2	22.4	23.6	24.7	25.7	26.8	27.7	28.6	29.5	0.3	1.1	1.8	2.4	2.9
♀	23.3	24.3	25.3	26.3	27.3	28.3	29.3	0.3	1.4	2.4	3.5	4.5	5.5	6.6	7.7	8.7	9.8	10.9	11.9	13	14.1	15.2	16.2	17.3	18.4	19.5	20.6	21.7	22.8	23.9	25
♂	14.3	15	15.7	16.4	17.1	17.8	18.5	19.3	20	20.7	21.4	22.1	22.8	23.5	24.2	24.9	25.6	26.3	27	27.7	28.4	29.1	29.8	0.4	1.1	1.8	2.5	3.2	3.9	4.5	5.2

♃ 1: 20.7, 6: 21.3, 11: 22, 16: 22.8, 21: 23.5, 26: 24.4, 31: 25.2 — ♄ 1: 13.6, 6: 14.3, 11: 14.9, 16: 15.6, 21: 16.2, 26: 16.9, 31: 17.5 — ♅ 1: 14.8, 11: 15.3, 21: 15.8, 31: 16.3 — ♆ 1: 3.7, 11: 3.8, 21: 4, 31: 4.2 — ♇ 1: 9, 11: 9.2, 21: 9.5, 31: 9.8

VIII

	1	2	3	4	5	6	7	8	9	10	11	12	13	14	15	16	17	18	19	20	21	22	23	24	25	26	27	28	29	30	31
☉	8.4	9.3	10.3	11.3	12.2	13.2	14.1	15.1	16	17	18	18.9	19.9	20.8	21.8	22.8	23.7	24.7	25.7	26.6	27.6	28.5	29.5	0.5	1.4	2.4	3.4	4.3	5.3	6.3	7.2
☽	9.2	23.3	7.3	21.2	4.9	18.4	1.7	14.8	27.7	10.3	22.7	4.9	16.9	28.8	10.7	22.6	4.5	16.7	29.2	12	25.2	8.8	22.8	7.2	21.7	6.4	21.1	5.7	20.1	4.2	18.1
☿	3.4	3.9	4.2	4.5	4.7	4.8	4.8R	4.7	4.6	4.3	4	3.6	3.1	2.5	1.8	1.1	0.3	29.5	28.6	27.7	26.9	26	25.2	24.5	23.8	23.2	22.7	22.4	22.1	22	22.0D
♀	26.2	27.3	28.4	29.5	0.6	1.7	2.9	4	5.1	6.3	7.4	8.5	9.7	10.8	12	13.1	14.3	15.4	16.6	17.7	18.9	20	21.2	22.4	23.5	24.7	25.9	27	28.2	29.4	0.6
♂	5.9	6.6	7.2	7.9	8.6	9.2	9.9	10.6	11.2	11.9	12.5	13.2	13.8	14.5	15.1	15.8	16.4	17.1	17.7	18.4	19	19.6	20.3	20.9	21.5	22.2	22.8	23.4	24	24.6	25.3

♃ 1: 25.4, 6: 26.3, 11: 27.2, 16: 28.2, 21: 29.2, 26: 0.2, 31: 1.2 — ♄ 1: 17.6, 6: 18.2, 11: 18.8, 16: 19.4, 21: 20, 26: 20.5, 31: 21.1 — ♅ 1: 16.3, 11: 16.7, 21: 17, 31: 17.2 — ♆ 1: 4.2, 11: 4.5, 21: 4.8, 31: 5.1 — ♇ 1: 9.8, 11: 10.1, 21: 10.4, 31: 10.7

IX

	1	2	3	4	5	6	7	8	9	10	11	12	13	14	15	16	17	18	19	20	21	22	23	24	25	26	27	28	29	30	31
☉	8.2	9.2	10.1	11.1	12.1	13	14	15	16	16.9	17.9	18.9	19.8	20.8	21.8	22.8	23.7	24.7	25.7	26.7	27.7	28.6	29.6	0.6	1.6	2.5	3.5	4.5	5.5	6.5	
☽	1.7	15.1	28.2	11.1	23.9	6.5	18.9	1.1	13.2	25.1	7	18.8	0.7	12.6	24.8	7.2	20	3.2	16.8	1	15.6	0.5	15.6	0.7	15.6	0.3	14.6	28.5	12	25.2	
☿	22.2	22.5	22.9	23.5	24.2	25	26	27.1	28.3	29.6	1	2.5	4	5.6	7.3	9	10.8	12.6	14.4	16.2	18	19.9	21.7	23.6	25.4	27.3	29.1	0.9	2.7	4.5	
♀	1.7	2.9	4.1	5.3	6.4	7.6	8.8	10	11.2	12.4	13.6	14.8	16	17.2	18.4	19.6	20.8	22	23.2	24.4	25.6	26.8	28	29.2	0.4	1.6	2.8	4.1	5.3	6.5	
♂	25.9	26.5	27.1	27.7	28.3	28.9	29.5	0.1	0.7	1.3	1.8	2.4	3	3.6	4.2	4.7	5.3	5.9	6.4	7	7.5	8.1	8.6	9.2	9.7	10.3	10.8	11.3	11.9	12.4	

♃ 1: 1.4, 6: 2.4, 11: 3.5, 16: 4.5, 21: 5.6, 26: 6.7 — ♄ 1: 21.2, 6: 21.7, 11: 22.1, 16: 22.6, 21: 23, 26: 23.4 — ♅ 1: 17.2, 11: 17.4, 21: 17.5 — ♆ 1: 5.1, 11: 5.5, 21: 5.9 — ♇ 1: 10.7, 11: 11, 21: 11.2

X

	1	2	3	4	5	6	7	8	9	10	11	12	13	14	15	16	17	18	19	20	21	22	23	24	25	26	27	28	29	30	31
☉	7.5	8.4	9.4	10.4	11.4	12.4	13.4	14.4	15.3	16.3	17.3	18.3	19.3	20.3	21.3	22.3	23.3	24.3	25.3	26.2	27.2	28.2	29.2	0.2	1.2	2.2	3.2	4.2	5.2	6.2	7.2
☽	8.2	20.8	3.3	15.7	27.8	9.9	21.9	3.8	15.6	27.4	9.2	21.2	3.3	15.6	28.3	11.4	25	9.1	23.7	8.7	23.9	9.2	24.5	9.4	24	8.1	21.7	5	17.8	0.4	12.8
☿	6.3	8.1	9.9	11.6	13.3	15.1	16.8	18.5	20.2	21.8	23.5	25.1	26.8	28.4	30	1.6	3.2	4.8	6.3	7.9	9.4	11	12.5	14	15.5	17	18.5	20	21.5	22.9	24.4
♀	7.7	8.9	10.1	11.4	12.6	13.8	15	16.3	17.5	18.7	19.9	21.2	22.4	23.6	24.9	26.1	27.3	28.6	29.8	1	2.3	3.5	4.7	6	7.2	8.5	9.7	11	12.2	13.4	14.7
♂	12.9	13.4	13.9	14.4	14.9	15.4	15.9	16.4	16.9	17.4	17.9	18.4	18.8	19.3	19.7	20.2	20.6	21.1	21.5	22	22.4	22.8	23.2	23.6	24	24.4	24.8	25.2	25.6	25.9	26.3

♃ 1: 7.8, 6: 8.9, 11: 9.9, 16: 11, 21: 12.1, 26: 13.1, 31: 14.2 — ♄ 1: 23.7, 6: 24, 11: 24.3, 16: 24.5, 21: 24.7, 26: 24.8, 31: 24.9 — ♅ 1: 17.4R, 11: 17.3, 21: 17.1, 31: 16.9 — ♆ 1: 6.2, 11: 6.6, 21: 7, 31: 7.3 — ♇ 1: 11.4, 11: 11.6, 21: 11.7, 31: 11.8

XI

	1	2	3	4	5	6	7	8	9	10	11	12	13	14	15	16	17	18	19	20	21	22	23	24	25	26	27	28	29	30	31
☉	8.2	9.2	10.2	11.2	12.2	13.2	14.2	15.2	16.2	17.2	18.2	19.3	20.3	21.3	22.3	23.3	24.3	25.3	26.3	27.3	28.3	29.3	0.3	1.4	2.4	3.4	4.4	5.4	6.4	7.4	
☽	24.9	6.9	18.9	0.7	12.6	24.4	6.3	18.2	0.2	12.4	24.8	7.4	20.5	3.9	17.8	2.2	16.9	2	17.3	2.5	17.6	2.3	16.6	0.5	13.8	26.8	9.4	21.8	3.9	15.8	
☿	25.8	27.2	28.7	0.1	1.5	2.8	4.2	5.5	6.9	8.2	9.5	10.7	12	13.2	14.3	15.5	16.5	17.6	18.5	19.4	20.3	21	21.7	22.2	22.7	23	23.1	23.1R	23	22.6	
♀	15.9	17.2	18.4	19.7	20.9	22.2	23.4	24.6	25.9	27.1	28.4	29.6	0.9	2.1	3.4	4.6	5.9	7.1	8.4	9.7	10.9	12.2	13.4	14.7	15.9	17.2	18.4	19.7	20.9	22.2	
♂	26.6	27	27.3	27.7	28	28.3	28.6	28.9	29.2	29.5	29.8	0	0.3	0.5	0.8	1	1.2	1.4	1.6	1.8	2	2.2	2.3	2.5	2.6	2.7	2.8	2.9	3	3.1	

♃ 1: 14.4, 6: 15.4, 11: 16.4, 16: 17.4, 21: 18.4, 26: 19.3 — ♄ 1: 24.9, 6: 24.9, 11: 24.9R, 16: 24.8, 21: 24.7, 26: 24.6 — ♅ 1: 16.8R, 11: 16.5, 21: 16.1 — ♆ 1: 7.3, 11: 7.7, 21: 7.9 — ♇ 1: 11.8, 11: 11.8, 21: 11.8R

XII

	1	2	3	4	5	6	7	8	9	10	11	12	13	14	15	16	17	18	19	20	21	22	23	24	25	26	27	28	29	30	31
☉	8.4	9.5	10.5	11.5	12.5	13.5	14.5	15.5	16.6	17.6	18.6	19.6	20.6	21.6	22.7	23.7	24.7	25.7	26.7	27.8	28.8	29.8	0.8	1.8	2.8	3.9	4.9	5.9	6.9	7.9	9
☽	27.7	9.5	21.3	3.2	15.2	27.3	9.5	21.9	4.4	17.3	0.4	13.8	27.5	11.6	26	10.7	25.6	10.6	25.4	10.1	24.4	8.4	21.9	5	17.7	0.1	12.3	24.2	6.1	17.9	29.7
☿	22.1R	21.4	20.5	19.4	18.2	16.9	15.5	14.2	12.8	11.5	10.4	9.3	8.5	7.8	7.3	7	6.9	6.9D	7.1	7.4	7.9	8.5	9.2	10	10.8	11.8	12.8	13.8	14.9	16.1	17.3
♀	23.5	24.7	26	27.2	28.5	29.7	1	2.2	3.5	4.8	6	7.3	8.5	9.8	11	12.3	13.6	14.8	16.1	17.3	18.6	19.8	21.1	22.4	23.6	24.9	26.1	27.4	28.7	29.9	1.2
♂	3.1	3.2	3.2	3.2	3.2R	3.2	3.2	3.2	3.1	3.1	3	2.9	2.8	2.7	2.5	2.4	2.2	2	1.9	1.7	1.4	1.2	1	0.7	0.5	0.2	29.9	29.6	29.3	28.9	28.6

♃ 1: 20.2, 6: 21.1, 11: 21.9, 16: 22.7, 21: 23.4, 26: 24.1, 31: 24.7 — ♄ 1: 24.4R, 6: 24.1, 11: 23.8, 16: 23.5, 21: 23.2, 26: 22.8, 31: 22.4 — ♅ 1: 15.7R, 11: 15.3, 21: 14.9, 31: 14.5 — ♆ 1: 8.2, 11: 8.4, 21: 8.5, 31: 8.6 — ♇ 1: 11.7R, 11: 11.6, 21: 11.5, 31: 11.3

1946

I

	1	2	3	4	5	6	7	8	9	10	11	12	13	14	15	16	17	18	19	20	21	22	23	24	25	26	27	28	29	30	31
☉	10	11	12	13	14.1	15.1	16.1	17.1	18.1	19.2	20.2	21.2	22.2	23.2	24.3	25.3	26.3	27.3	28.3	29.3	0.4	1.4	2.4	3.4	4.4	5.4	6.5	7.5	8.5	9.5	10.5
☽	11.7	23.8	6.1	18.6	1.3	14.2	27.3	10.7	24.3	8.1	22.1	6.3	20.6	5	19.4	3.9	18.2	2.3	16.1	29.6	12.8	25.5	8	20.2	2.1	14	25.8	7.7	19.7	1.9	14.3
☿	18.5	19.8	21	22.3	23.7	25	26.4	27.8	29.2	0.6	2	3.5	4.9	6.4	7.8	9.3	10.8	12.3	13.8	15.4	16.9	18.4	20	21.6	23.1	24.7	26.3	27.9	29.5	1.1	2.8
♀	2.4	3.7	4.9	6.2	7.5	8.7	10	11.2	12.5	13.8	15	16.3	17.5	18.8	20	21.3	22.6	23.8	25.1	26.3	27.6	28.8	0.1	1.4	2.6	3.9	5.1	6.4	7.6	8.9	10.1
♂	28.3R	27.9	27.6	27.2	26.8	26.4	26.1	25.7	25.3	24.9	24.5	24.1	23.7	23.3	22.9	22.5	22.1	21.7	21.3	20.9	20.5	20.2	19.8	19.4	19.1	18.8	18.4	18.1	17.8	17.5	17.2

♃ 1: 24.8, 6: 25.4, 11: 25.9, 16: 26.3, 21: 26.7, 26: 26.9, 31: 27.2 — ♄ 1: 22.4R, 6: 21.9, 11: 21.5, 16: 21.1, 21: 20.7, 26: 20.3, 31: 19.9 — ♅ 1: 14.4R, 11: 14.1, 21: 13.8, 31: 13.6 — ♆ 1: 8.6, 11: 8.6R, 21: 8.6, 31: 8.5 — ♇ 1: 11.3R, 11: 11.1, 21: 10.9, 31: 10.6

II

	1	2	3	4	5	6	7	8	9	10	11	12	13	14	15	16	17	18	19	20	21	22	23	24	25	26	27	28	29	30	31
☉	11.5	12.6	13.6	14.6	15.6	16.6	17.6	18.6	19.6	20.7	21.7	22.7	23.7	24.7	25.7	26.7	27.7	28.7	29.8	0.8	1.8	2.8	3.8	4.8	5.8	6.8	7.8	8.8			
☽	27.1	10.1	23.5	7.1	20.9	4.9	19	3.1	17.2	1.3	15.4	29.4	13.4	27.2	10.9	24.4	7.7	20.7	3.4	15.8	27.9	9.9	21.8	3.6	15.5	27.5	9.7	22.2			
☿	4.4	6.1	7.8	9.4	11.1	12.9	14.6	16.3	18.1	19.8	21.6	23.4	25.2	27	28.8	0.7	2.5	4.4	6.2	8.1	9.9	11.8	13.7	15.5	17.4	19.2	21	22.8			
♀	11.4	12.7	13.9	15.2	16.4	17.7	18.9	20.2	21.4	22.7	24	25.2	26.5	27.7	29	0.2	1.5	2.7	4	5.2	6.5	7.7	9	10.2	11.5	12.7	14	15.2			
♂	16.9R	16.7	16.4	16.2	16	15.7	15.5	15.3	15.2	15	14.9	14.7	14.6	14.5	14.4	14.3	14.3	14.2	14.2	14.1	14.1	14.1D	14.1	14.1	14.2	14.2	14.3	14.3			

♃ 1: 27.2, 6: 27.3, 11: 27.4, 16: 27.3R, 21: 27.2, 26: 27 — ♄ 1: 19.9R, 6: 19.5, 11: 19.2, 16: 18.9, 21: 18.6, 26: 18.4 — ♅ 1: 13.6R, 11: 13.5, 21: 13.4D — ♆ 1: 8.5R, 11: 8.3, 21: 8.2 — ♇ 1: 10.6R, 11: 10.4, 21: 10.2

III

	1	2	3	4	5	6	7	8	9	10	11	12	13	14	15	16	17	18	19	20	21	22	23	24	25	26	27	28	29	30	31
☉	9.8	10.8	11.8	12.8	13.8	14.8	15.8	16.8	17.8	18.8	19.8	20.8	21.8	22.8	23.8	24.8	25.8	26.8	27.8	28.8	29.8	0.8	1.8	2.8	3.8	4.7	5.7	6.7	7.7	8.7	9.7
☽	5.1	18.4	2.1	16.1	0.4	14.8	29.3	13.8	28.1	12.3	26.3	10.1	23.7	7.1	20.4	3.5	16.4	29.1	11.6	23.9	6	17.9	29.7	11.5	23.4	5.4	17.6	0.1	13	26.3	10.1
☿	24.5	26.2	27.8	29.4	0.9	2.3	3.7	4.9	6	7	7.9	8.6	9.2	9.7	10	10.2	10.2R	10.1	9.9	9.5	9.1	8.5	7.8	7.1	6.3	5.4	4.6	3.7	2.9	2	1.2
♀	16.5	17.7	19	20.2	21.5	22.7	24	25.2	26.5	27.7	29	0.2	1.4	2.7	3.9	5.2	6.4	7.7	8.9	10.2	11.4	12.6	13.9	15.1	16.4	17.6	18.8	20.1	21.3	22.6	23.8
♂	14.4	14.5	14.6	14.7	14.8	15	15.1	15.3	15.4	15.6	15.8	16	16.2	16.4	16.6	16.8	17.1	17.3	17.5	17.8	18.1	18.3	18.6	18.9	19.2	19.5	19.8	20.1	20.4	20.8	21.1

♃ 1: 26.9R, 6: 26.6, 11: 26.2, 16: 25.7, 21: 25.3, 26: 24.7, 31: 24.1 — ♄ 1: 18.3R, 6: 18.1, 11: 18, 16: 18, 21: 18.0D, 26: 18, 31: 18.1 — ♅ 1: 13.4, 11: 13.6, 21: 13.8, 31: 14.1 — ♆ 1: 8.0R, 11: 7.7, 21: 7.5, 31: 7.2 — ♇ 1: 10.0R, 11: 9.8, 21: 9.7, 31: 9.5

IV

	1	2	3	4	5	6	7	8	9	10	11	12	13	14	15	16	17	18	19	20	21	22	23	24	25	26	27	28	29	30	31
☉	10.7	11.7	12.6	13.6	14.6	15.6	16.6	17.6	18.6	19.5	20.5	21.5	22.5	23.5	24.4	25.4	26.4	27.4	28.3	29.3	0.3	1.3	2.2	3.2	4.2	5.2	6.1	7.1	8.1	9.1	
☽	24.4	9	23.8	8.7	23.6	8.3	22.7	6.8	20.6	4.1	17.4	0.4	13.1	25.7	8.1	20.4	2.5	14.4	26.3	8.1	19.9	1.7	13.7	25.9	8.4	21.2	4.5	18.3	2.5	17.2	
☿	0.5R	29.9	29.3	28.8	28.4	28	27.8	27.7	27.6	27.7D	27.8	28	28.3	28.7	29.1	29.7	0.2	0.9	1.6	2.4	3.2	4.1	5.1	6	7.1	8.2	9.3	10.5	11.7	12.9	
♀	25	26.3	27.5	28.7	30	1.2	2.4	3.7	4.9	6.1	7.4	8.6	9.8	11.1	12.3	13.5	14.8	16	17.2	18.4	19.7	20.9	22.1	23.3	24.6	25.8	27	28.2	29.5	0.7	
♂	21.4	21.8	22.1	22.5	22.8	23.2	23.6	23.9	24.3	24.7	25.1	25.5	25.9	26.3	26.7	27.1	27.5	27.9	28.4	28.8	29.2	29.6	0.1	0.5	1	1.4	1.9	2.3	2.8	3.2	

♃ 1: 24.0R, 6: 23.4, 11: 22.7, 16: 22.1, 21: 21.5, 26: 20.9 — ♄ 1: 18.1, 6: 18.2, 11: 18.4, 16: 18.6, 21: 18.9, 26: 19.2 — ♅ 1: 14.1, 11: 14.5, 21: 14.9 — ♆ 1: 7.2R, 11: 6.9, 21: 6.6 — ♇ 1: 9.5R, 11: 9.5, 21: 9.4

V

	1	2	3	4	5	6	7	8	9	10	11	12	13	14	15	16	17	18	19	20	21	22	23	24	25	26	27	28	29	30	31
☉	10	11	12	12.9	13.9	14.9	15.8	16.8	17.8	18.7	19.7	20.7	21.6	22.6	23.6	24.5	25.5	26.5	27.4	28.4	29.4	0.3	1.3	2.2	3.2	4.2	5.1	6.1	7	8	9
☽	2.2	17.3	2.5	17.5	2.2	16.6	0.5	14.1	27.3	10.2	22.8	5.2	17.4	29.4	11.4	23.2	5	16.8	28.7	10.6	22.6	4.9	17.4	0.2	13.4	27	11.1	25.7	10.5	25.6	10.8
☿	14.2	15.5	16.9	18.3	19.7	21.2	22.7	24.2	25.8	27.4	29	0.7	2.4	4.1	5.9	7.7	9.5	11.4	13.3	15.2	17.2	19.2	21.2	23.3	25.4	27.5	29.6	1.8	4	6.2	8.4
♀	1.9	3.1	4.3	5.6	6.8	8	9.2	10.4	11.7	12.9	14.1	15.3	16.5	17.7	18.9	20.2	21.4	22.6	23.8	25	26.2	27.4	28.6	29.8	1	2.2	3.5	4.7	5.9	7.1	8.3
♂	3.7	4.2	4.6	5.1	5.6	6.1	6.6	7	7.5	8	8.5	9	9.5	10	10.5	11	11.5	12	12.5	13	13.5	14.1	14.6	15.1	15.6	16.1	16.7	17.2	17.7	18.3	18.8

♃ 1: 20.3R, 6: 19.7, 11: 19.2, 16: 18.8, 21: 18.4, 26: 18, 31: 17.8 — ♄ 1: 19.5, 6: 19.9, 11: 20.3, 16: 20.7, 21: 21.2, 26: 21.7, 31: 22.2 — ♅ 1: 15.4, 11: 15.9, 21: 16.5, 31: 17 — ♆ 1: 6.4R, 11: 6.2, 21: 6, 31: 5.9 — ♇ 1: 9.5, 11: 9.5, 21: 9.6, 31: 9.8

VI

	1	2	3	4	5	6	7	8	9	10	11	12	13	14	15	16	17	18	19	20	21	22	23	24	25	26	27	28	29	30	31
☉	9.9	10.9	11.8	12.8	13.7	14.7	15.7	16.6	17.6	18.5	19.5	20.4	21.4	22.3	23.3	24.3	25.2	26.2	27.1	28.1	29	30	0.9	1.9	2.8	3.8	4.8	5.7	6.7	7.6	
☽	25.9	10.9	25.4	9.6	23.3	6.6	19.5	2.1	14.4	26.5	8.4	20.2	2	13.8	25.7	7.6	19.7	1.9	14.3	26.9	9.9	23.1	6.6	20.6	4.8	19.4	4.3	19.3	4.3	19.1	
☿	10.6	12.8	15	17.1	19.3	21.5	23.6	25.7	27.8	29.9	1.9	3.9	5.8	7.7	9.6	11.4	13.2	15	16.7	18.4	20	21.6	23.1	24.7	26.1	27.6	28.9	0.3	1.6	2.8	
♀	9.5	10.7	11.9	13.1	14.3	15.5	16.7	17.9	19.1	20.2	21.4	22.6	23.8	25	26.2	27.4	28.6	29.8	1	2.1	3.3	4.5	5.7	6.9	8.1	9.2	10.4	11.6	12.8	13.9	
♂	19.3	19.9	20.4	20.9	21.6	22	22.6	23.1	23.7	24.2	24.8	25.3	25.9	26.4	27	27.6	28.1	28.7	29.2	29.8	0.4	0.9	1.5	2.1	2.7	3.2	3.8	4.4	5	5.5	

♃ 1: 17.7R, 6: 17.6, 11: 17.5, 16: 17.5D, 21: 17.5, 26: 17.6 — ♄ 1: 22.3, 6: 22.8, 11: 23.4, 16: 24, 21: 24.6, 26: 25.2 — ♅ 1: 17.1, 11: 17.7, 21: 18.3 — ♆ 1: 5.9R, 11: 5.9, 21: 5.8D — ♇ 1: 9.8, 11: 10, 21: 10.2

VII

	1	2	3	4	5	6	7	8	9	10	11	12	13	14	15	16	17	18	19	20	21	22	23	24	25	26	27	28	29	30	31
☉	8.6	9.5	10.5	11.4	12.4	13.3	14.3	15.2	16.2	17.1	18.1	19.1	20	21	21.9	22.9	23.8	24.8	25.7	26.7	27.6	28.6	29.6	0.5	1.5	2.4	3.4	4.3	5.3	6.2	7.2
☽	3.7	18	1.8	15.2	28.2	10.8	23.1	5.1	17	28.8	10.6	22.5	4.4	16.5	28.8	11.3	24	6.9	20	3.4	17	0.8	14.9	29.2	13.7	28.3	13	27.6	12	26.2	10
☿	4.1	5.2	6.3	7.4	8.4	9.4	10.3	11.2	12	12.7	13.4	14	14.6	15	15.5	15.8	16.1	16.2	16.3	16.4R	16.3	16.2	15.9	15.6	15.3	14.8	14.3	13.7	13.1	12.4	11.6
♀	15.1	16.3	17.4	18.6	19.8	21	22.1	23.3	24.4	25.6	26.8	27.9	29.1	0.2	1.4	2.5	3.7	4.8	6	7.1	8.3	9.4	10.6	11.7	12.8	14	15.1	16.2	17.4	18.5	19.6
♂	6.1	6.7	7.3	7.9	8.5	9	9.6	10.2	10.8	11.4	12	12.6	13.2	13.8	14.4	15	15.6	16.2	16.8	17.4	18	18.6	19.2	19.8	20.4	21	21.6	22.2	22.8	23.5	24.1

♃ 1: 17.8, 6: 18.1, 11: 18.5, 16: 18.9, 21: 19.3, 26: 19.9, 31: 20.5 — ♄ 1: 25.8, 6: 26.5, 11: 27.1, 16: 27.7, 21: 28.4, 26: 29, 31: 29.7 — ♅ 1: 18.9, 11: 19.4, 21: 19.9, 31: 20.4 — ♆ 1: 5.9, 11: 6, 21: 6.1, 31: 6.3 — ♇ 1: 10.4, 11: 10.7, 21: 11, 31: 11.3

VIII

	1	2	3	4	5	6	7	8	9	10	11	12	13	14	15	16	17	18	19	20	21	22	23	24	25	26	27	28	29	30	31
☉	8.2	9.1	10.1	11	12	12.9	13.9	14.9	15.8	16.8	17.7	18.7	19.7	20.6	21.6	22.5	23.5	24.5	25.4	26.4	27.3	28.3	29.3	0.2	1.2	2.2	3.1	4.1	5.1	6	7
☽	23.4	6.4	19	1.3	13.4	25.3	7.1	18.9	0.8	12.9	25.1	7.6	20.4	3.5	16.7	0.2	13.9	27.7	11.6	25.7	9.8	24	8.3	22.5	6.7	20.8	4.6	18.2	1.5	14.4	27
☿	10.9R	10.1	9.4	8.7	8	7.3	6.7	6.2	5.7	5.3	5.1	4.9	4.9D	5	5.2	5.5	5.9	6.5	7.1	7.9	8.8	9.9	11	12.2	13.6	15	16.5	18.1	19.7	21.4	23.2
♀	20.7	21.8	23	24.1	25.2	26.3	27.4	28.5	29.6	0.7	1.8	2.9	4	5.1	6.2	7.2	8.3	9.4	10.5	11.5	12.6	13.7	14.7	15.8	16.8	17.9	18.9	19.9	21	22	23
♂	24.7	25.3	25.9	26.6	27.2	27.8	28.4	29	29.7	0.3	0.9	1.5	2.2	2.8	3.4	4.1	4.7	5.3	6	6.6	7.2	7.9	8.5	9.2	9.8	10.4	11.1	11.7	12.4	13	13.7

♃ 1: 20.6, 6: 21.2, 11: 21.9, 16: 22.7, 21: 23.5, 26: 24.3, 31: 25.1 — ♄ 1: 29.8, 6: 0.4, 11: 1.1, 16: 1.7, 21: 2.3, 26: 2.9, 31: 3.5 — ♅ 1: 20.4, 11: 20.9, 21: 21.2, 31: 21.5 — ♆ 1: 6.4, 11: 6.6, 21: 6.9, 31: 7.2 — ♇ 1: 11.3, 11: 11.6, 21: 11.9, 31: 12.2

IX

	1	2	3	4	5	6	7	8	9	10	11	12	13	14	15	16	17	18	19	20	21	22	23	24	25	26	27	28	29	30	31
☉	8	8.9	9.9	10.9	11.8	12.8	13.8	14.7	15.7	16.7	17.7	18.6	19.6	20.6	21.6	22.5	23.5	24.5	25.5	26.4	27.4	28.4	29.4	0.4	1.3	2.3	3.3	4.3	5.3	6.2	
☽	9.3	21.3	3.2	15	26.8	8.8	20.9	3.3	16	29	12.4	26.1	10	24.1	8.2	22.4	6.6	20.8	4.9	18.9	2.8	16.6	0.2	13.7	26.9	9.9	22.6	5	17.2	29.2	
☿	25	26.8	28.7	0.6	2.5	4.4	6.4	8.3	10.2	12.2	14.1	16	17.9	19.8	21.6	23.5	25.3	27.1	28.9	0.7	2.5	4.2	6	7.7	9.4	11.1	12.8	14.4	16	17.7	
♀	24	25	26	27	28	29	30	1	1.9	2.9	3.8	4.8	5.7	6.7	7.6	8.5	9.4	10.3	11.2	12.1	12.9	13.8	14.6	15.5	16.3	17.1	17.9	18.7	19.5	20.2	
♂	14.3	15	15.6	16.3	16.9	17.6	18.2	18.9	19.6	20.2	20.9	21.5	22.2	22.9	23.5	24.2	24.9	25.5	26.2	26.9	27.5	28.2	28.9	29.5	0.2	0.9	1.6	2.2	2.9	3.6	

♃ 1: 25.3, 6: 26.2, 11: 27.2, 16: 28.1, 21: 29.1, 26: 0.1 — ♄ 1: 3.6, 6: 4.2, 11: 4.7, 16: 5.2, 21: 5.7, 26: 6.2 — ♅ 1: 21.5, 11: 21.7, 21: 21.8 — ♆ 1: 7.3, 11: 7.6, 21: 8 — ♇ 1: 12.2, 11: 12.5, 21: 12.7

X

	1	2	3	4	5	6	7	8	9	10	11	12	13	14	15	16	17	18	19	20	21	22	23	24	25	26	27	28	29	30	31
☉	7.2	8.2	9.2	10.2	11.2	12.1	13.1	14.1	15.1	16.1	17.1	18.1	19.1	20.1	21	22	23	24	25	26	27	28	29	30	1	2	3	4	5	6	7
☽	11.1	22.9	4.7	16.6	28.7	11.2	23.9	7.1	20.7	4.6	18.9	3.4	18	2.7	17.2	1.6	15.7	29.7	13.4	26.9	10.2	23.2	6.1	18.8	1.2	13.4	25.5	7.4	19.2	1	12.8
☿	19.3	20.9	22.5	24	25.6	27.1	28.7	0.2	1.7	3.2	4.7	6.1	7.6	9	10.4	11.8	13.2	14.6	16	17.3	18.6	19.9	21.2	22.5	23.7	25	26.1	27.3	28.4	29.5	0.5
♀	21	21.7	22.4	23.1	23.8	24.4	25.1	25.7	26.3	26.9	27.4	27.9	28.4	28.9	29.4	29.8	0.2	0.6	0.9	1.2	1.5	1.8	2	2.2	2.3	2.4	2.5	2.5	2.5R	2.4	2.3
♂	4.3	5	5.7	6.3	7	7.7	8.4	9.1	9.8	10.5	11.1	11.8	12.5	13.2	13.9	14.6	15.3	16	16.7	17.4	18.1	18.8	19.5	20.2	20.9	21.6	22.3	23	23.8	24.5	25.2

♃ 1: 1.2, 6: 2.2, 11: 3.3, 16: 4.3, 21: 5.4, 26: 6.5, 31: 7.6 — ♄ 1: 6.6, 6: 7, 11: 7.4, 16: 7.7, 21: 8, 26: 8.3, 31: 8.5 — ♅ 1: 21.8R, 11: 21.7, 21: 21.6, 31: 21.3 — ♆ 1: 8.3, 11: 8.7, 21: 9.1, 31: 9.4 — ♇ 1: 12.9, 11: 13.1, 21: 13.2, 31: 13.3

XI

	1	2	3	4	5	6	7	8	9	10	11	12	13	14	15	16	17	18	19	20	21	22	23	24	25	26	27	28	29	30	31
☉	8	9	10	11	12	13	14	15	16	17	18	19	20	21	22	23	24	25.1	26.1	27.1	28.1	29.1	0.1	1.1	2.1	3.1	4.1	5.2	6.2	7.2	
☽	24.7	6.8	19.1	1.9	15	28.6	12.6	27	11.8	26.8	11.8	26.7	11.5	25.9	10	23.8	7.2	20.3	3.1	15.6	28	10.2	22.2	4.1	15.9	27.7	9.5	21.3	3.2	15.3	
☿	1.5	2.5	3.4	4.2	4.9	5.6	6.2	6.6	7	7.2	7.3	7.3R	7.1	6.7	6.2	5.5	4.6	3.6	2.4	1.1	29.8	28.4	27.1	25.8	24.6	23.6	22.7	22.1	21.6	21.3	
♀	2.2R	2	1.8	1.5	1.3	0.9	0.5	0.1	29.7	29.2	28.7	28.2	27.7	27.1	26.5	25.9	25.3	24.7	24.1	23.5	22.9	22.3	21.7	21.2	20.7	20.2	19.7	19.3	18.9	18.5	
♂	25.9	26.6	27.3	28	28.7	29.5	0.2	0.9	1.6	2.3	3.1	3.8	4.5	5.2	6	6.7	7.4	8.1	8.9	9.6	10.3	11.1	11.8	12.5	13.3	14	14.7	15.5	16.2	17	

♃ 1: 7.8, 6: 8.9, 11: 10, 16: 11.1, 21: 12.2, 26: 13.3 — ♄ 1: 8.5, 6: 8.7, 11: 8.8, 16: 8.9, 21: 8.9R, 26: 8.9 — ♅ 1: 21.3R, 11: 21, 21: 20.6 — ♆ 1: 9.4, 11: 9.8, 21: 10.1 — ♇ 1: 13.3, 11: 13.4, 21: 13.4R

XII

	1	2	3	4	5	6	7	8	9	10	11	12	13	14	15	16	17	18	19	20	21	22	23	24	25	26	27	28	29	30	31
☉	8.2	9.2	10.2	11.2	12.3	13.3	14.3	15.3	16.3	17.3	18.4	19.4	20.4	21.4	22.4	23.4	24.5	25.5	26.5	27.5	28.5	29.5	0.6	1.6	2.6	3.6	4.6	5.7	6.7	7.7	8.7
☽	27.7	10.3	23.3	6.7	20.6	4.9	19.7	4.7	19.9	5.2	20.2	5	19.4	3.4	16.9	29.9	12.6	25	7.2	19.2	1.1	12.9	24.7	6.5	18.3	0.2	12.3	24.5	6.9	19.5	2.4
☿	21.2R	21.2D	21.5	21.9	22.4	23	23.8	24.6	25.6	26.6	27.7	28.8	0	1.2	2.5	3.8	5.1	6.5	7.9	9.2	10.7	12.1	13.5	15	16.4	17.9	19.4	20.8	22.3	23.8	25.3
♀	18.2R	17.9	17.7	17.5	17.3	17.2	17.1	17.1	17.1D	17.2	17.2	17.4	17.5	17.7	18	18.2	18.5	18.9	19.3	19.7	20.1	20.5	21	21.5	22.1	22.7	23.2	23.9	24.5	25.1	25.8
♂	17.7	18.4	19.2	19.9	20.7	21.4	22.2	22.9	23.7	24.4	25.2	25.9	26.7	27.4	28.2	28.9	29.7	0.4	1.2	1.9	2.7	3.5	4.2	5	5.7	6.5	7.3	8	8.8	9.5	10.3

♃ 1: 14.3, 6: 15.3, 11: 16.4, 16: 17.4, 21: 18.3, 26: 19.3, 31: 20.2 — ♄ 1: 8.8R, 6: 8.7, 11: 8.5, 16: 8.3, 21: 8.1, 26: 7.8, 31: 7.5 — ♅ 1: 20.2R, 11: 19.8, 21: 19.4, 31: 19 — ♆ 1: 10.3, 11: 10.5, 21: 10.7, 31: 10.8 — ♇ 1: 13.3R, 11: 13.2, 21: 13.1, 12.9

I

	1	2	3	4	5	6	7	8	9	10	11	12	13	14	15	16	17	18	19	20	21	22	23	24	25	26	27	28	29	30	31
☉	♑ 9.7	10.8	11.8	12.8	13.8	14.8	15.9	16.9	17.9	18.9	19.9	20.9	22	23	24	25	26	27.1	28.1	29.1	♒ 0.1	1.1	2.1	3.2	4.2	5.2	6.2	7.2	8.2	9.3	10.3
☽	♈ 15.7	29.4	♉ 13.4	27.9	♊ 12.7	27.8	♋ 13	28.2	♌ 13.1	27.8	♍ 11.9	25.6	♎ 8.8	21.6	♏ 4	16.1	28	♐ 9.8	21.6	♑ 3.4	15.2	27.2	♒ 9.3	21.5	♓ 4	16.6	29.4	♈ 12.4	25.6	♉ 9.2	23
☿	♐ 26.9	28.4	29.9	♑ 1.4	3	4.5	6.1	7.6	9.2	10.8	12.3	13.9	15.5	17.1	18.7	20.3	22	23.6	25.2	26.9	28.5	♒ 0.2	1.9	3.6	5.3	7	8.7	10.4	12.2	13.9	15.7
♀	♏ 26.5	27.2	27.9	28.7	29.5	♐ 0.2	1	1.8	2.7	3.5	4.4	5.2	6.1	7	7.9	8.8	9.7	10.6	11.6	12.5	13.5	14.4	15.4	16.4	17.4	18.4	19.4	20.4	21.4	22.4	23.5
♂	♑ 11.1	11.8	12.6	13.4	14.1	14.9	15.7	16.5	17.2	18	18.8	19.5	20.3	21.1	21.9	22.6	23.4	24.2	25	25.7	26.5	27.3	28.1	28.9	29.6	♒ 0.4	1.2	2	2.8	3.5	4.3

	1	6	11	16	21	26	31
♃	♏ 20.4	21.2	22.1	22.8	23.6	24.3	24.9
♄	♌ 7.4R	7	6.7	6.3	5.9	5.5	5.1

	1	11	21	31
♅	♊ 19.0R	18.6	18.3	18
♆	♎ 10.8	10.8	10.8R	10.7
♇	♌ 12.9R	12.7	12.5	12.2

	1	2	3	4	5	6	7	8	9	10	11	12	13	14	15	16	17	18	19	20	21	22	23	24	25	26	27	28	29	30	31
☉	♑ 9.5	10.5	11.5	12.5	13.6	14.6	15.6	16.6	17.6	18.7	19.7	20.7	21.7	22.7	23.8	24.8	25.8	26.8	27.8	28.8	29.9	♒ 0.9	1.9	2.9	3.9	5	6	7	8	9	10
☽	♍ 7.4	21.7	♎ 5.6	19.1	♏ 2.2	15	27.6	♐ 9.9	22.1	♑ 4.2	16.1	28.1	♒ 9.9	21.8	♓ 3.7	15.6	27.6	♈ 9.8	22.2	♉ 5	18.1	♊ 1.7	15.8	♋ 0.4	15.4	♌ 0.6	16	♍ 1.3	16.3	♎ 0.9	15
☿	♑ 8	9.6	11.2	12.8	14.4	16.1	17.7	19.3	21	22.6	24.3	26	27.6	29.3	♒ 1	2.7	4.4	6.1	7.8	9.5	11.2	12.8	14.5	16.2	17.9	19.5	21.1	22.7	24.3	25.8	27.3
♀	♒ 8.9	10.2	11.4	12.6	13.9	15.1	16.4	17.6	18.8	20.1	21.3	22.5	23.8	25	26.2	27.4	28.7	29.9	♓ 1.1	2.4	3.6	4.8	6	7.2	8.5	9.7	10.9	12.1	13.3	14.6	15.8
♂	♍ 7.3	7.3	7.4	7.5	7.5	7.6	7.6	7.6	7.6R	7.6	7.6	7.5	7.5	7.4	7.3	7.2	7.1	7	6.9	6.8	6.6	6.4	6.2	6	5.8	5.6	5.4	5.1	4.9	4.6	4.3

	1	6	11	16	21	26	31
♃	♐ 15.1	16.2	17.3	18.3	19.3	20.2	21.2
♄	♌ 22.0R	21.7	21.4	21.1	20.8	20.4	20

	1	11	21	31
♅	♊ 23.5R	23.1	22.8	22.5
♆	♎ 12.9	13	13.0R	12.9
♇	♌ 14.5R	14.3	14.1	13.9

II

	1	2	3	4	5	6	7	8	9	10	11	12	13	14	15	16	17	18	19	20	21	22	23	24	25	26	27	28	29	30	31
☉	♒ 11.3	12.3	13.3	14.3	15.4	16.4	17.4	18.4	19.4	20.4	21.4	22.4	23.5	24.5	25.5	26.5	27.5	28.5	29.5	♓ 0.5	1.5	2.5	3.5	4.5	5.6	6.6	7.6	8.6			
☽	♊ 7.2	21.7	♋ 6.4	21.3	♌ 6.2	21	♍ 5.6	19.8	♎ 3.6	16.9	29.7	♏ 12.2	24.4	♐ 6.3	18.1	29.9	♑ 11.7	23.6	♒ 5.7	18	♓ 0.5	13.3	26.2	♈ 9.3	22.6	♉ 6.1	19.8	♊ 3.6			
☿	♒ 17.5	19.2	21	22.8	24.6	26.3	28.1	29.9	♓ 1.7	3.4	5.1	6.8	8.5	10.1	11.7	13.2	14.7	16.1	17.4	18.5	19.6	20.6	21.4	22	22.5	22.9	23.1	23.1R			
♀	♐ 24.5	25.5	26.6	27.6	28.7	29.8	♑ 0.8	1.9	3	4	5.1	6.2	7.3	8.4	9.5	10.6	11.7	12.8	13.9	15	16.2	17.3	18.4	19.5	20.7	21.8	22.9	24.1			
♂	♒ 5.1	5.9	6.7	7.5	8.2	9	9.8	10.6	11.4	12.2	12.9	13.7	14.5	15.3	16.1	16.9	17.7	18.4	19.2	20	20.8	21.6	22.4	23.2	24	24.7	25.5	26.3			

	1	6	11	16	21	26
♃	♏ 25	25.6	26.1	26.5	26.9	27.1
♄	♌ 5.0R	4.6	4.2	3.8	3.5	3.1

	1	11	21
♅	♊ 18.0R	17.8	17.8
♆	♎ 10.7R	10.6	10.4
♇	♌ 12.2R	12	11.8

	1	2	3	4	5	6	7	8	9	10	11	12	13	14	15	16	17	18	19	20	21	22	23	24	25	26	27	28	29	30	31
☉	♒ 11	12.1	13.1	14.1	15.1	16.1	17.1	18.1	19.2	20.2	21.2	22.2	23.2	24.2	25.2	26.2	27.2	28.3	29.3	♓ 0.3	1.3	2.3	3.3	4.3	5.3	6.3	7.3	8.3	9.3		
☽	♎ 28.6	♏ 11.8	24.6	♐ 7	19.2	♑ 1.2	13.2	25.1	♒ 6.9	18.8	♓ 0.7	12.6	24.6	♈ 6.8	19	♉ 1.5	14.2	27.3	♊ 10.7	24.6	♋ 8.9	23.7	♌ 8.8	24	♍ 9.3	24.4	♎ 9.1	23.4	♏ 7.2		
☿	♒ 28.6	30	♓ 1.2	2.3	3.4	4.3	5	5.7	6.1	6.4	6.5	6.5R	6.2	5.8	5.2	4.5	3.6	2.7	1.6	0.5	♒ 29.4	28.3	27.2	26.2	25.2	24.4	23.6	23	22.5		
♀	♓ 17	18.2	19.4	20.6	21.8	23	24.3	25.5	26.7	27.9	29.1	♈ 0.3	1.5	2.7	3.9	5.1	6.2	7.4	8.6	9.8	11	12.2	13.4	14.5	15.7	16.9	18.1	19.2	20.4		
♂	♍ 4.0R	3.7	3.4	3.1	2.7	2.4	2	1.7	1.3	0.9	0.6	0.2	♌ 29.8	29.4	29	28.6	28.2	27.8	27.4	27	26.6	26.2	25.8	25.4	25.1	24.7	24.3	23.9	23.6		

	1	6	11	16	21	26
♃	♐ 21.4	22.2	23.1	23.9	24.7	25.4
♄	♌ 19.9R	19.5	19.1	18.7	18.3	17.9

	1	11	21
♅	♊ 22.5R	22.3	22.1
♆	♎ 12.9R	12.8	12.6
♇	♌ 13.8R	13.6	13.4

III

	1	2	3	4	5	6	7	8	9	10	11	12	13	14	15	16	17	18	19	20	21	22	23	24	25	26	27	28	29	30	31
☉	♓ 9.6	10.6	11.6	12.6	13.6	14.6	15.6	16.6	17.6	18.6	19.6	20.6	21.6	22.6	23.6	24.6	25.6	26.6	27.6	28.6	29.5	♈ 0.5	1.5	2.5	3.5	4.5	5.5	6.5	7.5	8.5	9.4
☽	♊ 17.6	♋ 1.8	16.1	♌ 0.6	15.1	29.5	♍ 13.8	27.8	♎ 11.4	24.7	♏ 7.5	20	♐ 2.2	14.2	26.1	♑ 7.9	19.7	♒ 1.7	13.9	26.3	♓ 9.1	22.1	♈ 5.4	18.9	♉ 2.6	16.5	♊ 0.4	14.5	28.6	♋ 12.7	26.8
☿	♓ 23.0R	22.7	22.3	21.7	21.1	20.3	19.4	18.4	17.5	16.5	15.5	14.5	13.6	12.7	11.9	11.3	10.7	10.2	9.8	9.5	9.3	9.2	9.2D	9.3	9.5	9.8	10.2	10.7	11.2	11.8	12.4
♀	♑ 25.2	26.3	27.5	28.6	29.8	♒ 0.9	2.1	3.2	4.4	5.5	6.7	7.8	9	10.2	11.3	12.5	13.7	14.8	16	17.2	18.3	19.5	20.7	21.8	23	24.2	25.4	26.6	27.7	28.9	♓ 0.1
♂	♒ 27.1	27.9	28.7	29.5	♓ 0.3	1	1.8	2.6	3.4	4.2	5	5.8	6.6	7.3	8.1	8.9	9.7	10.5	11.3	12.1	12.8	13.6	14.4	15.2	16	16.8	17.6	18.3	19.1	19.9	20.7

	1	6	11	16	21	26	31
♃	♏ 27.3	27.5	27.5	27.6R	27.5	27.4	27.1
♄	♌ 3.0R	2.7	2.5	2.3	2.1	2	2

	1	11	21	31
♅	♊ 17.8	17.8	18	18.3
♆	♎ 10.2R	10	9.7	9.4
♇	♌ 11.6R	11.4	11.2	11.1

	1	2	3	4	5	6	7	8	9	10	11	12	13	14	15	16	17	18	19	20	21	22	23	24	25	26	27	28	29	30	31
☉	♓ 10.3	11.3	12.3	13.3	14.3	15.3	16.3	17.3	18.3	19.3	20.3	21.3	22.3	23.3	24.3	25.3	26.3	27.3	28.3	29.3	♈ 0.3	1.3	2.3	3.3	4.3	5.3	6.2	7.2	8.2	9.2	10.2
☽	♏ 20.5	♐ 3.3	15.8	28.1	♑ 10.1	22	♒ 3.8	15.7	27.6	♓ 9.5	21.6	♈ 3.8	16.1	28.6	♉ 11.3	24.1	♊ 7.3	20.7	♋ 4.5	18.6	♌ 3.1	17.8	♍ 2.7	17.6	♎ 2.4	17	♏ 1.3	15.1	28.5	♐ 11.4	24
☿	♒ 22.1R	21.8	21.6	21.6	21.6D	21.8	22	22.4	22.8	23.3	23.9	24.5	25.2	26	26.8	27.7	28.7	29.7	♓ 0.7	1.8	2.9	4	5.2	6.4	7.7	9	10.3	11.6	13	14.4	15.8
♀	♈ 21.6	22.7	23.9	25.1	26.2	27.4	28.5	29.7	♉ 0.8	2	3.1	4.2	5.4	6.5	7.6	8.8	9.9	11	12.1	13.2	14.4	15.5	16.6	17.7	18.8	19.8	20.9	22	23.1	24.2	25.2
♂	♌ 23.2R	22.9	22.6	22.2	21.9	21.6	21.3	21.1	20.8	20.5	20.3	20.1	19.8	19.6	19.4	19.3	19.1	18.9	18.8	18.7	18.6	18.5	18.4	18.3	18.2	18.2	18.1	18.1	18.1	18.1D	18.1

	1	6	11	16	21	26	31
♃	♐ 25.9	26.5	27.1	27.5	28	28.3	28.6
♄	♌ 17.6R	17.3	16.9	16.7	16.4	16.2	16

	1	11	21	31
♅	♊ 22.1D	22.2	22.3	22.5
♆	♎ 12.4R	12.2	11.9	11.7
♇	♌ 13.2R	13	12.8	12.7

IV

	1	2	3	4	5	6	7	8	9	10	11	12	13	14	15	16	17	18	19	20	21	22	23	24	25	26	27	28	29	30	31
☉	♈ 10.4	11.4	12.4	13.4	14.4	15.4	16.3	17.3	18.3	19.3	20.3	21.3	22.2	23.2	24.2	25.2	26.2	27.1	28.1	29.1	♉ 0.1	1	2	3	4	4.9	5.9	6.9	7.9	8.8	
☽	♌ 11	25	♍ 9	22.8	♎ 6.4	19.7	♏ 2.7	15.4	27.8	♐ 10	22	♑ 3.9	15.7	27.6	♒ 9.6	21.8	♓ 4.3	17.1	♈ 0.3	13.9	27.7	♉ 11.8	26.1	♊ 10.5	25	♋ 9.4	23.6	♌ 7.8	21.8	♍ 5.6	
☿	♓ 13.2	14	14.8	15.7	16.6	17.6	18.7	19.7	20.9	22	23.2	24.5	25.7	27	28.4	29.7	♈ 1.2	2.6	4.1	5.5	7.1	8.6	10.2	11.8	13.5	15.1	16.8	18.6	20.3	22.1	
♀	♓ 1.3	2.5	3.6	4.8	6	7.2	8.4	9.6	10.8	12	13.1	14.3	15.5	16.7	17.9	19.1	20.3	21.5	22.7	23.9	25.1	26.3	27.5	28.7	29.9	♈ 1.1	2.3	3.5	4.7	5.9	
♂	♓ 21.5	22.3	23	23.8	24.6	25.4	26.2	26.9	27.7	28.5	29.3	♈ 0.1	0.8	1.6	2.4	3.2	3.9	4.7	5.5	6.3	7	7.8	8.6	9.3	10.1	10.9	11.7	12.4	13.2	14	

	1	6	11	16	21	26
♃	♏ 27.1R	26.8	26.4	26	25.5	24.9
♄	♌ 2.0R	2.0D	2	2.1	2.2	2.4

	1	11	21
♅	♊ 18.3	18.6	19
♆	♎ 9.4R	9.1	8.9
♇	♌ 11.1R	11	11

	1	2	3	4	5	6	7	8	9	10	11	12	13	14	15	16	17	18	19	20	21	22	23	24	25	26	27	28	29	30	31
☉	♈ 11.2	12.2	13.2	14.1	15.1	16.1	17.1	18.1	19.1	20	21	22	23	24	24.9	25.9	26.9	27.9	28.9	29.8	♉ 0.8	1.8	2.8	3.7	4.7	5.7	6.6	7.6	8.6	9.6	
☽	♑ 6.3	18.4	♒ 0.3	12.2	24.1	♓ 6	18.1	♈ 0.3	12.7	25.2	♉ 8	21	♊ 4.2	17.7	♋ 1.3	15.2	29.2	♌ 13.5	27.9	♍ 12.4	26.8	♎ 11.2	25.4	♏ 9.4	23	♐ 6.3	19.3	♑ 1.9	14.2	26.4	
☿	♓ 17.3	18.8	20.3	21.8	23.4	24.9	26.5	28.2	29.8	♈ 1.5	3.2	5	6.7	8.5	10.3	12.2	14	15.9	17.8	19.8	21.8	23.7	25.8	27.8	29.9	♉ 2	4.1	6.2	8.3	10.5	
♀	♉ 26.3	27.4	28.4	29.5	♊ 0.5	1.5	2.6	3.6	4.6	5.6	6.6	7.6	8.6	9.6	10.6	11.6	12.5	13.5	14.4	15.4	16.3	17.2	18.2	19.1	20	20.8	21.7	22.6	23.4	24.3	
♂	♌ 18.1	18.2	18.2	18.3	18.4	18.4	18.5	18.6	18.7	18.9	19	19.2	19.3	19.5	19.6	19.8	20	20.2	20.4	20.7	20.9	21.1	21.4	21.6	21.9	22.1	22.4	22.7	23	23.3	

	1	6	11	16	21	26
♃	♐ 28.6	28.8	28.9	28.9R	28.9	28.8
♄	♌ 16.0R	15.9	15.8	15.8	15.8D	15.8

	1	11	21
♅	♊ 22.6	22.9	23.2
♆	♎ 11.6R	11.4	11.1
♇	♌ 12.7R	12.6	12.6

V

	1	2	3	4	5	6	7	8	9	10	11	12	13	14	15	16	17	18	19	20	21	22	23	24	25	26	27	28	29	30	31
☉	♉ 9.8	10.8	11.7	12.7	13.7	14.6	15.6	16.6	17.5	18.5	19.5	20.4	21.4	22.4	23.3	24.3	25.3	26.2	27.2	28.2	29.1	♊ 0.1	1	2	3	3.9	4.9	5.8	6.8	7.8	8.7
☽	♍ 19.2	♎ 2.5	15.7	28.6	♏ 11.3	23.8	♐ 6	18.1	♑ 0	11.9	23.7	♒ 5.6	17.6	29.8	♓ 12.3	25.1	♈ 8.3	21.9	♉ 6	20.3	♊ 5	19.8	♋ 4.7	19.4	♌ 4	18.4	♍ 2.4	16.1	29.5	♎ 12.6	25.4
☿	♈ 23.9	25.8	27.6	29.5	♉ 1.5	3.4	5.4	7.4	9.5	11.6	13.6	15.8	17.9	20.1	22.2	24.4	26.6	28.8	♊ 1	3.1	5.3	7.5	9.6	11.7	13.8	15.8	17.8	19.8	21.7	23.6	25.5
♀	♈ 7.1	8.3	9.5	10.7	11.9	13.1	14.3	15.5	16.7	17.9	19.1	20.3	21.5	22.7	23.9	25.1	26.3	27.5	28.7	29.9	♉ 1.1	2.3	3.5	4.7	5.9	7.1	8.4	9.6	10.8	12	13.2
♂	♈ 14.7	15.5	16.3	17	17.8	18.6	19.3	20.1	20.8	21.6	22.4	23.1	23.9	24.6	25.4	26.1	26.9	27.7	28.4	29.2	29.9	♉ 0.7	1.4	2.2	2.9	3.7	4.4	5.1	5.9	6.6	7.4

	1	6	11	16	21	26	31
♃	♏ 24.4R	23.8	23.1	22.5	21.9	21.2	20.6
♄	♌ 2.6	2.9	3.2	3.5	3.9	4.3	4.7

	1	11	21	31
♅	♊ 19.5	20	20.5	21.1
♆	♎ 8.6R	8.4	8.3	8.1
♇	♌ 11	11.1	11.2	11.3

	1	2	3	4	5	6	7	8	9	10	11	12	13	14	15	16	17	18	19	20	21	22	23	24	25	26	27	28	29	30	31
☉	♉ 10.5	11.5	12.5	13.4	14.4	15.4	16.3	17.3	18.3	19.2	20.2	21.2	22.1	23.1	24.1	25	26	27	27.9	28.9	29.8	♊ 0.8	1.8	2.7	3.7	4.7	5.6	6.6	7.5	8.5	9.4
☽	♒ 8.3	20.2	♓ 2.1	14.1	26.2	♈ 8.5	21.1	♉ 3.9	17	♊ 0.4	14	27.9	♋ 11.9	26.1	♌ 10.3	24.5	♍ 8.7	22.9	♎ 6.9	20.9	♏ 4.6	18.1	♐ 1.4	14.5	27.3	♑ 9.8	22.2	♒ 4.3	16.2	28.1	♓ 10
☿	♉ 12.6	14.8	17	19.1	21.2	23.4	25.5	27.6	29.6	♊ 1.6	3.6	5.6	7.5	9.3	11.1	12.9	14.6	16.2	17.8	19.3	20.8	22.2	23.6	24.9	26.2	27.4	28.5	29.5	♋ 0.6	1.5	2.4
♀	♊ 25.1	25.9	26.7	27.5	28.3	29	29.7	♋ 0.5	1.2	1.9	2.5	3.2	3.8	4.4	5	5.6	6.2	6.7	7.2	7.7	8.1	8.5	8.9	9.3	9.6	9.9	10.2	10.5	10.7	10.8	11
♂	♌ 23.6	23.9	24.2	24.5	24.9	25.2	25.5	25.9	26.2	26.6	27	27.3	27.7	28.1	28.5	28.9	29.3	29.7	♍ 0.1	0.5	0.9	1.3	1.7	2.1	2.6	3	3.4	3.9	4.3	4.8	5.2

	1	6	11	16	21	26	31
♃	♐ 28.6R	28.3	27.9	27.5	27.1	26.5	26
♄	♌ 15.9	16.1	16.3	16.5	16.8	17.1	17.4

	1	11	21	31
♅	♊ 23.7	24.2	24.7	25.3
♆	♎ 10.9R	10.6	10.5	10.3
♇	♌ 12.6	12.6	12.7	12.9

VI

	1	2	3	4	5	6	7	8	9	10	11	12	13	14	15	16	17	18	19	20	21	22	23	24	25	26	27	28	29	30	31
☉	♊ 9.7	10.6	11.6	12.6	13.5	14.5	15.4	16.4	17.3	18.3	19.3	20.2	21.2	22.1	23.1	24	25	25.9	26.9	27.8	28.8	29.8	♋ 0.7	1.7	2.6	3.6	4.5	5.5	6.4	7.4	
☽	♏ 8	20.4	♐ 2.6	14.6	26.6	♑ 8.5	20.3	♒ 2.2	14.1	26.1	♓ 8.3	20.7	♈ 3.5	16.6	♉ 0.1	14.1	28.6	♊ 13.3	28.4	♋ 13.6	28.7	♌ 13.6	28.2	♍ 12.4	26.1	♎ 9.5	22.4	♏ 5.1	17.4	29.6	
☿	♊ 27.3	29	♋ 0.7	2.4	4	5.6	7.1	8.6	10	11.4	12.7	14	15.3	16.4	17.6	18.6	19.6	20.6	21.5	22.3	23.1	23.8	24.5	25.1	25.6	26	26.4	26.7	26.9	27.1	
♀	♉ 14.4	15.6	16.8	18	19.2	20.4	21.7	22.9	24.1	25.3	26.5	27.7	28.9	♊ 0.1	1.3	2.6	3.8	5	6.2	7.4	8.6	9.8	11.1	12.3	13.5	14.7	15.9	17.1	18.4	19.6	
♂	♉ 8.1	8.9	9.6	10.3	11.1	11.8	12.5	13.3	14	14.7	15.5	16.2	16.9	17.7	18.4	19.1	19.9	20.6	21.3	22	22.7	23.5	24.2	24.9	25.6	26.3	27.1	27.8	28.5	29.2	

	1	6	11	16	21	26
♃	♏ 20.5R	20	19.5	19	18.6	18.3
♄	♌ 4.8	5.3	5.8	6.3	6.8	7.4

	1	11	21
♅	♊ 21.2	21.8	22.4
♆	♎ 8.1R	8.1	8.0D
♇	♌ 11.3	11.5	11.7

	1	2	3	4	5	6	7	8	9	10	11	12	13	14	15	16	17	18	19	20	21	22	23	24	25	26	27	28	29	30	31
☉	♊ 10.4	11.4	12.3	13.3	14.2	15.2	16.2	17.1	18.1	19	20	20.9	21.9	22.8	23.8	24.8	25.7	26.7	27.6	28.6	29.5	♋ 0.5	1.4	2.4	3.3	4.3	5.2	6.2	7.2	8.1	
☽	♓ 22	♈ 4.1	16.4	29.1	♉ 12.1	25.4	♊ 9.1	23.2	♋ 7.5	22	♌ 6.6	21.1	♍ 5.5	19.7	♎ 3.7	17.5	♏ 1.1	14.4	27.6	♐ 10.5	23.3	♑ 5.8	18.2	♒ 0.4	12.4	24.4	♓ 6.2	18.1	♈ 0	12.1	
☿	♋ 3.2	3.9	4.6	5.2	5.7	6.1	6.5	6.8	7	7.2	7.3	7.3R	7.2	7	6.8	6.5	6.2	5.8	5.3	4.8	4.3	3.7	3.2	2.6	2	1.4	0.9	0.4	♊ 29.9	29.5	
♀	♋ 11.1	11.1	11.2	11.1R	11.1	11	10.8	10.7	10.5	10.2	9.9	9.6	9.2	8.8	8.4	7.9	7.4	6.8	6.3	5.7	5.1	4.5	3.9	3.3	2.6	2	1.4	0.8	0.2	♊ 29.6	
♂	♍ 5.7	6.2	6.6	7.1	7.6	8	8.5	9	9.5	10	10.5	11	11.5	12	12.5	13	13.5	14	14.5	15	15.5	16.1	16.6	17.1	17.6	18.2	18.7	19.2	19.8	20.3	

	1	6	11	16	21	26
♃	♐ 25.8R	25.2	24.6	24	23.3	22.7
♄	♌ 17.5	17.9	18.3	18.7	19.2	19.7

	1	11	21
♅	♊ 25.3	25.9	26.5
♆	♎ 10.3R	10.2	10.2
♇	♌ 12.9	13	13.3

VII

	1	2	3	4	5	6	7	8	9	10	11	12	13	14	15	16	17	18	19	20	21	22	23	24	25	26	27	28	29	30	31
☉	♋ 8.3	9.3	10.2	11.2	12.2	13.1	14.1	15	16	16.9	17.9	18.8	19.8	20.7	21.7	22.6	23.6	24.5	25.5	26.5	27.4	28.4	29.3	♌ 0.3	1.2	2.2	3.1	4.1	5.1	6	7
☽	♐ 11.6	23.5	♑ 5.4	17.2	29.1	♒ 11	22.9	♓ 5	17.3	29.7	♈ 12.4	25.5	♉ 8.9	22.7	♊ 7	21.7	♋ 6.8	22	♌ 7.3	22.4	♍ 7.1	21.5	♎ 5.4	18.8	♏ 1.8	14.3	26.6	♐ 8.7	20.6	♑ 2.4	14.3
☿	♋ 27.1	27.1R	27	26.9	26.6	26.3	25.9	25.5	25	24.5	23.9	23.3	22.6	22	21.3	20.7	20.1	19.5	18.9	18.4	18	17.6	17.4	17.2	17.1	17.1D	17.1	17.3	17.6	18	18.5
♀	♊ 20.8	22	23.2	24.5	25.7	26.9	28.1	29.3	♋ 0.5	1.8	3	4.2	5.4	6.7	7.9	9.1	10.3	11.6	12.8	14	15.2	16.5	17.7	18.9	20.1	21.4	22.6	23.8	25	26.3	27.5
♂	♉ 29.9	♊ 0.6	1.3	2	2.7	3.5	4.2	4.9	5.6	6.3	7	7.7	8.4	9.1	9.8	10.5	11.1	11.8	12.5	13.2	13.9	14.6	15.3	16	16.7	17.3	18	18.7	19.4	20.1	20.7

	1	6	11	16	21	26	31
♃	♏ 18.0R	17.8	17.7	17.7D	17.7	17.9	18
♄	♌ 8	8.6	9.2	9.8	10.4	11.1	11.7

	1	11	21	31
♅	♊ 22.9	23.5	24	24.5
♆	♎ 8.1	8.2	8.3	8.5
♇	♌ 12	12.2	12.5	12.8

	1	2	3	4	5	6	7	8	9	10	11	12	13	14	15	16	17	18	19	20	21	22	23	24	25	26	27	28	29	30	31
☉	♋ 9.1	10	11	11.9	12.9	13.8	14.8	15.7	16.7	17.6	18.6	19.5	20.5	21.5	22.4	23.4	24.3	25.3	26.2	27.2	28.1	29.1	♌ 0	1	2	2.9	3.9	4.8	5.8	6.7	7.7
☽	♈ 24.4	♉ 7.1	20.1	♊ 3.5	17.4	♋ 1.7	16.4	♌ 1.3	16.3	♍ 1.2	15.9	♎ 0.3	14.3	28	♏ 11.4	24.5	♐ 7.4	20	♑ 2.5	14.8	27	♒ 9	21	♓ 2.9	14.7	26.6	♈ 8.5	20.5	♉ 2.8	15.4	28.3
☿	♊ 29.1R	28.8	28.6	28.4	28.3	28.3D	28.4	28.6	28.8	29.1	29.6	♋ 0.1	0.7	1.4	2.1	3	3.9	4.9	6	7.2	8.5	9.8	11.2	12.7	14.3	15.9	17.6	19.4	21.2	23	24.9
♀	♊ 29.1R	28.5	28	27.5	27.1	26.7	26.3	26	25.7	25.4	25.2	25	24.8	24.7	24.7	24.6	24.6D	24.7	24.8	24.9	25.1	25.3	25.5	25.8	26	26.4	26.7	27.1	27.5	28	28.4
♂	♍ 20.9	21.4	22	22.5	23.1	23.6	24.2	24.7	25.3	25.9	26.4	27	27.6	28.1	28.7	29.3	29.9	♎ 0.5	1	1.6	2.2	2.8	3.4	4	4.6	5.2	5.8	6.4	7	7.6	8.2

	1	6	11	16	21	26	31
♃	♐ 22.1R	21.5	21	20.5	20.1	19.8	19.5
♄	♌ 20.2	20.8	21.3	21.9	22.5	23.1	23.7

	1	11	21	31
♅	♊ 27.1	27.7	28.2	28.8
♆	♎ 10.2	10.3	10.5	10.6
♇	♌ 13.5	13.8	14.1	14.4

VIII

	1	2	3	4	5	6	7	8	9	10	11	12	13	14	15	16	17	18	19	20	21	22	23	24	25	26	27	28	29	30	31
☉	♌ 7.9	8.9	9.8	10.8	11.8	12.7	13.7	14.6	15.6	16.5	17.5	18.5	19.4	20.4	21.3	22.3	23.3	24.2	25.2	26.1	27.1	28.1	29	♍ 0	1	1.9	2.9	3.9	4.8	5.8	6.8
☽	♑ 26.1	♒ 8	20	♓ 2.1	14.3	26.7	♈ 9.3	22	♉ 5.1	18.4	♊ 2.1	16.2	♋ 0.7	15.5	♌ 0.6	15.7	♍ 0.7	15.5	30	♎ 13.9	27.4	♏ 10.4	23	♐ 5.3	17.3	29.3	♑ 11.1	22.9	♒ 4.8	16.8	28.9
☿	♋ 19.1	19.8	20.6	21.5	22.5	23.6	24.8	26.1	27.4	28.9	♌ 0.4	2	3.7	5.4	7.2	9.1	10.9	12.9	14.8	16.8	18.8	20.8	22.8	24.8	26.8	28.8	♍ 0.8	2.8	4.7	6.7	8.6
♀	♋ 28.7	30	♌ 1.2	2.4	3.7	4.9	6.1	7.3	8.6	9.8	11	12.3	13.5	14.7	16	17.2	18.5	19.7	20.9	22.2	23.4	24.6	25.9	27.1	28.4	29.6	♍ 0.8	2.1	3.3	4.5	5.8
♂	♊ 21.4	22.1	22.8	23.4	24.1	24.8	25.4	26.1	26.8	27.4	28.1	28.8	29.4	♋ 0.1	0.7	1.4	2.1	2.7	3.4	4	4.7	5.3	6	6.6	7.2	7.9	8.5	9.2	9.8	10.4	11.1

	1	6	11	16	21	26	31
♃	♏ 18.1	18.4	18.7	19.1	19.6	20.1	20.7
♄	♌ 11.8	12.5	13.1	13.8	14.4	15	15.6

	1	11	21	31
♅	♊ 24.6	25	25.4	25.7
♆	♎ 8.5	8.7	9	9.3
♇	♌ 12.8	13.1	13.4	13.7

	1	2	3	4	5	6	7	8	9	10	11	12	13	14	15	16	17	18	19	20	21	22	23	24	25	26	27	28	29	30	31
☉	♌ 8.6	9.6	10.6	11.5	12.5	13.4	14.4	15.4	16.3	17.3	18.2	19.2	20.1	21.1	22.1	23	24	25	25.9	26.9	27.8	28.8	29.8	♍ 0.7	1.7	2.7	3.6	4.6	5.6	6.5	7.5
☽	♊ 11.7	25.6	♋ 10	24.8	♌ 10	25.2	♍ 10.4	25.4	♎ 10	24.2	♏ 8	21.4	♐ 4.4	17.1	29.6	♑ 11.8	24	♒ 6	17.9	29.8	♓ 11.7	23.5	♈ 5.4	17.4	29.5	♉ 11.8	24.3	♊ 7.2	20.5	♋ 4.3	18.6
☿	♋ 26.9	28.9	♌ 0.9	2.9	5	7	9.1	11.2	13.2	15.3	17.3	19.4	21.4	23.4	25.4	27.4	29.3	♍ 1.2	3.1	5	6.9	8.7	10.5	12.3	14.1	15.8	17.5	19.2	20.9	22.6	24.2
♀	♊ 28.9	29.4	30	♋ 0.5	1.1	1.7	2.3	3	3.6	4.3	5	5.7	6.4	7.2	7.9	8.7	9.5	10.3	11.1	11.9	12.7	13.6	14.4	15.3	16.2	17.1	18	18.9	19.8	20.7	21.7
♂	♎ 8.8	9.4	10	10.6	11.2	11.8	12.4	13	13.7	14.3	14.9	15.5	16.2	16.8	17.4	18	18.7	19.3	19.9	20.6	21.2	21.8	22.5	23.1	23.8	24.4	25.1	25.7	26.4	27	27.7

	1	6	11	16	21	26	31
♃	♐ 19.5R	19.3	19.1	19.1	19.1D	19.3	19.5
♄	♌ 23.8	24.5	25.1	25.7	26.4	27	27.7

	1	11	21	31
♅	♊ 28.8	29.3	29.7	♋ 0
♆	♎ 10.7	10.9	11.2	11.5
♇	♌ 14.4	14.7	15	15.3

IX

	1	2	3	4	5	6	7	8	9	10	11	12	13	14	15	16	17	18	19	20	21	22	23	24	25	26	27	28	29	30	31
☉	♍ 7.7	8.7	9.7	10.6	11.6	12.6	13.5	14.5	15.5	16.5	17.4	18.4	19.4	20.3	21.3	22.3	23.3	24.2	25.2	26.2	27.2	28.2	29.1	♎ 0.1	1.1	2.1	3.1	4	5	6	
☽	♓ 11.2	23.7	♈ 6.3	19.1	♉ 2.1	15.3	28.7	♊ 12.4	26.3	♋ 10.6	25.1	♌ 9.8	24.6	♍ 9.3	23.8	♎ 8.1	22	♏ 5.5	18.5	♐ 1.1	13.5	25.5	♑ 7.5	19.3	♒ 1.2	13.1	25.2	♓ 7.5	20	♈ 2.7	
☿	♍ 10.5	12.4	14.3	16.1	18	19.8	21.6	23.3	25.1	26.8	28.5	♎ 0.2	1.9	3.6	5.2	6.8	8.4	10	11.6	13.2	14.7	16.2	17.7	19.2	20.7	22.1	23.6	25	26.4	27.8	
♀	♍ 7	8.3	9.5	10.7	12	13.2	14.5	15.7	17	18.2	19.4	20.7	21.9	23.2	24.4	25.7	26.9	28.2	29.4	♎ 0.6	1.9	3.1	4.4	5.6	6.9	8.1	9.4	10.6	11.8	13.1	
♂	♋ 11.7	12.3	13	13.6	14.2	14.9	15.5	16.1	16.7	17.3	18	18.6	19.2	19.8	20.4	21	21.6	22.2	22.8	23.4	24.1	24.6	25.2	25.8	26.4	27	27.6	28.2	28.8	29.4	

	1	6	11	16	21	26
♃	♏ 20.8	21.5	22.2	23	23.8	24.6
♄	♌ 15.8	16.4	17	17.5	18.1	18.6

	1	11	21
♅	♊ 25.8	26	26.1
♆	♎ 9.4	9.7	10.1
♇	♌ 13.7	14	14.3

	1	2	3	4	5	6	7	8	9	10	11	12	13	14	15	16	17	18	19	20	21	22	23	24	25	26	27	28	29	30	31
☉	♍ 8.5	9.4	10.4	11.4	12.3	13.3	14.3	15.2	16.2	17.2	18.2	19.1	20.1	21.1	22.1	23	24	25	26	26.9	27.9	28.9	29.9	♎ 0.9	1.8	2.8	3.8	4.8	5.8	6.7	
☽	♌ 3.3	18.3	♍ 3.6	18.9	♎ 4	18.8	♏ 3.2	17.2	♐ 0.6	13.7	26.4	♑ 8.8	21	♒ 3	14.9	26.8	♓ 8.7	20.5	♈ 2.5	14.5	26.6	♉ 8.8	21.2	♊ 3.9	16.8	♋ 0.1	13.8	27.9	♌ 12.3	27.1	
☿	♍ 25.8	27.4	29	♎ 0.5	2.1	3.6	5.1	6.5	8	9.4	10.8	12.2	13.6	14.9	16.2	17.5	18.8	20	21.3	22.4	23.6	24.7	25.8	26.8	27.9	28.8	29.7	♏ 0.6	1.4	2.2	
♀	♋ 22.6	23.6	24.5	25.5	26.5	27.5	28.4	29.4	♌ 0.4	1.4	2.5	3.5	4.5	5.5	6.6	7.6	8.7	9.7	10.8	11.8	12.9	14	15.1	16.1	17.2	18.3	19.4	20.5	21.6	22.7	
♂	♎ 28.3	29	29.6	♏ 0.3	0.9	1.6	2.3	2.9	3.6	4.3	4.9	5.6	6.3	6.9	7.6	8.3	9	9.6	10.3	11	11.7	12.4	13	13.7	14.4	15.1	15.8	16.5	17.2	17.9	

	1	6	11	16	21	26
♃	♐ 19.5	19.8	20.1	20.6	21	21.6
♄	♌ 27.8	28.4	29	29.6	♍ 0.2	0.8

	1	11	21
♅	♋ 0	0.3	0.5
♆	♎ 11.5	11.8	12.2
♇	♌ 15.3	15.6	15.8

X

	1	2	3	4	5	6	7	8	9	10	11	12	13	14	15	16	17	18	19	20	21	22	23	24	25	26	27	28	29	30	31
☉	♎ 7	8	8.9	9.9	10.9	11.9	12.9	13.9	14.9	15.9	16.8	17.8	18.8	19.8	20.8	21.8	22.8	23.8	24.8	25.8	26.8	27.8	28.7	29.7	♏ 0.7	1.7	2.7	3.7	4.7	5.7	6.7
☽	♈ 15.6	28.8	♉ 12.1	25.6	♊ 9.3	23.1	♋ 7.1	21.3	♌ 5.5	19.9	♍ 4.2	18.5	♎ 2.6	16.5	♏ 0.1	13.4	26.3	♐ 9	21.3	♑ 3.4	15.3	27.2	♒ 9.1	21	♓ 3.2	15.5	28.1	♈ 11	24.2	♉ 7.8	21.5
☿	♎ 29.1	♏ 0.5	1.8	3.1	4.4	5.7	6.9	8.1	9.3	10.4	11.6	12.6	13.7	14.7	15.6	16.5	17.4	18.2	18.9	19.6	20.1	20.6	21	21.3	21.4	21.4R	21.3	21.1	20.7	20.1	19.4
♀	♎ 14.3	15.6	16.8	18.1	19.3	20.6	21.8	23.1	24.3	25.6	26.8	28.1	29.3	♏ 0.6	1.8	3	4.3	5.5	6.8	8	9.3	10.5	11.8	13	14.3	15.5	16.8	18	19.3	20.5	21.8
♂	♋ 30	♌ 0.5	1.1	1.7	2.3	2.8	3.4	4	4.5	5.1	5.6	6.2	6.8	7.3	7.9	8.4	8.9	9.5	10	10.6	11.1	11.6	12.2	12.7	13.2	13.7	14.2	14.7	15.3	15.8	16.3

	1	6	11	16	21	26	31
♃	♏ 25.5	26.4	27.4	28.4	29.4	♐ 0.4	1.5
♄	♌ 19.2	19.6	20.1	20.5	20.9	21.3	21.6

	1	11	21	31
♅	♊ 26.2	26.1R	26	25.8
♆	♎ 10.4	10.8	11.2	11.5
♇	♌ 14.5	14.7	14.8	14.9

	1	2	3	4	5	6	7	8	9	10	11	12	13	14	15	16	17	18	19	20	21	22	23	24	25	26	27	28	29	30	31
☉	♎ 7.7	8.7	9.7	10.7	11.7	12.7	13.6	14.6	15.6	16.6	17.6	18.6	19.6	20.6	21.6	22.5	23.5	24.5	25.5	26.5	27.5	28.5	29.5	♏ 0.5	1.5	2.5	3.5	4.5	5.5	6.5	7.5
☽	♍ 12.1	27.2	♎ 12.2	27	♏ 11.4	25.5	♐ 9.1	22.2	♑ 5	17.5	29.6	♒ 11.7	23.6	♓ 5.4	17.3	29.2	♈ 11.2	23.4	♉ 5.7	18.2	♊ 0.9	13.9	27	♋ 10.4	24.1	♌ 8.1	22.3	♍ 6.7	21.3	♎ 5.9	20.6
☿	♏ 2.9	3.5	4.1	4.5	4.9	5.2	5.4	5.4	5.4R	5.2	4.9	4.4	3.8	3.1	2.2	1.3	0.2	♎ 29	27.8	26.5	25.3	24.1	23	22.1	21.3	20.6	20.1	19.9	19.8D	19.9	20.1
♀	♌ 23.8	24.9	26.1	27.2	28.3	29.4	♍ 0.6	1.7	2.8	4	5.1	6.3	7.4	8.6	9.7	10.9	12	13.2	14.3	15.5	16.7	17.9	19	20.2	21.4	22.6	23.7	24.9	26.1	27.3	28.5
♂	♏ 18.6	19.3	20	20.7	21.4	22.1	22.8	23.5	24.2	24.9	25.6	26.3	27	27.7	28.4	29.1	29.8	♐ 0.6	1.3	2	2.7	3.4	4.1	4.9	5.6	6.3	7	7.8	8.5	9.2	10

	1	6	11	16	21	26	31
♃	♐ 22.2	22.9	23.6	24.4	25.2	26.1	27
♄	♍ 1.4	1.9	2.4	2.9	3.4	3.9	4.3

	1	11	21	31
♅	♋ 0.6	0.6R	0.5	0.3
♆	♎ 12.6	12.9	13.3	13.6
♇	♌ 16.1	16.2	16.4	16.5

XI

	1	2	3	4	5	6	7	8	9	10	11	12	13	14	15	16	17	18	19	20	21	22	23	24	25	26	27	28	29	30	31
☉	♏ 7.7	8.7	9.7	10.7	11.7	12.7	13.7	14.7	15.7	16.8	17.8	18.8	19.8	20.8	21.8	22.8	23.8	24.8	25.8	26.8	27.8	28.8	29.9	♐ 0.9	1.9	2.9	3.9	4.9	5.9	6.9	
☽	♊ 5.5	19.6	♋ 3.8	18.1	♌ 2.3	16.5	♍ 0.6	14.6	28.4	♎ 12.1	25.5	♏ 8.8	21.7	♐ 4.4	16.9	29.2	♑ 11.3	23.2	♒ 5.1	16.9	28.9	♓ 10.9	23.3	♈ 5.9	18.8	♉ 2.2	15.9	♊ 0	14.4	29.1	
☿	♏ 18.6R	17.6	16.4	15.2	13.9	12.6	11.3	10.1	8.9	7.9	7	6.4	5.9	5.6	5.5	5.6D	5.8	6.3	6.8	7.5	8.3	9.3	10.3	11.4	12.5	13.7	15	16.3	17.7	19	
♀	♏ 23	24.3	25.5	26.7	28	29.2	♐ 0.5	1.7	3	4.2	5.5	6.7	8	9.2	10.5	11.7	13	14.2	15.5	16.7	18	19.2	20.4	21.7	22.9	24.2	25.4	26.7	27.9	29.2	
♂	♌ 16.8	17.3	17.7	18.2	18.7	19.2	19.7	20.2	20.6	21.1	21.6	22	22.5	22.9	23.4	23.8	24.2	24.7	25.1	25.5	25.9	26.4	26.8	27.2	27.6	28	28.3	28.7	29.1	29.5	

	1	6	11	16	21	26
♃	♐ 1.7	2.7	3.8	4.9	6	7.2
♄	♌ 21.7	21.9	22.2	22.4	22.5	22.6

	1	11	21
♅	♊ 25.8R	25.5	25.2
♆	♎ 11.5	11.9	12.2
♇	♌ 14.9	15	15.0R

	1	2	3	4	5	6	7	8	9	10	11	12	13	14	15	16	17	18	19	20	21	22	23	24	25	26	27	28	29	30	31
☉	♏ 8.5	9.5	10.5	11.5	12.5	13.5	14.5	15.5	16.5	17.5	18.5	19.5	20.5	21.5	22.5	23.6	24.6	25.6	26.6	27.6	28.6	29.6	♐ 0.6	1.6	2.6	3.7	4.7	5.7	6.7	7.7	
☽	♏ 5.1	19.4	♐ 3.4	17	♑ 0.2	13	25.5	♒ 7.8	19.8	♓ 1.7	13.5	25.4	♈ 7.4	19.5	♉ 1.9	14.4	27.3	♊ 10.4	23.7	♋ 7.3	21	♌ 4.9	18.9	♍ 3.1	17.2	♎ 1.4	15.7	29.8	♏ 13.9	27.8	
☿	♎ 20.6	21.2	21.9	22.8	23.8	24.9	26	27.2	28.5	29.9	♏ 1.3	2.7	4.2	5.6	7.1	8.7	10.2	11.8	13.3	14.9	16.4	18	19.6	21.1	22.7	24.3	25.9	27.4	29	♐ 0.6	
♀	♍ 29.7	♎ 0.9	2.1	3.3	4.5	5.7	6.9	8.1	9.3	10.5	11.7	12.9	14.1	15.3	16.5	17.8	19	20.2	21.4	22.6	23.8	25.1	26.3	27.5	28.7	30	♏ 1.2	2.4	3.7	4.9	
♂	♐ 10.7	11.4	12.2	12.9	13.6	14.4	15.1	15.8	16.6	17.3	18.1	18.8	19.6	20.3	21	21.8	22.5	23.3	24	24.8	25.5	26.3	27	27.8	28.6	29.3	♑ 0.1	0.8	1.6	2.4	

	1	6	11	16	21	26
♃	♐ 27.2	28.1	29.1	♑ 0.1	1.2	2.2
♄	♍ 4.3	4.7	5	5.3	5.6	5.8

	1	11	21
♅	♋ 0.3R	0	♊ 29.7
♆	♎ 13.7	14	14.3
♇	♌ 16.5	16.6	16.6R

XII

	1	2	3	4	5	6	7	8	9	10	11	12	13	14	15	16	17	18	19	20	21	22	23	24	25	26	27	28	29	30	31
☉	♐ 8	9	10	11	12	13	14	15.1	16.1	17.1	18.1	19.1	20.1	21.2	22.2	23.2	24.2	25.2	26.2	27.3	28.3	29.3	♑ 0.3	1.3	2.4	3.4	4.4	5.4	6.4	7.4	8.5
☽	♋ 13.8	28.5	♌ 13	27.4	♍ 11.5	25.3	♎ 8.9	22.1	♏ 5.2	18	♐ 0.6	13	25.3	♑ 7.4	19.4	♒ 1.4	13.2	25.1	♓ 7	19	♈ 1.2	13.7	26.6	♉ 9.9	23.7	♊ 7.9	22.5	♋ 7.5	22.6	♌ 7.7	22.7
☿	♏ 20.4	21.9	23.3	24.8	26.3	27.7	29.2	♐ 0.7	2.2	3.8	5.3	6.8	8.3	9.9	11.4	12.9	14.5	16	17.6	19.1	20.7	22.2	23.8	25.4	26.9	28.5	♑ 0.1	1.6	3.2	4.8	6.4
♀	♑ 0.4	1.7	2.9	4.2	5.4	6.6	7.9	9.1	10.4	11.6	12.9	14.1	15.4	16.6	17.8	19.1	20.3	21.6	22.8	24.1	25.3	26.5	27.8	29	♒ 0.3	1.5	2.7	4	5.2	6.5	7.7
♂	♌ 29.8	♍ 0.2	0.5	0.9	1.2	1.5	1.9	2.2	2.5	2.8	3.1	3.4	3.7	3.9	4.2	4.5	4.7	4.9	5.2	5.4	5.6	5.8	6	6.2	6.3	6.5	6.7	6.8	6.9	7	7.2

	1	6	11	16	21	26	31
♃	♐ 8.3	9.4	10.5	11.6	12.7	13.8	14.9
♄	♌ 22.7	22.7R	22.6	22.6	22.4	22.3	22

	1	11	21	31
♅	♊ 24.8R	24.4	24	23.5
♆	♎ 12.4	12.7	12.8	12.9
♇	♌ 14.9R	14.8	14.7	14.5

	1	2	3	4	5	6	7	8	9	10	11	12	13	14	15	16	17	18	19	20	21	22	23	24	25	26	27	28	29	30	31
☉	♐ 8.7	9.7	10.8	11.8	12.8	13.8	14.8	15.8	16.8	17.9	18.9	19.9	20.9	21.9	22.9	24	25	26	27	28	29.1	♑ 0.1	1.1	2.1	3.1	4.1	5.2	6.2	7.2	8.2	9.2
☽	♐ 11.5	24.9	♑ 8	20.8	♒ 3.3	15.6	27.6	♓ 9.5	21.4	♈ 3.2	15.2	27.4	♉ 9.8	22.5	♊ 5.6	19.1	♋ 2.9	16.9	♌ 1.2	15.5	29.8	♍ 14.1	28.2	♎ 12.3	26.2	♏ 9.9	23.5	♐ 7	20.3	♑ 3.4	16.2
☿	♐ 2.2	3.7	5.3	6.9	8.4	10	11.6	13.2	14.7	16.3	17.9	19.4	21	22.6	24.2	25.7	27.3	28.9	♑ 0.5	2.1	3.7	5.3	6.9	8.5	10.1	11.7	13.3	14.9	16.5	18.1	19.8
♀	♏ 6.1	7.3	8.6	9.8	11	12.3	13.5	14.7	16	17.2	18.5	19.7	20.9	22.2	23.4	24.7	25.9	27.1	28.4	29.6	♐ 0.9	2.1	3.4	4.6	5.8	7.1	8.3	9.6	10.8	12.1	13.3
♂	♑ 3.1	3.9	4.6	5.4	6.2	6.9	7.7	8.5	9.2	10	10.8	11.5	12.3	13.1	13.9	14.6	15.4	16.2	16.9	17.7	18.5	19.3	20.1	20.8	21.6	22.4	23.2	23.9	24.7	25.5	26.3

	1	6	11	16	21	26	31
♃	♑ 3.3	4.4	5.6	6.7	7.8	9	10.1
♄	♍ 6	6.1	6.2	6.2	6.2R	6.1	6

	1	11	21	31
♅	♊ 29.4R	28.9	28.5	28.1
♆	♎ 14.6	14.8	15	15.1
♇	♌ 16.5R	16.4	16.3	16.1

I

	1	2	3	4	5	6	7	8	9	10	11	12	13	14	15	16	17	18	19	20	21	22	23	24	25	26	27	28	29	30	31
☉	♑ 10.3	11.3	12.3	13.3	14.3	15.4	16.4	17.4	18.4	19.4	20.5	21.5	22.5	23.5	24.5	25.5	26.6	27.6	28.6	29.6	♒ 0.6	1.7	2.7	3.7	4.7	5.7	6.7	7.8	8.8	9.8	10.8
☽	♑ 28.9	♒ 11.3	23.5	♓ 5.5	17.4	29.2	♈ 11	22.9	♉ 5.1	17.5	♊ 0.3	13.5	27.1	♋ 11.2	25.7	♌ 10.3	25.1	♍ 9.9	24.5	♎ 8.9	23	♏ 6.9	20.5	♐ 3.8	16.9	29.8	♑ 12.5	25.1	♒ 7.5	19.7	♓ 1.8
☿	♑ 21.4	23	24.6	26.2	27.8	29.4	♒ 1	2.6	4.1	5.7	7.2	8.7	10.1	11.5	12.8	14.1	15.2	16.3	17.3	18.2	18.9	19.5	19.9	20.1	20.2R	20.1	19.8	19.3	18.6	17.7	16.8
♀	♐ 14.6	15.8	17.1	18.3	19.6	20.8	22.1	23.3	24.5	25.8	27	28.3	29.5	♑ 0.8	2	3.3	4.5	5.8	7	8.3	9.5	10.8	12	13.3	14.5	15.8	17	18.3	19.5	20.8	22
♂	♑ 27.1	27.9	28.6	29.4	♒ 0.2	1	1.8	2.6	3.3	4.1	4.9	5.7	6.5	7.3	8.1	8.9	9.6	10.4	11.2	12	12.8	13.6	14.4	15.2	16	16.8	17.5	18.3	19.1	19.9	20.7

♃ 1 6 11 16 21 26 31: ♑ 10.4 11.5 12.7 13.8 15 16.1 17.2 — ♄ 1 6 11 16 21 26 31: ♍ 6.0R 5.8 5.6 5.4 5.1 4.8 4.5 — ♅ 1 11 21 31: ♊ 28.1R 27.7 27.3 27 — ♆ 1 11 21 31: ♎ 15.1 15.2 15.2R 15.1 — ♇ 1 11 21 31: ♌ 16.1R 15.9 15.7 15.5

	1	2	3	4	5	6	7	8	9	10	11	12	13	14	15	16	17	18	19	20	21	22	23	24	25	26	27	28	29	30	31
☉	♑ 10	11	12.1	13.1	14.1	15.1	16.1	17.1	18.2	19.2	20.2	21.2	22.2	23.3	24.3	25.3	26.3	27.3	28.4	29.4	♒ 0.4	1.4	2.4	3.4	4.5	5.5	6.5	7.5	8.5	9.5	10.6
☽	♊ 1.4	13.7	26.3	♋ 9.2	22.3	♌ 5.6	19.1	♍ 2.8	16.6	♎ 0.5	14.5	28.5	♏ 12.7	26.9	♐ 11.1	25.2	♑ 9.3	23.1	♒ 6.7	19.9	♓ 2.8	15.4	27.7	♈ 9.7	21.6	♉ 3.4	15.2	27.1	♊ 9.3	21.6	♋ 4.4
☿	♑ 29.5	♒ 0.5	1.4	2.2	2.9	3.5	3.9	4.1	4.1R	4	3.6	3.1	2.3	1.4	0.4	♑ 29.2	27.9	26.6	25.3	24.1	22.9	21.8	20.8	20	19.3	18.8	18.4	18.2	18.1	18.1D	18.3
♀	♒ 17	17.3	17.6	17.9	18.1	18.3	18.5	18.6	18.7	18.7	18.7R	18.7	18.6	18.5	18.3	18.1	17.9	17.6	17.3	16.9	16.5	16.1	15.6	15.1	14.6	14	13.4	12.8	12.2	11.6	11
♂	♎ 2.2	2.6	2.9	3.3	3.6	4	4.3	4.6	5	5.3	5.6	5.9	6.2	6.5	6.8	7	7.3	7.6	7.8	8.1	8.3	8.5	8.7	9	9.2	9.3	9.5	9.7	9.9	10	10.2

♃ 1 6 11 16 21 26 31: ♒ 6.5 7.6 8.8 10 11.1 12.3 13.5 — ♄ 1 6 11 16 21 26 31: ♍ 19.4R 19.4 19.3 19.2 19 18.8 18.6 — ♅ 1 11 21 31: ♋ 2.7R 2.3 1.9 1.5 — ♆ 1 11 21 31: ♎ 17.3 17.3 17.4R 17.3 — ♇ 1 11 21 31: ♌ 17.8R 17.6 17.4 17.1

II

	1	2	3	4	5	6	7	8	9	10	11	12	13	14	15	16	17	18	19	20	21	22	23	24	25	26	27	28	29	30	31
☉	♒ 11.8	12.8	13.8	14.9	15.9	16.9	17.9	18.9	19.9	20.9	21.9	23	24	25	26	27	28	29	♓ 0	1	2	3.1	4.1	5.1	6.1	7.1	8.1	9.1			
☽	♓ 13.7	25.5	♈ 7.3	19.1	♉ 1	13.1	25.4	♊ 8.2	21.3	♋ 5	19.1	♌ 3.7	18.6	♍ 3.7	18.9	♎ 3.9	18.6	♏ 3	17	♐ 0.7	13.9	26.9	♑ 9.6	22.1	♒ 4.4	16.5	28.6	♓ 10.5			
☿	♒ 15.7R	14.5	13.3	12.1	10.9	9.7	8.6	7.7	6.8	6.1	5.6	5.1	4.8	4.6	4.6D	4.6	4.8	5.1	5.4	5.9	6.4	7.1	7.7	8.5	9.3	10.2	11.1	12.1			
♀	♑ 23.3	24.5	25.8	27	28.3	29.5	♒ 0.8	2	3.3	4.5	5.8	7	8.3	9.5	10.8	12	13.3	14.5	15.8	17	18.3	19.5	20.8	22	23.3	24.5	25.8	27			
♂	♒ 21.5	22.3	23.1	23.9	24.7	25.5	26.2	27	27.8	28.6	29.4	♓ 0.2	1	1.8	2.6	3.4	4.2	4.9	5.7	6.5	7.3	8.1	8.9	9.7	10.5	11.3	12	12.8			

♃ 1 6 11 16 21 26: ♑ 17.5 18.6 19.6 20.7 21.7 22.7 — ♄ 1 6 11 16 21 26: ♍ 4.4R 4 3.7 3.3 2.9 2.5 — ♅ 1 11 21: ♊ 27.0R 26.7 26.6 — ♆ 1 11 21: ♎ 15.1R 15 14.8 — ♇ 1 11 21: ♌ 15.5R 15.2 15

	1	2	3	4	5	6	7	8	9	10	11	12	13	14	15	16	17	18	19	20	21	22	23	24	25	26	27	28	29	30	31
☉	♒ 11.6	12.6	13.6	14.6	15.6	16.6	17.7	18.7	19.7	20.7	21.7	22.7	23.7	24.7	25.7	26.8	27.8	28.8	29.8	♓ 0.8	1.8	2.8	3.8	4.8	5.8	6.8	7.8	8.8			
☽	♋ 17.4	♌ 0.8	14.5	28.5	♍ 12.6	26.8	♎ 11.1	25.4	♏ 9.5	23.6	♐ 7.6	21.5	♑ 5.3	18.9	♒ 2.2	15.4	28.3	♓ 11	23.4	♈ 5.5	17.5	29.4	♉ 11.2	23	♊ 5	17.1	29.4	♋ 12.2			
☿	♑ 18.5	18.9	19.4	20	20.6	21.3	22.1	23	23.9	24.8	25.8	26.9	28	29.1	♒ 0.2	1.4	2.7	3.9	5.2	6.5	7.8	9.2	10.5	11.9	13.3	14.8	16.2	17.7			
♀	♒ 10.4R	9.8	9.2	8.6	8	7.4	6.9	6.4	5.9	5.5	5	4.7	4.3	4	3.8	3.6	3.4	3.3	3.2	3.1	3.1D	3.1	3.2	3.3	3.5	3.6	3.9	4.1			
♂	♎ 10.3	10.4	10.5	10.6	10.7	10.8	10.9	10.9	11	11	11	11	11.0R	11	11	10.9	10.9	10.8	10.7	10.6	10.5	10.4	10.3	10.1	10	9.8	9.6	9.4			

♃ 1 6 11 16 21 26: ♒ 13.8 15 16.1 17.3 18.5 19.7 — ♄ 1 6 11 16 21 26: ♍ 18.5R 18.2 17.9 17.5 17.2 16.8 — ♅ 1 11 21: ♋ 1.5R 1.3 1.1 — ♆ 1 11 21: ♎ 17.3R 17.2 17.1 — ♇ 1 11 21: ♌ 17.1R 16.9 16.7

III

	1	2	3	4	5	6	7	8	9	10	11	12	13	14	15	16	17	18	19	20	21	22	23	24	25	26	27	28	29	30	31
☉	♓ 10.1	11.1	12.1	13.1	14.1	15.1	16.1	17.1	18.1	19.1	20.1	21.1	22.1	23.1	24.1	25.1	26.1	27.1	28.1	29.1	♈ 0.1	1	2	3	4	5	6	7	8	9	10
☽	♓ 22.3	♈ 4.1	15.9	27.7	♉ 9.7	21.8	♊ 4.1	16.7	29.8	♋ 13.3	27.3	♌ 11.7	26.6	♍ 11.8	27	♎ 12.3	27.3	♏ 11.9	26.2	♐ 10	23.4	♑ 6.4	19.1	♒ 1.4	13.6	25.6	♓ 7.5	19.3	♈ 1.1	12.9	24.8
☿	♒ 13.1	14.2	15.3	16.4	17.6	18.8	20	21.3	22.6	23.9	25.2	26.6	28	29.4	♓ 0.9	2.3	3.8	5.3	6.9	8.4	10	11.6	13.2	14.9	16.5	18.2	19.9	21.6	23.4	25.2	27
♀	♒ 28.3	29.5	♓ 0.8	2	3.3	4.5	5.7	7	8.2	9.5	10.7	12	13.2	14.5	15.7	17	18.2	19.4	20.7	21.9	23.2	24.4	25.7	26.9	28.2	29.4	♈ 0.6	1.9	3.1	4.4	5.6
♂	♓ 13.6	14.4	15.2	16	16.8	17.6	18.3	19.1	19.9	20.7	21.5	22.3	23	23.8	24.6	25.4	26.2	27	27.7	28.5	29.3	♈ 0.1	0.9	1.6	2.4	3.2	4	4.7	5.5	6.3	7.1

♃ 1 6 11 16 21 26 31: ♑ 23.3 24.3 25.2 26.1 26.9 27.7 28.4 — ♄ 1 6 11 16 21 26 31: ♍ 2.2R 1.8 1.4 1.1 0.7 0.4 0.2 — ♅ 1 11 21 31: ♊ 26.5R 26.5D 26.6 26.8 — ♆ 1 11 21 31: ♎ 14.7R 14.4 14.2 13.9 — ♇ 1 11 21 31: ♌ 14.8R 14.6 14.4 14.3

	1	2	3	4	5	6	7	8	9	10	11	12	13	14	15	16	17	18	19	20	21	22	23	24	25	26	27	28	29	30	31
☉	♓ 9.8	10.8	11.9	12.9	13.9	14.9	15.9	16.9	17.9	18.9	19.9	20.9	21.9	22.8	23.8	24.8	25.8	26.8	27.8	28.8	29.8	♈ 0.8	1.8	2.8	3.8	4.8	5.8	6.8	7.7	8.7	9.7
☽	♋ 25.3	♌ 8.8	22.7	♍ 6.9	21.4	♎ 6.1	20.9	♏ 5.5	20.1	♐ 4.4	18.4	♑ 2.2	15.7	29	♒ 12	24.7	♓ 7.3	19.7	♈ 1.8	13.9	25.8	♉ 7.6	19.4	♊ 1.3	13.2	25.3	♋ 7.6	20.2	♌ 3.2	16.7	♍ 0.6
☿	♒ 19.2	20.7	22.2	23.8	25.3	26.9	28.5	♓ 0.1	1.8	3.4	5.1	6.8	8.5	10.3	12	13.8	15.6	17.4	19.2	21.1	23	24.9	26.8	28.7	♈ 0.7	2.7	4.6	6.7	8.7	10.7	12.8
♀	♒ 4.4	4.7	5.1	5.4	5.9	6.3	6.8	7.3	7.8	8.3	8.9	9.5	10.1	10.7	11.4	12	12.7	13.4	14.2	14.9	15.6	16.4	17.2	18	18.8	19.6	20.5	21.3	22.2	23	23.9
♂	♎ 9.2R	9	8.8	8.5	8.3	8	7.7	7.4	7.1	6.8	6.5	6.2	5.8	5.5	5.1	4.8	4.4	4	3.7	3.3	2.9	2.5	2.1	1.7	1.3	0.9	0.6	0.2	♍ 29.8	29.4	29

♃ 1 6 11 16 21 26 31: ♒ 20.4 21.5 22.7 23.8 24.9 26 27 — ♄ 1 6 11 16 21 26 31: ♍ 16.5R 16.1 15.7 15.4 15 14.6 14.2 — ♅ 1 11 21 31: ♋ 1.0R 0.9D 1 1.1 — ♆ 1 11 21 31: ♎ 16.9R 16.7 16.4 16.2 — ♇ 1 11 21 31: ♌ 16.5R 16.3 16.1 15.9

IV

	1	2	3	4	5	6	7	8	9	10	11	12	13	14	15	16	17	18	19	20	21	22	23	24	25	26	27	28	29	30	31
☉	♈ 10.9	11.9	12.9	13.9	14.9	15.9	16.9	17.8	18.8	19.8	20.8	21.8	22.7	23.7	24.7	25.7	26.7	27.6	28.6	29.6	♉ 0.6	1.5	2.5	3.5	4.5	5.4	6.4	7.4	8.4	9.3	
☽	♉ 6.7	18.8	♊ 1	13.4	26.1	♋ 9.2	22.6	♌ 6.4	20.6	♍ 5.2	20.1	♎ 5.2	20.3	♏ 5.3	20.1	♐ 4.5	18.5	♑ 2.1	15.2	27.9	♒ 10.3	22.4	♓ 4.4	16.2	28	♈ 9.8	21.7	♉ 3.7	15.8	28	
☿	♓ 28.8	♈ 0.6	2.5	4.4	6.3	8.2	10.2	12.2	14.2	16.2	18.3	20.3	22.4	24.5	26.6	28.7	♉ 0.8	2.9	5	7.2	9.2	11.3	13.4	15.4	17.4	19.3	21.2	23	24.8	26.6	
♀	♈ 6.8	8.1	9.3	10.6	11.8	13.1	14.3	15.5	16.8	18	19.3	20.5	21.7	23	24.2	25.4	26.7	27.9	29.2	♉ 0.4	1.6	2.9	4.1	5.3	6.6	7.8	9	10.3	11.5	12.7	
♂	♈ 7.8	8.6	9.4	10.1	10.9	11.7	12.5	13.2	14	14.8	15.5	16.3	17.1	17.8	18.6	19.3	20.1	20.9	21.6	22.4	23.1	23.9	24.7	25.4	26.2	26.9	27.7	28.4	29.2	29.9	

♃ 1 6 11 16 21 26: ♑ 28.5 29.2 29.8 ♒ 0.3 0.8 1.2 — ♄ 1 6 11 16 21 26: ♍ 0.1R ♌ 29.9 29.7 29.5 29.4 29.3 — ♅ 1 11 21: ♊ 26.8 27.1 27.5 — ♆ 1 11 21: ♎ 13.9R 13.6 13.3 — ♇ 1 11 21: ♌ 14.3R 14.2 14.2

	1	2	3	4	5	6	7	8	9	10	11	12	13	14	15	16	17	18	19	20	21	22	23	24	25	26	27	28	29	30	31
☉	♈ 10.7	11.7	12.7	13.7	14.6	15.6	16.6	17.6	18.6	19.6	20.5	21.5	22.5	23.5	24.5	25.4	26.4	27.4	28.4	29.4	♉ 0.3	1.3	2.3	3.3	4.2	5.2	6.2	7.1	8.1	9.1	
☽	♍ 14.9	29.6	♎ 14.5	29.6	♏ 14.7	29.6	♐ 14.2	28.5	♑ 12.4	25.9	♒ 9	21.8	♓ 4.3	16.6	28.7	♈ 10.7	22.6	♉ 4.4	16.2	28.1	♊ 9.9	21.9	♋ 4	16.4	29	♌ 11.9	25.2	♍ 8.9	23.1	♎ 7.7	
☿	♈ 14.8	16.9	18.9	21	23.1	25.1	27.1	29.1	♉ 1.1	3	4.9	6.7	8.5	10.2	11.8	13.4	14.9	16.4	17.7	19	20.2	21.3	22.3	23.2	24.1	24.8	25.5	26.1	26.5	26.9	
♀	♒ 24.8	25.7	26.6	27.5	28.5	29.4	♓ 0.4	1.3	2.3	3.2	4.2	5.2	6.2	7.2	8.2	9.2	10.2	11.2	12.2	13.2	14.3	15.3	16.3	17.4	18.4	19.5	20.5	21.6	22.7	23.7	
♂	♍ 28.7R	28.3	27.9	27.6	27.2	26.9	26.6	26.2	25.9	25.6	25.3	25	24.8	24.5	24.3	24	23.8	23.6	23.4	23.2	23	22.9	22.7	22.6	22.5	22.4	22.3	22.2	22.1	22.1	

♃ 1 6 11 16 21 26: ♒ 27.2 28.2 29.2 ♓ 0.1 1 1.9 — ♄ 1 6 11 16 21 26: ♍ 14.2R 13.9 13.6 13.3 13.1 12.9 — ♅ 1 11 21: ♋ 1.2 1.4 1.7 — ♆ 1 11 21: ♎ 16.1R 15.9 15.6 — ♇ 1 11 21: ♌ 15.9R 15.8 15.8

V

	1	2	3	4	5	6	7	8	9	10	11	12	13	14	15	16	17	18	19	20	21	22	23	24	25	26	27	28	29	30	31
☉	♉ 10.3	11.3	12.2	13.2	14.2	15.1	16.1	17.1	18	19	20	20.9	21.9	22.9	23.8	24.8	25.8	26.7	27.7	28.7	29.6	♊ 0.6	1.5	2.5	3.5	4.4	5.4	6.3	7.3	8.3	9.2
☽	♊ 10.5	23.2	♋ 6.1	19.3	♌ 2.7	16.4	♍ 0.5	14.8	29.3	♎ 14	28.8	♏ 13.6	28.2	♐ 12.6	26.6	♑ 10.2	23.4	♒ 6.2	18.6	♓ 0.8	12.7	24.6	♈ 6.4	18.2	♉ 0.2	12.3	24.6	♊ 7.1	19.9	♋ 2.9	16.2
☿	♉ 28.2	29.9	♊ 1.4	2.9	4.3	5.7	7	8.2	9.3	10.4	11.4	12.3	13.1	13.9	14.6	15.2	15.7	16.2	16.6	16.8	17.1	17.2	17.2	17.2R	17.1	16.9	16.7	16.3	16	15.6	15.1
♀	♉ 14	15.2	16.4	17.7	18.9	20.1	21.4	22.6	23.8	25.1	26.3	27.5	28.8	30	♊ 1.2	2.5	3.7	4.9	6.1	7.4	8.6	9.8	11.1	12.3	13.5	14.7	16	17.2	18.4	19.7	20.9
♂	♉ 0.7	1.4	2.2	2.9	3.7	4.4	5.2	5.9	6.7	7.4	8.1	8.9	9.6	10.4	11.1	11.8	12.6	13.3	14	14.8	15.5	16.2	17	17.7	18.4	19.2	19.9	20.6	21.3	22.1	22.8

♃ 1 6 11 16 21 26 31: ♒ 1.6 1.8 2 2.1 2.2R 2.1 2 — ♄ 1 6 11 16 21 26 31: ♌ 29.3R 29.3D 29.4 29.5 29.7 29.8 ♍ 0.1 — ♅ 1 11 21 31: ♊ 27.9 28.3 28.9 29.4 — ♆ 1 11 21 31: ♎ 13.1R 12.9 12.7 12.5 — ♇ 1 11 21 31: ♌ 14.2 14.2 14.3 14.4

	1	2	3	4	5	6	7	8	9	10	11	12	13	14	15	16	17	18	19	20	21	22	23	24	25	26	27	28	29	30	31
☉	♉ 10.1	11	12	13	13.9	14.9	15.9	16.8	17.8	18.8	19.7	20.7	21.7	22.6	23.6	24.6	25.5	26.5	27.5	28.4	29.4	♊ 0.3	1.3	2.3	3.2	4.2	5.1	6.1	7.1	8	9
☽	♎ 22.7	♏ 7.9	23.1	♐ 8.3	23.2	♑ 7.7	21.8	♒ 5.4	18.5	♓ 1.3	13.7	25.8	♈ 7.8	19.7	♉ 1.5	13.3	25.1	♊ 7	19	♋ 1.1	13.3	25.8	♌ 8.4	21.3	♍ 4.5	18.1	♎ 2.1	16.5	♏ 1.2	16.3	♐ 1.4
☿	♉ 27.2	27.4	27.5	27.5R	27.4	27.3	27.1	26.8	26.4	26	25.5	25	24.4	23.8	23.2	22.6	22	21.5	20.9	20.4	20	19.6	19.2	19	18.7	18.6	18.5	18.5D	18.6	18.7	19
♀	♓ 24.8	25.9	27	28	29.1	♈ 0.2	1.3	2.4	3.5	4.6	5.7	6.8	7.9	9	10.1	11.2	12.4	13.5	14.6	15.7	16.8	18	19.1	20.2	21.4	22.5	23.6	24.8	25.9	27	28.2
♂	♍ 22.0R	22	22	22.0D	22	22	22.1	22.1	22.2	22.2	22.3	22.4	22.5	22.6	22.8	22.9	23.1	23.2	23.4	23.6	23.8	24	24.2	24.4	24.6	24.8	25.1	25.3	25.6	25.9	26.1

♃ 1 6 11 16 21 26 31: ♓ 2.7 3.4 4.1 4.8 5.3 5.9 6.3 — ♄ 1 6 11 16 21 26 31: ♍ 12.8R 12.7 12.6 12.6D 12.6 12.7 12.8 — ♅ 1 11 21 31: ♋ 2.1 2.6 3.1 3.6 — ♆ 1 11 21 31: ♎ 15.3R 15.1 14.9 14.8 — ♇ 1 11 21 31: ♌ 15.8 15.8 15.9 16

VI

	1	2	3	4	5	6	7	8	9	10	11	12	13	14	15	16	17	18	19	20	21	22	23	24	25	26	27	28	29	30	31
☉	♊ 10.2	11.1	12.1	13	14	15	15.9	16.9	17.8	18.8	19.7	20.7	21.7	22.6	23.6	24.5	25.5	26.4	27.4	28.3	29.3	♋ 0.2	1.2	2.2	3.1	4.1	5	6	6.9	7.9	
☽	♋ 29.7	♌ 13.3	27.2	♍ 11.1	25.3	♎ 9.5	23.9	♏ 8.3	22.6	♐ 6.9	20.9	♑ 4.8	18.2	♒ 1.4	14.2	26.6	♓ 8.8	20.7	♈ 2.6	14.4	26.3	♉ 8.3	20.5	♊ 3	15.8	28.9	♋ 12.3	26	♌ 9.8	23.9	
☿	♊ 14.6R	14.1	13.5	12.9	12.4	11.8	11.3	10.8	10.3	9.9	9.6	9.3	9	8.8	8.7	8.7	8.7D	8.8	9	9.3	9.6	10.1	10.6	11.1	11.8	12.5	13.3	14.2	15.1	16.1	
♀	♊ 22.1	23.3	24.6	25.8	27	28.2	29.5	♋ 0.7	1.9	3.1	4.4	5.6	6.8	8	9.3	10.5	11.7	12.9	14.2	15.4	16.6	17.8	19	20.3	21.5	22.7	23.9	25.2	26.4	27.6	
♂	♉ 23.5	24.2	25	25.7	26.4	27.1	27.8	28.6	29.3	30	♊ 0.7	1.4	2.1	2.8	3.5	4.3	5	5.7	6.4	7.1	7.8	8.5	9.2	9.9	10.6	11.3	12	12.7	13.4	14.1	

♃ 1 6 11 16 21 26: ♒ 2.0R 1.7 1.5 1.1 0.7 0.2 — ♄ 1 6 11 16 21 26: ♍ 0.1 0.4 0.7 1.1 1.5 1.9 — ♅ 1 11 21: ♊ 29.5 ♋ 0.1 0.7 — ♆ 1 11 21: ♎ 12.5R 12.4 12.4 — ♇ 1 11 21: ♌ 14.4 14.6 14.8

	1	2	3	4	5	6	7	8	9	10	11	12	13	14	15	16	17	18	19	20	21	22	23	24	25	26	27	28	29	30	31
☉	♊ 9.9	10.9	11.9	12.8	13.8	14.7	15.7	16.6	17.6	18.6	19.5	20.5	21.4	22.4	23.3	24.3	25.2	26.2	27.2	28.1	29.1	♋ 0	1	1.9	2.9	3.8	4.8	5.7	6.7	7.6	
☽	♐ 16.6	♑ 1.6	16.2	♒ 0.4	14.1	27.3	♓ 10.1	22.5	♈ 4.7	16.6	28.4	♉ 10.2	22	♊ 3.9	15.9	28.1	♋ 10.4	22.8	♌ 5.5	18.3	♍ 1.3	14.6	28.2	♎ 12	26.2	♏ 10.7	25.4	♐ 10.3	25.2	♑ 9.9	
☿	♉ 19.3	19.6	20.1	20.6	21.2	21.8	22.5	23.3	24.2	25.1	26	27.1	28.1	29.3	♊ 0.5	1.7	3	4.4	5.8	7.3	8.8	10.4	12	13.7	15.4	17.2	19	20.8	22.8	24.7	
♀	♈ 29.3	♉ 0.5	1.6	2.8	3.9	5.1	6.2	7.4	8.5	9.7	10.8	12	13.1	14.3	15.5	16.6	17.8	19	20.1	21.3	22.5	23.6	24.8	26	27.1	28.3	29.5	♊ 0.7	1.8	3	
♂	♍ 26.4	26.7	27	27.3	27.6	28	28.3	28.6	29	29.3	29.7	♎ 0.1	0.4	0.8	1.2	1.6	2	2.4	2.8	3.2	3.6	4	4.4	4.9	5.3	5.7	6.2	6.6	7.1	7.6	

♃ 1 6 11 16 21 26: ♓ 6.4 6.8 7 7.3 7.4 7.4 — ♄ 1 6 11 16 21 26: ♍ 12.8 13 13.2 13.4 13.7 14 — ♅ 1 11 21: ♋ 3.6 4.2 4.8 — ♆ 1 11 21: ♎ 14.7R 14.6 14.6 — ♇ 1 11 21: ♌ 16 16.2 16.4

VII

	1	2	3	4	5	6	7	8	9	10	11	12	13	14	15	16	17	18	19	20	21	22	23	24	25	26	27	28	29	30	31
☉	♋ 8.8	9.8	10.7	11.7	12.6	13.6	14.6	15.5	16.5	17.4	18.4	19.3	20.3	21.2	22.2	23.1	24.1	25	26	27	27.9	28.9	29.8	♌ 0.8	1.7	2.7	3.6	4.6	5.5	6.5	7.5
☽	♍ 8	22.1	♎ 6.3	20.4	♏ 4.5	18.5	♐ 2.5	16.3	30	♑ 13.4	26.7	♒ 9.6	22.2	♓ 4.6	16.7	28.7	♈ 10.5	22.3	♉ 4.2	16.2	28.5	♊ 11.1	24	♋ 7.3	21.1	♌ 5.1	19.4	♍ 3.9	18.4	♎ 2.8	17.1
☿	♊ 17.2	18.3	19.5	20.8	22.1	23.5	25	26.5	28.1	29.8	♋ 1.5	3.3	5.1	6.9	8.8	10.8	12.8	14.8	16.9	19	21.1	23.2	25.3	27.4	29.5	♌ 1.7	3.8	5.9	7.9	10	12.1
♀	♋ 28.8	♌ 0	1.3	2.5	3.7	4.9	6.1	7.3	8.6	9.8	11	12.2	13.4	14.6	15.9	17.1	18.3	19.5	20.7	21.9	23.2	24.4	25.6	26.8	28	29.2	♍ 0.4	1.6	2.9	4.1	5.3
♂	♊ 14.8	15.5	16.2	16.9	17.6	18.2	18.9	19.6	20.3	21	21.7	22.4	23.1	23.7	24.4	25.1	25.8	26.5	27.1	27.8	28.5	29.2	29.8	♋ 0.5	1.2	1.9	2.5	3.2	3.9	4.5	5.2

♃ 1 6 11 16 21 26 31: ♑ 29.6R 29.1 28.5 27.8 27.2 26.5 25.9 — ♄ 1 6 11 16 21 26 31: ♍ 2.3 2.8 3.3 3.8 4.3 4.9 5.5 — ♅ 1 11 21 31: ♋ 1.3 1.8 2.4 2.9 — ♆ 1 11 21 31: ♎ 12.4 12.5 12.6 12.8 — ♇ 1 11 21 31: ♌ 15.1 15.3 15.6 15.9

	1	2	3	4	5	6	7	8	9	10	11	12	13	14	15	16	17	18	19	20	21	22	23	24	25	26	27	28	29	30	31
☉	♋ 8.6	9.6	10.5	11.5	12.4	13.4	14.3	15.3	16.2	17.2	18.1	19.1	20	21	21.9	22.9	23.9	24.8	25.8	26.7	27.7	28.6	29.6	♌ 0.5	1.5	2.4	3.4	4.4	5.3	6.3	7.2
☽	♑ 24.5	♒ 8.6	22.3	♓ 5.5	18.4	♈ 0.8	13	24.9	♉ 6.8	18.6	♊ 0.5	12.5	24.6	♋ 6.9	19.5	♌ 2.2	15.1	28.3	♍ 11.6	25.1	♎ 8.8	22.7	♏ 6.8	21.1	♐ 5.5	19.9	♑ 4.4	18.8	♒ 3	16.9	♓ 0.4
☿	♊ 26.7	28.7	♋ 0.8	2.9	5	7.1	9.3	11.4	13.6	15.8	17.9	20.1	22.2	24.3	26.5	28.5	♌ 0.6	2.6	4.6	6.6	8.6	10.5	12.4	14.3	16.1	17.9	19.7	21.5	23.2	24.9	26.6
♀	♊ 4.2	5.4	6.5	7.7	8.9	10.1	11.3	12.5	13.6	14.8	16	17.2	18.4	19.6	20.8	22	23.1	24.3	25.5	26.7	27.9	29.1	♋ 0.3	1.5	2.7	3.9	5.1	6.3	7.5	8.7	9.9
♂	♎ 8	8.5	9	9.4	9.9	10.4	10.9	11.4	11.9	12.4	12.9	13.4	13.9	14.4	15	15.5	16	16.5	17.1	17.6	18.1	18.7	19.2	19.8	20.3	20.9	21.5	22	22.6	23.2	23.7

♃ 1 6 11 16 21 26 31: ♓ 7.4R 7.3 7.1 6.9 6.5 6.1 5.7 — ♄ 1 6 11 16 21 26 31: ♍ 14.4 14.8 15.2 15.6 16.1 16.6 17.1 — ♅ 1 11 21 31: ♋ 5.4 6 6.6 7.1 — ♆ 1 11 21 31: ♎ 14.6 14.6 14.7 14.9 — ♇ 1 11 21 31: ♌ 16.6 16.9 17.2 17.5

VIII

	1	2	3	4	5	6	7	8	9	10	11	12	13	14	15	16	17	18	19	20	21	22	23	24	25	26	27	28	29	30	31
☉	♌ 8.4	9.4	10.3	11.3	12.2	13.2	14.2	15.1	16.1	17	18	19	19.9	20.9	21.8	22.8	23.8	24.7	25.7	26.6	27.6	28.6	29.5	♍ 0.5	1.5	2.4	3.4	4.4	5.3	6.3	7.3
☽	♏ 1.3	15.3	29.2	♐ 12.8	26.3	♑ 9.6	22.7	♒ 5.6	18.2	♓ 0.6	12.8	24.9	♈ 6.8	18.6	♉ 0.3	12.2	24.2	♊ 6.5	19.1	♋ 2.1	15.5	29.3	♌ 13.6	28.2	♍ 13	27.9	♎ 12.7	27.4	♏ 11.8	25.9	♐ 9.8
☿	♌ 14.1	16.1	18	20	21.9	23.8	25.7	27.5	29.3	♍ 1.1	2.9	4.6	6.4	8	9.7	11.4	13	14.6	16.1	17.7	19.2	20.7	22.2	23.6	25	26.4	27.8	29.1	♎ 0.5	1.7	3
♀	♍ 6.5	7.7	8.9	10.1	11.3	12.5	13.7	14.9	16.1	17.4	18.6	19.8	21	22.2	23.4	24.6	25.8	27	28.2	29.4	♎ 0.6	1.8	3	4.2	5.4	6.6	7.8	9	10.2	11.4	12.5
♂	♋ 5.9	6.5	7.2	7.9	8.5	9.2	9.9	10.5	11.2	11.8	12.5	13.2	13.8	14.5	15.1	15.8	16.4	17.1	17.7	18.4	19	19.7	20.3	21	21.6	22.2	22.9	23.5	24.2	24.8	25.4

♃ 1 6 11 16 21 26 31: ♑ 25.8R 25.2 24.6 24.1 23.6 23.2 22.9 — ♄ 1 6 11 16 21 26 31: ♍ 5.6 6.2 6.8 7.4 8 8.6 9.3 — ♅ 1 11 21 31: ♋ 3 3.5 3.9 4.3 — ♆ 1 11 21 31: ♎ 12.8 13 13.3 13.6 — ♇ 1 11 21 31: ♌ 15.9 16.2 16.6 16.8

	1	2	3	4	5	6	7	8	9	10	11	12	13	14	15	16	17	18	19	20	21	22	23	24	25	26	27	28	29	30	31
☉	♌ 8.2	9.1	10.1	11.1	12	13	13.9	14.9	15.8	16.8	17.8	18.7	19.7	20.6	21.6	22.6	23.5	24.5	25.5	26.4	27.4	28.3	29.3	♍ 0.3	1.2	2.2	3.2	4.1	5.1	6.1	7
☽	♓ 13.5	26.3	♈ 8.8	20.9	♉ 2.9	14.8	26.7	♊ 8.6	20.6	♋ 2.8	15.3	28.1	♌ 11.1	24.4	♍ 7.9	21.6	♎ 5.5	19.5	♏ 3.6	17.8	♐ 2	16.2	♑ 0.4	14.4	28.3	♒ 12.1	25.5	♓ 8.8	21.7	♈ 4.3	16.7
☿	♌ 28.2	29.8	♍ 1.4	3	4.5	6	7.5	8.9	10.3	11.7	13.1	14.4	15.7	16.9	18.1	19.3	20.5	21.6	22.7	23.7	24.7	25.7	26.6	27.4	28.2	28.9	29.6	♎ 0.2	0.8	1.3	1.7
♀	♋ 11.1	12.3	13.5	14.7	15.9	17.2	18.4	19.6	20.8	22	23.2	24.4	25.6	26.9	28.1	29.3	♌ 0.5	1.7	2.9	4.2	5.4	6.6	7.8	9	10.3	11.5	12.7	13.9	15.2	16.4	17.6
♂	♎ 24.3	24.9	25.5	26	26.6	27.2	27.8	28.4	29	29.6	♏ 0.2	0.8	1.4	2	2.6	3.2	3.8	4.5	5.1	5.7	6.3	6.9	7.6	8.2	8.8	9.5	10.1	10.7	11.4	12	12.7

♃ 1 6 11 16 21 26 31: ♓ 5.6R 5 4.4 3.8 3.2 2.5 1.9 — ♄ 1 6 11 16 21 26 31: ♍ 17.2 17.8 18.3 18.9 19.5 20.1 20.7 — ♅ 1 11 21 31: ♋ 7.2 7.7 8.2 8.6 — ♆ 1 11 21 31: ♎ 14.9 15.1 15.4 15.7 — ♇ 1 11 21 31: ♌ 17.5 17.8 18.1 18.4

IX

	1	2	3	4	5	6	7	8	9	10	11	12	13	14	15	16	17	18	19	20	21	22	23	24	25	26	27	28	29	30	31
☉	♍ 8.2	9.2	10.2	11.1	12.1	13.1	14	15	16	17	17.9	18.9	19.9	20.9	21.8	22.8	23.8	24.8	25.7	26.7	27.7	28.7	29.6	♎ 0.6	1.6	2.6	3.6	4.5	5.5	6.5	
☽	♐ 23.3	♑ 6.5	19.5	♒ 2.3	14.9	27.2	♓ 9.4	21.4	♈ 3.4	15.2	27	♉ 8.7	20.6	♊ 2.6	14.9	27.4	♋ 10.3	23.7	♌ 7.5	21.8	♍ 6.4	21.4	♎ 6.5	21.6	♏ 6.6	21.4	♐ 5.7	19.7	♑ 3.3	16.5	
☿	♎ 4.2	5.4	6.6	7.7	8.8	9.9	10.9	11.9	12.8	13.7	14.5	15.3	16	16.7	17.3	17.8	18.3	18.6	18.9	19.1	19.1	19.1R	18.9	18.7	18.3	17.8	17.1	16.4	15.5	14.5	
♀	♎ 13.7	14.9	16.1	17.3	18.5	19.7	20.9	22.1	23.2	24.4	25.6	26.8	28	29.2	♏ 0.3	1.5	2.7	3.9	5.1	6.2	7.4	8.6	9.8	10.9	12.1	13.3	14.4	15.6	16.8	17.9	
♂	♋ 26.1	26.7	27.4	28	28.6	29.3	29.9	♌ 0.5	1.1	1.8	2.4	3	3.7	4.3	4.9	5.5	6.1	6.8	7.4	8	8.6	9.2	9.8	10.5	11.1	11.7	12.3	12.9	13.5	14.1	

♃ 1 6 11 16 21 26: ♑ 22.8R 22.6 22.4 22.3 22.3D 22.4 — ♄ 1 6 11 16 21 26: ♍ 9.4 10 10.7 11.3 11.9 12.5 — ♅ 1 11 21: ♋ 4.3 4.6 4.8 — ♆ 1 11 21: ♎ 13.6 13.9 14.3 — ♇ 1 11 21: ♌ 16.9 17.2 17.4

	1	2	3	4	5	6	7	8	9	10	11	12	13	14	15	16	17	18	19	20	21	22	23	24	25	26	27	28	29	30	31
☉	♍ 8	9	9.9	10.9	11.9	12.8	13.8	14.8	15.8	16.7	17.7	18.7	19.6	20.6	21.6	22.6	23.5	24.5	25.5	26.5	27.4	28.4	29.4	♎ 0.4	1.4	2.3	3.3	4.3	5.3	6.3	
☽	♈ 28.8	♉ 10.8	22.7	♊ 4.6	16.5	28.5	♋ 10.8	23.3	♌ 6.2	19.4	♍ 2.9	16.8	♎ 0.9	15.3	29.7	♏ 14.2	28.7	♐ 13	27.2	♑ 11.1	24.9	♒ 8.4	21.7	♓ 4.8	17.6	♈ 0.2	12.7	24.9	♉ 7	18.9	
☿	♎ 2	2.2	2.4	2.4	2.4R	2.2	2	1.6	1.1	0.5	♍ 29.9	29.1	28.2	27.3	26.3	25.2	24.2	23.1	22.1	21.2	20.3	19.6	18.9	18.5	18.1	18	18.0D	18.1	18.5	19	
♀	♌ 18.8	20.1	21.3	22.5	23.8	25	26.2	27.5	28.7	29.9	♍ 1.2	2.4	3.6	4.9	6.1	7.3	8.6	9.8	11.1	12.3	13.5	14.8	16	17.3	18.5	19.7	21	22.2	23.5	24.7	
♂	♏ 13.3	14	14.6	15.3	15.9	16.6	17.3	17.9	18.6	19.2	19.9	20.6	21.2	21.9	22.6	23.3	23.9	24.6	25.3	26	26.7	27.4	28.1	28.7	29.4	♐ 0.1	0.8	1.5	2.2	2.9	

♃ 1 6 11 16 21 26: ♓ 1.7R 1.1 0.5 ♒ 29.9 29.4 28.9 — ♄ 1 6 11 16 21 26: ♍ 20.8 21.4 22.1 22.7 23.3 23.9 — ♅ 1 11 21: ♋ 8.6 9 9.2 — ♆ 1 11 21: ♎ 15.7 16 16.4 — ♇ 1 11 21: ♌ 18.5 18.8 19

X

	1	2	3	4	5	6	7	8	9	10	11	12	13	14	15	16	17	18	19	20	21	22	23	24	25	26	27	28	29	30	31
☉	♎ 7.5	8.5	9.5	10.4	11.4	12.4	13.4	14.4	15.4	16.4	17.4	18.3	19.3	20.3	21.3	22.3	23.3	24.3	25.3	26.3	27.3	28.3	29.3	♏ 0.3	1.3	2.3	3.2	4.2	5.2	6.2	7.2
☽	♑ 29.3	♒ 11.9	24.2	♓ 6.4	18.4	♈ 0.3	12.1	23.9	♉ 5.7	17.5	29.5	♊ 11.6	23.8	♋ 6.4	19.2	♌ 2.5	16.1	♍ 0.2	14.7	29.5	♎ 14.6	29.8	♏ 15	29.9	♐ 14.5	28.7	♑ 12.5	25.8	♒ 8.6	21.1	♓ 3.4
☿	♎ 13.5R	12.4	11.2	10.1	9	7.9	6.9	6	5.3	4.7	4.3	4	4.0D	4.1	4.4	4.8	5.5	6.2	7.1	8.2	9.3	10.5	11.8	13.2	14.6	16	17.6	19.1	20.7	22.2	23.8
♀	♏ 19.1	20.3	21.4	22.6	23.7	24.9	26.1	27.2	28.4	29.5	♐ 0.7	1.8	3	4.1	5.2	6.4	7.5	8.7	9.8	10.9	12.1	13.2	14.3	15.4	16.6	17.7	18.8	19.9	21	22.1	23.2
♂	♌ 14.7	15.3	15.9	16.5	17.1	17.7	18.3	18.9	19.5	20.1	20.7	21.3	21.9	22.5	23.1	23.6	24.2	24.8	25.4	26	26.5	27.1	27.7	28.3	28.8	29.4	30	♍ 0.6	1.1	1.7	2.2

♃ 1 6 11 16 21 26 31: ♑ 22.6 22.8 23.1 23.5 24 24.5 25.1 — ♄ 1 6 11 16 21 26 31: ♍ 13.1 13.7 14.3 14.8 15.4 15.9 16.4 — ♅ 1 11 21 31: ♋ 5 5 5.0R 4.8 — ♆ 1 11 21 31: ♎ 14.6 15 15.4 15.7 — ♇ 1 11 21 31: ♌ 17.6 17.8 18 18.1

	1	2	3	4	5	6	7	8	9	10	11	12	13	14	15	16	17	18	19	20	21	22	23	24	25	26	27	28	29	30	31
☉	♎ 7.3	8.2	9.2	10.2	11.2	12.2	13.2	14.1	15.1	16.1	17.1	18.1	19.1	20.1	21.1	22.1	23.1	24	25	26	27	28	29	♏ 0	1	2	3	4	5	6	7
☽	♊ 0.8	12.6	24.5	♋ 6.5	18.7	♌ 1.2	14	27.3	♍ 10.9	24.9	♎ 9.4	24.1	♏ 9	24	♐ 8.8	23.4	♑ 7.8	21.8	♒ 5.4	18.7	♓ 1.7	14.4	26.9	♈ 9.2	21.4	♉ 3.5	15.5	27.3	♊ 9.2	21.1	♋ 3
☿	♍ 19.6	20.4	21.4	22.4	23.6	24.8	26.2	27.6	29.1	♎ 0.6	2.2	3.8	5.5	7.1	8.8	10.5	12.2	13.9	15.7	17.4	19.1	20.8	22.5	24.2	25.9	27.6	29.3	♏ 0.9	2.6	4.3	5.9
♀	♍ 26	27.2	28.5	29.7	♎ 1	2.2	3.5	4.7	5.9	7.2	8.4	9.7	10.9	12.2	13.4	14.7	15.9	17.2	18.4	19.7	21	22.2	23.5	24.7	26	27.2	28.5	29.7	♏ 1	2.2	3.5
♂	♐ 3.6	4.3	5	5.7	6.4	7.1	7.9	8.6	9.3	10	10.7	11.4	12.2	12.9	13.6	14.3	15	15.8	16.5	17.2	18	18.7	19.4	20.2	20.9	21.6	22.4	23.1	23.8	24.6	25.3

♃ 1 6 11 16 21 26 31: ♒ 28.5R 28.1 27.9 27.7 27.6 27.6D 27.7 — ♄ 1 6 11 16 21 26 31: ♍ 24.5 25.2 25.8 26.3 26.9 27.5 28 — ♅ 1 11 21 31: ♋ 9.4 9.5 9.5R 9.4 — ♆ 1 11 21 31: ♎ 16.7 17.1 17.5 17.8 — ♇ 1 11 21 31: ♌ 19.3 19.5 19.6 19.8

XI

	1	2	3	4	5	6	7	8	9	10	11	12	13	14	15	16	17	18	19	20	21	22	23	24	25	26	27	28	29	30	31
☉	♏ 8.2	9.2	10.2	11.2	12.3	13.3	14.3	15.3	16.3	17.3	18.3	19.3	20.3	21.3	22.3	23.3	24.3	25.3	26.3	27.3	28.4	29.4	♐ 0.4	1.4	2.4	3.4	4.4	5.4	6.4	7.5	
☽	♓ 15.4	27.3	♈ 9.1	20.8	♉ 2.7	14.5	26.5	♊ 8.6	20.9	♋ 3.3	16	28.9	♌ 12.1	25.6	♍ 9.4	23.6	♎ 8.1	22.9	♏ 7.9	23	♐ 7.9	22.6	♑ 6.9	20.8	♒ 4.2	17.1	29.7	♓ 11.9	23.9	♈ 5.8	
☿	♎ 25.5	27.1	28.7	♏ 0.4	2	3.6	5.3	6.9	8.5	10.2	11.8	13.4	15	16.7	18.3	19.9	21.5	23.1	24.7	26.2	27.8	29.4	♐ 1	2.6	4.1	5.7	7.3	8.8	10.4	12	
♀	♐ 24.3	25.4	26.5	27.6	28.7	29.8	♑ 0.9	1.9	3	4.1	5.2	6.2	7.3	8.3	9.4	10.4	11.4	12.5	13.5	14.5	15.5	16.5	17.5	18.5	19.5	20.5	21.5	22.4	23.4	24.3	
♂	♍ 2.8	3.4	3.9	4.5	5	5.6	6.1	6.7	7.2	7.8	8.3	8.9	9.4	9.9	10.5	11	11.5	12	12.6	13.1	13.6	14.1	14.6	15.2	15.7	16.2	16.7	17.2	17.7	18.2	

♃ 1 6 11 16 21 26: ♑ 25.2 25.9 26.6 27.4 28.2 29.1 — ♄ 1 6 11 16 21 26: ♍ 16.5 16.9 17.3 17.7 18.1 18.4 — ♅ 1 11 21: ♋ 4.8R 4.6 4.3 — ♆ 1 11 21: ♎ 15.8 16.1 16.4 — ♇ 1 11 21: ♌ 18.1 18.2 18.2R

	1	2	3	4	5	6	7	8	9	10	11	12	13	14	15	16	17	18	19	20	21	22	23	24	25	26	27	28	29	30	31
☉	♏ 8	9	10	11	12	13	14	15	16	17	18	19	20	21.1	22.1	23.1	24.1	25.1	26.1	27.1	28.1	29.1	♐ 0.1	1.1	2.2	3.2	4.2	5.2	6.2	7.2	
☽	♋ 14.9	27.1	♌ 9.5	22.2	♍ 5.3	18.8	♎ 2.9	17.3	♏ 2.2	17.4	♐ 2.6	17.8	♑ 2.8	17.4	♒ 1.6	15.3	28.6	♓ 11.4	24	♈ 6.3	18.4	♉ 0.4	12.4	24.2	♊ 6.1	18	29.9	♋ 11.9	23.9	♌ 6.1	
☿	♏ 7.6	9.2	10.8	12.4	14	15.6	17.2	18.8	20.4	22	23.6	25.1	26.7	28.3	29.8	♐ 1.4	2.9	4.4	6	7.5	9	10.6	12.1	13.6	15.1	16.6	18.1	19.6	21.1	22.6	
♀	♏ 4.7	6	7.2	8.5	9.8	11	12.3	13.5	14.8	16	17.3	18.5	19.8	21.1	22.3	23.6	24.8	26.1	27.3	28.6	29.9	♐ 1.1	2.4	3.6	4.9	6.1	7.4	8.7	9.9	11.2	
♂	♐ 26.1	26.8	27.6	28.3	29.1	29.8	♑ 0.6	1.3	2.1	2.8	3.6	4.3	5.1	5.8	6.6	7.4	8.1	8.9	9.6	10.4	11.2	11.9	12.7	13.5	14.2	15	15.8	16.5	17.3	18.1	

♃ 1 6 11 16 21 26: ♒ 27.7 27.9 28.1 28.4 28.9 29.3 — ♄ 1 6 11 16 21 26: ♍ 28.1 28.6 29.1 29.6 ♎ 0 0.4 — ♅ 1 11 21: ♋ 9.4R 9.2 8.9 — ♆ 1 11 21: ♎ 17.9 18.2 18.5 — ♇ 1 11 21: ♌ 19.8 19.8 19.9

XII

	1	2	3	4	5	6	7	8	9	10	11	12	13	14	15	16	17	18	19	20	21	22	23	24	25	26	27	28	29	30	31
☉	♐ 8.5	9.5	10.5	11.5	12.5	13.5	14.6	15.6	16.6	17.6	18.6	19.6	20.7	21.7	22.7	23.7	24.7	25.7	26.8	27.8	28.8	29.8	♑ 0.8	1.9	2.9	3.9	4.9	5.9	7	8	9
☽	♈ 17.5	29.3	♉ 11.2	23.2	♊ 5.4	17.7	♋ 0.3	13	25.9	♌ 9.1	22.4	♍ 5.9	19.7	♎ 3.7	17.9	♏ 2.3	16.8	♐ 1.5	16.1	♑ 0.6	14.8	28.6	♒ 12.1	25.1	♓ 7.7	19.9	♈ 1.9	13.8	25.6	♉ 7.4	19.3
☿	♐ 13.5	15.1	16.7	18.2	19.8	21.3	22.9	24.5	26	27.6	29.1	♑ 0.7	2.2	3.8	5.3	6.9	8.4	10	11.5	13	14.6	16.1	17.5	19	20.5	21.9	23.3	24.6	25.9	27.2	28.3
♀	♑ 25.2	26.2	27.1	28	28.9	29.8	♒ 0.7	1.5	2.4	3.2	4	4.8	5.6	6.4	7.2	7.9	8.6	9.4	10.1	10.7	11.4	12	12.6	13.2	13.8	14.3	14.8	15.3	15.8	16.2	16.6
♂	♍ 18.7	19.2	19.7	20.1	20.6	21.1	21.6	22	22.5	23	23.4	23.9	24.4	24.8	25.3	25.7	26.1	26.6	27	27.4	27.9	28.3	28.7	29.1	29.5	29.9	♎ 0.3	0.7	1.1	1.5	1.8

♃ 1 6 11 16 21 26 31: ♒ 0 1 2 3 4.1 5.2 6.3 — ♄ 1 6 11 16 21 26 31: ♍ 18.7 18.9 19.1 19.3 19.4 19.4 19.4R — ♅ 1 11 21 31: ♋ 4.0R 3.6 3.2 2.7 — ♆ 1 11 21 31: ♎ 16.7 16.9 17.1 17.3 — ♇ 1 11 21 31: ♌ 18.2R 18.1 18 17.8

	1	2	3	4	5	6	7	8	9	10	11	12	13	14	15	16	17	18	19	20	21	22	23	24	25	26	27	28	29	30	31
☉	♐ 8.2	9.2	10.3	11.3	12.3	13.3	14.3	15.3	16.3	17.4	18.4	19.4	20.4	21.4	22.4	23.5	24.5	25.5	26.5	27.5	28.6	29.6	♑ 0.6	1.6	2.6	3.7	4.7	5.7	6.7	7.7	8.7
☽	♌ 18.5	♍ 1.1	14.1	27.4	♎ 11.3	25.5	♏ 10.3	25.4	♐ 10.7	26	♑ 11.2	26	♒ 10.4	24.3	♓ 7.6	20.6	♈ 3.1	15.4	27.4	♉ 9.3	21.2	♊ 3	14.9	26.9	♋ 8.9	21	♌ 3.2	15.5	28.1	♍ 10.8	23.8
☿	♐ 24.1	25.6	27	28.5	29.9	♑ 1.3	2.7	4.1	5.5	6.8	8.1	9.4	10.6	11.7	12.8	13.9	14.8	15.7	16.4	17.1	17.6	17.9	18.1	18.2R	18	17.6	17.1	16.3	15.4	14.3	13.1
♀	♐ 12.4	13.7	14.9	16.2	17.5	18.7	20	21.2	22.5	23.7	25	26.3	27.5	28.8	♑ 0	1.3	2.5	3.8	5	6.3	7.6	8.8	10.1	11.3	12.6	13.8	15.1	16.4	17.6	18.9	20.1
♂	♑ 18.8	19.6	20.4	21.2	21.9	22.7	23.5	24.3	25	25.8	26.6	27.4	28.2	28.9	29.7	♒ 0.5	1.3	2.1	2.8	3.6	4.4	5.2	6	6.8	7.5	8.3	9.1	9.9	10.7	11.5	12.3

♃ 1 6 11 16 21 26 31: ♒ 29.9 ♓ 0.5 1.2 2 2.8 3.6 4.5 — ♄ 1 6 11 16 21 26 31: ♎ 0.8 1.2 1.5 1.7 1.9 2.1 2.2 — ♅ 1 11 21 31: ♋ 8.6R 8.2 7.8 7.4 — ♆ 1 11 21 31: ♎ 18.8 19.1 19.3 19.4 — ♇ 1 11 21 31: ♌ 19.8R 19.8 19.7 19.5

I

	1	2	3	4	5	6	7	8	9	10	11	12	13	14	15	16	17	18	19	20	21	22	23	24	25	26	27	28	29	30	31
☉	♑ 9.8	10.8	11.8	12.8	13.8	14.9	15.9	16.9	17.9	18.9	20	21	22	23	24	25.1	26.1	27.1	28.1	29.1	♒ 0.1	1.2	2.2	3.2	4.2	5.2	6.2	7.3	8.3	9.3	10.3
☽	♎ 7	20.7	♏ 4.7	19.2	♐ 3.9	19	♑ 4.1	19.1	♒ 3.9	18.4	♓ 2.3	15.8	28.9	♈ 11.5	23.8	♉ 5.9	17.9	29.7	♊ 11.6	23.5	♋ 5.5	17.6	29.9	♌ 12.4	25	♍ 7.8	20.8	♎ 4	17.4	♏ 1.1	15
☿	♑ 11.8R	10.4	9.1	7.8	6.5	5.4	4.4	3.6	2.9	2.5	2.1	1.9	1.9D	2	2.3	2.7	3.1	3.7	4.4	5.1	5.9	6.8	7.7	8.7	9.7	10.8	11.9	13.1	14.3	15.5	16.7
♀	♑ 21.4	22.6	23.9	25.1	26.4	27.7	28.9	♒ 0.2	1.4	2.7	3.9	5.2	6.4	7.7	8.9	10.2	11.5	12.7	14	15.2	16.5	17.7	19	20.2	21.5	22.7	24	25.2	26.5	27.7	29
♂	♒ 13	13.8	14.6	15.4	16.2	17	17.8	18.6	19.3	20.1	20.9	21.7	22.5	23.3	24.1	24.9	25.6	26.4	27.2	28	28.8	29.6	♓ 0.4	1.2	1.9	2.7	3.5	4.3	5.1	5.9	6.7

	1	6	11	16	21	26	31
♃	♓ 4.7	5.6	6.6	7.7	8.7	9.8	10.9
♄	♎ 2.3	2.3	2.4	2.4R	2.3	2.2	2

	1	11	21	31
♅	♋ 7.3R	6.9	6.5	6.2
♆	♎ 19.4	19.5	19.5R	19.5
♇	♌ 19.5R	19.3	19.1	18.8

II

	1	2	3	4	5	6	7	8	9	10	11	12	13	14	15	16	17	18	19	20	21	22	23	24	25	26	27	28	29	30	31
☉	♒ 11.3	12.3	13.4	14.4	15.4	16.4	17.4	18.4	19.4	20.4	21.5	22.5	23.5	24.5	25.5	26.5	27.5	28.5	29.5	♓ 0.5	1.6	2.6	3.6	4.6	5.6	6.6	7.6	8.6			
☽	♏ 29.2	♐ 13.6	28.2	♑ 12.9	27.5	♒ 12	26.2	♓ 10.1	23.6	♈ 6.6	19.4	♉ 1.8	13.9	25.9	♊ 7.8	19.6	♋ 1.6	13.6	25.9	♌ 8.3	21	♍ 4	17.1	♎ 0.5	14.2	28	♏ 11.9	26			
☿	♑ 18	19.3	20.6	22	23.3	24.7	26.1	27.5	28.9	♒ 0.4	1.8	3.3	4.8	6.3	7.9	9.4	10.9	12.5	14.1	15.7	17.3	18.9	20.6	22.3	23.9	25.6	27.3	29.1			
♀	♓ 0.2	1.5	2.7	4	5.2	6.5	7.7	8.9	10.2	11.4	12.7	13.9	15.2	16.4	17.6	18.9	20.1	21.4	22.6	23.9	25.1	26.3	27.6	28.8	♈ 0	1.3	2.5	3.7			
♂	♓ 7.4	8.2	9	9.8	10.6	11.4	12.2	12.9	13.7	14.5	15.3	16.1	16.9	17.6	18.4	19.2	20	20.8	21.5	22.3	23.1	23.9	24.6	25.4	26.2	27	27.7	28.5			

	1	6	11	16	21	26
♃	♓ 11.2	12.3	13.5	14.6	15.8	17
♄	♎ 2.0R	1.8	1.6	1.3	1	0.7

	1	11	21
♅	♋ 6.1R	5.8	5.6
♆	♎ 19.5R	19.4	19.3
♇	♌ 18.8R	18.6	18.3

III

	1	2	3	4	5	6	7	8	9	10	11	12	13	14	15	16	17	18	19	20	21	22	23	24	25	26	27	28	29	30	31
☉	♓ 9.6	10.6	11.6	12.6	13.6	14.6	15.6	16.6	17.6	18.6	19.6	20.6	21.6	22.6	23.6	24.6	25.6	26.6	27.6	28.6	29.6	♈ 0.6	1.6	2.6	3.5	4.5	5.5	6.5	7.5	8.5	9.5
☽	♐ 10.1	24.4	♑ 8.6	22.8	♒ 6.9	20.9	♓ 4.7	18.2	♈ 1.5	14.4	27.1	♉ 9.5	21.7	♊ 3.7	15.6	27.5	♋ 9.4	21.5	♌ 3.7	16.3	29.1	♍ 12.3	25.8	♎ 9.6	23.7	♏ 8	22.4	♐ 6.8	21.2	♑ 5.4	19.5
☿	♓ 0.8	2.6	4.4	6.2	8	9.8	11.7	13.5	15.4	17.3	19.2	21.2	23.1	25.1	27	29	♈ 1	3	5	7	9	10.9	12.9	14.8	16.7	18.5	20.4	22.1	23.8	25.4	27
♀	♈ 5	6.2	7.4	8.7	9.9	11.1	12.4	13.6	14.8	16.1	17.3	18.5	19.7	21	22.2	23.4	24.6	25.8	27.1	28.3	29.5	♉ 0.7	1.9	3.1	4.4	5.6	6.8	8	9.2	10.4	11.6
♂	♓ 29.3	♈ 0.1	0.8	1.6	2.4	3.2	3.9	4.7	5.5	6.2	7	7.8	8.5	9.3	10.1	10.8	11.6	12.4	13.1	13.9	14.6	15.4	16.2	16.9	17.7	18.4	19.2	20	20.7	21.5	22.2

	1	6	11	16	21	26	31
♃	♓ 17.7	19	20.2	21.4	22.6	23.8	25
♄	♎ 0.5R	0.1	♍ 29.7	29.3	28.9	28.6	28.2

	1	11	21	31
♅	♋ 5.5R	5.4	5.4D	5.5
♆	♎ 19.1R	18.9	18.7	18.4
♇	♌ 18.2R	18	17.8	17.6

IV

	1	2	3	4	5	6	7	8	9	10	11	12	13	14	15	16	17	18	19	20	21	22	23	24	25	26	27	28	29	30	31
☉	♈ 10.5	11.5	12.4	13.4	14.4	15.4	16.4	17.4	18.3	19.3	20.3	21.3	22.3	23.2	24.2	25.2	26.2	27.2	28.1	29.1	♉ 0.1	1.1	2	3	4	5	5.9	6.9	7.9	8.9	
☽	♒ 3.4	17.2	♓ 0.7	14	27.1	♈ 10.1	22.8	♉ 5.2	17.5	29.7	♊ 11.6	23.5	♋ 5.4	17.3	29.3	♌ 11.6	24.1	♍ 6.9	20.2	♎ 3.9	18	♏ 2.5	17.2	♐ 2.1	16.9	♑ 1.6	16.1	♒ 0.3	14.1	27.7	
☿	♈ 28.4	29.8	♉ 1.1	2.3	3.4	4.4	5.3	6.1	6.8	7.3	7.8	8.2	8.4	8.5	8.5R	8.5	8.3	8	7.7	7.2	6.7	6.2	5.6	4.9	4.3	3.6	2.9	2.2	1.6	1	
♀	♉ 12.8	14	15.2	16.4	17.6	18.8	20	21.2	22.4	23.6	24.8	26	27.2	28.4	29.6	♊ 0.8	2	3.1	4.3	5.5	6.7	7.9	9	10.2	11.4	12.6	13.7	14.9	16.1	17.2	
♂	♈ 23	23.7	24.5	25.2	26	26.7	27.5	28.2	29	29.7	♉ 0.5	1.2	1.9	2.7	3.4	4.2	4.9	5.6	6.4	7.1	7.9	8.6	9.3	10.1	10.8	11.5	12.3	13	13.7	14.4	

	1	6	11	16	21	26
♃	♓ 25.2	26.4	27.6	28.7	29.9	♈ 1
♄	♍ 28.1R	27.7	27.4	27	26.7	26.4

	1	11	21
♅	♋ 5.5	5.7	6
♆	♎ 18.4R	18.1	17.8
♇	♌ 17.6R	17.5	17.4

V

	1	2	3	4	5	6	7	8	9	10	11	12	13	14	15	16	17	18	19	20	21	22	23	24	25	26	27	28	29	30	31
☉	♉ 9.8	10.8	11.8	12.7	13.7	14.7	15.6	16.6	17.6	18.5	19.5	20.5	21.4	22.4	23.4	24.3	25.3	26.3	27.2	28.2	29.2	♊ 0.1	1.1	2	3	4	4.9	5.9	6.8	7.8	8.8
☽	♓ 10.9	23.9	♈ 6.7	19.2	♉ 1.7	13.9	26.1	♊ 8.1	20	♋ 1.9	13.7	25.6	♌ 7.6	19.8	♍ 2.2	15	28.3	♎ 12	26.1	♏ 10.8	25.8	♐ 10.9	26.1	♑ 11.2	25.9	♒ 10.3	24.3	♓ 7.8	20.9	♈ 3.8	16.3
☿	♉ 0.5R	♈ 29.9	29.5	29.1	28.8	28.6	28.4	28.4	28.4D	28.4	28.6	28.8	29.1	29.5	30	♉ 0.5	1.1	1.7	2.4	3.2	4.1	5	5.9	6.9	8	9.1	10.2	11.4	12.7	14	15.3
♀	♊ 18.4	19.6	20.7	21.9	23	24.2	25.3	26.5	27.6	28.8	29.9	♋ 1.1	2.2	3.3	4.5	5.6	6.7	7.9	9	10.1	11.2	12.3	13.5	14.6	15.7	16.8	17.9	19	20.1	21.2	22.3
♂	♉ 15.2	15.9	16.6	17.3	18.1	18.8	19.5	20.2	21	21.7	22.4	23.1	23.8	24.6	25.3	26	26.7	27.4	28.1	28.8	29.5	♊ 0.3	1	1.7	2.4	3.1	3.8	4.5	5.2	5.9	6.6

	1	6	11	16	21	26	31
♃	♈ 2.1	3.1	4.2	5.2	6.1	7.1	8
♄	♍ 26.2R	26	25.8	25.7	25.6	25.5	25.5D

	1	11	21	31
♅	♋ 6.4	6.8	7.3	7.8
♆	♎ 17.6R	17.3	17.1	17
♇	♌ 17.4D	17.4	17.5	17.6

VI

	1	2	3	4	5	6	7	8	9	10	11	12	13	14	15	16	17	18	19	20	21	22	23	24	25	26	27	28	29	30	31
☉	♊ 9.7	10.7	11.6	12.6	13.5	14.5	15.5	16.4	17.4	18.3	19.3	20.2	21.2	22.2	23.1	24.1	25	26	26.9	27.9	28.8	29.8	♋ 0.7	1.7	2.6	3.6	4.6	5.5	6.5	7.4	
☽	♈ 28.7	♉ 10.9	23	♊ 5	16.9	28.8	♋ 10.6	22.5	♌ 4.4	16.4	28.6	♍ 11	23.7	♎ 6.9	20.5	♏ 4.6	19.2	♐ 4.1	19.4	♑ 4.7	19.9	♒ 4.9	19.5	♓ 3.6	17.2	♈ 0.4	13.2	25.7	♉ 8	20.1	
☿	♉ 16.7	18.1	19.6	21.1	22.7	24.3	25.9	27.6	29.4	♊ 1.1	3	4.8	6.7	8.7	10.6	12.7	14.7	16.8	18.9	21	23.2	25.4	27.5	29.7	♋ 1.9	4.1	6.3	8.5	10.6	12.7	
♀	♋ 23.3	24.4	25.5	26.6	27.6	28.7	29.8	♌ 0.8	1.9	2.9	4	5	6.1	7.1	8.1	9.1	10.1	11.2	12.2	13.2	14.1	15.1	16.1	17.1	18	19	19.9	20.9	21.8	22.7	
♂	♊ 7.3	8	8.7	9.4	10.1	10.8	11.5	12.2	12.9	13.6	14.3	15	15.7	16.4	17	17.7	18.4	19.1	19.8	20.5	21.2	21.9	22.5	23.2	23.9	24.6	25.3	25.9	26.6	27.3	

	1	6	11	16	21	26
♃	♈ 8.1	9	9.7	10.5	11.2	11.8
♄	♍ 25.5	25.6	25.7	25.8	26	26.2

	1	11	21
♅	♋ 7.9	8.4	9
♆	♎ 17.0R	16.8	16.8
♇	♌ 17.6	17.8	18

VII

	1	2	3	4	5	6	7	8	9	10	11	12	13	14	15	16	17	18	19	20	21	22	23	24	25	26	27	28	29	30	31
☉	♋ 8.4	9.3	10.3	11.2	12.2	13.1	14.1	15	16	17	17.9	18.9	19.8	20.8	21.7	22.7	23.6	24.6	25.5	26.5	27.4	28.4	29.4	♌ 0.3	1.3	2.2	3.2	4.1	5.1	6	7
☽	♊ 2.1	14	25.8	♋ 7.7	19.6	♌ 1.5	13.5	25.6	♍ 7.9	20.4	♎ 3.2	16.3	29.8	♏ 13.8	28.1	♐ 12.9	28	♑ 13.1	28.3	♒ 13.3	27.9	♓ 12.1	25.9	♈ 9.2	22.1	♉ 4.6	16.9	28.9	♊ 10.9	22.7	♋ 4.6
☿	♋ 14.9	17	19	21.1	23.1	25.1	27	28.9	♌ 0.8	2.7	4.5	6.3	8	9.8	11.5	13.1	14.7	16.3	17.9	19.4	20.9	22.4	23.8	25.2	26.6	27.9	29.2	♍ 0.5	1.7	2.8	4
♀	♌ 23.7	24.6	25.5	26.4	27.2	28.1	29	29.8	♍ 0.7	1.5	2.3	3.1	3.9	4.7	5.4	6.2	6.9	7.6	8.3	9	9.7	10.3	11	11.6	12.2	12.7	13.3	13.8	14.3	14.8	15.2
♂	♊ 28	28.7	29.3	♋ 0	0.7	1.4	2	2.7	3.4	4.1	4.7	5.4	6.1	6.7	7.4	8.1	8.7	9.4	10.1	10.7	11.4	12.1	12.7	13.4	14	14.7	15.4	16	16.7	17.3	18

	1	6	11	16	21	26	31
♃	♈ 12.3	12.8	13.2	13.6	13.8	14	14.1
♄	♍ 26.4	26.7	27.1	27.4	27.8	28.2	28.7

	1	11	21	31
♅	♋ 9.6	10.2	10.8	11.4
♆	♎ 16.8	16.8	16.9	17
♇	♌ 18.2	18.5	18.8	19.1

VIII

	1	2	3	4	5	6	7	8	9	10	11	12	13	14	15	16	17	18	19	20	21	22	23	24	25	26	27	28	29	30	31
☉	♌ 8	8.9	9.9	10.8	11.8	12.7	13.7	14.7	15.6	16.6	17.5	18.5	19.5	20.4	21.4	22.3	23.3	24.3	25.2	26.2	27.1	28.1	29.1	♍ 0	1	2	2.9	3.9	4.9	5.8	6.8
☽	♋ 16.5	28.4	♌ 10.5	22.7	♍ 5	17.5	♎ 0.2	13.2	26.4	♏ 10	23.8	♐ 8	22.5	♑ 7.2	22	♒ 6.9	21.6	♓ 6.1	20.2	♈ 4	17.3	♉ 0.3	12.9	25.2	♊ 7.3	19.2	♋ 1.1	13	24.9	♌ 7	19.2
☿	♍ 5.1	6.1	7.1	8.1	9	9.9	10.7	11.4	12.1	12.8	13.3	13.8	14.2	14.6	14.9	15	15.1	15.1R	15.1	14.9	14.6	14.2	13.8	13.2	12.6	11.8	11	10.2	9.3	8.4	7.4
♀	♍ 15.6	16	16.4	16.8	17.1	17.3	17.6	17.8	18	18.1	18.2	18.3	18.3	18.3R	18.3	18.2	18.1	17.9	17.7	17.4	17.2	16.8	16.5	16.1	15.7	15.2	14.7	14.2	13.6	13.1	12.5
♂	♋ 18.7	19.3	20	20.6	21.3	21.9	22.6	23.2	23.9	24.5	25.2	25.8	26.5	27.1	27.8	28.4	29.1	29.7	♌ 0.4	1	1.6	2.3	2.9	3.6	4.2	4.9	5.5	6.1	6.8	7.4	8.1

	1	6	11	16	21	26	31
♃	♈ 14.2	14.2R	14.1	13.9	13.7	13.4	13
♄	♍ 28.8	29.2	29.7	♎ 0.2	0.8	1.3	1.9

	1	11	21	31
♅	♋ 11.4	12	12.5	12.9
♆	♎ 17	17.2	17.5	17.8
♇	♌ 19.1	19.4	19.7	20.1

IX

	1	2	3	4	5	6	7	8	9	10	11	12	13	14	15	16	17	18	19	20	21	22	23	24	25	26	27	28	29	30	31
☉	♍ 7.8	8.7	9.7	10.7	11.6	12.6	13.6	14.5	15.5	16.5	17.5	18.4	19.4	20.4	21.4	22.3	23.3	24.3	25.3	26.2	27.2	28.2	29.2	♎ 0.1	1.1	2.1	3.1	4.1	5	6	
☽	♍ 1.6	14.2	27	♎ 10.1	23.4	♏ 6.9	20.6	♐ 4.5	18.7	♑ 2.9	17.3	♒ 1.7	16.1	♓ 0.4	14.5	28.4	♈ 12	25.3	♉ 8.2	20.8	♊ 3.2	15.3	27.2	♋ 9.1	21	♌ 2.9	15	27.4	♍ 9.9	22.8	
☿	♍ 6.5R	5.6	4.8	4	3.3	2.7	2.2	1.9	1.7	1.6D	1.7	2	2.4	2.9	3.6	4.5	5.4	6.5	7.7	9	10.4	11.9	13.4	15	16.6	18.3	20	21.8	23.6	25.3	
♀	♍ 11.9R	11.3	10.7	10.1	9.4	8.8	8.2	7.6	7.1	6.5	6	5.5	5	4.5	4.1	3.7	3.4	3.1	2.8	2.6	2.4	2.3	2.2	2.1	2.1	2.1D	2.2	2.3	2.4	2.6	
♂	♌ 8.7	9.3	10	10.6	11.2	11.9	12.5	13.1	13.8	14.4	15	15.7	16.3	16.9	17.5	18.2	18.8	19.4	20.1	20.7	21.3	21.9	22.6	23.2	23.8	24.4	25	25.7	26.3	26.9	

	1	6	11	16	21	26
♃	♈ 12.9R	12.5	11.9	11.4	10.7	10.1
♄	♎ 2	2.6	3.2	3.8	4.4	5.1

	1	11	21
♅	♋ 12.9	13.3	13.6
♆	♎ 17.8	18.1	18.5
♇	♌ 20.1	20.4	20.6

X

	1	2	3	4	5	6	7	8	9	10	11	12	13	14	15	16	17	18	19	20	21	22	23	24	25	26	27	28	29	30	31
☉	♎ 7	8	9	10	10.9	11.9	12.9	13.9	14.9	15.9	16.9	17.9	18.9	19.8	20.8	21.8	22.8	23.8	24.8	25.8	26.8	27.8	28.8	29.8	♏ 0.8	1.8	2.8	3.8	4.8	5.8	6.8
☽	♎ 6	19.5	♏ 3.2	17.2	♐ 1.3	15.5	29.7	♑ 13.9	28	♒ 12.1	26.1	♓ 9.9	23.6	♈ 7.1	20.4	♉ 3.4	16.2	28.8	♊ 11.1	23.2	♋ 5.1	17	28.8	♌ 10.7	22.8	♍ 5.2	17.8	♎ 0.9	14.3	28.1	♏ 12.3
☿	♍ 27.1	28.9	♎ 0.7	2.5	4.3	6.1	7.9	9.7	11.4	13.2	15	16.7	18.4	20.1	21.8	23.5	25.2	26.9	28.5	♏ 0.2	1.8	3.4	5	6.6	8.2	9.8	11.4	13	14.5	16.1	17.6
♀	♍ 2.8	3	3.3	3.6	3.9	4.3	4.7	5.1	5.6	6.1	6.6	7.1	7.7	8.2	8.8	9.5	10.1	10.8	11.5	12.2	12.9	13.6	14.4	15.1	15.9	16.7	17.5	18.4	19.2	20.1	20.9
♂	♌ 27.5	28.1	28.8	29.4	30	♍ 0.6	1.2	1.8	2.5	3.1	3.7	4.3	4.9	5.5	6.1	6.7	7.3	8	8.6	9.2	9.8	10.4	11	11.6	12.2	12.8	13.4	14	14.6	15.2	15.8

	1	6	11	16	21	26	31
♃	♈ 9.4R	8.8	8.1	7.5	6.8	6.3	5.8
♄	♎ 5.7	6.3	6.9	7.5	8.1	8.7	9.3

	1	11	21	31
♅	♋ 13.8	14	14.0R	13.9
♆	♎ 18.8	19.2	19.6	19.9
♇	♌ 20.9	21.1	21.3	21.4

XI

	1	2	3	4	5	6	7	8	9	10	11	12	13	14	15	16	17	18	19	20	21	22	23	24	25	26	27	28	29	30	31
☉	♏ 7.8	8.8	9.8	10.8	11.8	12.8	13.8	14.8	15.8	16.8	17.8	18.8	19.8	20.8	21.8	22.8	23.8	24.8	25.8	26.9	27.9	28.9	29.9	♐ 0.9	1.9	2.9	3.9	4.9	6	7	
☽	♏ 26.8	♐ 11.3	26	♑ 10.5	24.8	♒ 9	22.9	♓ 6.6	20.1	♈ 3.4	16.5	29.4	♉ 12.1	24.7	♊ 7.1	19.2	♋ 1.3	13.2	25	♌ 6.8	18.7	♍ 0.7	13	25.6	♎ 8.7	22.2	♏ 6.2	20.6	♐ 5.4	20.4	
☿	♏ 19.2	20.7	22.2	23.7	25.2	26.7	28.2	29.7	♐ 1.2	2.6	4.1	5.6	7	8.4	9.9	11.3	12.7	14	15.4	16.7	18.1	19.4	20.6	21.9	23.1	24.3	25.4	26.5	27.5	28.4	
♀	♍ 21.8	22.7	23.6	24.5	25.5	26.4	27.3	28.3	29.2	♎ 0.2	1.2	2.2	3.2	4.2	5.2	6.2	7.2	8.3	9.3	10.3	11.4	12.4	13.5	14.6	15.6	16.7	17.8	18.9	20	21.1	
♂	♍ 16.4	17	17.6	18.2	18.8	19.4	19.9	20.5	21.1	21.7	22.3	22.9	23.5	24.1	24.6	25.2	25.8	26.4	27	27.5	28.1	28.7	29.3	29.9	♎ 0.4	1	1.6	2.1	2.7	3.3	

	1	6	11	16	21	26
♃	♈ 5.7R	5.2	4.9	4.6	4.4	4.3
♄	♎ 9.4	10	10.5	11	11.5	12

	1	11	21
♅	♋ 13.9R	13.8	13.6
♆	♎ 20	20.3	20.6
♇	♌ 21.4	21.5	21.5

XII

	1	2	3	4	5	6	7	8	9	10	11	12	13	14	15	16	17	18	19	20	21	22	23	24	25	26	27	28	29	30	31
☉	♐ 8	9	10	11	12	13.1	14.1	15.1	16.1	17.1	18.1	19.2	20.2	21.2	22.2	23.2	24.2	25.3	26.3	27.3	28.3	29.3	♑ 0.3	1.4	2.4	3.4	4.4	5.4	6.5	7.5	8.5
☽	♑ 5.4	20.3	♒ 5	19.4	♓ 3.4	17	♈ 0.4	13.4	26.3	♉ 8.9	21.3	♊ 3.6	15.8	27.8	♋ 9.7	21.6	♌ 3.4	15.2	27.1	♍ 9.1	21.3	♎ 3.9	16.8	♏ 0.2	14.1	28.5	♐ 13.3	28.5	♑ 13.7	29	♒ 14
☿	♐ 29.3	♑ 0.1	0.8	1.4	1.8	2.1	2.3	2.3R	2.1	1.8	1.2	0.5	♐ 29.5	28.5	27.2	25.9	24.5	23.2	21.8	20.6	19.4	18.4	17.6	16.9	16.5	16.2	16	16.1D	16.2	16.6	17
♀	♎ 22.2	23.3	24.4	25.5	26.6	27.7	28.9	30	♏ 1.1	2.3	3.4	4.5	5.7	6.8	8	9.1	10.3	11.4	12.6	13.8	14.9	16.1	17.3	18.4	19.6	20.8	22	23.2	24.3	25.5	26.7
♂	♎ 3.8	4.4	5	5.5	6.1	6.7	7.2	7.8	8.3	8.9	9.4	10	10.5	11.1	11.6	12.2	12.7	13.3	13.8	14.3	14.9	15.4	15.9	16.5	17	17.5	18.1	18.6	19.1	19.6	20.1

	1	6	11	16	21	26	31
♃	♈ 4.2D	4.3	4.4	4.7	5	5.4	5.8
♄	♎ 12.5	12.9	13.3	13.6	13.9	14.2	14.4

	1	11	21	31
♅	♋ 13.3R	12.9	12.5	12.1
♆	♎ 20.9	21.2	21.4	21.6
♇	♌ 21.5R	21.5	21.4	21.2

I

	1	2	3	4	5	6	7	8	9	10	11	12	13	14	15	16	17	18	19	20	21	22	23	24	25	26	27	28	29	30	31
☉	♑ 9.5	10.5	11.6	12.6	13.6	14.6	15.6	16.7	17.7	18.7	19.7	20.7	21.7	22.8	23.8	24.8	25.8	26.8	27.9	28.9	29.9	♒ 0.9	1.9	2.9	4	5	6	7	8	9	10.1
☽	♒ 28.7	♓ 13	26.8	♈ 10.2	23.2	♉ 5.9	18.4	♊ 0.7	12.8	24.7	♋ 6.7	18.5	♌ 0.3	12.2	24	♍ 6	18.1	♎ 0.3	12.9	25.8	♏ 9	22.7	♐ 6.9	21.5	♑ 6.5	21.7	♒ 6.9	22	♓ 6.9	21.4	♈ 5.5
☿	♐ 17.6	18.2	19	19.8	20.7	21.7	22.7	23.7	24.8	26	27.2	28.4	29.7	♑ 0.9	2.2	3.5	4.9	6.2	7.6	9	10.4	11.8	13.3	14.7	16.2	17.7	19.2	20.7	22.2	23.7	25.2
♀	♏ 27.9	29.1	♐ 0.3	1.5	2.7	3.8	5	6.2	7.4	8.6	9.8	11	12.2	13.5	14.7	15.9	17.1	18.3	19.5	20.7	21.9	23.1	24.3	25.6	26.8	28	29.2	♑ 0.4	1.6	2.9	4.1
♂	♎ 20.7	21.2	21.7	22.2	22.7	23.2	23.7	24.2	24.7	25.2	25.7	26.2	26.6	27.1	27.6	28.1	28.6	29	29.5	30	♏ 0.4	0.9	1.3	1.8	2.2	2.7	3.1	3.6	4	4.4	4.8

	1	6	11	16	21	26	31
♃	♈ 5.9	6.5	7.1	7.8	8.5	9.3	10.2
♄	♎ 14.5	14.7	14.8	14.9	15	15.0R	14.9

	1	11	21	31
♅	♋ 12.1R	11.6	11.2	10.8
♆	♎ 21.6	21.7	21.7	21.7R
♇	♌ 21.2R	21	20.8	20.6

II

	1	2	3	4	5	6	7	8	9	10	11	12	13	14	15	16	17	18	19	20	21	22	23	24	25	26	27	28	29	30	31
☉	♒ 11.1	12.1	13.1	14.1	15.1	16.1	17.2	18.2	19.2	20.2	21.2	22.2	23.2	24.2	25.3	26.3	27.3	28.3	29.3	♓ 0.3	1.3	2.3	3.3	4.3	5.3	6.3	7.3	8.4	9.4		
☽	♈ 19.1	♉ 2.2	15	27.5	♊ 9.7	21.7	♋ 3.6	15.4	27.2	♌ 9.1	21	♍ 3	15.1	27.4	♎ 9.9	22.6	♏ 5.6	18.8	♐ 2.5	16.4	♑ 0.7	15.3	♒ 0.1	15.1	30	♓ 14.8	29.3	♈ 13.4	27.2		
☿	♑ 26.8	28.3	29.9	♒ 1.5	3.1	4.7	6.3	7.9	9.6	11.2	12.9	14.6	16.3	18	19.7	21.5	23.2	25	26.8	28.6	♓ 0.4	2.2	4.1	5.9	7.8	9.7	11.6	13.5	15.4		
♀	♑ 5.3	6.5	7.7	8.9	10.2	11.4	12.6	13.8	15.1	16.3	17.5	18.7	20	21.2	22.4	23.6	24.9	26.1	27.3	28.5	29.8	♒ 1	2.2	3.5	4.7	5.9	7.1	8.4	9.6		
♂	♏ 5.3	5.7	6.1	6.5	6.9	7.3	7.7	8.1	8.5	8.8	9.2	9.6	10	10.3	10.7	11	11.4	11.7	12	12.3	12.7	13	13.3	13.6	13.9	14.1	14.4	14.7	14.9		

	1	6	11	16	21	26
♃	♈ 10.4	11.3	12.2	13.2	14.2	15.3
♄	♎ 14.9R	14.8	14.7	14.5	14.3	14.1

	1	11	21
♅	♋ 10.8R	10.5	10.2
♆	♎ 21.7R	21.6	21.5
♇	♌ 20.6R	20.3	20.1

III

	1	2	3	4	5	6	7	8	9	10	11	12	13	14	15	16	17	18	19	20	21	22	23	24	25	26	27	28	29	30	31
☉	♓ 10.4	11.4	12.4	13.4	14.4	15.4	16.4	17.4	18.4	19.4	20.4	21.4	22.4	23.4	24.4	25.4	26.4	27.3	28.3	29.3	♈ 0.3	1.3	2.3	3.3	4.3	5.3	6.3	7.3	8.3	9.2	10.2
☽	♉ 10.5	23.4	♊ 5.9	18.1	♋ 0.2	12	23.8	♌ 5.7	17.6	29.6	♍ 11.7	24.1	♎ 6.7	19.5	♏ 2.5	15.8	29.3	♐ 13	26.9	♑ 11	25.3	♒ 9.7	24.2	♓ 8.7	23.1	♈ 7.4	21.4	♉ 5	18.3	♊ 1.3	13.9
☿	♓ 17.3	19.2	21.1	23	24.9	26.8	28.7	♈ 0.5	2.3	4.1	5.8	7.5	9	10.6	12	13.3	14.6	15.7	16.7	17.6	18.4	19.1	19.6	20	20.3	20.4	20.4R	20.3	20.1	19.7	19.3
♀	♒ 10.8	12.1	13.3	14.5	15.7	17	18.2	19.4	20.7	21.9	23.1	24.4	25.6	26.8	28	29.3	♓ 0.5	1.7	3	4.2	5.4	6.7	7.9	9.1	10.4	11.6	12.8	14	15.3	16.5	17.7
♂	♏ 15.2	15.4	15.7	15.9	16.1	16.3	16.5	16.7	16.9	17.1	17.2	17.4	17.5	17.7	17.8	17.9	18	18.1	18.2	18.3	18.3	18.4	18.4	18.4	18.4	18.4R	18.4	18.4	18.4	18.3	18.3

	1	6	11	16	21	26	31
♃	♈ 16.2	17.3	18.4	19.5	20.7	21.9	23.1
♄	♎ 13.9R	13.6	13.2	12.9	12.5	12.1	11.7

	1	11	21	31
♅	♋ 10.0R	9.9	9.9D	10
♆	♎ 21.3R	21.1	20.9	20.6
♇	♌ 19.9R	19.6	19.5	19.3

IV

	1	2	3	4	5	6	7	8	9	10	11	12	13	14	15	16	17	18	19	20	21	22	23	24	25	26	27	28	29	30	31
☉	♈ 11.2	12.2	13.2	14.2	15.2	16.1	17.1	18.1	19.1	20.1	21.1	22	23	24	25	25.9	26.9	27.9	28.9	29.9	♉ 0.8	1.8	2.8	3.8	4.7	5.7	6.7	7.6	8.6	9.6	
☽	♊ 26.1	♋ 8.2	20.1	♌ 1.9	13.7	25.7	♍ 7.8	20.1	♎ 2.7	15.6	28.8	♏ 12.2	25.9	♐ 9.8	23.7	♑ 7.8	21.9	♒ 6.1	20.2	♓ 4.3	18.4	♈ 2.4	16.2	29.9	♉ 13.3	26.4	♊ 9.2	21.8	♋ 4	16	
☿	♈ 18.7R	18.1	17.4	16.7	15.9	15.1	14.3	13.6	12.8	12.1	11.4	10.8	10.2	9.8	9.4	9.1	8.9	8.7	8.7	8.7D	8.8	9	9.3	9.7	10.1	10.6	11.2	11.8	12.5	13.3	
♀	♓ 19	20.2	21.4	22.7	23.9	25.1	26.4	27.6	28.8	♈ 0	1.3	2.5	3.7	5	6.2	7.4	8.7	9.9	11.1	12.3	13.6	14.8	16	17.3	18.5	19.7	21	22.2	23.4	24.6	
♂	♏ 18.2R	18.1	18	17.9	17.8	17.6	17.5	17.3	17.1	16.9	16.7	16.5	16.3	16	15.8	15.5	15.3	15	14.7	14.4	14.1	13.8	13.4	13.1	12.8	12.4	12.1	11.7	11.3	11	

	1	6	11	16	21	26
♃	♈ 23.3	24.5	25.7	26.9	28.1	29.3
♄	♎ 11.7R	11.3	10.9	10.5	10.2	9.8

	1	11	21
♅	♋ 10	10.2	10.4
♆	♎ 20.6R	20.3	20
♇	♌ 19.3R	19.2	19.1

V

	1	2	3	4	5	6	7	8	9	10	11	12	13	14	15	16	17	18	19	20	21	22	23	24	25	26	27	28	29	30	31
☉	♉ 10.6	11.5	12.5	13.5	14.4	15.4	16.4	17.3	18.3	19.3	20.2	21.2	22.2	23.1	24.1	25.1	26	27	28	28.9	29.9	♊ 0.8	1.8	2.8	3.7	4.7	5.6	6.6	7.6	8.5	9.5
☽	♋ 27.9	♌ 9.7	21.6	♍ 3.5	15.7	28.1	♎ 10.8	24	♏ 7.5	21.3	♐ 5.4	19.7	♑ 4.1	18.5	♒ 2.8	17	♓ 1.1	15	28.8	♈ 12.4	25.8	♉ 9.1	22.2	♊ 5	17.6	29.9	♋ 12.1	24.1	♌ 5.9	17.7	29.5
☿	♈ 14.1	15	15.9	16.9	17.9	19	20.1	21.3	22.5	23.7	25	26.3	27.7	29.1	♉ 0.6	2.1	3.6	5.1	6.7	8.4	10	11.7	13.5	15.2	17.1	18.9	20.8	22.7	24.7	26.7	28.7
♀	♈ 25.9	27.1	28.3	29.6	♉ 0.8	2	3.2	4.5	5.7	6.9	8.2	9.4	10.6	11.8	13.1	14.3	15.5	16.7	18	19.2	20.4	21.7	22.9	24.1	25.3	26.6	27.8	29	♊ 0.2	1.5	2.7
♂	♏ 10.6R	10.2	9.9	9.5	9.1	8.8	8.4	8	7.7	7.3	7	6.6	6.3	5.9	5.6	5.3	5	4.7	4.4	4.1	3.9	3.6	3.3	3.1	2.9	2.7	2.5	2.3	2.1	2	1.8

	1	6	11	16	21	26	31
♃	♉ 0.5	1.7	2.9	4	5.2	6.3	7.5
♄	♎ 9.5R	9.2	8.9	8.7	8.5	8.4	8.3

	1	11	21	31
♅	♋ 10.7	11.1	11.6	12.1
♆	♎ 19.8R	19.5	19.3	19.2
♇	♌ 19.1D	19.1	19.2	19.3

VI

	1	2	3	4	5	6	7	8	9	10	11	12	13	14	15	16	17	18	19	20	21	22	23	24	25	26	27	28	29	30	31
☉	♊ 10.4	11.4	12.4	13.3	14.3	15.2	16.2	17.1	18.1	19.1	20	21	21.9	22.9	23.8	24.8	25.7	26.7	27.6	28.6	29.6	♋ 0.5	1.5	2.4	3.4	4.3	5.3	6.2	7.2	8.1	
☽	♍ 11.5	23.6	♎ 6	18.8	♏ 2	15.7	29.8	♐ 14.2	28.9	♑ 13.7	28.5	♒ 13.2	27.6	♓ 11.8	25.7	♈ 9.4	22.7	♉ 5.9	18.8	♊ 1.5	14.1	26.4	♋ 8.6	20.6	♌ 2.4	14.2	26	♍ 7.8	19.8	♎ 1.9	
☿	♊ 0.7	2.8	4.9	7.1	9.2	11.4	13.6	15.8	18	20.2	22.4	24.6	26.8	28.9	♋ 1	3.2	5.2	7.3	9.3	11.3	13.3	15.2	17.1	19	20.8	22.6	24.3	26	27.7	29.3	
♀	♊ 3.9	5.2	6.4	7.6	8.8	10.1	11.3	12.5	13.8	15	16.2	17.4	18.7	19.9	21.1	22.3	23.6	24.8	26	27.3	28.5	29.7	♋ 0.9	2.2	3.4	4.6	5.9	7.1	8.3	9.5	
♂	♏ 1.7R	1.6	1.5	1.4	1.3	1.2	1.2	1.2	1.1	1.1	1.1D	1.2	1.2	1.2	1.3	1.4	1.4	1.5	1.6	1.8	1.9	2	2.2	2.4	2.5	2.7	2.9	3.1	3.4	3.6	

	1	6	11	16	21	26
♃	♉ 7.7	8.8	9.8	10.9	11.9	12.8
♄	♎ 8.3R	8.2	8.2D	8.2	8.3	8.4

	1	11	21
♅	♋ 12.2	12.7	13.3
♆	♎ 19.1R	19	19
♇	♌ 19.3	19.5	19.7

VII

	1	2	3	4	5	6	7	8	9	10	11	12	13	14	15	16	17	18	19	20	21	22	23	24	25	26	27	28	29	30	31
☉	♋ 9.1	10	11	12	12.9	13.9	14.8	15.8	16.7	17.7	18.6	19.6	20.5	21.5	22.4	23.4	24.4	25.3	26.3	27.2	28.2	29.1	♌ 0.1	1	2	2.9	3.9	4.9	5.8	6.8	7.7
☽	♎ 14.3	27.1	♏ 10.2	23.9	♐ 8	22.6	♑ 7.4	22.5	♒ 7.6	22.6	♓ 7.3	21.8	♈ 5.9	19.5	♉ 2.9	15.9	28.6	♊ 11.1	23.4	♋ 5.5	17.5	29.3	♌ 11.1	22.9	♍ 4.7	16.6	28.5	♎ 10.7	23.1	♏ 5.8	19
☿	♌ 0.9	2.5	4	5.5	6.9	8.3	9.7	11	12.3	13.5	14.7	15.9	17	18.1	19.1	20.1	21	21.8	22.6	23.4	24.1	24.7	25.3	25.8	26.2	26.6	26.8	27	27.1	27.2R	27.1
♀	♋ 10.8	12	13.2	14.5	15.7	16.9	18.2	19.4	20.6	21.8	23.1	24.3	25.5	26.8	28	29.2	♌ 0.5	1.7	2.9	4.1	5.4	6.6	7.8	9.1	10.3	11.5	12.8	14	15.2	16.5	17.7
♂	♏ 3.8	4.1	4.3	4.6	4.9	5.2	5.5	5.8	6.1	6.4	6.8	7.1	7.5	7.8	8.2	8.6	8.9	9.3	9.7	10.1	10.5	10.9	11.4	11.8	12.2	12.7	13.1	13.6	14	14.5	15

	1	6	11	16	21	26	31
♃	♉ 13.8	14.6	15.5	16.3	17	17.7	18.4
♄	♎ 8.5	8.7	9	9.2	9.5	9.9	10.2

	1	11	21	31
♅	♋ 13.9	14.5	15.1	15.7
♆	♎ 18.9D	19	19	19.2
♇	♌ 19.9	20.2	20.5	20.8

VIII

	1	2	3	4	5	6	7	8	9	10	11	12	13	14	15	16	17	18	19	20	21	22	23	24	25	26	27	28	29	30	31
☉	♌ 8.7	9.6	10.6	11.6	12.5	13.5	14.4	15.4	16.3	17.3	18.3	19.2	20.2	21.1	22.1	23.1	24	25	25.9	26.9	27.9	28.8	29.8	♍ 0.8	1.7	2.7	3.7	4.6	5.6	6.6	7.5
☽	♐ 2.5	16.5	♑ 0.9	15.7	♒ 0.8	16	♓ 1.2	16.2	♈ 0.9	15.2	29	♉ 12.4	25.4	♊ 8.1	20.4	♋ 2.6	14.5	26.4	♌ 8.2	20	♍ 1.8	13.7	25.6	♎ 7.7	20	♏ 2.5	15.3	28.4	♐ 11.8	25.7	♑ 9.9
☿	♌ 27.0R	26.7	26.4	26	25.5	25	24.4	23.7	22.9	22.2	21.4	20.5	19.7	18.9	18.2	17.4	16.8	16.2	15.7	15.3	15.1	14.9	14.9D	15	15.2	15.6	16.1	16.7	17.5	18.4	19.4
♀	♌ 18.9	20.2	21.4	22.6	23.9	25.1	26.3	27.6	28.8	♍ 0	1.2	2.5	3.7	4.9	6.2	7.4	8.6	9.9	11.1	12.3	13.6	14.8	16	17.3	18.5	19.7	21	22.2	23.4	24.7	25.9
♂	♏ 15.4	15.9	16.4	16.9	17.4	17.9	18.4	18.9	19.4	20	20.5	21	21.6	22.1	22.7	23.2	23.8	24.3	24.9	25.4	26	26.6	27.2	27.7	28.3	28.9	29.5	♐ 0.1	0.7	1.3	1.9

	1	6	11	16	21	26	31
♃	♉ 18.5	19.1	19.6	20	20.3	20.6	20.8
♄	♎ 10.3	10.7	11.1	11.6	12.1	12.6	13.1

	1	11	21	31
♅	♋ 15.7	16.3	16.8	17.3
♆	♎ 19.2	19.4	19.6	19.9
♇	♌ 20.8	21.1	21.4	21.7

IX

	1	2	3	4	5	6	7	8	9	10	11	12	13	14	15	16	17	18	19	20	21	22	23	24	25	26	27	28	29	30	31
☉	♍ 8.5	9.5	10.4	11.4	12.4	13.3	14.3	15.3	16.3	17.2	18.2	19.2	20.1	21.1	22.1	23.1	24	25	26	27	28	28.9	29.9	♎ 0.9	1.9	2.8	3.8	4.8	5.8	6.8	
☽	♑ 24.4	♒ 9.3	24.3	♓ 9.4	24.4	♈ 9.2	23.6	♉ 7.6	21.2	♊ 4.3	16.9	29.3	♋ 11.4	23.3	♌ 5.1	16.9	28.7	♍ 10.6	22.6	♎ 4.7	17.1	29.6	♏ 12.4	25.3	♐ 8.5	22	♑ 5.7	19.7	♒ 3.9	18.5	
☿	♌ 20.5	21.7	23	24.5	26	27.5	29.2	♍ 0.9	2.6	4.4	6.2	8	9.9	11.8	13.7	15.5	17.4	19.3	21.2	23.1	24.9	26.8	28.6	♎ 0.4	2.2	4	5.8	7.5	9.3	11	
♀	♍ 27.1	28.4	29.6	♎ 0.8	2.1	3.3	4.5	5.7	7	8.2	9.4	10.7	11.9	13.1	14.4	15.6	16.8	18	19.3	20.5	21.7	23	24.2	25.4	26.7	27.9	29.1	♏ 0.3	1.6	2.8	
♂	♐ 2.5	3.1	3.8	4.4	5	5.6	6.3	6.9	7.5	8.2	8.8	9.4	10.1	10.7	11.4	12	12.7	13.4	14	14.7	15.4	16	16.7	17.4	18	18.7	19.4	20.1	20.8	21.5	

	1	6	11	16	21	26
♃	♉ 20.9	21	21.0R	20.9	20.8	20.5
♄	♎ 13.2	13.8	14.3	14.9	15.5	16.1

	1	11	21
♅	♋ 17.3	17.7	18
♆	♎ 19.9	20.2	20.6
♇	♌ 21.8	22	22.3

X

	1	2	3	4	5	6	7	8	9	10	11	12	13	14	15	16	17	18	19	20	21	22	23	24	25	26	27	28	29	30	31
☉	♎ 7.8	8.7	9.7	10.7	11.7	12.7	13.7	14.7	15.6	16.6	17.6	18.6	19.6	20.6	21.6	22.6	23.6	24.6	25.6	26.5	27.5	28.5	29.5	♏ 0.5	1.5	2.5	3.5	4.5	5.5	6.5	7.5
☽	♓ 3.1	17.9	♈ 2.7	17.4	♉ 1.7	15.7	29.3	♊ 12.4	25.2	♋ 7.6	19.7	♌ 1.6	13.4	25.1	♍ 7	19	♎ 1.2	13.5	26.2	♏ 9	22.1	♐ 5.5	18.9	♑ 2.6	16.4	♒ 0.3	14.4	28.6	♓ 12.9	27.3	♈ 11.6
☿	♎ 12.7	14.4	16.1	17.8	19.5	21.1	22.7	24.4	26	27.6	29.2	♏ 0.7	2.3	3.8	5.4	6.9	8.4	9.9	11.4	12.9	14.4	15.8	17.3	18.7	20.1	21.5	22.9	24.3	25.7	27	28.4
♀	♏ 4	5.3	6.5	7.7	8.9	10.2	11.4	12.6	13.8	15.1	16.3	17.5	18.7	20	21.2	22.4	23.6	24.9	26.1	27.3	28.5	29.8	♐ 1	2.2	3.4	4.6	5.9	7.1	8.3	9.5	10.7
♂	♐ 22.1	22.8	23.5	24.2	24.9	25.6	26.3	27	27.7	28.4	29.1	29.9	♑ 0.6	1.3	2	2.7	3.4	4.1	4.9	5.6	6.3	7	7.8	8.5	9.2	10	10.7	11.4	12.2	12.9	13.6

	1	6	11	16	21	26	31
♃	♉ 20.2R	19.9	19.4	18.9	18.3	17.7	17
♄	♎ 16.7	17.3	17.9	18.5	19.1	19.7	20.3

	1	11	21	31
♅	♋ 18.3	18.4	18.5	18.5R
♆	♎ 20.9	21.3	21.7	22
♇	♌ 22.6	22.8	23	23.1

XI

	1	2	3	4	5	6	7	8	9	10	11	12	13	14	15	16	17	18	19	20	21	22	23	24	25	26	27	28	29	30	31
☉	♏ 8.5	9.5	10.5	11.5	12.5	13.5	14.5	15.5	16.5	17.5	18.6	19.6	20.6	21.6	22.6	23.6	24.6	25.6	26.6	27.6	28.6	29.6	♐ 0.7	1.7	2.7	3.7	4.7	5.7	6.7	7.7	
☽	♈ 25.9	♉ 10	23.8	♊ 7.2	20.3	♋ 3	15.4	27.5	♌ 9.4	21.3	♍ 3.1	14.9	27	♎ 9.3	21.8	♏ 4.7	17.9	♐ 1.4	15.1	29	♑ 13.1	27.1	♒ 11.2	25.3	♓ 9.4	23.5	♈ 7.5	21.4	♉ 5.2	18.9	
☿	♏ 29.7	♐ 1	2.3	3.5	4.8	6	7.1	8.2	9.3	10.4	11.4	12.3	13.1	13.9	14.6	15.2	15.7	16.1	16.4	16.5	16.5R	16.3	15.9	15.3	14.6	13.7	12.6	11.4	10.1	8.8	
♀	♐ 12	13.2	14.4	15.6	16.8	18.1	19.3	20.5	21.7	22.9	24.1	25.4	26.6	27.8	29	♑ 0.2	1.4	2.6	3.8	5.1	6.3	7.5	8.7	9.9	11.1	12.3	13.5	14.7	15.9	17.1	
♂	♑ 14.4	15.1	15.9	16.6	17.3	18.1	18.8	19.6	20.3	21.1	21.8	22.6	23.3	24.1	24.8	25.6	26.3	27.1	27.9	28.6	29.4	♒ 0.1	0.9	1.7	2.4	3.2	3.9	4.7	5.5	6.2	

	1	6	11	16	21	26
♃	♉ 16.9R	16.2	15.5	14.9	14.2	13.6
♄	♎ 20.5	21	21.6	22.2	22.7	23.3

	1	11	21
♅	♋ 18.5R	18.4	18.2
♆	♎ 22.1	22.4	22.8
♇	♌ 23.1	23.2	23.3

XII

	1	2	3	4	5	6	7	8	9	10	11	12	13	14	15	16	17	18	19	20	21	22	23	24	25	26	27	28	29	30	31
☉	♐ 8.8	9.8	10.8	11.8	12.8	13.8	14.8	15.9	16.9	17.9	18.9	19.9	20.9	22	23	24	25	26	27	28.1	29.1	♑ 0.1	1.1	2.1	3.2	4.2	5.2	6.2	7.2	8.3	9.3
☽	♊ 2.3	15.5	28.3	♋ 10.9	23.2	♌ 5.3	17.2	29	♍ 10.8	22.7	♎ 4.7	17	29.7	♏ 12.6	26	♐ 9.8	23.9	♑ 8.2	22.7	♒ 7.2	21.7	♓ 6.1	20.3	♈ 4.4	18.2	♉ 1.8	15.2	28.5	♊ 11.5	24.3	♋ 6.8
☿	♐ 7.4R	6.1	4.8	3.6	2.6	1.8	1.1	0.7	0.4	0.3	0.3D	0.6	1	1.5	2.1	2.8	3.7	4.6	5.5	6.6	7.7	8.8	10	11.2	12.5	13.8	15.1	16.4	17.8	19.2	20.6
♀	♑ 18.3	19.5	20.7	21.9	23.1	24.3	25.5	26.7	27.9	29.1	♒ 0.3	1.5	2.7	3.8	5	6.2	7.4	8.6	9.8	10.9	12.1	13.3	14.4	15.6	16.8	18	19.1	20.3	21.4	22.6	23.7
♂	♒ 7	7.8	8.5	9.3	10.1	10.8	11.6	12.4	13.1	13.9	14.7	15.4	16.2	17	17.7	18.5	19.3	20.1	20.8	21.6	22.4	23.1	23.9	24.7	25.5	26.2	27	27.8	28.5	29.3	♓ 0.1

	1	6	11	16	21	26	31
♃	♉ 13.0R	12.5	12.1	11.7	11.4	11.2	11
♄	♎ 23.8	24.2	24.7	25.1	25.5	25.9	26.2

	1	11	21	31
♅	♋ 17.9R	17.6	17.2	16.8
♆	♎ 23.1	23.3	23.5	23.7
♇	♌ 23.3R	23.2	23.1	23

I

	1	2	3	4	5	6	7	8	9	10	11	12	13	14	15	16	17	18	19	20	21	22	23	24	25	26	27	28	29	30	31
☉	♑ 10.3	11.3	12.3	13.3	14.4	15.4	16.4	17.4	18.4	19.5	20.5	21.5	22.5	23.5	24.6	25.6	26.6	27.6	28.6	29.6	♒ 0.7	1.7	2.7	3.7	4.7	5.8	6.8	7.8	8.8	9.8	10.8
☽	♋ 19.2	♌ 1.4	13.4	25.2	♍ 7	18.8	♎ 0.7	12.7	24.9	♏ 7.5	20.4	♐ 3.8	17.6	♑ 1.8	16.4	♒ 1.3	16.2	♓ 1.2	16	♈ 0.5	14.8	28.7	♉ 12.2	25.5	♊ 8.4	21.1	♋ 3.6	15.8	27.9	♌ 9.9	21.8
☿	♐ 22	23.4	24.8	26.3	27.7	29.2	♑ 0.7	2.1	3.6	5.1	6.7	8.2	9.7	11.2	12.8	14.3	15.9	17.5	19	20.6	22.2	23.8	25.4	27.1	28.7	♒ 0.3	2	3.7	5.3	7	8.7
♀	♒ 24.9	26	27.2	28.3	29.5	♓ 0.6	1.7	2.9	4	5.1	6.2	7.4	8.5	9.6	10.7	11.8	12.9	14	15.1	16.2	17.2	18.3	19.4	20.4	21.5	22.6	23.6	24.6	25.7	26.7	27.7
♂	♓ 0.9	1.6	2.4	3.2	3.9	4.7	5.5	6.2	7	7.8	8.6	9.3	10.1	10.9	11.6	12.4	13.2	13.9	14.7	15.5	16.2	17	17.8	18.5	19.3	20.1	20.8	21.6	22.4	23.1	23.9

♃	1	6	11	16	21	26	31
	♉ 11.0R	11.0D	11	11.2	11.4	11.7	12.1
♄	1	6	11	16	21	26	31
	♎ 26.2	26.5	26.7	26.9	27.1	27.2	27.3
♅	1	11	21	31			
	♋ 16.7R	16.3	15.9	15.5			
♆	1	11	21	31			
	♎ 23.7	23.8	23.9	23.9R			
♇	1	11	21	31			
	♌ 22.9R	22.8	22.5	22.3			

II

	1	2	3	4	5	6	7	8	9	10	11	12	13	14	15	16	17	18	19	20	21	22	23	24	25	26	27	28	29	30	31
☉	♒ 11.8	12.9	13.9	14.9	15.9	16.9	17.9	18.9	20	21	22	23	24	25	26	27	28	29	♓ 0.1	1.1	2.1	3.1	4.1	5.1	6.1	7.1	8.1	9.1			
☽	♍ 3.6	15.4	27.3	♎ 9.2	21.2	♏ 3.4	15.9	28.7	♐ 11.9	25.6	♑ 9.7	24.3	♒ 9.2	24.3	♓ 9.5	24.7	♈ 9.6	24.1	♉ 8.3	22	♊ 5.2	18.1	♋ 0.6	12.9	25	♌ 6.9	18.7	♍ 0.6			
☿	♒ 10.4	12.2	13.9	15.7	17.4	19.2	21	22.8	24.6	26.4	28.2	♓ 0	1.8	3.7	5.5	7.3	9.2	11	12.8	14.5	16.3	18	19.6	21.2	22.8	24.3	25.7	26.9			
♀	♓ 28.7	29.8	♈ 0.8	1.7	2.7	3.7	4.7	5.6	6.6	7.5	8.5	9.4	10.3	11.2	12.1	13	13.8	14.7	15.5	16.3	17.1	17.9	18.7	19.5	20.2	21	21.7	22.4			
♂	♓ 24.7	25.4	26.2	26.9	27.7	28.5	29.2	30	♈ 0.7	1.5	2.2	3	3.8	4.5	5.3	6	6.8	7.5	8.3	9	9.8	10.5	11.3	12	12.8	13.5	14.3	15			

♃	1	6	11	16	21	26
	♉ 12.2	12.6	13.2	13.8	14.5	15.2
♄	1	6	11	16	21	26
	♎ 27.3	27.3R	27.3	27.2	27.1	26.9
♅	1	11	21			
	♋ 15.5R	15.1	14.8			
♆	1	11	21			
	♎ 23.9R	23.8	23.7			
♇	1	11	21			
	♌ 22.3R	22	21.8			

III

	1	2	3	4	5	6	7	8	9	10	11	12	13	14	15	16	17	18	19	20	21	22	23	24	25	26	27	28	29	30	31
☉	♓ 10.1	11.1	12.1	13.1	14.1	15.1	16.1	17.1	18.1	19.1	20.1	21.1	22.1	23.1	24.1	25.1	26.1	27.1	28.1	29.1	♈ 0.1	1.1	2.1	3.1	4.1	5	6	7	8	9	10
☽	♍ 12.4	24.2	♎ 6.1	18.1	♏ 0.2	12.5	25.1	♐ 7.8	21	♑ 4.4	18.3	♒ 2.6	17.3	♓ 2.3	17.5	♈ 2.8	17.8	♉ 2.6	16.9	♊ 0.8	14.2	27.1	♋ 9.6	21.9	♌ 3.9	15.7	27.5	♍ 9.3	21.1	♎ 3.1	15.1
☿	♓ 28.1	29.2	♈ 0.2	1	1.7	2.2	2.6	2.9	3	2.9R	2.7	2.4	1.9	1.4	0.7	♓ 29.9	29.1	28.2	27.3	26.3	25.4	24.5	23.7	22.9	22.2	21.6	21.1	20.6	20.3	20	19.8
♀	♈ 23.1	23.7	24.4	25	25.6	26.1	26.7	27.2	27.7	28.2	28.6	29	29.4	29.7	♉ 0.1	0.4	0.6	0.8	1	1.1	1.2	1.3	1.3	1.3R	1.3	1.2	1	0.9	0.6	0.4	0.1
♂	♈ 15.8	16.5	17.3	18	18.7	19.5	20.2	21	21.7	22.4	23.2	23.9	24.7	25.4	26.1	26.9	27.6	28.3	29.1	29.8	♉ 0.5	1.3	2	2.7	3.4	4.2	4.9	5.6	6.4	7.1	7.8

♃	1	6	11	16	21	26	31
	♉ 15.7	16.5	17.3	18.3	19.2	20.2	21.2
♄	1	6	11	16	21	26	31
	♎ 26.8R	26.6	26.3	26	25.7	25.4	25
♅	1	11	21	31			
	♋ 14.6R	14.5	14.4	14.5D			
♆	1	11	21	31			
	♎ 23.6R	23.4	23.1	22.9			
♇	1	11	21	31			
	♌ 21.6R	21.4	21.2	21			

IV

	1	2	3	4	5	6	7	8	9	10	11	12	13	14	15	16	17	18	19	20	21	22	23	24	25	26	27	28	29	30	31
☉	♈ 11	12	12.9	13.9	14.9	15.9	16.9	17.9	18.9	19.8	20.8	21.8	22.8	23.8	24.7	25.7	26.7	27.7	28.6	29.6	♉ 0.6	1.6	2.5	3.5	4.5	5.5	6.4	7.4	8.4	9.4	
☽	♎ 27.3	♏ 9.6	22.1	♐ 4.8	17.7	♑ 0.8	14.3	28	♒ 12	26.4	♓ 11.1	26	♈ 11	26	♉ 10.7	25	♊ 9	22.4	♋ 5.4	18	♌ 0.3	12.3	24.2	♍ 6	17.8	29.7	♎ 11.7	23.9	♏ 6.3	18.9	
☿	♓ 19.8R	19.8D	19.9	20.2	20.4	20.8	21.3	21.8	22.4	23.1	23.8	24.6	25.4	26.3	27.2	28.2	29.3	♈ 0.3	1.5	2.6	3.8	5.1	6.3	7.7	9	10.4	11.8	13.3	14.8	16.3	
♀	♈ 29.7R	29.3	28.9	28.5	28	27.5	26.9	26.4	25.8	25.2	24.6	24	23.3	22.7	22.1	21.4	20.8	20.2	19.7	19.1	18.6	18.1	17.6	17.2	16.8	16.4	16.1	15.8	15.6	15.4	
♂	♉ 8.5	9.2	10	10.7	11.4	12.1	12.8	13.6	14.3	15	15.7	16.4	17.1	17.8	18.6	19.3	20	20.7	21.4	22.1	22.8	23.5	24.2	24.9	25.6	26.3	27	27.7	28.4	29.1	

♃	1	6	11	16	21	26
	♉ 21.4	22.4	23.5	24.6	25.7	26.9
♄	1	6	11	16	21	26
	♎ 25.0R	24.6	24.2	23.8	23.4	23.1
♅	1	11	21			
	♋ 14.5	14.6	14.8			
♆	1	11	21			
	♎ 22.8R	22.6	22.3			
♇	1	11	21			
	♌ 21.0R	20.9	20.8			

V

	1	2	3	4	5	6	7	8	9	10	11	12	13	14	15	16	17	18	19	20	21	22	23	24	25	26	27	28	29	30	31
☉	♉ 10.3	11.3	12.3	13.2	14.2	15.2	16.1	17.1	18.1	19	20	21	21.9	22.9	23.9	24.8	25.8	26.8	27.7	28.7	29.6	♊ 0.6	1.6	2.5	3.5	4.5	5.4	6.4	7.3	8.3	9.2
☽	♐ 1.7	14.7	27.8	♑ 11.2	24.7	♒ 8.5	22.5	♓ 6.7	21	♈ 5.6	20.2	♉ 4.7	19.1	♊ 3.2	17	♋ 0.4	13.4	26	♌ 8.3	20.3	♍ 2.2	14	25.9	♎ 7.8	20	♏ 2.3	14.9	27.8	♐ 10.9	24.2	♑ 7.8
☿	♈ 17.8	19.4	21	22.6	24.3	26	27.8	29.5	♉ 1.3	3.2	5	6.9	8.9	10.8	12.8	14.8	16.9	18.9	21	23.2	25.3	27.5	29.7	♊ 1.8	4	6.2	8.4	10.6	12.8	15	17.1
♀	♈ 15.2R	15.1	15	15	15.0D	15	15.1	15.2	15.4	15.5	15.8	16	16.3	16.6	17	17.3	17.8	18.2	18.6	19.1	19.6	20.2	20.7	21.3	21.9	22.5	23.2	23.8	24.5	25.2	25.9
♂	♉ 29.8	♊ 0.5	1.2	1.9	2.6	3.3	4	4.7	5.4	6.1	6.8	7.5	8.2	8.9	9.5	10.2	10.9	11.6	12.3	13	13.7	14.3	15	15.7	16.4	17.1	17.8	18.4	19.1	19.8	20.5

♃	1	6	11	16	21	26	31
	♉ 28	29.2	♊ 0.3	1.5	2.7	3.8	5
♄	1	6	11	16	21	26	31
	♎ 22.7R	22.4	22	21.7	21.5	21.2	21
♅	1	11	21	31			
	♋ 15.1	15.5	15.9	16.4			
♆	1	11	21	31			
	♎ 22.0R	21.8	21.6	21.4			
♇	1	11	21	31			
	♌ 20.8R	20.8D	20.9	21			

VI

	1	2	3	4	5	6	7	8	9	10	11	12	13	14	15	16	17	18	19	20	21	22	23	24	25	26	27	28	29	30	31
☉	♊ 10.2	11.2	12.1	13.1	14	15	16	16.9	17.9	18.8	19.8	20.7	21.7	22.6	23.6	24.6	25.5	26.5	27.4	28.4	29.3	♋ 0.3	1.2	2.2	3.1	4.1	5	6	7	7.9	
☽	♑ 21.5	♒ 5.3	19.3	♓ 3.4	17.6	♈ 1.8	16	♉ 0.2	14.3	28.2	♊ 12	25.4	♋ 8.6	21.4	♌ 3.9	16.2	28.2	♍ 10.1	22	♎ 3.8	15.8	28	♏ 10.4	23.1	♐ 6.1	19.5	♑ 3.2	17.1	♒ 1.3	15.6	
☿	♊ 19.2	21.3	23.4	25.4	27.4	29.3	♋ 1.3	3.1	5	6.8	8.5	10.2	11.9	13.5	15.1	16.6	18.1	19.6	21	22.4	23.7	24.9	26.2	27.3	28.5	29.5	♌ 0.5	1.5	2.4	3.3	
♀	♈ 26.6	27.4	28.1	28.9	29.7	♉ 0.5	1.3	2.1	2.9	3.8	4.6	5.5	6.3	7.2	8.1	9	9.9	10.8	11.8	12.7	13.6	14.6	15.5	16.5	17.5	18.5	19.4	20.4	21.4	22.4	
♂	♊ 21.2	21.8	22.5	23.2	23.9	24.5	25.2	25.9	26.5	27.2	27.9	28.6	29.2	29.9	♋ 0.6	1.2	1.9	2.6	3.2	3.9	4.6	5.2	5.9	6.6	7.2	7.9	8.6	9.2	9.9	10.5	

♃	1	6	11	16	21	26
	♊ 5.2	6.4	7.6	8.7	9.9	11
♄	1	6	11	16	21	26
	♎ 21.0R	20.8	20.7	20.6	20.6	20.5D
♅	1	11	21			
	♋ 16.4	17	17.6			
♆	1	11	21			
	♎ 21.4R	21.2	21.1			
♇	1	11	21			
	♌ 21	21.1	21.3			

VII

	1	2	3	4	5	6	7	8	9	10	11	12	13	14	15	16	17	18	19	20	21	22	23	24	25	26	27	28	29	30	31
☉	♋ 8.0	9.8	10.8	11.7	12.7	13.6	14.6	15.5	16.5	17.4	18.4	19.4	20.3	21.3	22.2	23.2	24.1	25.1	26	27	27.9	28.9	29.8	♌ 0.8	1.8	2.7	3.7	4.6	5.6	6.5	7.5
☽	♒ 29.9	♓ 14.3	28.6	♈ 12.8	26.9	♉ 10.8	24.5	♊ 8	21.3	♋ 4.4	17.2	29.8	♌ 12.1	24.2	♍ 6.2	18.1	30	♎ 11.8	23.8	♏ 6	18.4	♐ 1.1	14.2	27.6	♑ 11.5	25.8	♒ 10.3	25	♓ 9.8	24.5	♈ 9.1
☿	♌ 4.1	4.8	5.5	6.1	6.6	7.1	7.5	7.8	8.1	8.3	8.4	8.4R	8.3	8.2	7.9	7.6	7.3	6.8	6.3	5.8	5.2	4.5	3.8	3.1	2.4	1.7	1	0.4	♋ 29.7	29.2	28.7
♀	♉ 23.4	24.4	25.4	26.5	27.5	28.5	29.6	♊ 0.6	1.6	2.7	3.7	4.8	5.8	6.9	8	9	10.1	11.2	12.3	13.4	14.4	15.5	16.6	17.7	18.8	19.9	21	22.1	23.2	24.4	25.5
♂	♋ 11.2	11.9	12.5	13.2	13.8	14.5	15.1	15.8	16.5	17.1	17.8	18.4	19.1	19.7	20.4	21	21.7	22.3	23	23.6	24.3	24.9	25.6	26.2	26.9	27.5	28.2	28.8	29.5	♌ 0.1	0.8

♃	1	6	11	16	21	26	31
	♊ 12.1	13.2	14.3	15.3	16.3	17.3	18.3
♄	1	6	11	16	21	26	31
	♎ 20.6	20.7	20.8	21	21.2	21.4	21.7
♅	1	11	21	31			
	♋ 18.1	18.7	19.4	20			
♆	1	11	21	31			
	♎ 21.1R	21.1D	21.2	21.3			
♇	1	11	21	31			
	♌ 21.6	21.8	22.1	22.4			

VIII

	1	2	3	4	5	6	7	8	9	10	11	12	13	14	15	16	17	18	19	20	21	22	23	24	25	26	27	28	29	30	31
☉	♌ 8.4	9.4	10.4	11.3	12.3	13.2	14.2	15.2	16.1	17.1	18	19	19.9	20.9	21.9	22.8	23.8	24.8	25.7	26.7	27.6	28.6	29.6	♍ 0.5	1.5	2.5	3.4	4.4	5.4	6.3	7.3
☽	♈ 23.5	♉ 7.6	21.4	♊ 4.9	18.1	♋ 1.1	13.8	26.3	♌ 8.6	20.7	♍ 2.7	14.6	26.5	♎ 8.3	20.2	♏ 2.1	14.3	26.6	♐ 9.3	22.3	♑ 5.7	19.6	♒ 3.9	18.6	♓ 3.6	18.8	♈ 3.9	18.9	♉ 3.5	17.8	♊ 1.6
☿	♋ 28.3R	27.9	27.7	27.5	27.5D	27.6	27.7	28	28.4	28.9	29.6	♌ 0.3	1.2	2.1	3.2	4.4	5.6	7	8.4	9.9	11.5	13.2	14.9	16.7	18.5	20.4	22.3	24.2	26.2	28.1	♍ 0.1
♀	♊ 26.6	27.7	28.8	30	♋ 1.1	2.2	3.3	4.5	5.6	6.7	7.9	9	10.2	11.3	12.5	13.6	14.8	15.9	17.1	18.2	19.4	20.6	21.7	22.9	24.1	25.2	26.4	27.6	28.8	29.9	♌ 1.1
♂	♌ 1.4	2.1	2.7	3.4	4	4.7	5.3	5.9	6.6	7.2	7.9	8.5	9.2	9.8	10.4	11.1	11.7	12.4	13	13.6	14.3	14.9	15.6	16.2	16.8	17.5	18.1	18.7	19.4	20	20.7

♃	1	6	11	16	21	26	31
	♊ 18.5	19.4	20.3	21.1	21.9	22.6	23.3
♄	1	6	11	16	21	26	31
	♎ 21.7	22	22.4	22.8	23.2	23.6	24.1
♅	1	11	21	31			
	♋ 20	20.6	21.1	21.6			
♆	1	11	21	31			
	♎ 21.3	21.5	21.7	22			
♇	1	11	21	31			
	♌ 22.4	22.8	23.1	23.4			

IX

	1	2	3	4	5	6	7	8	9	10	11	12	13	14	15	16	17	18	19	20	21	22	23	24	25	26	27	28	29	30	31
☉	♍ 8.3	9.2	10.2	11.2	12.1	13.1	14.1	15	16	17	18	18.9	19.9	20.9	21.9	22.8	23.8	24.8	25.8	26.7	27.7	28.7	29.7	♎ 0.6	1.6	2.6	3.6	4.6	5.6	6.5	
☽	♊ 15.1	28.1	♋ 10.8	23.3	♌ 5.5	17.6	29.6	♍ 11.5	23.4	♎ 5.2	17.1	29	♏ 10.9	23.1	♐ 5.4	18	♑ 0.9	14.2	28	♒ 12.2	26.8	♓ 11.9	27.1	♈ 12.4	27.6	♉ 12.5	27	♊ 11	24.5	♋ 7.6	
☿	♍ 2.1	4	6	7.9	9.9	11.8	13.7	15.6	17.5	19.4	21.2	23	24.8	26.6	28.4	♎ 0.2	1.9	3.6	5.3	7	8.7	10.3	12	13.6	15.2	16.8	18.4	19.9	21.5	23	
♀	♌ 2.3	3.5	4.7	5.8	7	8.2	9.4	10.6	11.8	13	14.2	15.4	16.6	17.8	19	20.2	21.4	22.6	23.8	25	26.2	27.4	28.6	29.8	♍ 1	2.2	3.5	4.7	5.9	7.1	
♂	♌ 21.3	21.9	22.6	23.2	23.8	24.5	25.1	25.7	26.4	27	27.6	28.3	28.9	29.5	♍ 0.2	0.8	1.4	2.1	2.7	3.3	4	4.6	5.2	5.8	6.5	7.1	7.7	8.4	9	9.6	

♃	1	6	11	16	21	26
	♊ 23.5	24.1	24.6	25.1	25.5	25.9
♄	1	6	11	16	21	26
	♎ 24.2	24.7	25.2	25.7	26.3	26.8
♅	1	11	21			
	♋ 21.7	22.1	22.5			
♆	1	11	21			
	♎ 22	22.3	22.7			
♇	1	11	21			
	♌ 23.4	23.7	24			

X

	1	2	3	4	5	6	7	8	9	10	11	12	13	14	15	16	17	18	19	20	21	22	23	24	25	26	27	28	29	30	31
☉	♎ 7.5	8.5	9.5	10.5	11.5	12.4	13.4	14.4	15.4	16.4	17.4	18.4	19.4	20.4	21.3	22.3	23.3	24.3	25.3	26.3	27.3	28.3	29.3	♏ 0.3	1.3	2.3	3.3	4.3	5.3	6.3	7.3
☽	♋ 20.3	♌ 2.6	14.7	26.7	♍ 8.6	20.4	♎ 2.2	14.1	26	♏ 8	20.2	♐ 2.4	14.8	27.4	♑ 10.3	23.5	♒ 7.1	21.1	♓ 5.5	20.3	♈ 5.4	20.6	♉ 5.8	20.8	♊ 5.4	19.5	♋ 3.1	16.3	29	♌ 11.4	23.5
☿	♎ 24.5	26	27.5	29	♏ 0.4	1.9	3.3	4.7	6.1	7.5	8.9	10.2	11.5	12.8	14.1	15.4	16.6	17.8	19	20.2	21.3	22.4	23.4	24.4	25.4	26.3	27.1	27.9	28.6	29.2	29.7
♀	♍ 8.3	9.5	10.8	12	13.2	14.4	15.7	16.9	18.1	19.4	20.6	21.8	23	24.3	25.5	26.7	28	29.2	♎ 0.4	1.7	2.9	4.2	5.4	6.6	7.9	9.1	10.4	11.6	12.8	14.1	15.3
♂	♍ 10.3	10.9	11.5	12.1	12.8	13.4	14	14.7	15.3	15.9	16.5	17.2	17.8	18.4	19	19.7	20.3	20.9	21.5	22.2	22.8	23.4	24	24.7	25.3	25.9	26.5	27.2	27.8	28.4	29

♃	1	6	11	16	21	26	31
	♊ 26.1	26.3	26.4	26.5R	26.4	26.3	26.1
♄	1	6	11	16	21	26	31
	♎ 27.4	28	28.6	29.2	29.8	♏ 0.4	1
♅	1	11	21	31			
	♋ 22.7	22.9	23.1	23.1R			
♆	1	11	21	31			
	♎ 23	23.4	23.8	24.1			
♇	1	11	21	31			
	♌ 24.3	24.5	24.7	24.8			

XI

	1	2	3	4	5	6	7	8	9	10	11	12	13	14	15	16	17	18	19	20	21	22	23	24	25	26	27	28	29	30	31
☉	♏ 8.3	9.3	10.3	11.3	12.3	13.3	14.3	15.3	16.3	17.3	18.3	19.3	20.3	21.3	22.3	23.3	24.3	25.4	26.4	27.4	28.4	29.4	♐ 0.4	1.4	2.4	3.4	4.5	5.5	6.5	7.5	
☽	♍ 5.4	17.3	29.1	♎ 10.9	22.9	♏ 4.9	17.1	29.4	♐ 11.9	24.5	♑ 7.3	20.3	♒ 3.6	17.1	♓ 1	15.2	29.6	♈ 14.4	29.2	♉ 14.1	28.8	♊ 13.3	27.4	♋ 11	24.3	♌ 7.1	19.5	♍ 1.7	13.6	25.5	
☿	♐ 0.1	0.4	0.6	0.7R	0.6	0.4	♏ 30	29.4	28.7	27.8	26.7	25.6	24.3	23	21.7	20.3	19.1	17.9	16.9	16.1	15.4	14.9	14.7	14.6D	14.7	15	15.4	15.9	16.6	17.4	
♀	♎ 16.6	17.8	19.1	20.3	21.6	22.8	24.1	25.3	26.6	27.8	29.1	♏ 0.3	1.6	2.8	4.1	5.3	6.6	7.8	9.1	10.3	11.6	12.8	14.1	15.3	16.6	17.8	19.1	20.4	21.6	22.9	
♂	♍ 29.6	♎ 0.3	0.9	1.5	2.1	2.7	3.4	4	4.6	5.2	5.8	6.5	7.1	7.7	8.3	8.9	9.6	10.2	10.8	11.4	12	12.6	13.2	13.9	14.5	15.1	15.7	16.3	16.9	17.5	

♃	1	6	11	16	21	26
	♊ 26.0R	25.7	25.3	24.8	24.3	23.7
♄	1	6	11	16	21	26
	♏ 1.1	1.7	2.3	2.9	3.5	4.1
♅	1	11	21			
	♋ 23.1R	23	22.9			
♆	1	11	21			
	♎ 24.2	24.5	24.9			
♇	1	11	21			
	♌ 24.9	25	25			

XII

	1	2	3	4	5	6	7	8	9	10	11	12	13	14	15	16	17	18	19	20	21	22	23	24	25	26	27	28	29	30	31
☉	♐ 8.5	9.5	10.5	11.5	12.6	13.6	14.6	15.6	16.6	17.6	18.7	19.7	20.7	21.7	22.7	23.7	24.8	25.8	26.8	27.8	28.8	29.9	♑ 0.9	1.9	2.9	3.9	4.9	6	7	8	9
☽	♎ 7.4	19.2	♏ 1.3	13.4	25.8	♐ 8.3	21.1	♑ 4	17.2	♒ 0.6	14.1	27.8	♓ 11.7	25.8	♈ 10	24.4	♉ 8.8	23.2	♊ 7.4	21.5	♋ 5.3	18.8	♌ 2	14.7	27.2	♍ 9.4	21.5	♎ 3.4	15.2	27.1	♏ 9.2
☿	♏ 18.3	19.3	20.4	21.5	22.7	23.9	25.1	26.5	27.8	29.2	♐ 0.5	1.9	3.4	4.8	6.2	7.7	9.2	10.7	12.1	13.6	15.1	16.7	18.2	19.7	21.2	22.7	24.3	25.8	27.3	28.9	♑ 0.4
♀	♏ 24.1	25.4	26.6	27.9	29.1	♐ 0.4	1.7	2.9	4.2	5.4	6.7	7.9	9.2	10.5	11.7	13	14.2	15.5	16.8	18	19.3	20.5	21.8	23	24.3	25.6	26.8	28.1	29.3	♑ 0.6	1.8
♂	♎ 18.2	18.8	19.4	20	20.6	21.2	21.8	22.4	23	23.7	24.3	24.9	25.5	26.1	26.7	27.3	27.9	28.5	29.1	29.7	♏ 0.3	0.9	1.5	2.1	2.7	3.3	3.9	4.5	5.1	5.7	6.3

♃	1	6	11	16	21	26	31
	♊ 23.1R	22.4	21.8	21.1	20.4	19.8	19.1
♄	1	6	11	16	21	26	31
	♏ 4.6	5.1	5.6	6.1	6.6	7	7.4
♅	1	11	21	31			
	♋ 22.6R	22.3	22	21.6			
♆	1	11	21	31			
	♎ 25.2	25.4	25.7	25.8			
♇	1	11	21	31			
	♌ 25.0R	25	24.9	24.7			

I

	1	2	3	4	5	6	7	8	9	10	11	12	13	14	15	16	17	18	19	20	21	22	23	24	25	26	27	28	29	30	31
☉	♑ 10	11.1	12.1	13.1	14.1	15.1	16.2	17.2	18.2	19.2	20.2	21.3	22.3	23.3	24.3	25.3	26.3	27.4	28.4	29.4	♒ 0.4	1.4	2.5	3.5	4.5	5.5	6.5	7.5	8.6	9.6	10.6
☽	♏ 21.4	♐ 3.8	16.6	29.6	♑ 12.9	26.5	♒ 10.3	24.3	♓ 8.4	22.6	♈ 6.8	21	♉ 5.2	19.2	♊ 3.2	17	♋ 0.5	13.9	27.1	♌ 10	22.6	♍ 5	17.2	29.2	♎ 11.2	23	♏ 4.9	16.9	29.1	♐ 11.6	24.3
☿	♑ 2	3.6	5.1	6.7	8.3	9.9	11.5	13.1	14.7	16.3	17.9	19.5	21.2	22.8	24.5	26.1	27.8	29.5	♒ 1.2	2.8	4.5	6.3	8	9.7	11.4	13.2	14.9	16.7	18.4	20.1	21.9
♀	♑ 3.1	4.4	5.6	6.9	8.1	9.4	10.7	11.9	13.2	14.4	15.7	16.9	18.2	19.5	20.7	22	23.2	24.5	25.7	27	28.3	29.5	♒ 0.8	2	3.3	4.5	5.8	7.1	8.3	9.6	10.8
♂	♏ 6.9	7.5	8.1	8.7	9.3	9.9	10.5	11.1	11.7	12.3	12.9	13.5	14	14.6	15.2	15.8	16.4	17	17.6	18.1	18.7	19.3	19.9	20.5	21	21.6	22.2	22.8	23.3	23.9	24.5

♃	1	6	11	16	21	26	31
	♊ 19.0R	18.4	17.9	17.5	17.1	16.8	16.6
♄	1	6	11	16	21	26	31
	♏ 7.5	7.8	8.2	8.5	8.7	8.9	9.1
♅	1	11	21	31			
	♋ 21.5R	21.1	20.7	20.2			
♆	1	11	21	31			
	♎ 25.9	26	26	26.1R			
♇	1	11	21	31			
	♌ 24.7R	24.5	24.3	24.1			

II

	1	2	3	4	5	6	7	8	9	10	11	12	13	14	15	16	17	18	19	20	21	22	23	24	25	26	27	28	29	30	31
☉	♒ 11.6	12.6	13.6	14.6	15.7	16.7	17.7	18.7	19.7	20.7	21.7	22.7	23.8	24.8	25.8	26.8	27.8	28.8	29.8	♓ 0.8	1.8	2.8	3.8	4.8	5.9	6.9	7.9	8.9			
☽	♑ 7.5	21	♒ 4.9	19.1	♓ 3.6	18.2	♈ 2.9	17.5	♉ 1.9	16.1	♊ 0	13.7	27.1	♋ 10.3	23.3	♌ 6	18.6	♍ 1	13.3	25.4	♎ 7.4	19.3	♏ 1.1	13	25	♐ 7.1	19.5	♑ 2.2			
☿	♒ 23.6	25.4	27.1	28.8	♓ 0.4	2.1	3.6	5.2	6.7	8.1	9.4	10.7	11.9	12.9	13.8	14.6	15.2	15.7	16	16.1	16.1R	15.9	15.5	15	14.4	13.6	12.7	11.7			
♀	♒ 12.1	13.3	14.6	15.8	17.1	18.4	19.6	20.9	22.1	23.4	24.6	25.9	27.1	28.4	29.6	♓ 0.9	2.1	3.4	4.7	5.9	7.2	8.4	9.7	10.9	12.2	13.4	14.7	15.9			
♂	♏ 25	25.6	26.2	26.7	27.3	27.9	28.4	29	29.6	♐ 0.1	0.7	1.2	1.8	2.3	2.9	3.4	4	4.5	5.1	5.6	6.1	6.7	7.2	7.8	8.3	8.8	9.3	9.9			

♃	1	6	11	16	21	26
	♊ 16.6R	16.4	16.4D	16.5	16.6	16.8
♄	1	6	11	16	21	26
	♏ 9.1	9.2	9.3	9.3	9.3R	9.3
♅	1	11	21			
	♋ 20.2R	19.8	19.5			
♆	1	11	21			
	♎ 26.1R	26	25.9			
♇	1	11	21			
	♌ 24.1R	23.8	23.6			

III

	1	2	3	4	5	6	7	8	9	10	11	12	13	14	15	16	17	18	19	20	21	22	23	24	25	26	27	28	29	30	31
☉	♓ 9.9	10.9	11.9	12.9	13.9	14.9	15.9	16.9	17.9	18.9	19.9	20.9	21.9	22.9	23.9	24.9	25.9	26.9	27.9	28.9	29.8	♈ 0.8	1.8	2.8	3.8	4.8	5.8	6.8	7.8	8.8	9.7
☽	♑ 15.2	28.8	♒ 12.8	27.2	♓ 12	27.1	♈ 12.2	27.2	♉ 11.9	26.4	♊ 10.4	24.1	♋ 7.4	20.3	♌ 3	15.5	27.8	♍ 9.9	22	♎ 4	15.9	27.8	♏ 9.7	21.6	♐ 3.5	15.6	28	♑ 10.6	23.5	♒ 7	20.9
☿	♓ 10.7R	9.7	8.6	7.6	6.6	5.7	4.8	4.1	3.4	2.8	2.4	2.1	1.8	1.7	1.7D	1.8	2	2.3	2.6	3.1	3.6	4.2	4.8	5.5	6.3	7.2	8.1	9	10	11	12.1
♀	♓ 17.2	18.4	19.7	20.9	22.2	23.4	24.6	25.9	27.1	28.4	29.6	♈ 0.9	2.1	3.4	4.6	5.9	7.1	8.3	9.6	10.8	12.1	13.3	14.5	15.8	17	18.3	19.5	20.7	22	23.2	24.5
♂	♐ 10.4	10.9	11.4	12	12.5	13	13.5	14	14.5	15	15.5	16	16.5	17	17.5	18	18.5	18.9	19.4	19.9	20.4	20.8	21.3	21.8	22.2	22.7	23.1	23.6	24	24.5	24.9

♃	1	6	11	16	21	26	31
	♊ 17	17.3	17.7	18.2	18.8	19.4	20.1
♄	1	6	11	16	21	26	31
	♏ 9.2R	9.1	8.9	8.7	8.5	8.2	7.9
♅	1	11	21	31			
	♋ 19.3R	19.1	19	19.0D			
♆	1	11	21	31			
	♎ 25.8R	25.6	25.4	25.1			
♇	1	11	21	31			
	♌ 23.4R	23.2	23	22.8			

IV

	1	2	3	4	5	6	7	8	9	10	11	12	13	14	15	16	17	18	19	20	21	22	23	24	25	26	27	28	29	30	31
☉	♈ 10.7	11.7	12.7	13.7	14.7	15.7	16.6	17.6	18.6	19.6	20.6	21.6	22.5	23.5	24.5	25.5	26.5	27.4	28.4	29.4	♉ 0.4	1.3	2.3	3.3	4.3	5.2	6.2	7.2	8.2	9.1	
☽	♓ 5.3	20.1	♈ 5.3	20.6	♉ 5.9	21	♊ 5.7	19.9	♋ 3.7	17	29.9	♌ 12.5	24.9	♍ 7	19.1	♎ 1	12.9	24.8	♏ 6.7	18.6	♐ 0.5	12.6	24.8	♑ 7.1	19.8	♒ 2.7	16	29.8	♓ 14	28.7	
☿	♓ 13.2	14.4	15.6	16.8	18.1	19.4	20.7	22	23.4	24.8	26.3	27.8	29.3	♈ 0.8	2.4	4	5.6	7.2	8.9	10.6	12.3	14.1	15.8	17.6	19.5	21.3	23.2	25.1	27.1	29.1	
♀	♈ 25.7	26.9	28.2	29.4	♉ 0.6	1.9	3.1	4.3	5.6	6.8	8	9.3	10.5	11.7	13	14.2	15.4	16.6	17.9	19.1	20.3	21.5	22.8	24	25.2	26.4	27.7	28.9	♊ 0.1	1.3	
♂	♐ 25.3	25.7	26.2	26.6	27	27.4	27.8	28.2	28.6	29	29.4	29.7	♑ 0.1	0.5	0.8	1.2	1.5	1.9	2.2	2.5	2.9	3.2	3.5	3.8	4.1	4.3	4.6	4.9	5.2	5.4	

♃	1	6	11	16	21	26
	♊ 20.2	20.9	21.7	22.5	23.4	24.3
♄	1	6	11	16	21	26
	♏ 7.9R	7.6	7.2	6.8	6.5	6.1
♅	1	11	21			
	♋ 19	19.1	19.3			
♆	1	11	21			
	♎ 25.1R	24.8	24.5			
♇	1	11	21			
	♌ 22.8R	22.7	22.6			

V

	1	2	3	4	5	6	7	8	9	10	11	12	13	14	15	16	17	18	19	20	21	22	23	24	25	26	27	28	29	30	31
☉	♉ 10.1	11.1	12	13	14	14.9	15.9	16.9	17.8	18.8	19.8	20.7	21.7	22.7	23.6	24.6	25.6	26.5	27.5	28.5	29.4	♊ 0.4	1.3	2.3	3.3	4.2	5.2	6.1	7.1	8.1	9
☽	♈ 13.7	28.9	♉ 14.2	29.3	♊ 14.1	28.5	♋ 12.4	25.9	♌ 8.9	21.5	♍ 3.9	16	28	♎ 9.9	21.7	♏ 3.6	15.5	27.5	♐ 9.6	21.9	♑ 4.2	16.8	29.6	♒ 12.6	26	♓ 9.7	23.7	♈ 8.1	22.8	♉ 7.7	22.7
☿	♉ 1.1	3.1	5.1	7.2	9.3	11.4	13.6	15.7	17.9	20.1	22.3	24.4	26.6	28.8	♊ 0.9	3	5.1	7.2	9.3	11.3	13.3	15.2	17.1	18.9	20.7	22.5	24.2	25.8	27.4	29	♋ 0.5
♀	♊ 2.6	3.8	5	6.2	7.4	8.7	9.9	11.1	12.3	13.5	14.7	15.9	17.2	18.4	19.6	20.8	22	23.2	24.4	25.6	26.8	28	29.3	♋ 0.5	1.7	2.9	4.1	5.3	6.5	7.7	8.9
♂	♑ 5.6	5.9	6.1	6.3	6.5	6.7	6.9	7.1	7.3	7.4	7.6	7.7	7.8	8	8.1	8.2	8.2	8.3	8.4	8.4	8.5	8.5	8.5	8.5R	8.5	8.5	8.4	8.4	8.3	8.2	8.1

♃	1	6	11	16	21	26	31
	♊ 25.3	26.2	27.2	28.3	29.3	♋ 0.4	1.5
♄	1	6	11	16	21	26	31
	♏ 5.7R	5.3	5	4.6	4.3	4	3.7
♅	1	11	21	31			
	♋ 19.5	19.8	20.3	20.7			
♆	1	11	21	31			
	♎ 24.3R	24	23.8	23.6			
♇	1	11	21	31			
	♌ 22.5R	22.5D	22.6	22.7			

VI

	1	2	3	4	5	6	7	8	9	10	11	12	13	14	15	16	17	18	19	20	21	22	23	24	25	26	27	28	29	30	31
☉	♊ 10	10.9	11.9	12.8	13.8	14.8	15.7	16.7	17.6	18.6	19.5	20.5	21.5	22.4	23.4	24.3	25.3	26.2	27.2	28.1	29.1	♋ 0	1	2	2.9	3.9	4.8	5.8	6.7	7.7	
☽	♊ 7.6	22.3	♋ 6.7	20.6	♌ 4.1	17.2	29.9	♍ 12.3	24.5	♎ 6.5	18.4	♏ 0.2	12.2	24.1	♐ 6.3	18.5	♑ 1	13.7	26.5	♒ 9.6	22.9	♓ 6.5	20.2	♈ 4.3	18.5	♉ 2.9	17.4	♊ 2	16.5	♋ 0.8	
☿	♋ 1.9	3.3	4.7	6	7.2	8.4	9.5	10.6	11.6	12.6	13.5	14.3	15	15.7	16.4	16.9	17.4	17.9	18.2	18.5	18.7	18.8	18.8	18.8R	18.7	18.5	18.3	18	17.6	17.1	
♀	♋ 10.1	11.3	12.5	13.7	14.9	16.1	17.3	18.5	19.7	20.8	22	23.2	24.4	25.6	26.8	28	29.2	♌ 0.3	1.5	2.7	3.9	5.1	6.3	7.4	8.6	9.8	11	12.1	13.3	14.5	
♂	♑ 8.0R	7.9	7.8	7.7	7.5	7.3	7.2	7	6.8	6.6	6.4	6.1	5.9	5.7	5.4	5.1	4.9	4.6	4.3	4	3.7	3.4	3.1	2.8	2.5	2.2	1.9	1.6	1.3	1	

♃	1	6	11	16	21	26
	♋ 1.7	2.8	3.9	5	6.2	7.3
♄	1	6	11	16	21	26
	♏ 3.6R	3.4	3.2	3	2.8	2.7
♅	1	11	21			
	♋ 20.8	21.3	21.8			
♆	1	11	21			
	♎ 23.6R	23.4	23.3			
♇	1	11	21			
	♌ 22.7	22.8	23			

VII

	1	2	3	4	5	6	7	8	9	10	11	12	13	14	15	16	17	18	19	20	21	22	23	24	25	26	27	28	29	30	31
☉	♋ 8.6	9.6	10.5	11.5	12.4	13.4	14.4	15.3	16.3	17.2	18.2	19.1	20.1	21	22	22.9	23.9	24.8	25.8	26.8	27.7	28.7	29.6	♌ 0.6	1.5	2.5	3.4	4.4	5.3	6.3	7.3
☽	♋ 14.9	28.7	♌ 12.1	25.2	♍ 8	20.4	♎ 2.6	14.6	26.5	♏ 8.4	20.3	♐ 2.4	14.6	27	♑ 9.7	22.7	♒ 5.9	19.4	♓ 3.1	17	♈ 1.1	15.3	29.5	♉ 13.7	27.9	♊ 12.1	26.1	♋ 10	23.7	♌ 7.2	20.4
☿	♋ 16.6R	16.1	15.5	14.9	14.3	13.7	13.1	12.5	11.9	11.4	10.9	10.4	10.1	9.7	9.5	9.4	9.3	9.3D	9.4	9.6	9.9	10.3	10.8	11.4	12.1	12.9	13.7	14.7	15.7	16.9	18.1
♀	♌ 15.7	16.8	18	19.2	20.3	21.5	22.6	23.8	25	26.1	27.3	28.4	29.6	♍ 0.7	1.9	3	4.2	5.3	6.5	7.6	8.7	9.9	11	12.2	13.3	14.4	15.5	16.7	17.8	18.9	20
♂	♑ 0.6R	0.3	0	♐ 29.7	29.5	29.2	28.9	28.6	28.4	28.1	27.9	27.6	27.4	27.2	27	26.8	26.6	26.5	26.3	26.2	26.1	25.9	25.9	25.8	25.7	25.6	25.6	25.6	25.5	25.5D	25.6

♃	1	6	11	16	21	26	31
	♋ 8.4	9.6	10.7	11.8	13	14.1	15.2
♄	1	6	11	16	21	26	31
	♏ 2.7R	2.6	2.7D	2.7	2.8	2.9	3.1
♅	1	11	21	31			
	♋ 22.4	23	23.6	24.2			
♆	1	11	21	31			
	♎ 23.3R	23.3D	23.3	23.5			
♇	1	11	21	31			
	♌ 23.3	23.5	23.8	24.1			

VIII

	1	2	3	4	5	6	7	8	9	10	11	12	13	14	15	16	17	18	19	20	21	22	23	24	25	26	27	28	29	30	31
☉	♌ 8.2	9.2	10.1	11.1	12	13	14	14.9	15.9	16.8	17.8	18.8	19.7	20.7	21.6	22.6	23.6	24.5	25.5	26.4	27.4	28.4	29.3	♍ 0.3	1.3	2.2	3.2	4.2	5.1	6.1	7.1
☽	♍ 3.3	15.9	28.3	♎ 10.5	22.5	♏ 4.4	16.3	28.2	♐ 10.3	22.5	♑ 5.1	17.9	♒ 1.2	14.7	28.7	♓ 12.8	27.2	♈ 11.7	26.1	♉ 10.5	24.7	♊ 8.8	22.7	♋ 6.3	19.8	♌ 3.1	16.2	29.1	♍ 11.8	24.2	♎ 6.5
☿	♋ 19.4	20.8	22.3	23.8	25.5	27.2	28.9	♌ 0.7	2.6	4.5	6.4	8.4	10.4	12.4	14.4	16.4	18.5	20.5	22.5	24.5	26.6	28.6	♍ 0.5	2.5	4.4	6.4	8.3	10.1	12	13.8	15.7
♀	♍ 21.1	22.3	23.4	24.5	25.6	26.7	27.8	28.9	30	♎ 1.1	2.2	3.2	4.3	5.4	6.5	7.5	8.6	9.7	10.7	11.8	12.9	13.9	14.9	16	17	18.1	19.1	20.1	21.1	22.1	23.1
♂	♐ 25.6	25.6	25.7	25.8	25.8	25.9	26	26.2	26.3	26.4	26.6	26.8	27	27.2	27.4	27.6	27.8	28.1	28.3	28.6	28.9	29.2	29.5	29.8	♑ 0.1	0.4	0.8	1.1	1.5	1.9	2.2

♃	1	6	11	16	21	26	31
	♋ 15.4	16.4	17.5	18.5	19.6	20.5	21.5
♄	1	6	11	16	21	26	31
	♏ 3.2	3.4	3.6	3.9	4.3	4.6	5
♅	1	11	21	31			
	♋ 24.3	24.9	25.4	26			
♆	1	11	21	31			
	♎ 23.5	23.6	23.9	24.1			
♇	1	11	21	31			
	♌ 24.1	24.4	24.8	25.1			

IX

	1	2	3	4	5	6	7	8	9	10	11	12	13	14	15	16	17	18	19	20	21	22	23	24	25	26	27	28	29	30	31
☉	♍ 8	9	10	10.9	11.9	12.9	13.8	14.8	15.8	16.8	17.7	18.7	19.7	20.6	21.6	22.6	23.6	24.5	25.5	26.5	27.5	28.5	29.4	♎ 0.4	1.4	2.4	3.4	4.3	5.3	6.3	
☽	♎ 18.6	♏ 0.6	12.5	24.3	♐ 6.2	18.2	♑ 0.4	13	25.9	♒ 9.2	23	♓ 7.2	21.8	♈ 6.6	21.5	♉ 6.3	21	♊ 5.4	19.5	♋ 3.3	16.8	30	♌ 12.9	25.7	♍ 8.3	20.7	♎ 3	15.1	27.1	♏ 9	
☿	♍ 17.5	19.2	21	22.7	24.4	26.1	27.8	29.5	♎ 1.1	2.7	4.3	5.9	7.4	9	10.5	12	13.5	15	16.4	17.8	19.3	20.6	22	23.4	24.7	26	27.3	28.6	29.8	♏ 1	
♀	♎ 24.1	25.1	26.1	27.1	28.1	29.1	♏ 0	1	1.9	2.9	3.8	4.7	5.6	6.6	7.5	8.3	9.2	10.1	11	11.8	12.6	13.5	14.3	15.1	15.9	16.7	17.4	18.2	18.9	19.6	
♂	♑ 2.6	3	3.4	3.8	4.2	4.7	5.1	5.5	6	6.4	6.9	7.4	7.9	8.3	8.8	9.3	9.8	10.3	10.8	11.4	11.9	12.4	12.9	13.5	14	14.6	15.1	15.7	16.3	16.8	

♃	1	6	11	16	21	26
	♋ 21.7	22.6	23.5	24.3	25.1	25.9
♄	1	6	11	16	21	26
	♏ 5.1	5.5	6	6.5	7	7.5
♅	1	11	21			
	♋ 26	26.5	26.9			
♆	1	11	21			
	♎ 24.1	24.4	24.8			
♇	1	11	21			
	♌ 25.1	25.4	25.7			

X

	1	2	3	4	5	6	7	8	9	10	11	12	13	14	15	16	17	18	19	20	21	22	23	24	25	26	27	28	29	30	31
☉	♎ 7.3	8.3	9.2	10.2	11.2	12.2	13.2	14.2	15.2	16.2	17.1	18.1	19.1	20.1	21.1	22.1	23.1	24.1	25.1	26.1	27.1	28.1	29.1	♏ 0	1	2	3	4	5	6	7
☽	♏ 20.8	♐ 2.6	14.5	26.4	♑ 8.6	21.1	♒ 3.9	17.2	♓ 1	15.3	♈ 0	15.1	♉ 0.3	15.5	♊ 0.5	15.2	29.5	♋ 13.4	26.9	♌ 10	22.8	♍ 5.3	17.7	29.9	♎ 12	24	♏ 5.9	17.7	29.5	♐ 11.3	23.2
☿	♏ 2.2	3.3	4.5	5.5	6.6	7.6	8.6	9.5	10.3	11.1	11.9	12.6	13.2	13.7	14.1	14.4	14.6	14.8	14.7R	14.6	14.3	13.8	13.3	12.5	11.6	10.6	9.5	8.3	7	5.8	4.5
♀	♏ 20.3	21	21.7	22.3	22.9	23.6	24.1	24.7	25.2	25.8	26.3	26.7	27.2	27.6	28	28.3	28.7	29	29.2	29.4	29.6	29.8	29.9	30	♐ 0	0.1R	0	♏ 29.9	29.8	29.7	29.5
♂	♑ 17.4	18	18.6	19.2	19.7	20.3	20.9	21.5	22.1	22.7	23.4	24	24.6	25.2	25.8	26.5	27.1	27.7	28.4	29	29.7	♒ 0.3	0.9	1.6	2.2	2.9	3.6	4.2	4.9	5.5	6.2

♃	1	6	11	16	21	26	31
	♋ 26.6	27.2	27.8	28.3	28.8	29.2	29.5
♄	1	6	11	16	21	26	31
	♏ 8	8.6	9.1	9.7	10.3	10.9	11.5
♅	1	11	21	31			
	♋ 27.2	27.5	27.6	27.7			
♆	1	11	21	31			
	♎ 25.1	25.5	25.8	26.2			
♇	1	11	21	31			
	♌ 26	26.2	26.4	26.6			

XI

	1	2	3	4	5	6	7	8	9	10	11	12	13	14	15	16	17	18	19	20	21	22	23	24	25	26	27	28	29	30	31
☉	♏ 8	9	10	11	12	13	14	15	16.1	17.1	18.1	19.1	20.1	21.1	22.1	23.1	24.1	25.1	26.1	27.1	28.1	29.2	♐ 0.2	1.2	2.2	3.2	4.2	5.2	6.2	7.2	
☽	♑ 5.2	17.4	29.8	♒ 12.6	25.7	♓ 9.4	23.5	♈ 8.1	23.1	♉ 8.4	23.7	♊ 8.9	23.9	♋ 8.4	22.5	♌ 6.2	19.4	♍ 2.2	14.7	26.9	♎ 9	21	♏ 2.9	14.7	26.5	♐ 8.4	20.3	♑ 2.3	14.4	26.7	
☿	♏ 3.3R	2.2	1.2	0.4	♎ 29.7	29.2	29	28.9D	29	29.3	29.8	♏ 0.4	1.1	1.9	2.9	4	5.1	6.3	7.5	8.8	10.2	11.6	13	14.4	15.9	17.4	18.9	20.4	21.9	23.4	
♀	♏ 29.2R	29	28.7	28.3	27.9	27.5	27	26.6	26	25.5	24.9	24.4	23.8	23.2	22.6	22	21.4	20.8	20.2	19.6	19	18.5	18	17.5	17.1	16.7	16.3	15.9	15.6	15.4	
♂	♒ 6.9	7.5	8.2	8.9	9.6	10.2	10.9	11.6	12.3	13	13.7	14.3	15	15.7	16.4	17.1	17.8	18.5	19.2	19.9	20.6	21.3	22	22.7	23.4	24.1	24.8	25.5	26.2	26.9	

♃	1	6	11	16	21	26
	♋ 29.5	29.7	29.9	29.9	29.9R	29.8
♄	1	6	11	16	21	26
	♏ 11.6	12.2	12.8	13.4	14	14.6
♅	1	11	21			
	♋ 27.7	27.7R	27.6			
♆	1	11	21			
	♎ 26.3	26.6	27			
♇	1	11	21			
	♌ 26.6	26.7	26.8			

XII

	1	2	3	4	5	6	7	8	9	10	11	12	13	14	15	16	17	18	19	20	21	22	23	24	25	26	27	28	29	30	31
☉	♐ 8.3	9.3	10.3	11.3	12.3	13.3	14.3	15.4	16.4	17.4	18.4	19.4	20.4	21.5	22.5	23.5	24.5	25.5	26.5	27.6	28.6	29.6	♑ 0.6	1.6	2.7	3.7	4.7	5.7	6.7	7.8	8.8
☽	♒ 9.2	22	♓ 5.2	18.7	♈ 2.6	16.9	♉ 1.6	16.6	♊ 1.7	16.8	♋ 1.8	16.4	♌ 0.7	14.5	27.9	♍ 10.8	23.4	♎ 5.7	17.7	29.6	♏ 11.5	23.3	♐ 5.2	17.1	29.2	♑ 11.4	23.7	♒ 6.3	19.1	♓ 2.1	15.4
☿	♏ 24.9	26.5	28	29.6	♐ 1.1	2.6	4.2	5.7	7.3	8.9	10.4	12	13.5	15.1	16.6	18.2	19.8	21.3	22.9	24.5	26.1	27.6	29.2	♑ 0.8	2.4	4	5.6	7.2	8.8	10.4	12
♀	♏ 15.2R	15	14.8	14.7	14.7	14.7D	14.7	14.7	14.8	15	15.2	15.4	15.6	15.9	16.2	16.6	17	17.4	17.8	18.3	18.8	19.3	19.9	20.5	21.1	21.7	22.3	23	23.7	24.4	25.1
♂	♒ 27.6	28.3	29	29.8	♓ 0.5	1.2	1.9	2.6	3.3	4	4.7	5.5	6.2	6.9	7.6	8.3	9	9.7	10.5	11.2	11.9	12.6	13.3	14	14.8	15.5	16.2	16.9	17.6	18.4	19.1

♃	1	6	11	16	21	26	31
	♋ 29.6R	29.3	29	28.6	28.1	27.6	27
♄	1	6	11	16	21	26	31
	♏ 15.2	15.7	16.3	16.8	17.3	17.8	18.3
♅	1	11	21	31			
	♋ 27.4R	27.1	26.8	26.4			
♆	1	11	21	31			
	♎ 27.3	27.6	27.8	28			
♇	1	11	21	31			
	♌ 26.8R	26.8	26.7	26.5			

	1	2	3	4	5	6	7	8	9	10	11	12	13	14	15	16	17	18	19	20	21	22	23	24	25	26	27	28	29	30	31
☉	♑ 9.8	10.8	11.8	12.9	13.9	14.9	15.9	16.9	17.9	19	20	21	22	23	24.1	25.1	26.1	27.1	28.1	29.2	♒ 0.2	1.2	2.2	3.2	4.2	5.3	6.3	7.3	8.3	9.3	10.3
☽	♓ 28.9	♈ 12.7	26.8	♉ 11.1	25.7	♊ 10.4	25.1	♋ 9.8	24.2	♌ 8.4	22.3	♍ 5.7	18.8	♎ 1.4	13.8	25.9	♏ 7.8	19.6	♐ 1.5	13.4	25.4	♑ 7.6	20	♒ 2.7	15.6	28.8	♓ 12.2	25.8	♈ 9.6	23.5	♉ 7.6
☿	♑ 13.6	15.2	16.9	18.5	20.1	21.8	23.4	25.1	26.8	28.4	♒ 0.1	1.7	3.4	5.1	6.7	8.4	10	11.6	13.2	14.8	16.4	17.9	19.3	20.8	22.1	23.4	24.6	25.7	26.7	27.6	28.3
♀	♏ 25.8	26.6	27.4	28.1	28.9	29.8	♐ 0.6	1.4	2.3	3.2	4	4.9	5.8	6.8	7.7	8.6	9.6	10.5	11.5	12.4	13.4	14.4	15.4	16.4	17.4	18.4	19.4	20.5	21.5	22.5	23.6
♂	♓ 19.8	20.5	21.2	21.9	22.7	23.4	24.1	24.8	25.5	26.3	27	27.7	28.4	29.1	29.8	♈ 0.6	1.3	2	2.7	3.4	4.1	4.9	5.6	6.3	7	7.7	8.4	9.2	9.9	10.6	11.3

	1	6	11	16	21	26	31
♃	♋ 26.8R	26.2	25.5	24.9	24.2	23.6	22.9
♄	♏ 18.3	18.8	19.2	19.5	19.9	20.2	20.4

	1	11	21	31
♅	♋ 26.3R	25.9	25.5	25
♆	♎ 28	28.1	28.2	28.2R
♇	♌ 26.5R	26.4	26.2	25.9

	1	2	3	4	5	6	7	8	9	10	11	12	13	14	15	16	17	18	19	20	21	22	23	24	25	26	27	28	29	30	31
☉	♒ 11.4	12.4	13.4	14.4	15.4	16.4	17.4	18.5	19.5	20.5	21.5	22.5	23.5	24.5	25.5	26.5	27.6	28.6	29.6	♓ 0.6	1.6	2.6	3.6	4.6	5.6	6.6	7.6	8.6			
☽	♉ 21.7	♊ 5.9	20.1	♋ 4.4	18.6	♌ 2.6	16.5	♍ 0.2	13.5	26.5	♎ 9.2	21.6	♏ 3.7	15.6	27.5	♐ 9.3	21.2	♑ 3.2	15.5	28.1	♒ 11	24.3	♓ 7.9	21.7	♈ 5.8	20	♉ 4.3	18.5			
☿	♒ 28.9	29.3	29.6	29.6R	29.5	29.2	28.7	28.1	27.3	26.4	25.3	24.2	23.1	21.9	20.7	19.6	18.6	17.7	16.8	16.1	15.5	15	14.7	14.5	14.4	14.4D	14.5	14.7			
♀	♐ 24.6	25.7	26.7	27.8	28.9	29.9	♑ 1	2.1	3.2	4.3	5.4	6.5	7.6	8.7	9.8	10.9	12	13.1	14.2	15.4	16.5	17.6	18.8	19.9	21	22.2	23.3	24.4			
♂	♈ 12	12.7	13.4	14.1	14.9	15.6	16.3	17	17.7	18.4	19.1	19.8	20.5	21.2	21.9	22.7	23.4	24.1	24.8	25.5	26.2	26.9	27.6	28.3	29	29.7	♉ 0.4	1.1			

	1	6	11	16	21	26
♃	♋ 22.8R	22.2	21.7	21.2	20.8	20.5
♄	♏ 20.5	20.7	20.9	21	21.1	21.2

	1	11	21
♅	♋ 25.0R	24.6	24.3
♆	♎ 28.2R	28.2	28.1
♇	♌ 25.9R	25.7	25.4

	1	2	3	4	5	6	7	8	9	10	11	12	13	14	15	16	17	18	19	20	21	22	23	24	25	26	27	28	29	30	31
☉	♓ 9.6	10.6	11.6	12.6	13.6	14.6	15.6	16.6	17.6	18.6	19.6	20.6	21.6	22.6	23.6	24.6	25.6	26.6	27.6	28.6	29.6	♈ 0.6	1.6	2.6	3.6	4.6	5.6	6.5	7.5	8.5	9.5
☽	♊ 2.7	16.8	♋ 0.8	14.6	28.4	♌ 12	25.5	♍ 8.7	21.8	♎ 4.6	17.1	29.5	♏ 11.5	23.5	♐ 5.3	17.1	29	♑ 11	23.3	♒ 5.9	19	♓ 2.4	16.3	♈ 0.5	15	29.7	♉ 14.4	29	♊ 13.4	27.6	♋ 11.6
☿	♒ 15	15.4	15.9	16.5	17.1	17.8	18.6	19.4	20.3	21.2	22.2	23.2	24.3	25.4	26.5	27.7	28.9	♓ 0.2	1.4	2.7	4.1	5.4	6.8	8.2	9.7	11.1	12.6	14.1	15.7	17.2	18.8
♀	♑ 25.6	26.7	27.9	29	♒ 0.2	1.3	2.5	3.6	4.8	6	7.1	8.3	9.5	10.6	11.8	13	14.1	15.3	16.5	17.6	18.8	20	21.2	22.3	23.5	24.7	25.9	27.1	28.3	29.4	♓ 0.6
♂	♉ 1.8	2.5	3.2	3.9	4.6	5.3	6	6.7	7.4	8.1	8.8	9.5	10.1	10.8	11.5	12.2	12.9	13.6	14.3	15	15.7	16.4	17.1	17.7	18.4	19.1	19.8	20.5	21.2	21.9	22.5

	1	6	11	16	21	26	31
♃	♋ 20.3R	20.1	19.9	19.9	19.9D	20	20.2
♄	♏ 21.2	21.2R	21.1	21	20.8	20.7	20.4

	1	11	21	31
♅	♋ 24.0R	23.8	23.6	23.6
♆	♎ 28.0R	27.8	27.6	27.3
♇	♌ 25.2R	25	24.8	24.6

	1	2	3	4	5	6	7	8	9	10	11	12	13	14	15	16	17	18	19	20	21	22	23	24	25	26	27	28	29	30	31
☉	♈ 10.5	11.5	12.5	13.5	14.4	15.4	16.4	17.4	18.4	19.4	20.3	21.3	22.3	23.3	24.3	25.2	26.2	27.2	28.2	29.1	♉ 0.1	1.1	2.1	3	4	5	6	6.9	7.9	8.9	
☽	♋ 25.3	♌ 8.8	22.1	♍ 5.1	18	♎ 0.8	13.3	25.6	♏ 7.8	19.8	♐ 1.6	13.4	25.2	♑ 7.1	19.1	♒ 1.4	14	27	♓ 10.4	24.4	♈ 8.7	23.5	♉ 8.4	23.5	♊ 8.5	23.2	♋ 7.7	21.8	♌ 5.6	19.1	
☿	♓ 20.4	22.1	23.7	25.4	27.1	28.8	♈ 0.6	2.4	4.2	6	7.8	9.7	11.6	13.5	15.5	17.4	19.4	21.5	23.5	25.6	27.7	29.8	♉ 1.9	4	6.1	8.3	10.4	12.6	14.7	16.8	
♀	♓ 1.8	3	4.2	5.4	6.6	7.7	8.9	10.1	11.3	12.5	13.7	14.9	16.1	17.3	18.5	19.7	20.9	22.1	23.3	24.5	25.6	26.8	28	29.2	♈ 0.4	1.6	2.8	4	5.2	6.4	
♂	♉ 23.2	23.9	24.6	25.3	25.9	26.6	27.3	28	28.7	29.3	♊ 0	0.7	1.4	2.1	2.7	3.4	4.1	4.7	5.4	6.1	6.8	7.4	8.1	8.8	9.5	10.1	10.8	11.5	12.1	12.8	

	1	6	11	16	21	26
♃	♋ 20.2	20.5	20.9	21.3	21.8	22.3
♄	♏ 20.4R	20.1	19.9	19.5	19.2	18.9

	1	11	21
♅	♋ 23.6R	23.6D	23.8
♆	♎ 27.3R	27	26.8
♇	♌ 24.6R	24.4	24.3

	1	2	3	4	5	6	7	8	9	10	11	12	13	14	15	16	17	18	19	20	21	22	23	24	25	26	27	28	29	30	31
☉	♉ 9.9	10.8	11.8	12.8	13.7	14.7	15.7	16.6	17.6	18.6	19.5	20.5	21.5	22.4	23.4	24.4	25.3	26.3	27.3	28.2	29.2	♊ 0.1	1.1	2.1	3	4	4.9	5.9	6.9	7.8	8.8
☽	♍ 2.2	15.1	27.7	♎ 10.1	22.4	♏ 4.5	16.5	28.4	♐ 10.2	22	♑ 3.8	15.7	27.7	♒ 10	22.6	♓ 5.5	18.9	♈ 2.7	17	♉ 1.7	16.8	♊ 1.9	17.1	♋ 2.1	16.9	♌ 1.2	15.2	28.7	♍ 11.9	24.7	♎ 7.2
☿	♉ 18.9	21	23	25.1	27	29	♊ 0.9	2.7	4.5	6.2	7.9	9.6	11.1	12.6	14.1	15.5	16.8	18.1	19.3	20.4	21.5	22.5	23.4	24.2	25	25.8	26.4	27	27.5	27.9	28.2
♀	♈ 7.6	8.8	10	11.3	12.5	13.7	14.9	16.1	17.3	18.5	19.7	20.9	22.1	23.3	24.5	25.7	26.9	28.1	29.3	♉ 0.5	1.7	2.9	4.2	5.4	6.6	7.8	9	10.2	11.4	12.6	13.8
♂	♊ 13.5	14.1	14.8	15.5	16.1	16.8	17.5	18.1	18.8	19.4	20.1	20.8	21.4	22.1	22.7	23.4	24.1	24.7	25.4	26	26.7	27.4	28	28.7	29.3	30	♋ 0.6	1.3	1.9	2.6	3.3

	1	6	11	16	21	26	31
♃	♋ 22.9	23.6	24.3	25	25.9	26.7	27.6
♄	♏ 18.5R	18.1	17.7	17.4	17	16.6	16.3

	1	11	21	31
♅	♋ 24	24.3	24.6	25.1
♆	♎ 26.5R	26.3	26	25.8
♇	♌ 24.3R	24.3D	24.3	24.4

	1	2	3	4	5	6	7	8	9	10	11	12	13	14	15	16	17	18	19	20	21	22	23	24	25	26	27	28	29	30	31
☉	♊ 9.7	10.7	11.7	12.6	13.6	14.5	15.5	16.4	17.4	18.4	19.3	20.3	21.2	22.2	23.1	24.1	25	26	27	27.9	28.9	29.8	♋ 0.8	1.7	2.7	3.6	4.6	5.5	6.5	7.4	
☽	♎ 19.5	♏ 1.6	13.5	25.4	♐ 7.2	19	♑ 0.8	12.7	24.7	♒ 6.9	19.2	♓ 1.8	14.8	28.1	♈ 11.8	25.9	♉ 10.4	25.2	♊ 10.3	25.4	♋ 10.5	25.4	♌ 9.9	24	♍ 7.7	20.9	♎ 3.7	16.2	28.4	♏ 10.5	
☿	♊ 28.5	28.7	28.8	28.8R	28.8	28.7	28.5	28.2	27.9	27.6	27.1	26.7	26.2	25.6	25.1	24.5	23.9	23.4	22.8	22.3	21.9	21.4	21	20.7	20.5	20.3	20.2	20.1D	20.2	20.3	
♀	♉ 15	16.2	17.5	18.7	19.9	21.1	22.3	23.5	24.7	25.9	27.1	28.4	29.6	♊ 0.8	2	3.2	4.4	5.6	6.9	8.1	9.3	10.5	11.7	12.9	14.1	15.4	16.6	17.8	19	20.2	
♂	♋ 3.9	4.6	5.2	5.9	6.5	7.2	7.8	8.5	9.1	9.8	10.4	11.1	11.7	12.4	13	13.7	14.3	14.9	15.6	16.2	16.9	17.5	18.2	18.8	19.5	20.1	20.8	21.4	22	22.7	

	1	6	11	16	21	26
♃	♋ 27.7	28.7	29.6	♌ 0.6	1.6	2.6
♄	♏ 16.2R	15.9	15.6	15.4	15.1	14.9

	1	11	21
♅	♋ 25.1	25.6	26.2
♆	♎ 25.8R	25.6	25.5
♇	♌ 24.4	24.6	24.8

	1	2	3	4	5	6	7	8	9	10	11	12	13	14	15	16	17	18	19	20	21	22	23	24	25	26	27	28	29	30	31
☉	♋ 8.4	9.4	10.3	11.3	12.2	13.2	14.1	15.1	16	17	17.9	18.9	19.8	20.8	21.8	22.7	23.7	24.6	25.6	26.5	27.5	28.4	29.4	♌ 0.3	1.3	2.3	3.2	4.2	5.1	6.1	7
☽	♏ 22.3	♐ 4.1	15.9	27.8	♑ 9.7	21.7	♒ 3.9	16.3	28.9	♓ 11.7	24.7	♈ 8.1	21.7	♉ 5.6	19.9	♊ 4.4	19.2	♋ 4	18.9	♌ 3.6	18.1	♍ 2.3	16	29.3	♎ 12.2	24.7	♏ 6.9	18.9	♐ 0.8	12.6	24.4
☿	♊ 20.5	20.8	21.2	21.6	22.2	22.8	23.5	24.2	25.1	26	27	28.1	29.3	♋ 0.5	1.8	3.2	4.6	6.1	7.7	9.3	11	12.8	14.6	16.5	18.4	20.4	22.4	24.4	26.4	28.5	♌ 0.6
♀	♊ 21.5	22.7	23.9	25.1	26.3	27.6	28.8	30	♋ 1.2	2.4	3.7	4.9	6.1	7.3	8.6	9.8	11	12.2	13.4	14.7	15.9	17.1	18.4	19.6	20.8	22	23.3	24.5	25.7	26.9	28.2
♂	♋ 23.3	24	24.6	25.3	25.9	26.5	27.2	27.8	28.5	29.1	29.8	♌ 0.4	1	1.7	2.3	3	3.6	4.2	4.9	5.5	6.2	6.8	7.4	8.1	8.7	9.3	10	10.6	11.3	11.9	12.5

	1	6	11	16	21	26	31
♃	♌ 3.7	4.7	5.8	6.9	8	9	10.1
♄	♏ 14.8R	14.6	14.5	14.5	14.5D	14.5	14.6

	1	11	21	31
♅	♋ 26.7	27.3	27.9	28.6
♆	♎ 25.5R	25.5D	25.5	25.6
♇	♌ 25	25.2	25.5	25.8

	1	2	3	4	5	6	7	8	9	10	11	12	13	14	15	16	17	18	19	20	21	22	23	24	25	26	27	28	29	30	31
☉	♌ 8	8.9	9.9	10.9	11.8	12.8	13.7	14.7	15.6	16.6	17.6	18.5	19.5	20.4	21.4	22.4	23.3	24.3	25.3	26.2	27.2	28.1	29.1	♍ 0.1	1	2	3	3.9	4.9	5.9	6.8
☽	♑ 6.3	18.4	♒ 0.6	13	25.7	♓ 8.6	21.7	♈ 5	18.5	♉ 2.3	16.2	♊ 0.3	14.5	28.9	♋ 13.4	27.8	♌ 12.3	26.5	♍ 10.5	24.1	♎ 7.4	20.3	♏ 2.8	15	27	♐ 8.9	20.7	♑ 2.5	14.5	26.6	♒ 9
☿	♌ 2.7	4.8	6.9	9	11	13.1	15.2	17.2	19.2	21.2	23.2	25.1	27.1	29	♍ 0.9	2.7	4.6	6.4	8.1	9.9	11.6	13.4	15.1	16.7	18.4	20	21.6	23.2	24.7	26.3	27.8
♀	♋ 29.4	♌ 0.6	1.9	3.1	4.3	5.6	6.8	8	9.3	10.5	11.7	13	14.2	15.4	16.7	17.9	19.1	20.4	21.6	22.8	24.1	25.3	26.6	27.8	29	♍ 0.3	1.5	2.8	4	5.2	6.5
♂	♌ 13.2	13.8	14.5	15.1	15.7	16.4	17	17.6	18.3	18.9	19.6	20.2	20.8	21.5	22.1	22.7	23.4	24	24.6	25.3	25.9	26.6	27.2	27.8	28.5	29.1	29.7	♍ 0.4	1	1.6	2.3

	1	6	11	16	21	26	31
♃	♌ 10.4	11.5	12.6	13.7	14.8	15.8	16.9
♄	♏ 14.6	14.7	14.9	15.1	15.4	15.6	15.9

	1	11	21	31
♅	♋ 28.6	29.2	29.8	♌ 0.3
♆	♎ 25.6	25.8	26	26.2
♇	♌ 25.9	26.2	26.5	26.8

	1	2	3	4	5	6	7	8	9	10	11	12	13	14	15	16	17	18	19	20	21	22	23	24	25	26	27	28	29	30	31
☉	♍ 7.8	8.8	9.7	10.7	11.7	12.6	13.6	14.6	15.5	16.5	17.5	18.5	19.4	20.4	21.4	22.4	23.3	24.3	25.3	26.3	27.2	28.2	29.2	♎ 0.2	1.2	2.1	3.1	4.1	5.1	6.1	
☽	♒ 21.7	♓ 4.7	18	♈ 1.5	15.2	29.1	♉ 13	27.1	♊ 11.2	25.3	♋ 9.4	23.5	♌ 7.6	21.6	♍ 5.4	19.1	♎ 2.4	15.5	28.3	♏ 10.7	22.9	♐ 4.9	16.7	28.5	♑ 10.4	22.3	♒ 4.5	17	29.9	♓ 13.1	
☿	♍ 29.3	♎ 0.7	2.2	3.6	5	6.4	7.7	9.1	10.4	11.6	12.9	14.1	15.3	16.4	17.6	18.7	19.7	20.7	21.7	22.6	23.5	24.3	25.1	25.8	26.5	27	27.5	27.9	28.3	28.5	
♀	♍ 7.7	9	10.2	11.4	12.7	13.9	15.2	16.4	17.6	18.9	20.1	21.4	22.6	23.9	25.1	26.3	27.6	28.8	♎ 0.1	1.3	2.6	3.8	5.1	6.3	7.5	8.8	10	11.3	12.5	13.8	
♂	♍ 2.9	3.6	4.2	4.8	5.5	6.1	6.7	7.4	8	8.6	9.3	9.9	10.6	11.2	11.8	12.5	13.1	13.7	14.4	15	15.7	16.3	16.9	17.6	18.2	18.8	19.5	20.1	20.8	21.4	

	1	6	11	16	21	26
♃	♌ 17.1	18.2	19.2	20.2	21.2	22.2
♄	♏ 16	16.3	16.7	17.1	17.6	18

	1	11	21
♅	♌ 0.4	0.9	1.3
♆	♎ 26.2	26.5	26.9
♇	♌ 26.8	27.2	27.5

	1	2	3	4	5	6	7	8	9	10	11	12	13	14	15	16	17	18	19	20	21	22	23	24	25	26	27	28	29	30	31
☉	♎ 7	8	9	10	11	12	13	13.9	14.9	15.9	16.9	17.9	18.9	19.9	20.9	21.9	22.8	23.8	24.8	25.8	26.8	27.8	28.8	29.8	♏ 0.8	1.8	2.8	3.8	4.8	5.8	6.8
☽	♓ 26.7	♈ 10.6	24.7	♉ 9	23.4	♊ 7.8	22.1	♋ 6.3	20.3	♌ 4.2	18	♍ 1.6	15	28.2	♎ 11.2	24	♏ 6.6	18.8	♐ 0.9	12.9	24.7	♑ 6.4	18.3	♒ 0.2	12.4	24.9	♓ 7.7	21	♈ 4.7	18.9	♉ 3.3
☿	♎ 28.6	28.6R	28.5	28.3	27.9	27.4	26.8	26	25.2	24.2	23.1	22	20.8	19.6	18.4	17.2	16.2	15.3	14.5	13.9	13.5	13.2	13.2D	13.3	13.6	14.1	14.7	15.5	16.4	17.4	18.5
♀	♎ 15	16.3	17.5	18.8	20	21.3	22.5	23.7	25	26.2	27.5	28.7	30	♏ 1.2	2.5	3.7	5	6.2	7.5	8.7	10	11.2	12.4	13.7	14.9	16.2	17.4	18.7	19.9	21.2	22.4
♂	♍ 22	22.7	23.3	24	24.6	25.2	25.9	26.5	27.1	27.8	28.4	29.1	29.7	♎ 0.3	1	1.6	2.3	2.9	3.6	4.2	4.8	5.5	6.1	6.8	7.4	8	8.7	9.3	10	10.6	11.3

	1	6	11	16	21	26	31
♃	♌ 23.2	24.1	24.9	25.8	26.6	27.3	28
♄	♏ 18.5	19	19.6	20.1	20.6	21.2	21.8

	1	11	21	31
♅	♌ 1.7	2	2.2	2.3
♆	♎ 27.2	27.6	27.9	28.3
♇	♌ 27.7	28	28.2	28.4

	1	2	3	4	5	6	7	8	9	10	11	12	13	14	15	16	17	18	19	20	21	22	23	24	25	26	27	28	29	30	31
☉	♏ 7.8	8.8	9.8	10.8	11.8	12.8	13.8	14.8	15.8	16.8	17.8	18.8	19.8	20.8	21.8	22.9	23.9	24.9	25.9	26.9	27.9	28.9	29.9	♐ 0.9	1.9	3	4	5	6	7	
☽	♉ 18	♊ 2.8	17.6	♋ 2.3	16.8	♌ 1	14.9	28.5	♍ 11.9	25	♎ 7.9	20.5	♏ 3	15.3	27.4	♐ 9.3	21.2	♑ 2.9	14.7	26.5	♒ 8.5	20.6	♓ 3	15.8	29	♈ 12.6	26.7	♉ 11.3	26.1	♊ 11.2	
☿	♎ 19.7	20.9	22.3	23.7	25.1	26.5	28	29.6	♏ 1.1	2.7	4.2	5.8	7.4	9	10.6	12.2	13.8	15.4	17	18.6	20.2	21.8	23.4	25	26.5	28.1	29.7	♐ 1.3	2.9	4.4	
♀	♏ 23.7	24.9	26.2	27.4	28.7	29.9	♐ 1.2	2.4	3.6	4.9	6.1	7.4	8.6	9.9	11.1	12.4	13.6	14.9	16.1	17.4	18.6	19.9	21.1	22.3	23.6	24.8	26.1	27.3	28.6	29.8	
♂	♎ 11.9	12.5	13.2	13.8	14.5	15.1	15.8	16.4	17	17.7	18.3	19	19.6	20.3	20.9	21.6	22.2	22.9	23.5	24.1	24.8	25.4	26.1	26.7	27.4	28	28.7	29.3	30	♏ 0.6	

	1	6	11	16	21	26
♃	♌ 28.2	28.8	29.4	29.9	♍ 0.3	0.7
♄	♏ 21.9	22.5	23.1	23.7	24.3	24.9

	1	11	21
♅	♌ 2.3	2.3R	2.3
♆	♎ 28.3	28.7	29.1
♇	♌ 28.4	28.5	28.6

	1	2	3	4	5	6	7	8	9	10	11	12	13	14	15	16	17	18	19	20	21	22	23	24	25	26	27	28	29	30	31
☉	♐ 8	9	10	11.1	12.1	13.1	14.1	15.1	16.1	17.1	18.2	19.2	20.2	21.2	22.2	23.2	24.3	25.3	26.3	27.3	28.3	29.4	♑ 0.4	1.4	2.4	3.4	4.5	5.5	6.5	7.5	8.5
☽	♊ 26.3	♋ 11.4	26.3	♌ 10.8	24.9	♍ 8.6	22	♎ 4.9	17.6	♏ 0	12.2	24.2	♐ 6.2	18	29.8	♑ 11.6	23.4	♒ 5.3	17.3	29.5	♓ 11.9	24.6	♈ 7.6	21	♉ 4.9	19.3	♊ 4	19	♋ 4.3	19.5	♌ 4.6
☿	♐ 6	7.6	9.2	10.7	12.3	13.9	15.4	17	18.6	20.2	21.7	23.3	24.9	26.5	28	29.6	♑ 1.2	2.8	4.4	5.9	7.5	9.1	10.7	12.3	13.9	15.5	17.1	18.6	20.2	21.8	23.3
♀	♑ 1.1	2.3	3.6	4.8	6	7.3	8.5	9.8	11	12.3	13.5	14.8	16	17.2	18.5	19.7	21	22.2	23.4	24.7	25.9	27.2	28.4	29.7	♒ 0.9	2.1	3.4	4.6	5.8	7.1	8.3
♂	♏ 1.3	1.9	2.6	3.2	3.9	4.5	5.2	5.8	6.5	7.1	7.8	8.4	9.1	9.7	10.4	11	11.7	12.3	13	13.6	14.3	14.9	15.6	16.2	16.9	17.5	18.2	18.8	19.5	20.1	20.8

	1	6	11	16	21	26	31
♃	♍ 1	1.3	1.4	1.5	1.5R	1.4	1.2
♄	♏ 25.5	26.1	26.6	27.2	27.7	28.3	28.8

	1	11	21	31
♅	♌ 2.1R	1.9	1.6	1.2
♆	♎ 29.4	29.7	29.9	♏ 0.1
♇	♌ 28.6R	28.6	28.5	28.4

I

	1	2	3	4	5	6	7	8	9	10	11	12	13	14	15	16	17	18	19	20	21	22	23	24	25	26	27	28	29	30	31
☉	♑ 9.5	10.6	11.6	12.6	13.6	14.6	15.7	16.7	17.7	18.7	19.7	20.8	21.8	22.8	23.8	24.8	25.9	26.9	27.9	28.9	29.9	♒ 0.9	2	3	4	5	6	7	8.1	9.1	10.1
☽	♌ 19.4	♍ 3.8	17.8	♎ 1.2	14.3	26.9	♏ 9.2	21.3	♐ 3.2	15	26.8	♑ 8.6	20.4	♒ 2.3	14.4	26.5	♓ 8.9	21.4	♈ 4.1	17.1	♉ 0.4	14.1	28.2	♊ 12.6	27.3	♋ 12.3	27.4	♌ 12.5	27.4	♍ 11.9	26
☿	♑ 24.9	26.4	27.9	29.4	♒ 0.9	2.3	3.7	5.1	6.4	7.6	8.7	9.8	10.7	11.6	12.2	12.8	13.2	13.4	13.4R	13.3	12.9	12.4	11.6	10.7	9.7	8.6	7.3	6.1	4.8	3.6	2.4
♀	♒ 9.6	10.8	12	13.3	14.5	15.7	17	18.2	19.4	20.7	21.9	23.1	24.4	25.6	26.8	28	29.3	♓ 0.5	1.7	2.9	4.2	5.4	6.6	7.8	9.1	10.3	11.5	12.7	13.9	15.1	16.4
♂	♏ 21.4	22.1	22.8	23.4	24.1	24.7	25.4	26	26.7	27.3	28	28.6	29.3	29.9	♐ 0.6	1.3	1.9	2.6	3.2	3.9	4.5	5.2	5.8	6.5	7.2	7.8	8.5	9.1	9.8	10.4	11.1

	1	6	11	16	21	26	31
♃	♍ 1.2R	0.9	0.6	0.2	♌ 29.7	29.2	28.6
♄	♏ 28.9	29.4	29.8	♐ 0.3	0.7	1.1	1.4

	1	11	21	31
♅	♌ 1.1R	0.7	0.3	♋ 29.9
♆	♏ 0.1	0.3	0.4	0.4
♇	♌ 28.4R	28.2	28	27.8

II

	1	2	3	4	5	6	7	8	9	10	11	12	13	14	15	16	17	18	19	20	21	22	23	24	25	26	27	28	29	30	31
☉	♒ 11.1	12.1	13.1	14.2	15.2	16.2	17.2	18.2	19.2	20.2	21.2	22.3	23.3	24.3	25.3	26.3	27.3	28.3	29.3	♓ 0.3	1.3	2.3	3.4	4.4	5.4	6.4	7.4	8.4	9.4		
☽	♎ 9.6	22.8	♏ 5.5	17.8	29.9	♐ 11.8	23.6	♑ 5.3	17.1	29.1	♒ 11.1	23.4	♓ 5.8	18.4	♈ 1.2	14.2	27.3	♉ 10.7	24.3	♊ 8.2	22.3	♋ 6.7	21.3	♌ 6	20.8	♍ 5.4	19.8	♎ 3.9	17.5		
☿	♒ 1.4R	0.4	♑ 29.6	28.9	28.4	28	27.7	27.6	27.6D	27.7	27.9	28.3	28.7	29.2	29.8	♒ 0.5	1.2	2	2.9	3.8	4.8	5.8	6.8	7.9	9.1	10.2	11.4	12.6	13.9		
♀	♓ 17.6	18.8	20	21.2	22.4	23.6	24.8	26	27.2	28.4	29.6	♈ 0.8	2	3.2	4.4	5.6	6.8	8	9.1	10.3	11.5	12.7	13.9	15	16.2	17.4	18.6	19.7	20.9		
♂	♐ 11.7	12.4	13.1	13.7	14.4	15	15.7	16.3	17	17.7	18.3	19	19.6	20.3	20.9	21.6	22.3	22.9	23.6	24.2	24.9	25.5	26.2	26.8	27.5	28.2	28.8	29.5	♑ 0.1		

	1	6	11	16	21	26
♃	♌ 28.5R	27.9	27.2	26.6	25.9	25.3
♄	♐ 1.5	1.8	2.1	2.3	2.5	2.6

	1	11	21
♅	♋ 29.8R	29.4	29
♆	♏ 0.4	0.4R	0.3
♇	♌ 27.8R	27.5	27.3

III

	1	2	3	4	5	6	7	8	9	10	11	12	13	14	15	16	17	18	19	20	21	22	23	24	25	26	27	28	29	30	31
☉	♓ 10.4	11.4	12.4	13.4	14.4	15.4	16.4	17.4	18.4	19.4	20.4	21.4	22.4	23.4	24.4	25.4	26.4	27.4	28.4	29.4	♈ 0.4	1.3	2.3	3.3	4.3	5.3	6.3	7.3	8.3	9.3	10.3
☽	♏ 0.7	13.4	25.8	♐ 8	19.9	♑ 1.7	13.5	25.4	♒ 7.4	19.6	♓ 2	14.7	27.6	♈ 10.7	24.1	♉ 7.6	21.3	♊ 5.1	19	♋ 3.1	17.2	♌ 1.5	15.8	♍ 0.1	14.3	28.3	♎ 12	25.4	♏ 8.5	21.2	♐ 3.6
☿	♒ 15.2	16.5	17.8	19.2	20.6	22	23.4	24.9	26.3	27.8	29.3	♓ 0.9	2.4	4	5.6	7.2	8.8	10.5	12.2	13.9	15.6	17.3	19.1	20.9	22.7	24.5	26.4	28.2	♈ 0.1	2	4
♀	♈ 22.1	23.2	24.4	25.5	26.7	27.8	29	♉ 0.1	1.3	2.4	3.5	4.7	5.8	6.9	8	9.2	10.3	11.4	12.5	13.6	14.7	15.8	16.9	18	19.1	20.2	21.2	22.3	23.4	24.4	25.5
♂	♑ 0.8	1.4	2.1	2.7	3.4	4.1	4.7	5.4	6	6.7	7.3	8	8.6	9.3	9.9	10.6	11.3	11.9	12.6	13.2	13.9	14.5	15.2	15.8	16.5	17.1	17.8	18.4	19.1	19.7	20.4

	1	6	11	16	21	26	31
♃	♌ 24.8R	24.2	23.6	23.1	22.7	22.3	22
♄	♐ 2.7	2.8	2.8	2.8R	2.7	2.6	2.5

	1	11	21	31
♅	♋ 28.8R	28.5	28.3	28.2
♆	♏ 0.2R	0	♎ 29.8	29.6
♇	♌ 27.0R	26.8	26.6	26.4

IV

	1	2	3	4	5	6	7	8	9	10	11	12	13	14	15	16	17	18	19	20	21	22	23	24	25	26	27	28	29	30	31
☉	♈ 11.2	12.2	13.2	14.2	15.2	16.2	17.2	18.1	19.1	20.1	21.1	22.1	23	24	25	26	27	27.9	28.9	29.9	♉ 0.9	1.8	2.8	3.8	4.8	5.7	6.7	7.7	8.7	9.6	
☽	♐ 15.8	27.7	♑ 9.6	21.4	♒ 3.3	15.3	27.6	♓ 10.2	23	♈ 6.2	19.7	♉ 3.4	17.4	♊ 1.5	15.6	29.8	♋ 14.1	28.2	♌ 12.3	26.3	♍ 10.2	24	♎ 7.5	20.9	♏ 3.9	16.7	29.3	♐ 11.6	23.6	♑ 5.6	
☿	♈ 5.9	7.9	9.9	11.9	14	16	18.1	20.1	22.2	24.3	26.4	28.5	♉ 0.6	2.7	4.7	6.8	8.8	10.7	12.7	14.6	16.4	18.2	19.9	21.6	23.1	24.7	26.1	27.5	28.8	♊ 0.1	
♀	♉ 26.6	27.6	28.6	29.7	♊ 0.7	1.7	2.8	3.8	4.8	5.8	6.8	7.8	8.7	9.7	10.7	11.6	12.6	13.5	14.4	15.4	16.3	17.2	18.1	18.9	19.8	20.7	21.5	22.4	23.2	24	
♂	♑ 21	21.7	22.3	23	23.6	24.2	24.9	25.5	26.2	26.8	27.5	28.1	28.7	29.4	♒ 0	0.7	1.3	1.9	2.6	3.2	3.9	4.5	5.1	5.8	6.4	7	7.6	8.3	8.9	9.5	

	1	6	11	16	21	26
♃	♌ 21.9R	21.7	21.6	21.5	21.5D	21.6
♄	♐ 2.5R	2.3	2.1	1.8	1.6	1.3

	1	11	21
♅	♋ 28.2R	28.2D	28.3
♆	♎ 29.5R	29.3	29
♇	♌ 26.4R	26.3	26.2

V

	1	2	3	4	5	6	7	8	9	10	11	12	13	14	15	16	17	18	19	20	21	22	23	24	25	26	27	28	29	30	31
☉	♉ 10.6	11.6	12.5	13.5	14.5	15.4	16.4	17.4	18.3	19.3	20.3	21.2	22.2	23.2	24.1	25.1	26.1	27	28	28.9	29.9	♊ 0.9	1.8	2.8	3.8	4.7	5.7	6.6	7.6	8.6	9.5
☽	♑ 17.4	29.3	♒ 11.2	23.2	♓ 5.5	18.1	♈ 1	14.3	28	♉ 12.1	26.4	♊ 10.9	25.5	♋ 10.1	24.7	♌ 9	23.2	♍ 7.1	20.8	♎ 4.2	17.4	♏ 0.3	13	25.5	♐ 7.8	19.9	♑ 1.9	13.8	25.6	♒ 7.5	19.4
☿	♊ 1.2	2.3	3.3	4.2	5.1	5.8	6.5	7.1	7.6	8	8.4	8.6	8.8	8.9	8.9R	8.8	8.6	8.4	8.1	7.7	7.3	6.9	6.4	5.8	5.3	4.7	4.2	3.6	3.1	2.5	2.1
♀	♊ 24.8	25.6	26.3	27.1	27.8	28.5	29.2	29.9	♋ 0.6	1.3	1.9	2.5	3.1	3.6	4.2	4.7	5.2	5.7	6.1	6.5	6.9	7.3	7.6	7.9	8.2	8.4	8.6	8.7	8.9	9	9
♂	♒ 10.2	10.8	11.4	12	12.6	13.3	13.9	14.5	15.1	15.7	16.3	16.9	17.5	18.2	18.8	19.4	20	20.6	21.2	21.8	22.3	22.9	23.5	24.1	24.7	25.3	25.9	26.4	27	27.6	28.1

	1	6	11	16	21	26	31
♃	♌ 21.8	22	22.3	22.7	23.1	23.6	24.2
♄	♐ 0.9R	0.6	0.2	♏ 29.9	29.5	29.1	28.7

	1	11	21	31
♅	♋ 28.5	28.8	29.1	29.5
♆	♎ 28.7R	28.5	28.2	28
♇	♌ 26.1R	26.1D	26.1	26.2

VI

	1	2	3	4	5	6	7	8	9	10	11	12	13	14	15	16	17	18	19	20	21	22	23	24	25	26	27	28	29	30	31
☉	♊ 10.5	11.4	12.4	13.3	14.3	15.3	16.2	17.2	18.1	19.1	20	21	22	22.9	23.9	24.8	25.8	26.7	27.7	28.6	29.6	♋ 0.5	1.5	2.5	3.4	4.4	5.3	6.3	7.2	8.2	
☽	♓ 1.4	13.7	26.2	♈ 9.1	22.4	♉ 6.1	20.3	♊ 4.8	19.6	♋ 4.6	19.6	♌ 4.5	19.2	♍ 3.5	17.5	♎ 1.1	14.4	27.3	♏ 10	22.4	♐ 4.6	16.7	28.6	♑ 10.5	22.4	♒ 4.2	16.1	28	♓ 10.1	22.4	
☿	♊ 1.6R	1.2	0.9	0.6	0.4	0.3	0.2	0.2D	0.3	0.5	0.7	1	1.4	1.9	2.4	3	3.7	4.4	5.3	6.1	7.1	8.1	9.2	10.3	11.5	12.7	14.1	15.4	16.9	18.4	
♀	♋ 9.0R	9	8.9	8.8	8.7	8.5	8.2	8	7.7	7.3	6.9	6.5	6.1	5.6	5.1	4.5	4	3.4	2.8	2.2	1.6	0.9	0.3	♊ 29.7	29.1	28.5	27.9	27.3	26.7	26.2	
♂	♒ 28.7	29.3	29.8	♓ 0.4	0.9	1.5	2	2.6	3.1	3.7	4.2	4.7	5.2	5.8	6.3	6.8	7.3	7.8	8.3	8.8	9.3	9.8	10.2	10.7	11.2	11.6	12.1	12.6	13	13.4	

	1	6	11	16	21	26
♃	♌ 24.3	25	25.6	26.4	27.1	27.9
♄	♏ 28.7R	28.3	28	27.7	27.4	27.1

	1	11	21
♅	♋ 29.6	♌ 0	0.6
♆	♎ 28.0R	27.8	27.7
♇	♌ 26.2	26.4	26.5

VII

	1	2	3	4	5	6	7	8	9	10	11	12	13	14	15	16	17	18	19	20	21	22	23	24	25	26	27	28	29	30	31
☉	♋ 9.1	10.1	11	12	12.9	13.9	14.8	15.8	16.8	17.7	18.7	19.6	20.6	21.5	22.5	23.4	24.4	25.3	26.3	27.2	28.2	29.2	♌ 0.1	1.1	2	3	3.9	4.9	5.8	6.8	7.8
☽	♈ 4.9	17.7	♉ 0.9	14.5	28.5	♊ 13	27.9	♋ 13	28.3	♌ 13.5	28.4	♍ 13	27.2	♎ 10.9	24.1	♏ 6.9	19.4	♐ 1.7	13.8	25.7	♑ 7.6	19.4	♒ 1.2	13.1	25.1	♓ 7.1	19.3	♈ 1.6	14.1	26.9	♉ 10
☿	♊ 19.9	21.5	23.2	24.9	26.7	28.5	♋ 0.4	2.3	4.3	6.3	8.3	10.4	12.5	14.6	16.7	18.8	21	23.1	25.3	27.4	29.5	♌ 1.6	3.7	5.8	7.8	9.9	11.8	13.8	15.8	17.7	19.6
♀	♊ 25.7R	25.2	24.8	24.4	24	23.7	23.4	23.2	23	22.8	22.7	22.6	22.5	22.5D	22.5	22.6	22.7	22.8	23	23.2	23.4	23.7	24	24.3	24.7	25.1	25.5	26	26.4	26.9	27.4
♂	♓ 13.9	14.3	14.7	15.1	15.5	15.9	16.3	16.7	17.1	17.4	17.8	18.1	18.5	18.8	19.1	19.4	19.8	20	20.3	20.6	20.9	21.1	21.4	21.6	21.8	22	22.2	22.4	22.6	22.7	22.9

	1	6	11	16	21	26	31
♃	♌ 28.8	29.7	♍ 0.6	1.5	2.5	3.5	4.5
♄	♏ 26.8R	26.6	26.5	26.3	26.2	26.2	26.2D

	1	11	21	31
♅	♌ 1.1	1.7	2.3	3
♆	♎ 27.7R	27.6D	27.7	27.8
♇	♌ 26.8	27	27.3	27.6

VIII

	1	2	3	4	5	6	7	8	9	10	11	12	13	14	15	16	17	18	19	20	21	22	23	24	25	26	27	28	29	30	31
☉	♌ 8.7	9.7	10.6	11.6	12.5	13.5	14.5	15.4	16.4	17.3	18.3	19.3	20.2	21.2	22.1	23.1	24.1	25	26	26.9	27.9	28.9	29.8	♍ 0.8	1.8	2.7	3.7	4.7	5.6	6.6	7.6
☽	♉ 23.5	♊ 7.4	21.7	♋ 6.5	21.5	♌ 6.7	21.9	♍ 7	21.7	♎ 6	19.8	♏ 3.1	16	28.5	♐ 10.7	22.7	♑ 4.5	16.4	28.2	♒ 10.1	22.1	♓ 4.1	16.4	28.7	♈ 11.2	23.9	♉ 6.8	19.9	♊ 3.4	17.2	♋ 1.3
☿	♌ 21.4	23.3	25.1	26.9	28.6	♍ 0.4	2.1	3.7	5.4	7	8.6	10.2	11.7	13.3	14.8	16.2	17.7	19.1	20.5	21.8	23.2	24.5	25.7	27	28.2	29.4	♎ 0.5	1.6	2.7	3.7	4.7
♀	♊ 28	28.6	29.1	29.7	♋ 0.4	1	1.7	2.4	3.1	3.8	4.5	5.3	6	6.8	7.6	8.4	9.2	10	10.9	11.7	12.6	13.4	14.3	15.2	16.1	17	18	18.9	19.8	20.8	21.7
♂	♓ 23	23.2	23.3	23.4	23.4	23.5	23.6	23.6	23.6	23.7	23.7R	23.7	23.6	23.6	23.5	23.5	23.4	23.3	23.2	23.1	23	22.8	22.7	22.5	22.3	22.1	21.9	21.7	21.5	21.3	21

	1	6	11	16	21	26	31
♃	♍ 4.7	5.7	6.8	7.9	8.9	10	11.1
♄	♏ 26.2	26.2	26.3	26.4	26.5	26.7	26.9

	1	11	21	31
♅	♌ 3	3.6	4.2	4.8
♆	♎ 27.8	27.9	28.1	28.4
♇	♌ 27.6	28	28.3	28.6

IX

	1	2	3	4	5	6	7	8	9	10	11	12	13	14	15	16	17	18	19	20	21	22	23	24	25	26	27	28	29	30	31
☉	♍ 8.5	9.5	10.5	11.4	12.4	13.4	14.3	15.3	16.3	17.3	18.2	19.2	20.2	21.1	22.1	23.1	24.1	25	26	27	28	29	29.9	♎ 0.9	1.9	2.9	3.9	4.8	5.8	6.8	
☽	♋ 15.7	♌ 0.5	15.4	♍ 0.4	15.3	30	♎ 14.2	28.1	♏ 11.4	24.3	♐ 6.9	19.1	♑ 1.1	13	24.8	♒ 6.7	18.6	♓ 0.7	13	25.4	♈ 8	20.8	♉ 3.8	17	♊ 0.3	13.9	27.7	♋ 11.7	25.9	♌ 10.3	
☿	♎ 5.6	6.5	7.4	8.2	8.9	9.6	10.2	10.7	11.2	11.5	11.8	12.1	12.2	12.2R	12.1	11.9	11.5	11.1	10.5	9.9	9.1	8.2	7.3	6.2	5.1	4	2.9	1.8	0.8	♍ 29.9	
♀	♋ 22.7	23.6	24.6	25.6	26.6	27.6	28.6	29.6	♌ 0.6	1.6	2.7	3.7	4.7	5.8	6.8	7.9	8.9	10	11.1	12.1	13.2	14.3	15.4	16.5	17.6	18.7	19.8	20.9	22	23.1	
♂	♓ 20.8R	20.6	20.3	20	19.8	19.5	19.2	19	18.7	18.4	18.1	17.9	17.6	17.3	17	16.8	16.5	16.3	16	15.8	15.5	15.3	15.1	14.9	14.7	14.5	14.3	14.2	14	13.9	

	1	6	11	16	21	26
♃	♍ 11.3	12.4	13.5	14.5	15.6	16.7
♄	♏ 27	27.3	27.6	27.9	28.3	28.7

	1	11	21
♅	♌ 4.8	5.3	5.8
♆	♎ 28.4	28.7	29
♇	♌ 28.6	29	29.3

X

	1	2	3	4	5	6	7	8	9	10	11	12	13	14	15	16	17	18	19	20	21	22	23	24	25	26	27	28	29	30	31
☉	♎ 7.8	8.8	9.8	10.7	11.7	12.7	13.7	14.7	15.7	16.7	17.7	18.6	19.6	20.6	21.6	22.6	23.6	24.6	25.6	26.6	27.6	28.6	29.6	♏ 0.6	1.6	2.6	3.6	4.5	5.5	6.5	7.5
☽	♌ 24.9	♍ 9.5	24	♎ 8.3	22.4	♏ 6	19.3	♐ 2.2	14.8	27.1	♑ 9.1	21	♒ 2.9	14.8	26.8	♓ 8.9	21.3	♈ 3.9	16.8	29.9	♉ 13.3	26.9	♊ 10.6	24.5	♋ 8.5	22.6	♌ 6.8	21	♍ 5.2	19.4	♎ 3.4
☿	♍ 29.1R	28.4	27.9	27.5	27.3	27.3D	27.4	27.8	28.3	28.9	29.7	♎ 0.7	1.7	2.9	4.1	5.4	6.8	8.3	9.8	11.3	12.9	14.5	16.1	17.8	19.4	21.1	22.8	24.4	26.1	27.8	29.4
♀	♌ 24.2	25.3	26.5	27.6	28.7	29.9	♍ 1	2.1	3.3	4.4	5.6	6.7	7.9	9	10.2	11.3	12.5	13.7	14.8	16	17.2	18.4	19.5	20.7	21.9	23.1	24.3	25.5	26.6	27.8	29
♂	♓ 13.8R	13.6	13.5	13.4	13.4	13.3	13.2	13.2	13.2	13.2	13.2D	13.2	13.2	13.2	13.3	13.4	13.4	13.5	13.6	13.8	13.9	14	14.2	14.3	14.5	14.7	14.9	15.1	15.3	15.6	15.8

	1	6	11	16	21	26	31
♃	♍ 17.7	18.8	19.8	20.8	21.8	22.8	23.7
♄	♏ 29.1	29.6	♐ 0	0.5	1.1	1.6	2.1

	1	11	21	31
♅	♌ 6.2	6.5	6.8	6.9
♆	♎ 29.3	29.7	♏ 0.1	0.4
♇	♌ 29.5	29.8	♍ 0	0.2

XI

	1	2	3	4	5	6	7	8	9	10	11	12	13	14	15	16	17	18	19	20	21	22	23	24	25	26	27	28	29	30	31
☉	♏ 8.5	9.5	10.6	11.6	12.6	13.6	14.6	15.6	16.6	17.6	18.6	19.6	20.6	21.6	22.6	23.6	24.6	25.6	26.6	27.7	28.7	29.7	♐ 0.7	1.7	2.7	3.7	4.7	5.7	6.8	7.8	
☽	♎ 17.3	♏ 0.9	14.3	27.3	♐ 10.1	22.6	♑ 4.9	16.9	28.8	♒ 10.7	22.6	♓ 4.6	16.7	29.2	♈ 11.9	24.9	♉ 8.3	22	♊ 6	20.2	♋ 4.6	19.1	♌ 3.5	17.8	♍ 2	16.1	29.9	♎ 13.5	26.9	♏ 10.1	
☿	♏ 1.1	2.8	4.4	6.1	7.7	9.3	11	12.6	14.2	15.8	17.5	19.1	20.7	22.3	23.8	25.4	27	28.6	♐ 0.2	1.7	3.3	4.9	6.4	8	9.5	11.1	12.6	14.2	15.7	17.3	
♀	♎ 0.2	1.4	2.6	3.8	5	6.2	7.4	8.6	9.8	11.1	12.3	13.5	14.7	15.9	17.1	18.3	19.6	20.8	22	23.2	24.4	25.7	26.9	28.1	29.3	♏ 0.6	1.8	3	4.3	5.5	
♂	♓ 16.1	16.3	16.6	16.9	17.2	17.5	17.8	18.1	18.4	18.8	19.1	19.4	19.8	20.2	20.5	20.9	21.3	21.7	22.1	22.5	22.9	23.3	23.8	24.2	24.6	25.1	25.5	26	26.4	26.9	

	1	6	11	16	21	26
♃	♍ 23.9	24.8	25.6	26.4	27.2	27.9
♄	♐ 2.3	2.8	3.4	4	4.6	5.2

	1	11	21
♅	♌ 6.9	7	7.0R
♆	♏ 0.5	0.8	1.2
♇	♍ 0.2	0.3	0.4

XII

	1	2	3	4	5	6	7	8	9	10	11	12	13	14	15	16	17	18	19	20	21	22	23	24	25	26	27	28	29	30	31
☉	♐ 8.8	9.8	10.8	11.8	12.8	13.9	14.9	15.9	16.9	17.9	18.9	20	21	22	23	24	25	26.1	27.1	28.1	29.1	♑ 0.1	1.1	2.2	3.2	4.2	5.2	6.2	7.3	8.3	9.3
☽	♏ 23.1	♐ 5.8	18.4	♑ 0.7	12.9	24.9	♒ 6.8	18.7	♓ 0.5	12.5	24.6	♈ 6.9	19.6	♉ 2.6	16.1	29.9	♊ 14.2	28.8	♋ 13.7	28.6	♌ 13.5	28.2	♍ 12.6	26.7	♎ 10.5	23.9	♏ 7	19.8	♐ 2.4	14.9	27.1
☿	♐ 18.8	20.4	21.9	23.4	25	26.5	28	29.5	♑ 1.1	2.6	4.1	5.6	7.1	8.6	10	11.5	12.9	14.3	15.7	17	18.3	19.6	20.8	21.9	23	24	24.9	25.7	26.3	26.8	27.2
♀	♏ 6.7	8	9.2	10.4	11.7	12.9	14.1	15.4	16.6	17.8	19.1	20.3	21.6	22.8	24	25.3	26.5	27.8	29	♐ 0.3	1.5	2.7	4	5.2	6.5	7.7	9	10.2	11.5	12.7	14
♂	♓ 27.4	27.8	28.3	28.8	29.3	29.8	♈ 0.3	0.8	1.3	1.8	2.3	2.8	3.3	3.8	4.3	4.9	5.4	5.9	6.5	7	7.6	8.1	8.6	9.2	9.7	10.3	10.9	11.4	12	12.5	13.1

	1	6	11	16	21	26	31
♃	♍ 28.6	29.2	29.8	♎ 0.3	0.7	1.1	1.4
♄	♐ 5.8	6.3	6.9	7.5	8.1	8.6	9.2

	1	11	21	31
♅	♌ 6.8R	6.6	6.3	6
♆	♏ 1.5	1.8	2.1	2.3
♇	♍ 0.4	0.4R	0.4	0.2

I

	1	2	3	4	5	6	7	8	9	10	11	12	13	14	15	16	17	18	19	20	21	22	23	24	25	26	27	28	29	30	31
☉	♑ 10.3	11.3	12.4	13.4	14.4	15.4	16.4	17.5	18.5	19.5	20.5	21.5	22.5	23.6	24.6	25.6	26.6	27.6	28.7	29.7	♒ 0.7	1.7	2.7	3.7	4.8	5.8	6.8	7.8	8.8	9.8	10.9
☽	♑ 9.3	21.3	♒ 3.3	15.1	27	♓ 8.9	20.8	♈ 2.8	15.1	27.6	♉ 10.5	23.9	♊ 7.7	22	♋ 6.7	21.8	♌ 7.1	22.4	♍ 7.5	22.2	♎ 6.6	20.4	♏ 3.8	16.9	29.5	♐ 12	24.2	♑ 6.3	18.2	♒ 0.1	12
☿	♑ 27.4	27.4R	27.2	26.8	26.3	25.5	24.6	23.5	22.3	21	19.6	18.3	17	15.8	14.7	13.8	13	12.3	11.8	11.5	11.3	11.3D	11.3	11.6	11.9	12.3	12.8	13.5	14.2	14.9	15.8
♀	♐ 15.2	16.5	17.7	19	20.2	21.5	22.7	23.9	25.2	26.4	27.7	28.9	♑ 0.2	1.4	2.7	3.9	5.2	6.4	7.7	8.9	10.2	11.4	12.7	13.9	15.2	16.4	17.7	18.9	20.2	21.4	22.7
♂	♈ 13.7	14.2	14.8	15.4	16	16.5	17.1	17.7	18.3	18.9	19.5	20.1	20.6	21.2	21.8	22.4	23	23.6	24.2	24.8	25.4	26	26.6	27.2	27.8	28.4	29	29.6	♉ 0.2	0.8	1.5

♃ 1: ♎ 1.4 · 6: 1.6 · 11: 1.8 · 16: 1.8 · 21: 1.8R · 26: 1.6 · 31: 1.5
♄ 1: ♐ 9.3 · 6: 9.8 · 11: 10.3 · 16: 10.8 · 21: 11.3 · 26: 11.7 · 31: 12.1
♅ 1: ♌ 5.9R · 11: 5.5 · 21: 5.1 · 31: 4.7
♆ 1: ♏ 2.3 · 11: 2.4 · 21: 2.5 · 31: 2.6
♇ 1: ♍ 0.2R · 11: 0.1 · 21: ♌ 29.9 · 31: 29.6

	1	2	3	4	5	6	7	8	9	10	11	12	13	14	15	16	17	18	19	20	21	22	23	24	25	26	27	28	29	30	31
☉	♑ 10.1	11.1	12.1	13.1	14.1	15.2	16.2	17.2	18.2	19.2	20.3	21.3	22.3	23.3	24.3	25.4	26.4	27.4	28.4	29.4	♒ 0.4	1.5	2.5	3.5	4.5	5.5	6.5	7.6	8.6	9.6	10.6
☽	♉ 10.9	23.4	♊ 6.3	19.6	♋ 3.2	17.3	♌ 1.6	16.1	♍ 0.6	15.1	29.5	♎ 13.7	27.7	♏ 11.4	25	♐ 8.5	21.7	♑ 4.8	17.6	♒ 0.3	12.8	25.1	♓ 7.2	19.1	♈ 1	12.7	24.6	♉ 6.5	18.7	♊ 1.2	14
☿	♐ 26.8R	26.1	25.7	25.4	25.2	25.3D	25.4	25.7	26.1	26.7	27.3	28	28.8	29.6	♑ 0.5	1.5	2.5	3.6	4.7	5.9	7.1	8.3	9.5	10.8	12.1	13.4	14.7	16.1	17.5	18.9	20.3
♀	♒ 15.3	15.5	15.8	15.9	16.1	16.2	16.3	16.3	16.3R	16.2	16.1	16	15.8	15.6	15.3	15	14.7	14.3	13.9	13.4	12.9	12.4	11.9	11.3	10.7	10.1	9.5	8.9	8.3	7.7	7
♂	♐ 6.2	6.9	7.6	8.3	9	9.7	10.4	11.1	11.8	12.5	13.2	13.9	14.6	15.3	16	16.7	17.4	18.1	18.8	19.5	20.2	20.9	21.6	22.3	23.1	23.8	24.5	25.2	25.9	26.6	27.3

♃ 1: ♎ 28.6 · 6: 29.2 · 11: 29.7 · 16: ♏ 0.2 · 21: 0.7 · 26: 1 · 31: 1.3
♄ 1: ♐ 19.4 · 6: 20 · 11: 20.5 · 16: 21.1 · 21: 21.6 · 26: 22.1 · 31: 22.6
♅ 1: ♌ 10.8R · 11: 10.4 · 21: 10 · 31: 9.6
♆ 1: ♏ 4.4 · 11: 4.6 · 21: 4.7 · 31: 4.8
♇ 1: ♍ 2.1R · 11: 2 · 21: 1.8 · 31: 1.6

II

	1	2	3	4	5	6	7	8	9	10	11	12	13	14	15	16	17	18	19	20	21	22	23	24	25	26	27	28	29	30	31
☉	♒ 11.9	12.9	13.9	14.9	15.9	16.9	18	19	20	21	22	23	24	25	26.1	27.1	28.1	29.1	♓ 0.1	1.1	2.1	3.1	4.1	5.1	6.1	7.1	8.1	9.1			
☽	♒ 23.9	♓ 5.8	17.7	29.6	♈ 11.7	24	♉ 6.5	19.3	♊ 2.5	16.1	♋ 0.2	14.8	29.8	♌ 15.1	♍ 0.5	15.7	♎ 0.7	15.3	29.4	♏ 12.9	26	♐ 8.8	21.1	♑ 3.3	15.3	27.2	♒ 9	20.9			
☿	♑ 16.7	17.6	18.6	19.6	20.7	21.8	23	24.2	25.4	26.6	27.9	29.2	♒ 0.5	1.9	3.2	4.6	6	7.4	8.9	10.3	11.8	13.3	14.8	16.4	17.9	19.5	21	22.6			
♀	♑ 23.9	25.2	26.4	27.7	28.9	♒ 0.2	1.4	2.7	4	5.2	6.5	7.7	9	10.2	11.4	12.7	13.9	15.2	16.4	17.7	18.9	20.2	21.4	22.7	23.9	25.2	26.4	27.7			
♂	♉ 2.1	2.7	3.3	3.9	4.5	5.1	5.7	6.4	7	7.6	8.2	8.8	9.4	10.1	10.7	11.3	11.9	12.5	13.2	13.8	14.4	15	15.7	16.3	16.9	17.5	18.2	18.8			

♃ 1: ♎ 1.4R · 6: 1.1 · 11: 0.8 · 16: 0.3 · 21: ♍ 29.9 · 26: 29.3
♄ 1: ♐ 12.2 · 6: 12.6 · 11: 12.9 · 16: 13.2 · 21: 13.5 · 26: 13.7
♅ 1: ♌ 4.6R · 11: 4.2 · 21: 3.8
♆ 1: ♏ 2.6 · 11: 2.6R · 21: 2.5
♇ 1: ♌ 29.6R · 11: 29.4 · 21: 29.1

	1	2	3	4	5	6	7	8	9	10	11	12	13	14	15	16	17	18	19	20	21	22	23	24	25	26	27	28	29	30	31
☉	♒ 11.6	12.6	13.7	14.7	15.7	16.7	17.7	18.7	19.7	20.8	21.8	22.8	23.8	24.8	25.8	26.8	27.8	28.8	29.8	♓ 0.9	1.9	2.9	3.9	4.9	5.9	6.9	7.9	8.9			
☽	♊ 27.3	♋ 11.1	25.4	♌ 10	24.9	♍ 9.9	24.8	♎ 9.6	24	♏ 8.2	22	♐ 5.5	18.7	♑ 1.6	14.4	27	♒ 9.4	21.6	♓ 3.7	15.7	27.5	♈ 9.3	21.1	♉ 2.9	14.9	27	♊ 9.4	22.2			
☿	♑ 21.7	23.1	24.6	26.1	27.5	29	♒ 0.6	2.1	3.6	5.2	6.7	8.3	9.9	11.5	13.1	14.8	16.4	18.1	19.8	21.5	23.2	24.9	26.6	28.4	♓ 0.2	2	3.8	5.6			
♀	♒ 6.4R	5.9	5.3	4.7	4.2	3.7	3.3	2.8	2.4	2.1	1.8	1.5	1.2	1.1	0.9	0.8	0.7	0.7	0.7D	0.7	0.8	0.9	1.1	1.3	1.5	1.8	2.1	2.5			
♂	♐ 28	28.7	29.4	♑ 0.2	0.9	1.6	2.3	3	3.7	4.5	5.2	5.9	6.6	7.3	8	8.8	9.5	10.2	10.9	11.6	12.4	13.1	13.8	14.5	15.3	16	16.7	17.4			

♃ 1: ♏ 1.3 · 6: 1.5 · 11: 1.6 · 16: 1.7R · 21: 1.6 · 26: 1.5
♄ 1: ♐ 22.6 · 6: 23.1 · 11: 23.5 · 16: 23.9 · 21: 24.2 · 26: 24.5
♅ 1: ♌ 9.5R · 11: 9.1 · 21: 8.7
♆ 1: ♏ 4.8 · 11: 4.8R · 21: 4.7
♇ 1: ♍ 1.5R · 11: 1.3 · 21: 1

III

	1	2	3	4	5	6	7	8	9	10	11	12	13	14	15	16	17	18	19	20	21	22	23	24	25	26	27	28	29	30	31
☉	♓ 10.1	11.2	12.2	13.2	14.2	15.2	16.2	17.2	18.2	19.2	20.2	21.2	22.2	23.2	24.1	25.1	26.1	27.1	28.1	29.1	♈ 0.1	1.1	2.1	3.1	4.1	5.1	6.1	7.1	8	9	10
☽	♓ 2.8	14.7	26.7	♈ 8.8	21.1	♉ 3.5	16	28.9	♊ 12	25.5	♋ 9.5	23.8	♌ 8.5	23.5	♍ 8.6	23.8	♎ 8.7	23.3	♏ 7.5	21.2	♐ 4.4	17.2	29.7	♑ 11.9	23.9	♒ 5.8	17.6	29.5	♓ 11.4	23.5	♈ 5.6
☿	♒ 24.3	25.9	27.5	29.2	♓ 0.9	2.6	4.3	6	7.8	9.6	11.4	13.2	15	16.9	18.7	20.6	22.5	24.5	26.4	28.4	♈ 0.4	2.4	4.4	6.4	8.4	10.4	12.5	14.5	16.5	18.5	20.5
♀	♒ 28.9	♓ 0.2	1.4	2.7	3.9	5.2	6.4	7.7	8.9	10.2	11.4	12.7	13.9	15.1	16.4	17.6	18.9	20.1	21.4	22.6	23.9	25.1	26.3	27.6	28.8	♈ 0.1	1.3	2.6	3.8	5	6.3
♂	♉ 19.4	20	20.7	21.3	21.9	22.5	23.2	23.8	24.4	25	25.7	26.3	26.9	27.5	28.2	28.8	29.4	♊ 0.1	0.7	1.3	1.9	2.6	3.2	3.8	4.5	5.1	5.7	6.3	7	7.6	8.2

♃ 1: ♍ 29.0R · 6: 28.4 · 11: 27.8 · 16: 27.1 · 21: 26.5 · 26: 25.8 · 31: 25.2
♄ 1: ♐ 13.9 · 6: 14 · 11: 14.2 · 16: 14.3 · 21: 14.3 · 26: 14.3R · 31: 14.3
♅ 1: ♌ 3.5R · 11: 3.3 · 21: 3 · 31: 2.9
♆ 1: ♏ 2.4R · 11: 2.2 · 21: 2 · 31: 1.8
♇ 1: ♌ 28.9R · 11: 28.7 · 21: 28.5 · 31: 28.3

	1	2	3	4	5	6	7	8	9	10	11	12	13	14	15	16	17	18	19	20	21	22	23	24	25	26	27	28	29	30	31
☉	♓ 9.9	10.9	11.9	12.9	13.9	14.9	15.9	16.9	17.9	18.9	19.9	20.9	21.9	22.9	23.9	24.9	25.9	26.9	27.9	28.9	29.9	♈ 0.9	1.9	2.9	3.8	4.8	5.8	6.8	7.8	8.8	9.8
☽	♋ 5.4	19.1	♌ 3.3	18	♍ 3	18.2	♎ 3.4	18.5	♏ 3.3	17.7	♐ 1.8	15.4	28.6	♑ 11.5	24.1	♒ 6.4	18.6	♓ 0.7	12.6	24.4	♈ 6.3	18	29.9	♉ 11.8	23.8	♊ 6	18.4	♋ 1.1	14.3	27.8	♌ 11.8
☿	♓ 7.4	9.3	11.2	13.1	15	16.9	18.8	20.8	22.7	24.7	26.6	28.6	♈ 0.5	2.5	4.4	6.4	8.2	10.1	11.9	13.7	15.5	17.1	18.7	20.2	21.7	23	24.3	25.5	26.5	27.5	28.3
♀	♒ 2.8	3.2	3.6	4.1	4.6	5.1	5.6	6.2	6.7	7.3	8	8.6	9.3	9.9	10.6	11.4	12.1	12.8	13.6	14.4	15.2	16	16.8	17.6	18.5	19.3	20.2	21.1	21.9	22.8	23.7
♂	♑ 18.1	18.9	19.6	20.3	21.1	21.8	22.5	23.2	24	24.7	25.4	26.1	26.9	27.6	28.3	29.1	29.8	♒ 0.5	1.3	2	2.7	3.5	4.2	4.9	5.7	6.4	7.1	7.9	8.6	9.3	10.1

♃ 1: ♏ 1.4R · 6: 1.1 · 11: 0.8 · 16: 0.4 · 21: ♎ 30 · 26: 29.5 · 31: 28.9
♄ 1: ♐ 24.7 · 6: 25 · 11: 25.2 · 16: 25.4 · 21: 25.5 · 26: 25.6 · 31: 25.7
♅ 1: ♌ 8.4R · 11: 8.1 · 21: 7.8 · 31: 7.6
♆ 1: ♏ 4.6R · 11: 4.5 · 21: 4.3 · 31: 4
♇ 1: ♍ 0.8R · 11: 0.6 · 21: 0.4 · 31: 0.2

IV

	1	2	3	4	5	6	7	8	9	10	11	12	13	14	15	16	17	18	19	20	21	22	23	24	25	26	27	28	29	30	31
☉	♈ 11	12	13	14	14.9	15.9	16.9	17.9	18.9	19.9	20.8	21.8	22.8	23.8	24.8	25.7	26.7	27.7	28.7	29.7	♉ 0.6	1.6	2.6	3.6	4.5	5.5	6.5	7.4	8.4	9.4	
☽	♈ 17.9	♉ 0.4	13.1	25.9	♊ 9	22.3	♋ 5.9	19.8	♌ 3.9	18.3	♍ 2.9	17.6	♎ 2.4	17	♏ 1.3	15.4	29	♐ 12.3	25.2	♑ 7.7	20	♒ 2.1	14	25.9	♓ 7.7	19.7	♈ 1.8	14.2	26.7	♉ 9.4	
☿	♈ 22.5	24.5	26.4	28.2	♉ 0	1.8	3.5	5.1	6.7	8.2	9.6	10.9	12.1	13.3	14.3	15.3	16.1	16.9	17.6	18.1	18.6	18.9	19.2	19.4	19.4	19.4R	19.3	19.1	18.8	18.5	
♀	♈ 7.5	8.8	10	11.3	12.5	13.7	15	16.2	17.5	18.7	19.9	21.2	22.4	23.6	24.9	26.1	27.4	28.6	29.8	♉ 1.1	2.3	3.5	4.8	6	7.2	8.5	9.7	11	12.2	13.4	
♂	♊ 8.9	9.5	10.1	10.7	11.4	12	12.6	13.3	13.9	14.5	15.1	15.8	16.4	17	17.7	18.3	18.9	19.5	20.2	20.8	21.4	22.1	22.7	23.3	23.9	24.6	25.2	25.8	26.5	27.1	

♃ 1: ♍ 25.1R · 6: 24.5 · 11: 23.9 · 16: 23.4 · 21: 23 · 26: 22.6
♄ 1: ♐ 14.3R · 6: 14.2 · 11: 14 · 16: 13.9 · 21: 13.7 · 26: 13.4
♅ 1: ♌ 2.9R · 11: 2.9D · 21: 2.9
♆ 1: ♏ 1.8R · 11: 1.5 · 21: 1.2
♇ 1: ♌ 28.3R · 11: 28.1 · 21: 28

	1	2	3	4	5	6	7	8	9	10	11	12	13	14	15	16	17	18	19	20	21	22	23	24	25	26	27	28	29	30	31
☉	♈ 10.8	11.8	12.7	13.7	14.7	15.7	16.7	17.7	18.6	19.6	20.6	21.6	22.6	23.5	24.5	25.5	26.5	27.5	28.4	29.4	♉ 0.4	1.4	2.3	3.3	4.3	5.3	6.2	7.2	8.2	9.2	
☽	♌ 26.3	♍ 11.1	26.3	♎ 11.5	26.7	♏ 11.7	26.3	♐ 10.6	24.4	♑ 7.7	20.7	♒ 3.3	15.6	27.7	♓ 9.6	21.5	♈ 3.2	15	26.9	♉ 8.8	20.8	♊ 3	15.4	28	♋ 10.8	24	♌ 7.5	21.3	♍ 5.6	20.1	
☿	♈ 29	29.6	♉ 0.1	0.4	0.7	0.8	0.8R	0.7	0.5	0.2	♈ 29.8	29.3	28.8	28.2	27.5	26.8	26.1	25.4	24.7	24	23.3	22.7	22.1	21.6	21.1	20.7	20.4	20.2	20.1	20	
♀	♒ 24.7	25.6	26.5	27.5	28.4	29.4	♓ 0.3	1.3	2.3	3.3	4.3	5.2	6.3	7.3	8.3	9.3	10.3	11.3	12.4	13.4	14.5	15.5	16.6	17.6	18.7	19.7	20.8	21.9	22.9	24	
♂	♒ 10.8	11.5	12.3	13	13.7	14.5	15.2	15.9	16.7	17.4	18.2	18.9	19.6	20.4	21.1	21.8	22.6	23.3	24	24.8	25.5	26.3	27	27.7	28.5	29.2	29.9	♓ 0.7	1.4	2.2	

♃ 1: ♎ 28.8R · 6: 28.2 · 11: 27.6 · 16: 27 · 21: 26.3 · 26: 25.7
♄ 1: ♐ 25.7 · 6: 25.7R · 11: 25.7 · 16: 25.6 · 21: 25.5 · 26: 25.3
♅ 1: ♌ 7.6R · 11: 7.5 · 21: 7.5D
♆ 1: ♏ 4.0R · 11: 3.8 · 21: 3.5
♇ 1: ♍ 0.2R · 11: ♌ 30 · 21: 29.9

V

	1	2	3	4	5	6	7	8	9	10	11	12	13	14	15	16	17	18	19	20	21	22	23	24	25	26	27	28	29	30	31
☉	♉ 10.4	11.3	12.3	13.3	14.2	15.2	16.2	17.1	18.1	19.1	20	21	22	22.9	23.9	24.9	25.8	26.8	27.8	28.7	29.7	♊ 0.6	1.6	2.6	3.5	4.5	5.4	6.4	7.4	8.3	9.3
☽	♉ 22.4	♊ 5.7	19.1	♋ 2.8	16.6	♌ 0.6	14.8	29	♍ 13.3	27.6	♎ 11.9	26	♏ 10	23.7	♐ 7.1	20.2	♑ 3.1	15.6	27.9	♒ 10	21.9	♓ 3.8	15.7	27.7	♈ 9.9	22.3	♉ 4.9	17.9	♊ 1.2	14.9	28.8
☿	♉ 18.0R	17.6	17	16.5	15.9	15.2	14.6	14	13.4	12.8	12.3	11.8	11.3	10.9	10.6	10.3	10.1	10	10	10.0D	10.1	10.3	10.6	10.9	11.3	11.8	12.4	13	13.6	14.4	15.2
♀	♉ 14.7	15.9	17.1	18.4	19.6	20.8	22.1	23.3	24.5	25.7	27	28.2	29.4	♊ 0.7	1.9	3.1	4.4	5.6	6.8	8	9.3	10.5	11.7	13	14.2	15.4	16.6	17.9	19.1	20.3	21.6
♂	♊ 27.7	28.3	29	29.6	♋ 0.2	0.9	1.5	2.1	2.7	3.4	4	4.6	5.2	5.9	6.5	7.1	7.8	8.4	9	9.6	10.3	10.9	11.5	12.1	12.8	13.4	14	14.6	15.3	15.9	16.5

♃ 1: ♍ 22.3R · 6: 22.1 · 11: 21.9 · 16: 21.9 · 21: 21.8D · 26: 21.9 · 31: 22.1
♄ 1: ♐ 13.2R · 6: 12.9 · 11: 12.6 · 16: 12.2 · 21: 11.9 · 26: 11.5 · 31: 11.1
♅ 1: ♌ 3.1 · 11: 3.3 · 21: 3.6 · 31: 4
♆ 1: ♏ 1.0R · 11: 0.7 · 21: 0.5 · 31: 0.3
♇ 1: ♌ 27.9R · 11: 27.9D · 21: 27.9 · 31: 28

	1	2	3	4	5	6	7	8	9	10	11	12	13	14	15	16	17	18	19	20	21	22	23	24	25	26	27	28	29	30	31
☉	♉ 10.1	11.1	12.1	13	14	15	15.9	16.9	17.9	18.8	19.8	20.8	21.7	22.7	23.7	24.6	25.6	26.6	27.5	28.5	29.4	♊ 0.4	1.4	2.3	3.3	4.3	5.2	6.2	7.1	8.1	9
☽	♎ 4.9	19.8	♏ 4.8	19.7	♐ 4.4	18.7	♑ 2.7	16.1	29.2	♒ 11.9	24.2	♓ 6.3	18.2	♈ 0	11.8	23.6	♉ 5.6	17.6	29.9	♊ 12.3	25	♋ 7.9	21	♌ 4.3	17.9	♍ 1.7	15.8	♎ 0	14.5	29	♏ 13.7
☿	♈ 20.0D	20.1	20.3	20.5	20.9	21.3	21.8	22.3	22.9	23.6	24.3	25.1	26	26.9	27.8	28.9	29.9	♉ 1	2.2	3.4	4.6	5.9	7.3	8.6	10.1	11.5	13	14.6	16.1	17.8	19.4
♀	♓ 25.1	26.2	27.3	28.4	29.5	♈ 0.6	1.7	2.8	3.9	5	6.1	7.2	8.3	9.4	10.5	11.7	12.8	13.9	15	16.1	17.3	18.4	19.5	20.7	21.8	23	24.1	25.2	26.4	27.5	28.7
♂	♓ 2.9	3.6	4.4	5.1	5.8	6.6	7.3	8	8.8	9.5	10.2	11	11.7	12.4	13.2	13.9	14.6	15.4	16.1	16.8	17.6	18.3	19	19.7	20.5	21.2	21.9	22.6	23.4	24.1	24.8

♃ 1: ♎ 25.1R · 6: 24.5 · 11: 23.9 · 16: 23.4 · 21: 23 · 26: 22.6 · 31: 22.3
♄ 1: ♐ 25.2R · 6: 24.9 · 11: 24.7 · 16: 24.4 · 21: 24.1 · 26: 23.8 · 31: 23.4
♅ 1: ♌ 7.6 · 11: 7.8 · 21: 8.1 · 31: 8.4
♆ 1: ♏ 3.2R · 11: 3 · 21: 2.7 · 31: 2.5
♇ 1: ♌ 29.8R · 11: 29.8 · 21: 29.8D · 31: 29.9

VI

	1	2	3	4	5	6	7	8	9	10	11	12	13	14	15	16	17	18	19	20	21	22	23	24	25	26	27	28	29	30	31
☉	♊ 10.2	11.2	12.2	13.1	14.1	15	16	16.9	17.9	18.9	19.8	20.8	21.7	22.7	23.6	24.6	25.5	26.5	27.4	28.4	29.4	♋ 0.3	1.3	2.2	3.2	4.1	5.1	6	7	7.9	
☽	♋ 12.9	27.2	♌ 11.5	25.8	♍ 10.1	24.3	♎ 8.3	22.2	♏ 5.9	19.4	♐ 2.7	15.7	28.6	♑ 11.2	23.7	♒ 5.9	17.9	29.9	♓ 11.8	23.6	♈ 5.6	17.8	♉ 0.2	12.9	26	♊ 9.6	23.5	♋ 7.8	22.3	♌ 7.1	
☿	♉ 16.1	17	18	19	20.1	21.2	22.4	23.7	25	26.3	27.7	29.2	♊ 0.7	2.2	3.8	5.4	7.1	8.9	10.6	12.5	14.3	16.2	18.2	20.2	22.2	24.3	26.4	28.5	♋ 0.6	2.8	
♀	♊ 22.8	24	25.2	26.5	27.7	28.9	♋ 0.1	1.4	2.6	3.8	5	6.3	7.5	8.7	9.9	11.2	12.4	13.6	14.8	16	17.3	18.5	19.7	20.9	22.1	23.4	24.6	25.8	27	28.2	
♂	♋ 17.2	17.8	18.4	19	19.7	20.3	20.9	21.5	22.2	22.8	23.4	24	24.7	25.3	25.9	26.5	27.2	27.8	28.4	29.1	29.7	♌ 0.3	0.9	1.6	2.2	2.8	3.4	4.1	4.7	5.3	

♃ 1: ♍ 22.1 · 6: 22.3 · 11: 22.6 · 16: 23 · 21: 23.4 · 26: 23.9
♄ 1: ♐ 11.1R · 6: 10.7 · 11: 10.3 · 16: 10 · 21: 9.6 · 26: 9.3
♅ 1: ♌ 4 · 11: 4.5 · 21: 5
♆ 1: ♏ 0.2R · 11: 0.1 · 21: ♎ 29.9
♇ 1: ♌ 28 · 11: 28.2 · 21: 28.3

	1	2	3	4	5	6	7	8	9	10	11	12	13	14	15	16	17	18	19	20	21	22	23	24	25	26	27	28	29	30	31
☉	♊ 10	11	11.9	12.9	13.8	14.8	15.8	16.7	17.7	18.6	19.6	20.5	21.5	22.4	23.4	24.4	25.3	26.3	27.2	28.2	29.1	♋ 0.1	1	2	2.9	3.9	4.9	5.8	6.8	7.7	
☽	♏ 28.2	♐ 12.7	26.9	♑ 10.7	24.2	♒ 7.3	20	♓ 2.3	14.5	26.4	♈ 8.2	20	♉ 1.9	13.9	26.1	♊ 8.6	21.3	♋ 4.3	17.6	♌ 1.1	14.8	28.6	♍ 12.6	26.6	♎ 10.8	25	♏ 9.2	23.4	♐ 7.5	21.6	
☿	♉ 21.1	22.9	24.7	26.5	28.4	♊ 0.3	2.2	4.2	6.2	8.2	10.3	12.4	14.5	16.7	18.8	21	23.2	25.4	27.6	29.8	♋ 2	4.2	6.3	8.4	10.6	12.6	14.7	16.7	18.7	20.7	
♀	♈ 29.8	♉ 1	2.1	3.3	4.4	5.6	6.7	7.9	9	10.2	11.4	12.5	13.7	14.8	16	17.2	18.3	19.5	20.7	21.8	23	24.2	25.4	26.5	27.7	28.9	♊ 0	1.2	2.4	3.6	
♂	♓ 25.5	26.2	27	27.7	28.4	29.1	29.8	♈ 0.0	1.3	2	2.7	3.4	4.1	4.8	5.5	6.2	6.9	7.6	8.3	9	9.7	10.4	11.1	11.8	12.5	13.2	13.9	14.6	15.3	16	

♃ 1: ♎ 22.2R · 6: 22 · 11: 21.9 · 16: 21.8 · 21: 21.8D · 26: 21.8
♄ 1: ♐ 23.4R · 6: 23 · 11: 22.6 · 16: 22.3 · 21: 21.9 · 26: 21.5
♅ 1: ♌ 8.5 · 11: 8.9 · 21: 9.4
♆ 1: ♏ 2.5R · 11: 2.3 · 21: 2.1
♇ 1: ♌ 29.9 · 11: 30 · 21: ♍ 0.2

VII

	1	2	3	4	5	6	7	8	9	10	11	12	13	14	15	16	17	18	19	20	21	22	23	24	25	26	27	28	29	30	31
☉	♋ 8.9	9.8	10.8	11.8	12.7	13.7	14.6	15.6	16.5	17.5	18.4	19.4	20.3	21.3	22.2	23.2	24.2	25.1	26.1	27	28	28.9	29.9	♌ 0.8	1.8	2.7	3.7	4.7	5.6	6.6	7.5
☽	♌ 21.8	♍ 6.5	20.9	♎ 5.1	19.1	♏ 2.7	16.1	29.3	♐ 12.2	25	♑ 7.5	19.9	♒ 2.2	14.3	26.3	♓ 8.1	20	♈ 1.9	13.8	25.9	♉ 8.3	21	♊ 4.1	17.7	♋ 1.7	16.2	♌ 1.1	16.1	♍ 1.3	16.3	♎ 1
☿	♋ 5	7.1	9.3	11.5	13.6	15.8	18	20.1	22.2	24.3	26.3	28.4	♌ 0.4	2.4	4.3	6.2	8.1	10	11.8	13.6	15.4	17.1	18.8	20.5	22.1	23.7	25.3	26.9	28.4	29.9	♍ 1.4
♀	♋ 29.5	♌ 0.7	1.9	3.1	4.3	5.6	6.8	8	9.2	10.4	11.6	12.9	14.1	15.3	16.5	17.7	18.9	20.2	21.4	22.6	23.8	25	26.2	27.4	28.6	29.9	♍ 1.1	2.3	3.5	4.7	5.9
♂	♌ 5.9	6.6	7.2	7.8	8.5	9.1	9.7	10.3	11	11.6	12.2	12.9	13.5	14.1	14.7	15.4	16	16.6	17.3	17.9	18.5	19.1	19.8	20.4	21	21.7	22.3	22.9	23.5	24.2	24.8

♃ 1: ♍ 24.4 · 6: 25 · 11: 25.7 · 16: 26.4 · 21: 27.2 · 26: 27.9 · 31: 28.8
♄ 1: ♐ 9.0R · 6: 8.7 · 11: 8.5 · 16: 8.2 · 21: 8.1 · 26: 7.9 · 31: 7.8
♅ 1: ♌ 5.5 · 11: 6.1 · 21: 6.7 · 31: 7.3
♆ 1: ♎ 29.9R · 11: 29.8 · 21: 29.8D · 31: 29.9
♇ 1: ♌ 28.6 · 11: 28.8 · 21: 29.1 · 31: 29.4

	1	2	3	4	5	6	7	8	9	10	11	12	13	14	15	16	17	18	19	20	21	22	23	24	25	26	27	28	29	30	31
☉	♋ 8.7	9.6	10.6	11.5	12.5	13.4	14.4	15.3	16.3	17.2	18.2	19.2	20.1	21.1	22	23	23.9	24.9	25.8	26.8	27.7	28.7	29.6	♌ 0.6	1.6	2.5	3.5	4.4	5.4	6.3	7.3
☽	♑ 5.4	19	♒ 2.3	15.3	27.9	♓ 10.3	22.4	♈ 4.3	16.1	27.9	♉ 9.9	21.9	♊ 4.3	16.9	29.9	♋ 13.2	26.8	♌ 10.7	24.8	♍ 9.1	23.3	♎ 7.6	21.8	♏ 5.9	19.9	♐ 3.8	17.6	♑ 1.2	14.6	27.9	♒ 10.9
☿	♋ 22.6	24.5	26.4	28.2	♌ 0	1.8	3.5	5.2	6.9	8.5	10.1	11.7	13.2	14.7	16.1	17.5	18.9	20.3	21.6	22.8	24.1	25.3	26.4	27.5	28.6	29.6	♍ 0.6	1.5	2.3	3.1	3.9
♀	♊ 4.8	5.9	7.1	8.3	9.5	10.7	11.9	13	14.2	15.4	16.6	17.8	19	20.2	21.4	22.6	23.8	24.9	26.1	27.3	28.5	29.7	♋ 0.9	2.1	3.3	4.5	5.7	6.9	8.1	9.3	10.5
♂	♈ 16.6	17.3	18	18.7	19.4	20	20.7	21.4	22	22.7	23.4	24	24.7	25.3	26	26.6	27.3	27.9	28.6	29.2	29.8	♉ 0.5	1.1	1.7	2.4	3	3.6	4.2	4.8	5.4	6

♃ 1: ♎ 22 · 6: 22.2 · 11: 22.5 · 16: 22.8 · 21: 23.2 · 26: 23.7 · 31: 24.2
♄ 1: ♐ 21.2R · 6: 20.8 · 11: 20.5 · 16: 20.2 · 21: 20 · 26: 19.7 · 31: 19.5
♅ 1: ♌ 9.9 · 11: 10.5 · 21: 11.1 · 31: 11.7
♆ 1: ♏ 2.0R · 11: 2 · 21: 2.0D · 31: 2.1
♇ 1: ♍ 0.4 · 11: 0.6 · 21: 0.9 · 31: 1.2

VIII

	1	2	3	4	5	6	7	8	9	10	11	12	13	14	15	16	17	18	19	20	21	22	23	24	25	26	27	28	29	30	31
☉	♌ 8.5	9.4	10.4	11.4	12.3	13.3	14.2	15.2	16.1	17.1	18.1	19	20	20.9	21.9	22.9	23.8	24.8	25.7	26.7	27.7	28.6	29.6	♍ 0.6	1.5	2.5	3.5	4.4	5.4	6.4	7.3
☽	♎ 15.4	29.4	♏ 13	26.3	♐ 9.3	22	♑ 4.5	16.8	29	♒ 11	23	♓ 4.9	16.8	28.6	♈ 10.5	22.5	♉ 4.6	16.9	29.5	♊ 12.6	26.1	♋ 10.1	24.5	♌ 9.4	24.6	♍ 9.9	25.2	♎ 10.2	24.8	♏ 9	22.7
☿	♍ 2.8	4.2	5.6	6.9	8.2	9.5	10.7	11.9	13.1	14.2	15.3	16.4	17.4	18.3	19.2	20.1	20.9	21.6	22.3	22.9	23.5	24	24.4	24.7	25	25.2	25.2	25.2R	25.1	24.9	24.6
♀	♍ 7.1	8.3	9.5	10.7	11.9	13.1	14.4	15.6	16.8	18	19.2	20.4	21.6	22.8	24	25.2	26.4	27.6	28.8	30	♎ 1.2	2.4	3.6	4.8	6	7.1	8.3	9.5	10.7	11.9	13.1
♂	♌ 25.4	26.1	26.7	27.3	28	28.6	29.2	29.9	♍ 0.5	1.1	1.8	2.4	3	3.7	4.3	4.9	5.6	6.2	6.8	7.5	8.1	8.7	9.4	10	10.6	11.3	11.9	12.6	13.2	13.8	14.5

♃ 1: ♍ 28.9 · 6: 29.8 · 11: ♎ 0.7 · 16: 1.6 · 21: 2.6 · 26: 3.6 · 31: 4.6
♄ 1: ♐ 7.8R · 6: 7.7 · 11: 7.7 · 16: 7.7D · 21: 7.7 · 26: 7.8 · 31: 8
♅ 1: ♌ 7.4 · 11: 8 · 21: 8.6 · 31: 9.2
♆ 1: ♎ 29.9 · 11: ♏ 0.1 · 21: 0.3 · 31: 0.5
♇ 1: ♌ 29.4 · 11: 29.7 · 21: ♍ 0.1 · 31: 0.4

	1	2	3	4	5	6	7	8	9	10	11	12	13	14	15	16	17	18	19	20	21	22	23	24	25	26	27	28	29	30	31
☉	♌ 8.2	9.2	10.2	11.1	12.1	13	14	15	15.9	16.9	17.8	18.8	19.7	20.7	21.7	22.6	23.6	24.6	25.5	26.5	27.4	28.4	29.4	♍ 0.3	1.3	2.3	3.2	4.2	5.2	6.1	7.1
☽	♒ 23.6	♓ 6.1	18.3	♈ 0.4	12.3	24.1	♉ 5.9	17.8	29.9	♊ 12.2	24.9	♋ 8	21.5	♌ 5.4	19.7	♍ 4.2	18.8	♎ 3.5	18.1	♏ 2.5	16.7	♐ 0.7	14.4	28	♑ 11.3	24.4	♒ 7.2	19.9	♓ 2.4	14.6	26.7
☿	♍ 4.6	5.2	5.8	6.3	6.7	7.1	7.4	7.6	7.7	7.7R	7.6	7.5	7.2	6.9	6.5	5.9	5.3	4.7	3.9	3.1	2.3	1.4	0.5	♌ 29.6	28.8	28	27.2	26.5	25.9	25.4	25
♀	♋ 11.8	13	14.2	15.4	16.6	17.8	19	20.2	21.4	22.6	23.9	25.1	26.3	27.5	28.7	29.9	♌ 1.1	2.4	3.6	4.8	6	7.3	8.5	9.7	10.9	12.1	13.4	14.6	15.8	17.1	18.3
♂	♉ 6.6	7.2	7.8	8.4	9	9.6	10.1	10.7	11.3	11.9	12.4	13	13.5	14.1	14.6	15.1	15.7	16.2	16.7	17.2	17.7	18.2	18.7	19.2	19.7	20.2	20.7	21.1	21.6	22.1	22.5

♃ 1: ♎ 24.4 · 6: 25 · 11: 25.6 · 16: 26.3 · 21: 27.1 · 26: 27.9 · 31: 28.7
♄ 1: ♐ 19.5R · 6: 19.3 · 11: 19.2 · 16: 19.1 · 21: 19.1 · 26: 19.1D · 31: 19.1
♅ 1: ♌ 11.7 · 11: 12.4 · 21: 13 · 31: 13.6
♆ 1: ♏ 2.1 · 11: 2.2 · 21: 2.4 · 31: 2.6
♇ 1: ♍ 1.2 · 11: 1.5 · 21: 1.9 · 31: 2.2

IX

	1	2	3	4	5	6	7	8	9	10	11	12	13	14	15	16	17	18	19	20	21	22	23	24	25	26	27	28	29	30	31
☉	♍ 8.3	9.3	10.2	11.2	12.2	13.1	14.1	15.1	16	17	18	19	19.9	20.9	21.9	22.9	23.8	24.8	25.8	26.8	27.7	28.7	29.7	♎ 0.7	1.7	2.6	3.6	4.6	5.6	6.6	
☽	♐ 6	18.9	♑ 1.5	13.9	26.1	♒ 8.1	20	♓ 1.9	13.8	25.7	♈ 7.6	19.5	♉ 1.5	13.7	26.1	♊ 8.8	21.8	♋ 5.2	19	♌ 3.3	18	♍ 3	18.2	♎ 3.4	18.5	♏ 3.2	17.6	♐ 1.5	14.9	27.9	
☿	♍ 24.2R	23.6	23	22.3	21.5	20.6	19.7	18.7	17.7	16.7	15.7	14.8	13.9	13.2	12.5	11.9	11.5	11.3	11.2	11.2D	11.4	11.8	12.3	13	13.9	14.8	15.9	17.1	18.4	19.7	
♀	♎ 14.3	15.5	16.7	17.9	19.1	20.2	21.4	22.6	23.8	25	26.2	27.3	28.5	29.7	♏ 0.9	2.1	3.2	4.4	5.6	6.7	7.9	9.1	10.3	11.4	12.6	13.8	14.9	16.1	17.3	18.4	
♂	♍ 15.1	15.7	16.4	17	17.7	18.3	18.9	19.6	20.2	20.9	21.5	22.2	22.8	23.4	24.1	24.7	25.4	26	26.7	27.3	27.9	28.6	29.2	29.9	♎ 0.5	1.2	1.8	2.5	3.1	3.8	

♃ 1: ♎ 4.8 · 6: 5.8 · 11: 6.9 · 16: 7.9 · 21: 9 · 26: 10.1
♄ 1: ♐ 8 · 6: 8.2 · 11: 8.4 · 16: 8.7 · 21: 8.9 · 26: 9.3
♅ 1: ♌ 9.2 · 11: 9.8 · 21: 10.2
♆ 1: ♏ 0.5 · 11: 0.8 · 21: 1.1
♇ 1: ♍ 0.4 · 11: 0.7 · 21: 1.1

	1	2	3	4	5	6	7	8	9	10	11	12	13	14	15	16	17	18	19	20	21	22	23	24	25	26	27	28	29	30	31
☉	♍ 8.1	9	10	11	11.9	12.9	13.9	14.8	15.8	16.8	17.8	18.7	19.7	20.7	21.7	22.6	23.6	24.6	25.6	26.5	27.5	28.5	29.5	♎ 0.4	1.4	2.4	3.4	4.4	5.3	6.3	
☽	♈ 8.6	20.5	♉ 2.3	14.1	25.9	♊ 8	20.3	♋ 3	16.1	29.6	♌ 13.6	28	♍ 12.7	27.7	♎ 12.7	27.6	♏ 12.4	26.9	♐ 11	24.8	♑ 8.2	21.4	♒ 4.2	16.8	29.2	♓ 11.4	23.5	♈ 5.4	17.2	29	
☿	♌ 24.8R	24.7	24.7D	24.9	25.2	25.6	26.2	27	27.8	28.8	29.9	♍ 1.2	2.5	3.9	5.4	6.9	8.6	10.2	12	13.7	15.5	17.3	19.1	20.9	22.8	24.6	26.4	28.3	♎ 0.1	1.9	
♀	♌ 19.5	20.7	22	23.2	24.4	25.7	26.9	28.1	29.4	♍ 0.6	1.8	3.1	4.3	5.5	6.8	8	9.3	10.5	11.7	13	14.2	15.5	16.7	17.9	19.2	20.4	21.7	22.9	24.2	25.4	
♂	♉ 22.9	23.4	23.8	24.2	24.6	25	25.4	25.8	26.2	26.5	26.9	27.3	27.6	27.9	28.3	28.6	28.9	29.2	29.4	29.7	30	♊ 0.2	0.5	0.7	0.9	1.1	1.3	1.5	1.6	1.8	

♃ 1: ♎ 28.9 · 6: 29.8 · 11: ♏ 0.7 · 16: 1.6 · 21: 2.6 · 26: 3.6
♄ 1: ♐ 19.1 · 6: 19.2 · 11: 19.3 · 16: 19.5 · 21: 19.7 · 26: 20
♅ 1: ♌ 13.6 · 11: 14.2 · 21: 14.7
♆ 1: ♏ 2.6 · 11: 2.9 · 21: 3.2
♇ 1: ♍ 2.2 · 11: 2.6 · 21: 2.9

X

	1	2	3	4	5	6	7	8	9	10	11	12	13	14	15	16	17	18	19	20	21	22	23	24	25	26	27	28	29	30	31
☉	♎ 7.6	8.5	9.5	10.5	11.5	12.5	13.5	14.4	15.4	16.4	17.4	18.4	19.4	20.4	21.4	22.4	23.4	24.3	25.3	26.3	27.3	28.3	29.3	♏ 0.3	1.3	2.3	3.3	4.3	5.3	6.3	7.3
☽	♑ 10.5	22.9	♒ 5	17	28.9	♓ 10.7	22.6	♈ 4.5	16.5	28.6	♉ 10.8	23.2	♊ 5.8	18.6	♋ 1.7	15.1	28.8	♌ 12.9	27.3	♍ 12	26.9	♎ 11.8	26.6	♏ 11.2	25.6	♐ 9.5	23	♑ 6.1	18.9	♒ 1.3	13.4
☿	♍ 21.2	22.7	24.3	25.9	27.5	29.2	♎ 0.9	2.7	4.4	6.1	7.9	9.6	11.4	13.1	14.9	16.6	18.4	20.1	21.8	23.5	25.2	26.9	28.6	♏ 0.2	1.9	3.5	5.2	6.8	8.4	10	11.7
♀	♏ 19.6	20.7	21.9	23	24.2	25.3	26.5	27.6	28.8	29.9	♐ 1.1	2.2	3.4	4.5	5.6	6.8	7.9	9	10.2	11.3	12.4	13.5	14.7	15.8	16.9	18	19.1	20.2	21.3	22.4	23.5
♂	♎ 4.4	5.1	5.7	6.4	7	7.7	8.3	9	9.6	10.3	10.9	11.6	12.2	12.9	13.6	14.2	14.9	15.5	16.2	16.8	17.5	18.2	18.8	19.5	20.1	20.8	21.5	22.1	22.8	23.4	24.1

♃ 1: ♎ 11.1 · 6: 12.2 · 11: 13.3 · 16: 14.4 · 21: 15.5 · 26: 16.5 · 31: 17.6
♄ 1: ♐ 9.6 · 6: 10 · 11: 10.4 · 16: 10.9 · 21: 11.3 · 26: 11.8 · 31: 12.3
♅ 1: ♌ 10.7 · 11: 11 · 21: 11.3 · 31: 11.5
♆ 1: ♏ 1.4 · 11: 1.8 · 21: 2.2 · 31: 2.5
♇ 1: ♍ 1.3 · 11: 1.6 · 21: 1.8 · 31: 2

	1	2	3	4	5	6	7	8	9	10	11	12	13	14	15	16	17	18	19	20	21	22	23	24	25	26	27	28	29	30	31
☉	♎ 7.3	8.3	9.3	10.3	11.3	12.2	13.2	14.2	15.2	16.2	17.2	18.2	19.2	20.1	21.1	22.1	23.1	24.1	25.1	26.1	27.1	28.1	29.1	♏ 0.1	1.1	2.1	3.1	4.1	5.1	6.1	7.1
☽	♉ 10.8	22.6	♊ 4.6	16.6	29	♋ 11.6	24.6	♌ 8	21.8	♍ 6.1	20.8	♎ 5.8	21	♏ 6.2	21.2	♐ 6	20.4	♑ 4.4	17.9	♒ 1	13.8	26.2	♓ 8.5	20.5	♈ 2.4	14.2	26	♉ 7.8	19.7	♊ 1.6	13.6
☿	♎ 3.7	5.5	7.3	9.1	10.9	12.6	14.3	16.1	17.8	19.5	21.2	22.8	24.5	26.1	27.8	29.4	♏ 1	2.6	4.2	5.8	7.4	8.9	10.5	12	13.6	15.1	16.6	18.1	19.6	21.1	22.6
♀	♍ 26.6	27.9	29.1	♎ 0.4	1.6	2.9	4.1	5.4	6.6	7.9	9.1	10.4	11.6	12.9	14.1	15.4	16.6	17.9	19.1	20.4	21.6	22.9	24.1	25.4	26.6	27.9	29.2	♏ 0.4	1.7	2.9	4.2
♂	♊ 1.9	2.1	2.2	2.3	2.3	2.4	2.5	2.5	2.5	2.6	2.6R	2.5	2.5	2.5	2.4	2.3	2.2	2.1	2	1.9	1.7	1.6	1.4	1.2	1	0.8	0.5	0.3	0	♉ 29.8	29.5

♃ 1: ♏ 4.6 · 6: 5.6 · 11: 6.7 · 16: 7.8 · 21: 8.8 · 26: 9.9 · 31: 11
♄ 1: ♐ 20.2 · 6: 20.5 · 11: 20.9 · 16: 21.3 · 21: 21.7 · 26: 22.1 · 31: 22.6
♅ 1: ♌ 15.2 · 11: 15.6 · 21: 15.9 · 31: 16.1
♆ 1: ♏ 3.5 · 11: 3.9 · 21: 4.2 · 31: 4.6
♇ 1: ♍ 3.2 · 11: 3.4 · 21: 3.7 · 31: 3.9

XI

	1	2	3	4	5	6	7	8	9	10	11	12	13	14	15	16	17	18	19	20	21	22	23	24	25	26	27	28	29	30	31
☉	♏ 8.3	9.3	10.3	11.3	12.3	13.3	14.3	15.3	16.3	17.3	18.3	19.3	20.3	21.4	22.4	23.4	24.4	25.4	26.4	27.4	28.4	29.4	♐ 0.4	1.4	2.5	3.5	4.5	5.5	6.5	7.5	
☽	♒ 25.4	♓ 7.3	19.1	♈ 1	13	25.1	♉ 7.4	19.9	♊ 2.6	15.5	28.7	♋ 12	25.6	♌ 9.4	23.4	♍ 7.6	21.9	♎ 6.4	20.8	♏ 5.2	19.5	♐ 3.6	17.4	♑ 0.8	13.9	26.7	♒ 9.2	21.4	♓ 3.3	15.2	
☿	♏ 13.3	14.8	16.4	18	19.6	21.1	22.7	24.2	25.8	27.3	28.9	♐ 0.4	1.9	3.4	4.9	6.5	8	9.4	10.9	12.4	13.9	15.4	16.8	18.3	19.7	21.2	22.6	24	25.4	26.7	
♀	♐ 24.6	25.7	26.8	27.9	28.9	♑ 0	1.1	2.1	3.2	4.3	5.3	6.4	7.4	8.4	9.5	10.5	11.5	12.5	13.5	14.5	15.5	16.5	17.5	18.5	19.4	20.4	21.4	22.3	23.2	24.1	
♂	♎ 24.8	25.4	26.1	26.8	27.4	28.1	28.8	29.4	♏ 0.1	0.8	1.4	2.1	2.8	3.4	4.1	4.8	5.4	6.1	6.8	7.5	8.1	8.8	9.5	10.2	10.8	11.5	12.2	12.9	13.5	14.2	

♃ 1: ♎ 17.8 · 6: 18.8 · 11: 19.9 · 16: 20.9 · 21: 21.8 · 26: 22.8
♄ 1: ♐ 12.4 · 6: 13 · 11: 13.5 · 16: 14.1 · 21: 14.6 · 26: 15.2
♅ 1: ♌ 11.5 · 11: 11.6 · 21: 11.7R
♆ 1: ♏ 2.6 · 11: 2.9 · 21: 3.3
♇ 1: ♍ 2 · 11: 2.2 · 21: 2.3

	1	2	3	4	5	6	7	8	9	10	11	12	13	14	15	16	17	18	19	20	21	22	23	24	25	26	27	28	29	30	31
☉	♏ 8.1	9.1	10.1	11.1	12.1	13.1	14.1	15.1	16.1	17.1	18.1	19.1	20.1	21.1	22.1	23.1	24.1	25.1	26.2	27.2	28.2	29.2	♐ 0.2	1.2	2.2	3.2	4.2	5.3	6.3	7.3	
☽	♊ 25.8	♋ 8.2	20.8	♌ 3.8	17.1	♍ 0.7	14.8	29.2	♎ 14	29.1	♏ 14.2	29.3	♐ 14.3	28.9	♑ 13	26.7	♒ 9.9	22.7	♓ 5.2	17.3	29.3	♈ 11.1	22.9	♉ 4.7	16.5	28.5	♊ 10.6	22.8	♋ 5.3	17.9	
☿	♏ 24.1	25.5	27	28.4	29.9	♐ 1.3	2.7	4.1	5.5	6.8	8.2	9.5	10.8	12.1	13.4	14.6	15.8	17	18.1	19.2	20.2	21.2	22.1	23	23.7	24.3	24.9	25.3	25.6	25.7	
♀	♏ 5.4	6.7	7.9	9.2	10.4	11.7	13	14.2	15.5	16.7	18	19.2	20.5	21.7	23	24.3	25.5	26.8	28	29.3	♐ 0.5	1.8	3	4.3	5.6	6.8	8.1	9.3	10.6	11.8	
♂	♉ 29.2R	28.9	28.6	28.3	27.9	27.6	27.3	26.9	26.5	26.2	25.8	25.5	25.1	24.7	24.4	24	23.6	23.3	22.9	22.6	22.2	21.9	21.5	21.2	20.9	20.6	20.3	20	19.7	19.4	

♃ 1: ♏ 11.2 · 6: 12.3 · 11: 13.4 · 16: 14.5 · 21: 15.6 · 26: 16.7
♄ 1: ♐ 22.7 · 6: 23.1 · 11: 23.6 · 16: 24.2 · 21: 24.7 · 26: 25.3
♅ 1: ♌ 16.2 · 11: 16.3 · 21: 16.4
♆ 1: ♏ 4.7 · 11: 5 · 21: 5.4
♇ 1: ♍ 3.9 · 11: 4.1 · 21: 4.2

XII

	1	2	3	4	5	6	7	8	9	10	11	12	13	14	15	16	17	18	19	20	21	22	23	24	25	26	27	28	29	30	31
☉	♐ 8.5	9.5	10.6	11.6	12.6	13.6	14.6	15.6	16.7	17.7	18.7	19.7	20.7	21.7	22.8	23.8	24.8	25.8	26.8	27.8	28.9	29.9	♑ 0.9	1.9	2.9	4	5	6	7	8	9.1
☽	♓ 27.1	♈ 9	21	♉ 3.2	15.6	28.4	♊ 11.4	24.8	♋ 8.4	22.2	♌ 6.2	20.3	♍ 4.4	18.6	♎ 2.7	16.8	♏ 0.8	14.7	28.6	♐ 12.2	25.7	♑ 8.9	21.9	♒ 4.6	17	29.2	♓ 11.1	23	♈ 4.8	16.7	28.7
☿	♐ 28.1	29.4	♑ 0.7	1.9	3.2	4.3	5.4	6.5	7.5	8.4	9.2	9.9	10.5	11	11.3	11.5	11.5R	11.3	10.9	10.3	9.6	8.6	7.5	6.3	5	3.6	2.2	0.9	♐ 29.7	28.6	27.6
♀	♑ 25.1	26	26.8	27.7	28.6	29.5	♒ 0.3	1.1	1.9	2.7	3.5	4.3	5.1	5.8	6.5	7.2	7.9	8.6	9.2	9.8	10.4	11	11.6	12.1	12.6	13.1	13.5	13.9	14.3	14.7	15
♂	♏ 14.9	15.6	16.3	16.9	17.6	18.3	19	19.7	20.3	21	21.7	22.4	23.1	23.8	24.5	25.1	25.8	26.5	27.2	27.9	28.6	29.3	30	♐ 0.7	1.3	2	2.7	3.4	4.1	4.8	5.5

♃ 1: ♎ 23.7 · 6: 24.6 · 11: 25.5 · 16: 26.3 · 21: 27.1 · 26: 27.8 · 31: 28.5
♄ 1: ♐ 15.8 · 6: 16.4 · 11: 17 · 16: 17.6 · 21: 18.2 · 26: 18.8 · 31: 19.3
♅ 1: ♌ 11.6R · 11: 11.4 · 21: 11.2 · 31: 10.8
♆ 1: ♏ 3.6 · 11: 3.9 · 21: 4.2 · 31: 4.4
♇ 1: ♍ 2.3 · 11: 2.3R · 21: 2.3 · 31: 2.1

	1	2	3	4	5	6	7	8	9	10	11	12	13	14	15	16	17	18	19	20	21	22	23	24	25	26	27	28	29	30	31
☉	♐ 8.3	9.3	10.3	11.3	12.3	13.4	14.4	15.4	16.4	17.4	18.4	19.5	20.5	21.5	22.5	23.5	24.5	25.6	26.6	27.6	28.6	29.6	♑ 0.7	1.7	2.7	3.7	4.7	5.7	6.8	7.8	8.8
☽	♌ 0.7	13.7	27	♍ 10.6	24.4	♎ 8.6	23	♏ 7.7	22.5	♐ 7.4	22.2	♑ 6.8	21	♒ 4.8	18.1	♓ 0.9	13.4	25.6	♈ 7.6	19.4	♉ 1.2	13	24.9	♊ 7	19.3	♋ 1.8	14.6	27.5	♌ 10.7	24	♍ 7.5
☿	♐ 25.7R	25.5	25.1	24.5	23.7	22.8	21.7	20.5	19.2	17.8	16.4	15.1	13.8	12.7	11.7	10.9	10.2	9.8	9.5	9.4	9.5D	9.7	10.1	10.6	11.2	11.9	12.6	13.5	14.5	15.5	16.5
♀	♐ 13.1	14.4	15.6	16.9	18.1	19.4	20.6	21.9	23.2	24.4	25.7	26.9	28.2	29.4	♑ 0.7	2	3.2	4.5	5.7	7	8.2	9.5	10.7	12	13.3	14.5	15.8	17	18.3	19.5	20.8
♂	♉ 19.1R	18.9	18.6	18.4	18.2	18	17.8	17.6	17.5	17.3	17.2	17.1	17	16.9	16.8	16.7	16.7	16.6	16.6	16.6	16.6D	16.6	16.6	16.7	16.7	16.8	16.9	17	17.1	17.2	17.3

♃ 1: ♏ 17.8 · 6: 18.8 · 11: 19.9 · 16: 20.9 · 21: 21.9 · 26: 22.9 · 31: 23.8
♄ 1: ♐ 25.8 · 6: 26.4 · 11: 27 · 16: 27.6 · 21: 28.2 · 26: 28.8 · 31: 29.4
♅ 1: ♌ 16.3R · 11: 16.2 · 21: 16 · 31: 15.7
♆ 1: ♏ 5.7 · 11: 6 · 21: 6.3 · 31: 6.5
♇ 1: ♍ 4.2 · 11: 4.2R · 21: 4.2 · 31: 4.1

	1	2	3	4	5	6	7	8	9	10	11	12	13	14	15	16	17	18	19	20	21	22	23	24	25	26	27	28	29	30	31
☉	♑ 9.8	10.8	11.9	12.9	13.9	14.9	15.9	17	18	19	20	21	22.1	23.1	24.1	25.1	26.1	27.1	28.2	29.2	♒ 0.2	1.2	2.2	3.3	4.3	5.3	6.3	7.3	8.3	9.4	10.4
☽	♍ 21.2	♎ 5	19	♏ 3.1	17.4	♐ 1.8	16.3	♑ 0.7	14.9	28.9	♒ 12.6	25.8	♓ 8.7	21.2	♈ 3.4	15.4	27.3	♉ 9.1	20.9	♊ 2.9	15.1	27.5	♋ 10.2	23.2	♌ 6.6	20.1	♍ 3.9	17.8	♎ 1.8	15.9	29.9
☿	♐ 17.6	18.8	20	21.2	22.4	23.7	25	26.3	27.7	29	♑ 0.4	1.8	3.2	4.7	6.1	7.5	9	10.5	12	13.5	15	16.5	18	19.5	21.1	22.6	24.2	25.8	27.4	29	♒ 0.6
♀	♑ 22.1	23.3	24.6	25.8	27.1	28.3	29.6	♒ 0.8	2.1	3.3	4.6	5.9	7.1	8.4	9.6	10.9	12.1	13.4	14.6	15.9	17.1	18.4	19.6	20.9	22.1	23.4	24.6	25.9	27.1	28.4	29.6
♂	♉ 17.5	17.6	17.8	17.9	18.1	18.3	18.5	18.7	18.9	19.1	19.4	19.6	19.9	20.1	20.4	20.7	21	21.3	21.6	21.9	22.2	22.5	22.8	23.2	23.5	23.9	24.2	24.6	25	25.3	25.7

♃	1	6	11	16	21	26	31
	♏ 24	24.9	25.7	26.6	27.3	28.1	28.8
♄	1	6	11	16	21	26	31
	♐ 29.5	♑ 0.1	0.6	1.2	1.7	2.3	2.8
♅	1	11	21	31			
	♌ 15.7R	15.3	14.9	14.5			
♆	1	11	21	31			
	♏ 6.6	6.7	6.9	6.9			
♇	1	11	21	31			
	♍ 4.1R	3.9	3.7	3.5			

	1	2	3	4	5	6	7	8	9	10	11	12	13	14	15	16	17	18	19	20	21	22	23	24	25	26	27	28	29	30	31
☉	♒ 11.4	12.4	13.4	14.4	15.4	16.5	17.5	18.5	19.5	20.5	21.5	22.5	23.5	24.6	25.6	26.6	27.6	28.6	29.6	♓ 0.6	1.6	2.6	3.6	4.6	5.6	6.6	7.7	8.7			
☽	♏ 14	28.1	♐ 12.2	26.2	♑ 10.1	23.9	♒ 7.5	20.8	♓ 3.9	16.6	29	♈ 11.2	23.2	♉ 5	16.8	28.7	♊ 10.7	22.8	♋ 5.3	18.1	♌ 1.3	14.9	28.8	♍ 12.9	27.3	♎ 11.8	26.2	♏ 10.6			
☿	♒ 2.2	3.8	5.5	7.1	8.8	10.5	12.2	13.9	15.6	17.3	19.1	20.8	22.6	24.4	26.2	28	29.8	♓ 1.7	3.5	5.4	7.3	9.1	11	12.9	14.8	16.6	18.5	20.4			
♀	♓ 0.9	2.1	3.4	4.6	5.9	7.1	8.4	9.6	10.8	12.1	13.3	14.6	15.8	17.1	18.3	19.5	20.8	22	23.3	24.5	25.7	27	28.2	29.5	♈ 0.7	1.9	3.2	4.4			
♂	♉ 26.1	26.5	26.9	27.3	27.7	28.1	28.5	28.9	29.3	29.8	♊ 0.2	0.6	1.1	1.5	2	2.4	2.9	3.3	3.8	4.2	4.7	5.2	5.6	6.1	6.6	7.1	7.6	8.1			

♃	1	6	11	16	21	26	
	♏ 28.9	29.5	♐ 0	0.5	1	1.3	
♄	1	6	11	16	21	26	
	♑ 2.9	3.4	3.9	4.3	4.7	5.1	
♅	1	11	21				
	♌ 14.4R	14	13.6				
♆	1	11	21				
	♏ 6.9	7.0R	6.9				
♇	1	11	21				
	♍ 3.5R	3.3	3				

	1	2	3	4	5	6	7	8	9	10	11	12	13	14	15	16	17	18	19	20	21	22	23	24	25	26	27	28	29	30	31
☉	♓ 9.7	10.7	11.7	12.7	13.7	14.7	15.7	16.7	17.7	18.7	19.7	20.7	21.7	22.7	23.7	24.7	25.7	26.7	27.6	28.6	29.6	♈ 0.6	1.6	2.6	3.6	4.6	5.6	6.6	7.6	8.6	9.5
☽	♏ 24.9	♐ 9.1	23	♑ 6.8	20.4	♒ 3.7	16.9	29.8	♓ 12.5	24.9	♈ 7.2	19.3	♉ 1.2	13	24.8	♊ 6.7	18.6	♋ 0.8	13.2	26	♌ 9.2	22.8	♍ 6.8	21.2	♎ 5.9	20.7	♏ 5.6	20.5	♐ 5.1	19.5	♑ 3.6
☿	♓ 22.2	24	25.8	27.5	29.2	♈ 0.8	2.4	3.9	5.3	6.6	7.8	8.9	9.9	10.7	11.5	12	12.5	12.8	13	13.0R	12.9	12.7	12.3	11.9	11.3	10.7	9.9	9.2	8.3	7.5	6.6
♀	♈ 5.6	6.9	8.1	9.3	10.5	11.8	13	14.2	15.5	16.7	17.9	19.1	20.4	21.6	22.8	24	25.2	26.5	27.7	28.9	♉ 0.1	1.3	2.5	3.8	5	6.2	7.4	8.6	9.8	11	12.2
♂	♊ 8.5	9	9.5	10	10.5	11	11.5	12	12.6	13.1	13.6	14.1	14.6	15.1	15.7	16.2	16.7	17.2	17.8	18.3	18.8	19.4	19.9	20.4	21	21.5	22.1	22.6	23.1	23.7	24.2

♃	1	6	11	16	21	26	31
	♐ 1.5	1.7	1.9	2	2.0R	1.9	1.8
♄	1	6	11	16	21	26	31
	♑ 5.3	5.7	6	6.3	6.5	6.7	6.8
♅	1	11	21	31			
	♌ 13.3R	12.9	12.6	12.4			
♆	1	11	21	31			
	♏ 6.8R	6.7	6.5	6.3			
♇	1	11	21	31			
	♍ 2.8R	2.5	2.3	2.1			

	1	2	3	4	5	6	7	8	9	10	11	12	13	14	15	16	17	18	19	20	21	22	23	24	25	26	27	28	29	30	31
☉	♈ 10.5	11.5	12.5	13.5	14.5	15.5	16.4	17.4	18.4	19.4	20.4	21.4	22.3	23.3	24.3	25.3	26.2	27.2	28.2	29.2	♉ 0.2	1.1	2.1	3.1	4.1	5	6	7	7.9	8.9	
☽	♑ 17.3	♒ 0.7	13.8	26.6	♓ 9.2	21.6	♈ 3.8	15.8	27.8	♉ 9.6	21.4	♊ 3.2	15.1	27.1	♋ 9.2	21.6	♌ 4.3	17.4	♍ 0.9	14.8	29.2	♎ 14	29	♏ 14.2	29.4	♐ 14.4	29.1	♑ 13.3	27.2	♒ 10.6	
☿	♈ 5.8R	5	4.2	3.5	2.9	2.3	1.8	1.4	1.1	0.8	0.7	0.6	0.7D	0.8	1	1.3	1.7	2.1	2.6	3.2	3.8	4.6	5.3	6.2	7	8	9	10	11.1	12.2	
♀	♉ 13.4	14.6	15.8	17	18.2	19.4	20.6	21.8	23	24.2	25.4	26.6	27.8	29	♊ 0.1	1.3	2.5	3.7	4.9	6.1	7.2	8.4	9.6	10.8	11.9	13.1	14.3	15.4	16.6	17.8	
♂	♊ 24.8	25.3	25.9	26.4	27	27.5	28.1	28.7	29.2	29.8	♋ 0.3	0.9	1.5	2	2.6	3.2	3.7	4.3	4.9	5.4	6	6.6	7.1	7.7	8.3	8.9	9.4	10	10.6	11.2	

♃	1	6	11	16	21	26	
	♐ 1.7R	1.5	1.2	0.8	0.3	♏ 29.8	
♄	1	6	11	16	21	26	
	♑ 6.9	7	7	7.1	7.0R	7	
♅	1	11	21				
	♌ 12.4R	12.3	12.2D				
♆	1	11	21				
	♏ 6.3R	6	5.7				
♇	1	11	21				
	♍ 2.1R	1.9	1.8				

	1	2	3	4	5	6	7	8	9	10	11	12	13	14	15	16	17	18	19	20	21	22	23	24	25	26	27	28	29	30	31
☉	♉ 9.9	10.9	11.8	12.8	13.8	14.7	15.7	16.7	17.6	18.6	19.6	20.5	21.5	22.5	23.4	24.4	25.4	26.3	27.3	28.3	29.2	♊ 0.2	1.1	2.1	3.1	4	5	5.9	6.9	7.9	8.8
☽	♒ 23.6	♓ 6.3	18.7	♈ 0.8	12.8	24.7	♉ 6.6	18.4	♊ 0.2	12.1	24	♋ 6.1	18.3	♌ 0.7	13.4	26.3	♍ 9.7	23.5	♎ 7.7	22.3	♏ 7.3	22.5	♐ 7.7	22.9	♑ 7.8	22.2	♒ 6.3	19.8	♓ 2.8	15.5	27.8
☿	♈ 13.3	14.6	15.8	17.1	18.4	19.8	21.2	22.6	24.1	25.6	27.1	28.7	♉ 0.3	1.9	3.6	5.3	7.1	8.8	10.7	12.5	14.4	16.3	18.2	20.2	22.2	24.3	26.4	28.5	♊ 0.6	2.7	4.9
♀	♊ 18.9	20.1	21.2	22.4	23.5	24.7	25.8	27	28.1	29.3	♋ 0.4	1.5	2.7	3.8	4.9	6.1	7.2	8.3	9.4	10.5	11.6	12.8	13.9	15	16.1	17.2	18.3	19.4	20.4	21.5	22.6
♂	♋ 11.7	12.3	12.9	13.5	14	14.6	15.2	15.8	16.4	17	17.5	18.1	18.7	19.3	19.9	20.5	21.1	21.6	22.2	22.8	23.4	24	24.6	25.2	25.8	26.4	27	27.6	28.2	28.8	29.3

♃	1	6	11	16	21	26	31
	♏ 29.3R	28.7	28.1	27.5	26.8	26.2	25.6
♄	1	6	11	16	21	26	31
	♑ 6.9R	6.8	6.6	6.4	6.1	5.9	5.6
♅	1	11	21	31			
	♌ 12.3	12.4	12.6	13			
♆	1	11	21	31			
	♏ 5.5R	5.2	4.9	4.7			
♇	1	11	21	31			
	♍ 1.7R	1.7	1.7D	1.7			

	1	2	3	4	5	6	7	8	9	10	11	12	13	14	15	16	17	18	19	20	21	22	23	24	25	26	27	28	29	30	31
☉	♊ 9.8	10.7	11.7	12.7	13.6	14.6	15.5	16.5	17.4	18.4	19.3	20.3	21.3	22.2	23.2	24.1	25.1	26	27	27.9	28.9	29.9	♋ 0.8	1.8	2.7	3.7	4.6	5.6	6.5	7.5	
☽	♈ 9.9	21.8	♉ 3.6	15.4	27.2	♊ 9.1	21.1	♋ 3.2	15.4	27.8	♌ 10.3	23.1	♍ 6.1	19.4	♎ 3	17	♏ 1.4	16.1	♐ 1.1	16.2	♑ 1.2	16.1	♒ 0.6	14.7	28.2	♓ 11.4	24.1	♈ 6.4	18.5	♉ 0.4	
☿	♊ 7.1	9.3	11.5	13.7	15.9	18.1	20.2	22.4	24.6	26.7	28.8	♋ 0.9	2.9	4.9	6.9	8.8	10.7	12.6	14.4	16.2	17.9	19.6	21.3	22.9	24.5	26	27.6	29	♌ 0.4	1.8	
♀	♋ 23.7	24.8	25.8	26.9	28	29	♌ 0.1	1.1	2.2	3.2	4.2	5.3	6.3	7.3	8.3	9.3	10.3	11.3	12.3	13.3	14.3	15.2	16.2	17.1	18.1	19	20	20.9	21.8	22.7	
♂	♋ 29.9	♌ 0.5	1.1	1.7	2.3	2.9	3.5	4.1	4.7	5.3	5.9	6.5	7.1	7.7	8.3	8.9	9.5	10.1	10.8	11.4	12	12.6	13.2	13.8	14.4	15	15.6	16.2	16.8	17.4	

♃	1	6	11	16	21	26	
	♏ 25.5R	24.9	24.3	23.8	23.4	23	
♄	1	6	11	16	21	26	
	♑ 5.5R	5.2	4.9	4.5	4.1	3.8	
♅	1	11	21				
	♌ 13	13.4	13.8				
♆	1	11	21				
	♏ 4.7R	4.5	4.4				
♇	1	11	21				
	♍ 1.7	1.9	2				

	1	2	3	4	5	6	7	8	9	10	11	12	13	14	15	16	17	18	19	20	21	22	23	24	25	26	27	28	29	30	31
☉	♋ 8.4	9.4	10.3	11.3	12.2	13.2	14.2	15.1	16.1	17	18	18.9	19.9	20.8	21.8	22.7	23.7	24.6	25.6	26.6	27.5	28.5	29.4	♌ 0.4	1.3	2.3	3.2	4.2	5.1	6.1	7.1
☽	♉ 12.2	24	♊ 5.9	17.9	30	♋ 12.2	24.7	♌ 7.3	20.1	♍ 3.1	16.3	29.7	♎ 13.4	27.3	♏ 11.5	25.9	♐ 10.6	25.3	♑ 10	24.5	♒ 8.8	22.8	♓ 6.3	19.4	♈ 2.1	14.5	26.6	♉ 8.6	20.4	♊ 2.3	14.2
☿	♌ 3.2	4.5	5.7	6.9	8.1	9.2	10.3	11.3	12.3	13.2	14.1	14.9	15.6	16.3	16.9	17.5	18	18.4	18.8	19	19.2	19.3	19.4R	19.3	19.2	19	18.7	18.3	17.8	17.3	16.7
♀	♌ 23.6	24.5	25.4	26.2	27.1	27.9	28.8	29.6	♍ 0.4	1.2	2	2.8	3.5	4.2	5	5.7	6.4	7.1	7.7	8.4	9	9.6	10.2	10.7	11.3	11.8	12.3	12.7	13.2	13.6	14
♂	♌ 18	18.7	19.3	19.9	20.5	21.1	21.7	22.3	22.9	23.6	24.2	24.8	25.4	26	26.6	27.2	27.9	28.5	29.1	29.7	♍ 0.3	1	1.6	2.2	2.8	3.4	4.1	4.7	5.3	5.9	6.6

♃	1	6	11	16	21	26	31
	♏ 22.7R	22.4	22.3	22.2	22.1D	22.2	22.3
♄	1	6	11	16	21	26	31
	♑ 3.4R	3	2.7	2.3	2	1.7	1.4
♅	1	11	21	31			
	♌ 14.3	14.9	15.5	16.1			
♆	1	11	21	31			
	♏ 4.2R	4.2	4.2D	4.2			
♇	1	11	21	31			
	♍ 2.2	2.5	2.7	3			

	1	2	3	4	5	6	7	8	9	10	11	12	13	14	15	16	17	18	19	20	21	22	23	24	25	26	27	28	29	30	31
☉	♌ 8	9	9.9	10.9	11.8	12.8	13.8	14.7	15.7	16.6	17.6	18.6	19.5	20.5	21.4	22.4	23.4	24.3	25.3	26.2	27.2	28.2	29.1	♍ 0.1	1.1	2	3	4	4.9	5.9	6.9
☽	♊ 26.2	♋ 8.5	20.9	♌ 3.6	16.6	29.7	♍ 13.1	26.6	♎ 10.3	24.2	♏ 8.2	22.3	♐ 6.5	20.9	♑ 5.2	19.4	♒ 3.6	17.5	♓ 1.1	14.4	27.4	♈ 10.1	22.4	♉ 4.5	16.5	28.4	♊ 10.2	22.2	♋ 4.3	16.6	29.2
☿	♌ 16.1R	15.4	14.6	13.9	13.1	12.3	11.6	10.9	10.2	9.6	9	8.5	8.2	7.9	7.7	7.7D	7.7	7.9	8.3	8.7	9.3	10	10.8	11.7	12.7	13.9	15.1	16.5	17.9	19.4	21
♀	♍ 14.3	14.7	15	15.2	15.5	15.7	15.8	15.9	16	16.1	16.1R	16.1	16	15.9	15.8	15.6	15.4	15.1	14.8	14.5	14.1	13.7	13.3	12.8	12.3	11.8	11.2	10.7	10.1	9.5	8.8
♂	♍ 7.2	7.8	8.4	9.1	9.7	10.3	10.9	11.6	12.2	12.8	13.5	14.1	14.7	15.4	16	16.6	17.3	17.9	18.5	19.2	19.8	20.4	21.1	21.7	22.3	23	23.6	24.3	24.9	25.5	26.2

♃	1	6	11	16	21	26	31
	♏ 22.3	22.5	22.8	23.2	23.6	24.1	24.6
♄	1	6	11	16	21	26	31
	♑ 1.4R	1.2	0.9	0.8	0.6	0.5	0.5
♅	1	11	21	31			
	♌ 16.1	16.8	17.4	18			
♆	1	11	21	31			
	♏ 4.2	4.4	4.5	4.7			
♇	1	11	21	31			
	♍ 3.1	3.4	3.7	4			

	1	2	3	4	5	6	7	8	9	10	11	12	13	14	15	16	17	18	19	20	21	22	23	24	25	26	27	28	29	30	31
☉	♍ 7.8	8.8	9.8	10.7	11.7	12.7	13.6	14.6	15.6	16.6	17.5	18.5	19.5	20.4	21.4	22.4	23.4	24.3	25.3	26.3	27.3	28.2	29.2	♎ 0.2	1.2	2.2	3.1	4.1	5.1	6.1	
☽	♌ 12.1	25.2	♍ 8.7	22.5	♎ 6.5	20.6	♏ 4.8	19.1	♐ 3.4	17.6	♑ 1.7	15.7	29.6	♒ 13.3	26.7	♓ 10	22.9	♈ 5.7	18.1	♉ 0.4	12.5	24.4	♊ 6.3	18.2	♋ 0.1	12.2	24.5	♌ 7.1	20	♍ 3.3	
☿	♌ 22.7	24.4	26.2	28	29.8	♍ 1.7	3.6	5.5	7.4	9.3	11.2	13.2	15.1	17	18.9	20.7	22.6	24.5	26.3	28.1	29.9	♎ 1.7	3.5	5.2	7	8.7	10.4	12.1	13.8	15.4	
♀	♍ 8.2R	7.6	7	6.4	5.8	5.2	4.6	4.1	3.5	3.1	2.6	2.1	1.7	1.4	1.1	0.8	0.5	0.3	0.1	0	♌ 29.9	29.9	29.9D	29.9	30	♍ 0.1	0.2	0.4	0.6	0.9	
♂	♍ 26.8	27.5	28.1	28.7	29.4	♎ 0	0.7	1.3	2	2.6	3.3	3.9	4.6	5.2	5.9	6.5	7.2	7.8	8.5	9.1	9.8	10.4	11.1	11.8	12.4	13.1	13.7	14.4	15	15.7	

♃	1	6	11	16	21	26	
	♏ 24.7	25.4	26	26.7	27.5	28.3	
♄	1	6	11	16	21	26	
	♑ 0.5R	0.4D	0.5	0.5	0.7	0.8	
♅	1	11	21				
	♌ 18	18.6	19.2				
♆	1	11	21				
	♏ 4.7	5	5.3				
♇	1	11	21				
	♍ 4.1	4.4	4.7				

	1	2	3	4	5	6	7	8	9	10	11	12	13	14	15	16	17	18	19	20	21	22	23	24	25	26	27	28	29	30	31
☉	♎ 7.1	8.1	9	10	11	12	13	14	15	15.9	16.9	17.9	18.9	19.9	20.9	21.9	22.9	23.9	24.9	25.9	26.8	27.8	28.8	29.8	♏ 0.8	1.8	2.8	3.8	4.8	5.8	6.8
☽	♍ 17	♎ 1.1	15.5	♏ 0.1	14.8	29.4	♐ 14	28.4	♑ 12.6	26.4	♒ 10	23.4	♓ 6.4	19.3	♈ 1.9	14.4	26.6	♉ 8.7	20.7	♊ 2.6	14.5	26.3	♋ 8.3	20.3	♌ 2.5	15.1	27.9	♍ 11.2	24.9	♎ 9.1	23.7
☿	♎ 17.1	18.7	20.3	21.9	23.5	25.1	26.7	28.2	29.8	♏ 1.3	2.8	4.3	5.8	7.3	8.7	10.2	11.6	13	14.4	15.8	17.2	18.6	19.9	21.3	22.6	23.9	25.1	26.4	27.6	28.8	29.9
♀	♍ 1.2	1.5	1.8	2.2	2.6	3	3.5	4	4.5	5	5.6	6.2	6.8	7.4	8.1	8.8	9.4	10.2	10.9	11.6	12.4	13.2	14	14.8	15.6	16.4	17.3	18.1	19	19.9	20.8
♂	♎ 16.4	17	17.7	18.4	19	19.7	20.3	21	21.7	22.3	23	23.7	24.4	25	25.7	26.4	27	27.7	28.4	29.1	29.7	♏ 0.4	1.1	1.8	2.4	3.1	3.8	4.5	5.2	5.8	6.5

♃	1	6	11	16	21	26	31
	♏ 29.2	♐ 0.1	1	2	3	4	5
♄	1	6	11	16	21	26	31
	♑ 1	1.2	1.5	1.8	2.1	2.5	2.9
♅	1	11	21	31			
	♌ 19.6	20.1	20.4	20.7			
♆	1	11	21	31			
	♏ 5.6	6	6.3	6.7			
♇	1	11	21	31			
	♍ 5	5.3	5.6	5.8			

	1	2	3	4	5	6	7	8	9	10	11	12	13	14	15	16	17	18	19	20	21	22	23	24	25	26	27	28	29	30	31
☉	♏ 7.8	8.8	9.8	10.8	11.8	12.8	13.8	14.8	15.8	16.8	17.8	18.9	19.9	20.9	21.9	22.9	23.9	24.9	25.9	26.9	27.9	28.9	29.9	♐ 1	2	3	4	5	6	7	
☽	♏ 8.6	23.7	♐ 8.8	23.8	♑ 8.5	22.8	♒ 6.8	20.3	♓ 3.5	16.3	28.9	♈ 11.2	23.4	♉ 5.5	17.5	29.4	♊ 11.2	23.1	♋ 5	16.9	29	♌ 11.2	23.6	♍ 6.3	19.5	♎ 3	17.1	♏ 1.6	16.6	♐ 1.8	
☿	♐ 1.1	2.2	3.2	4.2	5.1	6	6.8	7.6	8.2	8.8	9.3	9.6	9.8	9.9	9.8R	9.6	9.2	8.6	7.9	6.9	5.9	4.7	3.4	2	0.7	♏ 29.3	28.1	26.9	25.9	25.1	
♀	♍ 21.7	22.6	23.5	24.4	25.4	26.3	27.3	28.3	29.3	♎ 0.2	1.2	2.2	3.3	4.3	5.3	6.3	7.4	8.4	9.5	10.5	11.6	12.7	13.7	14.8	15.9	17	18.1	19.2	20.3	21.4	
♂	♏ 7.2	7.9	8.6	9.3	10	10.6	11.3	12	12.7	13.4	14.1	14.8	15.5	16.2	16.9	17.5	18.2	18.9	19.6	20.3	21	21.7	22.4	23.1	23.8	24.5	25.2	25.9	26.6	27.4	

♃	1	6	11	16	21	26	
	♐ 5.2	6.3	7.4	8.5	9.6	10.7	
♄	1	6	11	16	21	26	
	♑ 3	3.4	3.9	4.3	4.8	5.4	
♅	1	11	21				
	♌ 20.8	21	21.1				
♆	1	11	21				
	♏ 6.7	7.1	7.5				
♇	1	11	21				
	♍ 5.8	6	6.1				

	1	2	3	4	5	6	7	8	9	10	11	12	13	14	15	16	17	18	19	20	21	22	23	24	25	26	27	28	29	30	31
☉	♐ 8	9.1	10.1	11.1	12.1	13.1	14.1	15.1	16.2	17.2	18.2	19.2	20.2	21.2	22.3	23.3	24.3	25.3	26.3	27.4	28.4	29.4	♑ 0.4	1.4	2.4	3.5	4.5	5.5	6.5	7.5	8.6
☽	♐ 17.1	♑ 2.4	17.4	♒ 2.1	16.2	29.8	♓ 13	25.8	♈ 8.3	20.5	♉ 2.5	14.5	26.3	♊ 8.2	20.1	♋ 2	13.9	26	♌ 8.1	20.4	♍ 2.9	15.6	28.6	♎ 12	25.9	♏ 10.1	24.9	♐ 9.9	25.1	♑ 10.4	25.5
☿	♏ 24.5R	24	23.8	23.7D	23.8	24.1	24.5	25	25.7	26.5	27.3	28.3	29.3	♐ 0.4	1.5	2.7	3.9	5.2	6.5	7.8	9.2	10.5	11.9	13.3	14.7	16.2	17.6	19.1	20.5	22	23.5
♀	♎ 22.5	23.6	24.7	25.8	27	28.1	29.2	♏ 0.4	1.5	2.6	3.8	4.9	6.1	7.2	8.4	9.5	10.7	11.9	13	14.2	15.4	16.5	17.7	18.9	20.1	21.3	22.4	23.6	24.8	26	27.2
♂	♏ 28.1	28.8	29.5	♐ 0.2	0.9	1.6	2.3	3	3.7	4.4	5.2	5.9	6.6	7.3	8	8.7	9.5	10.2	10.9	11.6	12.3	13.1	13.8	14.5	15.2	15.9	16.7	17.4	18.1	18.9	19.6

♃	1	6	11	16	21	26	31
	♐ 11.8	12.9	14.1	15.2	16.3	17.4	18.5
♄	1	6	11	16	21	26	31
	♑ 5.9	6.4	7	7.6	8.2	8.7	9.3
♅	1	11	21	31			
	♌ 21.1R	21	20.8	20.6			
♆	1	11	21	31			
	♏ 7.8	8.1	8.4	8.7			
♇	1	11	21	31			
	♍ 6.1	6.2R	6.1	6			

I

	1	2	3	4	5	6	7	8	9	10	11	12	13	14	15	16	17	18	19	20	21	22	23	24	25	26	27	28	29	30	31
☉	♑ 9.6	10.6	11.6	12.6	13.7	14.7	15.7	16.7	17.7	18.7	19.8	20.8	21.8	22.8	23.8	24.9	25.9	26.9	27.9	28.9	30	♒ 1	2	3	4	5	6.1	7.1	8.1	9.1	10.1
☽	♒ 10.3	24.6	♓ 8.4	21.7	♈ 4.6	17.1	29.3	♉ 11.3	23.2	♊ 5.1	16.9	28.8	♋ 10.8	22.9	♌ 5.1	17.5	30	♍ 12.6	25.5	♎ 8.6	22	♏ 5.8	19.8	♐ 4.2	18.9	♑ 3.7	18.7	♒ 3.5	18.1	♓ 2.4	16.2
☿	♐ 25	26.5	28	29.5	♑ 1	2.5	4.1	5.6	7.1	8.7	10.2	11.8	13.4	15	16.6	18.2	19.8	21.4	23	24.6	26.3	27.9	29.6	♒ 1.2	2.9	4.6	6.3	8	9.8	11.5	13.2
♀	♏ 28.4	29.6	♐ 0.8	2	3.2	4.4	5.6	6.8	8	9.2	10.4	11.6	12.8	14	15.2	16.4	17.6	18.8	20	21.3	22.5	23.7	24.9	26.1	27.3	28.5	29.8	♑ 1	2.2	3.4	4.6
♂	♐ 20.3	21	21.8	22.5	23.2	24	24.7	25.4	26.2	26.9	27.6	28.4	29.1	29.9	♑ 0.6	1.3	2.1	2.8	3.6	4.3	5	5.8	6.5	7.3	8	8.8	9.5	10.3	11	11.7	12.5

♃	1	6	11	16	21	26	31
	♐ 18.7	19.8	20.9	21.9	23	24	24.9
♄	1	6	11	16	21	26	31
	♑ 9.5	10	10.6	11.2	11.8	12.4	12.9
♅	1	11	21	31			
	♌ 20.5R	20.2	19.8	19.4			
♆	1	11	21	31			
	♏ 8.7	8.9	9	9.1			
♇	1	11	21	31			
	♍ 6.0R	5.9	5.7	5.5			

II

	1	2	3	4	5	6	7	8	9	10	11	12	13	14	15	16	17	18	19	20	21	22	23	24	25	26	27	28	29	30	31
☉	♒ 11.1	12.2	13.2	14.2	15.2	16.2	17.2	18.2	19.2	20.3	21.3	22.3	23.3	24.3	25.3	26.3	27.3	28.3	29.4	♓ 0.4	1.4	2.4	3.4	4.4	5.4	6.4	7.4	8.4	9.4		
☽	♓ 29.6	♈ 12.6	25.2	♉ 7.5	19.6	♊ 1.5	13.4	25.2	♋ 7.2	19.2	♌ 1.5	13.9	26.5	♍ 9.3	22.3	♎ 5.6	19	♏ 2.6	16.5	♐ 0.5	14.7	29	♑ 13.4	27.9	♒ 12.2	26.4	♓ 10.4	24.1	♈ 7.4		
☿	♒ 15	16.7	18.5	20.3	22.1	23.9	25.7	27.4	29.2	♓ 1	2.8	4.6	6.3	8.1	9.8	11.5	13.1	14.7	16.2	17.6	19	20.3	21.4	22.5	23.4	24.2	24.8	25.3	25.7		
♀	♑ 5.9	7.1	8.3	9.5	10.8	12	13.2	14.4	15.7	16.9	18.1	19.3	20.6	21.8	23	24.2	25.5	26.7	27.9	29.1	♒ 0.4	1.6	2.8	4.1	5.3	6.5	7.8	9	10.2		
♂	♑ 13.2	14	14.7	15.5	16.3	17	17.8	18.5	19.3	20	20.8	21.5	22.3	23	23.8	24.6	25.3	26.1	26.8	27.6	28.4	29.1	29.9	♒ 0.6	1.4	2.2	2.9	3.7	4.4		

♃	1	6	11	16	21	26	
	♐ 25.1	26	26.9	27.8	28.6	29.4	
♄	1	6	11	16	21	26	
	♑ 13	13.6	14.1	14.6	15.1	15.5	
♅	1	11	21				
	♌ 19.4R	18.9	18.5				
♆	1	11	21				
	♏ 9.1	9.1R	9.1				
♇	1	11	21				
	♍ 5.5R	5.2	5				

III

	1	2	3	4	5	6	7	8	9	10	11	12	13	14	15	16	17	18	19	20	21	22	23	24	25	26	27	28	29	30	31
☉	♓ 10.4	11.4	12.4	13.4	14.4	15.4	16.4	17.4	18.4	19.4	20.4	21.4	22.4	23.4	24.4	25.4	26.4	27.4	28.4	29.4	♈ 0.4	1.4	2.4	3.4	4.4	5.3	6.3	7.3	8.3	9.3	10.3
☽	♈ 20.3	♉ 3	15.3	27.4	♊ 9.4	21.3	♋ 3.2	15.1	27.2	♌ 9.6	22.1	♍ 5	18.1	♎ 1.5	15.2	29.1	♏ 13.1	27.3	♐ 11.5	25.7	♑ 9.9	24	♒ 8.1	22	♓ 5.7	19.2	♈ 2.5	15.5	28.3	♉ 10.8	23.2
☿	♓ 25.8	25.9R	25.7	25.4	25	24.4	23.7	23	22.1	21.2	20.2	19.2	18.2	17.3	16.4	15.6	14.8	14.1	13.5	13	12.6	12.4	12.2	12.1	12.1D	12.2	12.4	12.7	13.1	13.5	14.1
♀	♒ 11.4	12.7	13.9	15.1	16.4	17.6	18.8	20.1	21.3	22.5	23.8	25	26.2	27.4	28.7	29.9	♓ 1.1	2.4	3.6	4.8	6.1	7.3	8.5	9.8	11	12.2	13.5	14.7	15.9	17.2	18.4
♂	♒ 5.2	6	6.7	7.5	8.3	9	9.8	10.6	11.3	12.1	12.9	13.6	14.4	15.2	15.9	16.7	17.5	18.2	19	19.8	20.6	21.3	22.1	22.9	23.6	24.4	25.2	25.9	26.7	27.5	28.3

♃	1	6	11	16	21	26	31
	♐ 29.9	♑ 0.6	1.2	1.7	2.2	2.6	3
♄	1	6	11	16	21	26	31
	♑ 15.9	16.3	16.6	17	17.3	17.6	17.8
♅	1	11	21	31			
	♌ 18.1R	17.8	17.4	17.2			
♆	1	11	21	31			
	♏ 9.0R	8.9	8.7	8.5			
♇	1	11	21	31			
	♍ 4.8R	4.5	4.3	4.1			

IV

	1	2	3	4	5	6	7	8	9	10	11	12	13	14	15	16	17	18	19	20	21	22	23	24	25	26	27	28	29	30	31
☉	♈ 11.3	12.3	13.2	14.2	15.2	16.2	17.2	18.2	19.1	20.1	21.1	22.1	23.1	24.1	25	26	27	28	28.9	29.9	♉ 0.9	1.9	2.8	3.8	4.8	5.8	6.7	7.7	8.7	9.7	
☽	♊ 5.3	17.2	29.1	♋ 11	23	♌ 5.1	17.4	30	♍ 12.9	26.3	♎ 10	24	♏ 8.4	22.9	♐ 7.5	22.1	♑ 6.6	20.9	♒ 4.9	18.7	♓ 2.3	15.6	28.7	♈ 11.6	24.3	♉ 6.8	19.2	♊ 1.4	13.4	25.4	
☿	♓ 14.6	15.3	16	16.8	17.6	18.5	19.5	20.5	21.5	22.6	23.7	24.9	26.1	27.3	28.6	29.9	♈ 1.2	2.6	4	5.4	6.9	8.4	9.9	11.5	13.1	14.7	16.3	18	19.7	21.5	
♀	♓ 19.6	20.9	22.1	23.3	24.5	25.8	27	28.2	29.5	♈ 0.7	1.9	3.2	4.4	5.6	6.9	8.1	9.3	10.5	11.8	13	14.2	15.5	16.7	17.9	19.2	20.4	21.6	22.8	24.1	25.3	
♂	♒ 29	29.8	♓ 0.6	1.3	2.1	2.9	3.7	4.4	5.2	6	6.7	7.5	8.3	9.1	9.8	10.6	11.4	12.1	12.9	13.7	14.4	15.2	16	16.8	17.5	18.3	19.1	19.8	20.6	21.4	

♃	1	6	11	16	21	26	
	♑ 3	3.3	3.5	3.6	3.6R	3.6	
♄	1	6	11	16	21	26	
	♑ 17.9	18	18.2	18.3	18.4	18.4	
♅	1	11	21				
	♌ 17.2R	17	16.9				
♆	1	11	21				
	♏ 8.5R	8.2	8				
♇	1	11	21				
	♍ 4.0R	3.9	3.7				

V

	1	2	3	4	5	6	7	8	9	10	11	12	13	14	15	16	17	18	19	20	21	22	23	24	25	26	27	28	29	30	31
☉	♉ 10.6	11.6	12.6	13.5	14.5	15.5	16.4	17.4	18.4	19.3	20.3	21.3	22.2	23.2	24.2	25.1	26.1	27.1	28	29	29.9	♊ 0.9	1.9	2.8	3.8	4.7	5.7	6.7	7.6	8.6	9.5
☽	♋ 7.2	19.1	♌ 1	13.1	25.3	♍ 7.9	20.8	♎ 4.2	18.1	♏ 2.3	17	♐ 1.9	17	♑ 2	16.8	♒ 1.3	15.4	29.2	♓ 12.6	25.7	♈ 8.6	21.2	♉ 3.6	15.9	28	♊ 10.1	22	♋ 3.9	15.7	27.6	♌ 9.5
☿	♈ 23.2	25	26.8	28.7	♉ 0.6	2.5	4.4	6.4	8.4	10.5	12.5	14.6	16.7	18.8	21	23.1	25.3	27.5	29.7	♊ 1.9	4.1	6.3	8.4	10.6	12.7	14.8	16.8	18.9	20.9	22.8	24.8
♀	♈ 26.5	27.8	29	♉ 0.2	1.4	2.7	3.9	5.1	6.4	7.6	8.8	10	11.3	12.5	13.7	15	16.2	17.4	18.6	19.9	21.1	22.3	23.6	24.8	26	27.2	28.5	29.7	♊ 0.9	2.2	3.4
♂	♓ 22.1	22.9	23.7	24.4	25.2	26	26.7	27.5	28.3	29	29.8	♈ 0.5	1.3	2.1	2.8	3.6	4.3	5.1	5.9	6.6	7.4	8.1	8.9	9.6	10.4	11.2	11.9	12.7	13.4	14.2	14.9

♃	1	6	11	16	21	26	31
	♑ 3.4R	3.2	2.9	2.6	2.2	1.7	1.2
♄	1	6	11	16	21	26	31
	♑ 18.4R	18.4	18.3	18.2	18	17.8	17.6
♅	1	11	21	31			
	♌ 17	17.1	17.3	17.5			
♆	1	11	21	31			
	♏ 7.7R	7.4	7.2	6.9			
♇	1	11	21	31			
	♍ 3.6R	3.6	3.6D	3.6			

VI

	1	2	3	4	5	6	7	8	9	10	11	12	13	14	15	16	17	18	19	20	21	22	23	24	25	26	27	28	29	30	31
☉	♊ 10.5	11.5	12.4	13.4	14.3	15.3	16.2	17.2	18.2	19.1	20.1	21	22	22.9	23.9	24.8	25.8	26.8	27.7	28.7	29.6	♋ 0.6	1.5	2.5	3.4	4.4	5.3	6.3	7.3	8.2	
☽	♌ 21.5	♍ 3.8	16.3	29.2	♎ 12.5	26.3	♏ 10.6	25.3	♐ 10.4	25.7	♑ 10.9	26	♒ 10.8	25.1	♓ 9	22.5	♈ 5.6	18.3	♉ 0.7	13	25.1	♊ 7.1	19	♋ 0.9	12.8	24.6	♌ 6.5	18.5	♍ 0.6	12.8	
☿	♊ 26.6	28.5	♋ 0.3	2	3.7	5.4	7	8.6	10.1	11.6	13	14.4	15.7	17	18.2	19.4	20.5	21.6	22.6	23.6	24.5	25.3	26.1	26.8	27.5	28.1	28.6	29.1	29.4	29.8	
♀	♊ 4.6	5.8	7.1	8.3	9.5	10.7	12	13.2	14.4	15.7	16.9	18.1	19.3	20.6	21.8	23	24.3	25.5	26.7	27.9	29.2	♋ 0.4	1.6	2.9	4.1	5.3	6.5	7.8	9	10.2	
♂	♈ 15.7	16.4	17.2	17.9	18.7	19.4	20.1	20.9	21.6	22.4	23.1	23.9	24.6	25.3	26.1	26.8	27.5	28.3	29	29.7	♉ 0.5	1.2	1.9	2.7	3.4	4.1	4.8	5.5	6.3	7	

♃	1	6	11	16	21	26	
	♑ 1.1R	0.5	♐ 29.9	29.3	28.6	28	
♄	1	6	11	16	21	26	
	♑ 17.5R	17.2	16.9	16.6	16.3	15.9	
♅	1	11	21				
	♌ 17.6	17.9	18.3				
♆	1	11	21				
	♏ 6.9R	6.7	6.6				
♇	1	11	21				
	♍ 3.7	3.8	3.9				

VII

	1	2	3	4	5	6	7	8	9	10	11	12	13	14	15	16	17	18	19	20	21	22	23	24	25	26	27	28	29	30	31
☉	♋ 9.2	10.1	11.1	12	13	13.9	14.9	15.8	16.8	17.7	18.7	19.6	20.6	21.6	22.5	23.5	24.4	25.4	26.3	27.3	28.2	29.2	♌ 0.1	1.1	2.1	3	4	4.9	5.9	6.8	7.8
☽	♍ 25.3	♎ 8.2	21.4	♏ 5.1	19.3	♐ 3.9	18.9	♑ 4.1	19.4	♒ 4.6	19.5	♓ 4	18	♈ 1.6	14.7	27.5	♉ 9.9	22.1	♊ 4.2	16.1	27.9	♋ 9.8	21.7	♌ 3.6	15.6	27.7	♍ 9.9	22.4	♎ 5	17.9	♏ 1.2
☿	♋ 30	♌ 0.1	0.2	0.2R	0.2	0	♋ 29.8	29.5	29.1	28.7	28.2	27.6	27.1	26.4	25.8	25.1	24.4	23.8	23.1	22.5	22	21.5	21	20.6	20.3	20.1	20	20.0D	20	20.2	20.5
♀	♋ 11.5	12.7	13.9	15.1	16.4	17.6	18.8	20.1	21.3	22.5	23.8	25	26.2	27.4	28.7	29.9	♌ 1.1	2.4	3.6	4.8	6.1	7.3	8.5	9.8	11	12.2	13.4	14.7	15.9	17.1	18.4
♂	♉ 7.7	8.4	9.1	9.9	10.6	11.3	12	12.7	13.4	14.1	14.8	15.5	16.2	16.9	17.6	18.3	19	19.7	20.4	21.1	21.8	22.5	23.1	23.8	24.5	25.2	25.9	26.5	27.2	27.9	28.6

♃	1	6	11	16	21	26	31
	♐ 27.4R	26.8	26.2	25.7	25.2	24.8	24.4
♄	1	6	11	16	21	26	31
	♑ 15.6R	15.2	14.8	14.5	14.1	13.8	13.4
♅	1	11	21	31			
	♌ 18.8	19.4	19.9	20.5			
♆	1	11	21	31			
	♏ 6.4R	6.4	6.4D	6.4			
♇	1	11	21	31			
	♍ 4.1	4.4	4.6	4.9			

VIII

	1	2	3	4	5	6	7	8	9	10	11	12	13	14	15	16	17	18	19	20	21	22	23	24	25	26	27	28	29	30	31
☉	♌ 8.7	9.7	10.7	11.6	12.6	13.5	14.5	15.4	16.4	17.4	18.3	19.3	20.2	21.2	22.2	23.1	24.1	25	26	27	27.9	28.9	29.9	♍ 0.8	1.8	2.8	3.7	4.7	5.7	6.6	7.6
☽	♏ 14.8	28.8	♐ 13.2	27.9	♑ 12.8	27.9	♒ 12.9	27.7	♓ 12.2	26.3	♈ 10	23.2	♉ 6	18.5	♊ 0.8	12.8	24.7	♋ 6.6	18.4	♌ 0.3	12.4	24.5	♍ 6.8	19.3	♎ 2	15	28.1	♏ 11.5	25.2	♐ 9.1	23.3
☿	♋ 20.9	21.4	22	22.7	23.5	24.4	25.4	26.5	27.7	29	♌ 0.4	1.8	3.4	5	6.7	8.4	10.2	12.1	14	15.9	17.8	19.8	21.8	23.8	25.8	27.8	29.8	♍ 1.7	3.7	5.7	7.6
♀	♌ 19.6	20.8	22.1	23.3	24.5	25.8	27	28.2	29.5	♍ 0.7	1.9	3.2	4.4	5.6	6.8	8.1	9.3	10.5	11.8	13	14.2	15.5	16.7	17.9	19.2	20.4	21.6	22.9	24.1	25.3	26.6
♂	♉ 29.2	29.9	♊ 0.6	1.2	1.9	2.5	3.2	3.8	4.5	5.1	5.8	6.4	7.1	7.7	8.4	9	9.6	10.3	10.9	11.5	12.1	12.8	13.4	14	14.6	15.2	15.8	16.4	17	17.6	18.2

♃	1	6	11	16	21	26	31
	♐ 24.4R	24.1	23.9	23.8	23.8D	23.8	23.9
♄	1	6	11	16	21	26	31
	♑ 13.4R	13.1	12.8	12.6	12.3	12.2	12
♅	1	11	21	31			
	♌ 20.6	21.2	21.8	22.5			
♆	1	11	21	31			
	♏ 6.4	6.5	6.7	6.9			
♇	1	11	21	31			
	♍ 5	5.3	5.6	5.9			

IX

	1	2	3	4	5	6	7	8	9	10	11	12	13	14	15	16	17	18	19	20	21	22	23	24	25	26	27	28	29	30	31
☉	♍ 8.6	9.5	10.5	11.5	12.4	13.4	14.4	15.3	16.3	17.3	18.3	19.2	20.2	21.2	22.2	23.1	24.1	25.1	26.1	27	28	29	30	♎ 0.9	1.9	2.9	3.9	4.9	5.9	6.8	
☽	♑ 7.7	22.3	♒ 7	21.6	♓ 6.1	20.4	♈ 4.4	18	♉ 1.2	14.1	26.6	♊ 8.9	21	♋ 2.9	14.7	26.6	♌ 8.6	20.7	♍ 3	15.6	28.4	♎ 11.5	24.8	♏ 8.3	22.1	♐ 6	20	♑ 4.2	18.4	♒ 2.6	
☿	♍ 9.5	11.5	13.4	15.2	17.1	18.9	20.7	22.5	24.3	26.1	27.8	29.6	♎ 1.3	2.9	4.6	6.3	7.9	9.5	11.1	12.7	14.3	15.8	17.3	18.9	20.4	21.8	23.3	24.8	26.2	27.6	
♀	♍ 27.8	29	♎ 0.2	1.5	2.7	3.9	5.2	6.4	7.6	8.9	10.1	11.3	12.5	13.8	15	16.2	17.5	18.7	19.9	21.2	22.4	23.6	24.8	26.1	27.3	28.5	29.7	♏ 1	2.2	3.4	
♂	♊ 18.8	19.4	20	20.6	21.1	21.7	22.3	22.9	23.4	24	24.6	25.1	25.7	26.2	26.7	27.3	27.8	28.4	28.9	29.4	29.9	♋ 0.4	1	1.5	2	2.5	2.9	3.4	3.9	4.4	

♃	1	6	11	16	21	26	
	♐ 24	24.2	24.5	24.8	25.3	25.8	
♄	1	6	11	16	21	26	
	♑ 12.0R	11.9	11.8	11.8D	11.8	11.9	
♅	1	11	21				
	♌ 22.5	23.1	23.7				
♆	1	11	21				
	♏ 6.9	7.1	7.4				
♇	1	11	21				
	♍ 6	6.3	6.6				

X

	1	2	3	4	5	6	7	8	9	10	11	12	13	14	15	16	17	18	19	20	21	22	23	24	25	26	27	28	29	30	31
☉	♎ 7.8	8.8	9.8	10.8	11.8	12.7	13.7	14.7	15.7	16.7	17.7	18.7	19.7	20.7	21.6	22.6	23.6	24.6	25.6	26.6	27.6	28.6	29.6	♏ 0.6	1.6	2.6	3.6	4.6	5.6	6.6	7.6
☽	♒ 16.9	♓ 1	15.1	29	♈ 12.7	26.1	♉ 9.2	22	♊ 4.5	16.8	28.8	♋ 10.8	22.6	♌ 4.5	16.5	28.6	♍ 11	23.8	♎ 6.8	20.2	♏ 4	18	♐ 2.2	16.6	♑ 0.9	15.2	29.4	♒ 13.5	27.4	♓ 11.2	24.8
☿	♎ 29	♏ 0.4	1.8	3.1	4.4	5.7	7	8.3	9.5	10.7	11.9	13.1	14.2	15.3	16.3	17.3	18.3	19.2	20	20.8	21.6	22.2	22.8	23.2	23.6	23.9	24	24.0R	23.9	23.6	23.2
♀	♏ 4.7	5.9	7.1	8.3	9.6	10.8	12	13.2	14.5	15.7	16.9	18.1	19.4	20.6	21.8	23	24.3	25.5	26.7	27.9	29.1	♐ 0.4	1.6	2.8	4	5.2	6.5	7.7	8.9	10.1	11.3
♂	♋ 4.9	5.3	5.8	6.2	6.7	7.1	7.6	8	8.4	8.8	9.3	9.7	10.1	10.5	10.8	11.2	11.6	12	12.3	12.7	13	13.3	13.7	14	14.3	14.6	14.9	15.2	15.4	15.7	16

♃	1	6	11	16	21	26	31
	♐ 26.3	27	27.6	28.4	29.2	30	♑ 0.9
♄	1	6	11	16	21	26	31
	♑ 12	12.1	12.3	12.6	12.8	13.1	13.4
♅	1	11	21	31			
	♌ 24.2	24.6	25	25.4			
♆	1	11	21	31			
	♏ 7.8	8.1	8.5	8.8			
♇	1	11	21	31			
	♍ 7	7.2	7.5	7.7			

XI

	1	2	3	4	5	6	7	8	9	10	11	12	13	14	15	16	17	18	19	20	21	22	23	24	25	26	27	28	29	30	31
☉	♏ 8.6	9.6	10.6	11.6	12.6	13.6	14.6	15.6	16.6	17.6	18.6	19.6	20.6	21.6	22.6	23.6	24.7	25.7	26.7	27.7	28.7	29.7	♐ 0.7	1.7	2.7	3.7	4.8	5.8	6.8	7.8	
☽	♈ 8.3	21.6	♉ 4.6	17.5	♊ 0.1	12.6	24.8	♋ 6.8	18.7	♌ 0.5	12.3	24.3	♍ 6.4	18.8	♎ 1.5	14.7	28.3	♏ 12.4	26.8	♐ 11.5	26.3	♑ 11.1	25.7	♒ 10.1	24.3	♓ 8.1	21.7	♈ 5	18.2	♉ 1.1	
☿	♏ 22.6R	21.8	20.9	19.9	18.8	17.5	16.2	14.9	13.6	12.3	11.2	10.2	9.4	8.8	8.3	8.1	8.0D	8.1	8.4	8.9	9.5	10.2	11	12	13	14.1	15.3	16.5	17.7	19.1	
♀	♐ 12.6	13.8	15	16.2	17.4	18.6	19.9	21.1	22.3	23.5	24.7	25.9	27.1	28.4	29.6	♑ 0.8	2	3.2	4.4	5.6	6.8	8	9.2	10.4	11.6	12.8	14	15.2	16.4	17.6	
♂	♋ 16.2	16.4	16.6	16.9	17.1	17.3	17.4	17.6	17.8	17.9	18	18.2	18.3	18.4	18.4	18.5	18.6	18.6	18.6	18.7	18.7R	18.7	18.6	18.6	18.5	18.5	18.4	18.3	18.2	18.1	

♃	1	6	11	16	21	26	
	♑ 1	2	2.9	3.9	4.9	6	
♄	1	6	11	16	21	26	
	♑ 13.5	13.9	14.3	14.7	15.2	15.6	
♅	1	11	21				
	♌ 25.4	25.6	25.8				
♆	1	11	21				
	♏ 8.9	9.2	9.6				
♇	1	11	21				
	♍ 7.7	7.9	8				

XII

	1	2	3	4	5	6	7	8	9	10	11	12	13	14	15	16	17	18	19	20	21	22	23	24	25	26	27	28	29	30	31
☉	♐ 8.8	9.8	10.8	11.9	12.9	13.9	14.9	15.9	16.9	17.9	19	20	21	22	23	24	25.1	26.1	27.1	28.1	29.1	♑ 0.2	1.2	2.2	3.2	4.2	5.3	6.3	7.3	8.3	9.3
☽	♉ 13.8	26.4	♊ 8.8	21	♋ 3.1	15	26.9	♌ 8.7	20.5	♍ 2.4	14.4	26.8	♎ 9.5	22.6	♏ 6.2	20.3	♐ 4.8	19.7	♑ 4.9	20.1	♒ 5.1	19.9	♓ 4.3	18.3	♈ 1.9	15.2	28.1	♉ 10.8	23.3	♊ 5.6	17.8
☿	♏ 20.4	21.8	23.2	24.6	26	27.5	28.9	♐ 0.4	1.9	3.4	4.9	6.4	7.9	9.4	11	12.5	14	15.6	17.1	18.6	20.2	21.7	23.3	24.8	26.4	28	29.5	♑ 1.1	2.7	4.3	5.8
♀	♑ 18.8	20	21.2	22.4	23.6	24.8	26	27.2	28.4	29.6	♒ 0.8	2	3.1	4.3	5.5	6.7	7.9	9	10.2	11.4	12.6	13.7	14.9	16.1	17.2	18.4	19.5	20.7	21.8	23	24.1
♂	♋ 17.9R	17.8	17.6	17.4	17.2	17	16.8	16.6	16.3	16.1	15.8	15.5	15.2	14.9	14.6	14.2	13.9	13.5	13.2	12.8	12.5	12.1	11.7	11.3	10.9	10.5	10.1	9.7	9.3	8.9	8.5

♃	1	6	11	16	21	26	31
	♑ 7.1	8.2	9.3	10.4	11.6	12.7	13.9
♄	1	6	11	16	21	26	31
	♑ 16.1	16.7	17.2	17.7	18.3	18.9	19.5
♅	1	11	21	31			
	♌ 25.8	25.8R	25.6	25.4			
♆	1	11	21	31			
	♏ 10	10.3	10.6	10.8			
♇	1	11	21	31			
	♍ 8.1	8.1R	8.1	8			

I

	1	2	3	4	5	6	7	8	9	10	11	12	13	14	15	16	17	18	19	20	21	22	23	24	25	26	27	28	29	30	31
☉	♑ 10.3	11.4	12.4	13.4	14.4	15.4	16.5	17.5	18.5	19.5	20.5	21.6	22.6	23.6	24.6	25.6	26.7	27.7	28.7	29.7	♒ 0.7	1.7	2.8	3.8	4.8	5.8	6.8	7.8	8.9	9.9	10.9
☽	♊ 29.8	♋ 11.8	23.6	♌ 5.5	17.3	29.1	♍ 11	23.1	♎ 5.4	18	♏ 1	14.5	28.4	♐ 12.8	27.7	♑ 12.8	28.1	♒ 13.4	28.4	♓ 13.1	27.4	♈ 11.2	24.6	♉ 7.6	20.3	♊ 2.6	14.8	26.8	♋ 8.7	20.6	♌ 2.4
☿	♑ 7.4	9	10.6	12.2	13.9	15.5	17.1	18.7	20.4	22	23.7	25.3	27	28.7	♒ 0.4	2.1	3.8	5.5	7.2	8.9	10.6	12.3	14	15.7	17.4	19.1	20.7	22.4	24	25.6	27.2
♀	♒ 25.3	26.4	27.6	28.7	29.8	♓ 1	2.1	3.2	4.3	5.5	6.6	7.7	8.8	9.9	11	12.1	13.2	14.2	15.3	16.4	17.5	18.5	19.6	20.6	21.7	22.7	23.7	24.8	25.8	26.8	27.8
♂	♋ 8.1R	7.8	7.4	7	6.6	6.2	5.9	5.5	5.1	4.8	4.5	4.1	3.8	3.5	3.2	2.9	2.7	2.4	2.2	1.9	1.7	1.5	1.3	1.1	1	0.8	0.7	0.5	0.4	0.3	0.2

♃	1: ♑ 14.1	6: 15.3	11: 16.4	16: 17.6	21: 18.7	26: 19.9	31: 21
♄	1: ♑ 19.6	6: 20.2	11: 20.8	16: 21.4	21: 22	26: 22.5	31: 23.1
♅	1: ♌ 25.4R	11: 25.1	21: 24.7	31: 24.3			
♆	1: ♏ 10.8	11: 11	21: 11.2	31: 11.3			
♇	1: ♍ 8.0R	11: 7.9	21: 7.7	31: 7.5			

	1	2	3	4	5	6	7	8	9	10	11	12	13	14	15	16	17	18	19	20	21	22	23	24	25	26	27	28	29	30	31
☉	♑ 10.1	11.1	12.1	13.2	14.2	15.2	16.2	17.2	18.3	19.3	20.3	21.3	22.3	23.3	24.4	25.4	26.4	27.4	28.4	29.5	♒ 0.5	1.5	2.5	3.5	4.5	5.6	6.6	7.6	8.6	9.6	10.6
☽	♏ 0.7	13.4	26.4	♐ 9.9	23.9	♑ 8.1	22.7	♒ 7.4	22.1	♓ 6.8	21.3	♈ 5.6	19.6	♉ 3.4	16.9	♊ 0.2	13.2	26	♋ 8.5	20.9	♌ 3.1	15.2	27.1	♍ 8.9	20.7	♎ 2.5	14.4	26.5	♏ 8.8	21.4	♐ 4.4
☿	♑ 19.2	20.9	22.5	24.1	25.7	27.4	29	♒ 0.6	2.2	3.8	5.4	7	8.5	10	11.5	12.9	14.3	15.6	16.9	18.1	19.1	20.1	20.9	21.6	22.2	22.6	22.8	22.8R	22.7	22.3	21.8
♀	♑ 3.8	5	6.3	7.6	8.8	10.1	11.3	12.6	13.9	15.1	16.4	17.6	18.9	20.1	21.4	22.7	23.9	25.2	26.4	27.7	28.9	♒ 0.2	1.5	2.7	4	5.2	6.5	7.7	9	10.3	11.5
♂	♑ 5.5	6.2	7	7.8	8.5	9.3	10	10.8	11.6	12.3	13.1	13.9	14.6	15.4	16.2	16.9	17.7	18.5	19.2	20	20.8	21.5	22.3	23.1	23.8	24.6	25.4	26.2	26.9	27.7	28.5

♃	1: ♒ 10.5	6: 11.6	11: 12.7	16: 13.9	21: 15.1	26: 16.2	31: 17.4
♄	1: ♑ 29.7	6: ♒ 0.3	11: 0.8	16: 1.4	21: 2	26: 2.6	31: 3.2
♅	1: ♍ 0.2R	11: ♌ 30	21: 29.6	31: 29.3			
♆	1: ♏ 13	11: 13.2	21: 13.3	31: 13.4			
♇	1: ♍ 10.0R	11: 9.9	21: 9.7	31: 9.5			

II

	1	2	3	4	5	6	7	8	9	10	11	12	13	14	15	16	17	18	19	20	21	22	23	24	25	26	27	28	29	30	31
☉	♒ 11.9	12.9	13.9	14.9	16	17	18	19	20	21	22	23	24.1	25.1	26.1	27.1	28.1	29.1	♓ 0.1	1.1	2.1	3.1	4.1	5.2	6.2	7.2	8.2	9.2			
☽	♌ 14.2	26.1	♍ 8.1	20.1	♎ 2.3	14.7	27.4	♏ 10.4	23.7	♐ 7.5	21.6	♑ 6.2	21.1	♒ 6.1	21.3	♓ 6.3	21.1	♈ 5.6	19.6	♉ 3.1	16.3	29	♊ 11.4	23.6	♋ 5.6	17.4	29.2	♌ 11			
☿	♒ 28.7	♓ 0.1	1.5	2.8	4.1	5.2	6.2	7.1	7.8	8.4	8.8	9.1	9.2R	9.1	8.8	8.4	7.8	7	6.2	5.2	4.2	3.1	2	0.9	♒ 29.8	28.8	27.9	27.1			
♀	♓ 28.8	29.8	♈ 0.8	1.8	2.7	3.7	4.6	5.6	6.5	7.4	8.3	9.2	10.1	11	11.8	12.7	13.5	14.3	15.2	15.9	16.7	17.5	18.2	19	19.7	20.4	21	21.7			
♂	♋ 0.2R	0.1	0.1	0	0	0	0.0D	0	0.1	0.1	0.2	0.2	0.3	0.4	0.5	0.6	0.7	0.8	1	1.1	1.3	1.5	1.7	1.8	2	2.3	2.5	2.7			

♃	1: ♑ 21.3	6: 22.4	11: 23.5	16: 24.6	21: 25.6	26: 26.7
♄	1: ♑ 23.2	6: 23.8	11: 24.3	16: 24.9	21: 25.4	26: 25.9
♅	1: ♌ 24.3R	11: 23.8	21: 23.4			
♆	1: ♏ 11.3	11: 11.3	21: 11.3R			
♇	1: ♍ 7.5R	11: 7.2	21: 7			

	1	2	3	4	5	6	7	8	9	10	11	12	13	14	15	16	17	18	19	20	21	22	23	24	25	26	27	28	29	30	31
☉	♒ 11.7	12.7	13.7	14.7	15.7	16.7	17.7	18.8	19.8	20.8	21.8	22.8	23.8	24.8	25.8	26.8	27.9	28.9	29.9	♓ 0.9	1.9	2.9	3.9	4.9	5.9	6.9	7.9	8.9			
☽	♐ 17.8	♑ 1.7	16	♒ 0.6	15.6	♓ 0.7	15.8	♈ 0.7	15.4	29.7	♉ 13.6	27.1	♊ 10.2	23	♋ 5.5	17.8	30	♌ 12	23.9	♍ 5.7	17.5	29.3	♎ 11.2	23.2	♏ 5.3	17.6	♐ 0.1	13			
☿	♒ 21.1R	20.2	19.2	18.1	16.9	15.7	14.5	13.3	12.2	11.2	10.3	9.4	8.7	8.2	7.8	7.5	7.3	7.3D	7.3	7.5	7.8	8.2	8.6	9.2	9.8	10.5	11.2	12			
♀	♒ 12.8	14	15.3	16.5	17.8	19	20.3	21.5	22.8	24.1	25.3	26.6	27.8	29.1	♓ 0.3	1.6	2.8	4.1	5.3	6.6	7.8	9.1	10.3	11.6	12.8	14.1	15.3	16.6			
♂	♑ 29.3	♒ 0	0.8	1.6	2.4	3.1	3.9	4.7	5.5	6.3	7	7.8	8.6	9.4	10.2	10.9	11.7	12.5	13.3	14.1	14.9	15.6	16.4	17.2	18	18.8	19.6	20.3			

♃	1: ♒ 17.7	6: 18.9	11: 20.1	16: 21.3	21: 22.4	26: 23.6
♄	1: ♒ 3.3	6: 3.9	11: 4.5	16: 5.1	21: 5.6	26: 6.2
♅	1: ♌ 29.2R	11: 28.8	21: 28.4			
♆	1: ♏ 13.4	11: 13.5	21: 13.5R			
♇	1: ♍ 9.5R	11: 9.3	21: 9			

III

	1	2	3	4	5	6	7	8	9	10	11	12	13	14	15	16	17	18	19	20	21	22	23	24	25	26	27	28	29	30	31
☉	♓ 10.2	11.2	12.2	13.2	14.2	15.2	16.2	17.2	18.2	19.2	20.2	21.2	22.2	23.2	24.2	25.2	26.2	27.2	28.2	29.2	♈ 0.1	1.1	2.1	3.1	4.1	5.1	6.1	7.1	8.1	9.1	10
☽	♌ 22.9	♍ 4.9	17	29.3	♎ 11.8	24.4	♏ 7.3	20.5	♐ 3.9	17.6	♑ 1.6	15.8	♒ 0.3	15	29.7	♓ 14.5	29.1	♈ 13.4	27.5	♉ 11.1	24.3	♊ 7.2	19.6	♋ 1.8	13.8	25.7	♌ 7.5	19.3	♍ 1.3	13.4	25.7
☿	♒ 26.3R	25.7	25.2	24.8	24.5	24.4	24.3D	24.4	24.6	24.8	25.1	25.6	26.1	26.7	27.3	28	28.8	29.6	♓ 0.5	1.5	2.4	3.5	4.5	5.6	6.8	8	9.2	10.5	11.7	13.1	14.4
♀	♈ 22.3	22.9	23.5	24.1	24.6	25.1	25.6	26.1	26.5	26.9	27.3	27.6	27.9	28.2	28.4	28.6	28.8	28.9	29	29.1	29.1R	29.1	29	28.9	28.7	28.5	28.3	28	27.7	27.4	27
♂	♋ 2.9	3.2	3.4	3.7	3.9	4.2	4.5	4.8	5.1	5.4	5.7	6	6.3	6.7	7	7.3	7.7	8	8.4	8.7	9.1	9.5	9.8	10.2	10.6	11	11.4	11.8	12.2	12.6	13

♃	1: ♑ 27.3	6: 28.3	11: 29.2	16: ♒ 0.1	21: 1	26: 1.8	31: 2.6
♄	1: ♑ 26.2	6: 26.7	11: 27.1	16: 27.5	21: 27.9	26: 28.3	31: 28.6
♅	1: ♌ 23.1R	11: 22.7	21: 22.3	31: 22			
♆	1: ♏ 11.2R	11: 11.1	21: 10.9	31: 10.7			
♇	1: ♍ 6.8R	11: 6.5	21: 6.3	31: 6.1			

	1	2	3	4	5	6	7	8	9	10	11	12	13	14	15	16	17	18	19	20	21	22	23	24	25	26	27	28	29	30	31
☉	♓ 9.9	10.9	11.9	12.9	13.9	14.9	15.9	16.9	17.9	18.9	19.9	20.9	21.9	22.9	23.9	24.9	25.9	26.9	27.9	28.9	29.9	♈ 0.9	1.9	2.9	3.9	4.9	5.9	6.8	7.8	8.8	9.8
☽	♐ 26.3	♑ 9.9	24.1	♒ 8.6	23.5	♓ 8.7	23.9	♈ 9.1	24.1	♉ 8.6	22.8	♊ 6.4	19.6	♋ 2.4	14.8	27	♌ 9	20.9	♍ 2.7	14.5	26.3	♎ 8.2	20.2	♏ 2.3	14.5	27	♐ 9.6	22.5	♑ 5.7	19.2	♒ 3.1
☿	♒ 12.9	13.8	14.8	15.8	16.9	18	19.1	20.3	21.5	22.7	24	25.3	26.6	28	29.3	♓ 0.7	2.2	3.6	5.1	6.6	8.1	9.6	11.2	12.8	14.4	16	17.6	19.3	21	22.7	24.5
♀	♓ 17.8	19.1	20.3	21.6	22.8	24.1	25.3	26.6	27.8	29.1	♈ 0.3	1.5	2.8	4	5.3	6.5	7.8	9	10.3	11.5	12.7	14	15.2	16.5	17.7	18.9	20.2	21.4	22.7	23.9	25.1
♂	♒ 21.1	21.9	22.7	23.5	24.3	25	25.8	26.6	27.4	28.2	29	29.7	♓ 0.5	1.3	2.1	2.9	3.7	4.5	5.2	6	6.8	7.6	8.4	9.2	9.9	10.7	11.5	12.3	13.1	13.9	14.6

♃	1: ♒ 24.3	6: 25.5	11: 26.7	16: 27.8	21: 28.9	26: ♓ 0	31: 1.1
♄	1: ♒ 6.5	6: 7	11: 7.5	16: 8	21: 8.5	26: 8.9	31: 9.3
♅	1: ♌ 28.0R	11: 27.6	21: 27.2	31: 26.9			
♆	1: ♏ 13.4R	11: 13.3	21: 13.2	31: 13			
♇	1: ♍ 8.8R	11: 8.6	21: 8.3	31: 8.1			

IV

	1	2	3	4	5	6	7	8	9	10	11	12	13	14	15	16	17	18	19	20	21	22	23	24	25	26	27	28	29	30	31
☉	♈ 11	12	13	14	15	16	16.9	17.9	18.9	19.9	20.9	21.9	22.8	23.8	24.8	25.8	26.8	27.7	28.7	29.7	♉ 0.7	1.6	2.6	3.6	4.6	5.5	6.5	7.5	8.4	9.4	
☽	♎ 8.2	21	♏ 4	17.3	♐ 0.8	14.5	28.3	♑ 12.3	26.4	♒ 10.6	24.9	♓ 9.2	23.5	♈ 7.7	21.8	♉ 5.6	19.1	♊ 2.2	15	27.5	♋ 9.7	21.7	♌ 3.6	15.4	27.3	♍ 9.2	21.4	♎ 3.9	16.6	29.7	
☿	♓ 15.8	17.2	18.6	20.1	21.6	23.1	24.6	26.2	27.8	29.4	♈ 1	2.7	4.4	6.1	7.8	9.6	11.4	13.2	15.1	17	18.9	20.8	22.7	24.7	26.7	28.8	♉ 0.8	2.9	5	7.1	
♀	♈ 26.5R	26.1	25.6	25.1	24.5	23.9	23.3	22.7	22.1	21.5	20.9	20.2	19.6	19	18.4	17.8	17.2	16.7	16.2	15.7	15.2	14.8	14.4	14.1	13.8	13.5	13.3	13.1	12.9	12.8	
♂	♋ 13.4	13.9	14.3	14.7	15.1	15.6	16	16.5	16.9	17.4	17.8	18.3	18.7	19.2	19.6	20.1	20.6	21.1	21.5	22	22.5	23	23.5	23.9	24.4	24.9	25.4	25.9	26.4	26.9	

♃	1: ♒ 2.8	6: 3.5	11: 4.1	16: 4.8	21: 5.3	26: 5.8
♄	1: ♑ 28.7	6: 28.9	11: 29.2	16: 29.4	21: 29.6	26: 29.7
♅	1: ♌ 22.0R	11: 21.8	21: 21.7			
♆	1: ♏ 10.7R	11: 10.5	21: 10.2			
♇	1: ♍ 6.0R	11: 5.8	21: 5.7			

	1	2	3	4	5	6	7	8	9	10	11	12	13	14	15	16	17	18	19	20	21	22	23	24	25	26	27	28	29	30	31
☉	♈ 10.8	11.8	12.8	13.8	14.7	15.7	16.7	17.7	18.7	19.7	20.6	21.6	22.6	23.6	24.6	25.5	26.5	27.5	28.5	29.4	♉ 0.4	1.4	2.4	3.3	4.3	5.3	6.3	7.2	8.2	9.2	
☽	♒ 17.4	♓ 2	17	♈ 2.1	17.2	♉ 2.2	16.9	♊ 1.2	15	28.3	♋ 11.1	23.6	♌ 5.7	17.7	29.5	♍ 11.3	23.1	♎ 5	17	29.2	♏ 11.5	24	♐ 6.6	19.5	♑ 2.6	15.8	29.3	♒ 13.1	27.2	♓ 11.6	
☿	♓ 26.2	28	29.8	♈ 1.7	3.5	5.4	7.3	9.2	11.2	13.2	15.1	17.2	19.2	21.3	23.3	25.4	27.5	29.7	♉ 1.8	3.9	6	8.1	10.2	12.3	14.4	16.4	18.5	20.4	22.4	24.2	
♀	♈ 26.4	27.6	28.8	♉ 0.1	1.3	2.5	3.8	5	6.2	7.5	8.7	9.9	11.2	12.4	13.6	14.8	16.1	17.3	18.5	19.8	21	22.2	23.4	24.7	25.9	27.1	28.3	29.5	♊ 0.8	2	
♂	♓ 15.4	16.2	17	17.8	18.6	19.3	20.1	20.9	21.7	22.5	23.2	24	24.8	25.6	26.4	27.1	27.9	28.7	29.5	♈ 0.2	1	1.8	2.6	3.3	4.1	4.9	5.7	6.4	7.2	8	

♃	1: ♓ 1.3	6: 2.3	11: 3.4	16: 4.3	21: 5.3	26: 6.2
♄	1: ♒ 9.4	6: 9.7	11: 10.1	16: 10.4	21: 10.6	26: 10.9
♅	1: ♌ 26.9R	11: 26.6	21: 26.5			
♆	1: ♏ 12.9R	11: 12.7	21: 12.4			
♇	1: ♍ 8.1R	11: 7.9	21: 7.7			

V

	1	2	3	4	5	6	7	8	9	10	11	12	13	14	15	16	17	18	19	20	21	22	23	24	25	26	27	28	29	30	31
☉	♉ 10.4	11.4	12.3	13.3	14.3	15.2	16.2	17.2	18.1	19.1	20.1	21	22	23	23.9	24.9	25.9	26.8	27.8	28.7	29.7	♊ 0.7	1.6	2.6	3.6	4.5	5.5	6.4	7.4	8.4	9.3
☽	♏ 13.2	26.9	♐ 10.8	24.9	♑ 9.1	23.3	♒ 7.4	21.6	♓ 5.6	19.6	♈ 3.5	17.3	♉ 0.9	14.3	27.5	♊ 10.4	23.1	♋ 5.5	17.7	29.6	♌ 11.5	23.3	♍ 5.1	17.1	29.3	♎ 11.9	24.7	♏ 8	21.7	♐ 5.8	20.1
☿	♉ 9.3	11.4	13.6	15.7	17.9	20.1	22.2	24.4	26.5	28.6	♊ 0.7	2.7	4.7	6.7	8.6	10.5	12.3	14.1	15.9	17.6	19.2	20.8	22.3	23.8	25.2	26.6	27.9	29.1	♋ 0.3	1.5	2.5
♀	♈ 12.8R	12.7	12.8D	12.8	12.9	13	13.2	13.4	13.6	13.9	14.2	14.5	14.9	15.3	15.7	16.1	16.6	17.1	17.6	18.1	18.7	19.3	19.9	20.5	21.2	21.8	22.5	23.2	23.9	24.7	25.4
♂	♋ 27.4	27.9	28.4	29	29.5	30	♌ 0.5	1	1.5	2.1	2.6	3.1	3.6	4.2	4.7	5.2	5.8	6.3	6.8	7.4	7.9	8.5	9	9.5	10.1	10.6	11.2	11.7	12.3	12.8	13.4

♃	1: ♒ 6.2	6: 6.5	11: 6.8	16: 7	21: 7.1	26: 7.1R	31: 7.1
♄	1: ♑ 29.8	6: 29.8	11: 29.9R	16: 29.8	21: 29.8	26: 29.6	31: 29.5
♅	1: ♌ 21.7	11: 21.7	21: 21.9	31: 22.1			
♆	1: ♏ 9.9R	11: 9.7	21: 9.4	31: 9.2			
♇	1: ♍ 5.6R	11: 5.5	21: 5.5D	31: 5.6			

	1	2	3	4	5	6	7	8	9	10	11	12	13	14	15	16	17	18	19	20	21	22	23	24	25	26	27	28	29	30	31
☉	♉ 10.2	11.1	12.1	13.1	14	15	16	16.9	17.9	18.9	19.8	20.8	21.8	22.7	23.7	24.7	25.6	26.6	27.6	28.5	29.5	♊ 0.4	1.4	2.4	3.3	4.3	5.2	6.2	7.2	8.1	9.1
☽	♓ 26.2	♈ 11	25.8	♉ 10.5	25.1	♊ 9.2	23	♋ 6.3	19.2	♌ 1.8	14	25.9	♍ 7.8	19.6	♎ 1.5	13.4	25.5	♏ 7.9	20.4	♐ 3.2	16.2	29.4	♑ 12.7	26.3	♒ 10	23.9	♓ 7.9	22.1	♈ 6.4	20.8	♉ 5.2
☿	♉ 26.1	27.9	29.6	♊ 1.3	2.9	4.4	5.9	7.3	8.7	9.9	11.2	12.3	13.4	14.4	15.3	16.1	16.9	17.6	18.2	18.8	19.3	19.6	20	20.2	20.3	20.4	20.4R	20.3	20.1	19.9	19.6
♀	♊ 3.2	4.4	5.6	6.9	8.1	9.3	10.5	11.7	12.9	14.2	15.4	16.6	17.8	19	20.2	21.4	22.6	23.8	25.1	26.3	27.5	28.7	29.9	♋ 1.1	2.3	3.5	4.7	5.9	7.1	8.3	9.5
♂	♈ 8.7	9.5	10.3	11	11.8	12.6	13.3	14.1	14.9	15.6	16.4	17.2	17.9	18.7	19.4	20.2	21	21.7	22.5	23.2	24	24.8	25.5	26.3	27	27.8	28.5	29.3	♉ 0	0.8	1.5

♃	1: ♓ 7	6: 7.8	11: 8.6	16: 9.3	21: 9.9	26: 10.5	31: 11.1
♄	1: ♒ 11	6: 11.2	11: 11.3	16: 11.4	21: 11.4	26: 11.4R	31: 11.3
♅	1: ♌ 26.4R	11: 26.4D	21: 26.5	31: 26.7			
♆	1: ♏ 12.2R	11: 11.9	21: 11.6	31: 11.4			
♇	1: ♍ 7.6R	11: 7.5	21: 7.5D	31: 7.6			

VI

	1	2	3	4	5	6	7	8	9	10	11	12	13	14	15	16	17	18	19	20	21	22	23	24	25	26	27	28	29	30	31
☉	♊ 10.3	11.2	12.2	13.1	14.1	15.1	16	17	17.9	18.9	19.8	20.8	21.8	22.7	23.7	24.6	25.6	26.5	27.5	28.4	29.4	♋ 0.3	1.3	2.3	3.2	4.2	5.1	6.1	7	8	
☽	♑ 4.6	19.2	♒ 3.8	18.2	♓ 2.4	16.5	♈ 0.3	14	27.4	♉ 10.7	23.7	♊ 6.6	19.2	♋ 1.6	13.8	25.9	♌ 7.8	19.6	♍ 1.4	13.2	25.2	♎ 7.4	19.9	♏ 2.8	16.1	29.9	♐ 14.2	28.8	♑ 13.6	28.6	
☿	♋ 3.5	4.5	5.4	6.2	6.9	7.6	8.2	8.8	9.2	9.6	9.9	10.2	10.3	10.4	10.5R	10.4	10.3	10.1	9.8	9.5	9.1	8.6	8.1	7.6	7	6.5	5.9	5.3	4.7	4.1	
♀	♈ 26.2	26.9	27.7	28.5	29.3	♉ 0.2	1	1.8	2.7	3.6	4.4	5.3	6.2	7.1	8	9	9.9	10.8	11.8	12.7	13.7	14.7	15.6	16.6	17.6	18.6	19.6	20.6	21.6	22.6	
♂	♌ 14	14.5	15.1	15.6	16.2	16.8	17.3	17.9	18.5	19	19.6	20.2	20.7	21.3	21.9	22.4	23	23.6	24.2	24.8	25.3	25.9	26.5	27.1	27.7	28.3	28.8	29.4	♍ 0	0.6	

♃	1: ♒ 7.1R	6: 6.9	11: 6.7	16: 6.4	21: 6.1	26: 5.7
♄	1: ♑ 29.5R	6: 29.3	11: 29	16: 28.8	21: 28.5	26: 28.2
♅	1: ♌ 22.1	11: 22.5	21: 22.8			
♆	1: ♏ 9.1R	11: 8.9	21: 8.8			
♇	1: ♍ 5.6	11: 5.7	21: 5.8			

	1	2	3	4	5	6	7	8	9	10	11	12	13	14	15	16	17	18	19	20	21	22	23	24	25	26	27	28	29	30	31
☉	♊ 10	11	12	12.9	13.9	14.8	15.8	16.7	17.7	18.7	19.6	20.6	21.5	22.5	23.4	24.4	25.3	26.3	27.3	28.2	29.2	♋ 0.1	1.1	2	3	3.9	4.9	5.8	6.8	7.7	
☽	♉ 19.5	♊ 3.7	17.6	♋ 1.1	14.3	27.2	♌ 9.7	21.9	♍ 3.9	15.8	27.6	♎ 9.5	21.5	♏ 3.7	16.2	28.9	♐ 11.9	25.2	♑ 8.8	22.6	♒ 6.5	20.6	♓ 4.7	18.9	♈ 3.1	17.3	♉ 1.4	15.4	29.3	♊ 13	
☿	♊ 19.3R	18.9	18.4	17.9	17.4	16.9	16.3	15.7	15.2	14.7	14.1	13.7	13.2	12.8	12.5	12.2	12	11.9	11.9	11.9D	12	12.1	12.4	12.7	13.1	13.6	14.1	14.8	15.5	16.3	
♀	♋ 10.7	11.9	13.1	14.3	15.5	16.7	17.9	19.1	20.2	21.4	22.6	23.8	25	26.2	27.4	28.6	29.7	♌ 0.9	2.1	3.3	4.5	5.6	6.8	8	9.2	10.3	11.5	12.7	13.9	15	
♂	♉ 2.3	3	3.7	4.5	5.2	6	6.7	7.5	8.2	8.9	9.7	10.4	11.1	11.9	12.6	13.3	14.1	14.8	15.5	16.3	17	17.7	18.4	19.2	19.9	20.6	21.3	22.1	22.8	23.5	

♃	1: ♓ 11.1	6: 11.6	11: 12	16: 12.3	21: 12.5	26: 12.6
♄	1: ♒ 11.3R	6: 11.2	11: 11.1	16: 10.9	21: 10.7	26: 10.4
♅	1: ♌ 26.7	11: 27	21: 27.4			
♆	1: ♏ 11.4R	11: 11.2	21: 11			
♇	1: ♍ 7.6	11: 7.7	21: 7.8			

VII

	1	2	3	4	5	6	7	8	9	10	11	12	13	14	15	16	17	18	19	20	21	22	23	24	25	26	27	28	29	30	31
☉	♋ 8.9	9.9	10.8	11.8	12.7	13.7	14.6	15.6	16.6	17.5	18.5	19.4	20.4	21.3	22.3	23.2	24.2	25.1	26.1	27	28	29	29.9	♌ 0.9	1.8	2.8	3.7	4.7	5.6	6.6	7.6
☽	♒ 13.5	28.2	♓ 12.7	27	♈ 10.8	24.4	♉ 7.7	20.7	♊ 3.5	16	28.4	♋ 10.5	22.6	♌ 4.5	16.3	28.1	♍ 9.9	21.7	♎ 3.7	15.9	28.4	♏ 11.2	24.5	♐ 8.2	22.4	♑ 7.1	22	♒ 7.1	22.3	♓ 7.4	22.2
☿	♋ 3.6R	3.1	2.7	2.3	1.9	1.7	1.5	1.4	1.4D	1.4	1.6	1.8	2.1	2.5	3	3.6	4.3	5	5.9	6.8	7.9	9	10.2	11.4	12.8	14.2	15.7	17.3	18.9	20.6	22.4
♀	♉ 23.6	24.6	25.7	26.7	27.7	28.8	29.8	♊ 0.9	1.9	3	4	5.1	6.2	7.2	8.3	9.4	10.5	11.6	12.6	13.7	14.8	15.9	17	18.1	19.2	20.3	21.4	22.6	23.7	24.8	25.9
♂	♍ 1.2	1.8	2.4	3	3.6	4.2	4.8	5.3	5.9	6.5	7.1	7.7	8.3	9	9.6	10.2	10.8	11.4	12	12.6	13.2	13.8	14.4	15	15.6	16.3	16.9	17.5	18.1	18.7	19.3

♃	1: ♒ 5.2R	6: 4.6	11: 4.1	16: 3.4	21: 2.8	26: 2.2	31: 1.5
♄	1: ♑ 27.9R	6: 27.5	11: 27.2	16: 26.8	21: 26.4	26: 26.1	31: 25.7
♅	1: ♌ 23.3	11: 23.8	21: 24.4	31: 25			
♆	1: ♏ 8.6R	11: 8.6	21: 8.5D	31: 8.6			
♇	1: ♍ 6	11: 6.3	21: 6.5	31: 6.8			

	1	2	3	4	5	6	7	8	9	10	11	12	13	14	15	16	17	18	19	20	21	22	23	24	25	26	27	28	29	30	31
☉	♋ 8.7	9.7	10.6	11.6	12.5	13.5	14.4	15.4	16.3	17.3	18.2	19.2	20.1	21.1	22	23	24	24.9	25.9	26.8	27.8	28.7	29.7	♌ 0.6	1.6	2.5	3.5	4.5	5.4	6.4	7.3
☽	♊ 26.5	♋ 9.7	22.6	♌ 5.3	17.7	29.8	♍ 11.8	23.7	♎ 5.5	17.4	29.4	♏ 11.7	24.2	♐ 7	20.1	♑ 3.7	17.5	♒ 1.7	16.1	♓ 0.6	15.1	29.7	♈ 14	28.3	♉ 12.3	26.1	♊ 9.6	22.9	♋ 6	18.8	♌ 1.4
☿	♊ 17.1	18.1	19.1	20.1	21.3	22.5	23.7	25.1	26.5	28	29.5	♋ 1.1	2.8	4.5	6.3	8.1	10	11.9	13.9	15.9	17.9	19.9	22	24.1	26.2	28.4	♌ 0.5	2.6	4.7	6.8	8.9
♀	♌ 16.2	17.4	18.5	19.7	20.8	22	23.2	24.3	25.5	26.6	27.8	28.9	♍ 0.1	1.2	2.4	3.5	4.7	5.8	6.9	8.1	9.2	10.3	11.5	12.6	13.7	14.8	16	17.1	18.2	19.3	20.4
♂	♉ 24.2	24.9	25.6	26.3	27.1	27.8	28.5	29.2	29.9	♊ 0.6	1.3	2	2.7	3.4	4.1	4.8	5.5	6.2	6.9	7.6	8.3	9	9.7	10.4	11	11.7	12.4	13.1	13.8	14.5	15.1

♃	1: ♓ 12.7	6: 12.7R	11: 12.6	16: 12.4	21: 12.1	26: 11.8	31: 11.4
♄	1: ♒ 10.2R	6: 9.9	11: 9.6	16: 9.2	21: 8.9	26: 8.5	31: 8.1
♅	1: ♌ 27.8	11: 28.3	21: 28.8	31: 29.4			
♆	1: ♏ 10.8R	11: 10.8	21: 10.7	31: 10.7D			
♇	1: ♍ 8	11: 8.2	21: 8.5	31: 8.7			

VIII

	1	2	3	4	5	6	7	8	9	10	11	12	13	14	15	16	17	18	19	20	21	22	23	24	25	26	27	28	29	30	31
☉	♌ 8.5	9.5	10.4	11.4	12.3	13.3	14.3	15.2	16.2	17.1	18.1	19.1	20	21	21.9	22.9	23.9	24.8	25.8	26.7	27.7	28.7	29.6	♍ 0.6	1.6	2.5	3.5	4.5	5.4	6.4	7.4
☽	♈ 6.6	20.7	♉ 4.3	17.6	♊ 0.5	13.1	25.4	♋ 7.6	19.6	♌ 1.5	13.3	25.1	♍ 6.9	18.7	♎ 0.6	12.7	25	♏ 7.5	20.3	♐ 3.5	17.1	♑ 1.1	15.6	♒ 0.4	15.4	♓ 0.6	15.8	♈ 0.7	15.4	29.6	♉ 13.4
☿	♋ 24.2	26.1	28	29.9	♌ 1.9	3.9	5.9	8	10	12.1	14.2	16.2	18.3	20.3	22.3	24.4	26.3	28.3	♍ 0.3	2.2	4.1	6	7.9	9.7	11.5	13.3	15.1	16.8	18.6	20.3	22
♀	♊ 27	28.2	29.3	♋ 0.4	1.5	2.7	3.8	5	6.1	7.2	8.4	9.5	10.7	11.8	13	14.1	15.3	16.5	17.6	18.8	19.9	21.1	22.3	23.4	24.6	25.8	27	28.1	29.3	♌ 0.5	1.7
♂	♍ 20	20.6	21.2	21.8	22.4	23.1	23.7	24.3	24.9	25.6	26.2	26.8	27.5	28.1	28.7	29.4	30	♎ 0.6	1.3	1.9	2.5	3.2	3.8	4.4	5.1	5.7	6.4	7	7.7	8.3	9

♃	1: ♒ 1.4R	6: 0.8	11: 0.2	16: ♑ 29.6	21: 29.1	26: 28.6	31: 28.2
♄	1: ♑ 25.6R	6: 25.3	11: 24.9	16: 24.6	21: 24.3	26: 24.1	31: 23.8
♅	1: ♌ 25	11: 25.6	21: 26.3	31: 26.9			
♆	1: ♏ 8.6	11: 8.7	21: 8.8	31: 9			
♇	1: ♍ 6.9	11: 7.2	21: 7.5	31: 7.8			

	1	2	3	4	5	6	7	8	9	10	11	12	13	14	15	16	17	18	19	20	21	22	23	24	25	26	27	28	29	30	31
☉	♌ 8.3	9.2	10.2	11.2	12.1	13.1	14	15	15.9	16.9	17.9	18.8	19.8	20.7	21.7	22.7	23.6	24.6	25.5	26.5	27.5	28.4	29.4	♍ 0.4	1.3	2.3	3.3	4.2	5.2	6.2	7.1
☽	♌ 13.8	26	♍ 8	20	♎ 1.8	13.7	25.5	♏ 7.5	19.7	♐ 2.2	15	28.2	♑ 11.7	25.8	♒ 10.2	24.9	♓ 9.8	24.8	♈ 9.7	24.4	♉ 8.8	22.8	♊ 6.5	19.9	♋ 2.9	15.7	28.2	♌ 10.5	22.7	♍ 4.7	16.6
☿	♌ 10.9	13	15	17	19	21	22.9	24.8	26.7	28.5	♍ 0.4	2.2	3.9	5.7	7.4	9.1	10.8	12.5	14.1	15.7	17.3	18.9	20.4	21.9	23.4	24.9	26.3	27.7	29.1	♎ 0.5	1.8
♀	♍ 21.5	22.6	23.7	24.8	25.9	27	28.1	29.2	♎ 0.3	1.4	2.5	3.6	4.6	5.7	6.8	7.8	8.9	9.9	11	12	13.1	14.1	15.1	16.2	17.2	18.2	19.2	20.2	21.2	22.2	23.2
♂	♊ 15.8	16.5	17.2	17.8	18.5	19.2	19.8	20.5	21.2	21.8	22.5	23.2	23.8	24.5	25.1	25.8	26.5	27.1	27.8	28.4	29.1	29.7	♋ 0.3	1	1.6	2.3	2.9	3.5	4.2	4.8	5.4

♃	1: ♓ 11.3R	6: 10.8	11: 10.3	16: 9.7	21: 9.1	26: 8.4	31: 7.8
♄	1: ♒ 8.0R	6: 7.7	11: 7.3	16: 7	21: 6.6	26: 6.3	31: 6
♅	1: ♌ 29.5	11: ♍ 0.1	21: 0.7	31: 1.3			
♆	1: ♏ 10.7	11: 10.8	21: 10.9	31: 11.1			
♇	1: ♍ 8.8	11: 9.1	21: 9.4	31: 9.8			

IX

	1	2	3	4	5	6	7	8	9	10	11	12	13	14	15	16	17	18	19	20	21	22	23	24	25	26	27	28	29	30	31
☉	♍ 8.3	9.3	10.3	11.2	12.2	13.2	14.1	15.1	16.1	17.1	18	19	20	20.9	21.9	22.9	23.9	24.8	25.8	26.8	27.8	28.8	29.7	♎ 0.7	1.7	2.7	3.7	4.6	5.6	6.6	
☽	♉ 26.8	♊ 9.7	22.3	♋ 4.6	16.6	28.5	♌ 10.3	22.1	♍ 3.9	15.8	27.7	♎ 9.8	22	♏ 4.5	17.1	♐ 0	13.2	26.7	♑ 10.6	24.8	♒ 9.3	24	♓ 9	24	♈ 8.9	23.6	♉ 7.9	21.8	♊ 5.3	18.3	
☿	♍ 23.6	25.3	26.9	28.5	♎ 0.1	1.7	3.2	4.7	6.3	7.7	9.2	10.6	12.1	13.5	14.9	16.2	17.6	18.9	20.2	21.4	22.7	23.9	25.1	26.2	27.3	28.4	29.5	♏ 0.5	1.5	2.4	
♀	♌ 2.9	4	5.2	6.4	7.6	8.8	10	11.2	12.4	13.6	14.8	16	17.2	18.4	19.6	20.8	22	23.2	24.4	25.6	26.8	28	29.2	♍ 0.4	1.6	2.9	4.1	5.3	6.5	7.7	
♂	♎ 9.6	10.3	10.9	11.5	12.2	12.9	13.5	14.2	14.8	15.5	16.1	16.8	17.4	18.1	18.8	19.4	20.1	20.7	21.4	22.1	22.7	23.4	24.1	24.7	25.4	26.1	26.8	27.4	28.1	28.8	

♃	1: ♑ 28.1R	6: 27.8	11: 27.6	16: 27.4	21: 27.3	26: 27.3D
♄	1: ♑ 23.8R	6: 23.6	11: 23.5	16: 23.3	21: 23.3	26: 23.2
♅	1: ♌ 26.9	11: 27.5	21: 28.1			
♆	1: ♏ 9	11: 9.3	21: 9.5			
♇	1: ♍ 7.9	11: 8.2	21: 8.6			

	1	2	3	4	5	6	7	8	9	10	11	12	13	14	15	16	17	18	19	20	21	22	23	24	25	26	27	28	29	30	31
☉	♍ 8.1	9.1	10	11	12	12.9	13.9	14.9	15.8	16.8	17.8	18.8	19.7	20.7	21.7	22.7	23.6	24.6	25.6	26.6	27.5	28.5	29.5	♎ 0.5	1.5	2.4	3.4	4.4	5.4	6.4	
☽	♍ 28.5	♎ 10.3	22.2	♏ 4.1	16.1	28.2	♐ 10.6	23.3	♑ 6.4	19.9	♒ 3.9	18.3	♓ 3.1	18.2	♈ 3.5	18.7	♉ 3.7	18.4	♊ 2.6	16.4	29.8	♋ 12.7	25.3	♌ 7.6	19.7	♍ 1.7	13.6	25.5	♎ 7.3	19.2	
☿	♎ 3.1	4.4	5.7	6.9	8.1	9.3	10.4	11.5	12.6	13.6	14.6	15.5	16.4	17.2	18	18.7	19.4	20	20.5	20.9	21.3	21.6	21.7	21.8	21.7R	21.6	21.3	20.9	20.3	19.7	
♀	♎ 24.2	25.2	26.2	27.1	28.1	29	30	♏ 0.9	1.9	2.8	3.7	4.6	5.5	6.4	7.3	8.1	9	9.8	10.7	11.5	12.3	13.1	13.9	14.6	15.4	16.1	16.9	17.6	18.3	18.9	
♂	♋ 6.1	6.7	7.3	7.9	8.6	9.2	9.8	10.4	11	11.6	12.2	12.9	13.5	14.1	14.7	15.3	15.9	16.5	17.1	17.6	18.2	18.8	19.4	20	20.6	21.1	21.7	22.3	22.9	23.4	

♃	1: ♓ 7.7R	6: 7	11: 6.4	16: 5.7	21: 5.2	26: 4.6
♄	1: ♒ 5.9R	6: 5.7	11: 5.4	16: 5.2	21: 5	26: 4.9
♅	1: ♍ 1.4	11: 2	21: 2.6			
♆	1: ♏ 11.1	11: 11.4	21: 11.6			
♇	1: ♍ 9.8	11: 10.2	21: 10.5			

X

	1	2	3	4	5	6	7	8	9	10	11	12	13	14	15	16	17	18	19	20	21	22	23	24	25	26	27	28	29	30	31
☉	♎ 7.6	8.6	9.5	10.5	11.5	12.5	13.5	14.5	15.5	16.5	17.4	18.4	19.4	20.4	21.4	22.4	23.4	24.4	25.4	26.4	27.4	28.4	29.4	♏ 0.3	1.3	2.3	3.3	4.3	5.3	6.3	7.3
☽	♋ 0.9	13.1	25.2	♌ 7	18.8	♍ 0.6	12.5	24.4	♎ 6.6	18.9	♏ 1.4	14.1	27.1	♐ 10.2	23.6	♑ 7.1	20.9	♒ 4.9	19.1	♓ 3.5	18.1	♈ 2.7	17.3	♉ 1.7	15.9	29.8	♊ 13.2	26.2	♋ 8.9	21.2	♌ 3.2
☿	♏ 3.3	4.1	4.8	5.5	6.2	6.7	7.2	7.5	7.8	8	8.0R	8	7.8	7.4	6.9	6.3	5.6	4.7	3.7	2.6	1.4	0.1	♎ 28.9	27.6	26.5	25.4	24.4	23.7	23	22.6	22.4
♀	♍ 9	10.2	11.4	12.6	13.9	15.1	16.3	17.5	18.8	20	21.2	22.5	23.7	24.9	26.2	27.4	28.6	29.9	♎ 1.1	2.3	3.6	4.8	6.1	7.3	8.5	9.8	11	12.3	13.5	14.8	16
♂	♎ 29.4	♏ 0.1	0.8	1.5	2.2	2.8	3.5	4.2	4.9	5.6	6.2	6.9	7.6	8.3	9	9.7	10.4	11.1	11.8	12.4	13.1	13.8	14.5	15.2	15.9	16.6	17.3	18	18.7	19.4	20.1

♃	1: ♑ 27.4	6: 27.6	11: 27.8	16: 28.1	21: 28.5	26: 29	31: 29.5
♄	1: ♑ 23.2	6: 23.3	11: 23.4	16: 23.5	21: 23.7	26: 23.9	31: 24.1
♅	1: ♌ 28.7	11: 29.2	21: 29.6	31: 30			
♆	1: ♏ 9.8	11: 10.2	21: 10.5	31: 10.9			
♇	1: ♍ 8.9	11: 9.2	21: 9.4	31: 9.7			

	1	2	3	4	5	6	7	8	9	10	11	12	13	14	15	16	17	18	19	20	21	22	23	24	25	26	27	28	29	30	31
☉	♎ 7.3	8.3	9.3	10.3	11.3	12.3	13.3	14.2	15.2	16.2	17.2	18.2	19.2	20.2	21.2	22.2	23.1	24.1	25.1	26.1	27.1	28.1	29.1	♏ 0.1	1.1	2.1	3.1	4.1	5.1	6.1	7.1
☽	♏ 1.1	13	25.1	♐ 7.3	19.7	♑ 2.3	15.3	28.7	♒ 12.4	26.7	♓ 11.4	26.4	♈ 11.7	27	♉ 12.2	27	♊ 11.5	25.4	♋ 8.9	21.8	♌ 4.4	16.7	28.7	♍ 10.7	22.5	♎ 4.3	16.2	28.1	♏ 10.1	22.2	♐ 4.4
☿	♎ 18.9R	18	17	16	14.8	13.7	12.5	11.4	10.3	9.3	8.4	7.7	7.2	6.8	6.6	6.5D	6.7	7	7.5	8.2	9	9.9	10.9	12.1	13.3	14.6	16	17.4	18.9	20.4	21.9
♀	♏ 19.6	20.2	20.8	21.4	22	22.6	23.1	23.6	24.1	24.5	25	25.4	25.7	26.1	26.4	26.7	26.9	27.1	27.3	27.4	27.5	27.6	27.6	27.6R	27.6	27.5	27.3	27.2	26.9	26.7	26.4
♂	♋ 24	24.5	25.1	25.7	26.2	26.8	27.3	27.9	28.4	28.9	29.5	♌ 0	0.5	1.1	1.6	2.1	2.6	3.1	3.7	4.2	4.7	5.2	5.7	6.1	6.6	7.1	7.6	8.1	8.5	9	9.5

♃	1: ♓ 4.1R	6: 3.7	11: 3.4	16: 3.1	21: 2.9	26: 2.8	31: 2.8D
♄	1: ♒ 4.8R	6: 4.8	11: 4.8D	16: 4.8	21: 4.9	26: 5	31: 5.1
♅	1: ♍ 3.2	11: 3.7	21: 4.1	31: 4.5			
♆	1: ♏ 11.9	11: 12.3	21: 12.6	31: 13			
♇	1: ♍ 10.8	11: 11.1	21: 11.4	31: 11.6			

XI

	1	2	3	4	5	6	7	8	9	10	11	12	13	14	15	16	17	18	19	20	21	22	23	24	25	26	27	28	29	30	31
☉	♏ 8.3	9.3	10.3	11.3	12.3	13.3	14.3	15.4	16.4	17.4	18.4	19.4	20.4	21.4	22.4	23.4	24.4	25.4	26.4	27.4	28.4	29.5	♐ 0.5	1.5	2.5	3.5	4.5	5.5	6.5	7.6	
☽	♌ 15.1	26.9	♍ 8.7	20.6	♎ 2.7	15	27.5	♏ 10.3	23.4	♐ 6.8	20.3	♑ 4	17.8	♒ 1.7	15.7	29.8	♓ 13.9	28.1	♈ 12.3	26.4	♉ 10.5	24.3	♊ 7.9	21.2	♋ 4.1	16.7	29	♌ 11	22.9	♍ 4.7	
☿	♎ 22.3D	22.5	22.8	23.3	23.9	24.6	25.5	26.5	27.6	28.8	♏ 0	1.3	2.7	4	5.5	6.9	8.4	9.9	11.4	12.9	14.5	16	17.6	19.1	20.7	22.3	23.8	25.4	27	28.5	
♀	♎ 17.2	18.5	19.7	21	22.2	23.5	24.7	26	27.2	28.5	29.7	♏ 1	2.2	3.5	4.7	6	7.2	8.5	9.7	11	12.2	13.5	14.8	16	17.3	18.5	19.8	21	22.3	23.5	
♂	♏ 20.8	21.5	22.2	23	23.7	24.4	25.1	25.8	26.5	27.2	27.9	28.6	29.4	♐ 0.1	0.8	1.5	2.2	3	3.7	4.4	5.1	5.8	6.6	7.3	8	8.7	9.5	10.2	10.9	11.7	

♃	1: ♑ 29.6	6: ♒ 0.2	11: 0.9	16: 1.6	21: 2.4	26: 3.3
♄	1: ♑ 24.2	6: 24.5	11: 24.8	16: 25.2	21: 25.6	26: 26
♅	1: ♌ 30	11: ♍ 0.3	21: 0.4			
♆	1: ♏ 11	11: 11.3	21: 11.7			
♇	1: ♍ 9.7	11: 9.9	21: 10			

	1	2	3	4	5	6	7	8	9	10	11	12	13	14	15	16	17	18	19	20	21	22	23	24	25	26	27	28	29	30	31
☉	♏ 8.1	9.1	10.1	11.1	12.1	13.1	14.1	15.1	16.1	17.1	18.1	19.1	20.1	21.1	22.1	23.2	24.2	25.2	26.2	27.2	28.2	29.2	♐ 0.2	1.2	2.2	3.3	4.3	5.3	6.3	7.3	
☽	♐ 16.8	29.3	♑ 12	25	♒ 8.3	21.9	♓ 6	20.4	♈ 5.1	20.1	♉ 5.2	20.2	♊ 5.1	19.5	♋ 3.6	17.1	♌ 0.2	12.8	25.2	♍ 7.2	19.2	♎ 1	12.8	24.7	♏ 6.7	18.9	♐ 1.2	13.6	26.3	♑ 9.1	
☿	♎ 23.5	25	26.6	28.2	29.9	♏ 1.5	3.1	4.7	6.4	8	9.6	11.2	12.9	14.5	16.1	17.7	19.3	20.9	22.5	24.1	25.7	27.3	28.9	♐ 0.4	2	3.6	5.2	6.7	8.3	9.9	
♀	♏ 26.1R	25.7	25.3	24.9	24.4	23.9	23.4	22.8	22.2	21.7	21.1	20.5	19.9	19.2	18.6	18	17.5	16.9	16.4	15.8	15.3	14.9	14.4	14	13.7	13.4	13.1	12.8	12.6	12.5	
♂	♌ 9.9	10.4	10.8	11.3	11.7	12.2	12.6	13	13.4	13.9	14.3	14.7	15.1	15.5	15.8	16.2	16.6	17	17.3	17.7	18	18.4	18.7	19	19.4	19.7	20	20.3	20.6	20.9	

♃	1: ♓ 2.8	6: 2.9	11: 3.1	16: 3.3	21: 3.7	26: 4.1
♄	1: ♒ 5.2	6: 5.4	11: 5.6	16: 5.9	21: 6.2	26: 6.6
♅	1: ♍ 4.6	11: 4.9	21: 5.1			
♆	1: ♏ 13	11: 13.4	21: 13.8			
♇	1: ♍ 11.7	11: 11.9	21: 12			

XII

	1	2	3	4	5	6	7	8	9	10	11	12	13	14	15	16	17	18	19	20	21	22	23	24	25	26	27	28	29	30	31
☉	♐ 8.6	9.6	10.6	11.6	12.6	13.6	14.7	15.7	16.7	17.7	18.7	19.7	20.8	21.8	22.8	23.8	24.8	25.8	26.9	27.9	28.9	29.9	♑ 0.9	1.9	3	4	5	6	7	8.1	9.1
☽	♍ 16.5	28.4	♎ 10.5	22.9	♏ 5.6	18.6	♐ 2	15.7	29.7	♑ 13.8	28.1	♒ 12.4	26.6	♓ 10.8	24.9	♈ 8.9	22.7	♉ 6.5	20	♊ 3.4	16.6	29.6	♋ 12.2	24.7	♌ 6.9	18.9	♍ 0.7	12.5	24.3	♎ 6.2	18.3
☿	♐ 0.1	1.7	3.2	4.8	6.4	7.9	9.5	11.1	12.6	14.2	15.8	17.3	18.9	20.5	22	23.6	25.2	26.8	28.4	29.9	♑ 1.5	3.1	4.7	6.3	7.9	9.5	11.1	12.7	14.4	16	17.6
♀	♏ 24.8	26.1	27.3	28.6	29.8	♐ 1.1	2.3	3.6	4.9	6.1	7.4	8.6	9.9	11.1	12.4	13.7	14.9	16.2	17.4	18.7	19.9	21.2	22.5	23.7	25	26.2	27.5	28.8	♑ 0	1.3	2.5
♂	♐ 12.4	13.1	13.9	14.6	15.3	16.1	16.8	17.5	18.3	19	19.8	20.5	21.2	22	22.7	23.5	24.2	25	25.7	26.5	27.2	28	28.7	29.5	♑ 0.2	1	1.7	2.5	3.2	4	4.7

♃	1: ♒ 4.2	6: 5.1	11: 6	16: 7	21: 8.1	26: 9.2	31: 10.2
♄	1: ♑ 26.4	6: 26.9	11: 27.4	16: 27.9	21: 28.5	26: 29	31: 29.6
♅	1: ♍ 0.5	11: 0.5R	21: 0.4	31: 0.3			
♆	1: ♏ 12.1	11: 12.4	21: 12.7	31: 12.9			
♇	1: ♍ 10.1	11: 10.1	21: 10.1R	31: 10			

	1	2	3	4	5	6	7	8	9	10	11	12	13	14	15	16	17	18	19	20	21	22	23	24	25	26	27	28	29	30	31
☉	♐ 8.3	9.3	10.3	11.4	12.4	13.4	14.4	15.4	16.4	17.5	18.5	19.5	20.5	21.5	22.5	23.6	24.6	25.6	26.6	27.6	28.6	29.7	♑ 0.7	1.7	2.7	3.7	4.8	5.8	6.8	7.8	8.8
☽	♑ 22.1	♒ 5.3	18.7	♓ 2.3	16.3	♈ 0.4	14.8	29.4	♉ 14.1	28.7	♊ 13.2	27.4	♋ 11.3	24.9	♌ 8	20.7	♍ 3.1	15.2	27.2	♎ 9.1	20.9	♏ 2.8	14.9	27.1	♐ 9.6	22.3	♑ 5.3	18.4	♒ 1.8	15.4	29.2
☿	♐ 11.5	13	14.6	16.1	17.7	19.3	20.8	22.4	24	25.5	27.1	28.7	♑ 0.2	1.8	3.4	4.9	6.5	8	9.6	11.2	12.7	14.2	15.8	17.3	18.8	20.3	21.8	23.2	24.7	26.1	27.4
♀	♏ 12.3R	12.3	12.2	12.2D	12.3	12.3	12.5	12.6	12.8	13	13.3	13.6	13.9	14.3	14.7	15.1	15.6	16.1	16.6	17.1	17.7	18.3	18.9	19.5	20.2	20.8	21.5	22.2	23	23.7	24.5
♂	♌ 21.1	21.4	21.7	21.9	22.1	22.4	22.6	22.8	23	23.2	23.4	23.6	23.7	23.9	24	24.1	24.3	24.4	24.5	24.6	24.6	24.7	24.7	24.8	24.8	24.8	24.8R	24.8	24.8	24.7	24.7

♃	1: ♓ 4.6	6: 5.1	11: 5.7	16: 6.4	21: 7.2	26: 8	31: 8.8
♄	1: ♒ 7	6: 7.4	11: 7.8	16: 8.3	21: 8.8	26: 9.3	31: 9.8
♅	1: ♍ 5.3	11: 5.3	21: 5.3R	31: 5.1			
♆	1: ♏ 14.1	11: 14.5	21: 14.8	31: 15.1			
♇	1: ♍ 12.1	11: 12.2	21: 12.2R	31: 12.1			

	1	2	3	4	5	6	7	8	9	10	11	12	13	14	15	16	17	18	19	20	21	22	23	24	25	26	27	28	29	30	31
☉	♑ 9.9	10.9	11.9	12.9	13.9	14.9	16	17	18	19	20	21.1	22.1	23.1	24.1	25.1	26.2	27.2	28.2	29.2	♒ 0.2	1.2	2.3	3.3	4.3	5.3	6.3	7.3	8.4	9.4	10.4
☽	♓ 13.1	27.2	♈ 11.3	25.5	♉ 9.7	23.9	♊ 8.1	22.1	♋ 5.9	19.5	♌ 2.7	15.7	28.4	♍ 10.8	22.9	♎ 4.9	16.8	28.7	♏ 10.6	22.7	♐ 5	17.5	♑ 0.3	13.5	27	♒ 10.8	24.9	♓ 9.2	23.6	♈ 8	22.3
☿	♑ 28.7	30	♒ 1.1	2.2	3.3	4.2	5	5.6	6.1	6.5	6.7	6.7R	6.5	6.1	5.5	4.7	3.8	2.7	1.5	0.3	♑ 29	27.7	26.5	25.3	24.2	23.3	22.5	21.8	21.3	21	20.8
♀	♏ 25.3	26.1	26.9	27.7	28.5	29.4	♐ 0.2	1.1	2	2.9	3.8	4.7	5.7	6.6	7.5	8.5	9.5	10.4	11.4	12.4	13.4	14.4	15.4	16.4	17.5	18.5	19.5	20.6	21.6	22.7	23.7
♂	♌ 24.6R	24.5	24.4	24.3	24.2	24	23.9	23.7	23.5	23.3	23.1	22.9	22.7	22.4	22.2	21.9	21.6	21.4	21	20.7	20.4	20.1	19.7	19.4	19	18.7	18.3	17.9	17.5	17.1	16.7

	1	6	11	16	21	26	31
♃	♓ 9	9.9	10.9	11.9	12.9	14	15
♄	♒ 9.9	10.5	11.1	11.6	12.2	12.8	13.4
♅	♍ 5.1R		4.9		4.6		4.2
♆	♏ 15.1		15.3		15.5		15.6
♇	♍ 12.1R		12		11.8		11.6

	1	2	3	4	5	6	7	8	9	10	11	12	13	14	15	16	17	18	19	20	21	22	23	24	25	26	27	28	29	30	31
☉	♒ 11.4	12.4	13.4	14.5	15.5	16.5	17.5	18.5	19.5	20.5	21.5	22.6	23.6	24.6	25.6	26.6	27.6	28.6	29.6	♓ 0.6	1.6	2.7	3.7	4.7	5.7	6.7	7.7	8.7			
☽	♉ 6.6	20.7	♊ 4.6	18.3	♋ 1.9	15.2	28.3	♌ 11.2	23.9	♍ 6.4	18.7	♎ 0.9	12.8	24.7	♏ 6.6	18.5	♐ 0.5	12.7	25.2	♑ 8.1	21.3	♒ 4.9	19	♓ 3.5	18.2	♈ 3	17.9	♉ 2.7			
☿	♑ 20.7R	20.7D	20.9	21.2	21.6	22.1	22.6	23.3	24	24.8	25.7	26.6	27.5	28.5	29.6	♒ 0.6	1.8	2.9	4.1	5.3	6.6	7.9	9.2	10.5	11.8	13.2	14.6	16			
♀	♐ 24.8	25.9	26.9	28	29.1	♑ 0.2	1.3	2.3	3.4	4.5	5.6	6.8	7.9	9	10.1	11.2	12.3	13.5	14.6	15.7	16.8	18	19.1	20.3	21.4	22.5	23.7	24.8			
♂	♌ 16.3R	16	15.6	15.2	14.8	14.4	14	13.6	13.2	12.8	12.4	12	11.6	11.3	10.9	10.6	10.2	9.9	9.6	9.2	8.9	8.6	8.4	8.1	7.8	7.6	7.3	7.1			

	1	6	11	16	21	26	31
♃	♓ 15.3	16.4	17.5	18.7	19.9	21.1	
♄	♒ 13.5	14.1	14.7	15.3	15.9	16.5	
♅	♍ 4.2R		3.8		3.3		
♆	♏ 15.6		15.7		15.7R		
♇	♍ 11.6R		11.4		11.1		

	1	2	3	4	5	6	7	8	9	10	11	12	13	14	15	16	17	18	19	20	21	22	23	24	25	26	27	28	29	30	31
☉	♓ 9.7	10.7	11.7	12.7	13.7	14.7	15.7	16.7	17.7	18.7	19.7	20.7	21.7	22.7	23.7	24.7	25.7	26.7	27.7	28.7	29.7	♈ 0.7	1.7	2.6	3.6	4.6	5.6	6.6	7.6	8.6	9.6
☽	♉ 17.2	♊ 1.4	15.3	28.8	♋ 12.1	25.1	♌ 7.8	20.4	♍ 2.8	15.1	27.2	♎ 9.2	21.2	♏ 3	14.9	26.8	♐ 8.8	20.9	♑ 3.3	16.1	29.2	♒ 12.8	27	♓ 11.5	26.5	♈ 11.6	26.9	♉ 12	26.8	♊ 11.3	25.3
☿	♒ 17.5	18.9	20.4	21.9	23.4	24.9	26.5	28.1	29.7	♓ 1.3	2.9	4.5	6.2	7.9	9.6	11.3	13.1	14.8	16.6	18.4	20.3	22.1	24	25.9	27.8	29.7	♈ 1.7	3.6	5.6	7.6	9.6
♀	♑ 26	27.1	28.3	29.4	♒ 0.6	1.8	2.9	4.1	5.3	6.4	7.6	8.8	9.9	11.1	12.3	13.4	14.6	15.8	17	18.1	19.3	20.5	21.7	22.9	24	25.2	26.4	27.6	28.8	30	♓ 1.2
♂	♌ 6.9R	6.7	6.5	6.4	6.2	6.1	5.9	5.8	5.7	5.6	5.5	5.5	5.4	5.4	5.4	5.3	5.3D	5.3	5.4	5.4	5.4	5.5	5.6	5.7	5.7	5.8	6	6.1	6.2	6.4	6.5

	1	6	11	16	21	26	31
♃	♓ 21.8	23	24.2	25.4	26.6	27.8	29
♄	♒ 16.8	17.4	17.9	18.5	19	19.5	20
♅	♍ 3.0R		2.6		2.2		1.8
♆	♏ 15.6R		15.5		15.4		15.2
♇	♍ 10.9R		10.6		10.4		10.2

	1	2	3	4	5	6	7	8	9	10	11	12	13	14	15	16	17	18	19	20	21	22	23	24	25	26	27	28	29	30	31
☉	♈ 10.6	11.5	12.5	13.5	14.5	15.5	16.5	17.5	18.4	19.4	20.4	21.4	22.4	23.3	24.3	25.3	26.3	27.3	28.2	29.2	♉ 0.2	1.2	2.1	3.1	4.1	5.1	6	7	8	8.9	
☽	♋ 8.9	22.1	♌ 4.9	17.5	29.8	♍ 12	24.1	♎ 6.1	18	29.9	♏ 11.8	23.6	♐ 5.6	17.6	29.8	♑ 12.2	24.8	♒ 7.9	21.4	♓ 5.3	19.8	♈ 4.7	19.9	♉ 5.2	20.5	♊ 5.5	20.2	♋ 4.4	18.1	♌ 1.4	
☿	♈ 11.7	13.7	15.8	17.9	19.9	22	24.1	26.1	28.2	♉ 0.2	2.2	4.1	6	7.9	9.7	11.5	13.2	14.8	16.4	17.9	19.3	20.7	22	23.2	24.3	25.3	26.2	27.1	27.8	28.5	
♀	♓ 2.3	3.5	4.7	5.9	7.1	8.3	9.5	10.7	11.9	13.1	14.3	15.5	16.6	17.8	19	20.2	21.4	22.6	23.8	25	26.2	27.4	28.6	29.8	♈ 1	2.2	3.4	4.6	5.8	7	
♂	♌ 6.7	6.8	7	7.2	7.4	7.6	7.8	8.1	8.3	8.5	8.8	9	9.3	9.6	9.9	10.1	10.4	10.7	11	11.4	11.7	12	12.3	12.7	13	13.4	13.7	14.1	14.4	14.8	

	1	6	11	16	21	26	31
♃	♓ 29.3	♈ 0.5	1.6	2.8	4	5.1	
♄	♒ 20	20.5	20.9	21.3	21.6	21.9	
♅	♍ 1.8R		1.5		1.3		
♆	♏ 15.2R		14.9		14.7		
♇	♍ 10.1R		9.9		9.8		

	1	2	3	4	5	6	7	8	9	10	11	12	13	14	15	16	17	18	19	20	21	22	23	24	25	26	27	28	29	30	31
☉	♉ 9.9	10.9	11.9	12.8	13.8	14.8	15.7	16.7	17.7	18.6	19.6	20.6	21.5	22.5	23.5	24.4	25.4	26.4	27.3	28.3	29.2	♊ 0.2	1.2	2.1	3.1	4.1	5	6	6.9	7.9	8.8
☽	♌ 14.3	26.8	♍ 9.1	21.2	♎ 3.1	15	26.9	♏ 8.8	20.7	♐ 2.6	14.7	26.8	♑ 9.1	21.6	♒ 4.4	17.4	♓ 0.8	14.7	28.9	♈ 13.6	28.5	♉ 13.6	28.8	♊ 13.8	28.5	♋ 12.8	26.6	♌ 10	22.9	♍ 5.5	17.8
☿	♉ 29.1	29.5	29.9	♊ 0.2	0.5	0.6	0.6R	0.6	0.4	0.2	♉ 30	29.6	29.2	28.7	28.2	27.7	27.1	26.6	26	25.4	24.8	24.3	23.8	23.3	22.9	22.5	22.2	22	21.8	21.7	21.7D
♀	♈ 8.2	9.4	10.7	11.9	13.1	14.3	15.5	16.7	17.9	19.1	20.3	21.5	22.7	23.9	25.1	26.3	27.5	28.7	29.9	♉ 1.2	2.4	3.6	4.8	6	7.2	8.4	9.6	10.8	12	13.2	14.5
♂	♌ 15.2	15.6	16	16.3	16.7	17.1	17.5	18	18.4	18.8	19.2	19.6	20.1	20.5	20.9	21.4	21.8	22.3	22.7	23.2	23.6	24.1	24.6	25	25.5	26	26.4	26.9	27.4	27.9	28.4

	1	6	11	16	21	26	31
♃	♈ 6.2	7.3	8.4	9.4	10.4	11.4	12.3
♄	♒ 22.2	22.5	22.7	22.8	23	23.1	23.1
♅	♍ 1.2R		1.2D		1.2		1.4
♆	♏ 14.4R		14.1		13.9		13.6
♇	♍ 9.6R		9.6		9.5		9.6D

	1	2	3	4	5	6	7	8	9	10	11	12	13	14	15	16	17	18	19	20	21	22	23	24	25	26	27	28	29	30	31
☉	♊ 9.8	10.8	11.7	12.7	13.6	14.6	15.6	16.5	17.5	18.4	19.4	20.3	21.3	22.2	23.2	24.2	25.1	26.1	27	28	28.9	29.9	♋ 0.8	1.8	2.7	3.7	4.7	5.6	6.6	7.5	
☽	♍ 29.9	♎ 11.9	23.7	♏ 5.6	17.5	29.5	♐ 11.6	23.8	♑ 6.1	18.7	♒ 1.4	14.4	27.6	♓ 11.1	24.9	♈ 9	23.4	♉ 8	22.8	♊ 7.5	22.2	♋ 6.7	20.9	♌ 4.7	18.1	♍ 1.1	13.7	26.1	♎ 8.2	20.2	
☿	♉ 21.8	21.9	22.1	22.4	22.7	23.2	23.7	24.2	24.9	25.6	26.3	27.2	28.1	29	♊ 0	1.1	2.2	3.4	4.7	6	7.4	8.8	10.2	11.8	13.3	15	16.7	18.4	20.2	22	
♀	♉ 15.7	16.9	18.1	19.3	20.5	21.7	22.9	24.2	25.4	26.6	27.8	29	♊ 0.2	1.4	2.6	3.9	5.1	6.3	7.5	8.7	9.9	11.2	12.4	13.6	14.8	16	17.2	18.5	19.7	20.9	
♂	♌ 28.9	29.4	29.9	♍ 0.4	0.9	1.4	1.9	2.4	2.9	3.4	3.9	4.5	5	5.5	6	6.6	7.1	7.6	8.2	8.7	9.2	9.8	10.3	10.9	11.4	12	12.5	13.1	13.6	14.2	

	1	6	11	16	21	26	31
♃	♈ 12.5	13.4	14.2	15	15.7	16.4	
♄	♒ 23.1	23.1R	23.1	23	22.9	22.7	
♅	♍ 1.4		1.6		1.9		
♆	♏ 13.6R		13.4		13.2		
♇	♍ 9.6		9.6		9.8		

	1	2	3	4	5	6	7	8	9	10	11	12	13	14	15	16	17	18	19	20	21	22	23	24	25	26	27	28	29	30	31
☉	♋ 8.5	9.4	10.4	11.3	12.3	13.2	14.2	15.1	16.1	17	18	19	19.9	20.9	21.8	22.8	23.7	24.7	25.6	26.6	27.5	28.5	29.4	♌ 0.4	1.4	2.3	3.3	4.2	5.2	6.1	7.1
☽	♏ 2.1	14	25.9	♐ 8	20.2	♑ 2.6	15.2	28	♒ 11.1	24.4	♓ 8	21.7	♈ 5.7	19.8	♉ 4	18.3	♊ 2.7	17.1	♋ 1.3	15.4	29.3	♌ 12.9	26.1	♍ 9.1	21.7	♎ 4.1	16.2	28.2	♏ 10.1	22	♐ 3.9
☿	♊ 23.9	25.8	27.8	29.8	♋ 1.8	3.9	6	8.1	10.2	12.4	14.5	16.7	18.8	21	23.1	25.3	27.4	29.5	♌ 1.5	3.6	5.6	7.6	9.6	11.5	13.4	15.3	17.2	19	20.8	22.6	24.3
♀	♊ 22.1	23.3	24.6	25.8	27	28.2	29.4	♋ 0.7	1.9	3.1	4.3	5.6	6.8	8	9.2	10.4	11.7	12.9	14.1	15.3	16.6	17.8	19	20.3	21.5	22.7	23.9	25.2	26.4	27.6	28.9
♂	♍ 14.8	15.3	15.9	16.4	17	17.6	18.1	18.7	19.3	19.9	20.4	21	21.6	22.2	22.8	23.4	23.9	24.5	25.1	25.7	26.3	26.9	27.5	28.1	28.7	29.3	29.9	♎ 0.5	1.1	1.7	2.3

	1	6	11	16	21	26	31
♃	♈ 17	17.6	18.1	18.5	18.9	19.1	19.3
♄	♒ 22.5R	22.3	22	21.7	21.4	21.1	20.7
♅	♍ 2.3		2.8		3.3		3.9
♆	♏ 13.1R		12.9		12.9		12.9D
♇	♍ 9.9		10.2		10.4		10.7

	1	2	3	4	5	6	7	8	9	10	11	12	13	14	15	16	17	18	19	20	21	22	23	24	25	26	27	28	29	30	31
☉	♌ 8	9	10	10.9	11.9	12.8	13.8	14.8	15.7	16.7	17.6	18.6	19.5	20.5	21.5	22.4	23.4	24.4	25.3	26.3	27.2	28.2	29.2	♍ 0.1	1.1	2.1	3	4	5	5.9	6.9
☽	♐ 16	28.3	♑ 10.9	23.8	♒ 6.9	20.4	♓ 4.2	18.1	♈ 2.3	16.5	♉ 0.8	15.1	29.2	♊ 13.3	27.3	♋ 11.1	24.8	♌ 8.2	21.5	♍ 4.5	17.2	29.8	♎ 12.1	24.2	♏ 6.1	18	29.9	♐ 11.8	23.9	♑ 6.2	18.8
☿	♌ 26	27.7	29.4	♍ 1	2.6	4.2	5.7	7.3	8.7	10.2	11.6	13.1	14.4	15.8	17.1	18.4	19.6	20.9	22.1	23.2	24.3	25.4	26.4	27.4	28.4	29.3	♎ 0.1	0.9	1.7	2.3	3
♀	♌ 0.1	1.3	2.5	3.8	5	6.2	7.5	8.7	9.9	11.2	12.4	13.6	14.9	16.1	17.3	18.6	19.8	21.1	22.3	23.5	24.8	26	27.2	28.5	29.7	♍ 1	2.2	3.4	4.7	5.9	7.2
♂	♎ 2.9	3.5	4.2	4.8	5.4	6	6.6	7.2	7.9	8.5	9.1	9.7	10.4	11	11.6	12.2	12.9	13.5	14.1	14.8	15.4	16.1	16.7	17.3	18	18.6	19.3	19.9	20.6	21.2	21.9

	1	6	11	16	21	26	31
♃	♈ 19.4	19.5	19.5R	19.4	19.3	19	18.7
♄	♒ 20.7R	20.3	19.9	19.5	19.2	18.8	18.5
♅	♍ 3.9		4.5		5.1		5.8
♆	♏ 12.9		13		13.1		13.2
♇	♍ 10.7		11.1		11.4		11.7

	1	2	3	4	5	6	7	8	9	10	11	12	13	14	15	16	17	18	19	20	21	22	23	24	25	26	27	28	29	30	31
☉	♍ 7.9	8.8	9.8	10.8	11.7	12.7	13.7	14.6	15.6	16.6	17.6	18.5	19.5	20.5	21.4	22.4	23.4	24.4	25.3	26.3	27.3	28.3	29.3	♎ 0.2	1.2	2.2	3.2	4.2	5.1	6.1	
☽	♒ 1.8	15.2	29	♓ 13.2	27.6	♈ 12.3	26.9	♉ 11.5	26	♊ 10.2	24.2	♋ 7.9	21.4	♌ 4.7	17.8	♍ 0.6	13.3	25.9	♎ 8.2	20.4	♏ 2.4	14.3	26.1	♐ 8	19.9	♑ 1.9	14.2	26.8	♒ 9.8	23.2	
☿	♎ 3.5	4	4.4	4.7	5	5.1	5.1R	5.1	4.9	4.7	4.3	3.8	3.2	2.5	1.7	0.8	♍ 29.9	28.8	27.8	26.7	25.7	24.7	23.7	22.8	22.1	21.5	21	20.7	20.6	20.6D	
♀	♍ 8.4	9.6	10.9	12.1	13.4	14.6	15.8	17.1	18.3	19.6	20.8	22.1	23.3	24.5	25.8	27	28.3	29.5	♎ 0.8	2	3.2	4.5	5.7	7	8.2	9.5	10.7	12	13.2	14.5	
♂	♎ 22.5	23.2	23.8	24.5	25.1	25.8	26.4	27.1	27.8	28.4	29.1	29.8	♏ 0.4	1.1	1.8	2.4	3.1	3.8	4.4	5.1	5.8	6.5	7.1	7.8	8.5	9.2	9.9	10.6	11.2	11.9	

	1	6	11	16	21	26	31
♃	♈ 18.7R	18.3	17.8	17.3	16.7	16.1	
♄	♒ 18.4R	18.1	17.7	17.5	17.2	17	
♅	♍ 5.8		6.4		7.1		
♆	♏ 13.3		13.5		13.7		
♇	♍ 11.8		12.1		12.5		

	1	2	3	4	5	6	7	8	9	10	11	12	13	14	15	16	17	18	19	20	21	22	23	24	25	26	27	28	29	30	31
☉	♎ 7.1	8.1	9.1	10.1	11	12	13	14	15	16	17	18	18.9	19.9	20.9	21.9	22.9	23.9	24.9	25.9	26.9	27.9	28.9	29.9	♏ 0.9	1.9	2.9	3.9	4.9	5.9	6.9
☽	♓ 7.2	21.5	♈ 6.3	21.3	♉ 6.4	21.4	♊ 6.1	20.6	♋ 4.6	18.3	♌ 1.7	14.8	27.6	♍ 10.2	22.6	♎ 4.9	17	29.1	♏ 11	22.8	♐ 4.7	16.5	28.3	♑ 10.3	22.6	♒ 5.1	18	♓ 1.4	15.2	29.6	♈ 14.4
☿	♍ 20.8	21.2	21.7	22.4	23.2	24.1	25.2	26.4	27.7	29	♎ 0.5	1.9	3.5	5.1	6.7	8.3	10	11.7	13.3	15	16.7	18.5	20.2	21.9	23.6	25.3	26.9	28.6	♏ 0.3	2	3.6
♀	♎ 15.7	16.9	18.2	19.4	20.7	21.9	23.2	24.4	25.7	26.9	28.2	29.4	♏ 0.7	1.9	3.1	4.4	5.6	6.9	8.1	9.4	10.6	11.9	13.1	14.4	15.6	16.9	18.1	19.4	20.6	21.8	23.1
♂	♏ 12.6	13.3	14	14.7	15.4	16.1	16.8	17.5	18.2	18.9	19.6	20.3	21	21.7	22.4	23.1	23.8	24.5	25.2	25.9	26.6	27.3	28.1	28.8	29.5	♐ 0.2	0.9	1.6	2.4	3.1	3.8

	1	6	11	16	21	26	31
♃	♈ 15.4R	14.8	14.1	13.4	12.8	12.2	11.6
♄	♒ 16.8R	16.7	16.5	16.5	16.4	16.5D	16.5
♅	♍ 7.6		8.2		8.7		9.1
♆	♏ 14		14.4		14.7		15.1
♇	♍ 12.8		13.1		13.4		13.7

	1	2	3	4	5	6	7	8	9	10	11	12	13	14	15	16	17	18	19	20	21	22	23	24	25	26	27	28	29	30	31
☉	♏ 7.9	8.9	9.9	10.9	11.9	12.9	13.9	14.9	15.9	16.9	17.9	18.9	19.9	20.9	21.9	22.9	23.9	24.9	25.9	26.9	28	29	30	♐ 1	2	3	4	5	6	7.1	
☽	♈ 29.5	♉ 14.8	♊ 0.1	15.2	29.9	♋ 14.2	28.1	♌ 11.5	24.5	♍ 7.3	19.7	♎ 2	14.1	26.1	♏ 8	19.8	♐ 1.6	13.5	25.3	♑ 7.3	19.4	♒ 1.6	14.1	27	♓ 10.2	23.9	♈ 8.1	22.7	♉ 7.6	22.8	
☿	♏ 5.3	6.9	8.6	10.2	11.8	13.5	15.1	16.7	18.3	19.9	21.4	23	24.6	26.2	27.7	29.3	♐ 0.9	2.4	4	5.5	7	8.6	10.1	11.6	13.2	14.7	16.2	17.7	19.3	20.8	
♀	♏ 24.3	25.6	26.8	28.1	29.3	♐ 0.6	1.8	3.1	4.3	5.6	6.8	8	9.3	10.5	11.8	13	14.3	15.5	16.8	18	19.3	20.5	21.8	23	24.2	25.5	26.7	28	29.2	♑ 0.5	
♂	♐ 4.5	5.3	6	6.7	7.4	8.2	8.9	9.6	10.4	11.1	11.8	12.6	13.3	14	14.8	15.5	16.2	17	17.7	18.5	19.2	20	20.7	21.5	22.2	22.9	23.7	24.4	25.2	26	

	1	6	11	16	21	26	31
♃	♈ 11.5R	11	10.6	10.2	9.9	9.7	
♄	♒ 16.5	16.6	16.8	17	17.2	17.5	
♅	♍ 9.2		9.5		9.8		
♆	♏ 15.1		15.5		15.9		
♇	♍ 13.7		13.9		14		

	1	2	3	4	5	6	7	8	9	10	11	12	13	14	15	16	17	18	19	20	21	22	23	24	25	26	27	28	29	30	31
☉	♐ 8.1	9.1	10.1	11.1	12.1	13.1	14.2	15.2	16.2	17.2	18.2	19.2	20.3	21.3	22.3	23.3	24.3	25.3	26.4	27.4	28.4	29.4	♑ 0.4	1.5	2.5	3.5	4.5	5.5	6.5	7.6	8.6
☽	♊ 8.1	23.3	♋ 8.2	22.7	♌ 6.8	20.4	♍ 3.6	16.3	28.8	♎ 11	23	♏ 4.9	16.7	28.6	♐ 10.4	22.3	♑ 4.3	16.4	28.7	♒ 11.2	23.8	♓ 6.8	20	♈ 3.6	17.5	♉ 1.8	16.4	♊ 1.3	16.2	♋ 1.2	16
☿	♐ 22.3	23.8	25.3	26.7	28.2	29.7	♑ 1.2	2.6	4	5.4	6.8	8.2	9.5	10.8	12.1	13.3	14.5	15.6	16.6	17.6	18.4	19.1	19.8	20.2	20.6	20.7	20.7R	20.5	20.1	19.5	18.7
♀	♑ 1.7	3	4.2	5.4	6.7	7.9	9.2	10.4	11.7	12.9	14.1	15.4	16.6	17.9	19.1	20.4	21.6	22.8	24.1	25.3	26.6	27.8	29	♒ 0.3	1.5	2.8	4	5.2	6.5	7.7	8.9
♂	♐ 26.7	27.5	28.2	29	29.7	♑ 0.5	1.2	2	2.8	3.5	4.3	5	5.8	6.6	7.3	8.1	8.9	9.6	10.4	11.2	11.9	12.7	13.5	14.3	15	15.8	16.6	17.3	18.1	18.9	19.7

	1	6	11	16	21	26	31
♃	♈ 9.6R	9.5D	9.6	9.7	10	10.3	10.7
♄	♒ 17.8	18.1	18.5	18.9	19.4	19.8	20.3
♅	♍ 10		10.1		10.1R		10
♆	♏ 16.2		16.6		16.9		17.2
♇	♍ 14.2		14.2		14.2R		14.2

I

	1	2	3	4	5	6	7	8	9	10	11	12	13	14	15	16	17	18	19	20	21	22	23	24	25	26	27	28	29	30	31
☉	♑ 9.6	10.6	11.6	12.7	13.7	14.7	15.7	16.7	17.8	18.8	19.8	20.8	21.8	22.9	23.9	24.9	25.9	26.9	27.9	29	30	♒ 1	2	3	4.1	5.1	6.1	7.1	8.1	9.1	10.1
☽	♌ 0.5	14.7	28.4	♍ 11.7	24.6	♎ 7.2	19.4	♏ 1.5	13.3	25.2	♐ 7	18.9	♑ 0.9	13.1	25.4	♒ 8	20.8	♓ 3.8	17	♈ 0.5	14.1	28	♉ 12.1	26.4	♊ 10.8	25.2	♋ 9.7	24.2	♌ 8.4	22.5	♍ 6.1
☿	♑ 17.7R	16.6	15.4	14.1	12.7	11.4	10.1	8.9	7.8	6.8	6.1	5.4	5	4.7	4.5	4.5D	4.7	4.9	5.3	5.8	6.4	7	7.8	8.6	9.5	10.4	11.4	12.4	13.5	14.6	15.8
♀	♒ 10.2	11.4	12.6	13.9	15.1	16.4	17.6	18.8	20	21.3	22.5	23.7	25	26.2	27.4	28.6	29.9	♓ 1.1	2.3	3.5	4.8	6	7.2	8.4	9.6	10.9	12.1	13.3	14.5	15.7	16.9
♂	♑ 20.5	21.2	22	22.8	23.6	24.3	25.1	25.9	26.7	27.5	28.2	29	29.8	♒ 0.6	1.4	2.2	2.9	3.7	4.5	5.3	6.1	6.9	7.7	8.4	9.2	10	10.8	11.6	12.4	13.2	14

	1	6	11	16	21	26	31
♃	♈ 10.7	11.2	11.8	12.4	13.1	13.8	14.6
♄	♒ 20.4	20.9	21.5	22	22.6	23.2	23.8
♅	♍ 10.0R		9.8		9.5		9.2
♆	♏ 17.2		17.4		17.6		17.7
♇	♍ 14.2R		14.1		13.9		13.7

II

	1	2	3	4	5	6	7	8	9	10	11	12	13	14	15	16	17	18	19	20	21	22	23	24	25	26	27	28	29	30	31
☉	♒ 11.2	12.2	13.2	14.2	15.2	16.2	17.3	18.3	19.3	20.3	21.3	22.3	23.3	24.3	25.3	26.4	27.4	28.4	29.4	♓ 0.4	1.4	2.4	3.4	4.4	5.4	6.4	7.4	8.4	9.4		
☽	♍ 19.5	♎ 2.4	15.1	27.4	♏ 9.4	21.3	♐ 3.2	15	26.9	♑ 9	21.3	♒ 3.9	16.7	29.9	♓ 13.4	27	♈ 10.9	24.9	♉ 8.9	23	♊ 7.2	21.3	♋ 5.4	19.4	♌ 3.4	17.2	♍ 0.8	14.3	27.4		
☿	♑ 16.9	18.2	19.4	20.7	22	23.3	24.6	26	27.4	28.8	♒ 0.2	1.6	3	4.5	6	7.5	9	10.5	12.1	13.6	15.2	16.8	18.4	20	21.7	23.3	25	26.7	28.4		
♀	♓ 18.1	19.3	20.5	21.8	23	24.2	25.4	26.6	27.8	29	♈ 0.2	1.4	2.5	3.7	4.9	6.1	7.3	8.5	9.7	10.8	12	13.2	14.4	15.5	16.7	17.9	19	20.2	21.4		
♂	♒ 14.8	15.5	16.3	17.1	17.9	18.7	19.5	20.3	21.1	21.9	22.7	23.4	24.2	25	25.8	26.6	27.4	28.2	29	29.8	♓ 0.6	1.3	2.1	2.9	3.7	4.5	5.3	6.1	6.9		

	1	6	11	16	21	26	31
♃	♈ 14.8	15.6	16.5	17.5	18.5	19.5	
♄	♒ 23.9	24.5	25.1	25.7	26.3	26.9	
♅	♍ 9.1R		8.7		8.3		
♆	♏ 17.8		17.8		17.8R		
♇	♍ 13.7R		13.5		13.2		

III

	1	2	3	4	5	6	7	8	9	10	11	12	13	14	15	16	17	18	19	20	21	22	23	24	25	26	27	28	29	30	31
☉	♓ 10.5	11.5	12.5	13.5	14.5	15.5	16.5	17.5	18.5	19.5	20.5	21.5	22.5	23.5	24.5	25.4	26.4	27.4	28.4	29.4	♈ 0.4	1.4	2.4	3.4	4.4	5.4	6.4	7.4	8.3	9.3	10.3
☽	♎ 10.3	22.8	♏ 5.1	17.2	29.1	♐ 10.9	22.8	♑ 4.7	16.8	29.2	♒ 11.9	24.9	♓ 8.4	22.2	♈ 6.3	20.7	♉ 5.1	19.5	♊ 3.9	18.1	♋ 2.2	16.1	29.9	♌ 13.4	26.8	♍ 10.1	23.1	♎ 6	18.6	♏ 1	13.2
☿	♓ 0.1	1.8	3.6	5.4	7.2	9	10.8	12.7	14.5	16.4	18.3	20.2	22.2	24.1	26.1	28	♈ 0	2	4	6	8	10	12	14	15.9	17.9	19.7	21.6	23.4	25.1	26.8
♀	♈ 22.5	23.7	24.8	26	27.1	28.3	29.4	♉ 0.6	1.7	2.8	4	5.1	6.2	7.3	8.4	9.5	10.7	11.8	12.9	14	15.1	16.1	17.2	18.3	19.4	20.5	21.5	22.6	23.6	24.7	25.7
♂	♓ 7.7	8.5	9.2	10	10.8	11.6	12.4	13.2	14	14.8	15.5	16.3	17.1	17.9	18.7	19.5	20.3	21	21.8	22.6	23.4	24.2	25	25.7	26.5	27.3	28.1	28.9	29.6	♈ 0.4	1.2

	1	6	11	16	21	26	31
♃	♈ 20.3	21.4	22.5	23.6	24.8	25.9	27.1
♄	♒ 27.4	28	28.5	29.1	29.7	♓ 0.2	0.7
♅	♍ 7.9R		7.5		7.1		6.7
♆	♏ 17.8R		17.7		17.6		17.4
♇	♍ 13.0R		12.7		12.5		12.2

IV

	1	2	3	4	5	6	7	8	9	10	11	12	13	14	15	16	17	18	19	20	21	22	23	24	25	26	27	28	29	30	31
☉	♈ 11.3	12.3	13.3	14.3	15.2	16.2	17.2	18.2	19.2	20.2	21.1	22.1	23.1	24.1	25.1	26	27	28	29	30	♉ 0.9	1.9	2.9	3.9	4.8	5.8	6.8	7.7	8.7	9.7	
☽	♏ 25.2	♐ 7.1	18.9	♑ 0.7	12.6	24.7	♒ 7	19.8	♓ 2.9	16.5	♈ 0.5	14.9	29.6	♉ 14.5	29.3	♊ 14	28.6	♋ 12.8	26.7	♌ 10.4	23.8	♍ 6.9	19.8	♎ 2.6	15.1	27.4	♏ 9.6	21.7	♐ 3.6	15.4	
☿	♈ 28.4	30	♉ 1.4	2.8	4.1	5.3	6.3	7.3	8.2	9	9.7	10.3	10.7	11.1	11.3	11.5	11.5R	11.5	11.3	11.1	10.7	10.3	9.8	9.3	8.7	8.1	7.5	6.8	6.1	5.5	
♀	♉ 26.8	27.8	28.9	29.9	♊ 0.9	1.9	2.9	3.9	4.9	5.9	6.9	7.8	8.8	9.8	10.7	11.6	12.6	13.5	14.4	15.3	16.2	17.1	17.9	18.8	19.6	20.5	21.3	22.1	22.9	23.7	
♂	♈ 2	2.8	3.5	4.3	5.1	5.9	6.6	7.4	8.2	9	9.7	10.5	11.3	12	12.8	13.6	14.4	15.1	15.9	16.7	17.4	18.2	18.9	19.7	20.5	21.2	22	22.8	23.5	24.3	

	1	6	11	16	21	26	31
♃	♈ 27.3	28.5	29.7	♉ 0.9	2.1	3.3	
♄	♓ 0.8	1.3	1.8	2.2	2.7	3.1	
♅	♍ 6.7R		6.4		6.1		
♆	♏ 17.4R		17.1		16.9		
♇	♍ 12.2R		12		11.8		

V

	1	2	3	4	5	6	7	8	9	10	11	12	13	14	15	16	17	18	19	20	21	22	23	24	25	26	27	28	29	30	31
☉	♉ 10.7	11.6	12.6	13.6	14.5	15.5	16.5	17.4	18.4	19.4	20.3	21.3	22.3	23.2	24.2	25.2	26.1	27.1	28.1	29	30	♊ 0.9	1.9	2.9	3.8	4.8	5.7	6.7	7.7	8.6	9.6
☽	♐ 27.2	♑ 9	20.9	♒ 3	15.3	28	♓ 11.1	24.6	♈ 8.7	23.1	♉ 8	23	♊ 8.2	23.2	♋ 8.1	22.6	♌ 6.7	20.5	♍ 3.8	16.9	29.6	♎ 12.1	24.4	♏ 6.6	18.6	♐ 0.5	12.3	24.1	♑ 5.9	17.8	29.7
☿	♉ 4.9R	4.3	3.7	3.2	2.7	2.4	2	1.8	1.6	1.5	1.5D	1.6	1.7	2	2.2	2.6	3	3.6	4.1	4.8	5.5	6.2	7.1	7.9	8.9	9.9	10.9	12	13.2	14.4	15.6
♀	♊ 24.4	25.2	25.9	26.6	27.3	28	28.7	29.3	29.9	♋ 0.5	1.1	1.7	2.2	2.7	3.2	3.7	4.1	4.5	4.9	5.2	5.5	5.8	6.1	6.3	6.5	6.6	6.8	6.8	6.9	6.9R	6.8
♂	♈ 25	25.8	26.5	27.3	28.1	28.8	29.6	♉ 0.3	1.1	1.8	2.6	3.3	4.1	4.8	5.6	6.3	7	7.8	8.5	9.3	10	10.8	11.5	12.2	13	13.7	14.4	15.2	15.9	16.6	17.4

	1	6	11	16	21	26	31
♃	♉ 4.5	5.7	6.9	8.1	9.2	10.4	11.5
♄	♓ 3.4	3.7	4	4.3	4.5	4.7	4.9
♅	♍ 6.0R		5.9		5.9D		6.1
♆	♏ 16.6R		16.4		16.1		15.8
♇	♍ 11.7R		11.6		11.6		11.6D

VI

	1	2	3	4	5	6	7	8	9	10	11	12	13	14	15	16	17	18	19	20	21	22	23	24	25	26	27	28	29	30	31
☉	♊ 10.5	11.5	12.5	13.4	14.4	15.3	16.3	17.2	18.2	19.1	20.1	21.1	22	23	23.9	24.9	25.8	26.8	27.7	28.7	29.7	♋ 0.6	1.6	2.5	3.5	4.4	5.4	6.3	7.3	8.2	
☽	♒ 11.9	24.2	♓ 6.9	19.9	♈ 3.4	17.3	♉ 1.6	16.3	♊ 1.4	16.5	♋ 1.7	16.7	♌ 1.5	15.8	29.7	♍ 13.2	26.3	♎ 9	21.4	♏ 3.6	15.6	27.5	♐ 9.3	21.1	♑ 2.9	14.8	26.8	♒ 8.9	21.2	♓ 3.7	
☿	♉ 16.9	18.2	19.6	21.1	22.5	24.1	25.6	27.2	28.9	♊ 0.6	2.3	4.1	6	7.8	9.7	11.7	13.7	15.7	17.8	19.9	22	24.1	26.3	28.4	♋ 0.6	2.8	5	7.2	9.4	11.5	
♀	♋ 6.7R	6.6	6.5	6.3	6	5.7	5.4	5.1	4.7	4.2	3.8	3.3	2.8	2.2	1.6	1.1	0.5	♊ 29.8	29.2	28.6	28	27.3	26.7	26.1	25.5	25	24.4	23.9	23.4	23	
♂	♉ 18.1	18.8	19.6	20.3	21	21.7	22.5	23.2	23.9	24.6	25.4	26.1	26.8	27.5	28.2	29	29.7	♊ 0.4	1.1	1.8	2.5	3.2	3.9	4.6	5.4	6.1	6.8	7.5	8.2	8.9	

	1	6	11	16	21	26	31
♃	♉ 11.7	12.8	13.9	15	16	17	
♄	♓ 4.9	5	5	5.0R	5	4.9	
♅	♍ 6.1		6.3		6.6		
♆	♏ 15.8R		15.6		15.4		
♇	♍ 11.6		11.7		11.8		

VII

	1	2	3	4	5	6	7	8	9	10	11	12	13	14	15	16	17	18	19	20	21	22	23	24	25	26	27	28	29	30	31
☉	♋ 9.2	10.1	11.1	12	13	14	14.9	15.9	16.8	17.8	18.7	19.7	20.6	21.6	22.5	23.5	24.4	25.4	26.4	27.3	28.3	29.2	♌ 0.2	1.1	2.1	3	4	5	5.9	6.9	7.8
☽	♓ 16.5	29.5	♈ 12.9	26.7	♉ 10.8	25.3	♊ 10	25	♋ 10.1	25	♌ 9.8	24.2	♍ 8.3	21.9	♎ 5.1	17.8	♏ 0.2	12.4	24.3	♐ 6.2	18	29.8	♑ 11.7	23.7	♒ 5.8	18.2	♓ 0.7	13.5	26.5	♈ 9.7	23.2
☿	♋ 13.7	15.8	17.9	20	22	24.1	26.1	28	30	♌ 1.9	3.7	5.6	7.4	9.2	10.9	12.6	14.3	16	17.6	19.2	20.7	22.2	23.7	25.2	26.6	28	29.4	♍ 0.7	2	3.2	4.4
♀	♊ 22.5R	22.1	21.8	21.5	21.2	21	20.8	20.6	20.5	20.4	20.4	20.4D	20.4	20.5	20.6	20.7	20.9	21.1	21.4	21.7	22	22.3	22.7	23.1	23.5	24	24.4	24.9	25.5	26	26.6
♂	♊ 9.6	10.3	11	11.7	12.4	13.1	13.8	14.5	15.2	15.9	16.5	17.2	17.9	18.6	19.3	20	20.7	21.4	22	22.7	23.4	24.1	24.8	25.4	26.1	26.8	27.5	28.2	28.8	29.5	♋ 0.2

	1	6	11	16	21	26	31
♃	♉ 18	18.9	19.8	20.6	21.4	22.2	22.9
♄	♓ 4.8R	4.7	4.5	4.3	4	3.7	3.4
♅	♍ 6.9		7.4		7.9		8.4
♆	♏ 15.2R		15.1		15.1		15.1D
♇	♍ 12		12.2		12.4		12.7

VIII

	1	2	3	4	5	6	7	8	9	10	11	12	13	14	15	16	17	18	19	20	21	22	23	24	25	26	27	28	29	30	31
☉	♌ 8.8	9.7	10.7	11.6	12.6	13.6	14.5	15.5	16.4	17.4	18.4	19.3	20.3	21.2	22.2	23.2	24.1	25.1	26	27	28	28.9	29.9	♍ 0.9	1.8	2.8	3.8	4.7	5.7	6.7	7.6
☽	♉ 6.9	20.9	♊ 5.1	19.5	♋ 4.1	18.8	♌ 3.5	18.1	♍ 2.5	16.5	♎ 0.1	13.3	26.1	♏ 8.5	20.7	♐ 2.6	14.4	26.2	♑ 8.1	20.1	♒ 2.2	14.6	27.2	♓ 10.1	23.2	♈ 6.5	20.1	♉ 3.8	17.6	♊ 1.6	15.7
☿	♍ 5.6	6.8	7.9	8.9	9.9	10.9	11.8	12.7	13.5	14.2	14.9	15.6	16.1	16.6	17	17.4	17.7	17.9	18	18.0R	17.9	17.7	17.4	17	16.6	16	15.3	14.6	13.8	12.9	12
♀	♊ 27.2	27.8	28.4	29.1	29.8	♋ 0.4	1.1	1.9	2.6	3.4	4.1	4.9	5.7	6.5	7.3	8.1	9	9.8	10.7	11.6	12.5	13.4	14.3	15.2	16.1	17	18	18.9	19.9	20.8	21.8
♂	♋ 0.8	1.5	2.2	2.8	3.5	4.2	4.8	5.5	6.2	6.8	7.5	8.1	8.8	9.5	10.1	10.8	11.4	12.1	12.7	13.4	14	14.7	15.3	16	16.6	17.3	17.9	18.5	19.2	19.8	20.5

	1	6	11	16	21	26	31
♃	♉ 23	23.6	24.2	24.7	25.1	25.5	25.8
♄	♓ 3.4R	3	2.7	2.3	1.9	1.6	1.2
♅	♍ 8.5		9		9.6		10.3
♆	♏ 15.1		15.1		15.2		15.4
♇	♍ 12.8		13.1		13.4		13.8

IX

	1	2	3	4	5	6	7	8	9	10	11	12	13	14	15	16	17	18	19	20	21	22	23	24	25	26	27	28	29	30	31
☉	♍ 8.6	9.6	10.5	11.5	12.5	13.4	14.4	15.4	16.3	17.3	18.3	19.3	20.2	21.2	22.2	23.2	24.1	25.1	26.1	27.1	28	29	♎ 0	1	2	2.9	3.9	4.9	5.9	6.9	
☽	♊ 29.9	♋ 14.1	28.4	♌ 12.7	26.9	♍ 11	24.7	♎ 8.2	21.3	♏ 4	16.5	28.6	♐ 10.5	22.4	♑ 4.2	16.1	28.1	♒ 10.3	22.9	♓ 5.7	18.9	♈ 2.4	16.2	♉ 0.1	14.2	28.4	♊ 12.5	26.7	♋ 10.8	24.8	
☿	♍ 11.1R	10.1	9.2	8.3	7.4	6.6	5.9	5.3	4.9	4.5	4.3	4.3D	4.4	4.7	5.1	5.7	6.4	7.3	8.2	9.4	10.6	11.9	13.3	14.8	16.3	17.9	19.5	21.2	22.9	24.7	
♀	♋ 22.8	23.8	24.8	25.7	26.8	27.8	28.8	29.8	♌ 0.8	1.9	2.9	3.9	5	6	7.1	8.2	9.2	10.3	11.4	12.5	13.6	14.6	15.7	16.8	17.9	19	20.2	21.3	22.4	23.5	
♂	♋ 21.1	21.7	22.4	23	23.6	24.3	24.9	25.5	26.1	26.8	27.4	28	28.6	29.3	29.9	♌ 0.5	1.1	1.7	2.3	3	3.6	4.2	4.8	5.4	6	6.6	7.2	7.8	8.4	9	

	1	6	11	16	21	26	31
♃	♉ 25.8	26	26.1	26.1R	26.1	25.9	
♄	♓ 1.1R	0.7	0.4	0.1	♒ 29.7	29.4	
♅	♍ 10.3		11		11.6		
♆	♏ 15.4		15.6		15.9		
♇	♍ 13.8		14.1		14.5		

X

	1	2	3	4	5	6	7	8	9	10	11	12	13	14	15	16	17	18	19	20	21	22	23	24	25	26	27	28	29	30	31
☉	♎ 7.9	8.8	9.8	10.8	11.8	12.8	13.8	14.7	15.7	16.7	17.7	18.7	19.7	20.7	21.7	22.7	23.7	24.7	25.6	26.6	27.6	28.6	29.6	♏ 0.6	1.6	2.6	3.6	4.6	5.6	6.6	7.6
☽	♌ 8.8	22.7	♍ 6.5	20.1	♎ 3.5	16.6	29.5	♏ 12.1	24.4	♐ 6.5	18.4	♑ 0.2	12	23.9	♒ 5.9	18.2	♓ 0.8	13.7	27.1	♈ 10.9	25	♉ 9.4	23.9	♊ 8.5	23	♋ 7.4	21.6	♌ 5.7	19.5	♍ 3.1	16.6
☿	♍ 26.4	28.2	♎ 0	1.8	3.6	5.4	7.2	8.9	10.7	12.5	14.2	16	17.7	19.4	21.1	22.8	24.5	26.2	27.9	29.5	♏ 1.2	2.8	4.4	6.1	7.7	9.3	10.8	12.4	14	15.6	17.1
♀	♌ 24.6	25.8	26.9	28	29.2	♍ 0.3	1.4	2.6	3.7	4.9	6	7.2	8.3	9.5	10.7	11.8	13	14.2	15.3	16.5	17.7	18.9	20.1	21.2	22.4	23.6	24.8	26	27.2	28.4	29.6
♂	♌ 9.6	10.2	10.8	11.4	12	12.6	13.1	13.7	14.3	14.9	15.5	16.1	16.6	17.2	17.8	18.4	18.9	19.5	20.1	20.6	21.2	21.8	22.3	22.9	23.4	24	24.5	25.1	25.6	26.2	26.7

	1	6	11	16	21	26	31
♃	♉ 25.7R	25.4	25	24.6	24	23.5	22.8
♄	♒ 29.2R	28.9	28.7	28.6	28.5	28.4	28.3
♅	♍ 12.2		12.7		13.3		13.7
♆	♏ 16.2		16.5		16.8		17.2
♇	♍ 14.8		15.2		15.5		15.7

XI

	1	2	3	4	5	6	7	8	9	10	11	12	13	14	15	16	17	18	19	20	21	22	23	24	25	26	27	28	29	30	31
☉	♏ 8.6	9.6	10.6	11.6	12.6	13.6	14.6	15.6	16.6	17.6	18.6	19.6	20.7	21.7	22.7	23.7	24.7	25.7	26.7	27.7	28.7	29.7	♐ 0.7	1.8	2.8	3.8	4.8	5.8	6.8	7.8	
☽	♍ 29.8	♎ 12.8	25.6	♏ 8.1	20.5	♐ 2.7	14.6	26.5	♑ 8.3	20.1	♒ 1.9	13.9	26.1	♓ 8.7	21.6	♈ 5	18.8	♉ 3	17.6	♊ 2.5	17.5	♋ 2.4	17.2	♌ 1.8	16.1	30	♍ 13.5	26.8	♎ 9.7	22.4	
☿	♏ 18.7	20.2	21.8	23.3	24.8	26.3	27.8	29.3	♐ 0.8	2.3	3.8	5.3	6.7	8.2	9.6	11.1	12.5	13.9	15.3	16.7	18.1	19.4	20.7	22.1	23.3	24.6	25.8	27	28.1	29.2	
♀	♎ 0.8	2	3.2	4.4	5.6	6.8	8	9.2	10.4	11.6	12.8	14.1	15.3	16.5	17.7	18.9	20.1	21.4	22.6	23.8	25	26.3	27.5	28.7	29.9	♏ 1.2	2.4	3.6	4.9	6.1	
♂	♌ 27.3	27.8	28.3	28.9	29.4	29.9	♍ 0.5	1	1.5	2	2.5	3.1	3.6	4.1	4.6	5.1	5.6	6.1	6.6	7.1	7.6	8	8.5	9	9.5	9.9	10.4	10.9	11.3	11.8	

	1	6	11	16	21	26	31
♃	♉ 22.7R	22.1	21.4	20.7	20	19.4	
♄	♒ 28.3R	28.4D	28.4	28.5	28.7	28.8	
♅	♍ 13.8		14.1		14.5		
♆	♏ 17.2		17.6		18		
♇	♍ 15.7		16		16.1		

XII

	1	2	3	4	5	6	7	8	9	10	11	12	13	14	15	16	17	18	19	20	21	22	23	24	25	26	27	28	29	30	31
☉	♐ 8.8	9.9	10.9	11.9	12.9	13.9	14.9	15.9	17	18	19	20	21	22	23.1	24.1	25.1	26.1	27.1	28.2	29.2	♑ 0.2	1.2	2.2	3.2	4.3	5.3	6.3	7.3	8.3	9.4
☽	♏ 4.9	17.2	29.3	♐ 11.3	23.2	♑ 5	16.7	28.5	♒ 10.4	22.4	♓ 4.6	17.1	29.9	♈ 13.1	26.8	♉ 10.9	25.5	♊ 10.4	25.5	♋ 10.8	25.9	♌ 10.8	25.4	♍ 9.6	23.3	♎ 6.5	19.4	♏ 2	14.3	26.3	♐ 8.3
☿	♑ 0.2	1.1	2	2.8	3.5	4	4.5	4.7	4.9	4.8R	4.6	4.2	3.6	2.8	1.9	0.7	♐ 29.5	28.2	26.8	25.4	24.1	22.9	21.7	20.8	20	19.4	18.9	18.7	18.6	18.6D	18.9
♀	♏ 7.3	8.6	9.8	11	12.3	13.5	14.8	16	17.2	18.5	19.7	21	22.2	23.4	24.7	25.9	27.2	28.4	29.7	♐ 0.9	2.1	3.4	4.6	5.9	7.1	8.4	9.6	10.9	12.1	13.4	14.6
♂	♍ 12.2	12.7	13.1	13.6	14	14.4	14.9	15.3	15.7	16.1	16.5	16.9	17.3	17.7	18.1	18.5	18.9	19.2	19.6	20	20.3	20.7	21	21.4	21.7	22	22.3	22.6	23	23.3	23.5

	1	6	11	16	21	26	31
♃	♉ 18.8R	18.2	17.7	17.2	16.8	16.5	16.3
♄	♒ 29.1	29.3	29.6	30	♓ 0.4	0.8	1.2
♅	♍ 14.7		14.8		14.9R		14.8
♆	♏ 18.4		18.7		19		19.3
♇	♍ 16.2		16.3		16.3R		16.3

1965

I

	1	2	3	4	5	6	7	8	9	10	11	12	13	14	15	16	17	18	19	20	21	22	23	24	25	26	27	28	29	30	31
☉	10.4	11.4	12.4	13.4	14.5	15.5	16.5	17.5	18.5	19.6	20.6	21.6	22.6	23.6	24.6	25.7	26.7	27.7	28.7	29.7	0.8	1.8	2.8	3.8	4.8	5.8	6.9	7.9	8.9	9.9	10.9
☽	20.1	1.9	13.7	25.5	7.4	19.4	1.5	13.7	26.2	9	22.1	5.6	19.4	3.7	18.4	3.4	18.6	3.8	18.9	3.7	18.1	2	15.4	28.4	11	23.2	5.2	17.1	28.8	10.6	22.4
☿	19.2	19.6	20.2	20.9	21.6	22.5	23.4	24.3	25.3	26.4	27.5	28.7	29.8	1.1	2.3	3.6	4.9	6.2	7.5	8.9	10.3	11.7	13.1	14.5	15.9	17.4	18.8	20.3	21.8	23.3	24.8
♀	15.9	17.1	18.4	19.6	20.8	22.1	23.3	24.6	25.8	27.1	28.3	29.6	0.8	2.1	3.3	4.6	5.8	7.1	8.3	9.6	10.9	12.1	13.4	14.6	15.9	17.1	18.4	19.6	20.9	22.1	23.4
♂	23.8	24.1	24.4	24.6	24.9	25.1	25.4	25.6	25.8	26	26.2	26.4	26.6	26.8	26.9	27.1	27.2	27.3	27.5	27.6	27.7	27.8	27.8	27.9	28	28	28	28.1R	28	28	

♃ 1 6 11 16 21 26 31: 16.3R 16.1 16.1D 16.2 16.3 16.5 16.8 — ♄ 1 6 11 16 21 26 31: 1.3 1.8 2.3 2.8 3.3 3.9 4.4 — ♅ 1 11 21 31: 14.8R 14.6 14.4 14.1 — ♆ 1 11 21 31: 19.3 19.6 19.8 19.9 — ♇ 1 11 21 31: 16.3R 16.2 16 15.9

II

	1	2	3	4	5	6	7	8	9	10	11	12	13	14	15	16	17	18	19	20	21	22	23	24	25	26	27	28
☉	11.9	12.9	14	15	16	17	18	19	20	21.1	22.1	23.1	24.1	25.1	26.1	27.1	28.1	29.1	0.1	1.2	2.2	3.2	4.2	5.2	6.2	7.2	8.2	9.2
☽	4.3	16.3	28.5	10.8	23.3	6	18.9	2	15.4	29.1	13.1	27.4	12.1	26.9	11.9	26.9	11.6	26	10	23.5	6.6	19.2	1.5	13.6	25.4	7.2	19	0.9
☿	26.3	27.9	29.4	1	2.6	4.2	5.8	7.4	9	10.6	12.3	13.9	15.6	17.3	19	20.8	22.5	24.2	26	27.8	29.6	1.4	3.2	5.1	6.9	8.8	10.7	12.6
♀	24.6	25.9	27.1	28.4	29.6	0.9	2.1	3.4	4.6	5.9	7.1	8.4	9.6	10.9	12.1	13.4	14.6	15.9	17.1	18.4	19.6	20.9	22.1	23.4	24.6	25.9	27.1	28.4
♂	28.0R	27.9	27.9	27.8	27.7	27.5	27.4	27.3	27.1	27	26.8	26.6	26.4	26.2	25.9	25.7	25.5	25.2	24.9	24.6	24.3	24	23.7	23.4	23.1	22.7	22.4	

♃ 1 6 11 16 21 26: 16.9 17.3 17.8 18.3 18.9 19.6 — ♄: 4.6 5.1 5.7 6.3 6.9 7.5 — ♅ 1 11 21: 14.1R 13.7 13.3 — ♆: 19.9 20 20.0R — ♇: 15.8R 15.6 15.4

III

	1	2	3	4	5	6	7	8	9	10	11	12	13	14	15	16	17	18	19	20	21	22	23	24	25	26	27	28	29	30	31
☉	10.2	11.2	12.2	13.2	14.2	15.2	16.2	17.2	18.2	19.2	20.2	21.2	22.2	23.2	24.2	25.2	26.2	27.2	28.2	29.2	0.2	1.2	2.2	3.2	4.1	5.1	6.1	7.1	8.1	9.1	10.1
☽	12.9	25	7.4	20	2.8	15.8	29	12.3	25.9	9.6	23.5	7.6	21.9	6.4	20.9	5.5	19.9	4.1	17.9	1.4	14.4	27.1	9.4	21.5	3.4	15.2	27	9	21	3.3	15.9
☿	14.5	16.4	18.3	20.3	22.2	24.1	26	27.9	29.8	1.7	3.5	5.3	7.1	8.8	10.5	12	13.5	14.9	16.3	17.5	18.6	19.6	20.5	21.3	21.9	22.4	22.8	23.1	23.2	23.3	23.2
♀	29.6	0.9	2.1	3.3	4.6	5.8	7.1	8.3	9.6	10.8	12.1	13.3	14.6	15.8	17.1	18.3	19.6	20.8	22	23.3	24.5	25.8	27	28.3	29.5	0.8	2	3.2	4.5	5.7	7
♂	22.0R	21.6	21.3	20.9	20.5	20.1	19.7	19.3	18.9	18.5	18.2	17.8	17.4	17	16.6	16.2	15.8	15.4	15.1	14.7	14.4	14	13.7	13.3	13	12.7	12.4	12.1	11.8	11.5	11.3

♃ 1 6 11 16 21 26 31: 20 20.8 21.6 22.4 23.3 24.3 25.3 — ♄: 7.9 8.5 9.1 9.7 10.3 10.9 11.5 — ♅ 1 11 21 31: 12.9R 12.5 12.1 11.7 — ♆: 20.0R 19.9 19.8 19.6 — ♇: 15.2R 14.9 14.6 14.4

IV

	1	2	3	4	5	6	7	8	9	10	11	12	13	14	15	16	17	18	19	20	21	22	23	24	25	26	27	28	29	30
☉	11.1	12.1	13	14	15	16	17	18	18.9	19.9	20.9	21.9	22.9	23.8	24.8	25.8	26.8	27.8	28.7	29.7	0.7	1.7	2.6	3.6	4.6	5.6	6.5	7.5	8.5	9.5
☽	28.7	11.9	25.2	8.8	22.5	6.4	20.4	4.4	18.6	2.7	16.9	1	15.1	29	12.8	26.3	9.5	22.4	4.9	17.2	29.3	11.2	23.1	4.9	16.8	29	11.3	24	7	20.3
☿	22.9R	22.6	22.2	21.7	21.1	20.4	19.7	18.9	18.2	17.4	16.6	15.9	15.2	14.5	13.9	13.4	12.9	12.5	12.2	12	11.8	11.8	11.8D	11.9	12.1	12.4	12.7	13.1	13.6	14.2
♀	8.2	9.4	10.7	11.9	13.2	14.4	15.6	16.9	18.1	19.4	20.6	21.8	23.1	24.3	25.6	26.8	28	29.3	0.5	1.7	3	4.2	5.5	6.7	7.9	9.2	10.4	11.6	12.9	14.1
♂	11.0R	10.8	10.6	10.4	10.2	10	9.8	9.6	9.5	9.4	9.2	9.1	9	8.9	8.9	8.8	8.8	8.7	8.7	8.7D	8.7	8.8	8.8	8.8	8.9	9	9	9.1	9.2	9.3

♃ 1 6 11 16 21 26: 25.5 26.5 27.5 28.6 29.7 0.8 — ♄: 11.6 12.1 12.7 13.2 13.7 14.1 — ♅ 1 11 21: 11.6R 11.3 11 — ♆: 19.6R 19.4 19.1 — ♇: 14.4R 14.1 14

V

	1	2	3	4	5	6	7	8	9	10	11	12	13	14	15	16	17	18	19	20	21	22	23	24	25	26	27	28	29	30	31
☉	10.4	11.4	12.4	13.3	14.3	15.3	16.2	17.2	18.2	19.1	20.1	21.1	22	23	24	24.9	25.9	26.9	27.8	28.8	29.7	0.7	1.7	2.6	3.6	4.5	5.5	6.5	7.4	8.4	9.3
☽	4	17.9	2.1	16.4	0.8	15.2	29.5	13.7	27.8	11.7	25.4	8.9	22.3	5.3	18.2	0.8	13.1	25.3	7.3	19.2	1.1	12.9	24.9	7	19.5	2.3	15	28.4	12.2	26.4	10.9
☿	14.8	15.5	16.3	17.1	17.9	18.9	19.8	20.9	21.9	23	24.2	25.4	26.6	27.9	29.3	0.6	2	3.5	5	6.5	8.1	9.7	11.3	13	14.7	16.4	18.2	20	21.9	23.8	25.7
♀	15.3	16.6	17.8	19	20.3	21.5	22.7	24	25.2	26.4	27.7	28.9	0.1	1.3	2.6	3.8	5	6.3	7.5	8.7	10	11.2	12.4	13.6	14.9	16.1	17.3	18.5	19.8	21	22.2
♂	9.5	9.6	9.7	9.9	10	10.2	10.4	10.6	10.8	11	11.2	11.5	11.7	11.9	12.2	12.5	12.7	13	13.3	13.6	13.9	14.2	14.5	14.8	15.1	15.5	15.8	16.2	16.5	16.9	17.2

♃ 1 6 11 16 21 26 31: 1.9 3 4.2 5.3 6.5 7.7 8.8 — ♄: 14.6 15 15.4 15.7 16 16.3 16.6 — ♅ 1 11 21 31: 10.8R 10.7 10.7D 10.8 — ♆: 18.9R 18.6 18.3 18.1 — ♇: 13.8R 13.7 13.7 13.7D

VI

	1	2	3	4	5	6	7	8	9	10	11	12	13	14	15	16	17	18	19	20	21	22	23	24	25	26	27	28	29	30
☉	10.3	11.3	12.2	13.2	14.1	15.1	16	17	18	18.9	19.9	20.8	21.8	22.7	23.7	24.6	25.6	26.6	27.5	28.5	29.4	0.4	1.3	2.3	3.2	4.2	5.1	6.1	7.1	8
☽	25.6	10.4	25.2	9.9	24.3	8.5	22.3	5.9	19.1	2.1	14.8	27.3	9.6	21.8	3.8	15.7	27.6	9.4	21.3	3.3	15.4	27.7	10.3	22.2	6.6	20.4	4.6	19.2	4.2	19.3
☿	27.7	29.7	1.7	3.8	5.9	8	10.2	12.3	14.5	16.7	18.9	21.1	23.3	25.5	27.7	29.8	2	4.1	6.2	8.3	10.3	12.3	14.3	16.3	18.1	20	21.9	23.7	25.5	27.2
♀	23.5	24.7	25.9	27.1	28.4	29.6	0.8	2	3.3	4.5	5.7	6.9	8.1	9.4	10.6	11.8	13	14.3	15.5	16.7	17.9	19.1	20.4	21.6	22.8	24	25.2	26.5	27.7	28.9
♂	17.6	18	18.4	18.8	19.2	19.6	20	20.4	20.8	21.2	21.6	22.1	22.5	22.9	23.4	23.8	24.3	24.7	25.2	25.6	26.1	26.6	27.1	27.5	28	28.5	29	29.5	30	0.5

♃ 1 6 11 16 21 26: 9.1 10.2 11.4 12.6 13.7 14.8 — ♄: 16.6 16.8 17 17.1 17.2 17.2 — ♅ 1 11 21: 10.8 10.9 11.2 — ♆: 18.0R 17.8 17.6 — ♇: 13.7 13.8 13.9

VII

	1	2	3	4	5	6	7	8	9	10	11	12	13	14	15	16	17	18	19	20	21	22	23	24	25	26	27	28	29	30	31
☉	9	9.9	10.9	11.8	12.8	13.7	14.7	15.6	16.6	17.5	18.5	19.4	20.4	21.4	22.3	23.3	24.2	25.2	26.1	27.1	28	29	29.9	0.9	1.9	2.8	3.8	4.7	5.7	6.6	7.6
☽	4.4	19.4	4.1	18.5	2.5	16	29.1	11.9	24.4	6.7	18.8	0.7	12.6	24.5	6.3	18.2	0.1	12.1	24.3	6.6	19.2	2	15.3	28.9	13.1	27.6	12.5	27.7	13	28.2	13.1
☿	28.9	0.6	2.2	3.8	5.3	6.8	8.3	9.8	11.2	12.5	13.9	15.1	16.4	17.6	18.7	19.9	20.9	21.9	22.9	23.8	24.7	25.5	26.3	27	27.6	28.2	28.7	29.2	29.5	29.7	29.9
♀	0.1	1.3	2.6	3.8	5	6.2	7.4	8.6	9.9	11.1	12.3	13.5	14.7	15.9	17.2	18.4	19.6	20.8	22	23.2	24.4	25.6	26.8	28.1	29.3	0.5	1.7	2.9	4.1	5.3	6.5
♂	1	1.5	2	2.5	3	3.6	4.1	4.6	5.1	5.7	6.2	6.7	7.3	7.8	8.4	8.9	9.5	10	10.6	11.2	11.7	12.3	12.9	13.4	14	14.6	15.1	15.7	16.3	16.9	17.5

♃ 1 6 11 16 21 26 31: 16 17.1 18.2 19.2 20.3 21.3 22.3 — ♄: 17.2R 17.2 17.1 17 16.8 16.6 16.4 — ♅ 1 11 21 31: 11.5 11.9 12.4 12.9 — ♆: 17.4R 17.3 17.3 17.2D — ♇: 14 14.2 14.5 14.8

VIII

	1	2	3	4	5	6	7	8	9	10	11	12	13	14	15	16	17	18	19	20	21	22	23	24	25	26	27	28	29	30	31
☉	8.5	9.5	10.5	11.4	12.4	13.3	14.3	15.2	16.2	17.2	18.1	19.1	20	21	22	22.9	23.9	24.8	25.8	26.8	27.7	28.7	29.7	0.6	1.6	2.6	3.5	4.5	5.5	6.4	7.4
☽	27.7	11.8	25.4	8.5	21.3	3.7	15.8	27.8	9.7	21.5	3.4	15.2	27.2	9.2	21.3	3.6	16.1	28.7	11.6	24.8	8.3	22.2	6.6	21.3	6.3	21.4	6.5	21.5	6.1	20.3	4
☿	0.1	0.1R	0	29.9	29.7	29.4	29	28.5	27.9	27.3	26.6	25.8	25.1	24.2	23.4	22.6	21.7	21	20.2	19.6	19	18.5	18.1	17.8	17.7	17.6D	17.7	18	18.4	18.9	19.5
♀	7.7	8.9	10.1	11.3	12.6	13.8	15	16.2	17.4	18.6	19.8	21	22.2	23.4	24.6	25.8	27	28.2	29.4	0.6	1.8	3	4.1	5.3	6.5	7.7	8.9	10.1	11.3	12.5	13.7
♂	18.1	18.7	19.3	19.9	20.5	21.1	21.7	22.3	22.9	23.5	24.1	24.7	25.3	25.9	26.6	27.2	27.8	28.4	29.1	29.7	0.3	0.9	1.6	2.2	2.9	3.5	4.1	4.8	5.4	6.1	6.7

♃ 1 6 11 16 21 26 31: 22.5 23.4 24.3 25.2 26 26.8 27.5 — ♄: 16.3R 16 15.7 15.4 15.1 14.7 14.3 — ♅ 1 11 21 31: 13 13.5 14.1 14.7 — ♆: 17.2 17.3 17.4 17.5 — ♇: 14.8 15.1 15.4 15.8

IX

	1	2	3	4	5	6	7	8	9	10	11	12	13	14	15	16	17	18	19	20	21	22	23	24	25	26	27	28	29	30
☉	8.4	9.3	10.3	11.3	12.2	13.2	14.2	15.1	16.1	17.1	18.1	19	20	21	22	22.9	23.9	24.9	25.9	26.8	27.8	28.8	29.8	0.7	1.7	2.7	3.7	4.7	5.6	6.6
☽	17.2	30	12.4	24.6	6.5	18.4	0.2	12.1	24	6.1	18.3	0.6	13.1	25.8	8.6	21.7	4.9	18.5	2.3	16.4	0.9	15.5	0.3	15.1	29.8	14.3	28.4	12.1	25.3	8.1
☿	20.3	21.2	22.2	23.4	24.6	25.9	27.4	28.9	0.5	2.1	3.8	5.6	7.3	9.2	11	12.8	14.7	16.6	18.5	20.3	22.2	24.1	25.9	27.7	29.6	1.4	3.2	5	6.8	8.5
♀	14.9	16	17.2	18.4	19.6	20.8	22	23.1	24.3	25.5	26.7	27.9	29	0.2	1.4	2.6	3.7	4.9	6.1	7.2	8.4	9.6	10.8	11.9	13.1	14.2	15.4	16.6	17.7	18.9
♂	7.4	8	8.7	9.3	10	10.7	11.3	12	12.7	13.3	14	14.7	15.3	16	16.7	17.4	18	18.7	19.4	20.1	20.8	21.5	22.1	22.8	23.5	24.2	24.9	25.6	26.3	27

♃ 1 6 11 16 21 26: 27.7 28.4 29 29.5 30 0.4 — ♄: 14.2R 13.9 13.5 13.1 12.7 12.4 — ♅ 1 11 21: 14.8 15.4 16.1 — ♆: 17.5 17.7 18 — ♇: 15.8 16.2 16.5

X

	1	2	3	4	5	6	7	8	9	10	11	12	13	14	15	16	17	18	19	20	21	22	23	24	25	26	27	28	29	30	31
☉	7.6	8.6	9.6	10.6	11.6	12.5	13.5	14.5	15.5	16.5	17.5	18.5	19.5	20.4	21.4	22.4	23.4	24.4	25.4	26.4	27.4	28.4	29.4	0.4	1.4	2.4	3.4	4.4	5.4	6.4	7.4
☽	20.6	2.8	14.8	26.6	8.5	20.4	2.4	14.6	26.9	9.5	22.3	5.3	18.5	1.9	15.4	29.2	13.1	27.1	11.3	25.7	10.1	24.4	8.7	22.8	6.6	20	3.2	15.9	28.4	10.6	22.6
☿	10.3	12	13.7	15.4	17.1	18.8	20.5	22.1	23.8	25.4	27	28.6	0.2	1.8	3.3	4.9	6.4	8	9.5	11	12.5	14	15.5	17	18.4	19.9	21.3	22.7	24.2	25.6	26.9
♀	20	21.2	22.3	23.5	24.6	25.8	26.9	28.1	29.2	0.4	1.5	2.6	3.8	4.9	6	7.2	8.3	9.4	10.5	11.6	12.8	13.9	15	16.1	17.2	18.3	19.4	20.5	21.6	22.7	23.8
♂	27.7	28.4	29.1	29.8	0.5	1.2	1.9	2.6	3.3	4.1	4.8	5.5	6.2	6.9	7.6	8.4	9.1	9.8	10.5	11.3	12	12.7	13.4	14.2	14.9	15.6	16.4	17.1	17.8	18.6	19.3

♃ 1 6 11 16 21 26 31: 0.7 1 1.2 1.3 1.3R 1.3 1.1 — ♄: 12.0R 11.7 11.5 11.2 11 10.8 10.7 — ♅ 1 11 21 31: 16.7 17.2 17.8 18.3 — ♆: 18.3 18.6 18.9 19.3 — ♇: 16.9 17.2 17.5 17.8

XI

	1	2	3	4	5	6	7	8	9	10	11	12	13	14	15	16	17	18	19	20	21	22	23	24	25	26	27	28	29	30
☉	8.4	9.4	10.4	11.4	12.4	13.4	14.4	15.4	16.4	17.4	18.4	19.4	20.4	21.4	22.4	23.4	24.4	25.4	26.5	27.5	28.5	29.5	0.5	1.5	2.5	3.5	4.5	5.6	6.6	7.6
☽	4.5	16.4	28.3	10.3	22.6	5	17.8	0.8	14.2	27.8	11.6	25.6	9.7	23.9	8.2	22.4	6.5	20.6	4.5	18.3	1.9	15.3	28.4	11.3	23.9	6.3	18.5	0.5	12.4	24.2
☿	28.3	29.7	1	2.3	3.6	4.9	6.2	7.4	8.6	9.8	10.9	12	13	14	14.9	15.8	16.6	17.3	17.9	18.4	18.7	19	19.1	19.0R	18.8	18.4	17.8	17	16	14.9
♀	24.8	25.9	27	28.1	29.1	0.2	1.3	2.3	3.4	4.4	5.4	6.5	7.5	8.5	9.5	10.6	11.6	12.6	13.5	14.5	15.5	16.5	17.4	18.4	19.3	20.3	21.2	22.1	23	23.9
♂	20.1	20.8	21.5	22.3	23	23.8	24.5	25.3	26	26.8	27.5	28.3	29	29.8	0.5	1.3	2	2.8	3.6	4.3	5.1	5.8	6.6	7.4	8.1	8.9	9.7	10.4	11.2	12

♃ 1 6 11 16 21 26: 1.1R 0.8 0.5 0.1 29.6 29.1 — ♄: 10.6R 10.5 10.5 10.5D 10.5 10.6 — ♅ 1 11 21: 18.3 18.7 19.1 — ♆: 19.3 19.7 20.1 — ♇: 17.8 18 18.2

XII

	1	2	3	4	5	6	7	8	9	10	11	12	13	14	15	16	17	18	19	20	21	22	23	24	25	26	27	28	29	30	31
☉	8.6	9.6	10.6	11.6	12.7	13.7	14.7	15.7	16.7	17.7	18.7	19.8	20.8	21.8	22.8	23.8	24.8	25.9	26.9	27.9	28.9	29.9	1	2	3	4	5	6.1	7.1	8.1	9.1
☽	6.1	18.1	0.3	12.8	25.6	8.7	22.2	6.1	20.4	4.9	19.5	4.2	18.8	3.2	17.4	1.4	15.1	28.5	11.6	24.7	7.4	20	2.3	14.6	26.6	8.6	20.5	2.3	14.2	26.1	8.1
☿	13.7R	12.4	11	9.6	8.3	7.1	5.9	5	4.2	3.5	3.1	2.9	2.8D	2.9	3.2	3.6	4.1	4.8	5.5	6.3	7.2	8.2	9.3	10.4	11.5	12.7	13.9	15.2	16.5	17.8	19.1
♀	24.8	25.7	26.5	27.4	28.2	29	29.8	0.6	1.4	2.2	2.9	3.7	4.4	5.1	5.7	6.4	7	7.6	8.2	8.8	9.3	9.9	10.4	10.8	11.2	11.7	12	12.4	12.7	12.9	13.1
♂	12.7	13.5	14.3	15	15.8	16.6	17.4	18.1	18.9	19.7	20.5	21.2	22	22.8	23.6	24.3	25.1	25.9	26.7	27.5	28.3	29	29.8	0.6	1.4	2.2	3	3.7	4.5	5.3	6.1

♃ 1 6 11 16 21 26 31: 28.5R 27.9 27.2 26.6 25.9 25.2 24.6 — ♄: 10.7 10.9 11.1 11.4 11.7 12 12.4 — ♅ 1 11 21 31: 19.4 19.5 19.6 19.6R — ♆: 20.4 20.8 21.1 21.4 — ♇: 18.4 18.4 18.5R 18.4

1966

I

	1	2	3	4	5	6	7	8	9	10	11	12	13	14	15	16	17	18	19	20	21	22	23	24	25	26	27	28	29	30	31
☉	10.1	11.1	12.2	13.2	14.2	15.2	16.2	17.3	18.3	19.3	20.3	21.3	22.4	23.4	24.4	25.4	26.4	27.5	28.5	29.5	0.5	1.5	2.5	3.6	4.6	5.6	6.6	7.6	8.6	9.7	10.7
☽	20.6	3.3	16.4	29.9	13.9	28.4	13.2	28.2	13.3	28.4	13.2	27.7	11.8	25.4	8.7	21.7	4.4	16.8	29.1	11.3	23.3	5.3	17.2	29	10.9	22.8	4.7	16.8	29.1	11.7	24.6
☿	20.5	21.8	23.2	24.6	26	27.5	28.9	0.4	1.8	3.3	4.8	6.3	7.8	9.3	10.8	12.3	13.9	15.4	17	18.5	20.1	21.7	23.3	24.9	26.5	28.1	29.7	1.4	3	4.7	6.4
♀	13.4	13.6	13.7	13.8	13.8	13.8R	13.8	13.7	13.6	13.4	13.2	13	12.7	12.4	12	11.6	11.2	10.7	10.2	9.7	9.2	8.6	8	7.4	6.8	6.2	5.5	4.9	4.3	3.7	3.2
♂	6.9	7.7	8.5	9.2	10	10.8	11.6	12.4	13.2	14	14.8	15.6	16.3	17.1	17.9	18.7	19.5	20.3	21.1	21.9	22.7	23.5	24.2	25	25.8	26.6	27.4	28.2	29	29.8	0.6

♃ 1 6 11 16 21 26 31: 24.4R 23.8 23.3 22.8 22.3 21.9 21.6 — ♄: 12.4 12.8 13.3 13.7 14.2 14.7 15.3 — ♅ 1 11 21 31: 19.6R 19.5 19.3 19 — ♆: 21.4 21.7 21.9 22 — ♇: 18.4R 18.4 18.2 18

II

	1	2	3	4	5	6	7	8	9	10	11	12	13	14	15	16	17	18	19	20	21	22	23	24	25	26	27	28
☉	11.7	12.7	13.7	14.7	15.7	16.8	17.8	18.8	19.8	20.8	21.8	22.8	23.8	24.9	25.9	26.9	27.9	28.9	29.9	0.9	1.9	2.9	3.9	4.9	5.9	7	8	9
☽	8	21.9	6.2	21	6.2	21.5	6.9	22	6.8	21.1	5	18.4	1.3	13.9	26.2	8.4	20.3	2.3	14.1	26	7.9	19.8	1.7	13.8	26	8.3	20.9	3.8
☿	8.1	9.8	11.5	13.2	14.9	16.7	18.4	20.2	22	23.8	25.6	27.4	29.2	1.1	2.9	4.8	6.6	8.4	10.3	12.1	13.9	15.7	17.5	19.2	21	22.6	24.2	25.7
♀	2.6R	2.1	1.6	1.1	0.6	0.2	29.8	29.5	29.2	28.9	28.7	28.5	28.4	28.3	28.3	28.2D	28.3	28.3	28.4	28.6	28.8	29	29.2	29.5	29.8	0.2	0.6	1
♂	1.4	2.1	2.9	3.7	4.5	5.3	6.1	6.9	7.7	8.4	9.2	10	10.8	11.6	12.4	13.2	14	14.7	15.5	16.3	17.1	17.9	18.7	19.4	20.2	21	21.8	22.6

♃ 1 6 11 16 21 26: 21.6R 21.4 21.3 21.3D 21.3 21.4 — ♄: 15.4 15.9 16.5 17.1 17.7 18.3 — ♅ 1 11 21: 19.0R 18.7 18.3 — ♆: 22.1 22.1 22.2 — ♇: 18.0R 17.8 17.6

III

	1	2	3	4	5	6	7	8	9	10	11	12	13	14	15	16	17	18	19	20	21	22	23	24	25	26	27	28	29	30	31
☉	10	11	12	13	14	15	16	17	18	19	20	21	22	23	24	25	26	27	27.9	28.9	29.9	0.9	1.9	2.9	3.9	4.9	5.9	6.9	7.9	8.9	9.8
☽	17	0.7	14.8	29.4	14.4	29.6	14.9	0.1	15	29.5	13.5	27.1	10.1	22.8	5.1	17.3	29.2	11.1	22.9	4.8	16.7	28.7	10.8	23	5.4	17.9	0.7	13.7	27	10.6	24.5
☿	27.2	28.6	29.9	1	2.1	3	3.8	4.5	5	5.4	5.7	5.8	5.7R	5.5	5.2	4.7	4.1	3.5	2.7	1.9	1	0.1	29.2	28.3	27.4	26.6	25.9	25.2	24.5	24	23.6
♀	1.4	1.9	2.4	2.9	3.4	4	4.6	5.2	5.8	6.5	7.2	7.9	8.6	9.3	10	10.8	11.6	12.3	13.1	13.9	14.8	15.6	16.5	17.3	18.2	19.1	20	20.9	21.8	22.7	23.6
♂	23.4	24.1	24.9	25.7	26.5	27.3	28	28.8	29.6	0.4	1.1	1.9	2.7	3.5	4.2	5	5.8	6.6	7.3	8.1	8.9	9.6	10.4	11.2	11.9	12.7	13.5	14.2	15	15.8	16.5

♃ 1 6 11 16 21 26 31: 21.6 21.8 22.2 22.6 23.1 23.6 24.2 — ♄: 18.7 19.3 19.9 20.5 21.1 21.7 22.3 — ♅ 1 11 21 31: 17.9R 17.5 17.1 16.6 — ♆: 22.2R 22.1 22 21.8 — ♇: 17.3R 17.1 16.8 16.6

IV

	1	2	3	4	5	6	7	8	9	10	11	12	13	14	15	16	17	18	19	20	21	22	23	24	25	26	27	28	29	30
☉	10.8	11.8	12.8	13.8	14.8	15.8	16.7	17.7	18.7	19.7	20.7	21.6	22.6	23.6	24.6	25.6	26.5	27.5	28.5	29.5	0.5	1.4	2.4	3.4	4.4	5.3	6.3	7.3	8.2	9.2
☽	8.9	23.5	8.4	23.3	8.3	23	7.5	21.5	5.1	18.3	1	13.5	25.6	7.6	19.5	1.4	13.3	25.2	7.4	19.6	2.1	14.7	27.6	10.7	23.9	7.5	21.2	5.2	19.3	3.7
☿	23.2R	22.9	22.8	22.7	22.8	22.9	23.1	23.4	23.8	24.2	24.7	25.3	26	26.7	27.5	28.3	29.2	0.1	1.1	2.1	3.2	4.3	5.5	6.7	7.9	9.2	10.5	11.9	13.3	14.7
♀	24.6	25.5	26.5	27.4	28.4	29.4	0.3	1.3	2.3	3.3	4.3	5.3	6.4	7.4	8.4	9.4	10.5	11.5	12.6	13.6	14.7	15.7	16.8	17.9	18.9	20	21.1	22.2	23.2	24.3
♂	17.3	18	18.8	19.6	20.3	21.1	21.8	22.6	23.4	24.1	24.9	25.6	26.4	27.1	27.9	28.6	29.4	0.1	0.9	1.6	2.4	3.1	3.8	4.6	5.3	6.1	6.8	7.6	8.3	9

♃ 1 6 11 16 21 26: 24.4 25 25.8 26.5 27.4 28.2 — ♄: 22.5 23 23.6 24.2 24.7 25.3 — ♅ 1 11 21: 16.6R 16.2 15.9 — ♆: 21.8R 21.6 21.4 — ♇: 16.5R 16.3 16.1

V

	1	2	3	4	5	6	7	8	9	10	11	12	13	14	15	16	17	18	19	20	21	22	23	24	25	26	27	28	29	30	31
☉	10.2	11.2	12.1	13.1	14.1	15	16	17	17.9	18.9	19.9	20.8	21.8	22.8	23.7	24.7	25.7	26.6	27.6	28.5	29.5	0.5	1.4	2.4	3.4	4.3	5.3	6.2	7.2	8.2	9.1
☽	18.2	2.7	17.2	1.5	15.7	29.5	13	26.1	8.9	21.4	3.6	15.6	27.6	9.4	21.4	3.4	15.6	28	10.9	23.6	6.8	20.3	4	17.9	2	16.1	0.4	14.6	28.8	13	27
☿	16.1	17.6	19.1	20.7	22.3	23.9	25.6	27.2	29	0.7	2.5	4.3	6.1	8	9.9	11.8	13.8	15.8	17.8	19.9	22	24.1	26.2	28.4	0.6	2.8	5	7.1	9.3	11.5	13.7
♀	25.4	26.5	27.6	28.7	29.8	0.9	2	3.1	4.2	5.3	6.5	7.6	8.7	9.8	10.9	12.1	13.2	14.3	15.5	16.6	17.7	18.9	20	21.1	22.3	23.4	24.6	25.7	26.9	28	29.2
♂	9.8	10.5	11.2	12	12.7	13.4	14.2	14.9	15.6	16.4	17.1	17.8	18.6	19.3	20	20.7	21.5	22.2	22.9	23.6	24.3	25.1	25.8	26.5	27.2	27.9	28.6	29.4	0.1	0.8	1.5

♃ 1 6 11 16 21 26 31: 29.1 0.1 1.1 2.1 3.1 4.1 5.2 — ♄: 25.8 26.3 26.7 27.2 27.6 27.9 28.3 — ♅ 1 11 21 31: 15.7R 15.6 15.5 15.5D — ♆: 21.1R 20.8 20.6 20.3 — ♇: 16.0R 15.9 15.8 15.8D

VI

	1	2	3	4	5	6	7	8	9	10	11	12	13	14	15	16	17	18	19	20	21	22	23	24	25	26	27	28	29	30
☉	10.1	11	12	12.9	13.9	14.9	15.8	16.8	17.7	18.7	19.6	20.6	21.6	22.5	23.5	24.4	25.4	26.3	27.3	28.2	29.2	0.1	1.1	2.1	3	4	4.9	5.9	6.8	7.8
☽	10.9	24.6	8	21.2	4.2	16.9	29.3	11.5	23.6	5.5	17.4	29.3	11.3	23.5	6	18.8	2	15.5	29.4	13.5	27.9	12.4	26.9	11.3	25.6	9.7	23.7	7.4	20.8	4.1
☿	15.9	18	20.2	22.3	24.4	26.4	28.4	0.4	2.4	4.3	6.1	8	9.7	11.5	13.2	14.8	16.5	18	19.6	21.1	22.5	23.9	25.3	26.6	27.8	29.1	0.2	1.4	2.4	3.5
♀	0.3	1.5	2.6	3.8	4.9	6.1	7.2	8.4	9.6	10.7	11.9	13	14.2	15.4	16.5	17.7	18.9	20	21.2	22.4	23.5	24.7	25.9	27.1	28.3	29.4	0.6	1.8	3	4.2
♂	2.2	2.9	3.6	4.3	5	5.7	6.4	7.2	7.9	8.6	9.3	10	10.7	11.4	12.1	12.8	13.5	14.1	14.8	15.5	16.2	16.9	17.6	18.3	19	19.7	20.4	21.1	21.7	22.4

♃ 1 6 11 16 21 26: 5.4 6.5 7.6 8.7 9.8 10.9 — ♄: 28.4 28.7 28.9 29.1 29.3 29.5 — ♅ 1 11 21: 15.5 15.6 15.8 — ♆: 20.3R 20 19.8 — ♇: 15.8 15.9 16

VII

	1	2	3	4	5	6	7	8	9	10	11	12	13	14	15	16	17	18	19	20	21	22	23	24	25	26	27	28	29	30	31
☉	8.7	9.7	10.6	11.6	12.5	13.5	14.4	15.4	16.4	17.3	18.3	19.2	20.2	21.1	22.1	23	24	24.9	25.9	26.8	27.8	28.8	29.7	0.7	1.6	2.6	3.5	4.5	5.4	6.4	7.4
☽	17.2	0.1	12.8	25.2	7.5	19.7	1.7	13.6	25.4	7.3	19.3	1.5	14	26.8	10	23.7	7.9	22.4	7.1	22.1	7	21.7	6.2	20.4	4.3	17.8	1	14	26.8	9.4	21.8
☿	4.4	5.4	6.2	7	7.8	8.4	9.1	9.6	10.1	10.5	10.8	11.1	11.3	11.4	11.4R	11.4	11.2	11	10.7	10.4	9.9	9.4	8.9	8.2	7.6	6.9	6.2	5.4	4.7	4	3.3
♀	5.3	6.5	7.7	8.9	10.1	11.3	12.5	13.6	14.8	16	17.2	18.4	19.6	20.8	22	23.2	24.4	25.6	26.8	28	29.2	0.4	1.6	2.8	4	5.2	6.4	7.6	8.8	10	11.2
♂	23.1	23.8	24.5	25.2	25.8	26.5	27.2	27.9	28.6	29.2	29.9	0.6	1.3	1.9	2.6	3.3	4	4.6	5.3	6	6.6	7.3	8	8.7	9.3	10	10.6	11.3	12	12.6	13.3

♃ 1 6 11 16 21 26 31: 12.1 13.2 14.3 15.5 16.6 17.7 18.8 — ♄: 29.6 29.7 29.7 29.7R 29.6 29.5 29.4 — ♅ 1 11 21 31: 16.1 16.5 16.9 17.4 — ♆: 19.7R 19.5 19.4 19.4 — ♇: 16.1 16.3 16.5 16.8

VIII

	1	2	3	4	5	6	7	8	9	10	11	12	13	14	15	16	17	18	19	20	21	22	23	24	25	26	27	28	29	30	31
☉	8.3	9.3	10.2	11.2	12.1	13.1	14.1	15	16	16.9	17.9	18.9	19.8	20.8	21.7	22.7	23.7	24.6	25.6	26.5	27.5	28.5	29.4	0.4	1.4	2.3	3.3	4.3	5.2	6.2	7.2
☽	4.1	16.2	28.2	10.1	22	3.8	15.7	27.7	9.8	22.3	5	18.2	1.9	16.1	0.7	15.7	0.9	16.1	1.2	16	0.4	14.3	27.9	11	23.9	6.5	18.8	1	13.1	25.1	7
☿	2.7R	2.1	1.6	1.2	0.8	0.6	0.4	0.3D	0.4	0.6	0.9	1.3	1.8	2.4	3.2	4	5	6.1	7.2	8.5	9.9	11.4	12.9	14.5	16.2	17.9	19.7	21.5	23.4	25.3	27.2
♀	12.4	13.6	14.8	16	17.2	18.4	19.6	20.9	22.1	23.3	24.5	25.7	26.9	28.1	29.4	0.6	1.8	3	4.2	5.5	6.7	7.9	9.1	10.4	11.6	12.8	14	15.3	16.5	17.7	18.9
♂	14	14.6	15.3	15.9	16.6	17.2	17.9	18.6	19.2	19.9	20.5	21.2	21.8	22.5	23.1	23.8	24.4	25.1	25.7	26.4	27	27.7	28.3	28.9	29.6	0.2	0.9	1.5	2.2	2.8	3.4

♃ 1 6 11 16 21 26 31: 19 20.1 21.2 22.2 23.2 24.3 25.2 — ♄: 29.3R 29.2 28.9 28.7 28.4 28.1 27.7 — ♅ 1 11 21 31: 17.5 18 18.6 19.2 — ♆: 19.4R 19.4D 19.5 19.6 — ♇: 16.9 17.2 17.5 17.8

IX

	1	2	3	4	5	6	7	8	9	10	11	12	13	14	15	16	17	18	19	20	21	22	23	24	25	26	27	28	29	30
☉	8.1	9.1	10.1	11	12	13	13.9	14.9	15.9	16.8	17.8	18.8	19.8	20.7	21.7	22.7	23.7	24.6	25.6	26.6	27.6	28.5	29.5	0.5	1.5	2.5	3.4	4.4	5.4	6.4
☽	18.9	0.8	12.6	24.5	6.5	18.7	1.1	13.8	27	10.5	24.6	9.1	24	9.2	24.6	9.8	24.7	9.3	23.5	7.2	20.4	3.2	15.8	28.1	10.2	22.2	4.1	15.9	27.8	9.7
☿	29.2	1.1	3.1	5	7	8.9	10.8	12.8	14.7	16.6	18.5	20.3	22.2	24	25.8	27.6	29.4	1.2	2.9	4.6	6.3	8	9.7	11.4	13	14.7	16.3	17.9	19.4	21
♀	20.2	21.4	22.6	23.9	25.1	26.3	27.6	28.8	0	1.3	2.5	3.7	5	6.2	7.5	8.7	9.9	11.2	12.4	13.6	14.9	16.1	17.4	18.6	19.9	21.1	22.3	23.6	24.8	26.1
♂	4.1	4.7	5.3	6	6.6	7.2	7.9	8.5	9.1	9.8	10.4	11	11.7	12.3	12.9	13.5	14.2	14.8	15.4	16	16.7	17.3	17.9	18.5	19.1	19.8	20.4	21	21.6	22.2

♃ 1 6 11 16 21 26: 25.4 26.4 27.3 28.2 29 29.8 — ♄: 27.7R 27.3 26.9 26.5 26.2 25.8 — ♅ 1 11 21: 19.3 19.9 20.5 — ♆: 19.7 19.9 20.1 — ♇: 17.9 18.2 18.6

X

	1	2	3	4	5	6	7	8	9	10	11	12	13	14	15	16	17	18	19	20	21	22	23	24	25	26	27	28	29	30	31
☉	7.4	8.4	9.3	10.3	11.3	12.3	13.3	14.3	15.3	16.2	17.2	18.2	19.2	20.2	21.2	22.2	23.2	24.2	25.2	26.2	27.2	28.1	29.1	0.1	1.1	2.1	3.1	4.1	5.1	6.1	7.1
☽	21.6	3.6	15.8	28.1	10.6	23.4	6.5	20	3.8	18.1	2.8	17.7	2.8	17.9	2.9	17.5	1.8	15.6	28.9	11.9	24.5	6.8	18.9	0.8	12.7	24.5	6.4	18.4	0.5	12.7	25.1
☿	22.6	24.1	25.6	27.2	28.7	0.1	1.6	3.1	4.5	5.9	7.3	8.7	10.1	11.5	12.8	14.2	15.5	16.7	18	19.3	20.5	21.7	22.8	23.9	25	26.1	27.1	28	28.9	29.8	0.5
♀	27.3	28.6	29.8	1.1	2.3	3.6	4.8	6.1	7.3	8.6	9.8	11.1	12.3	13.6	14.8	16.1	17.3	18.6	19.8	21.1	22.3	23.6	24.8	26.1	27.3	28.6	29.8	1.1	2.3	3.6	4.9
♂	22.8	23.5	24.1	24.7	25.3	25.9	26.5	27.1	27.7	28.3	28.9	29.5	0.1	0.7	1.4	2	2.6	3.2	3.8	4.3	4.9	5.5	6.1	6.7	7.3	7.9	8.5	9.1	9.7	10.3	10.9

♃ 1 6 11 16 21 26 31: 0.5 1.2 1.8 2.4 2.9 3.4 3.7 — ♄: 25.4R 25 24.7 24.3 24 23.8 23.5 — ♅ 1 11 21 31: 21.1 21.7 22.3 22.8 — ♆: 20.4 20.7 21 21.4 — ♇: 19 19.3 19.6 19.9

XI

	1	2	3	4	5	6	7	8	9	10	11	12	13	14	15	16	17	18	19	20	21	22	23	24	25	26	27	28	29	30
☉	8.1	9.1	10.1	11.1	12.1	13.1	14.1	15.1	16.1	17.1	18.2	19.2	20.2	21.2	22.2	23.2	24.2	25.2	26.2	27.2	28.2	29.2	0.3	1.3	2.3	3.3	4.3	5.3	6.3	7.3
☽	7.6	20.4	3.4	16.7	0.2	14	28.1	12.5	27	11.7	26.4	11	25.5	9.6	23.4	6.9	19.9	2.6	14.9	27.1	9	20.9	2.7	14.6	26.7	8.9	21.3	4	16.9	0.1
☿	1.2	1.8	2.3	2.7	3	3.2	3.2R	3.1	2.9	2.4	1.8	1.1	0.1	29.1	27.9	26.6	25.3	23.9	22.6	21.4	20.2	19.3	18.4	17.8	17.4	17.2	17.1D	17.3	17.6	18
♀	6.1	7.4	8.6	9.9	11.1	12.4	13.6	14.9	16.1	17.4	18.7	19.9	21.2	22.4	23.7	24.9	26.2	27.4	28.7	30	1.2	2.5	3.7	5	6.2	7.5	8.8	10	11.3	12.5
♂	11.4	12	12.6	13.2	13.8	14.3	14.9	15.5	16.1	16.6	17.2	17.8	18.4	18.9	19.5	20.1	20.6	21.2	21.8	22.3	22.9	23.4	24	24.5	25.1	25.6	26.2	26.7	27.3	27.8

♃ 1 6 11 16 21 26: 3.8 4.1 4.3 4.4 4.5 4.5R — ♄: 23.5R 23.3 23.1 23 22.9 22.9 — ♅ 1 11 21: 22.9 23.3 23.7 — ♆: 21.4 21.8 22.1 — ♇: 19.9 20.2 20.4

XII

	1	2	3	4	5	6	7	8	9	10	11	12	13	14	15	16	17	18	19	20	21	22	23	24	25	26	27	28	29	30	31
☉	8.3	9.4	10.4	11.4	12.4	13.4	14.4	15.5	16.5	17.5	18.5	19.5	20.5	21.6	22.6	23.6	24.6	25.6	26.6	27.7	28.7	29.7	0.7	1.7	2.7	3.8	4.8	5.8	6.8	7.8	8.9
☽	13.5	27.1	10.9	24.9	8.9	23.1	7.3	21.5	5.7	19.9	3.9	17.8	1.4	14.7	27.7	10.4	22.7	4.9	16.8	28.7	10.5	22.4	4.5	16.8	29.3	12.3	25.5	9.1	23	7.1	21.3
☿	18.6	19.3	20.1	21	22	23.1	24.2	25.4	26.6	27.9	29.2	0.5	1.8	3.2	4.6	6	7.5	8.9	10.4	11.8	13.3	14.8	16.3	17.8	19.3	20.8	22.3	23.8	25.4	26.9	28.4
♀	13.8	15	16.3	17.6	18.8	20.1	21.3	22.6	23.8	25.1	26.3	27.6	28.9	0.1	1.4	2.6	3.9	5.1	6.4	7.7	8.9	10.2	11.4	12.7	13.9	15.2	16.4	17.7	19	20.2	21.5
♂	28.4	28.9	29.5	30	0.5	1.1	1.6	2.1	2.6	3.2	3.7	4.2	4.7	5.3	5.8	6.3	6.8	7.3	7.8	8.3	8.8	9.3	9.8	10.3	10.8	11.3	11.8	12.2	12.7	13.2	13.7

♃ 1 6 11 16 21 26 31: 4.3R 4.1 3.9 3.5 3.1 2.6 2 — ♄: 22.9 23 23.1 23.3 23.4 23.7 24 — ♅ 1 11 21 31: 24 24.3 24.4 24.4R — ♆: 22.5 22.9 23.2 23.5 — ♇: 20.5 20.6 20.6 20.6R

I

	1	2	3	4	5	6	7	8	9	10	11	12	13	14	15	16	17	18	19	20	21	22	23	24	25	26	27	28	29	30	31
☉	9.9	10.9	11.9	12.9	14	15	16	17	18	19.1	20.1	21.1	22.1	23.1	24.2	25.2	26.2	27.2	28.2	29.2	0.3	1.3	2.3	3.3	4.3	5.3	6.4	7.4	8.4	9.4	10.4
☽	5.6	19.9	4.1	18.2	2.2	16	29.7	13.3	26.7	10	23	5.8	18.3	0.6	12.7	24.7	6.5	18.3	0.2	12.2	24.5	7.1	20	3.5	17.3	1.6	16.1	0.9	15.6	0.3	14.7
☿	30	1.5	3.1	4.6	6.2	7.8	9.3	10.9	12.5	14.1	15.7	17.3	18.9	20.6	22.2	23.8	25.5	27.2	28.8	0.5	2.2	3.9	5.6	7.3	9	10.8	12.5	14.2	16	17.7	19.5
♀	22.7	24	25.2	26.5	27.7	29	0.3	1.5	2.8	4	5.3	6.5	7.8	9	10.3	11.5	12.8	14	15.3	16.5	17.8	19	20.3	21.5	22.8	24	25.3	26.5	27.8	29	0.3
♂	14.1	14.6	15.1	15.5	16	16.4	16.9	17.3	17.8	18.2	18.6	19.1	19.5	19.9	20.3	20.7	21.1	21.6	22	22.3	22.7	23.1	23.5	23.9	24.3	24.6	25	25.3	25.7	26	26.4

♃ 1 6 11 16 21 26 31: 1.9R 1.3 0.7 0 29.3 28.7 28 — ♄ 1 6 11 16 21 26 31: 24 24.3 24.7 25.1 25.5 26 26.4 — ♅ 1 11 21 31: 24.4R 24.4 24.2 24 — ♆ 1 11 21 31: 23.5 23.8 24 24.2 — ♇ 1 11 21 31: 20.6R 20.6 20.4 20.3

II

	1	2	3	4	5	6	7	8	9	10	11	12	13	14	15	16	17	18	19	20	21	22	23	24	25	26	27	28	29	30	31
☉	11.4	12.5	13.5	14.5	15.5	16.5	17.5	18.5	19.6	20.6	21.6	22.6	23.6	24.6	25.6	26.6	27.6	28.6	29.7	0.7	1.7	2.7	3.7	4.7	5.7	6.7	7.7	8.7			
☽	29	12.9	26.6	10.1	23.4	6.4	19.3	1.9	14.5	26.8	8.9	20.9	2.8	14.6	26.4	8.2	20.2	2.4	15	27.9	11.3	25.2	9.6	24.3	9.4	24.5	9.5	24.4			
☿	21.3	23	24.8	26.5	28.3	30	1.7	3.3	5	6.6	8.1	9.6	11	12.3	13.6	14.7	15.7	16.6	17.4	18	18.4	18.7	18.8	18.8R	18.5	18.2	17.6	17			
♀	1.5	2.8	4	5.3	6.5	7.8	9	10.3	11.5	12.7	14	15.2	16.5	17.7	19	20.2	21.4	22.7	23.9	25.1	26.4	27.6	28.9	0.1	1.3	2.6	3.8	5			
♂	26.7	27	27.3	27.6	27.9	28.2	28.5	28.8	29.1	29.4	29.6	29.9	0.1	0.4	0.6	0.8	1	1.2	1.4	1.6	1.8	2	2.1	2.3	2.4	2.5	2.6	2.8			

♃ 1 6 11 16 21 26: 27.9R 27.3 26.7 26.2 25.7 25.3 — ♄ 1 6 11 16 21 26: 26.5 27.1 27.6 28.1 28.7 29.3 — ♅ 1 11 21: 23.9R 23.6 23.3 — ♆ 1 11 21: 24.2 24.3 24.3 — ♇ 1 11 21: 20.2R 20 19.8

III

	1	2	3	4	5	6	7	8	9	10	11	12	13	14	15	16	17	18	19	20	21	22	23	24	25	26	27	28	29	30	31
☉	9.7	10.7	11.7	12.7	13.7	14.7	15.7	16.7	17.7	18.7	19.7	20.7	21.7	22.7	23.7	24.7	25.7	26.7	27.7	28.7	29.7	0.7	1.7	2.7	3.7	4.7	5.6	6.6	7.6	8.6	9.6
☽	8.9	23.1	6.9	20.4	3.5	16.3	28.9	11.3	23.6	5.7	17.7	29.6	11.4	23.2	5	16.8	28.8	11	23.5	6.4	19.7	3.4	17.7	2.4	17.4	2.6	17.9	3	17.8	2.3	16.3
☿	16.2R	15.3	14.4	13.4	12.3	11.3	10.3	9.3	8.4	7.6	6.8	6.2	5.7	5.2	4.9	4.7	4.6	4.6D	4.6	4.8	5.1	5.5	5.9	6.4	7	7.7	8.4	9.2	10	10.9	11.8
♀	6.3	7.5	8.7	10	11.2	12.4	13.6	14.9	16.1	17.3	18.5	19.8	21	22.2	23.4	24.6	25.9	27.1	28.3	29.5	0.7	1.9	3.2	4.4	5.6	6.8	8	9.2	10.4	11.6	12.8
♂	2.8	2.9	3	3.1	3.1	3.2	3.2	3.2	3.2R	3.2	3.2	3.1	3.1	3	3	2.9	2.8	2.7	2.5	2.4	2.3	2.1	1.9	1.7	1.5	1.3	1.1	0.9	0.6	0.4	0.1

♃ 1 6 11 16 21 26 31: 25.1R 24.8 24.6 24.5 24.4 24.5D 24.6 — ♄ 1 6 11 16 21 26 31: 29.7 0.3 0.9 1.5 2.1 2.7 3.4 — ♅ 1 11 21 31: 22.9R 22.5 22.1 21.6 — ♆ 1 11 21 31: 24.3R 24.3 24.2 24 — ♇ 1 11 21 31: 19.6R 19.3 19 18.8

IV

	1	2	3	4	5	6	7	8	9	10	11	12	13	14	15	16	17	18	19	20	21	22	23	24	25	26	27	28	29	30	31
☉	10.6	11.6	12.6	13.5	14.5	15.5	16.5	17.5	18.5	19.4	20.4	21.4	22.4	23.4	24.4	25.3	26.3	27.3	28.3	29.2	0.2	1.2	2.2	3.1	4.1	5.1	6.1	7	8	9	
☽	29.9	13.1	25.9	8.4	20.7	2.8	14.7	26.6	8.4	20.2	2	13.9	25.9	8	20.3	2.8	15.7	28.9	12.6	26.6	11	25.8	10.9	26	11.1	26	10.6	24.8	8.6	21.9	
☿	12.8	13.8	14.9	16	17.2	18.4	19.6	20.9	22.2	23.5	24.9	26.2	27.7	29.1	0.6	2.1	3.6	5.2	6.8	8.4	10.1	11.7	13.5	15.2	16.9	18.7	20.6	22.4	24.3	26.2	
♀	14	15.2	16.4	17.6	18.8	20	21.2	22.4	23.6	24.8	26	27.2	28.3	29.5	0.7	1.9	3.1	4.2	5.4	6.6	7.8	8.9	10.1	11.3	12.5	13.6	14.8	15.9	17.1	18.3	
♂	29.8R	29.5	29.2	28.9	28.6	28.2	27.9	27.6	27.2	26.9	26.5	26.1	25.8	25.4	25	24.6	24.2	23.9	23.5	23.1	22.7	22.4	22	21.6	21.3	20.9	20.5	20.2	19.9	19.5	

♃ 1 6 11 16 21 26: 24.6 24.8 25.1 25.4 25.9 26.4 — ♄ 1 6 11 16 21 26: 3.5 4.1 4.7 5.3 5.9 6.5 — ♅ 1 11 21: 21.6R 21.2 20.9 — ♆ 1 11 21: 24.0R 23.8 23.6 — ♇ 1 11 21: 18.8R 18.5 18.3

V

	1	2	3	4	5	6	7	8	9	10	11	12	13	14	15	16	17	18	19	20	21	22	23	24	25	26	27	28	29	30	31
☉	10	10.9	11.9	12.9	13.8	14.8	15.8	16.7	17.7	18.7	19.6	20.6	21.6	22.5	23.5	24.5	25.4	26.4	27.4	28.3	29.3	0.2	1.2	2.2	3.1	4.1	5	6	7	7.9	8.9
☽	4.8	17.4	29.6	11.6	23.5	5.3	17.1	28.9	10.8	22.9	5	17.4	29.9	12.7	25.7	9	22.6	6.5	20.7	5.1	19.8	4.6	19.5	4.2	18.7	2.9	16.8	0.1	13.1	25.7	8
☿	28.1	0.1	2.1	4.1	6.1	8.2	10.3	12.4	14.5	16.7	18.8	21	23.2	25.4	27.5	29.7	1.9	4	6.1	8.2	10.3	12.3	14.3	16.3	18.2	20.1	21.9	23.7	25.5	27.2	28.8
♀	19.4	20.6	21.7	22.9	24	25.2	26.3	27.5	28.6	29.7	0.9	2	3.1	4.2	5.4	6.5	7.6	8.7	9.8	10.9	12.1	13.2	14.3	15.4	16.4	17.5	18.6	19.7	20.8	21.9	22.9
♂	19.2R	18.9	18.6	18.3	18	17.8	17.5	17.2	17	16.8	16.6	16.4	16.2	16	15.9	15.7	15.6	15.5	15.4	15.3	15.2	15.1	15.1	15	15	15	15.0D	15	15	15.1	15.1

♃ 1 6 11 16 21 26 31: 26.9 27.5 28.2 28.9 29.6 0.4 1.3 — ♄ 1 6 11 16 21 26 31: 7.1 7.6 8.1 8.6 9.1 9.6 10 — ♅ 1 11 21 31: 20.6R 20.4 20.3 20.3D — ♆ 1 11 21 31: 23.3R 23.1 22.8 22.5 — ♇ 1 11 21 31: 18.2R 18.1 18 18.0D

VI

	1	2	3	4	5	6	7	8	9	10	11	12	13	14	15	16	17	18	19	20	21	22	23	24	25	26	27	28	29	30	31
☉	9.8	10.8	11.8	12.7	13.7	14.6	15.6	16.5	17.5	18.5	19.4	20.4	21.3	22.3	23.2	24.2	25.1	26.1	27.1	28	29	29.9	0.9	1.8	2.8	3.7	4.7	5.6	6.6	7.5	
☽	20	1.9	13.7	25.5	7.4	19.4	1.6	14	26.6	9.5	22.6	6	19.5	3.2	17.1	1.2	15.4	29.7	14.2	28.6	13	27.2	11.2	24.9	8.2	21.1	3.7	16	28.1	10	
☿	0.4	2	3.5	4.9	6.3	7.6	8.9	10.2	11.4	12.5	13.6	14.6	15.5	16.4	17.3	18.1	18.8	19.4	20	20.5	20.9	21.3	21.6	21.8	21.9	22	22.0R	21.9	21.7	21.5	
♀	24	25.1	26.1	27.2	28.2	29.3	0.3	1.4	2.4	3.4	4.4	5.5	6.5	7.5	8.5	9.5	10.5	11.4	12.4	13.4	14.3	15.3	16.2	17.2	18.1	19	19.9	20.8	21.7	22.6	
♂	15.2	15.3	15.4	15.5	15.6	15.7	15.8	16	16.1	16.3	16.5	16.7	16.9	17.1	17.3	17.5	17.8	18	18.3	18.6	18.8	19.1	19.4	19.7	20	20.3	20.7	21	21.3	21.7	

♃ 1 6 11 16 21 26: 1.4 2.3 3.3 4.2 5.2 6.2 — ♄ 1 6 11 16 21 26: 10.1 10.5 10.9 11.2 11.5 11.8 — ♅ 1 11 21: 20.3 20.4 20.5 — ♆ 1 11 21: 22.5R 22.3 22.1 — ♇ 1 11 21: 18 18 18.1

VII

	1	2	3	4	5	6	7	8	9	10	11	12	13	14	15	16	17	18	19	20	21	22	23	24	25	26	27	28	29	30	31
☉	8.5	9.5	10.4	11.4	12.3	13.3	14.2	15.2	16.1	17.1	18	19	19.9	20.9	21.8	22.8	23.8	24.7	25.7	26.6	27.6	28.5	29.5	0.4	1.4	2.3	3.3	4.3	5.2	6.2	7.1
☽	21.8	3.6	15.5	27.6	10	22.6	5.5	18.8	2.3	16	29.9	13.9	28	12.2	26.3	10.4	24.5	8.5	22.5	6.3	19.9	3.3	16.4	29.2	11.7	24	6	17.9	29.7	11.5	23.4
☿	21.2R	20.8	20.4	19.9	19.3	18.8	18.2	17.5	16.9	16.3	15.7	15.1	14.5	14	13.5	13.1	12.8	12.5	12.4	12.3	12.3D	12.4	12.6	12.8	13.2	13.7	14.3	15	15.7	16.6	17.6
♀	23.5	24.3	25.2	26	26.9	27.7	28.5	29.3	0.1	0.8	1.6	2.3	3	3.7	4.4	5.1	5.8	6.4	7	7.6	8.2	8.7	9.3	9.8	10.2	10.7	11.1	11.5	11.9	12.3	12.6
♂	22	22.4	22.8	23.2	23.5	23.9	24.3	24.7	25.1	25.6	26	26.4	26.8	27.3	27.7	28.2	28.6	29.1	29.6	0	0.5	1	1.5	2	2.5	3	3.5	4	4.5	5	5.5

♃ 1 6 11 16 21 26 31: 7.2 8.2 9.3 10.3 11.4 12.5 13.6 — ♄ 1 6 11 16 21 26 31: 12 12.2 12.3 12.4 12.5 12.5R 12.4 — ♅ 1 11 21 31: 20.8 21.1 21.5 21.9 — ♆ 1 11 21 31: 21.9R 21.7 21.6 21.6 — ♇ 1 11 21 31: 18.2 18.4 18.7 18.9

VIII

	1	2	3	4	5	6	7	8	9	10	11	12	13	14	15	16	17	18	19	20	21	22	23	24	25	26	27	28	29	30	31
☉	8.1	9	10	11	11.9	12.9	13.8	14.8	15.7	16.7	17.7	18.6	19.6	20.5	21.5	22.5	23.4	24.4	25.3	26.3	27.3	28.2	29.2	0.2	1.1	2.1	3.1	4	5	6	6.9
☽	5.6	18	0.8	13.9	27.5	11.3	25.5	9.8	24.2	8.7	23	7.3	21.3	5.3	19	2.6	16.1	29.3	12.3	25.1	7.7	20	2.1	14.1	25.9	7.7	19.5	1.4	13.6	26	8.8
☿	18.6	19.8	21	22.4	23.8	25.3	26.8	28.4	0.1	1.9	3.7	5.6	7.5	9.4	11.4	13.4	15.4	17.4	19.4	21.5	23.5	25.5	27.5	29.5	1.5	3.4	5.4	7.3	9.2	11.1	13
♀	12.9	13.1	13.3	13.5	13.7	13.8	13.9	13.9	13.9R	13.9	13.8	13.7	13.5	13.3	13.1	12.8	12.5	12.2	11.8	11.3	10.9	10.4	9.9	9.4	8.8	8.2	7.6	7	6.4	5.8	5.2
♂	6.1	6.6	7.1	7.7	8.2	8.8	9.3	9.9	10.4	11	11.6	12.1	12.7	13.3	13.9	14.4	15	15.6	16.2	16.8	17.4	18	18.6	19.2	19.8	20.4	21.1	21.7	22.3	22.9	23.5

♃ 1 6 11 16 21 26 31: 13.8 14.9 16 17.1 18.2 19.3 20.4 — ♄ 1 6 11 16 21 26 31: 12.4R 12.3 12.2 12.1 11.9 11.6 11.4 — ♅ 1 11 21 31: 22 22.5 23.1 23.7 — ♆ 1 11 21 31: 21.6R 21.6D 21.7 21.8 — ♇ 1 11 21 31: 19 19.3 19.6 19.9

IX

	1	2	3	4	5	6	7	8	9	10	11	12	13	14	15	16	17	18	19	20	21	22	23	24	25	26	27	28	29	30	31
☉	7.9	8.9	9.8	10.8	11.8	12.7	13.7	14.7	15.6	16.6	17.6	18.6	19.5	20.5	21.5	22.5	23.4	24.4	25.4	26.4	27.3	28.3	29.3	0.3	1.2	2.2	3.2	4.2	5.2	6.2	
☽	22	5.7	19.7	4.2	18.9	3.7	18.5	3.2	17.7	2	15.9	29.6	13	26.1	9	21.7	4.2	16.5	28.6	10.6	22.5	4.2	16	27.8	9.8	21.9	4.3	17	0.2	13.8	
☿	14.8	16.6	18.4	20.2	22	23.7	25.5	27.2	28.8	0.5	2.1	3.8	5.4	7	8.5	10.1	11.6	13.2	14.7	16.1	17.6	19	20.5	21.9	23.3	24.6	26	27.3	28.6	29.9	
♀	4.5R	3.9	3.3	2.8	2.2	1.7	1.1	0.7	0.2	29.8	29.4	29	28.7	28.4	28.2	28	27.9	27.7	27.7	27.6	27.6D	27.7	27.8	27.9	28	28.2	28.5	28.7	29	29.4	
♂	24.2	24.8	25.4	26.1	26.7	27.4	28	28.7	29.3	30	0.6	1.3	1.9	2.6	3.3	3.9	4.6	5.3	5.9	6.6	7.3	8	8.7	9.3	10	10.7	11.4	12.1	12.8	13.5	

♃ 1 6 11 16 21 26: 20.6 21.7 22.7 23.7 24.8 25.8 — ♄ 1 6 11 16 21 26: 11.3R 11 10.7 10.3 9.9 9.6 — ♅ 1 11 21: 23.7 24.4 25 — ♆ 1 11 21: 21.8 22 22.2 — ♇ 1 11 21: 20 20.3 20.7

X

	1	2	3	4	5	6	7	8	9	10	11	12	13	14	15	16	17	18	19	20	21	22	23	24	25	26	27	28	29	30	31
☉	7.1	8.1	9.1	10.1	11.1	12.1	13	14	15	16	17	18	19	20	21	21.9	22.9	23.9	24.9	25.9	26.9	27.9	28.9	29.9	0.9	1.9	2.9	3.9	4.9	5.9	6.9
☽	27.8	12.3	27.1	12.2	27.3	12.4	27.2	11.8	25.9	9.7	23	6.1	18.8	1.2	13.5	25.5	7.5	19.3	1.1	12.9	24.7	6.6	18.6	0.8	13.2	25.9	8.9	22.4	6.2	20.5	5.2
☿	1.2	2.4	3.6	4.8	6	7.1	8.2	9.2	10.2	11.2	12.1	13	13.8	14.5	15.2	15.8	16.3	16.7	17	17.3	17.3	17.3R	17.1	16.8	16.3	15.7	15	14.1	13	11.9	10.6
♀	29.7	0.1	0.5	1	1.4	1.9	2.5	3	3.6	4.2	4.8	5.4	6.1	6.8	7.4	8.2	8.9	9.6	10.4	11.2	12	12.8	13.6	14.4	15.3	16.2	17	17.9	18.8	19.7	20.6
♂	14.2	14.9	15.6	16.3	17	17.7	18.4	19.1	19.8	20.5	21.3	22	22.7	23.4	24.1	24.8	25.6	26.3	27	27.7	28.5	29.2	29.9	0.7	1.4	2.1	2.9	3.6	4.4	5.1	5.8

♃ 1 6 11 16 21 26 31: 26.7 27.7 28.6 29.4 0.3 1 1.8 — ♄ 1 6 11 16 21 26 31: 9.2R 8.8 8.4 8 7.6 7.3 7 — ♅ 1 11 21 31: 25.6 26.2 26.8 27.4 — ♆ 1 11 21 31: 22.5 22.8 23.1 23.5 — ♇ 1 11 21 31: 21.1 21.4 21.7 22

XI

	1	2	3	4	5	6	7	8	9	10	11	12	13	14	15	16	17	18	19	20	21	22	23	24	25	26	27	28	29	30	31
☉	7.9	8.9	9.9	10.9	11.9	12.9	13.9	14.9	15.9	16.9	17.9	18.9	19.9	20.9	21.9	22.9	24	25	26	27	28	29	0	1	2	3	4.1	5.1	6.1	7.1	
☽	20.2	5.4	20.6	5.7	20.5	4.9	18.9	2.3	15.4	28.1	10.4	22.5	4.5	16.3	28.1	9.9	21.7	3.7	15.7	27.8	10.2	22.7	5.5	18.5	1.8	15.5	29.5	13.9	28.6	13.6	
☿	9.4R	8.1	6.8	5.6	4.5	3.5	2.7	2.1	1.7	1.5	1.5D	1.6	1.9	2.4	3	3.8	4.7	5.6	6.7	7.8	9	10.3	11.6	12.9	14.3	15.7	17.2	18.6	20.1	21.6	
♀	21.6	22.5	23.4	24.4	25.4	26.3	27.3	28.3	29.3	0.3	1.3	2.4	3.4	4.4	5.5	6.5	7.5	8.6	9.7	10.7	11.8	12.9	14	15.1	16.2	17.3	18.4	19.5	20.6	21.7	
♂	6.6	7.3	8.1	8.8	9.6	10.3	11.1	11.8	12.6	13.3	14.1	14.8	15.6	16.4	17.1	17.9	18.6	19.4	20.2	20.9	21.7	22.4	23.2	24	24.7	25.5	26.3	27	27.8	28.6	

♃ 1 6 11 16 21 26: 1.9 2.6 3.2 3.8 4.3 4.7 — ♄ 1 6 11 16 21 26: 6.9R 6.6 6.4 6.1 6 5.8 — ♅ 1 11 21: 27.4 27.9 28.3 — ♆ 1 11 21: 23.5 23.9 24.2 — ♇ 1 11 21: 22.1 22.3 22.5

XII

	1	2	3	4	5	6	7	8	9	10	11	12	13	14	15	16	17	18	19	20	21	22	23	24	25	26	27	28	29	30	31
☉	8.1	9.1	10.1	11.1	12.2	13.2	14.2	15.2	16.2	17.2	18.3	19.3	20.3	21.3	22.3	23.3	24.4	25.4	26.4	27.4	28.4	29.4	0.5	1.5	2.5	3.5	4.5	5.6	6.6	7.6	8.6
☽	28.6	13.7	28.5	13	27.1	10.8	23.9	6.7	19	1.1	13	24.8	6.6	18.4	0.3	12.4	24.6	7.1	19.7	2.5	15.5	28.7	12.1	25.7	9.6	23.7	8	22.6	7.2	21.9	6.6
☿	23.1	24.6	26.1	27.6	29.1	0.7	2.2	3.7	5.3	6.8	8.4	9.9	11.5	13	14.6	16.1	17.7	19.3	20.8	22.4	23.9	25.5	27.1	28.7	0.2	1.8	3.4	5	6.6	8.2	9.8
♀	22.8	23.9	25.1	26.2	27.3	28.5	29.6	0.7	1.9	3	4.2	5.3	6.5	7.6	8.8	10	11.1	12.3	13.5	14.7	15.8	17	18.2	19.4	20.6	21.7	22.9	24.1	25.3	26.5	27.7
♂	29.4	0.1	0.9	1.7	2.4	3.2	4	4.8	5.5	6.3	7.1	7.9	8.6	9.4	10.2	11	11.8	12.5	13.3	14.1	14.9	15.6	16.4	17.2	18	18.8	19.5	20.3	21.1	21.9	22.7

♃ 1 6 11 16 21 26 31: 5.1 5.4 5.6 5.8 5.8 5.8R 5.7 — ♄ 1 6 11 16 21 26 31: 5.7R 5.7 5.7D 5.7 5.8 5.9 6.1 — ♅ 1 11 21 31: 28.7 28.9 29.1 29.2 — ♆ 1 11 21 31: 24.6 25 25.3 25.6 — ♇ 1 11 21 31: 22.7 22.8 22.8 22.8R

I

	1	2	3	4	5	6	7	8	9	10	11	12	13	14	15	16	17	18	19	20	21	22	23	24	25	26	27	28	29	30	31
☉	9.6	10.7	11.7	12.7	13.7	14.7	15.8	16.8	17.8	18.8	19.8	20.8	21.9	22.9	23.9	24.9	25.9	27	28	29	0	1	2	3.1	4.1	5.1	6.1	7.1	8.1	9.2	10.2
☽	20.9	5	18.6	1.8	14.6	27.1	9.2	21.1	2.9	14.7	26.6	8.6	20.7	3.2	15.9	28.8	12	25.4	9	22.6	6.5	20.4	4.4	18.5	2.7	17	1.2	15.4	29.4	13.1	26.5
☿	11.4	13	14.7	16.3	17.9	19.6	21.2	22.9	24.5	26.2	27.8	29.5	1.2	2.8	4.5	6.2	7.9	9.5	11.2	12.8	14.5	16.1	17.7	19.2	20.7	22.2	23.6	25	26.3	27.5	28.6
♀	28.9	0.1	1.3	2.5	3.7	4.9	6.1	7.3	8.5	9.7	10.9	12.1	13.3	14.5	15.7	17	18.2	19.4	20.6	21.8	23	24.2	25.5	26.7	27.9	29.1	0.3	1.6	2.8	4	5.2
♂	23.4	24.2	25	25.8	26.6	27.3	28.1	28.9	29.7	0.5	1.2	2	2.8	3.6	4.4	5.1	5.9	6.7	7.5	8.3	9	9.8	10.6	11.4	12.1	12.9	13.7	14.5	15.2	16	16.8

♃ 1 6 11 16 21 26 31: 5.7R 5.5 5.2 4.9 4.5 4 3.4 — ♄ 1 6 11 16 21 26 31: 6.1 6.3 6.6 6.9 7.2 7.6 8 — ♅ 1 11 21 31: 29.2 29.2R 29.1 28.9 — ♆ 1 11 21 31: 25.6 25.9 26.1 26.3 — ♇ 1 11 21 31: 22.8R 22.8 22.7 22.5

II

	1	2	3	4	5	6	7	8	9	10	11	12	13	14	15	16	17	18	19	20	21	22	23	24	25	26	27	28	29	30	31
☉	11.2	12.2	13.2	14.2	15.3	16.3	17.3	18.3	19.3	20.3	21.3	22.3	23.4	24.4	25.4	26.4	27.4	28.4	29.4	0.4	1.4	2.4	3.4	4.5	5.5	6.5	7.5	8.5	9.5		
☽	9.6	22.4	4.8	16.9	28.9	10.7	22.5	4.4	16.4	28.7	11.2	24.1	7.3	20.8	4.6	18.6	2.7	17	1.2	15.4	29.5	13.6	27.6	11.4	25.1	8.6	22	5	17.8		
☿	29.5	0.4	1.1	1.6	2	2.2	2.3R	2.1	1.8	1.3	0.6	29.8	28.9	27.8	26.7	25.6	24.4	23.3	22.2	21.2	20.3	19.5	18.8	18.2	17.7	17.4	17.2	17.1	17.1D		
♀	6.4	7.7	8.9	10.1	11.3	12.6	13.8	15	16.2	17.5	18.7	19.9	21.2	22.4	23.6	24.8	26.1	27.3	28.5	29.8	1	2.2	3.5	4.7	5.9	7.1	8.4	9.6	10.8		
♂	17.6	18.3	19.1	19.9	20.7	21.4	22.2	23	23.7	24.5	25.3	26.1	26.8	27.6	28.4	29.1	29.9	0.7	1.4	2.2	3	3.7	4.5	5.2	6	6.8	7.5	8.3	9		

♃ 1 6 11 16 21 26: 3.3R 2.7 2.1 1.5 0.8 0.1 — ♄ 1 6 11 16 21 26: 8.1 8.6 9.1 9.6 10.1 10.6 — ♅ 1 11 21: 28.9R 28.6 28.2 — ♆ 1 11 21: 26.3 26.5 26.5 — ♇ 1 11 21: 22.5R 22.3 22.1

III

	1	2	3	4	5	6	7	8	9	10	11	12	13	14	15	16	17	18	19	20	21	22	23	24	25	26	27	28	29	30	31
☉	10.5	11.5	12.5	13.5	14.5	15.5	16.5	17.5	18.5	19.5	20.5	21.5	22.5	23.5	24.5	25.5	26.5	27.5	28.5	29.5	0.4	1.4	2.4	3.4	4.4	5.4	6.4	7.4	8.4	9.4	10.3
☽	0.4	12.7	24.8	6.7	18.5	0.4	12.2	24.2	6.5	19	1.9	15.2	28.9	13	27.3	11.9	26.6	11.3	25.8	10.2	24.4	8.3	22	5.4	18.6	1.5	14.2	26.6	8.9	21	3
☿	17.2	17.5	17.8	18.2	18.7	19.2	19.9	20.6	21.3	22.2	23	24	25	26	27	28.1	29.3	0.5	1.7	2.9	4.2	5.5	6.8	8.2	9.6	11	12.4	13.9	15.4	16.9	18.5
♀	12.1	13.3	14.5	15.8	17	18.2	19.5	20.7	21.9	23.2	24.4	25.6	26.9	28.1	29.3	0.6	1.8	3	4.2	5.5	6.7	7.9	9.2	10.4	11.6	12.9	14.1	15.3	16.6	17.8	19
♂	9.8	10.6	11.3	12.1	12.8	13.6	14.3	15.1	15.8	16.6	17.4	18.1	18.9	19.6	20.3	21.1	21.8	22.6	23.3	24.1	24.8	25.6	26.3	27.1	27.8	28.5	29.3	0	0.7	1.5	2.2

♃ 1 6 11 16 21 26 31: 29.6R 29 28.4 27.9 27.4 26.9 26.6 — ♄ 1 6 11 16 21 26 31: 11.1 11.7 12.3 12.9 13.5 14.1 14.7 — ♅ 1 11 21 31: 27.9R 27.5 27 26.6 — ♆ 1 11 21 31: 26.5R 26.5 26.4 26.2 — ♇ 1 11 21 31: 21.8R 21.6 21.3 21

IV

	1	2	3	4	5	6	7	8	9	10	11	12	13	14	15	16	17	18	19	20	21	22	23	24	25	26	27	28	29	30	31
☉	11.3	12.3	13.3	14.3	15.3	16.3	17.2	18.2	19.2	20.2	21.2	22.2	23.1	24.1	25.1	26.1	27.1	28	29	30	1	1.9	2.9	3.9	4.9	5.8	6.8	7.8	8.7	9.7	
☽	14.9	26.7	8.5	20.4	2.4	14.6	27.1	9.9	23.2	6.8	21	5.5	20.3	5.3	20.4	5.3	20.1	4.5	18.6	2.3	15.6	28.5	11.2	23.6	5.8	17.9	29.8	11.7	23.5	5.3	
☿	20	21.6	23.2	24.9	26.5	28.2	29.9	1.7	3.4	5.2	7	8.9	10.7	12.6	14.5	16.5	18.4	20.4	22.4	24.5	26.5	28.6	0.7	2.8	4.9	7.1	9.2	11.4	13.5	15.7	
♀	20.3	21.5	22.7	24	25.2	26.4	27.7	28.9	0.1	1.4	2.6	3.8	5	6.3	7.5	8.7	10	11.2	12.4	13.7	14.9	16.1	17.4	18.6	19.8	21	22.3	23.5	24.7	26	
♂	3	3.7	4.4	5.2	5.9	6.6	7.3	8.1	8.8	9.5	10.3	11	11.7	12.4	13.2	13.9	14.6	15.3	16	16.8	17.5	18.2	18.9	19.6	20.4	21.1	21.8	22.5	23.2	23.9	

♃ 1 6 11 16 21 26: 26.5R 26.2 26 25.9 25.8 25.9D — ♄ 1 6 11 16 21 26: 14.9 15.5 16.1 16.7 17.4 18 — ♅ 1 11 21: 26.6R 26.2 25.8 — ♆ 1 11 21: 26.2R 26 25.8 — ♇ 1 11 21: 21.0R 20.8 20.6

V

	1	2	3	4	5	6	7	8	9	10	11	12	13	14	15	16	17	18	19	20	21	22	23	24	25	26	27	28	29	30	31
☉	10.7	11.7	12.6	13.6	14.6	15.5	16.5	17.5	18.4	19.4	20.4	21.3	22.3	23.3	24.2	25.2	26.2	27.1	28.1	29	0	1	1.9	2.9	3.9	4.8	5.8	6.7	7.7	8.6	9.6
☽	17.2	29.1	11.1	23.3	5.8	18.6	1.7	15.2	29.2	13.6	28.4	13.5	28.8	14	29.1	13.8	28	11.8	25.2	8.1	20.6	2.9	15	26.9	8.7	20.5	2.4	14.2	26.1	8.2	20.3
☿	17.8	19.9	22	24.1	26.1	28.1	0.1	2	3.9	5.7	7.5	9.3	10.9	12.6	14.1	15.6	17.1	18.5	19.8	21	22.2	23.4	24.4	25.4	26.4	27.3	28.1	28.8	29.4	0	0.5
♀	27.2	28.4	29.7	0.9	2.1	3.3	4.6	5.8	7	8.3	9.5	10.7	11.9	13.2	14.4	15.6	16.9	18.1	19.3	20.5	21.8	23	24.2	25.5	26.7	27.9	29.1	0.4	1.6	2.8	4.1
♂	24.6	25.3	26	26.8	27.5	28.2	28.9	29.6	0.3	1	1.7	2.4	3.1	3.8	4.5	5.2	5.9	6.6	7.3	8	8.7	9.4	10.1	10.8	11.5	12.1	12.8	13.5	14.2	14.9	15.6

♃ 1 6 11 16 21 26 31: 26 26.1 26.4 26.7 27.1 27.5 28 — ♄ 1 6 11 16 21 26 31: 18.6 19.2 19.8 20.3 20.9 21.4 21.9 — ♅ 1 11 21 31: 25.5R 25.3 25.1 25.1 — ♆ 1 11 21 31: 25.6R 25.3 25 24.8 — ♇ 1 11 21 31: 20.4R 20.3 20.2 20.2

VI

	1	2	3	4	5	6	7	8	9	10	11	12	13	14	15	16	17	18	19	20	21	22	23	24	25	26	27	28	29	30	31
☉	10.6	11.5	12.5	13.4	14.4	15.4	16.3	17.3	18.2	19.2	20.1	21.1	22	23	24	24.9	25.9	26.8	27.8	28.7	29.7	0.6	1.6	2.5	3.5	4.5	5.4	6.4	7.3	8.3	
☽	2.6	15.1	27.9	11	24.4	8.2	22.4	7	22	7.1	22.4	7.5	22.3	6.7	20.6	4	17	29.6	11.8	23.8	5.7	17.5	29.3	11.2	23.1	5.2	17.4	29.7	12.2	24.9	
☿	1	1.3	1.6	1.8	2	2	2.0R	1.9	1.7	1.5	1.2	0.9	0.4	30	29.5	28.9	28.4	27.8	27.3	26.7	26.1	25.6	25.1	24.7	24.3	23.9	23.7	23.5	23.3	23.3	
♀	5.3	6.5	7.7	9	10.2	11.4	12.7	13.9	15.1	16.3	17.6	18.8	20	21.2	22.5	23.7	24.9	26.2	27.4	28.6	29.8	1.1	2.3	3.5	4.8	6	7.2	8.4	9.7	10.9	
♂	16.3	17	17.6	18.3	19	19.7	20.4	21.1	21.7	22.4	23.1	23.8	24.5	25.1	25.8	26.5	27.2	27.8	28.5	29.2	29.9	0.5	1.2	1.9	2.5	3.2	3.9	4.6	5.2	5.9	

♃ 1 6 11 16 21 26: 28.2 28.7 29.4 0.1 0.8 1.6 — ♄ 1 6 11 16 21 26: 22 22.5 22.9 23.3 23.7 24.1 — ♅ 1 11 21: 25.1R 25.1D 25.2 — ♆ 1 11 21: 24.7R 24.5 24.3 — ♇ 1 11 21: 20.2D 20.2 20.3

VII

	1	2	3	4	5	6	7	8	9	10	11	12	13	14	15	16	17	18	19	20	21	22	23	24	25	26	27	28	29	30	31
☉	9.2	10.2	11.1	12.1	13	14	14.9	15.9	16.8	17.8	18.8	19.7	20.7	21.6	22.6	23.5	24.5	25.4	26.4	27.3	28.3	29.3	0.2	1.2	2.1	3.1	4	5	5.9	6.9	7.9
☽	7.8	21	4.4	18.1	2.2	16.5	1.2	16	1	15.9	0.6	14.9	28.8	12.3	25.3	7.9	20.2	2.2	14.1	26	7.8	19.7	1.8	14	26.4	9	21.8	4.8	18	1.4	14.9
☿	23.3D	23.4	23.6	23.8	24.2	24.6	25.1	25.7	26.4	27.2	28	28.9	29.9	1	2.2	3.4	4.7	6.1	7.6	9.1	10.7	12.3	14	15.8	17.6	19.5	21.4	23.4	25.4	27.4	29.5
♀	12.1	13.4	14.6	15.8	17.1	18.3	19.5	20.7	22	23.2	24.4	25.7	26.9	28.1	29.4	0.6	1.8	3	4.3	5.5	6.7	8	9.2	10.4	11.7	12.9	14.1	15.4	16.6	17.8	19
♂	6.6	7.2	7.9	8.6	9.2	9.9	10.5	11.2	11.9	12.5	13.2	13.9	14.5	15.2	15.8	16.5	17.1	17.8	18.5	19.1	19.8	20.4	21.1	21.7	22.4	23	23.7	24.3	25	25.7	26.3

♃ 1 6 11 16 21 26 31: 2.4 3.2 4.1 5 6 6.9 7.9 — ♄ 1 6 11 16 21 26 31: 24.4 24.7 24.9 25.1 25.3 25.4 25.5 — ♅ 1 11 21 31: 25.4 25.7 26.1 26.5 — ♆ 1 11 21 31: 24.1R 23.9 23.8 23.8 — ♇ 1 11 21 31: 20.4 20.6 20.8 21.1

VIII

	1	2	3	4	5	6	7	8	9	10	11	12	13	14	15	16	17	18	19	20	21	22	23	24	25	26	27	28	29	30	31
☉	8.8	9.8	10.7	11.7	12.6	13.6	14.6	15.5	16.5	17.4	18.4	19.3	20.3	21.3	22.2	23.2	24.2	25.1	26.1	27	28	29	29.9	0.9	1.9	2.8	3.8	4.8	5.7	6.7	7.7
☽	28.7	12.7	26.9	11.3	25.8	10.3	24.8	9.1	23.2	7	20.3	3.3	15.9	28.2	10.2	22.2	4	15.9	27.9	10	22.3	4.9	17.8	0.9	14.3	27.9	11.6	25.5	9.6	23.7	7.9
☿	1.6	3.6	5.7	7.8	9.9	12	14	16.1	18.1	20.2	22.2	24.1	26.1	28	29.9	1.8	3.7	5.5	7.4	9.2	10.9	12.7	14.4	16.1	17.8	19.5	21.1	22.7	24.3	25.9	27.4
♀	20.3	21.5	22.7	24	25.2	26.4	27.7	28.9	0.1	1.4	2.6	3.8	5.1	6.3	7.5	8.7	10	11.2	12.4	13.7	14.9	16.1	17.4	18.6	19.8	21.1	22.3	23.5	24.8	26	27.2
♂	27	27.6	28.2	28.9	29.5	0.2	0.8	1.5	2.1	2.8	3.4	4.1	4.7	5.4	6	6.6	7.3	7.9	8.6	9.2	9.9	10.5	11.1	11.8	12.4	13	13.7	14.3	15	15.6	16.2

♃ 1 6 11 16 21 26 31: 8.1 9.2 10.2 11.2 12.3 13.4 14.4 — ♄ 1 6 11 16 21 26 31: 25.5 25.6 25.5R 25.5 25.4 25.2 25.1 — ♅ 1 11 21 31: 26.6 27.1 27.6 28.2 — ♆ 1 11 21 31: 23.8R 23.8D 23.8 23.9 — ♇ 1 11 21 31: 21.1 21.4 21.8 22.1

IX

	1	2	3	4	5	6	7	8	9	10	11	12	13	14	15	16	17	18	19	20	21	22	23	24	25	26	27	28	29	30	31
☉	8.6	9.6	10.6	11.5	12.5	13.5	14.4	15.4	16.4	17.4	18.3	19.3	20.3	21.2	22.2	23.2	24.2	25.1	26.1	27.1	28.1	29.1	0	1	2	3	4	4.9	5.9	6.9	
☽	22.1	6.3	20.4	4.5	18.3	2	15.4	28.5	11.3	23.8	6	18.1	0	11.9	23.8	5.8	17.9	0.3	13	26	9.3	23	7	21.2	5.6	20.1	4.5	18.9	3.1	17.2	
☿	28.9	0.5	1.9	3.4	4.8	6.3	7.7	9	10.4	11.7	13	14.3	15.5	16.7	17.9	19.1	20.2	21.3	22.4	23.4	24.4	25.3	26.2	27	27.8	28.5	29.1	29.7	0.2	0.6	
♀	28.4	29.7	0.9	2.1	3.4	4.6	5.8	7.1	8.3	9.5	10.7	12	13.2	14.4	15.7	16.9	18.1	19.3	20.6	21.8	23	24.3	25.5	26.7	27.9	29.2	0.4	1.6	2.8	4.1	
♂	16.9	17.5	18.1	18.8	19.4	20	20.7	21.3	22	22.6	23.2	23.8	24.5	25.1	25.7	26.4	27	27.6	28.3	28.9	29.5	0.1	0.8	1.4	2	2.7	3.3	3.9	4.5	5.2	

♃ 1 6 11 16 21 26: 14.7 15.7 16.8 17.9 19 20.1 — ♄ 1 6 11 16 21 26: 25.0R 24.8 24.5 24.2 23.9 23.6 — ♅ 1 11 21: 28.3 28.9 29.5 — ♆ 1 11 21: 24 24.1 24.3 — ♇ 1 11 21: 22.1 22.5 22.9

X

	1	2	3	4	5	6	7	8	9	10	11	12	13	14	15	16	17	18	19	20	21	22	23	24	25	26	27	28	29	30	31
☉	7.9	8.9	9.8	10.8	11.8	12.8	13.8	14.8	15.8	16.8	17.7	18.7	19.7	20.7	21.7	22.7	23.7	24.7	25.7	26.7	27.7	28.7	29.7	0.7	1.6	2.6	3.6	4.6	5.6	6.6	7.6
☽	1	14.7	28.1	11.4	24.3	7.1	19.6	2	14.1	26.2	8.1	19.9	1.8	13.7	25.8	8.2	20.8	3.8	17.3	1.1	15.4	29.9	14.7	29.7	14.5	29.2	13.7	27.8	11.6	25.1	8.2
☿	0.9	1.1	1.2	1.2R	1.1	0.9	0.5	30	29.3	28.5	27.6	26.6	25.5	24.4	23.1	21.9	20.7	19.6	18.6	17.7	16.9	16.3	16	15.7	15.7D	15.9	16.2	16.7	17.4	18.2	19.1
♀	5.3	6.5	7.7	9	10.2	11.4	12.6	13.9	15.1	16.3	17.5	18.8	20	21.2	22.4	23.6	24.9	26.1	27.3	28.5	29.7	1	2.2	3.4	4.6	5.8	7.1	8.3	9.5	10.7	11.9
♂	5.8	6.4	7	7.7	8.3	8.9	9.5	10.2	10.8	11.4	12	12.6	13.3	13.9	14.5	15.1	15.7	16.4	17	17.6	18.2	18.8	19.4	20.1	20.7	21.3	21.9	22.5	23.1	23.7	24.4

♃ 1 6 11 16 21 26 31: 21.1 22.2 23.2 24.2 25.2 26.2 27.2 — ♄ 1 6 11 16 21 26 31: 23.2R 22.8 22.4 22 21.6 21.2 20.9 — ♅ 1 11 21 31: 0.2 0.8 1.4 1.9 — ♆ 1 11 21 31: 24.6 24.9 25.2 25.6 — ♇ 1 11 21 31: 23.2 23.6 23.9 24.2

XI

	1	2	3	4	5	6	7	8	9	10	11	12	13	14	15	16	17	18	19	20	21	22	23	24	25	26	27	28	29	30	31
☉	8.6	9.6	10.6	11.6	12.6	13.6	14.7	15.7	16.7	17.7	18.7	19.7	20.7	21.7	22.7	23.7	24.7	25.7	26.7	27.7	28.8	29.8	0.8	1.8	2.8	3.8	4.8	5.8	6.8	7.9	
☽	21.1	3.7	16.2	28.5	10.6	22.6	4.6	16.4	28.3	10.2	22.1	4.2	16.4	29	11.9	25.2	9	23.2	7.9	23	8.2	23.5	8.6	23.3	7.7	21.6	5.1	18.1	0.8	13.2	
☿	20.1	21.3	22.5	23.7	25.1	26.4	27.9	29.3	0.8	2.3	3.9	5.4	7	8.6	10.1	11.7	13.3	14.9	16.5	18.1	19.7	21.2	22.8	24.4	26	27.6	29.2	0.8	2.3	3.9	
♀	13.1	14.4	15.6	16.8	18	19.2	20.4	21.6	22.9	24.1	25.3	26.5	27.7	28.9	0.1	1.3	2.5	3.7	5	6.2	7.4	8.6	9.8	11	12.2	13.4	14.6	15.8	17	18.2	
♂	25	25.6	26.2	26.8	27.4	28	28.6	29.2	29.9	0.5	1.1	1.7	2.3	2.9	3.5	4.1	4.7	5.3	5.9	6.5	7.1	7.7	8.3	8.9	9.5	10.1	10.7	11.3	11.9	12.5	

♃ 1 6 11 16 21 26: 27.4 28.3 29.2 0 0.8 1.6 — ♄ 1 6 11 16 21 26: 20.8R 20.4 20.1 19.8 19.5 19.3 — ♅ 1 11 21: 2 2.5 3 — ♆ 1 11 21: 25.6 26 26.4 — ♇ 1 11 21: 24.2 24.5 24.7

XII

	1	2	3	4	5	6	7	8	9	10	11	12	13	14	15	16	17	18	19	20	21	22	23	24	25	26	27	28	29	30	31
☉	8.9	9.9	10.9	11.9	12.9	13.9	15	16	17	18	19	20	21.1	22.1	23.1	24.1	25.1	26.1	27.2	28.2	29.2	0.2	1.2	2.3	3.3	4.3	5.3	6.3	7.3	8.4	9.4
☽	25.5	7.5	19.5	1.4	13.3	25.2	7.1	19	1	13.1	25.3	7.8	20.6	3.8	17.4	1.5	16	1	16.2	1.6	16.8	1.9	16.5	0.6	14.2	27.3	10	22.4	4.6	16.5	28.4
☿	5.5	7.1	8.6	10.2	11.8	13.3	14.9	16.5	18	19.6	21.2	22.8	24.3	25.9	27.5	29.1	0.7	2.2	3.8	5.4	7	8.6	10.2	11.8	13.4	15	16.6	18.2	19.8	21.4	23
♀	19.4	20.6	21.8	22.9	24.1	25.3	26.5	27.7	28.9	0.1	1.3	2.4	3.6	4.8	6	7.1	8.3	9.5	10.7	11.8	13	14.2	15.3	16.5	17.6	18.8	19.9	21.1	22.2	23.4	24.5
♂	13.1	13.7	14.3	14.9	15.5	16.1	16.7	17.3	17.8	18.4	19	19.6	20.2	20.8	21.4	22	22.5	23.1	23.7	24.3	24.9	25.5	26	26.6	27.2	27.8	28.3	28.9	29.5	0	0.6

♃ 1 6 11 16 21 26 31: 2.3 3 3.6 4.1 4.6 5 5.4 — ♄ 1 6 11 16 21 26 31: 19.1R 18.9 18.8 18.7 18.7 18.7D 18.8 — ♅ 1 11 21 31: 3.3 3.6 3.9 4 — ♆ 1 11 21 31: 26.7 27.1 27.4 27.7 — ♇ 1 11 21 31: 24.9 25 25.1 25.1R

I

1969

	1	2	3	4	5	6	7	8	9	10	11	12	13	14	15	16	17	18	19	20	21	22	23	24	25	26	27	28	29	30	31
☉	10.4	11.4	12.4	13.5	14.5	15.5	16.5	17.5	18.6	19.6	20.6	21.6	22.6	23.7	24.7	25.7	26.7	27.7	28.7	29.8	0.8	1.8	2.8	3.8	4.9	5.9	6.9	7.9	8.9	9.9	10.9
☽	10.3	22.1	4	16	28	10.2	22.4	4.8	17.4	0.2	13.4	26.8	10.7	25	9.6	24.6	9.7	24.8	9.8	24.4	8.6	22.4	5.6	18.4	0.9	13.1	25.1	7	18.8	0.7	12.6
☿	24.6	26.1	27.7	29.2	0.8	2.3	3.7	5.2	6.6	7.9	9.2	10.4	11.5	12.6	13.5	14.3	15	15.5	15.8	16	16.0R	15.8	15.4	14.8	14.1	13.2	12.1	11	9.7	8.5	7.2
♀	25.7	26.8	27.9	29.1	0.2	1.3	2.4	3.5	4.7	5.8	6.9	8	9.1	10.2	11.2	12.3	13.4	14.5	15.5	16.6	17.6	18.7	19.7	20.8	21.8	22.8	23.9	24.9	25.9	26.9	27.9
♂	1.2	1.8	2.3	2.9	3.5	4	4.6	5.1	5.7	6.3	6.8	7.4	7.9	8.5	9	9.6	10.1	10.7	11.2	11.8	12.3	12.8	13.4	13.9	14.4	15	15.5	16	16.6	17.1	17.6

♃ (1, 6, 11, 16, 21, 26, 31): 5.5 5.7 5.9 6 6.1R 6 5.9
♄ (1, 6, 11, 16, 21, 26, 31): 18.8 18.9 19.1 19.3 19.5 19.8 20.2
♅ (1, 11, 21, 31): 4 4.0R 3.9 3.8
♆ (1, 11, 21, 31): 27.8 28.1 28.3 28.5
♇ (1, 11, 21, 31): 25.1R 25 24.9 24.8

1970

	1	2	3	4	5	6	7	8	9	10	11	12	13	14	15	16	17	18	19	20	21	22	23	24	25	26	27	28	29	30	31
☉	10.2	11.2	12.2	13.2	14.2	15.3	16.3	17.3	18.3	19.3	20.4	21.4	22.4	23.4	24.4	25.4	26.5	27.5	28.5	29.5	0.5	1.6	2.6	3.6	4.6	5.6	6.6	7.7	8.7	9.7	10.7
☽	10.7	23.4	6.6	20.3	4.4	19.1	4.1	19.3	4.6	19.7	4.5	19	3	16.6	29.8	12.7	25.3	7.6	19.8	1.9	13.8	25.7	7.6	19.4	1.2	13.1	25.1	7.3	19.7	2.4	15.4
☿	29	29.5	29.8	30	30.0R	29.7	29.3	28.7	27.9	26.9	25.8	24.6	23.3	22	20.6	19.4	18.2	17.2	16.2	15.5	14.8	14.4	14.1	13.9	13.9D	14	14.2	14.5	15	15.5	16.1
♀	4.5	5.7	7	8.2	9.5	10.8	12	13.3	14.5	15.8	17	18.3	19.6	20.8	22.1	23.3	24.6	25.9	27.1	28.4	29.6	0.9	2.1	3.4	4.6	5.9	7.2	8.4	9.7	10.9	12.2
♂	12.2	13	13.7	14.5	15.2	16	16.7	17.5	18.2	19	19.7	20.4	21.2	21.9	22.7	23.4	24.2	24.9	25.6	26.4	27.1	27.9	28.6	29.3	0.1	0.8	1.6	2.3	3	3.8	4.5

♃ (1, 6, 11, 16, 21, 26, 31): 2.3 3 3.6 4.1 4.6 5 5.4
♄ (1, 6, 11, 16, 21, 26, 31): 2.1R 2.1D 2.1 2.2 2.3 2.5 2.7
♅ (1, 11, 21, 31): 8.7 8.8 8.8R 8.6
♆ (1, 11, 21, 31): 29.9 0.2 0.4 0.6
♇ (1, 11, 21, 31): 27.4R 27.3 27.3 27.1

II

1969

	1	2	3	4	5	6	7	8	9	10	11	12	13	14	15	16	17	18	19	20	21	22	23	24	25	26	27	28	29	30	31
☉	12	13	14	15	16	17	18	19.1	20.1	21.1	22.1	23.1	24.1	25.1	26.1	27.1	28.2	29.2	0.2	1.2	2.2	3.2	4.2	5.2	6.2	7.2	8.2	9.2			
☽	24.7	6.9	19.2	1.7	14.4	27.3	10.4	23.6	7.2	21	5.1	19.4	4	18.6	3.4	18	2.3	16.4	0.1	13.4	26.3	8.8	21.1	3.2	15.1	26.9	8.8	20.8			
☿	6.0R	4.9	3.9	3	2.2	1.5	1	0.6	0.4	0.3	0.3D	0.4	0.6	1	1.4	1.9	2.5	3.2	3.9	4.7	5.6	6.5	7.5	8.5	9.5	10.6	11.8	12.9			
♀	28.8	29.8	0.8	1.7	2.7	3.6	4.5	5.5	6.4	7.2	8.1	9	9.9	10.7	11.5	12.4	13.2	13.9	14.7	15.5	16.2	16.9	17.6	18.3	19	19.6	20.3	20.9			
♂	18.1	18.6	19.2	19.7	20.2	20.7	21.2	21.7	22.2	22.7	23.2	23.7	24.2	24.7	25.2	25.7	26.1	26.6	27.1	27.6	28	28.5	29	29.4	29.9	0.3	0.8	1.2			

♃ (1, 6, 11, 16, 21, 26): 5.8R 5.6 5.3 5 4.5 4
♄ (1, 6, 11, 16, 21, 26): 20.2 20.6 21 21.5 21.9 22.4
♅ (1, 11, 21): 3.8R 3.5 3.2
♆ (1, 11, 21): 28.5 28.6 28.7
♇ (1, 11, 21): 24.8R 24.6 24.3

1970

	1	2	3	4	5	6	7	8	9	10	11	12	13	14	15	16	17	18	19	20	21	22	23	24	25	26	27	28	29	30	31
☉	11.7	12.7	13.7	14.8	15.8	16.8	17.8	18.8	19.8	20.8	21.9	22.9	23.9	24.9	25.9	26.9	27.9	28.9	29.9	0.9	1.9	3	4	5	6	7	8	9			
☽	28.9	12.9	27.3	12.1	27.3	12.5	27.7	12.7	27.4	11.7	25.5	8.9	21.8	4.4	16.8	28.9	10.8	22.7	4.5	16.3	28.2	10.1	22.1	4.3	16.7	29.3	12.1	25.2			
☿	16.8	17.6	18.4	19.3	20.3	21.3	22.3	23.4	24.5	25.7	26.9	28.1	29.3	0.6	1.9	3.2	4.5	5.9	7.3	8.7	10.1	11.6	13	14.5	16	17.5	19.1	20.6			
♀	13.4	14.7	16	17.2	18.5	19.7	21	22.2	23.5	24.7	26	27.2	28.5	29.7	1	2.3	3.5	4.8	6	7.3	8.5	9.8	11	12.3	13.5	14.8	16	17.3			
♂	5.2	6	6.7	7.5	8.2	8.9	9.7	10.4	11.1	11.9	12.6	13.3	14	14.8	15.5	16.2	17	17.7	18.4	19.1	19.9	20.6	21.3	22	22.8	23.5	24.2	24.9			

♃ (1, 6, 11, 16, 21, 26): 5.4 5.7 5.8 5.9 6.0R 5.9
♄ (1, 6, 11, 16, 21, 26): 2.8 3.1 3.4 3.7 4.1 4.5
♅ (1, 11, 21): 8.6R 8.4 8.1
♆ (1, 11, 21): 0.6 0.8 0.9
♇ (1, 11, 21): 27.1R 26.9 26.7

III

1969

	1	2	3	4	5	6	7	8	9	10	11	12	13	14	15	16	17	18	19	20	21	22	23	24	25	26	27	28	29	30	31
☉	10.2	11.2	12.2	13.2	14.2	15.2	16.3	17.3	18.3	19.3	20.2	21.2	22.2	23.2	24.2	25.2	26.2	27.2	28.2	29.2	0.2	1.2	2.2	3.2	4.2	5.2	6.2	7.1	8.1	9.1	10.1
☽	2.9	15.3	27.8	10.6	23.6	6.9	20.4	4	17.9	1.9	16	0.2	14.4	28.7	12.9	27	11	24.7	8.1	21.2	4.1	16.6	28.9	11	22.9	4.8	16.7	28.7	10.8	23.2	5.9
☿	14.1	15.4	16.6	17.9	19.2	20.5	21.9	23.3	24.7	26.1	27.6	29.1	0.6	2.1	3.6	5.2	6.8	8.4	10	11.6	13.3	15	16.7	18.4	20.2	21.9	23.7	25.5	27.4	29.2	1.1
♀	21.4	22	22.5	23	23.5	24	24.4	24.8	25.1	25.5	25.8	26	26.2	26.4	26.6	26.7	26.8	26.8	26.8R	26.8	26.7	26.6	26.4	26.2	26	25.7	25.3	25	24.6	24.1	23.6
♂	1.7	2.1	2.5	3	3.4	3.8	4.2	4.6	5.1	5.5	5.9	6.3	6.6	7	7.4	7.8	8.1	8.5	8.9	9.2	9.6	9.9	10.2	10.6	10.9	11.2	11.5	11.8	12.1	12.4	12.7

♃ (1, 6, 11, 16, 21, 26, 31): 3.7R 3.1 2.5 1.9 1.3 0.6 30
♄ (1, 6, 11, 16, 21, 26, 31): 22.7 23.3 23.8 24.4 25 25.6 26.2
♅ (1, 11, 21, 31): 2.9R 2.5 2 1.6
♆ (1, 11, 21, 31): 28.7R 28.7 28.6 28.5
♇ (1, 11, 21, 31): 24.1R 23.9 23.6 23.3

1970

	1	2	3	4	5	6	7	8	9	10	11	12	13	14	15	16	17	18	19	20	21	22	23	24	25	26	27	28	29	30	31
☉	10	11	12	13	14	15	16	17	18	19	20	21	22	23	24	25	26	27	28	29	30	1	2	2.9	3.9	4.9	5.9	6.9	7.9	8.9	9.9
☽	8.6	22.4	6.6	21.1	5.8	20.7	5.7	20.6	5.3	19.7	3.6	17.1	0.2	12.9	25.3	7.4	19.3	1.1	12.9	24.8	6.7	18.8	1.1	13.5	26.2	9.1	22.2	5.5	19.1	2.9	16.9
☿	22.2	23.8	25.4	27	28.6	0.3	2	3.6	5.4	7.1	8.8	10.6	12.4	14.2	16	17.9	19.7	21.6	23.5	25.5	27.4	29.4	1.3	3.3	5.3	7.4	9.4	11.4	13.5	15.5	17.6
♀	18.5	19.8	21	22.3	23.5	24.7	26	27.2	28.5	29.7	1	2.2	3.5	4.7	6	7.2	8.4	9.7	10.9	12.2	13.4	14.6	15.9	17.1	18.4	19.6	20.8	22.1	23.3	24.6	25.8
♂	25.7	26.4	27.1	27.8	28.5	29.2	30	0.7	1.4	2.1	2.8	3.5	4.2	5	5.7	6.4	7.1	7.8	8.5	9.2	9.9	10.6	11.3	12	12.7	13.5	14.2	14.9	15.6	16.3	17

♃ (1, 6, 11, 16, 21, 26, 31): 5.8R 5.7 5.4 5.1 4.7 4.2 3.7
♄ (1, 6, 11, 16, 21, 26, 31): 4.8 5.3 5.8 6.3 6.9 7.4 8
♅ (1, 11, 21, 31): 7.9R 7.5 7 6.6
♆ (1, 11, 21, 31): 0.9 0.9R 0.8 0.7
♇ (1, 11, 21, 31): 26.5R 26.2 25.9 25.7

IV

1969

	1	2	3	4	5	6	7	8	9	10	11	12	13	14	15	16	17	18	19	20	21	22	23	24	25	26	27	28	29	30	31
☉	11.1	12.1	13.1	14.1	15	16	17	18	19	20	20.9	21.9	22.9	23.9	24.9	25.8	26.8	27.8	28.8	29.7	0.7	1.7	2.7	3.6	4.6	5.6	6.6	7.5	8.5	9.5	
☽	18.9	2.2	15.8	29.8	13.9	28.2	12.6	27	11.3	25.4	9.5	23.3	7	20.5	3.7	16.8	29.6	12.2	24.6	6.9	18.9	0.9	12.7	24.6	6.6	18.7	1.1	13.8	26.8	10.3	
☿	3	4.9	6.9	8.9	10.9	12.9	14.9	17	19	21.1	23.2	25.3	27.4	29.5	1.6	3.7	5.8	7.8	9.8	11.8	13.8	15.7	17.6	19.4	21.2	22.9	24.6	26.2	27.7	29.1	
♀	23.1R	22.6	22	21.5	20.9	20.3	19.6	19	18.4	17.7	17.1	16.5	15.9	15.3	14.8	14.2	13.7	13.3	12.8	12.4	12	11.7	11.4	11.2	11	10.8	10.6	10.6	10.5	10.5D	
♂	12.9	13.2	13.5	13.7	13.9	14.2	14.4	14.6	14.8	15	15.2	15.4	15.5	15.7	15.8	16	16.1	16.2	16.3	16.4	16.5	16.6	16.6	16.7	16.7	16.7	16.8	16.8R	16.7	16.7	

♃ (1, 6, 11, 16, 21, 26): 29.9R 29.2 28.7 28.1 27.6 27.2
♄ (1, 6, 11, 16, 21, 26): 26.3 27 27.6 28.2 28.9 29.5
♅ (1, 11, 21): 1.6R 1.2 0.8
♆ (1, 11, 21): 28.4R 28.3 28
♇ (1, 11, 21): 23.3R 23.1 22.8

1970

	1	2	3	4	5	6	7	8	9	10	11	12	13	14	15	16	17	18	19	20	21	22	23	24	25	26	27	28	29	30	31
☉	10.9	11.8	12.8	13.8	14.8	15.8	16.8	17.8	18.7	19.7	20.7	21.7	22.7	23.6	24.6	25.6	26.6	27.6	28.5	29.5	0.5	1.5	2.4	3.4	4.4	5.4	6.3	7.3	8.3	9.2	
☽	1.1	15.5	30	14.5	29.1	13.5	27.6	11.5	25	8.1	20.9	3.3	15.4	27.4	9.2	21	2.9	14.9	27.1	9.6	22.3	5.3	18.6	2.1	15.9	29.7	13.7	27.8	11.9	26.1	
☿	19.6	21.6	23.6	25.6	27.5	29.4	1.3	3.1	4.8	6.5	8.1	9.7	11.2	12.6	13.9	15.1	16.2	17.3	18.2	19.1	19.8	20.5	21.1	21.6	21.9	22.2	22.4	22.5	22.5R	22.4	
♀	27	28.3	29.5	0.7	2	3.2	4.4	5.7	6.9	8.1	9.4	10.6	11.8	13	14.3	15.5	16.7	18	19.2	20.4	21.6	22.9	24.1	25.3	26.5	27.7	29	0.2	1.4	2.6	
♂	17.7	18.4	19.1	19.8	20.5	21.2	21.8	22.5	23.2	23.9	24.6	25.3	26	26.7	27.4	28.1	28.8	29.5	0.1	0.8	1.5	2.2	2.9	3.6	4.3	4.9	5.6	6.3	7	7.7	

♃ (1, 6, 11, 16, 21, 26): 3.6R 3 2.4 1.8 1.2 0.5
♄ (1, 6, 11, 16, 21, 26): 8.1 8.7 9.3 10 10.6 11.2
♅ (1, 11, 21): 6.6R 6.1 5.7
♆ (1, 11, 21): 0.7R 0.5 0.3
♇ (1, 11, 21): 25.6R 25.4 25.2

V

1969

	1	2	3	4	5	6	7	8	9	10	11	12	13	14	15	16	17	18	19	20	21	22	23	24	25	26	27	28	29	30	31
☉	10.5	11.4	12.4	13.4	14.3	15.3	16.3	17.2	18.2	19.2	20.1	21.1	22.1	23	24	25	25.9	26.9	27.8	28.8	29.8	0.7	1.7	2.7	3.6	4.6	5.5	6.5	7.5	8.4	9.4
☽	24.2	8.5	23	7.8	22.6	7.4	21.9	6.2	20.2	3.9	17.3	0.5	13.4	26.1	8.6	21	3.2	15.3	27.3	9.2	21	2.9	14.8	26.9	9.2	21.8	4.9	18.3	2.3	16.7	1.6
☿	0.5	1.8	3	4.2	5.3	6.3	7.2	8.1	8.8	9.5	10.1	10.6	11.1	11.4	11.7	11.9	12	12.0R	12	11.8	11.6	11.4	11	10.6	10.2	9.7	9.2	8.6	8.1	7.5	7
♀	10.5	10.6	10.7	10.8	11	11.2	11.5	11.8	12.1	12.4	12.8	13.2	13.6	14.1	14.5	15	15.6	16.1	16.7	17.3	17.9	18.5	19.2	19.9	20.6	21.3	22	22.7	23.5	24.2	25
♂	16.7R	16.6	16.6	16.5	16.4	16.3	16.2	16.1	15.9	15.8	15.6	15.4	15.2	15	14.8	14.6	14.4	14.1	13.9	13.6	13.3	13.1	12.8	12.5	12.2	11.9	11.5	11.2	10.9	10.6	10.2

♃ (1, 6, 11, 16, 21, 26, 31): 26.8R 26.6 26.3 26.2 26.1 26.1D 26.2
♄ (1, 6, 11, 16, 21, 26, 31): 0.1 0.8 1.4 2 2.6 3.2 3.7
♅ (1, 11, 21, 31): 0.4R 0.2 30 29.9
♆ (1, 11, 21, 31): 27.8R 27.5 27.3 27
♇ (1, 11, 21, 31): 22.7R 22.5 22.4 22.4

1970

	1	2	3	4	5	6	7	8	9	10	11	12	13	14	15	16	17	18	19	20	21	22	23	24	25	26	27	28	29	30	31
☉	10.2	11.2	12.2	13.1	14.1	15.1	16	17	18	18.9	19.9	20.9	21.8	22.8	23.8	24.7	25.7	26.7	27.6	28.6	29.5	0.5	1.5	2.4	3.4	4.3	5.3	6.3	7.2	8.2	9.1
☽	10.2	24.4	8.5	22.4	6.2	19.8	3.1	16.1	28.8	11.2	23.3	5.3	17.1	28.9	10.8	22.8	5.1	17.7	0.6	13.9	27.6	11.5	25.7	10	24.4	8.7	22.9	7.1	21.1	4.9	18.6
☿	22.2R	22	21.6	21.2	20.8	20.2	19.7	19.1	18.5	17.9	17.3	16.7	16.1	15.6	15.1	14.6	14.2	13.9	13.6	13.4	13.3	13.2	13.2D	13.3	13.5	13.7	14	14.4	14.9	15.4	16
♀	3.8	5.1	6.3	7.5	8.7	9.9	11.1	12.4	13.6	14.8	16	17.2	18.4	19.6	20.8	22.1	23.3	24.5	25.7	26.9	28.1	29.3	0.5	1.7	2.9	4.1	5.3	6.5	7.7	8.9	10.1
♂	8.4	9	9.7	10.4	11.1	11.7	12.4	13.1	13.8	14.4	15.1	15.8	16.5	17.1	17.8	18.5	19.2	19.8	20.5	21.2	21.8	22.5	23.2	23.8	24.5	25.2	25.8	26.5	27.2	27.8	28.5

♃ (1, 6, 11, 16, 21, 26, 31): 29.9R 29.3 28.7 28.2 27.7 27.2 26.9
♄ (1, 6, 11, 16, 21, 26, 31): 11.9 12.5 13.2 13.8 14.4 15.1 15.7
♅ (1, 11, 21, 31): 5.4R 5.1 4.9 4.7
♆ (1, 11, 21, 31): 0.0R 29.8 29.5 29.2
♇ (1, 11, 21, 31): 25.0R 24.8 24.7 24.7

VI

1969

	1	2	3	4	5	6	7	8	9	10	11	12	13	14	15	16	17	18	19	20	21	22	23	24	25	26	27	28	29	30	31
☉	10.3	11.3	12.3	13.2	14.2	15.1	16.1	17	18	18.9	19.9	20.9	21.8	22.8	23.7	24.7	25.6	26.6	27.5	28.5	29.5	0.4	1.4	2.3	3.3	4.2	5.2	6.1	7.1	8	
☽	16.6	1.8	16.9	1.8	16.3	0.4	14.2	27.5	10.5	23.2	5.6	17.9	0.1	12.1	24.1	6	17.9	29.7	11.6	23.5	5.6	17.9	0.5	13.5	26.8	10.7	25.1	9.9	25.1	10.4	
☿	6.4R	5.9	5.4	5	4.6	4.2	3.9	3.7	3.5	3.4	3.4D	3.5	3.6	3.9	4.1	4.5	4.9	5.5	6	6.7	7.4	8.2	9.1	10	11	12.1	13.2	14.4	15.7	17	
♀	25.8	26.6	27.4	28.3	29.1	29.9	0.8	1.7	2.6	3.5	4.3	5.3	6.2	7.1	8	9	9.9	10.9	11.8	12.8	13.8	14.8	15.7	16.7	17.7	18.7	19.7	20.8	21.8	22.8	
♂	9.9R	9.5	9.2	8.9	8.5	8.2	7.8	7.5	7.2	6.8	6.5	6.2	5.9	5.6	5.3	5	4.7	4.5	4.2	4	3.7	3.5	3.3	3.1	2.9	2.7	2.6	2.4	2.3	2.2	

♃ (1, 6, 11, 16, 21, 26): 26.2 26.4 26.6 26.9 27.3 27.7
♄ (1, 6, 11, 16, 21, 26): 3.9 4.4 4.9 5.4 5.9 6.3
♅ (1, 11, 21): 29.9R 29.9D 30
♆ (1, 11, 21): 27.0R 26.7 26.5
♇ (1, 11, 21): 22.4R 22.4D 22.5

1970

	1	2	3	4	5	6	7	8	9	10	11	12	13	14	15	16	17	18	19	20	21	22	23	24	25	26	27	28	29	30	31
☉	10.1	11.1	12	13	13.9	14.9	15.8	16.8	17.8	18.7	19.7	20.6	21.6	22.5	23.5	24.5	25.4	26.4	27.3	28.3	29.2	0.2	1.1	2.1	3	4	4.9	5.9	6.9	7.8	
☽	2.2	15.6	28.8	11.8	24.5	7	19.3	1.4	13.3	25.1	6.9	18.7	0.8	13.1	25.7	8.7	22.2	6	20.3	4.8	19.5	4.3	19	3.5	17.8	1.8	15.6	29.1	12.4	25.5	
☿	16.7	17.4	18.2	19.1	20	20.9	22	23.1	24.2	25.4	26.6	27.9	29.3	0.7	2.1	3.6	5.2	6.8	8.4	10.1	11.9	13.6	15.5	17.4	19.3	21.2	23.2	25.3	27.4	29.5	
♀	11.3	12.5	13.7	14.9	16.1	17.3	18.5	19.6	20.8	22	23.2	24.4	25.6	26.0	27.9	29.1	0.3	1.5	2.7	3.8	5	6.2	7.4	8.5	9.7	10.9	12.1	13.2	14.4	15.6	
♂	29.2	20.8	0.5	1.1	1.8	2.5	3.1	3.8	4.4	5.1	5.8	6.4	7.1	7.7	8.4	9	9.7	10.3	11	11.7	12.3	13	13.6	14.3	14.9	15.6	16.2	16.9	17.5	18.2	

♃ (1, 6, 11, 16, 21, 26): 26.8R 26.5 26.3 26.1 26.1 26.1D
♄ (1, 6, 11, 16, 21, 26): 15.8 16.4 17 17.5 18.1 18.6
♅ (1, 11, 21): 4.7R 4.7 4.7D
♆ (1, 11, 21): 29.2R 29 28.7
♇ (1, 11, 21): 24.7R 24.7D 24.7

VII

1969

	1	2	3	4	5	6	7	8	9	10	11	12	13	14	15	16	17	18	19	20	21	22	23	24	25	26	27	28	29	30	31
☉	9	0.9	10.9	11.9	12.8	13.8	14.7	15.7	16.6	17.6	18.5	19.5	20.4	21.4	22.3	23.3	24.2	25.2	26.2	27.1	28.1	29	30	0.9	1.9	2.8	3.8	4.8	5.7	6.7	7.6
☽	25.7	10.8	25.5	9.8	23.7	7	20	2.7	15	27.2	9.3	21.2	3.1	14.9	26.8	8.7	20.6	2.7	14.8	27.2	9.8	22.8	6.1	19.9	4.1	18.7	3.7	18.8	4.1	19.2	4
☿	18.4	19.8	21.3	22.9	24.5	26.2	27.9	29.7	1.5	3.4	5.4	7.3	9.3	11.4	13.4	15.5	17.7	19.8	21.9	24.1	26.2	28.3	0.4	2.5	4.6	6.7	8.8	10.8	12.8	14.8	16.7
♀	23.8	24.9	25.9	26.9	28	29	0.1	1.2	2.2	3.3	4.4	5.4	6.5	7.6	8.7	9.7	10.8	11.9	13	14.1	15.2	16.3	17.4	18.5	19.6	20.8	21.9	23	24.1	25.2	26.4
♂	2.1R	2	1.9	1.8	1.8	1.7	1.7	1.7	1.7D	1.7	1.8	1.8	1.9	1.9	2	2.1	2.2	2.4	2.5	2.6	2.8	3	3.2	3.4	3.6	3.8	4	4.3	4.5	4.8	5.1

♃ (1, 6, 11, 16, 21, 26, 31): 28.2 28.8 29.4 0.1 0.8 1.5 2.3
♄ (1, 6, 11, 16, 21, 26, 31): 6.8 7.2 7.5 7.8 8.1 8.4 8.6
♅ (1, 11, 21, 31): 0.1 0.4 0.7 1.1
♆ (1, 11, 21, 31): 26.3R 26.1 26 26
♇ (1, 11, 21, 31): 22.6 22.8 23 23.3

1970

	1	2	3	4	5	6	7	8	9	10	11	12	13	14	15	16	17	18	19	20	21	22	23	24	25	26	27	28	29	30	31
☉	8.8	9.7	10.7	11.6	12.6	13.5	14.5	15.4	16.4	17.3	18.3	19.2	20.2	21.2	22.1	23.1	24	25	25.9	26.9	27.8	28.8	29.7	0.7	1.7	2.6	3.6	4.5	5.5	6.4	7.4
☽	8.3	21	3.4	15.7	27.8	9.7	21.6	3.3	15.1	27	9	21.3	3.9	16.9	0.3	14.2	28.6	13.3	28.3	13.3	28.4	13.2	27.8	12	25.8	9.3	22.5	5.4	18	0.4	12.6
☿	1.6	3.7	5.9	8	10.2	12.4	14.6	16.7	18.9	21	23.1	25.2	27.3	29.3	1.3	3.3	5.3	7.2	9.1	11	12.9	14.7	16.5	18.2	19.9	21.6	23.3	24.9	26.5	20.1	29.7
♀	16.7	17.9	19	20.2	21.4	22.5	23.7	24.8	26	27.1	28.3	29.4	0.6	1.7	2.8	4	5.1	6.3	7.4	8.5	9.7	10.8	11.9	13	14.1	15.3	16.4	17.5	18.6	19.7	20.8
♂	18.8	19.5	20.1	20.8	21.4	22.1	22.7	23.4	24	24.7	25.3	26	26.6	27.2	27.9	28.5	29.2	29.8	0.5	1.1	1.8	2.4	3	3.7	4.3	5	5.6	6.3	6.9	7.5	8.2

♃ (1, 6, 11, 16, 21, 26, 31): 26.2 26.3 26.5 26.8 27.2 27.6 28.1
♄ (1, 6, 11, 16, 21, 26, 31): 19.1 19.6 20 20.5 20.8 21.2 21.5
♅ (1, 11, 21, 31): 4.8 5 5.3 5.7
♆ (1, 11, 21, 31): 28.5R 28.3 28.2 28.1
♇ (1, 11, 21, 31): 24.8 25 25.2 25.5

VIII

1969

	1	2	3	4	5	6	7	8	9	10	11	12	13	14	15	16	17	18	19	20	21	22	23	24	25	26	27	28	29	30	31
☉	8.6	9.5	10.5	11.4	12.4	13.4	14.3	15.3	16.2	17.2	18.2	19.1	20.1	21	22	23	23.9	24.9	25.8	26.8	27.8	28.7	29.7	0.7	1.6	2.6	3.6	4.5	5.5	6.5	7.4
☽	18.4	2.3	15.8	28.9	11.6	24	6.1	18.1	0	11.9	23.7	5.6	17.6	29.7	11.9	24.3	6.9	19.7	2.8	16.2	29.9	13.9	28.3	12.9	27.8	12.7	27.5	12.1	26.5	10.5	24
☿	18.7	20.6	22.5	24.3	26.1	27.9	29.7	1.4	3.2	4.9	6.5	8.2	9.8	11.4	12.9	14.5	16	17.5	18.9	20.4	21.8	23.2	24.5	25.8	27.1	28.4	29.7	0.9	2	3.2	4.3
♀	27.5	28.6	29.8	0.9	2	3.2	4.3	5.4	6.6	7.7	8.9	10	11.2	12.3	13.5	14.7	15.8	17	18.1	19.3	20.5	21.6	22.8	24	25.2	26.3	27.5	28.7	29.9	1.1	2.2
♂	5.4	5.7	6	6.3	6.6	6.9	7.3	7.6	8	8.4	8.7	9.1	9.5	9.9	10.3	10.8	11.2	11.6	12.1	12.5	13	13.4	13.9	14.4	14.9	15.3	15.8	16.3	16.8	17.4	17.9

♃ (1, 6, 11, 16, 21, 26, 31): 2.5 3.3 4.2 5.1 6 7 8
♄ (1, 6, 11, 16, 21, 26, 31): 8.6 8.7 8.9 8.9 8.9 8.9R 8.9
♅ (1, 11, 21, 31): 1.1 1.6 2.1 2.7
♆ (1, 11, 21, 31): 25.9R 25.9D 26 26.1
♇ (1, 11, 21, 31): 23.3 23.6 23.9 24.3

1970

	1	2	3	4	5	6	7	8	9	10	11	12	13	14	15	16	17	18	19	20	21	22	23	24	25	26	27	28	29	30	31
☉	8.3	9.3	10.3	11.2	12.2	13.1	14.1	15	16	17	17.9	18.9	19.8	20.8	21.8	22.7	23.7	24.6	25.6	26.6	27.5	28.5	29.5	0.4	1.4	2.4	3.3	4.3	5.3	6.2	7.2
☽	24.6	6.6	18.4	0.2	12	23.8	5.7	17.7	0	12.6	25.5	8.9	22.7	6.9	21.6	6.6	21.7	6.9	22	6.8	21.3	5.3	18.9	2.1	14.9	27.4	9.7	21.7	3.6	15.5	27.2
☿	1.2	2.7	4.1	5.6	7	8.3	9.7	11	12.2	13.5	14.7	15.8	17	18	19.1	20.1	21.1	22	22.8	23.6	24.4	25.1	25.7	26.3	26.7	27.2	27.5	27.8	27.9	28	28.0R
♀	21.9	23	24.1	25.2	26.3	27.4	28.5	29.6	0.6	1.7	2.8	3.8	4.9	6	7	8.1	9.1	10.2	11.2	12.2	13.3	14.3	15.3	16.3	17.3	18.4	19.4	20.3	21.3	22.3	23.3
♂	8.8	9.5	10.1	10.7	11.4	12	12.7	13.3	13.9	14.6	15.2	15.9	16.5	17.1	17.8	18.4	19	19.7	20.3	21	21.6	22.2	22.9	23.5	24.1	24.8	25.4	26.1	26.7	27.3	28

♃ (1, 6, 11, 16, 21, 26, 31): 28.2 28.8 29.4 0 0.7 1.5 2.3
♄ (1, 6, 11, 16, 21, 26, 31): 21.6 21.9 22.1 22.3 22.4 22.5 22.6
♅ (1, 11, 21, 31): 5.7 6.1 6.6 7.2
♆ (1, 11, 21, 31): 28.1R 28.1D 28.1 28.2
♇ (1, 11, 21, 31): 25.5 25.8 26.1 26.5

IX

1969

	1	2	3	4	5	6	7	8	9	10	11	12	13	14	15	16	17	18	19	20	21	22	23	24	25	26	27	28	29	30	31
☉	8.4	9.4	10.3	11.3	12.3	13.2	14.2	15.2	16.1	17.1	18.1	19.1	20	21	22	23	23.9	24.9	25.9	26.9	27.8	28.8	29.8	0.8	1.8	2.7	3.7	4.7	5.7	6.7	
☽	7.2	19.9	2.4	14.5	26.5	8.4	20.3	2.2	14.2	26.3	8.5	21	3.7	16.6	29.8	13.1	26.7	10.5	24.6	8.7	23.1	7.5	22	6.4	20.6	4.7	18.5	1.9	15.1	27.8	
☿	5.4	6.4	7.4	8.3	9.2	10.1	10.8	11.6	12.3	12.9	13.4	13.9	14.2	14.5	14.7	14.8	14.8R	14.7	14.5	14.2	13.7	13.2	12.5	11.7	10.8	9.8	8.7	7.6	6.5	5.4	
♀	3.4	4.6	5.8	7	8.2	9.4	10.6	11.8	13	14.2	15.4	16.6	17.8	19	20.2	21.4	22.6	23.8	25	26.2	27.4	28.6	29.8	1.1	2.3	3.5	4.7	5.9	7.1	8.4	
♂	18.4	18.9	19.5	20	20.5	21.1	21.6	22.2	22.8	23.3	23.9	24.5	25.1	25.6	26.2	26.8	27.4	28	28.6	29.2	29.8	0.5	1.1	1.7	2.3	3	3.6	4.2	4.9	5.5	

♃ (1, 6, 11, 16, 21, 26): 8.2 9.2 10.2 11.3 12.3 13.4
♄ (1, 6, 11, 16, 21, 26): 8.8R 8.7 8.6 8.4 8.1 7.9
♅ (1, 11, 21): 2.8 3.4 4
♆ (1, 11, 21): 26.1 26.3 26.5
♇ (1, 11, 21): 24.3 24.7 25

1970

	1	2	3	4	5	6	7	8	9	10	11	12	13	14	15	16	17	18	19	20	21	22	23	24	25	26	27	28	29	30	31
☉	8.2	9.1	10.1	11.1	12	13	14	14.9	15.9	16.9	17.9	18.8	19.8	20.8	21.7	22.7	23.7	24.7	25.6	26.6	27.6	28.6	29.6	0.5	1.5	2.5	3.5	4.5	5.4	6.4	
☽	9	20.9	2.8	14.8	27	9.3	22	4.9	18.2	1.8	15.8	0.3	15	0	15.2	0.3	15.2	29.8	14	27.7	11	23.9	6.4	18.6	0.5	12.4	24.2	5.9	17.8	29.7	
☿	27.9R	27.6	27.3	26.9	26.4	25.7	25	24.2	23.3	22.3	21.4	20.3	19.3	18.3	17.4	16.5	15.7	15	14.5	14.1	13.9	13.8	13.9D	14.1	14.5	15.1	15.8	16.6	17.6	18.7	
♀	24.3	25.2	26.2	27.1	28.1	29	29.9	0.8	1.8	2.6	3.5	4.4	5.3	6.1	7	7.8	8.7	9.5	10.3	11.1	11.8	12.6	13.3	14.1	14.8	15.5	16.2	16.8	17.5	18.1	
♂	28.6	29.2	29.9	0.5	1.1	1.8	2.4	3.1	3.7	4.3	5	5.6	6.2	6.9	7.5	8.1	8.8	9.4	10	10.7	11.3	11.9	12.6	13.2	13.8	14.5	15.1	15.8	16.4	17	

♃ (1, 6, 11, 16, 21, 26): 2.5 3.3 4.2 5.1 6.1 7.1
♄ (1, 6, 11, 16, 21, 26): 22.6 22.6R 22.6 22.5 22.4 22.2
♅ (1, 11, 21): 7.2 7.8 8.4
♆ (1, 11, 21): 28.2 28.4 28.6
♇ (1, 11, 21): 26.5 26.9 27.2

X

1969

	1	2	3	4	5	6	7	8	9	10	11	12	13	14	15	16	17	18	19	20	21	22	23	24	25	26	27	28	29	30	31
☉	7.6	8.6	9.6	10.6	11.6	12.6	13.6	14.5	15.5	16.5	17.5	18.5	19.5	20.5	21.5	22.5	23.4	24.4	25.4	26.4	27.4	28.4	29.4	0.4	1.4	2.4	3.4	4.4	5.4	6.4	7.4
☽	10.3	22.5	4.6	16.4	28.3	10.2	22.2	4.4	16.8	29.6	12.6	25.9	9.5	23.3	7.3	21.4	5.6	19.7	3.9	18	2.1	16	29.8	13.5	26.9	10.1	23.1	5.8	18.2	0.4	12.4
☿	4.3R	3.3	2.4	1.5	0.9	0.4	0	29.9	29.9D	0.1	0.4	1	1.7	2.5	3.4	4.5	5.7	6.9	8.3	9.7	11.1	12.6	14.2	15.7	17.3	18.9	20.6	22.2	23.9	25.5	27.2
♀	9.6	10.8	12	13.3	14.5	15.7	16.9	18.2	19.4	20.6	21.9	23.1	24.3	25.6	26.8	28	29.3	0.5	1.7	3	4.2	5.5	6.7	7.9	9.2	10.4	11.7	12.9	14.2	15.4	16.7
♂	6.1	6.8	7.4	8.1	8.8	9.4	10.1	10.7	11.4	12.1	12.7	13.4	14.1	14.8	15.4	16.1	16.8	17.5	18.2	18.9	19.6	20.3	21	21.7	22.4	23.1	23.8	24.5	25.2	25.9	26.6

♃ (1, 6, 11, 16, 21, 26, 31): 14.5 15.6 16.7 17.7 18.8 19.9 21
♄ (1, 6, 11, 16, 21, 26, 31): 7.6R 7.2 6.9 6.5 6.1 5.7 5.3
♅ (1, 11, 21, 31): 4.6 5.2 5.9 6.4
♆ (1, 11, 21, 31): 26.7 27 27.3 27.7
♇ (1, 11, 21, 31): 25.4 25.8 26.1 26.4

1970

	1	2	3	4	5	6	7	8	9	10	11	12	13	14	15	16	17	18	19	20	21	22	23	24	25	26	27	28	29	30	31
☉	7.4	8.4	9.4	10.4	11.3	12.3	13.3	14.3	15.3	16.3	17.3	18.3	19.2	20.2	21.2	22.2	23.2	24.2	25.2	26.2	27.2	28.2	29.2	0.2	1.2	2.2	3.2	4.2	5.2	6.2	7.2
☽	11.8	24	6.4	19	1.9	14.9	28.2	11.8	25.6	9.8	24.2	8.9	23.7	8.5	23.3	7.8	22.1	5.9	19.2	2.1	14.7	26.9	8.9	20.7	2.5	14.3	26.2	8.3	20.5	3	15.7
☿	19.9	21.2	22.6	24.1	25.6	27.2	28.8	0.4	2.1	3.8	5.5	7.2	9	10.7	12.5	14.2	15.9	17.7	19.4	21.1	22.8	24.5	26.2	27.9	29.6	1.2	2.9	4.6	6.2	7.8	9.5
♀	18.7	19.3	19.9	20.4	20.9	21.4	21.9	22.3	22.7	23.1	23.5	23.8	24.1	24.4	24.6	24.8	24.9	25.1	25.2	25.2	25.2R	25.2	25.1	25	24.8	24.6	24.4	24.1	23.8	23.5	23.1
♂	17.7	18.3	18.9	19.6	20.2	20.8	21.5	22.1	22.7	23.4	24	24.6	25.3	25.9	26.5	27.2	27.8	28.4	29.1	29.7	0.4	1	1.6	2.3	2.9	3.5	4.2	4.8	5.4	6.1	6.7

♃ (1, 6, 11, 16, 21, 26, 31): 8.1 9.1 10.1 11.2 12.3 13.3 14.4
♄ (1, 6, 11, 16, 21, 26, 31): 22.0R 21.8 21.5 21.2 20.8 20.5 20.1
♅ (1, 11, 21, 31): 9.1 9.7 10.3 10.9
♆ (1, 11, 21, 31): 28.8 29.1 29.4 29.8
♇ (1, 11, 21, 31): 27.6 28 28.3 28.6

XI

1969

	1	2	3	4	5	6	7	8	9	10	11	12	13	14	15	16	17	18	19	20	21	22	23	24	25	26	27	28	29	30	31
☉	8.4	9.4	10.4	11.4	12.4	13.4	14.4	15.4	16.4	17.4	18.4	19.4	20.4	21.4	22.5	23.5	24.5	25.5	26.5	27.5	28.5	29.5	0.5	1.5	2.5	3.6	4.6	5.6	6.6	7.6	
☽	24.3	6.1	18	30	12.2	24.7	7.5	20.8	4.4	18.4	2.7	17.2	1.7	16.3	0.7	14.9	28.9	12.7	26.3	9.7	23	6	18.9	1.6	14.1	26.4	8.5	20.4	2.3	14.1	
☿	28.8	0.5	2.2	3.8	5.5	7.1	8.7	10.4	12	13.6	15.3	16.9	18.5	20.1	21.7	23.3	24.9	26.5	28	29.6	1.2	2.8	4.3	5.9	7.5	9	10.6	12.1	13.7	15.2	
♀	17.9	19.1	20.4	21.6	22.9	24.1	25.4	26.6	27.9	29.1	0.4	1.6	2.9	4.1	5.4	6.7	7.9	9.2	10.4	11.7	12.9	14.2	15.4	16.7	17.9	19.2	20.4	21.7	23	24.2	
♂	27.3	28	28.7	29.4	0.2	0.9	1.6	2.3	3	3.8	4.5	5.2	5.9	6.7	7.4	8.1	8.9	9.6	10.3	11.1	11.8	12.5	13.3	14	14.7	15.5	16.2	16.9	17.7	18.4	

♃ (1, 6, 11, 16, 21, 26): 21.2 22.2 23.3 24.3 25.3 26.3
♄ (1, 6, 11, 16, 21, 26): 5.2R 4.8 4.4 4.1 3.7 3.4
♅ (1, 11, 21): 6.5 7 7.5
♆ (1, 11, 21): 27.7 28.1 28.4
♇ (1, 11, 21): 26.4 26.7 27

1970

	1	2	3	4	5	6	7	8	9	10	11	12	13	14	15	16	17	18	19	20	21	22	23	24	25	26	27	28	29	30	31
☉	8.2	9.2	10.2	11.2	12.2	13.2	14.2	15.2	16.2	17.2	18.2	19.2	20.2	21.2	22.2	23.2	24.2	25.2	26.2	27.3	28.3	29.3	0.3	1.3	2.3	3.3	4.3	5.3	6.4	7.4	
☽	28.7	11.8	25.2	8.7	22.4	6.2	20.2	4.4	18.7	3.1	17.5	1.9	16.1	0.1	13.8	27.1	10	22.5	4.8	16.8	28.6	10.4	22.2	4.2	16.3	28.7	11.4	24.5	7.8	21.4	
☿	11.1	12.7	14.3	15.9	17.5	19	20.6	22.2	23.7	25.3	26.8	28.4	29.9	1.5	3	4.5	6	7.6	9.1	10.6	12.1	13.6	15	16.5	18	19.5	20.9	22.4	23.8	25.2	
♀	22.7R	22.2	21.7	21.2	20.7	20.1	19.5	19	18.4	17.7	17.1	16.5	15.9	15.3	14.8	14.2	13.7	13.2	12.7	12.2	11.8	11.4	11.1	10.8	10.5	10.3	10.1	10	9.8	9.8	
♂	7.3	8	8.6	9.2	9.9	10.5	11.1	11.8	12.4	13	13.7	14.3	15	15.6	16.2	16.9	17.5	18.1	18.8	19.4	20	20.7	21.3	21.9	22.6	23.2	23.8	24.5	25.1	25.8	

♃ (1, 6, 11, 16, 21, 26): 14.7 15.8 16.9 18 19.1 20.1
♄ (1, 6, 11, 16, 21, 26): 20.0R 19.6 19.2 18.8 18.4 18
♅ (1, 11, 21): 11 11.5 12.1
♆ (1, 11, 21): 29.8 0.2 0.5
♇ (1, 11, 21): 28.7 29 29.2

XII

1969

	1	2	3	4	5	6	7	8	9	10	11	12	13	14	15	16	17	18	19	20	21	22	23	24	25	26	27	28	29	30	31
☉	8.6	9.6	10.7	11.7	12.7	13.7	14.7	15.7	16.7	17.8	18.8	19.8	20.8	21.8	22.8	23.9	24.9	25.9	26.9	27.9	29	30	1	2	3	4	5.1	6.1	7.1	8.1	9.1
☽	25.9	7.9	20	2.5	15.3	28.6	12.3	26.5	11.2	26	11	26	10.8	25.3	9.4	23.3	6.7	19.9	2.9	15.6	28.2	10.6	22.8	5	16.9	28.8	10.7	22.4	4.3	16.2	28.3
☿	16.8	18.3	19.9	21.4	23	24.5	26.1	27.6	29.2	0.7	2.2	3.8	5.3	6.8	8.3	9.8	11.3	12.8	14.2	15.7	17.1	18.5	19.8	21.1	22.4	23.6	24.7	25.8	26.8	27.6	28.4
♀	25.5	26.7	28	29.2	0.5	1.8	3	4.3	5.5	6.8	8	9.3	10.6	11.8	13.1	14.3	15.6	16.8	18.1	19.4	20.6	21.9	23.1	24.4	25.7	26.9	28.2	29.4	0.7	1.9	3.2
♂	19.2	19.9	20.6	21.4	22.1	22.9	23.6	24.4	25.1	25.8	26.6	27.3	28.1	28.8	29.6	0.3	1.1	1.8	2.5	3.3	4	4.8	5.5	6.3	7	7.8	8.5	9.3	10	10.8	11.5

♃ (1, 6, 11, 16, 21, 26, 31): 27.2 28.2 29 29.9 0.7 1.5 2.2
♄ (1, 6, 11, 16, 21, 26, 31): 3.1R 2.8 2.6 2.4 2.2 2.1 2.1
♅ (1, 11, 21, 31): 7.9 8.3 8.5 8.7
♆ (1, 11, 21, 31): 28.8 29.2 29.5 29.9
♇ (1, 11, 21, 31): 27.1 27.3 27.4 27.4R

1970

	1	2	3	4	5	6	7	8	9	10	11	12	13	14	15	16	17	18	19	20	21	22	23	24	25	26	27	28	29	30	31
☉	8.4	9.4	10.4	11.4	12.4	13.5	14.5	15.5	16.5	17.5	18.5	19.5	20.6	21.6	22.6	23.6	24.6	25.6	26.7	27.7	28.7	29.7	0.7	1.8	2.8	3.8	4.8	5.8	6.9	7.9	8.9
☽	5.1	19.1	3.1	17.1	1.2	15.3	29.4	13.4	27.4	11.3	25.1	8.7	22.1	5.1	17.9	0.3	12.5	24.5	6.4	18.2	30	11.9	24.1	6.5	19.3	2.5	16.1	30	14.2	28.6	13
☿	26.7	28.1	29.4	0.8	2.1	3.4	4.7	5.9	7.1	8.2	9.2	10.2	11.1	11.9	12.6	13.2	13.7	14	14.1	14.0R	13.8	13.4	12.8	11.9	10.9	9.8	8.6	7.2	5.9	4.5	3.2
♀	9.8R	9.8D	9.8	9.9	10.1	10.3	10.5	10.7	11	11.3	11.7	12	12.5	12.9	13.4	13.9	14.4	14.9	15.5	16.1	16.7	17.4	18	18.7	19.4	20.1	20.9	21.6	22.4	23.2	24
♂	26.4	27	27.7	28.3	28.9	29.6	0.2	0.8	1.5	2.1	2.7	3.4	4	4.6	5.3	5.9	6.5	7.2	7.8	8.5	9.1	9.7	10.4	11	11.6	12.3	12.9	13.5	14.2	14.8	15.4

♃ (1, 6, 11, 16, 21, 26, 31): 21.2 22.3 23.4 24.4 25.4 26.4 27.4
♄ (1, 6, 11, 16, 21, 26, 31): 17.6R 17.3 16.9 16.6 16.4 16.2 16
♅ (1, 11, 21, 31): 12.5 12.9 13.2 13.4
♆ (1, 11, 21, 31): 0.9 1.3 1.6 2
♇ (1, 11, 21, 31): 29.4 29.6 29.7 29.7

I

	1	2	3	4	5	6	7	8	9	10	11	12	13	14	15	16	17	18	19	20	21	22	23	24	25	26	27	28	29	30	31
☉	♑ 9.9	10.9	12	13	14	15	16	17	18.1	19.1	20.1	21.1	22.1	23.2	24.2	25.2	26.2	27.2	28.3	29.3	♒ 0.3	1.3	2.3	3.3	4.4	5.4	6.4	7.4	8.4	9.4	10.5
☽	♒ 27.5	♓ 11.9	26.2	♈ 10.3	24.2	♉ 8	21.5	♊ 4.9	18	♋ 1	13.7	26.2	♌ 8.5	20.6	♍ 2.5	14.3	26.1	♎ 7.9	19.9	♏ 2	14.4	27.1	♐ 10.3	23.9	♑ 7.9	22.3	♒ 7	21.9	♓ 6.8	21.7	♈ 6.3
☿	♑ 2.0R	0.9	♐ 30	29.2	28.6	28.2	27.9	27.8	27.9D	28	28.3	28.8	29.3	29.9	♑ 0.6	1.4	2.3	3.2	4.2	5.2	6.3	7.4	8.5	9.7	10.9	12.2	13.5	14.7	16.1	17.4	18.7
♀	♏ 24.8	25.6	26.5	27.3	28.2	29.1	30	♐ 0.9	1.8	2.7	3.6	4.6	5.5	6.5	7.5	8.4	9.4	10.4	11.4	12.4	13.4	14.5	15.5	16.5	17.6	18.6	19.7	20.7	21.8	22.8	23.9
♂	♏ 16.1	16.7	17.3	18	18.6	19.2	19.9	20.5	21.1	21.8	22.4	23	23.7	24.3	24.9	25.5	26.2	26.8	27.4	28.1	28.7	29.3	30	♐ 0.6	1.2	1.8	2.5	3.1	3.7	4.4	5

♃	1: ♏ 27.6	6: 28.5	11: 29.4	16: ♐ 0.3	21: 1.1	26: 1.9	31: 2.6
♄	1: ♉ 15.9R	6: 15.8	11: 15.7	16: 15.7	21: 15.7D	26: 15.8	31: 15.9
♅	1: ♎ 13.4	11: 13.5	21: 13.6R	31: 13.5			
♆	1: ♐ 2	11: 2.3	21: 2.5	31: 2.8			
♇	1: ♍ 29.7	11: 29.7R	21: 29.6	31: 29.5			

II

	1	2	3	4	5	6	7	8	9	10	11	12	13	14	15	16	17	18	19	20	21	22	23	24	25	26	27	28	29	30	31
☉	♒ 11.5	12.5	13.5	14.5	15.5	16.5	17.6	18.6	19.6	20.6	21.6	22.6	23.6	24.6	25.6	26.7	27.7	28.7	29.7	♓ 0.7	1.7	2.7	3.7	4.7	5.7	6.7	7.7	8.7			
☽	♈ 20.7	♉ 4.8	18.5	♊ 1.9	15	27.8	♋ 10.4	22.8	♌ 5	17.1	29	♍ 10.9	22.7	♎ 4.5	16.4	28.3	♏ 10.4	22.8	♐ 5.4	18.5	♑ 1.9	15.8	♒ 0.2	14.9	29.9	♓ 15.1	♈ 0.3	15.3			
☿	♑ 20.1	21.5	22.9	24.3	25.8	27.2	28.7	♒ 0.2	1.7	3.2	4.7	6.3	7.8	9.4	11	12.6	14.2	15.8	17.5	19.1	20.8	22.5	24.2	25.9	27.7	29.4	♓ 1.2	3			
♀	♐ 25	26.1	27.1	28.2	29.3	♑ 0.4	1.5	2.6	3.7	4.8	5.9	7.1	8.2	9.3	10.4	11.5	12.7	13.8	14.9	16.1	17.2	18.4	19.5	20.7	21.8	22.9	24.1	25.3			
♂	♐ 5.6	6.2	6.9	7.5	8.1	8.7	9.4	10	10.6	11.2	11.9	12.5	13.1	13.7	14.4	15	15.6	16.2	16.8	17.5	18.1	18.7	19.3	19.9	20.6	21.2	21.8	22.4			

♃	1: ♐ 2.7	6: 3.4	11: 4	16: 4.6	21: 5	26: 5.5	
♄	1: ♉ 15.9	6: 16	11: 16.3	16: 16.5	21: 16.8	26: 17.1	
♅	1: ♎ 13.5R	11: 13.3	21: 13.1				
♆	1: ♐ 2.8	11: 2.9	21: 3				
♇	1: ♍ 29.4R	11: 29.3	21: 29				

III

	1	2	3	4	5	6	7	8	9	10	11	12	13	14	15	16	17	18	19	20	21	22	23	24	25	26	27	28	29	30	31
☉	♓ 9.8	10.8	11.8	12.8	13.8	14.8	15.8	16.8	17.8	18.8	19.8	20.8	21.8	22.8	23.8	24.8	25.7	26.7	27.7	28.7	29.7	♈ 0.7	1.7	2.7	3.7	4.7	5.7	6.7	7.7	8.6	9.6
☽	♉ 0	14.4	28.3	♊ 11.7	24.8	♋ 7.5	19.9	♌ 2	14.1	26	♍ 7.8	19.6	♎ 1.4	13.3	25.2	♏ 7.3	19.5	♐ 1.9	14.5	27.5	♑ 10.8	24.5	♒ 8.6	23.1	♓ 8	23.2	♈ 8.4	23.6	♉ 8.5	23	♊ 7.1
☿	♓ 4.8	6.6	8.4	10.3	12.2	14.1	16	17.9	19.8	21.8	23.7	25.7	27.6	29.6	♈ 1.6	3.6	5.5	7.5	9.4	11.3	13.1	15	16.7	18.5	20.1	21.7	23.2	24.7	26	27.2	28.4
♀	♑ 26.4	27.6	28.7	29.9	♒ 1	2.2	3.4	4.5	5.7	6.9	8.1	9.2	10.4	11.6	12.7	13.9	15.1	16.3	17.5	18.6	19.8	21	22.2	23.4	24.6	25.7	26.9	28.1	29.3	♓ 0.5	1.7
♂	♐ 23	23.6	24.2	24.9	25.5	26.1	26.7	27.3	27.9	28.5	29.1	29.7	♑ 0.3	1	1.6	2.2	2.8	3.4	4	4.6	5.2	5.8	6.4	7	7.6	8.1	8.7	9.3	9.9	10.5	11.1

♃	1: ♐ 5.7	6: 6	11: 6.2	16: 6.4	21: 6.4	26: 6.4R	31: 6.4
♄	1: ♉ 17.3	6: 17.7	11: 18.1	16: 18.6	21: 19.1	26: 19.6	31: 20.1
♅	1: ♎ 12.8R	11: 12.4	21: 12	31: 11.6			
♆	1: ♐ 3.1	11: 3.1R	21: 3	31: 2.9			
♇	1: ♍ 28.9R	11: 28.6	21: 28.3	31: 28			

IV

	1	2	3	4	5	6	7	8	9	10	11	12	13	14	15	16	17	18	19	20	21	22	23	24	25	26	27	28	29	30	31
☉	♈ 10.6	11.6	12.6	13.6	14.6	15.5	16.5	17.5	18.5	19.5	20.5	21.4	22.4	23.4	24.4	25.4	26.3	27.3	28.3	29.3	♉ 0.2	1.2	2.2	3.2	4.1	5.1	6.1	7.1	8	9	
☽	♊ 20.7	♋ 3.9	16.6	28.9	♌ 11	23	♍ 4.8	16.6	28.4	♎ 10.2	22.2	♏ 4.3	16.5	28.9	♐ 11.5	24.3	♑ 7.3	20.5	♒ 4.1	18	♓ 2.3	16.9	♈ 1.8	16.8	♉ 1.8	16.6	♊ 1.2	15.4	29	♋ 12.2	
☿	♈ 29.4	♉ 0.4	1.2	1.9	2.5	3	3.3	3.6	3.7	3.8R	3.7	3.5	3.2	2.8	2.4	1.8	1.2	0.6	♈ 29.9	29.2	28.5	27.8	27.1	26.5	25.8	25.3	24.8	24.3	23.9	23.6	
♀	♓ 2.9	4.1	5.3	6.5	7.6	8.8	10	11.2	12.4	13.6	14.8	16	17.2	18.4	19.6	20.8	22	23.2	24.4	25.6	26.8	28	29.2	♈ 0.4	1.6	2.8	4	5.2	6.4	7.6	
♂	♑ 11.7	12.3	12.9	13.4	14	14.6	15.2	15.8	16.3	16.9	17.5	18	18.6	19.2	19.7	20.3	20.9	21.4	22	22.5	23.1	23.6	24.2	24.7	25.3	25.8	26.4	26.9	27.4	28	

♃	1: ♐ 6.3R	6: 6.2	11: 5.9	16: 5.6	21: 5.2	26: 4.8	
♄	1: ♉ 20.2	6: 20.8	11: 21.4	16: 22	21: 22.6	26: 23.2	
♅	1: ♎ 11.6R	11: 11.1	21: 10.7				
♆	1: ♐ 2.9R	11: 2.7	21: 2.5				
♇	1: ♍ 28.0R	11: 27.8	21: 27.5				

V

	1	2	3	4	5	6	7	8	9	10	11	12	13	14	15	16	17	18	19	20	21	22	23	24	25	26	27	28	29	30	31
☉	♉ 10	11	11.9	12.9	13.9	14.8	15.8	16.8	17.7	18.7	19.7	20.6	21.6	22.6	23.5	24.5	25.5	26.4	27.4	28.3	29.3	♊ 0.3	1.2	2.2	3.2	4.1	5.1	6	7	8	8.9
☽	♋ 25	♌ 7.4	19.5	♍ 1.5	13.3	25.1	♎ 6.9	18.9	♏ 1	13.3	25.7	♐ 8.4	21.2	♑ 4.3	17.5	♒ 0.9	14.6	28.4	♓ 12.5	26.9	♈ 11.4	26	♉ 10.6	25.2	♊ 9.5	23.5	♋ 7.1	20.2	♌ 3	15.4	27.6
☿	♈ 23.4R	23.2	23.1	23.2D	23.2	23.4	23.6	24	24.4	24.8	25.3	25.9	26.6	27.3	28.1	29	29.9	♉ 0.8	1.8	2.9	4	5.1	6.3	7.6	8.9	10.2	11.6	13	14.5	16	17.5
♀	♈ 8.8	10	11.3	12.5	13.7	14.9	16.1	17.3	18.5	19.7	20.9	22.1	23.3	24.5	25.7	26.9	28.2	29.4	♉ 0.6	1.8	3	4.2	5.4	6.6	7.8	9	10.3	11.5	12.7	13.9	15.1
♂	♑ 28.5	29	29.5	♒ 0.1	0.6	1.1	1.6	2.1	2.6	3.1	3.6	4.1	4.6	5.1	5.6	6	6.5	7	7.5	7.9	8.4	8.8	9.3	9.7	10.1	10.6	11	11.4	11.8	12.2	12.7

♃	1: ♐ 4.3R	6: 3.7	11: 3.1	16: 2.5	21: 1.9	26: 1.2	31: 0.6
♄	1: ♉ 23.8	6: 24.5	11: 25.1	16: 25.7	21: 26.4	26: 27	31: 27.7
♅	1: ♎ 10.3R	11: 10	21: 9.8	31: 9.6			
♆	1: ♐ 2.3R	11: 2	21: 1.8	31: 1.5			
♇	1: ♍ 27.3R	11: 27.2	21: 27.1	31: 27			

VI

	1	2	3	4	5	6	7	8	9	10	11	12	13	14	15	16	17	18	19	20	21	22	23	24	25	26	27	28	29	30	31
☉	♊ 9.9	10.8	11.8	12.7	13.7	14.7	15.6	16.6	17.5	18.5	19.4	20.4	21.4	22.3	23.3	24.2	25.2	26.1	27.1	28	29	29.9	♋ 0.9	1.9	2.8	3.8	4.7	5.7	6.6	7.6	
☽	♍ 9.6	21.4	♎ 3.2	15.1	27.2	♏ 9.4	21.8	♐ 4.5	17.5	♑ 0.7	14.1	27.7	♒ 11.4	25.3	♓ 9.3	23.4	♈ 7.6	21.9	♉ 6.1	20.3	♊ 4.4	18.3	♋ 2	15.3	28.3	♌ 11	23.3	♍ 5.5	17.5	29.3	
☿	♉ 19.1	20.7	22.4	24.1	25.9	27.7	29.5	♊ 1.4	3.3	5.2	7.2	9.2	11.3	13.4	15.5	17.6	19.8	21.9	24.1	26.3	28.5	♋ 0.7	2.9	5.1	7.2	9.4	11.5	13.6	15.7	17.7	
♀	♉ 16.3	17.5	18.7	19.9	21.2	22.4	23.6	24.8	26	27.2	28.4	29.7	♊ 0.9	2.1	3.3	4.5	5.7	6.9	8.2	9.4	10.6	11.8	13	14.2	15.5	16.7	17.9	19.1	20.3	21.6	
♂	♒ 13.1	13.4	13.8	14.2	14.6	14.9	15.3	15.7	16	16.3	16.7	17	17.3	17.6	17.9	18.2	18.5	18.7	19	19.2	19.5	19.7	19.9	20.1	20.3	20.5	20.7	20.9	21	21.2	

♃	1: ♐ 0.5R	6: ♏ 29.9	11: 29.3	16: 28.8	21: 28.3	26: 27.8	
♄	1: ♉ 27.8	6: 28.4	11: 29.1	16: 29.7	21: ♊ 0.3	26: 0.9	
♅	1: ♎ 9.5R	11: 9.4	21: 9.4D				
♆	1: ♐ 1.5R	11: 1.2	21: 1				
♇	1: ♍ 27.0R	11: 27.0D	21: 27				

VII

	1	2	3	4	5	6	7	8	9	10	11	12	13	14	15	16	17	18	19	20	21	22	23	24	25	26	27	28	29	30	31
☉	♋ 8.5	9.5	10.4	11.4	12.3	13.3	14.3	15.2	16.2	17.1	18.1	19	20	20.9	21.9	22.8	23.8	24.7	25.7	26.6	27.6	28.6	29.5	♌ 0.5	1.4	2.4	3.3	4.3	5.2	6.2	7.2
☽	♎ 11.2	23.1	♏ 5.2	17.4	♐ 0	12.9	26.1	♑ 9.6	23.3	♒ 7.3	21.5	♓ 5.8	20.1	♈ 4.4	18.7	♉ 2.8	16.8	♊ 0.7	14.4	27.8	♋ 11	24	♌ 6.7	19.2	♍ 1.4	13.5	25.4	♎ 7.3	19.2	♏ 1.1	13.1
☿	♋ 19.7	21.7	23.7	25.6	27.5	29.3	♌ 1.1	2.9	4.7	6.4	8.1	9.7	11.4	12.9	14.5	16	17.5	18.9	20.4	21.7	23.1	24.4	25.6	26.9	28.1	29.2	♍ 0.3	1.4	2.4	3.4	4.3
♀	♊ 22.8	24	25.2	26.4	27.7	28.9	♋ 0.1	1.3	2.6	3.8	5	6.2	7.4	8.7	9.9	11.1	12.3	13.6	14.8	16	17.2	18.5	19.7	20.9	22.2	23.4	24.6	25.8	27.1	28.3	29.5
♂	♒ 21.3	21.4	21.5	21.6	21.7	21.8	21.8	21.9	21.9	21.9	22	21.9R	21.9	21.9	21.9	21.8	21.7	21.7	21.6	21.5	21.3	21.2	21.1	20.9	20.8	20.6	20.4	20.2	20	19.8	19.6

♃	1: ♏ 27.4R	6: 27.1	11: 26.9	16: 26.7	21: 26.6	26: 26.6D	31: 26.7
♄	1: ♊ 1.4	6: 2	11: 2.5	16: 3	21: 3.5	26: 4	31: 4.4
♅	1: ♎ 9.5	11: 9.7	21: 9.9	31: 10.2			
♆	1: ♐ 0.7R	11: 0.6	21: 0.4	31: 0.3			
♇	1: ♍ 27.1	11: 27.3	21: 27.5	31: 27.7			

VIII

	1	2	3	4	5	6	7	8	9	10	11	12	13	14	15	16	17	18	19	20	21	22	23	24	25	26	27	28	29	30	31
☉	♌ 8.1	9.1	10	11	11.9	12.9	13.9	14.8	15.8	16.7	17.7	18.7	19.6	20.6	21.5	22.5	23.5	24.4	25.4	26.3	27.3	28.3	29.2	♍ 0.2	1.2	2.1	3.1	4.1	5	6	7
☽	♏ 25.4	♐ 8	20.9	♑ 4.2	17.9	♒ 1.9	16.3	♓ 0.9	15.6	♈ 0.3	15	29.4	♉ 13.7	27.6	♊ 11.2	24.6	♋ 7.7	20.5	♌ 3.2	15.6	27.8	♍ 9.9	21.9	♎ 3.8	15.6	27.4	♏ 9.4	21.4	♐ 3.6	16.1	29
☿	♍ 5.2	6	6.7	7.4	8.1	8.6	9.1	9.6	9.9	10.2	10.4	10.5	10.6R	10.5	10.3	10.1	9.7	9.3	8.8	8.2	7.5	6.7	5.9	5.1	4.2	3.3	2.4	1.5	0.7	♌ 29.9	29.2
♀	♌ 0.8	2	3.2	4.5	5.7	6.9	8.2	9.4	10.6	11.9	13.1	14.3	15.6	16.8	18	19.3	20.5	21.7	23	24.2	25.4	26.7	27.9	29.2	♍ 0.4	1.6	2.9	4.1	5.4	6.6	7.8
♂	♒ 19.3R	19.1	18.9	18.6	18.4	18.1	17.9	17.6	17.3	17.1	16.8	16.5	16.3	16	15.8	15.5	15.2	15	14.8	14.5	14.3	14.1	13.8	13.6	13.4	13.3	13.1	12.9	12.8	12.6	12.5

♃	1: ♏ 26.7	6: 26.8	11: 27	16: 27.3	21: 27.7	26: 28.1	31: 28.6
♄	1: ♊ 4.5	6: 4.8	11: 5.2	16: 5.5	21: 5.8	26: 6	31: 6.2
♅	1: ♎ 10.3	11: 10.7	21: 11.2	31: 11.7			
♆	1: ♐ 0.3R	11: 0.3	21: 0.3D	31: 0.4			
♇	1: ♍ 27.7	11: 28	21: 28.3	31: 28.7			

IX

	1	2	3	4	5	6	7	8	9	10	11	12	13	14	15	16	17	18	19	20	21	22	23	24	25	26	27	28	29	30	31
☉	♍ 7.9	8.9	9.9	10.8	11.8	12.8	13.7	14.7	15.7	16.6	17.6	18.6	19.6	20.5	21.5	22.5	23.5	24.4	25.4	26.4	27.4	28.3	29.3	♎ 0.3	1.3	2.3	3.2	4.2	5.2	6.2	
☽	♑ 12.2	25.9	♒ 10	24.5	♓ 9.4	24.5	♈ 9.6	24.6	♉ 9.4	23.9	♊ 7.9	21.5	♋ 4.7	17.6	♌ 0.2	12.5	24.7	♍ 6.8	18.7	♎ 0.6	12.4	24.3	♏ 6.2	18.1	♐ 0.1	12.3	24.8	♑ 7.5	20.7	♒ 4.2	
☿	♌ 28.6R	28.1	27.7	27.5	27.4	27.4D	27.6	27.9	28.4	29	29.8	♍ 0.7	1.7	2.8	4	5.4	6.8	8.3	9.9	11.5	13.2	14.9	16.6	18.4	20.2	22	23.8	25.7	27.5	29.3	
♀	♍ 9.1	10.3	11.6	12.8	14	15.3	16.5	17.8	19	20.3	21.5	22.7	24	25.2	26.5	27.7	29	♎ 0.2	1.4	2.7	3.9	5.2	6.4	7.7	8.9	10.2	11.4	12.6	13.9	15.1	
♂	♒ 12.4R	12.3	12.2	12.1	12	12	11.9	11.9	11.9	11.9D	11.9	11.9	12	12	12.1	12.2	12.3	12.4	12.5	12.6	12.8	12.9	13.1	13.3	13.5	13.7	13.9	14.1	14.3	14.6	

♃	1: ♏ 28.7	6: 29.3	11: 29.9	16: ♐ 0.6	21: 1.3	26: 2.1	
♄	1: ♊ 6.2	6: 6.4	11: 6.5	16: 6.5	21: 6.5R	26: 6.5	
♅	1: ♎ 11.7	11: 12.3	21: 12.9				
♆	1: ♐ 0.4	11: 0.5	21: 0.7				
♇	1: ♍ 28.7	11: 29.1	21: 29.5				

X

	1	2	3	4	5	6	7	8	9	10	11	12	13	14	15	16	17	18	19	20	21	22	23	24	25	26	27	28	29	30	31
☉	♎ 7.2	8.2	9.1	10.1	11.1	12.1	13.1	14.1	15.1	16	17	18	19	20	21	22	23	24	25	25.9	26.9	27.9	28.9	29.9	♏ 0.9	1.9	2.9	3.9	4.9	5.9	6.9
☽	♒ 18.2	♓ 2.7	17.6	♈ 2.7	18.1	♉ 3.3	18.4	♊ 3.1	17.3	♋ 1	14.3	27.1	♌ 9.6	21.8	♍ 3.9	15.8	27.6	♎ 9.5	21.3	♏ 3.2	15.2	27.2	♐ 9.4	21.7	♑ 4.1	16.9	29.9	♒ 13.3	27.1	♓ 11.3	26
☿	♎ 1.1	2.9	4.7	6.5	8.3	10.1	11.9	13.6	15.3	17.1	18.8	20.5	22.2	23.8	25.5	27.2	28.8	♏ 0.4	2.1	3.7	5.3	6.8	8.4	10	11.6	13.1	14.6	16.2	17.7	19.2	20.7
♀	♎ 16.4	17.6	18.9	20.1	21.4	22.6	23.9	25.1	26.3	27.6	28.8	♏ 0.1	1.3	2.6	3.8	5.1	6.3	7.6	8.8	10.1	11.3	12.5	13.8	15	16.3	17.5	18.8	20	21.3	22.5	23.8
♂	♒ 14.9	15.1	15.4	15.7	16	16.3	16.6	17	17.3	17.6	18	18.4	18.7	19.1	19.5	19.9	20.3	20.7	21.1	21.6	22	22.4	22.9	23.3	23.8	24.3	24.7	25.2	25.7	26.2	26.7

♃	1: ♐ 2.9	6: 3.8	11: 4.7	16: 5.6	21: 6.6	26: 7.6	31: 8.6
♄	1: ♊ 6.4R	6: 6.3	11: 6.1	16: 5.9	21: 5.6	26: 5.3	31: 5
♅	1: ♎ 13.5	11: 14.2	21: 14.8	31: 15.4			
♆	1: ♐ 0.9	11: 1.2	21: 1.5	31: 1.9			
♇	1: ♍ 29.8	11: ♎ 0.2	21: 0.6	31: 0.9			

XI

	1	2	3	4	5	6	7	8	9	10	11	12	13	14	15	16	17	18	19	20	21	22	23	24	25	26	27	28	29	30	31
☉	♏ 7.9	8.9	9.9	10.9	11.9	12.9	13.9	14.9	15.9	16.9	17.9	18.9	20	21	22	23	24	25	26	27	28	29	♐ 0	1	2.1	3.1	4.1	5.1	6.1	7.1	
☽	♈ 11	26.2	♉ 11.5	26.6	♊ 11.4	25.8	♋ 9.6	23	♌ 5.9	18.4	♍ 0.6	12.6	24.5	♎ 6.4	18.2	♏ 0.1	12.1	24.2	♐ 6.4	18.7	♑ 1.3	13.9	26.8	♒ 9.9	23.3	♓ 7	21	♈ 5.4	20	♉ 4.9	
☿	♏ 22.2	23.7	25.2	26.7	28.1	29.6	♐ 1	2.5	3.9	5.3	6.7	8.1	9.5	10.8	12.2	13.5	14.8	16.1	17.3	18.5	19.7	20.8	21.9	22.9	23.9	24.8	25.6	26.4	27	27.5	
♀	♏ 25	26.2	27.5	28.7	30	♐ 1.2	2.5	3.7	5	6.2	7.5	8.7	10	11.2	12.4	13.7	14.9	16.2	17.4	18.7	19.9	21.2	22.4	23.6	24.9	26.1	27.4	28.6	29.9	♑ 1.1	
♂	♒ 27.2	27.7	28.2	28.7	29.2	29.7	♓ 0.3	0.8	1.3	1.9	2.4	2.9	3.5	4	4.6	5.2	5.7	6.3	6.9	7.4	8	8.6	9.2	9.8	10.3	10.9	11.5	12.1	12.7	13.3	

♃	1: ♐ 8.8	6: 9.9	11: 10.9	16: 12	21: 13.1	26: 14.2	
♄	1: ♊ 4.9R	6: 4.6	11: 4.2	16: 3.8	21: 3.4	26: 3	
♅	1: ♎ 15.5	11: 16	21: 16.6				
♆	1: ♐ 1.9	11: 2.3	21: 2.6				
♇	1: ♎ 0.9	11: 1.2	21: 1.5				

XII

	1	2	3	4	5	6	7	8	9	10	11	12	13	14	15	16	17	18	19	20	21	22	23	24	25	26	27	28	29	30	31
☉	♐ 8.1	9.1	10.2	11.2	12.2	13.2	14.2	15.2	16.3	17.3	18.3	19.3	20.3	21.3	22.4	23.4	24.4	25.4	26.4	27.4	28.5	29.5	♑ 0.5	1.5	2.5	3.6	4.6	5.6	6.6	7.6	8.6
☽	♉ 19.8	♊ 4.7	19.3	♋ 3.6	17.5	♌ 0.9	13.9	26.5	♍ 8.8	20.9	♎ 2.8	14.7	26.5	♏ 8.5	20.5	♐ 2.8	15.2	27.8	♑ 10.6	23.7	♒ 6.9	20.3	♓ 3.9	17.7	♈ 1.7	15.8	♉ 0.1	14.6	29	♊ 13.4	27.6
☿	♐ 27.9	28.2	28.3	28.2R	27.9	27.5	26.9	26.1	25.1	24	22.7	21.4	20	18.6	17.3	16.1	15	14	13.3	12.7	12.3	12	12.0D	12.1	12.3	12.7	13.2	13.8	14.5	15.3	16.2
♀	♑ 2.4	3.6	4.8	6.1	7.3	8.6	9.8	11.1	12.3	13.5	14.8	16	17.3	18.5	19.8	21	22.2	23.5	24.7	26	27.2	28.4	29.7	♒ 0.9	2.1	3.4	4.6	5.9	7.1	8.3	9.6
♂	♓ 13.9	14.5	15.1	15.7	16.3	17	17.6	18.2	18.8	19.4	20	20.7	21.3	21.9	22.5	23.2	23.8	24.4	25.1	25.7	26.3	27	27.6	28.2	28.9	29.5	♈ 0.2	0.8	1.5	2.1	2.7

♃	1: ♐ 15.4	6: 16.5	11: 17.6	16: 18.8	21: 19.9	26: 21	31: 22.1
♄	1: ♊ 2.6R	6: 2.2	11: 1.8	16: 1.4	21: 1.1	26: 0.8	31: 0.5
♅	1: ♎ 17	11: 17.5	21: 17.8	31: 18.1			
♆	1: ♐ 3	11: 3.4	21: 3.7	31: 4.1			
♇	1: ♎ 1.7	11: 1.9	21: 2	31: 2			

I

	1	2	3	4	5	6	7	8	9	10	11	12	13	14	15	16	17	18	19	20	21	22	23	24	25	26	27	28	29	30	31
☉	♑ 9.7	10.7	11.7	12.7	13.7	14.8	15.8	16.8	17.8	18.8	19.9	20.9	21.9	22.9	23.9	25	26	27	28	29	♒ 0	1.1	2.1	3.1	4.1	5.1	6.1	7.2	8.2	9.2	10.2
☽	♋ 11.6	25.3	♌ 8.6	21.6	♍ 4.3	16.6	28.7	♎ 10.7	22.6	♏ 4.4	16.4	28.5	♐ 10.8	23.4	♑ 6.2	19.4	♒ 2.8	16.4	♓ 0.3	14.3	28.5	♈ 12.7	26.9	♉ 11	25.2	♊ 9.2	23.1	♋ 6.8	20.3	♌ 3.7	16.7
☿	♐ 17.1	18.1	19.2	20.3	21.4	22.6	23.8	25.1	26.4	27.7	29	♑ 0.3	1.7	3.1	4.5	5.9	7.3	8.7	10.2	11.6	13.1	14.6	16.1	17.6	19.1	20.6	22.2	23.7	25.3	26.8	28.4
♀	♒ 10.8	12	13.3	14.5	15.7	17	18.2	19.4	20.7	21.9	23.1	24.3	25.6	26.8	28	29.2	♓ 0.5	1.7	2.9	4.1	5.3	6.6	7.8	9	10.2	11.4	12.6	13.9	15.1	16.3	17.5
♂	♈ 3.4	4	4.7	5.3	6	6.6	7.3	7.9	8.6	9.2	9.9	10.5	11.2	11.8	12.5	13.2	13.8	14.5	15.1	15.8	16.4	17.1	17.8	18.4	19.1	19.7	20.4	21	21.7	22.4	23

♃	1: ♐ 22.4	6: 23.5	11: 24.5	16: 25.6	21: 26.7	26: 27.7	31: 28.7
♄	1: ♊ 0.4R	6: 0.2	11: ♉ 30	16: 29.8	21: 29.7	26: 29.6	31: 29.6
♅	1: ♎ 18.1	11: 18.2	21: 18.3	31: 18.3R			
♆	1: ♐ 4.1	11: 4.4	21: 4.7	31: 4.9			
♇	1: ♎ 2	11: 2.0R	21: 2	31: 1.8			

II

	1	2	3	4	5	6	7	8	9	10	11	12	13	14	15	16	17	18	19	20	21	22	23	24	25	26	27	28	29	30	31
☉	♒ 11.2	12.2	13.3	14.3	15.3	16.3	17.3	18.3	19.3	20.3	21.4	22.4	23.4	24.4	25.4	26.4	27.4	28.4	29.4	♓ 0.5	1.5	2.5	3.5	4.5	5.5	6.5	7.5	8.5	9.5		
☽	♌ 29.5	♍ 12.1	24.4	♎ 6.5	18.5	♏ 0.3	12.2	24.2	♐ 6.2	18.6	♑ 1.1	14.1	27.4	♒ 11.1	25.1	♓ 9.5	24	♈ 8.6	23.2	♉ 7.7	22	♊ 6.1	19.9	♋ 3.4	16.8	29.9	♌ 12.8	25.5	♍ 8		
☿	♒ 0	1.6	3.2	4.9	6.5	8.2	9.8	11.5	13.2	14.9	16.6	18.3	20.1	21.9	23.6	25.4	27.2	29	♓ 0.9	2.7	4.5	6.4	8.3	10.2	12.1	13.9	15.8	17.7	19.6		
♀	♓ 18.7	19.9	21.1	22.3	23.5	24.7	25.9	27.1	28.3	29.5	♈ 0.7	1.9	3.1	4.3	5.4	6.6	7.8	9	10.2	11.3	12.5	13.7	14.9	16	17.2	18.4	19.5	20.7	21.8		
♂	♈ 23.7	24.3	25	25.7	26.3	27	27.6	28.3	29	29.6	♉ 0.3	0.9	1.6	2.3	2.9	3.6	4.2	4.9	5.6	6.2	6.9	7.5	8.2	8.9	9.5	10.2	10.8	11.5	12.2		

♃	1: ♐ 28.9	6: 29.8	11: ♑ 0.8	16: 1.7	21: 2.5	26: 3.3	
♄	1: ♉ 29.6D	6: 29.6	11: 29.7	16: 29.8	21: 30	26: ♊ 0.2	
♅	1: ♎ 18.3R	11: 18.2	21: 17.9				
♆	1: ♐ 4.9	11: 5.1	21: 5.2				
♇	1: ♎ 1.8R	11: 1.7	21: 1.5				

III

	1	2	3	4	5	6	7	8	9	10	11	12	13	14	15	16	17	18	19	20	21	22	23	24	25	26	27	28	29	30	31
☉	♓ 10.5	11.5	12.5	13.5	14.5	15.5	16.5	17.5	18.5	19.5	20.5	21.5	22.5	23.5	24.5	25.5	26.5	27.5	28.5	29.5	♈ 0.5	1.5	2.5	3.5	4.4	5.4	6.4	7.4	8.4	9.4	10.4
☽	♍ 20.3	♎ 2.5	14.6	26.5	♏ 8.4	20.3	♐ 2.2	14.2	26.5	♑ 9	21.9	♒ 5.2	19	♓ 3.2	17.8	♈ 2.7	17.8	♉ 2.8	17.7	♊ 2.3	16.5	♋ 0.3	13.8	26.9	♌ 9.7	22.3	♍ 4.7	17	29.1	♎ 11.2	23.1
☿	♓ 21.5	23.4	25.2	27	28.8	♈ 0.5	2.2	3.8	5.4	6.8	8.2	9.5	10.7	11.8	12.7	13.6	14.3	14.9	15.3	15.6	15.8	15.8R	15.7	15.5	15.2	14.7	14.2	13.5	12.8	12.1	11.3
♀	♈ 23	24.1	25.3	26.4	27.6	28.7	29.8	♉ 1	2.1	3.2	4.3	5.5	6.6	7.7	8.8	9.9	11	12.1	13.2	14.3	15.4	16.5	17.5	18.6	19.7	20.7	21.8	22.8	23.9	24.9	26
♂	♉ 12.8	13.5	14.1	14.8	15.5	16.1	16.8	17.4	18.1	18.7	19.4	20.1	20.7	21.4	22	22.7	23.3	24	24.6	25.3	26	26.6	27.3	27.9	28.6	29.2	29.9	♊ 0.5	1.2	1.8	2.5

♃	1: ♑ 3.9	6: 4.6	11: 5.3	16: 5.9	21: 6.5	26: 6.9	31: 7.4
♄	1: ♊ 0.4	6: 0.7	11: 1	16: 1.4	21: 1.8	26: 2.2	31: 2.7
♅	1: ♎ 17.7R	11: 17.3	21: 17	31: 16.5			
♆	1: ♐ 5.2	11: 5.2R	21: 5.2	31: 5.1			
♇	1: ♎ 1.2R	11: 1	21: 0.7	31: 0.4			

IV

	1	2	3	4	5	6	7	8	9	10	11	12	13	14	15	16	17	18	19	20	21	22	23	24	25	26	27	28	29	30	31
☉	♈ 11.4	12.4	13.3	14.3	15.3	16.3	17.3	18.3	19.2	20.2	21.2	22.2	23.2	24.1	25.1	26.1	27.1	28.1	29	♉ 0	1	2	2.9	3.9	4.9	5.9	6.8	7.8	8.8	9.7	
☽	♏ 5	16.9	28.8	♐ 10.7	22.7	♑ 4.9	17.4	♒ 0.2	13.4	27.1	♓ 11.3	25.9	♈ 11	26.2	♉ 11.5	26.7	♊ 11.6	26	♋ 10	23.5	♌ 6.6	19.4	♍ 1.8	14.1	26.2	♎ 8.2	20.1	♏ 2	13.9	25.8	
☿	♈ 10.4R	9.6	8.8	8	7.2	6.5	5.9	5.3	4.8	4.4	4.1	3.9	3.7	3.7	3.7D	3.8	4	4.3	4.7	5.1	5.6	6.2	6.8	7.5	8.3	9.1	10	10.9	11.9	12.9	
♀	♉ 27	28	29	♊ 0	1.1	2	3	4	5	6	6.9	7.9	8.8	9.8	10.7	11.6	12.5	13.4	14.3	15.2	16	16.9	17.7	18.6	19.4	20.2	21	21.7	22.5	23.2	
♂	♊ 3.1	3.8	4.4	5.1	5.8	6.4	7.1	7.7	8.4	9	9.7	10.3	10.9	11.6	12.2	12.9	13.5	14.2	14.8	15.5	16.1	16.8	17.4	18.1	18.7	19.4	20	20.7	21.3	21.9	

♃	1: ♑ 7.4	6: 7.8	11: 8	16: 8.2	21: 8.3	26: 8.3R	
♄	1: ♊ 2.8	6: 3.3	11: 3.8	16: 4.3	21: 4.9	26: 5.5	
♅	1: ♎ 16.5R	11: 16.1	21: 15.6				
♆	1: ♐ 5.1R	11: 4.9	21: 4.7				
♇	1: ♎ 0.4R	11: 0.1	21: ♍ 29.9				

V

	1	2	3	4	5	6	7	8	9	10	11	12	13	14	15	16	17	18	19	20	21	22	23	24	25	26	27	28	29	30	31
☉	♉ 10.7	11.7	12.7	13.6	14.6	15.6	16.5	17.5	18.5	19.4	20.4	21.4	22.3	23.3	24.3	25.2	26.2	27.2	28.1	29.1	♊ 0	1	2	2.9	3.9	4.8	5.8	6.8	7.7	8.7	9.6
☽	♐ 7.7	19.7	♑ 1.8	14	26.5	♒ 9.3	22.4	♓ 6	20	♈ 4.5	19.4	♉ 4.6	19.9	♊ 5.1	20	♋ 4.6	18.8	♌ 2.4	15.6	28.5	♍ 10.9	23.2	♎ 5.2	17.1	29	♏ 10.9	22.8	♐ 4.7	16.7	28.9	♑ 11.1
☿	♈ 14	15.1	16.3	17.5	18.7	20	21.3	22.7	24.1	25.5	27	28.5	♉ 0	1.6	3.2	4.9	6.5	8.3	10	11.8	13.6	15.5	17.4	19.3	21.3	23.3	25.3	27.3	29.4	♊ 1.5	3.7
♀	♊ 24	24.7	25.4	26	26.7	27.3	28	28.6	29.1	29.7	♋ 0.2	0.7	1.2	1.7	2.1	2.5	2.8	3.2	3.5	3.8	4	4.2	4.4	4.5	4.6	4.7	4.7	4.7R	4.7	4.6	4.4
♂	♊ 22.6	23.2	23.9	24.5	25.2	25.8	26.4	27.1	27.7	28.4	29	29.7	♋ 0.3	0.9	1.6	2.2	2.9	3.5	4.1	4.8	5.4	6.1	6.7	7.3	8	8.6	9.2	9.9	10.5	11.2	11.8

♃	1: ♑ 8.3R	6: 8.1	11: 7.9	16: 7.6	21: 7.3	26: 6.9	31: 6.4
♄	1: ♊ 6.1	6: 6.7	11: 7.3	16: 8	21: 8.6	26: 9.3	31: 9.9
♅	1: ♎ 15.3R	11: 14.9	21: 14.6	31: 14.4			
♆	1: ♐ 4.5R	11: 4.3	21: 4	31: 3.7			
♇	1: ♍ 29.7R	11: 29.5	21: 29.4	31: 29.3			

VI

	1	2	3	4	5	6	7	8	9	10	11	12	13	14	15	16	17	18	19	20	21	22	23	24	25	26	27	28	29	30	31
☉	♊ 10.6	11.6	12.5	13.5	14.4	15.4	16.3	17.3	18.3	19.2	20.2	21.1	22.1	23	24	24.9	25.9	26.9	27.8	28.8	29.7	♋ 0.7	1.6	2.6	3.5	4.5	5.4	6.4	7.3	8.3	
☽	♑ 23.6	♒ 6.2	19.1	♓ 2.3	15.8	29.7	♈ 14	28.6	♉ 13.5	28.5	♊ 13.5	28.3	♋ 12.9	27	♌ 10.7	24	♍ 6.9	19.4	♎ 1.7	13.8	25.7	♏ 7.6	19.4	♐ 1.4	13.4	25.6	♑ 7.9	20.5	♒ 3.2	16.1	
☿	♊ 5.8	8	10.2	12.4	14.6	16.8	19	21.2	23.3	25.5	27.6	29.8	♋ 1.8	3.9	5.9	7.9	9.9	11.8	13.7	15.5	17.3	19.1	20.9	22.5	24.2	25.8	27.4	28.9	♌ 0.4	1.9	
♀	♋ 4.3R	4	3.8	3.5	3.2	2.8	2.4	2	1.5	1	0.4	♊ 29.9	29.3	28.7	28.1	27.5	26.9	26.2	25.6	25	24.4	23.8	23.2	22.7	22.1	21.6	21.1	20.7	20.3	19.9	
♂	♋ 12.4	13.1	13.7	14.3	15	15.6	16.3	16.9	17.5	18.2	18.8	19.4	20.1	20.7	21.3	22	22.6	23.2	23.9	24.5	25.1	25.8	26.4	27	27.7	28.3	28.9	29.6	♌ 0.2	0.8	

♃	1: ♑ 6.3R	6: 5.7	11: 5.2	16: 4.6	21: 3.9	26: 3.3	
♄	1: ♊ 10	6: 10.7	11: 11.3	16: 12	21: 12.6	26: 13.2	
♅	1: ♎ 14.4R	11: 14.2	21: 14.2				
♆	1: ♐ 3.7R	11: 3.4	21: 3.2				
♇	1: ♍ 29.3R	11: 29.3D	21: 29.3				

VII

	1	2	3	4	5	6	7	8	9	10	11	12	13	14	15	16	17	18	19	20	21	22	23	24	25	26	27	28	29	30	31
☉	♋ 9.3	10.2	11.2	12.1	13.1	14	15	15.9	16.9	17.8	18.8	19.7	20.7	21.6	22.6	23.6	24.5	25.5	26.4	27.4	28.3	29.3	♌ 0.2	1.2	2.1	3.1	4.1	5	6	6.9	7.9
☽	♒ 29.3	♓ 12.7	26.3	♈ 10.2	24.4	♉ 8.7	23.3	♊ 7.9	22.4	♋ 6.9	21.2	♌ 5.1	18.8	♍ 2	14.9	27.5	♎ 9.8	21.9	♏ 3.8	15.7	27.6	♐ 9.6	21.7	♑ 4	16.6	29.4	♒ 12.5	25.8	♓ 9.4	23.1	♈ 7.1
☿	♌ 3.3	4.7	6.1	7.3	8.6	9.8	11	12.1	13.2	14.2	15.2	16.1	17	17.8	18.5	19.2	19.9	20.4	20.9	21.4	21.7	22	22.2	22.3	22.4R	22.3	22.2	22	21.7	21.3	20.8
♀	♊ 19.5R	19.2	19	18.7	18.6	18.4	18.3	18.2	18.2	18.2D	18.3	18.4	18.5	18.6	18.8	19.1	19.3	19.6	19.9	20.3	20.7	21.1	21.5	22	22.5	23	23.5	24.1	24.6	25.2	25.9
♂	♌ 1.5	2.1	2.7	3.4	4	4.6	5.3	5.9	6.5	7.2	7.8	8.4	9.1	9.7	10.3	11	11.6	12.2	12.9	13.5	14.1	14.8	15.4	16	16.7	17.3	17.9	18.6	19.2	19.8	20.5

♃	1: ♑ 2.7R	6: 2	11: 1.4	16: 0.9	21: 0.3	26: ♐ 29.9	31: 29.5
♄	1: ♊ 13.9	6: 14.5	11: 15	16: 15.6	21: 16.2	26: 16.7	31: 17.2
♅	1: ♎ 14.2	11: 14.4	21: 14.6	31: 14.9			
♆	1: ♐ 3.0R	11: 2.8	21: 2.6	31: 2.5			
♇	1: ♍ 29.4	11: 29.6	21: 29.8	31: ♎ 0			

VIII

	1	2	3	4	5	6	7	8	9	10	11	12	13	14	15	16	17	18	19	20	21	22	23	24	25	26	27	28	29	30	31
☉	♌ 8.8	9.8	10.8	11.7	12.7	13.6	14.6	15.5	16.5	17.5	18.4	19.4	20.3	21.3	22.3	23.2	24.2	25.1	26.1	27.1	28	29	30	♍ 0.9	1.9	2.9	3.8	4.8	5.8	6.7	7.7
☽	♈ 21.2	♉ 5.3	19.6	♊ 3.8	18	♋ 2.2	16.2	♌ 0	13.7	27	♍ 10.1	22.9	♎ 5.5	17.8	29.8	♏ 11.8	23.7	♐ 5.5	17.5	29.7	♑ 12.1	24.8	♒ 7.8	21.2	♓ 4.9	18.9	♈ 3.2	17.5	♉ 2	16.3	♊ 0.6
☿	♌ 20.3R	19.7	19.1	18.3	17.6	16.8	16	15.2	14.5	13.7	13	12.4	11.8	11.3	11	10.7	10.5	10.5D	10.5	10.7	11	11.5	12.1	12.8	13.6	14.5	15.6	16.8	18	19.4	20.8
♀	♊ 26.5	27.2	27.8	28.5	29.2	30	♋ 0.7	1.4	2.2	3	3.8	4.6	5.4	6.3	7.1	8	8.8	9.7	10.6	11.5	12.4	13.3	14.2	15.2	16.1	17.1	18	19	20	20.9	21.9
♂	♌ 21.1	21.7	22.4	23	23.6	24.3	24.9	25.5	26.2	26.8	27.4	28.1	28.7	29.3	30	♍ 0.6	1.2	1.9	2.5	3.2	3.8	4.4	5.1	5.7	6.3	7	7.6	8.2	8.9	9.5	10.2

♃	1: ♐ 29.4R	6: 29.1	11: 28.8	16: 28.6	21: 28.5	26: 28.5D	31: 28.5
♄	1: ♊ 17.3	6: 17.8	11: 18.2	16: 18.6	21: 19	26: 19.3	31: 19.6
♅	1: ♎ 14.9	11: 15.3	21: 15.7	31: 16.2			
♆	1: ♐ 2.5R	11: 2.5	21: 2.5D	31: 2.6			
♇	1: ♎ 0	11: 0.3	21: 0.6	31: 1			

IX

	1	2	3	4	5	6	7	8	9	10	11	12	13	14	15	16	17	18	19	20	21	22	23	24	25	26	27	28	29	30	31
☉	♍ 8.7	9.6	10.6	11.6	12.5	13.5	14.5	15.4	16.4	17.4	18.4	19.3	20.3	21.3	22.2	23.2	24.2	25.2	26.2	27.1	28.1	29.1	♎ 0.1	1	2	3	4	5	5.9	6.9	
☽	♊ 14.8	28.7	♋ 12.5	26.1	♌ 9.5	22.8	♍ 5.8	18.6	♎ 1.2	13.6	25.8	♏ 7.9	19.8	♐ 1.6	13.5	25.4	♑ 7.5	19.9	♒ 2.6	15.8	29.3	♓ 13.3	27.7	♈ 12.4	27.2	♉ 12.1	26.8	♊ 11.3	25.5	♋ 9.4	
☿	♌ 22.4	24	25.6	27.4	29.1	♍ 0.9	2.8	4.7	6.5	8.4	10.3	12.3	14.2	16.1	18	19.8	21.7	23.6	25.4	27.3	29.1	♎ 0.9	2.7	4.5	6.2	8	9.7	11.4	13.1	14.8	
♀	♋ 22.9	23.9	24.9	25.9	26.9	28	29	♌ 0	1.1	2.1	3.2	4.2	5.3	6.3	7.4	8.5	9.6	10.6	11.7	12.8	13.9	15	16.1	17.2	18.3	19.4	20.6	21.7	22.8	23.9	
♂	♍ 10.8	11.4	12.1	12.7	13.3	14	14.6	15.3	15.9	16.5	17.2	17.8	18.5	19.1	19.7	20.4	21	21.7	22.3	22.9	23.6	24.2	24.9	25.5	26.2	26.8	27.4	28.1	28.7	29.4	

♃	1: ♐ 28.6	6: 28.7	11: 28.9	16: 29.2	21: 29.6	26: ♑ 0	
♄	1: ♊ 19.7	6: 19.9	11: 20.2	16: 20.3	21: 20.5	26: 20.5	
♅	1: ♎ 16.3	11: 16.8	21: 17.4				
♆	1: ♐ 2.6	11: 2.7	21: 2.9				
♇	1: ♎ 1	11: 1.4	21: 1.8				

X

	1	2	3	4	5	6	7	8	9	10	11	12	13	14	15	16	17	18	19	20	21	22	23	24	25	26	27	28	29	30	31
☉	♎ 7.9	8.9	9.9	10.9	11.9	12.8	13.8	14.8	15.8	16.8	17.8	18.8	19.8	20.7	21.7	22.7	23.7	24.7	25.7	26.7	27.7	28.7	29.7	♏ 0.7	1.7	2.7	3.7	4.7	5.7	6.7	7.7
☽	♋ 23.1	♌ 6.4	19.5	♍ 2.4	15.1	27.6	♎ 10	22.2	♏ 4.3	16.2	28.1	♐ 9.9	21.7	♑ 3.6	15.7	28	♒ 10.6	23.7	♓ 7.3	21.3	♈ 5.9	20.8	♉ 5.9	21.1	♊ 6.2	21.1	♋ 5.5	19.6	♌ 3.2	16.5	29.5
☿	♎ 16.4	18.1	19.7	21.4	23	24.6	26.2	27.7	29.3	♏ 0.8	2.4	3.9	5.4	6.9	8.4	9.9	11.3	12.8	14.2	15.6	17	18.4	19.8	21.2	22.5	23.9	25.2	26.5	27.8	29	♐ 0.2
♀	♌ 25	26.2	27.3	28.5	29.6	♍ 0.7	1.9	3	4.2	5.3	6.5	7.7	8.8	10	11.2	12.3	13.5	14.7	15.9	17	18.2	19.4	20.6	21.8	23	24.1	25.3	26.5	27.7	28.9	♎ 0.1
♂	♎ 0	0.7	1.3	2	2.6	3.3	3.9	4.5	5.2	5.8	6.5	7.1	7.8	8.4	9.1	9.7	10.4	11	11.7	12.3	13	13.6	14.3	14.9	15.6	16.3	16.9	17.6	18.2	18.9	19.5

♃	1: ♑ 0.5	6: 1.1	11: 1.7	16: 2.4	21: 3.2	26: 3.9	31: 4.8
♄	1: ♊ 20.6	6: 20.6R	11: 20.5	16: 20.4	21: 20.3	26: 20.1	31: 19.9
♅	1: ♎ 18	11: 18.6	21: 19.3	31: 19.9			
♆	1: ♐ 3.1	11: 3.4	21: 3.7	31: 4			
♇	1: ♎ 2.1	11: 2.5	21: 2.9	31: 3.2			

XI

	1	2	3	4	5	6	7	8	9	10	11	12	13	14	15	16	17	18	19	20	21	22	23	24	25	26	27	28	29	30	31
☉	♏ 8.7	9.7	10.7	11.7	12.7	13.7	14.7	15.7	16.7	17.7	18.7	19.7	20.7	21.7	22.7	23.7	24.7	25.8	26.8	27.8	28.8	29.8	♐ 0.8	1.8	2.8	3.8	4.8	5.9	6.9	7.9	
☽	♍ 12.2	24.6	♎ 6.9	19.1	♏ 1.1	13.1	24.9	♐ 6.8	18.6	♑ 0.4	12.3	24.4	♒ 6.7	19.3	♓ 2.2	15.6	29.6	♈ 14	28.8	♉ 14	29.3	♊ 14.6	29.7	♋ 14.4	28.7	♌ 12.6	25.9	♍ 8.9	21.6	♎ 4	
☿	♐ 1.4	2.6	3.7	4.8	5.9	6.9	7.8	8.7	9.5	10.2	10.9	11.4	11.9	12.2	12.4	12.4R	12.3	12.1	11.6	11	10.2	9.3	8.2	6.9	5.6	4.3	2.9	1.6	0.3	♏ 29.2	
♀	♎ 1.3	2.5	3.7	4.9	6.1	7.4	8.6	9.8	11	12.2	13.4	14.6	15.9	17.1	18.3	19.5	20.7	22	23.2	24.4	25.6	26.9	28.1	29.3	♏ 0.6	1.8	3	4.2	5.5	6.7	
♂	♎ 20.2	20.8	21.5	22.1	22.8	23.5	24.1	24.8	25.4	26.1	26.8	27.4	28.1	28.7	29.4	♏ 0.1	0.7	1.4	2	2.7	3.4	4	4.7	5.4	6	6.7	7.4	8	8.7	9.4	

♃	1: ♑ 5	6: 5.9	11: 6.8	16: 7.7	21: 8.8	26: 9.8	
♄	1: ♊ 19.8R	6: 19.5	11: 19.2	16: 18.9	21: 18.5	26: 18.1	
♅	1: ♎ 20	11: 20.5	21: 21.1				
♆	1: ♐ 4	11: 4.4	21: 4.8				
♇	1: ♎ 3.2	11: 3.5	21: 3.8				

XII

	1	2	3	4	5	6	7	8	9	10	11	12	13	14	15	16	17	18	19	20	21	22	23	24	25	26	27	28	29	30	31
☉	♐ 8.9	9.9	10.9	11.9	13	14	15	16	17	18	19.1	20.1	21.1	22.1	23.1	24.1	25.2	26.2	27.2	28.2	29.2	♑ 0.2	1.3	2.3	3.3	4.3	5.3	6.4	7.4	8.4	9.4
☽	♎ 16.1	28.2	♏ 10.1	21.9	♐ 3.8	15.6	27.5	♑ 9.4	21.4	♒ 3.6	16	28.6	♓ 11.6	24.9	♈ 8.6	22.8	♉ 7.3	22.2	♊ 7.3	22.5	♋ 7.5	22.4	♌ 6.8	20.9	♍ 4.4	17.6	♎ 0.3	12.7	24.9	♏ 6.9	18.7
☿	♏ 28.3R	27.5	26.9	26.5	26.3	26.2D	26.4	26.7	27.1	27.7	28.4	29.2	♐ 0	1	2	3.1	4.2	5.4	6.6	7.9	9.2	10.5	11.8	13.2	14.6	16	17.4	18.8	20.3	21.7	23.2
♀	♏ 8	9.2	10.4	11.7	12.9	14.1	15.4	16.6	17.9	19.1	20.3	21.6	22.8	24.1	25.3	26.6	27.8	29	♐ 0.3	1.5	2.8	4	5.3	6.5	7.8	9	10.3	11.5	12.8	14	15.3
♂	♏ 10	10.7	11.4	12	12.7	13.4	14	14.7	15.4	16	16.7	17.4	18.1	18.7	19.4	20.1	20.8	21.4	22.1	22.8	23.5	24.1	24.8	25.5	26.2	26.8	27.5	28.2	28.9	29.5	♐ 0.2

♃	1: ♑ 10.8	6: 11.9	11: 13	16: 14.1	21: 15.3	26: 16.4	31: 17.6
♄	1: ♊ 17.7R	6: 17.3	11: 16.9	16: 16.5	21: 16.1	26: 15.7	31: 15.4
♅	1: ♎ 21.6	11: 22	21: 22.4	31: 22.7			
♆	1: ♐ 5.1	11: 5.5	21: 5.9	31: 6.2			
♇	1: ♎ 4	11: 4.2	21: 4.3	31: 4.4			

I

	1	2	3	4	5	6	7	8	9	10	11	12	13	14	15	16	17	18	19	20	21	22	23	24	25	26	27	28	29	30	31
☉	♑ 10.4	11.5	12.5	13.5	14.5	15.5	16.6	17.6	18.6	19.6	20.6	21.6	22.7	23.7	24.7	25.7	26.7	27.8	28.8	29.8	♒ 0.8	1.8	2.8	3.9	4.9	5.9	6.9	7.9	8.9	10	11
☽	♐ 0.6	12.4	24.3	♑ 6.2	18.4	♒ 0.6	13.1	25.7	♓ 8.6	21.7	♈ 5.1	18.7	♉ 2.7	16.9	♊ 1.4	16.1	♋ 0.8	15.6	♌ 0.2	14.6	28.6	♍ 12.3	25.5	♎ 8.4	20.9	♏ 3.1	15.1	27	♐ 8.8	20.6	♑ 2.5
☿	♐ 24.6	26.1	27.6	29.1	♑ 0.6	2.1	3.6	5.1	6.7	8.2	9.8	11.3	12.9	14.4	16	17.6	19.2	20.8	22.4	24	25.7	27.3	28.9	♒ 0.6	2.3	4	5.6	7.3	9.1	10.8	12.5
♀	♐ 16.5	17.8	19	20.3	21.5	22.7	24	25.2	26.5	27.8	29	♑ 0.3	1.5	2.8	4	5.3	6.5	7.8	9	10.3	11.5	12.8	14	15.3	16.5	17.8	19	20.3	21.5	22.8	24
♂	♐ 0.9	1.6	2.3	3	3.6	4.3	5	5.7	6.4	7	7.7	8.4	9.1	9.8	10.5	11.2	11.8	12.5	13.2	13.9	14.6	15.3	16	16.7	17.4	18	18.7	19.4	20.1	20.8	21.5

♃ 1: ♑ 17.8 · 6: 19 · 11: 20.2 · 16: 21.3 · 21: 22.5 · 26: 23.6 · 31: 24.8 — ♄ 1: ♊ 15.3R · 6: 15 · 11: 14.6 · 16: 14.4 · 21: 14.1 · 26: 13.9 · 31: 13.8 — ♅ 1: ♎ 22.7 · 11: 22.9 · 21: 23 · 31: 23.0R — ♆ 1: ♐ 6.2 · 11: 6.5 · 21: 6.8 · 31: 7 — ♇ 1: ♎ 4.4 · 11: 4.4R · 21: 4.4 · 31: 4.2

	1	2	3	4	5	6	7	8	9	10	11	12	13	14	15	16	17	18	19	20	21	22	23	24	25	26	27	28	29	30	31
☉	♑ 10.2	11.2	12.2	13.2	14.3	15.3	16.3	17.3	18.3	19.4	20.4	21.4	22.4	23.4	24.5	25.5	26.5	27.5	28.5	29.5	♒ 0.6	1.6	2.6	3.6	4.6	5.7	6.7	7.7	8.7	9.7	10.7
☽	♈ 1.3	14.1	27.4	♉ 11.1	25.2	♊ 9.7	24.7	♋ 9.8	25.1	♌ 10.3	25.3	♍ 9.9	24	♎ 7.7	20.9	♏ 3.7	16.2	28.4	♐ 10.4	22.2	♑ 4	15.8	27.6	♒ 9.5	21.4	♓ 3.5	15.8	28.2	♈ 10.8	23.6	♉ 6.8
☿	♑ 5.3	6.9	8.5	10.1	11.7	13.3	14.9	16.5	18.1	19.8	21.4	23.1	24.7	26.4	28.1	29.7	♒ 1.4	3.1	4.8	6.5	8.2	10	11.7	13.4	15.1	16.8	18.6	20.3	22	23.6	25.3
♀	♒ 11.3	11.3	11.4	11.4R	11.3	11.2	11.1	10.9	10.7	10.4	10.1	9.8	9.4	9	8.5	8.1	7.5	7	6.4	5.9	5.3	4.7	4	3.4	2.8	2.2	1.6	1	0.4	♑ 29.9	29.4
♂	♉ 2.5	2.9	3.3	3.7	4	4.4	4.8	5.2	5.6	6	6.4	6.8	7.3	7.7	8.1	8.6	9	9.5	9.9	10.4	10.8	11.3	11.7	12.2	12.7	13.2	13.6	14.1	14.6	15.1	15.6

♃ 1: ♒ 14.4 · 6: 15.5 · 11: 16.6 · 16: 17.8 · 21: 18.9 · 26: 20.1 · 31: 21.3 — ♄ 1: ♋ 0.5R · 6: 0.1 · 11: ♊ 29.8 · 16: 29.4 · 21: 29.1 · 26: 28.8 · 31: 28.5 — ♅ 1: ♎ 27.3 · 11: 27.6 · 21: 27.7 · 31: 27.8 — ♆ 1: ♐ 8.3 · 11: 8.7 · 21: 8.9 · 31: 9.2 — ♇ 1: ♎ 6.8 · 11: 6.8R · 21: 6.8 · 31: 6.7

II

	1	2	3	4	5	6	7	8	9	10	11	12	13	14	15	16	17	18	19	20	21	22	23	24	25	26	27	28	29	30	31
☉	♒ 12	13	14	15	16.1	17.1	18.1	19.1	20.1	21.1	22.1	23.1	24.1	25.2	26.2	27.2	28.2	29.2	♓ 0.2	1.2	2.2	3.2	4.2	5.2	6.2	7.3	8.3	9.3			
☽	♑ 14.6	26.9	♒ 9.5	22.2	♓ 5.2	18.5	♈ 2	15.6	29.5	♉ 13.4	27.5	♊ 11.7	26	♋ 10.3	24.5	♌ 8.7	22.8	♍ 6.6	20.1	♎ 3.3	16.1	28.7	♏ 10.9	22.9	♐ 4.8	16.6	28.5	♑ 10.4			
☿	♒ 14.3	16	17.8	19.6	21.3	23.1	24.9	26.7	28.5	♓ 0.3	2.2	4	5.7	7.5	9.3	11	12.7	14.4	16	17.6	19.1	20.6	21.9	23.2	24.3	25.3	26.2	27			
♀	♑ 25.3	26.5	27.8	29	♒ 0.3	1.5	2.8	4	5.3	6.5	7.8	9	10.3	11.5	12.8	14	15.3	16.5	17.8	19	20.3	21.5	22.8	24	25.3	26.5	27.8	29			
♂	♐ 22.2	22.9	23.6	24.3	25	25.7	26.4	27.1	27.7	28.4	29.1	29.8	♑ 0.5	1.2	1.9	2.6	3.3	4	4.7	5.4	6.1	6.8	7.5	8.2	8.9	9.6	10.3	11			

♃ 1: ♑ 25 · 6: 26.2 · 11: 27.3 · 16: 28.4 · 21: 29.5 · 26: ♒ 0.6 — ♄ 1: ♊ 13.8R · 6: 13.7 · 11: 13.6 · 16: 13.6D · 21: 13.7 · 26: 13.8 — ♅ 1: ♎ 23.0R · 11: 23 · 21: 22.8 — ♆ 1: ♐ 7.1 · 11: 7.2 · 21: 7.4 — ♇ 1: ♎ 4.2R · 11: 4.1 · 21: 3.9

	1	2	3	4	5	6	7	8	9	10	11	12	13	14	15	16	17	18	19	20	21	22	23	24	25	26	27	28	29	30	31
☉	♒ 11.7	12.8	13.8	14.8	15.8	16.8	17.8	18.8	19.9	20.9	21.9	22.9	23.9	24.9	25.9	26.9	27.9	29	30	♓ 1	2	3	4	5	6	7	8	9			
☽	♉ 20.3	♊ 4.1	18.4	♋ 3	17.9	♌ 3	18.2	♍ 3.2	17.9	♎ 2.3	16.1	29.5	♏ 12.4	24.9	♐ 7.1	19	♑ 0.8	12.6	24.4	♒ 6.3	18.2	♓ 0.4	12.7	25.2	♈ 7.8	20.7	♉ 3.7	17			
☿	♒ 26.9	28.5	♓ 0.1	1.6	3	4.4	5.7	6.9	8	9	9.9	10.6	11.2	11.6	11.8	11.8R	11.7	11.4	11	10.4	9.6	8.8	7.8	6.8	5.7	4.6	3.5	2.5			
♀	♑ 28.9R	28.4	28	27.6	27.2	26.9	26.6	26.4	26.2	26	25.9	25.8	25.8	25.8D	25.9	26	26.1	26.2	26.4	26.7	26.9	27.2	27.6	27.9	28.3	28.8	29.2	29.7			
♂	♉ 16.1	16.6	17.1	17.6	18.1	18.6	19.1	19.6	20.1	20.7	21.2	21.7	22.2	22.7	23.3	23.8	24.3	24.9	25.4	26	26.5	27	27.6	28.1	28.7	29.2	29.8	♊ 0.3			

♃ 1: ♒ 21.5 · 6: 22.7 · 11: 23.9 · 16: 25.1 · 21: 26.3 · 26: 27.5 — ♄ 1: ♊ 28.4R · 6: 28.2 · 11: 28 · 16: 27.9 · 21: 27.8 · 26: 27.8 — ♅ 1: ♎ 27.8R · 11: 27.7 · 21: 27.6 — ♆ 1: ♐ 9.2 · 11: 9.4 · 21: 9.5 — ♇ 1: ♎ 6.7R · 11: 6.5 · 21: 6.3

III

	1	2	3	4	5	6	7	8	9	10	11	12	13	14	15	16	17	18	19	20	21	22	23	24	25	26	27	28	29	30	31
☉	♓ 10.3	11.3	12.3	13.3	14.3	15.3	16.3	17.3	18.3	19.3	20.3	21.3	22.3	23.3	24.3	25.3	26.3	27.3	28.3	29.2	♈ 0.2	1.2	2.2	3.2	4.2	5.2	6.2	7.2	8.2	9.2	10.1
☽	♑ 22.6	♒ 5	17.7	♓ 0.8	14.2	27.9	♈ 11.8	25.9	♉ 10.1	24.4	♊ 8.5	22.7	♋ 6.7	20.7	♌ 4.5	18.3	♍ 1.9	15.3	28.5	♎ 11.4	24.1	♏ 6.6	18.8	♐ 0.8	12.6	24.4	♑ 6.3	18.2	♒ 0.4	12.9	25.7
☿	♓ 27.6	28.1	28.4	28.6	28.6R	28.4	28.1	27.7	27.1	26.4	25.7	24.8	23.9	23	22	21	20.1	19.2	18.4	17.7	17	16.4	15.9	15.6	15.3	15.1	15	15.0D	15.1	15.3	15.6
♀	♓ 0.3	1.5	2.8	4	5.3	6.5	7.8	9	10.3	11.5	12.8	14	15.2	16.5	17.7	19	20.2	21.5	22.7	24	25.2	26.5	27.7	28.9	♈ 0.2	1.4	2.7	3.9	5.2	6.4	7.6
♂	♑ 11.7	12.4	13.1	13.8	14.5	15.3	16	16.7	17.4	18.1	18.8	19.5	20.2	20.9	21.6	22.3	23	23.7	24.4	25.1	25.8	26.6	27.3	28	28.7	29.4	♒ 0.1	0.8	1.5	2.2	2.9

♃ 1: ♒ 1.2 · 6: 2.2 · 11: 3.2 · 16: 4.1 · 21: 5.1 · 26: 5.9 · 31: 6.8 — ♄ 1: ♊ 13.9 · 6: 14 · 11: 14.2 · 16: 14.5 · 21: 14.8 · 26: 15.1 · 31: 15.5 — ♅ 1: ♎ 22.6R · 11: 22.3 · 21: 21.9 · 31: 21.5 — ♆ 1: ♐ 7.4 · 11: 7.4R · 21: 7.4 · 31: 7.3 — ♇ 1: ♎ 3.7R · 11: 3.4 · 21: 3.1 · 31: 2.9

	1	2	3	4	5	6	7	8	9	10	11	12	13	14	15	16	17	18	19	20	21	22	23	24	25	26	27	28	29	30	31
☉	♓ 10	11	12	13	14	15	16	17	18	19	20	21	22	23	24	25	26	27	28	29	30	♈ 1	2	3	4	5	5.9	6.9	7.9	8.9	9.9
☽	♊ 0.5	14.2	28.2	♋ 12.5	27	♌ 11.8	26.6	♍ 11.3	25.9	♎ 10.1	24	♏ 7.4	20.4	♐ 2.9	15.2	27.2	♑ 9	20.8	♒ 2.6	14.6	26.7	♓ 9	21.5	♈ 4.3	17.3	♉ 0.5	13.8	27.4	♊ 11.1	25	♋ 8.9
☿	♓ 1.5R	0.6	♒ 29.8	29.1	28.5	28	27.6	27.3	27.2	27.1D	27.2	27.4	27.6	28	28.4	28.9	29.5	♓ 0.1	0.8	1.6	2.4	3.3	4.2	5.2	6.2	7.3	8.4	9.6	10.8	12	13.2
♀	♒ 0.2	0.7	1.3	1.9	2.5	3.1	3.7	4.4	5.1	5.8	6.5	7.2	8	8.7	9.5	10.3	11.1	11.9	12.8	13.6	14.5	15.3	16.2	17.1	18	18.9	19.8	20.7	21.7	22.6	23.6
♂	♊ 0.9	1.4	2	2.5	3.1	3.7	4.2	4.8	5.4	5.9	6.5	7	7.6	8.2	8.8	9.3	9.9	10.5	11	11.6	12.2	12.8	13.4	13.9	14.5	15.1	15.7	16.3	16.8	17.4	18

♃ 1: ♒ 28.2 · 6: 29.4 · 11: ♓ 0.6 · 16: 1.8 · 21: 2.9 · 26: 4 · 31: 5.1 — ♄ 1: ♊ 27.8 · 6: 27.8 · 11: 27.9 · 16: 28 · 21: 28.2 · 26: 28.4 · 31: 28.7 — ♅ 1: ♎ 27.4R · 11: 27.1 · 21: 26.8 · 31: 26.4 — ♆ 1: ♐ 9.6 · 11: 9.6 · 21: 9.6R · 31: 9.5 — ♇ 1: ♎ 6.1R · 11: 5.9 · 21: 5.6 · 31: 5.3

IV

	1	2	3	4	5	6	7	8	9	10	11	12	13	14	15	16	17	18	19	20	21	22	23	24	25	26	27	28	29	30	31
☉	♈ 11.1	12.1	13.1	14.1	15.1	16.1	17	18	19	20	21	21.9	22.9	23.9	24.9	25.9	26.8	27.8	28.8	29.8	♉ 0.8	1.7	2.7	3.7	4.7	5.6	6.6	7.6	8.5	9.5	
☽	♓ 8.9	22.6	♈ 6.6	20.9	♉ 5.5	20.1	♊ 4.7	19.2	♋ 3.5	17.6	♌ 1.4	15	28.5	♍ 11.7	24.7	♎ 7.6	20.2	♏ 2.7	14.9	27	♐ 8.9	20.8	♑ 2.5	14.4	26.3	♒ 8.4	20.9	♓ 3.7	16.9	♈ 0.6	
☿	♓ 16	16.4	16.9	17.5	18.2	18.9	19.7	20.5	21.4	22.3	23.3	24.4	25.4	26.5	27.7	28.9	♈ 0.1	1.4	2.7	4.1	5.4	6.8	8.3	9.8	11.3	12.8	14.3	15.9	17.6	19.2	
♀	♈ 8.9	10.1	11.4	12.6	13.8	15.1	16.3	17.6	18.8	20	21.3	22.5	23.8	25	26.2	27.5	28.7	30	♉ 1.2	2.4	3.7	4.9	6.1	7.4	8.6	9.8	11.1	12.3	13.5	14.8	
♂	♒ 3.6	4.4	5.1	5.8	6.5	7.2	7.9	8.6	9.3	10	10.7	11.5	12.2	12.9	13.6	14.3	15	15.7	16.4	17.1	17.8	18.6	19.3	20	20.7	21.4	22.1	22.8	23.5	24.2	

♃ 1: ♒ 6.9 · 6: 7.7 · 11: 8.4 · 16: 9.1 · 21: 9.7 · 26: 10.3 — ♄ 1: ♊ 15.6 · 6: 16 · 11: 16.4 · 16: 16.9 · 21: 17.4 · 26: 17.9 — ♅ 1: ♎ 21.5R · 11: 21 · 21: 20.6 — ♆ 1: ♐ 7.3R · 11: 7.1 · 21: 7 — ♇ 1: ♎ 2.8R · 11: 2.6 · 21: 2.3

	1	2	3	4	5	6	7	8	9	10	11	12	13	14	15	16	17	18	19	20	21	22	23	24	25	26	27	28	29	30	31
☉	♈ 10.9	11.9	12.9	13.8	14.8	15.8	16.8	17.8	18.8	19.7	20.7	21.7	22.7	23.7	24.7	25.6	26.6	27.6	28.6	29.5	♉ 0.5	1.5	2.5	3.4	4.4	5.4	6.4	7.3	8.3	9.3	
☽	♋ 23.1	♌ 7.3	21.6	♍ 6	20.3	♎ 4.5	18.4	♏ 2	15.3	28.2	♐ 10.7	23	♑ 5	16.9	28.7	♒ 10.6	22.6	♓ 4.7	17.1	29.8	♈ 12.8	26.1	♉ 9.7	23.5	♊ 7.5	21.6	♋ 5.7	19.9	♌ 4.1	18.2	
☿	♓ 14.5	15.8	17.2	18.6	20	21.4	22.9	24.4	25.9	27.4	29	♈ 0.6	2.2	3.9	5.5	7.2	9	10.7	12.5	14.3	16.1	18	19.9	21.8	23.8	25.7	27.7	29.7	♉ 1.8	3.9	
♀	♒ 24.5	25.5	26.5	27.4	28.4	29.4	♓ 0.4	1.4	2.4	3.4	4.5	5.5	6.5	7.5	8.6	9.6	10.7	11.7	12.8	13.9	14.9	16	17.1	18.1	19.2	20.3	21.4	22.5	23.6	24.7	
♂	♊ 18.6	19.2	19.8	20.3	20.9	21.5	22.1	22.7	23.3	23.9	24.5	25.1	25.6	26.2	26.8	27.4	28	28.6	29.2	29.8	♋ 0.4	1	1.6	2.2	2.8	3.4	4	4.6	5.2	5.8	

♃ 1: ♓ 5.3 · 6: 6.4 · 11: 7.5 · 16: 8.5 · 21: 9.4 · 26: 10.4 — ♄ 1: ♊ 28.7 · 6: 29 · 11: 29.4 · 16: 29.8 · 21: ♋ 0.2 · 26: 0.6 — ♅ 1: ♎ 26.4R · 11: 26 · 21: 25.5 — ♆ 1: ♐ 9.5R · 11: 9.4 · 21: 9.2 — ♇ 1: ♎ 5.3R · 11: 5 · 21: 4.8

V

	1	2	3	4	5	6	7	8	9	10	11	12	13	14	15	16	17	18	19	20	21	22	23	24	25	26	27	28	29	30	31
☉	♉ 10.5	11.5	12.4	13.4	14.4	15.3	16.3	17.3	18.2	19.2	20.2	21.1	22.1	23.1	24	25	26	26.9	27.9	28.8	29.8	♊ 0.8	1.7	2.7	3.7	4.6	5.6	6.5	7.5	8.4	9.4
☽	♈ 14.8	29.4	♉ 14.2	29.2	♊ 14.2	29	♋ 13.6	27.9	♌ 11.8	25.4	♍ 8.7	21.7	♎ 4.5	17	29.4	♏ 11.6	23.7	♐ 5.6	17.5	29.3	♑ 11.1	22.9	♒ 4.9	17	29.4	♓ 12.2	25.4	♈ 9	23.1	♉ 7.6	22.5
☿	♈ 20.9	22.6	24.4	26.1	27.9	29.8	♉ 1.6	3.5	5.5	7.4	9.4	11.4	13.5	15.6	17.6	19.8	21.9	24.1	26.2	28.4	♊ 0.6	2.8	5	7.2	9.4	11.5	13.7	15.8	17.9	19.9	21.9
♀	♉ 16	17.2	18.5	19.7	20.9	22.2	23.4	24.6	25.9	27.1	28.3	29.6	♊ 0.8	2	3.3	4.5	5.7	6.9	8.2	9.4	10.6	11.9	13.1	14.3	15.5	16.8	18	19.2	20.4	21.7	22.9
♂	♒ 24.9	25.6	26.3	27.1	27.8	28.5	29.2	29.9	♓ 0.6	1.3	2	2.7	3.4	4.1	4.8	5.5	6.2	6.9	7.6	8.3	9	9.7	10.4	11.1	11.8	12.5	13.2	13.9	14.6	15.2	15.9

♃ 1: ♒ 10.7 · 6: 11.2 · 11: 11.5 · 16: 11.8 · 21: 12 · 26: 12.1 · 31: 12.1R — ♄ 1: ♊ 18.5 · 6: 19 · 11: 19.6 · 16: 20.2 · 21: 20.9 · 26: 21.5 · 31: 22.1 — ♅ 1: ♎ 20.2R · 11: 19.8 · 21: 19.5 · 31: 19.2 — ♆ 1: ♐ 6.7R · 11: 6.5 · 21: 6.2 · 31: 6 — ♇ 1: ♎ 2.1R · 11: 1.9 · 21: 1.8 · 31: 1.7

	1	2	3	4	5	6	7	8	9	10	11	12	13	14	15	16	17	18	19	20	21	22	23	24	25	26	27	28	29	30	31
☉	♉ 10.2	11.2	12.2	13.2	14.1	15.1	16.1	17	18	19	19.9	20.9	21.9	22.8	23.8	24.8	25.7	26.7	27.6	28.6	29.6	♊ 0.5	1.5	2.5	3.4	4.4	5.3	6.3	7.3	8.2	9.2
☽	♍ 2.3	16.3	♎ 0.2	13.9	27.4	♏ 10.6	23.6	♐ 6.3	18.7	♑ 0.9	12.9	24.8	♒ 6.6	18.5	♓ 0.5	12.6	25.1	♈ 7.8	21	♉ 4.4	18.3	♊ 2.4	16.8	♋ 1.3	15.9	♌ 0.5	14.9	29.2	♍ 13.2	27	♎ 10.6
☿	♉ 5.9	8.1	10.2	12.3	14.5	16.7	18.8	21	23.2	25.3	27.5	29.6	♊ 1.7	3.7	5.8	7.8	9.7	11.7	13.5	15.4	17.2	18.9	20.6	22.2	23.8	25.3	26.8	28.2	29.6	♋ 0.9	2.1
♀	♓ 25.8	26.9	28	29.1	♈ 0.2	1.3	2.4	3.5	4.6	5.7	6.9	8	9.1	10.2	11.4	12.5	13.6	14.8	15.9	17	18.2	19.3	20.5	21.6	22.8	23.9	25	26.2	27.3	28.5	29.7
♂	♋ 6.4	7	7.6	8.2	8.8	9.4	10	10.6	11.2	11.8	12.4	13	13.6	14.2	14.8	15.4	16	16.6	17.2	17.8	18.4	19	19.6	20.2	20.8	21.5	22.1	22.7	23.3	23.9	24.5

♃ 1: ♓ 11.3 · 6: 12.1 · 11: 13 · 16: 13.7 · 21: 14.4 · 26: 15.1 · 31: 15.7 — ♄ 1: ♋ 1.1 · 6: 1.6 · 11: 2.1 · 16: 2.7 · 21: 3.2 · 26: 3.8 · 31: 4.4 — ♅ 1: ♎ 25.1R · 11: 24.7 · 21: 24.4 · 31: 24.1 — ♆ 1: ♐ 9.0R · 11: 8.7 · 21: 8.5 · 31: 8.2 — ♇ 1: ♎ 4.6R · 11: 4.4 · 21: 4.2 · 31: 4.1

VI

	1	2	3	4	5	6	7	8	9	10	11	12	13	14	15	16	17	18	19	20	21	22	23	24	25	26	27	28	29	30	31
☉	♊ 10.4	11.3	12.3	13.2	14.2	15.2	16.1	17.1	18	19	19.9	20.9	21.8	22.8	23.8	24.7	25.7	26.6	27.6	28.5	29.5	♋ 0.4	1.4	2.3	3.3	4.3	5.2	6.2	7.1	8.1	
☽	♊ 7.6	22.8	♋ 7.9	22.8	♌ 7.3	21.5	♍ 5.2	18.5	♎ 1.5	14.1	26.5	♏ 8.7	20.7	♐ 2.6	14.4	26.3	♑ 8.1	19.9	♒ 1.8	13.9	26.1	♓ 8.6	21.4	♈ 4.5	18	♉ 2	16.3	♊ 1	16	♋ 1.2	
☿	♊ 23.9	25.9	27.8	29.6	♋ 1.5	3.3	5	6.7	8.3	9.9	11.5	13	14.5	15.9	17.3	18.6	19.9	21.1	22.3	23.4	24.5	25.5	26.5	27.4	28.3	29.1	29.8	♌ 0.5	1.1	1.6	
♀	♊ 24.1	25.3	26.6	27.8	29	♋ 0.2	1.5	2.7	3.9	5.1	6.4	7.6	8.8	10	11.3	12.5	13.7	14.9	16.1	17.4	18.6	19.8	21	22.2	23.5	24.7	25.9	27.1	28.3	29.6	
♂	♓ 16.6	17.3	18	18.7	19.4	20	20.7	21.4	22.1	22.8	23.4	24.1	24.8	25.4	26.1	26.8	27.4	28.1	28.8	29.4	♈ 0.1	0.7	1.4	2	2.7	3.3	4	4.6	5.3	5.9	

♃ 1: ♒ 12.1R · 6: 12.1 · 11: 11.9 · 16: 11.7 · 21: 11.4 · 26: 11.1 — ♄ 1: ♊ 22.3 · 6: 22.9 · 11: 23.5 · 16: 24.2 · 21: 24.8 · 26: 25.5 — ♅ 1: ♎ 10.2R · 11: 19 · 21: 18.9 — ♆ 1: ♐ 5.9R · 11: 5.7 · 21: 5.4 — ♇ 1: ♎ 1.7R · 11: 1.7 · 21: 1.7D

	1	2	3	4	5	6	7	8	9	10	11	12	13	14	15	16	17	18	19	20	21	22	23	24	25	26	27	28	29	30	31
☉	♊ 10.1	11.1	12.1	13	14	14.9	15.9	16.8	17.8	18.7	19.7	20.7	21.6	22.6	23.5	24.5	25.4	26.4	27.3	28.3	29.3	♋ 0.2	1.2	2.1	3.1	4	5	5.9	6.9	7.8	
☽	♎ 23.9	♏ 7	19.8	♐ 2.4	14.8	27.1	♑ 9.1	21.1	♒ 2.9	14.8	26.7	♓ 8.6	20.8	♈ 3.2	15.9	29	♉ 12.5	26.5	♊ 10.8	25.5	♋ 10.3	25.3	♌ 10.3	25	♍ 9.5	23.7	♎ 7.4	20.9	♏ 4	16.8	
☿	♋ 3.3	4.4	5.5	6.5	7.5	8.4	9.2	10	10.6	11.3	11.8	12.3	12.7	13.1	13.3	13.5	13.6	13.6R	13.6	13.5	13.3	13	12.7	12.3	11.9	11.4	10.9	10.3	9.7	9.1	
♀	♉ 0.8	2	3.1	4.3	5.4	6.6	7.8	8.9	10.1	11.2	12.4	13.6	14.7	15.9	17.1	10.3	19.4	20.6	21.8	22.9	24.1	25.3	26.5	27.7	28.8	♊ 0	1.2	2.4	3.6	4.7	
♂	♋ 25.1	25.7	26.3	26.9	27.5	28.2	28.8	29.4	30	♌ 0.6	1.2	1.8	2.4	3	3.7	4.3	4.9	5.5	6.1	6.7	7.3	7.9	8.6	9.2	9.8	10.4	11	11.6	12.3	12.9	

♃ 1: ♓ 15.8 · 6: 16.3 · 11: 16.7 · 16: 17.1 · 21: 17.4 · 26: 17.6 — ♄ 1: ♋ 4.6 · 6: 5.2 · 11: 5.8 · 16: 6.4 · 21: 7.1 · 26: 7.7 — ♅ 1: ♎ 24.1R · 11: 23.8 · 21: 23.7 — ♆ 1: ♐ 8.2R · 11: 7.9 · 21: 7.7 — ♇ 1: ♎ 4.1R · 11: 4.1 · 21: 4.1D

VII

	1	2	3	4	5	6	7	8	9	10	11	12	13	14	15	16	17	18	19	20	21	22	23	24	25	26	27	28	29	30	31
☉	♋ 9	10	10.9	11.9	12.8	13.8	14.7	15.7	16.7	17.6	18.6	19.5	20.5	21.4	22.4	23.3	24.3	25.2	26.2	27.1	28.1	29.1	♌ 0	1	1.9	2.9	3.8	4.8	5.7	6.7	7.7
☽	♋ 16.3	♌ 1.3	16	♍ 0.3	14.2	27.6	♎ 10.6	23.2	♏ 5.6	17.7	29.6	♐ 11.4	23.2	♑ 5	16.9	28.9	♒ 11	23.2	♓ 5.7	18.3	♈ 1.2	14.4	27.9	♉ 11.7	25.8	♊ 10.3	24.9	♋ 9.8	24.7	♌ 9.6	24.2
☿	♌ 2.1	2.5	2.8	3.1	3.2	3.3	3.3R	3.3	3.1	2.9	2.6	2.3	1.8	1.3	0.8	0.2	♋ 29.6	28.9	28.2	27.6	26.9	26.2	25.6	25	24.5	24	23.6	23.3	23	22.9	22.9D
♀	♌ 0.8	2	3.2	4.4	5.6	6.9	8.1	9.3	10.5	11.7	12.9	14.1	15.4	16.6	17.8	19	20.2	21.4	22.6	23.8	25.1	26.3	27.5	28.7	29.9	♍ 1.1	2.3	3.5	4.7	5.9	7.1
♂	♈ 6.5	7.2	7.8	8.4	9	9.7	10.3	10.9	11.5	12.1	12.7	13.3	13.9	14.5	15.1	15.7	16.3	16.9	17.4	18	18.6	19.1	19.7	20.2	20.8	21.3	21.9	22.4	22.9	23.5	24

♃ 1: ♒ 10.6R · 6: 10.2 · 11: 9.6 · 16: 9 · 21: 8.4 · 26: 7.8 · 31: 7.1 — ♄ 1: ♊ 26.1 · 6: 26.8 · 11: 27.4 · 16: 28 · 21: 28.6 · 26: 29.2 · 31: 29.8 — ♅ 1: ♎ 18.9 · 11: 19 · 21: 19.2 · 31: 19.4 — ♆ 1: ♐ 5.2R · 11: 5 · 21: 4.8 · 31: 4.7 — ♇ 1: ♎ 1.8 · 11: 1.9 · 21: 2.1 · 31: 2.3

	1	2	3	4	5	6	7	8	9	10	11	12	13	14	15	16	17	18	19	20	21	22	23	24	25	26	27	28	29	30	31
☉	♋ 8.8	9.7	10.7	11.7	12.6	13.6	14.5	15.5	16.4	17.4	18.3	19.3	20.2	21.2	22.1	23.1	24	25	26	26.9	27.9	28.8	29.8	♌ 0.7	1.7	2.6	3.6	4.6	5.5	6.5	7.4
☽	♏ 29.3	♐ 11.6	23.8	♑ 5.8	17.8	29.7	♒ 11.5	23.4	♓ 5.2	17.2	29.4	♈ 11.8	24.4	♉ 7.4	20.9	♊ 4.7	19	♋ 3.7	18.8	♌ 4	19.2	♍ 4.3	19	♎ 3.4	17.2	♏ 0.7	13.7	26.4	♐ 8.7	20.9	♑ 2.9
☿	♋ 8.5R	7.9	7.4	6.8	6.3	5.8	5.4	5.1	4.8	4.6	4.4	4.4	4.4D	4.5	4.8	5.1	5.5	6	6.5	7.2	8	8.8	9.7	10.8	11.9	13.1	14.4	15.7	17.1	18.7	20.2
♀	♊ 5.9	7.1	8.3	9.5	10.7	11.9	13	14.2	15.4	16.6	17.8	19	20.2	21.4	22.6	23.8	25	26.2	27.4	28.6	29.8	♋ 1	2.2	3.4	4.6	5.8	7	8.2	9.4	10.6	11.8
♂	♌ 13.5	14.1	14.7	15.3	16	16.6	17.2	17.8	18.4	19.1	19.7	20.3	20.9	21.5	22.2	22.8	23.4	24	24.6	25.3	25.9	26.5	27.1	27.8	28.4	29	29.6	♍ 0.3	0.9	1.5	2.1

♃ 1: ♓ 17.8 · 6: 17.9 · 11: 17.8R · 16: 17.7 · 21: 17.6 · 26: 17.3 · 31: 17 — ♄ 1: ♋ 8.4 · 6: 9 · 11: 9.7 · 16: 10.3 · 21: 11 · 26: 11.6 · 31: 12.2 — ♅ 1: ♎ 23.7R · 11: 23.7D · 21: 23.8 · 31: 24 — ♆ 1: ♐ 7.4R · 11: 7.2 · 21: 7.1 · 31: 6.9 — ♇ 1: ♎ 4.1 · 11: 4.2 · 21: 4.4 · 31: 4.6

VIII

	1	2	3	4	5	6	7	8	9	10	11	12	13	14	15	16	17	18	19	20	21	22	23	24	25	26	27	28	29	30	31
☉	♌ 8.6	9.6	10.5	11.5	12.4	13.4	14.4	15.3	16.3	17.2	18.2	19.1	20.1	21.1	22	23	24	24.9	25.9	26.8	27.8	28.8	29.7	♍ 0.7	1.7	2.6	3.6	4.6	5.5	6.5	7.5
☽	♍ 8.6	22.5	♎ 6	19.1	♏ 1.8	14.1	26.2	♐ 8.1	19.9	♑ 1.7	13.6	25.5	♒ 7.7	20	♓ 2.5	15.2	28.2	♈ 11.4	24.8	♉ 8.4	22.2	♊ 6.2	20.4	♋ 4.7	19.2	♌ 3.7	18.3	♍ 2.6	16.8	♎ 0.6	14.1
☿	♋ 22.9	23.1	23.4	23.7	24.2	24.8	25.5	26.3	27.3	28.3	29.4	♌ 0.6	1.9	3.3	4.8	6.3	8	9.7	11.4	13.2	15.1	17	18.9	20.8	22.8	24.8	26.8	28.7	♍ 0.7	2.7	4.7
♀	♍ 8.3	9.6	10.8	12	13.2	14.4	15.6	16.8	18	19.2	20.4	21.6	22.8	24	25.2	26.4	27.6	28.8	29.9	♎ 1.1	2.3	3.5	4.7	5.9	7.1	8.3	9.5	10.7	11.9	13	14.2
♂	♈ 24.5	25	25.5	26	26.5	27	27.4	27.9	28.4	28.8	29.3	29.7	♉ 0.2	0.6	1	1.4	1.8	2.2	2.6	3	3.4	3.7	4.1	4.4	4.7	5.1	5.4	5.7	6	6.2	6.5

♃ 1: ♒ 7.0R · 6: 6.4 · 11: 5.7 · 16: 5.1 · 21: 4.6 · 26: 4 · 31: 3.6 — ♄ 1: ♊ 29.9 · 6: ♋ 0.4 · 11: 1 · 16: 1.5 · 21: 1.9 · 26: 2.4 · 31: 2.8 — ♅ 1: ♎ 19.5 · 11: 19.8 · 21: 20.2 · 31: 20.7 — ♆ 1: ♐ 4.7R · 11: 4.7 · 21: 4.7D · 31: 4.7 — ♇ 1: ♎ 2.3 · 11: 2.6 · 21: 2.9 · 31: 3.3

	1	2	3	4	5	6	7	8	9	10	11	12	13	14	15	16	17	18	19	20	21	22	23	24	25	26	27	28	29	30	31
☉	♌ 8.4	9.3	10.3	11.2	12.2	13.2	14.1	15.1	16	17	18	18.9	19.9	20.8	21.8	22.8	23.7	24.7	25.6	26.6	27.6	28.5	29.5	♍ 0.5	1.4	2.4	3.4	4.3	5.3	6.3	7.2
☽	♑ 14.8	26.7	♒ 8.5	20.4	♓ 2.3	14.2	26.3	♈ 8.5	21	♉ 3.6	16.6	29.9	♊ 13.6	27.7	♋ 12.3	27.2	♌ 12.4	27.6	♍ 12.8	27.7	♎ 12.2	26.2	♏ 9.7	22.8	♐ 5.5	17.8	29.9	♑ 11.8	23.7	♒ 5.5	17.3
☿	♋ 21.9	23.6	25.4	27.2	29.1	♌ 1	2.9	4.9	6.9	9	11	13.1	15.1	17.2	19.2	21.3	23.3	25.3	27.3	29.3	♍ 1.2	3.2	5.1	7	8.8	10.7	12.5	14.3	16.1	17.9	19.6
♀	♋ 13	14.2	15.4	16.7	17.9	19.1	20.3	21.5	22.7	23.9	25.1	26.4	27.6	28.8	♌ 0	1.2	2.5	3.7	4.9	6.1	7.3	8.6	9.8	11	12.2	13.5	14.7	15.9	17.1	18.4	19.6
♂	♍ 2.8	3.4	4	4.7	5.3	5.9	6.5	7.2	7.8	8.4	9.1	9.7	10.3	11	11.6	12.2	12.9	13.5	14.1	14.8	15.4	16	16.7	17.3	17.9	18.6	19.2	19.9	20.5	21.1	21.8

♃ 1: ♓ 16.9R · 6: 16.5 · 11: 16 · 16: 15.5 · 21: 14.9 · 26: 14.3 · 31: 13.6 — ♄ 1: ♋ 12.3 · 6: 12.9 · 11: 13.5 · 16: 14.1 · 21: 14.6 · 26: 15.2 · 31: 15.7 — ♅ 1: ♎ 24 · 11: 24.3 · 21: 24.7 · 31: 25.2 — ♆ 1: ♐ 6.9R · 11: 6.9 · 21: 6.8D · 31: 6.9 — ♇ 1: ♎ 4.7 · 11: 4.9 · 21: 5.2 · 31: 5.6

IX

	1	2	3	4	5	6	7	8	9	10	11	12	13	14	15	16	17	18	19	20	21	22	23	24	25	26	27	28	29	30	31
☉	♍ 8.4	9.4	10.4	11.3	12.3	13.3	14.2	15.2	16.2	17.1	18.1	19.1	20.1	21	22	23	24	24.9	25.9	26.9	27.9	28.8	29.8	♎ 0.8	1.8	2.8	3.7	4.7	5.7	6.7	
☽	♎ 27.2	♏ 9.9	22.2	♐ 4.3	16.2	28	♑ 9.8	21.7	♒ 3.8	16	28.6	♓ 11.4	24.5	♈ 7.9	21.4	♉ 5.2	19.1	♊ 3	17.1	♋ 1.2	15.3	29.4	♌ 13.6	27.7	♍ 11.6	25.4	♎ 9	22.3	♏ 5.2	17.8	
☿	♍ 6.6	8.6	10.5	12.4	14.3	16.2	18.1	19.9	21.7	23.5	25.3	27.1	28.8	♎ 0.6	2.3	4	5.6	7.3	8.9	10.6	12.2	13.8	15.3	16.9	18.4	20	21.5	23	24.5	25.9	
♀	♎ 15.4	16.6	17.8	19	20.1	21.3	22.5	23.7	24.9	26	27.2	28.4	29.6	♏ 0.7	1.9	3.1	4.2	5.4	6.6	7.7	8.9	10.1	11.2	12.4	13.6	14.7	15.9	17	18.2	19.3	
♂	♉ 6.8	7	7.3	7.5	7.7	7.9	8.1	8.2	8.4	8.6	8.7	8.8	8.9	9	9.1	9.2	9.2	9.2	9.3	9.3R	9.3	9.2	9.2	9.1	9.1	9	8.9	8.8	8.7	8.5	

♃ 1: ♒ 3.5R · 6: 3.1 · 11: 2.8 · 16: 2.5 · 21: 2.4 · 26: 2.3 — ♄ 1: ♋ 2.9 · 6: 3.2 · 11: 3.6 · 16: 3.9 · 21: 4.1 · 26: 4.3 — ♅ 1: ♎ 20.7 · 11: 21.3 · 21: 21.8 — ♆ 1: ♐ 4.7 · 11: 4.8 · 21: 5 — ♇ 1: ♎ 3.3 · 11: 3.7 · 21: 4

	1	2	3	4	5	6	7	8	9	10	11	12	13	14	15	16	17	18	19	20	21	22	23	24	25	26	27	28	29	30	31
☉	♍ 8.2	9.2	10.1	11.1	12.1	13	14	15	15.9	16.9	17.9	18.9	19.8	20.8	21.8	22.8	23.7	24.7	25.7	26.7	27.6	28.6	29.6	♎ 0.6	1.5	2.5	3.5	4.5	5.5	6.5	
☽	♒ 29.3	♓ 11.3	23.4	♈ 5.6	18	♉ 0.6	13.4	26.4	♊ 9.6	23.3	♋ 7.2	21.5	♌ 6.2	21.1	♍ 6.1	21.1	♎ 6	20.4	♏ 4.5	18.1	♐ 1.2	13.9	26.3	♑ 8.4	20.3	♒ 2.1	14	25.9	♓ 7.9	20	
☿	♍ 21.3	23	24.7	26.4	28	29.6	♎ 1.2	2.8	4.3	5.9	7.4	8.9	10.4	11.8	13.3	14.7	16.1	17.5	18.9	20.2	21.5	22.8	24.1	25.3	26.5	27.7	28.9	30	♏ 1.1	2.1	
♀	♌ 20.8	22.1	23.3	24.5	25.8	27	28.2	29.5	♍ 0.7	1.9	3.2	4.4	5.6	6.9	8.1	9.4	10.6	11.8	13.1	14.3	15.6	16.8	18.1	19.3	20.5	21.8	23	24.3	25.5	26.8	
♂	♍ 22.4	23.1	23.7	24.3	25	25.6	26.3	26.9	27.6	28.2	28.8	29.5	♎ 0.1	0.8	1.4	2.1	2.7	3.4	4	4.7	5.3	6	6.6	7.3	7.9	8.6	9.2	9.9	10.5	11.2	

♃ 1: ♓ 13.5R · 6: 12.9 · 11: 12.2 · 16: 11.5 · 21: 10.9 · 26: 10.3 — ♄ 1: ♋ 15.7 · 6: 16.2 · 11: 16.6 · 16: 17.1 · 21: 17.4 · 26: 17.8 — ♅ 1: ♎ 25.2 · 11: 25.7 · 21: 26.3 — ♆ 1: ♐ 6.9 · 11: 7 · 21: 7.1 — ♇ 1: ♎ 5.6 · 11: 6 · 21: 6.3

X

	1	2	3	4	5	6	7	8	9	10	11	12	13	14	15	16	17	18	19	20	21	22	23	24	25	26	27	28	29	30	31
☉	♎ 7.7	8.7	9.6	10.6	11.6	12.6	13.6	14.6	15.6	16.5	17.5	18.5	19.5	20.5	21.5	22.5	23.5	24.5	25.5	26.5	27.5	28.4	29.4	♏ 0.4	1.4	2.4	3.4	4.4	5.4	6.4	7.4
☽	♐ 0.1	12.2	24.1	♑ 5.9	17.7	29.6	♒ 11.7	24	♓ 6.7	19.7	♈ 3.1	16.8	♉ 0.8	15	29.3	♊ 13.6	27.9	♋ 12.1	26.2	♌ 10.2	24.1	♍ 7.8	21.4	♎ 4.7	17.9	♏ 0.8	13.5	25.9	♐ 8.1	20.1	♑ 2
☿	♎ 27.4	28.8	♏ 0.2	1.6	3	4.4	5.7	7	8.4	9.6	10.9	12.1	13.4	14.5	15.7	16.8	17.9	19	20	20.9	21.8	22.7	23.5	24.2	24.8	25.4	25.9	26.2	26.5	26.6	26.6R
♀	♏ 20.5	21.6	22.8	23.9	25.1	26.2	27.3	28.5	29.6	♐ 0.8	1.9	3	4.1	5.3	6.4	7.5	8.6	9.7	10.9	12	13.1	14.2	15.3	16.4	17.5	18.6	19.7	20.8	21.8	22.9	24
♂	♉ 8.4R	8.2	8	7.8	7.6	7.4	7.2	6.9	6.7	6.4	6.1	5.8	5.5	5.2	4.9	4.6	4.3	4	3.6	3.3	3	2.6	2.3	2	1.6	1.3	1	0.6	0.3	♈ 30	29.7

♃ 1: ♒ 2.3 · 6: 2.4 · 11: 2.5 · 16: 2.8 · 21: 3.1 · 26: 3.5 · 31: 4 — ♄ 1: ♋ 4.5 · 6: 4.6 · 11: 4.7 · 16: 4.7 · 21: 4.7R · 26: 4.7 · 31: 4.6 — ♅ 1: ♎ 22.4 · 11: 23.1 · 21: 23.7 · 31: 24.3 — ♆ 1: ♐ 5.2 · 11: 5.5 · 21: 5.8 · 31: 6.1 — ♇ 1: ♎ 4.4 · 11: 4.8 · 21: 5.2 · 31: 5.5

	1	2	3	4	5	6	7	8	9	10	11	12	13	14	15	16	17	18	19	20	21	22	23	24	25	26	27	28	29	30	31
☉	♎ 7.4	8.4	9.4	10.4	11.4	12.4	13.3	14.3	15.3	16.3	17.3	18.3	19.3	20.3	21.3	22.2	23.2	24.2	25.2	26.2	27.2	28.2	29.2	♏ 0.2	1.2	2.2	3.2	4.2	5.2	6.2	7.2
☽	♈ 2.4	14.8	27.5	♉ 10.4	23.4	♊ 6.6	20.1	♋ 3.7	17.6	♌ 1.7	16.1	♍ 0.6	15.3	29.9	♎ 14.4	28.6	♏ 12.5	26	♐ 9.1	21.8	♑ 4.2	16.4	28.3	♒ 10.2	22.1	♓ 4	16.1	28.3	♈ 10.8	23.5	♉ 6.5
☿	♏ 3.1	4.1	5	5.9	6.7	7.5	8.2	8.8	9.3	9.8	10.2	10.4	10.6	10.6R	10.5	10.3	10	9.5	8.8	8	7.1	6.1	4.9	3.7	2.5	1.2	♎ 30	28.8	27.7	26.8	26.1
♀	♍ 28	29.3	♎ 0.5	1.7	3	4.2	5.5	6.7	8	9.2	10.5	11.7	13	14.2	15.5	16.7	18	19.2	20.5	21.7	23	24.3	25.5	26.8	28	29.3	♏ 0.5	1.8	3	4.3	5.5
♂	♎ 11.9	12.5	13.2	13.8	14.5	15.2	15.8	16.5	17.1	17.8	18.5	19.1	19.8	20.4	21.1	21.8	22.4	23.1	23.8	24.4	25.1	25.8	26.4	27.1	27.8	28.5	29.1	29.8	♏ 0.5	1.2	1.8

♃ 1: ♓ 9.8R · 6: 9.3 · 11: 8.9 · 16: 8.6 · 21: 8.3 · 26: 8.1 · 31: 8 — ♄ 1: ♋ 18 · 6: 18.3 · 11: 18.5 · 16: 18.7 · 21: 18.8 · 26: 18.9 · 31: 18.9 — ♅ 1: ♎ 26.8 · 11: 27.5 · 21: 28.1 · 31: 28.7 — ♆ 1: ♐ 7.3 · 11: 7.6 · 21: 7.9 · 31: 8.2 — ♇ 1: ♎ 6.7 · 11: 7.1 · 21: 7.5 · 31: 7.8

XI

	1	2	3	4	5	6	7	8	9	10	11	12	13	14	15	16	17	18	19	20	21	22	23	24	25	26	27	28	29	30	31
☉	♏ 8.4	9.4	10.4	11.4	12.4	13.4	14.4	15.4	16.4	17.5	18.5	19.5	20.5	21.5	22.5	23.5	24.5	25.5	26.5	27.5	28.5	29.5	♐ 0.6	1.6	2.6	3.6	4.6	5.6	6.6	7.6	
☽	♑ 13.8	25.6	♒ 7.5	19.5	♓ 1.8	14.5	27.6	♈ 11.1	25	♉ 9.3	23.9	♊ 8.6	23.4	♋ 8.1	22.6	♌ 6.9	21	♍ 4.7	18.2	♎ 1.5	14.5	27.3	♏ 9.9	22.3	♐ 4.5	16.5	28.4	♑ 10.2	22	♒ 3.8	
☿	♏ 26.4R	26.1	25.7	25	24.3	23.3	22.2	21.1	19.8	18.5	17.1	15.8	14.6	13.5	12.6	11.8	11.2	10.8	10.6	10.6D	10.7	11.1	11.5	12.2	12.9	13.8	14.7	15.7	16.8	18	
♀	♐ 25.1	26.1	27.2	28.3	29.3	♑ 0.4	1.4	2.5	3.5	4.5	5.5	6.6	7.6	8.6	9.6	10.6	11.6	12.5	13.5	14.5	15.4	16.4	17.3	18.2	19.2	20.1	21	21.9	22.7	23.6	
♂	♈ 29.4R	29.1	28.8	28.5	28.2	28	27.7	27.5	27.2	27	26.8	26.6	26.4	26.3	26.1	26	25.9	25.7	25.6	25.5	25.5	25.4	25.4	25.3	25.3	25.3D	25.3	25.3	25.4	25.4	

♃ 1: ♒ 4.1 · 6: 4.6 · 11: 5.2 · 16: 5.9 · 21: 6.7 · 26: 7.4 — ♄ 1: ♋ 4.5R · 6: 4.4 · 11: 4.2 · 16: 3.9 · 21: 3.7 · 26: 3.3 — ♅ 1: ♎ 24.4 · 11: 25 · 21: 25.6 — ♆ 1: ♐ 6.1 · 11: 6.5 · 21: 6.8 — ♇ 1: ♎ 5.5 · 11: 5.9 · 21: 6.1

	1	2	3	4	5	6	7	8	9	10	11	12	13	14	15	16	17	18	19	20	21	22	23	24	25	26	27	28	29	30	31
☉	♏ 8.2	9.2	10.2	11.2	12.2	13.2	14.2	15.2	16.2	17.2	18.2	19.2	20.2	21.2	22.2	23.2	24.3	25.3	26.3	27.3	28.3	29.3	♐ 0.3	1.3	2.3	3.3	4.4	5.4	6.4	7.4	
☽	♉ 19.7	♊ 3.2	16.8	♋ 0.6	14.5	28.5	♌ 12.7	26.8	♍ 11.1	25.3	♎ 9.4	23.4	♏ 7.2	20.8	♐ 4	17	29.6	♑ 12	24.2	♒ 6.1	18	29.9	♓ 11.8	23.9	♈ 6.2	18.7	♉ 1.6	14.8	28.3	♊ 12.1	
☿	♎ 25.5R	25.1	24.9	24.9D	25.1	25.4	25.9	26.6	27.4	28.3	29.3	♏ 0.4	1.5	2.8	4.1	5.4	6.8	8.2	9.7	11.1	12.6	14.1	15.7	17.2	18.7	20.3	21.8	23.4	24.9	26.5	
♀	♏ 6.8	8	9.3	10.6	11.8	13.1	14.3	15.6	16.8	18.1	19.3	20.6	21.8	23.1	24.4	25.6	26.9	28.1	29.4	♐ 0.6	1.9	3.2	4.4	5.7	6.9	8.2	9.4	10.7	11.9	13.2	
♂	♏ 2.5	3.2	3.9	4.5	5.2	5.9	6.6	7.2	7.9	8.6	9.3	10	10.7	11.3	12	12.7	13.4	14.1	14.8	15.5	16.1	16.8	17.5	18.2	18.9	19.6	20.3	21	21.7	22.4	

♃ 1: ♓ 8.0R · 6: 8.0D · 11: 8.1 · 16: 8.3 · 21: 8.5 · 26: 8.8 — ♄ 1: ♋ 18.9R · 6: 18.9 · 11: 18.8 · 16: 18.7 · 21: 18.5 · 26: 18.3 — ♅ 1: ♎ 28.8 · 11: 29.4 · 21: 30 — ♆ 1: ♐ 8.2 · 11: 8.6 · 21: 8.9 — ♇ 1: ♎ 7.9 · 11: 8.2 · 21: 8.5

XII

	1	2	3	4	5	6	7	8	9	10	11	12	13	14	15	16	17	18	19	20	21	22	23	24	25	26	27	28	29	30	31
☉	♐ 8.7	9.7	10.7	11.7	12.7	13.7	14.7	15.8	16.8	17.8	18.8	19.8	20.8	21.9	22.9	23.9	24.9	25.9	26.9	28	29	30	♑ 1	2	3.1	4.1	5.1	6.1	7.1	8.2	9.2
☽	♒ 15.7	27.7	♓ 10	22.6	♈ 5.5	19	♉ 2.8	17.2	♊ 1.9	16.8	♋ 2	17.1	♌ 2	16.7	♍ 1	14.9	28.4	♎ 11.5	24.4	♏ 6.9	19.2	♐ 1.3	13.3	25.2	♑ 7	18.8	♒ 0.6	12.5	24.4	♓ 6.5	18.7
☿	♏ 19.2	20.5	21.8	23.1	24.5	25.9	27.3	28.7	♐ 0.2	1.6	3.1	4.6	6.1	7.6	9.1	10.6	12.1	13.6	15.1	16.7	18.2	19.7	21.3	22.8	24.4	25.9	27.5	29	♑ 0.6	2.1	3.7
♀	♑ 24.5	25.3	26.1	27	27.8	28.5	29.3	♒ 0.1	0.8	1.5	2.2	2.9	3.6	4.2	4.9	5.5	6	6.6	7.1	7.6	8.1	8.6	9	9.4	9.7	10	10.3	10.6	10.8	11	11.2
♂	♈ 25.5	25.5	25.6	25.7	25.8	26	26.1	26.2	26.4	26.5	26.7	26.9	27.1	27.3	27.5	27.8	28	28.2	28.5	28.8	29	29.3	29.6	29.9	♉ 0.2	0.5	0.8	1.2	1.5	1.8	2.2

♃ 1: ♒ 8.3 · 6: 9.2 · 11: 10.1 · 16: 11.1 · 21: 12.1 · 26: 13.1 · 31: 14.2 — ♄ 1: ♋ 3.0R · 6: 2.6 · 11: 2.2 · 16: 1.8 · 21: 1.4 · 26: 1 · 31: 0.6 — ♅ 1: ♎ 26.1 · 11: 26.6 · 21: 27 · 31: 27.3 — ♆ 1: ♐ 7.2 · 11: 7.6 · 21: 8 · 31: 8.3 — ♇ 1: ♎ 6.4 · 11: 6.6 · 21: 6.7 · 31: 6.8

	1	2	3	4	5	6	7	8	9	10	11	12	13	14	15	16	17	18	19	20	21	22	23	24	25	26	27	28	29	30	31
☉	♐ 8.4	9.4	10.4	11.5	12.5	13.5	14.5	15.5	16.5	17.5	18.6	19.6	20.6	21.6	22.6	23.6	24.7	25.7	26.7	27.7	28.7	29.8	♑ 0.8	1.8	2.8	3.8	4.8	5.9	6.9	7.9	8.9
☽	♊ 26.2	♋ 10.5	24.9	♌ 9.3	23.6	♍ 7.9	22	♎ 5.9	19.7	♏ 3.2	16.6	29.7	♐ 12.6	25.3	♑ 7.7	20	♒ 2.1	14.1	25.9	♓ 7.8	19.7	♈ 1.7	13.9	26.4	♉ 9.3	22.5	♊ 6.2	20.2	♋ 4.7	19.4	♌ 4.3
☿	♏ 28	29.6	♐ 1.2	2.7	4.3	5.8	7.4	9	10.5	12.1	13.7	15.2	16.8	18.4	19.9	21.5	23.1	24.7	26.2	27.8	29.4	♑ 1	2.6	4.2	5.8	7.4	9	10.6	12.2	13.8	15.4
♀	♐ 14.5	15.7	17	18.2	19.5	20.7	22	23.3	24.5	25.8	27	28.3	29.5	♑ 0.8	2	3.3	4.6	5.8	7.1	8.3	9.6	10.8	12.1	13.4	14.6	15.9	17.1	18.4	19.6	20.9	22.1
♂	♏ 23.1	23.8	24.5	25.2	25.9	26.6	27.3	28	28.7	29.4	♐ 0.1	0.8	1.5	2.2	2.9	3.6	4.3	5	5.7	6.4	7.1	7.8	8.5	9.3	10	10.7	11.4	12.1	12.8	13.5	14.3

♃ 1: ♓ 9.3 · 6: 9.7 · 11: 10.3 · 16: 10.9 · 21: 11.6 · 26: 12.4 · 31: 13.2 — ♄ 1: ♋ 18.1R · 6: 17.8 · 11: 17.5 · 16: 17.1 · 21: 16.7 · 26: 16.3 · 31: 15.9 — ♅ 1: ♏ 0.5 · 11: 1 · 21: 1.5 · 31: 1.8 — ♆ 1: ♐ 9.3 · 11: 9.7 · 21: 10 · 31: 10.4 — ♇ 1: ♎ 8.8 · 11: 9 · 21: 9.1 · 31: 9.2

I

	1	2	3	4	5	6	7	8	9	10	11	12	13	14	15	16	17	18	19	20	21	22	23	24	25	26	27	28	29	30	31
☉	♑ 9.9	11	12	13	14	15	16.1	17.1	18.1	19.1	20.1	21.2	22.2	23.2	24.2	25.2	26.2	27.3	28.3	29.3	♒ 0.3	1.3	2.4	3.4	4.4	5.4	6.4	7.4	8.5	9.5	10.5
☽	♌ 19.2	♍ 3.9	18.5	♎ 2.7	16.6	♏ 0.2	13.5	26.4	♐ 9.2	21.7	♑ 4.1	16.4	28.5	♒ 10.5	22.4	♓ 4.2	16.1	28	♈ 10	22.1	♉ 4.5	17.2	♊ 0.3	13.9	28	♋ 12.5	27.5	♌ 12.7	27.9	♍ 13.1	28
☿	♑ 17.1	18.7	20.3	22	23.6	25.2	26.9	28.5	♒ 0.2	1.8	3.4	5	6.6	8.2	9.8	11.4	12.9	14.4	15.8	17.2	18.5	19.7	20.9	21.9	22.9	23.7	24.4	24.9	25.3	25.4	25.4R
♀	♑ 23.4	24.6	25.9	27.2	28.4	29.7	♒ 0.9	2.2	3.4	4.7	5.9	7.2	8.4	9.7	10.9	12.2	13.4	14.7	16	17.2	18.5	19.7	21	22.2	23.5	24.7	26	27.2	28.4	29.7	♓ 0.9
♂	♐ 15	15.7	16.4	17.1	17.8	18.6	19.3	20	20.7	21.4	22.2	22.9	23.6	24.3	25.1	25.8	26.5	27.2	28	28.7	29.4	♑ 0.2	0.9	1.6	2.4	3.1	3.8	4.6	5.3	6	6.8

♃ 1: ♓ 13.3; 6: 14.2; 11: 15.1; 16: 16; 21: 17; 26: 18.1; 31: 19.1
♄ 1: ♋ 15.9R; 6: 15.5; 11: 15; 16: 14.6; 21: 14.2; 26: 13.9; 31: 13.5
♅ 1: ♏ 1.9; 11: 2.2; 21: 2.3; 31: 2.5
♆ 1: ♐ 10.4; 11: 10.8; 21: 11; 31: 11.3
♇ 1: ♎ 9.2; 11: 9.2; 21: 9.2R; 31: 9.1

	1	2	3	4	5	6	7	8	9	10	11	12	13	14	15	16	17	18	19	20	21	22	23	24	25	26	27	28	29	30	31
☉	♑ 9.7	10.7	11.7	12.8	13.8	14.8	15.8	16.8	17.8	18.9	19.9	20.9	21.9	22.9	24	25	26	27	28	29.1	♒ 0.1	1.1	2.1	3.1	4.1	5.2	6.2	7.2	8.2	9.2	10.2
☽	♑ 2.1	15.5	28.6	♒ 11.5	24	♓ 6.3	18.4	♈ 0.3	12.1	24	♉ 5.9	18	♊ 0.4	13	26.1	♋ 9.6	23.4	♌ 7.5	21.9	♍ 6.4	20.9	♎ 5.3	19.5	♏ 3.6	17.5	♐ 1.2	14.7	28.1	♑ 11.3	24.3	♒ 7.1
☿	♑ 27.5	28.9	♒ 0.2	1.5	2.8	3.9	5	6	6.9	7.7	8.3	8.8	9.1	9.3	9.2R	9	8.6	8	7.2	6.2	5.1	3.9	2.6	1.3	0.1	♑ 28.9	27.7	26.7	25.8	25	24.4
♀	♏ 29.4	♐ 0.6	1.8	3	4.2	5.4	6.6	7.8	9	10.2	11.4	12.7	13.9	15.1	16.3	17.5	18.7	19.9	21.2	22.4	23.6	24.8	26	27.3	28.5	29.7	♑ 0.9	2.1	3.4	4.6	5.8
♂	♊ 17.4R	17.1	16.9	16.6	16.4	16.2	16	15.8	15.7	15.5	15.4	15.3	15.1	15	15	14.9	14.8	14.8	14.8	14.7	14.7D	14.7	14.8	14.8	14.8	14.9	15	15	15.1	15.2	15.4

♃ 1: ♈ 15.5; 6: 15.9; 11: 16.4; 16: 17; 21: 17.6; 26: 18.3; 31: 19
♄ 1: ♌ 1.0R; 6: 0.7; 11: 0.3; 16: ♋ 29.9; 21: 29.5; 26: 29.1; 31: 28.6
♅ 1: ♏ 6.4; 11: 6.7; 21: 6.9; 31: 7.1
♆ 1: ♐ 12.5; 11: 12.9; 21: 13.2; 31: 13.4
♇ 1: ♎ 11.7; 11: 11.7; 21: 11.7R; 31: 11.6

II

	1	2	3	4	5	6	7	8	9	10	11	12	13	14	15	16	17	18	19	20	21	22	23	24	25	26	27	28	29	30	31
☉	♒ 11.5	12.5	13.5	14.5	15.6	16.6	17.6	18.6	19.6	20.6	21.6	22.6	23.7	24.7	25.7	26.7	27.7	28.7	29.7	♓ 0.7	1.7	2.7	3.7	4.8	5.8	6.8	7.8	8.8			
☽	♎ 12.5	26.6	♏ 10.2	23.4	♐ 6.3	18.8	♑ 1.2	13.3	25.4	♒ 7.3	19.2	♓ 1.1	13	24.8	♈ 6.8	18.8	♉ 0.9	13.3	25.9	♊ 8.9	22.3	♋ 6.2	20.6	♌ 5.5	20.7	♍ 6	21.4	♎ 6.5			
☿	♒ 25.2R	24.8	24.3	23.5	22.7	21.7	20.6	19.4	18.2	17	15.9	14.8	13.7	12.8	12	11.4	10.8	10.4	10.2	10	10.0D	10	10.2	10.5	10.9	11.4	11.9	12.5			
♀	♓ 2.2	3.4	4.7	5.9	7.2	8.4	9.7	10.9	12.2	13.4	14.6	15.9	17.1	18.4	19.6	20.8	22.1	23.3	24.6	25.8	27	28.3	29.5	♈ 0.7	2	3.2	4.4	5.7			
♂	♑ 7.5	8.2	9	9.7	10.5	11.2	11.9	12.7	13.4	14.2	14.9	15.6	16.4	17.1	17.9	18.6	19.4	20.1	20.8	21.6	22.3	23.1	23.8	24.6	25.3	26.1	26.8	27.6			

♃ 1: ♓ 19.3; 6: 20.4; 11: 21.6; 16: 22.7; 21: 23.9; 26: 25
♄ 1: ♋ 13.4R; 6: 13.1; 11: 12.8; 16: 12.6; 21: 12.4; 26: 12.2
♅ 1: ♏ 2.5; 11: 2.5R; 21: 2.4
♆ 1: ♐ 11.3; 11: 11.5; 21: 11.7
♇ 1: ♎ 9.1R; 11: 9; 21: 8.8

	1	2	3	4	5	6	7	8	9	10	11	12	13	14	15	16	17	18	19	20	21	22	23	24	25	26	27	28	29	30	31
☉	♒ 11.3	12.3	13.3	14.3	15.3	16.3	17.3	18.4	19.4	20.4	21.4	22.4	23.4	24.4	25.4	26.4	27.5	28.5	29.5	♓ 0.5	1.5	2.5	3.5	4.5	5.5	6.5	7.5	8.5	9.5		
☽	♒ 19.8	♓ 2.2	14.4	26.4	♈ 8.3	20.1	♉ 1.9	13.7	25.8	♊ 8.1	20.8	♋ 3.9	17.4	♌ 1.4	15.9	♍ 0.6	15.5	♎ 0.5	15.3	29.9	♏ 14.1	28.1	♐ 11.7	25.1	♑ 8.2	21.1	♒ 3.8	16.3	28.6		
☿	♑ 23.9R	23.6	23.4	23.3D	23.4	23.6	23.9	24.3	24.8	25.3	26	26.7	27.5	28.3	29.3	♒ 0.2	1.2	2.3	3.3	4.5	5.6	6.8	8	9.3	10.6	11.9	13.2	14.5	15.9		
♀	♑ 7	8.3	9.5	10.7	11.9	13.2	14.4	15.6	16.8	18.1	19.3	20.5	21.8	23	24.2	25.5	26.7	27.9	29.1	♒ 0.4	1.6	2.8	4.1	5.3	6.5	7.8	9	10.2	11.5		
♂	♊ 15.5	15.6	15.8	15.9	16.1	16.3	16.5	16.7	16.9	17.1	17.3	17.5	17.8	18	18.3	18.5	18.8	19.1	19.4	19.7	20	20.3	20.6	20.9	21.2	21.6	21.9	22.3	22.6		

♃ 1: ♈ 19.1; 6: 19.9; 11: 20.8; 16: 21.7; 21: 22.6; 26: 23.6
♄ 1: ♋ 28.6R; 6: 28.2; 11: 27.8; 16: 27.5; 21: 27.2; 26: 26.9
♅ 1: ♏ 7.1; 11: 7.1R; 21: 7.1
♆ 1: ♐ 13.4; 11: 13.6; 21: 13.8
♇ 1: ♎ 11.6R; 11: 11.5; 21: 11.3

III

	1	2	3	4	5	6	7	8	9	10	11	12	13	14	15	16	17	18	19	20	21	22	23	24	25	26	27	28	29	30	31
☉	♓ 9.8	10.8	11.8	12.8	13.8	14.8	15.8	16.8	17.8	18.8	19.8	20.8	21.8	22.8	23.8	24.8	25.8	26.8	27.8	28.8	29.8	♈ 0.7	1.7	2.7	3.7	4.7	5.7	6.7	7.7	8.7	9.7
☽	♎ 21.3	♏ 5.6	19.4	♐ 2.7	15.6	28.1	♑ 10.4	22.4	♒ 4.4	16.3	28.1	♓ 10	21.9	♈ 3.8	15.9	28	♉ 10.3	22.8	♊ 5.5	18.4	♋ 1.8	15.5	29.7	♌ 14.2	29.1	♍ 14.3	29.5	♎ 14.5	29.3	♏ 13.7	27.6
☿	♒ 13.2	14	14.8	15.7	16.6	17.5	18.6	19.6	20.7	21.9	23	24.2	25.5	26.7	28	29.3	♓ 0.7	2.1	3.5	4.9	6.3	7.8	9.3	10.8	12.4	14	15.5	17.2	18.8	20.4	22.1
♀	♈ 6.9	8.1	9.4	10.6	11.8	13	14.3	15.5	16.7	17.9	19.2	20.4	21.6	22.8	24	25.3	26.5	27.7	28.9	♉ 0.1	1.3	2.5	3.8	5	6.2	7.4	8.6	9.8	11	12.2	13.4
♂	♑ 28.3	29.1	29.8	♒ 0.6	1.3	2.1	2.9	3.6	4.4	5.1	5.9	6.6	7.4	8.1	8.9	9.6	10.4	11.2	11.9	12.7	13.4	14.2	15	15.7	16.5	17.2	18	18.7	19.5	20.3	21

♃ 1: ♓ 25.7; 6: 26.9; 11: 28.1; 16: 29.4; 21: ♈ 0.6; 26: 1.8; 31: 3
♄ 1: ♋ 12.1R; 6: 12; 11: 12; 16: 11.9D; 21: 12; 26: 12.1; 31: 12.2
♅ 1: ♏ 2.2R; 11: 2; 21: 1.7; 31: 1.3
♆ 1: ♐ 11.7; 11: 11.8; 21: 11.8R; 31: 11.7
♇ 1: ♎ 8.6R; 11: 8.4; 21: 8.1; 31: 7.8

	1	2	3	4	5	6	7	8	9	10	11	12	13	14	15	16	17	18	19	20	21	22	23	24	25	26	27	28	29	30	31
☉	♓ 10.5	11.5	12.5	13.5	14.6	15.6	16.6	17.6	18.6	19.6	20.6	21.5	22.5	23.5	24.5	25.5	26.5	27.5	28.5	29.5	♈ 0.5	1.5	2.5	3.5	4.5	5.5	6.5	7.4	8.4	9.4	10.4
☽	♓ 10.8	22.8	♈ 4.8	16.6	28.4	♉ 10.2	22	♊ 4.1	16.3	28.9	♋ 11.9	25.4	♌ 9.4	23.9	♍ 8.7	23.8	♎ 9	24.2	♏ 9.1	23.7	♐ 7.9	21.7	♑ 5.1	18.1	♒ 0.9	13.4	25.7	♓ 7.8	19.8	♈ 1.7	13.5
☿	♒ 17.3	18.7	20.2	21.6	23.1	24.6	26.1	27.7	29.2	♓ 0.8	2.4	4	5.6	7.3	9	10.7	12.4	14.1	15.9	17.7	19.5	21.3	23.1	25	26.9	28.8	♈ 0.7	2.6	4.6	6.6	8.6
♀	♒ 12.7	13.9	15.2	16.4	17.6	18.9	20.1	21.3	22.6	23.8	25	26.3	27.5	28.7	30	♓ 1.2	2.4	3.7	4.9	6.1	7.4	8.6	9.8	11.1	12.3	13.5	14.8	16	17.2	18.5	19.7
♂	♊ 23	23.3	23.7	24.1	24.4	24.8	25.2	25.6	26	26.4	26.8	27.2	27.6	28.1	28.5	28.9	29.3	29.8	♋ 0.2	0.6	1.1	1.5	2	2.4	2.9	3.4	3.8	4.3	4.8	5.2	5.7

♃ 1: ♈ 24.4; 6: 25.5; 11: 26.6; 16: 27.6; 21: 28.8; 26: 29.9; 31: ♉ 1.1
♄ 1: ♋ 26.7R; 6: 26.5; 11: 26.3; 16: 26.2; 21: 26.1; 26: 26; 31: 26.0D
♅ 1: ♏ 7.0R; 11: 6.8; 21: 6.5; 31: 6.1
♆ 1: ♐ 13.9; 11: 14; 21: 14.0R; 31: 13.9
♇ 1: ♎ 11.1R; 11: 10.9; 21: 10.6; 31: 10.3

IV

	1	2	3	4	5	6	7	8	9	10	11	12	13	14	15	16	17	18	19	20	21	22	23	24	25	26	27	28	29	30	31
☉	♈ 10.6	11.6	12.6	13.6	14.6	15.6	16.6	17.5	18.5	19.5	20.5	21.5	22.5	23.4	24.4	25.4	26.4	27.3	28.3	29.3	♉ 0.3	1.3	2.2	3.2	4.2	5.2	6.1	7.1	8.1	9	
☽	♐ 11.1	24.1	♑ 6.7	19	♒ 1.1	13.1	24.9	♓ 6.8	18.7	♈ 0.6	12.7	24.9	♉ 7.3	19.8	♊ 2.5	15.5	28.6	♋ 12.1	25.8	♌ 9.8	24.1	♍ 8.7	23.4	♎ 8.2	22.9	♏ 7.4	21.7	♐ 5.5	19	♑ 2.1	
☿	♓ 23.8	25.6	27.3	29.1	♈ 0.9	2.7	4.5	6.4	8.3	10.2	12.2	14.1	16.1	18.1	20.2	22.2	24.3	26.4	28.5	♉ 0.6	2.7	4.9	7	9.1	11.2	13.3	15.4	17.5	19.5	21.5	
♀	♉ 14.6	15.8	17	18.2	19.4	20.6	21.8	23	24.2	25.3	26.5	27.7	28.9	♊ 0.1	1.3	2.4	3.6	4.8	6	7.1	8.3	9.5	10.6	11.8	13	14.1	15.3	16.5	17.6	18.8	
♂	♒ 21.8	22.6	23.3	24.1	24.8	25.6	26.4	27.1	27.9	28.6	29.4	♓ 0.2	0.9	1.7	2.4	3.2	4	4.7	5.5	6.3	7	7.8	8.5	9.3	10.1	10.8	11.6	12.3	13.1	13.9	

♃ 1: ♈ 3.2; 6: 4.4; 11: 5.6; 16: 6.8; 21: 8; 26: 9.1
♄ 1: ♋ 12.2; 6: 12.4; 11: 12.6; 16: 12.9; 21: 13.2; 26: 13.6
♅ 1: ♏ 1.3R; 11: 0.9; 21: 0.4
♆ 1: ♐ 11.7R; 11: 11.6; 21: 11.4
♇ 1: ♎ 7.8R; 11: 7.5; 21: 7.3

	1	2	3	4	5	6	7	8	9	10	11	12	13	14	15	16	17	18	19	20	21	22	23	24	25	26	27	28	29	30	31
☉	♈ 11.4	12.4	13.4	14.4	15.3	16.3	17.3	18.3	19.3	20.3	21.2	22.2	23.2	24.2	25.2	26.1	27.1	28.1	29.1	♉ 0	1	2	3	3.9	4.9	5.9	6.9	7.8	8.8	9.8	
☽	♈ 25.3	♉ 7.1	18.9	♊ 0.9	13	25.3	♋ 7.8	20.8	♌ 4.2	18	♍ 2.2	16.9	♎ 1.9	17.1	♏ 2.4	17.5	♐ 2.3	16.7	♑ 0.7	14.3	27.4	♒ 10.2	22.6	♓ 4.8	16.8	28.7	♈ 10.5	22.3	♉ 4.1	16	
☿	♈ 10.6	12.7	14.7	16.8	18.8	20.9	23	25.1	27.1	29.2	♉ 1.2	3.3	5.2	7.2	9.1	11	12.8	14.5	16.2	17.9	19.4	20.9	22.3	23.7	24.9	26.1	27.2	28.2	29.2	♊ 0	
♀	♓ 20.9	22.2	23.4	24.6	25.9	27.1	28.3	29.5	♈ 0.8	2	3.2	4.5	5.7	6.9	8.2	9.4	10.6	11.9	13.1	14.3	15.6	16.8	18	19.3	20.5	21.7	22.9	24.2	25.4	26.6	
♂	♋ 6.2	6.7	7.1	7.6	8.1	8.6	9.1	9.6	10.1	10.6	11.1	11.6	12.1	12.6	13.1	13.6	14.1	14.7	15.2	15.7	16.2	16.7	17.3	17.8	18.3	18.9	19.4	19.9	20.5	21	

♃ 1: ♉ 1.3; 6: 2.5; 11: 3.6; 16: 4.8; 21: 6; 26: 7.2
♄ 1: ♋ 26; 6: 26.1; 11: 26.2; 16: 26.4; 21: 26.6; 26: 26.8
♅ 1: ♏ 6.1R; 11: 5.7; 21: 5.3
♆ 1: ♐ 13.9R; 11: 13.8; 21: 13.6
♇ 1: ♎ 10.3R; 11: 10; 21: 9.8

V

	1	2	3	4	5	6	7	8	9	10	11	12	13	14	15	16	17	18	19	20	21	22	23	24	25	26	27	28	29	30	31
☉	♉ 10	11	12	12.9	13.9	14.9	15.8	16.8	17.8	18.7	19.7	20.7	21.6	22.6	23.6	24.5	25.5	26.5	27.4	28.4	29.3	♊ 0.3	1.3	2.2	3.2	4.1	5.1	6.1	7	8	8.9
☽	♑ 14.8	27.2	♒ 9.3	21.3	♓ 3.2	15.1	27	♈ 9	21.2	♉ 3.6	16.2	29.1	♊ 12.1	25.4	♋ 9	22.7	♌ 6.6	20.7	♍ 4.9	19.2	♎ 3.5	17.9	♏ 2.1	16.2	♐ 0.1	13.7	27	♑ 10	22.7	♒ 5.1	17.2
☿	♉ 23.5	25.4	27.3	29.1	♊ 0.9	2.6	4.3	5.9	7.4	8.9	10.3	11.6	12.9	14.1	15.3	16.3	17.4	18.3	19.2	19.9	20.7	21.3	21.9	22.3	22.7	23.1	23.3	23.5	23.6	23.6R	23.5
♀	♊ 19.9	21.1	22.2	23.4	24.5	25.6	26.8	27.9	29	♋ 0.2	1.3	2.4	3.6	4.7	5.8	6.9	8	9.1	10.2	11.3	12.4	13.5	14.6	15.7	16.8	17.9	19	20	21.1	22.2	23.2
♂	♓ 14.6	15.4	16.1	16.9	17.7	18.4	19.2	19.9	20.7	21.5	22.2	23	23.7	24.5	25.2	26	26.7	27.5	28.3	29	29.8	♈ 0.5	1.3	2	2.8	3.5	4.3	5	5.8	6.5	7.2

♃ 1: ♈ 10.3; 6: 11.4; 11: 12.5; 16: 13.5; 21: 14.6; 26: 15.6; 31: 16.6
♄ 1: ♋ 14; 6: 14.4; 11: 14.8; 16: 15.3; 21: 15.8; 26: 16.3; 31: 16.9
♅ 1: ♏ 0.0R; 11: ♎ 29.6; 21: 29.2; 31: 28.9
♆ 1: ♐ 11.2R; 11: 11; 21: 10.7; 31: 10.5
♇ 1: ♎ 7.0R; 11: 6.8; 21: 6.7; 31: 6.6

	1	2	3	4	5	6	7	8	9	10	11	12	13	14	15	16	17	18	19	20	21	22	23	24	25	26	27	28	29	30	31
☉	♉ 10.7	11.7	12.7	13.7	14.6	15.6	16.6	17.5	18.5	19.5	20.4	21.4	22.4	23.3	24.3	25.3	26.2	27.2	28.1	29.1	♊ 0.1	1	2	3	3.9	4.9	5.8	6.8	7.8	8.7	9.7
☽	♉ 27.9	♊ 10	22.3	♋ 4.7	17.5	♌ 0.5	13.8	27.5	♍ 11.5	25.9	♎ 10.7	25.6	♏ 10.6	25.6	♐ 10.4	24.9	♑ 9.1	22.7	♒ 6	18.8	♓ 1.3	13.5	25.5	♈ 7.3	19.1	♉ 0.9	12.8	24.8	♊ 6.9	19.2	♋ 1.8
☿	♊ 0.8	1.5	2.1	2.6	3	3.3	3.5	3.7	3.7	3.7R	3.6	3.4	3.2	2.8	2.5	2	1.5	1	0.5	♉ 29.9	29.3	28.7	28.2	27.6	27.1	26.6	26.2	25.8	25.5	25.3	25.1
♀	♈ 27.9	29.1	♉ 0.3	1.6	2.8	4	5.2	6.5	7.7	8.9	10.2	11.4	12.6	13.8	15.1	16.3	17.5	18.8	20	21.2	22.4	23.7	24.9	26.1	27.4	28.6	29.8	♊ 1	2.3	3.5	4.7
♂	♋ 21.5	22.1	22.6	23.1	23.7	24.2	24.8	25.3	25.9	26.4	27	27.5	28.1	28.6	29.2	29.7	♌ 0.3	0.9	1.4	2	2.5	3.1	3.7	4.2	4.8	5.4	5.9	6.5	7.1	7.7	8.2

♃ 1: ♉ 8.4; 6: 9.6; 11: 10.8; 16: 12; 21: 13.2; 26: 14.3; 31: 15.5
♄ 1: ♋ 27.1; 6: 27.4; 11: 27.7; 16: 28.1; 21: 28.6; 26: 29; 31: 29.5
♅ 1: ♏ 4.9R; 11: 4.4; 21: 4.1; 31: 3.7
♆ 1: ♐ 13.4R; 11: 13.2; 21: 12.9; 31: 12.7
♇ 1: ♎ 9.5R; 11: 9.3; 21: 9.1; 31: 9

VI

	1	2	3	4	5	6	7	8	9	10	11	12	13	14	15	16	17	18	19	20	21	22	23	24	25	26	27	28	29	30	31
☉	♊ 9.9	10.9	11.8	12.8	13.7	14.7	15.6	16.6	17.6	18.5	19.5	20.4	21.4	22.3	23.3	24.3	25.2	26.2	27.1	28.1	29	30	♋ 0.9	1.9	2.8	3.8	4.7	5.7	6.7	7.6	
☽	♒ 29.2	♓ 11.1	23	♈ 5	17	29.3	♉ 11.8	24.7	♊ 7.8	21.2	♋ 5	18.9	♌ 3.1	17.4	♍ 1.7	16	♎ 0.2	14.3	28.3	♏ 12.1	25.7	♐ 9.2	22.4	♑ 5.4	18.2	♒ 0.7	13.1	25.2	♓ 7.2	19.1	
☿	♊ 23.4R	23.2	22.9	22.6	22.2	21.7	21.3	20.8	20.2	19.7	19.1	18.5	18	17.5	17	16.5	16.1	15.8	15.5	15.3	15.1	15	15.0D	15.1	15.2	15.4	15.8	16.1	16.6	17.1	
♀	♋ 24.3	25.4	26.4	27.5	28.5	29.5	♌ 0.6	1.6	2.6	3.6	4.6	5.6	6.6	7.6	8.6	9.6	10.6	11.5	12.5	13.4	14.4	15.3	16.2	17.1	18.1	19	19.8	20.7	21.6	22.5	
♂	♈ 8	8.7	9.5	10.2	11	11.7	12.4	13.2	13.9	14.7	15.4	16.1	16.9	17.6	18.3	19.1	19.8	20.5	21.3	22	22.7	23.4	24.2	24.9	25.6	26.3	27	27.8	28.5	29.2	

♃ 1: ♈ 16.7; 6: 17.7; 11: 18.5; 16: 19.4; 21: 20.2; 26: 20.9
♄ 1: ♋ 17; 6: 17.5; 11: 18.1; 16: 18.7; 21: 19.4; 26: 20
♅ 1: ♎ 28.9R; 11: 28.6; 21: 28.5
♆ 1: ♐ 10.4R; 11: 10.2; 21: 9.9
♇ 1: ♎ 6.5R; 11: 6.5; 21: 6.5D

	1	2	3	4	5	6	7	8	9	10	11	12	13	14	15	16	17	18	19	20	21	22	23	24	25	26	27	28	29	30	31
☉	♊ 10.6	11.6	12.5	13.5	14.5	15.4	16.4	17.3	18.3	19.2	20.2	21.2	22.1	23.1	24	25	25.9	26.9	27.8	28.8	29.7	♋ 0.7	1.7	2.6	3.6	4.5	5.5	6.4	7.4	8.3	
☽	♋ 14.5	27.5	♌ 10.7	24.1	♍ 7.8	21.8	♎ 5.9	20.3	♏ 4.9	19.5	♐ 4.2	18.8	♑ 3.1	17.2	♒ 0.8	14.1	27	♓ 9.5	21.7	♈ 3.7	15.6	27.4	♉ 9.2	21.1	♊ 3.2	15.6	28.1	♋ 11	24.1	♌ 7.4	
☿	♉ 25.0R	24.9	25.0D	25.1	25.3	25.5	25.9	26.3	26.7	27.3	27.9	28.6	29.3	♊ 0.2	1	2	3	4.1	5.2	6.4	7.6	8.9	10.3	11.7	13.2	14.7	16.3	18	19.6	21.4	
♀	♊ 6	7.2	8.4	9.6	10.9	12.1	13.3	14.6	15.8	17	18.2	19.5	20.7	21.9	23.2	24.4	25.6	26.8	28.1	29.3	♋ 0.5	1.8	3	4.2	5.4	6.7	7.9	9.1	10.4	11.6	
♂	♌ 8.8	9.4	10	10.5	11.1	11.7	12.3	12.8	13.4	14	14.6	15.2	15.8	16.3	16.9	17.5	18.1	18.7	19.3	19.9	20.5	21.1	21.6	22.2	22.8	23.4	24	24.6	25.2	25.8	

♃ 1: ♉ 15.7; 6: 16.8; 11: 17.9; 16: 19; 21: 20.1; 26: 21.1
♄ 1: ♋ 29.6; 6: ♌ 0.1; 11: 0.6; 16: 1.2; 21: 1.7; 26: 2.3
♅ 1: ♏ 3.7R; 11: 3.4; 21: 3.2
♆ 1: ♐ 12.6R; 11: 12.4; 21: 12.1
♇ 1: ♎ 9.0R; 11: 8.9; 21: 8.9D

VII

	1	2	3	4	5	6	7	8	9	10	11	12	13	14	15	16	17	18	19	20	21	22	23	24	25	26	27	28	29	30	31
☉	♋ 8.6	9.5	10.5	11.4	12.4	13.3	14.3	15.2	16.2	17.1	18.1	19.1	20	21	21.9	22.9	23.8	24.8	25.7	26.7	27.6	28.6	29.5	♌ 0.5	1.5	2.4	3.4	4.3	5.3	6.2	7.2
☽	♈ 1	12.9	25	♉ 7.2	19.8	♊ 2.7	16.1	29.8	♋ 13.9	28.3	♌ 12.9	27.6	♍ 12.3	26.8	♎ 11.1	25.1	♏ 8.9	22.5	♐ 5.8	18.8	♑ 1.7	14.4	26.9	♒ 9.3	21.5	♓ 3.5	15.4	27.3	♈ 9.2	21	♉ 3.1
☿	♊ 17.8	18.5	19.2	20.1	21	22	23.1	24.2	25.4	26.7	28	29.5	♋ 0.9	2.5	4.1	5.8	7.5	9.3	11.1	13	14.9	16.9	18.9	20.9	23	25.1	27.2	29.3	♌ 1.4	3.5	5.6
♀	♌ 23.3	24.1	25	25.8	26.6	27.4	28.1	28.9	29.7	♍ 0.4	1.1	1.8	2.5	3.1	3.8	4.4	5	5.6	6.2	6.7	7.2	7.7	8.2	8.7	9.1	9.5	9.8	10.2	10.5	10.7	11
♂	♈ 29.9	♉ 0.6	1.3	2	2.7	3.4	4.1	4.8	5.5	6.2	6.9	7.6	8.3	9	9.7	10.4	11.1	11.8	12.5	13.1	13.8	14.5	15.2	15.9	16.5	17.2	17.9	18.5	19.2	19.9	20.5

♃ 1: ♈ 21.6; 6: 22.2; 11: 22.8; 16: 23.3; 21: 23.7; 26: 24.1; 31: 24.3
♄ 1: ♋ 20.6; 6: 21.3; 11: 21.9; 16: 22.6; 21: 23.2; 26: 23.8; 31: 24.5
♅ 1: ♎ 28.4R; 11: 28.4D; 21: 28.4; 31: 28.6
♆ 1: ♐ 9.7R; 11: 9.4; 21: 9.3; 31: 9.1
♇ 1: ♎ 6.5; 11: 6.6; 21: 6.8; 31: 7

	1	2	3	4	5	6	7	8	9	10	11	12	13	14	15	16	17	18	19	20	21	22	23	24	25	26	27	28	29	30	31
☉	♋ 9.3	10.2	11.2	12.1	13.1	14.1	15	16	16.9	17.9	18.8	19.8	20.7	21.7	22.6	23.6	24.5	25.5	26.5	27.4	28.4	29.3	♌ 0.3	1.2	2.2	3.1	4.1	5	6	7	7.9
☽	♌ 21	♍ 4.7	18.6	♎ 2.6	16.7	♏ 0.8	15.1	29.3	♐ 13.6	27.7	♑ 11.8	25.5	♒ 9	22.2	♓ 5	17.5	29.7	♈ 11.7	23.5	♉ 5.3	17.2	29.2	♊ 11.3	23.8	♋ 6.6	19.8	♌ 3.2	17	♍ 0.9	15.1	29.3
☿	♊ 23.2	25	26.9	28.8	♋ 0.8	2.8	4.9	6.9	9	11.2	13.3	15.4	17.6	19.8	21.9	24.1	26.2	28.3	♌ 0.4	2.5	4.5	6.6	8.6	10.6	12.5	14.4	16.3	18.2	20	21.9	23.6
♀	♋ 12.8	14	15.3	16.5	17.7	19	20.2	21.4	22.7	23.9	25.1	26.3	27.6	28.8	♌ 0	1.3	2.5	3.7	5	6.2	7.4	8.6	9.9	11.1	12.3	13.6	14.8	16	17.3	18.5	19.7
♂	♌ 26.4	27	27.6	28.2	28.8	29.4	♍ 0	0.6	1.2	1.8	2.4	3	3.7	4.3	4.9	5.5	6.1	6.7	7.3	7.9	8.5	9.2	9.8	10.4	11	11.6	12.2	12.9	13.5	14.1	14.7

♃ 1: ♉ 22.1; 6: 23.1; 11: 24; 16: 24.9; 21: 25.7; 26: 26.5; 31: 27.3
♄ 1: ♌ 2.9; 6: 3.6; 11: 4.2; 16: 4.8; 21: 5.5; 26: 6.1; 31: 6.7
♅ 1: ♏ 3.1R; 11: 3; 21: 3.1D; 31: 3.2
♆ 1: ♐ 11.9R; 11: 11.7; 21: 11.5; 31: 11.3
♇ 1: ♎ 9; 11: 9.1; 21: 9.2; 31: 9.4

VIII

	1	2	3	4	5	6	7	8	9	10	11	12	13	14	15	16	17	18	19	20	21	22	23	24	25	26	27	28	29	30	31
☉	♌ 8.1	9.1	10.1	11	12	12.9	13.9	14.8	15.8	16.8	17.7	18.7	19.6	20.6	21.6	22.5	23.5	24.4	25.4	26.4	27.3	28.3	29.3	♍ 0.2	1.2	2.2	3.1	4.1	5	6	7
☽	♉ 15.3	27.9	♊ 10.8	24.1	♋ 8	22.2	♌ 6.9	21.9	♍ 7	22	♎ 6.9	21.4	♏ 5.6	19.3	♐ 2.8	15.9	28.7	♑ 11.3	23.8	♒ 6	18.2	♓ 0.2	12.2	24.1	♈ 5.9	17.7	29.6	♉ 11.6	23.9	♊ 6.3	19.2
☿	♌ 7.7	9.8	11.9	13.9	16	18	19.9	21.9	23.9	25.8	27.7	29.5	♍ 1.4	3.2	5	6.7	8.5	10.2	11.9	13.6	15.2	16.8	18.4	20	21.6	23.1	24.6	26.1	27.5	29	♎ 0.4
♀	♍ 11.2	11.4	11.5	11.6	11.7	11.7	11.7R	11.6	11.5	11.4	11.2	11	10.8	10.5	10.2	9.8	9.4	9	8.5	8	7.5	7	6.4	5.8	5.2	4.6	4	3.4	2.7	2.1	1.5
♂	♉ 21.2	21.8	22.5	23.1	23.8	24.4	25.1	25.7	26.3	27	27.6	28.2	28.8	29.5	♊ 0.1	0.7	1.3	1.9	2.5	3.1	3.7	4.3	4.9	5.5	6.1	6.7	7.3	7.9	8.4	9	9.6

♃ 1: ♈ 24.4; 6: 24.6; 11: 24.7; 16: 24.7R; 21: 24.6; 26: 24.5; 31: 24.3
♄ 1: ♋ 24.6; 6: 25.3; 11: 25.9; 16: 26.5; 21: 27.1; 26: 27.7; 31: 28.2
♅ 1: ♎ 28.6; 11: 28.9; 21: 29.2; 31: 29.6
♆ 1: ♐ 9.1R; 11: 9; 21: 9; 31: 9.0D
♇ 1: ♎ 7; 11: 7.3; 21: 7.6; 31: 7.9

	1	2	3	4	5	6	7	8	9	10	11	12	13	14	15	16	17	18	19	20	21	22	23	24	25	26	27	28	29	30	31
☉	♌ 8.9	9.8	10.8	11.7	12.7	13.7	14.6	15.6	16.5	17.5	18.5	19.4	20.4	21.3	22.3	23.3	24.2	25.2	26.1	27.1	28.1	29	30	♍ 1	1.9	2.9	3.9	4.8	5.8	6.7	7.7
☽	♎ 13.5	27.7	♏ 11.8	25.9	♐ 9.9	23.7	♑ 7.5	21.1	♒ 4.5	17.6	♓ 0.5	13.1	25.5	♈ 7.6	19.6	♉ 1.4	13.2	25.1	♊ 7.1	19.3	♋ 1.8	14.7	28	♌ 11.7	25.8	♍ 10.2	24.7	♎ 9.3	23.9	♏ 8.4	22.6
☿	♌ 25.4	27.1	28.8	♍ 0.5	2.2	3.8	5.4	6.9	8.5	10	11.5	12.9	14.4	15.8	17.2	18.5	19.8	21.1	22.4	23.6	24.8	25.9	27	28.1	29.1	♎ 0.1	1.1	2	2.8	3.6	4.4
♀	♌ 21	22.2	23.4	24.6	25.9	27.1	28.3	29.6	♍ 0.8	2	3.3	4.5	5.7	7	8.2	9.4	10.6	11.9	13.1	14.3	15.6	16.8	18	19.3	20.5	21.7	23	24.2	25.4	26.6	27.9
♂	♍ 15.3	16	16.6	17.2	17.8	18.5	19.1	19.7	20.3	21	21.6	22.2	22.9	23.5	24.1	24.8	25.4	26	26.7	27.3	27.9	28.6	29.2	29.9	♎ 0.5	1.1	1.8	2.4	3.1	3.7	4.3

♃ 1: ♉ 27.4; 6: 28.1; 11: 28.7; 16: 29.3; 21: 29.8; 26: ♊ 0.2; 31: 0.6
♄ 1: ♌ 6.9; 6: 7.5; 11: 8.2; 16: 8.8; 21: 9.4; 26: 10; 31: 10.6
♅ 1: ♏ 3.2; 11: 3.4; 21: 3.7; 31: 4.1
♆ 1: ♐ 11.3R; 11: 11.2; 21: 11.2; 31: 11.2D
♇ 1: ♎ 9.4; 11: 9.7; 21: 10; 31: 10.3

IX

	1	2	3	4	5	6	7	8	9	10	11	12	13	14	15	16	17	18	19	20	21	22	23	24	25	26	27	28	29	30	31
☉	♍ 8	8.9	9.9	10.9	11.8	12.8	13.8	14.7	15.7	16.7	17.6	18.6	19.6	20.6	21.5	22.5	23.5	24.5	25.4	26.4	27.4	28.4	29.4	♎ 0.3	1.3	2.3	3.3	4.3	5.2	6.2	
☽	♋ 2.5	16.2	♌ 0.5	15.2	♍ 0.3	15.6	♎ 0.9	16	♏ 0.8	15.1	29	♐ 12.5	25.6	♑ 8.4	20.8	♒ 3.1	15.2	27.2	♓ 9.2	21	♈ 2.9	14.8	26.7	♉ 8.6	20.7	♊ 3	15.5	28.3	♋ 11.5	25.1	
☿	♎ 1.8	3.1	4.5	5.8	7.1	8.3	9.6	10.8	11.9	13.1	14.2	15.2	16.2	17.2	18.2	19.1	19.9	20.7	21.4	22.1	22.6	23.2	23.6	24	24.2	24.4	24.4R	24.4	24.2	23.9	
♀	♍ 0.9R	0.3	♌ 29.8	29.3	28.8	28.3	27.8	27.4	27	26.7	26.4	26.1	25.9	25.7	25.6	25.5	25.4	25.4	25.4D	25.5	25.6	25.7	25.9	26.1	26.3	26.6	26.9	27.2	27.6	28	
♂	♊ 10.1	10.7	11.2	11.8	12.3	12.9	13.4	13.9	14.5	15	15.5	16	16.5	17	17.5	18	18.5	19	19.4	19.9	20.4	20.8	21.3	21.7	22.2	22.6	23	23.4	23.9	24.3	

♃ 1: ♈ 24.2R; 6: 23.9; 11: 23.5; 16: 23; 21: 22.5; 26: 21.9
♄ 1: ♋ 28.3; 6: 28.9; 11: 29.4; 16: 29.9; 21: ♌ 0.3; 26: 0.8
♅ 1: ♎ 29.7; 11: ♏ 0.1; 21: 0.7
♆ 1: ♐ 9; 11: 9.1; 21: 9.3
♇ 1: ♎ 7.9; 11: 8.3; 21: 8.7

	1	2	3	4	5	6	7	8	9	10	11	12	13	14	15	16	17	18	19	20	21	22	23	24	25	26	27	28	29	30	31
☉	♍ 8.7	9.7	10.6	11.6	12.6	13.5	14.5	15.5	16.4	17.4	18.4	19.4	20.3	21.3	22.3	23.3	24.2	25.2	26.2	27.2	28.1	29.1	♎ 0.1	1.1	2.1	3	4	5	6	7	
☽	♐ 6.7	20.6	♑ 4.2	17.7	♒ 0.9	13.9	26.7	♓ 9.3	21.7	♈ 3.9	15.9	27.8	♉ 9.6	21.4	♊ 3.2	15.2	27.4	♋ 9.9	22.7	♌ 6.1	19.8	♍ 4	18.6	♎ 3.4	18.4	♏ 3.4	18.2	♐ 2.8	17.1	♑ 1	
☿	♎ 5.1	5.7	6.2	6.7	7.1	7.4	7.7	7.8	7.9R	7.8	7.6	7.4	7	6.5	5.9	5.1	4.3	3.4	2.4	1.4	0.3	♍ 29.2	28.2	27.2	26.2	25.3	24.6	24	23.5	23.3	
♀	♍ 29.1	♎ 0.3	1.6	2.8	4	5.2	6.5	7.7	8.9	10.2	11.4	12.6	13.8	15.1	16.3	17.5	18.8	20	21.2	22.4	23.7	24.9	26.1	27.3	28.6	29.8	♏ 1	2.2	3.5	4.7	
♂	♎ 5	5.6	6.3	6.9	7.6	8.2	8.9	9.5	10.2	10.8	11.5	12.1	12.8	13.5	14.1	14.8	15.4	16.1	16.7	17.4	18.1	18.7	19.4	20.1	20.7	21.4	22	22.7	23.4	24.1	

♃ 1: ♊ 0.6; 6: 0.9; 11: 1.1; 16: 1.2; 21: 1.2R; 26: 1.1
♄ 1: ♌ 10.8; 6: 11.3; 11: 11.9; 16: 12.5; 21: 13; 26: 13.5
♅ 1: ♏ 4.2; 11: 4.6; 21: 5.1
♆ 1: ♐ 11.2; 11: 11.3; 21: 11.4
♇ 1: ♎ 10.3; 11: 10.7; 21: 11.1

X

	1	2	3	4	5	6	7	8	9	10	11	12	13	14	15	16	17	18	19	20	21	22	23	24	25	26	27	28	29	30	31
☉	♎ 7.2	8.2	9.2	10.2	11.1	12.1	13.1	14.1	15.1	16.1	17.1	18	19	20	21	22	23	24	25	26	27	28	29	30	♏ 1	2	2.9	3.9	4.9	5.9	6.9
☽	♌ 9.2	23.8	♍ 8.7	23.9	♎ 9.1	24.3	♏ 9.2	23.7	♐ 7.8	21.4	♑ 4.6	17.4	29.9	♒ 12.1	24.2	♓ 6.1	18	29.8	♈ 11.7	23.6	♉ 5.7	17.8	♊ 0.1	12.5	25.2	♋ 8.1	21.4	♌ 4.9	18.9	♍ 3.1	17.7
☿	♎ 23.5R	22.9	22.2	21.4	20.5	19.5	18.4	17.3	16.1	14.9	13.8	12.7	11.7	10.9	10.2	9.6	9.3	9.1	9.1D	9.3	9.7	10.2	10.9	11.7	12.7	13.7	14.9	16.1	17.4	18.8	20.2
♀	♌ 28.4	28.9	29.4	29.9	♍ 0.4	1	1.5	2.1	2.8	3.4	4.1	4.7	5.4	6.2	6.9	7.7	8.4	9.2	10	10.8	11.6	12.5	13.3	14.2	15.1	16	16.9	17.8	18.7	19.6	20.6
♂	♊ 24.7	25.1	25.4	25.8	26.2	26.5	26.9	27.2	27.6	27.9	28.2	28.5	28.8	29.1	29.4	29.7	29.9	♋ 0.2	0.4	0.6	0.8	1.1	1.2	1.4	1.6	1.8	1.9	2	2.2	2.3	2.4

♃ 1: ♈ 21.3R; 6: 20.7; 11: 20; 16: 19.3; 21: 18.7; 26: 18; 31: 17.4
♄ 1: ♌ 1.2; 6: 1.5; 11: 1.9; 16: 2.2; 21: 2.4; 26: 2.6; 31: 2.8
♅ 1: ♏ 1.2; 11: 1.8; 21: 2.5; 31: 3.1
♆ 1: ♐ 9.5; 11: 9.7; 21: 10; 31: 10.3
♇ 1: ♎ 9.1; 11: 9.4; 21: 9.8; 31: 10.2

	1	2	3	4	5	6	7	8	9	10	11	12	13	14	15	16	17	18	19	20	21	22	23	24	25	26	27	28	29	30	31
☉	♎ 7.9	8.9	9.9	10.9	11.9	12.9	13.9	14.8	15.8	16.8	17.8	18.8	19.8	20.8	21.8	22.8	23.8	24.7	25.7	26.7	27.7	28.7	29.7	♏ 0.7	1.7	2.7	3.7	4.7	5.7	6.7	7.7
☽	♑ 14.6	27.9	♒ 10.9	23.6	♓ 6.1	18.4	♈ 0.6	12.6	24.5	♉ 6.3	18.1	29.9	♊ 11.7	23.7	♋ 5.9	18.4	♌ 1.2	14.4	28	♍ 12.1	26.6	♎ 11.5	26.6	♏ 11.8	27	♐ 11.9	26.5	♑ 10.6	24.4	♒ 7.7	20.6
☿	♍ 23.1R	23.2D	23.4	23.8	24.4	25.1	26	26.9	28	29.2	♎ 0.5	1.9	3.3	4.8	6.3	7.9	9.5	11.2	12.8	14.5	16.2	17.9	19.5	21.2	22.9	24.6	26.3	28	29.7	♏ 1.3	3
♀	♏ 5.9	7.1	8.4	9.6	10.8	12	13.3	14.5	15.7	16.9	18.1	19.4	20.6	21.8	23	24.3	25.5	26.7	27.9	29.1	♐ 0.3	1.6	2.8	4	5.2	6.4	7.7	8.9	10.1	11.3	12.5
♂	♎ 24.7	25.4	26.1	26.7	27.4	28.1	28.8	29.4	♏ 0.1	0.8	1.5	2.1	2.8	3.5	4.2	4.9	5.5	6.2	6.9	7.6	8.3	9	9.7	10.4	11	11.7	12.4	13.1	13.8	14.5	15.2

♃ 1: ♊ 1.0R; 6: 0.8; 11: 0.5; 16: 0.1; 21: ♉ 29.6; 26: 29.1; 31: 28.5
♄ 1: ♌ 14; 6: 14.4; 11: 14.8; 16: 15.2; 21: 15.6; 26: 15.9; 31: 16.2
♅ 1: ♏ 5.7; 11: 6.3; 21: 6.9; 31: 7.5
♆ 1: ♐ 11.6; 11: 11.8; 21: 12.1; 31: 12.4
♇ 1: ♎ 11.5; 11: 11.8; 21: 12.2; 31: 12.6

XI

	1	2	3	4	5	6	7	8	9	10	11	12	13	14	15	16	17	18	19	20	21	22	23	24	25	26	27	28	29	30	31
☉	♏ 7.9	8.9	9.9	10.9	11.9	13	14	15	16	17	18	19	20	21	22	23	24	25	26	27	28	29.1	♐ 0.1	1.1	2.1	3.1	4.1	5.1	6.1	7.1	
☽	♎ 2.5	17.5	♏ 2.4	17.2	♐ 1.7	15.8	29.6	♑ 12.9	25.8	♒ 8.3	20.6	♓ 2.6	14.6	26.4	♈ 8.3	20.2	♉ 2.2	14.4	26.8	♊ 9.3	22.1	♋ 5.1	18.3	♌ 1.8	15.5	29.4	♍ 13.5	27.7	♎ 12.1	26.6	
☿	♎ 21.7	23.2	24.7	26.3	27.8	29.4	♏ 1	2.6	4.2	5.8	7.5	9.1	10.7	12.3	13.9	15.5	17.1	18.7	20.3	21.9	23.5	25.1	26.7	28.3	29.9	♐ 1.5	3.1	4.6	6.2	7.8	
♀	♍ 21.5	22.5	23.4	24.4	25.4	26.4	27.4	28.4	29.4	♎ 0.4	1.5	2.5	3.5	4.6	5.6	6.7	7.8	8.8	9.9	11	12.1	13.2	14.2	15.3	16.4	17.6	18.7	19.8	20.9	22	
♂	♋ 2.5	2.5	2.6	2.6	2.7	2.7	2.7R	2.7	2.6	2.6	2.5	2.5	2.4	2.3	2.2	2	1.9	1.7	1.5	1.4	1.2	0.9	0.7	0.5	0.2	♊ 29.9	29.7	29.4	29.1	28.8	

♃ 1: ♈ 17.3R; 6: 16.7; 11: 16.2; 16: 15.8; 21: 15.4; 26: 15.1
♄ 1: ♌ 2.8; 6: 2.9; 11: 3; 16: 3.0R; 21: 2.9; 26: 2.8
♅ 1: ♏ 3.1; 11: 3.8; 21: 4.4
♆ 1: ♐ 10.3; 11: 10.7; 21: 11
♇ 1: ♎ 10.2; 11: 10.6; 21: 10.9

	1	2	3	4	5	6	7	8	9	10	11	12	13	14	15	16	17	18	19	20	21	22	23	24	25	26	27	28	29	30	31
☉	♏ 8.7	9.7	10.7	11.7	12.7	13.7	14.7	15.7	16.7	17.7	18.7	19.7	20.7	21.8	22.8	23.8	24.8	25.8	26.8	27.8	28.8	29.8	♐ 0.8	1.8	2.9	3.9	4.9	5.9	6.9	7.9	
☽	♓ 3.2	15.5	27.6	♈ 9.6	21.4	♉ 3.3	15	26.9	♊ 8.7	20.7	♋ 2.8	15.1	27.6	♌ 10.3	23.4	♍ 6.9	20.8	♎ 5.1	19.7	♏ 4.7	19.8	♐ 5	20.1	♑ 4.8	19.2	♒ 3.1	16.6	29.6	♓ 12.2	24.4	
☿	♏ 4.7	6.3	8	9.6	11.2	12.9	14.5	16.1	17.7	19.3	20.9	22.5	24.1	25.6	27.2	28.8	♐ 0.3	1.9	3.5	5	6.6	8.1	9.6	11.2	12.7	14.3	15.8	17.3	18.9	20.4	
♀	♐ 13.7	14.9	16.2	17.4	18.6	19.8	21	22.2	23.4	24.6	25.8	27.1	28.3	29.5	♑ 0.7	1.9	3.1	4.3	5.5	6.7	7.9	9.1	10.3	11.5	12.7	13.9	15.1	16.3	17.5	18.7	
♂	♏ 15.9	16.6	17.3	18	18.7	19.4	20.1	20.8	21.5	22.2	22.9	23.6	24.3	25	25.7	26.4	27.2	27.9	28.6	29.3	♐ 0	0.7	1.4	2.2	2.9	3.6	4.3	5	5.7	6.5	

♃ 1: ♉ 28.4R; 6: 27.8; 11: 27.1; 16: 26.4; 21: 25.8; 26: 25.1
♄ 1: ♌ 16.2; 6: 16.4; 11: 16.6; 16: 16.7; 21: 16.8; 26: 16.9
♅ 1: ♏ 7.6; 11: 8.2; 21: 8.8
♆ 1: ♐ 12.4; 11: 12.8; 21: 13.1
♇ 1: ♎ 12.6; 11: 13; 21: 13.3

XII

	1	2	3	4	5	6	7	8	9	10	11	12	13	14	15	16	17	18	19	20	21	22	23	24	25	26	27	28	29	30	31
☉	♐ 8.2	9.2	10.2	11.2	12.2	13.2	14.2	15.3	16.3	17.3	18.3	19.3	20.3	21.4	22.4	23.4	24.4	25.4	26.5	27.5	28.5	29.5	♑ 0.5	1.5	2.6	3.6	4.6	5.6	6.6	7.7	8.7
☽	♏ 11.1	25.5	♐ 9.7	23.7	♑ 7.4	20.7	♒ 3.6	16.2	28.5	♓ 10.6	22.5	♈ 4.4	16.2	28.2	♉ 10.3	22.6	♊ 5.2	18	♋ 1.2	14.6	28.3	♌ 12.2	26.2	♍ 10.3	24.4	♎ 8.6	22.7	♏ 6.7	20.8	♐ 4.7	18.5
☿	♐ 9.3	10.9	12.5	14.1	15.6	17.2	18.8	20.3	21.9	23.5	25	26.6	28.2	29.7	♑ 1.3	2.9	4.5	6	7.6	9.2	10.7	12.3	13.9	15.4	17	18.5	20.1	21.6	23.1	24.6	26
♀	♎ 23.2	24.3	25.4	26.6	27.7	28.8	30	♏ 1.1	2.3	3.4	4.6	5.8	6.9	8.1	9.2	10.4	11.6	12.8	13.9	15.1	16.3	17.5	18.7	19.8	21	22.2	23.4	24.6	25.8	27	28.2
♂	♊ 28.4R	28.1	27.8	27.4	27	26.7	26.3	25.9	25.5	25.2	24.8	24.4	24	23.6	23.2	22.8	22.4	22	21.7	21.3	20.9	20.6	20.2	19.8	19.5	19.2	18.8	18.5	18.2	17.9	17.7

♃ 1: ♈ 14.9R; 6: 14.8; 11: 14.7D; 16: 14.8; 21: 14.9; 26: 15.2; 31: 15.5
♄ 1: ♌ 2.7R; 6: 2.6; 11: 2.3; 16: 2.1; 21: 1.8; 26: 1.5; 31: 1.1
♅ 1: ♏ 4.9; 11: 5.5; 21: 5.9; 31: 6.3
♆ 1: ♐ 11.4; 11: 11.8; 21: 12.1; 31: 12.5
♇ 1: ♎ 11.1; 11: 11.4; 21: 11.5; 31: 11.6

	1	2	3	4	5	6	7	8	9	10	11	12	13	14	15	16	17	18	19	20	21	22	23	24	25	26	27	28	29	30	31
☉	♐ 8.9	9.9	11	12	13	14	15	16	17	18.1	19.1	20.1	21.1	22.1	23.2	24.2	25.2	26.2	27.2	28.2	29.3	♑ 0.3	1.3	2.3	3.3	4.4	5.4	6.4	7.4	8.4	9.4
☽	♈ 6.5	18.4	♉ 0.2	11.9	23.7	♊ 5.6	17.7	29.8	♋ 12.1	24.6	♌ 7.3	20.2	♍ 3.3	16.7	♎ 0.4	14.4	28.8	♏ 13.4	28.2	♐ 13.1	28	♑ 12.7	27.2	♒ 11.2	24.7	♓ 7.8	20.5	♈ 2.8	14.8	26.7	♉ 8.5
☿	♐ 21.9	23.4	24.9	26.4	27.9	29.4	♑ 0.9	2.4	3.9	5.3	6.7	8.2	9.6	10.9	12.3	13.6	14.8	16.1	17.2	18.3	19.3	20.3	21.1	21.8	22.4	22.9	23.2	23.3	23.3R	23	22.6
♀	♑ 19.9	21.1	22.3	23.4	24.6	25.8	27	28.2	29.4	♒ 0.6	1.7	2.9	4.1	5.3	6.4	7.6	8.8	9.9	11.1	12.3	13.4	14.6	15.7	16.9	18	19.2	20.3	21.5	22.6	23.8	24.9
♂	♐ 7.2	7.9	8.6	9.4	10.1	10.8	11.5	12.3	13	13.7	14.5	15.2	15.9	16.7	17.4	18.1	18.9	19.6	20.3	21.1	21.8	22.5	23.3	24	24.8	25.5	26.3	27	27.7	28.5	29.2

♃ 1: ♉ 24.4R; 6: 23.8; 11: 23.2; 16: 22.7; 21: 22.3; 26: 21.9; 31: 21.6
♄ 1: ♌ 16.9R; 6: 16.8; 11: 16.7; 16: 16.6; 21: 16.4; 26: 16.1; 31: 15.9
♅ 1: ♏ 9.4; 11: 9.9; 21: 10.4; 31: 10.8
♆ 1: ♐ 13.5; 11: 13.9; 21: 14.3; 31: 14.6
♇ 1: ♎ 13.6; 11: 13.8; 21: 14; 31: 14.1

I

	1	2	3	4	5	6	7	8	9	10	11	12	13	14	15	16	17	18	19	20	21	22	23	24	25	26	27	28	29	30	31
☉	♑ 10.5	11.5	12.5	13.5	14.5	15.6	16.6	17.6	18.6	19.6	20.7	21.7	22.7	23.7	24.7	25.8	26.8	27.8	28.8	29.8	♒ 0.8	1.9	2.9	3.9	4.9	5.9	6.9	8	9	10	11
☽	♉ 20.3	♊ 2.1	14.1	26.3	♋ 8.7	21.3	♌ 4.1	17.1	♍ 0.3	13.7	27.3	♎ 11	24.9	♏ 9	23.2	♐ 7.6	22.1	♑ 6.6	21	♒ 5.2	19	♓ 2.5	15.6	28.3	♈ 10.6	22.7	♉ 4.6	16.4	28.2	♊ 10.1	22.2
☿	♑ 21.9R	21.1	20.1	18.9	17.7	16.4	15	13.7	12.4	11.2	10.2	9.3	8.5	7.9	7.5	7.2	7.1	7.1D	7.3	7.6	8	8.4	9	9.7	10.4	11.3	12.1	13.1	14.1	15.1	16.2
♀	♒ 26	27.1	28.3	29.4	♓ 0.5	1.6	2.7	3.8	4.9	6	7.1	8.2	9.3	10.4	11.5	12.5	13.6	14.7	15.7	16.8	17.8	18.8	19.9	20.9	21.9	22.9	23.9	24.9	25.9	26.9	27.9
♂	♐ 30	♑ 0.7	1.5	2.2	3	3.7	4.5	5.2	6	6.7	7.5	8.2	9	9.8	10.5	11.3	12	12.8	13.5	14.3	15.1	15.8	16.6	17.3	18.1	18.9	19.6	20.4	21.2	21.9	22.7

♃ 1: ♉ 21.5R · 6: 21.3 · 11: 21.2 · 16: 21.2D · 21: 21.2 · 26: 21.4 · 31: 21.6 — ♄ 1: ♌ 15.8R · 6: 15.5 · 11: 15.2 · 16: 14.8 · 21: 14.4 · 26: 14 · 31: 13.6 — ♅ 1: ♏ 10.9 · 11: 11.2 · 21: 11.5 · 31: 11.7 — ♆ 1: ♐ 14.7 · 11: 15 · 21: 15.3 · 31: 15.6 — ♇ 1: ♎ 14.1 · 11: 14.2 · 21: 14.2R · 31: 14.1

	1	2	3	4	5	6	7	8	9	10	11	12	13	14	15	16	17	18	19	20	21	22	23	24	25	26	27	28	29	30	31
☉	♑ 10.2	11.2	12.3	13.3	14.3	15.3	16.3	17.4	18.4	19.4	20.4	21.4	22.4	23.5	24.5	25.5	26.5	27.5	28.6	29.6	♒ 0.6	1.6	2.6	3.6	4.7	5.7	6.7	7.7	8.7	9.7	10.8
☽	♍ 22.2	♎ 5.1	18.3	♏ 2	16	♐ 0.6	15.5	♑ 0.7	16	♒ 1.2	16.1	♓ 0.7	14.7	28.3	♈ 11.4	24	♉ 6.4	18.5	♊ 0.4	12.3	24.1	♋ 6	17.9	30	♌ 12.1	24.4	♍ 6.8	19.3	♎ 2.1	15	28.3
☿	♐ 21.1D	21.2	21.5	21.8	22.3	22.9	23.5	24.3	25.1	26	27	28	29.1	♑ 0.2	1.3	2.5	3.7	5	6.2	7.5	8.8	10.2	11.5	12.9	14.3	15.7	17.1	18.6	20	21.5	23
♀	♑ 5.1	6.4	7.7	8.9	10.2	11.4	12.7	14	15.2	16.5	17.7	19	20.2	21.5	22.8	24	25.3	26.5	27.8	29	♒ 0.3	1.6	2.8	4.1	5.3	6.6	7.8	9.1	10.4	11.6	12.9
♂	♌ 9.1R	8.8	8.5	8.2	7.9	7.6	7.3	7	6.6	6.3	5.9	5.5	5.2	4.8	4.4	4	3.6	3.2	2.8	2.4	2	1.6	1.2	0.8	0.4	0	♋ 29.7	29.3	28.9	28.5	28.2

♃ 1: ♊ 29.9R · 6: 29.2 · 11: 28.6 · 16: 28.1 · 21: 27.6 · 26: 27.1 · 31: 26.7 — ♄ 1: ♍ 0.1R · 6: ♌ 29.9 · 11: 29.7 · 16: 29.4 · 21: 29.1 · 26: 28.8 · 31: 28.4 — ♅ 1: ♏ 15.3 · 11: 15.7 · 21: 16 · 31: 16.2 — ♆ 1: ♐ 16.7 · 11: 17.1 · 21: 17.4 · 31: 17.7 — ♇ 1: ♎ 16.6 · 11: 16.7 · 21: 16.7R · 31: 16.6

II

	1	2	3	4	5	6	7	8	9	10	11	12	13	14	15	16	17	18	19	20	21	22	23	24	25	26	27	28	29	30	31
☉	♒ 12	13	14.1	15.1	16.1	17.1	18.1	19.1	20.1	21.1	22.2	23.2	24.2	25.2	26.2	27.2	28.2	29.2	♓ 0.2	1.2	2.3	3.3	4.3	5.3	6.3	7.3	8.3	9.3			
☽	♋ 4.5	17	29.9	♌ 13	26.4	♍ 10.1	23.9	♎ 7.8	21.8	♏ 5.8	19.9	♐ 4	18.1	♑ 2.2	16.2	♒ 0.1	13.9	27.4	♓ 10.6	23.5	♈ 6.1	18.4	♉ 0.4	12.4	24.2	♊ 6	17.9	30			
☿	♑ 17.3	18.4	19.6	20.8	22.1	23.3	24.6	25.9	27.3	28.6	♒ 0	1.4	2.8	4.3	5.7	7.2	8.7	10.2	11.7	13.2	14.8	16.3	17.9	19.5	21.1	22.7	24.4	26.1			
♀	♓ 28.8	29.8	♈ 0.7	1.6	2.6	3.5	4.4	5.3	6.1	7	7.9	8.7	9.5	10.4	11.2	11.9	12.7	13.5	14.2	14.9	15.6	16.3	16.9	17.6	18.2	18.8	19.4	19.9			
♂	♑ 23.5	24.2	25	25.8	26.5	27.3	28.1	28.8	29.6	♒ 0.4	1.2	1.9	2.7	3.5	4.3	5	5.8	6.6	7.3	8.1	8.9	9.7	10.4	11.2	12	12.8	13.6	14.3			

♃ 1: ♉ 21.6 · 6: 22 · 11: 22.4 · 16: 22.8 · 21: 23.4 · 26: 24 — ♄ 1: ♌ 13.5R · 6: 13.1 · 11: 12.7 · 16: 12.3 · 21: 12 · 26: 11.6 — ♅ 1: ♏ 11.7 · 11: 11.8 · 21: 11.8R — ♆ 1: ♐ 15.6 · 11: 15.8 · 21: 16 — ♇ 1: ♎ 14.1R · 11: 14 · 21: 13.8

	1	2	3	4	5	6	7	8	9	10	11	12	13	14	15	16	17	18	19	20	21	22	23	24	25	26	27	28	29	30	31
☉	♒ 11.8	12.8	13.8	14.8	15.8	16.8	17.9	18.9	19.9	20.9	21.9	22.9	23.9	24.9	26	27	28	29	30	♓ 1	2	3	4	5	6	7	8	9			
☽	♏ 11.8	25.7	♐ 10	24.6	♑ 9.4	24.3	♒ 9.3	24	♓ 8.5	22.6	♈ 6.2	19.4	♉ 2.2	14.6	26.8	♊ 8.8	20.6	♋ 2.5	14.4	26.4	♌ 8.5	20.8	♍ 3.3	16	28.9	♎ 12	25.3	♏ 8.8			
☿	♑ 24.4	25.9	27.5	29	♒ 0.5	2.1	3.7	5.2	6.8	8.4	10.1	11.7	13.3	15	16.7	18.4	20.1	21.8	23.5	25.3	27	28.8	♓ 0.6	2.4	4.2	6.1	7.9	9.8			
♀	♒ 14.1	15.4	16.6	17.9	19.1	20.4	21.7	22.9	24.2	25.4	26.7	27.9	29.2	♓ 0.4	1.7	2.9	4.2	5.4	6.7	7.9	9.2	10.4	11.7	12.9	14.2	15.4	16.7	17.9			
♂	♋ 27.8R	27.4	27.1	26.8	26.4	26.1	25.8	25.5	25.2	25	24.7	24.5	24.2	24	23.8	23.6	23.4	23.3	23.1	23	22.8	22.7	22.6	22.5	22.5	22.4	22.4	22.3			

♃ 1: ♊ 26.7R · 6: 26.4 · 11: 26.2 · 16: 26.1 · 21: 26.1D · 26: 26.1 — ♄ 1: ♌ 28.3R · 6: 27.9 · 11: 27.5 · 16: 27.1 · 21: 26.7 · 26: 26.3 — ♅ 1: ♏ 16.2 · 11: 16.4 · 21: 16.4R — ♆ 1: ♐ 17.7 · 11: 17.9 · 21: 18.1 — ♇ 1: ♎ 16.6R · 11: 16.5 · 21: 16.4

III

	1	2	3	4	5	6	7	8	9	10	11	12	13	14	15	16	17	18	19	20	21	22	23	24	25	26	27	28	29	30	31
☉	♓ 10.3	11.3	12.3	13.3	14.3	15.3	16.3	17.3	18.3	19.3	20.3	21.3	22.3	23.3	24.3	25.3	26.3	27.3	28.3	29.3	♈ 0.3	1.3	2.3	3.2	4.2	5.2	6.2	7.2	8.2	9.2	10.2
☽	♋ 12.3	24.9	♌ 7.9	21.3	♍ 5	19	♎ 3.2	17.6	♏ 2	16.4	♐ 0.8	15	29	♑ 12.9	26.6	♒ 10.1	23.4	♓ 6.4	19.3	♈ 1.9	14.3	26.4	♉ 8.4	20.3	♊ 2.1	14	25.9	♋ 7.9	20.2	♌ 2.8	15.8
☿	♒ 27.7	29.4	♓ 1.1	2.9	4.6	6.4	8.2	10	11.8	13.7	15.5	17.4	19.3	21.2	23.1	25.1	27	29	♈ 1	3	5	7	9.1	11.1	13.1	15.1	17	19	20.9	22.8	24.6
♀	♈ 20.4	20.9	21.4	21.8	22.2	22.6	23	23.3	23.6	23.8	24.1	24.2	24.4	24.5	24.5	24.6	24.6R	24.5	24.4	24.3	24.1	23.9	23.6	23.3	22.9	22.6	22.1	21.7	21.2	20.7	20.1
♂	♒ 15.1	15.9	16.7	17.4	18.2	19	19.8	20.6	21.3	22.1	22.9	23.7	24.5	25.2	26	26.8	27.6	28.4	29.1	29.9	♓ 0.7	1.5	2.3	3	3.8	4.6	5.4	6.2	7	7.7	8.5

♃ 1: ♉ 24.4 · 6: 25.1 · 11: 25.8 · 16: 26.6 · 21: 27.5 · 26: 28.4 · 31: 29.3 — ♄ 1: ♌ 11.4R · 6: 11.1 · 11: 10.8 · 16: 10.6 · 21: 10.4 · 26: 10.2 · 31: 10.1 — ♅ 1: ♏ 11.7R · 11: 11.5 · 21: 11.3 · 31: 11 — ♆ 1: ♐ 16.1 · 11: 16.1 · 21: 16.1R · 31: 16.1 — ♇ 1: ♎ 13.7R · 11: 13.4 · 21: 13.2 · 31: 12.9

	1	2	3	4	5	6	7	8	9	10	11	12	13	14	15	16	17	18	19	20	21	22	23	24	25	26	27	28	29	30	31
☉	♓ 10.1	11.1	12.1	13.1	14.1	15.1	16.1	17.1	18.1	19.1	20.1	21.1	22.1	23.1	24.1	25.1	26	27	28	29	♈ 0	1	2	3	4	5	6	7	8	8.9	9.9
☽	♏ 22.5	♐ 6.4	20.5	♑ 4.8	19.2	♒ 3.7	18.2	♓ 2.5	16.6	♈ 0.5	14	27.1	♉ 9.9	22.4	♊ 4.7	16.7	28.6	♋ 10.5	22.4	♌ 4.4	16.6	29	♍ 11.7	24.7	♎ 7.9	21.4	♏ 5.2	19.1	♐ 3.2	17.3	♑ 1.5
☿	♓ 11.7	13.6	15.5	17.4	19.4	21.3	23.2	25.2	27.1	29	♈ 1	2.9	4.7	6.6	8.4	10.1	11.8	13.5	15	16.5	17.9	19.2	20.4	21.5	22.5	23.4	24.2	24.8	25.3	25.7	26
♀	♓ 19.2	20.4	21.7	22.9	24.2	25.4	26.7	27.9	29.2	♈ 0.4	1.7	2.9	4.1	5.4	6.6	7.9	9.1	10.4	11.6	12.8	14.1	15.3	16.6	17.8	19	20.3	21.5	22.7	24	25.2	26.5
♂	♋ 22.3R	22.3	22.3D	22.3	22.3	22.4	22.4	22.5	22.5	22.6	22.7	22.8	22.9	23.1	23.2	23.4	23.5	23.7	23.9	24	24.2	24.4	24.6	24.9	25.1	25.3	25.6	25.8	26.1	26.4	26.6

♃ 1: ♊ 26.2 · 6: 26.4 · 11: 26.7 · 16: 27 · 21: 27.4 · 26: 27.9 · 31: 28.5 — ♄ 1: ♌ 26.1R · 6: 25.7 · 11: 25.4 · 16: 25 · 21: 24.7 · 26: 24.5 · 31: 24.2 — ♅ 1: ♏ 16.4R · 11: 16.2 · 21: 16 · 31: 15.7 — ♆ 1: ♐ 18.2 · 11: 18.3 · 21: 18.3R · 31: 18.3 — ♇ 1: ♎ 16.2R · 11: 16 · 21: 15.7 · 31: 15.5

IV

	1	2	3	4	5	6	7	8	9	10	11	12	13	14	15	16	17	18	19	20	21	22	23	24	25	26	27	28	29	30	31
☉	♈ 11.2	12.1	13.1	14.1	15.1	16.1	17.1	18.1	19	20	21	22	23	23.9	24.9	25.9	26.9	27.9	28.8	29.8	♉ 0.8	1.8	2.7	3.7	4.7	5.7	6.6	7.6	8.6	9.5	
☽	♌ 29.2	♍ 13	27.2	♎ 11.7	26.5	♏ 11.4	26.2	♐ 10.9	25.4	♑ 9.6	23.5	♒ 7.1	20.3	♓ 3.3	16	28.5	♈ 10.8	23	♉ 5	16.9	28.7	♊ 10.5	22.4	♋ 4.3	16.3	28.6	♌ 11.1	24	♍ 7.3	21.1	
☿	♈ 26.4	28.2	29.8	♉ 1.4	2.9	4.4	5.8	7	8.2	9.3	10.3	11.2	11.9	12.6	13.2	13.7	14	14.3	14.5	14.5	14.5R	14.3	14.1	13.8	13.4	13	12.5	11.9	11.3	10.7	
♀	♈ 19.6R	19	18.4	17.8	17.2	16.5	15.9	15.3	14.6	14	13.4	12.9	12.3	11.8	11.3	10.8	10.4	10	9.7	9.3	9.1	8.8	8.6	8.5	8.4	8.3	8.3	8.3D	8.3	8.4	
♂	♓ 9.3	10.1	10.9	11.6	12.4	13.2	14	14.8	15.5	16.3	17.1	17.9	18.6	19.4	20.2	21	21.8	22.5	23.3	24.1	24.9	25.6	26.4	27.2	28	28.7	29.5	♈ 0.3	1	1.8	

♃ 1: ♉ 29.5 · 6: ♊ 0.5 · 11: 1.5 · 16: 2.5 · 21: 3.6 · 26: 4.7 — ♄ 1: ♌ 10.0R · 6: 10 · 11: 10 · 16: 10.0D · 21: 10 · 26: 10.2 — ♅ 1: ♏ 10.9R · 11: 10.6 · 21: 10.1 — ♆ 1: ♐ 16.1R · 11: 16 · 21: 15.8 — ♇ 1: ♎ 12.9R · 11: 12.6 · 21: 12.3

	1	2	3	4	5	6	7	8	9	10	11	12	13	14	15	16	17	18	19	20	21	22	23	24	25	26	27	28	29	30	31
☉	♈ 10.9	11.9	12.9	13.9	14.9	15.8	16.8	17.8	18.8	19.8	20.8	21.7	22.7	23.7	24.7	25.7	26.6	27.6	28.6	29.6	♉ 0.5	1.5	2.5	3.5	4.4	5.4	6.4	7.4	8.3	9.3	
☽	♑ 15.8	29.9	♒ 14.1	28.1	♓ 11.9	25.6	♈ 9	22.2	♉ 5.2	17.8	♊ 0.3	12.5	24.5	♋ 6.5	18.3	♌ 0.2	12.3	24.5	♍ 6.9	19.7	♎ 2.8	16.3	♏ 0.2	14.4	28.8	♐ 13.3	27.9	♑ 12.4	26.7	♒ 10.9	
☿	♈ 26.1	26.1R	26	25.8	25.5	25.1	24.6	24	23.4	22.7	22	21.2	20.5	19.7	19	18.3	17.6	17	16.5	16	15.6	15.3	15.1	14.9	14.9	14.9D	15	15.2	15.4	15.8	
♀	♈ 27.7	28.9	♉ 0.2	1.4	2.6	3.9	5.1	6.3	7.6	8.8	10	11.2	12.5	13.7	14.9	16.2	17.4	18.6	19.8	21.1	22.3	23.5	24.7	26	27.2	28.4	29.6	♊ 0.8	2.1	3.3	
♂	♋ 26.9	27.2	27.5	27.8	28.1	28.4	28.7	29.1	29.4	29.7	♌ 0.1	0.4	0.8	1.2	1.5	1.9	2.3	2.6	3	3.4	3.8	4.2	4.6	5	5.4	5.9	6.3	6.7	7.1	7.6	

♃ 1: ♊ 28.6 · 6: 29.2 · 11: 29.9 · 16: ♋ 0.6 · 21: 1.4 · 26: 2.2 — ♄ 1: ♌ 24.2R · 6: 24 · 11: 23.8 · 16: 23.7 · 21: 23.7 · 26: 23.7D — ♅ 1: ♏ 15.7R · 11: 15.4 · 21: 15 — ♆ 1: ♐ 18.3R · 11: 18.2 · 21: 18.1 — ♇ 1: ♎ 15.4R · 11: 15.2 · 21: 14.9

V

	1	2	3	4	5	6	7	8	9	10	11	12	13	14	15	16	17	18	19	20	21	22	23	24	25	26	27	28	29	30	31
☉	♉ 10.5	11.5	12.5	13.4	14.4	15.4	16.3	17.3	18.3	19.2	20.2	21.2	22.1	23.1	24.1	25	26	26.9	27.9	28.9	29.8	♊ 0.8	1.8	2.7	3.7	4.6	5.6	6.6	7.5	8.5	9.4
☽	♎ 5.2	19.8	♏ 4.7	19.9	♐ 5.1	20.1	♑ 5	19.4	♒ 3.5	17.1	♓ 0.3	13.1	25.6	♈ 7.9	20	♉ 1.9	13.8	25.6	♊ 7.5	19.3	♋ 1.2	13.2	25.3	♌ 7.6	20.1	♍ 3	16.1	29.7	♎ 13.7	28.2	♏ 13
☿	♉ 10.0R	9.4	8.7	8.1	7.5	7	6.5	6	5.6	5.3	5	4.9	4.7	4.7D	4.8	4.9	5.1	5.4	5.7	6.1	6.6	7.2	7.8	8.5	9.3	10.1	10.9	11.9	12.9	13.9	15
♀	♈ 8.5	8.7	8.8	9.1	9.3	9.6	9.9	10.3	10.7	11.1	11.5	12	12.5	13	13.5	14.1	14.7	15.3	15.9	16.5	17.2	17.9	18.6	19.3	20	20.8	21.5	22.3	23.1	23.9	24.7
♂	♈ 2.6	3.4	4.1	4.9	5.7	6.4	7.2	8	8.7	9.5	10.3	11	11.8	12.6	13.3	14.1	14.8	15.6	16.4	17.1	17.9	18.6	19.4	20.2	20.9	21.7	22.4	23.2	23.9	24.7	25.4

♃ 1: ♊ 5.8 · 6: 6.9 · 11: 8 · 16: 9.2 · 21: 10.3 · 26: 11.5 · 31: 12.6 — ♄ 1: ♌ 10.3 · 6: 10.5 · 11: 10.7 · 16: 11 · 21: 11.3 · 26: 11.7 · 31: 12.1 — ♅ 1: ♏ 9.7R · 11: 9.3 · 21: 8.9 · 31: 8.5 — ♆ 1: ♐ 15.7R · 11: 15.4 · 21: 15.2 · 31: 14.9 — ♇ 1: ♎ 12.1R · 11: 11.8 · 21: 11.7 · 31: 11.5

	1	2	3	4	5	6	7	8	9	10	11	12	13	14	15	16	17	18	19	20	21	22	23	24	25	26	27	28	29	30	31
☉	♉ 10.3	11.3	12.2	13.2	14.2	15.1	16.1	17.1	18	19	20	20.9	21.9	22.9	23.8	24.8	25.8	26.7	27.7	28.6	29.6	♊ 0.6	1.5	2.5	3.4	4.4	5.4	6.3	7.3	8.2	9.2
☽	♒ 24.8	♓ 8.5	22	♈ 5.2	18.3	♉ 1.1	13.8	26.2	♊ 8.5	20.7	♋ 2.6	14.5	26.4	♌ 8.3	20.3	♍ 2.4	14.8	27.6	♎ 10.8	24.4	♏ 8.5	22.9	♐ 7.7	22.7	♑ 7.7	22.5	♒ 7.2	21.5	♓ 5.4	19	♈ 2.3
☿	♈ 16.2	16.7	17.2	17.8	18.5	19.3	20.1	20.9	21.8	22.8	23.8	24.9	26	27.1	28.3	29.6	♉ 0.9	2.2	3.6	5	6.4	7.9	9.4	11	12.6	14.2	15.9	17.6	19.4	21.2	23
♀	♊ 4.5	5.7	6.9	8.1	9.4	10.6	11.8	13	14.2	15.4	16.6	17.8	19.1	20.3	21.5	22.7	23.9	25.1	26.3	27.5	28.7	29.9	♋ 1.1	2.3	3.5	4.7	5.9	7.1	8.3	9.5	10.7
♂	♌ 8	8.4	8.9	9.3	9.8	10.2	10.7	11.1	11.6	12.1	12.5	13	13.5	14	14.4	14.9	15.4	15.9	16.4	16.9	17.4	17.9	18.4	18.9	19.4	19.9	20.4	20.9	21.4	22	22.5

♃ 1: ♋ 3.1 · 6: 4 · 11: 4.9 · 16: 5.9 · 21: 6.9 · 26: 7.9 · 31: 8.9 — ♄ 1: ♌ 23.7 · 6: 23.7 · 11: 23.9 · 16: 24 · 21: 24.2 · 26: 24.5 · 31: 24.7 — ♅ 1: ♏ 14.6R · 11: 14.1 · 21: 13.7 · 31: 13.3 — ♆ 1: ♐ 17.9R · 11: 17.7 · 21: 17.4 · 31: 17.2 — ♇ 1: ♎ 14.6R · 11: 14.4 · 21: 14.2 · 31: 14.1

VI

	1	2	3	4	5	6	7	8	9	10	11	12	13	14	15	16	17	18	19	20	21	22	23	24	25	26	27	28	29	30	31
☉	♊ 10.4	11.4	12.3	13.3	14.2	15.2	16.1	17.1	18.1	19	20	20.9	21.9	22.8	23.8	24.7	25.7	26.7	27.6	28.6	29.5	♋ 0.5	1.4	2.4	3.3	4.3	5.2	6.2	7.1	8.1	
☽	♏ 28.2	♐ 13.4	28.7	♑ 13.7	28.3	♒ 12.6	26.3	♓ 9.6	22.4	♈ 4.9	17	29	♉ 10.9	22.7	♊ 4.5	16.3	28.3	♋ 10.3	22.4	♌ 4.7	17.1	29.7	♍ 12.6	25.8	♎ 9.2	23.1	♏ 7.3	21.9	♐ 6.8	21.9	
☿	♉ 16.1	17.3	18.6	19.9	21.2	22.6	24	25.5	27	28.6	♊ 0.2	1.9	3.6	5.3	7.1	9	10.9	12.8	14.7	16.7	18.8	20.8	22.9	25.1	27.2	29.4	♋ 1.5	3.7	5.9	8.1	
♀	♈ 25.5	26.3	27.2	28	28.9	29.8	♉ 0.7	1.6	2.5	3.4	4.3	5.2	6.2	7.1	8.1	9	10	11	11.9	12.9	13.9	14.9	15.9	16.9	17.9	18.9	20	21	22	23	
♂	♈ 26.2	26.9	27.7	28.4	29.2	29.9	♉ 0.7	1.4	2.1	2.9	3.6	4.4	5.1	5.8	6.6	7.3	8.1	8.8	9.5	10.3	11	11.7	12.4	13.2	13.9	14.6	15.3	16.1	16.8	17.5	

♃ 1: ♊ 12.9 · 6: 14 · 11: 15.2 · 16: 16.3 · 21: 17.5 · 26: 18.6 — ♄ 1: ♌ 12.2 · 6: 12.6 · 11: 13 · 16: 13.5 · 21: 14 · 26: 14.5 — ♅ 1: ♏ 8.5R · 11: 8.2 · 21: 8 — ♆ 1: ♐ 14.9R · 11: 14.6 · 21: 14.4 — ♇ 1: ♎ 11.5R · 11: 11.4 · 21: 11.4

	1	2	3	4	5	6	7	8	9	10	11	12	13	14	15	16	17	18	19	20	21	22	23	24	25	26	27	28	29	30	31
☉	♊ 10.2	11.1	12.1	13	14	15	15.9	16.9	17.8	18.8	19.7	20.7	21.6	22.6	23.6	24.5	25.5	26.4	27.4	28.3	29.3	♋ 0.2	1.2	2.1	3.1	4.1	5	6	6.9	7.9	
☽	♈ 15.2	28	♉ 10.5	22.9	♊ 5.1	17.2	29.2	♋ 11.2	23	♌ 4.9	16.7	28.7	♍ 10.8	23.2	♎ 5.9	19	♏ 2.6	16.7	♐ 1.2	16.2	♑ 1.3	16.6	♒ 1.8	16.7	♓ 1.2	15.3	28.9	♈ 12.2	25.1	♉ 7.6	
☿	♉ 24.9	26.8	28.7	♊ 0.7	2.7	4.8	6.9	9	11.1	13.3	15.4	17.6	19.8	22	24.2	26.4	28.6	♋ 0.8	2.9	5.1	7.2	9.3	11.3	13.4	15.4	17.3	19.3	21.2	23	24.8	
♀	♋ 11.9	13.1	14.3	15.5	16.7	17.9	19	20.2	21.4	22.6	23.8	25	26.2	27.3	28.5	29.7	♌ 0.9	2.1	3.2	4.4	5.6	6.8	7.9	9.1	10.3	11.4	12.6	13.8	14.9	16.1	
♂	♌ 23	23.5	24	24.6	25.1	25.6	26.2	20.7	27.2	27.8	28.3	28.9	29.4	30	♍ 0.5	1.1	1.6	2.2	2.7	3.3	3.8	4.4	4.9	5.5	6.1	6.6	7.2	7.8	8.3	8.9	

♃ 1: ♋ 9.1 · 6: 10.2 · 11: 11.3 · 16: 12.4 · 21: 13.5 · 26: 14.6 — ♄ 1: ♌ 24.8 · 6: 25.1 · 11: 25.5 · 16: 25.9 · 21: 26.3 · 26: 26.7 — ♅ 1: ♏ 13.3R · 11: 13 · 21: 12.7 — ♆ 1: ♐ 17.1R · 11: 16.9 · 21: 16.6 — ♇ 1: ♎ 14.0R · 11: 13.9 · 21: 13.9

VII

	1	2	3	4	5	6	7	8	9	10	11	12	13	14	15	16	17	18	19	20	21	22	23	24	25	26	27	28	29	30	31
☉	♋ 9.1	10	11	11.9	12.9	13.8	14.8	15.7	16.7	17.6	18.6	19.5	20.5	21.5	22.4	23.4	24.3	25.3	26.2	27.2	28.1	29.1	♌ 0	1	1.9	2.9	3.9	4.8	5.8	6.7	7.7
☽	♑ 7	22	♒ 6.7	21	♓ 4.8	18.1	♈ 1	13.5	25.7	♉ 7.7	19.5	♊ 1.3	13.2	25.1	♋ 7.1	19.3	♌ 1.6	14.1	26.8	♍ 9.7	22.7	♎ 6	19.5	♏ 3.3	17.4	♐ 1.8	16.3	♑ 1.1	15.9	♒ 0.6	15
☿	♋ 10.3	12.4	14.6	16.7	18.8	20.9	23	25	27.1	29	♌ 1	2.9	4.8	6.7	8.5	10.3	12.1	13.8	15.5	17.2	18.8	20.4	22	23.5	25.1	26.5	28	29.4	♍ 0.8	2.1	3.5
♀	♉ 24.1	25.1	26.2	27.2	28.3	29.3	♊ 0.4	1.5	2.5	3.6	4.7	5.8	6.9	7.9	9	10.1	11.2	12.3	13.4	14.5	15.6	16.7	17.8	19	20.1	21.2	22.3	23.4	24.6	25.7	26.8
♂	♉ 18.2	18.9	19.7	20.4	21.1	21.8	22.5	23.2	23.9	24.6	25.4	26.1	26.8	27.5	28.2	28.9	29.6	♊ 0.3	1	1.7	2.3	3	3.7	4.4	5.1	5.8	6.5	7.2	7.8	8.5	9.2

♃ 1: ♊ 19.8 · 6: 20.9 · 11: 22 · 16: 23.1 · 21: 24.1 · 26: 25.2 · 31: 26.2 — ♄ 1: ♌ 15.1 · 6: 15.7 · 11: 16.2 · 16: 16.8 · 21: 17.5 · 26: 18.1 · 31: 18.7 — ♅ 1: ♏ 7.8R · 11: 7.7 · 21: 7.7D · 31: 7.8 — ♆ 1: ♐ 14.1R · 11: 13.9 · 21: 13.7 · 31: 13.5 — ♇ 1: ♎ 11.4 · 11: 11.5 · 21: 11.6 · 31: 11.8

	1	2	3	4	5	6	7	8	9	10	11	12	13	14	15	16	17	18	19	20	21	22	23	24	25	26	27	28	29	30	31
☉	♋ 8.8	9.8	10.7	11.7	12.6	13.6	14.5	15.5	16.5	17.4	18.4	19.3	20.3	21.2	22.2	23.1	24.1	25	26	26.9	27.9	28.9	29.8	♌ 0.8	1.7	2.7	3.6	4.6	5.5	6.5	7.5
☽	♉ 20	♊ 2.2	14.3	26.2	♋ 8.1	20	♌ 1.9	13.7	25.6	♍ 7.6	19.8	♎ 2.2	14.9	27.9	♏ 11.4	25.3	♐ 9.8	24.6	♑ 9.8	25.1	♒ 10.3	25.4	♓ 10.1	24.3	♈ 8.1	21.4	♉ 4.3	16.9	29.2	♊ 11.3	23.3
☿	♋ 26.6	28.4	♌ 0.1	1.8	3.5	5.1	6.7	8.2	9.7	11.2	12.6	14	15.4	16.7	18	19.2	20.4	21.6	22.7	23.8	24.8	25.8	26.7	27.6	28.4	29.1	29.8	♍ 0.5	1	1.6	2
♀	♌ 17.2	18.4	19.6	20.7	21.9	23	24.2	25.3	26.5	27.6	28.8	29.9	♍ 1	2.2	3.3	4.4	5.6	6.7	7.8	9	10.1	11.2	12.3	13.4	14.6	15.7	16.8	17.9	19	20.1	21.2
♂	♍ 9.5	10.1	10.6	11.2	11.8	12.4	13	13.5	14.1	14.7	15.3	15.9	16.5	17.1	17.7	18.3	18.9	19.4	20	20.6	21.2	21.8	22.5	23.1	23.7	24.3	24.9	25.5	26.1	26.7	27.3

♃ 1: ♋ 15.7 · 6: 16.8 · 11: 18 · 16: 19.1 · 21: 20.2 · 26: 21.3 · 31: 22.4 — ♄ 1: ♌ 27.2 · 6: 27.7 · 11: 28.3 · 16: 28.8 · 21: 29.4 · 26: 29.9 · 31: ♍ 0.5 — ♅ 1: ♏ 12.5R · 11: 12.4 · 21: 12.3 · 31: 12.4D — ♆ 1: ♐ 16.3R · 11: 16.1 · 21: 15.9 · 31: 15.7 — ♇ 1: ♎ 13.9 · 11: 14 · 21: 14.1 · 31: 14.3

VIII

	1	2	3	4	5	6	7	8	9	10	11	12	13	14	15	16	17	18	19	20	21	22	23	24	25	26	27	28	29	30	31
☉	♌ 8.6	9.6	10.6	11.5	12.5	13.4	14.4	15.3	16.3	17.3	18.2	19.2	20.1	21.1	22.1	23	24	24.9	25.9	26.9	27.8	28.8	29.8	♍ 0.7	1.7	2.7	3.6	4.6	5.5	6.5	7.5
☽	♒ 29.2	♓ 12.9	26.2	♈ 9.1	21.7	♉ 3.9	15.9	27.8	♊ 9.6	21.5	♋ 3.5	15.6	27.9	♌ 10.5	23.3	♍ 6.3	19.5	♎ 2.9	16.5	♏ 0.2	14.1	28.2	♐ 12.4	26.7	♑ 11.1	25.4	♒ 9.7	23.8	♓ 7.6	21.1	♈ 4.2
☿	♍ 4.8	6	7.2	8.4	9.5	10.6	11.7	12.7	13.6	14.6	15.4	16.2	17	17.7	18.3	18.9	19.4	19.8	20.2	20.5	20.7	20.8	20.8R	20.7	20.5	20.2	19.8	19.3	18.8	18.1	17.4
♀	♊ 28	29.1	♋ 0.2	1.4	2.5	3.7	4.8	5.9	7.1	8.2	9.4	10.6	11.7	12.9	14	15.2	16.4	17.5	18.7	19.9	21	22.2	23.4	24.5	25.7	26.9	28.1	29.3	♌ 0.4	1.6	2.8
♂	♊ 9.9	10.6	11.2	11.9	12.6	13.2	13.9	14.6	15.2	15.9	16.6	17.2	17.9	18.5	19.2	19.8	20.5	21.1	21.8	22.4	23.1	23.7	24.3	25	25.6	26.3	26.9	27.5	28.1	28.8	29.4

♃ 1: ♊ 26.4 · 6: 27.4 · 11: 28.3 · 16: 29.2 · 21: ♋ 0.1 · 26: 0.9 · 31: 1.7 — ♄ 1: ♌ 18.8 · 6: 19.5 · 11: 20.1 · 16: 20.7 · 21: 21.4 · 26: 22 · 31: 22.7 — ♅ 1: ♏ 7.8 · 11: 8 · 21: 8.2 · 31: 8.6 — ♆ 1: ♐ 13.5R · 11: 13.4 · 21: 13.4 · 31: 13.4D — ♇ 1: ♎ 11.8 · 11: 12.1 · 21: 12.4 · 31: 12.7

	1	2	3	4	5	6	7	8	9	10	11	12	13	14	15	16	17	18	19	20	21	22	23	24	25	26	27	28	29	30	31
☉	♌ 8.4	9.4	10.3	11.3	12.2	13.2	14.2	15.1	16.1	17	18	18.9	19.9	20.9	21.8	22.8	23.8	24.7	25.7	26.6	27.6	28.6	29.5	♍ 0.5	1.5	2.4	3.4	4.3	5.3	6.3	7.2
☽	♋ 5.2	17.1	28.9	♌ 10.8	22.7	♍ 4.8	16.9	29.2	♎ 11.7	24.5	♏ 7.6	21	♐ 4.8	19	♑ 3.6	18.5	♒ 3.6	18.7	♓ 3.7	18.3	♈ 2.7	16.5	29.9	♉ 12.9	25.6	♊ 7.9	20	♋ 2	13.9	25.7	♌ 7.6
☿	♍ 2.4	2.6	2.8	3	3.0R	3	2.8	2.6	2.3	1.9	1.4	0.8	0.2	♌ 29.5	28.7	27.9	27.1	26.2	25.4	24.5	23.7	23	22.3	21.7	21.2	20.8	20.5	20.4	20.3D	20.5	20.7
♀	♍ 22.3	23.4	24.5	25.6	26.6	27.7	28.8	29.9	♎ 0.9	2	3.1	4.1	5.2	6.2	7.3	8.3	9.3	10.4	11.4	12.4	13.4	14.5	15.5	16.5	17.5	18.5	19.4	20.4	21.4	22.4	23.3
♂	♍ 27.9	28.5	29.2	29.8	♎ 0.4	1	1.6	2.3	2.9	3.5	4.1	4.8	5.4	6	6.7	7.3	7.9	8.6	9.2	9.8	10.5	11.1	11.7	12.4	13	13.7	14.3	15	15.6	16.2	16.9

♃ 1: ♋ 22.7 · 6: 23.7 · 11: 24.8 · 16: 25.9 · 21: 26.9 · 26: 28 · 31: 29 — ♄ 1: ♍ 0.7 · 6: 1.3 · 11: 1.9 · 16: 2.5 · 21: 3.1 · 26: 3.8 · 31: 4.4 — ♅ 1: ♏ 12.4 · 11: 12.5 · 21: 12.7 · 31: 13 — ♆ 1: ♐ 15.7R · 11: 15.6 · 21: 15.6 · 31: 15.5D — ♇ 1: ♎ 14.3 · 11: 14.5 · 21: 14.8 · 31: 15.1

IX

	1	2	3	4	5	6	7	8	9	10	11	12	13	14	15	16	17	18	19	20	21	22	23	24	25	26	27	28	29	30	31
☉	♍ 8.4	9.4	10.4	11.4	12.3	13.3	14.3	15.2	16.2	17.2	18.2	19.1	20.1	21.1	22	23	24	25	25.9	26.9	27.9	28.9	29.9	♎ 0.8	1.8	2.8	3.8	4.8	5.7	6.7	
☽	♈ 17.1	29.5	♉ 11.8	23.8	♊ 5.7	17.6	29.5	♋ 11.5	23.7	♌ 6.1	18.9	♍ 1.9	15.2	28.8	♎ 12.6	26.6	♏ 10.7	25	♐ 9.2	23.4	♑ 7.6	21.7	♒ 5.7	19.5	♓ 3.1	16.5	29.6	♈ 12.5	25.1	♉ 7.5	
☿	♍ 16.5R	15.6	14.7	13.7	12.8	11.8	10.9	10	9.2	8.5	7.9	7.5	7.1	7	7.0D	7.1	7.4	7.8	8.4	9.2	10.1	11.1	12.2	13.4	14.7	16.2	17.6	19.2	20.8	22.4	
♀	♌ 4	5.2	6.4	7.6	8.8	10	11.2	12.4	13.5	14.7	16	17.2	18.4	19.6	20.8	22	23.2	24.4	25.6	26.8	28	29.2	♍ 0.5	1.7	2.9	4.1	5.3	6.6	7.8	9	
♂	♋ 0	0.6	1.2	1.9	2.5	3.1	3.7	4.3	4.9	5.5	6.1	6.7	7.3	7.9	8.4	9	9.6	10.2	10.8	11.3	11.9	12.5	13	13.6	14.2	14.7	15.3	15.8	16.4	16.9	

♃ 1: ♋ 1.8 · 6: 2.6 · 11: 3.2 · 16: 3.8 · 21: 4.4 · 26: 4.8 — ♄ 1: ♌ 22.8 · 6: 23.4 · 11: 24 · 16: 24.6 · 21: 25.2 · 26: 25.7 — ♅ 1: ♏ 8.6 · 11: 9 · 21: 9.5 — ♆ 1: ♐ 13.4 · 11: 13.4 · 21: 13.6 — ♇ 1: ♎ 12.7 · 11: 13.1 · 21: 13.4

	1	2	3	4	5	6	7	8	9	10	11	12	13	14	15	16	17	18	19	20	21	22	23	24	25	26	27	28	29	30	31
☉	♍ 8.2	9.2	10.2	11.1	12.1	13.1	14	15	16	16.9	17.9	18.9	19.9	20.8	21.8	22.8	23.8	24.7	25.7	26.7	27.7	28.6	29.6	♎ 0.6	1.6	2.6	3.5	4.5	5.5	6.5	
☽	♌ 19.6	♍ 1.6	13.8	26.2	♎ 8.8	21.5	♏ 4.5	17.8	♐ 1.3	15.1	29.2	♑ 13.5	28.1	♒ 12.7	27.5	♓ 12.1	26.5	♈ 10.7	24.5	♉ 7.9	21	♊ 3.7	16.1	28.2	♋ 10.2	22.1	♌ 3.9	15.8	27.9	♍ 10.1	
☿	♌ 21.1	21.6	22.3	23.1	24	25.1	26.2	27.5	28.8	♍ 0.3	1.8	3.4	5.1	6.8	8.5	10.3	12.1	13.9	15.8	17.6	19.5	21.3	23.2	25.1	26.9	28.7	♎ 0.6	2.4	4.2	6	
♀	♎ 24.3	25.2	26.1	27.1	28	28.9	29.8	♏ 0.7	1.6	2.5	3.3	4.2	5	5.9	6.7	7.5	8.3	9.1	9.8	10.6	11.3	12	12.7	13.4	14.1	14.8	15.4	16	16.6	17.2	
♂	♎ 17.5	18.2	18.8	19.5	20.2	20.8	21.5	22.1	22.8	23.4	24.1	24.8	25.4	26.1	26.8	27.4	28.1	28.8	29.4	♏ 0.1	0.8	1.4	2.1	2.8	3.5	4.2	4.8	5.5	6.2	6.9	

♃ 1: ♋ 29.2 · 6: ♌ 0.1 · 11: 1.1 · 16: 2 · 21: 2.8 · 26: 3.7 — ♄ 1: ♍ 4.5 · 6: 5.2 · 11: 5.8 · 16: 6.4 · 21: 7 · 26: 7.6 — ♅ 1: ♏ 13.1 · 11: 13.4 · 21: 13.9 — ♆ 1: ♐ 15.6 · 11: 15.6 · 21: 15.7 — ♇ 1: ♎ 15.1 · 11: 15.5 · 21: 15.9

X

	1	2	3	4	5	6	7	8	9	10	11	12	13	14	15	16	17	18	19	20	21	22	23	24	25	26	27	28	29	30	31
☉	♎ 7.7	8.7	9.7	10.7	11.6	12.6	13.6	14.6	15.6	16.6	17.6	18.6	19.5	20.5	21.5	22.5	23.5	24.5	25.5	26.5	27.5	28.5	29.5	♏ 0.5	1.5	2.5	3.5	4.5	5.5	6.5	7.5
☽	♉ 19.7	♊ 1.7	13.6	25.5	♋ 7.4	19.4	♌ 1.5	14	26.8	♍ 9.9	23.4	♎ 7.3	21.5	♏ 5.9	20.5	♐ 5.2	19.8	♑ 4.3	18.5	♒ 2.5	16.3	29.7	♓ 13	25.9	♈ 8.7	21.3	♉ 3.6	15.9	27.9	♊ 9.9	21.8
☿	♍ 24.1	25.8	27.6	29.3	♎ 1.1	2.9	4.6	6.4	8.2	10	11.7	13.5	15.2	17	18.7	20.4	22.1	23.8	25.5	27.2	28.9	♏ 0.5	2.2	3.8	5.5	7.1	8.7	10.3	11.9	13.5	15
♀	♍ 10.2	11.4	12.7	13.9	15.1	16.4	17.6	18.8	20	21.3	22.5	23.7	25	26.2	27.4	28.7	29.9	♎ 1.2	2.4	3.6	4.9	6.1	7.4	8.6	9.8	11.1	12.3	13.6	14.8	16.1	17.3
♂	♋ 17.4	18	18.5	19	19.6	20.1	20.6	21.1	21.6	22.1	22.7	23.2	23.6	24.1	24.6	25.1	25.6	26.1	26.5	27	27.5	27.9	28.4	28.8	29.2	29.7	♌ 0.1	0.5	0.9	1.4	1.8

♃ 1: ♋ 5.3 · 6: 5.6 · 11: 5.9 · 16: 6 · 21: 6.1 · 26: 6.1R · 31: 6.1 — ♄ 1: ♌ 26.3 · 6: 26.8 · 11: 27.3 · 16: 27.8 · 21: 28.2 · 26: 28.6 · 31: 29 — ♅ 1: ♏ 10 · 11: 10.6 · 21: 11.2 · 31: 11.8 — ♆ 1: ♐ 13.7 · 11: 13.9 · 21: 14.2 · 31: 14.5 — ♇ 1: ♎ 13.8 · 11: 14.2 · 21: 14.6 · 31: 15

	1	2	3	4	5	6	7	8	9	10	11	12	13	14	15	16	17	18	19	20	21	22	23	24	25	26	27	28	29	30	31
☉	♎ 7.5	8.5	9.4	10.4	11.4	12.4	13.4	14.4	15.4	16.3	17.3	18.3	19.3	20.3	21.3	22.3	23.3	24.3	25.3	26.2	27.2	28.2	29.2	♏ 0.2	1.2	2.2	3.2	4.2	5.2	6.2	7.2
☽	♍ 22.5	♎ 5.1	18.1	♏ 1.2	14.6	28.2	♐ 12	26	♑ 10.1	24.2	♒ 8.5	22.7	♓ 7	21.1	♈ 5.2	19	♉ 2.6	15.9	28.9	♊ 11.6	24	♋ 6.1	18.1	30	♌ 11.8	23.7	♍ 5.8	18.1	♎ 0.6	13.5	26.7
☿	♎ 7.8	9.5	11.3	13	14.7	16.4	18.1	19.8	21.5	23.1	24.8	26.4	28	29.6	♏ 1.2	2.8	4.4	6	7.5	9.1	10.6	12.1	13.6	15.1	16.6	18.1	19.6	21	22.5	23.9	25.3
♀	♏ 17.7	18.3	18.8	19.2	19.7	20.1	20.5	20.9	21.2	21.5	21.8	22.1	22.3	22.5	22.6	22.7	22.8	22.8	22.8R	22.7	22.6	22.5	22.3	22.1	21.9	21.6	21.2	20.9	20.5	20	19.6
♂	♏ 7.6	8.2	8.9	9.6	10.3	11	11.7	12.4	13.1	13.8	14.4	15.1	15.8	16.5	17.2	17.9	18.6	19.3	20	20.7	21.4	22.1	22.9	23.6	24.3	25	25.7	26.4	27.1	27.8	28.5

♃ 1: ♌ 4.5 · 6: 5.2 · 11: 5.9 · 16: 6.5 · 21: 7.1 · 26: 7.6 · 31: 8 — ♄ 1: ♍ 8.2 · 6: 8.8 · 11: 9.3 · 16: 9.9 · 21: 10.4 · 26: 10.9 · 31: 11.3 — ♅ 1: ♏ 14.4 · 11: 14.9 · 21: 15.5 · 31: 16.1 — ♆ 1: ♐ 15.9 · 11: 16.1 · 21: 16.3 · 31: 16.6 — ♇ 1: ♎ 16.2 · 11: 16.6 · 21: 17 · 31: 17.4

XI

	1	2	3	4	5	6	7	8	9	10	11	12	13	14	15	16	17	18	19	20	21	22	23	24	25	26	27	28	29	30	31
☉	♏ 8.5	9.5	10.5	11.5	12.5	13.5	14.5	15.5	16.5	17.5	18.5	19.5	20.5	21.5	22.5	23.5	24.5	25.5	26.5	27.6	28.6	29.6	♐ 0.6	1.6	2.6	3.6	4.6	5.6	6.7	7.7	
☽	♋ 3.6	15.5	27.5	♌ 9.6	22	♍ 4.6	17.7	♎ 1.2	15.2	29.6	♏ 14.3	29.3	♐ 14.4	29.5	♑ 14.3	28.8	♒ 12.9	26.6	♓ 10	23	♈ 5.7	18.1	♉ 0.4	12.6	24.6	♊ 6.6	18.5	♋ 0.3	12.2	24.1	
☿	♏ 16.6	18.2	19.7	21.3	22.8	24.4	25.9	27.4	28.9	♐ 0.4	1.9	3.4	4.9	6.4	7.9	9.3	10.8	12.3	13.7	15.1	16.6	18	19.4	20.7	22.1	23.4	24.7	26	27.3	28.5	
♀	♎ 18.6	19.8	21.1	22.3	23.6	24.8	26.1	27.3	28.6	29.8	♏ 1.1	2.3	3.6	4.8	6.1	7.3	8.6	9.8	11.1	12.3	13.6	14.8	16.1	17.4	18.6	19.9	21.1	22.4	23.6	24.9	
♂	♌ 2.2	2.6	2.9	3.3	3.7	4.1	4.4	4.8	5.1	5.5	5.8	6.1	6.5	6.8	7.1	7.4	7.7	7.9	8.2	8.5	8.7	9	9.2	9.4	9.6	9.8	10	10.2	10.4	10.5	

♃ 1: ♋ 6.1R · 6: 5.9 · 11: 5.6 · 16: 5.3 · 21: 4.9 · 26: 4.4 — ♄ 1: ♌ 29.1 · 6: 29.4 · 11: 29.7 · 16: 29.9 · 21: ♍ 0.2 · 26: 0.3 — ♅ 1: ♏ 11.9 · 11: 12.5 · 21: 13.1 — ♆ 1: ♐ 14.5 · 11: 14.9 · 21: 15.2 — ♇ 1: ♎ 15 · 11: 15.4 · 21: 15.7

	1	2	3	4	5	6	7	8	9	10	11	12	13	14	15	16	17	18	19	20	21	22	23	24	25	26	27	28	29	30	31
☉	♏ 8.2	9.2	10.2	11.2	12.2	13.2	14.2	15.2	16.2	17.2	18.2	19.3	20.3	21.3	22.3	23.3	24.3	25.3	26.3	27.3	28.3	29.3	♐ 0.3	1.4	2.4	3.4	4.4	5.4	6.4	7.4	
☽	♏ 10.3	24.1	♐ 8.2	22.4	♑ 6.7	21	♒ 5.3	19.4	♓ 3.4	17.3	♈ 1	14.6	28	♉ 11.2	24.2	♊ 7	19.6	♋ 1.9	14	26	♌ 7.8	19.6	♍ 1.5	13.5	25.8	♎ 8.4	21.3	♏ 4.7	18.5	♐ 2.8	
☿	♏ 26.8	28.2	29.6	♐ 0.9	2.3	3.6	5	6.3	7.6	8.8	10.1	11.3	12.4	13.6	14.7	15.7	16.7	17.6	18.5	19.3	19.9	20.5	21	21.4	21.6	21.6R	21.5	21.3	20.8	20.2	
♀	♏ 19.1R	18.5	18	17.4	16.9	16.3	15.7	15	14.4	13.8	13.2	12.6	12.1	11.5	11	10.5	10	9.6	9.2	8.8	8.5	8.2	8	7.8	7.6	7.5	7.4	7.3	7.3D	7.4	
♂	♏ 29.3	30	♐ 0.7	1.4	2.1	2.9	3.6	4.3	5	5.8	6.5	7.2	7.9	8.7	9.4	10.1	10.9	11.6	12.3	13.1	13.8	14.5	15.3	16	16.7	17.5	18.2	19	19.7	20.5	

♃ 1: ♌ 8.1 · 6: 8.4 · 11: 8.7 · 16: 8.9 · 21: 9 · 26: 9.1R — ♄ 1: ♍ 11.4 · 6: 11.8 · 11: 12.2 · 16: 12.6 · 21: 12.9 · 26: 13.2 — ♅ 1: ♏ 16.2 · 11: 16.8 · 21: 17.4 — ♆ 1: ♐ 16.6 · 11: 17 · 21: 17.3 — ♇ 1: ♎ 17.4 · 11: 17.8 · 21: 18.2

XII

	1	2	3	4	5	6	7	8	9	10	11	12	13	14	15	16	17	18	19	20	21	22	23	24	25	26	27	28	29	30	31
☉	♐ 8.7	9.7	10.7	11.7	12.7	13.8	14.8	15.8	16.8	17.8	18.8	19.9	20.9	21.9	22.9	23.9	24.9	26	27	28	29	♑ 0	1	2.1	3.1	4.1	5.1	6.1	7.2	8.2	9.2
☽	♌ 6.1	18.2	♍ 0.5	13	26	♎ 9.3	23.2	♏ 7.5	22.2	♐ 7.4	22.7	♑ 8	23.2	♒ 8	22.3	♓ 6.2	19.6	♈ 2.6	15.2	27.5	♉ 9.6	21.6	♊ 3.5	15.4	27.3	♋ 9.2	21.1	♌ 3.1	15.1	27.3	♍ 9.7
☿	♐ 29.7	♑ 0.8	1.9	2.9	3.8	4.7	5.5	6.1	6.7	7.1	7.3	7.4	7.4R	7.1	6.7	6	5.2	4.2	3	1.8	0.4	♐ 29	27.7	26.4	25.2	24.1	23.2	22.4	21.8	21.4	21.2
♀	♏ 26.1	27.4	28.7	29.9	♐ 1.2	2.4	3.7	4.9	6.2	7.5	8.7	10	11.2	12.5	13.8	15	16.3	17.5	18.8	20	21.3	22.6	23.8	25.1	26.3	27.6	28.9	♑ 0.1	1.4	2.6	3.9
♂	♌ 10.7	10.8	11	11.1	11.2	11.3	11.4	11.4	11.5	11.5	11.6	11.6	11.6R	11.6	11.5	11.5	11.5	11.4	11.3	11.2	11.1	11	10.9	10.7	10.6	10.4	10.2	10	9.8	9.6	9.3

♃ 1: ♋ 3.9R · 6: 3.3 · 11: 2.7 · 16: 2 · 21: 1.4 · 26: 0.7 · 31: 0 — ♄ 1: ♍ 0.4 · 6: 0.5 · 11: 0.5 · 16: 0.5R · 21: 0.5 · 26: 0.3 · 31: 0.2 — ♅ 1: ♏ 13.7 · 11: 14.3 · 21: 14.8 · 31: 15.3 — ♆ 1: ♐ 15.6 · 11: 16 · 21: 16.3 · 31: 16.7 — ♇ 1: ♎ 16 · 11: 16.2 · 21: 16.4 · 31: 16.6

	1	2	3	4	5	6	7	8	9	10	11	12	13	14	15	16	17	18	19	20	21	22	23	24	25	26	27	28	29	30	31
☉	♐ 8.4	9.5	10.5	11.5	12.5	13.5	14.5	15.5	16.6	17.6	18.6	19.6	20.6	21.6	22.7	23.7	24.7	25.7	26.7	27.7	28.8	29.8	♑ 0.8	1.8	2.8	3.9	4.9	5.9	6.9	7.9	9
☽	♐ 17.3	♑ 2	16.8	♒ 1.5	16	♓ 0.2	14.2	27.9	♈ 11.4	24.6	♉ 7.7	20.5	♊ 3.2	15.7	28	♋ 10.2	22.2	♌ 4.1	16	27.7	♍ 9.6	21.6	♎ 3.7	16.3	29.2	♏ 12.5	26.4	♐ 10.7	25.5	♑ 10.5	25.6
☿	♐ 19.4R	18.4	17.2	16	14.6	13.3	11.9	10.6	9.3	8.2	7.3	6.6	6	5.6	5.4	5.4D	5.5	5.8	6.2	6.8	7.4	8.2	9	9.9	10.9	12	13	14.2	15.4	16.6	17.8
♀	♏ 7.4	7.6	7.7	7.9	8.1	8.4	8.7	9	9.4	9.8	10.2	10.7	11.1	11.7	12.2	12.7	13.3	13.9	14.6	15.2	15.9	16.6	17.3	18	18.8	19.5	20.3	21.1	21.9	22.7	23.6
♂	♐ 21.2	21.9	22.7	23.4	24.2	24.9	25.7	26.4	27.2	28	28.7	29.5	♑ 0.2	1	1.7	2.5	3.2	4	4.8	5.5	6.3	7.1	7.8	8.6	9.3	10.1	10.9	11.6	12.4	13.2	13.9

♃ 1: ♌ 9.0R · 6: 8.9 · 11: 8.7 · 16: 8.4 · 21: 8 · 26: 7.6 · 31: 7.1 — ♄ 1: ♍ 13.4 · 6: 13.6 · 11: 13.7 · 16: 13.9 · 21: 13.9 · 26: 13.9R · 31: 13.9 — ♅ 1: ♏ 18 · 11: 18.6 · 21: 19.2 · 31: 19.7 — ♆ 1: ♐ 17.7 · 11: 18.1 · 21: 18.4 · 31: 18.8 — ♇ 1: ♎ 18.5 · 11: 18.7 · 21: 18.9 · 31: 19.1

I

	1	2	3	4	5	6	7	8	9	10	11	12	13	14	15	16	17	18	19	20	21	22	23	24	25	26	27	28	29	30	31
☉	♑ 10	11	12	13	14	15.1	16.1	17.1	18.1	19.1	20.2	21.2	22.2	23.2	24.2	25.3	26.3	27.3	28.3	29.3	♒ 0.3	1.4	2.4	3.4	4.4	5.4	6.5	7.5	8.5	9.5	10.5
☽	♒ 10.7	25.6	♓ 10.2	24.4	♈ 8.2	21.6	♉ 4.7	17.5	♊ 0.1	12.6	24.8	♋ 6.9	18.9	♌ 0.8	12.7	24.5	♍ 6.3	18.2	♎ 0.2	12.3	24.8	♏ 7.6	20.8	♐ 4.5	18.8	♑ 3.4	18.4	♒ 3.7	19	♓ 4.1	19
☿	♐ 19.1	20.4	21.8	23.1	24.5	25.9	27.3	28.7	♑ 0.1	1.5	3	4.4	5.9	7.4	8.9	10.4	11.9	13.4	15	16.5	18	19.6	21.2	22.7	24.3	25.9	27.5	29.1	♒ 0.8	2.4	4.1
♀	♏ 24.4	25.3	26.1	27	27.9	28.8	29.7	♐ 0.7	1.6	2.6	3.5	4.5	5.5	6.4	7.4	8.4	9.4	10.4	11.5	12.5	13.5	14.6	15.6	16.6	17.7	18.8	19.8	20.9	22	23	24.1
♂	♑ 14.7	15.5	16.3	17	17.8	18.6	19.3	20.1	20.9	21.7	22.4	23.2	24	24.8	25.6	26.3	27.1	27.9	28.7	29.5	♒ 0.2	1	1.8	2.6	3.4	4.1	4.9	5.7	6.5	7.3	8.1

♃	1	6	11	16	21	26	31
	♌ 7.0R	6.4	5.8	5.2	4.5	3.9	3.2
♄	1	6	11	16	21	26	31
	♍ 13.9R	13.8	13.7	13.5	13.3	13	12.7
♅	1	11	21	31			
	♏ 19.7	20.1	20.5	20.7			
♆	1	11	21	31			
	♐ 18.8	19.2	19.5	19.8			
♇	1	11	21	31			
	♎ 19.1	19.2	19.2	19.2R			

	1	2	3	4	5	6	7	8	9	10	11	12	13	14	15	16	17	18	19	20	21	22	23	24	25	26	27	28	29	30	31
☉	♑ 9.7	10.7	11.8	12.8	13.8	14.8	15.8	16.9	17.9	18.9	19.9	20.9	22	23	24	25	26	27	28.1	29.1	♒ 0.1	1.1	2.1	3.2	4.2	5.2	6.2	7.2	8.2	9.3	10.3
☽	♊ 23.1	♋ 6.2	19.1	♌ 1.7	14	26.1	♍ 8	19.9	♎ 1.6	13.5	25.5	♏ 7.7	20.2	♐ 3.1	16.4	♑ 0.1	14.1	28.5	♒ 13.1	27.8	♓ 12.5	27.1	♈ 11.4	25.6	♉ 9.5	23.2	♊ 6.6	19.7	♋ 2.6	15.4	27.9
☿	♐ 28	29.5	♑ 1	2.6	4.1	5.7	7.2	8.8	10.4	12	13.5	15.1	16.7	18.4	20	21.6	23.2	24.9	26.5	28.2	29.9	♒ 1.5	3.2	4.9	6.6	8.3	10.1	11.8	13.6	15.3	17.1
♀	♒ 11.4	12.6	13.9	15.1	16.3	17.6	18.8	20	21.3	22.5	23.7	24.9	26.2	27.4	28.6	29.8	♓ 1.1	2.3	3.5	4.7	5.9	7.1	8.4	9.6	10.8	12	13.2	14.4	15.6	16.8	18
♂	♍ 14	14.1	14.3	14.5	14.6	14.7	14.8	14.9	15	15.1	15.2	15.2	15.3	15.3	15.3	15.3	15.3R	15.3	15.3	15.3	15.2	15.1	15.1	15	14.9	14.7	14.6	14.5	14.3	14.1	13.9

♃	1	6	11	16	21	26	31
	♍ 10.2R	10.1	9.9	9.6	9.2	8.8	8.3
♄	1	6	11	16	21	26	31
	♍ 27	27	27.0R	26.9	26.8	26.7	26.5
♅	1	11	21	31			
	♏ 24.1	24.5	24.9	25.2			
♆	1	11	21	31			
	♐ 20.9	21.3	21.6	21.9			
♇	1	11	21	31			
	♎ 21.6	21.7	21.8	21.8R			

II

	1	2	3	4	5	6	7	8	9	10	11	12	13	14	15	16	17	18	19	20	21	22	23	24	25	26	27	28	29	30	31
☉	♒ 11.5	12.5	13.6	14.6	15.6	16.6	17.6	18.6	19.6	20.7	21.7	22.7	23.7	24.7	25.7	26.7	27.7	28.7	29.7	♓ 0.8	1.8	2.8	3.8	4.8	5.8	6.8	7.8	8.8			
☽	♈ 3.5	17.5	♉ 1.1	14.3	27.1	♊ 9.6	21.9	♋ 4	15.9	27.8	♌ 9.6	21.5	♍ 3.3	15.2	27.2	♎ 9.3	21.6	♏ 4.1	16.9	♐ 0.1	13.6	27.6	♑ 12	26.8	♒ 11.8	26.9	♓ 12	27			
☿	♒ 5.7	7.4	9.1	10.8	12.5	14.2	15.9	17.7	19.5	21.2	23	24.8	26.6	28.4	♓ 0.3	2.1	4	5.8	7.7	9.5	11.4	13.2	15.1	16.9	18.7	20.5	22.2	23.9			
♀	♐ 25.2	26.3	27.4	28.5	29.6	♑ 0.7	1.8	2.9	4	5.1	6.3	7.4	8.5	9.6	10.8	11.9	13	14.2	15.3	16.5	17.6	18.8	19.9	21.1	22.2	23.4	24.5	25.7			
♂	♒ 8.9	9.6	10.4	11.2	12	12.8	13.6	14.4	15.1	15.9	16.7	17.5	18.3	19.1	19.9	20.7	21.4	22.2	23	23.8	24.6	25.4	26.2	27	27.8	28.5	29.3	♓ 0.1			

♃	1	6	11	16	21	26
	♌ 3.1R	2.4	1.8	1.2	0.7	0.3
♄	1	6	11	16	21	26
	♍ 12.7R	12.3	12	11.6	11.2	10.8
♅	1	11	21			
	♏ 20.8	20.9	21			
♆	1	11	21			
	♐ 19.8	20.1	20.2			
♇	1	11	21			
	♎ 19.2R	19.1	19			

	1	2	3	4	5	6	7	8	9	10	11	12	13	14	15	16	17	18	19	20	21	22	23	24	25	26	27	28	29	30	31
☉	♒ 11.3	12.3	13.3	14.3	15.3	16.4	17.4	18.4	19.4	20.4	21.4	22.4	23.4	24.5	25.5	26.5	27.5	28.5	29.5	♓ 0.5	1.5	2.5	3.5	4.5	5.5	6.6	7.6	8.6	9.6		
☽	♌ 10.2	22.3	♍ 4.3	16.2	28	♎ 9.8	21.6	♏ 3.6	15.8	28.2	♐ 11	24.2	♑ 7.9	22	♒ 6.5	21.3	♓ 6.3	21.4	♈ 6.4	21.2	♉ 5.6	19.7	♊ 3.4	16.7	29.7	♋ 12.4	24.8	♌ 7	19.1		
☿	♒ 18.8	20.6	22.4	24.1	25.9	27.7	29.4	♓ 1.2	2.9	4.6	6.3	7.9	9.5	11	12.5	13.9	15.2	16.5	17.6	18.6	19.4	20.2	20.7	21.2	21.4	21.5	21.4R	21.2	20.8		
♀	♓ 19.3	20.5	21.7	22.9	24.1	25.3	26.5	27.6	28.8	♈ 0	1.2	2.4	3.6	4.8	6	7.1	8.3	9.5	10.7	11.8	13	14.2	15.3	16.5	17.7	18.8	20	21.1	22.3		
♂	♍ 13.7R	13.5	13.3	13.1	12.8	12.5	12.3	12	11.7	11.4	11.1	10.7	10.4	10.1	9.7	9.3	9	8.6	8.2	7.8	7.5	7.1	6.7	6.3	5.9	5.5	5.1	4.7	4.3		

♃	1	6	11	16	21	26
	♍ 8.2R	7.7	7.1	6.4	5.8	5.1
♄	1	6	11	16	21	26
	♍ 26.4R	26.2	25.9	25.6	25.3	25
♅	1	11	21			
	♏ 25.2	25.4	25.5			
♆	1	11	21			
	♐ 21.9	22.2	22.4			
♇	1	11	21			
	♎ 21.8R	21.7	21.6			

III

	1	2	3	4	5	6	7	8	9	10	11	12	13	14	15	16	17	18	19	20	21	22	23	24	25	26	27	28	29	30	31
☉	♓ 9.8	10.8	11.8	12.8	13.8	14.8	15.8	16.8	17.8	18.8	19.8	20.8	21.8	22.8	23.8	24.8	25.8	26.8	27.8	28.8	29.8	♈ 0.8	1.8	2.8	3.8	4.7	5.7	6.7	7.7	8.7	9.7
☽	♈ 11.6	25.8	♉ 9.6	23	♊ 5.9	18.4	♋ 0.7	12.8	24.7	♌ 6.5	18.3	♍ 0.1	12.1	24.1	♎ 6.3	18.6	♏ 1.1	13.9	26.9	♐ 10.2	23.7	♑ 7.6	21.7	♒ 6.1	20.7	♓ 5.5	20.3	♈ 5	19.5	♉ 3.7	17.6
☿	♓ 25.6	27.2	28.7	♈ 0.2	1.5	2.8	3.9	5	5.9	6.7	7.3	7.9	8.2	8.4	8.5	8.5R	8.3	7.9	7.5	6.9	6.3	5.5	4.7	3.9	3	2.1	1.2	0.4	♓ 29.6	28.8	28.1
♀	♑ 26.8	28	29.2	♒ 0.3	1.5	2.7	3.8	5	6.2	7.4	8.5	9.7	10.9	12.1	13.2	14.4	15.6	16.8	18	19.2	20.3	21.5	22.7	23.9	25.1	26.3	27.5	28.7	29.8	♓ 1	2.2
♂	♓ 0.9	1.7	2.5	3.3	4.1	4.9	5.6	6.4	7.2	8	8.8	9.6	10.4	11.2	11.9	12.7	13.5	14.3	15.1	15.9	16.7	17.5	18.2	19	19.8	20.6	21.4	22.2	22.9	23.7	24.5

♃	1	6	11	16	21	26	31
	♌ 0.0R	♋ 29.7	29.4	29.2	29.1	29	29.1D
♄	1	6	11	16	21	26	31
	♍ 10.6R	10.2	9.8	9.4	9	8.7	8.4
♅	1	11	21	31			
	♏ 21.0R	20.9	20.7	20.5			
♆	1	11	21	31			
	♐ 20.4	20.5	20.5	20.5R			
♇	1	11	21	31			
	♎ 18.8R	18.6	18.3	18.1			

	1	2	3	4	5	6	7	8	9	10	11	12	13	14	15	16	17	18	19	20	21	22	23	24	25	26	27	28	29	30	31
☉	♓ 10.6	11.6	12.6	13.6	14.6	15.6	16.6	17.6	18.6	19.6	20.6	21.6	22.6	23.6	24.6	25.6	26.6	27.6	28.6	29.5	♈ 0.5	1.5	2.5	3.5	4.5	5.5	6.5	7.5	8.5	9.5	10.4
☽	♍ 1	12.9	24.7	♎ 6.6	18.4	♏ 0.3	12.3	24.5	♐ 6.9	19.7	♑ 2.7	16.2	♒ 0.1	14.5	29.3	♓ 14.3	29.6	♈ 14.8	29.9	♉ 14.6	28.9	♊ 12.8	26.2	♋ 9.2	21.8	♌ 4.1	16.2	28.1	♍ 9.9	21.7	♎ 3.5
☿	♓ 20.3R	19.6	18.8	18	17	16	15	14	13	12.1	11.2	10.4	9.7	9	8.5	8.1	7.8	7.5	7.4	7.4D	7.5	7.7	8	8.3	8.8	9.3	9.9	10.5	11.2	12	12.8
♀	♈ 23.4	24.6	25.7	26.9	28	29.1	♉ 0.2	1.4	2.5	3.6	4.7	5.8	7	8.1	9.2	10.3	11.4	12.4	13.5	14.6	15.7	16.8	17.8	18.9	19.9	21	22	23.1	24.1	25.1	26.2
♂	♍ 3.9R	3.5	3.1	2.7	2.4	2	1.6	1.3	0.9	0.6	0.3	♌ 30	29.6	29.4	29.1	28.8	28.5	28.3	28	27.8	27.6	27.4	27.2	27	26.8	26.7	26.5	26.4	26.3	26.2	26.1

♃	1	6	11	16	21	26	31
	♍ 4.6R	4	3.3	2.8	2.2	1.7	1.3
♄	1	6	11	16	21	26	31
	♍ 24.7R	24.3	23.9	23.5	23.1	22.7	22.3
♅	1	11	21	31			
	♏ 25.6R	25.5	25.4	25.2			
♆	1	11	21	31			
	♐ 22.5	22.6	22.7	22.7R			
♇	1	11	21	31			
	♎ 21.4R	21.2	20.9	20.7			

IV

	1	2	3	4	5	6	7	8	9	10	11	12	13	14	15	16	17	18	19	20	21	22	23	24	25	26	27	28	29	30	31
☉	♈ 10.7	11.7	12.7	13.6	14.6	15.6	16.6	17.6	18.6	19.5	20.5	21.5	22.5	23.5	24.4	25.4	26.4	27.4	28.4	29.3	♉ 0.3	1.3	2.3	3.2	4.2	5.2	6.2	7.1	8.1	9.1	
☽	♊ 1	14	26.7	♋ 9	21.1	♌ 3	14.8	26.6	♍ 8.5	20.5	♎ 2.7	15.1	27.7	♏ 10.6	23.7	♐ 7.1	20.6	♑ 4.4	18.3	♒ 2.3	16.5	♓ 0.8	15.1	29.5	♈ 13.8	28	♉ 11.9	25.6	♊ 9	22	
☿	♓ 27.5R	27	26.6	26.2	26	25.8	25.7	25.8D	25.9	26.1	26.4	26.7	27.2	27.7	28.2	28.9	29.6	♈ 0.4	1.2	2.1	3	4	5	6.1	7.2	8.4	9.6	10.8	12.1	13.4	
♀	♓ 3.4	4.6	5.8	7	8.2	9.4	10.6	11.8	13	14.2	15.4	16.6	17.8	19	20.2	21.4	22.6	23.8	25	26.2	27.4	28.6	29.8	♈ 1	2.2	3.4	4.6	5.8	7	8.2	
♂	♓ 25.3	26.1	26.8	27.6	28.4	29.2	30	♈ 0.7	1.5	2.3	3.1	3.9	4.6	5.4	6.2	7	7.7	8.5	9.3	10	10.8	11.6	12.4	13.1	13.9	14.7	15.4	16.2	17	17.7	

♃	1	6	11	16	21	26
	♋ 29.1	29.2	29.4	29.7	♌ 0.1	0.5
♄	1	6	11	16	21	26
	♍ 8.3R	8	7.8	7.6	7.4	7.2
♅	1	11	21			
	♏ 20.5R	20.1	19.8			
♆	1	11	21			
	♐ 20.5R	20.4	20.3			
♇	1	11	21			
	♎ 18.0R	17.8	17.5			

	1	2	3	4	5	6	7	8	9	10	11	12	13	14	15	16	17	18	19	20	21	22	23	24	25	26	27	28	29	30	31
☉	♈ 11.4	12.4	13.4	14.4	15.4	16.4	17.3	18.3	19.3	20.3	21.3	22.2	23.2	24.2	25.2	26.2	27.1	28.1	29.1	♉ 0.1	1	2	3	4	4.9	5.9	6.9	7.9	8.8	9.8	
☽	♎ 15.4	27.3	♏ 9.3	21.5	♐ 3.8	16.3	29.1	♑ 12.1	25.5	♒ 9.2	23.3	♓ 7.8	22.7	♈ 7.8	22.9	♉ 8	22.9	♊ 7.4	21.4	♋ 4.9	17.9	♌ 0.6	12.9	24.9	♍ 6.8	18.6	♎ 0.4	12.3	24.2	♏ 6.3	
☿	♓ 13.7	14.6	15.6	16.7	17.7	18.8	20	21.2	22.4	23.7	25	26.3	27.7	29.1	♈ 0.5	1.9	3.4	4.9	6.5	8.1	9.7	11.3	12.9	14.6	16.3	18.1	19.8	21.6	23.5	25.3	
♀	♉ 27.2	28.2	29.2	♊ 0.2	1.2	2.2	3.1	4.1	5.1	6	6.9	7.9	8.8	9.7	10.6	11.5	12.4	13.3	14.1	15	15.8	16.6	17.5	18.3	19	19.8	20.6	21.3	22	22.7	
♂	♌ 26.1R	26	25.9	25.9	25.9	25.9	25.9D	25.9	25.9	26	26	26.1	26.1	26.2	26.3	26.4	26.5	26.7	26.8	27	27.1	27.3	27.5	27.6	27.8	28	28.3	28.5	28.7	28.9	

♃	1	6	11	16	21	26
	♍ 1.2R	0.9	0.6	0.4	0.3	0.3
♄	1	6	11	16	21	26
	♍ 22.3R	21.9	21.6	21.3	21	20.8
♅	1	11	21			
	♏ 25.1R	24.8	24.5			
♆	1	11	21			
	♐ 22.7R	22.6	22.5			
♇	1	11	21			
	♎ 20.6R	20.4	20.1			

V

	1	2	3	4	5	6	7	8	9	10	11	12	13	14	15	16	17	18	19	20	21	22	23	24	25	26	27	28	29	30	31
☉	♉ 10	11	12	13	13.9	14.9	15.9	16.8	17.8	18.8	19.7	20.7	21.7	22.6	23.6	24.6	25.5	26.5	27.4	28.4	29.4	♊ 0.3	1.3	2.3	3.2	4.2	5.1	6.1	7.1	8	9
☽	♋ 4.6	16.9	29	♌ 10.9	22.8	♍ 4.6	16.5	28.6	♎ 10.9	23.5	♏ 6.4	19.6	♐ 3.2	16.9	♑ 0.9	15	29.1	♒ 13.3	27.5	♓ 11.6	25.6	♈ 9.6	23.5	♉ 7.2	20.8	♊ 4.2	17.3	♋ 0.1	12.6	24.9	♌ 6.9
☿	♈ 14.8	16.1	17.6	19	20.5	22	23.6	25.2	26.8	28.5	♉ 0.2	1.9	3.6	5.4	7.2	9.1	11	12.9	14.8	16.8	18.8	20.9	23	25.1	27.2	29.3	♊ 1.5	3.7	5.9	8.1	10.3
♀	♈ 9.4	10.7	11.9	13.1	14.3	15.5	16.7	17.9	19.1	20.3	21.5	22.7	23.9	25.2	26.4	27.6	28.8	30	♉ 1.2	2.4	3.6	4.8	6	7.3	8.5	9.7	10.9	12.1	13.3	14.5	15.7
♂	♈ 18.5	19.3	20	20.8	21.5	22.3	23.1	23.8	24.6	25.3	26.1	26.8	27.6	28.4	29.1	29.9	♉ 0.6	1.4	2.1	2.9	3.6	4.4	5.1	5.9	6.6	7.3	8.1	8.8	9.6	10.3	11.1

♃	1	6	11	16	21	26	31
	♌ 1	1.5	2.1	2.8	3.5	4.3	5.1
♄	1	6	11	16	21	26	31
	♍ 7.1R	7.1	7.1D	7.1	7.2	7.3	7.5
♅	1	11	21	31			
	♏ 19.4R	18.9	18.5	18.1			
♆	1	11	21	31			
	♐ 20.1R	19.9	19.7	19.4			
♇	1	11	21	31			
	♎ 17.2R	17	16.8	16.6			

	1	2	3	4	5	6	7	8	9	10	11	12	13	14	15	16	17	18	19	20	21	22	23	24	25	26	27	28	29	30	31
☉	♉ 10.8	11.8	12.7	13.7	14.7	15.6	16.6	17.6	18.5	19.5	20.5	21.4	22.4	23.4	24.3	25.3	26.3	27.2	28.2	29.1	♊ 0.1	1.1	2	3	3.9	4.9	5.9	6.8	7.8	8.7	9.7
☽	♏ 18.5	♐ 0.8	13.4	26.1	♑ 9	22.2	♒ 5.6	19.2	♓ 3.2	17.4	♈ 2	16.7	♉ 1.6	16.4	♊ 1.1	15.5	29.5	♋ 13	26.1	♌ 8.8	21.1	♍ 3.2	15.1	27	♎ 8.8	20.7	♏ 2.7	14.9	27.3	♐ 10	22.8
☿	♈ 27.2	29.1	♉ 1.1	3.1	5.1	7.1	9.1	11.2	13.3	15.4	17.6	19.7	21.9	24.1	26.3	28.5	♊ 0.6	2.8	5	7.1	9.2	11.3	13.4	15.4	17.4	19.4	21.3	23.1	25	26.7	28.5
♀	♊ 23.4	24.1	24.8	25.4	26	26.6	27.2	27.7	28.2	28.7	29.2	29.6	♋ 0.1	0.5	0.8	1.1	1.4	1.7	1.9	2.1	2.3	2.4	2.5	2.6	2.6R	2.6	2.5	2.4	2.2	2.1	1.8
♂	♌ 29.2	29.4	29.7	30	♍ 0.3	0.5	0.8	1.1	1.4	1.7	2.1	2.4	2.7	3.1	3.4	3.8	4.1	4.5	4.8	5.2	5.6	6	6.4	6.8	7.2	7.6	8	8.4	8.8	9.2	9.7

♃	1	6	11	16	21	26	31
	♍ 0.3	0.4	0.6	0.8	1.2	1.6	2
♄	1	6	11	16	21	26	31
	♍ 20.6R	20.4	20.3	20.2	20.2	20.2D	20.3
♅	1	11	21	31			
	♏ 24.1R	23.7	23.3	22.9			
♆	1	11	21	31			
	♐ 22.3R	22.1	21.9	21.6			
♇	1	11	21	31			
	♎ 19.8R	19.6	19.4	19.2			

VI

	1	2	3	4	5	6	7	8	9	10	11	12	13	14	15	16	17	18	19	20	21	22	23	24	25	26	27	28	29	30	31
☉	♊ 9.9	10.9	11.9	12.8	13.8	14.7	15.7	16.6	17.6	18.6	19.5	20.5	21.4	22.4	23.3	24.3	25.2	26.2	27.1	28.1	29.1	♋ 0	1	1.9	2.9	3.8	4.8	5.7	6.7	7.6	
☽	♌ 18.8	♍ 0.6	12.5	24.4	♎ 6.5	18.9	♏ 1.6	14.7	28.1	♐ 12	26.2	♑ 10.6	25.1	♒ 9.6	24	♓ 8.4	22.5	♈ 6.4	20.2	♉ 3.8	17.1	♊ 0.3	13.3	26.1	♋ 8.6	21	♌ 3.1	15.1	26.9	♍ 8.7	
☿	♊ 12.5	14.6	16.8	19	21.1	23.3	25.4	27.4	29.5	♋ 1.5	3.4	5.4	7.3	9.1	10.9	12.7	14.4	16.1	17.8	19.4	21	22.5	24	25.4	26.8	28.2	29.5	♌ 0.8	2	3.1	
♀	♉ 17	18.2	19.4	20.6	21.8	23	24.2	25.4	26.7	27.9	29.1	♊ 0.3	1.5	2.7	4	5.2	6.4	7.6	8.8	10	11.3	12.5	13.7	14.9	16.1	17.3	18.6	19.8	21	22.2	
♂	♉ 11.8	12.5	13.3	14	14.7	15.5	16.2	16.9	17.7	18.4	19.1	19.9	20.6	21.3	22	22.8	23.5	24.2	24.9	25.6	26.4	27.1	27.8	28.5	29.2	29.9	♊ 0.7	1.4	2.1	2.8	

♃	1	6	11	16	21	26
	♌ 5.2	6.1	7	7.9	8.8	9.8
♄	1	6	11	16	21	26
	♍ 7.5	7.7	8	8.3	8.6	8.9
♅	1	11	21			
	♏ 18.1R	17.7	17.4			
♆	1	11	21			
	♐ 19.4R	19.1	18.8			
♇	1	11	21			
	♎ 16.6R	16.5	16.4			

	1	2	3	4	5	6	7	8	9	10	11	12	13	14	15	16	17	18	19	20	21	22	23	24	25	26	27	28	29	30	31
☉	♊ 10.7	11.6	12.6	13.5	14.5	15.4	16.4	17.4	18.3	19.3	20.2	21.2	22.1	23.1	24.1	25	26	26.9	27.9	28.8	29.8	♋ 0.7	1.7	2.6	3.6	4.6	5.5	6.5	7.4	8.4	
☽	♑ 5.9	19.1	♒ 2.5	16.1	29.9	♓ 13.8	28	♈ 12.3	26.7	♉ 11.1	25.6	♊ 9.9	23.9	♋ 7.7	21.1	♌ 4.1	16.7	29.1	♍ 11.2	23.1	♎ 5	16.8	28.8	♏ 10.9	23.2	♐ 5.8	18.6	♑ 1.8	15.2	28.8	
☿	♋ 0.1	1.8	3.4	4.9	6.4	7.9	9.2	10.6	11.9	13.1	14.3	15.4	16.5	17.5	18.5	19.4	20.3	21.1	21.8	22.4	23	23.5	24	24.4	24.7	24.9	25	25.1	25.1R	25	
♀	♋ 1.6R	1.3	0.9	0.5	0.1	♊ 29.7	29.2	28.7	28.1	27.6	27	26.4	25.8	25.2	24.5	23.9	23.3	22.7	22.1	21.5	20.9	20.3	19.8	19.3	18.8	18.4	18	17.6	17.3	17	
♂	♍ 10.1	10.5	11	11.4	11.9	12.3	12.8	13.2	13.7	14.1	14.6	15.1	15.6	16	16.5	17	17.5	18	18.5	19	19.5	20	20.5	21	21.5	22.1	22.6	23.1	23.6	24.2	

♃	1	6	11	16	21	26
	♍ 2.1	2.6	3.2	3.9	4.5	5.3
♄	1	6	11	16	21	26
	♍ 20.3	20.4	20.5	20.7	20.9	21.2
♅	1	11	21			
	♏ 22.8R	22.5	22.1			
♆	1	11	21			
	♐ 21.6R	21.3	21.1			
♇	1	11	21			
	♎ 19.2R	19.1	19			

VII

	1	2	3	4	5	6	7	8	9	10	11	12	13	14	15	16	17	18	19	20	21	22	23	24	25	26	27	28	29	30	31
☉	♋ 8.6	9.5	10.5	11.5	12.4	13.4	14.3	15.3	16.2	17.2	18.1	19.1	20	21	21.9	22.9	23.9	24.8	25.8	26.7	27.7	28.6	29.6	♌ 0.5	1.5	2.4	3.4	4.4	5.3	6.3	7.2
☽	♍ 20.5	♎ 2.4	14.5	26.9	♏ 9.6	22.7	♐ 6.3	20.3	♑ 4.8	19.5	♒ 4.4	19.3	♓ 4.1	18.7	♈ 3	17	♉ 0.7	14.1	27.3	♊ 10.2	22.9	♋ 5.3	17.6	29.7	♌ 11.7	23.6	♍ 5.4	17.2	29	♎ 10.9	22.9
☿	♌ 4.3	5.4	6.4	7.4	8.3	9.1	10	10.7	11.4	12	12.6	13.1	13.5	13.8	14.1	14.3	14.4	14.5R	14.4	14.3	14.1	13.8	13.4	13	12.5	11.9	11.3	10.6	9.9	9.2	8.4
♀	♊ 23.4	24.7	25.9	27.1	28.3	29.6	♋ 0.8	2	3.2	4.4	5.7	6.9	8.1	9.3	10.6	11.8	13	14.2	15.5	16.7	17.9	19.1	20.4	21.6	22.8	24.1	25.3	26.5	27.8	29	♌ 0.2
♂	♊ 3.5	4.2	4.9	5.6	6.3	7	7.7	8.4	9.1	9.8	10.5	11.2	11.9	12.6	13.3	14	14.7	15.4	16.1	16.8	17.5	18.1	18.8	19.5	20.2	20.9	21.6	22.2	22.9	23.6	24.3

♃	1	6	11	16	21	26	31
	♌ 10.8	11.8	12.8	13.9	15	16	17.1
♄	1	6	11	16	21	26	31
	♍ 9.3	9.8	10.2	10.7	11.2	11.7	12.2
♅	1	11	21	31			
	♏ 17.2R	17	16.9	16.9D			
♆	1	11	21	31			
	♐ 18.6R	18.3	18.1	18			
♇	1	11	21	31			
	♎ 16.4	16.5	16.6	16.7			

	1	2	3	4	5	6	7	8	9	10	11	12	13	14	15	16	17	18	19	20	21	22	23	24	25	26	27	28	29	30	31
☉	♋ 9.3	10.3	11.2	12.2	13.1	14.1	15	16	16.9	17.9	18.9	19.8	20.8	21.7	22.7	23.6	24.6	25.5	26.5	27.4	28.4	29.3	♌ 0.3	1.3	2.2	3.2	4.1	5.1	6	7	7.9
☽	♒ 12.6	26.6	♓ 10.7	24.8	♈ 9	23.2	♉ 7.4	21.5	♊ 5.5	19.3	♋ 3	16.3	29.4	♌ 12.2	24.8	♍ 7	19.1	♎ 1	12.9	24.8	♏ 6.7	18.8	♐ 1.2	13.8	26.8	♑ 10.2	23.9	♒ 7.9	22.1	♓ 6.5	21
☿	♋ 24.9R	24.7	24.4	24	23.6	23.1	22.6	22	21.4	20.7	20.1	19.5	18.8	18.2	17.6	17.1	16.6	16.2	15.8	15.5	15.3	15.2	15.2D	15.3	15.5	15.7	16.1	16.6	17.2	17.8	18.6
♀	♊ 16.8R	16.5	16.4	16.2	16.1	16.1	16.1D	16.1	16.1	16.2	16.4	16.6	16.8	17	17.3	17.6	17.9	18.3	18.6	19.1	19.5	20	20.5	21	21.5	22.1	22.7	23.3	23.9	24.6	25.2
♂	♍ 24.7	25.2	25.8	26.3	26.8	27.4	27.9	28.5	29	29.6	♎ 0.2	0.7	1.3	1.8	2.4	3	3.5	4.1	4.7	5.3	5.8	6.4	7	7.6	8.2	8.8	9.4	9.9	10.5	11.1	11.7

♃	1	6	11	16	21	26	31
	♍ 6.1	6.9	7.7	8.6	9.5	10.5	11.5
♄	1	6	11	16	21	26	31
	♍ 21.5	21.8	22.2	22.6	23	23.5	24
♅	1	11	21	31			
	♏ 21.9R	21.7	21.5	21.5D			
♆	1	11	21	31			
	♐ 20.8R	20.6	20.3	20.2			
♇	1	11	21	31			
	♎ 19	19	19.1	19.3			

VIII

	1	2	3	4	5	6	7	8	9	10	11	12	13	14	15	16	17	18	19	20	21	22	23	24	25	26	27	28	29	30	31
☉	♌ 8.2	9.1	10.1	11	12	13	13.9	14.9	15.8	16.8	17.8	18.7	19.7	20.6	21.6	22.6	23.5	24.5	25.4	26.4	27.4	28.3	29.3	♍ 0.3	1.2	2.2	3.2	4.1	5.1	6	7
☽	♏ 5.3	18	♐ 1.1	14.6	28.6	♑ 13	27.8	♒ 12.9	28	♓ 13.1	28	♈ 12.6	26.9	♉ 10.7	24.1	♊ 7.2	19.9	♋ 2.4	14.7	26.8	♌ 8.7	20.6	♍ 2.4	14.1	25.9	♎ 7.8	19.8	♏ 1.9	14.3	27	♐ 10
☿	♌ 7.7R	7	6.3	5.6	5	4.5	4	3.7	3.4	3.2	3.2	3.2D	3.4	3.7	4.1	4.6	5.2	6	6.9	7.9	8.9	10.1	11.4	12.8	14.3	15.8	17.5	19.2	20.9	22.7	24.5
♀	♌ 1.4	2.7	3.9	5.1	6.4	7.6	8.8	10.1	11.3	12.5	13.8	15	16.2	17.5	18.7	19.9	21.2	22.4	23.7	24.9	26.1	27.4	28.6	29.8	♍ 1.1	2.3	3.6	4.8	6	7.3	8.5
♂	♊ 24.9	25.6	26.3	27	27.6	28.3	29	29.6	♋ 0.3	1	1.6	2.3	2.9	3.6	4.3	4.9	5.6	6.2	6.9	7.5	8.2	8.8	9.5	10.1	10.8	11.4	12.1	12.7	13.3	14	14.6

♃	1	6	11	16	21	26	31
	♌ 17.3	18.4	19.5	20.6	21.7	22.8	23.9
♄	1	6	11	16	21	26	31
	♍ 12.4	12.9	13.5	14.1	14.7	15.3	15.9
♅	1	11	21	31			
	♏ 16.9	17	17.2	17.5			
♆	1	11	21	31			
	♐ 17.9R	17.8	17.7	17.7D			
♇	1	11	21	31			
	♎ 16.8	17	17.2	17.5			

	1	2	3	4	5	6	7	8	9	10	11	12	13	14	15	16	17	18	19	20	21	22	23	24	25	26	27	28	29	30	31
☉	♌ 8.9	9.9	10.8	11.8	12.7	13.7	14.6	15.6	16.6	17.5	18.5	19.4	20.4	21.4	22.3	23.3	24.2	25.2	26.2	27.1	28.1	29.1	♍ 0	1	2	2.9	3.9	4.8	5.8	6.8	7.7
☽	♈ 5.5	19.9	♉ 4.2	18.3	♊ 2.2	15.9	29.3	♋ 12.5	25.5	♌ 8.3	20.8	♍ 3.1	15.2	27.2	♎ 9.1	21	♏ 2.8	14.8	26.9	♐ 9.2	21.8	♑ 4.8	18.2	♒ 2	16.2	♓ 0.8	15.6	♈ 0.5	15.4	♉ 0.2	14.7
☿	♋ 19.5	20.5	21.5	22.7	23.9	25.3	26.7	28.2	29.8	♌ 1.4	3.1	4.9	6.7	8.6	10.5	12.4	14.4	16.4	18.4	20.4	22.4	24.4	26.5	28.5	♍ 0.5	2.4	4.4	6.3	8.3	10.2	12.1
♀	♊ 25.9	26.6	27.3	28	28.8	29.5	♋ 0.3	1.1	1.9	2.7	3.5	4.4	5.2	6.1	7	7.8	8.7	9.6	10.5	11.5	12.4	13.3	14.3	15.2	16.2	17.1	18.1	19.1	20.1	21.1	22.1
♂	♎ 12.3	12.9	13.5	14.1	14.8	15.4	16	16.6	17.2	17.8	18.4	19.1	19.7	20.3	20.9	21.6	22.2	22.8	23.4	24.1	24.7	25.4	26	26.6	27.3	27.9	28.6	29.2	29.9	♏ 0.5	1.2

♃	1	6	11	16	21	26	31
	♍ 11.6	12.6	13.7	14.7	15.7	16.8	17.9
♄	1	6	11	16	21	26	31
	♍ 24.1	24.6	25.1	25.6	26.2	26.8	27.4
♅	1	11	21	31			
	♏ 21.5	21.6	21.7	21.9			
♆	1	11	21	31			
	♐ 20.2R	20	19.9	19.9			
♇	1	11	21	31			
	♎ 19.3	19.5	19.7	20			

IX

	1	2	3	4	5	6	7	8	9	10	11	12	13	14	15	16	17	18	19	20	21	22	23	24	25	26	27	28	29	30	31
☉	♍ 8	8.9	9.9	10.9	11.9	12.8	13.8	14.8	15.7	16.7	17.7	18.7	19.6	20.6	21.6	22.5	23.5	24.5	25.5	26.5	27.4	28.4	29.4	♎ 0.4	1.3	2.3	3.3	4.3	5.3	6.2	
☽	♐ 23.4	♑ 7.2	21.5	♒ 6.2	21.1	♓ 6.3	21.5	♈ 6.6	21.4	♉ 5.8	19.8	♊ 3.4	16.5	29.2	♋ 11.6	23.8	♌ 5.7	17.6	29.4	♍ 11.2	23	♎ 4.9	16.9	29	♏ 11.3	23.9	♐ 6.6	19.6	♑ 3	16.7	
☿	♌ 26.4	28.3	♍ 0.2	2.1	4.1	6	8	9.9	11.8	13.7	15.7	17.5	19.4	21.3	23.1	25	26.8	28.6	♎ 0.4	2.2	3.9	5.6	7.4	9.1	10.7	12.4	14.1	15.7	17.3	18.9	
♀	♍ 9.8	11	12.2	13.5	14.7	16	17.2	18.5	19.7	20.9	22.2	23.4	24.7	25.9	27.1	28.4	29.6	♎ 0.9	2.1	3.4	4.6	5.9	7.1	8.3	9.6	10.8	12.1	13.3	14.6	15.8	
♂	♋ 15.3	15.9	16.5	17.2	17.8	18.4	19	19.7	20.3	20.9	21.5	22.2	22.8	23.4	24	24.6	25.2	25.8	26.5	27.1	27.7	28.3	28.9	29.5	♌ 0.1	0.7	1.3	1.9	2.5	3	

♃	1	6	11	16	21	26
	♌ 24.1	25.2	26.2	27.3	28.3	29.3
♄	1	6	11	16	21	26
	♍ 16.1	16.7	17.3	17.9	18.6	19.2
♅	1	11	21			
	♏ 17.5	17.8	18.3			
♆	1	11	21			
	♐ 17.7	17.8	17.9			
♇	1	11	21			
	♎ 17.6	17.9	18.3			

	1	2	3	4	5	6	7	8	9	10	11	12	13	14	15	16	17	18	19	20	21	22	23	24	25	26	27	28	29	30	31
☉	♍ 8.7	9.7	10.7	11.6	12.6	13.6	14.5	15.5	16.5	17.4	18.4	19.4	20.4	21.3	22.3	23.3	24.3	25.2	26.2	27.2	28.2	29.1	♎ 0.1	1.1	2.1	3.1	4	5	6	7	
☽	♉ 28.9	♊ 12.8	26.3	♋ 9.5	22.4	♌ 5	17.5	29.7	♍ 11.8	23.8	♎ 5.8	17.6	29.5	♏ 11.3	23.2	♐ 5.3	17.6	♑ 0.1	13	26.3	♒ 10.1	24.3	♓ 8.9	23.9	♈ 9.1	24.4	♉ 9.5	24.3	♊ 8.8	22.7	
☿	♍ 13.9	15.8	17.6	19.4	21.2	23	24.7	26.5	28.2	29.9	♎ 1.5	3.2	4.8	6.5	8.1	9.6	11.2	12.8	14.3	15.8	17.3	18.8	20.2	21.7	23.1	24.5	25.9	27.3	28.6	29.9	
♀	♋ 23.1	24.1	25.1	26.1	27.2	28.2	29.2	♌ 0.3	1.3	2.4	3.4	4.5	5.6	6.6	7.7	8.8	9.9	11	12.1	13.2	14.3	15.4	16.5	17.6	18.7	19.8	21	22.1	23.2	24.4	
♂	♏ 1.8	2.5	3.1	3.8	4.4	5.1	5.8	6.4	7.1	7.8	8.4	9.1	9.8	10.4	11.1	11.8	12.5	13.1	13.8	14.5	15.2	15.9	16.6	17.2	17.9	18.6	19.3	20	20.7	21.4	

♃	1	6	11	16	21	26
	♍ 18.1	19.2	20.3	21.3	22.4	23.5
♄	1	6	11	16	21	26
	♍ 27.5	28.1	28.7	29.3	29.9	♎ 0.6
♅	1	11	21			
	♏ 22	22.3	22.7			
♆	1	11	21			
	♐ 19.9D	19.9	20			
♇	1	11	21			
	♎ 20.1	20.4	20.8			

X

	1	2	3	4	5	6	7	8	9	10	11	12	13	14	15	16	17	18	19	20	21	22	23	24	25	26	27	28	29	30	31
☉	♎ 7.2	8.2	9.2	10.2	11.2	12.2	13.1	14.1	15.1	16.1	17.1	18.1	19.1	20.1	21	22	23	24	25	26	27	28	29	30	♏ 1	2	3	4	5	6	7
☽	♒ 0.7	15.1	29.8	♓ 14.7	29.7	♈ 14.7	29.5	♉ 14.1	28.2	♊ 11.9	25.1	♋ 7.9	20.3	♌ 2.4	14.3	26.1	♍ 7.9	19.7	♎ 1.6	13.7	25.9	♏ 8.3	20.9	♐ 3.7	16.7	29.9	♑ 13.3	27	♒ 10.8	24.9	♓ 9.3
☿	♎ 20.5	22.1	23.7	25.2	26.7	28.3	29.8	♏ 1.3	2.7	4.2	5.7	7.1	8.5	9.9	11.3	12.7	14.1	15.4	16.8	18.1	19.4	20.6	21.9	23.1	24.3	25.4	26.6	27.7	28.7	29.7	♐ 0.7
♀	♎ 17.1	18.3	19.5	20.8	22	23.3	24.5	25.8	27	28.3	29.5	♏ 0.8	2	3.2	4.5	5.7	7	8.2	9.5	10.7	12	13.2	14.5	15.7	16.9	18.2	19.4	20.7	21.9	23.2	24.4
♂	♌ 3.6	4.2	4.8	5.4	6	6.5	7.1	7.7	8.3	8.8	9.4	10	10.5	11.1	11.7	12.2	12.8	13.3	13.9	14.4	15	15.5	16.1	16.6	17.1	17.7	18.2	18.7	19.3	19.8	20.3

♃	1	6	11	16	21	26	31
	♍ 0.3	1.3	2.2	3.1	4	4.8	5.6
♄	1	6	11	16	21	26	31
	♍ 19.8	20.4	21	21.6	22.1	22.7	23.2
♅	1	11	21	31			
	♏ 18.7	19.3	19.8	20.4			
♆	1	11	21	31			
	♐ 18	18.2	18.4	18.7			
♇	1	11	21	31			
	♎ 18.7	19.1	19.5	19.8			

	1	2	3	4	5	6	7	8	9	10	11	12	13	14	15	16	17	18	19	20	21	22	23	24	25	26	27	28	29	30	31
☉	♎ 8	9	9.9	10.9	11.9	12.9	13.9	14.9	15.9	16.8	17.8	18.8	19.8	20.8	21.8	22.8	23.8	24.8	25.8	26.8	27.8	28.8	29.7	♏ 0.7	1.7	2.7	3.7	4.7	5.7	6.7	7.7
☽	♋ 6.3	19.4	♌ 2.1	14.6	26.8	♍ 8.9	20.8	♎ 2.7	14.6	26.4	♏ 8.3	20.2	♐ 2.2	14.3	26.6	♑ 9.1	21.9	♒ 5	18.6	♓ 2.6	17.1	♈ 2.1	17.3	♉ 2.6	17.9	♊ 2.9	17.6	♋ 1.7	15.4	28.6	♌ 11.3
☿	♏ 1.3	2.5	3.8	5	6.3	7.4	8.6	9.7	10.8	11.9	12.9	13.8	14.8	15.6	16.4	17.2	17.8	18.4	18.9	19.3	19.7	19.8	19.9	19.9R	19.7	19.3	18.8	18.2	17.4	16.4	15.4
♀	♌ 25.5	26.6	27.8	28.9	♍ 0.1	1.2	2.4	3.5	4.7	5.8	7	8.2	9.3	10.5	11.7	12.8	14	15.2	16.4	17.6	18.7	19.9	21.1	22.3	23.5	24.7	25.9	27.1	28.3	29.5	♎ 0.7
♂	♏ 22.1	22.8	23.5	24.2	24.9	25.6	26.3	27	27.7	28.4	29.1	29.8	♐ 0.5	1.3	2	2.7	3.4	4.1	4.8	5.6	6.3	7	7.7	8.5	9.2	9.9	10.6	11.4	12.1	12.8	13.6

♃	1	6	11	16	21	26	31
	♍ 24.6	25.6	26.7	27.7	28.7	29.7	♎ 0.7
♄	1	6	11	16	21	26	31
	♎ 1.2	1.8	2.4	3	3.6	4.2	4.7
♅	1	11	21	31			
	♏ 23.1	23.6	24.2	24.8			
♆	1	11	21	31			
	♐ 20.2	20.3	20.6	20.9			
♇	1	11	21	31			
	♎ 21.2	21.5	21.9	22.3			

XI

	1	2	3	4	5	6	7	8	9	10	11	12	13	14	15	16	17	18	19	20	21	22	23	24	25	26	27	28	29	30	31
☉	♏ 8	9	10	11	12	13	14	15	16	17	18	19	20	21	22	23	24	25	26.1	27.1	28.1	29.1	♐ 0.1	1.1	2.1	3.1	4.1	5.2	6.2	7.2	
☽	♓ 23.8	♈ 8.5	23.1	♉ 7.7	22.1	♊ 6.1	19.8	♋ 3.1	15.9	28.3	♌ 10.5	22.4	♍ 4.3	16	27.9	♎ 9.8	22	♏ 4.4	17.1	♐ 0	13.2	26.6	♑ 10.2	23.9	♒ 7.7	21.7	♓ 5.7	19.8	♈ 4	18.2	
☿	♐ 1.6	2.4	3.2	3.9	4.5	5	5.4	5.6	5.8	5.8R	5.7	5.4	4.9	4.3	3.5	2.5	1.4	0.2	♏ 28.9	27.5	26.2	24.8	23.6	22.5	21.6	20.8	20.3	19.9	19.7	19.7D	
♀	♏ 25.7	26.9	28.2	29.4	♐ 0.6	1.9	3.1	4.4	5.6	6.9	8.1	9.4	10.6	11.9	13.1	14.3	15.6	16.8	18.1	19.3	20.6	21.8	23.1	24.3	25.5	26.8	28	29.3	♑ 0.5	1.8	
♂	♌ 20.8	21.3	21.9	22.4	22.9	23.4	23.9	24.4	24.9	25.4	25.8	26.3	26.8	27.3	27.7	28.2	28.7	29.1	29.6	♍ 0.1	0.5	0.9	1.4	1.8	2.2	2.7	3.1	3.5	3.9	4.3	

♃	1	6	11	16	21	26
	♍ 5.7	6.5	7.1	7.7	8.3	8.8
♄	1	6	11	16	21	26
	♍ 23.3	23.8	24.2	24.7	25.1	25.5
♅	1	11	21			
	♏ 20.5	21.1	21.7			
♆	1	11	21			
	♐ 18.7	19.1	19.4			
♇	1	11	21			
	♎ 19.9	20.3	20.6			

	1	2	3	4	5	6	7	8	9	10	11	12	13	14	15	16	17	18	19	20	21	22	23	24	25	26	27	28	29	30	31
☉	♏ 8.7	9.7	10.7	11.7	12.7	13.7	14.7	15.7	16.8	17.8	18.8	19.8	20.8	21.8	22.8	23.8	24.8	25.8	26.8	27.8	28.8	29.9	♐ 0.9	1.9	2.9	3.9	4.9	5.9	6.9	7.9	
☽	♌ 23.7	♍ 5.9	17.9	29.7	♎ 11.6	23.4	♏ 5.3	17.2	29.3	♐ 11.4	23.7	♑ 6.1	18.7	♒ 1.5	14.6	28.1	♓ 11.9	26.2	♈ 10.8	25.7	♉ 10.8	25.9	♊ 10.9	25.6	♋ 9.9	23.6	♌ 6.9	19.8	♍ 2.2	14.4	
☿	♏ 14.2R	12.9	11.6	10.3	9.1	7.9	6.8	5.9	5.1	4.6	4.2	4	4.0D	4.2	4.6	5.1	5.7	6.5	7.4	8.4	9.4	10.6	11.8	13	14.3	15.7	17.1	18.5	19.9	21.3	
♀	♎ 1.9	3.1	4.3	5.5	6.7	7.9	9.1	10.4	11.6	12.8	14	15.2	16.4	17.7	18.9	20.1	21.3	22.6	23.8	25	26.2	27.5	28.7	29.9	♏ 1.2	2.4	3.6	4.9	6.1	7.3	
♂	♐ 14.3	15	15.8	16.5	17.2	18	18.7	19.5	20.2	21	21.7	22.4	23.2	23.9	24.7	25.4	26.2	26.9	27.7	28.5	29.2	30	♑ 0.7	1.5	2.2	3	3.8	4.5	5.3	6.1	

♃	1	6	11	16	21	26
	♎ 0.9	1.8	2.8	3.6	4.5	5.3
♄	1	6	11	16	21	26
	♎ 4.9	5.4	5.9	6.4	6.9	7.3
♅	1	11	21			
	♏ 24.8	25.4	26.1			
♆	1	11	21			
	♐ 20.9	21.2	21.5			
♇	1	11	21			
	♎ 22.4	22.8	23.1			

XII

	1	2	3	4	5	6	7	8	9	10	11	12	13	14	15	16	17	18	19	20	21	22	23	24	25	26	27	28	29	30	31
☉	♐ 8.2	9.2	10.2	11.2	12.2	13.3	14.3	15.3	16.3	17.3	18.3	19.4	20.4	21.4	22.4	23.4	24.4	25.5	26.5	27.5	28.5	29.5	♑ 0.6	1.6	2.6	3.6	4.6	5.6	6.7	7.7	8.7
☽	♉ 2.4	16.6	♊ 0.5	14.3	27.8	♋ 10.9	23.7	♌ 6.1	18.3	♍ 0.2	12	23.8	♎ 5.7	17.7	29.9	♏ 12.4	25.3	♐ 8.5	22	♑ 5.8	19.8	♒ 4	18.2	♓ 2.5	16.6	♈ 0.8	14.8	28.8	♉ 12.6	26.3	♊ 9.8
☿	♏ 19.9	20.2	20.7	21.3	22	22.8	23.7	24.7	25.8	26.9	28.1	29.3	♐ 0.6	1.9	3.2	4.5	5.9	7.3	8.7	10.1	11.6	13	14.5	16	17.4	18.9	20.4	21.9	23.4	24.9	26.4
♀	♑ 3	4.2	5.5	6.7	8	9.2	10.5	11.7	12.9	14.2	15.4	16.7	17.9	19.1	20.4	21.6	22.9	24.1	25.3	26.6	27.8	29.1	♒ 0.3	1.5	2.8	4	5.2	6.5	7.7	8.9	10.2
♂	♍ 4.7	5.1	5.5	5.9	6.3	6.7	7	7.4	7.8	8.1	8.4	8.8	9.1	9.4	9.8	10.1	10.4	10.7	11	11.2	11.5	11.8	12	12.3	12.5	12.8	13	13.2	13.4	13.6	13.8

♃	1	6	11	16	21	26	31
	♍ 9.2	9.6	9.9	10.1	10.2	10.3	10.2R
♄	1	6	11	16	21	26	31
	♍ 25.8	26.1	26.4	26.6	26.7	26.9	27
♅	1	11	21	31			
	♏ 22.3	22.9	23.5	24			
♆	1	11	21	31			
	♐ 19.8	20.1	20.5	20.9			
♇	1	11	21	31			
	♎ 20.9	21.2	21.4	21.6			

	1	2	3	4	5	6	7	8	9	10	11	12	13	14	15	16	17	18	19	20	21	22	23	24	25	26	27	28	29	30	31
☉	♐ 9	10	11	12	13	14	15	16.1	17.1	18.1	19.1	20.1	21.1	22.2	23.2	24.2	25.2	26.2	27.3	28.3	29.3	♑ 0.3	1.3	2.3	3.4	4.4	5.4	6.4	7.4	8.5	9.5
☽	♍ 26.4	♎ 8.3	20.1	♏ 2	13.9	26	♐ 8.2	20.5	♑ 3	15.7	28.6	♒ 11.6	24.9	♓ 8.4	22.2	♈ 6.3	20.6	♉ 5.1	19.8	♊ 4.5	19.1	♋ 3.5	17.6	♌ 1.4	14.7	27.6	♍ 10.1	22.4	♎ 4.5	16.4	28.2
☿	♏ 22.8	24.3	25.8	27.3	28.8	♐ 0.3	1.8	3.3	4.9	6.4	7.9	9.5	11	12.5	14.1	15.6	17.2	18.7	20.3	21.9	23.4	25	26.6	28.1	29.7	♑ 1.3	2.9	4.4	6	7.6	9.2
♀	♏ 8.6	9.8	11	12.3	13.5	14.8	16	17.2	18.5	19.7	21	22.2	23.5	24.7	25.9	27.2	28.4	29.7	♐ 0.9	2.2	3.4	4.7	5.9	7.2	8.4	9.7	10.9	12.2	13.4	14.7	15.9
♂	♑ 6.8	7.6	8.3	9.1	9.9	10.6	11.4	12.2	13	13.7	14.5	15.3	16	16.8	17.6	18.4	19.1	19.9	20.7	21.5	22.3	23	23.8	24.6	25.4	26.2	26.9	27.7	28.5	29.3	♒ 0.1

♃	1	6	11	16	21	26	31
	♎ 6	6.8	7.4	8	8.6	9	9.4
♄	1	6	11	16	21	26	31
	♎ 7.7	8.1	8.5	8.8	9	9.3	9.5
♅	1	11	21	31			
	♏ 26.7	27.3	27.8	28.4			
♆	1	11	21	31			
	♐ 21.9	22.3	22.7	23			
♇	1	11	21	31			
	♎ 23.4	23.7	24	24.1			

I

	1	2	3	4	5	6	7	8	9	10	11	12	13	14	15	16	17	18	19	20	21	22	23	24	25	26	27	28	29	30	31
☉	♑10.5	11.5	12.5	13.6	14.6	15.6	16.6	17.6	18.6	19.7	20.7	21.7	22.7	23.7	24.8	25.8	26.8	27.8	28.8	29.9	♒0.9	1.9	2.9	3.9	4.9	6	7	8	9	10	11
☽	♏10.1	22.1	♐4.2	16.5	29.1	♑11.9	24.9	♒8.2	21.6	♓5.3	19.1	♈3.1	17.1	♉1.3	15.6	29.8	♊14	28.2	♋12.1	25.8	♌9.3	22.4	♍5.3	17.8	♎0.1	12.2	24.1	♏6	17.9	29.9	♐12
☿	♑10.8	12.5	14.1	15.7	17.3	19	20.6	22.3	23.9	25.6	27.2	28.9	♒0.6	2.3	4	5.6	7.3	9	10.7	12.4	14	15.7	17.3	19	20.6	22.1	23.6	25.1	26.5	27.9	29.1
♀	♐17.2	18.4	19.7	20.9	22.2	23.4	24.7	25.9	27.2	28.4	29.7	♑0.9	2.2	3.4	4.7	5.9	7.2	8.4	9.7	10.9	12.2	13.4	14.7	15.9	17.2	18.4	19.7	20.9	22.2	23.4	24.7
♂	♒0.9	1.6	2.4	3.2	4	4.8	5.6	6.4	7.1	7.9	8.7	9.5	10.3	11.1	11.9	12.7	13.5	14.2	15	15.8	16.6	17.4	18.2	19	19.8	20.6	21.4	22.2	22.9	23.7	24.5

	1	6	11	16	21	26	31
♃	♎9.5	9.8	10.1	10.3	10.4	10.4R	10.3
♄	♎9.5	9.6	9.7	9.8	9.8R	9.7	9.6

	1	11	21	31
♅	♏28.4	28.9	29.3	29.6
♆	♐23.1	23.4	23.7	24
♇	♎24.2	24.3	24.3	24.3R

II

	1	2	3	4	5	6	7	8	9	10	11	12	13	14	15	16	17	18	19	20	21	22	23	24	25	26	27	28
☉	♒12.1	13.1	14.1	15.1	16.1	17.1	18.1	19.1	20.2	21.2	22.2	23.2	24.2	25.2	26.2	27.2	28.2	29.3	♓0.3	1.3	2.3	3.3	4.3	5.3	6.3	7.3	8.3	9.3
☽	♐24.4	♑7.1	20.1	♒3.4	17	♓0.9	15.1	29.4	♈13.7	28.1	♉12.4	26.6	♊10.6	24.4	♋8.1	21.6	♌4.9	17.9	♍0.8	13.4	25.8	♎8	20.1	♏2	13.9	25.8	♐7.7	19.8
☿	♓0.3	1.4	2.3	3.2	3.8	4.4	4.7	4.9	4.9R	4.7	4.4	3.8	3.2	2.3	1.4	0.4	♒29.3	28.1	27	25.9	24.8	23.8	23	22.2	21.5	20.9	20.5	20.1
♀	♑25.9	27.2	28.4	29.7	♒0.9	2.2	3.4	4.7	6	7.2	8.5	9.7	11	12.2	13.5	14.7	16	17.2	18.5	19.7	21	22.2	23.5	24.7	26	27.2	28.5	29.7
♂	♒25.3	26.1	26.9	27.7	28.5	29.3	♓0.1	0.9	1.6	2.4	3.2	4	4.8	5.6	6.4	7.2	8	8.8	9.5	10.3	11.1	11.9	12.7	13.5	14.3	15.1	15.8	16.6

	1	6	11	16	21	26
♃	♎10.3R	10.2	9.9	9.6	9.2	8.8
♄	♎9.6R	9.5	9.3	9.1	8.8	8.5

	1	11	21
♅	♏29.7	29.9	♐0
♆	♐24.1	24.3	24.5
♇	♎24.3R	24.3	24.2

III

	1	2	3	4	5	6	7	8	9	10	11	12	13	14	15	16	17	18	19	20	21	22	23	24	25	26	27	28	29	30	31
☉	♓10.3	11.3	12.3	13.3	14.3	15.3	16.3	17.3	18.3	19.3	20.3	21.3	22.3	23.3	24.3	25.3	26.3	27.3	28.3	29.3	♈0.3	1.3	2.3	3.3	4.3	5.3	6.2	7.2	8.2	9.2	10.2
☽	♑2.2	14.8	27.9	♒11.3	25.2	♓9.4	24	♈8.7	23.6	♉8.4	23	♊7.3	21.3	♋5	18.5	♌1.6	14.5	27.2	♍9.7	22.1	♎4.3	16.4	28.4	♏10.3	22.2	♐4	16	28	♑10.3	22.9	♒5.8
☿	♒19.9R	19.9	19.9D	20	20.2	20.6	21	21.4	22	22.6	23.4	24.1	24.9	25.8	26.7	27.7	28.7	29.8	♓0.9	2	3.2	4.4	5.7	7	8.3	9.6	11	12.4	13.8	15.2	16.7
♀	♓1	2.2	3.4	4.7	5.9	7.2	8.4	9.7	10.9	12.2	13.4	14.7	15.9	17.2	18.4	19.7	20.9	22.2	23.4	24.6	25.9	27.1	28.4	29.6	♈0.9	2.1	3.3	4.6	5.8	7.1	8.3
♂	♓17.4	18.2	19	19.8	20.6	21.3	22.1	22.9	23.7	24.5	25.3	26	26.8	27.6	28.4	29.2	29.9	♈0.7	1.5	2.3	3	3.8	4.6	5.4	6.1	6.9	7.7	8.5	9.2	10	10.8

	1	6	11	16	21	26	31
♃	♎8.5R	8	7.4	6.8	6.2	5.5	4.9
♄	♎8.4R	8	7.7	7.3	6.9	6.5	6.1

	1	11	21	31
♅	♐0.1	0.1R	0	♏29.8
♆	♐24.7	24.8	24.8	24.9R
♇	♎24.0R	23.8	23.6	23.3

IV

	1	2	3	4	5	6	7	8	9	10	11	12	13	14	15	16	17	18	19	20	21	22	23	24	25	26	27	28	29	30
☉	♈11.2	12.2	13.2	14.1	15.1	16.1	17.1	18.1	19.1	20	21	22	23	24	24.9	25.9	26.9	27.9	28.9	29.8	♉0.8	1.8	2.8	3.7	4.7	5.7	6.7	7.6	8.6	9.6
☽	♒19.2	♓3.1	17.5	♈2.2	17.3	♉2.5	17.6	♊2.6	17.2	♋1.4	15.2	28.6	♌11.6	24.3	♍6.8	19	♎1.2	13.2	25.2	♏7.1	19	♐0.9	12.8	24.7	♑6.8	19.1	♒1.6	14.5	27.8	♓11.5
☿	♓18.2	19.7	21.3	22.8	24.4	26.1	27.7	29.4	♈1.1	2.8	4.5	6.3	8.1	9.9	11.8	13.6	15.5	17.5	19.4	21.4	23.4	25.4	27.5	29.5	♉1.6	3.7	5.9	8	10.2	12.3
♀	♈9.6	10.8	12	13.3	14.5	15.8	17	18.2	19.5	20.7	22	23.2	24.4	25.7	26.9	28.2	29.4	♉0.6	1.9	3.1	4.3	5.6	6.8	8	9.3	10.5	11.8	13	14.2	15.5
♂	♈11.5	12.3	13.1	13.8	14.6	15.4	16.1	16.9	17.7	18.4	19.2	20	20.7	21.5	22.2	23	23.8	24.5	25.3	26	26.8	27.5	28.3	29	29.8	♉0.5	1.3	2	2.8	3.5

	1	6	11	16	21	26
♃	♎4.8R	4.1	3.5	2.9	2.4	1.9
♄	♎6.1R	5.7	5.3	4.9	4.6	4.3

	1	11	21
♅	♏29.8R	29.5	29.2
♆	♐24.9R	24.8	24.7
♇	♎23.3R	23	22.7

V

	1	2	3	4	5	6	7	8	9	10	11	12	13	14	15	16	17	18	19	20	21	22	23	24	25	26	27	28	29	30	31
☉	♉10.5	11.5	12.5	13.5	14.4	15.4	16.4	17.3	18.3	19.3	20.2	21.2	22.2	23.1	24.1	25.1	26	27	27.9	28.9	29.9	♊0.8	1.8	2.8	3.7	4.7	5.6	6.6	7.6	8.5	9.5
☽	♓25.8	♈10.5	25.6	♉10.8	26.2	♊11.3	26.2	♋10.6	24.5	♌8	21	♍3.7	16.1	28.3	♎10.3	22.3	♏4.1	16	27.9	♐9.8	21.8	♑3.9	16.1	28.4	♒11	23.9	♓7.2	20.8	♈4.9	19.4	♉4.2
☿	♉14.5	16.6	18.8	20.9	23	25.1	27.2	29.2	♊1.2	3.2	5.1	7	8.8	10.6	12.3	13.9	15.6	17.1	18.6	20	21.4	22.7	24	25.2	26.4	27.4	28.4	29.4	♋0.3	1.1	1.8
♀	♉16.7	17.9	19.2	20.4	21.6	22.9	24.1	25.3	26.5	27.8	29	♊0.2	1.5	2.7	3.9	5.2	6.4	7.6	8.8	10.1	11.3	12.5	13.8	15	16.2	17.4	18.7	19.9	21.1	22.3	23.6
♂	♉4.3	5	5.8	6.5	7.3	8	8.7	9.5	10.2	11	11.7	12.4	13.2	13.9	14.6	15.4	16.1	16.8	17.6	18.3	19	19.8	20.5	21.2	21.9	22.7	23.4	24.1	24.8	25.5	26.3

	1	6	11	16	21	26	31
♃	♎1.5R	1.2	0.9	0.7	0.5	0.5	0.5D
♄	♎4.0R	3.7	3.5	3.3	3.2	3.1	3

	1	11	21	31
♅	♏28.8R	28.4	28	27.6
♆	♐24.5R	24.3	24.1	23.9
♇	♎22.5R	22.2	22	21.8

VI

	1	2	3	4	5	6	7	8	9	10	11	12	13	14	15	16	17	18	19	20	21	22	23	24	25	26	27	28	29	30
☉	♊10.4	11.4	12.3	13.3	14.3	15.2	16.2	17.1	18.1	19	20	21	21.9	22.9	23.8	24.8	25.7	26.7	27.6	28.6	29.5	♋0.5	1.5	2.4	3.4	4.3	5.3	6.2	7.2	8.1
☽	♉19.3	♊4.5	19.6	♋4.5	19	♌3	16.6	29.8	♍12.5	24.9	♎7.1	19.1	♏1	12.9	24.8	♐6.7	18.7	♑0.8	13.1	25.5	♒8.1	20.9	♓4	17.3	♈1	14.9	29.2	♉13.8	28.5	♊13.4
☿	♋2.5	3.1	3.6	4.1	4.5	4.8	5	5.1	5.2	5.2R	5.1	5	4.8	4.5	4.1	3.7	3.3	2.8	2.3	1.7	1.1	0.6	♊30	29.4	28.9	28.4	27.9	27.5	27.1	26.8
♀	♊24.8	26	27.2	28.5	29.7	♋0.9	2.1	3.4	4.6	5.8	7	8.3	9.5	10.7	11.9	13.1	14.4	15.6	16.8	18	19.2	20.5	21.7	22.9	24.1	25.3	26.6	27.8	29	♌0.2
♂	♉27	27.7	28.4	29.1	29.9	♊0.6	1.3	2	2.7	3.4	4.1	4.8	5.5	6.2	7	7.7	8.4	9.1	9.8	10.5	11.2	11.9	12.6	13.3	14	14.7	15.4	16.1	16.7	17.4

	1	6	11	16	21	26
♃	♎0.5	0.6	0.8	1	1.3	1.7
♄	♎3.0R	3.0D	3	3.1	3.2	3.4

	1	11	21
♅	♏27.6R	27.2	26.8
♆	♐23.0R	23.6	23.3
♇	♎21.8R	21.7	21.6

VII

	1	2	3	4	5	6	7	8	9	10	11	12	13	14	15	16	17	18	19	20	21	22	23	24	25	26	27	28	29	30	31
☉	♋9.1	10	11	11.9	12.9	13.9	14.8	15.8	16.7	17.7	18.6	19.6	20.5	21.5	22.4	23.4	24.3	25.3	26.3	27.2	28.2	29.1	♌0.1	1	2	2.9	3.9	4.8	5.8	6.8	7.7
☽	♊28.2	♋12.8	27.2	♌11.2	24.8	♍7.9	20.8	♎3.2	15.5	27.5	♏9.4	21.3	♐3.2	15.2	27.3	♑9.6	22.1	♒4.8	17.7	♓0.9	14.2	27.9	♈11.7	25.7	♉9.9	24.2	♊8.6	23	♋7.3	21.6	♌5.6
☿	♊26.6R	26.4	26.4	26.4D	26.4	26.6	26.8	27.2	27.6	28.1	28.7	29.4	♋0.1	0.9	1.9	2.9	4	5.1	6.4	7.7	9.1	10.5	12.1	13.7	15.3	17	18.8	20.7	22.6	24.5	26.5
♀	♌1.4	2.6	3.9	5.1	6.3	7.5	8.7	9.9	11.1	12.4	13.6	14.8	16	17.2	18.4	19.6	20.8	22.1	23.3	24.5	25.7	26.9	28.1	29.3	♍0.5	1.7	2.9	4.1	5.3	6.5	7.8
♂	♊18.1	18.8	19.5	20.2	20.9	21.6	22.3	23	23.6	24.3	25	25.7	26.4	27	27.7	28.4	29.1	29.8	♋0.4	1.1	1.8	2.5	3.1	3.8	4.5	5.1	5.8	6.5	7.1	7.8	8.5

	1	6	11	16	21	26	31
♃	♎2.1	2.7	3.2	3.8	4.5	5.2	6
♄	♎3.6	3.8	4.1	4.4	4.7	5.1	5.5

	1	11	21	31
♅	♏26.5R	26.3	26.1	26.1
♆	♐23.0R	22.8	22.6	22.4
♇	♎21.5R	21.6D	21.6	21.8

VIII

	1	2	3	4	5	6	7	8	9	10	11	12	13	14	15	16	17	18	19	20	21	22	23	24	25	26	27	28	29	30	31
☉	♌8.7	9.6	10.6	11.5	12.5	13.5	14.4	15.4	16.3	17.3	18.3	19.2	20.2	21.1	22.1	23.1	24	25	25.9	26.9	27.9	28.8	29.8	♍0.8	1.7	2.7	3.6	4.6	5.6	6.5	7.5
☽	♌19.4	♍2.8	15.9	28.7	♎11.2	23.5	♏5.5	17.4	29.3	♐11.2	23.2	♑5.4	17.9	♒0.6	13.6	26.9	♓10.4	24.3	♈8.3	22.4	♉6.7	20.9	♊5.1	19.3	♋3.3	17.3	♌1	14.6	28	♍11.2	24.1
☿	♋28.5	♌0.5	2.5	4.6	6.7	8.8	10.8	12.9	15	17	19.1	21.1	23.1	25.1	27.1	29	♍0.9	2.8	4.7	6.5	8.4	10.2	12	13.7	15.5	17.2	18.9	20.5	22.2	23.8	25.4
♀	♍9	10.2	11.4	12.6	13.8	15	16.2	17.4	18.6	19.8	21	22.2	23.4	24.6	25.8	26.9	28.1	29.3	♎0.5	1.7	2.9	4.1	5.3	6.5	7.7	8.9	10	11.2	12.4	13.6	14.8
♂	♋9.1	9.8	10.5	11.1	11.8	12.5	13.1	13.8	14.4	15.1	15.7	16.4	17.1	17.7	18.4	19	19.7	20.3	21	21.6	22.3	22.9	23.5	24.2	24.8	25.5	26.1	26.8	27.4	28	28.7

	1	6	11	16	21	26	31
♃	♎6.1	6.9	7.8	8.7	9.6	10.5	11.5
♄	♎5.6	6	6.5	7	7.5	8	8.5

	1	11	21	31
♅	♏26.1R	26.1D	26.2	26.4
♆	♐22.4R	22.2	22.1	22.1
♇	♎21.8	22	22.2	22.5

IX

	1	2	3	4	5	6	7	8	9	10	11	12	13	14	15	16	17	18	19	20	21	22	23	24	25	26	27	28	29	30
☉	♍8.5	9.4	10.4	11.4	12.4	13.3	14.3	15.3	16.2	17.2	18.2	19.2	20.1	21.1	22.1	23.1	24	25	26	27	27.9	28.9	29.9	♎0.9	1.8	2.8	3.8	4.8	5.8	6.8
☽	♎6.8	19.2	♏1.4	13.4	25.4	♐7.2	19.1	♑1.1	13.3	25.8	♒8.6	21.8	♓5.4	19.3	♈3.6	18.1	♉2.7	17.3	♊1.8	16.1	♋0.2	14	27.7	♌11.1	24.3	♍7.3	20.1	♎2.8	15.2	27.5
☿	♍27	28.6	♎0.1	1.6	3.1	4.6	6.1	7.5	8.9	10.3	11.7	13	14.3	15.6	16.9	18.2	19.4	20.6	21.7	22.9	24	25	26	27	27.9	28.8	29.6	♏0.4	1.1	1.8
♀	♎16	17.1	18.3	19.5	20.7	21.9	23	24.2	25.4	26.6	27.7	28.9	♏0.1	1.2	2.4	3.6	4.7	5.9	7.1	8.2	9.4	10.5	11.7	12.9	14	15.2	16.3	17.5	18.6	19.8
♂	♋29.3	30	♌0.6	1.2	1.9	2.5	3.1	3.8	4.4	5	5.6	6.3	6.9	7.5	8.2	8.8	9.4	10	10.6	11.3	11.9	12.5	13.1	13.7	14.3	15	15.6	16.2	16.8	17.4

	1	6	11	16	21	26
♃	♎11.7	12.7	13.7	14.7	15.8	16.8
♄	♎8.7	9.2	9.8	10.4	11	11.6

	1	11	21
♅	♏26.4	26.7	27
♆	♐22.1R	22.1D	22.2
♇	♎22.6	22.9	23.2

X

	1	2	3	4	5	6	7	8	9	10	11	12	13	14	15	16	17	18	19	20	21	22	23	24	25	26	27	28	29	30	31
☉	♎7.7	8.7	9.7	10.7	11.7	12.7	13.6	14.6	15.6	16.6	17.6	18.6	19.6	20.6	21.6	22.5	23.5	24.5	25.5	26.5	27.5	28.5	29.5	♏0.5	1.5	2.5	3.5	4.5	5.5	6.5	7.5
☽	♏9.6	21.6	♐3.5	15.3	27.1	♑9.1	21.2	♒3.7	16.5	29.7	♓13.4	27.6	♈12.2	27	♉12.1	27.1	♊11.9	26.5	♋10.7	24.6	♌8.1	21.3	♍4.2	17	29.5	♎11.9	24.1	♏6.2	18.2	♐0.1	11.9
☿	♏2.3	2.8	3.2	3.5	3.8	3.9	3.8R	3.7	3.4	3	2.5	1.8	1	0.1	♎29.1	27.9	26.7	25.5	24.3	23.1	22	20.9	20.1	19.3	18.8	18.4	18.3	18.3D	18.5	18.9	19.4
♀	♏20.9	22.1	23.2	24.3	25.5	26.6	27.7	28.9	♐0	1.1	2.3	3.4	4.5	5.6	6.7	7.9	9	10.1	11.2	12.3	13.4	14.5	15.6	16.7	17.8	18.8	19.9	21	22.1	23.1	24.2
♂	♌18	18.6	19.2	19.8	20.4	21	21.6	22.2	22.8	23.4	24	24.6	25.2	25.8	26.4	27	27.6	28.2	28.8	29.4	30	♍0.5	1.1	1.7	2.3	2.9	3.4	4	4.6	5.2	5.7

	1	6	11	16	21	26	31
♃	♎17.9	19	20.1	21.2	22.2	23.3	24.4
♄	♎12.2	12.8	13.4	14	14.7	15.3	15.8

	1	11	21	31
♅	♏27.4	27.9	28.4	29
♆	♐22.3	22.5	22.7	23
♇	♎23.6	24	24.4	24.8

XI

	1	2	3	4	5	6	7	8	9	10	11	12	13	14	15	16	17	18	19	20	21	22	23	24	25	26	27	28	29	30
☉	♏8.5	9.5	10.5	11.5	12.5	13.5	14.5	15.5	16.5	17.5	18.5	19.5	20.5	21.5	22.5	23.6	24.6	25.6	26.6	27.6	28.6	29.6	♐0.6	1.6	2.6	3.7	4.7	5.7	6.7	7.7
☽	♐23.7	♑5.5	17.5	29.6	♒11.9	24.6	♓7.8	21.4	♈5.6	20.2	♉5.2	20.4	♊5.7	20.9	♋5.8	20.3	♌4.3	17.9	♍1.1	14	26.6	♎9	21.1	♏3.2	15.1	27	♐8.9	20.7	♑2.5	14.4
☿	♎20.1	20.9	21.9	22.9	24	25.2	26.5	27.9	29.2	♏0.7	2.1	3.6	5.1	6.6	8.2	9.7	11.3	12.9	14.4	16	17.6	19.2	20.7	22.3	23.9	25.5	27.1	28.6	♐0.2	1.8
♀	♐25.3	26.3	27.4	28.4	29.5	♑0.5	1.5	2.6	3.6	4.6	5.6	6.6	7.6	8.6	9.6	10.5	11.5	12.5	13.4	14.4	15.3	16.2	17.1	18	18.9	19.8	20.7	21.5	22.4	23.2
♂	♍6.3	6.9	7.4	8	8.6	9.1	9.7	10.3	10.8	11.4	11.9	12.5	13	13.6	14.1	14.7	15.2	15.8	16.3	16.8	17.4	17.9	18.4	19	19.5	20	20.5	21.1	21.6	22.1

	1	6	11	16	21	26
♃	♎24.6	25.7	26.7	27.8	28.8	29.8
♄	♎16	16.5	17.1	17.6	18.2	18.7

	1	11	21
♅	♏29.1	29.7	♐0.3
♆	♐23	23.3	23.6
♇	♎24.8	25.2	25.6

XII

	1	2	3	4	5	6	7	8	9	10	11	12	13	14	15	16	17	18	19	20	21	22	23	24	25	26	27	28	29	30	31
☉	♐8.7	9.7	10.7	11.8	12.8	13.8	14.8	15.8	16.8	17.8	18.9	19.9	20.9	21.9	22.9	24	25	26	27	28	29	♑0.1	1.1	2.1	3.1	4.1	5.2	6.2	7.2	8.2	9.2
☽	♑26.4	♒8.5	20.9	♓3.6	16.6	♈0.1	14	28.5	♉13.3	28.4	♊13.7	28.9	♋14	28.7	♌13	26.8	♍10.2	23.1	♎5.7	18.1	♏0.2	12.1	24	♐5.8	17.6	29.5	♑11.4	23.5	♒5.6	18	♓0.5
☿	♐3.4	4.9	6.5	8.1	9.7	11.2	12.8	14.4	15.9	17.5	19.1	20.7	22.2	23.8	25.4	27	28.5	♑0.1	1.7	3.3	4.9	6.5	8.1	9.7	11.3	12.9	14.5	16.1	17.7	19.3	20.9
♀	♑24.1	24.9	25.7	26.4	27.2	27.9	28.7	29.4	♒0.1	0.8	1.4	2.1	2.7	3.3	3.8	4.4	4.9	5.4	5.8	6.3	6.7	7.1	7.4	7.7	8	8.2	8.4	8.6	8.7	8.8	8.9
♂	♍22.6	23.1	23.6	24.1	24.6	25.1	25.6	26.1	26.6	27.1	27.6	28.1	28.6	29.1	29.5	30	♎0.5	0.9	1.4	1.9	2.3	2.8	3.2	3.6	4.1	4.5	5	5.4	5.8	6.2	6.6

	1	6	11	16	21	26	31
♃	♏0.8	1.7	2.6	3.5	4.4	5.2	5.9
♄	♎19.2	19.6	20	20.4	20.8	21.1	21.4

	1	11	21	31
♅	♐0.9	1.5	2.1	2.6
♆	♐24	24.4	24.7	25.1
♇	♎25.9	26.2	26.5	26.7

I

	1	2	3	4	5	6	7	8	9	10	11	12	13	14	15	16	17	18	19	20	21	22	23	24	25	26	27	28	29	30	31
☉	♑10.2	11.3	12.3	13.3	14.3	15.3	16.4	17.4	18.4	19.4	20.4	21.5	22.5	23.5	24.5	25.5	26.6	27.6	28.6	29.6	♒0.6	1.6	2.7	3.7	4.7	5.7	6.7	7.7	8.8	9.8	10.8
☽	♓13.3	26.4	♈9.8	23.5	♉7.7	22.1	♊6.9	21.9	♋6.9	21.8	♌6.5	20.9	♍4.8	18.4	♎1.5	14.2	26.6	♏8.7	20.6	♐2.5	14.3	26.1	♑8	20.1	♒2.3	14.8	27.4	♓10.3	23.4	♈6.7	20.2
☿	♑22.5	24.1	25.7	27.3	28.9	♒0.5	2	3.6	5.1	6.6	8	9.4	10.7	12	13.2	14.3	15.4	16.3	17.1	17.7	18.2	18.5	18.6	18.6R	18.4	17.9	17.3	16.5	15.6	14.5	13.4
♀	♒8.9R	8.9	8.8	8.7	8.5	8.3	8.1	7.8	7.5	7.1	6.7	6.3	5.9	5.4	4.8	4.3	3.7	3.1	2.5	1.9	1.3	0.7	0.1	♑29.5	28.9	28.3	27.7	27.2	26.7	26.2	25.8
♂	♎7.1	7.5	7.9	8.3	8.7	9	9.4	9.8	10.2	10.5	10.9	11.3	11.6	12	12.3	12.6	12.9	13.3	13.6	13.9	14.2	14.5	14.8	15	15.3	15.6	15.8	16.1	16.3	16.5	16.8

	1	6	11	16	21	26	31
♃	♏6.1	6.8	7.4	8	8.6	9	9.4
♄	♎21.5	21.7	21.9	22	22.2	22.2	22.2

	1	11	21	31
♅	♐2.7	3.2	3.6	4
♆	♐25.2	25.5	25.9	26.2
♇	♎26.7	26.8	26.9	26.9R

II

	1	2	3	4	5	6	7	8	9	10	11	12	13	14	15	16	17	18	19	20	21	22	23	24	25	26	27	28
☉	♒11.8	12.8	13.8	14.8	15.9	16.9	17.9	18.9	19.9	20.9	21.9	23	24	25	26	27	28	29	♓0	1	2	3	4.1	5.1	6.1	7.1	8.1	9.1
☽	♉4	18	♊2.2	16.5	♋1	15.6	♌0.1	14.5	28.7	♍12.6	26.1	♎9.3	22	♏4.5	16.7	28.6	♐10.5	22.3	♑4.2	16.1	28.3	♒10.8	23.5	♓6.4	19.7	♈3.2	17	♉0.8
☿	♒12.2R	10.9	9.7	8.5	7.4	6.4	5.5	4.7	4.1	3.6	3.3	3	2.9	3.0D	3.1	3.3	3.7	4.1	4.6	5.2	5.9	6.7	7.5	8.3	9.2	10.2	11.2	12.3
♀	♑25.3R	25	24.6	24.3	24.1	23.8	23.7	23.5	23.4	23.4	23.4D	23.4	23.5	23.6	23.7	23.9	24.1	24.4	24.6	25	25.3	25.7	26.1	26.5	27	27.5	28	28.6
♂	♎17	17.2	17.4	17.6	17.7	17.9	18.1	18.2	18.4	18.5	18.6	18.7	18.8	18.9	19	19	19.1	19.1	19.2	19.2	19.2R	19.2	19.1	19.1	19.1	19	18.9	18.8

	1	6	11	16	21	26
♃	♏9.5	9.8	10.1	10.2	10.3	10.3R
♄	♎22.2R	22.2	22.1	22	21.9	21.7

	1	11	21
♅	♐4	4.3	4.5
♆	♐26.2	26.5	26.7
♇	♎26.9R	26.9	26.8

III

	1	2	3	4	5	6	7	8	9	10	11	12	13	14	15	16	17	18	19	20	21	22	23	24	25	26	27	28	29	30	31
☉	♓10.1	11.1	12.1	13.1	14.1	15.1	16.1	17.1	18.1	19.1	20.1	21.1	22.1	23.1	24.1	25.1	26.1	27.1	28.1	29.1	♈0.1	1.1	2	3	4	5	6	7	8	9	10
☽	♉14.8	28.9	♊13	27.2	♋11.3	25.4	♌9.4	23.4	♍7.2	20.8	♎4.1	17.1	29.9	♏12.3	24.5	♐6.4	18.3	♑0.1	12	24	♒6.2	18.7	♓1.6	14.9	28.5	♈12.4	26.6	♉11	25.4	♊9.7	24
☿	♒13.3	14.5	15.6	16.8	18.1	19.3	20.6	21.9	23.3	24.6	26	27.4	28.9	♓0.3	1.8	3.3	4.8	6.4	7.9	9.5	11.1	12.8	14.4	16.1	17.8	19.5	21.2	23	24.8	26.6	28.4
♀	♑29.1	29.7	♒0.3	1	1.6	2.3	3	3.7	4.4	5.1	5.9	6.7	7.5	8.3	9.1	9.9	10.7	11.6	12.4	13.3	14.2	15.1	16	16.9	17.8	18.8	19.7	20.7	21.6	22.6	23.5
♂	♎18.7R	18.6	18.5	18.4	18.2	18.1	17.9	17.7	17.5	17.3	17.1	16.8	16.6	16.3	16	15.8	15.5	15.2	14.8	14.5	14.2	13.9	13.5	13.1	12.8	12.4	12	11.7	11.3	10.9	10.5

	1	6	11	16	21	26	31
♃	♏10.3R	10.2	10	9.7	9.4	9	8.5
♄	♎21.5R	21.3	21	20.7	20.3	20	19.6

	1	11	21	31
♅	♐4.6	4.6R	4.6	4.4
♆	♐26.8	27	27	27.0R
♇	♎26.7R	26.5	26.2	26

IV

	1	2	3	4	5	6	7	8	9	10	11	12	13	14	15	16	17	18	19	20	21	22	23	24	25	26	27	28	29	30
☉	♈10.9	11.9	12.9	13.9	14.9	15.9	16.9	17.8	18.8	19.8	20.8	21.8	22.8	23.7	24.7	25.7	26.7	27.6	28.6	29.6	♉0.6	1.6	2.5	3.5	4.5	5.5	6.4	7.4	8.4	9.3
☽	♋8.1	22.1	♌6	19.7	♍3.2	16.6	29.7	♎12.7	25.5	♏8	20.3	♐2.4	14.4	26.2	♑8	19.9	♒1.9	14.1	26.6	♓9.6	22.9	♈6.7	20.9	♉5.5	20.2	♊5	19.8	♋4.4	18.7	♌2.8
☿	♈0.3	2.1	4	5.9	7.9	9.8	11.8	13.8	15.9	17.9	20	22.1	24.1	26.3	28.4	♉0.5	2.6	4.7	6.8	8.9	10.9	12.9	14.9	16.9	18.8	20.7	22.5	24.2	25.9	27.6
♀	♒24.5	25.5	26.5	27.5	28.5	29.5	♓0.5	1.5	2.5	3.6	4.6	5.7	6.7	7.7	8.8	9.8	10.9	12	13	14.1	15.2	16.3	17.3	18.4	19.5	20.6	21.7	22.8	23.9	25
♂	♎10.1R	9.8	9.4	9	8.6	8.2	7.8	7.4	7.1	6.7	6.3	6	5.6	5.3	5	4.6	4.3	4	3.7	3.5	3.2	2.9	2.7	2.4	2.2	2	1.8	1.6	1.4	1.3

	1	6	11	16	21	26
♃	♏8.4R	7.9	7.3	6.7	6.1	5.5
♄	♎19.5R	19.2	18.8	18.4	18	17.6

	1	11	21
♅	♐4.4R	4.2	3.9
♆	♐27.0R	27	26.9
♇	♎26.0R	25.7	25.4

V

	1	2	3	4	5	6	7	8	9	10	11	12	13	14	15	16	17	18	19	20	21	22	23	24	25	26	27	28	29	30	31
☉	♉10.3	11.3	12.3	13.2	14.2	15.2	16.1	17.1	18.1	19	20	21	21.9	22.9	23.9	24.8	25.8	26.7	27.7	28.7	29.6	♊0.6	1.6	2.5	3.5	4.4	5.4	6.4	7.3	8.3	9.2
☽	♌16.6	♍0.1	13.4	26.5	♎9.3	22	♏4.4	16.7	28.9	♐10.8	22.7	♑4.5	16.3	28.1	♒10.1	22.3	♓4.8	17.7	♈1.1	14.9	29.2	♉13.8	28.8	♊13.9	29	♋13.9	28.5	♌12.8	26.7	♍10.3	23.5
☿	♉29.2	♊0.7	2.1	3.5	4.8	6	7.2	8.3	9.3	10.2	11.1	11.8	12.5	13.2	13.7	14.1	14.5	14.8	15	15.1	15.2	15.2R	15	14.9	14.6	14.3	13.9	13.5	13	12.5	12
♀	♓26.1	27.2	28.3	29.4	♈0.6	1.7	2.8	3.9	5	6.2	7.3	8.4	9.5	10.7	11.8	12.9	14.1	15.2	16.4	17.5	18.6	19.8	20.9	22.1	23.2	24.4	25.5	26.7	27.8	29	♉0.2
♂	♎1.1R	1	0.9	0.8	0.7	0.6	0.5	0.5	0.4	0.4	0.4	0.4D	0.4	0.4	0.4	0.5	0.5	0.6	0.7	0.8	0.9	1	1.1	1.3	1.4	1.6	1.8	1.9	2.1	2.3	2.5

	1	6	11	16	21	26	31
♃	♏4.8R	4.2	3.6	3	2.5	2	1.6
♄	♎17.3R	17	16.7	16.4	16.2	16	15.8

	1	11	21	31
♅	♐3.5R	3.2	2.8	2.3
♆	♐26.8R	26.6	26.4	26.1
♇	♎25.1R	24.9	24.6	24.4

VI

	1	2	3	4	5	6	7	8	9	10	11	12	13	14	15	16	17	18	19	20	21	22	23	24	25	26	27	28	29	30
☉	♊10.2	11.2	12.1	13.1	14	15	15.9	16.9	17.9	18.8	19.8	20.7	21.7	22.6	23.6	24.5	25.5	26.5	27.4	28.4	29.3	♋0.3	1.2	2.2	3.1	4.1	5	6	7	7.9
☽	♎6.4	19	♏1.4	13.7	25.7	♐7.7	19.6	♑1.4	13.2	25	♒6.9	18.9	♓1.2	13.7	26.5	♈9.8	23.5	♉7.6	22.2	♊7.1	22.3	♋7.5	22.6	♌7.4	21.9	♍6.1	19.7	♎3	15.9	28.4
☿	♊11.4R	10.9	10.3	9.8	9.2	8.7	8.3	7.9	7.5	7.2	6.9	6.8	6.7	6.6D	6.7	6.8	7	7.2	7.6	8	8.5	9.1	9.7	10.4	11.2	12.1	13	14	15.1	16.2
♀	♉1.3	2.5	3.6	4.8	6	7.1	8.3	9.5	10.6	11.8	13	14.1	15.3	16.5	17.6	18.8	20	21.2	22.3	23.5	24.7	25.9	27.1	28.2	29.4	♊0.6	1.8	3	4.1	5.3
♂	♎2.8	3	3.2	3.5	3.7	4	4.3	4.5	4.8	5.1	5.4	5.8	6.1	6.4	6.7	7.1	7.4	7.8	8.1	8.5	8.9	9.3	9.7	10	10.4	10.9	11.3	11.7	12.1	12.5

	1	6	11	16	21	26
♃	♏1.5R	1.1	0.9	0.7	0.5	0.4
♄	♎15.8R	15.6	15.6	15.5	15.5D	15.6

	1	11	21
♅	♐2.3R	1.9	1.5
♆	♐26.1R	25.8	25.6
♇	♎24.4R	24.3	24.2

VII

	1	2	3	4	5	6	7	8	9	10	11	12	13	14	15	16	17	18	19	20	21	22	23	24	25	26	27	28	29	30	31
☉	♋8.9	9.8	10.8	11.7	12.7	13.6	14.6	15.5	16.5	17.4	18.4	19.3	20.3	21.3	22.2	23.2	24.1	25.1	26	27	27.9	28.9	29.8	♌0.8	1.8	2.7	3.7	4.6	5.6	6.5	7.5
☽	♏10.7	22.8	♐4.7	16.6	28.4	♑10.2	22	♒4	16	28.2	♓10.5	23.1	♈6	19.3	♉2.9	16.8	♊1.2	15.8	♋0.8	15.8	♌0.9	15.8	♍0.4	14.6	28.4	♎11.8	24.7	♏7.3	19.6	♐1.6	13.5
☿	♊17.4	18.6	20	21.4	22.8	24.3	25.9	27.5	29.2	♋0.9	2.7	4.6	6.5	8.4	10.4	12.4	14.4	16.5	18.6	20.7	22.9	25	27.1	29.2	♌1.4	3.5	5.6	7.6	9.7	11.7	13.8
♀	♊6.5	7.7	8.9	10.1	11.3	12.5	13.6	14.8	16	17.2	18.4	19.6	20.8	22	23.2	24.4	25.6	26.8	28	29.2	♋0.4	1.6	2.8	4	5.2	6.4	7.6	8.8	10	11.2	12.5
♂	♎13	13.4	13.8	14.3	14.8	15.2	15.7	16.1	16.6	17.1	17.6	18.1	18.5	19	19.5	20	20.5	21.1	21.6	22.1	22.6	23.1	23.7	24.2	24.7	25.3	25.8	26.4	26.9	27.5	28

	1	6	11	16	21	26	31
♃	♏0.5	0.5	0.7	0.9	1.2	1.6	2
♄	♎15.6	15.8	15.9	16.1	16.4	16.7	17

	1	11	21	31
♅	♐1.2R	0.9	0.7	0.6
♆	♐25.3R	25	24.8	24.6
♇	♎24.1R	24.1D	24.2	24.3

VIII

	1	2	3	4	5	6	7	8	9	10	11	12	13	14	15	16	17	18	19	20	21	22	23	24	25	26	27	28	29	30	31
☉	♌8.4	9.4	10.4	11.3	12.3	13.2	14.2	15.1	16.1	17.1	18	19	19.9	20.9	21.9	22.8	23.8	24.7	25.7	26.7	27.6	28.6	29.6	♍0.5	1.5	2.5	3.4	4.4	5.3	6.3	7.3
☽	♐25.3	♑7.1	18.9	♒0.9	12.9	25.2	♓7.6	20.2	♈3	16.1	29.4	♉13	26.9	♊11	25.3	♋9.9	24.7	♌9.4	24.1	♍8.6	22.8	♎6.6	20	♏3	15.6	27.9	♐9.9	21.8	♑3.6	15.4	27.3
☿	♌15.7	17.7	19.7	21.6	23.5	25.3	27.2	29	♍0.7	2.5	4.2	5.9	7.6	9.3	10.9	12.5	14.1	15.7	17.2	18.7	20.2	21.6	23.1	24.5	25.9	27.2	28.5	29.8	♎1.1	2.3	3.5
♀	♋13.7	14.9	16.1	17.3	18.5	19.7	20.9	22.1	23.4	24.6	25.8	27	28.2	29.4	♌0.7	1.9	3.1	4.3	5.6	6.8	8	9.2	10.4	11.7	12.9	14.1	15.4	16.6	17.8	19	20.3
♂	♎28.6	29.2	29.7	♏0.3	0.9	1.4	2	2.6	3.2	3.8	4.4	5	5.6	6.2	6.8	7.4	8	8.6	9.2	9.8	10.4	11	11.7	12.3	12.9	13.5	14.2	14.8	15.4	16.1	16.7

	1	6	11	16	21	26	31
♃	♏2.1	2.6	3.2	3.8	4.5	5.2	6
♄	♎17	17.4	17.8	18.2	18.6	19.1	19.6

	1	11	21	31
♅	♐0.6R	0.6D	0.6	0.8
♆	♐24.6R	24.5	24.3	24.3
♇	♎24.3	24.5	24.7	25

IX

	1	2	3	4	5	6	7	8	9	10	11	12	13	14	15	16	17	18	19	20	21	22	23	24	25	26	27	28	29	30
☉	♍8.2	9.2	10.2	11.2	12.1	13.1	14.1	15	16	17	17.9	18.9	19.9	20.9	21.8	22.8	23.8	24.8	25.7	26.7	27.7	28.7	29.7	♎0.6	1.6	2.6	3.6	4.6	5.5	6.5
☽	♒9.4	21.6	♓4.1	16.8	29.8	♈13	26.4	♉9.9	23.7	♊7.5	21.6	♋5.7	20	♌4.3	18.7	♍3	17.2	♎1.1	14.8	28.1	♏11	23.6	♐5.8	17.9	29.7	♑11.5	23.4	♒5.3	17.4	29.8
☿	♎4.7	5.9	7	8	9.1	10.1	11	11.9	12.7	13.5	14.3	14.9	15.5	16.1	16.5	16.9	17.2	17.4	17.5	17.5R	17.4	17.2	16.8	16.3	15.8	15	14.2	13.3	12.3	11.2
♀	♌21.5	22.7	24	25.2	26.4	27.7	28.9	♍0.1	1.4	2.6	3.8	5.1	6.3	7.6	8.8	10	11.3	12.5	13.8	15	16.2	17.5	18.7	20	21.2	22.5	23.7	25	26.2	27.4
♂	♏17.4	18	18.7	19.3	20	20.6	21.3	21.9	22.6	23.2	23.9	24.6	25.2	25.9	26.6	27.3	27.9	28.6	29.3	30	♐0.7	1.3	2	2.7	3.4	4.1	4.8	5.5	6.2	6.9

	1	6	11	16	21	26
♃	♏6.1	7	7.8	8.7	9.6	10.6
♄	♎19.7	20.2	20.7	21.3	21.9	22.4

	1	11	21
♅	♐0.8	1	1.3
♆	♐24.3R	24.3D	24.3
♇	♎25	25.4	25.7

X

	1	2	3	4	5	6	7	8	9	10	11	12	13	14	15	16	17	18	19	20	21	22	23	24	25	26	27	28	29	30	31
☉	♎7.5	8.5	9.5	10.5	11.4	12.4	13.4	14.4	15.4	16.4	17.4	18.3	19.3	20.3	21.3	22.3	23.3	24.3	25.3	26.3	27.3	28.3	29.3	♏0.3	1.3	2.3	3.3	4.2	5.2	6.2	7.2
☽	♓12.5	25.5	♈8.9	22.4	♉6.3	20.2	♊4.3	18.4	♋2.5	16.6	♌0.7	14.8	28.7	♍12.6	26.4	♎9.9	23.2	♏6.3	19.1	♐1.5	13.7	25.7	♑7.6	19.4	♒1.2	13.1	25.3	♓7.7	20.5	♈3.6	17.2
☿	♎10.1R	9	7.8	6.7	5.7	4.8	4	3.4	2.9	2.6	2.4	2.5D	2.7	3.1	3.7	4.4	5.2	6.2	7.3	8.5	9.7	11.1	12.5	13.9	15.4	17	18.6	20.1	21.8	23.4	25
♀	♍28.7	29.9	♎1.2	2.4	3.7	4.9	6.2	7.4	8.7	9.9	11.2	12.4	13.7	14.9	16.2	17.4	18.7	19.9	21.2	22.4	23.7	24.9	26.2	27.4	28.7	29.9	♏1.2	2.5	3.7	5	6.2
♂	♐7.6	8.3	9	9.7	10.4	11.1	11.8	12.5	13.2	14	14.7	15.4	16.1	16.8	17.6	18.3	19	19.7	20.5	21.2	21.9	22.7	23.4	24.1	24.9	25.6	26.3	27.1	27.8	28.6	29.3

	1	6	11	16	21	26	31
♃	♏11.6	12.6	13.6	14.7	15.7	16.8	17.9
♄	♎23	23.6	24.2	24.8	25.4	26	26.6

	1	11	21	31
♅	♐1.7	2.2	2.7	3.2
♆	♐24.5	24.6	24.8	25.1
♇	♎26.1	26.5	26.9	27.3

XI

	1	2	3	4	5	6	7	8	9	10	11	12	13	14	15	16	17	18	19	20	21	22	23	24	25	26	27	28	29	30
☉	♏8.2	9.2	10.2	11.2	12.3	13.3	14.3	15.3	16.3	17.3	18.3	19.3	20.3	21.3	22.3	23.3	24.3	25.3	26.3	27.3	28.4	29.4	♐0.4	1.4	2.4	3.4	4.4	5.4	6.4	7.5
☽	♉1.1	15.3	29.8	♊14.3	28.8	♋13.2	27.5	♌11.6	25.6	♍9.3	22.9	♎6.2	19.4	♏2.3	15	27.5	♐9.8	21.9	♑3.8	15.6	27.4	♒9.2	21.1	♓3.2	15.6	28.3	♈11.5	25.1	♉9.1	23.5
☿	♎26.6	28.3	29.9	♏1.6	3.2	4.9	6.5	8.2	9.8	11.4	13.1	14.7	16.3	17.9	19.5	21.1	22.7	24.3	25.9	27.5	29.1	♐0.6	2.2	3.8	5.4	6.9	8.5	10.1	11.6	13.2
♀	♏7.5	8.7	10	11.2	12.5	13.7	15	16.3	17.5	18.8	20	21.3	22.5	23.8	25	26.3	27.6	28.8	♐0.1	1.3	2.6	3.8	5.1	6.3	7.6	8.9	10.1	11.4	12.6	13.9
♂	♑0	0.8	1.5	2.3	3	3.8	4.5	5.3	6	6.8	7.5	8.3	9.1	9.8	10.6	11.3	12.1	12.9	13.6	14.4	15.1	15.9	16.7	17.4	18.2	19	19.8	20.5	21.3	22.1

	1	6	11	16	21	26
♃	♏18.1	19.2	20.3	21.4	22.5	23.6
♄	♎26.8	27.4	28	28.5	29.1	29.6

	1	11	21
♅	♐3.3	3.9	4.5
♆	♐25.1	25.4	25.7
♇	♎27.3	27.7	28.1

XII

	1	2	3	4	5	6	7	8	9	10	11	12	13	14	15	16	17	18	19	20	21	22	23	24	25	26	27	28	29	30	31
☉	♐8.5	9.5	10.5	11.5	12.5	13.5	14.6	15.6	16.6	17.6	18.6	19.6	20.7	21.7	22.7	23.7	24.7	25.7	26.8	27.8	28.8	29.8	♑0.8	1.8	2.9	3.9	4.9	5.9	6.9	8	9
☽	♊8.2	23.2	♋8.1	23	♌7.6	22	♍6.1	19.8	♎3.2	16.3	29.2	♏11.8	24.2	♐6.4	18.4	♑0.4	12.2	24	♒5.8	17.6	29.5	♓11.6	23.9	♈6.6	19.6	♉3.1	17	♊1.3	16.1	♋1.1	16.3
☿	♐14.7	16.3	17.8	19.4	21	22.5	24.1	25.6	27.2	28.7	♑0.3	1.8	3.4	4.9	6.4	8	9.5	11	12.5	14	15.5	17	18.4	19.8	21.2	22.6	23.9	25.2	26.4	27.5	28.5
♀	♐15.1	16.4	17.7	18.9	20.2	21.4	22.7	23.9	25.2	26.4	27.7	29	♑0.2	1.5	2.7	4	5.2	6.5	7.7	9	10.3	11.5	12.8	14	15.3	16.5	17.8	19	20.3	21.6	22.8
♂	♑22.8	23.6	24.4	25.2	25.9	26.7	27.5	28.3	29	29.8	♒0.6	1.4	2.1	2.9	3.7	4.5	5.3	6.1	6.8	7.6	8.4	9.2	10	10.7	11.5	12.3	13.1	13.9	14.7	15.5	16.2

	1	6	11	16	21	26	31
♃	♏24.7	25.8	26.9	27.9	29	30	♐1
♄	♏0.2	0.7	1.2	1.6	2.1	2.5	2.8

	1	11	21	31
♅	♐5.1	5.7	6.3	6.9
♆	♐26.1	26.5	26.8	27.2
♇	♎28.4	28.7	29	29.2

1983

I

	1	2	3	4	5	6	7	8	9	10	11	12	13	14	15	16	17	18	19	20	21	22	23	24	25	26	27	28	29	30	31
☉	♑ 10	11	12	13.1	14.1	15.1	16.1	17.1	18.2	19.2	20.2	21.2	22.2	23.2	24.3	25.3	26.3	27.3	28.3	29.4	♒ 0.4	1.4	2.4	3.4	4.4	5.5	6.5	7.5	8.5	9.5	10.5
☽	♌ 1.5	16.6	♍ 1.3	15.7	29.6	♎ 13	26.1	♏ 8.8	21.2	♐ 3.4	15.4	27.3	♑ 9.1	20.9	♒ 2.7	14.6	26.5	♓ 8.5	20.7	♈ 3	15.7	28.6	♉ 11.8	25.5	♊ 9.6	24.2	♋ 9	24.2	♌ 9.4	24.6	♍ 9.6
☿	♑ 29.5	♒ 0.4	1.1	1.7	2.2	2.5	2.6	2.5R	2.2	1.8	1.1	0.3	♑ 29.3	28.1	26.9	25.6	24.3	23	21.8	20.6	19.6	18.7	18	17.4	16.9	16.6	16.5	16.5D	16.6	16.9	17.2
♀	♑ 24.1	25.3	26.6	27.8	29.1	♒ 0.3	1.6	2.8	4.1	5.3	6.6	7.9	9.1	10.4	11.6	12.9	14.1	15.4	16.6	17.9	19.1	20.4	21.6	22.9	24.1	25.4	26.6	27.9	29.1	♓ 0.4	1.6
♂	♒ 17	17.8	18.6	19.4	20.2	20.9	21.7	22.5	23.3	24.1	24.9	25.7	26.4	27.2	28	28.8	29.6	♓ 0.4	1.2	1.9	2.7	3.5	4.3	5.1	5.9	6.7	7.4	8.2	9	9.8	10.6

	1	6	11	16	21	26	31
♃	♐ 1.2	2.2	3.1	4	4.8	5.7	6.4
♄	♏ 2.9	3.2	3.5	3.8	4	4.2	4.3

	1	11	21	31
♅	♐ 6.9	7.5	7.9	8.3
♆	♐ 27.3	27.6	28	28.3
♇	♎ 29.2	29.4	29.5	29.5

II

	1	2	3	4	5	6	7	8	9	10	11	12	13	14	15	16	17	18	19	20	21	22	23	24	25	26	27	28	29	30	31
☉	♒ 11.6	12.6	13.6	14.6	15.6	16.6	17.6	18.7	19.7	20.7	21.7	22.7	23.7	24.7	25.7	26.7	27.8	28.8	29.8	♓ 0.8	1.8	2.8	3.8	4.8	5.8	6.8	7.8	8.8			
☽	♍ 24.2	♎ 8.3	22	♏ 5.1	17.9	♐ 0.3	12.4	24.3	♑ 6.1	17.9	29.7	♒ 11.5	23.5	♓ 5.5	17.7	♈ 0.1	12.7	25.4	♉ 8.4	21.6	♊ 5.2	19	♋ 3.3	17.8	♌ 2.6	17.6	♍ 2.6	17.5			
☿	♑ 17.7	18.2	18.8	19.5	20.3	21.1	22	23	24	25	26.1	27.2	28.3	29.5	♒ 0.7	2	3.3	4.6	5.9	7.2	8.6	10	11.4	12.8	14.2	15.7	17.2	18.7			
♀	♓ 2.8	4.1	5.3	6.6	7.8	9.1	10.3	11.6	12.8	14	15.3	16.5	17.8	19	20.2	21.5	22.7	24	25.2	26.4	27.7	28.9	♈ 0.1	1.4	2.6	3.8	5.1	6.3			
♂	♓ 11.4	12.1	12.9	13.7	14.5	15.3	16	16.8	17.6	18.4	19.2	19.9	20.7	21.5	22.3	23	23.8	24.6	25.4	26.1	26.9	27.7	28.5	29.2	♈ 0	0.8	1.6	2.3			

	1	6	11	16	21	26
♃	♐ 6.6	7.3	7.9	8.5	9.1	9.6
♄	♏ 4.3	4.4	4.4	4.4R	4.4	4.3

	1	11	21
♅	♐ 8.4	8.7	8.9
♆	♐ 28.3	28.6	28.8
♇	♎ 29.5R	29.5	29.4

III

	1	2	3	4	5	6	7	8	9	10	11	12	13	14	15	16	17	18	19	20	21	22	23	24	25	26	27	28	29	30	31
☉	♓ 9.8	10.8	11.8	12.9	13.9	14.9	15.9	16.9	17.9	18.9	19.9	20.9	21.9	22.8	23.8	24.8	25.8	26.8	27.8	28.8	29.8	♈ 0.8	1.8	2.8	3.8	4.8	5.8	6.8	7.7	8.7	9.7
☽	♎ 2.1	16.3	♏ 0.1	13.4	26.2	♐ 8.6	20.8	♑ 2.7	14.5	26.3	♒ 8.1	20	♓ 2.1	14.4	26.8	♈ 9.5	22.4	♉ 5.4	18.6	♊ 2.1	15.7	29.5	♋ 13.5	27.8	♌ 12.2	26.8	♍ 11.4	25.9	♎ 10.2	24.3	♏ 8
☿	♒ 20.2	21.8	23.3	24.9	26.5	28.1	29.7	♓ 1.4	3	4.7	6.4	8.1	9.9	11.6	13.4	15.2	17	18.9	20.7	22.6	24.5	26.4	28.4	♈ 0.3	2.3	4.3	6.3	8.3	10.4	12.4	14.5
♀	♈ 7.5	8.8	10	11.2	12.4	13.7	14.9	16.1	17.3	18.6	19.8	21	22.2	23.4	24.7	25.9	27.1	28.3	29.5	♉ 0.7	1.9	3.1	4.4	5.6	6.8	8	9.2	10.4	11.6	12.8	14
♂	♈ 3.1	3.9	4.6	5.4	6.2	6.9	7.7	8.5	9.2	10	10.8	11.5	12.3	13	13.8	14.6	15.3	16.1	16.8	17.6	18.3	19.1	19.9	20.6	21.4	22.1	22.9	23.6	24.4	25.1	25.9

	1	6	11	16	21	26	31
♃	♐ 9.8	10.2	10.5	10.7	10.9	10.9	10.9R
♄	♏ 4.2R	4	3.8	3.6	3.3	3	2.7

	1	11	21	31
♅	♐ 9	9.1	9.1R	9
♆	♐ 29	29.1	29.2	29.2
♇	♎ 29.3R	29.1	28.9	28.7

IV

	1	2	3	4	5	6	7	8	9	10	11	12	13	14	15	16	17	18	19	20	21	22	23	24	25	26	27	28	29	30	31
☉	♈ 10.7	11.7	12.7	13.7	14.7	15.6	16.6	17.6	18.6	19.6	20.6	21.5	22.5	23.5	24.5	25.5	26.4	27.4	28.4	29.4	♉ 0.3	1.3	2.3	3.3	4.2	5.2	6.2	7.2	8.1	9.1	
☽	♏ 21.2	♐ 4.1	16.5	28.7	♑ 10.7	22.6	♒ 4.4	16.2	28.2	♓ 10.4	22.8	♈ 5.5	18.5	♉ 1.7	15.1	28.7	♊ 12.5	26.4	♋ 10.4	24.4	♌ 8.6	22.8	♍ 7	21.1	♎ 5.2	19.1	♏ 2.8	16.1	29.2	♐ 11.9	
☿	♈ 16.5	18.6	20.6	22.7	24.7	26.7	28.6	♉ 0.6	2.5	4.3	6.1	7.9	9.5	11.1	12.7	14.1	15.5	16.8	18	19.2	20.2	21.2	22	22.8	23.5	24.1	24.5	24.9	25.2	25.4	
♀	♉ 15.2	16.4	17.6	18.8	20	21.2	22.3	23.5	24.7	25.9	27.1	28.3	29.5	♊ 0.6	1.8	3	4.2	5.3	6.5	7.7	8.8	10	11.2	12.3	13.5	14.6	15.8	17	18.1	19.3	
♂	♈ 26.6	27.4	28.1	28.8	29.6	♉ 0.3	1.1	1.8	2.6	3.3	4	4.8	5.5	6.2	7	7.7	8.5	9.2	9.9	10.7	11.4	12.1	12.8	13.6	14.3	15	15.7	16.5	17.2	17.9	

	1	6	11	16	21	26
♃	♐ 10.9R	10.8	10.6	10.4	10.1	9.7
♄	♏ 2.7R	2.3	1.9	1.6	1.2	0.8

	1	11	21
♅	♐ 9.0R	8.8	8.5
♆	♐ 29.2R	29.2	29.1
♇	♎ 28.6R	28.4	28.1

V

	1	2	3	4	5	6	7	8	9	10	11	12	13	14	15	16	17	18	19	20	21	22	23	24	25	26	27	28	29	30	31
☉	♉ 10.1	11	12	13	14	14.9	15.9	16.9	17.8	18.8	19.8	20.7	21.7	22.7	23.6	24.6	25.6	26.5	27.5	28.4	29.4	♊ 0.4	1.3	2.3	3.2	4.2	5.2	6.1	7.1	8	9
☽	♐ 24.4	♑ 6.6	18.5	♒ 0.4	12.3	24.1	♓ 6.2	18.4	♈ 0.9	13.7	26.9	♉ 10.4	24.1	♊ 8.2	22.4	♋ 6.7	21	♌ 5.3	19.6	♍ 3.7	17.8	♎ 1.6	15.3	28.7	♏ 12	24.9	♐ 7.7	20.2	♑ 2.5	14.6	26.5
☿	♉ 25.5	25.6R	25.5	25.3	25.1	24.8	24.4	24	23.5	23	22.4	21.8	21.2	20.6	20	19.4	18.9	18.4	17.9	17.5	17.2	16.9	16.7	16.5	16.4	16.4D	16.5	16.7	16.9	17.2	17.5
♀	♊ 20.4	21.5	22.7	23.8	25	26.1	27.2	28.4	29.5	♋ 0.6	1.7	2.9	4	5.1	6.2	7.3	8.4	9.5	10.6	11.7	12.8	13.9	15	16.1	17.1	18.2	19.3	20.4	21.4	22.5	23.5
♂	♉ 18.6	19.4	20.1	20.8	21.5	22.2	23	23.7	24.4	25.1	25.8	26.5	27.2	28	28.7	29.4	♊ 0.1	0.8	1.5	2.2	2.9	3.6	4.3	5	5.7	6.4	7.1	7.8	8.5	9.2	9.9

	1	6	11	16	21	26	31
♃	♐ 9.2R	8.7	8.1	7.6	6.9	6.3	5.7
♄	♏ 0.4R	0.1	♎ 29.7	29.4	29.1	28.8	28.5

	1	11	21	31
♅	♐ 8.2R	7.8	7.4	7
♆	♐ 29.0R	28.8	28.6	28.4
♇	♎ 27.8R	27.5	27.3	27.1

VI

	1	2	3	4	5	6	7	8	9	10	11	12	13	14	15	16	17	18	19	20	21	22	23	24	25	26	27	28	29	30	31
☉	♊ 10	10.9	11.9	12.8	13.8	14.8	15.7	16.7	17.6	18.6	19.5	20.5	21.4	22.4	23.4	24.3	25.3	26.2	27.2	28.1	29.1	♋ 0	1	2	2.9	3.9	4.8	5.8	6.7	7.7	
☽	♒ 8.4	20.2	♓ 2.1	14.2	26.4	♈ 8.9	21.7	♉ 5	18.6	♊ 2.6	16.9	♋ 1.5	16.2	♌ 1	15.7	♍ 0.2	14.5	28.5	♎ 12.2	25.6	♏ 8.7	21.6	♐ 4.2	16.7	28.9	♑ 11	23	♒ 4.9	16.7	28.6	
☿	♉ 18	18.5	19.1	19.7	20.4	21.2	22.1	23	23.9	24.9	26	27.2	28.3	29.6	♊ 0.9	2.2	3.6	5.1	6.6	8.1	9.7	11.4	13.1	14.8	16.6	18.5	20.4	22.3	24.3	26.3	
♀	♋ 24.6	25.6	26.7	27.7	28.7	29.8	♌ 0.8	1.8	2.8	3.8	4.8	5.8	6.8	7.7	8.7	9.7	10.6	11.6	12.5	13.4	14.4	15.3	16.2	17.1	18	18.8	19.7	20.6	21.4	22.2	
♂	♊ 10.6	11.3	12	12.7	13.4	14.1	14.8	15.5	16.2	16.9	17.5	18.2	18.9	19.6	20.3	21	21.7	22.4	23	23.7	24.4	25.1	25.8	26.4	27.1	27.8	28.5	29.1	29.8	♋ 0.5	

	1	6	11	16	21	26
♃	♐ 5.5R	4.9	4.3	3.7	3.2	2.7
♄	♎ 28.5R	28.3	28.1	27.9	27.8	27.8

	1	11	21
♅	♐ 7.0R	6.6	6.2
♆	♐ 28.4R	28.1	27.8
♇	♎ 27.1R	26.9	26.8

VII

	1	2	3	4	5	6	7	8	9	10	11	12	13	14	15	16	17	18	19	20	21	22	23	24	25	26	27	28	29	30	31
☉	♋ 8.6	9.6	10.5	11.5	12.4	13.4	14.3	15.3	16.3	17.2	18.2	19.1	20.1	21	22	22.9	23.9	24.8	25.8	26.7	27.7	28.7	29.6	♌ 0.6	1.5	2.5	3.4	4.4	5.3	6.3	7.3
☽	♓ 10.5	22.5	♈ 4.7	17.2	29.9	♉ 13.1	26.7	♊ 10.7	25.2	♋ 10	25	♌ 10.1	25.2	♍ 10	24.5	♎ 8.7	22.4	♏ 5.7	18.6	♐ 1.3	13.7	25.9	♑ 7.9	19.9	♒ 1.8	13.6	25.5	♓ 7.3	19.3	♈ 1.3	13.6
☿	♊ 28.4	♋ 0.4	2.5	4.7	6.8	9	11.1	13.3	15.5	17.6	19.8	21.9	24	26.1	28.2	♌ 0.3	2.3	4.3	6.3	8.2	10.2	12	13.9	15.7	17.5	19.3	21.1	22.8	24.5	26.1	27.7
♀	♌ 23.1	23.9	24.7	25.5	26.2	27	27.7	28.5	29.2	29.9	♍ 0.5	1.2	1.8	2.4	3	3.6	4.2	4.7	5.2	5.7	6.2	6.6	7	7.4	7.8	8.1	8.4	8.6	8.9	9.1	9.2
♂	♋ 1.2	1.8	2.5	3.2	3.9	4.5	5.2	5.9	6.5	7.2	7.9	8.5	9.2	9.9	10.5	11.2	11.9	12.5	13.2	13.9	14.5	15.2	15.8	16.5	17.2	17.8	18.5	19.1	19.8	20.4	21.1

	1	6	11	16	21	26	31
♃	♐ 2.3R	1.9	1.6	1.3	1.2	1.1	1.1D
♄	♎ 27.7R	27.7D	27.8	27.9	28	28.2	28.4

	1	11	21	31
♅	♐ 5.8R	5.5	5.3	5.2
♆	♐ 27.6R	27.3	27.1	26.9
♇	♎ 26.7R	26.7D	26.8	26.9

VIII

	1	2	3	4	5	6	7	8	9	10	11	12	13	14	15	16	17	18	19	20	21	22	23	24	25	26	27	28	29	30	31
☉	♌ 8.2	9.2	10.1	11.1	12	13	14	14.9	15.9	16.8	17.8	18.7	19.7	20.7	21.6	22.6	23.6	24.5	25.5	26.4	27.4	28.4	29.3	♍ 0.3	1.3	2.2	3.2	4.1	5.1	6.1	7
☽	♈ 26	♉ 8.7	21.8	♊ 5.3	19.2	♋ 3.5	18.3	♌ 3.4	18.7	♍ 3.9	19	♎ 3.7	18	♏ 1.9	15.2	28.1	♐ 10.7	22.9	♑ 5	16.9	28.8	♒ 10.6	22.5	♓ 4.4	16.4	28.4	♈ 10.6	22.9	♉ 5.4	18.2	♊ 1.2
☿	♌ 29.3	♍ 0.9	2.4	4	5.4	6.9	8.3	9.7	11.1	12.4	13.7	15	16.2	17.4	18.6	19.7	20.8	21.8	22.8	23.8	24.7	25.6	26.4	27.1	27.8	28.4	29	29.5	29.9	♎ 0.3	0.5
♀	♍ 9.4	9.4	9.5	9.5R	9.5	9.4	9.3	9.2	9	8.8	8.5	8.2	7.8	7.5	7.1	6.6	6.1	5.6	5.1	4.6	4	3.4	2.8	2.2	1.5	0.9	0.3	♌ 29.7	29.1	28.5	27.9
♂	♋ 21.7	22.4	23.1	23.7	24.4	25	25.7	26.3	27	27.6	28.3	28.9	29.6	♌ 0.2	0.9	1.5	2.1	2.8	3.4	4.1	4.7	5.4	6	6.6	7.3	7.9	8.6	9.2	9.8	10.5	11.1

	1	6	11	16	21	26	31
♃	♐ 1.1	1.2	1.3	1.6	1.9	2.2	2.7
♄	♎ 28.5	28.7	29	29.4	29.7	♏ 0.1	0.6

	1	11	21	31
♅	♐ 5.1R	5.1	5.1D	5.2
♆	♐ 26.8R	26.7	26.6	26.5
♇	♎ 26.9	27.1	27.3	27.5

IX

	1	2	3	4	5	6	7	8	9	10	11	12	13	14	15	16	17	18	19	20	21	22	23	24	25	26	27	28	29	30	31
☉	♍ 8	9	9.9	10.9	11.9	12.9	13.8	14.8	15.8	16.7	17.7	18.7	19.7	20.6	21.6	22.6	23.6	24.5	25.5	26.5	27.5	28.4	29.4	♎ 0.4	1.4	2.4	3.3	4.3	5.3	6.3	
☽	♊ 14.6	28.3	♋ 12.5	27	♌ 11.9	27.1	♍ 12.3	27.4	♎ 12.2	26.6	♏ 10.5	23.9	♐ 6.9	19.5	♑ 1.7	13.8	25.7	♒ 7.5	19.3	♓ 1.2	13.2	25.3	♈ 7.6	20	♉ 2.5	15.2	28.1	♊ 11.3	24.7	♋ 8.3	
☿	♎ 0.7	0.8	0.7R	0.6	0.4	0.1	♍ 29.6	29.1	28.4	27.7	26.8	25.9	25	24	22.9	21.9	20.9	19.9	19	18.3	17.6	17.1	16.7	16.5	16.4D	16.5	16.8	17.2	17.8	18.5	
♀	♌ 27.4R	26.9	26.4	25.9	25.5	25.1	24.7	24.4	24.1	23.8	23.6	23.5	23.3	23.3	23.2	23.2D	23.2	23.3	23.4	23.6	23.7	24	24.2	24.5	24.8	25.1	25.5	25.9	26.4	26.8	
♂	♌ 11.8	12.4	13	13.7	14.3	14.9	15.6	16.2	16.8	17.5	18.1	18.7	19.4	20	20.6	21.3	21.9	22.5	23.1	23.8	24.4	25	25.6	26.3	26.9	27.5	28.1	28.8	29.4	♍ 0	

	1	6	11	16	21	26
♃	♐ 2.8	3.3	3.8	4.5	5.2	5.9
♄	♏ 0.6	1.1	1.6	2.1	2.6	3.1

	1	11	21
♅	♐ 5.2	5.4	5.7
♆	♐ 26.5R	26.5D	26.5
♇	♎ 27.6	27.9	28.2

X

	1	2	3	4	5	6	7	8	9	10	11	12	13	14	15	16	17	18	19	20	21	22	23	24	25	26	27	28	29	30	31
☉	♎ 7.3	8.2	9.2	10.2	11.2	12.2	13.2	14.2	15.1	16.1	17.1	18.1	19.1	20.1	21.1	22.1	23.1	24.1	25	26	27	28	29	♏ 0	1	2	3	4	5	6	7
☽	♋ 22.3	♌ 6.6	21.2	♍ 6	20.9	♎ 5.7	20.4	♏ 4.7	18.6	♐ 2	15	27.7	♑ 10	22	♒ 4	15.8	27.7	♓ 9.6	21.7	♈ 3.9	16.4	29	♉ 11.9	25	♊ 8.2	21.6	♋ 5.2	19	♌ 3	17.2	♍ 1.5
☿	♍ 19.4	20.4	21.5	22.8	24.1	25.5	26.9	28.5	♎ 0	1.6	3.3	5	6.7	8.4	10.1	11.8	13.5	15.3	17	18.7	20.4	22.1	23.8	25.5	27.2	28.9	♏ 0.6	2.3	3.9	5.6	7.2
♀	♌ 27.3	27.8	28.4	28.9	29.5	♍ 0.1	0.7	1.4	2.1	2.8	3.5	4.2	4.9	5.7	6.4	7.2	8	8.9	9.7	10.5	11.4	12.2	13.1	14	14.9	15.8	16.8	17.7	18.6	19.6	20.5
♂	♍ 0.6	1.2	1.9	2.5	3.1	3.7	4.3	5	5.6	6.2	6.8	7.4	8	8.7	9.3	9.9	10.5	11.1	11.7	12.3	12.9	13.6	14.2	14.8	15.4	16	16.6	17.2	17.8	18.4	19

	1	6	11	16	21	26	31
♃	♐ 6.7	7.5	8.4	9.3	10.2	11.2	12.2
♄	♏ 3.7	4.3	4.8	5.4	6	6.6	7.2

	1	11	21	31
♅	♐ 6	6.4	6.9	7.5
♆	♐ 26.6	26.8	27	27.2
♇	♎ 28.6	29	29.4	29.8

XI

	1	2	3	4	5	6	7	8	9	10	11	12	13	14	15	16	17	18	19	20	21	22	23	24	25	26	27	28	29	30	31
☉	♏ 8	9	10	11	12	13	14	15	16	17	18	19	20	21	22.1	23.1	24.1	25.1	26.1	27.1	28.1	29.1	♐ 0.1	1.1	2.1	3.2	4.2	5.2	6.2	7.2	
☽	♍ 15.9	♎ 0.3	14.7	28.9	♏ 12.9	26.5	♐ 9.9	22.8	♑ 5.5	17.8	29.9	♒ 11.9	23.7	♓ 5.6	17.6	29.7	♈ 12	24.6	♉ 7.5	20.6	♊ 4.1	17.8	♋ 1.6	15.7	29.8	♌ 14	28.2	♍ 12.4	26.5	♎ 10.5	
☿	♏ 8.8	10.5	12.1	13.7	15.3	16.9	18.5	20.1	21.6	23.2	24.8	26.3	27.9	29.4	♐ 1	2.5	4.1	5.6	7.1	8.6	10.2	11.7	13.2	14.7	16.2	17.7	19.2	20.7	22.1	23.6	
♀	♍ 21.5	22.5	23.5	24.5	25.5	26.5	27.5	28.5	29.5	♎ 0.6	1.6	2.7	3.7	4.8	5.8	6.9	8	9.1	10.2	11.2	12.3	13.4	14.5	15.7	16.8	17.9	19	20.1	21.3	22.4	
♂	♍ 19.6	20.2	20.8	21.4	22	22.6	23.2	23.8	24.4	25	25.6	26.2	26.8	27.4	28	28.6	29.2	29.8	♎ 0.3	0.9	1.5	2.1	2.7	3.3	3.9	4.4	5	5.6	6.2	6.8	

	1	6	11	16	21	26
♃	♐ 12.4	13.5	14.5	15.6	16.7	17.8
♄	♏ 7.3	7.9	8.5	9.1	9.7	10.3

	1	11	21
♅	♐ 7.5	8.1	8.7
♆	♐ 27.2	27.5	27.8
♇	♎ 29.8	♏ 0.2	0.6

XII

	1	2	3	4	5	6	7	8	9	10	11	12	13	14	15	16	17	18	19	20	21	22	23	24	25	26	27	28	29	30	31
☉	♐ 8.2	9.2	10.2	11.3	12.3	13.3	14.3	15.3	16.3	17.4	18.4	19.4	20.4	21.4	22.4	23.5	24.5	25.5	26.5	27.5	28.5	29.6	♑ 0.6	1.6	2.6	3.6	4.7	5.7	6.7	7.7	8.7
☽	♎ 24.4	♏ 8.2	21.7	♐ 5	18	♑ 0.8	13.3	25.6	♒ 7.7	19.7	♓ 1.5	13.4	25.3	♈ 7.4	19.8	♉ 2.4	15.3	28.6	♊ 12.3	26.4	♋ 10.7	25.3	♌ 9.9	24.5	♍ 9	23.3	♎ 7.4	21.2	♏ 4.8	18.1	♐ 1.2
☿	♐ 25.1	26.5	27.9	29.3	♑ 0.7	2.1	3.5	4.8	6.1	7.4	8.6	9.8	10.9	12	12.9	13.8	14.6	15.3	15.9	16.3	16.6	16.7	16.6R	16.3	15.8	15.1	14.3	13.3	12.1	10.8	9.5
♀	♎ 23.5	24.7	25.8	26.9	28.1	29.2	♏ 0.4	1.5	2.7	3.9	5	6.2	7.4	8.5	9.7	10.9	12	13.2	14.4	15.6	16.8	18	19.1	20.3	21.5	22.7	23.9	25.1	26.3	27.5	28.7
♂	♎ 7.3	7.9	8.5	9.1	9.6	10.2	10.8	11.4	11.9	12.5	13.1	13.6	14.2	14.8	15.3	15.9	16.4	17	17.6	18.1	18.7	19.2	19.8	20.3	20.9	21.4	22	22.5	23	23.6	24.1

	1	6	11	16	21	26	31
♃	♐ 18.9	20	21.2	22.3	23.4	24.6	25.7
♄	♏ 10.9	11.4	11.9	12.5	13	13.4	13.9

	1	11	21	31
♅	♐ 9.3	9.9	10.5	11.1
♆	♐ 28.2	28.6	28.9	29.3
♇	♏ 0.9	1.3	1.5	1.8

1984

I

	1	2	3	4	5	6	7	8	9	10	11	12	13	14	15	16	17	18	19	20	21	22	23	24	25	26	27	28	29	30	31
☉	♑ 9.8	10.8	11.8	12.8	13.8	14.8	15.9	16.9	17.9	18.9	19.9	21	22	23	24	25	26.1	27.1	28.1	29.1	♒ 0.1	1.1	2.2	3.2	4.2	5.2	6.2	7.2	8.3	9.3	10.3
☽	♐ 14.1	26.8	♑ 9.3	21.6	♒ 3.8	15.8	27.7	♓ 9.6	21.4	♈ 3.3	15.4	27.6	♉ 10.1	23	♊ 6.3	20.1	♋ 4.3	18.9	♌ 3.8	18.9	♍ 4	18.9	♎ 3.5	17.8	♏ 1.7	15.1	28.3	♐ 11.1	23.7	♑ 6.1	18.3
☿	♑ 8.1R	6.8	5.5	4.3	3.3	2.4	1.7	1.1	0.7	0.5	0.4	0.5D	0.7	1	1.4	2	2.6	3.3	4.1	5	5.9	6.9	7.9	9	10.1	11.2	12.4	13.6	14.8	16.1	17.4
♀	♏ 29.9	♐ 1.1	2.3	3.5	4.7	5.9	7.1	8.4	9.6	10.8	12	13.2	14.4	15.6	16.9	18.1	19.3	20.5	21.7	22.9	24.2	25.4	26.6	27.8	29.1	♑ 0.3	1.5	2.7	3.9	5.2	6.4
♂	♎ 24.7	25.2	25.7	26.3	26.8	27.3	27.8	28.4	28.9	29.4	29.9	♏ 0.4	1	1.5	2	2.5	3	3.5	4	4.5	5	5.5	6	6.4	6.9	7.4	7.9	8.4	8.8	9.3	9.8

	1	6	11	16	21	26	31
♃	♐ 25.9	27	28.1	29.2	♑ 0.3	1.4	2.4
♄	♏ 13.9	14.4	14.7	15.1	15.4	15.6	15.9

	1	11	21	31
♅	♐ 11.1	11.7	12.2	12.6
♆	♐ 29.4	29.7	♑ 0.1	0.4
♇	♏ 1.8	2	2.1	2.1

II

	1	2	3	4	5	6	7	8	9	10	11	12	13	14	15	16	17	18	19	20	21	22	23	24	25	26	27	28	29	30	31
☉	♒ 11.3	12.3	13.3	14.4	15.4	16.4	17.4	18.4	19.4	20.4	21.4	22.5	23.5	24.5	25.5	26.5	27.5	28.5	29.5	♓ 0.5	1.5	2.6	3.6	4.6	5.6	6.6	7.6	8.6	9.6		
☽	♒ 0.4	12.4	24.4	♓ 6.2	18.1	30	♈ 11.9	23.9	♉ 6.1	18.5	♊ 1.3	14.4	28.1	♋ 12.2	26.8	♌ 11.8	27.1	♍ 12.4	27.7	♎ 12.6	27.2	♏ 11.2	24.8	♐ 8	20.7	♑ 3.2	15.4	27.5	♒ 9.4		
☿	♑ 18.7	20	21.4	22.8	24.2	25.6	27	28.4	29.9	♒ 1.4	2.9	4.4	5.9	7.4	9	10.5	12.1	13.7	15.3	16.9	18.5	20.2	21.9	23.6	25.2	27	28.7	♓ 0.4	2.2		
♀	♑ 7.6	8.9	10.1	11.3	12.5	13.8	15	16.2	17.5	18.7	19.9	21.1	22.4	23.6	24.8	26.1	27.3	28.5	29.8	♒ 1	2.2	3.5	4.7	5.9	7.2	8.4	9.6	10.9	12.1		
♂	♏ 10.2	10.7	11.1	11.6	12	12.5	12.9	13.4	13.8	14.2	14.7	15.1	15.5	15.9	16.3	16.7	17.1	17.5	17.9	18.3	18.7	19.1	19.4	19.8	20.2	20.5	20.9	21.2	21.5		

	1	6	11	16	21	26
♃	♑ 2.6	3.6	4.5	5.5	6.4	7.2
♄	♏ 15.9	16.1	16.2	16.3	16.4	16.4R

	1	11	21
♅	♐ 12.6	13	13.3
♆	♑ 0.4	0.7	1
♇	♏ 2.1	2.1R	2.1

III

	1	2	3	4	5	6	7	8	9	10	11	12	13	14	15	16	17	18	19	20	21	22	23	24	25	26	27	28	29	30	31
☉	♓ 10.6	11.6	12.6	13.6	14.6	15.6	16.6	17.6	18.6	19.6	20.6	21.6	22.6	23.6	24.6	25.6	26.6	27.6	28.6	29.6	♈ 0.6	1.6	2.6	3.5	4.5	5.5	6.5	7.5	8.5	9.5	10.5
☽	♒ 21.3	♓ 3.2	15.1	27	♈ 8.9	20.9	♉ 3	15.2	27.6	♊ 10.4	23.4	♋ 6.9	20.8	♌ 5.2	20.1	♍ 5.2	20.5	♎ 5.8	20.9	♏ 5.6	19.8	♐ 3.6	16.8	29.7	♑ 12.2	24.4	♒ 6.4	18.3	♓ 0.2	12	23.9
☿	♓ 4	5.8	7.6	9.4	11.3	13.2	15.1	17	18.9	20.8	22.8	24.7	26.7	28.7	♈ 0.6	2.6	4.6	6.6	8.5	10.5	12.4	14.3	16.2	18	19.8	21.5	23.1	24.7	26.2	27.6	29
♀	♒ 13.3	14.6	15.8	17	18.3	19.5	20.7	22	23.2	24.4	25.7	26.9	28.1	29.4	♓ 0.6	1.8	3.1	4.3	5.5	6.8	8	9.2	10.5	11.7	12.9	14.2	15.4	16.6	17.9	19.1	20.3
♂	♏ 21.9	22.2	22.5	22.8	23.1	23.4	23.7	24	24.3	24.5	24.8	25.1	25.3	25.5	25.8	26	26.2	26.4	26.6	26.8	27	27.1	27.3	27.4	27.6	27.7	27.8	27.9	28	28.1	28.2

	1	6	11	16	21	26	31
♃	♑ 7.9	8.6	9.3	10	10.6	11.1	11.6
♄	♏ 16.4R	16.3	16.2	16	15.8	15.6	15.4

	1	11	21	31
♅	♐ 13.4	13.5	13.6R	13.5
♆	♑ 1.1	1.3	1.4	1.4
♇	♏ 1.9R	1.8	1.6	1.3

IV

	1	2	3	4	5	6	7	8	9	10	11	12	13	14	15	16	17	18	19	20	21	22	23	24	25	26	27	28	29	30	31
☉	♈ 11.5	12.4	13.4	14.4	15.4	16.4	17.4	18.4	19.3	20.3	21.3	22.3	23.3	24.2	25.2	26.2	27.2	28.2	29.1	♉ 0.1	1.1	2.1	3	4	5	6	6.9	7.9	8.9	9.8	
☽	♈ 5.9	17.9	♉ 0	12.3	24.7	♊ 7.3	20.2	♋ 3.3	16.8	♌ 0.6	14.7	29.3	♍ 14.1	29.1	♎ 14.1	29	♏ 13.6	27.8	♐ 11.6	25	♑ 7.9	20.5	♒ 2.8	14.9	26.8	♓ 8.7	20.5	♈ 2.5	14.5	26.7	
☿	♉ 0.2	1.3	2.4	3.3	4.1	4.8	5.4	5.9	6.3	6.5	6.7	6.7R	6.6	6.5	6.2	5.8	5.4	4.9	4.3	3.7	3.1	2.4	1.7	1	0.3	♈ 29.7	29.1	28.5	28	27.5	
♀	♓ 21.6	22.8	24	25.3	26.5	27.7	29	♈ 0.2	1.4	2.7	3.9	5.1	6.4	7.6	8.8	10.1	11.3	12.5	13.8	15	16.2	17.5	18.7	19.9	21.1	22.4	23.6	24.8	26.1	27.3	
♂	♏ 28.2	28.3	28.3	28.3	28.3	28.3R	28.3	28.3	28.3	28.2	28.2	28.1	28	27.9	27.8	27.7	27.5	27.4	27.2	27	26.8	26.6	26.4	26.2	26	25.7	25.5	25.2	24.9	24.6	

	1	6	11	16	21	26
♃	♑ 11.7	12.1	12.4	12.7	12.9	13
♄	♏ 15.3R	15	14.7	14.4	14	13.6

	1	11	21
♅	♐ 13.5R	13.3	13.1
♆	♑ 1.4	1.4R	1.3
♇	♏ 1.3R	1	0.7

V

	1	2	3	4	5	6	7	8	9	10	11	12	13	14	15	16	17	18	19	20	21	22	23	24	25	26	27	28	29	30	31
☉	♉ 10.8	11.8	12.8	13.7	14.7	15.7	16.6	17.6	18.6	19.5	20.5	21.5	22.4	23.4	24.4	25.3	26.3	27.2	28.2	29.2	♊ 0.1	1.1	2.1	3	4	4.9	5.9	6.9	7.8	8.8	9.7
☽	♉ 9	21.5	♊ 4.2	17.2	♋ 0.3	13.7	27.3	♌ 11.1	25.2	♍ 9.5	24	♎ 8.5	23.1	♏ 7.6	21.9	♐ 5.9	19.6	♑ 2.9	15.9	28.5	♒ 10.8	22.9	♓ 4.9	16.8	28.7	♈ 10.6	22.7	♉ 5	17.6	♊ 0.3	13.4
☿	♈ 27.1R	26.8	26.6	26.4	26.3	26.3D	26.4	26.5	26.8	27.1	27.4	27.9	28.4	29	29.6	♉ 0.4	1.1	2	2.8	3.8	4.8	5.8	6.9	8.1	9.3	10.5	11.8	13.1	14.5	15.9	17.4
♀	♈ 28.5	29.8	♉ 1	2.2	3.5	4.7	5.9	7.1	8.4	9.6	10.8	12.1	13.3	14.5	15.7	17	18.2	19.4	20.7	21.9	23.1	24.4	25.6	26.8	28	29.3	♊ 0.5	1.7	3	4.2	5.4
♂	♏ 24.3R	24	23.7	23.4	23	22.7	22.4	22	21.7	21.3	21	20.6	20.2	19.9	19.5	19.2	18.8	18.4	18.1	17.7	17.4	17	16.7	16.4	16.1	15.7	15.4	15.2	14.9	14.6	14.3

	1	6	11	16	21	26	31
♃	♑ 13.0R	12.9	12.8	12.6	12.3	11.9	11.5
♄	♏ 13.3R	12.9	12.5	12.1	11.8	11.4	11.1

	1	11	21	31
♅	♐ 12.8R	12.4	12.1	11.6
♆	♑ 1.2R	1	0.8	0.6
♇	♏ 0.5R	0.2	♎ 29.9	29.7

VI

	1	2	3	4	5	6	7	8	9	10	11	12	13	14	15	16	17	18	19	20	21	22	23	24	25	26	27	28	29	30	31
☉	♊ 10.7	11.7	12.6	13.6	14.5	15.5	16.4	17.4	18.4	19.3	20.3	21.2	22.2	23.1	24.1	25	26	26.9	27.9	28.9	29.8	♋ 0.8	1.7	2.7	3.6	4.6	5.5	6.5	7.4	8.4	
☽	♊ 26.7	♋ 10.2	24	♌ 8	22	♍ 6.2	20.5	♎ 4.7	18.9	♏ 3	17	♐ 0.9	14.5	27.9	♑ 11	23.8	♒ 6.4	18.7	♓ 0.9	12.8	24.7	♈ 6.6	18.6	♉ 0.7	13	25.7	♊ 8.6	22	♋ 5.6	19.6	
☿	♉ 18.9	20.5	22	23.7	25.4	27.1	28.8	♊ 0.6	2.5	4.4	6.3	8.2	10.2	12.3	14.3	16.4	18.6	20.7	22.9	25	27.2	29.4	♋ 1.6	3.8	6	8.1	10.3	12.4	14.5	16.6	
♀	♊ 6.6	7.9	9.1	10.3	11.6	12.8	14	15.2	16.5	17.7	18.9	20.1	21.4	22.6	23.8	25.1	26.3	27.5	28.7	30	♋ 1.2	2.4	3.7	4.9	6.1	7.4	8.6	9.8	11	12.3	
♂	♏ 14.1R	13.8	13.6	13.4	13.2	13	12.8	12.6	12.5	12.3	12.2	12.1	12	11.9	11.8	11.8	11.7	11.7	11.7	11.7D	11.7	11.7	11.8	11.8	11.9	11.9	12	12.1	12.3	12.4	

	1	6	11	16	21	26
♃	♑ 11.4R	10.9	10.4	9.8	9.2	8.6
♄	♏ 11.1R	10.8	10.5	10.3	10.1	9.9

	1	11	21
♅	♐ 11.6R	11.2	10.8
♆	♑ 0.6R	0.3	0.1
♇	♎ 29.7R	29.5	29.4

VII

	1	2	3	4	5	6	7	8	9	10	11	12	13	14	15	16	17	18	19	20	21	22	23	24	25	26	27	28	29	30	31
☉	♋ 9.3	10.3	11.3	12.2	13.2	14.1	15.1	16	17	17.9	18.9	19.8	20.8	21.7	22.7	23.7	24.6	25.6	26.5	27.5	28.4	29.4	♌ 0.3	1.3	2.2	3.2	4.2	5.1	6.1	7	8
☽	♌ 3.9	18.3	♍ 2.7	17.2	♎ 1.5	15.7	29.7	♏ 13.5	27.2	♐ 10.6	23.8	♑ 6.8	19.6	♒ 2.2	14.7	26.9	♓ 8.9	20.9	♈ 2.7	14.6	26.5	♉ 8.6	21	♊ 3.6	16.7	♋ 0.1	14.1	28.4	♌ 13	27.8	♍ 12.7
☿	♋ 18.7	20.7	22.7	24.7	26.6	28.5	♌ 0.4	2.3	4.1	5.8	7.6	9.3	11	12.6	14.2	15.8	17.3	18.8	20.3	21.8	23.2	24.5	25.9	27.2	28.4	29.7	♍ 0.9	2	3.1	4.2	5.2
♀	♋ 13.5	14.7	16	17.2	18.4	19.6	20.9	22.1	23.3	24.6	25.8	27	28.3	29.5	♌ 0.7	1.9	3.2	4.4	5.6	6.9	8.1	9.3	10.6	11.8	13	14.2	15.5	16.7	17.9	19.2	20.4
♂	♏ 12.5	12.7	12.8	13	13.2	13.4	13.6	13.8	14.1	14.3	14.5	14.8	15.1	15.4	15.6	15.9	16.3	16.6	16.9	17.2	17.6	17.9	18.3	18.7	19	19.4	19.8	20.2	20.6	21	21.5

	1	6	11	16	21	26	31
♃	♑ 7.9R	7.3	6.6	6	5.5	5	4.5
♄	♏ 9.8R	9.7	9.7	9.7D	9.8	9.8	10

	1	11	21	31
♅	♐ 10.4R	10.1	9.9	9.7
♆	♐ 29.8R	29.5	29.3	29.1
♇	♎ 29.3R	29.3D	29.4	29.5

VIII

	1	2	3	4	5	6	7	8	9	10	11	12	13	14	15	16	17	18	19	20	21	22	23	24	25	26	27	28	29	30	31
☉	♌ 8.9	9.9	10.8	11.8	12.8	13.7	14.7	15.6	16.6	17.6	18.5	19.5	20.4	21.4	22.4	23.3	24.3	25.2	26.2	27.2	28.1	29.1	♍ 0.1	1	2	2.9	3.9	4.9	5.8	6.8	7.8
☽	♍ 27.5	♎ 12.1	26.4	♏ 10.4	24.1	♐ 7.5	20.6	♑ 3.5	16.2	28.7	♒ 11.1	23.3	♓ 5.4	17.4	29.3	♈ 11.1	22.9	♉ 4.9	16.9	29.2	♊ 11.8	24.8	♋ 8.3	22.2	♌ 6.7	21.5	♍ 6.6	21.8	♎ 6.9	21.8	♏ 6.4
☿	♍ 6.2	7.1	8	8.8	9.5	10.2	10.9	11.5	12	12.4	12.8	13.1	13.3	13.4	13.4R	13.3	13.2	12.9	12.6	12.2	11.6	11	10.3	9.5	8.7	7.8	6.9	6	5.1	4.2	3.4
♀	♌ 21.6	22.9	24.1	25.3	26.5	27.8	29	♍ 0.2	1.5	2.7	3.9	5.2	6.4	7.6	8.9	10.1	11.3	12.5	13.8	15	16.2	17.5	18.7	19.9	21.2	22.4	23.6	24.8	26.1	27.3	28.5
♂	♏ 21.9	22.3	22.8	23.2	23.7	24.1	24.6	25.1	25.5	26	26.5	27	27.5	28	28.5	29	29.6	♐ 0.1	0.6	1.2	1.7	2.2	2.8	3.3	3.9	4.5	5	5.6	6.2	6.8	7.3

	1	6	11	16	21	26	31
♃	♑ 4.4R	4	3.7	3.4	3.3	3.2	3.1D
♄	♏ 10	10.2	10.4	10.6	10.9	11.2	11.6

	1	11	21	31
♅	♐ 9.7R	9.6	9.5D	9.6
♆	♐ 29.1R	28.9	28.8	28.7
♇	♎ 29.5	29.6	29.8	♏ 0.1

IX

	1	2	3	4	5	6	7	8	9	10	11	12	13	14	15	16	17	18	19	20	21	22	23	24	25	26	27	28	29	30	31
☉	♍ 8.7	9.7	10.7	11.7	12.6	13.6	14.6	15.5	16.5	17.5	18.4	19.4	20.4	21.4	22.3	23.3	24.3	25.3	26.2	27.2	28.2	29.2	♎ 0.2	1.1	2.1	3.1	4.1	5.1	6	7	
☽	♏ 20.5	♐ 4.2	17.6	♑ 0.6	13.3	25.8	♒ 8.1	20.2	♓ 2.3	14.3	26.2	♈ 8	19.8	♉ 1.7	13.6	25.7	♊ 8	20.6	♋ 3.5	16.8	♌ 0.7	15	29.8	♍ 14.9	♎ 0.2	15.5	♏ 0.6	15.3	29.7	♐ 13.6	
☿	♍ 2.6R	1.9	1.2	0.7	0.4	0.1	0	0.1D	0.3	0.6	1.1	1.8	2.6	3.5	4.5	5.7	6.9	8.3	9.7	11.2	12.8	14.4	16.1	17.8	19.6	21.3	23.1	24.9	26.7	28.5	
♀	♍ 29.8	♎ 1	2.2	3.4	4.7	5.9	7.1	8.4	9.6	10.8	12	13.3	14.5	15.7	16.9	18.2	19.4	20.6	21.8	23.1	24.3	25.5	26.8	28	29.2	♏ 0.4	1.6	2.9	4.1	5.3	
♂	♐ 7.9	8.5	9.1	9.7	10.3	10.9	11.5	12.2	12.8	13.4	14	14.6	15.3	15.9	16.5	17.2	17.8	18.5	19.1	19.8	20.4	21.1	21.7	22.4	23.1	23.7	24.4	25.1	25.7	26.4	

	1	6	11	16	21	26
♃	♑ 3.1	3.2	3.4	3.6	3.9	4.3
♄	♏ 11.6	12	12.4	12.9	13.4	13.8

	1	11	21
♅	♐ 9.6	9.8	10
♆	♐ 28.7R	28.7D	28.7
♇	♏ 0.1	0.4	0.8

X

	1	2	3	4	5	6	7	8	9	10	11	12	13	14	15	16	17	18	19	20	21	22	23	24	25	26	27	28	29	30	31
☉	♎ 8	9	10	11	11.9	12.9	13.9	14.9	15.9	16.9	17.9	18.9	19.8	20.8	21.8	22.8	23.8	24.8	25.8	26.8	27.8	28.8	29.8	♏ 0.8	1.8	2.8	3.8	4.8	5.8	6.8	7.8
☽	♐ 27	♑ 10	22.7	♒ 5.1	17.3	29.3	♓ 11.3	23.2	♈ 5	16.9	28.8	♉ 10.7	22.8	♊ 5	17.4	30	♋ 12.9	26.2	♌ 9.9	24	♍ 8.5	23.4	♎ 8.5	23.6	♏ 8.7	23.5	♐ 7.9	22	♑ 5.6	18.7	♒ 1.5
☿	♎ 0.3	2.2	4	5.8	7.5	9.3	11.1	12.9	14.6	16.3	18.1	19.8	21.5	23.2	24.9	26.5	28.2	29.8	♏ 1.4	3.1	4.7	6.3	7.9	9.5	11	12.6	14.2	15.7	17.2	18.8	20.3
♀	♏ 6.5	7.8	9	10.2	11.4	12.7	13.9	15.1	16.3	17.5	18.8	20	21.2	22.4	23.6	24.9	26.1	27.3	28.5	29.7	♐ 0.9	2.2	3.4	4.6	5.8	7	8.2	9.5	10.7	11.9	13.1
♂	♐ 27.1	27.8	28.5	29.1	29.8	♑ 0.5	1.2	1.9	2.6	3.3	4	4.7	5.4	6.1	6.8	7.5	8.2	8.9	9.6	10.4	11.1	11.8	12.5	13.2	14	14.7	15.4	16.1	16.9	17.6	18.3

	1	6	11	16	21	26	31
♃	♑ 4.7	5.2	5.8	6.4	7.1	7.9	8.7
♄	♏ 14.4	14.9	15.4	16	16.6	17.1	17.7

	1	11	21	31
♅	♐ 10.3	10.7	11.2	11.7
♆	♐ 28.8	28.9	29.1	29.4
♇	♏ 1.1	1.5	1.9	2.3

XI

	1	2	3	4	5	6	7	8	9	10	11	12	13	14	15	16	17	18	19	20	21	22	23	24	25	26	27	28	29	30	31
☉	♏ 8.8	9.8	10.8	11.8	12.8	13.8	14.8	15.8	16.8	17.8	18.8	19.8	20.8	21.8	22.8	23.8	24.8	25.8	26.9	27.9	28.9	29.9	♐ 0.9	1.9	2.9	3.9	4.9	6	7	8	
☽	♒ 13.9	26.1	♓ 8.1	20	♈ 1.8	13.7	25.6	♉ 7.6	19.7	♊ 2	14.4	27.1	♋ 9.9	23	♌ 6.4	20.1	♍ 4	18.2	♎ 2.7	17.4	♏ 2.1	16.9	♐ 1.5	15.8	29.8	♑ 13.5	26.7	♒ 9.5	22	♓ 4.3	
☿	♏ 21.8	23.3	24.8	26.3	27.8	29.3	♐ 0.7	2.2	3.7	5.1	6.5	7.9	9.3	10.7	12.1	13.5	14.8	16.2	17.5	18.7	20	21.2	22.4	23.5	24.6	25.6	26.6	27.5	28.3	29	
♀	♐ 14.3	15.5	16.7	17.9	19.2	20.4	21.6	22.8	24	25.2	26.4	27.6	28.8	♑ 0	1.2	2.4	3.6	4.8	6	7.2	8.4	9.6	10.8	12	13.2	14.4	15.6	16.8	18	19.2	
♂	♑ 19.1	19.8	20.5	21.3	22	22.7	23.5	24.2	25	25.7	26.5	27.2	27.9	28.7	29.4	♒ 0.2	0.9	1.7	2.4	3.2	3.9	4.7	5.4	6.2	7	7.7	8.5	9.2	10	10.7	

	1	6	11	16	21	26
♃	♑ 8.8	9.7	10.6	11.5	12.5	13.5
♄	♏ 17.9	18.4	19	19.6	20.2	20.8

	1	11	21
♅	♐ 11.8	12.3	12.9
♆	♐ 29.4	29.7	30
♇	♏ 2.4	2.8	3.1

XII

	1	2	3	4	5	6	7	8	9	10	11	12	13	14	15	16	17	18	19	20	21	22	23	24	25	26	27	28	29	30	31
☉	♐ 9	10	11	12	13	14.1	15.1	16.1	17.1	18.1	19.1	20.2	21.2	22.2	23.2	24.2	25.2	26.3	27.3	28.3	29.3	♑ 0.3	1.4	2.4	3.4	4.4	5.4	6.4	7.5	8.5	9.5
☽	♓ 16.3	28.2	♈ 10	21.9	♉ 3.8	15.9	28.2	♊ 10.8	23.5	♋ 6.6	19.8	♌ 3.3	17	♍ 0.8	14.8	28.9	♎ 13.1	27.3	♏ 11.6	25.9	♐ 10	24	♑ 7.8	21.3	♒ 4.5	17.3	29.8	♓ 12.1	24.1	♈ 6	17.8
☿	♐ 29.6	♑ 0.2	0.5	0.7	0.8R	0.7	0.4	♐ 30	29.3	28.4	27.4	26.3	25	23.6	22.2	20.9	19.6	18.4	17.3	16.4	15.7	15.1	14.7	14.5	14.5D	14.6	14.9	15.3	15.8	16.5	17.2
♀	♑ 20.4	21.6	22.8	23.9	25.1	26.3	27.5	28.7	29.8	♒ 1	2.2	3.4	4.5	5.7	6.9	8	9.2	10.4	11.5	12.7	13.8	15	16.1	17.3	18.4	19.6	20.7	21.8	23	24.1	25.2
♂	♒ 11.5	12.3	13	13.8	14.5	15.3	16.1	16.8	17.6	18.3	19.1	19.9	20.6	21.4	22.2	22.9	23.7	24.4	25.2	26	26.7	27.5	28.3	29	29.8	♓ 0.6	1.3	2.1	2.8	3.6	4.4

	1	6	11	16	21	26	31
♃	♑ 14.6	15.6	16.7	17.8	18.9	20.1	21.2
♄	♏ 21.4	22	22.6	23.1	23.6	24.1	24.6

	1	11	21	31
♅	♐ 13.5	14.1	14.7	15.3
♆	♑ 0.3	0.7	1.1	1.5
♇	♏ 3.5	3.8	4.1	4.3

I

	1	2	3	4	5	6	7	8	9	10	11	12	13	14	15	16	17	18	19	20	21	22	23	24	25	26	27	28	29	30	31
☉	10.5	11.5	12.6	13.6	14.6	15.6	16.6	17.7	18.7	19.7	20.7	21.7	22.8	23.8	24.8	25.8	26.8	27.8	28.9	29.9	0.9	1.9	2.9	4	5	6	7	8	9	10.1	11.1
☽	29.7	11.7	23.8	6.2	19	2	15.4	29.1	13.1	27.2	11.5	25.7	9.9	24.1	8.1	22	5.8	19.5	3.1	16.5	29.6	12.6	25.3	7.7	19.9	1.9	13.8	25.6	7.4	19.4	1.5
☿	18	18.9	19.8	20.8	21.9	23	24.1	25.3	26.5	27.8	29	0.3	1.6	3	4.3	5.7	7.1	8.5	9.9	11.4	12.8	14.3	15.7	17.2	18.7	20.2	21.7	23.3	24.8	26.4	27.9
♀	26.4	27.5	28.6	29.7	0.8	1.9	3	4.1	5.2	6.3	7.4	8.5	9.5	10.6	11.7	12.7	13.8	14.8	15.9	16.9	17.9	19	20	21	22	23	24	24.9	25.9	26.9	27.8
♂	5.1	5.9	6.7	7.4	8.2	9	9.7	10.5	11.2	12	12.8	13.5	14.3	15.1	15.8	16.6	17.3	18.1	18.9	19.6	20.4	21.1	21.9	22.7	23.4	24.2	24.9	25.7	26.4	27.2	28

	1	6	11	16	21	26	31
♃	21.5	22.6	23.8	25	26.1	27.3	28.5
♄	24.7	25.2	25.6	26	26.4	26.8	27.1

	1	11	21	31
♅	15.4	15.9	16.4	16.9
♆	1.5	1.9	2.2	2.5
♇	4.4	4.6	4.7	4.7

	1	2	3	4	5	6	7	8	9	10	11	12	13	14	15	16	17	18	19	20	21	22	23	24	25	26	27	28	29	30	31
☉	10.3	11.3	12.3	13.3	14.4	15.4	16.4	17.4	18.4	19.5	20.5	21.5	22.5	23.5	24.5	25.6	26.6	27.6	28.6	29.6	0.7	1.7	2.7	3.7	4.7	5.7	6.8	7.8	8.8	9.8	10.8
☽	5.1	18.3	1.8	15.6	29.6	13.8	28.3	13	27.7	12.4	27	11.2	25.1	8.5	21.5	4.1	16.4	28.4	10.2	22	3.8	15.8	27.8	10.1	22.7	5.5	18.5	1.7	15.2	28.8	12.5
☿	22.9	24.3	25.8	27.3	28.7	0.2	1.7	3.2	4.7	6.2	7.8	9.3	10.8	12.4	13.9	15.5	17.1	18.7	20.2	21.8	23.5	25.1	26.7	28.3	30	1.6	3.3	5	6.7	8.4	10.1
♀	5.8	7.1	8.3	9.6	10.9	12.1	13.4	14.6	15.9	17.1	18.4	19.7	20.9	22.2	23.4	24.7	26	27.2	28.5	29.7	1	2.2	3.5	4.8	6	7.3	8.5	9.8	11	12.3	13.5
♂	10.6	11.2	11.8	12.4	13	13.6	14.2	14.8	15.5	16.1	16.7	17.3	17.9	18.5	19.1	19.7	20.3	20.9	21.5	22.1	22.7	23.3	23.9	24.5	25.1	25.7	26.3	26.9	27.5	28.1	28.7

	1	6	11	16	21	26	31
♃	18.3	19.3	20.4	21.6	22.7	23.9	25.1
♄	5.2	5.7	6.2	6.6	7.1	7.5	7.9

	1	11	21	31
♅	19.5	20.1	20.6	21.1
♆	3.6	4	4.3	4.7
♇	6.9	7.1	7.3	7.3

II

	1	2	3	4	5	6	7	8	9	10	11	12	13	14	15	16	17	18	19	20	21	22	23	24	25	26	27	28
☉	12.1	13.1	14.1	15.1	16.1	17.2	18.2	19.2	20.2	21.2	22.2	23.2	24.2	25.2	26.3	27.3	28.3	29.3	0.3	1.3	2.3	3.3	4.3	5.3	6.3	7.3	8.3	9.4
☽	14	26.7	9.9	23.6	7.6	22	6.6	21.3	6	20.5	4.8	18.9	2.8	16.4	29.7	12.9	25.9	8.7	21.4	3.8	16.1	28.1	10.1	21.9	3.7	15.5	27.4	9.5
☿	29.5	1.1	2.7	4.3	5.9	7.6	9.2	10.9	12.5	14.2	15.9	17.6	19.4	21.1	22.9	24.6	26.4	28.2	0	1.9	3.7	5.6	7.4	9.3	11.2	13.1	15	16.9
♀	28.7	29.7	0.6	1.5	2.4	3.3	4.2	5	5.9	6.7	7.5	8.3	9.1	9.9	10.7	11.4	12.2	12.9	13.6	14.2	14.9	15.5	16.1	16.7	17.3	17.8	18.3	18.8
♂	28.7	29.5	0.2	1	1.7	2.5	3.2	4	4.7	5.5	6.2	7	7.7	8.5	9.2	10	10.7	11.5	12.2	12.9	13.7	14.4	15.2	15.9	16.6	17.4	18.1	18.9

	1	6	11	16	21	26
♃	28.7	29.9	1	2.1	3.2	4.3
♄	27.1	27.4	27.6	27.8	27.9	28

	1	11	21
♅	16.9	17.3	17.6
♆	2.6	2.9	3.1
♇	4.7	4.7R	4.7

	1	2	3	4	5	6	7	8	9	10	11	12	13	14	15	16	17	18	19	20	21	22	23	24	25	26	27	28
☉	11.8	12.9	13.9	14.9	15.9	16.9	17.9	18.9	19.9	21	22	23	24	25	26	27	28	29	0.1	1.1	2.1	3.1	4.1	5.1	6.1	7.1	8.1	9.1
☽	26.3	10.3	24.4	8.6	22.8	7.1	21.4	5.5	19.4	3.1	16.4	29.3	11.9	24.1	6.2	18	29.9	11.7	23.6	5.8	18.1	0.8	13.9	27.2	10.8	24.7	8.7	22.8
☿	11.8	13.5	15.3	17	18.8	20.6	22.4	24.2	26	27.8	29.6	1.4	3.3	5.1	6.9	8.7	10.5	12.2	14	15.7	17.4	19	20.6	22.1	23.5	24.8	26.1	27.2
♀	14.8	16.1	17.3	18.6	19.8	21.1	22.3	23.6	24.8	26.1	27.3	28.6	29.9	1.1	2.4	3.6	4.9	6.1	7.4	8.6	9.9	11.1	12.4	13.6	14.9	16.1	17.4	18.6
♂	29.3	29.8	0.4	1	1.6	2.2	2.8	3.4	4	4.5	5.1	5.7	6.3	6.9	7.5	8	8.6	9.2	9.8	10.3	10.9	11.5	12	12.6	13.2	13.7	14.3	14.9

	1	6	11	16	21	26
♃	25.3	26.5	27.7	28.9	0.1	1.3
♄	8	8.3	8.6	8.9	9.1	9.3

	1	11	21
♅	21.1	21.5	21.9
♆	4.7	5	5.3
♇	7.4	7.4R	7.3

III

	1	2	3	4	5	6	7	8	9	10	11	12	13	14	15	16	17	18	19	20	21	22	23	24	25	26	27	28	29	30	31
☉	10.4	11.4	12.4	13.4	14.4	15.4	16.4	17.4	18.4	19.4	20.4	21.4	22.4	23.4	24.4	25.4	26.4	27.3	28.3	29.3	0.3	1.3	2.3	3.3	4.3	5.3	6.3	7.3	8.3	9.2	10.2
☽	21.9	4.6	17.8	1.5	15.6	0.2	15.1	0.1	15.2	0.1	14.8	29.1	13.1	26.7	10	23	5.7	18.2	0.6	12.8	24.8	6.8	18.6	0.4	12.2	24	6	18.1	0.4	13.1	26.2
☿	18.8	20.7	22.6	24.5	26.4	28.2	0	1.8	3.5	5.2	6.8	8.3	9.8	11.2	12.4	13.6	14.7	15.6	16.5	17.1	17.7	18.2	18.5	18.6	18.7R	18.6	18.4	18	17.6	17.1	16.4
♀	19.3	19.7	20.1	20.5	20.8	21.1	21.4	21.6	21.8	22	22.1	22.2	22.3	22.3R	22.3	22.2	22.1	21.9	21.7	21.5	21.2	20.9	20.5	20.1	19.7	19.3	18.8	18.2	17.7	17.1	16.5
♂	19.6	20.3	21.1	21.8	22.5	23.3	24	24.7	25.5	26.2	26.9	27.7	28.4	29.1	29.9	0.6	1.3	2	2.8	3.5	4.2	4.9	5.7	6.4	7.1	7.8	8.5	9.3	10	10.7	11.4

	1	6	11	16	21	26	31
♃	5	6	7	8	9	9.9	10.8
♄	28.1	28.1	28.1R	28.1	28	27.8	27.7

	1	11	21	31
♅	17.8	17.9	18	18.0R
♆	3.3	3.4	3.6	3.6
♇	4.6R	4.4	4.2	4

	1	2	3	4	5	6	7	8	9	10	11	12	13	14	15	16	17	18	19	20	21	22	23	24	25	26	27	28	29	30	31
☉	10.1	11.1	12.1	13.1	14.1	15.1	16.1	17.1	18.1	19.1	20.1	21.1	22.1	23.1	24.1	25.1	26.1	27.1	28.1	29.1	0.1	1.1	2.1	3.1	4.1	5	6	7	8	9	10
☽	7	21.2	5.4	19.5	3.5	17.5	1.3	15	28.4	11.7	24.6	7.3	19.8	2	14	25.9	7.7	19.5	1.5	13.6	26	8.7	21.8	5.3	19.1	3.3	17.8	2.4	17	1.6	16.1
☿	28.2	29.1	29.8	0.4	0.9	1.2	1.3	1.3R	1.1	0.8	0.4	29.8	29.2	28.4	27.6	26.7	25.7	24.8	23.9	23	22.1	21.3	20.6	19.9	19.3	18.9	18.5	18.2	18	17.9	18.0D
♀	19.9	21.1	22.4	23.6	24.9	26.1	27.3	28.6	29.8	1.1	2.3	3.6	4.8	6.1	7.3	8.5	9.8	11	12.3	13.5	14.7	16	17.2	18.5	19.7	20.9	22.2	23.4	24.7	25.9	27.1
♂	15.4	16	16.6	17.1	17.7	18.2	18.8	19.3	19.9	20.4	21	21.5	22.1	22.6	23.1	23.7	24.2	24.7	25.3	25.8	26.3	26.8	27.4	27.9	28.4	28.9	29.4	29.9	0.4	0.9	1.4

	1	6	11	16	21	26	31
♃	2	3.2	4.4	5.6	6.7	7.9	9
♄	9.4	9.6	9.6	9.7	9.7R	9.7	9.6

	1	11	21	31
♅	22.1	22.3	22.4	22.4R
♆	5.4	5.6	5.7	5.8
♇	7.2R	7.1	6.9	6.7

IV

	1	2	3	4	5	6	7	8	9	10	11	12	13	14	15	16	17	18	19	20	21	22	23	24	25	26	27	28	29	30	31
☉	11.2	12.2	13.2	14.2	15.2	16.1	17.1	18.1	19.1	20.1	21.1	22	23	24	25	26	26.9	27.9	28.9	29.9	0.8	1.8	2.8	3.8	4.7	5.7	6.7	7.7	8.6	9.6	
☽	9.7	23.8	8.3	23.1	8.3	23.5	8.7	23.7	8.3	22.5	6.3	19.6	2.6	15.3	27.7	9.9	21.9	3.8	15.6	27.4	9.2	21.1	3	15	27.2	9.6	22.3	5.4	18.8	2.7	
☿	15.8R	15	14.2	13.4	12.6	11.8	11	10.3	9.6	9	8.4	7.9	7.5	7.2	6.9	6.8	6.7	6.8D	6.9	7.1	7.3	7.7	8.1	8.6	9.2	9.8	10.5	11.2	12	12.9	
♀	15.9R	15.3	14.7	14	13.4	12.8	12.2	11.6	11	10.4	9.9	9.4	8.9	8.4	8	7.6	7.3	7	6.7	6.5	6.3	6.2	6.1	6	6	6.0D	6.1	6.2	6.3	6.5	
♂	12.1	12.8	13.5	14.3	15	15.7	16.4	17.1	17.8	18.5	19.2	19.9	20.6	21.3	22	22.8	23.5	24.2	24.9	25.6	26.3	27	27.7	28.4	29.1	29.7	0.4	1.1	1.8	2.5	

	1	6	11	16	21	26
♃	11	11.8	12.6	13.3	13.9	14.6
♄	27.6R	27.4	27.2	26.9	26.6	26.3

	1	11	21
♅	18.0R	17.8	17.6
♆	3.6	3.6R	3.6
♇	4.0R	3.7	3.4

	1	2	3	4	5	6	7	8	9	10	11	12	13	14	15	16	17	18	19	20	21	22	23	24	25	26	27	28	29	30	31
☉	11	12	13	13.9	14.9	15.9	16.9	17.9	18.9	19.8	20.8	21.8	22.8	23.8	24.7	25.7	26.7	27.7	28.7	29.6	0.6	1.6	2.6	3.5	4.5	5.5	6.5	7.4	8.4	9.4	
☽	0.3	14.4	28.2	11.7	25	8.1	20.9	3.5	16	28.2	10.2	22.2	4	15.8	27.7	9.6	21.7	4.1	16.7	29.8	13.2	27.1	11.5	26.1	11	26.1	11.1	25.9	10.5	24.7	
☿	18.1	18.3	18.5	18.9	19.3	19.8	20.4	21.1	21.8	22.6	23.4	24.3	25.2	26.2	27.2	28.3	29.4	0.6	1.8	3	4.3	5.6	6.9	8.3	9.7	11.1	12.6	14.1	15.7	17.2	
♀	28.4	29.6	0.8	2.1	3.3	4.5	5.8	7	8.2	9.4	10.7	11.9	13.1	14.4	15.6	16.8	18	19.3	20.5	21.7	22.9	24.2	25.4	26.6	27.8	29	0.3	1.5	2.7	3.9	
♂	1.9	2.4	2.9	3.4	3.9	4.4	4.8	5.3	5.8	6.3	6.7	7.2	7.6	8.1	8.5	9	9.4	9.9	10.3	10.7	11.1	11.6	12	12.4	12.8	13.2	13.6	14	14.3	14.7	

	1	6	11	16	21	26
♃	9.2	10.3	11.4	12.4	13.4	14.4
♄	9.6R	9.4	9.3	9.1	8.8	8.6

	1	11	21
♅	22.4R	22.3	22.1
♆	5.8	5.8R	5.8
♇	6.7R	6.4	6.1

V

	1	2	3	4	5	6	7	8	9	10	11	12	13	14	15	16	17	18	19	20	21	22	23	24	25	26	27	28	29	30	31
☉	10.6	11.5	12.5	13.5	14.5	15.4	16.4	17.4	18.3	19.3	20.3	21.2	22.2	23.2	24.1	25.1	26	27	28	28.9	29.9	0.9	1.8	2.8	3.7	4.7	5.7	6.6	7.6	8.5	9.5
☽	17	1.6	16.6	1.7	16.9	1.9	16.7	1.1	15	28.5	11.6	24.3	6.7	18.8	0.8	12.6	24.4	6.2	18	30	12.1	24.3	6.7	19.3	2.2	15.4	28.8	12.5	26.6	11	25.6
☿	13.8	14.8	15.8	16.9	18	19.2	20.4	21.6	22.9	24.2	25.6	27	28.4	29.9	1.4	2.9	4.5	6.1	7.8	9.5	11.2	13	14.8	16.6	18.5	20.4	22.3	24.3	26.3	28.3	0.4
♀	6.7	6.9	7.2	7.5	7.8	8.2	8.6	9	9.5	9.9	10.4	11	11.5	12.1	12.7	13.3	13.9	14.6	15.2	15.9	16.6	17.3	18.1	18.8	19.6	20.4	21.1	21.9	22.8	23.6	24.4
♂	3.2	3.9	4.6	5.3	6	6.7	7.4	8	8.7	9.4	10.1	10.8	11.5	12.2	12.8	13.5	14.2	14.9	15.6	16.3	16.9	17.6	18.3	19	19.6	20.3	21	21.7	22.3	23	23.7

	1	6	11	16	21	26	31
♃	15.1	15.6	16	16.4	16.6	16.8	16.9
♄	25.9R	25.6	25.2	24.8	24.4	24.1	23.7

	1	11	21	31
♅	17.4R	17	16.7	16.3
♆	3.4R	3.3	3.1	2.9
♇	3.2R	2.9	2.6	2.4

	1	2	3	4	5	6	7	8	9	10	11	12	13	14	15	16	17	18	19	20	21	22	23	24	25	26	27	28	29	30	31
☉	10.3	11.3	12.3	13.3	14.2	15.2	16.2	17.1	18.1	19.1	20	21	22	22.9	23.9	24.9	25.8	26.8	27.7	28.7	29.7	0.6	1.6	2.6	3.5	4.5	5.4	6.4	7.4	8.3	9.3
☽	8.5	22	5.1	18	0.5	12.8	25	7	18.9	0.8	12.6	24.4	6.3	18.3	0.4	12.7	25.3	8.3	21.6	5.4	19.6	4.3	19.3	4.5	19.7	4.8	19.7	4.2	18.2	1.7	14.8
☿	18.8	20.5	22.1	23.8	25.5	27.3	29.1	0.9	2.7	4.6	6.5	8.5	10.4	12.4	14.5	16.5	18.6	20.7	22.8	25	27.2	29.3	1.5	3.7	5.9	8.1	10.3	12.5	14.6	16.7	18.9
♀	5.1	6.3	7.6	8.8	10	11.2	12.4	13.6	14.8	16.1	17.3	18.5	19.7	20.9	22.1	23.3	24.5	25.7	26.9	28.1	29.3	0.5	1.7	2.9	4.1	5.3	6.5	7.7	8.9	10.1	11.3
♂	15.1	15.5	15.8	16.2	16.5	16.8	17.2	17.5	17.8	18.1	18.4	18.7	19	19.3	19.6	19.8	20.1	20.3	20.6	20.8	21	21.2	21.4	21.6	21.8	21.9	22.1	22.2	22.4	22.5	22.6

	1	6	11	16	21	26	31
♃	15.4	16.3	17.1	17.9	18.7	19.4	20.1
♄	8.3R	8	7.6	7.3	6.9	6.6	6.2

	1	11	21	31
♅	21.9R	21.6	21.2	20.8
♆	5.7R	5.5	5.3	5.1
♇	5.8R	5.6	5.3	5.1

VI

	1	2	3	4	5	6	7	8	9	10	11	12	13	14	15	16	17	18	19	20	21	22	23	24	25	26	27	28	29	30	31
☉	10.5	11.4	12.4	13.3	14.3	15.2	16.2	17.2	18.1	19.1	20	21	21.9	22.9	23.9	24.8	25.8	26.7	27.7	28.6	29.6	0.5	1.5	2.4	3.4	4.4	5.3	6.3	7.2	8.2	
☽	10.4	25.3	10.1	24.8	9.2	23.2	6.8	20	2.7	15.2	27.3	9.2	21.1	2.8	14.7	26.6	8.7	21	3.5	16.2	29.2	12.3	25.7	9.3	23.1	7.1	21.3	5.6	20	4.5	
☿	2.5	4.6	6.7	8.9	11.1	13.3	15.5	17.7	19.9	22.1	24.3	26.4	28.6	0.7	2.8	4.9	6.9	8.9	10.9	12.9	14.8	16.7	18.5	20.3	22.1	23.8	25.5	27.1	28.7	0.3	
♀	25.3	26.1	27	27.9	28.8	29.7	0.6	1.5	2.4	3.4	4.3	5.2	6.2	7.2	8.1	9.1	10.1	11.1	12.1	13.1	14.1	15.1	16.1	17.1	18.1	19.1	20.2	21.2	22.3	23.3	
♂	24.4	25	25.7	26.4	27	27.7	28.4	29.1	29.7	0.4	1.1	1.7	2.4	3.1	3.7	4.4	5	5.7	6.4	7	7.7	8.4	9	9.7	10.3	11	11.6	12.3	13	13.6	

	1	6	11	16	21	26
♃	16.9	17.0R	16.9	16.8	16.6	16.3
♄	23.6R	23.3	23	22.7	22.4	22.2

	1	11	21
♅	16.2R	15.8	15.4
♆	2.8R	2.6	2.3
♇	2.4R	2.2	2.1

	1	2	3	4	5	6	7	8	9	10	11	12	13	14	15	16	17	18	19	20	21	22	23	24	25	26	27	28	29	30	31
☉	10.2	11.2	12.1	13.1	14.1	15	16	16.9	17.9	18.8	19.8	20.8	21.7	22.7	23.6	24.6	25.5	26.5	27.4	28.4	29.4	0.3	1.3	2.2	3.2	4.1	5.1	6	7	7.9	
☽	27.5	9.9	22.1	4.1	16	27.8	9.6	21.5	3.3	15.3	27.4	9.6	22	4.6	17.5	0.8	14.4	28.4	12.9	27.7	12.8	28.1	13.3	28.2	12.8	27	10.6	23.8	6.5	18.9	
☿	20.9	23	25	27	28.9	0.8	2.6	4.5	6.2	8	9.7	11.3	12.9	14.4	16	17.4	18.8	20.2	21.5	22.8	24.1	25.2	26.4	27.5	28.5	29.5	0.4	1.2	2	2.8	
♀	12.5	13.7	14.9	16.1	17.3	18.4	19.6	20.8	22	23.2	24.4	25.5	26.7	27.9	29.1	0.3	1.4	2.6	3.8	5	6.1	7.3	8.5	9.6	10.8	12	13.1	14.3	15.4	16.6	
♂	22.7	22.8	22.9	23	23	23.1	23.1	23.1	23.1	23.1R	23.1	23.1	23	23	22.9	22.8	22.7	22.6	22.5	22.4	22.2	22.1	21.9	21.7	21.5	21.3	21.1	20.9	20.7	20.4	

	1	6	11	16	21	26
♃	20.2	20.8	21.3	21.7	22.1	22.4
♄	6.1R	5.7	5.4	5	4.7	4.4

	1	11	21
♅	20.8R	20.4	20
♆	5.1R	4.8	4.6
♇	5.1R	4.9	4.7

VII

	1	2	3	4	5	6	7	8	9	10	11	12	13	14	15	16	17	18	19	20	21	22	23	24	25	26	27	28	29	30	31
☉	9.1	10.1	11	12	12.9	13.9	14.8	15.8	16.7	17.7	18.7	19.6	20.6	21.5	22.5	23.4	24.4	25.3	26.3	27.2	28.2	29.1	0.1	1.1	2	3	3.9	4.9	5.8	6.8	7.7
☽	19	3.3	17.5	1.4	14.9	28	10.8	23.2	5.4	17.3	29.1	10.9	22.8	4.8	17	29.5	12.3	25.3	8.7	22.3	6	20	4	18.1	2.2	16.3	0.5	14.6	28.6	12.6	26.3
☿	1.8	3.3	4.8	6.2	7.6	8.9	10.2	11.5	12.7	13.9	15	16.1	17.1	18.1	19	19.9	20.7	21.4	22.1	22.8	23.3	23.9	24.3	24.7	24.9	25.1	25.3	25.3	25.3R	25.2	24.9
♀	24.4	25.4	26.5	27.5	28.6	29.7	0.7	1.8	2.9	4	5	6.1	7.2	8.3	9.4	10.5	11.6	12.7	13.8	14.9	16	17.2	18.3	19.4	20.5	21.6	22.8	23.9	25	26.2	27.3
♂	14.3	14.9	15.6	16.2	16.9	17.6	18.2	18.9	19.5	20.2	20.8	21.5	22.1	22.8	23.4	24.1	24.7	25.4	26	26.7	27.3	28	28.6	29.3	29.9	0.6	1.2	1.8	2.5	3.1	3.8

	1	6	11	16	21	26	31
♃	15.9R	15.5	15	14.5	13.9	13.3	12.6
♄	22.0R	21.8	21.6	21.5	21.5	21.5D	21.5

	1	11	21	31
♅	15.0R	14.7	14.4	14.2
♆	2.0R	1.8	1.5	1.3
♇	2.0R	1.9	2.0D	2

	1	2	3	4	5	6	7	8	9	10	11	12	13	14	15	16	17	18	19	20	21	22	23	24	25	26	27	28	29	30	31
☉	8.9	9.8	10.8	11.7	12.7	13.7	14.6	15.6	16.5	17.5	18.4	19.4	20.3	21.3	22.2	23.2	24.1	25.1	26.1	27	28	28.9	29.9	0.8	1.8	2.7	3.7	4.6	5.6	6.6	7.5
☽	1	13	24.8	6.6	18.4	0.3	12.3	24.4	6.7	19.1	1.7	14.4	27.4	10.7	24.3	8.2	22.4	7	21.8	6.8	21.7	6.6	21.1	5.3	18.9	2.1	14.9	27.3	9.5	21.4	3.3
☿	3.5	4.1	4.6	5.1	5.5	5.8	6.1	6.3	6.4	6.4R	6.4	6.2	6	5.7	5.4	5	4.5	3.9	3.3	2.7	2	1.3	0.6	29.9	29.3	28.6	28	27.4	27	26.5	26.2
♀	17.8	18.9	20.1	21.2	22.4	23.5	24.7	25.8	27	28.1	29.2	0.4	1.5	2.6	3.8	4.9	6	7.1	8.3	9.4	10.5	11.6	12.7	13.8	15	16.1	17.2	18.3	19.4	20.5	21.5
♂	20.2R	20	19.7	19.4	19.2	18.9	18.6	18.3	18	17.7	17.5	17.2	16.9	16.6	16.3	16	15.7	15.4	15.2	14.9	14.6	14.4	14.1	13.9	13.7	13.4	13.2	13	12.8	12.6	12.5

	1	6	11	16	21	26	31
♃	22.6	22.8	22.9	22.8R	22.7	22.6	22.3
♄	4.1R	3.9	3.6	3.5	3.3	3.2	3.1

	1	11	21	31
♅	19.6R	19.2	18.9	18.7
♆	4.3R	4	3.8	3.6
♇	4.6R	4.5	4.6D	4.6

VIII

	1	2	3	4	5	6	7	8	9	10	11	12	13	14	15	16	17	18	19	20	21	22	23	24	25	26	27	28	29	30	31
☉	8.7	9.7	10.6	11.6	12.5	13.5	14.4	15.4	16.4	17.3	18.3	19.2	20.2	21.2	22.1	23.1	24	25	26	26.9	27.9	28.9	29.8	0.8	1.8	2.7	3.7	4.6	5.6	6.6	7.5
☽	9.9	23.2	6.1	18.8	1.2	13.3	25.2	7	18.8	0.7	12.8	25.1	7.7	20.6	3.9	17.6	1.6	15.8	0.2	14.5	28.9	13.1	27.3	11.3	25.2	8.9	22.4	5.8	19	1.9	14.6
☿	24.6R	24.3	23.8	23.3	22.7	22	21.3	20.5	19.8	18.9	18.1	17.4	16.6	15.9	15.2	14.6	14.1	13.7	13.4	13.3	13.2D	13.3	13.5	13.8	14.3	14.9	15.6	16.4	17.4	18.5	19.6
♀	28.4	29.6	0.7	1.9	3	4.2	5.3	6.5	7.6	8.8	9.9	11.1	12.2	13.4	14.6	15.7	16.9	18.1	19.2	20.4	21.6	22.8	23.9	25.1	26.3	27.5	28.6	29.8	1	2.2	3.4
♂	4.4	5.1	5.7	6.4	7	7.6	8.3	8.9	9.6	10.2	10.8	11.5	12.1	12.8	13.4	14.1	14.7	15.3	16	16.6	17.2	17.9	18.5	19.2	19.8	20.4	21.1	21.7	22.3	23	23.6

	1	6	11	16	21	26	31
♃	12.5R	11.8	11.2	10.6	10	9.4	8.9
♄	21.5	21.6	21.7	21.8	22	22.3	22.5

	1	11	21	31
♅	14.2R	14	14	14.0D
♆	1.3R	1.1	1	0.9
♇	2	2.2	2.4	2.6

	1	2	3	4	5	6	7	8	9	10	11	12	13	14	15	16	17	18	19	20	21	22	23	24	25	26	27	28	29	30	31
☉	8.5	9.4	10.4	11.3	12.3	13.3	14.2	15.2	16.1	17.1	18.1	19	20	20.9	21.9	22.9	23.8	24.8	25.7	26.7	27.7	28.6	29.6	0.6	1.5	2.5	3.4	4.4	5.4	6.3	7.3
☽	15.1	27	9	21.1	3.4	15.9	28.5	11.4	24.4	7.7	21.1	4.8	18.7	2.8	17.1	1.6	16.2	0.8	15.2	29.5	13.4	27	10.1	22.9	5.3	17.5	29.5	11.4	23.2	5.1	17.2
☿	25.9R	25.8	25.7	25.8D	25.9	26.2	26.6	27.1	27.7	28.4	29.2	0.1	1.1	2.3	3.5	4.8	6.2	7.7	9.3	10.9	12.6	14.4	16.2	18.1	20	21.9	23.8	25.8	27.8	29.7	1.7
♀	22.6	23.7	24.8	25.9	26.9	28	29.1	0.1	1.2	2.3	3.3	4.4	5.4	6.4	7.5	8.5	9.5	10.6	11.6	12.6	13.6	14.6	15.6	16.6	17.5	18.5	19.5	20.4	21.4	22.3	23.3
♂	12.3R	12.2	12	11.9	11.8	11.7	11.6	11.6	11.5	11.5	11.4	11.4	11.4D	11.4	11.5	11.5	11.6	11.6	11.7	11.8	11.9	12.1	12.2	12.4	12.5	12.7	12.9	13.1	13.3	13.5	13.8

	1	6	11	16	21	26	31
♃	22.3R	21.9	21.5	21	20.5	19.9	19.3
♄	3.1R	3.1	3.1D	3.1	3.2	3.4	3.5

	1	11	21	31
♅	18.6R	18.5	18.4	18.4D
♆	3.5R	3.4	3.2	3.1
♇	4.6	4.7	4.9	5.2

IX

	1	2	3	4	5	6	7	8	9	10	11	12	13	14	15	16	17	18	19	20	21	22	23	24	25	26	27	28	29	30	31
☉	8.5	9.5	10.4	11.4	12.4	13.4	14.3	15.3	16.3	17.2	18.2	19.2	20.2	21.1	22.1	23.1	24.1	25	26	27	28	28.9	29.9	0.9	1.9	2.9	3.8	4.8	5.8	6.8	
☽	27.1	9.3	21.3	3.2	15	26.8	8.7	20.7	3	15.6	28.6	12.1	25.9	10.2	24.7	9.5	24.3	9	23.6	7.9	22	5.8	19.3	2.6	15.7	28.5	11.1	23.5	5.7	17.8	
☿	20.9	22.3	23.8	25.3	26.9	28.6	0.3	2.1	3.9	5.8	7.6	9.5	11.4	13.3	15.2	17.1	19	20.8	22.7	24.6	26.4	28.3	0.1	1.9	3.7	5.4	7.2	9	10.7	12.4	
♀	4.6	5.8	7	8.2	9.4	10.6	11.8	12.9	14.1	15.4	16.6	17.8	19	20.2	21.4	22.6	23.8	25	26.2	27.4	28.7	29.9	1.1	2.3	3.5	4.7	6	7.2	8.4	9.6	
♂	24.3	24.9	25.5	26.2	26.8	27.4	28.1	28.7	29.3	30	0.6	1.2	1.9	2.5	3.1	3.8	4.4	5	5.7	6.3	6.9	7.6	8.2	8.8	9.5	10.1	10.7	11.4	12	12.6	

	1	6	11	16	21	26
♃	8.8R	8.3	7.9	7.6	7.4	7.2
♄	22.6	22.9	23.2	23.6	24	24.4

	1	11	21
♅	14	14.1	14.3
♆	0.9R	0.9	0.9D
♇	2.6	2.9	3.3

	1	2	3	4	5	6	7	8	9	10	11	12	13	14	15	16	17	18	19	20	21	22	23	24	25	26	27	28	29	30	31
☉	8.3	9.2	10.2	11.2	12.2	13.1	14.1	15.1	16	17	18	19	19.9	20.9	21.9	22.8	23.8	24.8	25.8	26.7	27.7	28.7	29.7	0.7	1.6	2.6	3.6	4.6	5.6	6.5	
☽	29.4	11.9	24.6	7.5	20.7	4.2	17.8	1.6	15.5	29.6	13.7	27.9	12.2	26.4	10.5	24.5	8.3	21.9	5.2	18.1	0.8	13.2	25.4	7.4	19.2	1.1	13	25.1	7.3	19.9	
☿	3.7	5.6	7.6	9.5	11.5	13.4	15.3	17.2	19	20.9	22.7	24.5	26.3	28.1	29.8	1.6	3.3	5	6.7	8.3	10	11.6	13.2	14.8	16.4	18	19.5	21.1	22.6	24.1	
♀	24.2	25.1	26.1	27	27.9	28.8	29.6	0.5	1.4	2.2	3	3.9	4.7	5.5	6.3	7	7.8	8.5	9.3	10	10.7	11.4	12	12.7	13.3	13.9	14.5	15.1	15.6	16.1	
♂	14	14.3	14.5	14.8	15.1	15.4	15.7	16	16.4	16.7	17.1	17.4	17.8	18.2	18.6	19	19.4	19.8	20.2	20.6	21.1	21.5	21.9	22.4	22.9	23.3	23.8	24.3	24.8	25.3	

	1	6	11	16	21	26
♃	19.2R	18.5	17.8	17.2	16.5	15.9
♄	3.6	3.8	4	4.3	4.6	5

	1	11	21
♅	18.4	18.4	18.6
♆	3.1R	3	3.1D
♇	5.2	5.5	5.8

X

	1	2	3	4	5	6	7	8	9	10	11	12	13	14	15	16	17	18	19	20	21	22	23	24	25	26	27	28	29	30	31
☉	7.8	8.8	9.7	10.7	11.7	12.7	13.7	14.7	15.7	16.6	17.6	18.6	19.6	20.6	21.6	22.6	23.6	24.6	25.6	26.6	27.5	28.5	29.5	0.5	1.5	2.5	3.5	4.5	5.5	6.5	7.5
☽	29.7	11.5	23.3	5.1	17	29	11.2	23.8	6.8	20.1	4	18.3	2.9	17.9	3	18.1	3	17.7	2	15.9	29.5	12.7	25.5	8.1	20.5	2.6	14.6	26.5	8.4	20.2	2
☿	14.1	15.8	17.5	19.1	20.8	22.4	24	25.6	27.2	28.8	0.4	1.9	3.4	5	6.5	8	9.5	11	12.5	13.9	15.4	16.8	18.2	19.7	21.1	22.4	23.8	25.2	26.5	27.8	29.1
♀	10.9	12.1	13.3	14.5	15.8	17	18.2	19.5	20.7	21.9	23.2	24.4	25.6	26.9	28.1	29.3	0.6	1.8	3.1	4.3	5.5	6.8	8	9.3	10.5	11.8	13	14.2	15.5	16.7	18
♂	13.3	13.9	14.5	15.1	15.8	16.4	17	17.7	18.3	18.9	19.6	20.2	20.8	21.4	22.1	22.7	23.3	24	24.6	25.2	25.8	26.5	27.1	27.7	28.4	29	29.6	0.2	0.9	1.5	2.1

	1	6	11	16	21	26	31
♃	7.1R	7.1D	7.2	7.4	7.6	8	8.4
♄	24.9	25.3	25.8	26.4	26.9	27.4	28

	1	11	21	31
♅	14.6	15	15.4	15.9
♆	0.9	1.1	1.3	1.5
♇	3.6	4	4.4	4.8

	1	2	3	4	5	6	7	8	9	10	11	12	13	14	15	16	17	18	19	20	21	22	23	24	25	26	27	28	29	30	31
☉	7.5	8.5	9.5	10.5	11.5	12.5	13.4	14.4	15.4	16.4	17.4	18.4	19.4	20.4	21.3	22.3	23.3	24.3	25.3	26.3	27.3	28.3	29.3	0.3	1.3	2.3	3.3	4.3	5.3	6.3	7.3
☽	2.7	15.9	29.4	13.2	27.3	11.5	25.9	10.3	24.7	9	23.1	7.1	20.9	4.5	17.8	1	13.9	26.6	9	21.3	3.4	15.3	27.2	9.1	21	3	15.2	27.7	10.5	23.8	7.4
☿	25.6	27.1	28.5	30	1.4	2.8	4.2	5.6	7	8.3	9.7	11	12.3	13.5	14.8	16	17.2	18.3	19.5	20.5	21.6	22.6	23.6	24.5	25.3	26.1	26.8	27.5	28	28.5	28.8
♀	16.6	17.1	17.5	17.9	18.3	18.7	19	19.3	19.5	19.8	20	20.1	20.2	20.3	20.4	20.4R	20.4	20.3	20.2	20	19.8	19.6	19.3	19	18.7	18.3	17.9	17.4	16.9	16.4	15.9
♂	25.8	26.3	26.8	27.3	27.8	28.4	28.9	29.4	30	0.5	1.1	1.6	2.2	2.8	3.3	3.9	4.5	5.1	5.7	6.2	6.8	7.4	8	8.6	9.2	9.9	10.5	11.1	11.7	12.3	12.9

	1	6	11	16	21	26	31
♃	15.3R	14.8	14.3	13.9	13.5	13.3	13.1
♄	5.4	5.8	6.2	6.7	7.2	7.7	8.2

	1	11	21	31
♅	18.9	19.2	19.6	20
♆	3.1	3.2	3.4	3.6
♇	6.1	6.5	6.9	7.3

XI

	1	2	3	4	5	6	7	8	9	10	11	12	13	14	15	16	17	18	19	20	21	22	23	24	25	26	27	28	29	30	31
☉	8.5	9.5	10.5	11.5	12.5	13.5	14.5	15.5	16.5	17.5	18.5	19.6	20.6	21.6	22.6	23.6	24.6	25.6	26.6	27.6	28.6	29.6	0.6	1.7	2.7	3.7	4.7	5.7	6.7	7.7	
☽	13.8	25.7	7.8	20.1	2.6	15.5	28.7	12.4	26.5	11	25.9	11	26.3	11.4	26.4	11	25.1	8.8	22.1	4.9	17.4	29.6	11.7	23.5	5.3	17.1	28.9	10.8	22.8	4.9	
☿	0.4	1.7	2.9	4.1	5.2	6.4	7.5	8.5	9.5	10.5	11.3	12.1	12.9	13.5	14.1	14.5	14.8	15	15.0R	14.9	14.6	14.1	13.4	12.6	11.6	10.5	9.2	7.9	6.5	5.1	
♀	19.2	20.5	21.7	23	24.2	25.5	26.7	28	29.2	0.5	1.7	3	4.2	5.5	6.7	8	9.2	10.5	11.8	13	14.3	15.5	16.8	18	19.3	20.5	21.8	23.1	24.3	25.6	
♂	2.7	3.4	4	4.6	5.3	5.9	6.5	7.1	7.8	8.4	9	9.6	10.3	10.9	11.5	12.1	12.8	13.4	14	14.6	15.2	15.9	16.5	17.1	17.7	18.4	19	19.6	20.2	20.8	

	1	6	11	16	21	26
♃	8.4	8.9	9.5	10.1	10.8	11.5
♄	28.1	28.7	29.3	29.9	0.5	1.1

	1	11	21
♅	15.9	16.5	17
♆	1.5	1.8	2.1
♇	4.8	5.3	5.6

	1	2	3	4	5	6	7	8	9	10	11	12	13	14	15	16	17	18	19	20	21	22	23	24	25	26	27	28	29	30	31
☉	8.3	9.3	10.3	11.3	12.3	13.3	14.3	15.3	16.3	17.3	18.3	19.3	20.3	21.3	22.3	23.3	24.3	25.4	26.4	27.4	28.4	29.4	0.4	1.4	2.4	3.4	4.4	5.5	6.5	7.5	
☽	21.4	5.8	20.5	5.4	20.2	5	19.6	3.8	17.8	1.4	14.7	27.7	10.5	23.1	5.4	17.7	29.8	11.8	23.7	5.5	17.4	29.3	11.3	23.4	5.8	18.6	1.7	15.2	29.3	13.8	
☿	29.1	29.2	29.1R	29	28.6	28.1	27.5	26.6	25.7	24.6	23.4	22.1	20.7	19.4	18.1	16.9	15.8	14.9	14.2	13.6	13.3	13.1	13.1D	13.3	13.7	14.2	14.8	15.6	16.5	17.4	
♀	15.3R	14.8	14.2	13.6	13	12.3	11.7	11.1	10.5	10	9.4	8.9	8.4	7.9	7.4	7	6.6	6.3	5.9	5.7	5.4	5.2	5.1	5	4.9	4.9	4.9D	5	5.1	5.2	
♂	13.6	14.2	14.8	15.5	16.1	16.7	17.4	18	18.7	19.3	20	20.6	21.3	21.9	22.6	23.3	23.9	24.6	25.2	25.9	26.6	27.2	27.9	28.6	29.3	29.9	0.6	1.3	2	2.6	

	1	6	11	16	21	26
♃	13.1R	13	13.0D	13.1	13.2	13.5
♄	8.3	8.9	9.4	10	10.6	11.2

	1	11	21
♅	20.1	20.6	21.1
♆	3.6	3.9	4.2
♇	7.3	7.7	8.1

XII

	1	2	3	4	5	6	7	8	9	10	11	12	13	14	15	16	17	18	19	20	21	22	23	24	25	26	27	28	29	30	31
☉	8.7	9.8	10.8	11.8	12.8	13.8	14.8	15.8	16.9	17.9	18.9	19.9	20.9	21.9	23	24	25	26	27	28.1	29.1	0.1	1.1	2.1	3.1	4.2	5.2	6.2	7.2	8.2	9.3
☽	17.1	29.5	12.1	25	8.1	21.6	5.5	19.7	4.3	19.2	4.3	19.4	4.3	19.1	3.4	17.2	0.6	13.6	26.1	8.3	20.3	2.1	13.9	25.7	7.5	19.5	1.7	14	26.5	9.1	22
☿	3.8R	2.6	1.5	0.6	29.9	29.3	29	28.8	28.8D	29	29.3	29.8	0.3	1	1.8	2.7	3.7	4.7	5.8	6.9	8.1	9.3	10.6	11.9	13.2	14.5	15.9	17.2	18.6	20	21.5
♀	26.8	28.1	29.3	0.6	1.8	3.1	4.4	5.6	6.9	8.1	9.4	10.7	11.9	13.2	14.4	15.7	16.9	18.2	19.5	20.7	22	23.2	24.5	25.8	27	28.3	29.5	0.8	2	3.3	4.6
♂	21.5	22.1	22.7	23.3	23.9	24.6	25.2	25.8	26.4	27	27.7	28.3	28.9	29.5	0.1	0.8	1.4	2	2.6	3.2	3.8	4.4	5.1	5.7	6.3	6.9	7.5	8.1	8.7	9.4	10

	1	6	11	16	21	26	31
♃	12.3	13.2	14.1	15	16	17	18.1
♄	1.7	2.3	2.8	3.4	4	4.5	5.1

	1	11	21	31
♅	17.6	18.2	18.9	19.4
♆	2.4	2.8	3.2	3.6
♇	6	6.3	6.6	6.9

	1	2	3	4	5	6	7	8	9	10	11	12	13	14	15	16	17	18	19	20	21	22	23	24	25	26	27	28	29	30	31
☉	8.5	9.5	10.5	11.5	12.6	13.6	14.6	15.6	16.6	17.6	18.6	19.7	20.7	21.7	22.7	23.7	24.8	25.8	26.8	27.8	28.8	29.8	0.9	1.9	2.9	3.9	4.9	6	7	8	9
☽	28.6	13.8	29.1	14.2	29.1	13.7	27.8	11.5	24.7	7.6	20.1	2.5	14.6	26.7	8.6	20.5	2.4	14.3	26.2	8.1	20.1	2.3	14.6	27.3	10.2	23.6	7.5	21.8	6.6	21.8	7.1
☿	18.4	19.6	20.7	21.9	23.2	24.5	25.8	27.2	28.6	30	1.4	2.8	4.3	5.8	7.2	8.7	10.2	11.7	13.2	14.7	16.2	17.8	19.3	20.8	22.3	23.9	25.4	27	28.5	0.1	1.6
♀	5.4	5.6	5.8	6.1	6.4	6.8	7.1	7.5	8	8.4	8.9	9.5	10	10.6	11.2	11.8	12.4	13.1	13.7	14.4	15.2	15.9	16.7	17.4	18.2	19	19.8	20.6	21.5	22.3	23.2
♂	3.3	4	4.7	5.4	6	6.7	7.4	8.1	8.8	9.5	10.2	10.9	11.5	12.2	12.9	13.6	14.3	15	15.7	16.4	17.1	17.8	18.5	19.2	19.9	20.6	21.3	22	22.7	23.4	24.1

	1	6	11	16	21	26	31
♃	13.8	14.2	14.7	15.3	15.9	16.6	17.4
♄	11.8	12.4	13	13.6	14.1	14.7	15.3

	1	11	21	31
♅	21.7	22.3	22.9	23.5
♆	4.6	4.9	5.3	5.7
♇	8.5	8.9	9.2	9.4

I

	1	2	3	4	5	6	7	8	9	10	11	12	13	14	15	16	17	18	19	20	21	22	23	24	25	26	27	28	29	30	31
☉	♑ 10	11	12.1	13.1	14.1	15.1	16.1	17.2	18.2	19.2	20.2	21.2	22.3	23.3	24.3	25.3	26.3	27.4	28.4	29.4	♒ 0.4	1.4	2.4	3.5	4.5	5.5	6.5	7.5	8.5	9.6	10.6
☽	♑ 22.4	♒ 7.6	22.4	♓ 6.7	20.6	♈ 3.9	16.8	29.4	♉ 11.6	23.7	♊ 5.6	17.5	29.3	♋ 11.2	23.1	♌ 5.1	17.2	29.4	♍ 11.7	24.1	♎ 6.8	19.8	♏ 3.1	16.7	♐ 0.8	15.3	♑ 0.2	15.3	♒ 0.4	15.5	♓ 0.4
☿	♑ 3.2	4.8	6.3	7.9	9.5	11.1	12.7	14.3	15.9	17.5	19.2	20.8	22.4	24.1	25.8	27.4	29.1	♒ 0.8	2.5	4.2	5.9	7.6	9.3	11	12.8	14.5	16.2	18	19.7	21.4	23.1
♀	♏ 24.1	25	25.9	26.8	27.7	28.7	29.6	♐ 0.6	1.5	2.5	3.5	4.4	5.4	6.4	7.4	8.5	9.5	10.5	11.5	12.6	13.6	14.7	15.7	16.8	17.9	18.9	20	21.1	22.2	23.3	24.4
♂	♓ 24.8	25.4	26.1	26.8	27.5	28.2	28.9	29.6	♈ 0.3	1	1.7	2.4	3.1	3.8	4.5	5.2	5.9	6.6	7.3	8	8.7	9.4	10.1	10.8	11.5	12.2	12.9	13.6	14.3	15	15.7

♃	1	6	11	16	21	26	31	♄	1	6	11	16	21	26	31	♅	1	11	21	31	♆	1	11	21	31	♇	1	11	21	31
	♓ 17.5	18.3	19.2	20.1	21.1	22.1	23.1		♐ 15.4	15.9	16.5	17	17.5	18	18.4		♐ 23.6	24.2	24.7	25.2		♑ 5.7	6.1	6.4	6.8		♏ 9.5	9.7	9.8	9.9

	1	2	3	4	5	6	7	8	9	10	11	12	13	14	15	16	17	18	19	20	21	22	23	24	25	26	27	28	29	30	31
☉	♑ 9.8	10.8	11.8	12.8	13.9	14.9	15.9	16.9	17.9	19	20	21	22	23	24.1	25.1	26.1	27.1	28.1	29.1	♒ 0.2	1.2	2.2	3.2	4.2	5.2	6.3	7.3	8.3	9.3	10.3
☽	♊ 5	17.5	29.9	♋ 12.1	24.1	♌ 6.1	17.9	29.7	♍ 11.5	23.4	♎ 5.4	17.6	♏ 0.2	13.1	26.6	♐ 10.5	24.9	♑ 9.8	24.9	♒ 10.1	25.3	♓ 10.3	24.9	♈ 9.1	22.9	♉ 6.3	19.3	♊ 2.1	14.6	26.8	♋ 9
☿	♑ 14.9	16.5	18.1	19.8	21.4	23	24.7	26.3	28	29.6	♒ 1.3	2.9	4.6	6.2	7.9	9.5	11.1	12.7	14.2	15.7	17.2	18.7	20	21.3	22.6	23.7	24.8	25.7	26.5	27.1	27.6
♀	♒ 12	13.3	14.5	15.7	16.9	18.2	19.4	20.6	21.9	23.1	24.3	25.5	26.8	28	29.2	♓ 0.4	1.6	2.9	4.1	5.3	6.5	7.7	8.9	10.1	11.4	12.6	13.8	15	16.2	17.4	18.6
♂	♏ 24.9	25.6	26.3	26.9	27.6	28.3	28.9	29.6	♐ 0.2	0.9	1.6	2.2	2.9	3.6	4.2	4.9	5.6	6.2	6.9	7.6	8.2	8.9	9.6	10.2	10.9	11.6	12.3	12.9	13.6	14.3	14.9

♃	1	6	11	16	21	26	31	♄	1	6	11	16	21	26	31	♅	1	11	21	31	♆	1	11	21	31	♇	1	11	21	31
	♈ 20.2	20.6	21	21.4	22	22.6	23.3		♐ 25.5	26	26.6	27.2	27.7	28.2	28.7		♐ 27.7	28.3	28.8	29.3		♑ 7.8	8.2	8.5	8.9		♏ 12	12.2	12.4	12.5

II

	1	2	3	4	5	6	7	8	9	10	11	12	13	14	15	16	17	18	19	20	21	22	23	24	25	26	27	28	29	30	31
☉	♒ 11.6	12.6	13.6	14.6	15.6	16.7	17.7	18.7	19.7	20.7	21.7	22.7	23.7	24.8	25.8	26.8	27.8	28.8	29.8	♓ 0.8	1.8	2.8	3.8	4.8	5.9	6.9	7.9	8.9			
☽	♓ 14.8	28.8	♈ 12.2	25.3	♉ 7.9	20.2	♊ 2.3	14.2	26.1	♋ 7.9	19.8	♌ 1.8	13.9	26.2	♍ 8.6	21.1	♎ 3.9	16.8	30	♏ 13.3	27	♐ 11	25.2	♑ 9.7	24.4	♒ 9.1	23.8	♓ 8.4			
☿	♒ 24.8	26.5	28.2	29.8	♓ 1.4	3	4.5	6	7.3	8.6	9.8	10.9	11.9	12.7	13.4	13.9	14.3	14.5	14.5R	14.4	14	13.6	13	12.2	11.3	10.4	9.4	8.3			
♀	♐ 25.4	26.5	27.7	28.8	29.9	♑ 1	2.1	3.2	4.3	5.5	6.6	7.7	8.9	10	11.1	12.3	13.4	14.6	15.7	16.9	18	19.2	20.3	21.5	22.6	23.8	25	26.1			
♂	♈ 16.4	17.1	17.8	18.5	19.2	19.9	20.6	21.3	22	22.7	23.3	24	24.7	25.4	26.1	26.8	27.5	28.2	28.9	29.6	♉ 0.3	1	1.6	2.3	3	3.7	4.4	5.1			

♃	1	6	11	16	21	26	♄	1	6	11	16	21	26	♅	1	11	21	♆	1	11	21	♇	1	11	21
	♓ 23.3	24.4	25.5	26.6	27.7	28.9		♐ 18.5	18.9	19.3	19.6	20	20.3		♐ 25.3	25.7	26.1		♑ 6.8	7.1	7.4		♏ 9.9	10	10.0R

	1	2	3	4	5	6	7	8	9	10	11	12	13	14	15	16	17	18	19	20	21	22	23	24	25	26	27	28	29	30	31
☉	♒ 11.3	12.4	13.4	14.4	15.4	16.4	17.4	18.4	19.5	20.5	21.5	22.5	23.5	24.5	25.5	26.5	27.5	28.6	29.6	♓ 0.6	1.6	2.6	3.6	4.6	5.6	6.6	7.6	8.6	9.6		
☽	♋ 21	♌ 2.9	14.8	26.6	♍ 8.4	20.3	♎ 2.2	14.3	26.5	♏ 9.1	22	♐ 5.3	19	♑ 3.2	17.9	♒ 2.9	18.1	♓ 3.3	18.5	♈ 3.3	17.8	♉ 1.8	15.4	28.5	♊ 11.3	23.8	♋ 6	18	29.9		
☿	♒ 27.9	28.1	28.0R	27.8	27.4	26.8	26	25.1	24.1	23	21.9	20.7	19.5	18.4	17.3	16.3	15.4	14.7	14	13.5	13.1	12.9	12.7	12.7D	12.8	13	13.3	13.6	14.1		
♀	♓ 19.8	21	22.2	23.4	24.6	25.8	27	28.2	29.4	♈ 0.6	1.7	2.9	4.1	5.3	6.5	7.6	8.8	10	11.2	12.3	13.5	14.6	15.8	17	18.1	19.3	20.4	21.6	22.7		
♂	♐ 15.6	16.3	16.9	17.6	18.3	19	19.6	20.3	21	21.6	22.3	23	23.7	24.3	25	25.7	26.3	27	27.7	28.4	29	29.7	♑ 0.4	1.1	1.7	2.4	3.1	3.8	4.4		

♃	1	6	11	16	21	26	♄	1	6	11	16	21	26	♅	1	11	21	♆	1	11	21	♇	1	11	21
	♈ 23.4	24.2	25	25.8	26.7	27.7		♐ 28.8	29.3	29.7	♑ 0.2	0.6	0.9		♐ 29.4	29.8	♑ 0.2		♑ 8.9	9.2	9.5		♏ 12.5	12.6	12.6R

III

	1	2	3	4	5	6	7	8	9	10	11	12	13	14	15	16	17	18	19	20	21	22	23	24	25	26	27	28	29	30	31
☉	♓ 9.9	10.9	11.9	12.9	13.9	14.9	15.9	16.9	17.9	18.9	19.9	20.9	21.9	22.9	23.9	24.9	25.9	26.9	27.9	28.9	29.8	♈ 0.8	1.8	2.8	3.8	4.8	5.8	6.8	7.8	8.8	9.8
☽	♓ 22.6	♈ 6.5	20	♉ 3.1	15.8	28.2	♊ 10.4	22.4	♋ 4.2	16.1	28	♌ 10.1	22.3	♍ 4.7	17.4	♎ 0.2	13.3	26.7	♏ 10.2	23.9	♐ 7.8	21.9	♑ 6	20.3	♒ 4.6	18.9	♓ 3.1	17.2	♈ 1	14.6	27.9
☿	♓ 7.2R	6.2	5.2	4.2	3.3	2.5	1.8	1.2	0.8	0.4	0.1	♒ 30	30.0D	♓ 0	0.2	0.4	0.8	1.2	1.7	2.3	2.9	3.6	4.4	5.2	6.1	7	8	9	10.1	11.2	12.4
♀	♑ 27.3	28.5	29.6	♒ 0.8	2	3.1	4.3	5.5	6.7	7.8	9	10.2	11.4	12.6	13.7	14.9	16.1	17.3	18.5	19.7	20.9	22	23.2	24.4	25.6	26.8	28	29.2	♓ 0.4	1.6	2.8
♂	♉ 5.8	6.5	7.1	7.8	8.5	9.2	9.9	10.6	11.3	11.9	12.6	13.3	14	14.7	15.3	16	16.7	17.4	18.1	18.7	19.4	20.1	20.8	21.5	22.1	22.8	23.5	24.2	24.8	25.5	26.2

♃	1	6	11	16	21	26	31	♄	1	6	11	16	21	26	31	♅	1	11	21	31	♆	1	11	21	31	♇	1	11	21	31
	♓ 29.6	♈ 0.8	2	3.2	4.4	5.6	6.8		♐ 20.4	20.6	20.8	21	21.1	21.1	21.2		♐ 26.3	26.5	26.7	26.7		♑ 7.6	7.8	7.9	8		♏ 9.9R	9.8	9.6	9.4

	1	2	3	4	5	6	7	8	9	10	11	12	13	14	15	16	17	18	19	20	21	22	23	24	25	26	27	28	29	30	31
☉	♓ 10.6	11.6	12.6	13.6	14.6	15.6	16.6	17.6	18.6	19.6	20.6	21.6	22.6	23.6	24.6	25.6	26.6	27.6	28.6	29.6	♈ 0.6	1.6	2.6	3.6	4.6	5.6	6.5	7.5	8.5	9.5	10.5
☽	♌ 11.7	23.5	♍ 5.4	17.3	29.2	♎ 11.3	23.6	♏ 6	18.7	♐ 1.6	14.9	28.5	♑ 12.5	26.9	♒ 11.5	26.4	♓ 11.4	26.4	♈ 11.2	25.8	♉ 9.9	23.7	♊ 6.9	19.8	♋ 2.3	14.6	26.6	♌ 8.4	20.2	♍ 2.1	13.9
☿	♒ 14.6	15.3	16	16.7	17.5	18.4	19.3	20.3	21.3	22.4	23.5	24.6	25.8	27	28.2	29.5	♓ 0.8	2.1	3.4	4.8	6.2	7.6	9.1	10.6	12.1	13.6	15.2	16.7	18.3	19.9	21.6
♀	♈ 23.9	25	26.1	27.3	28.4	29.5	♉ 0.6	1.8	2.9	4	5.1	6.2	7.3	8.4	9.5	10.6	11.7	12.7	13.8	14.9	16	17	18.1	19.1	20.2	21.2	22.2	23.3	24.3	25.3	26.3
♂	♑ 5.1	5.8	6.5	7.1	7.8	8.5	9.2	9.8	10.5	11.2	11.9	12.5	13.2	13.9	14.6	15.2	15.9	16.6	17.3	17.9	18.6	19.3	20	20.6	21.3	22	22.7	23.3	24	24.7	25.4

♃	1	6	11	16	21	26	31	♄	1	6	11	16	21	26	31	♅	1	11	21	31	♆	1	11	21	31	♇	1	11	21	31
	♈ 28.5	29.5	♉ 0.5	1.6	2.7	3.8	4.9		♑ 1.2	1.5	1.8	2	2.2	2.3	2.4		♑ 0.5	0.8	1	1		♑ 9.7	9.9	10.1	10.2		♏ 12.5R	12.4	12.2	12

IV

	1	2	3	4	5	6	7	8	9	10	11	12	13	14	15	16	17	18	19	20	21	22	23	24	25	26	27	28	29	30	31
☉	♈ 10.7	11.7	12.7	13.7	14.7	15.7	16.7	17.6	18.6	19.6	20.6	21.6	22.5	23.5	24.5	25.5	26.5	27.4	28.4	29.4	♉ 0.4	1.3	2.3	3.3	4.3	5.2	6.2	7.2	8.2	9.1	
☽	♉ 10.9	23.6	♊ 6	18.2	♋ 0.2	12.1	24	♌ 5.9	18	♍ 0.3	12.8	25.6	♎ 8.7	22.2	♏ 5.9	19.9	♐ 4.1	18.4	♑ 2.8	17.1	♒ 1.3	15.4	29.4	♓ 13.2	26.8	♈ 10.2	23.4	♉ 6.4	19.2	♊ 1.7	
☿	♓ 13.6	14.8	16	17.3	18.6	20	21.4	22.8	24.2	25.7	27.2	28.7	♈ 0.2	1.8	3.4	5.1	6.7	8.4	10.1	11.8	13.6	15.4	17.2	19.1	20.9	22.8	24.8	26.7	28.7	♉ 0.7	
♀	♓ 4	5.2	6.4	7.6	8.8	10	11.2	12.4	13.6	14.8	16	17.2	18.4	19.6	20.8	22	23.2	24.4	25.6	26.8	28	29.2	♈ 0.4	1.6	2.8	4	5.2	6.4	7.6	8.9	
♂	♉ 26.9	27.5	28.2	28.9	29.5	♊ 0.2	0.9	1.5	2.2	2.9	3.6	4.2	4.9	5.6	6.2	6.9	7.6	8.2	8.9	9.5	10.2	10.9	11.5	12.2	12.9	13.5	14.2	14.8	15.5	16.2	

♃	1	6	11	16	21	26	♄	1	6	11	16	21	26	♅	1	11	21	♆	1	11	21	♇	1	11	21
	♈ 7	8.2	9.4	10.6	11.8	13		♐ 21.2R	21.1	21.1	21	20.8	20.6		♐ 26.7	26.7R	26.6		♑ 8	8.0R	8		♏ 9.3R	9.1	8.8

	1	2	3	4	5	6	7	8	9	10	11	12	13	14	15	16	17	18	19	20	21	22	23	24	25	26	27	28	29	30	31
☉	♈ 11.5	12.5	13.5	14.4	15.4	16.4	17.4	18.4	19.4	20.3	21.3	22.3	23.3	24.3	25.2	26.2	27.2	28.2	29.2	♉ 0.1	1.1	2.1	3.1	4	5	6	7	7.9	8.9	9.9	
☽	♍ 25.9	♎ 8.1	20.4	♏ 2.9	15.7	28.6	♐ 11.8	25.3	♑ 8.9	22.9	♒ 7	21.3	♓ 5.8	20.4	♈ 5	19.5	♉ 3.8	17.9	♊ 1.6	14.9	27.8	♋ 10.4	22.7	♌ 4.7	16.6	28.4	♍ 10.2	22.1	♎ 4.2	16.5	
☿	♓ 23.3	24.9	26.7	28.4	♈ 0.2	1.9	3.7	5.6	7.4	9.3	11.2	13.2	15.1	17.1	19.1	21.1	23.2	25.2	27.3	29.4	♉ 1.5	3.7	5.8	7.9	10.1	12.2	14.3	16.4	18.5	20.6	
♀	♉ 27.3	28.3	29.3	♊ 0.3	1.3	2.2	3.2	4.1	5.1	6	6.9	7.8	8.7	9.6	10.5	11.4	12.2	13.1	13.9	14.7	15.5	16.3	17.1	17.9	18.6	19.4	20.1	20.8	21.5	22.2	
♂	♑ 26	26.7	27.4	28	28.7	29.4	♒ 0.1	0.7	1.4	2.1	2.8	3.4	4.1	4.8	5.4	6.1	6.8	7.4	8.1	8.8	9.5	10.1	10.8	11.5	12.1	12.8	13.4	14.1	14.8	15.4	

♃	1	6	11	16	21	26	♄	1	6	11	16	21	26	♅	1	11	21	♆	1	11	21	♇	1	11	21
	♉ 5.1	6.3	7.5	8.6	9.8	11		♑ 2.5	2.5	2.6R	2.5	2.5	2.4		♑ 1	1.0R	0.9		♑ 10.2	10.2	10.2R		♏ 12.0R	11.8	11.5

V

	1	2	3	4	5	6	7	8	9	10	11	12	13	14	15	16	17	18	19	20	21	22	23	24	25	26	27	28	29	30	31
☉	♉ 10.1	11.1	12	13	14	15	15.9	16.9	17.9	18.8	19.8	20.8	21.7	22.7	23.7	24.6	25.6	26.5	27.5	28.5	29.4	♊ 0.4	1.4	2.3	3.3	4.2	5.2	6.2	7.1	8.1	9
☽	♊ 14	26.2	♋ 8.2	20.1	♌ 1.9	13.8	25.9	♍ 8.1	20.7	♎ 3.5	16.8	♏ 0.5	14.6	29	♐ 13.6	28.4	♑ 13.1	27.7	♒ 12.1	26.3	♓ 10.1	23.7	♈ 7	20	♉ 2.8	15.5	28	♊ 10.3	22.5	♋ 4.5	16.4
☿	♉ 2.7	4.8	6.9	9	11.1	13.3	15.4	17.6	19.8	21.9	24.1	26.3	28.4	♊ 0.6	2.7	4.8	6.8	8.9	10.8	12.8	14.7	16.6	18.4	20.2	21.9	23.6	25.2	26.8	28.3	29.7	♋ 1.2
♀	♈ 10.1	11.3	12.5	13.7	14.9	16.1	17.3	18.5	19.7	20.9	22.1	23.4	24.6	25.8	27	28.2	29.4	♉ 0.6	1.8	3	4.3	5.5	6.7	7.9	9.1	10.3	11.5	12.7	14	15.2	16.4
♂	♊ 16.8	17.5	18.1	18.8	19.5	20.1	20.8	21.4	22.1	22.7	23.4	24	24.7	25.4	26	26.7	27.3	28	28.6	29.3	29.9	♋ 0.6	1.2	1.9	2.5	3.2	3.8	4.5	5.1	5.8	6.4

♃	1	6	11	16	21	26	31	♄	1	6	11	16	21	26	31	♅	1	11	21	31	♆	1	11	21	31	♇	1	11	21	31
	♈ 14.2	15.3	16.4	17.5	18.6	19.6	20.6		♐ 20.4R	20.2	19.9	19.6	19.2	18.9	18.5		♐ 26.4R	26.1	25.8	25.4		♑ 7.9R	7.8	7.6	7.4		♏ 8.5R	8.3	8	7.8

	1	2	3	4	5	6	7	8	9	10	11	12	13	14	15	16	17	18	19	20	21	22	23	24	25	26	27	28	29	30	31
☉	♉ 10.8	11.8	12.8	13.8	14.7	15.7	16.7	17.6	18.6	19.6	20.5	21.5	22.5	23.4	24.4	25.3	26.3	27.3	28.2	29.2	♊ 0.2	1.1	2.1	3	4	5	5.9	6.9	7.8	8.8	9.8
☽	♎ 29.1	♏ 12	25.1	♐ 8.4	22	♑ 5.8	19.7	♒ 3.7	17.8	♓ 2	16.2	♈ 0.3	14.5	28.6	♉ 12.6	26.3	♊ 9.8	22.9	♋ 5.8	18.3	♌ 0.6	12.6	24.5	♍ 6.3	18.1	♎ 0.1	12.2	24.7	♏ 7.4	20.5	♐ 4
☿	♉ 22.6	24.6	26.6	28.5	♊ 0.3	2.2	3.9	5.6	7.3	8.9	10.4	11.9	13.3	14.6	15.9	17.1	18.3	19.3	20.3	21.3	22.2	23	23.7	24.3	24.9	25.4	25.8	26.2	26.4	26.6	26.7
♀	♊ 22.8	23.4	24	24.6	25.2	25.7	26.2	26.7	27.2	27.6	28	28.4	28.8	29.1	29.4	29.6	29.9	♋ 0	0.2	0.3	0.4	0.4	0.4R	0.4	0.3	0.2	0	♊ 29.8	29.6	29.3	29
♂	♒ 16.1	16.8	17.4	18.1	18.7	19.4	20.1	20.7	21.4	22	22.7	23.3	24	24.6	25.3	25.9	26.6	27.2	27.9	28.5	29.2	29.8	♓ 0.4	1.1	1.7	2.3	3	3.6	4.2	4.9	5.5

♃	1	6	11	16	21	26	31	♄	1	6	11	16	21	26	31	♅	1	11	21	31	♆	1	11	21	31	♇	1	11	21	31
	♉ 12.2	13.4	14.6	15.8	17	18.1	19.3		♑ 2.2R	2.1	1.8	1.6	1.3	1	0.7		♑ 0.8R	0.5	0.2	♐ 29.8		♑ 10.1R	10	9.8	9.6		♏ 11.2R	10.9	10.7	10.4

VI

	1	2	3	4	5	6	7	8	9	10	11	12	13	14	15	16	17	18	19	20	21	22	23	24	25	26	27	28	29	30	31
☉	♊ 10	11	11.9	12.9	13.8	14.8	15.7	16.7	17.7	18.6	19.6	20.5	21.5	22.4	23.4	24.3	25.3	26.3	27.2	28.2	29.1	♋ 0.1	1	2	2.9	3.9	4.8	5.8	6.8	7.7	
☽	♋ 28.3	♌ 10.2	22	♍ 4	16.2	28.7	♎ 11.6	24.8	♏ 8.6	22.8	♐ 7.4	22.4	♑ 7.5	22.6	♒ 7.6	22.3	♓ 6.5	20.4	♈ 3.9	17.1	29.9	♉ 12.5	24.9	♊ 7.2	19.3	♋ 1.3	13.2	25.1	♌ 7	18.8	
☿	♋ 2.5	3.8	5.1	6.3	7.4	8.5	9.5	10.5	11.4	12.2	13	13.7	14.3	14.9	15.4	15.8	16.2	16.4	16.6	16.8	16.8	16.8R	16.7	16.5	16.3	16	15.6	15.1	14.7	14.1	
♀	♉ 17.6	18.8	20	21.2	22.5	23.7	24.9	26.1	27.3	28.5	29.7	♊ 1	2.2	3.4	4.6	5.8	7	8.3	9.5	10.7	11.9	13.1	14.4	15.6	16.8	18	19.2	20.4	21.7	22.9	
♂	♋ 7.1	7.7	8.4	9	9.7	10.3	10.9	11.6	12.2	12.9	13.5	14.2	14.8	15.5	16.1	16.7	17.4	18	18.7	19.3	20	20.6	21.2	21.9	22.5	23.2	23.8	24.4	25.1	25.7	

♃	1	6	11	16	21	26	♄	1	6	11	16	21	26	♅	1	11	21	♆	1	11	21	♇	1	11	21
	♈ 20.8	21.8	22.7	23.6	24.4	25.2		♐ 18.5R	18.1	17.7	17.4	17	16.7		♐ 25.3R	24.9	24.5		♑ 7.3R	7.1	6.8		♏ 7.7R	7.5	7.4

	1	2	3	4	5	6	7	8	9	10	11	12	13	14	15	16	17	18	19	20	21	22	23	24	25	26	27	28	29	30	31
☉	♊ 10.7	11.7	12.6	13.6	14.6	15.5	16.5	17.4	18.4	19.3	20.3	21.3	22.2	23.2	24.1	25.1	26	27	27.9	28.9	29.8	♋ 0.8	1.8	2.7	3.7	4.6	5.6	6.5	7.5	8.4	
☽	♐ 17.7	♑ 1.8	16	♒ 0.2	14.5	28.8	♓ 13	27	♈ 11	24.8	♉ 8.5	22	♊ 5.4	18.5	♋ 1.4	14.1	26.5	♌ 8.6	20.6	♍ 2.4	14.2	26.1	♎ 8	20.2	♏ 2.6	15.5	28.7	♐ 12.4	26.4	♑ 10.8	
☿	♊ 26.8R	26.7	26.6	26.4	26.2	25.9	25.5	25.1	24.6	24.1	23.6	23	22.4	21.9	21.3	20.8	20.3	19.8	19.4	19	18.7	18.5	18.3	18.2	18.1D	18.2	18.3	18.5	18.8	19.2	
♀	♊ 28.7R	28.3	27.8	27.4	26.9	26.4	25.8	25.2	24.7	24.1	23.4	22.8	22.2	21.6	20.9	20.3	19.7	19.1	18.6	18	17.5	17	16.6	16.1	15.7	15.4	15.1	14.8	14.5	14.3	
♂	♓ 6.1	6.7	7.4	8	8.6	9.2	9.8	10.4	11	11.6	12.2	12.8	13.4	14	14.6	15.2	15.8	16.4	17	17.5	18.1	18.7	19.2	19.8	20.4	20.9	21.5	22	22.5	23.1	

♃	1	6	11	16	21	26	♄	1	6	11	16	21	26	♅	1	11	21	♆	1	11	21	♇	1	11	21
	♉ 19.5	20.7	21.8	22.9	24	25		♑ 0.6R	0.3	♐ 29.9	29.6	29.2	28.8		♐ 29.8R	29.4	29		♑ 9.6R	9.3	9.1		♏ 10.4R	10.2	10

VII

	1	2	3	4	5	6	7	8	9	10	11	12	13	14	15	16	17	18	19	20	21	22	23	24	25	26	27	28	29	30	31
☉	♋ 8.7	9.6	10.6	11.5	12.5	13.4	14.4	15.3	16.3	17.2	18.2	19.1	20.1	21.1	22	23	23.9	24.9	25.8	26.8	27.7	28.7	29.6	♌ 0.6	1.6	2.5	3.5	4.4	5.4	6.3	7.3
☽	♍ 0.7	12.7	24.9	♎ 7.3	20.1	♏ 3.3	17	♐ 1.1	15.8	♑ 0.8	16.1	♒ 1.4	16.6	♓ 1.5	16	30	♈ 13.6	26.7	♉ 9.5	22	♊ 4.3	16.4	28.4	♋ 10.3	22.2	♌ 4	15.9	27.8	♍ 9.8	21.8	♎ 4.1
☿	♋ 13.6R	13	12.4	11.8	11.2	10.6	10	9.5	9	8.5	8.2	7.9	7.6	7.5	7.4	7.4D	7.5	7.7	8	8.4	8.9	9.4	10.1	10.9	11.7	12.6	13.7	14.8	16	17.3	18.6
♀	♊ 24.1	25.3	26.6	27.8	29	♋ 0.2	1.4	2.7	3.9	5.1	6.3	7.6	8.8	10	11.2	12.5	13.7	14.9	16.1	17.4	18.6	19.8	21.1	22.3	23.5	24.7	26	27.2	28.4	29.7	♌ 0.9
♂	♋ 26.4	27	27.6	28.3	28.9	29.6	♌ 0.2	0.8	1.5	2.1	2.8	3.4	4	4.7	5.3	5.9	6.6	7.2	7.9	8.5	9.1	9.8	10.4	11	11.7	12.3	12.9	13.6	14.2	14.9	15.5

♃	1	6	11	16	21	26	31	♄	1	6	11	16	21	26	31	♅	1	11	21	31	♆	1	11	21	31	♇	1	11	21	31
	♈ 25.9	26.6	27.2	27.8	28.3	28.7	29.1		♐ 16.3R	16	15.7	15.4	15.2	15	14.8		♐ 24.1R	23.8	23.4	23.1		♑ 6.6R	6.3	6	5.8		♏ 7.2R	7.2	7.2D	7.2

	1	2	3	4	5	6	7	8	9	10	11	12	13	14	15	16	17	18	19	20	21	22	23	24	25	26	27	28	29	30	31
☉	♋ 9.4	10.3	11.3	12.2	13.2	14.1	15.1	16.1	17	18	18.9	19.9	20.8	21.8	22.7	23.7	24.6	25.6	26.5	27.5	28.5	29.4	♌ 0.4	1.3	2.3	3.2	4.2	5.1	6.1	7.1	8
☽	♑ 25.4	♒ 10.1	24.8	♓ 9.3	23.7	♈ 7.8	21.7	♉ 5.4	18.8	♊ 2	15	27.8	♋ 10.4	22.8	♌ 5	17	28.9	♍ 10.7	22.4	♎ 4.3	16.2	28.3	♏ 10.8	23.6	♐ 6.8	20.5	♑ 4.7	19.2	♒ 4.1	19.1	♓ 4.1
☿	♊ 19.6	20.1	20.7	21.4	22.2	23	23.9	24.9	26	27.1	28.4	29.6	♋ 1	2.4	3.9	5.5	7.1	8.8	10.5	12.3	14.1	16	18	20	22	24	26.1	28.2	♌ 0.2	2.3	4.5
♀	♊ 14.2R	14.1	14	13.9	13.9D	14	14	14.1	14.3	14.5	14.7	14.9	15.2	15.5	15.9	16.2	16.6	17.1	17.5	18	18.5	19	19.6	20.1	20.7	21.3	22	22.6	23.3	24	24.7
♂	♓ 23.6	24.1	24.7	25.2	25.7	26.2	26.7	27.2	27.7	28.2	28.7	29.1	29.6	♈ 0.1	0.5	1	1.4	1.9	2.3	2.7	3.1	3.6	4	4.3	4.7	5.1	5.5	5.8	6.2	6.5	6.9

♃	1	6	11	16	21	26	31	♄	1	6	11	16	21	26	31	♅	1	11	21	31	♆	1	11	21	31	♇	1	11	21	31
	♉ 26.1	27.1	28	28.9	29.8	♊ 0.7	1.5		♐ 28.5R	28.1	27.8	27.5	27.2	26.9	26.6		♐ 28.6R	28.2	27.9	27.6		♑ 8.8R	8.5	8.3	8		♏ 9.9R	9.8	9.8D	9.8

VIII

	1	2	3	4	5	6	7	8	9	10	11	12	13	14	15	16	17	18	19	20	21	22	23	24	25	26	27	28	29	30	31
☉	♌ 8.2	9.2	10.2	11.1	12.1	13	14	14.9	15.9	16.9	17.8	18.8	19.7	20.7	21.7	22.6	23.6	24.5	25.5	26.5	27.4	28.4	29.4	♍ 0.3	1.3	2.2	3.2	4.2	5.1	6.1	7.1
☽	♎ 16.6	29.4	♏ 12.5	26.1	♐ 10.1	24.6	♑ 9.4	24.5	♒ 9.8	25	♓ 9.9	24.5	♈ 8.7	22.4	♉ 5.7	18.5	♊ 1	13.3	25.4	♋ 7.3	19.1	♌ 1	12.9	24.8	♍ 6.8	19	♎ 1.2	13.7	26.3	♏ 9.3	22.5
☿	♋ 20.1	21.6	23.2	24.9	26.6	28.4	♌ 0.2	2.1	4	6	8	10	12	14	16.1	18.1	20.2	22.2	24.2	26.2	28.2	♍ 0.2	2.2	4.1	6	7.9	9.8	11.7	13.5	15.3	17.1
♀	♌ 2.1	3.4	4.6	5.8	7.1	8.3	9.5	10.8	12	13.2	14.5	15.7	16.9	18.2	19.4	20.6	21.9	23.1	24.3	25.6	26.8	28.1	29.3	♍ 0.5	1.8	3	4.2	5.5	6.7	8	9.2
♂	♌ 16.1	16.8	17.4	18	18.7	19.3	19.9	20.6	21.2	21.9	22.5	23.1	23.8	24.4	25	25.7	26.3	26.9	27.6	28.2	28.8	29.5	♍ 0.1	0.8	1.4	2	2.7	3.3	3.9	4.6	5.2

♃	1	6	11	16	21	26	31	♄	1	6	11	16	21	26	31	♅	1	11	21	31	♆	1	11	21	31	♇	1	11	21	31
	♈ 29.2	29.4	29.6	29.7	29.7R	29.7	29.5		♐ 14.8R	14.7	14.6	14.5	14.5D	14.6	14.6		♐ 23.1R	22.9	22.8	22.7		♑ 5.8R	5.6	5.4	5.3		♏ 7.2	7.3	7.5	7.7

	1	2	3	4	5	6	7	8	9	10	11	12	13	14	15	16	17	18	19	20	21	22	23	24	25	26	27	28	29	30	31
☉	♌ 9	9.9	10.9	11.8	12.8	13.8	14.7	15.7	16.6	17.6	18.5	19.5	20.5	21.4	22.4	23.3	24.3	25.3	26.2	27.2	28.2	29.1	♍ 0.1	1.1	2	3	3.9	4.9	5.9	6.8	7.8
☽	♓ 19	♈ 3.7	18.1	♉ 2.1	15.7	29.1	♊ 12.1	24.8	♋ 7.3	19.6	♌ 1.8	13.8	25.7	♍ 7.5	19.3	♎ 1	12.9	24.9	♏ 7	19.4	♐ 2.2	15.3	28.9	♑ 13	27.5	♒ 12.3	27.4	♓ 12.7	27.8	♈ 12.7	27.4
☿	♌ 6.6	8.6	10.7	12.8	14.9	16.9	18.9	20.9	22.9	24.8	26.7	28.6	♍ 0.5	2.4	4.2	6	7.8	9.5	11.3	13	14.7	16.3	17.9	19.6	21.2	22.7	24.3	25.8	27.3	28.8	♎ 0.2
♀	♊ 25.4	26.1	26.9	27.6	28.4	29.2	♋ 0	0.8	1.7	2.5	3.4	4.2	5.1	6	6.9	7.8	8.7	9.6	10.5	11.5	12.4	13.4	14.3	15.3	16.3	17.2	18.2	19.2	20.2	21.2	22.2
♂	♈ 7.2	7.5	7.8	8.1	8.4	8.6	8.9	9.1	9.4	9.6	9.8	10	10.2	10.4	10.6	10.7	10.8	11	11.1	11.2	11.3	11.3	11.4	11.4	11.5	11.5	11.5R	11.5	11.4	11.4	11.4

♃	1	6	11	16	21	26	31	♄	1	6	11	16	21	26	31	♅	1	11	21	31	♆	1	11	21	31	♇	1	11	21	31
	♊ 1.6	2.4	3	3.7	4.2	4.7	5.1		♐ 26.6R	26.4	26.2	26.1	26	25.9	25.9D		♐ 27.5R	27.3	27.1	27.1		♑ 8.0R	7.8	7.6	7.5		♏ 9.8	9.9	10.1	10.3

IX

	1	2	3	4	5	6	7	8	9	10	11	12	13	14	15	16	17	18	19	20	21	22	23	24	25	26	27	28	29	30	31
☉	♍ 8	9	10	10.9	11.9	12.9	13.9	14.8	15.8	16.8	17.7	18.7	19.7	20.7	21.6	22.6	23.6	24.6	25.5	26.5	27.5	28.5	29.4	♎ 0.4	1.4	2.4	3.4	4.3	5.3	6.3	
☽	♐ 6	19.9	♑ 4.1	18.7	♒ 3.5	18.4	♓ 3.3	18.1	♈ 2.7	16.8	♉ 0.6	13.9	26.9	♊ 9.4	21.7	♋ 3.8	15.7	27.6	♌ 9.5	21.4	♍ 3.4	15.6	27.9	♎ 10.5	23.2	♏ 6.2	19.5	♐ 2.9	16.6	♑ 0.5	
☿	♍ 18.9	20.6	22.4	24.1	25.8	27.4	29.1	♎ 0.7	2.3	3.9	5.5	7	8.5	10.1	11.6	13	14.5	15.9	17.3	18.7	20.1	21.5	22.8	24.1	25.4	26.7	27.9	29.1	♏ 0.3	1.5	
♀	♍ 10.4	11.7	12.9	14.2	15.4	16.7	17.9	19.1	20.4	21.6	22.9	24.1	25.3	26.6	27.8	29.1	♎ 0.3	1.6	2.8	4	5.3	6.5	7.8	9	10.3	11.5	12.8	14	15.2	16.5	
♂	♍ 5.8	6.5	7.1	7.8	8.4	9	9.7	10.3	10.9	11.6	12.2	12.9	13.5	14.1	14.8	15.4	16	16.7	17.3	18	18.6	19.2	19.9	20.5	21.2	21.8	22.4	23.1	23.7	24.4	

♃	1	6	11	16	21	26	♄	1	6	11	16	21	26	♅	1	11	21	♆	1	11	21	♇	1	11	21
	♈ 29.5R	29.2	28.9	28.5	28.1	27.5		♐ 14.7	14.8	15	15.2	15.4	15.7		♐ 22.7R	22.8D	22.9		♑ 5.3R	5.2	5.2D		♏ 7.7	8	8.3

	1	2	3	4	5	6	7	8	9	10	11	12	13	14	15	16	17	18	19	20	21	22	23	24	25	26	27	28	29	30	31
☉	♍ 8.8	9.7	10.7	11.7	12.7	13.6	14.6	15.6	16.5	17.5	18.5	19.5	20.4	21.4	22.4	23.3	24.3	25.3	26.3	27.3	28.2	29.2	♎ 0.2	1.2	2.1	3.1	4.1	5.1	6.1	7.1	
☽	♉ 11.6	25.4	♊ 8.8	21.7	♋ 4.4	16.7	28.9	♌ 10.8	22.7	♍ 4.5	16.3	28.1	♎ 9.9	21.9	♏ 4	16.2	28.7	♐ 11.5	24.6	♑ 8	21.9	♒ 6.2	20.8	♓ 5.7	20.8	♈ 6	21	♉ 5.8	20.2	♊ 4.2	
☿	♎ 1.7	3.1	4.4	5.8	7.1	8.5	9.7	11	12.2	13.4	14.6	15.7	16.8	17.9	18.9	19.9	20.8	21.7	22.6	23.3	24.1	24.7	25.3	25.8	26.3	26.6	26.9	27	27.1R	27	
♀	♋ 23.3	24.3	25.3	26.4	27.4	28.4	29.5	♌ 0.5	1.6	2.7	3.7	4.8	5.9	7	8.1	9.2	10.2	11.3	12.4	13.6	14.7	15.8	16.9	18	19.1	20.3	21.4	22.5	23.7	24.8	
♂	♈ 11.3R	11.2	11.1	11	10.9	10.7	10.6	10.4	10.2	10	9.9	9.6	9.4	9.2	9	8.7	8.4	8.2	7.9	7.6	7.4	7.1	6.8	6.5	6.2	5.9	5.6	5.3	5	4.7	

♃	1	6	11	16	21	26	♄	1	6	11	16	21	26	♅	1	11	21	♆	1	11	21	♇	1	11	21
	♊ 5.2	5.6	5.8	6	6.1	6.1R		♐ 25.9	26	26	26.2	26.3	26.5		♐ 27.0R	27.1D	27.1		♑ 7.5R	7.4	7.4D		♏ 10.3	10.5	10.8

X

	1	2	3	4	5	6	7	8	9	10	11	12	13	14	15	16	17	18	19	20	21	22	23	24	25	26	27	28	29	30	31
☉	♎ 7.3	8.3	9.3	10.2	11.2	12.2	13.2	14.2	15.2	16.2	17.1	18.1	19.1	20.1	21.1	22.1	23.1	24.1	25.1	26.1	27.1	28.1	29.1	♏ 0	1	2	3	4	5	6	7
☽	♑ 14.6	28.9	♒ 13.3	27.8	♓ 12.3	26.7	♈ 10.9	24.9	♉ 8.5	21.8	♊ 4.8	17.4	29.7	♋ 11.8	23.8	♌ 5.6	17.5	29.4	♍ 11.5	23.8	♎ 6.4	19.2	♏ 2.4	15.8	29.4	♐ 13.3	27.3	♑ 11.4	25.6	♒ 9.8	23.9
☿	♏ 2.6	3.7	4.8	5.8	6.7	7.7	8.5	9.4	10.1	10.8	11.4	12	12.4	12.8	13	13.2	13.2R	13.1	12.9	12.5	12	11.3	10.5	9.5	8.5	7.3	6	4.8	3.5	2.3	1.1
♀	♎ 17.7	19	20.2	21.5	22.7	24	25.2	26.4	27.7	28.9	♏ 0.2	1.4	2.7	3.9	5.2	6.4	7.7	8.9	10.1	11.4	12.6	13.9	15.1	16.4	17.6	18.9	20.1	21.3	22.6	23.8	25.1
♂	♍ 25	25.6	26.3	26.9	27.6	28.2	28.8	29.5	♎ 0.1	0.8	1.4	2.1	2.7	3.3	4	4.6	5.3	5.9	6.6	7.2	7.9	8.5	9.1	9.8	10.4	11.1	11.7	12.4	13	13.7	14.3

♃	1	6	11	16	21	26	31	♄	1	6	11	16	21	26	31	♅	1	11	21	31	♆	1	11	21	31	♇	1	11	21	31
	♈ 27.0R	26.3	25.7	25	24.3	23.7	23		♐ 16	16.3	16.7	17.1	17.5	18	18.5		♐ 23.1	23.4	23.7	24.2		♑ 5.3	5.4	5.5	5.8		♏ 8.6	9	9.4	9.8

	1	2	3	4	5	6	7	8	9	10	11	12	13	14	15	16	17	18	19	20	21	22	23	24	25	26	27	28	29	30	31
☉	♎ 8	9	10	11	12	13	13.9	14.9	15.9	16.9	17.9	18.9	19.9	20.9	21.9	22.9	23.8	24.8	25.8	26.8	27.8	28.8	29.8	♏ 0.8	1.8	2.8	3.8	4.8	5.8	6.8	7.8
☽	♊ 17.7	♋ 0.7	13.4	25.7	♌ 7.8	19.7	♍ 1.5	13.2	25	♎ 6.9	18.9	♏ 1	13.3	25.8	♐ 8.5	21.4	♑ 4.5	18	♒ 1.7	15.7	♓ 0	14.6	29.4	♈ 14.3	29.1	♉ 13.8	28.3	♊ 12.3	25.9	♋ 9	21.7
☿	♎ 26.8R	26.5	26	25.5	24.8	23.9	23	22	20.9	19.7	18.5	17.3	16.2	15.1	14.1	13.3	12.6	12.1	11.8	11.6	11.7D	11.9	12.3	12.9	13.6	14.5	15.4	16.5	17.7	18.9	20.2
♀	♌ 25.9	27.1	28.2	29.4	♍ 0.5	1.7	2.8	4	5.2	6.3	7.5	8.7	9.8	11	12.2	13.4	14.5	15.7	16.9	18.1	19.3	20.5	21.7	22.8	24	25.2	26.4	27.6	28.8	♎ 0	1.2
♂	♈ 4.4R	4.1	3.9	3.6	3.3	3	2.8	2.5	2.3	2.1	1.8	1.6	1.4	1.2	1.1	0.9	0.7	0.6	0.5	0.4	0.3	0.2	0.1	0	♓ 30	29.9	29.9	29.9	29.9D	29.9	30

♃	1	6	11	16	21	26	31	♄	1	6	11	16	21	26	31	♅	1	11	21	31	♆	1	11	21	31	♇	1	11	21	31
	♊ 6.1R	5.9	5.7	5.4	5	4.5	4		♐ 26.7	27	27.3	27.6	28	28.4	28.8		♐ 27.3	27.6	27.9	28.3		♑ 7.5	7.6	7.7	7.9		♏ 11.2	11.5	11.9	12.3

XI

	1	2	3	4	5	6	7	8	9	10	11	12	13	14	15	16	17	18	19	20	21	22	23	24	25	26	27	28	29	30	31
☉	♏ 8	9	10	11	12	13	14	15	16.1	17.1	18.1	19.1	20.1	21.1	22.1	23.1	24.1	25.1	26.1	27.1	28.1	29.1	♐ 0.2	1.2	2.2	3.2	4.2	5.2	6.2	7.2	
☽	♓ 8	22	♈ 6	19.8	♉ 3.4	16.7	29.8	♊ 12.7	25.3	♋ 7.6	19.7	♌ 1.6	13.4	25.3	♍ 7.2	19.3	♎ 1.7	14.3	27.3	♏ 10.8	24.6	♐ 8.7	23	♑ 7.5	22	♒ 6.5	20.8	♓ 4.9	18.8	♈ 2.5	
☿	♏ 0.1R	♎ 29.2	28.5	27.9	27.6	27.4	27.4D	27.7	28.1	28.6	29.3	♏ 0.1	1	2	3.1	4.3	5.5	6.8	8.2	9.6	11	12.4	13.9	15.4	16.9	18.4	19.9	21.4	23	24.5	
♀	♏ 26.3	27.6	28.8	♐ 0.1	1.3	2.6	3.8	5	6.3	7.5	8.8	10	11.3	12.5	13.8	15	16.2	17.5	18.7	20	21.2	22.5	23.7	24.9	26.2	27.4	28.7	29.9	♑ 1.2	2.4	
♂	♎ 15	15.6	16.3	16.9	17.6	18.2	18.9	19.5	20.1	20.8	21.4	22.1	22.7	23.4	24.1	24.7	25.4	26	26.7	27.3	28	28.6	29.3	29.9	♏ 0.6	1.2	1.9	2.5	3.2	3.8	

♃	1	6	11	16	21	26	♄	1	6	11	16	21	26	♅	1	11	21	♆	1	11	21	♇	1	11	21
	♈ 22.9R	22.3	21.7	21.2	20.8	20.4		♐ 18.6	19.1	19.6	20.1	20.7	21.2		♐ 24.2	24.7	25.2		♑ 5.8	6	6.3		♏ 9.8	10.2	10.6

	1	2	3	4	5	6	7	8	9	10	11	12	13	14	15	16	17	18	19	20	21	22	23	24	25	26	27	28	29	30	31
☉	♏ 8.8	9.8	10.8	11.8	12.8	13.8	14.8	15.8	16.8	17.8	18.8	19.8	20.8	21.8	22.8	23.9	24.9	25.9	26.9	27.9	28.9	29.9	♐ 0.9	1.9	2.9	4	5	6	7	8	
☽	♌ 4	16.1	28	♍ 9.8	21.6	♎ 3.4	15.4	27.6	♏ 9.9	22.5	♐ 5.3	18.3	♑ 1.5	14.9	28.5	♒ 12.2	26.2	♓ 10.2	24.5	♈ 8.9	23.3	♉ 7.8	22.2	♊ 6.3	20.2	♋ 3.7	16.8	29.5	♌ 11.9	24	
☿	♎ 21.6	23	24.5	26	27.5	29	♏ 0.6	2.2	3.8	5.4	7	8.6	10.2	11.8	13.4	15	16.6	18.2	19.8	21.4	23	24.6	26.2	27.8	29.3	♐ 0.9	2.5	4.1	5.7	7.2	
♀	♎ 2.5	3.7	4.9	6.1	7.3	8.5	9.7	10.9	12.2	13.4	14.6	15.8	17	18.3	19.5	20.7	21.9	23.2	24.4	25.6	26.9	28.1	29.3	♏ 0.5	1.8	3	4.2	5.5	6.7	8	
♂	♓ 30	♈ 0	0.1	0.2	0.3	0.4	0.5	0.6	0.8	0.9	1.1	1.3	1.5	1.7	1.9	2.1	2.3	2.6	2.8	3.1	3.4	3.6	3.9	4.2	4.5	4.8	5.1	5.5	5.8	6.2	

♃	1	6	11	16	21	26	♄	1	6	11	16	21	26	♅	1	11	21	♆	1	11	21	♇	1	11	21
	♊ 3.9R	3.3	2.7	2	1.3	0.7		♐ 28.9	29.4	29.9	♑ 0.4	0.9	1.4		♐ 28.4	28.8	29.3		♑ 7.9	8.2	8.5		♏ 12.4	12.8	13.2

XII

	1	2	3	4	5	6	7	8	9	10	11	12	13	14	15	16	17	18	19	20	21	22	23	24	25	26	27	28	29	30	31
☉	♐ 8.3	9.3	10.3	11.3	12.3	13.3	14.3	15.4	16.4	17.4	18.4	19.4	20.4	21.5	22.5	23.5	24.5	25.5	26.5	27.6	28.6	29.6	♑ 0.6	1.6	2.6	3.7	4.7	5.7	6.7	7.7	8.8
☽	♈ 16	29.4	♉ 12.6	25.6	♊ 8.4	21	♋ 3.4	15.6	27.7	♌ 9.6	21.4	♍ 3.2	15.1	27.1	♎ 9.4	22.1	♏ 5.1	18.6	♐ 2.6	17	♑ 1.8	16.7	♒ 1.6	16.5	♓ 1.1	15.4	29.4	♈ 13	26.4	♉ 9.4	22.3
☿	♏ 26	27.6	29.1	♐ 0.7	2.2	3.8	5.4	6.9	8.5	10	11.6	13.2	14.7	16.3	17.8	19.4	21	22.5	24.1	25.7	27.3	28.8	♑ 0.4	2	3.6	5.2	6.8	8.4	10	11.6	13.2
♀	♑ 3.6	4.9	6.1	7.4	8.6	9.9	11.1	12.3	13.6	14.8	16.1	17.3	18.5	19.8	21	22.3	23.5	24.7	26	27.2	28.4	29.7	♒ 0.9	2.2	3.4	4.6	5.9	7.1	8.3	9.6	10.8
♂	♏ 4.5	5.2	5.8	6.5	7.1	7.8	8.4	9.1	9.7	10.4	11.1	11.7	12.4	13	13.7	14.4	15	15.7	16.3	17	17.7	18.3	19	19.6	20.3	21	21.6	22.3	22.9	23.6	24.3

♃	1	6	11	16	21	26	31	♄	1	6	11	16	21	26	31	♅	1	11	21	31	♆	1	11	21	31	♇	1	11	21	31
	♈ 20.1R	19.9	19.8	19.8D	19.8	20	20.2		♐ 21.8	22.4	23	23.6	24.2	24.8	25.4		♐ 25.8	26.4	27	27.6		♑ 6.7	7	7.4	7.8		♏ 11	11.4	11.7	12

	1	2	3	4	5	6	7	8	9	10	11	12	13	14	15	16	17	18	19	20	21	22	23	24	25	26	27	28	29	30	31
☉	♐ 9	10	11	12.1	13.1	14.1	15.1	16.1	17.1	18.2	19.2	20.2	21.2	22.2	23.2	24.3	25.3	26.3	27.3	28.3	29.3	♑ 0.4	1.4	2.4	3.4	4.4	5.5	6.5	7.5	8.5	9.5
☽	♍ 5.9	17.7	29.5	♎ 11.4	23.5	♏ 5.7	18.3	♐ 1.1	14.3	27.7	♑ 11.3	25.1	♒ 9	23	♓ 7.1	21.2	♈ 5.2	19.3	♉ 3.4	17.4	♊ 1.3	15	28.6	♋ 11.8	24.7	♌ 7.3	19.7	♍ 1.8	13.7	25.5	♎ 7.3
☿	♐ 8.8	10.4	11.9	13.5	15.1	16.7	18.2	19.8	21.4	22.9	24.5	26.1	27.7	29.2	♑ 0.8	2.4	4	5.5	7.1	8.7	10.3	11.9	13.4	15	16.6	18.2	19.7	21.3	22.8	24.4	25.9
♀	♏ 9.2	10.4	11.7	12.9	14.2	15.4	16.6	17.9	19.1	20.4	21.6	22.9	24.1	25.3	26.6	27.8	29.1	♐ 0.3	1.6	2.8	4.1	5.3	6.6	7.8	9.1	10.3	11.6	12.8	14.1	15.3	16.6
♂	♈ 6.5	6.9	7.2	7.6	8	8.4	8.8	9.2	9.6	10	10.4	10.8	11.2	11.7	12.1	12.6	13	13.5	13.9	14.4	14.8	15.3	15.8	16.3	16.7	17.2	17.7	18.2	18.7	19.2	19.7

♃	1	6	11	16	21	26	31	♄	1	6	11	16	21	26	31	♅	1	11	21	31	♆	1	11	21	31	♇	1	11	21	31
	♉ 30.0R	29.3	28.7	28.1	27.6	27.2	26.8		♑ 2	2.6	3.1	3.7	4.3	4.9	5.5		♐ 29.9	♑ 0.5	1.1	1.7		♑ 8.8	9.1	9.5	9.9		♏ 13.6	13.9	14.3	14.5

I

	1	2	3	4	5	6	7	8	9	10	11	12	13	14	15	16	17	18	19	20	21	22	23	24	25	26	27	28	29	30	31
☉	10.6	11.6	12.6	13.6	14.6	15.7	16.7	17.7	18.7	19.7	20.7	21.8	22.8	23.8	24.8	25.8	26.9	27.9	28.9	29.9	0.9	1.9	3	4	5	6	7	8	9.1	10.1	11.1
☽	19.2	1.2	13.5	26.1	9.1	22.5	6.2	20.2	4.5	18.8	3.3	17.7	2	16.2	0.2	14.1	27.8	11.2	24.5	7.6	20.5	3.1	15.5	27.7	9.7	21.6	3.4	15.2	27.1	9.1	21.4
☿	27.4	28.8	0.3	1.7	3	4.3	5.6	6.7	7.8	8.8	9.7	10.4	11	11.5	11.8	11.9	11.8R	11.5	11.1	10.4	9.6	8.6	7.5	6.3	5	3.7	2.5	1.3	0.2	29.2	28.3
♀	17.8	19.1	20.3	21.6	22.8	24.1	25.3	26.6	27.8	29.1	0.3	1.6	2.8	4.1	5.3	6.6	7.8	9.1	10.3	11.6	12.8	14.1	15.3	16.6	17.8	19.1	20.3	21.6	22.8	24.1	25.4
♂	20.2	20.7	21.2	21.8	22.3	22.8	23.3	23.9	24.4	24.9	25.5	26	26.5	27.1	27.6	28.2	28.7	29.3	29.8	0.4	0.9	1.5	2.1	2.6	3.2	3.8	4.3	4.9	5.5	6	6.6

♃ (1, 6, 11, 16, 21, 26, 31): 26.7R 26.4 26.2 26.1 26.1D 26.1 26.3 — ♄ (1, 6, 11, 16, 21, 26, 31): 5.6 6.2 6.8 7.3 7.9 8.5 9 — ♅ (1, 11, 21, 31): 1.8 2.3 2.9 3.4 — ♆ (1, 11, 21, 31): 9.9 10.3 10.7 11 — ♇ (1, 11, 21, 31): 14.6 14.8 15 15.1

	1	2	3	4	5	6	7	8	9	10	11	12	13	14	15	16	17	18	19	20	21	22	23	24	25	26	27	28	29	30	31
☉	10.3	11.3	12.3	13.4	14.4	15.4	16.4	17.4	18.5	19.5	20.5	21.5	22.5	23.6	24.6	25.6	26.6	27.6	28.6	29.7	0.7	1.7	2.7	3.7	4.8	5.8	6.8	7.8	8.8	9.8	10.8
☽	26.5	10	23.7	7.6	21.6	5.9	20.3	4.8	19.3	3.6	17.8	1.7	15.2	28.4	11.2	23.7	5.9	18	29.9	11.7	23.6	5.7	17.9	0.3	13	25.9	9.2	22.7	6.4	20.3	4.4
☿	25.8R	25.5	25	24.3	23.4	22.4	21.2	20	18.7	17.3	16	14.8	13.6	12.6	11.7	11	10.4	10	9.8	9.7	9.7D	9.9	10.2	10.6	11.1	11.7	12.4	13.1	13.9	14.8	15.8
♀	6.3R	6.1	6	5.8	5.5	5.2	4.9	4.5	4.1	3.6	3.2	2.7	2.1	1.6	1	0.4	29.8	29.2	28.6	27.9	27.3	26.7	26.1	25.6	25	24.5	24	23.5	23.1	22.7	22.4
♂	9.7	10.4	11.1	11.8	12.5	13.2	13.9	14.6	15.3	16	16.7	17.4	18.1	18.9	19.6	20.3	21	21.7	22.4	23.1	23.8	24.6	25.3	26	26.7	27.4	28.1	28.9	29.6	0.3	1

♃ (1, 6, 11, 16, 21, 26, 31): 5.2R 4.5 3.9 3.3 2.7 2.2 1.8 — ♄ (1, 6, 11, 16, 21, 26, 31): 15.6 16.2 16.8 17.4 18 18.5 19.1 — ♅ (1, 11, 21, 31): 5.8 6.4 6.9 7.5 — ♆ (1, 11, 21, 31): 12 12.4 12.8 13.1 — ♇ (1, 11, 21, 31): 17.1 17.3 17.5 17.7

II

	1	2	3	4	5	6	7	8	9	10	11	12	13	14	15	16	17	18	19	20	21	22	23	24	25	26	27	28	29	30	31
☉	12.1	13.1	14.1	15.2	16.2	17.2	18.2	19.2	20.2	21.2	22.2	23.3	24.3	25.3	26.3	27.3	28.3	29.3	0.3	1.3	2.3	3.3	4.4	5.4	6.4	7.4	8.4	9.4			
☽	4	16.9	0.3	14.1	28.3	12.8	27.6	12.5	27.3	12.1	26.6	10.8	24.7	8.2	21.5	4.5	17.2	29.7	12	24.2	6.2	18.1	30	11.8	23.6	5.5	17.5	29.7			
☿	27.6R	27	26.5	26.2	26	26.0D	26.1	26.3	26.6	27	27.5	28	28.7	29.4	0.2	1	1.9	2.9	3.9	4.9	6	7.2	8.3	9.5	10.7	12	13.2	14.5			
♀	26.6	27.9	29.1	0.4	1.6	2.9	4.1	5.4	6.6	7.9	9.1	10.4	11.6	12.9	14.1	15.4	16.6	17.9	19.1	20.4	21.6	22.9	24.1	25.4	26.6	27.9	29.1	0.4			
♂	7.2	7.8	8.3	8.9	9.5	10.1	10.7	11.2	11.8	12.4	13	13.6	14.2	14.8	15.4	16	16.6	17.1	17.7	18.3	18.9	19.5	20.1	20.7	21.3	21.9	22.5	23.1			

♃ (1, 6, 11, 16, 21, 26): 26.3 26.6 26.9 27.3 27.8 28.3 — ♄ (1, 6, 11, 16, 21, 26): 9.1 9.6 10.1 10.6 11.1 11.5 — ♅ (1, 11, 21): 3.5 4 4.4 — ♆ (1, 11, 21): 11.1 11.4 11.7 — ♇ (1, 11, 21): 15.1 15.2 15.2R

	1	2	3	4	5	6	7	8	9	10	11	12	13	14	15	16	17	18	19	20	21	22	23	24	25	26	27	28	29	30	31
☉	11.9	12.9	13.9	14.9	15.9	16.9	17.9	19	20	21	22	23	24	25	26	27.1	28.1	29.1	0.1	1.1	2.1	3.1	4.1	5.1	6.1	7.1	8.1	9.1			
☽	18.5	2.7	16.9	1	15.1	29.1	13	26.7	10.1	23.4	6.3	19	1.5	13.7	25.7	7.7	19.5	1.4	13.4	25.6	8.1	20.8	3.9	17.4	1.3	15.4	29.8	14.4			
☿	16.7	17.8	18.8	20	21.1	22.3	23.5	24.7	26	27.3	28.6	29.9	1.3	2.7	4.1	5.5	6.9	8.4	9.9	11.3	12.8	14.4	15.9	17.5	19	20.6	22.2	23.8			
♀	22.0R	21.8	21.5	21.3	21.2	21	21	20.9	20.9D	21	21.1	21.2	21.3	21.5	21.8	22	22.3	22.7	23	23.4	23.9	24.3	24.8	25.3	25.8	26.4	27	27.6			
♂	1.7	2.5	3.2	3.9	4.6	5.4	6.1	6.8	7.5	8.3	9	9.7	10.4	11.2	11.9	12.6	13.4	14.1	14.8	15.5	16.3	17	17.7	18.5	19.2	19.9	20.7	21.4			

♃ (1, 6, 11, 16, 21, 26): 1.7R 1.4 1.1 0.9 0.8 0.8D — ♄ (1, 6, 11, 16, 21, 26): 19.2 19.8 20.3 20.8 21.4 21.8 — ♅ (1, 11, 21): 7.5 8 8.5 — ♆ (1, 11, 21): 13.2 13.5 13.8 — ♇ (1, 11, 21): 17.7 17.8 17.8R

III

	1	2	3	4	5	6	7	8	9	10	11	12	13	14	15	16	17	18	19	20	21	22	23	24	25	26	27	28	29	30	31
☉	10.4	11.4	12.4	13.4	14.4	15.4	16.4	17.4	18.4	19.4	20.4	21.4	22.4	23.4	24.4	25.4	26.4	27.4	28.4	29.4	0.4	1.4	2.3	3.3	4.3	5.3	6.3	7.3	8.3	9.3	10.3
☽	12.2	25.1	8.3	22	6.2	20.7	5.6	20.7	5.9	21	5.9	20.4	4.5	18.1	1.4	14.2	26.8	9.1	21.2	3.1	15	26.8	8.7	20.5	2.4	14.4	26.5	8.8	21.3	4.1	17.2
☿	15.9	17.2	18.6	20	21.4	22.9	24.3	25.8	27.3	28.8	0.4	2	3.5	5.1	6.8	8.4	10.1	11.8	13.5	15.2	16.9	18.7	20.5	22.3	24.1	26	27.9	29.8	1.7	3.6	5.6
♀	1.6	2.9	4.1	5.4	6.6	7.9	9.1	10.4	11.6	12.9	14.1	15.4	16.6	17.8	19.1	20.3	21.6	22.8	24.1	25.3	26.6	27.8	29.1	0.3	1.5	2.8	4	5.3	6.5	7.8	9
♂	23.7	24.3	24.9	25.5	26.1	26.8	27.4	28	28.6	29.2	29.8	0.4	1	1.6	2.2	2.8	3.4	4.1	4.7	5.3	5.9	6.5	7.1	7.7	8.3	8.9	9.6	10.2	10.8	11.4	12

♃ (1, 6, 11, 16, 21, 26, 31): 28.6 29.3 30 0.7 1.5 2.4 3.3 — ♄ (1, 6, 11, 16, 21, 26, 31): 11.7 12.1 12.5 12.8 13 13.3 13.5 — ♅ (1, 11, 21, 31): 4.7 5 5.2 5.3 — ♆ (1, 11, 21, 31): 11.9 12.1 12.2 12.3 — ♇ (1, 11, 21, 31): 15.1R 15 14.9 14.7

	1	2	3	4	5	6	7	8	9	10	11	12	13	14	15	16	17	18	19	20	21	22	23	24	25	26	27	28	29	30	31
☉	10.1	11.1	12.2	13.2	14.2	15.2	16.2	17.2	18.2	19.2	20.2	21.2	22.2	23.2	24.1	25.1	26.1	27.1	28.1	29.1	0.1	1.1	2.1	3.1	4.1	5.1	6.1	7.1	8	9	10
☽	28.9	13.5	27.8	12	25.9	9.6	23.1	6.4	19.4	2.2	14.9	27.3	9.6	21.8	3.8	15.7	27.6	9.4	21.4	3.5	15.9	28.6	11.7	25.3	9.3	23.7	8.5	23.4	8.5	23.4	8.1
☿	25.5	27.1	28.8	0.5	2.2	3.9	5.7	7.4	9.2	11	12.8	14.7	16.5	18.4	20.3	22.2	24.1	26.1	28	0	2	4	6	8	10.1	12.1	14.1	16.1	18.1	20.1	22
♀	28.2	28.8	29.5	0.2	0.9	1.6	2.3	3.1	3.8	4.6	5.4	6.2	7	7.9	8.7	9.6	10.4	11.3	12.2	13.1	14	14.9	15.9	16.8	17.7	18.7	19.7	20.6	21.6	22.6	23.6
♂	22.1	22.9	23.6	24.3	25.1	25.8	26.6	27.3	28	28.8	29.5	0.3	1	1.7	2.5	3.2	4	4.7	5.4	6.2	6.9	7.7	8.4	9.2	9.9	10.6	11.4	12.1	12.9	13.6	14.4

♃ (1, 6, 11, 16, 21, 26, 31): 0.8 1 1.1 1.4 1.8 2.2 2.7 — ♄ (1, 6, 11, 16, 21, 26, 31): 22.1 22.6 23 23.4 23.7 24.1 24.4 — ♅ (1, 11, 21, 31): 8.8 9.1 9.3 9.5 — ♆ (1, 11, 21, 31): 14 14.2 14.4 14.5 — ♇ (1, 11, 21, 31): 17.8R 17.7 17.5 17.4

IV

	1	2	3	4	5	6	7	8	9	10	11	12	13	14	15	16	17	18	19	20	21	22	23	24	25	26	27	28	29	30	31
☉	11.2	12.2	13.2	14.2	15.2	16.2	17.2	18.1	19.1	20.1	21.1	22.1	23.1	24	25	26	27	27.9	28.9	29.9	0.9	1.9	2.8	3.8	4.8	5.7	6.7	7.7	8.7	9.6	
☽	0.7	14.6	29	13.8	28.8	14	29.3	14.3	29.1	13.4	27.2	10.5	23.4	5.9	18.2	0.2	12	23.8	5.6	17.5	29.4	11.4	23.5	5.8	18.3	0.9	13.8	26.9	10.3	24.1	
☿	7.6	9.6	11.6	13.6	15.7	17.7	19.8	21.9	24	26.1	28.1	0.2	2.3	4.3	6.3	8.3	10.3	12.2	14	15.8	17.6	19.3	20.9	22.4	23.9	25.3	26.7	27.9	29.1	0.2	
♀	10.2	11.5	12.7	14	15.2	16.4	17.7	18.9	20.2	21.4	22.6	23.9	25.1	26.4	27.6	28.8	0.1	1.3	2.5	3.8	5	6.3	7.5	8.7	10	11.2	12.4	13.7	14.9	16.1	
♂	12.6	13.2	13.9	14.5	15.1	15.7	16.3	16.9	17.5	18.2	18.8	19.4	20	20.6	21.2	21.9	22.5	23.1	23.7	24.3	24.9	25.6	26.2	26.8	27.4	28	28.7	29.3	29.9	0.5	

♃ (1, 6, 11, 16, 21, 26): 3.5 4.4 5.4 6.4 7.4 8.5 — ♄ (1, 6, 11, 16, 21, 26): 13.5 13.7 13.8 13.9 13.9 13.9R — ♅ (1, 11, 21): 5.3 5.3R 5.3 — ♆ (1, 11, 21): 12.3 12.4 12.4R — ♇ (1, 11, 21): 14.7R 14.4 14.2

	1	2	3	4	5	6	7	8	9	10	11	12	13	14	15	16	17	18	19	20	21	22	23	24	25	26	27	28	29	30	31
☉	11	12	13	14	15	15.9	16.9	17.9	18.9	19.9	20.9	21.8	22.8	23.8	24.8	25.8	26.7	27.7	28.7	29.7	0.6	1.6	2.6	3.6	4.5	5.5	6.5	7.5	8.4	9.4	
☽	22.5	6.5	20.1	3.4	16.4	29.1	11.6	24	6.2	18.3	0.3	12.3	24.2	6	17.9	29.9	12	24.3	6.9	20	3.4	17.4	1.8	16.7	1.9	17.2	2.4	17.4	2	16.2	
☿	24	25.8	27.7	29.5	1.2	2.8	4.4	5.9	7.4	8.7	10	11.2	12.2	13.2	14.1	14.9	15.6	16.1	16.6	17	17.3	17.5	17.5	17.5R	17.4	17.2	16.9	16.5	16.1	15.6	
♀	24.6	25.6	26.6	27.6	28.6	29.6	0.6	1.7	2.7	3.8	4.8	5.8	6.9	8	9	10.1	11.2	12.2	13.3	14.4	15.5	16.6	17.7	18.7	19.8	20.9	22	23.1	24.3	25.4	
♂	15.1	15.9	16.6	17.4	18.1	18.8	19.6	20.3	21.1	21.8	22.6	23.3	24.1	24.8	25.6	26.3	27.1	27.8	28.6	29.3	0.1	0.8	1.6	2.3	3	3.8	4.5	5.3	6	6.8	

♃ (1, 6, 11, 16, 21, 26): 2.8 3.3 3.9 4.6 5.4 6.1 — ♄ (1, 6, 11, 16, 21, 26): 24.4 24.7 24.9 25 25.2 25.3 — ♅ (1, 11, 21): 9.5 9.6 9.6R — ♆ (1, 11, 21): 14.5 14.6 14.6R — ♇ (1, 11, 21): 17.3R 17.1 16.8

V

	1	2	3	4	5	6	7	8	9	10	11	12	13	14	15	16	17	18	19	20	21	22	23	24	25	26	27	28	29	30	31
☉	10.6	11.6	12.5	13.5	14.5	15.5	16.4	17.4	18.4	19.3	20.3	21.3	22.2	23.2	24.2	25.1	26.1	27	28	29	29.9	0.9	1.9	2.8	3.8	4.7	5.7	6.7	7.6	8.6	9.5
☽	8.2	22.7	7.5	22.5	7.6	22.5	7.3	21.6	5.5	19	1.9	14.5	26.7	8.7	20.6	2.4	14.2	26.1	8.1	20.3	2.7	15.2	27.9	10.8	23.9	7.2	20.7	4.5	18.5	2.7	17.2
☿	1.2	2.2	3	3.8	4.5	5.1	5.6	6	6.3	6.6	6.8	6.8	6.8R	6.8	6.6	6.4	6.1	5.7	5.3	4.8	4.3	3.8	3.2	2.7	2.1	1.5	1	0.5	30	29.5	29.2
♀	17.4	18.6	19.8	21.1	22.3	23.5	24.8	26	27.2	28.5	29.7	0.9	2.1	3.4	4.6	5.8	7.1	8.3	9.5	10.7	12	13.2	14.4	15.7	16.9	18.1	19.3	20.6	21.8	23	24.2
♂	1.1	1.7	2.4	3	3.6	4.2	4.8	5.5	6.1	6.7	7.3	7.9	8.6	9.2	9.8	10.4	11	11.6	12.3	12.9	13.5	14.1	14.7	15.4	16	16.6	17.2	17.8	18.5	19.1	19.7

♃ (1, 6, 11, 16, 21, 26, 31): 9.6 10.7 11.8 12.9 14 15.2 16.3 — ♄ (1, 6, 11, 16, 21, 26, 31): 13.9R 13.8 13.7 13.5 13.3 13.1 12.8 — ♅ (1, 11, 21, 31): 5.1R 4.9 4.6 4.3 — ♆ (1, 11, 21, 31): 12.3R 12.2 12 11.8 — ♇ (1, 11, 21, 31): 13.9R 13.6 13.3 13.1

	1	2	3	4	5	6	7	8	9	10	11	12	13	14	15	16	17	18	19	20	21	22	23	24	25	26	27	28	29	30	31
☉	10.4	11.3	12.3	13.3	14.3	15.2	16.2	17.2	18.1	19.1	20.1	21	22	23	23.9	24.9	25.8	26.8	27.8	28.7	29.7	0.7	1.6	2.6	3.5	4.5	5.5	6.4	7.4	8.3	9.3
☽	29.9	13.2	26.1	8.7	21.1	3.3	15.4	27.3	9.2	21.1	3	14.9	26.8	8.8	21	3.4	16	28.9	12.3	26.1	10.4	25.2	10.3	25.5	10.8	25.9	10.7	25	8.9	22.3	5.3
☿	15.1R	14.5	13.9	13.3	12.6	12	11.4	10.8	10.2	9.7	9.3	8.9	8.5	8.3	8.1	8	7.9	8.0D	8.1	8.2	8.5	8.8	9.2	9.7	10.3	10.9	11.5	12.3	13.1	13.9	14.9
♀	26.5	27.6	28.7	29.8	0.9	2.1	3.2	4.3	5.4	6.6	7.7	8.8	10	11.1	12.3	13.4	14.5	15.7	16.8	18	19.1	20.3	21.4	22.6	23.7	24.9	26	27.2	28.4	29.5	0.7
♂	7.5	8.3	9	9.8	10.5	11.3	12	12.8	13.5	14.2	15	15.7	16.5	17.2	18	18.7	19.4	20.2	20.9	21.7	22.4	23.1	23.9	24.6	25.4	26.1	26.8	27.6	28.3	29	29.8

♃ (1, 6, 11, 16, 21, 26, 31): 6.9 7.8 8.7 9.6 10.6 11.6 12.6 — ♄ (1, 6, 11, 16, 21, 26, 31): 25.3 25.3R 25.3 25.2 25.1 25 24.8 — ♅ (1, 11, 21, 31): 9.5R 9.3 9 8.7 — ♆ (1, 11, 21, 31): 14.5R 14.4 14.3 14.1 — ♇ (1, 11, 21, 31): 16.6R 16.3 16 15.8

VI

	1	2	3	4	5	6	7	8	9	10	11	12	13	14	15	16	17	18	19	20	21	22	23	24	25	26	27	28	29	30	31
☉	10.5	11.5	12.4	13.4	14.3	15.3	16.2	17.2	18.2	19.1	20.1	21	22	22.9	23.9	24.8	25.8	26.8	27.7	28.7	29.6	0.6	1.5	2.5	3.4	4.4	5.3	6.3	7.2	8.2	
☽	1.8	16.5	1.2	15.6	29.8	13.6	27	10	22.6	4.8	16.9	28.8	10.6	22.4	4.4	16.5	28.8	11.4	24.2	7.3	20.5	4	17.6	1.4	15.3	29.3	13.5	27.8	12.1	26.3	
☿	28.8R	28.6	28.4	28.2	28.2	28.2D	28.3	28.4	28.7	29	29.4	29.8	0.3	0.9	1.6	2.4	3.2	4	5	6	7	8.2	9.3	10.6	11.9	13.3	14.7	16.2	17.7	19.3	
♀	25.5	26.7	27.9	29.1	0.4	1.6	2.8	4	5.2	6.5	7.7	8.9	10.1	11.4	12.6	13.8	15	16.2	17.5	18.7	19.9	21.1	22.3	23.6	24.8	26	27.2	28.4	29.6	0.9	
♂	20.3	20.9	21.6	22.2	22.8	23.4	24.1	24.7	25.3	25.9	26.5	27.2	27.8	28.4	29	29.6	0.3	0.9	1.5	2.1	2.8	3.4	4	4.6	5.2	5.9	6.5	7.1	7.7	8.4	

♃ (1, 6, 11, 16, 21, 26): 16.6 17.7 18.9 20.1 21.2 22.4 — ♄ (1, 6, 11, 16, 21, 26): 12.8R 12.5 12.1 11.8 11.5 11.1 — ♅ (1, 11, 21): 4.3R 3.9 3.5 — ♆ (1, 11, 21): 11.8R 11.6 11.3 — ♇ (1, 11, 21): 13.1R 12.8 12.6

	1	2	3	4	5	6	7	8	9	10	11	12	13	14	15	16	17	18	19	20	21	22	23	24	25	26	27	28	29	30	31
☉	10.3	11.2	12.2	13.1	14.1	15.1	16	17	17.9	18.9	19.8	20.8	21.7	22.7	23.7	24.6	25.6	26.5	27.5	28.4	29.4	0.3	1.3	2.2	3.2	4.2	5.1	6.1	7	8	
☽	17.9	0.2	12.4	24.4	6.3	18.1	30	11.9	23.9	5.9	18.1	0.4	12.9	25.7	8.7	22.1	5.8	19.9	4.4	19.2	4.2	19.3	4.2	18.9	3.3	17.2	0.7	13.8	26.5	8.8	
☿	15.8	16.9	18	19.1	20.3	21.5	22.8	24.1	25.5	27	28.4	30	1.6	3.2	4.8	6.6	8.3	10.1	12	13.9	15.8	17.8	19.8	21.8	23.9	26	28.2	0.3	2.5	4.6	
♀	1.8	3	4.2	5.3	6.5	7.7	8.8	10	11.2	12.3	13.5	14.7	15.8	17	18.2	19.4	20.5	21.7	22.9	24.1	25.3	26.4	27.6	28.8	30	1.2	2.4	3.6	4.7	5.9	
♂	0.5	1.2	2	2.7	3.4	4.2	4.9	5.6	6.3	7.1	7.8	8.5	9.2	10	10.7	11.4	12.1	12.8	13.5	14.3	15	15.7	16.4	17.1	17.8	18.5	19.2	19.9	20.6	21.3	

♃ (1, 6, 11, 16, 21, 26): 12.8 13.9 14.9 16 17.1 18.2 — ♄ (1, 6, 11, 16, 21, 26): 24.8R 24.5 24.3 24 23.7 23.4 — ♅ (1, 11, 21): 8.7R 8.3 7.9 — ♆ (1, 11, 21): 14.1R 13.8 13.6 — ♇ (1, 11, 21): 15.7R 15.5 15.3

VII

	1	2	3	4	5	6	7	8	9	10	11	12	13	14	15	16	17	18	19	20	21	22	23	24	25	26	27	28	29	30	31
☉	0.2	10.1	11.1	12	13	13.9	14.9	15.8	16.8	17.7	18.7	19.6	20.6	21.5	22.5	23.5	24.4	25.4	26.3	27.3	28.2	29.2	0.1	1.1	2	3	4	4.9	5.9	6.8	7.8
☽	10.6	24.6	8.4	21.9	5.1	17.9	0.5	12.7	24.8	6.7	18.5	0.4	12.4	24.6	7	19.7	2.7	16	29.7	13.5	27.6	11.7	26	10.3	24.6	8.7	22.8	6.8	20.6	4.2	17.6
☿	20.9	22.6	24.4	26.2	28	29.9	1.9	3.9	5.9	7.9	10	12.1	14.2	16.4	18.5	20.7	22.8	25	27.1	29.2	1.3	3.4	5.5	7.5	9.5	11.5	13.5	15.4	17.3	19.2	21.1
♀	2.1	3.3	4.5	5.7	6.9	8.1	9.4	10.6	11.8	13	14.2	15.4	16.6	17.8	19.1	20.3	21.5	22.7	23.9	25.1	26.3	27.5	28.7	29.9	1.1	2.3	3.6	4.8	6	7.2	8.4
♂	9	9.6	10.2	10.9	11.5	12.1	12.7	13.3	14	14.6	15.2	15.8	16.5	17.1	17.7	18.4	19	19.6	20.2	20.9	21.5	22.1	22.7	23.4	24	24.6	25.3	25.9	26.5	27.1	27.8

♃ (1, 6, 11, 16, 21, 26, 31): 23.5 24.6 25.7 26.8 27.9 29 0 — ♄ (1, 6, 11, 16, 21, 26, 31): 10.7R 10.4 10 9.6 9.3 9 8.7 — ♅ (1, 11, 21, 31): 3.1R 2.7 2.3 2 — ♆ (1, 11, 21, 31): 11.1R 10.8 10.5 10.3 — ♇ (1, 11, 21, 31): 12.5R 12.4 12.4 12.4D

	1	2	3	4	5	6	7	8	9	10	11	12	13	14	15	16	17	18	19	20	21	22	23	24	25	26	27	28	29	30	31
☉	8.9	9.9	10.8	11.8	12.7	13.7	14.6	15.6	16.5	17.5	18.5	19.4	20.4	21.3	22.3	23.2	24.2	25.1	26.1	27	28	28.9	29.9	0.9	1.8	2.8	3.7	4.7	5.6	6.6	7.5
☽	21	3	14.9	26.7	8.6	20.6	2.7	14.9	27.3	9.9	22.7	5.7	19	2.5	16.3	0.3	14.6	29.1	13.7	28.3	12.9	27.3	11.5	25.3	8.8	21.8	4.6	17	29.2	11.2	23.1
☿	6.8	9	11.2	13.3	15.5	17.6	19.8	21.9	23.9	26	28	0	2	3.9	5.8	7.7	9.6	11.4	13.2	14.9	16.6	18.3	20	21.6	23.2	24.8	26.3	27.8	29.3	0.8	2.2
♀	7.1	8.3	9.5	10.7	11.9	13.1	14.3	15.4	16.6	17.8	19	20.2	21.4	22.6	23.8	25	26.2	27.4	28.6	29.8	1	2.2	3.4	4.6	5.8	7	8.3	9.5	10.7	11.9	13.1
♂	22	22.7	23.4	24.1	24.8	25.5	26.2	26.9	27.5	28.2	28.9	29.6	0.3	0.9	1.6	2.3	2.9	3.6	4.3	4.9	5.6	6.2	6.9	7.5	8.2	8.8	9.5	10.1	10.8	11.4	12

♃ (1, 6, 11, 16, 21, 26, 31): 19.3 20.4 21.5 22.7 23.8 24.9 26 — ♄ (1, 6, 11, 16, 21, 26, 31): 23.0R 22.7 22.3 21.9 21.5 21.2 20.8 — ♅ (1, 11, 21, 31): 7.5R 7.1 6.8 6.4 — ♆ (1, 11, 21, 31): 13.3R 13 12.8 12.5 — ♇ (1, 11, 21, 31): 15.1R 15 15 15.0D

VIII

	1	2	3	4	5	6	7	8	9	10	11	12	13	14	15	16	17	18	19	20	21	22	23	24	25	26	27	28	29	30	31
☉	8.7	9.7	10.6	11.6	12.6	13.5	14.5	15.4	16.4	17.4	18.3	19.3	20.2	21.2	22.2	23.1	24.1	25	26	27	27.9	28.9	29.9	0.8	1.8	2.7	3.7	4.7	5.6	6.6	7.6
☽	0.7	13.6	26.2	8.6	20.7	2.8	14.6	26.5	8.4	20.4	2.5	14.9	27.7	10.8	24.3	8.1	22.3	6.8	21.4	6.1	20.8	5.3	19.6	3.7	17.5	1	14.2	27.2	10	22.5	4.9
☿	22.9	24.7	26.5	28.2	29.9	1.6	3.3	4.9	6.6	8.1	9.7	11.2	12.7	14.2	15.7	17.1	18.5	19.9	21.2	22.5	23.8	25.1	26.3	27.5	28.6	29.7	0.8	1.8	2.8	3.8	4.7
♀	9.6	10.8	12	13.2	14.4	15.6	16.8	18	19.2	20.4	21.6	22.8	23.9	25.1	26.3	27.5	28.7	29.9	1.1	2.3	3.5	4.7	5.9	7	8.2	9.4	10.6	11.8	13	14.1	15.3
♂	28.4	29	29.7	0.3	0.9	1.5	2.2	2.8	3.4	4.1	4.7	5.3	6	6.6	7.2	7.9	8.5	9.1	9.8	10.4	11	11.7	12.3	12.9	13.6	14.2	14.9	15.5	16.1	16.8	17.4

♃ (1, 6, 11, 16, 21, 26, 31): 0.2 1.2 2.2 3.1 4 4.9 5.7 — ♄ (1, 6, 11, 16, 21, 26, 31): 8.6R 8.3 8.1 7.8 7.7 7.5 7.4 — ♅ (1, 11, 21, 31): 2.0R 1.7 1.5 1.4 — ♆ (1, 11, 21, 31): 10.3R 10 9.9 9.7 — ♇ (1, 11, 21, 31): 12.4 12.5 12.6 12.8

	1	2	3	4	5	6	7	8	9	10	11	12	13	14	15	16	17	18	19	20	21	22	23	24	25	26	27	28	29	30	31
☉	8.5	9.5	10.4	11.4	12.3	13.3	14.2	15.2	16.2	17.1	18.1	19	20	21	21.9	22.9	23.8	24.8	25.8	26.7	27.7	28.7	29.6	0.6	1.5	2.5	3.5	4.4	5.4	6.4	7.3
☽	4.9	16.9	28.9	11.1	23.5	6.2	19.1	2.3	15.7	29.3	13.1	27.1	11.2	25.4	9.7	23.9	8.2	22.3	6.3	20.1	3.6	16.9	29.8	12.5	24.9	7.1	19.1	1	12.9	24.8	6.9
☿	3.6	4.9	6.2	7.5	8.8	10	11.1	12.3	13.4	14.4	15.4	16.4	17.3	18.2	19	19.8	20.5	21.1	21.7	22.2	22.6	23	23.3	23.4	23.5	23.5R	23.5	23.3	23	22.6	22.1
♀	14.3	15.5	16.7	17.9	19.1	20.4	21.6	22.8	24	25.2	26.4	27.7	28.9	0.1	1.3	2.5	3.8	5	6.2	7.4	8.7	9.9	11.1	12.3	13.6	14.8	16	17.3	18.5	19.7	20.9
♂	12.6	13.3	13.9	14.5	15.1	15.7	16.3	17	17.6	18.2	18.7	19.3	19.9	20.5	21.1	21.7	22.2	22.8	23.4	23.9	24.5	25	25.6	26.1	26.6	27.2	27.7	28.2	28.7	29.2	29.7

♃ (1, 6, 11, 16, 21, 26, 31): 26.2 27.3 28.4 29.5 0.6 1.6 2.6 — ♄ (1, 6, 11, 16, 21, 26, 31): 20.8R 20.4 20.1 19.8 19.6 19.3 19.1 — ♅ (1, 11, 21, 31): 6.4R 6.1 5.8 5.7 — ♆ (1, 11, 21, 31): 12.5R 12.3 12.1 11.9 — ♇ (1, 11, 21, 31): 15 15.1 15.2 15.3

IX

	1	2	3	4	5	6	7	8	9	10	11	12	13	14	15	16	17	18	19	20	21	22	23	24	25	26	27	28	29	30	31
☉	8.5	9.5	10.5	11.4	12.4	13.4	14.4	15.3	16.3	17.3	18.2	19.2	20.2	21.2	22.1	23.1	24.1	25.1	26	27	28	29	30	0.9	1.9	2.9	3.9	4.9	5.8	6.8	
☽	17.1	29.1	11	22.9	4.7	16.6	28.6	10.7	23.1	5.7	18.8	2.3	16.2	0.5	15.2	0.2	15.3	0.4	15.3	29.8	14	27.8	11.2	24.3	7	19.5	1.8	13.9	25.9	7.8	
☿	5.5	6.3	7.1	7.8	8.4	8.9	9.4	9.8	10.2	10.4	10.5	10.6R	10.5	10.3	10	9.6	9.1	8.5	7.7	6.9	6	5	3.9	2.8	1.7	0.7	29.6	28.7	27.8	27.1	
♀	16.5	17.7	18.9	20	21.2	22.4	23.6	24.7	25.9	27.1	28.2	29.4	0.6	1.7	2.9	4.1	5.2	6.4	7.5	8.7	9.9	11	12.2	13.3	14.5	15.6	16.8	17.9	19	20.2	
♂	18.1	18.7	19.3	20	20.6	21.3	21.9	22.5	23.2	23.8	24.5	25.1	25.7	26.4	27	27.7	28.3	29	29.6	0.3	0.9	1.6	2.2	2.9	3.5	4.2	4.8	5.5	6.1	6.8	

♃ (1, 6, 11, 16, 21, 26): 5.9 6.6 7.3 8 8.6 9.1 — ♄ (1, 6, 11, 16, 21, 26): 7.4R 7.3 7.3 7.3D 7.4 7.5 — ♅ (1, 11, 21): 1.4R 1.3D 1.4 — ♆ (1, 11, 21): 9.7R 9.6 9.6 — ♇ (1, 11, 21): 12.8 13.1 13.4

	1	2	3	4	5	6	7	8	9	10	11	12	13	14	15	16	17	18	19	20	21	22	23	24	25	26	27	28	29	30	31
☉	8.3	9.3	10.2	11.2	12.2	13.2	14.1	15.1	16.1	17	18	19	20	20.9	21.9	22.9	23.9	24.8	25.8	26.8	27.8	28.7	29.7	0.7	1.7	2.7	3.6	4.6	5.6	6.6	
☽	19.1	1.7	14.5	27.7	11.2	25.1	9.2	23.5	7.8	22.2	6.5	20.7	4.7	18.6	2.3	15.9	29.3	12.4	25.4	8.2	20.7	3	15.1	27.1	9	20.8	2.7	14.7	26.9	9.5	
☿	21.5R	20.8	20.1	19.2	18.3	17.4	16.4	15.4	14.4	13.5	12.6	11.8	11.1	10.5	10.1	9.8	9.6	9.6D	9.8	10.1	10.6	11.2	12	12.9	13.9	15	16.3	17.6	19	20.5	
♀	22.2	23.4	24.6	25.9	27.1	28.3	29.6	0.8	2	3.3	4.5	5.8	7	8.2	9.5	10.7	12	13.2	14.4	15.7	16.9	18.2	19.4	20.7	21.9	23.1	24.4	25.6	26.9	28.1	
♂	0.2	0.7	1.2	1.7	2.2	2.7	3.1	3.6	4	4.5	4.9	5.3	5.7	6.2	6.6	7	7.4	7.7	8.1	8.5	8.8	9.2	9.5	9.9	10.2	10.5	10.8	11.1	11.4	11.6	

♃ (1, 6, 11, 16, 21, 26): 2.8 3.8 4.8 5.7 6.6 7.5 — ♄ (1, 6, 11, 16, 21, 26): 19.1R 18.9 18.8 18.7 18.7 18.7D — ♅ (1, 11, 21): 5.7R 5.6 5.6D — ♆ (1, 11, 21): 11.9R 11.8 11.8 — ♇ (1, 11, 21): 15.4 15.6 15.9

X

	1	2	3	4	5	6	7	8	9	10	11	12	13	14	15	16	17	18	19	20	21	22	23	24	25	26	27	28	29	30	31
☉	7.8	8.8	9.8	10.8	11.7	12.7	13.7	14.7	15.7	16.7	17.7	18.6	19.6	20.6	21.6	22.6	23.6	24.6	25.6	26.6	27.6	28.6	29.6	0.6	1.6	2.6	3.6	4.6	5.6	6.5	7.5
☽	19.7	1.5	13.4	25.3	7.2	19.4	1.7	14.3	27.2	10.5	24.3	8.6	23.3	8.4	23.7	9	24.2	9	23.5	7.4	20.8	3.9	16.5	28.8	11	23	4.9	16.7	28.5	10.4	22.3
☿	26.5R	26.1	25.8	25.7D	25.8	26.1	26.5	27.1	27.8	28.7	29.7	0.8	2.1	3.4	4.7	6.2	7.7	9.2	10.8	12.4	14	15.6	17.3	19	20.6	22.3	24	25.7	27.4	29	0.7
♀	21.3	22.5	23.6	24.7	25.9	27	28.1	29.3	0.4	1.5	2.6	3.7	4.8	6	7.1	8.2	9.3	10.4	11.5	12.6	13.7	14.7	15.8	16.9	18	19.1	20.1	21.2	22.3	23.3	24.4
♂	7.4	8.1	8.7	9.4	10	10.7	11.3	12	12.6	13.3	14	14.6	15.3	15.9	16.6	17.2	17.9	18.6	19.2	19.9	20.5	21.2	21.9	22.5	23.2	23.9	24.5	25.2	25.9	26.5	27.2

♃ (1, 6, 11, 16, 21, 26, 31): 9.6 10 10.3 10.6 10.8 10.9 10.9R — ♄ (1, 6, 11, 16, 21, 26, 31): 7.6 7.8 8 8.3 8.6 8.9 9.3 — ♅ (1, 11, 21, 31): 1.5 1.7 2 2.4 — ♆ (1, 11, 21, 31): 9.6 9.7 9.9 10 — ♇ (1, 11, 21, 31): 13.7 14 14.4 14.8

	1	2	3	4	5	6	7	8	9	10	11	12	13	14	15	16	17	18	19	20	21	22	23	24	25	26	27	28	29	30	31
☉	7.6	8.5	9.5	10.5	11.5	12.5	13.5	14.5	15.4	16.4	17.4	18.4	19.4	20.4	21.4	22.4	23.4	24.4	25.3	26.3	27.3	28.3	29.3	0.3	1.3	2.3	3.3	4.3	5.3	6.3	7.3
☽	22.4	5.8	19.6	3.8	18.3	3	17.8	2.6	17.1	1.5	15.5	29.3	12.7	26	9	21.8	4.5	17	29.3	11.4	23.5	5.4	17.2	29	10.8	22.8	5	17.5	0.3	13.7	27.5
☿	22.1	23.7	25.3	27	28.7	0.5	2.2	4	5.7	7.5	9.2	11	12.8	14.5	16.3	18	19.7	21.4	23.1	24.8	26.5	28.2	29.9	1.5	3.2	4.8	6.5	8.1	9.7	11.3	12.9
♀	29.4	0.6	1.9	3.1	4.4	5.6	6.9	8.1	9.4	10.6	11.9	13.1	14.4	15.6	16.9	18.1	19.4	20.6	21.9	23.1	24.4	25.6	26.9	28.1	29.4	0.6	1.9	3.1	4.4	5.6	6.9
♂	11.9	12.1	12.4	12.6	12.8	13	13.2	13.4	13.6	13.7	13.9	14	14.1	14.2	14.3	14.4	14.4	14.5	14.5	14.5	14.6R	14.5	14.5	14.5	14.4	14.4	14.3	14.2	14.1	13.9	13.8

♃ (1, 6, 11, 16, 21, 26, 31): 8.3 9.1 9.8 10.5 11.1 11.7 12.1 — ♄ (1, 6, 11, 16, 21, 26, 31): 18.8 18.8 19 19.1 19.3 19.6 19.9 — ♅ (1, 11, 21, 31): 5.7 5.9 6.2 6.5 — ♆ (1, 11, 21, 31): 11.8 11.9 12 12.2 — ♇ (1, 11, 21, 31): 16.2 16.5 16.9 17.3

XI

	1	2	3	4	5	6	7	8	9	10	11	12	13	14	15	16	17	18	19	20	21	22	23	24	25	26	27	28	29	30	31
☉	8.5	9.5	10.6	11.6	12.6	13.6	14.6	15.6	16.6	17.6	18.6	19.6	20.6	21.6	22.6	23.6	24.6	25.6	26.6	27.6	28.7	29.7	0.7	1.7	2.7	3.7	4.7	5.7	6.7	7.8	
☽	4.3	16.4	28.6	10.9	23.5	6.4	19.6	3.2	17.3	1.7	16.6	1.8	17.1	2.3	17.3	1.9	16	29.6	12.7	25.4	7.7	19.8	1.8	13.6	25.4	7.3	19.2	1.3	13.4	25.7	
☿	2.4	4	5.7	7.3	9	10.6	12.3	13.9	15.5	17.1	18.7	20.3	21.9	23.5	25.1	26.7	28.2	29.8	1.4	2.9	4.5	6.1	7.6	9.2	10.7	12.3	13.8	15.3	16.9	18.4	
♀	25.4	26.5	27.5	28.5	29.6	0.6	1.6	2.6	3.6	4.6	5.6	6.6	7.6	8.5	9.5	10.5	11.4	12.3	13.3	14.2	15.1	16	16.9	17.8	18.6	19.5	20.3	21.2	22	22.8	
♂	27.9	28.5	29.2	29.9	0.5	1.2	1.9	2.5	3.2	3.9	4.6	5.2	5.9	6.6	7.3	7.9	8.6	9.3	10	10.6	11.3	12	12.7	13.4	14	14.7	15.4	16.1	16.8	17.5	

♃ (1, 6, 11, 16, 21, 26): 10.9R 10.8 10.6 10.3 10 9.6 — ♄ (1, 6, 11, 16, 21, 26): 9.3 9.7 10.1 10.6 11.1 11.6 — ♅ (1, 11, 21): 2.5 2.9 3.4 — ♆ (1, 11, 21): 10.1 10.3 10.6 — ♇ (1, 11, 21): 14.9 15.3 15.7

	1	2	3	4	5	6	7	8	9	10	11	12	13	14	15	16	17	18	19	20	21	22	23	24	25	26	27	28	29	30	31
☉	8.3	9.3	10.3	11.3	12.3	13.3	14.3	15.3	16.3	17.3	18.3	19.3	20.3	21.4	22.4	23.4	24.4	25.4	26.4	27.4	28.4	29.4	0.4	1.4	2.5	3.5	4.5	5.5	6.5	7.5	
☽	11.8	26.5	11.6	26.8	11.9	26.8	11.5	25.7	9.5	23	6.1	18.9	1.5	13.9	26.1	8.2	20.2	2.2	14	25.8	7.6	19.5	1.4	13.6	26	8.8	22	5.7	19.9	4.5	
☿	14.5	16.1	17.6	19.2	20.8	22.3	23.9	25.4	27	28.5	0	1.5	3	4.5	6	7.5	9	10.5	12	13.4	14.9	16.3	17.8	19.2	20.6	22	23.4	24.8	26.1	27.4	
♀	8.2	9.4	10.7	11.9	13.2	14.4	15.7	16.9	18.2	19.4	20.7	22	23.2	24.5	25.7	27	28.2	29.5	0.7	2	3.3	4.5	5.8	7	8.3	9.5	10.8	12	13.3	14.6	
♂	13.6R	13.5	13.3	13.1	12.9	12.6	12.4	12.1	11.9	11.6	11.3	11	10.7	10.4	10	9.7	9.4	9	8.7	8.3	7.9	7.5	7.2	6.8	6.4	6	5.7	5.3	4.9	4.5	

♃ (1, 6, 11, 16, 21, 26): 12.2 12.7 13 13.3 13.5 13.6 — ♄ (1, 6, 11, 16, 21, 26): 19.9 20.2 20.6 21 21.4 21.9 — ♅ (1, 11, 21): 6.5 6.9 7.4 — ♆ (1, 11, 21): 12.2 12.4 12.7 — ♇ (1, 11, 21): 17.3 17.7 18.1

XII

	1	2	3	4	5	6	7	8	9	10	11	12	13	14	15	16	17	18	19	20	21	22	23	24	25	26	27	28	29	30	31
☉	8.8	9.8	10.8	11.8	12.8	13.8	14.9	15.9	16.9	17.9	18.9	19.9	21	22	23	24	25	26	27.1	28.1	29.1	0.1	1.1	2.2	3.2	4.2	5.2	6.2	7.2	8.3	9.3
☽	8.1	20.6	3.4	16.3	29.5	13.1	26.9	11.2	25.7	10.5	25.5	10.4	25.2	9.7	23.9	7.5	20.7	3.5	15.9	28.1	10.1	22	3.8	15.7	27.7	9.8	22.1	4.6	17.3	0.2	13.3
☿	19.9	21.5	23	24.5	26.1	27.6	29.1	0.6	2.1	3.6	5.1	6.6	8	9.5	10.9	12.3	13.7	15	16.3	17.6	18.8	20	21.1	22.1	23	23.8	24.5	25.1	25.5	25.8	25.9R
♀	23.6	24.3	25.1	25.8	26.5	27.2	27.9	28.6	29.2	29.9	0.5	1.1	1.6	2.1	2.6	3.1	3.6	4	4.4	4.7	5.1	5.4	5.6	5.9	6	6.2	6.3	6.4	6.4	6.4R	6.4
♂	18.1	18.8	19.5	20.2	20.9	21.6	22.3	22.9	23.6	24.3	25	25.7	26.4	27.1	27.8	28.5	29.2	29.9	0.6	1.3	2	2.7	3.4	4.1	4.7	5.4	6.1	6.9	7.6	8.3	9

♃ (1, 6, 11, 16, 21, 26, 31): 9.1R 8.6 8 7.4 6.7 6 5.3 — ♄ (1, 6, 11, 16, 21, 26, 31): 12.1 12.6 13.2 13.7 14.3 14.9 15.5 — ♅ (1, 11, 21, 31): 3.9 4.5 5.1 5.7 — ♆ (1, 11, 21, 31): 10.9 11.2 11.6 12 — ♇ (1, 11, 21, 31): 16.1 16.4 16.8 17.1

	1	2	3	4	5	6	7	8	9	10	11	12	13	14	15	16	17	18	19	20	21	22	23	24	25	26	27	28	29	30	31
☉	8.5	9.5	10.6	11.6	12.6	13.6	14.6	15.6	16.6	17.7	18.7	19.7	20.7	21.7	22.7	23.8	24.8	25.8	26.8	27.8	28.9	29.9	0.9	1.9	2.9	3.9	5	6	7	8	9
☽	19.6	4.8	20.2	5.4	20.3	4.8	18.8	2.4	15.6	28.4	10.9	23.2	5.3	17.3	29.1	11	22.8	4.6	16.5	28.5	10.6	22.8	5.3	18.1	1.2	14.8	28.7	13.1	27.9	12.9	28.1
☿	28.7	30	1.2	2.4	3.5	4.6	5.6	6.6	7.4	8.2	8.8	9.3	9.7	9.9	10.0R	9.9	9.6	9.1	8.4	7.5	6.5	5.3	4	2.7	1.3	29.9	28.7	27.5	26.4	25.6	24.8
♀	15.8	17.1	18.3	19.6	20.8	22.1	23.4	24.6	25.9	27.1	28.4	29.6	0.9	2.1	3.4	4.7	5.9	7.2	8.4	9.7	10.9	12.2	13.4	14.7	16	17.2	18.5	19.7	21	22.2	23.5
♂	4.2R	3.8	3.4	3.1	2.8	2.4	2.1	1.8	1.5	1.2	0.9	0.6	0.3	0.1	29.8	29.6	29.4	29.2	29	28.8	28.6	28.5	28.4	28.2	28.1	28	28	27.9	27.8	27.8	27.8

♃ (1, 6, 11, 16, 21, 26, 31): 13.6R 13.5 13.4 13.2 12.9 12.5 12.1 — ♄ (1, 6, 11, 16, 21, 26, 31): 22.3 22.8 23.3 23.9 24.4 25 25.5 — ♅ (1, 11, 21, 31): 7.9 8.5 9.1 9.7 — ♆ (1, 11, 21, 31): 13 13.4 13.7 14.1 — ♇ (1, 11, 21, 31): 18.5 18.9 19.3 19.6

I

	1	2	3	4	5	6	7	8	9	10	11	12	13	14	15	16	17	18	19	20	21	22	23	24	25	26	27	28	29	30	31
☉	♑ 10.1	11.1	12.1	13.1	14.1	15.2	16.2	17.2	18.2	19.2	20.3	21.3	22.3	23.3	24.3	25.3	26.4	27.4	28.4	29.4	♒ 0.4	1.5	2.5	3.5	4.5	5.5	6.5	7.6	8.6	9.6	10.6
☽	♋ 13.2	28.2	♌ 12.9	27.1	♍ 10.9	24.3	♎ 7.2	19.8	♏ 2	14.1	26	♐ 7.8	19.6	♑ 1.5	13.4	25.4	♒ 7.6	19.9	♓ 2.4	15.1	28.1	♈ 11.3	24.8	♉ 8.6	22.8	♊ 7.1	21.8	♋ 6.5	21.3	♌ 6.1	20.6
☿	♐ 24.3R	23.9	23.7	23.7D	23.8	24.1	24.4	24.9	25.5	26.2	27	27.8	28.7	29.7	♑ 0.7	1.7	2.9	4	5.2	6.4	7.6	8.9	10.2	11.5	12.8	14.2	15.6	16.9	18.3	19.8	21.2
♀	♑ 24.7	26	27.2	28.5	29.7	♒ 1	2.3	3.5	4.8	6	7.3	8.5	9.8	11	12.3	13.5	14.8	16	17.3	18.5	19.8	21	22.3	23.5	24.8	26	27.3	28.5	29.8	♓ 1	2.3
♂	♉ 27.7R	27.7D	27.8	27.8	27.8	27.9	27.9	28	28.1	28.2	28.3	28.4	28.6	28.7	28.9	29	29.2	29.4	29.6	29.8	30	♊ 0.2	0.4	0.7	0.9	1.2	1.5	1.7	2	2.3	2.6

♃ 1, 6, 11, 16, 21, 26, 31: ♌ 12.0R 11.5 10.9 10.3 9.6 9 8.3 — ♄ 1, 6, 11, 16, 21, 26, 31: ♑ 25.7 26.2 26.8 27.4 28 28.6 29.2 — ♅ 1, 11, 21, 31: ♑ 9.7 10.3 10.9 11.5 — ♆ 1, 11, 21, 31: ♑ 14.1 14.5 14.9 15.2 — ♇ 1, 11, 21, 31: ♏ 19.6 19.9 20.1 20.2

	1	2	3	4	5	6	7	8	9	10	11	12	13	14	15	16	17	18	19	20	21	22	23	24	25	26	27	28	29	30	31
☉	♑ 9.8	10.8	11.9	12.9	13.9	14.9	15.9	16.9	18	19	20	21	22	23.1	24.1	25.1	26.1	27.1	28.2	29.2	♒ 0.2	1.2	2.2	3.2	4.3	5.3	6.3	7.3	8.3	9.3	10.4
☽	♏ 26.2	♐ 8.4	20.5	♑ 2.4	14.3	26.1	♒ 7.9	19.7	♓ 1.5	13.5	25.7	♈ 8.1	20.8	♉ 3.8	17.3	♊ 1.2	15.6	♋ 0.3	15.4	♌ 0.7	15.9	♍ 1	15.8	♎ 0.2	14.1	27.5	♏ 10.5	23.1	♐ 5.4	17.5	29.4
☿	♐ 18.1	19.3	20.5	21.8	23.1	24.4	25.8	27.1	28.5	29.9	♑ 1.3	2.7	4.2	5.6	7.1	8.5	10	11.5	13	14.5	16.1	17.6	19.1	20.7	22.2	23.8	25.4	27	28.6	♒ 0.2	1.8
♀	♐ 0.4	1.6	2.9	4.1	5.3	6.5	7.7	8.9	10.1	11.3	12.5	13.8	15	16.2	17.4	18.6	19.9	21.1	22.3	23.5	24.7	26	27.2	28.4	29.6	♑ 0.9	2.1	3.3	4.5	5.8	7
♂	♐ 23.8	24.5	25.3	26	26.8	27.5	28.2	29	29.7	♑ 0.5	1.2	1.9	2.7	3.4	4.2	4.9	5.7	6.4	7.2	7.9	8.7	9.4	10.2	10.9	11.7	12.4	13.2	13.9	14.7	15.4	16.2

♃ 1, 6, 11, 16, 21, 26, 31: ♍ 14.6R 14.6 14.4 14.2 13.9 13.5 13.1 — ♄ 1, 6, 11, 16, 21, 26, 31: ♒ 5.9 6.4 7 7.6 8.2 8.8 9.4 — ♅ 1, 11, 21, 31: ♑ 13.7 14.3 14.9 15.4 — ♆ 1, 11, 21, 31: ♑ 16.2 16.6 17 17.3 — ♇ 1, 11, 21, 31: ♏ 22.1 22.4 22.6 22.8

II

	1	2	3	4	5	6	7	8	9	10	11	12	13	14	15	16	17	18	19	20	21	22	23	24	25	26	27	28	29	30	31
☉	♒ 11.6	12.6	13.6	14.7	15.7	16.7	17.7	18.7	19.7	20.7	21.8	22.8	23.8	24.8	25.8	26.8	27.8	28.8	29.8	♓ 0.8	1.9	2.9	3.9	4.9	5.9	6.9	7.9	8.9			
☽	♍ 4.9	18.7	♎ 2.2	15.2	27.9	♏ 10.2	22.3	♐ 4.3	16.1	27.9	♑ 9.8	21.8	♒ 3.9	16.3	28.9	♓ 11.8	24.9	♈ 8.2	21.8	♉ 5.5	19.4	♊ 3.4	17.6	♋ 1.8	16.1	♌ 0.5	14.7	28.9			
☿	♑ 22.7	24.1	25.6	27.1	28.6	♒ 0.1	1.6	3.2	4.8	6.3	7.9	9.5	11.1	12.7	14.4	16	17.7	19.4	21.1	22.8	24.5	26.3	28	29.8	♓ 1.6	3.4	5.2	7.1			
♀	♓ 3.5	4.7	6	7.2	8.5	9.7	11	12.2	13.5	14.7	15.9	17.2	18.4	19.7	20.9	22.1	23.4	24.6	25.8	27.1	28.3	29.5	♈ 0.8	2	3.2	4.5	5.7	6.9			
♂	♊ 2.9	3.2	3.5	3.8	4.2	4.5	4.8	5.2	5.6	5.9	6.3	6.7	7	7.4	7.8	8.2	8.6	9	9.4	9.8	10.2	10.6	11.1	11.5	11.9	12.4	12.8	13.2			

♃ 1, 6, 11, 16, 21, 26: ♌ 8.2R 7.5 6.9 6.3 5.7 5.2 — ♄ 1, 6, 11, 16, 21, 26: ♑ 29.3 29.9 ♒ 0.5 1 1.6 2.1 — ♅ 1, 11, 21: ♑ 11.5 12 12.5 — ♆ 1, 11, 21: ♑ 15.3 15.6 15.9 — ♇ 1, 11, 21: ♏ 20.3 20.3 20.4

	1	2	3	4	5	6	7	8	9	10	11	12	13	14	15	16	17	18	19	20	21	22	23	24	25	26	27	28	29	30	31
☉	♒ 11.4	12.4	13.4	14.4	15.4	16.4	17.5	18.5	19.5	20.5	21.5	22.5	23.5	24.5	25.6	26.6	27.6	28.6	29.6	♓ 0.6	1.6	2.6	3.6	4.6	5.6	6.6	7.6	8.7	9.7		
☽	♑ 11.3	23	♒ 4.8	16.7	28.6	♓ 10.6	22.7	♈ 5	17.5	♉ 0.2	13.2	26.5	♊ 10.2	24.3	♋ 8.8	23.6	♌ 8.6	23.8	♍ 8.9	23.8	♎ 8.4	22.5	♏ 6.1	19.2	♐ 1.8	14.2	26.2	♑ 8.1	19.9		
☿	♒ 3.5	5.1	6.8	8.4	10.1	11.8	13.5	15.2	17	18.7	20.5	22.2	24	25.8	27.6	29.5	♓ 1.3	3.1	5	6.9	8.7	10.6	12.5	14.3	16.2	18	19.9	21.7	23.5		
♀	♑ 8.2	9.5	10.7	11.9	13.1	14.4	15.6	16.8	18.1	19.3	20.5	21.8	23	24.2	25.5	26.7	27.9	29.1	♒ 0.4	1.6	2.8	4.1	5.3	6.6	7.8	9	10.3	[illegible]	12.7		
♂	♑ 16.9	17.7	18.5	19.2	20	20.7	21.5	22.2	23	23.8	24.5	25.3	26	26.8	27.6	28.3	29.1	29.9	♒ 0.6	1.4	2.2	2.9	3.7	4.5	5.2	6	6.8	7.5	8.3		

♃ 1, 6, 11, 16, 21, 26: ♍ 13.0R 12.5 11.9 11.3 10.7 10.1 — ♄ 1, 6, 11, 16, 21, 26: ♒ 9.5 10.1 10.7 11.3 11.8 12.4 — ♅ 1, 11, 21: ♑ 15.5 16 16.5 — ♆ 1, 11, 21: ♑ 17.4 17.7 18 — ♇ 1, 11, 21: ♏ 22.8 22.9 23

III

	1	2	3	4	5	6	7	8	9	10	11	12	13	14	15	16	17	18	19	20	21	22	23	24	25	26	27	28	29	30	31
☉	♓ 9.9	10.9	11.9	12.9	13.9	14.9	15.9	16.9	17.9	18.9	19.9	20.9	21.9	22.9	23.9	24.9	25.9	26.9	27.9	28.9	29.9	♈ 0.9	1.9	2.9	3.8	4.8	5.8	6.8	7.8	8.8	9.8
☽	♍ 12.9	26.6	♎ 10	23	♏ 5.7	18.1	♐ 0.2	12.1	24	♑ 5.8	17.7	29.7	♒ 12	24.6	♓ 7.4	20.7	♈ 4.2	18	♉ 1.9	16	♊ 0.2	14.4	28.5	♋ 12.6	26.7	♌ 10.6	24.4	♍ 8.2	21.7	♎ 5.1	18.2
☿	♓ 8.9	10.8	12.7	14.6	16.5	18.4	20.4	22.3	24.3	26.2	28.2	♈ 0.1	2.1	4	5.9	7.8	9.6	11.4	13.1	14.8	16.5	18	19.5	20.9	22.2	23.4	24.4	25.4	26.3	27	27.7
♀	♈ 8.2	9.4	10.6	11.8	13.1	14.3	15.5	16.7	18	19.2	20.4	21.6	22.8	24.1	25.3	26.5	27.7	28.9	♉ 0.1	1.3	2.5	3.7	5	6.2	7.4	8.6	9.8	11	12.2	13.4	14.6
♂	♊ 13.7	14.1	14.6	15	15.5	16	16.4	16.9	17.4	17.9	18.3	18.8	19.3	19.8	20.3	20.8	21.3	21.8	22.3	22.8	23.3	23.8	24.3	24.8	25.3	25.8	26.3	26.8	27.4	27.9	28.4

♃ 1, 6, 11, 16, 21, 26, 31: ♌ 4.9R 4.5 4.2 3.9 3.7 3.6 3.5D — ♄ 1, 6, 11, 16, 21, 26, 31: ♒ 2.4 2.9 3.4 3.9 4.3 4.7 5.1 — ♅ 1, 11, 21, 31: ♑ 12.8 13.2 13.5 13.7 — ♆ 1, 11, 21, 31: ♑ 16.1 16.4 16.5 16.7 — ♇ 1, 11, 21, 31: ♏ 20.4R 20.3 20.2 20

	1	2	3	4	5	6	7	8	9	10	11	12	13	14	15	16	17	18	19	20	21	22	23	24	25	26	27	28	29	30	31
☉	♓ 10.7	11.7	12.7	13.7	14.7	15.7	16.7	17.7	18.7	19.7	20.7	21.7	22.7	23.7	24.7	25.7	26.7	27.6	28.6	29.6	♈ 0.6	1.6	2.6	3.6	4.6	5.6	6.6	7.6	8.6	9.5	10.5
☽	♒ 1.7	13.5	25.4	♓ 7.4	19.6	♈ 2	14.5	27.3	♉ 10.2	23.3	♊ 6.7	20.3	♋ 4.2	18.3	♌ 2.8	17.5	♍ 2.3	17.2	♎ 1.9	16.3	♏ 0.4	14	27.2	♐ 9.9	22.3	♑ 4.4	16.3	28.2	♒ 10	21.8	♓ 3.8
☿	♓ 25.2	26.9	28.6	♈ 0.2	1.7	3.1	4.4	5.7	6.8	7.9	8.8	9.5	10.2	10.7	11	11.2	11.3	11.2R	11	10.7	10.3	9.7	9.1	8.3	7.6	6.7	5.9	5	4.1	3.3	2.5
♀	♒ 14	15.2	16.4	17.7	18.9	20.1	21.4	22.6	23.8	25.1	26.3	27.5	28.8	♓ 0	1.2	2.5	3.7	4.9	6.2	7.4	8.7	9.9	11.1	12.4	13.6	14.8	16.1	17.3	18.5	19.8	21
♂	♒ 9.1	9.8	10.6	11.4	12.2	12.9	13.7	14.5	15.2	16	16.8	17.6	18.3	19.1	19.9	20.7	21.4	22.2	23	23.7	24.5	25.3	26.1	26.8	27.6	28.4	29.2	29.9	♓ 0.7	1.5	2.3

♃ 1, 6, 11, 16, 21, 26, 31: ♍ 9.5R 8.9 8.3 7.6 7.1 6.5 6.1 — ♄ 1, 6, 11, 16, 21, 26, 31: ♒ 12.9 13.4 13.9 14.4 14.9 15.4 15.8 — ♅ 1, 11, 21, 31: ♑ 16.9 17.3 17.6 17.8 — ♆ 1, 11, 21, 31: ♑ 18.3 18.5 18.7 18.8 — ♇ 1, 11, 21, 31: ♏ 23.0R 22.9 22.8 22.6

IV

	1	2	3	4	5	6	7	8	9	10	11	12	13	14	15	16	17	18	19	20	21	22	23	24	25	26	27	28	29	30	31
☉	♈ 10.8	11.8	12.7	13.7	14.7	15.7	16.7	17.7	18.7	19.6	20.6	21.6	22.6	23.6	24.5	25.5	26.5	27.5	28.4	29.4	♉ 0.4	1.4	2.4	3.3	4.3	5.3	6.3	7.2	8.2	9.2	
☽	♏ 1	13.6	26	♐ 8	20	♑ 1.8	13.6	25.5	♒ 7.6	19.9	♓ 2.5	15,5	29	♈ 12.8	26.9	♉ 11.4	25.9	♊ 10.5	25	♋ 9.4	23.5	♌ 7.5	21.2	♍ 4.8	18.1	♎ 1.3	14.3	27.1	♏ 9.6	22	
☿	♈ 28.2	28.6	28.8	29	29.0R	28.9	28.7	28.4	28.1	27.6	27	26.4	25.7	25	24.3	23.6	22.8	22.1	21.4	20.8	20.2	19.6	19.2	18.8	18.5	18.2	18.1	18	18.0D	18.1	
♀	♉ 15.8	17	18.2	19.3	20.5	21.7	22.9	24.1	25.3	26.5	27.6	28.8	30	♊ 1.2	2.3	3.5	4.7	5.9	7	8.2	9.4	10.5	11.7	12.8	14	15.1	16.3	17.4	18.6	19.7	
♂	♊ 28.9	29.5	30	♋ 0.5	1	1.6	2.1	2.6	3.2	3.7	4.3	4.8	5.4	5.9	6.4	7	7.5	8.1	8.6	9.2	9.7	10.3	10.9	11.4	12	12.5	13.1	13.6	14.2	14.8	

♃ 1, 6, 11, 16, 21, 26: ♌ 3.6 3.6 3.8 4 4.3 4.6 — ♄ 1, 6, 11, 16, 21, 26: ♒ 5.2 5.5 5.8 6.1 6.3 6.5 — ♅ 1, 11, 21: ♑ 13.7 13.8 13.8R — ♆ 1, 11, 21: ♑ 16.7 16.7 16.8R — ♇ 1, 11, 21: ♏ 20.0R 19.8 19.5

	1	2	3	4	5	6	7	8	9	10	11	12	13	14	15	16	17	18	19	20	21	22	23	24	25	26	27	28	29	30	31
☉	♈ 11.5	12.5	13.5	14.5	15.5	16.4	17.4	18.4	19.4	20.4	21.4	22.3	23.3	24.3	25.3	26.3	27.2	28.2	29.2	♉ 0.2	1.1	2.1	3.1	4.1	5	6	7	8	8.9	9.9	
☽	♓ 16	28.4	♈ 11	23.9	♉ 6.9	20.2	♊ 3.6	17.2	♋ 1	14.9	28.9	♌ 13.2	27.5	♍ 11.9	26.3	♎ 10.6	24.7	♏ 8.5	22	♐ 5	17.8	♑ 0.2	12.3	24.2	♒ 6.1	17.9	29.8	♓ 11.9	24.2	♈ 6.7	
☿	♈ 1.8R	1.1	0.5	♓ 30	29.6	29.2	29	28.8	28.7	28.8D	28.9	29.1	29.3	29.7	♈ 0.1	0.6	1.2	1.8	2.5	3.3	4.1	5	5.9	6.9	7.9	9	10.1	11.3	12.5	13.7	
♀	♓ 22.2	23.5	24.7	25.9	27.2	28.4	29.6	♈ 0.9	2.1	3.3	4.6	5.8	7	8.3	9.5	10.7	12	13.2	14.4	15.7	16.9	18.1	19.4	20.6	21.8	23	24.3	25.5	26.7	28	
♂	♓ 3	3.8	4.6	5.4	6.1	6.9	7.7	8.5	9.2	10	10.8	11.6	12.3	13.1	13.9	14.7	15.4	16.2	17	17.8	18.5	19.3	20.1	20.8	21.6	22.4	23.2	23.9	24.7	25.5	

♃ 1, 6, 11, 16, 21, 26: ♍ 6.0R 5.6 5.2 5 4.8 4.7 — ♄ 1, 6, 11, 16, 21, 26: ♒ 15.9 16.3 16.7 17 17.4 17.6 — ♅ 1, 11, 21: ♑ 17.8 18 18 — ♆ 1, 11, 21: ♑ 18.9 18.9 19.0R — ♇ 1, 11, 21: ♏ 22.6R 22.4 22.1

V

	1	2	3	4	5	6	7	8	9	10	11	12	13	14	15	16	17	18	19	20	21	22	23	24	25	26	27	28	29	30	31
☉	♉ 10.1	11.1	12.1	13	14	15	16	16.9	17.9	18.9	19.8	20.8	21.8	22.7	23.7	24.7	25.6	26.6	27.5	28.5	29.5	♊ 0.4	1.4	2.4	3.3	4.3	5.2	6.2	7.2	8.1	9.1
☽	♐ 4.2	16.2	28.1	♑ 9.9	21.7	♒ 3.5	15.6	27.9	♓ 10.5	23.5	♈ 7	21	♉ 5.4	20	♊ 5	19.9	♋ 4.8	19.5	♌ 3.9	17.9	♍ 1.7	15.1	28.3	♎ 11.2	23.9	♏ 6.4	18.7	♐ 0.8	12.8	24.7	♑ 6.6
☿	♈ 18.3	18.5	18.8	19.2	19.7	20.2	20.8	21.5	22.2	23	23.9	24.8	25.7	26.8	27.8	28.9	♉ 0.1	1.3	2.5	3.8	5.1	6.5	7.9	9.3	10.8	12.4	13.9	15.5	17.2	18.9	20.6
♀	♊ 20.9	22	23.2	24.3	25.4	26.6	27.7	28.8	29.9	♋ 1.1	2.2	3.3	4.4	5.5	6.6	7.7	8.8	9.9	11	12.1	13.2	14.3	15.3	16.4	17.5	18.5	19.6	20.7	21.7	22.8	23.8
♂	♋ 15.3	15.9	16.5	17	17.6	18.2	18.7	19.3	19.9	20.4	21	21.6	22.2	22.7	23.3	23.9	24.5	25.1	25.6	26.2	26.8	27.4	28	28.5	29.1	29.7	♌ 0.3	0.9	1.5	2	2.6

♃ 1, 6, 11, 16, 21, 26, 31: ♌ 5.1 5.5 6.1 6.7 7.4 8.1 8.8 — ♄ 1, 6, 11, 16, 21, 26, 31: ♒ 6.6 6.7 6.8 6.8 6.8R 6.8 6.7 — ♅ 1, 11, 21, 31: ♑ 13.7R 13.6 13.4 13.1 — ♆ 1, 11, 21, 31: ♑ 16.7R 16.6 16.5 16.3 — ♇ 1, 11, 21, 31: ♏ 19.2R 19 18.7 18.4

	1	2	3	4	5	6	7	8	9	10	11	12	13	14	15	16	17	18	19	20	21	22	23	24	25	26	27	28	29	30	31
☉	♉ 10.9	11.8	12.8	13.8	14.8	15.7	16.7	17.7	18.6	19.6	20.6	21.5	22.5	23.5	24.4	25.4	26.3	27.3	28.3	29.2	♊ 0.2	1.2	2.1	3.1	4	5	6	6.9	7.9	8.8	9.8
☽	♈ 19.5	♉ 2.7	16.1	29.7	♊ 13.6	27.5	♋ 11.6	25.8	♌ 10	24.1	♍ 8.3	22.4	♎ 6.3	20.2	♏ 3.8	17.2	♐ 0.3	13.2	25.8	♑ 8.1	20.2	♒ 2.1	14	25.8	♓ 7.7	19.8	♈ 2.1	14.7	27.7	♉ 11	24.6
☿	♈ 15	16.3	17.6	19	20.5	21.9	23.4	24.9	26.5	28.1	29.7	♉ 1.4	3.1	4.8	6.6	8.4	10.2	12.1	14	15.9	17.9	19.8	21.9	23.9	26	28.1	♊ 0.3	2.4	4.6	6.8	9
♀	♈ 29.2	♉ 0.4	1.7	2.9	4.1	5.4	6.6	7.8	9	10.3	11.5	12.7	14	15.2	16.4	17.7	18.9	20.1	21.3	22.6	23.8	25	26.3	27.5	28.7	29.9	♊ 1.2	2.4	3.6	4.9	6.1
♂	♓ 26.2	27	27.8	28.5	29.3	♈ 0.1	0.9	1.6	2.4	3.1	3.9	4.7	5.4	6.2	7	7.7	8.5	9.3	10	10.8	11.5	12.3	13	13.8	14.6	15.3	16.1	16.8	17.6	18.3	19.1

♃ 1, 6, 11, 16, 21, 26, 31: ♍ 4.6D 4.7 4.8 5 5.2 5.6 6 — ♄ 1, 6, 11, 16, 21, 26, 31: ♒ 17.9 18.1 18.2 18.4 18.4 18.5 18.5R — ♅ 1, 11, 21, 31: ♑ 18.0R 17.9 17.7 17.4 — ♆ 1, 11, 21, 31: ♑ 18.9R 18.8 18.7 18.5 — ♇ 1, 11, 21, 31: ♏ 21.9R 21.6 21.3 21.1

VI

	1	2	3	4	5	6	7	8	9	10	11	12	13	14	15	16	17	18	19	20	21	22	23	24	25	26	27	28	29	30	31
☉	♊ 10	11	11.9	12.9	13.9	14.8	15.8	16.7	17.7	18.6	19.6	20.6	21.5	22.5	23.4	24.4	25.3	26.3	27.2	28.2	29.2	♋ 0.1	1.1	2	3	3.9	4.9	5.8	6.8	7.7	
☽	♑ 18.3	♒ 0.1	12	24.1	♓ 6.4	19	♈ 2	15.4	29.3	♉ 13.6	28.4	♊ 13.4	28.5	♋ 13.7	28.6	♌ 13.3	27.6	♍ 11.5	25	♎ 8.1	20.9	♏ 3.5	15.7	27.9	♐ 9.8	21.7	♑ 3.5	15.3	27.1	♒ 9	
☿	♉ 22.4	24.2	26	27.9	29.8	♊ 1.8	3.8	5.8	7.8	9.9	12	14.2	16.3	18.5	20.7	22.9	25.1	27.3	29.5	♋ 1.7	3.8	6	8.1	10.2	12.3	14.3	16.4	18.3	20.3	22.2	
♀	♋ 24.8	25.9	26.9	27.9	28.9	29.9	♌ 1	2	2.9	3.9	4.9	5.9	6.9	7.8	8.8	9.7	10.7	11.6	12.5	13.4	14.3	15.2	16.1	17	17.8	18.7	19.5	20.4	21.2	22	
♂	♌ 3.2	3.8	4.4	5	5.6	6.2	6.8	7.4	7.9	8.5	9.1	9.7	10.3	10.9	11.5	12.1	12.7	13.3	13.9	14.5	15.1	15.7	16.3	16.9	17.5	18.1	18.7	19.3	19.9	20.5	

♃ 1, 6, 11, 16, 21, 26: ♌ 9 9.8 10.7 11.5 12.5 13.4 — ♄ 1, 6, 11, 16, 21, 26: ♒ 6.7R 6.5 6.3 6.1 5.9 5.6 — ♅ 1, 11, 21: ♑ 13.1R 12.7 12.4 — ♆ 1, 11, 21: ♑ 16.3R 16.1 15.8 — ♇ 1, 11, 21: ♏ 18.4R 18.2 18

	1	2	3	4	5	6	7	8	9	10	11	12	13	14	15	16	17	18	19	20	21	22	23	24	25	26	27	28	29	30	31
☉	♊ 10.8	11.7	12.7	13.6	14.6	15.5	16.5	17.5	18.4	19.4	20.3	21.3	22.2	23.2	24.1	25.1	26.1	27	28	28.9	29.9	♋ 0.8	1.8	2.7	3.7	4.6	5.6	6.6	7.5	8.5	
☽	♊ 8.6	22.8	♋ 7.2	21.8	♌ 6.3	20.7	♍ 5.1	19.2	♎ 3.1	16.8	♏ 0.3	13.5	26.5	♐ 9.3	21.8	♑ 4.2	16.3	28.3	♒ 10.3	22.1	♓ 4	15.9	27.9	♈ 10.2	22.8	♉ 5.7	19	♊ 2.8	16.9	♋ 1.4	
☿	♊ 11.2	13.4	15.6	17.7	19.9	22.1	24.2	26.3	28.4	♋ 0.5	2.5	4.5	6.5	8.4	10.2	12.1	13.9	15.7	17.4	19.1	20.7	22.3	23.9	25.4	26.9	28.3	29.7	♌ 1.1	2.4	3.6	
♀	♊ 7.3	8.5	9.8	11	12.2	13.5	14.7	15.9	17.1	18.4	19.6	20.8	22.1	23.3	24.5	25.7	27	28.2	29.4	♋ 0.7	1.9	3.1	4.3	5.6	6.8	8	9.3	10.5	11.7	12.9	
♂	♈ 19.8	20.6	21.3	22.1	22.8	23.6	24.3	25.1	25.8	26.6	27.3	28	28.8	29.5	♉ 0.3	1	1.7	2.5	3.2	3.9	4.7	5.4	6.1	6.8	7.6	8.3	9	9.7	10.5	11.2	

♃ 1, 6, 11, 16, 21, 26: ♍ 6.1 6.5 7.1 7.7 8.3 9 — ♄ 1, 6, 11, 16, 21, 26: ♒ 18.5R 18.4 18.3 18.2 18 17.8 — ♅ 1, 11, 21: ♑ 17.4R 17.1 16.7 — ♆ 1, 11, 21: ♑ 18.5R 18.3 18.1 — ♇ 1, 11, 21: ♏ 21.0R 20.8 20.6

VII

	1	2	3	4	5	6	7	8	9	10	11	12	13	14	15	16	17	18	19	20	21	22	23	24	25	26	27	28	29	30	31
☉	♋ 8.7	9.6	10.6	11.6	12.5	13.5	14.4	15.4	16.3	17.3	18.2	19.2	20.1	21.1	22	23	23.9	24.9	25.9	26.8	27.8	28.7	29.7	♌ 0.6	1.6	2.5	3.5	4.4	5.4	6.4	7.3
☽	♒ 21	♓ 3.1	15.5	28.1	♈ 11	24.4	♉ 8.1	22.3	♊ 6.9	21.8	♋ 6.9	22.1	♌ 7.1	22	♍ 6.5	20.5	♎ 4.2	17.4	♏ 0.2	12.6	24.8	♐ 6.8	18.7	♑ 0.5	12.3	24.1	♒ 6	18.1	♓ 0.2	12.5	25.1
☿	♋ 24.1	26	27.8	29.6	♌ 1.3	3	4.7	6.3	8	9.5	11.1	12.6	14	15.5	16.9	18.2	19.5	20.8	22	23.2	24.4	25.5	26.6	27.6	28.6	29.5	♍ 0.4	1.2	2	2.7	3.3
♀	♌ 22.8	23.5	24.3	25.1	25.8	26.5	27.2	27.9	28.6	29.2	29.9	♍ 0.5	1.1	1.6	2.2	2.7	3.2	3.7	4.2	4.6	5	5.4	5.7	6	6.3	6.5	6.8	6.9	7.1	7.2	7.3
♂	♌ 21.1	21.7	22.4	23	23.6	24.2	24.8	25.4	26	26.6	27.2	27.8	28.5	29.1	29.7	♍ 0.3	0.9	1.5	2.1	2.8	3.4	4	4.6	5.2	5.9	6.5	7.1	7.7	8.3	9	9.6

♃ 1, 6, 11, 16, 21, 26, 31: ♌ 14.4 15.4 16.4 17.4 18.5 19.5 20.6 — ♄ 1, 6, 11, 16, 21, 26, 31: ♒ 5.3R 5 4.7 4.3 3.9 3.6 3.2 — ♅ 1, 11, 21, 31: ♑ 12.0R 11.5 11.2 10.8 — ♆ 1, 11, 21, 31: ♑ 15.6R 15.3 15 14.8 — ♇ 1, 11, 21, 31: ♏ 17.8R 17.7 17.6 17.6D

	1	2	3	4	5	6	7	8	9	10	11	12	13	14	15	16	17	18	19	20	21	22	23	24	25	26	27	28	29	30	31
☉	♋ 9.4	10.4	11.3	12.3	13.2	14.2	15.1	16.1	17	18	18.9	19.9	20.9	21.8	22.8	23.7	24.7	25.6	26.6	27.5	28.5	29.4	♌ 0.4	1.4	2.3	3.3	4.2	5.2	6.1	7.1	8
☽	♋ 16.2	♌ 1.1	16	♍ 0.8	15.4	29.7	♎ 13.7	27.3	♏ 10.5	23.5	♐ 6.1	18.6	♑ 0.9	13	25	♒ 6.9	18.8	♓ 0.6	12.5	24.4	♈ 6.5	18.7	♉ 1.3	14.1	27.3	♊ 11	25.1	♋ 9.6	24.5	♌ 9.7	24.9
☿	♌ 4.9	6	7.2	8.3	9.3	10.3	11.2	12.1	12.9	13.6	14.3	15	15.5	16	16.5	16.8	17.1	17.3	17.4	17.5	17.4R	17.3	17.1	16.8	16.5	16	15.5	15	14.3	13.6	12.9
♀	♋ 14.2	15.4	16.6	17.9	19.1	20.3	21.6	22.8	24	25.2	26.5	27.7	28.9	♌ 0.2	1.4	2.6	3.8	5.1	6.3	7.5	8.8	10	11.2	12.5	13.7	14.9	16.1	17.4	18.6	19.8	21.1
♂	♉ 11.9	12.6	13.3	14.1	14.8	15.5	16.2	16.9	17.6	18.3	19	19.7	20.4	21.1	21.8	22.5	23.2	23.9	24.6	25.3	26	26.7	27.4	28.1	28.8	29.5	♊ 0.1	0.8	1.5	2.2	2.8

♃ 1, 6, 11, 16, 21, 26, 31: ♍ 9.7 10.5 11.3 12.2 13.1 14 14.9 — ♄ 1, 6, 11, 16, 21, 26, 31: ♒ 17.6R 17.3 17 16.7 16.4 16 15.7 — ♅ 1, 11, 21, 31: ♑ 16.3R 15.9 15.5 15.1 — ♆ 1, 11, 21, 31: ♑ 17.8R 17.5 17.3 17 — ♇ 1, 11, 21, 31: ♏ 20.4R 20.3 20.2 20.2D

VIII

	1	2	3	4	5	6	7	8	9	10	11	12	13	14	15	16	17	18	19	20	21	22	23	24	25	26	27	28	29	30	31
☉	♌ 8.3	9.2	10.2	11.1	12.1	13.1	14	15	15.9	16.9	17.9	18.8	19.8	20.7	21.7	22.7	23.6	24.6	25.5	26.5	27.5	28.4	29.4	♍ 0.4	1.3	2.3	3.2	4.2	5.2	6.1	7.1
☽	♈ 7.8	20.8	♉ 4.2	17.8	♊ 1.8	16.1	♋ 0.7	15.6	♌ 0.5	15.5	♍ 0.2	14.8	28.9	♎ 12.6	25.9	♏ 8.8	21.2	♐ 3.4	15.4	27.3	♑ 9	20.9	♒ 2.8	14.8	27	♓ 9.4	22	♈ 4.8	17.9	♉ 1.1	14.6
☿	♍ 3.9	4.4	4.9	5.2	5.5	5.7	5.9	5.9R	5.9	5.7	5.5	5.2	4.8	4.3	3.7	3.1	2.4	1.6	0.8	♌ 29.9	29	28.2	27.3	26.5	25.7	25	24.4	23.9	23.5	23.2	23.1
♀	♍ 7.3	7.3R	7.3	7.2	7.1	6.9	6.7	6.5	6.2	5.9	5.5	5.1	4.7	4.3	3.8	3.3	2.7	2.2	1.6	1	0.4	♌ 29.7	29.1	28.5	27.9	27.3	26.7	26.1	25.5	25	24.5
♂	♍ 10.2	10.8	11.5	12.1	12.7	13.3	14	14.6	15.2	15.8	16.5	17.1	17.7	18.4	19	19.6	20.3	20.9	21.5	22.2	22.8	23.4	24.1	24.7	25.3	26	26.6	27.3	27.9	28.5	29.2

♃ 1, 6, 11, 16, 21, 26, 31: ♌ 20.8 21.9 23 24.1 25.2 26.3 27.4 — ♄ 1, 6, 11, 16, 21, 26, 31: ♒ 3.1R 2.8 2.4 2.1 1.7 1.4 1.2 — ♅ 1, 11, 21, 31: ♑ 10.8R 10.4 10.2 10 — ♆ 1, 11, 21, 31: ♑ 14.7R 14.5 14.3 14.2 — ♇ 1, 11, 21, 31: ♏ 17.6 17.6 17.7 17.9

	1	2	3	4	5	6	7	8	9	10	11	12	13	14	15	16	17	18	19	20	21	22	23	24	25	26	27	28	29	30	31
☉	♌ 9	10	10.9	11.9	12.8	13.8	14.7	15.7	16.7	17.6	18.6	19.5	20.5	21.5	22.4	23.4	24.3	25.3	26.3	27.2	28.2	29.2	♍ 0.1	1.1	2	3	4	4.9	5.9	6.9	7.8
☽	♍ 10	24.9	♎ 9.5	23.5	♏ 7.2	20.4	♐ 3.2	15.7	28	♑ 10	22	♒ 3.9	15.7	27.6	♓ 9.5	21.4	♈ 3.4	15.5	27.8	♉ 10.4	23.1	♊ 6.3	19.8	♋ 3.8	18.1	♌ 2.9	18.1	♍ 3.3	18.6	♎ 3.6	18.3
☿	♌ 12.2R	11.4	10.7	9.9	9.2	8.5	7.9	7.4	6.9	6.5	6.2	6	6	6.0D	6.2	6.5	6.9	7.4	8.1	8.8	9.7	10.7	11.8	13	14.3	15.7	17.2	18.8	20.4	22.1	23.9
♀	♌ 22.3	23.5	24.8	26	27.2	28.5	29.7	♍ 0.9	2.1	3.4	4.6	5.8	7.1	8.3	9.5	10.7	12	13.2	14.4	15.7	16.9	18.1	19.4	20.6	21.8	23	24.3	25.5	26.7	28	29.2
♂	♊ 3.5	4.2	4.9	5.5	6.2	6.9	7.5	8.2	8.8	9.5	10.2	10.8	11.5	12.1	12.7	13.4	14	14.7	15.3	15.9	16.6	17.2	17.8	18.5	19.1	19.7	20.3	20.9	21.6	22.2	22.8

♃ 1, 6, 11, 16, 21, 26, 31: ♍ 15.1 16.1 17.1 18.1 19.2 20.2 21.3 — ♄ 1, 6, 11, 16, 21, 26, 31: ♒ 15.6R 15.2 14.9 14.5 14.1 13.8 13.4 — ♅ 1, 11, 21, 31: ♑ 15.1R 14.8 14.5 14.3 — ♆ 1, 11, 21, 31: ♑ 17.0R 16.7 16.5 16.4 — ♇ 1, 11, 21, 31: ♏ 20.2 20.2 20.3 20.4

IX

	1	2	3	4	5	6	7	8	9	10	11	12	13	14	15	16	17	18	19	20	21	22	23	24	25	26	27	28	29	30	31
☉	♍ 8.1	9	10	11	12	12.9	13.9	14.9	15.8	16.8	17.8	18.7	19.7	20.7	21.7	22.6	23.6	24.6	25.6	26.5	27.5	28.5	29.5	♎ 0.5	1.4	2.4	3.4	4.4	5.4	6.3	
☽	♉ 28.2	♊ 12.1	26.2	♋ 10.5	25	♌ 9.6	24.2	♍ 8.7	23	♎ 7	20.7	♏ 4	16.9	29.4	♐ 11.6	23.5	♑ 5.4	17.2	29	♒ 11	23.1	♓ 5.5	18.2	♈ 1.1	14.3	27.7	♉ 11.4	25.1	♊ 9	23	
☿	♌ 23.1D	23.2	23.5	23.9	24.4	25.1	25.9	26.9	27.9	29.1	♍ 0.4	1.7	3.2	4.7	6.3	8	9.7	11.5	13.2	15	16.9	18.7	20.5	22.4	24.2	26.1	27.9	29.7	♎ 1.6	3.4	
♀	♌ 24.0R	23.5	23.1	22.7	22.4	22.1	21.8	21.6	21.4	21.2	21.1	21	21	21.0D	21	21.1	21.2	21.4	21.6	21.8	22.1	22.4	22.7	23.1	23.4	23.9	24.3	24.8	25.3	25.8	
♂	♍ 29.8	♎ 0.5	1.1	1.8	2.4	3.1	3.7	4.3	5	5.6	6.3	6.9	7.6	8.2	8.9	9.6	10.2	10.9	11.5	12.2	12.8	13.5	14.1	14.8	15.5	16.1	16.8	17.4	18.1	18.8	

♃ 1, 6, 11, 16, 21, 26: ♌ 27.6 28.7 29.7 ♍ 0.8 1.8 2.9 — ♄ 1, 6, 11, 16, 21, 26: ♒ 1.1R 0.9 0.7 0.5 0.4 0.3 — ♅ 1, 11, 21: ♑ 10.0R 9.9 9.8D — ♆ 1, 11, 21: ♑ 14.2R 14.1 14 — ♇ 1, 11, 21: ♏ 17.9 18.1 18.4

	1	2	3	4	5	6	7	8	9	10	11	12	13	14	15	16	17	18	19	20	21	22	23	24	25	26	27	28	29	30	31
☉	♍ 8.8	9.8	10.7	11.7	12.7	13.7	14.6	15.6	16.6	17.5	18.5	19.5	20.5	21.4	22.4	23.4	24.4	25.3	26.3	27.3	28.3	29.2	♎ 0.2	1.2	2.2	3.2	4.1	5.1	6.1	7.1	
☽	♏ 2.5	16.3	29.5	♐ 12.4	24.8	♑ 7	19	♒ 0.9	12.7	24.6	♓ 6.5	18.4	♈ 0.5	12.6	24.9	♉ 7.4	20	♊ 2.9	16	29.4	♋ 13.2	27.4	♌ 11.9	26.8	♍ 11.8	26.9	♎ 11.9	26.5	♏ 10.8	24.6	
☿	♌ 25.7	27.5	29.4	♍ 1.3	3.2	5.1	7	9	10.9	12.8	14.7	16.6	18.5	20.4	22.3	24.1	26	27.8	29.6	♎ 1.4	3.1	4.9	6.6	8.4	10.1	11.7	13.4	15.1	16.7	18.4	
♀	♎ 0.4	1.6	2.9	4.1	5.3	6.5	7.8	9	10.2	11.5	12.7	13.9	15.1	16.4	17.6	18.8	20	21.3	22.5	23.7	24.9	26.2	27.4	28.6	29.8	♏ 1.1	2.3	3.5	4.7	5.9	
♂	♊ 23.4	24	24.6	25.2	25.8	26.4	26.9	27.5	28.1	28.7	29.3	29.8	♋ 0.4	1	1.5	2.1	2.7	3.2	3.8	4.3	4.9	5.4	5.9	6.5	7	7.5	8	8.5	9.1	9.6	

♃ 1, 6, 11, 16, 21, 26: ♍ 21.5 22.6 23.6 24.7 25.8 26.9 — ♄ 1, 6, 11, 16, 21, 26: ♒ 13.4R 13.1 12.8 12.5 12.3 12.1 — ♅ 1, 11, 21: ♑ 14.2R 14.1 14 — ♆ 1, 11, 21: ♑ 16.4R 16.3 16.2 — ♇ 1, 11, 21: ♏ 20.5 20.7 20.9

X

	1	2	3	4	5	6	7	8	9	10	11	12	13	14	15	16	17	18	19	20	21	22	23	24	25	26	27	28	29	30	31
☉	♎ 7.3	8.3	9.3	10.3	11.3	12.2	13.2	14.2	15.2	16.2	17.2	18.2	19.2	20.1	21.1	22.1	23.1	24.1	25.1	26.1	27.1	28.1	29.1	♏ 0.1	1.1	2.1	3.1	4.1	5.1	6.1	7.1
☽	♋ 7	21.2	♌ 5.3	19.5	♍ 3.7	17.8	♎ 1.7	15.4	28.9	♏ 12	24.8	♐ 7.2	19.4	♑ 1.4	13.2	25	♒ 6.9	18.9	♓ 1.1	13.6	26.4	♈ 9.6	23.2	♉ 7	21	♊ 5.2	19.5	♋ 3.8	18	♌ 2.1	16.2
☿	♎ 5.2	7	8.8	10.5	12.3	14	15.7	17.4	19.1	20.8	22.5	24.2	25.8	27.4	29.1	♏ 0.7	2.3	3.9	5.4	7	8.6	10.1	11.7	13.2	14.7	16.2	17.7	19.2	20.7	22.2	23.6
♀	♌ 26.3	26.9	27.5	28.1	28.7	29.4	♍ 0.1	0.8	1.5	2.2	2.9	3.7	4.5	5.3	6.1	6.9	7.7	8.6	9.4	10.3	11.2	12.1	13	13.9	14.8	15.8	16.7	17.7	18.6	19.6	20.6
♂	♎ 19.4	20.1	20.8	21.4	22.1	22.8	23.4	24.1	24.8	25.4	26.1	26.8	27.5	28.1	28.8	29.5	♏ 0.1	0.8	1.5	2.2	2.9	3.5	4.2	4.9	5.6	6.3	6.9	7.6	8.3	9	9.7

♃ 1, 6, 11, 16, 21, 26, 31: ♍ 3.9 4.9 5.8 6.7 7.6 8.5 9.3 — ♄ 1, 6, 11, 16, 21, 26, 31: ♒ 0.2R 0.2D 0.2 0.3 0.4 0.6 0.7 — ♅ 1, 11, 21, 31: ♑ 9.9 10 10.3 10.6 — ♆ 1, 11, 21, 31: ♑ 14 14.1 14.2 14.3 — ♇ 1, 11, 21, 31: ♏ 18.7 19 19.4 19.8

	1	2	3	4	5	6	7	8	9	10	11	12	13	14	15	16	17	18	19	20	21	22	23	24	25	26	27	28	29	30	31
☉	♎ 8.1	9.1	10	11	12	13	14	15	16	16.9	17.9	18.9	19.9	20.9	21.9	22.9	23.9	24.9	25.9	26.9	27.8	28.8	29.8	♏ 0.8	1.8	2.8	3.8	4.8	5.8	6.8	7.8
☽	♐ 8	20.8	♑ 3.4	15.6	27.6	♒ 9.5	21.3	♓ 3.2	15.1	27.2	♈ 9.4	21.7	♉ 4.3	17	29.9	♊ 13	26.3	♋ 9.8	23.6	♌ 7.6	21.9	♍ 6.4	21	♎ 5.7	20.3	♏ 4.7	18.8	♐ 2.5	15.9	28.8	♑ 11.3
☿	♎ 20	21.6	23.2	24.7	26.3	27.8	29.4	♏ 0.9	2.4	3.9	5.4	6.8	8.3	9.7	11.1	12.6	14	15.3	16.7	18	19.4	20.7	22	23.3	24.5	25.7	26.9	28.1	29.2	♐ 0.3	1.4
♀	♏ 7.2	8.4	9.6	10.8	12	13.3	14.5	15.7	16.9	18.1	19.4	20.6	21.8	23	24.2	25.5	26.7	27.9	29.1	♐ 0.3	1.5	2.8	4	5.2	6.4	7.6	8.8	10	11.2	12.5	13.7
♂	♋ 10.1	10.6	11.1	11.5	12	12.5	13	13.5	13.9	14.4	14.8	15.3	15.7	16.2	16.6	17	17.4	17.8	18.3	18.7	19.1	19.4	19.8	20.2	20.6	20.9	21.3	21.6	22	22.3	22.6

♃ 1, 6, 11, 16, 21, 26, 31: ♍ 28 29 ♎ 0.1 1.1 2.2 3.2 4.2 — ♄ 1, 6, 11, 16, 21, 26, 31: ♒ 12.0R 11.9 11.8 11.8 11.8D 11.9 12 — ♅ 1, 11, 21, 31: ♑ 14.1 14.2 14.4 14.7 — ♆ 1, 11, 21, 31: ♑ 16.2 16.2 16.3 16.5 — ♇ 1, 11, 21, 31: ♏ 21.2 21.5 21.9 22.3

XI

	1	2	3	4	5	6	7	8	9	10	11	12	13	14	15	16	17	18	19	20	21	22	23	24	25	26	27	28	29	30	31
☉	♏ 8.1	9.1	10.1	11.1	12.1	13.1	14.1	15.1	16.1	17.1	18.1	19.1	20.1	21.1	22.1	23.1	24.1	25.1	26.1	27.2	28.2	29.2	♐ 0.2	1.2	2.2	3.2	4.2	5.2	6.3	7.3	
☽	♍ 0.1	13.9	27.6	♎ 11.1	24.4	♏ 7.5	20.4	♐ 2.9	15.3	27.4	♑ 9.3	21.1	♒ 2.9	14.7	26.7	♓ 8.9	21.4	♈ 4.3	17.5	♉ 1.3	15.3	29.8	♊ 14.4	29.1	♋ 13.8	28.4	♌ 12.8	27	♍ 10.9	24.5	
☿	♏ 25.1	26.5	28	29.4	♐ 0.8	2.2	3.6	4.9	6.3	7.6	8.9	10.2	11.5	12.7	13.9	15.1	16.2	17.3	18.4	19.4	20.3	21.1	21.9	22.6	23.2	23.6	24	24.1	24.2R	24	
♀	♍ 21.6	22.5	23.6	24.6	25.6	26.6	27.6	28.7	29.7	♎ 0.8	1.8	2.9	3.9	5	6.1	7.2	8.3	9.3	10.4	11.5	12.6	13.8	14.9	16	17.1	18.2	19.4	20.5	21.6	22.8	
♂	♏ 10.4	11.1	11.8	12.4	13.1	13.8	14.5	15.2	15.9	16.6	17.3	18	18.7	19.4	20.1	20.8	21.5	22.2	22.9	23.6	24.3	25	25.7	26.4	27.1	27.8	28.5	29.2	29.9	♐ 0.7	

♃ 1, 6, 11, 16, 21, 26: ♍ 9.5 10.2 10.9 11.6 12.2 12.7 — ♄ 1, 6, 11, 16, 21, 26: ♒ 0.8 1 1.3 1.6 2 2.4 — ♅ 1, 11, 21: ♑ 10.6 11 11.4 — ♆ 1, 11, 21: ♑ 14.3 14.6 14.8 — ♇ 1, 11, 21: ♏ 19.8 20.2 20.6

	1	2	3	4	5	6	7	8	9	10	11	12	13	14	15	16	17	18	19	20	21	22	23	24	25	26	27	28	29	30	31
☉	♏ 8.8	9.8	10.8	11.8	12.8	13.8	14.8	15.8	16.8	17.8	18.9	19.9	20.9	21.9	22.9	23.9	24.9	25.9	26.9	27.9	28.9	29.9	♐ 1	2	3	4	5	6	7	8	
☽	♑ 23.6	♒ 5.6	17.5	29.4	♓ 11.3	23.3	♈ 5.4	17.8	♉ 0.4	13.2	26.2	♊ 9.5	23	♋ 6.7	20.5	♌ 4.4	18.5	♍ 2.7	16.9	♎ 1.1	15.4	29.5	♏ 13.4	27.2	♐ 10.6	23.7	♑ 6.6	19.1	♒ 1.4	13.4	
☿	♐ 2.4	3.3	4.2	5.1	5.8	6.5	7.1	7.6	8	8.2	8.4	8.4R	8.2	7.8	7.3	6.7	5.8	4.8	3.7	2.4	1.1	♏ 29.8	28.4	27.1	25.9	24.8	23.9	23.2	22.7	22.4	
♀	♐ 14.9	16.1	17.3	18.5	19.7	20.9	22.1	23.3	24.5	25.7	27	28.2	29.4	♑ 0.6	1.8	3	4.2	5.4	6.6	7.8	9	10.2	11.4	12.5	13.7	14.9	16.1	17.3	18.5	19.7	
♂	♋ 22.9	23.2	23.5	23.8	24.1	24.4	24.6	24.9	25.1	25.3	25.6	25.8	26	26.2	26.3	26.5	26.7	26.8	26.9	27.1	27.2	27.3	27.4	27.4	27.5	27.5	27.6	27.6	27.6R	27.6	

♃ 1, 6, 11, 16, 21, 26: ♎ 4.4 5.4 6.3 7.2 8.1 8.9 — ♄ 1, 6, 11, 16, 21, 26: ♒ 12 12.2 12.4 12.6 12.9 13.2 — ♅ 1, 11, 21: ♑ 14.7 15 15.5 — ♆ 1, 11, 21: ♑ 16.5 16.7 17 — ♇ 1, 11, 21: ♏ 22.3 22.7 23.1

XII

	1	2	3	4	5	6	7	8	9	10	11	12	13	14	15	16	17	18	19	20	21	22	23	24	25	26	27	28	29	30	31
☉	♐ 8.3	9.3	10.3	11.3	12.3	13.4	14.4	15.4	16.4	17.4	18.4	19.4	20.5	21.5	22.5	23.5	24.5	25.6	26.6	27.6	28.6	29.6	♑ 0.6	1.7	2.7	3.7	4.7	5.7	6.8	7.8	8.8
☽	♎ 7.9	21.1	♏ 4	16.7	29.2	♐ 11.5	23.6	♑ 5.6	17.5	29.3	♒ 11.1	22.9	♓ 4.8	17	29.4	♈ 12.2	25.4	♉ 9.1	23.2	♊ 7.7	22.5	♋ 7.6	22.7	♌ 7.7	22.5	♍ 6.9	21	♎ 4.7	18.1	♏ 1	13.7
☿	♐ 23.7R	23.2	22.6	21.7	20.7	19.5	18.2	16.9	15.5	14.1	12.8	11.6	10.6	9.7	9	8.4	8.1	7.9	7.9D	8.1	8.4	8.8	9.4	10.1	10.8	11.7	12.6	13.6	14.6	15.7	16.9
♀	♎ 23.9	25	26.2	27.3	28.5	29.6	♏ 0.8	2	3.1	4.3	5.5	6.6	7.8	9	10.2	11.3	12.5	13.7	14.9	16.1	17.3	18.5	19.6	20.8	22	23.2	24.4	25.6	26.8	28	29.2
♂	♐ 1.4	2.1	2.8	3.5	4.2	4.9	5.7	6.4	7.1	7.8	8.5	9.2	10	10.7	11.4	12.1	12.9	13.6	14.3	15	15.8	16.5	17.2	17.9	18.7	19.4	20.1	20.9	21.6	22.3	23.1

♃ 1, 6, 11, 16, 21, 26, 31: ♍ 13.2 13.6 14 14.3 14.5 14.6 14.6R — ♄ 1, 6, 11, 16, 21, 26, 31: ♒ 2.8 3.2 3.7 4.2 4.7 5.2 5.7 — ♅ 1, 11, 21, 31: ♑ 11.9 12.5 13 13.6 — ♆ 1, 11, 21, 31: ♑ 15.1 15.5 15.8 16.2 — ♇ 1, 11, 21, 31: ♏ 21 21.4 21.8 22.1

	1	2	3	4	5	6	7	8	9	10	11	12	13	14	15	16	17	18	19	20	21	22	23	24	25	26	27	28	29	30	31
☉	♐ 9	10.1	11.1	12.1	13.1	14.1	15.1	16.2	17.2	18.2	19.2	20.2	21.2	22.3	23.3	24.3	25.3	26.3	27.3	28.4	29.4	♑ 0.4	1.4	2.4	3.5	4.5	5.5	6.5	7.5	8.5	9.6
☽	♒ 25.3	♓ 7.2	19.1	♈ 1.1	13.3	25.7	♉ 8.3	21.4	♊ 4.7	18.3	♋ 2.3	16.4	♌ 0.7	15.1	29.4	♍ 13.7	27.9	♎ 11.9	25.8	♏ 9.5	22.9	♐ 6.2	19.3	♑ 2.1	14.7	27.1	♒ 9.3	21.3	♓ 3.2	15.1	27
☿	♏ 22.2R	22.2D	22.4	22.8	23.3	23.9	24.7	25.5	26.4	27.4	28.5	29.6	♐ 0.8	2	3.3	4.6	5.9	7.2	8.6	10	11.4	12.8	14.2	15.7	17.1	18.6	20.1	21.5	23	24.5	26
♀	♑ 20.9	22.1	23.2	24.4	25.6	26.8	28	29.1	♒ 0.3	1.5	2.6	3.8	5	6.1	7.3	8.5	9.6	10.8	11.9	13.1	14.2	15.4	16.5	17.7	18.8	19.9	21.1	22.2	23.3	24.4	25.6
♂	♋ 27.6R	27.5	27.5	27.4	27.4	27.3	27.2	27	26.9	26.8	26.6	26.4	26.2	26	25.8	25.6	25.3	25.1	24.8	24.5	24.2	23.9	23.6	23.3	23	22.6	22.3	21.9	21.5	21.2	20.8

♃ 1, 6, 11, 16, 21, 26, 31: ♎ 9.7 10.5 11.2 11.8 12.4 12.9 13.4 — ♄ 1, 6, 11, 16, 21, 26, 31: ♒ 13.6 13.9 14.3 14.8 15.2 15.7 16.2 — ♅ 1, 11, 21, 31: ♑ 15.9 16.5 17 17.6 — ♆ 1, 11, 21, 31: ♑ 17.3 17.6 18 18.3 — ♇ 1, 11, 21, 31: ♏ 23.5 23.9 24.3 24.6

1993

I

	1	2	3	4	5	6	7	8	9	10	11	12	13	14	15	16	17	18	19	20	21	22	23	24	25	26	27	28	29	30	31
☉	♑ 10.6	11.6	12.6	13.6	14.7	15.7	16.7	17.7	18.7	19.8	20.8	21.8	22.8	23.8	24.9	25.9	26.9	27.9	28.9	29.9	♒ 1	2	3	4	5	6	7.1	8.1	9.1	10.1	11.1
☽	♈ 8.9	21	♉ 3.4	16	29.1	♊ 12.5	26.4	♋ 10.6	25.2	♌ 10	24.8	♍ 9.6	24.3	♎ 8.6	22.7	♏ 6.4	19.8	♐ 3	15.9	28.5	♑ 11	23.4	♒ 5.6	17.6	29.6	♓ 11.5	23.3	♈ 5.2	17.1	29.2	♉ 11.4
☿	♐ 27.5	29.1	♑ 0.6	2.1	3.7	5.2	6.7	8.3	9.9	11.4	13	14.6	16.2	17.8	19.4	21	22.6	24.3	25.9	27.6	29.2	♒ 0.9	2.6	4.3	6	7.7	9.4	11.1	12.8	14.6	16.4
♀	♒ 26.7	27.8	28.9	♓ 0	1.1	2.2	3.3	4.4	5.5	6.5	7.6	8.7	9.7	10.8	11.8	12.9	13.9	15	16	17	18	19	20	21	22	23	23.9	24.9	25.8	26.8	27.7
♂	♋ 20.4R	20	19.6	19.2	18.8	18.4	18	17.6	17.2	16.8	16.4	16	15.7	15.3	14.9	14.5	14.2	13.8	13.5	13.1	12.8	12.5	12.2	11.9	11.6	11.3	11.1	10.8	10.6	10.4	10.2

♃ 1: ♎ 13.5 · 6: 13.9 · 11: 14.2 · 16: 14.4 · 21: 14.6 · 26: 14.7 · 31: 14.7R — ♄ 1: ♒ 16.4 · 6: 16.9 · 11: 17.4 · 16: 18 · 21: 18.6 · 26: 19.2 · 31: 19.8 — ♅ 1: ♑ 17.7 · 11: 18.3 · 21: 18.9 · 31: 19.4 — ♆ 1: ♑ 18.4 · 11: 18.7 · 21: 19.1 · 31: 19.5 — ♇ 1: ♏ 24.6 · 11: 24.9 · 21: 25.1 · 31: 25.3

II

	1	2	3	4	5	6	7	8	9	10	11	12	13	14	15	16	17	18	19	20	21	22	23	24	25	26	27	28	29	30	31
☉	♒ 12.1	13.2	14.2	15.2	16.2	17.2	18.2	19.2	20.3	21.3	22.3	23.3	24.3	25.3	26.3	27.3	28.3	29.3	♓ 0.4	1.4	2.4	3.4	4.4	5.4	6.4	7.4	8.4	9.4			
☽	♉ 24	♊ 6.9	20.3	♋ 4.1	18.4	♌ 3.2	18.3	♍ 3.5	18.7	♎ 3.7	18.4	♏ 2.7	16.5	29.9	♐ 12.9	25.6	♑ 8.1	20.3	♒ 2.5	14.5	26.4	♓ 8.3	20.2	♈ 2	13.9	25.9	♉ 8	20.2			
☿	♒ 18.1	19.9	21.7	23.4	25.2	27	28.8	♓ 0.6	2.3	4.1	5.8	7.5	9.2	10.9	12.4	14	15.5	16.8	18.1	19.4	20.4	21.4	22.3	23	23.5	23.9	24.1	24.2R			
♀	♓ 28.6	29.5	♈ 0.4	1.3	2.2	3	3.9	4.7	5.5	6.3	7.1	7.9	8.7	9.4	10.1	10.8	11.5	12.2	12.8	13.5	14.1	14.6	15.2	15.7	16.2	16.7	17.2	17.6			
♂	♋ 10.0R	9.8	9.6	9.5	9.3	9.2	9.1	9	8.9	8.8	8.8	8.7	8.7	8.7	8.7	8.7D	8.7	8.7	8.7	8.8	8.9	8.9	9	9.1	9.2	9.3	9.5	9.6			

♃ 1: ♎ 14.7R · 6: 14.6 · 11: 14.4 · 16: 14.2 · 21: 13.9 · 26: 13.5 — ♄ 1: ♒ 19.9 · 6: 20.5 · 11: 21.1 · 16: 21.7 · 21: 22.3 · 26: 22.9 — ♅ 1: ♑ 19.5 · 11: 20 · 21: 20.5 — ♆ 1: ♑ 19.5 · 11: 19.9 · 21: 20.2 — ♇ 1: ♏ 25.3 · 11: 25.5 · 21: 25.5

III

	1	2	3	4	5	6	7	8	9	10	11	12	13	14	15	16	17	18	19	20	21	22	23	24	25	26	27	28	29	30	31
☉	♓ 10.4	11.4	12.4	13.4	14.4	15.4	16.4	17.4	18.4	19.4	20.4	21.4	22.4	23.4	24.4	25.4	26.4	27.4	28.4	29.4	♈ 0.4	1.4	2.4	3.4	4.4	5.3	6.3	7.3	8.3	9.3	10.3
☽	♊ 2.7	15.5	28.7	♋ 12.4	26.6	♌ 11.2	26.3	♍ 11.6	26.9	♎ 12.2	27.1	♏ 11.6	25.7	♐ 9.2	22.3	♑ 5	17.4	29.6	♒ 11.6	23.5	♓ 5.3	17.2	29.1	♈ 11	23	♉ 5	17.2	29.6	♊ 12.1	25	♋ 8.1
☿	♓ 24.1R	23.9	23.5	22.9	22.3	21.5	20.7	19.7	18.8	17.8	16.8	15.8	14.9	14	13.2	12.5	11.9	11.4	10.9	10.6	10.4	10.3	10.3D	10.4	10.6	10.8	11.2	11.6	12.1	12.7	13.4
♀	♈ 18	18.3	18.7	19	19.2	19.4	19.6	19.8	19.9	20	20	20.0R	20	19.9	19.8	19.6	19.4	19.1	18.8	18.5	18.1	17.7	17.3	16.8	16.3	15.8	15.2	14.6	14	13.4	12.8
♂	♋ 9.8	9.9	10.1	10.3	10.5	10.6	10.9	11.1	11.3	11.5	11.8	12	12.3	12.5	12.8	13.1	13.4	13.7	14	14.3	14.6	14.9	15.2	15.5	15.9	16.2	16.6	16.9	17.3	17.6	18

♃ 1: ♎ 13.2R · 6: 12.7 · 11: 12.2 · 16: 11.6 · 21: 11 · 26: 10.4 · 31: 9.7 — ♄ 1: ♒ 23.2 · 6: 23.8 · 11: 24.4 · 16: 24.9 · 21: 25.5 · 26: 26 · 31: 26.5 — ♅ 1: ♑ 20.9 · 11: 21.3 · 21: 21.6 · 31: 21.9 — ♆ 1: ♑ 20.4 · 11: 20.7 · 21: 20.9 · 31: 21 — ♇ 1: ♏ 25.5R · 11: 25.5 · 21: 25.4 · 31: 25.2

IV

	1	2	3	4	5	6	7	8	9	10	11	12	13	14	15	16	17	18	19	20	21	22	23	24	25	26	27	28	29	30	31
☉	♈ 11.3	12.3	13.3	14.2	15.2	16.2	17.2	18.2	19.2	20.1	21.1	22.1	23.1	24.1	25	26	27	28	29	29.9	♉ 0.9	1.9	2.9	3.8	4.8	5.8	6.8	7.7	8.7	9.7	
☽	♋ 21.7	♌ 5.7	20.1	♍ 4.8	19.9	♎ 5.1	20.3	♏ 5.2	19.8	♐ 4	17.6	♑ 0.9	13.7	26.1	♒ 8.3	20.3	♓ 2.2	14	25.9	♈ 7.8	19.8	♉ 2	14.2	26.6	♊ 9.2	22	♋ 5	18.3	♌ 1.9	15.8	
☿	♓ 14.1	14.8	15.7	16.6	17.5	18.5	19.5	20.6	21.7	22.8	24	25.2	26.5	27.8	29.1	♈ 0.5	1.9	3.3	4.8	6.3	7.8	9.3	10.9	12.5	14.2	15.8	17.5	19.2	21	22.8	
♀	♈ 12.2R	11.5	10.9	10.3	9.7	9.1	8.5	7.9	7.4	6.9	6.4	6	5.6	5.2	4.9	4.6	4.4	4.2	4	3.9	3.8	3.7	3.7D	3.8	3.8	4	4.1	4.3	4.5	4.8	
♂	♋ 18.4	18.8	19.1	19.5	19.9	20.3	20.7	21.1	21.5	21.9	22.4	22.8	23.2	23.6	24.1	24.5	25	25.4	25.8	26.3	26.7	27.2	27.7	28.1	28.6	29.1	29.5	♌ 0	0.5	1	

♃ 1: ♎ 9.6R · 6: 9 · 11: 8.3 · 16: 7.7 · 21: 7.2 · 26: 6.6 — ♄ 1: ♒ 26.6 · 6: 27.1 · 11: 27.5 · 16: 27.9 · 21: 28.3 · 26: 28.7 — ♅ 1: ♑ 21.9 · 11: 22.1 · 21: 22.2 — ♆ 1: ♑ 21 · 11: 21.1 · 21: 21.1 — ♇ 1: ♏ 25.2R · 11: 25 · 21: 24.8

V

	1	2	3	4	5	6	7	8	9	10	11	12	13	14	15	16	17	18	19	20	21	22	23	24	25	26	27	28	29	30	31
☉	♉ 10.6	11.6	12.6	13.5	14.5	15.5	16.5	17.4	18.4	19.4	20.3	21.3	22.3	23.2	24.2	25.1	26.1	27.1	28	29	30	♊ 0.9	1.9	2.8	3.8	4.8	5.7	6.7	7.6	8.6	9.6
☽	♌ 30	♍ 14.5	29.2	♎ 14	28.8	♏ 13.5	27.9	♐ 11.9	25.6	♑ 8.9	21.7	♒ 4.3	16.5	28.6	♓ 10.5	22.4	♈ 4.3	16.2	28.3	♉ 10.6	23.1	♊ 5.8	18.7	♋ 1.8	15.2	28.8	♌ 12.6	26.6	♍ 10.7	25	♎ 9.4
☿	♈ 24.6	26.4	28.3	♉ 0.2	2.1	4.1	6	8.1	10.1	12.2	14.3	16.4	18.5	20.7	22.8	25	27.2	29.4	♊ 1.6	3.8	5.9	8.1	10.2	12.3	14.4	16.5	18.5	20.4	22.4	24.3	26.1
♀	♈ 5	5.4	5.7	6.1	6.5	6.9	7.4	7.9	8.4	8.9	9.5	10	10.6	11.3	11.9	12.6	13.2	13.9	14.6	15.4	16.1	16.9	17.6	18.4	19.2	20	20.8	21.7	22.5	23.4	24.2
♂	♌ 1.4	1.9	2.4	2.9	3.4	3.9	4.4	4.9	5.4	5.9	6.4	6.9	7.4	7.9	8.4	9	9.5	10	10.5	11	11.6	12.1	12.6	13.2	13.7	14.2	14.8	15.3	15.8	16.4	16.9

♃ 1: ♎ 6.2R · 6: 5.8 · 11: 5.4 · 16: 5.1 · 21: 4.9 · 26: 4.8 · 31: 4.8 — ♄ 1: ♒ 29 · 6: 29.3 · 11: 29.6 · 16: 29.8 · 21: 30 · 26: ♓ 0.1 · 31: 0.2 — ♅ 1: ♑ 22.2R · 11: 22.1 · 21: 21.9 · 31: 21.7 — ♆ 1: ♑ 21.1R · 11: 21.1 · 21: 20.9 · 31: 20.8 — ♇ 1: ♏ 24.5R · 11: 24.3 · 21: 24 · 31: 23.7

VI

	1	2	3	4	5	6	7	8	9	10	11	12	13	14	15	16	17	18	19	20	21	22	23	24	25	26	27	28	29	30	31
☉	♊ 10.5	11.5	12.4	13.4	14.4	15.3	16.3	17.2	18.2	19.1	20.1	21.1	22	23	23.9	24.9	25.8	26.8	27.7	28.7	29.6	♋ 0.6	1.6	2.5	3.5	4.4	5.4	6.3	7.3	8.2	
☽	♎ 23.8	♏ 8.1	22.3	♐ 6.4	20.2	♑ 3.6	16.8	29.6	♒ 12.2	24.5	♓ 6.5	18.5	♈ 0.4	12.3	24.3	♉ 6.4	18.8	♊ 1.5	14.4	27.7	♋ 11.3	25.1	♌ 9.1	23.3	♍ 7.5	21.8	♎ 6.1	20.2	♏ 4.3	18.2	
☿	♊ 28	29.7	♋ 1.4	3.1	4.8	6.3	7.9	9.4	10.8	12.2	13.5	14.8	16.1	17.3	18.4	19.5	20.5	21.5	22.4	23.2	24	24.8	25.4	26	26.6	27	27.4	27.7	28	28.2	
♀	♈ 25.1	26	26.9	27.8	28.7	29.6	♉ 0.5	1.5	2.4	3.4	4.3	5.3	6.3	7.2	8.2	9.2	10.2	11.2	12.2	13.2	14.2	15.3	16.3	17.3	18.4	19.4	20.4	21.5	22.5	23.6	
♂	♌ 17.5	18	18.6	19.1	19.7	20.2	20.8	21.3	21.9	22.4	23	23.6	24.1	24.7	25.3	25.8	26.4	27	27.5	28.1	28.7	29.2	29.8	♍ 0.4	1	1.5	2.1	2.7	3.3	3.9	

♃ 1: ♎ 4.8R · 6: 4.8D · 11: 4.9 · 16: 5.1 · 21: 5.3 · 26: 5.7 — ♄ 1: ♓ 0.3 · 6: 0.3 · 11: 0.3R · 16: 0.3 · 21: 0.2 · 26: 0.1 — ♅ 1: ♑ 21.7R · 11: 21.4 · 21: 21 — ♆ 1: ♑ 20.8R · 11: 20.6 · 21: 20.3 — ♇ 1: ♏ 23.7R · 11: 23.4 · 21: 23.2

VII

	1	2	3	4	5	6	7	8	9	10	11	12	13	14	15	16	17	18	19	20	21	22	23	24	25	26	27	28	29	30	31
☉	♋ 9.2	10.1	11.1	12	13	14	14.9	15.9	16.8	17.8	18.7	19.7	20.6	21.6	22.5	23.5	24.4	25.4	26.3	27.3	28.3	29.2	♌ 0.2	1.1	2.1	3	4	4.9	5.9	6.9	7.8
☽	♐ 2	15.6	29	♑ 12.2	25.1	♒ 7.8	20.2	♓ 2.4	14.5	26.4	♈ 8.3	20.2	♉ 2.2	14.4	26.8	♊ 9.5	22.6	♋ 6.2	20.1	♌ 4.3	18.8	♍ 3.4	18.1	♎ 2.6	17	♏ 1.2	15.1	28.7	♐ 12.2	25.4	♑ 8.4
☿	♋ 28.2	28.3R	28.2	28	27.8	27.5	27.2	26.8	26.3	25.7	25.2	24.6	23.9	23.3	22.6	22	21.3	20.7	20.2	19.7	19.2	18.8	18.5	18.3	18.2	18.1D	18.2	18.4	18.6	19	19.5
♀	♉ 24.6	25.7	26.8	27.8	28.9	30	♊ 1.1	2.2	3.2	4.3	5.4	6.5	7.6	8.7	9.8	10.9	12	13.1	14.3	15.4	16.5	17.6	18.7	19.9	21	22.1	23.2	24.4	25.5	26.6	27.8
♂	♍ 4.5	5	5.6	6.2	6.8	7.4	8	8.6	9.2	9.8	10.4	11	11.6	12.2	12.8	13.4	14	14.6	15.2	15.8	16.4	17	17.6	18.2	18.8	19.4	20	20.6	21.3	21.9	22.5

♃ 1: ♎ 6.1 · 6: 6.5 · 11: 7 · 16: 7.6 · 21: 8.2 · 26: 8.9 · 31: 9.6 — ♄ 1: ♒ 30.0R · 6: 29.8 · 11: 29.6 · 16: 29.3 · 21: 29 · 26: 28.7 · 31: 28.4 — ♅ 1: ♑ 20.7R · 11: 20.3 · 21: 19.9 · 31: 19.5 — ♆ 1: ♑ 20.1R · 11: 19.8 · 21: 19.5 · 31: 19.3 — ♇ 1: ♏ 23.0R · 11: 22.9 · 21: 22.8 · 31: 22.7

VIII

	1	2	3	4	5	6	7	8	9	10	11	12	13	14	15	16	17	18	19	20	21	22	23	24	25	26	27	28	29	30	31
☉	♌ 8.8	9.7	10.7	11.6	12.6	13.6	14.5	15.5	16.4	17.4	18.3	19.3	20.3	21.2	22.2	23.1	24.1	25.1	26	27	28	28.9	29.9	♍ 0.8	1.8	2.8	3.7	4.7	5.7	6.6	7.6
☽	♑ 21.2	♒ 3.9	16.3	28.6	♓ 10.7	22.7	♈ 4.6	16.5	28.3	♉ 10.3	22.4	♊ 4.8	17.5	♋ 0.7	14.3	28.4	♌ 12.9	27.7	♍ 12.7	27.8	♎ 12.7	27.3	♏ 11.6	25.6	♐ 9.1	22.4	♑ 5.4	18.1	♒ 0.7	13	25.3
☿	♋ 20	20.7	21.5	22.4	23.4	24.4	25.6	26.9	28.2	29.6	♌ 1.2	2.7	4.4	6.1	7.9	9.7	11.6	13.5	15.5	17.4	19.4	21.4	23.4	25.4	27.4	29.4	♍ 1.4	3.4	5.3	7.3	9.2
♀	♊ 28.9	♋ 0.1	1.2	2.4	3.5	4.7	5.8	7	8.1	9.3	10.4	11.6	12.8	13.9	15.1	16.3	17.4	18.6	19.8	21	22.1	23.3	24.5	25.7	26.9	28	29.2	♌ 0.4	1.6	2.8	4
♂	♍ 23.1	23.7	24.4	25	25.6	26.2	26.8	27.5	28.1	28.7	29.3	30	♎ 0.6	1.2	1.9	2.5	3.1	3.8	4.4	5	5.7	6.3	6.9	7.6	8.2	8.9	9.5	10.2	10.8	11.4	12.1

♃ 1: ♎ 9.8 · 6: 10.5 · 11: 11.3 · 16: 12.2 · 21: 13.1 · 26: 14 · 31: 14.9 — ♄ 1: ♒ 28.3R · 6: 28 · 11: 27.6 · 16: 27.2 · 21: 26.9 · 26: 26.5 · 31: 26.1 — ♅ 1: ♑ 19.4R · 11: 19.1 · 21: 18.8 · 31: 18.5 — ♆ 1: ♑ 19.2R · 11: 19 · 21: 18.8 · 31: 18.6 — ♇ 1: ♏ 22.7R · 11: 22.8D · 21: 22.8 · 31: 23

IX

	1	2	3	4	5	6	7	8	9	10	11	12	13	14	15	16	17	18	19	20	21	22	23	24	25	26	27	28	29	30	31
☉	♍ 8.6	9.5	10.5	11.5	12.5	13.4	14.4	15.4	16.3	17.3	18.3	19.2	20.2	21.2	22.2	23.1	24.1	25.1	26.1	27	28	29	30	♎ 1	1.9	2.9	3.9	4.9	5.9	6.8	
☽	♓ 7.4	19.4	♈ 1.3	13.2	25	♉ 6.8	18.8	♊ 0.9	13.2	25.9	♋ 9	22.5	♌ 6.6	21.1	♍ 6	21.2	♎ 6.5	21.7	♏ 6.6	21.2	♐ 5.3	19	♑ 2.2	15.1	27.7	♒ 10.1	22.3	♓ 4.4	16.4	28.3	
☿	♍ 11.1	13	14.9	16.8	18.6	20.4	22.2	24	25.7	27.5	29.2	♎ 0.9	2.6	4.2	5.9	7.5	9.1	10.7	12.3	13.9	15.4	16.9	18.4	19.9	21.4	22.9	24.3	25.7	27.1	28.5	
♀	♌ 5.2	6.4	7.6	8.8	10	11.2	12.4	13.6	14.8	16	17.2	18.4	19.6	20.8	22	23.2	24.4	25.6	26.8	28.1	29.3	♍ 0.5	1.7	2.9	4.2	5.4	6.6	7.8	9	10.3	
♂	♎ 12.7	13.4	14	14.7	15.3	16	16.7	17.3	18	18.6	19.3	19.9	20.6	21.3	21.9	22.6	23.2	23.9	24.6	25.2	25.9	26.6	27.2	27.9	28.6	29.3	29.9	♏ 0.6	1.3	2	

♃ 1: ♎ 15.1 · 6: 16.1 · 11: 17.1 · 16: 18.1 · 21: 19.2 · 26: 20.2 — ♄ 1: ♒ 26.1R · 6: 25.7 · 11: 25.4 · 16: 25 · 21: 24.7 · 26: 24.5 — ♅ 1: ♑ 18.5R · 11: 18.3 · 21: 18.2 — ♆ 1: ♑ 18.6R · 11: 18.5 · 21: 18.4 — ♇ 1: ♏ 23 · 11: 23.2 · 21: 23.4

X

	1	2	3	4	5	6	7	8	9	10	11	12	13	14	15	16	17	18	19	20	21	22	23	24	25	26	27	28	29	30	31
☉	♎ 7.8	8.8	9.8	10.8	11.8	12.8	13.7	14.7	15.7	16.7	17.7	18.7	19.7	20.7	21.7	22.6	23.6	24.6	25.6	26.6	27.6	28.6	29.6	♏ 0.6	1.6	2.6	3.6	4.6	5.6	6.6	7.6
☽	♈ 10.1	22	♉ 3.8	15.8	27.8	♊ 9.9	22.3	♋ 4.9	17.9	♌ 1.4	15.3	29.6	♍ 14.4	29.5	♎ 14.7	30	♏ 15	29.8	♐ 14.1	27.9	♑ 11.3	24.3	♒ 6.9	19.2	♓ 1.4	13.3	25.2	♈ 7.1	18.9	♉ 0.8	12.8
☿	♎ 29.9	♏ 1.2	2.6	3.9	5.2	6.4	7.7	8.9	10.1	11.2	12.4	13.4	14.5	15.5	16.5	17.4	18.3	19.1	19.8	20.5	21.1	21.6	22	22.3	22.4	22.5R	22.4	22.2	21.8	21.3	20.6
♀	♍ 11.5	12.7	14	15.2	16.4	17.6	18.9	20.1	21.3	22.6	23.8	25	26.3	27.5	28.8	30	♎ 1.2	2.5	3.7	5	6.2	7.4	8.7	9.9	11.2	12.4	13.7	14.9	16.2	17.4	18.6
♂	♏ 2.6	3.3	4	4.7	5.4	6	6.7	7.4	8.1	8.8	9.5	10.2	10.9	11.5	12.2	12.9	13.6	14.3	15	15.7	16.4	17.1	17.8	18.5	19.2	19.9	20.6	21.3	22	22.7	23.4

♃ 1: ♎ 21.3 · 6: 22.4 · 11: 23.4 · 16: 24.5 · 21: 25.6 · 26: 26.7 · 31: 27.8 — ♄ 1: ♒ 24.2R · 6: 24 · 11: 23.9 · 16: 23.8 · 21: 23.7 · 26: 23.6 · 31: 23.6D — ♅ 1: ♑ 18.2 · 11: 18.3 · 21: 18.5 · 31: 18.7 — ♆ 1: ♑ 18.4D · 11: 18.4 · 21: 18.5 · 31: 18.6 — ♇ 1: ♏ 23.7 · 11: 24 · 21: 24.4 · 31: 24.7

XI

	1	2	3	4	5	6	7	8	9	10	11	12	13	14	15	16	17	18	19	20	21	22	23	24	25	26	27	28	29	30	31
☉	♏ 8.6	9.6	10.6	11.6	12.6	13.6	14.6	15.6	16.6	17.6	18.6	19.6	20.6	21.6	22.6	23.6	24.6	25.7	26.7	27.7	28.7	29.7	♐ 0.7	1.7	2.7	3.7	4.8	5.8	6.8	7.8	
☽	♉ 24.8	♊ 7	19.3	♋ 1.9	14.7	27.7	♌ 11.1	24.9	♍ 9	23.4	♎ 8.2	23.1	♏ 8.1	23	♐ 7.7	22.1	♑ 6	19.5	♒ 2.6	15.3	27.7	♓ 9.9	21.8	♈ 3.7	15.5	27.4	♉ 9.4	21.4	♊ 3.7	16.1	
☿	♏ 19.8R	18.8	17.7	16.5	15.2	13.9	12.6	11.4	10.2	9.1	8.2	7.5	7	6.7	6.5	6.6D	6.8	7.2	7.7	8.4	9.2	10.1	11.1	12.2	13.3	14.5	15.8	17.1	18.4	19.8	
♀	♎ 19.9	21.1	22.4	23.6	24.9	26.1	27.4	28.6	29.9	♏ 1.1	2.4	3.7	4.9	6.2	7.4	8.7	9.9	11.2	12.4	13.7	14.9	16.2	17.4	18.7	20	21.2	22.5	23.7	25	26.2	
♂	♏ 24.1	24.8	25.6	26.3	27	27.7	28.4	29.1	29.8	♐ 0.6	1.3	2	2.7	3.4	4.2	4.9	5.6	6.3	7.1	7.8	8.5	9.2	10	10.7	11.4	12.2	12.9	13.6	14.4	15.1	

♃ 1: ♎ 28 · 6: 29.1 · 11: ♏ 0.1 · 16: 1.2 · 21: 2.2 · 26: 3.3 — ♄ 1: ♒ 23.6 · 6: 23.7 · 11: 23.8 · 16: 23.9 · 21: 24.1 · 26: 24.3 — ♅ 1: ♑ 18.7 · 11: 19.1 · 21: 19.4 — ♆ 1: ♑ 18.7 · 11: 18.9 · 21: 19.1 — ♇ 1: ♏ 24.8 · 11: 25.2 · 21: 25.6

XII

	1	2	3	4	5	6	7	8	9	10	11	12	13	14	15	16	17	18	19	20	21	22	23	24	25	26	27	28	29	30	31
☉	♐ 8.8	9.8	10.8	11.8	12.9	13.9	14.9	15.9	16.9	17.9	19	20	21	22	23	24	25.1	26.1	27.1	28.1	29.1	♑ 0.1	1.2	2.2	3.2	4.2	5.2	6.3	7.3	8.3	9.3
☽	♊ 28.8	♋ 11.6	24.7	♌ 8	21.6	♍ 5.3	19.3	♎ 3.5	17.9	♏ 2.4	16.9	♐ 1.4	15.8	29.9	♑ 13.8	27.3	♒ 10.4	23.2	♓ 5.7	17.9	29.8	♈ 11.7	23.5	♉ 5.4	17.4	29.6	♊ 12	24.7	♋ 7.7	21	♌ 4.5
☿	♏ 21.2	22.6	24	25.5	27	28.4	29.9	♐ 1.4	2.9	4.5	6	7.5	9	10.6	12.1	13.6	15.2	16.7	18.3	19.8	21.4	22.9	24.5	26	27.6	29.2	♑ 0.7	2.3	3.9	5.5	7.1
♀	♏ 27.5	28.8	♐ 0	1.3	2.5	3.8	5	6.3	7.6	8.8	10.1	11.3	12.6	13.8	15.1	16.4	17.6	18.9	20.1	21.4	22.7	23.9	25.2	26.4	27.7	28.9	♑ 0.2	1.5	2.7	4	5.2
♂	♐ 15.8	16.6	17.3	18	18.8	19.5	20.3	21	21.8	22.5	23.2	24	24.7	25.5	26.2	27	27.7	28.5	29.2	30	♑ 0.7	1.5	2.3	3	3.8	4.5	5.3	6	6.8	7.6	8.3

♃ 1: ♏ 4.3 · 6: 5.2 · 11: 6.2 · 16: 7.1 · 21: 8 · 26: 8.8 · 31: 9.6 — ♄ 1: ♒ 24.6 · 6: 24.9 · 11: 25.2 · 16: 25.6 · 21: 26 · 26: 26.4 · 31: 26.9 — ♅ 1: ♑ 19.9 · 11: 20.4 · 21: 21 · 31: 21.5 — ♆ 1: ♑ 19.4 · 11: 19.7 · 21: 20.1 · 31: 20.4 — ♇ 1: ♏ 26 · 11: 26.4 · 21: 26.7 · 31: 27.1

1994

I

	1	2	3	4	5	6	7	8	9	10	11	12	13	14	15	16	17	18	19	20	21	22	23	24	25	26	27	28	29	30	31
☉	♑ 10.3	11.4	12.4	13.4	14.4	15.4	16.5	17.5	18.5	19.5	20.5	21.5	22.6	23.6	24.6	25.6	26.6	27.7	28.7	29.7	♒ 0.7	1.7	2.7	3.8	4.8	5.8	6.8	7.8	8.8	9.9	10.9
☽	♌ 18.3	♍ 2.2	16.2	♎ 0.3	14.4	28.5	♏ 12.6	26.7	♐ 10.7	24.7	♑ 8.4	22	♒ 5.3	18.3	♓ 1	13.4	25.6	♈ 7.6	19.5	♉ 1.3	13.2	25.2	♊ 7.4	19.9	♋ 2.7	16	29.6	♌ 13.6	27.8	♍ 12.2	26.6
☿	♑ 8.7	10.3	11.9	13.5	15.1	16.7	18.4	20	21.7	23.3	25	26.6	28.3	30	♒ 1.7	3.3	5	6.7	8.4	10.1	11.8	13.5	15.2	16.9	18.6	20.2	21.8	23.4	25	26.5	28
♀	♑ 6.5	7.8	9	10.3	11.5	12.8	14.1	15.3	16.6	17.8	19.1	20.3	21.6	22.9	24.1	25.4	26.6	27.9	29.1	♒ 0.4	1.7	2.9	4.2	5.4	6.7	7.9	9.2	10.5	11.7	13	14.2
♂	♑ 9.1	9.8	10.6	11.4	12.1	12.9	13.7	14.4	15.2	16	16.7	17.5	18.3	19	19.8	20.6	21.4	22.1	22.9	23.7	24.4	25.2	26	26.8	27.5	28.3	29.1	29.9	♒ 0.7	1.4	2.2

♃ 1: ♏ 9.8 · 6: 10.5 · 11: 11.2 · 16: 11.8 · 21: 12.4 · 26: 12.9 · 31: 13.4 — ♄ 1: ♒ 27 · 6: 27.5 · 11: 28 · 16: 28.5 · 21: 29.1 · 26: 29.7 · 31: ♓ 0.2 — ♅ 1: ♑ 21.6 · 11: 22.2 · 21: 22.8 · 31: 23.3 — ♆ 1: ♑ 20.5 · 11: 20.8 · 21: 21.2 · 31: 21.6 — ♇ 1: ♏ 27.1 · 11: 27.4 · 21: 27.6 · 31: 27.8

II

	1	2	3	4	5	6	7	8	9	10	11	12	13	14	15	16	17	18	19	20	21	22	23	24	25	26	27	28	29	30	31
☉	♒ 11.9	12.9	13.9	14.9	16	17	18	19	20	21	22	23	24.1	25.1	26.1	27.1	28.1	29.1	♓ 0.1	1.1	2.1	3.1	4.1	5.1	6.2	7.2	8.2	9.2			
☽	♎ 11.1	25.4	♏ 9.5	23.5	♐ 7.3	21	♑ 4.5	17.8	♒ 0.9	13.9	26.6	♓ 9.2	21.5	♈ 3.6	15.5	27.4	♉ 9.2	21	♊ 3	15.1	27.6	♋ 10.5	23.8	♌ 7.6	21.9	♍ 6.4	21.2	♎ 6.1			
☿	♒ 29.4	♓ 0.7	2	3.2	4.2	5.1	5.9	6.6	7.1	7.4	7.6	7.5R	7.3	7	6.4	5.7	4.9	3.9	2.9	1.8	0.7	♒ 29.6	28.5	27.5	26.5	25.6	24.9	24.2			
♀	♒ 15.5	16.7	18	19.2	20.5	21.8	23	24.3	25.5	26.8	28	29.3	♓ 0.5	1.8	3	4.3	5.5	6.8	8	9.3	10.5	11.8	13	14.3	15.5	16.8	18	19.3			
♂	♒ 3	3.8	4.6	5.3	6.1	6.9	7.7	8.5	9.2	10	10.8	11.6	12.4	13.2	13.9	14.7	15.5	16.3	17.1	17.9	18.6	19.4	20.2	21	21.8	22.6	23.4	24.1			

♃ 1: ♏ 13.5 · 6: 13.9 · 11: 14.2 · 16: 14.4 · 21: 14.6 · 26: 14.6 — ♄ 1: ♓ 0.4 · 6: 0.9 · 11: 1.5 · 16: 2.2 · 21: 2.8 · 26: 3.4 — ♅ 1: ♑ 23.4 · 11: 24 · 21: 24.5 — ♆ 1: ♑ 21.6 · 11: 22 · 21: 22.3 — ♇ 1: ♏ 27.8 · 11: 28 · 21: 28.1

III

	1	2	3	4	5	6	7	8	9	10	11	12	13	14	15	16	17	18	19	20	21	22	23	24	25	26	27	28	29	30	31
☉	♓ 10.2	11.2	12.2	13.2	14.2	15.2	16.2	17.2	18.2	19.2	20.2	21.2	22.2	23.2	24.2	25.2	26.2	27.2	28.2	29.2	♈ 0.1	1.1	2.1	3.1	4.1	5.1	6.1	7.1	8.1	9.1	10.1
☽	♎ 21	♏ 5.6	20	♐ 4.1	17.9	♑ 1.4	14.7	27.7	♒ 10.5	23.1	♓ 5.6	17.9	♈ 0	12	23.9	♉ 5.7	17.4	29.3	♊ 11.2	23.3	♋ 5.8	18.6	♌ 1.9	15.6	29.8	♍ 14.5	29.5	♎ 14.7	29.8	♏ 14.8	29.6
☿	♒ 23.6R	23.2	22.9	22.7	22.6	22.7D	22.8	23	23.3	23.7	24.2	24.8	25.4	26.1	26.9	27.7	28.6	29.5	♓ 0.5	1.5	2.6	3.7	4.8	6	7.2	8.4	9.7	11	12.4	13.7	15.1
♀	♓ 20.5	21.8	23	24.3	25.5	26.8	28	29.3	♈ 0.5	1.8	3	4.2	5.5	6.7	8	9.2	10.5	11.7	12.9	14.2	15.4	16.7	17.9	19.1	20.4	21.6	22.8	24.1	25.3	26.5	27.8
♂	♒ 24.9	25.7	26.5	27.3	28.1	28.9	29.7	♓ 0.4	1.2	2	2.8	3.6	4.4	5.2	5.9	6.7	7.5	8.3	9.1	9.9	10.7	11.4	12.2	13	13.8	14.6	15.4	16.2	16.9	17.7	18.5

♃ 1: ♏ 14.7R · 6: 14.6 · 11: 14.5 · 16: 14.3 · 21: 14 · 26: 13.7 · 31: 13.2 — ♄ 1: ♓ 3.7 · 6: 4.3 · 11: 4.9 · 16: 5.5 · 21: 6.1 · 26: 6.7 · 31: 7.2 — ♅ 1: ♑ 24.9 · 11: 25.3 · 21: 25.7 · 31: 25.9 — ♆ 1: ♑ 22.5 · 11: 22.8 · 21: 23 · 31: 23.2 — ♇ 1: ♏ 28.1 · 11: 28.1R · 21: 28 · 31: 27.8

IV

	1	2	3	4	5	6	7	8	9	10	11	12	13	14	15	16	17	18	19	20	21	22	23	24	25	26	27	28	29	30	31
☉	♈ 11	12	13	14	15	16	17	17.9	18.9	19.9	20.9	21.9	22.8	23.8	24.8	25.8	26.8	27.7	28.7	29.7	♉ 0.7	1.6	2.6	3.6	4.6	5.5	6.5	7.5	8.5	9.4	
☽	♐ 13.9	27.9	♑ 11.5	24.7	♒ 7.6	20.2	♓ 2.6	14.9	26.9	♈ 8.9	20.7	♉ 2.6	14.3	26.1	♊ 8	20	♋ 2.2	14.6	27.4	♌ 10.6	24.2	♍ 8.3	22.8	♎ 7.7	22.8	♏ 8.1	23.2	♐ 8.2	22.8	♑ 7	
☿	♓ 16.6	18	19.5	21	22.5	24.1	25.6	27.2	28.9	♈ 0.5	2.2	3.9	5.6	7.4	9.2	11	12.8	14.7	16.6	18.5	20.4	22.4	24.4	26.4	28.4	♉ 0.5	2.6	4.7	6.8	8.9	
♀	♈ 29	♉ 0.3	1.5	2.7	4	5.2	6.4	7.6	8.9	10.1	11.3	12.6	13.8	15	16.2	17.5	18.7	19.9	21.1	22.4	23.6	24.8	26	27.2	28.5	29.7	♊ 0.9	2.1	3.3	4.6	
♂	♓ 19.3	20.1	20.9	21.6	22.4	23.2	24	24.8	25.5	26.3	27.1	27.9	28.7	29.4	♈ 0.2	1	1.8	2.5	3.3	4.1	4.9	5.6	6.4	7.2	8	8.7	9.5	10.3	11	11.8	

♃ 1: ♏ 13.2R · 6: 12.7 · 11: 12.1 · 16: 11.6 · 21: 11 · 26: 10.3 — ♄ 1: ♓ 7.3 · 6: 7.9 · 11: 8.4 · 16: 8.9 · 21: 9.3 · 26: 9.8 — ♅ 1: ♑ 26 · 11: 26.2 · 21: 26.3 — ♆ 1: ♑ 23.2 · 11: 23.3 · 21: 23.3 — ♇ 1: ♏ 27.8R · 11: 27.6 · 21: 27.4

V

	1	2	3	4	5	6	7	8	9	10	11	12	13	14	15	16	17	18	19	20	21	22	23	24	25	26	27	28	29	30	31
☉	♉ 10.4	11.4	12.3	13.3	14.3	15.3	16.2	17.2	18.2	19.1	20.1	21.1	22	23	24	24.9	25.9	26.8	27.8	28.8	29.7	♊ 0.7	1.7	2.6	3.6	4.5	5.5	6.5	7.4	8.4	9.3
☽	♑ 20.7	♒ 4.1	17	29.6	♓ 11.9	24	♈ 5.9	17.8	29.6	♉ 11.4	23.2	♊ 5.1	17.1	29.3	♋ 11.6	24.2	♌ 7	20.2	♍ 3.7	17.6	♎ 1.8	16.5	♏ 1.3	16.4	♐ 1.4	16.4	♑ 1	15.3	29.2	♒ 12.7	25.7
☿	♉ 11.1	13.2	15.4	17.6	19.7	21.9	24	26.1	28.2	♊ 0.3	2.3	4.3	6.2	8.1	10	11.8	13.6	15.3	16.9	18.5	20.1	21.6	23	24.4	25.7	27	28.2	29.3	♋ 0.4	1.4	2.4
♀	♊ 5.8	7	8.2	9.4	10.6	11.8	13.1	14.3	15.5	16.7	17.9	19.1	20.3	21.5	22.7	23.9	25.1	26.3	27.5	28.7	29.9	♋ 1.1	2.3	3.5	4.7	5.9	7.1	8.3	9.5	10.7	11.9
♂	♈ 12.6	13.3	14.1	14.9	15.6	16.4	17.2	17.9	18.7	19.5	20.2	21	21.7	22.5	23.3	24	24.8	25.5	26.3	27	27.8	28.6	29.3	♉ 0.1	0.8	1.6	2.3	3.1	3.8	4.5	5.3

♃ 1: ♏ 9.7R · 6: 9.1 · 11: 8.4 · 16: 7.8 · 21: 7.3 · 26: 6.7 · 31: 6.3 — ♄ 1: ♓ 10.2 · 6: 10.6 · 11: 10.9 · 16: 11.2 · 21: 11.5 · 26: 11.8 · 31: 12 — ♅ 1: ♑ 26.3R · 11: 26.3 · 21: 26.2 · 31: 26 — ♆ 1: ♑ 23.3R · 11: 23.3 · 21: 23.2 · 31: 23 — ♇ 1: ♏ 27.2R · 11: 26.9 · 21: 26.6 · 31: 26.3

VI

	1	2	3	4	5	6	7	8	9	10	11	12	13	14	15	16	17	18	19	20	21	22	23	24	25	26	27	28	29	30	31
☉	♊ 10.3	11.3	12.2	13.2	14.1	15.1	16	17	18	18.9	19.9	20.8	21.8	22.7	23.7	24.6	25.6	26.6	27.5	28.5	29.4	♋ 0.4	1.3	2.3	3.2	4.2	5.1	6.1	7	8	
☽	♓ 8.3	20.7	♈ 2.7	14.6	26.4	♉ 8.2	20	♊ 2	14	26.2	♋ 8.6	21.2	♌ 4	17.1	♍ 0.4	14	27.8	♎ 11.9	26.2	♏ 10.7	25.4	♐ 10.1	24.8	♑ 9.3	23.5	♒ 7.4	20.8	♓ 3.9	16.6	28.9	
☿	♋ 3.3	4.1	4.8	5.5	6.1	6.7	7.2	7.6	7.9	8.1	8.3	8.4	8.4R	8.4	8.2	8	7.8	7.4	7	6.6	6.1	5.6	5	4.4	3.9	3.3	2.7	2.2	1.6	1.1	
♀	♋ 13.1	14.3	15.5	16.7	17.8	19	20.2	21.4	22.6	23.8	24.9	26.1	27.3	28.5	29.6	♌ 0.8	2	3.2	4.3	5.5	6.7	7.8	9	10.2	11.3	12.5	13.6	14.8	16	17.1	
♂	♉ 6	6.8	7.5	8.3	9	9.7	10.5	11.2	12	12.7	13.4	14.2	14.9	15.6	16.4	17.1	17.8	18.5	19.3	20	20.7	21.5	22.2	22.9	23.6	24.3	25.1	25.8	26.5	27.2	

♃ 1: ♏ 6.2R · 6: 5.8 · 11: 5.4 · 16: 5.2 · 21: 5 · 26: 4.8 — ♄ 1: ♓ 12 · 6: 12.2 · 11: 12.3 · 16: 12.4 · 21: 12.4 · 26: 12.4R — ♅ 1: ♑ 26.0R · 11: 25.7 · 21: 25.4 — ♆ 1: ♑ 23.0R · 11: 22.8 · 21: 22.6 — ♇ 1: ♏ 26.3R · 11: 26.1 · 21: 25.8

VII

	1	2	3	4	5	6	7	8	9	10	11	12	13	14	15	16	17	18	19	20	21	22	23	24	25	26	27	28	29	30	31
☉	♋ 9	9.9	10.9	11.8	12.8	13.7	14.7	15.6	16.6	17.5	18.5	19.4	20.4	21.3	22.3	23.3	24.2	25.2	26.1	27.1	28	29	29.9	♌ 0.9	1.8	2.8	3.8	4.7	5.7	6.6	7.6
☽	♈ 11	22.9	♉ 4.7	16.5	28.4	♊ 10.4	22.6	♋ 5.1	17.7	♌ 0.7	13.9	27.3	♍ 10.9	24.6	♎ 8.6	22.6	♏ 6.7	21	♐ 5.3	19.6	♑ 3.8	18	♒ 1.9	15.6	28.9	♓ 11.9	24.6	♈ 6.9	19	♉ 0.9	12.7
☿	♋ 0.7R	0.3	♊ 30	29.7	29.6	29.4	29.4D	29.5	29.6	29.8	♋ 0.2	0.6	1	1.6	2.3	3	3.9	4.8	5.8	6.9	8	9.3	10.6	12	13.5	15	16.6	18.3	20	21.8	23.7
♀	♌ 18.3	19.4	20.6	21.7	22.9	24	25.1	26.3	27.4	28.6	29.7	♍ 0.8	2	3.1	4.2	5.3	6.5	7.6	8.7	9.8	10.9	12	13.1	14.2	15.3	16.4	17.5	18.6	19.7	20.8	21.9
♂	♉ 27.9	28.6	29.3	♊ 0.1	0.8	1.5	2.2	2.9	3.6	4.3	5	5.7	6.4	7.1	7.8	8.5	9.2	9.9	10.6	11.3	12	12.7	13.3	14	14.7	15.4	16.1	16.8	17.4	18.1	18.8

♃ 1: ♏ 4.8R · 6: 4.8D · 11: 4.9 · 16: 5.1 · 21: 5.3 · 26: 5.6 · 31: 6 — ♄ 1: ♓ 12.3R · 6: 12.3 · 11: 12.1 · 16: 12 · 21: 11.8 · 26: 11.5 · 31: 11.3 — ♅ 1: ♑ 25.0R · 11: 24.6 · 21: 24.2 · 31: 23.8 — ♆ 1: ♑ 22.3R · 11: 22.1 · 21: 21.8 · 31: 21.5 — ♇ 1: ♏ 25.6R · 11: 25.5 · 21: 25.4 · 31: 25.3

VIII

	1	2	3	4	5	6	7	8	9	10	11	12	13	14	15	16	17	18	19	20	21	22	23	24	25	26	27	28	29	30	31
☉	♌ 8.5	9.5	10.5	11.4	12.4	13.3	14.3	15.2	16.2	17.2	18.1	19.1	20	21	22	22.9	23.9	24.8	25.8	26.8	27.7	28.7	29.7	♍ 0.6	1.6	2.5	3.5	4.5	5.4	6.4	7.4
☽	♉ 24.5	♊ 6.4	18.5	♋ 0.8	13.5	26.4	♌ 9.7	23.3	♍ 7.1	21.1	♎ 5.2	19.4	♏ 3.6	17.7	♐ 1.8	15.9	29.8	♑ 13.7	27.4	♒ 10.9	24.3	♓ 7.3	20.1	♈ 2.6	14.9	26.9	♉ 8.8	20.6	♊ 2.4	14.3	26.4
☿	♋ 25.6	27.5	29.5	♌ 1.5	3.5	5.6	7.6	9.7	11.8	13.8	15.9	18	20	22	24	26	28	30	♍ 1.9	3.8	5.7	7.5	9.4	11.2	13	14.7	16.5	18.2	19.9	21.6	23.3
♀	♍ 23	24	25.1	26.2	27.2	28.3	29.4	♎ 0.4	1.5	2.5	3.5	4.6	5.6	6.6	7.7	8.7	9.7	10.7	11.7	12.7	13.7	14.7	15.7	16.6	17.6	18.5	19.5	20.4	21.4	22.3	23.2
♂	♊ 19.5	20.2	20.8	21.5	22.2	22.8	23.5	24.2	24.9	25.5	26.2	26.8	27.5	28.2	28.8	29.5	♋ 0.1	0.8	1.4	2.1	2.7	3.4	4	4.7	5.3	6	6.6	7.2	7.9	8.5	9.2

♃ 1: ♏ 6.1 · 6: 6.5 · 11: 7 · 16: 7.6 · 21: 8.2 · 26: 8.9 · 31: 9.7 — ♄ 1: ♓ 11.2R · 6: 10.9 · 11: 10.6 · 16: 10.2 · 21: 9.9 · 26: 9.5 · 31: 9.1 — ♅ 1: ♑ 23.8R · 11: 23.4 · 21: 23.1 · 31: 22.8 — ♆ 1: ♑ 21.5R · 11: 21.3 · 21: 21 · 31: 20.9 — ♇ 1: ♏ 25.3R · 11: 25.3D · 21: 25.4 · 31: 25.5

IX

	1	2	3	4	5	6	7	8	9	10	11	12	13	14	15	16	17	18	19	20	21	22	23	24	25	26	27	28	29	30	31
☉	♍ 8.3	9.3	10.3	11.2	12.2	13.2	14.2	15.1	16.1	17.1	18	19	20	21	21.9	22.9	23.9	24.9	25.8	26.8	27.8	28.8	29.7	♎ 0.7	1.7	2.7	3.7	4.6	5.6	6.6	
☽	♋ 8.8	21.5	♌ 4.6	18.1	♍ 2	16.2	♎ 0.6	15.2	29.7	♏ 14.2	28.6	♐ 12.7	26.7	♑ 10.4	24	♒ 7.4	20.5	♓ 3.5	16.2	28.7	♈ 11	23.1	♉ 5.1	16.9	28.7	♊ 10.5	22.4	♋ 4.5	16.8	29.5	
☿	♍ 24.9	26.5	28.1	29.7	♎ 1.2	2.8	4.3	5.8	7.3	8.7	10.1	11.6	13	14.3	15.7	17	18.3	19.6	20.8	22	23.2	24.4	25.5	26.6	27.7	28.7	29.7	♏ 0.6	1.5	2.3	
♀	♎ 24.1	25	25.9	26.8	27.7	28.5	29.4	♏ 0.2	1.1	1.9	2.7	3.5	4.3	5	5.8	6.5	7.2	7.9	8.6	9.3	10	10.6	11.2	11.8	12.4	12.9	13.5	14	14.4	14.9	
♂	♋ 9.8	10.4	11	11.7	12.3	12.9	13.5	14.2	14.8	15.4	16	16.6	17.2	17.8	18.5	19.1	19.7	20.3	20.9	21.5	22.1	22.7	23.3	23.8	24.4	25	25.6	26.2	26.8	27.3	

♃ 1: ♏ 9.8 · 6: 10.6 · 11: 11.4 · 16: 12.3 · 21: 13.2 · 26: 14.1 — ♄ 1: ♓ 9.1R · 6: 8.7 · 11: 8.3 · 16: 7.9 · 21: 7.6 · 26: 7.2 — ♅ 1: ♑ 22.8R · 11: 22.6 · 21: 22.4 — ♆ 1: ♑ 20.8R · 11: 20.7 · 21: 20.6 — ♇ 1: ♏ 25.5 · 11: 25.7 · 21: 25.9

X

	1	2	3	4	5	6	7	8	9	10	11	12	13	14	15	16	17	18	19	20	21	22	23	24	25	26	27	28	29	30	31
☉	♎ 7.6	8.6	9.6	10.5	11.5	12.5	13.5	14.5	15.5	16.5	17.5	18.4	19.4	20.4	21.4	22.4	23.4	24.4	25.4	26.4	27.4	28.4	29.4	♏ 0.4	1.3	2.3	3.3	4.3	5.3	6.3	7.3
☽	♌ 12.6	26.2	♍ 10.1	24.5	♎ 9.3	24.2	♏ 9.1	24	♐ 8.7	23.1	♑ 7.2	20.9	♒ 4.3	17.5	♓ 0.4	13	25.4	♈ 7.7	19.7	♉ 1.7	13.6	25.4	♊ 7.1	19	♋ 0.9	12.9	25.3	♌ 7.9	20.9	♍ 4.3	18.2
☿	♏ 3.1	3.8	4.4	5	5.5	5.9	6.2	6.4	6.5	6.4R	6.3	6	5.6	5	4.3	3.5	2.5	1.5	0.3	♎ 29.1	27.9	26.6	25.4	24.3	23.3	22.5	21.8	21.3	20.9	20.8	20.9D
♀	♏ 15.3	15.7	16.1	16.4	16.7	17	17.3	17.5	17.7	17.8	17.9	18	18	18.0R	17.9	17.8	17.7	17.5	17.3	17.1	16.8	16.5	16.1	15.7	15.3	14.8	14.3	13.8	13.2	12.7	12.1
♂	♋ 27.9	28.5	29.1	29.6	♌ 0.2	0.8	1.3	1.9	2.4	3	3.5	4.1	4.6	5.2	5.7	6.2	6.8	7.3	7.8	8.4	8.9	9.4	9.9	10.4	10.9	11.4	11.9	12.4	12.9	13.4	13.9

♃ 1: ♏ 15.1 · 6: 16.1 · 11: 17.1 · 16: 18.1 · 21: 19.2 · 26: 20.2 · 31: 21.3 — ♄ 1: ♓ 6.9R · 6: 6.7 · 11: 6.4 · 16: 6.2 · 21: 6 · 26: 5.9 · 31: 5.8 — ♅ 1: ♑ 22.4R · 11: 22.4D · 21: 22.5 · 31: 22.7 — ♆ 1: ♑ 20.6R · 11: 20.6D · 21: 20.7 · 31: 20.8 — ♇ 1: ♏ 26.2 · 11: 26.5 · 21: 26.8 · 31: 27.2

XI

	1	2	3	4	5	6	7	8	9	10	11	12	13	14	15	16	17	18	19	20	21	22	23	24	25	26	27	28	29	30	31
☉	♏ 8.3	9.3	10.3	11.3	12.3	13.3	14.3	15.4	16.4	17.4	18.4	19.4	20.4	21.4	22.4	23.4	24.4	25.4	26.4	27.4	28.4	29.5	♐ 0.5	1.5	2.5	3.5	4.5	5.5	6.5	7.5	
☽	♎ 2.5	17.3	♏ 2.3	17.5	♐ 2.7	17.7	♑ 2.4	16.8	♒ 0.7	14.2	27.3	♓ 10	22.5	♈ 4.7	16.7	28.6	♉ 10.5	22.3	♊ 4.1	15.9	27.8	♋ 9.8	22	♌ 4.4	17	29.9	♍ 13.2	26.9	♎ 11	25.5	
☿	♎ 21.1	21.5	22.1	22.8	23.7	24.6	25.7	26.8	28	29.3	♏ 0.6	2	3.4	4.9	6.4	7.9	9.4	10.9	12.5	14	15.6	17.1	18.7	20.3	21.8	23.4	25	26.6	28.1	29.7	
♀	♏ 11.5R	10.9	10.3	9.7	9.1	8.5	7.9	7.3	6.7	6.2	5.7	5.2	4.8	4.4	4	3.7	3.4	3.1	2.9	2.8	2.6	2.5	2.5	2.5D	2.5	2.6	2.7	2.8	3	3.3	
♂	♌ 14.4	14.9	15.4	15.8	16.3	16.8	17.2	17.7	18.1	18.6	19	19.5	19.9	20.3	20.7	21.2	21.6	22	22.4	22.8	23.2	23.6	23.9	24.3	24.7	25	25.4	25.7	26.1	26.4	

♃ 1: ♏ 21.5 · 6: 22.6 · 11: 23.7 · 16: 24.8 · 21: 25.9 · 26: 27.1 — ♄ 1: ♓ 5.7R · 6: 5.7 · 11: 5.7D · 16: 5.7 · 21: 5.8 · 26: 5.9 — ♅ 1: ♑ 22.8 · 11: 23.1 · 21: 23.4 — ♆ 1: ♑ 20.8 · 11: 21 · 21: 21.2 — ♇ 1: ♏ 27.2 · 11: 27.6 · 21: 28

XII

	1	2	3	4	5	6	7	8	9	10	11	12	13	14	15	16	17	18	19	20	21	22	23	24	25	26	27	28	29	30	31
☉	♐ 8.6	9.6	10.6	11.6	12.6	13.6	14.6	15.7	16.7	17.7	18.7	19.7	20.7	21.8	22.8	23.8	24.8	25.8	26.8	27.9	28.9	29.9	♑ 0.9	1.9	3	4	5	6	7	8.1	9.1
☽	♏ 10.3	25.4	♐ 10.6	25.8	♑ 10.7	25.3	♒ 9.5	23.1	♓ 6.3	19.1	♈ 1.5	13.6	25.6	♉ 7.4	19.2	♊ 1	12.8	24.8	♋ 6.8	19.1	♌ 1.4	14	26.8	♍ 9.8	23	♎ 6.5	20.4	♏ 4.6	19.1	♐ 3.8	18.8
☿	♐ 1.3	2.8	4.4	6	7.6	9.1	10.7	12.3	13.8	15.4	17	18.5	20.1	21.7	23.3	24.8	26.4	28	29.6	♑ 1.2	2.8	4.4	5.9	7.5	9.1	10.7	12.4	14	15.6	17.2	18.8
♀	♏ 3.5	3.8	4.1	4.5	4.9	5.3	5.7	6.2	6.7	7.3	7.8	8.4	9	9.6	10.3	10.9	11.6	12.3	13.1	13.8	14.6	15.3	16.1	16.9	17.7	18.6	19.4	20.3	21.2	22	22.9
♂	♌ 26.8	27.1	27.4	27.7	28	28.3	28.6	28.9	29.1	29.4	29.6	29.9	♍ 0.1	0.3	0.6	0.8	1	1.1	1.3	1.5	1.6	1.8	1.9	2	2.2	2.3	2.4	2.4	2.5	2.6	2.6

♃ 1: ♏ 28.2 · 6: 29.3 · 11: ♐ 0.3 · 16: 1.4 · 21: 2.5 · 26: 3.5 · 31: 4.5 — ♄ 1: ♓ 6.1 · 6: 6.3 · 11: 6.5 · 16: 6.8 · 21: 7.2 · 26: 7.5 · 31: 7.9 — ♅ 1: ♑ 23.8 · 11: 24.3 · 21: 24.9 · 31: 25.4 — ♆ 1: ♑ 21.5 · 11: 21.8 · 21: 22.2 · 31: 22.5 — ♇ 1: ♏ 28.4 · 11: 28.8 · 21: 29.2 · 31: 29.5

I

	1	2	3	4	5	6	7	8	9	10	11	12	13	14	15	16	17	18	19	20	21	22	23	24	25	26	27	28	29	30	31
☉	♑10.1	11.1	12.1	13.1	14.2	15.2	16.2	17.2	18.2	19.3	20.3	21.3	22.3	23.3	24.4	25.4	26.4	27.4	28.4	29.4	♒0.5	1.5	2.5	3.5	4.5	5.6	6.6	7.6	8.6	9.6	10.6
☽	♑3.8	18.6	♒3.2	17.4	♓1.2	14.5	27.4	♈9.9	22	♉4	15.8	27.6	♊9.4	21.3	♋3.4	15.6	28.1	♌10.8	23.7	♍6.7	20	♎3.4	17	♏0.8	14.8	29	♐13.4	27.9	♑12.5	27	♒11.3
☿	♑20.4	22.1	23.7	25.3	26.9	28.5	♒0.1	1.7	3.3	4.9	6.4	7.9	9.4	10.8	12.2	13.6	14.8	16	17.1	18.2	19	19.8	20.4	20.9	21.2	21.3	21.2R	20.9	20.4	19.8	19
♀	♏23.9	24.8	25.7	26.6	27.6	28.5	29.5	♐0.5	1.5	2.5	3.4	4.5	5.5	6.5	7.5	8.5	9.6	10.6	11.7	12.7	13.8	14.8	15.9	17	18.1	19.1	20.2	21.3	22.4	23.5	24.6
♂	♍2.6	2.6	2.7R	2.6	2.6	2.6	2.5	2.5	2.4	2.3	2.2	2.1	2	1.8	1.7	1.5	1.3	1.1	0.9	0.7	0.5	0.2	♌30	29.7	29.4	29.1	28.8	28.5	28.2	27.9	27.5

♃ 1: ♐4.7 · 6: 5.7 · 11: 6.7 · 16: 7.6 · 21: 8.5 · 26: 9.4 · 31: 10.2 — ♄ 1: ♓8 · 6: 8.4 · 11: 8.9 · 16: 9.4 · 21: 9.9 · 26: 10.4 · 31: 11 — ♅ 1: ♑25.5 · 11: 26.1 · 21: 26.7 · 31: 27.2 — ♆ 1: ♑22.6 · 11: 23 · 21: 23.3 · 31: 23.7 — ♇ 1: ♏29.5 · 11: 29.8 · 21: ♐0.1 · 31: 0.3

	1	2	3	4	5	6	7	8	9	10	11	12	13	14	15	16	17	18	19	20	21	22	23	24	25	26	27	28	29	30	31
☉	♑9.8	10.9	11.9	12.9	13.9	14.9	16	17	18	19	20	21.1	22.1	23.1	24.1	25.1	26.1	27.2	28.2	29.2	♒0.2	1.2	2.3	3.3	4.3	5.3	6.3	7.3	8.4	9.4	10.4
☽	♉16.7	28.7	♊10.7	22.6	♋4.5	16.4	28.2	♌10.2	22.2	♍4.3	16.5	29	♎11.7	24.7	♏8.1	22	♐6.4	21.1	♑6.2	21.5	♒6.8	21.9	♓6.7	21	♈4.8	18	♉0.9	13.4	25.6	♊7.6	19.5
☿	♑29.1	♒0.3	1.3	2.3	3.1	3.8	4.4	4.8	5.1	5.2R	5.1	4.7	4.2	3.5	2.7	1.6	0.5	♑29.2	27.9	26.6	25.4	24.2	23	22.1	21.2	20.5	19.9	19.5	19.2	19.1	19.1D
♀	♒12.6	13.9	15.1	16.3	17.5	18.8	20	21.2	22.4	23.7	24.9	26.1	27.3	28.6	29.8	♓1	2.2	3.4	4.6	5.9	7.1	8.3	9.5	10.7	11.9	13.1	14.3	15.5	16.7	17.9	19.1
♂	♑24.2	25	25.7	26.5	27.3	28.1	28.9	29.6	♒0.4	1.2	2	2.8	3.6	4.3	5.1	5.9	6.7	7.5	8.3	9.1	9.9	10.6	11.4	12.2	13	13.8	14.6	15.4	16.2	17	17.8

♃ 1: ♐29.5 · 6: ♑0.6 · 11: 1.7 · 16: 2.8 · 21: 3.9 · 26: 5 · 31: 6.1 — ♄ 1: ♓19.4 · 6: 19.8 · 11: 20.1 · 16: 20.6 · 21: 21 · 26: 21.5 · 31: 22 — ♅ 1: ♑29.4 · 11: 29.9 · 21: ♒0.5 · 31: 1.1 — ♆ 1: ♑24.7 · 11: 25.1 · 21: 25.4 · 31: 25.8 — ♇ 1: ♐2 · 11: 2.3 · 21: 2.6 · 31: 2.8

II

	1	2	3	4	5	6	7	8	9	10	11	12	13	14	15	16	17	18	19	20	21	22	23	24	25	26	27	28	29	30	31
☉	♒11.6	12.7	13.7	14.7	15.7	16.7	17.7	18.7	19.8	20.8	21.8	22.8	23.8	24.8	25.8	26.8	27.8	28.9	29.9	♓0.9	1.9	2.9	3.9	4.9	5.9	6.9	7.9	8.9			
☽	♒25.3	♓9	22.3	♈5.2	17.7	29.9	♉11.9	23.7	♊5.5	17.4	29.4	♋11.5	23.9	♌6.6	19.6	♍2.8	16.3	30	♎13.8	27.7	♏11.7	25.8	♐9.9	24	♑8.1	22.2	♒6.3	20.1			
☿	♒18.0R	17	15.8	14.6	13.4	12.2	11	9.9	8.9	8.1	7.3	6.7	6.3	5.9	5.7	5.6	5.7D	5.8	6.1	6.4	6.8	7.4	8	8.6	9.4	10.2	11	12			
♀	♐25.7	26.8	27.9	29.1	♑0.2	1.3	2.4	3.6	4.7	5.8	6.9	8.1	9.2	10.4	11.5	12.7	13.8	15	16.1	17.3	18.4	19.6	20.7	21.9	23.1	24.2	25.4	26.6			
♂	♌27.2R	26.8	26.4	26.1	25.7	25.3	24.9	24.5	24.1	23.7	23.3	22.9	22.5	22.1	21.7	21.3	20.9	20.6	20.2	19.8	19.4	19.1	18.7	18.4	18	17.7	17.4	17			

♃ 1: ♐10.3 · 6: 11.1 · 11: 11.8 · 16: 12.5 · 21: 13 · 26: 13.6 — ♄ 1: ♓11.1 · 6: 11.6 · 11: 12.2 · 16: 12.8 · 21: 13.4 · 26: 14 — ♅ 1: ♑27.3 · 11: 27.9 · 21: 28.4 — ♆ 1: ♑23.7 · 11: 24.1 · 21: 24.4 — ♇ 1: ♐0.3 · 11: 0.5 · 21: 0.6

	1	2	3	4	5	6	7	8	9	10	11	12	13	14	15	16	17	18	19	20	21	22	23	24	25	26	27	28	29	30	31
☉	♒11.4	12.4	13.4	14.4	15.5	16.5	17.5	18.5	19.5	20.5	21.5	22.5	23.6	24.6	25.6	26.6	27.6	28.6	29.6	♓0.6	1.6	2.6	3.7	4.7	5.7	6.7	7.7	8.7	9.7		
☽	♋1.4	13.2	25.1	♌7.1	19.2	♍1.3	13.6	26.1	♎8.7	21.5	♏4.6	18	♐1.7	15.8	♑0.3	15	30	♒15	29.9	♓14.5	28.8	♈12.7	26.1	♉9.1	21.7	♊3.9	16	27.9	♋9.8		
☿	♑19.3	19.5	19.9	20.3	20.9	21.5	22.2	23	23.8	24.7	25.6	26.6	27.7	28.8	29.9	♒1	2.2	3.4	4.7	5.9	7.2	8.6	9.9	11.3	12.7	14.1	15.5	16.9	18.4		
♀	♓20.3	21.5	22.7	23.9	25.1	26.3	27.5	28.7	29.9	♈1.1	2.2	3.4	4.6	5.8	7	8.1	9.3	10.5	11.6	12.8	14	15.1	16.3	17.4	18.6	19.7	20.9	22	23.1		
♂	♒18.5	19.3	20.1	20.9	21.7	22.5	23.3	24.1	24.9	25.7	26.5	27.2	28	28.8	29.6	♓0.4	1.2	2	2.8	3.6	4.4	5.1	5.9	6.7	7.5	8.3	9.1	9.9	10.7		

♃ 1: ♑6.3 · 6: 7.3 · 11: 8.3 · 16: 9.2 · 21: 10.2 · 26: 11.1 — ♄ 1: ♓22.1 · 6: 22.6 · 11: 23.2 · 16: 23.8 · 21: 24.3 · 26: 24.9 — ♅ 1: ♒1.2 · 11: 1.7 · 21: 2.3 — ♆ 1: ♑25.9 · 11: 26.2 · 21: 26.5 — ♇ 1: ♐2.8 · 11: 3 · 21: 3.1

III

	1	2	3	4	5	6	7	8	9	10	11	12	13	14	15	16	17	18	19	20	21	22	23	24	25	26	27	28	29	30	31
☉	♓9.9	10.9	11.9	12.9	13.9	14.9	15.9	16.9	17.9	18.9	19.9	20.9	21.9	22.9	23.9	24.9	25.9	26.9	27.9	28.9	29.9	♈0.9	1.9	2.9	3.9	4.9	5.9	6.8	7.8	8.8	9.8
☽	♓3.8	17.2	♈0.3	13	25.5	♉7.7	19.7	♊1.5	13.3	25.2	♋7.2	19.4	♌1.8	14.7	27.8	♍11.3	25.1	♎9.2	23.5	♏7.8	22.2	♐6.6	20.8	♑5	18.9	♒2.8	16.4	29.8	♓13	26	♈8.8
☿	♒12.9	13.9	15	16.1	17.2	18.4	19.6	20.8	22	23.3	24.6	26	27.3	28.7	♓0.1	1.6	3	4.5	6	7.6	9.1	10.7	12.3	13.9	15.5	17.2	18.9	20.6	22.3	24.1	25.8
♀	♑27.7	28.9	♒0.1	1.3	2.4	3.6	4.8	6	7.2	8.3	9.5	10.7	11.9	13.1	14.3	15.4	16.6	17.8	19	20.2	21.4	22.6	23.8	25	26.2	27.4	28.6	29.7	♓0.9	2.1	3.3
♂	♌16.7R	16.4	16.2	15.9	15.6	15.4	15.2	14.9	14.7	14.5	14.3	14.2	14	13.9	13.7	13.6	13.5	13.4	13.4	13.3	13.2	13.2	13.2	13.2	13.2D	13.2	13.2	13.2	13.3	13.3	13.4

♃ 1: ♐13.9 · 6: 14.3 · 11: 14.7 · 16: 15 · 21: 15.2 · 26: 15.3 · 31: 15.4 — ♄ 1: ♓14.4 · 6: 15 · 11: 15.6 · 16: 16.2 · 21: 16.8 · 26: 17.4 · 31: 18 — ♅ 1: ♑28.8 · 11: 29.2 · 21: 29.6 · 31: 30 — ♆ 1: ♑24.7 · 11: 24.9 · 21: 25.2 · 31: 25.3 — ♇ 1: ♐0.6 · 11: 0.6R · 21: 0.5 · 31: 0.4

	1	2	3	4	5	6	7	8	9	10	11	12	13	14	15	16	17	18	19	20	21	22	23	24	25	26	27	28	29	30	31
☉	♓10.7	11.7	12.7	13.7	14.7	15.7	16.7	17.7	18.7	19.7	20.7	21.7	22.7	23.7	24.7	25.7	26.7	27.7	28.7	29.7	♈0.7	1.7	2.6	3.6	4.6	5.6	6.6	7.6	8.6	9.6	10.6
☽	♋21.7	♌3.6	15.6	27.8	♍10.2	22.8	♎5.5	18.4	♏1.6	15	28.5	♐12.3	26.4	♑10.6	25	♒9.5	24	♓8.5	22.8	♈6.8	20.5	♉3.9	16.8	29.5	♊11.8	24	♋5.9	17.8	29.7	♌11.6	23.7
☿	♒19.9	21.4	22.9	24.5	26	27.6	29.2	♓0.8	2.5	4.1	5.8	7.5	9.2	10.9	12.7	14.5	16.2	18.1	19.9	21.7	23.6	25.5	27.4	29.4	♈1.3	3.3	5.3	7.3	9.3	11.3	13.4
♀	♈24.3	25.4	26.5	27.7	28.8	29.9	♉1	2.1	3.2	4.3	5.4	6.5	7.6	8.7	9.8	10.9	12	13	14.1	15.2	16.2	17.3	18.3	19.3	20.4	21.4	22.4	23.4	24.4	25.4	26.4
♂	♓11.5	12.3	13	13.8	14.6	15.4	16.2	17	17.8	18.6	19.3	20.1	20.9	21.7	22.5	23.3	24	24.8	25.6	26.4	27.2	28	28.7	29.5	♈0.3	1.1	1.8	2.6	3.4	4.2	5

♃ 1: ♑11.7 · 6: 12.6 · 11: 13.3 · 16: 14 · 21: 14.7 · 26: 15.3 · 31: 15.8 — ♄ 1: ♓25.4 · 6: 26 · 11: 26.6 · 16: 27.3 · 21: 27.9 · 26: 28.5 · 31: 29.1 — ♅ 1: ♒2.7 · 11: 3.2 · 21: 3.6 · 31: 4 — ♆ 1: ♑26.8 · 11: 27.1 · 21: 27.3 · 31: 27.5 — ♇ 1: ♐3.1 · 11: 3.1R · 21: 3.1 · 31: 3

IV

	1	2	3	4	5	6	7	8	9	10	11	12	13	14	15	16	17	18	19	20	21	22	23	24	25	26	27	28	29	30	31
☉	♈10.8	11.8	12.8	13.8	14.7	15.7	16.7	17.7	18.7	19.7	20.6	21.6	22.6	23.6	24.6	25.5	26.5	27.5	28.5	29.5	♉0.4	1.4	2.4	3.4	4.3	5.3	6.3	7.3	8.2	9.2	
☽	♈21.3	♉3.6	15.7	27.6	♊9.5	21.3	♋3.1	15.1	27.3	♌9.7	22.5	♍5.7	19.3	♎3.3	17.7	♏2.3	17.1	♐1.9	16.7	♑1.3	15.6	29.6	♒13.3	26.8	♓9.9	22.8	♈5.4	17.8	♉0.1	12.1	
☿	♓27.6	29.4	♈1.3	3.1	5	6.9	8.9	10.8	12.8	14.8	16.8	18.9	20.9	23	25.1	27.2	29.3	♉1.4	3.6	5.7	7.8	9.9	11.9	14	16	18	20	21.9	23.7	25.5	
♀	♓4.5	5.7	6.9	8.1	9.3	10.5	11.7	12.9	14.1	15.3	16.5	17.7	19	20.2	21.4	22.6	23.8	25	26.2	27.4	28.6	29.8	♈1	2.2	3.4	4.6	5.8	7	8.3	9.5	
♂	♌13.5	13.6	13.7	13.8	13.9	14	14.2	14.3	14.5	14.7	14.8	15	15.2	15.4	15.7	15.9	16.1	16.4	16.6	16.9	17.1	17.4	17.7	18	18.3	18.6	18.9	19.2	19.5	19.8	

♃ 1: ♐15.4 · 6: 15.4R · 11: 15.2 · 16: 15.1 · 21: 14.8 · 26: 14.5 — ♄ 1: ♓18.2 · 6: 18.7 · 11: 19.3 · 16: 19.8 · 21: 20.4 · 26: 20.9 — ♅ 1: ♑30 · 11: ♒0.2 · 21: 0.4 — ♆ 1: ♑25.4 · 11: 25.5 · 21: 25.5 — ♇ 1: ♐0.4R · 11: 0.2 · 21: 0

	1	2	3	4	5	6	7	8	9	10	11	12	13	14	15	16	17	18	19	20	21	22	23	24	25	26	27	28	29	30	31
☉	♈11.5	12.5	13.5	14.5	15.5	16.5	17.5	18.4	19.4	20.4	21.4	22.4	23.4	24.3	25.3	26.3	27.3	28.2	29.2	♉0.2	1.2	2.1	3.1	4.1	5.1	6	7	8	9	9.9	
☽	♍6	18.6	♎1.4	14.4	27.8	♏11.3	25.1	♐9.1	23.2	♑7.4	21.6	♒5.8	20	♓4.1	18.1	♈1.9	15.5	28.8	♉11.9	24.8	♊7.3	19.7	♋1.8	13.8	25.7	♌7.6	19.5	♍1.6	13.9	26.5	
☿	♈15.4	17.5	19.6	21.6	23.7	25.7	27.7	29.7	♉1.7	3.6	5.5	7.4	9.2	10.9	12.6	14.2	15.7	17.1	18.5	19.8	21	22.1	23.2	24.1	25	25.8	26.5	27	27.5	27.9	
♀	♉27.4	28.4	29.4	♊0.3	1.3	2.2	3.2	4.1	5	5.9	6.8	7.7	8.6	9.5	10.3	11.2	12	12.8	13.6	14.4	15.2	16	16.7	17.4	18.2	18.9	19.5	20.2	20.8	21.5	
♂	♈5.7	6.5	7.3	8.1	8.8	9.6	10.4	11.1	11.9	12.7	13.5	14.2	15	15.8	16.5	17.3	18.1	18.8	19.6	20.3	21.1	21.9	22.6	23.4	24.1	24.9	25.7	26.4	27.2	27.9	

♃ 1: ♑15.9 · 6: 16.4 · 11: 16.8 · 16: 17.1 · 21: 17.4 · 26: 17.5 — ♄ 1: ♓29.2 · 6: 29.8 · 11: ♈0.4 · 16: 1 · 21: 1.6 · 26: 2.2 — ♅ 1: ♒4 · 11: 4.3 · 21: 4.5 — ♆ 1: ♑27.5 · 11: 27.7 · 21: 27.7 — ♇ 1: ♐2.9R · 11: 2.8 · 21: 2.6

V

	1	2	3	4	5	6	7	8	9	10	11	12	13	14	15	16	17	18	19	20	21	22	23	24	25	26	27	28	29	30	31
☉	♉10.2	11.1	12.1	13.1	14	15	16	17	17.9	18.9	19.9	20.8	21.8	22.8	23.7	24.7	25.6	26.6	27.6	28.5	29.5	♊0.5	1.4	2.4	3.3	4.3	5.3	6.2	7.2	8.1	9.1
☽	♉24.1	♊6	17.8	29.6	♋11.5	23.5	♌5.6	18	♍0.8	13.9	27.4	♎11.4	25.8	♏10.6	25.6	♐10.7	25.9	♑10.8	25.4	♒9.6	23.4	♓6.8	19.8	♈2.5	14.9	27.1	♉9.1	21	♊2.9	14.7	26.5
☿	♉27.3	29	♊0.6	2.2	3.7	5.1	6.5	7.8	9	10.2	11.2	12.3	13.2	14.1	14.8	15.6	16.2	16.7	17.2	17.6	17.9	18.1	18.3	18.4	18.3R	18.3	18.1	17.9	17.6	17.2	16.8
♀	♈10.7	11.9	13.1	14.3	15.5	16.7	17.9	19.1	20.3	21.6	22.8	24	25.2	26.4	27.6	28.8	♉0	1.3	2.5	3.7	4.9	6.1	7.3	8.5	9.7	11	12.2	13.4	14.6	15.8	17
♂	♌20.2	20.5	20.9	21.2	21.6	21.9	22.3	22.7	23	23.4	23.8	24.2	24.6	25	25.4	25.8	26.2	26.6	27.1	27.5	27.9	28.4	28.8	29.2	29.7	♍0.1	0.6	1.1	1.5	2	2.4

♃ 1: ♐14.1R · 6: 13.6 · 11: 13.1 · 16: 12.5 · 21: 11.9 · 26: 11.3 · 31: 10.7 — ♄ 1: ♓21.4 · 6: 21.8 · 11: 22.2 · 16: 22.7 · 21: 23 · 26: 23.4 · 31: 23.7 — ♅ 1: ♒0.5 · 11: 0.5R · 21: 0.4 · 31: 0.2 — ♆ 1: ♑25.5R · 11: 25.5 · 21: 25.4 · 31: 25.3 — ♇ 1: ♏29.8R · 11: 29.5 · 21: 29.2 · 31: 29

	1	2	3	4	5	6	7	8	9	10	11	12	13	14	15	16	17	18	19	20	21	22	23	24	25	26	27	28	29	30	31
☉	♉10.9	11.9	12.8	13.8	14.8	15.8	16.7	17.7	18.7	19.6	20.6	21.6	22.5	23.5	24.4	25.4	26.4	27.3	28.3	29.3	♊0.2	1.2	2.2	3.1	4.1	5	6	7	7.9	8.9	9.8
☽	♎9.5	22.8	♏6.5	20.5	♐4.7	19.2	♑3.7	18.2	♒2.6	16.8	♓0.9	14.7	28.3	♈11.7	24.9	♉7.9	20.6	♊3.2	15.6	27.8	♋9.9	21.8	♌3.7	15.6	27.5	♍9.6	21.9	♎4.5	17.4	♏0.8	14.7
☿	♉28.3	28.5	28.6	28.6R	28.6	28.5	28.3	28	27.6	27.2	26.7	26.2	25.7	25.1	24.5	23.9	23.3	22.8	22.2	21.7	21.2	20.8	20.5	20.2	19.9	19.8	19.7	19.6D	19.7	19.8	20
♀	♊22.1	22.6	23.2	23.7	24.2	24.7	25.2	25.6	26	26.4	26.7	27	27.3	27.6	27.8	28	28.1	28.2	28.3	28.3	28.3R	28.2	28.1	28	27.8	27.6	27.4	27.1	26.8	26.4	26
♂	♈28.7	29.4	♉0.2	0.9	1.7	2.4	3.2	3.9	4.7	5.4	6.2	6.9	7.7	8.4	9.2	9.9	10.6	11.4	12.1	12.9	13.6	14.3	15.1	15.8	16.5	17.3	18	18.7	19.5	20.2	20.9

♃ 1: ♑17.6 · 6: 17.7R · 11: 17.6 · 16: 17.4 · 21: 17.2 · 26: 16.9 · 31: 16.6 — ♄ 1: ♈2.7 · 6: 3.2 · 11: 3.7 · 16: 4.2 · 21: 4.7 · 26: 5.1 · 31: 5.5 — ♅ 1: ♒4.6 · 11: 4.6R · 21: 4.5 · 31: 4.4 — ♆ 1: ♑27.8R · 11: 27.7 · 21: 27.6 · 31: 27.5 — ♇ 1: ♐2.3R · 11: 2.1 · 21: 1.8 · 31: 1.5

VI

	1	2	3	4	5	6	7	8	9	10	11	12	13	14	15	16	17	18	19	20	21	22	23	24	25	26	27	28	29	30	31
☉	♊10.1	11	12	12.9	13.9	14.9	15.8	16.8	17.7	18.7	19.6	20.6	21.5	22.5	23.5	24.4	25.4	26.3	27.3	28.2	29.2	♋0.1	1.1	2	3	4	4.9	5.9	6.8	7.8	
☽	♋8.4	20.3	♌2.4	14.6	27	♍9.6	22.7	♎6.1	19.9	♏4.2	18.8	♐3.9	19.1	♑4.4	19.5	♒4.4	18.8	♓2.7	16.2	29.2	♈11.8	24.1	♉6.2	18.1	30	♊11.8	23.6	♋5.5	17.4	29.5	
☿	♊16.4R	15.9	15.3	14.8	14.2	13.7	13.1	12.6	12.1	11.6	11.2	10.8	10.5	10.2	10	9.9	9.8	9.8D	9.9	10.1	10.3	10.7	11.1	11.5	12.1	12.7	13.4	14.2	15.1	16	
♀	♉18.2	19.5	20.7	21.9	23.1	24.3	25.5	26.7	28	29.2	♊0.4	1.6	2.8	4	5.3	6.5	7.7	8.9	10.1	11.4	12.6	13.8	15	16.2	17.5	18.7	19.9	21.1	22.3	23.6	
♂	♍2.9	3.4	3.9	4.4	4.8	5.3	5.8	6.3	6.8	7.3	7.8	8.3	8.8	9.3	9.8	10.4	10.9	11.4	11.9	12.4	13	13.5	14	14.6	15.1	15.6	16.2	16.7	17.3	17.8	

♃ 1: ♐10.6R · 6: 9.9 · 11: 9.3 · 16: 8.7 · 21: 8.1 · 26: 7.6 — ♄ 1: ♓23.7 · 6: 24 · 11: 24.2 · 16: 24.4 · 21: 24.6 · 26: 24.7 — ♅ 1: ♒0.2R · 11: ♑29.9 · 21: 29.6 — ♆ 1: ♑25.2R · 11: 25.1 · 21: 24.8 — ♇ 1: ♏28.9R · 11: 28.7 · 21: 28.4

	1	2	3	4	5	6	7	8	9	10	11	12	13	14	15	16	17	18	19	20	21	22	23	24	25	26	27	28	29	30	31
☉	♊10.8	11.7	12.7	13.7	14.6	15.6	16.5	17.5	18.4	19.4	20.4	21.3	22.3	23.2	24.2	25.1	26.1	27	28	29	29.9	♋0.9	1.8	2.8	3.7	4.7	5.6	6.6	7.5	8.5	
☽	♏29	♐13.6	28.4	♑13.4	28.3	♒13	27.4	♓11.5	25.3	♈8.7	21.8	♉4.7	17.4	29.9	♊12.2	24.4	♋6.5	18.4	♌0.3	12.2	24	♍5.9	17.9	♎0.2	12.7	25.6	♏9	22.9	♐7.2	22	
☿	♉20.3	20.7	21.1	21.6	22.1	22.8	23.5	24.2	25.1	26	26.9	27.9	29	♊0.1	1.3	2.5	3.8	5.2	6.6	8	9.5	11.1	12.7	14.4	16.1	17.8	19.7	21.5	23.4	25.4	
♀	♊25.5R	25.1	24.6	24	23.5	22.9	22.3	21.7	21.1	20.5	19.8	19.2	18.6	18	17.4	16.8	16.2	15.7	15.2	14.7	14.3	13.8	13.5	13.1	12.8	12.5	12.3	12.1	12	11.9	
♂	♉21.6	22.4	23.1	23.8	24.5	25.3	26	26.7	27.4	28.1	28.9	29.6	♊0.3	1	1.7	2.4	3.1	3.9	4.6	5.3	6	6.7	7.4	8.1	8.8	9.5	10.2	10.9	11.6	12.3	

♃ 1: ♑16.5R · 6: 16.1 · 11: 15.6 · 16: 15 · 21: 14.4 · 26: 13.8 — ♄ 1: ♈5.5 · 6: 5.9 · 11: 6.2 · 16: 6.5 · 21: 6.8 · 26: 7 — ♅ 1: ♒4.4R · 11: 4.2 · 21: 3.9 — ♆ 1: ♑27.5R · 11: 27.3 · 21: 27.1 — ♇ 1: ♐1.5R · 11: 1.2 · 21: 1

VII

	1	2	3	4	5	6	7	8	9	10	11	12	13	14	15	16	17	18	19	20	21	22	23	24	25	26	27	28	29	30	31
☉	♋8.7	9.7	10.6	11.6	12.5	13.5	14.4	15.4	16.4	17.3	18.3	19.2	20.2	21.1	22.1	23	24	24.9	25.9	26.8	27.8	28.8	29.7	♌0.7	1.6	2.6	3.5	4.5	5.4	6.4	7.3
☽	♌11.6	24	♍6.5	19.2	♎2.2	15.5	29.2	♏13.3	27.8	♐12.6	27.6	♑12.8	27.9	♒12.8	27.3	♓11.3	24.8	♈7.9	20.6	♉2.9	14.9	26.8	♊8.7	20.5	♋2.3	14.3	26.4	♌8.6	21	♍3.6	16.3
☿	♊17	18	19.1	20.3	21.6	22.9	24.3	25.8	27.3	28.9	♋0.5	2.2	3.9	5.7	7.6	9.5	11.5	13.4	15.5	17.5	19.6	21.7	23.8	25.9	28	♌0.2	2.3	4.4	6.5	8.6	10.6
♀	♊24.8	26	27.2	28.4	29.7	♋0.9	2.1	3.3	4.6	5.8	7	8.2	9.5	10.7	11.9	13.1	14.4	15.6	16.8	18	19.3	20.5	21.7	23	24.2	25.4	26.6	27.9	29.1	♌0.3	1.6
♂	♍18.4	18.9	19.5	20	20.6	21.1	21.7	22.3	22.8	23.4	24	24.5	25.1	25.7	26.3	26.8	27.4	28	28.6	29.2	29.8	♎0.4	1	1.5	2.1	2.7	3.3	3.9	4.5	5.1	5.7

♃ 1: ♐7.1R · 6: 6.7 · 11: 6.3 · 16: 6 · 21: 5.8 · 26: 5.6 · 31: 5.5 — ♄ 1: ♓24.7 · 6: 24.8 · 11: 24.7R · 16: 24.7 · 21: 24.6 · 26: 24.4 · 31: 24.3 — ♅ 1: ♑29.3R · 11: 28.9 · 21: 28.5 · 31: 28.1 — ♆ 1: ♑24.6R · 11: 24.3 · 21: 24.1 · 31: 23.8 — ♇ 1: ♏28.2R · 11: 28.1 · 21: 27.9 · 31: 27.9

	1	2	3	4	5	6	7	8	9	10	11	12	13	14	15	16	17	18	19	20	21	22	23	24	25	26	27	28	29	30	31
☉	♋9.4	10.4	11.4	12.3	13.3	14.2	15.2	16.1	17.1	18	19	19.9	20.9	21.8	22.8	23.7	24.7	25.7	26.6	27.6	28.5	29.5	♌0.4	1.4	2.3	3.3	4.3	5.2	6.2	7.1	8.1
☽	♑7.1	22.3	♒7.5	22.5	♓7.2	21.5	♈5.3	18.7	♉1.8	14.5	27	♊9.3	21.4	♋3.4	15.4	27.3	♌9.1	21	♍2.8	14.8	26.8	♎9.1	21.6	♏4.5	17.8	♐1.5	15.7	♑0.4	15.5	♒0.8	16.1
☿	♊27.3	29.4	♋1.4	3.5	5.6	7.7	9.9	12.1	14.2	16.4	18.5	20.7	22.8	25	27.1	29.2	♌1.2	3.3	5.3	7.3	9.2	11.2	13.1	14.9	16.8	18.6	20.4	22.2	23.9	25.6	27.3
♀	♊11.8R	11.8	11.8D	11.8	11.9	12	12.2	12.4	12.6	12.9	13.2	13.5	13.8	14.2	14.6	15.1	15.5	16	16.5	17.1	17.6	18.2	18.8	19.4	20	20.7	21.4	22.1	22.8	23.5	24.2
♂	♊13	13.7	14.4	15.1	15.8	16.5	17.2	17.9	18.6	19.3	19.9	20.6	21.3	22	22.7	23.4	24.1	24.7	25.4	26.1	26.8	27.5	28.1	28.8	29.5	♋0.2	0.8	1.5	2.2	2.9	3.5

♃ 1: ♑13.2R · 6: 12.6 · 11: 11.9 · 16: 11.3 · 21: 10.7 · 26: 10.1 · 31: 9.6 — ♄ 1: ♈7.1 · 6: 7.3 · 11: 7.4 · 16: 7.4 · 21: 7.4R · 26: 7.4 · 31: 7.3 — ♅ 1: ♒3.5R · 11: 3.2 · 21: 2.8 · 31: 2.4 — ♆ 1: ♑26.8R · 11: 26.6 · 21: 26.3 · 31: 26 — ♇ 1: ♐0.8R · 11: 0.6 · 21: 0.5 · 31: 0.4

VIII

	1	2	3	4	5	6	7	8	9	10	11	12	13	14	15	16	17	18	19	20	21	22	23	24	25	26	27	28	29	30	31
☉	♌8.3	9.3	10.2	11.2	12.1	13.1	14	15	16	16.9	17.9	18.8	19.8	20.8	21.7	22.7	23.6	24.6	25.6	26.5	27.5	28.5	29.4	♍0.4	1.3	2.3	3.3	4.2	5.2	6.2	7.1
☽	♍29.2	♎12.4	25.8	♏9.4	23.4	♐7.6	22.1	♑6.8	21.7	♒6.5	21.1	♓5.5	19.4	♈3	16	28.7	♉11.1	23.2	♊5.1	17	28.8	♋10.7	22.8	♌5	17.4	♍0.1	12.9	26	♎9.3	22.7	♏6.3
☿	♌12.7	14.7	16.7	18.7	20.6	22.5	24.4	26.3	28.2	30	♍1.8	3.6	5.3	7	8.7	10.4	12	13.7	15.3	16.8	18.4	19.9	21.4	22.9	24.3	25.8	27.2	28.5	29.9	♎1.2	2.5
♀	♌2.8	4	5.3	6.5	7.7	9	10.2	11.4	12.7	13.9	15.1	16.4	17.6	18.8	20.1	21.3	22.6	23.8	25	26.3	27.5	28.7	30	♍1.2	2.5	3.7	4.9	6.2	7.4	8.6	9.9
♂	♎6.3	7	7.6	8.2	8.8	9.4	10	10.6	11.2	11.9	12.5	13.1	13.7	14.4	15	15.6	16.2	16.9	17.5	18.1	18.8	19.4	20.1	20.7	21.3	22	22.6	23.3	23.9	24.6	25.2

♃ 1: ♐5.5R · 6: 5.5D · 11: 5.6 · 16: 5.8 · 21: 6 · 26: 6.3 · 31: 6.7 — ♄ 1: ♓24.2R · 6: 24 · 11: 23.7 · 16: 23.5 · 21: 23.1 · 26: 22.8 · 31: 22.4 — ♅ 1: ♑28.1R · 11: 27.7 · 21: 27.4 · 31: 27.1 — ♆ 1: ♑23.8R · 11: 23.5 · 21: 23.3 · 31: 23.1 — ♇ 1: ♏27.8R · 11: 27.8D · 21: 27.9 · 31: 28

	1	2	3	4	5	6	7	8	9	10	11	12	13	14	15	16	17	18	19	20	21	22	23	24	25	26	27	28	29	30	31
☉	♌9	10	10.9	11.9	12.9	13.8	14.8	15.7	16.7	17.7	18.6	19.6	20.5	21.5	22.5	23.4	24.4	25.3	26.3	27.3	28.2	29.2	♍0.2	1.1	2.1	3	4	5	5.9	6.9	7.9
☽	♓1.2	16.1	♈0.5	14.5	28	♉11.1	23.8	♊6.3	18.5	♋0.5	12.4	24.3	♌6.2	18	29.9	♍11.9	24	♎6.1	18.5	♏1.1	14	27.3	♐10.9	25	♑9.5	24.3	♒9.3	24.4	♓9.5	24.4	♈8.9
☿	♌28.9	♍0.5	2.1	3.7	5.2	6.7	8.2	9.6	11.1	12.5	13.8	15.1	16.4	17.7	18.9	20.1	21.3	22.4	23.5	24.5	25.5	26.5	27.4	28.3	29.1	29.8	♎0.5	1.2	1.7	2.2	2.7
♀	♊25	25.8	26.5	27.3	28.1	29	29.8	♋0.6	1.5	2.3	3.2	4.1	5	5.9	6.8	7.7	8.7	9.6	10.6	11.5	12.5	13.4	14.4	15.4	16.4	17.4	18.4	19.4	20.4	21.4	22.5
♂	♋4.2	4.9	5.5	6.2	6.9	7.5	8.2	8.8	9.5	10.2	10.8	11.5	12.1	12.8	13.4	14.1	14.8	15.4	16.1	16.7	17.4	18	18.7	19.3	19.9	20.6	♌21.2	21.9	22.5	23.1	23.8

♃ 1: ♑9.5R · 6: 9.1 · 11: 8.7 · 16: 8.4 · 21: 8.1 · 26: 7.9 · 31: 7.8 — ♄ 1: ♈7.3R · 6: 7.1 · 11: 7 · 16: 6.8 · 21: 6.5 · 26: 6.2 · 31: 5.9 — ♅ 1: ♒2.3R · 11: 1.9 · 21: 1.6 · 31: 1.3 — ♆ 1: ♑26.0R · 11: 25.8 · 21: 25.5 · 31: 25.3 — ♇ 1: ♐0.4R · 11: 0.4D · 21: 0.4 · 31: 0.5

IX

	1	2	3	4	5	6	7	8	9	10	11	12	13	14	15	16	17	18	19	20	21	22	23	24	25	26	27	28	29	30	31
☉	♍8.1	9.1	10	11	12	13	13.9	14.9	15.9	16.8	17.8	18.8	19.8	20.7	21.7	22.7	23.6	24.6	25.6	26.6	27.6	28.5	29.5	♎0.5	1.5	2.4	3.4	4.4	5.4	6.4	
☽	♏20.1	♐4.1	18.2	♑2.5	16.9	♒1.3	15.7	29.9	♓13.9	27.6	♈11	24	♉6.6	19	♊1.1	13.1	24.9	♋6.8	18.7	♌0.8	13.2	25.7	♍8.6	21.7	♎5.2	18.8	♏2.7	16.7	♐0.9	15.1	
☿	♎3.8	5	6.2	7.4	8.5	9.6	10.7	11.7	12.7	13.7	14.6	15.4	16.2	16.9	17.6	18.2	18.8	19.2	19.6	19.9	20.1	20.2	20.2R	20	19.8	19.4	18.9	18.3	17.6	16.8	
♀	♍11.1	12.4	13.6	14.9	16.1	17.3	18.6	19.8	21.1	22.3	23.5	24.8	26	27.3	28.5	29.8	♎1	2.2	3.5	4.7	6	7.2	8.5	9.7	10.9	12.2	13.4	14.7	15.9	17.2	
♂	♎25.9	26.5	27.2	27.8	28.5	29.1	29.8	♏0.5	1.1	1.8	2.5	3.1	3.8	4.5	5.1	5.8	6.5	7.1	7.8	8.5	9.2	9.9	10.5	11.2	11.9	12.6	13.3	14	14.6	15.3	

♃ 1: ♐6.8 · 6: 7.3 · 11: 7.8 · 16: 8.4 · 21: 9 · 26: 9.7 — ♄ 1: ♓22.4R · 6: 22 · 11: 21.6 · 16: 21.2 · 21: 20.8 · 26: 20.5 — ♅ 1: ♑27.0R · 11: 26.8 · 21: 26.6 — ♆ 1: ♑23.1R · 11: 22.9 · 21: 22.8 — ♇ 1: ♏28 · 11: 28.1 · 21: 28.4

	1	2	3	4	5	6	7	8	9	10	11	12	13	14	15	16	17	18	19	20	21	22	23	24	25	26	27	28	29	30	31
☉	♍8.8	9.8	10.8	11.7	12.7	13.7	14.7	15.6	16.6	17.6	18.5	19.5	20.5	21.5	22.4	23.4	24.4	25.4	26.3	27.3	28.3	29.3	♎0.3	1.2	2.2	3.2	4.2	5.2	6.1	7.1	
☽	♈22.9	♉6.6	19.8	♊2.6	15	27.2	♋9.3	21.2	♌3	14.9	26.8	♍8.8	20.9	♎3.1	15.6	28.2	♏11.1	24.2	♐7.5	21.2	♑5.1	19.4	♒3.8	18.5	♓3.2	18	♈2.6	16.9	♉0.9	14.6	
☿	♎3	3.3	3.4	3.5	3.5R	3.3	3.1	2.8	2.3	1.8	1.1	0.3	♍29.5	28.6	27.6	26.5	25.5	24.4	23.4	22.5	21.6	20.8	20.1	19.6	19.2	19	19.0D	19.1	19.4	19.9	
♀	♋23.5	24.5	25.6	26.6	27.7	28.7	29.8	♌0.8	1.9	3	4.1	5.2	6.2	7.3	8.4	9.5	10.6	11.7	12.8	13.9	15.1	16.2	17.3	18.4	19.6	20.7	21.8	23	24.1	25.2	
♂	♋24.4	25.1	25.7	26.3	27	27.6	28.2	28.9	29.5	♌0.1	0.7	1.4	2	2.6	3.2	3.9	4.5	5.1	5.7	6.3	6.9	7.6	8.2	8.8	9.4	10	10.6	11.2	11.8	12.4	

♃ 1: ♑7.8R · 6: 7.8D · 11: 7.9 · 16: 8.1 · 21: 8.3 · 26: 8.6 — ♄ 1: ♈5.9R · 6: 5.5 · 11: 5.2 · 16: 4.8 · 21: 4.4 · 26: 4 — ♅ 1: ♒1.2R · 11: 1 · 21: 0.8 — ♆ 1: ♑25.3R · 11: 25.2 · 21: 25 — ♇ 1: ♐0.5 · 11: 0.6 · 21: 0.8

X

	1	2	3	4	5	6	7	8	9	10	11	12	13	14	15	16	17	18	19	20	21	22	23	24	25	26	27	28	29	30	31
☉	♎7.4	8.3	9.3	10.3	11.3	12.3	13.3	14.2	15.2	16.2	17.2	18.2	19.2	20.2	21.2	22.2	23.2	24.1	25.1	26.1	27.1	28.1	29.1	♏0.1	1.1	2.1	3.1	4.1	5.1	6.1	7.1
☽	♐29.3	♑13.5	27.6	♒11.7	25.6	♓9.4	22.9	♈6.2	19.3	♉2.1	14.6	26.9	♊9	20.9	♋2.8	14.7	26.6	♌8.7	21	♍3.6	16.5	29.8	♎13.5	27.6	♏11.9	26.4	♐11	25.6	♑10.1	24.4	♒8.5
☿	♎15.8R	14.8	13.7	12.6	11.4	10.3	9.2	8.1	7.2	6.5	5.8	5.4	5.1	5	5.1D	5.3	5.8	6.4	7.1	8	9	10.1	11.3	12.6	13.9	15.3	16.8	18.3	19.8	21.4	22.9
♀	♎18.4	19.7	20.9	22.1	23.4	24.6	25.9	27.1	28.4	29.6	♏0.9	2.1	3.3	4.6	5.8	7.1	8.3	9.6	10.8	12.1	13.3	14.5	15.8	17	18.3	19.5	20.8	22	23.3	24.5	25.7
♂	♏16	16.7	17.4	18.1	18.8	19.5	20.2	20.9	21.6	22.3	23	23.7	24.4	25.1	25.8	26.5	27.2	28	28.7	29.4	♐0.1	0.8	1.5	2.2	3	3.7	4.4	5.1	5.8	6.6	7.3

♃ 1: ♐10.5 · 6: 11.3 · 11: 12.1 · 16: 13 · 21: 13.9 · 26: 14.8 · 31: 15.8 — ♄ 1: ♓20.1R · 6: 19.8 · 11: 19.4 · 16: 19.1 · 21: 18.9 · 26: 18.6 · 31: 18.4 — ♅ 1: ♑26.5R · 11: 26.5D · 21: 26.6 · 31: 26.8 — ♆ 1: ♑22.8R · 11: 22.8D · 21: 22.8 · 31: 23 — ♇ 1: ♏28.6 · 11: 28.9 · 21: 29.2 · 31: 29.6

	1	2	3	4	5	6	7	8	9	10	11	12	13	14	15	16	17	18	19	20	21	22	23	24	25	26	27	28	29	30	31
☉	♎8.1	9.1	10.1	11.1	12	13	14	15	16	17	18	18.9	19.9	20.9	21.9	22.9	23.9	24.9	25.9	26.9	27.9	28.9	29.9	♏0.9	1.9	2.9	3.9	4.9	5.9	6.9	7.9
☽	♉27.8	♊10.7	23.2	♋5.5	17.5	29.4	♌11.3	23.1	♍5.1	17.2	29.5	♎12	24.7	♏7.7	21	♐4.4	18.1	♑1.9	15.9	♒0.1	14.3	28.6	♓12.9	27.1	♈11.3	25.3	♉9	22.5	♊5.7	18.5	♋1.1
☿	♍20.5	21.3	22.2	23.2	24.4	25.6	26.9	28.3	29.8	♎1.3	2.9	4.5	6.2	7.8	9.5	11.2	12.9	14.6	16.3	18	19.8	21.5	23.2	24.9	26.6	28.3	29.9	♏1.6	3.3	4.9	6.6
♀	♌26.4	27.5	28.7	29.8	♍1	2.2	3.3	4.5	5.7	6.8	8	9.2	10.3	11.5	12.7	13.9	15.1	16.3	17.4	18.6	19.8	21	22.2	23.4	24.6	25.8	27	28.2	29.4	♎0.6	1.8
♂	♌13	13.6	14.2	14.8	15.4	16	16.6	17.2	17.8	18.4	19	19.6	20.1	20.7	21.3	21.9	22.5	23	23.6	24.2	24.8	25.3	25.9	26.5	27	27.6	28.2	28.7	29.3	29.8	♍0.4

♃ 1: ♑9 · 6: 9.4 · 11: 10 · 16: 10.5 · 21: 11.2 · 26: 11.9 · 31: 12.6 — ♄ 1: ♈3.6R · 6: 3.3 · 11: 2.9 · 16: 2.5 · 21: 2.2 · 26: 1.9 · 31: 1.6 — ♅ 1: ♒0.7R · 11: 0.6D · 21: 0.7 · 31: 0.8 — ♆ 1: ♑25.0R · 11: 25.0D · 21: 25 · 31: 25.1 — ♇ 1: ♐1.1 · 11: 1.4 · 21: 1.7 · 31: 2.1

XI

	1	2	3	4	5	6	7	8	9	10	11	12	13	14	15	16	17	18	19	20	21	22	23	24	25	26	27	28	29	30	31
☉	♏8.1	9.1	10.1	11.1	12.1	13.1	14.1	15.1	16.1	17.1	18.1	19.1	20.1	21.1	22.1	23.2	24.2	25.2	26.2	27.2	28.2	29.2	♐0.2	1.2	2.2	3.2	4.3	5.3	6.3	7.3	
☽	♒22.4	♓6	19.4	♈2.5	15.4	28.1	♉10.6	22.9	♊5.1	17.1	29	♋10.9	22.7	♌4.7	16.7	28.9	♍11.5	24.3	♎7.6	21.4	♏5.5	20.1	♐5	20.1	♑5.1	20	♒4.7	19	♓2.9	16.4	
☿	♎24.5	26.2	27.8	29.4	♏1	2.7	4.3	6	7.6	9.2	10.9	12.5	14.1	15.7	17.3	18.9	20.5	22.1	23.7	25.3	26.9	28.5	♐0.1	1.7	3.2	4.8	6.4	8	9.5	11.1	
♀	♏27	28.2	29.5	♐0.7	2	3.2	4.5	5.7	6.9	8.2	9.4	10.7	11.9	13.2	14.4	15.6	16.9	18.1	19.4	20.6	21.9	23.1	24.3	25.6	26.8	28.1	29.3	♑0.6	1.8	3	
♂	♐8	8.8	9.5	10.2	10.9	11.7	12.4	13.1	13.9	14.6	15.4	16.1	16.8	17.6	18.3	19.1	19.8	20.5	21.3	22	22.8	23.5	24.3	25	25.8	26.5	27.3	28.1	28.8	29.6	

♃ 1: ♐16 · 6: 17 · 11: 18.1 · 16: 19.1 · 21: 20.2 · 26: 21.3 — ♄ 1: ♓18.4R · 6: 18.2 · 11: 18.1 · 16: 18 · 21: 18 · 26: 18.0D — ♅ 1: ♑26.8 · 11: 27.1 · 21: 27.4 — ♆ 1: ♑23 · 11: 23.2 · 21: 23.4 — ♇ 1: ♏29.6 · 11: ♐0 · 21: 0.4

	1	2	3	4	5	6	7	8	9	10	11	12	13	14	15	16	17	18	19	20	21	22	23	24	25	26	27	28	29	30	31
☉	♏8.9	9.9	10.9	11.9	12.9	13.9	14.9	15.9	16.9	17.9	18.9	19.9	20.9	21.9	22.9	23.9	24.9	25.9	26.9	28	29	30	♐1	2	3	4	5	6	7.1	8.1	
☽	♋13.3	25.4	♌7.3	19.1	♍1	13	25.1	♎7.5	20.2	♏3.3	16.6	♐0.3	14.2	28.4	♑12.6	26.9	♒11.1	25.3	♓9.4	23.3	♈7.1	20.8	♉4.4	17.7	♊0.9	13.8	26.5	♋9	21.2	♌3.2	
☿	♏8.2	9.9	11.5	13.1	14.7	16.3	17.9	19.5	21.1	22.7	24.2	25.8	27.4	28.9	♐0.5	2	3.6	5.1	6.7	8.2	9.7	11.3	12.8	14.3	15.8	17.3	18.8	20.3	21.8	23.3	
♀	♎3	4.2	5.5	6.7	7.9	9.1	10.3	11.5	12.7	14	15.2	16.4	17.6	18.9	20.1	21.3	22.5	23.8	25	26.2	27.5	28.7	29.9	♏1.2	2.4	3.6	4.9	6.1	7.3	8.6	
♂	♍0.9	1.5	2	2.6	3.1	3.7	4.2	4.8	5.3	5.8	6.4	6.9	7.4	7.9	8.5	9	9.5	10	10.5	11	11.5	12.1	12.6	13.1	13.6	14	14.5	15	15.5	16	

♃ 1: ♑12.8 · 6: 13.6 · 11: 14.5 · 16: 15.4 · 21: 16.3 · 26: 17.3 — ♄ 1: ♈1.5R · 6: 1.3 · 11: 1.1 · 16: 0.9 · 21: 0.8 · 26: 0.7 — ♅ 1: ♒0.9 · 11: 1.1 · 21: 1.4 — ♆ 1: ♑25.2 · 11: 25.3 · 21: 25.5 — ♇ 1: ♐2.1 · 11: 2.5 · 21: 2.9

XII

	1	2	3	4	5	6	7	8	9	10	11	12	13	14	15	16	17	18	19	20	21	22	23	24	25	26	27	28	29	30	31
☉	♐8.3	9.3	10.3	11.4	12.4	13.4	14.4	15.4	16.4	17.4	18.5	19.5	20.5	21.5	22.5	23.5	24.6	25.6	26.6	27.6	28.6	29.7	♑0.7	1.7	2.7	3.7	4.7	5.8	6.8	7.8	8.8
☽	♓29.5	♈12.4	25	♉7.4	19.6	♊1.7	13.7	25.7	♋7.6	19.4	♌1.3	13.2	25.2	♍7.4	19.8	♎2.6	15.7	29.3	♏13.4	28	♐13	28.2	♑13.6	28.8	♒13.8	28.4	♓12.4	26.1	♈9.2	22	♉4.5
☿	♐12.7	14.2	15.8	17.3	18.9	20.5	22	23.6	25.1	26.7	28.3	29.8	♑1.4	2.9	4.5	6	7.6	9.1	10.7	12.2	13.7	15.3	16.8	18.3	19.7	21.2	22.6	24	25.4	26.7	27.9
♀	♑4.3	5.5	6.8	8	9.2	10.5	11.7	13	14.2	15.4	16.7	17.9	19.2	20.4	21.6	22.9	24.1	25.4	26.6	27.8	29.1	♒0.3	1.5	2.8	4	5.2	6.5	7.7	8.9	10.2	11.4
♂	♑0.3	1.1	1.8	2.6	3.4	4.1	4.9	5.6	6.4	7.2	7.9	8.7	9.5	10.2	11	11.8	12.5	13.3	14.1	14.9	15.6	16.4	17.2	18	18.7	19.5	20.3	21.1	21.8	22.6	23.4

♃ 1: ♐22.4 · 6: 23.6 · 11: 24.7 · 16: 25.8 · 21: 27 · 26: 28.1 · 31: 29.3 — ♄ 1: ♓18.1 · 6: 18.2 · 11: 18.3 · 16: 18.5 · 21: 18.8 · 26: 19 · 31: 19.3 — ♅ 1: ♑27.8 · 11: 28.2 · 21: 28.8 · 31: 29.3 — ♆ 1: ♑23.6 · 11: 24 · 21: 24.3 · 31: 24.6 — ♇ 1: ♐0.8 · 11: 1.2 · 21: 1.6 · 31: 1.9

	1	2	3	4	5	6	7	8	9	10	11	12	13	14	15	16	17	18	19	20	21	22	23	24	25	26	27	28	29	30	31
☉	♐9.1	10.1	11.1	12.1	13.1	14.2	15.2	16.2	17.2	18.2	19.2	20.2	21.3	22.3	23.3	24.3	25.3	26.4	27.4	28.4	29.4	♑0.4	1.4	2.5	3.5	4.5	5.5	6.5	7.6	8.6	9.6
☽	♌15.1	26.9	♍8.8	20.7	♎2.9	15.3	28	♏11.2	24.8	♐8.8	23.2	♑7.8	22.5	♒7.2	21.7	♓6.1	20.2	♈4	17.6	♉1	14.2	27.2	♊10	22.6	♋5	17.3	29.4	♌11.4	23.2	♍5	16.8
☿	♐24.8	26.3	27.7	29.2	♑0.6	2	3.5	4.8	6.2	7.5	8.9	10.1	11.4	12.5	13.6	14.7	15.7	16.6	17.3	18	18.5	18.9	19.2	19.2R	19.1	18.8	18.3	17.5	16.6	15.6	14.4
♀	♏9.8	11.1	12.3	13.5	14.8	16	17.3	18.5	19.8	21	22.2	23.5	24.7	26	27.2	28.5	29.7	♐1	2.2	3.5	4.7	6	7.2	8.5	9.7	11	12.2	13.5	14.7	16	17.2
♂	♍16.5	16.9	17.4	17.9	18.3	18.8	19.3	19.7	20.2	20.6	21	21.5	21.9	22.3	22.8	23.2	23.6	24	24.4	24.8	25.2	25.6	26	26.4	26.8	27.1	27.5	27.9	28.2	28.6	28.9

♃ 1: ♑18.3 · 6: 19.4 · 11: 20.5 · 16: 21.5 · 21: 22.7 · 26: 23.8 · 31: 24.9 — ♄ 1: ♈0.6R · 6: 0.6D · 11: 0.7 · 16: 0.8 · 21: 0.9 · 26: 1.1 · 31: 1.3 — ♅ 1: ♒1.8 · 11: 2.2 · 21: 2.7 · 31: 3.2 — ♆ 1: ♑25.8 · 11: 26.1 · 21: 26.4 · 31: 26.8 — ♇ 1: ♐3.3 · 11: 3.6 · 21: 4 · 31: 4.4

I

	1	2	3	4	5	6	7	8	9	10	11	12	13	14	15	16	17	18	19	20	21	22	23	24	25	26	27	28	29	30	31
☉	10.6	11.6	12.7	13.7	14.7	15.7	16.7	17.7	18.8	19.8	20.8	21.8	22.8	23.9	24.9	25.9	26.9	27.9	29	30	1	2	3	4	5.1	6.1	7.1	8.1	9.1	10.1	11.2
☽	28.7	10.8	23.1	5.8	19	2.6	16.7	1.3	16.2	1.2	16.4	1.3	16	0.4	14.3	27.9	11.2	24.2	6.9	19.4	1.8	14	26.1	8	19.9	1.7	13.5	25.4	7.3	19.3	1.6
☿	13.1R	11.8	10.4	9.1	7.8	6.7	5.7	4.8	4.1	3.6	3.2	3	3.0D	3.1	3.3	3.6	4.1	4.6	5.3	6	6.8	7.6	8.6	9.5	10.6	11.6	12.7	13.9	15.1	16.3	17.5
♀	18.5	19.7	21	22.2	23.5	24.7	26	27.2	28.5	29.7	1	2.2	3.5	4.7	6	7.2	8.5	9.7	11	12.2	13.5	14.7	16	17.3	18.5	19.8	21	22.3	23.5	24.8	26
♂	29.2	29.6	29.9	0.2	0.5	0.8	1.1	1.4	1.7	2	2.2	2.5	2.7	3	3.2	3.4	3.7	3.9	4.1	4.3	4.4	4.6	4.8	4.9	5.1	5.2	5.3	5.4	5.5	5.6	5.7

♃ (1, 6, 11, 16, 21, 26, 31): 25.2 26.3 27.5 28.7 29.9 1 2.2 — ♄ (1, 6, 11, 16, 21, 26, 31): 1.3 1.6 1.9 2.3 2.7 3.1 3.5 — ♅ (1, 11, 21, 31): 3.3 3.8 4.4 5 — ♆ (1, 11, 21, 31): 26.8 27.2 27.6 28 — ♇ (1, 11, 21, 31): 4.4 4.7 5 5.2

	1	2	3	4	5	6	7	8	9	10	11	12	13	14	15	16	17	18	19	20	21	22	23	24	25	26	27	28	29	30	31
☉	10.4	11.4	12.4	13.4	14.4	15.5	16.5	17.5	18.5	19.5	20.6	21.6	22.6	23.6	24.6	25.7	26.7	27.7	28.7	29.7	0.7	1.8	2.8	3.8	4.8	5.8	6.8	7.9	8.9	9.9	10.9
☽	10	24.1	8.3	22.5	6.6	20.7	4.7	18.6	2.4	16.1	29.6	12.8	25.8	8.6	21	3.3	15.3	27.2	9	20.8	2.7	14.8	27.2	9.9	22.9	6.4	20.3	4.5	18.9	3.6	18.2
☿	18.5	19.1	19.8	20.7	21.5	22.5	23.5	24.5	25.6	26.8	28	29.2	0.4	1.7	3	4.3	5.6	7	8.4	9.7	11.1	12.6	14	15.4	16.9	18.4	19.9	21.4	22.9	24.4	25.9
♀	3.4R	3.2	2.9	2.6	2.2	1.8	1.4	0.9	0.5	29.9	29.4	28.8	28.2	27.6	27	26.4	25.8	25.2	24.6	24	23.4	22.9	22.3	21.8	21.3	20.9	20.5	20.1	19.7	19.4	19.2
♂	10.8	11.6	12.3	13.1	13.9	14.7	15.5	16.3	17.1	17.9	18.7	19.4	20.2	21	21.8	22.6	23.4	24.2	25	25.8	26.5	27.3	28.1	28.9	29.7	0.5	1.3	2.1	2.9	3.6	4.4

♃ (1, 6, 11, 16, 21, 26, 31): 22.3 23.3 24.4 25.5 26.6 27.8 29 — ♄ (1, 6, 11, 16, 21, 26, 31): 13.8 13.9 14.1 14.4 14.7 15 15.4 — ♅ (1, 11, 21, 31): 7.1 7.7 8.3 8.8 — ♆ (1, 11, 21, 31): 29 29.3 29.7 0.1 — ♇ (1, 11, 21, 31): 6.8 7.1 7.4 7.6

II

	1	2	3	4	5	6	7	8	9	10	11	12	13	14	15	16	17	18	19	20	21	22	23	24	25	26	27	28	29	30	31
☉	12.2	13.2	14.2	15.2	16.2	17.2	18.3	19.3	20.3	21.3	22.3	23.3	24.3	25.3	26.3	27.4	28.4	29.4	0.4	1.4	2.4	3.4	4.4	5.4	6.4	7.4	8.4	9.4			
☽	14.3	27.3	10.8	24.8	9.2	24.1	9.3	24.5	9.8	24.8	9.4	23.6	7.4	20.8	3.8	16.5	28.9	11.1	23.1	5	16.9	28.7	10.5	22.4	4.3	16.3	28.5	10.9			
☿	18.8	20.1	21.4	22.7	24.1	25.4	26.8	28.2	29.7	1.1	2.6	4	5.5	7	8.5	10.1	11.6	13.2	14.8	16.4	18	19.6	21.3	22.9	24.6	26.3	28	29.7			
♀	27.3	28.5	29.8	1	2.3	3.5	4.8	6	7.3	8.5	9.8	11	12.3	13.5	14.8	16	17.3	18.6	19.8	21.1	22.3	23.6	24.8	26.1	27.3	28.6	29.8	1.1			
♂	5.8	5.8	5.9	5.9	5.9	5.9	5.9R	5.9	5.9	5.8	5.8	5.7	5.6	5.5	5.4	5.3	5.1	5	4.8	4.7	4.5	4.3	4.1	3.8	3.6	3.4	3.1	2.8			

♃ (1, 6, 11, 16, 21, 26): 2.4 3.6 4.8 5.9 7 8.1 — ♄ (1, 6, 11, 16, 21, 26): 3.6 4.1 4.6 5.1 5.7 6.2 — ♅ (1, 11, 21): 5.1 5.6 6.2 — ♆ (1, 11, 21): 28 28.4 28.7 — ♇ (1, 11, 21): 5.3 5.4 5.6

	1	2	3	4	5	6	7	8	9	10	11	12	13	14	15	16	17	18	19	20	21	22	23	24	25	26	27	28	29	30	31
☉	11.9	12.9	14	15	16	17	18	19	20	21	22.1	23.1	24.1	25.1	26.1	27.1	28.1	29.1	0.1	1.1	2.2	3.2	4.2	5.2	6.2	7.2	8.2	9.2			
☽	2.8	17.3	1.5	15.5	29.3	12.9	26.2	9.2	22.1	4.7	17.2	29.4	11.5	23.4	5.3	17.1	28.9	10.8	22.9	5.2	17.8	0.8	14.2	28.1	12.4	27.1	12	27			
☿	27.5	29	0.6	2.2	3.8	5.4	7	8.6	10.3	11.9	13.6	15.3	17	18.7	20.4	22.1	23.9	25.7	27.4	29.2	1	2.9	4.7	6.6	8.4	10.3	12.2	14.1			
♀	19.0R	18.8	18.6	18.5	18.5	18.5D	18.5	18.6	18.7	18.8	19	19.2	19.5	19.7	20.1	20.4	20.8	21.2	21.6	22.1	22.6	23.1	23.7	24.2	24.8	25.4	26.1	26.7			
♂	5.2	6	6.8	7.6	8.4	9.2	9.9	10.7	11.5	12.3	13.1	13.9	14.7	15.4	16.2	17	17.8	18.6	19.4	20.1	20.9	21.7	22.5	23.3	24	24.8	25.6	26.4			

♃ (1, 6, 11, 16, 21, 26): 29.2 0.4 1.6 2.8 4 5.2 — ♄ (1, 6, 11, 16, 21, 26): 15.4 15.9 16.3 16.8 17.3 17.8 — ♅ (1, 11, 21): 8.9 9.5 10 — ♆ (1, 11, 21): 0.1 0.5 0.8 — ♇ (1, 11, 21): 7.7 7.9 8

III

	1	2	3	4	5	6	7	8	9	10	11	12	13	14	15	16	17	18	19	20	21	22	23	24	25	26	27	28	29	30	31
☉	10.4	11.5	12.5	13.5	14.5	15.5	16.5	17.5	18.5	19.5	20.5	21.5	22.5	23.5	24.5	25.4	26.4	27.4	28.4	29.4	0.4	1.4	2.4	3.4	4.4	5.4	6.4	7.4	8.3	9.3	10.3
☽	23.5	6.5	19.9	3.7	17.9	2.5	17.4	2.5	17.7	2.8	17.6	2	16	29.5	12.7	25.4	7.8	19.9	1.9	13.8	25.6	7.4	19.2	1.2	13.3	25.5	7.9	20.6	3.4	16.5	29.9
☿	1.5	3.2	5	6.8	8.6	10.4	12.3	14.2	16	17.9	19.9	21.8	23.7	25.7	27.7	29.7	1.7	3.6	5.6	7.6	9.6	11.6	13.5	15.5	17.4	19.2	21	22.8	24.5	26.1	27.7
♀	2.3	3.5	4.8	6	7.3	8.5	9.8	11	12.3	13.5	14.8	16	17.3	18.5	19.8	21	22.3	23.5	24.8	26	27.2	28.5	29.7	1	2.2	3.5	4.7	5.9	7.2	8.4	9.7
♂	2.5R	2.2	1.9	1.6	1.3	1	0.6	0.3	29.9	29.6	29.2	28.8	28.4	28.1	27.7	27.3	26.9	26.5	26.1	25.7	25.3	24.9	24.5	24.2	23.8	23.4	23	22.7	22.3	22	21.6

♃ (1, 6, 11, 16, 21, 26, 31): 8.8 9.9 10.9 12 13 13.9 14.8 — ♄ (1, 6, 11, 16, 21, 26, 31): 6.6 7.2 7.8 8.4 9 9.6 10.3 — ♅ (1, 11, 21, 31): 6.6 7.1 7.5 7.9 — ♆ (1, 11, 21, 31): 29 29.2 29.5 29.7 — ♇ (1, 11, 21, 31): 5.6 5.6R 5.6 5.5

	1	2	3	4	5	6	7	8	9	10	11	12	13	14	15	16	17	18	19	20	21	22	23	24	25	26	27	28	29	30	31
☉	10.2	11.2	12.2	13.2	14.2	15.2	16.2	17.2	18.2	19.2	20.2	21.2	22.2	23.2	24.2	25.2	26.2	27.2	28.2	29.2	0.2	1.2	2.2	3.2	4.1	5.1	6.1	7.1	8.1	9.1	10.1
☽	12.1	26.9	11.5	25.8	9.6	23.1	6.3	19.1	1.7	14	26.2	8.2	20.1	2	13.8	25.6	7.5	19.4	1.5	13.8	26.4	9.3	22.6	6.3	20.5	5.1	20	5.2	20.4	5.6	20.5
☿	16	17.9	19.9	21.8	23.7	25.6	27.5	29.4	1.2	3	4.8	6.5	8.2	9.8	11.3	12.8	14.1	15.4	16.5	17.6	18.5	19.3	20	20.6	21	21.3	21.5	21.5R	21.4	21.2	20.9
♀	27.4	28.1	28.8	29.5	0.2	1	1.8	2.6	3.4	4.2	5	5.8	6.7	7.6	8.4	9.3	10.2	11.1	12	13	13.9	14.8	15.8	16.7	17.7	18.7	19.6	20.6	21.6	22.6	23.6
♂	27.1	27.9	28.7	29.5	0.3	1	1.8	2.6	3.4	4.1	4.9	5.7	6.4	7.2	8	8.7	9.5	10.3	11	11.8	12.6	13.3	14.1	14.9	15.6	16.4	17.2	17.9	18.7	19.4	20.2

♃ (1, 6, 11, 16, 21, 26, 31): 5.9 7.1 8.3 9.5 10.7 11.8 13 — ♄ (1, 6, 11, 16, 21, 26, 31): 18.1 18.7 19.2 19.8 20.4 21 21.7 — ♅ (1, 11, 21, 31): 10.5 11 11.4 11.8 — ♆ (1, 11, 21, 31): 1.1 1.4 1.6 1.8 — ♇ (1, 11, 21, 31): 8.1 8.1 8.1R 8

IV

	1	2	3	4	5	6	7	8	9	10	11	12	13	14	15	16	17	18	19	20	21	22	23	24	25	26	27	28	29	30	31
☉	11.3	12.3	13.3	14.3	15.3	16.2	17.2	18.2	19.2	20.2	21.2	22.1	23.1	24.1	25.1	26.1	27	28	29	30	0.9	1.9	2.9	3.9	4.8	5.8	6.8	7.8	8.7	9.7	
☽	13.6	27.6	11.9	26.5	11.2	26.1	10.9	25.6	10	24	7.6	20.8	3.7	16.1	28.3	10.3	22.1	3.9	15.8	27.7	9.8	22	4.5	17.3	0.2	13.4	26.9	10.5	24.3	8.3	
☿	29.2	0.6	1.9	3.1	4.3	5.3	6.2	7	7.7	8.3	8.8	9.2	9.4	9.6	9.7R	9.6	9.5	9.2	8.9	8.5	8	7.4	6.8	6.2	5.6	4.9	4.2	3.5	2.9	2.3	
♀	10.9	12.2	13.4	14.6	15.9	17.1	18.4	19.6	20.8	22.1	23.3	24.6	25.8	27	28.3	29.5	0.7	2	3.2	4.5	5.7	6.9	8.2	9.4	10.6	11.9	13.1	14.3	15.6	16.8	
♂	21.3R	21	20.7	20.4	20.1	19.8	19.5	19.3	19	18.8	18.5	18.3	18.1	18	17.8	17.6	17.5	17.3	17.2	17.1	17	16.9	16.9	16.8	16.8	16.7	16.7	16.7D	16.7	16.8	

♃ (1, 6, 11, 16, 21, 26): 15 15.9 16.7 17.5 18.2 18.9 — ♄ (1, 6, 11, 16, 21, 26): 10.4 11 11.6 12.3 12.9 13.5 — ♅ (1, 11, 21): 8 8.3 8.5 — ♆ (1, 11, 21): 29.7 29.8 29.9 — ♇ (1, 11, 21): 5.5R 5.3 5.1

	1	2	3	4	5	6	7	8	9	10	11	12	13	14	15	16	17	18	19	20	21	22	23	24	25	26	27	28	29	30	31
☉	11.1	12.1	13	14	15	16	17	18	19	19.9	20.9	21.9	22.9	23.9	24.8	25.8	26.8	27.8	28.7	29.7	0.7	1.7	2.7	3.6	4.6	5.6	6.5	7.5	8.5	9.5	
☽	5	19.1	2.7	15.9	28.6	11.1	23.3	5.3	17.1	29	10.8	22.6	4.5	16.5	28.5	10.8	23.2	5.8	18.6	1.8	15.4	29.3	13.7	28.4	13.4	28.6	13.8	28.8	13.5	27.7	
☿	20.5R	20	19.4	18.7	18	17.2	16.4	15.6	14.9	14.1	13.4	12.7	12	11.5	11	10.6	10.3	10	9.9	9.8	9.8D	9.9	10.1	10.4	10.7	11.1	11.6	12.2	12.8	13.5	
♀	24.6	25.7	26.7	27.7	28.7	29.8	0.8	1.8	2.9	4	5	6.1	7.1	8.2	9.3	10.4	11.4	12.5	13.6	14.7	15.8	16.9	18	19.1	20.2	21.3	22.4	23.5	24.6	25.7	
♂	20.9	21.7	22.5	23.2	24	24.7	25.5	26.2	27	27.7	28.5	29.2	30	0.7	1.5	2.2	3	3.7	4.4	5.2	5.9	6.7	7.4	8.1	8.9	9.6	10.4	11.1	11.8	12.6	

♃ (1, 6, 11, 16, 21, 26): 13.2 14.3 15.4 16.5 17.5 18.6 — ♄ (1, 6, 11, 16, 21, 26): 21.8 22.4 23 23.7 24.3 24.9 — ♅ (1, 11, 21): 11.9 12.2 12.5 — ♆ (1, 11, 21): 1.9 2 2.1 — ♇ (1, 11, 21): 8.0R 7.8 7.6

V

	1	2	3	4	5	6	7	8	9	10	11	12	13	14	15	16	17	18	19	20	21	22	23	24	25	26	27	28	29	30	31
☉	10.7	11.6	12.6	13.6	14.5	15.5	16.5	17.5	18.4	19.4	20.4	21.3	22.3	23.3	24.2	25.2	26.1	27.1	28.1	29	30	1	1.9	2.9	3.8	4.8	5.8	6.7	7.7	8.6	9.6
☽	22.4	6.6	21	5.4	19.8	4.1	18.2	2.1	15.6	28.8	11.6	24.1	6.3	18.3	0.1	11.9	23.8	5.8	18	0.4	13.2	26.2	9.6	23.2	7	21	5.1	19.2	3.3	17.5	1.6
☿	1.7R	1.2	0.7	0.3	0	29.8	29.6	29.5	29.5D	29.5	29.7	29.9	0.2	0.5	1	1.5	2	2.7	3.4	4.1	5	5.8	6.8	7.8	8.8	9.9	11	12.2	13.5	14.7	16.1
♀	18	19.3	20.5	21.7	23	24.2	25.4	26.7	27.9	29.1	0.4	1.6	2.8	4	5.3	6.5	7.7	9	10.2	11.4	12.6	13.9	15.1	16.3	17.5	18.8	20	21.2	22.5	23.7	24.9
♂	16.8	16.8	16.9	17	17	17.1	17.2	17.4	17.5	17.6	17.8	17.9	18.1	18.3	18.4	18.6	18.8	19.1	19.3	19.5	19.8	20	20.3	20.5	20.8	21.1	21.4	21.7	22	22.3	22.6

♃ (1, 6, 11, 16, 21, 26, 31): 19.5 20.1 20.5 21 21.3 21.6 21.8 — ♄ (1, 6, 11, 16, 21, 26, 31): 14.1 14.6 15.2 15.7 16.3 16.8 17.2 — ♅ (1, 11, 21, 31): 8.6 8.7 8.7R 8.5 — ♆ (1, 11, 21, 31): 30 29.9R 29.9 29.7 — ♇ (1, 11, 21, 31): 4.9R 4.6 4.4 4.1

	1	2	3	4	5	6	7	8	9	10	11	12	13	14	15	16	17	18	19	20	21	22	23	24	25	26	27	28	29	30	31
☉	10.4	11.4	12.4	13.3	14.3	15.3	16.3	17.2	18.2	19.2	20.1	21.1	22.1	23	24	24.9	25.9	26.9	27.8	28.8	29.8	0.7	1.7	2.6	3.6	4.6	5.5	6.5	7.4	8.4	9.4
☽	11.4	24.7	7.5	20	2.1	14.1	25.9	7.7	19.5	1.4	13.4	25.5	7.8	20.2	2.8	15.6	28.6	11.9	25.4	9.2	23.3	7.8	22.5	7.4	22.3	7.1	21.7	5.9	19.6	2.9	15.8
☿	14.2	15	15.9	16.8	17.7	18.8	19.8	20.9	22.1	23.3	24.5	25.8	27.1	28.5	29.9	1.3	2.8	4.3	5.9	7.4	9.1	10.7	12.4	14.2	15.9	17.7	19.6	21.5	23.4	25.3	27.3
♀	26.9	28	29.1	0.2	1.4	2.5	3.6	4.7	5.9	7	8.2	9.3	10.4	11.6	12.7	13.9	15	16.2	17.3	18.5	19.6	20.8	21.9	23.1	24.2	25.4	26.5	27.7	28.9	0	1.2
♂	13.3	14	14.8	15.5	16.2	16.9	17.7	18.4	19.1	19.8	20.6	21.3	22	22.7	23.5	24.2	24.9	25.6	26.3	27	27.8	28.5	29.2	29.9	0.6	1.3	2	2.7	3.4	4.2	4.9

♃ (1, 6, 11, 16, 21, 26, 31): 19.5 20.5 21.4 22.3 23.1 23.8 24.6 — ♄ (1, 6, 11, 16, 21, 26, 31): 25.6 26.2 26.8 27.4 28 28.5 29.1 — ♅ (1, 11, 21, 31): 12.6 12.7 12.7R 12.7 — ♆ (1, 11, 21, 31): 2.2 2.2R 2.1 2 — ♇ (1, 11, 21, 31): 7.4R 7.2 6.9 6.6

VI

	1	2	3	4	5	6	7	8	9	10	11	12	13	14	15	16	17	18	19	20	21	22	23	24	25	26	27	28	29	30	31
☉	10.6	11.5	12.5	13.4	14.4	15.3	16.3	17.3	18.2	19.2	20.1	21.1	22	23	23.9	24.9	25.9	26.8	27.8	28.7	29.7	0.6	1.6	2.5	3.5	4.4	5.4	6.4	7.3	8.3	
☽	15.6	29.6	13.5	27.2	10.7	24	7	19.7	2.1	14.2	26.2	8	19.8	1.7	13.7	25.9	8.5	21.4	4.7	18.3	2.3	16.6	1	15.5	29.9	14.2	28.4	12.5	26.3	10	
☿	17.5	18.9	20.3	21.9	23.4	25	26.6	28.3	0.1	1.8	3.6	5.5	7.4	9.3	11.3	13.3	15.3	17.4	19.5	21.6	23.8	26	28.1	0.3	2.5	4.7	6.9	9.1	11.2	13.4	
♀	26.1	27.4	28.6	29.8	1	2.2	3.5	4.7	5.9	7.1	8.4	9.6	10.8	12	13.2	14.5	15.7	16.9	18.1	19.3	20.6	21.8	23	24.2	25.4	26.6	27.9	29.1	0.3	1.5	
♂	22.9	23.3	23.6	24	24.3	24.7	25	25.4	25.8	26.2	26.5	26.9	27.3	27.7	28.2	28.6	29	29.4	29.8	0.3	0.7	1.2	1.6	2.1	2.5	3	3.5	3.9	4.4	4.9	

♃ (1, 6, 11, 16, 21, 26): 21.8 21.9 21.9R 21.9 21.7 21.5 — ♄ (1, 6, 11, 16, 21, 26): 17.3 17.8 18.2 18.6 18.9 19.2 — ♅ (1, 11, 21): 8.5R 8.3 8.1 — ♆ (1, 11, 21): 29.7R 29.6 29.3 — ♇ (1, 11, 21): 4.1R 3.8 3.6

	1	2	3	4	5	6	7	8	9	10	11	12	13	14	15	16	17	18	19	20	21	22	23	24	25	26	27	28	29	30	31
☉	10.3	11.3	12.2	13.2	14.2	15.1	16.1	17	18	18.9	19.9	20.9	21.8	22.8	23.7	24.7	25.6	26.6	27.5	28.5	29.4	0.4	1.4	2.3	3.3	4.2	5.2	6.1	7.1	8	
☽	28.3	10.5	22.4	4.3	16.1	28	9.9	22	4.3	16.8	29.5	12.5	25.6	8.8	22.3	6	19.8	3.9	18.1	2.5	17	1.5	16	0.2	14.1	27.7	10.9	23.8	6.2	18.5	
☿	29.3	1.4	3.4	5.6	7.7	9.8	12	14.2	16.4	18.6	20.8	23	25.2	27.4	29.5	1.7	3.8	5.9	7.9	10	12	13.9	15.9	17.8	19.6	21.4	23.2	25	26.7	28.4	
♀	2.4	3.5	4.7	5.9	7	8.2	9.4	10.5	11.7	12.9	14.1	15.2	16.4	17.6	18.8	19.9	21.1	22.3	23.5	24.7	25.8	27	28.2	29.4	0.6	1.8	3	4.1	5.3	6.5	
♂	5.6	6.3	7	7.7	8.4	9.1	9.8	10.5	11.2	11.9	12.6	13.3	14	14.7	15.4	16.1	16.7	17.4	18.1	18.8	19.5	20.2	20.9	21.6	22.3	22.9	23.6	24.3	25	25.7	

♃ (1, 6, 11, 16, 21, 26): 24.7 25.3 25.9 26.5 26.9 27.3 — ♄ (1, 6, 11, 16, 21, 26): 29.2 29.7 0.2 0.7 1.1 1.5 — ♅ (1, 11, 21): 12.7R 12.5 12.3 — ♆ (1, 11, 21): 2.0R 1.8 1.6 — ♇ (1, 11, 21): 6.6R 6.3 6.1

VII

	1	2	3	4	5	6	7	8	9	10	11	12	13	14	15	16	17	18	19	20	21	22	23	24	25	26	27	28	29	30	31
☉	9.2	10.2	11.1	12.1	13	14	14.9	15.9	16.8	17.8	18.7	19.7	20.7	21.6	22.6	23.5	24.5	25.4	26.4	27.3	28.3	29.2	0.2	1.2	2.1	3.1	4	5	5.9	6.9	7.8
☽	23.5	6.9	20	2.9	15.6	28.1	10.3	22.4	4.3	16.1	27.9	9.7	21.7	3.9	16.5	29.4	12.8	26.6	10.8	25.4	10.2	25	9.9	24.5	8.9	23.1	6.9	20.5	3.8	16.8	29.7
☿	15.5	17.6	19.7	21.7	23.7	25.7	27.7	29.6	1.5	3.3	5.2	7	8.7	10.5	12.2	13.8	15.5	17.1	18.6	20.2	21.7	23.1	24.6	26	27.3	28.7	30	1.2	2.5	3.6	4.8
♀	2.7	3.9	5.1	6.4	7.6	8.8	10	11.2	12.4	13.6	14.8	16.1	17.3	18.5	19.7	20.9	22.1	23.3	24.5	25.7	26.9	28.1	29.3	0.6	1.8	3	4.2	5.4	6.6	7.8	9
♂	5.4	5.8	6.3	6.8	7.3	7.8	8.3	8.8	9.4	9.9	10.4	10.9	11.4	12	12.5	13	13.6	14.1	14.7	15.2	15.8	16.3	16.9	17.4	18	18.6	19.1	19.7	20.3	20.8	21.4

♃ (1, 6, 11, 16, 21, 26, 31): 21.2R 20.9 20.5 20 19.4 18.8 18.2 — ♄ (1, 6, 11, 16, 21, 26, 31): 19.5 19.8 20 20.1 20.2 20.3 20.4 — ♅ (1, 11, 21, 31): 7.8R 7.4 7 6.6 — ♆ (1, 11, 21, 31): 29.1R 28.8 28.6 28.3 — ♇ (1, 11, 21, 31): 3.3R 3.1 3 2.9

	1	2	3	4	5	6	7	8	9	10	11	12	13	14	15	16	17	18	19	20	21	22	23	24	25	26	27	28	29	30	31
☉	9	9.9	10.9	11.8	12.8	13.8	14.7	15.7	16.6	17.6	18.5	19.5	20.4	21.4	22.3	23.3	24.2	25.2	26.2	27.1	28.1	29	30	0.9	1.9	2.8	3.8	4.7	5.7	6.7	7.6
☽	0.5	12.3	24.2	6.1	18.1	0.3	12.7	25.5	8.4	21.7	5.1	18.8	2.7	16.6	0.7	14.9	29.1	13.3	27.5	11.6	25.5	9.3	22.9	6.1	19.1	1.8	14.2	26.4	8.4	20.2	2.1
☿	0	1.6	3.2	4.7	6.2	7.7	9.1	10.4	11.8	13.1	14.3	15.5	16.7	17.8	18.9	19.9	20.9	21.9	22.7	23.6	24.3	25	25.7	26.3	26.8	27.2	27.6	27.9	28.1	28.2	28.3
♀	7.7	8.9	10.1	11.3	12.5	13.7	14.9	16.1	17.3	18.4	19.6	20.8	22	23.2	24.4	25.6	26.8	28	29.2	0.4	1.7	2.9	4.1	5.3	6.5	7.7	8.9	10.1	11.3	12.5	13.7
♂	26.4	27	27.7	28.4	29.1	29.8	0.4	1.1	1.8	2.5	3.1	3.8	4.5	5.1	5.8	6.5	7.2	7.8	8.5	9.2	9.8	10.5	11.2	11.8	12.5	13.1	13.8	14.5	15.1	15.8	16.5

♃ (1, 6, 11, 16, 21, 26, 31): 27.6 27.8 28 28.1 28.1R 28 27.8 — ♄ (1, 6, 11, 16, 21, 26, 31): 1.9 2.2 2.5 2.8 3.1 3.3 3.4 — ♅ (1, 11, 21, 31): 12.0R 11.7 11.3 10.9 — ♆ (1, 11, 21, 31): 1.4R 1.1 0.8 0.6 — ♇ (1, 11, 21, 31): 5.9R 5.7 5.5 5.4

VIII

	1	2	3	4	5	6	7	8	9	10	11	12	13	14	15	16	17	18	19	20	21	22	23	24	25	26	27	28	29	30	31
☉	8.8	9.8	10.7	11.7	12.6	13.6	14.5	15.5	16.5	17.4	18.4	19.3	20.3	21.3	22.2	23.2	24.1	25.1	26.1	27	28	29	29.9	0.9	1.8	2.8	3.8	4.7	5.7	6.7	7.6
☽	12.3	24.7	6.9	18.9	0.9	12.7	24.5	6.2	18.1	0.1	12.3	24.8	7.7	21	4.8	19.1	3.7	18.6	3.8	18.9	3.9	18.6	3	17	0.6	13.8	26.7	9.3	21.7	3.9	15.9
☿	5.9	7	8	9	9.9	10.8	11.6	12.3	13	13.7	14.3	14.8	15.2	15.6	15.9	16.1	16.2	16.2R	16.2	16	15.8	15.4	15	14.4	13.8	13.1	12.3	11.5	10.6	9.7	8.7
♀	10.2	11.4	12.6	13.8	15	16.2	17.4	18.6	19.8	20.9	22.1	23.3	24.5	25.7	26.9	28.1	29.3	0.5	1.7	2.9	4	5.2	6.4	7.6	8.8	10	11.1	12.3	13.5	14.7	15.9
♂	22	22.6	23.2	23.8	24.4	24.9	25.5	26.1	26.7	27.3	27.9	28.6	29.2	29.8	0.4	1	1.6	2.2	2.9	3.5	4.1	4.8	5.4	6	6.7	7.3	7.9	8.6	9.2	9.9	10.5

♃ (1, 6, 11, 16, 21, 26, 31): 18.1R 17.5 16.8 16.2 15.5 14.9 14.3 — ♄ (1, 6, 11, 16, 21, 26, 31): 20.4 20.3R 20.3 20.2 20 19.9 19.6 — ♅ (1, 11, 21, 31): 6.6R 6.2 5.8 5.5 — ♆ (1, 11, 21, 31): 28.3R 28 27.8 27.6 — ♇ (1, 11, 21, 31): 2.9R 2.9 2.9D 2.9

	1	2	3	4	5	6	7	8	9	10	11	12	13	14	15	16	17	18	19	20	21	22	23	24	25	26	27	28	29	30	31
☉	8.6	9.5	10.5	11.4	12.4	13.4	14.3	15.3	16.2	17.2	18.1	19.1	20.1	21	22	22.9	23.9	24.9	25.8	26.8	27.8	28.7	29.7	0.6	1.6	2.6	3.5	4.5	5.5	6.4	7.4
☽	14	26	8.3	20.8	3.6	16.8	0.3	14.1	28.2	12.5	26.9	11.3	25.7	10.1	24.3	8.3	22.1	5.7	19	2.2	15.1	27.7	10.2	22.4	4.5	16.4	28.3	10.2	22	4.1	16.3
☿	28.2R	28.1	27.9	27.6	27.2	26.8	26.2	25.6	25	24.2	23.5	22.6	21.8	21	20.2	19.4	18.7	18	17.4	16.9	16.5	16.2	16	16.0D	16	16.2	16.6	17	17.7	18.4	19.2
♀	14.9	16.2	17.4	18.6	19.8	21	22.2	23.4	24.7	25.9	27.1	28.3	29.5	0.8	2	3.2	4.4	5.6	6.9	8.1	9.3	10.5	11.8	13	14.2	15.5	16.7	17.9	19.1	20.4	21.6
♂	17.1	17.8	18.4	19.1	19.7	20.4	21	21.7	22.4	23	23.7	24.3	25	25.6	26.3	26.9	27.6	28.2	28.8	29.5	0.1	0.8	1.4	2.1	2.7	3.4	4	4.6	5.3	5.9	6.5

♃ (1, 6, 11, 16, 21, 26, 31): 27.7R 27.5 27.1 26.7 26.3 25.7 25.1 — ♄ (1, 6, 11, 16, 21, 26, 31): 3.4 3.6 3.6 3.6R 3.6 3.5 3.4 — ♅ (1, 11, 21, 31): 10.9R 10.5 10.1 9.7 — ♆ (1, 11, 21, 31): 0.6R 0.3 0 29.8 — ♇ (1, 11, 21, 31): 5.4R 5.3 5.3D 5.4

IX

	1	2	3	4	5	6	7	8	9	10	11	12	13	14	15	16	17	18	19	20	21	22	23	24	25	26	27	28	29	30	31
☉	8.6	9.6	10.5	11.5	12.5	13.5	14.4	15.4	16.4	17.3	18.3	19.3	20.3	21.2	22.2	23.2	24.2	25.1	26.1	27.1	28.1	29	0	1	2	3	3.9	4.9	5.9	6.9	
☽	27.8	9.6	21.4	3.2	15	26.9	9	21.2	3.7	16.6	29.8	13.4	27.5	12	26.9	12	27.2	12.4	27.3	11.9	26.1	9.9	23.2	6.1	18.6	0.9	12.9	24.8	6.6	18.4	
☿	7.8R	6.9	6	5.2	4.5	3.9	3.4	3	2.8	2.7	2.8D	3	3.4	3.9	4.5	5.3	6.3	7.3	8.5	9.8	11.1	12.6	14.1	15.7	17.3	19	20.7	22.5	24.2	26	
♀	17	18.2	19.4	20.6	21.7	22.9	24.1	25.2	26.4	27.6	28.7	29.9	1.1	2.2	3.4	4.5	5.7	6.9	8	9.2	10.3	11.5	12.6	13.8	14.9	16	17.2	18.3	19.5	20.6	
♂	11.2	11.8	12.5	13.1	13.8	14.4	15.1	15.8	16.4	17.1	17.8	18.4	19.1	19.8	20.4	21.1	21.8	22.5	23.2	23.8	24.5	25.2	25.9	26.6	27.3	28	28.7	29.4	0.1	0.8	

♃ (1, 6, 11, 16, 21, 26): 14.2R 13.7 13.3 12.9 12.6 12.3 — ♄ (1, 6, 11, 16, 21, 26): 19.6R 19.3 19 18.7 18.4 18 — ♅ (1, 11, 21): 5.5R 5.2 5 — ♆ (1, 11, 21): 27.6R 27.4 27.3 — ♇ (1, 11, 21): 2.9 3.1 3.3

	1	2	3	4	5	6	7	8	9	10	11	12	13	14	15	16	17	18	19	20	21	22	23	24	25	26	27	28	29	30	31
☉	8.4	9.3	10.3	11.3	12.2	13.2	14.2	15.2	16.1	17.1	18.1	19	20	21	22	22.9	23.9	24.9	25.9	26.8	27.8	28.8	29.8	0.8	1.7	2.7	3.7	4.7	5.7	6.6	
☽	28.7	11.5	24.7	8.3	22.4	6.7	21.4	6.3	21.2	6	20.6	4.9	18.9	2.6	16	29	11.8	24.4	6.7	18.9	1	13	24.9	6.7	18.6	0.4	12.4	24.6	7	19.7	
☿	20.2	21.3	22.5	23.8	25.2	26.7	28.3	29.9	1.6	3.3	5.1	6.9	8.7	10.6	12.4	14.3	16.2	18.1	20	21.8	23.7	25.6	27.4	29.2	1.1	2.9	4.7	6.4	8.2	9.9	
♀	22.8	24.1	25.3	26.5	27.8	29	0.2	1.5	2.7	4	5.2	6.4	7.7	8.9	10.2	11.4	12.6	13.9	15.1	16.4	17.6	18.8	20.1	21.3	22.6	23.8	25.1	26.3	27.6	28.8	
♂	7.2	7.8	8.5	9.1	9.7	10.4	11	11.6	12.3	12.9	13.5	14.2	14.8	15.4	16	16.7	17.3	17.9	18.6	19.2	19.8	20.4	21	21.7	22.3	22.9	23.5	24.1	24.8	25.4	

♃ (1, 6, 11, 16, 21, 26): 25.0R 24.4 23.7 23.1 22.4 21.8 — ♄ (1, 6, 11, 16, 21, 26): 3.4R 3.2 3 2.8 2.5 2.2 — ♅ (1, 11, 21): 9.7R 9.4 9.1 — ♆ (1, 11, 21): 29.8R 29.6 29.5 — ♇ (1, 11, 21): 5.4 5.5 5.7

X

	1	2	3	4	5	6	7	8	9	10	11	12	13	14	15	16	17	18	19	20	21	22	23	24	25	26	27	28	29	30	31
☉	7.9	8.8	9.8	10.8	11.8	12.8	13.8	14.8	15.7	16.7	17.7	18.7	19.7	20.7	21.7	22.7	23.7	24.7	25.6	26.6	27.6	28.6	29.6	0.6	1.6	2.6	3.6	4.6	5.6	6.6	7.6
☽	0.2	12.1	24	6.1	18.3	0.7	13.3	26.1	9.3	22.8	6.7	20.9	5.5	20.3	5.4	20.4	5.4	20.1	4.5	18.4	1.8	14.8	27.3	9.6	21.6	3.4	15.2	27	8.8	20.8	2.9
☿	27.8	29.6	1.4	3.2	5	6.8	8.6	10.3	12.1	13.9	15.6	17.3	19.1	20.8	22.5	24.2	25.9	27.5	29.2	0.8	2.5	4.1	5.7	7.3	8.9	10.5	12.1	13.6	15.2	16.8	18.3
♀	21.7	22.9	24	25.1	26.3	27.4	28.5	29.6	0.7	1.8	3	4.1	5.2	6.3	7.4	8.5	9.6	10.7	11.8	12.8	13.9	15	16.1	17.1	18.2	19.3	20.3	21.4	22.4	23.5	24.5
♂	1.5	2.2	2.9	3.6	4.3	5	5.7	6.4	7.1	7.8	8.5	9.3	10	10.7	11.4	12.1	12.9	13.6	14.3	15	15.8	16.5	17.2	18	18.7	19.4	20.2	20.9	21.6	22.4	23.1

♃ (1, 6, 11, 16, 21, 26, 31): 12.2R 12.1 12.1D 12.2 12.4 12.6 12.9 — ♄ (1, 6, 11, 16, 21, 26, 31): 17.6R 17.2 16.8 16.5 16.1 15.7 15.3 — ♅ (1, 11, 21, 31): 4.8R 4.7 4.8D 4.9 — ♆ (1, 11, 21, 31): 27.2R 27.2D 27.2 27.3 — ♇ (1, 11, 21, 31): 3.5 3.8 4.1 4.4

	1	2	3	4	5	6	7	8	9	10	11	12	13	14	15	16	17	18	19	20	21	22	23	24	25	26	27	28	29	30	31
☉	7.6	8.6	9.6	10.6	11.6	12.5	13.5	14.5	15.5	16.5	17.5	18.5	19.5	20.5	21.4	22.4	23.4	24.4	25.4	26.4	27.4	28.4	29.4	0.4	1.4	2.4	3.4	4.4	5.4	6.4	7.4
☽	2.8	16.4	0.4	14.8	29.7	14.8	0	15.2	0.2	14.8	28.9	12.7	26	8.9	21.5	3.8	16	28	9.9	21.8	3.6	15.5	27.4	9.3	21.3	3.5	15.9	28.5	11.5	24.9	8.7
☿	11.7	13.4	15.1	16.8	18.5	20.1	21.8	23.4	25	26.7	28.2	29.8	1.4	3	4.5	6.1	7.6	9.1	10.6	12.1	13.6	15.1	16.5	18	19.4	20.8	22.3	23.7	25.1	26.4	27.8
♀	0.1	1.3	2.5	3.8	5	6.3	7.5	8.8	10	11.3	12.5	13.8	15	16.3	17.5	18.8	20	21.3	22.5	23.8	25.1	26.3	27.6	28.8	0.1	1.3	2.6	3.8	5.1	6.3	7.6
♂	26	26.6	27.2	27.9	28.5	29.1	29.7	0.3	0.9	1.5	2.1	2.7	3.4	4	4.6	5.2	5.8	6.4	7	7.6	8.2	8.8	9.4	10	10.6	11.2	11.8	12.4	13	13.6	14.2

♃ (1, 6, 11, 16, 21, 26, 31): 21.1R 20.5 20 19.5 19.1 18.7 18.5 — ♄ (1, 6, 11, 16, 21, 26, 31): 1.9R 1.5 1.2 0.8 0.4 30 29.6 — ♅ (1, 11, 21, 31): 8.9R 8.8 8.8D 8.9 — ♆ (1, 11, 21, 31): 29.4R 29.4 29.4D 29.5 — ♇ (1, 11, 21, 31): 5.9 6.2 6.5 6.8

XI

	1	2	3	4	5	6	7	8	9	10	11	12	13	14	15	16	17	18	19	20	21	22	23	24	25	26	27	28	29	30	31
☉	8.6	9.6	10.6	11.6	12.6	13.6	14.6	15.6	16.6	17.6	18.6	19.6	20.7	21.7	22.7	23.7	24.7	25.7	26.7	27.7	28.7	29.7	0.7	1.7	2.8	3.8	4.8	5.8	6.8	7.8	
☽	15.2	27.7	10.3	23.2	6.3	19.6	3.1	16.8	0.8	15.1	29.5	14.2	28.9	13.6	28.1	12.4	26.3	9.7	22.8	5.4	17.7	29.7	11.6	23.4	5.2	17.1	29.1	11.4	23.9	6.7	
☿	19.8	21.4	22.9	24.4	25.9	27.4	28.9	0.4	1.9	3.4	4.8	6.3	7.7	9.1	10.6	12	13.4	14.8	16.1	17.5	18.8	20.1	21.4	22.7	23.9	25.1	26.2	27.3	28.3	29.3	
♀	25.6	26.6	27.6	28.6	29.6	0.6	1.6	2.6	3.6	4.6	5.6	6.5	7.5	8.4	9.4	10.3	11.2	12.2	13.1	14	14.8	15.7	16.6	17.4	18.2	19.1	19.9	20.7	21.5	22.2	
♂	23.9	24.6	25.3	26.1	26.8	27.6	28.3	29.1	29.8	0.6	1.3	2.1	2.8	3.6	4.4	5.1	5.9	6.6	7.4	8.2	8.9	9.7	10.4	11.2	12	12.7	13.5	14.3	15.1	15.8	

♃ (1, 6, 11, 16, 21, 26): 13 13.4 13.9 14.5 15.1 15.8 — ♄ (1, 6, 11, 16, 21, 26): 15.3R 14.9 14.6 14.4 14.1 13.9 — ♅ (1, 11, 21): 4.9 5.1 5.3 — ♆ (1, 11, 21): 27.3 27.5 27.7 — ♇ (1, 11, 21): 4.5 4.8 5.2

	1	2	3	4	5	6	7	8	9	10	11	12	13	14	15	16	17	18	19	20	21	22	23	24	25	26	27	28	29	30	31
☉	8.4	9.4	10.4	11.4	12.4	13.4	14.4	15.4	16.4	17.4	18.4	19.4	20.4	21.4	22.4	23.4	24.4	25.4	26.5	27.5	28.5	29.5	0.5	1.5	2.5	3.5	4.5	5.5	6.6	7.6	
☽	23	7.8	22.9	8.2	23.5	8.7	23.5	7.9	21.8	5.2	18.1	0.7	13	25	7	18.8	0.6	12.5	24.4	6.4	18.5	0.6	12.9	25.4	8.1	21	4.3	18	2	16.5	
☿	29.1	0.4	1.8	3	4.3	5.5	6.7	7.9	9	10.1	11.2	12.2	13.1	14	14.8	15.5	16.2	16.7	17.1	17.4	17.5	17.5R	17.4	17	16.5	15.8	15	13.9	12.7	11.5	
♀	8.8	10.1	11.3	12.6	13.9	15.1	16.4	17.6	18.9	20.1	21.4	22.6	23.9	25.1	26.4	27.7	28.9	0.2	1.4	2.7	3.9	5.2	6.4	7.7	9	10.2	11.5	12.7	14	15.2	
♂	14.8	15.3	15.9	16.5	17.1	17.7	18.3	18.9	19.5	20	20.6	21.2	21.8	22.4	22.9	23.5	24.1	24.7	25.2	25.8	26.4	26.9	27.5	28.1	28.6	29.2	29.8	0.3	0.9	1.4	

♃ (1, 6, 11, 16, 21, 26): 18.4R 18.3 18.2 18.2D 18.3 18.4 — ♄ (1, 6, 11, 16, 21, 26): 29.5R 29.1 28.7 28.4 28.1 27.8 — ♅ (1, 11, 21): 8.9 9 9.3 — ♆ (1, 11, 21): 29.5 29.7 29.8 — ♇ (1, 11, 21): 6.8 7.2 7.6

XII

	1	2	3	4	5	6	7	8	9	10	11	12	13	14	15	16	17	18	19	20	21	22	23	24	25	26	27	28	29	30	31
☉	8.8	9.8	10.9	11.9	12.9	13.9	14.9	15.9	17	18	19	20	21	22	23.1	24.1	25.1	26.1	27.1	28.1	29.2	0.2	1.2	2.2	3.2	4.3	5.3	6.3	7.3	8.3	9.3
☽	19.7	3	16.4	0	13.7	27.6	11.6	25.6	9.8	24	8.3	22.6	6.7	20.6	4.3	17.6	0.5	13.2	25.4	7.5	19.4	1.2	13	24.9	7	19.4	2.1	15.1	28.4	12	25.9
☿	0.2	1	1.7	2.3	2.8	3.1	3.3	3.4R	3.2	2.9	2.4	1.7	0.8	29.7	28.5	27.2	25.9	24.5	23.1	21.9	20.7	19.7	18.8	18.1	17.6	17.2	17.1	17.1D	17.2	17.5	17.9
♀	23	23.7	24.4	25.1	25.8	26.4	27.1	27.7	28.3	28.8	29.4	29.9	0.4	0.9	1.3	1.7	2.1	2.4	2.7	3	3.3	3.5	3.6	3.8	3.9	3.9	3.9R	3.9	3.9	3.7	3.6
♂	16.6	17.4	18.1	18.9	19.7	20.5	21.2	22	22.8	23.6	24.3	25.1	25.9	26.7	27.5	28.2	29	29.8	0.6	1.4	2.1	2.9	3.7	4.5	5.3	6.1	6.8	7.6	8.4	9.2	10

♃ (1, 6, 11, 16, 21, 26, 31): 16.5 17.4 18.2 19.1 20 21 22 — ♄ (1, 6, 11, 16, 21, 26, 31): 13.8R 13.6 13.6 13.5 13.6D 13.6 13.7 — ♅ (1, 11, 21, 31): 5.7 6.1 6.6 7.1 — ♆ (1, 11, 21, 31): 27.9 28.2 28.6 28.9 — ♇ (1, 11, 21, 31): 5.6 6 6.4 6.8

	1	2	3	4	5	6	7	8	9	10	11	12	13	14	15	16	17	18	19	20	21	22	23	24	25	26	27	28	29	30	31
☉	8.6	9.6	10.6	11.6	12.6	13.7	14.7	15.7	16.7	17.7	18.7	19.8	20.8	21.8	22.8	23.8	24.8	25.9	26.9	27.9	28.9	29.9	0.9	2	3	4	5	6	7.1	8.1	9.1
☽	1.3	16.4	1.6	16.7	1.5	16	0	13.6	26.6	9.2	21.6	3.6	15.6	27.4	9.2	21.1	3.1	15.2	27.5	9.9	22.4	5.2	18.1	1.2	14.6	28.2	12.1	26.3	10.8	25.5	10.2
☿	10.1R	8.7	7.4	6.1	4.9	3.9	3	2.3	1.8	1.5	1.3	1.4D	1.6	1.9	2.4	3	3.7	4.5	5.4	6.4	7.4	8.5	9.6	10.8	12	13.3	14.5	15.8	17.2	18.5	19.9
♀	16.5	17.7	19	20.3	21.5	22.8	24	25.3	26.5	27.8	29.1	0.3	1.6	2.8	4.1	5.3	6.6	7.8	9.1	10.3	11.6	12.9	14.1	15.4	16.6	17.9	19.1	20.4	21.6	22.9	24.1
♂	2	2.6	3.1	3.7	4.2	4.8	5.3	5.9	6.4	6.9	7.5	8	8.6	9.1	9.6	10.2	10.7	11.2	11.7	12.3	12.8	13.3	13.8	14.3	14.9	15.4	15.9	16.4	16.9	17.4	17.9

♃ (1, 6, 11, 16, 21, 26, 31): 18.7 19 19.4 19.9 20.5 21.1 21.8 — ♄ (1, 6, 11, 16, 21, 26, 31): 27.5R 27.3 27.1 26.9 26.8 26.8 26.8D — ♅ (1, 11, 21, 31): 9.6 10 10.4 10.9 — ♆ (1, 11, 21, 31): 0.1 0.4 0.7 1 — ♇ (1, 11, 21, 31): 8 8.4 8.7 9.1

I

	1	2	3	4	5	6	7	8	9	10	11	12	13	14	15	16	17	18	19	20	21	22	23	24	25	26	27	28	29	30	31
☉	♑ 10.1	11.1	12.2	13.2	14.2	15.2	16.2	17.3	18.3	19.3	20.3	21.3	22.3	23.4	24.4	25.4	26.4	27.4	28.5	29.5	♒ 0.5	1.5	2.5	3.5	4.6	5.6	6.6	7.6	8.6	9.6	10.7
☽	♊ 25	♋ 9.5	23.8	♌ 7.8	21.3	♍ 4.4	17.1	29.5	♎ 11.7	23.7	♏ 5.5	17.4	29.3	♐ 11.3	23.6	♑ 6	18.6	♒ 1.5	14.6	27.9	♓ 11.5	25.1	♈ 9	23	♉ 7.1	21.4	♊ 5.6	19.9	♋ 4.2	18.2	♌ 2.1
☿	♐ 21.3	22.7	24.1	25.5	27	28.4	29.9	♑ 1.4	2.8	4.3	5.8	7.3	8.9	10.4	11.9	13.5	15	16.6	18.1	19.7	21.3	22.9	24.5	26.1	27.7	29.4	♒ 1	2.7	4.3	6	7.7
♀	♑ 25.4	26.7	27.9	29.2	♒ 0.4	1.7	2.9	4.2	5.4	6.7	7.9	9.2	10.4	11.7	12.9	14.2	15.4	16.7	17.9	19.2	20.4	21.7	22.9	24.2	25.4	26.7	27.9	29.2	♓ 0.4	1.7	2.9
♂	♎ 18.4	18.9	19.4	19.9	20.3	20.8	21.3	21.8	22.3	22.7	23.2	23.7	24.1	24.6	25	25.5	25.9	26.4	26.8	27.3	27.7	28.1	28.5	29	29.4	29.8	♏ 0.2	0.6	1	1.4	1.8

♃	1: ♓ 21.9	6: 22.7	11: 23.5	16: 24.4	21: 25.3	26: 26.3	31: 27.3
♄	1: ♈ 26.8	6: 26.8	11: 26.9	16: 27.1	21: 27.2	26: 27.5	31: 27.7
♅	1: ♒ 11	11: 11.5	21: 12.1	31: 12.7			
♆	1: ♒ 1.1	11: 1.4	21: 1.8	31: 2.2			
♇	1: ♐ 9.1	11: 9.5	21: 9.8	31: 10			

II

	1	2	3	4	5	6	7	8	9	10	11	12	13	14	15	16	17	18	19	20	21	22	23	24	25	26	27	28	29	30	31
☉	♒ 11.7	12.7	13.7	14.7	15.7	16.7	17.8	18.8	19.8	20.8	21.8	22.8	23.8	24.8	25.9	26.9	27.9	28.9	29.9	♓ 0.9	1.9	2.9	3.9	4.9	5.9	6.9	8	9			
☽	♌ 15.8	29.1	♍ 12.1	24.8	♎ 7.2	19.4	♏ 1.4	13.3	25.2	♐ 7.1	19.2	♑ 1.5	14	26.8	♒ 9.9	23.3	♓ 7.1	21.1	♈ 5.3	19.5	♉ 3.9	18.2	♊ 2.4	16.5	♋ 0.5	14.3	27.9	♌ 11.3			
☿	♒ 9.4	11.1	12.8	14.6	16.3	18.1	19.8	21.6	23.4	25.2	27	28.8	♓ 0.7	2.5	4.3	6.2	8	9.8	11.6	13.4	15.2	17	18.7	20.3	22	23.5	25	26.4			
♀	♓ 4.2	5.4	6.6	7.9	9.1	10.4	11.6	12.9	14.1	15.3	16.6	17.8	19.1	20.3	21.5	22.8	24	25.2	26.5	27.7	28.9	♈ 0.2	1.4	2.6	3.9	5.1	6.3	7.6			
♂	♏ 2.2	2.5	2.9	3.3	3.7	4	4.4	4.7	5.1	5.4	5.7	6	6.4	6.7	7	7.3	7.6	7.8	8.1	8.4	8.6	8.9	9.1	9.4	9.6	9.8	10	10.2			

♃	1: ♓ 27.5	6: 28.5	11: 29.6	16: ♈ 0.7	21: 1.8	26: 2.9	
♄	1: ♈ 27.8	6: 28.1	11: 28.5	16: 28.8	21: 29.3	26: 29.7	
♅	1: ♒ 12.7	11: 13.3	21: 13.9				
♆	1: ♒ 2.2	11: 2.6	21: 3				
♇	1: ♐ 10	11: 10.2	21: 10.4				

III

	1	2	3	4	5	6	7	8	9	10	11	12	13	14	15	16	17	18	19	20	21	22	23	24	25	26	27	28	29	30	31
☉	♓ 10	11	12	13	14	15	16	17	18	19	20	21	22	23	24	25	26	27	27.9	28.9	29.9	♈ 0.9	1.9	2.9	3.9	4.9	5.9	6.9	7.9	8.9	9.8
☽	♌ 24.5	♍ 7.5	20.3	♎ 2.8	15.1	27.3	♏ 9.3	21.2	♐ 3.1	15	27	♑ 9.2	21.7	♒ 4.6	17.8	♓ 1.4	15.5	29.9	♈ 14.5	29.3	♉ 14.1	28.7	♊ 13.2	27.3	♋ 11.2	24.8	♌ 8.1	21.1	♍ 3.9	16.6	29
☿	♓ 27.7	29	♈ 0.1	1	1.9	2.6	3.2	3.6	3.9	4.1	4.0R	3.9	3.6	3.1	2.6	1.9	1.2	0.3	♓ 29.5	28.6	27.6	26.7	25.8	25	24.2	23.5	22.8	22.3	21.8	21.4	21.2
♀	♈ 8.8	10	11.2	12.5	13.7	14.9	16.1	17.4	18.6	19.8	21	22.2	23.4	24.7	25.9	27.1	28.3	29.5	♉ 0.7	1.9	3.1	4.3	5.5	6.8	8	9.2	10.4	11.6	12.8	13.9	15.1
♂	♏ 10.4	10.6	10.8	11	11.1	11.3	11.4	11.5	11.6	11.7	11.8	11.9	12	12.1	12.1	12.1	12.2	12.2	12.2R	12.2	12.1	12.1	12.1	12	11.9	11.8	11.7	11.6	11.5	11.4	11.2

♃	1: ♈ 3.6	6: 4.8	11: 6	16: 7.2	21: 8.4	26: 9.6	31: 10.8
♄	1: ♉ 0	6: 0.5	11: 1	16: 1.6	21: 2.1	26: 2.7	31: 3.3
♅	1: ♒ 14.3	11: 14.8	21: 15.3	31: 15.7			
♆	1: ♒ 3.2	11: 3.5	21: 3.8	31: 4			
♇	1: ♐ 10.5	11: 10.5	21: 10.5R	31: 10.4			

IV

	1	2	3	4	5	6	7	8	9	10	11	12	13	14	15	16	17	18	19	20	21	22	23	24	25	26	27	28	29	30	31
☉	♈ 10.8	11.8	12.8	13.8	14.8	15.8	16.7	17.7	18.7	19.7	20.7	21.7	22.6	23.6	24.6	25.6	26.6	27.5	28.5	29.5	♉ 0.5	1.4	2.4	3.4	4.4	5.3	6.3	7.3	8.3	9.2	
☽	♎ 11.4	23.5	♏ 5.6	17.6	29.4	♐ 11.3	23.2	♑ 5.2	17.4	29.8	♒ 12.5	25.7	♓ 9.4	23.5	♈ 8.1	23	♉ 8.1	23.3	♊ 8.3	23.1	♋ 7.4	21.4	♌ 5	18.2	♍ 1	13.6	26	♎ 8.2	20.4	♏ 2.4	
☿	♓ 21.0R	20.9	20.9D	21	21.2	21.5	21.8	22.3	22.8	23.3	24	24.7	25.5	26.3	27.2	28.1	29.1	♈ 0.1	1.2	2.3	3.4	4.6	5.9	7.1	8.4	9.8	11.2	12.6	14	15.5	
♀	♉ 16.3	17.5	18.7	19.9	21.1	22.3	23.5	24.6	25.8	27	28.2	29.4	♊ 0.5	1.7	2.9	4	5.2	6.4	7.5	8.7	9.9	11	12.2	13.3	14.5	15.6	16.8	17.9	19.1	20.2	
♂	♏ 11.0R	10.9	10.7	10.5	10.3	10	9.8	9.5	9.3	9	8.7	8.4	8.1	7.8	7.5	7.2	6.8	6.5	6.2	5.8	5.4	5.1	4.7	4.3	4	3.6	3.2	2.8	2.5	2.1	

♃	1: ♈ 11	6: 12.2	11: 13.4	16: 14.6	21: 15.8	26: 17	
♄	1: ♉ 3.4	6: 4.1	11: 4.7	16: 5.3	21: 5.9	26: 6.6	
♅	1: ♒ 15.8	11: 16.1	21: 16.4				
♆	1: ♒ 4	11: 4.2	21: 4.3				
♇	1: ♐ 10.4R	11: 10.3	21: 10.1				

V

	1	2	3	4	5	6	7	8	9	10	11	12	13	14	15	16	17	18	19	20	21	22	23	24	25	26	27	28	29	30	31
☉	♉ 10.2	11.2	12.1	13.1	14.1	15	16	17	18	18.9	19.9	20.9	21.8	22.8	23.7	24.7	25.7	26.6	27.6	28.6	29.5	♊ 0.5	1.5	2.4	3.4	4.3	5.3	6.3	7.2	8.2	9.1
☽	♏ 14.3	26.2	♐ 8.1	20	♑ 1.9	13.9	26.1	♒ 8.5	21.2	♓ 4.2	17.8	♈ 1.8	16.4	♉ 1.3	16.5	♊ 1.8	17.1	♋ 2	16.6	♌ 0.8	14.5	27.7	♍ 10.5	23.1	♎ 5.3	17.5	29.5	♏ 11.4	23.3	♐ 5.1	17
☿	♈ 17	18.5	20.1	21.7	23.3	25	26.7	28.4	♉ 0.2	2	3.8	5.7	7.6	9.5	11.5	13.4	15.4	17.5	19.6	21.7	23.8	25.9	28.1	♊ 0.3	2.4	4.6	6.8	9	11.2	13.4	15.6
♀	♊ 21.3	22.5	23.6	24.7	25.9	27	28.1	29.2	♋ 0.4	1.5	2.6	3.7	4.8	5.9	7	8.1	9.2	10.3	11.4	12.4	13.5	14.6	15.6	16.7	17.8	18.8	19.9	20.9	22	23	24
♂	♏ 1.7R	1.4	1	0.6	0.3	♎ 29.9	29.6	29.3	28.9	28.6	28.3	28	27.7	27.4	27.2	26.9	26.6	26.4	26.2	26	25.8	25.6	25.4	25.3	25.1	25	24.9	24.8	24.7	24.6	24.5

♃	1: ♈ 18.2	6: 19.3	11: 20.5	16: 21.6	21: 22.7	26: 23.8	31: 24.8
♄	1: ♉ 7.2	6: 7.9	11: 8.5	16: 9.1	21: 9.7	26: 10.3	31: 10.9
♅	1: ♒ 16.6	11: 16.8	21: 16.8	31: 16.8R			
♆	1: ♒ 4.4	11: 4.4R	21: 4.3	31: 4.2			
♇	1: ♐ 9.9R	11: 9.7	21: 9.4	31: 9.2			

VI

	1	2	3	4	5	6	7	8	9	10	11	12	13	14	15	16	17	18	19	20	21	22	23	24	25	26	27	28	29	30	31
☉	♊ 10.1	11.1	12	13	13.9	14.9	15.8	16.8	17.8	18.7	19.7	20.6	21.6	22.5	23.5	24.4	25.4	26.4	27.3	28.3	29.2	♋ 0.2	1.1	2.1	3	4	4.9	5.9	6.8	7.8	
☽	♐ 29	♑ 11	23.1	♒ 5.3	17.8	♓ 0.5	13.6	27.1	♈ 10.9	25.3	♉ 10	25.1	♊ 10.2	25.4	♋ 10.4	25.1	♌ 9.4	23.2	♍ 6.5	19.4	♎ 2	14.3	26.3	♏ 8.3	20.2	♐ 2	13.9	25.9	♑ 7.9	20.1	
☿	♊ 17.7	19.8	21.9	24	26	28	30	♋ 1.9	3.8	5.6	7.4	9.2	10.9	12.6	14.2	15.8	17.4	18.9	20.3	21.8	23.1	24.5	25.7	27	28.2	29.3	♌ 0.4	1.4	2.4	3.3	
♀	♋ 25.1	26.1	27.1	28.1	29.1	♌ 0.1	1.1	2.1	3.1	4	5	6	6.9	7.9	8.8	9.7	10.6	11.5	12.4	13.3	14.2	15.1	15.9	16.8	17.6	18.5	19.3	20.1	20.9	21.6	
♂	♎ 24.5R	24.5	24.4	24.4	24.4D	24.4	24.5	24.5	24.6	24.6	24.7	24.8	24.9	25	25.2	25.3	25.5	25.6	25.8	26	26.2	26.4	26.6	26.8	27.1	27.3	27.6	27.8	28.1	28.4	

♃	1: ♈ 25	6: 26	11: 27	16: 27.9	21: 28.8	26: 29.6	
♄	1: ♉ 11.1	6: 11.6	11: 12.2	16: 12.7	21: 13.3	26: 13.8	
♅	1: ♒ 16.8R	11: 16.6	21: 16.4				
♆	1: ♒ 4.2R	11: 4.1	21: 3.9				
♇	1: ♐ 9.1R	11: 8.9	21: 8.6				

VII

	1	2	3	4	5	6	7	8	9	10	11	12	13	14	15	16	17	18	19	20	21	22	23	24	25	26	27	28	29	30	31
☉	♋ 8.8	9.7	10.7	11.6	12.6	13.5	14.5	15.4	16.4	17.3	18.3	19.2	20.2	21.1	22.1	23.1	24	25	25.9	26.9	27.8	28.8	29.7	♌ 0.7	1.6	2.6	3.6	4.5	5.5	6.4	7.4
☽	♒ 2.4	14.9	27.5	♓ 10.5	23.6	♈ 7.1	21	♉ 5.1	19.6	♊ 4.3	19.2	♋ 4	18.8	♌ 3.3	17.5	♍ 1.3	14.7	27.7	♎ 10.3	22.7	♏ 4.8	16.7	28.6	♐ 10.5	22.4	♑ 4.5	16.6	29	♒ 11.6	24.4	♓ 7.4
☿	♌ 4.2	5	5.7	6.4	7.1	7.6	8.1	8.5	8.9	9.1	9.3	9.5	9.5R	9.5	9.3	9.1	8.9	8.5	8.1	7.6	7	6.4	5.8	5.1	4.4	3.7	3	2.3	1.6	1	0.4
♀	♌ 22.4	23.1	23.9	24.6	25.3	26	26.6	27.3	27.9	28.5	29.1	29.7	♍ 0.2	0.7	1.2	1.7	2.1	2.5	2.9	3.3	3.6	3.9	4.2	4.4	4.6	4.8	4.9	5	5.1	5.1	5.1R
♂	♎ 28.7	29	29.3	29.6	29.9	♏ 0.3	0.6	1	1.3	1.7	2.1	2.4	2.8	3.2	3.6	4	4.4	4.9	5.3	5.7	6.2	6.6	7	7.5	8	8.4	8.9	9.4	9.9	10.4	10.8

♃	1: ♉ 0.4	6: 1.2	11: 1.9	16: 2.5	21: 3	26: 3.5	31: 4
♄	1: ♉ 14.2	6: 14.7	11: 15.1	16: 15.5	21: 15.8	26: 16.1	31: 16.4
♅	1: ♒ 16.2R	11: 15.9	21: 15.5	31: 15.1			
♆	1: ♒ 3.6R	11: 3.4	21: 3.1	31: 2.9			
♇	1: ♐ 8.4R	11: 8.2	21: 8	31: 7.9			

VIII

	1	2	3	4	5	6	7	8	9	10	11	12	13	14	15	16	17	18	19	20	21	22	23	24	25	26	27	28	29	30	31
☉	♌ 8.3	9.3	10.3	11.2	12.2	13.1	14.1	15	16	17	17.9	18.9	19.8	20.8	21.8	22.7	23.7	24.6	25.6	26.6	27.5	28.5	29.5	♍ 0.4	1.4	2.3	3.3	4.3	5.2	6.2	7.2
☽	♓ 20.6	♈ 4.1	17.7	♉ 1.7	15.8	♊ 0	14.4	28.9	♋ 13.3	27.7	♌ 11.8	25.8	♍ 9.4	22.7	♎ 5.7	18.3	♏ 0.7	12.8	24.8	♐ 6.7	18.5	♑ 0.5	12.6	24.9	♒ 7.4	20.3	♓ 3.4	16.8	♈ 0.5	14.4	28.4
☿	♋ 29.9R	29.5	29.1	28.8	28.7	28.6	28.6D	28.8	29	29.4	29.9	♌ 0.5	1.2	2	3	4	5.2	6.4	7.7	9.2	10.7	12.3	13.9	15.6	17.4	19.2	21.1	23	24.9	26.8	28.8
♀	♍ 5.1R	5	4.8	4.7	4.4	4.2	3.9	3.6	3.2	2.8	2.4	1.9	1.4	0.9	0.3	♌ 29.8	29.2	28.6	28	27.3	26.7	26.1	25.5	24.9	24.3	23.7	23.1	22.6	22.1	21.6	21.2
♂	♏ 11.3	11.8	12.4	12.9	13.4	13.9	14.4	15	15.5	16	16.6	17.1	17.7	18.2	18.8	19.4	19.9	20.5	21.1	21.7	22.2	22.8	23.4	24	24.6	25.2	25.8	26.4	27	27.6	28.2

♃	1: ♉ 4.1	6: 4.4	11: 4.7	16: 4.9	21: 5	26: 5.0R	31: 4.9
♄	1: ♉ 16.5	6: 16.7	11: 16.9	16: 17	21: 17.1	26: 17.2	31: 17.2R
♅	1: ♒ 15.1R	11: 14.7	21: 14.3	31: 13.9			
♆	1: ♒ 2.8R	11: 2.6	21: 2.3	31: 2.1			
♇	1: ♐ 7.9R	11: 7.8	21: 7.8D	31: 7.8			

IX

	1	2	3	4	5	6	7	8	9	10	11	12	13	14	15	16	17	18	19	20	21	22	23	24	25	26	27	28	29	30	31
☉	♍ 8.1	9.1	10.1	11	12	13	14	14.9	15.9	16.9	17.8	18.8	19.8	20.8	21.7	22.7	23.7	24.7	25.6	26.6	27.6	28.6	29.5	♎ 0.5	1.5	2.5	3.5	4.4	5.4	6.4	
☽	♉ 12.6	26.8	♊ 11	25.2	♋ 9.3	23.3	♌ 7.2	21	♍ 4.5	17.8	♎ 0.9	13.7	26.3	♏ 8.6	20.7	♐ 2.7	14.6	26.4	♑ 8.3	20.4	♒ 2.8	15.4	28.4	♓ 11.8	25.6	♈ 9.7	24	♉ 8.6	23.1	♊ 7.6	
☿	♍ 0.7	2.7	4.7	6.6	8.6	10.5	12.4	14.3	16.2	18.1	20	21.9	23.7	25.5	27.3	29.1	♎ 0.8	2.6	4.3	6	7.7	9.4	11	12.7	14.3	15.9	17.5	19.1	20.6	22.2	
♀	♌ 20.8R	20.4	20.1	19.8	19.5	19.3	19.1	19	18.9	18.8	18.8	18.8D	18.9	19	19.1	19.3	19.5	19.7	20	20.3	20.6	21	21.4	21.8	22.2	22.7	23.2	23.8	24.3	24.9	
♂	♏ 28.9	29.5	♐ 0.1	0.7	1.4	2	2.6	3.3	3.9	4.6	5.2	5.9	6.5	7.2	7.8	8.5	9.1	9.8	10.5	11.1	11.8	12.5	13.2	13.8	14.5	15.2	15.9	16.6	17.3	17.9	

♃	1: ♉ 4.9R	6: 4.8	11: 4.5	16: 4.2	21: 3.8	26: 3.3	
♄	1: ♉ 17.2R	6: 17.1	11: 17.1	16: 16.9	21: 16.8	26: 16.6	
♅	1: ♒ 13.9R	11: 13.6	21: 13.3				
♆	1: ♒ 2.1R	11: 1.9	21: 1.7				
♇	1: ♐ 7.8	11: 7.9	21: 8.1				

X

	1	2	3	4	5	6	7	8	9	10	11	12	13	14	15	16	17	18	19	20	21	22	23	24	25	26	27	28	29	30	31
☉	♎ 7.4	8.4	9.4	10.3	11.3	12.3	13.3	14.3	15.3	16.3	17.2	18.2	19.2	20.2	21.2	22.2	23.2	24.2	25.2	26.2	27.2	28.2	29.1	♏ 0.1	1.1	2.1	3.1	4.1	5.1	6.1	7.1
☽	♊ 22	♋ 6.1	20.1	♌ 3.8	17.4	♍ 0.7	13.9	26.9	♎ 9.6	22.2	♏ 4.6	16.8	28.8	♐ 10.8	22.6	♑ 4.4	16.3	28.3	♒ 10.6	23.2	♓ 6.3	19.7	♈ 3.7	18.1	♉ 2.8	17.8	♊ 2.8	17.7	♋ 2.3	16.7	♌ 0.7
☿	♎ 23.7	25.2	26.7	28.2	29.7	♏ 1.2	2.6	4	5.5	6.8	8.2	9.6	10.9	12.3	13.6	14.9	16.1	17.4	18.6	19.8	21	22.1	23.2	24.2	25.2	26.2	27.1	28	28.8	29.5	♐ 0.1
♀	♌ 25.5	26.1	26.7	27.4	28.1	28.8	29.5	♍ 0.2	1	1.7	2.5	3.3	4.1	4.9	5.8	6.6	7.5	8.4	9.2	10.1	11.1	12	12.9	13.8	14.8	15.7	16.7	17.7	18.6	19.6	20.6
♂	♐ 18.6	19.3	20	20.7	21.4	22.1	22.8	23.5	24.2	24.9	25.7	26.4	27.1	27.8	28.5	29.2	30	♑ 0.7	1.4	2.1	2.8	3.6	4.3	5	5.8	6.5	7.2	8	8.7	9.4	10.2

♃	1: ♉ 2.8R	6: 2.3	11: 1.6	16: 1	21: 0.3	26: ♈ 29.6	31: 29
♄	1: ♉ 16.3R	6: 16	11: 15.7	16: 15.4	21: 15	26: 14.6	31: 14.2
♅	1: ♒ 13.1R	11: 12.9	21: 12.9	31: 12.9D			
♆	1: ♒ 1.6R	11: 1.6	21: 1.6D	31: 1.7			
♇	1: ♐ 8.3	11: 8.5	21: 8.8	31: 9.1			

XI

	1	2	3	4	5	6	7	8	9	10	11	12	13	14	15	16	17	18	19	20	21	22	23	24	25	26	27	28	29	30	31
☉	♏ 8.1	9.1	10.1	11.1	12.1	13.1	14.1	15.1	16.1	17.1	18.2	19.2	20.2	21.2	22.2	23.2	24.2	25.2	26.2	27.2	28.2	29.2	♐ 0.2	1.3	2.3	3.3	4.3	5.3	6.3	7.3	
☽	♌ 14.4	27.7	♍ 10.8	23.7	♎ 6.3	18.8	♏ 1.1	13.3	25.4	♐ 7.3	19.2	♑ 1	12.8	24.6	♒ 6.6	18.9	♓ 1.4	14.3	27.7	♈ 11.6	26	♉ 10.9	26	♊ 11.3	26.5	♋ 11.5	26.2	♌ 10.4	24.3	♍ 7.7	
☿	♐ 0.7	1.1	1.4	1.6	1.7	1.7R	1.5	1.1	0.6	♏ 29.9	29	28	26.9	25.6	24.3	23	21.7	20.4	19.2	18.2	17.3	16.6	16.1	15.8	15.6	15.7D	15.9	16.3	16.8	17.5	
♀	♍ 21.6	22.6	23.7	24.7	25.7	26.8	27.8	28.9	29.9	♎ 1	2	3.1	4.2	5.3	6.4	7.4	8.5	9.6	10.7	11.9	13	14.1	15.2	16.3	17.5	18.6	19.7	20.9	22	23.1	
♂	♑ 10.9	11.7	12.4	13.2	13.9	14.7	15.4	16.1	16.9	17.6	18.4	19.2	19.9	20.7	21.4	22.2	22.9	23.7	24.5	25.2	26	26.7	27.5	28.3	29	29.8	♒ 0.6	1.3	2.1	2.8	

♃	1: ♈ 28.8R	6: 28.2	11: 27.6	16: 27	21: 26.5	26: 26.1	
♄	1: ♉ 14.2R	6: 13.7	11: 13.3	16: 12.9	21: 12.6	26: 12.2	
♅	1: ♒ 12.9	11: 13	21: 13.2				
♆	1: ♒ 1.7	11: 1.8	21: 2				
♇	1: ♐ 9.2	11: 9.5	21: 9.9				

XII

	1	2	3	4	5	6	7	8	9	10	11	12	13	14	15	16	17	18	19	20	21	22	23	24	25	26	27	28	29	30	31
☉	♐ 8.3	9.4	10.4	11.4	12.4	13.4	14.4	15.4	16.5	17.5	18.5	19.5	20.5	21.5	22.6	23.6	24.6	25.6	26.6	27.6	28.7	29.7	♑ 0.7	1.7	2.7	3.8	4.8	5.8	6.8	7.8	8.9
☽	♍ 20.7	♎ 3.4	15.9	28.2	♏ 10.3	22.3	♐ 4.2	16.1	27.9	♑ 9.7	21.6	♒ 3.5	15.5	27.8	♓ 10.3	23.1	♈ 6.4	20.1	♉ 4.3	19	♊ 4	19.2	♋ 4.5	19.7	♌ 4.6	19.1	♍ 3.1	16.7	29.9	♎ 12.6	25.1
☿	♏ 18.3	19.2	20.1	21.2	22.3	23.4	24.7	25.9	27.2	28.5	29.9	♐ 1.3	2.7	4.1	5.5	7	8.4	9.9	11.4	12.9	14.3	15.8	17.3	18.9	20.4	21.9	23.4	25	26.5	28	29.6
♀	♎ 24.3	25.4	26.6	27.8	28.9	♏ 0.1	1.2	2.4	3.6	4.7	5.9	7.1	8.3	9.5	10.6	11.8	13	14.2	15.4	16.6	17.8	19	20.2	21.3	22.5	23.7	24.9	26.2	27.4	28.6	29.8
♂	♒ 3.6	4.4	5.2	5.9	6.7	7.5	8.2	9	9.8	10.5	11.3	12.1	12.9	13.6	14.4	15.2	16	16.7	17.5	18.3	19.1	19.8	20.6	21.4	22.2	22.9	23.7	24.5	25.3	26	26.8

♃	1: ♈ 25.7R	6: 25.4	11: 25.2	16: 25.1	21: 25.0D	26: 25.1	31: 25.2
♄	1: ♉ 11.8R	6: 11.5	11: 11.2	16: 11	21: 10.7	26: 10.6	31: 10.4
♅	1: ♒ 13.5	11: 13.9	21: 14.3	31: 14.7			
♆	1: ♒ 2.2	11: 2.5	21: 2.8	31: 3.2			
♇	1: ♐ 10.3	11: 10.7	21: 11.1	31: 11.4			

I

	1	2	3	4	5	6	7	8	9	10	11	12	13	14	15	16	17	18	19	20	21	22	23	24	25	26	27	28	29	30	31
☉	♑ 9.9	10.9	11.9	12.9	13.9	15	16	17	18	19	20.1	21.1	22.1	23.1	24.1	25.2	26.2	27.2	28.2	29.2	♒ 0.2	1.3	2.3	3.3	4.3	5.3	6.4	7.4	8.4	9.4	10.4
☽	♏ 7.3	19.3	♐ 1.2	13.1	24.9	♑ 6.7	18.6	♒ 0.6	12.6	24.9	♓ 7.3	19.9	♈ 2.8	16	29.6	♉ 13.6	27.9	♊ 12.6	27.5	♋ 12.5	27.5	♌ 12.4	26.9	♍ 11.1	24.9	♎ 8.2	21.1	♏ 3.6	15.8	27.9	♐ 9.7
☿	♑ 1.1	2.7	4.2	5.8	7.4	9	10.6	12.1	13.7	15.3	17	18.6	20.2	21.8	23.5	25.1	26.8	28.5	♒ 0.1	1.8	3.5	5.2	6.9	8.6	10.4	12.1	13.8	15.6	17.3	19.1	20.8
♀	♐ 1	2.2	3.4	4.6	5.8	7	8.2	9.5	10.7	11.9	13.1	14.3	15.5	16.8	18	19.2	20.4	21.7	22.9	24.1	25.3	26.5	27.8	29	♑ 0.2	1.5	2.7	3.9	5.1	6.4	7.6
♂	♒ 27.6	28.4	29.1	29.9	♓ 0.7	1.5	2.2	3	3.8	4.6	5.3	6.1	6.9	7.7	8.4	9.2	10	10.8	11.5	12.3	13.1	13.9	14.6	15.4	16.2	16.9	17.7	18.5	19.3	20	20.8

♃	1: ♈ 25.2	6: 25.5	11: 25.8	16: 26.2	21: 26.7	26: 27.2	31: 27.8
♄	1: ♉ 10.4R	6: 10.3	11: 10.3	16: 10.3D	21: 10.4	26: 10.5	31: 10.6
♅	1: ♒ 14.8	11: 15.3	21: 15.9	31: 16.4			
♆	1: ♒ 3.2	11: 3.6	21: 3.9	31: 4.3			
♇	1: ♐ 11.5	11: 11.8	21: 12.1	31: 12.4			

II

	1	2	3	4	5	6	7	8	9	10	11	12	13	14	15	16	17	18	19	20	21	22	23	24	25	26	27	28	29	30	31
☉	♒ 11.4	12.4	13.5	14.5	15.5	16.5	17.5	18.5	19.5	20.6	21.6	22.6	23.6	24.6	25.6	26.6	27.6	28.6	29.7	♓ 0.7	1.7	2.7	3.7	4.7	5.7	6.7	7.7	8.7	9.7		
☽	♐ 21.6	♑ 3.4	15.2	27.2	♒ 9.3	21.7	♓ 4.2	16.9	29.8	♈ 13	26.4	♉ 10	23.9	♊ 8	22.3	♋ 6.8	21.4	♌ 6	20.5	♍ 4.8	18.9	♎ 2.6	16	28.9	♏ 11.6	23.9	♐ 5.9	17.8	29.6		
☿	♒ 22.6	24.3	26	27.7	29.4	♓ 1.1	2.8	4.4	5.9	7.4	8.9	10.2	11.5	12.7	13.7	14.7	15.5	16.1	16.6	17	17.2	17.2R	17	16.7	16.2	15.6	14.8	14	13		
♀	♑ 8.8	10.1	11.3	12.5	13.7	15	16.2	17.4	18.7	19.9	21.1	22.4	23.6	24.8	26.1	27.3	28.5	29.8	♒ 1	2.2	3.5	4.7	5.9	7.2	8.4	9.6	10.9	12.1	13.4		
♂	♓ 21.6	22.3	23.1	23.9	24.6	25.4	26.2	26.9	27.7	28.5	29.2	30	♈ 0.7	1.5	2.3	3	3.8	4.5	5.3	6.1	6.8	7.6	8.3	9.1	9.8	10.6	11.4	12.1	12.9		

♃	1: ♈ 28	6: 28.6	11: 29.4	16: ♉ 0.2	21: 1	26: 1.9	
♄	1: ♉ 10.7	6: 10.9	11: 11.1	16: 11.4	21: 11.7	26: 12.1	
♅	1: ♒ 16.5	11: 17.1	21: 17.7				
♆	1: ♒ 4.3	11: 4.7	21: 5.1				
♇	1: ♐ 12.4	11: 12.6	21: 12.8				

III

	1	2	3	4	5	6	7	8	9	10	11	12	13	14	15	16	17	18	19	20	21	22	23	24	25	26	27	28	29	30	31
☉	♓ 10.7	11.7	12.7	13.7	14.7	15.7	16.7	17.7	18.7	19.7	20.7	21.7	22.7	23.7	24.7	25.7	26.7	27.7	28.7	29.7	♈ 0.7	1.7	2.7	3.7	4.7	5.6	6.6	7.6	8.6	9.6	10.6
☽	♑ 11.4	23.4	♒ 5.4	17.7	♓ 0.3	13.1	26.2	♈ 9.5	23.1	♉ 6.9	20.8	♊ 4.8	18.9	♋ 3	17.2	♌ 1.3	15.5	29.5	♍ 13.4	27.2	♎ 10.7	23.9	♏ 6.8	19.4	♐ 1.7	13.7	25.6	♑ 7.5	19.3	♒ 1.2	13.3
☿	♓ 12.0R	11	9.9	8.9	7.9	6.9	6.1	5.3	4.6	4	3.6	3.2	3	2.8	2.8D	2.8	3	3.3	3.6	4	4.5	5.1	5.7	6.5	7.2	8	8.9	9.9	10.8	11.9	12.9
♀	♒ 14.6	15.8	17.1	18.3	19.5	20.8	22	23.2	24.5	25.7	26.9	28.2	29.4	♓ 0.7	1.9	3.1	4.4	5.6	6.8	8.1	9.3	10.5	11.8	13	14.2	15.5	16.7	17.9	19.2	20.4	21.7
♂	♈ 13.6	14.4	15.1	15.9	16.6	17.4	18.1	18.9	19.6	20.3	21.1	21.8	22.6	23.3	24.1	24.8	25.5	26.3	27	27.8	28.5	29.2	30	♉ 0.7	1.4	2.2	2.9	3.6	4.4	5.1	5.8

♃	1: ♉ 2.7	6: 3.7	11: 4.7	16: 5.7	21: 6.8	26: 7.9	31: 9
♄	1: ♉ 12.4	6: 12.8	11: 13.3	16: 13.8	21: 14.3	26: 14.8	31: 15.4
♅	1: ♒ 18.2	11: 18.7	21: 19.2	31: 19.6			
♆	1: ♒ 5.4	11: 5.7	21: 6	31: 6.2			
♇	1: ♐ 12.9	11: 12.9	21: 12.9R	31: 12.9			

IV

	1	2	3	4	5	6	7	8	9	10	11	12	13	14	15	16	17	18	19	20	21	22	23	24	25	26	27	28	29	30	31
☉	♈ 11.6	12.6	13.6	14.5	15.5	16.5	17.5	18.5	19.5	20.4	21.4	22.4	23.4	24.4	25.3	26.3	27.3	28.3	29.3	♉ 0.2	1.2	2.2	3.2	4.1	5.1	6.1	7	8	9	10	
☽	♒ 25.7	♓ 8.4	21.4	♈ 4.9	18.6	♉ 2.6	16.9	♊ 1.2	15.5	29.8	♋ 14	28.1	♌ 12	25.8	♍ 9.5	23	♎ 6.3	19.4	♏ 2.3	15	27.5	♐ 9.7	21.7	♑ 3.6	15.4	27.2	♒ 9.1	21.2	♓ 3.6	16.3	
☿	♓ 14	15.2	16.4	17.6	18.8	20.1	21.4	22.8	24.2	25.6	27	28.5	30	♈ 1.5	3.1	4.7	6.3	7.9	9.6	11.3	13	14.7	16.5	18.3	20.1	22	23.9	25.8	27.7	29.7	
♀	♓ 22.9	24.1	25.4	26.6	27.8	29.1	♈ 0.3	1.5	2.8	4	5.2	6.5	7.7	8.9	10.2	11.4	12.6	13.9	15.1	16.3	17.6	18.8	20	21.3	22.5	23.7	24.9	26.2	27.4	28.6	
♂	♉ 6.6	7.3	8	8.7	9.5	10.2	10.9	11.6	12.4	13.1	13.8	14.5	15.2	16	16.7	17.4	18.1	18.8	19.5	20.2	21	21.7	22.4	23.1	23.8	24.5	25.2	25.9	26.6	27.3	

♃	1: ♉ 9.2	6: 10.3	11: 11.5	16: 12.6	21: 13.8	26: 15	
♄	1: ♉ 15.5	6: 16.1	11: 16.7	16: 17.3	21: 17.9	26: 18.6	
♅	1: ♒ 19.7	11: 20	21: 20.4				
♆	1: ♒ 6.2	11: 6.4	21: 6.5				
♇	1: ♐ 12.8R	11: 12.7	21: 12.6				

V

	1	2	3	4	5	6	7	8	9	10	11	12	13	14	15	16	17	18	19	20	21	22	23	24	25	26	27	28	29	30	31
☉	♉ 10.9	11.9	12.9	13.8	14.8	15.8	16.8	17.7	18.7	19.7	20.6	21.6	22.6	23.5	24.5	25.4	26.4	27.4	28.3	29.3	♊ 0.3	1.2	2.2	3.1	4.1	5.1	6	7	7.9	8.9	9.9
☽	♓ 29.5	♈ 13.1	27.1	♉ 11.4	26.1	♊ 10.8	25.6	♋ 10.2	24.6	♌ 8.8	22.7	♍ 6.4	19.8	♎ 3	16	28.8	♏ 11.4	23.8	♐ 6	18.1	30	♑ 11.8	23.6	♒ 5.4	17.3	29.4	♓ 11.8	24.5	♈ 7.6	21.2	♉ 5.3
☿	♉ 1.7	3.7	5.8	7.8	9.9	12.1	14.2	16.3	18.5	20.7	22.9	25	27.2	29.4	♊ 1.5	3.7	5.8	7.9	9.9	11.9	13.9	15.8	17.7	19.6	21.4	23.2	24.9	26.6	28.2	29.7	♋ 1.2
♀	♈ 29.9	♉ 1.1	2.3	3.6	4.8	6	7.3	8.5	9.7	10.9	12.2	13.4	14.6	15.9	17.1	18.3	19.6	20.8	22	23.2	24.5	25.7	26.9	28.2	29.4	♊ 0.6	1.8	3.1	4.3	5.5	6.8
♂	♉ 28	28.7	29.5	♊ 0.2	0.9	1.6	2.3	3	3.7	4.4	5	5.7	6.4	7.1	7.8	8.5	9.2	9.9	10.6	11.3	12	12.7	13.4	14	14.7	15.4	16.1	16.8	17.5	18.2	18.8

♃	1: ♉ 16.2	6: 17.4	11: 18.6	16: 19.8	21: 20.9	26: 22.1	31: 23.3
♄	1: ♉ 19.2	6: 19.8	11: 20.5	16: 21.1	21: 21.8	26: 22.4	31: 23
♅	1: ♒ 20.6	11: 20.7	21: 20.8	31: 20.8R			
♆	1: ♒ 6.6	11: 6.6R	21: 6.5	31: 6.4			
♇	1: ♐ 12.4R	11: 12.1	21: 11.9	31: 11.6			

VI

	1	2	3	4	5	6	7	8	9	10	11	12	13	14	15	16	17	18	19	20	21	22	23	24	25	26	27	28	29	30	31
☉	♊ 10.8	11.8	12.7	13.7	14.7	15.6	16.6	17.5	18.5	19.4	20.4	21.3	22.3	23.3	24.2	25.2	26.1	27.1	28	29	29.9	♋ 0.9	1.8	2.8	3.8	4.7	5.7	6.6	7.6	8.5	
☽	♉ 19.8	♊ 4.6	19.6	♋ 4.7	19.7	♌ 4.4	18.8	♍ 2.9	16.6	♎ 0	13.1	25.8	♏ 8.4	20.7	♐ 2.9	14.9	26.8	♑ 8.6	20.4	♒ 2.2	14.1	26	♓ 8.2	20.5	♈ 3.2	16.3	29.8	♉ 13.8	28.2	♊ 12.9	
☿	♋ 2.7	4.1	5.5	6.8	8	9.2	10.4	11.5	12.5	13.4	14.4	15.2	16	16.7	17.3	17.9	18.4	18.9	19.2	19.5	19.8	19.9	20	20.0R	19.9	19.7	19.5	19.2	18.8	18.4	
♀	♊ 8	9.2	10.5	11.7	12.9	14.1	15.4	16.6	17.8	19.1	20.3	21.5	22.7	24	25.2	26.4	27.7	28.9	♋ 0.1	1.3	2.6	3.8	5	6.3	7.5	8.7	9.9	11.2	12.4	13.6	
♂	♊ 19.5	20.2	20.9	21.6	22.2	22.9	23.6	24.3	24.9	25.6	26.3	27	27.6	28.3	29	29.7	♋ 0.3	1	1.7	2.3	3	3.7	4.4	5	5.7	6.4	7	7.7	8.3	9	

♃	1: ♉ 23.5	6: 24.7	11: 25.8	16: 26.9	21: 28	26: 29.1	
♄	1: ♉ 23.2	6: 23.8	11: 24.4	16: 25	21: 25.6	26: 26.1	
♅	1: ♒ 20.8R	11: 20.7	21: 20.5				
♆	1: ♒ 6.4R	11: 6.3	21: 6.1				
♇	1: ♐ 11.6R	11: 11.3	21: 11.1				

VII

	1	2	3	4	5	6	7	8	9	10	11	12	13	14	15	16	17	18	19	20	21	22	23	24	25	26	27	28	29	30	31
☉	♋ 9.5	10.4	11.4	12.3	13.3	14.2	15.2	16.2	17.1	18.1	19	20	20.9	21.9	22.8	23.8	24.7	25.7	26.6	27.6	28.6	29.5	♌ 0.5	1.4	2.4	3.3	4.3	5.2	6.2	7.2	8.1
☽	♊ 28	♋ 13.2	28.3	♌ 13.3	28	♍ 12.3	26.1	♎ 9.6	22.6	♏ 5.3	17.8	29.9	♐ 12	23.8	♑ 5.7	17.5	29.3	♒ 11.1	23.1	♓ 5.2	17.4	29.9	♈ 12.7	25.7	♉ 9.1	22.9	♊ 7.1	21.7	♋ 6.5	21.6	♌ 6.7
☿	♋ 17.9R	17.4	16.8	16.2	15.6	15	14.4	13.8	13.2	12.6	12.1	11.7	11.3	10.9	10.7	10.5	10.4	10.4D	10.5	10.7	10.9	11.3	11.8	12.3	13	13.8	14.6	15.5	16.6	17.7	18.9
♀	♋ 14.9	16.1	17.3	18.5	19.8	21	22.2	23.5	24.7	25.9	27.1	28.4	29.6	♌ 0.8	2.1	3.3	4.5	5.8	7	8.2	9.4	10.7	11.9	13.1	14.4	15.6	16.8	18.1	19.3	20.5	21.7
♂	♋ 9.7	10.3	11	11.7	12.3	13	13.6	14.3	15	15.6	16.3	16.9	17.6	18.2	18.9	19.6	20.2	20.9	21.5	22.2	22.8	23.5	24.1	24.8	25.4	26.1	26.7	27.4	28	28.7	29.3

♃	1: ♊ 0.2	6: 1.2	11: 2.2	16: 3.1	21: 4.1	26: 5	31: 5.8
♄	1: ♉ 26.7	6: 27.2	11: 27.7	16: 28.1	21: 28.6	26: 29	31: 29.4
♅	1: ♒ 20.3R	11: 20	21: 19.7	31: 19.3			
♆	1: ♒ 5.9R	11: 5.6	21: 5.4	31: 5.1			
♇	1: ♐ 10.8R	11: 10.6	21: 10.4	31: 10.3			

VIII

	1	2	3	4	5	6	7	8	9	10	11	12	13	14	15	16	17	18	19	20	21	22	23	24	25	26	27	28	29	30	31
☉	♌ 9.1	10	11	11.9	12.9	13.8	14.8	15.8	16.7	17.7	18.6	19.6	20.6	21.5	22.5	23.4	24.4	25.4	26.3	27.3	28.3	29.2	♍ 0.2	1.1	2.1	3.1	4	5	6	6.9	7.9
☽	♌ 21.7	♍ 6.4	20.9	♎ 4.9	18.4	♏ 1.6	14.3	26.7	♐ 8.8	20.8	♑ 2.6	14.4	26.2	♒ 8.1	20.1	♓ 2.2	14.5	27	♈ 9.7	22.6	♉ 5.8	19.2	♊ 2.9	16.9	♋ 1.2	15.7	♌ 0.4	15.2	♍ 0	14.7	29.1
☿	♋ 20.2	21.6	23	24.6	26.2	27.9	29.6	♌ 1.4	3.2	5.1	7.1	9	11	13	15	17.1	19.1	21.1	23.2	25.2	27.2	29.2	♍ 1.2	3.1	5.1	7	8.9	10.8	12.6	14.5	16.3
♀	♌ 23	24.2	25.4	26.7	27.9	29.1	♍ 0.3	1.6	2.8	4	5.3	6.5	7.7	9	10.2	11.4	12.6	13.9	15.1	16.3	17.6	18.8	20	21.2	22.5	23.7	24.9	26.2	27.4	28.6	29.8
♂	♋ 30	♌ 0.6	1.3	1.9	2.6	3.2	3.9	4.5	5.1	5.8	6.4	7.1	7.7	8.4	9	9.6	10.3	10.9	11.6	12.2	12.9	13.5	14.1	14.8	15.4	16	16.7	17.3	18	18.6	19.2

♃	1: ♊ 6	6: 6.7	11: 7.5	16: 8.2	21: 8.8	26: 9.3	31: 9.8
♄	1: ♉ 29.4	6: 29.8	11: ♊ 0.1	16: 0.3	21: 0.5	26: 0.7	31: 0.8
♅	1: ♒ 19.3R	11: 18.9	21: 18.5	31: 18.1			
♆	1: ♒ 5.1R	11: 4.8	21: 4.6	31: 4.3			
♇	1: ♐ 10.3R	11: 10.2	21: 10.2D	31: 10.2			

IX

	1	2	3	4	5	6	7	8	9	10	11	12	13	14	15	16	17	18	19	20	21	22	23	24	25	26	27	28	29	30	31
☉	♍ 8.9	9.8	10.8	11.8	12.7	13.7	14.7	15.7	16.6	17.6	18.6	19.5	20.5	21.5	22.5	23.4	24.4	25.4	26.4	27.3	28.3	29.3	♎ 0.3	1.3	2.2	3.2	4.2	5.2	6.2	7.1	
☽	♎ 13.1	26.7	♏ 9.9	22.6	♐ 5.1	17.2	29.1	♑ 10.9	22.7	♒ 4.6	16.5	28.7	♓ 11	23.6	♈ 6.4	19.5	♉ 2.7	16.2	29.8	♊ 13.6	27.5	♋ 11.6	25.8	♌ 10.2	24.6	♍ 9	23.3	♎ 7.4	21.2	♏ 4.7	
☿	♍ 18.1	19.9	21.6	23.4	25.1	26.8	28.5	♎ 0.1	1.8	3.4	5	6.6	8.1	9.7	11.2	12.7	14.2	15.7	17.1	18.6	20	21.4	22.8	24.1	25.4	26.8	28	29.3	♏ 0.6	1.8	
♀	♎ 1.1	2.3	3.5	4.7	6	7.2	8.4	9.6	10.9	12.1	13.3	14.5	15.8	17	18.2	19.4	20.7	21.9	23.1	24.3	25.6	26.8	28	29.2	♏ 0.5	1.7	2.9	4.1	5.3	6.6	
♂	♌ 19.9	20.5	21.1	21.8	22.4	23	23.7	24.3	25	25.6	26.2	26.9	27.5	28.1	28.7	29.4	♍ 0	0.6	1.3	1.9	2.5	3.2	3.8	4.4	5	5.7	6.3	6.9	7.6	8.2	

♃	1: ♊ 9.9	6: 10.3	11: 10.7	16: 10.9	21: 11.1	26: 11.2	
♄	1: ♊ 0.9	6: 1	11: 1	16: 1.0R	21: 0.9	26: 0.8	
♅	1: ♒ 18.0R	11: 17.7	21: 17.4				
♆	1: ♒ 4.3R	11: 4.1	21: 4				
♇	1: ♐ 10.2	11: 10.3	21: 10.4				

X

	1	2	3	4	5	6	7	8	9	10	11	12	13	14	15	16	17	18	19	20	21	22	23	24	25	26	27	28	29	30	31
☉	♎ 8.1	9.1	10.1	11.1	12.1	13.1	14	15	16	17	18	19	20	21	22	22.9	23.9	24.9	25.9	26.9	27.9	28.9	29.9	♏ 0.9	1.9	2.9	3.9	4.9	5.9	6.9	7.9
☽	♏ 17.9	♐ 0.6	13	25.1	♑ 7.1	18.9	♒ 0.7	12.6	24.6	♓ 6.9	19.4	♈ 2.2	15.4	28.8	♉ 12.5	26.3	♊ 10.3	24.3	♋ 8.4	22.5	♌ 6.6	20.7	♍ 4.7	18.7	♎ 2.6	16.3	29.8	♏ 13	25.9	♐ 8.5	20.9
☿	♏ 3	4.1	5.2	6.3	7.4	8.4	9.4	10.3	11.2	12	12.8	13.5	14.1	14.6	15.1	15.4	15.7	15.8	15.8R	15.7	15.4	15	14.4	13.7	12.9	11.9	10.8	9.6	8.4	7.1	5.8
♀	♏ 7.8	9	10.2	11.4	12.7	13.9	15.1	16.3	17.5	18.8	20	21.2	22.4	23.6	24.8	26.1	27.3	28.5	29.7	♐ 0.9	2.1	3.3	4.6	5.8	7	8.2	9.4	10.6	11.8	13	14.2
♂	♍ 8.8	9.4	10.1	10.7	11.3	11.9	12.6	13.2	13.8	14.4	15.1	15.7	16.3	16.9	17.6	18.2	18.8	19.4	20.1	20.7	21.3	21.9	22.5	23.2	23.8	24.4	25	25.6	26.3	26.9	27.5

♃	1: ♊ 11.2R	6: 11.2	11: 11	16: 10.8	21: 10.5	26: 10.1	31: 9.6
♄	1: ♊ 0.7R	6: 0.5	11: 0.3	16: 0	21: ♉ 29.7	26: 29.4	31: 29
♅	1: ♒ 17.2R	11: 17	21: 16.9	31: 16.9D			
♆	1: ♒ 3.9R	11: 3.8	21: 3.8D	31: 3.9			
♇	1: ♐ 10.6	11: 10.9	21: 11.2	31: 11.5			

XI

	1	2	3	4	5	6	7	8	9	10	11	12	13	14	15	16	17	18	19	20	21	22	23	24	25	26	27	28	29	30	31
☉	♏ 8.9	9.9	10.9	11.9	12.9	13.9	14.9	15.9	16.9	17.9	18.9	19.9	20.9	21.9	22.9	23.9	25	26	27	28	29	♐ 0	1	2	3	4	5.1	6.1	7.1	8.1	
☽	♑ 3	14.9	26.7	♒ 8.5	20.4	♓ 2.4	14.7	27.3	♈ 10.3	23.6	♉ 7.4	21.4	♊ 5.7	20.1	♋ 4.6	19	♌ 3.4	17.6	♍ 1.6	15.4	29.1	♎ 12.6	25.9	♏ 8.9	21.8	♐ 4.4	16.8	29	♑ 11	22.9	
☿	♏ 4.6R	3.4	2.4	1.6	0.9	0.4	0.1	♎ 29.9	♏ 0.0D	0.3	0.7	1.3	2	2.8	3.7	4.8	5.9	7.1	8.3	9.6	10.9	12.3	13.7	15.2	16.6	18.1	19.6	21.1	22.6	24.1	
♀	♐ 15.4	16.7	17.9	19.1	20.3	21.5	22.7	23.9	25.1	26.3	27.5	28.7	29.9	♑ 1.1	2.3	3.5	4.7	5.9	7.1	8.3	9.5	10.7	11.9	13.1	14.2	15.4	16.6	17.8	19	20.2	
♂	♍ 28.1	28.7	29.3	30	♎ 0.6	1.2	1.8	2.4	3	3.7	4.3	4.9	5.5	6.1	6.7	7.3	8	8.6	9.2	9.8	10.4	11	11.6	12.2	12.8	13.4	14	14.7	15.3	15.9	

♃	1: ♊ 9.5R	6: 9	11: 8.4	16: 7.8	21: 7.1	26: 6.4	
♄	1: ♉ 29.0R	6: 28.6	11: 28.2	16: 27.8	21: 27.4	26: 27	
♅	1: ♒ 16.9	11: 17	21: 17.2				
♆	1: ♒ 3.9	11: 4	21: 4.2				
♇	1: ♐ 11.5	11: 11.9	21: 12.2				

XII

	1	2	3	4	5	6	7	8	9	10	11	12	13	14	15	16	17	18	19	20	21	22	23	24	25	26	27	28	29	30	31
☉	♐ 9.1	10.1	11.1	12.2	13.2	14.2	15.2	16.2	17.2	18.2	19.3	20.3	21.3	22.3	23.3	24.3	25.4	26.4	27.4	28.4	29.4	♑ 0.5	1.5	2.5	3.5	4.5	5.5	6.6	7.6	8.6	9.6
☽	♒ 4.7	16.5	28.3	♓ 10.3	22.6	♈ 5.1	18.1	♉ 1.4	15.2	29.5	♊ 14	28.9	♋ 13.8	28.7	♌ 13.4	27.9	♍ 12.1	26	♎ 9.6	22.8	♏ 5.8	18.5	♐ 1.1	13.4	25.5	♑ 7.5	19.4	♒ 1.3	13	24.8	♓ 6.7
☿	♏ 25.6	27.2	28.7	♐ 0.2	1.8	3.3	4.9	6.4	8	9.5	11.1	12.6	14.2	15.8	17.3	18.9	20.4	22	23.6	25.2	26.7	28.3	29.9	♑ 1.5	3.1	4.6	6.2	7.8	9.4	11.1	12.7
♀	♑ 21.4	22.5	23.7	24.9	26.1	27.2	28.4	29.6	♒ 0.7	1.9	3.1	4.2	5.4	6.6	7.7	8.9	10	11.2	12.3	13.5	14.6	15.8	16.9	18	19.2	20.3	21.4	22.5	23.6	24.8	25.9
♂	♎ 16.5	17.1	17.7	18.3	18.9	19.5	20.1	20.7	21.3	21.9	22.5	23.1	23.7	24.3	24.9	25.5	26.1	26.7	27.3	27.9	28.5	29.1	29.7	♏ 0.2	0.8	1.4	2	2.6	3.2	3.8	4.4

♃	1: ♊ 5.8R	6: 5.1	11: 4.4	16: 3.8	21: 3.2	26: 2.7	31: 2.3
♄	1: ♉ 26.6R	6: 26.2	11: 25.8	16: 25.5	21: 25.2	26: 24.9	31: 24.6
♅	1: ♒ 17.4	11: 17.8	21: 18.2	31: 18.6			
♆	1: ♒ 4.4	11: 4.7	21: 5	31: 5.3			
♇	1: ♐ 12.6	11: 13	21: 13.4	31: 13.8			

	I	II	III	IV	V	VI	VII	VIII	IX	X	XI	XII
1910	20 ♒ 21.59	19 ♓ 12.28	21 ♈ 12.03	20 ♉ 23.47	21 ♊ 23.31	22 ♋ 7.5	23 ♌ 18.44	24 ♍ 1.29	23 ♎ 22.32	24 ♏ 7.12	23 ♐ 4.12	22 ♑ 17.13
1911	21 ♒ 3.52	19 ♓ 18.21	21 ♈ 17.55	21 ♉ 5.37	22 ♊ 5.2	22 ♋ 13.37	24 ♌ 0.3	24 ♍ 7.14	24 ♎ 4.19	24 ♏ 12.59	23 ♐ 9.57	22 ♑ 22.54
1912	21 ♒ 9.3	19 ♓ 23.56	20 ♈ 23.3	20 ♉ 11.12	21 ♊ 10.58	21 ♋ 19.18	23 ♌ 6.15	23 ♍ 13.02	23 ♎ 10.09	23 ♏ 18.51	22 ♐ 15.49	22 ♑ 4.46
1913	20 ♒ 15.2	19 ♓ 5.45	21 ♈ 5.19	20 ♉ 17.04	21 ♊ 16.51	22 ♋ 1.11	23 ♌ 12.05	23 ♍ 18.49	23 ♎ 15.54	24 ♏ 0.36	22 ♐ 21.36	22 ♑ 10.36
1914	20 ♒ 21.13	19 ♓ 11.39	21 ♈ 11.12	20 ♉ 22.54	21 ♊ 22.38	22 ♋ 6.56	23 ♌ 17.48	24 ♍ 0.31	23 ♎ 21.35	24 ♏ 6.18	23 ♐ 3.21	22 ♑ 16.23
1915	21 ♒ 3	19 ♓ 17.24	21 ♈ 16.52	21 ♉ 4.3	22 ♊ 4.11	22 ♋ 12.3	23 ♌ 23.27	24 ♍ 6.16	24 ♎ 3.25	24 ♏ 12.1	23 ♐ 9.14	22 ♑ 22.16
1916	21 ♒ 8.54	19 ♓ 23.19	20 ♈ 22.48	20 ♉ 10.25	21 ♊ 10.07	21 ♋ 18.25	23 ♌ 5.22	23 ♍ 12.1	23 ♎ 9.16	23 ♏ 17.58	22 ♐ 14.58	22 ♑ 3.59
1917	20 ♒ 14.38	19 ♓ 5.06	21 ♈ 4.38	20 ♉ 16.18	21 ♊ 15.6	22 ♋ 0.15	23 ♌ 11.09	23 ♍ 17.55	23 ♎ 15.01	23 ♏ 23.44	22 ♐ 20.45	22 ♑ 9.46
1918	20 ♒ 20.25	19 ♓ 10.53	21 ♈ 10.27	20 ♉ 22.07	21 ♊ 21.47	22 ♋ 6.01	23 ♌ 16.52	23 ♍ 23.38	23 ♎ 20.46	24 ♏ 5.33	23 ♐ 2.39	22 ♑ 15.42
1919	21 ♒ 2.21	19 ♓ 16.48	21 ♈ 16.2	21 ♉ 3.6	22 ♊ 3.41	22 ♋ 11.55	23 ♌ 22.46	24 ♍ 5.3	24 ♎ 2.37	24 ♏ 11.23	23 ♐ 8.26	22 ♑ 21.28
1920	21 ♒ 8.05	19 ♓ 22.3	20 ♈ 22	20 ♉ 9.4	21 ♊ 9.23	21 ♋ 17.41	23 ♌ 4.36	23 ♍ 11.22	23 ♎ 8.29	23 ♏ 17.14	22 ♐ 14.16	22 ♑ 3.18
1921	20 ♒ 13.56	19 ♓ 4.21	21 ♈ 3.52	20 ♉ 15.33	21 ♊ 15.18	21 ♋ 23.37	23 ♌ 10.32	23 ♍ 17.16	23 ♎ 14.21	23 ♏ 23.03	22 ♐ 20.06	22 ♑ 9.09
1922	20 ♒ 19.49	19 ♓ 10.17	21 ♈ 9.5	20 ♉ 21.3	21 ♊ 21.11	22 ♋ 5.28	23 ♌ 16.21	23 ♍ 23.05	23 ♎ 20.1	24 ♏ 4.54	23 ♐ 1.56	22 ♑ 14.58
1923	21 ♒ 1.36	19 ♓ 16.01	21 ♈ 15.3	21 ♉ 3.06	22 ♊ 2.46	22 ♋ 11.04	23 ♌ 22.01	24 ♍ 4.52	24 ♎ 2.04	24 ♏ 10.51	23 ♐ 7.54	22 ♑ 20.54
1924	21 ♒ 7.3	19 ♓ 21.53	20 ♈ 21.22	20 ♉ 8.6	21 ♊ 8.42	21 ♋ 17.01	23 ♌ 3.58	23 ♍ 10.49	23 ♎ 7.59	23 ♏ 16.45	22 ♐ 13.47	22 ♑ 2.46
1925	20 ♒ 13.21	19 ♓ 3.44	21 ♈ 3.13	20 ♉ 14.52	21 ♊ 14.34	21 ♋ 22.51	23 ♌ 9.46	23 ♍ 16.34	23 ♎ 13.44	23 ♏ 22.32	22 ♐ 19.36	22 ♑ 8.38
1926	20 ♒ 19.14	19 ♓ 9.36	21 ♈ 9.03	20 ♉ 20.38	21 ♊ 20.16	22 ♋ 4.31	23 ♌ 15.26	23 ♍ 22.15	23 ♎ 19.27	24 ♏ 4.19	23 ♐ 1.28	22 ♑ 14.34
1927	21 ♒ 1.13	19 ♓ 15.35	21 ♈ 15	21 ♉ 2.33	22 ♊ 2.09	22 ♋ 10.23	23 ♌ 21.18	24 ♍ 4.07	24 ♎ 1.18	24 ♏ 10.08	23 ♐ 7.15	22 ♑ 20.19
1928	21 ♒ 6.57	19 ♓ 21.2	20 ♈ 20.45	20 ♉ 8.18	21 ♊ 7.54	21 ♋ 16.08	23 ♌ 3.04	23 ♍ 9.54	23 ♎ 7.06	23 ♏ 15.55	22 ♐ 13.01	22 ♑ 2.05
1929	20 ♒ 12.43	19 ♓ 3.08	21 ♈ 2.36	20 ♉ 14.12	21 ♊ 13.49	21 ♋ 22.02	23 ♌ 8.55	23 ♍ 15.42	23 ♎ 12.53	23 ♏ 21.42	22 ♐ 18.49	22 ♑ 7.54
1930	20 ♒ 18.34	19 ♓ 9.01	21 ♈ 8.31	20 ♉ 20.08	21 ♊ 19.44	22 ♋ 3.54	23 ♌ 14.43	23 ♍ 21.28	23 ♎ 18.37	24 ♏ 3.27	23 ♐ 0.35	22 ♑ 13.4
1931	21 ♒ 0.19	19 ♓ 14.41	21 ♈ 14.07	21 ♉ 1.41	22 ♊ 1.17	22 ♋ 9.29	23 ♌ 20.22	24 ♍ 3.11	24 ♎ 0.24	24 ♏ 9.16	23 ♐ 6.25	22 ♑ 19.3
1932	21 ♒ 6.08	19 ♓ 20.3	20 ♈ 19.55	20 ♉ 7.29	21 ♊ 7.08	21 ♋ 15.24	23 ♌ 2.19	23 ♍ 9.07	23 ♎ 6.17	23 ♏ 15.04	22 ♐ 12.11	22 ♑ 1.15
1933	20 ♒ 11.54	19 ♓ 2.17	21 ♈ 1.45	20 ♉ 13.2	21 ♊ 12.58	21 ♋ 21.13	23 ♌ 8.06	23 ♍ 14.53	23 ♎ 12.01	23 ♏ 20.48	22 ♐ 17.54	22 ♑ 6.58
1934	20 ♒ 17.38	19 ♓ 8.03	21 ♈ 7.29	20 ♉ 19.02	21 ♊ 18.37	22 ♋ 2.49	23 ♌ 13.43	23 ♍ 20.33	23 ♎ 17.46	24 ♏ 2.36	22 ♐ 23.45	22 ♑ 12.5
1935	20 ♒ 23.29	19 ♓ 13.53	21 ♈ 13.19	21 ♉ 0.52	22 ♊ 0.27	22 ♋ 8.4	23 ♌ 19.34	24 ♍ 2.25	23 ♎ 23.39	24 ♏ 8.3	23 ♐ 5.35	22 ♑ 18.37
1936	21 ♒ 5.13	19 ♓ 19.34	20 ♈ 18.59	20 ♉ 6.32	21 ♊ 6.09	21 ♋ 14.23	23 ♌ 1.2	23 ♍ 8.12	23 ♎ 5.27	23 ♏ 14.19	22 ♐ 11.26	22 ♑ 0.27
1937	20 ♒ 11.02	19 ♓ 1.22	21 ♈ 0.46	20 ♉ 12.21	21 ♊ 11.59	21 ♋ 20.14	23 ♌ 7.09	23 ♍ 13.59	23 ♎ 11.14	23 ♏ 20.07	22 ♐ 17.17	22 ♑ 6.22
1938	20 ♒ 16.59	19 ♓ 7.2	21 ♈ 6.44	20 ♉ 18.16	21 ♊ 17.52	22 ♋ 2.05	23 ♌ 12.58	23 ♍ 19.47	23 ♎ 17.01	24 ♏ 1.55	22 ♐ 23.07	22 ♑ 12.14
1939	20 ♒ 22.52	19 ♓ 13.1	21 ♈ 12.29	20 ♉ 23.56	21 ♊ 23.28	22 ♋ 7.41	23 ♌ 18.38	24 ♍ 1.32	23 ♎ 22.51	24 ♏ 7.47	23 ♐ 4.59	22 ♑ 18.06
1940	21 ♒ 4.45	19 ♓ 19.05	20 ♈ 18.25	20 ♉ 5.52	21 ♊ 5.24	21 ♋ 13.38	23 ♌ 0.36	23 ♍ 7.3	23 ♎ 4.46	23 ♏ 13.4	22 ♐ 10.5	21 ♑ 23.56
1941	20 ♒ 10.35	19 ♓ 0.57	21 ♈ 0.22	20 ♉ 11.52	21 ♊ 11.24	21 ♋ 19.35	23 ♌ 6.27	23 ♍ 13.18	23 ♎ 10.34	23 ♏ 19.28	22 ♐ 16.39	22 ♑ 5.45
1942	20 ♒ 16.25	19 ♓ 6.48	21 ♈ 6.11	20 ♉ 17.4	21 ♊ 17.1	22 ♋ 1.18	23 ♌ 12.08	23 ♍ 18.59	23 ♎ 16.17	24 ♏ 1.16	22 ♐ 22.31	22 ♑ 11.4
1943	20 ♒ 22.2	19 ♓ 12.41	21 ♈ 12.04	20 ♉ 23.33	21 ♊ 23.05	22 ♋ 7.14	23 ♌ 18.06	24 ♍ 0.56	23 ♎ 22.13	24 ♏ 7.09	23 ♐ 4.22	22 ♑ 17.29
1944	21 ♒ 4.07	19 ♓ 18.28	20 ♈ 17.49	20 ♉ 5.19	21 ♊ 4.52	21 ♋ 13.04	22 ♌ 23.57	23 ♍ 6.48	23 ♎ 4.02	23 ♏ 12.57	22 ♐ 10.08	21 ♑ 23.16
1945	20 ♒ 9.54	19 ♓ 0.16	20 ♈ 23.38	20 ♉ 11.08	21 ♊ 10.42	21 ♋ 18.54	23 ♌ 5.47	23 ♍ 12.37	23 ♎ 9.51	23 ♏ 18.44	22 ♐ 15.56	22 ♑ 5.04
1946	20 ♒ 15.45	19 ♓ 6.09	21 ♈ 5.33	20 ♉ 17.03	21 ♊ 16.36	22 ♋ 0.46	23 ♌ 11.39	23 ♍ 18.28	23 ♎ 15.42	24 ♏ 0.36	22 ♐ 21.47	22 ♑ 10.54
1947	20 ♒ 21.32	19 ♓ 11.53	21 ♈ 11.13	20 ♉ 22.4	21 ♊ 22.1	22 ♋ 6.21	23 ♌ 17.16	24 ♍ 0.11	23 ♎ 21.3	24 ♏ 6.27	23 ♐ 3.39	22 ♑ 16.44
1948	21 ♒ 3.19	19 ♓ 17.38	20 ♈ 16.58	20 ♉ 4.26	21 ♊ 3.59	21 ♋ 12.12	22 ♌ 23.09	23 ♍ 6.04	23 ♎ 3.23	23 ♏ 12.19	22 ♐ 9.3	21 ♑ 22.34
1949	20 ♒ 9.1	18 ♓ 23.28	20 ♈ 22.49	20 ♉ 10.19	21 ♊ 9.52	21 ♋ 18.04	23 ♌ 4.58	23 ♍ 11.5	23 ♎ 9.07	23 ♏ 18.04	22 ♐ 15.17	22 ♑ 4.24
1950	20 ♒ 15.01	19 ♓ 5.19	21 ♈ 4.36	20 ♉ 16	21 ♊ 15.28	21 ♋ 23.37	23 ♌ 10.31	23 ♍ 17.24	23 ♎ 14.45	23 ♏ 23.46	22 ♐ 21.03	22 ♑ 10.14
1951	20 ♒ 20.53	19 ♓ 11.11	21 ♈ 10.27	20 ♉ 21.49	21 ♊ 21.17	22 ♋ 5.26	23 ♌ 16.22	23 ♍ 23.17	23 ♎ 20.38	24 ♏ 5.38	23 ♐ 2.52	22 ♑ 16.01
1952	21 ♒ 2.39	19 ♓ 16.58	20 ♈ 16.15	20 ♉ 3.38	21 ♊ 3.05	21 ♋ 11.14	22 ♌ 22.09	23 ♍ 5.04	23 ♎ 2.25	23 ♏ 11.23	22 ♐ 8.37	21 ♑ 21.44
1953	20 ♒ 8.22	18 ♓ 22.42	20 ♈ 22.02	20 ♉ 9.27	21 ♊ 8.54	21 ♋ 17.01	23 ♌ 3.53	23 ♍ 10.47	23 ♎ 8.07	23 ♏ 17.07	22 ♐ 14.23	22 ♑ 3.32
1954	20 ♒ 14.12	19 ♓ 4.33	21 ♈ 3.54	20 ♉ 15.21	21 ♊ 14.49	21 ♋ 22.56	23 ♌ 9.46	23 ♍ 16.37	23 ♎ 13.57	23 ♏ 22.58	22 ♐ 20.15	22 ♑ 9.25
1955	20 ♒ 20.03	19 ♓ 10.2	21 ♈ 9.36	20 ♉ 20.59	21 ♊ 20.26	22 ♋ 4.33	23 ♌ 15.26	23 ♍ 22.2	23 ♎ 19.42	24 ♏ 4.44	23 ♐ 2.02	22 ♑ 15.12

	I	II	III	IV	V	VI	VII	VIII	IX	X	XI	XII
1956	21 ♒ 1.5	19 ♓ 16.06	20 ♈ 15.22	20 ♉ 2.45	21 ♊ 2.14	21 ♋ 10.25	22 ♌ 21.21	23 ♍ 4.16	23 ♎ 1.36	23 ♏ 10.36	22 ♐ 7.51	21 ♑ 21.01
1957	20 ♒ 7.4	18 ♓ 21.59	20 ♈ 21.18	20 ♉ 8.43	21 ♊ 8.12	21 ♋ 16.22	23 ♌ 3.16	23 ♍ 10.09	23 ♎ 7.27	23 ♏ 16.25	22 ♐ 13.4	22 ♑ 2.5
1958	20 ♒ 13.3	19 ♓ 3.5	21 ♈ 3.07	20 ♉ 14.28	21 ♊ 13.52	21 ♋ 21.58	23 ♌ 8.52	23 ♍ 15.47	23 ♎ 13.1	23 ♏ 22.12	22 ♐ 19.3	22 ♑ 8.41
1959	20 ♒ 19.21	19 ♓ 9.39	21 ♈ 8.56	20 ♉ 20.18	21 ♊ 19.43	22 ♋ 3.51	23 ♌ 14.47	23 ♍ 21.45	23 ♎ 19.09	24 ♏ 4.12	23 ♐ 1.28	22 ♑ 14.36
1960	21 ♒ 1.11	19 ♓ 15.28	20 ♈ 14.44	20 ♉ 2.07	21 ♊ 1.35	21 ♋ 9.44	22 ♌ 20.39	23 ♍ 3.36	23 ♎ 0.6	23 ♏ 10.03	22 ♐ 7.19	21 ♑ 20.27
1961	20 ♒ 7.03	18 ♓ 21.18	20 ♈ 20.34	20 ♉ 7.57	21 ♊ 7.24	21 ♋ 15.31	23 ♌ 2.25	23 ♍ 9.2	23 ♎ 6.43	23 ♏ 15.48	22 ♐ 13.08	22 ♑ 2.2
1962	20 ♒ 12.59	19 ♓ 3.16	21 ♈ 2.31	20 ♉ 13.52	21 ♊ 13.19	21 ♋ 21.26	23 ♌ 8.2	23 ♍ 15.14	23 ♎ 12.37	23 ♏ 21.41	22 ♐ 19.03	22 ♑ 8.16
1963	20 ♒ 18.55	19 ♓ 9.1	21 ♈ 8.21	20 ♉ 19.37	21 ♊ 18.59	22 ♋ 3.06	23 ♌ 14.01	23 ♍ 20.59	23 ♎ 18.25	24 ♏ 3.3	23 ♐ 0.5	22 ♑ 14.03
1964	21 ♒ 0.42	19 ♓ 14.59	20 ♈ 14.11	20 ♉ 1.29	21 ♊ 0.51	21 ♋ 8.58	22 ♌ 19.54	23 ♍ 2.53	23 ♎ 0.18	23 ♏ 9.22	22 ♐ 6.4	21 ♑ 19.51
1965	20 ♒ 6.3	18 ♓ 20.49	20 ♈ 20.06	20 ♉ 7.28	21 ♊ 6.52	21 ♋ 14.57	23 ♌ 1.49	23 ♍ 8.44	23 ♎ 6.07	23 ♏ 15.11	22 ♐ 12.3	22 ♑ 1.42
1966	20 ♒ 12.21	19 ♓ 2.39	21 ♈ 1.54	20 ♉ 13.13	21 ♊ 12.34	21 ♋ 20.35	23 ♌ 7.25	23 ♍ 14.19	23 ♎ 11.45	23 ♏ 20.52	22 ♐ 18.16	22 ♑ 7.3
1967	20 ♒ 18.09	19 ♓ 8.25	21 ♈ 7.39	20 ♉ 18.57	21 ♊ 18.2	22 ♋ 2.25	23 ♌ 13.18	23 ♍ 20.14	23 ♎ 17.39	24 ♏ 2.45	23 ♐ 0.06	22 ♑ 13.18
1968	20 ♒ 23.55	19 ♓ 14.11	20 ♈ 13.24	20 ♉ 0.43	21 ♊ 0.08	21 ♋ 8.15	22 ♌ 19.09	23 ♍ 2.04	22 ♎ 23.27	23 ♏ 8.31	22 ♐ 5.5	21 ♑ 19.02
1969	20 ♒ 5.4	18 ♓ 19.56	20 ♈ 19.1	20 ♉ 6.29	21 ♊ 5.52	21 ♋ 13.57	23 ♌ 0.5	23 ♍ 7.45	23 ♎ 5.08	23 ♏ 14.12	22 ♐ 11.32	22 ♑ 0.45
1970	20 ♒ 11.25	19 ♓ 1.43	21 ♈ 0.58	20 ♉ 12.17	21 ♊ 11.4	21 ♋ 19.45	23 ♌ 6.38	23 ♍ 13.35	23 ♎ 11	23 ♏ 20.05	22 ♐ 17.25	22 ♑ 6.37
1971	20 ♒ 17.14	19 ♓ 7.29	21 ♈ 6.4	20 ♉ 17.56	21 ♊ 17.17	22 ♋ 1.21	23 ♌ 12.17	23 ♍ 19.17	23 ♎ 16.46	24 ♏ 1.54	22 ♐ 23.15	22 ♑ 12.25
1972	20 ♒ 22.6	19 ♓ 13.12	20 ♈ 12.23	19 ♉ 23.39	20 ♊ 23.01	21 ♋ 7.08	22 ♌ 18.04	23 ♍ 1.05	22 ♎ 22.34	23 ♏ 7.42	22 ♐ 5.04	21 ♑ 18.14
1973	20 ♒ 4.5	18 ♓ 19.03	20 ♈ 18.14	20 ♉ 5.32	21 ♊ 4.56	21 ♋ 13.03	22 ♌ 23.57	23 ♍ 6.55	23 ♎ 4.23	23 ♏ 13.31	22 ♐ 10.55	22 ♑ 0.09
1974	20 ♒ 10.47	19 ♓ 1	21 ♈ 0.08	20 ♉ 11.2	21 ♊ 10.38	21 ♋ 18.39	23 ♌ 5.32	23 ♍ 12.3	23 ♎ 10	23 ♏ 19.12	22 ♐ 16.4	22 ♑ 5.57
1975	20 ♒ 16.38	19 ♓ 6.51	21 ♈ 5.59	20 ♉ 17.09	21 ♊ 16.26	22 ♋ 0.28	23 ♌ 11.24	23 ♍ 18.25	23 ♎ 15.57	24 ♏ 1.07	22 ♐ 22.32	22 ♑ 11.47
1976	20 ♒ 22.26	19 ♓ 12.41	20 ♈ 11.51	19 ♉ 23.05	20 ♊ 22.23	21 ♋ 6.26	22 ♌ 17.2	23 ♍ 0.2	22 ♎ 21.5	23 ♏ 6.59	22 ♐ 4.23	21 ♑ 17.37
1977	20 ♒ 4.16	18 ♓ 18.32	20 ♈ 17.44	20 ♉ 4.59	21 ♊ 4.17	21 ♋ 12.16	22 ♌ 23.06	23 ♍ 6.02	23 ♎ 3.31	23 ♏ 12.42	22 ♐ 10.08	21 ♑ 23.24
1978	20 ♒ 10.05	19 ♓ 0.22	20 ♈ 23.35	20 ♉ 10.52	21 ♊ 10.11	21 ♋ 18.12	23 ♌ 5.02	23 ♍ 11.58	23 ♎ 9.27	23 ♏ 18.39	22 ♐ 16.06	22 ♑ 5.22
1979	20 ♒ 16.01	19 ♓ 6.14	21 ♈ 5.23	20 ♉ 16.37	21 ♊ 15.56	21 ♋ 23.59	23 ♌ 10.51	23 ♍ 17.49	23 ♎ 15.18	24 ♏ 0.29	22 ♐ 21.55	22 ♑ 11.11
1980	20 ♒ 21.5	19 ♓ 12.03	20 ♈ 11.11	19 ♉ 22.25	20 ♊ 21.44	21 ♋ 5.49	22 ♌ 16.44	22 ♍ 23.42	22 ♎ 21.1	23 ♏ 6.19	22 ♐ 3.42	21 ♑ 16.57
1981	20 ♒ 3.37	18 ♓ 17.53	20 ♈ 17.04	20 ♉ 4.2	21 ♊ 3.42	21 ♋ 11.47	22 ♌ 22.42	23 ♍ 5.4	23 ♎ 3.07	23 ♏ 12.14	22 ♐ 9.37	21 ♑ 22.52
1982	20 ♒ 9.32	18 ♓ 23.48	20 ♈ 22.57	20 ♉ 10.09	21 ♊ 9.25	21 ♋ 17.25	23 ♌ 4.18	23 ♍ 11.17	23 ♎ 8.48	23 ♏ 17.59	22 ♐ 15.25	22 ♑ 4.39
1983	20 ♒ 15.18	19 ♓ 5.32	21 ♈ 4.4	20 ♉ 15.52	21 ♊ 15.08	21 ♋ 23.1	23 ♌ 10.06	23 ♍ 17.1	23 ♎ 14.44	23 ♏ 23.56	22 ♐ 21.2	22 ♑ 10.32
1984	20 ♒ 21.07	19 ♓ 11.18	20 ♈ 10.26	19 ♉ 21.4	20 ♊ 20.59	21 ♋ 5.04	22 ♌ 16	22 ♍ 23.02	22 ♎ 20.35	23 ♏ 5.47	22 ♐ 3.12	21 ♑ 16.25
1985	20 ♒ 2.59	18 ♓ 17.09	20 ♈ 16.16	20 ♉ 3.27	21 ♊ 2.45	21 ♋ 10.46	22 ♌ 21.38	23 ♍ 4.37	23 ♎ 2.09	23 ♏ 11.24	22 ♐ 8.52	21 ♑ 22.09
1986	20 ♒ 8.48	18 ♓ 22.6	20 ♈ 22.05	20 ♉ 9.14	21 ♊ 8.3	21 ♋ 16.32	23 ♌ 3.26	23 ♍ 10.27	23 ♎ 8	23 ♏ 17.16	22 ♐ 14.45	22 ♑ 4.03
1987	20 ♒ 14.42	19 ♓ 4.51	21 ♈ 3.54	20 ♉ 14.59	21 ♊ 14.12	21 ♋ 22.13	23 ♌ 9.08	23 ♍ 16.12	23 ♎ 13.47	23 ♏ 23.02	22 ♐ 20.31	22 ♑ 9.47
1988	20 ♒ 20.26	19 ♓ 10.37	20 ♈ 9.41	19 ♉ 20.47	20 ♊ 19.59	21 ♋ 3.58	22 ♌ 14.53	22 ♍ 21.56	22 ♎ 19.31	23 ♏ 4.46	22 ♐ 2.13	21 ♑ 15.29
1989	20 ♒ 2.09	18 ♓ 16.22	20 ♈ 15.3	20 ♉ 2.41	21 ♊ 1.56	21 ♋ 9.55	22 ♌ 20.47	23 ♍ 3.48	23 ♎ 1.22	23 ♏ 10.37	22 ♐ 8.06	21 ♑ 21.23
1990	20 ♒ 8.03	18 ♓ 22.15	20 ♈ 21.21	20 ♉ 8.28	21 ♊ 7.39	21 ♋ 15.35	23 ♌ 2.24	23 ♍ 9.23	23 ♎ 6.57	23 ♏ 16.16	22 ♐ 13.49	22 ♑ 3.08
1991	20 ♒ 13.48	19 ♓ 3.6	21 ♈ 3.03	20 ♉ 14.1	21 ♊ 13.22	21 ♋ 21.2	23 ♌ 8.13	23 ♍ 15.15	23 ♎ 12.5	23 ♏ 22.07	22 ♐ 19.38	22 ♑ 8.55
1992	20 ♒ 19.34	19 ♓ 9.45	20 ♈ 8.5	19 ♉ 19.59	20 ♊ 19.14	21 ♋ 3.16	22 ♌ 14.11	22 ♍ 21.12	22 ♎ 18.45	23 ♏ 3.59	22 ♐ 1.28	21 ♑ 14.45
1993	20 ♒ 1.25	18 ♓ 15.37	20 ♈ 14.43	20 ♉ 1.51	21 ♊ 1.04	21 ♋ 9.02	22 ♌ 19.53	23 ♍ 2.52	23 ♎ 0.24	23 ♏ 9.39	22 ♐ 7.09	21 ♑ 20.28
1994	20 ♒ 7.09	18 ♓ 21.24	20 ♈ 20.3	20 ♉ 7.38	21 ♊ 6.51	21 ♋ 14.5	23 ♌ 1.43	23 ♍ 8.46	23 ♎ 6.21	23 ♏ 15.38	22 ♐ 13.08	22 ♑ 2.25
1995	20 ♒ 13.03	19 ♓ 3.13	21 ♈ 2.16	20 ♉ 13.24	21 ♊ 12.36	21 ♋ 20.36	23 ♌ 7.31	23 ♍ 14.37	23 ♎ 12.15	23 ♏ 21.33	22 ♐ 19.03	22 ♑ 8.19
1996	20 ♒ 18.55	19 ♓ 9.03	20 ♈ 8.05	19 ♉ 19.12	20 ♊ 18.25	21 ♋ 2.26	22 ♌ 13.21	22 ♍ 20.25	22 ♎ 18.02	23 ♏ 3.2	22 ♐ 0.51	21 ♑ 14.08
1997	20 ♒ 0.45	18 ♓ 14.54	20 ♈ 13.57	20 ♉ 1.05	21 ♊ 0.2	21 ♋ 8.22	22 ♌ 19.17	23 ♍ 2.21	22 ♎ 23.57	23 ♏ 9.16	22 ♐ 6.49	21 ♑ 20.09
1998	20 ♒ 6.48	18 ♓ 20.57	20 ♈ 19.57	20 ♉ 6.59	21 ♊ 6.08	21 ♋ 14.05	23 ♌ 0.58	23 ♍ 8.01	23 ♎ 5.39	23 ♏ 15.01	22 ♐ 12.36	22 ♑ 1.58
1999	20 ♒ 12.39	19 ♓ 2.49	21 ♈ 1.48	20 ♉ 12.48	21 ♊ 11.55	21 ♋ 19.51	23 ♌ 6.46	23 ♍ 13.53	23 ♎ 11.33	23 ♏ 20.54	22 ♐ 18.27	22 ♑ 7.46
2000	20 ♒ 18.25	19 ♓ 8.35	20 ♈ 7.37	19 ♉ 18.41	20 ♊ 17.51	21 ♋ 1.5	22 ♌ 12.45	22 ♍ 19.5	22 ♎ 17.3	23 ♏ 2.49	22 ♐ 0.21	21 ♑ 13.4

Tabelle 1

	I	II	III	IV	V	VI	VII	VIII	IX	X	XI	XII
1	6 37 24	8 39 38	10 33 58	12 36 11	14 34 28	16 36 41	18 34 57	20 37 11	22 39 24	0 37 41	2 39 54	4 38 10
2	6 41 21	8 43 34	10 37 54	12 40 7	14 38 24	16 40 37	18 38 54	20 41 7	22 43 20	0 41 37	2 43 50	4 42 7
3	6 45 17	8 47 31	10 41 51	12 44 4	14 42 21	16 44 34	18 42 51	20 45 4	22 47 17	0 45 34	2 47 47	4 46 4
4	6 49 14	8 51 27	10 45 47	12 48 1	14 46 17	16 48 30	18 46 47	20 49 0	22 51 14	0 49 30	2 51 43	4 50 0
5	6 53 11	8 55 24	10 49 44	12 51 57	14 50 14	16 52 27	18 50 44	20 52 57	22 55 10	0 53 27	2 55 40	4 53 57
6	6 57 7	8 59 20	10 53 40	12 55 54	14 54 10	16 56 24	18 54 40	20 56 53	22 59 7	0 57 23	2 59 37	4 57 53
7	7 1 4	9 3 17	10 57 37	12 59 50	14 58 7	17 0 20	18 58 37	21 0 50	23 3 3	1 1 20	3 3 33	5 1 50
8	7 5 0	9 7 13	11 1 34	13 3 47	15 2 3	17 4 17	19 2 33	21 4 47	23 6 60	1 5 16	3 7 30	5 5 46
9	7 8 57	9 11 10	11 5 30	13 7 43	15 5 60	17 8 13	19 6 30	21 8 43	23 10 56	1 9 13	3 11 26	5 9 43
10	7 12 53	9 15 7	11 9 27	13 11 40	15 9 57	17 12 10	19 10 26	21 12 40	23 14 53	1 13 10	3 15 23	5 13 39
11	7 16 50	9 19 3	11 13 23	13 15 36	15 13 53	17 16 6	19 14 23	21 16 36	23 18 49	1 17 6	3 19 19	5 17 36
12	7 20 46	9 22 60	11 17 20	13 19 33	15 17 50	17 20 3	19 18 20	21 20 33	23 22 46	1 21 3	3 23 16	5 21 33
13	7 24 43	9 26 56	11 21 16	13 23 30	15 21 46	17 23 59	19 22 16	21 24 29	23 26 43	1 24 59	3 27 12	5 25 29
14	7 28 40	9 30 53	11 25 13	13 27 26	15 25 43	17 27 56	19 26 13	21 28 26	23 30 39	1 28 56	3 31 9	5 29 26
15	7 32 36	9 34 49	11 29 9	13 31 23	15 29 39	17 31 53	19 30 9	21 32 22	23 34 36	1 32 52	3 35 6	5 33 22
16	7 36 33	9 38 46	11 33 6	13 35 19	15 33 36	17 35 49	19 34 6	21 36 19	23 38 32	1 36 49	3 39 2	5 37 19
17	7 40 29	9 42 42	11 37 3	13 39 16	15 37 32	17 39 46	19 38 2	21 40 16	23 42 29	1 40 45	3 42 59	5 41 15
18	7 44 26	9 46 39	11 40 59	13 43 12	15 41 29	17 43 42	19 41 59	21 44 12	23 46 25	1 44 42	3 46 55	5 45 12
19	7 48 22	9 50 36	11 44 56	13 47 9	15 45 26	17 47 39	19 45 55	21 48 9	23 50 22	1 48 39	3 50 52	5 49 8
20	7 52 19	9 54 32	11 48 52	13 51 5	15 49 22	17 51 35	19 49 52	21 52 5	23 54 18	1 52 35	3 54 48	5 53 5
21	7 56 15	9 58 29	11 52 49	13 55 2	15 53 19	17 55 32	19 53 49	21 56 2	23 58 15	1 56 32	3 58 45	5 57 1
22	8 0 12	10 2 25	11 56 45	13 58 59	15 57 15	17 59 28	19 57 45	21 59 58	0 2 12	2 0 28	4 2 41	6 0 58
23	8 4 9	10 6 22	12 0 42	14 2 55	16 1 12	18 3 25	20 1 42	22 3 55	0 6 8	2 4 25	4 6 38	6 4 55
24	8 8 5	10 10 18	12 4 38	14 6 52	16 5 8	18 7 22	20 5 38	22 7 51	0 10 5	2 8 21	4 10 35	6 8 51
25	8 12 2	10 14 15	12 8 35	14 10 48	16 9 5	18 11 18	20 9 35	22 11 48	0 14 1	2 12 18	4 14 31	6 12 48
26	8 15 58	10 18 11	12 12 32	14 14 45	16 13 1	18 15 15	20 13 31	22 15 45	0 17 58	2 16 14	4 18 28	6 16 44
27	8 19 55	10 22 8	12 16 28	14 18 41	16 16 58	18 19 11	20 17 28	22 19 41	0 21 54	2 20 11	4 22 24	6 20 41
28	8 23 51	10 26 5	12 20 25	14 22 38	16 20 55	18 23 8	20 21 24	22 23 38	0 25 51	2 24 8	4 26 21	6 24 37
29	8 27 48	10 30 1	12 24 21	14 26 34	16 24 51	18 27 4	20 25 21	22 27 34	0 29 47	2 28 4	4 30 17	6, 28 34
30	8 31 44		12 28 18	14 30 31	16 28 48	18 31 1	20 29 18	22 31 31	0 33 44	2 32 1	4 34 14	6 32 30
31	8 35 41		12 32 14		16 32 44		20 33 14	22 35 27		2 35 57		6 36 27

Korrekturwerte für die einzelnen Jahre

Tabelle 1	+	Tabelle 2	+	Tabelle 3	+	Tabelle 4	+
1920	0 0 0	**1921**	0 0 0	**1922**	0 0 0	**1923**	0 0 0
1924	0 0 7	**1925**	0 0 7	**1926**	0 0 7	**1927**	0 0 7
1928	0 0 15	**1929**	0 0 15	**1930**	0 0 15	**1931**	0 0 15
1932	0 0 22	**1933**	0 0 22	**1934**	0 0 22	**1935**	0 0 22
1936	0 0 30	**1937**	0 0 30	**1938**	0 0 30	**1939**	0 0 30
1940	0 0 37	**1941**	0 0 37	**1942**	0 0 37	**1943**	0 0 37
1944	0 0 44	**1945**	0 0 44	**1946**	0 0 44	**1947**	0 0 44
1948	0 0 52	**1949**	0 0 52	**1950**	0 0 52	**1951**	0 0 52
1952	0 0 59	**1953**	0 0 59	**1954**	0 0 59	**1955**	0 0 59
1956	0 1 6	**1957**	0 1 6	**1958**	0 1 6	**1959**	0 1 6
1960	0 1 14	**1961**	0 1 14	**1962**	0 1 14	**1963**	0 1 14
1964	0 1 21	**1965**	0 1 21	**1966**	0 1 21	**1967**	0 1 21
1968	0 1 29	**1969**	0 1 29	**1970**	0 1 29	**1971**	0 1 29
1972	0 1 36	**1973**	0 1 36	**1974**	0 1 36	**1975**	0 1 36
1976	0 1 43	**1977**	0 1 43	**1978**	0 1 43	**1979**	0 1 43
1980	0 1 51	**1981**	0 1 51	**1982**	0 1 51	**1983**	0 1 51
1984	0 1 58	**1985**	0 1 58	**1986**	0 1 58	**1987**	0 1 58
1988	0 2 6	**1989**	0 2 6	**1990**	0 2 6	**1991**	0 2 6
1992	0 2 13	**1993**	0 2 13	**1994**	0 2 13	**1995**	0 2 13
1996	0 2 20	**1997**	0 2 20	**1998**	0 2 20	**1999**	0 2 20
2000	0 2 28	**2001**	0 2 28	**2002**	0 2 28	**2003**	0 2 28
2004	0 2 35	**2005**	0 2 35	**2006**	0 2 35	**2007**	0 2 35
2008	0 2 42	**2009**	0 2 42	**2010**	0 2 42	**2011**	0 2 42
2012	0 2 50	**2013**	0 2 50	**2014**	0 2 50	**2015**	0 2 50
2016	0 2 57	**2017**	0 2 57	**2018**	0 2 57	**2019**	0 2 57

Die große Tabelle gibt die Sternzeit an, mit der Sie die wahre Sternzeit der Geburt ermitteln können. Dazu brauchen Sie aber noch die Korrekturwerte aus der kleineren Tabelle. Dort können wir auch sehen, welche der größeren Tabellen wir benutzen müssen.

Wenn es sich z. B. um eine Geburt am 4. Juli 1981 handelt, sehen wir, daß in der Spalte für 1981 der Hinweis auf Tabelle 2 enthalten ist und daß der Wert, den wir addieren müssen, 1 Minute und 51 Sekunden beträgt. Der Tabelle 2 (die zweite der großen Sternzeit-Tabellen) entnehmen wir nun, daß die Sternzeit des fraglichen Tages 18 Stunden, 45 Minuten und 50 Sekunden betrug. Addiert mit dem Korrekturwert ergibt das 18 Stunden, 47 Minuten und 41 Sekunden. Dies ist die korrekte Sternzeit für Mitternacht des betreffenden Datums.

Tabelle 2

	I	II	III	IV	V	VI	VII	VIII	IX	X	XI	XII
1	6 40 24	8 42 37	10 33 0	12 35 14	14 33 30	16 35 43	18 34 0	20 36 13	22 38 27	0 36 43	2 38 56	4 37 13
2	6 44 20	8 46 33	10 36 57	12 39 10	14 37 27	16 39 40	18 37 57	20 40 10	22 42 23	0 40 40	2 42 53	4 41 10
3	6 48 17	8 50 30	10 40 53	12 43 7	14 41 23	16 43 37	18 41 53	20 44 6	22 46 20	0 44 36	2 46 50	4 45 6
4	6 52 13	8 54 26	10 44 50	12 47 3	14 45 20	16 47 33	18 45 50	20 48 3	22 50 16	0 48 33	2 50 46	4 49 3
5	6 56 10	8 58 23	10 48 47	12 50 60	14 49 16	16 51 30	18 49 46	20 51 60	22 54 13	0 52 29	2 54 43	4 52 59
6	7 0 6	9 2 20	10 52 43	12 54 56	14 53 13	16 55 26	18 53 43	20 55 56	22 58 9	0 56 26	2 58 39	4 56 56
7	7 4 3	9 6 16	10 56 40	12 58 53	14 57 10	16 59 23	18 57 39	20 59 53	23 2 6	1 0 23	3 2 36	5 0 52
8	7 7 59	9 10 13	11 0 36	13 2 49	15 1 6	17 3 19	19 1 36	21 3 49	23 6 2	1 4 19	3 6 32	5 4 49
9	7 11 56	9 14 9	11 4 33	13 6 46	15 5 3	17 7 16	19 5 33	21 7 46	23 9 59	1 8 16	3 10 29	5 8 46
10	7 15 53	9 18 6	11 8 29	13 10 43	15 8 59	17 11 12	19 9 29	21 11 42	23 13 56	1 12 12	3 14 25	5 12 42
11	7 19 49	9 22 2	11 12 26	13 14 39	15 12 56	17 15 9	19 13 26	21 15 39	23 17 52	1 16 9	3 18 22	5 16 39
12	7 23 46	9 25 59	11 16 22	13 18 36	15 16 52	17 19 6	19 17 22	21 19 35	23 21 49	1 20 5	3 22 19	5 20 35
13	7 27 42	9 29 55	11 20 19	13 22 32	15 20 49	17 23 2	19 21 19	21 23 32	23 25 45	1 24 2	3 26 15	5 24 32
14	7 31 39	9 33 52	11 24 16	13 26 29	15 24 45	17 26 59	19 25 15	21 27 29	23 29 42	1 27 58	3 30 12	5 28 28
15	7 35 35	9 37 49	11 28 12	13 30 25	15 28 42	17 30 55	19 29 12	21 31 25	23 33 38	1 31 55	3 34 8	5 32 25
16	7 39 32	9 41 45	11 32 9	13 34 22	15 32 39	17 34 52	19 33 8	21 35 22	23 37 35	1 35 52	3 38 5	5 36 21
17	7 43 28	9 45 42	11 36 5	13 38 18	15 36 35	17 38 48	19 37 5	21 39 18	23 41 31	1 39 48	3 42 1	5 40 18
18	7 47 25	9 49 38	11 40 2	13 42 15	15 40 32	17 42 45	19 41 2	21 43 15	23 45 28	1 43 45	3 45 58	5 44 15
19	7 51 22	9 53 35	11 43 58	13 46 12	15 44 28	17 46 41	19 44 58	21 47 11	23 49 25	1 47 41	3 49 54	5 48 11
20	7 55 18	9 57 31	11 47 55	13 50 8	15 48 25	17 50 38	19 48 55	21 51 8	23 53 21	1 51 38	3 53 51	5 52 8
21	7 59 15	10 1 28	11 51 51	13 54 5	15 52 21	17 54 35	19 52 51	21 55 4	23 57 18	1 55 34	3 57 48	5 56 4
22	8 3 11	10 5 24	11 55 48	13 58 1	15 56 18	17 58 31	19 56 48	21 59 1	0 1 14	1 59 31	4 1 44	6 0 1
23	8 7 8	10 9 21	11 59 45	14 1 58	16 0 14	18 2 28	20 0 44	22 2 58	0 5 11	2 3 27	4 5 41	6 3 57
24	8 11 4	10 13 18	12 3 41	14 5 54	16 4 11	18 6 24	20 4 41	22 6 54	0 9 7	2 7 24	4 9 37	6 7 54
25	8 15 1	10 17 14	12 7 38	14 9 51	16 8 8	18 10 21	20 8 37	22 10 51	0 13 4	2 11 21	4 13 34	6 11 50
26	8 18 57	10 21 11	12 11 34	14 13 47	16 12 4	18 14 17	20 12 34	22 14 47	0 17 0	2 15 17	4 17 30	6 15 47
27	8 22 54	10 25 7	12 15 31	14 17 44	16 16 1	18 18 14	20 16 31	22 18 44	0 20 57	2 19 14	4 21 27	6 19 44
28	8 26 51	10 29 4	12 19 27	14 21 41	16 19 57	18 22 10	20 20 27	22 22 40	0 24 54	2 23 10	4 25 23	6 23 40
29	8 30 47		12 23 24	14 25 37	16 23 54	18 26 7	20 24 24	22 26 37	0 28 50	2 27 7	4 29 20	6 27 37
30	8 34 44		12 27 20	14 29 34	16 27 50	18 30 4	20 28 20	22 30 33	0 32 47	2 31 3	4 33 17	6 31 33
31	8 38 40		12 31 17		16 31 47		20 32 17	22 34 30		2 34 60		6 35 30

Korrekturwerte für die einzelnen Jahre

Tabelle 1	+	Tabelle 2	+	Tabelle 3	+	Tabelle 4	+
1920	0 0 0	**1921**	0 0 0	**1922**	0 0 0	**1923**	0 0 0
1924	0 0 7	**1925**	0 0 7	**1926**	0 0 7	**1927**	0 0 7
1928	0 0 15	**1929**	0 0 15	**1930**	0 0 15	**1931**	0 0 15
1932	0 0 22	**1933**	0 0 22	**1934**	0 0 22	**1935**	0 0 22
1936	0 0 30	**1937**	0 0 30	**1938**	0 0 30	**1939**	0 0 30
1940	0 0 37	**1941**	0 0 37	**1942**	0 0 37	**1943**	0 0 37
1944	0 0 44	**1945**	0 0 44	**1946**	0 0 44	**1947**	0 0 44
1948	0 0 52	**1949**	0 0 52	**1950**	0 0 52	**1951**	0 0 52
1952	0 0 59	**1953**	0 0 59	**1954**	0 0 59	**1955**	0 0 59
1956	0 1 6	**1957**	0 1 6	**1958**	0 1 6	**1959**	0 1 6
1960	0 1 14	**1961**	0 1 14	**1962**	0 1 14	**1963**	0 1 14
1964	0 1 21	**1965**	0 1 21	**1966**	0 1 21	**1967**	0 1 21
1968	0 1 29	**1969**	0 1 29	**1970**	0 1 29	**1971**	0 1 29
1972	0 1 36	**1973**	0 1 36	**1974**	0 1 36	**1975**	0 1 36
1976	0 1 43	**1977**	0 1 43	**1978**	0 1 43	**1979**	0 1 43
1980	0 1 51	**1981**	0 1 51	**1982**	0 1 51	**1983**	0 1 51
1984	0 1 58	**1985**	0 1 58	**1986**	0 1 58	**1987**	0 1 58
1988	0 2 6	**1989**	0 2 6	**1990**	0 2 6	**1991**	0 2 6
1992	0 2 13	**1993**	0 2 13	**1994**	0 2 13	**1995**	0 2 13
1996	0 2 20	**1997**	0 2 20	**1998**	0 2 20	**1999**	0 2 20
2000	0 2 28	**2001**	0 2 28	**2002**	0 2 28	**2003**	0 2 28
2004	0 2 35	**2005**	0 2 35	**2006**	0 2 35	**2007**	0 2 35
2008	0 2 42	**2009**	0 2 42	**2010**	0 2 42	**2011**	0 2 42
2012	0 2 50	**2013**	0 2 50	**2014**	0 2 50	**2015**	0 2 50
2016	0 2 57	**2017**	0 2 57	**2018**	0 2 57	**2019**	0 2 57

Tabelle 3

	I	II	III	IV	V	VI	VII	VIII	IX	X	XI	XII
1	6 39 26	8 41 40	10 32 3	12 34 16	14 32 33	16 34 46	18 33 3	20 35 16	22 37 29	0 35 46	2 37 59	4 36 16
2	6 43 23	8 45 36	10 35 60	12 38 13	14 36 30	16 38 43	18 36 59	20 39 13	22 41 26	0 39 42	2 41 56	4 40 12
3	6 47 19	8 49 33	10 39 56	12 42 9	14 40 26	16 42 39	18 40 56	20 43 9	22 45 22	0 43 39	2 45 52	4 44 9
4	6 51 16	8 53 29	10 43 53	12 46 6	14 44 23	16 46 36	18 44 52	20 47 6	22 49 19	0 47 36	2 49 49	4 48 5
5	6 55 13	8 57 26	10 47 49	12 50 3	14 48 19	16 50 32	18 48 49	20 51 2	22 53 15	0 51 32	2 53 45	4 52 2
6	6 59 9	9 1 22	10 51 46	12 53 59	14 52 16	16 54 29	18 52 46	20 54 59	22 57 12	0 55 29	2 57 42	4 55 59
7	7 3 6	9 5 19	10 55 42	12 57 56	14 56 12	16 58 25	18 56 42	20 58 55	23 1 9	0 59 25	3 1 38	4 59 55
8	7 7 2	9 9 15	10 59 39	13 1 52	15 0 9	17 2 22	19 0 39	21 2 52	23 5 5	1 3 22	3 5 35	5 3 52
9	7 10 59	9 13 12	11 3 36	13 5 49	15 4 5	17 6 19	19 4 35	21 6 48	23 9 2	1 7 18	3 9 32	5 7 48
10	7 14 55	9 17 9	11 7 32	13 9 45	15 8 2	17 10 15	19 8 32	21 10 45	23 12 58	1 11 15	3 13 28	5 11 45
11	7 18 52	9 21 5	11 11 29	13 13 42	15 11 59	17 14 12	19 12 28	21 14 42	23 16 55	1 15 11	3 17 25	5 15 41
12	7 22 48	9 25 2	11 15 25	13 17 38	15 15 55	17 18 8	19 16 25	21 18 38	23 20 51	1 19 8	3 21 21	5 19 38
13	7 26 45	9 28 58	11 19 22	13 21 35	15 19 52	17 22 5	19 20 21	21 22 35	23 24 48	1 23 5	3 25 18	5 23 34
14	7 30 42	9 32 55	11 23 18	13 25 32	15 23 48	17 26 1	19 24 18	21 26 31	23 28 44	1 27 1	3 29 14	5 27 31
15	7 34 38	9 36 51	11 27 15	13 29 28	15 27 45	17 29 58	19 28 15	21 30 28	23 32 41	1 30 58	3 33 11	5 31 28
16	7 38 35	9 40 48	11 31 11	13 33 25	15 31 41	17 33 54	19 32 11	21 34 24	23 36 38	1 34 54	3 37 7	5 35 24
17	7 42 31	9 44 44	11 35 8	13 37 21	15 35 38	17 37 51	19 36 8	21 38 21	23 40 34	1 38 51	3 41 4	5 39 21
18	7 46 28	9 48 41	11 39 5	13 41 18	15 39 34	17 41 48	19 40 4	21 42 17	23 44 31	1 42 47	3 45 1	5 43 17
19	7 50 24	9 52 38	11 43 1	13 45 14	15 43 31	17 45 44	19 44 1	21 46 14	23 48 27	1 46 44	3 48 57	5 47 14
20	7 54 21	9 56 34	11 46 58	13 49 11	15 47 28	17 49 41	19 47 57	21 50 11	23 52 24	1 50 40	3 52 54	5 51 10
21	7 58 17	10 0 31	11 50 54	13 53 7	15 51 24	17 53 37	19 51 54	21 54 7	23 56 20	1 54 37	3 56 50	5 55 7
22	8 2 14	10 4 27	11 54 51	13 57 4	15 55 21	17 57 34	19 55 50	21 58 4	0 0 17	1 58 34	4 0 47	5 59 3
23	8 6 11	10 8 24	11 58 47	14 1 1	15 59 17	18 1 30	19 59 47	22 2 0	0 4 13	2 2 30	4 4 43	6 3 0
24	8 10 7	10 12 20	12 2 44	14 4 57	16 3 14	18 5 27	20 3 44	22 5 57	0 8 10	2 6 27	4 8 40	6 6 57
25	8 14 4	10 16 17	12 6 40	14 8 54	16 7 10	18 9 23	20 7 40	22 9 53	0 12 7	2 10 23	4 12 36	6 10 53
26	8 18 0	10 20 13	12 10 37	14 12 50	16 11 7	18 13 20	20 11 37	22 13 50	0 16 3	2 14 20	4 16 33	6 14 50
27	8 21 57	10 24 10	12 14 34	14 16 47	16 15 3	18 17 17	20 15 33	22 17 46	0 19 60	2 18 16	4 20 30	6 18 46
28	8 25 53	10 28 7	12 18 30	14 20 43	16 18 60	18 21 13	20 19 30	22 21 43	0 23 56	2 22 13	4 24 26	6 22 43
29	8 29 50		12 22 27	14 24 40	16 22 57	18 25 10	20 23 26	22 25 40	0 27 53	2 26 9	4 28 23	6 26 39
30	8 33 46		12 26 23	14 28 36	16 26 53	18 29 6	20 27 23	22 29 36	0 31 49	2 30 6	4 32 19	6 30 36
31	8 37 43		12 30 20		16 30 50		20 31 19	22 33 33		2 34 3		6 34 32

Korrekturwerte für die einzelnen Jahre

Tabelle 1	+	Tabelle 2	+	Tabelle 3	+	Tabelle 4	+
1920	0 0 0	**1921**	0 0 0	**1922**	0 0 0	**1923**	0 0 0
1924	0 0 7	**1925**	0 0 7	**1926**	0 0 7	**1927**	0 0 7
1928	0 0 15	**1929**	0 0 15	**1930**	0 0 15	**1931**	0 0 15
1932	0 0 22	**1933**	0 0 22	**1934**	0 0 22	**1935**	0 0 22
1936	0 0 30	**1937**	0 0 30	**1938**	0 0 30	**1939**	0 0 30
1940	0 0 37	**1941**	0 0 37	**1942**	0 0 37	**1943**	0 0 37
1944	0 0 44	**1945**	0 0 44	**1946**	0 0 44	**1947**	0 0 44
1948	0 0 52	**1949**	0 0 52	**1950**	0 0 52	**1951**	0 0 52
1952	0 0 59	**1953**	0 0 59	**1954**	0 0 59	**1955**	0 0 59
1956	0 1 6	**1957**	0 1 6	**1958**	0 1 6	**1959**	0 1 6
1960	0 1 14	**1961**	0 1 14	**1962**	0 1 14	**1963**	0 1 14
1964	0 1 21	**1965**	0 1 21	**1966**	0 1 21	**1967**	0 1 21
1968	0 1 29	**1969**	0 1 29	**1970**	0 1 29	**1971**	0 1 29
1972	0 1 36	**1973**	0 1 36	**1974**	0 1 36	**1975**	0 1 36
1976	0 1 43	**1977**	0 1 43	**1978**	0 1 43	**1979**	0 1 43
1980	0 1 51	**1981**	0 1 51	**1982**	0 1 51	**1983**	0 1 51
1984	0 1 58	**1985**	0 1 58	**1986**	0 1 58	**1987**	0 1 58
1988	0 2 6	**1989**	0 2 6	**1990**	0 2 6	**1991**	0 2 6
1992	0 2 13	**1993**	0 2 13	**1994**	0 2 13	**1995**	0 2 13
1996	0 2 20	**1997**	0 2 20	**1998**	0 2 20	**1999**	0 2 20
2000	0 2 28	**2001**	0 2 28	**2002**	0 2 28	**2003**	0 2 28
2004	0 2 35	**2005**	0 2 35	**2006**	0 2 35	**2007**	0 2 35
2008	0 2 42	**2009**	0 2 42	**2010**	0 2 42	**2011**	0 2 42
2012	0 2 50	**2013**	0 2 50	**2014**	0 2 50	**2015**	0 2 50
2016	0 2 57	**2017**	0 2 57	**2018**	0 2 57	**2019**	0 2 57

Tabelle 4

	I	II	III	IV	V	VI	VII	VIII	IX	X	XI	XII
1	6 38 29	8 40 42	10 31 6	12 33 19	14 31 36	16 33 49	18 32 6	20 34 19	22 36 32	0 34 49	2 37 2	4 35 18
2	6 42 26	8 44 39	10 35 2	12 37 16	14 35 32	16 37 45	18 36 2	20 38 15	22 40 29	0 38 45	2 40 58	4 39 15
3	6 46 22	8 48 35	10 38 59	12 41 12	14 39 29	16 41 42	18 39 59	20 42 12	22 44 25	0 42 42	2 44 55	4 43 12
4	6 50 19	8 52 32	10 42 55	12 45 9	14 43 25	16 45 39	18 43 55	20 46 8	22 48 22	0 46 38	2 48 52	4 47 8
5	6 54 15	8 56 28	10 46 52	12 49 5	14 47 22	16 49 35	18 47 52	20 50 5	22 52 18	0 50 35	2 52 48	4 51 5
6	6 58 12	9 0 25	10 50 49	12 53 2	14 51 18	16 53 32	18 51 48	20 54 2	22 56 15	0 54 31	2 56 45	4 55 1
7	7 2 8	9 4 22	10 54 45	12 56 58	14 55 15	16 57 28	18 55 45	20 57 58	23 0 11	0 58 28	3 0 41	4 58 58
8	7 6 5	9 8 18	10 58 42	13 0 55	14 59 12	17 1 25	18 59 41	21 1 55	23 4 8	1 2 25	3 4 38	5 2 54
9	7 10 1	9 12 15	11 2 38	13 4 51	15 3 8	17 5 21	19 3 38	21 5 51	23 8 4	1 6 21	3 8 34	5 6 51
10	7 13 58	9 16 11	11 6 35	13 8 48	15 7 5	17 9 18	19 7 35	21 9 48	23 12 1	1 10 18	3 12 31	5 10 47
11	7 17 55	9 20 8	11 10 31	13 12 45	15 11 1	17 13 14	19 11 31	21 13 44	23 15 58	1 14 14	3 16 27	5 14 44
12	7 21 51	9 24 4	11 14 28	13 16 41	15 14 58	17 17 11	19 15 28	21 17 41	23 19 54	1 18 11	3 20 24	5 18 41
13	7 25 48	9 28 1	11 18 24	13 20 38	15 18 54	17 21 8	19 19 24	21 21 37	23 23 51	1 22 7	3 24 21	5 22 37
14	7 29 44	9 31 57	11 22 21	13 24 34	15 22 51	17 25 4	19 23 21	21 25 34	23 27 47	1 26 4	3 28 17	5 26 34
15	7 33 41	9 35 54	11 26 18	13 28 31	15 26 47	17 29 1	19 27 17	21 29 31	23 31 44	1 30 0	3 32 14	5 30 30
16	7 37 37	9 39 51	11 30 14	13 32 27	15 30 44	17 32 57	19 31 14	21 33 27	23 35 40	1 33 57	3 36 10	5 34 27
17	7 41 34	9 43 47	11 34 11	13 36 24	15 34 41	17 36 54	19 35 10	21 37 24	23 39 37	1 37 54	3 40 7	5 38 23
18	7 45 30	9 47 44	11 38 7	13 40 20	15 38 37	17 40 50	19 39 7	21 41 20	23 43 33	1 41 50	3 44 3	5 42 20
19	7 49 27	9 51 40	11 42 4	13 44 17	15 42 34	17 44 47	19 43 4	21 45 17	23 47 30	1 45 47	3 47 60	5 46 16
20	7 53 24	9 55 37	11 46 0	13 48 14	15 46 30	17 48 43	19 47 0	21 49 13	23 51 27	1 49 43	3 51 56	5 50 13
21	7 57 20	9 59 33	11 49 57	13 52 10	15 50 27	17 52 40	19 50 57	21 53 10	23 55 23	1 53 40	3 55 53	5 54 10
22	8 1 17	10 3 30	11 53 53	13 56 7	15 54 23	17 56 37	19 54 53	21 57 6	23 59 20	1 57 36	3 59 50	5 58 6
23	8 5 13	10 7 26	11 57 50	14 0 3	15 58 20	18 0 33	19 58 50	22 1 3	0 3 16	2 1 33	4 3 46	6 2 3
24	8 9 10	10 11 23	12 1 47	14 3 60	16 2 16	18 4 30	20 2 46	22 4 60	0 7 13	2 5 29	4 7 43	6 5 59
25	8 13 6	10 15 20	12 5 43	14 7 56	16 6 13	18 8 26	20 6 43	22 8 56	0 11 9	2 9 26	4 11 39	6 9 56
26	8 17 3	10 19 16	12 9 40	14 11 53	16 10 10	18 12 23	20 10 39	22 12 53	0 15 6	2 13 23	4 15 36	6 13 52
27	8 20 59	10 23 13	12 13 36	14 15 49	16 14 6	18 16 19	20 14 36	22 16 49	0 19 2	2 17 19	4 19 32	6 17 49
28	8 24 56	10 27 9	12 17 33	14 19 46	16 18 3	18 20 16	20 18 33	22 20 46	0 22 59	2 21 16	4 23 29	6 21 45
29	8 28 53		12 21 29	14 23 43	16 21 59	18 24 12	20 22 29	22 24 42	0 26 56	2 25 12	4 27 25	6 25 42
30	8 32 49		12 25 26	14 27 39	16 25 56	18 28 9	20 26 26	22 28 39	0 30 52	2 29 9	4 31 22	6 29 39
31	8 36 46		12 29 22		16 29 52		20 30 22	22 32 35		2 33 5		6 33 35

Korrekturwerte für die einzelnen Jahre

Tabelle 1	+	Tabelle 2	+	Tabelle 3	+	Tabelle 4	+
1920	0 0 0	**1921**	0 0 0	**1922**	0 0 0	**1923**	0 0 0
1924	0 0 7	**1925**	0 0 7	**1926**	0 0 7	**1927**	0 0 7
1928	0 0 15	**1929**	0 0 15	**1930**	0 0 15	**1931**	0 0 15
1932	0 0 22	**1933**	0 0 22	**1934**	0 0 22	**1935**	0 0 22
1936	0 0 30	**1937**	0 0 30	**1938**	0 0 30	**1939**	0 0 30
1940	0 0 37	**1941**	0 0 37	**1942**	0 0 37	**1943**	0 0 37
1944	0 0 44	**1945**	0 0 44	**1946**	0 0 44	**1947**	0 0 44
1948	0 0 52	**1949**	0 0 52	**1950**	0 0 52	**1951**	0 0 52
1952	0 0 59	**1953**	0 0 59	**1954**	0 0 59	**1955**	0 0 59
1956	0 1 6	**1957**	0 1 6	**1958**	0 1 6	**1959**	0 1 6
1960	0 1 14	**1961**	0 1 14	**1962**	0 1 14	**1963**	0 1 14
1964	0 1 21	**1965**	0 1 21	**1966**	0 1 21	**1967**	0 1 21
1968	0 1 29	**1969**	0 1 29	**1970**	0 1 29	**1971**	0 1 29
1972	0 1 36	**1973**	0 1 36	**1974**	0 1 36	**1975**	0 1 36
1976	0 1 43	**1977**	0 1 43	**1978**	0 1 43	**1979**	0 1 43
1980	0 1 51	**1981**	0 1 51	**1982**	0 1 51	**1983**	0 1 51
1984	0 1 58	**1985**	0 1 58	**1986**	0 1 58	**1987**	0 1 58
1988	0 2 6	**1989**	0 2 6	**1990**	0 2 6	**1991**	0 2 6
1992	0 2 13	**1993**	0 2 13	**1994**	0 2 13	**1995**	0 2 13
1996	0 2 20	**1997**	0 2 20	**1998**	0 2 20	**1999**	0 2 20
2000	0 2 28	**2001**	0 2 28	**2002**	0 2 28	**2003**	0 2 28
2004	0 2 35	**2005**	0 2 35	**2006**	0 2 35	**2007**	0 2 35
2008	0 2 42	**2009**	0 2 42	**2010**	0 2 42	**2011**	0 2 42
2012	0 2 50	**2013**	0 2 50	**2014**	0 2 50	**2015**	0 2 50
2016	0 2 57	**2017**	0 2 57	**2018**	0 2 57	**2019**	0 2 57

		2°0'	4°0'	7°0'	11°0'	14°0'	18°0'	21°59'	25°19'	28°40'	30°2'	31°46'	33°20'	35°39'	37°58'	40°43'	41°54'	45°30'	48°50'	50°22'	51°32'	52°57'	54°34'	56°28'	57°29	59°0'	59°56'
ST	MC	ASC	ASC	ASC	ASC	ASC	ASC	ASC	ASC	ASC	ASC	ASC	ASC	ASC	ASC	ASC	ASC	ASC	ASC	ASC	ASC	ASC	ASC	ASC	ASC	ASC	ASC
	°	° '	° '	° '	° '	° '	° '	° '	° '	° '	° '	° '	° '	° '	° '	° '	° '	° '	° '	° '	° '	° '	° '	° '	° '	° '	° '
0 0 0	0 ♈	0 ♋ 48	1 ♋ 36	2 ♋ 48	4 ♋ 25	5 ♋ 40	7 ♋ 22	9 ♋ 8	10 ♋ 40	12 ♋ 16	12 ♋ 57	13 ♋ 50	14 ♋ 40	15 ♋ 56	17 ♋ 15	18 ♋ 54	19 ♋ 39	22 ♋ 3	24 ♋ 28	25 ♋ 40	26 ♋ 36	27 ♋ 48	29 ♋ 13	0 ♌ 59	1 ♌ 58	3 ♌ 31	4 ♌ 30
0 3 40	1	1 38	2 26	3 38	5 16	6 30	8 12	9 57	11 28	13 5	13 45	14 38	15 27	16 42	18 1	19 39	20 24	22 46	25 10	26 21	27 16	28 27	29 51	1 36	2 35	4 6	5 4
0 7 20	2	2 29	3 17	4 29	6 6	7 20	9 1	10 46	12 17	13 53	14 33	15 25	16 14	17 29	18 47	20 24	21 8	23 29	25 51	27 1	27 57	29 6	0 ♌ 30	2 13	3 11	4 41	5 39
0 11 1	3	3 19	4 7	5 19	6 56	8 10	9 51	11 35	13 5	14 41	15 21	16 13	17 1	18 15	19 33	21 9	21 53	24 12	26 33	27 42	28 37	29 46	1 8	2 50	3 47	5 16	6 13
0 14 41	4	4 10	4 57	6 9	7 46	9 0	10 40	12 24	13 54	15 28	16 8	17 0	17 48	19 2	20 18	21 54	22 37	24 55	27 14	28 23	29 17	0 ♌ 25	1 46	3 27	4 23	5 51	6 47
0 18 21	5	5 0	5 48	7 0	8 36	9 49	11 30	13 13	14 42	16 16	16 56	17 47	18 35	19 48	21 4	22 39	23 21	25 38	27 56	29 3	29 57	1 4	2 24	4 3	4 59	6 26	7 21
0 22 2	6	5 51	6 38	7 50	9 26	10 39	12 19	14 2	15 31	17 4	17 43	18 34	19 22	20 34	21 49	23 23	24 5	26 21	28 37	29 44	0 ♌ 37	1 43	3 2	4 40	5 35	7 0	7 55
0 25 42	7	6 42	7 29	8 40	10 16	11 29	13 8	14 50	16 19	17 52	18 31	19 21	20 8	21 20	22 35	24 8	24 50	27 3	29 18	0 ♌ 24	1 16	2 22	3 40	5 17	6 11	7 35	8 29
0 29 23	8	7 32	8 20	9 31	11 6	12 19	13 58	15 39	17 7	18 39	19 18	20 8	20 55	22 6	23 20	24 52	25 34	27 46	29 59	1 5	1 56	3 1	4 18	5 53	6 47	8 10	9 3
0 33 4	9	8 23	9 10	10 21	11 56	13 9	14 47	16 28	17 56	19 27	20 5	20 55	21 41	22 52	24 5	25 37	26 18	28 29	0 ♌ 40	1 45	2 36	3 40	4 56	6 30	7 23	8 45	9 37
0 36 45	10	9 14	10 1	11 12	12 47	13 59	15 37	17 17	18 44	20 15	20 53	21 42	22 28	23 38	24 50	26 21	27 1	29 11	1 21	2 25	3 15	4 18	5 34	7 7	7 59	9 20	10 11
0 40 27	11	10 5	10 52	12 2	13 37	14 49	16 26	18 6	19 32	21 2	21 40	22 29	23 14	24 24	25 36	27 5	27 45	29 54	2 2	3 5	3 55	4 57	6 11	7 43	8 35	9 54	10 45
0 44 8	12	10 56	11 43	12 53	14 27	15 38	17 15	18 55	20 20	21 50	22 27	23 16	24 1	25 9	26 21	27 49	28 29	0 ♌ 36	2 43	3 45	4 34	5 36	6 49	8 20	9 10	10 29	11 19
0 47 50	13	11 47	12 33	13 44	15 17	16 28	18 5	19 43	21 9	22 37	23 14	24 3	24 47	25 55	27 6	28 34	29 13	1 18	3 24	4 26	5 14	6 15	7 27	8 56	9 46	11 4	11 53
0 51 32	14	12 38	13 25	14 34	16 8	17 18	18 54	20 32	21 57	23 25	24 2	24 50	25 34	26 41	27 51	29 18	29 57	2 1	4 5	5 6	5 53	6 53	8 5	9 33	10 22	11 39	12 27
0 55 15	15	13 29	14 16	15 25	16 58	18 9	19 44	21 21	22 45	24 12	24 49	25 36	26 20	27 27	28 36	0 ♌ 2	0 ♌ 40	2 43	4 46	5 46	6 33	7 32	8 42	10 9	10 58	12 13	13 1
0 58 57	16	14 21	15 7	16 16	17 49	18 59	20 33	22 10	23 33	25 0	25 36	26 23	27 7	28 13	29 21	0 46	1 24	3 26	5 27	6 26	7 12	8 11	9 20	10 46	11 34	12 48	13 36
1 2 40	17	15 12	15 58	17 7	18 39	19 49	21 23	22 59	24 22	25 48	26 24	27 10	27 53	28 58	0 ♌ 6	1 30	2 8	4 8	6 8	7 6	7 52	8 49	9 58	11 23	12 10	13 23	14 10
1 6 24	18	16 4	16 50	17 59	19 30	20 39	22 13	23 48	25 10	26 35	27 11	27 57	28 40	29 44	0 51	2 15	2 52	4 50	6 48	7 46	8 31	9 28	10 36	11 59	12 46	13 58	14 44
1 10 7	19	16 56	17 42	18 50	20 21	21 30	23 3	24 37	25 59	27 23	27 58	28 44	29 26	0 ♌ 30	1 37	2 59	3 36	5 33	7 29	8 26	9 11	10 7	11 14	12 36	13 22	14 33	15 18
1 13 52	20	17 48	18 33	19 41	21 12	22 20	23 53	25 26	26 47	28 11	28 46	29 31	0 ♌ 13	1 16	2 22	3 43	4 19	6 15	8 10	9 6	9 50	10 46	11 51	13 12	13 58	15 8	15 52
1 17 36	21	18 40	19 25	20 33	22 3	23 11	24 43	26 16	27 36	28 58	29 33	0 ♌ 18	0 59	2 2	3 7	4 27	5 3	6 57	8 51	9 46	10 30	11 25	12 29	13 49	14 34	15 43	16 27
1 21 21	22	19 32	20 17	21 25	22 54	24 2	25 33	27 5	28 24	29 46	0 ♌ 21	1 5	1 46	2 48	3 52	5 12	5 47	7 40	9 32	10 27	11 10	12 3	13 7	14 26	15 10	16 18	17 1
1 25 7	23	20 25	21 10	22 17	23 46	24 53	26 23	27 54	29 13	0 ♌ 34	1 8	1 52	2 33	3 34	4 37	5 56	6 31	8 22	10 13	11 7	11 49	12 42	13 45	15 3	15 46	16 53	17 36
1 28 52	24	21 18	22 2	23 9	24 37	25 44	27 13	28 44	0 ♌ 2	1 22	1 56	2 39	3 19	4 20	5 23	6 40	7 15	9 5	10 54	11 47	12 29	13 21	14 23	15 40	16 22	17 28	18 10
1 32 39	25	22 11	22 55	24 1	25 29	26 35	28 4	29 34	0 51	2 10	2 44	3 27	4 6	5 6	6 8	7 25	7 59	9 47	11 35	12 28	13 9	14 0	15 1	16 16	16 58	18 3	18 45
1 36 26	26	23 4	23 48	24 54	26 21	27 26	28 54	0 ♌ 23	1 40	2 59	3 32	4 14	4 53	5 52	6 54	8 9	8 43	10 30	12 16	13 8	13 48	14 39	15 39	16 53	17 35	18 39	19 19
1 40 13	27	23 57	24 41	25 46	27 13	28 18	29 45	1 13	2 29	3 47	4 19	5 1	5 40	6 39	7 39	8 54	9 27	11 13	12 58	13 48	14 28	15 18	16 18	17 30	18 11	19 14	19 54
1 44 1	28	24 51	25 34	26 39	28 5	29 9	0 ♌ 36	2 3	3 18	4 35	5 8	5 49	6 27	7 25	8 25	9 39	10 11	11 55	13 39	14 29	15 8	15 57	16 56	18 8	18 48	19 49	20 29
1 47 49	29	25 44	26 28	27 32	28 57	0 ♌ 1	1 27	2 54	4 8	5 24	5 56	6 37	7 14	8 12	9 11	10 23	10 56	12 38	14 20	15 9	15 48	16 37	17 34	18 45	19 24	20 25	21 4
1 51 38	30	26 38	27 22	28 25	29 50	0 53	2 18	3 44	4 57	6 13	6 44	7 24	8 2	8 58	9 56	11 8	11 40	13 21	15 2	15 50	16 28	17 16	18 12	19 22	20 1	21 1	21 39
1 51 38	0 ♉	26 ♋ 38	27 ♋ 22	28 ♋ 25	29 ♋ 50	0 ♌ 53	2 ♌ 18	3 ♌ 44	4 ♌ 57	6 ♌ 13	6 ♌ 44	7 ♌ 24	8 ♌ 2	8 ♌ 58	9 ♌ 56	11 ♌ 8	11 ♌ 40	13 ♌ 21	15 ♌ 2	15 ♌ 50	16 ♌ 28	17 ♌ 16	18 ♌ 12	19 ♌ 22	20 ♌ 1	21 ♌ 1	21 ♌ 39
1 55 28	1	27 33	28 15	29 19	0 ♌ 43	1 45	3 10	4 34	5 47	7 1	7 32	8 12	8 49	9 45	10 42	11 53	12 24	14 4	15 43	16 31	17 8	17 55	18 51	19 59	20 37	21 36	22 14
1 59 18	2	28 27	29 10	0 ♌ 13	1 36	2 38	4 1	5 25	6 37	7 50	8 21	9 0	9 37	10 32	11 28	12 38	13 9	14 47	16 25	17 12	17 49	18 35	19 30	20 37	21 14	22 12	22 49
2 3 9	3	29 22	0 ♌ 4	1 7	2 29	3 30	4 53	6 16	7 26	8 39	9 9	9 48	10 24	11 19	12 14	13 23	13 54	15 31	17 6	17 53	18 29	19 14	20 8	21 14	21 51	22 48	23 24
2 7 0	4	0 ♌ 17	0 59	2 1	3 22	4 23	5 45	7 7	8 17	9 28	9 58	10 37	11 12	12 6	13 1	14 8	14 38	16 14	17 48	18 34	19 9	19 54	20 47	21 52	22 28	23 24	24 0
2 10 52	5	1 13	1 54	2 55	4 16	5 16	6 37	7 58	9 7	10 18	10 47	11 25	12 0	12 53	13 47	14 54	15 23	16 57	18 30	19 15	19 50	20 34	21 26	22 30	23 5	24 0	24 35
2 14 45	6	2 8	2 49	3 50	5 10	6 9	7 29	8 49	9 57	11 7	11 36	12 14	12 48	13 40	14 33	15 39	16 8	17 41	19 12	19 56	20 30	21 14	22 5	23 7	23 42	24 36	25 11
2 18 38	7	3 4	3 45	4 45	6 4	7 3	8 22	9 41	10 48	11 57	12 25	13 2	13 36	14 27	15 20	16 25	16 53	18 24	19 54	20 37	21 11	21 54	22 44	23 45	24 20	25 13	25 46
2 22 32	8	4 0	4 41	5 40	6 58	7 57	9 14	10 32	11 39	12 47	13 15	13 51	14 25	15 15	16 7	17 10	17 39	19 8	20 36	21 19	21 52	22 34	23 23	24 23	24 57	25 49	26 22
2 26 26	9	4 57	5 37	6 36	7 53	8 50	10 7	11 24	12 30	13 37	14 4	14 40	15 13	16 3	16 54	17 56	18 24	19 52	21 18	22 0	22 33	23 14	24 2	25 2	25 35	26 25	26 58
2 30 22	10	5 54	6 33	7 31	8 48	9 45	11 0	12 16	13 21	14 27	14 54	15 29	16 2	16 50	17 41	18 42	19 9	20 36	22 1	22 42	23 14	23 54	24 42	25 40	26 12	27 2	27 34
2 34 17	11	6 51	7 30	8 27	9 43	10 39	11 54	13 8	14 12	15 17	15 44	16 19	16 50	17 38	18 28	19 28	19 55	21 20	22 43	23 24	23 55	24 34	25 21	26 18	26 50	27 39	28 10
2 38 14	12	7 48	8 27	9 24	10 38	11 33	12 47	14 1	15 3	16 7	16 34	17 8	17 39	18 27	19 15	20 15	20 41	22 4	23 26	24 5	24 36	25 15	26 1	26 57	27 28	28 16	28 46
2 42 11	13	8 46	9 24	10 20	11 34	12 28	13 41	14 54	15 55	16 58	17 24	17 58	18 28	19 15	20 2	21 1	21 27	22 48	24 9	24 47	25 18	25 56	26 40	27 35	28 6	28 53	29 23
2 46 9	14	9 44	10 22	11 17	12 30	13 23	14 35	15 46	16 47	17 49	18 15	18 48	19 18	20 3	20 50	21 47	22 13	23 33	24 52	25 30	25 59	26 36	27 20	28 14	28 44	29 30	29 59
2 50 8	15	10 43	11 20	12 14	13 26	14 19	15 29	16 40	17 39	18 40	19 5	19 38	20 7	20 52	21 38	22 34	22 59	24 17	25 35	26 12	26 41	27 17	28 0	28 53	29 22	0 ♍ 7	0 ♍ 36
2 54 8	16	11 42	12 18	13 12	14 22	15 14	16 24	17 33	18 31	19 31	19 56	20 28	20 57	21 41	22 26	23 21	23 45	25 2	26 18	26 54	27 23	27 58	28 40	29 32	0 ♍ 0	0 44	1 13
2 58 8	17	12 41	13 17	14 10	15 19	16 10	17 18	18 26	19 24	20 23	20 47	21 18	21 47	22 30	23 14	24 8	24 32	25 47	27 1	27 37	28 5	28 39	29 21	0 ♍ 11	0 39	1 22	1 49
3 2 9	18	13 40	14 16	15 8	16 16	17 6	18 13	19 20	20 17	21 14	21 38	22 9	22 37	23 19	24 2	24 55	25 18	26 32	27 45	28 19	28 47	29 21	0 ♍ 1	0 50	1 17	2 0	2 26
3 6 10	19	14 40	15 15	16 6	17 13	18 3	19 9	20 14	21 10	22 6	22 29	22 59	23 27	24 8	24 50	25 42	26 5	27 17	28 28	29 2	29 29	0 ♍ 2	0 41	1 30	1 56	2 37	3 3
3 10 13	20	15 40	16 14	17 5	18 11	19 0	20 4	21 8	22 3	22 58	23 21	23 50	24 17	24 57	25 39	26 30	26 52	28 3	29 12	29 45	0 ♍ 11	0 44	1 22	2 9	2 35	3 15	3 41
3 14 16	21	16 41	17 14	18 4	19 9	19 57	21 0	22 3	22 56	23 50	24 13	24 41	25 8	25 47	26 28	27 17	27 39	28 48	29 56	0 ♍ 28	0 54	1 25	2 3	2 49	3 14	3 53	4 18
3 18 20	22	17 42	18 15	19 3	20 7	20 54	21 56	22 58	23 50	24 43	25 4	25 33	25 58	26 37	27 17	28 5	28 26	29 34	0 ♍ 40	1 11	1 36	2 7	2 44	3 28	3 53	4 31	4 56
3 22 24	23	18 43	19 15	20 3	21 5	21 51	22 52	23 52	24 43	25 35	25 57	26 24	26 49	27 27	28 6	28 53	29 14	0 ♍ 19	1 24	1 55	2 19	2 49	3 25	4 8	4 32	5 10	5 33
3 26 30	24	19 44	20 16	21 3	22 4	22 49	23 48	24 48	25 37	26 28	26 49	27 16	27 40	28 17	28 55	29 41	0 ♍ 1	1 5	2 8	2 38	3 2	3 31	4 6	4 48	5 12	5 48	6 11
3 30 36	25	20 46	21 18	22 3	23 3	23 47	24 45	25 43	26 32	27 21	27 41	28 8	28 31	29 7	29 44	0 ♍ 29	0 49	1 51	2 52	3 22	3 45	4 13	4 47	5 28	5 51	6 27	6 49
3 34 42	26	21 49	22 19	23 4	24 2	24 45	25 42	26 39	27 26	28 14	28 34	29 0	29 23	29 58	0 ♍ 34	1 18	1 37	2 38	3 37	4 6	4 28	4 56	5 29	6 9	6 31	7 5	7 27
3 38 50	27	22 51	23 21	24 5	25 2	25 44	26 39	27 34	28 21	29 8	29 27	29 52	0 ♍ 14	0 ♍ 49	1 23	2 6	2 25	3 24	4 22	4 50	5 11	5 38	6 10	6 49	7 11	7 44	8 5
3 42 58	28	23 54	24 24	25 6	26 2	26 43	27 37	28 30	29 15	0 ♍ 1	0 ♍ 20	0 ♍ 44	1 6	1 39	2 13	2 55	3 13	4 10	5 7	5 34	5 55	6 21	6 52	7 30	7 51	8 23	8 43
3 47 7	29	24 58	25 26	26 8	27 2	27 42	28 35	29 27	0 ♍ 11	0 55	1 13	1 37	1 58	2 31	3 3	3 44	4 1	4 57	5 52	6 18	6 38	7 4	7 34	8 10	8 31	9 2	9 22
3 51 16	30	26 1	26 29	27 10	28 3	28 41	29 33	0 ♍ 23	1 6	1 49	2 7	2 30	2 50	3 22	3 54	4 33	4 50	5 44	6 37	7 2	7 22	7 47	8 16	8 51	9 11	9 41	10 0
3 51 16	0 ♊	26 ♌ 1	26 ♌ 29	27 ♌ 10	28 ♌ 3	28 ♌ 41	29 ♌ 33	0 ♍ 23	1 ♍ 6	1 ♍ 49	2 ♍ 7	2 ♍ 30	2 ♍ 50	3 ♍ 22	3 ♍ 54	4 ♍ 33	4 ♍ 50	5 ♍ 44	6 ♍ 37	7 ♍ 2	7 ♍ 22	7 ♍ 47	8 ♍ 16	8 ♍ 51	9 ♍ 11	9 ♍ 41	10 ♍ 0
3 55 26	1	27 6	27 33	28 12	29 3	29 41	0 ♍ 31	1 20	2 1	2 43	3 0	3 23	3 43	4 13	4 44	5 22	5 39	6 31	7 22	7 47	8 6	8 30	8 58	9 32	9 51	10 20	10 39
3 59 37	2	28 10	28 36	29 15	0 ♍ 4	0 ♍ 41	1 29	2 17	2 57	3 38	3 54	4 16	4 35	5 5	5 35	6 11	6 27	7 18	8 7	8 31	8 50	9 13	9 40	10 13	10 31	11 0	11 18
4 3 49	3	29 15	29 40	0 ♍ 17	1 6	1 41	2 28	3 14	3 53	4 32	4 48	5 9	5 28	5 56	6 25	7 1	7 16	8 5	8 53	9 16	9 34	9 56	10 22	10 54	11 12	11 39	11 57
4 8 1	4	0 ♍ 20	0 ♍ 44	1 21	2 7	2 42	3 27	4 12	4 49	5 27	5 43	6 3	6 21	6 48	7 16	7 50	8 5	8 53	9 39	10 1	10 18	10 39	11 5	11 36	11 53	12 19	12 36
4 12 14	5	1 25	1 49	2 24	3 9	3 42	4 26	5 9	5 45	6 22	6 37	6 56	7 14	7 40	8 7	8 40	8 55	9 40	10 24	10 46	11 2	11 23	11 47	12 17	12 33	12 59	13 15
4 16 27	6	2 31	2 54	3 28	4 11	4 43	5 25	6 7	6 42	7 17	7 32	7 50	8 7	8 33	8 58	9 30	9 44	10 28	11 10	11 31	11 47	12 7	12 30	12 58	13 14	13 39	13 54
4 20 41	7	3 37	3 59	4 32	5 14	5 45	6 25	7 5	7 38	8 12	8 26	8 44	9 0	9 25	9 50	10 20	10 34	11 15	11 56	12 16	12 31	12 50	13 13	13 40	13 55	14 19	14 33
4 24 56	8	4 43	5 5	5 36	6 16	6 46	7 25	8 3	8 35	9 8	9 21	9 38	9 54	10 17	10 41	11 10	11 23	12 3	12 42	13 1	13 16	13 34	13 56	14 22	14 36	14 59	15 13
4 29 11	9	5 50	6 11	6 41	7 19	7 48	8 25	9 2	9 32	10 4	10 16	10 33	10 48	11 10	11 33	12 1	12 13	12 51	13 29	13 47	14 1	14 18	14 39	15 4	15 18	15 39	15 52
4 33 27	10	6 57	7 17	7 45	8 22	8 50	9 25	10 0	10 30	10 59	11 12	11 27	11 41	12 3	12 25	12 51	13 3	13 39	14 15	14 32	14 46	15 2	15 22	15 46	15 59	16 19	16 32
4 37 43	11	8 4	8 23	8 50	9 26	9 52	10 26	10 59	11 27	11 55	12 7	12 22	12 35	12 56	13 17	13 42	13 53	14 28	15 2	15 18	15 31	15 46	16 5	16 28	16 40	17 0	17 12
4 41 59	12	9 12	9 30	9 56	10 29	10 54	11 26	11 58	12 25	12 51	13 3	13 17	13 30	13 49	14 9	14 33	14 43	15 16	15 48	16 4	16 16	16 31	16 48	17 10	17 22	17 40	17 52
4 46 17	13	10 20	10 37	11 1	11 33	11 56	12 27	12 57	13 22	13 48	13 58	14 12	14 24	14 42	15 1	15 23	15 33	16 5	16 35	16 50	17 1	17 15	17 32	17 52	18 3	18 21	18 32
4 50 34	14	11 28	11 44	12 7	12 37	12 59	13 28	13 56	14 20	14 44	14 54	15 7	15 18	15 35	15 53	16 14	16 24	16 53	17 22	17 36	17 46	18 0	18 15	18 34	18 45	19 1	19 12
4 54 53	15	12 36	12 51	13 13	13 41	14 2	14 29	14 56	15 18	15 41	15 50	16 2	16 13	16 29	16 45	17 5	17 14	17 42	18 9	18 22	18 32	18 44	18 59	19 17	19 27	19 42	19 52
4 59 11	16	13 44	13 59	14 19	14 46	15 5	15 30	15 55	16 16	16 37	16 46	16 57	17 7	17 22	17 38	17 57	18 5	18 31	18 56	19 8	19 17	19 29	19 43	19 59	20 9	20 23	20 32
5 3 30	17	14 53	15 6	15 25	15 50	16 8	16 32	16 55	17 15	17 34	17 42	17 53	18 2	18 16	18 30	18 48	18 55	19 19	19 43	19 54	20 3	20 14	20 26	20 42	20 51	21 4	21 12
5 7 49	18	16 2	16 14	16 32	16 55	17 12	17 34	17 55	18 13	18 31	18 39	18 48	18 57	19 10	19 23	19 39	19 46	20 8	20 30	20 40	20 48	20 58	21 10	21 25	21 33	21 45	21 53
5 12 9	19	17 11	17 22	17 39	18 0	18 15	18 35	18 55	19 12	19 28	19 35	19 44	19 52	20 4	20 16	20 31	20 37	20 57	21 17	21 27	21 34	21 43	21 54	22 7	22 15	22 26	22 33
5 16 29	20	18 21	18 31	18 46	19 5	19 19	19 37	19 55	20 10	20 25	20 32	20 39	20 47	20 58	21 9	21 22	21 28	21 47	22 5	22 13	22 20	22 28	22 38	22 50	22 57	23 7	23 13
5 20 49	21	19 30	19 39	19 53	20 10	20 23	20 39	20 55	21 9	21 23	21 28	21 35	21 42	21 52	22 2	22 14	22 19	22 36	22 52	23 0	23 6	23 13	23 22	23 33	23 39	23 48	23 54
5 25 10	22	20 40	20 48	21 0	21 15	21 26	21 41	21 56	22 8	22 20	22 25	22 31	22 37	22 46	22 55	23 5	23 10	23 25	23 39	23 46	23 52	23 58	24 6	24 16	24 21	24 29	24 34
5 29 31	23	21 49	21 57	22 7	22 21	22 30	22 43	22 56	23 7	23 17	23 22	23 27	23 32	23 40	23 48	23 57	24 1	24 14	24 27	24 33	24 38	24 43	24 50	24 59	25 3	25 11	25 15
5 33 51	24	22 59	23 5	23 14	23 26	23 34	23 46	23 56	24 5	24 15	24 18	24 23	24 28	24 34	24 41	24 49	24 52	25 3	25 14	25 20	25 24	25 29	25 34	25 42	25 46	25 52	25 56
5 38 13	25	24 9	24 14	24 22	24 32	24 39	24 48	24 57	25 4	25 12	25 15	25 19	25 23	25 28	25 34	25 41	25 44	25 53	26 2	26 6	26 10	26 14	26 19	26 25	26 28	26 33	26 36
5 42 34	26	25 19	25 23	25 29	25 37	25 43	25 50	25 57	26 4	26 10	26 12	26 15	26 18	26 23	26 27	26 32	26 35	26 42	26 49	26 53	26 56	26 59	27 3	27 8	27 10	27 14	27 17
5 46 55	27	26 29	26 33	26 37	26 43	26 47	26 53	26 58	27 3	27 7	27 9	27 11	27 14	27 17	27 20	27 24	27 26	27 32	27 37	27 40	27 42	27 44	27 47	27 51	27 53	27 56	27 58
5 51 17	28	27 40	27 42	27 45	27 49	27 51	27 55	27 59	28 2	28 5	28 6	28 8	28 9	28 11	28 13	28 16	28 17	28 21	28 25	28 26	28 28	28 29	28 31	28 34	28 35	28 37	28 38
5 55 38	29	28 50	28 51	28 52	28 54	28 56	28 58	28 59	29 1	29 2	29 3	29 4	29 5	29 6	29 7	29 8	29 9	29 11	29 12	29 13	29 14	29 15	29 16	29 17	29 18	29 19	29 19
6 0 0	30	0 ♎ 0	0 ♎ 0	0 ♎ 0	0 ♎ 0	0 ♎ 0	0 ♎ 0	0 ♎ 0	0 ♎ 0	0 ♎ 0	0 ♎ 0	0 ♎ 0	0 ♎ 0	0 ♎ 0	0 ♎ 0	0 ♎ 0	0 ♎ 0	0 ♎ 0	0 ♎ 0	0 ♎ 0	0 ♎ 0	0 ♎ 0	0 ♎ 0	0 ♎ 0	0 ♎ 0	0 ♎ 0	0 ♎ 0

ST	MC	2°0' ASC	4°0' ASC	7°0' ASC	11°0' ASC	14°0' ASC	18°0' ASC	21°59' ASC	25°19' ASC	28°40' ASC	30°2' ASC	31°46' ASC	33°20' ASC	35°39' ASC	37°58' ASC	40°43' ASC	41°54' ASC	45°30' ASC	48°50' ASC	50°22' ASC	51°32' ASC	52°57' ASC	54°34' ASC	56°28' ASC	57°29 ASC	59°0' ASC	59°56' ASC
	°	° '	° '	° '	° '	° '	° '	° '	° '	° '	° '	° '	° '	° '	° '	° '	° '	° '	° '	° '	° '	° '	° '	° '	° '	° '	° '
6 0 0	0 ♋	0 ♎ 0	0 ♎ 0	0 ♎ 0	0 ♎ 0	0 ♎ 0	0 ♎ 0	0 ♎ 0	0 ♎ 0	0 ♎ 0	0 ♎ 0	0 ♎ 0	0 ♎ 0	0 ♎ 0	0 ♎ 0	0 ♎ 0	0 ♎ 0	0 ♎ 0	0 ♎ 0	0 ♎ 0	0 ♎ 0	0 ♎ 0	0 ♎ 0	0 ♎ 0	0 ♎ 0	0 ♎ 0	0 ♎ 0
6 4 22	1	1 10	1 9	1 8	1 6	1 4	1 2	1 1	0 59	0 58	0 57	0 56	0 55	0 54	0 53	0 52	0 51	0 49	0 48	0 47	0 46	0 45	0 44	0 43	0 42	0 41	0 41
6 8 43	2	2 20	2 18	2 15	2 11	2 9	2 5	2 1	1 58	1 55	1 54	1 52	1 51	1 49	1 47	1 44	1 43	1 39	1 35	1 34	1 32	1 31	1 29	1 26	1 25	1 23	1 22
6 13 5	3	3 31	3 27	3 23	3 17	3 13	3 7	3 2	2 57	2 53	2 51	2 49	2 46	2 43	2 40	2 36	2 34	2 28	2 23	2 20	2 18	2 16	2 13	2 9	2 7	2 4	2 2
6 17 26	4	4 41	4 37	4 31	4 23	4 17	4 10	4 3	3 56	3 50	3 48	3 45	3 42	3 37	3 33	3 28	3 25	3 18	3 11	3 7	3 4	3 1	2 57	2 52	2 50	2 46	2 43
6 21 47	5	5 51	5 46	5 38	5 28	5 21	5 12	5 3	4 56	4 48	4 45	4 41	4 37	4 32	4 26	4 19	4 16	4 7	3 58	3 54	3 50	3 46	3 41	3 35	3 32	3 27	3 24
6 26 9	6	7 1	6 55	6 46	6 34	6 26	6 14	6 4	5 55	5 45	5 42	5 37	5 32	5 26	5 19	5 11	5 8	4 57	4 46	4 40	4 36	4 31	4 26	4 18	4 14	4 8	4 4
6 30 29	7	8 11	8 3	7 53	7 39	7 30	7 17	7 4	6 53	6 43	6 38	6 33	6 28	6 20	6 12	6 3	5 59	5 46	5 33	5 27	5 22	5 17	5 10	5 1	4 57	4 49	4 45
6 34 50	8	9 20	9 12	9 0	8 45	8 34	8 19	8 4	7 52	7 40	7 35	7 29	7 23	7 14	7 5	6 55	6 50	6 35	6 21	6 14	6 8	6 2	5 54	5 44	5 39	5 31	5 26
6 39 11	9	10 30	10 21	10 7	9 50	9 37	9 21	9 5	8 51	8 37	8 32	8 25	8 18	8 8	7 58	7 46	7 41	7 24	7 8	7 0	6 54	6 47	6 38	6 27	6 21	6 12	6 6
6 43 31	10	11 39	11 29	11 14	10 55	10 41	10 23	10 5	9 50	9 35	9 28	9 21	9 13	9 2	8 51	8 38	8 32	8 13	7 55	7 47	7 40	7 32	7 22	7 10	7 3	6 53	6 47
6 47 51	11	12 49	12 38	12 21	12 0	11 45	11 25	11 5	10 48	10 32	10 25	10 16	10 8	9 56	9 44	9 29	9 23	9 3	8 43	8 33	8 26	8 17	8 6	7 53	7 45	7 34	7 27
6 52 11	12	13 58	13 46	13 28	13 5	12 48	12 26	12 5	11 47	11 29	11 21	11 12	11 3	10 50	10 37	10 21	10 14	9 52	9 30	9 20	9 12	9 2	8 50	8 35	8 27	8 15	8 7
6 56 30	13	15 7	14 54	14 35	14 10	13 52	13 28	13 5	12 45	12 26	12 18	12 7	11 58	11 44	11 30	11 12	11 5	10 41	10 17	10 6	9 57	9 46	9 34	9 18	9 9	8 56	8 48
7 0 49	14	16 16	16 1	15 41	15 14	14 55	14 30	14 5	13 44	13 23	13 14	13 3	12 53	12 38	12 22	12 3	11 55	11 29	11 4	10 52	10 43	10 31	10 17	10 1	9 51	9 37	9 28
7 5 7	15	17 24	17 9	16 47	16 19	15 58	15 31	15 4	14 42	14 19	14 10	13 58	13 47	13 31	13 15	12 55	12 46	12 18	11 51	11 38	11 28	11 16	11 1	10 43	10 33	10 18	10 8
7 9 26	16	18 32	18 16	17 53	17 23	17 1	16 32	16 4	15 40	15 16	15 6	14 53	14 42	14 25	14 7	13 46	13 36	13 7	12 38	12 24	12 14	12 0	11 45	11 26	11 15	10 59	10 48
7 13 43	17	19 40	19 23	18 59	18 27	18 4	17 33	17 3	16 38	16 12	16 2	15 48	15 36	15 18	14 59	14 37	14 27	13 55	13 25	13 10	12 59	12 45	12 28	12 8	11 57	11 39	11 28
7 18 1	18	20 48	20 30	20 4	19 31	19 6	18 34	18 2	17 35	17 9	16 57	16 43	16 30	16 11	15 51	15 27	15 17	14 44	14 12	13 56	13 44	13 29	13 12	12 50	12 38	12 20	12 8
7 22 17	19	21 56	21 37	21 10	20 34	20 8	19 34	19 1	18 33	18 5	17 53	17 38	17 25	17 4	16 43	16 18	16 7	15 32	14 58	14 42	14 29	14 14	13 55	13 32	13 20	13 0	12 48
7 26 33	20	23 3	22 43	22 15	21 38	21 10	20 35	20 0	19 30	19 1	18 48	18 33	18 19	17 57	17 35	17 9	16 57	16 21	15 45	15 28	15 14	14 58	14 38	14 14	14 1	13 41	13 28
7 30 49	21	24 10	23 49	23 19	22 41	22 12	21 35	20 58	20 28	19 56	19 44	19 27	19 12	18 50	18 27	17 59	17 47	17 9	16 31	16 13	15 59	15 42	15 21	14 56	14 42	14 21	14 8
7 35 4	22	25 17	24 55	24 24	23 44	23 14	22 35	21 57	21 25	20 52	20 39	20 22	20 6	19 43	19 19	18 50	18 37	17 57	17 18	16 59	16 44	16 26	16 4	15 38	15 24	15 1	14 47
7 39 19	23	26 23	26 1	25 28	24 46	24 15	23 35	22 55	22 22	21 48	21 34	21 16	21 0	20 35	20 10	19 40	19 26	18 45	18 4	17 44	17 29	17 10	16 47	16 20	16 5	15 41	15 27
7 43 33	24	27 29	27 6	26 32	25 49	25 17	24 35	23 53	23 18	22 43	22 28	22 10	21 53	21 27	21 2	20 30	20 16	19 32	18 50	18 29	18 13	17 53	17 30	17 2	16 46	16 21	16 6
7 47 46	25	28 35	28 11	27 36	26 51	26 18	25 34	24 51	24 15	23 38	23 23	23 4	22 46	22 20	21 53	21 20	21 5	20 20	19 36	19 14	18 58	18 37	18 13	17 43	17 27	17 1	16 45
7 51 59	26	29 40	29 16	28 39	27 53	27 18	26 33	25 48	25 11	24 33	24 17	23 57	23 39	23 12	22 44	22 10	21 55	21 7	20 21	19 59	19 42	19 21	18 55	18 24	18 7	17 41	17 24
7 56 11	27	0 ♏ 45	0 ♏ 20	29 43	28 54	28 19	27 32	26 46	26 7	25 28	25 12	24 51	24 32	24 4	23 35	22 59	22 44	21 55	21 7	20 44	20 26	20 4	19 38	19 6	18 48	18 21	18 3
8 0 23	28	1 50	1 24	0 ♏ 45	29 56	29 19	28 31	27 43	27 3	26 22	26 6	25 44	25 25	24 55	24 25	23 49	23 33	22 42	21 53	21 29	21 10	20 47	20 20	19 47	19 29	19 0	18 42
8 4 34	29	2 54	2 27	1 48	0 ♏ 57	0 ♏ 19	29 29	28 40	27 59	27 17	27 0	26 37	26 17	25 47	25 16	24 38	24 21	23 29	22 38	22 13	21 54	21 30	21 2	20 28	20 9	19 40	19 21
8 8 44	30	3 59	3 31	2 50	1 57	1 19	0 ♏ 27	29 37	28 54	28 11	27 53	27 30	27 10	26 38	26 6	25 27	25 10	24 16	23 23	22 58	22 38	22 13	21 44	21 9	20 49	20 19	20 0

8 8 44	0 ♌	3 ♏ 59	3 ♏ 31	2 ♏ 50	1 ♏ 57	1 ♏ 19	0 ♏ 27	29 ♎ 37	28 ♎ 54	28 ♎ 11	27 ♎ 53	27 ♎ 30	27 ♎ 10	26 ♎ 38	26 ♎ 6	25 ♎ 27	25 ♎ 10	24 ♎ 16	23 ♎ 23	22 ♎ 58	22 ♎ 38	22 ♎ 13	21 ♎ 44	21 ♎ 9	20 ♎ 49	20 ♎ 19	20 ♎ 0
8 12 53	1	5 2	4 34	3 52	2 58	2 18	1 25	0 ♏ 33	29 49	29 5	28 47	28 23	28 2	27 29	26 57	26 16	25 59	25 3	24 8	23 42	23 22	22 56	22 26	21 50	21 29	20 58	20 38
8 17 2	2	6 6	5 36	4 54	3 58	3 17	2 23	1 30	0 ♏ 45	29 59	29 40	29 16	28 54	28 21	27 47	27 5	26 47	25 50	24 53	24 26	24 5	23 39	23 8	22 30	22 9	21 37	21 17
8 21 10	3	7 9	6 39	5 55	4 58	4 16	3 21	2 26	1 39	0 ♏ 52	0 ♏ 33	0 ♏ 8	29 46	29 11	28 37	27 54	27 35	26 36	25 38	25 10	24 49	24 22	23 50	23 11	22 49	22 16	21 55
8 25 18	4	8 11	7 41	6 56	5 58	5 15	4 18	3 21	2 34	1 46	1 26	1 0	0 ♏ 37	0 ♏ 2	29 26	28 42	28 23	27 22	26 23	25 54	25 32	25 4	24 31	23 51	23 29	22 55	22 33
8 29 24	5	9 14	8 42	7 57	6 57	6 13	5 15	4 17	3 28	2 39	2 19	1 52	1 29	0 53	0 ♏ 16	29 31	29 11	28 9	27 8	26 38	26 15	25 47	25 13	24 32	24 9	23 33	23 11
8 33 30	6	10 16	9 44	8 57	7 56	7 11	6 12	5 12	4 23	3 32	3 11	2 44	2 20	1 43	1 5	0 ♏ 19	29 59	28 55	27 52	27 22	26 58	26 29	25 54	25 12	24 48	24 12	23 49
8 37 36	7	11 17	10 45	9 57	8 55	8 9	7 8	6 8	5 17	4 25	4 3	3 36	3 11	2 33	1 54	1 7	0 ♏ 46	29 41	28 36	28 5	27 41	27 11	26 35	25 52	25 28	24 50	24 27
8 41 40	8	12 18	11 45	10 57	9 53	9 6	8 4	7 2	6 10	5 17	4 56	4 27	4 2	3 23	2 43	1 55	1 34	0 ♏ 26	29 20	28 49	28 24	27 53	27 16	26 32	26 7	25 29	25 4
8 45 44	9	13 19	12 46	11 56	10 51	10 3	9 0	7 57	7 4	6 10	5 47	5 19	4 52	4 13	3 32	2 43	2 21	1 12	0 ♏ 4	29 32	29 6	28 35	27 57	27 11	26 46	26 7	25 42
8 49 47	10	14 20	13 46	12 55	11 49	11 0	9 56	8 52	7 57	7 2	6 39	6 10	5 43	5 3	4 21	3 30	3 8	1 57	0 48	0 ♏ 15	29 49	29 16	28 38	27 51	27 25	26 45	26 19
8 53 50	11	15 20	14 45	13 54	12 47	11 57	10 51	9 46	8 50	7 54	7 31	7 1	6 33	5 52	5 10	4 18	3 55	2 43	1 32	0 58	0 ♏ 31	29 58	29 19	28 30	28 4	27 23	26 57
8 57 51	12	16 20	15 44	14 52	13 44	12 54	11 47	10 40	9 43	8 46	8 22	7 51	7 23	6 41	5 58	5 5	4 42	3 28	2 15	1 41	1 13	0 ♏ 39	29 59	29 10	28 43	28 0	27 34
9 1 52	13	17 19	16 43	15 50	14 41	13 50	12 42	11 34	10 36	9 37	9 13	8 42	8 13	7 30	6 46	5 52	5 28	4 13	2 59	2 23	1 55	1 21	0 ♏ 39	29 49	29 21	28 38	28 11
9 5 52	14	18 18	17 42	16 48	15 38	14 46	13 36	12 27	11 29	10 29	10 4	9 32	9 3	8 19	7 34	6 39	6 15	4 58	3 42	3 6	2 37	2 2	1 20	0 ♏ 28	0 ♏ 0	29 16	28 47
9 9 52	15	19 17	18 40	17 46	16 34	15 41	14 31	13 20	12 21	11 20	10 55	10 22	9 53	9 8	8 22	7 26	7 1	5 43	4 25	3 48	3 19	2 43	2 0	1 7	0 38	29 53	29 24
9 13 51	16	20 16	19 38	18 43	17 30	16 37	15 25	14 14	13 13	12 11	11 45	11 12	10 42	9 57	9 10	8 13	7 47	6 27	5 8	4 30	4 1	3 24	2 40	1 46	1 16	0 ♏ 30	0 ♏ 1
9 17 49	17	21 14	20 36	19 40	18 26	17 32	16 19	15 6	14 5	13 2	12 36	12 2	11 32	10 45	9 58	8 59	8 33	7 12	5 51	5 13	4 42	4 4	3 20	2 25	1 54	1 7	0 37
9 21 46	18	22 12	21 33	20 36	19 22	18 27	17 13	15 59	14 57	13 53	13 26	12 52	12 21	11 33	10 45	9 45	9 19	7 56	6 34	5 55	5 24	4 45	3 59	3 3	2 32	1 44	1 14
9 25 43	19	23 9	22 30	21 33	20 17	19 21	18 6	16 52	15 48	14 43	14 16	13 41	13 10	12 22	11 32	10 32	10 5	8 40	7 17	6 36	6 5	5 26	4 39	3 42	3 10	2 21	1 50
9 29 38	20	24 6	23 27	22 29	21 12	20 15	19 0	17 44	16 39	15 33	15 6	14 31	13 58	13 10	12 19	11 18	10 51	9 24	7 59	7 18	6 46	6 6	5 18	4 20	3 48	2 58	2 26
9 33 34	21	25 3	24 23	23 24	22 7	21 10	19 53	18 36	17 30	16 23	15 56	15 20	14 47	13 57	13 6	12 4	11 36	10 8	8 42	8 0	7 27	6 46	5 58	4 58	4 25	3 35	3 2
9 37 28	22	26 0	25 19	24 20	23 2	22 3	20 46	19 28	18 21	17 13	16 45	16 9	15 35	14 45	13 53	12 50	12 21	10 52	9 24	8 41	8 8	7 26	6 37	5 37	5 3	4 11	3 38
9 41 22	23	26 56	26 15	25 15	23 56	22 57	21 38	20 19	19 12	18 3	17 35	16 58	16 24	15 33	14 40	13 35	13 7	11 36	10 6	9 23	8 49	8 6	7 16	6 15	5 40	4 47	4 14
9 45 15	24	27 52	27 11	26 10	24 50	23 51	22 31	21 11	20 3	18 53	18 24	17 46	17 12	16 20	15 27	14 21	13 52	12 19	10 48	10 4	9 30	8 46	7 55	6 53	6 18	5 24	4 49
9 49 8	25	28 47	28 6	27 5	25 44	24 44	23 23	22 2	20 53	19 42	19 13	18 35	18 0	17 7	16 13	15 6	14 37	13 3	11 30	10 45	10 10	9 26	8 34	7 30	6 55	6 0	5 25
9 53 0	26	29 43	29 1	27 59	26 38	25 37	24 15	22 53	21 43	20 32	20 2	19 23	18 48	17 54	16 59	15 52	15 22	13 46	12 12	11 26	10 51	10 6	9 13	8 8	7 32	6 36	6 0
9 56 51	27	0 ♐ 38	29 56	28 53	27 31	26 30	25 7	23 44	22 34	21 21	20 51	20 12	19 36	18 41	17 46	16 37	16 6	14 29	12 54	12 7	11 31	10 46	9 52	8 46	8 9	7 12	6 36
10 0 42	28	1 33	0 ♐ 50	29 47	28 24	27 22	25 59	24 35	23 23	22 10	21 39	21 0	20 23	19 28	18 32	17 22	16 51	15 13	13 35	12 48	12 11	11 25	10 30	9 23	8 46	7 48	7 11
10 4 32	29	2 27	1 45	0 ♐ 41	29 17	28 15	26 50	25 26	24 13	22 59	22 28	21 48	21 11	20 15	19 18	18 7	17 36	15 56	14 17	13 29	12 52	12 5	11 9	10 1	9 23	8 24	7 46
10 8 22	30	3 22	2 38	1 35	0 ♐ 10	29 7	27 42	26 16	25 3	23 47	23 16	22 36	21 58	21 2	20 4	18 52	18 20	16 39	14 58	14 10	13 32	12 44	11 48	10 38	9 59	8 59	8 21

10 8 22	0 ♍	3 ♐ 22	2 ♐ 38	1 ♐ 35	0 ♐ 10	29 ♏ 7	27 ♏ 42	26 ♏ 16	25 ♏ 3	23 ♏ 47	23 ♏ 16	22 ♏ 36	21 ♏ 58	21 ♏ 2	20 ♏ 4	18 ♏ 52	18 ♏ 20	16 ♏ 39	14 ♏ 58	14 ♏ 10	13 ♏ 32	12 ♏ 44	11 ♏ 48	10 ♏ 38	9 ♏ 59	8 ♏ 59	8 ♏ 21
10 12 11	1	4 16	3 32	2 28	1 3	29 59	28 33	27 6	25 52	24 36	24 4	23 23	22 46	21 48	20 49	19 37	19 4	17 22	15 40	14 51	14 12	13 23	12 26	11 15	10 36	9 35	8 56
10 15 59	2	5 9	4 26	3 21	1 55	0 ♐ 51	29 24	27 57	26 42	25 25	24 52	24 11	23 33	22 35	21 35	20 21	19 49	18 5	16 21	15 31	14 52	14 3	13 4	11 52	11 12	10 11	9 31
10 19 47	3	6 3	5 19	4 14	2 47	1 42	0 ♐ 15	28 47	27 31	26 13	25 41	24 59	24 20	23 21	22 21	21 6	20 33	18 47	17 2	16 12	15 32	14 42	13 42	12 30	11 49	10 46	10 6
10 23 34	4	6 56	6 12	5 6	3 39	2 34	1 6	29 37	28 20	27 1	26 28	25 46	25 7	24 8	23 6	21 51	21 17	19 30	17 44	16 52	16 12	15 21	14 21	13 7	12 25	11 21	10 41
10 27 21	5	7 49	7 5	5 59	4 31	3 25	1 56	0 ♐ 26	29 9	27 50	27 16	26 33	25 54	24 54	23 52	22 35	22 1	20 13	18 25	17 32	16 51	16 0	14 59	13 44	13 2	11 57	11 15
10 31 8	6	8 42	7 58	6 51	5 23	4 16	2 47	1 16	29 58	28 38	28 4	27 21	26 41	25 40	24 37	23 20	22 45	20 55	19 6	18 13	17 31	16 39	15 37	14 20	13 38	12 32	11 50
10 34 53	7	9 35	8 50	7 43	6 14	5 7	3 37	2 6	0 ♐ 47	29 26	28 52	28 8	27 27	26 26	25 23	24 4	23 29	21 38	19 47	18 53	18 11	17 18	16 15	14 57	14 14	13 7	12 24
10 38 39	8	10 28	9 43	8 35	7 6	5 58	4 27	2 55	1 36	0 ♐ 14	29 39	28 55	28 14	27 12	26 8	24 48	24 13	22 20	20 28	19 33	18 50	17 57	16 53	15 34	14 50	13 42	12 59
10 42 24	9	11 20	10 35	9 27	7 57	6 49	5 17	3 44	2 24	1 2	0 ♐ 27	29 42	29 1	27 58	26 53	25 33	24 57	23 3	21 9	20 14	19 30	18 35	17 31	16 11	15 26	14 17	13 33
10 46 8	10	12 12	11 27	10 19	8 48	7 40	6 7	4 34	3 13	1 49	1 14	0 ♐ 29	29 47	28 44	27 38	26 17	25 41	23 45	21 50	20 54	20 10	19 14	18 9	16 48	16 2	14 52	14 8
10 49 53	11	13 4	12 18	11 10	9 39	8 30	6 57	5 23	4 1	2 37	2 2	1 16	0 ♐ 34	29 30	28 23	27 1	26 24	24 27	22 31	21 34	20 49	19 53	18 46	17 24	16 38	15 27	14 42
10 53 36	12	13 56	13 10	12 1	10 30	9 21	7 47	6 12	4 50	3 25	2 49	2 3	1 20	0 ♐ 16	29 9	27 45	27 8	25 10	23 12	22 14	21 29	20 32	19 24	18 1	17 14	16 2	15 16
10 57 20	13	14 48	14 2	12 53	11 21	10 11	8 37	7 1	5 38	4 12	3 36	2 50	2 7	1 2	29 54	28 30	27 52	25 52	23 52	22 54	22 8	21 11	20 2	18 37	17 50	16 37	15 50
11 1 3	14	15 39	14 53	13 44	12 11	11 1	9 27	7 50	6 27	5 0	4 24	3 37	2 53	1 47	0 ♐ 39	29 14	28 36	26 34	24 33	23 34	22 48	21 49	20 40	19 14	18 26	17 12	16 24
11 4 45	15	16 31	15 44	14 35	13 2	11 51	10 16	8 39	7 15	5 48	5 11	4 24	3 40	2 33	1 24	29 58	29 20	27 17	25 14	24 14	23 27	22 28	21 18	19 51	19 2	17 47	16 59
11 8 28	16	17 22	16 35	15 26	13 52	12 42	11 6	9 28	8 3	6 35	5 58	5 10	4 26	3 19	2 9	0 ♐ 42	0 ♐ 3	27 59	25 55	24 54	24 7	23 7	21 55	20 27	19 38	18 21	17 33
11 12 10	17	18 13	17 27	16 16	14 43	13 32	11 55	10 17	8 51	7 23	6 46	5 57	5 13	4 5	2 54	1 26	0 47	28 42	26 36	25 34	24 46	23 45	22 33	21 4	20 14	18 56	18 7
11 15 52	18	19 4	18 17	17 7	15 33	14 22	12 45	11 5	9 40	8 10	7 33	6 44	5 59	4 51	3 39	2 11	1 31	29 24	27 17	26 15	25 26	24 24	23 11	21 40	20 50	19 31	18 41
11 19 33	19	19 55	19 8	17 58	16 23	15 11	13 34	11 54	10 28	8 58	8 20	7 31	6 46	5 36	4 24	2 55	2 15	0 ♐ 6	27 58	26 55	26 5	25 3	23 49	22 17	21 25	20 6	19 15
11 23 15	20	20 46	19 59	18 48	17 13	16 1	14 23	12 43	11 16	9 45	9 7	8 18	7 32	6 22	5 10	3 39	2 59	0 49	28 39	27 35	26 45	25 42	24 26	22 53	22 1	20 40	19 49
11 26 56	21	21 37	20 50	19 39	18 4	16 51	15 13	13 32	12 4	10 33	9 55	9 5	8 19	7 8	5 55	4 23	3 42	1 31	29 20	28 15	27 24	26 20	25 4	23 30	22 37	21 15	20 23
11 30 37	22	22 28	21 40	20 29	18 54	17 41	16 2	14 21	12 53	11 21	10 42	9 52	9 5	7 54	6 40	5 8	4 26	2 14	0 ♐ 1	28 55	28 4	26 59	25 42	24 7	23 13	21 50	20 57
11 34 18	23	23 18	22 31	21 20	19 44	18 31	16 52	15 10	13 41	12 8	11 29	10 39	9 52	8 40	7 25	5 52	5 10	2 57	0 42	29 36	28 44	27 38	26 20	24 43	23 49	22 25	21 31
11 37 58	24	24 9	23 22	22 10	20 34	19 21	17 41	15 58	14 29	12 56	12 17	11 26	10 38	9 26	8 11	6 37	5 55	3 39	1 23	0 ♐ 16	29 23	28 17	26 58	25 20	24 25	23 0	22 5
11 41 39	25	25 0	24 12	23 0	21 24	20 11	18 30	16 47	15 18	13 44	13 4	12 13	11 25	10 12	8 56	7 21	6 39	4 22	2 4	0 57	0 ♐ 3	28 56	27 36	25 57	25 1	23 34	22 39
11 45 19	26	25 50	25 3	23 51	22 14	21 0	19 20	17 36	16 6	14 32	13 52	13 0	12 12	10 58	9 42	8 6	7 23	5 5	2 46	1 37	0 43	29 35	28 14	26 33	25 37	24 9	23 13
11 48 59	27	26 41	25 53	24 41	23 4	21 50	20 9	18 25	16 55	15 19	14 39	13 47	12 59	11 45	10 27	8 51	8 7	5 48	3 27	2 18	1 23	0 ♐ 14	28 52	27 10	26 13	24 44	23 47
11 52 40	28	27 31	26 43	25 31	23 54	22 40	20 59	19 14	17 43	16 7	15 27	14 35	13 46	12 31	11 13	9 36	8 52	6 31	4 9	2 59	2 3	0 54	29 30	27 47	26 49	25 19	24 21
11 56 20	29	28 22	27 34	26 22	24 44	23 30	21 48	20 3	18 32	16 55	16 15	15 22	14 33	13 18	11 59	10 21	9 36	7 14	4 50	3 39	2 44	1 33	0 ♐ 9	28 24	27 25	25 54	24 56
12 0 0	30	29 12	28 24	27 12	25 35	24 20	22 38	20 52	19 20	17 44	17 3	16 10	15 20	14 4	12 45	11 6	10 21	7 57	5 32	4 20	3 24	2 12	0 47	29 1	28 2	26 29	25 30

ST	MC	2°0'	4°0'	7°0'	11°0'	14°0'	18°0'	21°59'	25°19'	28°40'	30°2'	31°46'	33°20'	35°39'	37°58'	40°43'	41°54'	45°30'	48°50'	50°22'	51°32'	52°57'	54°34'	56°28'	57°29	59°0'	59°56'
		ASC	ASC	ASC	ASC	ASC	ASC	ASC	ASC	ASC	ASC	ASC	ASC	ASC	ASC	ASC	ASC	ASC	ASC	ASC	ASC	ASC	ASC	ASC	ASC	ASC	ASC
	°	° '	° '	° '	° '	° '	° '	° '	° '	° '	° '	° '	° '	° '	° '	° '	° '	° '	° '	° '	° '	° '	° '	° '	° '	° '	° '
12 0 0	0 ♎	29 ♐ 12	28 ♐ 24	27 ♐ 12	25 ♐ 35	24 ♐ 20	22 ♐ 38	20 ♐ 52	19 ♐ 20	17 ♐ 44	17 ♐ 3	16 ♐ 10	15 ♐ 20	14 ♐ 4	12 ♐ 45	11 ♐ 6	10 ♐ 21	7 ♐ 57	5 ♐ 32	4 ♐ 20	3 ♐ 24	2 ♐ 12	0 ♐ 47	29 ♏ 1	28 ♏ 2	26 ♏ 29	25 ♏ 30
12 3 40	1	0 ♑ 3	29 15	28 3	26 25	25 10	23 28	21 42	20 9	18 32	17 51	16 57	16 7	14 51	13 31	11 51	11 6	8 41	6 14	5 2	4 4	2 52	1 26	29 38	28 38	27 4	26 4
12 7 20	2	0 53	0 ♑ 5	28 53	27 15	26 0	24 18	22 31	20 58	19 20	18 39	17 45	16 55	15 38	14 17	12 36	11 51	9 24	6 56	5 43	4 45	3 32	2 4	0 ♐ 16	29 15	27 40	26 39
12 11 1	3	1 44	0 56	29 43	28 5	26 50	25 7	23 21	21 47	20 9	19 27	18 33	17 42	16 25	15 4	13 22	12 36	10 8	7 38	6 24	5 26	4 12	2 43	0 53	29 51	28 15	27 13
12 14 41	4	2 34	1 46	0 ♑ 34	28 56	27 41	25 57	24 10	22 36	20 58	20 16	19 21	18 30	17 12	15 50	14 8	13 22	10 52	8 20	7 6	6 6	4 52	3 22	1 31	0 ♐ 28	28 50	27 48
12 18 21	5	3 25	2 37	1 25	29 46	28 31	26 47	25 0	23 26	21 46	21 4	20 9	19 18	18 0	16 37	14 54	14 7	11 36	9 3	7 47	6 47	5 32	4 1	2 8	1 5	29 26	28 22
12 22 2	6	4 16	3 28	2 15	0 ♑ 37	29 21	27 38	25 50	24 15	22 35	21 53	20 58	20 6	18 47	17 24	15 40	14 53	12 21	9 46	8 29	7 29	6 12	4 40	2 46	1 42	0 ♐ 1	28 57
12 25 42	7	5 6	4 19	3 6	1 28	0 ♑ 12	28 28	26 40	25 5	23 24	22 42	21 46	20 55	19 35	18 11	16 26	15 39	13 5	10 29	9 11	8 10	6 53	5 20	3 24	2 19	0 37	29 32
12 29 23	8	5 57	5 9	3 57	2 18	1 3	29 19	27 30	25 55	24 14	23 31	22 35	21 43	20 23	18 59	17 13	16 25	13 50	11 12	9 54	8 52	7 33	5 59	4 2	2 56	1 13	0 ♐ 7
12 33 4	9	6 48	6 0	4 48	3 9	1 54	0 ♑ 9	28 20	26 45	25 3	24 20	23 24	22 32	21 11	19 46	17 59	17 11	14 35	11 55	10 36	9 33	8 14	6 39	4 40	3 33	1 49	0 42
12 36 45	10	7 39	6 51	5 39	4 0	2 45	1 0	29 11	27 35	25 53	25 10	24 13	23 21	22 0	20 34	18 46	17 58	15 20	12 39	11 19	10 15	8 55	7 19	5 18	4 11	2 25	1 17
12 40 27	11	8 30	7 42	6 30	4 52	3 36	1 51	0 ♑ 2	28 25	26 43	26 0	25 3	24 10	22 48	21 22	19 34	18 45	16 5	13 22	12 2	10 58	9 36	7 59	5 57	4 48	3 1	1 52
12 44 8	12	9 21	8 34	7 21	5 43	4 27	2 42	0 52	29 16	27 33	26 50	25 53	24 59	23 37	22 10	20 21	19 32	16 51	14 6	12 45	11 40	10 18	8 39	6 36	5 26	3 38	2 28
12 47 50	13	10 13	9 25	8 13	6 34	5 18	3 33	1 44	0 ♑ 7	28 24	27 40	26 42	25 49	24 26	22 59	21 9	20 19	17 37	14 51	13 28	12 23	11 0	9 20	7 15	6 4	4 14	3 3
12 51 32	14	11 4	10 17	9 5	7 26	6 10	4 25	2 35	0 58	29 14	28 30	27 33	26 39	25 16	23 48	21 57	21 7	18 23	15 35	14 12	13 6	11 42	10 1	7 54	6 43	4 51	3 39
12 55 15	15	11 56	11 8	9 56	8 18	7 2	5 17	3 26	1 49	0 ♑ 5	29 21	28 23	27 29	26 5	24 37	22 45	21 55	19 10	16 20	14 56	13 49	12 24	10 42	8 34	7 21	5 28	4 15
12 58 57	16	12 47	12 0	10 48	9 10	7 54	6 9	4 18	2 40	0 56	0 ♑ 12	29 14	28 19	26 55	25 27	23 34	22 43	19 57	17 6	15 40	14 33	13 7	11 23	9 13	8 0	6 5	4 51
13 2 40	17	13 39	12 52	11 40	10 2	8 46	7 1	5 10	3 32	1 48	1 3	0 ♑ 5	29 10	27 46	26 16	24 23	23 32	20 44	17 51	16 25	15 16	13 49	12 5	9 53	8 39	6 43	5 28
13 6 24	18	14 31	13 44	12 33	10 55	9 39	7 53	6 3	4 24	2 40	1 55	0 56	0 ♑ 1	28 36	27 6	25 12	24 21	21 31	18 37	17 10	16 1	14 33	12 46	10 33	9 18	7 20	6 4
13 10 7	19	15 23	14 37	13 25	11 47	10 31	8 46	6 55	5 17	3 32	2 47	1 48	0 53	29 27	27 57	26 2	25 10	22 19	19 23	17 55	16 45	15 16	13 29	11 14	9 58	7 58	6 41
13 13 52	20	16 16	15 29	14 18	12 40	11 24	9 39	7 48	6 10	4 24	3 39	2 40	1 45	0 ♑ 19	28 48	26 52	26 0	23 8	20 10	18 41	17 30	16 0	14 11	11 55	10 37	8 36	7 18
13 17 36	21	17 8	16 22	15 11	13 33	12 18	10 32	8 41	7 3	5 17	4 32	3 32	2 37	1 11	29 39	27 43	26 50	23 56	20 57	19 27	18 15	16 44	14 54	12 36	11 17	9 15	7 55
13 21 21	22	18 1	17 15	16 4	14 27	13 11	11 26	9 35	7 56	6 10	5 25	4 25	3 29	2 3	0 ♑ 31	28 34	27 40	24 45	21 44	20 14	19 1	17 29	15 37	13 17	11 58	9 53	8 33
13 25 7	23	18 54	18 8	16 57	15 20	14 5	12 20	10 29	8 50	7 4	6 18	5 18	4 22	2 55	1 23	29 25	28 31	25 35	22 32	21 0	19 47	18 14	16 21	13 59	12 39	10 32	9 11
13 28 52	24	19 47	19 1	17 51	16 14	14 59	13 14	11 23	9 44	7 57	7 12	6 12	5 16	3 48	2 15	0 ♑ 17	29 23	26 25	23 20	21 48	20 34	18 59	17 5	14 41	13 20	11 12	9 49
13 32 39	25	20 41	19 55	18 45	17 8	15 53	14 8	12 17	10 38	8 52	8 6	7 6	6 9	4 42	3 8	1 9	0 ♑ 14	27 15	24 9	22 35	21 21	19 45	17 50	15 24	14 1	11 51	10 27
13 36 26	26	21 34	20 49	19 39	18 3	16 48	15 3	13 12	11 33	9 46	9 0	8 0	7 3	5 35	4 1	2 1	1 7	28 6	24 58	23 24	22 8	20 31	18 34	16 7	14 43	12 31	11 6
13 40 13	27	22 28	21 43	20 33	18 57	17 43	15 58	14 7	12 28	10 41	9 55	8 55	7 58	6 30	4 55	2 55	1 59	28 58	25 48	24 12	22 56	21 18	19 20	16 50	15 25	13 11	11 45
13 44 1	28	23 22	22 37	21 28	19 52	18 38	16 54	15 3	13 24	11 37	10 51	9 50	8 53	7 24	5 50	3 48	2 53	29 50	26 38	25 2	23 44	22 6	20 6	17 34	16 8	13 52	12 24
13 47 49	29	24 16	23 32	22 23	20 48	19 33	17 49	15 59	14 20	12 33	11 47	10 46	9 49	8 20	6 45	4 43	3 47	0 ♑ 42	27 29	25 52	24 33	22 53	20 52	18 18	16 51	14 33	13 4
13 51 38	30	25 11	24 26	23 18	21 43	20 29	18 46	16 55	15 16	13 29	12 43	11 42	10 45	9 15	7 40	5 37	4 41	1 35	28 20	26 42	25 23	23 42	21 39	19 3	17 34	15 15	13 44
13 51 38	0 ♏	25 ♑ 11	24 ♑ 26	23 ♑ 18	21 ♑ 43	20 ♑ 29	18 ♑ 46	16 ♑ 55	15 ♑ 16	13 ♑ 29	12 ♑ 43	11 ♑ 42	10 ♑ 45	9 ♑ 15	7 ♑ 40	5 ♑ 37	4 ♑ 41	1 ♑ 35	28 ♐ 20	26 ♐ 42	25 ♐ 23	23 ♐ 42	21 ♐ 39	19 ♐ 3	17 ♐ 34	15 ♐ 15	13 ♐ 44
13 55 28	1	26 6	25 22	24 14	22 39	21 26	19 42	17 52	16 13	14 26	13 40	12 39	11 41	10 12	8 36	6 33	5 36	2 29	29 12	27 33	26 13	24 31	22 26	19 48	18 18	15 56	14 24
13 59 18	2	27 1	26 17	25 9	23 36	22 22	20 39	18 49	17 10	15 23	14 37	13 36	12 39	11 9	9 32	7 29	6 32	3 23	0 ♑ 5	28 24	27 4	25 20	23 14	20 34	19 3	16 39	15 5
14 3 9	3	27 57	27 13	26 6	24 32	23 19	21 37	19 47	18 8	16 21	15 35	14 34	13 36	12 6	10 29	8 25	7 28	4 18	0 58	29 17	27 55	26 10	24 3	21 21	19 48	17 22	15 47
14 7 0	4	28 52	28 9	27 2	25 29	24 17	22 34	20 45	19 6	17 19	16 33	15 32	14 34	13 4	11 27	9 22	8 25	5 14	1 52	0 ♑ 10	28 47	27 1	24 52	22 7	20 34	18 5	16 28
14 10 52	5	29 48	29 5	27 59	26 27	25 14	23 33	21 43	20 5	18 18	17 32	16 31	15 33	14 3	12 25	10 20	9 22	6 10	2 47	1 3	29 40	27 53	25 42	22 55	21 20	18 49	17 11
14 14 45	6	0 ♒ 45	0 ♒ 2	28 56	27 25	26 13	24 31	22 43	21 4	19 18	18 31	17 30	16 33	15 2	13 24	11 19	10 20	7 7	3 42	1 57	0 ♑ 33	28 45	26 32	23 43	22 7	19 33	17 54
14 18 38	7	1 41	0 59	29 54	28 23	27 11	25 30	23 42	22 4	20 18	19 31	18 30	17 33	16 2	14 24	12 18	11 19	8 5	4 38	2 53	1 27	29 38	27 23	24 32	22 54	20 18	18 37
14 22 32	8	2 38	1 56	0 ♒ 51	29 21	28 10	26 30	24 42	23 4	21 18	20 32	19 31	18 33	17 2	15 24	13 18	12 19	9 4	5 35	3 48	2 22	0 ♑ 31	28 15	25 22	23 42	21 4	19 21
14 26 26	9	3 36	2 54	1 50	0 ♒ 20	29 10	27 30	25 43	24 5	22 19	21 33	20 32	19 34	18 4	16 25	14 18	13 19	10 3	6 33	4 45	3 18	1 26	29 8	26 12	24 31	21 50	20 6
14 30 22	10	4 33	3 52	2 48	1 20	0 ♒ 10	28 30	26 44	25 7	23 21	22 35	21 34	20 36	19 5	17 27	15 20	14 21	11 3	7 31	5 43	4 15	2 21	0 ♑ 2	27 3	25 21	22 37	20 51
14 34 17	11	5 31	4 50	3 47	2 19	1 10	29 31	27 45	26 9	24 23	23 38	22 37	21 39	20 8	18 30	16 22	15 23	12 4	8 31	6 41	5 12	3 18	0 56	27 55	26 11	23 25	21 37
14 38 14	12	6 30	5 49	4 47	3 20	2 11	0 ♒ 33	28 47	27 11	25 26	24 41	23 40	22 42	21 11	19 33	17 25	16 26	13 6	9 31	7 40	6 11	4 15	1 52	28 48	27 2	24 14	22 23
14 42 11	13	7 28	6 48	5 47	4 20	3 12	1 35	29 50	28 15	26 30	25 44	24 44	23 46	22 16	20 37	18 29	17 29	14 9	10 32	8 41	7 10	5 13	2 48	29 42	27 54	25 3	23 11
14 46 9	14	8 27	7 48	6 47	5 21	4 14	2 37	0 ♒ 53	29 18	27 34	26 49	25 49	24 51	23 20	21 42	19 34	18 34	15 13	11 35	9 42	8 11	6 12	3 46	0 ♑ 37	28 48	25 53	23 59
14 50 8	15	9 27	8 48	7 47	6 23	5 16	3 40	1 57	0 ♒ 23	28 39	27 54	26 54	25 57	24 26	22 48	20 39	19 39	16 17	12 38	10 45	9 12	7 12	4 44	1 32	29 42	26 44	24 48
14 54 8	16	10 27	9 48	8 48	7 25	6 18	4 44	3 2	1 28	29 45	29 0	28 0	27 3	25 33	23 55	21 46	20 46	17 23	13 43	11 48	10 15	8 14	5 44	2 29	0 ♑ 37	27 36	25 38
14 58 8	17	11 27	10 49	9 50	8 27	7 22	5 48	4 7	2 34	0 ♒ 51	0 ♒ 7	29 7	28 10	26 40	25 2	22 53	21 53	18 30	14 48	12 53	11 19	9 16	6 44	3 27	1 33	28 29	26 29
15 2 9	18	12 27	11 50	10 52	9 30	8 25	6 53	5 12	3 40	1 58	1 14	0 ♒ 15	29 18	27 48	26 10	24 2	23 2	19 38	15 55	13 59	12 24	10 20	7 46	4 26	2 30	29 24	27 20
15 6 10	19	13 28	12 51	11 54	10 33	9 29	7 58	6 18	4 47	3 6	2 22	1 23	0 ♒ 27	28 57	27 20	25 11	24 11	20 47	17 3	15 6	13 30	11 25	8 49	5 27	3 29	0 ♑ 19	28 13
15 10 13	20	14 30	13 53	12 57	11 37	10 34	9 4	7 25	5 55	4 15	3 31	2 32	1 36	0 ♒ 7	28 30	26 22	25 22	21 57	18 12	16 14	14 30	12 31	9 54	6 28	4 28	1 15	29 7
15 14 16	21	15 31	14 55	14 0	12 42	11 39	10 10	8 33	7 3	5 24	4 40	3 42	2 47	1 18	29 41	27 34	26 34	23 9	19 23	17 24	15 47	13 39	11 0	7 32	5 30	2 13	0 ♑ 3
15 18 20	22	16 33	15 58	15 3	13 40	12 45	11 17	9 41	8 12	6 34	5 51	4 53	3 58	2 30	0 ♒ 54	28 46	27 46	24 22	20 35	18 35	16 57	14 49	12 7	8 36	6 32	3 12	0 59
15 22 24	23	17 36	17 1	16 7	14 52	13 51	12 24	10 49	9 22	7 45	7 2	6 5	5 10	3 43	2 7	0 ♒ 0	29 0	25 36	21 48	19 48	18 9	15 59	13 17	9 42	7 36	4 13	1 57
15 26 30	24	18 39	18 5	17 12	15 57	14 58	13 32	11 59	10 32	8 56	8 14	7 18	6 23	4 57	3 22	1 15	0 ♒ 16	26 51	23 3	21 2	19 23	17 12	14 27	10 50	8 42	5 15	2 56
15 30 36	25	19 42	19 9	18 17	17 4	16 5	14 41	13 9	11 44	10 9	9 27	8 31	7 37	6 11	4 37	2 31	1 32	28 8	24 19	22 18	20 38	18 26	15 40	12 0	9 50	6 19	3 57
15 34 42	26	20 46	20 13	19 22	18 10	17 13	15 50	14 19	12 56	11 22	10 41	9 45	8 52	7 27	5 54	3 49	2 50	29 26	25 37	23 36	21 55	19 42	16 54	13 11	10 59	7 24	5 0
15 38 50	27	21 50	21 18	20 28	19 17	18 21	17 0	15 31	14 8	12 36	11 55	11 1	10 8	8 44	7 11	5 7	4 9	0 ♒ 46	26 57	24 55	23 14	21 0	18 10	14 24	12 11	8 32	6 5
15 42 58	28	22 54	22 23	21 34	20 25	19 30	18 10	16 43	15 22	13 51	13 11	12 17	11 25	10 2	8 30	6 27	5 29	2 7	28 19	26 16	24 35	22 20	19 28	15 40	13 24	9 41	7 11
15 47 7	29	23 59	23 28	22 41	21 33	20 39	19 21	17 55	16 36	15 6	14 27	13 34	12 43	11 21	9 50	7 48	6 50	3 30	29 42	27 39	25 57	23 42	20 49	16 58	14 40	10 53	8 19
15 51 16	30	25 4	24 34	23 48	22 42	21 49	20 33	19 9	17 50	16 23	15 44	14 52	14 1	12 41	11 11	9 11	8 13	4 54	1 ♒ 7	29 4	27 22	25 6	22 12	18 18	15 58	12 7	9 30
15 51 16	0 ♐	25 ♒ 4	24 ♒ 34	23 ♒ 48	22 ♒ 42	21 ♒ 49	20 ♒ 33	19 ♒ 9	17 ♒ 50	16 ♒ 23	15 ♒ 44	14 ♒ 52	14 ♒ 1	12 ♒ 41	11 ♒ 11	9 ♒ 11	8 ♒ 13	4 ♒ 54	1 ♒ 7	29 ♑ 4	27 ♑ 22	25 ♑ 6	22 ♑ 12	18 ♑ 18	15 ♑ 58	12 ♑ 7	9 ♑ 30
15 55 26	1	26 10	25 41	24 55	23 51	22 59	21 45	20 23	19 6	17 40	17 2	16 11	15 21	14 2	12 33	10 34	9 38	6 20	2 34	0 ♒ 31	28 49	26 32	23 37	19 40	17 18	13 23	10 43
15 59 37	2	27 16	26 47	26 3	25 1	24 10	22 58	21 37	20 22	18 58	18 21	17 30	16 42	15 24	13 57	11 59	11 3	7 48	4 2	2 0	0 ♒ 18	28 0	25 4	21 5	18 41	14 42	11 59
16 3 49	3	28 22	27 54	27 12	26 11	25 22	24 11	22 53	21 39	20 17	19 41	18 51	18 4	16 47	15 21	13 26	12 31	9 17	5 33	3 31	1 49	29 32	26 34	22 33	20 7	16 4	13 18
16 8 1	4	29 29	29 2	28 20	27 21	26 34	25 25	24 8	22 57	21 37	21 1	20 13	19 26	18 11	16 47	14 53	13 59	10 48	7 6	5 5	3 23	1 ♒ 5	28 7	24 4	21 36	17 29	14 39
16 12 14	5	0 ♓ 36	0 ♓ 10	29 30	28 32	27 46	26 39	25 25	24 16	22 57	22 22	21 35	20 50	19 36	18 14	16 23	15 29	12 21	8 41	6 41	4 59	2 41	29 43	25 38	23 9	18 58	16 4
16 16 27	6	1 43	1 18	0 ♓ 39	29 44	28 59	27 54	26 42	25 35	24 19	23 45	22 59	22 14	21 3	19 42	17 53	17 1	13 55	10 18	8 19	6 38	4 21	1 ♒ 22	27 16	24 45	20 30	17 33
16 20 41	7	2 51	2 27	1 49	0 ♓ 56	0 ♓ 12	29 10	28 0	26 55	25 41	25 8	24 23	23 40	22 30	21 12	19 25	18 34	15 32	11 58	9 59	8 19	6 3	3 4	28 57	26 24	22 5	19 5
16 24 56	8	3 59	3 36	3 0	2 8	1 26	0 ♓ 26	29 18	28 15	27 4	26 32	25 49	25 7	23 59	22 42	20 58	20 8	17 10	13 39	11 43	10 3	7 48	4 50	0 ♒ 42	28 8	23 46	20 42
16 29 11	9	5 7	4 45	4 10	3 21	2 41	1 42	0 ♓ 37	29 36	28 27	27 56	27 15	26 34	25 28	24 14	22 33	21 44	18 50	15 23	13 28	11 50	9 36	6 39	2 30	29 55	25 30	22 23
16 33 27	10	6 16	5 55	5 22	4 34	3 55	3 0	1 57	0 ♓ 58	29 52	29 22	28 42	28 2	26 59	25 47	24 9	23 21	20 32	17 10	15 17	13 40	11 27	8 31	4 23	1 ♒ 48	27 20	24 10
16 37 43	11	7 25	7 5	6 33	5 48	5 11	4 17	3 17	2 21	1 ♓ 17	0 ♓ 48	0 ♓ 10	29 32	28 30	27 21	25 46	25 0	22 16	18 59	17 8	15 33	13 22	10 28	6 21	3 45	29 15	26 2
16 41 59	12	8 35	8 15	7 45	7 2	6 26	5 35	4 38	3 44	2 43	2 16	1 38	1 ♓ 2	0 ♓ 3	28 56	27 25	26 41	24 1	20 50	19 2	17 28	15 20	12 28	8 23	5 47	1 ♒ 15	28 0
16 46 17	13	9 44	9 26	8 57	8 16	7 42	6 54	5 59	5 8	4 10	3 43	3 8	2 33	1 37	0 ♓ 33	29 5	28 22	25 49	22 43	20 58	19 27	17 22	14 33	10 30	7 55	3 22	0 ♒ 4
16 50 34	14	10 54	10 37	10 10	9 31	8 59	8 13	7 21	6 32	5 37	5 12	4 38	4 5	3 11	2 10	0 ♓ 46	0 ♓ 6	27 38	24 39	22 57	21 29	19 27	16 41	12 42	10 8	5 35	2 16
16 54 53	15	12 5	11 48	11 22	10 46	10 16	9 32	8 44	7 57	7 5	6 41	6 9	5 38	4 47	3 49	2 29	1 50	29 29	26 38	24 59	23 34	21 35	18 54	14 59	12 27	7 55	4 35
16 59 11	16	13 15	13 0	12 36	12 1	11 33	10 52	10 6	9 23	8 34	8 11	7 41	7 11	6 23	5 29	4 13	3 36	1 ♓ 22	28 38	27 4	25 42	23 48	21 12	17 22	14 53	10 23	7 3
17 3 30	17	14 26	14 11	13 49	13 17	12 51	12 12	11 30	10 49	10 3	9 42	9 14	8 46	8 1	7 9	5 58	5 23	3 17	0 ♓ 41	29 12	27 53	26 4	23 33	19 51	17 25	12 59	9 40
17 7 49	18	15 37	15 23	15 3	14 33	14 9	13 33	12 53	12 16	11 33	11 13	10 47	10 21	9 39	8 51	7 44	7 12	5 13	2 47	1 ♓ 22	0 ♓ 8	28 23	26 0	22 26	20 4	15 44	12 27
17 12 9	19	16 48	16 36	16 16	15 49	15 27	14 54	14 17	13 43	13 3	12 45	12 21	11 57	11 18	10 33	9 31	9 1	7 11	4 54	3 35	2 25	0 ♓ 46	28 30	25 6	22 50	18 37	15 24
17 16 29	20	17 59	17 48	17 31	17 6	16 45	16 15	15 42	15 10	14 34	14 17	13 55	13 33	12 57	12 16	11 20	10 52	9 10	7 3	5 50	4 45	3 13	1 ♓ 5	27 52	25 43	21 40	18 32
17 20 49	21	19 11	19 1	18 45	18 22	18 4	17 37	17 7	16 38	16 5	15 50	15 30	15 10	14 37	14 0	13 9	12 44	11 11	9 15	8 7	7 8	5 43	3 45	0 ♓ 45	28 43	24 53	21 52
17 25 10	22	20 23	20 14	19 59	19 39	19 23	18 59	18 32	18 6	17 37	17 23	17 5	16 47	16 18	15 45	14 59	14 36	13 13	11 28	10 27	9 33	8 16	6 28	3 42	1 ♓ 49	28 15	25 24
17 29 31	23	21 34	21 27	21 14	20 56	20 42	20 21	19 57	19 35	19 9	18 57	18 41	18 25	18 0	17 31	16 50	16 30	15 16	13 43	12 49	12 1	10 52	9 15	6 46	5 3	1 ♓ 46	29 8
17 33 51	24	22 46	22 40	22 29	22 14	22 1	21 43	21 23	21 3	20 41	20 31	20 17	20 4	19 42	19 17	18 41	18 24	17 20	16 0	15 13	14 31	13 30	12 6	9 54	8 23	5 27	3 ♓ 5
17 38 13	25	23 58	23 53	23 44	23 31	23 21	23 6	22 49	22 32	22 14	22 5	21 54	21 43	21 24	21 3	20 33	20 19	19 25	18 18	17 38	17 2	16 11	15 0	13 7	11 49	9 17	7 13
17 42 34	26	25 11	25 6	24 59	24 49	24 41	24 28	24 15	24 2	23 47	23 40	23 31	23 22	23 7	22 50	22 26	22 14	21 31	20 37	20 5	19 36	18 55	17 56	16 25	15 21	13 15	11 31
17 46 55	27	26 23	26 20	26 14	26 7	26 0	25 51	25 41	25 31	25 20	25 15	25 8	25 1	24 50	24 37	24 19	24 10	23 38	22 57	22 32	22 11	21 39	20 55	19 45	18 56	17 20	16 0
17 51 17	28	27 35	27 33	27 29	27 24	27 20	27 14	27 7	27 1	26 53	26 50	26 45	26 41	26 33	26 25	26 13	26 7	25 45	25 17	25 1	24 47	24 26	23 56	23 9	22 36	21 30	20 35
17 55 38	29	28 48	28 46	28 45	28 42	28 40	28 37	28 34	28 30	28 27	28 25	28 23	28 20	28 17	28 12	28 6	28 3	27 52	27 39	27 30	27 23	27 13	26 58	26 34	26 17	25 44	25 16
18 0 0	30	0 ♈ 0	0 ♈ 0	0 ♈ 0	0 ♈ 0	0 ♈ 0	0 ♈ 0	0 ♈ 0	0 ♈ 0	0 ♈ 0	0 ♈ 0	0 ♈ 0	0 ♈ 0	0 ♈ 0	0 ♈ 0	0 ♈ 0	0 ♈ 0	0 ♈ 0	0 ♈ 0	0 ♈ 0	0 ♈ 0	0 ♈ 0	0 ♈ 0	0 ♈ 0	0 ♈ 0	0 ♈ 0	0 ♈ 0

ST	MC °	2°0' ASC ° '	4°0' ASC ° '	7°0' ASC ° '	11°0' ASC ° '	14°0' ASC ° '	18°0' ASC ° '	21°59' ASC ° '	25°19' ASC ° '	28°40' ASC ° '	30°2' ASC ° '	31°46' ASC ° '	33°20' ASC ° '	35°39' ASC ° '	37°58' ASC ° '	40°43' ASC ° '	41°54' ASC ° '	45°30' ASC ° '	48°50' ASC ° '	50°22' ASC ° '	51°32' ASC ° '	52°57' ASC ° '	54°34' ASC ° '	56°28' ASC ° '	57°29 ASC ° '	59°0' ASC ° '	59°56' ASC ° '
18 0 0	0 ♑	0 0	0 0	0 0	0 0	0 0	0 0	0 0	0 0	0 0	0 0	0 0	0 0	0 0	0 0	0 0	0 0	0 0	0 0	0 0	0 0	0 0	0 0	0 0	0 0	0 0	0 0
18 4 22	1	1 12	1 14	1 15	1 18	1 20	1 23	1 26	1 30	1 33	1 35	1 37	1 40	1 43	1 48	1 54	1 57	2 8	2 21	2 30	2 37	2 47	3 2	3 26	3 43	4 16	4 44
18 8 43	2	2 25	2 27	2 31	2 36	2 40	2 46	2 53	2 59	3 7	3 10	3 15	3 19	3 27	3 35	3 47	3 53	4 15	4 43	4 59	5 13	5 34	6 4	6 51	7 24	8 30	9 25
18 13 5	3	3 37	3 40	3 46	3 53	4 0	4 9	4 19	4 29	4 40	4 45	4 52	4 59	5 10	5 23	5 41	5 50	6 22	7 3	7 28	7 49	8 21	9 5	10 15	11 4	12 40	14 0
18 17 26	4	4 49	4 54	5 1	5 11	5 19	5 32	5 45	5 58	6 13	6 20	6 29	6 38	6 53	7 10	7 34	7 46	8 29	9 23	9 55	10 24	11 5	12 4	13 35	14 39	16 45	18 29
18 21 47	5	6 2	6 7	6 16	6 29	6 39	6 54	7 11	7 28	7 46	7 55	8 6	8 17	8 36	8 57	9 27	9 41	10 35	11 42	12 22	12 58	13 49	15 0	16 53	18 11	20 43	22 47
18 26 9	6	7 14	7 20	7 31	7 46	7 59	8 17	8 37	8 57	9 19	9 29	9 43	9 56	10 18	10 43	11 19	11 36	12 40	14 0	14 47	15 29	16 30	17 54	20 6	21 37	24 33	26 55
18 30 29	7	8 26	8 33	8 46	9 4	9 18	9 39	10 3	10 25	10 51	11 3	11 19	11 35	12 0	12 29	13 10	13 30	14 44	16 17	17 11	17 59	19 8	20 45	23 14	24 57	28 14	0 ♉ 52
18 34 50	8	9 37	9 46	10 1	10 21	10 37	11 1	11 28	11 54	12 23	12 37	12 55	13 13	13 42	14 15	15 1	15 24	16 47	18 32	19 33	20 27	21 44	23 32	26 18	28 11	1 ♉ 45	4 36
18 39 11	9	10 49	10 59	11 15	11 38	11 56	12 23	12 53	13 22	13 55	14 10	14 30	14 50	15 23	16 0	16 51	17 16	18 49	20 45	21 53	22 52	24 17	26 15	29 15	1 ♉ 17	5 7	8 8
18 43 31	10	12 1	12 12	12 29	12 54	13 15	13 45	14 18	14 50	15 26	15 43	16 5	16 27	17 3	17 44	18 40	19 8	20 50	22 57	24 10	25 15	26 47	28 55	2 ♉ 8	4 17	8 20	11 28
18 47 51	11	13 12	13 24	13 44	14 11	14 33	15 6	15 43	16 17	16 57	17 15	17 39	18 3	18 42	19 27	20 29	20 59	22 49	25 6	26 25	27 35	29 14	1 ♉ 30	4 54	7 10	11 23	14 36
18 52 11	12	14 23	14 37	14 57	15 27	15 51	16 27	17 7	17 44	18 27	18 47	19 13	19 39	20 21	21 9	22 16	22 48	24 47	27 13	28 38	29 52	1 ♉ 37	4 0	7 34	9 56	14 16	17 33
18 56 30	13	15 34	15 49	16 11	16 43	17 9	17 48	18 30	19 11	19 57	20 18	20 46	21 14	21 59	22 51	24 2	24 37	26 43	29 19	0 ♉ 48	2 ♉ 7	3 56	6 27	10 9	12 35	17 1	20 20
19 0 49	14	16 45	17 0	17 24	17 59	18 27	19 8	19 54	20 37	21 26	21 49	22 19	22 49	23 37	24 31	25 47	26 24	28 38	1 ♉ 22	2 56	4 18	6 12	8 48	12 38	15 7	19 37	22 57
19 5 7	15	17 55	18 12	18 38	19 14	19 44	20 28	21 16	22 3	22 55	23 19	23 51	24 22	25 13	26 11	27 31	28 10	0 ♉ 31	3 22	5 1	6 26	8 25	11 6	15 1	17 33	22 5	25 25
19 9 26	16	19 6	19 23	19 50	20 29	21 1	21 47	22 39	23 28	24 23	24 48	25 22	25 55	26 49	27 50	29 14	29 54	2 22	5 21	7 3	8 31	10 33	13 19	17 18	19 52	24 25	27 44
19 13 43	17	20 16	20 34	21 3	21 44	22 18	23 6	24 1	24 52	25 50	26 17	26 52	27 27	28 23	29 27	0 ♉ 55	1 ♉ 38	4 11	7 17	9 2	10 33	12 38	15 27	19 30	22 5	26 38	29 56
19 18 1	18	21 25	21 45	22 15	22 58	23 34	24 25	25 22	26 16	27 17	27 44	28 22	28 58	29 57	1 ♉ 4	2 35	3 19	5 59	9 10	10 58	12 32	14 40	17 32	21 37	24 13	28 45	2 ♊ 0
19 22 17	19	22 35	22 55	23 27	24 12	24 49	25 43	26 43	27 39	28 43	29 12	29 50	0 ♉ 28	1 ♉ 30	2 39	4 14	5 0	7 44	11 1	12 52	14 27	16 38	19 32	23 39	26 15	0 ♊ 45	3 58
19 26 33	20	23 44	24 5	24 38	25 26	26 5	27 0	28 3	29 2	0 ♉ 8	0 ♉ 38	1 ♉ 18	1 58	3 1	4 13	5 51	6 39	9 28	12 50	14 43	16 20	18 33	21 29	25 37	28 12	2 40	5 50
19 30 49	21	24 53	25 15	25 50	26 39	27 19	28 18	29 23	0 ♉ 24	1 33	2 4	2 45	3 26	4 32	5 46	7 27	8 16	11 10	14 37	16 32	18 10	20 24	23 21	27 30	0 ♊ 5	4 30	7 37
19 35 4	22	26 1	26 24	27 0	27 52	28 34	29 34	0 ♉ 42	1 45	2 56	3 28	4 11	4 53	6 1	7 18	9 2	9 52	12 50	16 21	18 17	19 57	22 12	25 10	29 18	1 52	6 14	9 18
19 39 19	23	27 9	27 33	28 11	29 4	29 48	0 ♉ 50	2 0	3 5	4 19	4 52	5 37	6 20	7 30	8 48	10 35	11 26	14 28	18 2	20 1	21 41	23 57	26 56	1 ♊ 3	3 36	7 55	10 55
19 43 33	24	28 17	28 42	29 21	0 ♉ 16	1 ♉ 1	2 6	3 18	4 25	5 41	6 15	7 1	7 46	8 57	10 18	12 7	12 59	16 5	19 42	21 41	23 22	25 39	28 38	2 44	5 15	9 30	12 27
19 47 46	25	29 24	29 50	0 ♉ 30	1 28	2 14	3 21	4 35	5 44	7 3	7 38	8 25	9 10	10 24	11 46	13 37	14 31	17 39	21 19	23 19	25 1	27 19	0 ♊ 17	4 22	6 51	11 2	13 56
19 51 59	26	0 ♉ 31	0 ♉ 58	1 40	2 39	3 26	4 35	5 52	7 3	8 23	8 59	9 47	10 34	11 49	13 13	15 7	16 1	19 12	22 54	24 55	26 37	28 55	1 53	5 56	8 24	12 31	15 21
19 56 11	27	1 38	2 6	2 48	3 49	4 38	5 49	7 7	8 21	9 43	10 19	11 9	11 56	13 13	14 39	16 34	17 29	20 43	24 27	26 29	28 11	0 ♊ 28	3 26	7 27	9 53	13 56	16 42
20 0 23	28	2 44	3 13	3 57	4 59	5 50	7 2	8 23	9 38	11 2	11 39	12 30	13 18	14 36	16 3	18 1	18 57	22 12	25 58	28 0	29 42	2 0	4 56	8 55	11 19	15 18	18 1
20 4 34	29	3 50	4 19	5 5	6 9	7 1	8 15	9 37	10 54	12 20	12 58	13 49	14 39	15 58	17 27	19 26	20 22	23 40	27 26	29 29	1 ♊ 11	3 28	6 23	10 20	12 42	16 37	19 17
20 8 44	30	4 56	5 26	6 12	7 18	8 11	9 27	10 51	12 10	13 37	14 16	15 8	15 59	17 19	18 49	20 49	21 47	25 6	28 53	0 ♊ 56	2 38	4 54	7 48	11 42	14 2	17 53	20 30

ST	MC °	2°0' ASC ° '	4°0' ASC ° '	7°0' ASC ° '	11°0' ASC ° '	14°0' ASC ° '	18°0' ASC ° '	21°59' ASC ° '	25°19' ASC ° '	28°40' ASC ° '	30°2' ASC ° '	31°46' ASC ° '	33°20' ASC ° '	35°39' ASC ° '	37°58' ASC ° '	40°43' ASC ° '	41°54' ASC ° '	45°30' ASC ° '	48°50' ASC ° '	50°22' ASC ° '	51°32' ASC ° '	52°57' ASC ° '	54°34' ASC ° '	56°28' ASC ° '	57°29 ASC ° '	59°0' ASC ° '	59°56' ASC ° '
20 8 44	0 ♒	4 ♉ 56	5 ♉ 26	6 ♉ 12	7 ♉ 18	8 ♉ 11	9 ♉ 27	10 ♉ 51	12 ♉ 10	13 ♉ 37	14 ♉ 16	15 ♉ 8	15 ♉ 59	17 ♉ 19	18 ♉ 49	20 ♉ 49	21 ♉ 47	25 ♉ 6	28 ♉ 53	0 ♊ 56	2 ♊ 38	4 ♊ 54	7 ♊ 48	11 ♊ 42	14 ♊ 2	17 ♊ 53	20 ♊ 30
20 12 53	1	6 1	6 32	7 19	8 27	9 21	10 39	12 5	13 24	14 54	15 33	16 26	17 17	18 39	20 10	22 12	23 10	26 30	0 ♊ 18	2 21	4 3	6 18	9 11	13 2	15 20	19 7	21 41
20 17 2	2	7 6	7 37	8 26	9 35	10 30	11 50	13 17	14 38	16 9	16 49	17 43	18 35	19 58	21 30	23 33	24 31	27 53	1 41	3 44	5 25	7 40	10 32	14 20	16 36	20 19	22 49
20 21 10	3	8 10	8 42	9 32	10 43	11 39	13 0	14 29	15 52	17 24	18 5	18 59	19 52	21 16	22 49	24 53	25 51	29 14	3 3	5 5	6 46	9 0	11 50	15 36	17 49	21 28	23 55
20 25 18	4	9 14	9 47	10 38	11 50	12 47	14 10	15 41	17 4	18 38	19 19	20 15	21 8	22 33	24 6	26 11	27 10	0 ♊ 34	4 23	6 24	8 5	10 18	13 6	16 49	19 1	22 36	25 0
20 29 24	5	10 18	10 51	11 43	12 56	13 55	15 19	16 51	18 16	19 51	20 33	21 29	22 23	23 49	25 23	27 29	28 28	1 52	5 41	7 42	9 22	11 34	14 20	18 0	20 10	23 41	26 3
20 33 30	6	11 21	11 55	12 48	14 3	15 2	16 28	18 1	19 28	21 4	21 46	22 42	23 37	25 3	26 38	28 45	29 44	3 9	6 57	8 58	10 37	12 48	15 33	19 10	21 18	24 45	27 4
20 37 36	7	12 24	12 59	13 53	15 8	16 9	17 36	19 11	20 38	22 15	22 58	23 55	24 50	26 17	27 53	0 ♊ 0	1 ♊ 0	4 24	8 12	10 12	11 51	14 1	16 43	20 18	22 24	25 47	28 3
20 41 40	8	13 27	14 2	14 57	16 14	17 15	18 43	20 19	21 48	23 26	24 9	25 7	26 2	27 30	29 6	1 14	2 14	5 38	9 25	11 25	13 3	15 11	17 53	21 24	23 28	26 48	29 1
20 45 44	9	14 29	15 5	16 0	17 18	18 21	19 50	21 27	22 57	24 36	25 20	26 18	27 13	28 42	0 ♊ 19	2 26	3 26	6 51	10 37	12 36	14 13	16 21	19 0	22 28	24 30	27 47	29 57
20 49 47	10	15 30	16 7	17 3	18 23	19 26	20 56	22 35	24 5	25 45	26 29	27 28	28 24	29 53	1 30	3 38	4 38	8 3	11 48	13 46	15 22	17 29	20 6	23 32	25 32	28 45	0 ♋ 53
20 53 50	11	16 32	17 9	18 6	19 27	20 31	22 2	23 42	25 13	26 54	27 38	28 37	29 33	1 ♊ 3	2 40	4 49	5 49	9 13	12 57	14 54	16 30	18 35	21 11	24 33	26 31	29 41	1 47
20 57 51	12	17 33	18 10	19 8	20 30	21 35	23 7	24 48	26 20	28 2	28 46	29 45	0 ♊ 42	2 12	3 50	5 58	6 58	10 22	14 5	16 1	17 36	19 40	22 14	25 34	27 30	0 ♋ 36	2 40
21 1 52	13	18 33	19 11	20 10	21 33	22 38	24 12	25 53	27 26	29 9	29 53	0 ♊ 53	1 50	3 20	4 58	7 7	8 7	11 30	15 12	17 7	18 41	20 44	23 16	26 33	28 27	1 31	3 31
21 5 52	14	19 33	20 12	21 12	22 35	23 42	25 16	26 58	28 32	0 ♊ 15	1 ♊ 0	2 0	2 57	4 27	6 5	8 14	9 14	12 37	16 17	18 12	19 45	21 46	24 16	27 31	29 23	2 24	4 22
21 9 52	15	20 33	21 12	22 13	23 37	24 44	26 20	28 3	29 37	1 21	2 6	3 6	4 3	5 34	7 12	9 21	10 21	13 43	17 22	19 15	20 48	22 48	25 16	28 28	0 ♋ 18	3 16	5 12
21 13 51	16	21 33	22 12	23 13	24 39	25 46	27 23	29 7	0 ♊ 42	2 26	3 11	4 11	5 9	6 40	8 18	10 26	11 26	14 47	18 25	20 18	21 49	23 48	26 14	29 23	1 12	4 7	6 1
21 17 49	17	22 32	23 12	24 13	25 40	26 48	28 25	0 ♊ 10	1 45	3 30	4 16	5 16	6 14	7 44	9 23	11 31	12 31	15 51	19 28	21 19	22 50	24 47	27 12	0 ♋ 18	2 6	4 57	6 49
21 21 46	18	23 30	24 11	25 13	26 40	27 49	29 27	1 13	2 49	4 34	5 19	6 20	7 18	8 49	10 27	12 35	13 34	16 54	20 29	22 20	23 49	25 45	28 8	1 12	2 58	5 46	7 37
21 25 43	19	24 29	25 10	26 13	27 41	28 50	0 ♊ 29	2 15	3 51	5 37	6 22	7 23	8 21	9 52	11 30	13 38	14 37	17 56	21 29	23 19	24 48	26 42	29 4	2 5	3 49	6 35	8 23
21 29 38	20	25 27	26 8	27 12	28 40	29 50	1 30	3 16	4 53	6 39	7 25	8 26	9 24	10 55	12 33	14 40	15 39	18 57	22 29	24 17	25 45	27 39	29 58	2 57	4 39	7 23	9 9
21 33 34	21	26 24	27 6	28 10	29 40	0 ♊ 50	2 30	4 17	5 55	7 41	8 27	9 28	10 26	11 56	13 35	15 42	16 41	19 57	23 27	25 15	26 42	28 34	0 ♋ 52	3 48	5 29	8 10	9 54
21 37 28	22	27 22	28 4	29 9	0 ♊ 39	1 50	3 30	5 18	6 56	8 42	9 28	10 29	11 27	12 58	14 36	16 42	17 41	20 56	24 25	26 12	27 38	29 29	1 45	4 38	6 18	8 56	10 39
21 41 22	23	28 19	29 1	0 ♊ 6	1 37	2 49	4 30	6 18	7 56	9 42	10 29	11 30	12 27	13 58	15 36	17 42	18 41	21 55	25 22	27 7	28 33	0 ♋ 22	2 37	5 28	7 6	9 42	11 23
21 45 15	24	29 15	29 58	1 4	2 35	3 47	5 29	7 17	8 56	10 42	11 29	12 30	13 27	14 58	16 36	18 41	19 40	22 53	26 18	28 3	29 27	1 15	3 28	6 17	7 53	10 27	12 6
21 49 8	25	0 ♊ 12	0 ♊ 55	2 1	3 33	4 46	6 27	8 17	9 55	11 42	12 28	13 29	14 27	15 57	17 35	19 40	20 38	23 50	27 13	28 57	0 ♋ 20	2 7	4 18	7 5	8 40	11 11	12 49
21 53 0	26	1 8	1 51	2 58	4 31	5 43	7 26	9 15	10 54	12 41	13 27	14 28	15 26	16 56	18 33	20 38	21 35	24 46	28 8	29 50	1 13	2 59	5 8	7 53	9 26	11 55	13 32
21 56 51	27	2 3	2 47	3 54	5 28	6 41	8 23	10 13	11 52	13 39	14 25	15 26	16 24	17 54	19 31	21 35	22 32	25 42	29 2	0 ♋ 43	2 5	3 50	5 57	8 39	10 12	12 38	14 13
22 0 42	28	2 59	3 43	4 51	6 24	7 38	9 21	11 11	12 50	14 37	15 23	16 24	17 21	18 51	20 28	22 31	23 28	26 37	29 55	1 36	2 56	4 40	6 46	9 26	10 57	13 21	14 55
22 4 32	29	3 54	4 38	5 46	7 21	8 34	10 18	12 8	13 47	15 34	16 20	17 21	18 19	19 48	21 24	23 27	24 24	27 31	0 ♋ 48	2 27	3 47	5 29	7 34	10 12	11 42	14 4	15 36
22 8 22	30	4 49	5 34	6 42	8 17	9 31	11 14	13 5	14 44	16 31	17 17	18 18	19 15	20 45	22 20	24 23	25 19	28 25	1 40	3 18	4 37	6 18	8 21	10 57	12 26	14 45	16 16

ST	MC °	2°0' ASC ° '	4°0' ASC ° '	7°0' ASC ° '	11°0' ASC ° '	14°0' ASC ° '	18°0' ASC ° '	21°59' ASC ° '	25°19' ASC ° '	28°40' ASC ° '	30°2' ASC ° '	31°46' ASC ° '	33°20' ASC ° '	35°39' ASC ° '	37°58' ASC ° '	40°43' ASC ° '	41°54' ASC ° '	45°30' ASC ° '	48°50' ASC ° '	50°22' ASC ° '	51°32' ASC ° '	52°57' ASC ° '	54°34' ASC ° '	56°28' ASC ° '	57°29 ASC ° '	59°0' ASC ° '	59°56' ASC ° '
22 8 22	0 ♓	4 ♊ 49	5 ♊ 34	6 ♊ 42	8 ♊ 17	9 ♊ 31	11 ♊ 14	13 ♊ 5	14 ♊ 44	16 ♊ 31	17 ♊ 17	18 ♊ 18	19 ♊ 15	20 ♊ 45	22 ♊ 20	24 ♊ 23	25 ♊ 19	28 ♊ 25	1 ♋ 40	3 ♋ 18	4 ♋ 37	6 ♋ 18	8 ♋ 21	10 ♋ 57	12 ♋ 26	14 ♋ 45	16 ♋ 16
22 12 11	1	5 44	6 28	7 37	9 12	10 27	12 11	14 1	15 40	17 27	18 13	19 14	20 11	21 40	23 15	25 17	26 13	29 18	2 31	4 8	5 27	7 7	9 8	11 42	13 9	15 27	16 56
22 15 59	2	6 38	7 23	8 32	10 8	11 22	13 6	14 57	16 36	18 23	19 9	20 10	21 7	22 36	24 10	26 12	27 7	0 ♋ 10	3 22	4 58	6 16	7 54	9 54	12 26	13 52	16 8	17 36
22 19 47	3	7 32	8 17	9 27	11 3	12 17	14 2	15 53	17 32	19 19	20 5	21 5	22 2	23 30	25 5	27 5	28 1	1 2	4 12	5 48	7 4	8 42	10 40	13 10	14 35	16 49	18 15
22 23 34	4	8 26	9 11	10 21	11 57	13 12	14 57	16 48	18 27	20 14	21 0	22 0	22 57	24 25	25 59	27 59	28 53	1 54	5 2	6 36	7 52	9 29	11 26	13 53	15 17	17 29	18 54
22 27 21	5	9 19	10 5	11 15	12 52	14 7	15 52	17 43	19 22	21 8	21 54	22 54	23 51	25 18	26 52	28 51	29 46	2 45	5 51	7 25	8 39	10 15	12 10	14 36	15 59	18 9	19 33
22 31 8	6	10 13	10 59	12 9	13 46	15 1	16 46	18 37	20 16	22 3	22 48	23 48	24 44	26 12	27 45	29 43	0 ♋ 37	3 35	6 40	8 12	9 26	11 1	12 55	15 19	16 40	18 48	20 11
22 34 53	7	11 6	11 52	13 3	14 40	15 55	17 40	19 31	21 10	22 56	23 42	24 42	25 38	27 5	28 37	0 ♋ 35	1 29	4 25	7 28	9 0	10 13	11 46	13 39	16 1	17 21	19 28	20 49
22 38 39	8	11 59	12 45	13 56	15 33	16 49	18 34	20 25	22 4	23 50	24 35	25 35	26 31	27 57	29 29	1 26	2 20	5 15	8 16	9 46	10 59	12 31	14 23	16 43	18 2	20 7	21 27
22 42 24	9	12 52	13 38	14 49	16 27	17 42	19 28	21 19	22 57	24 43	25 28	26 28	27 23	28 49	0 ♋ 21	2 17	3 10	6 4	9 3	10 33	11 45	13 16	15 6	17 24	18 43	20 45	22 5
22 46 8	10	13 44	14 31	15 42	17 20	18 36	20 21	22 12	23 50	25 36	26 21	27 20	28 15	29 41	1 12	3 8	4 0	6 52	9 50	11 19	12 30	14 0	15 49	18 5	19 23	21 24	22 42
22 49 53	11	14 37	15 23	16 35	18 13	19 29	21 14	23 5	24 43	26 28	27 13	28 12	29 7	0 ♋ 33	2 3	3 58	4 50	7 41	10 37	12 5	13 15	14 44	16 31	18 46	20 2	22 2	23 19
22 53 36	12	15 29	16 16	17 27	19 5	20 21	22 7	23 57	25 36	27 20	28 5	29 4	29 59	1 24	2 54	4 48	5 39	8 29	11 23	12 50	13 59	15 27	17 14	19 27	20 42	22 40	23 56
22 57 20	13	16 21	17 8	18 20	19 58	21 14	22 59	24 50	26 28	28 12	28 57	29 55	0 ♋ 50	2 14	3 44	5 37	6 28	9 16	12 9	13 35	14 44	16 11	17 55	20 7	21 21	23 17	24 32
23 1 3	14	17 13	18 0	19 12	20 50	22 6	23 51	25 42	27 20	29 4	29 48	0 ♋ 46	1 41	3 5	4 33	6 26	7 17	10 3	12 54	14 20	15 27	16 53	18 37	20 47	22 0	23 55	25 9
23 4 45	15	18 4	18 52	20 4	21 42	22 58	24 43	26 34	28 11	29 55	0 ♋ 39	1 37	2 31	3 55	5 23	7 15	8 5	10 50	13 40	15 4	16 11	17 36	19 18	21 26	22 39	24 32	25 45
23 8 28	16	18 56	19 43	20 55	22 34	23 50	25 35	27 25	29 2	0 ♋ 46	1 30	2 27	3 21	4 44	6 12	8 3	8 53	11 37	14 25	15 48	16 54	18 18	19 59	22 6	23 17	25 9	26 21
23 12 10	17	19 47	20 35	21 47	23 26	24 42	26 27	28 16	29 53	1 36	2 20	3 18	4 11	5 34	7 1	8 51	9 41	12 23	15 9	16 32	17 37	19 0	20 40	22 45	23 56	25 46	26 57
23 15 52	18	20 39	21 26	22 39	24 17	25 33	27 18	29 8	0 ♋ 44	2 27	3 10	4 7	5 1	6 23	7 50	9 39	10 28	13 9	15 54	17 15	18 20	19 42	21 21	23 24	24 34	26 22	27 32
23 19 33	19	21 30	22 18	23 30	25 8	26 24	28 9	29 58	1 35	3 17	4 0	4 57	5 50	7 12	8 38	10 26	11 15	13 55	16 38	17 58	19 2	20 24	22 1	24 3	25 12	26 59	28 8
23 23 15	20	22 21	23 9	24 21	26 0	27 15	29 0	0 ♋ 49	2 25	4 7	4 50	5 47	6 39	8 0	9 26	11 14	12 2	14 40	17 21	18 41	19 45	21 5	22 41	24 42	25 49	27 35	28 43
23 26 56	21	23 12	24 0	25 12	26 51	28 6	29 51	1 40	3 15	4 57	5 40	6 36	7 28	8 49	10 14	12 1	12 49	15 25	18 5	19 24	20 27	21 46	23 21	25 20	26 27	28 11	29 18
23 30 37	22	24 3	24 51	26 3	27 42	28 57	0 ♋ 41	2 30	4 5	5 46	6 29	7 25	8 17	9 37	11 1	12 47	13 35	16 10	18 48	20 6	21 8	22 27	24 1	25 58	27 4	28 47	29 53
23 34 18	23	24 54	25 41	26 54	28 32	29 48	1 32	3 20	4 55	6 36	7 18	8 14	9 5	10 25	11 49	13 34	14 21	16 55	19 31	20 49	21 50	23 7	24 40	26 36	27 41	29 23	0 ♌ 28
23 37 58	24	25 44	26 32	27 45	29 23	0 ♋ 39	2 22	4 10	5 45	7 25	8 7	9 2	9 54	11 13	12 36	14 20	15 7	17 39	20 14	21 31	22 31	23 48	25 20	27 14	28 18	29 59	1 3
23 41 39	25	26 35	27 23	28 35	0 ♋ 14	1 29	3 13	5 0	6 34	8 14	8 56	9 51	10 42	12 0	13 23	15 6	15 53	18 24	20 57	22 13	23 13	24 28	25 59	27 52	28 55	0 ♌ 34	1 38
23 45 19	26	27 26	28 14	29 26	1 4	2 19	4 3	5 50	7 24	9 2	9 44	10 39	11 30	12 48	14 10	15 52	16 38	19 8	21 40	22 54	23 54	25 8	26 38	28 29	29 32	1 10	2 12
23 48 59	27	28 16	29 4	0 ♋ 17	1 55	3 10	4 53	6 39	8 13	9 51	10 33	11 27	12 18	13 35	14 56	16 38	17 24	19 52	22 22	23 36	24 34	25 48	27 17	29 7	0 ♌ 9	1 45	2 47
23 52 40	28	29 7	29 55	1 7	2 45	4 0	5 42	7 29	9 2	10 40	11 21	12 15	13 5	14 22	15 43	17 24	18 9	20 36	23 4	24 17	25 15	26 28	27 56	29 44	0 45	2 20	3 21
23 56 20	29	29 57	0 ♋ 45	1 57	3 35	4 50	6 32	8 18	9 51	11 28	12 9	13 3	13 53	15 9	16 29	18 9	18 54	21 19	23 46	24 58	25 56	27 8	28 34	0 ♌ 22	1 22	2 56	3 56
0 0 0	30	0 ♋ 48	1 36	2 48	4 25	5 40	7 22	9 8	10 40	12 16	12 57	13 50	14 40	15 56	17 15	18 54	19 39	22 3	24 28	25 40	26 36	27 48	29 13	0 59	1 58	3 31	4 30

2000

	I	II	III	IV	V	VI	VII	VIII	IX	X	XI	XII
♂	28♒	22♓	14♈	7♉	28	20♊	10♋	30	20♌	9♍	28	16♎
♃	25♈D	28	3♉	9	16	24	0♊	6	10	11R	10	6
♄	10♉R	11D	12	16	19	23	27	29	1♊	1R	29♉	27
♅	15♒	17	18	20	21	21R	20	19	18	17	17D	17
♆	3♒	4	5	6	7	6R	6	5	4	4	4D	4
♇	11♐	12	13	13R	12	12	11	10	10D	11	12	13

2001

	I	II	III	IV	V	VI	VII	VIII	IX	X	XI	XII
♂	5♏	23	7♐	21	28	26R	17	16D	26	13♑	3♒	24
♃	2♊R	1D	3	8	14	20	27	4♋	10	14	16	14R
♄	25♉R	24D	25	28	1♊	5	9	12	14	15R	14	12
♅	19♒	20	22	24	25	25R	24	23	22	21	21D	21
♆	5♒	6	8	8	9	9R	8	7	7	6	6D	7
♇	14♐	15	15	15R	15	14	13	13	13D	13	14	15

2002

	I	II	III	IV	V	VI	VII	VIII	IX	X	XI	XII
♂	17♓	9♈	30	21♉	12♊	2♋	22	12♌	2♍	21	10♎	30
♃	11♋R	7	6	7D	11	17	23	30	7♌	12	16	18
♄	9♊R	8	8D	10	14	17	21	25	28	29	29R	27
♅	22♒	24	26	27	28	29	29R	28	26	25	25	25D
♆	7♒	9	10	11	11	11R	10	10	9	8	8D	9
♇	16♐	17	18	18R	17	16	16	15	15D	15	16	17

2003

	I	II	III	IV	V	VI	VII	VIII	IX	X	XI	XII
♂	20♏	10♐	28	17♑	5♒	22	5♓	10R	4	0D	7	21
♃	17♌R	13	10	8	9D	13	18	24	1♍	7	13	17
♄	24♊R	23	22D	23	26	30	3♋	7	11	13	13R	12
♅	26♒	28	29	1♓	2	3	3R	2	1	29♒	29	29D
♆	10♒	11	12	13	13	13R	13	12	11	11	10D	11
♇	18♐	19	20	20R	20	19	18	17	17D	18	18	19

2004

	I	II	III	IV	V	VI	VII	VIII	IX	X	XI	XII
♂	9♈	28	17♉	7♊	26	16♋	5♌	24	14♍	3♎	23	13♏
♃	19♍	18R	14	11	9	10D	13	19	25	1♎	8	13
♄	10♋R	7	6	7D	9	12	16	20	23	26	27	27R
♅	0♓	2	3	5	6	7	7R	6	5	4	3	3D
♆	12♒	13	14	15	15	15R	15	14	13	13	13D	13
♇	21♐	22	22	22R	22	21	20	20	20D	20	21	22

2005

	I	II	III	IV	V	VI	VII	VIII	IX	X	XI	XII
♂	4♐	26	16♑	8♒	30	22♓	13♈	2♉	17	23	17R	9
♃	17♎	19	18R	14	11	9	10D	13	19	25	1♏	8
♄	25♋R	22	21	20D	22	25	28	2♌	6	9	11	11R
♅	4♓	5	7	9	10	11	11R	10	9	8	7	7D
♆	14♒	15	16	17	18	18R	17	16	16	15	15D	15
♇	23♐	24	24	25R	24	24	23	22	22	22D	23	24

2006

	I	II	III	IV	V	VI	VII	VIII	IX	X	XI	XII
♂	11♉D	22	6♊	23	10♋	28	17♌	6♍	25	15♎	6♏	26
♃	13♏	17	19	18R	14	11	9	10D	13	19	25	2♐
♄	10♌R	8	5	4	5D	7	10	14	18	21	24	25
♅	8♓	9	11	12	14	15	15R	14	13	12	11	11D
♆	16♒	17	18	19	20	20R	19	19	18	17	17D	17
♇	25♐	26	27	27R	27	26	25	24	24	24D	25	26

2007

	I	II	III	IV	V	VI	VII	VIII	IX	X	XI	XII
♂	18♐	11♑	2♒	26	19♓	12♈	4♉	26	15♊	1♋	11	11R
♃	8♐	14	18	20	19R	16	12	10	11D	14	20	26
♄	24♌R	22	20	18	18D	20	22	26	30	3♍	6	8
♅	12♓	13	14	16	18	18	19R	18	17	16	15	15D
♆	18♒	19	20	21	22	22R	22	21	20	20	19D	20
♇	27♐	28	29	29R	29	28	27	27	26	26D	27	28

2008

	I	II	III	IV	V	VI	VII	VIII	IX	X	XI	XII
♂	30♊R	24D	29	11♋	25	12♌	30	18♍	8♎	28	19♏	11♐
♃	3♑	10	16	20	22	22R	19	15	13	13D	17	22
♄	8♍R	7	5	3	2	2D	5	8	12	15	19	21
♅	15♓	17	18	20	21	22	23R	22	21	20	19	19D
♆	20♒	21	22	23	24	24R	24	23	22	22	21	22D
♇	29♐	0♑	1	1	1R	0	30♐	29	29	29D	29	0♑

2009

	I	II	III	IV	V	VI	VII	VIII	IX	X	XI	XII
♂	4♑	27	19♒	13♓	7♈	0♉	22	14♊	4♋	22	7♌	17
♃	29♑	6♒	13	19	24	27	27R	24	20	17	18D	21
♄	22♍R	21	19	17	15	15D	17	19	23	27	0♎	3
♅	19♓	20	22	24	25	26	27	26R	25	24	23	23
♆	22♒	24	25	26	26	26R	26	26	25	24	24	24D
♇	1♑	2	3	3	3R	3	2	1	1	1D	1	2

2010

	I	II	III	IV	V	VI	VII	VIII	IX	X	XI	XII
♂	19♌R	9	1	3D	13	27	13♍	1♎	21	11♏	3♐	25
♃	26♒	3♓	10	17	24	29	3♈	3R	1	27♓	24	24D
♄	5♎	4R	3	0	29♍	28D	29	1♎	4	8	11	15
♅	23♓D	24	26	27	29	0♈	1	0R	29♓	28	27	27
♆	25♒	26	27	28	28	29R	28	28	27	26	26	26D
♇	3♑	4	5	5	5R	5	4	3	3	3D	3	4

2011

	I	II	III	IV	V	VI	VII	VIII	IX	X	XI	XII
♂	18♑	13♒	5♓	29	22♈	15♉	7♊	28	19♋	7♌	25	9♍
♃	27♓	2♈	8	15	22	29	5♉	9	10R	9	5	1
♄	17♎	17R	16	14	12	11	11D	12	15	19	22	26
♅	27♓D	28	29	1♈	3	4	5	4R	4	2	1	1
♆	27♒	28	29	30	1♓	1	1R	0	29♒	29	28	28D
♇	5♑	6	7	8	7R	7	6	5	5	5D	5	6

2012

	I	II	III	IV	V	VI	VII	VIII	IX	X	XI	XII
♂	20♍	23R	15	5	5D	15	29	16♎	5♏	26	18♐	11♑
♃	0♉D	3	7	13	20	28	4♊	10	15	16	15R	12
♄	28♎	29	29R	27	25	23	23D	24	26	29	3♏	7
♅	1♈D	2	3	5	7	8	8	8R	8	6	5	5
♆	29♒	30	1♓	2	3	3	3R	2	2	1	0	0D
♇	7♑	8	9	10	9R	9	8	8	7	7D	7	8

2013

	I	II	III	IV	V	VI	VII	VIII	IX	X	XI	XII
♂	5♒	29	21♓	15♈	8♉	0♊	21	12♋	3♌	21	10♍	26
♃	8♊R	6D	8	12	17	24	1♋	8	14	18	20	20R
♄	10♏	11	11R	10	8	6	5	5D	7	10	14	17
♅	5♈D	6	7	9	10	12	12	12R	12	11	9	9
♆	1♓	2	3	4	5	5	5R	5	4	3	3	3D
♇	9♑	10	11	12	12R	11	10	10	9	9D	9	10

2014

	I	II	III	IV	V	VI	VII	VIII	IX	X	XI	XII
♂	12♎	23	28	22R	11	10D	18	3♏	22	12♐	4♑	27
♃	16♋R	12	10	11D	15	20	27	3♌	10	16	20	23
♄	20♏	23	23	23R	21	18	17	17D	18	21	24	27
♅	9♈D	9	11	12	14	15	16	16R	16	15	14	13
♆	3♓	4	5	6	7	8	7R	7	6	5	5	5D
♇	11♑	12	13	14	14R	13	12	12	11	11D	11	12

2015

	I	II	III	IV	V	VI	VII	VIII	IX	X	XI	XII
♂	21♒	15♓	7♈	0♉	22	14♊	4♋	25	15♌	4♍	23	11♎
♃	22♌R	18	15	13	13D	17	22	28	4♍	11	17	21
♄	1♐	4	5	5R	3	1	29♏	28	29D	1♐	4	8
♅	13♈D	13	14	16	18	19	20	20R	20	19	18	17
♆	5♓	6	7	9	9	10	10R	9	8	8	7	7D
♇	13♑	14	15	16	16R	15	14	14	13	13D	13	14

2016

	I	II	III	IV	V	VI	VII	VIII	IX	X	XI	XII
♂	29♎	15♏	28	7♐	8R	28♏	23D	29	14♐	2♑	24	16♒
♃	23♍	22R	19	15	13	14D	17	22	28	5♎	11	17
♄	11♐	14	16	16R	15	13	11	10	10D	12	14	18
♅	17♈D	17	18	20	22	23	24	25R	24	23	22	21
♆	8♓	8	10	11	12	12	12R	11	11	10	9	9D
♇	15♑	16	17	17	17R	17	16	16	15	15D	15	16

2017

	I	II	III	IV	V	VI	VII	VIII	IX	X	XI	XII
♂	10♓	3♈	23	16♉	7♊	28	17♋	7♌	27	16♍	6♎	25
♃	21♎	23	22R	19	15	13	14D	17	22	28	5♏	11
♄	21♐	25	27	28	27R	26	23	22	21D	22	25	28
♅	21♈D	21	22	24	25	27	28	29	28R	27	26	25
♆	10♓	11	12	13	14	14	14R	14	13	12	12	11D
♇	17♑	18	19	19	19R	19	18	18	17	17D	17	18

2018

	I	II	III	IV	V	VI	VII	VIII	IX	X	XI	XII
♂	14♏	3♐	20	8♑	23	5♒	9R	3	29♑D	6♒	21	9♓
♃	17♏	21	23	22R	19	16	13	14D	17	22	28	5♐
♄	1♑	5	7	9	9R	8	6	4	3	3D	5	8
♅	25♈R	25D	26	28	29	1♉	2	3	2R	1	0	29♈
♆	12♓	13	14	15	16	16	16R	16	15	14	14	14D
♇	19♑	20	21	21	21R	21	20	20	19	19	19D	20

2019

	I	II	III	IV	V	VI	VII	VIII	IX	X	XI	XII
♂	30♓	21♈	10♉	1♊	20	10♋	29	19♌	9♍	28	18♎	8♏
♃	12♐	18	22	24	24R	21	17	15	15D	18	23	30
♄	11♑	15	18	20	21R	20	18	16	14	14D	15	18
♅	29♈R	29D	30	1♉	3	5	6	7	6R	6	4	3
♆	14♓	15	16	17	18	19	19R	18	18	17	16	16D
♇	21♑	22	22	23	23R	23	22	22	21	21	21D	22

2020

	I	II	III	IV	V	VI	VII	VIII	IX	X	XI	XII
♂	28♏	19♐	9♑	1♒	22	13♓	2♈	18	28	25R	16	17D
♃	7♑	14	20	24	27	27R	24	20	18	18D	21	26
♄	21♑	25	28	1♒	2	2R	0	28♑	26	25D	26	28
♅	3♉R	3D	4	5	7	9	10	11	11R	10	9	8
♆	16♓	17	18	19	20	21	21R	21	20	19	18	18D
♇	22♑	23	24	25	25R	25	24	23	23	23	23D	23

	GMT/+/–	H	M
Afghanistan	+	04	30
Ägypten[1]	+	02	
Albanien[1]	+	01	
Algerien	+	01	
Andorra	+	01	
Angola	+	01	
Anguilla	–	04	
Antigua und Barbuda	–	04	
Antillen	–	04	
Äquatorialguinea	+	01	
Argentinien	–	03	
Arruba	–	04	
Ascension	GMT	00	
Äthiopien	+	03	
Australien			
Capital Territory	+	10	
New South Wales[7]	+	10	
Northern Territory	+	09	30
Queensland	+	10	
South Australia	+	09	30
Tasmania[1]	+		10
Victoria	+	10	
Western Australia	+	10	
Azoren	–	01	
Bahamas[1]	–	05	
Bahrein	+	03	
Bangladesh	+	06	
Barbados	–	04	
Belgien	+	01	
Belize	–	06	
Benin	+	01	
Bermuda	–	04	
Bhutan	+	06	
Bolivien	–	04	
Botswana	+	02	
Brasilien[1]			
Östliches[10]	–	03	
Gebiet von Acre	–	05	
Westliches	–	04	
Brunei	+	08	
Bulgarien	+	02	
Burkina Faso	GMT	00	
Burma	+	06	30
Burundi	+	02	
Cayman Islands	–	05	
Chatham Islands[4]	+	12	
Chile[1]	–	04	
China[8]	+	08	
Cocos (Keeling Island)	+	06	
Cook Islands	–	10	30
Costa Rica	–	06	
Dänemark	+	01	
Deutschland[1]	+	01	
Domenika	–	04	
Domenikanische Republik[2]	–	04	
Dschibuti	+	03	
Ekuador	–	05	
El Salvador	–	06	
Elfenbeinküste	GMT	00	
Falklandinseln[11]	–	04	
Faröer Inseln	GMT	00	
Fidschi-Inseln	+	12	
Finnland	+	02	
Frankreich[4]	+	01	
Französisch Guyana	–	03	
Französisch Polynesien	–	10	
Gabun	+	01	
Gambia	GMT	00	
Ghana	GMT	00	
Gibraltar[4]	+	01	
Grenada[1]	–	04	
Griechenland	+	02	
Grönland	–	03	
Großbritannien	GMT	00	
Guadelupe	–	04	
Guam	+	10	
Guatemala	–	06	
Guinea	GMT	00	
Guyana	–	03	
Haiti	–	05	
Honduras	– 06		
Hongkong[1]	+	08	
Indien	+	05	30
Indonesien			
Bali, Bangka, Billiton, Java, Madura, Sumatra	+	07	
Borneo, Celebes, Flores, Lombok, Sumba, Sumbawa, Timor	+	08	
Aru, Molokken, Tanimbar, West Irian	+	09	
Irak	+	03	
Iran	+	03	30
Irland	+	01	
Island	GMT	00	
Israel	+	02	
Italien	+	01	
Jamaika	–	05	
Japan	+	09	
Jemen	+	03	
Jemen, Arabische Republik	+	03	
Jordanien	+	02	
Jugoslawien (ehem.)	+	01	
Kambodscha	+	07	
Kamerun	+	01	
Kanada			
Alberta	–	07	
British Columbia[1]	–	08	
Manitoba[1]	–	06	
New Brunswick[1]	–	04	
New Foundland[1]	–	03	30
Northwest Territories[1]			
Östl. 68°	–	04	
68° – 85°	–	05	
85° – 102°	–	06	
102° – 120°	–	07	
Westl. von 120°	–	08	
Nova Scotia[1]	–	04	
Ontario			
Östl. 90°	–	05	
Westl. 90°	–	06	
Prince Edward Islands[1]	–	04	
Quebec[1]			
Östl. 68°	–	04	
Westl. 68°	–	05	
Saskatchewan[1]	–	07	
Yukon[1]	–	09	
Kanalinseln	GMT	00	
Kanarische Inseln[3]	GMT	00	
Kapverdische Inseln	–	01	
Katar	+	03	
Kenia	+	03	
Kiribati	+	12	
Kolumbien	–	05	
Komoren	+	03	
Kongo	+	01	
Korea	+	09	
Kreta	+	02	
Kuba[1]	–	05	
Kuweit	+	03	
Laos	+	07	
Lesotho	+	02	
Lettland	+	03	
Libanon[1]	+	02	
Liberia	GMT	00	
Liechtenstein	+	01	
Litauen	+	03	
Luxemburg[4]	+	01	
Lybien	+	01	
Macau[1]	+	08	
Madagaskar	+	03	
Madeira	GMT	00	
Malawi	+	02	
Malaysia	+	08	
Malediven	+	05	
Mali	GMT	00	
Malta	+	01	
Marokko[1]	GMT	00	
Marshall Islands	+	12	
Martinique	–	04	
Mauretanien	GMT	00	
Mauritius	+	04	
Mexiko[12]	–	06	
Midway Island	–	11	
Mikronesien	+	09	
Monaco[4]	+	01	
Mongolei	+	07	
Montserrat	–	04	
Mozambique	+	02	
Namibia	+	02	
Nauru	+	12	
Nepal	+	05	45
Neukaledonien	+	11	
Neuseeland	+	12	
Nevis	–	04	
Niederlande	+	01	
Niger	+	01	
Nigeria	+	01	
Nikaragua	–	06	
Nive Island	–	11	
Nordirland	GMT	00	
Norfolk Island	+	11	30
North Mariana Islands	+	10	
Norwegen[1]	+	01	
Oman	+	04	
Österreich	+	01	
Pakistan	+	05	
Palau	+	10	
Panama	–	05	
Papua-Neuguinea	+	10	
Paraguay	–	03	
Peru	–	05	
Philippinen	+	08	
Pitcairn Island	–	08	30
Polen[1]	+	01	
Portugal	GMT	00	
Puerto Rico	–	04	
Reunion	+	04	
Rodiguez Island	+	04	
Ruanda	+	02	
Rumänien	+	02	
Sambia	+	02	
Samoa	–	11	
San Marino	+	01	
São Tomé and Principe	GMT	00	
Saudiarabien	+	03	
Schweden	+	01	
Schweiz	+	01	
Senegal	GMT	00	
Seychellen	+	04	
Sierra Leone	GMT	00	
Singapur	+	08	
Soloman Islands	+	11	
Somalia	+	03	
Spanien[4]	+	01	
Sri Lanka	+	05	30
St. Christopher	–	04	
St. Helena	GMT	00	
St. Lucia	–	04	
St. Pierre und Miquelon	–	04	
St. Vincent und Grenadinen	–	04	
Südafrika	+	02	
Sudan	+	02	
Surinam	+	03	
Swasiland	+	02	
Syrien[1]	+	02	
Taiwan[1]	+	08	
Tansania	+	03	
Thailand	+	07	
Tonga	+	13	
Trinidad und Tobago	–	04	
Tristan da Cunha	GMT	00	
Tschad	+	01	
Tschechoslowakei (ehem.)	+	01	
Tunesien	+	01	
Türkei[1]	+	03	
Turks and Caicos Islands	–	05	
Tuvalu	+	12	
Uganda	+	03	
Ungarn	+	01	
Union der Sowjetrepubliken (ehem.)			
Westl. 40°	+	03	
40°– 52° 30′	+	04	
52° 30 – 67° 30′	+	05	
67° 30′– 82° 30′	+	06	
82° 30′– 97° 30′	+	07	
97° 30′– 112° 30′	+	08	
112° 30′– 127° 30′	+	09	
127° 30′– 142° 30′	+	10	
142° 30′– 157° 30′	+	11	
157° 30′– 172° 30′	+	12	
Östl. 172° 30′	+	13	
Uruguay[1]	–	03	
Vanuatu	+	11	
Venezuela	–	04	
Vereinigte Arabische Emirate	+	04	
Vereinigte Staaten von Amerika			
Alabama[5]	–	06	
Alaska[5]			
Östl. 137°	–	08	
137°– 141°	–	09	
141° – 161°	–	10	
161° – 172° 30′	–	11	
Arizona	–	07	
Arkansas[5]	–	06	
California[5]	–	08	
Colorado[5]	–	07	
Connecticut[5]	–	05	
Delaware[5]	–	05	
Florida[5,6]	–	05	
Georgia[5]	–	05	
Hawaii	–	10	
Idaho[5,6]	–	07	
Illinois[5]	–	06	
Indiana[5]	–	06	
Iowa[5]	–	06	
Kansas[5,6]	–	06	
Kentucky[5,6]	–	05	
Louisiana[5]	–	06	
Maine[5]	–	05	
Maryland[5]	–	05	
Massachusetts[5]	–	05	
Michigan[5,6]	–	05	
Minnesota[5]	–	06	
Mississippi[5]	–	06	
Missouri[5]	–	06	
Montana[5]	–	07	
Nebraska[5,6]	–	06	
Nevada[5]	–	08	
New Hampshire[5]	–	05	
New Jersey[5]	–	05	
New Mexico[5]	–	07	
New York[5]	–	05	
North Carolina[5]	–	05	
North Dakota[5,6]	–	06	
Ohio[5]	–	05	
Oklahoma[5]	–	06	
Oregon[5,6]	–	08	
Pennsylvania[5]	–	05	
Rhode Island[5]	–	05	
South Carolina[5]	–	05	
South Dakota[5]			
östl.	–	06	
westl.	–	07	
Tennessee[5,6]	–	06	
Texas[5]	–	06	
Utah[5,6]	–	07	
Vermont[5]	–	05	
Virginia[5]	–	05	
Washington D.C.[5]	–	05	
Washington[5]	–	08	
West Virginia[5]	–	05	
Wisconsin[5]	–	06	
Wyoming[5]	–	07	
Vietnam	+	07	
Virgin Islands	–	04	
Wake Island	+	12	
Weihnachtsinseln	+	07	
Zaire	+	01	
Zentralafrikanische Republik[4]	+	01	
Zimbabwe	+	02	
Zypern	+	02	

[1] In diesen Ländern muß evtl. Sommerzeit berücksichtigt werden.
[2] In diesen Ländern muß evtl. Winterzeit berücksichtigt werden.
[3] GMT gilt das ganze Jahr hindurch; allerdings kann die lokale Ortszeit davon abweichen.
[4] Diese Zeit gilt das ganze Jahr über, allerdings kann die amtliche Zeit davon abweichen.
[5] In diesen Staaten gilt Sommerzeit (die Uhren werden eine Stunde vorgestellt), und zwar vom letzten Sonntag im April bis zum letzten Sonntag im Oktober. Die Umstellung erfolgt um 2 Uhr Ortszeit.
[6] Gilt für den größten Teil des Staates.
[7] Ausgenommen Broken Hill Area mit 9 Stunden und 30 Minuten.
[8] An der Küste; in bestimmten Gebieten gilt Sommerzeit.
[9] Die Grenzen zwischen den Zonen sind nicht eindeutig; die Längengrade geben nur Anhaltspunkte.
[10] Einschließlich der Küste.
[11] In Port Stanley gilt von September bis März Sommerzeit.
[12] Ausgenommen die Staaten Sonora, Sinaloa,, Nayarit und der südliche Distrikt (–7 Stunden) und der nördliche Distrikt von Niederkalifornien (–8 Stunden).

Glossar

Kursiv gesetzte Begriffe werden an anderer Stelle im Glossar erläutert.

Almanach Ein Buch, in dem astrologische und astronomische Daten vermerkt sind, oft auch Vorhersagen oder Prophezeiungen für Stars oder Politiker.

Äquator Die imaginäre Linie, die die Erde umgibt und sie dabei in zwei gleich große Hälften teilt, eine nördliche und eine südliche. Projiziert man sie auf den Himmel, bekommt man den Himmelsäquator.

Aspekte Ein *Planet* steht im Aspekt zu einem anderen, wenn ein bestimmter Gradabstand gegeben ist. Bei einer Entfernung von 90° spricht man z. B. von einem Quadrat. Andere Aspekte sind das Trigon (120°), das Sextil (60°), die Opposition (180°), das Halbquadrat (45°), das Anderthalbquadrat (135°), das Halbsextil (30°) und das Quinkunx (150°). Planeten befinden sich in Konjunktion zueinander, wenn sie auf dem gleichen Tierkreisgrad stehen bzw. dicht beieinander.

Astrologie Das Studium des Einflusses von anderen Himmelskörpern des Sonnensystems auf das irdische Leben.

Astrologische Zwillinge (Zeitzwillinge) Zwei Menschen, die zur gleichen Zeit am gleichen Ort geboren wurden, haben astrologisch vieles gemeinsam.

Astronomie Die Wissenschaft der Beschaffenheit und der Bewegung der *Planeten* und *Sterne.*

Aszendent Der Grad des *Tierkreises*, der zum Augenblick der Geburt am östlichen Horizont aufstieg. Etwa alle vier Minuten steigt ein neuer Grad auf.

Aszension, lange und kurze Weil Ekliptik und Äquator nicht parallel zueinander sind, steigen einige Zeichen schneller auf als andere. Die schnell aufsteigenden Zeichen – bzw. die Zeichen von kurzer Aszension – sind Wassermann, Fische, Widder, Stier und Zwillinge, die anderen steigen langsam auf. In südlichen Breiten verhält es sich umgekehrt.

Äußere Planeten siehe *innere Planeten*

Bogen Ein Teil des Kreises.

Dekanate (oder Dekade) Jedes Zeichen bildet einen 30°-Abschnitt des *Tierkreises*; man teilt es noch einmal in drei Segmente – bzw. Dekanate – auf, die jeweils 10° umfassen.

Deklination Die nördliche oder südliche Entfernung eines *Planeten* vom Himmelsäquator.

Deszendent Der dem *Aszendenten* entgegengesetzte Punkt im *Horoskop* – gleichzeitig die *Spitze* des 7. Hauses.

Eckpunkt Dieses Wort bezieht sich auf die vier Eckpunkte des Horoskops, die ein Kreuz bilden. Diese Punkte sind *Aszendent, Deszendent, MC* und *IC*.

Ekliptik Die vermeintliche oder auch *scheinbare Bewegung* der Sonne um die Erde.

Elemente Die Zeichen werden seit Jahrtausenden mit den Elementen in Verbindung gebracht – Widder, Löwe und Schütze zählen zum Element Feuer; Stier, Jungfrau und Steinbock zu Erde; Zwillinge, Waage und Wassermann zu Luft; und Krebs, Skorpion und Fische zu Wasser.

Elevation Der *Planet*, der dem *MC* am nächsten steht, ist eleviert. Astronomisch zeigt die Elevation, wie hoch ein Planet über dem Horizont stand.

Empfängnis Es hat Versuche gegeben, *Horoskope* für den Augenblick der Empfängnis zu zeichnen; medizinisch gesehen formen sich in den ersten Stunden nach der Befruchtung viele der körperlichen Charakteristiken aus, so daß man möglicherweise auch die astrologischen Einflüsse dieser Phase untersuchen könnte. Es wäre aber nur unter dem Mikroskop genau festzustellen, wann es zur Befruchtung kommt – oft ist dies nämlich erst beträchtliche Zeit nach dem Koitus der Fall. Insofern ist diese Art von Forschung nicht durchführbar.

Ephemeride Die Ephemeride verzeichnet die genaue Stellung der Sonne und Planeten für jeden Tag. Es werden Jahresephemeriden veröffentlicht, aber auch Nachschlagewerke, die die Planetenorte für ein halbes Jahrhundert auflisten. Kein Astrologe kann auf sie verzichten. Man kann sie heutzutage auch selbst mit Computerprogrammen erstellen.

Erdzeichen siehe *Elemente*

Esoterische Astrologie Das Studium der geheimen und symbolischen Bedeutungen der *Planeten* und Zeichen.

Feminine Zeichen siehe *weibliche Zeichen*

Feuerzeichen siehe *Elemente*

Fixe Zeichen siehe *Qualität*

Fixsterne Einige wenige Astrologen sehen Fixsterne als Bestandteil der Astrologie; die meisten aber tun dies nicht. Siehe auch Sterne.

Freier Wille Der freie Wille ist für den Astrologen von überragender Bedeutung, wie für die meisten anderen Menschen auch. Diejenigen, die meinen, die Astrologie würde den freien Willen verneinen, wissen nicht um die heutige Einstellung dieser Wissenschaft und ihrer Vertreter.

Geburtszeit Die minutengenaue Zeit der Geburt.

Geozentrisch Die Annahme, daß die Erde – und nicht die Sonne – im Zentrum des Sonnensystems steht. Astrologisch geht man der Bequemlichkeit halber davon aus – kein Astrologe glaubt, daß dem tatsächlich so ist. Für ein Baby, das auf dem Mars geboren würde, müßte ein *Horoskop* gezeichnet werden, in dem dieser *Planet* das Zentrum des Systems ist. Das wahre Bild des Sonnensystems (die Sonne im Zentrum) wird »heliozentrisch« genannt.

Großes Jahr Die Erdbewegung weist ein gewisses »Taumeln« auf, was zur Folge hat, daß die Pole rückwärts durch den *Tierkreis* laufen, wobei sie etwa alle 2500 Jahre in ein neues Zeichen kommen. Diese Perioden stellen die Zeitalter – oder genauer noch: die Großen Monate – dar. Der komplette Durchlauf durch alle zwölf Zeichen ist das Große Jahr.

Großes Trigon Ein Dreieck im Horoskop, das aus drei Planeten im Abstand von jeweils 120° voneinander gebildet wird.

Halbsumme Wie der Begriff schon vermuten läßt, der Mittelpunkt zwischen *zwei Planeten* oder *Eckpunkten*.

Häuser Das Horoskop wird in zwölf Häuser eingeteilt (diese stimmen aber nicht mit der Einteilung des Horoskops gemäß der Tierkreiszeichen überein). Siehe auch *Häusereinteilung*.

Häusereinteilung Es gibt verschiedene Methoden der Häusereinteilung. In diesem Buch gehen wir von gleichen (Äqualen) *Häusern* aus. Andere Systeme wurden von Placidus, Regiomontanus, Campanus, Porphyry, Morinus oder Koch entwickelt.

Heliozentrisch siehe *geozentrisch*

Herrschaft Die verschiedenen Zeichen werden von verschiedenen *Planeten* beherrscht (oder regiert), was ihre Wirkung beeinflußt. Einigen Zeichen wurden die neu entdeckten Planeten zugeordnet, wodurch die traditionelle Zuordnung aufgehoben wurde. Es ist viel über dieses Thema diskutiert worden, es gibt aber auch Astrologen, die es für nebensächlich halten. Auf der anderen Seite sagt man, daß auch Länder und Städte von Zeichen beherrscht werden, England z. B. vom Widder, die USA von Merkur usw.

Himmelsmitte siehe *MC*

Horoskop Die Aufzeichnung der Stellung der Planeten zum Zeitpunkt der Geburt. Die Mutter, die zu diesem Zeitpunkt zum Himmel aufschauen würde, könnte diese Stellungen für das Horoskop ihres Kindes sogleich vermerken (natürlich abgesehen von den unsichtbaren Planeten am Tage bzw. unterhalb des Horizontes).

IC/Imum Coeli Der Punkt, der der Himmelsmitte bzw. dem *MC* gegenüberliegt.

Innere Planeten Merkur und Venus – die *Planeten*, die sich zwischen Erde und Sonne befinden – werden innere genannt. Die Planeten, die sich von der Sonne aus gesehen hinter der Erde befinden – Mars, Jupiter, Saturn, Uranus, Neptun und Pluto –, werden als äußere bezeichnet.

Kardinale Zeichen siehe *Qualität*

Knoten Der nördliche und der südliche Mondknoten stellen Punkte dar, wo sich Mondbahn und *Ekliptik* schneiden.

Konstellationen Von den Mustern der *Sterne*, die das Universum erfüllen, haben zwölf in der *Astrologie* eine besondere Wichtigkeit bekommen – sie markieren die zwölf Himmelsabschnitte, die den *Tierkreis* bilden.

Lichter Traditionelle Bezeichnung für Sonne und Mond.

Luftzeichen siehe *Elemente*

Maskuline Zeichen siehe *weibliche Zeichen*

MC/Medium Coeli Der *Meridian* der Geburt.

Medizinische Astrologie Es gibt seit jeher eine Verbindung zwischen Astrologie und Medizin, welche auf dem Studium von Geburts- und Progressionshoroskopen beruht. Diese lassen Aufschlüsse über die Physis des Menschen zu sowie über die Behandlung von Krankheiten.

Meridian Der Greenwich-Meridian – der Punkt, von dem aus Zeit und Raum gemessen werden – teilt die Erde in eine Ost- und eine Westhälfte; der Meridian der Geburt dagegen hat eine individuelle Bedeutung, die vom Astrologen interpretiert wird.

Mundanastrologie Der Bereich der Astrologie, der sich mit Politik und allgemeinen Geschehnissen befaßt.

Negative Zeichen siehe *weibliche Zeichen*

Opposition siehe *Aspekte*

Orbis Eine gewisse Gradabweichung bei den *Aspekten* ist zu tolerieren – der Orbis. Er hängt von der Art des Aspektes ab. Man spricht also auch von einem Aspekt, wenn die Gradzahl nicht ganz genau ist.

Planeten Der Bequemlichkeit halber bezeichnen Astrologen auch Sonne und Mond als Planeten, obwohl natürlich die Sonne ein *Stern* ist (der einzige Stern, der in der Astrologie wichtig ist) und der Mond nur ein Satellit der Erde. Die anderen astrologischen Planeten sind Merkur, Venus, Mars, Jupiter, Saturn, Uranus, Neptun und Pluto. Man geht davon aus, daß hinter Pluto noch weitere Planeten entdeckt werden.

Polarität Polare oder einander gegenüberliegende Zeichen beeinflussen sich; jedes Zeichen hat eine bestimmte Beziehung zu dem, das ihm im *Tierkreis* gegenüberliegt. Die Polaritäten sind Widder/Waage, Stier/Skorpion, Zwillinge/Schütze, Krebs/Steinbock, Löwe/Wassermann und Jungfrau/ Fische.

Positive Zeichen siehe *weibliche Zeichen*

Präzession der Tagundnachtgleichen Dieses Phänomen ist dafür verantwortlich, daß heutzutage die Zeichen des *Tierkreises* nicht mehr mit den Sternbildern übereinstimmen, wie dies vor 2000 Jahren der Fall gewesen war. Die Astrologen benutzten die Tierkreisnamen, um bestimmte Abschnitte des Tierkreises zu bezeichnen; die Konstellationen als solche spielten dabei keine Rolle. Die Theorie der Astrologie wird dadurch auch nicht (wie von Astronomen oft fälschlich geglaubt) beeinträchtigt.

Progressionshoroskope Das Geburtshoroskop kann auf verschiedene Arten vorgeschoben werden, womit auf zukünftige Trends geschlossen werden kann. Am gebräuchlichsten ist die Methode »Ein Tag für ein Jahr«. Es geht bei den Progressionen nicht um *Prophezeiungen*, sondern um Möglichkeiten der Zukunft.

Prophezeiungen Die Öffentlichkeit ist zwar der Ansicht, daß es bei der Astrologie um »Prophezeiungen« geht – es kann aber nicht nachdrücklich genug betont werden, daß man mit ihr nicht sehen kann, was die Zukunft bringt.

Quadruplizitäten siehe *Qualität*

Qualität Der Tierkreis wird seit Jahrtausenden in drei Gruppen von vier Zeichen eingeteilt: kardinale, fixe und veränderliche. Kardinale Zeichen sind Widder, Krebs, Waage und Steinbock; fixe Zeichen sind Stier, Löwe, Skorpion und Wassermann; und veränderliche Zeichen Zwillinge, Jungfrau, Schütze und Fische. Die Zeichen einer Gruppe weisen Ähnlichkeiten auf.

Radix Das Geburtshoroskop, auf dem alle astrologische Arbeit basiert.

Rektifizierung Der Versuch, bei einer ungenauen *Geburtszeit* von der Analyse der Erlebnisse und Eigenschaften des Betreffenden ausgehend eine exakte Zeit abzuleiten.

Rezeption Zwei Planeten stehen in Rezeption zueinander, wenn sie sich in den Zeichen befinden, das jeweils vom anderen regiert wird.

Rückläufig Dem Anschein nach bewegen sich die *Planeten* manchmal, von der Erde aus gesehen, rückwärts durch den *Tierkreis*. Dann spricht man von Rückläufigkeit.

Scheinbare Bewegung Die Sonne läuft nicht über den Horizont – die sich um sich selbst drehende Erde ist es, die diesen Eindruck entstehen läßt. Gleichermaßen läuft die Sonne auch nicht durch den Tierkreis, sondern steht still; wieder ist es die Erde, die mit ihrer Umkreisung der Sonne dieses Phänomen erzeugt. Die Bewegung der Sonne ist eine scheinbare, keine reale.

Sonnenhoroskop Ein Horoskop, bei dem die Sonne an die *Spitze* des 1. Hauses gesetzt wird. Sonnenhoroskope werden verwendet, wenn die *Geburtszeit* nicht bekannt ist oder wenn Journalisten Zeitungshoroskope erstellen.

Sonnenzeichen-Astrologie In den Kolumnen der Zeitschriften werden von Autoren Prophezeiungen für einen Tag, eine Woche oder ein Jahr gemacht; diese basieren auf dem *Sonnenhoroskop*, das für alle Menschen mit dem gleichen Sonnenzeichen gilt.

Spitze Die Spitze eines astrologischen *Hauses* oder Zeichens ist die Linie, die es vom benachbarten trennt. Die Spitze des 1. Hauses wird vom *Aszendenten* markiert; die anderen folgen im *Horoskop* nacheinander, entgegen dem Uhrzeigersinn. Gleichermaßen stellt die Spitze des Widders den ersten Grad dieses Zeichens dar.

Stellium Eine Gruppe von *Planeten*, die in einem Bereich des *Tierkreises* zusammensteht. Manchmal eine mehrfache Konjunktion.

Sterne Aus irgendwelchen nicht nachvollziehbaren Gründen sind manche Autoren der Ansicht, daß die Sterne etwas mit der Astrologie zu tun hätten; sie schreiben dann über das, was die Sterne ihren Lesern zu sagen haben. Eine kleine Gruppe von Astrologen berücksichtigt die Fixsterne, die auf die Ebene des *Tierkreises* fallen – die meisten Astrologen ziehen sie bei der Interpretation nicht heran.

Sternzeit Eine Zeit, die auf die Sterne bezogen ist, nicht auf die Sonne.

Stundenastrologie Die Idee, daß der Astrologe für den Augenblick, in dem er mit einem Problem des Klienten konfrontiert wird, ein Horoskop erstellt, was womöglich zu dessen Klärung beiträgt.

Südliche Breiten Die astrologische Theorie gilt fur Menschen in südlichen Breiten genauso wie für diejenigen auf der Nordhälfte unseres Planeten; die nötigen Modifikationen sind nicht schwer.

Tierkreis Der große Kreis, den die Sonne bei ihrem scheinbaren Lauf um die Erde beschreibt, ist schon vor langer, langer Zeit in Abschnitte eingeteilt worden (wenngleich nicht immer in zwölf). Der Tierkreis mit den mythologischen Erscheinungen und Vorstellungen, wie wir ihn kennen, ist seit vielleicht 5000 Jahren bekannt. Seine Geschichte ist faszinierend und geheimnisvoll.

Tierkreis-Mensch Während der Entwicklung der *medizinischen Astrologie* wurden die zwölf Zeichen des *Tierkreises* mit den verschiedenen Teilen des Körpers in Verbindung gebracht, angefangen mit dem Widder und dem Kopf und endend mit den Fischen und den Füßen. Diese nützliche Art von Kurzschrift findet auch in der modernen medizinischen Astrologie noch Anwendung.

Transit Der Lauf eines *Planeten* durch ein Zeichen oder *Haus*.

Triplizität siehe *Element*

Übeltäter siehe *Wohltäter*

Veränderliche Zeichen siehe *Qualität*

Verbrannt Ein *Planet* wird als verbrannt bezeichnet, wenn er im *Horoskop* sehr dicht bei der Sonne steht. Der Überlieferung nach verliert er durch diese Stellung an Kraft.

Verletzung Ein Planet ist verletzt, wenn er an ungünstigen Aspekten beteiligt ist.

Vorhersagen Einige Astrologen benutzen den Begriff Vorhersage, um ihre Aussagen zu zukünftigen Trends im Leben ihrer Klienten zu klassifizieren. Diese Definition ist zutreffend: Es handelt sich nicht um Prophezeiungen, es werden lediglich Möglichkeiten in Rechnung gezogen – wie bei der Wettervorhersage auch.

Wasserzeichen siehe *Elemente*

Weibliche Zeichen Der Überlieferung nach sind Stier, Krebs, Jungfrau, Skorpion, Steinbock und Fische weibliche Zeichen; die anderen Zeichen werden als männliche bezeichnet.

Wohltäter Ein altertümlicher Ausdruck, der soviel wie »günstig« bedeutet. Die früheren Astrologen bezeichneten beispielsweise Jupiter als »großen« und die Venus als »kleinen« Wohltäter. Das Wort »Übeltäter« diente dagegen zur Bezeichnung von »ungünstigen« Planeten.

Zeichen siehe *Sonnenzeichen-Astrologie*

Zenit Der höchste Punkt am Himmel

Zodiak siehe *Tierkreis*

Lehrkörper

Der älteste und anerkannteste astrologische Lehrkörper der Welt ist die *Faculty of Astrological Studies*, die Kurse in London abhält. Die Lehrtätigkeit wird aber hauptsächlich durch Fernunterricht erteilt, mit fast jedem Land der Welt. Man kann mit der Fakultät in Kontakt treten über die Adresse BM Box 7470, London WC1N 3XX; UK.

Es gibt auch in anderen Teilen der Welt viele vertrauenswürdige Schulen.

Bibliographie

Im Urania Verlag erschienene Bücher zur Astrologie

Alsterdorf, Gele,
Lernplan Leben,
ISBN 3-908644-02-X,
Urania Verlags AG,
CH-8212 Neuhausen a/Rhf.

Cunningham, Donna,
Erkennen und Heilen von Pluto-Problemen,
ISBN 3-908644-19-4,
Urania Verlags AG,
CH-8212 Neuhausen a/Rhf.

Dahlke, Margit,
Astro Dice, Buch,
ISBN 3-908644-66-6,
Astro Dice, Set,
ISBN 3-908646-02-2,
Urania Verlags AG,
CH-8212 Neuhausen a/Rhf.

Fassbender, Ursula,
Intuitive Astrologie,
ISBN 3-908644-16-X,
Urania Verlags AG,
CH-8212 Neuhausen a/Rhf.

Künkel, Ernst,
Das große Jahr,
ISBN 3-908644-06-2,
Urania Verlags AG,
CH-8212 Neuhausen a/Rhf.

Künkel, Ernst,
Die Sonnenbahn,
ISBN 3-908644-07-0,
Urania Verlags AG,
CH-8212 Neuhausen a/Rhf.

Lundsted, Betty,
Transite,
ISBN 3-908644-18-6,
Urania Verlags AG,
CH-8212 Neuhausen a/Rhf.

Paris, Ernst Günter,
Der Schlüssel zur esoterischen Astrologie,
ISBN 3-908644-15-1,
Urania Verlags AG,
CH-8212 Neuhausen a/Rhf.

Paris, Ernst Günter,
Der Schlüssel zur Partnerschaftsastrologie,
ISBN 3-908644-12-7,
Urania Verlags AG,
CH-8212 Neuhausen a/Rhf.

Schulman, Martin,
Der Aszendent,
ISBN 3-908644-76-3,
Urania Verlags AG,
CH-8212 Neuhausen a/Rhf.

Schulman, Martin,
Karmische Astrologie 1,
ISBN 3-908644-08-9,
Urania Verlags AG,
CH-8212 Neuhausen a/Rhf.

Schulman, Martin,
Karmische Astrologie 2,
ISBN 3-921960-09-7,
Urania Verlags AG,
CH-8212 Neuhausen a/Rhf.

Schulman, Martin,
Karmische Astrologie 3,
ISBN 3-908644-10-0,
Urania Verlags AG,
CH-8212 Neuhausen a/Rhf.

Schulman, Martin,
Karmische Astrologie 4,
ISBN 3-908644-11-9,
Urania Verlags AG,
CH-8212 Neuhausen a/Rhf.

Schulman, Martin,
Karmische Beziehungen 1,
ISBN 3-908644-13-5,
Urania Verlags AG,
CH-8212 Neuhausen a/Rhf.

Schulman, Martin,
Karmische Beziehungen 2,
ISBN 3-908644-14-3,
Urania Verlags AG,
CH-8212 Neuhausen a/Rhf.

Urbaneck, Renate,
Weißgerber, Ernst,
Beck, Hans,
Lunarium,
PC-Programm & Anleitung,
ISBN 3-908646-54-5,
Urania Verlags AG,
CH-8212 Neuhausen a/Rhf.

von Rohr, Wulfing,
Die Deutung des Horoskops,
ISBN 3-908644-33-X,
Urania Verlags AG,
CH-8212 Neuhausen a/Rhf.

von Rohr, Wulfing,
Mondzyklen als Lebenshilfe,
ISBN 3-908645-27-1,
Urania Verlags AG,
CH-8212 Neuhausen a/Rhf.

Astrologische Bezüge

Diese Referenzliste hilft Ihnen dabei, astrologische Hinweise für die verschiedenen Charakterzüge und Persönlichkeitsmerkmale zu erkennen. Sie ist notwendigerweise nur ein grober Anhaltspunkt – und die angeführten Faktoren werden natürlich durch andere modifiziert. Wenn Sie Ihre eigenen Erfahrungen gewonnen haben, werden Sie die Liste ergänzen können.

Schlüssel

- Bei der Erwähnung eines Zeichens: Sonne, Mond oder Aszendent darin
- Bei der Erwähnung eines Planeten: Sonne, Mond oder Herrscher des Aszendenten
- p. a. = positiv aspektiert
- n. a. = negativ aspektiert
- p. A. z. = positive Aspekte zwischen
- n. A. z. = negative Aspekte zwischen
- Planetensymbol gefolgt von einer Zahl: Der betreffende Planet in diesem Haus; z. B. ☽/12 = Mond im 12. Haus
- Planetensymbol gefolgt von einem Zeichensymbol: Der betreffende Planet in diesem Zeichen, z. B. ☿/♏ = Merkur im Skorpion
- h = häufig
- m = manchmal
- F. = Feuerzeichen
- E. = Erdzeichen
- L. = Luftzeichen
- W. = Wasserzeichen

A

Abenteuerlust = ♈, ♐, p. A. z. ♂, ♃
Abgehobenheit = ♊, ♒
Abstinenz = ♍, ♑
Agitation = ♊, ♍, ☿; n. a. ♂
Aggressivität = n. A. z. ☉, ♂
Allergien = ♍
Alter, hohes = p. A. z. ☉, ☽, ♄
Analytische Wesensart = ♊, ♍, m. ♒
Angst = ♑, m. ♒
Ängstlichkeit = ♋, ♍
Anpassungsfähigkeit = L., ☿, ♊
Arroganz = ♑, m. ♌
Autoritätsanspruch = ☽/♑, ♑, ♄; m. ♌

B

Bärte = ♃, ♆, ♐, ♓
Beeinflußbarkeit = ☽ / ♎, ♋
Beobachtungsgabe = p. A. z. ☿, ♅
Besessenheit = ♉, ♍, ♏
Besitzergreifendes Wesen = ♉, ♏, ♀
Bewahrend = ☽, ♋, p. A. z. ♂, ♄

C·D

Charme = ♉, ♎; ☉ ☌ ♀; p. a. ♀, ☽, m. ♃
Cholerische Wesensart = ♂, ♈; ♂/♈, n. A. z. ☿, ♂

Depressionen = n. A. z. ☉e oder ☽, ♄; ♑, ♍, ♋
Diktatorische Art = ♌
Diskretion = ♍, ♏
Diplomatie = ♎; p. A. z. ☽, ♀
Distanziertheit = ♑, m. ♌, ♒
Disziplinierend = ♑; n. A. z. ☉, ♄; ♄/10
Dramatik = ♌; ♃ / 10; p. +. n. A. z. ☉ + ☽, ♃
Dünkelhaftigkeit = ♌; n. a. ☉; M. n. A. ☽, ♃

E

Edelmut = ☉e, ☿/♌, ♃/♌; m. ♃/10
Ehrgeiz = p. a. ♄, ♑
Eifersucht = ♏, ♉; m. ♎
Eigensinn = E., ♒; n. A. z. ☉, ♅
Eingebildetsein = ☿ o. ♄/♌; ♊, ♑
Einmischendes Wesen = ☿, ♍
Einsamkeit = ♄, ♆, 12; ☉, ☽ o. ♄/12; m. ♄/10
Eitelkeit = ♌, ♃, ♀/♎, ♉
Enthusiasmus = F., ♃, p. A. z. ☉, ♃, ♂/F.
Erotik = ♀ ☌ ♂, ♉, ♏, m. p. A. z. ♀, ♇
Extravaganz = ♌, ♃, p. A. z. ☉, ♀, ♃
Exzentrizität = ♒, ♅, ♂/♒, n. A. z. ☉ + ☽, ♃, ♅
Exzesse = ♐, ♈, ♌; n. a. ♃

F

Falschheit = n. A. z. ☉ o. ☽ o. ☿, ♆; m. ♎; ♍
Faulheit = ♎, n. a. ♀
Feigheit = ♆; n. A. z. ☿/♆; n. a. ☽; m. n. A. z. ♂, ♆
Flirten = ♀/♊, ♊
Freude = ☉/♌; ♐; p. a. ☉, ☽ o. ♀
Freudlosigkeit = n. a. ♄; n. A. z. o. ☽, ♄; ♑
Freundlichkeit = ♊, ♍, ♒; p. a. ☽, ☿, ♀
Fröhlichkeit = p. A. z. ☉, ♃; h. F.
Forschungen = ♍, ♏, ☿, ♇
Formbewußtsein = ♌, ♑, p. A. z. ☉, ♄
Furcht = ♋, ♍
Führungseigenschaften = ♈, ♌, ☉/10

G·H

Geistesabwesenheit = ☿/♓, n. A. z. ☿, ♆
Geiz = ♍, ♑, h. ♋
Geiz = ♄, ☽; n. A. z. ☿, ♄
Gedächtnis, gutes = ♋, ☽
Geduld = ☉e in E.; p. A. z. ☉ o. ☽ o. ♀, ♄
Gehässigkeit = n. A. z. ♀, ♄; n. A. z. ☿, ♂
Geheimniskrämerei = ♏, ♓, ♋; n. A. z. ☉ o. ☽ o. ☿, ♆
Gelassenheit = ♀, ♆
Geldgier = ♉, ♏
Gemütlichkeit = ♋, ♍, ☽
Gerechtigkeitssinn = ♎; p. A. z. ☉, ♄; p. a. ♃
Geschwätzigkeit = ♍, n. A. z. ☿, ♂
Gesprächigkeit = ☿, ♊, ♍
Glanz = ♀/♒, ♌, ♎
Glück = ♃/2; ♀, ♃/5
Gönnerhaftigkeit = ☽/♌; ♑

Hartnäckigkeit = F., ♅; p. A. z. ☉, ♄, ♉; ♂/♉
Heiratsvermittler = ♎, ♀
Hemmungen = ♄/1; n. A. z. ☉ o. ☽, ♄
Hilfsbereitschaft = ♍, ♓, ♒ o. 12
Hitzigkeit = ♂, ♈, h. ♃, ♐
Humanitarismus = ♒, ♓, 11 o. 12

I·J

Ichbezogenheit = ☉, ♃, ♄/10
Idealismus = p. a. ♆, h. p. a. ☽
Impertinenz = ♊; ☿/♈; ♂/♊
Individualität = ♒
Inflexibilität = E.; n. a. ♅; h. ♒
Jugendlichkeit = ♊, ☿/♊

K·L

Keuschheit = ♀/♍; ☿/♎; n. A. z. ☽, ♀
Kleinlichkeit = ♍, ♑
Kommunikativ = ♊, ♍, ☿; ☉ ☌ ☿; p. A. z. ☽, ☿
Kompromißlosigkeit = ♉, ♏, ♐
Konkretheit = E., ♄
Kühle = ♒, ♑; ♀/♒; ☿ Konj. ♀/♒; n. A. z. ♀, ♅
Kühnheit = ☉/F., ♂/♈; p. a. ♂

Launenhaftigkeit = ♋, n. A. z. ☽, ♄
Lethargie = n. A. z. ☽, ♀, ♎
Liebe zum Komfort = ♉, ♎; ♀; h. ♌
Logik = p. A. z. ☿, ♄, ♅
Loyalität = ♌, ♑, h. ♒; ♀/♑, ♌, ♒; p. A. zwischen ☉, ♀, ♄
Luxusliebe = ♉, ♌, ♎
Lüsternheit = ♃, ♂; n. A. z. ♀, ♃, ♏

M·N

Machtkomplex = ♅/10, ♄/10, ♇/10; m. ☉/10
Magerkeit = ♊, ♑, m. ♈, ♏
Makabre Wesensart = ♏, ♇/12, ☽/8
Materialismus = ♉, ♑
Maßlosigkeit = ♉, ♏, ♃, ♇; ♉, ♐, n. A. z. ☽ o. ♀ o. ♃, ♇
Melancholie = n. a. ♄; ♄/1
Migräne = ♍, m. ♈, m. ♒
Mitgiftjäger = ♉, m. ♑, ♍
Musikalität = ♉, ♑, p. A. z. ♀, ♄; m. ♎
Mut = F., ♂/♈, h. ☉/♈

Narzismus = ♌, ♎
Neid = ♉, ♎, n. A. z. ♀, ♄
Niedertracht = n. A. z. ☿, ♆, ♇

O·P·Q

Opferbereitschaft = ♆, ♓, ♍, m. ☽, ♋
Optimismus = F., ♃; p. A. z. ☉, ♃
Ökonomie = ♍, ♑

Passivität = ♀, ♆
Pessimismus = ♄/♑, n. A. z. ☉ o. ☽ o. ☿, ♄
Phantasie = W.; p. a. ☽; p. a. ♆
Philosophische Wesensart = ♐, ♃
Pioniergeist = ♈, ♂, ♂/♈, p. A. z. ☉ o. ♂, ♃; m. ♐
Potenz = ♂, ♂/♈, ♏
Prahlerei = n. A. z. ☉ o. ☽ o. ♀, ♃; ♌
Psyche = W., m. E

Qualitätsbewußtsein = ♌, ♑, ♉

R

Rachsucht = ♏, ♇
Ruhm = ☽/♌/10
Rednergabe = ☿, ♊, ♍; ☉ o. ☿/10
Reserviertheit = ♋, ☽, ♆, ♓
Rheuma = F., n. A. z. ♂, ♄
Rhythmusgefühl = ♋, ♎, h. ♓
Royalismus = ♑, ♌
Romantik = ☽, ♀ / ♉; ♎, ♋, ♓, ♆, ♒

S

Sarkasmus = n. A. z. ☿, ♂
Satirische Wesensart = ♐, ♊; p. + n. A. z. ☿, ♂, ♅
Schamlosigkeit = n. A. z. ☉, ♂, m. n. a. ♂
Schauspielerisches Talent = ♌, ♓, ♋
Schlagfertigkeit = ♊, ☿
Schäbige Erscheinungsweise = ♐, ♓, ♋
Schnelligkeit = ☿, ♂
Schönheit = ♉, ♎, ♀
Schwelgerei = ♉, ♎
Sehnsucht = ♓, p. o. n. A. z. ♀, ♆
Sentimentalität = ☽, ♋, ♎, h. ♓, ♆
Selbstsucht = ♈, ♂ o. ☉/1
Sinnlichkeit = ♉, ♎, ♏, p. A. z. ♀, ♂
Skeptizismus = ♊, ☿
Sorglosigkeit = ☽/♐
Stabilität = ♉, ♑, p. A. z. ☉, ♄
Spielleidenschaft = ♐, n. A. z. ☉, ♃; m. ☽, ♃, ♂ /5
Sprunghaftigkeit = ♊, ☿, ☽/♊

T

Taktgefühl = ♀, ♎
Täuschungen = ♆; n. A. z. ☉ oder ☽/♆
Tiefgründigkeit = ♇, ♅, p. A. z. ♂, ♇
Traditionell = ♑, ♉
Trägheit = ♎, m. ♉; n. a. ♀

Toleranz = ♃, ♐, ☿; p. a. ♃
Tyrann = ♉, m. ♈

U·V

Überstürztheit = ♊, ♈, ☿/♈, ♂/♈
Unabhängigkeit = ♒, ♈, ♐; p. a. ♂; p. a. ♅
Unbarmherzigkeit = ♅ Konj. ♇, ♇; n. A. z. ♂, ♇
Unbeständigkeit = ♋, ☽, ☿, ♊; n. A. z. ☽, ☿; ♊, ♋; ☽/♊; ☿/♋, h. ♓
Unentschiedenheit = ♎; n. a. ♀; n. A. z. ☽, ♀
Unergründlichkeit = ☉, ☽/12; ♏, ♒
Unerschütterliche Wesensart = p. A. z. ☉ o. ☽, ♄; ♉
Unfallneigung = ♈, n. a. ♂, ♃
Ungeduld = ♈, ♊, h. ♍; m. ♋, ☽
Ungezwungenheit = ♐, ♈
Unlogik = ♓, n. a. ♊, m. n. a. ☽, ☿
Unordentlichkeit = ♋, ♓
Unterscheidungsvermögen = ♍; ☿/♍
Untreue = L., ♊, ♀/♊, h. ♐

Verdauung = ♍; m. ♉, ♏; n. a. ☽
Verführerisches Wesen = ♉, ♏, m. ♎
Vegetarismus = ♍, ♑
Verkaufstalent = ♊, ☿/♊; m. ♍
Verliebtsein = p. A. z. ♀, ♂, ♉, ♏, ♎
Verschrobenheit = ♂/♒, n. A. z. ☉, ♅; m. n. A. z. ☽, ♅
Verspieltheit= ♀/♊; m. p. A. z. ☿, ♀
Verstellung = ♆, ☿, ♓, m. ♋
Vorurteile = ♋, F.

W

Wagemut = ♂, ♉; p. A. z. ♂, ♃
Wahrnehmungsvermögen = ☿, p. A. z. ♀ o. ♄, ♅; p. a. ♅
Wichtigtuerei = n. A. z. ☉, ♃
Wißbegierde = ♊, ♏
Wohlwollen = ♋, ☽, ♍
Wut = n. A. z. ☉, ♂; ♂/♈, ♏

Z

Zappelphilipp = ☿, ♊, ♍
Zynismus = n. A. z. ☿, ♂; h. n. A. z. ♂, ♅

Das Horoskop

Äquales Häuser-system

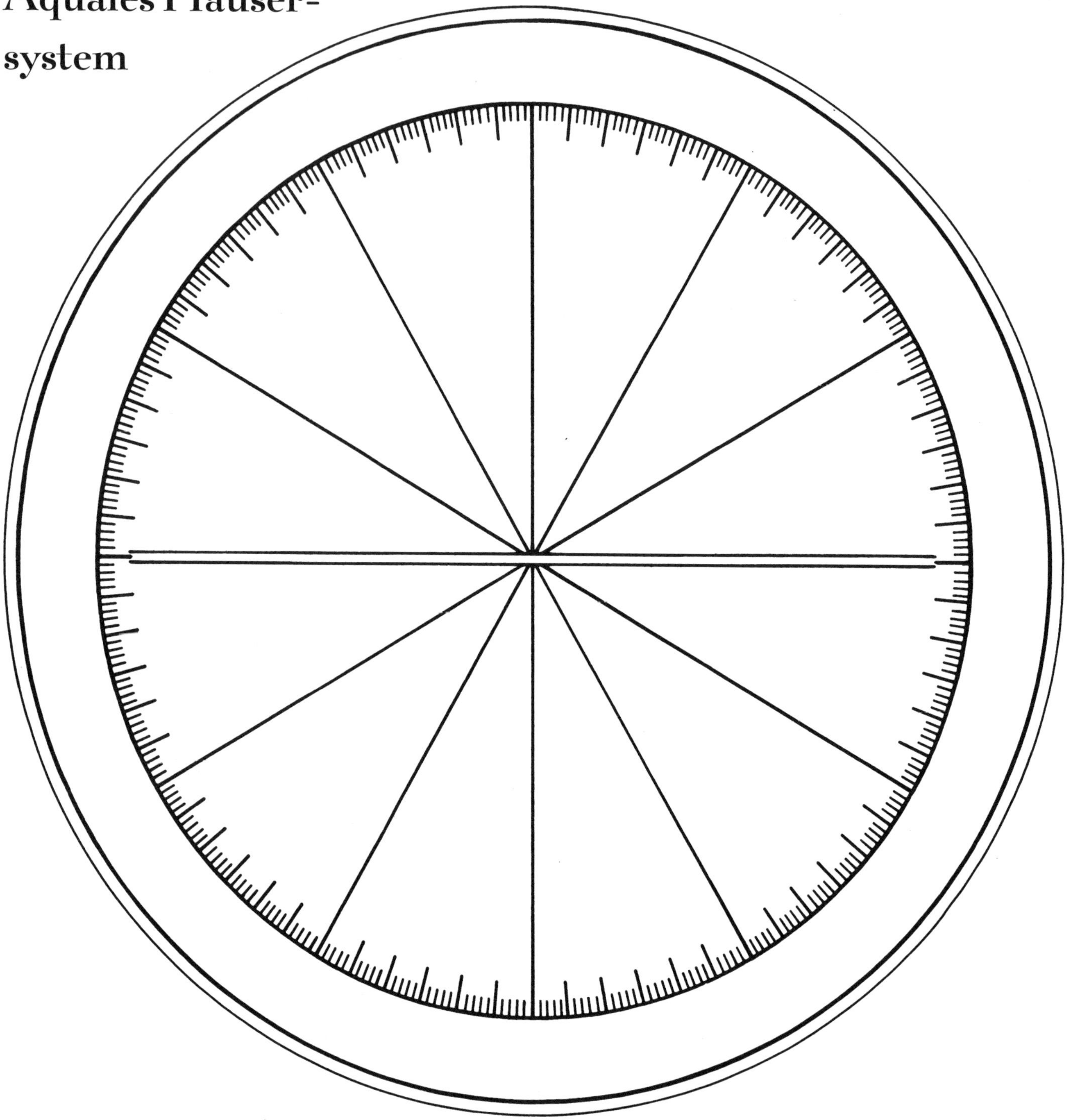

Name

Referenz-Nr.

Häuser-System

	Tag	Monat	Jahr
Geburtsdatum			
Geburtsort			
Breitengrad			
Längengrad			

	Stunden	Minuten
Geburtszeit		
Zeitunterschied (östlich von Greenwich: subtrahieren; westlich von Greenwich: addieren)		
Sommerzeit (wenn Sommerzeit gilt, subtrahieren)		
Greenwich Mean Time		
Südliche Breiten (12 Stunden addieren und die Zeichen umdrehen)		

Traditionelle Faktoren

Herrschender Planet

Haus des herrschenden Planeten

Planeten am Aszendenten

Positiv | negativ

Eckhäuser

Rezeption

Elemente | Qualität

Feuer | Kardinal

Erde | Fix

Luft | Veränderlich

Wasser

Planet		Aspekte									
		☉	☽	☿	♀	♂	♃	♄	♅	♆	♇
Sonne	☉										
Mond	☽										
Merkur	☿										
Venus	♀										
Mars	♂										
Jupiter	♃										
Saturn	♄										
Uranus	♅										
Neptun	♆										
Pluto	♇										
Asz.	Asz.										
MC	MC										

Das Progressionshoroskop

Äquales Häuser-system

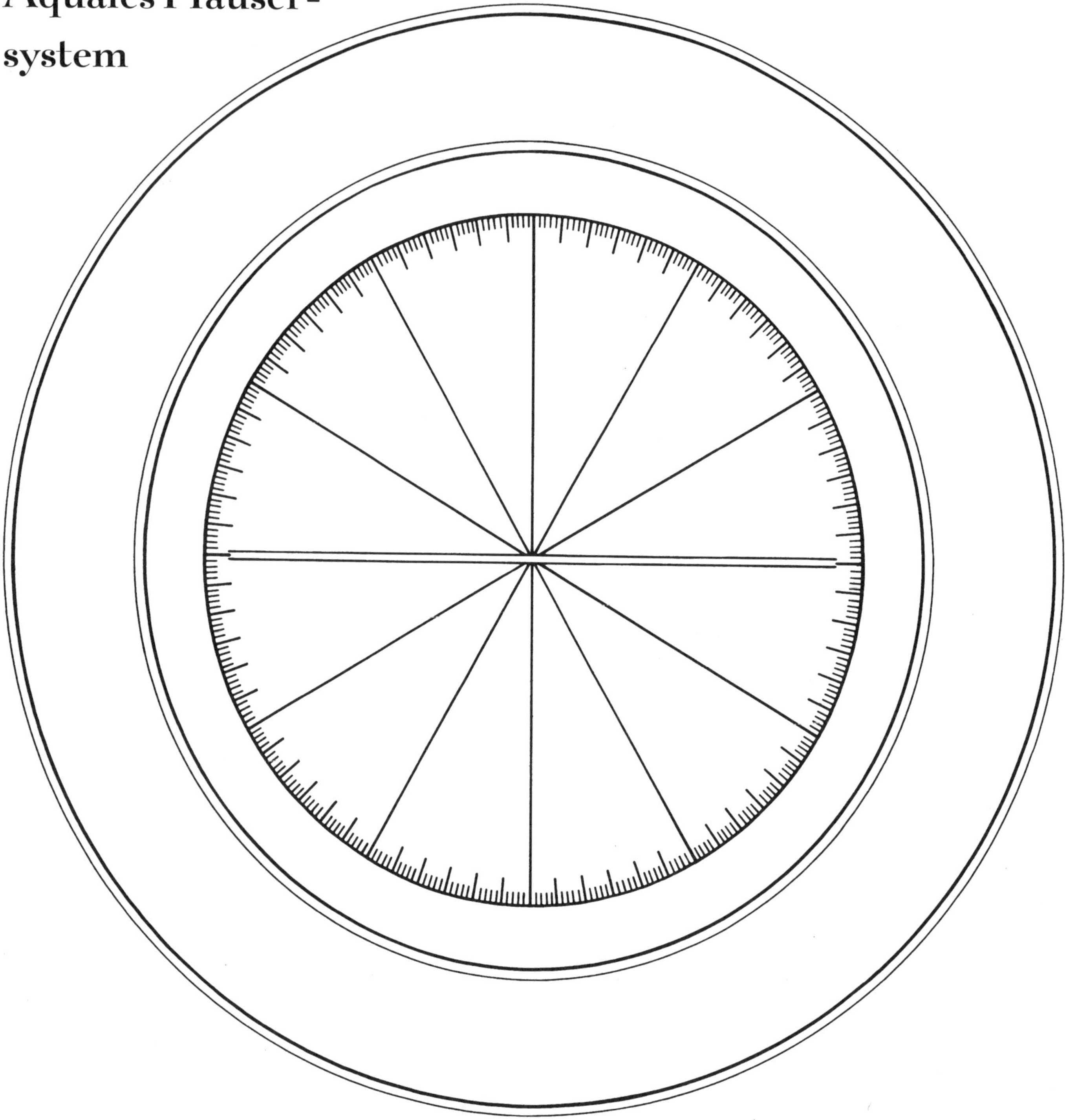

Name

Referenz-Nr.

Jahr

Mitternachtspositionen am

entsprechend dem

Berechnung

Progressive Aspekte

Radixplaneten in numerischer Ordnung	Sonne	andere		Asz. MC

	Mond		Aspekte		Transite									
Jahr	Monat	Länge des Monats	zu Radix	zu Progr.	♇	♆	♅	♄	♃	♂	♀	☿	☉	Neu-☽mond

Register

Abgesehen von technischen Begriffen, wie sie im Register aufgeführt sind, haben wir auch bestimmte Charakteristiken erwähnt, wenn diese typisch für ein Zeichen oder einen Planeten oder für spezifische astrologische Faktoren sind. Auch an anderer Stelle in diesem Buch werden sich dazu Informationen finden.

A

B

C

D

E

F

G

H

I

J

K

L

M

N

O

P

Q

R

S

T

U

V

W

Z

Danksagung

Danksagung der Autoren
Wir sind insbesondere Chester Kemp für seine Hilfe dankbar, was das Berechnungssystem betrifft, das wir in diesem Buch vorgestellt haben, gleichermaßen Charles Harvey D. F. Astrol. S. für seinen Rat und seine moralische Unterstützung.

Wir danken den Klienten von Julia, die uns erlaubt haben, auf ihr Geburtshoroskop bzw. auf den Bericht, der für sie erstellt wurde, Bezug zu nehmen. Besonders erwähnen möchten wir hier Kenneth Morris und Laura Campbell.

Jeder astrologische Autor muß sich darüber im klaren sein, daß er den früheren Autoren etwas schuldig ist, von Ptolemäus bis zu John Addey, von William Lilly bis zu den Gauquelins – ihre Bücher haben unser Wissen bereichert und Grenzen ausgeweitet.

Astrologische Tabellen
Die computergestützten Berechnungen und Daten stammen von Ananda Bagley vom Electric Ephermeris Astrological Software House (396 Caledonian Road, GB-London N1 1DN/Stubberupvej 14, 4880 Nysted, Dänemark). Layout der Tabellen von Paul Sally von Informac (London).

Dorling Kindersley möchte folgenden Personen für ihre Hilfe bei der Herstellung dieses Buches danken: Roger Daniels für seine Entwürfe, Stephanie Jackson, Jane Mason und Roger Smoothy für ihre editorische Hilfe; Vanessa Luff und Mustafa Sami für die Unterstützung beim Satz; The Cooling Brown Partnership für DTP-Unterstützung.

Illustrationen
Angus Hyland: Abbildungen auf den Seiten 130, 141, 148, 150, 168, 186, 194, 204.
Barry Jones: Abbildungen auf den Seiten 16/17, 19, 21, 22/23.
Peter Lawman, mit freundlicher Genehmigung von Portal Gallery Ltd. London: Bilder auf den Seiten 1, 2, 4, 6, 8, 9, 78, 81, 85, 89, 93, 97, 101, 105, 109, 113, 117, 121, 125.
Vanessa Luff: Schmuckrahmen auf den Seiten 26/27, 28/29, 30/31, 33, 38/39, 40/41; die Medaillonsrahmen auf den Seiten 80–127; die Geburtshoroskope auf den Seiten 48/49, 58/59 und 70/71.
Mustafa Sami: Künstlerische Horoskopdarstellungen im ganzen Buch.
Anthony Sidwell: Planeten auf Seite 30/31.
Alastair Taylor: Illustrationen zu den Fallstudien auf den Seiten 158, 161, 162, 164, 167, 176, 185, 203, 207.
Jane Thompson: Die farbigen künstlerischen Tierkreis- und Planetendarstellungen im ganzen Buch (die Filme wurden nach ihren Zeichnungen hergestellt). Schmuckrahmen auf den Seiten 80–127.

Fotografie
Studio-Fotograf: Geoff Dann.
Stylisten: Barbara Stewart und Geoff Dann.
Fotorecherche: Suzanne Williams.
Salze wurden zur Verfügung gestellt von Seven Seas Ltd, Marfleet, Hull.

Fotonachweis
Fotos werden nur einmal aufgeführt, auch wenn sie mehrfach abgedruckt sind.
Abkürzungsschlüssel:
BL The British Library, London
BM The British Museum, London
SM The Science Museum, London

The Bodleian Library, Oxford: 13, 14 (unten links), 26 (oben links), 36, 60, 73, 79, 129, 349.
The Bridgeman Art Library: 15 (unten rechts)/BM, 16/BL, 18 (oben)/BL, 23/BL, 26 (unten rechts)/BL, 27 (links, Mitte oben und unten)/BL, 28 (links, oben und rechts) /BL, 28 (unten)/Musüe Condü, Chantilly, 29 (links, oben, rechts und unten)/BL, 32/Biblioteca Estense, Modena, 99/Royal Geographical Society, London.
The British Library Board: 26 (oben rechts), 27 (oben rechts).
Michael Holforde: 3/SM, 15 (links)/SM, 20 (oben)/SM, 22/SM, 24 (oben links)/BM, 24 (unten links) 24 (Mitte)/Ankara Museum, 24 (rechts)/ BM, 25 (links)/BM, 25 (oben rechts).
Science Photo Library: 14 (Mitte), 20 (Mitte), 25 (unten rechts).
Mary Evans Picture Library: 14 (rechts), 15 (oben), 30 (oben), 40, 42, 48, 56, 57, 80, 87, 91, 95, 111, 119, 128, 157, 172, 174, 178, 180, 182, 188, 192, 196, 199, 200, 348.
Museo Vaticano, Rom: 14 (oben links).